西韓·韓西 辭典

DICCIONARIO
ESPAÑOL-COREANO
COREANO-ESPAÑOL

스페인어 – 한국어 합본사전

김 충 식 편저

어학전문
문 예 림

西韓 辭典
DICCIONARIO ESPAÑOL-COREANO

김 충 식 편저

스페인어 - 한국어 합본 사전
(서한 - 한서 합본 사전)

초판 1쇄 인쇄 2003년 9월 5일
초판 5쇄 발행 2020년 7월 10일

지은이 김충식
펴낸이 서덕일
펴낸곳 도서출판 문예림

출판등록 1962.7.12 (제406-1962-1호)
주소 경기도 파주시 회동길 366 3층 (10881)
전화 (02)499-1281~2 **팩스** (02)499-1283
대표전자우편 info@moonyelim.com **통합홈페이지** www.moonyelim.com
카카오톡 ("도서출판 문예림" 검색 후 추가)

디지털노마드의 시대, 문예림은 Remote work(원격근무)를 시행하고 있습니다.
우리는 세계 곳곳에 있는 집필진과 원하는 장소와 시간에 자유롭게 일합니다.
문의 사항은 카카오톡 또는 이메일로 말씀해주시면 답변드리겠습니다.

ISBN 978-89-7482-236-1(11770)

값 25,000원

잘못된 책이나 파본은 교환해 드립니다.
본 책은 저작권법에 의해 보호를 받는 저작물이므로 무단 전재와 복제를 금합니다.

머 리 말

국내에 스페인어를 한글로 옮긴 서한사전은 여러 종류가 발행되어 있어 아쉬운 대로 해갈이 되지만 스페인어와 한글, 한글과 스페인어가 합본이 된 사전이 없어 독자들이 불편함을 느껴 왔다. 이런 불편함을 다소라도 해소해 볼 생각으로 비록 어휘수는 많지 않지만 합본을 발행하여 스페인어를 배우려는 분들에게 편의를 제공코저 이 사전을 발행하게 되었다.

시작이 반이라고 시작은 소사전에 불과하나 시간이 흐르면 제법 두툼한 사전도 햇빛을 보리라 생각한다. 작은 사전이지만 실용적인 예문이 많이 수록되어 초보자에게는 더할 나위 없는 좋은 반려자가 되리라 믿어 의심치 않는다. 그동안 스페인어 보급과 연구를 위해 나름대로 노력해 왔으나 노력한 만큼 큰 성과를 올리지 못하고 있다. 계속해서 꾸준한 노력으로 더욱 내용이 알찬 사전을 편찬하도록 하겠다. 본 저자는 스페인어에 관한 책을 많이 저술하고 번역해 왔으나 사전 편찬이란 분량이 많건 적건 문법책이나 회화책보다 훨씬 많은 어려움이 따르기 마련이다.

몇 권의 사전 편찬을 밑바탕으로 앞으로는 좋은 사전을 세상에 내놓도록 노력하여 스페인어 발전과 함께 스페인어를 연구하고 익히는 분들에게 일조를 할 생각이다. 부족한 점이 많더라도 아낌없는 조언과 협조 있기를 부탁하면서 보다 알찬 사전 만들기에 힘쓰도록 보다 많은 이용 있길 바란다.

이 사전은 외환 은행 허창수 차장의 특별한 도움이 있었기에 출판될 수 있었고 종로외국어학원 홍명호 원장의 아낌없는 성원 또한 컸으며 원단문화사의 방길 사장님의 노고에도 감사드린다.

1989년 11월 30일

김 충 식

재판을 내면서

　1990년 이 사전이 처음 출판되었을 때 국내에서 큰 화제를 불러 일으켰다. 그 이유는 국내에서 처음으로 스페인어-한글 사전과 한글-스페인어 사전이 합본되어 있었기 때문이었다. 초보자는 말할 것도 없었고, 해외 이민자나 각종 시험 준비를 하고 있던 학생들도 그 실용성에 홀딱 반했다고까지 말한 분도 있었다. 그러나 본 저자가 더 좋은 스페인어 사전을 쓸 목적으로 사전 자료 수집을 위해 잦은 해외 여행을 수개월씩 장기로 하고, 스페인어 보급에 혈안이 되어 십수년간 스페인어 보급을 하면서 무료 강의를 하고, 스페인어에 관한 각종 서적의 무모한 출판으로 잠시 어려움에 처하면서 이 사전도 초판이 절판되고 다시 서점가에 나오지 못하는 불행을 겪고 있었다. 국내에 스페인어가 보급된 지가 어언 50여년이 흘렀음에도 불구하고 아직도 본인의 사전 이외에는 국내에서 합본 사전이 없다는 사실에 문예림의 서덕일 사장님께서 재판을 결심하시게 되었고 본인도 단 한 사람에게라도 유용할 수 있다면 출판되어야 한다는 일념에 흔쾌히 동의하여 오랜만에 재판이 찍히게 되었다.

　앞으로 부족한 내용은 보강을 하겠으며, 또 오자나 탈자가 발견되는 대로 교정도 하여 내용이 더욱 알찬 사전이 되도록 힘쓰겠다. 전세계 특히 스페인과 중남미 제국에서 활동하시는 수많은 친지, 선배, 후배, 동문, 제자 여러분께서 예전에 보내 주셨던 본인에 대한 성원이 앞으로도 그치지 않으리라 믿으며 여러분의 건투를 빈다. 특히 본인이 스페인과 중남미 제국을 20여 차례 방문할 적마다 저에게 베풀어 주신 여러분의 크나큰 성원에 보답하기 위해서라도 좋은 사전을 쓰도록 계속 노력해 나가겠다.

2003년 8월

김 충 식

참 고 서 적

1. Diccionario Kapelusz de la Lengua Española
   Editorial Kapelusz S.A., Buenos Aires 1979
2. Nuevo Diccionario Manual Ilustrado
   Librería Larousse, París 1986
3. 서반아어사전, 김충식, 월출 1989
4. 서한사전, 김충식, 장문사 1979
5. 한불사전, 한국불어불문학회편
   한국외국어대학교 출판부 1979
6. 뉴월드 한영대사전, 시사영어사 1980
7. 동아신콘사이스 한영사전, 동아출판사 1976
8. 새우리말큰사전, 신기철 · 신용철, 삼성출판사 1976

약 자

감 감탄사
관 관사
남 남성 명사
대 대명사
명 명사
복 복수형
부 부사 · 부사구
여 여성 명사
자 자동사

재 재귀 동사
전 전치사
접 접속사
타 타동사
형 형용사

inf. infinitivo 부정사
ind. indicativo 직설법
pl. plural 복수형
subj. subjuntivo 접속법

A

a [a +정관사 el은 al이 된다] 전 ① [사람, 동물 때로는 지명의 대격보여 앞에서] …을. Espero *a* José. 나는 호세를 기다린다. Respetan *a* los ancianos. 노인을 공경한다. ¿A quién esperas? 누구를 기다리느냐. El dueño cuida *al* caballo. 주인이 말을 돌본다. Visité *a* Berlín 나는 베를린을 방문한다. ¿A quién quiere Vd. escribir? 누구에게 편지 쓰기를 원하십니까. Dígaselo *a* él. 그에게 그것을 말씀하십시오. ③ [여격 보여의 앞에서] …한테서. Se lo compré *a* Tomás. 나는 그것을 또마스한테서 샀다. He comprado estas flores *a* esa niña. 나는 그 소녀한테서 이 꽃들을 샀다. ④ [목적·방향·귀착점] …에·로. El va *a* Méjico. 그는 멕시코에 간다. Voy *a* Barcelona. 나는 바르셀로나에 간다. ⑤ [목적] …을 위해, …하러. Antonio vino *a* verme. 안또니오는 나를 만나러 왔다. ¿A qué vienes? 뭐하러 왔느냐. ⑥ [시점] …에. ¿A qué hora llega el avión? 비행기는 몇 시에 도착합니까. Partieron *al* día siguiente. 그들은 다음 날에 출발했다. ⑦ [지점] …에, …을, …에서. Llaman *a* la puerta. 누군가가 문을 두들긴다. El avión volaba *a* 130 kilómetros *al* oeste de la costa. 비행기는 해안에서 서쪽 130킬로미터의 곳을 비행하고 있었다. ⑧ [단위] …(의 비율)로. Venden *a* veinte pesetas el metro. 1미터에 20페세따로 팔고 있다. ⑨ [명령의 대용: a + inf.] …하자. ¡A dormir! 자, 자자. ¡A ver! 자, 보자. ⑩ [방법·수단] …으로, …을 써서. Iré *a* pie. 나는 걸어 가겠다. El escribe *a* mano. 그는 손으로 쓴다. La secretaria escribió *a* máquina. 여비서는 타자를 쳤다.

aarónico, ca 형 아론 (Aarón)의.
aaronita 형 아론의. 명 아론의 후손.
ababol 명 [식물] 양귀비꽃 (amapola).
abacá 명 [식물] 마닐라삼.
abacería 여 식료품점.
abacero, ra 명 식료품점 주인.
ábaco 명 주판; (당구의) 점수판.
abad 명 수도원장; 신부. ◇ **abadesa** 여 자 수녀원장.

abadía ① 수도원장의 직·관구·임기, ② 수도원 (monasterio).
abjo 부 아래로·로; 아래층에 (반) arriba) Sube y yo me quedaré *abajo*. 너는 올라 가거라, 나는 아래에 있겠다. Empezamos por la línea cinco contando desde *abajo*. 그는 아래에 있다.
abalanzar 타 균형을 잡다, 저울로 달다, 던져버리다. ◇ **~se** [+ a·sobre : …에] 달려들다, 돌진하다, 급습하다.
abaldonar 타 모욕하다 (ofender).
abanderado 명 기수(旗手).
abanderamiento 명 선적 등록.
abanderar 타 선정 등록 [증명]을 하다.
abandonado, da 형 버림받은, 의지할 곳 없는, 자포자기하는.
abandonar 타 버리다. Ernesto *abandonó* a su prometida. 에르네스또는 그의 약혼녀를 버렸다. ◇ **~se** 자포자기가 되다, (악덕·감정에) 빠지다. Si te *abandonas* a la pereza, estás perdido. 만일 태만에 빠지면, 너는 몸을 파멸한다.
abandono 명 ① 포기. ② 자포자기. ③ 마음 편함. Ella estaba vestida con *abandono*. 그녀는 단정치 못한 복장을 하고 있다. ④【경기】기권. ◇ **abandonismo** 명 자포자기 주의 ◇ **abandonista** 명 자포자기 주의자. 형 자포자기주의자.
abanicar 타 부채질하다; 학대하다; 혼내주다. ◇ **abanico** 명 부채; 선풍기. *abanico de culpas* 밀고자. *abanico de chimenea* 바람막이. *parecer abanico de tonta* 바보 같이 보이다. ◇ **abaniqueo** 명 부채질; 과장된 몸짓, 힘찬 손짓. ◇ **abaniquero, ra** 명 부채 장수.
abanto, ta 형 (소, 말 등) 놀라기 잘하는. 명 아프리카 독수리 종류.
abaratamiento 명 하락 (下落).
abaratar 타 (값을) 내리다.
abarca 명 슬리퍼 (zapatilla).
abarcar [z sacar] 타 ① 껴묶다, 꺼안다. Quien mucho *abarca* poco aprieta. 모든 것을 원하는 자는 전부를 잃는다. (El que todo lo quiere todo lo pierde). ② 포함하다, 갖다. España *abarca* dos tipos de idiomas ; las lenguas románicas y el vascuence. 서반아는 두 가지 형태의

abarquillar 타 밀가루 과자를 원추형으로 만들다.

abarrajar 타라하다; 걸려 넘어지다.

abarrancadero 남 장애, 궁지; 벼랑.

abarrancar 타 궁지에 몰아넣다. ◇ ~se 곤경에 빠지다.

abarrotar 타 (짐을) 넣다; 묶다, 싸다, (상품을) 매점하다.

abarrotería 여 식료품 가게.

abarrotero, ra 명 식료품 가게 주인.

abarrotes 남복 식료품(점). *tienda de abarrotes* 식료품점.

abastecer [31 conocer] 보급하다, 공급하다. *abastecer de víveres a una guarnición* 경비대에 식량을 보급하다.

abastecedor, ra 형 (식료품 등을) 공급하는. 남 공급자. ◇ **abastecimiento** 남 보급, 공급; 조달; 식량.

abastero 남 (야채·과일의) 중매인; 거간.

abasto 남 공급. 남복 식료품.

abatanar 타 표백하다; 학대하다.

abate 남 수도원장; 신부; 성직자.

abatí 남 [곤충] 꿀벌. 그 열매의 빛깔; 누런 빛.

abatir ① 내리다. *Los marineros abatieron las velas*. 선원들은 닻을 내렸다. ② 쓰러뜨리다. *Tuvimos que abatir los palos del barco*. 우리들은 배의 돛대를 쓰러뜨려야 했다. ◇ ~se 내리다; 쓰러지다. *El águila se abatió sobre su presa*. 그 독수리는 먹이 위에 춤추며 내려왔다. ② 녹초가 되다, 기가 죽다. *Al oírlo él se abatió mucho*. 그는 그 말을 듣자 마자 무척 기가 죽었다. ③ 쇠약해지다, 기운이 빠지다. *Se abatió por la enfermedad*. 그는 병으로 쇠약해졌다. ◇ **abatido, da** 형 풀이 죽은, 기가 꺾인; 인기·가격이 떨어진; (가격이) 상한, (가격을) 깎아 낮춘. ◇ **abatimiento** 남 쇠약; 맥 빠짐.

abdicar [7 sacar] 퇴위·양위하다. *El rey abdicó la corona en su hijo*. 왕은 왕위를 그의 아들에게 양위하였다.

abdicación 여 퇴위, 양위.

abdomen 남 배, 복부(vientre). ◇ **abdominal** 형 배·복부의. *cavidad abdominal* 복강.

abecé 남 자모(표), 초보 지식. *no entender · saber el abecé* 낫놓고 기역자도 모르다.

abecedario 남 자모(표) (alfabeto).

abeja 여 [곤충] 꿀벌. *Luis trabaja como una abeja.* 루이스는 꿀벌처럼 일한다. *abeja machiega · maestra · reina* 여왕벌.

abeja neutra · obrera 일벌.

abejero, ra 명 양봉가.

abejón 남 수펄(zángano). *hacer abejón* 수군거리다, 귀엣말을 하다.

abertura 여 구멍, 입, 사이, 틈. *La abertura del jersey es demasiado pequeña para que me quepa la cabeza*. 스웨터의 목이 너무 작아서 머리가 들어가지 않는다.

abierto, ta 형 ① 열린. ¿*Hasta qué hora está la tienda abierta?* 상점은 몇 시까지 열려 있습니까? *Ha dejado Vd. abierta la ventana*. 선생께서는 창문을 열려진 채로 두었습니다. *Mi tía me recibió con los brazos abiertos*. 숙모는 팔을 벌리고 나를 맞이하여 주셨다. ② 개방적인, 솔직한. *Es una persona abierta y simpática*. 그는 솔직 담백하고 마음이 너그러운 사람이다. ◇ **abiertamente** 부 널찍하게, 솔직하게.

abismo 남 ① 심연(深淵). *El joven era feliz al borde de un abismo*. 젊은이는 커다란 위험에 맞부딪치면서 (심연의 가장 자리에서) 행복했다. ② 간격, 거리. *Entre lo que promete y lo que hace hay un abismo*. 그가 약속하는 것과 실행하는 것과의 사이에는 큰 간격이 있다. ◇ **abismal** 형 심연의, 심해의. ◇ **abismar** 타 가라앉히다; 난처하게 만들다; 놀라다; 감탄하다. ◇ ~se 골돌히 생각하다; 놀라다, 감탄하다.

abjuración 여 (신앙·주의의) 포기.

abjurar 타 (신앙·주의를) 버리다.

ablación 여 (일부의) 제거, 거세.

ablandar 타 부드럽게 하다, 느슨하게 하다. *Sus palabras ablandaron el rigor de la cólera paterna*. 그의 말이 부친의 격렬한 노여움을 가라앉혔다. 재귀 부드러워 지다; 늦추어지다. *El caramelo (se) ablandó con el calor*. 더위 때문에 캐러멜이 부드러워졌다. ◇ **ablandamiento** 남 완화, 연화(軟化). ◇ **ablandativo, va** 형 부드럽게하는, 완화하는.

abnegación 여 자기 희생. *Entregó su juventud y su salud con la abnegación fácil de tal gente*. 그는 그러한 사람들에게 쉬운 희생적인 기분으로 자기의 젊음과 건강을 바쳤다. ◇ **abnegado, da** 형 헌신적인. ◇ **abnegarse** 헌신하다; 봉사하다.

abobado, da 형 어리석은, 멍청한, 바보같은, 미련한.

abofetear 타 손바닥을 치다; 뺨을 때리다 (dar una bofetada).

abogacía 여 변호사직. *El estudia abogacía*. 그는 법률을 전공하고 있다.

abogado, da 명 변호사. *El abogado tomó a su cargo la defensa de los intereses*

abolir del señor López ante los tribunales de justicia. 그 변호사는 법院에서 로페스씨 이익의 변호를 떠맡았다. ◇ **abogar** 재 변호하다, 두둔하다; 대변하다.

abolir 타 폐지·철폐하다 (suprimir); 무효로 하다.

abolsado, da 형 주머니로 된, 주머니 모양의.

abolsarse 재 주머니와 같이 되다; 불룩해지다.

abolladura 여 움푹 들어간 곳.

abollar 타 움푹 들어가게 하다. ◇ ~se 움푹 들어가다.

abollonar 타 두드러지게 아로 새기다, (금속을 눌러서) 두드러진 모양을 넣다.

abombar 타 불룩하게 하다. ◇ ~se (물이나 고기가) 썩다; 술이 곤드래가 되다; 명청하게 되다.

abominar 타 증오·미워하다, 싫어하다 (aborrecer). *abominar de* …을 미워하다. ◇ **abominable** 형 증오할. ◇ **abominación** 여 증오.

abonado, da 형 믿을 수 있는; 납입이 끝난. 명 예약·신청·납입자; 구독자. *guía de abonados* 전화 번호부.

abonar 타 ① 납입하다; 예약하다. *Hemos abonado en su cuenta corriente la suma de la comisión.* 우리들은 수수료를 귀형의 당좌 계정에 납입하였다. ② 보증하다. *Yo abono la veracidad de la anterior declaración.* 나는 전번 신고의 진실성을 보증한다. ◇ ~se [+a : …을] 예약·구독하다. *Me he abonado al boletín de la Academia.* 나는 아카데미아 공보의 구독 예약을 하였다.

abonaré 명 약속 어음 (pagaré).

abono 명 ① 불입; 예약. *Ya he pagado dos abonos de butaca en la ópera.* 나는 오페라의 정면 좌석을 2인분 예약하여 두었다. ② 비료 (fertilizante). *Existen abonos orgánicos y químicos.* 유기 비료와 화학 비료가 있다.

abordar 타 접근하다; (어려운 일에) 부딪치다. *Abordó el tema valientemente.* 그는 그 주제에 용감하게 부딪쳤다.

abordaje 접근, 진공.

aborigen 형 원주민.

aborrecer [30 *crecer*] 타 ① 싫어하다. *Aborrezco esta vida que me cansa.* 나는 이렇듯 피로한 생활을 싫다. ② 증오하다 (odiar). *El aborrecía de muerte a su vecino.* 그는 그의 이웃을 죽도록 미워했었다. ◇ **aborrecible** 형 싫어하는.

aborrecimiento 증오, 혐오, 얄미움.

abortar 타 유산시키다. 재 유산하다. ◇ **abortivo, va** 형 유산·조산의. 명 낙태용 약제. ◇ **aborto** 명 유산; 조산아.

abotonar 타재 단추를 잠그다. *Abotónese su chaleco.* 조끼 단추를 잠그시오.

abovedar 타 아치를 만들다; 아치형으로 만들다.

abozalar 타 입마개 (bozal)를 물리다.

abra 여 (작은) 만; 골짜기.

abrasador, ra 형 타는, 타는 듯한, 뜨거운.

abrasamiento 형 연소.

abrasar 타 태우다; 전부 소비해 버리다. ◇ ~se 타다, 애를 태우는 기쁨을 나에게 주다.

abrasión 여 (피부의) 벗겨진 상처; 파도에 의한 침식 작용.

abrasivo 여 연마분.

abrazadera 여 강철로 만든 테; 자물쇠, 걸쇠, 돌쩌귀.

abrazar [9 *alzar*] 타 ① 껴안다, 품다. *Espero que vengas y me proporciones el gusto de abrazarte.* [서간문] 부디 오셔서 당신을 껴안는 기쁨을 나에게 주시오. ② 포함하다. *Este título abraza el contenido de la obra.* 이 표제는 그 작품의 내용을 포함하고 있다. ◇ ~se [+a 에] 껴안다; 달라붙다. ◇ **abrazamiento** 명 포옹.

abrazo 명 포옹. *Déle un abrazo en mi nombre.* 그에게 잘 말씀해 주십시오 (나의 이름으로 그에게 포옹을 베푸십시오).

abrebotellas 명 【단·복수 동형】 병따개, 오프너.

abrecartas 명 【단·복수 동형】 편지 뜯는 칼.

abrecoches 명 【단·복수 동형】 호텔 현관의 종업원.

ábrego 명 남서풍.

abrelatas 명 【단·복수 동형】 깡통따개, 오프너.

abreostras 명 굴 따는 칼.

abrevadero 명 (가축들이) 물 먹는 곳.

abrevar 타 (가축에게) 물을 마시게 하다, 물에 적시다, (논에) 물을 대다.

abreviar [11 *cambiar*] 타 줄이다; 요약·단축하다. *Así podremos abreviar los trámites.* 이렇게 하면 우리들은 수속을 간단히 할 수 있을 것이다. ◇ **abreviatura** 명 약자, 요약.

abrigo 명 ① 【의복】 오버(코트), 외투 (sobretodo). *Póngase el abrigo.* 외투를 입으시오. ② 보호, 비호, 피난처. *Buscamos abrigo en una caverna.* 우리들은 동굴 속에 피난처를 발견했다.

abrigar [8 *pagar*] 타재 따스하게 하다, (추위로부터 몸을) 지키다. *Esta manta abriga mucho.* 이 담요는 매우 따뜻하다. *Abríguese bien antes de salir.* 외출하기 전에 (외투 따위로) 따뜻하게 하고 가십

abril 남 ① 4월. *Abril* lluvioso, hace mayo florido y hermoso. 비가 많은 4월인 쭃고는 5월을 아름다운 것으로 만든다. ② 청춘(juventud). ◇ **abrileño, ña** 형 4월의·다운.

abrir [과거분사 abierto] 타 ① 열다 [↔cerrar]. ¿Tengo que *abrir* esta maleta? 이 여행가방을 열어야 합니까. *Abra* la ventana. 창문을 여십시오. El niño *abrió* mucho los ojos. 어린이는 눈을 크게 떴다. ② 개시·개설하다. ¿Quiere *abrirme* cuenta? 구좌를 개설해 주시겠습니까. ◇ **se** 열리다, 열다; 개시하다. Las puertas *se abren* a las diez. 문은 10시에 연다. *abrirse paso entre* 일어헤치고 나아가다. Era difícil *abrirnos paso entre* esa multitud de gente. 우리들이 저 인파를 헤치고 나아가기는 어려웠다.

abrochar 타 (사람의) 단추·혹·버클을 채우다. *Abróchale* el abrigo al niño. 어린이 외부의 단추를 채워 주십시오. Tengo dificultad en *abrocharme* el cinturón. 벨트(의 버클)를 죄는 것이 어려워졌다. ◇ **abrochador** 남 단추걸이.

abrogar [⑧] 타 폐기하다. ◇ **abrogación** 여 폐기 (법령의).

abrumar 타 압도하다; 괴롭히다. En aquellos tiempos estaba *abrumado* por los acreedores. 그 무렵 그는 빚쟁이에게 피롭힘을 당하고 있었다. ◇ **abrumador, ra** 형 압도시키는 (듯한), 압도적인. El me habló de una manera *abrumadora*. 그는 나에게 짜증나게 하는 말씨로 말했다.

absceso 남 [의학] 종기, 종양.

absolución 여 사면; 석방. *absolución libre* 무죄 석방. *absolución general* 대사면.

absoluto, ta 형 ① 절대적인. Tengo la certeza *absoluta* de que es así. 그렇다고 할 절대적인 확신이 나는 있다. ② 전제의, 전횡의. Era un rey *absoluto*. 그는 절대군주였다. *en absoluto* 전혀, 조금씩도. ¿Le molesto? – No, *en absoluto*. 방해가 될까요. – 아니오, 천만에. ◇ **absolutamente** 부 절대로, 전혀. Es *absolutamente* imposible realizarlo sin tener las informaciones. 예비 지식이 없이는 그것을 실시하는 것은 절대로 불가능하다. ◇ **absolutismo** 남 전제주의 정치. ◇ **absolutista** 형 전제주의의. 남 전제주의자.

absolver [29 volver] 타 용서하다, 사면하다(perdonar); 석방하다.

absorber 타 마시다; 흡수·섭취하다. La arena *absorbió* el agua al instante. 모래는 순식간에 물을 빨아들였다. Las plantas *absorben* el alimento de la tierra. 식물은 대지의 양분을 섭취한다. ◇ **absorbente** 형 흡수성의. 남 흡수제; 탈지면. *absorbente higiénco* 위생솜. ◇ **absorción** 여 흡수, 섭취.

abstenerse [58 tener] 재 [+de:…을] 멈추다, 삼가다. Tienes que *abstenerte* del tabaco. 너는 담배를 끊어야 한다. *Me abstuve de* preguntárselo. 나는 그에게 그것을 묻는 것을 그만 두었다. ◇ **abstención** 여 금욕 (abstinencia). ◇ **abstinencia** 여 금욕.

abstracto, ta 형 추상적인. La filosofía es una ciencia *abstracta*. 철학은 추상적 학인다. *en abstracto* 추상적으로. ◇ **abstracción** 여 추상; 추출; 전념. ◇ **abstractamente** 부 추상적으로. ◇ **abstractivo, va** 형 추상적.

abstraerse [71 traer] 재 [+de:…를] 버리다, 잊어버리다. Procuré *abstraerme de* lo que me rodeaba. 나는 주위의 일을 무시하려고 노력했다.

absurdo, da 형 불합리한, 터무니없는. Es *absurdo* ir allí de noche. 밤에 그곳에 가다니 주책없는 일이다. Es un cuento *absurdo*. 그것은 터무니없는 이야기이다. 남 불합리, 터무니없는 일. No digas *absurdos*. 터무니없는 말을 하지 마라. ◇ **absurdamente** 부 불합리하게, 어리석게. ◇ **absurdidad** 여 부조리, 불합리.

abuelo, la 남여 할아버지, 할머니. Mis *abuelos* viven todavía. 나의 조부모는 아직 생존하다. 남복 조부모; 조상, 선조.

abultado, da 형 부풀어 오른, 큰. Me mostró un libro bastante *abultado*. 그는 나에게 꽤 부피가 큰 책을 보여 주었다. ◇ **abultamiento** 남 부피가 큼; 부풀어 오름.

abundamiento 남 풍부.

abundancia 여 풍부; 유복. El cielo ha regado la tierra con *abundancia*. 하늘은 땅 위에 흡족하게 비를 내렸다. *en abundancia* 흡백; 유복하게. En zonas montañosas nieva *en abundancia*. 산악 지방에서는 눈이 흡백 내린다. De la *abundancia del corazón habla la boca*. {속담} 취중에 진담. ◇ **abundancial** 형 많이 있는, 풍부한.

abundante 형 [+en·de:…가] 풍부한. Es un país *abundante* en recursos naturales. 천연 자원이 풍부한 나라다.

abundar 재 많이 있다; [+en:…이] 풍부하다. En estos contornos *abundan* las cigüeñas. 이 부근에는 황새가 많다. Este país *abunda en* recursos naturales. 이 나라는 천연 자원이 풍부하다.

aburrir 타 지치게 하다. José *aburre* a

abusar todo el mundo. 모세는 모든 사람을 지치게 한다. La película me *aburría*. 그 영화는 지루했다. ◇ ~**se** 지치다, 지루하다. *Me aburrí* en la conferencia. 나는 그 강연에서 지루하였다. ◇ **aburrido, da** 형 지루한 [⊕ divertido]; 참을 수 없는. Es un libro muy *aburrido*. 그건 아주 지루한 책이다. ◇ **aburrimiento** 남 권태, 지루함.

abusar 자 [+de; …을] 악용·남용하다. No *abuses* de mi paciencia. 나의 인내심을 악용하지 마라. El *abusa* de su bondad. 그는 당신의 친절을 이용한다.

abusión 여 남용; 불합리(한 일).

abuso 남 남용, 원권, 부당 (행위). Es un *abuso* cobrar 200 pesetas por aquello. 그 일로 200뻬쎄따나 받는다는 것은 부당하다. ◇ **abusón, na** 형 직권·권능을 남용하는. 남 직권 남용자.

abyección 여 굴욕, 비겁.

abyecto, ta 형 비열한, 비천한.

A.C Año de Cristo (서기).

a/c a cuenta de; a cargo de.

acá 부 [시간적, 공간적] 이쪽으로. Ha venido Vd. demasiado hacia *acá*. 당신은 너무 이쪽으로 왔소. Ven *acá*. 이리 오너라. De ayer *acá* hace un tremendo frío. 어제부터 너무 춥다. *por acá* 이쪽, 이 근방. Tenga Vd. la amabilidad de pasar *por acá*. 이쪽으로 오십시오.

acabar 자 ① 끝나다, 다하다. Los exámenes *acabarán* pasado mañana. 시험은 모레 끝날 것이다. ② [+con·en·por …로] 끝나다, 최후가 …로 되다. La península *acaba en* punta. 반도는 끝이 뾰족해져 있다 (뾰족한 끝으로 되어 끝나있다). ③ [+de+inf.] 방금 …하였다. El tren *acaba de llegar*. 열차는 방금 도착하였다. José *acaba de salir* hace sólo un momento. 호세는 불과 조금 전에 출발하였을 따름이다. 타 끝내다, 마무리하다. *Acabe* Vd. su trabajo pronto. 빨리 일을 끝내십시오. Este mueble está muy bien *acabado*. 이 가구는 아주 훌륭하게 마무리되어 있다. ◇ ~**se** 끝나다; 다해지다. Él acabó. 만사가 끝났다. *Se me acabó* el dinero. 나는 돈이 없어졌다.

acabado, da 형 완성한, 완료한; 끝장난; 낡은, 못쓰게된, 부서진(destruido); 소모한. *producto acabado* 완제품. 남 완성.

acabalar 타 완전하게 하다(completar).

acaballerado, da 형 신사같은, 신사다운.

acabamiento 남 끝, 종말; 죽음, 완성, 완료.

acacia 여 【식물】 아카시아.

academia 여 학사원, 한림원, 학회; (사립의 각종) 학교, 학원. La Real *Academia de la Lengua* 서반아 왕립 국어 한림원. *academia de dibujo* 미술 학원. ◇ **académico, ca** 형 학사원·한림원의; 대학·학교의. 남 학사원 회원, 한림원 회원.

acaecer [31] *conocer* 자 (사건·일이) 일어나다 (suceder). ◇ **acaecimeinto** 남 (돌발) 사건.

acalambrarse 재 호박같이 되다; 쥐나 경련(calambre)이 일어나다; 바보로 되다.

acalenturarse 재 열을 내다, 발열하다.

acalorado, da 형 격렬한, 흥분한, 열띤.

acaloramiento 남 열, 격렬, 흥분.

acalorar 타 열을 가하다, 데우다; 격려하다. *acalorarse en·con·por*…타다; 흥분·열중하다, 열을 띠어 이야기하다.

acaloro 남 = acaloramiento.

acallar 타 조용하게 하다, 침묵시키다.

acampar 타 야영시키다. 자재 야영하다. ◇ **acampamento** 남 야영, 진영.

acaparar 타 매점, 독점하다. ◇ **acaparamiento** 남 매점, 독(과)점.

acaponado, da 형 거세된, 허약한.

acaracolado, da 형 달팽이 모양의.

acaramelado, da 형 캐러멜의 성질을 지닌, 부드러운, 행동과 말에 익숙한.

acaramelar 타 캐러멜로 변하다. ◇ ~**se** 사랑스런 마음을 나타내다, 캐러멜의 성질을 지니다.

acareamiento 남 대질(對質); 조합.

acarear 타 대질시키다.

acariciador, ra 형 애무하는.

acariciar [11] *cambiar* 타 ① 쓰다듬다; 귀여워하다(mimar). José *acarició* al niño en la cabeza 호세는 그 아이의 머리를 쓰다듬었다. ② (생각을) 가지다. *Acariciaba* la idea de marcharse a América. 그는 미국으로 건너갈 생각을 가지고 있었다.

acarrear 타 ① 날라오다·가다. Hicieron este monte *acarreando* mucha tierra. 사람들이 흙을 많이 날라와서 이 산을 만들었다. ② 가져오다. Aquella imprudencia nos *acarreó* muchos disgustos. 그 부주의가 우리들에게 많은 불쾌감을 가져왔다. ◇ **acarreo** 남 운송, 운임.

acaso 부 아마(tal vez, quizás). *Acaso* preferiría usted ir en persona. 아마 당신은 손수 가시는 것이 좋을 것이다. *Acaso venga mañana*. 아마 그는 내일 올 것이다. ¿*Acaso* estabas tú allí? 아마 너는 그곳에 있었지. *por si acaso* 만일을 위하여서, …할지도 모르겠어서. *Por si acaso* lo necesitas, lleva suficiente dinero. 혹시 필요할지도 모르니까, 충분히 돈을 가지고 가거라. Llevemos paraguas *por si* *acaso* llueve. 혹시 비가 올지 모르니 우산을 가지고 갑시다.

acatamiento 멤 존경, 경의, 경례.

acatar 目 존경하다(respetar); 경의를 표하다; 주의해서 보다.

acatarrar 目 감기에 걸리게 하다. ◇ ~**se** 감기에 걸리다. Estoy *acatarrado*. 나는 감기에 걸려 있다.

acates 멤 충실한 사람.

acato 멤 존경(acatamiento).

acatólico, ca 휑 반카톨릭의.

acaudalado, da 휑 풍부한, 풍족한; 부유한(adinerado). 멤 갑부, 부자.

acaudalar 目 재물을 쌓다; 학식을 쌓다; 덕망을 높이다.

acaudillar 目 지휘하다, (…의) 수령이 되다; 좌우하다. ◇~**se** 자기들의 수령으로 삼다.

acceder 困 [+a: …를] 승낙하다, (…에) 동의하다. Lamentamos no poder *acceder* a su solicitud de descuento. 할인 청구는 미안하지만 승낙할 수 없읍니다. José *accedió a* venir con nosotros. 호세는 우리들과 함께 갈 것에 동의했다.

accesibilidad 멤 친하기 쉬움, 가까이하기 쉬움; 온순.

accesible 휑 가까이하기 쉬운, 친하게 하는; 손닿는, 손에 넣기 쉬운.

accesión 멤 승락; 동의; 부속(물); 가입, 가맹; 성교.

acceso 멤 접근, 들어 감; 교제; 통로, 통행; 발작; 교접.

accesorio, ria 휑 부속의, 부차적인. 멤 부속품, 도구.

accidentado, da 휑 기절한; 기복이 많은; 다난한.

accidente 멤 ① 사고. El *accidente* ocurrió aquí mismo. 사고는 바로 여기에서 일어났다. Fue un *accidente*. 그것은 사고였다. La hora de llegada, salvo *accidente*, es las ocho de la noche. 도착 시각은 사고가 없으면 밤 8시이다. ②【문법】(명사・형용사・동사의) 어미 변화.

accidental 휑 우연의; 임시의. Fui a Madrid en un viaje *accidental*. 나는 임시 여행으로 마드리드에 갔다.

accidentar 目 사고를 일으키다. ◇ **accidentarse** (발작이) 일어나다, 사고를 입다.

acción 멤 ① 활동; 행위, 행동. Sus *acciones* contradicen sus palabras. 그의 행동은 말과 모순된다. ② 작용. Las *acciones* del ácido sobre este metal es considerable. 이 금속에 대한 산(酸)의 작용은 상당히 크다. ③【상업】주, 주식. ¿Tiene usted *acción* de la Compañía? 그 회사의 주를 가지고 있읍니까.

acciones ferroviarias 철도주. ◇ **accionar** 困 행동하다; 몸짓・연기를 하다; [+en: …에] 작용하다. 目 움직이게 하다, (…에) 작동하다. Esta pieza *acciona* el freno. 이 부품이 브레이크를 움직이고 있다.

accionista 멤 주주. asamblea (junta・reunión) general de *accionistas* 주주 총회. lista (registro) de *accionistas* 주주명부.

acecinar 目 (고기 따위를) 소금에 절여서 말리다, 소금에 절이다.

acechanza 멤 = **acecho**.

acechar 目 노리다, 정탐하다, 매복하다, 숨어서 기다리다.

acecho 멤 탐정, 매복.

acedar 目 마음을 태우다; 불패하게 하다. ◇~**se** 음식이 쉬다.

acedia 멤 신맛, 쓴맛; 불패; 【물고기】 넙치.

acedo, da 휑 신맛의; 쉰; 불패한.

acéfalo, la 휑 머리가 없는; 우두머리가 없는.

aceite 멤 기름. Los *aceites* vegetales se extraen de frutos y semillas. 식물성 기름은 과실이나 씨앗에서 짜낸다. Úntelo con *aceite*. 그것에 기름을 발라라. *aceite* de olivo 올리브 기름. ◇ **aceitar** 目 기름칠을 하다, 기름을 바르다. ◇ **aceitazo** 멤 폐유. ◇ **aceitera** 멤 기름통. ◇ **aceitería** 멤 기름집. ◇ **aceitero, ra** 휑 기름의; 제유(製油)의. 멤 기름 상인. ◇ **aceitón** 멤 폐유(aceitazo). ◇ **aceituna** 멤【과실】올리브 (열매, 나무).

acelerar 目 빨리하다, 가속(加速)하다. Hacemos todo lo preciso para *acelerar* el despacho. 처리를 빨리하기 위해 우리들은 필요한 모든 일을 한다. ◇ **aceleración** 멤 급속, 촉진; 【물리】가속도. ◇ **acelerado, da** 휑 빠르게 한, 가속한. *movimiento acelerado* 가속 운동. ◇ **acelerador** 멤 가속 장치. ◇ **aceleradamente** 휑 서둘러서, 급속하게. ◇ **aceleratriz** 휑 가속도의. *fuerza aceleratriz* 가속도 운동.

acémila 멤 짐싣는 말, 짐싣는 짐승.

acemita 멤 밀기울로 만든 빵.

acemite 멤 밀기울.

acendrar 目 닦다, 정화하다; 세련하다; 깨끗하게 하다.

acento 멤 ①【문법】 악센트. Pon el *acento* sobre esta vocal. 이 모음 문자에 악센트를 붙여라. ② 어조; 방언, 사투리. Me ha hablado con *acento* entusiasta. 그녀는 열광적인 어조로 나에게 말했다. José tiene *acento* andaluz. 호세는 안달루시아 사투리가 있다. El habla con *acento* español. 그는 서반아 어투로 말한다.

③ 강조. El pone especial *acento* en la importancia del asunto. 그는 그 일의 중요성을 특히 강조하고 있다.

acentuar [14 actuar] 国 (말에) 악센트를 붙이다, 강조·역설하다. *Acentúe* usted bien al hablar. 말할 때에는 악센트를 확실히 붙이십시오. ◇ **acentuación.** 여 악센트를 붙임, 강조.

acepilladura 여 대패질; 솔질; 대패밥.

acepillar 国 (속)대패질하다; 솔질하다.

aceptabilidad 여 수용성, 받아들일 수 있음, 허락·용납·인수할 수 있음.

aceptable 형 승락할만한, 받아들일만한, 인수할 수 있는.

aceptar 国 받아들이다, 승낙·수락·인수하다. *Aceptamos* las condiciones que nos han propuesto. 조건을 폐사는 받아들입니다. ¿*Aceptan* ustedes cheques de viajeros? 여행자 수표를 받아 줍니까. En este banco serán *aceptados* los cheques de viajeros. 이 은행에서 여행자 수표는 인수해 주겠지요. ◇ **aceptación** 여 받아들임, 수락, 환영. Estamos dispuestos a la *aceptación* de aquellas condiciones. 폐사는 그 조건을 받아드릴 용의가 있습니다.

acequia 여 하수도, 도랑. 개천(arroyo).

acera 여 보도, 인도. El muchacho se sentó en la *acera*. 그 소년은 보도에 앉았다.

acerado, da 형 강철같은, 강철의; 철로 만든.

acerar 国 강철로 하다; 강철과 같이 견고히 하다; 도금하다, 생기를 주다; 노력하다.

acerbo, ba 형 신랄한, 가혹한, 잔인한; 쓰라린, 아픈, 쓴맛을 주는; 엄격한, 불손한.

acerca 부 [+de]…에 대하여, 관하여. *Acerca* del asunto hay mucho que decir. 그 전에 대해 말할 것이 많이 있다. Le escribimos *acerca de* su viaje. 우리는 그에게 귀하의 여행에 대해서 썼다. ¿Qué opina usted *acerca de* eso? 그것에 대해서 어떻게 생각하십니까.

acercar [7 sacar] 国 가까이 하다. Por favor, *acérqueme* una silla. 의자를 이쪽으로 가까이 당겨주십시오. Esto nos *acerca* a la solución 이것은 우리들을 해결에 접근시킨다. ◇ **-se** [+a : …에] 가까이 가다. José *se acercó* a la puerta. 호세는 문에 접근하였다. ¡*Acérquese*! 더 가까이 오세요. El invierno *se acerca*. 겨울이 다가온다.

acercamiento 남 집근, 신선.

acería 여 제강소, 제철소.

acero 남 강철.

acertar [19 pensar] 国 잘 맞추다, (…을) 적중하다. Es difícil *acertar* quien va a ganar. 누가 이길 것인가를 적중하기는 어렵다. Gana el que *acierte* el número. 번호를 알아 맞춘 사람이 이긴다. ◇ ① [+con·a·en; …에] 잘 들어맞다, 부딪치다. No *acerté con* la casa. 나는 그 집을 찾아낼 수가 없었다. José *acercó* en el centro del blanco. 호세는 과녁의 한가운데를 맞추었다. ② [+a+inf.] 공연히 …하게 되었다. Yo *acertaba* a pasar por la casa cuando salía ella. 그녀가 나갔을 때 나는 우연히 집에 들르게 되었다. *Acertó* a pasar por allí un guardia. 우연히 경관이 그곳을 지나갔다. ◇ **acertado, da** 형 적중한, 정확한. Su observación fue muy *acertada*. 그의 관찰은 매우 적중했다. ◇ **acertadamente** 부 정확히, 어김없이. ◇ **acertamiento** 남 적중·정확함. ◇ **acertijo** 남 수수께끼.

acetanilida 여 해열제.

acetato 남 [화학] 초산염.

acético, ca 형 초산의. *ácido acético* 초산.

acetileno 남 [화학] 아세틸렌.

acetona 여 [화학] 아세톤.

acetre 남 두레박; (세례식에 쓰는) 성수병.

aciago, ga 형 불길한, 불행한(funesto). *dia aciago* 흉일.

acial 남 (소·말의) 코뚜레.

acíbar 남 고통, 슬픔, 불안, 고민; 불쾌 (amargura).

ácido, da 형 산의, 신, 시큰한. [화학] 산(酸).

acierto 남 적중, 정확. Es un *acierto* el traje que te has comprado. 네가 산 옷은 값으로 치면 잘 산 것이다(알맞게 산 것이다).

aclamar 国 ① 갈채하다, 환호하다. Los espectadores *aclamaron* al torero con bravos. 관객은 투우사에게 (잘했다)라고 환호했다. ② [+por :…라 하여] (환호하여) 추대하다. La *aclamaron* por su rey 사람들은 그를 자기들의 왕으로서 추대하였다. ◇ **aclamación** 여 환호, 손뼉, 갈채. Fue elegido presidente por *aclamación*. 그는 전원 일치로 (환호받으면서) 의장으로 선출되었다.

aclarar 国 ① 밝게하다 ; 맑게하다, 엷게하다. ¿*Aclarará* hoy el tiempo? 오늘 날씨가 개일까. Va *aclarando*. 날씨가 맑아진다. ¿Quiere *aclarar* el tono de las paredes? 벽의 색조를 밝게 하여 줄 수 있을까. ② 해명·설명하다. Hay que *aclarar* este asunto. 이 문제를 확실히 해야 한다. 邵 밝아지다. Si (se) *aclara* el tiempo saldremos a dar un paseo. 하늘이 밝아지면 우리들은 산책하러 나가

자. ◇ **aclaración** 예 해명, 설명. ◇ **aclaratorio, ria** 형 해명·설명의.

aclimatar 타 풍토에 적응하이다, 순화하다; 길들이다. ◇ **aclimatable** 형 풍토에 적응할 수 있는. ◇ **aclimatación** 예 풍토에 익힘; 순화, 순응.

acné 예 (피부) 차창(座瘡), 여드름.

acocear 차버리다; 밟아버리다; 모욕주다, 괄시하다(maltratar).

acocharse 재 웅크리다, 움츠리다.

acochinar 타 (저항 불능의 사람들을) 죽이다, 무참하게 하다.

acodar 타 팔꿈치를 고이다.

acodiciar 타 탐내다. ◇ ~**se** [+a·de:…을] 가지고 싶어하다.

acodillar 타 팔꿈치 형태로 구부리다.

acoger [3 coger] 타 맞이하다 (수용·환영). Le *acogieron* cordialmente. 그들은 그를 충심으로 맞았다. El asilo *acoge* a los ancianos. 수용소는 노인을 맞아들인다. Me *acogieron* como a una persona de la familia. 나를 가족의 한 사람같이 맞이하였다. ◇ ~**se** [+a:…에] 도망해 가다, 의지하다. Los franceses se *acogieron* a las naves. 프랑스사람들은 배 쪽으로 도망해 들어갔다. El se *acogió* a la protección del gobernador. 그는 총독의 보호에 의지했다. ◇ **acogida** 예 수용·환영. Tuve una calurosa *acogida*. 나는 융숭한 대접을 받았다. ◇ **acogimiento** 남 맞아들임; 수용(소); 환영(acogida).

acojinar 타 방석에 (솜·털·스폰지 등을) 넣다.

acolchonar 타 솜·양털을 넣어서 꿰매다.

acólito 남 시승 (교회에서 목사를 돕는); 조수, 수종인, 신봉자(novicio).

acollar 타 (식물에) 흙을 북돋아주다.

acollarar 타 목걸이를 하다, 말에 목걸이를 걸다.

acometedor, ra 형 습격하는. 남 습격자.

acometer 타 습격하다. *acometer a* …할 결심을 하다, 감히 …하다.

acometida 예 습격, 공격.

acometimiento 남 습격.

acometividad 예 공격성, 습격성.

acomodar 타 ① 놓다; 안정시키다. José *acomodó* su equipaje en la red. 호세는 짐을 그물 시렁에 얹었다. ② 취직시키다. José la *acomodó* de secretaria en la oficina de su amigo. 호세는 그녀를 친구 사무소의 비서로 알선하였다. 재 끼어 들어 맞다 (조화, 적합). Te enviaré una señorita que te *acomode* para secretaria. 자네의 비서로서 알맞는 아가씨를 보내 겠네. Haga usted lo que le *acomode*. 좋으실대로 하세요. ◇ ~**se** ① 안정하다. *Acomódese*, que tenemos tiempo. 시간이 넉넉하므로 푹 쉬십시오. ② [+a·con:…에] 따르다, 순응하다. Ella sabe *acomodarse a* las circunstancias. 그녀는 환경에 순응할 줄을 알고 있다. ◇ **acomodable** 형 적응할 수 있는. ◇ **acomodación** 예 적응; 조절; 화해; 설비; 편의. ◇ **acomodadizo, za** 형 융통성있는, 타협적인. ◇ **acomodado, da** 형 유복한, 편안한, 비교적 값싼. Gozaba de una vida *acomodada*. 그는 편안한 생활을 즐기고 있었다. ◇ **acomodador, ra** 남 (극장 따위의) 안내원.

acompañar 타 ① (…에) 따르다 (동반, 동행; 동봉; 반주). No puedo persuadirla que nos *acompañe*. 나는 우리와 함께 가자고 그녀를 설득할 수 없다. Le *acompañaré* hasta la esquina. 나는 모퉁이까지 당신을 따라 가겠습니다. Si usted me permite, la *compañaré* a su casa. 만일 개의치 않으시다면 댁까지 당신을 데려다 드리겠습니다. Tengo que *acompañar* a mi mujer a casa del médico. 나는 의사의 집까지 아내를 동행해 주어야 한다. Los vientos rugían *acompañados de furiosa lluvia*. 바람은 무서운 비를 동반하고, 포효하고 있었다. *Acompañamos* a esta carta una lista de precios. 이 편지에 가격표를 동봉합니다. ② [+con:…을](…에) 곁들이다. Los españoles acostumbran *acompañar* la comida con abundante pan. 서반아사람은 식사에 많은 빵을 곁들이는 습관이 있다. ◇ ~**se** [+de:악기로 반주] 타. Cantaba *acompañándose con* la guitarra. 그는 기타를 치면서 노래했다. ◇ **acompañado, da** 형 사람많이 꼬인(concurrido). *acompañado de* …동반해서, 동봉해서, 덧붙여. 남 동반자: 고문역, 보좌인. ◇ **acompañador, ra** 남 동반자, 동행자. ◇ **acompañanta** 예 동반한 여자; 보모. ◇ **acompañamiento** 남 동반, 동행; 수행하는 사람들; 반주(단). ◇ **acompañante** 남 동반자, 수행자(acompañador).

acompasado, da 형 사이가 고른; (곡이) 느리고 단조로운; 박자가 맞는.

acompasar 타 컴퍼스로 재다; 박자를 맞춰 하다; 천천히 이야기하다.

acondicionado, da 형 조건에 맞은, 조절한. *acondicionado bien·mal*: (성질·상태·조건이) 양호한·불량한.

acondicionador 남 조절기, 조절 장치. *acondicionador del aire* 실내 온도 조절 장치, 에어컨디션.

acondicionamiento 남 조절, 조정. *acondicionamiento de aire* 공기 조절.

acondicionar 타 조정하다, 조건을 갖추다.

acongojar 탄 서글프게 하다. 슬픔을 주다. ◇ ~se 슬픔에 젖다.

aconsejar 탄 조언·충고·권고하다. Te aconsejo que hoy no salgas a la calle. 오늘은 외출하지 말도록 너에게 충고한다. ◆ **aconsejable** 형 권고·조언·충고할 수 있는.

acontecer [30 crecer; 3인칭만 활용] 자 (사건이) 일어나다. Aconteció lo que suponía yo. 내가 상상하고 있던 일이 일어났다. Aconteció que en aquel momento se pusieron a ladrar los perros. 그때 마침 개들이 짖기 시작하였다 (짖기 시작한다는 일이 일어났다). ◇ **acontecimiento** 남 사건, 행사. Su muerte ha constituido un acontecimiento histórico. 그의 죽음은 하나의 역사적인 사건이었다.

acopado, da 형 잔 모양의: 잔 모양으로 되는.

acopiar 탄 축적하다. (긁어) 모으다.(상인이) 독점으로 사들이다.

acopio 남 축적, 저축. [상업] 독점으로 사들임.

acoplador 남 [기계] 연결기, 연결부.

acoplamiento 남 접합, 연결; 연결 장치.

acoplar 탄 짝지우다, 하나가 되게 하다.(다툼을) 연결하다. 화해시키다. 교미시키다. ◇ ~se 한쌍이 되다. 화해하다. 친밀해지다.

acorazar [9 alzar] 탄 장갑하다. ◇ ~se 갑옷을 입다. ◇ **acorazado, da** 형 장갑의, 갑갑한, 전함. ◇ **acorazamiento** 남 장갑.

acordar [24 contar] 탄 정하다, 결의·결정하다. Tenemos que acordar la hora de salida. 우리는 출발 시간을 결정해야 한다. Los dos hermanos acordaron visitar a su tío. 두 형제는 삼촌을 방문하기로 의견이 일치하였다. ◇ ~se ① [+de : …를] 생각해 내다, 기억하고 있다. No me acuerdo de su nombre. 나는 그의 이름을 기억하지 못한다. ¿Se acuerda usted de lo que decía José? 호세가 말한 것을 생각해 내셨나요. ② 결정되다, 일치하다. Se acordó enviarle un telegrama. 그에게 전보를 보내기로 결정되었다.

acordonado, da 형 새끼 형의, 새끼 모양의.

acordonar 탄 끈으로 잡아매다. 새끼를 꼬다. 새끼를 감다.

acornear 탄 (뿔·상으로) 찌르다.

acorralar 탄 울안에 넣다, 가두다; 포위하다: 말로 다지다, 겁내게 하다. ◇ ~se 안에 들어가다. 잠복하다.

acortar 탄 짧게 하다, 단축하다. ◇ ~se 오므라들다. ◇ **acortamiento** 남 단축.

acostar [24 contar] 탄 눕히다, 잠재우다. Es hora de acostar a los niños. 아이들을 재울 시간이다. Lola estaba acostada en el sofá. 롤라는 소파에 누워 있었다. Casi nunca me acuesto antes de las once. 나는 11시 이전에 자는 일은 거의 없다. ◇ **acostado, da** 형 잠자고.

acostumbrar 탄 [+a : …에] 길들이다, 습관들게 하다. Estoy acostumbrado a acostarme tarde. 나는 늦게 잠자리에 드는 버릇이 있다. Allí me acostumbraron a su bebida. 저기서 나는 그 음료에 길들여졌다. Los padres acostumbraron a sus niños a lavarse las manos antes de comer. 부모는 식사 전에 손을 씻은 일을 아이들에게 버릇들였다. 자재 [+a : …에] 길들이다, (의) 습관이 있다. José acostumbra a ir al cine dos veces por semana. 호세는 1주일에 영화를 두 번 보러 가는 습관이 있다. José está acostumbrado a levantarse temprano. 호세는 일찍 일어나는 습관이 있다. ◇ **acostumbrado, da** 형 익숙한.

acrecentar [19 pensar] 탄 불리다, 증대·증진시키다. Esta gestión ha acrecentado su influencia. 이 공작이 그의 세력을 증대시켰다.

acreditar 탄 ① 보증하다; 신임하다. Su firma ha acreditado este documento. 그의 서명이 이 서류(의 효력)의 보증으로 되었다. ② (…에게) 신용 대부를 하다. ◇ ~se [+de : …로서] 신용·평판을 얻다; 자격을 얻다. Se accredió de cobarde. 그는 비겁한 사람이라는 평판을 받았다. ◇ **acreditado, da** 형 신용·명성이 있는.

acreedor, ra 남 채권자.

acreencia 여 【상업】 채권, 자산, 신용 (crédito).

acriminación 여 고발, 고소.

acriminar 탄 고발·고소하다, 죄를 지우다 (acusar).

crimonia 여 피륙; 신랄; 호됨; 신맛.

crimonioso, sa 형 혹독한, 매서운; 빈정대는.

criollarse 재 아메리카 태생같이 되다.

crisolar 탄 정련하다, 정화하다; 청신하게 하다; 순수하게 하다.

acrobacia 여 곡예. acrobacia aérea 공중 곡예. ◇ **acróbata** 공 곡예사.

acta 여 기록; 증서. acta de matrimonio 결혼 증서.

acromatizar 탄 색을 없애다. 무색으로 만들다.

acromatopsia 여 색맹(daltonismo).

act. actual.

actínico, ca 형 【화학】 방사선의.

actinio 남 【금속】 악티늄.

actinismo 남 화학선 작용.

actinoterapia 여 방사선·광선 요법.

actitud 여 태도; 자세. Ellos lo recibieron en *actitud* hostil. 그들은 그를 적의가 있는 태도로 맞이했다.

actividad 여 ① 활동, 작용. Se nota la *actividad* de un ácido en esta forma. 이런 식으로 산(酸)의 작용이 인정된다. ② 활기, 활발. En la oficina hay mucha *actividad* esta mañana. 오늘 아침 사무실에는 매우 활기가 있다. ③ 기민, 민활. José tiene una *actividad* admirable. 호세에게는 경탄할만한 기민함이 있다. ④ 활동, 활약; 사업, 업무. Además de ser profesor tiene otras muchas *actividades*. 그는 교사인 외에도 많은 활약을 하고 있다. en *actividad* 활동 중이어서·인. Este monte es un volcán *en actividad*. 이 산은 활화산이다.

activo, va 형 ① 능동적인; 활발한, 활동적인. Es un estudiante muy *activo*. 그는 대단히 활동적인 학생이다. ② 현직·현역의.

acto 남 ① 행위, 몸짓, 짓. Se conoce a un hombre por sus *actos*. 사람은 그의 행위에 의해 알려진다. Tus ideas fueron buenas, pero tus *actos* malos. 너의 생각은 좋았지만, 행위는 나빴다. ② 행사, 의식. El *acto* tuvo lugar el día once. 의식은 11일에 거행되었다. *Actos de los Apóstoles* 【성서】 사도행전. en el *acto* 즉석에서, 즉각. José se levantó *en el acto*. 호세는 즉각 일어섰다. *salón de actos* 강당, 의식장.

actor 남 ① 배우. *primer actor* 주연 배우. ②【법】원고.

actriz [복 actrices] 여 여배우. *primera actriz* 주연 여배우.

actuación 여 움직임, 활동; 연기, 몸짓. No me parece decente su *actuación* como representante del comité. 위원회 대표로서의 그의 행동은 당당하다고는 생각되지 않습니다.

actual 형 지금의, 현재의. No sabemos si podremos mantener las *actuales* condiciones mucho tiempo. 현재의 조건을 오래 유지할 수 있을지 여부를 우리들도 모르겠다. ◇ **actualidad** 여 현재; 현실, 현상(現狀). En la *actualidad* ya no queda más que un árbol. 현재는 이제 한 그루의 나무 밖에 남지 않았다. **actualista** 형 현실주의의. 명 현실주의자. ◇ **actualizar** [9] alzar] 타 현실화하다, 현재의 것으로 하다. ◇ **actualmente** 부 지금, 현재. *Actualmente* está en Londres. 그는 현재 런던에 있다.

actuar [14] 타 움직이게 하다, 일하게 하다. Hay que *actuar* el mecanismo sin choque. 충격없이 장치를 움직여야 한다. 자 ① 일하다, 행동하다. José *actúa* de mediador. 호세는 조정자로서 행동하고 있다. Carmen no *actúa* en esta función. 까르멘은 이 극에는 출연하지 않고 있다. ② 작용하다, (약이) 듣다. Esta medicina *actúa* calmante. 이 약은 진통제로서 작용한다.

actuario 남 재판소 서기; 보험 기사.

acuarela 여 수채화.

acuarelista 명 수채화가.

acuario 남 물고기·수초를 기르는 연못, 수족관.

acuartelamiento 남 주둔, 병영; 병영 지구.

acuartelar 타 군대를 병사에 넣다. ◇ ~se 주둔하다.

acuático, ca 형 물의; 물속의; 수상의; 물에서 사는. *vía acuática* 수로. *planta acuática* 해초.

acuatizar [9] alzar] 자 (수상기 따위가) 물에 앉다. ◇ **acuatizaje** 남【항공】착수(장).

acucia 여 열심; 초심, 원망; 갈망; 신속, 민첩.

acuciamiento 남 열망; 급속, 신속.

acuciar 타 신속히 하다; 격려하다; 서두르다; 열망하다.

acuciosidad 여 열망, 초심(acucia).

acucioso, sa 형 열심인, 목숨을 건.

acuchillado, da 형 칼로 베어진, 깊이 상처를 입은.

acuchillar 타 칼질을 하다, 칼로 싸우다.

acudir 자 ① 달려가다, (급히) 가다·오다. José no *acudió* a la cita aquel día. 호세는 그날 약속한 장소에 가지 않았다. Un policía *acudió* en nuestra ayuda. 경관이 우리들을 도와주려고 바로 와 주었다. ② 구원을 청하다. No sé a quién *acudir*. 누구에게 구원을 청하러 가야 좋을지 나는 모르겠다. ③ [+a·con : 수단에] 호소하다, (…을) 의지하다. Hay que solucionarlo todo antes de *acudir* a las armas. 무기에 의지하기 이전에 일체를 해결하여야 한다.

acueducto 남 수로, 수도(교); 수도 파이프.

acuerdo 남 의견의 일치; 결의, 협정. Llegaron a un *acuerdo*. 그들은 의견의 일치를 보기에 이르렀다. El *acuerdo* se pone en vigor el día 12 de abril. 협정은 4월 12일에 발효한다. *de acuerdo* 찬성한, 동

의한. Estoy *de acuerdo* con usted. 나는 당신에게 찬성한다. ¿Entonces, nos citamos a las tres en la parada del autobús? -*De acuerdo*. 그럼, 버스 정류소에서 3시에 만나기로 합시다. -찬성이다. *de acuerdo con* …에 따라서, …대로. Hemos arreglado el envío *de acuerdo con* sus instrucciones. 지시에 따라서 우리들은 발송 준비를 하였다.

acumular 타 쌓아올리다; 축적하다. El río *ha acumulado* una gran cantidad de arena en este lado. 강물은 많은 양의 모래를 이쪽에 쌓아 올렸다. Su hermano *acumuló* una considerable fortuna en Colombia. 그의 형은 상당한 재물을 콜롬비아에서 축적하였다. ◇ ~**se** 쌓이다. Esta *acumulándose* la nieve. 눈이 자꾸만 쌓이고 있다. ◇ **acumulación** 여 퇴적, 축적, 축전. ◇ **acumulador** 축전기.

acunar 타 요람에 넣고 흔들다. (소 따위가 새끼를) 키우다.

acuñación 여 화폐의 주조.

acuñar 타 (화폐를) 주조하다.

acuosidad 여 수분 과다.

acuoso, sa 형 물의, 물이나 물같은 맛이 충분한.

acupunción / acupuntura 여 침술. *aplicar la acupuntura* 침을 주다.

acure / acurito 남 아르미그.

acurrucarse 재 (추위서·바람으로) 움츠리다.

acusación 여 비난; 고발. Lo que ha dicho es una *acusación* contra su hermano. 그가 말한 것은 형에 대한 비난이다. *bajo la acusación de* …의(容疑)에 의하여. La policía interrogó a los dos *bajo la acusación de* haber violado la Ley de Tráfico de Carreteras. 경찰은 도로 교통법에 위반한 용의로 두 사람을 심문하였다.

acusar 타 ① [+*de* : …라고] 나무라다, 비난하다. *Acusaron* a José *de* haber hablado mal del señor Gómez. 호세는 고메스씨의 험담을 말했다고 비난당했다. ② [+*de* : …의 죄로] 고발·고소하다. Se le *acusó de* una evasión del pago de impuestos por un total de 10 millones de wones. 그는 총액 1,000만원의 탈세로 고발되었다. ③ 보이다, 나타내다. Su cara *acusa* cansancio. 그의 얼굴에는 피로의 빛이 보인다. ④ 알리다, 통지하다. *Acusamos* recibo de su carta de 21 de este mes. 이달 21일자 편지를 받았음을 알립니다. ◇ **acusado, da** 형 비난·용의를 받는. 명 피고, 용의자. ◇ **acusador, ra** 형 고발의; 책하는 (듯한).
◇ **acuse** 남 알림, 통지. Les Confirma-

mos nuestro *acuse* del recibo de su Pedido Núm. S-90. 귀사의 주문서 S-90호에 대한 폐사의 영수 통지를 확인합니다.

achacar [7 sacar] 타 (죄·책임을) 지우다. Me *han achacado* la responsabilidad del accidente. 나에게 그 사고의 책임을 지웠다.

achaflanar 타 비스듬한 면을 만들다.

achantarse 재 숨다, 잠복하다; 체류하다; 위축하다.

achaparrado, da 형 땅딸막한.

achaque 남 잔병; 월경; 임신; 구실; 동기.

achatamiento 남 납작함, 평탄.

achatar 타 납작하게 하다, 평퍼짐하게 하다.

achicamiento/achicadura 여 배수; 단축, 절감, 감축; 물을 퍼냄.

achicar 타 (배 등에서) 물을 퍼내다; 겁쟁이가 되다.

achicharrar 타 너무 데우다; 고기를 너무 튀기다.

achura 여 심장, 가슴; 광맥의 중심부.

achurar 타 장물을 꺼내다.

achurruscar 타 압박하다, 누르다. ◇ ~**se** 움츠리다 (encogerse).

adagio 남 격언, 속담; 【음악】 아다지오.

adalid 남 수령, 지도자, 추장.

adamado, da 형 귀부인다운; 연약한, 가냘픈; 얌전한.

adamantino, na 형 금강석같이 견고한; 반석의, 철석같은.

adamascado, da 형 무늬놓은 비단의, 능직의; 장미색의.

adamismo 【종교】 (나체로 제사를 지내는) 아담교.

adamita 형 명 나체주의의(자); 아담교의 (교도); 인간 (아담의 후예).

adaptar 타 ① [+*a* : …에] (꼭) 맞추다, 붙이다, 적합하게 하다. Me parece imposible *adaptar* este grifo *a* la cañería. 나는 이 수도꼭지를 수도관에 붙이는 것은 불가능하다고 생각한다. ② 개작·각색·편곡하다. Ese músico *adapta* para orquesta cualquier obra musical. 저 음악가는 어떤 음악 작품이라도 오케스트라용으로 편곡한다. ◇ ~**se** 적합·순응하다. Los elefantes no *se adaptan* al clima frío. 코끼리는 추운 기후에는 순응치 않는다. ◇ **adaptación** 여 적합, 적응, 순응, 개작, 변안, 각색, 편곡.

adecuar [13] 타 적합하게 하다. ◇ **adecuado, da** 형 적절한. En él le solicita la *adecuada* cooperación al respecto. 그것에 관하여 그는 당신에게 적절한 협력을 구하고 있다.

adefesio 남 사치, 방종; 사치한 의상; 우스

adehala 여 광스러운 사람.

adehala 여 사례금, 회사금, 임시 수당.

adehesar 타 초원·목장으로 만들다, 황야로 만들다.

adelantado, da 형 ① 진보한. Fenicia fue tal vez la nación más *adelantada* del mundo. 페니키아는 아마 세계에서 가장 진보된 국가였을 것이다. ② 사전의, 전도(前途)의. ¿Pagaré algo *adelantado*? 사전에 내가 얼마를 지불하여 둘까요. *por adelantado* 선금으로, 선불로. En este hotel hay que pagar *por adelantado*. 이 호텔은 선금으로 지불해야 한다.

adelantar 타 ① (앞으로) 나아가게 하다·내놓다. *Adelanté* mi silla hacia la abuela. 나는 의자를 할머니 쪽으로 당겼다. ② 빠르게 하다. En vista de las noticias *adelantaron* su viaje. 그 뉴스를 보고 그들은 여행을 서둘렀다. ③ 앞지르다. Ese coche, que iba corriendo a ochenta kilómetros por hora, nos *adelantó*. 그 차는 시속 80킬로미터로 달려 우리들을 앞질러 갔다. ④ 선금으로 지불하다. José me ha pedido que le *adelante* 200 pesetas. 호세는 나에게 200페세타 선불하여 달라고 했다. 재재 ① 늦다·지다(↔ atrasarse), 앞서가다. Mi reloj (*se*) *adelanta* media hora al día. 내 시계는 하루에 30분 빠르다. El calor *se ha adelantado* este año. 금년은 더위가 빨랐다. ② 진보·향상하다. El niño (*se*) *ha adelantado* mucho en matemáticas. 그 소년은 수학이 대단히 진보했다. ③ (앞으로) 나아가다·나가다. *Me adelanté* unos pasos más. 나는 벌써 두어 걸음 나아갔다. Yo quería invitarla, pero él *se me adelantó*. 내가 그녀를 초대하고 싶었으나 그가 알렸다. ◇ **adelanto** 남 ①전진; 진보; 향상. Los *adelantos* científicos son sorprendentes en ese país 저 나라의 과학적 진보는 경이적이다. ②선불. Le pagué mil pesetas de *adelanto*. 나는 그에게 선불금으로 1,000페세타를 지불하였다.

adelante 부 ① 앞으로·에, 먼저. Siga usted *adelante*. 먼저 가십시오. No podemos ir *adelante*. 우리들은 이제 앞으로는 나아갈 수 없다. ② [감탄사적] 들어오세요, 앞으로 가, ¿*Se puede*?—¡*Adelante*! 실례합니다(들어가도 좋습니까?)—에 (들어오세요)! El policía le gritó con energía —¡*Adelante, adelante*! 경관이 그에게 큰 소리로 외친다. —앞으로 앞으로! *en adelante* 금후. De ahora *en adelante* nunca pediré su ayuda. 이제부터 앞으로는 나는 결코 그의 협조를 바라지 않는다.

adelgazar [9 alzar] 타 가늘게·얇게 하다. 재재 살이 빠지다, 홀쭉해지다, 여위다. Usted (*se*) *ha adelgazado* un poco. 당신은 좀 여위었군요.

ademán 남 몸매, 태도. Hizo *ademán* de sacar algo del bolsillo. 그는 호주머니에서 무엇인가를 꺼내는 시늉을 했다. Lo dijo con un *ademán* amenazador. 그는 협박적인 태도로 그 말을 했다.

además 부 그 밖에, 그 외에, 더우기. José me ha dado dinero y, *además*, me ha ayudado. 호세는 돈을 나에게 주고, 그 외에 도와 주었다. *además de*…의 밖에, …한 외에. *Además de esto*, tengo dos mil pesetas. 이 밖에 나는 2,000페세타를 가지고 있다.

ademe 남 [광산] 갱목, 지주.

adenitis 여 [의학] 임파염.

adenoideo, a 형 아데노이드의.

adentellar 타 물다, 쏠다, 깨물다; (모기가) 물다.

adentrarse 재 가운데로 들어가다, 가운데로 통과하다, 중간으로 들어가다.

adentro 부 가운데로·에, 깊은 곳으로·에. Vamos *adentro*. 안으로 들어가자. La espina está tan *adentro* que es difícil sacarla fuera. 가시가 아주 깊어 깊은 곳에 있어서 꺼내기가 어렵다. 남 복 내심, 속마음. Le dije para mis *adentros*. 나는 나의 속마음을 그에게 말해 주었다.

adepto, ta 형 가맹·입회한 (자); 일파·학파의 (사람); 신앙자; 추종자.

aderezar 타 조미·조리하다; 조합·조제하다; 수선하다; 준비하다. ◇—se 화장하다.

aderezo 남 장식; 조제; 조미; 장신구류; 마구일체.

adestrar 타 = adiestrar.

adeudar 타 빚지다; (세금이)·부과되다.

adherir [47 herir] 타 발라 붙이다, 접착하다. Para mayor rapidez en sus envíos, *adhieran* los sellos en la parte superior derecha. 당신의 우편물 (발송물)을 신속하게 하기 위해, 우표는 오른편 위에 붙여 주세요. 재재 ① 달라붙다. [+a:…에] 찬동·가담하다. Por cálculo él *se había adherido* al partido liberal. 그는 타산적으로 자유당에 가담하고 있었다. ◇ **adherencia** 여 부착(물); 집착, 고집; 유착. ◇ **adherente** 형 달라붙은; 이편인; 친한, 찬동하는. 남 복 부속물. Me devolvieron todos los *adherentes*. 나는 부속품을 전부 되돌려 받았다. ◇ **adhesivo, va** 형 접착·점착하는, *una cinta adhesiva* 접착 테이프. 남 접착제.

adhesión 여 부착, 접착; 지지, 가맹. El

Presidente cuenta con la *adhesión* de usted a la causa liberal. 대통령은 귀하가 자유당을 지지한다고 생각하고 있다.

adición 예 부가; 덧셈. ◇ **adicional** 휑 부가·추가의; 부가적인. ◇ **adicionar** 태 첨가·부가하하다, 더하다.

adiestramiento 남 훈련, 수련. ◇ **adiestrar** 태 훈련하다; 교육하다(enseñar).

adinerado, da 휑 부유한(rico).

adiós 감 안녕! ¡Buenas noches, *adiós*! 안 무세요, 안녕! 남 이별. No me atrevo a decirles *adiós* a los míos. 나는 가족들에게 차마 이별을 고하지 못한다.

adiposidad 예 지방 과다증, 지방질.

adiposis 예 비대; 지방 과다.

adiposo, sa 휑 지방이 많은, 지방성의, 기름기가 풍부한.

aditamento 남 부가(물), 첨가, 추가, 첨부.

aditivo, va 휑 부가(적)의, 첨가의, 추가의. 남 가솔린에의 부가제.

adivinar 태 ① 알아맞추다; 추찰하다. *Adivine* lo que me ha ocurrido hoy. 오늘 나에게 무슨 일이 있었는지 맞추어 보세요. ② 점치다. Aquella gitana sabe *adivinar* la suerte. 그 집시여자는 운명을 점칠 수 가 있다. ◇ **adivinación** 예 추찰; 점 (占). ◇ **adivinanza** 예 수수께끼. Vamos a jugar a las *adivinanzas*. 수수께 끼 놀이를 하자. ◇ **adivino, na** 예 점쟁이.

adjetivo 남【문법】형용사.

adjudicar [7 sacar] 태 재정(裁定)하다; 주다. Después de un largo pleito le han *adjudicado* la finca. 오랜 소송 끝에 그 농장은 그의 것이라고 재정되었다. Le han *adjudicado* el premio sin merecerlo. 그는 그것을 받을 값어치도 없는데 상이 수여 되었다. ◇ **adjudicatario, ria** 남 취득자; 결정서 결재자.

adjuntar 태 동봉하다(acompañar). *Adjuntamos* una muestra. 폐사는 견본을 동봉합니다. ◇ **adjunción** 예 합병; 첨부, 동봉.【문법】액어법 (한 형용사 또는 동사가 종류가 다른 두개의 명사를 억지로 수식케 함). ◇ **adjunto, ta** 휑 동봉의·한. 남 동봉물.

administración 예 관리, 경영, 행정. Los españoles organizaron la *administración* del territorio. 서반아사람들은 그 지역의 관리 행정(기구)를 조직하였다. ¿Qué es lo que ha decidido el consejo de *administración*? 이사회가 결정한 것은 무엇인가.

administrador, ra 휑 관리자, 경영자; 지배인, 매니저. Quisiera hablar con el *administrador*. 매니저와 이야기하고 싶은데요.

administrar 태 관리·경영하다, 통치하다. El tutor *administrará* los bienes de los hijos. 후견인이 그 아들들의 재산관리를 할 것이다. ¿Quién *administra* aquella tienda? 그 점포는 누가 경영하고 있는가.

administrativo, va 휑 관리·경영의; 행정의. Tienes que acudir a la autoridad *administrativa*. 자네는 행정 당국에 의뢰하러 가야 한다.

admirable 휑 훌륭한; 칭찬할만한. El hombre ejecutó *admirables* dibujos en las cuevas donde habitaba. 사람은 살고 있던 동굴 속에 훌륭한 그림을 그렸다. ◇ **admirablemente** 분 훌륭하게, 보기 좋게, 장하게, 칭찬할만하게.

admirar 태 ① 감탄·감심시키다. Me *admira* su honestidad. 그의 정직함에는 경탄한다. Con sus descubrimientos *admiró* al mundo. 그의 발견으로 세계를 감탄시켰다. ② 칭찬하다, 감심하다. La obra es *admirada* de todos. 그 작품은 모든 사람에 의해 칭찬받고 있다. ③ 바라보다. *Admiraban* el paisaje ameno. 그들은 화창한 풍경을 바라보고 있었다. ◇ ~**se** [+de: …에] 감탄·감심하다. Los enemigos se *admiraron* de la resistencia de los españoles. 적(敵)도 서반아 사람의 저항에 감탄하였다. ◇ **admiración** 예 감탄; 칭찬, 감심; 훌륭한 일·물건. Ella quedó llena de *admiración*. 그녀는 완전히 감복했다. ◇ **admirador, ra** 휑 감탄·찬미하는 사람. José es uno de los fervientes *admiradores* de la actriz. 호세는 그 여배우의 열렬한 팬의 한 사람이다.

admisible 휑 용인되는. No es *admisible* el que ponga tal excusa. 그가 그러한 변명을 하는 것은 용인되지 않는다. ◇ **admisión** 예 받아들임, 수용, 용인; (입학) 허가. examen de *admisión* 입학 시험.

admitir 태 ① 받아들이다. No me *admitieron* en el salón con el traje que llevaba. 그 때의 복장으로서는 나는 홀에 들어가는 것을 허락받지 못했다. No se *admiten* propinas. 팁 사절 (팁은 응답되지 않는다). ② 허락하다, 인정하다. El asunto no *admite* demora. 이 건은 유예를 허락하지 않는다. Le *admitieron* por su jefe. 그들은 저 사람을 자기들의 영도자로 인정했다. ③ (가입·입학·입회를) 허가하다. Le han *admitido* en la universidad. 그는 대학에 입학이 허가되었다.

admonición 예 훈계, 충고, 경고, 조언.

admonitor, ra 휑 (수도원 등의) 감독 교계승; 훈계자, 설교자.

adobadura 📋 소금에 절인 고기.
adobar 📋 수선하다; 조리하다; 처리하다.
adobe 📋 볕에 말린 벽돌.
adocenado, da 📋 통례의, 보통의; 평범한; 전형적; 일반 민중의.
adocenar 📋 타로 계산하여 팔다; 경멸하다, 멸시하다.
adoctrinar 📋 가르치다, 교수하다; 지시하다, 명하다.
adolecer 📋 병에 걸리다.
adolescente 📋 청년기의. 📋 청년, 미성년자. Se alzaba la estatua de un *adolescente* en el centro del parque. 공원의 중앙에 청년상이 세워져 있었다. ◇ **adolescencia** 📋 청년기; 사춘기.
adonde 📋 [관계 부사] ①…하는 곳으로. El tío vive en un lugar *adonde* no llegan periódicos. 그의 숙부는 신문이 닿지 않는 곳에 살고 있다. No tengo ningún sitio *adonde* ir. 나는 갈 곳이 없다. ② [대명사적]…하는 곳. Tú no puedes ir *adonde* yo voy. 너는 내가 가는 곳에는 갈 수 없다.
adónde 📋 [의문 부사] 어디로. ¿*Adónde* vas de veraneo? 너는 어디로 피서를 가느냐?
adondequiera 📋 (…하는 곳은) 어디든지; 어디라도 (dondequiera).
adoptar 📋 ① 채용·채택하다; (태도·방책 따위를) 취하다. El consejo *ha adoptado* un traje occidente. 인디오들은 양복을 채택하였다. ② 양자로 하다; (국적을) 취득하다. La señora quiere *adoptarte* por hijo. 부인은 너를 양자로 하고 싶은 것이다. ◇ **adopción** 📋 채용·채택; 양자 결연. ◇ **adoptable** 📋 채용·채택이 가능한. ◇ **adoptivo, va** 📋 양자관계의. hijo *adoptivo* 양자. padre *adoptivo* 양부. patria *adoptiva* 귀화국.
adoquinado 📋 포장(도로). ◇ **adoquín** 📋 포석. ◇ **adoquinar** 📋 (adoquín으로) 포장하다.
adorar 📋 ① 예배·숭배하다. El hombre primitivo *adoraba* a los ídolos. 원시인은 우상을 숭배했다. ② 열애하다. Los rudos marineros *adoran* a la niña. 거친 뱃사람들은 그 소녀를 지극히 사랑하고 있다. ◇ **adoración** 📋 예배, 숭배; 열애.
adormecer 📋 [30] conocer] 📋 잠들게 하다; 가라앉히다. ◇ **~se** 잠들여 하다. ◇ **adormecimiento** 📋 졸음.
adornar 📋 [+de·con : …으로] 장식하다, 꾸미다. La madre *adornó* a su hija *con* una rosa. 어머니는 그를 장미꽃으로 장식해 주었다. *Adornaron* el altar *con* flores. 제단에 꽃을 장식했다. ◇ **~se**

몸을 꾸미다, 사치하다. Las niñas *se adornaban* con flores y cintas. 소녀들은 꽃과 리본으로 몸을 꾸미고 있었다.
adorno 📋 장식·의복 장식(품). Las virtudes son *adorno* del alma. 덕은 영혼의 장식이다. Ella está en la oficina de *adorno*. 그녀는 사무실의 장식품이다. La flor es el *adorno* de la tierra. 꽃은 지상의 장식물이다.
adquirir [23] 📋 ① 입수하다 (취득, 구입). *He adquirido* un coche de segunda mano. 나는 중고차를 손에 넣었다. ② 달성하다. No quiero perder la fama *adquirida* hasta hoy. 나는 오늘날까지 달성한 명성을 잃고 싶지 않다.
adquisición 📋 습득, 취득, 구입(물). Estas son mis últimas *adquisiciones*. 이것이 내가 새로 손에 넣은 물건이다. ② 횡재. Esta secretaria es una verdadera *adquisición*. 이 비서는 정말 횡재이다.
adquisitivo, va 📋 구매(購買)의. poder *adquisitivo* 구매력.
adrede 일부러, 고의로 (de propósito). Lo hizo *adrede*. 그는 고의로 그것을 했다.
aduana 📋 세관. Usted debe pagar derechos de *aduana* por estas cosas. 당신은 이 물건들에 관세를 지불해야 한다. ◇ **aduanero, ra** 📋 세관의, 관세의. tarifa *aduanera* 관세율표. 📋 세관 공무원, 세관리.
aducir [70] 📋 논거로 하다. *Adujo* como disculpa que estaba borracho. 그는 변명 재료로 취해 있었다고 말했다.
adular 📋 아부·아첨하다 (halagar). ◇ **adulación** 📋 아첨, 아부. ◇ **adulador, ra** 📋 아부·아첨하는. 📋 아부·아첨하는 사람. ◇ **adulón, na** 📋 아첨하는 사람.
adulterio 📋 불의, 간통, 간통죄; 위조 (falsificación). ◇ **adulterar** 📋 간통하다. **adulterador, ra** 📋 간통자.
adulto, ta 📋 성년의, 성숙한. No puedes cortar más que plantas *adultas*. 성목(成木)만 잘라야 한다. 📋 성인. José estudia en la escuela para *adultos*. 호세는 성인 학교에서 공부하고 있다. ◇ **adultez** 📋 성년, 성년기 (virilidad).
adusto, ta 📋 ① 작열의; 황량한. El Sahara es una región *adusta*. 사하라는 혹열 지대이다. ② 딱딱한. El viejo es de mirada *adusta*. 그 노인은 무서운 (딱딱한) 눈초리를 가진 사람이다.
adverbio 📋【문법】부사. ◇ **adverbial** 📋 부사의.
adversario 📋 적수, 상대, 적 (enemigo).
adversidad 📋 역경(逆境); 불운, 불행 (in-

adverso, sa 형 ① 거역하는, 반대의. ② 불운한, 불행한. ③ 불리한. ④ 심술궂은.

advertencia 예 주의, 알림. Le agradezco su amable *advertencia*. 친절하게 주의해 주셔서 감사합니다.

advertir [48] 타 ① (…을) 알아내다. He *advertido* una falta en tu carta. 너의 편지에 한가지 잘못이 있음을 알아 냈다. ② 주의하다, 알리다. Te *advierto* que llegaré un poco tarde. 알려두지만 나는 약간 지각하겠어. *Adviérte*le que se lleve el abrigo. 외투를 입고 가도록 그에게 주의시켜 주십시오. ◇ **advertido, da** 영리한, 빈틈없는. Era una mujer *advertida* y discreta. 그녀는 영리하고 빈틈없는 여자였다.

aéreo, a 형 공기의; 공중의; 항공의. For favor envíenmelo por correo *aéreo*. 부디 항공편으로 그것을 나에게 보내 주십시오.

aerobio, bia 형 호기성 세균의.
aerobomba 예 투하폭탄.
aerobús 남 (pl. aerobuses) 정기 여객기.
aeródromo 남 공항, 비행장(aeropuerto).
aerófano, na 형 투명의.
aerofaro 남 항공 등대.
aerófono 남 공중 청음기; 무전기.
aeroforme 형 유선형의.
aerofotografía 예 공중 사진.
aerofumigación 예 공중 소독.
aerografía 예 기체학.
aerógrafo 남 (편지를 축사필름으로 된) 항공 축사 우편; 에어 그래프.
aerograma 남 무선 전신, 무전 전보.
aerolínea 예 항공로, 항공 회사.
aerolito 남 운석, 유성.
aerología 예 대기학, 고층 기상학.
aeromancia 예 바람으로 점치는 법; 점술.
aeromecánico, ca 형 항공 역학(의).
aeromedicina 예 항공 의학.
aerómetro 남 공기의 농도를 재는 기구.
aeromodelo 남 [항공] 시험용 비행기.
aeromotor 남 기압 동력기.
aeromóvil 남 대형 항공기.
aeromoza 예 = azafata.
aeronato, ta 형 항공기내에서 생기는.
aeronáutico, ca 형 항공(술)의. ◇ **aeronauta** 남 비행사. ◇ **aeronáutica** 항공학, 항공술.
aeronave 예 비행선.
aeroplano 남 = avión.
aeropuerto 남 비행장, 공항. Los señores pasajeros deben estar en el *aeropuerto* por lo menos una hora antes de la salida. 승객 여러분은 적어도 출발하기 1시간 전에 공항에 와 주십시오.

aerostación 예 항공.
aerostático, ca 형 항공술의. 예 항공학.
aeróstato 남 기구.
aerostero 남 기구장; 항공병.
aerotaxímetro 남 에어 택시.
aerotecnia 예 공기 이용술·이용학.
aeroterapia 예 [의학] 대기 요법.
aerotransportado, da 형 공중 수송의.
aerovía 예 항공로.

afabilidad 예 친절; 애교; 온정, 정다움, 상냥함.
afable 형 정다운, 사근사근한, 붙임성 있는, 상냥한.
afamado, da 형 정평있는, 호평의, 유명한.
afamar 타 유명하게 하다. ◇ ~**se** 명성을 얻다.

afán 남 열심; 열망. A la madre la sostenía el *afán* de ver a su hijo. 아들을 만나고 싶어하는 열망이 모친을 지탱하고 있었다. ◇ **afanoso, sa** 열심인; 힘드는. Eso será un trabajo muy *afanoso*. 그건 꽤 힘드는 일이겠지.

afanarse 재 [+por : …하려고] 힘껏 하다. En vano se afanaban mucho por alcanzar algún resultado. 그들은 어떤 결과라도 얻으려고 힘껏 노력하였으나 허사였다. No *se afane* tanto. 그렇게 열심히 일하지 마세요.

afarolarse 【중남미】 기절하다, 격분하다, 흥분하다; 열광하다; 성이 나다.
afasia 예 [의학] 실어증.
afásico, ca 형 실어증의. 남 실어증 환자.
afear 타 추악하게 하다; 비난하다, 나무라다.
afección 예 정, 애정; 감명; 기호; [의학] 질환. *afección cardiaca* 심장병.
afectable 형 【중남미】 감동하기 쉬운, 감명하기 쉬운.

afectar 타 ① 젠체하다, (…인) 척하다. El maestro *afecta* seriedad delante de sus alumnos. 선생은 학생 앞에서 매우 점잖은 체한다. No me gusta su tono *afectado*. 나는 그의 젠체하는 어조가 맘에 들지 않는다. ② (마음을) 움직이게 하다, 느끼게 하다. Su desgracia nos *ha afectado* a todos. 그의 불행은 우리들 모두의 마음을 움직이게 했다. ③ (…에 나쁘게) 작용하다·영향을 미치다; 상하게 하다. José está *afectado* de una grave dolencia. 호세는 심한 지병으로 피로워하고 있다. 재 해를 끼치다, 방해가 되다. Este medicamento puede *afectar* al estómago. 이 약은 위에 나쁠 때가 있다. ◇ **afectación** 예 ① 젠체함. Lola me habló con cierta *afectación*. 롤라는 나에게 약간 젠체하는 말투로 말했다. ② 전염, 감염.

afectividad 여 정, 감정, 감수성.

afectivo, va 혱 애정의; 정서적인, 감수성이 예민한.

afecto 애정, 친애. Le ruego que acepte este obsequio en prueba de mi invariable *afecto*. 나의 변함없는 애정의 증거로서 이 선물을 받으시기 바랍니다.

afectuosidad 여 애정, 온정; 친절.

afectuoso, sa 혱 애정이 있는, 자애로운.

afeitar 타 (다른 사람의) 수염을 깎다, 면도하다. ¿Quiere que le *afeite*? — *Aféiteme* usted. 면도해 드릴까요? — 나의 수염을 깎아주세요. ◇ **-se** (자기의) 수염을 깎다, 면도·화장하다. Ordinariamente *me afeito* con agua caliente. 나는 대개 더운 물로 면도한다. ◆ **afeitado** 여 면도하는 것.

afeitadora 여 면도기. *afeitadora eléctrica* 전기 면도기.

afeitamiento 남 화장.

afeite 남 화장; 화장품.

afeminación 여 여성화; 유약함.

afeminado, da 혱 여자같은, 연약한.

afeminar 타 여성화시키다. ◇ **-se** 유약하여지다, 여자다와지다.

aferrado, da 혱 고집센, 완고한; 고집의, 난치의; (성질 등이) 비꼬인.

aferrar 타 포착하다, 붙잡다; 고집하다; 을 말다, 돛을 내리다.

afestonado, da 혱 꽃무늬의; 꽃무늬로 장식한.

Afganistán, el 남 아프카니스탄.

afgano, na 혱 아프카니스탄의 (사람).

afianzamiento 남 보증; 고정, 고착; 확립, 안정.

afianzar 타 보증하다; 고정·고착하다, 확립하다.

afición 여 애호, 취미. Tiene mucha *afición a* la música. 그는 음악을 매우 좋아한다. Lola hace vestidos para sus amigas por *afición*. 롤라는 친구를 위하여 (돈 모으는 것이 아니고) 즐겁게 옷을 만들어 주고 있다.

aficionarse 재 [+a·de:…에] 열중하다. José *se ha aficionado a* los deportes. 호세는 스포츠가 좋아서 못견디게 되었다. ◇ **aficionado, da** 혱 [+a:…에] 열중한, …좋아하는, (성질로 오는) 애호가, 팬. ¿Es usted un *aficionado* a los deportes? 운동 좋아하십니까. ¿Soy un gran *aficionado al* béisbol. 나는 굉장한 야구팬이다.

afidávit 남 [법률] 선서; 진술서.

afijo, ja 혱 부속의. 남 [문법] 접사.

afiladera 여 숫돌.

afilador, ra 혱 (칼날·톱 따위를) 가는 사람; 면도칼의 날을 세우는 가죽 혁대.

afiladura 여 갈기 (afilamiento).

afilalápices 남 연필깎는 도구.

afilamiento 남 (얼굴·코·손가락이) 홀쭉함; 말라서 가늘게 됨.

afilar 타 끝을 뾰족하게 하다, 날을 갈다.

afiliarse 재 [+a:…에] 가입하다. ◇ **afiliación** 여 가맹, 입회, 입당. ◇ **afiliado, da** 혱 가맹·입회·입당한.

afinidad 여 군사(성); 인척 관계. La música tiene *afinidad* con la pintura. 음악은 그림에 군사한 점이 있다. José es pariente de Lola por *afinidad*. 호세는 롤라와 인척으로 되어 있다.

afilón 남 가죽 혁대 (면도칼 가는); 강철.

afín 인접한; 유사한, (친척 관계가) 아주 가까운.

afinación 여 세련, 단정, 올소; 완전; 정련; 미묘.

afinadamente 부 세련되게; 단정히; 미묘하게.

afinado, da 혱 완전한, 결점없는; 단정한, 정묘한.

afinador, ra 남 조율사; 조율기.

afinar 재 완전히 하다, 가락을 고르다; 정련하다; 갈다, 뾰족하게 하다; 정선하다; 끝마치다.

afincado, da 혱 열심인, 열렬한. 【아르헨티나】 농장주, 지주.

afino 남 (금속의) 정련.

afirmar 타 ① 긍정하다. Yo no lo *afirmo* ni lo niego. 나는 그것을 긍정도 부정도 하지 않는다. ② 확인하다. Puedo *afirmar* que mis padres te darán buena acogida. 내 부모님께서 너를 환영하리라고 나는 확언할 수 있다. ◇ **afirmación** 여 긍정, 승낙, 확언. Su *afirmación* es dudosa. 그의 확언은 의심스럽다. ◇ **afirmativo, va** 혱 긍정·승낙의; 단언적인. En caso *afirmativo* te avisaré por teléfono. 승낙할 경우에는 너에게 전화로 알리겠다.

afligir [4 exigir] 타 슬프게 하다; 괴롭히다. Las quejas de la hija le *afligían* a José. 딸의 한탄이 호세에게는 피로왔다. ◇ **-se** [+de·con por:…로·때문에] 탄식하다, 비탄에 젖다. La reina *se afligía con* el horror de la muerte. 여왕은 죽음의 공포로 탄식하고 슬퍼하였다. ◇ **aflicción** 여 슬픔, 탄식.

aflojar 타 늦추다; 놓아주다. ¿Quieres *aflojar* este tornillo? 이 나사를 늦추어 주지 않겠니? 재 느슨하다, 약해지다. El viento ha *aflojado*. 바람이 약해졌다. ◇ **-se** 느슨하다; (몸에 붙인 것을) 늦추다. *Aflójate* el cinturón. 벨트를 늦추어라.

aflorado, da 형 꽃핀, 화려한.

afloramiento 남 【광】 노출광; 노출.

aflorar 자 (광맥이) 노출되어 있다.

afluencia 여 쇄도; 주입, 유입; 합류; 풍부; 능변.

afluente 형 흐르는 듯한, 청산 유수같은, 유창한.

afluir 자 흘러 들어오다; 보이다, 집합하다.

aflujo 남 충만. *aflujo de la sangre* 충혈.

afollar 타 풀무로 불다; 풀무 모양으로 접다. ◇~**se** 오목 들어가다, 혹독하게 대우하다; 타락하다; 위반하다.

afondar 타 투입하다; 가라앉히다. 자 깊이 지다. ◇~**se** 가라앉다.

afonía 여【의학】실성증.

afónico, ca / afono, na 형 목소리가 안나오는, 목소리를 조절할 수 없는, 실성증의.

aforación 여 평가, 사정; 계량.

aforador, ra 남 여 계량·검량하는 (사람); (세과의) 사정관, 징세관, 평가 (감정)자.

aforar 타 측정하다, 감정하다, 사정하다 (valuar); (과세를 부과키 위하여 상품을) 평가하다. ◇~**se** (무대에서) 막을 쳐 치다.

aforismo 남 금언, 격언, 경귀; 처세법.

aforístico, ca 형 금언의, 격언의.

aforo 남 상품의 평가; 사정; 주류·용량의 계량; (극장 등의) 수용 인원; 측정, 감정.

aforrar 타 보강하다, 선을 긋다, 나란히 세우다; 할입하다, 마주서다.

aforro 남 (옷 따위에) 대는 헝겊; 배의 가운데 갑판.

afortiori 【라틴어】 더욱이, 더군다나, 매우 유력한 이유에 의하여.

afortunado, da 형 행운의. ¡Qué *afortunado* es usted! 당신 정말은 운이 좋군요. José es siempre *afortunado* en los negocios. 호세는 언제나 사업에서 운이 좋다. ◇**afortunadamente** 부 운좋게, 다행히. *Afortunadamente* encontré un taxi. 운좋게 나는 택시를 발견했다.

afrancesar 타 자 프랑스풍으로 [말투로] 하다 [되다].

afrentar 타 모욕·능욕하다, 망신주다. ◇**afrenta** 여 모욕, 치욕.

africano, na 형 아프리카(Africa)의. 남 아프리카 사람. ◇**africanista** 남 아프리카 학자.

afrontar 타 (…와) 마주보다, (…에) 직면하다. No evitó el peligro, antes lo *afrontó* sereno. 그는 그 위험을 피하기는 커녕, 오히려 태연하게 그것에 맞섰다. 자 재 [+con: …과·에] 직면하다.

Nuestra tropa (*se*) *afrontó* con los enemigos. 우군은 적군과 맞부딪쳤다.

afuera 부 밖으로·에; [감탄사적] 밖으로 나오너라. Me voy *afuera*. 나는 밖으로 나간다. ¡Muchachos, *afuera*! 얘들아, 나오너라. Salgamos *afuera*. 밖으로 나갑시다. 여 복 교외. La fábrica está en las *afueras* de la ciudad. 그 공장은 도시의 교외에 있다.

agachar 타 굽히다, 낮게 하다. *Agachen* la cabeza, que el techo es bajo. 천장이 낮으니 머리를 숙여라. ◇~**se** 웅크리다, 몸을 굽히다. José *se agachó* para mirar a su hoja dormida. 말의 잠든 얼굴을 보기 위해 호세는 몸을 굽혔다.

agamí 남 【새】(남미산의) 들거러기.

ágape 남 연회, 향연 손님; 축제일, 잔치; 초기 그리스도 교도의 회식.

agar-agar 남 한천.

agarbanzado, da 형 당황색의.

agarbar 자 구부리다. ◇~**se** 구부러지다.

agarbillar 타 (보리단을) 묶다·만들다.

agareno, na 형 회교의, 형 회교도.

agárico 남 【식물】 느타리 버섯.

agarrar 타 ① 붙잡다. *Agarra* esa cuerda y no la dejes escapar. 그 줄을 붙잡고 놓지 마라. ② (병에) 걸리다. Parece que he *agarrado* un resfriado. 나는 감기에 걸린 듯하다. ◇~**se** 자 [+a: …를] 움켜잡다. Los náufragos *se agarraban* a un madero. 난파한 자들은 뗏목에 매달렸다. ② (병에) 달라 붙다. *Se le agarró* una calentura a Lola. 롤라는 열이 내리지 않는다 (롤라에게 열이 달라 붙었다). ◇**agarradero** 남 손잡이, 자루.

agasajar 타 기쁘게 대하다, 환대하다 (halagar). ◇**agasajo** 남 환대; 선물.

ágata 여 【광】 마노; 값진 보석.

agaucharse 재 [남미] 가우쵸(gaucho)풍으로 하다.

agencia 여 대리업·점, 중개·영업소. He reservado en este hotel un cuarto por medio de la *agencia* de turismo. 나는 관광 대리점을 통하여 이 호텔에 방 하나를 예약했다. *agencia de colocaciones* 직업 소개소. *agencia de publicidad* 광고 대리점.

agenda 여 수첩; 메모장; 비망록.

agente 남 ① 대리인, 중개업자, 저간꾼; 지배인. Por ahora no deseamos nombrar *agente* en ésa. 폐사는 현재로는 귀지에 대리인을 임명할 생각은 없다. ② 경관(policía). Preguntaré al *agente* dónde está la Catedral. 대성당은 어디에 있는지 내가 경관에게 물어 보겠다.

agerasia 여 만년에 편안함.

agigantado, da 형 거대한, 방대한; 특수

ágil 재빠른, 민첩한; 경쾌한. Ese boxeador es *ágil* de movimientos. 저 권투선수는 동작이 재빠르다. ◇ **agilidad** 예 민첩, 재빠름; 경쾌. El equipo argentino superaba a los franceses en *agilidad*. 아르헨티나팀은 프랑스팀보다 경쾌함에서 앞서고 있었다. ◇ **ágilmente** 튀 가볍게, 민첩하게, 경쾌하게.

agitar 타 ① 흔들다, 내두르다. El viento *agita* los árboles. 바람이 나무들을 흔들고 있다. *Agítelo* bien antes de usar. 사용하기 전에 잘 흔들어 주십시오. ② 선동하다. El político *agitó* a los trabajadores. 그 정치가는 노동자들을 선동했다. ~se 떠들어 대다; 동요하다. Cuando lo oyó, José *se agitó* mucho. 그 말을 듣고 호세는 마음이 매우 동요됐다. ◇ **agitación** 예 동요; 불안.

aglomerar 타 모으다. Hay que *aglomerar* datos al respecto. 그에 관한 자료를 모으지 않으면 안된다. En la calle se *aglomeraba* mucha gente. 거리에 많은 사람들이 쇄도했다. ◇ **aglomeración** 예 모임, 집중; 군중. Sentimos que la *aglomeración* de pedidos haya causado una demora. 주문이 쇄도하여 지체되어 죄송합니다.

aglutinación 예 교착, 【언어】복합어, 합성어, 교착법; 【의학】유합.

aglutinante 형 교착성의. lengua *aglutinante* 교착어. 남 반창고; 교착어.

aglutinar 타 달라붙(이)다, 교착시키다, (아교 따위로) 접합하다; 유합시키다.

agnado, da 예 아버지쪽 자손의. 남 내척의 사람; 아버지쪽의 친척.

agnostisismo 남 불가지, 불가지론(不可知論).

agnóstico, ca 형 불가지론의, 불가지적인. 남 불가지론자.

agobiar 타 (고개를) 숙이다, 절하다; 굴복하다; 분해하다, 억누르다, 압박하다.

agobio 남 압박, 억압; 압박감; 비통; 낙담. 찢기; 굴복.

agolpamiento 남 군중, 돌진, 쇄도.

agolparse 재 급히 가다・보내다; 모이다, 덤비다; 돌진・쇄도하다; 퇴적하다.

agonía 예 고민, 고통; 죽음[단말마]의 고통. ◇ **agonizar** [알zar] 타 괴롭히다, 번민・고민케 하다. 재 번민・고민하다, 피로워하다; 고투하다.

agorar [27] 타 (드물게) 예언하다. Ya no quiere *agorar* lo futuro. 그는 이제 미래를 예언하려 하지 않는다.

ágora 예 (고대 희랍의) 광장; (그곳에서의) 집회, 모임.

agorafobia 예 광장 공포증.

agorar 타 예언하다, 예지하다, 예시하다.

agorrero, ra 남 점쟁이, 예언자. 형 전조의; 불길한, 흉조의.

agorgojarse 재 (농작물이) 유충에 의해 파괴되다.

agostar 타 시들게 하다, 말리다; 8월에 땅을 갈다; 여름에 그만 남은 밭에서 가축을 방목하다.

agosteño, ña 여름의; 여름에 시드는.

agostizo, za 형 팔월같은, 팔월의, 여름의, 팔월생의 (말); 아주 약한.

agosto 남 8월. *Agosto* madura, siempre vendimia. 사물에는 각기 시기가 있다 (8월에는 보리가 익고, 9월에는 포도의 수확).

agotar 타 (완전히) 없애다. *Agotaron* las energías las guerras. 그들은 그 전쟁에 정력을 쏟아버렸다. Los dos hermanos *agotaron* rápidamente su herencia. 두 형제는 곧바로 상속 재산을 탕진하였다. ◇ ~se ① 다하다; 절품되다. *Se agotaron* las provisiones en poco tiempo. 잠깐동안에 음식이 떨어졌다. ② 약해지다. Con tanto trabajo José *se está agotando*. 그렇게 일하였으므로 호세는 체력이 약해져 있다. ◇ **agotamiento** 남 고갈, 품절, 절판; 쇠약; 궁핍.

agradable 형 즐거운, 기분좋은. El viaje era muy *agradable*. 여행은 매우 즐거웠다. Estamos en la época más *agradable* del año. 지금은 가장 기분이 좋은 계절이다. ◇ **agradablemente** 튀 즐겁게, 기분좋게.

agradar 타 기쁘게 하다, 즐겁게 하다. Me *agrada* ver a la gente *agradable*. 유쾌해 하는 사람을 보는 것은 즐겁다. Me satisface que le *agrade* ese vestido. 그 옷이 마음에 드시다니 나는 즐겁습니다. ◇ ~se [+de ……을] 즐거워하다, 기뻐하다. ◇ **agrado** 남 즐거움. Con sumo *agrado* acepto la invitación. 초대를 기꺼이 수락합니다.

agradecer [30] crecer 타 감사하다. Le *agradezco* mucho su visita. 방문해 주셔서 감사합니다. No sé cómo *agradecerle*. 무어라 감사드려야 좋을지 모르겠습니다. ◇ **agradecido, da** 형 감사하고 있는. Quedamos muy *agradecidos* a su felicitación de Navidad. 크리스마스의 축사에 대해 진정으로 감사드립니다. ◇ **agradecimiento** 남 감사. No encuentro palabras para expresarle mi *agradecimiento*. 나는 감사를 나타낼 말을 모르겠습니다.

agrafia 예 (글을 쓸 수 없는) 실서증.

agramadera 예 베틀, 타면기.

agramar 타 (삼의 대를) 빨다, 삼을 빗다.

agramilar / aguamiel

agramilar 타 (벽돌을) 깎다; 벽돌벽에 색칠하다; 벽돌을 맞추다.

agramiza 여 삼의 줄기(cañamiza).

agrandar 타 확대·확장하다. José *ha agrandado* su tienda. 호세는 자기 가게를 확장했다. ◇ **agrandamiento** 남 확대, 확장.

agrario, ria 형 농지의. Se han renovado las leyes *agrarias*. 농지법이 개정되었다.

agravar 타 병을 악화시키다. ◇**~se** (병이) 악화되다.

agraz 남 신 과일즙; 심술궂음; 불쾌.

agrazada 여 익지않은 포도즙에 설탕을 넣은 음료.

agrazón 남【식물】들포도; 불쾌, 분노, 화내기; 익지않은 포도, 구즈베리 술.

agredido, da 형 침략당한. 명 피침략자.
피침략자.

agredir 공격하다, 침략하다, 침해하다, 습격하다.

agregar [B pagar] 타 (더) 보태다, 덧붙이다(añadir). La madre *agregó* huevos a la masa. 모친은 빵의 반죽에 달걀을 보태었다. Y *agregó* Lola：Si no llueve mañana. 그리고 롤라는 〈내일 비가 안 오면 말이야〉라고 덧붙였다. ◇ **agregación** 여 첨가, 부가; 집합(체), 집회, 집성, 병합, 혼합. **agregado, da** 형 (외교단의) 수행원, 보좌관. *agregado* comercial 대사관부 상무관. *agregado* cultural 대사관부 문화참사관.

agremán 남 (비단으로 만든) 장식끈.

agremiar 타 조합(gremio)에 넣다. ◇**~se** 조합을 이루다.

agresor, ra 형 침략하는, 가해하는. 명 공격·침략자. ¿Quiénes serían los *agresores*? 침략자는 누구였을까? 명 침략국, 침략자. ◇ **agresión** 여 침략, 침해, 공격.

agriar 타 시게하다. ◇**~se** 시어지다.

agrícola [남녀 동형] 형 농업의. La industria *agrícola* se ha desarrollado mucho en este país. 이 나라에서는 농산업이 대단히 발달하였다.

agricultura 여 농업; 경작. La mayoría de los habitantes se dedicaban a la *agricultura*. 대부분의 주민은 농업에 종사하고 있었다. ◇ **agricultor, ra** 명 농부.

agridulce 형 달고도 선, 시큼한.

agriera 여 〈중남미〉 가슴앓이, 위산 과다증.

agrietarse 재 깨(치)다, 금이 가다, 균열이 생기다; (피부가) 거칠어지다.

agrimensor 남 (토지의) 측량 기사.

agrimensura 여 토지의 측량, 경작지의 측량.

agrio, gria 형 ① (맛이) 신, 시큼한. Esta naranja está muy *agria*. 이 귤은 매우 시다. ② 무뚝뚝한. El jefe es un militar *agrio*. 장관은 무뚝뚝한 군인이다. 명 복 감귤류.

agrisado, da 형 회색이 깃은.

agro, gra 형 = agrio. 남 ① 농지. problema del *agro*. 농지 문제. ②(Galicia 지방의) 대경작지.

agronomía 여 농학.

agrupar 모으다; 그룹으로 나누다. *Agrupe* usted estos libros por tamaños. 이 책들을 크기에 따라 그룹으로 나누어 주십시오. ◇**~se** 모이다. Allí *se agrupan* unas diez casas. 저곳에는 10채 쯤의 집이 무리지어 있다. Las islas están *agrupadas* al oeste de la península. 그 섬들은 반도의 서쪽에 모여 있다. ◇ **agrupación** 여 그룹.

agua [단수에서는 정관사는 el을 사용] 여 ① 물. Déme un vaso de *agua* fresca. 시원한 물을 한 잔 주십시오. ② 비, 강우(량). En Málaga cayeron 300 milímetros de *agua*. 말라가에서는 300밀리미터의 비가 내렸다. ③ 물 (바다·강따위의 움직임이 있는) 물; 수액; 해류. Las *aguas* de la vertiente sur afluyen al Mediterráneo. 남쪽 사면의 물은 지중해로 흘러 들어간다. Se ha prohibido pescar en las *aguas* del este. 동부 해역에서는 고기잡이가 금지되었다. *hacerse agua la boca* 군침·침이 나오다. *Se me hace agua la boca* viendo estas deliciosas frutas. 맛있어 보이는 과실을 보면 군침이 흐른다.

aguacate 남【식물】로렐 배.

aguacero 남 소나기.

aguadija 여 (종기나 다친 곳의) 진물.

aguado, da 형 물의, 물에 젖은, 축축한; 관개된; 금주의(abstemio); (식사 등이) 검소한.

aguador, ra 명 물장수, 물을 공급하는 사람, 물을 지키는 사람.

aguaducho 남 물이 나옴, 홍수; 물·음료수 파는 곳, 수로.

aguafiestas 명 흥을 깨뜨리는 사람.

aguagoma 여 고무액.

aguaitar 타 숨어서 기다리다, 매복하다.

aguaje 남 조류, 조수; 음료수; 물마시는 곳; 늪.

aguamanil 남 세면기, 세면소; 물 항아리.

aguamanos 남 손씻기 위한 물.

aguamar 남【동물】해파리.

aguamarina 여【광물】아콰마린 (보석의 일종); 값진 보석.

aguamelar 타 …에 꿀물을 바르다; 꿀물에 담그다.

aguamiel 여 꿀물; 메세글린(벌꿀로 만든

aguanieves 여 【새】 까치.

aguanoso, sa 형 물의, 물모양의; 물기가 많은, 질퍽질퍽한.

aguantar 타 ① 참다. Ya no podía *aguantar* las ganas de reír. 그는 웃고 싶은 것을 이제 참을 수가 없었다. Le pagan muy mal, pero *se aguanta*. 급료는 매우 나쁘지만, 그는 참고 있다. *Aguanta* el cuadro mientras yo lo cuelgo. 내가 매다는 동안, 자네가 액자를 붙잡고 있어 주게. ② 참을 수 있는. ◇ **aguantable** 형 참을 수 있는. ◇ **aguante** 남 인내; 불굴, 견고, 확고 부동.

aguañón 남 수리공사 기사(maestro).

aguapié 남 물에 착색한 술; 값싼 술; 흐르는 물(agua de pie).

aguar 타 물·식초·다른 액체와 물을 섞다; 흥을 깨다; 완화하다; 【중남미】동물에 물을 먹이다.

aguará 남 【동물】 (아르헨띠나의) 큰 여우.

aguardada 여 유예.

aguardadero 남 (모수가 짐승을 기다리기 위해 만든) 장소.

aguardar 타 (자) 기다리다(esperar). Estoy *aguardando* el autobús. 나는 버스를 기다리고 있다. *Aguardamos* (a) que venga José. 우리들은 호세가 오기를 기다리고 있다. ¡*Aguarda* un momento! 잠깐 기다려. ¡*Aguárdeme*! 저를 기다려 주세요.

aguardiente 남 아구아르디엔떼 (소주·브랜디·위스키 따위). El se emborrachó con *aguardiente*. 그는 아구아르디엔떼를 마시고 취했다. *aguardiente de caña* 럼주.

aguarrás 남 송진 기름.

aguasal 남 염수(salmuera).

aguatero, ra 남 또는 여 물을 운반하는 자; 【중남미】 물장수.

aguaturma 여 【식물】 뚱딴지.

aguaviento 남 비바람.

aguazal 남 빗물이 고인 땅.

aguazoso, sa 형 【중남미】 물기 많은, 수분이 있는.

agudo, da 형 ① 날카로운. Este cuchillo tiene la punta muy *aguda*. 이 칼은 끝이 매우 예리하다. Sentí de repente *agudos* dolores en el estómago. 나는 갑자기 위에 심한 아픔을 느꼈다. ② 예민한. Es un estudiante muy *agudo*. 그는 놀랍게도 머리가 좋은 학생이다. ◇ **agudeza** 여 날카로움; 예민. ◇ **agudizar** [일 alzar] 타 날카롭게하다, 뾰족하게하다.

agüero 남 징조 (선·악에 따라 buen, mal 을 붙여씀), 예언, 서증; 예감.

aguerrido, da 형 백전 노장의; 노련한, 익숙한.

aguerrir 타 전쟁에 익숙해지다; 굳게·딱딱하게하다, 경화하다; 단련하다, 격렬해지다, 난폭해지다.

aguijada/aguijapera 여 가축을 모는 끝이 뾰족하고 긴 막대기; 박차, 발돋음; (산 따위의) 지맥.

aguijar 타 찌르다, 몰아대다, 재촉하다; 용기·기운을 돋구다; 장려하다, 조장하다; 자극하다, 선동하다.

aguijón 남 (가축을 모는) 끝이 뾰족한 막대기; (독충 등의) 바늘, 침, 쏘기, 쏜 상처; (식물의) 가시.

aguijonada 여 바늘, 가시로 찌르는 것, 찔린 상처.

aguijonear 타 따끔하게 찌르다; 따끔따끔 쑤시다; (귀가) 쫑긋 서다; 밀다, 찔러 넣다, 들진하다, 자극하다, 격려하다; 선동하다.

águila 여 독수리. Mi abuelo era una verdadera *águila* en el oficio. 나의 할아버지는 직무에 대해서는 오로지 독수리처럼 날카로운 사람이었다. ◇ **aguileño, ña** 형 독수리같은. Tiene una nariz *aguileña*. 그는 매부리코이다.

aguinaldo 남 크리스마스나 새해의 선물.

aguja 여 바늘. ¿Tiene usted una *aguja* para remendar esta camisa? 이 와이셔츠를 꿰맬 바늘을 가지고 있습니까. A mi reloj se le ha caído una *aguja*. 내 시계의 바늘이 떨어졌다.

agujero 남 구멍. El niño cortó dos *agujeros* redondos en la tela. 그 아이는 헝겊에 둥근 구멍을 두 개 뚫었다. ◇ **agujerear** 타 (…에) 구멍을 뚫다.

ah 감 아아 [감심·놀라움·고통·만족·기쁨 따위] ¡*Ah*, qué sorpresa! 아아, 놀랐다! ¡*Ah*, yo no sabía eso! 저런, 그걸 몰랐네!

ahá 감 오!

ahí 부 그곳에, 저곳에. *Ahí* tiene usted la ventanilla número 8. 저곳에 8번 창구가 있다. Estará por *ahí*. 그는 그 근처에 있을 거야.

ahijado, da 남녀 양자, 양녀.

ahijar 타 양자로 삼다.

ahogar [8 pagar] 타 ① 질식시키다. Dios aprieta, pero no *ahoga*. 하나님은 좋ら 바지만, 목매여 죽이지는 않는다. ② 숨막히게 하다. Hace un calor que *ahoga*. 숨막히는 더위이다. ③ (불을) 끄다. Los bomberos *ahogaron* el incendio en unos veinte minutos. 소방사들은 그 화재를 약 20분 만에 껐다. ◇ **se** 질식하다; 숨쉬기가 피로와지다. Mucha gente *se ahogó* en la inundación. 많은 사람이 홍수로 익사하였다. Estoy *ahogado* de quehaceres. 나는 일이 많아서 숨이 막힐 듯하다. **ahogo** 질식, 익사; 괴로운 지경. José luchaba para salir de aquel *ahogo*. 호세는 그 괴로움에서 빠져나가려고 버둥거린다.

ahora 🖷 지금, 이제, 이번. Vámonos *ahora*. 지금 갑시다. *Ahora* me toca a mí. 이제 내 차례다. *Ahora* empieza la conferencia. 이제 강연이 시작되다. *ahora mismo* 지금 곧, 지금 당장. Voy ahora mismo. 나는 지금 곧 간다. Venga usted *ahora mismo*. 지금 곧 오시오. *por ahora* 지금, 우선. Por *ahora* tengo suficiente dinero. 우선은 돈은 충분히 있다.

ahorcar [7] sacar) 🖽 교살하다. 교수형에 처하다(colgar). ◇ **ahorcado, da** 🖷 교수형에 처해진. 🖷 교수형을 받은 사람.

ahorrar 🖽 ① 저축하다. José *ha ahorrado* ese dinero trabajando. 호세는 일하여 그 돈을 저축했다. ② 절약하다. Si le telefoneas, *le ahorras* el viaje y tiempo. 네가 그에게 전화를 하면 너는 그의 교통비와 시간이 절약이 되다. ◇ **-se** 저축·절약하다; …없이 끝내다. Comprándolo de segunda mano *te ahorras* la mitad de dinero. 중고품으로 그것을 사면 너는 돈의 절반을 절약할 수 있다. Así te *ahorras* preocupaciones. 그렇게 하면 너는 걱정하지 않아도 된다. ◇ **ahorrado, da** 🖷 마음 착한, 마음씨키는대로 하는. Es una persona muy *ahorrada*. 그는 마음이 매우 넓은 사람이다. ◇ **ahorro** 🖷 저축, 절약, 지금. José se ha comprado un coche con sus *ahorros*. 호세는 저금으로 자동차를 샀다. *ahorro* postal 우편저금. caja de *ahorros* 저축 은행.

ahoyar 🖽🖺 구덩을 파(게하)다.

ahuchar 🖽 저장하다, 축적하다; 몰아내다, 축출하다, 추방하다.

ahuecar 🖽 느슨하게 하다; 풀다, 부풀리다 ; 빼기며 하다, 거만해지다. (통화를) 팽창시키다.

ahuesado, da 🖷 뼈와 같은; 흰; 딱딱한.

ahulado 🖷 (중남미) 방수포.

ahumadero 🖷 고기 굽는곳 (동짓돼지 따위).

ahumado, da 🖷 연기나는, 냄새나는; 매운 ; 연기빛의; 연기같은. *cuerzo ahumado* 연수정.

ahumar 🖽 그을다. 검나다, 훈제하다.

ahusarse 🖺 가늘고 길게 되다; 끝이 가늘어지다, 뾰죽해지다.

ahuyentador 🖷 허수아비; 헌 누더기를 입은 사람.

ahuyentar 🖽 쫓아내다. José *ahuyentó* a los perros. 호세는 개들을 쫓아냈다.

airar [15. 주로 과거분사로 쓰임] 🖽 성(화)나게 하다. ◇ **airado, da** 🖷 성낸. Lola salió *airada* de la habitación. 롤라는 성이 나서 방을 나갔다.

aire 🖷 ① 공기, 바람. Voy a salir a tomar el *aire*. 바람을 쐬러 나간다. Sopla un *aire fresco*. 시원한 바람이 불고 있다. ② 외모, 외견, 모습; (옷의) 재봉, 바느질. Tiene un *aire* severo. 그는 무뚝뚝한 얼굴을 하고 있다. Me gusta el *aire* del traje que llevas. 네가 입고 있는 옷의 바느질은 내 마음에 들었다. *darse aire de* …체 하다. José *se da aires de* intelectual. 호세는 인텔리인체 하고 있다. *al aire libre* 바깥에서, 노천에서.

aireación 🖷 환기, 통풍.

airear 🖽 환기하다, 바람에 쐬다, 바람을 넣다; (의견을) 발표하다.

airón 🖷 창공, 돌바람, 깃털 장식; (새의) 깊은 과모. ◇ 🖷 외가리.

airosidad 🖷 쾌활, 명랑, 우아, 득의만만.

airoso, sa 공기의, 바람이 잘 통하는.

aislación 🖷 분리, 격리, 고립, 절연. *aislación de sonido* 장음 (장치).

aislacionismo 🖷 독립주의, 독립 정책, 고립주의.

aislacionista 🖷 독립주의의(자), 분리·격리·고립주의(자).

aislado, da 🖷 격리된, 고립의, 절연의. 🖷 절연물(품).

aislamiento 🖷 고립, 격리; 절연, 분리; 교통 중단. *aislamiento* económico 폐쇄 경제.

aislar [15] airar) 🖽 고립·분리시키다; 격리·절연하다. Hay que *aislar* al enfermo cuanto antes. 즉각 병자를 격리해야 한다. En este caso esfuerzos *aislados* no sirven para nada. 이 경우에는 분산적인 노력은 아무런 효과도 없다. ◇ **aislador** 🖷 절연체.

ajedrez 🖷 서양 장기. Mi hermano y yo solíamos jugar al *ajedrez* hasta muy tarde. 형과 나는 늦도록 장기를 곧잘 두었다.

ajeno, na 🖷 ① 타인의, 남의 집의. Puedo arreglarlo sin ayuda *ajena*. 나는 다른 사람의 도움이 없이 그것을 고칠 수 있다. ② [+a·de: …에] 무관계·무관심한. Ese asunto me es completamente *ajeno*. 그 일은 나에게는 전혀 무관계하다. María estaba leyendo *ajena* a todo lo que pasaba a su alrededor. 마리아는 자기 주위의 사건과는 전혀 무관심하게 책을 읽고 있었다. Guárdate de revelar el secreto de los *ajenos*. 너는 타인의 비밀을 폭로하지 말도록 하여라.

ají [식물] 고추(chile); 고추 양념·소스.

ajiaceite 🖷 마늘과 기름을 섞어서 만든 양

ajilimoje/ajilimójili 🗌 고추와 마늘 양념.

ajimez 🗌 아치형의 창문.

ajipuerro 🗌 야생 부추.

ajo 🗌 【식물】 마늘.

ajobar 🗌 등에 메다.

ajobo 🗌 짐, 무거운 짐, 부담, 수고; (배의) 적재량.

ajolote 🗌 【동물】 멕시코산 도롱뇽.

ajonje 🗌 (새잡는) 끈끈이.

ajonjear 🗌 【남미】 애무하다; 지나치게 사랑하다.

ajonjera 🗌 【식물】 엉겅퀴의 일종.

ajonjolí 🗌 【식물】 깨, 참깨.

ajustar 🗌 ① 맞추다. El sastre *le ajustó* el traje al cuerpo. 재봉사는 옷을 그의 몸에 맞추었다. ② 결정하다. *Han ajustado* el casamiento para el día 15. 그들은 결혼 날짜를 15일로 결정했다.

al [전치사 a와 정관사 el과의 결합형] ¿Conoces *al* señor García? 너는 가르시아를 알고 있느냐. al+inf. …하면, …할 때, …하자마자. *Al* salir de casa yo tropecé con José. 집을 나갈 때 나는 호세를 만났다. *Al* no tener dinero se puso a trabajar. 그는 돈이 없어지면 일하기 시작하였다. Se rieron mucho *al* oir eso. 그 소리를 들었을 때 그들은 많이 웃었다.

ala 🗌 [단수일 때 정관사는 el] (비행기·새의) 날개. Trataré de volar con mis propias *alas*. 나는 어떻게 하던지 자신이 해보겠다 (자기의 날개로 날다).

alabar 🗌 칭찬·칭송하다(elogiar). Todos *alababan* a José por su prudencia. 모두들 호세를 신중하다고 칭찬하고 있었다. ◇~se 자만하다; 서로 칭찬하다. Lola *se alaba* de elegante. 롤라는 낯빛대다고 자만하고 있다. Los dos hermanos *se alaban* uno a otro. 두 형제는 서로 칭찬한다. ◆ **alabanza** 🗌 칭찬. Me lo dijo en *alabanza* de tu prudencia. 그는 너의 신중함을 칭찬하며 나에게 그렇게 말했다.

alacena 🗌 (벽속에 넣어 만든) 선반.

alacrán 🗌 【동물】 전갈.

alambre 🗌 철사. Los *alambres* sirven para dar aún más solidez. 철사는 더욱 견고하게 하는데 효과가 있다. ◇ **alambrada** 🗌 철사 울타리; 전선. ◇ **alambrado** 🗌 철사를 입힌 것; (창문의) 철망.

álamo 🗌 【식물】 포플러, 미루나무.

alameda 🗌 (집합적) 미루나무 가로수; 가로수 길. Solíamos pasear por la *alameda* todas las tardes. 우리들은 매일 오후 그 가로수 길을 산책했던 것이다.

alano, na 🗌 아라노족의 (사람).

alar 🗌 챙.

alarabe/alarbe 🗌 🗌 아라비아의 (사람). 🗌 버릇없는 사람.

alarde 🗌 열병; (화려한) 행렬, 시위 행진; 진열, 전람; 검사, 표시, 과시, 허식; 【군사】 점호, 점열; (죄수의) 점열.

alardear 🗌 자랑하다.

alardoso, sa 🗌 겉치레하는, 허세부리는, 겉만의; 자랑하는.

alargadera 🗌 길어진 막대기, 길어진 관. 【화학】 유도관.

alargamiento 🗌 연장, 연기, 신장.

alargar [⑧ pagar] 🗌 ① 뻗다. La vieja *alargó* el brazo y cogió aquel vaso. 노파는 팔을 뻗쳐 그 컵을 잡았다. ② 연장시키다. Hemos decidido *alargar* nuestra estancia aquí. 우리들은 이곳의 체재를 연장하기로 정했다.

alarma 🗌 경계; 불안, 공포. Todo el pueblo vivía en perpetua *alarma*. 온 국민은 언제나 공포 속에서 생활하고 있었다. *campana de alarma* 화재 경보 벨.

alarmar 🗌 경계시키다, 겁먹게 하다, 불안하게 하다. Me *alarma* ver a José preocupado. 나는 호세가 걱정스러운 듯이 하고 있는 것을 보면 불안해진다. Los ladrones huyeron *alarmados* por el estallido. 도둑놈들은 그 폭발 소리에 깜짝 놀라 도주했다. ◇~se 놀라다. No te *alarmes* si oyes un estallido. 폭발 소리를 듣더라도 놀라서는 안된다. ◇ **alarmador** 🗌 경보기. ◇ **alarmante** 🗌 위험한.

alba 🗌 동틀녁, 여명, 새벽, 서광 (曙光). Empezó a clarear el *alba*. 밤이 밝기 시작했다.

albañil 🗌 미장이, 석수장이.

albañilería 🗌 석공술; (전물의) 석조부.

albar 🗌 흰, 흰빛의; 창백한; 결백한, 백의의. *conejo albar* 흰토끼.

albarán 🗌 화물 인도표, 전세 계약서.

albarda 🗌 길마, 짐싣는 안장.

albardar 🗌 (말 따위에) 안장을 놓다; (소 등에) 길마를 씌우다.

albardero 🗌 안장만드는 사람.

albardilla 🗌 소형의 짐 안장; 밭고랑; (쟁기에 붙어있는) 흙.

albardín 🗌 【식물】 잡초.

albaricoque 🗌 【식물】 살구.

albaricoquero 🗌 【식물】 살구나무.

albarillo 🗌 【식물】 흰 살구, 일종의 작은 살구.

albarizo, za 🗌 백색의; 창백한; 투명한, 무색의; 백의의. 🗌 행주.

albarrada 🗌 돌담, 담; 구내; 참호.

albarrana 🗌 【식물】 백합과 식물.

albarraz 🗌 【의학】 나병.

albatros 图 【새】 신천옹(信天翁).
abayalde 图 납가루, 백연.
albazano, na 图 짙은 밤색 털의 (말).
albear 图 희게하다, 희어지다, 표백하다 (blanquear); 【아르헨티나】 일찍 일어나다.
albéitar 图 수의사(veterinario).
alberca 图 저장소, 저수지, 식유 탱크.
albérchiga 图 복숭아의 일종.
albérchigo 图 = albérchiga.
alberchiguero 图 【식물】 복숭아 나무.
albergar 图 숙박시키다, 정박시키다. 困 ◇〜se 숙박하다, 정박하다.
albergue 图 숙박소, 은신처, 하숙집, 고아원. (짐승들이 사는)굴.
alberguería 图 빈민 수용소, 구호소, 여인숙, 주막(posada).
albero, ra 图 흰(albar). 图 흰빛의 흙 (토양); 행주; 두건.
albica 图 백설토.
albín 图 【광물】 적청광.
albinismo 图 【의학】 피부 색소 결핍증; 백화 현상.
albino, na 图 피부 색소가 선천적으로 결핍된 (사람).
albo, ba 图 【시】 눈같이 흰.
albogue 图 (풀잎으로 만들어 입에 물고 부는) 피리, (목자·목동이 부는) 피리.
albóndiga/albondiguilla 图 고기를 다져서 둥그렇게 한 것.
albor 图 흰색, 백색 채료. 동녘, 여명, 새벽; (시문에서) 백색(blancura).
alborada 图 동녘, 새벽, 시작, 기상 나팔 (북); 여명; 【군】 새벽 싸움.
alborear 图 날이 밝다, 밝아지다, (일이) 차츰 명백해지다(amanecer).
alborga 图 짚신의 일종.
albornoz 图 껄껄한 양털옷, (아라비아 사람들의) 두건 달린 겉옷.
alborotadizo, za 图 자주 떠들어대는, 시끄러운, 소요의.
alborotado, da 图 충동적; 홍분하기 쉬운, (바람, 물결 따위) 거센, 소란스러운, 떠들석한.
álbum 图 사진첩, 앨범.
alcachofa 图 【식물】 엉겅퀴. ◇ **alcachofal** 엉겅퀴밭.
alcalde 图 시·읍·면장. Don José fue elegido *alcalde*. 호세씨가 시장에 당선됐다. ◇ **alcaldesa** 여자 시·읍·면장; 시·읍·면장의 아내.
álcali 图 【화학】 알카리.
acalímetro 图 알카리미터, 알카리계.
alcalinidad 图 알카리성.
alcalino, na 图 알카리(성)의. reacción *alcalina* 알카리 반응.
alcalizar 图 알카리성으로 하다.

alcaloide 图 알카로이드, 식물 염기.
alcaloideo, a 图 알카로이드(성)의.
alcana 图 = alheña.
alcance 图 ① 닿는 거리·범위·능력, 지능. Eso está fuera de nuestro *alcance*. 그것은 우리들의 손이 닿지 않는 곳에 있다. ② 중요성. No sé qué *alcance* debo dar a sus palabras. 그의 말에 얼마만큼의 중요성을 주어야 할지 모르겠다.
alcancía 图 저금통; 헌금통.
alcanzar 图 [alzar] 困 ① (…에) 닿다, 도달하다. No *alcancé* esa caja. 나는 그 상자에 손이 닿지 않았다. José apresuró el paso para *alcanzar*lo. 호세는 그를 따라 잡기 위해 걸음을 빨리 했다. La nieve *alcanzó* dos metros de espesor. 눈은 2미터 깊이에 달했다. *Alcánza*me esa botella. 그 병을 집어다오. ③ 대어 가다. No sé si *alcanzaré* el tren de las diez. 10시 열차에 대어 갈 수 있을지 어떨지 모르겠다. ④ 이해·양해하다. No *alcanzo* lo que dice José. 나는 호세가 말하는 것을 이해할 수 없다. ⑤ 획득하다. José *ha alcanzado* la recompensa que merece. 호세는 그에게 알맞은 보수를 탔다. 困 ① 닿다, 도달하다. El sonido *alcanza* a 5 kilómetros. 그 소리는 5킬로미터의 곳까지 도달한다. ② 충분하다, 족하다. Estos caramelos no *alcanzan* para todos los niños. 이 캐러멜은 어린이들 전부에게는 부족하다. ③ [+a+inf: …하기에] 이르다, 가능하다. No *alcanzo* a comprender el móvil. 나는 그 동기가 이해되지 않는다.
alcatifa 图 (짙이 좋은) 양탄자의 일종; 지붕.
alcatraz 图 삼각 주머니; 【새】 펠리칸.
alcayata 图 긴 못, 큰 못; 갈고리.
alcazaba 图 성곽; 성과의 탑; 내성.
alcázar 图 성(城), 왕궁. Se divisaba el famoso *Alcázar* de Toledo. 유명한「톨레도」성이 보이고 있었다.
alcazuz 图 【식물】 감초(orozuz); 감초 뿌리.
alce 图 【동물】 (북유럽과 북아메리카산의) 큰 노루.
alción 图 【새】 물총새.
alcista 图 주식의 가격 등귀를 예상하고 투기하는 사람. 图 【상업】 등귀할 기미가 있는.
alcoba 图 침실(dormitorio). Juan se metió en la *alcoba*. 후안은 침실에 들어갔다.
alcohol 图 알콜; 알콜 음료. José bebe mucho *alcohol*. 호세는 술을 아주 많이 마신다. ◇ **alcohólico, ca** 알콜 (음료)

alcoholado, da 휑 (개의) 눈의 가장자리가 검은 빛을 띤. 알콜화한. 휑 알콜게.

alcoholar 타 …으로 부터 알콜을 짜내다.

alcoholero, ra 휑 알콜 공업의.

alcohólico, ca 휑 알콜성의, 알콜 (함유·중독)의. 휑 알콜 중독자.

alcoholímetro 휑 알콜게, 주정 비중계, 주정계.

alcoholismo 휑 알콜 중독.

alcoholizado, da 휑 알콜 중독의. 휑 알콜 중독자.

alcoholizar 타 …에 알콜을 섞다; 주정이 되다. ◇ ~se 알콜 중독으로 되다.

alcor 휑 언덕(colina), 작은 산; 경사(도); 경사면, 비탈.

Alcorán 휑 회교의 경전, 코란.

alcoranista 휑 회교의 교전 학자, 모든 해 메드릴을 해설하는 자.

alcornoque 휑 [식물] 콜크나무; 명청이, 백치, 바보(estúpido).

alcornoqueño, ña 휑 콜크 나무의.

alcorza 여 설탕 입힌 과자; 지나치게 멋을 부리는 사람.

alcorzar 타 (과자에) 설탕을 입히다; 아름답게 하다, 장식하다.

alcotán 휑 [새] 새매.

alcurnia 여 선조, 혈통; 가계(linaje).

alcuza 여 (식탁에 놓는) 양념병; 기름병, 기름통.

alcuzcuz 휑 밀가루와 벌꿀을 물에 버무려 만든 과자 (무어인의 식품).

aldaba 여 (문의) 노커; 걸쇠, 빗장.

aldea 여 마을. Nací en una *aldea* pobre de la provincia de Málaga 나는 말라가주의 어느 가난한 마을에서 태어났다. ◇ **aldeano, na** 휑 시골의, 촌의. 휑 시골사람, 촌사람.

Aldebarán 휑 [천문] 목우좌.

aldehido 휑 [화학] 알데히드.

aldehuela 여 작은 마을, 한촌.

alderredor 부 = alrededor.

aleación 여 합금.

alear 제 날개치다; 펄럭거리다; 훨훨 날다; (병·피로로부터) 원기를 회복하다.

aleatorio, ria 휑 우연의, 우발적인; [법] 요행을 노리는, 사행적.

alebrarse/alebrastarse/alebrestarse 제 (무서워서) 웅크리다; (동물이) 땅에 엎드리다.

aleccionar 타 가르치다; 교수·훈련하다; (말·개 따위를) 길들이다; [원예] 가꾸다.

alechugar 타 주름잡다; (상치 잎사귀 같은 모양으로) 접다, 구부리다.

aledaño, ña 휑 부속의, 인접한, 이웃의. 휑 부속지, 인접지; 경계(confin), 한계(límite).

alegrar 타 기쁘게 하다, 즐겁게 하다. Tus noticias nos *han alegrado* mucho. 너의 소식은 우리들을 대단히 기쁘게 했다. ◇ ~se [+de·por·con:…을] 기뻐하다, 즐거워하다. *Me alegro* mucho *de verte*. 나는 너를 만날 수 있어서 매우 즐겁다. ~*se de que*+subj. …해서 기쁘다·즐겁다·고맙다. *Me alegro (de)* que no haya sido gran cosa. 대수롭지 않은 일이어서 좋았다. *Me alegro de que* esté usted mejor. 당신이 더 좋아지셔서 기쁘다.

alegre 휑 기쁜, 즐거운, 명랑한. Todo el mundo se siente *alegre* en este hermoso día de primavera. 이 화창한 봄날에는 어떤 사람이라도 즐겁다. Anita es una muchacha muy *alegre*. 「아니따」는 매우 명랑한 소녀이다. ◇ **alegremente** 부 즐겁게, 기쁜듯이.

alegría 여 기쁨, 즐거움. Tuve una gran *alegría* cuando me dieron la plaza. 그 지위가 주어졌을 때 나는 매우 기뻤다. Está llena de *alegría*. 그녀는 매우 행복하다.

alejar [+de:…로부터] 멀리하다. Será mejor *alejar* lo más del fuego. 그것을 불에서 훨씬 멀리 하는 것이 좋을 것이다. José *se alejó* de su tierra. 호세는 고향에서 떠났다. ◇ **alejamiento** 휑 경원함; 소원(疎遠); 거리, 간격.

alemán, na 휑 독일(Alemania)의. 휑 독일사람. 휑 독일어.

alentar [9 pensar] 타 원기를 넣어주다, 장려하다. Sólo me *alienta* la esperanza. 희망만이 나에게 용기를 불어넣어 준다. Vamos a *alentar*la a que lo haga. 그 일을 하도록 그녀를 독려하자. 제 호흡하다. No lo consentiré mientras *aliente*. 내가 살아있는 동안은 그런 일을 들어 줄수 없다. ◇ **alentado, da** 휑 건강한(sano).

alerta 부 ① 조심해서, 주의해서. Usted estará *alerta* para que nadie salga de la casa. 그 집에서 아무도 나가지 못하도록 조심해 주십시오. ② [감탄사적] 경계하라. ¡Ojo *alerta*! 단단히 경계하라.

aletargar 타 무기력하게 하다, 혼수 상태에 빠지게 하다. ◇ ~se 나른해지다, 무감각해지다, 혼수상태에 빠지다; 동면하다.

aletazo 휑 절걱임; 날개침, 날개치는 소리; 지느러미를 휘저음.

alfabeto 휑 [문법] 알파벳(abecedario). ◇ **alfabético, ca** 휑 알파벳의. ◇ **alfabéticamente** 부 알파벳순으로.

alfajía 여 (문·창문·액자 따위의) 나무

alfajor 〖중남미〗 과자, 단것; 호도와 꿀로 만든 과자.
alfanje 신월도(新月刀); 〖물고기〗 황새기.
alfaques 🔟 사주(砂洲).
alfaquí 🔟 마호메트 법학자(faquí).
alfar 🔟 도기 공장; 도기 만드는 흙, 도토.
alfarería 🔟 도기 판매소; 도기 공장; 도기 제조술.
alfarero 🔟 도기 제조공, 도예가.
alfarje 🔟 부인실; 착유장, 착유기.
alfarjía 〖사진틀이나 문틀 따위의〗 나무들, 또는 그것을 만드는 재목.
alfeñicarse 마르다, 여위다; 허약한 체하다.
alfeñique 🔟 과자, 약초; 체질이 허약한 사람.
alferecía 🔟 〖의학〗 간질, 지랄병; 기수의 역할.
alférez 🔟 기수; 사관, 견습 사관; 소위; (서양 장기의) 여왕. *alférez* alumno 재학중의 사관. *alférez* fragata 해군 소위. *alférez* de navío 해군 중위.
alfil 🔟 〖장기〗 말의 일종.
alfiler 🔟 옷핀. José gasta un *alfiler* de corbata muy elegante. 호세는 아주 점잖은 넥타이핀을 찌르고 있다.
alfombra 🔟 융단, 양탄자, 카펫. El suelo está cubierto de una *alfombra* fantástica. 마루에는 훌륭한 융단이 깔려 있다.
alfombrado 🔟 융단, 양탄자를 깐.
alfombrar 🔟 융단·양탄자를 깔다.
alfombrero, ra 융단 (양탄자, 자리, 깔개)을 짜는.
alfombrilla 🔟 〖의학〗 홍역; 소형 양탄자.
alfombrista 🔟 양탄자 판매인·까는 사람·재봉하는 사람.
alfonsino, na 알폰소 왕(과)의.
alforfón 🔟 〖식물〗 메밀.
alforjas 🔟 또는 🔟 안장에 다는 주머니, 배낭; 여행의 식량.
alfoz 🔟 특권이 부여된 자치 도시; 관할구역을 형성하는 부속 도시; 산협, 계곡, 좁은 길.
alga 🔟 〖식물〗 해초, 해태(海苔).
algaida 🔟 잡초가 우거진 곳; 사구, 사주(medano).
algalia 🔟 향료; 〖의학〗 도뇨관(導尿管). 🔟 〖동물〗 사향 고양이(gato de algalia).
algara 🔟 짓발 기마대, 적지 공격 기병대; 양파나 달걀의 얇은 껍질.
algarabía 🔟 아라비아어; 알아들을 수 없는 말·글; 소란(ruido).
algarada 🔟 승마대(algrara)의 침입; 폭동, 기습, 혼란; (옛날에 성벽을 부술 때에) 쏜) 파성추.
algarroba 🔟 〖식물〗 algarrobo의 열매, 다년생 나무.
algarrobo 🔟 〖식물〗 쥐엄나무 비슷한 상록 교목; 그 열매.
algavaro 🔟 〖곤충〗 긴 촉각을 가진 검은 박정벌레.
algazara 🔟 환성, 아우성, 군중의 외침.
álgebra 🔟 〖수학〗 대수; (옛날의) 정골술.
algebraico, ca / algébrico, ca 대수학의, 대수식의.
algebrista 🔟 대수학자; 정골의사.
algidez 🔟 오한; 냉담.
álgido 🔟 오한이 나는, 추운, 얼음과 같은, 냉담한; 최고조의(culminante), (병·기름·감정 따위가) 절정의.
algo 🔟 얼마만큼, 약간, 조금. Comprendo *algo*. 나는 어느 정도 이해한다. Mi reloj anda *algo* atrasado. 내 시계는 약간 늦다. El enfermo está *algo* mejor. 환자는 약간 좋아졌다. 🔟 무엇인가, 얼마쯤 (⇔ nada). ¿Quiere usted tomar *algo*? 무엇 좀 먹겠습니까. Más vale *algo* que nada. 없는 것보다는 (무엇인가 있는 편이) 낫다. ¿Hay *algo* de particular? 무슨 특별한 일이 있는가. Tengo *algo* que decirle. 당신한테 말할 것이 있다. ¿Tiene usted *algo* que hacer esta tarde? 오늘 오후에 하실 일이 있습니까. ¿Tiene usted *algo* que declarar? 신고하실 것은.
algodón 🔟 솜; 무명, 면, 목화. Quiero una camisa de *algodón*. 나는 무명 와이셔츠가 필요하다. Vaya frotando esa parte con este *algodón*. 그 부분을 이 솜으로 문질러주세요. *algodón* absorbente 탈지면. ◇ **algodonal** 🔟 목화밭, 목화. ◇ **algodonar** 🔟 솜으로 덮다, 솜으로 채우다. ◇ **algodonoso, sa** 🔟 솜의·과 같은. *nubes* algodonosas 뭉게구름.
alguacil 🔟 포졸, 경찰, 순경; 집달리.
alguien 🔟 〖사람에 관한 부정대명사〗 누군가. *Alguien* llama a la puerta. 누군가가 문을 두들기고 있다. ¿Hay *alguien* que hable inglés? 영어를 아는 사람이 누구 있는가. ¿Aguarda usted a *alguien*? 누굴 기다리고 계십니까.
algún [alguno 가 남성 단수 명사의 앞에 놓일 때의 형태] 형용사. ¿Tiene usted *algún* plan? 어떤 계획이라도 가지고 있나요. *Algún* día te lo contaré. 언젠가는 너에게 그 일을 이야기하겠다.
alguno, na 🔟 〖사람·물건·사건에 관한 부정(不定)〗형용사; 남성 단수 명사의 앞에서 algún으로 함 ① 어떤; 어느 것인가의. ¿Hay *alguna* farmacia cerca de aquí? 이 근방에 약국이 있는가. La nieve alcanzó, en *algunas* partes, dos metros

alhaja de espesor. 어떤 곳에서는 눈이 2미터 길이에 달했다. ② [부정(否定) 표현 속에서 명사의 뒤에 붙어서] 아무런. No tengo interés *alguno* en eso. 나는 그 일에 아무런 관심도 없다. 떼 [사람·물건·사건에 관한 부정(不定) 대명사]어떤 것, 몇인가; 누구인가. *Algunos* contestaron que sí. 어떤 사람들은 그렇다고 대답했다. *Algunas* de ellas no quieren creerlo. 그 여자들 중의 몇 사람인가는 그것을 믿으려 하지 않는다. *alguno que otro* y *alguna que otra cosa*. 산 중턱에는 여기저기 집이 몇 채 보였다.

alhaja 몡 보석(joya).

alheña 떼 【식물】 쥐똥나무.

aliarse [12 enviar] 재 동맹·연합·제휴하다. Alemania *se había aliado* con Italia. 독일은 이탈리아와 동맹하고 있었다. La ciudad de Sagunto estaba *aliada* con Roma. 사군토시는 로마와 동맹하고 있었다. ◇ **alianza** 떼 동맹, 연합.

alicates 몡 뻰찌, 장도리, 집게.

alienable 【법】 양도할 수 있는.

alienación 떼 양도; 발광, 광란.

alienado, da 형 몡 발광한, 미친 (사람).

alienar 타 넘기다, 양도하다; 발광시키다(enajenar).

alienismo 몡 정신병학.

alienista 몡 정신병 학자, 정신병 의사.

aliento 몡 ① 호흡; 숨. Llegó sin *aliento*. 그는 숨을 헐떡거리며 도착했다. ② 기력, 원기. José ya no tiene *los alientos* de su juventud. 호세는 이미 젊었을 때의 원기가 없다.

alijar 몡 미개지. 몡 공동 목초지, 농지. 타 [뱃짐이나 밀수품을] 양륙하다; 밀수입하다; 샌드페이퍼로 닦다; 목화에서 씨를 발라내다.

alijo 몡 짐을 품, 경감; [집합적] 밀수품.

alilaya 【중남미】 변명, 구실, 구차스러운 변명.

alimaña 떼 (여우·뱀·살쾡이 같은) 유해 동물.

alimentar 타 ① 기르다. Este prado *alimenta* quinientas vacas. 이 목장은 500마리의 소를 기를 수 있다. La injusticia *alimenta* el descontento. 부정은 불만을 기른다. ② [+de·con : 영양·양분·물·연료 따위를](에게) 주다, 공급하다. Este río *alimenta* de agua al nuevo embalse. 이 강이 새로운 댐으로 물을 넣는다. 재 영양으로 되다. Esta comida *alimenta* poco. 이 음식물은 별로 영양으로 되지 않는다. ◇ **~se** [+de·con :…을] 식료품으로 하다. Las golondrinas *se alimentan de* insectos nocivos. 제

비는 해충을 먹이로 하고 있다.

alimento 몡 먹거리, 음식물; 영양. El buen *alimento* es indispensable para la salud. 좋은 음식물은 건강에 없어서는 안된다. ◇ **alimentación** 떼 영양 (섭취); 급수, 급유, 급전(給電). ◇ **alimenticio, cia** 형 영양으로 되는. substancias *alimenticias* 영양물, 자양물.

alimonarse 재 (일사귀가) 병으로 누렇게 되다.

alindar 한계를 정하다, 경계를 정하다; 미화하다, 장식하다; 접하다, 인접하다(lindar). ◇**~se** 몸을 장식하다.

alinderar 타 【남미】 경계·한계를 정하다. …에 경계를 만들다.

alineación 떼 정열, 열.

alinear 타 한 줄로 만들다, 정열시키다, 정열하다.

aliñar 타 꾸미다, 겉돋하다, 장식하다, 조리하다(preparar); 【칠레】 정골하다. ◇**~se** 화장하다.

aliño 몡 장식, 장식품; 화장품, 조미료.

alípede 【시】 다리에 날개를 가진; 빠른, 신속한.

aliquebrado, da 형 풀이 꺾인; 날개가 처진; 풀이 죽은.

alisador, ra 형 몡 세련된 (사람), 반질반질한. 몡 닦는 사람, 윤내는 기계.

alisadura 떼 윤나게 함, 반질반질하게 함. 몡 대패밥 따위.

alisar 타 (길 따위를) 반반하게 하다, (머리카락을) 미끈하게 하다, 윤을 내다, 마찰하여 닦다. 몡 【식물】 오리나무 (자작나무과) 숲.

alisios 형 몡 무역풍의(의). vientos *alisios* 무역풍.

alisma 떼 【식물】 질경이 (llantén de agua).

aliso 떼 【식물】 오리나무.

alistamiento 몡 병적 등록, 징병 응모.

alistar 타 명부에 기입하다; 병적에 편입하다; 준비하다. ◇**~se** 입대하다; 준비되다. *Se estaba alistando* para salir. 그는 떠날 준비가 되어 있었다. *Se alistó* en el ejército. 그는 군에 입대했다.

aliviar [11 cambiar] 타 (아픔·피로움을) 가볍게 하다. Los calmantes *alivian* el dolor. 진통제는 아픔을 진정시킨다. ◇ **~se** (아픔·피로움이) 가벼워지다. El enfermo *se ha aliviado* con ese medicamento. 환자는 그 약으로 편해졌다. ¡Que *se alivie* pronto! 곧 회복되시길 바랍니다. ◇ **alivio** 몡 경감; 안도의 숨을 쉼. Aquello le dio gran *alivio* a José. 그 일은 호세를 안심시켰다.

aljaba 떼 화살동, 전동.

aljama 떼 [집합적] 회교의 예배당, 회교

aljamía 사원, 유대인의 집회당·교회당.
aljamía 여 아라비아로 쓰여진 서반아 문학·문장.
aljez 남 석회석.
alibe 남 저수지;【항해】송수선, 급수선;(배의) 물탱크; 석유 운송선.
aljofaina 여 세면기.
aljófar 남 모양이 흉한 진주, 작은 진주;【시】물방울.
aljofifa 여 긴 자루가 달린 마루 걸레.
aljonje/aljonjo 남 (새 잡는) 끈끈이.
aljor 남 석회석, (골절때 쓰는) 깁스 붕대, 석고(aljez).
alma 여 ① 넋, 영혼; 마음, 정신. José ha entregado su alma a Dios. 호세는 숨을 거두었다. Lo quería con toda mi alma. 나는 그를 온 마음으로 사랑했다. ② 사람, 인구. No va un(a) alma por la calle. 거리에는 사람 하나 얼씬거리지 않는 다. Seúl tiene más de diez millones de almas. 서울의 인구는 천만·이상이다.
almacén 남 ① 창고. Los mandamos a ustedes muestras de las diferentes clases que tenemos en almacén. 재고의 각종 견본을 귀사에 보냅니다. ② 백화점;【아르헨티나】상점. Hago la compras en algún gran almacén. 나는 어떤 백화점에서 물건을 산다. ◇
almacenaje 남 창고 사용료; 저장.
almacenar 타 창고에 넣다, 저장·보관하다.
almacenero 남 창고지기, 창고 담당자.
almacenista 명 창고 주인, 창고업자, 백화점의 점원;【남미】식료품점 주인.
almáciga 여【화학】유향 (바니스의 원료가 되는 수지); 묘상, 묘목을 기르는 곳.
almácigo 남【식물】유향나무(lentisco).
almádana/amáldena 여 (석공들의) 돌메는 망치.
almadía 여〈인도의〉카누, 뗏목, 통나무배.
almadraba 여【물고기】참다랭이, 참다랑이의 어장·어기·어망.
almadreña 여 나막신(zueco).
almagrar 타 …에 황토(자토)를 칠하다;〈속어〉피를 흘리게 하다, 피로 붉들이다.
almagre 남【안료】자토, 그림에 사용되는 산화철.
almanaque 남 달력, 책력; 연감. Arranca ya la hoja del almanaque. 이제 달력 종이를 떼어내라.
almeja 여【동물】바지락 조개.
almendra 여 편도(扁桃). ◇ **almendro** 남 편도나무.
almidón 남 녹말, 전분. ◇ **almidonar** (베에) 풀을 먹이다.

almirante 남 제독(提督). La escuadra combinada franco-española salió de Cádiz al mando del almirante francés. 서반아·프랑스 연합 함대는 프랑스 제독의 지휘아래 「까디스」를 출항했다.
almohada 여 베개. Lo voy a consultar con almohada. 그것을 충분히 생각해 보겠다. ◇ **almohadón** 남 쿠션, 긴 베개.
almohaza 여 (쇠로 만든) 말빗.
almohazar 타 (소나 말을) 빗으로 빗기다.
almoneda 여 경매, 대매출.
almoned(e)ar 타 경매에 붙여서 팔다.
almoraduj, -dux 남【식물】마요라나 (mejorana : 조미료로 씀); 박하.
almorávides 형 알모라비데족(의) (11세기 중엽 서부 아프리카에 대제국을 건설, 1093-1148년까지 서반아를 통치한 민족).
almorejo 남【식물】기장, 조유.
almorranas 여복【의학】치질.
almorta 남【식물】식용 열매를 가진 콩과 식물의 일종(cicércula).
almorzado, da 형 점심을 마친. 여 두 손을 맞대어 그 위에 얹어놓을 수 있는 분량;【멕시코】점심.
almorzar [⑨ alzar, ㉔ contar] 자 점심을 먹다. Generalmente almuerzo de las doce a la una. 나는 대개 12시부터 1시 사이에 점심을 먹는다. Vengo ya almorzado. 나는 벌써 점심을 먹었다. 타 점심에 먹다. Almorcé chuletas. 나는 점심에 커틀렛을 먹었다.
almuerzo 남 점심. Tomo el almuerzo en el comedor de la compañía. 나는 회사의 식당에서 점심을 먹는다.
alojamiento 남 숙소, 숙박. Avísenos lo antes posible si usted desea reservar alojamiento. 숙박 예약을 희망하신다면, 되도록 빨리 우리에게 알려 주십시오.
alojar 타 재우다, 숙박시키다. El amo no quiso alojar al viajero. 주인은 그 나그네를 재우려 하지 않았다. 자재 숙박하다. El viajero se alojó en la venta. 나그네는 그 여관에서 숙박했다.
alquilar 임대하다, 임차하다. Acaba de alquilar un piso para instalar su oficina. 그는 사무소를 개설하기 위한 한 층을 전세 내었다. Se alquila【광고】셋집【셋방】있음.
alomado, da 형 등이 굽은; 고양이 등처럼 굽은.
alón, na 형【중남미】큰 챙양의; 챙양이 넓은 (모자), (날개를 뽑은) 날개의 부분.
alondra 여【새】종달새.
alongar 타 확대하다; 증보하다; 퍼지다; 부연하다, 멀리하다.
alópata 남 대중 요법 의사.

alopatía 여 대증 요법.

alopático, ca 형 대증 요법의.

alopecia 여 【의학】 탈모증.

aloque 남 담홍색의.

alotropía 여 【화학】 동질 이체, 동소(성).

alotrópico, ca 형 동소체·동질 이체의.

alpaca 여 【동물】 알파카(의 털·모직)(낙타과에 속하는 짐승으로 안데스 산맥에 서식; llama의 변종).

alpargata 여 / **alpargate** 남 대마로 만든 샌들; (부인·어린이용의) 샌들신, 얇은 신; 짚신.

apargatado, da 형 샌들 모양의, 짚신의.

alpechin 남 (올리브의) 즙; 【중남미】 쓴 커피.

alpechinera 여 올리브 찌꺼기; 침, 타액.

alpende 남 (토목용의) 도구를 넣어 두는 광.

Alpes (los) 남 알프스(산).

alpestre 형 알프스 산맥의; 산이 많은; 높은 산의; (물결 따위가) 산더미같은; 야생의; (토지가) 황폐한. *planta alpestre* 고산 식물.

alpinismo 남 등산, 알프스산의 등산.

alpinista 공 등산가; 산악 회원.

alpino, na 형 알프스산의; 높은 산의; 산악의, 등산의. *batallón alpino* 산악 대대. 남 등산가, 산악 부대원.

alpiste 남 【식물】 알프스 카나리아의 먹이, 카나리아 덩굴 (한련의 일종). *dejar a uno alpiste* 실망·낙담시키다, (기대를) 어기다.

alquequenae 여 【식물】 꽈리.

alquería 여 (건물을 포함한) 농장; 【영국】 농장 가옥 (헛간을 포함); 【효농의 저택; 【미국】(소비자와 직접하는) 농민 공제 조합(의 지부).

alquermes 남 연지벌레; 연지, 양홍; 강심(장)제; 달콤한 술 (홍분제).

alquibla 남 회교도의 배례 방향.

alquicel / **alquicer** 남 아라비아식의 외피; 책상보; 긴의자 덮개.

alquiler 남 임대·임차(료); [빈번하게] 형 집세. ¿*Cuánto es el alquiler*? 세는 얼마입니까? *Todavía no he pagado los alquileres de este mes.* 나는 아직 이달의 집세를 내지 않았다. *coche de alquiler sin chófer* 렌트카, 임대 자동차.

alrededor 부 [+de: …의] 주위에; 약…, …무렵. *Tengo alrededor de veinte dólares.* 나는 약 20달러를 가지고 있다. *José miró alrededor.* 호세는 주위를 보았다. *Se sentaron alrededor de la mesa.* 그들은 탁자 주위에 착석했다. *Alrededor de las ocho volveré aquí.* 나는 8시쯤 또 오겠다. *un viaje alrededor del mundo* 세계 일주 여행. 남 [복] 주위; 교외. *Me gus-*taron más los *alrededores* del tiempo. 그 절의 주위가 나는 더욱 더 들었다. *Ella vive en los alrededores de Madrid.* 그녀는 마드리드 교외에서 살고 있다.

altar 남 【종교】 제단. Sólo falta ponerlo en un *altar* [사람의 덕을 과장하는 표현] 그를 제단에 놓는 일이 남아 있을 뿐이다.

altavoz 남 (복 *altavoces*) 확성기. Los *altavoces* anuncian la llegada del avión. 확성기가 비행기의 도착을 알리고 있다.

alterar 타 ① 바꾸다, 흐트러뜨리다; 변동하다. Su venida *alteró* completamente el ritmo de mi vida. 그가 와서 나의 생활의 리듬을 완전히 흐트러뜨렸다. ② 변질·부패시키다. El calor *altera* los alimentos. 더위는 음식물을 변질시킨다. ③ (마음을) 동요시키다. La pregunta del juez le *alteró* visiblemente. 재판관의 질문은 그를 매우 동요시켰다. 재 ~se 변하다; 변질되다; 동요하다. José no *se altera* por nada. 호세는 무슨 일에도 흔들리지 않는다. ◇ **alteración** 여 변경, 변질; 동요. Tenemos que hacer algunas *alteraciones* en nuestro proyecto. 우리들의 계획에 약간의 변경을 가해야 하겠다.

altercar [7] *sacar* 타 말다툼하다; 논쟁하다. ◇ **altercado** 남 언쟁, 말다툼, 논쟁.

alternar 타 번갈아 하다. José *alterna* los dos únicos trajes que tiene. 호세는 가지고 있는 단 두 벌의 옷을 번갈아 입는다. 재 ① [+con: …과] 번갈아 있다·되다. Los días claros *alternaban con* los lluviosos. 맑은 날이 비오는 날과 번갈아 있었다. ② [+con: …과] 교제·교류하다. José no *alternaba con* semejante gente. 호세는 그런 사람들과 교제하지 않았다.

alternativo, va 형 양자 택일의. *cultivo alternativo* 돌려짓기, 윤작(輪作). 여 교호, 교체, 윤번. Estas *alternativas* de calor y frío me hacen daño. 이렇게 더위와 추위가 번갈아 내 몸에 나쁘다. ◇ **alternativamente** 부 양자 택일로, 번갈아. José movió los brazos *alternativamente*. 호세는 두 팔을 번갈아 움직였다.

alterno, na 형 교호의, 하나씩 거른, 교체된; 【식물】 호생의.

alteza 여 숭고, 고양(高揚); 고상; 전하. Su *alteza* el príncipe Alfonzo 알폰소왕 전하.

altibajo 남 고대의 우단. 남 기복, 요철; 인생의 덧없는 변천.

altilocuencia 여 대웅변.

altilocuente / altílocuo, cua 형 웅변하는,

altillano 웅변의.
altillano 명 고원.
altillo 명 언덕; 평지보다 높은 곳.
altimetría 여 【측량】 측고법; 고도 측량학.
altímetro 명 고도 측량기; 고도계.
altiplanicie 여 고원, 대지.
altiplano 명 〖중남미〗 고원.
altísimo, ma 형 지극히 높은, 아주 높은. 명 [el A-] 신.
altisonancia 여 고조; 존대.
altisonante 형
altísono, na 형 고조의; 크게 울리는. 형 고조의; 장대한.
altitud 여 높이, 고도(altura).
alto, ta 형 높은; 키가 큰. No puedo alcanzarlo, está muy *alto*. 그것에 닿을 수 없습니다. 매우 높아요. José es *alto* para su edad. 호세는 나이에 비해 키가 크다. Hablé con un *alto* funcionario del Ministerio de Hacienda. 나는 재무부의 어느 고관과 이야기했다. Los precios son muy *altos* en este almacén. 이 가게는 아주 값이 비싸다. 부 큰 소리로. Haga el favor de hablar más *alto* 더 큰 소리로 말씀해 주세요. No hables tan *alto*. 그렇게 큰 소리로 말해서는 안된다. *lo alto* 높은 곳, 정상부. Flataba una bandera en *lo alto* del edificio. 건물 꼭대기에 깃발이 날리고 있었다. *pasar por alto* 무시하다, 간과하다. No se debe *pasar por alto* la estipulación. 그 규정은 무시하지 못한다. ¡*Alto*! 서라. ¡*Alto ahí*! 거기 서라. *A altas horas de la noche* 밤 늦게.
altoparlante 명 확성기.
altozano 명 높은 지대; 작은 언덕; 교회의 노대.
altruismo 명 애타·이타주의, 겸동주의.
altruista 형 명 이타적, 이타주의의 (사람).
altura 여 높이, 고도(高度). ¿Qué *altura* tiene ese monte? 그 산은 높이가 얼마쯤 됩니까? El avión estaba volando a una *altura* de seis mil metros. 비행기는 고도 6,000미터의 높은 상공을 날고 있었다.
alucinar 타 현혹시키다; 착각에 빠뜨리다. ◇ **alucinación** 여 착각.
aludir 자 [+a : …의 일을] 말하다. 시사(示唆)하다. Lola *aludía* indudablemente *a* tu hermano. 롤라는 틀림없이 너의 동생에 관한 일을 말하고 있었다.
alumbrar 타 비치다, 조명하다. El sol *alumbra* la Tierra. 태양은 지구를 비친다. ◇ **alumbrado** 명 조명 (장치). Hay muy poco *alumbrado* en esta parte de la carretera. 고속도로의 이 근처는 조명이 아주 적다.
aluminio 명 【화학】 알루미늄.

alumno, na 명 학생. Hay seis *alumnas* en el departamento de español. 서반아어학과에는 6명의 여학생이 있다.
alusión 여 시사(示唆), 빗대어 야유함. José le hacía *alusiones* ofensivas. 호세는 그에게 일부러 빗대어 야유했다. ◇ **alusivo, va** 형 암시적인, 빗대어 말하는.
aluvial 형 홍수의; 【지질】 충적의. *terreno aluvial* 충적지, 충적토.
aluvión 명 홍수, 범람; 【지질】 충적지.
alveario 명 (귀의) 외청도(外聽道).
álveo 명 개울 바닥.
alveolar 형 【해부】 치조의; 【동물】 기포의; (음성) 혀끝을 치경붙여 발음하는. 치경음(齒莖音).
alvéolo 명 〖벌집(모양)의〗 작은 구멍; 기포; 치경, 치조, 치조 돌기.
alverja 여 살갈퀴.
alvino, na 형 아랫배의.
alzacuello 명 (법관이 입는 옷의) 린넨으로 맨 검은 칼라.
alzado, da 형 사기(행위)의, 부정의; 청부 맡은; 높이 올린, 한층 높은; 사기 파산을 하는; 〖중남미〗오만한. 사기 파산자. 명 청부액; 사기 파산; (건축의) 정면도; (건축·기계의) 입면도; (뱃전의) 높이.
alzamiento 명 높이 울리기; 봉기, 반란; 사기 파산; (경매에서) 입찰 가격을 올려 부르기; 입찰 가격; 융기.
alzapaño 명 커튼을 잡아매기 위한 쇠못고리.
alzaprima 여 지레의 힘·작용; (이용의) 수단; 세력; 쐐기; 다리; 선교, 합교; 콧마루.
alzaprimar 타 지렛대로 올리다; (나무로 만든) 지렛대로 움직이다; 선동하다.
alzar [9] 타 올리다, 높이다. *Alzó* los ojos al cielo para rezar. 그는 눈을 하늘로 향하고 기도를 하였다. Mi abuelo siempre *alzaba* la voz en favor de los débiles. 나의 조부는 약한 자를 위하여 언제나 소리를 크게 했다. ◇ ~**se** 궐기하다. Los ciudadanos *se alzaron* en rebelión. 시민들은 반란을 일으켰다. ◇ **alza** 여 (가격의) 등귀, 앙등.
allá 부 저쪽으로. Vamos hacia *allá* 저쪽으로 가자. *más allá de* 그 저편에, …을 넘어서. La catedral está *más allá del* parque. 대성당은 공원 저편에 있다.
allanar 타 ① 고르다, 평평하게 하다. Esta máquina sirve para *allanar* la tierra. 이 기계는 토지를 평평하게 하는데 쓰인다. ② 극복하다. Tendremos que *allanar* todo lo que se encuentre a nuestro paso. 우리들의 앞길에 있는 장애는 모두 극복해야 할 것이다. ◇ ~**se** ① 무너져 내리다. ② [+a : …에] 견디어내

allí 저곳에·으로. *Allí* hay un guardia. 저곳에 경관이 있다. Hasta *allí* todo había ido bien. 그때까지는 무슨 일이나 잘되어 있었다.

ama 주부; 여주인. ¿Dónde está el *ama*? 안주인은 어디 있지. *ama de llaves* 주부, 가정부.

amable 상냥한, 친절한. Usted es muy *amable*. 정말 고맙습니다. Allí la gente era sumamente *amable* con todos. 저곳에서는 사람들은 모두에게 매우 친절하였다. ◇ **amabilidad** 명 상냥함, 친절. Le agradezco mucho su *amabilidad*. 친절을 베풀어주신데 대해 감사드립니다. José habla con poca *amabilidad*. 호세의 말투는 너무 무뚝뚝하다. *tener la amabilidad de* …하여 주시다. ¿Quiere usted *tener la amabilidad de* presentarme a él? 그분에게 나를 소개해 주시지 않으시겠습니까. ◇ **amablemente** 친절하게, 상냥하게.

amado, da 사랑받은, 사랑하는. 명 애인. Ya es sabido que ella es la *amada* del director. 그녀가 사장의 애인임은 누구나 벌써 알고 있다.

amadrigar 타 환영하다, 잘 받아들이다; 굴을 파다; 잠복하다; 샅샅이 조사하다; 한거(閑居)하다.

amadrinar 타 둘을 합치다, 연결하다, 서로 돕다; [남미] (소·말 등이) 길들다; 대모(代母)역을 하다.

amaestrar 타 (주로 동물을) 조련시키다, 훈련하다; 길들이다. Aquel perro está bien *amaestrado*. 저 개는 아주 잘 길들여져 있다. ◇ **amaestramiento** 명 훈련; 연습; 길들이기; [원예] 가꾸기.

amafiarse 재 【멕시코】 의탁하다. 마음을 서로 의탁하다.

amagar 타 위협하다; …한 듯하다; …의 위험성이 있다, 절박하다; …을 가장하다; (구실 등을) 만들어 내다; 허리를 구부리다. 소망을 말하다·보여주다.

amago 거동; 위협; 징조, 징후.

amainar 타 약하게 하다, 평온 조용하게 하다; 늦추다; 힘을 빼다; (돛을) 내리다. 재 약해지다; 조용해지다.

amalgamar 타 아말감을 만들다, 수은과 화합하다; 합동·합병하다; 인종을 혼합하다.

ámalo, la 형 아말로 가문 (Godo 족의 유명한 가문 중의 하나)의 (사람).

amamantar 타 젖을 먹이다(lactar); 기르다, 양육하다.

amancebamiento 명 축첩; 첩의 신분; 남녀간의 상습적인 치정 관계, 정교(concubinato); 불의.

amancebarse 재 남녀가 상습적으로 치정관계를 맺다, 정교를 맺다, 몰래 정을 통하다.

amancillar 타 더럽히다, 오점을 찍다; 손해를 주다, 손상하다, 해치다; 명예를 훼손하다.

amanecer [30 crecer] 자 동이 트다, 날이 밝아오다, 밤이 새다. En verano *amanece* más temprano que en invierno. 여름에는 겨울보다 빨리 밤이 샌다. 명 동틀녘, 여명, 새벽. *al amanecer* 새벽에, 동틀녘에.

amanecida 명 새벽, 여명.

amanerado, da 형 버릇이 …한; 매너리즘에 빠진, 틀에 박힌, 상냥한, 예절 바른; 매너리즘이 있는; 화가나 작가의 작품이 너무 기교적인.

amaneramiento 명 매너리즘 (문제·예술·창작 등이 너무 기교적인 것); 작가의 버릇; (언행·몸짓 등의) 버릇.

amanerarse 재 매너리즘에 빠지다, 출쓰다; 문제·예술·창작 등에 너무 기교를 부리다.

amansar 타 길들이다, 부드럽게 하다, 달래다; 가라앉히다, 고요하게 하다, 진정시키다; 위로하다; (말을) 훈련시키다, 길들이다. ◇ **-se** 길들다, 부드럽게 되다.

amante 형 [+de: …을] 사랑하는, 좋아하는. Luis es un poeta *amante* de la paz. 루이스는 평화를 사랑하는 시인이다. 명 애인. José tiene una *amante*. 호세에게는 애인이 있다.

amañar 타 재치있게 실행하다, 솜씨있게 해치우다; 위조하다. ◇ **-se** 숙달하다, 잘하다.

amaño 명 숙련, 노련; 교묘; 솜씨있게 일을 해치움. 명 연장, 기구; 음모, 술책. *a su amaño* 마음대로, 자유로이.

amapola 명 【식물】 양귀비(꽃), 영속과의 무리.

amar 타 사랑하다, 좋아하다. Desde niño José *amaba* el mar. 호세는 어릴 때부터 바다가 좋았다. Yo te amo. 나는 당신을 사랑한다.

amargo, ga 형 ① (맛이) 쓴. Estas uvas están todavía *amargas*. 이 포도들은 아직 쓰다. ② 괴로운. La verdad es a veces *amarga*. 진실은 때로는 괴로운 것이다. ◇ **amargamente** 툭 고통스러움이, 사무치게; 쓰디 쓰게. ◇ **amargar** [8 pagar] 타 괴롭히다. José *amarga* a todos los que le rodean. 호세는 주위의 모든 사람에게 괴로운 생각을 가지게 한다. ◇ **amargura** 명 괴로움, 고통. La madre lloraba con mucha *amargura*. 모친은 매

우 괴로운듯이 울었다.

amarillo, lla 형 ① 노란. La bandera española tiene una faja *amarilla* en medio. 서반아국기는 한 가운데에 노란 띠가 들어 있다. 황색 인종의. Los coreanos pertenecen a la raza *amarilla*. 한국인은 황색 인종에 속한다. ② 황색. ◇ **amarillento, ta** 형 누르스름한. La pared era de un color *amarillento*. 벽은 누르스름한 빛을 내고 있다. ◇ **amarillez** 여 황색(의 정도). Me sorprendió la *amarillez* de su rostro. 나는 그의 안색이 황색인데 깜짝 놀랐다.

amarrar 타 붙잡아매다.

amartillar 타 망치로 두들기다.

amasar 타 밀가루를 반죽하다: (몸을) 마사지하다. ◇ **amasadera** 여 반죽통. **amasadura** 여 반죽하여 만든 것. **amasamiento** 남 반죽.

amasijo 남 (밀)가루 반죽, 반죽 덩어리: 반죽하기.

amate 남 (멕시코의) 무화과나무.

amateur 남 아마추어, 팬 (aficionado).

amatista 여 [광물] 자색 수정.

amatividad 여 애욕.

amatorio, ria 형 연애의; 색욕적인, 애욕적인 (erótico). *poema amatorio* 연가.

amauta 남 (고대 페루의) 현인, 박사.

amazacotado, da 형 묵직한; 답답한; 싫증이 나는.

amazona 여 아마존(희랍 전설에 나오는 용맹스런 여자); 여 장부, 여걸 (heroína); 부인의 승마복; 승마하는 여자.

amazónico, ca 형 아마존과 같은; 용감한; 아마존강 (el Amazonas)의.

ambages 남복 둘러 말하기 (rodeos). *sin ambages* 솔직 담백하게.

ámbar 남 호박 (장식용 보석). *ambar negro* 흑옥.

ambarino, na 형 호박빛의.

ambición 여 야심, 대망. Su *ambición* era llegar a ser una señorita elegante y bien vestida. 그녀의 야심은 좋은 옷을 입은 우아한 아가씨로 되는 것이었다.

ambicioso, sa 형 야심적인, 대망을 가진. Debes ser más *ambicioso*. 너는 좀더 야심적이어야 할 것이다. 남 야심가.

ambientar 타 분위기를 내다・그리다. ◇ ~se 친숙하다, 버릇되다. Jose *se ha ambientado* en el suelo de la Argentina. 호세는 아르헨티나의 토지에 익숙해졌다. ◇ **ambientación** 여 분위기의 묘사・형성 만들기. Necesito *ambientación* para animarme a cantar. 나는 기운을 내어 노래부르기 위해서는 분위기가 필요하다.

ambiente 남 분위기; 환경. Faltaba no sé que *ambiente* de familia alrededor de la mesa. 테이블 주위에는 무엇인지 모르지만 가족적인 분위기가 걸여되어 있었다.

ambigú 남 가벼운 야식; 그것을 위해 모인 모임.

ambigüedad 여 뜻이 두가지인 것; 다양, 애매, 모호.

ambiguo, gua 형 ① 뜻이 두가지인, 불명확한, 모호한, 애매한. ② 【문법】 남녀 양성의. *género ambiguo* 양성.

ámbito 남 경내, 구내; 범위. El *ámbito* de la catedral tiene 300 metros de largo y 270 metros de ancho. 대성당의 구내는 세로가 300미터, 가로가 270미터이다.

ambivalente 대립하는; 서로 허용하지 않는.

ambladura 여 【승마】말이 같은 쪽의 두 발을 한 쪽씩 동시에 뛰어 걷는다.

amblar (말 등이) 같은 쪽의 두 발을 한 쪽씩 동시에 뛰어 옮겨 걷다.

ambón 남 독경대.

ambos, bas 형 양쪽의, 쌍방의. Es inevitable el rompimiento entre *ambos* paises 양국간의 결렬은 피할 수 없다. 대 양쪽 모두, 양자. Vinieron *ambos* ese dia. 그날 그들은 두 사람 모두 왔었다.

ambulancia 여 구급차. El herido fue llevado en una *ambulancia* al hospital. 부상자는 구급차로 병원에 실려갔다. ◇ **ambulante** 걸어다니는, 끌려다니는, 이동(식)의. *vendedor ambulante* 행상인.

amén 남 (기도의 끝에 붙이는) 아멘. La gracia del Señor nuestro Jesús sea con todos vosotros. *amén*. 우리들의 주 예수의 은혜가 당신들 모두와 함께 있기를, 아멘.

amenazar [9 alzar] 타 ① 위협하다, 협박하다. El director le *amenazó* con despedirle. 사장은 그를 해고하겠다고 위협하였다. ② (…할) 것같다, …할 듯하다. El edificio *amenaza* ruina. 집은 무너질 듯하다. ◇ **amenaza** 위협, 협박. José me echó mil *amenazas*. 호세는 나에게 온갖 위협적인 말을 퍼부었다. **amenazador, ra** 형 협박적인.

ameno, na 형 기분이 좋은, 즐거운. Anoche tuve una conversación muy amena con Lola. 어젯밤 나는 롤라와 매우 즐겁게 이야기하였다. ◇ **amenidad** 여 기분좋음, 유쾌함. ◇ **amenizar** [9 alzar] 화창하게 하다. Su presencia *ameniza* las reuniones. 그가 있는 것이 회합을 화기애애하게 한다.

amenorrea 여 월경 폐지, 월경 불순.

amerengado, da 형 계란의 흰자위로 만든 과자 비슷한, 아주 단.

América 여 아메리카. *la América Central*

americanismo 図 중미. *la América Latina* 라틴아메리카.

americanismo 図 아메리카 방언·사투리; 아메리카 색채.

americanista 図 아메리카 연구가

americanizar 囮 아메리카화하다.

americano, na 囲 아메리카 (América)의. 囲 아메리카 사람. 囲 웃옷, 상의 (saco).

ametralladora 囲 기관총, 기관포.

ametrallar 囮 기관총으로 쏘다, 연달아 발사하다.

amianto 囲 석면.

amiba 囲 / **amibo** 囲 아메바.

amiboideo, a 囲 아메바와 같은.

amiga 囲 여자 친구; 정부, 첩.

amigable 囲 정다운, 우정있는. ◇ **amigabilidad** 囲 우의, 정다움. ◇ **amigablemente** 囲 의좋게.

amígdala 囲 [해부] 편도선.

amigdalitis 囲 [의학] 편도선염.

amigo, ga 囲 친한, 사이좋은, [+de…] 좋아하는. *José es más amigo de divertirse que de estudiar.* 호세는 공부하는 것보다는 노는 편이 좋다. *país amigo* 우방. 囲 친구. *Somos amigos íntimos.* 우리는 친한 친구다. *El vino a vernos con su amiga* 그는 여자 친구와 우리를 만나러 왔다. *Señores, aquí tienen ustedes un nuevo amigo, el señor Sotelo.* 여러분, 이 분이 새로운 친구 소뗄로씨입니다. ◇ **amigote** [amigo의 증대사] 친구; 옛정.

amiguero, ra 囲 [중남미] 사람을 잘 따르는; 사이좋게 된.

amiláceo, a 囲 전분질의, 전분을 함유한.

amilanar 囮 떨게하다, 무섭게 하다; 마비시키다; 기를 죽이다. ◇ **~se** 겁을 집어먹다, 기가 죽다.

amillarar 囮 (세금 등을) 할당하다, 부과하다; (세금 할당을 위해) 재산을 평가하다; 사정하다.

amín 囲 (모로코의) 재무관.

amía 囲 [화학] 아민.

aminoácidos 囲 [화학] 아미노산.

aminoración 囲 축소, 감소. *aminoración productiva* 생산의 축소.

aminorar 囮 축소하다, 적게하다.

amir 囲 (아라비아인의) 군주; 통령.

amistad 囲 ① 우정. *No honrábamos con su amistad.* 우리들은 그의 우정을 고맙게 받아들이고 있었다. ② 囲 친구. *Tengo algunas amistades en Madrid.* 나는 마드리에 몇 사람의 친구가 있다. ◇ **amistoso, sa** 囲 친한, 우정있는. *Estoy agradecido por tu amistoso consejo.* 나는 너의 우정있는 충고에 감사하고 있다.

amistosamente 囲 친한듯이.

amito 囲 아미또 (십자가 모양의 승려 예복의 일종; 카톨릭교의 사제가 미사때 alba 밑에 걸치는 것).

amnesia 囲 [의학] 건망증.

amnistía 囲 (정치범 등에 내리는) 은사·특사.

amnistiar 囮 (…에) 은사·특사를 내리다.

amo 囲 ① 주인; 소유주. *Vengo a ver al amo de la casa.* 나는 집주인을 만나러 왔다. ② 보스, 두목, 왕초. *No quiero que lo sepa el amo.* 나는 그것을 두목에게 알리고 싶지 않다.

amoblar …에 가구를 갖추다; 조작하다.

amodorrado, da 囲 곤히 잠든; 무척 졸음이 오는.

amodorrarse 啀 졸리다, 잠들어 버리다.

amohinar 囮 약올리다; 화나게 하다. ◇ **~se** 약이 오르다.

amojonar 囮 (…에) 경계표를 세우다.

amoladera 囲 숫돌.

amolador, ra 囲 귀찮은.

amolar 囮 날카롭게 하다; (칼 등을) 갈다; 빻다; 분쇄하다.

amoldar 囮 본뜨다, 틀에 부어 만들다; 맞추다; 접합시키다.

amomo 囲 [식물] 아모모 (천국의 곡식이라고 부르는 씨를 생산하는 약용 식물).

amonarse 啀 취하다.

amondongado, da 囲 둔보의.

amonedar (화폐로) 주조하다; 화폐로 만들다.

amonestación 囲 훈계, 충고; 결혼의 공시.

amonestar 囮 훈계하다; 경계하다, 경고하다, 조심하다. ◇ **~se** 스스로 조심하다.

amoniacal 囲 암모니아(성)의

amoníaco, ca 囲 암모니아의. 囲 암모니아가스; 암모니아수.

amónico, ca 囲 = **amoniacal**.

amonio 囲 [화학] 암모니아.

amontarse 啀 산으로 도망가다; 도망가다.

amontillado 囲 백포도주의 이름.

amontonar 囮 ① 쌓아 올리다. *Los labradores amontonan el trigo.* 농부는 밀을 쌓아 올린다. ② 긁어 모으다. ◇ **~se** 쌓아 올려지다, 너절하게 모이다. *La gente se amontonaba en las aceras para ver la procesión.* 사람들은 행렬을 보기 위해서 보도에 모여 있었다. ◇ **amontonamiento** 囲 쌓아 올림; 긁어모음. *Es horrible el amontonamiento de gente que se forma a la salida del metro.* 지하철 출입구에 몰리는 사람의 혼잡은 대단한 것이다.

amor 囲 ① 사랑, 애정 (cariño). *Debes*

hacerlo por *amor* a tu madre. 너는 어머니를 사랑한다면 그렇게 하여야 한다. ② 연애. ¿Cómo le declaraste a Lola tu *amor*? 너는 어떻게 으로 사랑을 롤라에게 고백하였느냐. ③ 애인, 연인. ④ 〘복〙 연애(관계). Tiene *amores* con una prima mía. 그는 내 사촌누이와 연애 관계에 있다. *amor propio* 자존심. Tiene un *amor propio* excesivo. 그는 자존심이 너무 강하다.

amoral 〘형〙 부도덕한.

amoralidad 〘여〙 부도덕.

amoratarse 〘재〙 자색이 되다.

amorcillo 〘남〙 큐피트(Venus의 아들)의 인형; 사랑의 표적으로 쓰이는 인형.

amordazar 〘타〙 (짐승에게) 입마개를 채우다, 자갈을 물리다; 언론의 자유를 빼앗다.

amorfa 〘여〙 정해진 형이 없음, 무정형; 허무주의; 무정부주의.

amorfo, fa 〘형〙 일정한 모양이 없는, 비결정질의; 무조직의.

amoricones 〘남〙 연모하는 모습·모양.

amorío 〘남〙 연모, 연애 사건.

amormío 〘남〙 〘식물〙 바다 수선.

amoroso, sa 〘형〙 애정이 깊은. Es *amoroso* con [para· para con] sus hijos. 그는 자기 아이들에게 상냥하다.

amorrar 〘재〙 시무룩해지다; 뱃머리가 아래로 기울다; 숙고하다, 명상하다.

amortajador 〘남〙 시체 처리하는 인부.

amortajar 〘타〙 (죽은 시체에) 옷을 입히다; 감추다; 쐬우다.

amortecer 〘타〙 (활기·감수성·감정 등을) 죽이다, 억제하다; 약하게 하다. ◇ ~se 실신하다.

amortecimiento 〘남〙 실신, 기절.

amortiguador 〘남〙 완충 장치.

amortiguar 〘타〙 적게하다; 완하하다; 약하게하다; (색)을 부드럽게 하다.

amotinado, da 〘형〙 폭동의, 반항적인 (사람).

amotinar 반역하다, (반란 등을) 야기시키다; (마음을) 어지럽히다. ◇ ~se 폭동을 일으키다.

amovible 〘형〙 면직·해임할 수 있는; 이동할 수 있는, 제거할 수 있는.

amozarse 〘재〙 〘중남미〙 (조속해서) 젊은 처녀가 되다, 그 또래가 되다.

A.M.P Ave María purísima

amparar 〘타〙 ① 보호·원조하다. Es necesario *amparar* a los débiles y desamparados. 약한 자나 의지할 곳 없는 자를 보호할 필요가 있다. ② 보증·보장하다. Aquí tiene usted el crédito que *ampara* el pedido. 이것이 주문품의 지불을 보증하는 신용장이다. ◇ **amparo** 〘남〙 ① 보호, 원조. Los niños viven al *amparo* de un tío suyo. 그 아이들은 숙부의 보호아래 살고 있다. ② 보증, 보장.

ampliar [12 *enviar*] 〘타〙 넓게하다, 확대·확장하다. Hemos *ampliado* los negocios. 우리들은 사업을 확대했다. ◇ **ampliación** 〘여〙 ① 확대, 확장 ② 〘사진〙 확대. Quiero una *ampliación* de esta foto. 이 사진의 확대가 필요하다.

amplio, plia 〘형〙 넓은, 광범한. Necesitamos una vivienda más *amplia*. 우리들은 더욱 넓은 주택이 필요하다. Tiene un espíritu muy *amplio*. 그의 마음은 대단히 넓다. ◇ **ampliamente** 〘부〙 넓게, 광범하게. Discutimos *ampliamente* el proyecto. 우리들은 그 계획을 광범하게 토의했다.

amplitud 〘여〙 넓이, 폭. La casa tiene más *amplitud* de lo que yo suponía. 집은 내가 상상하고 있던 것보다 넓다.

ampolla 〘여〙 (손에 박힌) 물집.

amputar 〘타〙 (가구를 들어 놓다)·비치하다.

amugronar 〘타〙 (포도)나무를 잘라서 심다.

amujerado, da 〘형〙 여자같은; 연약한.

amulatado, da 〘형〙 흑백 혼혈아의.

amuleto 〘남〙 (목에 거는) 호신패; 부적; 주문; (시계 등의) 조그만 장식물; 매력, 마력; 아름다움 (여자의) 용모.

analfabeto, ta 〘형〙 문맹·무학(無學)의. El viejo era casi *analfabeto*. 그 노인은 거의 글자를 읽을 수 없었다. 〘남〙 문맹자, 무학자. ◇ **analfabetismo** 〘남〙 문맹, 무학.

análisis 〘단·복수 동형〙 분석. Hemos hecho el *análisis* de la situación internacional. 우리들은 국제 정세의 분석을 했다. ◇ **analítico, ca** 〘형〙 분석의.

análogo, ga 〘형〙 유사한, 비슷한. Hay muchos ejemplos *análogos* a esto. 이에 유사한 많은 예가 있다. ◇ **análogamente** 〘부〙 같도록. ◇ **analogía** 〘여〙 ① 〘문법〙 품사론. ② 유사(성), 서로 닮음. Lo dije juzgando por *analogía*. 유사성으로 판단하여 나는 그렇게 말했다.

ananás / ananá 〘여〙 파인애플.

anaranjado, da 〘형〙 오렌지색의. 〘남〙 오렌지 색.

anarquía 〘여〙 무정부 (상태), 무질서. El país está en un estado de *anarquía*. 그 나라는 무정부 상태에 있다. ◇ **anárquico, ca** 〘형〙 무정부 (상태)의, 무질서한. **anarquismo** 〘남〙 무정부주의.
anarquista 〘남〙 무정부주의자.

anatomía 〘여〙 해부(학). ◇ **anatómico, ca** 〘형〙 해부(의, 학적)의. 〘남〙 해부학자.

anciano, na 〘형〙 나이 많은. 〘남〙 노인 [viejo 보다는 정중한 표현]. Antes se veneraba mucho a los *ancianos*. 옛날에는 노인이 매우 존경받았다. ◇ **ancianidad** 〘여〙 노령

ancla 여 닻.

ancho, cha 형 ①넓은 (④ estrecho). El camino es bastante *ancho* para automóviles. 길은 자동차가 다니기에 충분히 넓다. (웃 따위가) 헐거운. Este sombrero me viene *ancho*. 이 모자는 나에게는 헐겁다. ③ (기분 따위가) 유유한. Me he quedado *ancho* después de acabar el trabajo. 나는 일을 마치고 한숨을 돌리고 있다. 남 넓이, 폭. ¿Qué *ancho* tiene la tela? 이 옷감은 폭이 얼마나 되는가. a sus anchas [anchos] 마음대로, 유유자적하게, 마음 척히. Siempre está *a sus anchas*. 그는 언제나 마음내키는 대로 하고 있다. ◇ **anchamente** 부 널찍이 ; 유유하게. ◇ **anchura** 여 폭 ; 넓이. ¿Cuánta *anchura* tiene el río? · Tiene unos cien metros (de *anchura*). 그 강은 폭이 얼마만큼 되는가. 약 100미터 (의 폭)이다. ◇ **anchuroso, sa** 형 널찍한.

andado, da 형 의복이 낡아빠진 ; 사람 통행이 많은 ; 밟아 다져진 ; (전화가) 통화 중인 ; 번화한 ; 참견 잘하는. 남 (미속(美俗)) 걷는 방법.

andador, ra 형 다리가 튼튼한, 걸음 잘 걷는. 남 걸음 잘 걷는 사람 ; 궁중의 사자 ; 유아의 걸음마 보조줄.

andadura 여 보행, 걸음걸이 ; 느린 걸음걸이.

andaluz, za [복 andaluces, zas] 안달루시아 (Andalucía : 남부 서반아 지방)의. Los olivos se cultivan mucho en la región *andaluza*. 안달루시아 지방에서 많이 재배되고 있다. 명 안달루시아의 사람. 남 안달루시아 사투리.

andaluzada 여 과장된 말 [표현].

andamiada 여 / **andamiaje** 남 (건축장의) 발판 ; 재료.

andamio 남 (건축용 따위의) 발판, 관람대.

andana 여 열, 줄, 선. llamarse andana 공약을 위반하나, 약속을 파기하다.

andanada 여 제방, 둑 ; (투우장, 경기장 따위의) 특별 관람석 ; 비난하는 긴 열변 (熱辯).

andante 형 도보의. 남 (음악) 안단테 (보통 속도로) ; 안단테곡.

andantesco, ca 형 중세의 무예 수행자다운, 기사의 지위같은 ; 기사다운, 의협심이 있는 사람의.

andantino 부 안단티노 (안단테보다 조금 빠른 것) ; 안단티노 곡조.

andanza 여 발생, 사건, 일의 진행 ; 운수. buena [mala] *andanza* 행운 [불운].

andar [복] 자 ①걷다, 가다. andar a pie 걸어가다. Es demasiado lejos para ir andando. (그곳은) 걸어가기에는 너무 멀다. ②(기계 따위가) 움직이다, 운행하다. El tren echó a *andar*. 열차가 움직이기 시작했다. ¿*Anda* bien su reloj? 당신 시계는 시간이 맞습니까. El reloj *anda* bien. 시계가 잘 간다. ③(어떤 상태에) 있다. Ahora *anda* mal de dinero. 지금 나는 돈 융통이 나쁘다. andar en mangas de camisa 소매를 걷어부치고 걷다. andar en cuerpo 외투를 입지 않고 걷다. ◇ **-se** ①걷다, 걸어다니다. Nos anduvimos por los montes. 우리는 산을 걸어다녔다. ②걸음을 걷다. No se ande usted con cumplidos. 너무 딱딱하게 하지 마세요. ◇ **andariego, ga** 형 걷각(健脚)의, 여기저기 돌아다니는 사람. 남 걷각인 사람, 여기저기 돌아다니는 사람.

andén 남 플랫폼(plataforma). ¿De qué *andén* sale el tren para Madrid? 마드리드행 열차는 몇 번 플랫폼에서 떠나나요.

anécdota 여 일화, 삽화. Esto no es más que una *anécdota*. 이것은 하나의 삽화일 따름이다.

anemia 여 빈혈(증). ◇ **anémico, ca** 형 빈혈의. 남 빈혈증 환자.

anemómetro 남 풍력계.

anemona / anemone 여 (식물) 아네모네, 아네모네꽃. anemone de mar 말미잘.

anemoscopio 남 풍신기.

aneroide 형 액체를 쓰지 않는. barómetro *aneroide* 무액 기압계 (아네로이드 기압계).

anestesia 여 마취, 마비 ; 무감각. anestesia local 국부 마취.

anestesiar 타 마취시키다, 마비시키다 ; 무감각하게 하다.

anestésico, ca 형 마취의 (약) ; 지각을 마비시킨.

aneurisma 남 (의학) 동맥 팽창 ; 심장 비대증.

anexar 부 속하다 ; 병합하다 ; 부속으로 하다.

anexidades 여 복 부속의 권리 ; 부대물, 첨가물.

anexionar 타 병합하다(incorporar). ◇ **anexión** 여 병합, 합병. ◇ **anexionismo** 남 병합주의. ◇ **anexista** 형 합병주의의. 남 합병주의자. ◇ **anexo, xa** 부가 · 부속의. 남 부가물, 부속물, 부첨서, 동물물.

anfibio, bia 형 양서의 (동물) ; 수륙 양용의 (비행기, 전차). 남 복 양서류, 양서동물.

anfibología 형 두 가지 의미의 뜻 ; 두 가지 뜻이 있는 것.

anfibológico, ca 형 문구가 모호한, 두 가

anfión 명 아편.

anfisbena 명 【전설】 머리가 두 개의 뱀;【동물】발없는 도마뱀; 남미산의 큰 뱀.

anfiscio, cia 형 적도 지대의 (같은 시각에 그림자가 두 개가 생기는 사람).

anfiteatro 명 원형 극장; 반원형석; 계단 강당; 연기장. *anfiteatro anatómico* 해부학 교실.

anfitrión 명 접대역, 주인.

ángel 명 천사; 천사같은 (상냥한 · 흘륭한 · 고운) 사람. El es un *ángel*. 그는 천사(다운 사람)이다. ◇ **angelical** 천사의 · 와 같은. Tenía un rostro *angelical*. 그는 천사다운 얼굴을 하고 있었다.

angina 명 【의학】 [주로 복수형으로 쓰임] 편도선염, 후두염.

anglicanismo 명 영국 국교.

anglicanizar 타 영국풍으로 하다, 영국화하다.

anglicano, na 형 영국 국교회의 (신자). *Iglesia anglicana* 영국 국교; 영국 국교회.

anglicismo 명 영국식, 영국주의; 영국식 말투; 영국 계통 영어.

anglo, gla 형 앵글족의 (사람); 영국의 (사람).

angloamericano, na 형 영미의, 영국계 미국인의.

anglófilo, la 형 친영파의 (사람).

anglófobo, ba 형 영국을 혐오하는 사람; 배영 사상.

anglomanía 명 영국 절대 숭배, 친영열, 영국 만능주의.

angloparlante 영어를 사용하는 (사람, 나라).

anglosajón, na 형 앵글로색슨 계통의 (사람의). 명 앵글로색슨말.

angora 명 앙고라 종 (토끼, 산양, 고양이).

angostar 자 좁히다, 제한하다; 축소하다.

angosto, ta 형 좁은. Caminábamos por un camino *angosto*. 우리들은 좁은 길을 걸어 갔다. ◇ **angostura** 명 좁은; 좁은 곳.

anguila 명 【물고기】 뱀장어.

ángulo 명 ① 모서리, 각도. Me di un golpe en un *ángulo* de la mesa. 나는 책상 모서리에 부딪혔다. ② 모퉁이. El niño estaba de pie en el *ángulo* de la habitación. 어린이는 방 모퉁이에 서 있었다. *ángulo recto* 직각 (直角). ◇ **anguloso, sa** 형 울퉁불퉁한, 모난. El hombre tenía unas facciones *angulosas*. 그 사내는 모난 얼굴 모습을 하고 있었다.

angustia 명 불안, 고민, 번민, 괴로움. Vivían en la *angustia* durante la guerra. 그들은 전쟁 동안, 괴로움 속에서 살았다. ◇ **angustiado, da** 슬퍼하고 고민하는. ◇ **angustioso, sa** 형 괴로운. Ella habló con voz *angustiosa*. 그녀는 괴로운 듯한 소리로 말했다.

anhelar [+*por*: …을] 절실히 원하다, 동경하다. 타 갈망하다, 열망하다. ◇ **anhelo** 명 갈망, 열망.

anillo 명 고리, 바퀴; 반지. Le regaló un *anillo* de brillantes. 그는 그녀에게 다이아몬드 반지를 선물했다.

ánima 여 영혼, 넋, 혼령 (alma).

animación 명 생기, 활력, 홍성, 활기. Ha habido mucha *animación* en el mercado. 시장에는 활기가 있었다.

animal 명 ① 동물. La vaca es un *animal* doméstico. 소는 가축이다. ② 짐승(같은 사람), 얼간이. No seas *animal*. 터무니없는 짓을 하지 마라 [말하지 마라], 너는 얼간이로군. ◇ **animalito** 명 작은 동물.

animar 타 ① 용기를 불어넣다, 응원하다. Ha escrito la segunda obra, *animado* por el éxito de la primera. 그는 첫 작품의 성공에 용기를 얻어, 다음 작품을 썼다. ② 흥청거리다, 활기를 불어넣다. Su llegada *animó* la fiesta. 그의 도착으로 파티는 흥청거리게 되었다. 구문 [+*a*+*inf*./+*a*+*que*+*subj*.] …하도록 권장하다. Le estoy *animando a que* venga con nosotros. 우리들은 함께 가자고 그에게 권장하고 있다. ◇ **~se** 활기띠다; [+*a*+*inf*.] 힘을 내어 …하다. Se *animó a* hablar. 그는 힘을 내어 이야기했다.

ánimo 명 ① 마음(의 상태). Sus palabras hicieron mucho efecto en mi *ánimo*. 그의 말에 나의 마음은 비상한 감명을 받았다. ② 원기, 기력. Tiene muchos *ánimos* para su edad. 그는 나이에 비해 매우 건강하다. ③ 【감탄사적】 원기를 내라. ◇ **animoso, sa** 형 힘 · 원기 · 기력이 있는. Es *animoso* para el trabajo. 그는 원기 왕성하게 일한다.

anís 명 아니스의 열매.

aniversario 명 기념일, 기념제. Hoy es el quinto *aniversario* de mi casamiento. 오늘은 나의 다섯번째 결혼 기념일이다.

anoche 명 어젯밤. *Anoche* salí de paseo después de cenar. 어젯밤 나는 저녁 식사 후 산책하러 나갔다. ¿Se divirtieron ustedes *anoche*? 어젯밤에 즐겁게 보내셨습니까.

anochecer [30 *crecer*] 자 날이 저물다. En invierno anochece muy temprano. 겨울에는 매우 빨리 날이 저문다. *Anochecía* [Se hacía de noche] cuando llegamos a Madrid. 우리가 마드리드에 도착했을 때 날이 저물었다.

anónimo, ma 혱 무기명의; 무명의. Recibió una carta *anónima*. 그는 무기명의 편지를 받았다. Esta obra es *anónima*. 이 작품은 작가가 불명이다. 남 익명의 문서·서. Le mandaron un cobarde *anónimo*. 비열한 익명의 투서가 그에게 보내졌다.

anormal 혱 변칙의, 이상한. Este frío es *anormal* para estar a principios de la primavera. 이 추위는 초봄으로는 이상하다. ◇ **anormalidad** 여 변칙, 이상.

anotar 타 주를 달다, 써넣다. Voy a *anotar* sus señas. 그의 주소를 써놓겠다. ◇ **anotación** 여 주석, 각서.

anovelado, da 혱 소설적인.

anquilosarse 재 (관절이) 경직하게 되다; 딱딱하게 뭉치다; 융통성이 없게 되다.

anquilosis 여 [의학] 관절 경직.

anquirredondo, da 혱 엉덩이가 둥근, 엉덩이에 살이 찐.

anquiseco, ca 혱 (말·사람의 엉덩이가) 마른, 과리한.

ansa 여 한자 동맹 (중세 북구 제 도시의 상업적, 정치적 동맹).

ánsar [새] 거위, 암거위.

ansarino 남 거위 새끼.

anseático, ca 혱 한자 동맹의.

ansia 여 ① 고뇌. El tiempo es breve, las *ansias* crecen, las esperanzas menguan. 때는 짧고, 고뇌는 더하고, 희망은 줄어든다. ② 열망. Tienen mucha *ansia* de libertad. 그들은 자유를 열망하고 있다. ◇ **ansiar** [12 enviar] 타 열망하다.

ansiedad 여 고민, 불안. La madre esperaba con *ansiedad* a que volviera su hija. 모친은 딸이 돌아오기를 초조하게 기다리고 있었다. ◇ **ansioso, sa** 혱 걱정하는; 열망하는. Está *ansioso* de verte. 그는 간절하게 당신을 만나고 싶어하고 있다.

ant. anterior; anticuado.

anta 여 [동물] 사슴 비슷한 동물; (사원 등의) 돌기둥.

antagónico, ca 혱 반대의, 대립하는; 반항하는, 적의있는.

antagonismo 남 반대성, 적대 (행동), 적의, 반항심, 반감, 혐오.

antagonista 남 대항자, 반항자, 적수, 경쟁자.

antaño 부 지난해, 전해; 옛날.

antártico, ca 혱 남쪽의, 남극의. *círculo polar antártico* 남극권. *la Antártico* 남극대륙. *el Antártico* 남극양.

ante 전 ① [공간적] …의 앞에. *Ante* mí se extendía un paisaje maravilloso. 내 앞에는 훌륭한 경치가 전개되고 있었다. No me atreví a decir nada *ante* ella. 나는 그녀의 면전에서는 아무 말도 할 수 없었다. ② …을 보고. *Ante* las dificultades de la empresa, tuvimos que renunciar a ella. 기업의 어려움을 보고, 우리들은 그것을 단념하지 않을 수 없었다. *ante todo* 우선, 제일로. *Ante todo hay que avisárselo*. 우선 그에게 그것을 알려야 한다.

antealtar 남 성단 (altar)의 앞.

anteanoche 부 그저께 저녁에.

anteanteayer 부 3일전, 그그저께.

anteayer 부 그저께 (antier).

antebrazo 남 앞팔.

antecámara 여 문의의 방, 객실; 대합실, 휴게실.

antecedente 혱 앞선, 앞서가는. 남 ① 전례 (前例). No hay tal *antecedente*. 그런 전례는 없다. ② (때) (사람의) 전력 (前歷), (사건의) 그때 까지의 경위. Tiene malos *antecedentes*. 그는 전력이 나쁘다. Explícame los *antecedentes* del asunto. 이제까지의 사건 경위를 나에게 설명하라. ◇ **antecedencia** 여 지나온 행동 또는 것; [집합적] 조상 (ascendencia); 이력, 경력.

anteceder 자 [+a：에] 선행 (先行)하다, 앞서다. La causa *antecede* al efecto. 원인은 결과에 선행한다.

antecesor, ra 남 전임자. 남 [주로 복] 선조 (antepasados).

anteco, ca 혱 적도 남북의 동일 자오선상, 같은 거리에 사는 사람.

antecocina 여 부엌 앞방.

antecoger 타 (어떤 사람이나 물건을) 앞으로 끄집어내다; (과일을) 익기 전에 따다.

antecristo 남 그리스도의 적, 그리스도교의 반대자.

antedata 여 (문서에서) 사실보다 앞선 날자; 사전의 날짜.

antedecir 타 예언하다 (predecir), 예보하다, 예고하다, 전술하다.

antedicho, cha 혱 전술한, 이미말한, 기술한.

antediluviano, na 혱 노아 홍수 전의; 태고의, 구식의.

antefirma 여 서명하기 전의 서명인의 기술 (설명); 피대리인.

anteguerra 여 전쟁전 (preguerra).

anteiglesia 여 교회앞의 정원 또는 현관; 지부교회.

antelación 여 앞서 감. Su secretario llegará con *antelación* para preparar la entrevista. 회견을 준비하기 위해서 그의 비서가 미리 도착할 것이다.

antemano (de) 부 앞서서, 미리. ¿Tengo que pagar *de antemano*? 선불해야 합니까.

antemeridiano, na 정오 전의, 오전 중의.

ante merídiem 男 오전 [약자 : A.M.]

antemural 囡 수호, 방호.

antena 囡 [전기] 안테나.

antenallas 囡 못뽑이; 숯집게.

antenoche 男 그저께 밤(anteanoche).

antenombre 囡 인명이나 고유명사 앞에 붙이는 경칭(don, doña 등).

antenupcial 囿 결혼 전의.

anteojo 囡 ① 외알박이 안경·망원경. ② 男 안경(gafas); 쌍안경. Mi abuelo puede leer aun sin *anteojos*. 조부는 안경 없이도 읽을 수 있다. *anteojo de larga vista* 망원경(telescopio). ◇ **anteojera** 囡 안경집, 안경 제조인.

antepasado 囡 [주로 男] 선조, 조상. Lo único que le quedó fue la casa de sus *antepasados*. 그에게 남은 것은 조상 전래의 집뿐이었다.

anterior 囿 [시간적] 앞의, 먼저의. Tengo un compromiso *anterior*. 나에게는 선약이 있다. Ya se lo había dicho en la carta *anterior* a ésta. 이미 이보다 먼저 편지에서 그 일을 말해 두었소. ◇ **anterioridad** 囡 앞. *con anterioridad* 앞에. ◇ **anteriormente** 囲 앞서, 먼저. *Anteriormente* había mandado a su familia al extranjero. 그는 먼저 가족을 외국에 보내 두었다.

antes 囲 [시간적] 전에(는). Trabaja aquí desde medio año *antes*. 그는 반년 전부터 여기서 일하고 있다. Esta calle tenía otro nombre *antes*. 이 거리는 예전에는 다른 이름이었다. 囿 [부정문의 뒤] 오히려. No la odio, *antes* la quiero. 나는 그녀가 싫기는 커녕 오히려 좋다. *antes bien* 차라리. *antes de* [시간적] …의 앞에. Vamos de paseo *antes de* la comida. 식전에 산책하러 가자. Agítese *antes de* usarse. 사용 전에 잘 흔드십시오. *antes (de) que*+subj. …하기 전에. Vamos a marcharnos *antes (de) que* venga. 그가 오기 전에 출발하자. *antes que* …보다 차라리. Tenía el pelo negro *antes que* castaño. 그녀는 밤색이라기보다 차라리 검정 머리를 하고 있었다. *cuanto antes* 한시라도 빨리, 가능한·되도록 빨리 (lo más pronto possible). Venga usted *cuanto antes*. 되도록 빨리 와 주십시오. Hágalo *cuanto antes*. 가능한한 빨리 그것을 하십시오.

antiaéreo, a 囿 대공의, 방공의, 고사의. 囡 고사포.

antialcohólico, ca 囿 알콜 성분을 없애는, 음주 반대의.

antiartístico, ca 囿 비예술적인.

antibiosis 囡 [생물] 항생.

antibiótico, ca 囿 항생의 (물질).

anticanónico, ca 囿 종교에 반대하는, 반교권파의, 반종교의.

anticarro 囿 대전차포(antitanque).

anticátodo 男 [진공관의] 대음극.

anticatólico, ca 囿 반카톨릭적인.

anticiclón 男 [기상] 역선풍.

anticipar ① 미리 하다. Le *anticipamos* las gracias por su pronta respuesta. 조속한 회답을 받고 싶어서 미리 감사드립니다. ② (기일 따위를) 빠르게 하다, 앞당기다. *Hemos anticipado* la fecha de la fiesta. 우리들은 파티의 기일을 앞당겼다. *Me han anticipado* el sueldo. 나는 급료를 가불받았다. ③ 선불·가불하다. ◇ ~se ① (예정보다) 빨라지다. *Se anticiparon* una hora. 그들은 1시간 빨리 도착했다. ② 앞지르다. *Se me anticipó*. 나는 그에게 선수를 빼앗겼다. ◇ **anticipación** 囡 미리함; 앞섬. *con anticipación* 미리, 앞서. ◇ **anticipo** 男 선불금. ¿Cuánto quiere usted que le pague de *anticipo*? 선금으로 얼마 지불하라는 것인가요.

anticuado, da 囿 낡은, 쓸모없는. Esa costumbre ya se ha hecho *anticuada*. 그런 습관은 이미 없어졌다.

antier 囲 그저께(anteayer).

antiestético, ca 囿 비미학적인; 보기 좋지 않은.

antievangélico, ca 囿 복음 반대의.

antifascista 囿 반파시스트주의의 (자).

antifaz 男 안대, 눈가리개, 마스크.

antifebrina 囡 [의학] 앤티페브린 (해열제).

antiflogístico, ca 囿 [의학] 염증에 저항하는. 囡 소염제.

antígeno 囿 [세균] 항원.

antigotoso, sa 囿 [의학] 통풍을 막는 통풍약.

antigramatical 囿 비문법적인, 문법에 맞지 않는.

antigualla 囡 고물, 골동품; 고대 미술.

antigubernamental 囿 반정부의, 야당의.

antigüedad 囡 ① 오래됨, 고대. Esta ciudad fue la capital del Perú en la *antigüedad*. 옛날에는 이 도시가 페루의 수도였다. ② 골동품, 고대의 유물. Es un coleccionista de *antigüedades*. 그는 골동품 수집가이다.

antiguo, gua 囿 낡은, 오래된, 옛날부터의. Me parece que esta ciudad es muy *antigua*. 이 도시는 대단히 오래된 듯하다. El es mi *antiguo* amigo. 그는 나의 오랜 친구이다. 囿男 옛날 사람. Los *antiguos* creían que el sol giraba en torno a la tierra. 옛날 사람들은 태양이 지구의 주위를 돌고 있다고 믿고 있었다. *de antiguo* 옛날부터. *en lo antiguo* 옛날에는. ◇ **antiguamente** 옛날에는, 옛적에는. *Antiguamente se veneraba mucho a los ancianos.* 옛날에는 노인은 크게 존경받았다.

antihigiénico, ca 형 비위생적인.
antihistamina 여 【약학】 항히스타민제 (알레르기나 감기에 쓰는 화학 약품).
antihumano, na 형 인정이 없는, 무자비한.
antilogía 여 모순, 자기 모순, 전후 모순.
antílope 남 【동물】 영양, 새끼양.
antilla 여 las Antillas의 섬의 각각.
antillano, na 형 안띠야스 제도의 (사람).
antimilitarismo 남 반군국주의.
antimonio 남 【화학】 안티몬 (원소의 하나; 기호 Sb).
antinacional 형 반국가적인, 반국가주의적인, 반국가주의자, 비국민.
antinatural 형 부자연스러운.
antinomia 여 저촉; 【철학】 이율 배반, 자가당착.
antinómico, ca 형 모순된.
antiobrero, ra 형 반노동자의.
antipalúdico, ca 형 【의학】 항말라리아열의 (제).
antipapa 남 대립 교황 (정통적인 로마 교황에 대립하는).
antipara 여 (창문의) 차일; (다리의) 각반.
antiparlamentario, ria 형 의회를 부인하는, 반의회의.
antiparras 여복 【속어】 안경.
antipatía 여 혐오, 미워함. *Me tiene antipatía.* 그는 나에게 반감을 가지고 있다. ◇ **antipático, ca** 형 호감이 가지 않는, 비위에 맞지 않는, 매력없는, 시치한, 사교성없는. *Me fue antipático desde el día en que le conocí.* 내가 그를 알게 된 날부터 그는 나에게 정말이 좋지 않았다.
antipirina 여 【의학】 안티피린 (해열·진통제).
antípoda 형 정반대의, 대차의. 여복 【지학】 대차지 (지구상의 반대편땅); 【구어】 정반대의 사람 또는 물건.
antiprogresista 형 반 진보적인, 진보 사상의 반대자.
antiprohibicionista 형 금주 반대의. 남 금주 반대자.
antiproyectil 남 대로켓탄.
antirábico, ca 형 공수병을 고치는. *suero antirábico* 공수병용 혈청.
antirrepublicano, na 형 반 공화주의의 (자).
antirrevolucionario, ria 형 반혁명의,

혁명에 반대하는 (사람).
antiscio 형 적도의 양측에서 작은 자오선상에 사는 (사람).
antisemita 형 반유태주의의 (자).
antisemitisma 남 유태인 배척 운동.
antiseptia 여 살균, 소독. ◇ **antiséptico, ca** 형 살균의, 소독의. 남 살균제, 소독약.
antisísmico, ca 형 【지질】 내진(성)의, 지진에 견디어 내는.
antisocial 형 반사회적인, 비사교적인.
antisocialista 형 반사회주의의. 남 반사회주의자.
antisonoro, ra 형 방음 (장치)의.
antisubmarino, na 형 대잠수함의.
antisudoral 형 땀을 막는.
antitanque 형 대전차용의. *cañón antitanque* 대전차포.
antitérmico, ca 형 방열의, 해열의.
antítesis 여 【수사】 대구(對句), 대조; 반대 (물).
antitético, ca 형 대조가 되는, 정반대의.
antitoxina 여 항독소.
antituberculoso, sa 형 결핵 예방의, 대결핵.
antivenéreo, a 형 【의학】 성병 치료의 (약).
antojadizo, za 형 (마음이) 잘 변하는, 변덕스러운.
antojarse 재 하고자 하다, …하고 싶어지다. [반드시 간접 목적 대명사에는 *te · le · nos · os · les*를 써야한다]. *Se me antojó salir de paseo.* 나는 산책하러 가고 싶어졌다. ◇ **antojo** 변덕.
antología 여 문집, 선집(florilegio).
antónimo, ma 남 반어어(의).
antonomasia 여 【수사】 환칭, 별칭. *por antonomasia* 환칭해서, 즉.
antorcha 여 횃불; 장대 꼭대기에 올리거나 달아 매어 불을 지피는 철제의 기름단지, 그 불.
antraceno 남 안뜨라쎈 (방부제).
antracita 여 【광물】 무연탄.
antracosis 여 탄진병(炭塵病).
ántrax 남 【의학】 옹, 비탈저.
antro 남 【시】 동굴, 암굴(caverna).
antropofagía 여 사람을 잡아먹는 풍습.
antropófago, ga 사람을 먹는. 남 식인종.
anual 형 1년(간)의. *plazo anual* 1년 기한. *revista anual* 연간 잡지. ◇ **anualmente** 해마다, 매년(todos los años, cada año).
anular 타 취소하다, 무효로 하다. *Sería mejor que anularse usted ese contrato.* 그 계약을 취소하는 편이 좋겠다.
anunciar [11 cambiar] 타 ① 알리다, 고하다. ¿Quiere usted decirme a quién

anzuelo / **aparentar**

anuncio? 누구신지요 (미지의 방문객에 대한 거래하는 말). ② 예고하다. Las golondrinas *anuncian* la llegada de la primavera. 제비는 봄이 오는 것을 예고한다. ③ 광고하다. He visto *anunciado* que aquí venden zapatos a 150 pesetas. 여기서 150뻬세따로 구두를 판다고 광고한 것을 나는 보았다. ◇ **anunciación** 여 [종교] 수태 고지(受胎告知). ◇ **anunciante** 광고하는. 광고주. **anuncio** 광고; 통지. Ha puesto un *anuncio* solicitando un cocinero. 그는 요리사를 구하는 광고를 낸다.

anzuelo 낚싯바늘(hamo).

añadir 덧붙이다, 첨가하다. *Añádalo* a mi cuenta. 그것을 나의 계정에 보내 주십시오. ◇ **añadidura** 여 부가, 첨가. *por añadidura* 그 위에.

año ① 해, 연(年). ¿En qué *año* ocurrió? 어느 해에 그것이 일어났습니까. Hace *años* que vivo aquí. 나는 이곳에 살고 있기가 2년 됐다. Volverá de España el *año* que viene. 그는 내년에 서반아로부터 돌아올 것이다. ¡Feliz *Año* Nuevo! 새해 복많이 받으십시오! ② 나이(edad). ¿Cuántos *años* tiene él?-Tiene veinte *años*. 그는 몇살입니까.-스무살입니다.

apacible 온화한. Hace un tiempo muy *apacible*. 무척 온화한 일기이다. ◇ **apacibilidad** 여 온화함, 안온, 고요함.

apadrinar [결투 따위에서] 입회자로 행동하다; (세례식에서) …의 대부가 되다; 후원하다.

apagadizo, za 연소하기 어려운, 비연소성의.

apagado, da 굴복하는, 유순한; 저조한; 활기·생기가 없는, 무기력한, 시들은, 바랜.

apagador 소방수, 소화기, 소화선 (피아노 줄의) 진동을 멈추게 하는 장치.

apagafuego 소화기.

apagaincendios 소화기.

apagar [8] pagar) ③ 출현하다 (불·등불 따위를) 끄다 (⑭ encender). *Apague* la luz. 불을 끄세요. *Apagué* la luz y me dormí. 나는 불을 끄고 잤다. Los bomberos *apagaron* el incendio. 소방사들이 불을 껐다. ◇ ~se (불이) 꺼지다. Se *apagaron* las luces. 불이 꺼졌다.

apagón, na (중남미) 불을 끄는. 돌연한 소동, 정전, 등화 관제.

apaisado, da 장방형의.

apalancar 지렛대(palanca)로 움직이다.

apalear 매질하다, 채찍질하다, (곤봉 따위로) 치다, 때리다, (과일을) 장대로 쳐서 떨어뜨리다, (곡물을) 키질하다.

apaleo 키질; 매림, 매질.

apanalado, da 벌집 모양의, 벌집과 같은, 구멍이 많은.

apandar 좀도둑질하다, 훔치다.

apandillar 동맹·당파 따위를 형성하다; 도당에 가입하다. ◇ ~se 도당을 이루다.

apanojado, da [식물] 원추 화서의.

apantanar 범람케 하다, 범람하다, 넘쳐 흐르다; 수몰시키다.

apañado, da 솜씨있는, 숙련된; (모직물 같이) 매끄러운; [구어] 적절한, 적당한.

apañadura 여 움켜쥠, 붙잡음. 복 (이불이나 의복 따위의) 장식.

apañar 붙잡다, 움켜쥐다(asir); 장식하다(ataviar); 깁다; 수선하다(remendar); 싸다, 덮다. ◇ ~se 숙련되다.

apaño 잡아쥠, 움켜쥠; 수선; 숙련; [속어] 협정, 정부.

aparador 찬장(armario); 진열창 (escaparate).

aparato (한 벌의) 기구, 기계. Vende *aparatos* de radio. 그는 라디오를 팔고 있다.

aparatoso, sa 화려한, 사치한, 장려한, 호화로운(pomposo); 허세부리는(ostentoso).

aparcar 주차하다, (포차 또는 탄약을) 배치하다.

aparcería 여 (농경이나 목장 따위의) 공동 경영; 규약, 맹약, 조, 단. *cultivo en aparcería* 소작.

aparcero 공동 경영자, 소작인.

aparear 결혼시키다, 짝지우다; 비등하게 하다; 조합하다.

aparecer [30] crecer) ③ 출현하다, 나타나다 (⑭ desaparecer). El sol *aparece* por el horizonte. 태양이 지평선에 나타난다. ◇ ~se 보이다. La plaza de la Universidad *se me apareció* quieta y enorme. 대학의 광장이 나에게는 고요하고 크게 보였다. ◇ **aparecido** 유령, 요괴.

aparejado, da 준비가 된; 바야흐로 …하려 하는:…하기 쉬운(apto); 적당한; 당연한.

aparejador, ra 준비하는 (사람). (건축의) 감독자(배의) 의장인.

aparejar 준비하다(preparar); (말에) 마구를 달다, 안장을 얹다, (배를) 의장하다. ◇ ~se 준비를 갖추다.

aparejo 준비; 도구; 예습; 마구, 기구; 범선구; 활차. 복 자재, 기재.

aparentar 꾸미다, 꾸며 보이다. Tú tienes que *aparentar* que no sabes nada de eso. 너는 그 일에 대해 전혀 모르는

aparente 휑 외관만의. Se pretexto fue sólo *aparente*. 그의 핑계는 다만 외관 뿐이었다. ◇ **aparentemete** 悍 외관적으로, 겉보기에.

aparición 여 출현. Le sorprendió la *aparición* repentina de su amigo. 친구의 돌연한 출현은 그를 놀라게 했다.

apariencia 여 외관, 외모, 모습. No te dejes engañar por las *apariencias* 겉모습에 속지마라.

apartar 타 ① 나누다, 떼어내다. ② [+de :…로부터] 떼어내다, 털어내다. *Aparta de* ti esas ideas. 그런 생각은 자신에서 털어내어라. ◇ **~se** [+de :…로부터] 떨어지다. *Apártate del* fuego. 불에서 멀어져라. ◇ **apartado, da** 휑 먼, 떨어진, 구석진. Vive en un pueblo *apartado*. 그는 벽촌에서 살고 있다. 남 우편 사서함 (*apartado* de correos). ◇ **apartamento** 남 아파트 (casa de apartamentos). ¿Tiene ustedes *apartamentos* por alquilar? 세 놓을 아파트 있습니까.

aparte 悍 ① 따로. Ponga este paquete *aparte*. 이 짐은 별도로 해주십시오. ② [형용사적] 별도의. Esa es una cuestión *aparte*. 그건 딴 문제이다. *aparte de*…을 제외하고는, … 밖에. *Aparte de* su belleza, no tiene otro atractivo. 그녀에게는 아름다움을 제외하고는 달리 매력이 없다.

apasionar 타 열중시키다. **~se** [+con・por :…에] 열중하다. Se *apasiona por* su prima. 그는 사촌에게 열을 올리고 있다. ◇ **apasionado, da** 휑 격렬한, 열중한. Es un temperamento *apasionado*. 그는 격렬한 기상의 사나이다. Está *apasionado* con la novela que está leyendo. 그는 지금 읽고 있는 소설에 무아지경이다. ◇ **apasionadamente** 悍 열렬히, 열심히.

apatía 여 무감각.

apático, ca 휑 무감각한.

apátrida 휑 조국이 없는, 무국적의, 조국을 무시하는 (사람). 남 무국적자.

apeadero 남 (길가의) 휴식소; 정거장.

apearse 재 (탓것에서) 내리다(bajarse). Quiero *apearme* en la próxima parada. 나는 다음 정류소에서 내리고 싶다.

apechar 타 가슴을 누르다; (생각없이 대담하고 용기있게) 물긴 (일)을 떠맡다; 보급맡다. 【중남미】…에게 젖을 주다; (언덕을) 올라가다; 파리하게 된다.

apechugar 재 가슴을 누르다; [+con] 참는다. 타 【중남미】 (남의 것을) 가지다; 붙잡다.

apedreado, da 휑 내던지는; (질문, 욕설 따위를) 퍼붓는; (돌을) 던지는. *cara apedreada* (천연두로) 곰보가 된 얼굴.

apedrear 타 돌을 던지다; 돌로 치는 형벌에 처하다; 싸라기 (우박) 이 오다.

apegarse [11] pagar] [+a:…에] 애착하다, 골몰하다. Esta *apegado* a la chica. 그는 그 아가씨에게 애정을 느끼고 있다. ◇ **apegadamente** 悍 마음을 쏟아서. ◇ **apego** 남 애착, 집착. Le tengo *apego* a este vestido aunque está viejo. 이 옷은 낡았지만, 나는 애착을 느끼고 있다.

apelar 재 ① 항소하다. El reo *apeló* contra la sentencia. 피고는 판결에 항소했다. ② [+a 수단 따위에] 호소하다, 의지하다. Para salvarse tuvo que *apelar* a sus piernas. 그는 구조받기 위해서는 자신의 발에 의지할 수 밖에 없었다. ◇ **apelación** 여 항소.

apellido 남 성. ¿Quiere usted escribir su nombre y *apellido*, y la dirección? 성명과 주소를 써 주십시오.

apenar 타 괴롭히다, 슬프게 하다. Me *apena* que usted piense mal de mí. 당신이 나를 나쁘게 생각하다니 슬프다. Estaban *apenados* por la enfermedad de su tía. 그들은 숙모의 병 때문에 마음 아파하고 있었다.

apenas 悍 ① 거의 (…않다). *Apenas* puede hablar. 그는 거의 말할 수 없다. No puede andar *apenas*. 그는 거의 걸을 수 없다. ② 겨우. Hace *apenas* dos meses que estoy aquí. 내가 이곳에 온지 겨우 2개월 됐다. 䫟 …하자 마자 (tan pronto como, así que, luego que). *Apenas* salió el sol, partimos. 해가 뜨자마자 우리들은 출발하였다. *apenas si* [속어] 거의 …없다. *Apenas si* he entendido lo que decía. 나는 그가 말하는 것을 거의 알지 못했다.

aperitivo 여 아페리티프, 식전 술, 식욕 증진제 술. El mejor *aperitivo* es el ejercicio. 가장 좋은 아페리티프는 운동이다.

apertura 여 개시, 개업, 시업, 개통, 개회; 개업식, 개통식, 개회식. ¿Qué día es la *apertura* de las clases? 시업(식)은 머칠입니까.

apetecer [30 crecer] 타 탐내다, 열망하다.

apetito 남 식욕; 의욕. El niño tiene buen *apetito*. 그 어린이는 식욕이 왕성하다. Hoy tengo poco *apetito*. 오늘 나는 식욕이 별로 없다. Buen *apetito*. 많이 드십시오. ◇ **apetitoso, sa** 휑 식욕; 의욕을 자극하는. No es un negocio muy *apetitoso*. 그건 과히 의욕이 없는 일이다.

apiadar 타 불쌍히 여기다, 동정심을 일으키다.

apical 형 혀끝의 (자음; l, t 등).

ápice 남 (삼각형·산 따위의) 정점, 첨단; 꼭대기, 극점; 【건축】 뾰족탑; (능력, 힘, 노력 따위의) 최대한도, 최고도; 높이, 해발; 올라감, 상승; 쓸모없는 것, 사소한 일; (매우) 적음, 미소; 【문법】도표로 표시된 악센트; (질문에서) 가장 복잡한 부분. estar en los *ápices* de una cosa 사물에 대하여 완전히 지식을 가지다. no falta un *ápice* 티끌 만큼도 부족하지 않다.

apícola 형 양봉에 속하는.

apicultor, ra 명 양봉가.

apicultura 여 양봉.

apilar 타 쌓아올리다, 축적하다, 퇴적하다.

apiñar 타 붙이다, 연합하다, 결합시키다.
자 방해하다; (기름·먼지 때문에) 운전이 잘 안되다; 모이다; 덤비다; 밀려오다; 충만하다.

apio 남 【식물】셀러리 (미나리과).

apiolar 타 수갑을 채우다, 잡다, 체포하다; (의미를) 파악하다, 깨닫다; 【법률】모살하다.

apiramidado, da 형 피라미드형의.

apirexia 여 (간헐의) 열이 없는 사이, 열이 있는 때.

apisonador 남 땅을 다지는 기계, 롤러 차.

apisonar 타 (흙 등을) 찧어 굳게 하다, (탄약을) 장전기로 쑤셔넣다; (성벽을 무너뜨리는) 망치로 치다.

apitonar 자 꽃봉오리를 맺다; 싹트다. 타 싹트게 하다; 자르다; 껍데기에서 끄집어내다; (닭처럼) 달걀 껍질을 쪼아내다.
~se 서로 다투다·속이다·욕하다.

apizarrado, da 형 슬레이트식의; 검푸른.

aplacar 타 (사람을) 달래다; (슬픔을) 진정시키다; 평정·진정하다, 완화하다. ◇ ~se 침착·조용해지다.

aplacible 형 유쾌한, 기분좋은; 쾌활한, 상냥한; 귀여운.

aplanadera 여 땅고르는 기계; (자루긴) 큰 망치; 방망이.

aplanar 타 ① (지면 따위를) 고르다. Ante todo hay que *aplanar* el terreno. 우선 지면을 골라야 한다. ② 낙담시키다. La noticia le *aplanó*. 그 소식은 그를 낙담시켰다.

aplaudir 타 ① (…에게) 박수를 보내다, 갈채하다. Todo el mundo *aplaudía* al actor. 누구나 할 것 없이 그 배우에게 박수 갈채를 보냈다. ② 칭찬하다. *Aplaudo* tu decisión. 나는 너의 결심을 칭찬한다. ◇ **aplauso** 남 ① 박수, 갈채. La multitud recibió las palabras del Presidente con un gran *aplauso*. 대중은 대통령의 말을 대단히 갈채로 맞이했다. ② 칭찬.

Ese escritor no busca el *aplauso*, sino la verdad. 그 작가는 (남의) 칭찬이 아니고, (의)의 진실을 구한다.

aplazar [9] alzar] 타 연기하다. *Hemos aplazado* el viaje a causa de la lluvia. 비 때문에 우리들은 여행을 연기했다. ◇

aplazamiento 남 연기.

aplicación 여 ① 적용, 응용; 실시. La *aplicación* de esta ley será difícil. 이 법률의 적용은 어려울 것이다. ② 근면. Este alumno ha mostrado mucha *aplicación* en su trabajo. 이 학생이 공부하는 자세가 매우 근면하였다.

aplicado, da 형 근면한(diligente). Lola, desde pequeña, fue una chica muy *aplicada*. 롤라는 어릴 때부터, 매우 근면한 어린이였다.

aplicar [7] sacar] 타 ① 붙이다, 들어맞추다. El médico *ha aplicado* las corrientes eléctricas al enfermo. 의사는 병자에게 전류를 대었다. ② 적용·응용하다. Esta ley ha sido votada, pero nunca *ha sido aplicada*. 이 법률은 표결되었지만, 도무지 적용된 일이 없다. ◇ **aplicable** 형 적용·응용·실시할 수 있는. Su invento es *aplicable* a la industria del papel. 그의 발명은 제지 공업에 응용할 수 있다.

apocado, da 형 무기력한, 소심한, 비겁한; (재능 따위가) 대단치 않은.

Apocalipsis 남 【성경】묵시록, 계시록.

apocalíptico, ca 형 묵시록의, 묵시의.

apocamiento 남 수줍음, 부끄러움; 자신없음; 조심, 사양, 무기력, 소심, 비겁; 내리 누르기; 억압; 침해.

apocar 타 적게·작게 하다; 굴욕을 주다, 창피를 주다; (껍질같은 것으로) 바짝 죄다; 속박하다; 약정하다, 계약하다. ◇ ~se 천하게 하다, 자기를 낮추다.

apocináceo, a 형 【식물】협죽도의.

apocopar 【문법】어미를 탈락시키다, 마지막 말이나 단어의 끝음절을 메다·없애다.

apócope 남 【문법】어미의 생략.

apócrifo, fa 위작의, 출처가 의심스러운, 거짓의.

apodar 타 별명을 주다; (특히 종교 등을) 비웃다; 조롱하다.

apoderarse 재 [+de: …를] 붙잡다, 빼앗다; 점령하다. El general *se ha apoderado del* poder por la fuerza. 장군은 폭력으로 권력을 획득했다. ◇ **apoderado, da** 대리인, 대행자; 지배인, 매니저. El *apoderado* de la finca ha despedido a tres labradores. 농장의 지배인은 농부 3인을 해고했다.

apodo 남 별명 (mote).

ápodo, da 형 【동물】다리가 없는; 배 지느

apódosis 여 귀결(문).

apogeo 남 【천문】 원지점 (달·유성이 지구에서 가장 멀어지는 점); 최고점; 【비유】(명성·권력·위엄 등이) 가장 높은 등급.

qapolilladura 여 나방, (의류의) 좀벌레 구멍.

apolillar 타 (의류를) 쏟다; 물어끊다; 좀먹다, (해충·해적 따위가) 해치다.

apolíneo, a 형 고대 아폴로신의.

apolítico, ca 형 정치에 무관심한.

apolo 미남자.

Apolo 남 【신화】 아폴로신 (시·음악·학예의 신); (주어) 태양신.

apología 여 사죄, 사과; 방어, 수비; 송사, 칭찬, 찬양.

apologista 형 (예수교의) 변증가, 변해 변호자.

apologizar 타 변명·옹호하다(defender).

apólogo 우화, 교훈, 도덕적인 이야기 (fábula).

apoltronarse 재 (게으름·비겁함이) 자라 그런 사이에 있다.

aponeurosis 여 【해부】 피부·근육 기타 조직, 기관 사이에 있는 막.

apoplejía 여 【의학】 졸도, 뇌일혈. *apoplejía fulminante* 급성 뇌일혈.

apoplético, ca 형 졸도·뇌일혈의 (환자).

aporcar 타 높이 쌓아올리다; (식물에) 흙을 북돋우다; (여우 따위를) 굴에 몰아넣다.

aporisma 남 멍, 혈반, 피하일혈.

aporrear 타 두들기다, 때리다, 곤봉으로 때리다, 때려 부수다, 경치게 하다. *aporrearle a uno los oídos* 따귀를 때리다. 【비유】매우 열심히 공부하다. *aporrearse en la jaula* 싫은 일을 꾸준히 하다.

aporreo 남 (곤봉·주먹으로) 때리는 행위; 고역, 수고; 때림.

aportar 타 제출·제공·기여하다. En su discurso *aportó* varias razones. 그는 연설에서 여러 가지 이유를 가지고 나왔다. ◇ **aportación** 여 (제산의) 기부, 지참 자산; 기여. Su nuevo libro constituye una gran *aportación* a la ciencia médica. 그의 새로운 저서는 의학에 기여하는 바가 크다.

aporte 출자; 재산, 지참 재산.

aportillar 타 (성벽·벽을) 돌파·파괴하다; 분석하다; 부수어 열다. 재 굴러 떨어지다; 파멸·멸망하다·하기 시작하다; (여자가) 타락하다.

aposentar 타 투숙시키다, 머무르게 하다. ◇~se 투숙하다, 하숙·기숙하다 (alojarse).

aposento 남 방. No está aquí; está en su *aposento*. 그는 이곳에 없다; 자기 방에 있다.

aposición 여 【문법】 동위격, 동격 (보어). *en aposición* 동격으로.

apósito 남 【의학】 약의 외용 (곁에 바르는 약).

aposta / apostadamente 고의로, 일부러.

apostadero 해군 기지; 선박 제조장; 부둣가.

apostar [24 contar] 타 (내기를) 걸다. *Apostó* conmigo la cena a que viene ella. 그는 나에게 저녁식사를 걸고, 그녀가 온다고 말했다. ◇~se (내기에) 걸다. *Me he apostado* con él cien pesetas a que no viene ella. 나는 그와 100페세타 걸고 그녀는 오지 않는다고 했다.

apóstata 여 배교자, 배신자, (동무들을) 져버린 자, (고국을) 영구히 버릴 것을 맹세한 사람.

apostatar 신앙을 버리다; 배교하다; 맹세코 절연하다; 손을 떼다. *apostatar de la fe* 종교를 져버리다.

apostilla 여 주석, 주해.

apostillar 타 주를 달다, 주해를 써넣다; 여드름이 나다.

apóstol 남 ① 【종교】 사도. San Pedro, cabeza de los *apóstoles*, fue martirizado en Roma. 사도들의 장(長)인 성 베드로는 로마에서 박해를 받았다. ②(주의 따위의) 주장자. Antes era un monárquico; ahora se ha hecho un apóstol del comunismo. 그는 전에는 군주파였으나, 지금은 공산주의의 주장자로 되어 있다. ◇ **apostólico, ca** 형 사도의·와 같은. Viene realizando un trabajo verdaderamente *apostólico* entre los pobres. 그는 가난한 사람들 사이에서 정말로 사도와 같은 일을 했소.

apoyar 타 ① [+en∶…에] 대어 걸다. No *apoyes* la escalera *en* la pared, que la ensucia. 사다리를 대어 걸지마라, 벽을 더럽히니까. ② 지지·지원·후원하다. No hay quien le *apoye* en las elecciones. 선거에서 그를 지지하는 자는 없다. ◇~se ① 지탱되다. El puente *se apoya* sólo en dos grandes columnas. 다리는 단 2개의 큰 기둥으로 지탱되어 있다. ① 기대다, 근거로 하다. La jóven, *apoyada* en la ventana, contemplaba el mar. 아가씨는 창에 기대어 바다를 바라보고 있었다. ¿En qué *se apoya* usted para decir eso? 당신은 무엇을 근거로 그렇게 말합니까? ◇ **apoyo** 남 지지, 지원 ; 근거. No olvides que cuentas con mi *apoyo* más sincero. 너는 가장 성실한 나의 지원을 받고 있음을 잊지마라.

apreciable 형 ① 알아차릴 수 있는. No es *apreciable* a simple vista. 그것은 잠깐 보아서는 알 수 없다. ② 귀중한. Le agradecemos el *apreciable* regalo. 귀중한 선물에 감사합니다.

apreciación 여 평가; 존중, 존경. No debes quejarte; la *apreciación* de que goza tu nuevo libro es justa. 너는 불평해서는 안된다; 너의 이번 책이 받고 있는 평가는 정당하다.

apreciar [01 cambiar] 타 ① 평가하다, 감상하다. *Aprecio* más la pintura realista que la abstracta. 나는 추상화보다도 사실화를 높이 평가한다. ② 존중하다, 고맙게 생각하다. *Aprecio* siempre los consejos de mis amigos. 나는 언제나 친구의 충고를 고맙게 생각하고 있다.

aprecio 남 평가; 존중, 존경. Los españoles tienen en gran *aprecio* la cultura coreana. 서반아사람은 한국 문화를 높이 평가하고 있다.

apremiante 형 급한, 재촉하는; 성화같은. ◇ **apremiar** [01 cambiar] 타 독촉하다, 강요하다. ◇ **apremio** 남 재촉, 독촉; 핍박.

aprender 타 ① 배우다, 익히다, 외우다 (습득). [예 enseñar]. *Aprendo* piano con un buen maestro. 나는 훌륭한 선생님에게서 피아노를 배운다. Después de tres años de estudio, no he *aprendido* nada. 나는 3년이나 공부했지만 아무 것도 배우지 못했다. *aprender de memoria* 외우다, 암기하다. *Apréndaselo de memoria*. 그것을 외우세요. ② [+a+inf.…하기를] 익히다, 배우다. ¿Has *aprendido* ya *a* conducir? -No, aun estoy *aprendiendo*. 너는 자동차 운전을 익혔느냐. —아니오, 아직 연습 중입니다. *Aprendo a* escribir a máquina. 나는 타자를 배운다.

aprendiz, za 남 도제(徒弟), 견습생. A los quince años ha entrado de *aprendiz* en una sastrería. 그는 15살 때에 양복점에 견습공으로 들어갔다. ◇ **aprendizaje** 남 훈련; 견습 (기간). Durante el *aprendizaje* no ha ganado nada de dinero. 그는 견습하는 동안 돈을 한푼도 받지 못했다.

aprensivo, va 형 직각적, 지각적; 총명한; 병나나 아픔을 두려워하는; 부끄러운. 여 상상(력), 창작력, 공상.

apresar 타 (갈고리, 송곳 등으로) 붙잡다, 움켜잡다, 잡다, 쥐다; 포착하다.

aprestar 타 준비하다, 차리다, 정돈하다. 정렬시키다; 고무를 바르다, 고무(질)로 칠하다. ◇ ~**se** 작성하다, 준비하다.

apresto 남 준비, 정돈; 복장, 옷입기.

apresurar 타 ① 빠르게 하다; 서두르다. *Apresuró* el paso al verme. 나를 보더니 그는 발걸음을 빨리했다. ② 서두르게 하다, 재촉하다. Si me *apresuras*, no acertaré a contestarte. 네가 재촉하면 나는 잘 대답할 수 없다. ◇ ~**se** ① 서두르다. Es un hombre que nunca *se apresura* por nada. 그는 아무 일에도 결코 당황하지 않는 사람이다. *Apresúrese* si no quiere perder el tren. 열차를 놓치지 않으려면 서두르세요. ② [+a+inf.] 서둘러서 …하다. Al entrar en el teatro *se apresuró* a cederme el asiento. 내가 극장에 들어갔을 때 그는 급히 자리를 양보해 주었다. ③ [+por+inf.: …하려고] 서두르다. *Me apresuré por* alcanzarle. 나는 그를 따라가려고 서둘렀다. ◇ **apresuradamente** 부 서둘러서, 급히.

apresurado, da 형 잠시의, 짧은; 급한; 경솔한; 바삐 서두르는, 빠르게 행동하는.

apresuramiento 남 열심, 갈망; 황급함, 조급함; 신속, 재빠름; 가속, 촉진.

apretado, da 형 [여유없이] 막힌; 혼잡한. Hacia las seis el metro viene muy *apretado*. 6시경에는 지하철은 콩나물시루 이다. ② 궁핍・곤궁한. Siento no poder ir, pero estoy muy *apretado* de tiempo. 갈 수 없어 미안합니다; 나는 아주 시간적으로 막혀 있으니까. Está muy *apretado* de dinero. 그는 지독하이 돈에 궁해 있다. ③ 옹졸한, 비열한.

apretar [19 pensar] 타 ① 조이다, 쥐어메다. Estos zapatos me *aprietan* un poco. 이 구두는 나한테 약간 조인다. Me *apretó* fuertemente la mano. 그는 내 손을 굳게 쥐었다. ② 눌러대다, 마구 누르다. *Aprieta*, por favor, el botón del timbre. 부디 초인종의 단추를 눌러주시오. ③ (…에) 채우다. *Aprieta* bien las maletas para que quepa todo el equipaje. 짐이 전부 들어가도록 여행가방을 충분히 채우십시오. ④ 책망하다. Por más que le *apretaron* para que estudiase, todo fue en vano. 공부하라고 아무리 그를 책망하여도 모두 허사였다. ◇ **apretón** 남 출라맴, 쥐어짬.

aprieto 남 ① 죄어맴; (콩나물 시루 같은) 사람 모임. ② 궁핍, 곤궁. Se encuentran en un gran *aprieto* después de la muerte de su padre. 부친이 돌아가신 후 그들은 대단히 곤궁하다.

aprisa 부 급히. *Aprisa*; sólo faltan cinco minutos para la salida del tren. 급히(가십시오); 발차까지 앞으로 5분 밖에 없읍니다. Vaya lo más *aprisa* posible. 가능한 빨리 가십시오.

aprobar [24 contar] 타 ① 시인・승인・인

aprontar

가하다. Has actuado con prudencia y yo *apruebo* tu conducta. 너는 현명하게 행동했다; 나는 너의 행동을 시인한다. ② (시험에) 합격하다. Esperaba *aprobar* todas las asignaturas, pero le han suspendido en tres. 그는 전과목에 합격할 것을 기대하고 있었으나, 3과목이 걸렸다. No me *aprobaron* en historia. 나는 역사에 실패했다. ◇ **aprobación** 예 시인, 승인, 인가. La mujer ha escogido los muebles sin la *aprobación* de su marido. 아내는 남편의 승낙없이 가구를 골랐다. ◇ **aprobado, da** 휑 [+de: …의] 자격을 얻은. ◇ 합격(점). En el examen sólo me han dado un *aprobado*. 시험에서 나는 하나(의 과목)만 합격점을 받았다.

aprontar 타 급히 준비하다; 지체없이 교부하다.

apropiación 예 적합, 순응; 점유.

apropiado, da 형 적절한, 적당한, 적합한, 타당한, 충분한.

apropiar 타 적합·적응시키다; 채용하다; 흡사하게 하다; 적절하게 붙이다, 맞게하다; 점유하다. ◇ **~se** 꼭 들어맞다 : 적합하다.

aprovechar 자 진보하다, 향상하다. *Aprovechamos* bastante en la clase de español. 우리들은 서반아어 수업에서 상당히 (학력이) 진보하고 있다. 타 이용하다. Hay que *aprovechar* la ocasión. 우리는 기회를 이용해야 한다. *Aproveché* que estaba libre para salir a dar un paseo. 나는 한가한 것을 이용하여 산책을 나갔다. El agua del embalse se *aprovecha* para regar. 저수지의 물은 관개에 이용된다. Esta cocinera sabe *aprovechar* los restos. 이 요리사는 남은 밥을 이용할 줄 안다. ¡Que *aproveche*! 천천히 많이 드세요. **~se** [+de: …을] 이용·악용하다. *Te aprovechas* de mi debilidad. 너는 내가 마음이 약한 것을 악용하고 있다.

aprovechable 형 도움이 되는; 이용할 수 있는, 편(리)한. [법률] 유효한.

aprovechado, da 형 근면한, 부지런한. ◇ **aprovechamiento** 男 이용; 효과. Estudia mucho, pero con poco *aprovechamiento*. 그는 많이 공부하고 있지만, 너무도 효과가 나타나지 않는다.

aprovisionamiento 男 보급, 공급, 조달 (abastecimiento). ◇ **aprovisionar** [+de: …을] 주다, 공급하다, 보급하다 (abastecer).

aproximar [+a: …에] 가까이하다. *Aproximó* una silla *a* la mesa y se puso a comer. 그는 의자를 식탁에 가까이하고 먹기 시작했다. ◇ **~se** [+a: …에] 가까

44

apuro

이 가다, 다가가다. Aprisa, la hora de partir *se aproxima*. 서두르십시오; 출발시간이 가까워졌다. ◇ **aproximación** 예 접근, 근사(近似). Refirió lo ocurrido con cierta *aproximación*. 그는 어느 정도 사실에 가깝게 사건을 이야기했다. ◇ **aproximado, da** 형 대략의; 가까운. ◇ **aproximadamente** 튜 대략. ¿Qué hora es? –Son las cinco *aproximadamente*. 몇 시인가요 –5시쯤입니다.

apt:itud 예 적응성, 재능; 소질. Este alumno tiene buena *aptitud* para la música. 이 학생은 음악에 대한 좋은 소질이 있다. ◇ **apto, ta** 형 [+para: …에] 적당한, 소질이 있는. Están poniendo una película no *apta para* los menores. 미성년자에 적당치 못한 영화를 상영하고 있다.

apuesta 예 도박; 도박에 건 물건·돈. En el béisbol están prohibidas las *apuestas* 야구에서는 내기하는 일은 금지되어 있다. Le gané la *apuesta*. 나는 그와 내기하여 이겼다.

apuntar 자 [+a: …를] 겨누다, 목적하다. *Apuntaba* con la escopeta *a* la ventana. 그는 총으로 창문을 겨누고 있었다. ② (싹 따위가) 움트기 시작하다. Han comenzado a *apuntar* los trigales. 벌써 밀밭의 싹이 트기 시작했다. 타 적어놓다, 써놓다. *Apunte* la dirección para que no se le olvide. 보낼 곳은 잊지 않도록 적어 놓아 두십시오. ◇ **apuntador, ra** 男 【연극】 프롬프터;진행 담당. ◇ **apunte** 男 각서, 스케치, 노트. Habla tan de prisa que no hay quien le tome *apuntes*. 그는 너무 빨리 말하므로 그가 말하는 것을 적을 사람이 없다.

apuñalar 타 비수·단도로 찌르다 (dar de puñaladas).

apurar 타 ② 서두르게 하다; 마셔버리다. Hemos *apurado* nuestras provisiones de carbón. 우리들은 석탄 저장한 것을 모두 써버렸다. *Apuró* un vaso de cerveza. 그는 맥주 한 잔을 마셔버렸다. ◇ 서두르게 하다; 곤란하게 하다. Deja que le haga a su gusto sin *apurar*le. 재촉하지 말고, 그가 좋을대로 하게 두십시오. ◇ **~se** ① 피로워하다; 번민하다. No *se apure* usted que ya saldremos de aprietos. 이 어려움에서 벗어날테니 걱정마세요. *Se apura* porque no tiene noticias su hijo. 아들에게서 소식이 없어 그녀는 가슴을 태우고 있다. 【중남미】 서두르다. *Apúrate*, niño. 애야, 서둘러라.

apuro 男 곤궁. Me vi en un *apuro* cuando me preguntó si te había visto. 내가 너를 만났느냐 여부를 그가 물어서, 나는 곤란

aquel, lla [图 aquellos, aquellas] [형] [지시 형용사] 저, 그. Tráeme *aquella* pluma que está sobre la mesa. 책상 위에 있는 저 펜을 가져오너라. *Aquellos* extranjeros parece que se encuentran perdidos. 저 외국인들은 길을 잃은 것 같다.

aquél, lla [图 aquéllos, aquéllas] [대] [지시대명사. 주어나 형용사와 구별이 안 되는 경우를 제외하고는, 악센트 부호는 없어도 좋다] ① 저것, 저 사람. Vemos dos casas; ésa es la mía, *aquélla* es la de Julia. 집 두 채가 보이는데; 그 쪽이 내 집이고, 저것이 훌리아의 것이다. ② [후자 éste에 대하여] 전자 (前者). Teníamos un coche y una bicicleta; ésta estropeada y *aquél* sin gasolina. 우리들은 자동차와 자전거가 있었는데, 자전거는 부서져 있었고, 차(전자)는 기름이 없었다.

aquello [대] [원칭(遠稱) 중성 지시대명사] ① 저것, 저 일. Oye, ¿qué hay de *aquello*? 저, 저것은 어떻게 되어 있어. ② 저 곳. ¡*Aquello* era tan seco, tan árido! 저 곳은 아주 황량하고 삭막하였다!

aquí [부] ① 여기(에・로). ¿Paramos *aquí*? 여기 정차합니까. ¿Vive usted *aquí*? 여기 사십니까. ¿Se puede telefonear desde *aquí*? 이곳에서 전화걸 수 있습니까. ¿Qué demonios hace usted *aquí*? 도대체 여기서 무엇하십니까. ¿Cuánto hay de *aquí* a Zaragoza? 여기에서 사라고사까지는 얼마입니까. *Aquí está / Aquí tiene* [물건을 주면서] 여기 있습니다. *Aquí tiene* lo que ha pedido. 당신이 부탁한 것 여기 있습니다. Yo me quedo *aquí* y tú te vas. 나는 여기 남고 너는 가 버린다. ② 지금. Presta atención; *aquí* viene lo mejor. 주의하세요; 지금 제일 좋은 것이 나옵니다. *de aquí en adelante* 금후. *De aquí en adelante* está prohibido fumar en clase. 금후 교실에서 담배를 피우는 것은 금지한다. *hasta aquí* 여기까지; 현재까지. *Hasta aquí* no nos ha faltado nada. 지금까지 우리들에게 아무 것도 부족함이 없었다. *por aquí* 이 근처에; 이곳을 통과해서. ¿No se encuentra *por aquí* mi paraguas? 이 근처에 내 우산이 없습니까. Venga usted *por aquí*. 이 쪽으로 오세요.

aquiescencia [여] 동의, 승인, (마지못해서 하는) 승낙.

aquiescente [형] 승인의, (마지못해서) 승낙하는.

aquietar [타] 조용하게 하다(sosegar); 진정시키다; 가라앉히다.

aquilatar [타] 평가하다 (apreciar), 순수하게 하다(apurar), (금속을) 분석 시험하다.

Aquiles [남] 아킬레스 (희랍 전설의 용사). *tendón de Aquiles* [해부] 아킬레스 건; (문제의) 미묘한 점. *argumento Aquiles* 제일 긴요한 논거, 요점.

aquilino, na [형] 독수리의・같은; 독수리 부리같이 굽은.

aquilón [남] 북, 북풍.

A.R. Alteza Real.

ara [여] 제단, 성단 (altar), 성찬대; [천문] 성좌. (옛 라틴 아메리카산의) 큰 앵무새. *en aras de* …때문에.

árabe [형] 아라비아 (Arabia)의. [명] 아라비아 사람. [남] 아라비아말. ◇ **arabesco, ca** [형] 아라비아풍・식의.

Arabia [여] [관사를 붙여서 쓰기도 함] 아라비아. *la Arabia saudita* 사우디아라비아.

arábico, ca [형] = arábigo.

arábigo, ga [형] 아라비아의. *numeración arábiga* (아라비아 숫자) 10진법. [남] 아라비아어.

arabista [명] 아라비아어나 문학을 전공하는 사람.

aracnido, da [형] [남복] [동물] 거미 무리 (의).

arado [남] 쟁기.

arador [남] 밭갈이하는 사람, 농부; [벌레] 개선충.

araguato [남] 아메리카산 원숭이의 일종.

arambel [남] 넝마 (조각) (trapo), 누더기.

arancel [남] 관세율, 관세표, 운임, 요금표. *arancel convencional* 협정 세율.

arancelario, ria [형] 관세(율)의.

araña [여] [벌레] 거미.

arañar [타] 할퀴다; 손톱 자국을 내다. El gato *arañó* al niño mientras jugaba con él. 사내 아이가 고양이와 놀고 있을 때, 고양이를 할퀴었다. ◇ **arañazo** [남] 할퀸 상처, 긁힌 상처.

arar [타] 갈다, 경작하다, 개간하다.

araucanista [명] (현재 Chile의 남부에 있는 주)를 연구하는 사람.

araucano, na [형] Arauco 사람(의). [남] Arauco 어.

arbitrario, ria [형] ① 제멋대로의, 분방한. Usted tiene un concepto *arbitrario* de la justicia. 당신은 정의에 대해 멋대로 생각을 갖고 있다. ② 전횡적, 독단적인. El consejo se opuso a esta decisión *arbitraria* de la justicia. 시의회는 시장의 이 독단적인 결정에 반대했다. ◇ **arbitrariamente** [부] 제멋대로, 분방하게. ◇ **arbitrariedad** 전단 (專斷), 전횡.

árbitro, ra 형 중재·재정(裁定)의. 명 심판자. En las elecciones, el pueblo es el *árbitro*. 선거에서는 국민이 심판자이다. *juez árbitro* 중재 재판관. ◇ **arbitrio** ① 임의성(任意性). Aquí no está sometido a nadie; todo depende de su *arbitrio*. 여기서는 누구의 지배도 받지 않는다; 만사가 자신의 의지대로이다. ② 전단; 재정(裁定). *al arbitrio de* ⋯에 따라, 사정에 따라. Estamos *al arbitrio de* las circunstancias. 우리들은 환경에 따라서 어떻게든지 된다.

árbol 명 ① 수목, 나무. No sentamos al pie de un *árbol*. 우리들은 나무의 뿌리에 걸터앉았다. *a raíz del árbol* 나무 뿌리에. *el tronco del árbol* 나무 줄기. ② 굴대, 축(軸). ◇ **arboleda** 명 임목(立木), 숲. Mañana vamos de excursión a una *arboleda* que hay junto al río. 내일은 냇가에 있는 숲으로 소풍을 간다.

arbusto 명 관목.

arca 여 (튼튼한) 상자. Metió en el *arca* todos los objetos de valor. 그는 값진 물건을 모두 상자 속에 넣었다. *arca de Noé* 노아의 방주.

arcabucear 타 사격·총살하다.
arcabucero 명 총포 대원, (화승총을 가진) 병사, 화승총 제조 판매인.
arcabuco 명 중남미 밀림.
arcabuz 명 불꽃총; 총포 대원, 화승총.
arcada 여 아케이드; 아치교의 다리 기둥 사이(ojo); 토기, 구토증. *tener arcadas* (뱃속이) 뉘엿거리다.
arcadico, ca 형 순박한 (사람).
arcaduz 명 수도관, (항아리 따위의) 물통 (angilon), 바께스.
arcaico, ca 형 고풍(古風)의, 엣스러운. Habla de una manera tan *arcaica* que es difícil entenderle. 그는 너무 엣스러운 말투라서, 말뜻을 이해하기 어렵다. ◇ **arcaísmo** 명 고어(古語). En este libro se encuentran muchos *arcaísmos*. 이 책에서는 고어(古語)가 많이 발견된다.
arcaísta 명 고어 사용자.
arcaizar 타 엣식으로 하다, 엣식을 모방하다.
arcángel 명 【종교】 대천사, 천사장.
arcano, na 형 신비스러운, 비밀의; 비방적의. 명 비밀, 비경, 신비, 비전.
arce 명 【식물】 단풍나무.
arcediano 명 (구교의) 부사교, (신교의) 부감독, (불교의) 대정승.
arcedo 명 단풍숲.
arcilla 여 점토, 도토. *arcilla figulina* 도토. *arcilla caolin* 고령토, 자토. *arcilla refractaria* 내화 점토.
arcilloso, sa 형 점토질의.

arco 명 ① 【기하】 호, 궁형(弓形). ② 【무기·악기】 활. Antiguamente se representaba al Amor tirando del *arco*. 엣날 사랑의 신은 활을 쏘는 그림으로 그려져 있었다. ③ 【건축】 아치. Está a punto de caerse un *arco* del puente. 교량의 아치 중의 하나가 금방 떨어질 것 같다. *arco iris* 무지개. *arco triunfal* 개선문.
arcón 명 큰 궤, 큰 상자.
aconte 명 (고대 아테네의) 집정관.
archi 명 【속어】 훌륭한, 볼만한 (명사 뒤에).
archidiócesis 여 【종교】 대사교구.
archiducado 명 archiduque의 작위; 대공작 영지·재산.
archiduque 명 대공 (전 오스트리아 황제의 칭호).
archiduquesa 여 대공비.
archileído, da 형 많이 읽히는 하는.
archimillonario, ria 명 억만장자.
archinotable 형 눈에 잘 띄는.
archipámpano 명 【회극】 훌륭한 사람.
archipiélago 명 다도해, 군도(群島).
archivo 명 [집합적] (오래된) 기록; 기록 보관소. Para escribir ese libro hay que consultar los *archivos* de la ciudad. 그 책을 쓰기 위해서는 이 도시의 오래된 기록을 조사해야 한다. ◇ **archivador** 명 문서 보관함. ◇ **archivar** 타 (기록·문서 따위를) 보관·보존하다.
arder 자 ① (물건·마음이) 타다. El bosque *ardía* despidiendo grandes llamaradas. 숲은 커다란 불꽃을 튀기면서 타고 있었다. ② (심히) 뜨겁다. Cuidado con el café, está *ardiendo*. 커피에 조심하게, 뜨거웁게. ◇ **ardiente** 형 타오르는 (듯한); 격렬한. El *ardiente* sol del mediodía caía a plomo sobre la ciudad. 타는 듯한 한낮의 태양이 시가지를 수직으로 쬐고 있었다.
ardilla 여 【동물】 다람쥐.
ardor 명 ① 타는 듯한 더위. ② 정열, 열렬. Trabaja con mucho *ardor* en la terminación de su libro. 그는 자기 책의 완성에 정열을 쏟아 노력하고 있다. ③ 작열감(灼熱感). No puedo comer tomate; me causa *ardor* de estómago. 나는 토마토를 못 먹는다, 속쓰린 병이 있어서. ◇ **ardoroso, sa** 형 더운, 뜨거운. El *ardoroso* estío ha dañado la cosecha. 타는 듯한 여름이 수확물을 해쳤다.
área 여 ① 【기하】 면, 면적. ② 방면, 지구, 지역. En esta *área* abundan los rincones típicos de la ciudad. 이 지구에는 낡은 시가지의 전형적인 모퉁이가 많이 있다.
arena 여 모래. Mezclaba la *arena*, el

arenga 예 격려 연설; 장광설; 변론, 답변, 선동적인 연설; (관중앞에서의) 연설.

arengar 자 격려 연설을 하다; 장광설을 어놓다, 열변을 토하다; 연설하다.

arenilla 예 잉크 빨아들이는 가루; 초석 가루; 【의학】방광 결석.

arenisco, ca / arenoso, sa 모래의, 모래가 많은; 자갈의. 예 사암.

arenque 예【어류】청어.

areómetro 예 액체 비중계.

arete 예 귀고리, 이어링(zarcillo).

argadijo / argadillo 예 물레, 실패, 얼레; 소리나 질러 시끄럽게 구는 침착지 못한 사람; 고리버들 가지로 짠 큰 광주리; 인형 따위의 내부의 틀.

argamandijo 예【집합적】작은 도구.

argamasa 예 모르타르, 진흙, 회벽죽.

árgana 예 **/ árgane** 예 기중기, 돌이나 다른 무거운 물건을 들어올리는 기중기 비슷한 기구; 말등에 실어서 운반하는 고리버들 가지로 만든 광주리 따위; 마초, 여물 따위를 넣어 운반하는 큰 망.

argáneo 예 닻줄을 매는 닻의 구멍.

argentino, na 형 ① 은(빛)의; 은과 같은. El mar del amanecer brillaba *argentino*. 새벽녘의 바다가 은빛으로 빛나고 있었다. Ese chico tiene una voz *argentina*. 그 사내 아이는 은방울과 같은 목소리를 가지고 있다. ② 아르헨티나공화국 (la República Argentina)의. El gobierno ha comenzado a comprar carne *argentina*. 정부는 아르헨티나의 고기를 사기 시작했다. 명 아르헨티나 사람.

argentoso, sa 형 은을 함유한.

argo 예【화학】아르곤(argón).

argolla 예 큰 고리; 조임쇠; (결혼) 반지; (개 · 죄수에게 채우는) 목걸이; 고리못; 소장대; 일당 일과; 【아르헨티나】음문; 칼 (목과 손을 함께 채우는).

argüir [74 huir] 타 ① 명백히 하다; 증명하다. La viveza de los ojos *arguye* la del ingenio. 눈의 날카로움은 재주의 날카로움을 증명한다. ② 추단 · 단정하다; 미루어 짐작하다. De los medios *arguyó* la excelencia del fin. 수단으로 결과의 훌륭함을 짐작하다. 자 논쟁 · 토론 · 반론하다.

argumento 예 ① 논증(論證), 논의(論議). No me han convencido los *argumentos* que nos ha dado. 그가 우리들에게 한 논의는 나를 납득시키지 못하였다. ② (소설 따위의) 줄거리; (영화의)시나리오. Es una obra pobre de *argumento*, pero su estilo es fascinante. 그것은 줄거리가 빈약한 작품이지만 문체는 매력적이다. ◇ **argumentar** 자 논증 · 논단하다. 재 논의 · 반론하다. Ese señor se pasa el día *argumentando* con todo el mundo. 그 사람은 아무하고라도 토론하면서 날을 보내고 있다.

árido, da 형 ① 메마른. El verano en la meseta es largo y *árido*. 고원의 여름은 길고 메마른다. ② 불모(不毛)의, 열매를 맺지 않는. El estudio de las matemáticas le resulta *árido*. 수학 공부는 결국 그에게는 무미 건조한 것으로 되어 있다. ◇ **aridez** 예 건조; 황량함, 불모. En la *aridez* de una tarde de agosto se perdió en las montañas. 8월의 어느 건조한 오후에 그는 산에서 길을 잃었다.

aristocracia 예 ① 귀족 정치. ② 【집합적】 귀족.

aristócrata 공 귀족.

aritmética 예 산수. ◇ **aritmético, ca** 형 산수의. 명 수학자.

arma 예 무기. Sin autorización está prohibido llevar *armas* consigo. 허가없이 무기를 휴대하는 일은 금지되어 있다. *arma blanca* 칼, 검. Le hirió con un *arma blanca*. 그는 그 사람을 칼로 부상시켰다. *pasar por las armas*. 총살하다. ◇ **armamento** 예 무장, 장비.

armada 예 해군; 함대. Este país posee una *armada* bien disciplinada. 이 나라는 잘 훈련된 해군을 가지고 있다.

armadía 예 뗏목.

armadija 예 **armadijo** 예 사냥용의 덫, 올가미.

armadillo 예【동물】(남미산의) 아르마디로, 갑옷쥐.

armado, da 형 ① 무장한, 군대. *fuerza armada* 무력, 군대. ② 장비한, 보강한. *cemento armado* 철근 콘크리트. ③ 갬 · 은을 끼운. ④ 조립된; 세트로 된. 명 (종교적인 행렬 따위의) 갑옷을 입은 사람.

armadura 예 ①【집합적】(건물의) 외각, 뼈대, 갑옷, 마구. ②【전기】전기자. ③ 해골(바가지). *armadura* de la cama 침대의 뼈대.

armamento 예 전비(품); 무기, 무장; 장비.

armar 타 ① 무장하다. ② 조립하다. Conviene *armar* la tienda antes que caiga la tarde. 날이 저물기 전에 천막을 조립하는 게 좋다. ③ (소동 따위를) 일으키다. Están *armando* un escándalo. 그들은 큰 소동을 피우기 시작한다. ◇ **~se** 재 군

armario

비·무장을 하다. Las grandes potencias modernas siguen *armándose* a gran velocidad. 현대의 여러 강대국은 급속히 군비를 계속하고 있다. ② [+de: …을](무기로서) 가지다: (필요한 것을) 준비하다. *Armándose de* una escopeta salió de caza. 그는 엽총을 가지고 사냥에 나섰다. Si quieres hablar con él, *ármate de* mucha paciencia. 그와 이야기하고 싶으면, 충분히 참을 각오를 해라. ③ (소란 따위가) 일어나다. Al ocurrir el accidente *se armó* un escándalo terrible en el autobús. 사고가 일어났을 때 버스 안에서는 큰 소란이 벌어졌다.

armario 명 찬장; 옷장(cómoda); 책장(estante). La chaqueta, cuélgala, por favor, en el *armario* que hay en mi cuarto. 저고리는 내 방에 있는 옷장에 걸어 놓아라. *armario de luna* 거울 붙은 양복장.

armisticio 명 휴전, 정전.

armonía 명 조화; 화합. Los verdes y los azules en este cuadro están en perfecta *armonía*. 이 그림의 초록색과 푸른색은 완전히 조화를 이루고 있다. En la familia en la que reina una *armonía* maravillosa. (그 가족은) 화합이 잘 되어 있는 가족이다. *en armonía con* …와 조화·협조하여. ◇ **armónico, ca** 형 가락이 잘 맞는; 조화된. El sonido *armónico* de la guitarra penetró en la tranquilidad de la noche. 가락이 잘 맞는 기타의 음색이 밤의 고요에 스며들었다. 명 [악기] 하모니카 (armónica de boca). ◇ **armonioso, sa** 형 조화된.

aroma 명 향기, 방향(芳香); 향료. La rosa despide un *aroma* agradable. 장미는 그윽한 향기를 풍겨낸다. ◇ **aromático, ca**, 형 향기로운. ◇ **aromatizar** [9] alzar] 타 (…에) 향기를 붙이다, 향료를 넣다.

aromo 명 [식물] 물갖나무 (향기로운 나무 기름; 향기, 약제용).

arpa 명 [음악] 하프 (옛 그리스의) 거문고의 일종.

arpado, da 형 [해부·동물·식물] 톱(니) 모양으로 되어 있는.

arpar 타 (헝겊 등을) 잘잘이 찢다; 손톱으로 할퀴다, 긁어파다; 덤벼들다.

arpegio 명 [음악] 아르페지오.

arpella 명 (남미산의) 큰 독수리.

arpeo 명 네 갈고리, 닻.

arpía 명 [신화] 그리스 신화에 나오는 여자 얼굴을 하고 새의 날개와 손톱을 가진 욕심많은 괴물·귀신 마귀; 추하고 바가지 긁는 여자; 욕심꾸러기. [속어] 순경.

arpillar 타 조마포(harpillera)로 치장하다.

arpillera 명 조마포(harpillera); 삼베.

arpista 명 하프 연주자.

arpón 명 작살, (고래잡는데 쓰는) 날카로운 창: 꺾쇠, 돌쩌귀, 걸쇠.

arponado, da 형 작살같은.

arpon(e)ar 타 재 포경포 (고래잡이 포)를 발사하다, 작살을 던지다. 재 솜씨있게 작살을 다루다.

arponero 명 포경포 발사자, 작살던지는 사람.

arqueada 명 [음악] 일탄현, 바이올린의 활로 그음; 구토. *dar arqueadas* 구역질 날듯한 징조를 느끼다.

arqueaje 명 배의 적재량.

arquear 타 궁형으로 하다, 아치형으로 하다, (활처럼) 굽히다; 배의 용적을 측량하다.

arqueo 명 만곡, 활모양으로 굽힘, 배의 용량·적재량, 금고 내의 돈과 서류의 검사.

arqueología 명 고고학. ◇ **arqueológico, ca** 형 고고학의, 고고학적인; 낡은, 진부한. En las afueras de la ciudad están encontrando muchos objetos *arqueológicos*. 시의 교외에서는 고고학적인 물건이 많이 발견된다. ◇ **arqueólogo, ga** 명 고고학자.

arequetipo 명 모범; 전형; 원형. Esa muchacha es el *arquetipo* de la mujer moderna. 그 소녀는 현대 여성의 전형이다.

arquitectura 명 건축(술·학). La *arquitectura* moderna es muy funcional. 현대 건축은 매우 기능적이다. ◇ **arquitecto** 명 건축가, 건축 기사. Mi padre, que es *arquitecto*, ha trazado los planos de nuestra nueva casa. 부친은 건축가여서, 우리 새 집의 설계도를 만들었다.

arrabal 명 교외. La nueva línea del metro llega hasta los *arrabales* de la ciudad. 지하철의 신설선은 시의 교외까지 간다.

arrabalero, ra 명 형 교외의 주민·평민. 형 조야한.

arracada 명 귀고리, 장식이 있는 귀고리.

arracimarse 재 송이를 이루다, 군생하다, 숱하게 하다.

arraclán 명 [식물] 오리나무 속의 식물.

arraigado, da 부동산·재산의, 뿌리깊은, 정착한.

arraigar 자 뿌리를 이루다, 뿌리를 붙이다, 정주하다, 토착하다. (법률적으로) 금족하다. ◇ ~**se** 정주하다, 이루다.

arraigo 명 뿌리를 박음, 정착, 정주; 부동산, 재산; 금족.

arramblar 卧 (시내 또는 홍수 후의) 모래·자갈이 쌓이다. ◇**-se** 토사로 매몰되다.

arrancaclavos 图 못뽑는 기구, 장도리.

arrancar [7] sacar] 卧 ① [+a: …부터]잡아빼다·내다. Es necesario que estas patatas sean *arrancadas* antes que caiga la primera nevada. 이 감자는 첫눈이 내리기 전에 파낼 필요가 있다. Le pregunté con el fin de *arrancar* the el secreto. 나는 그녀에게서 비밀을 알아낼 목적으로 그녀에게 질문했다. ② 시동을 걸다, 달리기 시작하게 하다. Trató de *arrancar* el motor, pero no pudo. 그는 엔진을 걸려고 노력하였으나, 불가능했다. 困 ① 달리기 시작하다, 움직이기 시작한다. El tren ha *arrancado* a las siete en punto. 열차는 7시 정각에 움직이기 시작했다. ② [+de:…에서] 나오다; 시작하다; 일어나다. Su enemistad *arranca* de aquella discusión. 그들의 적대감은 그 말다툼으로 시작되고 있다.

arrancadero 图 출발점, 스타트.

arrancado, da 图 가난한, 돈없는, 곤절된.

arrancador, ra 图 파괴하는, 근절하는. 图 근절자, 박멸자, 파괴자. *arrancador automático* 자동 시동기.

arranque 图 ① 빼어냄. ② 돌진; 기동, 시동. El *arranque* del tren se retrasó media hora. 열차의 발차는 반시간 늦었다. ③ 발작; 격발(激發). En un *arranque* de ira le tiró el cuchillo. 분노가 폭발하여 그는 상대에게 칼을 던졌다.

arrasar 卧 ① (지면 따위를) 평평하게 하다, 고르다. Han *arrasado* las colinas para edificarnos nuevos apartamentos. 새 아파트를 세우기 위해 언덕을 평평하게 골랐다. ② 파멸시키다. La inundación ha *arrasado* completamente la ciudad. 홍수가 그 시가지를 완전히 파괴시켰다. ◇**-se** 하늘이 맑아지다.

arrastrar 卧 ① [+por:…의 뒤를] 끌어당기다. El viejo andaba *arrastrando* los pies. 그 노인은 발을 질질 끌면서 걷고 있었다. *Arrastraban* los troncos *por* el suelo. 그들은 땅바닥 위를 통나무를 끌어가고 있었다. ② 끌어들이다, 질질 끌어들이다. Cuando intentaba asirse a las hierbas de la orilla, le *arrastró* la corriente. 그는 강언덕의 잡초를 잡으려고 있을 때, 냇물에 말려 있었다. 困 기다, 기어 다니다. La serpiente es un animal que se mueve *arrastrándose*. 뱀은 기어 다니는 동물이다.

arre 國 이라!(소·말 등을 몰 때).

arrebatar 卧 ① [+a:…부터] 쥐어뜯다, 낚아채다. Enfadado, le *arrebató* la carta de las manos. 그는 성이 나서 그녀의 손에서 편지를 잡아 채었다. ② (사람의 넋·주의를) 빼앗다, 사로잡다. Es un hombre que *arrebata* los corazones con su simpatía. 그는 사람성으로 사람의 마음을 사로잡는 사람이다. ◇**arrebato** 图 격노, 분노, 흥분, 혼란. Perdónele, lo hizo en un *arrebato* de ira. 그를 용서해 주세요, 성난 김에 저런 일을 저질렀어요.

arreciar(se) 卧 困 강렬하게 되다, 힘이 증가하다, 강해지다.

arrecife 图 암초, 돌로 포장된 길, (차도보다 높은) 인도; 방파제.

arrecirse 困 강한 추위로 인하여 감각을 잃다, 추위로 정신을 잃다. *arrecirse* de frío 추위로 뻣뻣해지다.

arrechucho 图 [속어] (병의) 발작, 충격 갑작스런 불쾌감, 분노의 복받침.

arredrar 卧 옮기다, 치우다, 더 멀리 떨어지게 하다, 물러서게 하다, 움츠리시키다, 위협하다, 무서워하게 하다, 놀래다. ◇**-se** 무서워하다, 물러가다, 되겨다.

arregazar 卧 다발짓다, (옷을) 단정하게 매다, (옷의) 자락끝을 접어 올리다.

arreglar 卧 ① 고르게 하다(조성, 정리, 정돈). Está *arreglando* los papeles para casarse. 그는 결혼하기 위해 서류를 정리하고 있다. *Arregla* cuidadosamente la casa antes que lleguen los invitados. 손님들이 오기 전에 주의하여 집안을 정리해라. ② 수리·수선하다. ¿Cuánto pide usted para *arreglar* una radio? 라디오 수리하는데 얼마입니까. El mecánico ha venido a *arreglar* el coche que estaba averiado. 고장났던 차를 수리하러 기사가 왔다. ③ 청산하다. Espera un momento; voy a *arreglar* las cuentas. 잠깐 기다려 주세요; 계산을 끝내겠읍니다. ◇**-se** ① 몸치장을 하다. Es una muchacha que se *arregla* muy bien. 그녀는 몸치장을 썩 잘하는 여자이다. ② 담판하다. *arreglárselas* 잘 연구·처리하다. ¿Cómo *me las arreglaré* para terminar a tiempo? 시간에 맞추어 끝내려면 나는 어떻게 해야 좋을까.

arreglo 图 ① 조정; 수선. Este reloj ya ni tiene *arreglo*. 이 시계는 이제 수선할 수가 없다. ② 협정, 타결. Finalmente llegaron a un *arreglo*. 드디어 그들은 의견의 일치에 이르렀다. *con~a* …에 따라서. He obrado *con arreglo a* sus instrucciones. 나는 그의 지시에 따라서 행동했다.

arrellanarse 困 편히 앉다, 자리를 편하게

arremangado, da 하다, 안주하다, 자기의 직업에 만족하다, 몰두하다.

arremangado, da 형 위로 올린, 들어올린, 추키는, 접어올린, 맞아올린. *arremangado de nariz* 멸시하여, 콧대를 높여.

arremangar 타 소매·속치마를 위로 올리다·치키다. ◇ **~se** (단호히) 결심하다.

arremango 명 (옷의) 단·소매를 말아 올린 것.

arrematar 타 《속어》 끝내다, …을 다하다, 완결시키다.

arremedar 타 《속어》 모방하다, 모조하다, 흉내내다.

arremeter 타 (격렬하게) 습격하다, 덤벼들다. 자 습격하다, 덤벼들다. El toro *arremetió* contra el torero. 소는 전력을 다하여 투우사에게 덤벼들었다.

arrendar [19 pensar] 타 (집·대지를) 임대·임차하다. ¿Quiere usted *arrendar* su casa? 당신은 집을 빌려 주십니까. ◇ **arrendamiento** 명 임대차, 소작료.

arrepentirse [46 sentir] 재 [+de…을] 후회하다. Se *arrepiente* de haber tratado tan mal a su madre. 그는 자기의 어머니를 그토록 학대했던 일을 후회하고 있다. ◇ **arrepentimiento** 명 후회. Siente un profundo *arrepentimiento* por su mala idea. 그는 자기의 옳지 못했던 생활 태도에 대하여 깊은 후회를 느끼고 있다.

arrestar 체포하다(detener). ◇ **arresto** 명 체포, 구류, 감금.

arrezagar 타 (옷을) 위로 걷어 올리다, 끝을 접어 올리다. *arrezagar* el brazo 팔을 걷어올리다.

arria 여 (소나 말의) 떼(recua), 무리.

arrianismo 명 《그리스도가 신임을 부정하는 고드록의》 아리우스파(의 교리).

arriano, na 아리우스파(의 사람).

arriar 타 (기·돛·천막 등을) 내리다, 걷(어 치)다; 범람시키다, 넘쳐 흐르게 하다; 항복하다. ◇ **~se** 범람하다, 홍수나 급속한 강우로 파괴되다.

arriata 여 =arriate.

arriate 명 화단, 정원 가장자리; (포도나무 등의 식물을 위한) 시렁; 길, 보도, 인도.

arriba 부 위에 ·로; 위층에·층으로, 윗층에·으로. ¿Dónde viven sus padres? —En el piso de *arriba*. 부모님께서는 어느 곳에 살고 계십니까. —윗층입니다. Vamos *arriba*. 윗층으로 갑시다. No subas más *arriba*, que es peligroso. 위험하니까 그 이상 오르지 마라. de *arriba* abajo 위에서 밑으로; 처음부터 끝까지. Ha rodado por la escalera de *arriba* abajo. 그는 계단 위에서 밑으로 굴러 떨어졌다.

arribada 여 입항; 표착. de *arribada* (for-zado) 긴급 입항의.

arribano, na 형 《아르헨티나·칠레》 남부 지방의 (사람). 《페루》 높은 지대의 (사람).

arribar 자 도착·도달하다, (피난) 입항하다, 표류하다; (병·경제적 궁지에서) 회복하다, 소망을 이루다, 바람이 불어가는 쪽으로 향하여 (따로) 떨어지다, 멀어지다; [a+inf.] …을 하기에 이르다, …하게 되다.

arribazón 여 계절따라 해안까지 항구로 물고기가 몰려듬, 물고기떼.

arribeño, ña 형 《아르헨티나·칠레》 고지 출신의 (사람).

arribista 명 야심가.

arribo 명 도착(llegada).

arriendo 명 임대, 임대차, 임대료.

arriería 여 마부업, 노새나 다른 짐 싣는 짐승을 부리는 사람의 직업.

arriero 명 마부, 노새나 다른 짐싣는 짐승을 부리는 사람.

arriesgar [18 pagar] 위험에 직면시키다. Ha *arriesgado* su vida por salvar al niño que se estaba ahogando. 그는 물에 빠진 어린이를 건지려고 자기의 생명을 위험 앞에 내던졌다. ◇ **~se** 위험을 무릅쓰다, 모험하다. El que teme *arriesgarse* nunca llegará muy lejos. 모험을 두려워하는 사람은 결코 큰일을 못한다.

arriesgado, da 위험한(peligroso).

arrimar 타 당기다, 끌어당기다. Esa silla está un poco rota; antes de sentarte *arrímala* a la pared. 그 의자는 약간 부서졌다; 걸터앉기 전에 벽 쪽으로 치워놓아라. ◇ **~se** 가까이 가다·하다 (acercarse). *Arrímese* a la estufa. 난로에 바싹 다가가세요. ◇ **arrimo** 명 접근; 지지(apoyo); 후원(amparo); 애착(apego); 응호; 【쿠바】 소유권이 달라지는 울타리; 포기; 지팡이. 자 마구의 부속품.

arrimón, na 명 게으름뱅이, 건달, 놈팽이. estar de *arrimón* 서서 지키다.

arrinconar 타 구석에 놓다; 궁지에 빠뜨리다, 되걱시키다; 젖혀놓다, 간직해두다, 격리하다, 각하하다, 거부하다. ◇ **~se** 은둔하다, 세상을 피하여 숨다.

arriñonado, da 형 《의학》 신장 형의.

arriscado, da 형 대담한, 뻔뻔스러운; 위태로운; 바위가 많은.

arriscar 타 모험하다, 위태롭게 하다. ◇ **~se** 감히 …하다, 거만·오만·자만하다, 격앙하다, (절벽에) 오르다. 【페루】 말쑥하게 옷을 입다.

arritmia 여 고동·리듬이 고르지 못함.

arrítmico, ca 형 심장의 리듬이 고르지 못한.

arrivismo 명 야심(arribismo)

arroba 여 아로바 (중량의 단위 = 25 libras = 11.502kg., 약 3관). *echar por arroba* 과장하다, 허풍떨다.
arrobamiento 남 황홀, 광희, 환희, 희악, 무아의 경지, 희열.
arrobar 타 (…의) 마음을 끌다, 마음을 홀리다, 반하게 하다, 매혹하다. ◇ **~se** 본정신을 잃고 황홀경에 빠지다, 기뻐서 어쩔줄 모르다.
arrobo 남 =arrobamiento.
arrocería 여 논밭; 쌀농사.
arrocero, ra 형 쌀의. 남 쌀재배자, 미곡상인. *molino arrocero* 정미기.
arrocinar 타 야수처럼 만들다, (누구를) 야비하게 만들다. ◇ **~se** 어리석어지다, 우둔해지다; 맹목적으로 반하다.
arrodillar 타 무릎을 땅에 대고 꿇리다, 무릎꿇리다. 재 무릎꿇다. ◇ **~se** 무릎꿇다.
arrodrigar/arrodrigonar 타 (포도 등의 식물에) 버팀 기둥을 세우다.
arrogancia 여 거만, 오만; 우쭐거림. ◇
arrogante 형 거만한, 오만한, 우쭐대는.
arrojar 타 ① 던지다, 버리다. *Los niños se divierten arrojando piedras al lago.* 어린이들은 못에 돌을 던지며 즐거워하고 있다. ② 내뿜다, 뿜어내다. *La chimenea arroja una columna de negro humo.* 굴뚝이 검은 연기를 뭉게뭉게 내뿜고 있다. ◇ **~se** 덤벼들다; 뛰어들다, 뛰어 나가다. *Los niños se arrojaron en los brazos de su padre.* 아이들은 아버지의 팔에 뛰어들었다. ◇ **arrojado, da** 대담한, 무모한. *Su padre está muy preocupado, porque es un chico muy arrojado.* 그가 지독한 장난꾸러기여서 그의 아버지는 대단히 걱정하고 있다. ◇ **arrojo** 남 대담, 담력이 있음; 무모함, 분별없음.
arrollar 타 감다, 감아들이다; 석권하다. *Arrolle usted esa cuerda, por favor.* 그 줄을 감아주십시오. *Arrolla a todo el mundo con su elocuencia invencible.* 그는 지지 일이 없는 변설로 모든 사람을 석권한다. ◇ **arrollador, ra** 형 (몽경 따위가) 거무아 서는, (바람이) 불어 제치는. *La fuerza arrolladora de su palabra terminó por convencernos.* 그의 말의 휘몰아치는듯한 힘에 끝내 우리들은 설득당했다.
arroyo 남 개울, 시내, 시냇물. *El arroyo que corre cerca de nuestra aldea viene seco en verano.* 우리 마을 근처에 흐르고 있는 시내는 여름에는 바짝 말라버린다.
arroz 남 【식물】벼; 쌀; 쌀요리. *El arroz cocido con agua constituye del principal alimento de muchas naciones en el Extremo Oriente.* 쌀밥은 극동에서 많은 국민의 주식으로 되어 있다. ◇ **arrozal** 남 논.
arrugar [8] pagar]타 구김살을 만들다. ◇
arruga 여 주름, 구김살. ◇ **~se** 구겨지다. ◇ **arrugado, da** 형 구겨진, 주름잡은. ◇ **arrugamiento** 남 구겨진 것; 주름만드는 일:
arruinar 타 ① 황폐·피멸시키다. *La guerra ha arruinado la familia.* 전쟁이 나의 집을 완전히 파괴했다. ② 파산시키다. *Marcó a América con mucho dinero, pero ha vuelto arruinado.* 그는 돈을 듬뿍 가지고 미국으로 갔으나 무일푼으로 돌아왔다. ◇ **arruinamiento** 남 황폐, 파산, 파괴, 파멸.
arsenal 남 병기 창고; 조선소.
arte 남 또는 여 ① 기술, 기능. *Tiene el arte de la carpintería.* 그는 목수의 기술이 있다. ② 예술. *El arte de Picasso es difícil de entender para el gran público.* 피카소의 예술은 대중에게는 이해되기 어렵다. ③ 기교, 솜씨, 인공; 술책, 책략. *Con arte ha conseguido apartarla de la mala vida que llevaba.* 그는 책략을 써서, 그녀를 방탕한 생활에서 발을 빼게 할 수가 있었다. *bellas artes* 미술.
artesa 여 반죽통, 구유; 길쭉하게 움푹 들어간 곳; 카누.
artesanado 남 직공.
artesanía 여 직공, 기능자; 기술; 기술자 기질; 직공 계급.
artesano, na 기술자, 직공. *El número de los artesanos ha bajado enormemente después del nacimiento de la gran industria.* 대공업의 출현 후, 직공의 수가 많이 줄었다.
artesilla 여 (우물 앞에 놓인) 물통.
artesón 남 (부엌에 있는) 하수도, 격자 천정의 한 구획.
artesonado, da 형 격자 천정의.
ártico, ca 형 북극의. *círculo polar ártico* 북극권.
articular 타 이어 맞추다; 똑똑하게 발음하다. 형 관절의. ◇ **articulación** 여 마디, 관절; 똑똑한 발음.
artículo 남 ① 항목, 개조(個條). *Las Cortes han modificado el artículo quinto de la Ley de Prensa.* 국회는 출판에 관한 법률 제 5조를 개정했다. ② 기사, 문장. *El periódico de hoy ha publicado un artículo muy interesante sobre la política agrícola.* 오늘 신문은 농업 정책에 관해 매우 재미있는 기사를 발표했다. ③ 물품. *En esta tienda no se encuentran sino artículos de lujo.* 이 가게에는

artificial 형 인공·인조의; 작위적인. Los rusos lanzaron el primer satélite *artificial*. 러시아인은 최초의 인공위성을 쏘아 올렸다. ◇ **artificialmente** 튀 인공적으로; 작위적으로.

artificio 남 ① 기교. Lola emplea muchos *artificios* para disimular su edad. 롤라는 자기의 연령을 감추기 위해 갖가지 기교를 다하고 있다. ② 장치, 도구. Se ha colocado a la puerta un *artificio* para contar las personas que entran y salen del local. 그곳에 드나드는 사람을 세는 장치가 입구에 놓여 있다. ◇ **artificioso, sa** 형 기교적인, 작위적인.

artillería 여 포병대; (집합적) 대포. La *artillería* jugó un papel muy importante en el asalto de la ciudad. 포병대는 이 시가지의 공격에 대단히 중요한 역할을 했다. ◆ **artillero** 남 포병; 포수.

artista 남여 예술가; 예능인; 배우. Velázquez fue uno de los más grandes *artistas* que España ha producido. 벨라스께스는 서반아가 낳은 가장 위대한 예술가 중의 한 사람이다. ◇ **artístico, ca** 형 예술의, 예술적인.

artolas 여 두 사람용의 안장.

artralgia 여 【의학】관절통.

artritis 여 【의학】관절염.

artritismo 남 【의학】관절부 질환.

artrópodo, da 형 절지 동물(의). 남 【동물】절지류 (곤충, 거미 등).

arañar 태 긁다, 할퀴다, 쥐어뜯다; (구멍을) 긁어파다; 문질러 지우다, 말살하다; 갈겨쓰다; 버리다, 그만두다; 긁어모으다.

arañazo 남 【속어】할퀴기; 손톱자국

arúspice 남 예언자, 점쟁이.

arzobispado 남 대주교직; 대주교구.

arzobispo 남 대주교. ◇ **arzobispal** 형 대주교의(arquiepiscopal).

asa 여 손잡이, 핸들.

asadura 여 창자.

asaetear 태 쏘다, 쏘아 죽이다; 귀찮게 하다.

asafétida 여 【식물】 아위나무.

asalariado, da 형 월급쟁이; 비굴한 사람; 피고용자, 돈만 주면 무엇이든지 하는 사람. 남 봉급 생활자의 계급.

asalariar 태 (…의) 월급을 정하다, 월급을 …로 하다; 고용하다.

asalmonado, da 형 연어의 살 빛깔의; 담홍색의.

asaltar 태 덮치다, 습격하다. De pronto me *asaltó* la duda de si había cerrado la casa. 돌연히 나는 집의 문단속을 하여 두었는지 어쨌는지 하는 의심을 갖게 되었다. ◇ **asalto** 남 습격, 급습.

asamblea 여 ① 집회; 회의. La *asamblea* general de nuestra sociedad se celebró ayer bajo la presidencia de una personalidad famosa. 우리 협회의 총회는 어제 한 명사(名士)의 사회로 개최되었다. ② 의회. La *Asamblea* de Diputados se abrirá mañana. 국회는 내일 개회한다.

asar 태 ① 덥히다, 굽다. Pon a *asar* la carne para el almuerzo. 점심에 먹을 고기를 굽기 시작해라. ② 괴롭히다. Al pobre le están *asando* a inyecciones. 딱하게도 저 사람은 주사 공세를 당하고 있다. ◆ **asado** 남 불고기 (carne asada). ◆ **asador** 남 【요리】 꼬챙이, 석쇠.

ascender [20 perder] 재 [+a ：…으로] 오르다; 승진하다. El termómetro *ascendió* ayer a 40 grados. 온도계는 어제 40도로 올랐다. Los daños *ascienden* a un millón de wones. 손해는 100만 원에 달했다. 태 승진시키다. ◇ **ascendencia** 여 선조 대대. Mi profesor de alemán es de *ascendencia* inglesa. 내 독일어선생은 선조가 영국인이다. ◆ **ascendiente** 남여 선조. 남 세력, 영향력. Es una persona de mucho *ascendiente* en la población. 그는 그 읍내의 대단한 유력자이다.

ascensión 여 ① 상승; 승천; 등귀. la *Ascensión* al pontificado 그리스도의 승천; 승천제 (부활제후 40일째). ② 【천문】직경.

ascensional 형 ① 상승의. *fuerza ascencional* 상승력. ② 상승적인; 위로 향한.

ascenso 남 승진; 상승; 진척, 장려, 조서; (주식회사의) 받기, 창립. *acenso rápido* 비행기의 급상승; 시세의 급등.

ascensor 남 엘리베이터, 승강기 (elevador). Hoy no funciona el *ascensor*. 오늘 승강기는 작동하지 않는다.

ascensorista 남여 승강기 운전사; 엘레베이터 운전사.

asceta 남여 고행자, 수행자; 금욕자; (고대 그리스도교의) 은둔자, 속세를 버린 사람.

asear 태 깨끗이 하다, 청결하게 하다. En esta oficina cada uno debe *asear* su mesa de trabajo. 이 사무소에서는 각자가 자기의 사무 책상을 깨끗이 해야 한다. ◇~-se 몸단장하다. Anda, *aséate*, que vamos a salir. 자, 출발하겠으니 몸단장을 하시오.

asechanza 여 잠복, 함정, 올가미, 덫; 음모, 계략; 유혹; 술책.

asechar 태 숨어 기다리다, 복병을 배치해 두다.

asecho ⇒ asechanza.

asedar 타 명주처럼 부드럽게 만들다.

asediador, ra 형 포위한 (사람, 군인); 공격군.

asediar 타 포위하다; 공위하다; 몰려들다; 여러가지 요구를 내걸다; 봉쇄하다; (출입구 따위를) 막다.

asedio 남 포위, 봉쇄.

asegundar 타 재연하다, 앙코르하다, 되풀이하다.

asegurar 타 ① (꽉)죄다, 잇대다, 묶다. Antes de irte a dormir, *asegura* la puerta; pueden entrar ladrones. 잠자기 전에 확실히 문 단속을 해라; 도둑이 들지도 모르니. ② 확언·보증하다, 확약·약속하다. Le presto el libro si me *asegura* que me lo devolverá dentro de una semana. 1주일 후에 돌려준다고 약속한다면 이 책을 빌려 주겠다. Le *aseguro* que estaré allí dentro de una hora. 한 시간 내에 그곳에 도착할 것을 당신께 확언한다. ③ 안전하게 하다, 지키다. No dejes de estudiar mucho para *asegurar* tu porvenir. 너는 자신의 미래를 확보하기 위하여 끝까지 공부에 힘써라. ④ 보험에 들다. El equipaje está *asegurado*. 화물은 보험에 들었다. *Aseguré* la casa contra incendios. 나는 집을 화재 보험에 들었다. ◇~se ① 고정·안정하다. Al fin se *ha asegurado* el tiempo. 마침내 날씨가 안정되었다. ② [+de : …를] 확인하다. *Asegúrate* de que todo está en orden. 이것 저것 모두 정돈되어 있는가를 확인하라. ◇ **asegurado, da** 안전한, 틀림없는. ◇ **aseguramiento** 확언, 보증; 확약.

asemejarse 재 [+a : …에]비슷하다, 닮다. La vida se *asemeja* a los ríos. 인생은 냇물과 비슷하다.

asenderear 타 (…로) 길을 열다; 뒤로 쫓다.

asenso 남 동의; 신용; 찬성. dar asenso a …을 신용하다.

asentada 여 [속어] 엉덩이, 궁둥이. leer una novela una *asentada* 소설책 한 권을 단숨에 읽다.

asentaderas 여 [속어] 엉덩이, 궁둥이.

asentado, da 형 앉은, 궁둥이를 붙인; 안정된; 영구적인; 온전한; 생각이 깊은.

asentador 남 면도칼을 가는 가죽 (suavizador); (식료품을 시장에서 사들이는) 중부인.

asentamiento 남 정착; 정주; 기장, 기장난; 신중.

asentar [19 pensar] 타 ① (자리에) 앉게 하다; (지위·위치에) 앉게 하다. Le *asentaron* en el trono por la fuerza. 그는 억지로 왕좌에 앉혀졌다. ② 정착·안주시키다. La lluvia *ha asentado* el polvo. 비가 먼지를 가라앉혔다. ③ 설치하다; 세우다. En Seúl *han asentado* una planta de energía nuclear. 서울에 핵에너지 공장이 설치되었다. ◇~se 앉다; 정착·정주하다. La mesa de tres pies *se asienta* mejor que la de cuatro. 세발 탁자가 네발 짜리보다 안정되다.

asentativo, va 형 [베루] 식후에 마시는.

asentimiento 남 동의, 승낙.

asentir 동의·승낙·승인하다.

asentista 남 계약자; 청부인. (큰 장사를 하는) 어용 상인, 납입 청부인.

aseñorado, da 형 고관 대작같은; 고관 대작인같은.

aseo 남 청결, 깨끗함; 아담하고 깨끗한 것, 정연; 조촐함; 화장. *estuche de aseo* 세면 도구와 화장품을 넣는 상자.

asepsia 여 [의학] 면독, 무균.

aséptico, ca 형 면독성의; 방부 처리의.

asequible 형 도달할 수 있는, 이룰 수 있는, 얻을 수 있는; 달성할 수 있는, 소용이 되는; 친하기 쉬운; 가까워지기 쉬운.

aserción 여 단언, 확언; 주장; 시인, 긍정; [법률] 증언, 확언.

aserrar 타 톱으로 자르다·썰다. ◇ **aserradura** 여 톱질; 제재소. 남 톱밥, 대패밥.

asesinar 타 (사람을) 죽이다, 살해하다, 암살하다. Durante la guerra fueron *asesinadas* muchas personas inocentes. 전쟁 중에 죄없는 사람들이 많이 살해되었다. ◇ **asesinato** 남 암살, 살인. ◇ **asesino, na** 남여 암살자, 살인범.

asfalto 남 아스팔트. ◇ **asfaltar** 타 아스팔트로 포장하다.

asfixiar 여 [① cambiar] 타 질식시키다. ◇~se 질식하다. ¿*No te asfixias* en ese cuarto con todas las ventanas cerradas? 방 안에서 창문을 모두 닫으면 너는 질식하지 않느냐. ◇ **asfixia** 여 질식, 가사 (상태). El niño murió de *asfixia*. 어린이는 질식하여 죽었다. ◇ **asfixiante** 형 질식성의; 숨막힐듯한.

así 부 ① 그렇게, 이렇게. *Así* lo espero. 그러길 바란다. Lo debe usted hacer *así*. 당신은 그것을 이렇게 해야 한다. Obrando *así* no conseguirás nada. 그렇게 행동하면 너는 아무 것도 달성하지 못할 것이다. ② [형용사적] 그러한, 이러한. La vida es *así*. 인생이란 이런 것이다. Con estudiantes *así* no se puede ir a ninguna parte. 그런 학생과 함께 해서는 (사람은) 아무 곳에도 갈 수 없다. ③ [접속사적] 그런 고로; 설령. Iremos *así* llueva o no llueva. 설령 비가 오거나 오지 않거나 갑

시다. *así, así* 그럭저럭, 아쉬운대로. ¿Te gusta esta sopa? *-Así, así.* 이 수프는 마음에 드나. —아쉬운대로. *así ...como* …도 또한 …도, …와 같이. Este traje es útil *así* en invierno *como* en verano. 이 옷은 여름과 마찬가지로 겨울에도 소용이 된다. *así como* …와 마찬가지로. Estudió mucho en España *así como* en Francia. 그는 프랑스와 마찬가지로 서반아에서도 많이 공부했다. *así (es) que* 그런 고로, 그 때문에. Estoy muy ocupado, *así es que* no puedo salir hoy. 나는 매우 바쁘다; 그래서 오늘은 외출할 수 없다. *así que* …하자 마자 (luego que, tan pronto como). *Así que* llegue le avisaré. 도착하자마자 알려드리겠습니다. *Así que* hubo hablado se marchó. 이야기를 끝내자마자 그는 떠났다. *Así que veas que viene, comunícamelo.* 그가 오는 것이 보이면 나에게 알려라. *Así que* 그렇기 때문에. Tengo mucho que hacer, *y así* no me esperes hoy. 나는 할 일이 많다; 그러니 오늘은 나를 기다리지 말아다오.

asiático, ca 아시아(Asia)의. 여 아시아 사람. *lujo asiático* 대단한 사치·호화스러움.

asibilar 【음성】 찰음화하다.

ascia 식욕 부진 (anorrexia).

asidero 자루, 손잡이, 핸들; 구실; 기회; 수단.

asiduo, dua 부지런한. Me molestan enormemente sus *asiduas* visitas. 그의 부지런한 방문에는 나도 쩔쩔 맨다. 여 부지런한 사람. El es un *asiduo* de nuestra tertulia. 이 사람은 우리들의 모임의 상객(常客)이다. ◇ **asiduamente** 부 부지런하게. ◇ **asiduidad** 정근, 장려.

asiento 자리, 좌석. Ha puesto la maleta a su lado sobre el *asiento* del autobús. 그는 버스에서 자기 옆자리에 짐을 놓았다. Toma *asiento* aquí. 여기 자리 잡으세요, 여기 앉으세요.

asignar 타 대다, 할당하다. No me gusta el trabajo que me *han* asignado. 나는 배정된 일이 마음에 들지 않는다. A cada cosa se le *asigna* su nombre. 사물에는 자기 명칭이 주어져 있다. ② 지명·임명하다. Le *han* asignado a la secretaría. 그는 비서와 근무로 임명되었다. ◇ **asignación** 여 급부금, 연금, 용돈; 임명, 지정. Luis sólo tenía como *asignación* los céntimos que le costaba el metro. 루이스는 지하철을 타기에 필요한 약간의 돈을 용돈으로 가지고 있을 뿐이었다.

asignatura 여 학과목. Ha aprobado todas las *asignaturas* del curso. 그는 그 과정의 전과목에 합격했다.

asilo 여 ① 보호. Le dieron *asilo* por aquella noche en el hospital. 그는 그 밤에 병원에서 보호를 받았다. ② (고아·노인 따위의) 수용소. Prefiere pedir limosna a entrar en un *asilo* de ancianos. 그는 양로원에 들어가기보다는 차라리 거지 노릇을 하겠다고 한다.

asilado, da 여 피수용자, 수용아.

asilar 타 수용하다; 보호하다, 비호하다.

asimetría 여 불균형, 비대조 (disimetría).

asimétrico, ca 형 좌우 불균형한, 균형이 잡히지 않은, 어울리지 않는.

asimilable 형 동화될 수 있는, 동화시키는.

asimilar 타 동화하다; 소화하다, 수확하다. *Asimila* fácilmente lo que estudia. 그는 공부하고 있는 것을 쉽게 소화한다. ◇ **asimilación** 여 동화 (작용).

asimismo 부 (…도 또한; 마찬 가지로. Yo he comprado el pan, *y asimismo* los dulces. 나는 빵과 그리고 또 과자도 샀다.

asincronismo 여 비동시성, 이시성.

asindético, ca 형 【문법】 무접속사의.

asíndeton 【문법】 글의 뜻을 강조하기 위하여 접속사를 생략하는 서술법.

asíntota 여 【수학】 접근선.

asir [35] 타 붙잡다, 붙들다. ◇ ~se [+a·en·de:…을] 붙잡다. El *se asió* a la rama del árbol. 그는 나무가지에 매달렸다.

asirio, ria 형 아시리아의 (사람·말).

asiriología 여 고대 아시리아의 연구.

asistencia 여 ① 참가, 출석. Se celebró la sesión con mediana *asistencia*. 개회는 절반의 출석자로 행해졌다. ② 간호, 진료; 뒷바라지, 원조. En este pueblo la *asistencia* médica es muy deficiente. 이 마을에서는 의료가 지극히 불충분하다.

asistente 남 출석·참석자; 보좌역; 종복 (從僕). Hoy no se ha celebrado la reunión del club por falta de *asistentes*. 오늘은 출석자의 부족으로 클럽의 회합은 열리지 않았다.

asistir 자 출석·참석하다. No *asistió* a la fiesta, porque ayer cayó enfermo. 그는 어제 병이 나서 파티에 출석하지 못한다. ¿*Asistió* usted a la reunión? 회합에 참석하셨습니까. 타 ① 돕다, 조력하다, 보좌하다. Mi padre me *asistirá* en todo lo que necesite. 부친은 내가 필요한 것은 모두 도와주실 것이다. ② 간호하·진료하다. Su mujer se dedica a *asistir* a los enfermos en el hospital. 그의 처는 병원에서 환자의 간호에 전념하고 있다. Un

asistolia 여 【의학】심장 장애; 심장의 수축 불완전.

asma 여 【의학】천식.

asmático, ca 형 천식의 (환자).

asna 여 【동물】당나귀의 암컷; 【건축】서까래, 마루.

asnada 여 어리석은 행동; 무의미한 말 (생각·짓)(necedad).

asno ① 【동물】당나귀. Desde tiempos antiguos el *asno* ha sido un fiel compañero del hombre. 오랜 옛날부터 노새는 사람의 충실한 친구였다. ② 바보 (tonto), 비열한 사람. No debes hablar con él; es un *asno*. 너는 그와 이야기해서는 안된다; 비열한 놈이니까. ◇ **asnal** 형 나귀의; 어리석은(torpe, tonto).

asociación 여 연합, 협회, 조합. No tengo relación alguna con esa *asociación* de trabajadores. 나는 그 노동조합과 아무런 관계도 없다. *asociación de ideas* 연상(聯想). *asociación profesional* 동업자 조합.

asocio 남【속어】협동; 조합.

asolamiento 남 황폐, 괴멸.

asomar 자 조금 보이다 (들여다보다); 보이기 시작하다. Su cabeza *asomaba* por encima de la tapia. 그의 머리가 담 위에서 약간 보이고 있었다. 타 디밀다. *Asomó* la cabeza por la ventana. 그는 창문으로 머리를 디밀었다. ◇ ~**se** [+a : …에] 디밀다; 나타나다. *Asómate a* la puerta a ver quién está gritando. 누가 고함치고 있는지 문틈으로 들여다보시오. *Prohibido asomarse*. 내밀지 마세요.

asombrar 타 놀라게 하다, 감탄하게 하다. Este chico *asombra* a todos por su inteligencia. 이 아이는 지능으로 모두를 놀라게 하고 있다. ◇ ~**se** [+de・con : …에] 놀라다; 감탄・감심하다. El profesor se *asombró* de que los estudiantes no supiesen una cosa tan fácil. 학생들이 그토록 쉬운 것을 모르는 것에 선생은 놀랐다. ◇ **asombro** 남 놀라움; 감탄. Su *asombro* al verme fue extraordinario. 그가 나를 보았을 때의 놀라움은 대단한 것이었다. ◇ **asombroso, sa** 형 놀라운. Mi abuelo, aunque ya tiene setenta años, trabaja con una energía *asombrosa*. 나의 조부는 일흔 살이나 되는데도 놀라운 정력으로 일하고 있다.

asomo 남 징조, 전조, 표시; 추측, 억측, 의혹. *ni por asomo* 결코, 조금도.

asonada 여 소요, 집단 걷기, 반란, 폭동.

aspa 여 X자형의 물건, X형으로 조립한 목재; 풍차의 날개; (기계의) 회전 부분, 얼레; 【충남미・멕시코】뿔(cuernos).

aspado, da 형 (옷이 꽉 조여서) 양팔을 자유로이 움직일 수 없는, X형의.

aspecto 남 ① 모양, 외모, 외관. La casa tiene mucho *aspecto* pero poca comodidad. 그 집은 외관은 훌륭하지만, 별로 편리하지는 못하다. ② 모습, 얼굴 모습. Debes cuidarte más; tienes *aspecto* de estar enfermo. 너는 좀더 몸에 주의하여라; 병이 있는 듯한 얼굴이다. *tener buen* [*mal*] *aspecto* 풍채가 좋다 [나쁘다]. Usted no *tiene mal aspecto*. 당신은 안색이 나쁘지 않다.

áspero, ra 형 ① 떫은; 시큼한. Estas ciruelas están muy *ásperas*. 이 살구는 대단히 시다. ② 꺼칠꺼칠한, 목센. Tengo las manos *ásperas* de tanto lavar. 나는 빨래를 너무 많이 해서 손이 꺼칠꺼칠해 졌다. ③ 엄중한; 험한. Nuestro profesor es muy *áspero* con los alumnos. 우리 선생은 학생들에게 매우 엄격하시다. ◇ **aspereza** 여 떫음; 꺼칠꺼칠함; 엄중함.

aspirar 타 마시다. El ha salido a *aspirar* el aire fresco de la mañana. 그는 아침의 신선한 공기를 마시러 나갔다. 자 [+a : …를] 동경하다, 갈망・절망하다. Murió joven *aspirando* a la fama. 그는 명성을 갈망하면서 요절했다. ◇ **aspiración** 여 흡기(吸氣), 들이마심; 동경, 갈망, 절망. Le han hecho catedrático; ésa era su última *aspiración*. 그는 대학 교수에 임명되었다; 그야말로 그의 최후의 동경이었다. ◇ **aspirante** 형 ① 마시는, 빨아올리는. *bomba aspirante* 흡입 펌프. ② 동경・갈망・절망하는. 명 동경・갈망・절망하는 사람; 지원자.

aspirina 여 아스피린.

astro 남 ① 천체 (별・태양・달). La tierra es un *astro* del universo. 지구는 우주 중의 하나의 천체이다. ② (예능・스포츠 따위의) 스타. ◇ **astral** 형 별의, 천체의.

astronomía 여 천문학. ◇ **astronómico, ca** 형 천문학의; 천문학적인; 터무니없는. ◇ **astrónomo, ma** 형 천문학자. Los viajes espaciales constituyen una preciosa ayuda para los *astrónomos*. 우주 여행은 천문학자에게 귀중한 도움이 되고 있다.

astucia 여 빈틈없음; 교활함. Su *astucia* espanta a todos. 그의 교활함에는 모두들 놀라고 있다.

asturiano, na 형 아스뚜리아스(Asturias: 서반아 북부의 지방)의. 명 아스뚜리아의 사람.

astuto, ta 형 간사・교활한, 빈틈없는. Si quieres triunfar en la vida debes ser un poco más *astuto*. 네가 인생에 성공하고 싶

asumir 맡다, 인수하다. *Asumió* la dirección del negocio en momentos muy difíciles. 그는 매우 어려울 때 일의 지휘를 하였다. ◇ **asunción** 여 ① 인수; 취임식. ② [A-] [종교] 성모의 피승천(被昇天).

asunto 여 일, 사항(事項): 문제; 줄거리. Necesito más detalles sobre este *asunto*. 이 일에 대해 더 상세한 것이 나는 필요하다. Hoy un *asunto* inevitable me impide salir. 부득이한 일 때문에 나는 오늘 외출할 수 없다. Conozco a fondo el *asunto*. 나는 이 일에 정통하다. Es muy competente en *asuntos* de pesca. 그는 낚시질에 관해서는 매우 잘 알고 있다. ¿Cuál es el *asunto* de esa comedia? 그 코미디의 주제는 무엇이냐.

asustar (깜짝) 놀라게 하다. Nos *asustó* el ruido de la explosión. 그 폭발 소리에 우리는 깜짝 놀랐다. ◇~**se**[+de·con·por: …에] 놀라다. ¿De qué *te asustas*? 너는 무엇을 두려워하느냐. *Me asusté de* oír la noticia. 나는 그 소식을 듣고 놀랐다. Vino todo *asustado* y corriendo. 그는 깜짝 놀라서 달려왔다. ◇ **asustadizo, za** 겁많은. Es un niño muy *asustadizo*, no quiere quedarse solo en casa. 그는 잘 놀라는 어린이여서, 혼자 집에 있고 싶어하지 않는다.

atacar [7] sacar] 타 습격하다, 공격하다. Esperaban en la esquina de la calle para *atacarle* por sorpresa. 그들은 그를 기습하려고 거리의 모퉁이에서 기다리고 있었다. Le *atacó* una fiebre muy alta. 그는 대단한 고열이 났다.

atajo 남 지름길. No hay *atajo* sin trabajo. 노력없는 지름길은 없다. *por el atajo* 지름길을 걸어서; 손쉬운 수단으로. Parece ser que han tomado *por el atajo*. 그들은 지름길을 온 듯하다. ◇ **atajar** 자 지름길을 가다. 타 (…을) 앞지르다. Por este camino le *atajaremos*. 이 길로 가서 그를 앞지르자.

ataque 남 ① 공격. El *ataque* a la ciudad comenzó por un violento bombardeo. 그 거리에 대한 공격은 격심한 폭격으로서 시작되었다. ② (병의) 발작. En plena clase le dio un *ataque* de nervios. 수업이 한창일 때 그는 신경의 발작을 일으켰다.

atar 타 ① 묶다, 잡아매다. *Ató* los dos paquetes con una cuerda. 그는 2개의 보따리를 묶었다. No olvides *atar* al perro a ese árbol. 개를 그 나무에 매어 두는 것을 잊지 마라. ② 속박하다. Los niños la tienen muy *atada*; no puede salir a ningún sitio. 어린이들이 그녀를 속박하고 있으므로, 그녀는 아무데도 갈 수 없다. ◇~**se** [+a: …에] 달라붙다, 매달리다. Mi hermana *se ató a* ese muchacho desde que era una niña. 내 여동생은 어릴 때부터 그 사내아이에게 달라붙어 있었다. ② (자기의 구두끈 따위를) 매다. *Átate* los cordones de los zapatos, los tienes sueltos. 구두끈을 매시오; 풀어졌오.

atardecer [39 crecer] 자 해가 지다.

atascar [7 sacar] (음에) 물건을 메우다, 메워지게 하다. El barro *ha atascado* las cañerías. 진흙이 도관(導管)을 메우고 있다. ② (관·목구멍 등) 막히다. 움직이지 못하게 되다. El coche *se atascó* en el lodo. 차가 진흙 속에 빠져버렸다.

ataúd 남 관(棺). La lancha parecía un *ataúd* que se deslizaba a flor del agua. 그 작은 배는 수면을 미끄러져 가는 관(棺)과 같았다.

atemorizar [9 alzar] 타 겁을 주다; 벌벌 떨게 만들다.

atención 여 ① 주의(력). En clase casi ninguno presta *atención* a lo que dice el profesor. 수업 중에 거의 한 사람도 선생의 말에 주의를 기울이지 않는다. ② 경의; 대접, 뒷바라지. Le agradezco sus muchas *atenciones*. 나는 당신의 여러 가지 친절에 감사합니다. Muy reconocido por sus *atenciones*. 귀하의 친절에 감사드립니다.

atender [20 perder] 자 [+a: …에] 주의하다. No *atendió a* la conferencia. 그는 강연에는 귀를 기울이지 않고 있었다. 타 ① 접대하다, 돌보다. Debes *atender* con cortesía a los invitados. 너는 손님을 정중하게 대접해야 한다. ② 주의하다, 존중하다. *Atiende* más mis consejos. 내 충고를 더욱 존중하시오.

ateneo 남 [학술적인] 협회, 학회. Desde hace muchos años es miembro del *ateneo* de Madrid. 그는 여러해 전부터 마드리드협회 회원이다.

atento, ta 형 주의깊은; 돈독한. Este alumno está muy *atento* en clase. 이 학생은 수업 중에 매우 주의깊다. Su *atenta* carta me llenó de alegría. 당신의 간절한 편지에 나는 매우 즐거웠읍니다. ◇ **atentamente** 부 정중하게.

atenuar [14 actuar] 약하게 하다, 경감·완화하다. Refirió lo sucedido pero *atenuándolo* un poco. 그는 사건을 이야기 했지만, 약간 가감하여 이야기했다. Esta pantalla sirve para *atenuar* la luz. 이 갓은 빛을 부드럽게 하는 역할을 한다. ◇ **atenuación** 여 경감, 완화.

ateo, a 형 무신론의. 명 무신론자. Antes

aterrar 그는 이전에는 열렬한 크리스쳔 이었으나, 지금은 무신론자이다. ◇ **ateísmo** 图 무신론. ◇ **ateísta** 图 무신론자.

aterrar [19 pensar] 囲 쓰러뜨리다; 질리게 하다. ◇ **-se** 질겁하다, 떨다.

aterrizar [9 alzar] 困 착륙하다 [↔ despegar]. ◇ **aterrizaje** 图 착륙 [↔ despegue].

atestar [19 pensar] 囲 가득하게 하다, 채우다, 메우다. *La gente atestaba la plaza.* 사람들은 광장을 완전히 메우고 있었다. *Ha venido el tren atestado de gente.* 오늘 열차는 사람으로 가득 차 있다.

atestiguar [10 menguar] 囲 증언·증명하다.

ático 图 윗층, 윗마루.

atinar 困 [+a·con·en:…에]틀림없이 부딪히다, 닿다. *Atiné en seguida con la casa que buscaba.* 나는 찾고 있던 집에 곧 도착했다. *No atinó a explicarlo que deseaba.* 그는 무엇이 필요한지 잘 설명할 수 없었다.

atizar [9 alzar] 囲 ① (불을) 후비다; 부채질하다. *No te olvides de atizar el fuego para que no se apague.* 꺼지지 않도록 불을 후비는 일을 잊지 마라. ②(뺨을) 치다. *Le aticé un palo.* 나는 그에게 몽둥이질을 하였다.

atlántico, ca 图 대서양의. *el Océano Atlántico* 대서양. *Organización del Tratado Atlántico del Norte* 북대서양조약기구.

atleta 图 경기자, 운동가; 체격이 좋은 사람. *Nuestro profesor de gimnasia fue un atleta famoso en su juventud.* 우리 체조 선생은 젊었을 때는 유명한 운동가였다. ◇ **atlético, ca** 图 경기·체육의; 완강한.

atmósfera 图 ① 분위기. *La sesión se desenvolvió en una atmósfera amistosa.* 회의는 우호적인 분위기 속에서 전개하였다. ② 대기, 기압. *El cohete, al entrar en la atmósfera, se descompuso.* 로케트는 대기권에 돌입했을 때 분해되었다. ◇ **atmosférico, ca** 图 대기의. *El cambio brusco en la presión atmosférica ha causado esta lluvia.* 기압의 급변이 이 비를 가져왔다.

átomo 图 [물리] 원자; 미립자. *Todo cuerpo consta de átomos.* 어떤 물체라도 원자로 구성되어 있다. ◇ **atómico, da** 图 원자(력)의. *energía atómica* 원자력. *peso atómico* 원자량.

atónito, ta 图 대경실색한, 어리둥절한, 넋이 빠진.

atormentar 囲 괴롭히다, 들볶다; 꾸짖다, 책망하다; 고문하다. ◇ **atormentado, da** 图 괴롭히는, 들볶는.

atornillar 囲 나사로 죄이다. ◇ **atornillador** 图 드라이버, 나사돌리개.

atracar [5 sacar] 囲 포식시키다; 들치기 하다; 정박하다. ◇ **atraco** 图 들치기 (하는 일).

atracción 图 ① [물리] 인력. *El peso de los cuerpos se debe a la atracción de la tierra.* 물체의 무게는 지구의 인력에 의한다. ② 끌어당기는 것, 매력. *Es muy extraña la atracción que ejerce sobre los demás.* 그가 다른 사람에게 미치는 매력은 이상할 정도이다. ③ 图 오락. *Acaban de inaugurar en las afueras de la ciudad el parque de atracciones.* 도시 교외에 유원지를 만들었을 따름이다. *atracción universal* 만유 인력.

atractivo, va 图 매력적인, 매력이 있는. *Lo atractivo de ese hombre es su simplicidad.* 그 사람의 매력은 산뜻하게 하고 있는 점이다. 图 매력. *Esa chica no es muy guapa, pero tiene mucho atractivo.* 그 아가씨는 과히 예쁘지는 않지만, 대단한 매력이 있다.

atraer [71 traer] 囲 끌어당기다, 끌어들이다. *El sol atrae a la Tierra.* 태양은 지구를 끌어당긴다. *Los veraneantes acuden a la playa del sur atraídos por el clima.* 피서객은 그 기후에 끌려서 남쪽 해안으로 모여든다.

atrás 囲 ① [방향] 뒤로, 뒤에. *Si das un paso atrás, te caes.* 너는 한걸음 물러서면 떨어진다. *Nos sentamos en las filas de atrás.* 우리는 뒷줄에 자리잡았다. ② [시간] 전에. *Por aquí lo encontramos días atrás.* 이 근처에서 수일 전에 우리들은 그를 발견했다.

atrasar 囲 지연시키다, 늦어지게 하다. *Esto atrasará mucho mi viaje.* 이것은 내 여행을 오랫동안 지연시킬 것이다. *Este acontecimiento ha atrasado su ida a España hasta el año que viene.* 이 사건이 그의 서반아행을 내년까지 늦추었다. 困 늦어지다 [↔ adelantarse]; 후퇴하다. *Mi reloj atrasa cinco minutos al día.* 내 시계는 하루에 5분 늦는다. *Se han atrasado diez minutos y han perdido el tren.* 그들은 10분 늦었으므로 열차를 놓쳤다.

atravesar [19 pensar] 囲 ① 건너다, 횡단하다(cruzar). *Atravesemos la calle.* 길을 건넙시다. *El río Jan atraviesa la ciudad de Seúl.* 한강은 서울을 가로지르고 있다. ② 관통하다. *Le atravesó la oreja con una aguja.* 그는 바늘로 그녀의 귀를

찔렀다. ◇~se ① (못 따위를 자신에게) 찌르다. El niño *se ha atravesado* en pie con un clavo. 그 어린이는 못에 발이 찔렸다. ② (길 따위를) 막다. El coche quedó *atravesado* en el camino. 차는 길을 가로막았다. **atravesado, da** 웹 성이 나쁜, 사팔뜨기의; (개 따위가) 혼혈종의. No te fíes de él, es un hombre un poco *atravesado*. 그를 신용하지 마라; 약간 근성이 나쁜 사내다.

atrayente 웹 끌어당기는, 매력있는. El montañismo es peligroso, pero muy *atrayente*. 등산은 위험하기는 하지만, 지극히 사람의 마음을 끌어당긴다.

atreverse 재 [+a：…를] 강행하다. Díselo si *te atreves a* eso. 네가 그것을 강행할 생각이 있으면 그에게 그렇게 말해라. ② [+con：…을] 상대하다, (…에) 맞부딪다. No *me atrevo con* el problema. 나는 그 문제와 맞부딪치기가 어렵다. ③ [+a+inf.] 감히 …하다. No *nos atrevemos a* hacer nada sin el permiso de los padres. 우리들은 부모님의 허락없이는 아무 일도 할 염두도 나지 않는다. ◇ **atrevido, da** 웹 대담한, 무모한. Yo no hubiera dado ese paso; es demasiado *atrevido*. 나라면 그런 방법은 쓰지 않았으리라; 너무나 무모하니까. ◇ **atrevimiento** 남 용기, 대담; 무모, 무례. No pude decírselo; me faltaba *atrevimiento*. 나는 그에게 그 말을 할 수 없었다; (그토록은) 용기가 없었다.

atribuir [74 huir] 타 ① (성질·역할을) 부여하다. Le han *atribuido* un cargo muy importante en el Ministerio de Asuntos Extranjeros. 그는 외무부에서 대단히 중요한 임무를 부여받았다. ② [+a] …한 때문이라 하다; (원인·작자를) …이라고 하다. No te preocupes por la fiebre; el médico la *atribuye* al resfriado. 열에 대해 걱정하지 마라; 의사는 감기 때문이라고 말하고 있다. Se *atribuye* esa novela *a* Cervantes. 그 소설은 세르반떼스의 작품이라고 되어 있다.

atributo 남 ① 속성; 특질. La experiencia es *atributo* de la vejez. 경험은 노년의 특질이다. ② 상징, 표상. La balanza es el *atributo* de la justicia. 저울은 정의의 상징이다.

atrio 남 [건물] 앞복도; 현관. Nos refugiamos de la lluvia en el *atrio* de la iglesia. 우리들은 교회 앞복도에서 노숙을 했다.

atropellar 타 짓밟다; (바퀴로) 치다. Un coche *ha atropellado* a un niño a la entrada del pueblo. 거리의 어귀에서 차가 남자아이를 치었다. Fue *atropellado* por un autobús. 그는 버스에 치었다. ◇~se 허둥지둥하다, 당황하다. No tienes por qué *atropellarte* en el trabajo. 그는 그 일 때문에 당황할 필요는 없다. ◇ **atropello** 남 치어 넘어뜨림; 허둥지둥, 당황; 위법 행위. Es mejor preparar el equipaje despacio y sin *atropellos*. 짐은 서두르지 말고 천천히 준비하는 것이 좋다.

atroz 웹 (atroces) 잔학한; 심한, 기분 나쁜, 무서운. Tengo un hambre *atroz*. 나는 배고파 죽겠다 (나는 대단히 배가 고프다). ◇ **atrocidad** 여 엉망진창, 포학, 잔학. Su libro está lleno de *atrocidades*. 그의 책은 굉장히 엉망진창이다. ◇ **atrozmente** 튀 심하게; 잔학하게.

atún 남 [물고기] 참치, 다랑어.

aturdir 타 어리둥절하게 하다, 아연하게 하다, 망연하게 하다. *Aturdió* a todos los participantes a la reunión con su manera de hablar tan rápida. 그는 지극히 빠른 말씨로 참석자 일동을 어리둥절케 했다. ◇~se 당황하다, 아연하다. *Se aturdió* mucho en el examen y, naturalmente, lo hizo muy mal. 시험에서 그는 당황해서, 당연히 성적이 매우 나빴다. Estoy *aturdido* con tantas cosas que hacer. 나는 이렇듯 많은 일 때문에 아연해 있다.

audaz 웹 대담한, 부적한. Este puente constituye una *audaz* obra de ingeniería. 이 다리는 대담한 공학 작품이다. ◇ **audacia** 여 대담, 무적. Conduce con *audacia* su coche de carreras. 그는 경주 자동차를 대담하게 운전한다.

audición 여 청취, 시청; 청력.

audiencia 여 ① 알현; 인견. El jefe de Estado ha recibido en *audiencia* a los nuevos embajadores. 국가 원수는 신임 대사들을 접견하였다. ② 법정; 재판소. Su pleito ha pasado a la *audiencia* provincial. 그의 소송은 지방 법원으로 이송됐다.

auditorio 남 청중; (라디오의) 청취자. Sus palabras fervientes conmovieron el *auditorio*. 그의 열렬한 연설은 청중을 감동시켰다.

auge 남 절정, 정점(頂点). Esa estrella de cine está en el *auge* de su fama. 그 영화 스타는 인기 절정에 있다.

augusto, ta 웹 (왕족에 관하여) 황송한, 존귀한, 존엄한. La *augusta* dama visitó la exposición. 그 존귀한 귀부인은 전시회를 방문했다.

aula 여 강의실, 교실. El profesor ha dado una conferencia en el *aula* mayor. 교수는 강당에서 강연을 했다.

aullar [16 reunir] 재 ① (개·늑대 따위가

aumentar

슬픈 듯이) 짖다, 울다(ladrar). Por la noche se oyen *aullar* los lobos cerca de la hacienda. 밤에는 농원 근처에서 늑대 우는 소리가 들린다. ② (바람 따위가) 윙윙 울다. En las noches de tormenta el viento *aúlla* en los olivares. 폭풍이 부는 밤에는 바람이 올리브밭에서 윙윙 거린다. ◇ **aullido/aúllo** 圀 짖는 소리; 비명. ¿No oyes los *aullidos* del perro? 개의 울부짖는 소리가 안들리니.

aumentar 톄 불리다, 증가시키다. *Ha aumentado* el sueldo a su secretaria. 그는 비서의 급료를 올렸다. 재 불어나다, 증가·증대하다. El niño *ha aumentado* de peso. 어린이는 체중이 붙었다. ◇ **aumento** 圀 증가, 증대, 확대. Se ha registrado un notable *aumento* de población en los últimos diez años. 최근 10년 동안에 현저한 인구 증가가 기록되었다. *aumento de precio* 가격 인상. *aumento de salario* 봉급 인상.

aun 用 ① …조차도. Aquí hace fresco *aun* en pleno verano. 이곳은 한여름이라도 시원하다. *Aun* los niños no pueden hacer. 어린이조차도 그것을 할 수 있다. ② [+현재분사] …하더라도, …인데도. *Aun* siendo viejo trabaja mucho. 그는 노인인데도 일을 잘한다. *aun así* 설령 그렇더라도. *Aun así* no te perdonará 그렇다 하더라도 그는 너를 용서하지 않을 것이다. *Aun cuando* …하는 경우라도, 설령 …하여도. *Aun cuando* no venga, tenemos que partir a las ocho. 설령 그가 오지 않더라도 우리들은 8시에는 출발해야 한다.

aún 用 또, 아직. *Aún* hay nieve en las montañas. 아직 산에 눈이 있다. No tenga usted tanta prisa, *aún* es temprano. 아직 빠르니까 그렇게 서두르지 마시오.

aunque 접 …이지만, 하긴 …하지만, 설령 …라도, 그렇지만. ① [사실에 관해서의 양보: +*ind.*] *Aunque* llueve, saldré de casa. 비가 오지만 나는 외출하겠다. Son ricos *aunque* no lo parecen. 그렇게 보이지는 않지만, 그들은 부자이다. ② [가정적인 양보: +*subj.*] *Aunque* llueva, saldré de casa. 설령 비가 올지라도 나는 외출하겠다. *Aunque* no lo creas, esto es la pura verdad. 설령 네가 믿지 않더라도 이것은 틀림없이는 사실이다.

aurícula 圀【해부】귓바퀴.

auricular 圀 (전화의) 수화기; (라디오의) 이어폰.

aurora 圀 ① 새벽; 서광. Se han levantado muy temprano para contemplar la *aurora*. 그들은 새벽 빛을 보기 위해서 일찍 일어났다. ② 극광. ③ 시작, 초기. Cayó gravemente enfermo en la *aurora* de su vida. 그는 인생의 초기에 중병으로 쓰러졌다.

ausente 톙 부재·결석·결근하여; 불활전한. Está *ausente* de Madrid desde hace tres años. 그는 3년 전부터 마드리드에 없다. ◇ **ausencia** 圀 ① 결여. En todo el asunto hay *ausencia* de buen sentido. 사전 전체에 양식(良識)이 결여되어 있다. ② 부재, 결석, 결근. ¿Ha venido alguien en mi *ausencia*? 내 부재 중에 누군가 왔었느냐.

auspicio 圀 [주로 圏] ① 길조. El viaje comenzó con buenos *auspicios*. 여행은 길조로 시작되었다. ② 후원, 원조. Esta institución funciona bajo los *auspicios* de un patronato. 이 시설은 어느 후원 단체의 원조 아래 일을 하고 있다.

austero, ra 톙 ① 엄격한(severo). El tiene fama de ser un juez muy *austero*. 그는 대단히 엄격한 판사라는 평판을 얻고 있다. ② 검소한, 은은한, 검소한. El monasterio de El Escorial es un edificio muy *austero*. 「엘·에스꼬리알」 수도원은 대단히 은은한 건물이다. ◇ **austeridad** 圀 엄격함; 검소함, 검소; 내핍. Aunque es el primer Ministro, vive con mucha *austeridad*. 그는 수상이지만, 무척 간소한 생활을 하고 있다.

auténtico, ca 톙 ① 진정한, 진짜의. Este cuadro de El Greco no es *auténtico*. 「엘·그레꼬」의 이 그림은 진짜가 아니다. ② 진짜같은. Parece su criada, sin embargo, es su esposa *auténtica*. 그녀는 식모처럼 보이지만, 그러나 그의 진짜 아내이다. ◇ **autenticidad** 圀 진정(眞正); 사건의 진위(眞僞). Sus pruebas carecen de *autenticidad*. 그의 증명은 진실성이 부족하다.

autito 圀 [auto의 축소사] 장난감 자동차, 소형차.

auto 圀【속어】자동차 (automóvil, coche). ¿Le parece (a usted) que demos un paseo en *auto*? 자동차로 드라이브 하는 것이 어떻습니까.

autobús [圏 autobuses] 圀 버스(omnibús, colectivo). ¿Dónde para el *autobús*? 버스는 어디서 멈추느냐. ¿Dónde está la parada del *autobús*? 버스 정류소는 어디 있습니까.

automático, ca 톙 자동적인. En la estación se han instalado máquinas *automáticas* para la venta de billetes. 역에 승차권 자동 판매기가 설치되었다. freno *automático* 자동 제어기. pala *automática* 자동삽. ◇ **automáticamente** 자동적으로

automóvil 图 자동차(auto, coche, carro). ¿Cuánto se tarda en *automóvil* de aquí a la estación? 자동차로 여기서 역까지 얼마쯤 걸립니까?

autónomo, ma 图 자치권이 있는. La mayoría de las antiguas colonias españolas eran ya *autónomas*. 서반아의 오랜 식민지의 대부분은 이미 자치권이 있었다. ◇**autonomía** 图 자치(권). España concedió *autonomía* a sus colonias. 서반아는 그 식민지에 자치권을 주었다.

autoplastia 여 【의학】 성형 수술.
autoplástico, ca 图 성형 수술의.
autopsia 여 시체 해부.
autopsiar 타 해부하다.

autor, ra 图 ① 작가, 저자(escritor). El *autor* del Quijote es Miguel de Cervantes. 동끼호떼의 작가는 미겔·데·세르반떼스이다. ② 범인. La policía ha arrestado al *autor* del robo. 경찰은 절도 범인을 붙잡았다.

autoridad 여 ① 권력; 권위. Este niño no reconoce la *autoridad* de sus padres. 이 어린이는 양친의 권위를 인정치 않는다. ② 당국(자), 관헌. Debe ser esta monja una elevada *autoridad* en su Orden. 이 여승은 그 교단에서 높은 지위에 있는 당국자에 틀림없다.

autoritario, ria 图 ① 권력에 의한; 전횡(專橫)한; 방자한. He dejado el trabajo, porque su jefe es una persona demasiado *autoritaria*. 그의 상사가 너무 방자한 사람이었기에, 그는 직업을 그만두었다.

autoritarismo 图 권력 남용, 전횡. El *autoritarismo* es una característica de los regímenes de fuerza. 전횡은 권력 체계의 하나의 특징이다.

autorizar [⑨alzar]타 ① 허가하다; 권능·권력을 주다. El gobernador no ha *autorizado* la manifestación. 지사는 그 데모를 허가하지 않았다. ② [+a+inf. …함을] 허락하다. El médico ha *autorizado* a volver de nuevo al trabajo. 의사는 그에게 일 할 것을 허락했다. ◇**autorización** 여 권능·권력의 부여; 권리(허가서). He pedido la *autorización* al alcalde para construir una casa de campo. 나는 별장을 짓기 위해 시장의 허가를 요구했다.

autorizado, da 图 권위가 있는; 정당한. Esta noticia proviene de fuente *autorizada*. 이 뉴스는 권위있는 소식통에서 나온 것이다.

auxiliar [⑪cambiar, ⑫enviar] 타 돕다 (asistir, ayudar). Su madre se dedica a *auxiliar* a los pobres de la ciudad. 그의 모친은 거리의 가난한 사람들을 돕는 일에 전념하고 있다. 图 보조의. Dado el gran número de clientes hemos tenido que emplear a personal *auxiliar*. 고객의 수가 많음을 고려하여 우리들은 보조 요원을 고용해야 했다.

auxilio 图 원조; 구조. Barcos de la marina han acudido en *auxilio* de los náufragos. 해군이 난파자의 구조를 위해 급파됐다.

avance 图 전진, 진보. Continuos bombardeos del enemigo impiden el *avance* de nuestras tropas. 끊임없는 적의 폭격은 아군의 전진을 저지했다.

avanzar [⑨alzar] 재 나아가다 (전진, 진보). Los expedicionarios quedaron estancados en la nieve sin poder *avanzar*. 탐험대원은 전진할 수 없어 눈 속에 있었다. 타 진행시키다; 추진하다.

avanzado, da 图 진보적인; 늦어진. Esta nación posee una industria muy *avanzada*. 이 나라에는 대단히 진보한 산업이 있다. Escribió su obracumbre en edad muy *avanzada*. 그는 그 정점을 이루는 작품을 만년에.

avaro, ra 图 탐욕스런; 인색한. Es tan *avaro* que se priva hasta de las cosas más necesarias para la vida. 그는 생활 필수품까지 아낄만큼 구두쇠이다.

avaricia 여 탐욕.

ave 여 새. El águila es la reina de las *aves*. 독수리는 새의 여왕이다. *aves de corral* 가금(家禽).

avemaría 여 [관사 el·un을 붙임] 아베 마리아의 기도. Los niños, antes de irse a la cama, rezan a la Virgen un *Avemaría*. 어린이들은 잠자기 전에 성모 아베마리아에게 기도를 한다. *en un avemaría* 순식간에.

avena 여 【식물】 귀리. ◇**avenal** 图 귀리밭.

avenida 여 ① 홍수. El caudal del río sigue aumentando y existe el peligro de una *avenida*. 강물이 계속 불어서 홍수의 염려가 있다. ② 쇄도, (홍수와 같은) 많은 사람. A la salida del teatro, la calle parece una *avenida* de personas. 극장의 출입구 앞거리는 사람의 홍수와 같다. ③ 거리, 가(街). La procesión pasará por esta *avenida*. 행렬은 이 거리를 지나가기로 되었다.

avenir [⑤⑨venir] 타 협조·타협케하다. Es difícil *avenir* el trabajo y el estudio. 일과 학업을 양립시키기는 어렵다. ◇**-se** [+a·con: …에·와] 절충하다 (협조, 타협). Tiene buen carácter y *se*

aviene con todo el mundo. 그는 인품이 좋아서 누구하고도 협조한다. ◇**avenido, da** 헝 [bien+] 협조가 잘 되는, [mal+] 사이가 나쁜. Está *mal avenido* con sus padres. 그는 부모와 사이가 좋지 않다.

aventajar 타 [+a…보다] ① 우선시키다. *Aventajé* sus deseos a mis intereses. 나는 자신의 이해보다도 그의 희망을 우선시켰다. ② 능가하다, (보다) 뛰어나다. Este chico *aventaja* a todos en valor. 이 젊은이는 용기에 있어서는 어느 누구보다 뛰어난다. ◇**aventajado, da** 헝 우수한(excelente). Es el alumno más *aventajado* de su clase. 그는 학급에서 가장 우수한 학생이다.

aventura 여 사건, 모험. Ha tenido una vida llena de *aventuras*. 그는 모험이 가득한 생애를 보냈다.

aventurero, ra 헝 모험적인; 용감한. 몡 모험가. En el primer viaje de Colón abundaban los *aventureros*. 항해에는 모험가가 많이 있었다.

aventurar 타 위험에 직면케 하다; (내기에) 걸다. *Ha aventurado* todo su capital en esa empresa. 그는 전 자본을 그 기업에 걸었다. ◇~**se** 재 ① [+a+inf.] 굳이 …하다. *Nos aventuramos* a salir, aunque el tiempo no era seguro. 날씨가 걱정되었으나 우리들은 굳이 출발을 하다. ② 모험을 하다. No *se aventure* usted. 모험을 하지 마세요.

avergonzar [⑨ alzar, ㉗ agorar] 타 창피를 주다. El cargamento no ha sufrido *avergonzó* a sus padres. 어린이가 버릇없는 말을 해서 양친에게 부끄러운 생각을 가지게 했다. ◇~**se** [+de·por:…를] 부끄러워하다. La niña *se avergüenza* de ir mal vestida al colegio. 소녀는 허술한 복장을 하고 학교에 가는 것을 창피해 한다. *Me avergüenzo* por haber hecho tal cosa. 나는 그런 일을 한 것이 창피하다.

avería 여 ① 손해. El cargamento no ha sufrido *avería* en la explosión. 폭발로 짐은 손해를 입지않았다. ② 고장. El mecánico arregló la *avería* sin demora. 기사가 곧 고장을 수리했다. ◇**averiarse** [⑫ enviar] 재손상하다. Con la lluvia *se averió* el cargamento. 비 때문에 짐이 손해를 입었다.

averiguar [⑩ menguar] 타 조사하다, 탐구·수사하다. *Averigüe* a qué hora sale el tren. 열차가 몇 시에 출발하는지 알아 보세요. Hay que *averiguar* el sitio donde vive ese hombre. 그 사람이 살고있는 곳을 조사해야 한다. ◇**averiguación** 여 조사, 탐구.

aversión 여 증오, 반감(antipatía).
aviación 여 항공(줄). Gracias a la *aviación*, París se encuentra a sólo unas horas de Madrid. 항공술 덕분에 파리는 마드리드에서 불과 두어 시간 거리에 있다. ◇**aviador, ra** 명 비행가, 비행사.
avicultor, ra 명 양계가, 양금가, 새 치는 사람. ◇**avicultura** 여 양계.
ávido, da 헝 [+de:…에] 굶주린, 배고픈. Los estudiantes están muy *ávidos* de saber. 학생들은 지식에 매우 굶주리고 있다. ◇**avidez** 여 굶주림, 격렬한 욕구. Su *avidez* al comer demuestra que no lo ha hecho en varios días. 먹을 때 그의 허덕허덕한 모습은 며칠이나 식사를 하지 못한 것을 보여준다.
avión 명 비행기(aeroplano). Después de diez horas de vuelo nuestro *avión* aterrizó en el aeropuerto. 10시간 비행 후에 우리가 탄 비행기는 그 공항에 착륙했다. *en avión* 비행기로 비행기를 타고, *por avión* 항공편으로.
avisar 타 ① 알리다. *Avíseme* con tiempo. 미리 저에게 알려주세요. Ya le *avisaré*. 당신께 알려 드리겠습니다. Me *ha avisado* por teléfono que no puede venir. 그는 오지 못한다고 전화로 나에게 알려왔다. ② 주의·충고하다. Por última vez te *aviso*, que si no me pagas te llevaré a los tribunales. 마지막으로 주의하는데, 네가 지불하지 않으면 나는 법원에 고소할테야. *avisar un taxi* (택시를) 예약하다, 빌리다, 부르다. ◇**avisado, da** 헝 사려 깊은; 빈틈없는. Si quieres prosperar debes ser un hombre muy *avisado*. 만일 네가 번창하고 싶으면 빈틈없는 사람이 되어야 한다.
aviso 명 ① 알림, 통고. No hemos recibido todavía el *aviso* de que viene. 우리들은 그가 온다는 통지를 아직 받지 않았다. ② 주의, 경고; 조심. El castigo le servirá de *aviso* para que no vuelva a repetir su crimen. 그 징벌은 죄를 두번 다시 되풀이하지 않기 위한 경고로서 그에게 이바지할 것이다. *sobre aviso* (빈틈없이) 조심해서. Estaba *sobre aviso* por si volvía el amo. 그는 주인이 돌아올지도 모른다고 걱정했다.
ay 감 아아 (비애, 놀라움, 동정, 위협 따위). *¡Ay*, que se cae el cuadro! 아아, 그림이 떨어진다! *¡Ay*, de vosotros si eso es mentira! 그것이 거짓말이라면, 불쌍하게도 너희들은!
ayer 분 어제. Partió *ayer* por la tarde para Barcelona. 그는 어제 오후 바르셀로나를 향해 출발했다.
ayudar 타 ① 돕다, 보좌하다. Así que se

ve apurado, acude a mí para que le *ayude*. 그는 곤란하면 바로, 도와달라고 나에게 왔다. ¿Permítame que le *ayude*? 도와 드릴까요. ② [＋a＋inf:…할을] 돕다. ¿Quieres *ayudarme a* limpiar el jardín? 뜰 청소를 도와 주지 않겠소. ◇ **ayuda** 여 조력, 협조. Necesito tu *ayuda* para llevar a cabo esta obra. 이 일을 실현함에는 너의 협조를 나는 필요로 한다. ◇ **ayudante, ta** 명 조력하는 사람; 보좌원.

ayuntamiento 남 시청(municipio); 시의회. Aquel edificio blanco es el *Ayuntamiento* de la ciudad. 저 백색 건물은 이 시의 시청이다.

azada 여 괭이, 곡괭이. ◇ **azadón** 남 큰 (곡)괭이. ◇ **azadonar** 타 괭이로 파다.

azahar 남 밀감·레몬의 꽃.

azalea 여【식물】진달래.

azar 남 경위, 우연. No sabiendo qué nos convenía más, dejamos la decisión al *azar*. 우리들은 어떻게 하면 가장 좋을지 몰라 결정을 되어 가는대로 맡겼다. *al azar* 우연히. Nos encontramos en la calle *al azar*. 우연히 우리들은 거리에서 만났다. ◇ **azaroso, sa** 형 파란·부침이 많은. Después de llevar una vida *azarosa* murió en un accidente de tráfico. 그는 파란 많은 생애를 보낸 뒤, 교통 사고로 죽었다.

azotar 타 매질하다, 두들기다, 때리다. El mar *azota* los peñascos. 파도가 바위를 때린다.

azote 남 채찍, 회초리.

azotea 여 옥상, 슬래브 지붕. Desde la *azotea* de mi casa se puede contemplar toda la ciudad. 우리집 옥상에서는 전 시가지가 보인다.

azteca 형 아스떼까족(los aztecas; 멕시코의 원주 민족)의. 명 아스떼까족(의 사람). En México habitaban los *aztecas* a la llegada de Hernán Cortés. 「에르난·꼬르떼스」가 온 무렵 멕시코에는 아스떼까족이 살고 있었다. 남 아스떼까말.

azúcar 남 또는 여 설탕. Estoy acostumbrado a tomar el café sin *azúcar*. 나는 설탕을 넣지 않고 커피를 마시는 습관이 있다. *azúcar en polvo* 가루 설탕. *azúcar en terrones* 각설탕. ◇ **azucarero, ra** 형 설탕의. La economía de Cuba está basada en la industria *azucarera*. 쿠바의 경제는 설탕업에 기반을 두고 있다. 여 설탕 그릇 (단지·사발).

azufre 남 유황. ◇ **azufroso, sa** 형 유황을 함유한.

azul 형 푸른. El cielo es *azul*. 하늘은 푸르다. El sol brilla, no hay ni una nube y el cielo está todo *azul*. 해는 빛나고, 구름 한점 없이 하늘은 새파랗다. Ella tenía ojos *azules*. 그녀는 푸른 눈을 하고 있었다. 남 푸른빛. El *azul* del cielo se reflejaba en el mar. 하늘의 푸른빛이 바다에 비치고 있었다.

azulejo 남【건축】(아라비아의) 타일. El cuarto de baño es todo de *azulejos* verdes. 욕실은 전부 초록빛 타일이 깔려 있다.

B

Ba. bolsa.

baba 여 침, 타액. Límpiale la *baba* al niño. 아이의 침을 닦아 주어라. *caerse la baba* 침을 흘리다; 아주 즐거워하다, 감심하다. ¡Se le *caerá la baba* a los padres! 부모님은 황홀해 하실거야.

bacalao/bacallao 남 [물고기] 대구.

bachiller, ra 명 고등학교 졸업자. Ha dejado el colegio sin obtener el título de *bachiller*. 그는 고등학교 졸업 자격을 얻지 않고 학교를 그만두었다. ◆ **bachillerato** 남 고등학교 과정.

bagatela 여 잡동사니; 싸구려 물건.

bah 감 엉터리없이 [불신·경멸 따위]. ¡*Bah*! Ya basta de bromas. 엉터리! 농담은 그만하여 두게!

bahía 여 만(灣), 물굽이. La *bahía* de Nápoles es una de las más bellas del mundo. 나폴리만은 세계에서 가장 아름다운 만의 하나이다.

bailar 자 ① 춤추다(danzar). Después de la cena, los invitados *bailaron* en el salón. 저녁식사 후 초대객들은 살롱에서 춤추었다. ② 흔들리다. Si pisan fuerte arriba, *bailan* las lámparas. 위에서 심하게 발을 구르면, 전등이 흔들린다.

bailarín, na (직업적인) 무용가, 무희. Ahora está asistiendo a una academia de baile porque quiere ser un *bailarín*. 그는 무용가가 되고 싶어서 현재 무용학원에 다니고 있다.

baile 남 ① 춤, 무용 (danza). Ella es maestra de *baile*. 그녀는 무용 선생이다. ② 무도회. Mi marido y yo nos conocimos en un *baile* de sociedad. 남편과 나는 사교 무도회에서 알게 되었다.

bajar 자 내려가다. La temperatura *baja* mucho al atardecer. 해질 무렵에는 기온이 많이 내려간다. *Bajé* del coche. 나는 차에서 내렸다. 타 ① 내리다, 강하시다. ② ¿Quiere usted *bajar* la maleta de la red? 그물 시렁에서 여행가방을 내려주시지 않겠습니까? ② 내리다. Mientras *bajábamos* la montaña, iba despejándose el cielo. 우리들이 산을 내려오는 동안에 하늘이 맑아졌다. ③ 낮게 하다, 낮추다. *Bajó* la voz para que no se despertase el niño. 어린이가 깨어나지 않도록 그는 소리를 낮추었다. ◇~**se** ① 내리다. Ella *se baja* del autobús. 그녀는 버스에서 내렸다. ② 쭈그리다. *Se bajó* para atarse el zapato. 그는 구두끈을 매기 위해 쭈그렸다. ◇ *baja* 여 하락; 낙오.

bajo, ja 형 낮은; 키가 작은. Es un poco más *bajo* que yo. 그는 나보다 약간 키가 작다. Hablé en voz *baja* de modo que no me oyeran los otros. 다른 사람들에게 들리지 않도록 나는 작은 소리로 말했다. 남 ① (스커트 따위의) 옷단. Se me ha descosido el *bajo* de la falda. 내 스커트의 옷단이 떨어졌다. ② 지하층, 1층. La familia del portero vivía en el *bajo*. 수위의 가족은 1층에 살고 있었다. 부 밑에, 낮게; 작은 소리로. Hable usted *bajo*; el niño está dormido. 작은 소리로 말해 주세요; 애기가 자고 있습니다. 전 ① 밑에, …의 아래에(debajo de). El termómetro marcó cinco grados *bajo* cero. 온도계는 영하 5도를 가리켰다. Te lo digo *bajo* condición de que guardes un secreto absoluto. 네가 절대로 비밀을 지킨다는 조건으로 그것을 가르쳐 주겠다.

bala 여 탄환, 총알. Una *bala* perdida le hirió en la frente. 그는 이마를 유탄으로 부상당했다. ◆ **balazo** 남 총소리; 탄환자국. Se oyeron tres *balazos*. 세 발의 총소리가 들렸다.

balance 남 ① 동요; 균형. El barco ha recobrado su *balance* normal. 배의 동요가 다시 정상으로 돌아왔다. ② [상업] 청산; 대차 대조표. El *balance* de los negocios en este año da una falta de 200 millones de wones. 금년도의 결산 잔액은 2억원이 부족으로 되어있다.

balancear 타 요동시키다; 균형을 맞추다. La madre *balancea* al niño en la cuna. 모친은 요람 속의 어린이를 흔들고 있다. 자재 흔들리다. No te *balancees* en la silla, que va a romperse. 부서질테니 의자를 흔들지 마라.

balanza 여 ① 저울. El empleado lo colocó en la *balanza*. 점원은 그것을 저울에 올려 놓았다. ② 균형, 밸런스. Las dos

balcón

naciones tratan de mantener equilibrada su *balanza* de fuerza. 왕국은 힘의 균형을 유지하도록 노력한다.

balcón 阳 발코니. Los niños, asomados al *balcón*, contemplaban la procesión. 어린이들은 발코니에서 밖긋이 행렬을 바라보고 있었다. ◇ **balconaje** 발코니의 줄.

balde 阳 물통. Este *balde* se sale. 이 물통은 샌다. *de balde* 무료로(gratis). Trabajó *de balde*. 그는 무료로 일했다. Estas flores se ofrecen *de balde*. 이 꽃들은 무료로 증정한다. *en balde* 무익하게, 헛되이(en vano). Trate *en balde* de llamarle por teléfono. 그에게 전화하려 했지만 허사였다.

balón 阳 ①(축구 따위의) 공(pelota). Este *balón* es demasiado grande para niños tan pequeños. 이 공은 이렇게 어린 애들에게는 너무 크다. ②기구(氣球). El científico experimenta en el *balón* de ensayo. 과학자는 실험 기구로 실험한다.

baloncesto 阳 농구.

ballena 阳【동물】고래. Los barcos balleneros dejan el puerto y se dirigen a la caza de la *ballena*. 포경선은 항구를 뒤로 하고 고래잡이를 떠난다.

allenero, ra 刑 포경의. 阳 고래잡이 어부. 阴 포경선.

ballet 阳 발레(단).

banana 阴【식물】바나나(plátano). ◇ **bananal/bananar** 阳 바나나밭. ◇ **banano** 阳 바나나 나무(plátano).

banco 阳 ①긴의자, 벤치. Han pintado de verde los *bancos* del parque. 공원의 긴 의자를 초록색으로 칠했다. ②은행, 금융 기관. ¿Puedo cobrar mi cheque en este *banco*? 내 수표를 이 은행에서 현금으로 주시겠습니까?. ③물고기떼. Los pescadores han encontrado un *banco* de bonitos. 어부들은 고등어떼를 발견했다.

banda 阴 ①무늬. Ha comprado una seda de *bandas* azules y negras. 그녀는 파랑 과 검정 무늬의 명주 옷감을 샀다. ②띠; 현장(縣章). Ella llevaba un vestido blanco con una *banda* azul. 그녀는 띠가 달린 흰 옷을 입고 있었다. Para enviar un periódico, se escribe la dirección *sobre la banda* de papel que lo rodea. 신문을 보내려면 신문을 감은 띠 위에 주소를 쓰는 것이다. ③(사람·새의) 무리. El café fue invadido, de pronto, por una *banda* de estudiantes, que se puso enseguida a cantar. 다방에 왁자하게 학생의 일단이 들어와서 그들은 바로 노래하기 시작했다. ④【음악】악단, 밴

barajar

드. No me gusta esa *banda*. 나는 저 악단이 마음에 들지 않는다.

bandeja 阴 쟁반; 큰 접시.

bandera 阴 깃발. El descubridor agitó la *bandera* nacional. 탐험가는 국기를 흔들었다. *bandera blanca (de paz)* 백기, 흰기, 항복기.

banderilla 阴 황소 찌르는 단창. ◇ **banderillero** 阳 단창으로 찌르는 사람·투우사.

bandido 阳 도둑(ladrón). Los *bandidos* van desapareciendo poco a poco de los países civilizados. 도둑은 문명국에서 점점 모습을 감추어간다.

bando 阳 당, 파벌(partido). Padre e hijo están afiliados a *bandos* distintos. 아버지와 아들은 서로 다른 당에 가입하고 있다.

banquero, ra 阳 은행가, 금융업자. Su padre, un *banquero* famoso, está casi siempre en el extranjero. 그의 부친은 유명한 은행에 가여서 거의 언제나 외국에 있다.

banquete 阳 연회. Nos han obsequiado con un gran *banquete*. 우리들은 큰 대접을 받았다.

bañar 阳 ①(물 따위에) 담그다; 끼얹다. Se debe *bañar* a los niños pequeños todos los días. 젖먹이는 날마다 목욕시켜야 한다. Me gusta comer bizcochos *bañados* en leche. 나는 우유에 담근 카스텔라를 먹는 것을 좋아한다. Llegó *bañado* en sudor. 그는 땀투성이가 되어서 왔다. ②(강·바다가 언덕 따위를) 스치고 있다. El mar cantábrico *baña* las costas del norte de España. 깐따브리아해(의 물결)는 서반아 북부의 해안을 씻고 있다. ◇**~se** 목욕하다, 미역감다. Los niños fueron a *bañarse* en el río. 어린이들은 냇물에 해엄치러 갔다. **bañador** 阳 수영복(traje de baño, traje de playa).

baño 阳 ①목욕, 해수욕. Le gusta tomar el *baño* muy caliente. 그는 뜨거운 물에 들어가는 것을 좋아한다. ②목욕탕, 욕실, 화장실. Pregunté a la criada dónde estaba el *baño*. 어디에 화장실이 있느냐고 나는 하녀에게 물었다. ③圈 광천, 온천장. Ese verano sus padres fueron a los famosos *baños* de Alhama. 그 여름에 그의 양친은 유명한 알라마의 광천에 갔다. *baños de sol* 일광욕. *baños de ducha* 샤워. *traje de baño* 수영복(traje de playa). ◇ **bañista** 阳 (해수욕·온천 따위의) 욕객.

bar 阳 술집, 경양식 식당. Vamos al *bar* a tomar algo. 무엇 좀 마시러 술집에 가자.

barajar 阳 (트럼프 따위를) 섞다; 산산이

barato, ta 흩어지게 하다. *Barajarás* bien los naipes antes de repartirlos. 나누기 전에 트럼프를 잘 섞어야 해. ◇ **baraja** 图 한벌의 트럼프; 트럼프 놀이. Había gente que estaba jugando a la *baraja*. 트럼프 놀이를 하고 있는 사람들이 있었다.

barato, ta 图 값이 싼·저렴한 [⑭ caro]. Lo *barato* sale caro. 싼 것이 비지떡이다. La vida está allí *barata*. 그곳에서는 생활비가 싸다. 图 값싸게. En este almacén venden *barato*. 이 백화점에서는 물건을 싸게 팔고 있다. 图 헐값으로 팔기, 할인 판매. Hoy hay un *barato* en esa tienda. 오늘 그 가게에서는 할인 판매가 있다. ◇ **baratija** 图 값싼 물건. ◇ **baratura** 图 염가; 싼 물건.

barba 阳 【신체】 턱; 턱수염. José tiene una *barba* puntiaguda. 호세는 턱이 뾰족하다. No me recorte la *barba*. 턱수염을 깎지 마세요. ◇ **barbudo, da** 图 턱수염을 기른, 수염이 더부룩한.

bárbaro, ra 图 야만족의; 난폭한. No seas *bárbaro*. 난폭한 행동을 해서는 안된다. 图 야만족; 난폭한 사람. Los *bárbaros* acabaron por conquistar a Roma. 야만족은 드디어 로마를 정복했다. ¡Este *bárbaro* se baña en el río helado! 이 난폭한 놈은 찬 냇물에 들어가 있다! ◇ **bárbaramente** 图 난폭하게; 무섭게. Ayer lo pasamos *bárbaramente*. 어제 우리는 무척 즐겁게 지냈다. ◇ **barbaridad** 图 난폭, 무서운 일. No diga usted *barbaridades*. 난폭한 말을 해서는 안되오. ¡Qué *barbaridad*! 지독하군!

barbero, ra 图 이발사(peluquero). El ejerce de *barbero* en aquel pueblo. 그는 저 읍에서 이발소를 경영하고 있다. ◇ **barbería** 图 이발소(peluquería, casa de barberos). José trabajó como aprendiz en una *barbería* durante cinco años. 호세는 견습공으로 5년동안 이발소에서 일했다.

barco 阳 배(buque). Preferiría ir en *barco*. 나는 차라리 배로 가고 싶다. ◇ **barca** 阴 소형의 배.

barniz 阳【도료】니스. José daba *barniz* a una caja. 호세는 상자에 니스를 칠하고 있었다.

barómetro 阳 기압계.

barón 阳 남작. El rey le otorgó el título de *barón* por sus méritos de guerra. 왕은 전공에 의해 그에게 남작의 칭호를 주었다. ◇ **baronesa** 图 남작 부인, 여자 남작.

barra 阴 막대, 방망이, 【도구】 지렛대. Necesitamos una *barra* de hierro. 우리는 철봉이 필요하다.

barraca 阴 판자집, 오두막. La familia vivía en una *barraca* de tablas en un lugar de las afueras. 그 가족은 교외의 어떤 곳에서 오두막에 살고 있었다.

barranca 阴 / **barranco** 阳 벼랑, 절벽. ◇ **barrancoso, sa** 图 가파른, 험준한.

barrer 他 쓸다; 털어내다. Tienes que *barrer* el suelo con más cuidado. 너는 마루를 좀더 주의해서 쓸어야 한다. Sus palabras *barrieron* mis últimas dudas. 그의 말은 나의 마지막 의혹을 일소했다.

barrera 阴 ① 울타리. El sitio está cercado con *barreras*. 그 장소는 울타리로 폐쇄해 놓았다. ② 장벽, 장애. La diferencia de religión es una *barrera* entre los dos para casarse. 종교가 달라 두 사람이 결혼하는데 장애가 되고 있다. ③ 투우의 특등석.

barriada 阴 (도시의) 구; 소구(小區).

barricada 阴 바리케이드; 방루물. Allí se construyó una fuerte *barricada* con sacos de tierra. 그곳에서 흙을 채운 주머니로 강력한 바리케이드가 구축되었다.

barriga 阴 배, 복부 (abdomen, vientre). *dolor de barriga* 배앓이, 복통(dolor de estómago).

barril 阳 통, 물항아리.

barrio 阳 (시내의) 구; 지구. Quisiera ir con usted para conocer los *barrios* bajos de la ciudad. 시의 변두리를 보러 당신과 함께 가고 싶소.

barro 阳 진흙; 도토(陶土). Las calles están llenas de *barro*. 거리는 진흙투성이다.

basar 他 (기초·근거를) 두다; 만들다. El rey hizo levantar un castillo *basándolo* sobre aquella roca. 왕은 그 바위 위에 토대를 만들고 한 성을 세우게 했다. ◇ ~**se** [+en : …에] 기초·근거를 두다. La dicha más perfecta *se basa en* el hogar más perfecto. 가장 완전한 행복은 가장 완전한 가정에 기초를 두고 있다.

básascula 阴 앉은뱅이 저울.

base 阴 ① 기초, 근거. Este ensayo podrá servir de *base* para lograr un futuro éxito. 이 테스트는 장래의 성공을 얻는 기초로 될 것이다. ② 밑바닥, 토대. Una vasija de poca *base* se cae con facilidad. 밑바닥이 작은 그릇은 넘어지기 쉽다. ③ 기지(基地). El sumergible ha regresado a su *base*. 잠수함은 기지로 돌아왔다. *a base de* …을 기초·근거로 하여, …의 조건으로, …의 여하로. El negocio se podrá realizar a *base* de los precios. 거래는 가격 여하로 실현됨. ◇ **básico, ca** 图 기초·기본적인 (fundamental).

básquetbol 阳 농구.

bastante 휑 상당한 ; 충분한. Mañana hará *bastantes* cosas que hacer. 오늘 나는 할 일이 상당히 있다. Esta temperatura no es *bastante* para fundir el vidrio. 이 온도는 유리를 녹이는데 충분하지 못하다. 튀 상당히 ; 충분히. Ya habla español *bastante* bien. 벌써. 그는 서반아어를 제법 말할 수 있다.

bastar 困 ① 충분하다. Este trozo de cuerda *basta* de conversación y vamos a trabajar. 말은 그만하고 일하자. ②[+con 만으로] 족하다, 충분하다. Me *basta* con un pedazo de pan. 나는 빵 한 조각으로 충분하다.

basto, ta 휑 ①거친. ②조잡한 ; 정제되지 않은. El traje está hecho de material muy *basto*. 웃은 아주 조잡한 재료로 만들어져 있다. ◇ **basteza** 여 거칠음 ; 조잡.

bastón 남 지팡이 ; 막대기.

basura 여 쓰레기, 오물.

bata 여 가운 ; 실내복 ; 작업복. *bata de baño* 목욕복. *bata de dormir* 잠옷.

batalla 여 싸움 ; 전투. Los aviones franceses intervinieron en esa *batalla* 프랑스군 비행기가 그 전투에 참가했다. ◇ **batallar** 困 싸우다 ; 논쟁하다. ◇ **batallón** 남 보병 대대.

batería 여 ①기구 한 벌. Al fin hemos comprado una *batería* de cocina. 드디어 우리들은 부엌용품 한 벌을 샀다. ②축전지. Se necesita poner una nueva *batería* al coche. 차에 새로 축전지를 넣어야 한다. ③포병 진지・중대.

batir 印 ①치다, 때리다 ; 타도・타파하다. Las olas *batían* a las rocas. 물결이 바위를 때리고 있었다. El campeón coreano *batió* el récord mundial. 한국 선수가 세계 기록을 깼다. ②뒤섞다 ; (머리를) 빗다. ¿Quieres *batir* los huevos bien? 달걀을 잘 저어 주지 않겠나.

baúl 남 트렁크. En este *baúl* cabe todo. 이 트렁크에는 무엇이든지 들어간다.

bautizar [9] alzar] 印 【종교】(…에게) 세례를 하다 ; 명명(命名)하다. ¿Cuándo *bautizáis* a la niña? 너희들은 언제 아기에게 이름을 지을 것인가. ◇ **bautismo** 남 세례(식). ◇ **bautizo** 남 세례 ; 명명(命名).

bazar 남 백화점(almacén) ; 장, 시장.

bebé 남 갓난아이.

beber 印 마시다(tomar). La esposa *bebía* sólo agua. 아내는 물만 마시고 있었다. ¿Le gustaría *beber* algo? 무얼 좀 마시겠습니까. 困 술을 마시다. Tío Jacinto *bebe* demasiado. 하신또 아저씨는 술을 과음한다. ¡*Bebamos* por su éxito! 그의 성공을 빌고 건배하자 ! ◇ **bebida** 여 마실 것, 음료. Los indios hacían de maíz comidas y *bebidas* muy sabrosas. 인디오들은 옥수수로 대단히 맛있는 음식물을 만들고 있었다.

becerro 남 (한 살이 못된) 송아지 ; 송아지 가죽. **becerra** 여 암송아지.

béisbol 남 야구.

bello, lla 휑 아름다운, 어여쁜(lindo, hermoso, bonito). ¡Qué *bello*! 정말 아름답군. Allí encontraremos un *bello* paisaje. 저 곳에는 (가보면) 아름다운 경치가 있어요. Mañana visitaré el Museo de *Bellas Artes*. 내일 나는 미술관을 방문할 예정이다. ◇ **belleza** 여 아름다움 ; 미인. Es una auténtica *belleza*. 그녀는 진짜 미인이다. *salón de belleza* 미장원 (peluquería).

bendecir [69] decir] 印 【종교】축복하다. El padre *bendijo* a su hijo al despedirse de él. 부친은 아들과 이별할 때 아들을 축복했다. ◇ **bendición** 여 축복 ; 강복식(降福式). Que te alcance la *bendición* de Dios. 너에게 신의 축복의 손길이 닿기를 빈다. *ser una bendición* 훌륭하다. Ahí tiene usted un cerezo cubierto de flores que *es una bendición*. 저 곳에 꽃에 덮인 훌륭한 벗나무가 있다.

bendito, ta 휑 축복받은, 고마운 ; 행복한(feliz). ¡*Bendito* seas! 너에게 축복이 있으라 ! ¡*Bendito* y alabado sea Dios! (기도의 첫머리의 말) 신이 숭상되고, 칭송되시기를 !

beneficiar [11 cambiar] 印 (…에)은혜・이익을 주다 ; 이용・개발하다. La lluvia ha *beneficiado* muchos los campos. 비는 논밭을 흠뻑 적시어 주었다. La reforma *benefició* a la gente. 개혁은 사람들에게 이익을 주었다.

beneficio 남 이익 ; 은혜. El cambio de clima le hizo mucho *beneficio*. 기후가 바뀐 것이 그에게 대단히 좋았다. Nuestro margen de *beneficio* es muy pequeño. 폐사의 이익 마진은 극히 적다. ◇ **beneficiario, ria** 남 수익자 ; (보험・연금의) 수취인. ◇ **benéfico, ca** 자선의, 선의.

benevolencia 여 친절, 인정이 많음. ◇ **benévolo, la** 휑 친절한, 인정이 많은 (benevolente).

benzol 남 벤졸.

berbiquí 남 【공구】송곳.

berenjena 여 【식물】가지. ◇ **berenjenal** 남 가지밭.

beriberi 남 【의학】각기병.

berro 남 【식물】겨자.

berruga 여 사마귀.

berza 여 양배추 (col). ◇ **berzal** 남 배추밭.

besar 타 입맞추다 (dar un beso). *Bésame mucho.* 키스를 많이 해다오. *El padre la besaba en la frente.* 부친은 그녀의 이마에 입맞추었다.

beso 남 입맞춤. *dar un beso* 입맞추다. *José dio muchos besos a Lola.* 호세는 롤라에게 여러번 입맞추었다.

bestia 여 짐승; 가축. ◇ **bestial** 형 짐승같은.

besugo 남【물고기】도미.

betún 남 타르; 구두약.

biberón 남 젖병, 우유병.

biblia 여 성서. *Santa Biblia* 성경.

bíblico, ca 형 성경의, 고마운. *Sociedad Bíblica* 성서 협회.

bibliografía 여 서지학(書誌學); 문헌 목록. ◇ **bibliográfico, ca** 형 서적의; 문헌 목록의. ◇ **bibliotecario, ria** 남 도서관원, 사서(司書).

bicarbonato 남【화학】중탄산(염). *soda de bicarbonato* 중탄 산소다.

bicicleta 여 자전거. *Me gusta mucho montar en bicicleta.* 나는 자전거를 타는 것을 대단히 좋아한다. ◇ **biciclista** 남 자전거를 타는 사람, 자전거 선수.

bicho 남 벌레; 짐승. *José dice que no le gusta el campo por los bichos.* 호세는 벌레가 있으니까 시골은 싫다고 말하고 있다.

bien 부 ① 잘, 좋게. *Estoy bien de salud.* 나는 건강 상태가 좋다. ② 능란하게, 바르게. *Usted pronuncia muy bien.* 당신은 발음이 매우 좋다. *Esta parte está bien traducida.* 이 부분은 정확하게 번역되어 있다. ③ 썩; 충분히; 상당히. *¿Durmió usted bien anoche?* 어젯밤은 잘 주무셨습니까. ④ 바로 가까이에. *Lo tienes bien cerca.* 바로 가까이에 그것이 있다. 남 ① 착함, 좋은 일. *José no sabe distinguir el bien del mal.* 호세는 이익을 구별할 줄 모르는 사람이다. ② 행복. *La salud es el mayor bien en este mundo.* 건강은 이 세상에서의 최대의 행복이다. ③ 부(富), 재산. *bienes muebles* 동산. *bienes inmuebles* 부동산. *más bien* 차라리, 오히려. *Estará bien muy bien con el jefe.* 그는 과장과 사이가 좋다. *No vengas mañana.-Está bien.* 내일은 오지 말아다오. -알았다. *hacer bien en* …하는 편이다. *Harás bien en ir.* 너는 가는 편이 좋을 것이다. *Hiciste bien en ir.* 너는 가기를 잘했다.

bienal 형 2년(마다)의. *La feria bienal de muestras de esta ciudad se inaugurará el primero de octubre.* 이 도시의 2년마다의 견본 시장은 10월 1일에 개막된다.

bienestar 남 안락(한 생활); 복지. *Es difícil conseguir un bienestar completo.* 완전한 복지 달성은 곤란하다.

bienvenido, da 형 환영을 받은. *Sea bienvenida usted, señora.* 어서 잘 오셨습니다. *Bienvenido a Corea.* [환영받은 사람이 남자] 한국에 오신 것을 환영합니다. 여 환영. *El ministro dio la bienvenida a la misión económica.* 장관은 그 경제 사절단에게 환영사를 말했다.

bigote 남 콧수염. *¿Le recorto el bigote?* 콧수염을 깎을까요.

billar 남 당구. ◇ **billarista** 남 당구 선수, 당구치는 사람.

billete 남 ① 지폐. *¿Puede usted cambiarme este billete?* 이 지폐를 바꾸어 주시겠습니까. ② (중남미) boleto). *¿Dónde se sacan los billetes?* 표는 어디서 삽니까. *billete de andén* (역의) 입장권. *billete de abono* 정기 승차·관람권. *billete de ida* 편도표. *billete de banco* 은행권. *billete de ida y vuelta* 왕복표.

billetera 여 지갑.

billetero, ra 명 표파는 사람, 매표원.

biografía 여 전기(傳記). *El escribió una colección de biografías.* 그는 전기집(傳記集)을 썼다. ◇ **biografiar** 타 전기를 쓰다. ◇ **biográfico, ca** 형 전기의, 전기체의. ◇ **biógrafo, fa** 남 전기 작가.

biología 여 생물학. *José, cuando joven, ponía mucho interés en biología.* 호세는 젊었을 때 생물학에 흥미가 있었다. ◇ **biológico, ca** 형 생물학의, 생물학적인. ◇ **biólogo, ga** 남 생물학자.

biombo 남 병풍; 칸막이.

bizcocho 남 카스텔라.

blanco, ca 형 ① 흰. *Era blanca como la nieve.* 그녀는 눈처럼 희었다. *¿Cómo se llaman esas flores blancas?* 그 흰꽃들은 무슨 꽃인가요. ② 공백의. *Por favor llene este espacio blanco.* 이 빈칸에 기입해 주십시오. ③ 백색 인종의. 남 백인. *Los blancos quisieron someter a los indios.* 백인들은 인디오를 굴복시키려 하였다. 남 ① 흰색, 백색, 흰빛. ② 여백, 공백. ③ 표적, 과녁. *José dio en el blanco.* 호세는 표적에 명중시켰다. ◇ **blancura** 여 흰 정도; 흰 것. ◇ **blanquear** 타 희게하다. *Blanquean la fachada una vez al año.* 1년에 한번 정면(의 벽)은 희게 만들어진다. 자 희게 보이다. *Blanquean algunas manchas de nieve en la ladera.* 산 중턱에 눈이 약간 띄엄띄엄 희게 보이고 있다.

blando, da 형 ① 부드러운. *La cama no está blanda.* 침대가 포근하지 못하다. ②

blandamente 튀 부드럽게; 온화하게. Hacía un tiempo *blando*. 온화한 날씨였다. 튀 부드럽게; 온화하게. José le hablaba muy *blando*. 호세는 그녀에게 상냥하게 말하고 있었다.

blandamente 튀 부드럽게; 온화하게.

blandura 여 부드러움; 추위 누그러짐.

blasón 남 ① 문장(紋章)학. ② 명 가문, 가풍. José está orgulloso de sus *blasones*. 호세는 가풍을 자랑하고 있다.

blondo, da 형 금발의(rubio).

bloque 남 ① [건축] 블럭. Este edificio está hecho de *bloques* de cemento. 이 건물은 콘크리트 블럭 건축이다. ② 집단. Se formó el *Bloque* Latino o sea la Unión Aduanera Latina para ese fin. 그 목적을 위해 라틴 블럭 즉 라틴 관세 동맹이 결성되었다. *en bloque* 합쳐서; 전체로서. Ha vendido la finca *en bloque*. 그는 그 토지를 일괄하여 팔았다.

blusa 여 블라우스.

bobo, ba 형 바보같은, 멍청한, 어리석은 (tonto, torpe, estúpido).

boca 여 ① 입. En *boca* cerrada no entran moscas. 입은 재앙의 근원. José no abrió la *boca*. 호세는 입을 열지 않았다. ② 입구, 출구. Ahí tiene la *boca* del metro. 저기 지하철 입구가 있다. *buena boca* 맛좋은 것. Este vino tiene *buena boca*. 이 포도주는 맛이 좋다. *boca abajo* 몸을 앞으로; (보이지 않도록) 구부리고. El niño duerme *boca abajo*. 이 아기는 엎어져 자고 있다. *sin decir esta boca es mía* 말 한마디 없이(sin decir nada).

bocacalle 여 거리의 입구.

bocadillo 남 샌드위치(sandwitch).

bocado 남 한 모금, 한 입. No he probado *bocado* desde ayer. 나는 어제부터 아무 것도 마시지 못했다.

boceto 남 스케치, 구도(構圖). El pintor siempre hace un *boceto* antes de pintar su cuadro. 화가는 그림을 그리기 전에 반드시 스케치를 한다.

bocina 여 나팔, 경적; 뿔나팔.

boda 여 결혼(식). La *boda* tendrá lugar el sábado próximo. 결혼식은 이번 토요일에 거행된다.

bodega 여 술창고, 술곳간; 지하 창고. Trajeron dos botellas de la *bodega*. 그들은 술곳간에서 두 병을 가져왔다.

bodegaje 남 【남미】창고 사용료.

bofetada 여 따귀 때림; 모욕·창피를 줌. *dar una bofetada* 따귀를 때리다. ◇ **bofetear** 타 따귀를 때리다.

boina/boina 여 베레모.

bola 여 구슬, 공. Los niños se batían con *bolas* de nieve. 어린이들은 눈뭉치로 눈싸움을 하고 있었다.

bolero 남 볼레로(춤) (안달루시아 지방의).

boleta 여 패, 표.

boletería 여 입장권 매표소.

boletero, ra 매표원.

boletín 남 ① 회보(會報), 소책자. El *boletín* de la Sociedad se publica dos veces al año. 협회의 회보는 1년에 2회 발행된다. *Boletín Oficial de Estado* 관보. ② (복권의).

boleto 남 [중남미] 표(billete). El *boleto* de ida y vuelta tiene un descuento de diez por ciento. 왕복표는 1할 할인이다.

boliviano, na 볼리비아(Bolivia)의. 명 볼리비아 사람.

bolsa 여 ① 주머니; 가방. Necesito una *bolsa* de papel para guardarlo. 나는 그것을 넣는 종이 주머니가 필요하다. ② [상업] 시세; 주식·증권 시장. Ayer hubo importantes transacciones en la *bolsa*. 어제는 증권 시장에서 큰 거래가 있었다.

bolsillo 남 호주머니. José lo metió en su *bolsillo*. 호세는 그것을 호주머니에 넣었다. *reloj de bolsillo* 회중 시계.

bolso 남 핸드백; 자루, 부대. Lola llevaba un *bolso* muy elegante. 롤라는 대단히 우아한 핸드백을 가지고 있었다.

bomba 여 ① 펌프. Se saca el agua del pozo con una *bomba*. 물은 우물에서 펌프로 끌어올려진다. ② 폭탄. Una *bomba* destruyó el puente completamente. 폭탄은 다리를 완전히 파괴했다. *bomba atómica* 원자 폭탄. *bomba de incendios* 소방 펌프. ◇ **bombero** 남 소방수.

bombardear 타 포격·폭격하다. Los aviones *bombardearon* el puerto. 비행기는 항구를 폭격했다. ◇ **bombardeo** 남 포격, 폭격.

bombilla 여 전구(電球).

bombón 남 과자, 캔디; 드롭프스, 캐러멜. ◇ **bombonera** 여 과자 그릇.

bondad 여 ① 선량. Todos alaban la *bondad* de ese muchacho. 그 소년의 선량함을 모두들 칭찬한다. ② [주로 복] 친절. Le estoy muy agradecido por sus *bondades*. 당신의 친절에 나는 감사하고 있습니다. *tener la bondad de* +inf.[경어] …하여 주십시오(hacer el favor de+inf.). *Tenga la bondad de* servirse 드십시오. *Tenga usted la bondad de* aguardar un momento. 조금 기다려 주시오. ◇ **bondadoso, sa** 친절한, 상냥한. José trató de consolarla con *bondadosas* palabras. 호세는 상냥한 말로 그녀를 위로하려 했다.

bonito, ta 형 아름다운(lindo, hermoso); 사랑스런. ¡Qué paisaje tan *bonito*! 어쩌

면 이렇게 경치가 좋을까! Aquella chica es tan *bonita* como dices. 저 여자는 네가 말하듯이 대단히 예쁘다. 圖 【물고기】고둥어.

bono 圕 배급권, 인환권; 채권, 증권, 국채.

bordar 囲 (…에) 자수를 하다, 수놓다. La vieja *bordaba* la tela con oro. 노파는 그 헝겊에 금으로 수놓고 있었다. ◇ **bordado** 囲 자수, 수놓이.

borde 囲 웃단, 가, 가장자리. El vaso estaba en el *borde* de la mesa. 컵은 책상 같에 있었다. Ellos vivían al *borde* del río. 그들은 냇가에 살고 있었다.

bordo (機內)에서 ; a bordo 배에서, 배 안에서; 기내(機內)에서. Había una muchacha de unos diez años entre los que iban *a bordo*. 배를 타고 있던 사람들 중에 10살 쯤 된 소녀가 있었다.

borla 囲 매듭, 매듭 장식. Del casco pendían dos *borlas*. 헬멧에 2개의 매듭 장식이 매달려 있었다.

borracho, cha 囲 취해 있는, 술취한. Me encontré con un sujeto algo *borracho*. 나는 약간 술취한 어떤 남자를 만났다. 囲 술주정꾼; 술 좋아하는 사람. Un *borracho* caminaba torpemente por la calle. 어떤 술주정꾼이 비틀비틀 거리를 걷고 있었다. ◇ **borrachera** 囲 취함, 취기(醉氣). Aún no se le ha pasado la *borrachera*. 그는 아직 취기가 깨지 않았다.

borrar 囲 지우다, 지워버리다, (문자를) 말소하다. El muchacho *borró* con una goma lo que había escrito en una página. 소년은 그 페이지에 쓴 것을 지우개로 지웠다. El tiempo *ha borrado* todo. 시간이 모든 것을 지웠다.

borrador 囲 흑판 지우개; 초고, 원고 (manuscrito).

borrico 囲 당나귀(asno, burro); 바보 (tonto, torpe, bobo). ◇ **borrical** 圈 당나귀의 ·같은. ◇ **borriquito** 囲 당나귀 새끼; 작은 당나귀.

borrón 囲 잉크 자국, 얼룩; 초고(草稿); 대생; 홈.

bosque 囲 숲, 수풀. Los hombres salían a cortar madera en el *bosque*. 사내들은 숲속으로 나무를 베러 갔다. ◇ **boscoso, sa** 圈 숲이 많은.

bosquejo 囲 약도, 스케치; 복안. ¿Quiere usted trazar en este papel un *bosquejo* del barrio? 이 종이에 구역의 약도를 좀 주지 않겠습니까? ◇ **bosquejar** 囲 소묘 (素描)하다, 복안을 세우다.

bostezar [9] alzar] 囲 하품하다. *Bostezó* de hasto. 그는 싫증이 나서 하품을 했다. ◇ **bostezo** 囲 하품.

bota 囲 ① 술부대. En fiestas y reuniones los españoles beben con frecuencia el vino en *bota*. 파티나 회합에서 서반아 사람은 흔히 술부대에 든 포도주를 마신다. ② 편상화, 장화. Me he tenido que poner las *botas* para trabajar en el jardín. 뜰에서 일할 때 나는 장화를 신어야 했다.

botánico, ca 圈 식물학의. Esta tarde iremos a visitar el jardín *botánico* de la ciudad. 오늘 오후 시내 식물원에 가자. 囲 식물학. En el futuro piensa dedicarse a la *botánica*. 그는 장래 식물학에 전념할 작정이다. 囲 식물학자. ◇ **botanista** 囲 식물학자(botánico).

botar 囲 (배를) 진수시키다; 내쫓다 (despedir); 던지다(arrojar).

bote 囲 보트, 작은 배; 깡통; 병; 컨테이너. *bote salvavidas* 구명 보트. *de bote en bote* 초만원의, 콩나물 시루같은, 꽉 들어차서(completamente lleno).

botella 囲 병; 봄베. Sobre el aparador hay varias *botellas* de vino. 찬장 위에 몇 병쯤 술병이 있다. ◇ **botellazo** 囲 병으로 때림.

botica 囲 약국(farmacia). ◇ **botiquín** 囲 휴대용 약품; 그 상자.

botón 囲 ①(초목의) 싹; 꽃봉오리. Han comenzado a aparecer los primeros *botones* en las ramas de los *árboles*. 나뭇가지에 새싹이 나오기 시작했다. ②(의복·기구의) 단추. Ha pedido a su mujer que le cosa el *botón* de la camisa. 그는 아내에게 셔츠의 단추를 달아 달라고 부탁했다. ③圖 사환, 급사, 보이 Los *botones* de este hotel llevan un uniforme verde. 이 호텔의 보이들은 초록색 제복을 입고 있다.

boxeo 囲 권투, 복싱. ◇ **boxeador** 囲 권투선수. ◇ **boxear** 囲 권투를 하다.

bóveda 囲 둥근 지붕; 둥근 천장. Las *bóvedas* de la catedral son famosas por las pinturas que las adornan. 그 대성당의 둥근 천장은 그것을 장식하고 있는 그림 때문에 유명하다. *bóveda celeste* 하늘, 창공.

brasileño, ña 圈 브라질(el Brasil)의. 囲 브라질 사람.

bravo, va 圈 ① 용감 ·용맹한(valiente). Ese joven se casó con una mujer *brava*. 그 청년은 왈가닥과 결혼했다. ② 거칠 칠한. Se rompían las olas *bravas* rugiendo. 거친 물결은 포효하면서 부서 지고 있었다. 囲 용감·용맹한 사람. Este niño es un *bravo*. 이 아이는 용감한 어린이다. 囲 만세, 잘됐다. ¡*Bravo*! gritaron los que veían la escena. 그 광경을 보고 있던 사람들은 "만세"하고 소리쳤

brazarete 명 팔찌(pulsera).

brazo 명 ① [신체] 팔. Entró llevando el abrigo al *brazo*. 그는 외투를 팔에 걸고 들어왔다. ② 완력. *brazo derecho* 오른팔 ; 유력한 협력자. *del brazo con* (…와) 팔 을 맞잡고, 팔을 끼고. Iban *del brazo*. 그들은 팔을 끼고 걷고 있었다.

breve 형 짧은; 근소한; 간단한. Su visita ha sido muy *breve* porque tenía una cita urgente. 그는 급히 만날 약속이 있었으므로 그의 방문은 간단했다. Hazme un resumen *breve* de este libro. 이 책의 간단한 요약을 해다오. *en breve* 이윽고, 바로. Me ha anunciado que vendrá *en breve*. 그는 곧 오겠다고 말해 왔다.

brevedad 명 단시간; 간결. La *brevedad* del tiempo nos impidió ver toda la exposición. 시간이 짧아서 우리들은 전람회를 전부 볼 수가 없었다. ◇ **brevemente** 팀 간단하게. Explícame *brevemente* lo que ha pasado. 일어난 일을 간단히 설명해 다오.

brigada 명 [군대] 여단; 대(隊); 반(원).

brillante 형 빛나는; 훌륭한(excelente). La cadena de tu reloj es demasiado *brillante*. 너의 시계줄은 너무 번쩍거린다. El Rector de la Universidad ha pronunciado un *brillante* discurso. 학장은 훌륭한 연설을 했다. 명 (브릴란트 컷으로 가공한) 다이아몬드(diamante). José le regaló un pulsera de *brillantes*. 호세는 그녀에게 보석 팔찌를 증정했다. ◇ **brillantez** 명 빛남, 빛나는 정도. La ceremonia de boda ha resultado de una *brillantez* extraordinaria. 결혼식은 대단히 호화로왔다.

brillar 자 ① 빛나다. Las estrellas *brillaban* en la bóveda celeste de la noche. 별이 밤 하늘에 빛나고 있었다. ② (다른 것보다 뛰어나서) 빛나다, 광채를 내다. *Brilla* entre todos por su inteligencia. 그의 머리의 우수함은 전부 중에서 빛나고 있다. ◇ **brillo** 명 빛남, 빛, 윤택. El muchacho sacó mucho *brillo* a sus zapatos. 소년은 구두를 매우 빛나게 했다.

brindar 탸 바치다; 제공하다. La pequeña *brindó* un ramo de rosas al ilustre visitante. 그 여자가 유명한 방문자에게 장미 꽃다발을 바쳤다. Su invitación me ha *brindado* la oportunidad de visitar Madrid. 그의 초대가 마드리드를 방문할 기회를 제공해 주었다. 자 [+a+por: …를 위하여] 건배하다. Brindemos por los compañeros ausentes. 지금 여기 출석하지 못하는 친구들을 위해 건배하자. ◇~**se** [+a+inf.: …하자고] 신청하다. Este muchacho *se brinda* a acompañarte. 이 소년이 너와 함께 가겠다고 말하고 있다. ◇ **brindis** 명 건배.

brío 명 의기, 기력. Le han gastado Este muchacho empieza a estudiar con muchos *bríos*, pero se cansa pronto. 이 어린이는 매우 긴장하여 공부를 시작하지만, 곧바로 싫증을 낸다. ◇ **brioso, sa** 형 용기있는, 늠름한.

brisa 명 미풍, 산들바람. La *brisa* marina me acaricia las mejillas. 바다의 산들바람이 나의 뺨을 간지렸다.

británico, ca 형 브리타니아(Britania)의, 영국의.

brocha 명 솔, 붓. *brocha para afeitar* 면도용 솔.

broche 명 브로치; 훅.

broma 명 농담. Le han gastado una *broma* muy pesada. 그는 악랄한 농담을 들었다. No lo tomes en serio; estoy de *broma*. 그것을 진지하게 받아들여서는 안된다; 나는 농담(으로 말하고 있는 것)이다. *en broma* 농담으로. Te lo decía *en broma*. 나는 너에게 그것을 농담으로 말했다. ◇ **bromearse** 재 농담을 하다. Está siempre *bromeando*. 그는 언제나 농담을 좋아하는. ◇ **bromista** 형 농담을 좋아하는. 명 농담 좋아하는 사람.

bronce 명 ① [금속] 청동. Esta estatua de Júpiter está hecha de *bronce*. 이 주피터 신의 상은 청동으로 만들어져 있다. *medalla de bronce* 동메달. ② 동상(銅像). ◇ **bronceado, da** 형 청동빛의, 볕에 그을린.

brotar 자 ① 싹트다. A finales de abril comienzan a *brotar* las primeras hojas de los árboles. 4월말 경에 나무들의 새잎이 싹트기 시작한다. ② (물이) 솟아오르다. En las márgenes del río *brotan* innumerables fuentes. 강가에서 샘이 솟아나고 있다. ◇ **brote** 명 발아(發芽), 싹; 조짐. Ya aparecían los primeros *brotes* de la revolución. 이미 혁명의 첫 조짐이 보이고 있었다.

brujo, ja 명 마법사, 마녀.

bruma 명 [기상] 안개. ◇ **brumoso, sa** 형 안개 낀·자욱한.

brusco, ca 형 ① 당돌한, 돌연한. Un cambio *brusco* en la temperatura me ha hecho coger un resfriado. 기온의 급변으로 나는 감기가 들었다. ② 원·귀에 거슬리는; 기분나쁜. Debes cortar las relaciones con ese chico tan *brusco*. 저런 기분 나쁜 놈과 너는 관계를 끊어야

bruto, ta 한다. ◇ **bruscamente** 凰 돌연, 갑자기.
brutal 匓 ① 난폭한, 심한. Es *brutal* el modo que tiene de tratar a sus empleados. 그가 고용인을 다루는 방법은 난폭하다. ② [속어] 지독한 (훌륭한, 아름다운). El coche pasó ante nosotros a velocidad *brutal*. 그 차는 우리들 앞을 무서운 속도로 달려갔다. ◇ **brutalidad** 여 난폭; 생각 없음. Es una *brutalidad* bañarse en semejante río. 이런 냇물에서 헤엄치는 것은 도대체 난폭한 짓이다. ◇ **brutalmente** 凰 난폭하게. Jesé le arrancó la caja de las manos *brutalmente*. 호세는 그의 손에서 상자를 난폭하게 빼앗았다.
bruto, ta 匓 ① 난폭한. No seas *bruto*. 난폭한 짓을 해서는 안된다. ② 총(總); 자연 그대로의. *paso bruto* 총중량, 부대채로의 무게. 召 짐승; 난폭한 놈. En este pueblo no hay escuela; por eso abundan los *brutos*. 이 마을에는 학교가 없어서, 난폭한 사람이 가득차 있다. *en bruto* 생긴 그대로의; 거죽 부대채로의. *diamante en bruto* 다이아몬드 원석. *Producto Nacional Bruto* 국민 총생산.
bruza 여 말이나 노새의 털을 손질하는 솔.
bruzar 태 (말이나 노새를) ⋯로 씻기다.
Bs. As. Buenos Aires.
bro. bulto; bruto.
bu 圄 [búes] 가공적 괴물 (아이들을 겁나게 하기 위한).
búbalo, la 圄 [동물] 아프리카산의 영양.
bubas 여 [의학] 한개 혹은 여러 임파선의 염증.
bubónico, ca 匓 임파선에 염증을 일으키는. *peste bubónica* 선 페스트.
bucal 匓 입의, 입에 관한. *cavidad bucal* 구강.
bucanero 圄 서반아 식민지에서 약탈을 일삼는 해적단.
bucare 圄 남미의 그늘을 지워주는 나무.
búcaro 圄 도토 (도자기를 만드는).
bucear 자 잠수하다. 태 잠수부처럼 일하다; 비밀에 알아보다.
bucéfalo 圄 무식하고 횡폭한 사람.
buceo 圄 잠수.
bucle 圄 구불구불한 파이프; 꼬불꼬불하게 말린 털.
bucólico, ca 匓 목동(牧童)의, 목가적인 (pastoril). 圄 전원 시인. 여 목가, 전원시; [속어] 식당; [콜롬비아] 공복, 빈배.
buche 圄 동물이 사람의 위 (estómago); 가슴; 위가 높은 모자.
Buda 圄 석가모니.
búdico, ca 匓 불교의. 석가모니의.
budismo 圄 불교. ◇ **budista** 匓 불교도, 불교신자.

buen 匓 bueno의 어미 탈락형.
buenamente 凰 기꺼이; 쉽사리; 나서서.
buenaventura 여 행운; (집시의) 점.
bueno, na [남성 단수명사의 앞에서 buen; 비교급 mejor] 匓 ① 좋은; 바른. *Buenos días*. 오전 인사. *Buenas tardes*. 오후 인사. *Buenas noches*. 저녁·밤 인사. Es un hombre de *buena* voluntad. 그는 선의의 사람이다. Es una *buena* idea. 그것 좋은 생각이다. ② 즐거운, 행복한. ¡ *Buena* suerte! 행운이 깃드시기를! ¡ *Buen* viaje! 즐거운 여행이 되기를! Pasamos un *buen* rato con ustedes. 우리는 당신들과 즐거운 한때를 지냈다. ③ [주로 명사 앞에서] 선량한. Es una *buena* persona. 그는 선량한 사람이다. ④ [주로 명사 뒤에서] 친절한. Era una mujer muy *buena* con sus vecinos. 그녀는 이웃에게 매우 친절한 사람이었다. 凰 좋다. *Bueno*, nos veremos a las cinco. 좋아, 5시에 만자자. *por las buenas* 순 하게, 대수롭지 않게. Me lo dio *por las buenas*. 그는 나에게 그것을 선뜻 내주었다.
buey 圄 (거세한) 소. El *buey* suelto bien se lame. 자유는 유유하게 즐겁다.
bufalino, na 匓 물소의, 들소의.
búfalo, la 圄 물소, 들소.
bufanda 여 목도리, 머플러.
bufar 자 화가 나서 씩씩거리다.
bufete 圄 사무용 책상; 변호사 사무용; 가벼운 식사.
búfido 圄 성낸 음성.
bufo, fa 匓 익살꾼의, 광대같은. 圄 익살꾼, 광대.
bufón, na 圄 익살스러운 사람, 광대.
bufonada 여 놀리기, 웃음거리; 익살; 놀림; 광대의 행위; 해학.
buharda/buhardilla 여 지붕에 낸 창; 지붕밑 다락방(desván).
buho 圄 올빼미.
buhonería 여 행상업; 노점.
buhonero, ra 圄 행상인.
buitre 圄 (남미산의) 까마귀(cuervo); 콘도르.
bujía 여 초 (vela); 촛대; 촉광; (모터의) 점화전(栓), 플러그.
bula 여 교황의 교서; 교황의 인장; 특권; 특혜.
bulbo 圄 [식물] 덩이 뿌리, 구근. *bulbo de lirio* 백합 뿌리. *bulbo dentario* 이의 뿌리. *bulbo piloso* 털의 뿌리, 모근.
bulboso, sa 匓 구근 모양의; 구근의.
bulevar 圄 번화가; 가로수가 서있는 산책길.
búlgaro, ra 匓 불가리아의. 圄 불가리아인. 圄 불가리아어.

bulo 🔖 유언비어.

bulto 🔖 ① 형체가 있는 것; 짐, 보따리. ¿Cabrán estos *bultos* en su coche? 이 짐들이 당신 차에 들어갈까. Los pañuelos hacen *bulto* en el bolsillo. 손수건이 호주머니를 불룩하게 하고 있다. Salió con un *bulto* de ropa en la mano. 그는 옷보따리를 들고 떠났다. ② 혹. Tenía un *bulto* en la cabeza. 그는 머리에 혹이 있었다. ③ 검은 그림자 (막연하게 보이는 물건). Vi algunos *bultos* que se movían junto a la pared. 벽 옆에서 움직이고 있는 것이 두엇 보였다. *a bulto* 눈 어림으로. Calculé *a bulto* que había doscientas personas. 내 눈어림으로는 200명쯤 있었다. escurrir [huir] *el bulto* 잘도 도망치다.

bulla 🔖 소동, 소란. meter *bulla* 소란을 피우다. No metan tanta *bulla*. 그렇게 소란을 피우지 마세요.

bullanga 🔖 소동, 폭동, 반란(motín).

bullanguero, ra 소동을 일으키는. 🔖 불순 분자(alborotador).

bullebulle 🔖 생기가 있고 불안한 그런 사람.

bullicio 🔖 떠들석함, 시끄러움; 야단법석.

bullicioso, sa 🔖 떠들석한, 시끄러운, 불온한.

bullir 🔖 움직이다; 끓다; 거품이 일다; (꿀벌에) 떼를 지어 분통하다·웅성거리다. 🔖 움직이다(mover).

buniato 【식물】 고구마.

buñolería 🔖 buñuelo 점.

buñolero, ra 🔖 도나스 파는 사람.

buñuelo 🔖 튀김 과자.

buque 🔖 (큰) 배(barco). Desde mi casa se ven salir los *buques* del puerto. 우리 집에서 배가 항구를 떠나는 것이 잘 보인다. *buque de carga* 화물선. *buque gemelo* 자매선. *buque de guerra* 군함. *buque mercantil* 상선. proveedor de *buque* 선박용품 납입자. *buque de vela* 범선. *buque cisterna·tanque* 유조선. *buque de transporte* 수송선. *buque escuela* 연습선. *buque madre* 모함. *buque portaaviones* 항공모함.

buqué 🔖 꽃다발.

buratia 🔖 관목.

burbuja 🔖 물거품, 거품(pompa, ampolla).

burbujear 🔖 거품이 일다·부글거리다.

burdégano 🔖 숫말과 암탕나귀에서 난 말.

burdel 🔖 음란한(lujurioso)· 🔖 매춘굴, 도박장.

burdeo 🔖 보르도(Burdeos)산의 붉은 포도주.

burdo, da 🔖 나쁜; 거칠은; 질이 낮은 (tosco).

bureo 🔖 유희, 오락(entretenimiento).

bureta 🔖 뷰렛(화학 실험용 유리관).

burga 🔖 온천.

burgalés, sa 🔖 중산 계급의, 부르조아의.

burgo 🔖 촌, 적은 마을.

burgomaestre 🔖 (북유럽의) 시장(alcalde).

burgués, sa 🔖 중류 계급의; 부르조아. Los barrios *burgueses* están situados al oeste de la ciudad. 중류 계급 지구는 시의 서쪽에 위치하고 있다. 🔖 중류 계급의 사람; 부르조아. ◇ **burguesía** 🔖 중류·유산 계급, 부르조아 계급. La *burguesía* hacía casi completamente desaparecido de la sociedad. 부르조아 계급은 사회에서 모습을 거의 감추고 있다.

buriel 🔖 검붉은 색의; 붉고 검은.

buril 🔖 구리, 금속 등을 깎는데 쓰는 칼; 금·세공용의 칼, 조각칼.

burilar 🔖 조각칼로 새기다. *burilar en cobre* 구리·동판을 새기다.

burlarse 🔖 [+de] 비웃다; 조롱·조소하다. ¿Se burla usted *de mí*? 당신이 나를 비웃는 겁니까. ¿Queréis *burlaros* de mí? 너희들은 나를 비웃으려 하는 거냐. ◇ **burla** 🔖 ① 조롱, 조소. Le hicimos *burla* de su sombrero. 우리는 그녀의 모자를 놀려댔다. Hacen *burla* hasta de lo más sagrado. 그들은 가장 신성한 것까지도 비웃는다. ② 모욕. Esta manera de hacernos esperar es una *burla*. 우리를 기다리게 하는 이따위 방법은 마치 모욕이다. ◇ **burlón, na** 🔖 생소하는, 농지거리를 좋아하는. Se le escapó una risita *burlona*. (그의 입에서) 조롱하는 듯한 냉소가 새어 나왔다.

burócrata 🔖 관료, 관리. ◇ **burocracia** 🔖 관료 사상·사회. ◇ **burocratismo** 🔖 관료주의·사상.

buro 🔖 ① 【동물】 당나귀(asno, borrico). Los *burros* transportan la carga de aceitunas del campo a la ciudad. 노새가 올리브 짐을 시골에서 도시로 날라간다. ② 일꾼; 바보. Este criado es un *burro* de carga. 이 머슴은 참을성 있는 일꾼이다.

buscar [7 sacar] 🔖 ① 찾다, 구하다. ¿Qué *busca* usted? 무엇을 찾고 있소. ¿A quién *busca* usted? 누구를 찾으십니까. *Estoy buscando* una colocación. 나는 일자리를 찾고 있다. Lleva dos meses *buscando* un empleo y no lo encuentra. 그는 일을 찾아서 두 달이 되지만, 아직 발견하지 못하고 있다. Voy a *buscar* libros. 나는 책을 구하러 하고 있다. ② 부

르러 가다·오다, 마중 나가다·오다. En breve vendrá a *buscar*(me) en su coche. 곧 그가 차로 나를 맞이하러 온다. Enviaron a *buscar* al médico. 그들은 의사를 부르러 보냈다. ◇ **busca** 예 수색, 탐구. La policía ha salido a la *busca* del asesino. 경찰은 살인범의 수색에 나섰다. *en busca de* …를 찾아서·구해서. Lleva más de una semana *en busca de* un empleo. 그는 일을 찾기에 벌써 1주일이 된다. ◇ **buscador, ra** 图 찾는 사람. ◇ **búsqueda** 예 수색(busca), 조사.

busto 图 흉상(胸像). Ha colocado un *busto* sobre la chimenea del cuarto de estar. 그는 거실 난로 위에 흉상을 놓았다.

butaca 예 안락의자(sillón); (극장의) 오케스트라석(席). Siéntese usted en esta *butaca*. 이 안락의자에 앉으세요. He sacado tres *butacas* para sesión de la tarde. 나는 오후 상연의 오케스트라석(의 표)을 3장 샀다.

buzón 图 우체통, 포스트. *echar al buzón* 우체통에 넣다. *Eche* usted estas cartas *al buzón*. 이 편지를 우체통에 넣어 주세요. ◇ **buzonero** 图 우체부(cartero).

C

C. capítulo; compañía; cuenta; corriente.
c/ caja; capítulo; cargo; contra; corriente; cuenta.
c., ca. compañía 회사.
C.A. Centro América 중앙 아메리카.
ca 囮 설마!, 글쎄!; 그따위 일(은 없다) [불신·부인]. ¡*Ca*! No lo crea usted. 천만에! 너는 진짜로 일을 믿어서는 안돼!
cabal 쥉 완전·정확한. Aquí hay tres mil pesetas *cabales*. 여기 꼭 3,000페세따가 있다. El juego de té no está *cabal*. 그 홍차 세트는 짝짝이가 되어버렸다. *en sus cabales* 정말로. Tú no estás *en tus cabales*. 너는 진짜로 본정신이 아니다.
◇ **cabalmente** 틀림없이, 꼭. Son *cabalmente* las doce. 꼭 12시다.
cabalgar [8 pagar] 困 ① 말을 타다. ② (말·울타리 따위에) 걸타앉다. Las gafas *cabalgaban* sobre su nariz. 안경이 코 위에 걸쳐 있었다.
cabalgata 띠 승마대.
caballa 띠【물고기】고등어(escombro).
caballero 囲 ① 신사. Atienda a este *caballero*. 이 신사의 상대를 해주세요. ② 기사(騎士). En Castilla vivía un *caballero* cuyas hazañas han quedado grabadas para siempre en la Historia. 까스띠랴에 한 사람의 기사가 있었는데 그 무훈이 영원히 역사에 기록되었다. ◇ **caballerito** 囲【축소사】꼬마 신사.
caballo 囲【동물】말 [암컷 yegua]. El *caballo* es cada vez menos usado como medio de transporte. 말은 수송 수단으로서는 더욱이 쓰이지 않게 되어 있다. ◇ **caballería** 예 승마·기병대; 기사(도).
cabaña 예 오두막, 날림집; 축사(畜舍).
cabaret 囲 캬바레.
cabecera 예 베게(맡); 시초, 시작, 머리부분; 상석(上席). *sentarse a la cabecera* 탁자 앞에 앉다.
cabello 囲 머리털(pelo). Se cepilló el *cabello* cuidadosamente. 그녀는 머리털을 꼼꼼히 솔질했다. ◇ **cabellera** 예 머리털; 가발.
caber [64] 困 ① 들다. El libro no *cabe* en el estante. 책이 책장에 들어가지 못한다. Este piano no *cabe* por la puerta. 이 피아노는 문으로는 못들어간다. ② 용량·여유가 있다. No *cabe* más en el baúl. 트렁크에는 더 여유가 없다 (트렁크에 더 이상 못들어 간다). En el coche no *caben* más que cuatro personas. 그 차에는 4명 밖에 타지 못한다. ③ [+*inf*./+*que*] …할 수 있다, 가능하다. No ha venido todavía, pero *cabe que* venga más tarde. 그는 아직 오직 않았지만, 뒤에 올지도 모른다.

cabeza 예 ①【신체】머리. ¿Le lavo la *cabeza*? 머리 감아 드릴까요. *dolerle la cabeza* 머리가 아프다(tener dolor de cabeza). *Me duele la cabeza*. 나는 머리가 아프다. ② 선두(先頭). Los vagones de primera van a la *cabeza* del tren. 1등차는 열차의 신두에 있다. *de pies a cabeza* 머리 끝에서 발끝까지, 완전히. ③ 두뇌; 사고력. Tiene mala *cabeza*. 그는 무모하다. Todo esto ha salido de mi *cabeza*. 이것은 모두 내가 생각했던 일(나의 두뇌에서 나온 일)이다. *de cabeza*. 대뜸; 주저없이. Se tiró *de cabeza* al agua. 그는 대뜸 물에 뛰어들었다.
cabina 예 캐빈; 조종실; 작은 방.
cable 囲 밧줄; 돛줄; 철사줄, 케이블; 해저 전선(cable submarino): 해저 전신(cablegrama).
cablegrafiar 国 (통신을) 해저 전신을 치다.
cablegrama 囲 전보, 해저 전신.
cabo 囲 ① 끝(extremo), 말단; (도구의) 자루. He gastado ya todo el hilo, ya no me queda más que un *cabo*. 나는 실을 모두 써버렸고, 이제 조금밖에 남지 않았다. ②갑(岬), 곶. *al cabo de* …의 끝에, …의 뒤에. Volvió *al cabo de* dos horas. 그는 2시간 뒤에 돌아왔다. *al fin y al cabo* 마침내, 결국. *De cabo a cabo*/*de cabo a rabo* 처음부터 끝까지. Ella leyó el libro *de cabo a rabo*. 그녀는 그 책을 처음부터 끝까지 읽었다. *llevar a cabo* 완성·완료하다; 완수하다.
cabra 예【동물】염소. La *cabra* siempre tira al monte.【속담】세살 버릇 여든까지 간다.
cacahuate/cacahuete 囲【식물】땅콩, 낙

화생(maní).
cacao 圀 【식물】 코코아(나무). ◇ **cacaotal** 圀 코코아밭.
cacería 수렵(대).
cacerola 식탁에 올리는 뚜껑있는 냄비.
cacharro 圀 ①(값 싼) 도자기; (도자기의) 조각. Tráeme un *cacharro* para flores. 꽃을 꽂을 도기(의 그릇)을 가지고 오너라. ②잡동사니. En esta casa hay demasiado *cacharros*. 이 집에는 잡동사니가 무척이나 많다. ◇ **cacharrería** 圀 도자기 가게.
cachetada 囡 뺨 매리기(bofetada).
cachimba 囡 (담배) 파이프.
cada [성·수에 변화 없음]웹 ①낱낱의, 각기의. *Cada* uno en su casa es rey. 각자는 자기의 집에서는 왕이다. ②…마다(에). *Cada* tres meses le dan una paga extraordinaria. 3개월마다 그에게 보너스가 지급된다. *Cada* día se pone más delgada. 그녀는 나날이 여위어 있다.
cadáver 圀 시체 Han encontrado su *cadáver* flotando en el río. 강에 그의 시체가 떠있는 것이 발견되었다.
cadavérico, ca 웹 시체의·와 같은, 창백한. Debes ir al médico; tienes un aspecto *cadavérico*. 너는 의사에게 가야 한다; 얼굴빛이 창백하다.
cadena 囡 ①쇠사슬; 체인. He comprado una *cadena* para atar a mi perro. 나는 개를 잡아 맬 쇠사슬을 샀다. ②산맥. ③연쇄; 연접. reacción en *cadena* 연쇄반응.
cadera 囡 엉덩이.
cadete 圀 사관학교 생도; 사관 후보생.
caer [72]㊉ ①떨어지다, 넘어지다. Los cuerpos *caen* con movimiento acelerado. 물체는 가속 운동으로 낙하한다. En este valle muchos héroes *cayeron* por la patria. 이 계곡에서 다수의 용사가 조국을 위하여 쓰러졌다. ②내려뜨리다. Los cortinajes *caen* en pliegues regulares. 커튼이 곧은 주름을 잡고 내려뜨려 있다. ③어울리다. Este traje te *cae* muy bien. 그 옷은 너에게 잘 어울린다. ④(제비뽑기, 축제일 따위에) 적중하다, 상당하다. El día de mi cumpleaños *cae* este año en domingo. 금년에 내 생일이 공교롭게도 일요일에 해당한다. ⑤[+en: …에] 갑자기 떨어지다, 판명되다. Ya *caigo en* ello. 나는 겨우 그것을 알게 되었다. ⑥[+sobre:…를] 습격하다. Ha caído una desgracia *sobre* la familia. 불행이 그 집안을 덮쳤다. ◇~se 떨어지다, 넘어지다, 탈락하다. Por poco me *caigo*. 나는 하마터면 쓰러질뻔 했다. *caer* enfermo/*caer* en cama 병으로 쓰러지다, 병에 걸리다. Su madre *cayó* gravemente *enferma*. 그의 모친은 중병에 걸렸다. *caer en la cuenta (de)* (…)일을 깨닫다. Entonces *caí en la cuenta* de lo que usted me había dicho. 말씀하신 일이 그 때 납득되었다. *dejar caer* 떨어뜨리다, 넘어뜨리다. Tenga cuidado; no *deje caer* los platos. 접시를 떨어뜨리지 않도록 조심하십시오. *dejarse caer* 무너지게 엎드리다, 앉다. La vieja al oírlo *se deja caer* en el sillón. 노파는 그걸 듣더니 안락의자에 쓰러진다.
café 圀 커피; 카페. Tomemos una cerveza en este *café*. 이 커피에 맥주 좀 탑시다. Los amigos se reúnen todas las tardes en el *café* del barrio. 친구들은 매일 오후 읍내의 카페에 모인다. *café solo·negro* 블랙 커피. una taza para *café* 커피잔. una taza de *café* 커피 한잔. *café* con leche 밀크 커피. ◇ **cafetera** 囡 커피 포트. **cafetería** 囡 카페테리아. **cafetero, ra** 웹 커피의. 圀 카페테리아, 다방 주인; 커피 농장.
caído, da 웹 낙하된; 쇠약한; 떨어진. El joven venía *caído* de ánimo. 그 청년은 완전히 낙담해서 왔다. 圀 전사자. Hoy es el día de los *caídos*. 오늘은 전사자의 날(기념일)이다. 囡 낙하; 전략; 붕괴. La *caída* de una manzana reveló a Newton las leyes de la gravedad universal. 사과가 떨어지는 것이 뉴톤에게 만유인력의 법칙을 열어주었다.
caiga *caer*의 접속법 현재 1·3인칭 단수.
caigo *caer*의 직설법 현재 1인칭 단수.
caja 囡 ①상자. Los niños se han comido toda la *caja* de caramelos. 어린이들은 캬라멜을 한 상자 전부 먹었다. ②금고 (caja fuerte); 카운터, 경리과; 자금(資金). Tiene guardados todos sus valores en la *caja*. 그녀는 증권을 모두 금고에 넣어 둔다. *caja* de ahorros 저축 은행. ◇ **cajero, ra** 圀 금고 담당자, 출납 계원.
cajón 圀 ①(책상 등의) 서랍. No encuentro las tijeras en el *cajón* del escritorio. 책상 서랍에 가위가 안 보인다. ②(운전사·승객이 있는) 박스.
calabaza 囡 【식물】호박. *dar calabazas* 낙제시키다. (여자가 사랑의 요구를) 거부하다. ¿Te *dieron calabazas*? 시험에 합격 못했느냐. Le *dieron calabazas* en geometría. 그는 기하에서 낙제했다. Ella le *dio calabazas*. 그녀는 그에게 딱지를 놓았다.
calabozo 圀 감옥; 지하 감옥, 독방. ◇ **calabocero** 圀 간수, 옥리(獄吏).
caladre 圀【새】종달새(alondra).
calagozo 圀【도구】낫.

calamar 图【동물】오징어.

calambre 图【의학】경련, 쥐. *calambre de estómago* 위경련.

calamidad 예 재난, 재해(災害). El pobre ha pasado muchas *calamidades* en su vida. 불행하게도 그는 인생에서 많은 재난을 경험했다.

calar 国 ① 흠뻑 젖게 하다. La lluvia le *caló* todo el vestido. 비 때문에 그의 옷은 흠뻑 젖었다 (비가 그의 옷을 흠뻑 젖게 했다). ② 꿰뚫다; (…에) 구멍을 뚫다. El puñal le *caló* hasta el corazón. 단도가 그의 심장까지 꿰뚫었다. ◇~**se** 흠뻑 젖다. Me he *calado* hasta los huesos. 나는 흠뻑 (뼈까지) 젖었다. ② (모자를) 쓰다. Se *calaba* el sombrero hasta las cejas. 그는 깊숙이 (눈썹까지) 모자를 쓰고 있었다.

calavera 예 【해부】두개골. Cavando en el huerto han encontrado unas *calaveras*. 그들은 밭을 파다가 두개골을 몇 개 발견했다. 图 후레 자식. Su hijo es un *calavera*. 그의 아들은 후레 자식이다.

calaverada 예 낭행, 무사려(無思慮).

calcetín 예 (남자용) 양말 [비교: media].

calcular 国 ① 계산하다. Sus palabras eran muy *calculadas*. 그의 발언은 충분히 계산되어 있었다. ② 추정하다, 생각하다. Calculo que José vendrá el sábado. 호세는 토요일에 오리라고 나는 생각한다. ◇ **calculador, ra** 웹 계산하는, 셈속 빠른. 图 계산자; 타산가. 图 계산척. 예 계산기. *calculadora electrónica* 전자 계산기.

cálculo 图 계산. Este chico es muy bueno en literatura, pero es nulo en cálculo. 이 어린이는 문학은 잘 하지만 계산은 무능하다. *cálculo mental* 암산.

caldera 예 (물을 끓이는) 솥; 보일러. Las *calderas* están colocadas en el sótano. 보일러는 지하실에 설치되어 있다. ◇ **palderón** 图 큰 솥.

calderilla 예 동전; 성수 그릇.

caldo 图 육수, 수프. *caldo de gallina* 닭수프.

calefacción 예 난방 (설비). En los grandes edificios usan *calefacción* central. 큰 건물에서는 집중 난방이 행해지고 있다. ◇ **calefactor** 图 난방 설비의 기술자, 보일러 담당자.

calendario 图 달력. He consultado el *calendario* porque ignoraba la fecha de Pascua de Resurrección. 나는 부활제의 날짜를 몰랐으므로 달력을 보았다. *calendario lunar* 음력. *calendario solar* 양력.

calentar [19 pensar] 国 덥히다; 흥분시키다. Un solo radiador *calienta* todo el cuarto. 단 한개의 난방기가 방 전체를 덥힌다. ◇~**se** 더워지다; 뜨거워지다. Nos *calentamos* alrededor de la chimenea. 난로 주위에서 우리들은 불을 쬐었다. ◇ **calentador** 图 가열기, 히터.

calibre 图 (총·포의) 구경; (탄알의) 직경.

calidad 예 ① 품질. Esta tela es de mejor *calidad* que ésa. 이 천은 그것보다 품질이 더 좋다. ② 자격. El señor López figura en la comisión en *calidad* de técnico. 로페스씨는 기술자의 자격으로 위원회에 참가하고 있다.

cálido, da 웹 뜨거운; 열렬한. José encontró una *cálida* acogida. 호세는 열렬한 환영을 받았다.

caliente 웹 뜨거운, 더운. Prefiero la leche fría a la *caliente*. 뜨거운 것보다는 찬 우유로 하겠습니다. La sopa está todavía *caliente*. 그 수프는 아직 뜨겁다. ② 분개한, 흥분한. Está muy *caliente* contigo por la faena que le has dado. 그에게 맡긴 일 때문에 그는 너에게 대단히 분개하고 있다. ◇ **calentura** (병에 의한) 열(fiebre); 체온 (temperatura).

calificar [7 sacar] 国 ① [+de: …라고] 형용하다. Todas aquellas ternuras, Luis las *ha calificado* de ridículas. 루이스는 그런 상냥한 몸짓을 모두 가소롭다고 형용했다. ② [+de: …의] 자격을 주다. La *han calificado* de representante. 그녀에게 대표자의 자격이 주어졌다. ◇ **calificación** 예 자격, 적격성; 성적. José ha obtenido la *calificación* de sobresaliente en los exámenes del inglés. 호세는 영어 시험에서 수의 성적을 받았다. ◇ **calificativo, va** 웹 【문법】품질의. 图 품질 형용사.

californianus 图【새】캘리포니아의 까마귀.

caligrafía 예 서도(書道), 서예; 달필; 습자. ◇ **caligráfico, ca** 서예의; 달필의. ◇ **caligrafo** 图 서예가, 달필가.

calma 예 ① 바람 없는 상태. ② 평정, 평온. El parque se quedó en *calma* al marcharse todos los niños. 어린이들이 가버리자 공원은 조용해졌다. El negocio está temporalmete en *calma*. 거래는 일시적으로 정온하다. ③ 유유 자적. José solo trabaja con mucha *calma*. 호세만은 유유 자적하게 일을 하고 있다. ◇ **calmoso, sa** 웹 고요한; 유유 자적한.

calmar 国 조용하게 하다, 완화하다. La nevada *calmó* el frío. 눈은 추위를 덜어 주었다. 困 困 고요해지다; 안정하다. Si no *te calmas*, no podemos seguir hablan-

calor 열; 더위. *hacer calor* 낯씨가 덥다. Hoy hace más *calor* que ayer. 오늘은 어제보다 더 덥다. *tener calor* 신체가 덥다. ¿No *tienes calor*? 너는 덥지 않느냐. ◇ **caluroso, sa** 휑 무더운; 열렬한. No se ha atrevido a rehusar una *calurosa* invitación. 그는 열렬한 초대를 거절할 수 없었다. Es un día *caluroso*. 무더운 날씨이다.

calumnia 예 중상, 모략. Todo lo que dice son *calumnias*. 그가 말하는 것은 모두 중상이다. ◇ **calumniar** [11] *cambiar*] 타 중상하다, 모략하다, 헐뜯다. **calumnioso, sa** 휑 중상하는.

calvo, va 휑 대머리의(pelón). 囘 대머리. ◇ **calvicie** 예 대머리(의 사람).

calzada 예 돌을 깐 보도.

calzar [9] alzar] 타] (사람·발에 신을) 신기다, (신을) 신다. ¿Qué número *calza* usted? 구두 치수는 몇입니까. ② (차바퀴의) 굄돌을 괴다. Voy a *calzar* las ruedas para que no se mueva el coche. 차가 움직이지 않도록 차바퀴에 굄돌을 괴어보겠다. ◇ **calzado** 囘 신. **calzador** 囘 구두 주걱; 연필통.

calzón 囘 (주로 圈) (반)바지. ◇ **calzoncillos** 囘 속바지; 팬츠.

callar 타 침묵하다, 말하지 않다. José *ha callado* lo más importante. 호세는 가장 중요한 일을 말하지 않았다. 困 비밀로 하다. ¡*Cállate*! 조용히 해라! Al entrar él, *se callaron* todos. 그가 들어오자 모두들 입을 다물었다. En este caso vale más *callar*. 이 경우에는 침묵을 지키는 것이 더 좋다. ◇ **callado, da** 휑 입이 무거운, 과묵한, 고요한, 침묵을 지킨, 적막한. La niña era demasiado *callada*. 그 여자는 너무나도 입이 무거웠다.

calle 예 ① 시가지, 길, 거리. ¿Cómo se llama esta *calle*? 이 거리 이름은 무엇입니까. Esta *calle* es de dirección única. 이 길은 일방 통로이다. Las ventanas de mi cuarto dan a la *calle*. 내 방 창문은 거리에 면하고 있다. ② 가두(街頭), 바깥. Al fracasar el negocio se quedó en la *calle*. 사업을 실패하여 그는 가두를 방황했다. ◇ **callejear** 困 거리를 거닐다. ◇ **callejero, ra** 휑 외출하기를 좋아하는, 읍내(에서)의. ◇ **callejón**/**calleujela** 좁은 골목. *callejón sin salida* 막다른 골목.

callo 囘 티눈, 못. ◇ **callicida** 예 티눈고.

cama 예 [가구] 침대. Después de apagar la luz y la radio me metí en *cama*. 전등과 라디오를 끄고 나서 나는 침대에 들어갔다. *guardar cama/estar en cama*. 병으로 누워 있다. *Guarda cama* desde hace tres semanas. 그는 3주일 전부터 아파서 누워 있다. *cama de matrimonio* 트윈 베드. *hacer la cama*. 잠자리를 준비하다, 이부자리를 펴다.

cámara 예 ① 국회, 의회(議會). La *Cámara* abrirá la sesión mañana. 의회는 내일 개회한다. ② 카메라, 사진기(*cámara fotográfica*). Ya está arreglada su *cámara*. 당신의 카메라는 벌써 고쳐져 있다. *cámara de comercio e industria* 상공회의소.

camarada 囘 한패, 동료, 동무, 친구 (compañero). Le presento a mi *camarada* el Dr. Ramírez. 동료인 라미레스박사를 소개합니다.

camarero, ra 囘. 사환; 보이, 웨이트리스. ¡*Camarero*! La cuenta, por favor. 보이, 계산서를 가져오시오.

camarón 囘 [동물] 새우.

camarote 囘 선실, 캐빈.

cambiar [11] 타 ① 바꾸다, 교환하다. Cada año el profesor *cambia* el libro de texto. 선생은 매년 교과서를 바꾼다. ② 맞바꾸다. *He cambiado* la pluma que tenía por ésta. 나는 가지고 있던 펜을 이것과 바꾸었다. ③ 환전하다. ¿Se puede *cambiar* estos dólares en pesetas? 달러를 뻬세따 돈으로 바꿀 수 있습니까. ④ (서로 시선·인사 따위를) 바꾸다. *Cambiamos* una mirada de inteligencia. 우리들은 서로 알고 있다는 듯한 시선을 교환했다. 困 ① 바뀌다. Estos días *cambia* mucho el tiempo. 요즈음 일기가 쉽게 변한다. Estaba tan *cambiada* que apenas la reconocí. 그녀는 너무 변해 있었으므로 나는 거의 몰라 보았다. ② [+de : …을] 바꾸다. *Ha cambiado de* parecer. 그는 의견을 바꾸었다. Tenemos que *cambiar de* tren en Zaragoza. 우리들은 사라고사에서 열차를 바꾸어 타야 한다. Yo también voy a *cambiar de* casa. 나도 이사하려고 한다. ◇ **~se** 団 변하다. ② [+de : 자기의 물건을) 바꾸다. Lola *se cambió de* zapatos. 롤라는 구두를 바꿔 신었다. ③ (상호간에) 맞바꾸다. *Nos cambiamos* los libros. 우리들은 책을 바꾸었다.

cambio 囘 ① 변화, 변경. Se produjo en su vida un *cambio* considerable. 그의 생활에 상당한 변화가 생겼다. ② 환전, 환산; 거스름돈. No tengo *cambio* de veinticinco pesetas. 나는 거스름돈으로 쓰기 위한 25뻬세따 짜리 잔돈이 없다. *a cambio de* …의 대신으로. Me han ofre-

caminar 쥐 걷다(andar). *Hemos caminado 10 kilómetros sin detenernos.* 우리들은 멈추지 않고 10킬로미터를 걸어 왔다. ◇ **caminata** 예 하이킹; 걷는 거리.

camino 예 길; 방법. *¿Dónde va este camino?* 이 길은 어디로 갑니까. *Siguiendo este camino usted llegará a una iglesia.* 이 길을 계속 가면 당신은 한 교회에 도착하실 겁니다. *Indíqueme el camino.* 길을 좀 가르쳐 주십시오. *en camino* 도중에·에; 경유하여. *Tu casa me viene de camino.* 네 집은 내가 다니는 길 옆에 있다. *en camino de* …로 가는 도중·도상에. *En camino de casa pasé por la biblioteca.* 집으로 돌아가는 길에 나는 도서관에 들렀다.

camión 예 트럭, 화물 자동차; 【멕시코】 버스. *¡Qué bárbaro! me ha rozado ese camión.* 굉장히 난폭한 놈이군! 저 트럭은 나를 스치고 갔다. ◇ **camionaje** 예 트럭 운수·운임. ◇ **camionero, ra/camionista** 예 트럭 운전사. ◇ **camioneta** 예 소형 트럭.

camisa 예 【의복】 와이셔츠. *¿Quiere usted pegarle un botón a esta camisa?* 이 와이셔츠에 단추를 달아주지 않겠습니까. *en mangas de camisa* 셔츠 차림으로. *En la oficina trabajan en mangas de camisa.* 그 사무실에서는 와이셔츠 차림으로 일을 하고 있다. ◇ **camisería** 예 양품점. ◇ **camisero, ra** 예 양품점 주인. ◇ **camiseta** 예 속셔츠, 속옷. ◇ **camisón** 예 슈미즈.

campamento 예 캠프, 숙영, 야영. *El grupo estableció un campamento en ese valle.* 그 그룹은 계곡에 캠프를 설치했다.

campana 예 종. *No me gusta el sonido de esa campana.* 나는 그 종소리는 좋지 않다. ◇ **campanada** 예 종소리. *El reloj ha dado cinco campanadas.* 시계가 5번 쳤다. ◇ **campanario** 예 종루, 종각. ◇ **campanilla** 예 방울, 벨(timbre). *¿Tocó usted la campanilla?* 당신이 벨을 울렸습니까. *Ha tocado la campanilla.* 그는 벨을 눌렀다. *de muchas campanillas* 권세가 당당한. *Parece ser una persona de muchas campanillas.* 그는 권세가 당당한 사람 같다.

campaña 예 싸움; 캠페인, 운동. *Esta campaña cuenta con un millón de adherentes.* 이 캠페인에는 백만의 동지가 있다. *Salió a la campaña electoral.* 그는 선거전에 뛰어들었다.

campeón 예 챔피언, 우승자, 승리자; 투사. *Nuestro equipo de fútbol se ha quedado campeón de la liga.* 우리 축구팀은 리그전에서 우승했다. ◇ **campeonato** 예 선수권. *Los dos se disputaron el campeonato.* 두 사람은 선수권을 다투었다. *campeonato mundial del boxeo.* 세계 권투 선수권.

campesino, na 형 들녘의; 시골의. *La vida campesina ejerce un enorme atractivo sobre mí.* 시골 생활은 나에게 매력으로 되어있다. 명 시골·촌사람, 농부(labrador). *Aunque tiene mucho dinero no se puede negar que es un campesino.* 그는 많은 돈을 가지고 있지만, 촌놈이라는 것을 부정할 수 없다.

campo 명 ① 들녘; 논밭. *El granizo hizo mucho daño a los campos.* 우박은 논밭에 많은 손해를 끼쳤다. ② 시골; 지역, 지방(región, comarca). *La gente emigra del campo a la ciudad.* 사람들은 시골에서 도회지로 이주한다. ③ 분야(分野). *Es muy famoso en el campo de la medicina.* 그는 의학 분야에서 대단히 유명하다. *campo santo* 무덤, 묘.

cana 예 백발, 흰머리. *El se peina canas.* 그는 노경에 접어들었다.

canal 예 또는 예 수로(水路); 운하. *Esta parte de la ciudad se parece, en algo, a Venecia con sus canales.* 시내의 이 근방은 운하가 있는 베니스와 어딘가 닮아 있다. 예 ① 해협. ② 【텔레비전】 채널.

canario, ria 형 카나리아 제도(諸島)의. 예 카나리아 제도의 사람. 예 【새】 카나리아.

canasta 예 광주리, 고리짝.

canasto 예 바구니.

cancelar 타 취소하다, 해약하다, 말소하다(abolir). ◇ **cancelación** 예 취소, 해약, 말소.

cáncer 예 【의학】 암. *cáncer uterino* 자궁암.

canción 예 노래. *Es la canción que está más de moda.* 그것은 제일 많이 유행하고 있는 노래이다.

cancha 예 코트; 시합장.

candado 예 맹꽁이 자물쇠.

candela 예 양초. ◇ **candelero** 예 촛대; 칸델라.

candidato 예 【입】 후보자, 지원자. *candidato a la presidencia* 대통령 후보자. ◇ **candidatura** 예 [집합적] 후보자; 입후

cándido, da 형 순진한. Con una persona tan *cándida* es difícil llevar un negocio. 저러 순진한 사람과 장사를 하는 것은 어렵다. ◇ **candidez** 명 순진함.

candoroso, sa 형 천진스런, 순진한, 순박한. ◇ **candor** 명 순박함, 천진함.

canela 명 계피(桂皮).

cangrejo 명【동물】게.

canjear 타 교환하다.

canoa 명 카누.

cansar 타 피로하게 하다; 지루하게 하다. Me *cansa* subir y bajar las escaleras. 나는 계단의 오르내릴 때문에 피로를 느낀다. ◇ **~se** [+con・de : …에] 피로하다 ; 싫증나다. *No* se cansó de contar lo que había visto allí. 그는 그곳에서 본 일을 말하면서도 싫증내지 않았다. ◇ **cansado, da** 형 피로한, 싫증난, 힘이 거운. Estábamos *cansados* de tanto andar. 너무 걸어서 우리들은 피로해 있었다. **cansancio** 명 피로(fatiga). Su *cansancio* se disipará pronto. 그의 피로는 곧 풀릴 것이다.

cantábrico, ca 형 깐따브리아(Cantabria; 서반아 북부 해안 지방의 옛 이름-의). 깐따브리아 사람.

cantar 타 노래하다 ; (새・벌레 따위가) 울다. 자 노래하다 ; 울다. Ya no *canta* este pájaro. 이 새는 이제는 노래하지 않는다. 명 노래. ◇ **cantante** 명 가수(cantor).

cantidad 명 양(量) ; 금액(金額). Esta roca contiene gran *cantidad* de oro y plata. 이 바위는 다량의 금은 함유하고 있다. Les remitimos dicha *cantidad* en forma de cheque a su favor. 전기 (前記) 금액은 당신을 영수인으로 하여 수표로 하여 송금하겠습니다.

cantina 명 식당, 주보; 술창고.

canto 명 ① 노래 ; 노래 소리. Se oye un *canto* lejano. 멀리서 노래가 들린다. ② (엷은) 가장자리, 횡단면, 단편. Ponga ese libro de *canto*. 그 책을 세워서 (가장자리로) 놓으십시오. ③ 돌맹이.

cantor, ra 형 우는 소리가 아름다운. Tiene un pájaro muy *cantor*. 그는 지저귀는 새를 한 마리 키우고 있다. 명 가수 ; 명금(鳴禽).

caña 명【식물】갈대, (사탕)수수 ; 대 ; 막대. En Cuba se cultiva mucha *caña* de azúcar. 쿠바에서는 많은 사탕수수가 재배되고 있다. Yo contemplaba a un pescador de *caña*. 나는 낚시꾼을 바라보고 있었다. ◇ *caña de pescar* 낚시대. ◇ **cañaveral** 명 / **cañal** 명 / **cañedo** 명 갈대밭 ; 사탕수수밭.

cañacoro 명【식물】칸나.

cañada 명 협곡, 산골짜기, 계곡.

cáñamo 명【식물】삼, 대마.

cañería 명 수도관, 가스관. Tienen que arreglar la *cañería*, que está atascada. 수도를 고쳐야 하겠다 ; 막혀 있다.

caño 명 관(管) ; 하수구 ; 우물.

cañón 명 홈통, 파이프, 대포(大砲). He comprado una escopeta de dos *cañones*. 나는 2연발 총을 샀다. ◇ **cañonazo** 명 포성, 포격.

caoba 명【식물】마호가니.

caos 명 혼돈 ; 큰 혼란. Dios sacó el mundo del *caos*. 신은 혼돈 속에서 세계를 만들어 내었다.

capa 명 ①【의복】망토, 비옷. La *capa* clásica española aún se ve en esta región. 고전적인 서반아 망토는 아직 이 지방에서 볼 수 있다. ② 층, 지층. El estanque está cubierto de una gruesa *capa* de hielo. 연못은 두꺼운 얼음층으로 덮여 있다.

capacidad 명 ① 용량. Este tanque tiene una *capacidad* de dos toneladas de agua. 이 탱크는 2톤의 물이 들어가는 용량이다. ② 자격. Ese joven no tiene mucha *capacidad* para las matemáticas. 저 청년은 수학에 능력이 별로 없다.

capataz 명 감독, 십장.

capaz [복 capaces] 형 ① 용량이 있는. Construyeron un estadio *capaz* para 6,000 espectadores. 그들은 6,000명의 관객을 넣는 스타디움을 건설했다. ② [+de・para : …에] …할 수 있는. ¿Crees que no soy *capaz* de rechazarlo? 너는 내가 그것을 거절할 수 없는 사람이라고 생각하느냐.

capilla 명 예배당. Los alumnos asisten todos los días a misa en la *capilla* del colegio. 학생들은 날마다 학교 예배당의 미사에 출석한다.

capital 형 기본적인 ; 주요한. La pereza es uno de los sietes pecados *capitales*. 나태는 일곱 가지 큰 죄 중의 하나이다. 명 자본(금) ;【상업】원금. Nuestra casa es una Sociedad Anónima con un *capital* realizado de diez millones de pesetas. 폐사는 불입제 자본금 천만뻬세따의 주식회사이다. 명 수도, 도청・주청의 소재지. Buenos Aires es *la capital* de la Argentina. 부에노스・아이레스는 아르헨티나의 수도이다. ◇ **capitalismo** 명 자본주의. El *capitalismo* defiende la propiedad privada. 자본주의는 개인의 소유권을 지킨다. ◇ **capitalista** 명 자본의, 자본주의의. 명 자본가, 자본주의자.

capitán 명 ① 대장, 수령. Han cogido al *capitán* de los bandidos. 사람들은 도둑

capítulo 명 ① 수령을 체포했다. ② 대위. ③ 선장, 기장(機長). El nuevo *capitán* tomará el mando de este buque. 새로운 선장이 이 배의 지휘를 할 것이다.

capítulo 명 (문서의) 장(章). La obra está dividida en ocho *capítulos*. 그 작품은 8개의 장으로 나뉘어져 있다.

capote 명 투우사의 망토.

capricho 명 기분파, 망나니; 변덕. Se han comprado un coche sin necesitarlo, por puro *capricho*. 그는 필요하지도 않은데, 전혀 기분 때문으로 차를 샀다. ◇ **caprichoso, sa** 형 기분에 좌우되는, 망나니 같은, 환상적인.

captar 얻다, 획득하다; 파악·포착하다. ◇ **captura** 명 포획; 포박.

cara 명 ① 【신체】 얼굴(rostro). Su *cara* no me es desconocida. 당신의 낯이 익다(내가 모르는 얼굴이 아니다). ② 얼굴빛, 낯빛. Tiene usted muy buena *cara*. 선생님은 안색이 무척 좋군요. Tenía *cara* de estar disgustado. 그는 성난 듯한 얼굴을 하고 있었다. ③ (사물의) 생김새. El cielo no presenta muy buena *cara*. 날씨가 과히 좋지 않다. ④ 표면. No podemos ver la *cara* de atrás de la luna. 우리들은 달의 뒷쪽 (이면) 을 볼 수가 없다. *cara a cara* 얼굴을 맞대고. Se lo dije *cara a cara*. 나는 맞대놓고 그에게 그렇게 말했다. *de cara* 정면으로. Nos daba el sol *de cara*. 태양이 정면으로 우리들을 내리쬐고 있었다. *poner buena* [*mala*] *cara* 기쁜[싫은]듯한 낯빛을 하다. *Puso buena cara* cuando se lo dije. 내가 그에게 그렇게 말했더니 그는 기쁜 듯한 얼굴을 했다. *tener buena* [*mala*] *cara* 건강 [불편]하다; (생선이) 싱싱하다 [상하다].

caracolas 명 놀라움의 표시.

carácter 명 [caracteres] ① 성질, 성격. Este hombre tiene un *carácter* difícil; no se entiende con nadie. 이 사람은 성격이 신경질이다; 아무하고도 응합이 되지 않는다. ② 개성(個性). Este es un dibujo infantil, pero tiene mucho *carácter*. 이것은 유치한 그림이지만, 꽤 개성이 있다. ③ [주로 복] 문자, 활자.

característico, ca 형 특징적인. Esta iglesia es un ejemplo *característico* del arte religioso del siglo X. 이 교회는 10세기의 종교 예술의 특징적인 예이다. 특징, 특질. La hospitalidad es una *característica* de los españoles. 환대는 서반아 사람의 한 특질이다. ◇ **caracterizar** 명 [atzar] 특징지우다. Lo que *caracteriza* a ese chico es su amor al estudio. 그 어린이를 특징지우고 있는 것은 그의 호학심(好學心)이다.

caramba 감 제기랄, 저런, 이봐.

caramelo 명 【과자】 캬라멜.

caray [놀라움의 표시] 어렵쇼, 아이구, 어머.

carbón 명 숯; 석탄. Pon un poco más *carbón* en la estufa. 난로에 석탄을 조금 더 넣어라. *papel de carbón* 카본 페이퍼. ◇ **carbonilla** 명 석탄 가루, 검댕.

carcajada 명 홍소. En medio de la conferencia saltó una enorme *carcajada*. 강연이 한창인데 그는 폭소를 터뜨렸다. *reírse a carcajadas* 깔깔거리고 웃다, 폭소를 터뜨리다, 홍소하다.

cárcel 명 감옥, 형무소, 교도소. Hay que meter a esos locos en la *cárcel*. 그런 미친놈들은 감옥에 처넣어야 한다.

cardenal 명 ① 【종교】 추기경. ② (얼굴, 몸의) 사마귀. Tiene una *cardenal* en la cara. 그는 얼굴에 사마귀가 있다.

carecer [30 crecer] 자 [de : …가] 결여 (缺如)되다. *Carece* totalmente del sentido de responsabilidad. 그는 전혀 책임감이 없다. ◇ **carestía** 명 부족, 결핍.

careta 명 탈, 가면, 마스크(máscara).

carga 명 ① 짐싣기. La *carga* del barco llevó mucho tiempo. 배의 짐싣기는 시간이 많이 걸렸다. ② 짐. Necesitamos dos camiones para llevar tanta *carga*. 그만한 짐을 운반하려면 2대의 트럭이 필요하다. ③ 부담. Lleva sobre sí la *carga* de toda la familia. 그는 전 가족의 무거운 짐을 짊어지고 있다. *buque de carga* 화물선. ◇ **cargamento** 명 배의 짐.

cargar 타 [8 pagar] ① (…에)짐을 싣다. ② [+ de · con : …을](…에) 쌓다; 싣다. Los labradores *cargan* el carro de paja. 농부들은 수레에 짚을 싣는다. ③ (책임·죄 따위를) 지우다, 과하다. No *cargues* sobre el niño demasiada responsabilidad. 그 어린이에게 너무 책임을 지우지 마라. 자 [+ con : …을] 짊어지다. Yo voy a *cargar con* el saco. 내가 그 부대를 짊어지겠다. ◇ ~**se** ① 짊어지다. *Cárgate* el saco a la espalda. 부대를 짊어져라. ② 싫증나다. Me estoy *cargando* y no sé si podré contenerme. 나는 진절머리가 나서, 참을 수 있을는지 모르겠다. ③ [+de:…로]가득차다. Se le *cargaron* los ojos *de* carbón. 그녀는 눈을 석탄 가루로 가득 채우고 있었다. Los árboles están *cargados de* fruta. 나무에는 열매가 주렁주렁 달려있다. ◇ **cargado, da** 형 ① 짐을 싣는. El carro iba demasiado *cargado* de carbón. 수레는 석탄짐을 너무 싣고 있었다. ② 무더운. Hacía un

cargo 图 ① 임무, 직무. Ha desempeñado altos *cargos* en el Ministerio de Hacienda. 그는 재무부에서 여러 가지 고위직을 역임해왔다. ② 뒷바라지, 관리(管理). Durante el día los niños están a *cargo* de su abuela. 낮동안 어린이들은 할머니의 보살핌을 받고 있다. ③ 화물선. Ha llegado al puerto un *cargo* de patatas. 감자를 실은 화물선이 항구에 닿았다. *hacerse cargo de* …을 인수하다, …을 맡다. Mi padre tendrá que *hacerse cargo de* la sucursal. 부친은 머지않아 지점장으로 되어야 한다. *cargo de conciencia* 양심의 가책. No hace *cargo de conciencia* cometer ese atropello. 그는 저런 위법을 범하고도 양심의 가책을 느끼지 않는다.

caricia 예 애무. Sentía las *caricias* de un suave viento en la cara. 나는 미풍이 스치는 것을 뺨에 느꼈다.

caridad 예 ① 인정, 자선. Esa señora ha dedicado toda su vida a obras de *caridad*. 그 부인은 전생애를 자선 사업에 바쳤다. ② 동냥. Ese mendigo anda pidiendo la *caridad* de puerta en puerta. 그 거지는 집집마다 동냥질을 하고 다닌다.

cariño 图 애정, 애착. Tenía mucho *cariño* al reloj, que era un recuerdo de su padre. 부친의 유물이었기에 그는 그 시계에 대단한 애착을 느끼고 있었다. ◇ **cariñoso, sa** 图 상냥한, 애정이 깊은. El muchacho era muy *cariñoso* con sus padres. 소년은 그의 부모님한테 무척 상냥했다. ◇ **cariñosamente** 图 상냥하게, 애정깊게.

caritativo, va 图 자선의; 자애로운. Ella es una mujer *caritativa* para los pobres. 그녀는 가난한 사람한테 자비로운 여인이다.

carnal 图 ① 고기의; 육욕의. Su amor es puramente *carnal*. 그의 사랑은 순전히 육욕의 사랑이다. ② 피가 잇닿은. hermano *carnal* (양친이 같은) 형, 동생. tío *carnal* 형뻘이 잇닿은 숙부.

carnaval 图 카니발, 사육제.

carne 예 고기 [비교 : pescado 생선]. *carne asada* 불고기(asado). Prefiero la *carne* de vaca a la de cerdo. 나는 돼지고기보다도 쇠고기가 좋다. *ser uña y carne* 사이가 좋다. Esos dos muchachos *son uña y carne*. 그 두 소년은 대단히 사이가 좋다. ◇ **carnicería** 예 푸줏간, 정육점, 고깃간. ◇ **carnicero, ra** 图 정육점 주인, 백정.

carné 图 신분증명서.

carnet (carné로도 씀; carnets 또는 carnés) 신분증명서, 면허증. La policía le ha pedido que enseñe el *carnet* de identidad. 경관은 신분증명서를 보여주도록 그에게 요구했다.

caro, ra 图 값비싼 [⇔ barato]. Este abrigo me ha resultado muy *caro*. 이 외투는 나에게는 너무나 비싸게 먹혔다. ¡Qué *caro* se vende este! 당신은 젠체하고 (교제하기 어려운 상태에) 있습니다 그려! 图 값비싸게. En esta tienda venden muy *caro*. 이 가게는 대단히 값이 비싸다(비싸게 판다).

carpintero 图 목수. Todos sus hermanos son *carpinteros*, pero él ha preferido ser mecánico. 형제는 모두 목수였지만, 그는 (그보다) 기계공이 되고 싶었다. ◇ **carpintería** 예 대장간; 목수 직업.

carrera 예 ① 달려감; 경주. He venido en una *carrera* para llegar a tiempo. 나는 시간에 대도록 달려왔다. ②(직업의 자격을 주는) 학과 과정; (인생의) 경력; (장래 가져야할) 직업. Se está preparando para la *carrera* diplomática. 그는 외교관 직업을 목표로 준비하고 있다. *a la carrera* 지금으로. Voy a acabar esto *a la carrera*. 나는 지금으로 이것을 끝내겠다.

carreta 예 짐차, 달구지.

carrete 图 실패, 얼레, 코일.

carretel 图 감는 기계.

carretera 예 큰길, 한길(camino real); 자동차 도로. La *carretera* estaba atestada de coches. 큰길은 차로 붐비고 있었다.

carretilla 예 손수레; (구내의) 운반차.

carro 图 차(coche); 짐수레; 【중남미】 자동차, 전차. Los *carros* han desaparecido ya de las ciudades. 짐수레는 이제 도시에서 사라졌다.

carruaje 图 수레, 마차, 차량.

carta 예 ① 편지, 서장(書狀). Eche usted estas *cartas* al buzón. 이 편지를 우체통에 넣어 주십시오. Estaba mal dirigida su atenta *carta* de fecha de once de diciembre. 12월 11일자 귀하의 편지는 주소가 틀려 있었다. ② (트럼프 따위의) 패, 짝; 표; 차림표, 식단표, 메뉴(menú). Vamos a jugar a las *cartas*. 트럼프 합시다. La gente está reunida allí, jugando a las *cartas*. 거기 있던 사람들은 트럼프를 하고 있었다. La *carta*, por favor. 차림표를 부탁합니다. ③ 지도, 해도(海圖). *a carta cabal* 완전하게. Es un hombre honorado *a carta cabal*. 그는 정말로 올바른 사람이다. *tomar cartas en* …에 개입

하다. Al fin, la policía tuvo que *tomar cartas en* el asunto. 기어이 경찰이 그 사건에 손을 대어야 했다. *carta credencial* 신임장. *carta certificada* 등기 편지. *carta de crédito* 신용장. *carta de fletamento* 용선 증서. *carta urgente* 지급 편지. ◇

cartero 廚 우체부.

cartel 廚 포스터. *en cartel* (연극 등의) 공연, 상연.

cartera 廚 지갑; 서류 가방, 학생용 가방. Le han robado la *cartera* en el tren. 그는 기차 속에서 지갑을 도난맞았다. ◇

carterista 團 소매치기(ratero).

cartilla 廚 첫걸음(책), 초보 (독본), 입문서.

cartón 廚 판지, 마분지.

casa 廚 ① 집 [특히 「그라든가, 「누구의」라고 말할 필요가 없으면 관사나 소유형용사는 불용요]. Voy a *casa*. 나는 집에 간다. No estaba en *casa*. 그는 집에 없었다. Vivía con nosotros, pero ahora se ha ido a su *casa*. 그는 우리들과 함께 지내고 있었으나, 오늘은 자기 집에 갔다. Vive en esa *casa* que hace esquina. 그는 모퉁이 집에서 살고 있다. Mándemelo a *casa*. 그걸 집으로 보내 주세요. Vamos a mudarnos de *casa* pronto. 우리는 곧 이사할 겁니다. ¿Cuándo pasa usted por mi *casa*? 언제 제 집에 들리시겠습니까. Estaré en *casa* todo el día. 나는 종일 집에 있겠다. ② 가(家), 가족(familia), Alfonso XⅢ pertenecía a la *casa* de Borbón. 알폰소 13세는 보르봉가(家)에 속했다. ③ 건물. ¿Ves aquella *casa* que hace esquina? 저 거리의 모서리에 있는 건물이 보이지요. ④ 상사(商社). Sírvanse enviarme el catálogo y lista de precios de su estimada *casa*. 귀사의 상품 목록과 가격표를 보내 주십시오. *casa matriz* 본점, 본부(本部).

casamiento 廚 결혼. Los padres se oponen al *casamiento* de su hija con ese muchacho. 양친은 딸이 그 청년과 결혼하는 것에 반대하고 있다.

casar 廚 [+con : …과] 결혼시키다. *Han casado* a su hijo *con* la chica más rica del pueblo. 그는 아들을 읍에서 제일 부자인 소녀와 결혼시켰다. ◇ **-se** [+con : …과] 결혼하다. *Se casó con* una chica española muy bonita. 그는 대단히 어여쁜 서반아의 아가씨와 결혼했다.

casadero, ra 廚 결혼 적령기의. Tiene una hija *casadera*. 그에게는 묘령의 딸이 하나 있다. ◇ **casado, da** 廚 결혼한. Está *casado* desde hace dos años. 그는 2년 전부터 결혼해 있다. 團 기혼자.

cascanueces 廚 【단·복수 동형】 호두까개.

cáscara 廚 껍질.

casco 廚 ①【해부】두개골. Se rompió los *cascos* en el accidente. 그는 그 사고로 두개골이 깨졌다. ② 헬멧. Los policías llevaban *cascos* de acero. 경관들은 강철제 헬멧을 쓰고 있었다. *calentarse [romperse] los cascos* 머리를 괴롭히다, 지혜를 짜내다. Por mucho que *te calientes los cascos*, no lo podrás resolver. 네가 아무리 지혜를 짜내도, 그것을 해결할 수는 없을 것이다.

caserío 廚 부락; 농가. Nosotros solemos veranear en el *caserío* donde viven mis abuelos. 우리들은 조부모가 살고 있는 마을에서 곧잘 피서를 한다.

casero, ra 廚 집의; 집안일을 좋아하는, 가정적인; 손으로 만든, 수제(手製)의. No hay nada como la comida *casera*. 집에서 만든 음식과 같은 것은 없다. Nunca he tomado unos dulces *caseros* tan deliciosos. 나는 이렇듯 맛있는 손으로 만든 과자를 먹어 본 일이 없다. *remedios caseros* 가정 상비약. 團 집주인. El *casero* nos ha pedido que paguemos el alquiler. 집주인이 우리들에게 집세를 달라고 요구했다.

casi 廚 거의; 하마트면. Estaba *casi* inmóvil. 그는 거의 움직이지 않고 있었다. *Casi* ha terminado el trabajo. 일은 거의 끝났다. La comida está *casi* lista. 식사가 거의 준비됐다. Al cruzar la calle *casi* le atropella un coche. 그는 길을 건너려다가, 하마트면 차에 치일 뻔했다.

casilla 廚 파수막; 우편 사서함.

casino 廚 ① (동업자·동호자의) 회; 클럽. Todos los días pasa por el *casino* para charlar con los amigos. 날마다 그는 클럽에 들러서 친구들과 잡담을 한다. ② 카지노.

caso 廚 ① 경우. No debes perder ánimo en cualquier *caso*. 어떠한 경우에도 기운을 잃어선 안된다. En *caso* (de) que haga mal tiempo mañana, atrasaremos el viaje. 내일 날씨가 나쁠 경우에는 여행을 연기하자. ② 사례(事例); 사건. Es mejor que expongas el *caso* a tu padre. 너는 이 사건을 부친에게 고백하는 것이 좋다. ③ 본론, 본제(本題). Bien, vamos al *caso*. 자, 본론으로 들어가자. *hacer caso de [a]*. …을 염두에 두다. No *hagas caso de* lo que te dicen. 사람들이 너에게 말하는 것을 염두에 두지 마라. No *hagas caso*. 그를 상관마라. *en todo caso* 좌우간지, 하여간(de todos modos). Es probable que yo no pueda ir, pero *en todo caso* lo intentaré. 나는

casta 여 [형] 혈통; 계급. Está orgullosa de su *casta*. 그녀는 자기의 혈통을 자만하고 있다.

castaño, ña [형] 밤색의, 갈색의. Mi hermana menor tiene el pelo color *castaño*. 나의 여동생은 밤색 머리를 하고 있다. 남 【식물】밤나무. 여 밤(의 열매).

castañuela 여【악기】캐스터네츠. Ella no sabe tocar las *castañuelas*. 그녀는 캐스터네츠를 칠줄 모른다. ◇ **castañetear** 자 캐스터네츠·손가락북을 치다. (이가) 딱딱 소리내다. Tenía tanto miedo que le *castañeteaban* los dientes. 그는 너무 무서워서, 이가 딱딱 소리내고 있었다.

castellano, na 여 까스띠라(Castilla: 서반아의 중부 지방, 옛날의 왕국)의. [명] 까스띠랴 사람. El señor es un *castellano* puro. 그 사람은 순수한 까스띠랴 사람이다. 남 (멕시코·중남미에 대하여) 서반아어. Se dice que el *castellano* es la lengua para hablar con Dios. 서반아어는 신과 이야기하기 위한 말이라고 한다.

castigar [8] pagar] 타 ① 징계하다, 나무라다, 꾸중하다, 벌하다. La *castigó* su padre por haber llegado tarde a casa. 부친은 (딸의) 귀가가 늦었으므로, 그녀를 벌주었다. El niño está *castigado* a no ir al cine. 소년은 영화 보러 못가는 벌을 서고 있다. ② 고통을 주다, 손상시키다. Las heladas *han castigado* mucho los frutales. 서리가 심하게 과실 나무를 손상시켰다. ◇ **castigo** 남 벌, 고통. El *castigo* no ha sido proporcionado a la falta. 그 벌은 과실 (잘못)과 걸맞지 않다. *castigo ejemplar* 본보기 처벌.

castillo 남 성; 망루. En España se conservan muchos *castillos* construidos en la Edad Media. 서반아에는 중세에 세워진 성이 많이 보존되어 있다.

castizo, za [형] 순수한, 순정(純正)한. Esta noche asistiremos a una función de bailes *castizos*. 오늘밤은 (이 자방의) 고유한 춤을 보러 가자.

casual [형] 우연한. El encuentro *casual* con un amigo me ha hecho retrasar el viaje. 친구와 우연히 만났기 때문에 나는 여행을 연기해야 했다 (우연한 상봉이 연기시켰다). ◇ **casualidad** 여 우연. Me lo encontré de pura *casualidad*. 나는 정말 우연히 그를 만났다. ¡Qué *casualidad*! 우연의 일치군요. *por casualidad* 우연히. Supe que estabas en Madrid *por casualidad*. 네가 마드리드에 있는 것을 나는 전혀 우연히 알았다. ◇ **casualmente** [부] 아침, 우연히.

catalán, na [형] 까딸루냐(Cataluña: 서반아 동북부의 지방)의. [명] 까딸루냐 사람. 남 까딸루냐말. La mayoría de sus obras están escritas en *catalán*. 그의 대부분의 작품은 까딸루냐말로 쓰여 있다.

catálogo 남 목록, 카탈로그. Sírvanse enviarme el *catálogo* y lista de precios de su estimada casa. 귀사의 목록과 가격표를 제게 주십시오. ◇ **catalogar** [8 pagar] 타 목록에 싣다; (…의) 목록을 만들다. Tenemos *catalogados* los libros por orden alfabético de autores. 우리들은 저자 이름을 알파벳 순서로 도서 목록을 만들어 놓았다.

catarata 여 ①폭포. *Cataratas de Iguazú* 이구아수 폭포. ②【의학】백내장(白內障).

catarro 남 감기, 카타르. Tengo un *catarro* terrible. 나는 지독한 감기에 걸렸다.

catartus 【라틴어】독수리의 일종 (남·북미의).

catástrofe 여 큰 재난, 파국. El avión estalló en el aire y todos los pasajeros murieron en la *catástrofe*. 비행기는 공중 분해되어 승객 전원이 이 사고로 죽었다. ◇ **catastrófico, ca** [형] 큰 재난의, 파국적인. Los resultados de las negociaciones han sido *catastróficos*. 교섭 결과는 파국적이었다.

catecismo 남 【종교】공교 요리(公敎要理), 교리 문답서. En las escuelas españolas se enseña el *catecismo*. 서반아의 학교에서는 공교 요리가 가르쳐진다.

cátedra 여 ①교단. El profesor nunca se sienta en la *cátedra*. 그 선생은 결코 교단에 걸터 앉지 않는다. ②강좌; 교수직. Un antiguo amigo mío ha ganado la *cátedra* de Historia de esa Universidad. 나의 오랜 친구가 그 대학의 역사 교수가 되었다. *cátedra de San Pedro* 교황의 자리. ◇ **catedrático, ca** [형] 교수·강좌의. 명 교수(profesor).

catedral 여 대성당, 중앙, 사원. La *catedral* de Burgos, de estilo gótico, es una de las más famosas de toda Europa. 부르고스의 대성당은 고딕 양식이며, 전 유럽에서 가장 유명한 것 중의 하나이다. ◇ **catedralicio, cia** [형] 대본당의.

categoría 여 ①종류; 등급. El precio de los hoteles varía según su *categoría*. 호텔 숙박료는 호텔의 등급에 의해 여러 가지이다. ②높은 신분·계급. José tenía unos parientes de mucha *categoría*. 호세에게는 높은 신분의 친척이 있었다. ③ 범위. ◇ **categórico, ca** [형] 단정적인. Yo le he respondido con un no *categórico*. 나는 확실히 아니라고 (단정적인 부

cátodo 정을)그에게 대답했다. ◇ **categóricamente** 튀 단호하게.

catodo 閉 [전기] 음극(陰極). ◇ **catódico, ca** 閉 음극의.

católico, ca 閉 카톨릭의. Las iglesias *católicas* están más adornadas que las protestantes. 카톨릭 교회는 신교의 그곳보다도 장식이 많다. 閉 카톨릭 교도, 카톨릭 신자. ◇ **catolicismo** 閉 천주교, 카톨릭.

catolicón 閉 만병 통치약.

catorce 閉 14의; 14번째의. 閉 14.

catre 閉 간이 침대, 보조 침대.

caucho 閉 고무; 고무나무. El *caucho* sintético ha tomado importancia considerable. 합성 고무는 상당한 중요성을 가져왔다. ◇ **cauchal** 閉 고무 재배원. ◇ **cauchar** 튀 고무를 채집하다. ◇ **cauchera** 閉 고무나무. ◇ **cauchero, ra** 閉 고무액 채집자. ◇ **cauchotina** 閉 고무액.

caudal 閉 ① 자산, 자금. El ha vuelto de América con todo un *caudal*. 그는 미국에서 상당한 재산을 가지고 돌아왔다. ② 수량(水量). El río en verano sólo trae un pequeño *caudal*. 냇물은 여름에는 수량이 조금 밖에 없다. ③ [추상적] 양, 정도. Con ese *caudal* de conocimientos no tienes suficiente. 그 정도의 지식으로는 너는 충분하다고 볼 수 없다. ◇ **caudaloso, sa** 閉 수량이 많은; 부유한. río *caudaloso* 수량이 많은 강. ◇ **caudalosamente** 閉 풍부·부유하게.

caudatrémula 閉 [조류] 할미새.

caudillo 閉 총통, 통령(統領), 두목. Aníbal fue el *caudillo* más famoso. 하니발은 가장 유명한 통령이었다. ◇ **caudillaje** 閉 수령·두목의 직.

caudón 閉 [새] 때까치.

caula 閉 속임수, 간계.

caulescente 閉 [식물] 줄기가 있는. ◇ **caulífero, ra** 閉 줄기에 꽃이 붙은. ◇ **cauliforme** 閉 줄기 모양의.

cauro 閉 북서풍(北西風).

causa 閉 ① 원인, 이유. La *causa* de su vuelta a España ha sido la enfermedad de su madre. 그가 서반아에 돌아온 이유는 모친의 병이었다. ② (어떠한 이익을 지키는) 주장, 운동. El dio su vida por la *causa*. 그는 그 운동을 위하여 생명을 버렸다. hacer causa común con …과 공동 전선을 펴다. a [por] causa de …때문에. No vino *a causa* de la lluvia. 그는 비때문에 오지 못했다. Las cosechas han sufrido mucho daño *a causa* de la escarcha. 서리 때문에 작물은 큰 피해를 받았다. ◇ **causador, ra** 閉 원인이 되는, 발기인. ◇ **causal** 閉 원인이 되는. 閉 이유; 동기. ◇ **causalidad** 閉 인과율; 원인.

causar 튀 생기게 하다, 가져오다; 느끼게 하다. El terremoto *ha causado* muchos estragos en la ciudad. 지진은 그 도시에 많은 피해를 가져왔다. El accidente fue *causado* por un descuido del conductor. 사고는 운전사의 부주의로 생겼다.

cautela 閉 조심, 신중(precaución). ◇ **cauto, ta** 閉 신중한, 빈틈없는.

cautivar 튀 포로로 하다, 사로잡다; (주의를) 끌다. ◇ **cautivo, va** 閉 붙잡힌, 포로가 된. 閉 포로(prisionero).

cavar 튀 (괭이 따위로) 파다, 파내리다. Los labradores *cavan* la tierra para la siembra de las patatas. 농부는 감자를 심기 위하여 땅을 판다. *cavar su fosa* 자기의 무덤을 파다. ◇ **cava** 閉 땅 일구기. ◇ **cavadiza** 閉 파놓은. ◇ **cavador** 閉 땅파는 인부. ◇ **cavadura** 閉 땅 일구기. ◇ **cavadillo** 閉 도랑.

caverna 閉 동굴. ◇ **cavernícola** 閉 굴에 사는. ◇ **cavernoso, sa** 閉 동굴의.

cavidad 閉 구멍, 동공. [해부] 강(腔).

cavilar 튀 골똘히 생각하다.

cayeron caer의 직설법 부정과거 3인칭 복수.

cayó caer의 직설법 부정과거 3인칭 단수.

caza 閉 ① 사냥, 수렵. Mañana iremos de *caza* a los montes vecinos. 내일 가까운 산으로 사냥하러 가자. ② 사냥할 짐승. En estos montes hay mucha *caza*. 이 산에는 사냥할 짐승이 많다. *a caza de* …을 찾아서. Anda *a caza* de un empleo. 그는 일자리를 찾고 있다.

cazar [9] alzar] 튀 ① 사냥하다. Está prohibido *cazar* aves en estos montes. 이 산에서는 새를 잡는 일은 금지되어 있다. ② 추구하다. ③ (잘)잡다; 붙잡다. *Ha cazado* un premio de la lotería. 그는 복권이 당첨되었다. ◇ **cazadero** 閉 사냥터. ◇ **cazador, ra** 閉 사냥꾼.

cazatorpedero 閉 구축함.

cea 閉 [해부] 좌골(座骨).

cebada 閉 [식물] 보리. ◇ **cebadal** 閉 보리밭. ◇ **cabadazo, za** 閉 보리의. ◇ **cebadera** 閉 보릿자루. ◇ **cebadero** 閉 보리 장수.

cebar 튀 ① [+con : …을] (…에게) 먹이로 주다. En España *ceban* cerdos con maíz. 서반아에서는 돼지에게 강냉이를 먹이로 먹인다. ② (…에게) 연료를 보내다. Para echar el motor a andar tienes que *cebar*lo primero. 엔진을 움직이기 위해서는 우선 그것에 연료를 주어야 한다. ◇~**se** ① [+en : …에] 전념하다. Esta-

ba *cebado en* la lectura. 그는 독서에 전념하고 있었다. ② 마음을 쏟다. ③ 잔인성을 발휘하다. 그녀는 실컷 울렸다. *El asesino se cebó en su víctima.* 살인자는 그 희생자를 실컷 희롱했다. ◇ **cebo** 명 먹이.
cebellina 여【동물】검은 담비.
cebolla 여【식물】양파. *No eches mucha cebolla a la comida, que después se huele.* 음식물에 양파를 너무 넣지마라, 냄새가 나니까. ◇ **cebollada** 여 양파 요리. ◇ **cebollar** 남 양파밭. **cebollero, ra** 명 양파 장수. ◇ **cebolleta** 여【식물】파. ◇ **cebollino** 남 양파 묘상 · 종자.
cebra 여【동물】얼룩말. ◇ **cebrado, da** 형 얼룩털의.
cecina 여 건육(乾肉), 육포. ◇ **cecinar** 타 고기를 굽다 · 말리다.
cecografía 여 점자(点字). ◇ **cecógrafo** 남 점자본.
ceder 사양하다. *Los niños deben ceder el asiento a los ancianos en el autobús.* 어린이는 버스에서 노인에게 자리를 양보해야 한다. 재 ① [+a : …에게] 양보하다. *El interés particular debe ceder al interés público.* 개인적 이익은 공적 이익에 양보해야 한다. ② [+a · ante : …에게] 굴복하다. ③ (폭풍우 따위가) 멎다. *La tormenta parece que ha cedido.* 폭풍우는 멎는 듯하다. ◇ **cedente** 양도자.
cedro 남【식물】삼나무. ◇ **cédride** 여 삼의 열매. ◇ **cedrino, na** 형 삼의.
cédula 여 권(券), 찰(札); 증명서; 주민등록증. *He perdido mi cédula de identidad.* 나는 신분증명서를 잃었다. *cédula de vecindad* 거주 증명서. *cédula en blanco* 백지 위임장. *cédula personal* 신분증명서. ◇ **cedulario** 남 칙허증 집록(勅許集錄).
cefalalgia 여【의학】두통. ◇ **cefalálgico, ca** 형 두통의. ◇ **cefalea** 여 만성 두통.
cefalitis 여【의학】뇌염.
céfalo 남【물고기】농어.
cefalópodo, da 형【동물】두족류의. 남 복 두족류.
cegar [⑧ pagar, ⑲ pensar] 타 눈멀게 하다. *El fuego le cogó los ojos en unos instantes.* 불이 잠깐 동안, 그의 눈을 어둡게 했다. ◇~**se** 눈멀게 되다 (구멍 따위가) 막히다. *Se cegó de ira y ya no escuchaba nada.* 그는 분노에 눈이 어두워져서, 이미 아무 것도 들으려 하지 않았다. ◇ **ceguedad/ceguera** 여 장님; 실명(失明).
ceja 여【신체】눈썹. *Ella levantó las cejas en señal de admiración.* 그녀는 놀라서 눈썹을 치켜 올린다.
celda 여 감방, 독방; 승방.
celebrar 타 ① 축하하다; 즐거하다. *Le celebro mucho.* 그 소리를 들으니 무척 기쁩니다. *Celebro que el accidente no tuviera importancia.* 사고가 대수롭지 않았으므로 나는 기쁘다. ② 칭찬하다. *Los que asistieron a la fiesta celebraron su esplendor.* 축제에 참가한 사람은 그 훌륭함을 칭찬했다. ③ 거행하다. *El funeral ha sido celebrado en presencia de una enorme multitud.* 그 장례식은 대군중 앞에서 거행되었다. *¿Cuándo se celebra la reunión?* 모임은 언제 있습니까. ◇ **celebración** 여 거행, 축하함.
célebre 형 유명한(famoso, renombrado). *Las personas más célebres de nuestra época son, con frecuencia, las estrellas de cine.* 우리 시대의 가장 유명한 사람은 번번히 영화 스타다다. ◇ **celebridad** 여 고명(한 사람). *Su padre es una celebridad en el campo de la medicina.* 그의 부친은 의학 분야에서는 유명한 사람이다.
celeste 형 ① 하늘의. *Las estrellas brillan en la boveda celeste del cielo.* 별은 하늘에서 빛난다. ② 하늘빛의. *Se ha comprado un traje azul celeste.* 그는 하늘빛 옷을 샀다. ◇ **celestial** 형 천국의, 천국과 같은. *Los santos viven con Dios en la gloria celestial.* 성자들은 천국의 영광 속에서 신과 함께 살고 있다.
celo 남 ① 열심, 열의. *El cumplió mi encargo con mucho celo.* 그는 비상한 열의를 가지고 나의 부탁을 들어 주었다. ② 복 질투, 시새움. *Ella tiene celos de su marido.* 그녀는 남편에게 질투하고 있다. ◇ **celoso, sa** 형 ① 열의가 있는. *Es celoso en el cumplimiento de su deber.* 그는 자기 의무 수행에 열의가 있다. ② 질투 많은, 질투심이 강한. *Lola estaba celosa de su prima.* 롤라는 사촌에게 질투하고 있었다.
célula 여【의학】세포; 강(腔); 작은 방.
cementerio 남 묘지(sepultura). *El cementerio está en las afueras de la ciudad.* 묘지는 시의 교외에 있다.
cemento 남 시멘트, 콘크리트. *Del reino de la piedra se ha pasado a la dictadura del cemento armado.* 돌의 왕국에서 철근 콘크리트의 독재로 옮겨갔다.
cena 여 저녁, 저녁밥(comida); 만찬. *El cuadro representa la última cena de Nuestro Señor Jesucristo.* 그 그림은 우리들의 주 예수 그리스도의 최후 만찬을 그리고 있다.
cenar 재 저녁밥을 먹다(tomar la cena).

Los españoles *cenan* a eso de las diez de la noche. 서반아사람은 밤 10시 쯤에 저녁밥을 먹는다. 저녁 식사에 먹다. *Cenamos* carne anoche. 어젯밤 우리들은 저녁 식사에 고기를 먹었다.

ceniza 여 ① 재. Hoy el cielo tiene color de *ceniza*. 오늘은 하늘이 잿빛이다. 園 유골. Aquí reposan las *cenizas* de nuestros antepasados. 우리 선조의 유골은 여기 잠들고 있다. ◇ **cenicero** 남 재떨이.

censo 남 인구·국세·실태 조사. El último *censo* muestra un aumento considerable de población. 최근의 국세 조사는 인구의 현저한 증가를 나타내고 있다.

censura 여 ① 검열(부·국). La *censura* del correo es muy severa en tiempo de guerra. 우편물 검열은 전시에는 대단히 엄중하다. ② 비난. La película se expondrá a la *censura* pública. 그 영화는 일반의 비난에 직면할 것이다.

censurar 타 ① 검열하다. La película *ha sido censurada* porque contiene escenas poco recomendables. 그 영화는 좋지 않은 권할 만한 장면이 있다고 해서 일부를 삭제당했다 (검열을 받았다). ② 비난하다. No *censuro* de ninguna manera lo que has dicho, sino el modo de decirlo. 나는 네가 말한 것을 결코 비난하고 있는 것은 아니고, 그 말투를 비난하고 있는 것이다. ◇ **censurable** 형 비난할만한. Lo que el niño ha hecho no es *censurable*, antes recomendable. 그 애가 한 일은 비난할 것 아니고, 차라리 칭찬해야 할 것이다.

centavo 남 센따보[중남미 제국 단위 화폐의 100분의 1].

centenar 남 100씩 묶은 것(centena). Recibió *centenares* de felicidades por su cumpleaños. 그는 생일이어서 (몇 백이나 되는) 많은 축하 선물을 받았다. ◇ **centenario, ria** 형 100(씩)의; 100살의. 남 100년(제).

centeno 남 라이 보리.

centésimo, ma 형 100번째의, 100등분의. 남 100분의 1.

centígrado, da 형 백분도의, 섭씨의.

centímetro 남 센티미터.

céntimo, ma 형 100등분의. 남 ① 100분의 1. ② 센띠모[코스타리카, 서반아, 파나마, 파라과이, 우루과이의 단위 화폐의 100분의 1].

centinela 여 보초; 파수병; 파수군.

central 형 중심·중앙의. Nuestro apartamento está en la parte más *central* de la ciudad. 우리들의 아파트는 시의 가장 중심부에 있다. 여 ① 본부, 중앙부, 중앙국. La *central* de esta entidad está en Madrid. 이 단체의 본부는 마드리드에 있다. ② 전화 중앙국. ③ 발전소. Aquí cerca acaba de inaugurarse una gigantesca *central* eléctrica. 이번에 이 근처에 거대한 발전소가 생겼다.

céntrico, ca 형 중심의, 중앙부의. Mis padres viven en el barrio más *céntrico* de Madrid. 부모님은 마드리드의 가장 중심 지구에 살고 있다.

centro 남 ① (공·원 따위의) 중심. La gravedad atrae los cuerpos hacia el *centro* de la tierra. 중력은 지구의 중심으로 물체를 끌어 당긴다. ② 중앙. Había una mesa en el *centro* del cuarto. 방의 중앙에 테이블이 하나 있었다. ③ 중심지, 중심부. Tengo que ir al *centro* a hacer compras. 나는 물건을 사러 시내 중심지에 가야 한다. ④ (중심적인) 기관, 시설, 협회, 클럽. En Madrid se encuentran innumerables *centros* docentes. 마드리드에는 수많은 교육 기관이 있다.

centroamericano, na 형 중앙아메리카 (Centroamérica)의.

ceñir [43] 타 ① [+con·de : …를] (에) 감아 붙이다. Le *ciñeron* la frente con flores. 사람들은 그의 머리에 화환을 씌웠다. ② 감다, 최다. Un cordón me *ciño* los brazos. 노끈이 나의 팔에 감겼다. 성 두르다. Las murallas *ciñen* la ciudad. 성벽이 그 도시를 둘러싸고 있다. ◇ **~se** ① (자기의 몸에 감아서) 붙이다. ② [+a : …에] 찰싹 맞추다. Tienes que *ceñirte a* un sueldo muy modesto. 너는 사소한 급료에 맞추어서 (생활을) 절약해야 한다. ③ [+a+inf.] …하기만 하다. *Ciñase a* contestar a lo que se le pregunta. 너는 묻는 말에 대답하기만 해라. ◇ **ceñido, da** 형 꼭 맞는, 군색한, 검소한, 조심스러운. Ese traje te está demasiado *ceñido*. 그 옷은 네게는 너무 조인다.

ceño 남 찡그린 얼굴, 우거지상. ◇ **cenoso, sa / ceñado, da** 형 얼굴을 찡그린.

cepillo 남 ① 솔. *cepillo* de dientes 칫솔. ¿Dónde has dejado mi *cepillo* de cabeza? 내 머리솔을 어디다 두었느냐. ② 【연모】 대패. ◇ **cepillar** 타 ① (…에) 솔질하다. Tengo que *cepillar* en sombrero. 모자에 솔질을 해야 한다. ② (…에) 대패질을 하다(acepillar). Estas tablas no están bien *cepilladas*. 이 판자들은 대패질이 잘 되어 있지 않다.

cera 여 ① 납(蠟), 왁스. Se emplea la *cera* para hacer brillar los muebles. 가구를 윤내는데 왁스가 쓰인다. ◇ **cerilla** 여 성냥(fósforo).

cerca 여 울타리(cerco). Los niños han entrado en el jardín saltando por encima de la *cerca*. 어린이들은 울타리를 뛰어 넘어서 뜰에 들어왔다. 부 [+de: …의] 가까이에. ¿Hay alguna farmacia *cerca de* aquí. 이 근처에 약국이 있습니까. Vive muy *cerca de* aquí. 그는 여기서 가까이에 살고 있다. Eran *cerca de* las dos de la noche cuando llegué a casa. 내가 집에 닿았을 때는 밤 2시 가까이였다. *de cerca* 옆에서. El visitante se aproxima *cerca* al cuadro. y lo mira *de cerca*. 참관자는 그림 가까이 가서 그것을 옆에서 본다.

cercanía 여 가까움. Teníamos el mar en la *cercanía* del campamento. 캠프의 가까이에 바다가 있었다. ② 복 부근, 근교(近郊).

cercano, na 형 [+a: …에] 가까운 [⟷ lejano]; 가까운 곳의. Vive en una pensión *cercana* a mi casa. 그는 우리집 가까운 곳에 있는 하숙집에 살고 있다.

cercar [7] sacar] 타 (…에) 울타리를 만들다. El propietario *cercó* su finca con una alambrada. 지주가 그 농장에 철사 울타리를 만들었다. ◇ **cercado** 남 ① 울타리. ②울타리한 장소 (목장·과수원 따위). Esto es un *cercado* y está prohibida la entrada. 여기는 울타리한 곳이라 들어가는 것이 금지되어 있다.

cercionar 타 진실임을 보증한다. ◇~**se** [+de: …을] 확인하다.

cerco 남 ①(쇠)바퀴, 테, 틀. ②울타리 (cerca). Una vez puesto el *cerco* no entran los animales. 일단 울타리를 만들면 동물들은 들어오지 않는다. ③포위.

cerdo 남 ① 〖동물〗 돼지(puerco, chancho, cochino); 돼지고기(carne de cerdo). Su padre está dedicado a la cría de *cerdos*. 그의 부친은 돼지 사육에 종사하고 있었다. ②불결한 사람, 무례한 사람.

cereal 남 곡식, 곡물 혹은 곡식, 곡물.

cerebro 남 〖해부〗 뇌(腦); 두뇌. El *cerebro*, alojado en el cráneo, es el centro del sistema nervioso. 뇌속은 두개골 속에 있어서, 신경 계통의 중심이다. Tiene un *cerebro* privilegiado. 그는 훌륭한 두뇌의 소유자이다. *cerebro electrónico* 전자 두뇌. ◇ **cerebral** 형 뇌의. *derrame cerebral* 뇌일혈.

ceremonia 여 의식, 제전. La *ceremonia* de apertura de la Esposición se celebró el día 15 de marzo. 박람회 개회식은 3월 15일에 거행되었다. ◇ **ceremonial** 형 의식의; 예의바른. 남 예의, 예법. Nada hay más complicado que el *ceremonial* de la corte. 궁중의 예법만큼 복잡한 것은 없다. ◇ **ceremonioso, sa** 형 장엄한; 의식·형식적인.

cereza 여 〖식물〗 버찌, 앵두. De postre tomamos *cerezas*. 디저트로 우리들은 버찌를 먹었다. ◇ **cerezal** 남 버찌밭.

cerezo 남 벚(나무). Los *cerezos* se pondrán en flor dentro de poco. 곧 벚꽃이 피겠지.

cerilla 여 성냥(fósforo).

cernir [23] 타 체질을 하다. Esta harina no la *han cernido* bien. 이 밀가루는 체질이 잘 되어 있지 않다. ◇~**se** ①허리를 흔들고 걷다. ②공중에 뜨다, 춤추다; (안개 따위가) 끼다. Las cigüeñas *se ciernen* elegantemente en el aire. 황새가 공중에서 우아하게 춤춘다.

cero 남 영(零). Anoche descendió la temperatura a cinco grados bajo *cero*. 어젯밤은 기온이 영하 5도로 내려갔다.

cerradura 여 걸쇠, 자물쇠 [비교: llave 열쇠]. Ha hecho poner una *cerradura* a la puerta. 그는 문에 자물쇠를 달게 했다.

cerrar [19] 타 닫다. [반 abrir] *Cierre* usted la ventana. 창문을 닫아 주세요. Haga el favor de *cerrar* el grifo. 수도꼭지를 닫아 주세요. Una tapia *cerraba* el jardín de su casa. 흙담이 그의 집 뜰을 가로막고 있다. 재 (창·문이) 닫히다. Esta ventana no *cierra* bien. 이 창은 잘 닫아지지 않는다. El almacén *cierra* a las 6 de la tarde. 백화점은 오후 6시에 닫힌다. ◇~**se** ① 닫히다. La puerta *se ha cerrado* de golpe. 문이 탕 닫혔다. ②막히다. La herida *se ha cerrado* sola. 상처가 자연히 아물었다. ③끝나다, 마감되다. ◇ **cerrado, da** 형 닫힌. Las tiendas estarán *cerradas* mañana. 가게는 내일 닫힘. Se trató el asunto a puerta *cerrada* 그건은 내밀히 논의됐다. *Cerrado* por reformas 내부 수리중.

cerro 남 언덕; (동물의) 목, 목덜미.

cerrojo 남 (문·창 따위의) 빗장, 걸쇠.

certeza 여 확실성. Te garantizo la *certeza* de la noticia. 그 뉴스의 확실성은 내가 너에게 보증한다. *tener la certeza de* …을 잘 알고 있다, 확신한다. Tengo la *certeza* de que saldrá bien en el examen. 그는 반드시 시험에 합격한다.

certidumbre 여 확실성, 확신. No lo sé con *certidumbre*. 나는 그것을 확실하는 모른다.

certificar [7] sacar] 타 ①보증·보장하다. Le *certifico* que no he sido yo el que ha cometido ese error. 그 잘못을 저지른 것이 나는 아니라는 것을 나는 너에게 보증한다. ②등기우편으로 하다. Será me-

cerveza 예 맥주. Acostumbra a beber un vaso de *cerveza* antes de las comidas. 그는 식전에 맥주를 한 잔 마시는 것이 습관화 되어 있다. ◊ **cervecería** 예 맥주홀.

cesar 재 ① 끝나다; 멎다. Quédese aquí hasta que *cese* la lluvia. 비가 멈출 때까지 여기 계십시오. Vamos a salir porque *ha cesado* la lluvia. 비가 멎었으니 출발하자. En esta oficina el trabajo *cesa* a las cuatro. 이 사무소에서는 일이 4시에 끝난다. ② [+en : 일·직업을] 그만두다. *Había cesado en* el cargo que desempeñaba. 그는 하고 있던 직무를 벌써 그만 두고 있었다. ③ [+ de + inf. : …하기를] 그만두다. El niño *cesó de* llorar. 젖먹이는 울음을 멈추었다. 타 해고하다(despedir). Ayer *cesaron* a siete empleados. 어제 종업원 일곱명이 해고 되었다. ◊ **cesante** 형 휴직·면직된. 명 휴직·면직된 사람.

cesión 예 양도. *acta de cesión* 양도증.
cesionario, ria 양수인
cesionista 명 양도자.
césped/céspede 명 잔디.

cesto 명 (큼직한) 바구니. Ella marcha al mercado con un *cesto* de huevos en su brazo. 그녀는 달걀 바구니를 팔에 끼고 시장에 간다. *cesto de los papeles* 휴지통. ◊ **cesta** 예 (조그마한) 바구니. Compré una *cesta* de fruta. 나는 과일을 한 바구니 샀다.

cicatriz [복 cicatrices] 예 흉터; 오랜 상처. Mi abuelo tenía en la rostro en *cicatriz*. 나의 조부는 얼굴에 상처가 있었다. ◊ **cicatrazar** [동 alzar] 타 유착시키다. 재자 유착하다.

ciclismo 명 사이클링. ◊ **ciclista** 명 자전거 선수, 사이클 선수.

ciclo 명 주기; 【물리】사이클, 주파. La naturaleza cambia siguiendo el *ciclo* de las estaciones. 자연은 계절의 주기에 따라서 변한다. ◊ **cíclico, ca** 형 주기의, 주기적인.

ciclón 명 회오리 바람, 태풍(huracán); 폭풍우(tempestad).

ciego, ga 형 맹목의; 눈먼. Está *ciega* para los defectos de sus hijos. 그녀는 자기 아들들의 결점에는 눈이 멀다. 명 소경, 맹인. Ha ayudado a un *ciego* a cruzar la calle. 나는 소경이 길을 건네도록 도와주었다. *a ciegas* 맹목적으로; 덮어놓고. En este asunto andamos *a ciegas*. 우리들은 이 일을 맹목적으로 하고 있다. ◊ **ciegamente** 부 맹목적으로, 덮어놓고, 무턱대고(a ciegas).

cielo 명 공중, 하늘, 천국(paraíso). De repente, se puso oscuro el *cielo*. 갑자기 하늘이 어두워졌다. El pequeño cree que su madre está en el *cielo*. 그 어린이는 자기 어머니가 천국에 있다고 믿고 있다.

ciempiés 명 [단·복수 동형] 【곤충】지네.

cien (ciento가 명사나 mil, millones의 앞에 올 때의 형태) 형 100의; 100번째의. Esta casa se construyó hace unos *cien* años. 이 집은 약 100년 전에 세워졌다. 명 100. *cien por cien* 【속어】 100 퍼센트 (ciento por ciento).

ciénaga 예 수렁, 늪지.

ciencia 예 ① 지식(conocimiento, sabiduría). Ese hombre es un pozo de *ciencia*. 그 사람은 지식의 원천이다. ② 학문; 과학. El desarrollo de las matemáticas ha permitido la *ciencia* hacer grandes progresos. 수학의 발달은 학문에 커다란 진보를 가져왔다.

cieno 명 진흙.

científico, ca 형 학문·과학(적)의. Gracias a excelentes manuales, los conocimientos *científicos* están hoy día muy extendidos. 좋은 입문서 덕분에 오늘날에는 과학적 지식이 많이 보급되어 있다. 명. Se ha concedido el Premio Nobel de Química a esos dos *científicos*. 노벨 화학상은 그 두 사람의 과학자에게 주어졌다. ◊ **científicamente** 부 학문적·과학적으로.

ciento 형 (명사나 mil, millones의 앞에서는 cien으로 됨) 100의; 100번째의. 명 100. *…por ciento* …퍼센트. El treinta *por ciento* de los ciudadanos no ha votado en las elecciones. 시민 30퍼센트는 선거에서 투표를 하지 않았다.

cierre 명 ① 닫음; 폐쇄, 폐회. La hora del *cierre* de los cafés es a las doce. 카페 폐점 시간은 12시이다. ② (서류·종이의) 걸쇠; 고리쇠, 걸쇠; 지퍼. Ella ha hecho cambiar el *cierre* de su bolso que estaba roto. 그녀는 망가졌던 핸드백 지퍼를 바꾸어 달게 했다.

cierto, ta 형 ① 확실한. La noticia es *cierta*. 그 소식은 확실하다. Hay indicios *ciertos* de mejoría. 회복의 확실한 징조가 있다. Lo *cierto* es que él no está aquí. 확실한 일은 그가 이곳에 없다는 사실이다. ② [명사의 앞에 붙어서 부정(不定)형용사] 어떤, 어떤 종류의. Una

cierto envidia le impulsaba a odiar a su prima. 어떤 종류의 선망(羨望)이 그를 충동해서 그의 사촌을 미워하게 했다. *de cierto* 확실히. ◇ **ciertamente** 튀 확실히. *Ciertamente* lo que dice es falso. 그가 말하는 것은 확실히 거짓이다.

ciervo 閻【동물】사슴. ◇ **cierva** 예 암사슴.

cierzo 閻 북풍.

cifra 예 ① 수자(數字). En nuestra numeración empleamos diez *cifras*. 우리들은 계산할 때 10개의 수자를 쓴다. ② 수량. La *cifra* de mis gastos se eleva a las diez mil pesetas. 나의 출비는 1만 페세다에 오른다. ③ 암호. *en cifra* 암호로; 요약해서.

cigarrera 예 담뱃갑. Le regalaron una *cigarrera*. 그들은 그에게 담뱃갑을 선물했다.

cigarrillo 閻 궐련. Yo no fumo más que *cigarrillos*, jamás en pipa. 나는 궐련 밖에 피우지 않는다; 결코 파이프로는 피우지 않는다. *cigarrillo fuerte · negro · rubio* 독한 담배. *cigarrillo suave · rubio* 순한 담배.

cigarro 閻 (제품으로서) 담배, 여송연. Si sales a la calle, cómprame un paquete de *cigarros*. 밖에 나가면 담배를 한 갑 사오너라. *cigarro de papel* 궐련. *cigarro puro* 엽궐련.

cigüeña 閻【새】황새. Las *cigüeñas* han construido su nido en la torre de la iglesia. 황새가 교회의 탑에 집을 지었다.

cilindro 閻 통, 원통, 기둥(氣筒).

cima 閻 꼭대기, 정상(頂上). Han levantado un observatorio en la *cima* de la montaña. 그 산꼭대기에 천문대가 세워졌다.

cimiento 閻 기초, 토대. La casa se ha venido abajo porque sus *cimientos* no eran muy sólidos. 집은 기초가 별로 확실치 않았으므로 넘어졌다.

cinco 圏 5의; 5번째의. 閻 5.

cincuenta 圏 50의, 50번째의. 閻 50.

cincuentavo, va 圏 50분의 1의. 閻 50분의 1.

cine [cinematógrafo의 약자] 閻 영화; 영화관. ¿Qué te parece si vamos al *cine* esta tarde? 오늘 오후 영화보러 가면 어떻겠나. ◇ **cinematográfico, ca** 圏 영화의. ◇ **cinematógrafo** 閻 영화.

cinta 예 리본; 테이프; 벨트. La pequeña tiene atado su pelo con una *cinta* azul. 그 소녀는 머리털을 파란 리본으로 매어 놓았다. *cinta de transporte* 벨트 콤베어. *cinta magnetofónica* 녹음 테이프.

cintura 예【신체·의복】몸통 (둘레). Ella tiene la *cintura* muy fina. 그녀는 몸통 둘레가 가느다랗다. ◇ **cinturón** 閻【의복】혁대, 띠; 밴드. Su prima lleva sobre su vestido un bonito *cinturón* negro. 그의 사촌 누이는 옷 위에 아름다운 검정 혁대를 띠고 있다.

ciprés 閻【식물】측백. El *ciprés* es considerado como árbol propio de cementerios. 측백은 묘지의는 꼭 있어야 할 나무로 생각된다.

circo 閻 서커스 (관객석).

circular 困 ① 돌다, 흐르다, 순환하다. La sangre *circula* por todo el cuerpo. 피는 전신을 돌아다닌다. Los coches y la gente *circulan* mucho por esta calle. 이 거리는 차와 사람의 왕래가 심하다. ② 유포·유통하다. La noticia *circuló* rápidamente por todo el pueblo. 이 소식은 순식간에 마을에 퍼졌다. 예 회람장, 회람문. El comerciante escribió una *circular* a todos sus clientes. 그 상인은 모든 고객에게 회람장을 썼다. 圏 회람의. *carta circular* 회람장. ◇ **circulación** 예 순환; 교통; 유포. El deporte facilita la *circulación* de la sangre. 스포츠는 피의 순환을 촉진한다.

círculo 閻 ① 원; 원주; 순환. Pusieron las sillas formando un *círculo* alrededor de la estufa. 그들은 난로 둘레에 원을 만들 듯이 의자를 놓았다. ② 회, 서클. No olvides que mañana tenemos reunión del *círculo*. 내일 서클의 모임이 있다는 것을 잊지 마라. ③ 圏 방면, …계; 분야. …동. Los *círculos* oficiales han desmentido la noticia. 관변은 그 뉴스를 부인했다. *círculo vicioso* 악순환.

circunferencia 예 ① 원주, 원.

circunstancia 예 상황, 사정, 환경. La policía está investigando las *circunstancias* del accidente. 경찰은 사건 진상을 조사하고 있다. ◇ **circunstancial** 圏 상황의; 상황에 따라서의. Nuestra amistad no debe ser *circunstancial*, sino duradera. 우리들의 우정은 상황에 따라서가 아니라, 영속하는 것이어야 한다.

ciruelo 閻【식물】매화나무. Los *ciruelos* están ahora en plena floración. 매화는 지금 활짝 피어 있다. ◇ **ciruela** 예 매화 (의 열매).

cirugía 예【의학】외과.

cirujano, na 閻 외과의(外科醫).

cisne 閻【새】백조.

cita 예 만날 약속; 데이트. Tengo una *cita* con ella, el martes próximo, a las diez, en el café de siempre. 나는 다음 화요일, 10시에 그녀와 언제나 만나는 다방에서 만날 약속이 있다.

citar 타 ① (곳·때를 지정하여) 오도록 부르다, 불러내다. El médico me *ha citado* para las tres. 의사는 나에게 3시에 오도록 시간을 지정했다. ② 인용하다. Siempre *cita* palabras de Sócrates. 그는 언제나 스크라테스의 말을 인용한다. ◇ -**se** [+con: …과] 만날 약속을 하다. Me he *citado* con ella para el. domingo. 나는 일요일에 그녀와 만날 약속을 했다.

citado, da 형 상술한; 지정·약속한.

ciudad 명 시, 읍, 도시. En la actualidad, la gente emigra mucho del campo a la *ciudad*. 현재에는 사람들은 많이 시골로부터 도회지로 이주한다. ◇ **ciudadanía** 명 시민권; 애국심(patriotismo). No tiene la *ciudadanía* española. 그는 서반아인 시민권을 가지고 있지 않다. ◇ **ciudadano, na** 형 시의, 시민의. 명 시민.

civil 형 시민의, 민간의. La guerra *civil* española estalló en el año 1936. 서반아의 내란 (시민 전쟁) 은 1936년에 일어났다. estado *civil* 결혼 유무.

civilizar [⑨ alzar] 타 문명으로 인도하다; 교화하다. Los romanos *civilizaron* España y hicieron una provincia romana. 로마사람은 서반아를 문명으로 인도하고, 로마의 한 주로 만들었다. ◇ **civilización** 명 문명, 문화(cultura).

claridad 명 ① 밝음. Enciende la luz; hay poca *claridad* para estudiar. 불을 켜라; 공부하기에 많은 빛이 부족하다. ② 명백, 명료. Debes hablar despacio y con *claridad*. 너는 천천히, 그리고 분명하게 말해야 한다. Escriba usted la dirección con *claridad*. 주소를 분명히 쓰세요.

clarín 명 트럼펫, 나팔; 나팔수. tocar el *clarín* 나팔을 불다. ◇ **clarinero** 명 나팔수.

clarinete 명 【음악】클라리넷; 클라리넷 연주자.

claro, ra 형 ① 밝은 [⇔ o(b)scuro]. ¿No hay una habitación más *clara*? 좀 더 밝은 방은 없습니까. En verano las niñas llevan vestidos *claros*. 여름에는 아가씨들은 밝은 (빛의) 옷을 입는다. ② 개인, 맑은. Era un día muy *claro*. 잘 개인 날이었다. ③ 명백한. Es *claro* que no quiere ayudarnos. 그는 우리들을 도와줄 마음이 없는 것이다. La imagen no aparece *clara* en la pantalla. 영상이 스크린에 확실히 나오지 않는다. *Claro* (*que sí*) 물론이죠. *Claro que no* 물론 아니다. 부 명백히; 물론. Hable usted más *claro*. 좀더 확실히 말해 주십시오. 명 (특히 비·눈의) 사이; (숲의) 빈터. Llovió durante todo el día, pero aproveché un *claro* para salir. 종일 비가 내렸으나, 나는 틈을 타서 외출했다. Pasé la noche en *claro*. 나는 밤새도록 한 잠도 자지 않았다. ◇ **claramente** 부 명백하게, 확실히. Hablando *claramente*, no puedo estar de acuerdo con lo que usted dice. 확실히 말해서, 나는 당신의 말에 동의할 수 없다.

clase 명 ① 종류(género, especie). No me gusta esa *clase* de personas. 나는 그 따위 인간은 좋아하지 않는다. Ha vencido toda *clase* de dificultades. 그는 모든 난관을 극복했다. ② 등급; 계급. Antiguamente, la *clase* obrera no desempeñaba ningún papel político. 옛날에는 노동자 계급은 어떠한 정치적 역활도 하지 못했다. ③ 학급; 교실 (sala de clase, salón de clase); 수업. Esta *clase* es demasiado pequeña. 이 교실은 너무 작다. Mañana no hay *clases*. 내일은 수업이 없다.

clásico, ca 형 고전의 [⇔ moderno]. Me gusta la música *clásica*. 나는 고전 음악이 좋다. 명 고전 작가. Cervantes es un *clásico* de la literatura española. 세르반테스는 서반아 문학의 고전 작가이다.

clasificar [⑦ sacar] 타 분류·유별하다. Esta biblioteca tiene *clasificados* los libros por orden de autores. 이 도서관은 책을 저자의 순서로 분류해 있다. ◇ -**se** 자격을 얻다. Nuestro equipo *se ha clasificado* para la final. 우리 팀은 결승전에 나갈 자격을 얻었다. ◇ **clasificación** 명 분류.

claustro 명 ① (수도원 따위의) 회랑. El *claustro* de este monasterio es de estilo gótico. 이 수도원의 회랑은 고딕 양식이다. ② 수도원(의 생활). El escritor se retiró a la soledad del *claustro*. 그 작가는 고독한 수도원 생활 (수도원 생활의 고독함) 에 몸을 감추었다. ③ 교수단. Esta tarde se reúne en el *claustro* de profesores. 오늘 오후 교수회가 소집된다.

cláusula 명 조항; 【문법】 절, 문(文); 정관.

clavar 타 ① (못 따위를) 박다, 찌르다. ② (…에) 못을 박다, 못질하다. Quiero *clavar* una tabla aquí. 나는 여기에 판자를 붙이고 싶다. ③ (시선·주의를) 경주(傾注) 하다. *Clavaba* los ojos en ella. 그는 눈길을 가만히 그녀에게 던지고 있었다. ④ (비싸게 팔아서) 속이다. Como no entendía español, le *han clavado* en esa tienda. 그는 서반아어를 몰랐으므로, 그 가게에서 값을 속였다. ◇ -**se** (뽀죡한 것을 몸에) 찌르다. Me he *clavado* la aguja en el debo. 나는 손가락에 바늘을 찔렀다.

clave 여 ① (암호의) 해석(解式); 코드, 약호(略號), 암호. Esta carta parece estar en *clave*. 이 편지는 암호로 써 있는 듯하다. ② (수수께끼·문제 따위의 푸는) 열쇠, 실마리. En esto está la *clave* de su actitud. 여기에 그의 행동을 푸는 열쇠가 있다.

clavel 남 【식물】 카네이션. El *clavel* es una flor típica de Andalucía. 카네이션은 안달루시아의 전형적인 꽃이다.

clavo 남 못, 징. Falta un *clavo* para colgar el cuadro. 그림을 걸 못이 없다. *como un clavo* 반드시, 꼭.

clérigo 남 중, 성직자. Nuestro profesor de inglés es un *clérigo* protestante. 우리 영어 선생은 신교의 목사이다.

clero 남 승려, 승려단, 성직자단.

cliente 공 손님, 고객, 단골(parroquiano). Ahora hay muchos *clientes* en la sala de espera del dentista. 치과의사의 대기실에는 환자가 많이 있다. ◇ **clientela** 여 [집합적] 고객, 단골.

clima 남 기후, 풍토. Es hacia mediados de la primavera cuando el *clima* en Madrid es más agradable. 마드리드에서 일기가 가장 좋은 것은 봄의 중간 쯤이다.

clínico, ca 형 임상 (의학)의. Va todas las semanas al hospital para recibir un tratamiento *clínico*. 그는 치료를 받으러 매주 병원에 간다. 남 임상 의사. 여 임상 의원; 병원 (hospital).

clítoris 여 【해부】 음핵(陰核).

cloaca 여 하수도.

club [복 clubs] 남 클럽. Hemos formado un *club* de fútbol en la universidad. 우리들은 대학에 축구 클럽을 만들었다.

coacción 여 강제. ◇ **coaccionar** 타 강요·강제하다. Le han *coaccionado* para que dimita de su cargo. 그는 직무를 사임하도록 강요 당했다.

cobarde 형 비겁한 (⊕ bravo, valiente); 겁이 많은. Un hombre *cobarde* no se defiende aun cuando se le ataque. 비겁한 자는 남에게 공격당할 경우라도 몸을 지키지 못한다. 명 비겁자, 겁쟁이. Sólo se pelea con las personas más débiles que él; es un *cobarde*. 그는 자기보다 약한 사람하고 밖에 싸우지 않는다; 겁쟁이다. ◇ **cobardía** 여 겁, 비겁.

cobija 여에 침대용 모포.

cobrar 타 (돈을) 받다(recibir), 징수하다. Yo *cobro* quinientos mil wones de sueldo al mes. 나는 한 달에 50만원의 급료를 받고 있다. ¿Cuánto *cobra* usted? 요금은 얼마입니까. ◇ ~se 돌려받다, 본 정신으로 돌아오다. Se *cobró* del susto. 그는 놀라움으로부터 본정신으로 돌아왔다. ◇ **cobrador, ra** 집금인; (전차·버스의) 차장.

cobre 남 【금속】 동, 구리. ◇ **cobrizo, za** 형 구리의; 구릿빛의.

cobro 남 영수(領收); (세금·빚의) 징수, 집금. Hoy es el día de *cobro*. 오늘은 월급날이다.

cocer [① vencer, 23 volver] 타 삶다. Los hombres primitivos no sabían *cocer* los alimentos. 원시인은 음식물을 삶는 법을 몰랐었다. ◇ ~se 끓다. Las patatas se están *cociendo*. 감자가 삶아지고 있다. ② 획책되다. No sé lo que se está *cociendo* en esa reunión. 그 회합에서 무엇이 획책되고 있는지 나는 모른다.

cocina 여 ① 부엌, 주방. Ella está preparando la comida en la *cocina*. 그녀는 부엌에서 식사를 준비하고 있다. ② 요리 (법). La *cocina* española es todavía poco conocida en Corea. 서반아 요리는 한국에서는 아직 별로 알려져 있지 않다. ③ 화로, 조리대. ◇ **cocinero, ra** 요리인, 요리사. Mi mujer es muy buena *cocinera*. 나의 아내는 대단히 요리가 능숙하다. ◇ **cocinar** 타 요리·조리하다 (guisar, cocer).

coco 남 【식물】 야자, 야자나무, 코코야자.

cocodrilo 남 【동물】 악어.

coche 남 ① 자동차(carro, automóvil); 마차. Por aquí circulan muchos *coches*. 이 근처는 차의 왕래가 빈번하다. Vamos en *coche*. 차 타고 가자. ② 차량. *coche cama* 침대차. *coche comedor* 식당차. ◇ **cochero** (마차의) 마부.

codazo 남 밀음, 떠밀; 밀어 젖힘, 떠다밈. Me dio un *codazo*. 그는 나를 떠밀었다.

codicia 여 욕심, 강욕; 열망. ◇ **codiciar** [① cambiar] 타 탐내다, 욕심을 내다. ◇ **codicioso, sa** 형 욕심이 많은; …욕이 강한. El es un hombre *codicioso* de honores. 그는 명예욕이 강한 사람이다.

código 남 법전(法典). Si no estudias el *código* de la circulación, te será difícil sacar el carné de conducir. 교통 법규를 공부하지 않으면 운전 면허증을 얻기는 어려울 것이다. *código civil* 민법. *código de comercio* 상법. *código penal* 형법.

codo 남 【신체】 팔꿈치. Se durmió con los *codos* apoyados en la mesa. 그는 책상에 팔꿈치를 짚고 잠들었다. *hablar (hasta) por los codos* 씨부렁거리다, 수다쟁이이다.

codorniz 여 【새】 메추라기.

coetáneo, a 형 [+de: …와] 같은 시대의.

Cervantes y Shakespeare fueron *coetáneos*. 세르반떼스와 쉐익스피어는 같은 시대의 사람이었다.

coger [3] 団 ①잡다; 붙잡다. *Coja* usted un lápiz y escriba. 연필을 잡고 써주십시오. ②붙잡다. El guardia le *ha cogido* del brazo. 경관은 그의 팔을 붙잡았다. ③(과실을) 채취하다. Van a empezar a *coger* las naranjas. 귤의 수확이 드디어 시작된다. ④습격하다. Me *cogió* la lluvia en medio del campo. 나는 들녘 가운데서 비를 만났다. (병에) 걸리다. *He cogido* un resfriado. 나는 감기에 걸렸다. ⑥(소가) 뿔로 들이받다. ◇ **cogida** 回 [신체] ①(투우에서) 소가 뿔로 들이받음. ②수확(cosecha).

cogote 囝 [신체] 목덜미.

cohecho 囝 매수, 증회(贈賄); 오직(汚職). ◇ **cohechar** 団 증회하다, 매수하다(sobornar).

cohete 回 ①불꽃. En la fiesta del pueblo se lanzarán muchos *cohetes*. 읍의 축제에는 불꽃이 많이 쏘아 올려질 것이다. ②로켓(탄).

cohibir [18 prohibir] 団 구속·억제하다. Los vestidos apretados *cohiben* los movimientos de los niños. 꽉 조인 옷은 어린이의 운동을 어색하게 한다.

coincidir 囝 [+con: …와] 일치·부합하다. Tus noticias no *coinciden* con las mías. 너의 뉴스는 나의 것(뉴스)과 일치하지 않는다. ◇ **coincidencia** 回 일치, 합치. Los dos hemos nacido en el mismo día; es una curiosa *coincidencia*. 우리 두 사람은 같은 날에 낳았다; 희한한 일치이다.

coja coger의 접속법 현재 1·3인칭 단수.

cojo coger의 직설법 현재 1인칭 단수.

cojo, ja 囝 절름발이의. Iba *coja* del pie derecho. 그녀는 오른발이 절름거리고 있었다. 囝 절름발이. ◇ **cojear** 囝 절름거리다. *Cojea* un poco del pie derecho. 그는 오른 발을 약간 절름거리고 있다. ◇ **cojera** 回 절름발이.

cola 回 ①꼬리, (길게 끄는 의복의) 옷단. El perro movía la *cola*. 개는 꼬리를 흔들고 있었다. Llevaba un vestido de *cola*. 그녀는 길게 옷단을 끄는 드레스를 입고 있었다. ②풀. La *cola* no ha pegado bien. 그 풀은 잘 붙지 않았다. *hacer cola* 열을 짓다. Tuvimos que *hacer cola* durante un cuarto de hora antes de entrar en el teatro. 우리들은 극장에 들어가기 전에, 15분이나 열을 지어야 했다.

colaborar 囝 ①합작·공저(共著)하다. Le pedí que *colaborara* conmigo en una obra de crítica literaria. 문학 평론 작품을 나와 공저하여 달라고 나는 그에게 부탁했다. ②협력하다(cooperar). Centenares de médicos de todo el mundo *colaboran* en este estudio. 몇백명의 전세계의 의사가 이 연구에 협력하고 있다. ◇ **colaboración** 回 합작, 공저, 협력(cooperación). ◇ **colaborador, ra** 囝 합작자; 협력자.

colarse [24 contar] 囝 스며들다, 번지다.

colcha 回 침대 시트, 침대 커버, 이불.

colchón 囝 이불, 매트리스.

colección 回 수집(물). El posee una estupenda *colección* de sellos. 그는 우표를 대단히 많이 수집하고 있다. ◇ **coleccionar** 団 모으다, 수집하다. Desde pequeño *colecciona* monedas antiguas. 그는 어릴 때부터 고전을 모으고 있다. ◇ **coleccionista** 囝 수집가. *coleccionista* de sellos 우표 수집가. ◇ **colecta** 回 부과, 갹출금. ◇ **colectar** 団 징수하다, 모금하다. ◇ **colector, ra** 囝 수집가; 징수인; 세금 징수 관리, 세리.

colectivo, va 囝 집합의; 집단의. Ese pantano es una obra *colectiva* a la que han colaborado numerosas personas. 이 저수지는 많은 사람이 협력하여 만들어진 집단 사업이다. 囝 [문법] 집합명사. ②[아르헨티나] 합승버스, 시내버스. ◇ **colectividad** 回 집단, 단체.

colega 回 동료(compañero), 동직자. Le presento a mi *colega* el señor Fernández. 동료인 페르난데스씨를 당신에게 소개합니다.

colegio 囝 (사립의) 국민·중학교. Es un placer enorme el encontrarse con antiguos amigos del *colegio*. 국민학교의 오랜 친구와 만나는 것은 대단히 즐거운 일이다. *colegio mayor* 기숙사. ◇ **colegial, la** 囝 생도, 학생(alumuno, escolar, estudiante), 학동. Se ruborizó como una *colegiala*. 그는 여학생처럼 낯을 붉혔다.

colegir [39 elegir] 団 [+de·por: …로부터] 추측·추정하다. Por su manera de hablar *colegí* que estaba mintiendo. 말투로 보아 그가 거짓말을 하고 있다고 나는 추정했다.

cólera 回 노여움. Esas frías palabras le dieron mucha *cólera*. 그 차가운 말은 그를 심히 노엽게 했다. Al oírlo, montó en *cólera*. 그는 그것을 듣고 격노했다. 囝 [의학] 콜레라. ◇ **colérico, ca** 囝 성낸, 성을 잘 내는.

colgar [[8 pagar, 24 contar] 団 [+de: …에서 /+en: …에] 매달다, 달아매다. (⇔ descolgar]. *Cuelgue* su abrigo en la percha. 옷걸이에 오바를 걸으세요. *Cuelgue* usted el sombrero *en* ese clavo. 모자를 그 못에 걸으십시요. *Cuelgue* el receptor. 전화를 끊으세요. 수화기를 놓으세요. 전 매달리다. Grandes racimos de uvas *cuelgan* de la vid. 커다란 포도 송이가 포도나무에 매달려 있다. ◇ **colgadura** 예 [집합적] 커튼류.

cólico, ca 휑 [해부] 결장(結腸)의. 명 산통, 복통.

coliflor 예 【식물】 꽃양배추.

colilla 예 담배 꽁초.

colina 예 언덕. Desde la cumbre de la *colina* se domina toda la ciudad. 언덕 꼭대기에서 전 시가지가 바라보인다.

colmar 태 (그릇을 알맞히) 가득 채우다. *Colma* el cesto de manzanas y llévaselo a los abuelos. 바구니에 사과를 가득 채우고, 조부모님께 가지고 가거라. ◇ **colmo** 명 ① 수북히 올림. Echame en el café dos cucharadas de azúcar con *colmo*. 커피에 설탕을 수북히 두 숟가락 넣어 주십시오. ② 꼭대기, 최고. Su cólera ha llegado al *colmo*. 그의 분노는 최고조에 달했다.

colmena 예 벌집(corcho); 벌떼.

colmenar 예 양봉장.

colmenero, ra 명 양봉가.

colmillo 명 송곳니, 어금니, 앞어금니.

colocar [7 sacar] 태 ① 놓다(poner), 배치하다. *Colóque*lo en su lugar. 그것을 제자리에 다시 놓으세요. *Coloque* usted las maletas en la red. 가방을 그물 시렁에 놓아 주십시오. ② 직무에 앉게 하다; 인연을 맺다. *Ha colocado* bien a las tres hijas. 그는 세 딸을 알맞히 시집보냈다. ◇ **~se** 위치 · 직무에 자리잡다, 취직하다. *Se ha colocado* en un banco. 그는 은행에 취직했다. *Se ha colocado* en una casa de comercio. 그는 무역 회사에 취직했다. Mi hermano mayor está muy bien *colocado*. 형은 매우 좋은 곳에 취직해 있다. ◇ **colocación** 예 배치, 배열; 지위, 직무, 직(職). Anda buscando una *colocación*. 그는 일자리를 구하고 있다. Ha obtenido una buena *colocación*. 그는 좋은 일자리를 얻었다.

colombiano, na 휑 콜롬비아(Colombia)의. 명 콜롬비아 사람.

colonia 예 식민지, 거류지, 거류민. En el año 1898 España perdió sus últimas *colonias*. 1898년에 서반아는 최후의 식민지를 잃었다. ◇ **colonial** 휑 식민지의.

colonizar [9 alzar] 태 식민 · 개척하다. Los romanos sabían *colonizar* genialmente los países sometidos a su dominio. 로마사람들은 그들의 지배에 복종한 나라들을 식민화 하는데 천재적이었다. ◇ **colonización** 예 식민, 개척.

color 예 ① 빛, 색(色). Es un *color* muy de moda. 그건 매우 스마트한 색이다. El *color* azul es el que me gusta más. 파란색은 내가 가장 좋아하는 색이다. ② 색조, 색채. Lo mejor de ese pintor es el *color*. 그 화가의 가장 좋은 점은 색채이다. ③ 특색(特色). ¿Qué *color* tiene ese periódico? 그 신문은 어떤 경향인가. Ese periódico no tiene *color* político. 그 신문은 정치색이 없다. ◇ **colorado, da** 휑 (특히 낯빛에 대하여) 붉은. Al verle, se puso *colorada*. 그를 보자 그녀는 얼굴이 붉어졌다.

colorear 태 착색하다. El sol, al hundirse en el horizonte, *colorea* las nubes. 태양이 지평선에 가라앉을 때, 구름을 붉게 물들인다. 전 (과실이 익어서) 물들다.

colorete 예 입술 연지, 립스틱.

colosal 휑 ① 거대한(enorme). El viaje a la luna constituye un paso *colosal* para la ciencia. 달 여행은 과학에 있어서 거대한 한 걸음을 내디딘 것이다. ② 훌륭한. En el banquete nos han dado una comida *colosal*. 연회에서는 대단한 음식이 나왔다.

columna 예 ① 기둥, 원주. Las *columnas* juegan un papel importante en la arquitectura griega. 기둥은 희랍 건축에서는 중요한 역할을 하고 있다. ② 종대, 부대. Las primeras *columnas* enemigas comenzaron a avanzar sobre la ciudad. 적의 제1진이 도시를 향해 전진을 개시했다. ③ (신문의) 난, 지면. La noticia viene en la tercera *columna* de la primera página del periódico. 그 뉴스는 신문의 제1페이지 제3란에 나와 있다.

columpio 명 그네, 시소. ◇ **columpiar** [11 cambiar] 태 (그네 탄 사람을) 밀어주다. ◇ **~se** 그네를 타다.

collar 명 ① 목걸이. Le ha comprado a la novia un *collar* de perlas. 그는 애인에게 진주 목걸이를 사주었다. ② 목걸이 (개 등의). He puesto al perro un *collar*. 나는 개에게 목걸이를 달았다.

coma 예 【문법】 콤마(,). El niño lee con cuidado, haciendo una leve pausa después de cada *coma*. 그 어린이는 각 콤마의 뒤에서 가볍게 쉬면서 주의깊게 읽는다. 명 혼수 (상태). El enfermo está en estado de *coma*. 병자는 혼수 상태에 있다.

comadre 예 산파.

comadrón 명 산부인과 의사.

comadrona 예 조산원, 산파.

comandante 명 육군 소령; 부대장, 사령관, 지휘자, 지휘관, 선장, 함장.

comarca *comandante general* 총사령관.

comarca 명 지방(región), 지역, 지구. La epidemia se ha extendido por toda la *comarca*. 그 전염병은 전 지방에 번져갔다.

combate 명 ① 싸움(batalla), 전투. Con la noche cesó el *combate*. 밤과 더불어 전투가 멎었다. ② 경기, 시합. Le rompieron la nariz en un *combate* de boxeo. 그는 권투 경기에서 코(의 뼈)를 꺾었다. ◇ **combatiente** 명 전투원, 전사; 경기하는 사람. ◇ **combatir** 자 (…와) 싸우다(batallar); 타도하다. La ciencia médica *combate* las enfermedades. 의학은 병과 싸우고 있다. 타 [+con · contra: …와] 싸우다, 다투다. El pueblo *combatió* por defender su libertad. 국민은 자유를 방위하기 위해 싸웠다.

combinar 타 [+con: …과] 배합·결합하다, 얽어매다. *Combinando* nuestro esfuerzos obtendremos un buen resultado. 우리들의 노력을 결집하면 좋은 결과가 얻어질 것이다. 자 (배색 따위가) 맞다. Esos zapatos *combinan* bien con tu vestido. 그 구두는 네 옷에 잘 어울린다. ◇~**se** ① 화합하다. ② 협정하다; 얽어맞추다. Los empleados *se combinan* para repartirse las propinas. 종업원들은 팁을 분배하기 위해 협정하고 있다. ◇ **combinación** 명 배합, 결합; 화합; 【복】 콤비네이션.

combustible 형 타기 쉬운. El alcohol es una sustancia *combustible*. 알콜은 가연성 물질이다. 명 연료; 가연물. Nos quedamos sin *combustible* a la mitad del camino. 우리는 길 복판에 연료가 떨어져버렸다. ◇ **combustión** 명 연소.

comedia 명 ① 희극(⇔ tragedia). Mi padre sólo va al teatro cuando están representando una *comedia*. 부친은 희극이 상연되고 있을 때만 극장에 간다. ② 연극. *comedia de carácter* [*costumbre*] 성격 [풍속] 극. ◇ **comediante** 명 배우; 위선자.

comedor 명 식당, 식당방. Ahora el *comedor* está lleno. 지금 식당은 만원이다.

comensal 명 식솔, 같은 솥의 밥을 먹는 사람.

comentar 타 주석·해설하다; 소문내다. Muchos periódicos *comentan* el discurso del Primer Ministro. 많은 신문이 수상의 연설을 취급하고 있다. ◇ **comentario** 명 주석, 해설. Es bastante difícil leer el Quijote sin un buen *comentario*. 좋은 주석없이 동끼호떼를 읽기는 대단히 어렵다.

comenzar [⑨ alzar, ⑲ pensar] 타 시작하다(empezar). Hemos *comenzado* la cosecha. 우리들은 추수를 시작했다. 자 ① 시작되다. ¿A qué hora *comienza* la función? 공연은 몇 시에 시작합니까. El almuerzo *comenzó* a las doce y ha durado casi una hora. 점심은 12시에 시작되어 거의 1시간 계속되었다. ② [+ a + *inf*.: …하기] 시작하다(empezar a + *inf*., ponerse a +*inf*.). *Comenzaba* a llover cuando salimos del teatro. 우리들이 극장을 나올 때 비가 내리기 시작했다. ③ [+ por + *inf*. …부터] 시작하다, 시작되다. Vamos a *comenzar por* limpiar la casa. 집을 청소하는 일부터 시작하자.

comer 자 먹다(tomar). No vivimos para *comer*, sino que *comemos* para vivir. 우리들은 먹기위해 살고 있는 것이 아니고 살기 위해 먹는다. Tengo ganas de *comer*. 나는 식사하고 싶다. 타 먹다. No ha *comido* más que unas galletas. 나는 비스킷을 두개 밖에 먹지 않았다. ◇~*se* 먹어버리다. Él se *comió* un pollo. 그는 혼자서 통닭 한마리를 먹어버렸다. *dar de comer* 먹을 것을 주다. *Da de comer* a tres empleados. 그는 세 사람의 종업원에게 밥을 먹이고 있다.

comercio 명 ① 상업; 무역. Ha ganado mucho en el *comercio* de azúcar. 그는 설탕 장사로 크게 돈을 벌었다. ② 상점. En la esquina han abierto un *comercio* de telas. 그들은 모퉁이에 집에 포목점을 열었다. ◇ **comercial** 형 상업의. *correspondencia comercial* 상업 통신문. *casa comercial* 상사. ◇ **comerciante** 명 상인. Los catalanes son conocidos como buenos *comerciantes*. 까딸루냐사람들은 유능한 상인으로 유명하다. ◇ **comerciar** [⑪ cambiar] 자 장사하다; 상업하다.

comestible 형 먹을 수 있는. La carne de esta ave no es *comestible*. 이 새고기는 먹지 못한다. 명 복 식료품. *tienda de comestibles* 식료품 가게.

cometer 타 (죄·과실을) 범하다. Todos *cometemos* errores. 우리들은 모두 잘못을 저지르는 것이다. ◇ **cometido** 명 임무, 사명. Mi *cometido* es atar estos paquetes. 내 임무는 이 소포를 묶는 일이다. He cumplido con mi *cometido*. 나는 내 의무를 다했다. Desempeñó su *cometido* muy bien. 그는 그의 사명을 충실히 수행했다.

comezón 명 가려움; 근질근질함. *sentir comezón por decir una cosa*. 무슨 말을 하고 싶어 근질근질하다.

cómico, ca 형 ① 희극의. Es un actor

cómico de mucha fama. 그는 유명한 희극 배우이다. ② 우스운. Todo tiene su lado *cómico*. 세상 일에는 모두 우스운 면이 있다. 圐 희극 배우·작가. ¡Qué *cómicos* tan malos! 엉터리 배우로군!

comida 凮 ① 먹거리, 먹을것, 음식. Los niños están preparando la *comida* para la excursión. 어린이들은 소풍갈 음식을 장만하고 있다. La *comida* es muy sabrosa. 음식이 대단히 맛이 있다. ② 식사. El sólo hace dos *comidas* al día. 그는 하루에 두 번 식사를 할 뿐이다. ③ 점심; 저녁밥.

comience comenzar의 접속법 현재 1·3인칭 단수.

comiencen comenzar의 접속법 현재 3인칭 복수.

comiences comenzar의 접속법 현재 2인칭 단수.

comienza comenzar의 직설법 현재 3인칭 단수.

comienzan comenzar의 직설법 현재 3인칭 복수.

comienzas comenzar의 직설법 현재 2인칭 단수.

comienzo[1] comenzar의 직설법 현재 1인칭 단수.

comienzo[2] 凮 시작, 처음; 기점(起点). En cualquier trabajo lo más difícil es el *comienzo*. 어떠한 일이나 시작이 제일 어렵다. a *comienzos de* …의 시작·첫머리에, …의 초순에. Vendrá a *comienzos del* mes que viene. 그는 다음달 초순에 올 것이다.

comillas 凮 겹괄호.

comisario 凮 ① 경찰 서장. El *comisario* de policía hizo que se investigara el asunto. 경찰 서장은 사건을 조사시켰다. ②(집행) 위원; 대리인. *comisario* político 판무관. ◇ **comisaría** 凮 경찰서.

comisión 凮 ① 임무. Regresó al país una vez realizada su *comisión*. 그는 일단 임무를 수행하고 귀국했다. ② 수수료. Gana *de comisión* el 5 por ciento sobre el precio. 그는 수수료로 정가의 5퍼센트를 받는다. ③ 위원회. Los miembros de la *comisión* han presentado su informe al gobierno. 위원회 위원들은 정부에 보고서를 제출했다. ◇ **comisionista** 凮 거간꾼.

comité 凮 위원회. Esta compañía está administrada por un *comité* de dirección con un ingeniero a la cabeza. 이 회사는 한 기사를 우두머리로 하는 관리 위원회에 의하여 경영되고 있다. *comité* ejecutivo 집행 위원회.

como 凮 ① …와 같은, …과 같게. Las grandes ciudades *como* Madrid y Barcelona tienen muy buenos hoteles. 마드리드나 마르셀로나와 같은 대 도시에는 매우 좋은 호텔이 있다. Haga usted *como* quiera. 좋을대로 해주십시오. ② [+관사 없는 명사／+un+명사] …로서. Asistió al juicio *como* testigo. 그는 증인으로 재판에 출석했다. ¿Por qué no me miras de frente *como* un hombre? 어째서 당신은 사내답게 내 얼굴을 똑바로 볼 수 없습니까. ③ …이므로, …고로. *Como* ya es tarde tengo que marcharme. 벌써 늦었으니 나는 가야 한다. ④ 거의 (casi); 대개. Asistieron *como* cien personas a la fiesta. 거의 100명이 파티에 출석했다. ⑤ [+*subj*.] 만일 …이라면. *Como* no estudies un poco más, será difícil que pases el examen. 만일 네가 좀더 공부하지 않으면 시험에 합격하기는 어려울 것이다. *como que* …이니까. *Como que* no lo vas a creer, no te lo cuento. 너는 그것을 믿지 않을 테니 나는 너에게 그 일을 말하지 않겠다. *como si* +*subj*. 마치 …하는 것처럼. No me saludó *como si* no me conociera. 그는 마치 나를 모르는 것처럼 나에게 인사를 하지 않았다. *hacer como que*+*ind*. …한 것처럼 행동하다. *Hace como que* está cansado para no estudiar. 그는 공부하지 (하고 싶지) 않기 때문에 피로한 것처럼 행동한다.

cómo 凮 ① [방법·모습·이유·성질의 의문 부사] 어찌하여, 어떻게. No sé *cómo* puedes trabajar tanto. 어떻게 너는 그토록 일할 수 있는지 나는 알 수 없다. ¿*Cómo* has llegado tan tarde? 왜 이렇게 지각했느냐. ¿*Cómo* están sus padres? 부모님은 안녕하십니까. ② [수량] 얼마 (cuánto). ¿A *cómo* te han costado esas naranjas? 그 귤은 얼마인가요. ③ [+동사원형] 할 방법·이유. No sé *cómo* agradecerle tantos favores. 대단한 호의에 무어라 감사의 말씀을 해야 할지 모르겠습니다.

cómodo, da 圀 ① 안락한, 쾌적한; 편리한 [圖 incómodo]. Siéntate aquí, estarás más *cómodo* 여기 걸터앉으세요; 좀더 편하실 것입니다. 凮 옷장(armario). ◇ **cómodamente** 凮 편하게. Se pueden traducir *cómodamente* diez páginas en un día. 하루에 10페이지는 쉽사리 번역할 수 있다. ◇ **comodidad** 凮 안락, 편익; 이득; 설비. Sólo piensa en su propia *comodidad*. 그는 자기의 안락 밖에 생각하지 않는다. Esta casa tiene muchas *comodidades*. 이 집은 많은 (현대적) 시설을 갖추고 있다.

compacto, ta 형 밀집한, 빽빽한.

compadecer [30 crecer]타 (사람·일을) 불쌍히 여기다. *Compadeció* los sufrimientos de los desgraciados. 그는 불행한 사람들의 괴로움을 불쌍히 여겼다. **~se** [+de: …에게] 동정하다. *Se compadece* de todo el mundo. 그는 아무에게나 동정한다.

compadre 남 대부(代父), 한패, 친구.

compañero, ra 남 친구, 동료; 동반자. Tengo una cita con mis *compañeros* de trabajo. 나는 일하는 동료들과 만날 약속이 있다. Es mi *compañero* de cuarto. 그는 내 한 방 동료이다.

compañía 여 ① [추상적] 동반자, 상대. Cuando se está solo se echa de menos la *compañía* de los amigos. 사람이 혼자 있을 때는 말상대 친구라도 없는가 하고 적막하게 생각하는 것이다. ② 상사, 회사(firma) [약자: Cía.]. Trabaja en una *compañía* de seguros. 그는 보험 회사에서 일하고 있다. **en compañía de** …와 함께, …를 데리고.

comparar 타 [+con: …과] 비교하다. *Compare* usted esta copia con el original. 이 사본을 원본과 대조해 주십시오. Tu jefe es muy buena persona *comparado con* el mío. 너의 과장은 우리 과장에 비하면 매우 좋은 사람이다. ◇ **comparable** 형 비교되는. ◇ **comparación** 여 비교(물). En *comparación* con Corea, España está poco poblada. 한국과 비교해 서반아는 인구가 적다.

comparecer [30 crecer]자 ① 출두하다. ② (때가 나쁘게·지각하여·뜻밖에) 나타나다. *Compareció* cuando ya habíamos terminado el trabajo. 우리들이 이미 일을 끝마쳤을 때 그는 나타났다.

compartir 타 ① 나누다, 분배하다. Antes de su muerte, el padre *compartió* la fortuna entre sus hijos. 부친은 죽기 전에 재산을 아들들에게 나누어 주었다. ② 서로. El niño *compartía* su torta con un compañero. 그 어린이는 동무와 과자를 나누어 먹었다.

compás 남 ① [문구] 컴퍼스. ¿Me prestas tu *compás* para dibujar? 제도하는데 컴퍼스를 빌려주지 않겠나. ② (배·비행기의) 나침반. ③ [음악] 박자. El director de la orquesta marcó el *compás* con las manos. 그 오케스트라 지휘자는 손으로 박자를 맞추었다. Uno martilla y otro mueve la pieza a *compás*. 한 사람이 해머로 치고, 한 사람이 박자에 맞추어서 물건을 움직인다.

compasión 여 연민, 동정. No merece *compasión* porque él no la ha sentido nunca. 그는 결코 동정을 느낀 일이 없으므로 동정을 받을 자격이 없다. ◇ **compasivo, va** 형 동정심 많은. Su madre es una mujer muy *compasiva* con los pobres. 그의 모친은 가난한 사람들에게 매우 동정심 깊은 여인이다.

compatible 형 양립·공존할 수 있는.

compatriota 남 동국인, 동포. Cuando estaba en España, traté de hablar en español con mis *compatriotas*. 내가 서반아에 있을 때는 나의 동포와 서반아어로 말하도록 노력했다.

compensar [+con: …으로] (에게) 보상하다, 변상하다. Le *compensé* con quinientas pesetas por los cristales rotos. 나는 깨진 유리 대금으로 500페세따를 그에게 변상했다. La indemnización no le *compensa* del disgusto. 배상금은 그의 불유쾌한 생각의 보상으로 되지 않는다. ◇ **compensación** 여 변상, 보상.

competente 형 ① 유능한, 자격·실력이 있는. Buscamos un profesor *competente* en historia de América. 우리들은 미국 역사에 유능한 교수를 찾고 있다. ② 실력에 알맞는. Se llevó su *competente* premio en el concurso. 그는 콩쿠르에서 그에게 알맞는 상을 받았다. ◇ **competencia** 여 ① 능력, 실력; 적격. ② 경쟁, 대항. La *competencia* entre los fabricantes beneficia al consumidor. 업자간의 경쟁은 소비자를 이롭게 한다. **a competencia** 서로 버티어서. **en competencia de** …와 다투어서.

competir [36 pedir] 자 겨루다, 다투다. José *competía* con Lola por el primer puesto de la clase. 호세는 롤라와 학급의 일등을 다투고 있었다. ◇ **competición** 여 경쟁, 경기. Hubo una *competición* muy reñida por la cátedra. 교수직을 겨누고 격렬한 경쟁이 있었다. ◇ **competidor, ra** 형 경쟁자. El tendero ya tiene un *competidor* en el comercio. 그 가게에 경쟁 상대가 생겼다.

complacer [33 placer] 타 ① 기쁘게 하다. Nos *complace* que haya usted venido. 당신이 와주셔서 우리들은 기쁩니다. ◇ **~se** [+en: …을] 기뻐하다. *Me complazco en* comunicarle que usted ha salido bien en el examen. 네가 시험에 합격한 것을 알리게 된 것을 기쁘게 생각한다.

complaciente 형 애교가 있는. La tía era muy *complaciente* con todos. 숙모는 누구한테나 상냥했다.

complejo, ja 형 복잡한. El problema de los transportes es muy *complejo*. 수송 문

제는 대단히 복잡하다. 🈞 ① 종합 시설. Ayer visitamos el *complejo* industrial de Escombreras. 어제 우리들은 에스꼼브레라스의 산업 종합 시설을 견학했다. ② 복잡 심리. Este niño tiene un *complejo* enorme de inferioridad. 이 어린이는 지독한 열등 심리를 가지고 있다. ◇ **complejidad** 예 복잡함.

complementar 태 보충·충족하다. La nueva casa ha venido a *complementar* su felicidad. 이번 집은 그들의 행복을 충족하게 하게 되었다. ◇ **complemento** 보충; 【문법】보어.

completar 완전한 것으로 하다. Usted no ha rellenado todos los informes necesarios del expediente; *complételo*, por favor. 당신은 서류의 필요한 보고를 아직 전부 충족하지 못했는데; 부디 그것을 완전한 것으로 만들어 주십시오.

completo, ta 형 ① 완전한. La fiesta ha sido un *completo* fracaso. 모임은 완전한 실패였다. ② 만원의. Todos los hoteles están *completos*. 어느 호텔이나 모두 만원이다. *por completo* 완전히. ◇ **completamente** 완전히. Ya estoy *completamente* bien. 나는 아주 건강하다.

complicar [⑦ *sacar*] 태 복잡하게 하다. Temo que su venida *complique* el problema. 그가 오는 일이 문제를 복잡하게 하지 않을까 걱정이다. ◇~**se** 분규하다. *Se* le ha complicado el asunto. 그 사건은 그에게 귀찮게 되었다. ◇ **complicación** 예 복잡, 분규. Surgieron *complicaciones* que retrasaron el viaje. 복잡한 일이 생겨서 여행은 연기되었다. ◇ **complicado, da** 형 복잡한. Este problema es demasiado *complicado* para que podamos resolverlo rápidamente. 이 문제는 너무도 복잡해서 우리들은 빨리 해결할 수 없다.

cómplice 공 공범자. La policía no ha podido demostrar que él sea *cómplice* del robo. 경찰은 그가 도둑의 공범자임을 증명할 수 없었다. ◇ **complicidad** 예 공범 (관계).

componente 형 구성하는. 🈞 ① 구성 요소. Esos dos elementos son los *componentes* del agua. 그 두 가지 원소들은 물의 구성 요소이다. ② 구성원.

componer [⑩ ; 과거분사 compuesto] 태 ① 조립하다, 조직하다, 구성하다. La pequeña *compone* un ramillete con diversas flores. 소녀는 여러 가지 꽃으로 꽃다발을 만들어 낸다. ② 작시·작곡하다. Este gran músico *ha compuesto* muchas sinfonías. 이 대음악가는 많은 심포니를 작곡했다. ③ 장식하다, 몸치장 시키다. Está *componiendo* la casa para la boda. 그는 결혼식을 위해 집을 장식하고 있다. ④ 수선하다. Quiero que me *compongan* este reloj. 이 시계를 고쳐 주세요. ◇~**se** ① [+de : …로] 구성되다. El comité *se compone de* cinco individuos. 위원회는 5인으로 구성된다. ② 옷치장하다, 화장하다. *Se está componiendo* para ir al baile. 그녀는 무도회에 가려고 화장하고 있다.

comportamiento 예 소행, 행실, 행장.

comportar 태 견디다, 참다(tolerar). ◇~**se** 행동하다, 거동하다, 처신하다(portarse).

composición 예 ① 조립, 구성. ② 저작, 작품. La *composición* de su novela le ha llevado varios meses de trabajo. 그는 그 소설을 쓰는데 수개월의 노력을 요했다. ◇ **compositor, ra** 🈞 식자공 (植字工); 작곡가, 조마사(調馬師).

compostura 예 수선(reparo), 단장, 몸치장; 타협(ajuste); 협정; 신중(modestia); 조련.

compota 예 과일의 설탕 절임.

compra 예 매입, 구입 (⑩ venta); 장보기. Te voy a enseñar la última *compra* de mujer. 나는 너에게 아내의 최근 장보기 물건을 보여 주겠네. *ir de compras* 장보러 가다, 쇼핑 가다(salir de compras). *Voy siempre de compras* a los grandes almacenes. 나는 언제나 백화점으로 장보러 간다.

comprar [+a · de : …에게서] 사다 (⑩ vender). Voy a *comprar* unas flores a esta chica para ti. 이 소녀에게서 꽃을 두 세송이 비게 사주마. *comprar a crédito*/*comprar al fiado* 외상으로 사다. *comprar al contado* 현금으로 사다. *comprar de ocasión* 중고품으로 사다. ◇ **comprador, ra** 🈞 매입자, 바이어.

comprender 태 ① 이해하다, 양해하다(entender). No *comprendo* bien este párrafo de la carta. 나는 편지의 이 단락을 잘 모르겠다. Dice que nadie le *comprende*. 그는 누구도 자기를 이해하지 못한다고 말하고 있다. ② 포함하다. Esta historia *comprende* también la época contemporánea. 이 역사는 현대도 포함하고 있다. ◇ **comprensible** 이해할 수 있는. ◇ **comprensión** 예 이해(력). Ha mostrado una enorme *comprensión* con su hijo. 그는 아들에 대해서 비상한 이해를 표시했다. ◇ **comprensivo, va** 형 이해력 있는. Nuestro profesor es una persona muy *comprensiva*. 우리들의 교사는 대단히 이해력 있는 사람이다.

comprimir 압축·압착하다; 억제하다.

◇**-se** 줄어 들다, 수축하다. ◇**compresión** 예 압축, 압착. ◇**compresor, ra** 형 압축・압착・압박하는. 명 압박자 압축기, 압착기.

comprobar [24 contar] 타 ①확증하다. Esto *comprueba* lo que ya suponíamos. 이 일은 진작부터 우리들이 상상하고 있던 것을 확증하고 있다. ②대조하; 확인하다. *Compruebe* las facturas con la lista de precios. 송장(送狀)을 가격표와 대조해 주십시오. ◇**comprobación** 예 확증; 확인. ◇**comprobante** 명 증거품, 인수증.

comprometer 타 ①위험에 내맡기다, 괴로운 지경에 빠뜨리다. Si te precipitas, puedes *comprometer* el éxito de la empresa. 조급하게 굴면 성공을 위태롭게 할지도 모른다. ②(평판・신용을) 손상하다. No tengo ninguna intención de *comprometer* su honor. 나는 당신의 명예를 손상할 생각은 조금도 없다. ◇**-se** ①[+ a + inf.：] 약속을 하다. *Se ha comprometido a* terminarme el traje para el lunes. 그는 늦어도 월요일 까지에는 내 옷을 완성하겠다고 약속했다. ②(책임・의무를) 떠맡다; (사업 따위에) 손을 대다. *Me he comprometiodo* en el asunto. 나는 그 일에 손을 댔다.

compromiso 명 ①괴로운 지경. Me vi en un *compromiso* por no llevar el dinero. 나는 돈을 가지고 있지 않았으므로 괴로운 지경에 빠졌다. ②약속; 계약(서). Ya me marcho, que tengo un *compromiso*. 약속이 있으니 이제 가겠습니다.

compuesto, ta 형 ①복합의; 화합의. El agua es un cuerpo *compuesto* de dos elementos. 물은 두 가지 원소의 화합물이다. ②옷치장한. Iba tan *compuesta* que parecía una muñeca. 그녀는 몹시 몸치장을 하고 있어서 인형과 같았다.

compulsión 예 강제. ◇**compulsivo, va** 형 강제의, 강제력이 있는. ◇**compulso, sa** 형 강제된. ◇**compulsorio, ria** 형 강제적인, 의무적인.

computador, ra 명 전자 계산기, 컴퓨터. La *computadora* con frecuencia se llama celebro electrónico. 컴퓨터는 종종 전자 두뇌라고도 불린다. ◇**computación** 예 계산. ◇**computar** 타 셈하다, 계산하다.

común [복 comunes] 형 ①보통의, 흔해빠진. En esta comarca los claveles son flores muy *comunes* 이 지방에서는 카네이션은 극히 일반적인 꽃이다. ②공동의, 공유의. El interés común se opone con frecuencia a los intereses particulares. 공동의 이익은 빈번히 개인의 이익과 대립한다. 명 ①일반 사람. El *común de* la gente necesita dormir por los menos seis horas al día. 그들은 공동으로 사무소를 가지고 있다. 그들은 공동으로 사무소를 가지고 있다. *en común* 공동으로. Tenía una oficina *en común*. 그들은 공동으로 사무소를 가지고 있다. *por lo común* 일반적으로. *Por lo común* cenamos a las diez. 일반적으로 우리들은 10시에 저녁밥을 먹는다. *sentido común* 상식.

comúnmente 부 보통으로, 일반적으로.

comunicación 예 ①통신, 연락. Estaban en *comunicación* por carta y, a veces, por teléfono. 그들은은 편지나 가끔 전화로 연락하고 있었다. Telefonista, nos ha cortado la *comunicación*. 교환수, 통화가 끊겼습니다. ②교통, 통로. Por causa de la nieve están cortadas las *comunicaciones* con el Norte por carretera. 눈 때문에 북부와 도로에 의한 교통은 끊어져 있다.

comunicar [17 sacar] 타 알리다, 전하다. Ya le he *comunicado* mis intenciones. 나의 의도는 이미 그에게 전했다. 자 [+ con : …과] 통하다. El dormitorio de los niños *comunica* con el de los padres. 어린이들의 침실은 양친의 침실을 통해 있다. ◇**-se** ①서로 통하다. Las dos habitaciones *se comunican* por una puerta. 그 2개의 방은 문에 의해 서로 통하고 있다. ②[+con : …과] 연락・상의하다. *Nos comunicamos* por señas. 우리들은 신호로 서로 연락했다.

comunidad 예 ①공유; 공동(성). Entre ellos había una *comunidad* de intereses. 그들 사이에는 어떤 이해의 공통성이 있었다. ②공동 (생활)체, 수도원; 사회 (sociedad). Aquí todos trabajamos para la *comunidad*. 여기에서 우리들은 모두 사회를 위하여 일하고 있다. *en comunidad* 공동으로, 단체로. Los religiosos viven *en comunidad*. 종교가들은 공동 생활을 하고 있다.

comunismo 명 공산주의[대 anticomunismo]. El *comunismo* promete la comunidad de bienes. 공산주의는 재산의 공유를 약속한다. ◇**comunista** 명 공산주의의. 명 공산주의자.

con 전 ①[동반] …와 (함께). Los hijos trabajan *con* el padre. 그 아들들은 부친과 함께 일하고 있다. ②[도구・수단・방법] …을 가지고, …으로. Escriba usted *con* lápiz. 연필로 써 주십시오. En este asunto hay que actuar *con* prudencia. 이 문제에서는 신중하게 해야 한다. ②[지도자] …의 아래에서. Está aprendiendo piano *con* un maestro profesional. 그는 전문적인 선생에게 피아노를 배우고 있다. ④ [대상·대비] …에 대하여; …에 비하여. Lola era muy amable *con* nosotros. 롤라는 우리들에게 매우 친절하였다. ⑤ [+*inf*.] …함으로, …함에도 불구하고. *Con* ser su madre, no pudo aguantarla. 그녀는 그 모친이기 하지만, 그녀에 대해 참을 수 없었다.

concebir [36 *pedir*]재 임신하다. 타 〈생각·감정 등을〉 품다. *Concibió* una antipatía hacia ella. 그는 그녀에게 반감을 품었다. No puedo *concebir* que estalle otra guerra. 또 전쟁이 일어난다는 것은 나에게는 생각할 수 없다. ◇~**se** 생각되다. No puede *concebirse* que se haya hundido la compañía. 그 회사가 망했다고는 생각되지 않는다. ◇ **concebible** 형 생각되는; 상상되는.

conceder 타 ① 주다, 양보하다. *Ha concedido* a sus empleados un mes de vacaciones. 그는 종업원들에게 1개월의 휴가를 주었다. ② 동의하다, 인정하다. Me *concede* que no vaya a la oficina los sábados. 나는 토요일에 사무소에 가지 않아도 된다고 그가 나에게 동의하고 있다.

concentrar 타 집중하다; 집결시키다. Es preciso *concentrar* la atención en un solo punto. 단 한 점에 주의력을 집중할 필요가 있다. ◇ **concentración** 여 집중; 집결; 집회.

concéntrico, ca 형 동심(同心)의. círculos *concéntricos* 동심원.

concentuoso, sa 형 조화를 이룬.

concepción 여 ① 착상; 개념. Tu *concepción* de la política no deja de ser una opinión muy común. 정치에 관한 너의 생각은 언제나 극히 흔해빠진 의견에 불과하다. ② 임신; [종교] 성모 수태. ◇ **conceptible** 형 이해·상상할 수 있는, 느껴지는.

concepto 남 생각, 의견; 개념. En mi *concepto* no ha obrado bien. 내 생각으로는 그의 방법은 좋지 않았다.

concernir [21 *cernir*]자 관계되다 [3인칭만 변화되는 동사]. Eso no le *concierne* a usted. 그것은 당신에게 관계되지 않는다. ◇ **concernencia** 여 관계(*respecto, relación*).

concesión 여 ① 양여; 양보. Prefiere vivir en el destierro a hacer *concesiones*. 그는 양보하느니보다 차라리 추방당하는 편을 선택한다. ② 승인; 이권(利權). El gobierno ha otorgado a esa compañía la *concesión* de explotar las minas de cobre. 정부는 그 회사에 동광 개발의 이

권을 주었다. *sin concesiones* 엄격하게.

conciencia 여 ① 양심. Puedes confiarte en él, que es un hombre de *conciencia*. 그는 양심적인 사람이니 너는 그를 신뢰해도 좋다. 의식, 자각. Tiene plena *conciencia* de lo que ha hecho. 그는 자기가 한 일을 완전히 자각하고 있다. *a conciencia* 양심적으로. Lo ha hecho *a conciencia*. 그는 그것을 양심적으로 했다. *en conciencia* 양심에 따라서; 솔직히 말해서. ◇ **concienzudo, da** 형 진지한; 꼼꼼한.

concierto 남 ① 일치, 협조; 협정. Después de muchas reuniones hemos llegado a un *concierto* definitivo. 몇 번이나 회합을 한 뒤에 우리들은 최종적인 일치에 도달했다. *de concierto* 일치하여. ② 음악회. Esta orquesta ha dado muchos *conciertos* durante las fiestas de Navidad. 이 관현악단은 크리스마스 축제 동안 여러 음악회를 개최했다.

conciliar [11 *cambiar*]타 ① 화해·타협시키다, 조정하다; 절충시키다. ② 동의하다, 인정하다. ◇ **conciliación** 여 화해, 타협; 협의. ◇ **conciliador, ra** 형 화해시키는. 남 조정자.

conciso, sa 형 간결한, 간단한.

concluir [74 *huir*]타 ① 끝내다. *Concluye* tu plato de sopa. 너의 수프 접시를 비워라. ② (…라고) 결론하다. *Concluimos* de todo esto que el acusado obró con plena conciencia. 이것들을 종합하여 우리들은 피고가 완전한 의식으로 행했다고 결론한다. 재 ① 끝나다(*terminar*). ¿A qué hora *concluyó* la sesión? 몇 시에 회의는 끝났니. ② [+*inf*.] 결국 …하게 되다. *Concluirás por* ceder. 결국 너는 양보하게 될 것이다. ◇~**se** ① 끝나버리다. *Se me han concluido* las vacaciones. 나의 휴가는 끝나버렸다. ② 결론이 나오다. De aquí *se concluye* que debemos admitirle. 이런 것으로 그를 받아들여야 한다는 결론이 나온다.

conclusión 여 ① 종결, 결말. ② 결론. Después de hablar dos horas no hemos llegado a ninguna *conclusión*. 우리들은 2시간이나 이야기한 끝에, 아무런 결론에도 이르지 못했다. *en conclusión* 요컨대.

concordar [24 *contar*]타 화합시키다; 일치시키다; 조정하다. ◇~**se** 합치하다; 일치하고 있다. La copia *concuerda* con su original. 사본은 원본과 일치되어 있다. ◇ **concordancia** 여 일치, 조화; 동의; 조화.

concretar 타 구체적으로 말하다. *Concreta* tu idea. 네 생각을 구체적으로 말해라. ◇~**se** [+*a*:…만에] 한하다. *Se concretó a* dar su opinión. 그는 자기의 의견을

concreto, ta 형 ①구체적인. No tengo noticias *concretas* de lo que pasó. 나는 사건의 구체적인 정보에 접하고 있지 않다. ②실제의, 명확한. Dime día y hora *concretos* para ir a verte. 너를 만나러 가는데 명확한 날과 시간을 말해 다오. 명 [중남미] 콘크리트. *en concreto* 구체적으로. *Dígame en concreto* lo que quiere. 네가 무엇을 바라고 있는지 구체적으로 나에게 말을 받다. ◇ **concretamente** 부 구체적으로, 정확하게.

concurrir 자 ①(1개소·한 시기에) 모이다; 맞부딪치다. Las tres carreteras *concurren* en Madrid. 그 3개의 도로는 마드리드에서 만나게 된다. ②(경기대회·경쟁시험 따위에) 참가하다. Todos los que *concurrieron* al baile recibieron un regalo. 댄스 콩쿠르에 참가한 사람은 모두 선물을 받았다. ◇ **concurrencia** 여 운집, 집합; 맞부딪침; [상업] 경쟁 (상대).

concurso 남 ①군중. ②콩쿠르(경기·경연회). En el *concurso* de belleza participaron muchas representantes de las provincias. 미인 콩쿠르에는 각 도에서 많은 대표자가 참가했다. ③전형·경쟁 시험. Se ha anunciado un *concurso* para proveer una plaza de médico del hospital. 병원 의사를 보충하기 위한 경쟁 시험이 공포되었다. ④협력, 원조(ayuda). Espero tu *concurso* para las obras del templo. 나는 교회당의 건축에서 너의 협력을 기대하고 있다. ◇ **concursante** 공 콩쿠르 참가자.

concha 여 조개.

conde 남 백작. ◇ **condado** 남 백작의 지위·영토. ◇ **condal** 형 백작의. ◇ **condesa** 여 백작 부인, 여자 백작.

condecir [69] decir 자 적응하다, 조화하다.

condecorar 타 표창하다; (…에게) 훈장을 주다. El general fue *condecorado* con una cruz. 장군은 십자훈장을 받았다. ◇ **condecoración** 여 표창, 훈장.

condenar 타 ①유죄로 하다. ¿Crees que le *condenarán*? 너는 그가 유죄로 될 것이라고 생각하는가? ②[+a: …의] 형에 처하다. Le *han condenado* a diez años de cárcel. 그는 징역 10년형에 처해졌다. ③비난하다(criticar, censurar). Los periódicos *condenan* unánimemente la huelga. 신문은 모두 그 동맹 파업을 비난하고 있다. ◇ **condena** 여 판결; 형량, 처형, 형벌. ◇ **condenado, da** 형 손을 댈 수 없는; 사악한. Estos *condenados* zapatos me van martirizando. 이 지독한 구두가 나를 심하게 괴롭힌다. 명 무뢰한; 사악한 자.

condensar 타 농축·응축하다. El vapor de la atmósfera se *condensa* en forma de rocío. 대기 중의 수증기는 이슬 모양으로 굳어진다. ◇ **condensabilidad** 여 응축성. ◇ **condensable** 형 응축·압축할 수 있는. ◇ **condensador** 남 응축기; 냉각기; 축전기; (라디오의) 콘덴서. ◇ **condensativo, va** 형 응축·응결성의.

condescender [20] perder 자 [+a/+con/+en: …을] 응낙·승낙하다, 쾌락하다. *Condescendió a* sus ruegos. 그는 그의 간청을 응낙했다. ◇ **condescendia** 여 응낙, 승락; 용서. ◇ **condescendiente** 형 응낙하는, 관대한.

condición 여 ①조건. Lo ha realizado bajo una *condición* muy difícil. 그는 매우 곤란한 조건 밑에서 그것을 실현했다. ②본성(本性). La sociabilidad es propia de la *condición* humana. 사교성은 인간 본래의 것이다. ③(높은) 신분; 계층. Se casó con una mujer de distinta *condición*. 그는 신분이 다른 여성과 결혼했다. ④복 성질; 상태. La tierra está en buenas *condiciones* para labrarla. 토지는 경작하기에 좋은 상태에 있다. *a condición de/con la condición de* …의 조건으로. Te lo diré *a condición de* que guardes secreto. 네가 비밀을 지킨다는 조건으로 그걸 말해주겠다. ◇ **condicional** 형 조건부의. ◇ **condicionalmente** 부 조건부로.

condimentar 타 조미(調味)하다, 양념하다(sazonar). ◇ **condimento** 남 조미료, 양념.

condiscípulo, la 명 급우, 동급생. Hoy me he encontrado por casualidad con un antiguo *condiscípulo*. 오늘은 우연히 옛날 동급생을 만났다.

condolerse [25] volver [+de: …에] 동정하다(compadecerse). ◇ **condolencia** 여 동정; 애도(사).

condón 남 콘돔.

condonar 타 말소시키다, 사면하다. ◇ **condonación** 여 (채무의) 말소, 사면.

cóndor 남 [새] 콘도르.

conducir [70] aducir 타 ①인도하다; 안내하다(guiar). *Conduce* a este señor a la estación. 이 분을 역까지 안내해 드리시오. ②조종·운전하다. Entonces mi padre *conducía* un camión. 그 무렵 부친은 트럭을 운전하고 있었다. *carnet de conducir* 운전면허증. ③지도·지휘하다. El *condujo* el pueblo en la sublevación. 그가 그 반란에서 민중을 지도했다. 자 ①차를 운전하다. ¿Sabe usted

- *conducir*? 당신은 차를 운전할 줄 아십니까. ② [+a : …으로] 통하다. ¿A dónde *conduce* este camino? 이 길은 어디로 통합니까. Esta política *conduce* a la catástrofe. 이 정책은 파국으로 통한다. **~se** 행동하다. *Te condujiste* bien como una persona educada. 너는 교육받은 사람으로서 훌륭하게 행동했다. ◇ **conducción** 여 조종, 운전.
- **conducta** 여 행위, 행장. Se arrepintió de su *conducta*. 그는 자기의 행위를 후회했다.
- **conducto** 관, 파이프; 도관(導管). Por este *conducto* pasan los hilos de la luz. 이 파이프에 전선이 통하고 있다. *por conducto de* …의 중개로, …을 통해. Le envié un regalo *por conducto de* un amigo. 나는 친구를 통해 그에게 선물을 보냈다.
- **conductor, ra** 명 ①조종자; 운전사. En el autobús está prohibido hablar al *conductor*. 버스에서 운전사에게 말을 거는 것은 금지되어 있다. ②지도자(líder). Era un buen *conductor* de multitudes. 그는 대중의 좋은 지도자였다. ③ [물리] 도체(導體). La madera es mala *conductora* de la electricidad. 목재는 전기의 부도체이다.
- **conectar** 타 연결하다, 접속하다. *Conecta* la radio y escuchemos un poco de música. 라디오 스위치를 넣어라; 음악을 좀 듣자.
- **conejo, ja** 명 [동물] 토끼, 집토끼. En España es muy apreciada la carne de *conejo*. 서반아에서는 토끼고기가 높이 평가된다. *conejo albar* 흰 토끼.
- **confección** 여 (의복의) 바느질; 조제(調製); [조제]調劑. La *confección* de tu traje no me parece muy buena. 네 옷 바느질은 과히 좋다고는 생각되지 않는다. ◇ **confeccionador, ra** 명 조제자. ◇ **confeccionar** (의료·식품 따위를) 만들다; 조제하다. ¿Para cuándo estará *confeccionando* mi traje? 내 옷은 언제까지 다 됩니까.
- **confederación** 여 동맹, 연합. Estas ciudades formaron una *confederación* bajo el mando supremo del rey. 이 여러 도시들은 그 왕의 최고 지휘 아래에 연합을 만들었다. *la Confederación Internacional del Trabajo* 국제 노동 연맹. ◇ **confederado, da** 명 동맹한. 명 동맹국. 맹약자(盟約者). ◇ **confederarse** 동맹·연합하다. ◇ **confederativo, va** 동맹·연방의.
- **conferencia** 여 ①협의, 회의. Sostuvieron muchas *conferencias* para tratar del asunto. 그 문제를 협의하기 위하여 그들은 많은 회의를 가졌다. ②강연. El profesor López dio [dictó] una *conferencia* sobre economía. 로뻬스교수가 경제에 관해 강연을 했다. ③ (장거리 전화의) 통화. Quisiera poner una *conferencia* a Londres. 런던에 장거리 전화를 걸고 싶은데요. ◇ **conferenciante** 명 강연자. ◇ **conferenciar** [11 cambiar] 좌 협의하다, 토론하다. ◇ **conferencista** 명 강연자, 연사.
- **conferir** [47 herir]자[+con : …과] 상의·협의하다. José lo *confirió* con su abogado. 호세는 자기 변호사와 그 일을 상의했다. 타 ①수여하다. La Facultad de Filosofía y Letras *confiere* el presente diploma al señor Carlos Romero. 문리 대학은 이 졸업증명서를 까를로스·로메로씨에게 수여한다. ②부여하다. Las cortinas *confieren* dignidad al local. 커튼 따위는 방을 돋보이게 한다.
- **confesar** [19 pensar] 자 자백·자백하다; [종교] 고해하다. Después de ser interrogado, *confeso* el delito. 심문당한 뒤 그는 범죄를 자백했다. ◇ **confesión** 여 고백; 자백; 고해. ◇ **confesional** 신앙을 밝히는. ◇ **confesionario** 명 고해소. ◇ **confesor** 명 [종교] 청죄 사제(聽罪司祭). ◇ **confesonario** 명 고해실.
- **confesorio** 고해실, 참회실.
- **confianza** 여 ①신뢰, 신용. ¿Por qué no tiene usted *confianza* en mí? 왜 나를 신뢰하지 않소. ②친밀 Fue una reunión de *confianza*. 그것은 친밀한 (자들의) 회합이었다. ③내밀(內密). Esto se lo digo en *confianza*. 이 일은 당신에게 내밀히 말씀드리는 것이요.
- **confiar** [12 enviar] 타 의뢰하다, 부탁하다. A José le *confiaron* la administración de sus propiedades. 그들의 재산 관리가 호세에게 부탁되었다. 자 [+en : …을] 신뢰·신용하다. *Confíe* usted *en* mí. 나를 신뢰해 주십시오. *Confío en* que él lo hará lo mejor posible. 나는 그가 그것을 최선을 다해 해줄 것을 믿고 있다. **~se** ① [+de·en : …을] 신뢰·신용하다. *Me confié en* sus habilidades. 나는 그의 수완을 믿었다. ②자신을 갖다; 몸을 내맡기다. *Se confía* demasiado en sí. 그에게는 너무 자신이 있다. ◇ **confiable** 신용할 수 있는. ◇ **confiado, da** 마음을 허락한.
- **confidencia** 여 ①내밀(內密). A ti te lo digo en *confidencia*. 너에게 이것은 내밀히 말하는 것이다. ②[주로 복] 터놓고 하는 이야기. Me ha hecho *confidencias* delicadas. 그는 나에게 대단히 미묘한 비

밀 이야기를 했다. ◇ **confidencial** 휑 내밀한. carta *confidencial* 친전서(親展書). ◇ **confidencialmente** 휑 내밀히. Le seguro que su informe se tratará *confidencialmente*. 보고는 극비 취급으로 할 것을 보증한다. ◇ **confidente** 심복(인 사람), 상의할 상대, 내명을 받은 사람.

confirmar 団 확인하다, 확실하게 하다. Vengo para *confirmar* mi vuelo reservado ya en Corea. 나는 한국에서 예약해 둔 비행기(표를 탈 것)를 확인하러 왔다. ◇ **~se** 확실하게 되다; 확신을 굳히다. *Se han confirmado* los rumores. 소문이 확실하게 되었다. ◇ **confirmación** 예 확인.

confiscar [7 sacar] 団 몰수·압수하다. La policía *confiscó* 300 billetes falsificados. 경찰은 300장의 위조 지폐를 압수했다. ◇ **confiscable** 휑 압수·몰수할 수 있는. ◇ **confiscación** 예 몰수, 압수. *confiscación* de bienes 재산 몰수.

confite 예 과자, 캔디.

conflicto 예 ① 분쟁. El *conflicto* fue provocado por un incidente. 그 분쟁은 작은 우발 사건에서 일어났다. ②곤궁, 고경(苦境). La compañía se encontró en un *conflicto* porque no podía pagar la letra. 그 회사는 어음을 지급하지 못하여 곤경에 빠졌다.

conformar 団 ① [+con…과] 일치·합치시키다. Es preciso que *conforme* su conducta *con* sus palabras. 당신은 당신의 행동을 말과 일치시키는 일이 필요하다. ②만족·감내하다. Mi hermano quiso venir conmigo, pero lo *conformé con* un caramelo. 동생이 나와 함께 가고 싶어했지만, 캐러멜을 주고 참으로 했다. ③ [+con·a: …에] 순응시키다. Usted debe *conformar* sus gastos *a* sus ingresos. 당신은 수입에 지출을 맞추어야 한다. ④ [+con…에] 동의·찬성하다. *Conformo con* usted en esta materia. 나는 이 점에서는 당신과 같은 의견이다. ◇ **~se** ① [+con…과일을]일치하다. Esta traducción no (*se*) *conforma* con el original. 이 번역은 원문과 일치하지 않는다. ② [+con…으로] 만족하다. *Me conformaría con* la mitad de lo que dan a José. 호세가 받은 반절로, 나라면 만족하겠는데. ③ [+con…에] 순응하다, 따르다. *Me conformaré a* la voluntad de Dios. 나는 신의 뜻에 따르겠다.

conforme 휑 ① 같은 의견·찬성의. Estoy *conforme* contigo. 나는 너에게 찬성이다. ②일치·합치한. Es un plan *conforme* a la realidad. 그것은 현실에 맞는 계획이다. ③ 단념한, 만족한(contento). Está *conforme* con su suerte. 그는 자기의 운명에 만족하고 있다. 튐 [+a·con] (…하는) 대로; (…에) 따르다. *Conforme a* tus deseos, te enviaré el libro. 네 희망대로 그 책을 보내주겠다. 웹 …하는 대로. Lo haré *conforme* me has dicho. 네가 나에게 말한 대로 그 일을 하겠다. ②…에 따라. Todo te lo devuelvo *conforme* lo recibí. 나는 그것을 받는 대로 너에게 모두 돌려주고 있다.

conformidad 예 ① 상사성(相似性). Es perfecta la *conformidad* de las dos hermanas. 저 두 자매는 대단히 비슷하다. ② 동의, 찬성. El jefe no quiso dar su *conformidad* para que empezaran la construcción. 장관은 건설을 시작하도록 동의를 해주려고 하지 않았다. ③ 인내, 인종(忍從). José lleva su enfermedad con mucha *conformidad*. 호세는 꾹 참고 병을 이겨내고 있다. *en* [*de*] *conformidad con*…대로, …에 따라서. *De conformidad con* sus instrucciones hemos embarcado los artículos de su estimada orden. 지시에 따라서 주문품을 선적하고 있습니다.

confortar 団 위로, 위안·위로하다. ◇ **~se** 기운이 나다, 안정하다. ◇ **confortable** 휑 쾌적한, 편안한. ◇ **conforto** 위로, 위안(confortación, confortamiento).

confundir 団 혼동하다. Ellos *confundieron* su orden *con* la de otro cliente. 그들은 당신의 주문을 다른 고객의 주문과 뒤바꾸었다. ②혼동시키다, 모호하게 하다. La niebla *confunde* los perfiles de las montañas. 안개가 산의 윤곽을 희미하게 하고 있다. ③당혹·곤혹케 하다. José me *confundió* con sus explicaciones. 호세는 설명에서 나를 당혹케 했다. ◇ **~se** ①혼동하다. ②휩쓸리다. De pronto *se confundió* en la muchedumbre. 순식간에 그는 군중 속으로 휩쓸려 들어갔다. ③당혹하다.

confusión 예 ① 혼란. La noticia le causó una gran *confusión*. 그 소식은 커다란 혼란을 야기시켰다. ②혼동, 뒤바뀜. Eso se debe a una *confusión* de su parte. 그 일은 그 쪽의 혼동에 의한 것이다. ③당혹.

confuso, sa 휑 ① 혼란한. ② 막연한. Ella no tiene más que un recuerdo muy *confuso*. 그녀는 아주 막연한 추억 밖에 가지지 않았다. ③ 당혹한; 창피한. Sus palabras le han dejado *confusa*. 그의 말은 그녀를 당혹했다.

congelar 団 ① 얼리다. carne *congelada* 냉동 고기. ② (자산을) 동결하다. ◇ **~se**

congeniar 얼다, 동결하다. ◇ **congelación** 阌 동결, 응결. ◇ **congelador** 냉동기.
congeniar [11] cambiar] 재 죽이 잘 맞다.
congestión 阌【의학】체증, 충혈 ; 밀집, 집결. ◇ **congestionar** 国 충혈시키다. ◇ **~se** 충혈하다. ojos *congestionados* 충혈된 눈.
congratular 国 축하하다. ◇ **congratulación** 阌 축하, 경하(慶賀).
congregar [8] pagar] 国 모으다, 소집하다. El partido *congregó* allí a los aficionados de todo el país. 그 경기는 전국의 팬을 그곳에 모았다. ◇ **congregación** ① 군중. ② 회의 (conferencia). La *congregación* durará una semana. 회의는 1주일 동안 계속할 것이다. ③【종교】종단, 수도회.
congreso 阌 ① 회의, 대회. Hoy se celebra el *Congreso* Nacional de Medicina. 전국 의학회 대회는 오늘 개최된다. ② 국회; 국회 의사당. *Congreso de Diputados* 국회. ◇ **congresista** 阌 회의 참석자 ; 국회의원.
conjetura 阌 추측 ; 짐작. Se hacían muchas *conjeturas* sobre el incidente. 그 사건에 대해 여러 가지 추측이 행해졌다. ◇ **conjeturable** 추측할 수 있는. ◇ **conjetural** 圂 추측에 의한. ◇ **conjeturalmente** 추측해서. ◇ **conjeturar** 国 추측・짐작하다.
conjugar [8] pagar] 国【문법】(동사를) 활용시키다. ◇ **conjugación** 阌 (동사의) 활용・변화.
conjunción 阌【문법】접속사. ◇ **conjuntivo, va** 圂 접속의. *modo conjuntivo* 접속구.
conjuntiva【해부】결막(結膜). ◇ **conjuntival** 圂 결막의. ◇ **conjuntivitis** 阌【의학】결막염.
conjunto 阌 전체, 총체 ; 전원. Más vale el *conjunto* que las partes. 부분보다 전체가 가치가 높다. *en conjunto* 전체로서, 일괄하여. *En conjunto* el libro es interesante. 그 책은 전체가 재미있다.
conjurar 国 (위험 따위를) 피하다. Tratan de *conjurar* el peligro. 그 위험을 피하려 하는 노력이 경주되고 있다. 国 ① 음모를 꾀하다, 결맹(結盟)하다. Los de la liga *se conjuraron* contra el gobierno. 동맹의 성원들은 정부 타도의 맹약을 했다. ◇ **conjura** 阌 음모 ; 동맹 결사.
conmemorar 国 기념하다, (기념하여) 축하하다(congratular). Hoy *conmemoramos* la fundación de este instituto. 오늘 우리들은 이 연구소 창립 기념 축하를 한다. ◇ **conmemoración** 阌 기념.
conmemorativo, va 圂 기념의.

conmigo [전치사 con과 인칭대명사 mí와의 합체형] 나와 함께 ; 나에 대하여. ¿Quieres venir *conmigo*? 나와 함께 가주겠니.
conmover [25 volver] 国 ① 감동시키다. Me *conmovió* una muerte tan heroica. 그런 영웅적인 죽음이 나를 감동시켰다. ② 떨게 하다. El temblor de tierra *conmovió* toda la ciudad. 지진이 전시내를 떨게 했다. ◇ **conmoción** 阌 감동, 떠는 일, 진동 ; 동란, 내란. ◇ **conmovedor, ra** 圂 감동시키는 (것같은).
conmutar 国 바꾸다, 교체하다 ; (스위치를) 끊다, 넣다 ; (전류를) 전환시키다. ◇ **conmutación** 阌 교환, 변환 ; 대체. ◇ **conmutador** 阌【전기】 전화 교환대 ; 전환 스위치, 배전판.
cono 阌【식물】솔방울 ;【지질】화산추(火山錐) ; 첨봉(尖峰) ;【수학】 원추(형).
conocer [31] 国 알다, 알고 있다. ¿Conoce usted a María? -Sí, la conozco. 마리아를 알고 계십니까? -예, 그녀를 알고 있습니다. Entonces José *conoció* a su futura esposa. 그때 (비로소 호세는) 자기 미래의 아내를 알았다. ◇ **conocido, da** 圂 세상에 알려진, 유명한. 阌 지인(知人), 친지. ¿Tiene usted muchos *conocidos* aquí? 당신은 이곳에 친지가 많습니까. ◇ **conocimiento** 阌 ① 지식, 학문. ② 의식(意識)(conciencia). Todavía no ha recobrado el *conocimiento*. 그는 아직 의식을 회복하지 않았다. ③【상업】선하 증권(船荷證券). Adjuntamos a esta carta una copia del *conocimiento* del embarque. 이 편지에 선하 증권 사본 1통을 동봉합니다.
conque 젤 그렇다면 ; 그러면. No entiendes nada de esto ; *conque* cállate. 너는 그 일은 아무 것도 모르지 ; 그렇다면 잠자코 있거라.
conquistar 国 ① 정복하다. ② 쟁취하다. Los ciudadanos *conquistaron* fama inmortal prefiriendo morir a entregarse. 시민은 항복하기 보다는 죽음을 택하여 불멸의 명성을 전취했다. ◇ **conquista** 阌 정복 ; 획득물. ◇ **conquistador, ra** 阌 정복자.
consagrar 国 ① 바치다. *Consagró* su vida a la enseñanza de la juventud. 그는 생애를 청년 교육에 바쳤다. ②【종교】축별(祝別)・성별(聖別)하다. En la Misa el sacerdote *consagra* el pan y el vino. 미사에서 사제가 빵과 포도주를 축별한다. ◇ **~se** [+a :…에] 헌신하다. ◇ **consagración** 阌 헌신 ; 축별, 성별.
consciente 圂 ① [+de :…를] 의식・자각하고 있는. José, *consciente de* sus de-

consecuencia 여 결과. Nuestra madre nos enseñó a aceptar las *consecuencias* de nuestros actos. 모친은 우리들에게 자기들의 행위의 결과를 감수할 것을 가르쳐 주었다. *como* [*por*] *consecuencia* 결과적으로. *en consecuencia* 따라서, 그런고로.

conseguir [40 seguir] 타 ① 획득하다 (입수, 구입)(obtener). *He conseguido* un permiso especial. 나는 특별한 허가를 얻었다. ② [+*inf*.] …할 수 있다. Al fin *consiguió* arrancar el clavo. 기어이 그는 못을 뺄 수가 있었다. ◇ **conseguido, da** 형 회심의.

consejo 남 ① 조언, 충고. Debes seguir fielmente los *consejos* del médico. 너는 의사의 조언에 충실히 따라야 한다. ② 중역회, 이사회; 내각(內閣). El *Consejo* de Administración de la Compañía ha decidido conseguir el terreno en cuestión. 회사의 중역회는 문제된 토지를 사들이기로 결정했다. ◇ **consejero, ra** 명 충고자, 조언자; 보좌관; 고문; 이사(director). *consejero de embajada* 대사관 참사관.

consentir [46 sentir] 자타 ① [+en : …에] 동의하다, (…을) 승낙하다. La niña no *consiente* en que le cambien de vestido. 그 소녀는 옷을 바꿔 입기를 거절했다. ② [+con : …을] 허락하다, 용인하다. Yo no *consentiré* con sus caprichos. 나는 그의 변덕을 용인할수 없다. 타 ① 허락하다, 용인하다. No *consiento* que se burlen de mi hermano. 동생이 웃음거리로 되는 것을 나는 그냥 두고 있을 수 없다. ② 귀여워하다(mimar). Los abuelos *consienten* demasiado a sus nietos. 조부모는 손자들을 너무 귀여워한다. ◇ **consentido, da** 타 버릇없이 자란, 안하 무인의. *niño consentido* 버릇없이 자란 아이. ◇ **consentimiento** 남 동의, 승낙; 허용, 용인.

conserje 남 수위; 급사; 접수(받는 사람). ◇ **conserjería** 여 수위, 급사, 수위실; 접수.

conservar 타 ① 보유하다, 보존하다. Con esta nevera *conservas* tus alimentos. 이 냉장고로 당신의 식품을 신선하게 보존하십시오. ② 계속 남기다. Mi padre *conserva* la costumbre de ducharse con agua fría. 부친은 냉수로 샤워하는 습관을 계속하고 있다. ◇ ~se (자기를 어떤 상태에) 유지하다, 보존하다, 남다(quedar). El *se conserva* muy joven. 그는 늘 매우 젊다. ◇ **conserva** 여 통조림 (식품). No me gustan las frutas en *conserva*. 나는 통조림 과실은 좋아하지 않는다. ◇ **conservación** 여 보존, 유지; 보관, 수장(收藏). ◇ **conservador, ra** 형 물건을 잘 아끼는; 보수적・보수주의의, *partido conservador* 보수당. 명 물건을 아끼는 사람; 보수주의자.

considerable 형 상당한. Se produjo en su vida un cambio *considerable*. 그의 생활에 상당한 변화가 생겼다. ◇ **considerablemente** 부 제법, 상당히.

considerar 타 ① 고려하다. Bien *considerado*, el viaje me ha resultado bien a la salud. 잘 생각해 보니 여행은 나의 건강에 (결과가) 좋았다. ② 존중・존중하다. Se le *considera* mucho en los medios intelectuales. 지식인 사이에서 그는 존경받고 있다. ③ (…라고) 생각한다, 판단하다. No le *considero* capaz de eso. 그런 일이 그에게 가능하리라고 나는 생각지 않는다. *Considerábamos* fácil que allí nos viéramos. 저기서 서로 만날 수 있는 것은 간단하리라고 우리들은 생각하고 있었다. ◇ ~se (자기를 …라고) 생각하다. No *me considero* muy feliz. 나는 자기를 그다지 행복하다고는 생각지 않는다.

consideración 여 ① 고려. Lo tomaré en *consideración*. 나는 그것을 고려에 넣겠다. ② 존경, 동정. Aquí le tratan con mucha *consideración*. 여기서는 모두들 그를 적의 경의를 표하여 대우하고 있다. ③ 중대성(importacia). La herida no ha sido de *consideración*. 부상은 대수롭지 않았다. *en* [*por*] *consideración a* …을 고려해서. No le despiden *por consideración* a su madre. 그의 모친 일을 생각해서 사람들은 그를 쫓아내지 않고 있다. ◇ **considerado, da** 형 신중한; 동정심 있는.

consigna 여 ① 지령. Entre los estudiantes circuló la *consigna* de no entrar en clase. 교실에 들어가지 말라는 지령이 학생 사이에 돌았다. ② 수하물 보관소. Dejaré esta maleta en la *consigna*. 나는 이 가방을 수하물 보관소에 두겠다.

consignar 타 ① (…에게) 출하・발송하다. El paquete viene *consignado* a mi nombre. 소포는 내 이름 앞으로 왔다. ② 명기・명시하다. En su pedido, ustedes olvidaron *consignar* declaraciones consulares. 귀사는 주문서에 영사 신고서를 명기할 것을 잊고 있습니다. ◇ **consignación** 여 [상업] 발송; 위탁 (판매). *a la consignación de* …앞으로. Hemos embarcado la mercadería *a la consignación de* ustedes. 귀사 앞으로 화물을 선

적었습니다.
consigo [전치사 con과 재귀대명사 sí와의 합체형] 자기 자신과 함께, 손수. ¿Lo trajo *consigo*? 그것을 손수 가져오셨읍니까. La madre llevaba siempre *consigo* el retrato de su hijo. 모친은 언제나 아들의 사진을 지니고 다녔다. Lléveselo *consigo* 그것을 손수 가지고 가시오.

consiguiente [+a : …에] 기인(起因)한; 당연한. Recibí la noticia con la *consiguiente* alegría. 나는 그 뉴스를 (그것으로서의) 당연한 기쁨을 가지고 받았다. *por consiguiente* 따라서, 그런 고로. José ha trabajado más que Andrés, y *por consiguiente* tiene derecho a reclamar más. 호세는 안드레스보다 더 많이 일했다; 따라서 호세는 더 청구할 권리가 있다. ◇ **consiguientemente** 🈂 따라서.

consistir 🈂 [+en : …에 기초가] 있다, (…으로) 이루어지다. Toda su fortuna *consiste* en la casa que habita. 그의 전 재산은 살고 있는 집이다. ◇ **consistencia** 🈂 견실. ◇ **consistente** 🈐 [+en : …에] 기초한. Tenía un atractivo *consistente en* su naturaleza. 그녀에게는 자연스러움에 기초하는 어떤 매력이 있었다. ② 단단한; 견실한.

consolar [24 contar] 🈂 위안·위로하다. Tu venida me *consuela* de no haber podido yo hacer el viaje. 네가 와 준 것은 내가 여행할 수 없었던 것에 대해 나에게 위안이 된다. *Consuélele* de esa pérdida, pensando que pudo ser mayor. 그 손실이 더 컸을지도 모른다고 생각하고 스스로 위안하시오. ◇ **consolador, ra** 🈐 위안이 되는.

consomé 🈂 꼰소메, 묽은 수프.
consonante 🈐【문법】닿소리의, 자음의, 🈂 닿소리 (글자), 자음 (자).
consorte 🈂 배우자. príncipe *consorte* 부마. rey *consorte* 여왕의 남편.
conspicuo, cua 🈐 지명한(ilustre).
conspirar 🈂 ① 음모를 꾸미다. Los nobles aragoneses *conspiraron* contra el rey. 아라곤 귀족들은 국왕에 반대해서 음모를 꾸몄다. ② [+a : …의 쪽으로] 작용하다. Todo *conspiró* al fracaso de la empresa. 모든 것은 그 사업이 실패하는 쪽으로 작용했다. ◇ **conspiración** 🈂 공모, 음모. ◇ **conspirado** 🈂 음모자, 반역자(conspirador). ◇ **conspirador, ra** 🈂 음모자, 모반자(conspirador).

constante 🈐 ① 불변의, 끊이지 않는. Le agradezco su valiosa y *constante* cooperación. 귀중하고 변함없는 협력에 나는 감사하고 있습니다. ② 견실한, 착실한. Es una persona sumamente *constante*. 그는 극히 견실한 사람이다. ◇ **constancia** 🈂 ① 견실, 착실. Todo lo consigue por su *constancia*. 그는 견실해서 모든 것을 얻고 있다. ② 확실함, 증거(證據). No hay *constancia* de lo que ha dicho. 그가 말한 것에 대해 증거는 없다. ◇ **constantemente** 🈂 부단히, 항상.

constar 🈂 ① 명확하다. Me *consta* que José estaba allí en aquella fecha. 호세가 그날 그곳에 있던 일은 나에게는 확실하다. ② 기록·명기하고 있다. Las mercancías *constan* en la inclusa documentación de embarque. 상품은 동봉한 선적 서류에 명기하여 있다. ③ [+de : …로] 성립하다. El mes de julio *consta de* treinta y un días. 7월은 31일 이다.

constitución 🈂 ① 구조. La *constitución* de la sociedad era muy democrática. 그 사회 구조는 대단히 민주적이었다. ② 체격. Es una mujer de *constitución* muy fuerte. 그녀는 건강한 체격의 여자이다. ③ 헌법. ◇ **constitucional** 🈐 구조상, 조직상의; 헌법의.

constituir [74 huir] 🈁 ① 만들어내다 (조직, 구성). La calidad *constituye* la base de la reputación. 품질이 평판의 기초를 만들어 내고 있다. ② …로 되다. Este deporte *constituye* una diversión excelente para los jóvenes. 이 스포츠는 청년에게 있어서 훌륭한 오락으로 되어 있다. ③ …로 하다. El rey *constituyó* heredero a su sobrino. 왕은 자기의 조카를 계승자로 했다. ◇ **~se** 🈂 ① 조직·체결되다. ② …로 되다. José se *constituyó* en tutor el huérfano. 호세는 그 고아의 후견인으로 되었다.

construir [74 huir] ① 건조·건설하다. Parece que los romanos *construyeran* sus obras con perspectiva de eternidad. 로마사람은 영원을 예견하고 그 건조물을 건설한 것 같다. ② 제작·제조하다. Se *construyen* camiones en esta fábrica. 이 공장에서 트럭이 제조된다. ◇ **construcción** 🈂 건축물, 건조물; 제작, 제조. ◇ **constructivo, va** 🈐 건설적인. Es deseable la crítica *constructiva*. 건설적인 비판이 바람직하다. ◇ **constructor, ra** 🈐 제작·제조하는 ; 건설하는. 🈂 제작·제조자 ; 건축가.

consuelo 🈂 위로, 위안. La nieta era su único *consuelo*. 손녀가 그의 유일한 위안이 된다.

cónsul 🈂 영사. *cónsul general* 총영사. *cónsul honorario* 명예 영사. *vice cónsul* 부영사. ◇ **cónsula** 🈂 영사 부인 ; 여자

consultar ① [+a·con : …에게 · 과] 상의하다. Consultaré al profesor sobre este asunto. 이 일에 대해 선생님께 상의하겠다. ②(…의) 진찰을 받다. Vaya usted a *consultar* al médico. 가서 의사한테 진찰을 받으세요. ¿Ha consultado usted a un médico? 의사한테 진찰을 받으셨습니까. Deseo *consultar* a un médico. 나는 의사의 진찰을 받으려고 생각하고 있다. ③(참고로) 보다, (사전을) 찾다. *Consulte* usted el diccionario para saber el significado de esta palabra. 이 단어의 의미를 알기 위해 사전을 찾아보십시오. *consultar* algo con la almohada 숙고하다. ◇ **consulta** 閚 상담 ; 진찰 ; 참고. El médico tiene la *consulta* de las nueve a las cinco. 그 의사는 9시부터 5시까지 진찰을 한다. ◇ **consultor, ra** 閚 자문의, 상담에 응하는. 圀 고문, 상담역. 진료소.

consumir ① 없애다 ; 소비하다. Ese motor *consume* mucha gasolina. 이 엔진은 휘발유를 많이 소비한다. (체력·기력 따위를) 소모시키다. Le *consumía* la inquietud. 불안해서 그는 기력을 소모하고 있었다. ~**se** ① 다하다. Se *ha consumido* el petróleo. 석유가 모두 없어졌다. ② 수척하다. Tenía la cara muy *consumida*. 그는 얼굴이 무척 수척하다. ◇ **consumidor, ra** 소비하는, 소모시키는. 閚 소비자. ◇ **consumo** 閚 소비.

contabilidad 閚 부기, 회계학. *contabilidad por partida doble* 복식 부기. *contabilidad por partida simple* 단식 부기. ◇ **contabilista** 閚 회계 · 부기 담당자. ◇ **contabilizar** [9 alzar] [장부에] 기입 · 기장하다.

contacto 閚 접촉 ; 연락. No tengo ningún *contacto* con José. 나는 호세와 아무런 접촉이 없다.

contagiar [11 cambiar] 団 감염시키다. José *contagió* el resfriado a Ramón. 호세가 감기를 라몬에게 감염시켰다. Me *he contagiado* con su risa. 그의 웃음에 나도 말려 들어갔다. 재 감염하다. ~**se** 감염되다. ◇ **contagio** 閚 감염, (가벼운) 전염병. Hay un *contagio* de resfriado. 감기가 유행하고 있다. ◇ **contagiosidad** 閚 전염·감염성. ◇ **contagioso, sa** 閚 전염성의. *enfermedad contagiosa* 전염병.

contaminar 団 더럽히다 ; 감염시키다(contagiar). ◇ **contaminación** 閚 오염, 감염.

contar [24] 団 ① 세다 (계산, 제정, 산업). *Cuenta* tus dedos. 손가락의 수를 세어라. Le *cuento* entre mis mejores amigos. 나는 그를 가장 좋은 친구 속에 넣고 있다. Me lo *ha contado* la madre. 모친이 그 일을 나에게 말해 주었다. 재 ①계산·고려에 둔다. Los niños no *cuentan*. 어린이는 계산에 들지 않는다. Lo que *cuenta* son las aptitudes y no los títulos. 중요한 것은 (고려에 들어가는 것은) 능력이지 직함은 아니다. ② [+con ; …을] 기대하다 ; (…을) 얻고 있다. Puede usted con*tar conmigo*. 내게 맡겨 두시오 (나를 기대할 수 있다). ◇ **contador, ra** 閚 회계담당, 계리사. 閚 계기(計器), 미터기. ◇ **contante** 閚 현금의. *en dinero contante* 현금으로.

contemplar 団 바라보다 ; 지켜보다. Con*temple* usted el paisaje desde aquí. 여기서 경치를 바라보십시오. Me gusta mucho *contemplar* el mar. 나는 바다를 바라보는 것이 무척 마음에 든다. ◇ **contemplación** 閚 ① 조망(眺望) ; 숙시(熟視) ; 묵상. ② 閚 고려(顧慮). Tienes demasiadas *contemplaciones* con ella. 너는 그녀에게 너무 신경을 쓴다. ◇ **contemplativo, va** 閚 정관적인 ; 묵상적인.

contemporáneo, a 閚 동시대의, 같은 시대의 ; 현대의. Estamos estudiando la historia *contemporánea* de Europa. 우리들은 유럽 현대사를 공부하고 있다. 閚 동시대의 사람 ; 현대의 사람.

contener [58 tener] 団 ①(가운데) 넣어 두다 ; 포함하다. El primer tomo *contiene* dos novelas. 제 1권에는 소설이 2편 들어 있다. ②억제하다, 참다(tolerar). Con*tuve* a duras penas la risa. 나는 겨우 웃음을 참았다. ~**se** 자제하다. José *se contuvo* para no dar un grito. 호세는 고함치고 싶은 것을 참았다. ◇ **contenido** 閚 내용(물), 알맹이. Me he enterado del *contenido* de su carta. 편지의 내용을 알고 있습니다.

contentar 団 만족시키다, 즐겁게 하다. No podemos *contentar* a todos. 모두를 만족시킬 수는 없다. ~**se** [+con ; …으로] 만족하다, 참다. Me *contentaría con poco*. 나는 조금으로 만족합니다만.

contento, ta 閚 [+con·de ; …로] 만족한, 기뻐하는. José está *contento* de verla restablecida. 호세는 그녀가 회복한 것을 보고 기뻐하고 있다. 閚 기쁨, 즐거움. Se le notaba el *contento* en la cara. 그의 얼굴에는 만족한 빛이 보이고 있었다.

contestar 재 답하다, 대답하다(responder.

replicar); 회답을 하다, 응하다. No *contestan* (전화를) 받지 않읍니다. *Contestamos a su carta del 3 del mes actual.* 이 달 3일자의 편지에 답장합니다. *Debe usted contestar su carta.* 그의 편지에 답장을 해야 합니다. 他 …라고 대답하다. *Lola me contestó que no iría.* 롤라는 나에게 가지 않겠다고 대답했다. ◇ **contestación** 예 대답, 답장(respuesta). *Yo esperaba con impaciencia su contestación.* 나는 지루하게 그녀의 대답을 기다리고 있었다.

contigo [전치사 con과 인칭대명사 ti의 합체형] 너와 함께. *Contigo*, pan y cebolla. 너와 함께라면 어떠한 괴로운 생활이라도 (빵과 양파로) 좋다.

contiguo, gua 형 [+a; …에] 인접한. *José compró un terreno contiguo a su casa.* 호세는 자기 집에 인접한 토지를 샀다. ◇ **contigüidad** 예 인접.

continente 예 ① 대륙. *El Nuevo Mundo se compone de dos continentes: América del Norte y América del Sur.* 신세계는 북미와 남미의 두 개의 대륙으로 이룩된다. ② 얼굴빛, 모습. *Se comprende por su continente que pertenece a una familia noble.* 그는 그 모습으로 보아 고귀한 집안에 속함을 알 수 있다.

continuar [14 actuar] 他 계속하다(seguir). *Después de breve descanso, continuó su camino.* 그는 조금 쉰 후 길을 계속했다. 자 계속하다. *Si le continúa el dolor, vuelva por aquí.* 아픔이 계속되면, 또 이리 오세요. ② [+현재분사] …하기를 계속하다 (seguir+현재분사). *El aumento de consumo continuará subiendo.* 소비의 증가는 상승을 계속할 것이다. ◇ **continuación** 예 계속. *La próxima vez le contaré la continuación.* 그 다음은 다시 이야기해 주겠다. *a continuación* 다음의; 다음에, 잇대어.

continuo, nua 형 ① 계속한, 끊이지 않는. *Tengo un dolor continuo de estómago.* 나는 줄곧 복통이 계속되고 있다. ② 형 빈번한(frecuente). *José me aburre con sus continuas quejas.* 호세는 언제나 불평을 늘어놓아 나는 싫다. ◇ **continuamente** 甲 계속해서, 부단히, 잇대어. ◇ **continuidad** 예 연속, 계속.

contorno 예 ① 주위; 윤곽. *¿Cuánto mide el contorno de este árbol?* 이 나무의 주위는 얼마나 되나. ② 예 부근; 주변. *En estos contornos abundan las cigüeñas.* 이 부근에는 황새가 많다. *El vive en los contornos de una ciudad.* 그는 도시의 주변 [교외]에서 살고 있다.

contra 전 ① …에 대하여. *El automóvil se estrelló contra un poste telegráfico.* 그 자동차는 전주에 충돌했다. ② …에 반대, 대항해서. *No podemos hacer nada contra la naturaleza.* 자연에 반해 우리는 아무 짓도 못한다. ③ …에 향하여, 면하여. *La habitación está contra el sur.* 방은 남쪽에 면하고 있다. 예 반대, 난점 (難点). *Un buen plan pero no deja de tener sus contras.* 나는 반대표를 던졌다.

contrabando 남 밀수입, 밀매매; 밀수품. *La policía se dedica a la persecución del contrabando.* 경찰이 밀수 수색에 전념하고 있다. ◇ **contrabandear** 밀수를 하다. ◇ **contrabandista** 밀수입자.

contracción 예 ① 수축. *Esto causa la contracción del músculo.* 이것이 근육의 수축을 일으키고 있다. ② 결론, 체결.

contradecir [69 decir] 他 (…에) 반 대하다. *José se enfadó porque le contradije.* 내가 반대했기 때문에 호세는 성을 냈다. ② (…와) 모순하다. 자재 모순되다. *Sus actos nunca se contradicen con sus palabras.* 그의 행동은 결코 그의 말과 모순되지 않는다. ◇ **contradicción** 예 ① 반론, 반대. ② 모순. *Su teoría está llena de contradicciones.* 그의 설은 모순 투성이다. **contradictorio, ria** 형 모순의.

contraer [71 traer] 他 ① 줄이다, 수축시키다. *Huye con la cara contraída por el terror.* (그는) 공포로 얼굴이 경련되어서 도망친다. ② 결혼하다, 맺다. *Su hijo contrajo matrimonio con la hija de don José.* 그의 아들은 호세의 딸과 결혼했다. ③ 약속하다, 빚을 얻다; (병에) 걸리다. *No contraigas deudas ni enfermedades.* 빚을 얻거나 병을 얻거나 하면 안된다.

contrahacer [68 hacer] 他 모조·위조하다(falsificar); 흉내내다(imitar); …(인) 척하다(fingir). ◇ **contrahacedor, ra** 모조자, 위조자. ◇ **contrahechura** 예 위조(품), 모조(품).

contrariar [12 enviar] 他 ① (…에) 반대하다, 거역하다; 막다. *Los vientos contrarían la marcha del barco.* 바람이 배의 진행을 방해하다. ② 괴롭히다. *Aquello me contraría mucho.* 그 일 때문에 나는 대단히 곤란해 하고 있다. ◇ **contrariado, da** 형 당혹한.

contrariedad 예 ① 반대; 방해, 장애. *Nos habríamos marchado si no hubiese surgido esa contrariedad.* 그 장애가 생기지 않았더라면 우리들은 출발했을 것이다. ② 곤혹, 본의가 아님. *Su conducta pro-*

contrario, ria 형 ① [+a: …와] 반대의. Se mueve en sentido *contrario al* de las manecillas del reloj. 그것은 시계 바늘과 반대 방향으로 움직인다. ② 반대·대항하는. Yo soy *contrario* a tal reforma. 나는 그러한 개혁에는 반대이다. 명 상대; 적; 적수: Atacó al *contrario* con tal ímpetu, que lo derribó. 그는 상대에게 심한 타격을 주어서 넘어뜨렸다. *lo contrario* 반대(의 일·것). Dice *lo contrario* de lo que piensa. 그는 생각하고 있는 일과 반대의 말을 한다. *al contrario* …하기는 커녕, 천만에. Tal vez estoy molestándole. –Al *contrario*. 당신에게 폐를 끼치고 있는것이 아닐까요 –천만에요. *al contrario de* …의 반대로. Todo ha salido *al contrario de* como yo esperaba. 내가 기대하고 있던 것과 만사가 반대 결과로 되었다. *por el contrario* 반대로.

contraseña 명 암호; 대기 번호표, 부표(副標).

contraste 명 대조. El color rojo del templo resulta de un efecto sorprendente en *contraste* con el verde de los árboles. 이 사원의 붉은 빛이 나무들의 초록색과 대조하여 놀라운 효과를 올리고 있다. ◇ **contrastar** 자[+con: …과] 대조하다. Lola parece fea porque *contrasta* con su hermana. 롤라는 여동생과 대조가 되니까 미인이 아니게 보이는 것이다.

contratiempo 명 불의의 사고; 불행; 재난.

contrato 명 계약(서). Firmé ayer con el casero el *contrato* de alquiler. 나는 어제 집주인과 임대 계약(서)에 서명했다.

contrata 명 계약(서); 청부. ◇ **contratar** 타 계약하다; 도급하다. Hemos *contratado* el arriendo del piso en tres mil pesetas. 우리들은 집세 3,000페세타로 그 층을 빌릴 계약을 맺었다.

contribución 명 ① 기부(금). No esperábamos de él tanta *contribución*. 우리들은 그에게서 이토록 많은 기부를 기대하고 있지 않았다. ② 국세, 세금. ③ 공헌, 기여.

contribuir [74 huir] 자 ① 소용되다. El hierro *ha contribuido* más que nada a la civilización. 철은 무엇보다도 크게 문명에 공헌하여 왔다. ② [+a·para: …에 /+con: …을 가지고] 공헌·기여하다, 기부하다. José *contribuyó con* una pequeña cantidad *a* las obras de caridad. 호세는 그 자선 사업에 소액의 돈을 내었다. (세금을) 바치다. *Contribuye* diez mil pesetas por impuesto de utilidades. 그는 소득세로 1만 페세타를 바친다. ◇ **contribuyente** 형 기여·기부·납세하는. 명 기여·기부하는 사람, 납세자; 국민.

contrincante 명 경쟁자, 시험 상대.

control 명 ① 조절, 제어. En la fábrica se lleva un *control* automático de todo. 그 공장에서는 모든 것에 자동 제어가 행해지고 있다. ② 통제, 관리. José tiene a su cargo el *control* de las entradas y salidas en el almacén. 창고의 출납 관리가 그의 임무로 되어 있다. *torre de control* (공항 따위의) 관제탑. *control de natalidad* 산아 제한. ◇ **controlar** 타 조절·제어·조종하다. El Estado *controla* toda la producción de tabaco. 국가는 담배의 전체 생산을 통제하고 있다.

contusión 명 타박상.

convalecencia 명 쾌차, 회복(기); 정양소, 요양소. ◇ **convaleciente** 형 회복기의.

convencer [1 vencer] 타 ① 납득시키다, 설득하다. He *convencido* a mi hijo para que se corte el pelo. 나는 아들에게 머리를 깎을 것을 납득시켰다. ② (…의) 마음에 들다. No me *ha convencido* la película. 그 영화는 (내) 마음에 들지 않았다. ◇ **convencido, da** 납득하고 있는, 알고 있는. José está *convencido* de su propio defecto. 호세는 자기의 결점을 잘 알고 있다. ◇ **convencimiento** 설득, 납득(convicción).

convención 명 ① 협정, 협약, 조약. *Convención Postal Universal* 만국 우편 조약. ② (국민) 회의. ③ 관례, 인습. ④ 의견의 일치(acuerdo).

conveniente 형 적당한, 형편이 좋은. Hagan lo que crean más *conveniente* para ustedes. 당신들에게 제일 적당하다고 생각하는 일을 해주십시오. ◇ **conveniencia** 명 ① 적당, 형편. Si buscas tu *conveniencia*, yo busco la mía. 네가 형편을 말한다면 나도 내 형편을 말하겠다. ②명 관습, 습관(costumbre), 전통 (tradición). Hay que respetar las *conveniencias* sociales. 사회적 습관은 존중되어야 한다.

convenir [59 venir] 타 …협정하다. *Hemos convenido* reunirnos el próximo sábado. 우리들은 다음 토요일에 모이기로 협정했다. 자 ① [+en: …을] 협정하다. No *han convenido* todavía *en* el precio de venta. 그들은 아직 가격에 아직 의견이 맞지 않는다. ② [+a: …에] 적당·타당하다, 형편이 좋다. No me *conviene* el precio. 그 값은 내게는 적당하지 않다. ③ [+*inf.*+*que*+*subj.* …하는 것이 적당하다, 형편이 좋다. *Conviene*

convento 圀 수도원, 승원. A sus quince años entró en el *convento*. 그녀는 15살 때 수도원에 들어갔다. ◇ **conventual** 휑 수도원의.

conversar 재 [+en・sobre : …에 대하여] 협의하다. Vinieron a casa y *conversamos* un buen rato. 그들은 (내) 집으로 와서 잠깐동안 이야기했다. ◇ **conversación** 여 회화, 회담(conferencia).

convertir [48] advertir] 타 ① [+en : …으로] 바꾸다, (…로) 하다. ②개종·전향시키다. El misionero *convirtió* muchos infieles. 그 전도사는 많은 무신자들을 믿게 했다. ◇~**se** ① [+en : …으로] 바뀌다, (…으로) 되다. La brisa *se ha convertido en* huracán. 산들바람이 폭풍으로 바뀌었다. ②개종하다. El joven *se convirtió* al catolicismo. 그 젊은이는 카톨릭으로 개종했다.

convicción 여 확신. Tiene *convicciones* políticas muy firmes. 그는 확고한 정치적 신념을 가지고 있다.

convidar 타 [+a : …으로] 초청·초대하다 (invitar). Me han *convidado* a pasar una semana en su finca. 나는 그의 별장에서 1주일을 지내도록 초대받았다. ◇ **convidado, da** 초대 손님(invitado).

convincente 휑 설득력·호소력 있는.

convivir 재 ① 함께 지내다; 같은 시대에 살다. Los dos novelistas *convivieron* en la misma época. 이 두 소설가는 같은 시대에 살았다. ② 공존하다. Aquí *conviven* en feliz armonía la tradición y el progreso. 이곳에는 진보와 전통이 잘 조화되어 공존하고 있다. ◇ **convivencia** 여 동거, 공동 생활, 공존(coexistencia). La cortesía ayuda a la *convivencia* humana. 예의는 사람의 공동 생활을 돕는다.

convocar [7 sacar] 타 ① 소집하다. El alcalde *convocó* a todos los ciudadanos en la plaza mayor. 시장은 전시민을 대광장에 소집했다. ② (경쟁 시험·콩쿠르의) 모집을 하다. Se ha *convocado* el concurso de bellezas. 미인 대회 모집이 발표되었다. ◇ **convocatoria** 여 소집; 모집.

convoy 圀 호위(escolta). ◇ **convoyar** 타 호송하다(escortar).

convulsar 타 경련을 일으키게 하다; 소란을 일으키다. ◇ **convulsión** 여 경련; 소란. ◇ **convulsivo, va** 휑 경련(성)의.

cónyuge 圀 남편, 아내; 배우자. Los nuevos *cónyuges* se retiraron a descansar. 신혼 부부는 쉬기 위해 물러났다. ◇ **conyugal** 휑 부부의.

coñac 圀 코냑, 브랜디.

cooperar 재 [+con : …과 / +a・en : …에] 협력하다. El vecindario *cooperó* con los bomberos *en* la extinción del incendio. 이웃 사람들이 화재의 소화에 소방사들과 협력했다. ◇ **cooperación** 여 협력, 원조. ◇ **cooperativa** 여 협동조합. En el pueblo hay una *cooperativa* agrícola. 마을에는 농업협동조합이 있다.

coordinar 타 조정하다; 정리·정돈하다; 분류하다. ◇ **coordinación** 여 정리, 정돈; 배열.

copa 여 ① 술잔, (발이 달린) 잔. Vamos a tomar unas *copas* juntos. 함께 술이라도 (몇잔) 마시러 가자. ② 우승컵. ③ 나무 가지나 잎사귀의 숲. Había un nido en la *copa* de un pino. 소나무 숲속에 새의 집이 있었다. ◇ **copita** 여 작은 잔.

copiar [11 cambiar] 타 베끼다 (모사, 전사, 등사; 모방). ¿Cuántas páginas quiere usted que yo *copie*? 몇 페이지를 복사할까요. 재 모방을 하다. Entre los estudiantes hay algunos que *copian* en los exámenes. 학생 중에는 커닝을 하는 자가 있다. ◇ **copia** 여 사본. Para su gobierno les enviamos dos *copias* de nuestras facturas. 참고로 귀사에 폐사의 송장 사본을 2통 보냅니다.

copioso, sa 휑 많은. Cayó una *copiosa* nevada en esta comarca. 이 지방에 대량의 강설이 내렸다.

copla 여 민요, 가요. Esta *copla* tiene sabor a Asturias. 이 민요는 아스뚜리아 풍의 느낌이 있다.

coqueta 휑 교태를 부리는, 요염한. Es la mujer más *coqueta* que he conocido. 그녀는 내가 아는 한 가장 성적 매력이 있는 여인이다. 여 요염한 여자. ◇ **coquetear** 재 교태를 보이다, 교태를 부리다, 아양을 떨다. *Coquetea* con todo el mundo. 그녀는 누구에게나 교태를 부린다. ◇ **coqueteo** 圀 / **coquetería** 여 아양, 교태, 요염·요사스러움.

coraje 圀 ① 기력, 용기. Es un hombre de *coraje*. 그는 용기있는 사람이다. ② 성냄. Me dio *coraje* que me mintiera. 그가 나를 속이다니 화가 났다.

corazón 圀【해부】① 심장 ② 심정, 마음 (mente, espíritu). Se lo agradezco de todo mi *corazón*. 나는 당신에게 그것을 진심으로 감사하고 있습니다. ③ 애정. Tú no tienes *corazón* para tu hermano. 너는 동생에게 애정을 가지고 있지 않군. ④ 용기, 기력.

corbata 여 넥타이. Terminó de arreglarse

corcho 圕 줄, 끈, 실. *cordel de pescar* 낚싯줄.

cordero 圕 새끼 양; 순한 남자.

cordial 圈 ① 진심의. Reciba usted mi más *cordial* felicitación en el día de su cumpleaños. 당신의 생일에 진심으로 축하를 보냅니다. ② 성실한. Es un hombre sumamente *cordial*. 그는 대단히 성실한 사람이다. ◇ **cordialmente** 囲 진심으로, 마음으로부터; 성실하게. Te abraza *cordialmente* tu amigo. [편지의 끝맺음] 너의 친구가 진심으로 너를 포옹한다. ◇ **cordialidad** 囲 진정, 성실; 친애.

cordillera 囲 산맥(sierra), 산계(山系). La *Cordillera* de los Andes constituye para este país su principal sistema de montañas. 안데스산맥은 이 나라에서 주요한 산계로 되어 있다.

cordobés, sa 圈 꼬르도바 (Córdoba : 서반아 남부의 시·주)의. 圕 꼬르도바사람.

cordón 圕 ① 노끈, 줄, *cordones* de zapatos 구두끈. ② 경계선. El *cordón* de policías impidió la marcha de la manifestación. 경관의 경계선이 시위내의 행진을 저지했다. ◇ **cordoncillo** 圕 (천의) 무늬.

cordura 囲 사려, 분별. Conviene actuar con mucha *cordura*. 사려 분별을 가지고 행동함이 좋다.

coreano, na 圈 한국(Corea)의. 圕 한국사람. 圕 한글.

coro 圕 합창(단); 합창 무대. Este trozo se canta en *coro*. 이 부분은 합창으로 노래된다. *a coro* 입을 모아서, 이구동성으로. Toda la familia pide *a coro* que te quedes unos días más. 가족들이 모두 입을 모아서 너에게 앞으로 며칠 더 체재했으면 좋겠다고 말하고 있다.

corona 囲 관; 왕관; 왕위. Le pusieron una *corona* de laurel. 그에게 월계관이 씌워졌다.

coronar 囲 ① (…에) 관을 주다. Al cumplir la mayoría de edad le *coronaron* rey. 그는 성인이 되자 왕으로서 관을 수여받았다. ② 완성하다. Para poder *coronar* aquel edificio se han necesitado muchos millones. 저 건물을 완성하기 위해서는 많은 백만이라는 돈이 필요했다. ~**se** 위를 장식하다; 대관(戴冠)하다. El monte está *coronado* de nieve. 그 산은 눈으로 덮여 있다. ◇ **coronación** 囲 대관(식).

coronel 圕 육군 대령. *teniente coronel* 중령.

corporal 圈 육체의. El trabajo *corporal* no se puede comprar con el mental. 육체노동은 지적 노동과는 비교할 수 없다.

corpulento, ta 圈 몸집이 큰, 거대한, 비대한, 비만한. ◇ **corpulencia** 囲 비대, 비만; 거대.

corral 圕 뒷뜰, 울안. En el *corral* tienen la leña y la paja. 뒷뜰에 그들은 땔나무나 지푸라기를 놓아 두었다.

correa 囲 혁대, 벨트, 가죽끈. Las maletas van sujetas con fuertes *correas*. 트렁크는 단단한 가죽 벨트로 차가 묶어 있다.

corrección 囲 ① 정정, 수정; 교정. ② 정확. Deseo redactar con *corrección*. 나는 정확하게 글을 지을 수 있기를 원한다. *casa de corrección* 교정원, 소년원.

correcto, ta 圈 ① 정확한. Su pronunciación es muy *correcta*. 그의 발음은 매우 정확하오. ② 예의바른(cortés). Estuvo con nosotros *correcto*, pero frío. 그는 우리들에게 정중했지만 차가웠다. ③ [얼굴 모습 따위가] 단정한. Ese hombre tiene unas facciones muy *correctas*. 저 사람은 매우 단정한 얼굴 모습을 쓸 수 있다. ◇ **correctamente** 囲 정확히; 단정하게. Sabe redactar *correcta* y elegantemente. 그는 정확하고 화려한 문장을 쓸 수 있다.

corredor, ra 圕 ① (경주의) 주자(走者). Los *corredores* salieron del estadio a las siete. 주자들은 7시에 경기장에서 출발했다. ② 중개인, 브로커. 圕 복도, 통로. El comedor está al fondo del *corredor*. 식당은 복도 막바지에 있다.

corregir [39 *elegir*에 따름] ① 고치다, 정정·수정·교정하다. *Corríjame* usted los errores. 나의 잘못을 정정해 주시오. ② 교정·훈육하다. A los niños hay que *corregirles*. 어린이들을 훈육해야 한다. ~**se** 행동을 고치다.

correo 圕 ① 우편, 우편물. ¿A qué hora sale el *correo*? 우편물은 몇 시에 떠납니까. Quiero mandar esta carta por *correo aéreo*. 나는 이 편지를 항공 우편으로 보내련다. Voy a recoger el *correo* de hoy. 나는 오늘 우편물을 가지러 갔다 오겠다. ② [주로] 우체국(casa de correos, oficina de correos). Si pasas por correos, haz el favor de echar esta carta. 네가 우체국에 들르면 이 편지를 넣고 오너라. ¿Hay una oficina de *correos* cerca? 근처에 우체국이 있읍니까? *apartado de correos* 우편 사서함.

correr 圏 ① 달리다, 서두르다. No corras tanto por la calle. 거리에서 그렇게 달리지 마라. ② (물·때·소문이) 흐르다. El Ebro *corre* entre verdes arboledas.

에브로강은 푸른 나무 사이를 흘러가고 있다. 타 ① 뛰어다니다, 돌아다니다. José *ha corrido* el mundo entero. 호세는 전세계를 돌아다녔다. ② (동물을) 쫓다. Los muchachos *corrían* perros. 어린이들은 개를 쫓아 가고 있었다. ③ 움직이다, 미끄러뜨리다. *Corre* esa silla un poco hacia acá. 저 의자를 이쪽으로 약간 들어 놓으시오. *Corre* la cortina, que me molesta la luz. 빛이 귀찮으니 커튼을 내려다오. ◇~**se** ① 미끄러지다. Si *te corres* un poco podré sentarme yo también. 네가 약간 옆으로 당기면 나도 앉을 수 있는데. ② (빛·잉크가) 스미다. ③ 창피를 당하다.

correspondencia 여 ① 서신 왕래, 통신 (comunicación). Mantengo *correspondencia* con varios mejicanos. 나는 몇명 멕시코사람과 서신 왕래를 하고 있다. ② 우편물. Abre la *correspondencia*. 우편물 봉투를 열어라.

corresponder 자 ① [+a·con: …에] 해당하다, 응하다, 상응하다, 당하다. Las señas que me dieron *corresponden a* esta casa. 내가 받은 주소는 이 집에 해당한다. ② 갚다, 대답하다. José le regaló un pañuelo y ella le *correspondió* con una corbata. 호세는 그녀에게 손수건을 선물하고, 그녀는 넥타이로 이에 보답하였다. ③ [+a·en: …] 담당하다·책임이다. Creo que *a* usted le *corresponden* todos los gastos. 모든 비용은 당신 담당이라고 나는 생각하고 있다.

correspondiente 형 ① 각기의. Cada uno pagó su *correspondiente* cuenta. 각자는 자기들의 계산을 지불했다. ② 상응·상당하는. Dame la llave *correspondiente* a esta cerradura. 이 자물쇠의 열쇠를 나에게 다오.

corresponsal (신문의) 통신원, 특파원; (상사의) 대리인, 출장원; 통신 상대. Nuestro *corresponsal* nos informa que ha estallado una revolución. 본사의 통신원은 혁명이 돌발했다고 알려온다. *corresponsal especial* 특파원. ◇**corresponsalía** 통신원의 일·사무소·지국.

corrido, da 형 ① 부끄럽게 생각하는. La muchacha quedó *corrida*. 그 소녀는 부끄러워했다. ② 초과한. El paquete tiene un kilo *corrido*. 소포는 1킬로그램 초과하고 있다. 여 ① 달림, 주행(走行). He dado una *corrida* para alcanzarlos. 나는 그들을 따라잡기 위해서 달렸다. ② 투우 (corrida de toros).

corriente 형 ① 흐르는. Hay agua *corriente* en esta habitación. 이 방에 수도 (흐르는 물)가 있다. ② 보통의, 흔해빠진. Tengo dos relojes, uno de lujo y otro *corriente*. 나는 시계 두 개를 가지고 있다; 하나는 호화로운 것이며, 또 하나는 보통의 것이다. ③ 이, 현재의 (presente). Recibimos su grata carta de 20 del (mes) *corriente*. 이달 20일자 편지를 받았습니다. 여 ① 흐름. *corriente eléctrica* 전류(電流). ② 개울, 시내 (arroyo, río). Allí cruzaron una *corriente*. 그들은 그곳에서 시내를 건넜다. ③ 해류(海流). ◇**corrientemente** 보통으로, 일반으로; 유창하게.

corroborar 타 기운을 돋우다. ◇**corroborante** 형 기운을 돋게 해주는. 명 강장제.

corromper 타 ① 썩히다, 부패시키다. El calor *corrompe* la carne. 더위는 고기를 썩힌다. ② 타락시키다. ③ 매수하다. Trataron de *corromper* al funcionario. 그들은 그 공무원을 매수하려 했다.

corrupción 여 부패; 타락. El sacerdote predicaba contra la *corrupción* de la juventud. 사제는 청년층의 타락에 대하여 설교를 했다.

cortabolsas 【단·복수 동형】 소매치기.

cortalápices 남 【단·복수 동형】 연필깎기.

cortaplumas 남 【단·복수 동형】 주머니칼, 나이프.

cortar 타 ① 자르다, 끊다; 끊어내다. *Córteme* el pelo a tijera. 내 머리를 가위로 끊어주세요. *Cortó* un trozo de queso con la navaja. 그는 식칼로 치즈를 한 조각 끊었다. ② 재단하다. Mi traje está muy bien *cortado*. 내 옷은 재단이 대단히 좋다. ③ (물·공기를) 끊고 달리다·날다 ④ 중단·차단하다. Hay que *cortar* esta tos. 이 기침을 멈추어야 한다. Está *cortada* la carretera. 길은 끊어져 있다. 자 ① 끊기다. Estas tijeras no *cortan* bien. 이 가위는 잘 들지 않는다. ② (몸을 끊는 듯이) 차갑다. Hace un frío que *corta*. 살을 에이듯이 춥다.

cortaúñas 남 【단·복수 동형】 손톱깎이.

corte 남 ① (칼·가위 따위의) 칼날; 끊기는 맛. El *corte* de este cuchillo está sumamente agudo. 이 칼의 칼날은 대단히 예리하다. ② 재단. José aprende *corte* y confección en una academia. 호세는 재단과 바느질을 어떤 양재 학원에서 배우고 있다. ③ 절단면, 벤 상처. Se ha hecho un *corte* en la mano con un cristal. 그는 유리로 손에 부상했다. 여 ① 궁정(宮廷); 왕도(王都). ② [남미] 법원, 재판소. Ha apelado a la *Corte* de Apelación. 그는 대법원에 상고했다. ③ 복 (서반아의) 국회 (asamblea nacional,

cortejar 国 봉공(奉供)하다; 비위를 맞추다, 알랑거리다.

cortés 囹 예의 바른. El jefe fue siempre muy *cortés* con su subordinado. 부장은 언제나 부하에게 매우 예의 발랐다. ◇ **cortésmente** 團 예의 바르게, 정중하게. ◇ **cortesía** 囝 ① 예의 (바름). José demostró su *cortesía* dejando pasar a la señorita. 호세는 그 젊은 여성을 먼저 가게하여 예의 바름을 보였다. ② 의례. El presidente hizo una visita de *cortesía* a México. 대통령은 멕시코에 의례 방문을 했다.

corteza 囝 (수목·과실·빵 따위의) 껍질. Prefiero la *corteza* del pan. 나는 차라리 빵 껍질이 좋다. *corteza terrestre* 지각(地殼).

cortina 囝 커튼, 막. Corre las *cortinas*. 커튼을 내려라. ◇ **cortinaje** 囝 [집합적] 커튼류.

corto, ta 囹 ① 짧은[↔ largo]. Este abrigo se le ha quedado *corto* al niño. 그 어린이에게는 이 외투는 짧아졌다. Las mangas son muy *cortas*. 소매가 매우 짧다. ② 근소한. Aquí la ración es *corta*. 여기서는 한 사람 몫(의 식량)이 근소하다. ③ 소심한, 비겁한. ◇ **cortedad** 囝 짧음; 근소; 소심, 비겁. El niño sabe mucho, a pesar de la *cortedad* de su edad. 그 어린이는 어린데도 사물을 잘 알고 있다.

cortocircuito 囝 단락회로(短回路).

corvus [라틴어] 까마귀(cuervo).

cosa 囝 일, 물건(artículo). No es gran *cosa*. 그는 대단한 일은 아니다. Cada *cosa* en su sitio. 각각 물건은 그 장소에 (놓아야 한다). No es *cosa* de risa. 그건 웃을 일이 아니다. Eso es *cosa* suya. 그것은 그의 일이다. Las *cosas* van de mal en peor. 일이 점점 나빠져 간다. *cosa* de 대쯤, 약…. Estábamos *cosa* de dos meses. 그것은 약 두 달 전이었다.

cosecha 囝 수확(물·기). Este año ha habido una buena *cosecha* de aceitunas. 금년은 올리브 수확이 좋았다. Juan le prometió que pagaría para la *cosecha*. 후안은 늦어도 수확기까지는 지불하기로 그에게 약속했다. ◇ **cosechar** 囼 ① 수확하다. En agosto *cosechan* el trigo en Castilla. 카스띠랴지방에서는 8월에 밀의 수확을 한다. ② 얻다. Con ese carácter sólo *cosechará* antipatías. 그런 성격으로는 반감을 살 뿐이다.

coser 囼 (의복 따위를) 꿰매다, 바느질하다, (꿰매어) 붙이다. Lola pasó todo el día *cosiendo*. 롤라는 그날 종일 바느질을

하고 지냈다. *máquina de coser* 재봉틀.

cosicosa 囝 수수께끼(quisicosa).

cosmético, ca 囹 화장(용)의. 囝 화장품.

cosmopolita 囹 전세계적인, 코스모폴리탄의. Buenos Aires es una ciudad *cosmopolita*. 부에노스 아이레스는 전세계 사람이 모여 있는 도시이다. 囝 세계인, 세계주의자.

cosquillas 囝 간지러움. La familia vivía en un ◇ **cosquillar** 囼 간지럽히다. ◇ **cosquillear** 囼 간지럽게 하다. ◇ **cosquilleo** 囝 간지럼, 간지럼질. ◇ **cosquilloso, sa** 囹 간지러운.

costa 囝 ① 해안. La familia vivía en un pueblo de la *costa*. 그 가족은 해안의 마을에 살고 있었다. ② 비용·노력; 희생. *a costa de* …의 비용·노력·희생으로. Lo ha conseguido *a costa de* la salud. 그는 건강을 희생하여 그 일을 성취했다. *a toda costa* 어떤 희생을 치르더라도.

costado 囝 옆구리; 옆(lado). ◇ **costal** 囹 갈빗대의, 늑골의.

costar 囻 (contar) 自 ① 경비·비용이 들다. ¿Cuánto *cuestan* estas tazas? 이 찻잔은 얼마입니까. Me *costó* mucho dinero este reloj. 이 시계는 내게는 돈이 꽤 들었다. *costar un ojo de la cara* 비용이 굉장히 많이 들다. ② 노력·희생을 요하다. Esta empresa le *costó* a Roma dos siglos de esfuerzo. 이 사업은 로마에 2세기의 노력을 요했다.

costarricense 囹 꼬스따리까(Costa Rica)의 (costarriqueño). 囝 꼬스따리까사람.

coste 囝 비용, 원가. Facturamos los gastos de envío a precio de *coste*. 송료는 원가에서 끊었습니다.

costear 囼 (…의) 비용을 부담하다·내다. Mi tío *costea* la instrucción a un huérfano. 내 삼촌은 고아의 학비를 대주고 계신다.

costilla 囝【해부】늑골.

costo 囝 비용, 원가(precio de coste). Debido al elevado *costo* de producción se espera una alza de precios. 생산비가 올라 가격 인상이 예상된다. ◇ **costoso, sa** 囹 비용이 드는, 값비싼.

costumbre 囝 습관. Tengo la *costumbre* de aprender de memoria los números de teléfono. 나는 전화번호를 암기하는 습관이 있다. *de costumbre* 여느 때(의), 예(例)의. La casa estaba más silenciosa que *de costumbre*. 집은 여느 때보다도 조용했다. *como de costumbre* 여느 때처럼, 평소와 같이.

costura 囝 봉제; 훔침. ◇ **costurar** 바느질하다, 꿰매다(coser). ◇ **costurero, ra** 囹 재봉사; 바느질 일. 囝 재봉대, 재

cotejar 타 대조하다. ◇ **cotejo** 남 대조; 비교.

cotidiano, na 형 나날의, 매일의(diario). Escribir es mi trabajo *cotidiano*. (글씨를) 쓰는 일이 내 나날의 일이다.

cotizar [9 alzar] 타 ① [상업] (…에) 시세·가격을 붙이다. Los precios que les *hemos cotizado* entrarán en vigor el primero del mes entrante. 귀사에 제시한 가격은 내월 1일에 효력을 발생합니다. ② (회비·구독료를) 지급하다. ◇ **cotización** 여 공장도 가격, 시세, 가격(표).

coyuntura 여 관절; 기회.

coz 여 [복 coces] 차는 일; 욕지거리.

cráneo 남 [해부] 두개골. Se ha caído del caballo y se ha roto el *cráneo*. 그는 말에서 떨어져 두개골이 깨졌다.

crear 타 ① 창조하다, 만들다. Dios *creó* el mundo en seis días. 신은 엿새동안에 세계를 창조했다. ② (제도 따위를) 창설·창시하다. Esta sociedad fue *creada* hace veinte años. 이 협회는 20년 전에 창설되었다. ◇ **creación** 여 창조(물), 창설; 창작(품). *la Creación* 천지 창조. ◇ **creador, ra** 형 창조의. 남 창조·창시·창작자. *el Creador* 창조주.

crecer [30] 자 ① 성장하다, 크게·길게 되다. ¡Cómo *han crecido* los niños desde la última vez que los vi! 앞서 만났을 때보다 어린이들이 훨씬 컸구먼! ② 붇다, 증가하다. *Crece* la intensidad del viento. 바람의 세기가 늘어나고 있다. ◇ **creciente** 형 증대해가는. ◇ **crecimiento** 남 성장; 증대. Este chico está muy atrasado en su *crecimiento*. 이 아이는 성장이 대단히 늦어지고 있다.

credencial 형 믿을 만한, 신용·신임할 수 있는. 여 형 신임장 (carta *credencial*).

crédito 남 신용, 신망. No doy *crédito* a nada de lo que dice ese hombre. 나는 그 사람이 하는 말은 일체 신용하지 않는다. ② [상업] 신용 대부; 신용장(信用狀)(carta de *crédito*). Tengo por cobrar un *crédito* de 10,000 pesetas. 나는 1만 페세타의 신용 대부를 아직 받아들이지 않았다. *abrir el crédito* 신용장을 개설하다. *comprar a crédito* 외상으로 사다. *dar crédito* 신용하다 (acreditar). *vender a crédito* 외상으로 팔다.

creencia 여 ① 확신; 신념. Tenía la *creencia* de que allí había un tesoro escondido. 그는 그곳에 보물이 숨겨져 있다는 확신을 가지고 있다. ② 신앙, 믿음.

creer [75 leer] 타 믿다, (라) 생각하다. Lo *creo*, ya que lo dices tú. 네가 그렇게 말하는 이상 나는 그것을 믿는다. *Creo* que vendrá mañana. 그가 내일 오리라고 나는 생각한다. *Creo* que es una buena idea. 그게 좋은 생각이라고 믿는다. 자 [+en:…에] *Creo* en mi hijo proque nunca me miente. 결코 거짓말을 하지 않으니까, 나는 아들을 믿는다. ◇ **~se** ① 믿어지다; 확신하다. *Se cree* todo lo que le dicen. 그는 남이 말하는 것을 무엇이나 믿어버린다. ② 자기가 …하고 생각하다. ¿Qué *se habrá creído* este tipo? 이 자는 자기를 무엇이라고 생각했던 것일까. *no creas/ no crea* usted. 그런 일이 있나, 천만의 말씀. *Creo que sí.* 그렇게 생각한다. *Creo que no.* 그렇게 생각하지 않는다. *Ya lo creo.* 물론이다. *Ver es creer* 백문이 불여일견.

crema 여 (식물·화장품·구두의) 크림. Me gusta la *crema* de chocolate. 나는 초콜릿 크림을 좋아한다.

crepúsculo 남 (아침·밤의) 여명, 어슴새벽; 황혼. Continuamos andando a la luz del *crepúsculo*. 우리들은 어슴푸레한 불빛 속을 걸어갔다. ◇ **crepuscular** 형 어슴푸레한, 황혼의.

criado, da 남 머슴, 식모. En la actualidad es difícil encontrar una criada. 현재는 식모를 구하기는 어렵다.

criar [12 enviar] 타 키우다, 사육하다. Ella tiene bastante con *criar* a sus hijos. 그녀는 애기를 키우는 것으로 충분하다. ◇ **~se** 자라다. Los niños *se crían* sanos en el campo. 어린이는 시골에서 건강하게 자란다.

criatura 여 ① 창조물. Todas las cosas que existen son *criaturas* de Dios. 존재하는 것은 모두 신의 창조물이다. ② 유아 (nene, bebé), 어린이. Esta *criatura* llora por nada. 이 어린이는 조그만 일로 운다.

cribar 타 체로 치다, 체질하다, 거르다. ◇ **cribo** 남 체; 키; 조리.

crimen 남 범죄; 중죄 사건. Cometió un *crimen* hace veinte años. 그는 20년 전에 어떤 죄를 범했다. ◇ **criminal** 형 죄 많은. 남여 죄인.

criollo, lla 형 토착의; 자국의; 국산의. (아메리카 태생의) 토기.

crisantemo 남 [식물] 국화 나무·꽃.

crisis 여 [단·복수 동형] ① 위기; 공황. Iba a estallar una *crisis* política. 정치적인 위기가 일어날 듯했다. No me hables de comprar nada, porque estoy en *crisis*. 장보는 것에 대해 아무 것도 나에게 말하지 말아다오; 나는 (경제적으로) 곤란하다. *crisis ministerial* 정변(政變). *crisis monetaria* 금융 공황.

cristal 图 ① 결정체; 수정. ② 유리 (vidrio); 렌즈. Se me han roto los *cristales* de las gafas. 내 안경 렌즈가 깨져버렸다. ◇ **cristalera** 예 유리문. ◇ **cristalería** 예 유리 공장·가게, 유리 그릇; 안경류. Su novio se ha regalado una *cristalería*. 그 애인은 그녀에게 유리컵 세트를 선물했다. ◇ **cristalino, na** 형 수정의·같은. Sólo se oía el rumor suave y *cristalino* del agua. 다만 부드러운 수정과 같은 물소리가 들릴 따름이었다.

cristalizar [9] alzar] 결정(結晶)시키다. ◇~**se** 결정(結晶)하다. ◇ **cristalización** 예 결정(결·물).

cristiano, na 형 예수교의, 그리스도교의. Muy cerca de mi casa hay una iglesia *cristiana*. 우리집 바로 가까이에 예수교 교회가 있다. 예 예수교도, 크리스도교도, 크리스천. En su familia todos son *cristianos*. 그의 가정에서는 모두가 예수교도이다. ◇ **cristiandad** 예 예수교 세계; [집합적] 예수교도. ◇ **cristianismo** 예 예수교.

Cristo 图 그리스도.

criterio 图 ① 기준. Lo juzga todo con su propio *criterio*. 그는 자기 자신의 기준으로 만사를 판단한다. ② 견해 (opinión). Mi *criterio* es que no debemos movernos de aquí. 내 생각은 여기서 움직여서는 안 된다는 것이다.

crítico, ca 형 아슬아슬한, 위태로운. Llegó en el *crítico* momento en que yo salía. 내가 외출하려는 바로 그 순간에 그가 도착했다. 图 비평가, 평론가. 예 ① 비평, 비판. He leído en la revista una excelente *crítica* de esta película. 나는 이 영화에 관한 훌륭한 비평을 잡지에서 읽었다. ② 비난. El es muy orgulloso y no puede soportar la *crítica*. 그는 매우 거만하여 (타인의) 비난에 견디지 못한다. ◇ **criticar** [7] sacar] 타 비판·비평·비난하다 (censurar).

crónica 예 ① 연대기, 역사. ② 신문 기사. El corresponsal nos envió una *crónica* del accidente. 통신원이 그 사고의 기사를 보내왔다. ◇ **cronista** 예 역사가; 시사 해설가.

croqueta 예 [요리] 크로켓.

crudo, da 형 ① 날것(대로)의. El prefiere la carne un poco *cruda*. 그는 약간 설구워진 고기를 좋아한다. ② 생경(生硬)한, 노골적인. Esta película es demasiado *cruda* para que la vean los niños. 이 영화는 어린이가 보기에는 너무 노골적이다. ◇ **crudeza** 예 날것은; 생생함; 생경; 조잡. Describió lo ocurrido con toda *crudeza*. 그는 사건을 적나라하게 기술했다.

cruel 형 잔혹한, 잔인한; 심한. El león no es tan *cruel* como lo creen. 사자는 생각한 만큼 잔인하지는 않다. Durante su enfermedad ha soportado *crueles* sufrimientos. 앓고 있는 동안 그는 심한 고통을 겪었다. ◇ **crueldad** 예 잔혹, 잔인성; 혹심한 일.

crujir 재 삐걱거리다. Cuando sopla el viento *crujen* las ramas de los árboles. 바람이 불면 나뭇가지가 삐걱거린다. ◇ **crujido** 图 삐걱거리는 소리, 찢기는 소리. ◇ **crujiente** 형 삐걱거리는.

cruz 예 (*cruces*) ① 십자형. Lo marcó con una *cruz*. (그는) 그것에 십자표를 했다. ② 십자가. Jesucristo murió en la *cruz*. 예수 그리스도는 십자가에 걸려 죽었다. *Cruz Roja* 적십자.

cruzar [9 alzar] 타 ① (…와) 교차하다. El puente del ferrocarril *cruza* la carretera. 철교는 도로와 교차하고 있다. ② (길·강 따위를) 횡단하다 (atravesar); (팔 따위를) 건너다. Ten cuidado con los coches al *cruzar* la calle. 도로를 횡단할 때는 차에 조심해라. El río está *cruzado* por varios puentes. 그 강에는 여러 개의 다리가 걸려 있다. ◇~**se** ① 얽어 맞추다; 교차되다. Las dos carreteras *se cruzan* cerca de aquí. 두개의 도로는 이 근처에서 교차하고 있다. ② [+con: …과] 엇갈리다. *Me crucé con* él en el corredor. 나는 복도에서 그와 엇갈렸다. Nuestras cartas *se han cruzado*. 우리들의 편지는 엇갈려버렸다. ◇ **cruce** 图 횡단; 교차(점). ◇ **crucero** 图 십자로, 네거리; 순양함.

cuaderno 图 공책; 수첩, 장부.

cuadrar 타 네모나게 하다, 칸막이하다. 재 맞다, 합치되다; 마음에 들다. Esos muebles no *cuadran* con esta casa. 그 가구들은 이 집에는 어울리지 않는다. Venga usted esta tarde si le *cuadra*. 좋으시다면 오늘 오후에 오십시오. ◇ **cuadra** 예 (도시의) 구획, 창고; 행랑방, 마구간. ◇ **cuadrado, da** 형 ① 정사각형. El patio del colegio tiene forma *cuadrada*. 학교 교정은 정사각형이다. ② 꼭 맞는. Este traje te viene *cuadrado*. 이 옷은 너에게 꼭 맞는다. ③ 제곱의, 평방의. Este cuarto tiene cuatro metros de largo por tres de ancho, y su superficie es de doce metros *cuadrados*. 이 방은 폭이 3미터에 길이가 4미터이어서, 그 표면적은 12제곱미터이다.

cuadrilla 예 투우사의 일단, 일당; 조(組), 패(隊).

cuadro 图 ① 네모; 장방형. Ha comprado

cuajar 되 ① 굳히다; 죄다. Se *ha cuajado* la leche. 밀크가 굳어졌다. Este año, la abundancia de sol *ha cuajado* bien la fruta. 금년은 일조(日照) 시간이 많았으므로 과실이 잘 익었다. ② [+de]…투성이로 만들다. El patio de la iglesia estaba *cuajado* de gente. 교회 뜰은 사람으로 꽉차 있었다. 재 실현하다. Los proyectos *han cuajado* en realidad. 그 계획은 실현되었다.

cual 접 …와 같이, …처럼(como). Las llamas lamían el tronco *cual* lenguas de fuego. 불꽃이 불의 혓바닥처럼 나무 둥치를 핥고 있었다. 대 [el cual·la cual·los cuales·las cuales·lo cual의 형태로 관계 대명사, 몸머 또는 전치사 다음에 씀]. Busco a la criada, *la cual* tiene la llave de mi cuarto. 나는 식모를 찾고 있다; 그녀가 내 방의 열쇠를 가지고 있어서. Abrí la puerta, detrás de *la cual* estaba un perro. 내가 문을 여니까, 그 뒤에 개가 있었다. *por lo cual* 그런고로 (por eso). He estado todo el día trabajando, *por lo cual* estoy muy cansado. 나는 하루 종일 줄곧 일했더니, 그리하여 매우 피로하다. *cual si*+접속법 과거. 마치 …하듯이·처럼. No me saludó *cual si* no me conociera. 그는 마치 나를 알지 못하는 듯이 내게 인사를 하지 않았다. *cada cual* 각자(cada uno). *Cada cual* tiene sus problemas. 각자 나름대로 문제를 가지고 있다.

cuál 형 *cuáles* 형 [의문형용사] 어떤, 어떠한. Dime *cuál* color te gusta más. 나는 어떤 색을 제일 좋아하는지 내게 말하라. 대 [의문형용사] 어떤 것, 어느 곳. ¿*Cuál* de los dos coches prefieres? 너는 두 대의 차 중에서, 어느 것이 좋은가? ¿*Cuál* es el número de su teléfono? 당신의 전화 번호는 몇번입니까. *Cuál más, cuál menos*, 정도야 다르지만 모두 각자가. *Cuál más, cuál menos*, todos han prestado ayuda. 정도야 다르지만 모두 나름대로 원조를 제공했다.

cualidad 여 특성; 성질. Su *cualidad* más sobresaliente es la simpatía. 그의 가장 뛰어난 성질은 동정심이다.

cualquiera 형 *cualesquiera* ; 다만 복수형은 거의 쓰이지 않음] 형 [명사 앞에 붙을 때는 cualquier, cualesquier로 함] ① 어떠한 …라도. *Cualquier* hombre tiene algunos defectos. 어떤 사람이라도 약간의 결점은 있다. Un trapo *cualquiera* me sirve. 어떠한 누더기라도 내게는 쓸모가 있다. ② [때의 명사에 붙어서] 어떠한. *Cualquier* día apareceré en tu casa. 어느 날엔가 그는 너의 집에 나타날 것이다. 대 무엇이든지, 누구든지. Puedes llevarte *cualquiera* de los dos libros. 두 권의 책 중에서 어느 것이라도 가져도 좋다.

cuán [*cuánto*가 형용사·부사 앞에 붙을 때의 형태] 부 얼마나, 어떻게. ¡*Cuán* difícil es contentar a todos! 모든 사람을 만족시킨다는 일은 얼마나 어려운 일인가! ¡*Cuán* tarde llegan! 그들은 매우 늦는군!

cuando 접 ① [때]…할 때; 그때. *Cuando* vengas a esta ciudad, avísamelo. 이곳에 올 때는 내게 알려주십시오. Yo leía un libro, *cuando* oí una voz hacia la puerta. 나는 책을 읽고 있었다; 그때 문 쪽에서 소리가 들렸다. ② [이유]…라 한다면, …하는 이상은. *Cuando* usted lo dice, verdad será. 당신이 그렇게 말하는 이상 정말이것이다. ③ [설명적 관계절에서 관계부사로서] 그때에는. Una noche, *cuando* hacía mucho frío, él vino a este pueblo. 어느날 밤, 그는 매우 추웠을 때, 그가 이 마을에 들어왔다. *cuando más [mucho]* 많다고 하더라도. *Cuando más*, tardará cinco días. 최대한도로 그가 늦어지는 것은 5일이겠지. *cuando menos* 적어도. *Cuando menos*, le habrá costado medio millón. 적어도 50만은 들었겠지. *de cuando en cuando* 때때로 (de vez en cuando, a veces, algunas veces). *aun cuando* …한다 하더라도, …할 때라도. *Aun cuando* lo supiese, no te lo diría. 설령 그것을 알고 있다 하더라도, 너에게 말하지 않겠다.

cuándo 부 [때의 의문부사로] 언제. ¿*Cuándo* han llegado? 그들은 언제 도착했나. ¿*Cuándo* se marcha usted? 언제 떠나십니까. ¿Hasta *cuándo* tengo que esperar? 나는 언제까지 기다려야 하는가. ¿Para *cuándo* estará terminada la obra? 그 일은 언제까지 끝날 것인가?

cuantía 여 ① 분량; 다량. Se desconoce la *cuantía* de las pérdidas. 손해의 정도는 모른다. ② 중요도. Es un personaje de *cuantía*. 그는 중요 인물이다.

cuanto, ta 형 [todo의 의미를 가지는 관계사] 형 [관계형용사]…하는 모두의 Vendió *cuantos* libros tenía [todos los libros que tenía]. 그는 가지고 있던 책을 모두 팔았

cuánto, ta 다. 관 [관계대명사]…하는 모든 것·일. *Cuantos* [*Todos los que*] *están aquí son mis amigos.* 여기 있는 사람은 모두 나의 친구이다. *Tiene todo cuanto desea* [*todo lo que desea*]. 그는 가지고 싶은 물건은 모두 가지고 있다. …하는 그만큼. *Trabajo* (*tanto*) *cuanto puedo.* 나는 되도록 일한다. *Podía llorar cuanto quisiera.* 그녀는 실컷 울 만큼 울었다. (*en*) *cuanto a* …에 관해서. *En cuanto a mí no se moleste usted.* 나의 일이라면, 상관 마십시오. *cuanto antes* 되도록 빨리. *Vuelva usted cuanto antes* 되도록 빨리 돌아와 주십시오. *en cuanto* …하자마자 (*tan pronto como, así que, luego que*.) *Partió en cuanto amaneció.* 날이 새자마자 그는 출발했다. *por cuanto* …하는 이상. *No es cierto que estuviste allí, por cuanto no sabes lo que ocurrió.* 무슨 일이 일어났는지 모르는 이상, 네가 그곳에 있었다는 것은 확실치는 않다. *unos cuantos*+명사. 얼마간의. *Tengo unos cuantos libros.* 나는 몇 권의 책을 가지고 있다. *cuanto más* …(*tanto*) *más* [*menos*] …하면 할수록. *Cuanto más sabe,* (*tanta*) *más modestia muestra.* 그는 지식을 가지면 가질수록, 더욱 더 신중함을 나타낸다.

cuánto, ta [수량·정도·시간·거리·가격의 의문사] 형 몇 개의, 얼마만큼의. ¿*Cuánta gasolina necesitas?* 휘발유가 얼마나 필요한가요. ¿*Cuántos tiempo se tarda en aeroplano?* 비행기로 얼마나 걸립니까. ¿*Cuántos años tiene ella?* 그녀는 몇 살입니까. 부 얼마만큼. ¡*Cuánta gente hay en la calle!* 거리에 사람이 많구나. ¿*Cuántos vienen a comer?* 몇 사람 먹으러 오는가. ¿*A cuántos estamos?* 오늘은 며칠입니까. 대 얼마만큼. ¿*Cuánto se tarda a pie de aquí a la estación?* 여기서 역까지 걸어서 얼마쯤 걸리는가? ¿*Cuánto es?*/¿*Cuánto vale?*/¿*Cuánto cuesta?* 얼마입니까. ¿*Cuánto hay de aquí a Busán?* 여기서 부산까지는 얼마나 되는가. ¿*Cuánto es la cuenta?* 계산은 얼마요. ¡*Cuánto trabaja!* 어쩌면 그는 그렇게 일하는지. ¡*Cuánto me alegro!* 나는 얼마나 기쁜지 모르겠다. ¡*Cuánto ha cambiado usted!*

cuarenta 형 40의; 40번째의. 명 40.

cuartel 명 병영(兵營). *Durante el servicio militar los soldados vivien en el cuartel.* 병역 중에 군인은 병영에서 생활한다. *cuartel general* 총사령부.

cuartillas 여 명 원고. *Estoy escribiendo unas cuartillas para el periódico.* 나는 신문에 실릴 원고를 두 세 장을 쓰고 있다.

cuarto, ta 네번째의, 4등분의. *Le daré la cuarta parte.* 당신한테 4분의 1을 드리겠습니다. *Ha perdido las tres cuartas partes de sus bienes.* 그는 재산의 4분의 3을 잃었다. 명 ① 4분의 1; (시간의) 15분. *Quiero comprar un cuarto de tomates.* 나는 토마토를 4분의 1킬로그램 사고 싶다. *Son las tres y cuarto.* 3시 15분이다. ② 방, 실(室). *Es mi compañero de cuarto.* 그는 나와 한 방 사람이다. ¿*Tienen ustedes un cuarto para dos personas?* 2인용 방 있습니까. *Mi cuarto da a la calle.* 내 방은 길에 면해 있다. *cuarto de baño* 욕실. *cuarto de estar* 거실. *cuarto de dormir* 침실 (*alcoba, dormitorio*). ③ 금전, 푼돈. *Pedro tiene muchos cuartos.* 페드로는 푼돈을 많이 가지고 있다.

cuatro 형 4시, 4의; 네번째의. 명 4. *Son las cuatro.* 네시입니다.

cuatrocientos 형 400의; 400번째의. 명 400.

cubano, na 형 쿠바(Cuba)의. 명 쿠바사람.

cubeta 여 물쟁반, 바께쓰; 손잡이 달린 통; 수은조(水銀槽)(청우계의).

cubierto, ta [cubrir의 과거분사] 형 [+de : …로]덮인. *La mesa estaba cubierta de polvo.* 책상은 먼지로 덮여 있었다. 명 ① 덮개; 지붕(*tejado*). *El ganado duerme bajo cubierto.* 가축은 (노천이 아니고) 지붕 밑에서 잔다. ② 식기 세트 (수저, 포크, 칼 따위); (한 사람 몫의) 요리. *Los invitados no han quedado satisfechos con el cubierto.* 초대객은 그 요리에 만족하지 않았다. 여 덮개; 표지; 갑판(甲板). *Esa cubierta es demasiado pequeña para la cama.* 그 덮개는 침대에는 너무 작다.

cubo 명 물통; 바께쓰, 양동이.

cubrecama 여 침대 커버(*sobrecama*).

cubrir [과거분사 cubierto]타 ① 덮다, 씌우다. *Las nubes cubren la luna.* 구름이 달을 덮는다. ② (수지가) 맞다; 보장하다. *Los ingresos deben cubrir los gastos.* 수입이 지출을 보장해야 한다. ◇~se ① [+de·con : …으로] 덮이다. ② 몸을 싸다. *El se cubría con pieles* 그는 모피을 전신에 두르고 있었다. ③ 모자를 쓰다. *Cúbrase usted, por favor.* 모자를 써 주십시오.

cucaracha 여 바퀴벌레; 진디.

cuco 명 뻐꾸기, 두견새.

cuchara 여 수저, 숟가락. *Aquí sobra una cuchara.* 여기 숟가락이 한 개 남아 있다.

cucharetear ◇ **cucharada** 몡 한 숟가락의 분량. Echeme dos *cucharadas* de azúcar. 설탕을 두 숟가락 넣어 주십시오. ◇ **cucharilla** 몡/**cucharita** 몡 찻숟가락, 티스푼. ◇ **cucharón** 몡 큰 수저, 국자, 주걱.

cucharetear 자 숟가락·국자로 젓다.

cuchillada 몡 자상(刺傷); 베기, 찌르기.

cuchillo 몡 ① (식탁용의) 칼, 나이프. Aquí falta un *cuchillo*. 여기 나이프가 하나 모자란다. ② 단검(短劍).

cuelgacapas 몡 [단·복수 동형] 옷걸이.

cuelgaplatos 몡 [단·복수 동형] (장식용) 벽걸이 접시.

cuelmo 몡 횃불(tea).

cuello 몡 ① [신체] 목. Deberás cubrir el *cuello* con un pañuelo. 너는 머플러로 목을 둘러야 할 것이다. ② [의복] 옷깃, 칼라. Tienes manchado el *cuello* de la camisa. 너는 와이셔츠의 깃을 더럽히고 있다.

cuenca 몡 ① [해부] 안와(眼窩), 눈구멍. ② 분지, 유역. La ciudad de Zaragoza se asienta en la *cuenca* del Ebro. 사라고사시는 에브로강 유역에 있다.

cuenta 몡 ① 계산. Sabe escribir y hacer *cuentas*. 그는 글씨도 쓸 수 있고 계산도 할 수 있다. ② 계산(서). Tráigame usted la *cuenta*. 계산서를 가져 오세요. Apúntelo en mi *cuenta*. 그것을 내 계산에 달아 놓아 주십시오. ③ 책임 (responsabilidad). Ese asunto lo tomo por mi *cuenta*. 그 문제는 내 책임으로 인수한다. ④ 보고; 설명, 해명. Lo hizo él solo sin darme a mí *cuenta* de nada. 그는 나에게 아무 것도 보고하지 않고 혼자서 그 일을 했다. Si me piden *cuentas* de lo que he hecho, les contestaré. 그들이 내가 한 일에 대하여 설명을 요구하면, 나는 그들에게 대답하겠다. ⑤ 고려; 의식(意識). Ten en *cuenta* que el tiempo cambia en las montañas. 산에서는 일기가 급변하는 점을 고려해라. *caer en la cuenta* 알다. Ya caigo en la *cuenta*. 이제 (문제점을) 알았다. *darse cuenta de* …을 알다·인식하다. Me di *cuenta de* mi error. 나는 내 잘못을 알았다. *tomar en cuenta* 마음에 새기다, 걱정하다.

cuentacorrentista 몡 당좌 예금자.

cuentagotas 몡 [단·복수 동형] 점안기(點眼器); 돋보기.

cuento 몡 말, 이야기; 단편 소설, 콩트. Compré un libro de *cuentos* populares. 나는 민화에 관한 책을 샀다. *no venir a cuento* 요점에서 빗나가다. Lo que dices *no viene a cuento*. 네가 말한 것은 요점에서 나가 있다. *cuento infantil* 동화. *sin cuento* 무수한. ◇ **cuentista** 몡 단편

작가; 뒷말하는 사람. No te fíes de él, es un *cuentista*. 그가 하는 짓을 신용하지 마라, 뒷말을 잘한다.

cuerda 몡 ① 줄, 끈, 새끼. ¿Tiene usted una *cuerda* para atar este paquete? 이 보따리를 묶을 끈이 있습니까. ② (악기·활의) 줄, 현. Tengo que cambiar una *cuerda* a la guitarra. 나는 기타의 현을 하나 바꾸어야 하겠다. *mozo de cuerda* 짐꾼, 포터. Quiero un *mozo de cuerda*. 짐꾼이 한 사람 필요합니다. *dar cuerda al reloj* 시계의 태엽을 감다. ¿Le ha dado usted *cuerda al reloj*? 당신의 시계 태엽을 감았습니까.

cuerdo, da 형 ① 본정신의. El no está *cuerdo*. 그는 본정신이 아니다. ② 진지한, 사려깊은. Es un hombre muy *cuerdo*. 그는 극히 사려깊은 사람이다.

cuerno 몡 (동물의) 뿔. No me ponga sobre los *cuernos* de la luna. 일전짜리 비행기 태우지 마세요 (달의 뿔 위에 나를 놓지 마세요).

cuero 몡 (무두질한) 가죽 [비교 : piel]; 피혁(皮革). La maleta es de *cuero*. 그 여행 가방은 가죽(제)이다. *en cueros* (*vivos*) 발가벗은. Se quedó *en cueros* por la quiebra. 그는 파산으로 알몸이 되어버렸다.

cuerpo 몡 ① 몸, 신체. Ayer subimos a la montaña y hoy me duele todo el *cuerpo*. 어제 우리들은 산에 올라갔는데, 오늘 나는 전신이 아프다. ② 시체 (cadáver). ③ 물체; 본체. Los *cuerpos* se dilatan por el calor y se contraen por el frío. 물체는 열에 의해 팽창하고, 냉각에 의해 수축한다. ④ 단체; 부대; 전원(全員). *tomar cuerpo* 실현하다, 구체화하다. El proyecto va *tomando cuerpo*. 계획은 (점점) 실현해 간다.

cuervo 몡 [새] 까마귀.

cuesta 몡 언덕. Esta carretera tiene muchas *cuestas*. 이 길에는 많은 언덕이 있다. *cuesta abajo* [*arriba*]. 언덕을 아래[위]로. Fueron corriendo *cuesta abajo*. 그들은 언덕을 달려 내려갔다. *a cuestas* 짊어지고. Llevaba la carga *a cuestas*. 그는 짐을 짊어지고 가고 있었다.

cuestión 몡 문제. No supe resolver la *cuestión* que me plantearon. 나는 세기된 문제를 해결할 수 없었다. El ayuntamiento se preocupa de la *cuestión* de los transportes. 시당국은 수송 문제에 크게 노력하고 있다. *en cuestión de* …의 문제·사건에서는. *En cuestión de* gustos no hay nada escrito. 사람은 십인십색(十人十色)이다. ◇ **cuestionable** 형 의심스러운. Su teoría es algo *cuestionable*. 그

cueva 回 굴.

cuidado 团 ① 걱정. *estar con cuidado* 걱정하다. Ella *está con cuidado* porque no recibe carta de su hijo. 그녀는 아들에게서 편지를 받지 않아서 걱정하고 있다. ¡No tenga usted *cuidado*. 걱정마세요. Me tiene sin *cuidado*. 나는 걱정하지 않는다. ② 조심, 주의. ¡*Cuidado*! 주의·조심하세요. Ten *cuidado* de que no se escapen. 그들이 도망치지 못하도록 주의하세요. ¡*Cuidado* con esa piedra! 그 돌에 조심하시오! ③ 뒷바라지; 손질, 책임. Los niños están al *cuidado* de la abuela. 어린이들은 할머니의 보살핌을 받고 있다. El *cuidado* de la piel es muy importante. 피부 손질이 중요하다.

cuidadoso, sa 圀 ① [+con·para con…에] 주의·조심하는, 정중한. Es muy *cuidadoso de* su buen nombre. 그는 자기 명성을 매우 걱정한다. ◇ **cuidadosamente** 뒤 조심해서, 소중하게.

cuidar 国 ① (…에) 조심하다·배려하다. Miraba a lo alto *cuidando* que aquellas nubes se extendieran. 그는 그 구름이 퍼지는 것이 아닐까 걱정하면서 위쪽을 보고 있었다. ② 뒷바라지·간호·손질하다. Ha venido para *cuidar* al enfermo. (그는) 병자를 간호하러 왔다. Ella tiene la casa bien *cuidada*. 그녀는 집을 깨끗이 손질하고 있다. 圂 ① [+de…에] 주의하다, 배려하다. Lola *cuida* mucho *de* su arreglo personal. 롤라는 몸치장에 무척 마음을 쓴다. ② [+de…의] 뒷바라지·간호·손질을 하다. ③ [명령, +con…에] 주의·조심하다. *Cuida con* esa clase de amigos. 그 따위 친구에게는 주의해라. ④ [+de+que+subj. …하도록] 주의하다. *Cuidaré de que* todo *vaya* bien. 만사가 잘 되도록 주의하겠다. ◇ ~**se** (자기의) 신체·건강에 주의하다. *Cuídate* bien y mucho. 건강에 주의해라. ② [+de…의] 주의하다. *Cuídate de* tus asuntos. 네 일이나 걱정해라. No *se cuida* de lo que dirán. 그는 사람들이 무어라 말하더라도 아랑곳하지 않는다.

culebra 回 【동물】 뱀(serpiente).

culpa 回 죄; 책임, 탓. ¿Quién tiene la *culpa*? 그것은 누구의 잘못입니까. Es *culpa* mía. 제 잘못입니다. Yo no tengo la *culpa*. 제 잘못이 아닙니다. Nadie tiene la *culpa* de lo ocurrido. 아무에게도 사건의 책임은 없다. Tendré toda la *culpa*. 내가 모든 책임을 지겠소. *echar la culpa a* …에게 책임을 지우다. Le *echaron la culpa* del fracaso. 사람들은 실패의 책임을 그에게 지웠다. ◇ **culpable** 圀 죄가 있는. El jurado le declaró *culpable*. 배심원회는 그를 유죄라 선언했다. 图 죄인. ◇ **culpar** 国 나무라다; 죄를 전가하다.

cultivar 国 ① (밭을) 갈다(arar); 개척하다. Es difícil *cultivar* una tierra tan estéril. 이런 불모의 땅을 가는 것은 곤란하다. ② 재배하다. En Canadá se *cultiva* mucho el trigo. 카나다에서는 밀이 많이 재배된다. La caña de azúcar se *cultiva* en los países tropicales. 사탕수수는 열대 국가에서 재배된다. ③ (지능·소질 등을) 늘리다; 양성·개발하다; (학문·예술을) 연구하다(estudiar). Desde niño *ha cultivado* las ciencias naturales. 그는 소년 시대부터 자연 과학을 연구해 왔다. ◇ **cultivado, da** 교양이 있는. ◇ **cultivo** 경작, 재배, 개척. Aquí se dedican al *cultivo* del arroz. 이곳에서는 사람들은 벼재배에 종사하고 있다.

culto, ta 圀 교양이 있는. Es un hombre *culto*. 그는 교양이 있는 사람이다. Este profesor es la persona más *culta* que he conocido. 이 교수는 내가 알고있는 중에서 가장 교양있는 사람이다. 圂 ① 신앙. En las religiones primitivas es frecuente el *culto* a la naturaleza. 원시 종교에서는 자연에 대한 신앙이 많다. ② 예배(식).

cultura 回 ① 문화. Es admirable el grado de *cultura* a que llegaron los griegos. 그리스 사람이 도달했던 문화의 정도는 감복할만 하다. ② 교양. Es un deportista de gran *cultura*. 그는 교양이 높은 스포츠맨이다. ◇ **cultural** 圀 문화적인; 교양의.

cumbre 回 ① 산꼭대기, 봉우리(cima). Una terrible tormenta les impidió llegar a la *cumbre*. 격심한 폭풍은 그들이 산 꼭대기에 닿는 것을 방해했다. ② 정상(cima), 정점(頂點), 절정. Murió sin alcanzar la *cumbre* de la fama. 그는 명성의 정점에 닿기 전에 죽었다.

cumpleaños 【단·복수동형】 탄생일, 생일. Hoy es mi *cumpleaños*. 오늘은 나의 생일이다.

cumplido, da 圀 ① 완전한. Consiguió una victoria *cumplida* en la batalla. 그는 그 싸움에서 완승을 했다. ② 예의 바른(cortés). Es un hombre muy *cumplido*. 그는 대단히 예의 바른 사람이다. 圂 예의(cortesía), 예법. No me tratéis con tantos *cumplidos*. 나에게 그렇게 딱딱하게 대하지 말게.

cumplir 目 ① (의무·약속·명령 따위를) 다하다, 실행·이행하다. Siempre *cumplirá* su promesa. 그는 항상 약속을 지킬 것이다. ② 만 …살이 되다(tener … años cumplidos). Mañana voy a *cumplir* veinte (años). 내일 나는 만 20살이 된다. Al *cumplir* los veinte y un años será mayor de edad. 그는 만 21살이 되면 성인이 될 것이다. 自 ① [+con: …을] 다하다. *Cumple con* tus deberes. 네 의무를 다해라. ② 만기·기한이 되다. Mañana *cumple* el plazo de presentación de instancias. 원서 제출 기한이 내일로 끝난다. El plazo se ha *cumplido*. 기한이 끝났다. ◇ ~ se 실현하다. Se han *cumplido* exactamente tus predicciones. 너의 예언이 그대로 실현됐다. ② …년이 되다. Hoy se *cumplen* cien años del nacimiento de Cervantes. 오늘로 세르반떼스 탄생 100년이 된다. ◇ **cumplimiento** 閏 ① 실행, 이행; 완수, 완성. Sus planes han visto un feliz *cumplimiento*. 그의 계획은 다행스럽게도 완성을 보았다. ② 예법. Conmigo no andes con *cumplimientos*. 나에게 너무 예법을 차리지 말고 대해주게.

cúmulo 閏 쌓아올림; 많음. Para mi nuevo libro he reunido ya un *cúmulo* de datos. 나는 이번 책을 위해 이미 산 만큼이나 자료를 모았다.

cuna 예 ① 요람. El niño dormía en la *cuna*. 젖먹이는 요람 속에서 자고 있다. ② 출생지, 발생지. La India es la *cuna* del budismo. 인도는 불교의 발상지이다.

cuña 예 쐐기.

cuñado, da 처남, 매부, 시숙; 형수, 계수, 동서, 시누이, 올케, 처형, 처제.

cuota 예 ① 분담금, 분담액. La *cuota* del viaje asciende a 200 pesetas. 여행 분담액은 200뻬세따에 이른다. ② 회비. *cuota* mensual de treinta pesetas 월액 30뻬세따의 회비.

cúpula 예 둥근 지붕.

cura 예 치료(법). Esta enfermedad no tiene *cura*. 이 병은 손을 쓸 수가 (치료법이) 없다. 남 사제. Los casó el *cura*. 사제가 그들을 결혼시켰다. En este pueblo hay iglesia, pero no hay *cura*. 이 마을에는 교회는 있으나 사제가 없다. *cura de urgencia* 응급 치료.

curar 目 ① 치료하다. Estas pastillas *curan* la fiebre. 이 정제는 그 열병을 고친다. Le *curan* la herida dos veces al día. 그는 하루 두번 상처의 치료를 받는다. ② 가공하다. En este pueblo *curan* el pescado exponiéndolo al aire. 이 마을에서는 생선을 바람을 쏘여서 건어물로 만든다. ③ (가죽을) 다루다. 再 (병·상처·병자가) 낫다, 치유되다. Debes tener esperanza de que *curarás*. 너는 낫는다는 희망을 가져야 한다. ◇ **curable** 蓉 치료할 수 있는. ◇ **curación** 예 치료; 완쾌; 【멕시코】 해장술.

curioso, sa 蓉 그는 알고 싶어 하는, 호기심이 강한. Desde pequeño estuvo dotado de un espíritu *curioso* e inquieto. 그는 어렸을 때부터 알려고 하여 듣던 성신을 가지고 있었다. ② 기묘한. Es un fenómeno muy *curioso*. 그것은 매우 기묘한 현상이다. ◇ **curiosamente** 기묘한 듯이; 기묘하게. Este reloj es *curiosamente* parecido al que yo perdí. 이 시계는 내가 잃어 버린 시계와 꼭 닮아 있다. ◇ **curiosear** 호기심을 일으키다. ◇ **curiosidad** 예 ① 지식욕 (知識欲). La *curiosidad* de ese escritor se extiende a todos los campos del saber. 그 작가의 지식욕은 모든 분야의 지식으로 확대되어 있다. ② 호기심. Está muerto de *curiosidad* por conocer a mi novio. 그는 나의 애인을 알려고 호기심에 불타고 있다. ③ 골동품. En esta calle se venden muchas *curiosidades*. 이 거리에서는 골동품을 많이 팔고 있다.

curso 閏 ① 흐름, 진로. Seguimos el *curso* del río. 우리들은 냇물을 따라갔다. ② 과정, 경과. He estado enfermo dos veces en el *curso* de un mes. 나는 1개월 사이에 두 차례나 병에 걸렸다. ③ 학과; 학년(grado). José estudia segundo *curso* de filosofía y letras. 호세는 철학문학과의 2년생이다. ◇ **cursillo** 閏 단기 강좌; 강습회.

curtir 目 ① (피혁을) 다루다. Ya los primitivos pobladores *curtían* las pieles de los animales. 이미 원시인들은 동물의 가죽을 다루고 있었다. ② (해·풍파가 피부를) 태우다. Este año *he curtido* bien la piel en la playa. 금년에 나는 바닷가에서 피부를 잘 태웠다. ◇ **curtidor** 閏 무두질하는 사람. ◇ **curtidura** 예 무두질. ◇ **curtiduría** 예 피혁 공장 (tenería).

curva 예 곡선; 커브. Las *curvas* de su cuerpo son muy suaves. 그녀의 몸의 곡선은 매우 부드럽다. El accidente ocurrió en una *curva* de la carretera. 사고는 도로의 커브에서 일어났다. ◇ **curvar** 目 휘다, 구부리다. ◇ **curvo, va** 蓉 굽어진.

cúspide 예 정상(頂上)(cumbre); 정점 (vértice).

custodia 예 보관, 관리, 경호. ◇ **custo-**

diar 囲 보관·관리하다; 경호하다; 감시하다(guardar, vigilar).
cutis 圄 또는 囡【단·복수 동형】(얼굴의) 피부; 안면.
cuyo, ya 웽 [관계 소유형용사; 선행사인 명사·대명사를 받아서] 그리고 그것의·그의·그녀의·당신의·그들의·그녀들의·당신들의. Compré flores a la chica, *cuyo* padre estaba enfermo. 나는 그 소녀에게서 꽃을 샀는데 그녀의 부친은 병중이었다. Ha tomado una decisión *cuyo* motivo no quiere hablarme. 그는 어떤 결심을 했는데 그 동기에 대해 그는 나에게 말하려 하지 않는다.
cuzco, ca 웽 곱사둥이의; 주착스런.
cuzma 囡 (토인이 입는) 조끼.
cuzo, za 圄 강아지.
c/v correo vuelto; cuenta de venta.
c/vta cuenta de venta.
czar 圄 러시아의 황제(zar). ◇ **czariano, na** 웽 러시아 황제의(zariano). ◇ **czarina** 囡 러시아의 황후(zarina).
czarevitz 圄 러시아의 황태자(zarevitz).

CH

ch/cheque.
cha 여 [복 chaes] 【중남미】【필리핀】차(té).
chabacano, ca 형 천한, 상스러운; 탐스럽지 않는, 굵직굵직한. 남 【식물】【멕시코】살구의 일종.
chacal 남 【동물】 쟤커어.
chaco 여 군모의 일종 (깃털).
chacota 여 신바람이 나서 지껄임; 우롱. *hacer chacota de* …을 끌리다, 놀려주다, 조롱하다. ◇ **chacotear** 자 약올리다, 놀려주다, 끌려주다. ◇ **chacoteo** 남 약올리기, 놀려주기. ◇ **chacotero, ra** 형 익살꾼.
chacina 여 소금에 절인 고기.
chacra 여 농장, 농원, 밭.
chaflanar 타 경사를 이루다, 기울다, 사각을 만들다.
chaira 여 가죽 자르는 칼; 식탁용칼; (칼을 가는) 쇠숫돌.
chajá 남 섭금류의 새의 종류 (아르헨띠나 산의 다리가 긴 새).
chajuán 남 【콜롬비아】 무더운 날씨, 찌는 듯 더운 일기, 더위서 숨막히는 날씨.
chal 남 어깨걸이, 숄, 모포. Lola se ha comprado un *chal* de lana precioso. 롤라는 아름다운 털실 숄을 샀다.
chala 여 옥수수 껍질, 곡류의 껍데기.
chalado, da 형 우둔한, 바보의, 멍청한; 반한, 매혹된, 홀린.
chalán, na 남 소리치며 파는, 팔러 돌아다니는; 우마매매의, 말장사의. 여 소리치며 파는 사람, 도붓장수, 행상인; 소나 말상인, 말을 길들이는 사람.
chalanear 타 솜씨있게 사고 팔다, 재빠르게 매매하다; (말을) 매매하다; 【페루】말을 길들이다, 흔련시키다, 조마하다.
chalaneo 남 빠른 매매 (행위); 소규모 영상하기, 소리치며 파는 소매인의 장사; 【페루】 조마, 말을 길들임.
chalar 타 얼빠지게 만들다(alelar); 반하게 하다; 발광시키다. ◇ ~**se** 매혹되다, 홀리다, (계집 따위에) 미치다, 얼빠지다.
chaleco 남 조끼.
chalé/chalet 남 별장, 산장, 오두막집; 농가(중의 집).
chalupa 여 범선(帆船)의 일종.
chambón, na 형 서툰, 어설픈.
chambonada 여 큰실수, 큰실책.
champaña 남 샴페인. Al principio brindaremos con *champaña*. 우선 샴페인으로 건배하자.
champú 남 샴푸.
chancear 자 익살부리다.
chanclo 남 복 고무 덧신, 샌들.
chancho 【남미】 돼지 (cerdo, puerco).
chantaje 남 등치기, 공갈, 협박, 갈취. ◇ **chantajista** 명 공갈자, 갈취자.
chanza 여 농담, 익살.
chapa 여 ① 엷은 판자. 합판. Esta caja está revestida con *chapas* de metal. 이 상자는 엷은 금속 판자로 겉을 바르고 있다. ② 금속판. Este automóvil está fabricado con *chapas* de acero muy resistentes. 이 자동차는 대단히 견고한 철판으로 만들어져 있다.
chapurr(e)ar 타 (외국어를) 요령있게 말하다. No habla español bien, sólo lo *chapurrea*. 그는 서반아어는 서투른데 다만 요령있게 말할 뿐이다. 자 요령있게 말하다, 뒤죽박죽하게 말하다.
chaqueta 여 (양복의) 웃옷, 저고리. Esa *chaqueta* gris te va muy bien. 그 취색 웃옷은 너에게 잘 어울린다.
charada 여 문자 놀이.
charco 남 물웅덩이.
charlar 자 지껄이다, 잡담하다. Nos hemos pasado dos horas *charlando*. 우리들은 잡담을 하면서 두 시간을 지내버려. ◇ **charla** 여 지껄임, 잡담; (문학의) 강연. En la oficina siempre estamos de *charla*. 우리들은 사무소에서 언제나 잡담을 한다. El profesor nos dará una *charla* sobre Lope de Vega. 교수는 우리들에게 「로뻬 데 베가」에 관하여 강연을 할 것이다.
charlatán, na 형 말 많은. Pedro es la persona más *charlatana* que yo me he encontrado. 뻬드로는 내가 이제까지 만난 중에서 가장 말많은 사람이다. 남 ① 말많은 사람. ② 야바위꾼. Este *charlatán* genial, instalado en la Plaza Mayor, vendía la manteca de la serpiente. 이 기발한 야바위꾼은 대광장에 가게를 내고,

chasco, ca 뱀의 기름을 팔고 있었다.
chasco, ca 형 곱슬곱슬한, 고수머리의. 명 실망; 농담; 비꼼.
chasis 명 [단·복수 동형] (자동차·마차 따위의) 차대; (비행기의) 사부(肆部).
chato, ta 형 ①평평한. La torre de ésa iglesia es *chata*. 그 교회의 탑의 꼭대기)가 평평하다. ②코가 낮은. Los indios tiene con frecuencia la nariz *chata*. 인디오는 대개 코가 낮다. 명 (음주용의) 작은 컵. Vamos a tomar unos *chatos*. 술을 몇 잔 마시러 가자.
chelín 명 [화폐] 실링.
cheque 명 [상업] 수표. El *cheque* que nos anuncia en su carta no ha llegado aún a nuestro poder. 편지로 알려 주신 수표는 아직 이쪽에 도착하지 않았습니다.
chicle 명 치클 고무 (껌의 원료, 중남미산); 추잉껌.
chico, ca 명 소년, 소녀; 어린이(niño). Vi los *chicos* jugando en la calle. 나는 어린이들이 거리에서 놀고 있는 것을 보았다. Es un *chico* muy obediente. 그는 말을 매우 잘 듣는 아이다. Es una *chica* encantadora. 그녀는 매력적인 소녀다. 형 작은(pequeño). Este sombrero es *chico* para ti. 이 모자는 너한테는 작다.
chicha 명 치차술.
chicharrón 명 기름에 튀긴 베이컨이나 비계.
chichón 명 혹 (머리의).
chiflar 재 휘파람을 불다, 호루라기를 불다. 타 비웃다, 욕설을 퍼붓다. ◇ **chifla** 명 휘파람, 호루라기; 비웃음, 욕설.
chifladera 명 호루라기.
chiflado, da 형 조소받은.
chileno, na 명 ③ 칠레(Chile)의 (chileño). 명 칠레사람.
chileño, ña 명 형 =chileno.
chillar 재 ①고함치다, 째액거리다. No *chilles* al niño, que se asusta. 어린이에게 고함치지 말아 주세요; 놀랍니다. ②삐 걱거린다. El viento *chillaba* al atravesar la abertura de la puerta. 바람이 문틈을 지날 때 윙윙 소리내었다. ◇ **chillido** 명 높은 소리; 빼걱거림, 날카로운 소리. ◇ **chillón, na** 형 째액거리는. Este niño tiene la voz muy *chillona*. 이 어린이는 매우 높은 소리를 내고 있다.
chimenea 명 ①굴뚝. Papá fuma como una *chimenea*. 아빠는 지독하게 담배를 피우신다. ②화로, 난로(estufa). Mamá está leyendo un libro junto a la *chimenea*. 그는 난로 옆에서 책을 읽고 있다.
chinche 여 빈대; 압핀, 압정(chincheta).
chincheta 여 =chinche.

chinela 여 슬리퍼.
chino, na 형 중국(la China)의. 명 중국사람. 명 중국어.
chiquero 명 돼지 우리, 외양간. ◇ **chiquerear** 타 (가축을) 우리에 넣다.
chiquillo, lla 명 [chico의 축소형] 작은 어린이; 소년, 소녀. Estos *chiquillos* no me dejan trabajar. 이 어린이들이 나를 일하지 못하게 한다. ◇ **chiquillada** 여 어린애 같은 일, 유치한 일.
chiquito, ta 명 [chico의 축소형] 작고 귀여운, 작고 귀여운 어린애.
chisme 명 잡담, 험담. ◇ **chismear** 재 잡담·험담을 하다.
chismoso, sa 형 남의 말을 하기 좋아하는. 명 고자질쟁이.
chispa 여 불꽃, 불똥. *echar chispas por los ojos* 잔뜩 화를 내다.
chist 감 조용히! 쉿!
chiste 명 ①농담. Nos contó un *chiste* muy gracioso. 그는 우리들에게 매우 재미있는 농담을 했다. ②조롱. No lo tomes en serio; sólo estaba haciendo *chiste*. 그것을 진지하게 듣지 마라; 다만 그는 조롱하고 있었을 따름이다. ◇ **chistar** 중얼거리다, 투덜거리다; 입을 열다. Ni siquiera *chistó*. 그는 입을 열지 않았다.
chivo 명 새끼 산양. *barbas de chivo* 염소 수염.
chocar [7] *sacar* 재 ①[+ con:…과] 부딪치다. Con el carácter que tiene, *choca* con todo el mundo. 그는 그 성격 때문에, 아무하고나 충돌한다. ②기이하다. Me *choca* un poco esa expresión. 그 표현은 나에게는 약간 기이하게 느껴진다.
choclo 명 옥수수속.
chocolate 명 ①초콜릿(차). A los niños les gusta el *chocolate*. 어린이는 초콜릿을 좋아한다. ②코코아. Tomé una taza de *chocolate*. 나는 코코아를 한 잔 마셨다. ◇ **chocolatería** 여 초콜릿 상점; 코코아 집. Te voy a esperar en la *chocolatería* de siempre. 나는 언제나 코코아집에서 너를 기다리겠다.
chocolatero, ra 명 초콜릿 만드는 (사람).
chochear 재 노망들다, 늙어빠지다; 사랑에 빠지다. ◇ **chochera/chochez** 여 망령, 노령. ◇ **chocho, cha** 형 늙은, 노쇠한; 사랑에 빠진.
chófer/chofer 명 자동차 운전사. El es muy rico; tiene coche con *chófer*. 그는 대단한 부자여서, (전속) 운전사가 딸린 차를 가지고 있다.
chofeta 여 식탁용 풍로.
chola 여 [속어] 구타; 머리꼭지.

cholo, la 형 개화한 (토인); [칠레] 비겁한. 명 백인과 토인의 혼혈아.

cholla 여 [중남미] 머리꼭지; 냉정; 지혜.

chonta 여 [식물] (중남미산의) 종려 나무의 일종.

chontal 명형 chontal 족 (중미의 포악한 종족의); 포악한 사람.

chopo 남 [식물] 검은 버들(álamo negro).

choque 남 ①충돌. El exceso de velocidad fue la causa del *choque*. 속도를 너무 낸 것이 충돌의 원인이었다. ②충격. Aún no se ha recobrado del *choque* que recibió con la muerte de su hijo. 그녀는 아들의 죽음으로 받은 충격에서 아직 회복되지 않았다.

choquezuela 여 종지뼈 (rótula).

choricería 여 소시지 공장.

choricero, ra 남여 소시지 만드는 사람·상인.

chorizo 남 소시지의 일종; [남미] 벽토; [쿠바] 혼혈아.

chorrear 자 흘러 나오다, 떨어지다; 졸졸 흐르다; 뚝뚝 떨어지다. 타 [쿠바] 나무라다; [아르헨티나] 훔치다.

chorreo 남 흘러 나옴, 유출.

chorrera 여 물길; 물길이 흘러가던 자국.

chorrillo 남 어물쩍어물쩍함, 몽롱함.

chorro 남 분출. *avión a chorro* 제트기.

choza 여 오두막. Divisamos una *choza* a lo lejos. 우리들은 멀리 오두막이 한 채 있음을 발견했다.

chubasco 남 소나기 (chaparrón). *chubasco de nieve* 눈보라.

chuchería 여 자질구레한 장신구; 겉만 번지르한 물건; 하찮은 일.

chucho, cha 명 개 (perro). 남 [쿠바] 바늘; (전등의) 스위치; [칠레] 감옥; [에쿠아도르] 구두쇠; [멕시코] 젖, 가슴; [아르헨티나] 위험.

chueco, ca 형 굽은.

chufa 여 조롱; 가죽.

chufleta 여 농담; 익살; 가죽.

chulada 여 익살맞은 말 또는 행동, 야비한 언사.

chulear 타 웃기다, 농담하다, 비웃다, 욕하다, 모라다.

chulería 여 웃기는 말이나 행동.

chuleta 여 [요리] (소·양 등의) 얇게 저민 고기, 커틀릿.

chulo, la 형 재담 잘 하는, 익살부리는. 명 익살꾼, 광태, 농담하는 사람.

chumacera 여 (배의) 옆에 쇠워놓은 헝겊.

chumbera 여 [식물] 무화과.

chumbo, ba 형 사보텐의.

chunga 여 농담, 익살, 회롱; 품질이 좋은 가죽.

chunguearse 재 비웃다, 농담으로 말하다.

chupado, da 형 파리한, 야윈, 쇠약한, 마른.

chupar 타 빨다; 흡수하다. ◇ **chupada** 여 마시는·빨음. ◇ **chupadero, ra** 형 빨기 좋은·쉬운. 남 빨기, 핥기. ◇ **chupador, ra** 빠는. 명 빠는 사람. ◇ **chupadura** 여 빠는 일; 빨아 마심.

chupatintas 남 [단·복수 동형] 하급 사무원.

chupe 남 중미 요리의 이름 (고기·어류·설탕 등을 혼합해서 만든 것).

chupetear 타 조금씩 자주 빨다.

chopetón 남 한번에 많은 양을 흡수하는 행위.

chupino 형 불완전한, 미완성의.

chupón 남 흡혈귀; 작은 가지; 젖꼭지; 기운대로 빨아냄.

chupótero 남 기생 (해서 살아감).

churrasco 남 석탄 위에다 끊인 고기 조각.

churre 남 두텁고 더러운 유지.

churrete 남 오점, 얼룩.

churro 남 (양의) 거칠은 털.

churruscar 타 빵을 살짝 굽다.

churrusco 남 너무 많이 구운 빵.

churumbel 남 어린아이.

chusco, ca 형 익살맞은, 우스운, 즐거운, 유쾌한. 남 [페루] 신발. 여 매춘부.

chusma 여 [중남미] 군집, 폭도, 천민; 토인 노인·여자·어린이의 무리.

chuzar 타 상처내다, 찌르다, 쑤시다, 구멍을 뚫다 (punzar).

chuzo 남 창, 긴 창; [페루] 구두.

chuzón, na 형 교활한, 빈틈없는, 익살맞은. 남 망나니.

chuzonada 여 익살, 재담.

chuzonería 여 야유, 조롱, 조소; 위조, 위조; 교활함.

D

D. don.
D.ª doña.
dactilar 형 손가락의.
dactilógrafo, fa 명 타자수, 타이피스트 (mecanógrafo). ◇ **doctilografía** 여 타이프라이팅. ◇ **dactilográfico, ca** 형 타이프라이터의.
dadaísmo 남 다다이즘.
dadaísta 형 다다이스트(의).
dádiva 여 선물(regalo). ◇ **dadivar** 타 선물을 하다(regalar, obsequiar).
dadivoso, sa 인심이 좋은, 관대한 (generoso). ◇ **dadivosidad** 여 선심.
dado 주사위.
daga 여 비수(匕首).
dalia 여 [식물] 달리아.
daltonismo 남 [의학] 색맹. ◇ **daltoniano, na** 형 색맹의. 명 색맹 환자.
dama 여 (귀)부인. Aquella entrada es para las *damas*. 저 출입문은 부인용이다. *dama de los pensamientos* [don Quijote 의 고사에서] 의중(意中)의 여인, 애인.
dandi 멋쟁이. ◇ **dandismo** 멋부리기; 멋쟁이근.
danza 여 춤(baile). Hay *danzas* regionales en la plaza mayor. 대광장에서 독특한 지방 무용이 있다. ◇ **danzar** [9] alzar] 춤추다(bailar). 타 춤추게 하다. ◇ **danzado** 남 춤; 춤추는 사람. ◇ **danzador, ra** 형 춤을 추는. 명 춤추는 사람. ◇ **danzante, ta** 명 무용가. **danzarín, na** 명 무용가.
danzón 남 단손 (쿠바의 춤).
dañar 타 해치다, 상처를 주다. Sus palabras me *dañaron* mucho. 그의 말은 나를 매우 속상하게 했다.
dañinear 해치다, 상처를 주다(dañar).
daño 남 해, 손해, 손상. El granizo hace mucho *daño* a los campos. 우박은 논밭에 큰 손해를 준다. ¿Te has hecho *daño*? 너 다쳤니. ¿Le ha hecho *daño* la comida? 음식이 당신한테 맞지 않습니까. ◇ **dañino, na** 형 해로운. El tabaco es muy *dañino* para la salud. 담배는 몸에 매우 해롭다. ◇ **dañoso, sa** 형 해로운. ◇ **dañosamente** 해롭게.

dar [52] 타 ① 주다. Te *doy* este reloj. 너에게 이 시계를 준다. Me lo *ha dado* mi tío. 숙부께서 나에게 그것을 주었다. *Dénos* algo de comer. 우리에게 먹을 것을 주십시오. *Déme* un poco de pan. 빵 좀 주십시오. ¿En cuánto me lo *da* usted? 얼마에 그것을 파시겠습니까. (얼마에 나에게 그것을 주시겠습니까). ②건네다. *Déme* esa revista. 그 잡지를 나에게 건네 주십시오. ③생기다, 열매가 하다, 낳다. Los olivos *dan* aceitunas. 올리브 나무는 올리브열매를 열게 한다. ④(시계·종·따위가 때를) 알리다. El reloj *ha dado* las tres. 시계가 세시를 쳤다. 자 ①(시계가) 울다·치다. Acaban de *dar* las tres. 방금 3시를 쳤다. ②+con : …과 부딪치다; 발견되다. No *doy* con la palabra adecuada. 적당한 말이 발견되지 않는다. ③+ 가 일어나다, 있다. *Se da* pocas veces un caso como éste. 이런 경우는 매우 드물다. *dar un paseo* 산책하다. *dar memorias/dar recuerdos* 안부를 전하다. *dar a conocer* 알리다. *dar a entender* 이해시키다. *dar palmadas* 손뼉을 치다. *dar de comer* 먹을 것을 주다. *dar prestado* 빌리다. *dar buenos días* 인사하다. *dar a la calle* 거리에 면하다. *dar a luz* 낳다. *dar mano* 악수하다. *darse prisa* 서두르다. *Date prisa*. 서둘러라. No *te des prisa* 서두르지 마라. *Dése prisa* 서둘러주십시오. No *se dé prisa* 서두르지 마세요. *darse cuenta de* …을 인식하다.

data 여 날짜(fecha); [부기] 대변(貸邊). ◇ **datar** 타 날짜를 적어넣다(fechar). 자 [+de : …부터] 비롯되다. Nuestra amistad *data* del año antepasado. 우리 우정은 재작년부터이다.
dátil 남 [식물] 대추야자.
dato 남 자료; 정보. Encontré nuevos *datos* sobre la vida del poeta. 나는 그 시인의 생애에 관한 새로운 자료를 발견했다.
de [de+정관사 el 일때 del로 됨] 전 ①[소유·귀속]…의, …가·을 가진. ¿De quién es este libro? 이 책은 누구의 것입니까. La casa antes era de mi tío. 그

은 전에는 나의 숙부의 것이었다. *Es la niña de los ojos negros.* 그녀는 검정눈을 가진 소녀이다. ③ [재료]. *Esta mesa no es de madera sino de plástico.* 이 탁자는 목재가 아니고 플라스틱 제품이다. ③ [기원·기점·출처·출신] …로 부터; …에서; …출신의. *Vengo andando de mi casa.* 나는 집에서 걸어왔다. *Soy de Málaga, y tú. ¿De dónde eres?* 나는 말라가 출신인데, 너는 어디냐. ④ [내용] …의. *Quiero tomar una taza de café.* 나는 커피를 한 잔 마시고 싶다. ⑤ [화제] …에 관하여. *Hablábamos de usted.* 우리들은 당신 이야기를 하고 있었다. ⑥ [동격] …라 하는. *Visité la ciudad de Caracas.* 나는 까라까스시를 갔다. ⑦ [부류·성질] …의. *Mi abuelo era un hombre de hierro.* 나의 조부는 무쇠와 같은 사람이었다. ⑧ [부위·부분] …을, …의 속으로 부터. *El cerdo come de todo.* 돼지는 뭐든지 다 먹는다. ⑨ [원인·이유] …로 …로부터 …때문에. *Su hijo murió de hambre.* 그의 아들은 굶어 죽었다. ⑩ [작위자] …에 의하여, …로 부터. *Mi tía era amada de todos.* 내 숙모는 모든 사람으로 부터 사랑받고 있었다. ⑪[목적] …(을)하기 위하여, …해야 하기. *Ya es la hora de estudiar.* 이제 공부할 시간이다. *un reloj de oro* 금시계. *un vaso de agua* 물 한 잔. *una copa de vino* 포도주 한 잔. *una taza de café* 커피 한 잔. *tres pies de largo* 길이 3피트. *máquina de coser* 재봉틀. *hora de comer* 식사 시간. *de pie* 서서. *de puntillas* 발끝으로, 발소리를 죽이고. *de prisa* 급히. *de buena gana* 기꺼이. *de hoy en adelante* 금후. *de día* 낮에, 주간에. *de noche* 밤에, 야간에. *De nada.* 천만에요 (gracias에 대한 대답).

dé 자 ①주십시오. ②dar의 접속법 현재, 1·3인칭 단수.

debajo 젠 [+de∶…의] 밑에, 밑으로부터. *Dame el libro que está debajo.* 그 밑에 있는 책을 집어 주게. *El barco pasa por debajo del puente.* 배는 다리밑을 통과한다. *Debajo de los papeles estaba la carta.* 서류밑에 편지가 있었다.

debatir 타 ①토론하다. *Hoy se debatirá el asunto en el congreso.* 오늘 그 안건이 회의에서 토론될 것이다. ②싸우다. *Los dos países debatieron entre sí la posesión de la isla.* 두 나라는 서로 그 섬의 영유를 다투었다. ◇ **debate** 남 토론, 논쟁.

deber 타 ①(의무·부채·은의(恩誼)를) 지다. *¿Cuánto le debo a usted?* 얼마 드리면 됩니까 (나는 당신에게 얼마를 빚지고 있습니까). *No me debe usted nada.* 당신은 나에게 빚지지 않았습니다. *Le debo trescientas pesetas.* 나는 당신에게 300에쎄따의 빚이 있다. ②(…의) 덕택이다. *A José le debo la vida.* 나는 호세 덕택으로 목숨을 건졌다. ③[+동사원형]…해야 한다(tener que+동사원형). *Debemos obedecer las leyes.* 우리들은 법률에 따라야 한다. *Debe usted aprovechar esta ocasión.* 당신은 그 기회를 이용해야 한다. 자[+de+동사원형∶…하기] 될 것이다, 임에 틀림없다. *El debe de haber recibido mi carta ya.* 그는 이미 내 편지를 받았음에 틀림없다. *El avión debe de llegar alrededor de las nueve.* 비행기는 9시 전후에 도착할 것이다. 남 의무; 부채. *Siempre cumple con su deber.* 그는 항상 자기의 의무를 다한다. *Cumple tus deberes de alumno.* 너는 학생으로서의 의무를 다해라. 남

debido, da 형 그럴싼한, 정당한. *Le rogamos su debida atención.* 우리 축은 귀사의 정당한 배려를 바라고 있습니다. *debido a* …에 의하여, …때문에. *Debido a la lluvia no pudo venir ayer.* 비 때문에 그는 어제 올 수 없었다. *No pude salir debido a un asunto inevitable.* 부득이한 용무 때문에 나는 나갈 수 없었다. ◇ **debidamente** 부 그럴싸하게, 정당하게, 규정·예정대로.

débil 형 ①약한 (↔ *fuerte*); 미약한. *A esta hora es más débil la corriente eléctrica.* 이 시간은 전류가 가장 약하다. ②몸이 약한, 마음이 약한. *José es muy débil con su esposa.* 호세는 자기 아내에 대하여 소극적이다. ◇ **debilidad** 여 약함; 약점(defecto). *La debilidad de este niño son las matemáticas.* 이 어린이의 약점은 수학이다. ②마음 약함.

debilitar 타 약하게 하다. ◇ **débilmente** 부 약하게.

débito 남 부채, 빚(deuda).

debut 남 데뷔, 첫무대(estreno).

década 여 10년간; 열 개, 한 벌[조]; 열 권[편].

decadente 형 ①쇠미·쇠퇴한. ②쇠퇴기의; 퇴폐적인. *Esta iglesia pertenece a la época del gótico decadente.* 이 교회는 쇠퇴기 고딕식의 시대에 속한다. ◇ **decadencia** 여 쇠미; 쇠퇴.

decaer 자 [72 caer] 남 [+de·en∶…이] 쇠약해지다, 영락하다. *Ha decaído mucho en belleza.* 그녀는 아름다움이 매우 쇠퇴했다.

decano 남 (대학의) 학장.

decapitar 타 목을 치다·자르다, 참수하

decena 여 10개조, 10년.

decente 형 ① 품위있는, 우아한. José llevaba un traje *decente*. 호세는 품위 있는 옷을 입고 있다. ② 고지식한; 신중한. Es una muchacha *decente* que se gana la vida con su trabajo. 그녀는 자신이 일해서 생계를 꾸리고 있는 고지식한 여자이다. ◇ **decencia** 여 ① 고귀, 신중. La *decencia* de una joven es siempre un tesoro. 소녀의 신중함은 언제나 보배이다. ◇ **decentemente** 閉 품위있게; 고지식하게; 부끄러움없이.

decepción 여 실망, 환멸.

decidir 타 ① 결정하다(determinar). El juez *decidirá* quién tiene razón. 재판관이 어느 쪽 말이 옳은가 결정할 것이다. ② 결심하다. *Decídmos* no volver más. 우리들은 두 번 다시 오지 않기로 결심했다. ◇ **-se** ① 결정되다. Ayer *se decidió* la fecha de la Asamblea. 어제 날짜가 어제 결정되었다. ② [+a+동사원형 …할] 결심을 하다. Por fin *se decidió a venir* a verme. 드디어 그는 만나러 오게 결심했다. José estaba *decidido a marcharse*. 호세는 가버릴 결심을 하고 있었다. ◇ **decididamente** 閉 단호히, 결정적으로.

decidido, da 형 결심한, 결연한; 대담한. Entró con paso *decidido*. 그는 결연한 발걸음으로 들어왔다.

decímetro 남 데시미터 (10분의 1미터).

décimo, ma 형 열번째의; 10등분의. 남 10분의 1; 분할 판매 복권. ◇ **decimoctavo, va** 형 18번째의. ◇ **decimocuarto, ta** 형 14번째의. ◇ **decimonono, na** 형 19번째의. ◇ **decimonoveno, na** 형 19번째의. ◇ **decimoquinto, ta** 형 15번째의. ◇ **decimoséptimo, ma** 형 17번째의. ◇ **decimosexto, ta** 형 16번째의. ◇ **decimotercero, ra** 형 13번째의. ◇ **decimotercio, cia** 형 13번째의. ◇ **deciochено, na** 형 18번째의.

decir [69; 과거분사 dicho] 타 ① 말하다, 고하다, 가르치다. Por ahora yo no *digo* nada. 지금으로서는 나는 아무 말도 하지 않겠다. *Dígame* usted dónde está el Correo. 우체국이 어디 있는가 가르쳐 주십시오. ② ¿Qué *dice* el periódico de hoy? 오늘 신문은 무엇이 씌어 있는가. ③ 명령하다. Le he dicho que venga mañana. 그에게 내일 오라고 말해 두었다. 자 [+con: …에] 닮다. Ese sombrero no *dice con* tu traje. 그 모자는 네 옷과 조화를 못 이루고 있다. ◇ **-se** …라 하다. *Se decía* que era una santa. 그녀는 성녀 (聖女)와 같은 사람이라고 말했다. *a decir verdad* 사실을 말하면. *es decir* 즉, 다시 말하면. *querer decir* 의미하다 (significar). ¿Qué *quiere decir* esta palabra? 이 단어는 무슨 뜻인가?

decisión 여 ① 결정(determinación). ② 결심, 결의. No comprendo los motivos de su *decisión*. 그의 결심 동기를 알지 못하겠다. ◇ **decisivo, va** 형 결정적인, 확정적인. Fue un acontecimiento *decisivo* en mi vida. 그것은 내 생애의 결정적인 사건이었다.

declarar 타 ① 언명·선언·진술하다. *Declaró* que visitaría Francia dentro de poco. 그는 근일 프랑스를 방문한다고 언명했다. El padre le *ha declarado* su heredero. 부친은 그를 자기의 상속인이라고 선언했다. ② 신고·계출하다. ¿Tiene usted algo que *declarar*? 신고하실 것이 있습니까? Sírvase usted *declarar* en este formulario todo el dinero que lleva. 가지고 있는 돈을 모두 이 서식에 신고해 주십시오. ③ …의 의중을 밝히다. ¿Se te *ha declarado* tu novio? 너의 애인은 너에게 의중을 밝혔는가? ② (자기는 …이라고) 언명·선언·진술하다. *Se ha declarado* culpable de cinco robos. 그는 다섯번 도둑질했다고 말했다. ③ (재해 따위가) 발생하다. *Se declaró* un incendio en el bosque. 숲에 화재가 발생했다. ◇ **declaración** 여 ① 언명, 선언; 신고, 진술. ② 고백. ③ 제출, 신고(서).

declinar 자 ① 쇠퇴하다. Mi padre *ha declinado* en fuerzas físicas. 부친은 체력이 쇠퇴했다. ② (태양·해가) 기울다.

decorar (건물·실내를) 꾸미다·장식하다. Este palacio lo *decoraron* los mejores decoradores de la época. 이 궁전은 그 시대의 가장 뛰어난 장식가들이 장식했다. ◇ **decoración** 여 ①(건물·실내의) 장식; 무대 장치. ◇ **decorado** 남 장식; 무대 장치. El *decorado* del primer acto era fantástico. 제 1막의 무대 장치는 훌륭했다. ◇ **decorador, ra** 꾸미는, 장식하는. 남 (실내) 장식가, 무대 장치가.

decorativo, va 형 장식의; *artes decorativas* 장식 예술.

decoro 남 ① 품위, 품격; 면목. Por *decoro* no debías portarte así. 너는 품위로 보아 그런 행동을 해서는 안되었다. ② 절조, 근신. Su prima era una mujer sin *decoro*. 그의 사촌누이는 무절조한 여인이었다. ◇ **decoroso, sa** 품위·품격이 있는, 기품이 높은; 단정한.

decrecer [31; conocer] 자 줄다, 감소하다. ◇ **decreciente** 형 점점 줄어드는, 작아지는. ◇ **decremento** 남 감소, 감퇴.

decreto 영 법령, 정령(政令). El gobierno ha dado un *decreto* que prohibe la salida de noche. 정부는 야간 외출을 금하는 명령을 내렸다.

dedal 영 골무.

dedicar [7]sacar] 타 ① 바치다 (봉헌(奉獻), 헌정(獻呈)). El poeta *dedicó* un soneto a la condesa. 그 시인은 1편의 소네트를 백작부인에게 바쳤다. ② 쓰이다 (충당, 지정); (시간을) 소비하다. ¿Puede usted *dedicar*me un rato? 저에게 잠간 시간을 내주시겠습니까. ◇~se [+ a:…에] 종사·헌신하다. Desde hace años *se dedica* al comercio exterior. 수년 전부터 그는 외국무역에 종사하고 있다. ◇**dedicatoria** 여 바치는 말씀, 헌사(獻辭)(envío).

dedil 영 골무.

dedillo 영 작은 손가락. *saber al dedillo* 속속들이 알다. 환히 알다. Me *sé* la lección *al dedillo*. 나는 학과를 완전히 안다.

dedo 영 손가락; 발가락. Me he clavado una espina en un *dedo*. 나는 손가락에 가시가 찔렸다. Los zapatos me aprietan los *dedos*. 신발은 발가락을 꽉 죄인다. *dedo anular/dedo médico*. 약지, 벳째손가락. *dedo auricular/dedo meñique* 새끼손가락. *dedo cordial/dedo del corazón/dedo en medio*. 장지, 가운뎃손가락. *dedo gordo/dedo pulgar* 엄지. *dedo índice/dedo saludador* 검지, 둘째손가락.

deducir [70] aducir] 타 ① (…라) 추정하다, 생각하다, 짐작하다. *Deduzco* de su carta que no es muy feliz. 나는 그의 편지로 그가 행복하지 못하다고 생각한다. De su actitud *deduje* que se sentía culpable. 그의 태도로 보아 그는 자기가 죄가 있다고 느끼고 있다고 나는 추정했다. ② 빼내다; 할인하다. *Deduciendo* los gastos de la ganancia, no queda gran cosa. 수입에서 비용을 공제하면 별로 남지 않는다. ◇**deducción** 여 추정, 추리, 공제액.

defecto 영 결점, 결함; 단점. Conozco sus *defectos*. 나는 그의 결점을 알고 있다. El tiene un *defecto* físico. 그는 신체적 결함을 가지고 있다. Esta tela está rebajada de precio por tener *defectos*. 이 옷감은 흠이 있어서 값을 깎아 놓았다. ◇**defectuoso, sa** 형 결점·결함이 있는.

defender [20 perder] 타 ① 지키다, 방어하다. La montaña *defiende* del viento norte este lugar. 산이 북풍으로부터 이 마을을 지킨다. ② 변호·옹호하다. La *defendió* el abogado con mucha elocuencia. 변호사는 그녀를 웅변으로 변호했다. ◇~se [+de:…부터/contra:…에 대하여] 몸을 지키다, 막다. Yo *me defenderé contra* aquella agresión. 나는 저 공격에 대하여 몸을 지키겠다.

defensa 여 ① 방어(물), 방위; 수비 (⑨ ofensa, ofensiva). Por toda *defensa* tenía un pal. 그는 방어물로 원목 한개밖에 가지고 있지 않았다. ② 변호; 변호단. La *defensa* que hizo el abogado fue magistral. 그 변호사의 변호는 훌륭했다. *defensa legítima* 정당방위. ◇**defensivo, va** 형 방어의, 수비의. *a la defensiva* 수세에. Ahora el equipo *a la defensiva* pasa al ataque. 이번에는 수비팀이 공격으로 옮긴다. 여 수세. ◇**defensor, ra** 형 방위·수비·변호하는. 영 보호자, 수비자, 변호사.

deferencia 여 겸허, 공손; 맹종. ◇**deferente** 형 겸허한, 공손한.

deficiente 형 결함이 있는; 불완전한. Hemos encontrado algunos motores *deficientes*. 폐사는 결함이 있는 엔진을 몇개 발견했다. ◇**deficiencia** 여 결점, 결함. Procuramos por todos los medios remediar estas *deficiencias*. 우리들은 모든 방법으로 이 결함들을 보충하도록 노력한다. ◇**déficit** 영【단·복수 동형】결손, 손해, 부족(액), 적자.

definir 타 ① 명확히 하다. Es preciso que *definas* de una vez tu actitud. 너는 단호하게 태도를 명확히 할 필요가 있다. ② 정의(定義)하다; 한정하다. ◇**definición** 여 정의; 결정, 한정. Las *definiciones* deben principalmente ser claras y breves. 정의는 무엇보다 간명해야 한다.

definitivo, va 형 결정적인, 최종적인. Le dieron un golpe *definitivo*. 그는 결정적인 일격을 받았다. *en definitiva* 최종적으로, 결국. No sé aún lo que hace *en definitiva*. 그가 최종적으로 무엇을 하는가 아직 모르겠다. ◇**definitivamente** 부 형 결정적·최종적으로.

deformar 타 ① 비뚤어지게 하다, (…의) 모양을 무너뜨리다. La mojadura *ha deformado* el sombrero. (비에) 젖어서 모자의 모양이 변했다. ◇**deformación** 여 모양이 변한; (영상 따위의) 뒤틀림. **deforme** 형 뒤틀린; 기형의. ◇**deformidad** 여 기형.

defraudar 타 ① 속이다(engañar); (…에게서) 사취하다. José le *defraudó* en mucho dinero. 호세는 그에게서 많은 돈을 사취했다. ② 실망시키다. Me *has defraudado* con tu conducta. 너의 행위에 나는 실망했다.

defunción 여 죽음, 사망(muerte, falleci-

degenerar 〔自〕 ① (나쁘게) 변질되다. Los hijos *han degenerado* y no lo parecen de aquel padre. 아들들은 변질되어 그 부친의 아들이라고도 생각되지 않는다. ② 퇴화하다. ◇**~se** 타락하다. Se *ha degenerado* por ir con malas compañías. 나쁜 친구들과 함께 있어서 그는 타락했다. ◇**degeneración** 〔여〕 변질; 타락; 퇴화.

degollar [28 agorar] 〔타〕 목을 자르다. ◇**degolladero** 〔남〕 도살장.

degradar 〔타〕 강등·좌천시키다. ◇**degradación** 〔여〕 강등, 좌천. ◇**degradante** 〔형〕 품위·체면을 손상시키는.

dejadez 〔여〕 권태, 태만, 나태(pereza). ◇**dejado, da** 〔형〕 권태로운, 태만한, 나태한, 게으른(perezoso).

dejamiento 〔남〕 권태; 포기.

dejar 〔타〕 ① 놓아두다 (방치, 포기). José *dejó* su libro sobre la mesa. 호세는 책을 탁자 위에 놓아두고 갔다. *Dejó* su familia y se fue a América. 그는 가족을 버리고 미국으로 가버렸다. ② 맡기다, 위임하다; 방임·위탁하다. Se lo *dejo* a su criterio. 나는 그 일을 당신의 판단에 맡기겠소. ③ 남기다 (잔류). El ladrón no *ha dejado* huellas. 도둑은 발자욱을 남기지 않았다. ④ [+형용사·부사]…로 하여 두다. *Dejamos* libre el paso a la gente. 우리들은 사람들에게 통로를 개방해 두었다. ⑤ [+inf.](방임적으로) …시키다. El amo no le *dejó* descansar. 주인은 그를 쉬게 하지는 않았다. ⑥ [+현재분사]…하는대로 버려두다. Los padres la *dejaron* durmiendo en la cama. 양친은 그녀를 침대에 재워 두었다. ⑦ [+과거분사] …하여 두다, …로 하다. Lola *dejó* abierta la ventana del cuarto. 롤라는 방의 창문을 열어 놓은 채로 두었다. 〔자〕 [+de+inf.]…하기를 멈추다·중지하다·그만두다. Lola *dejó* de venir por aquí hace dos semanas. 롤라는 2주일 전부터 이곳에 오지 않게 되었다. ◇**~se** 잊어버리다. Me *he dejado* la cartera en casa. 나는 집에 지갑을 잊어버리고 왔다. ① 늑장부리다; 승부를 포기하고 지다. ② [+a] …에 전념하다. Se *dejaba a* sus rezos. 그는 열심히 기도를 하고 있었다. ④ [+de] …을 멈추다. *Déjate de* tonterías. 터무니없는 짓은 그만 두어라. ⑤ [+inf.+por]…가] …하는대로 자기를 방치하다. Ella *se dejó* llevar por su hermano. 그녀는 오빠에게 연행되어 가는대로 방치했다. *dejar caer* 내려뜨리다. José *dejó caer* el libro que tenía. 호세는 가지고 있던 책을 떨어뜨렸다. *no dejar de+inf.* 반드시·꼭 …하다, …하기를 그치지 않는다. José *no deja de* venir a verla no un solo día. 호세는 그녀를 만나러 오지 않는 날이 하루도 없다. *dejar frío* 당황하게 하다. ◇**dejo** 〔남〕 방치; 종말; 게으름.

del [전치사 de와 정관사 el과의 결합형]. Vaya usted a lo largo *del* río. 냇물을 따라서 가십시오. *del principio al fin* 처음부터 끝까지.

delante 〔부〕 [공간적: +de : …의] 앞에. Nos agrada *delante* del club. 그는 클럽 앞에서 우리를 기다리고 있다. Firmó el testamento *delante* de testigos. 그는 증인 앞에서 유언장에 서명했다. El autobús para *delante* de una zapatería. 버스는 어느 구두 가게 앞에 멈춘다. ◇**delantero, ra** 〔형〕 앞의. El animal tiene las patas traseras más cortas que las *delanteras*. 그 동물은 앞다리보다 뒷다리가 짧다. 〔남〕 (경기의) 전위, 포드. 〔여〕 (건물·의복의) 앞자락; 선두, 선행(先行); 앞줄(열). El coche número veinte toma la *delantera*. 20번 차가 선두로 나간다.

delegación 〔여〕 대표부; 사절단(enviado). España mandó una *delegación* compuesta de políticos y científicos. 그는 정치가와 학자로 조직된 사절단을 파견했다. ② 출장 기관 (지청, 지국, 출장소). José trabaja en la *delegación* de Hacienda de la Provincia. 호세는 이 도의 재무부 지청에 근무하고 있다.

delegado, da 〔남〕 대표자들, 대의원; 사절.

deleitar 즐겁게 하다. Me *deleita* la conversación con ella. 그녀와의 회화는 나를 즐겁게 해준다. ◇**-se** [+con·en : …을] 즐거워하다. Me *deleitaba* en la contemplación de las flores del jardín. 나는 뜰의 꽃들을 보고 즐거워하였다. ◇**deleite** 〔남〕 즐거움, 쾌락. El *deleite* debilita el alma. 쾌락은 영혼을 약하게 한다.

deletrear 〔타〕(낱말을) 철자하다, …의 철자를 말하다·쓰다. 판독·해석하다. ◇**deletreo** 〔남〕 철자법,성서법; 철자.

delgado, da 〔형〕 수척한, 마른. Parece una muchacha sana. pero está muy *delgada*. 그녀는 건강한 소녀같으나, 매우 수척해 있다. ② 가는, 엷은. El libro es más bien *delgado*. 그 책은 오히려 엷은 편이다. ◇**delgadez** 〔여〕 수척함, 홀쭉함; 엷음, 가늘음.

deliberar 〔자〕 [+sobre : …에 관하여] 심의하다. Los jueces *deliberaron sobre* la materia a puerta cerrada. 재판관들은 그 사건에 관하여 비밀 심의를 하였다. 결정하다. ¿*Deliberó* quedarse en casa? 생각 끝에 집에 있기로 하였습니까. ◇**de-**

liberación 여 심의, 검토. ◇ **deliberadamente** 분 고의로.

delicado, da 형 ① 섬세한, 미묘한. José se encuentra en una situación muy *delicada*. 호세는 매우 미묘한 처지에 있다. ② 배려를 요하는. Recibió una operación sumamente *delicada*. 그는 지극히 신중을 요하는 수술을 받았다. ③ 허약한; 민감한. El niño parece *delicado* de salud. 그 어린이는 몸이 허약한 듯하다. ◇ **delicadeza** 여 섬세, 미묘; 배려. Es una falta de *delicadeza*. 그것은 배려가 결여되어 있다.

delicia 여 쾌감; 쾌락, 즐거움. No hay *delicia* comparable a la de una charla amada. 이야기가 재미나는 잡담에 비교되는 즐거움은 없다. El charlatán hacía las *delicias* del público. 재담꾼이 관중을 기쁘게 하고 있었다. ◇ **delicioso, sa** 형 ① 상쾌한, 기분 좋은. Aquí el otoño es muy *delicioso*. 이곳의 가을은 대단히 기분이 좋다. ② 맛있는. ¿Qué le parece la paella?-Está muy *deliciosa*. 빠엘라는 어떻습니까?—대단히 맛있습니다. ③ 즐거운, 재미있는. ④ 매력적인(atractivo). Su hermana es una muchacha *deliciosa*. 그의 여동생은 매력적인 소녀다.

delinear 타 제도하다; 선을 긋다. ◇ **delineación, ra** 여 제도; 선을 그림. ◇ **delineador, ra** 명 선을 그리는 사람; 제도가. ◇ **delineamiento** 명 제도, 작도. ◇ **delineante** 명 제도가, 설계가.

deliquio 명 기절, 혼수.

delinquir [6] 자 죄를 범하다. José le preguntó en qué *había delinquido*. 어떤 죄를 범했느냐고 호세는 그에게 물었다. ◇ **delincuente** 명 (경)범죄자. ◇ **delincuencia** 여 범법; 범죄; 과실. ◇ **delinquimiento** 명 범죄; 위반.

delirio 명 [의학] 섬망(譫妄); 헛소리; 망상. El *delirio* le duró toda la noche. 그는 헛소리하는 상태가 밤새 계속됐다. ◇ **delirar** 자 열로 정신을 잃다, 이성을 잃다; 헛소리 하다.

delito 명 ① 범죄. Después de ser interrogado, el joven confesó el *delito*. 심문 당하고 나서 청년은 그 범죄를 자백했다.

demacrarse 재 여위다. ◇ **demacración** 여여윔.

demagogia 여 선동; 악선전. ◇ **demagógico, ca** 형 선동적인. *discurso demagógico* 선동적인 연설. ◇ **demagogo, ga** 명 선동가.

demanda 여 ① 수요; 주문. No nos es posible atender a su *demanda*. 우리들은 귀하의 주문에 응하기가 불가능합니다. Vinieron en *demanda* de auxilio. 그들은 원조를 요청하러 왔다. ◇ **demandante** 명 [법] ① 원고(原告). ② 청구, 요구. ◇ **demandar** 타 청구하다; 요구하다.

demarcación 여 경계 설정; 경계(선); 한계, 구획, 구분. *línea de demarcación* 경계선. ◇ **demarcar** 타 경계를 정하다; 한정하다; 구분하다.

demás 【단·복수 동형】 【병렬적으로 y와 다음에 와 사람을 수반함】 형 나머지의, 그밖의. Fueron aprobados los *demás* alumnos. 그밖의 학생들은 합격했다. Asintieron José, Juan y *demás* compañeros. 호세도, 후안도 그밖의 친구들도 동의했다. 대 그 밖의 물건·사람들. Esperamos a los *demás*. 나머지 사람들을 기다립시다. Esta muchacha es diferente de las *demás*. 이 소녀는 다른 어린이들과 다르다. *por lo demás* 그것을 제외하고. Estoy cansado, pero, *por lo demás* me encuentro bien. 나는 지쳐 있으나, 그것을 제외하고는, (몸의) 상태는 좋다.

demasiado, da 형 과분한, 과다한. Allí había *demasiada* gente para caber en el cuarto. 그곳에는 방에 들어가기에는 너무나도 많은 사람이 있었다. 분 지나치게, 너무나도. José habla *demasiado* a prisa. 호세의 말씨는 너무나도 빠르다. Es *demasiado* temprano aún. 아직 너무 이르다. Este chaleco me aprieta *demasiado*. 이 조끼는 나에게 너무 조인다. *beber demasiado* 과음하다. *comer demasiado* 과식하다.

demente 형 정신이 이상해진. Por si estaba *demente*, le llevaron al hospital. 정신이 이상하지나 않은가 하여 (사람들은) 그를 병원으로 데려갔다. 명 미친사람 (loco). ◇ **demencia** 여 광기, 정신 착란. ◇ **dementarse** 재 미치다, 발광하다.

democracia 여 민주주의, 민주 정체. Hay diversas opiniones sobre la *democracia*. 민주주의에 관해 여러 가지 의견이 있다. ◇ **demócrata** 명 민주주의의, 민주당의. 명 민주주의자, 민주당원. ◇ **democrático, ca** 형 민주적인. ◇ **democráticamente** 분 민주주의적으로. ◇ **democratización** 여 민주주의화. ◇ **democratizar** [9] *alzar*] 타 민주화하다.

demoler [25 *volver*] 타 부수다, 파괴하다, 망가뜨리다. ◇ **demolición** 여 파괴, 파멸.

demonio 명 악마; 정령. Se representa generalmente al *demonio* con cola y cuernos. 악마는 일반적으로 꼬리와 뿔이 난 모습으로 그려진다. Se puso hecho un *demonio*. 그는 매우 성이 났다. 의문

demora 어+*demonio(s)* [강조적 의문] 도대체, 전혀. ¿*Qué demonios haces aquí*? 너는 여기서 도대체 무엇을 하고 있느냐.

demoniaco, ca 악마의.

demora 예 지연, 지체, 연체. *Estos asuntos no admiten demora.* 이러한 일들은 지연이 허락되지 않는다. ◇ **demorar** 재 우물쭈물하다. 타 지연·지체시키다. *No demores por más tiempo tu partida.* 너는 이제 출발을 늦추어서는 안된다.

demostrar [24 contar] 타 ① 보이다, 나타내다, 표시하다. *Les suplicamos que nos demuestren su sinceridad.* 귀사가 성의를 표시하여 주시도록 부탁합니다. ② 증명하다. *Demostró con pruebas que había estado allí.* 그는 증거를 들어서, 그곳에 있던 일을 증명했다. ◇ **demostración** 예 ① 나타남, 口聲, 증명. *Las lágrimas no siempre son demostración de dolor.* 눈물은 반드시 고통의 표시는 아니다. ② 표시, 피로(披露); 연기(演技). *Hoy hay una demostración atlética.* 오늘은 체조의 시범 연기가 있다. ◇ **demostrativo, va** 【문법】 지시의. 지시어 (指示語).

demovilizar [9 alzar] 타 【군사】 복원시키다; 제대시키다; 부대를 해산하다.

denegar [8 pagar. 19 pensar] 타 사절·거절·거부하다. ◇ **denegación** 예 거절, 거부, 사절.

denigrar 모욕하다, 헐뜯다, 중상하다. ◇ **denigrante** 중상하는, 헐뜯는. 형 명예훼손자, 중상자. ◇ **denigrativo, va** 형 명예훼손의.

denominar 타 (…라고) 이름짓다·부르다. ◇ **denominación** 예 ①. *La denominación no corresponde exactamente a lo que es la cosa.* 명칭은 그 물건의 실체와 정확하게는 맞지 않는다.

denotar 나타내다. ◇ **denotación** 예 지시, 표시.

denso, sa 형 빽빽한, 짙은. *Hay una niebla muy densa.* 짙은 안개가 생기고 있다. ◇ **densidad** 예 농밀, 농도. *densidad de población* 인구 밀도. ◇ **densamente** 부 빽빽하게, 짙게. ◇ **densificar** [17 sacar] 짙게 하다. 빽빽하게 하다.

dental 이의, 잇소리의. 명 잇소리, 치음 (齒音).

dentadura 예 [집합적] 치아.

dentífrico 형 치약 (가루, 크림) 의. *pasta dentífrica* 튜브 치약. *polvo dentífrico* 가루 치약.

dentista 명 치과의사. *Voy al dentista porque me duelen las muelas.* 나는 이가 아파서 치과 의사에 간다. ◇ **dentistería** 예 치과 의학·의원.

dentro 부 가운데, 속에. *Carlos está dentro* 카를로스는 안에 있다. *Le espero dentro.* 당신을 안에서 기다리겠습니다. *dentro de* ① …의 속에·에서. *Está prohibido fumar dentro del coche.* 차내에서 흡연은 금지되어 있다. ② (경과한) 무렵. *El avión llegará dentro de una hora.* 1시간쯤 지나면 비행기는 도착할 것이다. *dentro de poco* 이윽고, 곧. *Estará mejor dentro de poco.* 그는 곧 (병이) 완쾌될 것이다.

denunciar [11 cambiar] 타 ① 고발하다. *José no se atrevió a denunciar a su amigo por el robo.* 호세는 감히 자기의 친구를 도둑으로 고발할 수 없었다. ② (공적으로) 알리다; (신문 따위가) 공포하다. *El olor denuncia la presencia del gas.* 냄새는 가스가 있는 것을 알리고 있다. ◇ **denuncia** 예 고발; 통고. *denuncia falsa* 무고. ◇ **denunciación** 예 고발; 발포, 통고. ◇ **denunciante** 형 고발하는, 알리는. 명 고발자, 밀고자.

departamento 명 ① 구분, 구획; 찻간. *Este edificio tiene ocho departamentos.* 이 건물에는 여덟 칸이 있다. *Hasta aquí he venido solo en el departamento.* 여기까지 (열차의) 찻간에는 나 혼자였다. ② 국, 부. *Trabaja en el Departamento de Exportación.* 그는 수출국에서 일하고 있다. ③ 학과 (學科). *En el Departamento de Español han entrado 30 alumnos.* 서반아어학과에 30명의 학생이 입학했다. *casa de departamentos* [남미] 아파트.

dependencia 예 ① 의존·종속 (관계). *José vivía bajo la dependencia de un amigo suyo.* 호세는 친구에게 고용되어 생활하고 있었다. ② 부속 건조물. ③ (사무소·관청의) 부(部), 과; 지점 (sucursal), 출장소. *Trabaja en la misma oficina que yo, pero en distinta dependencia.* 그는 나와 같은 사무실에서 일하고 있으나, 과가 다르다.

depender 재 자 [+ de : …에] 의하다; …사정이다. *Nuestro pedido depende del descuento que ustedes puedan concedernos.* 폐사의 주문은 귀사의 (해주시는) 할인 나름입니다. ② [+ de : …에] 의존·종속하다. *José todavía depende de sus padres.* 호세는 아직도 부모에게 의지하고 있다. *Castilla dependía de León.* 카스틸랴는 레온에 종속하고 있었다. ◇ **dependiente** 형 [+ de : …에] 의존한, 종속한. *No soy dependiente de nadie; vivo libre.* 나는 아무에게도 종속하지 않는다; 자유로운 생활을 하고 있다. 명 종업원, 점원. *Trabajaba de dependiente en un almacén.* 그는 어느 백

점에서 점원으로 일하고 있었다.

depilar 태 털이 빠지다. ◇ **depilación** 예 탈모.

deplorar 태 슬퍼하다, 탄식하다, 한탄하다 (lamentar). ◇ **deplorable** 형 한탄스러운, 가엾은.

deporte 남 운동, 스포츠. Mi *deporte* favorito es el tenis. 내가 좋아하는 스포츠는 테니스이다. ◇ **deportista** 남 운동가, 스포츠맨. ◇ **deportivo, va** 형 운동 경기의, 스포츠의. *periódico deportivo* 스포츠 신문.

depositar 태 ① 놓다, 넣다. *Deposito plena confianza en su seriedad.* 나는 그의 얌전함에 전면적인 신뢰를 둔다. ② 맡기다, 기탁하다. *José depositó el dinero en el banco.* 호세는 돈을 은행에 맡겼다. ◇ **depositador, ra** 형 맡기는, 예금하는. 명 기탁자, 예금자. ◇ **depositante** 형 맡기는, 예금하는. ◇ **depositaría** 예 예치소, 저장소; 금고. ◇ **depositario, ria** 형 기탁의, 보관의. 명 기탁자, 예금자.

depósito 남 ① 보관소, 저장소. *Tenemos un depósito de auga en la azotea.* 우리 집에는 옥상에 저수 탱크가 있다. ② 기탁, 공탁(금). *Para tomar parte en la empresa es necesario el depósito de una fianza.* 그 사업에 참가하려면 보증금 공탁이 필요하다. ③ 저금, 예금. *Los depósitos de ahorro se retiran mediante aviso previo.* 예금은 예고없이 꺼낼 수 있다.

depresión 예 ① 압축; 침하(沈下), 함몰. *La depresión de la tierra ocasiona cambios en la línea de costa.* 지반의 침하는 해안선의 변경을 가져온다. ② 저조; 불황. *Debido a la depresión económica se han reducido notablemente la producción y empleo.* 경제 불황 때문에 생산과 고용은 현저하여 감소했다. ③ 낮은 땅. ◇ **depresivo, va** 형 함몰성의; 우울한. *Para mí es depresivo tener que rogarle a ella.* 그녀에게 부탁해야 하다니 나는 우울하다. ◇ **depresor, ra** 형 내리누르는. 명 억압가, 압제자.

deprimir 태 압축하다, 낙심시키다, 맥이 빠지게 하다. ◇~**se** 낮아지다; 하락하다; 무기력해지다.

depurar 태 ① 정화하다. ② 숙청하다. *Depuraron a cinco miembros del gabinete por tener ideas socialistas.* 사회주의 사상을 가지고 5명의 각료가 숙청되었다. ◇ **depuración** 예 정화, 숙청. ◇ **depurativo, va** 형 정화의.

derecho, cha 형 남 ① 똑바른; 정당한. *Ese es el camino derecho para conseguirlo.* 그것이야말로, 그것을 달성하는 정당한 길이다. ② 오른쪽의 [⇔ izquierdo]. *Al lado derecho se veía el palacio.* 오른쪽에 궁전이 보였다. 남 ① 권리. *Tenemos derecho a reclamar los daños sufridos.* 우리들은 입은 손해(의 보상)를 그들에게 청구할 권리가 있다. *derechos de autor* 판권, 저작권. ② 법률(ley). *Ese hijo estudia derecho en la universidad.* 그 아들은 대학에서 법률을 공부하고 있다. ③ 세금, 요금. *Tuve que pagar derechos por una máquina de escribir.* 나는 타자기에 대하여 세금을 지불해야 했다. 예 오른쪽 [⇔ izquierda]. *Regrese usted dos manzanas y doble a la derecha.* 두 구역 되돌아가서 오른쪽으로 부러지세요. 튀 똑바로; 직접. *Siga usted todo derecho por esta calle.* 이 길을 곧장 똑바로 가십시오.

derivar 태 빗나가게 하다, 인도하다. *José derivó la conversación hacia otro asunto.* 호세는 회화를 다른 일 쪽으로 돌렸다. 자 ① 빗나가다. *Me parece que sus aficiones derivan hacia la música.* 그의 취미는 음악 쪽으로 향하는 듯하다. ② [+de: …에서] 나가다, 나가고 있다 (파생; 분파, 분류). *De ahí deriva su enemistad.* 거기서 그의 적의가 나오고 있다. ◇~**se** [+de: …에서] 빗나가다; 파생하다, 분파·분류하다. *De aquello se derivaron felices consecuencias.* 그 일에서 행복한 결과가 나왔다. ◇ **derivación** 예 파생; 분파, 분류. *Es una derivación del Fonseca.* 이것은 폰세까강의 분류이다.

dermalgia 예 【의학】 피부 신경통.

dermatitis 예 【의학】 피부염.

dermatología 예 피부병학. ◇ **dermatológico, ca** 형 피부병학의. ◇ **dermatólogo** 남 피부과 의사. ◇ **dermatosis** 예 피부병. ◇ **dermitis** 예 피부염.

derogar [8] pagar] 태 폐지·폐기하다. ◇ **derogación** 예 폐지, 폐기.

derramar 태 ① 뿌리다, 흐트러뜨리다. *Este niño ha derramado sus caramelos por el suelo.* 이 어린이가 카라멜을 마루에 흐트러뜨렸다. ② 흘리다. *Derramó tinta en los papeles.* 그는 종이에 잉크를 흘렸다. ◇ **derramamiento** 남 엎지름; 얼질러짐. ◇ **derrame** 남 살포, 흘림; 사면(斜面); 【의학】 (뇌)일혈. *derrame cerebral* 뇌일혈.

derredor 남 주위.

derretir [36 pedir] 태 녹이다. *El sol está derritiendo la nieve.* 태양이 눈을 점점 녹이고 있다. ◇~**se** ① 녹다. ② 노심초사하다, 초조해하다. *Me derrito por dentro con esta larga espera.* 이렇듯 오래 기다

derribar 타 넘어뜨리다, 무너뜨리다. *Han derribado* aquel viejo edificio. 저 낡은 건물은 파괴되었다.

derrocar [7] (sacar) 타 전락시키다, 쓰러뜨리다, 엎어버리다(derribar). ◇ **derrocamiento** 남 전락, 타도, 몰락.

derrochar 타 낭비·허비하다. ◇ **derrochador, ra** 형 낭비하는. 남 낭비자. ◇ **derroche** 남 낭비, 탕진.

derrota 여 ① 길, 항로, 진로. El barco seguía su *derrota*. 배는 그 진로를 계속하고 있었다. ② 패배. En toda su vida no se registró una sola *derrota*. 그는 전생애에서 단 한 번의 패배도 기록되지 않았다. ◇ **derrotar** 타 지게하다, 패주시키다; 망가뜨리다, 부수다. ◇ **derrote** 남 패배; 타개. ◇ **derrotero** 남 항로(航路) (rumbo, ruta).

derrumbar 타 붕괴시키다. Se han *derrumbado* todas mis esperanzas. 나의 희망은 모두 무너져버렸다. ◇ **derrumbamiento** 남 붕괴; 사태. ◇ **derrumbe** 남 붕괴; 산사태.

desabotonar 타 (···의) 단추를 끄르다. ◇ **~se** (자신의) 단추를 끄르다.

desabrido, da 형 (맛이) 싱거운(insípido).

desabrigado, da 형 버려진, 의지할 곳이 없는, 고독한. ◇ **desabrigar** [8] (pagar) 타 (···의) 외투를 벗기다. ◇ **~se** 외투를 벗다.

desabrochar 타 (···의) 단추·호크를 끄르다. ◇ **~se** (자신의) 단추를 끄르다.

desacierto 남 가늠이 틀림, 실수. ¡Cuántos *desaciertos* cometemos en un día! 우리들은 하루에 몇 번 실수를 하는 결까!

desacreditar 타 (···의) 신용을 떨어뜨리게 하다, (수표를) 부도내다. Este producto *desacredita* a la casa que la fabrica. 이 제품은 그것을 제조한 회사의 신용을 떨어뜨리고 있다.

desacuerdo 남 불일치, 불화.

desafiar [12] (enviar) 타 (···에) 도전하다. Me *desafía* a una partida de ajedrez. 그는 체스 경기를 나에게 도전해 온다.

desafío 남 도전. José me lo dijo en actitud de *desafío*. 호세는 도전적인 태도로 나에게 그렇게 말했다.

desafortunado, da 형 싫은, 유쾌하지 못한. Hace un tiempo *desagradable*. 불쾌한 날씨다. ◇ **desagradar(se)** 자재 언짢아하다, 불쾌하다. ◇ **desagrado** 남 불쾌. No muestres ese *desagrado*. 그런 불쾌한 태도는 그만 보이지 마라.

desagraviar [11] (cambiar) 타 보상하다. El *desagravió* el daño que se le causó. 그는 입었던 손해를 보상했다. ◇ **desagravio** 남 보복, 앙갚음.

desalentar [1] (pensar) 타 낙담시키다. ◇ **~se** 낙담하다. (보이지) 않게 되다. Se *desalentó* por su fracaso. 호세는 자기의 실패로 힘을 잃었다. ◇ **desaliento** 남 낙담, 실망.

desamparar 타 돌보지 않다. ¿Quién puede *desamparar* a sus hijos? 어느 누가 자기 아들을 돌보지 않을 수가 있으리오. ◇ **desamparado, da** 형 의지할 곳이 없는.

desamueblar 타 가구를 치우다.

desaparecer [30] (crecer) 자 [빈번히 se를 뒤딸림] 꺼지다, (보이지) 않게 되다. El avión (se) *desapareció* entre las nubes. 비행기는 구름속에 숨었다. ◇ **desaparecido, da** 형 행방불명된. Han sido diez los muertos y nueve los *desaparecidos*. 사망자는 10명, 행방불명자는 9명이었다.

desaparición 여 소실; 멸망. No me explico la *desaparición* de aquel libro. 그 책이 사라진 일은 납득할 수 없다.

desarmar 타 ① 무장해제하다. La policía *desarmó* a los bandidos. 경관들이 도둑들의 무기를 빼앗았다. ② 분해·해체하다. Hay que *desarmar* la máquina de escribir para limpiarla. 타자기를 청소하기 위해서 그것을 분해해야 한다.

desarme 남 무장해제; 군비축소.

desarraigar [8] (pagar) 타 뿌리째 뽑다. ◇ **desarraigo** 남.

desarrollar 타 ① 진전·발전시키다. Se tomaron medidas para *desarrollar* la industria nacional. 국내 산업을 발전시킬 방책이 취해졌다. ② 키우다, 발육시키다. El sol y la humedad *desarrollan* la semilla. 태양과 습기는 씨앗을 키운다. ◇ **~se** 진전·발전하다; 발육하다. ◇ **desarrollo** 남 ① 발전, 발달. ② 발육. El niño tiene demasiado *desarrollo* para su edad. 그 어린이는 나이에 비해 너무 발육되어 있다.

desasosiego 남 불안, 초조.

desastre 남 ① 재해, 재난. El terremoto fue un *desastre* enorme. 지진은 큰 재앙이었다. ② 실패, 참패. Ese casamiento ha sido un *desastre* para Lola. 그 결혼은 롤라에게는 큰 실패였다. ◇ **desastroso, sa** 형 참담한, 비참한.

desatar 타 ① 풀다, 놓아주다. *Desató* el paquete. 그는 그 보자기를 풀었다. ② (갑자기) 발생시키다. Sus últimas palabras *desataron* una tempestad de aplausos. 그의 마지막 말이 폭풍같은 박수를 불러 일으켰다.

desayuno 남 아침밥. Me esperaba con el *desayuno* servido en el comedor. (그는) 식당에서 아침밥을 차려놓고 나를 기다

desbordar

리고 있었다. ◇ **desayunar** 困 [빈번히 se를 뒤따름] 아침밥을 먹다 (tomar el desayuno). Después de *desayunar(me)* salía pasear con mi perro. 아침밥을 먹은 뒤에 나는 개와 산책하러 나갔다.

desbordar 困 [빈번히 se를 뒤따름] ① 넘치다. El río (*se*) *desbordó e* inundó los campos. 냇물이 넘처서 밭을 물바다로 만들었다. ② (감정이) 넘치다. *Se desbordó* la alegría de su corazón. 기쁨이 그의 마음에서 넘쳤다.

descalzo, za 휑 맨발의. No andes *descalzo*, ponte los zapatos. 맨발로 걸어서는 안된다; 구두를 신어라.

descansar 困 쉬다. Debes *descansar* hoy. 너는 오늘은 쉬어야 한다. ②[+en·sobre: …에]의지하다. En ella *descansa* parte del trabajo de la oficina. 사무소 일의 일부는 그녀에게 의지한다. 囼 쉬게 하다. Debes *descansar* tus ojos. 너는 눈을 쉬게 해야 한다. ◇ **descanso** 뗑 휴식; 휴식시간. A las diez tenemos media hora de *descanso*. 우리들은 10시에 30분 휴식이 있다. ②(계단의) 중간의 평평한 넓은 곳.

descargar [8] pagar] 囼 ① (짐 따위를) 내리다(bajar). Los peones *descargaron* los sacos del camión. 인부들은 트럭에서 포대를 내렸다. ②[+de: 책임·부담에서] 면제하다. Le *han descargado* de esas obligaciones. 그는 그러한 의무를 면제받았다. ③ 발사하다; (구타를) 먹이다; (분노를) 터뜨리다. José le *descargó* un palo. 호세는 그에게 몽둥이질을 했다. 困 (냇물이) 흘러 들어가다; (비·폭풍우·우박 따위가) 세차게 몰아치다. La tormenta va a *descargar* de un momento a otro. 폭풍우가 금방 몰아칠 듯하다. ◇ ~**se** ① [+de 부담·책임을] 면하다. José *se descargó* de la responsabilidad. 호세는 그 책임을 면했다. ②[+en:…에/+de:부담·책임을] 전가하다; 맡기다.

descender [20 perder] 困 ① [+de:…에서] 내려가(오)다 (내려, 강하). La temperatura *ha descendido* desde hace tres días. 기온은 3일전부터 내리고 있다. Las contínas *descienden* en pliegues regulares. 커튼은 규칙적인 주름을 만들어 내려지고 있다. ② 나와 있다, 나오다. José *desciende* de una familia hidalga. 호세는 귀족출신이다. ◇ **descendencia** 뗑 [집합적] 자손. Su *descendencia* llegó a ser ilustre. 그의 자손들은 유명하게 되었다. ◇ **descendiente** 뗑 자손(의 한 사람).

descenso 뗑 ① 저하. En varios años hubo un *descenso* en la natalidad. 수년간에 출

생률이 저하했다. ② 강하; 하강; 내리막길. El *descenso* es más peligroso que el ascenso. 내려가는 것은 오르는 것보다 위험하다.

descolgar [8] pagar, 24 contar] 囼 (매단 것을) 내려놓다. Quiero que *descuelgues* este cuadro. 너에게 이 액자를 내려달라고 하고 싶다. ◇ ~**se** ① (따라서) 내려오다. El rebaño *se descuelga* por la ladera de la montaña. 가축의 무리가 산기슭을 내려온다. ②(뜻밖에) 나타나다.

descolorido, da 휑 색이 바랜; 창백해진 (pálido). Están las cortinas *descoloridas*. 커튼은 빛이 바랬다.

descomponer [60 poner; 과거분사 *descompuesto*] 囼 ① 부수다, 분해하다, 해체하다. Usted en vez de arreglarlo lo *descompone*. 당신은 그것을 고치기는 커녕 부수고 있소. ② 썩히다. ◇ ~**se** ① 부서지다, 분해·해체되다. ② 썩다. Se *descompondrá* pronto la carne. 그 고기는 곧 썩을 것이다. ◇ **descomposición** 뗑 ① 분해·파괴, 분열. ②부패. Los cadáveres entran en *descomposición* en pocos días. 시체는 며칠 있으면 부패가 시작된다.

desconcertar [19 pensar] 囼 (가락이) 틀리게 하다; 당황하게 하다. Su pregunta *desconcertó* al maestro. 그의 질문은 선생을 당황하게 했다. ◇ ~**se** 가락이 틀리다; 당황하다. Lola *se desconcertó* al ver a José. 롤라는 호세를 보자 당황했다.

desconfiar [12 enviar] 困 [+de:…에] 불신을 품다, (…을) 믿지 않다. *Desconfía* de que lleguemos a tiempo. 그는 우리들이 제시간에 도착하리라고 생각하지 않는다. ◇ **desconfianza** 뗑 불신(不信).

desconocer [31 conocer] 囼 ① 모르고 있다. Le dije que *desconocía* dónde te ocultas. 나는 네가 어느 곳에 숨어 있는지 모른다고 그에게 말했다. ② 잘못 보다. Te *desconozco* hoy con ese rasgo de energía. 그러한 기력이 있는 일면을 보고, 오늘은 너를 새로 보았다. ◇ **desconocido, da** 휑 미지의; 무명의; 변모한. La obra premiada es de un joven *desconocido*. 수상 작품은 무명 청년의 작품이다. *soldado desconocido* 무명 용사.

desconsolar [24 contar] 囼 슬픔을 주다 (afligir). ◇ ~**se** 슬퍼하다, 슬픔에 젖다. ◇ **desconsolado, da** 휑 침통한, 슬픈듯한, 위로·위안할 길 없는. ◇ **desconsuelo** 뗑 비탄.

descontento, ta 휑 불만스런, 언짢은. Está *descontenta* con su manera de re-

describir [과거분사 descrito] 타 ① (선·도형 따위를) 그리다. ② 묘사·서술하다. El autor *ha descrito* este pueblo con un estilo realista. 작가는 이 마을을 사실적인 문체로 묘사하고 있다. ◇ **descripción** 명 묘사, 서술. ◇ **descriptor, ra** 묘사하는 사람 ; 서술자.

descubierto, ta 형 ① 개방적인. José salió a la calle con la cabeza *descubierta*. 호세는 모자도 쓰지 않고 밖에 나갔다. ② 뚜껑이 없는, 지붕이 없는. *al descubierto* 개방적으로 ; 노천에서. Su vida estaba toda *al descubierto*. 그의 생활은 모두 개방적이다.

descubrir [과거분사 descubierto] 타 ① (…의) 덮개·뚜껑을 벗기다. ② 폭로하다 ; 노골적으로 보이다. El chófer le *descubrió* a la policía. 운전사가 경찰에 그의 일을 폭로했다. ③ 발견하다. Colón *descubrió* América en el año 1492. 콜론은 1492년에 아메리카를 발견했다. *Se han descubierto* varias equivocaciones. 몇 개의 잘못이 발견되었다. ◇ **~se** ① 탈모하다. ② 전망되다. Desde la colina *descubre* una vasta llanura. 언덕에서 광대한 평야가 전망된다. ◇ **descubrimiento** 명 발견.

descuento 명 할인. Aquí me harán el 4 por ciento de *descuento* sobre el precio. 여기서는 정가의 4퍼센트 할인을 해 줄 것이다.

descuidar 타 게으름 피우다. *¡Descuidas tus deberes, Pepe!* 뻬뻬, 너는 숙제를 게으름 피우고 있구나 ! ① 안심하다. *Descuide* usted, que llegaré a tiempo. 걱정마십시오 ; 시간에 맞추어 올테니. ② [+de: …하는] 걱정하지 않다. Traigo agua de la fuente para toda la semana y ya *descuido de* salir. 1주일 분의 물을 샘에서 길어 왔으니 이제 출발하는 것을 걱정하지 않아도 좋다. ◇ **~se** ① 방심하다. *Me descuidé* y se quemó la comida. 내가 방심하여 음식물을 태웠다. ② 복장·건강을 생각지 않다. *Se ha descuidado* esta temporada y ha caído enfermo. 그 는 이 계절에 몸에 주의하지 않아서 병에 걸렸다. ◇ **descuidado, da** 형 ① 무절제한. ② 부주의한, 방심한. Cogieron *descuidados* a los ladrones. 도둑들이 방심하고 있는 것을 (사람들이) 붙잡았다. ◇ **descuido** 명 부주의, 방심 ; 무절제한. El ladrón aprovechó el *descuido* del policía para escaparse. 도둑은 경관의 방심을 틈타서 도망쳤다.

desde 전 ① [공간적] …로부터. *Desde* mi casa hasta aquí hemos venido en coche. 우리들은 우리 집에서 여기까지 자동차로 왔다. ② [시간적] …로부터, 이래. *Desde* entonces no pienso más que en ti. 그때부터 나는 네 일밖에 생각하지 않는다. *desde luego* 그러므로 ; 곧, 즉시 ; 물론 [독립적으로 쓰임]. Esto es lo más conveniente. *Desde que* la conocí la quiero. 그녀를 알고 나서 나는 그녀를 사랑한다.

desdén 명 경멸. Mostró *desdén* a José. 그는 호세에게 경멸의 눈치를 보였다. ◇ **desdeñoso, sa** 형 경멸적인.

desdeñar 타 얕보다 (경멸, 경시). No debemos *desdeñar* a los pobres. 우리들은 가난한 사람들을 경멸해서는 안된다. ◇ **~se** [+de: …를] 경시하다, 경멸하다 …하지 않다. Don Federico *se desdeñaba* de comer con sus empleados. 페데리꼬씨는 자기의 고용인들과 함께 식사하는 것을 경멸했다.

desdicha 명 ① 불행, 재난 ; 가난 (pobreza). *Se me acumula* una *desdicha* tras otra. 나에게는 불행한 일이 계속하여 쌓인다. ② 쓸모가 있는 사람·물건. Ese chico es una *desdicha*. 그 어린이는 대수한, 불운한 ; [경멸적] 불쌍한 ; 불쌍한 사람 ; 불쌍한 놈.

desear 타 ① 바라다, 원하다 (querer). ¿*Qué desea* usted? *·Deseo* ver algunos libros de conversación española. 무엇을 원하십니까. —서반아어 회화책을 몇 권 보고 싶다. *desear que* + *subj*. …하기를 바라다. No *deseo que* vuelvan. 나는 그들이 돌아오기를 바라지 않는다. ② 바라다, 빌다. Le *deseamos* muchas felicidades en estas Pascuas y en el Año Nuevo. 이 성탄절과 새해에 당신에게 행복을 빕니다. ◇ **deseable** 형 바람직한. Es *deseable* que no lo veas. 내가 그것을 보지 않는 편이 바람직하다.

desechar 타 버리다 (폐기, 배제). *Desecha* estos zapatos, que son viejos. 낡았으니 이 구두를 버리시오. *Se desechan* las naranjas que tienen algún deterioro. 흠집이 있는 귤은 버린다. ◇ **desecho** 명 쓰레기, 폐물.

desembarcar [? sacar] 양륙 (揚陸)하다. El arroz se *desembarca* en este puerto. 쌀은 이 항구에서 양륙된다. 자 圃 양륙·하선 (下船)하다, (탈것에서) 내리다. José (se) *desembarcó* en San Pedro en un día de lluvia. 호세는 어느 비오는

desempeñar 날 산뻬드로에서 하셨다. ◇ **desembarco** 图 상륙, 하선; 양륙.

desempeñar 他 ① 꺼내다 하다; (진상을) 알리다. Creía que José estudiaba en la universidad, pero me desempeñó Carlos. 나는 호세가 대학에서 공부하고 있다고 생각했다; 그러나 까를로스가 나에게 그렇지 않다는 것을 알려주었다. ② 실망시키다. Si tiene la esperanza de hacerse pianista, ¿para qué *desengañar*la? 그녀가 피아니스트로 될 것을 바란다면, 어떻게 실망시킬 일이 있겠는가. ◇ ~**se** 再 [+de: …를] 깨닫다. ¿Te has desengañado de que tenía razón yo? 내 말이 옳았다는 것을 너는 잘 알았겠지. ② [+de: …에] 실망하다 (환멸). Se ha desengañado de las mujeres. 그는 여자라는 것에 실망했다. ◇ **desengaño** 图 ① 실망, 환멸. Me he llevado un gran *desengaño* con ese muchacho. 나는 그 소년한테 크게 실망했다. ② 쓰라린 경험.

desenlace 图 (소설 · 희곡의) 결말. El cuento termina en un *desenlace* inesperado. 이야기는 예기치 않은 결말로 끝난다.

desentenderse 再 [29] perder] 再 [+de: …에] 관여하지 않다. Me desentiendo por completo *de* su negocio. 나는 그의 일에 전혀 관여하지 않는 체하다, 시치미 떼다. Decimos esto por ti; no *te hagas la desentendida*, niña. 이것은 너를 생각해서 말하고 있다. 모른체 하지 마라.

desenvolver [25] volver; 과거분사 desenvuelto] 他 ① 풀어서 열다. José *desenvolvió* el paquete para ver lo que había dentro. 호세는 가운데 무엇이 들어 있는지 보려고 보따리를 폈다. ② 전개 · 진전시키다. El conferenciante iba *desenvolviendo* su tema. 그 강연자는 자기의 주제를 전개하여 갔다. ◇ ~**se** 再 ① 전개 · 진전 · 발전되다. La entrevista se *desenvolvió* amigablemente. 회견은 우호적으로 진행되었다. ② 유유하게 행동하다. *Me desenvuelvo* bien en mi nuevo negocio. 나는 이번 일에서는 자유 자재로 수완을 발휘할 수 있다. ◇ **desenvolvimiento** 图 전개, 진전, 발전. ◇ **desenvuelto, ta** 圈 자유 자재의, 분방한; 철면피한, 낯두꺼운, 뻔뻔스러운.

deseo 图 소망, 소원, 욕망. Conforme a sus *deseos* les remitimos 100 cajas de juguetes. 귀사의 희망대로 완구 100상자를 보냅니다. Me vino el *deseo* de verla. 나는 그녀를 만나고 싶어졌다. ◇ **deseoso, sa** 圈 [+de: …를] 하고자 하는, 바라는. Siempre está *deseosa* de com-

placernos. 그녀는 언제나 우리들을 즐겁게 하려고 한다.

desertar 自 버리고 도망가다; 포기하다(상고 등을). ◇ ~**se** 再 탈영 · 탈당하다. ◇ **deserción** 图 탈영, 탈주; 탈당, 탈퇴. ◇ **desertor** 图 탈영병, 탈주자; 이탈자.

desesperar 他 절망 · 실망시키다, 싫증나게 하다. Me *desespera* verla todo el día mano sobre mano. 그녀가 손을 맞잡고 종일토록 우두커니 있는 것을 보니 나는 참을수 있다. 他[+de: …에] 절망 · 실망하다. El médico *desespera* de salvarla. 의사는 그를 구하는 일에 절망하고 있다. ◇ ~**se** 再 [+de: …에] 절망 · 낙담하다, 싫증나다. Me *desespero de* estar tanto tiempo aquí. 나는 이토록 오래 이곳에 있어서 지루하다. ◇ **desesperación** 图 절망(감); 자포 자기, 무모. Nadaba con *desesperación*. 나는 무모하게 헤엄쳤다. ◇ **desesperado, da** 圈 절망적인.

desfallecer [30] crecer] 自 힘이 빠지다, 낙담하다. Al entrar cayó *desfallecido* en el sillón. 그는 (방에) 들어가자, 안락의자에 털썩 넘어졌다. ◇ **desfallecimiento** 图 쇠약해짐, 실신; 사망.

desfilar 自 줄을 서다; 줄지어 통과하다. La manifestación *desfiló* por la calle mayor. 시위대는 큰 길을 통과했다. ◇ **desfile** 图 행렬, 분열 행진.

desgracia 女 불행. A José le cayeron encima muchas *desgracias*. 호세에게 많은 불행이 닥쳤다. ◇ **desgraciado, da** 圈 불행한. ◇ **desgraciadamente** 圏 운수 나쁘게.

deshacer [68] hacer; 과거분사 deshecho] 他 ① 부수다, 깨다 (파괴, 해체, 용해) (destruir, descomponer). Lo ha hecho mal y tendrá que *deshacer*lo. 결과가 나쁘다; 부수지 않으면 안되겠다. ② 엉망진창으로 만들다. Su llegada *deshizo* nuestros planes. 그의 도착이 우리들의 계획을 엉망진창으로 만들어 버렸다. ③ 풀다 (묶어진 것을). Mientras *deshaces* las maletas voy a afeitarme y tomar un baño. 당신이 가방을 푸는 동안 나는 면도하고 목욕하겠오. ◇ ~**se** 再 ① 부서지다, 깨어서지다; 못쓰게 되다. La nube acabó por *deshacerse*. 구름은 끝내 사라져 버렸다. ② 분골 쇄신하다. Se *deshacía* por darme gusto. 그는 애써서 나를 즐겁게 하려 했다. Estaba *deshecha* en llanto. 그녀는 눈물에 젖어 있었다.

deshonra 女 면목없음, 불명예; 창피. No haré tal cosa por nada del mundo, es una *deshonra*. 나는 그 따위 일을 어떤 일이 있어도 안 한다; 창피한 일이다.

deshonrar 他 ① (…의) 면목 · 명예를 잃

desierto, ta 게 하다. Esto te *deshonra* a mis ojos. 나의 눈에는 이것은 네 명예를 손상시키는 일이다. ◇ 창피를 주다.

desierto, ta 형 ① 인기척 없는; 쳐량한. Toda la ciudad estaba *desierta*. 그 도시 전체에 인기척이 없었다. ② 적격자가 없는. El premio ha quedado *desierto*. 그 상에는 적격자가 없었다. 명 사막.

designar 타 ① 지정하다. *Designaron* Madrid para la reunión de la próxima asamblea 다음 대회장으로 마드리드가 지정되었다. ② 지명·임명하다. Ha sido *designado* presidente de la comisión. 그는 위원회의 의장으로 지명되었다. ◇ **designación** 여 지정, 지명, 임명; 배당.

desigual 형 ① 불평등한; 불균등한. El camino está tan *desigual* que no circulan bien los coches. 길이 굉장히 울퉁불퉁하여 차의 통행이 늦어진다. ② 불순한. Hace un tiempo *desigual*. 일기가 불순하다. ◇ **desigualdad** 여 불평등, 불공평; 불균등.

desilusión 여 환멸, 겨낭이 틀림. Al desenvolver el paquete tuvo una *desilusión*. 소포를 열어보고 그는 기대가 어긋났다. ◇ **desilusionado, da** 형 실망시키는. ◇ **desilusionar** 타 실망시키다. ◇~**se** 환멸을 느끼다; 낙담하다.

desinfectar 타 소독하다. Tienes que *desinfectar* esa herida pronto. 너는 빨리 그 상처의 소독을 해야 한다.

desinterés 명 무사(無私), 욕심없음; 공평. José obró con mucho *desinterés*. 호세는 매우 공평 무사하게 행동했다.

desinteresado, da 형 이해를 초월한, 헌신적인.

desistir 자 [+de : …를] 단념하다. He *desistido de* convencerle. 나는 그의 설득을 단념했다.

desleal 형 불성실한; 불구의. Un amigo *desleal* es el mayor mal. 불성실한 친구는 최대의 해악이다.

deslizar [9] *alzar* 타 미끄러뜨리다. José me *deslizó* un billete en el bolsillo. 호세는 나의 호주머니에 지폐를 한 장 슬쩍 넣었다. ◇~**se** ① 미끄러지다 ; (미끄러지듯) 움직이다·흐르다, 달리다. Las horas se *deslizan* lentamente. 때는 천천히 지나간다. ② 실패하다; 입을 잘못 놀리다; 도망치다. ◇ **desliz** 명 실패, 과실.

deslumbrar 타 (…의) 눈을 부시게 하다·현혹하게 하다. Me *deslumbraron* los faros del coche. 차의 라이트가 나의 눈을 부시게 했다.

desmayar 타 실신시키다. ◇~**se** ① 실신하다. Al oir la noticia se *desmayó* en mis brazos 그 소식을 듣고 그는 실신하여 나의 팔에 넘어졌다. ② 낙담하다. No me *desmayo* por tan poca cosa. 그까짓 일로 나는 낙담하지 않는다. ◇ **desmayo** 명 실신; 무기력.

desmejorar 타 떨어뜨리다, 저하시키다, 해치다. 자 건강을 해치다. ◇ **desmejoramiento** 명 약화; 쇠약.

desmentir [46] *sentir* 타 ① (…이) 거짓말을 폭로하다. *Desmiénteme* si puede. 가능하면 내가 말하는 것이 거짓이라는 증거를 보여라. ② 부인하다(negar). El gobierno ha *desmentido* la noticia. 정부는 그 정보를 부인했다.

desmontar 타 해체하다, 분해하다(descomponer). Te *desmontaré* el reloj para limpiarlo. 청소하기 위해 시계를 분해해 주겠다. 타 [빈번히 se와 함께 사용] (탈것에서)내리다. *Desmonta* del caballo y entra en casa. 그는 말에서 내려 집으로 들어갔다.

desnaturalizar [9] *alzar* 타 국적을 박탈하다, 변질시키다. ◇ **desnaturalización** 여.

desnivel 명 고저, 낙차(落差). Hay un pequeño *desnivel* entre el patio y la casa. 뜰과 건물 사이에 약간의 낙차가 있다. *cruce a desnivel* 입체 교차.

desnudar 타 발가벗기다. La madre *desnudó* al niño de su vestido. 어머니가 어린애의 옷을 발가벗겼다. ◇~**se** 발가벗다, 옷을 벗다. Los árboles *se desnudan* de hojas en el invierno. 겨울에 나무는 잎이 떨어져 벌거숭이가 된다. ◇ **desnudez** 여 나체, 벌거숭이. ◇ **desnudismo** 명 나체주의·운동. ◇ **desnudista** 형 나체주의의. 명 나체주의자. ◇ **desnudo, da** 형 벌거벗은, 맨발의. 명 나체.

desobedecer [30] *crecer* 타 (…을) 배반하다, 따르지 않다. Muchos de los jóvenes, a veces, *desobedecen* a sus padres. 젊은이들 대부분은 때때로 부모가 말하는 것을 듣지 않는 일이 있다. ◇ **desobediencia** 여 불복종. ◇ **desobediente** 형 순탄하지 않은; 말을 듣지 않는.

desocupar 타 비우다. Tienen que *desocupar* el piso en el término de quince días. 그들은 2주일 이내에 집을 비워 주어야 한다. ◇ **desocupado, da** 형 일이 없는, 한가한(libre), 공석의. Estoy *desocupado* estos días. 요즈음 나는 한가하다.

desolar [24] *contar* 타 황폐시키다. ◇ **desolación** 여 황폐; 비탄.

desorden ① 무질서, 난잡. Con *desorden* en la mesa no se puede trabajar. 책상이 어지러우면 일을 할 수 없다. ② 혼란, 소동. Las disputas se convirtieron en un *desorden* general. 논쟁은 (회의장 따위의) 전체의 혼란으로 바뀌었다.

desordenado, da 무질서한, 혼란한.

desorientar (방향·길을) 잘못 들게 하다; 당황하게 하다. Me *desoriento* un letrero mal puesto. 잘못 놓여진 표지(標識)가 나를 어리둥절하게 했다. ◇~se (방향·길을) 잘못 들다.

despacio 천천히; 고요히. Por favor hable usted más *despacio*. 제발 더 천천히 말해 주세요. ◇**despacito** 살짝, 천천히. Váyase *despacito*. 살짝 떠나십시오.

despachar ① 처리하다; 집무하다. Tenemos que *despachar* asuntos pendientes. 우리들은 미처리 사건을 처리해야 한다. ② 발송·출하·송신하다. La cuestión es que nos *despachen* completo todo el pedido. 문제는 주문한 물품을 전부 갖추어서 보내주시겠는가 하는 것입니다.

despacho ① 처리. El director encargó a su secretario el *despacho* de los asuntos. 사장은 비서에게 그 사건 처리를 맡겼다. ② 발송, 출하, 송신. Hemos todo lo preciso para acelerar el *despacho*. 우리들은 출하를 서두르기 위해 필요한 모든 일을 한다. ③ 사무실(oficina), 서재(biblioteca). Dígale que pase a mi *despacho*. 그에게 내 사무실로 오라고 말해 주십시오. *despacho de billetes* 매표소.

despedir [36pedir] ① 내다, 놓다 (방출). La carne *despedía* mal olor. 그 고기는 악취를 풍기고 있었다. ② 쫓아내다 (축출, 해고). *Despidieron* a José porque no trabajaba. 호세는 일하지 않았으므로 해고되었다. ③ 전송하다, 보내주다. Salió a *despedirme* a la estación. 그는 나를 전송하러 역까지 나왔다. ◇~se [+de : …와] 이별을 하다·작별하다·헤어지다. Ahora me *despido* porque ya es tarde. 이미 늦어졌으니 작별하겠습니다. ◇**despedida** 이별, 전송, 환송. *reunión de despedida* 송별회.

despegar [8 pagar] (붙은 것·꿰맨 것을) 벗기다. El sello se *despega* fácilmente con agua caliente. 우표는 더운 물로 간단히 뗄 수 있다. ② 이륙하다 (⑩ aterrizar). Esperamos a que *despegue* el avión. 비행기가 이륙하는 것을 우리들은 기다리고 있다.

despejar ① [+de : 장애물을] (…에서) 치우다, 철거하다. La policía *despejó* la plaza *de* gente. 경찰이 광장에서 사람들을 쫓아냈다. ② 명백하게 하다. ◇~*se* 맑아지다. El tiempo *se está despejando*. 날씨는 점점 맑아진다.

desperdiciar [11 cambiar] 헛되이 하다, 낭비하다. No *desperdicies* esta ocasión de hacer un viaje estupendo. 멋있는 여행이 될 이 기회를 헛되이 하지마라. ◇**desperdicio** 쓰레기, 폐(廢)기.

despertar [19 pensar] 눈뜨게하다, 깨우다. *Despiérteme* a las seis. 나를 6시에 깨워주세요. Este olor *despierta* en mí sensaciones de mi niñez. 이 냄새는 어린 시절의 느낌을 일깨워 준다. ◇~*se* [빈번히 *se*를 뒤따름] 눈을 뜨다, 깨어나다. Esta mañana (*me*) *desperté* más temprano que de ordinario. 오늘 나는 여느 때보다 빨리 눈을 떴다. ◇**despertador** 자명종(reloj despertador).

despierto, ta ① 눈을 뜬. ② 영리한, 총명한, 똑똑한(listo, inteligente). Este niño es muy *despierto*. 이 어린이는 매우 영리하다.

despistado, da 방심 상태의, 얼빠진, 건성의. Soy un *despistado*. 나는 멍하다.

desplazar [9 alzar] (지위·직무에서) 쫓아내다. Las nuevas generaciones *desplazan* a las viejas. 새로운 세대의 사람이 구세대를 쫓아낸다. ◇~*se* 출장하다. *Me desplazaré* hasta tu calle. 나는 너의 고을까지 출장가겠다. ◇**desplazamiento** 출근, 출장.

desplegar [8 pagar, 19 pensar] ① (접은 것을) 펴다; 열다 (전개, 산개). La niña *desplegó* su pañuelo para envolver la piedra. 소녀는 돌을 싸기 위해 손수건을 폈다. ② (능력 따위를) 발휘하다. *Desplegó* mucha astucia en aquella ocasión. 그는 그 경우에 간교함을 크게 발휘했다. ◇**despliegue** 전개; 발휘; 과시(誇示); 전시.

despoblado 폐허, 황폐한 곳.

despojar [+de : …을] (…로부터) 빼앗다, 벗겨내다 (박탈). Le *despojaron de* todo cuanto llevaba. 사람들은 그에게서 가지고 있던 물건을 모두 빼앗았다. ◇~*se* [+de : …을] 벗다; 버리다 (포기). *Se despojó de* su fortuna para consagrarse a Dios. 그는 신에게 헌신하기 위하여 재산을 버렸다. ◇**despojo** 쓰레기, 찌꺼기; 탈취품.

desposarse 결혼하다. ◇**desposado, da** (결혼 직전의) 신랑, 신부. Los *desposados* partieron en viaje de luna de miel. 두 신혼 부부는 신혼 여행에 출발했다.

despreciar [11 cambiar] 경멸·경시하다

다. No *desprecies* a los pobres. 가난한 사람들을 경멸하지 마라. ◇ **despreciable** 웹 경멸한, 불쾌한. ◇ **desprecio** 엠 경멸.

desprender 탄 분리시키다, 벗기다. El niño logró *desprender* los sellos del sobre sin romperlos. 소년은 찢지 않고 봉투에서 우표를 뗄 수가 있었다. ◇ **~se** [+de:…를] 손뗴다, 버리다. La reina *se desprendió de* sus joyas. 여왕은 보석을 내놓았다. ◇ **desprendido, da** 엥 욕심없는.

despreocuparse 재 [+de:…를] 걱정하지 않다. ◇ **despreocupado, da** 엥 [+de:…에] 무심한. Era *despreocupada en* el vestir. 그녀는 옷에 무관심한 여자였다. ◇ **despreocupación** 엠 허심; 구애되지 않음, 무관심; 등한. Si soy feliz es por la *despreocupación* que tengo. 내가 행복하다면 그것은 내가 사물에 구애되지 않기 때문이다.

desproporción 엠 불균형. Hay una gran *desproporción* de edad entre ambos esposos. 부부 사이에 연령의 큰 불균형이 있다. ◇ **desproporcionar** 탄 불균형을 이루다.

despropósito 엠 온당치 못함; 폭언. El orador sólo pronunció *despropósitos*. 연설자는 폭언을 내뱉았다.

desprovisto, ta 엥 [+de:…가] 없는, (…을) 가지지 않은. Ese amigo es una persona *desprovista de* sentido común. 그 친구는 상식이 없는 사람이다.

después 뒤에, 후에 [앱 antes]. Años *después* se produjo en la capital una gran revolución. 수년 후에 수도에 큰 혁명이 발생했다. *después de* ① …뒤·후에. ② [+inf.] …한 뒤·후에. Saldremos a paseo *después de* comer. 식사를 한 후에 산책을 나가자.

destacar [7] sacar] 탄 ① 현저히 눈에 띠게 하다. El pintor *destaca* el edificio sobre el fondo amarillo de paisaje. 화가는 경치의 노란 배경에 건물을 눈에 띠게 하고 있다. ② 분견 · 파견하다. 재재 눈에 띄다, 똑똑히 보이다; 뛰어나다. Entre todos (*se*) *destaca* este cuadro de Goya. 모든 것중에서 고야의 이 그림이 뛰어난다. ◇ **destacado, da** 엥 현저한; 저명한; 뛰어난.

destapar 탄 (…의) 뚜껑·마개를 열다. *Destaparé* la caja para ver el regalo. 상자 뚜껑을 열고 선물을 보겠다. ◇ **~se** [+되분사/+con:…으로] 정체가 나타나다. *Se destapó con* una propina de mil pesetas. 팁을 1,000뻬따나 주었으므로 그의 정체가 드러났다.

desterrar [19] pensar] 탄 추방하다. Alfonso VI *desterró* al Cid. 알폰소 6세는 시드를 추방했다. ② 털어내다. El viento *ha desterrado* la niebla. 바람이 안개를 헤쳐 버렸다.

destierro 엠 ① 추방. El autor escribió esta novela en el *destierro*. 저자는 이 소설을 추방 중에 썼다. ② 먼곳. Ese tío vive en un *destierro* a donde es difícil ir a verle. 그 숙부는 만나러 갈 수도 없을 먼 곳에 살고 있다.

destinar 탄 ① [+a:목적·용도에] 충당하다, 쓰이게 하다. La tía *destinó* parte de sus ahorros *a* costear, la educación de su sobrino. 숙모는 저축의 일부를 조카 교육비에 충당했다. ② 운명지우다. El príncipe estaba *destinado* a una muerte temprana. 왕자는 느 운명으로 되어 있었다. ◇ **destinatario, ria** 엥 받을 사람, 수취인.

destino 엠 ① 운명, 경과 과정. Todo depende del *destino*. 모든 것은 운명대로 된다. ② 직무; 근무지, 임지(任地). Ayer se marchó a su *destino*. 그는 어제 임지로 출발했다. ③ 목적지. Faltan cinco estaciones para nuestro *destino*. 우리들의 목적지까지는 아직 역이 다섯개 남아 있다. *con destino a* …를 향하여. El vapor partirá hoy *con destino a* la Guaira. 배는 오늘 라과이라로 향하여 출발한다.

destituir [74 huir] 탄 면직이 되다. No sé por qué le *han destituido*. 왜 그를 면직시켰는지 나는 모른다.

destreza 엠 교묘함, 능숙. Hay que ver con qué *destreza* teje las palmas. 그가 얼마나 능숙하게 종려 잎을 엮는가 구경거리이다.

destrozar [8] alzar] 탄 토막내다. No comprendo cómo *has destrozado* así tu vestido. 네가 어째서 옷을 그렇게 토막토막 찢었는지 모르겠다. ◇ **destrozo** 엠 짤막짤막함에 여러 도막으로 끊어짐·끊음, 손해.

destrucción 엠 파괴; 황폐. Una sola bomba atómica puede causar la *destrucción* de una ciudad entera. 단 한개의 원자 폭탄으로 전 도시를 파괴할 수가 있다. ◇ **destructividad** 엠 파괴력, 파괴성. ◇ **destructivo, va** 엥 파괴의, 파괴적인. ◇ **destructor, ra** 엥 파괴하는. 탄 파괴자.

destruir [74 huir] 탄 ① 파괴하다 [앱 construir]. El incendio *destruyó* diez casas. 화재로 열 채의 집이 부숴졌다. ② 파기하다. Tengan la bondad de *destruir* la lista anterior de precios. 앞의 가격표는 찢어 버리십시오.

desván 圖 지붕밑방, 다락방. Guardamos en el *desván* las cosas en desuso. 우리들은 쓰지 않는 물건을 다락방에 넣는다.

desvanecer [30] crecer]타 모호하게 하다; 끄다 (소실, 소멸). El viento *desvaneció* la bruma. 바람이 아지랑이를 헤쳐버렸다. ◇ **~se** ①몽롱해지다, 아물아물하다. ②(불안·의심이) 사라지다, 맑아지다. Se *desvanecieron* mis sospechas. 나의 의심은 사라졌다. ③정신이 흐려지다. Al oir la mala noticia me *desvanecí*. 그 나쁜 소식을 듣고 나는 정신이 흐려졌다.

desvelar 잠못들게 하다, 밤을 새우다. Me *desvelan* los cuidados. 걱정거리로 나는 잠이 오지 않는다. ◇ **~se**[+por; …를 위하여] 힘껏 일하다. Se *desvelan por* que no nos falte nada. 그들은 우리들에게 아무런 부자유가 없게 하려고 노력한다. ◇ **desvelo** 圖 ①불면(不眠). No tomo café por la noche porque me produce *desvelo*. 잠이 오지 않으므로 나는 밤에 커피를 마시지 않는다. ②진력.

desventaja 예 손해, 불리(한 입장). Esta casa es más grande, pero tiene la *desventaja* de que está más lejos. 이쪽 집이 크지만, 더 멀리 있다는 불리한 점도 있다.

desviar [12 enviar]타 빗나가게 하다 (일탈, 편향, 전향); 단념시키다. El viento *desvió* la flecha. 바람 때문에 화살이 빗나갔다. ◇ **~se** 빗나가다, 벗어나다. Te estás *desviando* del tema. 너는 그 주제에서 빗나가고 있다. ◇ **desvío** 빗나감, 편향, 편차; 열장, 돌아다니는 길; 애정의 냉각.

detallar 타 상세히 설명하·기술하다. Ustedes no *detallaron* los pesos exactos de cada caja. 귀하는 각 상자의 정확한 중량을 상세히 기술해 주지 않았습니다. ◇ **detalle** 상세, 세목, 세부.

detención 예 ①정지, 억지; 정체. Tenemos que llegar allí sin *detención*. 우리들은 우물쭈물하지 말고 그곳에 도착해야 한다. ②주의; 유의. El médico examinó con *detención*. 의사는 나를 천천히 진찰해 주었다. ③유치, 구류.

detener [58 tener]타 ①만류하다, 억제하다. No quiero *detenerle*. 만류하고 싶지 않습니다. ②구류·유치하다. La policía *ha detenido* a esos cinco ladrones. 경찰은 그 다섯명의 도둑을 구류했다. ◇ **~se** ①멈추다(pararse). Se *detuvo* un coche delante de la puerta. 문앞에서 차가 멈추었다. ②시간이 걸리다, 유유자적하다. Mi mujer se *detiene* mucho en arreglarse. 내 아내는 아주 천천히 치장을 한다. ◇ **detenido, da** 圖 우유부단한, 소심한. 圖 피구류자. ◇ **detenidamente** 튀 천천히, 신중하게.

deteriorar 타 손상시키다. Con la lluvia se *deterioran* los zapatos. 비 때문에(젖어서) 구두가 상한다. ◇ **deterioro** 圖 손상, 쇄손.

determinar ①결정·결심하다(decidir). He *determinado* partir el día 10 de abril. 나는 4월 10일 출발하기로 결심했다. ②결심시키다. Esas noticias me *determinaron* a marchar. 그 소식이 나를 출발하도록 결심시켰다. ◇ **~se** ①결심하다. Se *determinarán* las condiciones el mes que viene. 다음 달에는 조건이 결정될 것이다. ②[+a:…를 결심하다]. ¿Ya te *has determinado* a marchar? 너는 출발할 결심을 했느냐. ◇ **determinación** 결정, 결심(decisión). Hay que tomar una *determinación*. 모종의 결심을 해야 한다. ◇ **determinado, da** 圖 ①특정의. Quisiera que me asignasen un trabajo *determinado*. 어떤 특정한 일을 배정해 주셨으면 하는데요. ②대담한, 과감한. ③【문법】한정된. ◇ **determinante** 圖 결정적인.

detestar 타 미워하다, (심히) 싫어하다. Mi tío *detesta* la hipocresía. 숙부는 위선을 대단히 싫어한다. ◇ **detestable** 번거로운, 싫은.

detrás 里 배후에; 뒤에. El jardín está *detrás*. 들이 뒤에 있다. Se escribe el apellido, y *detrás* separado por una coma, el nombre. 성을 쓰고, 그 다음 콤마로 끊고 이름을 쓴다. *detrás de* …의 뒤에, *Detrás del mostrador está el administrador.* 카운터 뒤에 매니저가 있다. *por detrás* 배후에서·로부터. La casa da *por detrás* al mar. 집은 뒤가 바다에 면해 있다.

deuda 예 ①빚. Me cobraron un interés del 5% sobre el total de la *deuda*. 나는 채무 전액에 대하여 5퍼센트의 이자를 주었다. ②은혜를 입음. Estoy en *deuda* de una explicación con él. 나는 그에게 무엇인가를 설명할 의무가 있다. *deuda pública* 공채. ◇ **deudor, ra** 圖 채무자.

devoción 예 신앙, 경건; 숭배. Siente *devoción* por todo lo artístico. 그는 모든 예술적인 것을 숭배한다.

devolver [25; 과거분사 devuelto] 타 (예전으로) 되돌리다, 돌려주다. Vengo a *devolver* el dinero que recibí prestado el otro día. 빌린 돈을 돌려 드리려고 왔습니다. Me *ha devuelto* el saludo afectuosamente. 그는 애정을 담아서 사례하여 주었다.

devorar 타 탐하다, (탐내어) 먹다·읽

다·보다. No *devores* la comida; masca despacio. 음식을 허겁지겁 먹지 말고, 천천히 먹어라.

devoto, ta 혱 신앙심 깊은; 숭배한, 경건한. La abuela es muy *devota* de la Virgen. 할머니는 성모에게 매우 신앙심이 깊다. 몡 신앙심 있는 사람; 숭배자.

di ① dar 의 직설법 부정과거 1인칭 단수. ② 말하여라.

día 몡 ① 날. Un *día* me lo contó la abuela. 어느날 조모님께서 그것을 이야기해 주었다. Unos *días* después volví a verlo. 나는 수일 후 다시 그를 만났다. José trabajó todo el *día*. 호세는 온종일 일했다. ② 낮, 낮동안. Buenos días. (오전 중의 인사) 안녕하십니까. *todos los días* 날마다(cada día). En esta época llueve *todos los días*. 이 시기에 날마다 비가 온다. *al día siguiente* 다음날. Yo la visité *al día siguiente*. 다음날 그녀를 방문했다. *otro día/algún día* 다른날, 언젠가. Volveré *otro día*. 언제가 또 오겠습니다. *el otro día* 지난번, 일전에, 언제인가.

diabetis 몡 [의학] 당뇨병.

diabetología 몡 [의학] 당뇨병학.

diablo 몡 악마; 빗틈없는 어린이. El *diablo* tentó a Jesucristo en el desierto. 악마는 예수 그리스도를 사막에서 유혹했다. ◇ **diabólico, ca** 혱 악마적인, 간교한.

diáfano, na 혱 투명한. Esta taza es *diáfana*. 이 찻잔은 투명하다. ◇ **diafanidad** 몡 투명, 투명성, 투명도.

diagrama 몡 그래프, 도표.

dialéctico, ca 혱 변증법적인; 궤변의. 몡 궤변가; 변증가.

dialectal 혱 방언의.

dialéctica 몡 이론 철학, 변증법.

dialecto 몡 방언, 사투리. El leonés es un *dialecto* del castellano. 레온말은 까스떼랴말의 방언이다.

diálogo 몡 대화, 회담. Hemos tenido un *diálogo* sobre la historia iberoamericana. 우리들은 중남미역사에 관해 대화를 나누었다. ◇ **dialogar** [8] pagar] 邓 회담하다.

diamante 몡 [광물] 다이아몬드. Para cortar el cristal se usa el *diamante*. 유리를 끊는데 다이아몬드가 쓰인다.

diámetro 몡 [기하] 직경. El *diámetro* es igual a dos radios. 직경은 반경의 두배와 같다.

diario, ria 혱 나날의, 매일의. Las amas de casa compran aquí provisiones *diarias*. 주부들은 이곳에서 매일의 식료품을 산다. 몡 일간지, 신문. Tráeme un *diario* 신문 한 장 가져다 주게. ② 일기, 일지. *a diario* 매일. Distribuimos *a diario* la leche a domicilio. 우리를 매일 댁으로 배달하겠습니다. ◇ **diarero** 몡 신문팔이. ◇ **diarismo** 몡 저널리즘 (periodismo). ◇ **diarista** 몡 신문 기자, 저널리스트(periodista).

dibujar 邓 (선으로) 그리다; 소묘하다. El niño *dibuja* muy bien. 그 어린이는 그림을 매우 잘 그린다. ◇ **~se** 그려지다 (희미하게) 나타나다. Sobre el horizonte *se dibujó* un barco. 수평선 위에 배척이 나타났다. ◇ **dibujante** 몡 삽화·동화의 화가; 도안사. ◇ **dibujo** 몡 ① 선화(線畵); 삽화. ② 모양, 도안. Esos cacharros tienen *dibujos* geomé tricos 그 도기류에는 기하학 무늬가 들어있다. *dibujos animados* 동화(動畵).

diccionario 몡 사전. Consulté el *diccionario* el significado de la palabra. 나는 그 말의 뜻을 사전에서 찾았다. ◇ **diccionarista** 몡 사전 편집자 (lexicógrafo).

diciembre 몡 12월.

dictador 몡 독재자; 집정관. ◇ **dictadura** 몡 독재·집정 정치 (시대). No duró mucho su *dictadura*. 그의 독재 정치는 길게 계속되지 않았다.

dictáfono 몡 녹음기.

dictamen 몡 의견(opinión), 생각. La comisión emitió su *dictamen*. 위원회는 의견을 발표했다.

dictar 邓 ① 구술하다. El ministro *dictó* una carta a su secretaria. 장관은 비서에게 편지를 한 통을 구술했다. ② (양심·이성 따위가) 명하다. Hice lo que me *dictó* el sentido común. 나는 상식이 명령하는 일을 했다. ③ (법령 따위를) 포고하다. ◇ **dictado** 몡 ① 구술; 받아쓰기. Tenía buena nota en *dictado*. 나는 받아쓰기가 좋은 성적이었다. ② (양심·이성 따위가) 명령함.

dicha 몡 행복 (felicidad), 행운 (buena suerte, ventura). Puedo brindarte *dichas* sin fin. 나는 무한한 행복을 너에게 바칠 수가 있다. ◇ **dichosamente** 튀 행복하게(felizmente). ◇ **dichoso, sa** 혱 행복한 (feliz). ¡*Dichosos* los ojos que le ven! [오랫만에 만나는 사람에 대한 환영] 당신을 보는 눈은 행복하구려!

dicho, cha [decir의 과거분사] 혱 [관사를 뒤딸리는 일이 없음] 전기의, 전술의. Hemos dejado de fabricar *dicho* artículo. 우리들은 앞의 상품 제조를 그만두었다. 몡 말한 말; 경구. Del *dicho* al hecho hay mucho trecho. 말하는 것과 행하는 것은 크게 다르다. *mejor dicho* 소위, 다

diecinueve 형 19의 ; 19번째의. 명 19.
dieciocho 형 18의 ; 18번째의. 명 18.
dieciséis 형 16의 ; 16번째의. 명 16.
diecisiete 형 17의 ; 17번째의. 명 17.
diente 명【신체】이. José castañeteó los *dientes*. 호세는 이를 딱딱 소리내었다.
diesel 명 디젤 기관 (motor diesel).
diestro, tra 형 오른쪽의(derecho). 예 오른쪽(derecha).
dieta 명 ① 식이 요법 ; 규정식(規定食). El médico le puso una *dieta* severa para que adelgazara. 의사는 그녀에게 살빼기 위한 엄한 식이 요법을 행했다. ②(일본·북부 유럽 제국의) 의회(parlamento), 국회.
diez 형 10의 ; 10번째의. 명 10.
diferenciar【11 cambiar】타 구별·차별하다. No *diferencia* el verde y el [del] rojo. 그는 초록과 빨강을 구별하지 못한다. 재 [빈번히 se를 취함] 다르다, 상위하다, 일치하지 않다. Las dos hermanas gemelas no *se diferencian* en nada. 두 쌍둥이 자매는 조금도 다른 곳이 없다.
diferente 형 ① [+de : …와] 다른, 틀린. Cada día es *diferente del* anterior. 어느 날이나 그 전날과는 다르다. ② 여러 가지의, 몇개인가의. La cuestión presenta *diferentes* aspectos. 그 문제는 여러 가지 면을 보인다. ◇ **diferencia** 명 ① 차이, 상위. ¿Qué *diferencia* hay entre los dos hermanos? 그 두 형제간에 어떤 차이가 있는가? ②(의견·성격의) 불일치 ; 불화, 싸움. Explíquenme sus *diferencias*. 당신들이 일치하지 못하는 점을 설명해 주십시오.
diferir【47 herir】타 연기하다. Conviene que *diframos* la reunión por unos días. 우리들은 그 회의를 며칠 연기하는 편이 좋다. 재 [+de : …와] 다르다. El estilo de su última obra *difiere* mucho de las anteriores. 그의 이번 작품의 문체는 이전의 여러 작품의 그것과 많이 다르다.
difícil 형 곤란한, 어려운.【⊕ fácil】. Este libro es *difícil* de entender. 이 책은 이해하기가 어렵다. ◇ **difícilmente** 부 겨우, 애써서, 어렵게(con dificultad). José *dificilmente* arrancó el clavo. 호세는 못을 겨우 뺐다.
dificultad 명 ① 어려움, 곤란, 고생.【⊕ facilidad】. De ahora en adelante ya no habrá *dificultad* de ninguna clase. 이제 앞으로는 어떤 곤란도 없을 것이다. ② 난점, 지장.
difteria 명【의학】디프테리아.
difundir 넓히다 (확산, 유포, 보급, 전

파), 펴다. La radio *ha difundido* la enseñanza. 라디오는 교육을 보급시켰다. ◇ ~ **se** 퍼지다. La nube *fue difundiéndose* hasta desaparecer. 구름이 퍼져나가니 이윽고 사라졌다.

difunto, ta 형 죽은. 명 고인. Ese día rezamos por los *difuntos* de nuestra familia. 우리들은 그날 가족인 고인을 위해 기도한다.

difusión 명 확산 ; 보급 ; 산만. El señor López nos ayudó mucho en la *difusión* de nuestra marca en su país. 로페스는 그의 국내에서 폐사의 제품 보급에 크게 진력해 주었다.

difuso, sa 형 ① 산만한, 요령부득의. Su proposición es muy vaga y *difusa*. 당신의 제안은 막연해서 요령부득이다. ② 널리 퍼진, 유포된.

difusora 명 방송국(estación difusora).

digerir【47 herir】타 소화하다. Hay comidas que no se *digieren* bien. 잘 소화되지 않는 식품이 있다. ◇ **digestión** 명 소화【⊕ indigestión】. ◇ **digestivo, va** 형 소화 촉진제.

digno, na 형 ① 품위·품격이 있는, 훌륭한 (excelente). Mis amigos son todos unas personas muy *dignas*. 내 친구들은 모두 훌륭한 사람들이다. ② [+de : …에] 걸맞는 ; 상당한. José recibirá el *digno* premio. 호세는 그에게 걸맞는 상을 받을 것이다. Yo procuraré ser *digno de* recibir ese honor. 나는 그 명예를 받을 가치가 있는 사람이 되도록 노력하겠다. ◇ **dignidad** 명 품위, 품격. ◇ **dignatario** 명 고귀한 사람 ; (정부의) 고관 ; 고위 성직자.

diga ① decir의 접속법 현재 1·3인칭 단수. ② 말씀하십시오 ; [전화에서 받는 축이] 여보세요.

digáis decir의 접속법 현재 2인칭 복수.
digamos decir의 접속법 현재 1인칭 복수.
digan decir의 접속법 현재 3인칭 복수.
digas decir의 접속법 현재 3인칭 단수.
digo decir의 직설법 현재 1인칭 단수.
dije decir의 직설법 부정과거 1인칭 단수.
dijeron decir의 직설법 부정과거 3인칭 복수.
dijimos decir의 직설법 부정과거 1인칭 복수.
dijiste decir의 직설법 부정과거 2인칭 단수.
dijisteis decir의 직설법 부정과거 2인칭 복수.
dijo decir의 직설법 부정과거 3인칭 단수.
dilatar 타 ① 넓히다 (확대); 팽창시키다. El calor *dilata* los cuerpos. 열은 물체를 팽창시킨다. ②(끝어) 늘리다. La inter-

vención de oradores con los que no se contaba *dilató* la sesión. 수에 들어있지 않았던 연설자의 참가는 회의를 연장시켰다. ◇~**se** 확대·팽창·연장되다. La llanura *se dilata* hasta el horizonte. 평야는 지평선까지 펼쳐져 있다. ◇ **dilatación** 예 확대; 팽창; 연장. ◇ **dilatado, da** 질펀한. Desde allí se domina una *dilatada* vega. 그곳에서 광대한 옥야가 내려다 보인다.

diligente 형 ① 근면(勤勉)한, 부지런한 (aplicado, trabajador). Fue siempre *diligente* en el trabajo. 그는 언제나 일에 근면했다. ② 기민한; 성급한. Muy *diligente* vienes a pedirme dinero. 너는 재빨리 돈을 받으러왔구나. ◇ **diligencia** 예 ① 근면; 기민, 민활. Pon *diligencia* en lo que haces, y acabarás pronto. 하고 있는 일을 열심히 하여라; 그러면 빨리 끝낼 것이다. ② 절차, 처리; 업무. He pasado la mañana en diversas *diligencias* en el ministerio. 나는 관청에서 여러 가지 절차를 밟으면서 오전을 지냈다. ③ 역마차.

dilema 예 ① 딜레마, 진퇴양난.

dimensión 예 크기; 【수학】 차원. Apreciamos con la vista la forma y *dimensiones* de las cosas. 우리들은 시각으로 물체의 형상이나 크기를 안다. ② 규모. Grandes fueron las *dimensiones* de la catástrofe. 재해의 규모는 대단한 것이었다. ◇ **dimensional** 형 크기의, 차원의.

diminutivo, va 형【문법】지소(指小)의, 축소의. 예 지소사, 축소사; 애칭어.

dimitir 자 사직·사임하다(resignar). *Ha dimitido* de presidente de la comisión. 그는 위원회의 위원장을 사임했다. ◇ **dimisión** 예 사임, 사직(resignación). *dimisión en pleno* 총사직.

dinamarqués, sa 형 덴마크(Dinamarca)의. 예 덴마크사람. 남 덴마크어.

dinámico, ca 형 역학(상)의; 정력적인, 활동적인. Un joven *dinámico* e inteligente triunfa siempre. 머리가 좋은 정력적인 청년이 언제나 이긴다. 예 동역학. ◇ **dinamismo** 남 원동력, 동력; 행동력. ◇ **dinamo/dínamo** 예 또는 남 발전기.

dinamita 예 다이너마이트.

dinastía 예 왕조(王朝), 왕가(王家). ◇ **dinasta/dinastes** 남 군주. ◇ **dinástico, ca** 형 왕조의, 왕가의; 왕당파의.

dinero 남 돈, 금전. Para mí cien pesetas son mucho *dinero*. 나에게는 100뻬세따도 큰 돈이다. *dinero suelto* 잔돈.

dios 남 [D-; 기독교의] 신. A quien madruga, *Dios* le ayuda. 신은 부지런한 사람을 돕는다 (아침 일찍 일어나는 사람을 신은 돕는다). *a Dios gracias* 고맙게도. *Dios mediante* 지장이 없다면; 아마도. *por Dios* 부디; 저런저런 [부탁·놀람]. *¡Sabe Dios!* 대단히 의심스럽다. *¡Vaya con Dios!* 안녕히 가십시오.

diploma 남 졸업·수료 증서; 상장. Es licenciada; yo mismo he visto el *diploma* en su despacho. 그녀는 학사이다; 내 자신이 그녀의 사무실에서 졸업 증서를 보았다.

diplomacia 예 ① 외교, 외교단·술. ② 외교 사령, 홍정. Me habló con mucha *diplomacia*. 그는 나에게 매우 외교적인 말투를 하였다. ◇ **diplomático, ca** 형 외교(관) 의; 외교적인. 남 외교관. Mi abuelo fue *diplomático* de profesión. 내 할아버지는 직업 외교관이었다.

diptongo 남【문법】이중 모음.

diputado, da 남 대표위원, 의원; 국회의원 (parlamentario). Mi padre era entonces *diputado* provincial. 나의 부친은 당시 도의원이었다. ◇ **diputación** 예 도의회, 주의회.

dique 남 ① 제방, 방파제. El puerto está bien protegido por *diques*. 항구는 방파제로 충분히 지켜져 있다. ② 독. El *dique seco* (乾)독.

dirá decir의 직설법 미래 3인칭 단수.

dirán decir의 직설법 미래 3인칭 복수.

dirás decir의 직설법 미래 2인칭 단수.

diré decir의 직설법 미래 1인칭 단수.

dirección 예 ① 방향. Fuertes vientos soplan en *dirección* de las montañas. 강풍이 산의 방향으로 분다. ② 주소(señas), 보낼 곳. Debemos tener su *dirección* e industria de Caracas. 카라카스 상공회의소에 의해 알았습니다. ③ 지휘; 관리, 감독. José se ocupó personalmente de la *dirección* de los trabajos. 호세는 직접 일의 감독에 나섰다. ④ 관리부, 감독부. Vaya usted a la *Dirección General de Turismo*. 관광(총) 국으로 가세요.

directo, ta 형 ① 직접의. Nos dedicamos a la importación *directa* de lana. 폐사는 양모의 직수입에 종사하고 있습니다. ② 똑바른; 직행의, 직통의. A Las Palmas usted llegaría en unas tres horas en vuelo *directo*. 직행 비행편으로 당신은 약 세시간의 비행으로 라스 빨마스에 도착할 것이다. ③ 직계의, 직속의. ◇ **directamente** 부 직접, 돌연; 똑바로. Ven *directamente* a casa. 집에 바로 오세요.

director, ra 남 지휘자, 지배인, 교장, 사장, 소장, 원장. El *director* de esta orquesta es un compositor mundial. 이 오

diréis decir의 직설법 미래 2인칭 복수.
diremos decir의 직설법 미래 1인칭 복수.
diría decir의 가능법 1·3인칭 단수.
diríais decir의 가능법 2인칭 복수.
diríamos decir의 가능법 1인칭 복수.
dirían decir의 가능법 3인칭 복수.
dirías decir의 가능법 미래 2인칭 단수.
dirigir [4] exigir식 타 ① 향하게 하다. *Dirigió la mirada hacia la escalera.* 그는 시선을 계단 쪽으로 돌렸다. ② 인도하다, 유도하다. *El guardia me ha dirigido por aquí.* 수위가 나에게 이곳으로 안내해 주었다. ③ [+a : …앞으로] (글을) 쓰다. *Le rogamos que dirija a la nueva dirección toda su correspondencia a nosotros.* 폐사로 보내는 통신물은 모두 새로운 주소로 내 주시도록 부탁합니다. *Este paquete va mal dirigido.* 이 소포는 주소가 틀려요 ④ 지도·감독하다, 지휘·통솔하다. *José dirige una compañía de comestible.* 호세는 어느 식료품 회사의 사장을 하고 있다 (통솔하다). ~**se** ① 향하다; …로 가다. *Desde allí se dirigió hacia Málaga.* 그곳에서 그는 말라가로 향했다. ② 말을 걸다; 편지를 내다. *Me dirijo a ustedes con el fin de informarles de la carta en cuestión.* 문제의 편지에 대해 알려드릴 목적으로 편지를 귀사에 올립니다. ◇ **dirigente** 명 지도자, 리더 (líder).
discernir [21] cernir식 타 판별하다. *No siempre sabemos discernir entre el bien y el mal.* 우리들은 반드시 선과 악을 판별할 수 만은 없다. ◇ **discernimiento** 남 판단력; 식견.
disciplina 여 ① 규율, 훈련. *La disciplina es esencial en la comunidad.* 규율은 공동 생활에서는 필수적이다. ② 필수 과목. *Estudió todas las disciplinas académicas del curso.* 그는 그 과정의 필수 과목을 모두 이수했다. ◇ **disciplinado, da** 형 규칙 바른; 훈련된.
discípulo, la 명 제자. *Jesús llamó a los doce discípulos y comenzó a enviarlos de dos en dos.* 예수는 12인의 제자를 불러, 두 사람씩 파견하기 시작했다. 학생 (alumno, estudiante, escolar). *Los discípulos estaban de charla rodeando a su maestro.* 학생들은 선생을 둘러싸고 잡담을 하고 있었다.
disco 남 ① 원형이 된. *El sol asoma su disco majestuoso sobre los bosques.* 태양은 그 장엄한 둥근 얼굴을 숲 위에 기웃거렸다. ② (경기용) 원반; (축음기의) 레코드; (교통 신호의) 시그널. *El disco está en rojo.* 신호는 빨간색으로 되어 있다. ③ (전화의) 다이얼. *Empiece usted por marcar el 2 en el disco del aparato.* 처음에 전화기의 다이얼 2를 돌려 주세요.

discordia 여 불화, 불일치. ◇ **discordar** [24] contar식 자 조화가 되지 않다. ◇ **discordante** 형 의견이 맞지 않는; 고르지 못한.

discreto, ta 형 ① 신중한, 빈틈없는. *Me llamó la atención por lo discreto.* 그는 신중한 점으로 나의 주의를 끌었다. ② 입이 무거운, 비밀을 지키는. *Es una persona confidente y discreta.* 그는 신뢰할 수 있고 비밀을 지키는 사람이다.

discreción 여 신중, 빈틈없음; 비밀 (secreto). *discreción absoluta* 극비.

disculpar 타 ① 용서하다. *Le ruego que disculpe mi tardanza.* 내가 늦은 것을 용서해 주십시오. ② [+con : …에 관하여] 변명하다. *Discúlpame como puedas con el ama.* 부인에게 네가 되도록 내 일을 변명해 다오. ~**se** ① [이유를 대어] 변명하다. *Se disculpó por no haberme avisado.* 그는 나에게 알리지 않았던 일을 변명했다. ② [+de : …을] 거부하다 (negar). *Se disculpó de asistir a la fiesta.* 그는 행사에 대한 출석을 거부했다. ◇ **disculpa** 여 변명, 석명.

discurrir 자 ① 돌아다니다. (물·때가) 흐르다. *Los días discurren como las aguas del río.* 날은 냇물처럼 흘러간다. ③ 깊이 생각하다. *¿En qué estás discurriendo?* 너는 무슨 일을 생각하고 있느냐. 타 고안하다. *Estos chiquillos no discurren nada bueno.* 이 어린이들은 좋은 일은 생각하지 않는다.

discurso 남 ① 연설. *El acto se inauguró con un discurso del director.* 식은 교장의 연설로 시작되었다. ② 사고 (력); 추리, 또는 결과.

discusión 여 ① 토의, 토론. *El otro día sostuve una discusión con José a propósito de este asunto.* 나는 전번에 이 사건에 관해 호세와 토론했다.

discutir 타 토론·토의하다; 쟁론하다. *No quiero discutir su precio con usted.* 나는 당신과 그 값 때문에 쟁론하고 싶지 않소. ◇ **discutible** 형 논의할, 문제되는.

disección 여 해부; 박제.

disertar 타 논평하다. *El conferenciante disertó acerca de la policía del gobierno.* 강연자는 정부의 경색에 대해 논평했다. ◇ **disertación** 여 논평; 논설, 평론.

disfavor 남 싫어함, 마음에 안듦; 냉대; 인기업없음.

disfraz [圈 disfraces]圈 ① 변장; 가장. Mañana hay baile de *disfraces*. 내일은 가장 무도회가 있다. ②위장. Usan cascos pintados de verde como *disfraz*. 그들은 위장하기 위하여 초록색으로 칠한 헬멧을 사용한다. ③숨김. Siempre me habla sin *disfraz*. 그는 언제나 솔직하게 말해준다.

disfrazar [⑨ alzar]団 변장시키다; 위장하다. *Disfrazó* su severidad con las amables palabras. 그는 상냥한 말로 엄격함을 감추었다. ◇~**se** [+de:…로] 변장하다; 위장하다. *Se disfrazó* de marinero para poder entrar allí. 그는 그곳에 들어갈 수 있도록 뱃사람으로 변장했다.

disfrutar 国 [주로 재; +de:…를] 받아・가지고 있다; 향유하다, 즐기다; 즐거워하다. Gracias a Dios *disfrutamos* (*de*) buena salud. 고맙게도 우리들은 건강을 향유하고 있다. En México se *disfruta* de una eterna primavera. 멕시코에서는 사람들은 상춘(常春)을 즐기고 있다.

disgustar 団 불쾌하게 하다 [⊕ gustar]. Le *disgustó* mucho que no le saludaran. 모두들 그에게 인사하지 않으므로 그는 매우 불쾌했다. ◇~**se** [+de・por:…로] 불쾌하게 되다, 마음에 들지 않다; 사이가 나빠지다. No recurrimos a él para que nos ayude. 그는 우리들이 도와 달라고 부탁하러 가지 않으며 불쾌했다. ◇ **disgusto** 圀 불쾌, 싫은 일. Me da muchos *disgustos*. 그는 번번이 나를 불쾌하게 만든다.

disimular 国 ①(위장해서) 감추다, 속이다(위장). Al verme *disimuló* su llanto. 나를 보자 그는 눈물을 감추었다. ②묵인, 허용하다 [⊕ permitir]. La abuela *disimulaba* todas las faltas de él. 할머니는 그의 과실을 모두 묵인하고 있었다. 재모른 체하다. Aunque sabía que se dirigía a mí, yo *disimulaba*. 그가 나에게 말을 걸고 있음을 알고 있었으나 나는 시치미를 떼고 있었다. En México se *disimula* el dinero. ◇ hacerse el disimulado 시치미떼다. No *te hagas la disimulada*, niña. 애야, 시치미떼지 마라. ◇ **disimulo** 圀 위장, 아닌체함, 시치미뗌.

disipar 사라지다, 소산시키다; 낭비하다(malgastar). El sol *había disipado* la niebla. 태양으로 안개가 사라졌다. ◇~**se** ① 사라져버리다. El alcohol *se disipa* fácilmente. 알콜은 바로 휘발한다. ② (안개・의심이) 개다. Se *disipó* la sospecha. 그 의심은 없어졌다.

disminuir [74 huir]田 감소시키다, 적어진다. El automóvil *disminuyó* la velocidad. 자동차는 감속했다. 재 감소하다, 쇠퇴하다. En verano *disminuyen* las aguas de los ríos. 여름에는 냇물이 줄어든다. ◇ **disminución** 國 감소, 축소; 에누리, 할인(descuento, rebaja).

disolución 團 ①용해. La *disolución* del azúcar en el agua es facilitada por el calor. 물에서 설탕의 용해는 열에 의해 용이하게 된다. ②해산, 해체. La discordia fue causa de la *disolución* del matrimonio. 의견의 불일치는 결혼 해소의 원인이 되었다.

disolver [25 volver; 과거분사 disuelto]団 ① 녹이다. La gasolina *disuelve* la grasa. 가솔린은 기름을 녹인다. ②해산・해체하다. El presidente *ha disuelto* el congreso nacional. 대통령은 국회를 해산했다. ◇~**se** 녹다; 해산・해체하다. La asociación *se disolvió* hace poco. 그 협회는 최근 해산했다.

disparar 団 발사하다; 던지다(tirar). José *disparó* su pistola. 호세는 권총을 발사했다. ◇~**se** 뛰어나오다, 내달리다. El muchacho *se disparó* hacia su madre. 소년은 모친 쪽으로 내달렸다. ◇ **disparo** 圀 발사; 총소리.

disparate 圀 엉터리. No digas *disparates*, que se reirán de ti. 엉터리같은 말을 하지 마라; 남에게 조롱당한다.

dispensar 団 ① 허락・용서하다, 용서하다 (perdonar). *Dispénseme* usted de haberle hecho esperar tanto tiempo. 오래 기다리시게 해서 미안합니다. ②주다, 허여하다. Les agradezco la confianza que me *han dispensado*. 믿어 주셔서 (받은 신뢰를) 감사합니다.

dispersar 団흐트러뜨리다, 분산・산개시키다. No debes *dispersar* los esfuerzos entre varias cosas. 너는 여러 가지 일에 노력을 분산시켜서는 안된다. ◇~**se** 흐트러지다 [분산, 산개]; 도망쳐 흐트러지다. Los soldados *se dispersaron* por la ladera. 병사들은 산기슭에 분산했다. ◇ **dispersión** 囡 분산, 산개; 이산, 궤주(潰走).

disperso, sa 圈 흐트러진, 분산한, 산개한. Los papeles están *dispersos* por el suelo. 종이가 마루에 흐트러져 있다.

disponer [60 poner; 과거분사 dispuesto]団 ① 배치하다. José tiene arte para *disponer* los escaparates. 호세는 진열장 배치를 하는 기술이 있다. ②준비하다 (preparar). *Dispondré* comida para cinco personas. 나는 5인분의 식사를 준비하겠다. ③처리・처분하다. El alcalde *ha dispuesto* que se suspenda la fiesta. 시장은 파티를 중지하도록 조치했다. 재

disponible [+de : …를] 자유로 이용·처리하다. *Disponga* de mi casa como si fuese suya! 편히 앉으세요 (나의 집을 당신의 집처럼 자유로 이용하십시오). ◇~**se** [+a·para+*inf.* : …할] 준비를 하다, 셈이로 하다. *Estoy dispuesto para marchar* en seguida. 곧 출발 준비를 하십시오.

disponible 형 자유로 이용·처리할 수 있는. Le mostraré lo que queda *disponible*. 가지고 있는 것을 보여 드리겠습니다.

disposición 여 ① 배치. No me gusta la *disposición* de los muebles. 가구의 배치가 마음에 들지 않는다. ② 용의, 준비; 심신, 기분. Ya estoy en *disposición* de salir. 나는 벌써 외출할 준비가 되어 있다. ③ 처리, 처치. A sus años no tiene aún la libre *disposición* de sus bienes. 그 나이로는 아직 자기의 재산을 자유로 처분할 수 없다. ④ 소질, 재능(talento). *a disposición* de 의 자유 (처리)에 맡겨서. Tenía a *su disposición* dos caballos. 그는 자유로이 할 수 있는 말을 두 필 가지고 있었다.

dispuesto, ta [disponer의 과거분사] 형 ① [+a·para : …의] 준비가 갖추어진. La comida está *dispuesta*. 식사는 준비되어 있다. ② [+a+*inf.* : …할] 셈인, 용의가 있는. Estoy *dispuesto a* ayudarle en todo lo que pueda. 나는 할수만 있으면 그를 원조할 셈이다. ③ 소질·재능이 있는. Carlos es un muchacho muy *dispuesto* para las matemáticas. 까를로스는 수학에 재능이 많은 소년이다. ④ [bien +] 기분이 좋은; [mal +] 기분이 나쁜. Hoy está mal *dispuesta*. 오늘 그녀는 기분이 우울하다.

disputar 타 (가지려고) 싸우다, 경쟁하다 (competir). Los dos países *disputaban* aquella tierra. 양국은 그 땅을 소유하려고 싸웠다. 자 [+por : …를 가지려고] 싸우다. ◇~**se** 서로 빼앗다. Madre e hija, muy airadas, *se disputaron* un paño, del que tiraban ambas. 모친과 딸은 흥분해서 웃감을 서로 뺏으며, 그것을 잡아당기고 있었다. ◇ **disputa** 싸움; 논의 (論議). Esta niña es sin *disputa* la mejor de la clase. 이 소녀는 의심없이 학급에서 첫째이다.

distanciar [11] cambiar] 타 막다, 멀리 띄우다. Desde que tuvimos aquella discusión estamos algo *distanciados*. 그 논쟁을 하고 나서 우리들은 약간 사이가 벌어졌다.

distante 형 사이가 벌어진; 먼(lejano). La estación está poco *distante* de la casa. 역은 집에서 별로 멀지 않다. ◇ **distan-**

cia 여 거리(trayecto). ¿Qué *distancia* hay de aquí al aeropuerto? 여기서 공항까지 거리가 얼마나 되는가. La casa se veía a dos kilómetros de *distancia*. 집은 2킬로미터 거리에 있었다.

distar 자 [+de : …로부터] 멀리있다, 떨어져 있다. Madrid *dista de* El Escorial cincuenta y un kilómetros. 마드리드는 엘에스꼬리알에서 51킬로미터 떨어져 있다.

distinción 여 ① 식별, 구별; 차별. No encuentro *distinción* entre esta maleta y ésa. 이 가방과 그것의 구별을 못하겠다. ② 탁월, 기품. El vive pobremente, pero tiene un no sé qué de *distinción*. 그는 가난하게 살지만, 어딘지 모르게 기품이 있다.

distinguir [5] extinguir] 타 ① 판별하다, 식별하다. No puedo *distinguir* nada en la oscuridad. 어두워서 아무 것도 보이지 않는다. ② 차별 (대우)하다. Ella le *distingue* claramente. 명백하게 그녀는 너를 특별 대우하고 있다. ◇~**se** 식별·구별되다; 현저하다. *Se distinguía* entre todas por su belleza. 그녀는 여럿 중에서 미모가 출중했다. ◇ **distinguido, da** 뛰어난, 저명한. Su abuela era de una familia *distinguida* y noble. 그의 할머니는 저명한 귀족 가문의 출신이었다.

distintivo, va 형 특징적인. La característica *distintiva* del hombre es la libertad. 사람의 특징은 자유이다. 남 목표; 기장 (記章). En la gorra llevare siempre el *distintivo* del club. 나는 언제나 모자에 클럽의 기장을 붙이고 있다.

distinto, ta 형 ① [+a·de : …와] 다른 (diferente), 별개의. México tiene un clima tan *distinto al* nuestro. 멕시코는 우리나라의 것과는 아주 다른 기후를 가지고 있다. ② 명백한. ③ 묵 갖가지의. Hay *distintas* maneras para matar moscas. 파리를 잡는 데는 여러 가지 방법이 있다.

distracción 여 ① 방심. En una *distracción* del policía, huyó del cuarto. 경관이 방심했을 때 그는 방에서 도망쳤다. ② 즐거움. En aquel entonces el cine era la mayor *distracción* de los jóvenes. 당시 영화는 젊은이들의 최대의 오락이다.

distraer [7] traer] 타 (…의) 주의·기분을 딴 데로 돌리다; 즐겁게 해주다. Mientras uno le *distraía*, otro le sacó la cartera del bolsillo. 한 사람이 그의 주의를 끌고 있는 동안에, 다른 사람이 그의 호주머니에서 지갑을 꺼냈다. ◇~**se** ① [+con·por : …때문에] 마음이 흐트러지다 (방심). Este niño *se distrae* fácil-

distribuir 그 어린이는 어떤 일에도 쉬 마음이 변한다. ② [+de: …으로] 싫증내다. Me voy al cine para *distraerme*. 나는 심심풀이 하러 영화보러 간다. ◇ **distraído, da** 형 방심한, 깜박 잊은, 재미있는.

distribuir [74 huir] 타 ① 분배·배급·배달하다. Mamá *distribuyó* caramelos entre los chicos. 어머니는 캐러멜을 어린이들에게 나누어 주었다. ② 배치·배분하다. *Distribuyeron* a la tropa por toda la ciudad. 전 시내에 군대가 배치되었다. ③ 공급·판매하다. ◇ **distribución** 여 분배, 배급, 배달; 판매. ◇ **distribuidor, ra** 형 판매하는, 제공하는. 명 판매자, 제공자. *distribuidor exclusivo* 특약 판매점.

distrito 명 주; 관구, 지구. *distrito electoral* 선거구. *distrito federal* 연방구(聯邦區). *distrito postal* 우편 배달 구역.

diversión 여 오락, 위안. El escuchar música es una de mis *diversiones* favoritas. 음악을 듣는 것은 내가 무척 좋아하는 오락 중의 하나이다.

diverso, sa 형 ① [+de: …와] 다른 (diferente). Esta muchacha es *diversa* de las demás. 이 소녀는 다른 애와 다르다. ② 복 [명사의 앞] 갖가지의, 몇개의. Algunos empleados hablan *diversos* idiomas. 종업원 몇 사람은 수개 국어를 말할 수 있다. ◇ **diversidad** 여 변화, 잡다(雜多). Hay una gran *diversidad* de climas en aquel país. 저 나라는 기후 변화가 심하다.

divertir [48 advertir] 타 ① 즐겁게하다. Me *divertió* ver reñir a dos viejas. 두 노파가 싸우는 것을 보면 재미있었다. ② (주의 따위를) 빗나가게 하다; (옆으로) 유도하다. El muchacho logró *divertir* la atención de la profesora. 소년은 선생의 주의를 딴 곳으로 돌리게 할 수가 있었다. ◇ ~**se** [+de·con: …을] 향락하다. Por la noche me *divierto* escuchando discos. 나는 밤에 레코드를 듣고 즐긴다. ◇ **divertido, da** 형 즐거운, 재미있는; 우스운.

dividir 타 ① [+en: …으로] 나누다, 분할하(partir). Lola *dividió* el pan en *cinco* partes iguales. 롤라는 빵을 다섯으로 똑같이 나누었다. Quince *dividido* por tres son cinco. 15 나누기 3은 5가 된다. ② 분열시키다. ◇ ~**se** 나누어지다. La sociedad azteca *se dividía* en nobleza, sacerdotes, comunes y esclavos. 아스떼까의 사회는 귀족, 승려, 평민, 노예로 나뉘어져 있었다.

divino, na 형 ① 신의, 신과 같은; 존엄한. ② 훌륭한, 아름다운, 맛있는. ¡Qué muchacha tan *divina*! 얼마나 아름다운 소녀인가! ◇ **divinamente** 부 훌륭하게. El vestido te va *divinamente*. 그 옷은 너에게 썩 잘 어울린다. ◇ **divinidad** 여 신성(神性); (신화 따위의) 신; 아름다운 사람·물건. Le han regalado un collar, que es una *divinidad*. 그들은 그녀에게 목걸이를 선물했는데, 그것은 대단히 아름다운 것이다.

divisa 여 ① (문장(紋章)의) 명(銘). La *divisa* de su escudo decía: vencer o morir. 그의 문장에는 "승리냐 죽음"이라 씌어있다. ② 목표, 기장. ③ 복 외화(外貨). Para eso hay que comprar *divisas*. 그러기 위해서는 외화를 사야 한다.

divisar 타 멀리 보다·인정하다. Desde allí *divisamos* todo el valle. 그 곳에서 우리는 멀리 골짜기의 전경을 보았다.

división 여 ① 분할; 구분, 구획. Ya se ha hecho la *división* del capital. 이미 자본의 분할이 행해졌다. ② 분열, 불화. Había tal *división* de pareceres que terminaron por reñir. 견해가 그렇게 분열되었으므로 종말은 싸움으로 되었다. ③ 나눗셈. [④ multiplicación]

divorciar [11 cambiar] 타 이혼시키다, 이별하다. ◇ ~**se** [+de: …와] 이혼하다. El pianista *se divorció* de ella. 그 피아니스트는 그 여자와 이혼했다. ◇ **divorcio** 명 이혼; 분열.

divulgar [⑧pagar] 타 ① 일반에게 알리다. Las noticias **han sido** *divulgadas* por la radio. 그 뉴스는 라디오로 일반에게 전해졌다. ② 보급시키다. Se *ha divulgado* mucho la televisión en color. 색채 텔레비전이 많이 보급되었다. ③ (비밀을) 누설하다. No *divulgues* mis secretos. 내 비밀을 누설하지 마라. ◇ **divulgación** 여 일반화, 보급.

dna(s). docena(s).

doblar 타 ① 배로하다, 이중으로 하다 (duplicar). El tío *ha doblado* sus bienes en poco tiempo. 삼촌은 잠깐동안에 재산을 배로 늘렸다. José le *doblaba* la edad. 호세는 나이가 그의 배였다. ② 굽히다, 꺾다. *Doblé* el sobre y me lo metí en el bolsillo. 나는 봉투를 접어서 호주머니에 넣었다. ③ 굽다; 우회하다. 자 구부러지다. *Doble* usted a la izquierda en la segunda esquina. 두번째 모퉁이에서 왼쪽으로 구부러지세요.

doble 형 ① 2배의, 이중의. Este puente es *doble* de largo que aquél. 이 다리는 길이가 저것의 2배이다. ② 2인용의. ¿Tienen ustedes habitaciones *dobles* con baño? 욕실 딸린 2인용 방 있습니까? 명

2배, 이중.

doblez 図 접은 자리. Tiene que hacer el *doblez* bien derecho. 접은 자리를 똑바로 보이게 해야 한다.

doce 펭 12의; 12번째의. Jesucristo tenía *doce* discípulos. 예수 그리스도에게는 열두명의 제자가 있었다. 図 12.

docena 떼 12 (모아 놓은 묶음), 타. Hay que aumentar el precio en 10 pesetas la *docena*. 1타에 10페세타로 값을 올려야 한다. media *docena* 반다, 6개.

docente 펭 교육의, 교육적인. Se necesitan más centros *docentes*. 더욱 많은 교육 기관을 필요로 하고 있다.

dócil 펭 소박한; 다루기 쉬운. Los niños coreanos son muy *dóciles*. 한국 어린이들은 매우 순박하다. ◇ **docilidad** 떼 소박함; 순종, 온순, 유순함. ◇ **docilitar** 탸 순종·복종시키다. ◇ **dócilmente** 문 고분고분히.

docto, ta 펭 박식한, 박학한, 지식이 깊은. Su padre es una persona sumamente *docta*. 그의 부친은 극히 박식한 사람이다.

doctor, ra 떼 ① 박사. Permítanme presentarles al Sr. *doctor* Rivadavia. 여러분께 리바다비아박사를 소개합니다. ② 의사(médico). ¡Señor *doctor*! Todavía me duele esta parte. [의사에게] 선생님! 아직 여기가 아픕니다. ◇ **doctorado** 떼 박사 칭호; 박사 과정.

doctrina 떼 설, 주장; 교의(教義). Ese profesor ha pronunciado un discurso cargado de *doctrina*. 그 교수는 주장을 담은 연설을 했다.

documento 떼 ① 문서; 서류(papeles, presente). Haremos extender tres juegos de los *documentos* de embarque. 선적 서류를 3통 작성토록 하겠습니다. ② (신용 따위의) 증명·증거 서류. Ya tengo todos mis *documentos* completos. 내 증명 서류는 모두 갖추어져 있다. ◇ **documental** 펭 서류의, 자료의; 기록물의. película *documental* 기록 영화.

dogma 떼 교리, 신조; 정설; 독단. Arrio negaba varios de los *dogmas* más fundamentales del catolicismo. 이 아리오는 카톨릭의 가장 기본적인 몇 개의 교리를 거부하고 있었다. ◇ **dogmático, ca** 펭 교의의; 교조(주의)적인; 독단적인. · 교조주의자; 독단적인 사람. ◇ **dogmatismo** 떼 교조주의; 독단론.

dólar 떼 달러 [미국·캐나다 따위의 화폐 단위].

dolencia 떼 지병(持病), 가벼운 아픔. No estoy enfermo, pero no dejo de tener alguna *dolencia* de vez en cuando. 나는 병이라고까지는 할 수 없으나 때때로 여기 저기 아픈 곳이 생겨서 개운하지 못하다.

doler [25] volver] 困 ① 아프다. Me *duele* la cabeza. 나는 머리가 아프다. ② 괴롭다, 슬프다. Me *dolía* decírselo. 그에게 그 말을 하는 것이 괴로웠다. ◇ ~se ① [+de : …를] 후회하다; 한탄하다 (lamentar). No hace más que *dolerse* de sus desventuras. 그는 자기의 불운을 한 탄하기만 하고 있다. ② [+de : …에] 동 정하다. Me *duelo de* sus angustias y trabajos. 나는 그의 고민이나 노고에 동 정한다. ◇ **doliente** 펭 괴로운, 고민하고 있는; 병든. 떼 병객, 환자(paciente, enfermo).

dolor 떼 ① 아픔, 고통. Todavía tengo *dolor* de cabeza. 나는 아직 머리가 아프다. ② 슬픔, 고민; 후회. ¿Quién no siente *dolor* por sus pasadas faltas? 누가 자기 과거의 잘못을 후회하지 않을까. ◇ **dolorido, da** 펭 아픔이 있는. ◇ **doloroso, sa** 펭 (감각적으로) 아픈.

doméstico, ca 펭 ① 가정(에서)의, 가사 (家事)의. Nunca termina las faenas *domésticas*. 집안 일은 한이 없다. ② 사람에게 사육된. El conejo *doméstico* es menos sabroso que el de monte. 집토끼는 산토끼보다 맛이 좋지 않다. ③ 국내 (산·용)의. José se dedica a la compra de artículos de uso *doméstico*. 호세는 국내용 상품 매입을 담당하고 있다. 떼 사용인. ◇ **domesticidad** 떼 사육 당함, 사 환들. El gorrión no puede vivir en *domesticidad*. 참새는 사람에게 사육되어서는 살 수 없다.

domicilio 떼 주거, 주택; 주소(dirección, señas); 소재지. La correspondencia se reparte a *domicilio*. 통신물은 주택에 배달된다. ◇ **domiciliario, ria** 펭 거주지(에)의. visita *domiciliaria* 가정 방문. 떼 거주자(residente).

dominar 탸 ① 지배·통치하다. Roma dominaba toda la parte meridional de Europa. 로마는 유럽 남부 전지역을 지배하고 있었다. ② 억제·제압·제어하다. Por fin los bomberos consiguieron *dominar* el incendio. 드디어 소방사들은 화재를 진압할 수 있었다. ③ 내려다 보다. Desde aquí se *domina* toda la ciudad. 여기서 전 시가지가 내려다 보인 다. ④ 통달하다, 마스터하다. Usted *domina* el español por completo. 당신은 서반아어를 완전히 마스터하고 있다. 困 지배를 하다; 우세하다. En esta tela *domina* el color azul. 이 헝겊은 파랑색

domingo 圄 일요일. (*todos*) *los domingos* 일요일마다.

dominio 阳 ① 주권(soberanía); 소유권. ②지배, 통치. Los indios vivían bajo el *dominio* de los españoles. 인디오들은 서반아사람의 지배아래 생활하고 있었다. ③영토(territorio), 영역. Se decía que en los *dominios* españoles nunca se ponía el sol. 서반아 영토에서는 태양이 지는 일이 없다고 말하고 있었다.

don 阳 ① 논 [남자의 개인 이름에 붙이는 경어; 악센트 없이]. A sí mismo se llamó *don* Quijote. 그는 스스로 동키호테라 불렀다. ②선물(regalo); 재능(talento); José tiene un *don* especial para los negocios. 호세는 사업에 특별한 재능이 있다.

donar 他 선사하다, 기부·증여하다(presentar). ◇ **donación** 阴 선물, 기증, 기증품, 기부금. ◇ **donador, ra** 阳 증여·기부·선물하는. 图 증여자, 회사자, 기부자. ◇ **donatario** 阳 선물·기부받는 사람.

donativo 阳 선물; 기증, 기부. Hizo un *donativo* a la escuela. 그는 학교에 기부를 했다.

doncella 阴 처녀(virgen, señorita). En los templos del Sol había *doncellas* de sangre noble. 태양의 사원에는 귀족 혈통의 처녀들이 있었다. ②여사환, 시녀. Jugaban los niños bajo la vigilancia de la *doncella*. 어린이들은 여자사환에게 보호되어 놀고 있었다.

donde 風 ①[장소의 관계부사] (…하는) 곳(의·에서·으로). En España hay varios lugares *donde* se practican los deportes del invierno. 서반아에는 겨울 스포츠가 행해지는 장소가 몇 곳 있다. Aquí es *donde* nos conocimos. 우리들이 알게 된 것은 이곳이다. ②[장소의 부정(不定)대명사] …하는 곳. Subimos por *donde* nos señalaban. 우리들은 가르쳐 준 곳을 통하여 올라갔다. ③[+*inf*.] …할 곳. No tengo *donde* dormir. 나는 잠잘 (자야 할) 곳이 없다. ④[전치사격]…가 있는 곳에, …의 집에. todos los miércoles voy a *donde* una profesora de piano. 수요일마다 나는 피아노선생님의 집으로 간다.

dónde 風[장소의 의문 부사] 어디에·에서·로. ¿*Dónde* vive usted? 당신은 어느 곳에 살고 있는가요. ¿*Dónde* vamos? —Vamos *dónde* quieras. 어디로 갈까? —너 좋은 곳으로 가자. No sé de *dónde* es usted. 당신이 어느 곳 출신인지 나는 모른다.

dondequiera 風 어디든지, 아무 곳이라도. Iré *dondequiera* que me mande. 당신이 보내는 곳은 어디든지 가겠습니다.

donjuán 阳 색한(色漢), 탕아.

doña 阴 도냐 [여자의 개인 이름에 붙이는 경어]. *Doña* Josefa vino a saludarnos. 호세파 여사가 인사하러 오셨습니다.

dorado, da 形 금빛의. En el templo todo el adorno interno es *dorado*. 사원 내부 장식이 모두 금빛이다. ◇ **dorador, ra** 阳 도금하는 사람. ◇ **dorar** 他 금도금하다.

dormir [5g] 自 잠자다. ¿*Ha dormido* usted bien? 잘 주무셨습니까? Por lo general *duermo* profundamente. 나는 깊은 잠을 잔다. ◇~*se* ①잠들다. Tengo la costumbre de leer en la cama antes de *dormirme*. 나는 잠자기 전 침대에서 책을 읽는 버릇이 있다. ②(팔·다리가) 저리다. ◇ **dormilón, na** 形 잠꾸러기. ◇ **dormitorio** 阳 침실(alcoba, cuarto de dormir); 침실용 가구류.

dormitir 自 꾸벅꾸벅 졸다.

dos 形 2의; 2번째의. 阳 2. Las niñas iban de *dos* en *dos* por el paseo. 소녀들은 두 사람씩 산책길을 걸어가고 있었다. 阴阳 2시. Son las *dos* y cuarto de la tarde. 오후 두시 십오분이다.

doscientos, tas 形 200의; 200번째의. 阳 200.

dosis 阴(약의) 용량; (어떤) 분량. Acabo de tomar la *dosis* acostumbrada de medicinas. 나는 약을 여느때 분량만큼 마셨을 뿐이다. Necesitas una buena *dosis* de paciencia. 너는 꽤 많은 인내력이 필요하다.

dotar 他 ①[+*con*: 지참금·기금을] (…에게) 주다·기부하다. El padre la *dotó con* cien mil pesetas. 부친은 그녀에게 10만 뻬세따를 주었다. ②[+*de*·*con*: …을] (…에) 설비하다. *Han dotado* la fábrica *de* todos los adelantos modernos. 공장에 모든 근대적인 설비를 들여 놓았다. ◇ **dotación** 阴 기부.

dote 阴 또는 阳 ①(수도원 입원이나 결혼 때의) 지참 재산. ②阳 장점(mérito), 미점(美点). Aquel sobrino es un muchacho de excelentes *dotes*. 저 조카는 뛰어난 장점이 있는 소년이다.

doy dar의 직설법 현재 1인칭 단수.

dragón 阳 【동물】용.

drama 남 극, 희극; 연극(representa teatral). A mí me gustan los *dramas* históricos. 나는 사극이 좋다. ◇ **dramático, ca** 형 극의; 극적인. Vivimos entonces unos momentos *dramáticos*. 우리들은 당시 극적인 시기에 살고 있었다. 명 극작가; 배우(actor, actriz). ◇ **dramatista** 예 극작가. ◇ **dramatización** 예 각색, 희곡화. ◇ **dramatizar** 타 각색하다, 극으로 꾸미다. El *dramatizó* una novela. 그는 소설을 희곡으로 각색했다. ◇ **dramaturgo** 극작가.

drástico, ca 형 대담한, 과감한.

droga 예 ① 약, 약품. ② 마취제. Las leyes castigan el tráfico de *drogas*. 법률은 마약 거래를 처벌한다. ◇ **droguería** 예 약종상; 약국.

ducha 예 샤워; 샤워 설비. Es muy saludable una *ducha* fría por la mañana. 아침에 찬물로 하는 샤워는 건강에 매우 좋다. ◇ **duchar** 타 (…에) 물을 끼얹다. 재 샤워하다.

duda 예 의심, 의문. No me cabe la menor *duda*. 나는 조금도 의심하지 않는다. ◇ **dudoso, sa** 의심스러운; 불확실한. Estoy *dudoso* del resultado. 나는 그 결과에 확신이 없다.

dudar 타 ① 의심하다. No *dudo* que esto sea de su agrado. 이것을 기뻐해 주시리라 나는 의심하지 않습니다. ② 주저하다 (vacilar, titubear). Estoy *dudando* si comprar este traje. 이 옷을 살까 말까 나는 주저하고 있다. 재 [+de: …를] 의심하다. Si *dudáis* de lo que digo, me callo. 내가 말하는 것을 의심한다면 나는 아무 말도 않겠다.

duelo 남 ① 비탄; 초상. Los *duelos* con pan son menos, 먹을 것이 있으면 슬픔도 가볍다. ② 결투. Mi abuelo murió en un *duelo*. 내 할아버님께서는 결투로 사망하셨다.

duende 남 도깨비.

dueño, ña 명 ① 임자. ② 주인(amo, patrón), 주부(ama de casa). No está en casa el *dueño*, dijo la doncella. 주인이 안 계시나고 가정부가 말했다.

dulce 형 ① 단 (맛)의. Esta manzana parece *dulce*. 이 사과는 달게 보인다. ② 상냥한. La niña tenía unos ojos muy negros y muy *dulces*. 소녀는 매우 검고 상냥한 눈을 가지고 있었다. 남 단것, 과자. Mucho me gustan los *dulces*. 나는 과자류가 무척 좋다. ◇ **dulcemente** 부 달게; 상냥하게. ◇ **dulzura** 예 단맛, 감미; 상냥함.

dúo 남【음악】이중주, 이중창.

duodécimo, ma 형 제 12의, 12번째의. 명 12분의 1.

duplicar [7] (sacar) 타 이중·이배로 하다, 두 통을 작성하다; 복사하다. ◇ **duplicación** 예 이중, 이배로 함; 복사. ◇ **duplicado, da** 형 이중·이배로 한, 복사한; 정부(正副) 두 통으로 한. 남 부본(副本). ◇ **duplicador, ra** 형 복사하는. 남 복사기.

duque 남 공작. ◇ **duquesa** 예 여자 공작, 공작 부인.

duradero, ra 형 영속적인(permanente), 오래 지속하는. Las leyes deben ser *duraderas* para ser eficaces. 법률이 효과를 올리려면 영속하여야 한다.

durante 전 [전치사적] …의 (계속되는) 동안, …중. *Durante* el verano el calor es insoportable aquí. 여름 동안 여기서는 더위를 견디기 어렵다.

durar 재 ① 계속되다 (계속, 존속, 지속). ¿Cuánto tiempo *duran* las vacaciones? 휴가는 얼마동안 계속되는가. ② (오래) 가다. Estos zapatos le *durarán* más de cuatro años. 이 구두는 4년 이상 신을 수 있다. ◇ **duración** 예 계속·지속 기간; 영속; 내구성.

durazno 남【식물】복숭아 (열매·나무).

dureza 예 ① 견고함. ② 고통스러움; 엄중함, 냉혹. En toda mi vida he visto tal *dureza* de corazón. 지금까지 저런 냉혹한 마음(의 소유자)을 본 일이 없다.

durmiente 형 잠자는. 명 잠자는 사람. la Bella *Durmiente* del Bosque 잠자는 숲속의 미녀.【남미】(철도의) 침목.

duro, ra 형 ① 딱딱한 (⇔ tierno); 굳센, 완강한. A buena hambre no hay pan *duro*. 시장이 반찬이다. ¡Qué hombre más *duro*, no se cansa nunca de trabajar! 대단히 강한 사람이로군; 결코 일해서 피로하는 일이 없으니! ② 괴로운. Con los años la vida le iba siendo cada vez más *dura*. 해를 거듭할수록 그의 생활은 점점 피로워졌다. ③ 엄중한; 냉혹한. La tía era muy *dura* con la niña. 숙모는 그 소녀에게 매우 냉혹했다. 남 두로화 5뻬세따(cinco pesetas). Más vale una peseta que un *duro* falso. 위조된 1두로보다 1뻬세따 따 가치가 있다. ◇ **duramente** 부 심하게; 냉혹하게. Lo han tratado *duramente*. 그들은 그에게 냉혹하게 대했다.

E

[접속사 y가 i-·hi-로 시작되는 말 앞에 오는 때의 형태] 접 와, 그리고. Continuaba su vida alegre *e* inútil. 그는 그 다음 명랑하고 (그리고) 무익한 생활을 계속하고 있었다. Padre *e* hijo cenaron juntos. 부친과 아들은 함께 저녁밥을 먹 었다.

E.A. Ejército del Aire 공군.

ebanista 명 가구상. ◆ **ebanistería** 여 [집 합적] 가구류.

ebrio, ria 형 술취한(borracho).

ebullición 여 비등(沸騰). El punto de *ebullición* del agua es de 100 grados. 물 의 비등점은 100도이다.

eclesiástico, ca 형 교회의, 승려의. 남 승려, 성직자. *Eclesiásticos* y laicos forman la iglesia católica. 성직자와 평신자가 카톨릭 교회를 형성한다.

eco 남 ①메아리. ◆(멀리서 들리는) 음향. Hasta nosotros llegaban los *ecos* del tambor. 북소리가 우리들에게까지 들려왔다. ③(세평 따위의) 반향. Sus palabras han tenido mucho *eco* en los círculos financieros. 그의 말에는 재계(財界)의 커다란 반향이 있었다.

economía 여 ①경제. Para llevar bien la *economía* familiar hay que pensar un poco más. 가정 경제를 잘 꾸려가기 위해 서는 좀더 생각해야 한다. ②절약. Tenemos que vivir con mucha *economía*. 우리들은 최대한 절약하며 생활해야 한다. ③저금(ahorro). Pienso comprarme una cámara con mis *economías*. 나는 저금으로 카메라를 살 예정이다. *economía política* 경제학. ◆ **económico, ca** 형 ①경제적, 경제의. Este país ha alcanzado un desarrollo económico muy alto. 이 나라는 고도의 경제 발전을 달성했다. ②값싼(barato). Indíqueme un hotel *económico*. 값싼 호텔을 알려 주세요. ◆ **económicamente** 부 경제적으로. ◆ **economizar** [9]alzar]타 저축하다; 절약하다.

ecuador 남 [빈번히 E-] 적도. El *ecuador* pasa por el norte de Quito. 적도는 끼또의 북족을 통과한다. ◆ **ecuatoriano, na** 형 에꾸아도르(El Ecuador)의. 남 에꾸아도르 사람.

echar 타 ①던지다(tirar); 버리다. *Eché* agua al fuego para apagarlo. 나는 불을 뿌려서 공장에서 해고당했다. ②넣다. ¿*Echo* limón en el té? 차에 레몬을 넣을까요. No te olvides de *echar* la carta en el buzón. 편 지를 우체통에 넣는 것을 잊지 말아라. ③(연령, 가격 따위를) 추정하다. ¿Cuántos quilos le *echas* a ese chico? 그 어린이는 몇 킬로그램이라고 생각하느냐. ④해고하다(despedir). Le *echaron* de la fábrica por holgazán. 그는 게으르다는 이유로 공장에서 해고당했다. ⑤(수염 따위를) 기르다. El niño está *echando* los dientes. 어린이는 이가 나기 시작했 다. ⑥통과하다. Mejor será que *echemos* por el atajo. 우리들은 가까운 길을 가는 편이 좋겠다. ◇ **~se** ①몸을 던지 다; 뛰어 덤비다, 뛰어들다. El perro *se echó* sobre el ladrón. 개는 도둑에게 뛰어 덤볐다. ②넘어지다, 눕다. *Me eché* en la cama para descansar un rato. 잠깐 쉬기 위해 나는 침대에 벌렁 누웠다. *echar a +inf.* …하기 시작하다. El niño *echó a* correr. 어린이는 달리기 시작했다. *echarse a + inf.* [주로 감상적인 행위] …하기 시작하다. Al oírlo, *se echó a* llorar. 그 소리를 듣자 그녀는 울기 시작했다. *echar a perder* 썩히다; 못쓰게 만들 다. *Ha echado a perder* nuestro plan. 그 는 우리의 계획을 허사로 만들었다. *echar de menos* (…가) 없음을 발견하다; 없음을 쓸쓸하게 생각하다. *Te echo mucho de menos*. 나는 네가 없어 매우 쓸쓸하게 생각한다. *echar la culpa* …의 탓 으로 삼다. No puedes *echarme* a mí *la culpa*. 너는 내 탓으로 할 수 없다.

edad 여 ①연령, 나이. ¿Qué *edad* tiene usted? 연세가 어떻게 되십니까. Tenemos [Somos de] la misma *edad*. 우리는 동갑이다. Este niño es grande para su *edad*. 이 어린이는 나이에 비해 크다. ② 기(期), 시대(época). La infancia es la más feliz de las *edades*. 유년기가 가장 행복한 시기이다. *edad media* 중세기. *mayor [menor] de edad*. 성년[미성년] 의. Todavía es menor de edad. 그는 아

edición 명 출판(publicación); 판. Esta casa está especializada en *ediciones* de obras científicas. 이 회사는 학술 서적 출판이 전문이다. *edición príncipe* 초판본.

edificar [7] sacar]타 세우다, 건축하다 (construir). Aquí van a *edificar* un nuevo hospital. (사람들은) 여기에 새로운 병원을 세우려 하고 있다.

edificio 명 건물. Este *edificio* fue construido hace poco. 이 건물은 조금 전에 세워졌다.

editar 타 출판하다, 편집하다, 발행하다 (publicar). Recientemente *han editado* un diccionario de español muy útil. 최근 매우 쓸모있는 서반아어 사전이 출판되었다. ◇ **editor, ra** 명 출판업자. *casa editora* 출판사. 출판업자, 발행인, 편집자. ◇ **editorial** 형 출판의. 명 사설. 여 출판사.

educar [7] sacar]타 ① 교육하다; 훈련하다. Hay que *educar* al pueblo. 국민을 교육해야 한다. ② 예법을 가르치다. El padre la *educó* duramente. 부친은 그에게 엄격하게 예법을 가르쳤다. ◇ **educación** 여 ① 교육. ② 예법, 예법 교육. Es un hombre sin educación. 그는 무례한 사람이다. ◇ **educado, da** 형 ① (특히 학교의) 교육을 받은. ② [bien+] 예절 바른; [mal+] 무례한. Es un chico *bien educado*. 그는 예절 바른 어린이다. Es muy *mal educado*. 그는 매우 무례하다.

efectivo, va 형 ① 현실의, 실제의. No quiero promesas, sino cosas *efectivas*. 나는 약속이 아니고 실제의 일을 바라고 있다. ② 유효한, 유능한. Hay que tomar medidas *efectivas* para resolver este problema. 이 문제를 해결하기 위하여 유효한 수단을 취해야 한다. 명 현금. Quiero hacer *efectivo* este cheque. 나는 이 수표를 현금으로 바꾸고 싶다. Me pagaron en *efectivo*. 나는 현금으로 지불 받았다. ◇ **efectivamente** 부 실제로.

efecto 명 ① 효과, 효과, 작용. La medicina no ha surtido *efecto*. 약은 효과가 없었다. ② 느낌, 인상(inspiración). Tus palabras te han hecho mal *efecto*. 네 말은 그녀에게 나쁜 감정을 주었다. ③ 명 재산(bienes, riquezas); 물건; 【상업】 어음, 채권, 증권. Cogió sus *efectos* personales y se marchó de casa. 그는 신변의 물건들을 꾸려서 집을 나갔다. *efectos a recibir*[*cobrar*] 받을 어음. *efectos a pagar* 지급 어음. *efectos públicos* 공채. *en efecto* 실제로. Él estaba, *en efecto*, donde tú has dicho. 네가 말한 장소에 실제로 그는 있었다. *llevar a efecto* 실행에 옮기다. No pudo *llevar a efecto* sus planes. 그는 계획을 실행에 옮길 수가 없었다.

efectuar [14] actuar]타 하다, 행하다, 실행·실천하다. Por pago al contado *efectuamos* un descuento del 15 por ciento. 현금 지불에는 15퍼센트의 할인을 합니다. No se *efectuó* su viaje. 그는 여행을 하지 않았다.

eficaz 형 (eficaces) 형 유효한. Tomaron una medida *eficaz*. 그들은 유효한 수단을 취했다. ◇ **eficacia** 여 효력, 효과. Es admirable la *eficacia* de esta medicina. 이 약의 효력은 놀랍다. ◇ **eficazmente** 부 유효하게. ◇ **eficiencia** 여 유효, 효능; 능률, 능력. ◇ **eficiente** 형 효력있는, 효과적인. ◇ **eficientemente** 부 효과적으로, 능률적으로.

egipcio, cia 형 이집트(Egipto)의. 명 이집트사람. 여 이집트말.

egoísmo 명 이기주의, 이기적인 행위. Solemos incurrir en el *egoísmo*. 우리들은 이기주의로 되기 쉽다. ◇ **egoísta** 형 이기주의의. 명 이기주의자.

eje 명 ① 축(軸)(선). La Tierra tarda 24 horas en dar una vuelta alrededor de su *eje*. 지구는 지축을 1회전하는데 24시간 걸린다. ② 차축. Se nos rompió el *eje* del automóvil en el camino. 도중에서 우리 차의 축이 부러졌다. ③ (문제 따위의) 중심. El *eje* de la conversación era la próxima crisis económica. 대화의 중심은 박두하고 있는 경제 위기였다.

ejecución 여 ① 수행, 실행, 집행. Pedimos a ustedes perdón por la demora en la *ejecución* de su encargo. 주문하신 것을 이행하는데 늦어서 죄송합니다. ② 연주. Esta orquesta tiene una excelente *ejecución*. 이 관현악단은 훌륭한 연주를 한다. ③ 처형(處刑).

ejecutar 타 ① 수행·실행·집행하다. Yo quería *ejecutar* una buena obra, pero todo se ha quedado en deseo. 나는 좋은 일을 하려고 생각하고 있었으나, 모두 희망에 그쳤다. ② 연주하다. La banda *ejecutó* excelentemente el himno nacional. 그 악단은 국가를 훌륭하게 연주했다. ③ 처형하다. Antiguamente *ejecutaban* a los reos en la plaza pública. 옛날 죄인은 공개 광장에서 처형되고 있었다. ◇ **ejecutante** 명 ◇ **ejecutivo, va** 형 행정의; 실행의, 집행의. *poder ejecutivo* 행정부. *comité ejecutivo* 실행위원회. *junta ejecutiva* 집행부.

ejemplar 형 모범적인; 본보기의. Lleva una vida *ejemplar*. 그는 모범적인 생활을 하고 있다. 명 ① 모범; 사례, 표본. En

ejemplo el Museo de Ciencias hay *ejemplares* muy raros. 과학박물관에는 매우 진귀한 표본이 있다. ②(색·인쇄물의) 부, 권. Compré un *ejemplar* de este diccionario también. 나는 이 사전도 한 권 샀다.

ejemplo 명 모범, 예(例). Su conducta es un buen *ejemplo* para todos. 그의 행동은 모든 사람의 좋은 모범이다. En este diccionario hay muchos *ejemplos* de uso. 이 사전에는 많은 용례가 있다. *por ejemplo* 이를테면, 예를 들면.

ejercer [1] vencer]타 ① (업무를) 행하다; 영위하다. *Ha ejercido* ese cargo por mucho tiempo. 그는 오랫동안 그 일을 해 왔다. ②(영향 따위를) 미치게 하다. La corriente del golfo *ejerce* su influencia en las costas. 만류(灣流)는 해안에 영향 을 미친다. 자 영업하다. Es abogado, pero no *ejerce*. 그는 변호사이지만 개업 하지 않았다. *Ejerce* de maestro en este pueblo. 그는 이 읍에서 선생을 하고 있 다.

ejercicio 명 ①영업, 업무(negocio). Se dedica al *ejercicio* de la medicina. 그는 의업(醫業)에 종사하고 있다. ②운동, 체조(gimnasia). Tienes que hacer *ejercicio* diariamente. 너는 매일 운동을 해야 한다. ③훈련; 연습(곡·문제). Los juegos de manos necesitan mucho *ejercicio*. 기술은 많은 수련이 필요하다.

ejercitación 명 수업, 훈련; 수련.
ejercitante 명 실습생; 임무 수행자; 종교업 무 집행자.
ejercitar 타 연습·수업하다; 훈련하다; 연 습·실습시키다. ◇~se [+en ; …을] 실습하다, 연습하다.
ejército 명 군대(tropa, fuerzas); 육군.
el 관 ①[정관사의 남성 단수형]. *El* libro está en la mesa. 그 책은 탁자 위에 있 다. *El* hombre es mortal. 사람(이란 것) 은 죽기 마련이다. ②[악센트가 있는 a·ha-로 시작하는 여성 단수 명사의 직 전에 붙이는 정관사]. Algunos creen que *el* alma es inmortal. 영혼 불멸이라 고 믿고 있는 사람이 있다. ③[대명사 적] Fueron mi primo y *el* de Luis. 나의 사촌과 루이스의 사촌이 갔다.

él 대 ellos 대 [3인칭 남성 단수의 주격·전 치격 대명사; 사람·일·물체에 쓰이 나, 주어로서 물체에는 일반적으로 쓰이 지 않음] 그(사람). 그것. Vendrá *él* mismo. 그 자신이 올 것이다. Tiene un jardín magnífico, con muchas flores en *él*. 그는 훌륭한 정원을 가지고 있는데, 그 정원에는 언제나 많은 꽃이 있다.

elaborar 타 ①만들다 (정제, 조제, 작 성). Las abejas *elaboran* la miel. 꿀벌 은 꿀을 만든다. En esta fábrica *elaboran* chocolate. 이 공장에서는 초콜릿을 만들고 있다. ②(생각·문장 따위를) 다 듬다. Ante todo hay que *elaborar* un proyecto. 우선 계획을 다듬어야 한다. ◇ **elaboración** 명 정제, 조제.

elasticidad 명 탄성(彈性), 탄력; 신축성. ◇ **elástico, ca** 형 탄성의, 탄력이 있는. 명 메리야스 샤스.

elección 명 ①선택. A las señoras se hace difícil la *elección* de los vestidos, porque todos les gustan. 부인에게는 옷 의 선택은 어려워진다, 모두가 마음에 들 기 때문이다. ②선거, 선출. Hoy se celebran las *elecciones*. 오늘 선거가 실시 된다. Dentro de poco se celebrarán *elecciones* generales. 머지 않아 총선거가 실시될 것이다.

eleccionario, ria 형 선거의.
electivo, va 형 선거의, 선거에 의한; 선택 적인. ◇ **electo, ta** 형 선임된. 명 선거 인, 투표자. ◇ **elector, ra** 명 선거인, 투 표자. ◇ **electorado** 명 [집합적] 선거 민, 선거인단, 유권자수. ◇ **electoral** 형 선거의. *campaña electoral* 선거 운동.

eléctrico, ca 형 전기의, 전력의. El cobre es un buen conductor de la corriente *eléctrica*. 동은 전류의 좋은 도체이다. ◇ **electricidad** 명 전기; 전류. ◇ **electrificación** 명 전기화. ◇ **electricista** 명 전기 기사. ◇ **electrificar** 타 전화(電化) 하다. En este país se han *electrificado* la mayoría de los ferrocarriles. 이 나라에 서는 철도의 대부분이 전기화되었다.

electrón 명 전자(電子). ◇ **electrónico, ca** 형 전자의. *calculadora electrónica*. 전 자 계산기. 명 전자 공학.
eletrizable 형 감전성의; 흥분·감격하기 쉬운.
electrización 명 통전, 대전; 발전; 감격.
eletrizar 타 전기를 통하다, 발전시키다; 감격시키다.
electro 명 【광물】호박(ámbar); 금4 은 1의 합금.
electrocución 명 전기 사형.
electrocutar 타 전기로 사형하다.
electrodinámico, ca 형 전기 역학(의).
electrodo 명 전극; 전기 용접 막대.
electróforo 명 마찰 발전기, 지전받.
electrógeno, na 형 발전의; 발전기.
electroimán 명 전자, 전자철(電磁鐵).
electrólisis 명 전기 분해.
electrólito 명 전기 분해물, 전기 분해액.
electrolizar 타 전기 분해하다.
electromagnético, ca 형 전자기의.
electromagnetismo 명 전자기(학).

electromasaje 명 전기 마사지.
electromecánico, ca 형 전기 기계의.
electromotor, ra 형 명 전동의; 전동기.
electromotriz 형 전동력의).
electrón 명 전자, 엘렉트론.
electrónico, ca 형 전자의; 전자 공학.
electroquímico, ca 형 명 전기화학(의).
electroscopio 명 검전기.
electrostático, ca 형 명 정전기학(의).
electrotécnica 명 전기 기술.
electrotécnico, ca 형 명 전기 기술의 (기사).
electroterapia 명 전기 치료법.
electrotipia 명 전기 제판(술).
electrotipo 명 전기판, 인쇄.
elefancia 명 [의학] 상피병.
elefanta 명 암코끼리.
elefante 명 [동물] 코끼리. *El elefante* es un animal grande. 코끼리는 큰 동물이다.
elegante 형 우아한, 기품이 있는. Llevaba un vestido muy *elegante*. 그녀는 대단히 우아한 옷을 입고 있었다. Este autor usa un estilo *elegante*. 이 작가는 기품이 있는 문체를 쓴다. ◇ **elegancia** 명 우아, 기품. ◇ **elegantizar** [9] *alzar*] 타 우아하게 하다.
elegir [39] 타 ① 고르다, 골라잡다, 선택하다. Puedes *elegir* entre ir o quedar. 너는 갈 것인지 남을 것인지 선택하는 것이 좋겠다. Este montón de melones está muy *elegido*. 이 참외 무더기는 잘 골라놓았다. ② 선출하다. *Han elegido* alcalde a Pedro. 모두들 뻬드로를 시장으로 선출했다.
elemento 명 원소, 요소. La honestidad es un *elemento* importante de la personalidad. 정직은 인격의 중요한 요소이다. *estar en su elemento* 득의 양양하다. Cuando habla español *está en su elemento*. 그는 서반아어를 말할 때 득의 양양하다. ◇ **elemental** 형 ① 기본적인, 초보적인. Tiene un conocimiento *elemental* del español. 그는 서반아어의 기초 지식이 있다. ② 어느 누구에게도 알려져 있는. Es *elemental* no entregar el dinero sin el recibo. 영수증 없이 돈을 주어서는 안된다는 것은 어느 누구나 알고 있는 일이다.
elenco 명 목록, 표, 리스트.
elevado, da 형 ① 높은. En este país era muy *elevado* el número de analfabetos hasta hace algunos años. 이 나라에서는 수년 전까지 문맹자의 수가 극히 높았었다. ② 숭고한. Estaba dotada de un espíritu *elevado*. 그는 숭고한 정신의 소유자였다.

elevar 타 올리다, 높이다. *Han elevado* la pared más de medio metro. 그들은 담을 반미터 이상 높였다. La máquina *eleva* los materiales para la construcción. 그 기계가 건축 재료를 들어올린다. ◇~se 높아지다; 오르다; 높이 올리다. El importe de esta factura *se eleva* a 4,000 dólares. 이 송장(送狀)의 총액은 4,000 달러에 이르고 있다. ◇ **elevación** 명 ① 올림; 고양(高揚), 상승. La *elevación* de precios continúa a un ritmo acelerado. 물가 상승은 가속적으로 계속되고 있다. ② 고지.
elige *elegir*의 직설법 현재 3인칭 단수.
eligen *elegir*의 직설법 현재 3인칭 복수.
eliges *elegir*의 직설법 현재 2인칭 단수.
elija *elegir*의 접속법 현재 1·3인칭 단수.
elijáis *elegir*의 접속법 현재 2인칭 복수.
elijamos *elegir*의 접속법 현재 1인칭 복수.
elijan *elegir*의 접속법 현재 3인칭 복수.
elijas *elegir*의 접속법 현재 2인칭 단수.
elijo *elegir*의 직설법 현재 1인칭 단수.
eliminar 타 제외·배제하다. *Han eliminado* a los aspirantes de más de cuarenta años. 40세 이상의 지원자는 제외되었다. ◇ **eliminación** 명 제외, 배제, 구제.
elocuente 형 웅변의, 능변인. Con su *elocuente* discurso logró muchos partidarios. 그는 웅변 연설로 많은 찬성자를 얻었다. ◇ **elocuencia** 명 웅변(술). Recurrió a toda su *elocuencia* para hacerme comprar el coche. 그는 나에게 그 차를 사게 하기 위해 온갖 말을 다했다.
elogio 명 칭찬; 찬사. Cuando los *elogios* no son merecidos valen poco. 찬사가 정당하지 못할 때는 별로 가치가 없다. ◇ **elogiar** [1] *enviar*] 타 격찬하다. Todos *elogiaron* su buena conducta. 모두들 당신의 행동을 칭송할 것이다. ◇ **elogiable** 형 칭찬할 수 있는, 찬양할 만한. ◇ **elogiador, ra** 형 칭찬하는. 명 칭찬·찬양하는 사람. ◇ **elogioso, sa** 형 칭찬의, 찬양의.
elucidar 타 해명·설명하다. ◇ **elucidación** 명 해명, 설명. ◇ **elucidario** 명 설명서, 해명서.
ella [복 *ellas*] 대 [3인칭 여성 단수 주격·전치사격 대명사] 그녀; 그것. *Ella* lleva hoy un sombrero rojo. 오늘 그녀는 빨간 모자를 쓰고 있다. Esta tarde iré de compras con *ella*. 오늘 오후 나는 그녀와 장보러 간다.
ellas 대 [3인칭 여성 복수 주격·전치사격 대명사] 그녀들; 그것들. Siempre pienso en *ellas*. 나는 언제나 그녀들의 일을 생각하고 있다.

ello 데 [중성 주격·전치사격 대명사] 그것, 저것, 그 일. Quería salir e inventó un pretexto para *ello*. 그는 외출하고 싶었으므로, 그러기 위한 구실을 만들어냈다.

ellos 데 [3인칭 남성 복수 주격·전치사격 대명사] 그들; 그것들. Al verme, *ellos* echaron a correr. 그들은 나를 보더니 달리기 시작했다. Ninguno de *ellos* tiene dinero. 그들중 아무도 돈을 가지고 있지 않다. ¡A *ellos*! 덤벼라 (공격 개시의 구령).

emanar 자 ① 발생하다. Todas estas calamidades *emanan* de aquel error. 이 재난들은 모두 저것 잘못 때문에 생겼다. ② 발산·방사하다. Este olor *emana* de aquel pescado podrido. 이 냄새는 그 썩은 생선에서 발산하고 있다. ◇ **emanación** 여 발생, 발산(물); 냄새.

emancipar 타 해방하다. Los patriotas *emanciparon* su patria de la esclavitud. 애국자들은 노예 상태에서 조국을 해방했다. ◇ **~se** 독립하다. La mujer nunca se podrá *emancipar* de su sexo. 여성은 결코 그 성(性)에서 자유 독립하지는 못하리라. ◇ **emancipación** 여 해방. *la emancipación de las mujeres* 여성 해방. ◇ **emancipador, ra** 형 해방자.

embajada 여 대사관. Tengo que ir a la *embajada* a renovar mi pasaporte. 나는 여권을 갱신하기 위해 대사관으로 가야 한다. *Embajada de España en Corea* 한 국 주재 서반아 대사관.

embajador, ra 명 대사(大使). El *embajador* representa al jefe de un Estado ante un país extranjero. 대사는 외국에서 일국의 국가 원수를 대리한다.

embalar 타 포장하다, 짐을 꾸리다. ◇ **embalaje** 남 포장, 꾸러미.

embalse 남 저수지, 댐. Es un río muy caudaloso y tiene cuatro *embalses*. 그것은 매우 수량이 많은 강이어서 네 곳에 댐이 있다.

embarcar [⑦ sacar] 타 (배·열차 따위에) 싣다. Los peones *han embarcado* varias toneladas de carbón. 인부가 몇 톤이나 되는 석탄을 (배에) 실었다. 타 배에 태워 보내다; 승차하다. (*Me*) *embarqué* en este puerto para Méjico. 그는 이 항구에서 배를 타고 멕시코로 향했다. ◇ **embarcadero** 남 잔교, 선창, 부두; 승선장, 하차장(積荷場). ◇ **embarcación** 여 배 (barco, buque), 선박. ◇ **embarco** 남 짐의 적재, 탑재(搭載). ◇ **embarque** 남 (인원의) 승선, 탑승(搭乘).

embargo 남 압류, 차압. Como no pague la deuda para ese día, someterán a *embargo* todos mis bienes. 만일 내가 그 날까지 빚을 갚지 않으면 그들은 나의 전재산을 압류할 것이다. *sin embargo* 그렇기는 하지만, 그러나(pero, mas). Tengo mucho trabajo; *sin embargo*, te dedicaré un rato. 나는 일이 많이 있다; 그러나 너를 위해서 잠깐 시간을 내겠다.

embestir [⑬ pedir] 타 덮치다, 공격하다, 습격하다. ◇ **embestida** 여 강습, 습격(ataque).

emborrachar 타 취하게 하다. *Han emborrachado* al muchacho con cerveza. 그들은 그 애에게 맥주를 먹여서 취하게 했다. ◇ **~se** [+con+de; ...에] 취하다. *Me emborraché con* el humo del tabaco. 나는 담배 연기로 머리가 어지러웠다.

emboscar [⑦ sacar] 타 은폐하다, 매복시키다. ◇ **~se** 숨다, 매복하다. ◇ **emboscada** 여 매복, 복병. ◇ **emboscadura** 여 매복(장소).

embotellar 타 ① 병에 담다. En esta bodega se *embotella* el vino automáticamente. 이 양조 공장에서는 포도주를 자동적으로 병에 넣는다. ② 담아 넣다. Ese estudiante no estudia sino *embotella*. 그 학생은 연구 하지않고 (머리에) 담아 넣을 뿐이다. ◇ **embotellamiento** 남 담아 넣음; 정체, 막힘. Era tan grande el *embotellamiento* en la calle que no llegué a tiempo. 거리의 교통이 너무 심해서 막혀서 나는 제 시간에 도착하지 못했다.

embriaguez 여 ① 취함. Llegó a casa en un estado de completa *embriaguez*. 그는 곤드레 만드레 상태로 집에 도착했다. ② 도취; 무아지경. En la *embriaguez* de su alegría se arrojó al cuello de su madre. 그는 기쁨에 도취하여 모친의 목에 매달렸다. ◇ **embriagar** [⑨ pagar] 타 취하게 하다; 도취하게 하다. Pasó esos días *embriagado* de amor. 그는 그러한 나날을 사랑에 빠져서 지낸다.

embrollar 타 (일을) 시끄럽게 만들다, 말썽을 부린다. ◇ **~se** 얽히다. ◇ **embrollo** 남 분규; 말썽거리.

embrutecer [㉚ crecer] 타 거칠게 하다. Las drogas y la bebida la *han embrutecido*. 마약이나 술이 그의 마음을 거칠게 했다.

embustear 자 거짓말을 하다. ◇ **embuste** 남 속임수, 거짓말. ◇ **embustería** 여 속임수, 거짓말; 사기, 야바위. ◇ **embustero, ra** 명 둘러댄는 사람, 거짓말장이.

embutido 남 끼워 맞추기, 상감(象嵌).

emergencia 여 우발·돌발 사태; 긴급 (사태).

emigrar 자 ① 이민하다, 옮겨 살다; 돈벌이하러 나가다. La familia, dejando sus campos *emigró* a la ciudad. 그 가족은 자기의 논밭을 버리고 도시로 나갔다. ② (철새가) 날아오다; (물고기가) 돌아다니다. Las cigüeñas *emigran* a Africa en invierno. 황새는 겨울에 아프리카로 나간다. ◇ **emigrante** 형 이주하는, 전너가는; 명 이민; [집합적] 이주자. ◇ **emigración** 명 이민; [집합적] 이주자.

eminente 형 ① 높은. Ocupa un puesto *eminente* en su compañía. 그는 회사에서 높은 지위를 차지하고 있다. ② 현저한, 뛰어난. Un político *eminente* pronunciará el discurso de apertura. 저명한 외교관이 개회 연설을 하기로 되어 있다. ◇ **eminencia** 명 고지; 명사; 탁월한 사람; 성하(聖下) [추기경의 경칭].

emisión 명 ① 방송(difusión). La *emisión* de las diez está dedicada a los deportes. 10시 방송은 스포츠에 배당되어 있다. ② (화폐·채권 따위의) 발행. ◇ **emisora** 명 방송국(difusora, estación difusora).

emitir 타 ① 방송하다(difundir). Esta estación *emite* muy buenos programas de música. 이 (방송)국은 매우 좋은 음악 프로그램을 방송한다. ② (의견 따위를) 발표하다, 말하다. Al final de la representación se pidió a algunos críticos que *emitieran* su opinión. 상연 끝에 몇 사람의 비평가는 의견을 말하도록 부탁 받았다. ③ (화폐·채권 따위를) 발행하다 ④ 내뿜다, 방출하다. El sol *emite* luz y calor. 태양은 빛과 열을 발산한다.

emoción 명 감동, 감격; 정서. Sin poder contener la emoción *empezó* a llorar. 그는 감격을 누를 수 없어서 울기 시작했다. ◇ **emocionante** 형 감동·감격시키는. ◇ **emocionar** 타 감동시키다. Me *emocionaron* sus pruebas de amistad. 그의 우정의 증명은 나를 감동시켰다. 재 감동하다. Me *emocioné* viendo cómo defendía el hermano mayor al pequeño. 형이 어린 동생을 두둔하는 모습을 보고 나는 감동했다.

empacar [7] sacar] 타 포장하다, 싸다. ◇ **empacamiento** 명 포장. ◇ **empacadora** 명 포장기.

empapar 타 ① (물 따위에) 잠기다, 스며들게 하다. *Empapé* el agua del suelo con un trapo. 나는 마루 물을 걸레로 스미게 했다. ② 흠뻑 적시다. Una lluvia repentina *ha empapado* la ropa que estaba tendida. 소나기가 널어 놓았던 옷을 흠뻑 적셨다. ◇ ~**se** ① (물 따위에) 잠기다; 스며들다. ② [+de·en ...으로] 물에 빠진 생쥐로 되다. Me he *empapado* hasta los huesos. 나는 완전히 (뼈까지) 물에 빠진 생쥐가 되었다.

empatar 타 (경기·선거에서) 동점으로 만들다. 재 동점으로 되다. No se ha aprobado la ley, al *empatar* en votos afirmativos y negativos. 그 법안은 찬부의 표가 동수로 되어 승인되지 않았다.

empate 명 동점(同点). En la final de fútbol se logró el *empate* a los 25 minutos. 축구 결승전에서 25분 때에 동점으로 되었다.

empeñar 타 ① 저당·전당에 넣다. *Ha empeñado* todas sus joyas. 그녀는 자기의 보석을 모두 저당잡혔다. ② (싸움·토론을) 시작하다. Empeñaron la batalla de madrugada. 그들은 새벽녘에 전투를 개시했다. ◇ ~**se** ① 빚투성이로 되다. *Se ha empeñado* para comprar la finca. 그는 토지를 사기 위해 빚투성이가 되었다. ② 빚투성이가 되었다. ② [+en: ...에] 고집사키다. No te empeñes en eso, que es inútil. 그런 일에 골몰하지 마라; 하시마라. ③ [+por·con: ...을 위하여] 진력하다. Siempre se *empeña por* mí. 그는 언제나 나를 위하여 전력해 준다. ◇ **empeño** 명 ① 저당, 전당. En esta calle hay varias casas de *empeños*. 이 거리에는 전당포가 몇 집 뿐 있다. ② 끈기, 열심; 절망(絶望). Tengo mucho *empeño* en visitaros en vuestra nueva casa. 나는 새 집으로 너희를 방문하고 싶어 못견디겠다.

empeorar 타 나쁘게 하다. 재 나빠지다. Empeoraba cada día más el enfermo. 환자는 나날이 (병 증세가) 악화했다.

emperador 명 황제. Carlos I de España fue coronado *emperador* de Alemania en 1519. 서반아의 까를로스 1세는 1519년에 독일의 황제로 되었다.

emperatriz 명 여황제, 황후.

empezar [[9] alzar, [19] pensar] 타 시작하다 (comenzar). *Empezamos* la comida con una ensalada. 우리들은 샐러드로 식사를 시작했다. 재 시작하다, 시작되다. ¿Cuándo *empiezan* las vacaciones de verano? 여름 방학은 언제 시작되는가. *empezar a+inf.* ...하기 시작하다 (comenzar a+inf.). *Empezó a* llover. 비가 내리기 시작했다. *empezar por + inf.* ...로 부터 시작하다·시작되다. Nuestra amistad *empezó por* reñir. 우리들의 우정은 싸움에서 시작되었다.

empiece ① empezar의 접속법 현재 1·3인칭 단수. ② 시작하십시오.

empiecen ① empezar의 접속법 현재 3인칭 복수. ② 여러분 시작하십시오.

empieces empezar의 접속법 현재 2인칭 단수.

empieza ① empezar의 직설법 현재 3인칭 단수. ② 시작해라.

empiezan empezar의 직설법 현재 3인칭 복수.

empiezas empezar의 직설법 현재 2인칭 단수.

empiezo empezar의 직설법 현재 1인칭 단수.

emplear 탄 ① 쓰다. *Para ese traje he empleado tres metros de tela.* 그 옷을 만드는데 나는 3미터의 옷감을 들였다. ② 고용하다. *Le hemos empleado en nuestra fábrica.* 우리는 그를 우리 공장에 고용했다. ③ 소비하다 (consumir). *Emplearon todo su capital en esa empresa.* 그들은 전 자본을 그 기업에 소비했다. ◇ **empleado, da** 명 고용인, 근로자, 사무원. *Es un simple empleado de este banco.* 그는 이 은행의 한낱 은행원이다.

empleo 남 ① 사용(uso). *El empleo de este producto es peligroso.* 이 제품의 사용은 위험하다. ② 근무처, 일자리, 직 (職)(puesto). *Anda buscando empleo.* 그는 일자리를 찾아 다니고 있다.

emprender 탄 기획하다; 착수하다, 시작한다. *Al amanecer emprendimos la marcha hacia la montaña.* 날이 새자 우리는 산을 향해 행진을 개시했다.

empresa 여 ① 기획; 사업(negocio). *Le falta energía y fracasa en todas sus empresas.* 그는 기력이 모자라므로 무엇을 계획해도 실패하게 되리라. ② 기업; 회사 (compañía). *Trabaja en una empresa de ferrocarriles.* 그는 철도 회사에 근무하고 있다. ◇ **empresario, ria** 명 사업가, 경영자. ③ 흥행주. *Muchos empresarios se disputaron a la actriz.* 많은 흥행주가 그 여배우를 끌어가려 했다.

emprésito 남 빚, 차관; 공채.

empujar 탄 ① 누르다, 밀다. *Empuja más la puerta.* 문을 좀더 밀어라. ② 밀어 젖히다. *No me empujes.* 나를 밀지 마세요. *La gente empuja a la entrada y salida del metro.* 사람들은 지하철 입구에서 서로 밀어낸다. ◇ **empujón** 남 ① 밀어냄. *Me han dado un empujón.* 그들은 나를 밀어냈다. ② 전진. *Hoy le he dado un buen empujón al proyecto.* 어제 나는 그 계획을 크게 전진시켰다. *a empujones* 밀치락 달치락하면서.

en 전 ① [때·곳의 범위]…에서·에. *Terminaré el trabajo en un mes.* 나는 그 일을 한달안에 끝내게 되리라. *Te espero en mi casa a las tres.* 나는 3시에 집에서 너를 기다리고 있겠다. ②…의 속에·으로. *Los alumnos entraron en la clase.* 학생들은 교실에 들어갔다. ③ [상태·형상]…에. *Los cerezos ahora están en plena flor.* 벚꽃은 지금 활짝 피어 있다. ④ [방법·수단]…으로·에. *Me escribe en español.* 그는 나에게 서반아어로 편지한다. *Lo dije en broma.* 나는 그것을 농담으로 말했다. ⑤ [creer·leer·pensar+]…(의 일)을. *Leía en el periódico.* 나는 신문을 읽고 있었다. *Desde que te vi, siempre pienso en ti.* 나는 너를 만나고 나서는, 언제나 너를 생각하고 있다.

enamorar 탄 (…에게) 애정을 일게 하다, 설복시키다. *Ha enamorado a la hija de su profesor.* 그는 자기의 선생의 딸을 설복시켰다. ◇ **-se** [+de…] 연애하다, 반하다. *José se enamoró de Lola.* 호세는 롤라를 사랑했다. ◇ **enamorado, da** 명 연애를 하고 있는, 사람. *Está perdidamente enamorado de una chica española.* 그는 어느 서반아 처녀에게 홀딱 반해버렸다, 그 여자를 사랑하는 사람.

enano, na 명 자그마한, 왜소한. *árbol enano* 분재. 형 난쟁이; 꼬마.

encabezar [9] *alzar*] 탄 명부에 기재하다; 맨 먼저 이름을 적다.

encadenar 탄 쇠사슬로 매다; 연결하다.

encajar 탄 ① 끼우다, 맞추다. *Pedí al carpintero que encajase la puerta.* 나는 목수에게 문을 끼워 달라고 부탁 했다. 탄 [+en·con…에] 끼다; 꼭 맞다. *El ejemplo encajaba perfectamente con el caso.* 그 용례(用例)는 그 경우에 아주 꼭 들어 맞았다. ◇ **-se** 들어박히다; 끼어들다. *Se ha encajado en nuestra reunión.* 그는 우리 회합에 끼어들어 왔다. ◇ **encaje** 남 ① 끼워넣음; (목수의) 맞춤. ② 레이스 (편물). *El pañuelo tenía alrededor un bonito encaje.* 손수건에는 둘레에 아름다운 레이스 장식이 되어 있었다.

encaminar 탄 향하게 하다. ◇ **-se** 향하다; 진로를 잡다. *Después de visitar el museo nos encaminamos al Palacio Real.* 우리들은 박물관을 찾은 뒤에 왕궁으로 향했다.

encanecer [31] *crecer*] 탄 백발이 성성해지다.

encantar 탄 ① (…에게) 마법을 걸다. *En el bosque vivía una vieja que encantaba a las personas.* 숲속에는 사람에게 마법을 거는 노파가 살고 있었다. ② 매혹·매료하다. *Me encanta este paisaje.* 이 경치는 나의 마음을 매료시킨다. ◇ **encantado, da** 형 매우 기쁜 즐거운. *Ella está encantada con su nuevo coche.* 그녀는 새 차를 얻고 대단히 기뻐하고 있다. *Mucho gusto. -Encantado.* 처음 뵙겠습니다. -저야말로. ② 황홀한. ◇ **encan-**

tador, ra 매혹적인. ◇ **encantamiento** 匿 매혹; 매혹; 재출(幻術). ◇ **encanto** 匿 매혹(하는 것), 매력. El *encanto* de esa muchacha está en su dulzura. 그 소녀의 매력은 상냥함에 있다.

encarecer [30 crecer]㉺ ① 값을 올리다. De nuevo han *encarecido* las patatas. (사람들은 다시 또 감자값을 올렸다. ② 칭찬·자랑하다. Me *encareció* tanto esa medicina, que la compré para mi madre. 그가 그 약을 나에게 너무 자랑한 나머지 나는 모친을 위해 그것을 샀다. ③ 강조하다. Me *encareció* la importancia de llegar puntualmente. 그는 시간을 엄수해서 도착하는 일의 중요성을 내게 강조했다.

encargar [8 pagar]㉺ ① 맡기다, 의뢰·위임하다. Mi padre me *ha encargado* que le dé a usted las gracias. 당신에게 사의를 표하라고 부친께서 부탁하셨습니다. ② 주문하다(mandar). He *encargado* una gabardina. 나는 레인코트를 한 벌 주문했다. ◇ ~**se** [+de: …에게] 떠맡다. No te preocupes; *me encargo de* tu hijo. 너는 걱정하지 마라; 내가 네 아들을 떠맡겠다. ◇ **encargado, da** 匿 담당자, 대리인. *encargado* de negocios 대리 공사. (…을) 맡은, 담당한. ◇ **encargo** 匿 ① 의뢰; 직무. Le dejé el *encargo* de vigilar la entrada. 나는 출입문을 지키는 일을 그에게 맡겼다. ② 주문(품). Este es un traje de *encargo*. 이것은 맞춤옷이다.

encarnado, da 匿 살빛의, 심홍색의. He comprado unas rosas *encarnadas*. 나는 새빨간 장미꽃을 샀다. Se puso *encarnada*. 그녀는 얼굴이 붉어졌다.

encender [20 perder]㉺ ① (…에) 불·등을 붙이다, (불을) 켜다. No *enciendas* la luz, que entran los insectos. 불을 켜지마라; 벌레가 들어온다. ② (라디오·텔레비전 따위를) 틀다. *Enciende* la radio. 라디오를 들어라. ◇ ~**se** 불이 붙다; 타다. ◇ **encendedor** 匿 라이터.

encendido, da 匿 새빨간, (부끄러워서) 빨개진. Tenía las mejillas *encendidas* por el rubor. 그녀는 부끄러워 뺨이 빨개져 있었다. ◇ **encendidamente** 匿 격렬하게, 열렬하게.

encerrar [19 pensar] ① 가두어놓다; 감추어두다. *Encerraron* al pobre chico en un cuarto oscuro. 그들은 불쌍한 어린이를 캄캄한 방에 가두었다. ② 포장·간직하다. Esas palabras *encierran* un profundo significado. 그 말들은 깊은 의미를 내포하고 있다. ◇ ~**se** 숨어 살다, 은퇴하다.

encía 여 [해부] 잇몸.

enciclopedia 여 백과사전. Esta *enciclopedia* universal consta de treinta tomos. 이 세계백과사전은 30권으로 되어 있다. *enciclopedia* andante 박식한 사람.

encima 閤 ① 위에, 높은 곳에. Teníamos *encima* la Osa Mayor. 대웅좌가 우리들의 위에 있었다. ② [숙어] 손 안에. Tengo *encima* tres mil pesetas. 나는 손안에 3,000폐세타 가지고 있다. *encima de* …의 위에. Puso un florero *encima de* la mesa. 그녀는 꽃병을 책상 위에 놓았다. *por encima de* …의 위를·로 넘어서. Una golondrina cruzó *por encima de* mi casa. 제비 한 마리가 우리집 위를 가로질러 갔다.

encina 여 [식물] 떡갈나무.

encoger [3 coger]㉺ ① 오그리다, 움츠리다. *Encogió* los hombres. 그는 어깨를 으쓱했다. ② 위축시키다. La miseria le *encoge*. 가난이 그의 기분을 위축시키고 있다. 囸 줄다, 오그라들다. Esta tela no *encoge* al lavarla. 이 천은 빨아도 줄지 않는다. ◇ ~**se** 오그라지다; 위축되다. *Me encogí* con el frío. 나는 추위에 몸을 움츠렸다.

encomendar [19 pensar] ㉺ 의뢰하다, 위탁하다. Le *han encomendado* la dirección de la expedición. 그는 탐험대의 지휘를 부탁받았다. ◇ ~**se** [+a·en: …에] 의뢰하다, 의지하다. *Se encomendó* a Dios y se lanzó a la pelea. 그는 신에게 의지하고 싸움에 뛰어나갔다.

encontrar [24 contar]㉺ ① 발견하다. No *encuentro* ese pueblo en el mapa. 나는 그 읍을 지도 속에서 발견하지 못한다. ② (…와) 만나다. La *encontré* a la salida del metro. 나는 지하철 출입문에서 그녀와 만났다. ③ 판단하다. *Encuentro* esta comedia mal construida. 나는 그 코미디 구성이 서투르다고 생각한다. ◇ ~**se** (어떤 상태·장소에) 있다. *Me encontraba* muy solo. 나는 전혀 혼자였다. ② [+con] …와 만나다. *Me encontré con* él en el ascensor. 나는 그와 승강기 속에서 만났다. ③ 부딪치다; 대립하다. Los dictámenes de ambos *se encuentran*. 쌍방의 의견은 서로 대립하고 있다. ◇ **encontrado, da** 匿 마주 선; 대립한. En el tren nos sentamos en sitios *encontrados*. 우리는 열차에서 마주보는 자리에 앉았다.

encuadernar ㉺ 제본·장정하다. El libro está *encuadernado* en tela. 이 책은 천으로 장정되어 있다. ◇ **encuadernación** 여 제본, 장정.

encubrir [과거분사 encubierto]㉺ 숨기다. *Emcubrió* su libro para que yo no viera

encuentro 圕 ① 해후(邂逅); 조우(遭遇). Salgo al *encuentro* de la hermana que viene del pueblo. 나는 마을에서 오는 여동생을 마중하러 간다. ② 충돌; 대립. El *encuentro* de los dos ejércitos fue duro. 양군(兩軍)의 충돌은 격렬했다. ③ 시합(partido). Mañana tendrá lugar nuestro *encuentro* de fútbol. 우리들의 축구 시합은 내일 개최된다.

enchufe 圕 플러그, 소켓.

enderezar [9]alzar] 턔 ① 똑바로 일으키다. El abuelo *enderezó* el árbol que el vendaval había abatido. 폭풍에 넘어진 나무를 할아버지께서 일으켰다. ② 바로 세우다. Tiene bastante trabajo en *enderezar* sus propios asuntos. 그는 자기의 일을 재건하는데 꽤 고생하고 있다.

endurecer [50] crecer] 턔 ① 굳히다. El sol ha *endurecido* el barro. 태양이 진흙을 굳혔다. ② 단단하게 하다. Todos los días corre dos kilómetros para *endurecer* sus piernas. 매일 그는 다리를 단단하게 하기 위해 2킬로미터를 달린다. ◇ **endurecimiento** 圕 경화; 완건; 완고.

enemigo, ga 圏 [+de: …가] 아주 싫은; 원수의. La abuela era *enemiga de* las medicinas. 할머니는 약이 아주 싫었다. *país enemigo* 적(敵)국. 圕 적(인 사람). José se declaró *enemigo* inmortal de semejante injusticia. 호세는 그러한 부정의 영원한 적이라고 선언했다. [집합적] 적국, 적군. El *enemigo* nos atacará por la montaña. 적군은 산으로부터 공격해올 것이다. ◇ **enemistad** 圕 적의(敵意); 증오. Yo no tengo *enemistades* con nadie. 나는 아무에게도 적대 감정을 갖지 않는다.

energía 圕 ① 세력, 힘. No tiene *energías* ni para levantar una piedra. 그에게는 돌멩이 하나 들어올릴 힘도 없다. ② 정력, 기력; 활동력(actividad). La juventud es la fuente de su *energía*. 젊음이 그의 활동력의 원천이다. ③ 에너지. Esta máquina anda con *energía* eléctrica. 이 기계는 전력(電力)으로 움직인다. ◇ **enérgico, ca** 圏 정력적이다.

enero 圕 1월. Hoy es el primero de *enero*, día de Nuevo Año. 오늘은 1월 1일, 설날이다.

enfadar 턔 화나게 하다, 성나게 하다 (enojar). Su conducta *enfadó* a los asistentes a la reunión. 그의 행동은 참가자를 화나게 했다. ◇ ~*se* 화내다, 성내다 (enojarse). Cuando *se enfada* se le pone roja la cara. 그는 성을 내면 얼굴이 빨개진다. Luisa está *enfadada* con su novio. 루이사는 자기 애인에게 성을 내고 있다. ◇ **enfado** 圕 분노; 불쾌한 생각.

enfermo, ma 圏 [+de: …를] 아픈, 앓는, 병에 걸린. No puede ir, porque está *enferma*. 아파서 그녀는 못간다. Estoy *enfermo del* estómago. 나는 위병을 앓고 있다. 圕 병자, 환자(paciente). El *enfermo* se mejorará cada día. 환자는 나날이 좋아질 것이다. *caer enfermo* 병에 걸리다. Trabajó tanto que *cayó enferma*. 그녀는 너무 일했으므로 병에 걸렸다. ◇ **enfermar** 迴 병에 걸리다, 병들다, 앓다. ◇ **enfermedad** 圕 병, 질환. Está en cama con una grave *enfermedad*. 그는 중병으로 누워 있다. ◇ **enfermero, ra** 圕 간호부, 간호인. ◇ **enfermizo, za** 圏 병약한.

enfilar 턔 한 줄로 늘어 세우다; 측면 공격을 하다.

enfocar [7]sacar] 턔 ① 비추다. Un hombre nos *enfocó* con su linterna. 어떤 사람이 우리들을 회중 전등으로 비추었다. ② (…의) 초점을 맞추다; (문제를) 판별하다. *Enfoquemos* la cuestión desde el punto de vista práctico. 실제적인 관점에서 그 문제를 규명하자. ◇ **enfoque** 圕 조사(照射); 문제의 파악 방법.

enfrentar 턔 ① 맞보이다, 대질시키다. La policía *enfrentó* al criminal y su víctima. 경찰은 범인과 피해자를 대질시켰다. ② 대항시키다. Aunque eran buenos amigos, la competencia los *ha enfrentado*. 그들은 친한 사이였으나, 경쟁심이 그들을 대항시켰다. ◇ ~*se*[+con: …에]직면하다; 대항하다. Al quinto día de marcha *se enfrentaron con* la mayor dificultad de la expedición. 행진 5일째에 그들은 탐험 최대의 곤란에 직면했다.

enfrente 囝 ① [+de: …의] 정면에. El estaba sentado *enfrente de* mí. 그는 내 정면에 걸터 앉아 있었다. Su casa y la mía están una *enfrente de* otra. 그의 집과 우리 집은 마주 보고 있다. ② 반대·대항해서. Tiene a todos los jueces *enfrente*. 그는 모든 재판관과 서로 대항하고 있다. *de enfrente* 정면의·에서. La familia vivía en la casa *de enfrente*. 그 가족은 맞바라보는 집에 살고 있었다.

enfriar [12] enviar] 턔 차게 하다, 식히다. No te olvides de *enfriar* bien la cerveza. 맥주를 차게 하는 걸 잊지 마라. 迴 찌 ① 차게 되다. ② (정열 따위가) 식다; 냉담

enganchar 타 (걱쇠 따위에) 걸리다; 걱쇠를 걸어서 매어두다. *Enganché* la puerta con un alambre. 나는 문에 철사를 걸어서 잠갔다. ◇~**se** [+en: …에] 걸리다. *Se me enganchó* el vestido *en* un clavo de la silla. 내 옷이 의자의 못에 걸렸다.

engañar 타 속이다, 사기하다. *Se le engaña* fácilmente. 그는 잘 속는다. No dejes *engañar* por las apariencias. 외모에 속지 마라. ◇~**se** 스스로를 속이다; 그르치다. *Te engañas* a ti mismo. 너는 자신을 속이고 있다. Nadie puede *engañarse* a sí mismo. 아무도 자신을 속일 수 없다. *Me engañé* creyendo que venías por la tarde. 나는 네가 오후에 오리라고 잘못 생각했다. ◇ **engaño** 명 거짓, 속임수, 사기. ◆ **engañoso, sa** 형 거짓의; 틀리기 쉬운. No confíes en sus *engañosas* palabras. 그의 기만하는 말을 믿지 마라.

engendrar 타 ① 낳다, 생기게 하다. La pereza *engendra* todos los vicios. 게으름이 모든 악덕을 낳는다. ② 발생시키다. En esta agua sucia se *engendran* muchos insectos. 이 더러운 물에 많은 벌레가 발생한다. ◆ **engendro** 명 태아; (미완성의) 괴상동이.

engordar 타 살찌게 하다. En España *engordan* los cerdos con maíz. 서반아에서는 강냉이로 돼지를 키운다. 자재 살찌다. Desde que se casó, (se) *ha engordado* siete kilos. 그녀는 결혼하고 나서 7킬로그램 살쪘다.

engranaje 명 기어 장치.

engrandecer [30 *crecer*] 타 ① 크게하다. *Ha engrandecido* el hospital. 그는 그 병원을 크게 했다. ② 위대하게 하다; 칭찬하다. Este hecho le *engrandeció* a los ojos de todos. 이 행동은 모든 사람의 눈에 그를 훌륭한 사람으로 비치게 했다. ◆ **engrandecimiento** 명 훌륭해짐.

engrasar 타 (…에) 기름을 바르다; 기름으로 더럽히다. *Engrasa* los frenos del coche. 그는 차의 브레이크에 기름을 넣는다.

engreir [38 *reir*] 타 우쭐대게 하다. ◇~**se** 우쭐거리다. ◆ **engreimiento** 명 우쭐거림.

enhorabuena 명 축의, 축사, 축하. Ha recibido muchas *enhorabuenas* por su triunfo en los exámenes. 그는 시험에 합격해서 많은 축하를 받았다. 부 축하합니다.

enjabonar 타 비누로 빨다, 비누칠을 하

다.

enjaular 타 새장(jaula)·우리에 넣다; 투옥하다.

enjuagar [8 *pagar*] 타 (입을) 물로 가시어 행구다. ◇~**se** 양치질하다.

enjugar [8 *pagar*] 타 닦다 (습기를), 말리다. ◇~**se** 닦다. El *se enjugó* el sudor. 그는 땀을 닦았다.

enigma 명 수수께끼. La sonrisa de la Mona Lisa constituye, aun hoy, un verdadero *enigma*. 모나·리사의 미소는 오늘날까지도 완전한 수수께끼이다.

enigmático, ca 수수께끼같은. Me lo dijo con un tono *enigmático*. 그는 나에게 수수께끼같은 말투로 그렇게 말했다.

enlace 명 ① 연결. Existe un *enlace* lógico entre los dos asuntos. 그 두가지 사건에는 논리적인 연결이 있다. ② 연락; 접속. El *enlace* de trenes es excelente en esta estación. 이 역에서는 열차의 연락이 훌륭하다. Aquí está muy bien el *enlace* de trenes. 이곳은 열차의 연락이 대단히 좋다. ③ 결혼(casamiento, matrimonio, boda). Juan y Lola celebraron su *enlace* matrimonial en la catedral. 후안과 롤라는 대사원에서 결혼식을 올렸다. *un feliz enlace* 행복한 결혼.

enlazar [9 *alzar*] 타 ① 연결하다; 접속하다. *Enlazando* varias cuerdas se descolgó por la ventana. 그는 몇 개의 밧줄을 연결해서, 창문에서 밧줄을 따라 내려왔다. ② 얽어 맞추다. Los mecánicos *enlazan* las distintas piezas de la máquina. 기사들은 기계의 여러 가지 부품을 얽어 맞춘다. 자재 연락·접속하다. Este tren *enlaza* con el tren para Madrid en la estación próxima. 이 열차는 다음 역에서 마드리드행 열차와 연락하고 있다.

enmendar [19 *pensar*] 타 수정·정정·교정하다. A su edad es imposible que *enmiende* el defecto del alcohol. 그의 나이로는 술버릇이 나쁜 것을 고치는 불가능하다. ◇~**se** 마음·행동·행위를 고치다. Por más que su padre le corrige, el niño no *se enmienda* nada. 아무리 부친이 고치려 해도, 그 애는 도무지 마음을 고치지 않는다.

enmienda 여 정정, 수정; 교정. Ese niño no tiene *enmienda*. 그 어린이는 손을 댈 수 없다 (교정할 수 없다).

enmudecer [30 *crecer*] 자재 입을 다물다; 말문이 막히다. Juan *enmudeció* de espanto. 후안은 놀라서 어안이 벙벙했다. 타 말문이 막히게 만들다; 말문이 막히게 하다.

enojar 타 노하게·화나게 하다, 성나게 하

enojo 다(enfadar). Esas palabras *enojaron* mucho a su padre. 그 말은 그의 부친을 굉장히 성나게 했다. ◇~**se** [+con·contra: …에] 성내다, 노하다, 화내다 (enfadarse). Nuestro profesor siempre *se enoja con* nosotros porque no estudiamos. 우리의 선생은 공부하지 않는다고 언제나 우리들에게 성을 낸다.

enojo 명 성냄, 화냄. No mostró *enojo* por mi tardanza. 내가 지각을 했는데도 그는 성낸 눈치를 보여주지 않았다. ◇ **enojoso, sa** 형 성나는; 성가신. Es un asunto *enojoso*, porque tendré que enfrentarme con mi mejor amigo. 내 가장 친한 친구와 맞서야 할테니 화나는 일이다.

enorme 형 거대한; 심한. Seúl es una *enorme* ciudad con más de diez millones de habitantes. 서울은 인구 천만 이상의 거대한 도시이다. ◇ **enormidad** 여 거대; 흉칙. Este libro está lleno de *enormidades*. 이 책은 심한 일 투성이다.

enredo 명 분규. No te metas en ese *enredo*. 그 분규에 휘말리지 마라. ◇ **enredoso, sa** 형 분규로, 뒤엉킨. ¡Qué asunto tan *enredoso*! 무슨 사건이 이다지도 뒤엉켜 있나! Este libro está lleno de *enredos*. 이 책은 분규 투성이다. ◇ **enredar** 타 분규를 일으키다; 그물로 잡다, 그물을 치다. 자 떠들어 대다. ◇~**se** 휘감기다. La cinta *se le enredó* al pie. 테이프가 그의 발에 휘감겼다.

enriquecer [30 crecer] 타 넉넉하게 하다, 풍부하게 하다; 개선하다. ◇~**se** 부자가 되다. ◇ **enriquecimiento** 명 번영, 번창; 부자가 되는 일.

enrollar 타 감다, 말다.

enronquecer [30 crecer] 타 목을 쉬게 하다. ◇~**se** 목이 쉬다. ◇ **enronquecimiento** 명 목이 쉼.

ensalada 여 【요리】샐러드.

ensanchar 타 넓히다, 퍼다. Han *ensanchado* el campo de juegos de la universidad. 대학 운동장을 확장했다. ◇ **ensanche** 명 확장; 확대.

ensayar 타 ① 시도하다, 시험하다. Con sus alumnos, el maestro *ensayó* primero la severidad. 선생은 학생들에게 시험삼아 우선 엄격하게 해보았다. ② (품질 따위를) 검사하다. En el laboratorio *ensayan* el oro. 그 연구소에서는 금을 검사하고 있다. ③ 연습하다. Vamos a *ensayar* la obra mañana. 내일 그 작품을 시연해 봅시다.

ensayo 명 ① 시도(試圖), 테스트 (시연, 시운전). En la factoría están llevando a cabo el *ensayo* de una nueva máquina. 그 공장에서는 새 기계의 시운전을 실시 중이다. ② 수필. Está escribiendo un *ensayo* sobre la novela contemporánea. 그는 현대 소설에 관하여 수필을 쓰고 있다. ◇ **ensayista** 명 수필가, 평론가.

enseguida [en seguida라고도 씀] 부 즉시, 곧바로, (inmediatamente, en el acto). Volveré *enseguida*. 나는 곧 돌아오겠다.

enseñar 타 ① 가르치다(⊕ aprender). El me *enseñó* las matemáticas. 나는 그에게 수학을 배웠다. ② 보이다 (mostrar), 표시하다. No se lo *enseñe* a ella. 그녀에게 그것을 보여주지 마세요. Le *enseñé* mi colección de sellos. 나는 그에게 우표 컬렉션을 보였다. ② [+a+inf.: …하기를] 가르치다. ¿Quiere usted *enseñarme a* hablar español? 서반아어를 저에게 가르쳐 주시겠습니까. Le *enseño* a nadar. 나는 그에게 헤엄치는 것을 가르치고 있다. ◇ **enseñanza** 여 가르침, 교육 (educación). Su padre se dedica a la *enseñanza* primaria. 그의 부친은 초등 교육에 종사하고 있다. *enseñanza media* [*secundaria*] 중등 교육. *enseñanza superior* 고등 교육.

ensombrecer [30 crecer] 타 ① 어둡게 하다. La desgracia de su hijo *ensombreció* sus últimos días. 아들의 불행은 그의 만년을 어둡게 했다. ② 그늘지게 하다. La construcción de ese alto edificio *ha ensombrecido* mi casa. 그 높은 건물이 들어선 뒤, 우리 집은 어두워졌다.

ensordecer [30 crecer] 타 귀머거리로 만들다. ◇~**se** 귀머거리가 되다. ◇ **ensordecimiento** 명 귀머거리(되는 일).

ensuciar [11 cambiar] 타 더럽게 하다. El pájaro *ha ensuciado* la jaula. 새가 새장을 더럽혔다. 재재 [+de: …로] 더러워지다; (자기 몸을) 더럽히다. El niño *se ha ensuciado* de barro las manos. 어린이는 진흙으로 손을 더럽혔다.

ensueño 명 꿈; 몽상. La noche pasada tuve un *ensueño* y me veía volando por el aire. 어젯밤 나는 하늘을 나는 꿈을 꾸었다.

entablar 타 (교섭·싸움 따위를) 시작하다. Las dos naciones *han entablado* negociaciones para establecer relaciones diplomáticas. 양국은 외교 관계를 수립하기 위한 절충을 개시했다.

entender [20 perder] 타 ① 이해·양해하다 (comprender). ¿*Entiende* usted castellano? 서반아어를 이해하십니까. No pude *entender* lo que decían. 그들이 말한 것을 알아들을 수 없었다. No *entiendo* nada de lo que me dices. 나는 네가 말하는 것을 전혀 모르겠다. ② (…라) 해석·판단하다. *Entiende* que sería mejor hacerlo. 그 일을 하는 편이 좋다고 그는

생각한다. 재 지식이 있다. *Entiendo mucho de la historia de España.* 그는 서반아 역사를 잘 알고 있다. ◇ **~se** 서로 이해하다. *Hablando se entiende la gente.* 말하면 안다 (사람들은 서로 이해할 수 있다). ② [+con : …과] 결말을 짓다. 재 생각, 판단. *A mi entender, sería mejor aplazar el viaje.* 내 생각으로는 여행을 연기하는 편이 좋겠다. **~tendimiento** 명 ① 양해. *No han podido llegar a un entendimiento.* 그들은 양해하기가 불가능했다. ② 이해(력), 판단(력).

enterar 타 [+de : …를] (…에게) 가르치다, 알리다. *Estamos enterados de sus planes.* 우리는 그의 계획이 무엇인지 알고 있다. *No quise enterar a tu padre de lo ocurrido.* 나는 사건을 네 부친에게 알리고 싶지 않았다. ◇ **~se** [+de : …를] 알다, 양지(諒知)하다. *No me enteré del asunto hasta que me lo contaron.* 나는 남이 말해 주기까지는 그 일을 알지 못했다. *Estaba enterada de lo ocurrido.* 그녀는 사건을 알고 있었다. *Entérate de cuándo sale el tren.* 열차가 언제 떠나는지 알아보세.

enternecer [30 crecer] 타 연하게 하다, 부드럽게 하다; 감동시키다. ◇ **~se** 부드러워지다; 눈물을 머금다, 감동하다. ◇ **enternecidamente** 부 눈물겹게.

entero, ra 형 ① 꼭 닮은; 완전한. *El lo esperó dos semanas enteras.* 그는 완전히 2주일 동안 그것을 기다렸다. ② 고결한, 공정한. *No creo que Carlos sea un hombre tan entero.* 까를로스가 그렇게 공정한 사람이라고는 생각하지 않는다. ◇ **enteramente** 부 오로지, 몽땅. *Se ha perdido enteramente la cosecha de trigo.* 밀의 수확이 몽땅 허탕이었다. ◇ **entereza** 예 완전, 공정.

enterrar [19 pensar] 타 ① 묻다. *El avaro enterró su fortuna bajo un árbol del jardín.* 그 구두쇠는 돈을 나무 밑에 재산을 묻었다. ② 매장하다. *El ha sido enterrado en el cementerio de su pueblo natal.* 그는 고향의 묘지에 매장되었다. ◇ **entierro** 매몰; 매장; 장례식.

entidad 예 ① 정체, 실체. *Aun no se conoce exactamente la entidad del átomo.* 원자의 실체는 아직 정확하게 알지 못한다. ② 중요함. *No es asunto de bastante entidad para convocar por él.* (그것은) 그것 때문에 회의를 소집할 만큼 중요한 사건은 아니다. ③ 기관, 단체, 조직; 회사. *La Universidad es una entidad docente.* 대학은 교육 기관이다.

entonar 타 ① 노래하다. *La multitud entonó el himno nacional.* 군중은 국가를 노래했다. ② 격려하다. *Esta sopa te entonará.* 이 수프는 너에게 기운을 넣어 줄 것이다. 재 조화하다. *El color de las cortinas no entona con el de la habitación.* 커튼의 빛이 방의 빛과 조화하지 않는다. ◇ **entonación** (어조의) 억양.

entonces 부 그때, 당시; 그러면 (pues). *Era entonces un niño.* 그 당시 나는 어린애였다. *Le llamé y entonces volvió la cabeza.* 내가 그를 불렀더니 그는 뒤돌아보았다. *Esta tarde tengo que ir al médico. —Entonces, ¿no vendrás a la Universidad?* 나는 오늘 오후 의사에게 가야한다. ―그래, 너는 대학에는 안 오는구나.

entornar 타 반쯤 닫다. *Ana entornó la puerta.* 아나는 문을 반쯤 닫았다. ◇ **~se**

entrada 예 ① 들어감, 입장, 입회, 입학; 침입. *Está prohibida la entrada a este parque después de las cuatro.* 4시 이후에 이 공원에 들어가는 것은 금지되어 있다. *Se prohibe la entrada* 입장 금지. *Entrada libre* 입장 무료. ② 입구, 어귀. *A la entrada de la calle hay un teléfono público.* 그 거리의 어귀에 공중 전화가 있다. ③ 처음, 시초. *Con la entrada de la primavera florecen los cerezos.* 봄의 시작과 더불어 벚꽃이 핀다. ④ 입장권, 입장료. *¿Cuánto cuesta la entrada?* 입장료는 얼마입니까. *Tengo dos entradas para el teatro, ¿me acompañas?* 극장의 입장권이 두 장 있는데, 함께 가겠나.

entrante 형 오는, 다음의 (próximo, que viene, que entra). *semana entrante* 다음 주.

entraña 예 ① 【해부】 내장. *La herida era tan profunda que se le veían las entrañas.* 그의 상처는 무척 깊어서 내장이 보이고 있었다. ② 내부; 깊은 곳, 바닥. *Los mineros trabajan en las entrañas de la tierra.* 광부는 땅바닥에서 일한다. ③ 심정. *Es un hombre sin entrañas.* 그는 인정이 없는 사람이다.

entrar 재 ① 들어가다, 들어오다. *¿Se puede entrar?* 들어가도 괜찮습니까. *Carlos ha entrado en el hospital.* 까를로스는 입원했다. *Las comidas no entran en el precio de la pensión.* 식대는 하숙비에 들어 있지 않다. *El zapato no me entra, es muy pequeño.* 이 구두가 내 발에 들어가지 않는군요, 매우 작아요. ② 시작되다. *Ya ha entrado la estación de lluvias.* 벌써 우기(雨期)에 들어섰다.

entre 전 ① 〔둘 이상의 물건·사건의 사이〕 …의 사이에. *Zaragoza está entre Madrid y Barcelona.* 사라고사는 마드리

entreacto 명 막간(극).

entregar [8 pagar] 타 건네주다. ¿Quieres *entregarle* esta carta? 그에게 이 편지를 건네주겠나. ◇ **~se** ① 몸을 맡기다. ② [+a:…에] 몰두・골몰하다, 종사하다. Pedro es un hombre que *se entrega a* los amigos. 페드로는 친구를 위하여 헌신적이 되는 사람이다. Juan está entregado a la bebida. 후안은 술에 빠져 있다. ◇ **entrega** 몡 ① 건네줌, 인도, 명도; 교부. El entrega se efectuó la ceremonia de *entrega* de títulos. 졸업 증서 수여식이 토요일에 거행되었다. *entrega inmediata* 즉각 인도. ② 정근. Es admirable su *entrega* al trabajo. 그의 일에 대한 열의는 대단한 것이다. ◇ **entregador, ra** 형 전 네주는, 인도・수교하는. ◇ **entregoin** 명 인도(引渡人). ◇ **entregamiento** 명 인도(引渡).

entremeter 타 삽입하다, 끼우다. ◇ **~se** 끼어들다, 간섭하다.

entrenar 타 연습・훈련・교육시키다. ◇ **entrenador, ra** 명 (운동)감독, 코치. ◇ **entrenamiento** 명 연습, 훈련, 교육.

entresuelo 명 웃방, 골방; (극장의) 특등 석.

entretanto 튀 그 동안에; 한편에서. Entró a tomar un café y *entretanto* le robaron el coche. 그는 커피를 마시러 들어갔는데 그 동안에 차를 도둑맞았다.

entretener [58 tener] 타 ① 즐겁게 하다. Tiene habilidad para *entretener* a los niños. 그녀에게는 어린이를 즐겁게 하는 재능이 있다. ② (마음을) 혼란케 하다. Mientras uno le *entretenía* preguntándole la hora, el otro le robó la cartera. 한 사람이 시간을 물어서 그의 주의를 빗나가게 하고 있는 동안에, 다른 놈이 그의 지갑을 훔쳤다. ◇ **~se** [+con・de:…로] 즐거워하다, 소일하다. Los niños *se entretienen con* cualquier cosa. 어린이는 아무 것으로라도 소일한다. ◇ **entretenido, da** 형 유쾌한, 즐거운. ◇ **entretenimiento** 명 오락・소견, 소일.

entrevista 명 회견, 인터뷰, 회담. Los periodistas han tenido una *entrevista* con el profesor. 신문 기자는 교수와 인터뷰를 하였다. ◇ **entrevistarse** 재 [+ con:…과] 회견하다.

entristecer [30 crecer] 타 슬프게 하다. ◇ **~se** [+con・de・por:…로] 슬퍼하다. *Se entristeció por* que nadie le prestaba oídos. 아무도 그가 말하는 것에 귀를 기울이지 않음을 그는 슬퍼했다.

entrochar 타 (머끄로) 유혹・유인하다. 펴내대다・들이다. ◇ **estruchón** 명 미끼, 유인.

entrometer 타 사이에 넣다, 끼우다. ◇ **~se** 관여하다, 참견하다.

enturbiar [11 cambiar] 타 흐리게 하다. ◇ **~se** 흐리다. El agua del río *se enturbió* con la lluvia. 냇물이 비 때문에 흐렸다.

entusiasmo 명 열광, 감격, 흥분. Habló con *entusiasmo* de sus proyectos. 그는 흥분해서 자기의 계획을 말했다. ◇ **entusiasmar** 타 열광・감격시키다. Los toros le *entusiasmaron*. 투우는 그를 열광시켰다. ◇ **entusiasta** 형 열심인; 열광적인.

enumerar 타 세다, 열거하다. ¿Puedes *enumerar* todas las provincias de España? 너는 서반아의 주 이름을 전부 열거할 수 있느냐. ◇ **enumeración** 명 열거; 제목.

envasar 타 그릇에 담다.

envejecer [30 crecer] 재 늙게 하다; 낡게 되다. *Ha envejecido* mucho en estos años. 그는 근년에 매우 늙었다.

envenenar 타 ① (…에) 독을 넣다・붙이다. Los indios *envenenaban* las puntas de las flechas. 인디오들은 화살촉에 독을 바르고 있었다. ② 중독시키다. ③ 해치다; 손상케 하다. Sus palabras imprudentes *envenenaron* las relaciones entre los dos amigos. 그의 부주의한 말은 두 친구의 관계를 나쁘게 했다.

enviar [12] 타 보내다 (mandar); 발송하다. ¿Puede usted *enviar* mi equipaje al hotel? 제 짐을 호텔로 보내주실 수 있겠습니까. Hace un mes que *envié* el equipaje. 나는 1개월 전에 짐을 이 앞으로 보냈다. ◇ **envío** 명 보냄, 파견, 송부, 출하; 발송물. Hoy he recibido tu *envío*. 오늘 나는 네가 보낸 물건을 받았다.

envidia 명 선망, 부러움. No tengas *envidia* de tus compañeros porque hayan logrado mejores notas. 친구들이 좋은 성적을 받았다고 해서 그들을 부러워 하지 마라. ◇ **envidiable** 형 부러운, 시새움하는. ◇ **envidiar** [11 cambiar] 타 부러워 하다, 시샘하다. Todos le *envidian* por la suerte que ha tenido. 그가 행복을 얻었으므로 모두가 부러워하고 있다. ◇ **envidioso, sa** 형 부러워하는, 시샘・부러워하는 사람. El *envidioso* nunca está contento. 시샘하는 사람은 만족하는 일이 없다.

enviudar 찌 과부·홀아비가 되다, 남편·아내를 잃다.

envoltorio 몜 포장(지).

envolver [25] volver, 과거분사 envuelto]탸 ① [+con·en:…으로·에] 싸다, 말다. La niña *envolvió* sus juguetes *en* un periódico. 소녀는 장난감을 신문지에 쌌다. ② 감아들이다. *Han envuelto* también en el proceso al hijo del acusado. 피고의 아들도 소송에 휩쓸려 들었다. ③ 포위하다. ◇~**se** 몸을 싸다; 휘감다. Para dormir *se envolvió* en una manta. 그는 잠들기 위해서 담요를 몸에 둘렀다.

episodio 몜 삽화(揷畫), 에피소드. Este no es más que un *episodio*. 이것은 하나의 에피소드일 뿐이다. ◇ **episódico, ca** 톙 삽화의, 삽화적인.

epistolario 몜 편지집, 서간집.

época 몜 시대; 시기. En aquella *época* estaba yo ausente de Vigo. 그 무렵 나는 비고에 없었다. El otoño es la *época* de los deportes al aire libre. 가을은 옥외 운동의 시기이다.

epopeya 몜 서사시; (서사시적인) 위업. La travesía del desierto fue una verdadera *epopeya*. 그 사막의 횡단은 정말로 위업이었다.

equilibrio 몜 ① 균형, 걸맞음. Guardaba el *equilibrio* sobre una cuerda. 그는 밧줄 위에서 균형을 잡고 있었다. ② 평정. Ha resuelto el problema con su acostumbrado *equilibrio*. 그는 여느때처럼 평정하게 문제를 해결했다. ◇ **equilibrar** 탸 균형 있게 하다. 찌 균형을 유지하다. Es un hombre *equilibrado*. 그는 신중한 사람이다.

equipaje 몜 짐, (수)화물. Quiero facturar este *equipaje*. 이 짐을 수하물로 보내고 싶다. *coche de equipaje* 화차(貨車).

equipo 몜 ①용품(用品); 장비, 기구. Aquí se venden *equipos* de colegial. 여기서는 학용품을 팔고 있다. ② (경기)의 팀. Este *equipo* tiene buenos jugadores. 이 팀에는 좋은 선수가 있다.

equivaler [51 valer]찌 ① [+a:…와] 같다 동등하다, 등가(等價)이다. Dos duros *equivalen* a diez pesetas. 2두로는 10뻬세타에 따에 상당한다. ② [+a:…를] 의미하다. ◇ **equivalencia** 몜 동등, 등가. **equivalente** 톙 같은, 한가지인.

quivocar [7 sacar]탸 ① 틀리다. Hemos *equivocado* el camino. 우리는 길을 잘못 들었다. ② (…에게) 잘못시키다. Si hablas mientras estoy calculando, me *equivocas*. 내가 계산하고 있는 동안에 네가 지껄이면 나에게 잘못을 저지르게 된다. ◇~**se** [+de·en:…을] 그르치다. Me *equivoqué de* tren. 나는 열차를 잘못 탔다. Seguro que la tía está *equivocada en* el precio. 확실히 그 숙모가 값을 잘못 알고 있다. ◇ **equivocación** 몜 잘못, 오류.

equívoco, ca 톙 모호한; 수상쩍은. Llevaba una vida *equívoca*. 그녀는 수상쩍은 생활을 하고 있었다.

era¹ 몜 ① 농사장(農事場). ② 기원; 시대 (época). ¡Ojalá venga una *era* de paz! 제발 평화로운 시대가 오기를! *era cristiana* 서력 기원.

era² ser의 직설법 불완료 과거 1·3인칭 단수.

erais ser의 직설법 불완료 과거 2인칭 복수.

éramos ser의 직설법 불완료 과거 1인칭 복수형.

eran ser의 직설법 불완료 과거 3인칭 복수.

erario 몜 국고(國庫).

eras ser의 직설법 불완료 과거 2인칭 단수.

erección 몜 건립, 창설, 설립, 발기. **erector, ra** 톙건립한. 몜 건립자, 창설자, 창설자, 설립자.

eremita 몜 은자(隱者) (ermitaño).

erguir [41] 탸 세우다, 일으키다. Al oírse llamado, *irguió* la cabeza. 그는 부르는 소리를 듣고 머리를 들었다.

erigir 탸 ① 세우다. Allí *erigieron* un templo. 그들은 그곳에 사원을 세웠다. ② [+en:…에] 추천하다. Le *erigieron* (en) caudillo. 사람들은 그를 수령으로 밀었다.

ermita 몜 (수행자의) 암자. Hay una *ermita* en la ladera de aquel monte. 저 산의 중턱에 행자의 암자가 있다.

ermitaño, ña 몜 행자(行者), 은자(隱者).

errar [23] 탸 그르치다. *He errado* el camino. 나는 길을 잘못 들었다. 찌 ① 그르치다. Perdóneme usted si en esto *he errado*. 내가 무슨 잘못이 있으면 용서하십시오. ② 방랑하다(vagabundear). Perdiendo el camino, *erré* tres días por el bosque. 나는 길을 잘못 들어, 3일이나 숲을 헤매었다. ◇ **errante** 톙 방랑의, 유목의. ◇ **errata** 몜 오식(誤植), 오식.

error 몜 잘못; 과실. Si lo haces, cometerás un *error*. 만일 네가 그 일을 하면 잘못을 저지르는 결과가 된다. ◇ **erróneo, a** 톙 그릇된.

erudito, ta 톙 박학한, 박식한. Es *erudito* en antigüedades peruanas. 그는 뻬루의 고대 유물에 (관하여) 잘 알고 있다. 몜 학식자, 자료 수집가. ◇ **erudición** 몜 박학, 학식.

erupción 여 발진(發疹), 분출. ◇ **eruptivo, va** 형 발진성의, 분출한.

esbelto, ta 형 날씬한; 호리호리한. Lola es una muchacha *esbelta*. 롤라는 날씬한 (몸매의) 소녀이다. ◇ **esbeltez** 여 날씬함, 후리후리한 몸매.

escabeche 남 식초에 절임; 생선의 식초 회.

escabroso, sa 형 험한, 사나운. ◇ **escabrosidad** 여 험난함, 거칢.

escabuche 남【연장】호미.

escala 여 ① 눈금; 척도. ¿A qué *escala* está este mapa? 이 지도의 축척은 몇 분의 1입니까. ② 규모. Negocia en harinas en gran *escala*. 그는 대규모로 밀가루를 하고 있다. ③ 기항(寄港)·착륙(지). *hacer escala* 기항하다. El barco *hará escala* en las Canarias. 배는 카나리아 군도에 기항할 것이다.

escalera 여 ① 계단. Vamos a subir las *escaleras*. 계단을 오르자. ② 사다리. Apoyé la *escalera* contra la pared. 나는 사다리를 벽에 기댔다.

escalerilla 여 (배 따위의) 트랩.

escalofrío 남 오한. Tengo *escalofríos*. 나는 한기가 있다. Tienes mala cara. ¿Qué te pasa? Me dan *escalofríos*. 너는 얼굴빛이 좋지 않다; 무슨 일이냐. — 한기가 있다.

escamoteo 요술(juegos de escamoteo); 야바위. ◇ **escamotear** 타 요술을 부리다.

escampar 타 말끔히 치우다; 방해물을 없애다. 자 비가 멎다. Si no *escampa* no iré. 비가 멎지 않으면 가지 않겠다. Espero que *escampe*. 비가 멈추기를 바란다.

escándalo 남 ① 어이없음. ② 추문, 중상; 소란. Unos borrachos armaron un *escándalo* en la calle. 주정꾼들이 거리에서 소란을 피웠다. ◇ **escandaloso, sa** 형 어처구니없는; 시끄러운. Ese es un precio *escandaloso*. 그건 어처구니 없는 값이다.

escapar 자 도망치다(huir). El pájaro *escapó* de la jaula. 새가 새장에서 도망쳤다. ~**-se** ① [+de · a; …에서] 도망치다. ② 눈치에서 벗어나다. No *se escapa* nada a su observación. 그의 관찰에서 벗어나는 것은 아무 것도 없다. ③ (액체·가스따위가) 새다. El gas *se escapa* por aquí. 가스가 여기서 샌다. ◇ **escape** 남 도망; (액체·가스 따위의) 새어나옴. Hay un *escape* de gas ahí. 그곳에서 가스가 샌다. *tubo de escape* 배기관. *a escape* 서둘러서. Salió de casa *a escape* 그는 급히 외출했다.

escaparate 남 유리 찬장; 진열장. En el *escaparate* estaban expuestos los últimos modelos. 진열장에는 최신형의 상품이 진열되어 있었다.

escarabajo 남【동물】풍뎅이.

escarabajuelo 남【동물】풍뎅이.

escarbadientes 남【단·복수 동형】이쑤시개.

escarbaorejas 남【단·복수 동형】귀이개.

escarbar 타 긁다, 후비다.

escarcha 여 서리(helada blanca).

escarchar 자 서리가 내리다.

escardar 타 김매다, 제초(除草)하다. ◇ **escarda/escardura** 여 제초. ◇ **escardadera** 여 호미(escardilla). ◇ **escardillo** 남 제초기.

escarmentar [19 pensar] 타 혼내주다. Usted debe de *escarmentar* de eso. 당신은 그것에 대해 혼이 나야 한다. ◇ **escarmiento** 남 훈계, 벌.

escaso, sa 형 ① 근소한. El artista tenía quince años *escasos*. 그 예술가는 겨우 열다섯 살이었다. ② 적은, 부족한. Este año ha sido *escaso* en lluvias. 금년은 비가 부족하였다. ◇ **escasez** 여 근소, 부족, 결핍, 궁핍. Esta ciudad tiene *escasez* de agua. 이 도시는 물이 부족하다.

escena 여 ① 무대; (극의) 장면. Su obra se ha puesto en *escena*. 그의 작품은 상연되었다. ② 광경. Hoy he presenciado una *escena* conmovedora. 오늘 나는 감동적인 광경을 목격했다. ◇ **escenario** 남 무대; 주위의 상황.

escepticismo 남 의혹, 회의주의, 회의파. ◇ **escéptico, ca** 형 회의주의의, 회의적인. 회의주의자.

esclavo, va 남 노예. No seas *esclavo* del alcohol. 알콜의 노예가 되지마라. ◇ **esclavitud** 여【집합적】노예; 굴종, 속박.

escoba 여 빗자루. ◇ **escobadera** 여 청소부. ◇ **escobar** 타 쓸다, 비질하다.

escoger [3 coger] 타 고르다, 골라내다, 끌라잡다. *Escogí* por esposa a la chica menor. 나는 막내딸을 아내로 골랐다. *Escoja* unas manzanas del cesto. 바구니에서 사과 몇 개 고르십시오.

escolar 형 학교의, 학사의. 남 (특히 국민학교의) 학생(alumno). Los *escolares* salieron de clase a empujones. 학생들은 밀치락달치락하면서 교실을 나왔다.

escolopendra 여【동물】지네(ciempiés).

escolta 여 경호원, 호위대. ◇ **escoltar** 타 경호·호위·호송하다.

escombro 남 부스러기, 찌꺼기.

esconder ㉣ ① 숨기다. ¿Dónde *escondiste* mi libro? 너는 어디에 내 책을 숨겼느냐. ② 감추다. Esa sonrisa *esconde* mala intención. 그 미소는 악의를 감추고 있다. ◇ ~**se** 숨다. *Se escondió* detrás de la puerta. 그는 문 뒤에 숨었다. ◇ **escondite** 囵 ① 숨을 곳. ② 숨바꼭질. Los niños jugaban al *escondite*. 어린이들은 숨바꼭질을 하고 있었다.

escopeta 囡 엽총, 사냥총. Con su *escopeta* salio de caza. 그는 엽총을 가지고 사냥을 나갔다.

escribano 囵 공증인(notario). ◇ **escribanía** 囡 공증 사무소.

escribir [과거분사 escrito]㉣ ① 쓰다. Acabo de *escribir* una carta a mi padre. 나의 부친에게 편지를 방금 썼다. ② 저술하다. Está *escribiendo* una novela. 그는 소설을 쓰고 있다. ㉠ ① 글을 쓰다. Esta pluma no *escribe* bien. 이 펜은 잘 씨지지 않는다. ② 글・편지를 쓰다. Tengo la costumbre de *escribir* a mis padres por lo menos una vez al mes. 나는 적어도 매달 한번은 부모님한테 편지를 쓰기로 하고 있다. • *escribir a máquina* 타자를 치다. ¿Sabe usted *escribir a máquina*? 당신은 타자를 칠 수 있습니까. ◇ **escrito, ta** 쓰여진. 囵 쓴것, 문서. *por escrito* 문서로. Avíseme *por escrito*, por favor. 문서로 나에게 알려 주십시오.

escritor, ra 囵 작가, 저술가(autor).

escritorio 囵 ① 사무용 책상. Se durmió con el codo apoyado en el *escritorio*. 그는 팔꿈치를 책상에 짚고 잠들었다. ② 사무실(oficina, despacho); 서재 (despacho, biblioteca). Está encerrado en su *escritorio*. 그는 서재에 처박혀 있다.

escritura 囡 ① [집합적・추상적] 문자. Las *escrituras* griega y latina derivan del fenicio. 희랍어와 라틴 문자는 페니키아어에서 나왔다. ② 문서, 증서. Enséñeme usted la *escritura* de la compra de esta casa. 이 가옥의 구입 증서를 보여 주십시오. *escritura fonética* 음표 문자.

escrópula 囡【의학】나력.

escroto 囵【생리】음낭.

escrúpulo 囵 ① 주저; 양심의 가책. Tenía muchos *escrúpulos* de conciencia de hacerlo. 그는 그 일을 하는데 양심의 가책을 많이 받았다. ② 세심, 배려. Prepara con *escrúpulo* las recetas. 그는 세심하게 처방서를 작성한다. ◇ **escrupuloso, sa** 걱정 잘 하는; 음의 주도한.

escrutinio 囵 정밀 검사; 개표(開票).

escuadra 囡 함대.

escuchar ㉣ (가만히) 듣다, 청취하다. *Escúcheme* usted. 제 말을 들으세요. El niño *escuchaba* la radio. 어린이는 라디오를 가만히 듣고 있었다. No quiere *escuchar* razones. 그는 이유를 듣고 싶어하지 않는다. 쥐 귀를 기울이다. Mientras el maestro habla, los alumnos *escuchaban*. 선생이 말하고 있는 동안, 학생들은 귀를 기울이고 있었다.

escudo 囵 ① 방패; 문장(紋章); 방어물(防禦物). La madre es el *escudo* natural de sus hijos. 모친은 자기 아이들의 자연의 방패이다. ② 에스쿠도 [포르투갈의 화폐 단위].

escuela 囡 ① 학교(colegio). Los niños españoles entran en la *escuela* a los seis años de edad. 서반아의 어린이는 6살에 학교에 들어간다. ② 유파(流派). La *escuela* romántica ha producido obras extraordinarias de arte. 낭만파는 훌륭한 예술 작품을 낳았다.

escultura 囡 조각(彫刻). La *escultura* griega realizó obras de arte admirables. 그리스의 조각은 훌륭한 예술 작품을 실현했다. Voy a esperarte junto a la *escultura* que hay en la plaza. 나는 광장에 있는 상 옆에서 너를 기다리겠다. ◇ **escultor, ra** 囵 조각가.

escupir 쥐 침을 뱉다. ㉣ 뱉다, 토해 내다. ◇ **escupidura** 囡【의】침, 담.

escurrir ㉣ 방울방울 떨어지게 하다; 말리다, 짜다. 쥐 묵묵 떨어지다; 미끄러지다.

ese, sa [復 esos, esas]【중칭 지시 형용사】그, 그러한. ¿Cuánto es *esa* corbata? 그 넥타이는 얼마입니까. No conozco a *ese* hombre. 나는 그런 사람을 모른다.

ése, sa [復 ésos, ésas]㈹【중칭 지시 대명사; 중칭 지시 형용사와 혼동되지 않는 한 악센트 기호를 붙이지 않아도 좋음】그 것, 그 일. *Ese* es el hombre que vi ayer. 그 사람은 내가 어제 본 사람이다. *Esa* de enfrente es mi casa. 정면의 그것이 우리 집이다.

esencia 囡 ① 본질, 정수(精髓). No has penetrado todavía en la *esencia* del asunto. 너는 아직 사물의 본질에까지 들어가 있지 않다. ② 향수(perfume). La regalado a su novia una *esencia*. 그는 애인에게 향수를 선물했다. ◇ **esencial** 囮 ① 본질적인, 기본적인. La inteligencia es *esencial* en el hombre. 지성은 인생에서 본질적(인 것)이다. ② 긴요한, 중요한. Lo *esencial* en la vida es tener salud. 인생에서 중요한 일은 건강한 일이다. ◇ **esencialmente** 囲 본질적으로, 진실로.

esfera 예 ① 공, 구체; 구면(球面). La tierra tiene la forma de una *esfera*. 지구는 구형(球形)을 하고 있다. ② 지구(tierra). En la pared hay un mapa de la *esfera* terrestre. 벽에 세계 지도가 있다. ③ 영역, 활동 범위. Pocos compiten con él en su *esfera* profesional. 그 전문 분야에서 그에게 견줄 자는 적다. ◇ **esférico, ca** 구형의; 구모양의.

esforzar [9] alzar, 24 contar] 타 억지로 하다. No te conviene *esforzar* la vista. 눈을 무리하게 쓰는 것은 좋지 않다. ~**se** [+para・por: …하려고] 노력하다 (hacer un esfuerzo por). Me *esforcé para* no dormirme en clase. 나는 수업 중에 졸지 않으려고 노력했다.

esfuerzo 남 노력. Si no haces un *esfuerzo*, no conseguirás nada en la vida. 네가 노력하지 않으면 인생에서 아무 것도 얻은 것이 없을 것이다.

esgrima 예 펜싱, 검술. ◇ **esgrimador** 검술가 ◇ **esgrimir** (타) 칼 따위를) 쓰다. ◇ **esgrimista** 검술가, 펜싱 선수.

eslabón 남 (쇠사슬의) 고리.

eslavo, va 형 슬라브족(eslavos)의. 명 슬라브사람.

esmalte 남 칠보(七寶)(세공). ◇ **esmaltar** (타) (…에) 칠보를 박아넣다.

esmeralda 예 에메랄드.

esmerar 타 광을 내다. ~**se** 지성을 들이다. *Se esmera* en todo. 그는 모든 것에 지성을 들인다. ◇ **esmerado, da** 형 지성의, 정성을 드린. ◇ **esmeradamente** 부 지성을 들여서.

esmeril 남 금강사(金剛紗)

eso [중칭 중성 지시 대명사] 그것, 그 일. *Eso* es lo que quiero decir. 그것이야말로 내가 말하고 싶었던 것이다. ¡*Eso* es! 옳지, 그래로다. No es *eso*. 그런 일은 아니다. *por eso* 그러므로. Estoy ocupado, *por eso* no puedo salir. 나는 바쁘다; 그리하여 나갈 수 없다. *y eso que* 하기야, 그렇다고는 하나. Ha llegado tarde, *y eso que* no tenía nada que hacer. 그는 지각했다, 아무 것도 할 일은 없었는데.

espacio 남 ① 우주; 공간. Cuando contemplamos el cielo por la noche, tenemos la impresión de que el *espacio* es infinito. 밤에 하늘을 바라보고 있으면 우주가 무한하다는 인상을 받는다. ② [시간적・공간적] 사이, 스페이스. En el *espacio* de un año cambió de coche dos veces. 그는 1년 동안에 두번이나 차를 바꾸었

다. Usted ocupa demasiado *espacio* en la mesa. 당신은 책상으로 장소를 너무 차지하고 있다. 공간의. estación *espacial* 우주 정거장. ◇ **espacioso, sa** 형 광활한.

espada 예 ① 칼, 검. En ese museo se conservan muchas *espadas* antiguas. 그 박물관에는 오래된 칼이 많이 보존되어 있다.

espalda 예 ① 등. ¿Siente usted dolor en la *espalda*? 등에 통증을 느낍니까. Con el frío me duele la *espalda* 추위 때문에 나는 등이 아프다. ② 뒤(편), 배면, 배후. El huerto está a *espaldas* de la casa. 야채밭은 집의 뒤편에 있다. Se tendió *de espaldas* en el suelo. 그는 땅 위에 반듯하게 누어누웠다.

espantar 타 놀라게 하다; 쫓아내다. El relámpago *espantó* al caballo. 번개가 말을 놀라게 했다. *Se espanta* por muy poca cosa. 그는 사소한 일로 놀란다.

espanto 남 놀라움, 두려움; 공황. El niño vino con la cara llena de *espanto*. 그 아이는 놀란 얼굴을 하고 왔다. ◇ **espantoso, sa** 형 무서운, 두려운. Hoy hace un calor *espantoso*. 오늘은 무섭게 덥다. ◇ **espantadizo, za** 형 놀라기 쉬운. Los ciervos son animales muy *espantadizos*. 사슴은 무척 잘 놀라는 동물이다.

español, la 형 서반아(España)의. 명 서반아사람. 남 서반아어(castellano). Yo soy *español*. 나는 서반아 사람이다. Aquí se habla *español*. 이곳에서는 서반아어가 사용된다.

esparadropo 남 반창고.

esparcir [2 zurcir] 타 ① 흐트러뜨리다; 끼얹다. El viento *ha esparcido* los papeles que estaban sobre la mesa. 바람이 책상 위에 있던 종이를 흐트러뜨렸다. ② (기분을) 유유하게 갖다. Será mejor que *esparzas* el ánimo haciendo un viaje. 너는 여행이라도 해서 기분을 유유하게 가지는게 좋다. ~**se** 기분을 전환하다 (espaciarse). Ha salido para *esparcirse* por el parque. 그는 기분을 전환하기 위하여 공원으로 출발했다. ◇ **esparcido, da** 형 명랑한, 소탈한.

especial 형 특별한, 특수한. Hemos puesto un *especial* cuidado en la calidad. 우리들은 이 품질에는 특별한 주의를 했다. *en especial* 특히(especialmente). Me gustó mucho España, *y en especial* Granada. 나는 서반아이, 특히 그라나다가 대단히 많이 들었다. ◇ **especializar** [9 alzar] 재재 [+en: …을] 전문으로 하다. *Se especializa en* la química orgá-

especialidad 그는 유기 화학이 전문이다. ◇ **especialmente** 튄 특히.

especialidad 몡 ①특수성, 특색. Esa es precisamente la *especialidad* de este producto. 그게 바로 이 제품의 특색이다. ②특기, 전문.

especialista 톙 전문의. 몡 전문가. Si te duelen los ojos, ve al *especialista*. 너는 눈이 아프면 전문 의사에게 가거라.

especie 몡 ①종류(clase, género). No me gusta esa *especie* de vida. 그런 종류의 생활은 좋지 않다. ②일, 물체. Ha difundido una *especie* falsa. 그는 거짓을 퍼뜨렸다. *en especie* (돈이 아니고) 물품으로. Pagué el arrendamiento de la tierra *en especie*. 나는 지대(地代)를 물품으로 지불했다.

específico, ca 톙 ①특수한, 독특한. El lenguaje es algo *específico* de la especie humana. 언어는 인류의 독특한 것이다. ②특효가 있는. Aún no se ha encontrado una medicina *específica* de esa enfermedad. 아직 그 병의 특효약은 발견되지 않았다. 몡 특효약.

espectáculo 몡 ①흥행(물); 구경거리. El circo es un *espectáculo* para los niños. 서커스는 어린이용 구경거리이다. ②전망, 광경. La puesta del sol es un *espectáculo* siempre nuevo. 낙조(落照)는 언제 보아도 새로운 광경이다.

espectador, ra 몡 관객. Los *espectadores* aclamaron la representación con repetidos aplausos. 관객은 박수를 되풀이하여 그 상연물에 갈채를 보냈다.

espectro 몡 유령, 도깨비;【물리】스펙트럼, 분광(分光).

especulación 몡 ①사색. Se dedica a la *especulación* filosófica. 그는 철학적 사색에 몰두하고 있다. ②투기. Se ha hecho rico con una *especulación* afortunada. 그는 운좋은 투기로 부자가 되었다.

espejo 몡 ①거울. En cuanto se levanta se mira en el *espejo* [al *espejo*]. 그녀는 일어나자 바로 거울을 본다. ②모범; 좋은 예. Don Quijote es el *espejo* de la caballería andante. 동키호테는 편력 기사의 귀감이 되는 예이다.

espera 몡 기다림. El niño está viendo la comida y ya no tiene *espera*. 어린이는 먹을 것을 보고 더 기다릴 수 없었다. *en espera de* …을 기다리면서. Quedamos *en espera de* sus informes. 우리들은 당신의 보고를 기다리고 있다. *sala de espera* 대합실, 대기실. ¿Dónde está la *sala de espera*? 대합실은 어디에 있습니까.

esperanza 몡 ①기대, 희망. Ella tiene la *esperanza* de que vuelva su hijo algún día. 그녀는 아들이 언젠가는 돌아오리라는 희망을 가지고 있다.

esperar 타 ①기다리다. *Espéreme*. 절 기다리세요. ②[+a+que+subj.: …하는 것을] 기다리다. Aquí *espero a que* usted vuelva. 여기서 나는 당신이 돌아오기를 기다리고 있다. 타 ①기다리다. Te voy a *esperar* en el café de siempre. 나는 여느 때처럼 그 카페에서 너를 기다리고 있겠다. ②[+que+subj./+inf.: …하는 것을] 기대·희망하다. *Espero que* vuelvas. 나는 네가 돌아오기를 희망한다. *Espero volver a verte.* 나는 너를 또만나기를 기대한다.

espeso, sa 톙 ①짙은, 농후한. La chimenea despide un humo *espeso*. 굴뚝이 짙은 연기를 내뿜는다. ②빽빽한, 무성한. Los niños se perdieron en un *espeso* bosque. 어린이들은 무성한 숲 속에서 길을 잃었다. ◇ **espesor** 몡 두께 (grosor). La nieve alcanzó un metro de *espesor*. 눈은 1미터 두께였다.

espesura 몡 농도, 짙음, 무성함.

espía 몡 정찰. Está siempre la *espía* de lo que pasa. 그는 무슨 일이 일어나는가를 언제나 정찰하고 있다. 튐 밀정, 스파이. La policía prendió a un *espía* tomando fotografías de instalaciones militares. 경찰은 간첩이 군사 시설의 사진을 찍고 있는 것을 붙잡았다. ◇ **espiar** [12 enviar] 타 엿보다, 정탐하다.

espiga 몡 ①(보리 따위의) 이삭; 이삭꽃. Las *espigas* de trigo están ya doradas para la siega. 밀 이삭이 이미 베게 되도록 (금빛으로) 물들어 있다. ②판자나 목재를 이을 때 한쪽에 만드는 돋기 부분. ◇ **espigar** [8 pagar] 타 이삭을 줍다, 주워 모으다. ◇ ~**se** 재 이삭이 나오다.

espina 몡 ①가시. No hay rosa sin *espinas*. 가시없는 장미는 없다. ②(물고기의) 뼈. Este pescado tiene muchas *espinas*. 이 물고기는 가시가 많다. ③걱정, 근심. Tengo clavada esa *espina* en el corazón. 그 걱정이 나의 마음에 박혀 있다.

espinaca 몡 시금치.

espíritu 몡 ①정신, 마음(mente, corazón). La quietud del *espíritu* es el colmo de la felicidad. 정신의 안정은 행복의 극치이다. ②의식. Los obreros de esta compañía tienen un fuerte *espíritu* de clase. 이 회사 노동자들은 강한 계급 의식을 가지고 있다. ③용기, 기백. Es un hombre de mucho *espíritu*. 그는 매우 기백이 있는 사람이다. ④영혼(alma); 정

령, 악령. Los salvajes sacrifican animales para contentar al *espíritu* de los difuntos. 미개인은 죽은 사람의 영혼을 위안하기 위해 동물을 희생한다.
espiritual 형 정신의, 정신적인. ◇ **espiritualismo** 남 심령설. ◇ **espiritualista** 형 심령설의, 유심론의. 명 유심론자.

espléndido, da 형 훌륭한(excelente); 빛나는(brillante). Desde aquí se contempla un *espléndido* paisaje. 여기서 훌륭한 경치를 바라볼 수 있다. ◇ **esplendor** 남 광채, 광휘.

espontáneo, a 형 ① 자발적인; 자연(발생)의. No pude conseguir de él una respuesta *espontánea*. 나는 그에게서 자발적인 대답을 얻지 못했다. ② 유유자적한. Quisiera educar a los niños de una manera *espontánea*. 나는 어린애들을 멋대로 마음 편하게 키우고 싶다. ◇ **espontaneidad** 여 자발성; 우발; 유유자적.

esposo, sa 명 남편(marido); 아내(mujer, señora). Su *esposa* está enferma desde hace timepo. 그의 아내는 훨씬 전부터 병이 들어 있다. 복 부부. Los nuevos *esposos* saldrán de viaje a Francia. 신혼 부부는 프랑스로 여행을 떠날 것이다. ◇ 복 수갑.

espuela 여 박차; 자극; 신호.

espuma 여 거품. Una blanca y espesa *espuma* resbalaba por el vaso. 희고 짙은 거품이 컵에서 넘쳐 흐르고 있었다. ◇ **espumoso, sa** 형 거품이 나는. Este jabón es poco *espumoso*. 이 비누는 별로 거품이 많이 나지 않는다.

esquela 여 (간단한) 편지; 통지서. *esquela mortuoria* 부고(訃告).

esqueleto 남 ① 해골. Ayer le vi, y parecía un *esqueleto*. 어제 나는 그를 만났는데 해골 같았다. ② 골격; 뼈대. El *esqueleto* de esta casa es de cemento armado. 이 집의 뼈대는 철근 콘크리트로 되어 있다. ◇ **esquelético, ca** 형 해골의, 해골과 같은.

esquema 남 도해, 도표; 요약. Aquí tienes un *esquema* de la conferencia que pronunciaré mañana. 내일 내가 행하는 강연의 요약이 여기 있다. ◇ **esquemático, ca** 형 도해식의, 도표식의. ◇ **esquematizar** [9 alzar] 타 도해하다, 요약하다.

esquí [복 esquís] 남 스키; 스키 용구. Hay unas pistas de *esquí* a poca distancia de aquí. 여기서 과히 멀지 않은 곳에 스키장이 있다. ◇ **esquiador, ra** 명 스키 선수. ◇ **esquiar** [12 enviar] 자 스키를 타다.

esquina 여 (밖에서 본) 모퉁이 [비교: rincón]. Al doblar la *esquina* me encontré con ella. 나는 모퉁이를 돌다가 그녀와 만났다. *hacer esquina* 모퉁이에 있다. Mi casa *hace esquina* a la calle. 우리 집은 거리의 모퉁이에 있다.

esquivar 타 피하다. Me di cuenta de lo que pretendía y *esquivé* su petición. 나는 그가 무엇을 겨냥하고 있는가를 알아 차렸으므로, 그의 요구를 거절했다.

esta 형 [este의 여성형] 이.

ésta 대 [éste의 여성형] 이것, 이사람, 이 자; 후자.

estable 형 안정한. Este es un edificio muy *estable* y no hay que tener miedo de los terremotos. 이것은 대단히 튼튼한 건물이므로 지진을 두려워할 필요는 없다. ◇ **estabilidad** 여 안정(성). Esta nación goza de *estabilidad* política. 이 국민은 정치적 안정을 누리고 있다.

establecer 타 ① 설립·창설하다(fundar; construir). Los fenicios *establecieron* varias colonias. 페니키아 사람은 여러 개의 식민지를 건설했다. ② 제정·설정하다(decretar). Las leyes *establecen* que todo ciudadano sea libre. 법률은 모든 시민이 자유라고 정해 있다. ③ 개설하다(abrir). ④ 장착시키다. ⑤ 수립하다. Corea *estableció* relaciones diplomáticas con la Argentina. 한국은 아르헨티나와 외교 관계를 수립했다. ◇ ~**se** 정주·정착하다. Ese comerciante *se ha establecido* en Madrid. 그 상인은 마드리드에 정착했다. Un nuevo médico acaba de *establecerse* en esta calle. 개업 의사가 이 거리에 그의 사무실을 새로 설했다. ◇ **establecimiento** 남 설립, 창설; 제정, 설정; 규정; 건물. Han abierto un nuevo *establecimiento* de bebidas cerca de la estación. 역 근처에 새로운 음료 상점이 문을 열었다.

estación 여 ① 계절; 시기. El invierno es la *estación* más fría del año. 겨울은 1년 중 가장 추운 계절이다. La primavera es la *estación* de las flores. 봄은 꽃의 계절이다. ② 역, 정거장. ¿Dónde está la *estación*? 정거장은 어디 있읍니까. Las *estaciones* rebosan de gente durante la hora punta. 러시아워에는 역은 사람들로 붐비고 있다. ③ (전화·전신·방송 따위의) 국. *estación central* 중앙국; 발전소. *estación gasolinera* 개솔린 스탠드. *estación de servicio* 주유소(gasolinera).

estacionamiento 남 ① 체류, 정차, 주차(장). ◇ **estacionar** 타 배치하다, 주차시키다. ◇ ~**se** 주차하다, 숙박하다. Se prohibe *estacionarse*. 주차 금지.

estadio 🔲 경기장(estádium). Más de diez mil personas llenaban el *estadio* de fútbol. 1만명 이상의 사람들이 축구 경기장을 메우고 있었다.

estadístico, ca 🔲 통계의. Se dedica a unos estudios *estadísticos* sobre la población. 그는 인구에 관한 통계 연구에 종사하고 있다. 🔲 통계(학). Según las últimas *estadísticas* la mortalidad ha disminuido rápidamente en estos cinco años. 최근의 통계에서는 사망률은 최근 5년간에 급속히 감소하고 있다.

estado 🔲 ① 상태. No está en *estado* de trabajar. 그는 일할 수 있는 상태는 아니다. ¿Cómo sigue el *estado* del enfermo? 환자의 상태는 어떻습니까. Está en buen *estado*. 좋은 상태입니다. ② 신분. Sus antepasados pertenecían al *estado* de los nobles. 그의 선조는 귀족 신분에 속해 있었다. ③ 나라, 국가(país, nación); 주(provincia). El *Estado* aprobó el proyecto. 나라는 그 계획을 인정했다. *estado de guerra de sitio* 계엄령. *estado mayor* (*general*) (총) 참모본부, *Jefe de Estado* 국가 원수.

estadounidense 🔲 미국·아메리카합중국(los Estados Unidos de América)의. 미국사람, 아메리카합중국 사람.

estafa 🔲 사취, 사기. ◇ **estafador, ra** 🔲 사기꾼, 협잡꾼. ◇ **estafar** 🔲 사취·사기하다.

estáis 너희들은 있다 (estar의 직설법 현재 2인칭 복수형).

estallar 🔲 ① 파열·폭발하다. Una bomba *estalló* cerca de él, dejándole sordo. 폭탄이 그의 가까이에서 폭발하여 그는 귀가 멍했다. ② 돌발하다. Cuando *estalle* la guerra, ¿qué será de nosotros? 전쟁이 일어나면, 우리들은 어떻게 될까. ◇ **estallido** 🔲 파열, 폭발; 폭음(explosión).

estampa 🔲 ① 판화; 삽화, 사진판. A los niños les gustan los libros con *estampas*. 어린이는 삽화가 있는 책을 좋아한다. ② 모습. Este es un caballo de magnífica *estampa*. 이건 훌륭한 모습의 말이다. ◇ **estampilla** 🔲 【중남미】 우표(sello).

están 그들은 있다 (estar의 직설법 현재 3인칭 복수형).

estancia 🔲 ① 거주(residencia). Ha fijado su *estancia* en Buenos Aires. 그는 주거를 부에노스·아이레스에 정했다. ② (호화스러) 방. El embajador condujo a sus huéspedes a una lujosa *estancia*. 대사는 손님을 호화스러 방으로 안내했다. ③ 체류, 체재. Durante mi *estancia* en Madrid visité a El Escorial. 나는 마드리드 체재중 엘에스꼬리알을 방문했다. ④ [남미] 농장(rancho), 목장. En nuestra gira por Suramérica visitamos muchas *estancias*. 우리들은 남미 여행중 많은 농장을 방문했다.

estanco 🔲 에스땅꼬, 전매품 매점 (우표, 담배, 성냥 따위를 파는). ◇ **estanquero, ra** 🔲 전매품 매점 상인.

estandarte 🔲 깃발; 군기(軍旗), 단기(團旗).

estanque 🔲 (저수·양어용의) (연) 못.

estante 🔲 선반, 책꽂이(armario). Ya no caben los libros en el *estante*. 이제 책장에 책이 들어가지 않는다. *estante para libros* 책꽂이.

estaño 🔲 【광물】 주석.

estar [57] 🔲 ① [+형용사·부사: …의 상태로] 되어있다. El café ya *está* frío. 커피는 벌써 식어 있다. Estoy cansado. 나는 지쳐 있다. ¿Cómo *está* usted? *Estoy* bien, gracias. 안녕하십니까 ― 잘 있습니다, 고맙습니다. Estamos listos. 우리는 준비가 됐다. ② (어느 장소·시기에) 있다. El correo *está* cerca. 우체국은 근처에 있다. Ahora *estamos* en primavera. 이곳은 지금 봄이다. ③ [+ 현재분사=진행형] …하고 있다. *Estaba comiendo* 나는 식사 중이었다. ◇ **~se** [강조] (어느 상태에) 있다. ¡*Estáte* quieto! 조용히 해! *estar de*+명사 …을 하고 있다, …중이다. Los padres *estaban de* viaje. 양친은 여행 중이었다. *estar(se) de más* 남아있다; 객적은 일·물건이다. Aquí *estoy de más*. 여기서는 나는 존재이다. *estar para +inf.* …하려 하고 있다. …할려고 하고 있다. Está *para* llover. 금방 비가 올 듯하다. *estar por + inf.* 아직 …하지 않고 있다. La cuenta *está por* cobrar. 계정은 아직 받아들이지 않았다.

estás 너는 있다 (estar의 직설법 현재 2인칭 단수형).

estática 🔲 정력학(靜力學).

estatua 🔲 상, 조각상. A la entrada de la Universidad se levanta una *estatua* del fundador. 대학의 입구에는 창설자의 조각상이 서있다.

estatura 🔲 키(talla). 신장. Tiene un metro setenta de *estatura*. 그는 키가 1미터 70이다.

estatuto 🔲 법규, 조례; 규약, 정관. Los *estatutos* de la compañía lo prohiben. 회사의 규약은 그것을 금하고 있다.

estatutario, ria 🔲 법령·규약·정관의; 법령·규약·정관에 의한.

este¹ 🔲 동쪽(oriente). La iglesia está a

este², ta unos quinientos metros al *este* de la estación. 교회는 역에서 동쪽으로 약 500 미터의 곳에 있다.

este², ta [escudos, estas] 형 [지시형용사] 이. *Este libro es muy interesante.* 이 책은 대단히 재미있다. *Esta* casa es cómoda. 이 집은 편리하다. *Estos* días el tiempo está muy variable. 요즈음은 일기가 매우 변하기 쉽다. *Estas* puertas están cerradas. 이 문들은 닫혀 있다.

éste, ta [escudos, éstas] 대 [지시대명사] 이것, 이자, 이 사람; 후자. *¿Quién es éste?* -Es mi primo. 이 사람은 누구입니까. —나의 사촌입니다. *Esta* es mi casa. 이것이 우리 집이다.

esté estar의 접속법 현재 1·3인칭 단수.

estenógrafo, fa 명 속기자(taquígrafo). ◇ **estenografía** 여 속기술(taquigrafía). ◇ **estenografiar** [enviar] 타 속기하다.

estéril 형 ① 불모의, 익지않은. Los desiertos son *estériles* debido a la falta de agua. 사막은 물 부족 때문에 불모이다. La discusión de hoy ha sido *estéril.* 오늘의 토론은 실속이 없었다. ② 불임의, una mujer *estéril* 아이를 배지 못한 여자. ③ 수익·소득이 없는. trabajo *estéril.* 수익 없는 일. ◇ **esterilidad** 여 불모, 불임; 무효; 무균 (상태); 사상성 없음. ◇ **esterilización** 여 불모로 하는 일; 살균소독. ◇ **esterilizar** [alzar] 타 불모로 하다; 살균하다.

estético, ca 형 ① 미학의; 심미적인. Está estudiando a Goya desde un punto de vista puramente *estético.* 그는 순수하게 미학적 관점에서 고야를 연구하고 있다. 형 미학자. Es no sólo científico, sino también *estético.* 그는 과학자일 뿐만아니라, 또 미학자이기도 하다. 여 미학. 감성론(感性論); 미적 정서.

estibador, ra 형 압축하는. 명 양털 포장인; 부두 노동자. ◇ **estibar** (양털 따위를) 압축하다.

estiércol 명 똥, 퇴비.

estilar 타 틀에 박다, 형식에 맞추다. ◇~**se** 유행하다.

estilo 명 ① 형, 형식. La catedral de Sevilla es de *estilo* gótico. 세빌랴의 대사원은 고딕식이다. ② 방법, 방식 (manera, modo). Me gusta el *estilo* con que viste. 나는 그녀의 옷매무새가 좋다. ③ 문체. Es un escritor de *estilo* elegante. 그는 우아한 문체의 작가이다. ④ 【문법】 화법. *estilo directo* [*indirecto*] 직접[간접]화법. *por el estilo de* (…와) 마찬가지이로. Me he comprado un abrigo *por el estilo del* que antes tenía. 나는 전에 가지고 있던 것과 같은 외투를 샀다.

estilográfica 여 만년필 (pluma *estilográfica*. 【남성】 pluma fuente).

estimar 타 ① 존경·존중하다. Le *estimo* como amigo, pero no como médico. 나는 그를 친구로서 존경하고 있지만 의사로서는 존경하지 않는다. ② 고맙게 생각하다. *Estimo* mucho tu amistad. 나는 너의 우정을 대단히 고맙게 생각하고 있다. ③ 판단하다; 평가·사정하다. No *estimo* necesario que vayas tú. 나는 네가 갈 필요가 있다고는 생각하지 않는다. Los peritos *han estimado* este cuadro en medio millón de pesetas. 전문가들은 이 그림을 50만 뻬세따로 평가했다. ◇ **estimable** 형 존경할 수 있는; 고마운. He recibido su *estimable* carta. 나는 귀하의 고마운 편지를 받았습니다. ◇ **estimación** 여 존경; 평가; 가치(valor). Esta obra ha merecido la *estimación* del público. 이 작품은 일반의 호평을 받았다. ◇ **estimado, da** 형 존경하는, 고마운. *Estimado señor* 근계 (편지 서두의 말). Obra en mi poder su *estimada* carta. (주신) 편지는 내 수중에 들어와 있습니다.

estímulo 명 자극; 격려. Tus palabras de *estímulo* le han hecho cambiar. 너의 격려의 말이 그를 변하게 했다. ◇ **estimular** 타 ① 자극하다. ② 격려하다. Este es un específico para *estimular* el apetito. 이것은 식욕을 돋구는 특효약이다. ② [+a·para +*inf.*] …하도록] 격려하다. Le *estimulé a* seguir el estudio. 나는 공부를 계속하도록 그를 격려했다.

estirar 타 잡아당기다, 잡아늘이다. 재 [+de: …를] 끌어당기다, 잡아늘이다. *Estira,* por favor. *de* la punta del cable. 밧줄의 끝을 잡아당겨 주십시오. ◇~**se** 늘어나다, 기지개 켜다. Es una descortesía *estirarse* delante de los demás. 다른 사람 앞에서 기지개를 켜는 것은 실례이다.

estirpe 여 가문, 가계, 혈통.

esto 대 [중성 지시 대명사] 이것, 이 일. *¿Qué es esto?* -Es un libro. 이것 무엇입니까. —책입니다. *Esto* es verdad. 이 일은 정말이다. *en esto* 이 때에.

estocada 여 자상(刺傷).

estofado 명 스튜.

estómago 명 【해부】 위(胃). Tengo dolor de *estómago.* 나는 위가 아프다. ◇ **estomacal** 위의; 건위제(健胃劑)의. 명 건위제.

estorbar 타 방해하다. La lluvia *estorbó* nuestros planes. 비가 우리들의 계획을 방해했다. 재 장애가 되다. Me voy por-

estornudo 재채기. ◇ **estornudar** 재 재채기하다.

estoy 나는 있다 (estar의 직설법 현재 1인 칭 단수형).

estrangular 🖎 교살하다. ◇ **estrangulación** 여 교살.

estrategia 여 전술, 전략. ◇ **estratégico, ca** 형 전략상의. 🖎 전략가.

estrechar 🖎 ① 좁히다, 줄이다. Quiero que me *estreche* el vestido. 나는 옷을 줄여 주시길 부탁합니다. ② 죄어매다 (껴안다, 쥐다). Me *estrechó* la mano amistosamente. 그는 친하듯이 내 손을 쥐었다. ③ 긴밀히 하다. La desgracia *estrecha* a las familias. 불행이 가족을 긴밀하게 한다. ◇ **~se** (서로) 좁히다. Estréchense más, que todavía caben algunos. 아직 몇 사람은 들어갈 수 있으니 좀더 좁혀주세요.

estrecho, cha 형 ①좁은 [⟷ ancho]; 가는. Vive en una calle *estrecha*. 그는 좁은 거리에서 살고 있다. ②궁색한; 답답한. Íbamos muy *estrechos* en el autobús. 우리들은 버스에서 콩나물시루였다. ③ 긴밀한, 친밀한. Les une una *estrecha* amistad. 그들은 친밀한 우정을 맺고 있다. 🖎 해협. ◇ **estrechamente** 🖎 딱딱하게; 긴밀히; 엄격히. ◇ **estrechez** 여, 여유가 없음; 긴밀; 궁색; 곤궁. Viven con mucha [en gran] *estrechez*. 그들은 생활에 대단히 궁색하다. ◇ **estrechura** 여 애로, 긴밀.

estrella 여 ①별; 별표 (asterisco). Las *estrellas* palpitaban en el cielo. 별이 하늘에서 깜박이고 있었다. ② 숙명, 운명. El pobre ha tenido siempre mala *estrella*. 그 불쌍한 사람은 언제나 불운한 일만 당해왔다. ③ (영화 따위의) 스타.

estrellar 🖎 메어붙여서 깨다. ◇ **~se** 깨어져 흐트러지다. La ola se *estrelló* contra las rocas. 풍결이 바위에 (부딪쳐서) 깨어져 흩어졌다.

estrellada 여 【식물】 한국화 (amelo).

estremecer ㉚ crecer] 🖎 ① 흔들리게 하다. La explosión *estremeció* las casas. 폭발로 집들이 흔들렸다. ② 진동하게 하다. ◇ **~se** 흔들리다. Nos *estremecemos* al pensar en la posibilidad de una guerra. 우리들은 전쟁의 가능성을 생각하면 몸서리쳐진다. ◇ **estremecimiento** 🖎 신동; 몸서리.

estrenar 🖎 ① 처음으로 쓰다ㆍ입다: Hoy *estreno* este traje. 나는 오늘 처음으로 이 옷을 입었다. ② 초연(初演)ㆍ개봉하다. En esta temporada no *han estrenado* ninguna obra de importancia. 이번 시즌에는 그럴싸한 작품이 하나도 초연되지 않았다. ◇ **~se** 초연ㆍ개봉되다; 데뷔하다. Se *estrenó* con esta obra. 그는 이 작품으로 데뷔했다. ◇ **estreno** 🖎 초연, 개봉; 데뷔.

estreñir [43ceñir] 🖎 변비를 일으키다. ◇ **~se** 변비가 되다. ◇ **estreñimiento** 🖎 변비.

estribar 째 [+a:…에] 근거가 있다. La belleza de este cuadro *estriba en* sus colores. 이 그림의 아름다움은 색채에 있다. ◇ **estribo** 🖎 (탈것의) 계단, 스탭, 근거, 의지; 교각대 (橋脚臺); (산의) 지맥 (支脈).

estricto, ta 형 엄격한, 엄밀한. Es muy *estricto* en el cumplimiento de su deber. 그는 의무의 이행에 대단히 엄격하다. ◇ **estrictamente** 🖎 엄격하게; 엄밀한 의미로. Lo que te digo es *estrictamente* confidencial. 내가 너에게 말하고 있는 것은 극히 내밀한 일이다. ◇ **estrictez** 여 엄격 (severidad, rigor).

estropear 🖎 손상시키다, 손해보이다; 부수다, 망가뜨리다. Esa crema *estropea* el cuero. 그 크림은 가죽을 손상시킨다. Ya tienes *estropeado* el diccionario. 너는 벌써 사전을 누더기를 만들었구나. ◇ **~se** 못쓰게 되다, 심하게 부상을 입다.

estructura 여 구조, 구성, 기구. Actualmente está muy complicada la *estructura* de la sociedad. 현재는 사회 구조가 극히 복잡하게 되어 있다. ◇ **estructural** 형 구조(상)의; 기구적인.

estruendo 🖎 큰소리; 야단 법석, 혼란.

estrujar 🖎 짜(내)다; 착취하다.

estuche 🖎 작은 상자, 케이스. He perdido el *estuche* de las gafas. 나는 안경집을 잃었다.

estudiante 🖎 학생. He perdido el carné de *estudiante*. 나는 학생증을 잃었다. ◇ **estudianta** 여 [속어] 여학생. ◇ **estudiantil** 형 학생의. Esta tarde se celebra una reunión *estudiantil*. 오늘 오후 학생 집회가 있다.

estudiar [⑪ cambiar] 째 공부ㆍ연구하다. *Estudia* para (ser) médico. 그는 의사가 되기 위하여 공부한다. 🖎 공부ㆍ연구한다. Está *estudiando* la lección de mañana. 그는 내일 학과를 공부하고 있는 중이다. Tenemos *estudiada* la cuestión. 우리들은 그 문제를 연구해 두었다. ◇ **estudiado, da** 형 멋부리는.

estudio 🖎 ①공부, 연구. Desde pequeño le gustó mucho el *estudio*. 그는 어릴 때

estudioso, sa 혭 연구가의. ◇ 연구가.

estufa 난로. Usamos *estufas* de petróleo. 우리들은 석유 난로를 쓰고 있다.

estupendo, da 혭 무서운; 훌륭한 (excelente, maravilloso). Durante todo el viaje nos ha hecho un tiempo *estupendo*. 우리가 여행중 줄곧 좋은 날씨였다.

estúpido, da 혭 터무니 없는; 얼빠진; 어리석은, 바보스런, 우둔한(torpe, bobo, tonto); No he visto una película tan *estúpida* en mi vida. 나는 이제까지 이런 터무니없는 영화는 본 일이 없다.

estupidez 혭 우둔함, 바보짓, 어리석음 (tontería). Es una *estupidez* que se hayan enfadado por tan poca cosa. 그런 사소한 일로 그들이 성냈다는 것은 어리석은 일이다.

etapa 혭 ① 행정(行程); 숙영지(宿營地). Estábamos muy fatigados cuando llegamos a la primera *etapa*. 최초의 숙영지에 닿았을 때, 우리들은 몹시 지쳐 있었다. ② (발전의) 단계, 시기. Estamos en una *etapa* de desarrollo. 우리들은 발전 단계에 있다.

etc. [etcétera의 생략형] 등(等), 따위; 기타. En nuestro viaje visitamos Madrid, Sevilla, Granada, *etc*. 우리들은 여행중 마드리드, 세빌랴, 그라나다 등을 방문했다.

etcétera 혭 등(等), 따위; 기타.

éter 혭【물리·화학】에테르.

eterno, na 혭 ① 영원한(permanente). El poeta le juró un amor *eterno*. 시인은 그 녀에게 영원한 사랑을 맹세했다. ② 여전한, 여느 때와 같은. Siguen con sus *eternas* disputas. 그들은 여전히 언쟁을 계속하고 있다. ③ 언제까지나 계속하는, 오래 쓸 수 있는. La conferencia se me hizo *eterna*. 그 강연은 나에게는 끝없는 것으로 생각되었다. ◇ **eternamente** 혭 영원히(para siempre). ◇ **eternidad** 혭 영원; 내세; (끝없이 계속 생각되는) 장기간. Estuvimos esperando una *eternidad*. 실로 오랫동안 우리들은 기다리고 있었다. ◇ **eternizar** [9 alzar] 혭 영원한 것으로 하다.

ético, ca 혭 윤리의, 도덕의. Debemos infundir emociones *éticas* a los niños. 어린이들에게 도덕적인 감정을 느끼게 해야 한다. 혭 윤리(학); 도덕.

etiqueta 혭 ① 예의. Su falta de *etiqueta* asombró a todos. 그의 무례함에 모두들 놀랐다. ② 라벨; 가격표. ¿Qué dice la *etiqueta* de la botella? 병의 라벨에는 무엇이라 쓰여 있는가.

étnico, ca 혭 민족적인, 민족적인. ◇ **etnia** 혭 인종, 종족(raza, tribu). ◇ **etnografía** 혭 인종학, 민족학. ◇ **etnógrafo, fa** 혭 인종학자. ◇ **etnólogo, ga** 혭 인종학자.

europeo, a 혭 유럽(Europa)의. 혭 유럽사람.

evacuar [14 actuar] 혭 배설하다; 없애다; 비우다; 철수·철병하다. ◇ **evacuación** 혭 배설; 배기(排氣); 철수, 철병.

evadir 혭 (…에서) 피하다, 피하다. *Evadió* darme una respuesta. 그는 나에게 대답하기를 피했다. ◇ ~**se** [+de : …에서] 도피·도망하다.

evaluar [14 actuar] 혭 평가하다; 존중하다 (estimar, respetar). ◇ **evaluación** 혭 평가(valuación). ◇ **evalúo** 혭 평가, 어림짐작.

evangelio 혭【성서】복음(서). Aún no he leído el *Evangelio* de San Mateo. 나는 아직 마태복음서를 읽지 않았다. ◇ **evangélico, ca** 혭 복음(서)의; 신교도의.

evaporar 혭 증발시키다. ◇ ~**se** 증발·소산하다. *Se evaporó* aquella gran riqueza. 그토록 많은 재산이 어느덧 없어졌다. ◇ **evaporación** 혭 증발.

evasión 혭 도피, 도망; 도망할 길. ◇ **evasiva** 혭 핑계, 구실.

evento 혭 사건, 우연한 일, 돌발 사건 (suceso). *evento* inesperado 의외의 사건. *a todo evento* 어떻게 해서라도(a toda costa, en todo caso). ◇ **eventual** 혭 우연한, 돌발의, 우발의.

evidente 혭 명백한. Es la verdad *evidente*. 그것은 명백한 사실이다. ◇ **evidencia** 혭 명백; 증거(물). ◇ **evidentemente** 혭 명백히.

evitar 혭 피하다; (…에서) 도망치다. He notado que *evita* mi presencia. 그가 나와 얼굴 대하기를 피하고 있음을 나는 알아차렸다. ◇ **evitable** 혭 피할 수 있는. ◇ **evitación** 혭 회피, 기피.

evocar [7 sacar] 혭 (죽은 사람의 영혼이나 이름을) 부르다; 일깨우다. ◇ **evocación** 혭 초혼(招魂).

evolución 혭 진전, 진화; 전개(展開). Darwin fue el fundador de la teoría de la *evolución*. 다윈은 진화론의 시조였다. ◇ **evolucionar** 혭 진전·진화하다; 전개하다.

exacto, ta 혭 정확한, 정밀한. La cinta tiene cuatro metros *exactos*. 그 허리띠

쪽 4미터이다. 📭 꼭, 그와같이.
◇ **exactamente** 📭 정확히. ◇ **exactitud** 📭 정확, 정밀.

exagerar 🔲 과장하다. Los periódicos *exageran* lo ocurrido. 신문은 사건을 과장한다. ◇ **exageración** 📭 과장. Nunca es *exageración* el decir que él es un genio. 그는 천재라고 말해도, 결코 과장은 아니다. ◇ **exagerado, da** 🔳 과장된, 과대한.

exaltar 🔲 ① 찬양·칭찬하다. *Exaltó* a su antecesor en el cargo. 그는 전임자를 찬양했다. ② 고양(高揚)·흥분시키다. El discurso del Presidente *exaltó* al auditorio. 대통령의 연설은 청중을 흥분시켰다. ◇ **exaltación** 📭 고양, 흥분; 승화. ◇ **exaltado, da** 🔳 상기한, 열광적인.

examen 📭 ① 시험. Ha salido bien en el *examen* de ingreso. 그는 입학 시험에 합격했다. Tenemos que sufrir el *examen* de español. 우리들은 서반아어 시험을 치러야 한다. ② 조사, 검사, 심사; 진찰. Hicieron el *examen* del terreno. 그들은 토지의 조사를 했다.

examinar 🔲 조사하다 (시험; 조사, 검사, 심사; 진찰). *Examinaré* detenidamente tu proposición. 나는 너의 제안을 상세히 조사해 보겠다. El médico *examinó* al enfermo. 의사는 병자를 진찰했다. ◇~se [+de: …의] 시험을 치르다. Tengo que *examinarme de* castellano. 나는 서반아어 시험을 치러야 한다. ◇ **examinando, da** 🔳 수험생.

exasperar 🔲 화나게 하다(irritar). ◇~**se** (질병 따위가) 심해지다; 분격하다. ◇ **exasperación** 📭 분격, 격앙; 악화. ◇ **exasperante** 🔳 화나는, 약이 오르는.

excavar 🔲 발굴하다. ◇ **excavación** 📭 발굴; (땅을) 일구기·파기. ◇ **excavador, ra** 🔳 발굴자. ◇ **excavadora** 📭 굴착기.

exceder 🔲 ① [+a: …보다/+en: …의 점에서] 낫다; 능가하다. Ella *excede* a todas *en* belleza. 그녀는 아름다움에서 모두를 능가한다. ② [+a: …보다/+en: …만큼] 초과하고 있다. Esta cantidad *excede* a ésa en cinco pesetas. 이 금액은 그것보다 5페세타 초과하고 있다. ◇~**se** 도를 넘기다. Te has *excedido* en la propina. 너는 팁을 너무 많이 주었다. ◇ **excedente** 📭 여분의; 초과하는. 📭 여분, 잉여(금); 초과(액). *excedente* de la importaciones sobre las exportaciones 수입 초과.

excelente 🔳 뛰어난, 훌륭한. Hemos tomado una comida *excelente*. 우리들은 훌륭한 식사를 했다. ◇ **excelencia** 📭 우수, 훌륭함. *por excelencia* 특히, 뛰어나게. El español es, *por excelencia*, apasionado. 서반아사람은 특히 정열적이다. *Su Excelencia* 각하(閣下).

excelso, sa 🔳 지극히 높으신. 📭 [el E-] 신(神)(Dios).

excepción 📭 예외, 제외(除外). No hay regla sin *excepción*. 예외없는 규칙은 없다. *a* [*con*] *excepción de* …을 제외하고. ◇ **excepcional** 🔳 예외적인. Esta es una película *excepcional*. 이건 월등히 훌륭한 영화이다.

excepto 📭 [전치사적] …외에는, …를 제외하고(salvo, menos). Llegaron todos *excepto* él. 그를 제외하고는 모두 왔다. Te lo consiento todo, *excepto* que fumes. 나는 네가 하는 일에 모두 동의하지만 담배피우는 것만은 예외이다. ◇ **exceptuar** [14 actuar] 🔲 제외하다.

excesivo, va 🔳 과도한, 과대한, 법외의, 부당한. Ha caído enfermo por el trabajo *excesivo*. 그는 과로로 병이 났다. ◇ **excesivamente** 📭 너무도.

exceso 📭 ① 과도. El *exceso* de ejercicio puede perjudicarte. 과도한 운동은 너(의 건강)를 해칠지도 모른다. ② (분량·금액·요금의) 여분, 초과. Si hay más de dos metros, corta el *exceso*. 2미터 이상 있으면, 나머지는 끊어주십시오. *en* [*por*] *exceso* 너무나도, 과도히; 부당히. Ha estudiado *en exceso*. 그는 너무나 공부를 많이 했다.

excitar 🔲 자극하다, 장려하다, 독촉하다. El ejercicio *excita* la circulación de la sangre. 운동은 혈액 순환을 촉진한다. ② 선동하다. El estado anárquico *excitó* a los militares a la rebelión. 무정부 상태는 군인들을 반란으로 몰아냈다. ◇~**se** 흥분하다. Tiene el corazón débil y no debe *excitarse* por nada. 그는 심장이 약해져 있으므로 무슨 일에도 흥분해서는 안된다. ◇ **excitable** 🔳 흥분하기 쉬운, 감수성이 예민한. ◇ **excitación** 📭 흥분, 자극. ◇ **excitante** 🔳 자극성의; 도발적인. ◇ **excitantivo, va** 🔳 자극성의. 📭 자극제.

exclamar 🔲 (감정을 넣어서) 외치다, 부르짖다(gritar). ¡No me dejes!, *exclamó* con los ojos llenos de lágrimas. "나를 버리지 말아요!"라고 그녀는 눈에 눈물을 글썽이면서 부르짖었다. ◇ **exclamación** 📭 고함. [문법] 감탄 부호.

exclusivo, va 🔳 ① 배타적인, 독점적인. Estas dos opiniones son *exclusivas* la una de la otra. 이 두 가지 의견은 서로 용납되지 않는다. ② 그만큼의, 유일한. Ha venido con el *exclusivo* objeto de

excursión 174 **expedición**

fastidiarnos. 그는 우리들에게 듣기 싫은 말을 하기 위한 목적만으로 왔다. **예** 녹점. Tenemos la *exclusiva* de la venta de automóviles para España. 제사는 서반아에 대한 자동차 판매의 독점권을 가지고 있다. ◇ **excluir** [74 huir] **타** 배척·제외하다. 쫓아내다. ◇ **exclusión** **예** 배척, 제외, 제명. ◇ **exclusivamente** **부** 오직하게, 독점적으로; 완전히. He venido *exclusivamente* por verte. 나는 오직 너를 만나려고 온 것이다. ◇ **exclusive** **형** 제외하여.

excursión **예** 소풍, 원족, 하이킹. Mañana saldremos de *excursión* a alguna playa. 내일은 어디 바닷가에 소풍가자. ◇ **excursionista** **명** 소풍객.

excusar **타** ① 변명하다. Ella anda *excusando* siempre las travesuras de su hijo. 그녀는 언제나 아들의 장난을 변명하고 있다. ② 보류하다, 미루다. Como vendrás pronto, *excuso* escribirte largo. 네가 곧 올테니 나는 긴 편지를 쓰는 것을 보류한다. ③ [+de: …을] 면제하다. Te *excuso* hoy de la limpieza. 오늘은 청소를 면제해 준다. ◇ ~**se** ① [+con: …에/+de·por: …으로] 변명을 하다. Se *excusó por* no haberse despedido de nosotros. 그는 우리들을 전송하지 않은 일을 변명했다. ② 허락받다, 면제받다. Se *excusa* decir que la salud es lo todo. 건강이 제일임은 물론이다. ◇ **excusa** **여** 구실, 변명. ◇ **excusado, da** **형** 객적은, 불필요한. *Excusado* es decir que no hay nada tan precioso como el tiempo. 시간처럼 중요한 것이 없음은 말할 필요도 없다.

exento, ta **형** [+de: …를] 모면한, (…가) 없는. Este viaje no está *exento* de peligros. 이 여행은 위험이 없지도 않다. ◇ **exención** **명** 면제. ◇ **exentar** **타** 면제하다. ◇ ~**se** 면하다.

exhalar **타** ① 토하다, 발산하다. Los desechos de esa fábrica *exhalan* un olor terrible. 그 공장의 폐기물은 심한 냄새를 풍긴다. ② (한숨·불평 따위를) 토하다. ◇ **exhalación** **명** 발산, 증발; 유성, 번쩍임.

exhausto, ta **형** 바닥난, 고갈된.

exhibir **타** 보이다; 공시·전람·공개하다; 출품·진영하다. En esa exposición *exhiben* cuadros españoles. 그 전람회에는 서반아의 그림이 전시되어 있다. ◇ **exhibición** **명** 전람·전시(회).

exhortar **타** 권하다, 권고하다.

exigir [4] **타** ① 요구·요청·강요하다. No *exijo* a los ajenos lo que yo no puedo hacer. 나는 내가 할 수 없는 일을 남에게 요구하지 않는다. ② 필요로 하다. La situación *exige* una decisión inmediata. 정세는 즉결을 필요로 한다. ◇ **exigencia** **예** 요구, 요청. Dijo que no venía con *exigencias*. 그는 요청되어 온 것은 아니라고 말했다. **예** 요구가 많은: 억지로. Ella es muy *exigente* en la limpieza. 그녀는 청소를 대단히 성가시게 생각한다.

exiguo, gua **형** 아주 작은, 근소한. ◇ **exigüidad** **예** 사소한 일; 근소.

exiliar [12 enviar] **타** 추방하다. ◇ ~**se** 망명하다. ◇ **exilio** **명** 추방; 망명.

eximir **타** [+de: …에서] 면제하다, 용서하다. Le *eximieron* de trabajo. 그는 일에서 면제됐다.

existir **자** ① 존재하다. En este lugar *existió* una ciudad. 이 장소에 도시가 있었다. ② 살아있다. Mientras *existan* sus padres, no le faltará nada. 부모가 살아 있는 동안은, 그는 아무 것도 부족하지 않을 것이다. ◇ **existencia** ① 존재, 실제, 있음; 생활, 생존. Lleva una *existencia* miserable. 그는 참혹한 생활을 하고 있다. ② [상업] 재고, 현물. Tenemos una gran *existencia* de estos géneros. 이 물건의 재고는 많이 있다. *en existencia* 재고로; 현물로. Tenemos estos géneros *en existencia*. 이 물건은 재고가 있다. ◇ **existente** **형** 존재하여 있는, 현존의.

éxito ① 성공; 좋은 결과. *tener éxito en* … 에 성공하다, …에 합격하다. Tuvo *éxito en* el examen de ingreso. 그는 입학 시험에 합격했다. Le felicito por el *éxito* obtenido. 당신의 성공을 축하합니다. **남** ② 결과. Ha tenido buen [mal] *éxito* en el negocio. 그는 사업에 성공 [실패]했다.

exótico, ca **형** 이국의, 이국적인, 외래의. Tiene facciones *exóticas*. 그는 외국인같은 얼굴 모양을 하고 있다. ◇ **exotismo** **남** 이국 취미·정서.

expansión **예** ① 팽창, 발전. Las nuevas leyes favorecerán la *expansión* de la economía. 이 새 법률은 경제 발전을 조성할 것이다. ② 소풍, 오락. Los jóvenes necesitan algún rato de *expansión*. 젊은이에게는 한때의 소풍이 필요한다. ③ 진정의 토로.

expedición **예** ① 발송, 출하. La primera *expedición* de maquinaria saldrá mañana. 기계류 첫 출하는 내일이다. ② 파견 (대), 원정(대), 탐험(대). Se ha enviado una *expedición* a la isla. 그 섬에 탐험대가 파견되었다. ◇ **expedicionario, ria** **형** 파견의, 원정의, 탐험의.

expediente 파견·원정·탐험 대원. ◇ **expedidor, ra** 발송자, 하주(荷主). *agente expedidor* 화물 취급자·취급점.

expediente 편법, 방책. Es hombre de *expediente*. 그는 기략이 풍부한 사람이다. Esto no es más que un *expediente* temporal. 이는 일시적인 방편일 따름이다. ② (한가인) 사무 처리; 일건 서류. Le han pedido en la Compañía su *expediente* académico. 그는 회사에서 성적증명서를 요구받았다.

expedir [36 pedir] 발송하다; 파견하다. Hoy te *he expedido* un paquete por correo certificado. 오늘 나는 너에게 등기 우편으로 소포를 보냈다. ② (서류·어음을) 발행하다. En el Ayuntamiento me *expidieron* el certificado de identificación. 시청에서 신분 증명서를 발행해 주었다.

expeler 추방하다; 토하다.

expendedor, ra 소비하는, 소비자, 매점원, 판매자.

expensas 비용, 경비. *a expensas de* …의 비용으로.

experiencia 경험, 체험. No tengo *experiencia* en este trabajo. 나는 이 일에 경험이 없다. *por experiencia* 경험으로. Sé *por experiencia* lo que es eso. 나는 그것이 무엇인지 경험으로 알고 있다.

experimentar ① 실험하다, 시도하다. Están *experimentando* la nueva droga en ratones. 그 신약을 쥐에게 시험중이다. ② 경험하다. En esa ocasión *experimenté* lo que vale el tener amigos. 나는 친구를 가지는 것이 얼마나 고마운 일인가를 그 기회에 경험했다. ③ 느끼다. *Experimentó* una gran alegría al saberlo. 그것을 알고 그는 커다란 기쁨을 느꼈다. ◇ **experimentado, da** 경험이 있는, 노련한. ◇ **experimento** 경험; 실험.

experto, ta 노련한, 정통한. 전문가 (perito).

expirar ① 숨을 거두다, 죽다(morir, fallecer, dejar de existir). Sufrió un ataque de corazón y *expiró* a las pocas horas. 그는 심장의 발작을 일으켜서 몇 시간 뒤에 죽었다. ② (기한 따위가) 끝나다, 다하다. El plazo de la suscripción *expira* hoy. 신청 기한은 오늘로 마감된다. ◇ **expiración** 임종; 만기(滿期).

explanar ① 설명하다, 해설하다(declarar). ② 땅을 고르다(allanar). **explanación** 설명, 해설; 땅 고르기.

explicar [7 sacar] 설명하다·해설하다 (declarar). Me *ha explicado* cómo lo llevó a cabo. 그는 어떻게 해서 그것을 실현했는지 내게 설명했다. ② 석명(釋明)하다. *Explicó* su intervención en el asunto. 그는 그 사건에 개입된 일을 석명했다. ◇ **-se** 납득이 가다. No *me explico* por qué no viene a verme. 왜 그가 나를 만나러 오지 않는지 나는 납득이 가지 않는다. ◇ **explicable** 설명·석명이 가능한. ◇ **explicación** 설명, 해명; 석명. Dame *explicaciones* por tu conducta de ayer. 어제의 네 행동에 대해 내게 설명해라. ◇ **explícito, ta** 조리있는, 명확한; 분명한.

explorar 살피다; 탐험·정찰·조사하다. ◇ **explorable** 탐사·연구·탐험·답사할 수 있는. ◇ **exploración** 탐험, 조사, 답사. ◇ **explorador, ra** 정찰병; 보이·걸 스카우트.

explosión 폭발, 파열. El incendio ha sido provocado por la *explosión* de una cañería de gas. 화재는 가스관의 파열에 의해 일어났다. ◇ **explosivo, va** 폭발하는; 파열성의. 폭약.

explotar ① 개발·개척하다, 채굴하다. *Explotan* una enorme finca. 그들은 광대한 토지를 개척하고 있다. ② 착취하다; 이용하다. *Explota* a sus empleados. 그는 종업원을 착취하고 있다. 폭발·파열하다. Las bombas *explotaron* cerca de mí. 폭탄이 내 근처에서 파열했다.

exponer [60 poner; 과거분사 expuesto] ① 표명하다. 해설·설명하다. Les *expuse* mis ideas, pero no me hicieron ni caso. 나는 그들에게 내 생각을 말했지만, 도무지 채택되지 않았다. ② 전시·진열·출품하다. Estos libros estaban *expuestos* en el escaparate. 이 책들은 진열창에 전시되어 있었다. ③ [+a : …해·바람·위험 따위에] 그대로 내맡기다. No debes *exponer* esto *al* sol. 이것을 햇볕에 쬐어서는 안된다. ◇ **-se** [+a : …의 위험에서] 몸을 드러내놓다. *Haciendo eso te expones a* perder todos tus bienes. 그런 일을 하면 너는 전 재산을 잃는 위험을 무릅쓰게 된다. ◇ **exponente** 설명하는, 설명자; 출품자 전람회 참가자.

exportar 수출하다 [⇔ importar]. España *exporta* naranjas a toda Europa. 서반아는 오렌지를 전 유럽에 수출하고 있다. ◇ **exportación** 수출(품). ◇ **exportador, ra** 수출업의. 수출업자.

exposición ① 표명; 설명, 해설. Ha estado poco claro en la *exposición* del problema. 그는 문제의 설명이 별로 명확하지 못했다. ② 출품, 진열. *sala de ex-*

posición 진열실. ③ 전시회, 전람회, 박람회. Ayer visitamos una *exposición* de cuadros españoles. 어제 우리들은 서반아 회화전을 보러 갔었다. ◇ **expositor, ra** 셈 설명하는. 뗑 설명자; (박람회 따위) 출품자.

exprés 휑 급행 열차(expreso).

expresar 匝 나타내다, 표명·표현하다. El pequeño *expresa* su alegría con gritos. 젖먹이는 기쁨을 고함 소리로 나타낸다. ◇~**se** (자기의) 생각·감정을 나타내다. No sabe *expresarse* bien, pero es muy afectuoso. 그는 자기의 기분을 말로 잘 나타낼 수 없지만, 마음은 지극히 상냥하다. ◇ **expresión** 뗑 표현; 표정; 말, 화술. Esta es una *expresión* muy corriente. 이것은 아주 잘 쓰이는 표현이다.

expresivo, va ① 표정이 풍부한; 감은 뜻이 있음직한. El niño tiene un rostro muy *expresivo*. 그 어린이는 표정 풍부한 얼굴을 하고 있다. ② 진정이 담긴. Sus palabras de despedida fueron muy *expresivas*. 그의 작별의 말은 진정이 담겨 있었다.

expreso, sa ① 명백한; 명기한. Debes tener una voluntad *expresa*. 너는 명백한 의지를 가져야 한다. ② 급행의. Si no nos damos prisa, perderemos el tren *expreso* de las ocho. 우리들은 서두르지 않으면 8시 급행을 놓칠 것이다. 뗑 급행 열차. ◇ **expresamente** 위 일부러, 고의로.

exprimir 匝 짜다; 짜내다. ◇ **exprimidera** 뗑 압착기.

expuesto, ta ① 노골적인. El sol tostó su *expuesta* piel. 태양이 그녀의 들어낸 피부를 태웠다. ② 위태로운(peligroso). Es *expuesto* viajar a solas por aquí. 이 근처를 혼자서 여행하는 것은 위태롭다.

expulsar 匝 ① 쫓아내다, 추방하다. Le han *expulsado* porque no pagaba el alquiler. 그는 집세를 내지 않아서 쫓겨났다. ② 구제·배제하다. Los pulmones aspiran el aire y después los *expulsan*. 폐는 공기를 들어 마시고, 이어서 그것을 뱉어낸다. ◇ **expulsión** 뗑 추방; 배제; 구제. ◇ **expulsivo, va** 閻 몰아내는; 구충제.

exquisito, ta ① 맛좋은. En esta región se produce un licor *exquisito*. 이 지방에서는 맛좋은 술이 생산된다. ② 정묘한. En el aniversario de su boda recibió un *exquisito* regalo. 그는 결혼 기념일에 홀륭한 선물을 받았다. ◇ **exquisitez** 뗑 맛좋음; 절품.

éxtasis 뗑 열중; 무아경, 황홀경.

extender [20 perder] 匝 ① 펴다; 늘이다; (밧줄을) 매다. La niña *extendió* un pañuelo sobre la hierba para sentarse. 소녀는 풀 위에 손수건을 펴고 앉았다. ② 넓히다; 확장하다. *Extiende* su acción beneficiosa a toda la nación. 그는 자선 행위를 전 국민에게 전개한다. ③ (문서를) 발행하다. El Ayuntamiento *extiende* el certificado de residente. 시청이 주민등록증을 발행한다. ◇~**se** ① 몸을 펴다, 눕다. Se *extendió* al sol en la playa. 그는 해변에서 햇볕에 들어누웠다. ② 넓어지다; 퍼지다. La llanura *se extiende* hasta el horizonte. 평야는 지평선까지 퍼져있다.

extensión 뗑 ① 넓어짐; 확장, 신장, 연장. ② 면적(area); 범위. Su casa tiene un jardín de 10 metros cuadrados de *extensión*. 그의 집에는 넓이 10평방미터의 정원이 있다.

extenso, sa 閻 넓은, 넓게 퍼진, 광막·광대한, 광범위한(extensivo). Brasil es un país muy *extenso*. 브라질은 대단히 넓는 나라이다. *por extenso* 속속들이; 자세히. En su discurso, hablo *por extenso* del problema de la vivienda. 그는 연설 속에서 주택 문제에 대하여 중언부언 말했다.

extenuar [14 actuar] 匝 여위게 하다; 지치게 하다. ◇~**se** 기운이 빠지다. ◇ **extenuación** 뗑 여윔, 쇠약.

exterior 閻 외부의, 밖의, 외국의. *comercio exterior* 대외무역. *relaciones exteriores* 대외 관계. 뗑 외면, 외모; 외국(extranjero) (영화) 야외 촬영.

externo, na 閻 ① 바깥(으로부터)의; 외면의. Han pintado de verde la parte *externa* de la casa. 집의 바깥 부분은 초록색으로 칠해졌다. ② (약의) 외용의. ③ 통학의, 외래의. Es alumno *externo*. 그는 (기숙생이 아니고) 통학생이다.

extinguir [5] 끄다(apagar). Los bomberos *extinguieron* rápidamente el fuego. 소방사는 순식간에 불을 껐다. ◇~**se** 꺼지다, 소멸하다, 사멸하다. Su vida *se extinguia* por momentos. 그의 생명은 시시각각으로 사라져갔다. ◇ **extintor** 뗑 소화기(消火器).

extirpar 匝 뿌리째 뽑다; 완전히 없애다. No se pueden *extirpar* las malas hierbas. 잡초는 전멸시킬 수 없다.

extra 【남녀 동형】 閻 ① 극상의. Aquí tiene usted camisas *extras*. 여기 극상급 와이셔츠가 있습니다. ② 특별의, 임시의, 여분의; 가외의. He tenido muchos gastos *extras*. 나는 임시비를 많이 썼다. 뗑 임시 수입, 특별 수당. Este mes he tenido

2,000 pesetas de *extra*. 이달은 임시 수입이 2,000에세타가 있었다. ② 【영화】 엑스트라. Trabajó en esta película de *extra*. 이 영화에서 그녀는 엑스트라를 맡았다.

extractar 囲 요약하다, 발췌하다; 추출(抽出)하다. ◇ **extracto** 圐 요약, 발췌; 추출(물).

extraer [⑦ traer] 囲 ① 뽑아내다, 꺼내다, 끄집어내다(sacar). Me *extrajeron* una muela. 나는 어금니를 한 개 뽑었다. ② (증류로서) 빼내다. *Extraen* aguardiente del vino. (사람들은) 포도주에서 브랜디를 빼낸다.

extranjero, ra 圐 외국의. No es tan fácil dominar una lengua *extranjera*. 외국어를 마스터하기란 그다지 쉽지 않다. 圐 외국인. Vive un *extranjero* cerca de mi casa. 우리집 근처에 외국인이 살고 있다. 圐 외국, 국외. Mis padres están en el *extranjero*. 내 부모님은 외국에 있다.

extrañar 囲 이상하게 생각하다, 기이하게 느끼다. *Extraño* que no estén aquí. 그들이 여기 없는 것은 이상하다. ②(⋯에) 기이하게 느끼게 하다. No me *extraña* que diga eso. 그가 그런 말을 한다해도 이상스럽지 않다. ~**se** [+de: ⋯을] 기이하게·이상하게 생각하다. Me *extraño* de que no lo creas. 네가 그것을 믿지 않는 것을 나는 이상하게 생각한다.

extraño, ña 圐 ① 다른 곳의; 외국의. Me siento como si estuviera en una tierra *extraña*. 나는 마치 다른 곳에 있는 듯한 느낌이다. ② [+a: ⋯에] 무관한, 친숙하지 않은. ③ 이상한, 기묘한; 괴상한. Oí un ruido *extraño*. 나는 괴상한 소리를 들었다. 圐 ①이방인, 외부 사람, 외국인 (extranjero); 국외자. No digas eso a *extraños*. 외국자에게 그것을 말하지 마라. ◇ **extrañeza** 圐 기이(한 느낌); 가발. Me miró con *extrañeza*. 그는 이상한 듯이 나를 보았다.

extraoficial 圐 직권·직무 외의; 비공식적인.

extraordinario, ria 圐 ① 희한한, 이례적인. Tiene una memoria *extraordinaria*. 그는 기억력이 대단하다. ② 특별의, 임시의. Acabo de cobrar una paga *extraordinaria*. 나는 임시 수당을 방금 받았다. 圐 이례적인 일; 특별호. ◇ **extraordinariamente** 團 특별히, 비상히.

extravagante 圐 의외의, 상식 밖의. No he visto una persona tan *extravagante* en mi vida. 나는 이제까지 본 도로 그런 몰상식한 사람을 만난 일이 없다.

extravagancia 圐 뜻밖의 일, 상식 밖의 일.

extraviar [⑫ enviar] 囲 잃다, 분실하다. He *extraviado* las gafas. 나는 안경을 잃었다. ◇ ~**se** ① 분실되다. Se me ha *extraviado* el recibo. 나는 영수증을 잃었다. ② 길을 잃다(perderse). Me he *extraviado* 나는 길을 잃었다. Se *extraviaron* en el bosque. 그들은 숲에서 길을 잃었다. Esta niña estaba *extraviada* en el parque. 이 소녀는 공원에서 길을 잃었다. ◇ **extraviado, da** 圐 길을 잘못 든; 분실, 망실임, 탈선 행위.

extremar 囲 [+en: ⋯을] 극단으로 하다, 철저히 하다. *Se extremó* en la limpieza de la casa. 그녀는 집의 청소를 철저히 했다. ◇ **extremado, da** 圐 극단적인. No me gustan las cosas *extremadas*. 나는 극단적인 일이 싫다. ◇ **extremidad** 圐 극단; 끝, 종말; 임종.

extremo, ma 圐 ① 끝의; 종말의. Corea se encuentra en el *extremo* Oriente. 한국은 극동에 있다. Fuimos hasta la punta *extrema* del pueblo. 우리들은 교외까지 갔다. ② 극단적인, 과격한. Nos vemos en una necesidad *extrema*. 우리들은 지극히 곤궁한 처지에 처해 있다. 圐 끝, 선단; 극단. Su casa se halla en el *extremo* de la calle. 그의 집은 거리의 끝에 있다. con [en·por] *extremo* 극단적으로, 심하게. Me gusta en *extremo* el tango argentino. 나는 아르헨티나 탱고가 대단히 좋다. de *extremo* a *extremo* 끝에서 끝까지. Hemos recorrido la ciudad de *extremo* a *extremo*. 우리들은 시내를 끝에서 끝까지 돌아다녔다. ◇ **extremismo** 圐 과격주의, 극단론. ◇ **extremista** 圐 과격주의자, 극단론자. ◇ **estremoso, sa** 圐 극단적인, 표정이 풍부한.

exuberancia 圐 풍부; 충만; 무성; 번성. ◇ **exuberante** 圐 풍부한, 과다한; 무성한, 번성한.

exudar 囲困 스며 나오다. El árbol *exuda* goma. 그 나무는 고무가 스며 나온다.

exulceración 圐 【의학】 궤양, 곪음, 화농(化膿). ◇ **exulcerarse** 邇 궤양이 되다; 곪다, 화농하다.

exultación 圐 미칠듯한 기쁨, 굉장한 기쁨. 囲 미치게 기뻐하다.

eyaculación 圐 배설, 분출. ◇ **eyacular** 囲 배설하다, 분출시키다.

eyección 圐 배설, 분출; 배출물; 뿜어냄. ◇ **eyector** 圐 【기계】 배출 장치.

F

f., f/ fardo(s); fecha; franco.
F. Fulano.
fa. fábrica 공장.
fab. fabricante 제조원, 메이커.
F. A. B., f. a. b. franco a bordo 본선 인도 가격.
faba 예【방언】=haba; judía.
fab.* fábrica.
fabada 예 소금에 절인 돼지 고기 요리.
fábrica 예 ①공장(taller). Trabaja en la *fábrica* de tabacos. 그는 연초 공장에서 일하고 있다. ②시멘트·석조(石造) 공사. Levantó un muro de *fábrica* en el jardín. 그는 뜰에 블록담을 세웠다. ③제조 (fabricación). *marca de fábrica* 상표.
fabricar [7] sacar) ①제조·제작하다. Aquí *se fabrican* los vidros del país. 여기서는 유리를 제조하고 있다. ②(시멘트·돌로) 구축하다. ③날조하다. **fabricación** 예 제조; 제품(manufactura). Esto es de *fabricación* coreana. 이것은 한국제이다. ◇ **fabricante** 예 제조원, 메이커; 공장주.
fábrico 예【콜롬비아】=fábrica.
fabril 휑 제조의. *industria fabril* 제조 공업.
fábula 예 우화, 만든 이야기. ¿Has leído las *fábulas* de Samaniego? 너는 사마니에고의 우화집을 읽은 일이 있느냐. ◇ **fabulador, ra** 명, **fabulario** 명 우화집. **fabulista** 명 우화 작가. ◇ **fabuloso, sa** 형 ①전설적인. Es un héroe *fabuloso*. 그는 전설상의 영웅이다. ②놀라운, 터무니 없는, 법외의. Nos pidieron por la casa un precio *fabuloso*. 우리에게 그 집에 턱없는 값을 요구했다.
facción 예 ①【주로 복】얼굴빛, 얼굴 모습. Tiene *facciones* bellas y correctas. 그녀는 아름답고 다듬어진 얼굴을 하고 있다. ②도당, (폭도의) 무리. El autobús fue atacado por una *facción* de bandidos. 버스는 도둑의 한 무리에게 습격당했다.
fácil 형 ①쉬운. 용이한 [⇔ difícil]; 손쉬운. Este trabajo parece *fácil*, pero es difícil. 이 일은 쉬운 듯하면서도 어렵다. Este libro es *fácil* de comprender. 이 책은 이해하기 쉽다. ②있을 수 있는. Es *fácil* que venga mañana. 그가 내일 올지도 모르겠다. ◇ **facilidad** 예 ①용이. Lo conseguí con *facilidad*. 나는 그것을 손쉽게 입수했다. ②(용이하게 무엇을 하는) 재능. Tiene mucha *facilidad* para aprender los idiomas. 그에게는 말을 쉽게 익히는 재능이 있다. ②【주로 복】 편리, 편의. Nos han ofrecido toda clase de *facilidades* para la exploración. 우리들은 탐험을 위해서 모든 편의의 제공을 받았다. ◇ **fácilmente** 뷔 쉽사리(con facilidad); 아주 가볍게. A mí no me engaña tan *fácilmente*. 당신은 그렇게 쉽사리 나를 속일 수 없다. No puedo expresarme *fácilmente*. 나는 쉽게 표현할 수 없다.
facilitar 타 ①용이하게·편리하게 하다. Este libro te *facilitará* el estudio. 이 책은 너의 연구를 용이하게 해 줄 것이다. ②융통·제공하다. El gobierno nos *facilitó* datos para la investigación. 정부는 우리들에게 조사용 자료를 제공해 주었다. ◇ **facilitación** 예 융통, 제공; 용이·편리하게 함.
factor 명 ①요인(要因). El exceso de fabricación es uno de los *factores* de la crisis económica. 생산 과잉이 경제 위기의 요인 중의 하나이다. ②【수학】인수(因數).
factura 예【상업】송장, 인보이스. Les enviamos *factura* por importe de mil novecientos ochenta y siete dólares. 폐사는 1,987달러 금액의 송장을 보냅니다. *factura comercial* 상업 송장. *factura consular* 영사 송장. ◇ **facturar** 타 ①(···의) 송장을 작성하다. Acabamos de *facturar* géneros por valor de diez mil pesetas. 폐사는 1만 페세따의 물품 송장을 작성하였습니다. ②(수하물을) 보내다. Quiero *facturar* este baúl. 나는 이 트렁크를 수하물로 보내고 싶다.
faculta 예【베네수엘라】산타, 조산원.
facultad 예 ①능력, 기능; 자격, 권한. Mi abuelo va perdiendo la *facultad* de oír.

할아버지는 점점 청력을 잃어가고 있다. ②(대학의) 학부(學部), 대학. Estudia en la *Facultad* de Medicina. 그는 의과대학에서 배우고 있다. ◇ **facultar** 탠 (…에게) 자격·권한을 부여하다.

facha 예 얼굴 생김새, 용모; 얼굴(cara, rostro).

fachada 예 ①(건물의) 정면(frente). La *fachada* del edificio es muy impresionante. 그 건물의 정면은 매우 인상적이다. ② 외관, 외견. Aquí todo es *fachada*. 이곳은 모든 것이 외견 뿐이다. ③(책의) 첫 페이지.

faena 예 ① (trabajo), 노동(labor); 창소와 싸우는 일. Siempre me veo ocupado en las *faenas* diarias. 나는 언제나 일상의 일에 쫓기고 있다.

faisán, na 예 [새] 꿩. ◇ **faisanería** 예 꿩의 우리. ◇ **faisanero, ra** 꿩 기르는 사람.

faja 예 띠; 벨트. Le puso la *faja* al niño. 그는 어린이에게 벨트를 죄어 주었다. ② 띠 모양의 것(땅); 봉합띠. ◇ **fajar** 테 띠를 두르다, 띠로 감다.

fajo 뎸 다발, 묶음.

falda 예 ①치마, 스커트; 옷단; 슭하. Lleva la *falda* muy corta. 그는 스커트를 대단히 짧게 하고 있다. ② 산기슭(ladera), 산록. Caminamos por la *falda* del monte. 우리들은 산기슭을 걸었다.

falsear 탠 속이다(engañar); 위조하다. ◇ **falsificación** 예 위조(僞·죄). ◇ **falsificador, ra** 위조자. ◇ **falsificar** [7] sacar] 탠 위조하다.

falso, sa 휑 ①거짓의, 거짓말의. Al fin y al cabo, el rumor ha sido *falso*. 결국 소문은 거짓말이었다. ② 가짜의. Hay piedras preciosas *falsas* que parecen auténticas. 진짜처럼 보이는 모조 보석이 있다. ◇ **falsedad** 예 허위; 가짜.

falta 예 ①결여, 결핍, 부족. La *falta* de recursos le hizo renunciar a su proyecto. 자금 부족으로 그는 계획을 단념했다. ② 과실; 잘못, 오류. Tenemos que disculpar sus *faltas*. 우리들은 그의 잘못을 용서해 주어야 한다. ③결석, 결근. Ya ha tenido dos *faltas* esta semana. 그는 이번 주일에 두번이나 쉬고 있다. *a falta de* …이 없으므로. Me quedaré con esto *a falta de* cosa mejor. 더욱 좋은 것이 없으니 나는 이것으로 하겠다. *echar en falta* 없는 것을 알게 되다. *hacer falta* 모자라다; 필요하다. No *hace falta*. 필요 없다. Aquí *hacen falta* dos sillas. 여기 의자가 두 개 모자란다. Para eso *hace falta* mucho dinero. 그러기 위해서는 돈이 많이 필요하다. *sin falta* 틀림없이, 반드시, 꼭(sin duda).

faltar 재 ① [주어가 뒤에 옴] 모자라다, 부족하다. Aquí *faltan* dos chucharas. 여기 수저가 두 개 모자란다. Me *falta* tiempo para hacerlo. 나는 그 일을 할 틈이 없다. ②필요하다; 남아 있다. Sólo nos *falta* convencer al abuelo. 다음에 우리들에게 필요한 일은 할아버지를 설득하는 일 뿐이다. Aún *faltan* cinco minutos para las diez. 10시까지는 앞으로 5분 남았다. ③ (의무가) 결여되다, 어기다. *Faltaste* a tu palabra. 너는 약속을 어겼다. ④ 결석·결근하다. Hoy *ha faltado* a clase. 그는 오늘 결석했다. *faltar poco para+inf*. 하마터면 …할 뻔하다. Le *faltó poco para* ahogarse. 그는 하마터면 익사할 뻔 했다. *No faltaba más*!; 물론! Le agradezco mucho su atención. -¡*No faltaba más*! 호의에 감사합니다. -천만의 말씀!; ¿Quiere usted acompañarme? -¡*No faltaba más*! 함께 가 주시겠습니까. -물론이지요!

falto, ta 형 [+de…] 모자라는; (…을) 필요로 하는. Los viejos están *faltos de cariño*. 노인들은 애정을 필요로 하고 있다.

falla 예 흠, 오점, 결점.

fallar 탠 결정하다, 판정하다. 재 실수하다, 실패하다. ◇ **fallo** 뎸 판정, 결정.

fallecer [30] crecer] 재 죽다, 서거하다 (morir, dejar de existir). *Fallecieron* cinco personas en el accidente de tráfico. 그 교통 사고로 5명이 죽었다. ◇ **fallecimiento** 뎸 사망, 서거(muerte).

fama 예 평판, 명성(reputación); 소문. Ese médico goza de muy buena *fama*. 그 의사는 평판이 매우 좋다. *ser fama que* …라는 소문이다. *Es fama que* ella va a casarse dentro de poco. 그녀는 곧 결혼하리라는 소문이다.

familia 예 가족, 가정(hogar). Tiene mucha *familia*. 그는 가족이 많다. Es un muchacho de *familia* modesta. 그는 검소한 가정의 소년이다.

familiar 휑 ①가족의, 친족의; 가정적인. Se han reunido en consejo *familiar*. 그들은 친족 회의에 모였다. ②친숙한; 버릇된. Oí una voz *familiar*. 나는 들어버릇한 소리를 들었다. Tuvo con todos un trato *familiar*. 그는 아무하고나 친하게 지냈다. ③일상의, 통속의. Usa un estilo *familiar*. 그는 통속적인 문체를 쓴다. 뎸 친족(인 사람). Invitamos a comer a un *familiar* de mi mujer. 우리들은 내 아내의 가족을 한 사람 식사에 초대했다. ◇ **familiaridad** 예 친근함, 허물없음. ◇ **familiarizar** [[9] alzar] 탠 친

famoso, sa 하게 하다; 익숙하게 하다. 재 [+con: …에] 친해지다; 버릇들이다. Pronto *me familiaricé con* las costumbres de este país. 나는 곧 이 나라의 풍습에 익숙해졌다.

famoso, sa 형 유명한, 이름난, 명성이 있는(célebre, renombrado). Jerez es *famoso* por sus vinos. 헤레스는 포도주로 유명하다. Es *famoso* como poeta. 그는 시인으로 명성이 자자하다.

fanático, ca 형 광신적인; 열중하는. 명 광신자; 열광자, …광. Mi padre es *fanático* por fútbol. 내 아버님은 축구광이시다. ◇ **fanatismo** 명 광신, 열광.

fanfarrón, na 형 뻐기는, 허세부리는. 명 뻐기는 사람, 허세부리는 사람. ◇ **fanfarronada** 명 허세, 과장. ◇ **fanfarronear** 허세를 부리다.

fango 명 진흙. ◇ **fangoso, sa** 형 진흙투성이의.

fantasía 여 ① 공상, 환상. Esos planes son pura *fantasía*. 그 계획은 완전한 환상이다. ② 변덕. Vive a su *fantasía*. 그는 멋대로 살고 있다.

fantasma 남 또는 여 유령. En mi cuarto apareció como un *fantasma*. 내 방에 그는 유령처럼 갑자기 나타났다. ◇ **fantasmal** 형 유령의, 유령같은.

fantástico, ca 형 ① 공상의, 가공의. No puedo creer esas ideas *fantásticas*. 나는 그와 같은 공상적인 생각은 믿을 수 없다. ② 환상적인. Desde la cima se domina una vista *fantástica* de la ciudad. 정상에서 도시의 꿈과 같은 전망이 바라보인다.

fantoche 남 꼭두각시 인형; 허세부리는 사람.

fardo 남 (포장한 여행용) 짐. Iba cargado con un *fardo* al hombro. 그는 거다란 짐을 어깨에 메고 있었다.

faringe 여 【해부】 인두(咽頭). ◇ **faríngeo, a** 형 인두의. ◇ **faringitis** 여 【의학】 인두염.

farmacéutico, ca 형 약제의, 약학의. 명 약제사. El *farmacéutico* me ha recomendado esta medicina. 약제사는 나에게 이 약을 추천했다.

farmacia 여 ① 약학; 조제법. ② 조제실, 약방(botica). ¿Hay una *farmacia* cerca de aquí? 이 근처에 약국이 있습니까.

fármaco 남 약제.

farmacodinamia 여 약리학.

farmacognosia 여 생약학.

farmacognosis 여 생약.

farmacología 여 약리학.

farmacológico, ca 형 약학학의.

farmacopea 여 = recotario.

faro 남 ① 등대; 헤드라이트. El *faro* guía a las embarcaciones. 등대가 배를 인도한다. ② 표지(標識)(비치는 물체, 인도하는 사람). Usted es el *faro* de mi vida. 당신은 내 인생의 지표이다.

farol 남 ① 칸델라, 초롱, 가로등; (열차의) 앞등. A la luz del *farol* de la calle leí la carta de María. 가로등의 불빛에 나는 마리아에게서 온 편지를 읽었다. ◇ **farolero, ra** 형 허세부리는, 뻐기는. 명 허세부리는 사람, 뻐기는 사람. 남 등대지기.

farsa 여 연극 (희극). Todas esas demostraciones de cariño son una *farsa*. 그러한 친절한 듯한 행동은 모두 (진실이 아니고) 연극이다. ◇ **farsante** 남 광대.

fascinar 타 조롱하다, 매혹하다. Los juguetes de los escaparates *fascinan* a los niños. 진열장의 장난감이 어린이들을 매혹시킨다. ◇ **fascinante** 매혹적인.

fase 여 국면, 부면(部面). El gobierno evitará cambios radicales en cualquier de las *fases* de la vida nacional. 정부는 국민 생활의 어떠한 면에서도 급격한 변화는 피할 것이다.

fastidiar [11cambiar] 타 귀찮게·성가시게 하다; 지루하게 하다. No me *fastidies* con esas bromas. 그렇게 미련스러운 짓으로 성가시게 하지 말아주게. ◇ **fastidio** 남 싫증, 불쾌.

fatal 형 ① 숙명적인. Llegó el día *fatal* para él. 그에게 숙명의 날이 닥쳐왔다. ② 불행한, 불운한. ③ 치명적인. Le dieron un golpe *fatal*. 그는 치명적인 타격을 받았다. ◇ **fatalidad** 여 숙명, 인과; 불운, 재앙. Yo no creo en la *fatalidad*. 나는 운명을 믿지 않는다. ◇ **fatalmente** 부 숙명적으로; 치명적으로.

fatiga 여 ① 피로(cansancio). Volvió a casa rendido de *fatiga*. 그는 피로로 지쳐 집에 돌아왔다. ② [주로 복] 피로움. Ha pasado muchas *fatigas* para criar a sus hijos. 그녀는 어린이들을 기르는데 대단히 고생했다. ◇ **fatigoso, sa** 형 피로한, 고생스러운.

fatigar [8 pagar] 타 피로하게 하다; 숨차게 하다. Me *fatiga* subir la escalera. 나는 계단을 오르기에 숨이 차다. ◇ **~se** 피로해지다, 숨차다. Ten cuidado de no *fatigarte* demasiado con ese trabajo. 그 일 때문에 너무 지치지 않도록 조심해라.

fatuo, tua 형 등신같은; 우둔한(tonto, torpe, estúpido).

fauna 여 동물의 떼.

fausto, ta 형 행복한(feliz).

favor 남 ① 호의; 원조(ayuda). Quisiera

favorable 181 **feliz**

pedirle a usted un *favor*. 한 가지 부탁하고 싶습니다만. ¿*Pago ahora? ·Si* me hace el *favor*. 지금 지불할까요. —그렇게 해주시면 (내게 호의를 보이신다면). ② 후원, 보살핌. Goza del *favor* del jefe de la sección. 그는 과장의 후원을 받고 있다. *a favor de* ①…의 덕택으로, …의 도움을 빌어서. Se hizo rico *a favor de* la crisis económica. 그는 경제 위기 덕택으로 돈을 벌었다. ②…을 (이익을) 위하여, …의 편에 서서. Hizo testamento *a favor de* su sobrino. 그는 조카를 위해 유언을 작성했다. *en favor de* …을 (이익을) 위하여, …의 편에 서서. Siempre alzaba la voz *en favor de* los débiles. 그는 언제나 약자 편에 서서 소리를 크게 하고 있었다. *por favor* 부디 (부탁). Cierre usted la ventana, *por favor*. (부디) 창문을 닫아 주십시오. *hacer el favor de+inf.* (tener la bondad de+inf.) …하여 주시다. ¿Me *hace* usted *el favor de* abrir la puerta? 문을 좀 열어 주시겠습니까. ¿*Me hace el favor de* acompañarme? 함께 와 [가] 주시겠습니까. *Hágame el favor de* ir con él. 그와 함께 가 주십시오. *Haga el favor de* pasarme la sal. 소금을 건네 주십시오. *Haga* usted *el favor de* decirme qué hora es. 몇 시인지 말씀해 주십시오. *Haga el favor de* indicarme el camino. 길을 좀 가르쳐 주십시오. *Haga el favor de* repetir lo que dijo. 말씀하신 것을 반복해 주십시오.

favorable 휑 ① 좋은; 유리한. Las proposiciones que hacemos son *favorables* para usted. 우리들이 하고 있는 제안은 당신들에게 유리하다. ② 호의적인. Deseamos que ustedes puedan darnos una respuesta *favorable*. 호의적인 회답을 들을 수 있도록 바라고 있습니다. ◇ **favorablemente** 튄 유리하게; 호의적으로.

favorecer [39 crecer]타 ① 도와주다, 구조하다; 조장하다. Me *ha favorecido* mucho en mis apuros. 그는 내가 곤란했을 때 많이 도와주었다. ② (…에게) 이익을 주다, 유리하다. El ser mujer la *ha favorecido* en ese caso. 그 경우 그녀는 여자였다는 것 때문에 이득을 보았다.

favorito, ta 휑 (특히) 좋은, 마음에 드는. Mi deporte *favorito* es el tenis. 내가 좋아하는 스포츠는 테니스이다. 몡 마음에 드는 사람.

faz 뗑 얼굴(cara, rostro); 표면(superficie).

fe 뗑 ① 신앙; 신념. Murió por la *fe*. 그는 신앙 때문에 죽었다. ② 신용, 신뢰. No tengo *fe* en sus palabras. 나는 그의 말을 신용하지 않는다. ③ 보증; 증명서. Doy *fe* de que lo que dice ese hombre es verdad. 나는 그 사람이 말하는 것은 진실이라는 것을 보증한다. *a fe que* 확실히. *de buena fe* 성실하게; *de mala fe* 악의를 가지고. En ese asunto ha obrado *de mala fe* desde el principio. 그는 그 일에 처음부터 악의를 가지고 행동했다.

fealdad 뗑 추함, 미움; 비열(卑劣). Su simpatía hace olvidar su *fealdad*. 그녀의 친절은 얼굴의 미움을 잊게 한다.

feb.° febrero.

febrero 뗑 2월.

fecundo, da 휑 ① 다산(多産)의; 다작(多作)인. Es un escritor *fecundo*. 그는 다작 작가이다. ② 비옥한 (fértil). Esta tierra es muy *fecunda*. 이 토지는 매우 기름지다. ◇ **fecundidad** 뗑 번식력; 풍부; 다산; 다작. ◇ **fecundizar** [9] alzar] 타 기름지게 하다; 풍부하게 하다.

fecha 뗑 날짜, 연월일(data). *fecha* de nacimiento 생년월일. *fecha* de 10 del corriente. 이달 10일자 편지를 받았습니다. ¿Qué *fecha* es hoy?/ ¿Cuál es la *fecha* de hoy?/¿En qué *fecha* estamos? 오늘은 며칠입니까. *a estas fechas* 지금, 요즈음. *en esa fecha* 그 무렵, *hasta la fecha* 오늘·현재까지. ◇ **fechar** 타 (…에) 날짜를 넣다. La carta está *fechada* el seis del corriente. 편지에는 이달 6일 날짜가 적혀 있다.

fechoría 뗑 악행; 못된 짓.

federación 뗑 연맹. Europa no formará de momento una *federación*. 유럽은 지금으로서는 연맹을 만들지 않을 것이다.

felicidad 뗑 ① 행복 (dicha); 행운 (suerte). ¡(Muchas) *Felicidades*! 축하합니다. No hay mayor *felicidad* que la salud. 건강보다 더한 행복은 없다. Le desea muchas *felicidades* en el Año Nuevo. 새해를 맞이하여 행복을 빕니다. ② 무사. Salió de aquella prueba con toda *felicidad*. 그는 무사하게 그 시련을 벗어났다.

felicitar 타 빌다, (…에게) 축복·기쁨을 말하다, 축하하다(congratular). Le *felicito* a usted. 축하합니다. Le *felicito* por el nacimiento de su hijo. 자제의 탄생을 축하합니다. ◇ **felicitación** 뗑 축복, 축하(congratulación); 축사(祝辭). He recibido muchas *felicitaciones*. 나는 많은 축복을 받았다.

feliz [휑 felices] 휑 ① 행복한 (dichoso). No puedo olvidar aquellos *felices* días. 나는 그 무렵의 행복한 나날이 잊혀지지 않는다. ¡*Feliz* cumpleaños! 생일을 축하

femenino, na 합니다. *¡Feliz* Navidad! 즐거운 성탄절이 되시기를 빕니다. *¡Feliz* Año Nuevo! 새해 복 많이 받으십시오. Fue el día más *feliz* de mi vida. 그건 내 생애에서 가장 행복한 날이었다. ②적절한(conveniente). Es una idea *feliz*. 그건 좋은 생각이다. ◇ **felizmente** 행복하게; 잘, 마침; 다행스럽게.

femenino, na 형 ①여자의, 여성의 [⇔ masculino]; 암컷의. Oí una voz *femenina* detrás de mí. 나는 등 뒤에서 여성의 소리를 들었다. ②【문법】여성(형)의. ◇ **feminidad** 여 여자다움; 여성(임).

fémur 남 대퇴골.

fenicio, cia 형 페니키아(Fenicia)의. 남 페니키아 사람.

fénix 남 또는 여 불사조.

fenómeno 남 ①현상, 징후. La lluvia es un *fenómeno* natural. 비는 자연 현상이다. ②희한한 사람·물건. Lope de Vega es un *fenómeno* de las letras españolas. 로베·데·베가는 서반아 문학계의 귀재이다. ◇ **fenomenal** 형 비상한; 무서운. Es una mujer *fenomenal*. 그녀는 놀라운 미인이다.

feo, a 형 ①못생긴, 추악한 [⇔ bonito, lindo, bello, hermoso]. Es *fea*, pero tiene buen tipo. 그녀는 얼굴은 밉지만, 맵시는 좋다. ②비겁한(cobarde). Fue suya una acción *fea* aprovecharse de sus confidencias. 그의 신뢰를 이용하는 것은 추악한 행위일 것이다. ③나쁜·수상한. El tiempo iba poniéndose *feo*. 일기가 점점 이상해졌다.

feria 여 ①장(mercado); 견본 시장 (feria de muestras). La *Feria* del Libro se celebra anualmente. 도서 견본시가 매년 개최된다. ②박람회, 전람회. ③거래(trato).

fermentar 자 발효하다. 타 발효시키다. ◇ **fermentación** 여 발효. ◇ **fermento** 남 효모(酵母); 효소.

feroz [복 feroces] 형 ①사나운, 흉포한, 잔인한, 광포한. El lobo es un animal *feroz*. 늑대는 영맹한 동물이다. ②격렬한. Nos sorprendió una *feroz* tempestad. 우리들은 격렬한 폭풍우를 만났다. ◇ **ferocidad** 여 흉포성; 난폭, 폭언. ◇ **ferozmente** 부 사납게, 잔인하게, 광포하게; 격렬하게.

férreo, a 형 ①철(鐵)의. El huracán ha estropeado vías *férreas* y carreteras en varios puntos. 태풍은 곳곳에서 철도나 도로에 피해를 주었다. ②강철같은, 강건한. Tiene una voluntad *férrea*. 그는 강철같은 의지가 있다.

ferretería 여 세철소, 제철 공장. ◇ **ferretero, ra** 철공소 주인; 철물 상인.

ferrocarril 남 철도. *ferrocarril* aéreo 고가 철도. *guía de ferrocarriles* 철도 안내서, 시간표.

ferrovía 여 철도. ◇ **ferroviario, ria** 형 철도의. *tráfico ferroviario* 철도 운수. 남 철도 종업원.

ferruginoso, sa 형 철분을 함유한.

fértil 형 ①비옥한. Esta tierra es muy *fértil*. 이 토지는 대단히 비옥하다. ②[+ de : …이] 풍부한(bastante). Este país es *fértil en* minerales. 이 나라는 광물이 풍부하다. ◇ **fertilidad** 여 비옥(, 창의력 따위가). 풍부.

fertilizar [9] alzar] 타 비옥하게 하다; 풍부하게 하다. Tenemos que *fertilizar* el campo. 밭에 비료를 주어야 한다. ◇ **fertilizante** 형 비옥하게 하는. 남 비료(abono). *fertilizante* fosfatado 인산 비료. *fertilizante* nitrogenado 질소 비료. *fertilizante* químico 화학 비료.

ferviente 형 열렬한(fervoroso). Es un *ferviente* admirador del nuevo presidente. 그는 새 대통령의 열렬한 찬미자이다.

fervor 남 열심, 열렬. Está rezando con mucho *fervor*. 그는 대단히 열심히 기도하고 있다. ◇ **fervoroso, sa** 형 열심한, 열렬한. Es un *fervoroso* creyente. 그는 열렬한 신앙가이다.

festejar 타 ①대접하다 (환대). Nos *festejaron* mucho durante nuestra estancia allí. 우리들은 그 곳에 체재하는 대단한 대접을 받았다. ②(여자를) 설복하다. *Festeja* a Lola desde hace tiempo. 그는 꽤 오래 전부터 롤라를 설복하고 있다. ◇ **festejo** 남 환대; 설복.

festival 남 축제, 대음악제, 대음악회, 회. ◇ **festividad** 여 축제, 제전, 축일. ◇ **festivo, va** 형 축제의; 명랑한. *día festivo* 축제일.

fiar [12 enviar] 타 ①보증하다. *Fío* que cumplirá su palabra 그가 약속을 지킬 것을 나는 보증한다. ②맡기다; 위임하다. *Fiamos* la resolución al alzar. 우리들은 해결을 운에 맡겼다. ③털어놓다. *Fie* mi secreto. 나는 그에게 내 비밀을 털어놓았다. 자 [+en : …을] 믿다. Debes *fiar en* ti mismo. 너는 자신을 가져야 한다. ◇ ~**se** [+de : …를] 신뢰·신용하다. No me *fío* de sus palabras. 나는 그의 말을 믿지 않는다. ◇ **fianza** 여 보증, 담보; 보증금, 보석금. Le han puesto libre bajo *fianza*. 그는 보석금을 내고 석방되었다.

fibra 여 섬유. Las telas se diferencian por el tejido y por la *fibra*. 옷감은 직조법과 섬유에 의해 차이가 생긴다.

ficción 여 픽션, 허구(虛構), 만든 이야기. Todo lo que dice es una *ficción* de su fantasía. 그가 말하는 것은 모두 그의 공상의 산물이다. ◇ **ficticio, cia** 형 허구의, 허위의; 가정(적)의. No te dejes engañar por una amabilidad *ficticia*. 허위적인 친절에 속지 마라.

icha 여 ① (마작·도미노의) 패말. ② (공중 전화·지하철·가스미터의 요금 대신의) 토큰이나 표. ③ (자료 정리·출근 기록의) 카드. Ordena estas *fichas* en el fichero. 이 카드들 카드 상자에 정리해 주게. ◇ **fichar** 타 카드에 기입하다. La policía le temía *fichado* por ser comunista. 경찰은 그를 공산주의자라하여 기록하고 있었다. 자 출근카드를 누르다. Fiché al llegar a las ocho y cuarto. 나는 8시 15분에 와서 카드를 눌렀다. ◇ **fichero** 남 카드 상자.

fidelidad 여 ①충실, 성실(sinceridad). Hay que respetar la *fidelidad* conyugal. 부부의 절조는 지켜야 한다. ②정확, 정밀(도). Este aparato es de alta *fidelidad*. 이 기계는 정밀도가 높다.

fideo 남 면, 국수.

fiebre 여 ①열, 열병. Mi abuela está resfriada y tiene un poco de *fiebre*. 할머니는 감기로 열이 약간 있다. ② …열. Es extraordinaria su *fiebre* de negocios. 그의 사업열은 보통이 아니다.

fiel 형 ①충실한. El perro es *fiel* a su amo. 개는 주인에게 충실하다. ②정확한. Tiene una memoria *fiel*. 그는 기억력이 정확하다. 남 신자(信者). La iglesia estaba llena de *fieles*. 교회는 신자로 가득했었다. 남 (저울의) 지침. El *fiel* marca ocho kilos. 바늘은 8킬로그램을 가리키고 있다. ◇ **fielmente** 부 충실하게.

fiera 여 맹수; 야수 El cariño ablanda aun a la *fiera* salvaje. 애정은 야수 조차도 유순하게 만든다.

fierro 남 철(hierro).

fiesta 여 ①제사, 제전; 축제일. El lunes próximo es día de *fiesta*. 다음 월요일은 축제일이다. *fiesta nacional* 국경일. ②회합 (축하회), 향연, 무도회, 음악회). Ayer hubo una *fiesta* con motivo del cumpleaños de su hija. 어제는 그의 딸의 생일이어서 파티가 있었다. ③공휴일.

figura 여 ①외형, 형태. Aquella piedra tiene *figura* de vaca. 저 돌은 소 모양을 하고 있다. ②용자(容姿). No es muy guapa de cara, pero tiene buena *figura*. 그녀는 얼굴은 별로 곱지 못하지만 맵시가 좋다. ③상, 초상. Pintó un cuadro con siete *figuras*. 그는 7명의 초상이 있는 그림을 그렸다. ④인물, 인기인(人氣人). Es hoy la primera *figura* científica del país. 그는 오늘날 이 나라 과학계의 제일인자이다. ⑤그림, 모양; 도형; 도해. Los hombres primitivos pintaron en las rocas *figuras* de hombres y animales. 원시인은 바위에 사람과 동물의 그림을 그렸다.

figurar 타 ① (그림에) 그리다. El dibujo *figuraba* un niño pescando. 그 그림은 낚시질을 하는 어린이를 그리고 있었다. ② (형체에) 나타내다·보이다; 분장하다. 자 (명단·사전 따위에) 들어가다. No *figuraba* en la lista de invitados. 그는 초대객 명부에 들어있지 않았다. ◇ **~se** 상상하다, 가정하다. Mi *figura* que no es tan obstinado como aparenta. 그는 겉보기와 완고하지는 않다고 내게는 생각된다. ◇ **figurado, da** 형 뜻을 바꾼, 비유적인.

fijar 타 ①멈추다; 고착·고정·정착하다; 첨부하다(pegar). Fijó los ojos en un punto. 그는 한 점을 응시했다. Se prohibe *fijar* anuncios en la pared. 벽에 광고를 붙이는 것을 금한다. ② (때·곳·값 따위를) 결정하다. Hemos *fijado* el día del viaje. 우리들은 여행 날짜를 정했다. ◇ **~se** ① 고정하다. El dolor *se ha fijado* en el brazo derecho. 통증이 오른 팔에 고정됐다. ② [+en: …에] 시선을 쏟다, …을 보다, 정신을 쏟다. *Se fijaba* en la luz. 그는 그 빛에 시선을 쏟고 있었다. No *te has fijado* en que llevo un vestido nuevo. 너는 내가 새 옷을 입고 있는데 유의해 주지 않았다.

fijo, ja 형 ①정착한, 고정한. La escalera estaba *fija* en la pared. 사다리는 벽에 단단하게 움직이지 않도록 고정해 있었다. ②정해진. Aquí se vende todo a precio *fijo*. 여기서는 모두 정가로 팔고 있다. *de fijo* 꼭. *De fijo (que)* voy. 나는 꼭 갑니다. ◇ **fijamente** 부 단단히, 굳게.

fijeza 여 꼼짝하지 않음, 고정, 고착. Me miró con *fijeza* como para leer en mi interior. 그는 내 마음 속을 읽어 내려는 듯이 나를 응시했다.

fila 여 ①열; 횡대(橫隊). Se sienta siempre en primera *fila*. 그는 언제나 맨 앞줄에 자리를 잡는다. ②군대; 선열(戰列). *en fila* 열을 지어서. Pedro fue llamado a las *filas*. 페드로는 군에 소집되었다.

filete 남 필레메 (소·돼지의 연한 등심살) (solomillo).

filiación 여 부자(父子) 관계; 인상서(人相

film/filme 필름, 영화. ◇ **filmar** 태 촬영하다.

filial 형 자식의. *amor filial* 효성. *casa filial* 자회사(子會社).

filo 칼날. No cojas el cuchillo por el *filo*. 칼날을 쥐지 마라. *dar (un) filo* 날을 갈다(afilar).

filología 어언학; 문헌학. *filología comparada* 비교 언어학(lingüística). ◇ **filológicamente** 분 언어학적으로. ◇ **filológico, ca** 형 언어학의, 문헌학의. ◇ **filólogo, ga** 명 언어학자.

filosofía 여 철학. ◇ **filosófico, ca** 형 철학(적)의. Entablaron una discusión *filosófica* sin utilidad. 그들은 무익한 철학적 논쟁을 시작했다. ◇ **filósofo, fa** 명 철학자; 현인(賢人).

filtrar 태 여과하다(colar). ◇ **filtro** 여 과기·장치.

fin 남 끝, 마지막, 결말. Las vacaciones se están acercando a su *fin*. 휴가는 종말에 가까워지고 있다. ② 목적. El *fin* de mi visita es darles gracias por sus atenciones. 나의 방문 목적은 그들에게 폐를 끼친 사례를 말하는 일이다. *a fin de* …하도록. Tenemos que darnos prisa *a fin de* llegar a tiempo. 우리들은 제시간에 도착하도록 서둘러야 한다. *al fin* 드디어, 최후에. *Al fin* nos quedamos solos. 마침내 우리들 만이 남았다. *al fin de* …의 끝에. Vendrá *al fin de* mes. 그는 월말에 오리라. *a fines de* …의 하순에. *al fin y al cabo* 결국. *en [por] fin* 드디어, 마침내. *En fin*, que no puedo aceptarlo. 결국 나는 그것을 인수할 수 없다는 이야기다.

final 형 마지막의, 최종의; 결승의. ¿Cuándo empiezan los exámenes *finales*? 최종 시험은 언제 시작되나요. 남 결말, 끝; 끝. No me gusta el *final* de la película. 그 영화의 결말이 나는 마음에 들지 않는다. 여 결승전, 결승 시합. Nuestro equipo perdió la *final*. 우리 팀은 결승전에서 패했다. *punto final* 종지부. ◇ **finalmente** 분 마지막에, 드디어.

finalidad 여 목적; 용도. No sé cuál es la *finalidad* de este trabajo. 이 일의 목적이 어떤 것인지 나는 모른다.

finalizar [9]alzar] 태 끝내다. Tengo que *finalizar* esta obra para el mes que viene. 나는 다음 달까지는 이 일을 끝내야 한다. 재 끝나다, 다하다. *Finalizaba* el verano. 여름이 끝나 가고 있었다.

financiero, ra 형 재정의, 경제의. El gobierno actual cuenta con el apoyo de los círculos *financieros*. 현 정부는 재계(財界)의 지지를 받고 있다. 명 재정가, 재무관; 금융 업자.

finca 여 ① 부동산, 대지; 별장(villa, casa de campo, quinta). Tiene una *finca* extensa junto al mar. 그는 바다 옆에 넓은 별장을 가지고 있다. ② 【중남미】 농장, 농원(農園). Ayer visitamos una *finca* cafetera. 어제 우리들은 커피 농장을 시찰했다.

fingir [4]exigir] 태 ① 위장하다, 그럴싸하게 보이다. Como no quería salir, *fingió* una enfermedad. 그는 나가고 싶지 않기 때문에 병을 위장했다. ② [+inf. : …하는] 시늉을 하다. El niño *fingió* estar estudiando. 어린이는 공부하는 시늉을 했다. ◇ **-se** 시늉을 하다. Supongo que *se fingía* enferma. 그녀가 환자 시늉을 하고 있었다고 나는 생각한다. ◇ **fingido, da** 거짓의. Esa voz no es la suya, es *fingida*. 그 소리는 그의 소리는 아니다, 가짜이다.

finlandés, sa 핀란드(Finlandia)의. 핀란드 사람. 남 핀란드말.

fino, na 형 ① 질이 우수한. Esta es una tela muy *fina*. 이건 질이 매우 좋은 옷감이다. ② 가는; 세밀한; 엷은. No me gustan las plumas *finas*. 나는 가는 펜은 좋아하지 않는다. ③ 섬세한, 미묘한, 정교한. Tiene el oído muy *fino*. 그는 대단히 날카로운 귀(청각)를 가지고 있다. ④ 홀쭉한, 가느다란. Tiene las facciones muy *finas*. 그녀는 매우 훌쭉한 얼굴이다. ⑤ 상냥한 마음씨의. Es una persona muy *fina*. 그는 지극히 마음씨 상냥한 사람이다. ◇ **finura** 여 섬세; 정교; 상냥한 마음씨.

firma 여 ① 서명, 조인. El documento es nulo si no lleva la *firma* del cónsul. 영사 서명이 없으면 서류는 무효이다. Escriba usted la *firma* aquí, por favor. 여기 서명해 주십시오. ② 상사, 회사(compañía). Trabaja con una firma norteamericana. 그는 북미의 회사에서 근무하고 있다. Hemos entablado negocios con la *firma* Gómez. 폐사는 고메스사와 거래를 시작했다. ◇ **firmar** 태 (…에) 서명·조인하다. Haga usted el favor de *firmar* este recibo. 이 영수증에 서명해 주십시오.

firme 형 ① 튼튼한, 견고한. Esta silla es muy *firme*. 이 의자는 대단히 튼튼하다. ② 확고한; 결실한. Se mantenía *firme* en su decisión. 그는 결심을 굳게 지켜가고 있었다. 분 군세게, 단단히. Le pegaron *firme*. 그는 강타 당했다. *de firme* 확고하게; 착실하게; 격렬하게. ◇ **firmemente** 분 확고하게, 확실히; 착실히. Lo creo *firmemente*. 나는 그것을 확

fiscal 신하고 있다. ◇ **firmeza** 예 견고; 확고; 확실; 착실. Sostén con *firmeza* tu palabra. 약속을 굳게 지키십시오.

fiscal 형 ① 국고의. 남 회계관; 검찰관.

físico, ca 형 ① 물리적인; 형태가 있는, 물적인. Eso no es más que un fenómeno *físico*. 그것은 물리적 현상에 불과하다. ② 신체의, 육체적인. Tiene un defecto *físico*. 그에게는 신체적인 결함이 있다. 남 물리학자. 여 (사람의) 모습. 여 물리학.

fisiología 여 생리학; 생리. ◇ **fisiológico, ca** 형 생리(학)적인. ◇ **fisiólogo, ga** 남 생리학자.

fisonomía 여 ① 인상(人相), 얼굴 모습. Tiene una *fisonomía* expresiva. 그는 표정이 풍부한 얼굴을 갖고 있다. ② 외관(aspecto). Me gusta la *fisonomía* de la ciudad. 나는 그 도시의 외관이 좋다. ◇ **fisonómico, ca** 형 인상의, 얼굴 모습의; 외관상의. ◇ **fisonomista** 남 관상가; 사람 기억을 잘 (잘못) 하는 사람. Yo soy muy mal *fisonomista*. 나는 사람을 잘 기억하지 못한다.

flaco, ca 형 ① 마른, 여윈, 수척한 (⇔ gordo). Cada día está más *flaco*. 그는 나날이 수척해진다. ② (육체적·정신적으로) 약한, 박약한. Estoy *flaco* de piernas. 나는 다리가 약해져 있다. 남 약점, 결점, 버릇. ¿Cuál crees que es mi *flaco*? 내 약점이 어떤 것이라고 생각하나. ◇ **flaqueza** 여 깡마름; 쇠약(debilidad); 가냘픔; 약점.

flagrante 형 현행의. *delito flagrante* 현행범.

flamear 타 불꽃을 내뿜다.

flamenco, ca 형 ①플랑드르(Flandes: 네덜란드·벨기에 북부 지방의 옛이름). ② 플라멩꼬(집시적 경향·안달루시아 풍의). 남 플랑드르 사람. 여 ①【새】 홍학. ② 플라멩꼬 춤·노래.

flaquear 자 쇠약해지다; (기운이) 빠지다. ◇ **flaqueza** 여 여윔; 쇠약.

flauta 여 피리. Sonó la *flauta* por casualidad. 소경 문고리 잡듯 잘 해냈다 (우연히 피리가 울렸다). 남 피리 연주가. ◇ **flautista** 남 피리 연주가.

flecha 여 화살(saeta). El tiempo corre como una *flecha*. 세월은 유수와 같다. Los esquiadores bajan deslizándose como una *flecha*. 스키 선수는 화살처럼 미끄러져 내린다. ◇ **flechazo** 남 활을 쏨; 첫눈에 반함, 사랑 쏘는 사랑.

fletar 타 용선하다. ◇ **fletador** 남 용선주; 하주(荷主). ◇ **fletamento** 남 용선 계약·증서. ◇ **flete** 남 용선료; 선하; 짐.

flexible 형 ① 정숙한, 유연한. El alambre de cobre es *flexible*. 동선(銅線)은 신축성이 있다. ② 융통성 있는; 유순한 (manso). Es *flexible* de carácter. 그는 성격이 유순하다. 남 (전등의) 코드. ◇ **flexibilidad** 여 유연성; 융통성, 적응성.

flirtear 자 시시덕거리다, 아양을 떨다. ◇ **flirteo** 남 교태, 아양을 떪.

flojo, ja 형 ① 느슨한, 늘어진. La cuerda está *floja*. 노끈이 늘어졌다. ② 약한; 묽은. Prefiero un vino *flojo*. 나는 약한 포도주가 좋다. ③ 게으름뱅이의. Es muy *flojo* para el trabajo. 그는 일을 일렁뚱땅한다.

flor 여 ① 꽃. ¿Cómo se llama esta *flor*? 이 꽃은 이름이 무엇입니까. En el jardín se cultivaban *flores* y legumbres. 정원에는 꽃과 야채가 재배되어 있었다. ② 꽃 핌, 개화(開花). Los cerezos están en *flor*. 벚나무는 지금 꽃이 피고 있다. ③ 정화, 정수(精粹). *a flor de* …의 표면에. Tiene siempre la sonrisa *a flor de* los labios. 그녀는 언제나 입가에 미소를 머금고 있다.

florecer [30 crecer] 자 ① 꽃이 피다, 개화하다. Los ciruelos *florecerán* dentro de poco. 머지않아 매화꽃이 필 것이다. ② 꽃처럼 피다, 번영하다. La cultura musulmana *floreció* mucho en España. 회교 문화는 서반아에서 크게 번창했다. ◇ ~se 곰팡이가 피다. El pan se *florece* muy pronto si se lo pone en sitio húmedo. 빵은 습한 곳에 두면 곧 곰팡이가 핀다.

florero, ra 꽃팔이. 남 꽃병; 꽃그림.

florido, da 형 ① 꽃이 핀. El jardín estaba *florido*. 뜰은 꽃이 피어 있었다. ② 화려한, 꽃다운. No me gusta mucho el estilo *florido*. 나는 화려한 문체는 좋아하지 않는다.

florín 남 플로린 (옛 은화의 이름).

florista 남 꽃팔이. Una *florista* vendía claveles en la calle. 꽃파는 소녀가 거리에 카네이션을 팔고 있었다.

flota 여 선대(船隊); 함대; 항공대. La *flota* ha sufrido mucho daño a causa de la tempestad. 선단은 폭풍 때문에 큰 손해를 입었다.

flotar 자 ① 뜨다, 표류하다. Las nubes blancas *flotaban* en el cielo. 하늘에 흰 구름이 떠 있었다. ② 펄럭이다. Se vio una bandera *flotando* en el aire. 공중에 깃발이 펄럭이고 있는 것이 보였다.

flotante 하늘거리는; 부동하는. *población flotante* 부동 인구.

fluir [74 huir] 자 흐르다, 흘러 나오다.

foca 여 【동물】 물개, 바다 표범.

foco 图 ① 초점; 집중점, 중심. *Esto es un foco de corrupción.* 이곳은 부패의 온상이다. ② (높은 축광의) 전등. *El fotógrafo coloca focos muy potentes.* 사진사는 강력한 전등을 놓는다.

fogón 图 부뚜막, 아궁이.

fogonazo 图 섬광(閃光).

fogoso, sa 图 맹렬한; 격렬한.

folio 图 (서적의) 장수, 페이지, 쪽.

folclore/folklore 图 민속, 구비(口碑); 민속놀이. ◇ **folclórico, ca/folklórico, ca** 图 민속적인, 민간 전승의. ◇ **folclorista/folklorista** 图 민속학자.

folleto 图 팸플릿, 소책자. *Tenemos en preparación un folleto de propaganda en español.* 우리는 서반아어로 선전 팸플릿을 준비 중이다. ◇ **folletín** 图 소책자.

fomentar 国 조장·장려하다; 도발·선동하다. *El gobierno está fomentando el turismo.* 정부는 관광 사업을 장려하고 있다. ◇ **fomento** 图 조장, 장려; 도발, 선동.

fonda 图 숙박업소, 여관; 주점, 술집; 음식점.

fondo 图 ① 바닥, 밑, 밑바닥; 깊이 (profundidad). *Queda azúcar en el fondo de la taza.* 찻잔 밑에 설탕이 남아 있다. ② 밑바닥; 소지; 본질. *Parece un hombre de carácter duro, pero en el fondo es un infeliz.* 그는 강한 성격의 사람인 듯하지만, 근본은 불행한 사람이다. ③ (그림·경치 따위의) 배경; (무대의) 정면. *El edificio se destacaba sobre el fondo amarillo.* 건물은 노란 배경 위에 선명하게 떠오르고 있었다. ④ 자산, 자력; 재원, 기금. *Nos faltan fondos para realizar el plan.* 우리들에게는 그 계획을 실현하기 위한 재원이 없다. *a fondo* 근본적으로. *Es necesario inquirir el asunto a fondo.* 이 일을 철저히 규명할 필요가 있다. ◇ **fondear** 园 (배 안을) 조사하다; (수심을) 측량하다. 困 닻을 내리다, 정박하다.

fonético, ca 图 음성의, 발음의. *escritura fonética* 음표 문자. 图 음성; 음성학.

fonógrafo 图 축음기, 녹음기.

forastero, ra 图 타관의, 다른 곳의; 타국의; 친숙미가 없는. *El parque estaba lleno de gentes forasteras.* 공원은 타관 사람들로 가득했었다. 图 타관 사람; 외국인(extranjero).

forjar 国 ① 단조(鍛造)하다; 두들겨 내다. *Aquí forjan el hierro en barras.* 여기서는 철을 녹여 철봉으로 만들고 있다. ② (거짓말 따위를) 날조하다. ◇ **-se** (자신이) 만들어내다. *Siempre se forja ilusiones.* 그는 언제나 공상을 그리고 있다.

forma 图 ① 형태, 형상; 외형. *No me gusta la forma de este reloj.* 나는 이 시계의 모양이 마음에 들지 않는다. ② 형식, 방식. *Importa más el fondo que la forma.* 형식보다도 내용이 중요하다. ③ 방법, 방식. *No hay forma de convencerle.* 그를 납득시킬 방법이 없다. ④ 모습. *Tiene muy buenas formas.* 그녀는 맵시가 매우 좋다. ⑤ 图 예의, 예식, 예법 (etiqueta). *Hay que enseñarle formas.* 그에게 예법을 가르치지 않으면 안된다. *de [en] forma que+subj.(para que+subj.)* …하도록. *Habla en forma que te entiendan.* 네가 말하는 것을 이해하도록 말해라. *de [en] esta forma* 이 방법으로, 이리하여. *estar en forma* 정식이다; 순조롭다. *El pasaporte estaba en forma.* 그 여권은 정식의 것이었다.

formal 图 ① 형식의, 형식적인, 정식의. *Para eso son necesarias garantías formales y no simples promesas.* 그러기 위해서는 단순한 약속이 아니라 정식 보증이 필요하다. ② 정연한, 진지한, 고지식한. *Es un hombre muy formal.* 그는 대단히 고지식한 사람이다. ◇ **formalidad** 图 형식 바름; 고지식함, 딱딱함. *Habla sin formalidad.* 형식에 구애받지 말고 말해라. ◇ **formalizar** [9]*alzar*] 国 형식을 갖추다; 수속을 밟다.

formar 国 ① 형성하다, 만들다. *Con nieve hemos formado una estatua.* 우리들은 눈으로 상을 만들었다. ② 구성·조직하다. *Han formado entre varios amigos una compañía.* 그들은 몇사람의 친구들로 회사를 조직했다. ③ 육성·훈련하다. *Esta escuela ha formado muchos hombres útiles.* 이 학교는 많은 유용한 인물들을 육성해 왔다. ◇ **formación** 图 ① 형성; 구성, 조직. *Inmediatamente puso manos a la formación de su gabinete.* 그는 즉시 조각에 착수했다. ② 예의 범절; 훈련. *Ha recibido una buena formación en el colegio.* 그는 학교에서 좋은 교육을 받았다. ③ 대열, 대형.

formidable 图 무서운; 훌륭한. *Hubo un ruido formidable.* 무서운 소리가 일어났다. *Tiene un coche formidable.* 그는 훌륭한 차를 가지고 있다.

fórmula 图 ① 형식, 서식(書式). *Me saludó por pura fórmula.* 그는 나에게 아주 형식적인 인사를 했다. ② 방식; 처방, 제조법. *Sé una fórmula de hacer un buen bizcocho.* 나는 맛좋은 카스텔라 만드는 법을 알고 있다. ③ 【수학·화학】 식, 공식; 화학식. ◇ **formulario, ria** 图 서식의; 형식적인, 공식주의적인. 图 서식용

formular 지. ¿Quiere usted llenar este *formulario* y firmar aquí? 이 용지에 (필요 사항을) 써 넣고, 여기 서명해 주시지 않겠습니까.

formular 타 ① 문서로 하다: (문서를) 작성하다. Le voy a *formular* una receta. 처방전을 만들어 드리지요. ② (생각을) 정리하다: (불평 따위를) 표명하다. *Formuló* sus ideas en una memoria. 그는 그 생각을 하나의 논문으로 엮었다.

forro 남 ① 뒷 도배, 씌우개, 대기 (안감을); 안감. Ponga *forro* a esta caja. 이 상자에 뒷 도배를 해 주시오. ② 겉도배, 커버. ◇ **forrar** 타 (…에) 뒤·겉 도배하다. El libro está *forrado* de piel. 그 책은 가죽 표지 장정이다.

fortaleza 여 ① 견고: 강건: 인내. Tiene un hijo de poca *fortaleza*. 그에게는 별로 건강하지 못한 아들이 한 사람 있다. ② 요새. ◇ **fortalecer** [30 crecer] 타 강하게 하다: 강건하게 하다.

fortificar [7 sacar] 타 강하게 만들다, 강화하다. ◇ **fortificación** 여 축성: 방비: 보루: 진지.

fortitud 여 용기, 불굴의 정신, 강한 참을성, 인내.

fortuna 여 ① 운명: 행운(suerte). Tuve la *fortuna* de encontrar un taxi. 나는 운좋게 택시를 발견했다. ② 재산(bienes). Ha perdido toda la *fortuna* en especulaciones. 그는 투기로 전 재산을 잃었다. *por fortuna* 우연히: 다행히. *Por fortuna*, le encontré en la calle. 우연히 나는 거리에서 그를 만났다.

forzar [9 alzar, 24 contar] 타 ① 무리하다, 강행하다. ② (문 따위를) 억지로 열다. *Han forzado* la puerta. 그들은 문을 억지로 열었다. ③ [+a+*inf*./+a+para+que +*subj*.] 억지로 …시키다, 강제하다. Le *forzaron* a salir./Le *forzaron* a que saliera. 모두들 그를 억지로 출발시켰다. ◇ **forzado, da** 형 무리한, 강제적인: 부득이한. Nos sería *forzado* hacerlo. 우리들은 싫더라도 그것을 해야 하겠다.

forzoso, sa 형 부득이한, 불가피한. ◇ **forzosamente** 부 무리하게: 아무래도. *Forzosamente* has de estar aquí mañana. 아무래도 너는 내일 여기 와 있어야 한다.

forzudo, da 형 완강한, 강력한.

fosa 여 [해부] 구멍: 묘구덩이.

fósforo 남 성냥(cerilla). ¿Tiene usted *fósforos*? 성냥 있습니까.

foto 여 [fotografía의 단축형] 사진. Te envío una *foto* en la que apareces. 네가 찍힌 사진 한 장 보내주겠지. Las *fotos* salieron bien. 사진이 잘 나왔다.

fotografía 여 사진. Ha hecho [sacado·tomado] una *fotografía* del puerto. 그는 항구의 사진을 찍었다. ◇ **fotografiar** 타 촬영하다. Me *fotografiaron* ayer y salí muy bien. 나는 어제 사진을 찍어 달라는데, 아주 잘 찍혀 있었다. ◇ **fotógrafo, fa** 명 사진사.

frac [복 fraques] 남 연미복, 예복.

fracasar 자 ⓐ tener éxito]. *Ha fracasado* en sus negocios. 그는 사업에 실패했다. La empresa resultó *fracasada*. 그 사업은 실패로 돌아갔다. ◇ **fracaso** 남 실패 [⓸ éxito]. La función fue un *fracaso*. 공연은 실패였다. Tuvo un *fracaso* amoroso.

fracción 여 파편, 단편: [수학] 분수.

fractura 여 골절: 분쇄.

fragancia 여 향기. ◇ **fragante** 형 향기로운.

frágil 형 ① 취약한: 덧없는. El vidrio es *frágil*. 유리는 깨지기 쉽다. ② (체질·의지 따위가) 약한. Ella tiene una salud *frágil*. 그녀는 허약한 체질이다. Tengo una memoria *frágil*. 나는 기억력이 약하다. ◇ **fragilidad** 여 취약함: 덧없음, 의지의 박약.

fragmento 남 단편(斷片). Sólo he leído algunos *fragmentos* de la obra. 나는 그 작품의 단편을 몇 개 읽었을 따름이다.

fraguar [14 menguar] 타 꾸며내다, 위조하다. ◇ **fragua** 여 (대장간의) 노(爐) 제철소.

fraile 남 수도사. José se opone a que su hijo sea *fraile*. 호세는 아들이 수도사가 되는 일에 반대하고 있다. ◇ **frailesco, ca** 형 수도사의, 승려다운.

frambuesa 여 [식물] 나무 딸기.

francés, sa 형 프랑스(Francia)의. 명 프랑스사람. 남 프랑스말.

franco, ca 형 솔직한: 담백한, 소탈한. Sea usted más *franco* conmigo. 나에게는 더욱 솔직히 대해 주십시오. 남 프랑(프랑스·벨기에·스위스의 화폐 단위).

francamente 부 솔직히, 정직히. *Francamente*, esa idea es un poco tonta. 솔직히 말해서, 그 생각은 약간 바보스럽다.

franela 여 플란넬.

franqueo 남 우편 요금. ¿Cuánto es el *franqueo* de esta carta? 이 편지의 요금은 얼마인가요. ◇ **franquear** 타 ① (…의) 우편 요금을 붙이다. Las han *franqueado* las cartas? 편지에 우표를 붙였나. ② (…에) 통로를 열다. ③ 돌파하다. No me atreví a *franquear* la puerta. 나는 굳이 문을 열고 들어갈 생각이 없었다.

franqueza 여 솔직: 담백. Viene con *fran-*

franquicia 여 (우편세·관세의) 면세, 무세(無稅).

frasco 남 병, 플라스크.

frase 여 구(句), 어구(語句). Con pocas *frases* dice mucho. 그는 간단한 말로 많은 것 (내용)을 말한다. *frase hecha* 성구(成句), 관용구(慣用句)(expresión idiomática, modismo).

fraternal 형 형제의; 우애적인. Somos amigos y nos unen lazos *fraternales*. 우리들은 친구인데, 우애적인 유대가 우리들을 맺어주고 있다. ◇ **fraternidad** 여 형제 관계; 형제애. No cree en la *fraternidad* humana. 그는 인류의 형제애를 믿지 않는다.

fray 남 [경칭] …사(師) [승려의 개인 이름 앞에 붙임].

frazada 여 담요, 모포.

frecuentar [8 pagar, 19 pensar] 타 (…으로) 종종 가다·오다; 때때로 …하다. *Frecuentamos* ese café. 우리들은 가끔 그 카페에 간다. ◇ **frecuentación** 여 거듭함.

frecuente 형 잦은, 빈번한, 흔한. Es una cosa *frecuente* que choquen los trenes. 열차가 충돌하는 일은 흔히 있는 일이다. ◇ **frecuencia** 여① 빈번, 빈도, 도수(度數). Se veían con *frecuencia*. 그들은 서로 자주 보았다. Aquí se reunían con mucha *frecuencia*. 그들은 여기서 아주 자주, 빈번히 모였다. ② 진동수; 주파수. ◇ **frecuentemente** 부 빈번히, 종종(con frecuencia).

fregar [8 pagar, 19 pensar] 타 문지르다, 갈다, (접시·마루를) 닦다. Después de comer *friego* los platos. 식후 내가 접시를 씻는다.

freír [38 reír; 과거분사 freído/frito] 타 ① 기름으로 튀기다; 프라이를 만들다. No sabe ni *freír* un par de huevos. 그녀는 달걀 두개의 프라이를 만들 줄 조차도 모른다. ② 지루하게 만들다, 곤란하게 하다. Cuando me encuentra me *fríe* a preguntas. 그는 나를 만나면 나에게 질문 공세를 편다.

frejol 남 [식물] 강낭콩(judía, frejol).

frenar 타① 억제하다. Hay que *frenar* la subida de precios. 물가 상승을 억제해야 한다. ②(…에) 제동·브레이크를 걸다. *Frenó* el coche y pudo evitar el choque. 그는 차에 브레이크를 걸어서 충돌을 할 수가 있었다.

frenesí 남 광기, 광포; 열광; 맹렬. Estaba en un *frenesí* de celos. 그는 질투로 미칠 지경이었다. ◇ **frenético, ca** 형 광란의, 흥분한; 열광적인; 맹렬한. Al oírlo, se puso *frenético*. 그는 그 말을 듣자, 대단히 흥분했다.

freno 남① 제동기; 브레이크. ② 구속, 제어. ③ (말의) 재갈.

frente 여 [신체] 이마; 전면(前面). M madre me besó en la *frente*. 어머니는 내 이마에 입을 맞추셨다. Al verme bajó la *frente*. 그녀는 나를 보자 얼굴(이마)을 숙였다. 남(의) 정면; 전선. Los soldados marcharon al frente. 병사들은 전선으로 향했다. *al frente de* …의 정면·선두에. Marchaba *al frente de* la manifestación. 그는 데모의 선두에 서서 걸어가고 있었다. *frente a frente* 맞대고. Debiste decírselo *frente a frente*. 너는 맞대고 그에게 그 말을 했어야 했다. *hacer frente a* …에 대항·직면하다. Tenemos que hacer *frente* a este problema. 우리들은 이 문제에 직면해야 한다.

fresa 여 [식물] 딸기. ◇ **fresal** 딸기밭.

fresco, ca 형① 서늘한, 시원한. Abrí la ventana para que entrara el aire *fresco*. 서늘한 바람이 들어오도록 나는 창문을 열었다. ② 신선한, 새로운. Así permanecen *frescas* las frutas. 그렇게 하면 과일은 언제나 신선하다. ③ 발랄한, 싱싱한. Tiene mejillas *frescas*. 그녀의 뺨은 혈색이 좋다. ④ 차분한; 뻔뻔스러운. ¡Qué *fresco*! 그가 나를 데려갔다 말이야! 정말 뻔뻔스럽구나! 그는 내 우산을 가지고 가버렸다. 남① 시원함. Aquí hace bastante *fresco* aun en verano. 이곳은 여름에도 제법 시원하다. *tomar el fresco* 시원하게 보내다. Vamos a *tomar el fresco* en el jardín. 뜰로 바람쐬러 나가자. ② 프레스코 화법 (벽·천정에 그리는 그림). ◇ **frescura** ① 시원함, 서늘함. Noté *frescura* al llegar a la playa. 그 해안에 닿자 서늘함을 느꼈다. ② 차분함, 뻔뻔스러움. No puedo sufrir la *frescura* de aquel hombre. 나는 그 사람의 뻔뻔스러움에는 참을 수가 없다.

frialdad 여① 추위, 차가움. Los osos blancos parecen no sentir la *frialdad* del hielo. 흰곰은 얼음이 찬것을 느끼지 않는 모양이다. ② 냉담; 무기력. Nos recibieron con mucha *frialdad* a la llegada. 우리들이 도착했을 때 우리를 냉정하게 맞이했다.

fricción 여 마찰; 알력; 불화.

frijol 남 [식물] 강낭콩(judía, frejol).

frío, a 형① 추운, 차가운. El agua está *fría*. 물이 차갑다. La noche está *fría*. 밤은 추웠다. Hace un viento *frío* que corta. 살을 에이는 듯한 찬 바람이 몰고 있다. ② 싸늘한, 냉담한. Es una mujer

fría. 그녀는 싸늘한 여자이다. 🔄 추위, 싸늘함, 냉담. *coger* [*tomar*] *frío* 감기들다. *hacer frío* (날씨가) 춥다. Hace mucho frío esta mañana. 오늘 아침은 매우 춥다. *tener frío* (몸이) 춥다. Tengo un poco de frío. 나는 약간 춥다.

friolento, ta 형 추운; 추위를 잘 타는

friolero, ra 형 으스스한, 차가운; 추위를 잘 타는. 예 사소한 일, 물건.

frito, ta [freir의 과거분사]형 튀긴, 프라이된.

frívolo, la 형 경박한; 하찮은. Me arrepiento de mi conducta tan *frívola*. 나는 그러한 내 천박한 행위를 후회하고 있다. ◇ **frivolidad** 예 경박.

fronda 예 [주로] 숲. Paseaba por entre las *frondas* del bosque. 나는 숲속을 산책했다. ◇ **frondoso, sa** 형 가지·잎이 무성한.

frontera 예 국경, 경계. Los Pirineos constituyen una *frontera* natural entre España y Francia. 피레네산맥은 서반아와 프랑스의 자연의 국경으로 되어 있다. ◇ **fronterizo, za** 형 국경에 있는; 이웃의.

frotar 타 문지르다, 마찰하다. Frota bien la ventana con un trapo. 헝겊으로 창문을 잘 문지르십시오.

fructífero, ra 형 성공적인, 열매가 열리는.

fructificar [7] *sacar*] 자 열매가 열다.

frugal 형 검소한, 소탄한. ◇ **frugalidad** 예 검약, 질소(質素).

fruncir [2] *zurcir*] 타 상을 찌푸리다.

fruta 예 과일. Comí *fruta* hasta hartarme. 나는 과실을 싫컷 먹었다. 🔄 **frutal** 형 과일의. *árbol frutal* 과수. 🔄 과수.

frutería 예 과일 가게. ◇ **frutero, ra** 예 과일 장수; 과일 재배자. ◇ **frutilla** 예 【식물】【칠레·아르헨띠나·뻬루】딸기.

fruto 예 ① 열매. El *fruto* del ciruelo, cuando está verde, es muy ácido. 살구가 푸를 때는 대단히 시다. ② 성과, 결과. Nuestro esfuerzo no dio *fruto*. 우리들의 노력은 성과가 없었다. ③ 이익, 수익 (ganancia). Ha sacado mucho *fruto* de los negocios. 그는 사업에서 크게 이익을 올렸다.

fue ser·ir의 직설법 부정과거 3인칭 단수.

fuego 예 ① 불, 모닥불(불). Encienda usted el *fuego* en la chimenea. 화로에 불을 넣어주십시오. Pagué *fuego* a la estufa. 나는 난로에 불을 붙었다. ② 화재 (incendio). Anoche hubo un *fuego* por aquí. 어젯밤 이 부근에서 화재가 있었다. ③ 사격, 포화. ④ 열렬; 정렬. Los españoles siempre discuten con *fuego*. 서반아 사람은 언제나 정열적으로 토론한다. *fuegos artificiales* [*de artificio*] 꽃불. *a fuego lento* 약한 불로; 반 죽음으로. *a fuego vivo* 강한 불로.

fuente 예 ① 우물, 샘(pozo); 분수. Brotaba una *fuente* de aguas cristalinas. 맑은 샘물이 솟아나고 있었다. ② 공동 수도·수도 마개; 성수반(聖水盤). En la plaza hay una *fuente*, donde puedes beber. 광장에 수도가 있으니 그곳에서 물을 마실 수 있다. ③ 큰 접시, 배식 접시. ④ 원천, (정보의) 출처. Según una buena *fuente*, el pacto se pondrá en vigor mañana. 확실한 소식통이 전하는 바에 의하면 협정은 내일 발효할 것이다.

fuera¹ 부 밖에; 외에. Tomaremos *fuera* el almuerzo. 밖에서 점심을 먹자. De *fuera* entra aire fresco. 밖에서 시원한 바람이 들어온다. ¡*Fuera*! 나가거라. *fuera de* … 의 밖에, …외에, …이외의, …이상으로. No me gusta comer *fuera* de mi hogar. 나는 집 밖에서 식사하는 일은 좋아하지 않는다. Eso está *fuera de* nuestros planes. 그것은 우리들의 계획 밖이다.

fuera² ser·ir의 접속법 불완료 과거 1·3인칭 단수.

fueron ser·ir의 직설법 부정과거 3인칭 복수.

fuerte 형 ① 강한, 강력한 [⇔ *débil*] Este boxeador es más *fuerte* que el otro. 이 권투 선수는 다른 선수보다 더 강하다. A pesar de los años, es muy *fuerte*. 그는 나이에 비해서 대단히 힘이 세다. Es una tela muy *fuerte*. 이건 매우 질긴 옷감이다. Tú eres *fuerte* en historia. 너는 역사를 잘 안다 (역사에 세다). ② (정도가) 강한, 격심한, 심한. No me gusta el café *fuerte*. 나는 강한 커피를 싫어한다. Soplaba un viento muy *fuerte*. 심한 바람이 불고 있었다. 명 장점, 강함. Las matemáticas son su *fuerte*. 수학은 그의 장점이다. 부 굳세게; 힘을 들여서. Le pagué muy *fuerte*. 나는 그를 심하게 때렸다. No hable tan *fuerte*. 그렇게 크게 말씀 마세요. ◇ **fuertemente** 부 힘차게; 격렬하게, 심하게

fuerza 예 ① 힘; 근셈; 건고함. Ella tiene más *fuerza* que tú. 그녀는 너보다도 힘이 세다. Grité con toda la *fuerza* de mis pulmones. 나는 힘껏 소리를 내어서 부르짖었다. ② 권력, 효력; 폭력. Cedieron a la *fuerza* de la ley. 그들은 법률의 힘에 굴복했다. Le hicieron entrar por *fuerza*. 사람들은 그를 억지로 (폭력으로) 끌어들였다. ③ 군, 병력; 주력(主力). Nuestras *fuerzas* ocuparon la ciudad. 아군은 그 도시를 점령했다. *a fuerza de* …의 힘으로,

fugarse [8 pagar] 재 도망가다. El ladrón *se fugó* de la prisión. 그 도둑은 교도소에서 도망갔다. ◇ **fuga** 예 ① 도망. El enemigo se dio a la *fuga*. 적은 패주했다. ② 흘러 나감. Huele a gas; debe haber una *fuga*. 가스 냄새가 난다; 새고 있음에 틀림없다.

fugaz [형 fugaces] 형 꺼지기 쉬운; 덧없는. La vida es *fugaz*. 인생은 덧없다. ◇ **fugacidad** 예 꺼지기 쉬움; 덧없음.

fugitivo, va 형 도망하는, 달아나 버리는. 예 도망자, 피난자.

fui ① ser의 직설법 부정과거 1인칭 단수. ② ir의 직설법 부정과거 1인칭 단수.

fuimos ser · ir의 직설법 부정과거 1인칭 복수.

fuiste ser · ir의 직설법 부정과거 2인칭 단수.

fuisteis ser · ir의 직설법 부정과거 2인칭 복수.

fulano, na 예 아무개, 모인(某人).

fulgor 예 (발광체의) 빛, 번쩍임, 빛남. El sol lucía con todo *fulgor*. 태양이 찬 란히 빛나고 있었다. ◇ **fulgente** 형 반짝이는, 빛나는. ◇ **fulgir** [4 exigir] 재 빛나다, 반짝이다.

fulgurar 재 반짝거리다. ◇ **fulguración** 예 섬광; 낙뢰; 전격. ◇ **fulgurante** 형 눈이 부시도록 빛나는.

fumar 재 담배피우다, 흡연하다. Está prohibido *fumar* dentro del vagón. 차내에서는 금연으로 되어 있다. Se prohíbe *fumar*. 금연 (No *fumar*. No *fume*). 태 (파이프·담배·아편 따위를) 빨다, 피우다. Siempre está *fumando* un puro. 그는 언제나 엽궐련을 피우고 있다. *fumarse una clase* (학교를) 무단 결석하다. ◇ **fumadero** 예 흡연실. ◇ **fumador, ra** 예 애연가(愛煙家). ◇ **fumante** 형 담배를 피우는.

función 예 ① 작용, 기능. Esto ayuda la *función* digestiva del estómago. 이것은 위의 소화 기능을 돕는다. ② 직무, 직능. La *función* de la policía es mantener el orden. 경찰의 임무는 질서를 유지하는 일이다. ③ 의식; 흥행. ¿A qué hora empieza la *función* de la noche? 밤 공연은 몇 시에 시작하는가. ◇ **funcional** 형 기능적인, 관능적인. ◇ **funcionalismo** 예 기능 본위; 실질주의.

funcionar 재 (기능적으로) 움직이다, 작동하다. Esta máquina no *funciona*. 이 기계는 움직이지 않는다. El grifo no *funciona*. 수도 꼭지가 움직이지 않는다. ◇ **funcionamiento** 예 (기계의) 운전; 영업. La nueva línea del metro se podrá en *funcionamiento* el próximo jueves. 지하철 선은 오는 목요일부터 영업할 예정이라 한다.

funcionario, ria 예 직원, 관리, 공무원 (funcionario público). Se prohíbe a los *funcionarios* que tomen parte en las campañas políticas. 공무원이 정치 운동에 참가하는 일은 금지되어 있다.

funda 예 덮개; 베갯잇; (총의) 케이스.

fundamento 예 ① 토대, 기초. Esta casa tiene buen *fundamento*. 이 집은 토대가 견고하다. ② 근거, 이유. Sus proposiciones carecen de *fundamento* en la realidad. 그들의 제안은 현실에 근거가 없다. ◇ **fundamental** 형 기본의, 기초의; 중요한. Lo *fundamental* para ti es que no faltes a tu palabra. 너에게 가장 중요한 일은 약속을 어기지 않는 일이다.

fundar 태 ① 세우다, 건설·설립·창설하다. Los españoles *fundaron* la ciudad de Lima. 서반아사람이 리마의 읍을 건설했다. ② 기초로 삼다. *Fundó* su parecer en un hecho que todos conocían. 그는 모두가 알고 있는 사실에 자기 의견의 기초를 두었다. ◇ **fundación** 예 건설, 설립, 창립, 창설. ◇ **fundador, ra** 예 건설자; 창립자.

fundir 태 ① (금속·고형물을) 용해시키다 (liquidar), 녹이다. La nieve se *funde* con el sol. 눈이 태양에 녹는다. ② 주조하다. ③ 합체·합동시키다. Las dos compañías se *ha fundido* en una. 그 두 회사는 합병했다. ◇ **fundición** 예 (금속의) 용해·주조·주물 공장. ◇ **fundidor** 예 용해·주조·주물공(工).

fúnebre 형 ① 조문(弔問)의, 장례의. Pasaba un coche *fúnebre*. 장의차가 1대 지나갔다. ② 어쩐지 슬픈(fúnereo), 음울한, 음침한, 음산한(triste). ¿De esa cara tan *fúnebre*. 그런 음울한 얼굴을 하는 것은 그만 두어라. ◇ **fúnebremente** 위 음울·음산·음침하게, 구슬프게.

funeral 예 (주로) 장례식(exequias). Los *funerales* se celebrarán en la catedral. 그 장례식은 대성당에서 행해진다. 형 장례식의(funerario). *carroza funeral* 장의차.

furgón 예 화물차.

furia 예 ① 분격, 격노, 분노(ira); (풍파가) 거칠게 날뜀. Vino hecho una *furia*. 그는 화가 머리 끝까지 나서 왔다. ② (그리스 신화의) 복수의 여신. ③ 화급(prisa).

a toda furia 부랴부랴. ◇ **furioso, sa** 형 광포한; 무서운. Al saberlo, se puso *furiosa*. 그걸 알고서는 그녀는 격노했다.

furor 남 ① 분노, 성냄. Descargó su *furor* contra los chicos. 그는 그 분노를 어린이들에게 들쐬웠다. ② 맹렬(frenesí, violencia). El *furor* del viento arrancó varios árboles del jardín. 맹렬한 바람이 정원의 나무를 몇 그루나 뿌리째 뽑았다.

fusible 남 【전기】 퓨즈.

fusil 남 총, 소총. Los soldados marchaban con el *fusil* al hombro. 병사들은 총을 어깨에 메고 행진하고 있었다. ◇ **fusilaje** 남 사격, 총성. ◇ **fusilamiento** 남 총살. ◇ **fusilar** 타 총살하다. ◇ **fusilería** 남 소총대. ◇ **fusilero, ra** 형 소총의. 남 소총병.

fusión 여 용해; 합병, 합동. La *fusión* de las dos empresas se realizará en breve. 그 두 회사의 합병은 곧 바로 실현될 것이다. ◇ **fusionar** 타 융합·합병·합동 시키다. 재 융합·합병·합동하다. ◇ **fusionista** 형 합병의. 남 합병론자, 합병주의자.

fútbol 남 축구 (사커·럭비 따위), 풋볼. Soy muy aficionado al *fútbol*. 나는 굉장한 축구팬이다. *campo de fútbol* 축구장. ◇ **futbolista** 남 축구 선수. ◇ **futbolístico, ca** 형 축구의.

futuro, ra 형 미래의, 장래의(venidero). Aqui es donde conoció a su *futuro* esposo. 그녀가 미래의 남편을 처음 만난 것은 여기에서이다. 남 미래, 장래(porvenir) [↔ pasado]. Dicen que es muy probable que haya un gran terremoto en el *futuro* próximo. 가까운 장래에 지진이 일어날 듯하다고 말한다. *en lo futuro* 장래에. 남 약혼자(novio, prometido). *renta futuraria* 장래 받을 연금.

futurario, ria 형 【법률】 미래의, 장래의.

futurible 형 장래 있을 수 있는. ◇ **futurismo** 남 미래파, 미래설. ◇ **futurista** 형 미래파의. 남 미래파 예술가.

fuyenda 여 도주, 도망. *tomar la fuyenda* 도주하다. ◇ **fuyente** 형 도주하는, 도망하는. 남 도주자, 도망자.

fvda. favorecida.

G

g. gramo(s).

g/. giro 환어음.

gabán 〘의복〙 외투, 오버(abrigo). En la calle eché de menos el *gabán*. 거리에 나가서는 외투를 입고 왔더라면 좋았을 것이라 생각했다.

gabardina 예 비옷. Llevaré la *gabardina* por si llueve. 비가 올지도 모르니 나는 비옷을 가지고 가겠다.

gabinete 남 ① 작은 방, 화장실; 표본실, 진열실. El jefe trabajó en su *gabinete* hasta las ocho. 장관은 8시까지 장관실에서 집무했다. ① 내각, 정부(gobierno). 각료(ministerio). El general estaba a punto de completar su *gabinete*. 장군은 조각을 거의 완료하게 되어 있었다.

gaceta 예 특수 신문; 공보(公報), 관보. ◇ **gacetero, ra** 명 관보 기자. ◇ **gacetilla** 예 가십란.

gafas 예 복 안경(anteojos). No veo bien con estas *gafas*. 이 안경으로는 잘 보이지 않는다.

gajo 남 나뭇가지; (포도·레몬의) 겉송이.

gala 예 ① 예복, 성장(盛裝). Se puso sus mejores *galas* para ir al baile. 그녀는 무도회에 가기 위하여 가장 좋은 성장을 했다. ② 아름다움; 인기인; 자만. Josefina era la *gala* del pueblo. 「호세피나」는 그 마을의 인기인이었다.

galán ① 젊은이; (연극의) 주연 남자. Ya no eres un *galán*; los años no pasan en vano. 너는 이제 젊지는 않다; 나이는 속일 수 없다. ②(여자에게) 치근거리는 사내; 애인; 미남. Allí te espera tu *galán*. 저기서 네 애인이 기다리고 있더라.

galante 형 (여자에게) 친절한. No he visto una persona más *galante* que José. 호세만큼 여자에게 상냥한 사내는 본 일이 없다. ◇ **galantear** 태 (여자에게) 치근거리다, 구애하다(cortejar). Supo que su novio *galanteaba* a otra. 그녀는 자기의 애인이 다른 여자에게 치근덕거리는 것을 알았다. ◇ **galantería** 예 친절, 상냥함, 대범, 관대.

galardonar 태 (···에) 상을 주다. Esta película *ha sido galardonada* con la medalla de oro. 이 영화는 금메달을 받은 것이다.

galería 예 ① 회랑(回廊). El comedor se abre a una *galería* que da al jardín. 식당 문을 열면 뜰에 면한 회랑으로 되어 있다. ② 화랑; 진열실; 미술관. Esos cuadros se exhiben en la *galería* municipal 그 그림들은 시립 화랑에 전시되었다. ③ 갱도; 천장 관람석(paraíso).

galgo, ga 그레이하운드 (개 이름).

galicismo 남 프랑스어적인 어법. Algunos escritores abusan del *galicismo*. 어떤 작가들은 갈리시스모를 남용하고 있다.

galón 남 장식 끈; 〖용량의 단위〗갈론.

galopar 자 (말이) 전속력으로 달리다. ◇ **galope** 남 갤럽 (말 따위의 최대 속도의 구보).

galvanizar 태 (···에) 전기를 통하다; 아연 도금을 하다. ◇ **galvanización** 예 전기치료, 아연 도금.

gallardo, da 형 용감한, 늠름한. A la tarde volvía a pasar el *gallardo* jinete. 오후가 되면 또, 용감한 말탄 사람이 지나갔다. ◇ **gallardía** 예 늠름함.

gallego, ga 갈리시아(Galicia: 이베리아 반도 북서부의 지방)의. 갈리시아 사람. 남 갈리시아 사투리.

galleta 예 마른 과자, 비스킷. No comas tantas *galletas*. 너는 그렇게 비스킷을 먹어서는 안된다.

gallina 예 암탉. Esta *gallina* ya no pone huevos. 이 암탉은 이제 알을 안 낳는다. 남 마음약한 사람. ◇ **gallinería** 예 닭장; 소심증. ◇ **gallinero, ra** 닭장수; 양계가. 남 (극장의) 맨 윗층 관람석, 하등석.

gallo 남 수탉. Se oye el canto de algún *gallo*. 어디선가 수탉 우는 소리가 들린다.

gamo 남 사슴.

gamuza 예 〖동물〗가무사 (남유럽·서남 아시아산의 영양류).

gana 예 욕망, 의욕, ···하고자 함. No tengo *ganas* de comer ahora. 나는 지금 먹고 싶지 않다. Si usted no tiene *gana*, comeremos más tarde. 당신이 생각이 없다면, 좀더 나중에 먹읍시다. *de buena*

gana 기꺼이. *de mala gana* 마지 못해. Pagó los gastos *de mala gana*. 그는 비용을 마지 못해 지불했다. *dar la gana de*+*inf*. …하고 싶어지다. No me *da la gana de* decírselo. 나는 그에게 그것을 말할 생각이 나지 않는다. *tener ganas de*+*inf*. …하고 싶다(*desear, querer*). *Tengo muchas ganas* de viajar al extranjero. 나는 외국 여행을 하고 싶다.

ganado 囘 (집합적)목축, 가축(의 무리). El *ganado* vacuno es una de las principales riquezas de este país. 소(의 가축)는 이 나라의 주요한 재산의 하나이다. ◇ **ganadería** 囘목축(업). Se dedicaba a la *ganadería*. 그는 목축업에 종사하고 있었다. ◇ **ganadero** 웹목축의. 囘목축업주; 가축 장수.

ganancia 囘 돈벌이, 이익, 이익금 [↔*pérdida*]. Aquella venta no produjo la debida *ganacia*. 그 판매는 그에 상당한 이익이 생기지 않았다.

ganar 回① 돈벌다, 일하다. José *gana* quinientas pesetas por día haciendo traducciones. 호세는 번역을 해서 하루에 500페세따 번다. ② 취득·획득하다, 얻다(*lograr, conseguir*). El joven *ganó* la confianza del director. 젊은이는 지배인의 신용을 얻었다. ③ (승부·싸움에) 이기다. Los españoles *ganaron* la guerra contra los indios. 서반아군은 인디오와의 싸움에서 이겼다. ④ [+*en*] …의 점에서;(…보다) 뛰어나다, 더 낫다. José me *gana* en dibujo. 호세는 그림에서는 나보다 뛰어나고 있다. ⑤ (…에) 닿다, 도달하다. *Gané* la otra orilla a nado. 나는 헤엄쳐서 저쪽 언덕에 도달했다. ◇~**se** (자기를 위하여) 일하다. *Se gana* la vida enseñando piano. 그녀는 피아노를 가르쳐서 생활비를 벌고 있다. ◇ **ganador, ra** 웹승리자, 우승자.

gancho 囘 ①(물건을 매다는) 걸쇠, 옷걸이. Cuelgue usted el sombrero en este *gancho*. 이 걸쇠에 모자를 걸어라. ② 갈고리, 갈고랑이 막대기. ◇ **ganchudo, da** 웹갈고리 모양의. Mi abuelo tenía una nariz *ganchuda*. 그의 할아버지는 매부리 코이다.

gandul 빈둥빈둥 노는 囘 무뢰한, 깡패.

ganga 囘 (싸게 산) 물건, 덤이, 바겐세일.

ganso, sa 웹 [새] 거위. *hablar por boca de ganso* 앵무새처럼 지껄이다.

ganzúa 囘 자물쇠 여는 기구; 도둑.

garage/garaje 囘 차고, (車庫).

garantía 囘 ① 보증; 보증서, 보증금. Este reloj tiene cinco años de *garantía*. 이 시계는 5년간의 보증이 붙어 있다. ② (상업) 담보. ¿Qué *garantías* nos ofrecen del pago? 지불에 대하여 어떤 담보를 폐사에 제공해 주시겠습니까.

garantizar [⑨ *alzar*] 回 보증하다, (…에) 책임을 지다. No podemos *garantizar* la calidad de los géneros. 이곳에서는 상품의 품질을 보증할 수는 없다.

gardenia 囘 【식물】 치자나무.

garganta 囘 ①목구멍. Me llegaba el agua a la *garganta*. 물이 목구멍으로 올라왔다. Me duele la *garganta*./Tengo dolor de *garganta*. 나는 목구멍이 아프다. ② 목(*cuello*). Un collar de perlas adornaba su *garganta*. 진주 목걸이가 그녀의 목을 장식하고 있었다.

gargantilla 囘 목걸이(*collar*), 목걸이에 달린 구슬.

gárgara 囘 양치질. ◇ **gargarear** 区 【멕시코】 양치질하다(*hacer gárgaras*).

garra 囘 (새·짐승의) 발톱이 날카로우는 손, 발. Por fin logró escaparse de las *garras* de un amo tan cruel. 드디어 그는 그토록 지독한 주인의 손에서 도망칠 수가 있었다.

garrafa 囘 주전자.

garrapata 囘 【곤충】 진드기.

garrocha 囘 장대.

garrote 囘 작대기, 막대, 몽둥이.

garza 囘 【새】 백로.

gas 囘 ① (광열용의) 가스. Encienda usted el *gas*. 가스에 불을 붙여 주십시오. ② 기체. El vapor de agua es un *gas* muy ligero. 수증기는 매우 가벼운 기체이다. ◇ **gaseoso, sa** 웹 가스 상태의, 기체의. 囘 소다수.

gasa 囘 가제.

gasolina 囘 가솔린, 휘발유. Vamos a aquel puesto de *gasolina* a que nos llenen el depósito. 탱크에 휘발유를 넣기 위하여 저 주유소로 가자. ◇ **gasolinera** 囘 모터 보트; 주유소, 가솔린 스탠드.

gastar 回 ① 소비·소모·낭비하다. Mi mujer *gastaba* mucho dinero en medicinas. 아내는 약에 많은 돈을 소비하고 있었다. No *gastes* el tiempo en tonterías. 어리석은 일에 시간을 낭비하지 마라. ② 쓰다; 몸에 붙이고 있다. José *gasta* unas corbatas muy claras. 호세는 매우 밝은 빛 넥타이를 하고 있다. ◇~**se** (자기를 위하여) 쓰다, 마멸하다. Los zapatos *se gastan* por la suela. 구두는 밑창이 닳는다. ③ 소모하다. Este gobierno está ya *gastado*. 현 정부는 이미 소모되어 있다.

gasto 囘 ① 비용, 경비. Yo pagaré todos

gatillo 남 방아쇠; 제동기.
gato, ta 남 ①【동물】고양이. El *gato* arañó la mano a la niña. 고양이는 그 여아의 손을 할퀴었다. ②【기계】잭. No hace falta un *gato* para levantar el coche. 자동차를 들어 올릴 잭이 필요하다. *a gatas* 네 발로 기어서.
gaucho 남 가우쵸, (아르헨티나의) 카우보이.
gaveta 여 서랍(cajón).
gavilán 남【새】새매; 갈고리 끝.
gavilla 여 (보리·밀 따위의) 다발; 갱, 망나니.
gaviota 여【새】갈매기.
gelatina 여 젤라틴.
gema 여 보석; 싹(yema).
gemelo, la 형 쌍동이의. 남 ①커프스단추. ②쌍안경. Con los *gemelos* de teatro se ve bien la función. 오페라 글라스가 있으면 연극이 잘 보인다.
gemir [36 pedir] 자 신음하다. La enferma se pasaba la noche *gimiendo*. 그 환자는 신음하면서 밤을 새우고 있었다. ◇ **gemido** 남 신음; 신음 소리.
generación 여 ①(가스·열 따위의) 발생; 발전. La *generación* de la energía eléctrica se efectúa por el dinamo. 전력의 발생은 발전기에 의하여 행해진다. ②세대, 연대층(年代層). En esta casa viven tres *generaciones* de Ortega. 이 집에는 오르테가 3대의 사람들이 살고 있다.
generacional 형 (어떤) 연대층의.
general 형 ①일반의, 전반의. Es una costumbre casi *general* en Andalucía. 그것은 안달루시아에서의 거의 일반적인 습관이다. ②보통의. En aquella región, el mal tiempo es *general*. 저 지방에서는 나쁜 날씨가 보통이다. ③전체의, 총…. La asamblea *general* tuvo lugar el 8 de abril. 총회는 4월 8일에 개최되었다. ④ 장군. *en general/por lo general*. 일반으로, 대개. *Por lo general* duermo más de ocho horas. 나는 보통 8시간 이상 잔잔다. ◇ **generalidad** 여 일반; 대다수. Esa es la opinión de la *generalidad*. 그것이 일반의 의견이다. ◇ **generalizar** [[5] alzar] 타 일반화하다. La radio *ha generalizado* la afición a la música. 라디오가 음악열을 일반에 널렸다.
generalmente 부 일반적으로, 대개.
género 남 ①종류(clase, especie). No sé qué *género* de vida llevabas. 네가 어떤 종류의 생활을 하고 있었던지 나는 모른다. ②상품(mercancía). Ya no tratamos en esos *géneros* desde hace años. 벌써 몇년 전부터 폐사는 그 상품들은 취급하지 않는다. ③옷감, 직물(tela). En esta tienda usan siempre muy buenos *géneros*. 이 가게에서는 언제나 좋은 옷감을 쓴다. ④【문법】성(性). Los *géneros* gramaticales son tres: masculino, femenino y neutro. 문법의 성에는 남성·여성·중성의 3종이 있다. ◇ **genérico, ca** 형 류의, 공통·보통의; 일반의, 총칭적인. *nombre genérico* 보통명사.
generoso, sa 형 ①관대한, 관용의; 고결한. La condesa era *generosa*, y olvidaba fácilmente los rencores. 백작부인은 마음씨가 너그러운 분이어서, 원망 따위는 곧 잊었다. ②선심 잘 쓰는(liberal, dadivoso); 친절한. Mi tío es muy *generoso* con los pobres. 나의 숙부는 가난한 사람들에게 대단히 친절하다. ◇ **generosidad** 여 관용; 고결; 선심이 좋음; 친절. Contamos con su *generosidad*. 우리들은 귀하의 친절한 마음에 의지하고 있습니다.
genial 형 ①타고난. ②천재적인. Admiran las *geniales* creaciones de este pintor. 이 화가의 천재적인 창조력에 모두 감탄하고 있다. ③기발한, 재미있는. ④경이적인. Era un espíritu *genial*. 그는 놀라운 정신의 소유자였다. ◇ **genialidad** 여 천재성; 기발함. Cada uno tiene sus propias *genialidades*. 각자는 제각기 타고난 성질이 있다.
genio 남 ①성질, 소질(素質). Josefa tiene un *genio* vivo. 호세파는 활발한 성질이다. ②재능; 천재. Conozco bien su *genio* de la cocina. 그녀의 요리 재능을 나는 잘 알고 있다. ③정령(精靈), 악마. Allí se reunían los *genios* del aire. 공기의 정령들은 그곳에 모였다.
gente 여 ①사람들. Son buena *gente*. 그들은 좋은 사람들이다. Había mucha *gente* y mucha animación en la calle. 거리에는 많은 사람들이 대단히 흥성하다. ②패거리, 한 패의 사람; 부하. El comandante huyó, abandonando a su *gente*. 지휘관은 부하를 버리고 도망쳤다.
gentil 형 ①품위 있는, 우아한. Lola se portó muy *gentil*. 롤라는 품위있게 행동했다. ②상냥한, 친절한. ◇ **gentileza** 여 품위, 고상함, 우아; 상냥함, 친절. Le agradezco infinitamente la *gentileza* de dedicarme su libro. (당신이) 저서에 헌사(獻辭)를 친절하게 써주시는데 대해 무한히 감사드립니다.
gentío 남 군중(muchedumbre).
genuino, na 형 진짜의, 진정의; 정당한.
geografía 여 지리(학); 지형, 지세(地勢).

geográfico, ca 혱 지리(상)의, 지리학적인. ◇ **geógrafo, fa** 혱 지리학자. Los *geógrafos* de entonces se burlaban de Colón. 당시의 지리학자들은 콜롬브스를 비웃고 있었다.

geología 에 지질(학). ◇ **geológico, ca** 혱 지질학적인. ◇ **geólogo, ga** 혱 지질학자.

geometría 에 기하학. ◇ **geométrico, ca** 혱 기하학적인.

geranio 혱 【식물】제라늄.

gerente 혱 (회사 따위의) 지배인, 전무; 이사; 지점장, 주임, 대리업자. A José le han nombrado *gerente* de su compañía. 호세는 그 회사의 전무에 임명되었다. ◇ **gerencia** 에 관리(직); 대리업, 대리점. La *gerencia* producía cada día menos. 대리점의 사업도 점점 수익이 줄었다.

gerigonza 에 횡설수설.

germen 혱 ①【동물, 식물】배(胚); 싹. ② 세균, 병원균. Las aguas sucias suelen transportar *gérmenes*. 더러운 물은 병원균을 나르는 일이 많다. Ese fue el *germen* de la enemistad. 그것이 적의의 원인이었다. ◇ **germinación** 에 발아. ◇ **germinar** 짜 발아하다, 싹이 트다.

gerundio 혱 【문법】현재분사.

gestación 에 ①잉태; 배태. El proyecto está todavía en *gestación*. 그 계획은 아직 잉태의 단계이다.

gesticular 짜 제스추어를 쓰다.

gestión 에 ① 절차, 처리. ② 공작, 운동. Le deseamos un gran éxito en sus *gestiones*. (당신의) 활동의 대성공을 우리들은 빌고 있습니다. ◇ **gestionar** 혱 ① (…의) 절차를 밟다. ②공작·운동하다. El señor García está *gestionando* con el Jefe del Departamento el permiso de importación. 가르시아씨는 국장한테 수입 허가를 (받으려고) 운동하고 있다.

gesto 혱 ①얼굴 모습, 표정. El director hizo un *gesto* despectivo. 지배인은 경멸하는 듯한 표정을 했다. ② 몸짓. Aquel señor está hablando con *gestos* exagerados. 저 사람은 과장되는 몸짓을 하면서 말하고 있다.

gigante, ta 혱 거인; 큰 사람, 큰 여자; 큰 인물, 대가. Ese amigo es un *gigante*; mide dos metros. 저 친구는 거인이다, 2미터나 된다. ◇ **gigantesco, ca** 혱 거대한. Allí se alzaba un edificio *gigantesco*. 그 곳에 거대한 건물이 우뚝 서 있었다.

gimnasia 에 체조; 체육. Hago un cuarto de hora de *gimnasia* siguiendo el programa de la radio. 나는 라디오의 프로그램에 따라서 15분간 체조를 한다.

gimnasio 혱 체육관; 체육학교. ◇ **gimnástico, ca** 혱 체조의, 체육의. 혱 체조; 체육.

gin 혱 진.

ginsén/ginseng 혱 【식물】인삼.

girar 짜 ① 돌다, 선회·회전하다. La tierra *gira* alrededor del sol. 지구는 태양의 주위를 돈다. ②순회하다. ③ 굽다. En aquel punto, la vía del tren *gira* a la derecha. 그 지점에서 철도는 오른쪽으로 굽는다. ④ 수표를 발행하다; 송금하다. Pueden ustedes *girarnos* a nuestro cargo por el importe. 그 금액으로 폐사 앞으로 어음을 끊어 주시면 좋겠습니다. 卧 (어음을) 발행하다; 송금하다. Te *giraré* por correo lo que te debo. 너에게서 빌어 쓴 돈을 우편(환)으로 송금하겠다.

gira 에 순회, 여행, 소풍. El primer ministro ha hecho una *gira* por varios países europeos. 수상은 유럽 제국의 순방 여행을 했다.

girasol 혱 【식물】해바라기 (mirasol).

giro 혱 ① 선회, 회전. El avión, dando un *giro* en el aire, desapareció. 비행기는 공중에서 1회전 하면서 모습을 감추었다. ② 전환; 국면. Las relaciones de ambos países han tomado un nuevo *giro*. 양국 관계는 새 국면을 맞이했다. ③표현 방법, 말. Esta frase es un *giro* intraducible. 이 구절은 번역할 수 없는 표현이다. ④ 영업; 송금; 찰, 어음의 발행. Libraremos tres *giros* por separado. 이쪽에서는 3통의 화어음을 따로따로 끊겠다.

gitano, na 혱 집시. En Granada viven muchos *gitanos*. 그라나다에는 집시가 많이 살고 있다. ◇ **gitanesco, ca** 혱 집시적인, 집시풍의.

glacial 혱 얼음의, 얼음같은, 빙하의

glándula 에 【해부】선(腺). Esas *glándulas* producen las lágrimas. 그 선이 눈물을 만들어낸다. ◇ **glandular** 혱 선의, 선질(腺質)의.

globo 혱 ① 공, 구체(球體). Tenía el aspecto de un *globo* blanco. 그것은 흰공 같은 외관을 하고 있었다. ②기구, 풍선. José le compró un *globo* y lo explotó al instante. 호세가 그에게 풍선을 사주었는데 그는 바로 그것을 터뜨렸다. ③ (램프·전등의) 글로브. El techo colgaba un *globo* sucio. 더러워진 전등의 글로브가 천장에 매달려 있었다. ◇ **global** 혱 전체의; 대개의. El precio *global* del viaje ascenderá a 5,000 pesetas. 여비 총액은 5,000페세따에 달할 것이다. *en forma global* 총관적으로. ◇ **globoso, sa** 혱 공 모양의.

gloria 여 ① 영광, 광휘. Que santa *gloria* haya. 신의 영광이 있으라. ② 영광, 명예, 자랑. Rubén Darío es una *gloria* de Hispanoamerica. 루벤다리오는 서반아 아메리카의 자랑이다. La lectura era su *gloria*. 독서는 그의 즐거움이었다. ◇ **glorioso, sa** 형 빛나는; 영광·명예 있는. Todos alaban sus hechos *gloriosos*. 모든 사람들은 그의 빛나는 행위를 칭찬하고 있다. ◇ **gloriosamente** 된 빛나게, 훌륭하게.

glosa 여 주석, 주해; 해석, 해설.

glotón, na 형 포식하는, 잘 먹는. 명 대식가.

gobernador, ra 명 지사, 총독; (국립은행·공단 따위의) 총재. El *gobernador* visitó un pueblo de su provincia. 지사는 자기 도의 어느 읍을 방문했다.

gobernar [19 pensar] 타 ① 통치·지배하다. José le gobierna su mujer. 호세는 여편네 궁둥이에 깔려 있다. ② 조종하다. Entre los dos *gobernaron* su nave espacial, haciendo funcionar los cohetes auxiliares. 그들은 두 사람이서 보조 로케트를 작동시켜 우주선을 조종했다. ◇ -se 자신을 처신하다. *Gobiérnate* por lo que veas hacer a los otros. 다른 사람이 하고 있는 것을 보고, 너는 네 나름대로 처신해라. ◇ **gobernación** 여 ① 통치, 지배. Fue una intervención en la *gobernación* interna. 그것은 내정에 대한 간섭이다. ② 내무부(ministerio de la gobernación). ③ 조종, 조타.

gobierno 명 ① 통치, 지배; 단속, 관리. Ella se encargó del *gobierno* de la casa. 그녀는 집안 관리를 떠맡았다. ② 정부, 정청; 정체(政體). El gobierno actual cuenta con el apoyo de los círculos financieros. 현 정부는 재계의 지지를 얻고 있다. ③ 참고, 규준. Te lo digo para tu *gobierno*. 참고하기 위해서 나는 너에게 그 말을 하는 것이다.

goce 명 기쁨; 쾌락. No hay *goce* como la satisfacción del deber cumplido. 의무를 다했을 때의 만족감 만한 기쁨은 없다.

gol 명 골, 결승점, 결승전, 득점(goal).

golf 명 골프. *campo de golf* 골프장.

golfista 명 골프치는 사람, 골프 선수.

golfo 명 만(灣).

golondrina 여 [새] 제비. Las *golondrinas* se alimentan con insectos dañosos. 제비는 해충을 먹이로 한다.

golosina 여 단것, 과자. Sólo come *golosinas*. 그는 단것만 먹고 있다.

golpe 명 ① 타격, 두들김, 닿음. *dar un golpe* 때리다. Dio un par de *golpes* en la puerta. 그는 문을 탕탕 두들겼다. Una pelota dio un *golpe* a una niña en la cabeza. 공이 소녀의 머리에 닿았다. ② (정신적인) 타격; 충격, 놀라움. José sufrió un *golpe* muy grande con la pérdida de su hermana. 호세는 여동생을 여의고 대단히 큰 타격을 받았다. Con esa corbata vas a darle el *golpe*. 그런 넥타이를 매고 그들 깜짝 놀라게 하는 것이로군. *gole de estado* 쿠데타. *a golpes* 두들겨서; 잇대어, 끊임없이. *de golpe* 갑자기, 돌연(de repente, repentinamente) El barco se hundió *de golpe*. 배는 돌연 침몰되다. *de un golpe* 단숨에. La vieja desapareció *de un golpe*. 노파는 휙 몸을 숨겼다.

golpear 타 (몇번이고) 두들기다, 때리다 (dar un golpe). El granizo *golpea* los cristales. 우박이 유리를 두들기고 있다. 재 부딪치다. El barco *golpeó* contra unas rocas. 배가 바위에 부딪쳤다.

goma 여 ① 고무. Compré una pelota de *goma* para mi sobrino. 나는 조카에게 고무공을 한 개 사주었다. ② 고무 제품 (고무물, 고무줄; 고무 지우개). Toma la *goma* y borra esa línea. 지우개를 가지고 그 선을 지우십시오.

gordo, da 형 ① 굵은, 살찐, 비만한 [대 flaco]. No quiero estar tan *gordo*. 나는 그토록 살찌고 싶지 않다. ② 거대한. Mire aquel árbol tan *gordo*. 저 커다란 나무를 보아라. 명 (복권의) 일등 당첨. A José le ha tocado el *gordo*. 호세는 일등에 당첨됐다. ◇ **gordura** 여 비만; 지방(脂肪), 지육(脂肉).

gorila 명 [동물] 고릴라.

gorra 여 모자 (학생모 따위) [비교: sombrero]. José se ponía la *gorra* inclinada hacia un lado. 호세는 모자를 한쪽으로 기울여서 쓰고 있었다. ◇ **gorro** 명 모자.

gorrión 명 [새] 참새. Los *gorriones* pican el trigo esparcido. 참새가 흐트러진 밀알을 쪼아먹고 있다.

gota 여 (물)방울. Sólo han caído cuatro *gotas*. 아주 조금 (네 방울쯤) 내렸을 따름이다. *gota a gota* 한 방울씩, 조금씩. ◇ **gotear** 자 물방울이 떨어지다.

gótico, ca 형 ① 고트족(Los godos)의. ② 고딕 (자체·양식)의. A principios del siglo XIII el arte románico comenzó a ceder paso al estilo *gótico*. 13세기 초엽에 로마네스크 미술은 고딕 양식에 길을 사양하기 시작했다.

gozar 타 가지고 있다, 맛보고 즐거워하다. Aquí *gozamos* una temperatura deliciosa. 여기서는 기분 좋은 기온을 즐길 수 있다. 재 [+de·con: …을] 가지다,

있다, 향유하다; 즐거워하다; 기뻐하다. *gozar de* la vida 인생을 즐기다. Mi abuelo *goza de* buena salud. 나의 조부는 건강을 향유하고 있다.

gozo 명 즐거움, 환회, 기쁨(alegría). Su corazón palpitaba de *gozo*. 그의 심장은 즐거워 뛰고 있었다. ◇ **gozoso, sa** 형 [+con·de : …로서] 기쁜 듯한, (…을) 즐거워한. José está *gozoso* con la noticia. 그는 그 소식을 기뻐하고 있다.

grabar 타 새기다, 조각하다, 목각하다; 녹음하다, 취입하다. ◇ **grabación** 명 조각 ; 녹음 ; 취입 ◇ **grabado** 명 조각. **grabador, ra** 명 조각가 ; 녹음자 ; 취입자. **grabadura** 명 동사·목각에 새기는 일.

gracia 명 ① 기품, 우아 ; 사랑스러움, 애교. Su cara tiene *gracia*, a pesar de que las facciones no son correctas. 그녀의 얼굴 모습은 단정 하지는 않지만 애교가 있다. ② 우스움, 재미있음, 회학, 농담. No me hace *gracia* eso de encerrarme en casa todo el día. 온종일 집에 들어박혀 다니, 그런 일은 재미도 없다. ③ 신의 은총 ; 사면. José me hizo la *gracia* de concedérselo. 호세는 나에게 그것을 양보해 주었다. ④ 명 감사 ; [감탄사적] 고맙다. Le doy muchas *gracias* por sus atenciones. 보살핌에 대단히 고맙습니다. *gracias a* …의 덕택으로. *Gracias a ti*, llegué a tiempo. 네 덕택으로 나는 세 시간에 도착할 수 있었다.

gracioso, sa 형 ① 애교 있는 ; 영리한. Me parece ella muy *graciosa*, risueña, incapaz de enfadarse. 그녀는 매우 애교가 있어서, 생글거리고 있으며, 성낼 줄 모르는 사람처럼 생각된다. ② 우스운, 재미있는. ¡Qué cosa tan *graciosa*! 어찌나 우스운지! ◇ **graciosidad** 명 사랑스러움 ; 우스움 ; 재미있음.

grada 명 계단(peldaño). 발판.

grado 명 ① (계단의) 단(段). La escalera tiene quince *grados*. 그 계단은 15단이다. ② 단계 ; 정도. No sé que *grado* de amistad hay entre ellos. 그들 사이에 어느 정도의 우정이 있는지 모른다. ③ 학위 ; 학위. Obtuvo el *grado* de doctor en filosofía. 그는 철학박사의 학위를 받았다. ④ (각도·온도·강도 따위의) 도(度). La temperatura pasa en verano de los 40 *grados*. 여름에는 온도가 40도를 넘는다. ⑤ 기쁨, 의욕. Es de mi *grado* comunicárselo. 그것을 전해드리는 것은 나의 기쁨입니다. ⑥ 학급, 학년. primer *grado* 1학년. *de buen grado* 기꺼이, 자진해서. *de mal grado* 할 수 없이. *por grados* 점점, 차차로.

gradual 형 점차적인, 단계적인 ; 순차적인.

◇ **gradualmente** 부 점차, 점진적으로.

graduar [14 actuar] 타 조절하다 ; 검증·검감시키다. *Gradúe* usted el calentador eléctrico. 전기 히터를 조절하십시오. ◇ **~se** [+por : …를] 졸업하다. José *se graduó* (en letras) *por* la Universidad de Madrid. 호세는 마드리드 대학(의 문학부)를 졸업했다. ◇ **graduado, da** 명 눈금이 있는 ; 졸업한. 졸업생. ◇ **graduando, da** 명 졸업 예정자.

gráfico, ca 형 ① 문자의, 기호의. El lenguaje *gráfico* permanece siempre. 기술 언어(記述言語)는 언제까지나 남는다. ② 도식의, 도표의 ; 사진·그림이 들어 있는. Me recomendó una revista *gráfica* para conocer sus costumbres. 그 풍속을 알기 위해 그는 한 권의 사진 잡지를 추천하여 주었다. 명 도표, 그래프 ; 도해 ; 사진 화보. El *gráfico* indica la mortalidad del ganado vacuno durante los últimos cinco años. 이 그래프는 최근 5년간의 소의 사망률을 표시한다.

gramático, ca 형 문법의. 문법학자. 명 문법, 문법서. Quisiera preguntarle algunas dudas de *gramática*. 문법에 관해 모르는 곳을 몇 개 질문하고 싶은데요. **gramatical** 형 문법의, 문법적인. *regla gramatical* 문법, 규칙

gramo 명 그램.

gran 형 [grande 가 단수 명사 앞에서 탈락형] 큰, 훌륭한, 위대한. *gran* hombre. 위인. Ha tenido usted una *gran* idea. 당신은 훌륭한 착안을 하셨소. No es *gran* cosa. 대수롭지 않다.

granada 명 【식물】 석류 (열매·나무); 유탄. *granada de mano* 수류탄. ◇ **granadal** 명 석류밭. ◇ **granadero** 명 수류탄병.

grande [단수 명사의 앞에서는 대개 gran 으로 됨; ⇨ gran] 형 ① 큰. ¿No ve usted una roca *grande* allí? 저 곳에 큰 바위가 안 보입니까. Tuve una pena muy *grande*. 나는 매우 큰 괴로움을 맛보았다. ② 훌륭한, 위대한. España ha producido *grandes* pintores. 서반아는 위대한 화가를 배출했다. ◇ **grandemente** 크게; 지극히. ◇ **grandeza** 명 큼; 위대함, 위엄. ◇ **grandiosidad** 명 웅대함, 장대함, 훌륭함. ◇ **grandioso, sa** 형 웅대한, 장대한, 훌륭한.

granizo 명 우박. El *granizo* ha estropeado la fruta. 우박이 과일을 전멸시켰다. ◇ **granizada** 명 우박 ; 진눈깨비. ◇ **granizar** [9 alzar] 자 우박이 내리다.

granja 명 농장, 농원. ◇ **granjero, ra** 명 농장지기.

granjear 타 벌다, 얻다. ◇ **granjeo** 명 돈

벌이, 취득.
grano 閻 ① 낟알; (낟알의) 종자·열매·콩. El niño tomó unos *granos* de trigo y los esparció en el suelo. 소년은 밀의 낟알을 몇 알 집어서 땅에 뿌렸다. ② 여드름. Tiene la cara llena de *granos*. 그는 여드름 투성이의 얼굴을 하고 있다. ③ 圏 곡물, 콩류. ◇ **granero** 閻 곡창 (지대).

grasa 囡 ① 지방; 기름때(mugre). Esta carne tiene mucha *grasa*. 이 고기는 지방이 대단히 많다. ② 윤활유. Usted debe untar de *grasa* el eje. 너는 축에 윤활유를 발라야 한다. ◇ **grasiento, ta** 혱 기름기 있는, 진득진득한.

gratificar [7] sacar] 囲 (…에게) 사례금을 주다. ◇ **gratificación** 囡 사례금, 포상금. No espero *gratificación* alguna del jefe. 나는 소장에게서 포상금을 받을 생각은 추호도 없다.

gratis 툄 거저, 무료로(de balde); 노력하지 않고. La entrada será *gratis*. 입장은 무료일 것이다. Nadie hace nada *gratis*. 아무라도 거저는 아무 짓도 아니한다.

gratitud 囡 감사, 사의(謝意). No encuentro palabras para expresarle mi profunda *gratitud*. 나는 깊은 감사를 나타낼 만한 말을 찾지 못한다.

grato, ta 혱 ① 유쾌한, 즐거운. Era una escena *grata* de recordar. 그것은 생각하기도 즐거운 정경이었다. ② [통신문: 경어체] 당신의; 즐거운. Quedamos en espera de sus *gratas* noticias. 당신의 신을 기다리고 있겠습니다. Nos es *grato* adjuntarle copias de la factura. 송장의 사본을 동봉합니다.

gratuito, ta 혱 무료의; 근거·이유가 없는. La entrada es *gratuita*. 입장은 무료이다. ◇ **gratuitamente** 툄 무료로, 근거·이유없이; 노력하지 않고. José no ha llegado *gratuitamente* al puesto que ocupa. 호세는 지금의 지위에 노력하여 도달한 것이 아니다.

grave 혱 ① 무거운, 중력이 있는. ② 중대한, 심각한. El asunto no ha sido nada *grave*. 그 문제는 조금도 중대하지는 않았다. ③ 무거운, 장중한; 점잔빼는. Su porte *grave* imponía respeto. 그의 장중한 태도는 사람에게 존경심을 일으키게 했다. ◇ **gravedad** 囡 ① 무게, 인력, 중력. ② 중대성; 위독. ③ 점잖음, 장중. Nos impresionó la *gravedad* de tono. 그의 말투의 장중함이 우리들에게 인상적이었다. ◇ **gravemente** 툄 중대하게, 심각하게; 장중하게. El viejo cayó *gravemente* enfermo. 그 노인은 무거운 병에 걸렸다.

gremio 閻 동업 조합, 길드. ¿Todavía perteneces al *gremio* de los solteros? 【농담】 너는 아직도 독신 조합에 들어 있으냐. ◇ **gremial** 혱 동업 조합의. 閻 동업 조합원.

griego, ga 혱 그리스(Grecia)의. 閻 그리스 사람. 閻 그리스말.

grieta 囡 균열, 틈.

grifo 閻 (수도 따위의) 마개, 주둥이. Goteaba el *grifo* del lavabo. 세면대 주둥이에서 뚤꿈뚤꿈 물이 떨어지고 있었다.

grillo 閻 【곤충】 귀뚜라미. 閻圏 족쇄; 방해물.

gringo, ga 혱 (중남미에서 미국인이나 그 밖의 사람들에게) 외간의. 閻 외간 사람.

gripe 囡 유행성 감기(influenza).

gris 혱 ① 회색의. Sus cabellos han comenzado a ponerse *grises*. 그의 머리가 회색으로 되기 시작했다. ② (기분이로) 어두운; 어떤지 슬픈. Era un día *gris*. 그것은 슬픈 하루였다. 閻 회색; 쥐색. La abuela iba vestida de *gris*. 할머니는 쥐색 옷을 입고 있었다. ◇ **grisáceo, a** 혱 약간 회색의.

gritar 邳 고함치다, 외치다, 큰 소리를 지르다(dar un grito, exclamar); 부르짖다. Por más que *gritaba* nadie lo oía. 아무리 고함쳐도 아무에게도 그것이 들리지 않았다. ◇ **grito** 閻 큰 소리, 고함. *a gritos* 큰 소리로. El abuelo era sordo y le hablaban *a gritos*. 할아버지는 귀머거리였으므로, 모두들 큰 소리로 말하고 있었다. *dar un grito* 외치다, 소리지르다, 고함치다.

grosero, ra 혱 ① 거친; 조제(粗製)의. Me sorprendí porque una pronunció palabras *groseras*. 그녀가 품위 없는 말을 입에 올렸기 때문에 나는 놀랐다. ◇ **grosería** 囡 조잡, 무례; 품이 낮음.

grotesco, ca 혱 조잡한, 조악한; 악취미의; 괴이한.

grúa 囡 기중기.

grueso, sa 혱 ① 두터운, 굵은. Los estanques se cubren de una *gruesa* capa de hielo. 연못은 두꺼운 얼음 층으로 덮여 있다. ② 큰; 부피가 큰. Nos trajeron unas manzanas *gruesas*. 그들은 큰 사과를 몇 개 가져와 주었다. 閻 회색; 두께. La tabla tiene tres centímetros de *grueso*. 그 판자는 두께가 3센티미터이다. *en grueso* 한 덩으로, 대충 대강; 【상업】 도매로. Mi tío tiene la costumbre de compras todo *en grueso*. 나의 숙부는 무엇이든지 한 목 사는 버릇이 있다.

grulla 囡 【새】 학(鶴).

gruñir [45 tañer] 邳 (개·돼지가) 낮게 소리 지르다; 불평을 말하다. *Gruñía* porque

grupo 무리, 조(組), 단(團). *Un grupo de siete turistas ha llegado esta mañana.* 7인의 관광객 일행이 오늘 아침 도착했다.

gruta 여 동굴, 동혈.

guante 남 장갑. *José se quitó los guantes.* 호세는 장갑을 벗었다.

guapo, pa 형 잘생긴. *La madre debe haber sido muy guapa cuando era joven.* 모친은 젊었을 때는 미인이었음에 틀림없다. 명 미남; 미녀.

guardapelo 남 로켓 (사진·머리털·기념품 따위를 넣어 목걸이 등에 다는 작은 금갑(金盒).

guardar 타 ①지키다, 막다 (보호, 방위). *¡Que te guarde el Cielo!* 하느님이 너를 지켜 주시기를! ②감시하다, 경비하다. *Entre los que guardaban la entrada, dos varones guardaban la entrada.* 두 사람이 문을 지키고 있었다. ③(법률·습관·비밀·침묵을) 지키다; (존경·원한을) 품다. *De esto guardó silencio hasta su muerte.* 이 일에 대하여 그는 죽을 때까지 침묵을 지켰다. *Siempre le he guardado mucho respeto.* 나는 줄곧 그에게 커다란 존경심을 품어 왔다. (소중하게) 보관하다, 소장하다. *Guardaremos su llave cuando usted salga.* 당신이 외출할 때는 우리들이 열쇠를 맡겠습니다. ◇ ~se ① [+de: …로부터] 몸을 지키다, 피하다; 중지하다. *Guárdese usted de tales cosas frívolas.* 그런 경박한 일은 그만 두시오. ②생겨 넣다. *Se guardó la cartera en el bolsillo interior.* 그는 지갑을 안주머니에 넣어 두었다. *guardar cama* 병상에 눕다. *Mi madre guarda cama desde hace una semana.* 모친은 1주일 전부터 병으로 누워있다.

guardarropa 남 휴대품 보관소.

guardia 여 ①경비, 감시; 당직. *Le tocó hacer guardia.* 그가 당직 순번 차례이다. ②경찰; 경비대. 남 경관, 경비원; 수위. *Fue a llamar a un guardia.* 그는 경관을 부르러 갔다. ◇ **guardián** 남 감시인.

guarnición 여 ①장식, 옷단 장식. *Pienso poner alguna guarnición a estas cortinas.* 나는 이 커튼에 어떤 레이스 장식을 붙이려고 생각하고 있다. ②(보석의) 대(臺); (도검의) 자루와 몸 사이에 끼어 넣은 쇠붙이. *Clavó su espada hasta la guarnición.* 그는 칼을 자루째가지 찔렀다. ③수비대. ◇ **guarnecer** [30 crecer] 타 대다, 장식하다, 꾸미다(adornar).

uatemalteco, ca 형 구아떼말라(Guatemala)의. 명 구아떼말라 사람.

gubernamental 형 정부의. *Los decretos gubernamentales lo prohiben.* 정부의 법령이 그것을 금하고 있다.

guerra 여 싸움, 전쟁; 다툼. *Tras reñidas guerras lograron afianzar su independencia.* 격렬한 싸움 뒤에 그들은 독립을 확립할 수 있었다. *Segunda Guerra Mundial* 제 2 차 세계대전. ◇ **guerrero, ra** 명 전사(戰士), 군인. ◇ **guerrilla** 여 게릴라, 유격대, 부정규군. *Los habitantes organizaron guerrillas contra los invasores.* 주민은 침략군에 대항해서 유격대를 조직했다.

guía 여 ①입문, 안내; 도표. *La estrella polar era la guía del navegante.* 북극성은 항해자의 도표였다. ②안내서, 편람, 요람(要覽). *Puede usted consultarlo en la guía de la ciudad.* 그것은 그 시의 안내서를 보면 된다. 명 안내자; 지도자. *El guía nos explicó la historia del castillo.* 안내자가 그 성의 역사를 설명해 주었다. *guía de teléfonos* 전화번호부.

guiar [12 enviar] 타 ①인도·안내·유도하다. *Un indio nos guió a través de la selva.* 한 인디오가 밀림 속을 안내해 주었다. ②지도하다. *Guíame, que tienes experiencia.* 너는 경험이 있으니 지도해 라. ③조종하다, 운전하다(conducir). *José guía el automóvil con maestría.* 호세는 자동차를 능숙하게 운전한다. ◇ ~se [+de·por: …를] 지침으로 하고, (…에) 따르다. *Me guiaré por el ejemplo de mi antecesor.* 나는 전임자를 본보기로 하겠다.

guijarro 남 자갈, 돌멩이.

guillotina 여 단두대.

guinda 여 앵두 열매.

guiñar 자타 눈을 깜박이다; 윙크하다, 눈짓하다. ◇ **guiño** 남 윙크, 눈짓.

guión 남 ①선도자(善導者). *Nadie quiere servir de guión en la procesión.* 아무도 행렬의 선도자로 되기 싫어한다. ②(영화·방송의) 대본, 시나리오, 요지(要旨). *Todavía no ha presentado el guión de su tesis.* 그는 아직 논문의 요지를 제출하지 않았다. ③[문법] 하이픈, 대시. ◇ **guionista** 명 시나리오 작가.

guisante 남 [식물] 완두. *guisante de olor* 스위트피.

guisar 타 요리하다(cocinar, cocer). *No sabe ni guisar patatas.* 그녀는 감자 요리조차 만들 수 없다. ◇ **guiso** 남 끓인 요리, 요리.

guitarra 여 [악기] 기타. *Cantó acompañándose con la guitarra.* 그는 자신의 기타를 치면서 노래했다. ◇ **guitarrista** 명

gusano 图【곤충】구더기, 송충. *gusano de seda* 누에.

gustar 囤 ① 맛보다. *He gustado* la sopa y estaba buena. 나는 수프의 맛을 보았는데 맛이 좋았다. ②(고생을) 하다, 경험하다. 재 ① 마음에 들다, 좋아하다. ¿Usted *gusta*? 마음에 들었소. ② [+여격 보어 : …은(…이) 마음에 들다, 좋아하다. Me *gusta* la música clásica. 나는 고전 음악이 좋다. No te *han gustado* estos sitios. 너는 이 근처가 마음에 들지 않았었지. ③ [+de : …를] 좋아하다. 맛보다. Lola *gusta de* conversar con la gente. 롤라는 사람과 이야기하는 것이 좋았다.

gusto 图 ① 미각(味覺). La lengua es el órgano principal del *gusto*. 혀는 미각의 주요한 기관이다. ② 맛. Este pescado no tiene buen *gusto*. 이 생선은 맛이 좋지 않다. ③ 기호, 취미. Viste con muy buen *gusto*. 그는 매우 좋은 취미의 옷을 입고 있다. ④즐거움, 기쁨. *tener gusto en + inf.* …해서 즐겁다. *Tengo mucho gusto en conocerle.* 처음 뵙겠습니다. (Mucho gusto, Tanto gusto). El gusto es mío. 저야말로 반갑습니다 (처음 뵙겠습니다에 대한 대답). *con mucho gusto* 기꺼이. Le acompañaré *con mucho gusto*. 나는 기꺼이 동행하겠소. *tener el gusto de + inf.* 【경어】 …합니다, 말씀 드립니다. *Tenemos el gusto de* contestar a su estimada carta de 19 del mes corriente. 이달 19일자 귀사의 편지에 회답해 드립니다. *a gusto* 좋으실대로, 편안하게. La vieja vive *a gusto* en este hotel. 그 노파는 이 호텔에서 편안하게 지내고 있다.

gustoso, sa 휑 ① 맛좋은. iQué frutas tan *gustosas*! 어쩌면 이 과일은 이렇게 맛이 좋은가! ② 즐거운, 진심에서의. Lo haré *gustoso*. 나는 기꺼이 그 일을 하겠다. ◇ **gustosamente** 문 기꺼이(con mucho gusto).

gutural 휑 ① 목구멍의; 후음(喉音)의. letra *gutural* 후음 문자. ◇ **guturalmente** 문 목구멍 소리로; 후음으로.

guzguear 囤 뒤지다 (먹을 것을).

guzla 예 현금(絃琴).

guzpatara 예 나병 (서인도 제도의).

guzpatarero 예 벽을 뚫고 들어가는 도둑.

guzpataro 图【은어】구멍.

H

h. habitantes 방.
ha haber의 직설법 현재 3인칭 단수.
¡ha! 감 =¡ah!
haba 여 [식물] 잠두. En todas partes cuecen *habas*. 어금지금하다 (어디서나 잠두를 삶고 있다). ◇ **habar** 남 잠두밭.
habanecer, ra 형 남 =**habano**.
habano, na 형 아바나 (la Habana; 쿠바의 수도)의 (habanero). 남 아바나 사람.
haber [63] 타 [3인칭 단수에만 쓰임] (···이) 있다. *Hay* veinte personas en la reunión. 회합에 20명이 와 있다. ② (···가) 행해지다, 개최되다. Mañana no *habrá* clase. 내일 수업은 없다. ③ (사건이) 일어나다. *Hubo* un incendio anoche. 어젯밤 화재가 있었다. ④ [he+장소의 부사: ···에] (···이) 있다. *He* aquí mi tarjeta. 내 명함이 여기 있다. ⑤ [+de+inf.: ···하기로] 예정이다, ···하기로 되어 있다. Hoy *he* de ver a José. 오늘 나는 호세를 만나기로 되어 있다. ⑥ [+que+inf.:주어없이] ···하지 않으면 안 된다, ···할 필요가 있다. *Hay* que pagar en dólares. 달러로 지불해야 한다. ⑦ [no haber que+inf.] ···해서는 안된다, ···할 필요가 없다. *No había* que esperar tanto tiempo. 그토록 오래 기다릴 필요는 없었다. ⑧ [no haber más que+inf.] ···하기만 하면 된다. *No hay más que* oírme. 내가 말하는 것을 듣기만 하면 된다. ⑨ [조동사로서 과거분사를 말려서 완료형을 만든다] ¿*Ha* viajado usted en avión? 비행기로 여행한 일이 있습니까?
habichuela 여 강낭콩 (frijol, judía).
hábil 형 [+en: ···에] 교묘한, 능란한, 숙련한. José es muy *hábil en* el lanzamiento del lazo. 호세는 줄던지기가 매우 능숙하다. ◇ **habilidad** 여 교묘함, 능란함; 능력, 자격. Tiene habilidad, le faltan solamente ganas de trabajar. 그는 능력은 있지만, 다만 일할 의욕이 결여되어 있다. ◇ **hábilmente** 부 능숙하게, 능란하고 교묘하게.
habitación 여 ① 방 (cuarto, pieza). ¿Cuántas *habitaciones* tiene el apartamento? 아파트에는 방이 몇 개 있습니까? ¿Tienen ustedes *habitaciones* libres? 빈 방 있습니까. ② 주거 (residencia). Hay muchos que no tienen más *habitación* que una pobre choza. 빈약한 오막살 밖에 살 곳이 없는 사람들이 많이 있다.

habitar 타 (···에) 살다・거주・서식하다 (morar, vivir). ¿Qué clase de seres *habitan* esa zona? 그 지역에는 어떤 생물이 서식하고 있는가. 자 살다 (vivir); 지내다. En aquella casa *habitan* ahora unos forasteros. 저 집에는 지금은 몇 명의 외국인이 살고 있다. ◇ **habitable** 형 살 수 있는. Esta casa no es *habitable*, no tiene ventilación alguna. 이건 살 수 있는 집이 아니다: 전혀 통풍이 안 되니까. ◇ **habitante** 주민(住民), 거주자 (residente). Seúl tiene más de diez millones de *habitantes*. 서울에는 1000만 이상의 인구가 있다. ¿Cuántos habitantes tiene Seúl? 서울의 인구는 몇명입니까.
hábito 남 ① 습관, 버릇. La niña tiene el *hábito* de morderse las uñas. 그 여자는 손톱을 깨무는 습관이 있다. ② 승복 (僧服). El *hábito* no hace al monje. 외형과 내실과는 서로 다르다 (승복이 승려를 만드는 게 아니다).
habitual 형 여느 때와 같은, 습관적인, 상습적인. El concierto empezará a la hora *habitual*. 음악회는 여느 때와 같은 시간에 시작될 것이다.
habituar [14 actuar] 타 길들이다 (acostumbrar). ◇ ~se 길들다, 익숙해진다.
habla 여 ① 말, 언어. Ha aumentado mucho el comercio entre Corea y los países de habla española. 한국과 서반아어 사용국 사이의 무역이 크게 증가했다. ② 언어 능력, 말함. Ella ha perdido el *habla* a causa del susto. 그녀는 놀란 나머지 말을 할 수가 없었다. *al habla* 서로 말할 수 있는 상태로. José *al habla*, dígame. (전화통에서) ~ 하세요, 나는 호세인데요: 무슨 일이에요?
hablar 말하다, 입을 열다. ¿Con quién *hablo*? ¿Quién *habla*? -*Habla* Fernández. 누구십니까. —페르난데스입니다. José me ha *hablado* mucho de usted. 호세가 당신에 관하여 잘 말해 주었다. 타 말하다, 사용하다; 말할 수 있다. ¿Habla

hacer

usted francés? ·No, no lo *hablo*. 당신은 프랑스어를 합니까. —아니오, 못합니다. ◇~**se** 서로 말하다. José y Carlos no *se hablan* desde que ocurrió aquel incidente. 그 사건이 일어난 뒤 호세와 까를로스는 서로 말을 하지 않는다. ②【수동】사용되다, 말해지다. ¿Qué lengua *se habla* en Corea? 한국에서는 무슨 말을 사용합니까. Aquí *se habla* español. 여기에서는 서반아어가 사용됩니다. ◇ **hablador, ra** 國 수다스런, 말 많은; 입이 가벼운. 國 수다쟁이, 허풍쟁이; 말 많은 사람.

hacer [68] 과거분사 *hecho* 國 ① 하다. ¿Qué *hace* usted? 당신은 무엇을 하고 있습니까. Me *hizo* una pregunta. 그는 나에게 질문을 했다. ② 만들다. Quisiera que me *hiciese* una camisa de esta tela. 이 옷감으로 셔츠를 만들어 주었으면 하는데. ③ [+*inf*.]···시키다. Me *hicieron* reir mucho. 그들은 나를 많이 웃겼다. Siento mucho *haberle* hecho esperar. 기다리게 해서 죄송합니다. ④ [날씨에 관한 명사를 대격 보어로 하여] ③인칭에만 활용] 날씨·기후가 ···이다. ¿Qué tiempo *hace* hoy? 오늘의 날씨가 어떻습니까. *Hace* calor. 날씨가 덥다. *Hace* frío. 날씨가 춥다. *Hace* lluvia. 비가 내린다. *Hace* mucha nieve. 눈이 많이 내린다. *Hace* viento. 바람이 분다. *Hace* sol. 볕이 난다. *Hace* luna. 달이 떠 있다. *Hace* fresco. 날씨가 시원하다. Ayer *hacía* mucho frío. 어제는 대단히 추웠다. ⑤ [시간의 명사를 대격 보어로 하여] ···부터 ···하다, ···이 되다. ¿Cuánto tiempo *hace* que trabajas en esa tienda? 너는 그 가게에서 일하고 있는지 얼마나 되느냐. Su abuela murió *hace* tres años. 그의 할머니는 3년전에 사망했다. ◇ ~**se** ① 만들어지다; 가능하다. ¿De qué se *hace* esto? 이것은 무엇으로 만들어지나. ② [+ 명사·형용사]···로 되다. El vino *se ha hecho* vinagre. 술이 초로 되었다. María *se hizo* rica. 마리아는 부자가 되었다.

hacia 國 ① [공간적·관념적]···의 쪽에·으로. Las naves se dirigían *hacia* el sur. 그 배는 남쪽으로 향하고 있었다. ② [시간적] ···무렵·경 (a eso de, alrededor de, cerca de). Volveré *hacia* el 3 de mayo. 나는 5월 3일 경에 돌아오겠다.

hacienda 國 ① 농장, 농지(農地). Vendió todas las *haciendas* que poseía en América. 그는 미국에 소유하고 있던 농지를 모두 팔았다. ② 부(富), 재산(riquezas). Era hombre de poco talento y mucha *hacienda*. 그는 재능은 별로 없지만 많은 재산을 가지고 있는 사람이었다.

hacha 國 ① 도끼. El viejo cortaba leña con el *hacha*. 노인은 도끼로 장작을 패고 있었다. ② 큰 초.

hachuela 國 작은 도끼, 손도끼.

hada 國 선녀, 요정.

hado 國 운명, 숙명. ◇ **hadar** 國 운명지우다; 예언하다(pronosticar).

halagar [8] pagar] 國 (···에게) 아첨하다; 기쁘게 해주다. El perro *halaga* a su dueño moviendo la cola. 개는 꼬리를 저서 주인에게 애교를 부린다. ◇ **halago** 國 아첨, 알랑거림; 환심을 삼. ◇ **halagüeño, ña** 國 유쾌한, 즐거운; 희망을 가지게 하는 듯한. Las perspectivas no son *halagüeñas*. 전망은 어둡다 (희망을 갖게 하지 않음).

halar 國 끌다, 예항(曳航)하다.

halcón 國【새】 매. ◇ **halconería** 國 매사냥. ◇ **halconero** 國 매사냥꾼.

halconear 國 남자를 꼬이고 다니다. ◇ **halconera** 國 남자를 꼬이는 여자.

hallar 國 발견하다, 찾아내다(encontrar). Devuélvase la carta al remitente si no *hallan* al destinatario. 받을 사람이 발견되지 않으면 편지는 보낸 사람에게 되돌릴 것. ◇ ~**se** ① (···의 상태·장소에) 있다(encontrarse, verse, quedarse). Nos *hallamos* en la igual situación que antes. 우리들은 전과 같은 상황에 있다. ② [+ con : ···과] 부딪다, 만나다. El *se halló* con un obstáculo. 그는 장애에 부딪혔다.

hallazgo 國 (우연한) 발견; 찾은 물건; 습득물. El taxista informó de su *hallazgo* a la policía. 택시 운전사는 습득물을 경찰에 넘겼다.

hamaca 國 그물 그네; 공중에 달아 맨 잠자리.

hambre 國 굶주림, 공복; 욕망. Tengo mucha *hambre*. 나는 무척 배고프다. ◇ **hambriento, ta** 國 [+*de* : ···에] 주린, 배고픈. La gente *hambrienta* de riquezas no descansa. 재산에 굶주린 사람에게는 휴식이 없다.

hangar 國 격납고.

haragán, na 國 게으른, 게으른(perezoso, holgazán). 國 게으름뱅이.

harapo 國 넝마. ◇ **haraposo, ga** 國 누더기의, 누더기를 걸친.

harina 國 가루; (특히) 밀가루. Este pan está hecho de *harina* fina. 이 빵은 상품 밀가루로 만들어져 있다.

hartar 國 [+*con*·*de* : ···로] 포식시키다, 혐오케 하다. Me estás *hartando con* tanto insulto. 너는 그토록 욕설을 퍼부어서 나를 싫증나게 하고 있는 것이다. ◇ ~**se**

harto, ta ① [+con·de : …를] 포식하다; 지우다. Comí fruta hasta *hartarme* 나는 지칠 정도로 많이 과일을 먹었다. ② [+de +inf.] …해서 싫습니다. El padre no *se hartaba* de contar sus hazañas. 부친은 자기의 공로를 이야기하며 지칠 줄을 몰랐다.

harto, ta 형 [+de : …를] 포식한; 싫증난. Estoy *harto de* hacer todos los días lo mismo. 나는 매일 같은 일을 하는데 싫증이 난다. 형 상당히, 충분히. Venia *harto* fatigada de tanto andar. 그녀는 오래 걸어서, 상당히 저쳐서 왔다.

hasta ① [시간·공간적으로] …까지. ¡*Hasta* mañana! [작별 인사]내일 만나뵙겠습니다. Algunas pinturas se han conservado *hasta* nuestros días. 그림 몇 장은 오늘까지 보존되어 왔다. Le acompañaré *hasta* la estación. 역까지 당신을 따라가겠습니다. ② [부사적] …조차도, …까지도. Pelearon *hasta* las mujeres. 여자는 조차도 싸웠다. El rogó y *hasta* lloró. 그는 부탁하면서 울기 조차 했다. *hasta que* + ind 드디어 …하다. Le esperamos mucho, *hasta que* por fin volvió. 우리들은 그를 꽤 (오래) 기다렸다. 그렇더니 그는 마침내 돌아왔다. *hasta que* + subj …하기 까지는(한). Le esperaré *hasta que* vuelva. 당신이 돌아오실 때 까지 기다리겠습니다.

hay 자 있다 [단·복수 동형]. ¿*Hay* vino? 술 있습니까. No *hay* vino. 술 없습니다. ¿*Hay* algo para mí? 내 앞으로 온 것 있습니까. ¿Qué *hay*? 무슨 일입니까. ¡No *hay* de qué! 천만에요. *Hay* un hombre esperándole. 당신을 기다리는 사람이 있다.

haz 어 얼굴(cara, rostro).

hazaña 여 공적, 위업. Sus *hazañas* han quedado grabadas para siempre en la Historia. 그의 위업은 영원이 역사 속에 새겨졌다.

he 부 [+aquí·ahí·allí]여기·거기·저기에 있다. *He aquí* mi tarjeta. 이제 제 명함입니다 (여기 내 명함이 있다). *He allí* a Esteban. 저기 에스떼반이 있다.

hebilla 여 섶쇠, 버글.

hebra 여 섬유; 실, 짐줄. En su pelo negro asomaban algunas *hebras* de plata. 그의 검은 머리 속에서 몇 가닥의 흰머리 (은빛의 실)가 내다보고 있었다.

hectárea 여 헥타르 (100 áreas).

hecho, cha [hacer의 과거분사] 형 ① 만들어진. *Hecho en Corea* 한국에서 만들어진, 한국제. ② 완성한, 완료한; 성숙한. Carlos ya es un hombre *hecho*. 까를로스는 이미 성숙한 사내이다. ③ [+명사 …로] 된. Echó a correr *hecho* una fiera. 그는 맹수와 같이 (되어서) 달리기 시작했다. 남 ① 일, 사건, 사실. José refirió los *hechos* con todo detalle. 호세는 사건 을 상세히 말했다. ② 행위, 행동, 업적. Es un *hecho* digno de él. 저것은 그에게 걸맞는 행동이다. ◇ **hechura** 여 제작; 제품; 재봉; 재단. No*s me* gusta la *hechura* de este traje. 나는 이 옷 재봉이 마음에 들지 않는다.

helar [19 pensar] 타 얼게 하다. El frío me va *helando* el corazón 추위가 내 심장을 얼릴 듯하다. 자 [주어 없이 3인칭 단수로 차용]. 얼음이 얼다. El lago amaneció completamente *helado*. 연못은 아침이 되니까 꽁꽁 얼어 붙어 있었다. ◇ **-se** 얼다, 얼어죽다, 동사하다. ¡Esta mañana *se ha helado* la leche! 오늘 아침에는 우유가 얼었다! ◇ **helado, da** 형 ① 얼어 붙는 듯한. ② (놀라움으로) 오싹해진. Cuando me lo dijeron, me quedé *helado*. 나는 그 말을 듣고 오싹해졌다. 남 빙과, 아이스크림. De postre voy a tomar un *helado*. 나는 디저트로 아이스 크림을 먹겠다. 여 동결; 상해(霜害).

hélice 여 나사 모양, 나선(螺旋)(espiral); 프로펠러, 추진기. [해부] 귓바퀴.

helicóptero 남 헬리캅터.

hembra 여 암컷; 여자(mujer) [예] varón. La yegua es la *hembra* del caballo. yegua는 말의 암컷이다.

hemisferio 남 [지구·천체의] 반구(半球). *hemisferio* austral·boreal 남·북반구. ◇ **hemisférico, ca** 형 반구의.

hemocianina 여 [화학] 혈청소.

hemofilia 여 [병리학] 혈우병.

hemoglobina 여 혈색소, 헤모글로빈.

hemoptísico, ca 형 각혈의 (환자).

hemoptisis 여 [의학] 객혈.

hemorragia 여 출혈.

hemorrágico, ca 형 출혈의; 출혈성의.

hemorrea 여 [병리학] (우연성의) 출혈, 하혈.

hemorroida 여 [의학] 치질.

hemorroidal 형 치질의.

hemorroide 여 [의학] 치질.

hemos haber의 직설법 현재 1인칭 복수.

henchir [42] 타 [+de : …를](에) 채워 넣다, 부풀게 하다. La vieja *henchía los colchones* de lana. 노파는 양털을 이불에 넣고 있었다. ◇ **-se** 부풀다. 펜해하다. José *se hinchó* de comer y beber. 호세는 먹고 마시고 하여 배가 불러졌다.

heno 남 건초, 마초.

heredar 자 상속하다, 계승하다. Lola *heredó* de su madre el sentimiento de piedad. 롤라는 어머니로부터 자비심을

heredero, ra 물려받았다. *Heredaron* los hijos a los padres. 아들들이 부모님의 뒤를 이었다.

heredero, ra 형 상속의; 상속인; 계승자. La tía nombro *heredera* a Lola en el testamento. 숙모는 유언장으로 롤라를 상속인으로 지명했다.

herencia 여 ① 상속(권); 상속 재산. La *herencia* no ascendía a mucho. 상속 재산은 대단한 액으로는 되지 않았다. ② 유전. El mal genio le viene de *herencia*. 그의 나쁜 성질은 유전에서 왔다.

herir [47] 타 상처를 입히다, 찌르다. (광선 따위가) 비치다. José le *hirió* en la frente con una navaja. 호세는 칼로 그의 이마에 상처를 입혔다. ◇ **herido, da** 부상한. 명 부상자. 상처; 피해. Póngase una venda en la *herida*. 상처에 붕대를 하시오.

hermana 여 누나, 누이 동생; 수녀(修道女). Las *hermanas* de la Caridad cuidaban a los heridos. 자비수도회 수녀들이 부상자의 치료를 하고 있었다.

hermanastro, tra 영 이복 형제 · 자매.

hermano 영 형, 오빠, 동생; 수도사(修道士). Me toman por mi *hermano* a veces. 나는 때때로, 동생으로 오인받는다. *hermano de armas* 전우. *hermano uterino* 이부 형제. *lenguas hermanas* 자매어. ◇ **hermandad** 여 형제의 사이; 우애; 결사, 신도 단체; 맹약.

hermoso, sa 형 아름다운(bonito, bello, guapo); ¡Qué mujer tan *hermosa*! 이 여자는 어쩌면 저다지도 아름다울까!

hermosura 여 아름다움(bellza); 미인. Aún conserva la *hermosura* de su juventud. 그녀는 아직도 청춘 시대의 아름다움을 간직하고 있다.

héroe 영 영웅; (소설 따위의) 주인공. Don Pelayo es honrado como el primer *héroe* de la Reconquista. 돈 · 뻴라요는 국토 회복 전쟁의 최초 영웅으로서 존경받고 있다.

heroico, ca 형 영웅적인; 유서있는. Nació en la muy noble y *heroica* ciudad de Oviedo. 그는 고아한 유서있는 고을 오비에도에서 낳았다. ◇ **heroicidad** 여 용감한 행위. ◇ **heroísmo** 영 의용심; 영웅적 행위.

heroína 여 여걸; (소설 따위의) 여주인공; [약물] 헤로인.

hervir [49] 자 끓다, 비등하다. Las calles *hervían* de gente. 거리는 사람들로 들끓고 있었다. ◇ **hervor** 영 들끓음, 비등; 열렬.

herradura 여 편자.

herramienta 여 도구, 도구류; 칼. El carpintero cuida mucho sus *herramientas*. 목수는 자기 연장을 대단히 아낀다.

herrero 영 대장장이.

hidalgo, ga [복수: hijosdalgo] 영 귀족 출신의 사람, 시골 귀족. En un lugar de la Mancha vivía un *hidalgo*. 라 · 만차 지방의 어느 마을에 어떤 사람의 시골 귀족이 살고 있었다. 형 고결한, 기품이 있는.

hidrofobia 여 공수병(恐水病).

hidroplano 영 수상 비행기.

hiedra 여 [식물] 덩굴손.

hiel 영 쓸개즙; 쓸개, 담낭; 증오, 원한.

hielo 영 얼음; 냉혹. El lago está cubierto de una gruesa capa de *hielo*. 연못은 두꺼운 얼음으로 덮여 있다.

hiena 여 [동물] 하이에나.

hierba 여 풀; 잡초(mala hierba); [중남미] 차의 일종(hierba mate). Ambos se sentaron sobre la *hierba*. 두 사람은 풀 위에 앉았다. *hierba santa* 박하(hierbabuena).

hierbabuena 여 [식물] 박하.

hierro 영 ① 철; 칼. El que a *hierro* mata a *hierro* muere. 칼로 사람을 죽이는 자는 칼로 죽는다. ② 무기(arma).

hígado 영 ① [해부] 간장. ② 형 용기, 근성.

higiene 여 위생. Dicen que la *higiene* de esta ciudad es perfecta. 이 시의 위생은 완전하다고 말해지고 있다. ◇ **higiénico, ca** 형 위생적인. ◇ **higienista** 여 위생학자, 위생 기사. ◇ **higienizar** [9 alzar] 타 위생적으로 하다.

higuera 여 [식물] 무화과 나무. ◇ **higo** 영 무화과 (열매).

hijastro, ra 의붓자식.

hijo, ja 영 아들; 딸. El rey murió sin dejar *hijos* que le sucedieran. 왕은 계승할 아들을 남기지 않고 죽었다.

hilera 여 열, 줄.

hilo 영 ① 실; 선, 힘줄. Tejía un chal con *hilos* de lana. 그녀는 털실로 어깨걸이를 뜨고 있었다. ② 마포, 삼베. Me regalaron unos pañuelos de *hilo*. 나는 마포 손수건을 두어장 받았다. ◇ **hilado** 영 방적; 실, 원사(原系); 방적사. ◇ **hilandería** 여 방적 (공장). ◇ **hilandero, ra** 여 방적공. ◇ **hilar** 타 (실로) 잣다.

hilvanar 타 가봉하다. ◇ **hilván** 영 가봉.

himno 영 찬가. Para celebrar la victoria compusieron un *himno* triunfal. 승리를 축하하여 승리의 찬가가 만들어졌다. *himno nacional* 국가(國歌).

hincapié 영 버팀; 우김, 고집. *hacer hincapié* 고집하다, 버티다.

hinchar 타 불리다; 물을 불리다. El niño *hinchó* el balón. 그 어린이는 공을 부풀게 했다. ◇ ~**se** 부풀다; (상처 따위가)

hipnotismo 閇 최면(술).

hipo 閇 딸꾹질.

hipocresía 閇 위선. Lo que menos me gusta es su *hipocresía*. 내가 제일 맘에 안 드는 것은 그의 위선이다. ◇ **hipócrita** 阌 위선적인. 閇 위선자.

hipódromo 閇 경마장.

hipoteca 阌 저당, 담보; 저당권. ◇ **hipotecar** [7] sacar] 阨 저당에 넣다 저당을 잡다, 저당권을 설정하다.

hipótesis 阌 가정, 가설. Es una *hipótesis* demasiado atrevida. 그건 너무나 대담한 가정이다. ◇ **hipotético, ca** 阌 가정의, 가설의.

hispánico, ca 阌 이스파니아(Hispania: 이베리아 반도의 로마시대의 이름)의, 서반아의. ◇ **hispanidad** 阌 이스파니아계 문화・민족. El 12 de octubre se celebra el día de *Hispanidad*. 10월 12일에 이스파니아 문화의 날 축전이 있다. ◇ **hispanista** 阌 서반아어 학자・문학자.

hispanoamericano, na 阌 서반아와 아메리카의; 서반아와 아메리카 사이의. 阌 서반아어 아메리카 사람.

historia 阌 역사, 이야기. La *historia* se repite. 역사는 되풀이 된다. ◇ **historiador, ra** 閇 역사가. ◇ **histórico, ca** 阌 역사의; 이야기의; 유서 있는. Prefiero los dramas *históricos*. 나는 차라리 역사극이다.

hocico 閇 (동물의) 주둥아리; 콧등; 얼굴.

hogar 閇 아궁이; 가정(familia). No me gusta comer fuera de mi *hogar*. 나는 가정 밖에서 식사하는 일은 좋아하지 않는다. ◇ **hoguera** 閇 모닥불.

hoja 阌 ① 잎. La *hoja* de este árbol no cae en invierno. 이 나무 잎은 겨울에도 떨어지지 않는다. ② 엷은 조각, 종이 조각; 페이지. Déme usted tres *hojas* de papel. 종이를 세 장 주세요. ◇ **hojear** 阨 (책의) 페이지를 넘기다.

hojalata 阌 양철.

hola 阌 야, 여어, 저러, 아이고 (부름・놀람). ¡*Hola*! ¿conque te casas pronto? 저런! 그래 너는 곧 결혼하는 거냐.

holandés, sa 阌 네덜란드(Holanda)의. 閇 네덜란드 사람. 閇 네덜란드말.

holgar [8] pagar, [24] contar] 阨 쉬다; 게으름 피우다. ◇ **~se** 기뻐하다, 좋아하다; 즐기다. *huelga* decir 말할 필요없이.

holgazán, na 阌 게으른(perezoso). Un joven *holgazán* no tiene porvenir. 게으른 젊은이에게는 미래가 없다. 閇 게으름뱅이.

hombre 閇 ① 사람; 인생(vida). El *hombre* es mortal. 사람은 죽기 마련이다. ② 어른(adulto); 남자(varón); 사내. Ha venido un *hombre* preguntando por usted. 당신의 일을 물으러 어떤 사람이 왔다. 閇 ① 이 사람아, 아이고머니나 (놀라움). ¡Pero, *hombre*… Has venido sin avisarnos! 아이고, 너는 우리들에게 알리지도 않고 왔구나!

hombro 閇 【신체】 어깨. Al oírlo se encogió de *hombros*. 그 말을 듣고 그는 어깨를 움추렸다. *a hombro* 짊어지다.

homenaje 閇 충성의 맹세; 복종; 경의. Visité la casa en que vivió el gran poeta para rendirle *homenaje*. 나는 경의를 표하기 위하여 이 위대한 시인이 살고 있던 집을 찾았다.

homicida 【남녀 동형】阌 살인의 Se ha encontrado la navaja *homicida*. 살인에 쓰인 칼이 발견되었다. 閇 살인자. ◇ **homicidio** 閇 살인.

hondo, da 阌 깊은(profundo); 심각한. La raíz está muy *honda*. 그 뿌리는 매우 깊다. *lo hondo* 바닥. En *lo hondo* del valle se ve una senda. 골짜기 밑바닥에 오솔길이 보인다. ◇ **hondonada** 阌 골짜기.

honesto, ta 阌 정직한; 정결한. Me recomendó a un sastre muy *honesto*. 그가 매우 정직한 재봉사를 소개해 주었다. ◇ **honestidad** 阌 정직, 염치(廉恥), 정결.

honor 閇 ① 명예; 면목. Su visita ha sido un gran *honor* para nosotros. 당신이 와주신 것은 우리들에게 커다란 명예올시다. ② 예우, 예대; 고위의 직. Se le hicieron *henores* de general. 그는 장군으로서 예우를 받았다. ◇ **honorable** 阌 명예가 있는. ◇ **honorario, ria** 阌 명예직의. Es el cónsul *honorario*. 그는 명예 영사이다. 閇 사례금.

honra 阌 체면, 면목; 명예, 자랑. Elia miraba por su *honra* y la de su hija. 그녀는 자기의 체면과 딸의 그것을 생각하고 있었다. Es una *honra* para mí pertenecer a tan ilustre sociedad. 이러한 저명한 회에 소속할 수 있는 일은 나에게 명예입니다.

honrar 阨 ① 공경하다. ② [+con: 명예・영예를] (…에게) 주다. Le *han honrado con* la medalla del mérito. 그는 공로장을 수여받았다. 閇 [+con・en・de: …를] 명예・영광・자랑으로 삼다. Me *honro en* tenerle a usted por amigo. 당신을 친구로 삼고 있음을 나는 영광으로 생각하고 있습니다. ◇ **honrado, da** 阌 정직・성실한. El *honrado* taxista recibió 1,000 pesetas como recompensa. 정직한

택시 운전사는 사례금으로 1,000뻬따를 받았다. Es un hombre *honrado.* 그는 정직한 사람이다. ◇ **honradez** 예 성실, 성실.

hora 예 시간; 시각. ¿Qué *hora* es? 몇시입니까. ¿A qué *hora* empieza la función? 상연은 몇시에 시작합니까. ¿A qué *hora* sale el correo? 우편은 몇시에 떠납니까. Ya es *hora* de acostarte. 이제 네가 잘 시간이다. *hora punta* 러시 아워. *a estas horas* 이 시각에는. *dar la hora* 시계가 매을 알리다. ◇ **horario** 냄 시간표; 시침(時針).

horca 예 교수대. ◇ **horcar** [7] *sacar*] 태 목졸라 죽이다(ahorcar).

horizonte 냄 ① 수평선, 지평선. Se ve un hilo de humo en el *horizonte.* 지평선에 한가닥 연기가 보인다. ② 시야, 시계(視界). Al llegar a ese punto de su investigación se le abrió un nuevo *horizonte.* 그의 연구가 그 점까지 도달하자 새로운 시야가 열렸다. ◇ **horizontal** 형 수평의, 가로의. 예 수평선.

horma 예 (구두나 모자 따위의) 골.

hormiga 예 【곤충】 개미. El matrimonio trabajaba como *hormigas.* 부부는 개미처럼 일하고 있었다.

hormigón 냄 콘크리트. Es un edificio de *hormigón.* 그것은 콘크리트 건물이다. ◇ **hormigonera** 예 콘크리트 믹서.

horno 냄 솥, 화로; (빵을 굽는) 화덕. El pan está caliente porque acaban de sacarlo del *horno.* 빵은 솥에서 금방 내었으므로 뜨듯하다. ◇ **hornillo** 냄 풍로.

hortaliza 예 야채, 소채, 채소(legumbre, verdura). ◇ **hortecillo** 냄 야채밭.
hortelano 냄 원예가. ◇ **hortícola** 형 원예의. ◇ **horticultor, ra** 형 원예가.
horticultura 예 원예.

horrible 형 무서운; 기분 나쁜. Aquel día hacía un calor *horrible.* 그 날은 무서운 더위였다.

horror 냄 공포; 증오; 심한 일. Me da *horror* pensar que me tengo que levantar tan temprano. 그토록 일찍 일어나야 한다니 생각만 해도 소름이 끼친다. ◇ **horroroso, sa** 형 무서운, 두려운.

hosco, ca 형 무뚝뚝한, 뚱한; 거무잡잡한.

hospedar 태 재우다. ~*se* 숙박하다. Quiero *hospedarme* en alguna pensión. 어디 여관에 숙박하고 싶다. ◇ **hospedaje** 냄 숙박; 숙박료; 숙소. Buscamos *hospedaje* para dos noches. 우리들은 두 밤을 잘 곳을 찾고 있다.

hospicio 냄 양로원, 양육원.
hospital 냄 병원. A los heridos se les ha llevado a un *hospital.* 부상자는 병원으로 실려 갔다. *buque hospital* 병원선(船). *hospital nacional* 국립 병원. ◇ **hospitalidad** 예 후의, 친절, 입원. ◇ **hospitalizar** [9] *alzar*] 태 병원에 입원시키다.

hostal 냄 여인숙, 여관(hostería). ◇ **hostelero, ra** 냄 여인숙 주인. ◇ **hostería** 예 여인숙, 여관.

hostia 예 성체(聖體).

hostil 형 적의가 있는. Me hicieron un recibimiento *hostil.* 그들은 나에게 적의가 있는 마중을 하였다. ◇ **hostilidad** 예 적의, 적대 행동, 교전. Las *hostilidades* comenzaron con el bombardeo. 교전은 폭격으로 시작되었다.

hotel 냄 호텔. ¿Dónde queda el *hotel* más próximo? 가장 가까운 호텔은 어디에 있습니까. Me hospedé en el *Hotel* Embajador. 나는 엠바하도르 호텔에 숙박하였다. ◇ **hotelero, ra** 형 호텔의. 냄 호텔 경영자, 관리사. ◇ **hotelillo** 냄 작은 호텔, 여관.

hoy 부 오늘; 금일. ¿Qué día es *hoy*? 오늘은 무슨 요일이가. ¿Cuál es el programa de *hoy*? 오늘 프로그램은 무엇입니까. El médico me visitará *hoy* por la tarde. 의사는 오늘 오후 왕진해 준다다. *de hoy en adelante* 앞으로는, 금후에는. *hoy día/hoy por hoy* 현재, 지금쯤, 요즈음.

hoya 예 구덩; 무덤.

hoyo 냄 (hoya보다 작은) 구멍; 구덩이. José hizo un *hoyo* para echar los desperdicios. 호세는 쓰레기를 버릴 구덩이를 팠다.

hueco, ca ① 속이 빈. El tronco de este árbol está *hueco.* 이 나무 줄기는 속이 비어 있다. ② 두툼한. ③ 젠체하는. Iba más *hueca* que un pavo. 그녀는 대단히 자랑스러운이 (칠면조 보다도 뽐내어) 걸어가고 있었다. ~ 냄 틈, 끝까지.

huelga 예 동맹 파업. Los obreros de aquella fábrica están en *huelga.* 저 공장의 노동자들은 동맹 파업을 하고 있다. ◇ **huelguear** 자 파업하다. ◇ **huelguista** 냄 동맹 파업자. ◇ **huelguístico, ca** 형 (동맹) 파업의.

huella 예 발자취, 흔적. El ladrón no dejó *huellas.* 도둑은 도주 발자취를 남기지 않았다. *huellas digitales* 지문(指紋).

huérfano, na 형 고아의, 부모가 없는. Es *huérfana* de padre desde hace 5 años. 그녀는 5년 전부터 부친이 없다. 냄 고아.

huerta 예 야채밭, 과수원; (발렌시아 지방의) 농경지. En la *huerta* hay peras, tomates y ciruelas. 그 과수원에는 배, 토마토, 매실 따위가 있다.

huerto 냄 (huert 보다 작은) 채소밭, 과수

밭. Detrás de la casa había un *huerto*. 집 뒤에 과수밭이 있었다.

hueso 남 ① 뼈. Estoy calado hasta los *huesos*. 나는 흠뻑 젖었다 (뼈까지 젖었다). ② (과일의) 씨. El *hueso* del melocotón es tan grande como una nuez. 복숭아씨는 호٠٠ 만큼 크다.

huésped, da 남 숙박객; 하숙인. Hoy tenemos un *huésped* en casa. 오늘 우리집에 숙박 손님이 있다. *casa de huéspedes* 하숙집.

huevo 남 알. Esta gallina pone un *huevo* todos los días. 암탉은 매일 알을 낳는다. *huevo duro* 삶은 계란. *huevo frito* 튀긴 계란. *huevo pasado por agua* 반숙계란. *huevo revuelto* 저어서 구운 계란. ◇ **huevería** 여 계란집. ◇ **huevero, ra** 남 계란 장수.

huir [74] 자 [+de・a：…로 부터] 도망치다(escapar). El prisionero *huyó* de la cárcel. 죄수는 감옥에서 도망쳤다.
  huido, da 형 도망다니는. Anda *huido* desde que hizo quiebra. 그는 파산하고 도망 다니고 있다. 여 도주.

hule 남 (생)고무.

humanidad 여 ① 인류. Fue un gran descubrimiento para toda la *humanidad*. 그것은 전(全) 인류를 위해 위대한 발견이었다. ② 인간성, 인도(人道). Tenemos que ayudarle aunque sólo sea por *humanidad*. 설령 인도 만을 위해서라도 우리들은 그를 도와 주어야 한다. ③ 복 인문 학문.

humanitario, ria 형 인도적인, 박애적인. 형 인도주의자.

humano, na 형 인간의; 인간적인, 친절한. No es *humano* tratarla así. 그녀에게 그러한 짓을 하는 것은 불친절하다. 남 인간(ser humano). Cristo tenía por objeto salvar a los *humanos*. 그리스도는 인간의 구세를 목적으로 하고 있었다.

húmedo, da 형 젖은, 습기있는, 축축한 [↔ seco]. La toalla está *húmeda*. 수건이 젖어 있다. ◇ **humedad** 여 습기 (↔ sequedad). Esta habitación tiene mucha *humedad*. 이 방은 대단히 습기가 있다. ◇ **humedecer** [30] 타 crecer) 적시다 하다. ◇~se 적시다.

humilde 형 ① 겸허한, 겸손한. Fue muy *humilde* cuando trabajaba aquí. 그가 여기서 일하고 있을 때는 매우 겸손했다. ② 천한; 신분이 낮은. El poeta era de una familia *humilde*. 그 시인은 신분이 낮은 집안의 출신이었다. ◇ **humildad** 여 겸손; 비천.

humillar 타 굴복시키다, 머리를 숙이게 하다. 창피한 생각을 가지게 하다. No me *humilla* trabajar de obrero. 노동자로 일하는 것을 나는 부끄럽다고 생각하지 않는다. ◇~se 굴복하다. Se *humillaron*, pero para pedirle dinero. 그들은 머리를 숙였는데, 그것은 그에게서 돈을 얻기 위함이었다. ◇ **humillación** 여 굴복, 수치. ◇ **humillante** 형 굴복적인.

humo 남 연기. De las ventanas salían llamaradas y mucho *humo*. 창문에서 불꽃과 심한 연기가 나오고 있었다. ◇ **humear** 자 연기를 내다, 그을리다.

humor 남 ① 기분. Siempre está de buen *humor*. 그는 언제나 밝은 기분이다. ② 마음가짐. Hoy no estoy de *humor* para hacer nada. 나는 오늘 무슨 일을 할 수 있는 기분이 아니다.

humorismo 남 해학, 유머. El *humorismo* es una mezcla de la gracia y la ironía. 해학은 우스갯소리와 풍자의 혼합이다. ◇ **humorista** 남 해학 작가. ◇ **humorístico, ca** 형 우스운, 유머가 풍부한.

hundir 타 가라앉히다, 침몰시키다, 침하 시키다(sumergir). El camión *hundió* el piso. 트럭이 노면을 가라앉혔다. ◇~se 가라앉다, 침몰하다. El barco se *hundió* inmediatamente. 배는 즉시 침몰했다.

hundimiento 남 침몰, 함몰.

húngaro, ra 형 헝가리의(Hungría). 남 헝가리 사람. 남 헝가리말.

huracán 남 허리케인 (멕시코만의 폭풍); 태풍, 회오리 바람. El *huracán* arrasó varias ciudades. 그 허리케인은 몇몇 도시를 파괴시켰다.

huraño, na 형 사교성이 없는, 부끄러워하는; 소극적인.

hurtadillas (a) 부 살그머니, 살짝, 몰래. Me miró a *hurtadillas*. 그는 나를 곁눈으로 바라보았다. Lo hizo a *hurtadillas*. 그는 그것을 살그머니 했다.

hurtar 타 도둑질하다, 훔치다. El niño *hurtó* una manzana de la tienda. 그 어린이는 가게의 사과를 훔쳤다. ◇ **hurto** 남 도둑; 도둑질; 사취; 표절.

hurra 감 만세！, 와！

hurraca 여 【새】 까치(urraca).

husmear 타 냄새맡고 다니다; (남의 뒤를) 캐고 다니다. ◇ **husma** 여 냄새맡고 다님. *andar a la husma* 남의 뒤를 캐고 다니다. No *ande a la husma*. 남의 뒤를 캐고 다니지 마시오.

husmeo 남 =husma.

huso 남 방추형(의 물건); (비행기의) 동체, 기체.

huyeron *huir* 의 직설법 부정과거 3인칭 복수.

huyó *huir* 의 직설법 부정과거 3인칭 단수.

huyeron *huir* 의 직설법 부정과거 3인칭 복수.

I

ib. ibidem.

ibíd. ibidem.

ibérico, ca 혱 이베리아 (Iberia)의. La Península *Ibérica* ocupa el extremo sudoeste de Europa. 이베리아 반도는 유럽의 서남단을 차지하고 있다. 몡 이베리아 사람.

iberoamericano, na 혱 이베로아메리카(Iberoamérica)의.

ibidem 昷 【라틴어】같은 서적·절·장에 【약어 ib., ibíd.】

ida 몡 가기, 가는 일. billete de *ida* 편도표. billete de *ida* y vuelta 왕복표.

idea 몡 ① 생각, 의견. ¿Qué *idea* tiene usted de ese joven? 그 청년에 대해 어떤 의견을 가지고 있습니까. ② 관념. Siempre se movía sostenido por la *idea* del honor. 그는 언제나 면목이라는 관념에 지행되어 움직이고 있었다. ③ 착상, 창의. Esa *idea* no es mala. 그 착상은 나쁘지는 않다. ④ 몡 사상, 이념. No impongas demasiado tus *ideas* políticas a los otros. 너의 정치적 이념을 너무 남에게 강요하지 마라.

ideal 혱 ① 관념적인; 공상상의. Los filósofos hablan del mundo *ideal*. 철학자는 관념상의 세계를 말한다. ② 이상의, 이상적. Es una mujer *ideal*. 그녀는 이상적인 여자이다. 몡 이상. Mi *ideal* es poder trabajar con buena salud. 나의 이상은 건강하며, 일할 수 있는 일이다. ◇ **idealismo** 몡 이상주의, 관념론. ◇ **idealista** 혱 이상주의의, 관념론의. 몡 이상주의자, 몽상가. ◇ **idealizar** [9 alzar] 티 관념적으로 하다. 이상화하다.

idear 티 생각하다, 고안하다. Ha ideado un mecanismo para clasificar los huevos automáticamente. 그는 달걀을 자동적으로 선별하는 장치를 고안했다.

idem 昷 【라틴어】동상(同上), 동전(同前).

idéntico, ca 혱 똑같은; 마찬가지의. A siempre vista el billete falso y el verdadero son *idénticos*. 언뜻 보기에는 위조지폐와 진짜는 똑같은 듯하다. ◇ **identidad** 몡 동일성; 동일물; 본인임; 신분증명. Tenemos una perfecta *identidad* de opiniones. 우리들은 의견이 완전히 일치하고 있다. *carné de identidad* 신분 증명서. ◇ **identificación** 몡 본인임을 증명. *carta de identificación* 신분 증명서. ◇ **identificar** [[7] sacar] 티 동일하다고 간주하다; 본인이라고 인정하다. La víctima no ha sido todavía *identificada*. 희생자는 아직 신분이 밝혀지지 않았다.

idilio 몡 전원시, 목가(牧歌).

idioma 몡 언어(lengua). El *idioma* español se deriva del latín vulgar. 서반아어는 속 라틴어에서 나왔다.

idiota 혱 저능의, 백치의. ◇ **idiotez** 몡 백치, 바보.

ídolo 몡 우상; 숭배의 대상. Es el *ídolo* de los aficionados a la música. 그는 음악 애호가들의 숭배의 대상이다. ◇ **idolatría** 몡 우상 숭배; 맹목적 숭배, 심취.

iglesia 몡 교회, 성당. Los habitantes del pueblo sienten gran cariño por la vieja *iglesia*. 고을의 주민들은 그 낡은 교회에 대단히 애정을 느끼고 있다.

ignominia 몡 모욕, 치욕, 오명.

ignorar 티 모르다, 모르고 있다. Nadie *ignora* que esta empresa es muy peligrosa. 그의 시도가 매우 위험하다는 것을 모르는 사람은 없다. ◇ **ignorancia** 몡 무지, 무학. ◇ **ignorante** 혱 [+ de : …을] 모르는. Yo era *ignorante* de lo que pasaba. 무슨 일이 일어나고 있는지 나는 몰랐다. 몡 무지·무학한 사람.

igual 혱 ① 같은, 관념의; 마찬가지의. Mi opinión es *igual* a la tuya. 나의 의견은 너의 것과 같다. Su coche es *igual* que el de mi padre. 그의 자동차는 내 부친의 것과 같다. ② 같은 모양의; 평면한. El camino es todo *igual*. 길은 아주 평탄하다. ③ 평등한, 차별 없는. Las personas somos todas *iguales*. 우리들 인간은 모두 평등하다. 몡 ① 동배, 동족, 동료 (compañero). Sólo se trata de sus *iguales*. 그는 다만 동료와 교제하고 있을 따름이다. ② [관사없이] 같은 일·물건; 필적하는. *Igual* sucede en otras localidades. 다른 곳에서도 같은 일이 일어나고 있다. *al igual que* …와 같이. *dar igual que* 마찬가지이다. Me *da igual* *que venga o no venga.* 그가 오거나 말거나 나에게는 마찬가지이다. *por igual* 평등하게. *sin igual* 견줄 것이 없는.

igualmente 튄 같은 모양으로; 평등하게; 역시(también). Buen fin de semana · *Igualmente*. 주말을 즐겁게 보내십시오 — 당신도.

igualar 타 ① 한가지로·같이 하다. ② (길 따위를) 고르다. Están *igualando* el camino. 현재 길을 닦고 있는 중이다. ③ 평등하하며 다루다·생각하다. ④ 됨 [+ a·con… 에] 한가지로·같이 되다. Quiere *igualarse con* los más ricos que él. 그는 자기보다도 돈이 많은 사람들과 어깨를 나란히 하고 싶어한다.

igualdad 여 ① 같음, 동등; 평등. Libertad, *igualdad* y fraternidad son la esencia de la democracia. 자유·평등·우애는 민주주의의 기본이다. ② 불변, 같은 모양; 평탄. La *igualdad* del suelo es conveniente para la construcción de un edificio. 토지가 평탄한 것은 집을 짓기에 편리하다.

iguana 여 【동물】 이구아나.

ilegal 형 불법의, 위법의. ◇ **ilegalidad** 여 불법, 위법. ◇ **ilegalmente** 튄 불법으로.

ilegítimo, ma 형 불법적인, 부정한. ◇ **ilegítimamente** 튄 불법으로, 부정하여. ◇ **ilegitimidad** 여 불법, 비합법성; 서출(庶出); 사생(私生).

ilegible 형 읽기 어려운, 판독하기 어려운.

iluminar 타 ① 비치다, 조명·전기 장식을 하다. La luna *iluminaba* el campo. 달이 들녘을 비치고 있었다. ② 깨닫게 하다, 계발하다, 계몽하다. ◇ **iluminación** 여 조명. *bomba de iluminación* 조명탄.

ilusión 여 ① 착각, 환영. ② 몽상, 기대(감). El trabaja con *ilusión* para el mañana. 그는 내일을 꿈꾸며 일하고 있다. No tengo mucha *ilusión* por él. 나는 그에게 별로 기대를 걸지 않는다. ◇ **ilusionarse** 재 (기대감으로) 가슴이 두근거리다. Me *ilusiono* con la idea de verla. 나는 그녀를 만날 수 있다고 생각하니 가슴이 두근거린다. ◇ **ilusionista** 명 요술쟁이.

ilustrar 타 ① 계발하다, 교화하다; (…에게) 지식을 넣어주다. ② 밝히다, 깨닫게 하다. Lo que me dices me *ilustra* acerca de sus intenciones. 네가 그 말을 해 주었으므로 그의 의도가 밝혀졌다. ③ (삽화를) 그리다, 삽화·사진·도해를 넣다. Estoy buscando fotografías para *ilustrar* un libro de cocina. 나는 요리책에 넣기 위한 사진을 찾고 있다. ◇ **-se** 교양을 높이다. Procura *ilustrarse* viajando. 그는 여행을 통하여 교양을 높이기에 힘쓰고 있다. ◇ **ilustración** 여 학식, 교양; 삽화, 사진, 도해. ◇ **ilustrado, da** 형 ① 학식이 있는. Es un hombre muy *ilustrado*. 그는 매우 학식 있는 사람이다. ② 그림·사진·도해가 들어 있는.

ilustre 형 뛰어난; 유명한(insigne). Es de una *ilustre* familia. 그는 명문 출신이다.

imagen 여 ① 모습, 형체; 그림자. Miró su *imagen* en el agua. 그녀는 물에 비친 자신의 그림자를 보았다. Eres la viva *imagen* de tu madre. 너는[어머니와 꼭 닮았다. ② 화상(畫像), 조상(彫像), 인형. Había una *imagen* de la Virgen en el altar. 제단에는 성모상이 있었다. ③ 심상(心像); 상징(símbolo). La caza es la *imagen* de la guerra. 사냥은 전쟁의 상징이다.

imaginar 타 ① 상상하다; 생각하다. *Imagina* que nos casamos. 그는 우리들이 결혼한다고 생각하고 있다. ② 생각해내다, 고안하다. *Imagine* usted un medio para que salgamos de aquí. 우리들이 여기서 나갈 방법을 생각해 보십시오. ◇ **-se** 상상하다; 상상하다. No *te* puedes *imaginar* lo que me alegro. 내가 얼마나 기뻐하는지 너는 상상할 수 없을 것이다. ◇ **imaginable** 형 상상·생각할 수 있는. ◇ **imaginación** 여 상상(력); 공상(력); 창조력; 망상. Todo eso no son más que *imaginaciones* suyas. 그것은 모두 그의 망상에 불과하다. ◇ **imaginario, ria** 형 상상의, 가상의.

imán 명 자석.

imbecil 형 천치의, 저능한. ◇ **imbecilidad** 여 천치, 바보.

imitar 타 흉내내다, 모방하다; 모조하다. *Imita* muy bien al profesor en los gestos. 그는 교사의 몸짓을 흉내내기 잘한다. ◇ **imitación** 여 흉내, 모방; 모조품. No es piel, sino una *imitación*. 그것은 (진품의) 가죽이 아니고 모조품이다. ◇ **imitador, ra** 명 모방자.

impacientar 타 안타깝게 하다, 초조하게 하다. Me *impacientan* sus preguntas insistentes. 그는 짓궂은 질문에는 초조해 진다. ◇ **-se** 안타까워하다, 초조하다. *Se impacienta* por cualquier cosa. 그는 무슨 일만 있으면 초조해 한다.

impaciente 형 ① 성급한, 조급한. No seas *impaciente*. 조급히 굴지 마라. ② [+ con·de·por: …를] 안타까워 하는, (…으로) 초조해하는. Los niños están *impacientes por* ver los regalos. 어린이들은 선물을 보려고 안타까와 한다. ◇ **impaciencia** 여 안타까워 함, 초조함. Esperamos con *impaciencia* la llegada de la primavera. 우리들은 봄이 닥쳐옴을 안타까이 기다리고 있다.

impar 형 홀수의, 기수의. *número impar* 홀수.

imparcial 형 공평한, 공정한. ◇ **imparcialidad** 여 공평, 공정. ◇ **imparcialmente** 튀 공평하게, 공정하게.

impedir [36 pedir] 타 ① 방해하다, 막다. El ruido me *impide* el sueño. 소음이 나의 잠을 방해한다. ② [+ *inf.*: …함을] 방해하다. Me *impidieron* salir. 그들은 내가 출발하는 것을 방해했다. ◇ **impedimento** 남 장애. Resuelto el problema, ya no habrá ningún *impedimento* para nuestros negocios. 문제가 해결되고, 이미 우리들의 일에는 아무런 장애도 없을 것이다.

impenetrable 형 ① 뚫을 수 없는, 들어 갈 수 없는. La fortaleza era muy sólida e *impenetrable*. 요새는 지극히 견고해서 들어갈 수 없었다. ② 살펴 알 수 없는, 헤아릴 수 없는. Es un hombre *impenetrable* para mí. 그는 나에게는 (마음속을) 알아볼 수 없는 사람이다. ◇ **impenetrabilidad** 여 불통통성. 불가입성(不可入性), 불가해(不可解).

imperativo, va 형 명령의, 명령적, 억압적 인. No me gusta su actitud *imperativa*. 그의 억압적인 태도가 나는 마음에 들지 않는다. 남 명령. Lo que digo es un *imperativo*. 내가 말하는 것은 명령이다.

imperdinable 형 용서할 수 없는.

imperio 남 제국(帝國). Después de la caída de *imperio* romano, el latín vulgar fue dividiéndose en varios romances. 로마 제국 멸망 후, 라틴어는 여러 가지로 분산되어 나누어졌다. ◇ **imperial** 형 제국의; 황제의; 탁월한.

impermeable 형 방수(防水)의. 남 우비, 비옷, 레인코트.

impersonal 형 【문법】 무인칭의, 제3인칭 만의. *vervo impersonal* 무인칭 동사.

ímpetu 남 격렬, 맹렬. Se puso a trabajar con mucho *ímpetu*. 그는 맹렬하게 일하기 시작했다. ◇ **impetuoso, sa** 형 격렬한, 충동적인. La juventud es siempre *impetuosa* y apasionada. 청년은 언제나 충격적이며 정열적이다.

implacable 형 ① 만류할 수 없는; 집념이 강한. Sentí disparse el odio *implacable* que tenía a mi vecino. 나는 이웃에 대하여 품었던 집념이 강한 증오가 사라지는 것을 느꼈다. ② 가차없는. Tiene fama de ser un juez *implacable*. 그는 가차없는 재판관이라는 평판이다.

implicar [7 sacar] 타 ① 끌어들이다, 감아 넣다. No le *impliques* en ese asunto. 그를 그 사건에 끌어들이지 마라. ② (의미를) 담다. Ser buenos amigos *implica* ayudarse uno a otro. 좋은 친구라는 것은 서로 돕는다는 것을 의미한다.

impolítica 여 무례. ◇ **impolíticamente** 튀 무례하게. ◇ **impolítico, ca** 형 무례한.

imponer [60 poner; 과거분사 impuesto] 타 ① 밀어붙이다, 강제하다; 위압하다. Nos *impuso* silencio. 그는 우리를 침묵시켰다. ② (의무를) 지우다; (세금을) 부과하다; (벌을) 과하다. Por ir a gran velocidad le *impusieron* una multa. 그는 속력을 너무 내어서 벌금을 물었다. ③ [+ de · en : …을] (에게) 가르치다. Hay que *imponerle en* los costumbres de nuestro país. 그에게 우리 나라의 습관을 가르쳐야 한다. ◇ **~se** [+ a : …를] 위압하다, 경복 · 외경시키다. *Se impone a* los demás por su talento. 그는 재능에 의해 사람을 경복시키고 있다. ② (의무 · 책임을) 자신에게 과하다, 지다. No tienes que *imponerte* sacrificios innecesarios. 너는 쓸데없는 희생을 짊어질 필요가 없다. ③ [+ de · en : 지식을] 몸에 붙이다. (…을) 잘 알다. *Me he impuesto en* el contenido. 나는 내용을 잘 이해했다. ◇ **imponente** 형 위압적인, 위엄이 있는, 당당한. Ha pasado una mujer *imponente*. 대단한 미인이 지나갔다.

importante 형 ① 중요한. Se me ha olvidado una cosa *importante*. 나는 중요한 일을 잊었다. ② *Es importante que* + *subj.* …하는 것이 중요하다. *Es importante que* llegues con puntualidad. 네가 시간 맞추어 오는 일이 중요하다. ③ 유력한. Es un hombre *importante* en el pueblo. 그는 읍의 유력자이다. ◇ **importancia** 여 중요(성), 중대한. Las modificaciones que nos piden tienen mucha *importancia*. 그들이 우리에게 요구하고 있는 개혁은 대단히 중요하다. *dar importancia a* …을 중요시하다. No *des importancia a* lo que te ha dicho. 그가 말한 것을 중요시하지 마라.

importar 타 수입하다 [⟷ exportar]. Actualmente estamos *importando* grandes cantidades de azúcar de Cuba. 현재 폐사는 대량의 설탕을 쿠바에서 수입하고 있다. ① [+금액] 총액이 …로 되다. La cuenta *importa* 3,000 pesetas en total. 계산은 전부 3,000 뻬세따이다. ② [3인칭에만 활용] 중요하다. *Importa que guardes tu palabra*. 약속을 지키는 일이 중요하다. ③[3인칭에만 활용; que+*subj.*] 관계가 있다. No me *importa*. 나는 상관 없다. (나에게 관계가 없

importe 대금, 요금; 금액, 총액. El *importe* de esta factura asciende a 4.000 dólares. 이 송장의 총액은 4,000 달러에 이른다.

imposible 휑 ① 불가능한; (실행이) 어려운. No será *imposible* aceptar su proposición. 당신의 신청을 받아 들이기는 우리에게는 불가능하겠다. ② 견딜수 없는. Estos niños están hoy *imposibles*. 이 어린이들은 오늘은 보아 줄 수 없다. 뎀 불가능(한 일). Lo que deseas es un *imposible*. 네가 바라고 있는 일은 불가능한 일이다. ◇ **imposibilidad** 몜 불가능(성·한 일). Hay que convencerle de la *imposibilidad* de este plan. 이 계획의 불가능성을 그에게 납득시켜야 한다. ◇ **imposibilitar** 불가능하게 하다.

impotente 휑 ① 못난; 무능한, 무력한. Me declaro *impotente* para revolver este problema. 나는 이 문제를 해결할 만한 힘이 없음을 자백한다. ② 성교 불능의. ◇ **impotencia** 몜 ① 무능, 무기력. ② 불임(不姙), 성교 불능. Debió retirarse de la carrera por *impotencia* física. 그는 신체 불수 때문에 그 직업에서 물러날 수 밖에 없었다.

impracticable 휑 실행 불가능한.

imprenta 몜 인쇄(술); 인쇄소. La civilización se desarrolló rápidamente gracias al invento de la *imprenta*. 인쇄술의 발명 덕분에 문명은 급속히 진보했다.

imprescindible 휑 극히 필요한, 불가결한. He venido todos los muebles menos lo más *imprescindible*. 나는 필요 불가결한 것만 남기고 가구를 모두 팔아버렸다.

impresión 몜 ① 인상; 효과. ¿Qué *impresión* tiene usted de la ciudad de Seúl? 서울에 대하여 어떤 인상을 가지었습니까. Me hizo muy buena *impresión*. 그 나에게 매우 대단히 좋은 인상을 주었다. ② 인쇄; 녹음. No ha salido bien la *impresión* de este libro. 이 책의 인쇄는 선명히 나오지 않았다.

impresionar 탸 ① 인상을 주다, 감동시키다. Le *impresionó* mucho esa opinión. 그 의견은 그를 심히 감동시켰다. ② 녹음하다. Se ha contratado para *impresionar* discos. 그는 레코드에 취입할 계약을 했다. ◇~**se** 감동하다. Se *impresionó* mucho con la noticia. 그녀는 그 소식에 심히 감동했다. ◇ **impresionante** 휑 인상적인, 감동적인.

impreso [imprimir의 과거분사] 휑 인쇄된. *impreso* en Corea. 한국에서 인쇄되었음. 뎀 인쇄물; (인쇄해 있는) 서식. Llena el *impreso* que te envío en esta carta. 이 편지에 동봉해 있는 서식에 써 넣어라. ◇ **impresor, ra** 몜 인쇄업자, 인쇄공.

imprevisto, ta 예견할 수 없는. Circunstancias *imprevistas* nos han obligado a anular el pedido. 불의의 사정으로 주문을 취소해야 하게 되었습니다. 뎀 뎀 임시비.

imprimir 탸 ① 인쇄하다. Ha escrito varios libros, pero ninguno ha salido *impreso*. 그는 몇 권의 책을 썼으나, 어느 것도 인쇄되지 않았다. ② (머리·마음에) 새겨넣다. Debes *imprimir* estas palabras en tu cabeza. 너는 이 말을 머리에 새겨 넣어야 한다.

improvisar 탸 즉석에서 하다, 즉흥적으로 하다.

imprudencia 몜 경솔, 무분별. Es una *imprudencia* preguntarle a una señora la edad que tiene. 부인에게 나이를 묻는 것은 경솔한 일이다.

imprudente 휑 경솔한, 무모한. Una palabra *imprudente* puede causar gran efecto. 부주의한 한 마디가 중대한 결과를 초래하는 일이 있다.

impuesto 몜 세(금). Este año he pagado 10,000 pesetas de impuestos. 금년에 나는 1만 뻬세따의 세금을 물었다.

impulso 몜 충동, 충격; 추진력. No pudo resistir a sus *impulsos*. 그는 자신의 충동에 저항할 수 없었다. El *impulso* que le mueve es la ambición. 그를 움직이고 있는 원동력은 야심이다. a *impulso de* …에 몰려서. A *impulsos* de mi compasión, le di todo lo que tenía. 나는 동정심에 못 이겨서, 가지고 있던 것을 모두 그에게 주었다. ◇ **impulsar** 추진하다.

impuro, ra 휑 불순한; 때묻은, 음란한. El aire en esta ciudad está *impuro*. 이 도시의 공기는 더러워져 있다. ◇ **impureza** 몜 불순, 협잡물; 결점; 오손; 음란. Lo que ha hecho es una *impureza*. 그가 한 일은 불순하다.

inacabable 휑 끝이 없는, 무한한. La tarea me parecía *inacabable*. 그 일은 한이 없겠다고 생각되었다.

inagotable 끝없는, 무진장한. El petróleo es una fuente *inagotable* de divisas. 석유는 무진장한 외화원(外貨源)이다.

inaugurar 탸 ① 개시·창설하다 (iniciar); 피로(披露)하다. Ayer *inauguraron* las clases en la Universidad. 어제 대학의

inca 영 잉카왕, 잉카 왕국의 왕. 영 잉카족의 사람. El imperio de los *incas* fue destruido por los conquistadores españoles. 잉카 제국은 서반아의 정복자들에게 멸망되었다. ◇ **incaico, ca** 형 잉카족의.

incapaz 형 incapaces 영 ① [+ para: …에] 무능한. Es *incapaz para* nada. 그는 무슨 일을 할 능력이 없다. ② [+de +inf.: …하는] 수 없는, 자격이 없는. Es una mujer muy simpática, *incapaz de* enfadarse con nadie. 그녀는 매우 애교가 있어서, 누구에게도 성을 낼 수 없는 여자이다. ◇ **incapacidad** 영 무능, 능력이 없음. ◇ **incapacitar** 타 무능력·무자격하게 하다.

incendio 영 불, 화재(fuego). Anoche hubo [ocurrió] un gran *incendio* en este pueblo. 어젯밤 이 고을에서 큰 화재가 있었다. ◇ **incendiario, ria** 영 가연성의, 방화(용)의. ◇ **incendiar** 타 (…에) 방화하다, 태워버리다.

incertidumbre 영 불확실; 불안. Ya no puedo vivir en esta *incertidumbre*. 나는 이런 불안한 상태에서는 이제 살 수 없다.

incesante 형 끊임 사이 없는, 부단한. Me molesta el ruido *incesante* de los coches. 나는 자동차의 끊임없는 소리에 괴로움을 당하고 있다. ◇ **incesantemente** 부 부단히. Llovía *incesantemente*. 끊임없이 비가 오고 있었다.

incidente 영 ① 우발 사건, 작은 사건. Está de mal humor porque ha tenido un *incidente* con un compañero. 그는 동료와 조그만 사건을 일으켰으므로 속이 언짢다. ② 삽화, 에피소드. El viaje está lleno de *incidentes*. 그 여행은 에피소드에 가득 차 있다.

incierto, ta 형 확실치 못한; 불안정한. La noticia es *incierta*. 그 소식은 불확실하다.

incitar 타 ① [+a: …으로] 몰아대다 (자극, 선동, 교사). *Incitó* a las masas a la rebelión. 그는 군중을 폭동으로 선동했다. ② [+a +inf./+a+que+subj.] 꼬여서 …시키다. Le *incitaron* a que huyese. 사람들은 그를 꾀어서 도망시켰다.

inclinación 영 ① 경향; 성벽. Tienes *inclinación* a tomarlo todo a mal. 너는 무엇이든지 나쁘게 받아들이는 버릇이 있다. ② 비탈, 경사(pendiente). ③ 기호, 애정. Desde niño sintió *inclinación* por la música. 그는 어릴 때부터 음악을 좋아했다. ④ 인사(saludo). Los dos se despidieron con una *inclinación* respetuosa. 두 사람은 정중하게 인사하고 작별했다.

inclinar 타 ① [+a: …쪽으로] 기울이다; 내리다; 굽히다. No acertando a contestar a la pregunta, *inclinó* la cabeza. 그는 질문에 대답할 수 없어서 머리를 갸웃거렸다. ② [+a+inf.: …하도록] 권고하다. Sus palabras me *inclinaron* a aceptar. 그의 말에 따라 마침내 인수할 생각이 들었다. 재귀 ① [+a] …하는 경향이 있다. Ella (se) *inclina* a creer fácilmente en todo lo que le dicen. 그녀는 남이 말하는 것을 무엇이나 바로 믿는 경향이 있다. ◇ ~**se** ① 기울다, 경사지다. El camión *se inclina* del lado derecho. 트럭은 오른쪽으로 기울어 있다. ② 인사를 하다(saludar). *Se inclinó* con mucho respeto. 그는 공손하게 인사했다.

incluir [74 huir] 타 ① 포함하다, 포괄하다. He *incluido* tu nombre en la lista de los invitados. 나는 너의 이름을 초대객 명단에 넣어 두었다. ② 포함하다, 산입하다, 계상하다. ¿Está *incluido* todo en ese precio? 그 값에는 모든 것이 포함되어 있는가. ③ 동봉하다. He *incluido* en esta carta un cheque. 나는 이 편지에 수표를 동봉했다. ◇ **incluido, da** 형 포함된.

incluso, sa 형 포함된; 동봉의. Las mercancías constan en la *incluso* documentación de embarque. 화물은 동봉한 선적 서류에 명백히 되어 있다. 영 동봉한 것. Mucho nos gustaría recibir un acuse de la carta presente y los *inclusos*. 이 편지와 동봉한 것의 영수 통지를 보내주시면 다행이겠습니다. 부 ① [전치사적] …을 동봉해서, …을 포함해서. ② …조차, 마저. Estaba tranquila e *incluso* alegre. 그녀는 안심하고 있었으며 명랑하기조차 했다.

incógnito, ta 형 미지의; 이름을 숨기는; 익명의. 영 익명, 변명, 숨은 이름. 이름·정체를 숨기고. Viajó *de incógnito*. 그는 정체를 숨기고 여행했다.

incombustible 형 불연성의. ◇ **incombus-**

tibilidad 여 뭉쿨성.

incómodo, da 형 쾌적하지 않은, 거북한, 편치 못한; 무뚝뚝한, 불유쾌한. Estaba *incómodo* en ese asiento. 나는 그런 자리에서도 기분이 언짢았다. ◇ **incomodidad** 여 불쾌; 불편. ◇ **incomodar** 타 곤란하게 하다, 방해하다. Las gafas me *incomodan* para ir por la calle. 나는 거리를 걷는데 안경이 방해가 된다.

ncomparable 형 비길 바 없는, 무유(無類)의. El paisaje era de una belleza *incomparable*. 경치는 비길 바 없을 만큼 아름다웠다.

incompatible 형 성미가 맞지 않는, 양립할 수 없는; 겸직할 수 없는. ◇ **incompatibilidad** 여 상반성(相反性); 겸직 불능.

ncompetente 형 무능력한, 부적격한, 무자격의. ◇ **incompetencia** 여 무능력, 부적격, 무자격.

incompleto, ta 형 불완전한. Esta contestación es *incompleta*. 이 대답은 불완전하다.

incomprensible 형 불가해(不可解)한. ◇ **incomprensibilidad** 여 불가해.

incomunicar [7] *sacar*] 타 격리하다; 고립시키다; 교통을 두절시키다. El terremoto *incomunicó* a todo el país. 지진은 전국의 교통을 두절시켰다. ◇ **incomunicación** 여 격리; 교통 두절.

inconsciente 형 무의식의, 무자각의. Yo andaba casi en estado *inconsciente*. 나는 거의 무의식 상태로 걸어가고 있었다. ◇ **inconsciencia** 여 무의식, 무자각. ◇ **inconscientemente** 부 무의식적으로.

inconveniente 형 부적당한. El plan me parece un poco *inconveniente*. 그 계획은 나에게는 약간 부적당하게 생각된다. 명 부적당, 폐, 장애. No tengo ningún *inconveniente* en hacerlo. 나는 그렇게 하는데 대하여 조금도 지장이 없습니다. ◇ **inconveniencia** 여 부적당, 폐섬함; 신중치 못함.

incorporar 타 [+a·con·en: …과·에] 함께 하다, 합체시키다. ◇ ~**se** ① 상체를 일으키다. El enfermo *se incorporó* en la cama. 환자는 침대 위에서 상체를 일으켰다. ② 합체·참가하다. *Se incorporó* a la manifestación contra la guerra. 그는 전쟁 반대 시위에 참가했다.

incredulidad 여 회의, 의심이 많음.

increíble 형 믿을 수 없는. Esto parecerá *increíble*, pero es verdad. 이건 믿을 수 없는 일이라고 생각되지만 진실이다.

inculto, ta 형 ① 갈지 않은, 황폐한. Los labradores abandonaron los pueblos dejando *incultos* los terrenos. 농부들은 토지를 황폐한 채로 놓아 두고 마을을 떠났다. ② 교양이 없는; 거친. Aquí hay muchas personas *incultas*. 이곳에는 교양이 없는 사람이 많다.

incurrir 자 ① [+en: 죄·과오를] 범하다. *Incurrirás* en un error grave si lo haces. 네가 그 짓을 하면 중대한 잘못을 저지르는 것이 될 것이다. ② [증오·성냄·경멸 따위를] 받다, 당하다. Ha incurrido en el desprecio de sus compañeros. 그는 동료한테서 경멸을 당했다.

indagar [8] *pagar*] 타 조사·탐구하다. No trates de *indagar* mi vida pasada. 내 과거의 생활을 조사하는 짓은 그만 두어라. ◇ **indagación** 여 조사, 탐구.

indeciso, sa 형 주저하기 잘하는, 결단없는. Estoy *indeciso* acerca de si lo aceptaré o no. 나는 그것을 받을까 말까에 대하여 결정짓지 못하고 있다. ◇ **indecisión** 여 우유부단.

indefenso, sa 형 무방비한. Los enemigos atacaron la ciudad *indefensa*. 적은 그 무방비 도시를 공격했다. ◇ **indefensión** 여 무방비.

indefinible 형 정의·설명될 수 없는; 종잡을 수 없는. Me invadió entonces una *indefinible* sensación de miedo. 그때 나는 무어라 말할 수 없는 공포감을 느꼈다.

indefinido, da 형 ① 모호한; 부정(不定)의. ¡Qué locura prestárselo por tiempo *indefinido*! 기한을 정하지 않고 그것을 그에게 빌려 주다니 무슨 바보 짓이냐! 【문법】부정의. *articulo indefinido* 부정 관사. *pronombre indefinido* 부정 대명사. ◇ **indefinidamente** 부 무기한으로. Se aplazó *indefinidamente* la excursión por causa de la lluvia. 비 때문에 소풍은 무기 연기되었다.

indemnizar [9] *alzar*] 타 [+de·por: …에 대하여](에게) 배상하다; 보험금을 치르다. Pidió que le *indemnizaran* por los daños y perjuicios sufridos. 그는 입은 손해의 배상을 해달라고 청구했다. ◇ **indemnización** 여 배상(금·물).

independiente 형 ① [+de: …로 부터] 떨어진; 독립한. Quiere vivir *independiente* de sus padres. 그는 양친에게서 독립하여 생활하려 하고 있다. Prefiero una habitación tranquila e *independiente*. 나는 조용하고 독립한 방이 좋다. ② 자주적인. Tiene un espíritu muy *independiente*. 그는 자주 정신이 왕성하다. **independencia** 여 독립, 자주. Lucharon por la *independencia* de su patria. 그들은 조국의 독립을 위하여 싸웠다. ◇ **independizar** [9] *alzar*] 타 독립시키다, 해방하다(*emancipar*). ◇ ~**se** 독립하다,

indescriptible 형용할 수 없는.

indicar [7] sacar)団 ① 지시·지적하다. Sírvanse *indicar*nos la fecha aproximada de su llegada. 도착하실 대략 날짜를 알려 주십시오. Sentimos el error que nos *indican* en su carta. 편지로 지적해 주신 잘못도 송구하게 생각합니다. ② 가르치다. ¿Quiere usted *indicar*me el camino para la estación? 역으로 가는 길을 가르쳐 주시겠습니까. ◇ **indicación** 여 지시, 교시; 징조, 징후. Vengo por *indicación* de nuestro maestro. 나는 선생의 지시로 왔다. Siguió las *indicaciones* del médico. 그는 의사의 지시를 따랐다. Eso era una buena *indicación*. 그것은 좋은 징조였다.

índice 비 ① 지시물, 지표; (계기·해시계의) 지침. La cifra de mortalidad infantil es un *índice* de la cultura de los pueblos. 유아의 사망수는 민족 문화의 지표이다. ② 목차, 색인. El *índice* de este libro está al principio. 이 책의 색인은 책머리에 있다. dedo indice 집게손가락.

indicio 비 징후; 증거; 의심. Presenta *indicios* de locura. 그는 미치광이의 징후를 보이고 있다. ¿Hay *indicios* suficientes para que lo asegures? 네가 그것을 단언하는데 족할 증거가 있느냐.

indiferente 혬 ① 무관심한, 냉정한. Es muy *indiferente* al lujo. 그는 사치에 대하여 극히 무관심하다. Está *indiferente* con su novia. 그는 애인에 대하여 냉정해졌다. ② [여격 보어의 사람이 주어에 대하여] 관심이 없는, 애정을 느끼지 않는. A mí me es *indiferente* esa chica. 나는 그 소녀에게 관심이 없다. ③ 틀림없는. Es *indiferente* que venga o no. 그가 오거나 말거나 마찬가지이다. ◇ **indiferencia** 여 무관심, 냉정.

indigestión 여 소화 불량. ◇ **indigesto, ta** 혬 소화가 잘 되지 않는.

indígena 혬 원산·토착의; (⊕ extranjero, alienígena) 비 원주민, 토착인.

indignar 타 성나게 하다. Esas palabras le *indignaron* mucho. 그 말은 그를 심히 노엽게 했다. ~**se** 성내다. No te *indignes* por una cosa tan frívola. 그 따위 사소한 일에 성내지 마라. Mamá está *indignada* con tu acción. 모친은 네 행동을 성내고 있다. ◇ **indignación** 여 분노.

indigno, na 혬 ① [+de: …에] 걸맞지 않는, 값어치 없는. Esas palabras son *indignas* de una persona decente. 그런 말은 교양있는 사람에게 걸맞지 않는다.

부끄러운, 창피한. Lo que has hecho es *indigno*. 네가 한 일은 창피한 일이다. ◇ **indignidad** 여 값맞지 않음; 무가치.

indio, dia 혬 ① 인도(la India)의. ② 아메리카 원주민·인디오의. 비 ① 인도 사람. ② 아메리카 원주민, 인디오.

indirecto, ta 혬 간접의. Esta es la causa *indirecta* de nuestro fracaso. 이것이 우리들의 실패의 간접적인 원인이다. 여 비꼼, 시사(示唆). Deja esas *indirectas*. 그렇게 비꼬는 건 그만 둬라. ◇ **indirectamente** 부 간접적으로, 어렴풋이.

indiscreto, ta 혬 신중치 않은. No le digas nada. que es muy *indiscreto*. 그는 입이 가벼우니까, 그에게는 아무 말 마라. ◇ **indiscreción** 여 신중치 않음; 실언, 실태.

indiscutible 혬 말할 것도 없이, 명백한. El momento es *indiscutible* oportunidad para hacerlo. 지금이 그 일을 하기에 절호의 기회이다.

indispensable 혬 필요한, 불가결한. La sal es *indispensable* para nosotros. 소금은 우리들에게 없어서는 안된다.

indisponer [60 poner; 과거분사 indispuesto] 타 거북하게 하다; (신체를) 상태가 나쁘게 하다. Su mala lengua nos ha *indispuesto*. 그의 욕설이 우리들의 사이를 서먹서먹하게 만들었다. ~**se** 불쾌·불화하게 되다; (신체의) 상태가 나빠지다. A consecuencia del viaje me indispuse. 여행의 결과로 나는 몸의 상태가 나빠졌다. ◇ **indisposición** 여 불화; (신체의) 부조(不調).

individual 혬 각개·개개의; 개인의. Cada uno quiere su habitación *individual*. 각자가 자기의 독방을 갖고 싶어한다. ◇ **individualidad** 여 개성; 개인, 개체. ◇ **individualista** 비 개인주의자. ◇ **individualmente** 부 개인적으로, 개별적으로.

individuo 비 ① 개인, 개체; 일원(一員). Es un *individuo* del Partido Demócrata. 그는 민주당의 당원이다. ② 사람; 놈. Me preguntó un *individuo* sospechoso el camino a la estación. 수상한 놈이 나에게 역까지 가는 길을 물었다.

índole 여 성질; 본질. Es de *índole* pacifica. 그녀는 성질이 온화하다.

inducir [70 aducir] 타 도입하다; 빠뜨리다, 꾀내다. ◇ **inducción** 여 도입; 귀납 (법).

indudable 혬 의심할 바 없는. Esta obra tendrá un éxito *indudable*. 이 작품은 틀림없이 성공을 거두리라. ◇ **indudablemente** 부 의심할 여지 없이.

industria 여 산업, 공업; 실업계; 업무. El

inédito, ta 215 **informar**

gobierno está esforzándose por desarrollar la *industria* nacional. 정부는 국내 산업의 개발에 노력하고 있다. ◇ **industrial** 형 산업의, 공업의; 실업계의. Barcelona es una ciudad *industrial*. 바르셀로나는 공업 도시이다. 명 공업자, 실업가. Es un *industrial* importante de la ciudad. 그는 시의 중요한 실업가이다.

inédito, ta 형 미발표의, 미간행의. Se han descubierto unas poesías *inéditas* del poeta. 그 시인의 미발표 시가 몇편 발견되었다.

ineficaz 형 효력·효과가 없는. ◇ **ineficacia** 여 효력·효과가 없음.

inesperado, da 형 뜻밖의. Puede que él venga el día más *inesperado*. 전혀 뜻밖의 날에 그가 올지도 모른다. ◇ **inesperadamente** 뜻밖에.

inevitable 형 불가피한, 필연적인; 부득이한. Es *inevitable* el rompimiento entre ambos países. 양국간의 단교는 이미 피할 수 없다.

infancia 여 유년(기). La casa en que pasé los días de mi *infancia* subsiste todavía. 내가 유년시 대를 지낸 집은 아직 남아 있다. ②[집합적] 어린이. La *infancia* es el tesoro de la nación. 어린이는 나라의 보배이다. ◇ **infantil** 어린이의, 순진한, 사랑스러운. Las palabras *infantiles* del niño entretuvieron a todos. 그 어린이의 순진하고 사랑스러운 말은 모두를 즐겁게 했다.

infante 명 (서반아·포르투갈의) 왕자 (príncipe). ◇ **infanta** 여 (서반아·포르투갈의) 공주 (princesa), 왕녀.

infeliz 형 (pl. infelices) 불행한, 호인다운. La guerra ha hecho *infelices* a muchos niños. 전쟁은 많은 어린이들을 불행하게 했다.

inferior 형 ①[+a: …보다] 하위의, 하부의. Vivimos en el piso *inferior* al de esa familia. 우리들은 그 가족의 층보다 아래층에 살고 있다. ② 낮은, 하급의. Los géneros son *inferiores* a las muestras que nos enviaron el otro día. 이 물건은 일전에 보내주신 견본보다 못하다. 명 손아래·하위·하급인 사람. No debes maltratar a los *inferiores*. 손아랫사람을 거칠게 다루어서는 안된다. ◇ **inferioridad** 여 하위, 하급, 하등.

infernal 형 ① 지옥의, 지옥같은; 극악한. Tiene un carácter *infernal*. 그는 지극히 질이 나쁘다. ② 처참한. Hace un calor verdaderamente *infernal*. 이건 정말 지독한 더위다.

infiel 형 ① 신앙이 없는; 이단의. ② 불실한, 성실치 못한. Un amigo *infiel* es el peor enemigo. 불실한 친구는 최악의 적이다. 명 신앙이 없는 사람, 이단자. Convirtió a muchos *infieles*. 그는 많은 이단자를 개종시켰다. ◇ **infidelidad** 여 불실, 부정; 무신앙.

infierno 명 ① 지옥 (영 paraíso). El *infierno* está empedrado de buenas intenciones. 【속담】 지옥은 선의의 돌방 누구든지 선의만 있고 실행하지 않는 그러한 사람이 많이 지옥에 있다). ② (혼란·불화에 가득찬) 지독한 곳.

infiltrar 태 침투시키다, 스며들게 하다. *Infiltraron* el anarquismo entre los jóvenes. 그들은 무정부주의를 청년사이에 침투시켰다. ◇ ~**se** 스며들다; 잠입하다. La humedad *se infiltra* por [en] la pared. 습기가 벽에 스며 든다. ◇ **infiltración** 여 침입, 침투, 잠입.

infinidad 여 무수함, 막대. Hay una *infinidad* de incomodidades en la vida. 인생에는 무수한 불쾌한 일이 있다.

infinitivo, va 형【문법】부정(不定)법의. modo infinitivo 부정(不定)법. 명 (동사의) 부정형.

infinito, ta 형 무한한, 무수한. Tenía un amor *infinito* a su patria. 그는 조국에 무한한 애정을 지니고 있었다. 명 무한; 무한대. 부 한없이, 크게. Lo celebro *infinito*.

inflación 여 팽창;【경제】인플레, 통화 팽창 (inflación monetaria). ◇ **inflacionismo** 통화 팽창론. ◇ **inflacionista** 통화 팽창론·정책의. 명 통화 팽창론자.

inflexible 형 불굴의, 확고한.

inflexibilidad 여 불굴성, 강직성.

influencia 여 ① 영향, 영향력, 작용. Su padre no tiene ninguna *influencia* sobre él. 그의 부친은 그에게 대하여 아무런 영향력을 가지지 못한다. ② 세력. Es un hombre de *influencia* en la población. 그는 고을의 유력자이다.

influenza 여 유행성 감기 (gripe), 인플루엔자, 독감.

influir 자[huir] 재 ① [+en: …에게] 영향을 미치다, 작용하다. El clima *influye* en el carácter de los pueblos. 기후는 주민의 성격에 영향을 준다. ② [+con·en: …에게] 세력을 가지다·미치다. *Influya* usted con el jefe para que nos permita salir. 우리들에게 외출을 허가해 주도록 대장에게 작용해 주십시오.

informal 형 정식·정식이 아닌. ◇ **informalidad** 여 비공식.

informar 태 ① [+de·en·sobre: …를] (…에게) 알리다, 보고하다. Dentro de poco les *informaremos* del nombre del buque y también de la fecha de su salida. 배의 이름과 그 출발 날짜를 곧 알려 드리겠습니다. ② 알리다. Lamentamos tener que *informarles* que nos es imposible enviarles muestras de nuestros productos. 유감스럽지만 폐사 제품의 견본을 보내지 못함을 알려드려야 하겠습니다. ◇~*se* ①[+*de* : …을] 알다, 분별하다. *Me he informado del asunto leyendo el periódico*. 나는 신문을 읽고 그 일을 알았다. ②[+*de* : …을] 조사하다, 문의하다. *Aquí vengo para informarme de lo sucedido*. 나는 사건을 조사하기 위해서 이곳에 왔다. ◇ **información** 여 보고, 정보; 안내소(oficina de información, oficina de informes).

informe 남 ① 보고(서). Ha presentado un *informe* particular sobre este asunto. 그는 이 문제에 대해 상세한 보고서를 제출했다. *informe anual* 연보(年報). *informe mensual* 월보(月報). *informe presidencial* 대통령 교서.

infortunado, da 형 불행한, 불운한. ◇ **infortunadamente** 부 불행히, 재수없이.

infundir 타 (감정·원기 따위를) 느끼게 하다, 일으키다. *Su acción me infunde sospechas*. 그의 행동은 나에게 의혹을 느끼게 한다.

ingeniero, ra 명 공학자; 기술자, 기사. *Los ingenieros están trazando las nuevas carreteras*. 기사들은 새로운 도로를 구상하고 있다. 남 공병대. *ingeniero agrónomo* 농업 기사. *ingeniero civil* 토목 기사. *ingeniero de minas* 광산 기사. *ingeniero de montes* 산림 기사. *ingeniero electricista* 전기 기사. *ingeniero geógrafo* 측량 기사. *ingeniero químico* 화학 기사. ◇ **ingeniería** 여 공학. *ingeniería civil* 토목 공학.

ingenio 남 ① 재능, 능숙함; 기지(機智). *Es un hombre de mucho ingenio*. 그는 대단한 재사이다. ② 천재. *Fue un ingenio del siglo XⅢ*. 그는 12세기에 있어서의 천재였다. ◇ **ingenioso, sa** 형 영리한; 날렵한.

ingenuo, una 형 순진한, 천진한. *¡Todavía eres ingenuo como un colegial!* 아직 너는 국민학생처럼 순진하다!

inglés 형 영국(Inglaterra)의. 남 영국사람. *El señor es inglés*. 그분은 영국인이다. 남 영어. *Aquí se habla inglés*. 이곳에서는 영어가 통용된다. *El habla muy mal el inglés*. 그는 영어가 매우 서툴다.

inglesismo 남 영어식 발음(anglicismo).

ingrato, ta 형 ① 은혜를 모르는. *Es ingrato con sus amigos*. 그는 친구에 대하여 배은 망덕이다. ② 보람이 없는, 감사받지 않는. *Esta es una tarea ingrata*. 이 일은 보람 없는 일이다. ◇ **ingratitud** 여 배은(忘恩). *¿Qué ingratitud marcharse sin decirnos nada!* 우리들에게 아무 말도 하지 않고 가버리다니 은혜를 모르는 자로군!

ingresar 자 ① (돈이) 들어오다. *Con este trabajo me ingresan cien mil wones al mes*. 이 일로 나는 한 달에 10만원 받는다. ② (단체·학교 따위에) 들어가다. *Ha ingresado en la Escuela Superior de Comercio*. 그는 상업고등학교에 입학했다. *Mi mujer ingresó en un sanatorio*. 내 아내는 어떤 요양소에 들어갔다. 타 입금하다. *Ingresa cada mes su dinero en el banco*. 그는 매월 은행에 저금하고 있다. ◇ **ingreso** 남 ① 가입, 입회, 입학, 입원. *Ha aprobado el examen de ingreso en la universidad*. 그는 대학 입학시험에 합격했다. ② 입금, 수입. *Hubo más gastos que ingresos*. 수입보다도 지출이 많았다.

iniciar [①1 *cambiar*] 타 ① 시작하다, (일을) 일으키다. *Iniciaron un debate*. 그들이 우선 토론을 시작했다. ②[+*en* : …을] (에게) 가르치다, 전수하다. *El me inició en las matemáticas*. 그가 나에게 수학의 초보를 가르쳐 주었다. ◇~*se* 시작되다; [+*en* : …을] 입문하다. ◇ **inicial** 형 처음의, 모두의. 여 머리글자. *Escriba usted sólo las iniciales de su nombre*. 이름의 머리글자만 적어 주십시오.

iniciativa 여 ① 선수; 주창(主唱), 발의(發議). *Nuestra iniciativa no fue aprobada*. 우리들의 발의는 인정되지 않았다. ② 독창, 창의. *Es una persona de mucha iniciativa*. 그는 독창력이 풍부한 사람이다. *tomar la iniciativa* 솔선해서 하다, 선수를 쓰다.

injuriar [①1 *cambiar*] 타 욕설하다, 모욕하다; 손상시키다. *Deja de injuriarle*. 그를 욕설하는 것은 그만 두십시오. ◇ **injuria** 여 모욕, 잡소리; 손상. ◇ **injurioso, sa** 형 모욕적. *Le expresaron unas palabras injuriosas*. 사람들은 그에게 욕설을 퍼부었다.

injusto, ta 형 부정한, 부당한. *Consideramos injusta su reclamación*. 당신들의 이의(異議)(의 신청)는 부당하다고 우리들은 생각합니다. ◇ **injusticia** 여 부정; 부정한 행위.

inmediato, ta 형 ① (곳·때가) 바로 가까운, 근처의. *Su casa está inmediata a la mía*. 그의 집은 내 집 바로 이웃이다.

inmemorial Están *inmediatas* las fiestas del pueblo. 마을의 축제가 바로 가까이 닥쳐왔다. ② 당면의; 즉시의. Me piden una contestación *inmediata*. 나는 조속한 회답을 요구 당했다. ◇ **inmediatamente** 뷔 즉시, 바로; 조속히, (en seguida, en el acto). *Inmediatamente* voy a entrar en materia. 바로 본론에 들어 가겠다.

inmemorial 톙 기억에 없는; 옛날의.

inmenso, sa 톙 끝없는, 광대한. Se extendía una *inmensa* llanura. 광대한 평원이 전개되고 있었다. ◇ **inmensamente** 뷔 매우, 끝없이. Te lo agradezco *inmensamente*. 나는 너에게 그 일을 매우 감사하고 있다. ◇ **inmensidad** 몡 끝없음, 광대; 대양(大洋).

inmigrar 자 이민하다, 이주하다. ◇ **inmigración** 몡 입국 이민. ◇ **inmigrante** 몡 입국 이민자.

inmoral 톙 부도덕한; 음란한. Es lamentable que recientemente haya muchas películas *inmorales*. 요즈음 음란한 영화가 많은 것은 딱한 노릇이다.

inmortal 톙 불멸의, 영원의. ·El alma es *inmortal*. 영혼은 불멸이다. ◇ **inmortalidad** 몡 불멸(성). ◇ **inmortalizar** [9] alzar] 타 불멸케 하다·영원히 하다.

inmóvil 톙 움직이지 않는, 고정한. Se quedó callado e *inmóvil*. 그는 잠자코 움직이지 않았다. ◇ **inmovilizar** [9] alzar] 타 움직이지 않게 하다, 고정시키다.

innato, ta 톙 타고난, 천성적인, 천성의.

innecesario, ria 톙 불필요한. Es *innecesario* decírselo. 그에게 그 말을 할 필요는 없다.

innegable 톙 부정·거부할 수 없는. Es *innegable* que tienes razón. 네가 옳다는 것은 부정할 수 없다.

innovar 타 혁신하다, 새롭게 하다, 쇄신하다. Es difícil *innovar* las costumbres. 습관을 고치기는 어렵다. ◇ **innovación** 몡 혁신, 쇄신. Se han hecho muchas *innovaciones* en la Universidad. 대학에서는 많은 개혁이 행해졌다.

innumerable 톙 무수한. Las estrellas se parecían a *innumerables* joyas. 별은 무수한 보석과 닮아 있었다. En la plaza había una multitud *innumerable* de estudiantes. 광장에는 무수한 학생이 있었다.

inocente 톙 ① 순결한; 순진한. Es tan *inocente* que cree todo lo que le dicen. 그는 지극히 단순해서 듣는 말은 무엇이든지 믿는다. ② 무죄의, 무해한. El juez le declaró *inocente* del suspuesto delito. 재

라고 선고했다. 톙 죄가 없는 사람; 호인. *hacerse el inocente* 시치미떼다. No *te hagas la inocente*. (여자에게) 시치미떼지 마라. ◇ **inocencia** 몡 순결; 순진; 무죄.

inofensivo, va 톙 무해한; 악의 없는. No juzgaba prudente prohibir aquella reunión de *inofensivos* ciudadanos. 그 선량한 시민의 회합을 금지함은 현명하지 못하다고 그는 판단하고 있었다.

inolvidable 톙 잊을 수 없는, 잊어서는 안되는. Desde aquel día, él fue una persona *inolvidable* para mí. 그날 이래 그는 나에게 잊을 수 없는 사람으로 되었다.

inquietar 타 불안하게 하다, (인심·평정을) 어지럽히다. La noticia *inquietó* al pueblo. 그 소식은 민중을 불안하게 했다. ◇ ~se [+con·de·por : …의] 걱정하다, 조바심하다. *Nos inquietamos* por no recibir noticias de ellos. 그들에게서 소식이 없어 우리들은 걱정하고 있다. ◇ **inquietante** 톙 조바심나게 하는, 온당치 않은.

inquieto, ta 톙 ① 불안한. Mamá está *inquieta* por tu enfermedad. 모친이 너의 병을 걱정하고 있다. ② 안정되지 않은. Este es un niño *inquieto* y travieso. 이 어린이는 차분하지 않고 장난꾸러기이다. ◇ **inquietud** 몡 불안, 걱정; 차분하지 못함; 소란.

inquisición 몡 조사, 규명; 취조. ◇ **inquirir** [23 adquirir] 타 조사하다, 규명하다; 캐다(indagar); 심문하다. ◇ **inquisitivo, va** 톙 조사·규명·심문하는.

inscribir [과거분사 inscri(p)to] 타 ① (글·키를 돌·쇠 따위에) 새기다. *Inscribieron* su nombre en piedra. 그의 이름은 돌에 새겨졌다. ② (이름을) 기입하다 (기명, 등기, 등록). Te *he escrito* en la lista de miembros. 나는 네 이름을 회원명단에 기입해 두었다. ◇ ~se 자기 이름을 등기·기재하다. ¿Quiere usted *inscribirse* en el registro de viajeros? 여행자 명단에 이름을 기입해 주시겠습니까?

inscripción 몡 ① 비명, 비문(碑文). ② 기명, 등기, 등록. La *inscripción* para la matrícula no empieza hasta el día 20. 학적의 등록은 20일까지 시작되지 않는다.

insecto 몡 벌레; 곤충. Las golondrinas se alimentan con *insectos* dañosos. 제비는 해충을 먹이로 한다. ◇ **insecticida** 몡 살충제. ◇ **insectil** 톙 곤충의. ◇ **insectalogía** 몡 곤충학(entomología). ◇ **insectólogo, ga** 몡 곤충학자.

inseparable 톙 나눌 수 없는; 떨어질 수 없는. La alegría es *inseparable* del dolor. 즐거움이 있으면 괴로움도 있다 (기쁨은 괴로움에서 떨어질 수 없다).

insigne 형 유명한, 명성이 높은(famoso, célebre). Es una poeta *insigne* de España. 그는 서반아의 유명한 시인이다. ◇ **insignia** 여 기장(記章); 깃발.

insignificante 형 의미가 없는, 하찮은. No te indignes con una cosa tan *insignificante*. 하찮은 일에 성내지 마라. ◇ **insignificancia** 여 하찮은 일·것; 근소.

insinuar [14] actuar) 타 시사하다. Me *insinuó* que no tenía intención de comprarlo. 그는 그것을 살 생각이 없음을 나에게 암시했다. ~**se** [+con : …에게] 아첨하다. Se *insinúa* con los poderosos. 그는 유력자에게 아첨한다. ◇ **insinuación** 여 암시; 아첨. ◇ **insinuante** 형 암시하는 듯한; 마음을 끄는 듯한.

insistir [+en : 의견·의지·희망을] 계속 가지다, 고집·역설·주장하다, 주 장하다. *Insisto en* que es el que lo hizo. 그 일을 한 사람은 그라고 역시 주장한다. Mi madre *insiste en* que yo guarde cama dos días más. 내가 앞으로 이틀 더 자리에 누워있도록 모친은 굳이 말한다. ◇ **insistencia** 여 집요함, 고집, 간원(懇願). Los niños me pidieron con *insistencia* que les llevara allí. 애들은 나에게 그 곳에 데리고 가도록 출랐다. ◇ **insistente** 형 집요한, 강요적인.

insoportable 형 참을 수 없는. Durante el verano el calor es *insoportable* en Córdoba. 여름에는 꼬르도바의 더위는 참을 수 없다.

insospechado, da 형 뜻밖의; 알지 못하고 있는. Nos hicimos amigos en una ocasión *insospechada*. 뜻밖의 기회에 우리는 친구가 되었다.

inspeccíon 여 검사, 감사; 검사부, 감사부. Hicieron la *inspección* de equipajes en la frontera. 국경에서 짐의 검사가 행해졌다. ◇ **inspeccionar** 타 검사하다, 감독하다. Vinieron a *inspeccionar* los trabajos. 그들은 일을 감독하러 왔다. ◇ **inspector, ra** 명 장학관, 검찰관.

inspirar 타 ① 숨쉬다. ② 느끼게 하다. 생 각하게 하다. Su modestia le *inspiró* mucha simpatía. 그의 신중함이 그녀에게 대단히 친밀함을 느끼게 했다. Yo le *inspiré* la idea de hacerlo. 그 일을 한다는 생각을 나는 그에게 착상시켰다. ~**se** [+en : …로부터] 영감·암시·시사를 받다. Se *inspiró en* una frase de Cervantes para escribir el artículo. 그는 기사를 쓸 때 세르반떼스의 글귀에서 힌트를 얻었다. ◇ **inspiración** 여 ① 숨을 이마시는 일. 〈*Inspiración* profunda〉 de cía el profesor de gimnasia. 〈깊이 숨 쉬고〉라고 체조 선생이 말했다. ② 영감, 감흥, 영향. En un momento de *inspiración* escribió esta poesía. 그는 영감이 떠 오르는 순간에 시를 썼다.

instalar 타 ① 앉히다. 설치하다, 가설하 다. Quiero que *instalen* el teléfono aquí 이곳에 전화를 가설해 주십시오. ② 살게 하다. Me *han instalado* en una habitación muy pequeña. 나는 매우 작은 방에 살게 되었다. ~**se** 주거를 자리하다. Años después *me instalé* en Buenos Aires. 수년 후에 나는 부에노스·아이레스에 주거를 정했다. ◇ **instalación** 여 설치; 설비, 장치; 가설; 정주 ; 실 내 장식.

instancia 여 간원, 간청; 층원, 원서. Ante la *instancia* de los alumnos resolví encargarse de ese trabajo. 학생들의 간청으로 그는 그 일을 떠맡기로 결심하였다.

instante 명 순간. Espéreme usted un *instante* que vuelvo enseguida. 곧 돌아올 것이니 잠깐 기다려 주십시오. *en un instante* 훌연. *al instante* 즉시. Me contestó *al instante*. 그는 즉석에서 대답했다. ◇ **instantáneo, a** 형 즉석의; 즉효의. No me gusta el café *instantáneo*. 나는 즉석 커피는 좋아하지 않는다. 예 스냅 사진.

instinto 명 본능, 직각력; 천품. El *instinto* de las abejas les hace ejecutar actos muy complicados. 꿀벌의 본능은 그들에게 지극히 복잡한 움직임을 시킨다. *por instinto* 본능적으로. ◇ **instintivo, va** 형 본능적인.

institución 여 제도; 시설, 기관. Aquello es una *institución* para recoger a los ancianos. 저것은 노인들을 수용하는 시설이다. *institución pública* 공공 시설.

instituto 명 연구소; 학원; 중학교. Trabaja en el *Instituto* de América Latina. 그는 라틴 아메리카 연구소에서 일하고 있다.

instruir [74 huir] 타 ① 교육하다, 훈련하다. ② [+de·en·sobre :…을] (에게) 가르치다; 알리다. Le *instruí* en el manejo de la máquina. 나는 그에게 기계 다루는 법을 가르쳤다. ③ 명령하다, 지령하다. Si usted prefiere que depositemos este valor en un banco, sírvase *instruirnos*. 이 증권을 은행에 맡기는 것이 좋다면 지시해 주십시오. ◇ ~**se** [+de·en : …으로부터] 배우다, 지식·보고·훈련 받다. *Se instruye* mucho en la lectura de los libros. 사람은 책을 읽고 크게 배우는 바가 있다. ◇ **instrucción** 여 ① 교육, 훈련; 지식, 교훈. ② 지시, 훈령. Los géneros han sido fabricados con arreglo a sus *instrucciones* 물건은 지시하신대로 만들어져 있습니다. ◇ **ins-**

tructivo, va 형 교육적인, 교훈적인.
instrumento 명 ① 도구, 기구. El hombre no conocía entonces más *instrumento* que las piedras. 그 당시 사람은 돌 밖에는 도구를 몰랐다. ② 악기(instrumento músico). ¿Qué *instrumento* toca usted? 당신은 어떠한 악기를 다루십니까. ③ 수단, 방편. Yo no he sido sino un *instrumento* para sus negocios. 나는 그의 장사를 위한 방편에 지나지 않았다.
instrumental 형 악기의, 악기에 의한. *música instrumental* 기악(器樂).
insultar 타 욕설하다, 모욕하다. Le *insultaron* delante de todo el mundo. 그는 여러 사람 앞에서 모욕을 당했다. ◇ **insulto** 명 욕설, 모욕.
intacto, ta 형 손대지 않는, 본래의.
integral 형 완전한(entero); 온전한; 절대 필요한(esencial). ◇ **integralmente** 완전히, 빈틈없이.
integrar 타 통합하다; 편입하다. Hay que *integrar* los esfuerzos dispersos en este punto. 산만한 노력을 이 점에 통합해야 한다. ② 구성하다. Estos países *integran* una federación. 이 나라들은 연맹을 만들고 있다. ◇ **integrante** 구성원, 요원.
íntegro, gra 형 ① 틀림없이 그대로의, 완전한. Tiene la costumbre de entregar el sueldo *íntegro* a su mujer. 그는 급료를 송두리째 아내에게 건네주기로 하고 있다. ② 공정한. Podemos confiar en él, es un hombre muy *íntegro*. 우리들은 그를 신뢰해도 좋다. 지극히 공정한 인물이니까. ◇ **integridad** 명 송두리째, 완전, 공정.
intelectual 형 지력의, 지적인; 지식 있는. El desarrollo *intelectual* del niño es lento. 그 어린이의 지력의 발달은 늦다. 명 지식인, 유식한 사람. El nuevo gobierno tiene el apoyo de los *intelectuales*. 신정부는 지식인의 지지를 얻고 있다. ◇ **intelectualidad** 명 지력, 지성; 지식 계급. ◇ **intelectualismo** 명 주지주의. ◇ **intelectualista** 형 주지주의의; 지식 계급의. 명 주지주의자; 지식 계급의 사람.
inteligente 형 현명한, 영리한, 똑똑한. Mi amigo es simpático e *inteligente*. 나의 친구는 느낌도 좋고 머리도 좋다. ◇ **inteligencia** 명 ① 지능, 예지. El hombre se distingue del animal por la *inteligencia*. 사람은 동물과 지능에 의해서 다르다. ② 양해, 합의. No hemos llegado a una *inteligencia* completa del asunto. 우리들은 그 건에 대해 완전한 양해에 달하지 못했다.

intención 명 의도, 의사. No tengo ninguna *intención* de comprometer su honor. 나는 당신의 명예를 위태롭게 만들 생각은 조금도 없다. *de intención* 고의로. Ya sé que me lo dijo *de intención*. 그가 일부러 나에게 그 말을 한 것을 벌써 알고 있다. ◇ **intencionado, da** 형 모락이 있는. ◇ **intencional** 형 고의의.
intenso, sa 형 ① 강렬한, 격렬한, 심각한. El frío era *intenso*. 추위가 극심했다. Trabajaban bajo los *intensos* rayos del sol. 그들은 강렬한 햇볕을 쪼이면서 일하고 있었다. ② [경제] 집약적인. [일반적으로] 철저한. ◇ **intensidad** 명 강함, 격렬, 짙음. ◇ **intensificar** [7 sacar] 타 도수를 강하게 하다; 강렬하게·심각하게 하다. ◇ **intensivo, va** 집중적인, 집약적인; 강이 강한.
intentar 타 기도하다, 시도하다. Intenté abrir el cajón. 나는 서랍을 열려고 했다. ◇ **intento** 명 의도, 시도. *de intento* 일부러.
intercalar 타 삽입하다. ◇ **intercalación** 명 삽입.
intercambio 명 교환(cambio); 통상, 무역 (intercambio comercial).
interceder 명 중재하다(mediar). El *intercedió* ante José por su amigo. 그는 친구를 위해 호세에게 중재했다. ◇ **intercesión** 명 중재, 조정(mediación).
interceptar 타 차단하다, 막다, 탈취하다, 횡령하다.
interceptación 명 차단; 탈취, 횡령.
interés 명 (intereses) 명 ① (이해) 관계. Eso tiene mucho *interés* para mí. 그 일은 내게 크게 관계가 있다. ② 관심, 흥미. No demuestra el menor *interés*. 그는 최소 관심도 보이지 않는다. *tener interés en [por]* ⋯에 관심을 가지고 있다. Tengo mucho interés *en [por]* la historia de América Latina. 나는 라틴 아메리카 역사에 크게 관심을 가지고 있다. ③ 복 이자. El banco cobra los *intereses*. 은행은 이자를 받아놓인다.
interesar 타 (⋯에) 관심·흥미를 가지게 하다. Me *interesa* mucho el negocio. 그 거래는 나의 관심을 크게 끈다. ◇ **~se** [+en·por ⋯에] 관심·흥미를 갖다; 마음을 끌리다. El profesor *se ha interesado* por su salud. 교수가 당신의 건강을 걱정하고 있었다. *Se interesó* mucho *en* el negocio. 그는 사업에 매우 관심을 가졌다. ◇ **interesado, da** 형 [+en:⋯에] 관계한, 관여한; 관심·흥미를 가진. Están *interesados en* vender la finca. 그들은 그 농장을 파는데 관계가 있다. 명 당사자, 이해관계자. ◇ **interesante** 형

재미있는 [⓺ aburrido]; 관심을 가질만한. Me ha sido *interesante* la novela. 그 소설은 내게는 재미있었다.

interino, na 🈷 임시의; 대리의, 대신의. 🈷 대리인. ◇ **interinidad** 여 대리, 임시.

interior 🈷 ① 가운데의, 안쪽의, 안방의. ¿Ha hecho usted un viaje por el mar *interior*? 내해(内海)를 여행한 일이 있는가요. Tengo algunas ropas *interiores* para lavar. 세탁할 속옷이 약간 있다. ② 내심의. Su vida *interior* era triste. 그의 내면 생활은 적적했다. ③ 국내의. 🈷 내부; 내심.

interjección 여【문법】감탄사.

intermedio, día 🈷 중간의. Quisiera una talla *intermedia*. 나는 중간 치수가 필요합니다. 🈷 중간; 중간 휴게; 막간. por *intermedio* de …을 통해서. ◇ **intermediar** [⓫ cambiar] 자 사이에 넣다; 중재하다, 조정하다 (interceder). ◇ **intermediario, ria** 중간의; 중개업자.

interminable 🈷 끝이 없는. Los estudiantes se cansaban de la *interminable* conferencia del profesor. 학생들은 교수의 긴 강연에 지루해 하고 있었다.

intermitencia 여 중단(間斷), 간헐(間歇). ◇ **intermitente** 🈷 중간에 끊어지는; 간단의, 간헐의. ◇ **intermitir** 중단하다, 중지하다.

internacional 🈷 국가간의, 국제적인. La situación *internacional* de estos días es muy compleja. 요즈음의 국제정세는 매우 복잡하다. ◇ **internacionalidad** 여 국제성. ◇ **internacionalizar** [⓽ alzar] 타 국제화하다.

interno, na 🈷 내부의. Debemos procurar evitar discordias *internas*. 우리들은 내부 분쟁을 피하도록 노력해야 한다. ◇ **internar** 타 안으로 들어오게 하다. 재 자 들어가다 ; (비밀스런 일 따위에) 관여하다 ; 깊이 파내리다. *Se internó* en el monte. 그는 산속에 깊이 들어갔다.

interponer [⓺⓪ poner] 타 사이에 넣다·두다·끼우다; 중재하다 (intervenir). ◇ **interposición** 여 삽입; 저재; 간여, 간섭 (intervención).

interpretar 타 ① 해석하다. Me parece que *has interpretado* mal mis palabras. 너는 내 말을 오해한 듯하다. ② 연기하다, 연주하다. Los actores *interpretaron* bien sus papeles. 배우들은 자기 배역을 능숙하게 해냈다. ◇ **interpretación** 여 해석, 해설; 연출, 연주. ◇ **intérprete** 🈷 통역자; 해설자, 연출자, 연주자.

intervalo 🈷 간격, 사이.

intervenir [⓹⓽ venir] 자 ① 간섭하다, 끼어들다. No quiero que *intervenga* nadie en este asunto. 이 문제에 아무에게도 간섭받고 싶지 않다. ② 참가하다, 참여하다. Quiere *intervenir* en este negocio. 그는 이 일에 참가하려고 한다. ◇ **intervención** 여 간섭; 참가; 검사, (회계) 검사.

interrogar [⓼ pagar] 타 묻다, 따져 묻다; 심문하다. La policía *interrogó* a los dos acusándoles de haber violado la Ley de tráfico de Carreteras. 경찰은 도로교통법에 위반하였다 하여 두 사람을 심문했다. ◇ **interrogación** 여 심문, 의문; 질문 (pregunta); 【문법】의문 부호 (signos de interrogación: ¿?).

interrumpir 타 중단하다, 막다. Procura no *interrumpir* a otro cuando está hablando. 사람이 말할 때 막지 말도록 하여라. ◇ **interrupción** 여 중단. ◇ **interruptor** 🈷 스윗치.

intestino, na 내부의; 집안의, 국내의. 🈷 【해부】장(腸). *intestino* ciego 맹장. *intestino* delgado 소장. *intestino* grueso 대장.

intimidar 타 겁주다. ◇ ~se 겁을 먹다. ◇ **intimidación** 여 겁줌.

íntimo, ma 🈷 ① 내심의. Así lo juré en lo *íntimo* de mi corazón. 나는 마음 속에서 그렇게 맹세했다. ② 친밀한, 친절한 (amable). Todos los que están aquí son mis *íntimos* amigos. 여기 있는 사람은 모두 내심으로; 친밀하게. ◇ **intimar** 알리다, 암시하다. 자재 친해지다; 스며들다. ◇ **intimidad** 여 ① 친밀. ②🈷 상호 친목.

intoxicar [⓻ sacar] 중독시키다 (envenenar). ◇ ~se 중독되다. ◇ **intoxicación** 여 중독증 (envenenamiento).

intrigar [⓼ pagar] 자 음모를 꾸미다. ◇ **intriga** 음모, 책략. ◇ **intrigante** 🈷 음모자.

introducir [⓻⓪ aducir] 타 넣다; 인도하다; 끌어들이다. La criada me *introdujo* en la sala de visitas. 하녀는 나를 응접실로 인도했다. *Introduje* la carta en el buzón. 나는 우체통에 편지를 넣었다. *Introdujo* esa nueva industria en el país. 그는 국내에 그 새로운 산업을 도입했다. ◇ ~se 가운데 들어가다; 참가하다; 간섭하다. *Se han introducido* en la casa por el balcón. 그들은 발코니를 통해 집에 들어왔다. ◇ **introducción** 여 도입, 입문서; 안내, 소개; 서론; 서주, 전주곡; 서막.

intromisión 여 침입; 간섭 (intervención). ◇ **intrusión** 여 침입. ◇ **intruso, sa**

㉑ 침입하는. ㉒ 침입자.

intuición ㉐ 직각, 직관. Si conocemos a Dios, no es por razón, sino por *intuición*. 우리들이 신을 안다고 하면, 이성에 의해서가 아니고 직각에 의해서이다. ◇ **intuir** [74] huir] ㉓ 직관하다, 직각하다. ◇ **intuitivamente** 직각·직관적으로. ◇ **intuitivo, va** ㉟ 직각의, 직관적인.

inundar ㉓ 침수시키다, 물에 잠기게 하다. La última tormenta *ha inundado* más de 500 casas. 이번의 폭풍우는 500채 이상의 가옥을 침수시켰다. ◇ **~se** 홍수나다, 범람하다. ◇ **inundación** ㉐ 홍수; 해도.

inútil ㉟ 헛된, 무용한, 무익한, 쓸모없는 [③ útil]. Este coche ya está *inútil*. 이 차은 이제 쓸모가 없다. Será *inútil* que se lo pidas. 네가 그에게 그 일을 부탁해도 소용없을 것이다. ◇ **inutilidad** ㉐ 무용·무익(한 사물·일). ◇ **inútilmente** ㉟ 무익하게; 헛되이(en vano). Hicimos el viaje *inútilmente*. 우리는 헛되이 여행했다. ◇ **inutilizar** [③ alzar] ㉓ 무익하게·쓰지 못하게 만들다; 폐물로 만들다.

invadir ㉓ 침입하다, 침략하다. Las tropas enemigas *invadieron* nuestro campamento. 적군이 우리 진지에 침입해 왔다. Le *invadió* un mal pensamiento. 나쁜 생각이 그의 마음을 좀먹었다. **invasión** ㉐ 침입, 침략; 침해. ◇ **invasor, ra** ㉟ 침입하는, 침략하는. ㉞ 침입자, 침략자.

inválido, da ㉟ 무효가 된(nulo); 병약한; 박약한. ◇ **invalidación** ㉐ 무효로, 무익. ◇ **inválidamente** ㉟ 무효로, 쓸모 없어. ◇ **invalidez** ㉐ 무효, 병약. ◇ **invalidar** ㉓ 무효로 하다(anular, infirmar).

invariable ㉟ 불변의, 일정한. ◇ **invariación** ㉐ 불변. ◇ **invariablemente** ㉕ 변함없이.

invencible ㉟ ① 무적의, 패하는 일이 없는. Creía que sus ejércitos eran *invencibles*. 그는 자기의 군대는 무적이라고 믿고 있었다. ② 극복할 수 없는. Se vio obligado a abandonar el plan ante un obstáculo *invencible*. 그는 극복할 수 없는 장애때문에 그 계획을 단념할 수 밖에 없었다.

invención ㉐ 발명(품). La *invención* del teléfono se debe a Bell. 전화의 발명은 벨의 덕택이다.

inventar ㉓ ① 발명하다. Galileo *inventó* el telescopio. 갈릴레오는 망원경을 발명했다. ② [번번히 se를 뒤받침] 창작하다; 날조하다. (*Me*) *he inventado* una canción para ti. 나는 너를 위해 노래를 만들었다. ◇ **inventor, ra** ㉟ 발명가, 창안자.

invento ㉑ 발명(품). Este aparato es un *invento* mío. 이 기계는 나의 발명(품)이다.

invernáculo ㉑ 온실.

invernar [19 pensar] ㉔ 겨울을 지내다, 피한하다. Fueron a *invernar* a Pusan. 그들은 겨울을 지내려고 부산에 갔다. **invernada** ㉐ 겨울철. ◇ **invernadero** ㉑ 피한지; 온실. ◇ **invernal** ㉟ 겨울의. ◇ **invernante** ㉞ 피한객.

inverosímil ㉟ 진실답지 않은, 거짓말 같은. Esta historia parecerá *inverosímil*, pero es verdad. 이 이야기는 거짓말처럼 생각될 것이지만, 사실이다. ◇ **inverosimilitud** ㉐ 진실답지 않은 것.

invertir [48 advertir] ㉓ ① 역전하다, 거꾸로 하다, 전위하다. *Invierta* usted las tazas. 찻잔을 거꾸로 해주세요. ② 투자하다. Han *invertido* mucho dinero en el negocio. 그는 그 일에 많은 돈을 투자했다. ③ (시간을) 소비하다. ◇ **inversión** ㉐ 역전, 전위; 투자. ◇ **inverso, sa** ㉟ 반대의.

investigar ㉓ 연구하다, 조사하다. Hay que *investigar* quién lo hizo. 누가 그 짓을 했는지 조사해야 한다. ㉔ 연구·조사를 하다. Los científicos *investigan* incesantemente sobre esa enfermedad. 과학자는 그 병에 관해 부단히 연구하고 있다. ◇ **investigación** ㉐ 연구, 조사. ◇ **investigador, ra** ㉟ 연구하는. ㉞ 연구자, 조사자.

invierno ㉑ 겨울. En *invierno* anochece muy temprano. 겨울은 대단히 빨리 해가 진다.

invisible ㉟ 눈에 보이지 않는. El tren se hizo *invisible* detrás de la montaña. 열차는 산 저쪽으로 보이지 않게 되었다.

invitar ㉓ ① 부르다, 초대하다. Quisiera *invitar*le a una cena. 당신을 만찬에 초대하고 싶은데요. ② 권하다, 재촉하다. Ayer la *invité* al cine. 어제 나는 그녀를 영화보러 가자고 권했다. ③ [+a·para+inf. / +a+que+subj. …하도록] 부르다; 꾀다, 재촉하다. Vengo a *invitar* a ustedes *a que* vayamos juntos a la playa. 함께 바닷가로 가자고 당신들에게 권하러 왔소. ◇ **invitación** ㉐ 초대; 권유. ◇ **invitado, da** ㉟ [+a·…로의] 초대 손님. Estamos *invitados* a una reunión mañana. 우리는 내일 초대 받았다. Hoy tendremos *invitados*. 우리는 오늘 초대 손님을 받을 것이다.

inyectar ㉓ 주사하다. Ha ido al médico para que le *inyecten*. 그는 주사해 달라고

의사에게 갔다. ◇ **inyección** 몡 주사: 주사액. El médico le puso una *inyección*. 의사는 그에게 주사 한 대를 놓았다. **inyectadora** 【뻬루·뿌에르또리꼬】 주사기. ◇ **inyector** 몜 주사기: (보일러의) 급수기.

iodo 몜 요드(yodo)

ion/ión 몜 【물리】이온. ◇ **ionización** 몡 이온화; 전리(電離). ◇ **ionizar** [9 alzar] 타 이온화 하다, 전리시키다. ◇ **ionosfera** 몡 전리층.

ir [55] 자 ①가다. ¿A dónde *va* usted? 어디 가십니까. *Voy* a la escuela. 나는 학교로 간다. ②[+ bien]맞다, [+ mal](겉) 맞지 않다. La situación *va* de mal en peor. 상황이 점점 나빠진다. Te *va* bien 네 넥타이 esa corbata. 그 넥타이는 네게 어울린다 [어울리지 않는다]. ③[+현재분사] 점점 …로 되다·하다, …하고 있다. El sol va apareciendo en el horizonte. 태양이 지평선에 점점 나타난다. ④[+ a + *inf.*: …하러 가다, …하려고 하다. Ayer *fuimos* a verla en su oficina. 어제 우리들은 그녀를 만나러 그녀의 사무소로 갔다. *Vamos* a comer. 먹으러 가자/먹자, 먹자. Iba a llover. 비가 오려 하고 있었다. ⑤[+ por …를] 부르러·가지러 가다. *Voy por* mi sombrero. 나는 모자를 가지러 갔다 오겠다. *Voy por* médico. 나는 의사를 부르러 간다. ◇ **-se** 가버리다, 떠나다. ¡Vámonos! 갑시다. ¡Váyase! 가세요. ¡Qué se vaya! 그가 가게 하세요. Váyase con la música a otra parte. 나를 귀찮게 말고 가세요. Siento que *se vayan* ustedes tan pronto. 당신들이 이렇게 빨리 가버리는 것은 섭섭하다. El buque *se fue* a pique. 배가 침몰했다. *ir de compras* [*paseo · excursión · pesca*] 장보기 [산책·소풍·낚시]하러 가다. Ayer *fui de compras* después de cenar. 어제 나는 저녁식사 후에 장보러갔다. *ir a pie* 걸어가다. *ir a caballo* 말타고 가다. *ir en coche* 자동차로 가다. *ir de brazo* 팔을 끼고 걷다. *ir a medias* 똑같이 하다.

ira 몡 성냄, 분노. Ella descargó su *ira* contra los chicos. 그녀는 어린이들에게 (잘못도 없는데) 쏘아댔다 [분노를 터뜨렸다].

iracundo, da 휑 성을 잘 내는. Estaba *iracunda* por lo que dije. 그녀는 내가 말한 것에 성을 냈다.

ironía 몡 비꼼, 풍자. 【문법】반어(법). Me preguntó con *ironía* si quería dejar de estudiar. 그는 나에게 공부를 그만두고 싶은 것이 아니냐고 비꼬는 투로 물었다. ◇ **irónico, ca** 휑 비꼬는, 풍자적인.

No seas *irónica*. 비꼬지 마라.

irreflexión 몡 경솔함; 반성하지 않음.
irreflexivo, va 휑 경솔한; 반성하지 않는.

irregular 휑 ①불규칙적인. Hay muchos verbos *irregulares* en el español. 서반아어에는 불규칙동사가 많이 있다. ②정규가 아닌; 단정치 못한. Llevaba una vida *irregular*. 그는 단정치 못한 생활을 보내고 있었다. ◇ **irregularidad** 불규칙, 변칙.

irreprochable 휑 비난할 수 없는, 흠잡을 데 없는. Todo el mundo admira su *irreprochable* conducta. 누구나가 그의 흠잡을 데 없는 행동을 칭찬하고 있다.

irresistible 휑 저항할 수 없는; 막을 수 없는. Me entró un deseo *irresistible* de comprarlo. 나는 아무래도 그것을 사고 싶은 욕망에 사로잡혔다.

irrespirable 휑 호흡이 곤란한.

irresponsable 휑 ①책임이 없는. No se encontraba en el lugar, por eso es *irresponsable* del accidente. 그는 그곳에 있지 않았다; 따라서 사건에는 책임이 없다. ②무책임한. Es muy *irresponsable* en su trabajo. 그는 일 처리에 지극히 무책임하다. ◇ **irresponsabilidad** 몡 무책임.

irrigar [8 pagar] 타 【의학】관장하다, 세척하다; 물을 대다(regar). ◇ **irrigación** 몡 관장(법); 관개(riego). ◇ **irrigador** 몜 관장기, 세척기.

irritar 타 ①성내게 하다. Su manera de hablar me *irrita* siempre. 나는 그의 말투에 언제나 성이 난다. ②자극하다. Esta cocina me *irrita* la boca. 이 요리는 내 입을 짜릿하게 한다. ◇ **-se** 격앙하다. ◇ **irritación** 몡 격앙; 짜릿짜릿한 느낌.

isla 몡 섬. Me gustaría vivir en cualquier *isla* solitaria. 나는 어떤 고도에 살고 싶다. ◇ **isleta** 작은 섬.

islandés, sa 휑 아이슬란드(Islandia)의. 몡 아이슬란드 사람. 아이슬란드말.

isóterma 몡 등온선.

israelí 휑 이스라엘(Israel)의. 몡 이스라엘 사람.

istmo 몜 지협(地狹). ◇ **istmeño, ña** 휑 지협 태생의 (사람). ◇ **ístmico, ca** 휑 지협의.

italiano, na 휑 이탈리아(Italia)의. 몡 이탈리아 사람. 몡 이탈리아말.

iterar 휑 반복하다, 되풀이하다(repetir). ◇ **iteración** 몡 반복, 되풀이.

itinerario 몡 ①노정(路程); 행정(行程). Tenemos que hacer el *itinerario* de nuestras vacaciones. 우리들은 휴가의 여정을 만들어야 한다. ②(철도의) 시간표. En esta guía se contienen todos los

itinerarios de todas las lineas. 이 안내서에는 모든 노선의 모든 시간표가 실려 있다. ◇ **itinerante** 형 여행자.
izar [⑨ alzar] 타 게양하다, (높이) 올리다.
izq. izquierdo, izquierda.
izquierdo, da 형 왼편의 [⑪ derecho]. Siento un dolor en el costado *izquierdo*. 나는 왼쪽 옆구리에 아픔을 느꼈다. 여 왼쪽, 왼손; 좌익, 좌파. · Doble usted a la *izquierda* en el segundo cruce. 두쌔번 교차점에서 왼쪽으로 구부러 지십시오. Ella estaba sentada a mi *izquierda*. 그녀는 내 왼쪽에 걸터앉아 있었다. ◇ **izquierdista** 형 좌파의, 좌익의. 명 좌파 사람, 좌익분자.

J

jabalí [남] (jabalíes) [복] 【동물】멧돼지.

jabón [남] 비누. Quiero una toalla y un *jabón* de olor. 나는 수건과 화장 비누가 필요하다. ◇ **jabonar** [타] 비누로 빨다. ◇ **jaboncillo** [남] (고형의) 화장·약용 비누. ◇ **jabonera** [여] 비누갑, 비눗통. ◇ **jabonería** [여] 비누 공장·가게. ◇ **jabonero, ra** [형] 비누 장수·직공.

jaca [여] 【동물】조랑말.

jacinto [남] 【식물】히아신스.

jactarse [재] [+de : …을] 자랑하다, 의시대다, 젠체하다. *Se jacta de* ser el más fuerte de todos. 그는 모두 중에서 제일 힘세다고 자랑하고 있다. ◇ **jactancia** [여] 자랑, 자부, 으시댐. ◇ **jactancioso, sa** [형] 매우 젠체하는.

jado [남] 【광물】비취, 경옥.

jamás [부] 결코 …않다(nunca). No he dicho *jamás* tal cosa [*Jamás* he dicho tal cosa]. 나는 결코 그런 말을 한 일이 없다.

jamón [남] 【식물】햄.

japonés, sa [형] 일본(Japón)의. [명] 일본사람. [남] 일본말.

jarabe [남] 당밀, 시럽, 멕시코의 춤(의 일종).

jardín [남] 뜰, 정원; 공원. Hay muchas flores en el *jardín*. 뜰에는 꽃이 많이 있다. *jardín botánico* 식물원. *jardín de la infancia* 유치원. *jardín de recreo* 유원지. *jardín zoológico* 동물원. ◇ **jardinero, ra** [명] 정원사, 정원지기; 조원(造園)가.

jarro [남] (손잡이가 하나인) 단지, 주전자; 자루 달린 맥주잔. Nos bebimos entre los tres un *jarro* de cerveza. 우리는 세 사람이서 한 잔의 맥주를 마셨다. ◇ **jarrón** [남] 꽃병, 큰 항아리.

jaula [여] 새장; 우리. El pájaro se escapó de la *jaula*. 새가 새장으로부터 날아가버렸다.

jazmín [식물] 재스민.

jazz [남] 재즈.

jefe [남] 우두머리, 대장. Quiero ver al *jefe* de la estación. 나는 역장을 만나고 싶다. *en jefe* 수석으로. *jefe de familia* 가장(家長). *jefe del Estado* 국가 원수.

jerarquía [여] 계급; 계급 제도·조직; 상류계급. La *jerarquía* produce muchos problemas sociales. 계급 제도는 많은 사회 문제를 야기하고 있다. ◇ **jerárquico, ca** [형] 계급의, 계급에 의한.

jerez [남] 헤레스 (헤레스산 백포도주).

jeringa [여] 관장기; 주사기. ◇ **jeringar** [자] pagar) [타] 관장하다; 주사 놓다. ◇ **jeringazo** [남] 관장(액); 주사.

jersey [남] 스웨터 (suéter). Ponte el *jersey*, que hace frío. 추우니까 스웨터를 입으시오.

jesuita [형] 예수회(Compañía de Jesús)의. [남] 예수회의 수도사.

jesús [남] 예수. [감] 저런, 아이고 [놀라움·슬픔·안도 따위]. ◇ **jesucristo** [남] 예수 그리스도.

jinete [남] 기수(騎手). A la tarde volvía a pasar el gallardo *jinete*. 오후에는 또 그 사람이 늠름하게 말을 타고 지나갔다.

jira [여] 원족, 소풍, 여행, 피크닉. *jira campestre* 피크닉. *jira de inspección* 시찰 여행.

jirafa [여] 【동물】기린.

jornada [여] ①(하루의) 행사, 일정; 여정. ¡Qué *jornada* tan larga! 폐 긴 여정이다! ②(1일분의) 노동, 노동 시간. Su *jornada* es de ocho horas. 당신의 노동은 8시간이다.

jornal [남] ①일급(日給). Mi *jornal* es de cinco pesos. 내 일급은 5페소이다. ②(한 사람 1일분의) 노동 시간. Para esta obra se necesitarán unos cien *jornales*. 이 사업에는 대략 100인분의 노동시간이 필요할 것이다. *a jornal* 날품으로. Trabajo *a jornal* en la fábrica. 나는 그 공장에서 날품으로 일하고 있다. ◇ **jornalero, ra** [남] 날품팔이꾼.

joroba [여] 곱사. ◇ **jorobado, da** [형] 곱사의, 곱사. [남] 곱사.

jota [여] 호따(서반아의 민요·민속 무용의 하나). Baila [Canta] muy bien las *jotas*. 그녀는 호따를 대단히 잘 춘다 [노래한다].

joven [명] (jóvenes) [형] 젊은 (↔ viejo). Aunque *joven*, tiene mucha razón. 그는 젊지만 매우 이치에 맞고 있다. [남] 청년, 젊은이. Los *jóvenes* son tesoros de la

jovenzuelo, la 형 [joven의 축소형; 경멸적] 젊은. 명 꼬마, 어린 소녀.
jovial 형 쾌활한, 명랑한(alegre). ◇ **jovialidad** 여 쾌활함, 쾌활성. ◇ **jovialmente** 부 활달하게, 쾌활하게.
joya 여 ①보석 (장식품), 보석류. Tiene varias *joyas* preciosas. 그녀는 값비싼 보석류를 여러 가지 갖고 있다. ②보배. Mi mujer es una *joya*. 나의 아내는 보배이다. ◇ **joyería** 여 보석 장식 상점, 보석상. ◇ **joyero, ra** 명 보석 장식품 직공; 보석상. 명 장신구 상자, 보석 상자.
jubilarse 재 ①퇴직하다(retirarse). Cuando cumpla sesenta años *me jubilaré*. 나는 만 60세가 되면 퇴직한다. ②기뻐하다(alegrarse). ◇ **jubilación** 여 퇴직; 연금. ◇ **jubilado, da** 형 (정년) 퇴직자.
júbilo 명 환희, 큰 기쁨. Al pasar el equipo triunfante, saltaron con *júbilo* los aficionados. 승리한 팀이 지나가니까 팬들이 크게 기뻐하여 런뛰었다. ◇ **jubiloso, sa** 형 크게 기뻐하는.
judía 여 【식물】 강낭콩(frijol, frejol). Déme una libra de *judías*. 강낭콩 1파운드 주세요.
judío, día 형 유다(Judea)의. 명 유대인.
juego 명 ①장난; 놀이, 유희. Lo hago por *juego*. 나는 장난으로 그 짓을 하고 있는 것이다. ②경기, 시합, 게임. Este es un *juego* muy popular en España. 이것은 서반아에서 대단히 인기가 있는 게임이다. *Juegos Olímpicos* 올림픽 경기. ③얽어 맞춤. (기구·용품의) 한벌, 세트. Quiero regalarles un *juego* de café. 나는 커피 세트를 그들에게 선물했다. *hacer juego con* (…와) 꼭 맞다, (한) 반으로 되다. La corbata *hace juego* con el traje. 넥타이가 옷과 잘 어울린다.

jueves [단·복수 동형] 명 목요일. *Jueves Santo* 성주간의 목요일.
juez 명 jueces 명 재판관; 심판자. Actuó de *juez* en la disputa. 그는 토론에서 심판자의 임무를 맡았다.
jugar [28] 자 ①놀다, 장난하다. Los niños están *jugando* en el parque. 어린이들은 공원에서 놀고 있다. *jugar al tenis* [*fútbol·béisbol·vólibol·básquetbol*] 정구[축구·야구·배구·농구]를 하다. Vamos a *jugar* al tenis. 정구를 하고 놀자. ②경기·시합·도박을 하다. Mañana *jugamos* con el equipo A. 우리는 내일 A팀과 시합을 한다. ③ [+con: …과] 맞다, (…와) 걸맞다. Este mueble no *juega* bien con el decorado. 이 가구는 장식과 잘 맞지 않다. ④ (유희·경기·승부를) 하다. Vamos a *jugar* una partida de ajedrez. 장기 한 판 두자. 타 (돈을 내기에) 걸다. *Ha jugado* todo su dinero. 그는 돈을 모두 걸었다. ◇ **~se** 생명 따위를 걸다. Voy a *jugarme* la vida en este negocio. 나는 이 일에 목숨을 걸 작정이다. ◇ **jugador, ra** ① 경기자, 선수; 노름꾼. *jugador profesional* 직업 선수.
jugo 명 ①국물, 액체; 과즙(zumo); 수액(樹液). Me gusta el *jugo* de tomate. 나는 토마토 주스가 좋다. ②정(精), 정수(精髓). Al leer un libro, debemos procurar sacarle el *jugo*. 책을 읽을 경우, 제일 중요한 점을 꺼내도록 해야 한다.
jugoso, sa 형 즙·물기가 많은; 이익이 많은.
juguete 명 장난감. ¿Qué *juguete* quieres? 너는 어떤 장난감이 갖고 싶으냐. ◇ **juguetería** 여 완구점. ◇ **juguetón, na** 형 장난을 좋아하는. 명 장난꾸러기.
juicio 명 ①이성, 본정신. No estaba en su *juicio*. 그는 본정신이 아니었다. ②사려, 분별. Es un hombre de mucho [poco] *juicio*. 그는 사려깊은 [얕은] 사람이다. ③의견(opinión). Coincide tu *juicio* con el mío. 너의 의견은 내 의견과 일치하고 있다. ④재판, 심판, 판정. Se celebró el *juicio* y le condenaron a cinco años de cárcel. 재판이 열려 그는 5년의 징역에 처해졌다. ◇ **juicioso, sa** 사려깊은, 현명한.
julio 명 7월.
junio 명 6월.
junta 여 ①집회, 회의(conferencia). Ayer tuvimos la *junta* general. 어제 총회를 개최했다. ②위원회. La *junta* renunció en pleno. 위원회는 총사직했다.
juntar 타 모으다, 모이게 하다. *Junté* todo el dinero. 나는 가진 돈 전부를 모았다. *Junte* usted aquí a los muchachos. 어린이들을 여기 모아 주십시오. ◇ **~se** 함께 있다, 모이다. No *te juntes* con ellos. 너는 그들과 함께 있지 마라.
junto, ta 형 함께. Los dos van *juntos* siempre. 저 두 사람은 언제나 함께이다. 부 [+a: …에] 붙어서, 옆에; 동시에. Estaba sentada *junto* a la ventana. 그녀는 창가에 걸터 앉아 있었다. Tocaban, cantaban y bailaban, todo *junto*. 그들은 악기를 치고, 노래하고, 춤추고, 모두 동시에 하였다. ◇ **juntamente** 함께, 동시에.
jurado 명 ①(콩쿠르, 시험 따위의) 심사회; 협의회. El *jurado* premió al más apto. 심사회는 최우수자에게 상을 주었다. ②심사위원. *jurado mixto* 노사 합동

juramento 남 ① 맹세, 선서. No quiso pronunciar ningún *juramento*. 그는 어떠한 선서의 말도 하려 하지 않았다. ② 욕설, 저주. Se marchó oyendo detrás de sí los *juramentos* de la gente. 그는 사람들의 욕설을 등 뒤에 들으면서 사라졌다.

jurar 타 맹세하다, 선서하다. *Juro* que yo no soy el que lo hizo. 그 짓을 한 사람은 내가 아니라는 것을 맹세한다.

jurídico, ca 형 사법·법률(상)의. Pido que se haga exacta y *jurídica* averiguación de este asunto. 나는 이 문제에 대해서 정확한 법률적 조사가 행해지도록 요구한다.

justicia 여 ◇ **justiciero, ra** 형 바른, 공정한, 엄격한; 엄벌주의의. ① 정의, 공정, 정당성. Siempre venimos pidiendo *justicia*. 우리들은 언제나 정의를 요구해 왔다. Sus palabras faltan a la *justicia*. 그의 말은 정당성이 결여되어 있다. ② 재판. Al fin recurrieron a la *justicia*. 끝내 그들은 재판에 호소했다. ③ [추상적] 재판관, 경찰. Está escondido, huyendo de la *justicia*. 그는 경찰을 피해 숨어 있다. *de justicia* 정당하게.

justificar [7] sacar] 타 ① 정당화하다, 정당하다고 인정하다. Esa razón no es bastante para *justificar* el fracaso de la empresa. 그 이유는 기업의 실패를 정당화하는데 충분하지는 않다. ② 이유를 붙이다, 증명하다, 변명하다. Si es verdad que no lo hiciste, *justifica*melo. 네가 그것을 하지 않았다는 것이 사실이라면, 내게 그 이유를 말해라. ◇ **justificación** 여 정당화; 증명, 해명. ◇ **justificado, da** 형 바른, 정당한.

justo, ta 형 ① 바른; 공정한. Es *justo* lo que dices. 네가 말하는 것은 옳다. ② 정확한; 확실한. La cuenta es *justa*. 그 계산은 정확하다. El tren llegó a la hora *justa*. 열차는 정확한 시간에 도착했다. 정확하게; 바르게; 딱맞게. Llegó *justo* cuando arrancaba el tren. 그는 열차가 떠나는 바로 그 때에 도착했다. ◇ **justamente** 부 마침 (그대로이다), 꼭맞게, 정확하게.

juvenil 형 청춘의; 젊음이 넘치는. Todavía tiene un aspecto *juvenil*. 그녀는 아직 젊음이 넘치는 얼굴을 하고 있다.

juventud 여 ① 청춘, 청춘 시대. Esta es la casa donde pasé mi *juventud*. 이것이 내가 청춘 시대를 지냈던 집이다. ② [집합적] 청년, 젊은이들. Excitó a la *juventud* a la campaña política. 그것은 청년을 정치 운동에 몰아내었다.

juzgar [[8] pagar] 타 ① 생각하다, 판단하다. El *juzga* que tengo culpa. 내가 나쁘다고 그는 판단하고 있다. No le *juzgo* perezoso. 나는 그가 게으름뱅이라고는 생각하지 않는다. No *juzgo* que te equivoques. 네가 잘못했다고 생각하지 않는다. ② 재판하다, 재정하다. No me gusta *juzgar* los actos ajenos. 나는 타인의 행동을 이러쿵저러쿵 하는 것은 싫다. ◇ **juzgado** 남 재판소, 법정.

K

kaiser 냄 카이제르.
kaki 냄 카키색, 카키복. ② 【식물】 감 (caqui).
kanguro 냄 【동물】 캥거루(canguro).
kepis 냄 군모(軍帽)(quepis).
kilo [kilogramo의 생략형] 냄 킬로(그램).
kilociclo 냄 킬로사이클.
kilogramo 냄 킬로그램. Déme dos *kilogramos* de patatas. 감자를 2킬로그램 주십시오.
kilolitro 냄 킬로리터.
kilómetro 냄 킬로미터. *kilómetro cuadrado* 평방 킬로미터. ◇ **kilométrico, ca** 형 이정(里程)의; 기다란. 냄 거리제의 승차권.
kilovatio 냄 킬로와트.
kindergarten 냄 유치원 (jardín de la infancia).
kiosco (정자처럼) 작은 건물; 매점, 신문 판매대, 구멍가게(quiosco, puesto).
kodak/kodak 냄 코닥, 소형 카메라.
kremlín [보통 el과 함께 대문자로 사용함] 크레믈리 궁전.
kümmel 냄 퀴벨주(酒).
kv., k. w. kilovatio.

L

l. letra 어음; ley 법; libro 책; litro 리터.
L/ letra ; licenciado 학사.
£ libra(s) esterlina(s) 영국의 파운드 화(貨).
la 관 [정관사의 여성 단수형]. *La* risa es *la* sal de *la* vida. 웃음은 인생의 소금이다. 때 [3인칭 여성 단수의 대격 대명사] 그것을, 그녀를; 당신을. Aquí hay una carta; entrég*ala* a tu padre. 여기 편지가 있다. 그것을 너의 아버지께 드려라. *La* invité al cine. 나는 그녀를 극장에 가자고 권했다.
laberinto 냄 미궁, 미로; 뒤얽힘.
labio 냄 입술. Se mordió los *labios* conteniendo rabia. 그는 분노를 참으면서 입술을 깨물었다. *labio leporino* 언청이. *lápiz de labios* 립스틱.
labor 여 ① 일, 노동, 업무. Las *labores* del campo son penosas. 밭일은 힘이 든다. ② 재봉, 수예(품). Las señoras se reúnen a hacer *labor*(*es*). 부인들이 수예를 하려고 모였다. ◇ **laborable** 형 일할 수 있는. *día laborable* 근무일. ◇ **laboral** 형 노동(자)의.
laborar 재 잔꾀를 부리다, 공작을 하다. Está *laborando* por su porvenir. 그는 자기 장래를 위해 공작을 하고 있다.
laboratorio 냄 실험실, 시험소, 연구소. Trabaja en el *laboratorio* de física de la Universidad. 그는 대학의 물리학 실험실에서 일하고 있다.
laborioso, sa 형 ① 근면한 (diligente, trabajador). El joven es muy *laborioso*. 그 청년은 매우 근면하다. ② 힘드는, Hacer un libro es una tarea *laboriosa*. 책을 만드는 것은 힘드는 일이다. ◇ **laboriosidad** 여 근면 (diligencia).
labrar 타 ① (…에) 세공을 하다. ② 밭을 갈다(arar); 경작하다(cultivar). Siente gozo en *labrar* el campo. 그는 밭가는 일에 기쁨을 느끼고 있다. ◇ **labrador, ra** 냄 농부. ◇ **labranza** 여 경작, 농사; 논, 밭.
labriego, ga 냄 농부(labrador). Los *labriegos* trabajaban bajo un sol ardiente. 농부들은 타는 듯한 태양 밑에서 일하고 있었다.
lacayo 냄 졸병; 마부; 제복을 입은 하인.
lacerar 타 상처를 입히다. 재 애먹다; 고통스러워 하다.

lacio, cia 형 시들은; 풀린; 쇠약해진.

ladera 여 사면, 산허리, 비탈, 기슭. Las vacas pacían en las verdes *laderas* de la colina. 소가 언덕의 초록색 기슭에서 풀을 뜯고 있었다.

lado 남 ① 옆; 측면. Siéntese a mi *lado*. 제 옆에 앉으세요. La iglesia está *al lado* derecho de la calle. 교회는 거리의 오른쪽에 있다. Ponte a un *lado*. 옆으로 비켜라. ②【신체】 옆배. Tengo un dolor en el *lado* izquierdo. 나는 왼쪽 옆배가 아프다. *al lado de* …의 쪽・옆에; …에 비교하면. Su casa está *al lado* de la mía. 그의 집은 나의 집의 이웃에 있다. *al otro lado* 맞은편에, 건너편에. El Japón está *al otro lado* del mar. 일본은 바다 건너편에 있다.

ladrar 자 (개가) 짖다. El perro viejo no *ladra* en vano. 늙은 개는 헛되이 짖지 않는다. ◇ **ladrido** 남 짖는 소리. ◇ **ladrador, ra** 형 짖는. Perro *ladrador*, poco mordedor. 말수가 없는 사람이 무서운 사람 (짖는 개는 그다지 물지 않는다).

ladrillo 남 벽돌, 타일. Mi casa es de *ladrillo*. 우리 집은 벽돌집이다.

ladrón, na 명 도둑. La ocasión hace al *ladrón*. 기회가 도둑을 만든다.

lagarto 남【동물】 도마뱀. ◇ **lagartijo** 새끼 도마뱀.

lago 남 호수, 연못, 늪. Hay un *lago* bonito a poca distancia de mi casa. 우리집에서 과히 멀지 않은 곳에 아름다운 호수가 있다.

lágrima 여 눈물. Tenía los ojos llenos de *lágrimas*. 그녀는 그의 눈물을 잔뜩 머금고 있었다. *a lágrima viva* 눈물 흘리며 우는 모습. La madre lloró *a lágrima viva*. 모친은 심히 울었다.

laguna 여 작은 연못, 늪.

laico, ca 형 속인의, 재가(在家)의. 명 재가의 신자.

lamentar 탄식・한탄하다, 서운해하다. *Lamentamos* no poder acceder a su solicitud de descuento. 할인의 요청에 응하지 못하는 것을 유감으로 생각합니다. Lo *lamento* mucho. 매우 섭섭합니다. *Lamento* mucho lo ocurrido. 사건이 일어나 매우 유감이다. *Lamento* que no puedas venir conmigo. 네가 함께 못 오는 것은 유감이다. ◇ **lamentable** 형 탄스러운 것. ◇ **lamentación** 여 탄식, 한탄, 슬픔의 소리. ◇ **lamento** 남 탄식, 한탄.

lamer 타 핥다, 빨다. No te *lamas* los dedos. 손가락을 빨지 마라.

lámina 여 ①금속판. ②(책의) 삽화, 사진. Las *láminas* de este libro son todas bonitas. 이 책에 있는 사진은 모두 아름답다.

lámpara 여 ①램프; 전등, 전기 스탠드. Encienda la *lámpara* de aceite. 석유 램프에 불을 켜라. ②진공관. Voy a comprar unas *lámparas* de radio. 나는 라디오의 진공관을 사러 가는 길이다. ◇ **lamparilla** 여 작은 전구; (소형의) 석유풍로.

lana 여 ①양털; (동물의) 털. Pasa un perro con unas *lanas* largas. 긴 털이 있는 개가 한 마리 지나가고 있다. ②모직물. El traje es de *lana*. 그 옷은 모직물이다.

lance 남 ①위기, 아슬아슬함. Nos ocurrió un *lance* peligroso. 우리들은 아슬아슬하게 위태로운 일에 세워졌다. ②(연극・소설의) 절정, 고비. La obra está llena de *lances* divertidos. 그 작품에는 재미있는 고비가 가득 찼다.

lancha 여 거룻배. La *lancha* se deslizó hacia la isla. 거룻배는 그 섬 쪽으로 미끄러지기 시작했다.

langosta 여【동물】 새우;【곤충】 메뚜기. Una nube de *langostas* arrasó toda la comarca. 메뚜기의 대군이 전 지역을 황폐하게 만들었다.

lánguido, da 형 노곤한, 나른한; 여윈. ◇ **languidez/langüideza** 여 노곤함, 나른함.

lanza 여 창(槍).

lanzallamas【단・복수 동형】 화염 방사기.

lanzar【⑨ alzar】 타 ①던지다(arrojar, tirar); 놓다; 발사하다. Los niños *lanzaban* piedras al estanque. 어린이들은 연못에 돌을 던지고 있었다. ②(한숨・불평 따위를) 토하다; (고함소리 따위를) 내지르다. La vieja lanzó un suspiro [grito]. 노파는 한숨을 쉬었다 [고함소리를 내었다]. ◇ **~se** 뛰어 나가다・들다, 뛰어 덤비다, 돌진하다. El león *se lanza* sobre su presa con mucho cuidado. 사자는 대단히 조심스럽게 먹이에 뛰어 덤빈다. ◇ **lanzamiento** 던짐・처음림, 쏘아냄; 발사.

lapicera 여 연필끼우개, 필통; 펜촉, 펜대.

lapicero 남 연필끼우개; 샤프 펜슬; 펜촉.

lápida 여 비, 비석, 비문.

lápiz 남【lápices】연필. Escriba usted con *lápiz*. 연필로 쓰시오.

lapso 남 경과, 기간; 실수, 과실.

largo, ga 형【시간적・공간적】 긴 (↔ corto). 오랜. El tiene los brazos muy *largos*. 그는 팔이 매우 길다. No ha llovido por *largo* tiempo. 오랫동안 비가 오지 않는다. En verano el pelo *largo* estorba mucho. 여름에는 긴 머리는 매우 방해가 된다. ▣ 길이(longitud. largueza, largura). ¿Cuál es el *largo* del puente? 다리의 길이는 얼마쯤인가. Tiene cinco pies de *largo*. 길이가 5피트이다. *a lo largo de* …을 따라서. Camine usted *a lo largo del* río. 냇물을 따라서 가십시오. ¡*Largo* de aquí! 여기서 나가!

laringe 예 【해부】후두(喉頭).
laríngeo, a 형 후두의.
laringitis 예【의학】후두염.
larva 예 구더기, 유충.
las 관 ① [정관사의 여성 복수형]. A mi madre le gustan las *flores*. 내 모친은 꽃을 좋아한다. 때 [3인칭 복수의 대격 대명사] 그것들을; 저들을; 그녀들을; 당신들을. ¿Has comprado *las* entradas para el teatro. -Sí, *las* he comprado. 극장 입장권을 샀는가. —예, (그것들을) 샀습니다. *Las* invité a la cena. 그는 그녀들을 저녁 식사에 초대했다.
lástima 예 ① 애처로움, 슬픔. Me da *lástima* verlo. 그것은 보기만 해도 애처롭습니다. ② 미안, 유감. ¡Qué *lástima*! 유감입니다, 안됐군요. Es (una) *lástima* que no hayas venido más temprano. 네가 좀 더 빨리 오지 않았던 것은 유감이다.
lastimoso, sa 형 애처로운, 슬픈. La familia se hallaba en un estado *lastimoso*. 그 가정은 애처로운 상태였다.
lastimar 타 ① 상처내다, 아프게 하다. Estos zapatos me *lastiman*. 이 구두는 발을 상하게 한다 (나를 상처 입힌다). ② 망가뜨리다; 모욕하다, 능욕하다; 동정하다. ◇ ~se ① 부상하다. Me *lastimé* el pie al caerme. 나는 너머질 때에 발을 다쳤다. ② [+de : …에게] 동정하다.
lata 예 ①【금속】함석, (통조림 따위의) 통. Se puede tapar el agujero con una *lata*. 그 구멍은 함석으로 메울 수 있다. ② 성가신 일. ¡Qué *lata* tener que invitarle? 그를 초대해야 한다니 귀찮은 일이로군!
lateral 형 측면의, 옆의.
látex 명【단・복수 동형】【식물】유액(乳液).
latigazo 명 채찍질, 질책.
látigo 명 채찍.
latín 명 라틴어.
latino, na 형 라틴 민족의, 라틴 계통의; 라틴어의.
latir 자 고동하다(palpitar). El corazón me *latía* fuertememnte. 나는 가슴이 심히 두근두근하고 있었다. ◇ **latido** 명 고동, 맥박.
latitud 예 ① 열, 폭, 가로. ② 위도 [때 longitud]. El barco está a 38 grados de *latitud* norte. 배는 북위 38도에 있다. ③ 풍토(風土), 기온, 지방. El hombre puede vivir bajo todas las *latitudes*. 사람은 어떠한 기온의 지방에서도 살 수가 있다.
latoso, sa 형 귀찮은, 번거로운, 꿀지 아픈.
laurel 명 ①【식물】월계수. ② 명예, 승리. Ganó el *laurel* de la victoria. 그는 승리의 영광을 얻었다.
lava 예【지질】용암.
lavamanos 명【단・복수 동형】세숫대야.
lavaplatos 명 접시 씻는 곳.
lavar 타 씻다, 세탁하다. Quisiera que me *lavases* estas ropas. 이 옷을 빨아 주었으면 하는데요. ◇ ~se (자기의 몸・얼굴・손 따위를) 씻다. *Me lavo* la cara con agua caliente. 나는 더운물로 낯을 씻었다. *Lávate* las manos 손을 씻어라. ◇ **lavabo** 예 세면대; 변소. ◇ **lavadora** 예 세면소, 변소. ◇ **lavado** 명 세탁기. *lavadora eléctrica* 전기 세탁기.
lavandero, ra 명 세탁하는 사람. ◇ **lavandería** 예 세탁소.
lavarropas 명【단・복수 동형】세탁기.
lavativa 예 세장제(洗腸劑).
laxante 형 부드럽게 하는; 하제(下劑)의. ◇ **laxación** 예 이완, 느슨해짐; 설사.
lazo 명 덫; 결합; 고삐. Estamos unidos por *lazos* de amistad. 우리들은 우정의 유대로 맺어져 있다.
le 때 ① [3인칭 단수 여격 대명사] 그・그녀・당신에게; 그・그녀・당신에게. *Le* doy muchas gracias. 나는 당신에게 감사합니다. Será mejor no decir*le* nada. 그 (그녀)에게 아무 말도 않는 편이 좋겠다. *Le* robaron todo el dinero. 그는 돈을 몽땅 도둑맞았다. ② [남성의 경우 대격으로] 그를, 당신을. Quiero visitar*le* mañana. 내일 그 [당신]을 찾아가고 싶다.
leal 형 충실한, 성실한. El perro es *leal* a su amo. 개는 주인에게 충실하다. ◇ **lealtad** 예 충실; 성실.
lección 예 ① 공부, 과업; 수업. Tengo *lección* de la literatura española por la tarde. 나는 오후에 서반아문학 수업이 있다. ② (교과서 따위의) 과. Repasen ustedes la *lección* veintiuna. 제21과를 복습하십시오. ③ 교훈. No puedo olvidarme de las *lecciones* de mi padre. 나는 부친의 교훈을 잊을 수 없다.
lector, ra 명 ① 독자. ¿Qué pensáis de esto, *lectores*? 독자 여러분, 이 일을 어떻게 생각하십니까? ② (대학에서 외국어의) 강사. Es *lector* de español. 그는 서반아어 강사이다.

lectura 여 독서, 읽기, 강독. La *lectura* eleva la cultura del hombre. 독서는 사람의 교양을 높인다.

leche 여 젖; 우유; 우유 모양의 액체. La *leche* es muy buena para la salud. 우유는 건강에 대단히 좋다. *leche de la madre* 모유(母乳). *leche concentrada [condensada]* 연유. *leche en polvo* 분유. *vaca de leche* 젖소. ◇ **lechería** 여 우유 가게. **lechero, ra** 형 젖의, 우유의. *vaca lechera* 젖소. 남 우유파는 사람; 젖 짜는 사람. 여 우유·젖 담는 그릇. ◇ **lechar** 타 젖을 짜다.

lecho 남 ① 침상, 잠자리, 침대(cama). Llevaron al enfermo al *lecho*. 사람들은 환자를 침대로 날라갔다. ② 하상(河床). Hay muchas piedras en el *lecho* del río. 하상에는 많은 돌멩이가 있다.

lechón, na (새끼) 돼지; 더러운 인간.

lechuga 【식물】 상치.

lechuza 여 【새】 부엉이.

leer [75] 타 ① 읽다. *Leyó* la carta repetidas veces. 그녀는 그 편지를 몇 번이고 읽었다. No *he leído* todavía esa novela. 나는 그 소설을 아직 읽은 일이 없다. ② 읽어내다, 추측하다. *Leí* en sus ojos lo que pensaba. 그가 무엇을 생각하고 있는지 나는 그의 눈빛으로 알았다. 자 독서를 하다. Ayer pasé *leyendo* toda la tarde. 어제 나는 독서를 하면서 오후 내내를 지냈다.

legajo 남 다발, 묶음; 종이 묶음.

legal 형 법률(상)의, 법정의; 적법의, 합법의. Este es el precio *legal*. 이것은 법정 가격이다. Su especialidad es la medicina *legal*. 그의 전문은 법의학이다. ◇ **legalidad** 여 적법, 합법성; 정당성. ◇ **legalización** 여 합법화, 적법화. ◇ **legalizar** [9] *alzar*] 타 공인하다, 인증하다.

legendario, ria 형 전설의, 이야기의.

legible 형 읽을 수 있는, 판독할 수 있는.

legión 여 군단; 부대. Entró en la *legión* de voluntarios. 그는 의용군에 들어갔다. ② 무수, 다수(의 사람)·무리. En la playa había una *legión* de bañistas. 해변에는 무수한 해수욕객이 있었다.

legislación 여 입법; 법률, 법학. ◇ **legislador, ra** 남 입법자. 형 입법의, 입법의. ◇ **legislar** 자 법률을 제정하다. ◇ **legislativo, va** 형 입법의. ◇ **legislatura** 여 입법부; 국회 의회.

legítimo, ma 형 ① 올바른. Es *legítimo* que usted no acepte las condiciones. 그 조건을 당신이 받아들이지 않음은 정당하다. ② 합법의; 정통의. El gobierno de esta nación no es *legítimo*. 이 나라 정부는 합법 정부는 아니다. ③ 진짜의, 진정한. Estas perlas son *legítimas*. 이 진주는 진짜이다. ◇ **legitimar** 타 합법적으로 만들다; 자격을 부여하다.

legua 여 [거리의 단위] 레구아 (5,572.7미터).

legumbre 여 콩류; 야채(verduras). Se cultivaban flores y *legumbres* en el jardín. 뜰에는 꽃과 야채가 재배되어 있었다.

lejano, na 형 [시간적·공간적] 먼 (⇔ *cercano*). Se marchó a un país *lejano*. 그는 먼 나라로 가버렸다. ◇ **lejanía** 여 먼 곳, 원방. Miraba a la *lejanía*. 그는 먼 곳을 보고 있었다.

lejos 부 [+de: …로 부터] 멀리; 동 떨어져서 [⇔ *cerca*]. ¿Es muy lejos de aquí? 여기서 무척 멉니까. Allá *lejos* se ve una casa. 저 먼 곳에 집한 채가 보인다. El río está bastante *lejos* de aquí. 강은 여기서 꽤 먼 곳에 있다. *a lo lejos* 멀리에. *A lo lejos* verás una torre. 멀리에 탑이 보일 것이다.

lema 남 표어, 모토. Me *lema* es: Hombre precavido vale por dos. 신중한 사람은 두 사람 가치가 있다는 것이 나의 모토이다.

lencería 여 린넨류; 의료품 상점가. ◇ **lencero, ra** 남 린넬 상인·업자.

lengua 여 ① 혀. ¡Ay, qué caliente!; por poco me quemo la *lengua*. 아야, 뜨겁다! 하마터면 혀를 뎁뻔 했다. ② 언어, 국어(dioma). No es fácil aprender una *lengua* extranjera. 한 외국어를 배우는 일은 용이하지 않다. ¿Qué *lengua* se habla en Corea? 한국에서는 무슨 언어가 사용되고 있습니까.

lenguaje 남 ① 말; 특수 언어. Tengo más interés en el *lenguaje* hablado que en el escrito. 나는 문장에서 쓰는 말보다도 회화에서 쓰는 말에 흥미가 있다. ② 말투, 용어. Tiene un *lenguaje* claro. 그는 분명한 말씨를 쓴다.

lente 여 렌즈. Las *lentes* de esta cámara son muy buenas. 이 카메라의 렌즈는 매우 좋다. 남복 코안경.

lenteja 여 【식물】 렌즈콩.

lento, ta 형 느린; 늦은. Es un hombre *lento* en el trabajo. 그는 일이 느린 사람이다. Es muy *lento* para comprender. 그는 이해가 극히 느리다. ◇ **lentamente** 부 천천히, 느리게. ◇ **lentitud** 여 완만함, 느슨함.

leña 여 ① 땔감, 장작. Pega *fuego* a la *leña*. 장작불에 불을 붙이세요. ② 벌. Me dieron *leña* por haber dicho una mentira. 나는 거짓말을 했으므로 벌을 받았

leño 圖 통나무, 목재. ◇ **leñador, ra** 圖 나무꾼.

león 圖 [동물] 사자. Al león se le llama el rey de los animales. 사자는 백수의 왕이라 불린다. ◇ **leonado, da** 圖 사자 털색의, 황갈색의.

leonés, sa 圖 레온(León: 서반아 북부의 주·시; 옛날의 레온왕국)의. 圖 레온 사람.

leopardo 圖 [동물] 표범.

lepra 圖 문둥병. ◇ **leprosería** 圖 나병 요양소. ◇ **leproso, sa** 圖 나병 환자. 圖 나병의.

les 데 ① [3인칭 복수 여격 대명사] 그것들·그들·그녀들·당신들에게; 그것들·그들·그녀들·당신들로부터. Les dije que callasen. 나는 그들[그녀들]에게 말하지 말라고 말했다. ②[남성의 경우 빈번히 대격으로서] 그들·당신들을. Les visité ayer. 나는 어제 그들을 방문했다.

lesión 圖 부상; 손해; (기능의) 장애. El martillo, al caer, ocasionó una lesión grave a un transeúnte. 망치가 떨어져서 통행인인 한 사람에게 중상을 입혔다. ◇ **lesionar** 태 상처 입히다, (…에게) 손해를 주다.

letra 圖 ① 문자. Tiene muy buena letra. 그는 글씨를 썩 잘 쓴다. ② 가사(歌詞). Me gusta la canción, pero no entiendo la letra. 나는 그 노래가 좋지만, 가사의 뜻을 모른다. ③ 환어음. ④ [복] 학문: 문학(literatura). Aprendió de su madre las primeras letras. 그는 모친에게서 비로소 읽고 쓰기를 배웠다. letra de cambio 환어음. a la letra 글자 그대로. Tomó a la letra lo que le dije. 그는 내가 말한 것을 글자 그대로 해석했다.

letrero 圖 광고지, 간판, 표시판. Mire, aquel letrero dice 〈dirección única〉. 보시오, 저 표시판에 〈일반 통행〉이라 써 있소. Léame el letrero de la botella. 병의 라벨을 나에게 읽어 주십시오.

letrina 圖 변소.

leucemia 圖 [의학] 백혈병.

levadura 圖 효모, 이스트.

levantar 태 ① 일으키다, 올리다: 세우다. ¿Puede Ud. levantar ese peso? 당신은 그 무게를 들어올릴 수 있습니까? Levantamos la piedra entre todos. 우리들은 여럿이서 그 돌을 들어올렸다. Levantó la cabeza y me miró. 그는 머리를 들고 나를 보았다. ② 제거하다, 철거하다. Levante la mesa. 상을 치우세요. El médico levantó la venda que cubría la herida. 의사는 상처를 싸고 있던 붕대를 벗겼다. ◇~**se** 일어나다, 오르다: 서다: 기상하다. Esta mañana me he levantado muy temprano. 오늘 아침 나는 매우 일찍 일어났다. ◇ **levantado, da** 圖 높은; 높이 올린. ◇ **levantamiento** 圖 올림: 기상: 제거, 폭동.

leve 圖 ① 가벼운(ligero, liviano). Voy a llevar la carga, que es leve. 가벼우니까 내가 짐을 나르겠다. ② 경미한. Hace una brisa leve. 산들바람이 불고 있다.

levita 圖 프록 코트.

léxico, ca 圖 어휘의. ◇ **lexicografía** 圖 사전학; 사전 편집법. ◇ **lexicógrafo** 圖 사전 편집자. ◇ **lexicología** 圖 사전학.

ley 圖 ① 법, 법칙. No podemos hacer nada contra las leyes de la naturaleza. 우리들은 자연의 법칙에 거역해서는 아무 일도 할 수 없다. ② 법률, 규칙. Esta ley entrará en vigor el primero de marzo. 이 법률은 3월 1일에 발효한다.

leyenda 圖 ① 전설, 이야기. Todas esas cosas pasaron en aquellos tiempos remotos de leyenda. 그런 일들은 모두 먼 전설 시대에 일어났다. ②(화폐·메달 따위의) 글자, 각인; (삽화 따위의) 설명서.

leyendo leer의 현재 분사.

leyeron leer의 직설법 부정과거 3인칭 복수형.

leyó leer의 직설법 부정과거 3인칭 단수형.

lezna 圖 송곳, 굵은 바늘.

liar [lió enviar] 태 묶다, 매다, 싸다, 꾸리다.

liberal 圖 ① 대범한, 관대한. Es muy liberal. 그는 대범한 솜씨이다. ② 자유주의의, 자유당의. Era un padre muy liberal. 그는 매우 자유주의적인 부친이었다. 圖 자유주의자, 자유당원. Los liberales se oponían a los conservadores. 자유주의자는 보수주의자에 대항하고 있었다. ◇ **liberación** 圖 해방, 석방. ◇ **liberalidad** 圖 관대함, 대범함. ◇ **liberalismo** 圖 자유주의.

libertad 圖 ① 자유. La Constitución asegura la libertad de pensamiento y palabra. 헌법은 사상과 언론의 자유를 보장하고 있다. ② 해방, 석방. Dejó en libertad a los presos. 그는 포로들을 석방했다. ③ 무례; 난잡. Me tomo la libertad de dirigirme a usted para pedirle un favor. 한가지 소원이 있어서 미안하게도 편지를 올립니다. Se toma libertades con las empleadas. 그는 여점원에게 난잡한 짓을 한다. ◇ **libertador, ra** 圖 해방자.

libertar 태 해방시키다, 석방하다.

libertino, na 방종한, 방탕한. 圖 방탕자. ◇ **libertinaje** 圖 방종, 방탕.

libra 여 ① 파운드. Déme media *libra* de café. 커피 반 파운드 주세요. ②【영국의 화폐 단위】파운드.

libranza 여 환어음.

librar 태 ①[+de: …로 부터] 면제시키다, 구하다. Se esforzó por *librar* al pueblo *de* la pobreza. 그는 빈곤으로부터 민중을 구하려고 노력했다. ②면제하다, 해제하다. La *libraron* del impuesto. 그녀는 과세를 면제받았다. ③발행하다, 발송하다; (어음을) 발행하다. Hemos *librado* el giro a cargo de ustedes. 귀사 앞으로 어음을 발행했습니다. 재 휴업하다. Nosotros *libramos* el sábado. 우리들은 토요일은 휴업입니다. **◇~se** [+de: …로부터] 도피하다; (…을) 떨쳐내다. El niño quería *librarse* de la mano de su madre. 어린이는 어머니의 손을 뿌리치려 하고 있었다.

libre 형 ① 자유로운. Estuvo en la carcel, pero ya está *libre*. 그는 감옥에 있었으나, 이제는 자유의 몸이다. Eres *libre* para escoger la carrera que quieras. 네가 좋아하는 직업을 선택함은 네 자유이다. ②(때·장소가) 비어 있는. Venga cuando esté *libre*. 한가하시면 오십시오. ¿Tienen ustedes una habitación *libre*? 빈 방이 있습니까. ③[+de: …가] 없는. Ya está *libre* de preocupaciones. 그는 이제 걱정이 없게 되어 있다. ④ 난잡한. Es un hombre muy *libre* en su trato con las chicas. 그는 여자와의 교제가 아주 난잡하다. *al aire libre* 옥외에서, 야외에. El otoño es la temporada de los deportes *al aire libre*. 가을은 옥외 운동의 계절이다. 튀bicha, 공차.

librería 여 ① 서점. La *librería* estaba de gente. 서점은 사람으로 북적거리고 있었다. ② 책장; 책 선반. **◇ librero, ra** 서점 주인, 서적 상인; 책방의 점원.

libreta 여 수첩, 통장, 잡기장.

libro 남 ① 책, 서적; 저작(著作). Este *libro* es fácil de entender. 이 책은 알기 쉽다. ② 장부(帳簿). *libro de apuntes* 비망록, 메모장. *libro de caja* 출납부.

licencia 여 ① 허가(서). He obtenido *licencia* para vender licores. 나는 주류를 판매하는 허가를 받았다. ② (공무원 따위의) 휴가; (복무의) 면제. El soldado y está aquí con *licencia*. 그는 병사이지만, 휴가로 여기있다. ③ 방종. No tomes tantas *licencias*. 너무 방종하게 행동하지 마라. **◇ licenciado, da** 명 학사. **◇ licenciar** 태 cambiar 재 싸우다 허가·면허를 주다; 면제하다. **◇ licenciatura** 학사 학위·과정.

licitación 여 입찰, 경매. **◇ licitador, ra** 형 입찰하는, 경매하는. 명 입찰자, 경매자.

lícito, ta 형 정당한, 합법적인. No es *lícito* atacar al que no puede defenderse. 자위력이 없는 사람을 공격함은 정당하지 못하다.

licor 남 술, 주류(酒類). No debe abusarse de los *licores* 술을 함부로 마시면 안된다. **◇ licorería** 여 주점, 술집(bar, taberna).

líder 남 지도자(dirigente).

lidiar [11] cambiar 재 싸우다, 다투다.

liebre 여【동물】산토끼. Donde menos se piensa salta la *liebre*. 일은 예기치 않게 일어난다.

lienzo 남 ① 삼베; 흰 무명. Las sábanas son de *lienzo*. 침대 시트는 흰 무명으로 되어 있다. ② 캔버스; 그림. Me encantan los *lienzos* de Goya. 고야의 그림은 나를 매혹시킨다.

ligar [1] pagar 태 ① 맺다, 잇대다, 묶다. ② 결합시키다, 제휴시키다. Les *ligan* intereses comunes. 공통의 이해 관계가 그들을 결합시키고 있다. ③ 속박하다. Este contrato nos *liga* para siempre. 이 계약은 우리들을 언제까지나 속박한다. **◇~se** 결합하다, 제휴하다. **◇ liga** 여 양말 대님; 끈끝이; 연합, 동맹; 리그전. La *liga* de fútbol empieza pronto. 축구 리그전이 곧 시작된다.

ligero, ra 형 ① 가벼운(liviano, leve). Para eso es preferible un metal *ligero*. 그것에 쓰기에는 경금속이 좋다. ② 민첩한; 쾌속의. Era muy *ligero* el tren. 그 기차는 매우 빨랐다. ③ 경박한. Es un hombre muy *ligero*. 그는 아주 경박한 사내이다. ④ (병·식품 따위가) 가벼운; (잠이) 얕은. Este niño tiene un sueño *ligero*. 이 어린이는 잠이 깊지 못하다. *a la ligera* 대강. Examinó los documentos *a la ligera*. 그는 서류를 대강 조사했다. **◇ ligereza** 여 경쾌함; 경박.

limbo 남 (의복·천의) 가장자리; 명부(冥府).

limeño, ña 형 리마(Lima, 페루의 수도)의. 명 리마 사람.

limitar 태 ① 제한·국한·한정(限定)하다. Quieren *limitar* el número de entradas. 입장권 수를 제한하려 하고 있다. ② (…에) 경계를 만들다. Tenemos que *limitar* nuestras tierras. 그는 대단히 경계를 만들어야 한다. 재 [+con: …과] 경계를 접하다. España *limita con* Francia por el norte. 서반아는 그 북부에서 프랑스와 국경을 접하고 있다. **◇~se** [+a: …만으로] 한정되다. Me limité *a* cumplir lo ordenado. 나는 명령받은 일을 이행하

는 것만으로 한정되었다. ◇ **limitación** 예 제한, 국한; 한계. ◇ **limitado, da** 형 제한된, 한정된; 근소한, 좁은; 지혜가 모자라는. ◇ **límite** 남 ① 경계. Todavía está indeciso el *límite* entre ambos países. 두 나라의 경계는 아직도 확정되지 않았다. ② 한계, 한도. Todo tiene sus *límites*. 무슨 일이나 한계가 있다.

limón 남 레몬. ¿Echa usted *limón* en el té? 홍차에 레몬을 넣을까요. ◇ **limonado, da** 형 레몬빛의. 예 레몬수(水) (agua de limón). ◇ **limonero** 남 레몬나무.

limosna 예 동냥(감), 적선, 보시(布施). Una vieja pedía *limosnas* en la esquina. 그 거리 모퉁이에서 노파가 동냥을 청하고 있었다.

limpiabotas 남 【단·복수 동형】구두닦이.

limpiar [① cambiar] 타 ① [+de: …를] (에게서) 제거하다. Hay que *limpiar* el campo de hierba. 밭의 풀을 뽑아야 한다. ② 깨끗이 하다, 청소하다. Vamos a *limpiar* las calles. 거리를 깨끗이 합시다. Quiero que me *limpie* en seco este traje. 이 옷을 드라이크리닝해 주시길 바랍니다. Quiero que me *limpien* los zapatos. 구두를 닦아 주시길 원합니다. *Limpie* las ventanas. 창을 닦아 주세요. Las legumbres *limpian* la sangre. 야채는 피를 깨끗이 한다. ◇~**se** (자기의 것을) 닦다, (그릇을) 부시다; 털어내리다. Me *limpié* el sudor de la frente [de sudor la frente] con una toalla. 나는 수건으로 이마의 땀을 닦았다. ◇ **limpiador, ra** 형 청소의. 남 청소기.

limpiaúñas 남 【단·복수 동형】손톱 소제기구.

limpieza 예 ① 깨끗함; 청결. Me agrada ver la *limpieza* de la habitación. 방이 깨끗이 되어 있는 것을 보는 것은 기분이 좋다. ② 청소. Está haciendo la *limpieza*. 그녀는 청소를 하고 있다. ③ 정직. Siempre obra con *limpieza* en los negocios. 그는 거래에서는 언제나 정직하게 행동한다.

limpio, pia 형 ① 깨끗한; 청결한. [예 sucio]. Tráigame una toalla *limpia*. 깨끗한 수건을 가져오세요. Tiene la casa muy *limpia*. 그녀는 집을 매우 깨끗이 하고 있다. *juego limpio* 페어 플레이. ② [+de: …가] 없는. Ya estoy *limpio* de sospecha. 이제 나는 의심받지 않고 있다. 부 깨끗이; 정직하게. Vamos a jugar *limpio*. 정정당당히 싸우자.

linaje 남 ① 가계, 혈통. Es de *linaje* noble. 그는 귀족 출신이다. ② 출신, 성질. Aquí se reúnen las personas de todo *linaje*. 여기에는 여러 가계 출신의 사람이 모인다.

linaza 예 아마의 종자·씨앗. ◇ **linar** 남 아마밭.

lince 남 【동물】살쾡이.

linchar 타 린치를 가하다. ◇ **linchamiento** 남 린치, 사형(私刑).

lindar 자 [+con: …과] 경계를 접하고 있다. España *linda con* Francia al norte. 서반아는 북쪽에서 프랑스와 접경하고 있다. ◇ **linde** 남 경계(선). ◇ **lindero, ra** 형 인접한, 경계의. 남 경계(표).

lindo, da 형 ① 아름다운(hermoso, bello, guapo, bonito), 사랑스러운. Es una chica muy *linda*. 그녀는 매우 아름다운 소녀이다.

línea 예 ① 선; 줄. Trace usted aquí una *línea* recta. 여기에 직선을 한 줄 그으십시오. ② (문장의) 줄. Tienes que leer lo que hay entre *líneas*. 줄 사이에 있는 것을 읽어 내야 한다. Ponme unas *líneas* al llegar. 그곳에 도착하면 (몇 줄의) 소식을 전해주게. ③ 열(fila). Los árboles se prolongaban en *línea* a lo largo del camino. 가로수가 열을 따라 도로를 따라 뻗고 있었다. ④ 노선, 항로, 공로; 편(便). Hay una *línea* de ferrocarril directa Madrid-Lisboa. 마드리드·리스본 사이에 철도의 직행편이 있다. ⑤ 전선(戰線)(frente). ◇ **lineal** 형 선(모양)의.

lingote 남 지금(地金), 연봉(延棒).

lingüístico, ca 형 언어학적인, 언어상의. ◇ **lingüista** 남 언어학자. ◇ **lingüística** 예 언어학; 비교 언어학(lingüística comparada).

linimiento 남 바르는 약.

lino 남 【식물】아마(亞麻); 아마포(亞麻布), 린네르. Vestía de *lino*. 그는 린네르의 옷을 입고 있었다.

linóleo 남 리놀륨.

linotipia 예 라이노타이프, 주조 식자기. ◇ **linotipista** 남 라이노타이프 타자수.

linterna 예 등불, 초롱불, 캔델라.

liquidar 타 ① (기체·고체를) 액화하다. Ese gas se *liquida* fácilmente. 그 가스는 쉽게 액화된다. ② 【상업】청산하다. Ante todo tienes que *liquidar* tus deudas. 우선 너는 빚을 청산해야 한다. Liquidamos nuestras existencias. 본 상점은 재고 처분을 하고 있습니다. ◇ **liquidación** 예 액화, 용해; 청산, 결제; (회사의) 정리; 환금 처분.

líquido, da 형 액체의, 유동성의. No puedo tomar sino un alimento *líquido*. 나는 유동식 밖에 못 먹는다. 남 ① 액체,

lírico, ca 유동체. Déle sólo *liquidos*. 그에게는 유동식만 주세요. ② [상업] 청산 잔고. Después de pagar todo me queda un *líquido* de doscientos pesos. 전부를 지불하고 200에스쿠도가 남았다.

lírico, ca 혱 서정의, 서정적인. Me gustan sus poesías *líricas*. 나는 그의 서정시가 좋다. 명 서정시인, 명 서정시.

lisiado, da 혱 불구의. 명 불구자, 폐질자.

liso, sa 혱 ① 매끄러운, 평평한. El suelo estaba *liso*. 마루가 번들번들하였다. ② (모양·장식이 없는) 민짜의. Quiero una tela *lisa*. 민짜의 피륙을 주십시오.

lisonja 명 아첨, 아부. — 타 아첨하다, 아부하다. ◇ **lisonjear** 타 아첨하다, 아부하다. ◇ **lisonjeador, ra / lisonjero, ra** 명 아첨꾼. 혱 아첨하는, 아첨하는.

lista 예 ① (직물의) 무늬 (모양). Llevaba un traje de *listas*. 그녀는 무늬있는 옷을 입고 있었다. ② 명단; 표. *pasar lista* 출석을 부르다. El maestro *pasó lista* a la clase. 선생은 학급의 출석(명단)을 불렀다. Rogamos a ustedes que nos envíen su última *lista* de precios. 최근의 가격표를 보내 주시도록 부탁합니다.

listado, da 혱 줄무늬의.

listo, ta 혱 ① 민첩한; 영리한 (inteligente). Es una muchacha muy *lista*. 그녀는 대단히 영리한 소녀이다. ② 준비가 된. Todo está *listo*. 모든 준비가 되었다. Todos están *listos*. 모든 사람이 준비가 되었다. Todas están *listas*. 모든 여자들이 준비가 되었다. Todos estamos *listos*. 우리 모두 준비되었다. *estar listo para+inf.* … 할 준비가 되어 있다. Ya estoy *listo* para salir. 나는 이미 출발할 준비가 되어 있다.

litera 예 (선실 따위의) 침대; (사람을 태우고 다니는) 가마.

literatura 예 문학, 문예; 문헌. Estudia la *literatura* española. 그는 서반아 문학을 연구하고 있다. ◇ **literario, ria** 혱 문학의. ◇ **literato, ta** 명 문학자.

litigio 명 소송(pleito), 분쟁, 싸움, 논쟁. ◇ **litigar** 자 (pagar)타 소송하다; 다투다. ◇ **litigación** 예 소송, 제소. ◇ **litigante** / **litigador** 혱 제소하는. 명 제소자.

litografía 예 석판 인쇄(술). ◇ **litográfico, ca** 혱 석판(인쇄)의. ◇ **litógrafo** 명 석판 인쇄공.

litoral 혱 해변의, 해안의. 명 해변·해안 (지방).

litro 명 [용량의 단위] 리터.

liviano, na 혱 가벼운(ligero) [반 pesado]. *industria liviana* 경공업.

lívido, da 혱 창백한(pálido). ◇ **lividez** 예 창백.

lo 관 [정관사의 중성형; 형용사를 명사화함]. *Lo* barato sale caro. 싼것이 비지게 이다. ¡Si fuese verdad *lo* que dices! 네가 말하는 것이 정말이었으면 (좋겠는데)! 대 ① [3인칭 남성·중성 단수 대격 대명사] 그것을, 그를, 당신을. Hazlo en seguida. 곧 그 일을 해라. ② [+estar·parecer·ser] 이것을 (되다·보이다). Este niño es muy listo: *lo* es por naturaleza. 이 어린이는 매우 영리하다: 태생이 그러한 것이다.

lobo 명 [동물] 늑대.

lobrego, ga 어두운, 침침한, 음산한.

lóbulo 명 귓불.

local 혱 장소의; 지방의, 지방적; 국부의, 국소의. Pronto podremos ver una fiesta rica en color *local*. 곧 지방색 풍부한 제전을 볼 수 있다. 명 장소, 대지; 소재지; 점포. Este *local* es muy grande. 이 장소는 매우 넓다. Trasladaremos nuestro *local* a un sitio más céntrico. 우리들은 점포를 좀더 중심지로 이전한다.

localidad 예 ① 장소; 지방, 마을, 고을. ② (차내·극장의) 좌석(권). Déme dos *localidades*. 좌석권을 2장 주십시오.

localizar 타 (alzar)지역화하다. ◇ **localización** 예 지방화, 국부화.

loco, ca 혱 ① 미친, 미친 듯한. Se ha vuelto *loco*. 그는 미쳐버렸다. Están *locas* de alegría. 그녀들은 기뻐서 미칠뻔 했다. ② (시계·기후 따위가) 미친. ③ 훌륭한, 무서운. Hemos tenido una suerte *loca*. 우리들은 지독하게 운이 좋았다. 명 미치광이; 미친듯한 사람. ¡A callar, *locos*! 시끄럽다, 미친놈들! ◇ **locamente** 미친듯이, 열중해서; 훌륭하게. Juan está *locamente* enamorado de María. 후안은 마리아아한테 홀딱 반하고 있다. ◇ **locura** 예 미친 증세; 미친 짓. ¡Qué *locura* decir tal cosa! 그런 말을 하다니 미친 놈이로군! ¡Eso es una *locura*. 그것은 미친 짓이다.

locomotora 예 기관차. *locomotora eléctrica* 전기 기관차.

locuacidad 예 수다스러움, 말많음.

locuaz 혱 수다스러운, 말이 많은(hablador).

locutor, ra 명 아나운서.

lodo 명 진흙(fango, limo). El coche se quedó atascado en el *lodo*. 차는 진흙 속에 빠져서 움직이지 않게 되었다.

lodazal 예 진창.

lógico, ca 혱 ① 논리적인, 이론상의. Es muy *lógico* lo que dice. 그의 말은 매우 논리적이다. ② 당연한. Es *lógico* que un viejo trabaje menos que un joven. 노인이 젊은이보다 일할 수 없는 것은 당연한

다. 圀 논리학자. 圀 논리(학). Tu *lógica* no me convence. 나는 너의 논리에는 납득할 수 없다.

lograr 国 얻다, 달성하다(conseguir). Al fin *logró* un gran éxito. 드디어 그는 대성공을 거두었다. Después de andar mucho, *logramos* salir del bosque. 줄곧 걸어다닌 끝에 우리들은 숲에서 빠져나올 수 있었다. ◇ **logrado, da** 형 성공한, 잘된. ◇ **logro** 男 획득, 달성, 이익.

loma 囡 언덕(colina, cerro).

lombriz 囡 지렁이.

lomo 男 ①【신체】등. Cabalgaba a *lomo* de un burro. 그는 노새의 등에 올라타고 갔다. ② (책의) 등심, (책의) 등.

lona 囡 돛베; 천막천.

longánimo, ma 형 참을성 있는, 인내심이 강한(paciente). ◇ **longanimidad** 囡 참을성, 인내심.

longaniza 囡 작은 순대.

longitud 囡 ① 길이(largo), [⦿ latitud]. El puente tiene una *longitud* de unos ochenta metros. 다리는 길이가 약 80미터이다. ② 세로; 씨줄, 경도(經度) [⦿ latitud].

lonja 囡 가죽끈; 상품 거래소; 얇고 넓은 조각.

lord [pl *lores*] 男 경(卿)(영국의 귀족・고관의 칭호).

loro 男 앵무새, 잉꼬새.

los 冠 [정관사의 남성 복수형]. *Los pájaros cantan alegres.* [3인칭 남성 복수 대격 대명사]그것들을, 그들을, 당신들을. Te prestaré estos libros con tal que me los devuelvas. 나에게 그것들을 돌려주기만 하면, 이 책들을 너에게 빌려 주겠다. ¿Conoces a aquellos hombres? —No *los* conozco. 너는 저 사람들을 알고 있느냐. —나는 그들을 모른다.

lote 男 몫, 한 더미, 일회분.

lotería 囡 복권, 제비 뽑기. El matrimonio es una *lotería*. 결혼은 제비 뽑기 같은 것이다. Jugó a la *lotería* y le tocaron diez mil pesetas. 그는 복권을 샀더니 1만 페세따가 당첨되었다.

loza 囡 자토(瓷土); 도기, 도자기.

lozanía 囡 싱싱함, 무성함; 늠름함. ◇ **lozano, na** 형 싱싱한, 무성한; 늠름한.

lubricación 囡 미끄러지게 함; 윤활, 급유, 주유. ◇ **lubricante** 男 윤활용의. ◇ **lubricar** [7 *sacar*] 国 기름을 바르다; 부드럽게 하다.

luciérnaga 囡 반디벌레.

lucir [32] 国 재 ① 빛나다. Las estrellas *lucían* como joyas en el cielo. 별이 보석처럼 하늘에서 빛나고 있었다. ② (밝게) 빛나다. Esta lámpara *luce* muy poco. 이

선등은 별로 밝지 않다. ③ 광채를 내다. Es un trabajo pesado y que no *luce*. 그 것은 힘이 들지만, 보람없는 일이다. ◇ —**se** 의기양양해지다. Le gusta *lucirse* en su nuevo coche. 그는 새 차를 타고 의기양양하게 자랑하는 것을 좋아한다.

lucrarse 재 이익을 올리다, 돈을 벌다 (ganar dinero). ◇ **lucrativo, va** 형 이득이 많은, 유리한. ◇ **lucro** 男 이득, 이익.

luchar 재 [+con・contra :…와] 싸우다, 다투다(combatir). Tuvo que *luchar* con muchos obstáculos. 그는 많은 장애와 싸워야 했다. ② [+por+inf.:…하려고] 노력・고투하다. *Luchaba* por salir de aquel sitio. 그는 그 장소에서 나오려고 고투했다. ◇ **lucha** 囡 싸움; 분투. Debemos hacer frente a la *lucha* por la existencia [vida]. 우리들은 생존 경쟁에 직면해야 한다. ○【스포츠】레슬링 (*lucha libre*). ◇ **luchador, ra** 男 투사; 레슬링 선수.

luego 用 ① 곧바로. Si no nos arreglamos un poco, *luego* dicen los hombres que tal y cual. 우리들 (여성)이 조금만 옷매무새를 단정히 하지 않으면, 곧바로 남자들은 이러쿵저러쿵 말한다. ② 그리고나서, 그 뒤. Cenaremos y *luego* iremos al cine. 저녁밥을 먹고 그리고서 영화보러 가자. 接 그 때문에. Pienso, *luego* existo. 나는 생각한다, 고로 나는 존재한다. *desde luego* 물론. ¿Vienes tú también? —*Desde luego*. 너도 오겠느냐. —물론. *Hasta luego* [작별 인사] 다음에 뵙겠습니다.

lugar 男 ① 곳, 장소에(sitio); 여지, 여유. Prefiero un *lugar* tranquilo. 나는 조용한 곳이 좋다. No hay *lugar* donde sentarnos. 우리들이 걸터앉을 여유가 없다. *lugar interesante/lugar de interés* 명승지. ② 마을, 고을. Este es el *lugar* en que nació. 여기가 그가 난 마을이다. ③ 입장, 지위. Si estuvieras tú en mi *lugar*, ¿qué harías? 만일 네가 내 입장이라면, 어떻게 하겠느냐. *en lugar de* …의 대신으로(en vez de). He venido *en lugar de* mi padre. 나는 부친 대신 왔다. *dar lugar a* …할 여지・핑계・동기를 주다. Así *darás lugar* a que hablen mal de ti. 그런 일을 하면 그들에게 욕설을 먹을 핑계를 주게 된다. *tener lugar* (일이) 행해지다, 개최되다, 열리다. ¿Cuándo *tiene lugar* la fiesta? 파티는 언제인가요.

lugarteniente 男 부관, 섭제.

luis 男 루이(프랑스의 금화).

lujo 男 ① 사치. Puedes permitirte el *lujo* de despreciar ese emple. 너는 그 취직자리를 싫다고 말할 수 있는 사치를 한

lujuria 여 음란, 음탕.

lumbre 여 불(fuego); 빛. Nos sentamos junto a la *lumbre*. 우리들은 불 옆에 앉았다. Déme *lumbre*. (담배) 불을 좀 주세요.

luminoso, sa 형 ① 빛나는, 비치는; 빛이 나는. ¡Cuántos anuncios *luminosos* hay! 광고등 (빛이 나는 광고)이 꽤 많이 있군! ② (생각·설명 따위가) 정확한, 명료한. Es una idea *luminosa*. 그건 명안이로군. ◇ **luminosidad** 여 광휘, 광명; 광도(光度).

luna 여 ① 달. Hay *luna* esta noche. 오늘 밤은 달이 있다. ② 거울 (의 면). Quiero un armario de *luna*. 거울 붙은 양복장이 필요하다. *estar en la luna* 공상에 잠기다. *luna artificial* 인공위성. *luna de miel* 밀월. *luna llena* 만월, 보름달. ◇ **lunar** 형 달의. *calendario lunar* 음력. 남 검은 점.

lunático, ca 형 정신 이상의; 괴팍스러운. 남 정신 이상자; 괴짜.

lunes 남 【단·복수 동형】 월요일.

lustrar 타 닦다, 윤을 내다. ◇ **lustre** 남 윤(기), 광택; 영광.

luto 남 초상, 상중; 상장(喪章), 상복. Estoy de *luto*. 나는 상중이다. ¿Por quién llevas *luto*? 누구를 위하여 상장을 붙이고 있나요.

lux 남 룩스.

luz [복 *luces*] 여 ① 빛; 등. A lo lejos vimos una *luz*. 등불을 켜라 [켜라]. *luz eléctrica* 전등. La conspiración saldrá a (la) *luz* tarde o temprano. 음모는 조만간 밝은 곳으로 나오리라. *dar a luz* 출판하다(publicar); 생산하다(producir); 출산(出産)하다; …을 세상에 내놓다. *sacar a luz* 세상에 내놓다, 나타내다. *salir a luz* 태어나다(nacer); 나타나다.

Luzbel 남 마왕, 악마(Lucifer, demonio, diablo).

Ll

llaga 여 궤양.

llama 여 ① 불꽃, 화염(火炎). Las *llamas* se extendieron rápidamente por toda la casa. 불꽃은 삽시간에 온 집안에 퍼졌다. ② 격정, 정염(情炎). Sintió amorosa *llama* en su pecho. 그는 가슴 속에 강렬한 애정을 느꼈다. ③ 【동물】 야마, 아메리카 낙타. La *llama* se utiliza como animal de carga. 야마는 하역(荷役)용의 동물로 이용되고 있다. ◇ **llamarada** 여 불꽃, 화재. ◇ **llamita** 여 llama의 축소사.

llamar 타 ① 부르다. *Llame* usted un taxi. 택시를 불러 주십시오. *Llámeme* por teléfono esta tarde. 오늘 오후 나에게 전화해 주세요. Más tarde la *llamo*. 나중에 그녀에게 전화하겠습니다. ②(…라고) 이름붙이다; 부르다. En el colegio le *llamamos* jefe. 학교에서 우리들은 그를 두목이라고 부른다. ③ 초대하다. América *llamaba* a los aventureros. 미국은 모험가들을 부르고 있었다. 재 노크하다. *Llaman* a la puerta. 누군가가 문에서 노크하고 있다. ◇~**se** …라 부르다, …는 이름이다. ¿Cómo *se llama* usted? 성함이 어떻게 되십니까? *Me llamo* Pedro. 나는 뻬드로라 합니다. ¿Cómo *se llama* esta calle? 이 거리의 이름은 무엇입니까? ◇ *llamar la atención* 주의를 끌다. *Llamó la atención* de todos. 그는 모두의 주목을 끌었다. ◇ **llamado, da** 형 …라 부르는; 이른바. 남 부름·신호·소리·방울. ◇ **llamamiento** 남 호출, 부름.

llano, na 형 ① 평평한. Avanzamos por un campo *llano*. 우리들은 평원을 지나갔다. ② 소탈한, 꾸밈없는. Tiene un carácter muy *llano*. 그는 매우 소탈한 성격이다. ③ 명쾌한, 알기 쉬운. Hable en lenguaje *llano*. 알기 쉬운 말로 말해 주십시오. 남 평원(平原)(llanura). Tenemos que atravesar este *llano* antes de anochecer. 우리들은 날이 저물기 전에 이 평원을 횡단해야 한다.

llanto 남 낙루, 눈물; 울음. Al oir la noticia, rompió en *llanto*. 그녀는 그 소식을 듣고 울음을 터뜨렸다.

llanura 여 평원(llano). Ante nuestros ojos se extendía una gran *llanura*. 우리들의 눈 앞에는 대평원이 펼쳐져 있었다.

llave 여 ① 열쇠. ¿Dónde está la *llave* de mi cuarto? 제 방 열쇠는 어디에 있습니까. *Cierra la puerta con* (la) *llave* cuando salgas. 외출할 때는 문에 자물쇠를 채우시오. ②(가스·수도의) 마개; (시계의) 나사; (전기의) 스위치. Cierra la *llave* del agua [gas]. 수도[가스]의 마개를 막으세요. ③ 나사 돌리개, 스패너, 스파나, 렌치. ④(문제를 푸는) 열쇠, 입문서, 암시, 힌트. Las matemáticas son la *llave* para las otras ciencias. 수학은 다른 과학으로 들어가는 열쇠이다. ◇ **llavero, ra** 명 열쇠 당번·보관인. 남 열쇠 꾸러미·다발.

llegar 8 pagar) 자 ① 오다, 닿다, 도착하다 (⇔ salir). ¿A qué hora *llega* el tren? 열차는 몇 시에 도착합니까? *Llegué* a casa a eso de las ocho. 나는 8시경에 집에 도착했다. *Llegó* tarde [a tiempo] a la calse. 그는 수업에 지각했다 [제때 갔다]. ② 이르다, 미치다, 닿다, 도달하다. Esta chaqueta me *llega* a las piernas. 이 저고리는 내 무릎까지 닿는다. Los gastos *llegaron* a más de diez mil pesetas. 비용은 1만뻬세따 이상에 달했다. ◇~**se** 가까워지다. *Llégate* a la farmacia y cómprame un tubo de esta medicina. 약국에 가서 이 약을 한 병 사오너라. ◇ **llegada** 여 도착; 도래. ¿Cuándo será su *llegada*? 그의 도착은 언제가 될까. Esperamos con ansia la *llegada* de la primavera. 우리들은 봄의 도래(到來)를 기다리고 또 기다린다.

llegue ① llegar의 접속법 현재 1·3인칭 단수형. ② 도착하십시오.

llegué llegar의 부정과거 1인칭 단수형.

lleguéis llegar의 접속법 현재 2인칭 복수형. No *lleguéis*. 도착하지 마라.

lleguemos ① llegar의 접속법 현재 1인칭 복수형. ② 도착합시다.

lleguen ① llegar의 접속법 현재 3인칭 복수형. ② 도착하십시오.

llegues llegar의 접속법 현재 2인칭 단수형. No *llegues*. 도착하지 마라.

llenar 타 ① [+de·con : …을] (…에) 가득 넣다, 채우다, 충족하다. *Llenó* la botella de vino. 그는 병에 포도주를 가득 넣었다. *Llene* usted este formulario. 이 서식에 기입해 주십시오 (서식의 공란을 메우시오). ◇~**se** [+de·con : …으로] 가득해지다. La plaza *se llenaba de* jóvenes. 광장은 젊은이들로 가득 차 있었다.

lleno, na 형 [+de : …로] 가득한; 가득 찬. El vaso está *lleno*. 잔은 가득 있다. La niña lloraba con los ojos *llenos de* lágrimas. 소녀는 눈을 눈물로 가득 채우고 울고 있었다.

llevadero, ra 형 참을 수 있는, 버틸 수 있는.

llevar 타 ① 가지고 가다, 나르다. ¿*Llevamos* paraguas? 우산 가지고 갈까요. Será mejor *llevar* paraguas por si llueve. 비가 올지도 모르니 우산을 가지고 가는 편이 좋겠다. ② 데려가다. Voy a *llevarte* al cine esta noche. 오늘밤 너를 극장에 데려가 주겠다. Taxi, *lléveme* a la estación. 택시, 역까지 데려다 주세요. ③ 몸에 붙이다. Hace una semana que *llevo* este traje. 나는 이 옷을 입은지 일주일 되었다. *Llevaba* una corbata muy bonita. 그는 매우 아름다운 넥타이를 매고 있었다. ④ (시간을) 보내다. ¿Cuánto tiempo *lleva* usted en Seúl [estudiando español]? — *Llevo* tres meses. 서울에 오신지 [서반아어를 배우신지] 얼마쯤 됩니까. —석달 됩니다. ◇~**se** 가져가다. El viento *se llevó* mi sombrero. 바람에 내 모자가 벗겨졌다. Puedes *llevarte* cualquiera de estos libros. 이 책 중 아무 것이나 가져가도 좋다. *llevar a cabo* 실현하다. Es muy difícil *llevar a cabo* esta obra. 이 일을 실현하기는 대단히 어렵다. *llevar la contraria a* (…과) 다르다, 일치하지 않다.

llorar 자 울다 (⊕ reir). El día que naciste, todos se regocijaban, y tú solo *llorabas*. 네가 낳은 날, 모두들 크게 기뻐했지만, 너 혼자 울고 있었다. 타 울며 슬퍼하다. Todos *lloraron* la pérdida de tan buen amigo. 모두는 그토록 좋은 친구를 잃은 것을 슬퍼했다.

lloriquear 자 훌쩍훌쩍 울다.

llorón, na 형 잘 우는. 명 울보, 잘 우는 사람.

llover [25 volver] 자 ① 비가 오다. Está *lloviendo*. 비가 오고 있다. Parece que va a *llover*. 비가 올 것 같다. *Llueve* a cántaros. 비가 억수같이 내린다. Aunque *llueva*, saldré de casa. 비가 올지라도 외출하겠다. Aunque *llueve*, saldré. 비가 오지만 외출하겠다. .No *llueve* a gusto de todos. 【속담】 모두에게 좋도록 온 비는 오지 않는다. ②(재난 따위가) 쏟아지다. Han *llovido* desgracias en [sobre] esa familia. 불행이 연이어 그 가족에게 닥쳤다. *llover sobre mojado* 우는 아이한테 침주기이다. Eso ya es *llover sobre mojado*. 그것은 이제 우는 아이한테 침주기이다.

lloviznar 자 이슬비·보슬비·가랑비가 내리다. ◇ **llovizna** 여 이슬비, 가랑비, 보슬비.

lluvia 여 비; 강우(降雨). Con esta *lluvia*, no vendrá. 이 비때문에 그는 오지 않을 것이다.

lluvioso, sa 형 비가 많은. Este año ha sido *lluvioso*. 금년에는 비가 많이 내렸다.

M

m. mañana; masculino; meridiano; metro; milla; minuto; muerto.
m / mes; mi; moneda.
M. Madre; Majestad; Merced; Maestro; Mediano.
m/a mi aceptación.
M.ª María.
M.² metro cuadrado.
M.³ metro cúbico.
m/arg. moneda argentina.
m. atto. muy atento.
maca 여 (과일·직물 따위의) 홈; 얼룩; 사기, 허위, 기만.
macabista 여 장녀, 갈보, 매춘부.
macana 여 곤봉(porra); 【쿨롬비아】야자나무; 【아르헨티나】 큰 실수, 과실, 실책; 사소한·악의없는 거짓말, 농담.
macarse 재 (과일이) 썩다.
macear 타 (나무로 만든) 망치로 때리다; 두드리다; 못으로 박아놓다. 재 똑같은 요구를 자꾸하다.
maceta 여 화병, 화분, 망치.
machacar [7 sacar] 타 으깨다, 찧다, 까다. ◇ **machacador, ra** 형 빻는, 까는. 여 빻는·까는 사람·기계.
macho 남 수컷; 수꽃 (⇔ hembra). Entre los pollos es difícil de discernir el *macho* de la hembra. 병아리는 수컷과 암컷을 식별하기가 어렵다.
machucar [7 sacar] 타 짓부수다, 짓이기다.
madama 여 부인, 아씨, 마님.
madeja 여 실패, 실꾸러미.
madera 여 나무, 재목. La mesa no está hecha de *madera* sino de un material químico. 그 책상은 나무가 아니고 화학 제품으로 되어 있다.
maderero, ra 형 제재(製材)의, 목재업의. 남 목재 상인.
madero 남 각재(角材).
madrastra 여 계모, 의붓어머니.
madre 여 어머니; 수녀. La *madre* llevaba de la mano a un niño. 모친은 소년의 손을 끌고 데리고 있었다. ◇ **madrina** 여 대모 (세례·혼례의 둘러리). La *madrina* hizo al niño un buen regalo. 교모는 그 어린이에게 좋은 선물을 했다.

madreperla 여 진주 조개.
Madrid 【지명】서반아의 수도.
madrigado, da 형 교미하는; 경험이 있는; 경험이 많은. 여 재혼한 여자.
madrigal 남 (사랑을 읊은) 짧은 시; 사모의 정
madriguera 여 (토끼 따위의) 굴, 소굴.
madrileño, ña 마드리드(Madrid)의. 명 마드리드사람.
madrugar [8 pagar] 재 일찍 일어나다. A quien *madruga*, Dios le ayuda. 신은 부지런한 사람을 돕는다.
madrugada 여 새벽, 여명(alba). Aquel día nos marchamos muy de *madrugada*. 그날 우리는 꼭두새벽에 출발했다. ◇ **madrugador, ra** 형 일찍 일어나는 사람. ¡Ud. es muy *madrugador*! 당신은 굉장히 부지런하군요.
maduro, ra 형 성숙한; 장년의. Esta manzana todavía no está *madura*. 이 사과는 아직 익지 않았다. **madurar** 타 익히다. 재 익다. Cuando *madure* el proyecto ya te hablaré de él. 나의 계획이 무르익으면, 바로 그것을 이야기해 주겠다. ◇ **madurez** 여 성숙, 숙성; 장년기(壯年期).
maestro, tra 여 교사; 스승; 명인, 명수. Es *maestro* de español. 그는 서반아어 선생이다. El *maestro* ha premiado a Juan para estimularle. 선생은 격려하기 위해 후안을 칭찬했다. La práctica hace al *maestro*. 연습은 명인을 만든다. *obra maestra* 걸작. ◇ **maestría** 여 숙련, 교묘.
magallánico, ca 형 마젤란 해협(el estrecho de Magallanes; 남미 남쪽 끝에 있는 해협)의.
magia 여 마술; 마력. La *magia* de su voz nos tenía encantados. 그녀의 목소리의 마력은 우리들을 황홀케 했다. ◇ **mágico, ca** 형 마술적인; 불가사의한. Tiene una *mágica* memoria. 그는 불가사의한 기억력을 가지고 있다.
magisterio 남 ①교직; 교직 과정. Mi hija estudia *magisterio*. 내 딸은 교직 과정을 이수하고 있다. ②교재직. ◇ **magistral** 형 교사의·와 같은; 교묘한, 선명한.

magistrado 남 (상급의) 재판관. Los *magistrados* entraron en la audiencia. 재판관들은 법정으로 들어왔다.

magnanimidad 여 아량, 도량이 넓음, 대범함.

magnánimo, ma 형 도량이 넓은, 대범스런.

magnavoz 남 확성기.

magnesia 여 【화학】 마그네슘.

magnético, ca 형 자석·자기의. ◇ **magnetismo** 남 자기; 마력.

magnífico, ca 형 훌륭한, 대견한. ¡*Magnífico*, y muchas gracias por la invitación! 그건 대견한데; 초대 고맙네! Habrá que felicitarle por su *magnífica* labor. 그의 훌륭한 성취에 대해 그에게 축하해야겠다.

magnitud 여 ① 중요성. No he oído en mi vida un disparate de tal *magnitud*. 나는 출생 후 지금까지 그렇게 터무니 없는 일은 들은 적이 없다. ② 진도(震度).

magno, na 형 위대한. Es una obra *magna*. 그것은 훌륭한 작품이다. Alejandro *Magno* 알렉산더대왕.

magnolia 여 【식물】 목련.

mago 남 마니승; 마술사; 동방박사. tres *Magos* 동방 3박사.

maguey 남 【식물】 용설란.

mahometano, na 형 마호메트교의. 명 마호메트교도. ◇ **mahometismo** 남 마호메트교.

maicena 여 옥수수 가루.

maíz 남 【식물】 옥수수. Los aztecas molían el *maíz* y de la harina hacían tortillas. 아스떼가족은 강냉이를 가루로 만들어서, 그 가루로 또띠야를 만들었다. ◇ **maizal** 남 옥수수밭.

majadero, ra 형 어리석은; 엉뚱한. 남 절굿공이, 방망이, 망치.

majadura 여 분쇄; 태형, 처벌.

majagranzas 남 어리석은 사람.

majal 남 고기가 모여 있는 장소.

majestad 여 ① 위엄. ② [경어] 폐하. Su *Majestad* el rey llegó esta mañana al aeropuerto. 국왕 폐하는 오늘 아침 공항에 도착했다. ◇ **majestuosidad** 여 장엄. ◇ **majestuoso, sa** 형 장엄한, 당당한.

mal 남 [malo의 어미 탈락형] 나쁜. Hace mal tiempo. 나쁜 날씨다. 남 ① 악, 부정(不正). La conciencia discierne el bue n de mal. 양심은 선악을 가린다. ② 나쁜 일, 해; 재앙. Me han hecho *mal* sus palabras. 그의 말은 나를 속상하게 했다. ③ 질병(enfermedad). Nadie sabe qué *mal* tiene. 그가 어떤 병인지 아무도 모른다. 부 ① 나쁘게; 서투르게. No habla *mal* de nadie. 그는 누구도 나쁘게 말하지 않는다. ② 부정하게, 잘못되게. Esta parte está *mal* traducida. 이 부분은 오역되어 있다. ③ (병이) 무거운. La enferma hoy está *mal*. 환자는 오늘은 좋지 않다. ◇ **malamente** 부 ① 심히 나쁘게. Cayó *malamente* al suelo. 그는 중상을 입고 넘어졌다. ② (경제적으로) 곤란해서. Estamos *malamente* de fondos. 우리는 자금이 없어서 곤란받고 있다.

malagradecido, da 형 배은망덕한.

malagueño, ña 형 말라가(Málaga)의. 명 말라가 사람.

malagueta 여 【식물】 조미용 식물.

malandante 형 불행한, 매를 못만난.

malandanza 여 불행, 화, 재난.

malandrín, na 형 천한, 사악한; 불량한.

malaria 여 말라리아 열.

malatía 여 나병, 문둥병, 천형병.

malato, ta 형 문둥병환자.

malavenido, da 형 불화의, 불일치의, 적합치 않은.

malaventura 여 불행, 재난, 화, 불운.

malaventurado, da 형 불행한, 불운한.

malaventuranza 여 불행, 불운, 비운.

malbaratar 타 헐값에 판다.

malcriar [12enviar] 타 버릇없이 키우다. ◇ **malcriado, da** 형 버릇없는, 가정 교육이 없는.

maldad 여 못됨·나쁜 짓; 악의(惡意).

maldecir [69decir] 타 저주하다. Juan *maldijo* su mala suerte. 후안은 자기의 불운을 저주했다. ◇ **maldiciente** 형 저주하는, 욕하는. 명 저주하는 사람, 험구가. ◇ **maldición** 여 저주; 험담, 욕.

maldito, ta 형 저주받은; 극악한. Estos *malditos* zapatos me hacen un daño horrible. 형편없는 이 구두는 나를 지독한 꼴을 당하게 한다.

malecón 남 방파제, 제방.

malestar 남 불쾌; 불편, 불안.

maleta 여 여행 가방(bolso de viaje). Tienes que hacer la *maleta* a toda prisa. 너는 서둘러서 여행 가방을 준비해야 한다. ◇ **maletero, ra** 가방 제조인·상인; (자동차의) 뒷 트렁크. ◇ **maletín** 남 소형 여행 가방.

maleza 여 잡초(mala hierba); 덤불(maraña). 남 잡초가 무성한 땅.

malgastar 타 (돈·때·노력 따위를) 헛되이 쓰다. José trabajaba mucho y no *malgastaba*. 호세는 그같은 저축하는 사람, 낭비를 하지 않았다. ◇ **malgastador, ra** 낭비자.

malhablado, da 형 말 버릇이 나쁜, 입이 더러운.

malhechor, ra 남 악당, 불량배.

malhumorado, da 형 기분이 언짢은.

malicia 여 ① 악의, 저의(底意). Aquellas palabras no parecían tener *malicia*. 저 말에는 악의는 없는 듯 하였다. ② 목 나쁜 근성. Tengo mis *malicias* de que no dice la verdad. 그는 진실을 말하지 않는다고 나는 심술궂은 생각을 하고 있다. ◇ **malicioso, sa** 형 심술궂은, 저의가 있는. Me miró con una sonrisa *maliciosa*. 그는 심술궂은 듯한 웃음을 짓고 나를 보았다.

malignar 타 악화게하다, 악에 물들게하다 ; 병독을 옮기다. 재 악화하다, 부패하다.

malignidad 여 사심, 악의 ; 유독성, 악성, 악질.

maligno, na 형 악랄한, 뱃속이 시꺼먼.

malo, la [남성 단수 명사의 앞에서 mal; 비교급 peor] 형 ① 나쁜, 서툰. No es *mala* idea. 그것은 나쁜 생각은 아니다. Esta comida es *mala*, pero muy *mala*. 이 식사는 맛 없다, 좌우간 지독하게 맛 없다. ② 병을 앓고 있다. Ella está *mala* hace tres meses. 그녀는 석달쯤 앓고 있다.

malograr 타 잡으려다 놓치다. *Malogré* una ocasión. 나는 기회를 놓쳤다. ◇~**se** ① 실패하다; 좌절하다. Se han *malogrado* nuestros esfuerzos. 우리들의 노력은 실패했다. ② 요절하다. ◇ **malogro** 남 실패; 좌절; 요절.

malón 남 토인의 습격. dar *malón* 습격하다.

malonear 타 습격하다, 야습하다.

malparanza 여 모욕, 굴욕, 학대, 능욕, 냉대.

malparir 타 유산하다.

malquerencia 여 혐오; 악의, 원한, 질투심.

malquerer 타 미워하다, 원망하다, 악의를 품다.

malsano, na 형 건강하지 못한 ; 몸에 해로운 ; 건강을 해치는. Es un clima muy *malsano*. 몸에 해로운 기후이다.

maltratar 타 학대하다. No hay que *maltratar* a los animales. 동물을 학대해서는 안된다.

malvado, da 형 사악한, 극악한. 망나니.

mamá [목 mamás] 여 어머니(madre). El viernes es el cumpleaños de mi *mamá*. 수요일은 내 어머니의 생신이다.

mamar 타 (젖을) 빨다; 힘들이지 않고 얻다. Juan (se) ha *mamado* un empleo. 후안은 힘들이지 않고 직장을 구했다.

mamífero, ra 형 포유 동물의. 남 포유동물. 여 포유유.

manantial 형 샘의. 남 샘(pozo, fuente); 근원, 원천.

manar 재 ① 솟아·뿜어 나오다. *Mana* sangre de la herida. 상처에서 피가 솟아 나온다. ② 많이 되다(abundar). El campo *mana* en agua. 들은 물바다가 되고 있다.

manceba 여 첩, 정부(情婦).

mancebo 남 젊은이, 독신자.

manco, ca 형 ① 한쪽 팔이 없는; 손·발이 없는. 남 손·발이 없는 사람, 외팔이. El *Manco de Lepanto* 레빤또 해전의 외팔이, 세르반떼스.

mancha 여 매 묻은 곳, 오점; 반점. El niño llevaba en el vestido una *mancha* de tinta. 그 소년은 옷에 잉크 얼룩을 묻히고 있었다. *mancha mongólica* 몽고반점. ◇ **manchar** 타 더럽히다. Llevas los zapatos *manchados* de barro. 너는 구두를 더럽히고 있구나.

mandado 남 심부름. ¿Puede usted hacerme un *mandado*? 저에게 심부름 시키겠습니까? ◇ **mandadero, ra** 형 심부름꾼.

mandar 타 ① 보내다(enviar). ¿Quiere Ud. *mandar* un telegrama (cable)? 전보 (케이블) 치시렵니까. ¿Me ha *mandado* Ud. llamar? 당신이 나를 부르러 보냈습니까. *Mande* por una ambulancia. 앰불런스를 부르러 보내세요. Quiero *mandar* esta carta por correo aéreo. 이 편지를 항공편으로 보내고 싶다. *Mándemelo* a casa. 제 집에 그것을 보내주세요. *Mande* el paquete a estas señas. 이 주소로 소포를 보내주세요. ② 명령하다. El rey *mandó* edificar esta catedral a los arquitectos. 국왕이 그 건축가들에게 이 대성당을 건축할 것을 명령했다. Lo he hecho porque Ud. me lo ha *mandado*. 당신이 그렇게 말했기 때문에 그것을 했습니다. ③ 주문하다. He *mandado* que nos traigan petróleo. 나는 석유를 가져와 달라고 주문했다. 재 ① 지배하다, 자유스레 행동하다. ¿Quién *manda* en tu casa? 너의 집에서는 누가 제일 위엄을 부리느냐. ② [+por : …를 부르러, 가지러]사람을 보내다. ¿Quiere usted *mandar* por un médico? 의사를 부르러 사람을 보내주지 않겠나요. ◇ **mandamiento** 남 명령; 계율(戒律).

mandarina 여 만다리나 (귤의 일종).

mandatario, ria 남 대리인, 위탁자, 위임통치국.

mandato 남 명령; 위탁, 위임. Ningún *mandato* del director se desobedecía. 지배인의 어떤 명령도 반대되지 않았다.

mandíbula 여 턱.

mandilandín 남 기둥 서방; 창녀의 노에.

mandilón 남 비겁한 사람.

mandinga 예 아프리카의 흑인 종족; 악마.

mandioca 예【식물】만디오카 (남미산으로 감자, 고구마, 밤의 맛이 남).

mando 남 ① 지배(권); 지휘. El general asumió el *mando* de las tropas. 장군은 부대 지휘를 하였다. ② 조종, 조작(操作). Este coche tiene dos *mandos* para frenar. 이 차에는 2개의 제동 장치가 있다. *al mando de* …의 지휘 아래에.

mandolina 예【악기】만도린.

mandón, na 형 거만스러운, 으시대는.

manecilla 예 시계 바늘(aguja).

manejar 타 ① 취급하다; 조종하다. Ella *maneja* a su marido. 그녀는 남편을 조종하고 있다. ② 운전·조종·조작하다 (conducir, guiar). José *maneja* el auto muy bien. 호세는 자동차 운전이 매우 능숙하다. ¿ Sabe usted *manejar*? 운전하실 줄 아십니까. ③ 경영·관리하다. Mi abuelo *manejaba* una tienda en Málaga. 나의 조부님께서는 말라가에서 상점을 경영하고 계셨다. ◇ **manejo** 남 취급; 운전, 조작, 경영, 관리.

manera 예 ① 방법(modo). No estoy de acuerdo con su *manera* de resolver los problemas. 나는 문제를 해결하는 귀하의 방법에는 찬성하지 못하다. ② 복 예법. Se lo dijo a Lola con buenas *maneras*. 그는 롤라에게 매우 예법을 갖춰 그것을 말했다. *De ninguna manera* 천만에요; 결코 …않다. No se lo diré a nadie *de ninguna manera*. 나는 결코 아무에게도 그것을 말하지 않겠다. *de manera que+ind.* 그 때문에 (de modo que). *De manera que* no fui allá. 그래서 나는 거기에 가지 않았다. Me levanté tarde, *de manera que* no pude llegar a tiempo. 나는 늦게 일어났기 때문에 시간에 댈 수 없었다. *de manera que+subj.* …하도록 (para que + subj.). Salí de casa *de manera que* no me viera él. 그가 나를 만나지 못하도록 나는 외출했다. *de todas maneras* 하여간에, 어쨌든 (de todos modos). *De todas maneras* estoy contento. 좌우간에 저는 만족합니다.

manfla 예 창녀, 첩.

manflota 예 창녀집, 기생집.

manga 예 ① (의복의) 소매. Quiero que acorten un poco las *mangas* a esta camisa. 이 와이셔츠의 소매를 약간 짧게 해 주시길 바랍니다. ② 호스, 수관(水管). Tráeme la *manga*; que quiero regar el jardín. 정원에 물을 뿌릴려고 하니 호스를 가져오너라. *en mangas de camisa* 저고리를 벗고, 소매를 걷어 붙이고. Juan estaba trabajando *en mangas de camisa*. 후안은 소매를 걷어붙이고 일하고 있었다.

mango 남 ① 손잡이, 축(軸). El *mango* de la sartén está suelto. 프라이팬의 손잡이가 빠져 있다. ②【식물】망고 (의 열매).

mangonear 자 빈둥하다, 방황하다, 간섭하다.

mangoneo 남 빈둥, 방황, 간섭.

mangrrero, ra 형 소용없는, 쓸모없는, 무익한.

maní 남 낙화생(cacahuete).

manía 예 ① 편집광(偏執狂); 열중(熱中); 기벽(奇癖). Tiene la *manía* de cerrar todas las ventanas en pleno verano. 그는 여름에 모든 창문을 닫는 기벽이 있다.

manicura 예 매니큐어.

manifestar 타 (pensar) 나타내다; 표명·언명하다. Lamentamos *manifestarles* que no nos interesa su idea. 폐사는 귀사측의 생각이 관심이 되지 않음을 표명하게 되어 유감입니다. ◇ ~**se** ① 나타나다. Sus intenciones *se manifiestan* claramente. 그의 의도는 분명히 나타났다. ② 의견·태도를 명확히 하다. ③ 데모를 하다. Los obreros *se manifestaron* pidiendo un aumento de salario. 노동자들은 임금 인상을 요구하면서 데모를 했다. ◇ **manifestación** 예 표시, 표명; 데모, 시위 운동. ◇ **manifestante** 남 데모 참가자.

manifiesto, ta 형 분명한, 명확한(patente, claro). 남 성명(서); 【상업】선하 목록(船荷目錄) (declaración del cargamento de un buque preparado para el administrador de aduanas). *poner de manifiesto* 명확히 하다, 밝히다; 공개하다. Con esas declaraciones el gobierno *puso de manifiesto* sus propósitos. 정부는 그 발표로 의도를 명확히 했다.

manileño, ña 형 마닐라(Manila)의. 남 마닐라 사람.

maniobra 예 ① 조작(操作); 조차(操車), 조선(操船). ② 공작(工作), 책략. Esto ha sido una *maniobra* para derribar al gobierno. 이것은 정부를 전복시키기 위한 공작이었다. ③ 작전, 연습. ◇ **maniobrar** 자 조작·공작·연습·작전하다.

manipodio 남 권모, 술책, 간계.

manipulación 예 취급, 조작, 처치; 술책, 조정.

manipulador 남 전신, 전송기.

manipulante 남 취급하는 사람.

manipular 타 조종하다, 조작하다, 처치하다; (상품을) 취급하다, 거래를 하다.

maniquí 여 마네킹, 인형(muñeca).
manjar 남 음식, 식량, 식품(cualquier comestible, alimento).
mano 여 ① 손. José le estrechó la mano. 호세는 그의 손을 잡았다. La madre llevaba de la mano a su niña. 모친은 딸애의 손을 끌었다. mano derecha 오른손. mano izquierda 왼손. mano postiza [artificial] 의수(義手). ② 일손 (노동력·기술 따위의). Hay escasez de mano de obra. 일손이 부족하다. ③ (결혼 대상의) 여자. pedir la mano de…을 아내로 청혼하다. Luis fue al padre de Margarita a pedirle la mano de su hija. 루이스는 마르가리따의 아버지에게 그의 딸을 아내로 청혼하러 갔다. a mano 쉽사리. Dame el libro si lo tienes a mano. 쉽사리 책을 입수하면 나에게 주라. de segunda mano 중고의. darse [estrecharse] la mano 악수하다. mano sobre mano 손을 포개고. mano a mano 단둘이 대등하게. a mano derecha [izquierda] 대등한 [왼]손 쪽에. Lo encontrará usted a mano derecha. 오른손 쪽에 그것이 있다. coser a mano 손바느질하다. escribir a mano 손으로 쓰다.
mansión 여 큰 저택(palacio). La familia vive en una mansión en las afueras de la ciudad. 그 가족은 시의 교외에서 큰 저택에 살고 있다.
manso, sa 형 얌전한; 온화한. La corriente del río era mansa. 냇물은 잔잔했다.
manta 여 담요, 모포(毛布). No duermo bien con una sola manta. 담요 한장 뿐이어서 나는 잘 잘 수 없다.
manteca 여 기름기, 지방; 버터. La criada untó manteca a la sartén. 식모는 프라이팬에 기름을 발랐다.
mantecado 남 아이스크림, 버터빵.
mantel 남 책상보, 식탁보.
mantener [58 tener] 타 ① 지탱하다; 유지·지속하다. José no pudo mantener su compromiso. 호세는 약속을 계속 지킬 수가 없었다. ② 부양하다(sustentar). El pobre muchacho mantiene a toda su familia. 그 소년은 불쌍하게도 자기의 전 가족을 부양하고 있다. ◇ **mantenimiento** 남 유지; 식품, 식량.
mantequera 여 버터 접시(mantequillera). ◇ **mantequero** 남 버터 제조인·판매인.
mantequilla 여 (식탁용) 버터.
mantilla 여 어깨·머리를 덮는 베일·숄.
mantillo 남 옥토, 비옥한 땅, 경작하는 땅; 퇴비.
mantillón 형 불결한, 더러운.

mantisa 여 【수학】 가수(假數).
manto 남 (부인용) 망토, 가운, 제복.
mantón 남 숄, 어깨걸이. mantón de Manila 수 놓은 큰 숄.
manual 형 ① 손의; 손으로 만든. En aquel entonces se ocupaba en un trabajo manual. 그 무렵 그는 수공에 종사하고 있었다. ② 간단한. 남 입문서, 안내서, 편람. Quiero comprar algún manual de la cocina española. 나는 서반아 요리 입문서를 사고 싶다.
manufactura 여 제품; 공장(fábrica). ◇ **manufacturar** 타 제조하다, 제작하다 (fabricar). ◇ **manufacturero, ra** 형 제조·생산·공업의.
manuscrito 형 손으로 쓴. 남 원고; 사본 (copia). Se perdieron todos los manuscritos del texto original. 원문의 사본은 모두 잃었다.
manutención 여 지지, 유지; 보호, 보존; 부양. ◇ **manutener** [58 tener] 타 부양하다(mantener).
manzana 여 ① 【과실】 사과. Esta manzana está picada. 이 사과는 상했다. ② 구획, 거리. Di una vuelta a la manzana. 나는 그 거리를 한바퀴 돌았다. ◇ **manzanal/manzanar** 남 사과밭. ◇ **manzano** 남 사과나무.
maña 여 솜씨; 술책; 교활함; (나쁜) 버릇. ◇ **mañoso, sa** 형 솜씨있는, 교활한.
mañana 여 아침, 오전. Ha nevado esta mañana. 오늘 아침 눈이 왔다. ¿ Vengo por la mañana o por la tarde? 나는 오전중에 올까, 아니면 오후에 올까. 뛴 내일. Mañana será otro día. 내일은 내일의 바람이 분다. Pienso ir mañana. 나는 내일 갈 예정이다. Hasta mañana (작별 인사) 내일 만나뵙겠습니다. muy de mañana 아침 일찍. pasado mañana 모레.
mañanear 타 (습관이 되어서) 일찍 일어나다.
mañanita, ta 여 조조, 아침 일찍.
mañería 여 불모, 불임, 아이를 배지 않음; 교활, 간계.
mapa 남 지도. Miren ustedes este mapa. 이 지도를 보십시오. mapa mudo 백지도.
mapamundi 남 세계 지도.
máquina 여 기계. ¿ Sabes escribir a máquina? 너는 타이프 라이터를 칠 줄 아느냐. máquina de coser 재봉틀. máquina de escribir 타이프라이터. máquina de foliar 넘버링. máquina de lavar 세탁기. ◇ **maquinaria** 여 【집합적】 기계; 기계구조. La maquinaria del reloj está estropeada. 시계의 기계가 망가졌다. ◇
maquinilla 여 소형 기계. maquinilla de

afeitar 안전 면도기. *maquinilla de cortar pelo* 이발기. ◇ **maquinista** 남 기관사; 기술자; 엔진 운전수.

maquinación 예 권모, 간책, 책략.

maquinador 남 간계·간책을 부리는 사람.

mar 남 또는 예 바다. *La llanura se inclina de la montaña al mar.* 평야는 산에서 바다로 경사하고 있다. *alta mar* 먼 바다. *mar gruesa* 거친 바다. *la mar de …* 다량의. *Tengo que hacer la mar de cosas.* 나는 해야 할 일이 잔뜩 있다.

mar. marzo.

maraca 예 마라까 (악기의 일종).

maraña 예 무성함; 엉킴; 분규.

maravilla 예 ①놀라움; 불가사의. *Es una de las siete maravillas del mundo.* 그것은 세계 7대 불가사의 중의 하나이다. ②훌륭함. *Voy a ver la ⟨colección de Velázquez⟩; es una maravilla.* 벨라스께스의 그림)전을 보러 가겠다; 훌륭함. ◇ **maravillar** 타 놀라게 하다. *Me maravilla verte por aquí.* 너를 이 근처에서 만나다니 놀랍다. ◇ **maravilloso, sa** 형 놀라운; 훌륭한. *El resultado fue maravilloso.* 결과는 훌륭했다.

marca 예 마크, 표지(標識); 상표, 품목. *Es una marca renombrada.* 그건 유명한 상표다. *Creo que esta marca es la mejor.* 이 상표(의 물건)가 제일 좋다고 생각한다. *Le recomendamos este vino; es de marca.* 이 포도주를 권합니다; 유명품이오.

marcar [7] sacar] 타 ① (…에) 마크·표지 (標識)를 붙이다. *He marcado con rojo los artículos que me interesan.* 관심있는 물건에는 나는 빨강 마크를 붙였다. ②【스포츠】득점하다, 기록하다. *El nadador ha marcado 45′ 24″ 8.* 그 수영 선수는 45′ 24″ 8을 기록했다. ③ (계기의 바늘 따위가) 가리키다, 나타내다. *Mi reloj marca las tres.* 내 시계는 세 시를 가리키고 있다. *El termómetro marca treinta grados a la sombra.* 한란계는 그늘에서 30도를 가리킨다. ④ (전화의 다이얼을) 돌리다. *Marque usted el número 28-8115.* 다이얼 28-8115번을 돌리세요. ◇ **marcado, da** 형 현저한, 명백한.

marco 남 ① 가장자리, 테; 액자. *El marco de la ventana está mal sujeto a la pared.* 창틀은 벽에는 잘 붙어있지 않다. ②마르크 (독일의 화폐 단위).

marchante, ta 예 고객, 단골손님 (cliente, parroquiano).

marchar 자 ① 행진하다. *Marchamos con los pies firmes.* 우리들은 보무도 당당하게 행진했다. ②(기계가) 움직이다. *Mi reloj marcha adelantado.* 내 시계는 빠르다. ③(일이) 진척되다. *Las cosas marchan viento en popa.* 만사가 잘 되어 가고 있다. *Los negocios han marchado perfectamente.* 거래는 순조롭게 진행되었다. ◇ **~se** 가버리다, 떠나다. *¿ Se marcha usted ya?* 벌써 떠나십니까. *Tengo que marcharme en seguida.* 나는 곧 돌아가야 한다. ◇ **marcha** 예 ① 행진 ; 진행. *El tren se pondrá en marcha pronto.* 열차는 곧 떠난다. ②행진곡. *Se tocaba una marcha en el acto.* 예식에서 행진곡이 연주되고 있었다.

marchitar 타 시들게 하다, 여위게 하다. ◇ **~se** 시들다, 여위다. ◇ **marchitez** 예 시들음; 여윔. ◇ **marchito, ta** 형 시든; 여윈.

marea 예 조수(潮水).

marear 타 귀찮게 굴다, 괴롭히다; (배를) 움직이다·조종하다. ◇ **~se** 멀미하다. ◇ **mareado, da** 형 멀미하는. ◇ **mareo** 남 멀미; 현기증.

marfil 남 상아(象牙). *Sigue en cerrado en su torre de marfil.* 그는 상아탑 속에 들어박혀 있다. ◇ **marfileño, ña** 형 상아의·같은.

margarina 예 마가린.

margarita 예【식물】들국화; 진주(perla).

margen 남 또는 예 (강·길의) 가, 가장자리. 남 ①난외, 여백; 난외의 주해. *Deja más margen a la izquierda.* 왼편에 더 많이 여백을 남겨라. ②【상업】차금(差金), 마진. *Nuestro margen de beneficio es muy pequeño.* 폐사의 이익 차금은 매우 적다. ◇ **marginal** 형 가의; 난외의. *nota marginal* 방주(傍註).

María 예 마리아 (여자이름). *santa María* 성모마리아.

mariano, na 형 성모마리아의, 마리아 예배의: *Islas Mariana* 마리아군도.

marica 남【새】까치. 나약한 자, 여자같은 사내.

Maricastaña 태고를 상징하는 인물. *en tiempo de Maricastaña* 아주 먼 옛날, 호랑이 담배 먹을 적.

maridaje 남 부부 생활, 화합, 조화.

maridar 자 결합시키다, 묶다. 타 결혼하다, 결혼 생활을 하다.

marido 남 남편(男便)(esposo) [예 mujer, esposa]. *Marido y mujer tenían un hijo solo.* 그 부부에게는 아들이 단 하나 있었다.

mariguana 예 마리화나, 대마초의 일종 (marihuana, marijuana).

marino, na 형 바다의. *Se ha encontrado un extraño animal marino en la bahía.*

그 물이에서 한 마리의 진기한 바다 동물이 발견되었다. 해병, 수병; 선원. 예 해사(海事), 해운; 해군; [집합적] 선박. (*Ministerio de*) la *Marina* 해군성(省). La *marina* coreana está dotada de los últimos adelantos. 한국 선박은 최신의 진보한 설비를 갖추고 있다. ◇ **marinero** 图 선원, 뱃사람.

mariposa 예 [곤충] 나비. Una leve *mariposa* volaba de flor en flor. 경쾌한 나비가 꽃에서 꽃으로 날아 다녔다.

mariscal 图 육군 원수. ◇ **mariscalía** 예 육군 원수의 직.

marisco 图 조개류. A ese precio no hay quien pueda comer *mariscos*. 그런 값에 조개 먹을 사람이 없겠다. Para comer *mariscos* se fueron a un bar junto al puerto. 그들은 조개 요리를 먹으러 항구 가까이의 주점으로 갔다.

marital 图 남편의.

marítimo, ma 바다의; 바닷길의; 해상의; 선박의. Si usted lo manda por vía *marítima*, resultará muy barato. 당신이 배편으로 그것을 보내면 매우 싸게 먹힐 것입니다.

marmita 예 남비, 솥.

mármol 图 대리석. Todas estas columnas son de *mármol*. 이 원주들은 모두 대리석으로 되어 있다.

marqués 图 후작(侯爵). El *marqués* se mantuvo fiel al rey por toda su vida. 후작은 전쟁에 왕에게 계속 충실했다.

marquesa 예 후작 부인, 여자 후작.

marquesado 图 후작의 직위·영(領).

marro 图 실수, 실패, 잘못, 과오; 최고급 던지기 유회의 일종.

marrón 图 밤색의(castaño), 다갈색의. 图 밤색, 다갈색. Lo quiero de color *marrón*. 나는 다갈색으로 된 것이 필요하다.

marroquí 图 모로코의. 图 모로코 사람.

marsopa/marsopla 图 [동물] 물개.

mart. martes.

marta 예 [동물] 담비.

Marte 图 [동물] 화성.

martes 【단·복 동형】 图 화요일.

martillo 图 [공구] 해머, 망치. Las espadas coreanas se forjan a golpes de *martillo*. 한국칼은 망치로 쳐서 만들어진다. ◇ **martillar** 国 망치로 치다. ◇ **martillazo** 图 망치 소리.

mártir 图 순교자; 수난자. Entre los que dieron su sangre por la fe merecen ser citados los 23 *mártires*. 신앙을 위해 그 피를 바친 자들 중에서 23인의 이름을 순교자로서 나타낼 수 있다. ◇ **martirial** 图 순교자의. ◇ **martirio** 图 순교; 수난. San Pedro sufrió *martirio* en Roma. 성 베드로는 로마에서 순교했다. ◇ **martirizar** 国 박해하다; 학대하다.

marzo 图 3월. ◇ **marzal** 图 3월의.

mas 图 [문어적] 그러나(pero).

más [mucho의 비교급; 수·량의 변화 없음] 图 더욱 많은. El amor tiene *más* fuerza que la muerte. 사랑은 죽음보다 강하다. 때 ① 더 다른 것. ¿ Qué *más* dice el periódico? 신문에는 무슨 다른 것이 쓰여 있는가. ② [정관사+]대다. Los *más* de los habitantes trabajaban en la mina. 주민의 대다수는 광산에서 일하고 있었다. 图 ① 더욱 많이, 더. Este edificio es dos veces *más* alto que aquél. 이 건물은 저것보다 2배 높다. Es lástima que usted no haya venido *más* temprano. 당신이 조금 더 빨리 오지 않았던 것이 유감이다. ② [정관사·소유형용사를 덧붙여서 최상급인] 가장. Lola es la *más* inteligente de nuestra clase. 롤라는 우리 학급에서 제일 머리가 좋다. ¿ Qué es lo que *más* a usted le molesta? 제일 싫은 일은 무엇이냐. ③ [접속사적으로] 【수학】 플러스(y) (⇔ menos). Cuatro más tres son siete. 4더하기 3은 7이다. *más de* +수사 …이상. *Más de* cuarenta hombres murieron en el terremoto. 그 지진으로 40인 이상의 사람이 죽었다. *a lo más* 최대, 고작. Te costará cien pesetas *a lo más*. 그것은 너에게 불과 100페세타쯤 들겠지. *no más que* 다만 …밖에 없다. *No tenía más que* cien pesetas. 나는 100페세타밖에 가지고 있지 않았다. *por más que* 아무리 …하여도. *Por más que* gritaba, nadie lo oía. 아무리 고함을 질렀지만 아무도 들어 주지 않았다.

masa 예 ① 덩어리, (빵 따위의) 반죽 덩어리. Los peones hacen una *masa* con agua y yeso. 인부들은 물과 석고로 벽을 바를 흙덩이를 만든다. ② 집단; 대중(大衆). *Masas* de vacas pastaban en extensos prados. 소의 큰 무리가 넓은 목장에서 풀을 뜯고 있었다. *en masa* 집단으로; 대량 방식으로. Aquí se fabrican los productos *en masa*. 여기서는 제품이 대량 방식으로 제조되고 있다. ◇ **masivo, va** 집단의, 대중의.

masacre 대학살. ◇ **masacrar** 国 대학살하다.

masada 예 농가; 별장(villa, quinta, casa de campo).

masaje 마사지. *dar un masaje* 마사지하다. ◇ **masajista** 图 안마사.

mascar [7] sacar] 国 씹다, 깨물다.

máscara 예 탈, 가면. ◇ **mascarada** 예 가장 행렬·무도회.

mascota 여 마스코트.

masculino, na 남자의; 수컷의. *género masculino* 남성.

mascullar 자 말을 더듬다, 우물거리다.

masera 여 (빵을) 반죽하는 통, (빵 찌는 데 쓰는) 수건.

masilla 여 작은 덩어리.

maslo 남 (개 꼬리의) 끝, 나무 뿌리.

masón 남 큰 덩어리; 숙련공; 조합원.

masonería 여 공제 비밀 결사.

masónico, ca 숙련공 조합의; 공제 비밀 결사의.

masoquismo 남 피학대성 음란증.

mastelero 남 〖선박〗 중간 돛대.

masticar [7] *sacar* 타 (먹을 것을) 깨물다, 씹다(mascar). Tienes que *masticar* la comida más despacio. 너는 음식을 더 천천히 씹어야 한다.

mástil 남 돛대.

mata 여 관목; (다년생 목질의) 풀; 숲; 과수림; 입목(立木).

matachín 여 도살자, 광대.

matadura 여 짐승 가죽에 생긴 상처; 귀찮은 사람.

matalascallando 여 은밀한 목적을 달성하는 사람.

matalobos 남 〖식물〗 약용·관상용 식물(독초).

matalón, na 여 폐마, 늙은 말.

matamoros 남 장사, 역사, 힘자랑하는 사람.

matamoscas 남 파리통, 파리채 (파리 잡기 위해 길게 늘어 놓은 끈적끈적한 종이).

matamosquitos 【단·복수 동형】 남 모기 잡는 선향.

mataperros 【단·복수 동형】 남 악동, 부랑아.

matapolvo 남 조금 오는 비.

matar 타 ① 죽이다. El huracán *ha matado* a más de veinte personas. 태풍으로 20명 이상이 죽었다. ②(시간을) 소비하다. Yo *mataba* el tiempo viendo la televisión. 나는 텔레비전을 보면서 소일하고 있었다. ◇ ~se ①자살하다 ②[+a. por·para : …때문에] 몸을 깎아내리다. Se está *matando para* ganar una miseria. 그는 아주 적은 돈을 벌기 위하여 몸을 깎아내리고 있다. ◇ **matadero** 남 도살장. **matador, ra** 살인자, 주역 투우사. ◇ **matanza** 여 대학살; 도살.

mate 남 마테차(茶)(hierba del Paraguay); 마떼 찻잔; 마떼 음료.

matemático, ca 수학의. 남 수학자. 여 수학. ¿Aprobó usted el examen de *matemáticas*? 당신은 수학 시험에 합격했습니까.

materia 여 ① 물질; 재료. *materia prima* [*primera*] 원료. Han suspendido la fabricación por falta de *materias primas*. 원(재)료의 부족으로 제조가 정지되었다. ②사항, 제재(題材); 학과(學科). Es especialista en la *materia*. 그는 그 일로는 전문가이다.

material 물질의; 구체적인. El alma no es *material*, el cuerpo sí. 영혼은 물질적인 것은 아니지만 육체는 그러하다. 남 재료; 성분; 용구(用具). Todo el *material* empleado es de primera calidad. 사용된 재료는 모두 제일 품의 품질이다. ◇ **materialidad** 여 실질, 외형. **materialismo** 남 유물론, 물질주의. **materialista** 남 유물론자, 실리주의자. ◇ **materializar** [9] *alzar* 타 물질화하다; 실현시키다.

materno, na 어머니의, 어머니쪽의; *amor materno* 모성애. La mujer española pierde su nombre *materno* al casarse. 서반아 여성은 결혼하면 어머니쪽의 성을 잃는다. ◇ **maternal** 어머니의 · 다운. *cariño maternal* 모성애. ◇ **maternidad** 여 어머니임, 모성; 출산 수당; 산원(産院). *casa de maternidad* 조산원.

matiz 남 *matices* 남 색조, 색깔, 무늬. Percibí en sus palabras cierto *matiz* irónico. 나는 그의 말 속에 어떤 야유하는 빛깔을 느꼈다.

matón 남 잘 싸우는 사람.

matorral 남 잡초지, 덤불, 풀섶; 표 (billete, boleto).

matrícula 여 등록, 학적, 선적, 차적(車籍); (자동차의) 번호판. La *matrícula* del curso me costó 1,000 pesetas. 그 과정의 수강료로서 1,000뻬세따가 들었다. ◇ **matricular** 타 (배·차를) 등록하다. 재 등록·입학의 절차를 밟다. ¿ En qué escuela *te has matriculado*? 어떤 학교에 등록했습니까.

matrimonio 남 ① 결혼(casamiento, boda). Su primo contrajo *matrimonio* con una amiga mía. 그의 사촌 형님은 내 친구와 결혼했다. ②부부(esposos, señores). La familia está formada por el *matrimonio* y tres hijas. 그 가족은 부부와 3인의 딸로 구성되어 있다. ◇ **matrimonial** 결혼의; 부부의.

matute 남 밀수품, 밀수업.

matutear 타 밀수하다.

matutero, ra 남 밀수업자.

matutinal 명 아침의.

maula 여 값싸고 번지르한 물건, 쓸모없는 물건.

maullar [7] *rehusar* 재 (고양이가) 야옹하고 울다.

mausoleo 명 영묘, 사직(mauseolo).

máximo, ma 형 최대·최고의. El precio *máximo* es de diez dólares. 최고 가격은 10달러이다. La temperatura *máxima* es de cuarenta grados. 최고 기온은 40도이다. 명 최대한; 최고액. Tendrá como *máximo* viente años. 그는 겨우 20세일 것이다. 명 금언, 모토(lema). Mi *máxima* es no meterme en vidas ajenas. 나의 금언은 타인의 생활에 간섭하지 않는 일이다.

mayo 명 5월. El primero de *mayo* es la fiestas del trabajo. 5월 1일은 노동(자)의 제전이다.

mayonesa 여 마요네즈(mahonesa).

mayor 형 ① [grande의 비교급] 더욱 큰; 더욱 연상의; 더욱 위의. Su casa es *mayor* que la mía. 그의 집은 나의 집보다 크다. Tú eres *mayor* que yo. 너는 나보다 연상이다. ② [정관사+]가장 큰; 가장 연상의. Josefina es la *mayor* de todos. 호세피나는 모두들 중에서 가장 연상이다. ③성년의. 명 ①어른, 성인. Carlos es ya *mayor* de edad. 까를로스는 이미 어른이다. ② 주임, 장(長). *al por mayor* 대강; 도매로. Solamente se venden *al por mayor*. 그것들은 도매로만 팔리고 있다. ◇ **mayoría** 여 대부분, 다수(mayor parte, gran parte). La *mayoría* de ellos piensan mal de mí. 그들 대부분은 나를 나쁘게 생각하고 있다.

mayordomo 명 집사, 【페루】사환.

mayoridad 여 성년(mayoría).

mayorista 여 도매의 (상인).

mayoritario 형 다수당·다수파의 (사람).

mayúsculo, la 형 매우 큰; 【문법】대문자의. 여 대문자 (⇔ minúscula).

mazapán 명 설탕·달걀·밀가루·호두와 아몬드(almendra)를 짓이겨서 만든 과자.

mazmorra 명 지하 토굴.

mazo 명 한묶음; 추근추근한 사람, 성가시게 부탁하는 사람.

mazorca 여 (옥수수의) 열매.

mazorral 형 조잡한.

mazurca 여 마주르카 (폴란드 계통의 쾌활한 춤과 그 무용곡).

m/c. mi cuenta; mi cargo; moneda corriente.

mcos. marcos.

m/cta. mi cuenta.

me 대 [1인칭 단수의 대격·여격 대명사] ① 나를. *Me* esperaban. 그들은 나를 기다리고 있었다. Me levanto ordinariamente a las siete. 나는 보통 일곱시에 일어난다. Vino a ver*me*. 그는 나를 만나러 왔다. ② 나에게. *Me* lo dio. 그는 나에게 그것을 주었다. Dáme*lo*. 나에게 그것을 주라. *Me* gusta la música. 나는 음악이 좋다. ③ 나로부터. *Me* han robado el reloj. 나는 시계를 도둑맞았다.

mecánico, ca 형 기계의; 기계적인. En esta fábrica la operación de embotellar es *mecánica*. 이 공장에서는 병조립 작업은 기계에 의한다. 명 기계 공원; 기관사 (機關士). Trabaja de *mecánico* en aquella fábrica. 그는 그 공장에서, 기계공으로 일하고 있다. 여 기계(학), 역학; 기계 장치. Su hijo estudia *mecánica* en la universidad. 그의 아들은 대학에서 기계학을 배우고 있다. ◇ **mecanismo** 명 기구, 장치. El *mecanismo* de arranque es muy sencillo. 시동 기구는 극히 간단하다.

mecanógrafo, fa 명 타이피스트. Se necesita una *mecanógrafa* 타이피스트 구함. ◇ **mecanografía** 여 타자(술).

mecedora 여 흔들의자.

mechar 타 …에 돼지 기름을 바르다.

medalla 여 메달, 상패. Su producto fue premiado con la *medalla* de oro en la exposición. 그들의 제품은 박람회에서 금메달을 받았다. ◇ **medallón** 명【장신구】로켓; 대패(大牌).

media 여 【의복】긴 양말, 스타킹 [비교: calcetín]. Me da pena pensar que tengo que zurcir las *medias*. 스타킹을 기워야 한다고 생각하기만 해도 괴롭다. ② 【수학】평균, 중항(中項). *a medias* 절반해서, 엉거주춤하게. Iremos *a medias* en el negocio. 장사에서는 무엇이든지 반반으로 하자.

mediano, na 형 중간(쯤)의; 평범한. Hágame un corte *mediano*. 중간(쯤)의 사이즈로 해 주세요. ◇ **medianamente** 부 중간쯤으로, 평범하게. ◇ **medianía** 여 중류 계급; 중간 신분. No pasa de ser una *medianía*. 그는 가도 아니고 불가도 아닌 인물이다.

medianoche 여 자정, 밤12시, 한밤중. Casi nunca me acuesto antes de la *medianoche*. 나는 거의 언제나 밤 12시 전에는 자지 않는다.

mediante 전 [전치사적] …에 의하여, …을 통하여. Tuve éxito *mediante* sus consejos. 당신의 충고에 의해서 나는 성공했다. Dios *mediante*. 아마도. Iré Dios *mediante*. 아마도 나는 갈 수 있겠지.

mediar [1]cambiar 타 …사이에 있다. Entre su casa y la mía *median* otras dos. 그의 집과 우리 집과의 사이에 두 채의 집이 있다. ② 사이에 서다 (중개, 중재). Quiso *mediar* en la discusión. 그는 토론을 조정하려 했다. ◇ **mediación** 여

mediatinta 중개, 중재.
mediatinta 예 ① 중간색.
mediatizar 태 행동의 자유를 구속하다.
madiato, ta 형 간접의, 가운데부터.
medicación 예 치료.
medical 형 의학의, 의사의, 약용의.
medicamento 남 약, 약제.
medicina 예 ① 의학(醫學). Su hijo estudia *medicina* en Alemania. 그의 아들은 독일에서 의학을 공부하고 있다. ② 약(藥). Estoy tomando *medicinas* porque me duele el estómago. 나는 위가 아파서 약을 먹고 있다. ◊ **medicamento** 남 약품. ◊ **medicinal** 형 약용의.
médico, ca 남 의사(doctor). El *médico* recibe consultas desde las nueve. 그 의사는 9시부터 진찰을 한다.
medida 예 ① 계량(計量), 측량. La *medida* se hace al final del trabajo. 계량은 일이 끝난 뒤에 행해진다. ② 치수. ¿Quiere usted tomarme la *medida*? 내 치수를 재어 주시겠습니까. ③ 계기 (재, 말, 저울). Usamos la cinta métrica como *medida*. 우리들은 계기로서는 미터 줄자를 쓰고 있다. ③ 처치, 대책. El gobierno ha tomado *medidas* de precaución. 정부는 예방 조치를 취했다. *a medida de* …의 (양)에 응하여, 비율로. Te pagarán *a medida de* tu trabajo. 너는 일의 양에 응하여 돈을 받을 수 있다. *a medida que* …함에 따라서, Prosperaba la agricultura *a medida que* se aseguraba la paz. 평화가 확립됨에 따라 농업이 번영했다.
medio, dia 형 ① 절반의. El solo bebió *media* botella de vino. 그는 혼자서 포도주 반 병을 마셨다. ② 중위(中位)의, 중간쯤의; 중등 · 중급의. Podemos vernos a *media* tarde. 우리들은 오후의 중간쯤에 만난다. ③ 평균의. El español *medio* de hoy lo piensa así. 오늘의 평균적 서반아 사람은 그것을 이렇게 생각하고 있다. 남 ① 절반; 중앙. El auto se paró en el *medio* de la carretera. 자동차는 길 한가운데에 멈추었다. ② 중개; 매체. Los médicos conocen las enfermedades por *medio* de los síntomas. 의사는 징후를 통하여 병을 안다. ③ 수단, 방법. El mejor *medio* de conseguir una cosa es empezar a hacerla. 한가지 일을 달성하는 가장 좋은 방법은 그것을 하기 시작하는 일이다. ④ 복 자산, 자금. Es una buena persona pero como comerciante carece de *medios*. 그는 좋은 사람이지만 상인으로서는 자금이 부족하다. 부 반쯤. Lola me oía *medio* dormida. 롤라는 반쯤 졸면서 내이야기를 듣고 있었다.

mediocre 중위(中位)의; 평범한. Me parece *mediocre* ese joven. 저 청년은 평범하다고 나는 생각한다. ◊ **mediocridad** 예 중위; 범용(凡庸).
mediodía 남 ① 정오. Falta poco para el *mediodía*. 정오까지에는 조금 밖에 (시간이) 없다. Llegué a casa a *mediodía*. 정오에 나는 집에 돌아갔다. ② 남쪽, 남부.
medioeval 형 중세기 (Edad Media)의, 중세기풍의(medieval).
medir [36] *pedir*] 태 ① 재다, …만큼의 길이 · 크기가 있다. El hombre *media* cerca de dos metros de estatua. 그 사람은 키가 2미터 가까웠다. ② 이것 저것 생각하다. Habló *midiendo* las palabras. 그는 말을 골라면서 했다. **-se** 절도(節度)를 지키다. Ese hombre no sabe *medirse*. 저 사람은 절도를 지킬 수가 없다.
meditar 태 묵상 · 숙고하다. El negociante *meditaba* la manera de aumentar sus beneficios. 상인은 이익을 늘리는 방법을 깊이 생각하고 있었다. 자 묵상 · 숙고하다. ◊ **meditación** 예 묵상(묵), 내성(內省), 숙고.
mejicano, na 형 멕시코(México)의 (mexicano). 남 멕시코 사람.
médula 예 【해부】 골수, 수질(髓質), 연수, 숨골; 【식물】 고갱이.
mejilla 예 (얼굴의) 뺨, 볼. ¡Qué *mejillas* tan coloradas tiene esta niña! 이 어린이의 뺨은 붉기도 하군!
mejor 부 ① [bueno의 비교급] 더욱 좋은. Será *mejor* ir en tren que en avión. 비행기보다 열차로 가는 편이 좋겠지. ② [정관사+] 가장 좋은. Fue el *mejor* momento de su vida. 그것은 그의 생애에서 가장 좋은 때였다. 부 ① [bien의 비교급] 더욱 좋게, 더욱 훌륭하게. Yo lo sé *mejor* que tú. 나는 그것을 너보다 잘 알고 있다. ② 차라리. *Mejor* quiero esperar allí que llegar tarde. 나는 늦은 것보다는 차라리 그곳에서 기다리겠다. *a lo mejor* 혹시, 어쩌면. *A lo mejor* me regalan algo. 어쩌면 나에게 어떤 것을 줄는지도 모른다.
mejorar 태 좋게하다 (개량, 개선). Está *mejorando* el sistema poco a poco. 그는 방법을 조금씩 개량하고 있다. 자 ① 회복 · 호전되다. El tiempo va *mejorándose*. 일기는 회복되어 간다. Mi hija se ha *mejorado* notablemente. 내 딸은 알아보게 좋아졌다. ◊ **mejora** 예 개량, 개선; 진보.
melancolía 예 걱정, 우수(憂愁). A la muerte de su hijo la invadió una *melan-*

melaza 　　　　　　　　　　249　　　　　　　　　　**menos**

colia. 아들의 죽음으로 그녀는 깊은 우수에 잠겼다. ◇ **melancólico, ca** 휑 어떤지 슬픈, 기분이 적적한.
melaza 여 당밀.
melocotón 남【과실】복숭아. ◇ **melocotonar** 남 복숭아밭. ◇ **melocotonero** 남【식물】복숭아나무.
melodía 여【음악】멜로디, 선율; 가곡, 가락, 곡조.
melón 남【과실】멜론, 참외. *melón de agua* 수박(sandía).
mellizo, za 휑 쌍둥이(gemelo).
memorándum 남【단·복수 동형】비망록, (외교) 각서; 수첩.
memoria 여 ① 기억(력); 추억, 기념. *Lola tiene buena memoria.* 롤라는 기억력이 좋다. ② 보고서, (외교 문서의) 각서; 연구 논문. *Me mandaron la memoria escolar del año pasado.* 나에게 작년도 학교의 연차 보고를 보내왔다. ③ 복 (전언의 인사) 안부 부탁합니다. *Déle usted muchas memorias a su hermana.* 누님에게 잘 전해 주시오. ④ 복 회고록. *Me impresionaron mucho las memorias del escritor.* 나는 그 작가의 회고록에 크게 감명을 받았다. *aprender de momoria* 암기하다. *Ella aprende muy bien de memoria los números de teléfonos.* 그녀는 전화 번호를 대단히 능숙하게 암기한다. ◇ **memorable** 휑 기억할만한.
memorial 남 수첩, 비망록, 진정서; 청원서.
memorista 남【남·여 동형】대서업자.
memorión 남 기억력이 좋은 사람; 훌륭한 기억력.
memorioso, sa 휑 기억이 좋은 (사람).
memorista 남 암기 주의의 (교사).
memorístico, ca 휑 기억술(의), 암기주의의.
mena 여【광물】철광; 지중해산의 식용 고기.
ménade 여 술의 신, Baco의 무희; 광란하는 여자.
menaje 남 가재 도구, (학교의) 교과 용구, 집기.
mención 여 기재; 언급. *Haga mención de mi nombre y le atenderán.* 내 이름을 내놓으시오; 그러면 보살피 줄 것이요. ◇ **mencionar** 타 말하다; 기재하다, (…에) 언급하다. *En una de las interrogaciones, él mencionó un incendio que hubo en la ciudad.* 심문 중에 그는 시내에서 일어난 화재에 관하여 언급했다.
mendacidad 여 허위, 거짓말하는 버릇.
mendas 남 거짓말 하는 (사람).
mendelismo 남 멘델의 유전 법칙.
mendicante 남 거지(의), 탁발 수도회의 (수도자).
mendigo, ga 남 거지. *El mendigo extendió una mano en actitud suplicante.* 이 거지는 불쌍한 태도로 한 손을 내밀었다. ◇ **mendicidad** 여 거지, 거지 근성. ◇ **mendigar** 자 동냥하다. 타 조르다.
menester 남 ① 필요. *Es menester que José le diga la verdad.* 필요한 것은 호세가 그에게 진실을 말하는 일이다. ② 일, 근무; (일의) 도구. *Sería mejor que se ocupara de otros menesteres más útiles.* 좀더 유익한 일을 하는 편이 좋을 것이다. ◇ **menesteroso, sa** 휑 곤궁한. 남 생활 곤궁자.
menguar 남 ⑩ 자 쇠퇴하다; 줄다. *El caudal del río ha menguado desde hace diez días.* 강물은 10일 전부터 줄어졌다. ◇ **menguado, da** 휑 비겁한; 어리석은; 인색한. ◇ **menguante** 휑 줄어드는; (달이) 하현의. 여 감수(減水); 썰물; 쇠퇴.
meninge 여【해부】뇌막. ◇ **meníngeo, a** 휑 뇌막의. ◇ **meningitis** 여【단·복수 동형】【의학】뇌막염.
menor 휑【pequeño의 비교급】더욱 작은; 더욱 연소한; 미성년의. *Mi hijo es menor que el tuyo.* 내 아들은 네 아들보다 연하이다. ② (정관사·소유형용사를 첨가해서 보내어) 가장 작은. *La cosa no tiene la menor duda.* 그 일에는 조금의 의심도 없다. ③ 미성년자. *Está prohibida la entrada para los menores.* 미성년자는 입장 금지이다. *al por menor* 산매(散賣)로, 소매로. *Esta tienda no vende al por menor.* 이 가게는 산매를 하지 않는다.
menos 휑【poco의 열등비교급】(정관사·소유형용사를 첨가해서 최상급) 더욱 작은, 뒤진. *Hoy hace menos calor que ayer.* 오늘은 어제보다 덥지 않다. ① 본【poco의 비교급】더욱 적게, 더욱 적지; …만큼 …하지 않다. *Hoy llueve menos.* 오늘 비는 (전보다) 적다. *Elena es menos tonta que Carmen.* 엘레나는 카르멘만큼 어리석지는 않다. ② (정관사·소유형용사를 첨가해서 최상급) 가장 적게. *Esta chica es la menos aplicada de la clase.* 이 소녀가 학급에서 제일 공부에 열심이 없다. *José era el que menos hablaba.* 호세는 제일 말이 없었다. ③ 〔접속사적〕…이외, …은 외에는. *Tengo todo lo que necesito menos dinero.* 나는 돈 이외에 필요한 것은 무엇이나 가지고 있다. 【수학】마이너스 기호. *lo menos* 가장 적은 일. *Es lo menos que se puede pedir.* 그것이 요청할 수 있는 최소한의 것이다. *al menos/a lo menos/por lo menos* 적어도, 만족하지는 않지만. *Dame por lo menos tus señas.* 최소한 주

menoscabo

소홈을 가르치다오. *a menos que* + subj. …하게 아니면. No vendré esta tarde *a menos que* tú me necesitas. 네가 나를 필요로 하지 않는다면 나는 오후에는 오지 않겠다. *echar de menos* …가 없는 것을 알아차리다·있는 것을 허전하게·불만족하게 생각하다. *Echo de menos el café.* 커피가 없어서 서운하다. *Eché de menos el abrigo.* 오바를 입고 올 더라면 하고 나는 생각했다. *no poder menos de* + inf. …하지 않을 수 없다. José no pudo menos de marcharse. 호세는 가지 않을 수가 없었다.

menoscabo 男 훼손, 흠; 감소.

menosprecio 男 무시, 경시, 깔봄, 업신여김. ◇ **menospreciar** 他 깔보다, 경멸하다, 업신여기다(despreciar).

mensaje 男 메시지, 전언(傳言); 교서(敎書). A las diez se emitirá por radio un *mensaje* del Presidente. 10시에 대통령의 메시지가 라디오로 방송된다. ◇ **mensajero, ra** 男女 심부름꾼; 사절, 사신, 사자.

mensual 形 다달의; 월간의. ◇ **mensualidad** 女 월급; 월 납부액. ◇ **mensualmente** 副 다달이, 매월.

mental 形 마음의, 정신의; 내심의; 지적인. Prefiero el trabajo *mental*. 나는 지적인 일이 좋다. ◇ **mentalidad** 女 정신 상태; 지성. ◇ **mentalmente** 副 마음 속에서; 정신적으로. Se lo decía *mentalmente*. 그는 마음 속에서 그것을 자신에게 되뇌었다.

mente 女 사고(력); 두뇌. No está en mi *mente* hacerle ningún daño. 나의 머리에 그에게 해를 끼칠 생각은 조금도 없다.

mentira 女 거짓말, 거짓 [⊕ verdad]. No digo que sea *mentira*. 나는 그것이 거짓말이라고는 말하지 않는다. ◇ **mentir** [46 sentir] 自 거짓말을 하다(decir la mentira). ¡Tú me *mientes*! 거짓말 마라! Las esperanzas *mienten*. 희망은 그대로는 되지 않는 것. ◇ **mentiroso, sa** 거짓이 많은, 거짓말쟁이.

mentón 男 턱(barbilla); 턱 아래의 점.

mentor 男 좋은 지도자, 스승.

menú 男 메뉴. El *menú*, por favor. 메뉴 좀 부탁합니다.

menudear 自 자주 발생하다, 되풀이하다. (눈, 돌 따위가) 퍼붓다; 소매로 팔다; 자세히 말하다; 소매하다; 굴을 쓰다.

menudencia 女 세심, 용의 주도, 상세. 複 자디잔 물건.

menudeo 男 빈번, 빈발; 소매.

menudillo 男 동물의 발목. 複 새의 내장.

menudo, da ① 가는, 작은. Caía una lluvia muy *menuda*. 아주 가는 비가 오고 있었다. ② 하찮은, 천한. Ella se preocupa por las cuestiones *menudas*. 그녀는 대수롭지 않은 문제에 구애받는다. ③ 잔돈의. Déme la vuelta en moneda *menuda*. 거스름돈은 잔돈으로 주십시오. 複 잔돈; 장물(臟物). *a menudo* 빈번히. Siento molestarle tan *a menudo*. 이렇게 몇 차례나 폐를 끼쳐 미안합니다.

meñique 形 아주 작은(pequeñito). 男 새끼손가락 (dedo meñique, dedo auricular).

mercader, ra [고어(古語); 현대어는 comerciante] 상인(商人). El rey se apoyó en los *mercaderes*. 왕은 상인들에게 의지했다. ◇ **mercadería** 商品 (mercancía), 화물.

mercado 男 장, 시장(plaza); 마켓. En centro de viviendas está provisto de un *mercado* interno. 저 주택 단지는 내부에 시장을 갖추고 있다. 男 시장, 판로(販路). Flandes fue desde antiguo un buen *mercado* para el comercio español. 플란데르 지방은 서반아 상업에서 옛날부터 좋은 시장이었다. *mercado negro* 암시장 (estraperlo).

mercancía 女 상품, 화물. Vendemos todas nuestras *mercancías* al contado. 폐사의 상품은 모두 현금으로 판매하고 있소. ◇ **mercante** 形 상업의. *barco mercante* 상선(商船). 男 상인. ◇ **mercantil** 形 상업의. Fenicia era una nación puramente *mercantil*. 페니키아는 순수한 상업국이었다.

merced 女 은혜; 선물; 의지(意志). La gente agradecía las *mercedes* de la duquesa. 사람들은 공작 부인의 은혜에 감사하고 있었다. *merced a* …의 덕택으로. Lo hemos conseguido *merced a* su ayuda. 우리들은 그의 도움 덕택으로 그것을 손에 넣었다.

mercenario, ria 形 고용된; 청부한. *soldado mercenario* 용병. 男 용병.

mercería 女 잡화상, 일용품상.

merecer [30 crecer] 他 (…를 받을) 가치가 있다, (…할) 값어치가 있다. No creo que estos dos jóvenes *merezcan* nuestra confianza. 이들 두 청년은 우리들의 신뢰를 받을 값어치가 있다고는 생각되지 않는다. ◇ **merecido** 男 벌, 응보.

merendar [19 pensar] 自 간식을 들다. ¿Es la hora de *merendar*? 간식을 먹을 시간입니까. 他 간식으로 먹다. ◇ **merienda** 女 간식, 점심, 가벼운 식사.

meridional 形 남쪽의. Málaga goza de un clima *meridional*. 말라가는 남쪽의 (따뜻한) 기후에 혜택받고 있다.

mérito 남 ① 공적, 공로(상). Su *mérito* está en entregarse de lleno a su profesión. 그의 공적은 그가 전면적으로 자기의 직업에 전력을 기울인 데 있다. ② 효용, 가치. Este trabajo tiene mucho *mérito*. 이 일에는 큰 효용이 있다. ③ 장점, 미점. Nos hemos enterado bien de los *méritos* de sus productos. 귀사 제품의 장점은 잘 알았습니다.

merluza 여【물고기】대구류.

mermelada 여 잼 (marmelada).

mero, ra 형 단순한, 근소한. Por el mero hecho de venir a verme, ya merece mi agradecimiento. 나를 만나러 와 주는 단순한 그 행위만으로도 그는 나의 감사를 받을 값어치가 있다. ◇ **meramente** 부 단지, 단순히.

mes 남 달. ¿Cuál es el *mes* más frío? 제일 추운 달은 언제입니까. Aquí llevo dos *meses*. 나는 여기 와서부터 두 달이 된다. ¿Qué día del *mes* que tenemos?/ ¿En qué día del *mes* estamos? 오늘은 며칠입니까. a principios del *mes* que viene 다음 달 상순에.

mesa 여 ① 책상; (작업, 유희용의) 대(臺). Dejé el reloj sobre la mesa. 나는 책상 위에 시계를 놓았다. ② 식탁, 요리, 식품. Lola estaba sentada a la *mesa*. 롤라는 식탁에 앉아 있었다. Tiene *mesa* y cama en casa de sus padres. 그는 부모의 집에 (있으면) 먹을 것도 잘 곳도 있다. poner la mesa 식사 준비를 하다. Ya está puesta la mesa. 벌써 식사 준비가 되어 있다.

meseta 여 고원, 대지(臺地). La *meseta* ocupa una extensión aproximada a la mitad de España. 고원은 서반아의 절반에 가까운 면적을 차지하고 있다.

mesianismo 남 구세주교, 구세주 출현의 신앙.

mesías 남 (유태인의) 구세주, 메시아, 그리스도, 구세주.

mesmerismo 남 최면술 (요법).

mesnada 여 (왕, 제후의) 호위대, 무리, 같은편.

mesnadero, ra 형 호위대의 (기사).

mesocracia 여 중류계급(burguesía), 중류계급 우대 정치.

mesón 남 여관, 하숙집; (상점의) 카운터 (mostrador).

mesonero, ra 형 하숙집의. 남 하숙 주인.

mesta 여 (옛날의) 목장주 조합. 복 개천의 합류.

mester 남【고어】기술. mester de clerecía (옛날의) 유식자 문학. mester de juglaría 서민 문학, 시민.

mestizo, za 형 혼혈의, 트기의. 남 혼혈아 (persona nacida de padres de raza distinta; persona nacida de blanco e india o de indio y blanca).

mesura 여 신중(seriedad); 정중(cortesía). ◇**mesurado, da** 형 신중한. ◇ **mesurar** 타 신중하게 생각하다.

meta 여 목적(objeto, propósito); 결승점; 골(gol). Alcanzó la *meta*. 그는 결승점에 도달했다.

metal 남 금속(金屬). El descubrimiento de los *metales* produjo una nueva revolución en la vida. 금속의 발견은 생활속에 새로운 혁명을 가져왔다. ◇ **metálico, ca** 형 금속의; 정화(正貨)의.

meteorología 여 기상(학). ◇ **meteorológico, ca** 형 기상(학)의. ◇ **meteologista** 남 기상학자. ◇ **meteoroscopio** 남 기상 관측기.

meter 타 넣다. *Metieron* al joven en la cárcel. 청년은 감옥에 처넣어졌다. Mi tío *metió* las monedas en mi bolsillo. 숙부는 내 호주머니에 돈을 넣었다. *meter la pata* 곤경에 빠지다. Juan siempre *mete la pata*. 후안은 항상 곤경에 빠진다. ◇ ~se 들어가다. Después de apagar la luz *me metí* en cama. 불을 끄후 나는 침대로 들어갔다. ◇ **metido, da** ① 빽빽한, 꽉찬. ②〔+con ∶…에〕열중한. José está muy *metido* con Lola. 호세는 롤라와의 사랑에 열중해 있다.

método 남 방식, 방법. Nuestro *método* es oir, hablar y escribir. 우리들의 방식은 듣고, 말하고, 쓰는 일이다. ◇ **metódico, ca** 형 순서대로의; 조직적인, 정연한.

metralla 여 연발탄, 산탄(散彈).

metro 남 ①【길이의 단위】미터. José tiene un *metro* sesenta de estatura. 호세의 키가 1미터 60이다. ②(도시의) 지하·고가 고속 철도. Creo que lo mejor es tomar el *metro*. 제일 좋은 일은 지하철을 타는 일이라고 생각한다.

metrópoli 여 수도(首都), 대도회; (식민지에 대한) 본국. España fue la *metrópoli* para los países de habla española. 서반아어 사용국에서는 서반아는 본국이었다. ◇ **metropolitano, na** 형 수도의, 대도회의. 남 지하철(metro, subte).

Méx. México (Méjico).

mexicano, na 형 멕시코의. 남 멕시코 사람 (mejicano).

mezcla 여 혼합; (담배·커피 따위의) 배합품. Usaba una excelente *mezcla* inglesa. 그는 영국의 우수한 배합법을 상용하고 있었다.

mezclar 타 혼합하다, 섞다. No debes *mezclar* el vino con el agua. 너는 포도

주에 물을 타서는 안된다. ◇~se 섞이다, 휩싸이다. El agua no se mezcla con el aceite. 물은 기름과 섞이지 않는다. ◇ mezclado, da 혼합한, 섞인.
mezquino, na 톙 가난한 (pobre, necesitado); 불운한, 불행한 (infeliz, desdichado).
mi 톙 [mis] [1인칭 단수의 소유격 대명사: 명사의 앞에 쌓는 형태] 나의. ¿Dónde he dejado mis libros? 나는 내 책을 어디에다 두었던가.
mí 떼 [1인칭 단수의 전치사격 대명사] 나. A mí no me gusta la música moderna. 나는 근대 음악은 마음에 들지 않는다.
miaja 뗴 부스러기, 쪼가리(migaja).
miasma 넴 독기, (말라리아의) 병독.
miau 넴 [볶] miaues] 고양이 우는 소리.
mica 뗴 [광물] 운모 (돌비늘);【동물】꼬리 긴 암원숭이.
micado 넴 황제, 임금.
micción 뗴 오줌누기, 방뇨. micción en camino 노상 방뇨.
mico, ca 똉【동물】꼬리가 긴 원숭이; 음란한 자; 못생긴 남자. dar·hacer mico 단날 약속을 어기다.
micología 뗴 세균 분류학.
micra 뗴 미크론 (100만분의 1미터).
microbio 넴 세균, 미생물; 병균. ◇ microbiología 뗴 세균학, 미생물학. ◇ microbiológico, ca 톙 세균학의. ◇ microbiólogo, ga 넴 세균학자, 미생물학자.
microcosmo 넴 소우주, 소사회, (대우주의 축소로서의) 인간, 축도.
microfilm(e) 넴 마이크로 필름.
micrófono 넴 미음 확대기, 마이크로폰.
microfoto(grafía) 뗴 현미경 사진.
micrografía 뗴 현미경 제도.
microgramo 넴 미크로그램(100만분의 1그램).
micronesio, sia 톙 미크로네시아제도의 (사람)(las islas de Micronesia).
micronómetro 넴 초시계.
microonda 뗴 [전기] 마이크로 웨이브.
microscopio 넴 현미경. El biólogo examinó al microscopio una gota de agua. 그 생물학자는 한 방울의 물을 현미경으로 조사했다. ◇ microscópico, ca 톙 마이크로 현미경의; 현미경적인, 아주 작은.
microsismo 넴 [지질] 미진. ◇ microsismógrafo 넴 미진계.
miedo 넴 두려움, 걱정. Tengo miedo de perderlo. 그는 그것을 잃을 것이 걱정이다. Temblaba de miedo aquella noche. 나는 그 밤에 무서워서 떨고 있었다. ◇ miedoso, sa 톙 비겁한. 뗴 비겁자. El miedoso asusta de su sombra. 비겁자는 제 그림자에 놀란다.

miel 뗴 꿀; 감미로운 것·일. ¿Adónde viajarán ustedes en la luna de miel? 당신들은 밀월 여행으로는 어디로 갑니까.
miembro 넴 ① 팔, 다리. El forastero llegó con los miembros encogidos de frío. 타관 사람은 추위 때문에 손발이 꽁꽁 얼어 왔다. ② 구성원. Informó a la policía un miembro del grupo. 패거리의 한 사람이 경찰에 알렸다.
mientras [접속사적] ① …하는 동안에. Lo recordaré mientras viva. 나는 살아 있는 동안에 그것을 생각해내리라. ② 한편으로는. Carlos juega mientras José trabaja. 까를로스는 놀고, 한편 호세는 일하고 있다. mientras que …하는 동안에; 한편으로는. mientras tanto 그럭저럭, 한편으로는.
miérc. miércoles.
miércoles 넴 수요일.
miga 뗴 부스러기, 쪼가리.
migración 뗴 이주, (나가는) 이민, 이동 (emigración). migración laboral 노동 이민.
mil 톙 [mil/miles] 톙 1,000의; 1,000번째의. Le doy a usted mil gracias. 정말로 고맙습니다. 넴 1,000. Se reunieron varios miles de personas. 몇 천 명이나 되는 사람들이 모였다.
milagro 넴 기적, 불가사의. ¡Qué milagro verlo a usted aquí! 여기서 만나뵙다니 정말 이상한 일입니다그려! ◇ milagroso, sa 톙 기적적인, 불가사의한; 있을 수 없는.
milésimo, ma 톙 1,000번째의. 넴 1,000분의 1.
milicia 뗴 군; 군사; 군대. De los años de la milicia guardo recuerdos inolvidables. 군대 시대에는 나의 잊을 수 없는 추억이 있다. ◇ miliciano, na 톙 군대의, 병사의. 뗴 민병(民兵).
miligramo 넴 [무게의 단위] 밀리그램.
milímetro 넴 [길이의 단위] 밀리미터.
militar 톙 군대의, 군인의. Los altos puestos civiles y militares estaban reservados para los hijos de la nobleza. 문관이나 군인의 높은 자리는 귀족의 자제를 위한 것이라고 정해져 있었다. 넴 군인. Se me acercó un militar. 군인 한 사람이 나에게 가까왔다.
◇ militarismo 넴 군국주의. ◇ militarista 톙 군국주의의. 넴 군국주의자. ◇ militarmente 唇 군국식으로; 군법에 따라. ◇ militarización 뗴 군국·군대·군사화. ◇ militarizar [9] alzar] 군국·군대·군사화하다.
milla 뗴 [거리의 단위] 마일; 해리(海里).

millar 253 **miope**

El tren alcanzó una velocidad de cien *millas* por hora. 열차는 시속 100마일에 달했다.

millar 囹 ① 1,000. He contado hasta un *millar*. 나는 1,000까지 세었다. ② 图 수 천; 많음.

millón 囹 100만. Buenos Aires tiene más de ocho *millones* de habitantes. 부에노스·아이레스에는 800만 이상의 인구가 있다. ◇ **millonario, ria** 백만장자, 대부호.

mimar 囲 귀여워하다. La abuela *mima* a sus nietos. 할머니는 손자를 너무 귀여워한다. ◇ **mimoso, sa** 囹 버릇없는.

mimbre 囹 【식물】 버들.

mimbrear(se) 困 (匤) 구부리다, 연약하다.

mimbreño, ña 囹 유연한, 버들가지 모양의.

mimbrera 囡 【식물】 비단 버드나무.

mimbreral 囹 버드나무숲, 버드나무 가로수.

mimeógrafo 囹 등사기, 복사기.

mimetismo 囹 (동식물의) 의태성(性); 【심리】 모방성.

mimetizar 困 의장하다.

mímico, ca 囹 흉내내는, 모방·모조의, 가짜의. *lenguaje mímico* 무언극, 흉내내기.

mimo 囹 귀여워하기, 어리광부리게 하기, (희랍, 로마극의) 몸짓으로 표현하는 광적인 연사; 도시.

mimoso, sa 囹 달콤한. 囡 【식물】 미모사.

mina 囡 ① 광산, 탄갱, 광맥(鑛脈). Los mineros entraron en la *mina*. 광부들은 탄갱에 들어갔다. ② 보물산. El negocio era para él una *mina* de oro. 그 장사는 그에게는 보물산이었다. ③ (연필의) 심. La *mina* de este lápiz es demasiado dura. 이 연필심은 너무 딱딱하다. ④ 【병기】 기뢰, 수뢰, 지뢰. El avance era peligroso por las *minas* que el enemigo había colocado a la entrada del estrecho. 적이 해협의 입구에 부설한 지뢰 때문에 전진은 위험했다. ◇ **minería** 囡 광업(계). *escuela de minería* 광업학교. ◇ **minero, ra** 囹 광업(업)의. 囹 광산업자, 광산 소유자, 광부.

mineral 囹 광물의. 囹 광물, 광석.

miniatura 囡 모형, 축소형, 축도; 세밀화(법).

mínimo, ma 囹 최소의; 최저의, 가는. La cantidad *mínima* es de cincuenta docenas. 최소한의 수량은 50다스이다. La diferencia de temperatura entre la máxima y la *mínima* suele ser de quince grados. 최고와 최저의 사이에 온도차는 15도이다. 囹 최소한, 최저. Necesitas cuatro metros de tela como *mínimo*. 최소한 4미터의 옷감이 필요하다. *lo más mínimo* 조금도 … (않다).

mínimum 囹 최소한, 최저.

minino, na 囹 【동물】 고양이.

ministerio 囹 ① 정부(gobierno), 내각(內閣)(gabinete). Ocurrió un cambio en el *ministerio*. 내각 속에 경질이 있었다. ② 부(部), 성(省). Mañana tengo que presentarme en Ministerio de Asuntos Exteriores. 내일 나는 외무부에 출두해야 한다. *Ministerio de Educación Nacional* 문교부. *Ministerio de Defensa* 국방부. *Ministerio de Energía y Recursos* 동력자원부. *Ministerio de Estado* 내무부. *Ministerio de Hacienda* 재무부. *Ministerio de Justicia* 법무부. ◇ **ministerial** 내각의; 부의; 장관의; 행정상의.

ministro 囹 ① 장관. El *ministro* de Asuntos Exteriores y el Secretario de Estados Unidos han comenzado las negociaciones. 외무부장관과 미국의 국무장관과의 교섭이 시작되었다. ② 공사(公使). El *ministro* de Costa Rica sostuvo una conversación con el jefe del Estado. 꼬스따리까의 공사는 국가 원수와 회담했다. *primer ministro* 수상. ③ 사제, 목사, 승려. ④ 특사(enviado), 사자(使者).

minoración 囡 감소, 감축(aminoración). ◇ **minorar** 囲 줄이다(disminuir). ◇ **minorativo, va** 囹 감소의.

minoría 囡 소수(파); 소수 민족; 미성년 [⇔ mayoría]. La proposición tiene cinco votos de *minoría*. 그 제안은 다섯 표라는 소수이다.

minoridad 囡 미성년(menor edad).

minucioso, sa 囹 세밀한; 면밀한; 세심한. Se efectuó una inspección *minuciosa* en la oficina. 사무소에서 면밀한 검사가 행해졌다. ◇ **minuciosidad** 囡 면밀; 상세; 세밀.

minúsculo, la 囹 극히 작은. 囡【문법】소문자 [⇔ mayúsculo].

minuto 囹 【시간·각도의 단위】분(分). El tren tardó cinco *minutos* en llegar. 열차는 5분 늦게 도착했다. 囹 아주 작은. (muy pequeño). ◇ **minutero** 囹 (시계의) 분침(分針).

mío, a 囹 ① [1인칭 단수의 소유격 대명사로 형용사형] 나의. Este libro no es *mío*. 이 책은 내 것이 아니다. El gusto es *mío*. 제가 오히려 반갑습니다. ② [정관사를 붙여서] 내것. El *mío* es de color marrón. 나의 것은 밤색이다.

miope 囹 근시안의. 囹 근시의 사람. ◇

miopía 예 근시(안).

miosota 명 【식물】 물망초.

mira 예 조준, 가늠쇠; 주시; 목표, 목적; 의도; 조준점. *a la mira* 감시하고. *estar a la mira* 주시하고 있다. *con miras a ...*…을 목적으로. *tener miras sobre* …에 희망을 걸다.

mirada 예 시선, 눈매; 봄 [눈으로]. La vieja me dirigió una *mirada* triste. 노파는 나에게 슬픈 듯한 시선을 보냈다.

mirar 타 ① 바라보다. *Miraba las estrellas*. 그는 별을 보고 있었다. En la aduana no me *miraron* esta maleta. 세관에서 나의 이 가방은 검사받지 않았다. Lola me *miró* con fijeza. 롤라는 나를 찬찬히 쳐다 보았다. ② 고려하다. *Mira* lo que vas a hacer. 네가 하려 하는 일을 잘 생각해 보아라. 자 ① [+a+hacia+…의 쪽을] 보다. *Miraba* a lo lejos. 그는 먼 곳을 보고 있었다. ② [+a+…의 일을] 생각하다. Sólo *mira* a su interés. 그는 자기의 이해만을 생각하고 있다. ③ [+a+…에] 향하다, 면하여 있다. Quisiera un cuarto que *mire* al mar. 바다에 면한 방이 좋겠는데. ◇—**se** 얼굴을 마주 보다; 반성하다; (거울을) 보다. *Mírese* usted al espejo. 거울을 보십시오.

mirasol 명 【식물】 해바라기(girasol).

misa 예 【종교】 미사, 예배식. Todos los domingos Lola va a iglesia para oír *misa*. 일요일마다 롤라는 미사를 들으러 교회로 간다. *misa del gallo* 크리스마스의 심야 미사. *misa solemne* 장엄 미사.

miserable 형 ① 불쌍한, 비참한(pobre, infeliz). El viejo llevaba una vida *miserable*. 노인은 불쌍한 생활을 하고 있었다. ② 천한, 비열한(vil). Un *miserable* asesino lo mató con una pistola. 비열한 암살자가 그를 권총으로 죽였다. ③ 인색한, 근소한(avariento). Por unas *miserables* pesetas, lo mató. 사소한 돈때문에 그는 상대를 죽였다. ④ 비열한 사람. Aquel hombre es un *miserable*. 저 자는 비열한 놈이다. ◇**miserablemente** 부 불쌍하게, 비참하게; 천하게, 비열하게; 인색하게.

miseria 예 비참(infortunio), 빈곤(pobreza extremada); 사소한 것(cosa pequeña); 인색(avaricia). Fui allí y la encontré en la *miseria*. 나는 그곳에 가서 빈곤 속에 있는 그녀를 발견했다.

misericordia 예 자비(심); 동정(심) (virtud que inclina a ser compasivo y perdonar). ◇**misericordioso, sa** 형 인정 많은.

misión 명 ① 사명, 임무. La *misión* del rey era la de extender su territorio. 그 왕의 사명은 영토의 확장이었다. ② 파견(단), 사절단. Ayer llegó a España una *misión* económica de Corea. 어제 서반아에 한국으로부터의 경제 사절단이 도착했다. ③ 포교·전도(단). En Paraguay las *misiones* conquistaron gran prestigio. 빠라과이에서 전도단은 크나큰 명성을 얻었다. ◇**misionario, ria** 형 사절 (단원). ◇**misionero, ra** 형 선교사.

mismo, ma 형 ① [+que…와] 같은, 마찬가지의. Aquí tiene una taza del *mismo* color que aquélla. 여기에 저 찻잔과 같은 색의 것이 있다. ② [강조] 그 같은; 바로 그. Tengo una cita con ella esta *misma* noche. 바로 오늘 밤, 나는 그녀와 만나기로 되어있다. ③ [뜻이 강한 말로서 대명사·부사의 뒤에 첨가해서] 그. Lola se avergüenza de sí *misma*. 롤라는 자기 자신을 부끄러워 하고 있다. Te esperaré *aquí mismo*. 여기 바로 이곳에서 너를 기다리고 있겠다. Voy ahora *mismo*. 지금 곧 나는 간다. ④ [관사+] 동일한 것 같은. Esta señorita es la *misma* que vino ayer. 이 아가씨가 어제 왔던 그 사람이다. *lo mismo que* …와 마찬가지로; 그리고 또. Mallorca fue conquistada *lo mismo que* Menorca. 마요르까는 메노르까와 마찬가지로 정복되었다. A José le gusta la música; *lo mismo que* a mí. 호세는 음악을 좋아한다; 그리고 나도 또한 좋아한다. *lo mismo*. ¿Vengo por la mañana o por la tarde? —*Lo mismo* me da. 나는 오전 중에 올까요, 아니면 오후에 올까요. —나에게는 아무래도 좋은 이오.

misógamo, ma 형 결혼을 싫어하는 (사람).

misógino 형 명 여자를 싫어 하는 (남자).

misoneísta 형 새로운 것을 싫어하는 (사람).

mistela 예 향긋한 포도주, 일종의 달콤한 혼합주(mixtela).

misterio 명 ① 신비(의 수수께끼). Es un *misterio* de dónde sacó ese hombre tanto dinero. 저 사내가 어디서 그런 큰 돈을 얻었는가는 신비적인 수수께끼이다. ② 【종교】 비적(秘蹟). ◇**misterioso, sa** 형 신비적인, 신비의; 수상한. ◇**misticismo** 명 신비주의, 신학; 비밀. ◇**místico, ca** 형 신비(주의·신학)의.

mitad 예 절반; 한가운데. Se quemaron la *mitad* de las casas. 집들의 절반이 탔다. Mi madre partió el melón por la *mitad*. 모친은 멜론을 한가운데에서 나누었다.

mitigar [타] pagar탄 완화하다(aplacar, moderar). ◇**mitigación** 명 완화.

mitin [영] mítines] 명 모임, 토론회, 미팅(reunión pública de carácter político). Se reúne un *mitin* después de la cena en el comedor. 저녁 식사 후에 식당에서 모임이 있다.

mito 명 신화; 미신; 이야기. Esa finca, de la que él nos habla, era un *mito* inventado por él mismo. 그가 우리들에게 이야기한 저 별장은 그 자신이 만들어 낸 허구였다. ◇ **mitografía** 여 신화학. ◇ **mitógrafo, fa** 명 신화학자. ◇ **mitología** 여 [집합적] 신화; 신화학.

mixto, ta 형 혼합의; 혼혈의. Nuestro hijo va a una escuela *mixta*. 우리 아들은 남녀 공학 학교에 다니고 있다. 명 혼합물; 잡종; 화객혼성열차(貨客混成列車)(tren que transporta viajeros y mercancías). En esta estación no paran más que los *mixtos*. 이 역에는 화객혼성열차 밖에 정거하지 않는다.

mixtura 여 혼합, 혼성; 혼합물; 혼합약.

mixturar 타 혼합하다 (mezclar).

MNR. Movimiento Nacional Revolucionario 국가 혁명 운동(당).

mobiliario 여 이동의; 동산의(mueble). 명 가구(moblaje).

moblaje 명 가구(mueble).

mocedad 여 젊은이, 청년; 젊은이들. Nuestra abuela decía que ella era la adoración de la *mocedad* de su pueblo. 우리 할머니 말씀에 의하면 그녀는 마을 젊은이들의 동경의 대상이었다. ◇ **moceril** 형 젊은(joven, juvenil).

moción 여 활동, 움직임, 동의(動議).

mochila 여 배낭(bolsa o saco que se lleva a la espalda). ◇ **mochilero, ra** 배낭족.

moda 여 유행(流行). Este es un sombrero de última *moda*. 이것은 최신 유행 모자이다. *a la moda* 유행에 따라서, 현대식으로. Ella quiere vestirse *a la moda*. 그녀는 유행하는 의상을 입고 싶어한다. *estar de moda* 유행하고 있다. Este tipo *está de moda*. 이 형이 유행하고 있다. *pasar de moda* 유행에 뒤떨어지게 되다. ¿Está *pasado de moda* este estilo? 이 스타일은 유행에 뒤떨어진 것인가요.

modalidad 여 형식, 양식, 방법.

modelo 명 ① 모범, 범례(範例). El profesor puso el *modelo* para que lo copiáramos. 선생은 우리들이 베껴쓰도록 본보기를 올려 주었다. ② 형, 원형(原型). Este *modelo* me gusta más. 나는 이 형이 제일 마음에 들었다. 통 ① 모델, 마네킹(maniquí). ¿Quieres servirme de *modelo*? 너는 내 모델이 되어 주지 않겠는가. ② [형용사적] 모범의. *escuela modelo* 모

델스쿨.

moderación 여 적당; 절제; 완화; 조절.

moderado, da 형 적당한, 알맞은. *precio moderado* 적정 가격. ◇ **moderar** 타 적당히 하다; 조절하다; 완화하다; 절제하다. ◇ **~se** 자제하다.

moderno, na 형 근대의; 근대적인 [⇔antiguo]. Allá se ve un edificio de arquitectura *moderna*. 저곳에 근대적인 건축물이 보인다. *a lo moderno* 근대적인 · 으로. Ella va vestida muy *a lo moderno*. 그녀는 매우 현대적인 복장을 하고 있다. ◇ **modernamente** 투 근대적으로. ◇ **modernidad** 여 근대성, 근대정신. ◇ **modernismo** 여 근대풍 · 주의. ◇ **modernista** 근대적인, 근대풍의. 통 근대주의자. ◇ **modernización** 여 근대화. ◇ **modernizar** [7] alzar] 타 근대화하다.

modesto, ta 형 ① 조촐한, 정숙한. Le ruego a usted que acepte este *modesto* obsequio. 그 조촐한 선물을 받아 주시기를 바랍니다. ② 조심스러운, 겸손한. No sea usted demasiado *modesto*. 너무 겸손하실 건 없읍니다. ◇ **modestia** 여 정숙함; 겸손; 수수함.

módico, ca 형 근소한, 검소한; 값싼. Este negocio no tiene más que un *módico* margen de ganancia. 이 장사는 근소한 이익 밖에 없다.

modificar 타 (부분적으로) 변경 · 수정하다; [문법] 수식하다. La situación actual nos obliga a *modificar* nuestras condiciones. 현 정세는 폐사의 조건 수정을 불가피하게 한다. ◇ **modificación** 여 (부분적인) 변경, 수정; 수식. Hay una *modificación* en el horario de los trenes. 열차 시각표에 수정이 있다.

modismo 명 숙어, 관용구(expresión idiomática, idiotismo).

modista 여 양재사.

modo 명 ① 방법; 양상. Hay muchos *modos* de responder. 회답 방법은 많이 있다. No me gusta tu *modo* de hablar. 너의 말투가 나는 마음에 들지 않는다 ② [문법] 구(句), 숙어. *a(l) modo de* ···풍의, ···와 같이. *a mi (tu) modo* 내 (네) 식으로. *de modo que+ind.* 그리하여, 그런고로, 그러므로. El asunto ya está ajustado, *de modo que* puedes estar tranquilo. 이 사건은 이미 조정되었다; 그러니까 너는 안심해도 좋다. *de modo que+subj.* ···하도록. Espero que el asunto esté ajustado *de modo que* tú puedas estar tranquilo. 네가 안심할 수 있도록 그 사건이 조정될 것을 나는 기대하고 있다. *de ningún modo* 결코. No puedo *de ningún modo* admitirlo. 나는

modorra 심한 졸리움, 수마, 깊은 잠.

modulación 여 【음악】전조(轉調), 음의 억양; 무선; 변조; 조정.

modular 타 (음을) 조절·조정하다, 변조하다, 음성을 변화시키다·조정하다

módulo 남 표준 직경, 표준 단위, 유수조절기;【건】계수; 율.

mofa 여 우롱, 야유(befa, escarnio, burla). ◇**mofar** 자 야유하다, 우롱하다, 놀려주다.

mofeta 여 (갱내의) 악취 가스;【동물】(남미산의) 스컹크.

moflete 남 토실토실 살찐 볼, 동통한 얼굴.

mofletudo, da 볼의 토실토실한, 통통한.

mogol, la 몽골(족)의. 남 몽골사람. 몽골말.

mojar 타 (물을) 축이다; 습하게 하다. Hay que *mojar* los cristales antes de limpiarlos. 유리는 닦기 전에 축일 필요가 있다. ◇~**se** 호세는 비 때문에 (몸이) 젖었다.

moldear 타 틀을 뜨다; 본을 뜨다; 조판하다; 주형에 넣다. ◇**molde** 남 형(型); 주형;【인쇄】지형(紙型), 판.

mole 남 부드러운(muelle). 여 큰 덩어리; 비대. 여 고추가 든 고기 요리.

molécula 여 【물리】분자, 미분자.

molecular 형 분자의. *peso molecular* 분자량.

moledera 여 번거로움, 귀찮음, 귀찮은 일.

molendero, ra 분말·초콜릿 제조업자

moler [23 volver] 타 ① 가루로 만들다 (reducir a partes menudas o a polvo). Antiguamente la harina se *molía* en el molino. 옛날에는 가루는 가루 방앗간에서 만들고 있었다. ② (녹초가 되도록) 지치게 하다(fastidiar); 곤란하게 하다. Ese hombre me *muele* con sus impertinencias. 저 자는 능글 맞아서 나를 곤란케 한다.

molestar 타 (…에게) 폐를 끼치다; 괴롭히다. Siento mucho *haberle molestado*. 폐를 끼쳐서 죄송합니다. No es mi intención *molestado*. 폐를 끼치는 것이 나의 의사는 아닙니다. ◇~**se** 재 [+con: …에] 괴로와하다. ② [+en+inf.] 일부러 …하다. ◇ [+por: …을 일부러] 애쓰다. Por mí no *se moleste* usted *en* venir. 나 때문에 일부러 오시지 마시오. ◇**moles-**

tia 여 폐; 번거로움. Debo pedirle perdón por las *molestias* que le he causado. 끼쳐드린 폐에 대하여 사과해야 하겠습니다. ◇**molesto, ta** 형 성가신, 폐스러운; 번거로운(que causa molestia, que siente molestia). Visitas tan largas son *molestas*. 그렇게 긴 방문은 폐가 된다.

molibdeno 남 모리베덴 (금속 원소).

molicie 여 유연(blandura); 유약.

molienda 여 사탕수수나 올리브씨를 갈아서 깨는 것, 또는 그 장소; 고생되는 일, 노고.

molificar 타 부드럽게하다, 완화하다, 유연하게 하다.

molinete 풍차 (실내용 환기용); 선풍기의 프로펠러; (장난감의) 바람개비, 검술·무용의 빙빙 돌(리)기. *hacer molinete* 빙빙 돌리다.

molino 남 절구통; 가루 방앗간; 물레방아, 풍차. Y ¿no le dije que no eran gigantes sino *molinos* de viento? 그리고 거인이 아니고 풍차라고 내가 말하지 않았던가. ◇**molinería** 여 제분업. 남 가루 만드는 사람; 제분 공장주.

molote 남 **molotera** 여 폭동, 소요, 소동, 선동.

molusco 남 【동】연체 동물(의), 조개 종류.

mollar 형 부드러운; 이익이 많은; 고기가 많은; 사람에게 속이기 쉬운.

molle 남 【식물】모이우나무 (남미산, 진정제를 채취함).

molledo 빵의 부드러운 부분, 팔의 근육 부분.

molleja (새의) 모래 주머니; (체내의) 일반적인 샘 (침샘 등).

mollejón 숫돌; 살이 많이 찐 마음 좋은 사람.

mollera 머리의 정수리, 두뇌, 재능; 완고함.

mollete 남 부풀은 빵; 팔의 근육 부분.

momento 남 ① 순간, 잠깐. Espere usted un *momento*. 잠깐 기다려 주십시오. ② 지금, 목하(目下). El *momento* es de indiscutible oportunidad para comprar. 지금이 사기에 말할 것 없이 좋은 기회이다. *al momento* 즉시 (= en seguida). Voy *al momento*. 나는 곧 간다. *de un momento para otro* 순간적으로. Yo, *de un momento para otro*, no me acuerdo dónde está. 나는 순간적으로 어디에 있는지 기억하지 못한다. *por el momento* 우선, 현재로는. *Por el momento* no necesito ese libro. 현재로는 나는 그 책을 필요로 하지 않는다. ◇**momentáneo, a** 형 순간적인, 삽시간의(que sólo dura un instante).

momia 여 미이라. ◇ **momificación** 미이라화(化). ◇ **momificar** [7] sacar] 타 미이라하다.

monarca 남 군주, 왕. El *monarca* intentó extender su reino. 그 군주는 자기의 영토를 확대하기를 꾀했다. ◇ **monarquía** 여 군주정, 군주국. ◇**monárquico, ca** 형 군주(제국)의. 남 군주제 주의자.

monasterio 남 수도원, 승원(僧院)(convento). En los *monasterios* se guardaba el tesoro literario español. 수도원 안에서반아 문학상의 보배가 보존되어 있었다. ◇ **monasterial** 수도원의, 수도원 같은.

mondadientes 남【단·복수 동형】이쑤시개.

mondaoídos 남【단·복수 동형】귀이개.

mondaorejas 남【단·복수 동형】귀이개 (mondaoídos).

mondar 껍질을 벗기다; 청소하다, 손질하다. ◇ **mondadura** 여 껍질 벗기기; 청소, 손질.

moneda 여 화폐, 돈. El niño perdió las *monedas* en el camino. 소년은 길에서 그 돈을 잃었다. *moneda contante y sonante* 경화(硬貨), 현금(現金). *moneda corriente* 통화(通貨). *moneda menuda [suelta]* 잔돈, 낱돈, 푼돈. *papel moneda* 지폐. ◇**monedero** 남 현금 우송충인. *sobre monedero* 현금 봉투. 남 지갑.

monetario, ria 형 화폐·통화의, 금융·재정의. *sistema monetario* 통화 제도. *crisis monetaria* 통화 위기. *mercado monetario* 금융 시장.

monigote 남 속물, 평신자; 남루하게 만든 인형; 긴옷을 입은 학생 (신학교의 학생), 무식한 사람.

monillo 남 부인용의 가슴옷, 코르셋, 부인복의 허리.

monís 남 형【동물】작고 아담한 것; (사과, 오렌지 등을) 얇게 잘라서 버터에 튀긴 것. 남 돈.

monismo 남【철학】일원론.

monitor 남 권고자, 훈제자, 학급 반장, (라디오) 방송 감시기.

monitorio, ria 형 권고의, 경고의. 남【종교】경고(서).

monje 남 수도사, 수도승. El rey Ramiro, que había sido *monje*, salió del convento para suceder a su hermano. 수도사였던 라미로 왕은 형(의 왕위)를 계승하기 위하여 수도원을 나왔다. ◇ **monja** 여 수도녀, 수도 여승. ◇ **monjil** 남 수도녀와 같은. 남 수도녀의 옷.

mono, na 남 형【동물】원숭이. Los *monos* se parecen mucho al hombre. 원숭이는 사람을 매우 닮았다. 형 사랑스런, 아름다운(bonito, lindo, gracioso). ¡Qué niño más *mona* tienen ustedes! 정말 귀여운 딸을 가지셨습니다 그려!

monogamia 여 일부 일처제·주의 [때] poligamia). ◇ **monogámico, ca** 형 일부 일처의(monógano).

monólogo 남 독백; 혼잣말.

monopolio 남 전매(권), 독점(권). ◇ **monopolizar** [9] alzar] 타 독점하다; 전매·독점권을 얻다.

monótono, na 형 단조로운. ◇ **monótonamente** 단조롭게. ◇**monotonía** 여 단조로움, 천편 일률.

monstruo 남 괴물; 거대한 사람·물건; 추악한 사람·물건. El joven conde libró a la princesa del *monstruo*. 젊은 백작은 괴물에게서 공주를 구해 내었다. ◇ **monstruosidad** 여 거대(한 것); 피기·추악(한 것). ◇ **monstruoso, sa** 괴물과 같은; 기형의; 거대한; 지독한, 무서운.

montaña 여 산(monte), 산악, 산지(山地). Veraneamos en la *montaña*. 우리들은 산에서 피서를 한다. ◇ **montañoso, sa** 산의; 산이 많은. ◇**montañismo** 등산.

montar 자①[+en·a:…를] 타다; 오르다. Lola sabe muy bien *montar en* bicicleta. 로라는 자전거를 능숙하게 자전거를 탈 수가 있다. ② 총계가 …로 되다. Las pérdidas *montaron* a más de veinte mil pesetas. 손실은 총계가 2만 페세타 이상으로 되었다. 타 ①(…를) 타다; 태우다. José *montaba* a caballo. 호세는 때 말을 타고 있었다. Mi tío me *montó* encima de la tapia. 숙부가 나를 담 위에 올려 놓았다. ②조립하다. Ya han *montado* la maquinaria en la fábrica. 그 공장에서는 벌써 기계류가 조립되었다. ~ **se** 타다, 말을 타고 돌아다니다. ◇ **montado, da** 형 승마의, (말을) 탄. Lola iba *montada* en el caballo. 로라는 말을 타고 갔다. 남 기마병, 경관.

monte 남 산(montaña); 숲(bosque). ¿Cuál es el *monte* más alto de Corea? 한국에서 제일 높은 산은 어떤 것인가요. *monte de piedad* 전당포. ◇**montón** 남 더미, 노적가리; 무더기, 산처럼 많음(número considerable). Tengo un *montón* de cartas por contestar. 나는 답장을 내어야 할 편지가 산처럼 쌓였다.

montera 여 투우사 모자, 모자.

montería 여 큰 짐승의) 수렵; 수렵술.

montero 남 사냥꾼, 몰이꾼.

montés 형 산의, 산에서 자란, 야생적인.

montevideano, na 형 몬테비데오의(사람) (Montevideo, 우루구아이의 수도).

montículo 남 작은 산, 동산.

montonera 예 반란 부대(guerrilla).
montuno, na 형 산의.
montuoso, sa 형 산의, 산이 많은.
monumento 남 ① 기념비, 기념상. Se alzaron *monumentos* para conmemorar a los grandes hombres. 위인들을 기념하기 위하여 기념비가 세워졌다. ②유적, 역사적인 건조물. Estos *monumentos* son una muestra del esplendor arquitectónico de la época. 이 유적들은 그 시대의 빛나는 건축의 한 예이다. ◇**monumental** 형 기념의; 위대한.
morada 여 주거(casa, domicilio); 체재(滯在)(estancia en un lugar). El Olimpo es la *morada* de los dioses. 올림포스산은 신들의 주거이다. ◇**morar** 자 살다, 거주하다(habitar, residir).
morado, da 형 짙은 자줏빛의(color de violeta obscuro). Déme ese libro de la cubierta *morada*. 짙은 자줏빛 표지의 책을 집어 주십시오.
morador, ra 형 사는 사람, 거주자. Los invasores quemaron los pueblos y mataron a sus *moradores*. 침략자들은 고을들을 태우고, 그 주민을 죽였다.
moral 형 ① 도덕적인, 도의적인(perteneciente a la moral). Me parece que esta película tiene un gran sentido *moral*. 이 영화는 커다란 도덕적인 의미를 가지고 있다고 생각한다. ②정신적·기분적인. Tenemos el deber *moral* de ayudarle. 우리들에게는 그들 구할 의무가 정신적으로 있다. 여 도덕, 윤리(倫理). La *moral* de la nación ha sufrido un gran cambio después de la guerra. 전후(戰後) 국민의 도덕은 큰 변화를 받았다. ◇**moralidad** 여 덕성, 도의심, 도덕감.
morbo 남 병, 질환. *morbo* comical 지랄병. *morbo* gálico 매독. *morbo* regio 황달(ictericia).
morbosidad 여 병적 성질, 병적 상태; 환자수.
morboso, sa 형 병적인, 병을 유발하는, 병의.
morcillo, lla 형 (말의 털이) 검붉은.
morcón 남 큰 소시지(morcilla ciego), 내장으로 만든 큰 소시지; 작고 둥둥한 사람.
mordacidad 여 신랄, 통렬.
mordaz 형 부패성 음식의(corrosivo), 혀를 찌르는 것 같은(picante), 신랄한.
mordente 남 매염제, 착색료, 금박 접착제; [인쇄] 금속 부식제.
morder [25] volver [로] 깨물다, 물어뜯다(clavar los dientes en). Perro que ladra no *muerde*. 짖는 개는 사람을 물지 않는다. ◇**mordedor, ra** 형 ①물어 뜯는. ② 비꼬는, 풍자적인. Perro ladrador, poco *mordedor*. 말이 적은 사람을 경계하라. ◇**mordedura** 여 물음. ◇**mordiscar** [7] sacar 타 질겅질겅 씹다, 깨물다(morder ligeramente y a menudo). ◇**mordisco** 남 질겅질겅 씹기, 물어 뜯음.
moreno, na 형 ①거무스름한; 검정 머리의(negro, mulato). Era *morena* y tenía unos ojos negros. 그녀는 머리가 검고, 검은 눈을 하고 있었다. ② 갈색 인종의. 남 빛이 거무스름한 사람; 갈색 인종.
morera 여 뽕나무.
morfina 여 모르핀.
moribundo, da 형 다 죽어가는, 임종의. 남 다 죽어가는 사람 (persona que está muriendo).
morigeración 여 온전, 신중.
morigerado, da 형 조심성이 있는, 신중한; 온건한, 절제있는; 예의바른.
morigerar 타 신중히 하다, 조심하다; 절제하다.
morir [51] 과거분사 muerto 자 ① [+de: ...로] 죽다. Mi abuelo *murió* de un derrame cerebral. 나의 조부는 뇌일혈로 사망했다. ②없어지다, 다하다. *Murieron* las viejas costumbres. 낡은 풍습은 없어졌다. ◇~**se** 죽어버리다; 죽는 기분이다. Me *muero* por verte. 나는 너를 만나고 싶어서 죽겠다. Me *muero* de hambre. 나는 배가 고파서 못견디겠다. Me *muero* de frío. 추워 죽겠다.
morisco, ca 형 (예수교에 개종한) 모어인의. En algunas partes de España todavía quedan costumbres *moriscas*. 스빠냐의 여러 곳에 지금도 모어인의 풍습이 남아있다. 남 개종 모로인.
moro, ra 형 모로의, 이슬람교도의. Los Reyes Católicos llevaron a cabo la conquista del reino *moro* de Granada. 카톨릭왕 부처는 그라나다 모로왕국의 정복을 완수했다. 남 모로인, 이슬람교도.
morral 남 자루, 배낭.
mortaja 여 수의(壽衣).
mortal 형 ① 죽을(운명의). Todos los hombres somos *mortales*. 우리들 인간은 모두 죽기 마련이다. ②치명적인. La herida fue *mortal*. 상처는 치명적이었다. 남 ①사람. ②인류, 생물. ◇**mortalidad** 여 죽을 운, 운명; 사망률·수. Este país es muy elevada la *mortalidad* de los niños. 이 나라에서는 유아의 사망률은 대단히 높다.
mortero 남 맷돌, 절구통; 박격포.
mortífero, ra 형 죽을, 살인의, 살인적인.

mortificación 여 고행, 금욕; 울분, 분함, 억울.

mortificar 타 (고행으로) 몸을 괴롭히다; (정욕을) 억제하다; 마음을 괴롭히다, 분하게 생각게 하다, 굴욕을 느끼게 하다. ◇~se 고행・고생하다; 금욕하다; 활력을 잃다.

mortual 여 계승 재산, 유산.

mortuorio, ria 형 죽은 사람의, 장례의. 남 장례. *casa mortuoria* 상가.

morueco 남 (거세하지 않은) 숫양.

mosaico, ca 형 모세의. 남 모자이크, 상안세공.

mosca 여 ① 〖곤충〗 파리. *Más moscas se cogen con miel.* 꿀로 파리가 많이 잡힌다. ② 성가신 사람.

moscatel 남 사향포도(주).

mosquito 남 〖곤충〗 모기(cénzalo).

mostacho 남 콧수염(bigote).

mostaza 여 겨자.

mosto 남 포도즙; 포도주(vino).

mostrar [24] contar 타 ① 보이다(enseñar). *Señor, ¿hace el favor de mostrar me su carnet de conducir?* 당신의 운전면허증을 보여 주시겠소. ② 보이다, 나타내다. *Su pecho no muestra ningún síntoma.* 당신의 가슴은 아무런 징후도 보이지 않는 다. ◇~se 보이다, 나타나다; 행동하다. *Los romanos se mostraban generosos con aquellos vencidos.* 로마인은 저 패배자에 대하여 관대하게 대했다. ◇ **mostrador** 남 (가게의) 스탠드, 카운터. *Pague usted su cuenta en el mostrador.* 돈은 카운터에서 치르세요.

motivar 움직이게 하다, (일을) 꾸미다; (…의) 동기를 만들다.

motivar 타 움직이게 하다, (일을) 꾸미다; (…의) 동기를 만들다. *Su muerte motivó la persecución de los judíos.* 그의 죽음이 유태인 박해의 동기로 되었다.

motivo 남 ① 동기, 동인(動因), 이유. ¿*Cuál es el motivo de estudiar español para usted?* 당신의 서반아어를 배우는 동기는 무엇인가요. ② 주제, 주상(主想), 모티브. *¡Qué pasión tan intensa expresa el segundo motivo de esta obra!* 이 작품의 제 2모티브는 어쩌면 이렇듯 격렬한 정열을 나타내고 있을까!

motocicleta 여 오토바이. ◇ **motociclista** 공 오토바이 선수.

motociclo 남 모터사이클.

motocine 남 (자동차를 타고 들어가서) 야외 극장.

motocultivo 남／ **motocultura** 여 기계화 극장.

motódromo 남 자동차・오토바이 경기장・연습소.

motogeneradora 여 발전기. *motogeneradora de corriente alterna* 교류발전기.

motogrúa 여 기중기차.

motón 남 〖선박〗 활차(garrucha).

motonáutica 여 발동하는 항해.

motonave 여 발동기선, 모터선.

motoneta 여 스쿠터.

motopropulsor, ra 형 모터로 움직이는.

motor 남 ① 모터; 엔진, 기관. *Este barco tiene dos enormes motores Diesel.* 이 배는 거대한 디젤엔진 2기를 가지고 있다. ② 원동력, 추진력, 기동력. *El amor es el motor de la vida.* 사랑은 생활의 원동력이다. ◇ **motora** 여 모터 보트. ◇ **motorista** 공 기관사, 운전수.

motorismo 남 (운동으로 하는) 자동차 운전.

motorización 여 동력화, 기동화(mecanización); 자동차화.

motorizado, da 형 자동차의, 동력의, 운동을 일으키는, 운동 신경의.

motorizar 타 동력화・기동화하다 (mecanizar); (…에) 모터・자동차를 달다; 자동차를 쓰다. *motorizar transportes* 화물을 자동차로 수송하다.

mover [25] volver 타 ① 움직이게 하다. *No muevas la cabeza.* 너는 머리를 흔들지 마라. *Quiero mover este piano.* 나는 이 피아노를 움직이고 싶다. ② [+a+inf.] …시키다 (유발). *Este suceso le movió a abandonar la ciudad.* 아 사건이 그를 고을에서 나가도록 했다. ◇~se 움직이다; 동요하다. *José no se ha movido de su asiento.* 호세는 자기 자리에서 움직이지 않았다. ◇ **movido, da** 형 동요한, 차분하지 못한. *Juanito es un niño muy movido.* 후아니토는 매우 차분하지 못한 어린이다. ◇ **móvil** 형 움직일 수 있는; 불안정한; 변하기 쉬운. 남 동기, 원동력. ◇ **movilidad** 여 가동・가변성; 불안정. ◇ **movimiento** 남 움직임, 동작; 운동, 활동; 변동, 동요. *Este movimiento cuenta con un millón de simpatizantes.* 이 운동은 100만명의 동조자를 가지고 있다. *Hay mucho movimiento por la calle.* 그 거리는 대단히 번화하였다. *movimiento de liberación femenina* 여성해방운동.

movilizar [9] alzar 타 ① 동원하다. ◇ **movilización** 여 동원. *movilización general* 총동원.

mozo, za 남 ① 젊은이, 딸, 독신・미혼자. *Andrés es aún mozo.* 안드레스는 아직 독신이다. ② 사환, 보이, 웨이트리스.

muchacho, cha

¡*Mozo*! Tráigame una taza de café. 웨이터, 커피를 한 잔 가져오세요.

muchacho, cha 명 소년, 소녀; 청년; 사환 (mozo). Este es un buen libro para los *muchachos*. 이것은 소년 소녀에게 매우 좋은 책이다.

muchedumbre 예 군중; 많음. Una gran *muchedumbre* esperaba la llegada del Presidente. 대 군중이 대통령의 도착을 기다리고 있었다.

mucho, cha 많은, 다량의. José tiene *muchos* libros. 호세는 많은 책을 가지고 있다. Tengo *mucha* hambre. 나는 매우 배가 고프다. 甲 매우, 대단히, 훨씬, 잘. Lola tarda *mucho* en arreglarse. 롤라는 몸치장에 대단히 시간이 걸린다. José es *mucho* más inteligente. 호세는 머리가 훨씬 좋다. José abrió *mucho* los ojos. 호세는 크게 눈을 떴다. 때 [관사없이] 많은 사람·물건. *Muchos* de los que estaban allí no quisieron marcharse. 거기있던 자들 대부분은 가고 싶어하지 않았다.

mudar 타 ① 바꾸다(변화). Los años le *han mudado* el carácter. 세월이 그의 성격을 바꾸었다. ② 바꾸다; 옷을 바꾸어 입히다. Al niño le *mudan* de ropa várias veces al día. 그 어린이는 하루에 몇번이나 옷이 바뀌 입혀진다. ③ 이전시키다. Me *han mudado* de oficina. 나는 근무처가 옮겨졌다. 재 ① [+de∶…가/+en∶…으로] 바뀌다. El muchacho ha *mudado* de parecer. 그 어린이는 의견을 바꾸었다. *Mudó* la alegría *en* tristeza. 기쁨이 슬픔으로 바뀌었다. ② [+de∶…를] 바꾸다; 이전하다. José ha *mudado* de casa últimamente. 호세는 최근 집을 옮겼다. ◇~se 재 바뀌다, 이동하다; 이전하다. *Nos mudamos* de casa esta semana. 우리들은 이번 주에 이사한다. ② 바꿔 입다. Me *mudé* de traje ayer. 나는 어제 옷을 바꿔 입었다. ◇ **mudanza** 예 변화, 변신, 전화(轉化); 이전. Estamos de *mudanza*. 우리들은 이사하고 있는 중이다.

mudo, da 형 벙어리의; 무언의; 소리 없는. Ella se quedó *muda*. 그녀는 잠자코있었다. 명 벙어리. Los *mudos* se hacen entender con gestos. 벙어리는 몸짓으로 남에게 자기를 이해시킨다.

mueble 명 가구(moblaje). Algunos *muebles* están hechos de un material químico. 몇 개의 가구는 화학 제품으로 되어 있다. ◇ **mueblaje** [집합적] 가구. **mueblería** 예 가구점·공장. ◇ **mueblista** 명 가구 제조자·판매자.

mueca 예 ① 찡그린 얼굴. José hizo una *mueca* de disgusto. 호세는 불쾌해서 얼굴을 찡그렸다. ② 장난스러운 얼굴. Gaspar hacía *muecas* a espaldas del maestro. 가스빠르는 선생의 등뒤에서 장난스런 얼굴을 하는 것이었다.

muela 예 어금니, 구치(舊齒). Tengo dolor de *muelas*./Me duelen las *muelas*. 나는 이(어금니)가 아프다.

muelle 명 ① 용수철, 태엽, 스프링. Se rompieron los *muelles* del sillón. 안락의자의 용수철이 망가졌다. ② 부두, 잔교. El barco se acerca al *muelle*. 배는 잔교에 가까이 간다. 형 부드러운; 상냥한.

muere morir 의 직설법 현재 3인칭 단수.
mueren morir 의 직설법 현재 3인칭 복수.
mueres morir 의 직설법 현재 2인칭 단수.
muero morir 의 직설법 현재 1인칭 단수.

muerte 예 죽음. Don Alvaro fue condenado a *muerte*. 돈·알바로는 사형 선고를 받았다. *dar muerte a* …을 죽이다. Le *dieron muerte* mientras dormía. 그는 자고 있는 동안에 살해되었다.

muerto, ta 형 죽은. La consigna era letra *muerta*; sólo ella era la ley. 규칙 따위는 사문(死文)이었다; 그녀만이 법이었다. 명 시체; 죽은 사람. Han sido diez los *muertos*. 죽은 사람은 10명이었다.

muestra 예 간판, 견본. ¿Quiere enseñarme *muestras* de varios tamaños? 여러 가지 크기의 견본을 보여 주시지 않겠습니까. ◇ **muestrario** [집합적] 견본, 견본장(帳).

muga (토지의) 경계, 경계석; 산란; (물고기 따위의) 알덩어리.

mugido 명 소의 우는 소리.

mugir 자 소가 울다, 황소같이 큰 소리로 울다; (폭풍 등이) 거칠어지다.

mugre 예 (기름)때.

mugriento, ta 형 불결한, 기름투성이의, 더러워진, 때묻은.

mugrón 명 새싹(vástago); (포도나무의) 어린가지.

mujer 예 ① 여자. Las *mujeres* tardan mucho en arreglarse. 여성은 몸단장을 하는데 매우 시간이 걸린다. ② 아내 (esposa). Si llego tarde, mi *mujer* me regañará. 내가 늦게 귀가하면 아내는 대단히 성내겠지. ◇ **mujeril** 여자의; 여자다운.

muleta 예 (투우사가 사용하는) 망토.

mulo, la 노새 (말과 나귀의 잡종).

multa 예 벌금. Como la carta no llegó suficientemente franqueada, tuve que pagar la *multa*. 편지가 요금 부족으로 도착해서 나는 벌금을 물어야 했다. ◇ **multar** 벌금을 과하다.

multicolor 형 여러 가지 색깔의.

multicopista 엥 등사기, 공판 인쇄기.
multiforme 엥 다형(多形)의, 다양(성)의.
mutimillonario, ria 엥 엥 천만 장자(의).
multípara 엥 한번에 많은 아이를 낳는.
múltiple 엥 여러 겹의; 복식의; 다양한. Hay *múltiples* maneras de expresar agradecimiento. 감사를 나타내기 위한 다양한 방법이 있다.
multiplicar [7 sacar] 타 불리다, 몇 겹·몇 배로 만들다. El padre *había multiplicado* su riqueza. 부친은 그 재산을 여러 곱으로 불려 놓았다. 재 곱셈을 하다. Este niño no sabe *multiplicar* 이 어린이는 곱셈을 못한다. 재재 번식하다, 무성하다; 증가하다. Con este calor *se han multiplicado* las moscas. 이 더위로 파리가 번식했다. ◇ **multiplicación** 엥 증가; 번식; 배가; 〖수학〗 곱셈.
multitud 엥 다수(muchedumbre); 대중(大衆). Es muy difícil abrirnos paso entre esta *multitud* de gente. 이 많은 사람들 사이를 (우리들이) 헤치고 나가기는 매우 어렵다.
mullir [64] 타 부풀게 하다. La criada *mulló* la lana de colchón. 식모가 요의 양털을 부풀게 했다.
mundo 엥 ① 세계(世界). Mi padre ha dado la vuelta al *mundo*. 부친은 세계를 일주하고 왔다. ② 세상, 속세. Su hermana abandonó el *mundo* e ingresó en un convento. 그의 누이동생은 속세를 버리고 수도원에 들어갔다. *todo el mundo* 모두(todos), 전세계. *Todo el mundo* habla bien de usted. 누구나 막론하고 당신을 좋게 말하고 있습니다. *el otro mundo* 저 세상. ◇ **mundano, na** 엥 속세의, 세속적인. 엥 **mundial** 엥 세계(적)의. *La Segunda Guerra Mundial* 제2차세계대전.
munición 엥 ① 탄약(彈藥). Se les acabaron las *municiones*. 그들의 탄약은 다 없어져 버렸다. ② 복 군수품·물자.
municipio 엥 ① (자치체로서의) 시·읍·면; 시의회; 시청(ayuntamiento). El *municipio* ha de pagar la indemnización. 시는 배상금을 지급하여야 한다. ◇ **municipal** 엥 시·읍·면의. Su padre le mandó al hospital *municipal*. 그의 부친은 그를 시립병원으로 보냈다. 엥 (시·읍·면의) 순경.
muñeca 엥 ① (여자의) 인형. Lola jugaba con sus *muñecas*. 롤라는 인형을 가지고 놀고 있었다. ② 손목. La vieja llevaba un reloj de oro en la *muñeca*. 노파는 손목에 금시계를 차고 있었다.
muñidor 엥 획책자. *muñidor electoral* 선거 운동원.

muñir 타 소집하다, 획책하다, 운동하다
muñón 엥 (팔·다리의) 근육, 잘라낸 부분(tocón), 〖기구〗 굴대 꼭지, 축두, 암 눈쩌귀; 축받이.
muralista 엥 벽화가(의).
muralla 엥 성벽. Las *murallas* de Avila impresionan el turista por su aspecto augusto. 아빌라의 성벽은 그 위엄있는 외관 때문에 관광객에게 감명을 준다.
murar 엥 벽·담으로 둘러싸다, 성벽을 두르다, 벽으로 막다.
murciélago 엥 〖동물〗 박쥐.
murga 엥 올리브의 즙(alpechín).
muriático, ca 엥 〖화학〗 염화의. *ácido muriático* 염산.
múrice 엥 붉은 조개.
múrido 엥 쥐과의. 엥 쥐과의 동물.
murieron morir의 직설법 부정과거 3인칭 복수.
murió morir의 직설법 부정과거 3인칭 단수.
muriendo morir의 현재 분사.
murmullo 엥 속삭임; (시내·여울의) 물소리; (비·바람의) 살랑거리는 소리.
murmurar 엥 속삭이다. Lola le *murmuró* al oído unas palabras. 롤라는 그의 귀에 다 두어 마디 속삭였다. 재 ① 투덜거리다, 뒷공론·불평을 말하다. La vieja *murmuraba* entre dientes. 노파는 입속으로 투덜거리고 있었다. ② 살랑거리다, 두런거리다. El arroyo *murmuraba* entre los árboles. 숲속에서 시냇물이 졸졸 소리를 내며 흐르고 있었다. ◇ **murmuración** 엥 수군거림; 불평 불만, 험담.
muro 엥 벽; 돌담, (두꺼운) 담, 성벽(muralla). El castillo estaba defendido por altos *muros*. 그 성은 높은 돌담으로 지켜지고 있었다. ◇ **mural** 엥 벽의. *pintura mural* 벽화. *mapa mural* 벽걸이 지도.
músculo 엥 〖해부〗 근육. Las contracciones de los *músculos* producen movimientos del cuerpo. 근육의 수축은 신체의 운동을 일으킨다. ◇ **muscular** 엥 근육의.
museo 엥 박물관; 미술관. La ciudad toda es un rico *museo*. 시 전체가 풍부한 박물관(과 같은 것)이다. *museo nacional* 국립 박물관.
músico, ca 엥 음악의. 엥 음악가. 엥 음악. La hija tiene talento para la *música*. 그 소녀는 음악에 재능이 있다. *música armónica* 주악. *música de cámara* 실내악. *música instrumental* 기악. ◇ **musical** 엥 음악적인, 음악의.
muslo 엥 〖해부〗 사타구니.
mustela 엥 〖동물〗 족제비.

musulmán, na 혱 이슬람교·마호메트교의. 혱 이슬람교도(mahometano, muslime).

mutilar 태 (손·발 따위를) 자르다, 불구로 만들다.

mutuo, tua 혱 상호의(mutual). José y su sobrino se tienen un afecto *mutuo*. 호세와 그의 조카는 서로 애정을 가지고 있다. ◇ **mutuamente** 튀 서로, 상호간에.

muu 갑 소의 울음 소리. 명 음매.

muy 튀 무척, 대단히, 매우. Estoy *muy* bien. 나는 매우 건강하다. Tengo visitas *muy* de tarde en tarde. 나에게는 아주 드물게 밖에 방문객이 없다.

m/v. meses vista.

mzo.,Mzo. marzo.

N

n. nacido; noche; nota; nuestro.
n/ nuestro.
N. Norte.
n/a nuestra aceptación.
N.A. Norte América (América del Norte).
naba 여 【식물】 무. ◆ **nabal/nabar** 남 무밭. ◆ **nabo** 남 【식물】 무, 순무.
nácar 남 자개; 진주모(眞珠母).
nacer [29]자 ① 낳다. Cervantes *nació* en Alcalá de Henares. 세르반떼스는 알칼라·데·에나레스에서 태어났다. ②(식물)이 나다, 싹을 내다; (물이) 솟다.
nacido, da 형 태어난. 명 인간. *bien* [*mal*] *nacido* 태생이 좋은 [나쁜].
nacimiento 남 ① 탄생; 태생. Era ciego de *nacimiento*. 그는 태어날 때부터 장님이었다. ② 크리스마스 장식.
nación 여 나라, 국가(país); 국민(pueblo), 민족(raza). Fenicia fue tal vez la *nación* más adelantada. 페니키아는 아마도 가장 진보한 국가였다. ◆ **nacional** 형 나라의, 국유의. Este auto es de fabricación *nacional*. 이 자동차는 국산이다. ◆ **nacionalidad** 여 국적. Berta tiene *nacionalidad* colombiana. 베르따는 콜롬비아 국적을 갖고 있다. ◆ **nacionalismo** 남 국가·국수(國粹)·민족주의. **nacionalista** 형 민족주의자; 국민당원.
nacionalización 여 국민화; 국유(화), 국영; 귀화.
nacionalizar 타 국가적 (전국적)으로 하다, 국유(국영)으로하다, 자기 나라·풍속에 맞게 하다, 귀화시키다.
nacionalsindicalismo 남 국민 노동 조합주의 (Falange 당의 주장).
nada 여 【물건·일에 대한 부정(否定)의 부정(不定)대명사】 어떤 일·물건(도 … 아닌); 사소한 일·물건. No tenga *nada* de frío. 나는 조금도 춥지 않다. Esto no sirve para *nada*. 이것은 아무 소용도 되지 않는다. 부 조금도. No ha llovido *nada* durante estas tres semanas. 이 3주일은 조금도 비가 오지 않았다. 예 무(無). Dios creó al mundo de la *nada*. 신은 무에서 세계를 창조했다. *de nada* 천만에; 아무것도 아니다. *por nada* 사소한 일로.

nadar 자 ① 헤엄치다. ¿ Sabe usted *nadar*? 당신은 헤엄칠 수 있습니까. ②(물에)뜨다. El aceite *nada* en el agua. 기름은 물에 뜬다. ◆ **nadadera** 예 고무 튜브 (수영 연습용). ◆ **nadadero** 남 수영장.
nadador, ra 형 수영을 잘하는. 명 수영가. José es un buen *nadador*. 호세는 수영을 잘 한다.
nadie 대 【사람에 관한 부정의 부정(不定)대명사】 아무도…아니다. *Nadie* ha dudado de ello. 아무도 그것을 의심하지 않았다. No lo sabía *nadie*. 아무도 그것을 알지 못했다. Este niño como más que *nadie*. 이 어린이는 누구보다도 많이 먹는다.
naipe 남 화투, 카드. José juega muy bien a los *naipes*. 호세는 카드에 매우 능숙하다.
naja 여 코브라(cobra).
nalga 여 【주로 복】 궁둥이.
nalgada 여 돼지의 엉덩이 살, 엉덩방아; 엉덩이를 때리기.
nalgatorio 남 엉덩이, 궁둥이.
nalgudo, da 형 엉덩이가 큰.
nana 여 【속어】 할아버지(abuelo); 자장가.
napea 여 【신화】 숲의 요정.
naranja 여 【과실】 밀감, 오렌지. Tráigame un zumo de *naranja*. 오렌지 주스를 가져와 주십시오. ◆ **naranjal** 남 밀감밭. ◆ **naranjo** 남 밀감나무.
narcótico, ca 형 마취성의. 남 마약 마취제.
nariz 여 narices 여 ① 【빈번히 복】【해부】 코. José se sonó las *narices*. 호세는 코를 풀었다. ② 콧구멍; 후각(ofalto). *nariz aguileña* 매부리코. *nariz chata* 납작코.
narración 여 말, 이야기. No me gustan las *narraciones* largas. 나는 긴 이야기는 싫다. ◆ **narrar** 타 말하다, 이야기하다. ◆ **narrativo, va** 형 서술의, 설화(체)의, 예 이야기, 소설.
nasal 형 코의. *sonido nasal* 콧소리. ◆ **nasalidad** 여 비음성.
natación 여 수영, 헤엄. ◆ **natatorio** 남 수영장.

natal 형 출생의, 탄생의. 명 탄생일.
natalicio, cia 형 탄생일의.
natalidad 여 출생율, 출생 선수.
natilla 여 커스터드.
nativo, va 형 [+de: …에서] 태어난. ¿Cuántos profesores *nativos de* España hay en la sección de español? 서반아어 학과에는 서반아 태생의 선생은 몇명 있나요. 명 (어떤 토지에서) 태어난 사람. Son curiosas las costumbres en los *nativos de esta isla*. 이 섬 태생 사람들의 풍습은 매우 진기하다.
natural 형 ① 자연의; 본래의. Desde el tren se admira bien la belleza *natural de esta región*. 열차에서 이 지방의 자연의 아름다움이 잘 바라보인다. ② 당연한. Es *natural* que José lo haya dicho. 호세가 그 말을 한 것은 당연하다. ③ 타고난. La *modestia* es *natural* en él. 겸허한 것은 그의 천성이다. 명 (어떤 땅에서) 태어난 사람. Los *naturales* de Madrid se llaman madrileños. 마드리드의 사람은 「마드릴레뇨」라 불리운다. 명 성질. Tiene un *natural* bondadoso. 그는 친절한 성질이다. ◇ **naturalidad** 여 자연스러움; 당연함. ◇ **naturalmente** 문 자연히; 당연히, 물론. ② 천성의. Tú *naturalmente*, sabes más que yo. 너는 당연히 나 이상으로 알고 있다. Ella es *naturalmente* amable. 그녀는 천성이 친절하다.
naturaleza 여 ① 자연(계). No podemos nada contra las leyes de la *naturaleza*. 우리들은 자연의 법칙에 어긋나서는 아무 것도 할 수 없다. ② 천성, 소질. Es obstinado por *naturaleza*. 그는 천성이 고집쟁이이다. ③ 성질, 본질. Sufre una enfermedad de *naturaleza* desconocida. 그는 정체 불명의 병에 걸려 있다.
náufragio 남 난파, 난선, 난선. En el *naufragio* pereció toda la tripulación del barco. 그 난파로 배의 선원이 전원 사망했다. ◇ **naufragar** [8 pagar] 자 난파하다; 실패하다. El barco *naufragó* cerca del cabo. 배는 갑(岬) 가까이서 난파했다. ◇ **náufrago, ga** 형 난파된. 명 조난자, 파선자, 난선자. Los *náufragos* se agarraban a unas maderas. 조난자들은 재목에 달라붙어 있었다.
náusea 여 구역질.
náutica 여 항해술, 항해학. ◇ **náutico, ca** 형 항해(용)의.
navaja 여 (접는 식의) 작은 칼, 면도칼. ¿Usa usted *navaja* para afeitarse? 당신은 수염을 깎는데 면도칼을 쓰고 있습니까.
nave 여 ① 배 (barco, buque). En el puerto de Barcelona hay *naves* de diversos países del mundo. 바르셀로나 항구에는 세계 여러 나라의 배가 있다. ② (기둥 열 사이의) 대청; 작업장. La fábrica tiene tres grandes *naves*. 공장에는 세 곳의 큰 작업장이 있다. *nave espacial* 우주선.
naval 형 배의; 바다의; 해군의. La flota coreana partió de la base *naval*. 한국의 함대는 해군 기지를 출항했다.
navegación 여 항해, 항공. Después de tres meses de *navegación* Colón descubrió América. 3개월 항해 뒤에 콜롬부스는 아메리카를 발견했다. *compañía de navegación* 선박 회사.
navegar [8] pagar] 자 ① 항해하다. El capitán *ha navegado* por los siete mares. 선장은 일곱 바다를 항해한 적이 있다. ② 비행하다. El avión *navegaba* plácidamente rumbo a Buenos Aires. 비행기는 부에노스·아이레스를 향하여 조용하게 비행하고 있었다. ◇ **navegante** 형 항해하는; 비행하는. 명 항해자; 항공사.
navidad 여 [N·] 【종교】 성탄절, 크리스마스. En el día de *Navidad* se conmemora el nacimiento de Jesucristo. 크리스마스 날은 예수·그리스도의 강탄을 기념하여 축하한다. Iré a pasar las *Navidades* a mi casa. 나는 크리스마스 무렵은 집에 돌아와서 지낸다. ¡Feliz *Navidad*! 크리스마스를 축하합니다. ◇ **navideño, ña** 형 강탄제의, 성탄절용의.
navío 남 배, 군함. Los *navíos* de transporte pasaron el canal. 수송선이 그 해협을 통과했다. *navío de guerra* 군함. *navío de transporte* 수송선. *navío mercante·mercantil* 상선(商船).
nazi 형 (독일의) 국가사회주의(의), 나치스당의. 명 (당원).
nazista 형 나치스(당)의. 명 【남·녀 동형】 나치당원.
N.B. Nota Bene 주의 하시오.
neblina 여 안개, 아지랑이. Hay todavía una *neblina* densa. 아직 짙은 안개가 끼어 있다.
necesario, ria 형 필요한; 필연적인. No es *necesario* que vayas en seguida. 곧바로 네가 갈 필요는 없다. Haré todo lo *necesario* para tener éxito. 나는 성공하기 위하여 필요한 일을 모두 하겠다. ◇ **necesidad** 여 ① 필요. Me veo en la *necesidad* de operarme. 나는 수술을 받지 않을 수 없다. ② 곤궁. La familia vivía en la más extrema *necesidad*. 그 가족은 극단적인 곤궁 속에서 생활하고 있었다. ③ 명 필요품; 필수품. *artículos de primera necesidad* 생활 필수품. ④ [주로 명] 대소변. *necesidad mayor* 대변. *necesidad menor* 소변. ⑤ 위험 (peligro,

necesitar 타 ① 필요로 하다. Por lo menos *necesito* una semana. 적어도 나는 1주일은 필요하다. Si me *necesita*, mi teléfono es 735-6734. 만일 일이 있으면 내 전화번호는 735-6734번이다. ② [+*inf.*; …할] 필요가 있다. *Necesito* comprar un diccionario. 나는 사전을 한 권 살 필요가 있다. ◇ **necesitado, da** 형 곤궁한. Es una familia muy *necesitada*. 그 가정은 매우 곤궁하다. 여 생활 곤궁자.

necio, cia 형 어리석은, 철없는(tonto; ignorante; imprudente; terco). 여 어리석은 사람, 철없는 사람. ¡Qué *necio* eres! 정말 너는 어리석은 놈이로군!

necrófago, ga 형 시체를 먹는. 여 시체를 먹는 사람 (벌레·동물 따위).

necrología 여 사망, 사망 기사. ◇ **necrológico, ca** 형 사망 기사·광고의.

necrópolis 여 [단·복수 동형] (고대 도시·유사이전 유적의) 큰 묘지, 매장지.

necropsia / **necroscopia** 여 시체 해부; 검시.

néctar 남 신주(神酒), 감로, 미주.

nefasto, ta 형 아주 싫은, 불길한(funesto; ominoso).

negar [19 pensar] 타 ① 거절하다, 거부하다. *Niego* que él tenga autoridad sobre mí. 그가 내게 대하여 젠위하는 것을 거절한다. ② 부정하다, 부인하다. Los ateos *niegan* la existencia de Dios. 무신론자는 신의 존재를 부정한다. ◇ ~ se [+a:…를] 거부하다, [+a+*inf.*:…하기를] 거부하다, …하려 하지 않다. La Unión Laboral *se niega* a suprimir la huela. 노동 조합은 동맹 파업을 그만두는 것을 거부하고 있다. La madre *se niega* a dejar salir de noche a su hija. 모친은 딸에게 밤의 외출을 허락하려 하지 않는다.

negativo, va 형 ① 부정의 [여 afirmativo]; 거부의; 소극적인. Construya usted una oración *negativa* con esta palabra. 이 단어를 써서 부정문을 만들어라. ② 【수학】 부(負)(수)의. 남 【사진】 원판; 음화(陰畫). 여 거부, 부인, 거절. Espero que no me causarás la desilusión de una *negativa*. 나는 거절한다는 환멸을 나에게 느끼지 않기를 나는 기대하고 있다. ◇ **negativamente** 부정적으로; 소극적으로. Todos los alumnos respondieron *negativamente*. 학생들은 모두 싫다고 대답했다.

negligencia 여 태만, 부주의. ◇ **negligente** 형 태만한, 부주의한.

negociar [11 cambiar] 자 [+con·en:…을] 취급하다, 거래를 하다. Aquel tío *negociaba en* cereales. 저 숙부는 곡물을 취급하고 있었다. 타 교섭하다. En París *se está negociando* la paz. 파리에서 평화 교섭이 행해지고 있다. ◇ **negociante** 남 상인(comerciante). ◇ **negociación** 여 거래, 매매(negocio); 교섭, 절충. *negociaciones diplomáticas* 국교(國交).

negocio 남 ① 일, 교섭(negociación). Debido a un *negocio* urgente no puedo salir. 급한 일 때문에 나는 외출할 수 없다. ② 거래, 장사. Hemos entablado *negocios* con la firma Gómez. 훼사는 고메스 상회와 거래를 시작했다. ③ 이익 (ganancia), 이용(utilidad).

negrear 자 검어지다, 검게 보이다.

negrería 여 흑인 노예.

negrero, ra 형 흑인 노예(매매)의. *barco negrero* 노예선.

negro, gra 형 ① 검은. Me quiere convencer que lo blanco es *negro*. 그는 흰것을 검정이라고 나를 수긍시키려 하고 있다. ② 어두운, 슬픈. En aquel tiempo José veía muy *negro* su porvenir. 그 무렵 호세는 자기의 장래를 어두운 것이라고 비관하고 있었다. 남 흑인. 남 검정빛. ◇ **negrura** 여 검정, 검음, 암흑.

negroide 형 흑인종(석)인.

negror 남 / **negrura** 여 검음, 암흑, 어두움.

negruzco, ca 형 거무스름한.

neis 남 【광물】 편마암.

nelumbio 남 【식물】 연의 일종.

nema 여 아스판트의 일종.

nemoroso, sa 형 삼림의, 숲이 울창한.

nene, na 남 아기. Ana acaba de dar a luz una *nena*. 아나는 여자 아기를 금방 낳았다.

neocelandés, sa 형 뉴질랜드(Nueva Zelandia)의. 남 뉴질랜드사람.

nervio 남 신경; 【해부】 건(腱). Aquel doctor es especialista en *nervios*. 저 의사는 신경 전문가이다. ◇ **nerviosidad** 여 초조, 흥분. ◇ **nervioso, sa** 형 신경의; 신경질의; 초조한, 흥분한. El café muy cargado me pone *nervioso* y me desvela. 너무 진한 커피는 나를 흥분시켜서 잠을 못들게 한다.

nervudo, da 형 신경 과민의; 억센, 강인한.

nesciencia 여 무지(ignorancia).

neto, ta 형 순수한; 정량(正量)의. *peso neto* 정미 중량.

neumático, ca 형 공기의. 남 타이어. *neumático de repuesto* 예비 타이어.

neumonía 여 【의학】 폐렴(pulmonía). ◇ **neumónico, ca** 형 폐의, 폐렴의. 남 폐렴환자.

neuralgia 여 신경통. ◇ **neurálgico, ca** 형 신경통의. 명 신경통 환자.

neurastenia 여 신경 쇠약. ◇ **neurasténico, ca** 형 신경 쇠약의. 명 신경 쇠약 환자.

neuritis 여【의학】신경염.

neurología 여 신경학.

neurólogo 남 신경과 의사.

neurópata 형 신경병의. 명 신경병자, 신경과 의사.

neuropatía 여【의학】신경병.

neuróptero, ra 형 맥시류의. 남 명 맥시류.

neuroris 여【의학】신경증.

neurosis 여 노이로제. ◇ **neurótico, ca** 형 노이로제의. 명 노이로제 환자.

neutral 형 중립의. *estado neutral* 중립국. ◇ **neutralidad** 여 중립성. ◇ **neutralización** 여 중립화. ◇ **neutralizar** [9 alzar] 타 중립화하다.

neutro, tra 형【문법】중성의.

neutrón 남【물리】중성자.

nevar [19 pensar] 자 눈이 내리다. *Aquí nieva mucha en invierno.* 이곳은 겨울에 눈이 많이 내린다. ◇ **nevera** 여 얼음 저장실, 냉장고.

nevasca 여 강설(nevada), 눈보라(ventisca).

nevatilla 여【새】할미새(aguzanieves).

nevería 여 빙수파는 집.

nevero, ra 남여 빙수파는 사람. 남 눈골짜기, 만년설. 여 냉장고, 얼음 창고, 빙설.

nevisca 여 적은 양의 눈.

neviscar 자 눈이 나리다.

nevoso, sa 형 눈이 많은, 눈오는, 눈의.

nexo 남 관계, 연소 ;【문법】서술적 관계.

ni 접 …도 (없이)(y no). *Yo no tengo padre ni madre, ni tengo hermanos.* 내게는 아버지도 어머니도 없고, 형제도 없다. *No sé hablar ni francés ni inglés.* 나는 프랑스어도 영어도 말할 줄 모른다. 부 …조차, 마저. *José no tiene tiempo ni para comer.* 호세는 먹기 위한 시간조차 없다. *ni siquiera* …조차·마저 않다. *José no tiene ni siquiera tiempo para comer.* 호세는 먹을 시간 마저 없다. *Ni siquiera se despidió de mí.* 그는 내게 작별을 고하는것조차 하지 않았다.

nicaragüense/nicaragüeño,ña 니카라구아(Nicaragua)의. 명 니카라구아 사람.

nicotina 여【화학】니코틴. ◇ **nicotico, ca** 형 니코틴 중독의.

nicotinismo/nicotismo 남 니코틴 중독.

nicromo 남 니크롬 (합금).

nictálope 형 밤눈이 밝은, 낮보다 밤에 잘 보는.

nictalopía 여 밤눈이 밝음. 낮보다 밤에 잘 봄.

nicho 남 벽감, 구멍.

nidada 여 보금자리. (알, 새끼 따위의) 한 배(에 깐) 새끼.

nidal 남 보금자리; 기초, 기원, 근원, 동기.

nidificar 자 새둥지·새집을 만들다.

nido 남 둥지, 새집; 주거. *Las cigüeñas hacen su nido en las torres y árboles de gran altura.* 황새는 매우 높은 탑이나 나무에 집을 만든다.

niebla 여 안개. *Hay una niebla muy densa.* 대단히 짙은 안개가 끼어있다.
nieb la artificial 연막(煙幕).

nieto, ta 명 손자, 손녀. *Los nietos siempre juegan con la abuela.* 손자들은 언제나 할머니와 논다.

nieve 여 눈, 강설(降雪). *Mire usted cómo cae la nieve.* 눈이 저렇게 내려 오는 것을 보세요. *Ahora hay más de tres metros de nieve acumulada.* 지금 3미터 이상의 눈이 쌓이고 있다.

nilón 남 나일론 (제품)(nylón).

ninguno, na 형 [남성 단수 명사의 앞에서 ningún] 어떠한(…도 없다); 아무런(…도 없다); 하나의 (…도 없다). *No hay ningún problema.* 아무 문제도 없다. *No veo ninguna casa encima de la colina.* 언덕 위에는 한 채의 집도 보이지 않는다. 대 어느 하나, 무엇 하나, 누구 한 사람, 하나도. *No tengo ninguno.* 나는 하나도 가지고 있지 않다. *Ninguno de los dos me satisface.* 그 두 개 중의 어느 것도 [두 사람 중의 누구도] 나를 만족시키지 않는다.

niñada 여 유년, 철없음.

niñear 타 어린아이같이 행동하다.

niñera 여 아이 보는 여자.

niñería 여 어린애 같은 행동, 사소한 일.

niño, ña 명 애기, 어린이. *No quiero que me traten como a un niño.* 나를 애기처럼 다루지 말아 주게. *La niña se quedó dormida.* 소녀는 잠이 들었다. ◇ **niñez** 여 어릴 때, 유년 시대. *José pensaba en los viejos días de su niñez.* 호세는 자기의 옛날 유년 시대의 일을 생각하고 있었다.

níquel 남 니켈; 니켈화(貨).

nivel 남 ① 수준, 레벨. *Respecto a la cultura, los visigodos estaban en un nivel más bajo que el mismo pueblo que dominaban.* 문화의 면에서는 서고트족은 그들이 지배하고 있던 민족보다 낮은 수준에 있었다. ② 수면, 해면(海面). *Estamos a unos mil metros sobre el* *nivel* del mar. 여기는 해발 약 1,000미터이다. ③ 높이, 수위(水位). El *nivel* del río ha aumentado con las últimas lluvias. 강물의 수위는 최근의 비로 불었다. *paso a nivel* 철도 건널목.

no 图 ① [sí에 대한 부정이; 부정하는 어구의 앞에 붙임]…하지 않다. *No lo sé*. 나는 그것을 모른다. José no siempre dice la verdad. 호세는 꼭 진실을 말한다고 말할 수 없다. *Yo iré pero no por eso*. 나는 가기는 하지만, 그 때문은 아니다. *No todos irán*. 전부는 가지 않겠지. ② [감탄사적] 아니오, 아니. *No, señor*; *yo no iré*. 아니오, 나는 가지 않겠소.

Nº número.

n/o nuestra orden.

No. Noroeste 북서(풍).

noble 图 ① 기품있는, 고결한. *Los caballeros españoles tienen fama de ser nobles*. 서반아신사는 고결하다는 명성이 있다. ② 귀족의. *Lola tiene sangre noble*. 롤라는 귀족의 피를 받고 있다. 图 귀족. *Los nobles votaron por la monarquía*. 귀족들은 군주제에 찬성 투표를 했다.

nobleza 图 고결함, 기품; [집합적] 귀족(계급).

noción 图 생각, 개념, 관념; 기초 지식. *Antes de ir allá quisiera tener algunas nociones de francés*. 그곳에 가기 전에 나는 어느 정도의 프랑스어 기초 지식을 가지고 싶다.

nocivo, va 图 해로운, 독이 있는(dañoso). ◇ **nocividad** 图 유독성.

nocturno, na 图 밤의; 야간의. *Voy a tomar el tren nocturno*. 나는 야간 열차를 탈 작정이다. 图 【음악】 야상곡. *Tocó un nocturno de Chopin*. 그는 쇼팽의 야상곡을 켰다.

noche 图 밤. ¿*Estará usted libre esta noche*? 오늘밤 틈이 있겠습니까? *noche y día* 밤이나 낮이나. *Noche Buena* 크리스마스 이브, *noche vieja* 섣달 그믐밤. *de noche* 밤에 [영 de día]. *De noche solamente estoy bien en la cama*. 나는 밤에만 침대에서 잘 있는 것이다. *Cierre usted la puerta con llave cuando salga de noche*. 야간에 외출할 때는 문에 자물쇠를 채우세요. *media noche* 한밤중. *Buenas noches* 안녕히 주무세요.

nochebuena 图 크리스마스 이브. *Esta noche es nochebuena*. 오늘밤은 크리스마스 이브이다.

nogal 图 阳 【식물】 호두 (나무). *El nogal es muy apreciado*. 호두 나무는 대단히 귀중한다.

nogueral 图 호도나무밭.

nómada, de 图 유목의, 유랑의. 图 유목민, 유랑인.

nombradía 阳 명성, 평판.

nombrado, da 图 유명한(famoso).

nombrar 图 ① 지명·임명하다, 추천하다. *Han nombrado al doctor Alvarez rector de la universidad*. 알바레스 박사는 학장에 임명되었다. ② (…의) 이름을 말하다. *He oído nombrar mucho a aquel científico*. 나는 그 과학자의 이름을 사람들이 부르는 것을 빈번히 듣는다. ◇ **nombramiento** 图 지명, 임명.

nombre 图 ① 이름. *Ponga en el sobre su nombre, apellido y la dirección, por favor*. 부디 당신의 이름과 성과 주소를 봉투에 써주십시오. *Este territorio tomó el mismo nombre del río que lo baña*. 이 지방은 이곳을 흐르고 있는 강과 같은 이름을 붙였다. ② 【문법】 명사(名詞). *Madrid, Corea, Cervantes son nombres propios*. 마드리드, 한국, 세르반떼스는 고유명사이다. *nombre de pila* 세례명. *en nombre de* …의 이름으로, …의 대리로서. *Salúdele en mi nombre*. 그에게 안부 전해 주십시오.

nomenclador nomenclátor 图 지명표, 인명표; 술어집.

nomenclatura 阳 술어집, 술어 사전; 명명법; [추상적] 명칭, 명명; 명부.

nomeolvides 图 【단·복수 동형】 물망초.

nómina 阳 명부, 목록; 임금 지불 원장.

nominador, ra 图 지명의, 임명의, 인사의.

nominal 图 이름의, 명의상의, 공칭의, 명목상의. 【문법】 명사의. *lista nominal* 명부. *soberano nominal, valor nominal* 액면 가격. *sueldo nominal* 명목 임금.

nominativo, va 图 기명의; 명목의. *título nominativo* 기명 채권, 등록채권. 图 【문법】 주격; 图 초보, 기초.

non 图 기수의. 图 기수. 图 거부, 부정. *de non* 쓸모없는, 무용의. *de nones* 일없이, 게으른. *decir nones* 거절하다.

nonagenario, ria 图 90대의. 图 90대의 사람.

nonagésimo, ma 图 90번째의, 90분의 1의. 图 90번째, 90분의 1.

nono, na 图 9번째의(noveno).

nopal 图 【식물】 선인장의 일종.

nopalito 图 (멕시코) (식용의) 부드러운 선인장의 잎.

naquear 타 넉아웃시키다.

norcoreano, na 图 북한의. 图 북한 사람.

nordeste 图 북동, 북동풍. 图 북동의.

nórdico, ca 图 북구의. 图 북구인. 阳 북구어.

noria 阳 양수기.

norma 예 규범; 표준; 규정(량); 【문구】 자. Para José la honradez es la *norma* de la vida. 호세에게 정직은 생활의 규범입니다. Siempre ha sido nuestra *norma* conceder descuentos a nuestros clientes habituales. 저희의 고객에게는 할인을 해 드리는 것이 우리들의 규칙이 었습니다. ◇ **normal** 형 정상인; 표준의; 규정의. ◇ **normalidad** 예 정상적 상태. ◇ **normalización** 예 정상화. ◇ **normalizar** [9] alzar] 타 정상화하다.

normando, da 형 노르만 민족의 (사람).
normativo 형 규범적인.
noroeste 예 서북; 서북풍. 형 서북풍의.
nortada 예 북풍, 삭풍.
norte 예 북쪽; 북풍. El lago queda a unos 50 kilómetros al *norte* de la ciudad. 호수는 시의 북쪽 약 50킬로미터의 곳에 있다. La ventana daba al *norte*. 창문은 북쪽에 면하였다.
norteamericano, na 형 북아메리카(Norte América. América del Norte)의. 북아메리카 사람.
nos 대 [1인칭 복수의 대격·여격 대명사] 우리들을·에게, 우리 회사를·에게. Les rogamos que *nos* disculpen por el inevitable retraso en la entrega. 상품의 인도에 부득이한 지연이 있었던 점에 대하여 (폐사를) 용서해 주시기를 부탁 드립니다. José prometió que *nos* escribiría desde París. 호세는 파리에서 우리에게 편지하기로 약속했다.
nosotros, tras 대 [1인칭 복수의 주격·전치사격 대명사] 우리들; 이편. *Nosotros*, los estudiantes, esperábamos en el salón de actos. 우리들 학생은 강당에서 기다리고 있었다.
nostalgia 예 향수; 회향병. ◇ **nostálgico, ca** 향수에 젖은. 명 향수병자.
nota 예 ① 표. Pon aquí una *nota*, basta con una cruz. 여기 표를 하시오; 십자표가 좋겠어. ② 주의서(注意書), 주(註). El autor se refiere a este punto en sus *notas*. 저자는 주에서 이 점을 언급하고 있다. ③ 평점(評点), 점수. ¿ Qué *nota* hay que sacar para aprobar? 합격에는 몇 점이 필요한가요. ④ 노트, 써놓음. Sírvanse tomar *nota* de nuestra dirección nueva. 저희의 새로운 번지를 써 놓아 주세요. ⑤ 전표, 각서, 서식(書式). Les remitimos el cheque Núm. 63,549 por $1,200, valor de la Nota de Débito Núm. E-827. 차변 전표는 E-827의 가격 1,200달러의 수표 63,549를 귀사로 보냅니다.
notar 타 ① (…를) 알게 되다. La *noto* fatigada. 당신은 피로하신 듯합니다. He *notado* frescura al llegar a la playa. 나는 해안에 도착하여 서늘함을 느꼈다. ② 써넣다. José *notó* la visita de Lola en un libro de apuntes. 호세는 롤라의 방문을 비망록에 써 넣었다. ◇ **notabilidad** 예 저명, 명사. ◇ **notable** 형 주목할; 저명한, 현저한. Las más *notables* de esas pinturas son las de Altamira. 그 그림들 중에서 가장 주목할 것은 알따미라의 것이다. ◇ **notablemente** 부 눈에 띄게, 현저하게.
notario 명 공증인 (escribano). 서기(書記).
noticia 예 ① 알림, 뉴스, 정보(情報). La *noticia* circuló por todo el pueblo. 그 뉴스는 읍 전체에 퍼졌다. ② 소식. Todavía no tengo *noticia* de Julio. 나는 아직 훌리오의 소식을 모른다.
notificar [7] sacar] 타 통지하다, 통고하다 (催告)하다. ◇ **notificación** 예 통지, 통고, 최고(催告).
notorio, ria 형 주지의, 유명한; 명백한. Es *notorio* que ese hombre nos ha engañado. 그 자가 우리를 속였음은 명백하다. ◇ **notoriedad** 예 주지, 유명, 명성, 평판.
novato, ta 형 갓 시작한, 신참의. 명 초심자, 신참자.
novecientos, tas 형 900의; 900번째의. 명 900.
novedad 예 ① 새로운 것·일. Lo que dice no es ninguna *novedad*. 그가 말하는 것은 별로 새로운 것은 아니다. ② 이상한 일; 이상(異狀). ¡Hombre, esto es una *novedad*! 이런, 이건 이상한데! ③ 명 신제품(新製品). Por favor, muéstreme otras *novedades*. 다른 신제품을 보여 주십시오. *sin novedad* 무사히, 이상 없이. Las mercancías han llegado *sin novedad*. 상품은 무사히 도착했다.
novela 예 소설 (ficción). Me interesan mucho las *novelas* hispanoamericanas. 나는 서반아계 아메리카의 소설에 대단히 흥미를 가진다. ◇ **novelesco, ca** 소설의·같은. ◇ **novelista** 소설가 (autor de novelas).
noveno, na 형 9번째의; 9등분한. 명 9분의 1.
noventa 형 90의; 90번째의. 명 90.
noviazgo 명 약혼 (시절); 약혼기.
novicio, cia 형 신출내기; 견습승(僧).
noviembre 명 11월.
novillo, lla 명 송아지(toro o buey joven; vaca joven).
novio, via 명 약혼자(futuro, prometido); 신랑, 신부; 애인 (戀人). Seguramente tiene *novia*. 그에게는 아마 애인

nubada/nubarrada 소낙비; 다우.
nubarrón 男 큰빗줄기, 큰구름, 검은구름.
nube 女 ① 구름. No hay ni una sola *nube* en el cielo. 하늘에는 구름 한 점도 없다. El cielo está cubierto de *nubes*. 하늘은 구름으로 덮여 있다. ② 많은, 다량(多量). El coche corrió levantando una gran *nube* de polvo. 차는 자욱하게 먼지를 피우며 달렸다. ◇ **nublado, da** 구름낀. El cielo está *nublado*. 하늘은 흐려 있다. 他 비구름. **nublar** 흐리게 하다, 그늘지게 하다. ~**se** (하늘이) 잔뜩 흐리다.
nuca 女【해부】목덜미, 뒷덜미. Ella tiene la *nuca* muy bella. 그녀는 목덜미가 대단히 아름답다.
núcleo 男 ①【과실의】씨. ②【문제의】핵심. El *núcleo* de la cuestión es éste. 문제의 핵심은 이것이다. ③【물리】핵. *núcleo atómico* 원자핵. ◇ **nuclear** 형 (원자)핵의. Se efectuó un experimento *nuclear* en las islas. 그 섬에서 핵실험이 행해졌다. *bomba nuclear* 핵폭탄. *energía nuclear* 원자력 에너지. *reacción nuclear* 원자핵 반응.
nudo 男 매듭, 마디, (뼈의)관절; 해리, 노트. a veinte *nudos* por hora 시속 20노트 속력으로.
nuera 女 며느리(esposa del hijo).
nuestro, tra 대 ①[1인칭 복수의 소유격 대명사] 우리들의. *Nuestro* profesor es muy riguroso en clase. 우리 선생은 수업에서 매우 엄격하다. ②[정관사+] 우리의 것.
nueve 형 9의; 9번째의. 男 9.
nuevo, va 형 ① 새로운; 색다른. José es *nuevo* en la oficina. 호세는 사무소에서 새 얼굴이다. ¿ Qué hay de *nuevo*? 무슨 색다른 일이 있나. ② 이번의, 별다른. Mis tíos ya viven en la *nueva* casa. 숙부님께서는 벌써 새로운 집에 살고 있다. José acogió esa *nueva* con gran alegría. 호세는 그 소식을 듣고 대단히 기뻐했다. ¿ Qué *nuevas* nos trae usted? 당신은 어떤 뉴스를 들려주겠소. *de nuevo* 또, 다시, 또 한번. Iré de *nuevo* a ver esa película. 나는 또 한번 그 영화를 보러 가겠다. *Nuevo Mundo* 신세계 (아메리카). ◇ **nuevamente** 부 새로이, 다시(otra vez, de nuevo). Tomás ha venido *nuevamente* a pedirme dinero. 토마스는 내게 돈을 (빌려) 달라고 또 다시 왔다.

nuez 女【과실】호두; (야자 따위의) 견과 (堅果).【해부】목젖(nuez de Adán).
nulidad 女 무효; 결함(falta de mérito), 쓸모없는 사람(persona inútil). ◇ **nulo, la** 형 무효의; 쓸모 없는.
numen 男 영감, 감흥(inspiración), 신격, 시상.
numeración 女 헤아리기, 계산, 계산법.
numerador, ra 男【분수의】분자, 숫자쓰는 기구, 기수기.
numeradora 女 기수기, 넘버링.
número 男 ① 수. Un gran *número* de estudiantes tomó parte en el concurso. 대단히 많은 수의 학생이 그 콩쿠르에 참가했다. ② 번호. ¿Cuál es el *número* de su teléfono? 댁의 전화는 몇번입니까. El expreso sale de la vía *número* 7. 그 급행열차는 7번 선에서 떠난다. Este es el último *número* de la revista. 이것이 그 잡지의 최신호이다. *de número* 정원수 내의, 정식의. Es académico *de número*. 그는 학회의 정회원이다. ◇ **numeral** 형 수의. *adjetivo numeral* 수형용사. *letra numeral* 숫자. ◇ **numerosidad** 女 다수. ◇ **numeroso, sa** 형 수많은, 막대한. Mi familia es bastante *numerosa*. 내 가족은 꽤 많다.
nunca 부 ① 결코 (…않다)(jamás). En adelante *nunca* pediré su ayuda. 이제부터는 결코 당신의 도움을 바라지 않겠다. ② 한번도 (…없다). ¿ Usted *nunca* ha llegado tarde a la oficina? 당신은 한번도 회사에 지각한 일이 없습니까.
nupcial 형 결혼의, 혼례의. *ceremonia nupcial.* 결혼식. ◇ **nupcialidad** 女 결혼률·건수. ◇ **nupcias** 女 결혼, 혼례 (boda).
nutra/nutria 女【동물】수달.
nutritivo, va 형 영양이 있는, 영양이 되는. La sopa española es muy *nutritiva*. 서반아의 수프는 매우 영양이 있다. ◇ **nutrición** 女 영양. ◇ **nutricional** 영양의. ◇ **nutrido, da** 형 [+de: …이] 풍부한. Su tesis está muy *nutrida* de citas. 그의 논문은 인용이 매우 풍부하다. ◇ **nutrir** 他 기르다, (…에게) 영양·힘을 주다. 再 [+de·con·en: …으로] 영양을 취하다. Todo ser vivo se *nutre* de sustancias orgánicas y minerales. 모든 생물은 유기물이나 광물질로 영양을 취한다.
nutriz 女 유모(nodriza).
N.Y. Nueva York 뉴욕.
nylón 男 나이론 (제품)(nilón).

Ñ

ñadi 남 【칠레】수렁.
ñandú 남 【새】레아, 아메리카 타조.
ñaño, ña 형 친후, 형제, 자매. 예 아이보는 여자
ñapa 여 경품(adehala); 덤.
ñapango, ga 형 【콜롬비아】혼혈의. 명 혼혈아.
ñapindá (아르헨티나산의) 미모사의 일종.
ñata 여 【칠레】죽음, 사망(muerte). 복 코, 콧구멍(las narices, ventana de nariz).
ñato, ta 형 코가 납작한.
ñoñez 여 바보(tonto). ◇ **ñoño, ña** 형 어리석은, 명 어리석은 사람. ◇ **ñoñería** 여 바보 짓; 어리석은 짓(tontería).
ñoro 남 시계풀의 꽃.
ñu 남 (남아프리카산의) 영양(羚羊).
ñudo 남 마디, 결절(nudo).

O

o [o‐ ho‐로 시작되는 말 앞에서 u로 됨;⇨ u] 接 ① …인가, 또는, 혹은. Vendrá José *o* su hermano. 호세나 그의 동생이 오겠지. ② 그렇지 않으면. Arréglate pronto *o* me marcho sin tí. 바로 준비를 해라; 그렇지 않으면, 너를 놓아두고 간다. ③ 결국, 즉. En ese momento entra en el salón el protagonista *o* personaje principal de la obra. 그때 주인공, 즉 그 작품의 주요 인물이 대청마루에 들어온다. *o sea* 즉. Allá se ve en el fondo la Dieta *o* el Congreso Coreano. 저 막다른 곳에 국회, 즉 한국의 의회(의 건물)가 보인다.

o. orden 주문, 지시(서).

O. oeste 서(풍).

oasis 男 [단·복수 동형] 오아시스.

obedecer [30] crecer]他 [+a:…에게] 복종하다 (⇔ desobedecer). *Obedezca a sus jefes.* 손윗 사람들의 말에 복종하시오. Hay que *obedecer a* las leyes. 법률에 따라야 한다. ② [+a:…에서] 나오다, (…에) 의하다. Mi visita *obedece al* deseo de saludarle. 나의 방문은 당신께 인사드리기 위해서입니다. ◇ **obediencia** 女 복종; 순종. ◇ **obediente** 形 순종한, 순진한.

obelisco 男 오벨리스크 기둥.

obertura 女 [음악] 서곡, 전주곡.

obeso, sa 形 비계살이 찐; 살이 쩡장히 찐. ◇ **obesidad** 女 비대, 비만.

obispo 男 [종교] 사교(司敎), 주교(主敎). Se llama catedral la iglesia en que reside el *obispo*. 주교가 있는 교회를 대성당이라 한다. ◇ **obispado** 男 주교의 자리; 주교 교구. ◇ **obispal** 形 주교의.

objeción 女 이론(異論), 반대. Le han hecho varias *objeciones* a su tesis. 그의 논문은 여러 가지 이론이 제기되었다.

objetivo, va 形 목적의, 대상의; 객관적인. La verdad ha de ser *objetiva*. 진실은 객관적이어야 한다. 男 목적. Mi *objetivo* es investigar la situación económica. 나의 목적은 경제 사정을 조사하는 일이다. ② 대물 렌즈.

objeto 男 ① 물건, 물품(artículo, cosa). Desearía ver algunos *objetos* que sirvan de recuerdo. 선물 될만한 물건을 약간 좀 보고 싶은데요. ② 목적, 목표. Debemos hacer un mayor esfuerzo para llevar a cabo nuestro *objeto*. 우리들은 목적을 달성하기 위하여, 더욱 많은 노력을 해야 한다. ③ 대상, 객체(客體). Tú eres el *objeto* de sus críticas. 너는 그의 비판의 대상으로 되어 있다. *con el objeto de* …

oblación 女 봉헌, 공양물, 봉납물.

oblata 女 봉납금, 헌신 노무 수녀, 영성체.

oblea 女 (봉함 편지를 부치기 위한) 밀가루풀.

oblicuar 他 경사지게하다. 自 경사지다, 경사지게 가다.

oblicuo, cua 形 기운, 경사진. ◇ **oblicuidad** 女 경사(傾斜).

obligación 女 ① 의무, 책임; 은의(恩義). José cumple con sus *obligaciones* muy puntualmente. 호세는 자기 의무를 한점 없이 완수한다. ② 圖 채권, 사채(社債). He comprado diez *obligaciones* de la compañía de energía eléctrica. 나는 전력회사의 사채를 10장 샀다.

obligar 他 ① 강제하다. Su opinión no me *obliga* nada. 그의 의견은 나에게 아무 것도 강제하지 않는다. ② [+a+*inf.* /+a+ que+*subj.*] 불가피하게·무리하게 …시키다. A José le *obligaron a* firmarlo. 호세는 강제적으로 거기에 서명 당했다. *Oblígale a que* entre. 그를 무리해서라도 끌어들이시오. ◇ **-se** [+a] ~의 의무를 지다, 떠맡다. Yo *me obligo a* indemnizarle si le causo algún perjuicio. 내가 그에게 어떠한 손해를 입히면 나는 그에게 배상할 의무를 진다. ◇ **obligado, da** 形 ① 불가피한; 은의가 있는. Era una visita *obligada*. 그것은 의리상의 방문이었다. ② [+a]…해야 하는. El se vio *obligado a* realizar el viaje. 그는 그 여행을 해야 했다. ◇ **obligatorio, ria** 形 의무의, 의무적인, 필수의. ¿Cuáles son las asignaturas *obligatorias*? 필수과목은 무엇인가요.

obliterar 他 막다, 통하지 못하게 하다, 가로막다.

oblongo, ga 형 장방형의, 타원형의.
oboe 남 [악기] 오보에; 오보에 연주자.
óbolo 남 근소 (금액, 물질), 옛 그리스아의 은화.
obra 여 ① 일; 세공; 공사(工事). *La obra se llevará a cabo a principios de septiembre.* 공사는 9월초 쯤에 완성하리라. ② 작품, 노작(勞作). *En la exposición se exhiben algunas obras maestras del arte español moderno.* 전람회에는 근대 서반아 예술의 걸작이 몇 점 전시되어 있다. ③ 실행, 실지(實地). *poner por [en] obra* 실행에 옮기다.
obrar 타 만들다, 건조하다. *Están obrando un hospital en aquel sitio.* 저 장소에는 병원이 세워지고 있다. 〔약이〕 듣다. *La medicina empieza a obrar.* 약이 듣기 시작한다. ② 행동하다. *José obró con prudencia.* 호세는 신중하게 행동했다. ③ (편지 따위가) 오다. *Su carta del día 12 obra en mi poder.* 12일자 편지를 받았습니다.
obrero, ra 명 노동자; 직공. *Los obreros se han declarado en huelga.* 노동자들은 동맹 파업에 들어갔음을 선언했다.
obscenidad 여 음탕, 음란(한 행동), 음담, 정숙치 못함, 야비.
obsceno, na 형 음란한, 외설적(lascivo).
obscurantismo 남 민중의 우둔화, 민중의 우둔화주의, 비교육주의.
obscurecer 타 어둡게 하다, 음울하게하다, 애매하게하다, 은폐하다. 자 어두어지다, 그림에서 그림자를 나타내다. ◇ ~se 흐리다(nublarse), 숨다, 보이지않게되다(desaparecer).
o(b)scuro, ra 형 어두운, 어두운 빛의. *Era ya obscuro cuando llegó José.* 호세가 도착했을 때는 이미 어두웠다. *El azul marino es un color obscuro.* 감색은 어두운 빛이다. ◇ **o(b)scuramente** 부 어둡게; 모호하게. ◇ **o(b)scuridad** 여 어둠[claridad]. *José se escapó sirviéndose de la obscuridad.* 호세는 어둠을 이용해서 도망쳤다.
obsequiar 타 대접하다, 환대하다. *Me obsequiaron con un gran banquete.* 그들은 큰 연회를 베풀고 나를 환대해 주었다. ② [+con : …을] (…에게) 보내다, 기증하다. *Mi tío me obsequió con un traje.* 숙부가 나에게 이 옷을 보내 주셨다. ◇ **obsequio** 남 대접, 환대; 기증, 선물. *Hicimos a José un obsequio.* 우리는 호세에게 선물했다.
obsequiosidad 여 아첨, 순종, 친절, 추종.
obsequioso, sa 형 친절한, 간절한, 추종하는, 아첨하는, [멕시코] 선사하기를 좋아하는.

observar 타 ① 보다, 지켜보다. *José estuvo observando lo que pasaba en la plaza.* 호세는 광장에서 일어난 일을 지켜보고 있었다. *He observado que aquí casi todas las casas no son de cemento sino de piedra.* 나는 여기서는 거의 모든 집이 콘크리트가 아니고 돌로 되어 있음을 알았다. ② 지키다, 준수하다. *Los compromisos han sido rigurosamente observados.* 약속은 엄격하게 지켜져 왔다. 재 의견을 말하다. *Lola observó después de José.* 롤라는 호세 다음에 의견을 말했다. ◇ **observación** 여 관찰; 의견; 주의 사항. *Haré todo lo posible para llevar sus observaciones a la práctica.* 나는 당신의 의견을 실행에 옮기기 위하여 최선을 다하겠다. ◇ **observador, ra** 명 관찰자; 옵서버. ◇ **observancia** 여 준수, 준법. ◇ **observatorio** 남 천문대, 관상대.
obsesión 여 강박 관념; 집념. ◇ **obsesionar** 타 (매력적인 것이 …에게) 지피다, 들리다. ◇ **obseso, sa** 형 강박 관념에 사로잡힌, 신이 들린, 마(魔)가 든.
obstáculo 남 장애, 고장(故障). *Estos obstáculos originaron a menudo sangrientas luchas.* 이 장애들이 번번히 피비린내 나는 투쟁의 원인으로 되었다. *Entonces tuve que luchar con muchos obstáculos.* 당시 나는 많은 장애와 싸워야 했다.
obstante (no) 부 그럼에도 불구하고. *No obstante, esto no quiere decir que Lola tenga compasión contigo.* 그럼에도 불구하고, 이것을 몰라고 나에게 동정하고 있음을 의미하지 않는다.
obstinarse 재 집념이 강하게 하다; [+en : …을] 고집하다. *¿Te obstinas en seguir esa decisión imprudente?* 너는 그 경솔한 결심을 아직도 계속하는 고집하겠느냐. ◇ **obstinación** 여 고집 불통, 집요. ◇ **obstinado, da** 형 완고한, 집요한. *Es obstinado por naturaleza.* 그는 천성이 완고하다.
obstrucción 여 방해, 장애, 의사 방해; 차단, 폐쇄, 변비.
obstruccionismo 남 의사 방해.
obstruccionista 형 의사 방해의. 명 의사 방해자.
obstruir 타 막다, 방해되다, 간섭되다(estorbar). ◇ ~se 막히다.
obtener [58] tener 타 얻다, 획득하다; 달성하다(conseguir). *He obtenido sobresaliente.* 나는 우(의 성적)를 얻었다. *Esta película obtendrá gran éxito.* 이 영화는 대성공을 거두리라. ◇ **obtención** 여 획득, 달성; 보유(保有).

ocasión 여 호기, 기회(oportunidad). Aprovechando la *ocasión* les visitaremos. 그 기회를 이용하여 우리는 귀사를 방문하겠소. Si tengo *ocasión*, lo haré. 만일 좋은 기회가 있으면 나는 그 일을 하겠다. ◇ **ocasional** 형 원인으로 된; 우연한; 임시의. ◇ **ocacionar** 타 (…의) 원인으로 되다, 야기하다, 유발하다. Tenga la bondad de excusarme la molestia que le *he ocasionado*. 내가 당신께 끼친 폐를 용서해 주십시오.

ocaso 명 ① 일몰, 낙일; 서쪽. ② 말기(末期). El imperio marchaba a su *ocaso*. 제국은 몰락을 향하여 나아가고 있었다.

occidente 명 ① 서, 서쪽 [빤 oriente]. Teníamos el mar a *occidente*. 우리는 바다가 있었다. ② [O-] 서양. Estas cosas nunca se ven el *Occidente*. 이러한 물건은 서양에서는 결코 볼 수 없다.

occidental 형 서쪽의; 서양의. ¿Qué comida *occidental* te gusta más? 서양 요리에서는 무슨 요리를 제일 좋아하니?

océano 명 대양, 대해(大海). El *Océano* Atlántico fue el mar de la aventura de España. 대서양은 서반아의 모험의 바다였다. ◇ **oceánico, ca** 형 대양의; 해양적인.

oceanografía 명 해양학.

oceanógrafo, fa 명 해양학자.

ocioso, sa 형 ① 나태한, 성가신. Ese rey fue *ocioso* y débil de carácter. 그 왕은 느리고 성격이 약했다. ② 한가한; 아무 일도 하지 않는. Las máquinas están *ociosas*. 기계는 쉬는 중이다. ◇ **ocio** 명 게으름; 위안거리. ◇ 휴가. ◇ **ociosidad** 명 한가함; 안일함; 여가; 사보타주, 태업.

octavo, va 형 8번째의; 8등분의. 명 8분의 1.

octubre 명 10월.

oculista 명 안과 의사(oftalmólogo).

ocultar 타 [+a·de : …로부터] 감추다. Cuando entré, *ocultó* la carta debajo de un libro. 내가 들어갔을 때, 그녀는 그 편지를 책 밑에 감추었다. Lola *oculta* su edad con afeites. 롤라는 화장으로 자기의 나이를 숨기고 있다. ◇ **~se** 숨다. José *se ocultó* en la sombra. 호세는 그늘에 숨었다. ◇ **oculto, ta** 형 숨은, 보이지 않는. Fuerzas *ocultas* mueven los hilos de la política. 눈에 보이지 않는 힘이 정치를 움직이고 있다.

ocupar 타 (자리를) 차지하다; 점령하다. La cuenca del Duero *ocupa* toda la parte Norte de la Meseta. 두에로강 유역은 대고원 북부 전체를 차지하고 있다. Esta mesa *ocupa* mucho sitio. 이 테이블은 자리를 많이 차지한다. ◇ **~se** [+de·en·con·…] 종사하다. (…을) 걱정하다. José *se ocupó* personalmente *de* la dirección de los trabajos. 호세는 자신이 일의 지휘를 하였다. ◇ **ocupación** 명 점령; 용무, 일. Mis *ocupaciones* no me permiten ir a verte. 나는 일 때문에 너를 만나러 가지 못한다. ◇ **ocupado, da** 형 ① [+en : …하기] 바쁜 [빤 libre]. Estoy sumamente *ocupado*. 저공에서 대단히 바쁘다. ② (장소 따위가) 점유된. Ese sitio está *ocupado*. 그 장소는 점유되어 있다.

ocurrir 자 ① (일이) 일어나다(suceder). El accidente *ocurrió* a unos quince kilómetros de Madrid. 사고는 마드리드에서 약 15킬로미터 근처에서 일어났다. ② [+que] 우연히 …하게 되다. *Ocurre que* nos encontraremos allí. 저곳에서 우리들은 만나게 된다. ◇ **~se** ① (생각이) 떠오르다, 생각나다. Se le *ocurrieron* ideas graciosas. 그에게 유쾌한 생각이 떠올랐다. ② 언뜻 생각나다. Se me *ocurrió que* podíamos ir al cine. 우리들은 영화를 보러가도 좋겠다고 나는 언뜻 생각했다. ◇ **ocurrencia** 명 사건; 생각남, 기지(機知). Ese viejo tiene muchas *ocurrencias*. 저 노인은 무척 대단히 생각해 낸다. ◇ **ocurrido, da** 형 일어난; 생각해 낸. Sentimos mucho lo *ocurrido*. 이번 일을 미안하게 생각합니다.

ochenta 형 80의; 80번째의. 명 80.

ocho 형 8의; 8번째의. 명 8.

ochocientos, tas 형 800의; 800번째의. 명 800.

O.D.E.C.A Organización de los Estados Centroamericanos 중미 국가 기구.

odiar [① cambiar] 미워하다; 싫어하다. Lola *odia* a su vecina. 롤라는 이웃 사람을 미워하고 있다. *Odio* semejante injusticia. 나는 그러한 부정이 대단히 싫다. ◇ **odio** 명 미움, 증오. No me explico el *odio* que tiene a su propia hermana. 나는 그 자신의 누이동생에 대한 그의 증오를 납득할 수 없다. ◇ **odioso, sa** 형 미운.

odontología 명 치과 의학.

odontólogo, ga 명 치과 의사.

odorante / odorífero, ra 형 향기로운, 냄새나는.

odre 명 (술을 넣는) 가죽 부대; 술주정뱅이.

O.E.A. Organización de los Estados Americanos 미주 기구(美州機構).

oeste 명 서쪽(occidente) [빤 este].

ofender 타 ① 성내게 하다, (…의) 기분을

상하게 하다; 피롭히다. Perdona si te *he ofendido*. 너를 성내게 했다면 용서하 오. ② 모욕하다. Me han ofendido llamándome cobarde. 나는 비겁하다고 모욕 당했다. ◇ **~se** [+con+*inf*.] 성내다. José *se ofendió con* aquellos insultos. 호세는 그 모욕에 성을 내었다. ◇ **ofendido, da** 휑 모욕을 당한. 閨 모욕 을 당한 사람. ◇ **ofensa** 예 모욕, 무례; 공격 (↔ defensa); 분노. No perdono tu *ofensa*. 나는 네 무례함을 용서할 수 없 다. ◇ **ofensivo, va** 휑 모욕적인, 무례한 ; 공격의. España pactó una alianza *ofensiva* y defensiva con Francia. 서반 아는 프랑스와 공수 동맹을 맺었다. ◇ **ofensor, ra** 휑 모욕하는, 공격의. 閨 무례한 자, 모욕하는 사람; 공격 자.

oferta 예 ① 신청, 제공(提供). Tengo una *oferta* que hacerte. 나는 네게 신청(을 할 일)이 있다. ② 매출(賣出), 오퍼. No nos ha interesado su *oferta*. 귀사의 오퍼 에는 폐사는 관심이 없습니다.

oficial 휑 공식·정식의, 공공(公共)의. Ellos fueron a París en misión *oficial*. 그는 공식 사명으로 파리에 갔다. 閨 사 관(士官)(위관). El *oficial* se hizo famoso durante la guerra. 그 사관은 전시 중 에 유명해졌다. ◇ **oficialmente** 튀 공 식·정식으로. El Primer Ministro marchó, esta vez *oficialmente*, a Grecia. 수상 은 이번엔 공식으로 희랍으로 갔다.

oficiala 예 여직공, 여공, 여사무원, 여사 관.

oficialía 예 사무 직원의 신분·직위.

oficialidad 예 장교단, 공적 성질, 정식.

oficiante 閨【종교】제식 사제자.

oficiar 国 (제식을) 집행하다; 문서로 통고 하다. 困 [+de: …의] 역할을 하다 (actuar).

oficina 예 ① 사무소(despacho), 작업장. Procure usted venir puntualmente a la *oficina*. 당신은 시간대로 (사무소에) 출 근하도록 노력하십시오. ② 관청, 청 (廳), 국(局), La *Oficina* de Construcción ordenó la suspensión total de la construcción de la carretera. 건설국은 그 국도 건설의 전면 중지를 명했다. ◇ **oficinista** 閨 사무원.

oficio 閨 ① 직(職); 일, 임무, 직무(職務). José desempeña su *oficio* con asiduidad. 호세는 근면하게 직무를 수행한다. ② (공)문서. Recibí un *oficio* en que me decían que me presentase. 나는 출두하 라는 공문서를 받았다. ③【종교】제식 (祭式), 근행(勤行). de oficio 정식으로· 로, 사무적인·으로. Se lo comunicará *de oficio*. 그건 사무적으로 통고되 리라. ◇ **oficioso, sa** 휑 부지런한; 수다 스러운; 비공식의.

ofrecer [30] crecer] 国 ① 바치다, 제공하 다. En la fiesta me *ofrecieron* un ramo de flores. 파티에서 나는 꽃다발을 받았 다. Podemos *ofrecer* esta calidad. 폐사 는 이 품질을 제공할 수 있다. ② 신청하 다. Me han ofrecido llevarme a Francia. 그들은 나를 프랑스로 데려가 주겠다고 말해 주었다. ③ 보여주다, 바치다. La fuente iluminada *ofrece* un cuadro fantástico. 조명을 한 분수는 아름다운 광경 을 보인다. ◇ **~se** 제공되다, 신청을 받다. ¿Qué se le *ofrece*? 무슨 일이오; 무 엇으로 하시겠습니까. ② [+a : …하려 고]신청하다. El joven *se ofreció a* servir de guía. 그 청년은 가이드를 하겠다고 신 청했다. ◇ **ofrecimiento** 閨 제공; 신청; 매출.

oftalmía 예【의학】안질, 안염. ◇ **oftalmología** 예 안과학.

oftalmoscopio 閨 검안경.

ofuscar 国 눈·이성을 어둡게 하다 (deslumbrar), 현혹시키다(turbar).

ogro 閨 (북구 전설의) 사람 잡아 먹는 귀 신.

oh 캄 아이고, 아아 (놀라움·슬픔·기 쁨). ¡Oh, que pena! 아아, 정말 안됐 군!

oído 閨 ①【해부】귀. Me zumban los *oídos*. 나는 이명증(이鳴症)이 있다. ② 청각(聽覺). al oído 귀밑에. de oído 은 풍월로.

oir [73]国 듣다; 들리다. *Oí* una voz de mujer a mi espalda. 나는 배후에서 여인 의 소리를 들었다. ¿No la *oye* usted cantar? 그녀가 노래하는 것이 안 들립니 까.

ojal 閨 구멍; 단추 구멍. ¿Quieres ensancharme un poco los *ojales* de esta camisa? 이 셔츠의 단추 구멍을 약간 넓혀주 지 않겠나.

ojalá 캄 [강한 희망; +*subj*.] 부디 …하시도 록. ¡Ojalá venga pronto! 그가 빨리 와 주도록! ¡Ojalá que no llueva! 비가 오지 않도록!

ojalador, ra 단추 구멍 파는 (직공). 예 단추 구멍 파는 미싱.

ojeada 예 잠간 보기, 훔쳐 보기, 일별.

ojear 国 흘금흘금 보다, (짐승을) 몰이하 다, 쫓아버리다(ahuyentar).

ojeo 閨 (수렵의) 짐승몰이. *irse a ojeo* …을 찾아서 구하러 다니다.

ojeriza 예 원망; 원한. *tener ojeriza a* …에 원한·원망을 품다.

ojeroso, sa 휑 아래 눈까풀이 푸르뎅뎅한.

ojete 명 끈을 꿰는 구멍, 단추 구멍.

ojialegro 형 눈이 빛나는 (사람).

ojinegro, gra 형 검은 눈의.

ojituerto, ta 형 사팔뜨기의, 막 쏘아보는

ojival 고딕식의, 끝이 둥근 아치의.

ojizarco, a 형 눈이 파란.

ojo 명 ① 〔신체〕 눈. Lola tenía los *ojos* llenos de lágrimas. 롤라는 눈에 눈물이 고여 있었다. ②시력. ③구멍, 틈. Mi madre ya no puede pasar el hilo por el *ojo* de la aguja. 나의 어머니는 벌써 바늘 귀에 실을 꿸 수 없다.

ola 명 물결, 파도, 잡답. Las *olas* estrellaron el barco contra una roca. 물결이 배를 바위에 부딪쳐 깨뜨렸다.

oleáceo, a 형 감람나무과에 속한, (목서과의)식물.

oleada 명 큰 파도, 인파, 인기, 군중. *oleada de ventas·compras* 파는·사는 인파.

oleaginoso, sa 형 기름기의; 기름이 밴; 기름같은(aceitoso).

oleaje 명 파도, 물결.

oleícola 형 올리브 재배의.

oleína 명 〔화학〕오레인산, 유산.

oleo 명 올리브 기름; 기름(aceite). 명 말기의 성유. *al oleo* 기름으로.

oler [26]타 (향내를) 맡다, 냄새를 맡다. La policía *ha olido* lo que estaban tramando. 경찰은 그들이 획책하고 있는 낌새를 맡았다. 자 ①향기가 나다. La rosa *huele* bien. 장미꽃은 좋은 향내가 난다. Esto *huele* muy mal. 여기는 정말 구리 다. ②[+de :···의]냄새가 나다, ···의냄새가 난다. Esta esencia *huele, a* rosa. 이 향수는 장미 향기가 난다. Ese individuo *olía* a policía. 그 사내는 어쩐지 경관티가 났다.

olfato 명 후각. ◇ **olfatear** 탸 냄새를 맡다.

oliente 형 냄새나는; [bien, mal+]냄새가 좋은·나쁜.

oliera 명 〔종교〕 성유반.

oligarca 명 (소수 정치의) 집행자.

oligarquía 명 (전횡적인) 소수 정치, (전횡적인) 소수 정부.

oligárquico, ca 형 소수 정치의.

oligoceno, na 명 〔지질〕 점신기(의).

olimpiada 명 (고대 그리스의) 올림픽 경기; (현대의) 올림픽 대회.

olímpico, ca 형 올림푸스산의; 올림프스식의; 올림픽 경기의. *juegos olímpicos* 올림픽 경기.

olimpo (el) 명 〔신화〕 오림프스산 (신들이 사는, 그리스의 신).

oliscar 타 냄새내다, 돌아다니며 냄새맡다.

oliva 명 올리브의 열매; 올메미; 평화(paz). *aceite de oliva* 올리브 기름.

olivar 명 올리브밭, 올리브숲, 감람나무.

olivarero, ra 형 올리브 산업의.

olivo 명 〔식물〕올리브(나무). El *olivo* se cultiva en los climas templados. 올리브는 따뜻한 기후에서 재배된다.

olor 명 냄새. El *olor* de las rosas es muy agradable. 장미 냄새는 매우 상쾌하다.
◇ **oloroso, sa** 형 향내가 좋은.

olvidar 탸 잊다. *Olvidé* traerlo. 나는 그걸 가져오는 것 잊었다. ◇-**se** 잊어지다. [+de :···을] 잊다. *Se me olvidó* traerlo. 나는 그것을 가져오는 것을 잊어버렸다. *Me olvidé* de traerlo. 나는 그것을 가져오는 것을 잊었다. ◇ **olvidado, da** 형 잊은, 잊혀진. José dejó *olvidado* el libro en su casa. 호세는 집에 책을 잊고 왔다. ◇ **olvido** 명 잊음, 망각, 등한시함. Le ruego que me excuse por mi *olvido*. 나의 등한시함을 용서해 주시기 바랍니다.

olla 명 솥, 남비.

ollar 명 말의 콧구멍. 형 부드러운 일을 하게 할 수 있는.

ollería 명 도기 공장, 도기점; 〔집합적〕도기류.

ollero, ra 명 도기 만드는 사람; 도기점주인.

olluco 명 오유꼬 (케루산의 약용 식물).

ombligo 명 〔해부〕 배꼽, 탯줄.

omitir 타 생략하다; 누락시키다, 빠뜨리다. ◇ **omisión** 명 생략, 누락, 탈락. ◇ **omiso, sa** 형 생략한, 누락한, 탈락한.

ómnibus 명 〔단·복수 동형〕 합승 버스.

omnímodo, da 형 일체를 포함하는(것 같은), 전체의, 총합의. ◇ **omnímodamente** 甲 천태만상으로.

omnionda 명 옴웨이브. *receptor omnionda* 올웨이브 수신기.

omnipotencia 명 전권, 대력권, 전능, 신위.

omnipotente 형 전능의(todopoderoso), 전지 전능한, 대권력이 있는, 전체적인.

omnisciencia 명 (신의 속성으로 존재하는) 전지, 신과 통하는것.

omnívoro, ra 형 잡식의 (동물).

O.M.S. Organización Mundial para la Salud 세계 보건 기구.

once 형 11의; 11번째의. 명 11.

onda 명 물결; 파동, 물결 모양의 (머리의) 웨이브. El viento formaba *ondas* pequeñas en el agua. 바람이 물에 잔물결을 만들고 있었다. ◇ **ondular** 자 파도치다; 펄럭이다.

O.N.U. Organización de las Naciones Unidas 유엔 기구.

onza 여 [중량의 단위] 온스 (약 7돈중); 【동물】표범의 일종.

opaco, ca 형 불투명한, 흐릿한; 어두운, 약간 슬픈. En física se llaman cuerpos *opacos* los que no permiten pasar a los rayos de la luz. 물리학에서는 광선을 통하지 않는 물체를 불투명체라 부른다. ◇ **opacidad** 여 불투명, 어쩐지 슬픔.

opción 여 선택(매매)권.

ópera 여 가극, 오페라. ¿Has ido alguna vez a la *ópera*? 너는 언제 오페라를 보러 간 일이 있느냐.

operación 여 ① 수술(手術). La *operación* del estómago resultó satisfactoria. 위의 수술은 만족할 만한 결과였다. ② 작용, 조작, 작업. Las *operaciones* se realizan automáticamente. 연합군은 작전을 완수했다.

operar 수술하다. Me *operaron* el estómago hace varios años. 나는 수년 전에 위의 수술을 받았다. La medicina empezó a *operar*. 약이 듣기 시작했다. ② 거래하다. Siempre opera con grandes sumas de dinero. 그는 언제나 큰 돈으로 거래한다. ◇ ~se ① 나타나다. Se he operado un cambio en la madre enferma. 병환 중의 모친에 변화가 나타났다. ② 수술을 받다. Va a *operarse* del estómago. 그는 근일 중위의 수술을 받는다.

operario, ria 직공, 공원.

operativo, va 형 작용하는, 효력있는.

operatorio, ria 형 외과 수술의, 작용하는, 실시하는.

opérculo 남 뚜껑.

opereta 여 소가극, 오페레타.

operista 남 가극 배우, 오페라 가수.

operístico, ca 형 오페라의, 가극적인.

opinar 자 [+en·sobre : …에 대하여] 생각하다; 의견을 가지다·말하다. No quiso *opinar* sobre este asunto. 그는 이 일에 대하여 의견을 말하려 하지 않았다. 타 생각하다, [...에 대하여] 의견을 가지다. Opino que eres todavía demasiado joven. 너는 아직 너무 젊다고 나는 생각한다. ◇ **opinión** 여 생각, 의견, 평판, 세론(世論). Mi *opinión* es igual a la tuya. 나의 의견은 너와 같다. *opinión pública* 여론.

oponer 60 poner; 과거분사 opuesto] 반대로 내놓다, 대립시키다. Los españoles los *opusieron* tenaz resistencia. 서반아군은 그들에 대하여 완강한 대항을 했다. ◇~se [+a : …에] 반대·대립하다. El padre se *oponía* a la boda de su hija con José. 부친은 딸과 호세의 결혼에 반대하고 있었다.

oportunismo 남 편의주의, 기회주의.

oportunista 형 편의주의의, 기회주의의, 편의주의자, 기회주의자.

oportuno, na 형 호기의; 적절한, 형편이 좋은. Has llegado en el momento más *oportuno*. 너는 가장 적절한 때에 도착했다. ◇ **oportunidad** 여 호기, 기회 (ocasión). No pierda usted esta *oportunidad* para comprarlo. 그것을 살(수 있는) 이 좋은 기회를 놓치지 마라.

oposición 여 ① 반대; 대항, 대립. No puede presentar *oposición* alguna a los padres. 그는 양친에게 아무런 반대도 할 수 없다. ② 채용 시험. Hay anunciadas *oposiciones* a plazas del cuerpo de correos. 우체국원 직에 대한 채용 시험이 고시되어 있다. ◇ **opositor, ra** 반대자; 경쟁자, 지원자; 수험생.

opresión 여 압박; 억압. Los habitantes sufrieron durante muchos años la *opresión* del tirano. 주민은 다년간 폭군의 압박에 피로워했다. ◇ **opresivo, va** 형 억압의·적인.

oprimir 타 ① 압박하다. El tirano *oprimía* a los débiles. 폭군은 약한 사람들을 압박하고 있었다. ② 누르다; 죄어 매다. Me *oprime* el cuello de la camisa. 와이셔츠의 깃이 내 목을 죄었다.

opresivo, va 형 압박적; 압제적인.

opresor, ra 형 압박하는(자), 억압하는(자).

oprimir 타 누르다, 압박하다, 억압하다, 정복하다.

oprobio 남 수치, 치욕, 오명, 불명예 (ignominia).

oprobioso, sa 형 무례한, 수치스러운.

optar 타 고르다, 선택하다(escoger).

óptico, ca 형 광학(光學)의, 빛의; 눈의, 시력의. 여 안경, 광학 기계. 남 광학기계 ; 확대경. 여 광학 (기계).

optimismo 남 낙관(주의). Veo el futuro con *optimismo*. 나는 장래를 낙관하고 있다. José tiene un *optimismo* admirable. 호세는 실로 훌륭한 낙관주의를 가지고 있다. ◇ **optimista** 형 낙천적인, 낙관주의의. 남 낙천가, 낙관주의자.

opuesto, ta 형 반대의, 적대하는. Eso es enteramente *opuesto* a la verdad. 그것은 사실과는 전혀 반대다.

opugnar 타 강습·습격하다(combatir); 에 반론하다.

opulencia 여 풍요, 풍부(abundancia).

opulento, ta 형 풍요한, 풍부한.

opúsculo 남 소작품, 소저.

oquedad 여 구멍.

ora 접 [ora…ora라고 사용하여] 혹은 … 혹은.

oración 여 ① 연설(discurso) El director pronunció una *oración* fúnebre en nombre de la escuela. 교장은 학교를 대표해서 조사를 말했다. ② 【문법】 문장, 글. Construya usted una *oración* empleando esta palabra. 이 단어를 넣어서 문장을 만들어라. ③ 【종교】 기도(rezo). Las monjas están en *oración*. 수녀들은 기도를 하고 있다.

orador, ra 연설자, 변사. El *orador* hablaba de prisa. 연설자는 빨리 말하고 있었다.

oral 형 입으로 하는, 구두·구술의. Tengo un examen *oral* y otro escrito. 나는 구술 시험과 따로 필기 시험을 치른다.

orangután 남 【동물】 오랑우탕.

orante 형 기도하는 사람의.

orar 자 연설하다, 변설하다; 기도를 올리다; [+por: …을] 기구하다.

orate 공 미치광이. *casa de orates* 정신병원.

oratorio, ria 형 연설(법)의. 남 기도하는 곳; 종교 음악·악극. 여 연설법, 웅변술(elocuencia).

orbe 남 둥근 모양(redondez); 원(círculo) 천체, 지구(esfera); 세계(mundo).

orbicular 형 구상의, 환상의, 원형의 (circular). 남 【해부】 괄약근 (항문 따위의 근을 조이는 근육).

órbita 여 (천체의) 궤도; 권, 눈두덩; 범위 (esfera).

orden 남 ① 순서. Los cuchillos y tenedores se colocan en *orden* a su utilización. 나이프와 포크는 사용하는 순서로 배치된다. ② 정돈. La habitación está en *orden*. 방은 정돈되어 있다. ③ 질서. Cuando se restableció el *orden*, el orador continuó su discurso. 질서가 회복되니까 강연자는 연설을 계속했다. ④ 계층, 등급; 부문, 종류. Las dos cosas están en el mismo *orden*. 둘 다 같은 등급이다. ⑤ 명령, 지시. El Cid luchó a las *órdenes* de Fernando I. 엘·시드는 페르디난드 I 세의 명령을 받고 싸웠다. ② 【중남미】 주문. ③ 【종교】 수도회, 기사단. Este convento pertenece a la *orden* benedictina. 이 수도원은 베네딕트회에 소속되고 있다. *orden del día* 일정(日程). *a la orden* 지시대로; 주문으로; (물품비아) 어서 오십시오; 천만에요.

ordenamiento 남 정리; 명령, 지령, 포고; [집합적] 규정(ley, ordenanza).

ordenancista 공 명령을 잘 따르는 (사람).

ordenando 남 【종교】 성직 후보자, 수품후보자.

ordenanza 여 ① 방법(método), 규칙, 명령, 법령, 훈령, 포고, 지휘, 규율. 남 ② 급사, 군(軍)전령.

ordenar 타 ① 가지런히 하다, 정리·정돈하다. José empezó a *ordenar* los papeles de la mesa. 호세는 책상의 서류를 정리하기 시작했다. ② 주문·의뢰하다. ◇ **ordenación** 여 정돈, 배치. ◇ **ordenado, da** 형 순서 바른; 질서 있는; 버릇이 좋은.

ordeñar 타 젖을 짜다. ◇ **ordeñador, ra** 영 젖짜는 사람. ◇ **ordeño** 남 착유, 젖짜기.

ordinario, ria 형 보통, 통상의; 중간의, 평범한. Se puede ir con traje *ordinario*. 평복으로 가도 좋다.

orear 타 (바람이) 차게·서늘하게하다

oreja 여 ① 【신체】 귀 [비교: oído]. Aquel amigo tiene *orejas* de burro. 저 친구는 (노새와 같이) 큰 귀를 가지고 있다. ② 청각(聽覺).

orejero, ra 형 의심이 일어나 마음이 불안한(receloso). 여 (모자의) 귀덮개.

orejón, na 형 귀가 큰; 조야한. 남 (썰어 말린) 사과나 다른 과일의 조각.

orejudo, da 형 귀가 큰.

oreo 남 미풍(brisa); 통풍, 환기.

orfandad 여 고아 (상태). ◇ **orfanato** 남 고아원, 양육원.

organillo 남 손풍금.

organizar [9] alzar] 타 조직·편성하다, 창설하다. San Martín *organizó* un ejército para batir a los españoles. 산·마르면은 서반아군과 싸우기 위하여 군대를 조직했다. Este instituto se *organizó* hace quince años. 이 협회는 15년 전에 창설되었다. ◇ **organización** 여 조직, 구성; 기구, 체제. ◇ **organizador, ra** 조직자, 창설자.

órgano 남 ① 기관(器官); 기관(機關). El estómago es uno de los *órganos* de la digestión. 위는 소화 기관의 하나이다. ② 기관(機關紙). Este es el órgano del partido comunista. 이것은 공산당의 기관지이다. ③ 【악기】 오르간. ◇ **orgánico, ca** 형 유기(물·체)의, 유기적인; 조직적인. ◇ **organismo** 남 유기물·체; 조직체.

orgullo 남 자랑, 자만, 고만, 자존심. Su *orgullo* no le permite hacerlo. 그의 자존심이 그에게 그런 일을 시키지 않는다. ◇ **orgulloso, sa** 형 자랑스러운, 고만한. Con ser rica, Lola no es nada *orgullosa*. 부자인데도 롤라는 조금도 교만하지 않다.

oriental 형 동쪽의; 동양의 (사람), 근동의 (사람); 우루과이의. *la República Oriental del Uruguay* 우루과이 공화국.

orientalismo 남 동양학, 동양 취미.

orientalista 예 동양(어)학자.

orientalizar 타 동양화하다.

orientar 타 (…의) 방향을 정하다; 지향하다; 지도하다. Ese hombre no sabe *orientar* su negocio. 저 사내는 자기의 장사를 어느 방향으로 추진시킬 것인가를 모른다. ◇ **~se** ① 방향을 정하다. Aquí no puedo *orientarme*. 여기서는 나는 방향을 모르겠다. ② 방침을 세우다. Me parece que el nuevo director *se va orientando*. 새 지배인이 방침을 세울 수 있게 된 모양이다. ◇ **orientación** 예 방위의 결정; 동향; 방향을 정함, 지도(指導).

oriente 예 ① 동쪽(este). En el *oriente* del país se cultiva mucho arroz. 그 나라의 동부에서는 벼가 많이 재배되고 있다. ② [O-]동양. ◇ **oriental** 형 동쪽의; 동양의; 근동의. Cataluña ocupa el este *oriental* de la depresión del Ebro. 까딸루냐는 에브로강 저지의 동부를 차지하고 있다. 명 동부의 사람; 동양인.

origen 예 ① 생김, 시작, 기원. Muchos de estos campamentos romanos fueron *origen* de ciudades. 이들 로마군의 숙영지는 도시의 기원이 되었다. ② 태생, 집안; 출처, 원산지. Estas naranjas son de *origen* español. 이 귤은 원산이 서반아이다. ◇ **original** 형 원래의, 처음의; 독창적인; 진귀한, 기발한. Tomás es muy *original*. 또마스는 대단히 기발한 사람이다. 명 원형, 원문; 본인(本人). He leído a Calderón en el *original*. 나는 원문으로 깔데론 작품을 읽은 일이 있다. ◇ **originalidad** 예 독창성; 신기함; 보통이 아님. ◇ **originar** 타 …을 야기하다, (…의) 원인으로 되다. El descuido *originó* su fracaso. 방심이 그의 실패의 원인으로 되었다. ◇ **originario, ria** 형 [+ de : …가] 원산의; 출신의. La familia era *originaria* de España. 그 가족은 서반아 출신이었다.

orilla 예 가(borde, límite); 언덕; 보도(步道). Numancia era una ciudad antigua que se levantaba a *orillas* del Duero. 누만시아는 두에로강 언덕에 세워져 있던 고대 도시였다.

ornar 타 꾸미다, 장식하다(adornar).

ornamentación 예 장식, 장식하기.

ornamental 형 장식의. ◇ **ornamentar** 타 장식하다, 아름답게 꾸미다(adornar, engalanar). ◇ **ornamento** 남 장식물, 꾸미기; 재능, 미점(美点).

oro 남 ① [금속] 금, 황금; 금빛. El tiempo es más precioso que el *oro*. 시간은 금보다도 귀중하다. ② 금화; 부(富).

orografía 예 산악지, 산악지, 지세.

orográfico 형 산악지의; 지세적인.

orondo, da 형 팽창한, 몹시 우묵한(esponjado); 공허한, 자신만만한.

oropéndola 예 [새] 북미산 꾀꼬리의 일종.

ororuz 남 감초의 뿌리(regaliz).

orquesta 예 [음악] 오케스트라; 관현악(단). El director de esta *orquesta* es un compositor mundial. 이 관현악단의 지휘자는 세계적인 작곡가이다.

orquestación 예 관현악 편곡(법).

orquestal 형 관현악의.

orquestar 타 관현악으로 편곡하다.

orquídea 예 [식물] 난초, 난초의 꽃.

orquitis 예 [의학] 고환염.

ortega 예 [새] 뇌조.

ortiga 예 [식물] 기와풀. ser como unas *ortigas* 성미가 몹시 까다롭다.

orto 남 일출, 해돋이.

ortodoncia 예 치열 교정(술).

ortodoxia 예 정교 (신봉); 정통파, 정설; 희랍 정교.

ortodoxo, xa 형 정교의; 그리스 정교의(교도); 정통의, 정통파의 (사람).

ortodromia 예 [항공] 대권 항법, 최단거리 항로.

ortogonal 형 직각의, 단형의.

ortografía 예 정서법(正書法). ◇ **ortográfico, ca** 형 정서법의.

ortopedista 예 [남·녀동형] 정형외과 의사.

orujo 남 (포도, 올리브의) 짜낸 껍질.

orza 예 항아리, 독; [선박] 뱃머리를 바람부는 쪽으로 돌리기.

ozar 타 뱃머리를 바람부는 쪽으로 돌리다.

orzuelo 남 [의학] 눈다래끼.

os [2인칭 복수의 대격·여격 대명사] 너희들을·에게·로부터. Aquí *os* esperaré. 나는 여기서 너희들을 기다리겠다. *Os* contaré una anécdota. 일화를 하나 너희들에게 이야기해 주겠다. Vestíos pronto. 빨리 옷을 입어라.

osado, da 형 대담한(audaz), 무모한(atrevido). ◇ **osadía** 예 대담(audacia), 무모(atrevimiento).

oscuro, ra = obscuro.

oso, sa 남 [동물] 곰. Este *oso* está bien amaestrado. 이 곰은 매우 잘 길들여져 있다.

ostentar 타 보이다; 과시하다. El general retirado *ostentaba* con orgullo sus condecoraciones en las ceremonias. 퇴역 장군은 의식에는 언제나 자랑스러운 듯이 훈장을 보이고 있었다. ◇ **ostentación** 예 과시, 자랑스레 보임. ◇ **ostentoso, sa** 형 자랑스러운, 상혁한.

osteología 예 골학상학.

osteomielitis 예【단·복수 동형】【의학】 골수염.

osteópata 명【남·여 동형】 정골요법가.

ostial 형 (항구·운하의) 입구; (양식의) 진주.

ostiario 명【종교】 수문 (성직자의 최하급), 교회의 문지기.

ostra 명【동물】 굴. *ostra perlera* 진주 조개. ◇ **ostral** 명 굴양식장. ◇ **ostricultura** 예 굴양식.

ostro 명 자색 조개, 자색 염료(púrpura); 남쪽, 남풍.

osuno, na 형 곰의, 곰같은.

otalgia 예【의학】 귀앓이.

OTAN Organización para el Tratado del Atlántico Norte 북대서양 조약기구.

otear 타 지키다(atalayar), 정밀히 조사하다(escudriñar).

otero 명 (평지에 따로 우뚝 서있는) 조그마한 언덕.

otitis 예【의학】 이염(耳炎). *otitis media* 중이염.

otología 예 이과의학(耳科醫學).

otomán 명 짜깁기의 일종.

otaria 예【동물】 물개.

otomano, na 형 오토만 왕조의; 터키 제국의. 명 터키 사람.

otoño 명 가을. *Aquí el otoño es muy ameno.* 여기서는 가을은 매우 상쾌하다. ◇ **otoñal** 형 가을의, 가을다운.

otorgar 타 허락하다; 주다, 양도하다. *El padre otorgó el perdón a su hijo.* 부친은 아들에게 허락해 주었다. ◇ **otorgamiento** 명 허가; 허여, 양도. ◇ **otorgante** 형 허가하는; 양도하는. 명 허가하는 자; 허여·양도하는 자.

otro, tra 형【부정(不定)형용사】① 밖의, 다른, 별개의. *Cuidado de no chocar con otros coches.* 다른 차와 충돌하지 않도록 주의하여라. ②아주 다른. *Hoy te encuentro otra con ese traje.* 그런 옷을 입으니 오늘 너는 전혀 딴 사람으로 보인다. 【대】【부정(不定)대명사; 관사없이 또는 관사와 함께】다른것·일, 별개의 것·일. *No me gusta esta pluma; enséñeme esa otra.* 이 펜은 마음에 들지 않는다; 저 다른 한 개를 보여 주세요. *otro tanto* 같은 수의, 같은 양의. *otro día* 언젠가(algún día). *Como usted está ocupado, volveré otro día.* 당신이 바쁘니까, 또 언젠가 오지요. *el otro día* 일전에(un día). *Visité el museo el otro día.* 나는 일전에 그 박물관을 찾았다. *otra vez* 다시 (de nuevo); 한번 더.

óvalo 명 타원형. ◇ **oval/ovalado, da** 형 타원형의. ◇ **ovalar** 타 타원형으로 하다.

ovario 명【식물】씨방;【동물】 난소(卵巢). ◇ **ovárico, ca** 형 씨방의; 난소의. ◇ **ovariotomía** 예 난소 절개 (수)술. ◇ **ovaritis** 예【의학】 난소염.

oveja【동물】 양, 면양. ◇ **ovejero, ra** 형 양치는 사람의. 명 양치기. ◇ **ovejuela** oveja의 축소사. ◇ **ovejuno, na** 형 양의·같은.

oxálico, ca 형【화학】 수산(蓚酸)의.

oxear 타 (닭 따위를) 쫓다.

oxidar 타 녹슬게 하다, 산화시키다. ◇ **~se** 녹슬다, 산화하다. ◇ **oxidación** 예 산화. ◇ **oxidante** 산화시키는. 명 산화제. ◇ **óxido** 명【화학】 산화물.

oxígeno 명【화학】 산소. ◇ **oxigenación** 예 산화. ◇ **oxigenado, da** 형 산소를 함유한. ◇ **oxigenar** 산소와 혼합시키다, 산소 처리를 하다. ◇ **~se** 산소와 화합하다.

oyente 명 청취자, 청중; 청강생.

ozono 명【화학】 오존. ◇ **ozonómetro** 명 오존계(計).

P

P. pagaré, página, pasivo, papel, para, por, pregunta.

pa. para.

P.A Prensa Asociada 연합 통신사; peso atómico; por ausencia, por autorización.

pabellón 圕 ① (원추형의) 천막; (성단·침대 따위의) 천장, 덮개. ② 국기; 선적(船籍). El barco que se hundió era de *pabellón* griego. 침몰한 배는 그리스 국적이었다. ③ (본부가 아닌) 별동, 병동(病棟) , (박람회의) 전시관. El colegio consta de tres *pabellones* y en uno de éstos están el gimnasio y la capilla. 교사는 3동으로 되어 있고, 그 하나에 체육관과 예배당이 있다.

pábulo 圕 양식, 영양(물); 식량; 활기, 기세. *dar pábulo* 연료를 가하다, 활기를 불어넣다, 발로 걸어가다.

pacato, ta 圐 약한, 온량한.

pacer [29 nacer]자 [본래는 3인칭에만 사용] (소·말이) 풀을 먹다. *Con quien paces, que no con quien naces*. 가뭉보다는 교양이.

paciente 圐 ① 인내심이 있는. ¡ Qué niño más *paciente*! 정말 끈기있는 어린이로군! ② 【문법】 피동의. *sujeto paciente* 피동 주어. 圕 환자(enfermo). El médico visita a los *pacientes* cada día. 의사는 날마다 환자를 방진한다. ◇ **pacientemente** 圐 참을성 있게. ◇ **paciencia** 圖 인내(심). La *paciencia* de los pueblos tiene su límite. 민중의 인내에는 한계가 있다. ◇ **pacientudo, da** 圐 끈기있는.

pacífico, ca 圐 온화한, 평온·평화로운. Una situación tan *pacífica* no la tendremos jamás. 이러한 평온한 상태를 만나는 일은 다시는 없으리라. Es un hombre *pacífico*, que no se mete con nadie. 그는 온화한 사람이라서 아무하고도 분쟁을 일으키지 않는다.

pacifismo 圕 평화주의, 부전주의, 평화론.

pacifista 圐 평화주의의 (사람), 평화론의 (사람).

pacto 圕 협정; 계약(contrato). Hicimos el *pacto* de no estorbarnos el uno al otro. 우리들은 서로 방해하지 않을 협정을 맺었다. ◇ **pactar** 타 협정하다; 계약하다.

pachamanca 圕 (남미의) 구운 고기요리; 들에서 베푸는 잔치.

pachón, na 圐 털이 많은; 평화로운, 조용한. 圕 우둔한 사람, 냉정한 사람; 포인트 개의 일종.

pachorra 圕 유유, 평정; 더딤.

pachorrudo, da 圐 느린, 더딘, 활기 없는, 게으른; 점액질의; 우둔한; 냉정한.

pachucho, cha 圐 생기없는, 활기없는, 맥빠진(flojo).

padecer [30 crecer]타 ① (…에) 고민하다, 괴로워하다. *Padecía* frecuentes dolores de muelas. 나는 번번이 치통 때문에 피로워했다. ② (해 따위를) 받다. La ciudad *ha padecido* dos bombardeos. 그 시는 폭격을 두번 받았다. ③ (결함·질병을) 가지고 있다. *Padece* mucho durante la guerra. 우리는 전쟁중 대단히 피로워했다. ② [+con·de·…을] 앓다. *Padece del* corazón. 그는 심장이 나쁘다. ◇ **padecimiento** 圕 고민, 피로움; 질환(疾患). Tiene un *padecimiento* del corazón. 그에게는 심장의 질병이 있다.

padrastro 圕 의붓아버지 [⇔ madrastra].

padre 圕 ① 아버지, 부친. El *padre* se sacrifica por los suyos. 부친은 자기의 가족때문에 몸을 희생한다. ② 신부(神父). El *padre* García dirá la misa de once. 가르시아 신부가 11시 미사를 올린다. ③ 圐 양친; 선조. Ahora vive con sus *padres*. 그는 지금 양친 밑에서 살고 있다.

padrino 圕 ① 교부(敎父); (세례·결혼·결투의)입회인. El *padrino* tenía en brazos al nene. 교부가 젖먹이를 안고 있었다. ② 후원자. Tiene un buen *padrino*, y conseguirá lo que desea. 그에게는 좋은 후원자가 있으므로 희망이 이루어질 것이다.

paella 圕 빠엘랴 (쌀과 어패류를 함께 익은 요리). La *paella* es un plato típico de la región valenciana. 빠엘랴는 발렌시아 지방의 전형적인 요리이다.

pág. página.

paga 圕 (주로 달로 정한) 급료, 봉급

pagadero, ra (sueldo, salario). No he cobrado la *paga* de este mes. 나는 아직 이달의 급료를 받지 않았다.

pagadero, ra 혱 지불하는(que se ha de pagar). Le libramos el cheque por 2,000 pesetas, *pagadero* al portador. 귀하 앞으로 일금 2,000페따의 지참안불어음을 발행했읍니다.

pagar 퇴 지불하다; (…의) 대금·요금·임금을 지불하다. *Pagué* 500 pesetas por [de] los libros. 나는 책 값으로 500페따에 지불했다. Cada uno *pagó* su comida. 각자가 자기의 식사대를 지불했다. Mi tío me *paga* los estudios. 나의 숙부가 학비를 지불해 준다. 보상하다, 배상하다. *Pagó* sus culpas con su vida. 그는 목숨을 내놓아 자기의 죄를 갚았다. ③ [+con：…에게] 보답하다, 답례하다. *Paga con* ingratitud el cariño que le tienen. 그는 친절을 원수로 갚는다. 재 죄를 지불하다. ¿Tengo que *pagar* de antemano? 선불해야 합니까. ②보상을 하다, 죄·갚음을 받다. *Ha pagado* por otro. 그는 다른 사람 대신에 죄를 받았다.

pagaré 閉 약속어음.

página 여 ① 쪽, 페이지. Abre el libro por la *página* 5. (책의) 5페이지를 열어라. Este libro tiene trescientas *páginas*. 이 책은 300페이지다.

pago 閉①지불(금). Hoy es el día de *pago*. 오늘은 지불하는 날이다. ②보답, 회보; 보상, 벌. Algún día recibirás el *pago* que merecen esos disparates. 너는 그러한 엉터리짓의 앙갚음을 언젠가는 받아야 할 것이다.

pagoda 여 (불교 건축의) 탑; 불상, 대불.

paguro 閉 【동물】게의 일종(ermitaño).

paila 여 넓적한 솥.

pailebote 閉 수로 안내선(水路案內船).

país 閉 ① 나라(nación, estado). Nuestro *país* está rodeado del mar por tres partes. 우리나라는 삼면이 바다에 둘러싸여 있다. ②(부채의) 종이. ③ 지방(región, comarca).

paisaje 閉 풍경. ¡Qué *paisaje* tan bonito! 어쩌면 이다지도 아름다운 풍경일까! 풍경화. Pintó muchos y excelentes *paisajes*. 그는 많은 뛰어난 풍경화를 그렸다. ◇**paisajista** 풍경화의. 풍경화가.

paisano, na 혱 동향의. 閉 동향 사람, 동포; 토박이; 농민, 시골 사람(campesino).

paja 여 짚, 밀짚. El labrador llevaba un sombrero de *paja*. 농부는 밀짚 모자를 쓰고 있었다.

pájaro 閉 새 [비교：ave]. Llegando a primavera, cantan alegres los *pájaros*. 봄이 와서 새들은 즐거운 듯이 노래한다. ◇**pajarillo** 閉 작은 새.

pajarotada 여 헛소문; 유언(流言); 거짓보고.

paje 閉 어린애, 급사, (화장용) 경대; 근시.

pajizo, za 혱 짚으로 만든, 짚으로 이엉을 한.

pajoso, sa 혱 짚으로 만든.

pakistaní/pakistano, na 파키스탄(el Pakistán)의. 閉 파키스탄 사람.

pala 여 삽.

palabra 여 ① 말, 언어, 단어(vocablo). No dijo ninguna *palabra*. 그는 한마디도 말하지 않았다. ② 약속(promesa), 맹세. Debes cumplir (con) tu *palabra*. 너는 약속을 지켜야 한다. No falte usted a su *palabra*. 약속을 어기지 않도록 해주십시오.

palabrería 여 다변, 말이 많음, 쓸데 없이 지껄이기.

palabrero, ra 혱 쓸데없는 말이 많은; 입에 발린.

palaciego, ga 혱 왕궁의, 어전의. 閉 궁신, 조신, 궁인(cortesano).

palacio 閉 ①왕궁(palacio real); 궁궐. Allí se ve el *Palacio* Imperial. 저쪽에 왕궁이 보인다. ②큰 건축물; 큰 저택, 회관(edificio grande y suntuoso). Ayer visitamos el *Palacio* del Congreso Nacional. 어제 우리들은 국회의사당을 견학했다. *palacio para niños* 어린이 회관.

paladar 閉 【해부】 입천장; 맛(sabor); 감각, 취미. ◇**paladial** 혱 구개(음)의 (palatal).

paladear 맛보다. 재 (갓난아이가) 젖을 빨다, 입술에 넣고 충분히 맛보다.

◇~**se** [+con：…을] 맛보기 위해 먹다.

paladín 閉 용사, 열사; 옹호자.

paladino, na 혱 공공연한, 명백한, 확실한, 공중의, 통속적인, 속된. 閉 용사의 (paladín).

paladio 閉 【화학】 파라디온 (희금속).

palafito 閉 호상 가옥, 수상 가옥.

palafrenero 閉 마부.

palanca 여 【물리】 지레; (어깨의) 멜대.

palangana 여 세면기, 대야(jofaina).

palco 閉 칸막이 관람석.

pálido, da 혱 ① 창백한. Ella se puso *pálida* al oírlo. 그녀는 그 말을 듣고 얼굴이 창백해 졌다. ② 활기·정체가 없는. Llevaba un traje azul *pálido*. 그녀는 눈에 띄지 않는 파란색 옷을 입고 있었다. ◇**palidecer** [50 crecer] 재 창백해지다.

palillo ◇ **palidez** 여 창백함.
palillo 남 이쑤시개(mondadientes); [주로 복] 젖가락.
paliza 여 몽둥이 찜질.
palma 여 ① 【식물】 종려·야자 (나무·잎). Nos sentamos al pie de una *palma*. 우리들은 종려의 뿌리에 걸터앉았다. ② 손바닥 (⇒ suela). El mar estaba como la *palma* de la mano. 바다는 손바닥 같이 고요했다. ◇ **palmada** 여 손바닥으로 때리기.
palmeta 여 (때리는) 자, 손바닥 때리기. ◇ **palmetazo** 남 palmeta로 때리기.
palmo 남 (길이의 단위) 뺨 (한 뼘의 길이).
palo 남 ① 막대, 몽둥이, 원목. El huracán derribó los *palos* del teléfono. 태풍으로 전화선의 전주가 넘어졌다. ② 나무, 목재. La cuchara y el tenedor eran de *palo*. 스푼과 포크는 목재였다.
paloma 여 【새】 비둘기. La *paloma* simboliza la paz. 비둘기는 평화를 상징한다. ◇ **palomar** 남 비둘기집 (lugar donde se anidan las palomas).
palpitar 자 ① 맥이 뛰다. Mi corazón *palpita* de gozo. 나는 기쁨으로 심장이 두근거린다. ② 動悸하다, 활기있게 움직이다. Las estrellas *palpitaban* en el cielo. 별이 하늘에서 깜박이고 있었다.
paludina 여 【동물】 우렁.
paludismo 남 말라리아열 (malaria).
pampa 여 대평원, 팜파.
pampirolada 여 빵과 마늘로 만든 소스; 바보짓 (necedad).
pamplemusa 여 【식물】 오렌지의 일종.
pamplina 여 【식물】 조갑나물, 좀개구리밥 (alsine); 바보짓 (necedad).
pamplinada 여 쓸데없는·바보 같은 짓.
pamporcino 남 【식물】 시클라멘.
pan 남 【식물】 빵. En el desayuno se sirven *pan* con mantequilla y leche. 아침 식사에는 버터 바른 빵과 우유가 나온다. ◇ **panadería** 여 빵집. ◇ **panadero, ra** 남 빵장수, 빵집 주인.
panal 남 벌통, 벌집.
panameño, ña 형 파나마 (Panamá)의. 남 파나마사람.
panamericanismo 남 범미주의, 범미운동.
panamericanista 형 【남·녀 동형】 범미주의자.
panamericano, na 형 범미의, 남북아메리카의, 범미주의의 (자).
pancarta 여 양의 가죽에 기록된 중요한 문서.
pancista 형 기회주의적인 (사람), 이기적인 (사람).

páncreas 남 【단·복수 동형】 【해부】 위장의 소화액을 분비하는 곳, 췌장.
pancromático, ca 형 【사진】 색을 가다듬는, 모든 색의.
pandearse 재타 (벽, 교량이) 뒤틀리다.
pandemia 여 전국적인 유행병.
pandemónium 남 지옥같은 도시; 대혼란.
pandeo 남 물체의 힘이 작용해서 생기는 형태의 변화.
pandera 여 【악기】 탬버린. ◇ **pandereta** 여 【악기】 소형 탬버린.
pandilla 여 도당, 패.
panecillo 남 작은 빵 (pan의 축소사).
panera 여 빵 바구니; 식품 창고.
pánico, ca 남 형 공포의. 남 공황.
panorama 남 파노라마; 전경, 전망. Desde allí se ve un *panorama* maravilloso. 그 곳에서는 훌륭한 경치가 바라보인다.
pantalón [복 pantalones] 남 【주로 복】 의복】 바지. Los *pantalones* me están estrechos. 바지가 내게는 조인다.
pantalonero, ra 남 바지 만드는 사람.
pantalla 여 ① (전등 따위의) 갓. Me gusta la *pantalla* roja de esta lámpara. 나는 이 전등의 빨간 갓이 마음에 들었다. ② 영사막 (스크린); 영화계 (映畵界). Es una estrella de la *pantalla*. 그녀는 영화 스타이다.
pantanal 남 소택지.
pantanizar 타 진창을 만들다.
pantano 남 늪 (laguna); 연못, 저수지; 장애.
panteísmo 남 범신론.
panteísta 형 범신론의. 남 범신론자.
panteón 남 (고대 그리스·로마의) 만신전; 신들; 영묘; 묘지; 【칠레】 【광물】 광석.
pantera 여 팬터 표범.
pantomima 여 판토마임, 무언극.
pantorrilla 여 종아리, 장딴지.
panza 여 배, 복부 (barriga, vientre).
pañal 남 기저귀.
paño 남 (두터운) 헝겊, 천 (tela). Llevaba un vestido de *paño* negro. 그는 검정 옷을 입고 있었다. *paños menores* 속옷.
pañuelo 남 손수건. Agitaba el *pañuelo* hasta que se perdió de vista el tren. 그녀는 열차가 보이지 않게 될 때까지 손수건을 흔들고 있었다.
papa 여 ① 【종교】 법왕, 교황 (pontífice). El *papa* bendijo a los fieles reunidos en la plaza. 교황은 광장에 모인 신자를 축복했다. ② 감자 (patata). ③ 유언, 낭설, 풍문. ◇ **papal** 교황의. ② 감자밭.
papá [복 papás] 남 ① 아버지. ② 복 양친 (padres).
papagayo, ya 남 【단·복수 동형】 【새】 잉꼬, 앵무새.

papalina 여 귀를 덮는 모자.
papamoscas 남 【단·복수 동형】 【새】 파리 잡는 새; 바보, 얼간이, 천능아, 열등생 (papanatas).
papanatas 남 【단·복수 동형】 바보, 얼간이, 천능아, 열등생.
páparo 남 호인, 촌사람, 둔한 사람, 얼빠진 사람.
paparrucha 여 거짓말, 가짜 정보, 사소한 거짓말, 악의없는 거짓말, 속임수.
papaveráceo, a 형 여 【식물】 아편과의 (식물).
papaya 여 파파야의 열매.
papayo 남 【식물】 파파야나무.
papel 남 ① 종이. No tires al suelo los *papeles* del caramelo. 캐러멜 종이를 땅에 버리지 마라. ② 문서, 서류(書類) (documento). Cuidado con esos *papeles*, que son importantes. 그 서류들에 주의해 주십시오; 중요 서류입니까? ③ 역할, 임무(任務). Ha representado el *papel* principal en esta obra. 그는 이 작품에서 주역을 맡았다. *papel de cartas* 편지지. *papel moneda* 지폐. *papel volante* 삐라 (傳單). ◇ **papelería** 여 문방구점, 지물포. ◇ **papelero, ra** 형 제지의. *industria papelera* 제지 공업. 남 문방구상, 종이 장수, 종이 제조인; 책상(escritorio); 서류 바구니 (cesto para papeles inútiles).
papeleta 여 종이 조각; 표, 카드; 투표 용지, 답안 용지(cédula); 종이 포대. *papeleta de empeño* 전당포.
papelista 남 【남·녀 동형】 제지업자; 제지공; 지물 상인; 벽지만드는 직공. 남 지물을 보호하는 두꺼운 종이.
papelón, na 형 허영가(의), 허식가 (의).
papelonear 자 헛되이 뽐내고 다니다.
papila 여 젖꼭지, 작은 젖꼭지 모양의 돌기.
papiro 남 【식물】 파피루스; (고대 이집트) 파피루스 종이.
papirotazo 남 손가락으로 튀기기; 가벼운 자극.
papismo 남 (신교도 등이 말하는) 천주교.
papista 형 천주교의. 남 천주교도.
papo 남 (동물 목덜미의) 고기 많은 부분; (새의) 밥주머니.
papúa 형 파푸아족의 (사람).
pápula 여 【의학】 구진 (피부병).
paq. paquete.
paquete 남 소포, 소하물; 갑(匣). Quiero mandar esto por *paquete* postal. 이것을 우편 소포로 보내고 싶다.
par 남 둘(쌍); 한쌍(의 것). Se comió un *par* de naranjas. 그는 오렌지를 두 개 먹어버렸다. Lo he visto un *par* de veces. 나는 두 번 쯤 그를 만난 일이 있다. Quiero comprarme un *par* de zapatos. 나는 구두를 한 켤레 사고 싶다.
para 전 ① [목적] …을 위하여. ¿*Para* qué vas allí? 무엇 때문에 거기 가니? Estudia *para* médico. 그는 의사가 되기 위해 공부하고 있다. ② [상대·대상] …에, 앞으로. Compré una bicicleta *para* mi nieto. 나는 손자에게 자전거를 사주었다. ③ [이익·효용·적부] …용의, …에 듣는. Aquí falta una cuchara *para* sopa. 여기에 수프용 숟가락이 한 개 모자란다. La leche es buena *para* la salud. 우유는 건강에 좋다. ④ [방향·가는 곳] …을 향하여. Ayer partió *para* Méjico. 그는 어제 멕시코를 향해 출발했다. ⑤ [대비] …로서는, …에 비해. Es grande *para* su edad. 그는 나이에 비해 크다. ⑥ [관계] …에게, 에 대하여. Eso es muy difícil *para* mí. 그것은 내게는 대단히 어렵다. ⑦ [기한] …까지(에). Déjalo *para* mañana. 내일까지 그걸 덜어두어라. ¿*Para* cuándo tengo que terminarlo? 언제까지 그걸 끝내야 하나요. *para con* …에 대하여·대하는. Es amable *para con* todo el mundo. 그는 어느 누구에게도 친절하다. *para+inf.* …하기 위하여. Hay que trabajar *para* vivir. 살기 위해서는 일해야 한다. *para que+subj.* …하도록, …하기 위하여. Abrí la ventana *para que* entrase el aire fresco. 선들한 바람이 들어오도록 나는 창문을 열었다.
parabién 남 축하, 축사.
parabola 여 비유; 【수학】 포물선.
parabrisas 남 【단·복수 동형】 (자동차의) 바람막이 유리.
paracaídas 남 【단·복수 동형】 낙하산. ◇ **paracaidista** 남 낙하산 병(兵); 공병대원.
parada 여 ① 정지; 종점. Vamos a hacer una *parada* en aquella choza. 저 오두막에서 잠깐 쉬세. ② 정류소; 주차장(sitio donde se para). ¿Dónde está la *parada* del autobús? 버스 정류장은 어디 있습니까. ③ 【중남미】 퍼레이드, 행렬 (formación de tropas). La *parada* pasará por aquí a eso de las doce. 행렬은 12시쯤 이곳을 통과할 것이다.
paradoja 여 역설, 모순. Hay una *paradoja* en lo que dice. 그가 말하는 것에는 모순이 있다.
parafina 여 파라핀.
parágrafo 남 절, 단(parrafo).
paraguas 남 【단·복수 동형】 우산. Lleva *paraguas*, que está amenazando (con) llover. 우산을 가고 오시오; 비가 올 듯 하니까. ◇ **paragüería** 여 우산 가게·공장. ◇ **paragüero, ra** 남 우산꽂이. 남

우산 제조인·장수.

paraguayo, ya 형 빠라구아이 (el Paraguay)의. 명 빠라구아이사람.

paraíso 명 낙원, 극락, 천국 (⊕ infierno). El verano pasado fuimos a Mallorca; aquello es un *paraíso*. 지난 여름 우리들은 마요르까섬에 갔다; 그 곳은 마치 천국이다.

paraje 명 장소(sitio, lugar); 상태(estado).

paralelo, la 형 평행·병행한. El coche corrió por el camino *paralelo* al ferrocarril. 차는 철도에 평행한 길을 달렸다. 명 대조; 비교. Hay algún *paralelo* entre estas dos ideas. 이 두가지 생각에는 어딘가 비슷한 점이 있다. **en paralelo** 평행으로.

parálisis 명 【단·복수 동형】 【의학】 마비. *parálisis infantil* 소아마비. ◇ **paralítico, ca** 중풍을 앓는. 명 중풍 환자.

paralizar [9] alzar] 타 ① 마비시키다. Se me *paralizan* los brazos por el frío. 추우면 나는 팔이 저려서 쓰지 못하게 된다. ② 정체시키다, 정체시키다. La tempestad *ha paralizado* el tráfico. 폭풍이 교통을 정체시켰다. ◇ **paralización** 여 마비 (상태).

paramento 명 장식(adorno); 벽면, 보석의 조각한 면; 말 안장에 까는 담요나 가죽.

páramo 명 황무지, 고원지대, 불모지.

parangón 명 비교, 대비(對比).

parangonar 타 [+con]비교하다, 대비하다. ◇~**se** [+con]~와 비교하다.

parar 타 멎다, 멈추다. *Pare* usted en frente de aquel banco. 저 은행 문앞에 멈추어 주세요. Ya *ha parado* de llover. 이제는 비가 그쳤다. ② 숙박·체재하다. ¿En *qué* irá a *parar* todo esto? 이 모든 일의 최후는 어찌 되겠나. El huracán *paró* el tráfico en varias partes. 태풍은 여기 저기서 교통을 두절시켰다.

pararrayos 명 복 피뢰침.

parásito, ta 형 기생(寄生)의. 명 기생충; 기식자(寄食家).

parasol 명 양산(quitasol, sombrilla).

parcial 형 ① 일부의, 부분적인. Es nuestro deber llamar su atención a los gastos adicionales por expediciones *parciales*. 분할 출하에 의한 추가 경비에 대하여 주의를 환기시키는 것이 이제의 의무이다. ② 불공평한. Eso es un juicio *parcial*. 그것은 일방적인 판단이다. ③ 당파적인. Guárdese de una acción *parcial*. 당파적인 행동은 삼가주십시오. 명 당원, 한편. Tiene muchos *parciales* en este distrito. 그는 이 지구에 많은 지지자를 가지고 있다. ◇ **parcialidad** 여 불공평; 친한 체함, 도당, 당파, 파벌. ◇ **parcialmente** 부 부분적으로; 불공평하게.

parco, ca 형 부족한, 검약한, 인색한; 짧은; 금주의(sobrio). 절제 있는, 온건한, 진실한.

parche 명 고약; 꿰매 붙이기 위한 헝겊 조각, 뚫어진 데 붙이는 판자 조각, 반창고.

pardal 명 버릇없는; 촌사람 같은, 조야한, 야비한, 교활한 (사람); 우스운. 명 표범, 참새, 홍방울새.

pardear 자 갈색으로 되다.

pardo, da 형 황갈색의. Tenía los ojos *pardos*. 그녀는 갈색 눈을 하고 있었다. 명 황갈색(color pardo).

parecer [50 crecer] 자 [+부사·형용사·명사·*inf*.·*que*:…로] 보이다, 생각되다. Tú *pareces* española con este traje. 너는 그 옷을 입으면 서반아 여성으로 보인다. ¿Qué le *parece* esta idea? 이 생각은 당신에게는 어떻게 생각되는지요. *Parece que* va a llover. 비가 올 듯 하다. 명 ① 외견; 모습. Es un joven de buen *parecer*. 그는 외모가 뛰어난 청년이다. ② 의견(意見)(opinión). Tenemos un mismo *parecer* en este asunto. 이 문제로 우리들은 같은 의견을 가지고 있다. ◇~**se** [+a:…에] 닮다. Te *pareces* mucho a tu madre. 너는 모친과 꼭 닮아 있다. Se *parecen* como dos gotas de agua. 그들은 빼놓은 듯이 닮았다. Las dos hermanas *se parecen*. 두 자매가 닮았다. *a mi parecer* 나의 의견으로는.

parecido, da 형 ① 닮아 있는. Tengo un traje muy *parecido* al suyo. 나는 당신 것과 아주 닮은 옷이 있다. Los dos trabajos son muy *parecidos*. 두 일이 매우 유사하다. ② 잘 생긴. Su hijo es muy bien *parecido*. 당신 아들은 매우 잘 생겼군요. 명 유사(점)(semejanza).

pared 명 벽; 담. El sol daba de lleno en la *pared*. 해가 벽 가득히 비치고 있었다. Las *paredes* oyen./Las *paredes* tienen oídos [ojos]. 낮말은 새가 듣고 밤 말은 쥐가 듣는다. Apóyela contra la *pared* 벽에 그것을 기대어 놓으세요.

parejo, ja 형 비슷한. Esos huevos son todo *parejos*. 그 새알들은 똑같은 듯하다. 명 한쌍 [두개 한벌], 2인조, 부부, 애인끼리); (한 쌍이 되는) 상대. Rondaba una *pareja* de la Guardia Civil. 두 경관이 순회하고 있었다. Por lo visto ha encontrado la *pareja* ideal. 그녀는 이상적인 상대를 발견한 모양이다.

paréntesis 명 【단·복수 동형】 【인쇄】 괄호.

parentético, ca 형 괄호에 넣은.

parhelio 囝【기상】환일.

perhilera 囝【건축】동량, 대들보.

paria 囝【남·녀 동형】추방당한 사람, 무회한 사람, 부랑자, 천민, 파리아 (남부 인도의 최하급 백성). 에 메 대반, 태좌 (placenta).

parida 에 임신중의 (산부).

paridad 에 동등, 대등(igualdad); 유사(semejanza); 균형; 평가, 등가. *paridad monetaria* 등가.

pariente, ta 웹 친척의. 剧 친척(인 사람). Tengo que visitar a una *pariente*. 나는 친척을 방문해야 한다. ¿ Tiene usted *parientes* en Seúl? 서울에 친척 있습니까.

parir 匣 (애기를) 낳다. Bendita sea la madre que le *parió*. (남의 미점을 칭찬해서) 낳아주신 모친에게 축복 있으라. 에 출산·산란하다(dar a luz, salir a luz).

parisién/parisiense 웹 파리(París)의. 剧 파리 사람.

parlamento 囝 의회(asamblea nacional, asamblea legistava, congreso, cortes); 의사당. Se reunió el *Parlamento* para tratar varios asuntos. 여러 가지 일을 토의하기 위하여 의회가 소집되었다.
◇ **parlamentario, ria** 웹 의회의. 剧 국회의원(congresista).

parlar 国 지껄이다. ◆ **parlachín, na** 剧 수다스러운. 囝 수다쟁이. ◆ **parlante** 剧 수다스런; [영화] 발성의.

parlería 에 나변, 쓸데없는 소리, 뜬소문난 이야기.

parlero, ra 웹 잔소리하는, 헛소문을 좋아하는(chismoso); 쾌활한; 표정적인(expresivo); 좋은 소리를 내는, 잘 재잘거리는.

parlotear 国 재잘대다, 잡담하다.

parloteo 囝 탄가한 이야기, 쓸데 없는 말, 재잘거리기, 지껄이기.

paro 囝 정지; 종업; 조업·운전 정지; 실업. Los *paros* afectaron al trabajo normal de la gente. 그 조업 정지는 민중의 정상적 활동에 영향을 주었다.

parola 에 수다(verbosidad).

paronimia 에 어원·어형·음의 유사, 유사어(類似異語).

parónimo, ma 웹 동원(同源)의 말, 유사어.

paronomasia 에 유형 이의 (예 : roja/reja); 재담; 말재롱 (음이 비슷한 말을 써서 하는).

parótida 에【의학】이하선, 이하선염(papera).

paroxismo 囝 발작, 항진; (감정의) 격발.

párpado 囝 눈까풀. ◇ **parpadear** 囝 눈을 깜박이다. ◇ **parpadeo** 囝 (눈을) 깜박임.

parque 囝 ① 공원, 유원지. Di un paseo por el *parque*. 나는 공원을 산책했다. *parque zoológico* 동물원. ② 서(물), 창(麻). *parque de bomberos* 소방서.

parra 에 포도 덩굴.

párrafo 囝 문절, 단락(段落). Lea usted el primer *párrafo*. 최초의 문절을 읽으시오. *párrafo aparte* 단락을 고쳐서; 화제를 바꾸어서.

parrilla 에 (주로) 석쇠, 쇠그생이.

párroco 囝 주임 사제. El *párroco* atiende a todo el mundo. 주임 사제는 전부를 돌보아 준다.

parroquia 에 ① 【종교】 교구; 교구 교회. Voy a misa a la *parroquia*. 나는 교구 교회의 미사에 간다. ② 【상업】고객(cilente), 거래선. ◇ **parroquiano, na** 剧 교구의. 剧 신자(信書); 고객, 단골 손님, 거래선.

parte 囝 ①부분. He terminado la mayor *parte* de la obra. 나는 일의 대부분을 끝냈다. ② 장소, 곳(lugar, sitio). Vamos de viaje a alguna *parte* durante las vacaciones. 휴가동안 어디든지 여행을 가자. ③ 할당, (한)몫(porción de un todo). Pagué mi *parte*. 나는 내 몫을 치루었다. Ya tienes tu *parte*. 너는 벌써 자기 몫을 받았다. ④ (배우 등의) 역할(papel de un actor). 剧 알림, 보고, 서(西) (comunicado, informe). Dame *parte* porque no quería y (en) *parte* en cuanto llegues allá. 그곳에 도착하면 바로 알리시오. (en) *parte* ⋯(en) *parte* 일부는 ⋯또 일부는. No fui a la reunión, *en parte* porque no tenía tiempo. 나는 모임에 안 갔다. 한편으로는 그럴 생각이 없었고, 또 한편으로는 틈도 없었으므로. *de parte de* ⋯의. Déle recuerdos *de mi parte* a su madre. 어머니께 내 안부말씀 전해 주십시오. Vengo *de parte de* tu padre. 나는 네 아버지로부터 (부탁받고) 왔다. *en [por] todas partes* 사방에, 모든 곳에. Dios está *en todas partes*. 신은 모든 곳에 계신다. *en otra parte* 또 한편에서는; 동시에서. *por mi parte* 나로서는. *Por mi parte* no hay ningún inconveniente. 나로서는 아무런 지장도 없다. *por otra parte* 한편으로.

partenogénesis 에【생물】단성·단위생식, 처녀 생식. *partenogénesis artificial* 인공 수정.

partera 에 산파, 조산원(matrona).

participar 国 [+de·en⋯에] 참가·참여·관계하다(tomar parte en). No *participé en* el juego. 나는 게임에 참가하지 않았다. Todos los hermanos *participan*

partícula

de la herencia. 모든 형제가 유산의 분배에 참여한다. 태 알리다, 통지·보고하다(comunicar, anotar). *Le participo a usted que no puedo asistir a la fiesta.* 나는 파티에 나갈 수 없다는 것을 알려 드립니다. ◇ **participación** 예 참가, 참여; 통지. ◇ **participante** 형 참가·관계하는. 명 참가자·관계자.

partícula 예 부스러기; 【문법】 접사(接辭).

particular 형 ① 특별·특수한 (especial, extraordinario). *¿Qué hay de nuevo?* *-Nada de particular.* 무슨 색다른 일이 있나. —특히 별다른 일은 없다. *Es un caso muy particular.* 이것은 매우 특수한 사건이다. ② 사적인, 일개인의(personal, individual). *No te metas en mi vida particular.* 나의 사생활에 끼어들지 말게. ③ 개개의, 자기의. *Cada uno tiene su tema particular.* 각자가 자기의 테마를 가지고 있다. 명 문제점. *No quiero decir nada sobre este particular.* 이 문제에 대하여 나는 아무 말도 하고 싶지 않다. *en particular* 특히. ◇ **particularidad** 예 특수성, 특색; 상세, 사항. **particularizar** [9] *alzar* 타 특수화하다; 상설·역거 열거하다. 자 눈에 띄다; [+con: …과] 특히 친밀히 하다. ◇ **particularmente** 부 특히; 개인적으로; 상세하게.

partida 예 ① 출발. *¿Cuándo es su partida?* 출발은 언제입니까. ② (출생·결혼·사망 따위의) 등록; (그) 증명서; (장부의) 기장(記帳). *Para eso se necesita la partida de nacimiento.* 그러기 위해서는 출생증명서가 필요하다. ③ 승부, 시합. *Vamos a echar una partida de ajedrez.* 장기 한판 두자.

partidario, ria 형 [+de: …에] 편드는, …과(派)의. *De ninguna manera soy partidario de la guerra.* 나는 결코 전쟁에 찬성하지 않는다. 명 편, 동류, 당원; 찬성자.

partido 명 ① 당파, 정당. *Pertenece al partido de la reforma.* 그는 혁신 정당에 속한다. ② 군(郡), 지구(地區). *Una provincia se compone de varios partidos.* 도는 몇 개의 군에 의하여 구성되어 있다. ③ (경기의) 팀; 시합. *¿Qué partido ganó en el juego de fútbol ayer?* 어제 축구 경기에서 어느 팀이 이기었나. *He presenciado un partido de baloncesto.* 나는 농구를 관전했다.

partir 타 ① [+en: …으로] 나누다, 빠개다. *Parti la manzana en dos.* 나는 사과를 둘로 빠갰다. ② 분배·분배분하다. *Partió los dulces entre los niños.* 그녀는 과자를 어린이들에게 나눠 주었다. 자 나가다; [+a·para: …로 향하여] 출발하다. *El tren ya había partido cuando llegué a la estación.* 내가 역에 닿았을 때는, 열차는 벌서 떠나버렸다. *Ayer partieron para Francia.* 어제 그들은 프랑스로 향해 떠났다. 빠개지다; 분열하다. *Al partirse el hielo cayeron al agua.* 얼음이 깨어져서 그들은 물에 빠졌다.

parto 명 출산, 분만; 신생아.

parvo, va 형 작은(pequeño); 적은(poco).

párvulo, la 명 어린, 어린아이. *escuela de párvulos* 유치원.

pasa 예 건포도(uva pasa).

pasado, da 형 ① 지나간, 과거의. *Nunca vuelve el tiempo pasado.* 지나간 때는 결코 돌아오지 않는다. *El domingo pasado fuimos al campo.* 지난 일요일에 우리는 시골에 갔었다. ② 낡아진. *Llevaba una traje muy pasado.* 그는 아주 빠진 옷을 입고 있었다. 명 과거; 옛 일. *Siguen manteniendo la tradición del pasado.* 그들은 옛날의 전통을 계속 지키고 있다. *pasado mañana* 모레.

pasaje 명 ① 통행, 통과, 통로. *Este pasaje va a la plaza.* 이 길은 가면 광장으로나 간다. ② 통행료; (배·항공기의) 요금. *¿Cuánto es el pasaje?* 요금은 얼마입니까. ③ [집합적] 승객. *Afortunadamente está bien todo el pasaje.* 다행히 승객은 모두 무사하다. ④ (문장의) 절; 【음악】 악절. *En este libro se encuentran unos pasajes monótonos.* 이 책에는 지루한 대목이 몇 군데 있다.

pasajero, ra 명 (특히 배·항공기의) 승객 (viajero). *Se le permiten cuarenta kilos a cada pasajero.* 승객 한 사람에 대하여 40킬로그램[이] 허용되어 있다.

pasaporte 명 여권(旅券).

pasar 타 ① [+por: …에·로부터] 통과시키다. *Pasa este hilo por el ojo de la aguja.* 바늘귀에 이 실을 꿰어 주게. ② 통과하다·시키다. *El túnel pasa la montaña.* 터널은 산을 통과한다. *La grasa pasa el papel.* 기름은 종이를 통과한다. ③ 건네다, 옮기다. *Le pasamos el negocio por poco dinero.* 우리들은 그 일을 근소한 돈으로 그에게 넘겼다. *¿Quiere usted pasarme la sal, por favor?* 소금을 집어 주시겠어요. *Nos pasamos al salón.* 우리들은 대청마루에 인도되었다. ④ 건너다 (cruzar, atravesar). *Pasamos el río a nado.* 우리들은 냇물을 헤엄쳐 건넜다. ⑤ 지나다, 넘다. *Ya hemos pasado su límite.* 이미 우리들은 그 한계를 넘었다. ⑥ (때를) 지내다. *Pasé una semana en Madrid.*

pasatiempo 남 오락, 심심풀이.

pascua 여 크리스마스, 주현절 (1월 6일).

pase 남 (투우에서의) 손의 움직임, 기교.

pasear 타 산책시키다, 데리고 가다. Saca el perro a *pasear*. 개를 밖에 내놓고 산보시키시오. 자 [+por·en: …을] 산책하다 (차·말·배 따위를) 타고 돌아다니다. Me gusta *pasearme* por las calles. 나는 거리를 산책하는 것을 좋아한다. ◇ **paseante** 형 산책하는 사람; 빈둥빈둥 노는 사람. ◇ **paseo** 남 산책, 타고 돌아다님; 산책길·거리. Ayer di un *paseo* por el parque. 어제 나는 공원을 산책했다. Después de comer salí de *paseo*. 식사 뒤에 나는 산책하러 나갔다.

paseillo 남 (사람의 눈을 끌기 위한) 행렬.

pasillo 남 복도. El comedor está al final del *pasillo*. 식당은 복도 끝에 있다.

pasión 여 ① 인정, 감정; 정열, 열심. Tiene *pasión* por la música. 그는 음악에 정열을 품고 있다. ② 욕정, 정념(情念); Las *pasiones* son difíciles de dominar. 욕정은 누를 수 없다. ③ (예수의) 수난 (受難). *la Pasión de Jesucristo* 예수그리스도의 수난. ◇ **pasional** 형 정열적인; 욕정의.

pasionaria 여 [식물] 시계풀.

pasionista 남 성주간 행렬 때의 성가 대원.

pasito 부 부드러움, 상냥함.

pasividad 여 수동성, 불활동.

pasivo, va 형 ① 수동적인 [↔ activo]. Desempeña un papel *pasivo*. 그는 수동적인 역할을 하고 있다. ② 소극적인. Permaneceré *pasivo* hasta que vengan. 그들이 올 때까지 나는 아무 일도 하지 않고 있겠다. ③ [문법] 수동의. *voz pasiva* 수동태.

paso 남 ① 통행, 통과; 통로. Me impidieron el *paso*. 그들은 나의 앞길을 막았다. El *paso* del tiempo es muy rápido. 시간의 흐름은 매우 빠르다. ② 한 걸음; 발걸음; 발소리. Apretando el *paso* le alcanzarás. 너는 발걸음을 빨리하면, 그를 따라 잡을 것이다. El templo está a unos *pasos* de aquí. 절은 여기에서 바로 가까이에 있다. *paso a paso* 점점, 천천히. *paso por paso* 한걸음 한 걸음, 확실하게. *a paso* 언제나; 빈번히. *de paso* 겸사겸사; 지나는 길에. De *paso* le visité. 나는 지나는 길에 그를 찾았다. *dar un paso* 한 걸음 내디디다.

pasta 여 ① 반죽, 가루, 으깨진 것; 풀. ¿Tiene usted *pasta* de dientes? 치약을 가지고 있습니까? ② [주로 복] (수프에 넣는) 국수. Me gusta la sopa de *pastas*. 나는 국수 수프를 좋아한다. ◇ **pastilla** 여 [pasta의 축소형] 정제; 고형물.

pastel 남 파이, 케이크.

pastelería 여 생과자점, 과자점.

pastelero, ra 남·여 동형 생과자 직공, 생과자 상인.

pastelillo 남 과일을 넣은 파이.

pastelista 남·여 파스텔 화가.

pasterización 여 소독, 살균, 저온 살균법.

pasterizar 타 소독하다, 살균한다.

pastilla 여 정제(알로 된 것); 고형물(固形物), 약학. *pastilla para la tos* 기침약.

pastizal 남 목장.

pasto 남 목초; 사료, 식량(alimento); 목장, 풀을 먹이는 곳. *a pasto* 십분, 충분히. *de pasto* 상용의, 애용의.

pastor, ra 남 목자(牧者), 목동. Es *pastor* de ovejas. 그는 양치기 목동이다. 남 성직자, 목사. Mi tío es *pastor* protestante. 나의 숙부는 신교의 목사이다. *el sumo pastor* 로마 법왕, 교황. ◇ **pastral / pastoril** 목자의; 전원의, 목가적인.

pata 예 ① (동물의) 발, 다리 [비교: pierna]. El perro me echó las *patas* sobre los hombros. 개는 내 어깨에 발을 걸었다. ② (책상 따위의) 다리. La *pata* de la mesa está rota. 테이블 다리가 부서졌다. *patas arriba* 뒤집혀져서; 난잡하게. *meter la pata* (무심코 발을 들여 놓아) 곤경에 빠지다. Yo siempre *meto la pata*. 나는 항상 곤경에 빠진다. ◇ **patada** 예 짓밟음, 제자리 걸음; 발로 참.

patata 예【식물】감자(papa). La *patata* es originaria de Sudamérica. 감자는 남미 원산이다. *patata dulce* 고구마.
◇ **patatal/patatar** 남 감자밭.

patente 형 분명한; 밖에 나타난. Es *patente* que no tiene ganas de hacerlo. 그가 그 일을 할 생각이 없음은 명백하다. 여특허(권·장), 면허장; 증명서. Debes sacar una *patente* de este invento. 너는 이 발명 특허를 받아야 할 것이다. *patente de invención* 발명특허.

paterno, na 형 부친의, 부계의. El amor *paterno* es poco visible. 부친의 애정은 별로 안보이지 않는다. Ella ha perdido su abuelo *paterno*. 그녀는 친정 할아버지를 여의었다. ◇ **paternal** 아버지의, 부성애(父性愛)의. **paternidad** 부권(父權); 부성애 (amor paterno).

patético, ca 형 감동적인; 불쌍한. Nadie hizo caso de su *patética* súplica. 그녀의 애원을 아무도 들어주지 않았다.

patín 남 작은 둘; 스케이트 (도구). *patín de ruedas* 롤러 스케이트. ◇ **patinadero** 남스케이트장. **patinador, ra** 스케이터. **patinar** 스케이트를 타다.

patio 남 뜰, 들. Mi habitación da al *patio*. 내 방은 뜰에 면하고 있다. *patio de butacas* 오케스트라석 (관중석과 무대 사이의). *patio de carga* 화물 취급소. *patio de estacionamiento* 주차장, 조차장 (操車場).

pato 남 ① 오리. *pagar el pato* 남의 허물을 뒤집어쓰다.

patraña 예 거짓말, 허풍. ◇ **patrañero, ra** 허풍쟁이. 남 허풍쟁이.

patria 예 조국(祖國). Pelearon por su *patria*. 그들은 조국을 위하여 싸웠다. *patria chica* 태어난 고향. Ayer visité mi *patria chica* después de mucho tiempo. 어제 나는 오랜만에 고향을 찾았다.

patrimonio 남 세습 재산; 자산; 전통 유산. El honor es *patrimonio* del alma. 면목은 영혼 본래의 것이다. ◇ **patrimonial** 선조 전래의, 본래의.

patriota 예 애국자. Mi hermano es muy *patriota*. 내 형은 대단한 애국자이다. ◇ **patriótico, ca** 형 애국적인. ◇ **patriotismo** 남 애국심.

patrocinar 타 도와주다, 원조·후원하다. ◇ **patrocinio** 남 원조, 후원.

patrón, na 남 후원자; 주인 (dueño, amo); 두목. Esto es un orden del *patrón*. 이것은 두목의 명령이다. La *patrona* de mi pensión es muy amable. 내 하숙집 여주인은 대단히 친절하다. 남 ① 수호의 성인. San Isidoro es el *patrón* de los labradores. 성 이시도로는 농부의 수호성인이다. ② 원형; 형지(型紙). Este *patrón* ya no sirve. 이 형지는 이제 소용없다. ◇ **patronato** 남 경영자 조합; 후원·원호·조성회. ◇ **patrono, na** 후원자, 은인; 주인, 두목; 고용주. *patronos y obreros* 노사 쌍방.

patrulla 예 순시대, 경계대; 순찰, 순시.
patrullar 자 순시하다, 초계하다, 바라보다.
patrullero, ra 형 순시(용)의, 초계(용)의.
patudo, da 형 발이 큰.
patullar 자 발버둥치다; 짓밟다, 유린하다; 애를 써서 교섭하다.

paují/paujil 남【새】(케루산의) 야생닭.
paúl 남 바울회(會)의 (승)(los paúles, 17세기에 시작된 수도회).
paulatino, na 형 점차적인.
paulinia 예【식물】과라나나무(guaraná).
paulonia 예【식물】오동나무.
pauperismo 남 빈곤 상태.
pausa 예 ① 중지, 휴지, 잠간 쉼;【연극】사이참. Allí hizo una *pausa*. 거기서 그는 조금 쉬었다. ② 유장(悠長). La vieja contó con *pausa* lo que ocurrió. 노파는 일어난 일을 천천히 이야기했다. ◇ **pausado, da** 형 유장한.

pavimentar 타 포장하다(solar). ◇ **pavimentación** 예 포장.
pavo 남【새】칠면조. *pavo real* 공작.
pavor 남 공포, 놀라움. Me da *pavor* el oírlo. 그걸 듣고 나는 오싹한다. ◇ **pavoroso, sa** 형 무서운; 두려운. Tuve un sueño *pavoroso*. 나는 무서운 꿈을 꾸었다.

paz (복 paces) 예 ① 평화, 평온. Todos buscamos la *paz* del alma. 우리들은 모두 영혼의 평화를 희구한다. ② 강화; 강화(조약). Se firmó la *paz*. 강화조약이 조인되었다. *en paz* 편안하게; 평온하게. Se murió *en paz*. 그는 ND히 눈을 감았다. *dejar en paz* 가만히 놓아두다. *Déjame en paz*. 나를 가만히 좀 놓아 두게. *hacer las paces con* ~와 화해하다. *Hizo las paces con su vecino*. 그는 이웃 사람과 화해했다.

peaje 남 (도로·교량을 지나가는) 통행료.

autopista de peaje 유료 고속도로.
peajero 명 통행료 징수인.
peatón 명 보행자; 인부; 우체부.
pebete 명 향, 선향; (불꽃의) 도화선.
pebetero 명 향로.
pebre 명 후추 소스; 후추 가루.
peca 여 죽은깨.
pecado 명 죄, 죄업. Ante todo debemos reconocer nuestro *pecado*. 우선 우리들의 죄업을 인정해야 한다. Es un *pecado* decírselo. [비유적] 그에게 그 말을 하는 것은 죄가 된다. *pecado capital* 죄의 근원; 중죄(重罪). *pecado original* 원죄(原罪).
pecar [7] sacar] 자 ①【종교】죄를 범하다. A veces *pecamos* de ignorancia. 때때로 우리들은 모르고 죄를 범하는 일이 있다. ¿En qué he *pecado*? 내가 무슨 잘못을 저질렀나. ②유혹에 지다. Al ver dulces, no puedo menos de *pecar*. 나는 과자를 보면 바로 손이 나간다.
pécari 명【동물】멧돼지 (báquira).
pecera 여 어항, 고기 넣는 통.
pecinal 명 진흙, 늪, 부토.
pecinoso, sa 형 진흙이 있는, 수렁이 깊은.
pecíolo 명【식물】잎꼭지 (rabollo).
pécora 여 (양을 셀 때의) 머리수. *buena·mala pécora* 교활한 놈.
pecoso, sa 형 죽은깨 (peca) 투성이의.
pectina 여【화학】펙틴.
pectoral 형 가슴의, 가슴 힘줄의, 폐병의; 에 듣는. 명 가슴에 거는 십자가; 기침약; 가슴빼.
pecuario, ria 형 목축의, 축산의.
peculado 명 공금 횡령.
peculiar 형 독특한, 특징적인. Me gusta su *peculiar* modo de hablar. 나는 그의 독특한 화술(話術)을 좋아한다. ◇ **peculiaridad** 여 특성, 특징; 버릇.
pecho 명 ①【신체】가슴. Me duele esta parte del *pecho*. 나는 가슴의 이 부분이 아프다. ②유방. 명 가슴속. Le abrí el *pecho*. 나는 그에게 가슴속을 털어 놓았다. ③용기(勇氣). Puso *pecho* al asunto. 그는 그 문제에 (용감히) 맞섰다. *dar el pecho* 젖을 주다. La madre *dio de pecho* al niño. 모친은 아이에게 젖을 주었다.
pedagogía 여 (아동) 교육학, 교수법. Estudio *pedagogía* en la universidad. 나는 대학에서 교육학을 공부하고 있다. ◇ **pedagógico, ca** 형 교육(학·적)의. ◇ **padagogo, ga** 명 교육학자.
pedal 명 (재봉틀 따위의) 밟는칸, 페달.
pedalear 자 페달을 밟다, (재봉틀 따위의) 발판을 밟다.
pedante 형 명 학자인 체하는 (사람), 학식을 자랑하는 (사람), 공론가, 현학자.
pedantear 자 아는 척하다, 배움을 뽐내다.
pedantería 여 아는 척하는 얼굴, 학자인 체 하기, 현학.
pedantesco, ca 형 아는 체하는, 현학적인, 학자인 체하는.
pedazo 명 조각, 꼬투리. Eché al perro un *pedazo* de pan. 나는 빵 한 조각을 개에게 던져 주었다. ¿Quiere usted darme un *pedazo* de papel? 종이를 한장 주지 않겠습니까. *a [en] pedazos* 산산이 갈기갈기. *hacer pedazos* 산산조각으로 만들다. *hacerse pedazos* 산산조각나다, 갈기갈기 찢기다; 지쳐버리다. El vaso *se hizo pedazos* al caer al suelo. 컵이 마루에 떨어져 산산조각이 났다.
pedido 명 청구; 주문(서·품). Extrañamos la anulación de su *pedido*. 주문의 취소가 있는 것이 이상하게 생각합니다. Tenemos el gusto de incluirles un *pedido*. 주문서를 동봉하였습니다. *a pedido* 청구·주문에 의하여.
pedir [36] 타 ①바라다, 의뢰하다; 청구·요구하다. Desearía *pedirle* a usted un favor. 한 가지 부탁이 있는데요. Le *pedí* que nos ayudase. 우리는 도와달라고 나는 그에게 부탁했다. ②주문하다. Vamos a *pedir* cerveza. 맥주를 주문하겠다.
pedo 명 방귀.
pedrada 여 투석, 돌의 충돌. *a pedradas* 돌을 던져서.
pedrea 여 투석, 투석전; 돌로 때려 죽이기; 우박이 내림.
pedregal 명 돌이 많은 땅.
pedregoso, sa 형 돌로 가득찬, 돌이 많은.
pedrera 여 돌산, 채석장 (cantera).
pedrería 여 보석, 보석류.
pedrero 명 투석기; 석공; 투석병.
pedrisco 명 돌더미, 우박, 돌사태.
pedrusco 명 돌덩이.
peerse 자[自] 방귀뀌다 (ventosear).
pega 여 첨부, 고착; 겉; 점화; 구타 (zurra); (시험의) 어려운 문제; 농담 (chasco); 무두질; 【새】까치.
pegadizo, za 형 차고 끈적끈적하는, 아교질의, 붙는, 접염하기 쉬운 (pegajoso); 허위의 (postizo), 사람에게 착 달라붙는.
pegajoso, sa 형 전염하기 쉬운 (contagioso), 유혹이 심한; 끈적끈적하는, 달라 붙는, 치근치근한.
pegar [8] pagar] 타 ①「a·con·en·…에게·과」(찰싹) 달라 붙이다, 바르다, 꿰메다. *Pegue* usted este papel *en* la pared. 이 종이를 벽에 발라 주시오. *Pega un botón a esta camisa*. 이 와이셔츠에

pegote 몡 고약, 오랫동안 붙어있는 식객.

peguero 몡 송진 채취인, 송진 상인.

pegujalero 몡 목축업자, 작은 목장 주인.

peinado, da 혱 빗질한, (화장) 손질을 한; 머리털을 바싹 꼬부려 붙인. 몡 빗질한 머리, 이발; 헤어 스타일. 예 머리를 빗기. ~

peinar 타 (…의) 머리를 빗다, (빗으로) 빗다, 빗질하다. La madre *peinó* a la niña. 어머니는 딸의 머리를 빗겨 주었다. ◇~**se** 제 머리를 빗다. Ella está *peinándose*. 그녀는 머리를 빗고 있다.

peinado 몡 조발(調髮), 머리 모양. Ese *peinado* te va muy bien. 그 머리 모양이 네게 잘 어울린다.

peine 몡 (머리)빗. Este *peine* me lo compró mi madre. 이 빗은 엄마가 사주었다.

◇ **peineta** 예 (서반아식의) 장식빗.

pejemuller 몡 【동물】 인어(pez mujer).

pejerrey 몡 【물고기】 고등어.

pejiguera 예 난관, 곤란; 당황, 어색함; 증오, 몹시린 남; 무익한 물건.

peladero 몡 (돼지나 새의) 껍질 벗기는 곳; 도박장.

peladilla 예 사탕을 친 아멘드 과자; 조약돌.

pelado, da 혱 무일푼의, 빈털털이의; 벗겨진, 알몸의. El es tan *pelado* como una rata. 그는 아주 가난하다. ◇ **peladez** 예 빈궁, 가난(pobreza).

pelar 타 ① (…의) 머리털을 베다. Quiero que me *pelen* (el cabello) corto. 나는 머리를 짧게 깎고 싶은데. ② (…의) 털·날개를 모두 뽑다. Cuesta mucho trabajo *pelar* los pollos. 병아리의 털을 뽑는 일은 힘이 든다. ③ (…의) 가죽을 벗기다. No puedo *pelar* la manzana bien. 나는 사과 껍질을 잘 벗길 수가 없다.

pelear 재 싸우다, 다투다. Hasta los treinta años *peleamos* contra los viejos. 우리들은 서른 살까지는 노인과 다툰다. ◇~**se** 싸움을 하다. *Se ha peleado* con su novia. 그는 애인과 싸움을 했다. ◇ **pelea** 예 전쟁, 싸움, 다툼.

película 예 ① 엷은 막, 엷은 가죽. Este papel tiene una *película* de pintura plástica. 이 종이에는 플라스틱 도료의 막이 칠해져 있다. ② (영화·사진의) 필름(cinta); 영화(cine). Esta *película* se estrena la semana que viene. 이 영화는 다음 주에 개봉된다. ◇ **peliculero, ra** 혱 영화의. 몡 영화인, 배우(actor, actriz).

peligro 몡 위험(危險) (riesgo). Si no nos damos prisa, hay *peligro* de que lleguemos tarde. 서두르지 않으면, 우리들은 지각할 염려가 있다. Estamos expuestos al *peligro* de la guerra. 우리들은 전쟁의 위험에 직면해 있다. **con** *peligro* **de** …의 위험을 무릅쓰고, **correr peligro** 위험이 있다, 위험하게 되다. Este florero *corre peligro* aquí. 이 꽃병은 여기서는 위태롭다. ◇ **peligroso, sa** 혱 위험한, 위태로운. Este deporte no es nada *peligroso*. 이 스포츠는 조금도 위험하지 않다.

pelo 몡 【해부】 털, 머리털 (cabello). No lleves el *pelo* tan largo. 머리를 그렇게 길게 해 두지 마라. **tomar el pelo a** …을 조롱하다, 놀리다. No me *tomes el pelo*. 나를 조롱하지 마라.

pelota 예 공, 볼 (bola). Es peligroso lanzar en la calle una *pelota*. 공을 길에서 던지는 것은 위험하다.

pelotazo 몡 공으로 때리기.

pelotear 재 회계를 감사하다. 재 공을 던지다, 구기를 하다; [+con] …을 이리저리 던지다; 싸우다, 논쟁하다(reñir).

pelotera 예 (주로 여자들의) 싸움, 논쟁, 논의; 불만.

pelotero 몡 공제조·판매인; 공 담당자; 갑충; 【속어】 여자들의 언쟁 (pelotera).

pelotón 몡 [pelota의 증대사] 군중; 【군대】 분대.

peltre 몡 백납 (남과 주석의 합금).

peluca 예 가발, 가발을 한 사람; 혹독한 힐책·견책.

pelucón, na 혱 긴 머리의. 예 옛날 금화.

peludo, da 혱 【동물】 (남미산의) 고슴도치.

peluquería 예 이발소, 미용원. ◇ **peluquero, ra** 혱 이발의. 몡 이발사, 미용사.

pena 예 ① (형) 벌 (罰). Sufrió una *pena* severa por no haber cumplido su deber. 그는 임무를 다하지 않았으므로, 엄중한 벌을 받았다. ② 고통; 슬픔, 번민. Me

pender 자 [+de : …에] 매달리다. Los frutos *penden* de las ramas. 과실이 가지에 매달려 있다.

pendiente 형 ① [+de : …에] 매달린. En la habitación no había más que una lámpara *pendiente* del techo. 방에는 천장에 매달린 램프가 하나 있을 뿐이었다. ② 미결의·미결제의, 현안중의. Tenemos muchos asuntos *pendientes*. 우리들은 현안 중의 문제를 많이 가지고 있다. 남 귀고리(zarcillo). Llevaba unos *pendientes* muy bonitos. 그녀는 매우 아름다운 귀고리를 하고 있었다.

pendolista 명 [남·녀 동형] 필(기)자, 습자 선생, 서도가; 작가.

pendón 명 기,(통행, 수영 따위의 금지)깃발, 회기, 군기, 단기; (새로 나온 줄기·싹(vástago); 키가 크고 꼴사나운 여자의 별명.

pendonista 남명 (행렬 따위의) 기수.

pendular 형 추의, 흔들이의.

péndulo, la 형 내려 달린, 흔들 흔들하는. 남[물리] 추, 흔들이, 진자.

pene 남[해부] 음경, 남자의 생식기.

penetrar 자 ① (…에) 깊이 들어가다; 침투하다. Oí un grito que *penetraba* los oídos. 나는 귀를 찌르는 듯한 부르짖음을 들었다. El aceite *penetra* las telas. 기름은 헝겊에 스며 든다. 타 ① 간파하다, 이해하다. Nadie podrá *penetrar* este secreto. 아무도 이 비밀을 간파하지 못하리라. ② 깊이 빠지다. El frío *penetra* hasta los huesos. 추위가 뼈에 사무친다. Su amabilidad *penetró* hondamente en mi corazón. 그의 친절은 내 마음속 깊이 사무쳤다. ◇ **penetración** 여 침투; 이해력, 침투력이 강한.

península 여 반도(半島). La *Península* Ibérica se compone de España y Portugal. 이베리아 반도는 서반아와 포르투갈에 의하여 구성되어 있다. *Península* Coreana 한반도. ◇ **peninsular** 형 반도의, 형 반도 사람.

penitencia 여 ① [종교] 속죄, 고행; 벌. Ha cumplido la *penitencia* que le había sido impuesta por el confesor. 그는 참회 청문승(聽聞僧)에 의하여 과해진 속죄의 고행을 끝마쳤다. En *penitencia*, por faltar a tu palabra, te quedarás en casa. 약속을 위반한 벌로, 너는 집에 남아 있거라. ② 괴로움, 고민. ¡Qué *penitencia* tener que limpiar las habitaciones todos los días! 날마다 방을 청소해야 한다니 귀찮은 일이로군!

penitenciaría 여 [종교] 내사원, 감화원, 감옥(cárcel).

penitenciario, ria 형 회의의; 고해를 듣는 사람의. 남 고해를 듣는 신부; 내사원장, 내사원 판사.

penitente 형 회개의, 회오의; 고해의. 남 고해자, 고행자.

penología 여 형벌학, 형무소 관리.

penoso, sa 형 괴로운; 불쌍한. El trabajo era muy *penoso*. 일은 대단히 고되었다. Nos encontramos en una situación *penosa*. 우리들은 괴로운 입장에 있다.

pensar [19] 타 ① 생각하다. ¿Qué *piensa* usted de él? 당신은 그에 대하여 생각합니까. *Pienso* que llegará pronto. 그는 곧 도착하리라고 생각한다. ② 의도하다. *Pienso* quedarme aquí una semana más. 나는 앞으로 1주일 더 이곳에 있을 예정이오. 자 ① [+en : …에 관하여] 생각하다. Siempre *he pensado* en ti. 나는 언제나 네 일을 생각해 왔다. ② [+en+inf. : …하려고] 생각하다. *Pienso en* salir por la tarde. 나는 오후에 외출하려고 생각하고 있다. ◇ **pensador, ra** 사색적인, 사려깊은. 남 사상가. ◇ **pensamiento** 남 생각, 사고(력), 의도, 구상. ◇ **pensativo, va** 형 생각에 잠긴.

pensión 여 ① 연금, 은금, 급비. La vieja vive de una *pensión*. 노파는 연금으로 생활하고 있다. ② 하숙집(casa de huéspedes); 여관; 하숙비. Estoy buscando una *pensión* barata y buena. 나는 값싸고 좋은 하숙집 (여관)을 찾고 있다. ¿Cuánto cuesta la *pensión* completa? 식사 포함 (전부의) 하숙비는 얼마나 가요.

pensionado, da 형 은금·급비를 받고있는 (수금자); 급비생. 남 기숙사가 있는 학교.

pensionar 타 …에 은금·급비·연금·조성금을 주다.

pensionista 남여 은금 생활자; 기숙생, 하숙인.

pentaedro 남 5면체.

pentágono, na 형 5각의. 남 5각형.

pentágrama 남 [음악] 오선지, 악보표.

pentasílabo, ba 남 5음절의 (싯귀).

penúltimo, ma 형 끝에서 두번째의. Mira la página *penúltima*. 끝에서 2페이지를 보십시오.

penumbra 여 땅거미. Un hombre se levantaba en la *enumbra* 어스름 속에 한 사내가 서 있었다. ◇ **penumbroso, sa** 형 땅거미가 진.

peña 여 바위; 바위산. Vamos a subir hasta aquella *peña* que se ve cerca de la cima. 정상 가까이에 보이는 저 바위까지 올라 가자.

peón 남 인부; 공사장 인부. Al llegar al camión, los *peones* lo descargaron en seguida. 트럭이 도착하자 인부들이 즉시 그것을 버렸다; 트럭이 닿자 인부들이 바 로 그 짐을 내렸다.

peor [malo, mal의 비교급] 형 더욱 나쁜. No hay *peor* sordo que el que no quiere oir. 들으려고 하지 않는 사람보다 더 나 쁜 귀머거리는 없다. ② 보다 나쁘게. Trabaja *peor* que ella. 그는 그녀보다도 능률이 나쁘다. lo *peor* 가장 나쁜 일. Lo *peor* es no hacer nada. 제일 나쁜 일은 아무것도 하지 않는 일이다.

pepino 남 (식물) 오이.

pepita 여 (수박 따위의) 씨; 금·은 덩어리; 닭의 전염병.

pepitoria 여 내장, 간, 폐, 장 등으로 만든 요리; 잡동사니.

pepona 여 인형 (장난감).

pepsina 여【생물·화학】펩신.

peptona 여【생물·화학】펩톤.

pequeño, ña ① 작은. Este sombrero es *pequeño* para mí. 이 모자는 나에게는 작 다. ② 근소한, 사소한. No hagas caso de tan *pequeña* cosa. 그런 사소한 일을 문제 삼지 마라. ③ 어린. Cuando yo era *pequeño*, vivía en el campo. 나는 어릴 때, 시골에 살고 있었다. 남 어린이. ¿Cómo están los *pequeños*? 어린이들은 어찌하고 있는가. ◇ **pequeñez** 여 작 은·사소한 일; 근소. ◇ **pequeñuelo, la** [pequeño의 축소형] 형 조그만. 남 어린 이.

pera 여【과실】배. ◇ **peral** 남 배(나무).

percal 남 옥양목.

percance 남 재난; 임시 수당; 불행, 불운.

percatarse 재타 [+de]…을 납득하다; 조 심하다, 보초서서 지키다; 충분히 생각하 다.

percebe 남 식용 바다 조개; 바보.

percepción 여 지각, 생각, 이해 (idea); 접수, 수령, 관념.

perceptible 형 지각할 수 있는; 징수할 수 있는.

perceptivo, va 형 지각의.

perceptor, ra 형 지각하는; 수령·징수하 는 (사람).

percibir 타 ① 느끼다, 지각하다; 이해하 다. No *percibo* bien lo que dices. 네 말 이 잘 이해가 안 된다. ② (돈을) 받다. *Percibe* un sueldo de cien pesos al mes. 그는 매월 100뻬소의 급료를 받는다.

perder [20] 타 ① 없애다, 잃다. He perdido mi reloj. 나는 시계를 잃었다. *Perdió* a su padre cuando pequeño. 그는 어렸을 때 부친을 여위었다. ②(승부에) 지다 [⇔ ganar]. *Perdió* el pleito. 그는 소송에 졌다. 자 손해보다; 지다. Jugó y *perdió*. 그는 내기를 하여 졌다. ◇~**se** 깊숙이, 보이지 않다. Se me ha *perdido* el recibo. 영수증이 없어졌다. ② 파멸·타락하다; 썩다. En verano la comida se *pierde* pronto. 이 여름에는 음식이 곧 썩는다. ③ 길을 잃다(extraviarse). Me he *perdido*. 나는 길을 잃었다. Temo que los niños *se hayan perdido* en el bosque. 어 린애들은 숲속에서 길을 잃은 것이 아닌가 하고 나는 걱정하고 있다. ◇ **pérdida** 여 상실; 손실; 패배 (敗北). ◇ **perdidamente** 부 홀딱 빠져, 미쳐서; 헛되이 (en vano).

perdidizo, za 형 고의로 잃어버린. hacer *perdidizo* 숨다. hacerse *perdidizo* 도박꾼 이 때때로 카드를 고의로 잃어버리다; 패배한 얼굴을 하다. hacerse el *perdidizo* 살그머니 도망가다.

perdido, da 형 잃은; 길을 잃은, 방탕한, 난봉피는, 잘못 지도된, 잘못 안; 파멸 한, 타락한, 행방불명의, 자포자기의. 남 예비 인쇄. 타락한 사람; 악 당, 건달.

perdis 남【단·복수 동형】방탕자.

perdiz 여【새】자고새.

perdón 남 용서, 사면 (赦免). *Perdón*, señor;me había equivocado. 용서해 주세 요; 내가 잘못했습니다. Te pido *perdón* por no haberte escrito por tanto tiempo. 오랫동안 편지를 쓰지 않은 걸 용서하 시오. ◇ **perdonable** 형 용서하게 되는; 못본체 하여지는.

perdonar 타 ① 용서하다, 사면하다. *Perdóneme* usted por haberle molestado. 폐 를 끼쳤습니다; 용서하십시오. ② 제외하 다; 눈감아주다. Nos lo contó sin *perdonar* detalle. 그는 우리들에게 자초지종을 그 일을 말해 주 .다.

perdurar 자 오래 계속되다, 오래 견디다. Este recuerdo *perdurará* en nuestra memoria. 이 추억은 우리 기억에 오래 남 을 것이다. ◇ **perdurable** 형 오래계속하는.

perecer [39] 자 죽다. En ese accidente de expulsión *perecieron* muchas personas. 그 폭발 사고로 많은 사람이 죽었다. ◇ **perecedero, ra** 형 오래 지속되지 않는, 언젠가는 죽는 다하는.

peregrino, na ① 순례·순례의. ② 진귀 한; 아름다운, 훌륭한. Este es un caso *peregrino*. 이것은 희한한 사례이다. 남 순례순례자. Muchos *peregrinos* van a

peregrinación 에 순력, 순례; 인생행로. ◇ **peregrinar** 재 순력·만유하다, (성지를) 순례하다.

perenne 휑 ① 지속적인; 불멸의, 영구한 (permanente). Todo el mundo desea una juventud *perenne*. 모든 사람은 영원한 젊음을 바란다. Quiero plantar árboles de hoja *perenne*. 나는 상록수를 심고 싶다. ② [식물] 다년생의. *planta perenne* 다년생 식물. ◇ **perennidad** 에 지속성; 불멸성.

pereza 에 나태; 나른함. Todavía no tengo terminada la obra por *pereza*. 나는 게으름 피우고, 아직 일을 안 끝냈다. Me da mucha *pereza* escribir una carta. 나는 편지를 쓰는 것이 아주 싫다. ◇ **perezoso, sa** 휑 나태한; 게으른(holgazán). 남 게으름뱅이. ◇ **perezosamente** 분 지척듯이, 게으리.

perfección 에 ① 완전(성). Siempre buscamos la *perfección* en nuestro trabajo. 우리들은 언제나 일의 완전성을 찾는다. ② 완성, 완료. Debéis continuarlo hasta su completa *perfección*. 너희들은 그 일을 완전무결할 때까지 계속해야 한다. ③ [종교] 완덕(完德). *camino de perfección* 완덕의 길. ◇ **perfeccionamiento** 남 완성, 완료. ◇ **perfeccionar** 타 완전한 것으로 만들다; 완성하다, 마무리하다. Quiero *perfeccionarme* en la conversación española. 나는 서반아어 회화를 마스터하고 싶다.

perfecto, ta 휑 ① 완전한, 완전무결한. No existe el hombre *perfecto*. 완전한 인간이란 존재하지 않는다. No les gusta el hombre *perfecto* a las mujeres. 여자들은 완전한 남자를 싫어한다. ② [문법] 완료의. *tiempo perfecto* 완료시제. ◇ **perfectamente** 분 완전하게; 전혀; 과연.

pérfido, da 휑 부실한, 불충실한(desleal), 부정(不貞)한. Ella es una mujer *pérfida*. 그녀는 부정한 여자이다. ◇ **perfidia** 에 부실, 불충, 부정(不貞).

perfil 남 ① 옆얼굴; 측면. Tiene un *perfil* muy bonito. 그녀는 옆얼굴이 매우 아름답다. ② 윤곽(輪郭). El *perfil* de las montañas fue apareciendo poco a poco sobre el horizonte. 산들의 윤곽이 지평선에 조금씩 나타났다. *de perfil* 측면에·에서. Le vi *de perfil*. 나는 그를 옆에서 보았다.

perfilado, da 휑 가름한; 윤곽이 바른 (코, 얼굴 따위).

perfilar 타 …의 윤곽을 그리다; 반면상을 그리다; 경사지다, …쪽으로 구부러지다. ◇~se 경사지다, …쪽으로 향하다; (걸치레의, 화려한) 화장을 하다.

perforación 에 구멍을 뚫기, (재봉틀 따위로 뚫는) 바늘구멍.

perforar 타 (…에) 구멍을 뚫다. Quiero que *perforen* esta tabla. 이 판자에 구멍을 뚫어야 한다. ◇ **perforador, ra** 휑 구멍뚫는. 에 구멍뚫는 기계, 구멍뚫는 펀치. 남 착암기, 곡괭이.

perfume 남 ① 향내, 냄새. ¡Qué *perfume* tiene esta flor! 이 꽃은 좋은 향내가 나는 군! ② 향, 향수. Quisiera un buen *perfume*. 좋은 향수가 필요한데. ◇ **perfumar** 타 향내 나게 하다. Las flores *perfuman* el ambiente. 꽃들이 근처 공기를 향기롭게 한다. 재 향내나다. ◇ **perfumería** 에 향수 제조소; 화장품 상점. ◇ **perfumista** 명 향수 제조인; 화장품 판매원.

pericial 휑 감정인(鑑定人)의.

periclitar 재 위험속에 처해있다, 쇠약해지다, 기울다, 부패하다, 쇠퇴하다.

pericón, na 휑 융통이 잘되는, 모든 것에 잘 들어 맞는. 남 큰 부채: 아르헨띠나의 무용.

pericote 남 [동물] (남미산의) 큰쥐.

periecos 남 복 지구의 같은 위도의 반대편에 사는 사람.

periferia 에 주위, 주변, 외변; 교외.

periférico, ca 휑 주의(주변, 외변)의.

perifollo 남 [식물] (생명 요리용의) 산미삼. 에 겉치레의 사치스러운 여자용 장신구.

perifonear 타 방송하다(radiar).

perifrasi(s) 에 [수사] 멀리 돌려 말하는 표현법, 우설법.

perifrástico, ca 휑 멀리 돌려서 말하는, 우설의, 긴, (글·말이) 쓸데없이 긴.

perigeo 남 [천문] 근지점(달·행성이 지구에 가까워지는).

periódico, ca 휑 정기(간행)의; 주기적인. *revista periódica* 정기 간행 잡지. 남 신문; 정기 간행물. Lo he leído en el *periódico* de esta mañana. 나는 그 일을 오늘 아침 신문에서 읽었다. ◇ **periodismo** 남 저널리즘, 신문계. ◇ **periodista** 명 신문인; 신문기자. ◇ **periodístico, ca** 휑 신문의, 신문노조의.

periodo/período 남 ① 시기, 기간, 시대. Estuve en el campo durante el *periodo* de vacaciones. 나는 휴가동안 시골에 있었다. ② 주기(週期). La Tierra da una vuelta alrededor de su eje en un *periodo* de 24 horas. 지구는 24시간의 주기로 지축을 일주한다. ③ (1학과 1회분의) 수업시간, 시한(時限).

periostio 남 [해부] 골막.

peripatético, ca 휑 아리스토텔레스학파의

peripecia 　　　　　　　　　　294　　　　　　　　　　**perseguir**

(사람); 걸어 돌아다니는; 소요학파의; 순회하는.

peripecia 여 (국면의) 급전; 사건; 인생의 기복, 우여변천.

periplo 여 연안 일주 항행, 일주 항행기.

peripuesto, ta 형 대단히 좋은, 훌륭한, 대단히 명랑한; 의복이 단정한, 멋진.

periquear 자 구애·구혼하다; 황홀해지다.

periquete 여 순간, 찰나. en un periquete 곧, 바로.

periscopio 여 잠만경, 전망경.

peristáltico, ca 형 (내장의) 운동 운동의, 꿈틀운동의.

peritación 여 감정(업); 특수한 기능.

peritaje 여 감정; 감정, 감정료; 기능.

perito, ta 형 숙련한. Se ha vuelto muy *perito* en materia de vinos. 그는 포도주에 관해서는 대단한 전문가로 되어 있다. 여 하급 기사, 전문가; 감정인. Es *perito* agrícola. 그는 농업 기사이다.

perjudicar [7 sacar] 타 (…에게) 폐를 끼치다, 손상하다, 해치다. No tengo ninguna intención de *perjudicar*te. 네게 폐를 끼칠 생각은 조금도 없다. El tabaco *perjudica* mucho la salud. 담배는 매우 건강을 해친다.

perjuicio 여 해, 손해. El granizo ha causado graves *perjuicios* a las cosechas. 우박이 수확물에 큰 손해를 입혔다.

perjudicial 형 유해한. El alcohol es *perjudicial* para la salud. 술은 건강에 해롭다.

perla 여 진주. Ella llevaba un collar de *perlas*. 그녀는 진주 목걸이를 하고 있었다.

permanecer [30 crecer] 자 ① 체재하다. ¿Cuánto tiempo *permanecerá* usted en esta ciudad? 이 도시에서 얼마쯤 체재하시겠습니까? ② 변하지 않고 (어떤 상태)대로 있다. Me llamaron, pero yo *permanecí* inmóvil. 나는 부름을 받았지만, 움직이지 않고 가만히 있었다.

permanente 형 ① 영속적인, 내구성이 있는. Todos desean la paz *permanente*. 모두들 항구적 평화를 바라고 있다. ② 고정의; 상설·상치(常置)의. comité *permanente* 상설 위원회. 여 머머. Quiero hacerme la *permanente*. 나는 파머를 하고 싶다. ◇ **permanencia** 여 영속성, 내구성; 불변, 상설, 상치; 체재.

permiso 여 ① 허락, 허가. Voy a pedirle *permiso* para salir. 나는 외출 허가를 그에게 부탁해 보겠다. ② 면허장, 감찰. ¿Tiene usted *permiso* para llevar armas de fuego? 화기(火器) 소지 허가증을 가지고 있나요. con su *permiso* 실례합니다; 실례합니다(남의 앞을 지나갈 때 따위). Con su *permiso* voy a telefonear. — Por favor. 잠깐 실례하고 전화를 걸고 오겠습니다. — 예. 그러세요.

permitir 타 ① 허락하다, 허가하다; 묵인하다. ¿Me *permite* usted hacerle [que le haga] una pregunta? 질문해도 될까요. ② 가능하게 하다. Aquellos restos nos *permiten* formarnos una idea de lo que fue. 그 잔해들은 그것이 무엇이었던가 우리들에게 짐작을 하게 한다. ◇ ~se ① 허락받다. No se *permite* fumar aquí. 여기에서 흡연은 허락되어 있지 않다. ② [+inf.] 미안해 하면서 …하다. Me *permito* escribirle una carta. 실례이지만 편지를 드립니다.

permuta 여 교환; 전환; 경질.

permutabilidad 여 교환(가능성), 교대(성), 교체.

permutable 형 바꿔 넣을 수 있는; 【수학】 순열로 만들 수 있는.

permutar 타 [+con·por] 대체하다, 교환하다. 【수학】 순열하다; 경질하다, 바꾸어놓다.

pernada 여 다리를 난폭하게 움직이기, 바로 차기, 발길질하기.

pernear 자 다리를 흔들다, 목적을 달성하기 위하여 사면으로 헤매다, 일이 잘 안 되어서 초조하다.

pero 접 ① 그러나(mas, sin embargo). Ella es habladora, *pero* no es nada orgullosa. 그녀는 말이 많다, 그러나 전혀 거만한 점이 없다. El vive en una casa pequeña, *pero* cómoda. 그는 작지만 쾌적한 집에서 살고 있다. ② [글 머리에서 강조적으로] 그런데, 그러나. Pero, ¡qué frío hace! 그런데 왜 이리 춥지!

perpetuo, tua 형 ① 영구한; 무한한. Guardaba un *perpetuo* silencio. 그는 오랜 침묵을 지키고 있었다. ② 종신의. Cobra una renta *perpetua*. 그는 종신 연금을 받고 있다. ◇ **perpetuidad** 여 영구(성); 무한; 영세(永世).

perplejo, ja 어리둥절한. Ante ella se quedó *perplejo*. 그는 앞에서 그는 어리둥절한 느낌을 가졌다. ◇ **perplejidad** 여 당혹; 곤란한 일.

perro, rra 여 【동물】 개. El *perro* es amigo del hombre. 개는 인간의 친구이다. hijo de *perro* 개새끼, 개자식. 여 화폐. *perra chica* 5센티모화(貨). *perra grande* 10센티모화. ◇ **perrito** 여 [*perro*의 축소형] 강아지.

persa 형 페르시아(Persia)의. 공 페르시아 사람. 여 페르시아말.

perseguir [40 seguir] 타 ① 추적·추구하다. Siempre *persigue* la fama. 그는 언제나 명성을 추구하고 있다. No *persigas* a la esa mujer. 그런 여자를 쫓아 다니지 마라. ② 박해하다; 피롭히 하다, 곤란케 하다. Le *perseguían* los remordimientos. 후회가 그를 괴롭혔다. ◇ **persecución** 예 추적, 추구; 박해. Los judíos han sufrido *persecuciones* en todas partes. 유태인은 도처에서 박해를 받아 왔다.

persistir 자 ① [+en: …을] 고집하다; 완고하다. *Persiste en* la idea de negarlo. 그는 그것을 부정할 생각을 고집하고 있다. ② 오래 계속하다. Todavía *persiste* la gravedad. 아직 위독상태가 계속되고 있다. ◇ **persistencia** 예 집요함; 영속성. **persistente** 형 집요한; 완고한; 영속성이 있는.

persona 예 ① 사람. No hay ninguna *persona* que hable mal de él. 그에 대하여 나쁘게 말하는 사람은 아무도 없다. Aquí no caben más que nueve *personas*. 이곳에는 9명 밖에 못 든다. ② 신체, 풍채, 인격. ¿Qué clase de *persona* es él? 그는 어떠한 인품인가. ③【문법】인칭. *tercera persona* 제 3인칭; 제삼자; 중개자. Lo supe por una *tercera persona*. 나는 제삼자를 통해서 그것을 알았다. *en persona/por su persona* 자신이. Será mejor que se los digas a él *en persona*. 네 자신이 그에게 그 말을 하는 게 좋겠다.

personaje 남 ① (작품 중의) 인물, 출연자. ¿Quién es el *personaje* principal de la película? 그 영화의 주역은 누구냐. ② 명사(名士). La fortuna convierte a cualquier tonto en todo un *personaje*. 재산은 어떠한 바보라도 제법 명사로 만든다 (바꾼다).

personal 형 ① 사람의, 자신의; 개인적인 (individual, particular). Ese es un asunto *personal*. 그것은 개인적인 문제이다. Estas ropas son de mi uso *personal*. 이 옷가지는 내 개인용이다. ② 【문법】 인칭의. *pronombre personal* 인칭 대명사. 남【집합적】 인원, 직원; 인사(人事). Todo el *personal* del laboratorio asistió a la ceremonia. 연구소의 전 직원이 식전에 참석했다. ◇ **personalidad** 예 인격; 개성; 명사(名士). ◇ **personalmente** 자신이. Vino *personalmente* a verme. 그는 자신이 직접 나를 보러 왔다.

perspectiva 예 ① 원경(遠景), 전망. Desde aquí se divisa una hermosa *perspectiva* de la playa. 여기에서 해안의 아름다운 경치가 보인다. ② 전망, 예견. Las *perspectivas* del nuevo negocio son muy prometedoras. 새 사업의 전망이 매우 유망하다. *en perspectiva* 먼 곳에; 장래에. Tengo *en perspectiva* un buen traba-jo. 나에게는 좋은 일이 있을 듯하다.

pértiga 예 긴막대, 장대, 회초리; 키가 크고 홀쭉한 여자; (봉고도의) 막대.

pertinacia 예 완고, 고집; 완강, 집요; 영속.

pertinaz 형 굽히지 않는, 고집센; 집요한, 완고한(tenaz), 자기의 설을 고집하는, 오래 계속하는(duradero).

pertinencia 예 적절, 타당.

pertinente 형 적절한(oportuno).

pertrechar 타 장비하다; [+de·con…을] 갖추어놓다; (군용을) 정비하다, 비치하다. ◇~**se** [+de·con] 필요한 물건을 준비하다.

pertrechos 남복 무기, 탄약; 용구, 도구.

pertenecer [30 crecer] 자 ① [+a: …에] 속하다. Este terreno *pertenece* al Estado. 이 토지는 국유이다. *Pertenece al* partido republicano. 그는 공화당에 속하고 있다. ② [+a: …의] 일·책임이다. A mí no me *pertenece* limpiar la habitación. 방을 소제하는 것은 내 일이 아니다. ◇ **perteneciente** [+a: …에] 속하는, 관한. ◇ **pertenencia** 예 소유·소속·부속(물).

perturbar 타 어지럽히다; 소란케하다; 동요·혼란시키다. Le *perturbó* la noticia del accidente. 사건의 통지는 그를 동요케 했다. ◇~**se** 어지러워지다; 당황하다; 동요하다. Es un hombre muy sereno y no *se perturba* por nada. 그는 극히 침착한 사람이어서 어떤 일이 있어도 당황하지 않는다. ◇ **perturbación** 예 혼란, 동요; 정신 착란. ◇ **perturbador, ra** 형 인심을 어지럽히는; 교란·방해자. La conferencia fue interrumpida por unos *perturbadores*. 강연은 몇몇 방해자에 의하여 중단되었다.

peruano, na 형 페루(Perú)의. 명 페루사람.

pesadilla 예 악몽; 공포; 불안(不安). Tuvo una terrible *pesadilla* aquella noche. 그 밤에 그는 무서운 악몽을 꾸었다.

perversidad 예 사악, 심술궂음, 완고, 괴팍; 악의, 원한; (병의) 악성, 불치.

perversión 예 혼란, 착란, 퇴폐, 타락;【심리】성도착.

perverso, sa 형 심술궂은, 고집센, 사악한, 타락한 (사람), 괴팍한, 근성이 비뚤어진, 해로운.

pervertido, da 형 성도착한 (자).

pervertir 타 혼란하게·착란하게 하다 (perturbar), 악용하다, 곡해하다; 타락시키다(viciar); (서류를) 흐트러 뜨리다. ◇~**se** 착란·타락하다.

pesa 예 저울추, 평형추, 낚시질의 쇠도구; 무게, 책임.

pesado, da 형 ① 무거운 [↔ ligero]. La piedra es muy *pesada*. 그 돌은 매우 무겁다. Tengo la cabeza *pesada*. 나는 머리가 무겁다. ② 둔중한. Es muy *pesado* en el trabajo. 그는 일이 매우 느리다. ③ (일기가) 무더운, 불쾌한. ¡Qué tiempo tan *pesado*! 무슨 일기가 이렇게 무더운고! ④ 성가신. Los niños están hoy muy *pesados*. 어린이들이 오늘은 매우 성가시다. ⑤ 괴로운. Es *pesado* levantarme tan temprano. 그렇게 일찍 일어나는 건 괴롭다. ◇ **pesadamente** 분 무겁게; 느릿느릿; 성가시게; 약랄하게. ◇ **pesadez** 여 무게, 중력; 느림보; 비만; 마음이 무거움, 성가심. Siento mucha *pesadez*. 나는 대단히 피로를 느낀다.

pesadumbre 여 슬픔, 괴로움, 걱정. Me da *pesadumbre* que te marches a un lugar tan lejano. 네가 그렇듯 먼 곳으로 가버리니 슬프다.

pésame 남 조문, 위문, 조사(弔辭). Le doy mi sincero *pésame* por el fallecimiento de su madre. 어머님의 서거를 진심으로 슬프게 생각합니다.

pesar 타 (무게를) 달다. ¿Quiere usted *pesar* esta carta? 이 편지의 무게를 달아 주십시오. 자 ①무겁다, 무게가 … 이다. ¡Cómo *pesa* esta piedra! 이 돌은 왜 이리 무겁지. Esta maleta *pesa* 15 kilos. 이 여행가방은 무게가 15킬로그램이다. ②부담·무거운 짐으로 되다. Le *pesaba* la responsabilidad. 책임이 그에게는 무거운 짐으로 되어 있었다. ③감안하다. En esta decisión no *ha pesado* ninguna consideración personal. 이 결정에는 개인적인 고려는 일체 감안하지 않았다. 남 슬픔, 괴로움; 후회. Esta noticia le causó gran *pesar*. 그 소식은 그녀에게 커다란 슬픔을 가져왔다. Tengo mucho *pesar* por haber faltado a mi palabra. 나는 약속을 지키지 않았던 일을 무척 후회하고 있다. *a pesar de* …에도 불구하고. *A pesar de* los años, es muy fuerte. 그는 연령에 불구하고 매우 힘이 세다.

pescar [7 sacar] 타 ① (물고기를) 잡다, 낚다. Hoy *he pescado* muchos peces. 오늘 나는 물고기를 많이 낚았다. ② 잘 붙들다. *Pescó* un buen destino. 그는 좋은 직업을 붙들었다. ◇ **pesca** 여 낚시질, 고기잡이, 어업; 어획(물). *pueblo de pesca* 어촌(漁村). ◇ **pescado** 남 (식품으로서의) 생선. ◇ **pescadería** 여 생선가게. ◇ **pescador, ra** 어부.

peseta 여 뻬세따 [서반아의 화폐단위].

pesimismo 남 비관(론); 염세(관).

pesimista 형 비관적인, 염세적인. No seas *pesimista*; todo tiene arreglo. 비관하지 마라; 모든 것이 마무리 되겠지. 명 비관주의자; 염세가.

pésimo, ma [malo의 절대 최상급] 형 더없이 나쁜, 극악한. Me dio a beber un vino *pésimo*. 그는 대단히 지독한 포도주를 내게 먹였다.

peso 남 ① 무게, 중량. Esta carta tiene exceso de *peso*. 이 편지는 무게가 초과하고 있다. ② 우울함; 피로함. Siento *peso* en las piernas. 나는 다리가 무겁다. ③ 부담, 무거운 짐. Siente el *peso* de la responsabilidad. 그는 책임의 무거움을 느끼고 있다. ④ 저울. Ese *peso* está roto. 그 저울은 부서졌다. ⑤ 뻬소 [서반아제국의 화폐 단위]. ¿Lo quiere usted todo en *pesos*? 그것을 전부 뻬소로 희망하십니까. *peso bruto* 총량. *peso específico* 비중. *peso neto* 실지 중량.

pespunte 남 꿰매기.

pespunt(e)ar 타 꿰매다.

pesquería 여 고기잡이, 낚시질; 어장.

pesquero, ra 어업의, 고기잡이의; 어장. *convención pesquera* 어업 조약.

pesquis 남 예민함(agudeza).

pesquisa 여 조사, 수색. Inmediatamente la policía hizo *pesquisa* del asunto. 즉시 경찰은 사건의 조사를 하였다.

pestaña 여 ①【신체】눈썹. Se me ha metido una *pestaña* en el ojo. 나는 눈썹이 눈 속에 들어갔다. ② 가, 가장자리; 솜털. ◇ **pestañear** 자 눈을 깜박이다. Miraba el cuadro sin *pestañear*. 그는 눈도 깜박이지 않고 그 그림을 보고 있었다.

pestífero, ra 형 페스트균을 가진; 해로운.
◇ **peste** 여 흑사병, 페스트.

pétalo 남 【식물】꽃잎, 화판.

petardear 타 폭파하다, 사취하다, 사기치다, 돈을 꾸어쓰고 갚지않다(estafar). 자 (옛날에 성문 깨뜨리는) 폭발화포로 성문을 때려 부수다; 폭파하다.

petardeo 남 폭파; (연속적인) 폭음.

petardista 형 [남·여 동형] 사기꾼, 횡령자, 협잡꾼.

petardo 남 폭죽; 지뢰, 총소리 나는 불꽃; 속이기, 사기, 실망. *pegar un petardo* …을 속이다.

petate 남 잠잘 때 까는 돗자리, 침구, 옷보따리; 수하물. *liar el petate* 이사하다; 죽다.

petición 여 소원, 신청·청원·탄원(서). Esperamos que nuestra *petición* sea atendida sin perder tiempo. 이쪽의 소원이 즉시 배려되도록 희망합니다.

petróleo 남 석유(石油). Usamos estufas de *petróleo*. 우리들은 석유 난로를 쓰고 있다. *petróleo bruto* 원유(原油). *petró-*

pez

leo crudo 중유(重油). *petróleo sintético* 합성 섬유. *pozo de petróleo* 유정(油井). ◇ **petrolero, ra** 휑 석유의, 제유의. *industria petrolera* 석유 산업. 閨 조선, 석유 운송선. 閨 석유 상인. 閨 유전(油田).

pez [閨 peces] 휑 아스팔트; 역청(瀝靑) 타르; 송진. Esto huele a *pez*. 이것은 타르 냄새가 난다. 閨 물고기. Por la boca muere el *pez*. [속담] 입은 재앙의 문.

piadoso, sa 휑 인정 많은, 효도의; 신심 깊은, 경건한. Es una mujer *piadosa* 그녀는 매우 인정 많은 여자이다. ◇ **piadosamente** 휑 경건하게.

piano 閨 【악기】 피아노. Ella toca el *piano* divinamente. 그녀는 피아노를 훌륭하게 친다. ◇ **pianista** 閨 피아노 연주자, 피아니스트.

piara 휑 (돼지·양·말·소 따위의) 무리.

piastra 휑 【화폐】 피아스톨.

pica 휑 (옛날의) 창; (투우용의) 단창; (석공의) 돌 다루는 뾰족한 망치(escoda).

picacho 휑 꼭대기, 산봉우리.

picadero 閨 (기병대의) 마술 교관; 승마학교.

picadillo 閨 잘게 썰어 다진 고기요리; 고기와 야채를 넣은 요리

picado, da 휑 뜨끔하게 찌르는; 홀딱 반한; 자극받은·된; 새겨진, 조금씩 구멍을 뚫는, 구멍투성이의, 벌레먹은, 물결치는 (바다 따위). 閨 잘게 썰어 다진 고기 요리(picadillo); 줄의 음을 찍어 그리는 그림; 점무늬; 【항공】 급강하. 閨 찌르기, 찌른 상처(picadura); 주둥이로·쪼으기(picotazo).

picador 閨 기마 투우사.

picar [7] sacar] 🖪 ① 찌르다; (벌레가) 물다. Me *picó* una abeja. 나는 벌에 쏘였다. ② 【鬪】 쏘다; 쥐어 뜯다. El pájaro me *pica* en un dedo. 그 새는 내 손가락을 쪼았다. ② 자극하다. Sus palabras me *picaron* la curiosidad. 그의 말은 내 호기심을 자극했다. ④ (잘게) 썰다. El cocinero *pica* carne. 요리사가 고기를 썬다. 閨 ① [+en: ...을] 쏘아 먹다. ② 자극하다; 근질댄다. Hay comida que *pican* mucho. (혀를) 뜨끔하게 하는 듯한 요리가 있다. Me *pica* la espalda. 나는 등이 가렵다. ◇ -se ① 썩기 시작하다, 상하다; (술이) 시어지다. El vino empieza a *picarse*. 포도주가 시어지기 시작했다. ② 성내다. Se *picó* con ella por una burla que le hizo. 그녀는 자기에게 조롱당하여 성을 냈다. ③ 구멍 투성이가 되다.

picante 휑 매운.

picaresco, ca 휑 장난꾸러기의; 악당 (pícaro)같은; 교활한.

pícaro, ra 휑 장난꾸러기의; 교활한; 째먹지 못한. 閨 악당.

pico 閨 ① (새의) 부리, 주둥이. ¡Qué *pico* tan agudo tiene esa ave! 저 새는 날카로운 부리가 있군! ② (병 따위의) 주둥이. ¡Cuidado con el *pico* del jarro! 주전자 주둥이에 주의! ③ 소량, 우수리, '자투리. Son las ocho y *pico*. 8시 조금 지났다. Tengo trescientas y *pico* pesetas. 나는 300페세타하고 조금 더 있다.

picolete 閨 (자물쇠의) 고리쇠.

picotear 🖪 (새가 부리로) 쪼다; (말이) 머리를 흔들다; 지각없이 지껄이다, 서로 욕하다.

picotería 휑 수다스러움, (말·문장의) 유창, 능변; 잡담, 뒷공론.

picotero, ra 휑 논쟁하는, 지껄이는, 객적은 말을 하는.

pictografía 휑 그림 문자.

pictórico, ca 휑 회화의.

picudo, da 휑 부리가 있는, 뾰족하게 나온; 논쟁하는, 지껄이는, 서툰 말로 재잘대는.

pichel 閨 물주전자.

pichón 閨 새끼 비둘기.

pie 閨 【해부】 발. Me duele el *pie*. 나는 발이 아프다. ② 대, 토대. El *pie* de la lámpara está roto. 램프 받침이 부서졌다. ③ 발밑, 뿌리, 산기슭. Nos sentamos al *pie* del árbol. 우리들은 나무 밑둥에 걸터 앉았다. *a pie* 걸어서. Vamos *a pie*. 걸어 가자. 🕭 [en] 서서. El tren estaba tan lleno que yo fui *de pie* por todo el camino. 열차가 붐벼서 나는 줄곧 서 있었다. Se puso *en pie*. 그는 일어섰다.

piedad 휑 공경하는 마음; 효행; 자비(慈悲). Tiene mucha *piedad* de los desgraciados. 그녀는 불행한 사람들에 대한 자비심이 두텁다.

piedra 휑 돌, 돌멩이. Su casa es de *piedra*. 그의 집은 석조이다.

piel 휑 ① 껍질; 피부. Quítale la *piel* a la manzana. 사과 껍질을 벗겨 주십시오. Tienen la *piel* rojiza. 그들은 불그레한 피부를 하고 있다. ② 모피(毛皮); 피혁, 가죽(cuero). Las mujeres desean un abrigo de *piel* [*pieles*]. 여성은 모피 외투를 좋아한다.

pierna 휑 【해부】 무릎; 다리 [비교: *pata*]. Se rompió una *pierna* en el choque. 충돌로 부르짐이 한 개 굽었다. ② 방 (habitación, cuarto). Mi *pieza* mira al jardín. 내 방은 뜰에 면하고 있다. ③ 수확물. Hoy hemos cogido muchas *piezas*. 오늘 우리는 수확이 많았다. ④ 한 개·한 필·한 장·한 권 (따위). Quiero una

pieza de esta tela. 나는 이 옷감이 한 필 필요하다. ⑤ 한 편의 작품·악곡·각본·시문). ¿Quieres usted tocarme una *pieza* de baile? 무도곡을 한 곡 켜 주지 않겠소. ¿Qué *piezas* se representan este mes? 이 달의 상연물은 무엇인가요. ⑥ 인물, 놈. *buena pieza* (야유) 수상한 놈, 악당. ¡Qué buena *pieza* eres! 너는 고약한 사기꾼이로군!

piezoelectricidad 여 압전기, 퓨즈 전기.

pífano 團 퉁소, 퉁소부는 사람.

pifia 여 큐로 당구공을 잘못 맞추기; 실책, 과실.

pigargo 團【새】꼬리가 둥근 매의 일종.

pigmento 團【생물】색소.

pigmeo, a 형 작은, 소형의; 키가 아주 작은.

pignoración 여 (동산의) 담보로 잡히기, 담보.

pignorar 타 담보로 잡히다(empeñar).

pignoraticio, cia 형 담보의, 저당의; *crédito pignoraticio* 저당 대부.

pijama 團 잠옷.

pila 여 ①쌓아 올림, 무더기. Había una *pila* de leña en el corral. 뒷뜰에는 장작 무더기가 있었다. Tengo una *pila* de cosas que hacer. 나는 산더미만큼 일이 있다. ②물대야, 물통, 조리대;【종교】성수반, 세례. Siempre mantén limpia la *pila* de cocina. 언제나 조리대를 깨끗이 해 두시오. ¿Cuál es su nombre de *pila*? 당신의 세례명은 무엇입니까. ③ 전지(電池). Cambia las *pilas* a la radio. 라디오 전지를 갈아 넣으시오.

píldora 여 환약, 정제; 어려움, 고생, 불행, 재앙, 나쁜 소식.

pilón 團 분수반, 분수지, 분수탑; 짤 준비가 된 포도 더미, 이정표; 획기적 사건, 기둥(처럼 생긴 물건); 물기둥; 밑짚, (원추형의) 고형 사탕.

piloncillo 團 흑사탕.

pilongo, ga 형 마른, 얇은, 빈약한, 불쌍한.

píloro 團【해부】(위장의) 아랫부분.

piloso, sa 형 털이 많은(peludo).

pilotaje 團 수로 안내(료)(practicaje); 조종술; (기초 공사 전체의) 둘레에 박는 말뚝.

pilotar 타 (배의) 수로 안내하다; 조종하다.

pilote 團 (기초 공사에 다지는) 말뚝.

piloto, ta 團 수로 안내인; 조종사; 운전자, 항해사. Sólo confiamos en la experiencia de ese *piloto*. 우리들은 그 수로 안내인의 경험을 믿을 따름이다.

pillar 타 잡다, 붙잡다; 약탈하다, 강탈하다.

pimienta 여 후추 열매. *ser como una pimienta* 재치있고 날쌔다. ◇ **pimentero** 團 후추 그릇. ◇ **pimentón** 團 후추; 고추.

pimiento 團【식물】피망; 후추 (나무).

pinchar 타 찌르다, 구멍을 뚫다. *Pinchaban* al chico con las reglas. 그들은 그 어린이를 자로 찌르고 있었다. ②자극·격려하다. El padre le *pinchó* para que estudiase más. 부친은 더욱 공부하라고 그를 격려했다. ◇ **pinchazo** 團 찌름; 자상; 야유.

pincho 團 가시, 바늘; 꼬챙이. *alambre de pincho* 철조망.

pindonga 여 나다니는 여자, 놀러 (돌아)다니는 여자.

pindonguear 자 (여자들이) 거리를 할 일 없이 돌아다니다.

pineal 형 소나무 모양의.

pinga 여 천평대, 어깨에 매는 목도.

pingajo 團 (옷에서 아래로 축 늘어진) 넝마·헌 누더기.

pingajoso, sa 형 헤어진 옷을 입은, 누더기를 두른, 덥수룩한.

pingar 자 (방울방울) 떨어지다; 뛰다, 뛰어 오르다.

pingo 團 누더기, 넝마. 團 누더기 옷, 여자의 싸구려 옷.

pingorotudo, da 형 높은, 하늘을 찌를 듯한.

ping pong 탁구, 핑퐁.

pingüe 형 지방질의, 기름을 바른, 기름 투성이의, 비옥한, 풍부한.

pingüino 團【새】펭귄(pájaro bobo).

pinito 團【주로 복】(어린아이·병을 앓고 난 사람의) 첫걸음.

pino 團【식물】소나무. ◇ **pinar** 團 송림 (松林).

pintar 타 ①(…에) 색칠하다, 칠하다. *Pintó* las paredes de blanco. 그는 벽을 희게 칠했다. ②(그림을) 그리다, 묘사하다. Estoy *pintando* un paisaje. 나는 풍경화를 그리고 있다. *Pinta* muy bien las vidas populares. 그는 시민 생활을 잘 묘사하고 있다. ③ (과실 따위가) 물들다. Ya *pintan* las uvas. 벌써 포도가 물들었다.

pintor, ra 團 ①화가(畫家). España ha producido distinguidos *pintores*. 스페인은 훌륭한 화가를 낳아 왔다. ②페인트공. Llamaremos al *pintor* para que pinte el piso. 페인트공을 불러서 마루를 칠해 달라고 하자.

pintoresco, ca 형 그림같은, 색채적인. ¡Qué paisaje tan *pintoresco*! 그림같은 아름다운 경치이다!

pintura 여 ①화법(畫法). Estudio *pintura*

piña 예 파인애플.

piñal 예 파인애플밭.

piñón 예 소나무의 열매, 잣; 【기계】(큰 톱니바퀴를 따라 움직이는) 작은 톱니바퀴; (현미경의) 조절 나사; (총의) 격철.

piñonate 예 소나무 열매의 사탕으로 만든 과자; 소나무 열매의 당제.

piñonear 예 색정을 느끼다, 색정을 발산하다; 질서 정연한 소리를 내다.

pío, a 형 신앙이 독실한, 경건한; 인정이 많은; 상냥한; 자선의. 예 삐약 삐약 (병아리 우는 소리).

piojento, ta 형 이 투성이의, 불결한, 야비한, 천한.

piojo 예 【곤충】이.

piojoso, sa 형 이 투성이의; 천한, 불결한, 비참한; 쏘는, 날카로운.

piola 예 그물짜는 실; 실.

pipa 예 파이프, 긴 뱃대. Mi abuelo fumaba en *pipa*. 조부는 파이프로 담배를 피우고 있었다. ② 통. Había muchas *pipas* de vino en la bodega. 술 곳간에는 포도주 통이 많이 있었다.

pipiar 자 꼬끼오 울다, 짹짹 울다, 삐약삐약 울다.

pipiolo 예 초심자, 풋내기.

pipirigallo 예 【식물】가시완두 (콩과 식물).

pipiripao 예 화려한 연회.

pipiritaña 예 풀피리.

pipo 예 【새】파리를 잡아먹는 작은 새; 구타.

pique 예 화, 불쾌, 원망, 분노; 지지않으려는 정신; 언쟁. 발바닥; 【곤충】벼룩의 일종, 발가락 사이에 기생하는 벌레. *a pique* 위험속에서, 바야흐로 …하려고 하여. *echar a pique* 침몰·침파시키다. *estar a pique de+inf.* 막 …하려 하고 있다 *irse a pique* 침몰하다.

piqué 예 【옷】piqués 의 (면포).

piquera 예 벌들이 드나드는 벌집의 구멍; 상자로 된 닭의 둥우리의 입구; (용광로의) 아가리, 아궁이의 입구 (mechero).

pirenaico, ca 형 피레네산맥의 (los Pireneos)의.

piropo 예 【보석】루비 (rubí). ② (여자에 대한) 아첨. Le echó un *piropo*. 그는 그녀에게 아첨의 말을 했다.

pisar 타 【예】밟다; 짓밟다, 밟아 굳히다. *Pisó* la tierra de su pueblo después de mucho tiempo. 오랜만에 그는 고향 땅을 밟았다. ② 짓밟다. No se deja *pisar* por nadie. 그는 아무에게도 유린된 채로는 있지 않는다.

piso 예 ① (건물의) 층. Este edificio tiene 33 *pisos*. 이 건물은 33층이다. ② 아파트. Su *piso* está enfrente del nuestro. 그의 아파트는 우리 집의 맞은 편이다. ③ 마루, 지면, 노면 (路面). El *piso* es de madera. 마루는 목재이다.

pistola 예 권총; 착암기.

pizarra 예 석판 (石板), 슬레이트, 흑판. ◇ **pizarrón** 예 대형 흑판.

placa 예 ① (금속제의) 표찰, 번호표. En la puerta hay una *placa* con los nombres de los médicos. 문에 의사의 이름을 쓴 표찰이 있다. ② 철판, 얇은 판자.

placer [33]타 [주로 3인칭 단수형으로 쓰임] 기쁘게 하다, 즐겁게 하다. *Me place* poder servirle. (당신이) 소용이 되어서 나는 기쁩니다. 예 즐거움; 즐거움; 쾌락. Tengo un verdadero *placer* en conocerle a usted. 당신과 알게 되어 대단히 즐겁습니다.

plácido, da 형 ① 즐거운. Pasamos una tarde *plácida*. 우리들은 즐거운 오후를 지냈다. ② 온화한. Tiene un carácter muy *plácido*. 그는 대단히 온화한 성격이다. ◇ **placidez** 예 즐거움; 온화.

plan 예 안 (案), 계획. Debemos realizar este *plan* a toda costa. 우리들은 기어이 이 계획을 실현해야 한다. ¿ Tiene usted algún *plan* para esta tarde? 오후에 무슨 계획이라도 가지고 있나요.

plancha 예 ① 함석판, 철판, 동판 (銅板). En la entrada había una puerta recubierta de *planchas* de bronce. 입구에는 동판을 입힌 문짝이 있었다. ② 다리미. Quiero una *plancha* eléctrica. 나는 전기 다리미가 필요하다. ◇ **planchado** 예 다리미질. ◇ **planchar** 타 (…에) 다리미질하다.

planeta 예 (예) 혹성 (惑星). Los *planetas* sólo brillan por la luz refleja del sol. 혹성은 태양의 반사광으로 빛나고 있음에 불과하다.

plano, na 형 평평한. ¿ No hay un terreno más *plano*? 좀 더 평평한 토지는 없는가. 예 설계도; 지도 (地圖). Este es el *plano* de la ciudad de Barcelona. 이것은 바르셀로나의 지도이다.

planta 예 ① 식물, 초목 (草木). Esta *planta* florece en verano. 이 식물은 여름에 꽃이 핀다. ② 발 (바닥). Me duelen las *plantas* de los pies. 나는 발바닥이 아프다. ③ (건물의) 마루, 층. El comedor está en la *planta* baja. 식당은 1층에 있

plantar 타 ④ 직원 배치·명단; [집합적·추상적] 직원. ⑤ 플랜트, 공장 (시설). Las *plantas* dejaron de quemar petróleo a causa del denso humo. 짙은 연기 때문에 공장은 석유를 태우는 걸 중지했다.

plantar 타 ① 심다, 조림하다. Está *plantando* unos árboles en el jardín. 그는 뜰에 나무를 심고 있다. ② 세우다; 설치하다. *Plantamos* aquí la tienda de campaña. 우리들은 여기다 야영 천막을 치다. ◇~se 우뚝 서다, 진퇴 양난이다. Se *plantó* en el paso. 그는 거리에 우뚝 섰다.

plantear 타 기획하다, 제기하다. Lo que *planteas* me parece difícil de realizar. 네가 기획하고 있는 일은 실현이 곤란한 일로 생각된다. Se *ha planteado* un problema importante. 중요한 문제가 제기되었다.

plantel 남 ① 못자리. La pereza es el *plantel* del vicio. 나태는 악의 온상이다. ② 보육원, 양성소. Este es el *plantel* de enfermeras. 이것은 간호원 양성소이다.

plantígrado, da 형 발바닥으로 걷는 동물(의).

plantío, a 형 (초목을) 심는 (곳); 재배장; 어린나무로 된 숲, 못자리; 식림.

plantón 남 묘목; 말뚝; 보초, 수위; 뻣뻣이 서있기. *de·en plantón* 한자리에 오랫동안 꼼짝않고 서서. *dar un plantón a* …에게 기다리게하여 골탕을 먹이다.

plañidero, ra 형 우는 얼굴의, 애절한. (재례식에 고용되어) 우는 여자.

plañir 자 울다, 슬퍼하다, 한탄하다, 비탄하다, 애도하다.

plaqué 남 도금한 금 또는 은의 얇은 조각.

plasma 남 [생리] 혈장, 림파장.

plasmar 타 빚는다, 형에 부어 만들다, 진흙으로 모형을 만들다.

plaste 남 아교·석회·백반을 풀어서 굳힌 것; 아교, 백반풀.

plasticidad 여 조형성, 끈적끈적함; 적응성, 유연.

plástico, ca 형 ① 조형·소조(塑造)의; 가소성(可塑性)의. El yeso es un material *plástico*. 석고는 가소성 물질이다. ② 플라스틱의. 남 플라스틱. El *plástico* se utiliza en una multitud de objetos de uso doméstico. 플라스틱은 많은 가정용품에 쓰이고 있다. 여 소조술; 조형미술.

plata 여 ① [금속] 은. ② 은화 [남미] 돈. Pagó en *plata*. 그는 은으로 지불했다. No tengo *plata*. 나는 돈이 없다.

plato 남 ① 접시(fuente). ¿Quién ha roto este *plato*? 누가 이 접시를 깼느냐. ② 요리. Se comió todo el *plato*. 그는 요리를 몽땅 먹어치웠다. *lista de platos* 식단표, 메뉴 (menú, carta).

platónico, ca 형 ① 플라톤 철학의. ② 정신적인. La quiso con amor *platónico*. 그는 그녀를 정신적인 애정으로 사랑했다. 남 플라톤 철학자.

playa 여 해변, 해안. La *playa* está llena de gente. 해안에는 사람들로 가득하다. En verano la *playa* está de bote en bote. 여름에는 해변이 초만원이다.

plaza 여 ① 네거리, 광장. ¿Por este camino se sale a la *plaza*? 이 길을 가면 광장이 나옵니까. ② 투우장. ¿Dónde está *plaza de toros*? 투우장은 어디입니까. ③ 시장(mercado); 상업계. Voy de compras a la *plaza*. 나는 시장으로 물건 사러 가는 중이다. ④ 좌석; 놓은 곳. Este autobús tiene 48 *plazas*. 이 버스에는 좌석이 48석이다. ⑤ 직, 지위(puesto). Desea una *plaza* de secretaria. 그녀는 비서의 직을 희망하고 있다. ◇ **plazuela** 여 [plaza]의 축소형] 소광장.

plazo 남 기한, 기간. El *plazo* se ha cumplido ya. 기한이 벌써 끝났다. Voy a darte el *plazo* de una semana para que te decidas. 네가 결심하는데 1주일의 기간을 주겠다.

plebeyo, ya 형 보통의; 평민의; 속된. Usa palabras *plebeyas* de intento. 일부러 속된 말을 쓴다. 남 평민(平民). Siempre tuvo interés por la vida de los *plebeyos*. 그는 항상 평민의 생활에 관심을 갖고 있었다.

plebiscitario, ria 형 국민 투표의, 국민 투표에 알맞는.

plebiscito 남 국민 투표, 인민 투표.

plegable 형 접을 수 있는(doblable).

plegadera 여 종이자르는 칼; 접는 인쇄물, 접는 책 (철도, 시간표의).

plegadizo, za 형 접어서 개는 식의; 휘기 쉬운, 가냘픈, 유순한.

plegador, ra 형 종이접는 직공. 형 접어서 개는 기계. 형 접는.

plegadura 여 접어개기; 접음, (접은) 주름; 주름살, 접은 자국.

plegar 타 접다; 주름잡다, 엮다, 꾸미다, (입·깃을 따위를) 오므리다. ◇~se 접히다, 굴하다.

plegaria 여 기도(oración); 간원.

pleistoceno, na 형 최신세(의), 빙하기·충(의).

pleita 여 편물의 엮은 실, 편물의 주름잡는 실.

pleitear 자 소송하다.

pleitista 형 [남·녀 동형] 엉터리·시시한 변호사, 뇌물먹는 판사. 형 소송을 좋아하는 (사람).

pleito 图 ① 소송(訴訟). Tienen un *pleito* sobre el terreno. 그들은 토지 때문에 소송을 일으키고 있다. ②분쟁, 불화(不和). Hubo un *pleito* entre los compañeros. 동료끼리 분쟁이 일어났다.

pleno, na 图 온전한, 완전한. Aquí hace fresco aun en *pleno* verano. 이곳은 한 여름이라도 서늘하다. El tren corre en *pleno* campo. 열차는 평원의 한 가운데를 달린다. *en pleno* 전체·전부가. *división en pleno* 총사직. ◇ **plenitud** 图 완전, 충실.

pliego 图 ① 종이 한 장; 두 겹의 종이. ¿Quiere usted darme un *pliego* de papel? 종이를 한 장 주시겠습니까. ②서류, 문서. *pliego de condiciones* 명세서(明細書).

pliegue 图 주름; 치마 주름. Lola lleva hoy una falda de *pliegues*. 롤라는 오늘 주름 치마를 입고 있다.

plomo 图 ① 【금속】납. ② 추; 측연(測鉛). *plomo de pescar* 낚싯줄의 추. ③ 납봉함. Hay que poner el *plomo* a los paquetes. 소포에 납봉함을 해야 한다. ④ 【전기】퓨즈.

pluma 图 ① 날개, 깃. *colchón de plumas* 새털 이불. ② 펜. Escriba usted con *pluma*. 펜으로 쓰세요.

plural 图 【문법】복수의. 图 복수(형) (⇔ singular). Ponga usted este nombre en *plural*. 이 명사를 복수형으로 하십시오.

pluralidad 图 복수성, 다수(multiud). *en pluralidad de votos* 절대 다수로.

pluralizar 国 복수형으로 하다.

plus 图 수당, 임시 급료.

pluscuamperfecto 图图 【문법】대과거형(의).

plusmarca 图 【스포츠】신기록.

plusmarquista 图 【남·녀 동형】신기록을 세운 사람.

plusvalía 图 물가의 등귀.

plutocracia 图 금권 정치; 재벌.

plutocrata □图 【남·녀 동형】금권 정치가.

plutocrático, ca 图 금권 정치의; 재벌의.

plutón 图 【신화】하계(下界)의 신; 【천문】명왕성.

plutonio 图 【화학】플루토늄.

pluvial 图 비의. *agua pluvial* 빗물; *capa pluvial* 커다란 겉옷 (고위 성직자의 예복).

pluvímetro 图 우량계.

población 图 ①인구(人口). La *población* está concentrada en las grandes ciudades. 인구는 대도시에 집중되어 있다. ②시, 읍, 면. Al caer el día, llegamos a una *población*. 저녁때 우리들은 어떤 마을에 닿았다.

poblar [24] contar) [+con·de : …사람·생물들이] (…에) 넘게, 거주시키다, 심다. *Pobló* el lago de peces. 그는 연못에 물고기를 넣었다. *Pobló* el monte de pinos. 그는 산에 소나무를 심었다. ②식민하다. *Poblaron* en buen paraje. 그들은 좋은 장소에 들어가 살았다. ◇ **-se** 인구가 붙다, 번식하다; 무성하다. La ciudad *se pobló* rápidamente. 시는 갑자기 인구가 불었다.

pobre 图 ① 가난한 (⇔ rico). Aunque es *pobre*, es feliz. 그는 가난하지만 행복하다. ② 빈약한, 소홀한. Llevaba un vestido *pobre*. 그녀는 빈약한 옷을 입고 있었다. ③ [+de·en : …이] 가난한, 빈약한. Este país es *pobre en* recursos minerales. 이 나라는 광물 자원이 빈약하다. ④ 불쌍한. El *pobre* hombre vivía solo. 그 불쌍한 사내는 혼자 살고 있었다. 图 가난한 사람; 거지(mendigo). Tenía compasión de los *pobres*. 그는 가난한 사람들에게 동정하고 있었다. ◇ **pobrecito, ta** [pobre의 축소형] 가난한, 가련한. 图 가난한 놈. ◇ **pobretón, na** 图 몹시 가난한. 图 몹시 가난한 사람. ◇ **pobreza** 图 빈곤 (⇔ riqueza); 가난함, 곤소, 빈약.

poco, ca 图 ① 조금의, 근소한; 희박한. Había *poca* gente. 별로 사람이 없었다. Viene *pocas* veces. 그는 좀처럼 오지 않는다. Eramos *pocos*. 우리들은 적은 수였다. ② 얼마 만큼의. Sólo tenemos unos *pocos* minutos para prepararnos. 우리들은 준비를 하는데 몇 분 밖에 없었다. 图 조금, 근소, 사소한 것; 소수(의 사람). Quiero un *poco* de agua. 나는 물이 좀 마시고 싶다. *Pocos* lo saben. 그걸 아는 사람은 적다. 图 ① 조금; [부정적으로] 별로 …않게. *Poco* después me di cuenta de eso. 조금 뒤에 나는 그걸 알았다. Lo bueno dura *poco*. 좋은 일은 별로 오래 가지 않는다. ② [긍정적; un+] 조금. Quisiera hablar con usted *un poco*. 당신과 좀 이야기하고 싶은데요. *poco más o menos* 거의, 대강. Son las cinco *poco más a menos*. 대강 5시쯤이다. *dentro de poco* 조금 뒤에. Volveré *dentro de poco*. 그는 곧 돌아오리라. *poco a poco* 조금씩, 천천히. El enfermo se mejorará *poco a poco*. 환자는 조금씩 회복될 것이다. ◇ **pocazo, za** [poco의 증대사] 근소한.

podenco 图 스파니엘종(種)의 (개).

poder [66] 国 [+inf. : …하기가 가능하다. ¿*Podré* verle esta tarde? 오늘 오후 만날 수 있을까요. Como estoy ocupado, no *puedo* salir hoy. 나는 바빠서 오늘은

poderoso, sa 외출한 수 없다. ② [허가]…하여도 된다. *Puedes* venir a cualquier hora. 너는 몇 시에 와도 좋다. ③ [가능성] …할지도 모른다. [no+] …할 리는 없다. *Puede* estar en casa. / *Puede* que esté en casa. 그는 집에 있을지도 모른다. *Puede* no estar en casa. 그는 집에 없을지도 모른다. *No puede* estar en casa. 그는 집에 있을 리가 없다. 圕 ①힘, 능력; 권한, 권력; 대리(권). Eso no está en mi *poder*. 그것은 나의 권한 밖이다. Tiene mucho *poder* en este pueblo. 그는 이 읍에서는 대단한 권력을 가지고 있다. He conferido mi *poder* al señor Baeza. 나는 바에사 씨에게 나의 대리권을 주었다. ② 강국(強國); 무력(武力), 군대 (ejército, tropa). *poder* aéreo 공군. ③ 손 안, 수중. Los documentos están en *poder* del abogado. 서류는 변호사의 손에 건네져 있다. *puede ser* 그럴지도 모른다.

poderoso, sa 圐 강력·강대한; 세력이 있는. Es un hombre muy *poderoso* del pueblo. 그는 읍에서의 유력자이다.

poema 圕 시(詩). *poema* épica [lírico] 서사 [서정]시. *poema* en prosa 산문시.

poesía 阅 시; 시문학; 시정(詩情). Estoy leyendo las *poesías* de Bécquer. 나는 베케르의 시를 읽고 있다.

poeta 阅 시인. El *poeta* nace, pero no se hace. [속담] 시인은 태어나는 것; 만들어지는 것은 아니다. ◇ **poético, ca** 圐 시적인; 시적. 圕 작시법; 시학. ◇ **poetisa** 阅 여류 시인.

poetizar 囨 시를 짓다, 시적(詩的)으로 하다.

póker 圕 포커.

polaco, ca 圐 폴란드의 (사람)(Polonia). 圕 폴란드어. 圕 폴란드 무용.

polacra 阅 (지중해의) 범선.

polar 圐 (남·북)극의; 극지방의; 자극의. *círculo polar* (남·북)의 극권; 둘레극. **polaridad** 阅 극성, 자성; *polaridad magnética* 자극성.

polarización 阅 【물리】 편광; 집중; 【전기】 성극 (작용); 분극.

polarizar 囨 극성을 주다, (광선을) 한 쪽에 치우치게 하다. ◇~**se** (주의력이) 집중하다.

polca 阅 폴카 (폴란드의 무용·가곡).

polea 阅 활차; 연동기.

polémico, ca 圐 논전·논쟁의. El pueblo está en la zona *polémica*. 그 읍은 문제의 지대에 있다. 阅 논전, 논쟁. Se estableció una *polémica* política. 정치적인 논쟁이 시작되었다. ◇ **polemizar** [9 alzar] 囨 논쟁하다.

policía 阅 경찰. La *policía* anda loca buscando al autor del robo. 경찰은 절도 범인을 필사적으로 찾고 있다. 圕 경관. Vamos a preguntar a aquel *policía*. 저 경관에게 물어보자. ◇ **policíaco, ca** 圐 경찰의, 탐정의. *novela policíaca* 탐정 소설. La novela *policíaca* es muy divertida. 탐정 소설은 매우 재미있다.

policlínica 阅 진료소, 종합 병원.

policromía 阅 여러 가지 색채.

polícromo, ma 圐 여러 가지 색채의, 여러 가지 색채 인쇄의.

polichinela 圕 어릿광대 (pulchinela).

poliédrico, ca 圐 다면체의.

poliedra 圕 다면체.

polifonía 阅 여러 가지 음(성); 【음악】 다음곡.

polífono, na 圐 여러 가지 음의; 복음의.

polígala 阅 【식물】 애기풀, 영신초.

poligamia 阅 일부다처(제).

polinización 阅 【식물】 가루받이, 꽃가루에 의한 번식.

polinizar 囨 …에 가루받이를 하다.

polinomio 圕 【수학】 다항식.

poliomielitis 阅 【의학】 소아마비.

polisíndeton 圕 접속사의 반복 사용.

polista 圕 [남·녀 동형] 폴로(polo)의 경기자.

politécnico, ca 圐 여러 학예의; 여러 공예의.

politeísmo 圕 다신교; 다신론.

politeísta 圐 다신교·다신론의 (자).

político, ca 圐 정치(상)의. Tienen poco interés por los asuntos *políticos*. 그들은 정치적인 일에 별로 관심이 없다. 圕 정치가(政治家). Es uno de los *políticos* más distinguidos en la actualidad. 그는 현시대에서 가장 뛰어난 정치가 중의 한 사람이다. 阅 정치(학); 정략, 책략(策略). El gobierno se vio obligado a cambiar su *política* exterior. 정부는 외교 정책의 전환이 불가피하게 되었다. ◇ **políticamente** 圊 정치적으로.

polo 圕 (남북의) 극; 전극(電極). *polo sur* 남극. *polo norte* 북극. ◇ **polar** 圐 (남·북)극의. Brillaba la estrella *polar*. 북극성이 빛나고 있었다. 圕 북극성 (estrella polar).

polvo 圕① 먼지. Hay *polvo* sobre la mesa. 책상 위에 먼지가 있다. Al barrer se levanta *polvo*. 쓸면 먼지가 난다. ② 가루, 분말. *jabón en polvo* 가루 비누. ◇ **polvoriento, ta** 圐 먼지 투성이의, 먼지 진.

pólvora 阅 화약, 폭약. La *pólvora* es un explosivo peligroso. 화약은 위험한 폭발물이다.

pollo 圕 ① 병아리. ② 통닭. Hoy hemos

poncho 명 뽄쵸(남미에 걸치는 모포); (군인의) 외투.

poner [66] 과즈분사 puesto] 타 ① 놓다. *Ponga* usted aquí ese equipaje. 그 짐을 여기 놓아 주세요. ②(상태로) 하다. Esta medicina me *ha puesto* bueno. 이 약이 나를 고쳐 주었다. ③입히다, 몸에 붙이게 하다. No tengo qué *ponerles* a los niños. 나는 애들에게 입힐 것이 없다. ◇ **-se** ① (위치에) 앉다(sentarse). *Nos pusimos* a la mesa. 우리들은 테이블에 앉았다. El sol *se pone* en el horizonte. 태양은 지평선에 진다. ②[+형용사](상태로) 되다. El cielo *se puso* obscuro. 하늘은 어두워졌다. Ella *se pone* roja. 그녀는 얼굴이 붉어진다. *Me puse* triste. 나는 슬퍼졌다. ③몸에 붙이다 (입다, 신다, 쓰다). *Se puso* el sombrero (la corbata·los zapatos). 그는 모자를 썼다 (넥타이를 맸다·구두를 신었다). ④[+a+*inf*.]…하기| 시작하다. Al oir la noticia, *se puso a* llorar. 그녀는 그 소식을 듣고 울기 시작했다. *poner la mesa* 식탁 준비를 하다. *poner la radio* 라디오를 켜다. *ponerse de pie* 일어서다(levantarse).

pontifice 명 [종교] (대)주교; 교황(Papa).

pontón 명 (주교용) 밑이 편편한 배; 평지선; 통나무 다리. *barco pontón* 기중기선. *pontón flotante* 부류선.

ponzoñoso, sa 형 유독한; 유해한.

popa 예 고물 (배의 뒷쪽), 최상갑판.

popular 형 ①인민, 일반적인, 통속의. Tengo interés en los cuentos *populares*. 나는 민화에 흥미가 있다. Le gustan las canciones *populares*. 그는 유행가를 좋아한다. ②평판이 좋은, 인기가 있는. El fútbol es uno de los deportes más *populares*. 축구는 가장 인기가 있는 스포츠 중의 하나이다. ◇ **popularidad** 예 인기, 호평. Tiene mucha *popularidad* entre la juventud. 그는 젊은이들 사이에서 대단히 인기가 있다. ◇

popularizar [9] alzar] 타 일반화·통속화하다, 보급·유행시키다.

por 전 ① [동기·원인·이유]…에 의하여, …으로서, …으로, …때문에. ¿*Por* qué no viniste ayer? 왜 너는 어제 오지 않았느냐. Se enoja *por* poca cosa. 그는 사소한 일로 성을 낸다. Daría cualquier cosa *por* verle. 그를 만나기 위해서라면 무엇이라도 드리겠는데. Voy *por* vino. 나는 포도주를 가지러 간다. Mande usted *por* el médico. 의사를 부르러 (사람을) 보내 주시오. ③ [작위자] …에 의하여. La comida es preparada *por* el cocinero. 식사는 요리사에 의하여 만들어진다. ④[수단·방법]…에 의하여, …으로, …로. Se hablaron *por* teléfono. 두 사람은 전화로 대화했다. ⑤ [근거지·동과점]…의 곳에서·을, …로부터, …을 통하여. Le cogí *por* el brazo. 나는 그의 팔을 붙잡았다. Salimos *por* la ventana. 우리들은 창문으로 빠져 나갔다. Pasaré *por* tu casa. 나는 너의 집에 들리겠다. ⑥[공간적인 전개]…에·으로, …근처. Di un paseo *por* el parque. 나는 공원으로 산책하였다. No hay una pensión *por* aquí. 이 근처에 여관은 없다. ⑦[시간적인 전개]…동안, …무렵에. No ha llovido *por* largo tiempo. 오랫동안 비가 오지 않았다. Voy mañana *por* la mañana. 나는 내일 아침에 간다. Volveré *por* agosto. 나는 8월쯤에 돌아올 것이다. ⑧[대체]…의 대신으로. Lo haré *por* él. 내가 그를 대신하여 그 일을 하겠다. ⑨[대상·대가]…로. Lo compraré *por* cien pesetas. 나는 그것을 100 뻬세따를 주고 샀다. ⑩[비율]…에 대하여, …으로. ¿Cuánto me paga usted *por* hora? 한 시간에 얼마씩 주겠소. ⑪[이익·감정의 대상]…을 위하여, …에 대하여, …하므로. Haré todo lo posible *por* ti. 너를 위하여 가능한 만큼의 일을 하겠다. Tiene mucho interés *por* él. 그녀는 그에게 많은 관심을 가지고 있다. ⑫ [+*inf*.]…하려고, 아직 …하지 않고. Estoy *por* salir de paseo. 나는 산책을 나갈 작정이다. El cuarto está *por* limpiar. 방은 아직 청소되지 않았다. Aún quedan muchas cosas *por* hacer. 아직 하지 않은 일이 많이 남아 있다. ⑬…로서. Me tomaron *por* mi hermano. 나는 형으로 오인 당했다. En su pueblo pasa *por* rica. 그녀는 자기 마을에서는 부자로 통하고 있다. ⑭[+형용사·부사+que] 아무리 …라도. *Por* mucho que le hables, no podrás convencerle. 아무리 네가 그에게 말해도 그를 납득시킬 수 없을 것이다.

porción 예 ①부분, 분량(分量). Partió el pan en cinco *porciones*. 그녀는 빵을 다섯 조각으로 나누었다. ②상당한 수·양. Llegaron una *porción* de soldados. 상당한 수의 병사가 도착했다. ③배당량. Ya tienes tu *porción*. 너는 이미 네 배당량을 가지고 있다.

pormenor 명 상세, 세부(細部). Todavía no tenemos los *pormenores* del caso. 우리들은 사건의 세부 (의 정보)는 아직 입수하지 않았다. ◇ **pormenorizar** [9] alzar] 타 상세히 말하다, 세밀하게 기입

pornografía 하다·쓰다.

pornografía 예 호색 문학, 저저분하고 더러움; 음란; 음탕.

pornográfico, ca 혱 호색의, 저저분하고 더러운; 음란·음탕한.

poro 남 모공, 털구멍; 잔·가는 구멍.

porosidad 예 구멍이 많음, 구멍이 있음, 구멍.

poroso, sa 혱 구멍이 많은, 숨구멍이 있는.

poroto 남 강낭콩(judía).

porque 쟙 …고로, …이므로; 왜냐하면 (pues, que). No voy *porque* no quiero. 나는 가고 싶지 않으므로 가지 않는다. Tendrá éxito en el examen, *porque* ha estudiado mucho. 그는 시험에 합격할 것이다. 왜냐하면 그가 공부하므로.

porquería 예 더러운 일(suciedad); 비열, 비루; 폐물.

porquerizo, za 남 돼지치기는 사람.

porra 예 곤봉; 경찰봉, 자루가 긴 망치; 허세. 쩝 어리석은 사람.

porrazo 남 강타, 일격; (물건이 떨어져서 발생하는) 타격.

porrería 예 완고, 고집, 어리석음, 우둔, 어리석은 짓; 어리석은 생각; 지루함.

porreta (부추·마늘·양파의) 푸른 잎 (보리·밀의) 싹. en porreta 벌거벗고, 헐벗어서.

porrillo (a) 뷔 많이, 풍부하게.

porrón, na 혱 무거운, 느린, 완만한, 기능이 둔한, 부진한, 활발치 못한.

porta 예〖선박〗현창, 현문; (군함의) 포문.

portaaviones 남 〖단·복수 동형〗 항공모함.

portada 예 ① (건물의) 정면. La *portada* de la iglesia era muy impresionante. 교회의 정면이 매우 인상적이었다. ② (책의) 첫 장. En la *portada* va escrito el título, autor, etc. 첫장에 책 이름이나 저자 이름 따위가 쓰여 있다.

portaequipajes 남 〖단·복수 동형〗 화물선반.

portal 남 (전면) 현관; (큰 공장 따위의) 정문. Vamos a refugiarnos de la lluvia en algún *portal*. 어느 집 현관에서 비를 피하자.

portarse 재 행동하다, 하다. Este niño *se portaba* bien [mal]. 이 어린이는 버릇이 좋다 [나쁘다].

porte 남 ① 운반, 운송; 운임. Les rogamos que los *portes* sean de su cuenta. 운임은 귀사 부담으로 해 주십시오. ② 풍채; 외관. Tiene un *porte* elegante. 그는 우아한 풍채를 하고 있다.

portero, ra 혱 ① 문지기, 수위. Pregunte usted al *portero* por mí. 나를 (찾는다고) 말하고 수위에게 물어 주십시오. ② (축구 따위의) 문지기.

portería 예 문지기방, 수위실. A la entrada estaba la *portería*. 입구에 수위실이 있었다. ② 골.

pórtico 남 입구, 현관; 복도.

portilla 예 〖선박〗현창; 포문, 작은 문; 통로.

portillo 남 작은 문, 벽의 틈·구멍, 통로; 부서진 물건의 움푹 파진 곳; 폭풍; 목적을 위한 수단; 도시의 작은 성문.

portorriqueño, ña 혱 뿌에르또·리꼬인 (사람).

portuario, ria 혱 항구의, 항구 도시의, 항만의.

portugués, sa 혱 포르투갈(Portugal)의. 쩝 포르투갈 사람. 남 포르투갈어.

porvenir 남 미래, 장래(futuro). Es un joven con mucho *porvenir*. 그는 크게 장래성이 있는 청년이다.

posar 태 (손·발을) 조용히 놓다. El maestro *posó* su mano sobre mi cabeza. 교사는 나의 머리에 손을 살짝 놓았다. 자 포즈를 취하다. *Pose* usted para la foto. 사진을 찍겠으니 포즈를 취해 주십시오. ◇~se ① 앉다, 머무르다. Los pájaros *se posaban* en las ramas. 새가 가지에 앉아 있었다. ② 침전하다. ◇ **posada** 예 집, 주거; 여관. ◇ **pose** 남 포즈, 자세; 멋부림.

poseer [75 leer] 태 ① 가지고 있다, 소유하다. Las abejas *poseen* una organización social. 꿀벌은 사회 조직을 가지고 있다. ② 알고 있다. *Posee* bien el español. 그는 스페인어를 잘 알고 있다. ◇ **poseído, da** [+de: …에] 홀린, 들린, 열중한. Está *poseído* de temor. 그는 공포에 사로잡혀 있다.

posesión 예 ① 소유(물); 취득(물). Esto son todas mis *posesiones*. 이것이 내 전 재산이다. ② 소유지; 영토(領土). Tengo algunas *posesiones* en el campo. 나는 시골에 얼마간 토지가 있다.

posible 혱 가능한, 할 수 있는, 있을법한 [↔ imposible]. Eso no es *posible*. 그런 일은 있을 수 없다. 남복 능력, 재력(財力). Mis *posibles* no alcanzan a más. 내 힘으로는 그 이상은 무리하다. *hacer (todo) lo posible* 전력을 다하다. Haré todo lo *posible* para salvarles. 그들을 구하기 위해서 나는 전력을 다하겠다. *ser posible que*+subj. …할지도 모른다. Es *posible* que llegue mañana. 그는 내일 도착할 지도 모른다. ◇ **posibilidad** 예 가능(성); 전망.

posición 예 ① 위치. No me gusta la *posición* del cuadro. 나는 그림의 위치가 마

positivo, va 형 ① 확실한. Este es un hecho *positivo*. 이것은 확실한 사실이다. ② 실리적인, 실리의. Es una persona muy *positiva*. 그는 극히 실리적인 사람이다. ③ 긍정적인; 적극적인. Tiene una bondad *positiva*. 그에게는 적극적인 (그 의미에서의) 좋은 점이 있다. ④【사진】양화(陽畫)의. ◇ **positivamente** 튀 확실히; 실지로; 긍정적으로; 적극적으로. ◇ **positivismo** 실리주의, 실증주의. ◇ **positivista** 형 실리·실증주의의. 명 실리·실증주의자.

postal 형 우편의. Déme cinco tarjetas *postales*. 우편 엽서를 5장 주세요. Quiero enviar esto por paquete *postal*. 이것을 우편 소포로 보내고 싶소. 명 엽서. Traigo una *postal* para ti. 나는 너에게 온 엽서를 가지고 왔다.

posterior 형 후부의; 뒤의. Me duele la parte *posterior* de la cabeza. 나는 뒷머리가 아프다. Salgan por la puerta *posterior*. 뒷문으로 나가 주십시오. ◇ **posterioridad** 명 후세(의 사람들). Muchos trabajan para la *posterioridad*. 많은 사람들은 후세를 위하여 일하고 있다.

postescolar 형 졸업 후의.
postguerra 명 세계 대전후.
postigo 명 뒷문, 옆문, 부엌문, 비상문, 비밀문, 쪽문.
postilla 명 상처·부스럼의 딱지.
postillón 명 역마차의 마부.
postín 명 뽐내기, 허식, 자부심, 자만. *dar(se) postín* 뽐내다, 으시대다.
postizo, za 형 떼어낼 수 있는; 자연적이 아닌, 인조의, 의치·의안·의족의. 명 가발, 털가죽에 인위적으로 넣을 털. *dentadura postiza* 틀니 (아래위 전부 넣은). *diente postizo* 의치. *pelo postizo* 가발. *pierna postiza* 의족.
postmeridiano, na 형 오후(의).
postor, ra 명 입찰자(licitador).
postpalatal 형 후구개음(의).
postración 명 엎드려 절하기; 쇠약, 허탈, 정신상 고통으로난 병으로 건강이 쇠약함.
postrar 넘어뜨리다; 굴복시키다, …를 쇠약하게 하다(abatir), 기세껵다. ◇ **~se** 엎드리다, 땅에 무릎을 꿇다, 극히 쇠약해지다.
postre 명 디저트. ¿Qué quiere usted de *postre*? 디저트는 무엇으로 하시겠습니까. *a la postre* 최후로.

postrero, ra [남성 단수 명사 앞에서 postrer] 형 최후의. Se ha publicado el *postrer* tomo. 마지막 권이 발행되었다.

postura 명 ① 자세(姿勢). Esta *postura* es buena para la salud. 이 자세는 건강에 좋다. ② 태도(actitud). ¿Cuál es su *postura* en este asunto? 이 문제에 대한 당신의 태도는 어떻습니까. ③ 경매 가격. Mi *postura* es de cien pesos. 나의 경매 가격은 100페소이다.

potente 형 힘이 있는, 강한. Es un hombre *potente* en el pueblo. 그는 읍내의 유력자구. ◇ **potencia** 명 힘, 능력; 국력; 강국. ◇ **potencial** 형 잠재적인.
poterna 명 뒷문, 옆문; 도랑길; 비상문, 비밀문.
potestad 명 세력; 권력. *patria potestad* 친권.
potestativo, va 형 임의의.
potra 명 망아지, 어린 말;【의학】탈장, 헤르니아.
potrada 명 망아지의 무리.
potranca 명 (3살 이하의) 어린 말.
potro 명 어린 말; 망아지, 고문대; 질요강; 한 개 혹은 여러 임파선의 염증.
poyo 명 걸터앉는 돌, 벤치; 판정료, 심판료.
poza 명 웅덩이, 빙판을 만들기 위해서 모아 놓은 물웅덩이.
pozal 명 물통.
pozo 명 ① 우물. Usamos para beber el agua del *pozo*. 우리들은 음료수로 우물물을 쓰고 있다. ② 수직 갱. *pozo de petróleo* 유정(油井).
practicar [7] (*sacar*) 타 ① 하다, 행하다. Tengo la costumbre de *practicar* algo de ejercicio todos los días. 나는 매일 얼마쯤의 운동을 하기로 하고 있다. ② 실습하다. Estoy *practicando* la conversación española con un español. 나는 서반아사람에게서 서반아어 회화를 배우고 있다. ② 영업·개업하다. *Practica* la medicina en su pueblo. 그는 고향에서 의업을 개업하고 있다.
práctico, ca 형 ① 실지의, 실용적인. No aprecies las cosas sólo por su utilidad *práctica*. 실용성만으로 사물을 평가하지 마라. Este es un coche *práctico*. 이것은 실용차이다. ② 편리한; 소용되는, 쓸모 있는. Es muy *prática* en cuidar enfermos. 그녀는 환자의 간호에 매우 소용이 된다. 명 ① 실행. Estas modificaciones no se pueden poner en *práctica*. 이 변경들은 실행에 옮길 수 없다. ② 실지, 실습. Estoy haciendo *prácticas* para conducir. 나는 (자동차) 운전 실습을 하고

prado 퇴 목장; 운동장. Se veían las vacas tendidas en el verde *prado*. 초록색 목장에서 소들이 누워있는 것이 보인다. ◇ **pradera** 여 [집합적] 목장(지); 큰 목장.

pragmático, ca 형 실용주의의, 실제적인. 여 [고어] 법령, 칙령.

pragmatismo 남 실용주의.

pratense 형 목장의, 목장에 생기는.

praticultura 여 목장 재배법.

praviana 여 서반아 북부 아스토리아스의 민요.

preámbulo 남 서언, 머리말(prólogo).

prebélico, ca 형 전(戰)전의.

prebenda 여 성직자의 봉급, 수입이 많고 편한 직업.

prebendado 남 봉급을 받는 성직자.

preboste 남 단장, 회장, 두령.

precario, ria 형 불안정한(inseguro); 가정의, 추정적인, 믿을 수 없는.

precaución 여 조심, 경계. Es lamentable que no hayas tomado las necesarias *precauciones*. 네가 필요한 조심을 하지 않은 것은 유감이다.

precavido, da 형 신중한, 조심성 있는, 선견지명이 있는. Hombre *precavido* vale por dos. 예방책을 강구하는 한 사람의 가치가 예방책을 강구하지 않는 두 사람의 가치가 있다.

preceder 타 (…에) 앞서다. [+a : 에] 앞서다, (…보다) 앞에 있다. Su nombre *precede al* mío en la lista. 명단에서 그의 이름은 내 이름보다 앞에 있다. ◇ **precedente** 형 [+a : …에] 앞선.

precepto 남 교훈, 훈례. Un ejemplo es más valioso que cien *preceptos*. 하나의 본보기는 백 개의 설교보다 낫다.

preceptor, ra 명 교사; 라틴어 교사.

preceptuar 타 …의 규칙을 정하다, 훈령을 내리다, 규정하다, 명령하다, 훈제하다.

preces 여 기도, 기원(súplicas).

preciado, da 형 귀중한, 우수한(precioso) 득의 만면한(jactancioso).

preciar 타 (높이) 평가하다(apreciar). ◇ **-se** [+de] …으로 득의 만면하게 되다.

precintar 타 가죽끈으로 상자 따위의 모를 이를 붙잡아 매다; 봉지로 싸다, 허대를 매다, 구멍을 막다.

precinto 남 봉지, 통합지; 허대, 막기, 붙잡아 매기.

precio 남 가치, 가격, 값. ¿Cuál es el *precio* de este libro? 이 책 값은 얼마입니까. Los *precios* suben cada vez más. 물가는 더욱더 올라간다.

precioso, sa 형 ① 귀중한. Excusado es decir que el tiempo es *precioso*. 시간이 귀중함은 말할 것도 없다. *piedra preciosa* 보석(joya). ② 훌륭한; 사랑스러운. Ese lugar tiene una vista *preciosa*. 이 장소는 조망이 훌륭하다. ¡Qué niño tan *precioso*! 얼마나 키여운 아이인가! ◇ **preciosidad** 여 귀중, 소중한 것.

precipitar 타 떨어뜨리다; 내던지다, 메밀다. Parece que la *precipitaron* por la ventana. 그녀는 창에서 내던져진 듯하다. ◇ **-se** 뛰어나가다·들다; 떨어지다, 추락하다. Se *precipitó* desde el tejado. 그는 지붕에서 굴러 떨어졌다.

precisar 타 정확히·확실히 정하다. Les agradeceremos que *precisen* más sus indicaciones sobre su pedido. 주문품의 지시를 좀더 확실히 정해 주시면 다행이겠습니다. 자 필요하다. *Precisa* que tú mismo hables con él. 네 자신이 그와 이야기함이 필요하다.

preciso, sa 형 ① 필요한. Tu ayuda es *precisa* para nosotros. 너의 도움은 우리들에게는 필요하다. Es *preciso* que vayas mañana. 내일 네가 갈 필요가 있다. ② 정밀한; 정확·명확한. Este reloj es muy *preciso*. 이 시계는 극히 정확하다. Envíeme instrucciones más *precisas*. 좀더 명확한 지시를 보내주십시오.

precisamente 부 정확히, 마침. Llegamos *precisamente* a las doce. 우리들은 꼭 12시에 도착한다. ◇ **precisión** 여 필요성; 정밀; 적확(的確).

preconizar 타 장려·칭찬하다(elogiar); 선언하다, 성명하다, 공포하다.

preconocer 타 예지하다, 살펴서 알다(prever).

precoz 형 조숙의; 조생의, 속성의.

precursor, ra 형 선구·전조의. 남 선구·선각자.

predecesor, ra 명 선인, 선배; 선조; 전임자.

predestinación 여 숙명, 전세의 약속.

predestinado, da 형 숙명을 지닌 (사람), 신에 의하여 운명이 예정된 (사람); 처음 남에게 점령당한 (남자).

predestinar 타 예정하다, 운명으로 되다.

predeterminar 타 예정하다.

predial 형 토지·부동산(predio)의.

prédica 여 (사교 따위의) 설교; 열변.

predicable 형 설교·전도할 수 있는.

predicar [⑦ sacar] 설교를 하다; 설교·포교를 하다. El señor sacerdote está *predicando* ahora. 사제님은 지금 설교 중이다. 타 설교하다; 선교·포교하다. Le *prediqué* para que trabajara más. 나는 그에게 더욱 일하도록 설교해 주었다. ◇ **predicación** 여 선교, 포교.

predicado 남 [문법] (서)술부. ◇ **pre-

dicador, ra 형 선교·포교하는. 명 선교사.

predilecto, ta 형 마음에 드는, 특히 좋아하는. Invitó a sus amigos *predilectos*. 그는 자기 마음 맞는 친구들을 초대했다. ¿Cuál es tu deporte *predilecto*? 네가 특히 좋아하는 스포츠는 무엇이냐. ◇ **predilección** 여 편애, 애호.

predio 남 부동산(heredad), 토지, 농장.

predisponer 타 [과거분사 predispuesto] [+a] …에의 소인을 만들다, 기울어지게 하다, (병에) 걸리기 쉽게 만들다, 좋아하게 하다, 적응시키다. ◇ **~se** [+a] …의 경향이 있다, …을 좋아하다, …을 하기 쉽다.

predisposición 여 소질, 경향, 소인.

predominante 형 지배적인, 주요한, 중요한; 탁월한.

predominar 타 지배하다(prevalecer). 자 [+en] …에 지배력을 갖다, 우위·주권을 견지하다; 매우 뛰어나다, 탁월하다 (sobresalir).

predominio 남 우월성, 지배력. El *predominio* de los enemigos era definitivo. 적군의 우세는 결정적이었다.

prefecto 남 (옛날 로마의 민·군정의) 장관, (프랑스의) 지사, 총독, 태수.

preferencia 여 ① 기호, 편애(偏愛). Goza de la *preferencia* de su amo. 그는 주인의 편애를 받고 있다. ② 우선권; 특혜. Las familias pobres tienen *preferencia* para ocupar los pisos. 가난한 가족이 그 층에 사는 우선권이 있다. *con preferencia* 특히, 기꺼이. Trabaja con nosotros *con prefernecia*. 그는 기꺼이 우리들과 (함께) 일한다. *de preferencia* 우선적으로, 주로. ◇ **preferente** 형 바람직한, 나은; 우선적인.

preferir [47 herir] 타 [+a : …보다] 좋아하다, 차라리 …을 고르다; 우선시키다. Yo *prefiero* el vino a la cerveza. 나는 맥주보다 포도주가 좋다. ¿Qué *prefiere* usted, café o té? 커피와 차와, 어느 쪽으로 하시겠소. ◇ **preferible** 형 [+a : …보다] 바람직한. Es *preferible* que nos quedemos aquí. 우리들은 여기 남아 있는 편이 좋다.

pregón 남 동짐 장수; 공시(公示); 예고, 발표. ¿Qué dice ese *pregón*? 저 동짐 장수는 무어라 하고 있나. ◇ **pregonar** 타 동짐 장수를 하다; 광고하고 다니다; 선전하다.

preguntar 타 묻다, 물어보다 [⑭ contestar, responder, replicar]. ¿Por qué me lo *pregunta* usted? 왜 당신은 나에게 그런 것을 묻는가요. 자 질문·심문을 하다. Me *preguntaron* si sabía algo de él. 나는 그에 관하여 무언가 알고 있는지 어떤지 질문을 받았다. *preguntar por* …에 관하여 묻다. *Preguntaba por* José. 그가 호세는 있는가 하고 물어 보았다. ◇ **pregunta** 여 질문. Quisiera hacerle una *pregunta*. 당신에게 질문하고 싶은데요.

prejuicio 남 예단(豫斷), 편견, 선입관. Somos propensos a los *prejuicios*. 우리는 편견을 가지기 쉽다.

prelado 남 고승, 역승(役僧); 수도원장.

preliminar 형 예비의, 전치의 [명] 예비; 전문. 복 가조약; 예비 행위; 초보, 예비 과목.

preludiar 타 (소리·악기를) 조정하다, 서곡을 연주하다; 준비하다; 시작하다. 자 전주곡·서막·전조로 되다.

preludio 남 전주곡; 서막; 준비.

prematuro, ra 형 조숙한, 너무 빠른, 시기 상조의.

premeditación 여 미리 생각하기, 계획하기; [법률] 고의, 예비 음모 (범죄의).

premeditar 타 미리 생각하다, 계획하다.

premiación 여 상을 받음, 수상.

premiado, da 형 입상한. 명 입상자. *salir* ~ 입상하다.

premio 남 ① 상, 상품. Le han dado un *premio* por haber salvado a un niño que estaba a punto de ahogarse. 그는 물에 빠진 어린이를 구조하여 상을 받았다. ② 상금(賞金). Ha sacado el *premio* gordo. 그는 (복권의 일등에) 당첨되었다. ③ 할증금. *a premio* 프리미엄 붙여서. ◇ **premiar** [① cambiar] 타 ① 칭찬하다, (…에) 보답하다. ¿Con qué *premiaremos* sus servicios? 진력하신 대하여, 어떠한 사례를 할까요. ② [+con : …을 상으로서] (…에게) 주다. El maestro le *ha premiado* a Juan *con* un diccionario. 선생은 후안에게 상품으로 사전을 주었다.

premioso, sa 형 딱딱하고 어려운 (문체) (rígido); 둔하고 무거운; 거북한.

premisa 여 징조, 짐새, 전제. *premisa mayor·menor* 대·소전제.

premonitorio, ria 형 미리 경고하는; 전조의.

premura 여 절박, 급박, 긴급, 급속, 신속, 조급, 성급.

prenatal 형 출생 전의, 태아기의.

prenda 여 ① 물품, 물건, 옷. Cuántas más *prendas* tiene, más quiere. 그녀는 옷을 가지면 가질수록 더욱더 욕심을 낸다. ② 담보(물); 증거. Ha puesto su casa en *prenda*. 그는 자기의 집을 담보에 넣었다. ③ 복 (타고난) 성질. Es un hombre de buenas *prendas*. 그는 성질이 좋은 사람이다. *en prenda de* …의 표·담보·증거로서.

prender 타 ① 붙잡다, 체포하다. La policía está esforzándose por *prender* al autor. 경찰은 범인을 체포하려고 필사적이다. ② 매달다, 누르다, 막다. Las ramas *prendieron* el vestido. 나뭇가지에 옷이 걸렸다. *Prenda* usted esto con un alfiler. 이것을 핀으로 찔러 주세요. ③ (불을) 붙이다. *Prende* la lumbre. 불을 붙이시오. 자 ① 매달리다. El vestido *prendió* en un gancho. 옷이 갈고리에 걸렸다. ② 불이 붙다. Las llamas *prendieron* en un montón de leña. 불꽃은 장작 더미에 옮겨 붙었다.

prensa 여 ① 프레스, 압착기(壓搾器). Meta usted esto en la *prensa*. 이것을 프레스에 걸어 주십시오. ② 인쇄기; 인쇄. Su obra está en *prensa*. 그의 작품은 인쇄 중이다. ③ 신문. Me he enterado del accidente por la *prensa*. 나는 그 사고를 신문으로 알았다. ◇ **prensar** 타 죄어내다, 압착·압연하다.

prensar 타 압착·압연하여 하다; (헝겊·종이 등을) 윤내다. 기계에 걸다.

prensista 남 [남·녀 동형] 인쇄공, 인쇄기 담당자.

prenunciar 타 예고·예보하다.

preñado, da 형 임신 중의, 가득찬, 부풀은. 명 임신; 태아. 명 임산부.

preñar 타 임신시키다, 포화시키다, 가득 채우다.

preñez 여 임신; 불안 (상태).

preocupar 타 걱정시키다, 마음을 쓰이게 하다. La *preocupa* mucho que no le escribas hace mucho. 네가 그녀에게 오랫동안 편지를 쓰지 않아서 그녀는 매우 걱정하고 있다. ◇~**se** [+por・de・…] 걱정하다. *Preocúpate* de tus asuntos. 네 일에 마음을 써라. No *se preocupe* usted *por* tan poca cosa. 그런 사소한 일에 마음을 쓰지 마시오. No *te preocupes*. 걱정마라. No *se preocupe*. 걱정 마십시오. ◇ **preocupación** 여 걱정, 마음에 걸림. ¿Qué *preocupaciones* tiene usted? 무슨 걱정이 있습니까?

preparar 타 ① [+a・para: …을 위하여/+contra: …에 대하여] 준비하다. Está *preparando* la comida. 그녀는 식사를 준비하고 있다. Tengo que *preparar* la lección *para* mañana. 나는 내일의 학과를 예습해야 한다. ② 만들다; 조제·조합하다. ¿Quiere usted *prepararme* esta receta? 이 처방을 조제하여 주시지 않겠습니까? ◇~**se** (자기의) 준비를 하다. *Preparémonos* a salir. 출발할 준비를 하자. ◇ **preparación** 여 준비, 조제, 조합. ◇ **preparativa, va** 형 준비의, 예비의. 명 준비.

preposición 여 【문법】 전치사. ◇ **preposicional** 형 전치사의.

presa 여 ① 잡음, 포획, 체포; 사냥한 짐승. El fuego hizo *presa* en la cortina. 불이 커튼에 붙었다. El león saltó sobre su *presa* con mucho cuidado. 사자는 조심스럽게 먹이에게 뛰어 덤빈다. ② 댐, 둑. Este es el plano de la nueva *presa*. 이것이 새로운 댐의 설계도이다.

presbicia 여 원시, 노안.

présbita 형 원시안의 (사람).

presbiterado 명 성직자의 직, 사제의 직.

presbiterianismo 남 【종교】 장로 교회.

presbiteriano, na 형 장로 교회의 (회원).

presbiterio 남 사제, 목사(sacerdote).

presciencia 여 예지, 선견.

prescindir 자 [+de: …] 내버리다, 잊어버리다, 무시하다, …없이 끝내다. Pídele que no *prescinda de* mí. 나를 잊지 말도록 그에게 부탁해 주게. No podemos *prescindir de* la sal. 우리들은 소금 없이는 살 수 없다.

presencia 여 ① (어느 장소에) 있음 (존재), 출석, 출현, 그 자리에 있음. Le rogamos que honre nuestra fiesta con su *presencia*. 우리들의 모임에 출석하시기를 영광을 베풀어 주시기 바랍니다. ② 입회, 면전(面前). Me insultaron en *presencia* de todos. 나는 여러 사람의 면전에서 모욕당했다. ③ 모습, 풍채. Tiene buena *presencia*. 그는 풍채가 좋다. ◇ **presenciar** [① cambiar] 타 그곳에서 보다, 목격하다; (…에) 입회하다, 자리를 같이하다. *Presenciamos* el accidente por casualidad. 우리들은 우연히 그 사고를 현장에서 보았다.

presentar 타 ① 보이다, 제시하다. La ciudad *presentaba* una vista deslumbradora. 그 도시는 눈부실 만큼의 경치를 보이고 있었다. Me *presentó* su colección de sellos. 그는 우표 수집을 보여 주었다. ② 제출하다. *Presentaron* una queja al comité. 그들은 위원회에 불만을 제출했다. ③ 소개하다; [+de・por: …로서] 추천하다. Quisiera *presentarle* a mi amigo. 내 친구를 소개하고 싶은데. ④ 상연·상영하다. Este cine *presenta* siempre buenas películas. 이 영화관은 언제나 좋은 영화를 상연한다. ◇~**se** ① 나타나다. Ese fenómeno *se presenta* en raras ocasiones. 그런 현상이 나타나는 일은 드물다. Ayer *se presentó* inesperadamente. 그가 어제 뜻밖에 나타났다. ② 얼굴을 내다; 출두하다. Me *presenté* a la policía por un asunto personal. 나는 개인적인 용건으로 경찰에 갔다. ③ (시험·콩쿠르에) 참가하다; 응모하다. ◇

presentación 몡 ① 제출. ② 소개; 추천. *carta de presentación* 소개장. ③ 상연. 상영.

presente 혱 ① (그 곳·때에) 있는; 출석·참석하고 있는 [예 ausente]. *No estuve presente en la fiesta.* 나는 파티에는 출석하지 않았었다. ② 지금의, 이, 당면한. *Vendrá a fines del mes presente.* 그는 이달 말 무렵에 오게 되어 있다. ③ 【문법】 현재형의. 몡 현재형. *hacer presente* 명백히 하다, 상기시키다. *Hay que hacerle presente lo que dijo.* 자신이 무슨 말을 하였는지를 그에게 생각해내게 해야 한다. *tener presente* 확실히 기억하고 있다. *Le ruego que tenga presente todo eso.* 그 일을 모두 잘 기억해 주기 바란다.

presentir [46] 태 예감하다; 예측하다. *Yo presentía ese triste accidente.* 나는 그 슬픈 사건을 예감하고 있었다. ◇ **presentimiento** 몡 예감.

presidente, ta 주재자; 총재, 의장, 회장, 총장, 대통령. *El Congreso de los Diputados ha elegido a su presidente.* 국회는 의장을 선출했다. ◇ **presidencia** 예 주재함; 사회; 주재자·총재 따위의 직·임기.

presidir 태 ① 주재·통할하다; 사회하다. *El rector preside la reunión de profesores.* 학장이 교수회 의장을 맡는다. ② 지배하다. *La buena intención preside todos sus actos.* 선의가 그의 모든 행위를 지배하고 있다.

presión 예 압력(壓力). *Haz presión de modo que quepa todo en la maleta.* 여행 가방에 전부 들어가도록 눌러라. *Ha actuado así por presión del comité.* 위원회의 압력에 의하여 그는 그러한 행동을 취했다.

preso, sa 혱 붙잡힌. *Están presos en la cárcel.* 그들은 감옥에 갇혀 있다. 몡 포로, 죄수; 체포·검속된 사람. *Dos presos han escapado de la cárcel.* 두 사람의 죄수가 탈옥했다.

préstamo 몡 차용금, 대여금. *casa de préstamos* 전당포. *¿No conoces alguna casa de préstamos?* 어디 전당포를 모르느냐.

prestar 태 ① 빌려주다. *Te prestaré ese libro con tal que me lo devuelvas.* 돌려주기만 한다면 그 책을 빌려주겠다. ② 봉사·원조·협력하다; 제공하다. *Les agradezco el servicio que me han prestado.* 나는 그들이 해준 봉사에 대하여 감사하고 있다. ③ 주의하다, (침묵을) 지키다. *Los niños no prestaban atención al maestro.* 어린이들은 선생의 말에 주의를 하지 않았다. ◇~**se** [+a: …에게] 봉사하다; 시키는 대로 따르다. *El se prestó a ayudarme.* 그는 자진해서 나를 도와주었다. *Ella se prestó a todos los caprichos de su marido.* 그녀는 남편의 모든 억지에 순종했다. ◇ **prestado, da** 혱 빌린, 빌려준. *dar prestado* 빌려주다. *Te daré prestada esa revista.* 그 잡지를 빌려주겠다. *pedir prestado* 빌리다. *Hoy te he enviado el libro que te pedí prestado el otro día.* 일전에 빌린 책을 오늘 너에게 보냈다.

prestigio 몡 명성, 권위. *El triunfo y el prestigio le crearon muchos enemigos.* 성공과 명성이 그에게 많은 적을 만들었다. ◇ **prestigioso, sa** 혱 명성·권위가 있는.

presumir 태 추측·억측하다. *Yo presumo que acabará por aceptarlo.* 그는 결국 그것을 받으리라고 나는 추측하고 있다. 재 [+de: …와·를] 자만하다. *El presumo de inteligente.* 그는 수재라고 자만하고 있다. *Quien quiere presumir tiene que sufrir.* 자만은 고통을 모른다. ◇ **presunción** 몡 추측, 억측; 자만.

presuntuoso, sa 혱 자만심이 강한. *Ella es una mujer muy presuntuosa.* 그녀는 대단히 자만심이 강한 여인이다.

presupuesto 몡 견적, 예산. *Quizás no llegue el presupuesto a la importancia que se desea, pero es mucho mejor que nada.* 예산이 희망하는 액에 달하지 못할지도 모르지만, 없는 것보다는 훨씬 좋다. ◇ **presupuestario, ria** 혱 예산의.

pretender 태 ① 바라다, 구하다; 엿보다, 겨냥하다, 노리다. *Había un puesto y lo pretendían cinco personas.* 취직 자리가 하나 있었는데, 그것을 5명이 노리고 있었다. ② (…에) 구애·구혼하다. *Pretende a mi prima.* 그는 내 사촌 누이에게 구혼하고 있다. ③ [+inf.] (…하려고) 시도하다, 노력하다. *Pretendí convencerle, pero no pude.* 나는 그를 설득하려고 힘썼으나 허사였다. ◇ **pretendiente** 몡 지망·요구하는 사람; 노리는 사람, 구애·구혼자.

pretensión 예 희망, 소원; 구애(求愛). *Tiene pocas pretensiones y se conformará con un sueldo modesto.* 그는 많은 것을 바라지 않으며 적은 급료로 승낙할 것이다.

pretérito, ta 혱 과거의. 몡 【문법】 과거 (형).

pretexto 몡 구실 (口實). *Buscan un pretexto para hacernos la guerra.* 그들은 우리들에게 전쟁을 도발하기 위한 구실을 찾고 있다. *a pretexto de* …의 구실로. *No fue a pretexto de estar ocupado.* 그는 바쁘다는 구실로 가지 않았다. *tomar por*

pretexto ···을 핑계삼다. *Tomé por pretexto la enfermedad para descansar.* 나는 질병을 핑계로 하여 쉬었다. ◇ **pretextar** 타 핑계삼다.

prevalecer [30 crecer] 자 [+sobre: ···에] 이기다, *La verdad prevalece sobre la mentira.* 진실은 허위를 이긴다. *Por fin prevaleció nuestra propuesta.* 드디어 우리들의 제안이 우세하게 되었다.

prevenir [59 venir] 타 ① 준비하다. *Tenemos que prevenir lo necesario para el viaje.* 여행에 필요한 것을 준비해야 한다. ② 예방·방지하다. *Si hubiéramos tenido más cuidado, habríamos podido prevenir este accidente.* 좀더 주의했더라면, 이 사고는 막을 수 있었을 것이다. ③ 경고하다. *Le prevengo a usted que no se atreva a hacer eso.* 무리하게 그런 일을 하지 않도록 나는 당신에게 주의하여 둔다. 타 습격하다. *Previno una tempestad furiosa.* 격심한 폭풍이 습격해 왔다. ◇ ~se [+de·con : ···의/+para : ···을 위하여] 준비하다. *Tenemos que prevenirnos de víveres ante todo.* 무엇보다도 먼저 식량을 준비해야 한다. *Tengo que prevenirme para el viaje.* 나는 여행(을 위한 것)을 준비해야 한다. ② [+a·contra : ···에 대하여] 조심·경계하다. *Prevéngase usted contra los accidentes de tráfico.* 교통 사고에 조심하여 주십시오. ◇ **prevención** 여 ① 용의, 준비; 조심, 경계; 예방; 미리 알기. *Ten mucha prevención contra él.* 그에게 무척 조심하십시오. *a prevención de* ···예견·경계해서. *de prevención* 예비의; 조심하기 위한. *Llévate víveres de prevención.* 예비 식량을 가지고 가게라.

prever [53 ver; 과거분사 previsto] 타 간파하다, 예견·예지 (豫知)하다. *Ya habíamos previsto el éxito de este negocio.* 우리들은 이 일의 성공을 이미 예견하고 있었다.

previo, via 형 미리 앞서서 하는. *Es un procedimiento censurable el girar en contra nuestra sin previo aviso.* 예고없이 이 쪽 앞으로 어음을 발행하는 일은 비난 받을 처사이다.

previsión 여 선견(지명), 예지(豫知); 예방책, 용의. *Según la previsión del tiempo, hará buen tiempo mañana.* 일기 예보에 의하면, 내일은 맑을 것이다.

prima 여 보험료, 할증금; 계약·보증금. *Nos pagan una buena prima por cada coche que vendemos.* 차를 한 대 팔면 상당한 비용 (할증금)을 받을 수 있다. *prima de seguro* 보험료.

primario, ria 형 ① 최초의, 기초의. *Comer es una necesidad primaria.* 먹는 일이 기본적인 필요 사항이다. ② 초등의. *enseñanza primaria* 초등 교육. *escuela primaria* 국민학교.

primavera 여 ① 봄. *Ya estamos en primavera.* 벌써 봄이다. ② 청춘(青春). *La pobre se murió antes de la primavera de la vida.* 그 여인은 불행하게도 인생의 봄을 기다리지 않고 죽었다. ◇ **primaveral** 형 봄의 과 같은.

primero, ra 형 [남성 단수 명사 앞에서 primer] 제일의, 최초의; 1등의. *Hoy es el primer día de clase.* 오늘은 최초의 수업일이다. *Esta es la primera vez que voy allí.* 내가 그곳에 가는 것은 이번이 처음이다. 예 일요일; (객차의) 1등. *Hemos tenido una comida de primera.* 우리들은 일등 식사를 했다. 부 처음에, 우선; 차라리. *Primero tengo que decirte esto.* 우선, 너에게 이말을 해야 하겠다. *Primero me quedaré sin comer que pedirle prestado dinero.* 그에게서 돈을 빌려야 한다면 차라리 먹지 않고 있겠다. ◇ **primeramente** 부 우선, 제일로.

primitivo, va 형 ① 원시의, 원시적의. *Los hombres primitivos vivían en las cuevas.* 원시인은 동굴에 살고 있었다. *Ellos tienen aún costumbres primitivas.* 그들은 아직 원시적인 습관을 가지고 있다. ② 근본·본원의. *color primitivo* 원색(原色).

primo, ma 명 ① 사촌(四寸). *Voy a presentar a mi prima.* 나는 내 사촌 누이를 소개하겠다. ② 호인. *No me tomes por primo.* 호인 대접을 하지 말게.

primordial 형 근본적인, 필요한. *Para aprender idiomas extranjeros es primordial tener nociones de gramática.* 외국어를 배우려면 문법의 기초 지식을 갖는 것이 근본적이다.

princesa 여 왕녀, 공주(infanta); 왕자비; 공작 부인.

principal 형 주요한. *Este es uno de los problemas principales.* 이것은 주요한 문제 중의 하나이다. *¿Quién hace el papel principal?* 누가 주역을 하느냐. 명 두목, 사장, 상점 주인, 주임(主任); 상층 관석 (극장의). *Quiero hablar directamente con el principal.* 상점 주인과 직접 이야기하고 싶다. ◇ **principalmente** 부 주로; 우선.

príncipe 명 왕자(infante); 공작, 군주(君主).

principio 명 ① 처음, 기원; 기점, 원점. *Volví a poner el disco desde el principio.* 나는 레코드를 처음부터 새로 걸었

다. La obra se llevará a cabo a *principios* de agosto. 사업은 8월 초순에는 실현되기로 되었다. ② 원칙, 방식, 주의(主義). Eso contradice nuestro *principio*. 그것은 우리 원칙에 위반한다. *al* [*en un*] *principio* 처음에. *A principio me parecía difícil*. 처음 그것은 내게는 곤란할 것처럼 생각되었다. *en principio* 원칙적으로. *En principio ustedes tienen razón*. 원칙적으로는 당신들이 옳소.

pringar 탄 ① 굽고 있는 고기에 기름·버터를 넣다, (윤활유 따위의) 기름으로 더럽히다; 고기를 삶아서 소독하다; 피를 나게 하다, 상처를 입히다; 노예에게 처벌로 타르 칠을 하다. ② 간섭·참여하다; 도둑질하다. 困 [+en]…에 손을 대다, 참가하다. ◇~se [+con·de] 지방분으로 얼룩지다; 손을 대다; 횡령하다.

prior 휭 전의, 선임의. 뗑 수도원장.

priora 団 여수도원장, 여자 대수도원 부원장.

prioridad 団 우선권; 선취권; …보다 중요함; 상석, 선행. *valores de prioridad*【상업】우선주.

prisa 団 급함. *a* [*de*] *prisa* 급히. *No comas tan de prisa*. 그렇게 급히 먹지 마라. *correr prisa* 서두르다, 지급을 요하다. *Este trabajo corre prisa*. 이 일은 지급을 요한다. *dar prisa* 서두르게 하다. *darse prisa* 서두르다. *Dése usted prisa*. 서둘러 주십시오. *No sé dé prisa*. 서두르지 마십시오. *Date prisa*. 서둘러라. *No te des prisa*. 서두르지 마라. *estar de prisa* / *tener prisa* 서두르고 있다, 급하다. *Estoy de muy prisa / Tengo mucha prisa*. 나는 대단히 급하다.

prisión 団 ① 체포, 감금(監禁). *Le condenaron a prisión*. 그는 감금형에 처해졌다. ② 교도소. *Ahora está en prisión*. 그는 지금 형을 복역하고 있다.

prisionero, ra 困 포로(捕虜). *El prisionero aprovechó el fuego para huir*. 포로는 화재를 이용하여 도망했다.

privado, da 휭 ① [+de:…가] 없는. *Es una persona privada de inteligencia*. 그는 지성이 없는 사람이다. ② 사적인, 개인의. *Este cuarto tiene baño privado*. 이 방에는 개인용 욕실이 있다. *No te metas en la vida privada de los otros*. 타인의 사생활에 개입하지 마라. ③ 사유·사설·사립의.

privar 탄 [+de:…을]…(에게서) 빼앗다; 박탈하다; 파면하다. *Me privaron de la libertad de palabra*. 나는 발언의 자유를 빼앗겼다. ◇~se ① [+de:…을] 사양하다. *Quiero privarme de todo lo público*. 나는 공사(公事)를 사양하고 싶다. ② [+de+inf.:…하기를] 멈추다. *Me he privado de fumar*. 나는 담배 피우는 것을 그만두었다.

privilegio 뗑 특권, 특전; 특허권. *Estamos dispuestos a concederles el privilegio de importar nuestros productos*. 우리 제품을 수입하는 특권을 귀사에게 양여하기로 하고 있습니다.

proa 뗑 뱃머리, 기수. *castillo de proa* 앞갑판.

probable 휭 있음직한, 개연적인. *Es probable que sepa algo del asunto*. 그는 사건에 관해서 무엇인가 알고 있을지도 모른다. ◇ **probabilidad** 뗑 있음직한 일, 예상; 확률, 공산; 개연성.

probar [24] (contar)탄 ① 시험하다, 시도하다. *Pruebe usted una vez este producto*. 한번 이 제품을 시험해 보십시오. ② 증명하다, 입증하다. *Ha probado su inocencia*. 그는 자기의 무죄를 입증했다. ③ 시식·시음하다. *Prueba este vino, a ver si te gusta*. 입에 맞는지 어떤지, 이 포도주를 마셔보아 주세요. 困 [+a+inf.…하려고] 시험삼아 …하다. *El enfermo probó a levantarse, pero no pudo*. 환자는 일어나려 했으나 안 되었다.

probado, da 휭 시험이 끝난; 확실한, 보증·붙은.

problema 뗑 문제; 난점(難点). *Hay muchos problemas difíciles entre nosotros*. 우리들 앞에는 많은 난점이 있다. ◇ **problemático, ca** 휭 문제의, 의심스러운, 어렵잖는.

procedente 휭 ① [+de:…에서] 나온; …출신의. *¿A qué hora llegará el tren procedente de Madrid?* 마드리드 출발 열차는 몇 시에 도착할까. ② 근거·이유있는. *Me parece que no es procedente lo que demandan*. 그들이 요구하고 있는 일은 근거가 없는 듯이 생각된다. ◇ **procedencia** 뗑 기원, 출처; 태생; 출발지·점, 출발역, 출범 항구.

proceder 困 ① 행하다, 처치하다. *Creo que su manera de proceder estuvo muy acertada*. 그의 처치 방법은 지극히 적절했다고 생각한다. ② [+a:…행동에] 옮기다, …에 착수하다, (…을) 시작하다. *Les quedaremos muy agradecidos si proceden a su liquidación*. 만일 청산에 착수해 주신다면 매우 다행이겠습니다. ③ [+de:…에서] 나와 있다, 기원하다, 유래하다. *El español procede del latín vulgar*. 스페인어는 속라틴어에서 유래한다. ④ 근거가 있다. *No procede su demanda*. 그의 요구는 근거가 없다. 뗑 행위, 행동. *No puedo perdona tal proceder suyo*. 나는 그의 그런 행위를 묵과할

procesión 여 행렬, 줄, 열(列). La gente iba en *procesión*. 사람들은 줄을 지어 갔다.

proceso 남 ① 경과, 과정; 처리, 공정(工程). He seguido todo el *proceso* de la enfermedad. 나는 그 병(病)의 과정을 모두 알았다. Este producto necesita un *proceso* de fabricación muy larga. 이 제품은 긴 공정을 요한다. ② 소송(訴訟). Sostengo un *proceso* contra él. 나는 그를 상대로 소송을 하고 있다.

proclamar 타 ① 포고·선언하다. En aquel año se *proclamó* la independencia de Norteamérica. 그 해에 북아메리카의 독립이 선언되었다. ② 공표(公表)하다, 명백히 하다. La *proclamaron* reina de belleza. 그녀가 미의 여왕으로 발표되었다. ◇ **proclama** 공시(公示); 포고(布告); 선언. ◇ **proclamación** 여 포고, 공포, 발표.

proclisis 여【문법】단음절어와 다음 말의 결합 (예 : la casa, en tren 따위).

proclive 형 (주로 나쁜) 경향이 있는.

procomún 남 공익.

procomunista 남 친 공산당의 (자).

procónsul 남 (옛 로마의) 지방 총독.

procreación 여 출산, 생식.

procrear 타 낳다, (만들어) 내다, 생식하다.

procura 여 대리권; 노력, 조달, 모금. *procura misional* 종교 단체의 출남부.

procuración 여 노력, 대리, 검사의 권력·증서;【종교】위임장; 출남부.

procurar 타 ① (…에) 힘쓰다. Procura cumplir tu palabra. 약속을 지키도록 힘쓰시오. *Procure* que no le vea nadie. 아무에게도 보이지 않도록 힘쓰시오. ② 가져주다. Su carta me *procura* siempre un gran placer. 당신의 편지는 언제나 나에게 커다란 기쁨을 가져다 줍니다. ◇ ~se (자기를 위해) 조달하다. *Procúrate* lo necesario para la vida. 생활에 필요한 것은 자신이 조달하시오. ◇ **procurador** 대의원; (총단의) 경리 담당자.

prodigio 남 경이(적인 물건·인·사람). Su paciencia es un *prodigio*. 그의 인내력은 놀라운 것이다. El es un *prodigio* de ingenio. 그는 놀라운 재능의 소유자이다. ◇ **prodigioso, sa** 형 경이적인.

producir [70 aducir 형] 타 ① 생기다, 낳다, 생산하다. Argentina *produce* mucho trigo. 아르헨티나는 다량의 밀을 생산한다. ② 제작·제조하다. ¿ Qué *produce* esta fábrica? 이 공장은 무엇을 만들고 있습니까. ③ (이해를) 가져오다; (득점에) 올리다. El descubrimiento de los metales *produjo* una nueva revolución en la vida humana. 금속의 발견은 인류 생활에 새로운 혁명을 가져왔다. ④ 느끼게 하다. Aquel suceso le *produjo* una gran amargura. 그 사건은 그에게 커다란 고뇌를 느끼게 하였다. ◇ **producción** 여 생산, 산출; (경기의) 득점.

producto 남 ① (생)산물; 제품. No fabricamos sino *productos* de buena calidad. 우리 회사는 좋은 품질의 제품만 만든다. ② 성과, 결과; 수익(收益). El *producto* de su trabajo lo emplea todo en comer y beber. 그는 노동에서 얻는 수입은 모두 먹고 마시는데 소비해버린다. ◇ **productivo, va** 형 생산적인; 유리한.

profecía 여 예언(서).

profesar 타 ① 신조로 하다, 신앙하다. *Profesa* el cristianismo. 나는 기독교를 믿고 있다. ② (애정을) 느끼다. Le *profeso* cariño. 나는 그녀에게 애정을 느끼고 있다.

profesión 여 직업(ocupación). ¿ Qué *profesión* tiene su padre? 아버님은 무슨 직업을 가지고 계십니까. *de profesión* 직업적인, 본 직업으로. *De profesión*, médico. 본직은 의사이다. ◇ **profesional** 형 직업(상)의; 본직·전문의. 남 전문가; 직업인. ◇ **profesionalismo** 남 전문가 기질.

profesor, ra 남 교수(catedrático); 선생 (maestro); 교관. Aquél es nuestro *profesor* de español. 저 분이 우리 서반아어 선생이시다. Aprendo piano con una *profesora*. 나는 선생에게서 피아노를 배우고 있다.

profeta 남 예언자. *el Profeta* 마호메트. *el Rey Profeta* 다비데.

profético, ca 형 예언(자)적인.

profetista 여 여자 예언자.

profetizar 타 예언·예보하다; 억측하다.

profiláctico, ca 형 예방의. 남 예방제.

profilaxis 여 예방, 예방법.

prófugo, ga 형 도망하는 (사람); 도망 범인; 징병 기피자.

profundo, da 형 ① 깊은. El lago es muy *profundo* por esta parte. 그 호수는 이 근처가 매우 깊다. ② (의미·감정·잠·상처 따위가) 깊은; 심원한. No sé cómo expresar mi *profundo* agradecimiento por sus atenciones. 베풀어 주신데 대하여 나의 깊은 감사를 어떻게 나타내어야 좋을지 모르겠습니다. Tuvo un sueño *profundo*. 그는 깊은 잠을 잤다. ◇ **profundamente** 부 깊게; 심하게; 마음속에서. ◇ **profundidad** 여 깊이; 깊은 곳. ◇ **profundizar** [9 alzar 형] 타 깊게 하다; 깊이

profusión 여 많음, 다량(copia); 낭비(prodigalidad).

profuso, sa 형 다량의; 낭비적인; 풍부한, 막대한.

progenie 여 혈육, 자손, 후예.

progenitor 남 (직계의) 선조, 선대, 조부.

progenitura 여 자손; 장자의 권리.

prognosis 여 【단·복수 동형】 예지; 천기 예보.

programa 남 ① 순서; 프로그램, 상연·방송 종목. ¿Tiene usted el *programa* del concierto de hoy? 오늘 음악회 프로그램을 가지고 있소. ② 예정(豫定). ¿Cuál es su *programa* para esta tarde? 오늘 오후의 예정은 어떻게 되어 있나요.

progresar 자 진보·발전하다. La industria de este país *ha progresado* rápidamente en estos tiempos. 최근 이 나라의 산업은 급속하게 발전했다. ② 향상하다. Su español *progresa* mucho. 당신의 서반아어는 대단히 향상하였소.

progreso 남 진보, 발전. Ha contribuido al *progreso* de la enseñanza nacional. 그는 국민 교육 발전에 공헌했다. ② 진척. El enfermo hace lentos *progresos*. 환자는 조금씩 좋아지고 있다. ◇ **progresivo, va** 형 전진하는, 진보적인; 누진·점진의. ◇ **progresivamente** 부 진보적으로; 점차로.

prohibir [18] 타 ① 금하다. El médico me *ha prohibido* el alcohol. 의사는 나에게 알콜을 금지하고 있다. ② [+inf./+que +subj: …함을] 금하다. Te prohibo que hagas eso. 나는 너에게 그것을 하는 것을 금한다. Aquí se *prohibe* fumar. 여기는 금연으로 되어 있다. ◇ **prohibición** 여 금지; 수입 금지.

prójimo 남 타인, 이웃 사람. No podemos ser felices nosotros solos sin la felicidad de nuestro *prójimo*. 이웃 사람의 행복없이 우리들 만이 행복할 수는 없다.

prolapso 남 (자궁·창자의) 탈출, 탈.

prole 여 (집합적) 자손, 자녀.

prolegómeno 남 서론, 서문.

proletariado 남 무산·노동 계급. *proletariado intelectual* 지적 노동 계급.

proletarianismo 남 무산자 운동·정치.

proletario, ria 남 무산운동 계급의 (자); 평민의, 하층 계급의 자(plebeyo).

proliferación 여 (세포의) 증식, 분포.

proliferar 자 증식하다(multiplicarse).

prolífico, ca 형 생식력이 강한, 다산의; 다작의.

prolijidad 여 완만; 장황, 정확함, 정밀함.

prolijo, ja 형 완만한; 장황한.

prologar 타 …에 서문을 붙이다·쓰다.

prólogo 남 머리말, 서문, 서곡, 서막(序幕). Todavía no he leído sino el *prólogo* de ese libro. 나는 아직 그 책의 서문 밖에 읽지 않았다.

prolongar 타 길게 하다, 연장시키다, 늘이다. Van a *prolongar* la carretera hasta la costa. 길을 해안까지 연장하기로 되어 있다. La sesión se *prolongó* indefinidamente. 개회는 한없이 길어졌다. ◇ **prolongación** 여 연장; 신장(伸張). ◇ **prolongado, da** 형 긴; 가늘고 긴.

promesa 여 약속; 희망, 예상. Siempre cumple sus *promesas*. 그는 항상 약속을 지킨다. No faltes a la *promesa*. 약속을 어기지 마라.

prometer 타 ① 약속하다; 보증하다. Le *he prometido* un juguete. 나는 그에게 장난감을 (주겠다고) 약속했다. ② [+inf.: …하기를] 약속하다. *He prometido* ir mañana. 나는 내일 가겠다고 약속했다. 자 장래가 촉망되다, 유망하다. Este joven *promete* mucho. 이 청년은 매우 유망하다. ◇ **prometido, da** 명 약혼자 (novio, futuro). Esta es mi *prometida*. 이 사람이 내 약혼자이다.

prominencia 여 돌출, 돌기, 융기.

prominente 형 돌출한; 튀어 나온.

promiscuar 자 (정진일에) 육식을 하다; 마구 섞다.

promiscuidad 여 혼란, 뒤죽박죽, 난잡.

promiscuo, cua 형 난잡한, 혼잡한, 복잡한; 뒤죽박죽한.

promisión 여 약속(promesa).

promisorio, ria 형 서약·약속의.

promoción 여 조장, 진흥; 장려; 승진, 승격.

promontorio 남 갑(岬), 융기; 해안 지역.

pronombre 남 문법 대명사.

pronto, ta 형 ① 빠른, 급속한. Esperamos su *pronta* contestación. 조속한 회답을 기다리고 있겠소. ② 민속·기민한. Es *pronto* en las decisiones. 그는 일을 결정하는데 기민하다. ③ 준비가 된. Estoy *pronto* para empezarlo. 나는 그 일을 시작할 준비가 되어 있다. 남 충동(衝動). Tuvo un *pronto* y salió de casa. 그는 어떤 충동을 느끼고 집을 나갔다. 부 빨리, 민활하게; 바로. Venga *pronto* 빨리 오시오. Volverá *pronto*. 그는 곧 돌아오리라. *de pronto* 돌연; 갑자기; 서둘러서. *De pronto* echó a correr. 갑자기 그는 달리기 시작했다. *por de pronto/por lo pronto* 우선. *Por lo pronto* trabaje usted aquí. 우선 여기서 일하고 있으시오. *tan pronto (como)* …하자 마자(así que, luego que). *Tan pronto (como)* amanezca, partiremos. 날이 밝자마자 바로 출발하자.

pronunciar [11 cambiar] 타 ① 발음하다. *Pronuncia* muy bien el español. 너는 서반아어 발음이 대단히 좋다. ② (연설을) 하다. El primer ministro *pronunció* un discurso sobre la política del gobierno. 수상은 정부 정책에 대하여 연설하였다. ~**se** ① 반란을 일으키다. Los militares *se pronunciaron* en contra del gobierno. 군인들은 정부에 대하여 반란을 일으켰다. ② 확실히 나타나다. Se ha *pronunciado* un síntoma de cólera. 콜레라의 증세가 확실히 나타났다. ◇ **pronunciación** 여 발음. ◇ **pronunciado, da** 형 돌출한; 현저한.

propagar [8 pagar] 타 번식시키다; 넓히다; 선전하다. Las moscas *propagan* las epidemias. 파리는 전염병을 퍼뜨린다. ~**se** 번식하다; 널리 퍼지다. La noticia *se propagó* pronto por toda la idea. 그 뉴스는 바로 마을에 퍼졌다. ◇ **propaganda** 여 선전, 광고. ◇ **propagandista** 형 선전의. 여 선전자.

propiedad 여 ① 소유(권). Esta casa es de mi *propiedad*. 이 집은 나의 소유이다. ② 토지, 부동산. Mi tío tiene una *propiedad* en el campo. 숙부는 시골에 토지가 있다. ③ 특질. El azúcar tiene la *propiedad* de disolverse en el agua. 설탕은 물에 녹는 특질이 있다. ④ 적절, 정확(的確). Es indudable la *propiedad* de ese procedimiento. 그 처치의 적절함은 의심없다. ◇ **propietario, ria** 형 [de …를] 소유하는. 명 소유자, 주인, 지주(地主). ¿Quién es el *propietario* de esta casa? 이 집의 소유자는 누구인가요.

propina 여 팁. Di (una) *propina* al camarero. 나는 보이에게 팁을 주었다. *de propina* 팁으로.

propio, pia 형 ① 특유의; 고유·본래의. Tal proceder es *propio* de él. 그러한 행동은 그의 독특한 것이다. El frío es *propio* del invierno. 추위는 겨울 본래의 것이다. ② 자기·자신의. Cómpralo con tu *propio* dinero. 네 자신의 돈으로 그것을 사거라. ③ 그 같은, 당해(當該). El *propio* padre no lo sabe. 바로 그 아버지도 그걸 모른다. ④ 적절한, 걸맞는. Este juguete no es *propio* para los niños. 이 장난감은 어린이들에게 걸맞지 않다. ◇ **propiamente** 부 바로; 적절하게; 본래의 뜻으로.

proponer [60 poner; 과거분사 propuesto] 타 ① 신청하다, 제안하다. Aceptamos las condiciones que ustedes nos *han propuesto*. 이 쪽에서 제안한 조건을 승낙합니다. Le *propuse* ir de viaje juntos. 나는 함께 여행가자고 그에게 제안하였다. ② 추천하다. Voy a *proponer* para ese puesto. 너를 그 자리에 추천하겠다. ◇ ~**se** [+*inf.*: …하려고] 생각하다, 결심하다. *Me propongo* partir mañana. 나는 내일 출발하려고 생각하고 있다.

proporción 여 ① 비율, 비례; 균형, 균제(均齊). El cuerpo humano tiene una *proporción* admirable. 인체는 훌륭하게 균형이 잡혀 있다. ② 큰 크기. El incendio de la selva llegó a tomar *proporciones* gigantescas. 산불은 큰 화재로 되었다.

proporcionar 타 가져오다; 제공·공급·융통하다. En lo sucesivo podremos *proporcionar*les toda clase de géneros. 금후 우리 회사는 모든 종류의 물건을 제공할 것이다. Hay que *proporcionar* agua urgentemente a la población. 긴급히 이 마을에 물을 공급해야 한다.

proporcionado, da 형 균형이 잡힌.

proposición 여 신청, 제안; 추천. No es posible aceptar su *proposición* con esas condiciones. 그런 조건으로는 당신의 제안을 받아들이기는 불가능하다.

propósito 명 의지, 의도; 목적. Tiene el *propósito* de marcharse del pueblo. 그는 마을로부터 나갈 속셈이다. No tengo *propósito* de ofenderle. 나는 당신을 모욕할 생각은 없다. *a propósito* 알맞게, 마침; 그건 그렇고; 고의로, 그런데. ¡A *propósito*! ¿Cómo está tu hermana? 그건 그렇고! 여동생은 건강하신. No lo he hecho *a propósito*. 나는 일부러 그 짓을 한 것이 아니다. *a propósito de* …에 관하여, …라 한다면. Habla de sus hechos *a propósito de* cualquier cosa. 그는 걸핏하면 자기 공로 이야기를 한다. *de propósito* 고의로. Se lo dije a ella *de propósito*. 그는 그녀에게 일부러 말해 주었다.

propuesta 여 신청; 제안. Ha aceptado nuestra *propuesta*. 그는 우리들의 신청을 받아들였다.

propugnar 타 지키다(defender), 막다.

propulsar 타 배격하다(repulsar); 추진하다(impeler).

propulsión 여 배격; 추진; *propulsión por cohete · reacción* 로켓·제트 추진.

propulsor, ra 형 추진하는 (자·물건). 명 추진기, 프로펠라.

prorrata 여 몫, 분담한 부분, 할당.

prorrateo 타 분배, 배급; 평균; 보통.

prórroga/prorrogación 여 연기; 중지; 폐회.

prorrogar 타 미루다, 연기하다; 중지하다 (suspender): *pago prorrogada* 연기불, 지불 연기.

prorrumpir 재 [+en]…을 돌발적으로 시작하다. *prorrumpir en llorar·en llanto.* 갑자기 울기 시작하다.

prosa 여 산문(체). Me gusta la *prosa* más que el verso. 나는 운문보다 산문이 좋다. *en prosa* 산문으로. El libro está escrito *en prosa*. 그 책은 산문으로 써 있다.

prosaico, ca 형 산문의; 평범한, 살풍경한; 지루한. Hacer sumas en la oficina es un trabajo *prosaico*. 사무소에서 계산하는 것은 지루한 일이다.

proseguir [40 seguir]재 ① 계속하다. *Prosigue* el mal tiempo. 나쁜 일기는 아직 계속한다. ② [+con·en:…을] 앞으로 계속하다, 계속해서 하다. 타 앞으로 계속하다, 계속해서 하다. *Proseguiré* el trabajo mañana. 나는 그 일을 내일 계속해서 하겠다.

proselitismo 남 개종 권유; 가맹 권유.

proselitista 형 개종 활동을 하는 (사람).

prosélito 남 [카톨릭교에] 개종자; 가맹자, 신입자; 찬성자.

prosificar 타 산문으로 되다·하다.

prosista 남 【남·여 동형】 산문(작)가.

prosodia 여 【문법】 음운론; 발음.

prosódico, ca 형 음운론의, 발음(상)의.

prosopopeya 여 의인법.

prospección 여 【광물】 시굴.

prospecto 남 취지서, 발기서; 광경.

prosperar 자 번성·번영하다; 융성하게 되다. La industria *prospera* cada año en este país. 산업은 이 나라에서는 해마다 번영하고 있다. 타 번영하게 하다. ¡Dios *prospere* su empresa! 신께서 당신의 사업을 번영하게 하시도록! ◇ **prosperidad** 여 번영; 융성; 성공(éxito). Le deseo a usted felicidades en estas Pascuas y toda suerte de *prosperidad* en el Año Nuevo. 크리스마스의 행복과 새해의 번영을 빕니다. ◇ **próspero, ra** 형 번영의; 융성의; 부유한. Le deseo a usted un feliz y *próspero* Año Nuevo. 근하신년(謹賀新年).

próstata 여 【해부】 전립선.

prostíbulo 남 매춘하는 집(burdel).

prostitución 여 매춘; 오직, 절개를 깸.

prostituir 타 매춘하게 하다, 몸을 팔게 하다, (직업·명예 따위의) 돈을 위해 팔다. ◇ —**se** 몸을 팔다; 절개를 팔다.

prostituta 여 매춘부, 창녀(ramera).

prosudo, da 형 우울한; 위태로운; 중대한.

protagonista 남 주역; 주인공(primer actor·actriz). Ahí está Ana María, la *protagonista*. 저곳에 주역이나 마리아가 있다.

protección 여 보호; 후원(後援). Cada año busca la *protección* de alguien que pueda ayudarle. 사람은 각기 자기를 도와주는 누군가의 보호를 구하고 있다. ◇ **protector, ra** 형 보호의, 보호용의. *Sociedad Protectora de Animales* 동물보호협회.

proteger [③ coger] 타 보호하다; 후원하다. Los padres deben *proteger* a sus hijos. 양친은 어린이들을 보호해야 한다.

protestar [+de·por·contra:…에 대하여] 항의하다. Los huéspedes *protestan* de la comida. 숙박객은 식사에 관하여 항의하고 있다. José *protestó contra* la calumnia. 호세는 중상에 항의했다. ◇ **protesta** 여 항의, 이의 (신청); 거부; 【상업】(어음의) 거절 증서. ◇ **protestante** 남 신교도, 프로테스탄트. ◇ **protestantismo** 남 신교, 프로테스탄티즘.

protoplasma 남 【생물】 원형질.

prototípico, ca 형 원형의, 전형적인.

prototipo 남 원형; 전형; 【물리】 원기(原器).

protóxido 남 【화학】 일산화물.

protozoario, ria 형 남 원생 동물(의).

protuberancia 여 돌기, 융기, 혹.

protuberante 형 돌기한, 혹이 달린.

protutor 남 준 후견인.

prov.* provincia.

provecto, ta 형 성숙한, 진보된; 학식있는.

provecho 남 이익, 쓸모 있음; 늘어남. ¿Qué *provecho* saca usted de esta asignatura? 당신은 이 학과에서 어떠한 이익이 얻어집니까. *de provecho* 유리한, 쓸모있는. Este libro es *de provecho* para ti. 이 책은 너에게 유익하다. ◇ **provechoso, sa** 형 [+a·para:…에게] 유리한, 유익한, 쓸모있는. El deporte es muy *provechoso* para la salud. 스포츠는 건강에 대단히 유익하다.

proveer [75 leer; 과거분사 proveído/provisto] 타 ① [+con·de:…를] (…에) 대비하다, 준비하다. Mi madre me *ha provisto* de ropa. 모친이 나에게 옷가지를 챙겨 주었다. ② [+con·de:…를] (…에게) 공급·보급·지급하다. La compañía le *proveyó* con todo el carbón que necesitaba. 회사는 그가 필요로 하는 석탄 전부를 그에게 지급했다.

provenir [59 venir]자 [+de:…에서] 일어나다, 유래하다. El español *proviene* del latín vulgar. 서반아어는 속라틴어에서 나왔다.

proverbio 남 속담, 격언. ◇ **proverbial** 형 속담의·같은; 세상에 알려진.

providencia 여 ① 처치, 조치; 판결(判決). Gracias a su *providencia* logramos pasar el invierno con suficiente carbón. 그의

조치 덕분으로 우리들은 충분한 석탄을 저장해서 겨울을 지낼 수가 있었다. ② 섭리, 천명(天命). La divina *providencia* nos sacará de este apuro. 신의 섭리가 우리들을 이 곤궁에서 구해내 주리라. ◇ **providencial** 휑 하늘의, 도움의, 운이 좋은; 우연한; 임시의.

provincia 예 ① 주(州)(estado), 도(道)(estado, departamento). España cuenta actualmente con 50 *provincias*. 서반아는 현재 50주를 가지고 있다. ②지방; 시골. Mi familia vive en la *provincia*. 나의 가족은 지방에 살고 있다. ◇ **provincial** 휑 주·도의; 지방의. **provinciano, na** 휑 지방의 옝 지방 사람.

provisión 예 (식량·탄약의) 준비, 저장, 준비금. Estamos faltos de *provisiones*, debido a las inundaciones. 홍수로 우리들은 식량의 저장이 부족하다. ◇ **provisional** 휑 임시의, 잠정적인. *gobierno provisional* 임시 정부.

provisto, ta 휑 [+de: …을] 갖춘, 가진. Este centro de viviendas está *provisto* de mercado público. 이 주택단지는 공설시장을 갖추고 있다.

provocar [7] (sacar)目 ①(흥미를) 일으키다, 꼬이다. El río me *provoca* a nadar. 나는 냇물을 보면 헤엄치고 싶어진다. ②교사하다, …에 도전하다. Le *provocó* al duelo. 나는 그에게 결투를 하자고 도전했다. ③유발하다. Ese incidente *provocó* la guerra. 그 사건이 전쟁을 유발했다. ◇ **provocación** 예 교사, 도전; 유발; 분노. ◇ **provocativo, va** 휑 하고 싶어지는; 도발적인; 성나는.

próximo, ma 휑 ① [+a: …에] 가까운. Está *próxima* la primavera. 봄은 가깝다. ②[+a+*inf.*: …을] 따름의, 직전의. Los dos están *próximos a* casarse. 두 사람은 결혼하기 직전이다. ③다음의, 이번의. Nos bajamos en la *próxima* estación. 우리들은 다음 역에서 내린다. Volveré el *próximo* miércoles. 나는 이번 수요일에 돌아온다. ◇ **próximamente** 옝 가까이, 멀지 않아; 대략, 거의. ◇ **proximidad** 예 ① 가까움, 가까운 일. ② 옝 부근(附近).

proyectar 目 ① 던지다, 발사하다, 쏘아내다. El faro *proyectaba* la luz sobre el mar oscuro. 그 등대는 어두운 바다 위에 빛을 던져주고 있다. ② 투영하다; 상영·영사하다. *Proyectan* una película mejicana muy interesante. 대단히 재미있는 멕시코 영화가 상영되고 있다. ③계획하다; 설계하다. ¿Para qué día *proyecta* usted esa excursión? 당신은 그 여행을 며칠까지 계획하고 있는가. ◇ **proyección** 예 발사; 투영; 상영, 영사. ◇ **proyecto** 옝 계획; 설계; 견적. Tengo en *proyecto* un viaje magnífico. 나는 멋진 여행을 계획하고 있다.

prudente 휑 신중한, 분별이 있는. ¡Qué *prudente* es su padre! 그의 부친은 어쩌면 그다지도 신중한지! ◇ **prudencia** 예 신중. La *prudencia* de su padre impidió un trágico encuentro con sus amigos. 그의 부친의 신중함은 친구들과의 비극적인 결별을 막았다.

prueba 예①시험, 실험, 테스트. ¿Cómo resultó la *prueba*? 시험한 결과는 어떻던가. ②교정쇄, 가료, 시식(용 견본). Me gustó la *prueba* del vino que me enviaron. 나는 보내온 포도주의 시음용 견본이 마음에 들었다. ③ 증명, 증거. Aquí están las *pruebas* de lo que te dije ayer. 어제 내가 네게 말한 것의 증거가 여기 있다. *a prueba* 시험이 끝난, 시험적으로. Este reloj está hecho *a prueba* de golpes. 이 시계는 충격 방지로 되어 있다. *en prueba de* …의 증거로서. Acepte este modesto obsequio *en prueba de* mi afecto invariable. 나의 변하지 않는 애정의 증거로서, 이 조출한 선물을 받아주십시오.

psicología 예 심리; 심리학. Conviene educar a cada uno según su propia *psicología*. 사람은 그 사람 고유의 심리에 따라 교육함이 좋다. ◇ **psicológico, ca** 휑 심리학의; 심리적인. ◇ **psicólogo, ga** 옝 심리학자.

púa 예 가시; 찌르기; 가늘고 끝이 뾰족한 물체; 접붙이는 나뭇가지; 아주 약은 사람, 민첩하고 교활한 사람; (만돌린 따위를 튀기는 손톱 모양의) 채.

púbero 휑 사춘기의 (사람, 묘령의).

pubertad 예 사춘기, 묘령.

pubescencia 예 =**pubertad**.

pubis 옝 [해부] 음부; 음모; 치골.

publicable 휑 공표·발표·발행할 수 있는.

publicar [7] (sacar)目 ① 일반에 널리 알리다, 발표·공표하다. El periódico de hoy *publica* la lista de la lotería. 오늘 신문은 복권의 당첨표를 발표하고 있다. ② 발행·출판하다. José *ha publicado* recientemente una novela. 호세는 최근 소설을 출판했다. ◇ **publicación** 예 공포, 공포; 발행, 출판; 출판물.

publicidad 예 ① 널리 알려짐, 공개, 공공연함. Se ha hecho mucha *publicidad* del descubrimiento. 그 발견은 널리 공개되었다. ② 선전, 광고. La *publicidad* en televisión es muy cara. 텔레비전 광고는 매우 비싸다.

público, ca ① 널리 알려진, 공중·공공의. Las empresas de los ferrocarriles son de utilidad *pública*. 철도는 공공의 이익이다. ② 공개·공연의, 주지의. Es un hecho *público* que no tengo por qué ocultar. 그것은 내가 숨길 필요가 전혀 없는 주지의 사실이다. 圄 공중, 민중; 세상, 관객.

puches 圄【남·녀 동형】오트밀; (야채·고기 따위를) 섞어 끓인 것.

pucho 圄 담배의 끝, 찌꺼기, 소량, 소액, 근소, 작은 물방울.

pude poder의 직설법 부정과거 1인칭 단수형.

pudelar 囲 (금속을) 정련하다.

pudendo, da 匷 면목없는; 무례한, 음란한.

pudicicia 囡 순결, 정절(honestidad); 겸손, 수줍음.

púdico, ca 匷 정결한(honesto); 정숙한, 순박한, 청초한, 처녀다운, 수줍은. *mimosa púdica*【식물】미모사.

pudiente 匷 세력있는, 부유한. 囲 유력자 (poderoso).

pudieron poder의 직설법 부정과거 3인칭 복수형.

pudimos poder의 직설법 부정과거 1인칭 복수형.

pudiste poder의 직설법 부정과거 2인칭 단수형.

pudisteis poder의 직설법 부정과거 2인칭 복수형.

pudo poder의 직설법 부정과거 3인칭 단수형.

pudor 囡 절조, 근신. Aquella hermana vestía con mucho *pudor*. 그 수녀는 매우 얌전한 복장을 하고 있었다.

pudrir [과거분사 podrido] 囲 썩히다; 지루하게 하다. ◇─**se** 囲 썩다. En la caja se *pudrieron* las manzanas. 상자 속에서 사과가 썩었다. ② [+de : …로] 지루하다.

pueblo 囲 ① 면, 읍, 시; 마을, 동네, 시골 (campo). Mi abuelo vivía entonces en un pequeño *pueblo* del norte. 나의 조부는 당시 북부에 있는 조그마한 읍에 살고 있었다. ② 국민, 민중. El presidente se apoyó en el *pueblo* del cual el pueblo le dio su apoyo. 대통령은 국민에게 지지를 요구했다. ③ 민족. Los romanos denominaban bárbaros a los *pueblos* que no se habían sometido a su dominio. 로마사람은 자기들의 지배에 따르지 않았던 민족을 야만인이라 불렀다.

puente 囲 다리, (배의) 갑판. Crucé el río por el *puente*. 나는 그 다리를 통하여 강물을 건넜다. *hacer puente* 두 휴일 사이에 낀 근무일을 연휴로 쉬다. Del jueves al domingo *hago puente*. 목요일부터 일요일까지 연휴로 쉰다.

puerco, ca 圄【동물】돼지(cerdo, chancho).

pueril 어린애 같은; 어린이의. Es *pueril* pensarlo así. 그것을 그렇게 생각하는 것은 유치하다. ◇ **puerilidad** 囡 어린이다움, 분별 없음.

puerta 囡 대문, 문, 출입문, 현관; 문짝. La *puerta* está abierta de par en par. 문은 (양쪽 문짝이) 활짝 열려 있다. Alguien llama a la *puerta*./Llaman a la *puerta*. 누군가가 문을 두들기고 있다.

puerto 囲 항구. ¿En qué *puertos* hace escala el barco? 그 배는 어느 항구에 기항하는가.

puertorriqueño, ña 匷 뿌에르또·리꼬 (Puerto Rico)의. 囲 뿌에르또·리꼬 사람.

pues 쪬 ① 왜냐하면(porque, que), …하는 바에는. Me marcho, *pues* te molesta mi presencia. 나는 가겠다; 내가 있으면 네 방해가 되니까. ② …하므로, 그런고로, 그러면. *Pues* vamos en metro. 그렇다면 지하철로 가자. ③ 그리고, 그런데. *Pues*, ¿cómo sigue el enfermo? 그런데 환자는 (그 뒤) 어떤가. ④【감탄사적】응, 과연, 옳지. *Pues*, está algo mejor. 응, 약간 좋아졌어. *pues que* 하는 바에는. Te lo diré, *pues que* lo sabrás tarde o temprano. 나는 너에게 그 말을 해주지; 조만간에 너는 알 수 있을 것이니까.

puesto, ta 匷 [bien+] 좋은 옷차림의, [mal+] 남루한 옷차림의. 囲 ① 장소, 위치. España ocupa el primer *puesto* en el mundo en la producción de este mineral. 서반아는 이 광물 생산으로는 세계 제 1위를 차지하고 있다. ② 임무, 직(職). El presidente le pidió que aceptase el *puesto*. 대통령은 그 직무를 수락하도록 그에게 요청했다. ③ 매점 (quiosco), 포장집, 노점, 스텐드. El coche paró en frente de un *puesto* de fruta. 차는 과일 매점 앞에서 정거했다. 囡 (해·달의) 짐, 떨어짐. *la puesta del sol* 일몰, 낙일. *puesto que* …때문에. José no es enfermo, *puesto que* le he visto en el cine. 호세는 병은 아니다; 나는 그를 영화관에서 보았으니까.

pugnar 囲 ① [+con·contra : …와] 싸우다, 다투다. El periodista *pugnó* en defensa de la justicia. 그 신문 기자는 정의를 지키어 싸워나. ② 노력·진력하다; [+por·para+inf. : …하려고] 허덕이다, 애쓰다. José *pugnaba* por no reírse. 호세는 웃지 않으려고 애썼다. ◇ **pugna**

puja 여 싸움, 다툼.

puja 여 경매에서 비싼 값을 부르기; 경쟁 가격, 고가 입찰; 노력, 분투.

pujante 형 강력한, 효력·세력있는; 주권을 가진; 뛰어난, 힘찬.

pujanza 여 힘, 능력, 권력, 세력, 체력.

pujar 타 (경매에서) 비싼 값을 부르다; 언어 장애로 고민하다; 비틀거리다; 울 듯한 얼굴을 하다; 밀다.

pujo 남 열망(ansia); 갈망, 동경, 근심, 불안; 웃고·울고 싶음; 번번이 오줌을 누고 자 함.

pulcritud 여 아름다움, 우아, 온아, 청결함.

pulcro, cra 형 아름다운, 우아한; 의복이 아주 잘 어울리는, 청결한, 말쑥한.

pulgada 여 인치 (1/12피트).

pulgar 남 엄지손가락이. *por sus pulgares* 자기 손으로, 독력으로.

pulgarada 여 손가락으로 튀기기; 한웅큼, 인치.

pulgón 【곤충】 진디.

pulidez 여 아담하고 깨끗한 것, 정연, 청결, 광택, 윤.

pulido, da 형 아담하고 깨끗한, 청초한, 말쑥한, 청결한.

pulidor, ra 형[명] 닦는 (사람); 윤내는 기구.

pulimentar 타 빛·윤나게 하다, 밝게 빛나다, 끝내다.

pulimento 남 광택, 윤, 윤택나는 것, 인위적인 윤택, 완성.

pulir 타 닦다, 갈다, 윤을 내다, 빛나게 하다; 장식하다, 미화하다. ◇~se 닦이다, 장식·치장하다, 미화하다; 의복이 세련되어 우아하다.

pulmón 남 【해부】 폐, 허파. *Respíreta a pleno pulmón.* 심호흡을 하십시오.

pulmonía 여 【의학】 폐렴(neumonía).

pulmoníaco, ca 형 폐렴의 (환자).

pulmotor 남 인공 호흡기.

pulpa 여 과육(果肉), (목재의) 속; (제지의) 펄프; (설탕의) 짜고난 껍질; 흐늘흐늘하는 살.

pulpejo 남 흐늘흐늘하는 살, 육질부. *pulpejo de la oreja* 귓볼.

pulpería 여 식료품점, 잡화상.

pulpero 남 오징어 잡는 사람, 오징어 잡는 기구.

púlpito 남 설교단; 선교사의 직업.

pulpo 남 【동물】 오징어, 낙지.

pulposo, sa 형 과육이 많은, 육질이; 살이 많은.

pulque 남 【멕시코】 용설란으로 만든 술.

pulsación 여 맥박; (소리의) 진동; 【음악】 손가락으로 타기.

pulsador 남 맥박을 재는 사람.

pulsar 타 (악기를) 연주하다, 탐색·답사하다, 노력하다; (사람의 맥을) 집어보다; …을 자세히 음미하다, 가볍게 치다.

pulsear 자 팔씨름을 하다.

pulsera 여 팔목. *reloj de pulsera* 팔목시계.

pulso 남 ① 【신체】 맥박, 손목(muñeca). *El médico me tomó el pulso y dijo que estaba algo agitado.* 의사는 내 맥을 짚고, 약간 빠르다고 말했다. ② 더듬음, 신중. *a pulso* 손으로; 자기의 노력으로. *El padre ha sacado adelante a su hijo a pulso.* 부친은 아들을 힘껏 후원했다.

pulular 자 우글거리다, 모이다; 무성하다, 번식하다. *En la playa pululan los bañistas.* 해변에는 해수욕객이 우글우글하고 있다. ◇ **pululación** 여 번식.

punición 여 벌 (castigo).

punta 여 끝, 선단(先端), 칼의 끝; (소의) 뿔; 레이스 천뿔. *Me levanté sobre la punta de los pies.* 나는 발끝으로 섰다.

puntilla 여 갓단을 꿰맨 레이스; 주걱. *de puntillas* 발돋움하여. *ponerse de puntillas* 발돋움하다.

punto 남 ① 점. *Dos líneas rectas se cruzan en un punto.* 2개의 직선은 1점에서 교차한다. ② 지점, 장소. *El tifón ha estropeado vías de ferrocarriles en varios puntos.* 태풍은 철도를 여러 곳에서 엉망으로 만들었다. ③ 득점, 점수. *Me dieron 60 puntos en geografía.* 나는 지리에서 60점을 받았다. *a punto de* …한 때에; …할 상태에. *Estuve a punto de ahogarme.* 나는 익사할 찰나에 있었다. *al punto* 즉시. *El decidió marcharse al punto.* 그는 즉시 출발하려고 결심했다. *dos puntos* 콜론(:). *en punto* 정각. *Son las siete en punto.* 정각 7시다. *punto por punto* 상세히. *José le contó aquella historia punto por punto.* 호세는 그에게 이 이야기를 자세히 부분적으로 해주었다. *punto redondo* 마침표. *punto y coma* 세미콜론(;). ◇ **puntuación** 여 ① 【문법】 구두점, 구두법. ② 득점, 점수.

puntual 형 꼼꼼한; 시간을 엄수하는. *Sea usted más puntual.* 당신은 좀더 시간을 지켜 주십시오. ◇ **puntualidad** 여 정확함; 고지식함. *con toda puntualidad* 어김없이. ◇ **puntualmente** 꼼꼼하게.

puño 남 ① 【신체】 주먹. *José le dio con el puño un fuerte golpe en la cabeza.* 호세는 주먹으로 그의 머리를 세게 때렸다. ② 【의복】 소맷부리, 커프스. *A usted se le ven mucho los puños de la camisa.* 당신의 와이셔츠 소맷부리가 많이 나와 있는 (것이 보인다). ◇ **puñado** 남 한 줌(의 분량); 근소.

pupila 예 눈동자.
pupitre 남 공부용 책상.
purgar [8 pagar] 타 깨끗이 하다, 청결하게 하다; 속죄하다. Carlos está *purgando* en la cárcel sus muchos delitos. 까를로스는 교도소에서 자신의 많은 죄를 속죄하고 있다.
purgatorio 남 연옥.
puro, ra 형 ① 순수한. Esta estatua es de oro *puro*. 이 상(像)은 순금으로 되어 있다. ② 청정한, 맑은(claro). El cielo estaba *puro* y sereno. 하늘은 맑게 개어 있었다. ③ 순정한, 순진한. Esta es la *pura* verdad. 이야말로 틀림없는 진실이다. ④ 순진·순결한. Es una persona sumamente *pura*. 그는 지극히 순진한 사람이다. 남 엽궐련. José solía fumar un *puro* después de la cena. 호세는 저녁 식사 후에 엽궐련을 피우는 버릇이 있었다. ◇ **pureza** 예 깨끗함, 순수; 천진 난만, 청순. ◇ **puridad** 예 순수, 청정; 비밀, 은밀. ◇ **purificar** [7 sacar] 타 깨끗이 하다, 정화하다; 성련·정제하다.

purpúreo, a 형 ① 자주빛의. ② 제왕의, 고관 대작의.
pus 남 고름.
puta 예 창녀, 매춘부(ramera).
puto 남 호색한(好色漢).
putrefacción 예 부패(podredumbre).
putrefacto, ta 형 부패한, 썩은(podrido).
pútrido, da 형 썩은; 타락한; 쇠약해진, 고름이 든.
puya 예 (가축 따위를 모는) 막대기.
puyar 타 (막대기로) 찌르다, 몰다; 귀찮게 하다, 소란하게하다. 자 【베네수엘라】 싹이 나오다.
puyazo 남 막대기에 찔린 상처.
P.V.P. Precio de venta al público 소매 판매 가격.
pv. pequeña velocidad.
pxmo., Pxo. próximo.
Pza. pieza.

Q

q. que, quien.

q.ᵃ que.

q.e.p.d./Q.E.P.D. que en paz descanse.

q.ᵘ quien.

que [성·수에 변화 없음] 때 ① [사람·일·물건의 명사·대명사를 받는 관계대명사] …하는. El hombre *que* viste ayer trabaja conmigo. 어제 네가 만난 사람은 우리 집에서 일하고 있다. Este es el libro de *que* te hablé ayer. 내가 어제 너에게 말한 책은 이것이다. ②[선행사의 성·수에 일치한 정관사를 수반하는 일이 있음]. Traigó el libro, *del que* te hablé el otro día. 나는 그 책을 가져 왔다; 그것에 대하여 일전에 네게 말했지만. ③[정관사를 수반하는 일반적인 대명사] …하는 사람·일·물건. El *que* sabe mucho, habla poco. 많이 아는 사람은 말이 적다. El *que* no esté contento puede marcharse. 불만이 있는 사람은 돌아가도 좋다. No es verdad *lo que* dice. 그가 말하고 있는 일은 정말은 아니다. 쩝 ①[글을 명사화함] …하는 일, …라고. ¿Cree usted *que* vendrán? 그들이 온다고 당신은 생각합니까. Hizo señal de *que* había visto tierra. 그는 육지를 발견했다는 신호를 했다. ②[이유] 왜냐하면. A mí no me comprenderás nunca, *que* eres un hombre. 내 일은 당신에게는 결코 이해할 수 없습니다; 글쎄, 당신은 한낱 남성이니까. [글·과] 그런 고로; 그러면. Rogó tanto, *que* acabaron por perdonarle. 그는 굉장히 졸라댔다. 그리하여 그들은 결국 그를 용서했다. ④[비교급과 함께] …보다가. José es *más* alto *que* Lola. 호세는 롤라보다도 키가 크다. ⑤[글귀리에서 가볍게 이유] …라고 하는 것이다. *Que* tienes ya un porvenir. 너에게는 한가지 미래가 열려다는 것이다. ⑥[+*inf.*] …해야 할. Aquí no hay nada *que* ver. 이곳에는 아무런 볼만한 것이 없다. ¿Tiene usted algo *que* declarar? 신고하실 것이 있습니까. ⑦[간접 명령·부탁+접속법 현재] …하고 싶다, …을 바란다. *Que* se quede aquí. 저 사람은 여기 남아 주었으면 좋겠는데.

qué [사람·일·물건에 관한 의문어; 성·수에 변화 없음] 웹 무슨, 어떠한. ¿*Qué* preocupaciones tienes? 어떤 걱정거리가 네게는 있느냐. *Qué* gente es ésa. 그 사람들이 어떤 패들인지 내게 말해라. 때 무엇, 무슨 일. ¿*Qué* tiene usted? 당신은 무슨 일이오. Dígame usted a *qué* viene. 당신은 무엇을 하러 왔는지 말해 주십시오. 児 어떻게, 어찌나. Mira *qué* triste viene. 보시오; 그는 어떠한 적적한 듯한 얼굴을 하고 오는지! **qué**+*inf.* 어떻게 …할 것인가. No sabía *qué* contestarle. 나는 그에게 무엇이라 대답하여야 할지 몰랐다. *qué* de+[명사] 어쩌면 이렇게 많은···. ¡*Qué* de cosas me contó! 그는 얼마나 많은 이야기를 나에게 말해 주었는지!

quebrado, da 웹 ①(산·언덕이) 험한. Hemos viajado por terrenos muy *quebrados*. 나는 대단히 험한 토지를 여행하고 왔다. ②꼬불꼬불한. línea *quebrada* 접은 선. ③【대수】분수의. *número quebrado* 분수. ④파산한. 웹 파산자. 에 산협, 계곡. ◇ **quebradizo, za** 웹 취약한. Cuidado con el vaso, que el cristal es *quebradizo*. 컵을 조심하세요; 유리는 깨지기 쉬우니까.

quebradura 에 파괴, 절단, 분열; (갈라진) 틈; 빛(어지)기, 쪼개(지)기; 가느다란 틈, 구멍; 부수기, 파쇄, 좌절. 【의학】골절, 좌상.

quebraja 에 갈라진 금, 틈, 터진 곳.

quebrajoso, sa 웹 부서지기 쉬운, 깨지기 쉬운; 허약한, 약질의; 갈라진, 틈 투성이의.

quebrantadora 에 파쇄기, 쇄광기.

quebrantamiento 에 파괴; 탈옥; 법법 행위, 위반, 유린; 파산; 파쇄, 분열; 피로, 소모, 고갈; 강도(罪); (야간에 가택을) 불법 침입; 신성 모독.

quebrantar 팀 ①깨다, 빠개다, 꺾다. El terremoto *quebrantó* los cimientos. 지진이 토대를 부쉈다. ②깨뜨리다, (법을) 어기다. No *quebrantéis* las leyes. 너희들은 법을 어겨서는 안된다. ③약하게 하다, 부러뜨리다.

quebrar [19 pensar] 팀 ①빠개다, 꺾다.

부수다. *Has quebrado* una pata de la silla. 너는 의자 다리를 한 개 꺾었구나. ② 구부리다. 집을 빈 집이다. ◇~**se** 집이 깨지다, 깨어지다, 꺾이다. El plato *se quebró*. 접시가 깨졌다.

quedar 재 ① 남다. Sólo me quedan unos centavos. 내게는 2·3 센따보 밖에 남아 있을 따름이다. ②[+형용사·부사: 결과적으로 …의 상태로] 되다. La casa *queda* vacía. 집은 빈 집이 된다. (어느 상태) 대로이다. La carta *queda* sin terminar. 편지는 끝맺지 못한 채로이다. ④[+en…] 결정하다. *Quedamos* en vernos a las siete. 우리들은 7시에 만나기로 정했다. ⑤[+para: …까지에] 거리·시간이 있다. *Quedan* tres semanas *para* Navidad. 크리스마스까지는 아직 3주일 있다. ◇~**se** ① 남다, 뒤처지다. Mi mujer *se ha quedado* en casa. 내 아내는 집에 남았다. ②(어느 상태로) 완전히 되다. Nos *quedamos* asombrados al oírlo. 그 말을 듣고 우리들은 깜짝 놀랐다. ③[+con: …을] 자기의 것으로 만들다. *Quédese* con la vuelta. 거스름돈은 넣어 두시오.

quehaceres 남복 잡일·볼일, 일, 업무, 사무. *Mis quehaceres* no me dejan tiempo libre. 잡일이 나에게 자유로운 시간을 가지지 못하게 한다.

quejarse 재 [+de: …에 대하여] 한탄하다, 불평을 말하다. No me quejo de mi suerte. 나는 자신의 운명에 대하여 불평을 말하지 않는다. ◇ **queja** 여 탄식, 불평, 호소. ◇ **quejumbroso, sa** 형 투덜거리는, 불쌍한. Me pidió que le ayudara con tono *quejumbroso*. 그는 불쌍한 말투로 내게 도와달라고 부탁했다.

quemar 타 태우다; 불태우다, 불사르다. *He quemado* los papeles inútiles. 나는 휴지를 불태웠다. 뜨겁다. La sopa *quemaba* y no pude tomarla. 수프가 너무 뜨거워서 먹을 수가 없었다. ◇~**se** ① 불타다, ② 데다. Me *quemé* la lengua. 나는 혀를 데었다. ③ 그을리다. En la playa *me he quemado* mucho al sol. 나는 해변에서 햇볕에 많이 그을렸다. ◇ **quema** 여 불태움, 소각; 불사름. ◇ **quemadura** 여 화상.

quemazón 여 연소, 소각, 목록 찌는 더위, 큰 화재; 반대 의견, 초조, 분노.

quepis 남 군모.

querella 여 싸움, 다툼; 불화, 소송.

querellarse 재 불평·원한을 말하다(quejarse); 소송을 제기하다.

querencia 여 미련, 애착(cariño); 성향(性向); (사람·동물의) 고향에 대한 본능; 맹수가 자주 나오는 곳.

querencioso, sa 형 애정깊은, 사랑이 넘치는, 친애하는.

querendón, na 형 애정을 과장하는 (사람).

querer [67] 타 ① 좋아하다, 사랑하다. *Queríamos* mucho a la abuela. 우리들은 할머니를 많이 좋아했다. ② 하고자 하다, 희망하다, 바라다, 원하다. El niño *quiere* una bicicleta. 그 어린이는 자전거를 한 대 갖고 싶어 한다. ③ (…할) 의지가 있다, 의도하다. ¿*Quieres* pasarme la sal? 소금을 집어주지 않겠나. ④[+inf.] …하고 싶다; …하려고 하다. *Quisiera* ver a la señora. 부인을 뵙고 싶은데요. Parece que *quiere* despertarse el niño. 아기는 눈을 뜬 듯하다. ⑤[+que+subj.] …을 바라다·희망하다·원하다, …해 주었으면 한다. Quiero que vengas mañana. 나는 내일 네가 와 주었으면 하겠다. *querer decir* 의미하다(significar). ¿Qué *quiere* decir esta palabra? 이 단어는 무슨 뜻인가요.

querido, da 형 친애하는; 사랑하는. ¡*Querido* y recordado amigo! 친애하는, 그리고 그리운 친구여! 명 애인.

querúbico, ca 형 아기 천사의·같은.

querubín 남 【종교】 9천사 중의 둘째 천사(지혜의 천사); 토실토실한 귀여운 아기.

quesadilla 여 치즈 과자.

quesería 여 치즈 공장, 치즈 상점.

quesero, ra 형 버터의·같은 (caseoso). 명 치즈 제조인·상인. 여 치즈 용기 공장.

queso 남 치즈. Llevo de almuerzo pan y *queso*. 나는 도시락에 빵과 치즈를 가지고 간다.

quiebra 여 파산, 도산(倒產). La compañía se ha declarado en *quiebra*. 그 회사는 파산 선고를 했다.

quien [복 quienes] 대 ①[주로 사람을 받는 관계대명사] 그 사람. Ha llegado el señor, de *quien* hablábamos. 우리들이 이야기하고 있던 그 사람이 왔다. ②[관사 없이 부정(不定)대명사] …하는 사람. No soy yo *quien* te lo reprocha. 너의 그 일을 비난하는 사람은 내가 아니다. ③[+inf.] …할 사람. Tiene un grupo de sobrinos a *quien(es)* ayudar. 그에게는 원조해 주어야 할 일단의 조카와 조카딸이 있다.

quién [복 quiénes] 대 ①[사람에 관한 의문대명사] 누구. ¿*Quién* es usted? 당신은 누구십니까? Dime con *quién* andas y te diré *quién* eres. 네가 누구하고 함께 있는지 말하라, 그러면 네가 누구인지 말

quiere querer의 직설법 현재 3인칭 단수형.

해 주마. ② [+*inf.*] …해야 할 누군가. No sabia a *quién* dirigirme. 나는 누구에게 말해야 할지 몰랐다.

quieren querer의 직설법 현재 3인칭 복수형.

quieres querer의 직설법 현재 2인칭 단수형.

quiero querer의 직설법 현재 1인칭 단수형.

quieto, ta 園 (움직이지 않는) 조용한. Estaba *quieto* como una estatua. 그는 소상(塑像)처럼 조용히 하고 있었다. ◇ **quietud** 囡 고요함, 안정됨. No hay *quietud* en esta casa ni un solo día. 이 집에는 단 하루도 안정된 날이 없다.

quijote 男 동끼호떼 (같은 사람). No seas *quijote* y deja las cosas como están. 동끼호떼 같은 짓을 하지 마라; 사물은 있는 그대로 놓아두라.

quilate 男 금단위, 캐럿 (보석의 중량 단위). 囡 완전. oro de 22 *quilates* 22금.

quilogramo 男 킬로그램(kilogramo).

quilolitro 男 킬로리터(kilolitro).

quilométrico, ca 園 킬로미터의; 킬로수의.

quilómetro 男 킬로미터(kilómetro).

quimera 囡 망상(妄想). Tiene *quimera* de que su mujer le oculta algo. 그는 아내가 무엇인가 숨기고 있다는 망상을 품고 있다. ◇ **quimérico, ca** 園 망상・가공의.

químico, ca 園 화학의. *análisis químico* 화학 분석. 图 화학자. En el laboratorio trabajan ilustres *químicos*. 그 실험소에는 유명한 화학자가 일하고 있다. 囡 화학. *química aplicada* 응용 화학.

quince 15의; 15번째의. El reloj será compuesto dentro de *quince* días. 그 시계는 2주일 (15일) 내에 고쳐지겠지요. 图 15.

quincena 囡 반달 (15일간). Estaré de vacaciones una *quincena*. 나는 반달쯤 휴가이다. ◇ **quincenal** 園 반달마다의, 반달동안의.

quinceno, na 園 제 15의. 囡 반개월; 반개월분의 급료, 반개월의 구급・처분.

quincuagenario, ria 園 50단위의.

quincuagésimo, ma 園 50번째의; 50등분의 (1).

quingentésimo, ma 園 500번째의, 500등분의 (1).

quiniela 囡 ① (주로 축구 경기의) 내기표. Llena esta *quiniela*. 이 표에 (예상 승리팀의 이름을) 써넣으시오. ② (공인의) 도박 (경마・경륜 따위). 배당금.

quinientos, tas 園 500의; 500번째의. 图 500.

quinina 囡 키니네.

quinquenio 男 5년간. He firmado el contrato por un *quinquenio*. 나는 5년간의 계약에 서명했다. ◇ **quinquenal** 園 5년마다의, 5년간의. El gobierno ha emprendido un plan *quinquenal*. 정부는 5개년 계획에 착수했다.

quintal 男 [중량 단위] 낄딸. El *quintal* es la medida de peso, que equivale a 100 kilos. 낄딸은 무게의 단위로서 100 킬로그램에 해당된다.

quinto, ta 園 5번째의; 5등분의. 图 5분의 1. 男 별장(villa, casa de campo). La familia pasa el fin de semana en la *quinta*. 그 가족은 주말을 별장에서 지낸다. *quinta esencia* 본질, 정수(精髓). *quinta de salud* (사람의 새로운) 병원.

quiosco 男 ① (역・가두의) 매점(kiosco, puesto). Compraré el plano de la ciudad en un *quiosco*. 어떤 매점에서 나는 지도를 사겠다. ② (공원 따위의) 음악당(音樂堂).

quise querer의 직설법 부정과거 1인칭 단수형.

quisieron querer의 직설법 부정과거 3인칭 복수형.

quisimos querer의 직설법 부정과거 1인칭 복수형.

quisiste querer의 직설법 부정과거 2인칭 단수형.

quisisteis querer의 직설법 부정과거 2인칭 복수형.

quiso querer의 직설법 부정과거 3인칭 단수형.

quitar 他 ① [+a・de : …에서] 들어내다, 제거하다. *Quita* los libros de encima de la mesa. 책상에서 책을 들어내라. ② 빼앗다; 도둑질하다. Me *quitaron* la gabardina. 나는 레인코트를 도둑맞았다. Ese pensamiento me *quita* la alegría. 나는 그것을 생각하면 기쁘지 않다. ③ 방해하다; 금지하다. 再 막다; 금하다. Eso no *quita* para que yo te ayude. 그는 내가 너를 원조하는데 방해로 되지 않는다. ◇~**se** ① (자기 몸에 붙인 것을) 떼어내다, 벗다. *Quítese* usted el sombrero. 모자를 벗으세요. *Quítate* los zapatos 신발을 벗어라. ② [+*de* : …을] 멈추다. *Se ha quitado del* negocio. 그는 그 일을 그만두었다.

quitasol 男 양산(parasol, sombrilla).

quizá(s) 副 [빈번히 접속법 동사를 수반함] 아마도(tal vez), 어쩌면. *Quizá* no lo creas. 아마도 너는 그렇게 생각하지 않겠지. *Quizás* vaya mañana a verte.

쩌면 나는 내일 너를 만나러 가겠다. *Quizás* sea verdad lo que dice ella 그녀가 하는 말은 아마도 사실일 것이다. *quizá y sin quizá* 좌우간; 분명히. Lo haré *quizá y sin quizá*. 좌우간 그렇게 하겠습니다.

quórum 男 (선거·투표 따위의) 성원, 정원, 정족수.

q. v. que se vea (참조).

R

rábano 명 【식물】 무. ◇ **rabanal** 명 무밭. ◇ **rabanero, ra** 형 무장수. ◇ **rabaniza** 명 무씨.

rabia 명 ①광견병. ②격노, 분격. Cerró la puerta con *rabia*. 그는 분격해서 문을 닫았다. ③증오. ¡Qué *rabia*! 아이 귀찮아. ◇ **rabiar** [인송·[11] cambiar] 재 심히 괴로워하다, 성내다, 욕심내다. *Rabia* por casarse. 그녀는 심히 결혼하고 싶어 한다. ◇ **rabioso, sa** 형 광견병의; 격노의.

rabión 명 사나운 물살, 급류, 격류, 분류(奔流)(rápido).

rabo 명 (개 따위의) 꼬리, 자루. Se fue con el *rabo* entre las piernas. 그는 꼬리를 감추고 가버렸다.

racial 형 인종·민족의. Tenía un orgullo *racial*. 그에게는 민족적인 자랑이 있었다.

racimo 명 (과실·꽃의) 송이; 수룽주룽 열림. Me dieron un *racimo* de uvas. 그들은 나에게 포도를 한 송이 주었다.

ración 명 (배급·할당의) 한사람분·한 회 분의 식량. Cada soldado acudió por la *ración* a la hora de comer. 병사는 식사 때에 각각 (할당된) 식량을 받으러 갔다. ②(상점 따위의 물품의) 산매미. Déme dos *raciones* de naranjas. 밀감을 두 우더 주세요.

racional 형 합리적·이성적인. El hombre es un animal *racional*. 인간은 이성이 있는 동물이다. ◇ **racionalidad** 명 이성, 합리성. ◇ **racionalización** 명 합리화. *racionalización industrial* 산업 합리화. ◇ **racionalmente**

radar 명 전파 탐지기, 레이다. El *radar* cogió la presencia de barcos enemigos. 레이다는 적선(敵船)이 있는 것을 포착했다.

radiar [[11] cambiar] 재 빛나다. 타 ①(빛·열을) 방사하다. El sol *radia* su luz y calor. 태양은 빛과 열을 방사한다. ②방송하다. ◇ **radiador** 명 방열기; 냉각기. ◇ **radiante** 형 번쩍번쩍 빛나는. A todos admiró con su belleza *radiante*. 그녀는 눈부실 만큼의 아름다움으로 모두를 놀라게 했다.

radical 형 ①【식물】뿌리의;【수학】근의;【문법】어근의;【화학】기(基)의. ②근본적인, 철저한. Sus reformas *radicales* no agradaron a muchos. 그의 철저한 변혁은 많은 사람을 기쁘게 하지 못했다. ③급진적인, 과격한. ④급진적·과격한 사람. Los *radicales* aprobaron el nuevo sistema. 급진 분자는 새로운 제도를 승인했다. 명 【수학】근, 루트;【문법】어근;【화학】기(基). ◇ **radialismo** 명 급진주의.

radio 명 ①【기하】반지름. ②(차량의) 살, 스포크. ③【화학】라디움. ④【속어】라디오 수신기. La noticia ha sido divulgada por la *radio*. 그 뉴스는 라디오로 일반에게 알려졌다. *radio de acción* 행동 반경; 항속 거리; 송신 범위. ◇ **radiodifundir** 방송하다. ◇ **radiodifusión** 라디오 방송. ◇ **radiodifusora** 명 방송국. ◇ **radioescucha** 명 라디오 청취자 (radioyente).

radiofónico, ca 형 라디오 방송의.
radiofotografía 명 전송 사진.
radiofrecuencia 명 무선 주파수.
radiogoniómetro 명 무선방위계.
radiografía 명 뢴트겐 사진.
radiografiar 타 뢴트겐 촬영을 하다; 전송하다.
radiograma 명 무선 전보.
radiogramófono 명 라디오 겸용 축음기.
radioisótopo 명 방사성 동위 원소.
radiología 명 뢴트겐과; 방사선학.
radiólogo 명 뢴트겐과 의사·기사.
radioperiódico 명 라디오의 뉴스.
radiorreceptor 명 라디오·무선 수신기.
radioscopia 명 X광선 시험·진찰.
radiotelefonía 명 무선 전화법, 라디오.
radiotelefónico, ca 형 무선 전화의.
radioteléfono 명 무선 전화기.
radiotelefoto 명 전송 사진.
radiotelegrafía 명 무선 전신.
radiotelegráfico, ca 형 무선 전신의.
radioterapia 명 X광선 요법.
radiotransmisor 명 무전 발신기·송화기.
radioyente 명 [남·녀 동형] 라디오 청취자.

radón 명 【화학】라돈 (방사선 원소).

raedura 예 삭제(한 곳), 말소; 깎아 떨어 뜨리는 것, 긁어 맨 것, 껍질 벗기기; 대패밥, 톱밥.

raíz [복 raíces] 예 ①【식물】뿌리. Este árbol tiene las *raíces* profundas. 이 나무는 뿌리가 깊다. ②근원(根源). La pereza es *raíz* de otros muchos vicios. 나태는 다른 많은 악덕의 근원이다. ③【문법】어근(語根). **de raíz** 뿌리부터, 근본적으로. Este árbol fue arrancado *de raíz*. 이 나무는 뿌리째 뽑혔다.

rama 예 ①(나무의) 가지. Córtale las *ramas* bajas al árbol. 그 나무의 밑가지를 끊어버리세요. ②분가, 분파; 지선; 지점 (sucursal). Es de la misma familia, pero de distinta *rama*. 그는 같은 일족이지만 다른 가계이다.

ramada 예 정자나무 (그늘); 오두막집.
ramado 웅 나뭇가지 다발.
ramal 웅 나뭇가지; 지선, 지류, 지선 도로.
ramalazo 웅 돌연한 불행·비극·고통; 채찍질; 채찍 자국. (얼굴에 있는) 흉터.
rambla 웅 (빗)물이 흐른 자취; 산보길; 모래 많은 땅.
ramblazo/ramblizo 웅 홍수의 수로; 자갈 많은 강바닥.
rameado, da 웅 나뭇가지 모양의.
ramera 예 매춘부(mujer pública), 갈보.
ramificación 예 가지를 가르는 법; 분기; 분맥, 분파.
ramificarse 웅 가지를 가르다, 분파하다.
ramillete 웅 꽃다발; 생화(生花). Cómpreme usted este *ramillete*. (나에게서) 이 꽃다발을 사주세요.

ramo 웅 ①작은 가지. ②(꽃)다발, 송이. El jardinero me dio este *ramo* de rosas para usted. 정원사가 당신에게 드리라고 이 장미 꽃다발을 나에게 주었습니다. ③분야, 부문; 업종(業種). La química es un *ramo* de la ciencia. 화학은 과학의 한 분야이다.

rancio, cia 형 ①(먹을 것·마실 것이) 오래된. ②낡아빠진. Este traje es muy *rancio*. 이 옷은 아주 낡아빠졌다.
rango 웅 (높은) 계급, 신분. Era una persona de alto *rango*. 그는 신분이 높은 인물이었다.
rapaz¹ [복 rapaces] 형 ①도벽이 있는; 탐욕한. ②맹금류(猛禽類)의. El águila es *ave rapaz*. 독수리는 맹금이다.
rapaz², za 웅 어린이. Esa *rapaza*, muy trabajadora, ya ayuda a sus padres en el campo. 그 소녀는 대단히 부지런해서, 벌써 밭에서 부모를 거들어 주고 있다.
rápido, da 형 빠른; 재빠른. Era necesaria una *rápida* decisión para eso. 그러기 위

해서는 재빠른 결심이 필요하였다. 웅 급행 열차(tren *rápido*). Será mejor que tomemos el *rápido*. 우리들은 급행 열차를 타는 편이 좋다. 부 빨리. No hable usted tan *rápido*. 그렇게 빨리 말하지 말아 주시오. ◇ **rápidamente** 부 빨리.

rapidez 예 급속; 신속. Con *rapidez* sorprendente sacó el revólver y disparó. 그는 놀라운 속도로 권총을 빼어서 발사하였다.

rapiña 예 강탈, 약탈(robo). *ave de rapiña* 맹금, 육식 조류.
rapiñar 타 강탈하다, 약탈하다, 훔치다.
raposear 자 간계를 쓰다, 능글맞게 굴다.
raposo, sa 웅 【동물】여우(zorro).
raposuno, na 형 여우같은; 교활한; 능청맞은, 능글맞은.
rapsoda 웅 음유 시인.
rapsodia 예 광상곡, (고대 그리스의) 서사시.
raptar 타 날쌔게 빼 가다, 잡아채다; (어린이를) 유괴하다.
rapto 웅 흥분, 충동(arrebato); 유괴; 황홀; 실신.
raptor, ra 형 유괴자, 유괴범.
raqueta 예 라켓.
raquianestesia 예 【의학】척추 마취.
raquídeo, a 형 척추의, 등뼈의.
raquis 웅【해부】척추, 등골(espinazo).
raquítico, ca 형 구루병(raquitis)의 (환자); 빈약한, 허약한. 웅 곱사, 곱사등이.
raquitis 예【의학】구루병, 곱사병.
raro, ra 형 ①드문, 진귀한. Las lluvias son *raras* en esta comarca. 이 지방에서 비가 오는 일은 드물다. ②유별난, 기묘·기발한. Es un hombre *raro* y vive completamente solo. 그는 색다른 사람이어서 혼자서 살고 있다. ◇ **rareza** 예 드문 일·물건; 색다름; 기행(奇行).

rasgar [복 pagar] 타 (천 따위를) 찢다. Me *he rasgado* los pantalones. 나는 바지가 찢어졌다. ◇ **rasgado, da** 거리가 먼; (눈이) 눈초리가 긴.

rasgo 웅 ①(글씨·그림의) 선, 줄기; 필적. Los *rasgos* de esta firma me parecen conocidos. 이 서명의 필적에는 기억이 있는 듯한 마음이 든다. ②(성격 따위의) 일면, 특색. Tuvo un *rasgo* de generosidad. 그에게는 관대한 일면이 있었다. ③ 용모(容貌). Por los *rasgos* de su cara, deduje que eran hermanos. 그 용모로 보아 그들은 형제라고 나는 추정했다. *a grandes rasgos* 대강대강. Te lo contaré *a grandes rasgos*. 그걸 대강대강 너에게 말해주겠다.

raso, sa 형 평평한; 멋쭉한. Hay que echar

dos cucharadas bien *rasas* de azúcar. 설탕을 싹 깎아서 2순가락 넣어야 한다. ② (하늘이) 맑은. Cuando salimos de casa estaba *raso*, pero se nubló luego. 집을 나올 때는 맑았는데, 이윽고 흐려졌다. ③ 지표에 달라 말라 한. El pájaro sale en vuelo *raso*. 그 새는 땅에 달라 말라하게 날아갔다. ④ (지위가) 평민의. *al raso* 노천. Pasaron la noche *al raso*. 그들은 밤을 노천에서 지냈다.

rastracuerosa 남 [女 los] 큰 부자; 사기꾼 (estafador).

rastrear 타 자국내다, 흔적을 남기다; 더듬어보다, 살펴보다(averiguar); 갈고리로 굵어모으다; 끌어 버리다; 추격하다. 자 지면에서 얕게 공중에 뜨다.

rastrero, ra 형 낮은, 비천한, 보잘것 없는; 기어다니는, 잠행성의; 비굴한; 천박한 (vil).

rastrillada 여 갈퀴, 써레.

rastrillar 타 갈퀴질하다; 명주실·삼등을 빗다, 굵다; 곤란하게 하다.

rastrillo 남 갈고리; 삼·명주실을 빗는 빗; 총의 격침.

rastro 남 ① 발자취, 형적(形跡). Después del huracán no quedó ni *rastro* de la casa. 태풍 뒤에 그 건물은 흔적도 없어졌다. ② 발자취; 여향(餘香). Los perros perdieron el *rastro* al llegar al río. 개들은 강까지 와서 발자취를 잃어버렸다. *el Rastro* (마드리드의) 고물 시장. En *el Rastro* hay de todo y se vende de todo. 고물시장에는 무엇이든지 있고, 무엇이든지 팔고 있다.

rata 여 [동물] 쥐; 큰 쥐. 남 소매치기.

rato 남 (약간의) 시간, 순간. Pasamos un buen *rato* en compañía de él. 우리들은 그와 함께 즐거운 시간을 보냈다. *a ratos* 때때로. *pasar el rato* 시간을 보내다. *mal rato* 싫은 시간·생각. No pases un *mal rato* por eso. 그일 때문에 너는 싫은 생각을 해서는 안된다.

ratón 남 [동물] 생쥐. Nuestro gato apenas caza muchos *ratones*. 우리집 고양이는 이제 거의 쥐를 잡지 않는다.

raya 여 ① 선, 줄; 무늬. La pelota cayó fuera de la *raya*. 공은 선 밖에 떨어졌다. Prefiero esa camisa de *rayas*. 나는 그 무늬의 와이셔츠가 좋다. ② 경계; 한계.

rayar 타 ① (…에) 선·줄을 긋다. ② 선을 그어 지우다. 자 ① [+con: …과] 인접하다. ② [+en: …과] 닮아 있다. Eso *raya* en lo increíble. 그것은 믿을 수 없는 일이라고 말해도 좋다.

rayo 남 ① 광선(光線). Un *rayo* de luz penetró en la habitación. 한 줄기 광선이 방 속에 들어왔다. ② 천둥, 번갯불. Cayó un *rayo* e incendió la casa. 벼락이 떨어져서 집을 태웠다.

raza 여 ① 인종; 민족. La humanidad se divide en cinco *razas*. 인류는 5종의 인종으로 나눌 수 있다. ② 핏줄, 가계(家系). No desmiente su *raza*. 혈통은 속일 수 없다.

razón 여 ① 이성; 본정신. Ha perdido la *razón*. 그는 본정신을 잃었다. ② 이유, 정당성. *tener razón* 옳다. Tiene usted *razón* en quejarse. 당신이 불평하는데는 당연하다. ③ (이유 따위의) 설명. Dé usted algunas *razones* si quiere convencerme. 나를 납득시키려면, 사정의 설명을 해주십시오. ④ 비례, 비율. Repartimos a *razón* de cinco por cabeza. 우리들은 한 사람 앞에 5개의 비율로 분배한다. ⑤ 전언(傳言). Le mandé *razón* para que viniera. 나는 그에게 와 달라고 전언했다.

razonable 형 당연한; 합리적인. Encuentro *razonable* que se independice de sus padres. 그가 양친을 떠나는 것은 당연하다고 나는 생각한다. Es un precio *razonable*. (비싸지도 싸지도 않은) 적당한 값이다.

razonar 자 (이론적으로) 생각하다·이야기하다. Este niño *razona* como una persona mayor. 이 어린이는 어른같은 생각을 한다. 타 이유붙여 말하다. No entendí el problema hasta que el profesor lo *razonó* punto por punto. 나는 그 문제를 선생이 자초지종 이유 붙여서 설명해 줄 때까지 이해할 수 없었다. ◇ **razonamiento** 남 ① 추리, 고구(考究). ② 이유붙임. Con tales *razonamientos* me quiere convencer que lo blanco es negro. 그런 이유를 붙여놓고 그는 흰 것을 검다고 억지를 쓰려 하고 있다.

reacción 여 ① 반작용, 반응. ② 반동, 반발. La medida provocó una *reacción* hostil en la población. 그 조치는 국내 사람들의 적이 있는 반발을 초래했다. *reacción en cadena* 연쇄 반응. *motor a reacción* 제트엔진. ◇ **reaccionar** 자 반응을 보이다; 반발하다. Al oírlo *reaccioné* violentamente. 그것을 듣고 나는 격렬하게 반발했다. ◇ **reaccionario, ria** 형 반동적인. 남 반동가, 보수적인 사람. Los *reaccionarios* están siempre atrasados. 반동가는 언제나 시대에 뒤지고 있다.

reactor 남 원자로(原子爐); 제트기.

real 형 ① 실제·현실의. Los monstruos no son animales *reales*. 괴수는 실재의 동물은 아니다. ② 왕의, 왕실·왕립의. *palacio real* 왕궁. ◇ **realmente** 현

realidad 여 실제; 현실, 실제(實際). La *realidad* del conflicto es muy distinta de lo que parece. 분쟁의 현실은 외견과 대단히 틀린다. *en realidad* 실제로는. Lo decía, pero no quería venir *en realidad*. 그는 그렇게 말했지만 실제로는 오고 싶지 않았던 것이다.

realismo 남 ①현실주의. ②사실주의. El *realismo* español es tan antiguo como el idioma castellano. 서반아의 사실주의는 서반아어와 비슷하게 오래되었다.

realista 현실주의의; 사실주의의. El romanticismo ya llevaba dentro de sí la tendencia *realista*. 낭만주의에는 이미 그 속에 사실적 경향을 가지고 있었다. 양 현실주의자; 사실주의자.

realizar [9] alzar] 타 ①실현하다. Pudo *realizar* al fin la ilusión de su vida. 그는 일생의 꿈을 드디어 실현할 수 있었다. ②실시·실행한다. *Realizaron* el plan con todos sus detalles. 그들은 그 계획을 세부에 걸쳐서 실시했다. ③값싸게 팔다(현금 처분하다). Con éxito *han realizado* todas las existencias. 그들은 재고품을 아주 싸게 팔아서 성공했다. ◇~se 현실로 되다. *Se han realizado* sus predicciones. 그의 예언이 현실로 되었다. ◇ **realización** 여 ①실행, 실시; 출현. La *realización* de los planes durará por lo menos un año. 여러 계획의 실시는 적어도 1년은 계속하리라. ②아주 값싸게 팔기.

realzar [9] alzar] 타 싸고 돋다, (…에) 광채를 덧붙이다. Le rogamos se sirva *realzar* el acto con su presencia. 귀하의 왕림으로 이 회에 한층 광채를 더해 주시기를 바라나이다.

reanimar 타 ①활력을 불어 넣다. Una palabra de aliento fue bastante para *reanimar*le. 격려하는 한 마디가 그에게 활력을 불어 넣기에 충분했다. ②(…의) 숨을 되돌리게 하다.

reanudar 타 다시 시작하다. *Reanudamos* la marcha después de un breve descanso. 잠깐 쉰 뒤에 우리들은 다시 행진을 시작했다.

reaparecer 자 재현하다.
reaparición 여 재현(再現).
rearmar 재무장하다, 재장비하다; 증강하다.
rearme 남 재준비, 재장비, 재무장.
reasegurar 타 재보험하다.
reaseguro 남 재보험.
reasumir 타 【경제】 재취임하다; 요약하다

(resumir); 단축하다; 생략하다, 회수하다.
reasunción 여 회수.
reavivar 타 소생시키다, 부활시키다. 회복시키다; 생기를 띄게 하다.

rebajar 타 ①낮추다. En el nuevo proyecto *han rebajado* la torre. 이번의 설계에서는 탑의 높이를 낮추었다. ②에누리하다(descontar). ◇~se 머리를 숙이다 (굴복). Al fin *se rebajó* a pedirle perdón. 그는 드디어 머리를 숙이고 상대에게 용서를 빌었다. ◇ **rebaja** 여 에누리, 할인(descuento). ¿Puede usted hacerme una *rebaja* en el precio? 값을 깎아 줄 수는 없는가요.

rebaño 남 (주로 가축의) 무리. El niño conducía un *rebaño* de cabras. 소년은 염소 떼를 데리고 있었다.

rebelde 형 ①반항적인, 반역심이 있는. Tiene un carácter *rebelde*. 그는 반항적인 성격이다. ②다루기 어려운, 억누를 수 없는. Le atormentaba la pasión *rebelde*. 억누를 수 없는 감정으로 그는 고민하고 있었다. ◇ **rebeldía** 여 반항심, 반역심.

rebelión 여 반란, 반역. El director castigó la *rebelión* de los jóvenes desobedientes. 교장은 규칙을 지키지 않는 젊은 이들의 반역을 처벌했다.

rebosar 자 ①넘치다. El vino *rebosa* de la copa. 포도주가 글라스에서 넘치고 있다. El embalse estaba *rebosando*. 댐은 (물이) 넘치고 있었다. ②가득차 있다. Le *rebosaba* la alegría. 그는 기쁨으로 가득 차 있었다.

rebotar 자 부딪혀 튀다, 다시 튀다; 반발하다(rechazar); 쫓아버리다. ◇~se 변색·변질하다.
rebote 남 반발; 되울림; 도로 뛰어나옴.
rebozar 타 얼굴을 가리다, 어육에 밀가루를 묻히고 물에 갠 밀가루를 입혀서 기름에 튀기다.
rebozo 남 얼굴을 가리우는 베일; 부인용 솔. *de rebozo* 비밀리에, 남몰래. *sin rebozo* 솔직히.
rebrotar 자 싹이 나다, 받아하다(retoñar).
rebrote 남 새싹(retoño).
rebufar 반목하며 붙다, 계속해서 콧소리를 내다.
rebufo 남 콧소리 내기; 불기; 훙훙 냄새 맡기.
rebujina/rebujiña 여 소음, 시끄러움.
rebujo 남 목도리, 머풀러.
rebullicio 남 소란; 소요, 소동.
rebullir 자 꿈들거리다; 움직이기 시작하다.
rebusca 여 면밀한 팀색; 이삭 줍기.

rebuzar 재 나귀가 울다. ◇ **rebuzno** 남 나귀의 울음 소리.

recado 남 ① (구두·문서의) 전언; 용무. Le envié *recado* de que viniera. 나는 그에게 와 달라고 전언을 했다. El chico ha ido a hacer un *recado*. 그 어린이는 심부름 갔다. ¿Quiere usted dejar algún *recado*? 무슨 전하실 말씀 있습니까. ② 용구(用具). Tenemos que preparar aquí un *recado* de escribir. 여기 필기 용구를 준비해야 한다. ◇ **recadero, ra** 심부름꾼.

recelar 위구·걱정하다. *Recelo* que no ha dicho todo lo que sabe. 그는 알고 있는 전부를 말하고 있지 않는 것이 아닌가 하고 나는 걱정하고 있다. 재 [+de:…를] 의심하다, 조심하다. *Recela* de su secretario. 당신의 비서에게는 조심하시오. ◇ **recelo** 위구, 걱정. Los *recelos* que tenían de su amigo se desvanecieron en seguida. 그들이 친구에 대하여 품고 있던 의심은 곧 풀렸다. ◇ **receloso, sa** 형 의심많은, 조심성 많은; 걱정스러운.

recepción 여 ① 영수(함), 받아들임. El pago se efectúa a la *recepción* de la obra. 지불은 그 작품을 받을 때에 행해진다. ② 환영(회), 초대회. El gobernador ha dado una *recepción* muy lucida en su palacio. 지사는 화려한 리셉션을 자기의 공관에서 열었다.

recepcionista 남 접수 계원, 안내양.

receptáculo 남 그릇, 용기; 【식물】꽃받침.

receptividad 여 수용력, 감염성.

receptivo, va 형 수용력 있는, 감염성의.

receptor, ra 형남 받아들이는 (사람); 수령인; 수령자; 재판소 서기; 세관원; 공중인. 수화기, 수신기. *receptor de toda onda* 수신기. *receptor para todas las ondas* 올웨이브 수신기.

receptoría 여 세금 징수 직무·사무소; 재판소 서기직.

recesión 여 【경제】경기의 후퇴.

receso 남 이탈, 후퇴.

receta 여 (약 따위의) 처방(서). Esta medicina no me la dan si no es con una *receta* del médico. 이 약은 의사의 처방서가 없으면 팔지 않는다. *receta de cocina* 요리의 재료 배합서. ◇ **recetar** 타 처방하다.

recibir 타 ① 받다. *Recibí* ayer su carta fechada el 21 del corriente. 이달 21일자 편지를 어제 받았다. ② 받아들이다(수용, 용인). La propuesta fue mal *recibida*. 그 제안은 별로 인기가 좋지 않았다. ③ 출영·환영·인견·면회하다. Esta tarde he de ir a *recibir* a mi hermano que llega. 형이 도착하다니 나는 형을 맞이하러 오늘 오후 출발해야 한다. Su hija será bien *recibida* por mis parientes. 당신의 따님은 내 친척들에게서 대단히 환영 받을 것이다. ◇ **recibimiento** 남 환영; 손님을 맞이함. Le dispensaron un *recibimiento* amistoso. 사람들은 그에게 우정있는 환영을 했다.

recibo 남 ① 수취(受取). Al *recibo* de esta carta, contéstame cuanto antes. 이 편지를 받으면 되도록 빨리 회답을 보내시오. ② 영수증. Me firmó un *recibo* por el importe de 2,000 pesetas. 그는 2,000 페세타의 영수증을 써 주었다. *acusar recibo* 영수의 통지를 하다. Nos es grato *acusar* le *recibo* de su carta de fecha 15 del mes corriente. 이달 15일자 편지를 받았음을 알려드립니다.

recién 부 ①【+과거분사】방금 …한. Llevaba un traje *recién* comprado. 그는 방금 산 옷을 입고 있었다. Los *recién* casados han vuelto de su luna de miel. 신혼의 부부는 밀월 (여행)에서 돌아왔다. ②【중남미】최근에. *Recién* hemos llegado del campo. 우리들은 최근 시골에서 나왔다.

reciente 형 최근의. Según las noticias *recientes*, las víctimas fueron 14. 새로운 뉴스에 의하면 희생자는 14인이었다. ◇ **recientemente** 부 최근에.

recinto 남 대지, 구내. En el *recinto* no se entra si no es por invitación o con entrada. 구내에는 초대권이나 입장권이 없으면 입장할 수 없다.

recio, cia 형 ① 튼튼한, 완강한. He comprado una tela *recia* para hacer colchones. (나는) 이불을 만들기 위해 질긴 천을 사왔다. ② 강한, 굳센. Eran doce hombres *recios* y curtidos al sol y al viento. 그들은 태양이나 바닷바람으로 단련된 완강한 12인의 사내들이었다. 부 강하게, 격렬하게; 큰소리로. Llama más *recio* a la puerta. 현관에서 좀더 큰 소리로 부르세요.

recíproco, ca 형 상호간의. El amor *recíproco* es el verdadero amor. 상호간의 사랑이야 말로 진실한 사랑이다. *verbo recíproco*【문법】상호 동사.

reclamar 타 요구하다. Usted ya no puede *reclamar* ese dinero. 당신은 이제 그 돈은 청구할 수 없다. ◇ **reclamación** 여 요구, 주장. Sus *reclamaciones* serán debidamente atendidas. 그의 주장은 충분히 청취될 것이다.

reclinar 타 기대게 하다, 세우다. *Reclina* las sillas contra la pared. 의자를 벽에

recobrar 329 **recortar**

기대세워라. ◇~**se** 기대다. Lola *se reclinó* en mi brazo. 로라는 나의 팔에 기대다.

recobrar 타 ① 되찾다. Terminada la guerra *recobró* su puesto anterior. 전쟁이 끝나고 그는 이전(前) 지위를 되찾았다. ② (의식·건강·애정 따위를) 회복하다. Cuando *recobró* el sentido no sabía lo que le había pasado. 그가 의식을 회복했을 때, 자기 자신에게 무슨 일이 일어났는지 몰랐다. ◇~**se** 의식·건강을 회복하다(restablecerse, ponerse bueno).

recoger [3] coger] 타 ① 줍다. *Recoja* usted los papeles que ha tirado. 당신이 내던진 [버린] 종이를 주으시오. ② (조금씩) 모으다. *Han recogido* mucho dinero para la Cruz Roja. 그들은 적십자사를 위하여 많은 돈을 모았다. ③ 주워 모으다; (농작물을) 수확하다. Entonces fue cuando *recogía* la aceituna. 그때는 올리브의 수확기였다. ④ 수용하다. La señora *recogió* a unos pobres huérfanos. 부인은 몇 사람의 고아를 수용하였다. ◇~**se** (휴식·수면·묵상·기념을 위하여) 들어박히다. Antonio siempre *se recoge* antes de las doce. 안도니오는 언제나 12시 이전에 돌아간다. ◇ **recogida** 여 수확. Vendremos a ayudarte en la *recogida* de la aceituna. 우리는 올리브의 수확때는 너를 도우러 오겠다. ◇ **recogimiento** 남 겸허, 양전함. Los monjes asistían a la procesión con el máximo *recogimiento*. 승려들은 더없이 양전한 모습으로 행렬에 참가하고 있었다.

recomendar [19] pensar] 타 ① 권고·추천·추장하다. Le *recomiendo* que lo haga usted de prisa. 그것을 서둘러서 하도록 권고합니다. ② 소개하다. ¿Puede usted recomendarme un buen hotel? 좋은 호텔을 소개해 주시겠읍니까? ◇ **recomendable** 형 추장·추천할 수 있는. No es *recomendable* andar de noche por este sitio. 이런 곳을 밤에 다니는 것은 권장할 수 없다. ◇ **recomendación** 여 추천, 추장, 소개(장). *carta de recomendación* 소개장.

recompensar 타 (…에) 보답하다, 보상하다. Por lo menos Dios te lo *recompensará*. 적어도 하느님이 너에게 그것을 보답해 줄 것이다. ◇ **recompensa** 여 보상; 포상. Aquí tienes tu *recompensa*; un magnífico televisor. 여긴 네 상품이 있다; 훌륭한 텔레비젼이다.

reconcentrar 타 집중·집약하다. Lola *reconcentró* su cariño en su nieto. 로라는 애정을 손자에게 집중했다. ◇~**se** 기분을 집중하다. Cuando estudia *se reconcentra* de tal modo que no oye lo que le dicen. 그는 공부할 때는 사람의 말이 들리지 않을 만큼 열중한다.

reconciliar [11] cambiar] 타 화해시키다. Tratad de *reconciliaros*, ¿por qué habéis de estar enfadados tanto tiempo? 너희들은 화해하도록 하여라; 왜 언제까지나 성을 내고 있어야 하느냐. ② 【종교】 고해하다.

reconocer [31] conocer] 타 ① 인식·식별하다. *Reconozco* el mérito de la obra, pero a mí no me gusta. 그 작품의 가치는 인정하지만 내 기호에는 맞지 않는다. Al verla por segunda vez no la *reconocí* apenas. 두번째 그녀를 만났을 때, 나는 거의 그녀를 알아볼 수 없었다. ② [+ como: por :…라] 생각하다 (승인, 인정) *Reconocemos por* patria el mar. 우리들은 바다를 조국이라 생각하고 있다. ③ (상세하게) 검사·정찰·수사하다. El paciente fue *reconocido* cuidadosamente. 환자는 정밀 기호에는 매우 감사하고 있었다. ◇ **reconocido, da** 형 감사한. Lola estaba muy *reconocida* a sus atenciones. 로라는 배려에 매우 감사하고 있었다. ◇ **reconocimiento** 남 감사, 사의; 정밀검사; 정찰; 승인.

reconquista 여 재정복, 탈환.

reconstituir [74] huir] 타 (조직 따위를) 다시하다, 재현하다. El juez *reconstituyó* la escena. 재판관은 그 장면을 재현하였다. ◇ **reconstituyente** 남 강장제 (强壯劑).

reconstruir [74] huir] 타 ① 재건하다. Este edificio *ha sido reconstruido* recientemente. 이 건물은 최근 재건되었다. ② 재현하다. Con un solo hueso *han reconstruido* un esqueleto. 그들은 단 한개의 뼈에서 전체 골격을 재현했다. ◇ **reconstrucción** 여 재건, 재현, 부흥; 재생.

recordar [24] contar] 타 ① 생각해 내다; 기억해 두다, 기억하다 (acordarse de). *Recuerda* que el sábado te esperamos a comer. 토요일에 너를 식사에 기다리고 있는 것을 잊지 마라. ② 생각나게 하다. Este paisaje le *recordará* los valles de su tierra. 이 풍경은 그에게 고향의 계곡을 생각케 하리라.

recorrer 타 ① (한 바퀴) 돌아다니다, 보고 돌아다니다. En dos meses *hemos recorrido* toda España. 우리들은 두 달 동안에 서반아 전국을 돌아다녔다. ② 주파·답파하다. ③ (…을) 대강 보다. ◇ **recorrido** 남 통과하는 노선·거리.

recortar 타 ① 끊어내다, 베리다, 뽑다. *Recorte* dos centímetros de la tela. 이 형

recoser 타 바느질을 다시 한번 더하다; (아래옷을) 고치다.

recostadero 명 휠꽃; 침실; 기대는 의자, 낮은 의자.

recostar 타 (다시) 기대게 하다(reclinar). ◇ ~**se** [+en] 기대다, 눕다, 엎드리다.

recova 여 달걀·오리알 등을 사서 모으는 상점.

recoveco 명 (냇가·도로 등의) 굽음; 굽어진 각도, 곁치레; 술책(rodeo).

recreación 여 즐김, 오락, 휴양; 휴식 시간.

recrear 즐겁게 해주다. El jardín florido *recrea* el ánimo. 꽃이 핀 뜰은 사람의 마음을 즐겁게 해준다. ◇ ~**se** [+con+en: …을] 즐거워하다. En su soledad *se recreaba* con los recuerdos de su juventud. 그는 그 고독한 생활로 젊었을 때의 추억을 위안으로 삼고 있었다. ◇ **recreo** 즐거움, 오락, (학교의) 휴게 시간.

rectángulo 명 직각의. 장방형. El tablero de la mesa es un *rectángulo*. 테이블 판자는 장방형이다. *triángulo rectángulo* 직각 삼각형. ◇ **rectangular** 형 장방형의, 네모난.

rectificar [7 sacar] 타 ① 곧게하다. ② 정정하다; 교정(矯正)하다. *Rectificaron* la opinión que tenían de mí ante el resultado de los exámenes. 그들은 시험 결과를 보고 나에게 대한 생각을 정정하였다. ③ (계기를) 조정하다. 조정. ◇ **rectificación** 여 정정, 교정; 조정.

recto, ta 형 ① 똑바른. Toda la carretera es *recta*. 길은 줄곧 똑바르다. ② 옳은, 공정한. Le admiraban por ser muy *recto* en sus determinaciones. 그는 결정이 매우 공정하여서, 모두 감복하고 있었다. *todo recto* 똑바로. Siga usted esta calle *todo recto*. 이 거리를 줄곧 똑바로 가시오. 명【해부】 공장(直腸). 여 직선. ◇ **rectitud** 여 공정(公正).

rector, ra 명 ① (대학의) 학장. ② 주임 사제. El *rector* de la iglesia dirá la misa de once. 교회의 주임 사제가 11시 미사를 한다.

recuerdo 명 ① 추억, 기억. Guardo gratos *recuerdos* de mi amistad con él. 나는 그와 우정의 즐거운 추억을 가지고 있다. ② 기념품; 선물. Estos son *recuerdos* de nuestro viaje por España. 이것은 우리 서반아 여행의 기념품이다. ③ 명 안부 (를 전함). Dé *recuerdos* a los amigos de mi parte. 내가 그런다고 친구 여러분에게 안부 전해 주십시오.

recuperar 타 되찾다, 회복하다(recobrar). ◇ ~**se** 제정신을 차리다, 건강이 회복되다(restablecerse, ponerse bueno). ◇ **recuperación** 여 회복.

recurrir 자 [+a : 수단 따위에] 호소하다, 의지하다. Tuve que *recurrir* a los zapatos que ya había desechado. 나는 이미 버려 두었던 구두라도 신지 않으면 안 되었다.

recurso 명 ① 수단, 방책. No tengo otro *recurso* que esperar. 나는 기다릴 수 밖에 없다. ② 명 자산, 자원(資源). Falto de *recursos*, no pudo hacer frente a sus necesidades. 그는 재산이 없어서 (나날의) 필수품도 마련할 수 없었다.

rechazar [9] alzar] 타 뿌리쳐다, 퉁겨내다; 사정·격퇴하다; 거부·거절하다 (rehusar). Lo *rechazó* cuando trató de abrazarla. 그녀는 그가 포옹하려는 것을 뿌리쳤다. ◇ **rechazo** 명 거절, 거부; 퉁겨남. *de rechazo* 퉁겨나서. La bala chocó en una piedra y le hirió *de rechazo*. 탄환은 돌에 닿아 퉁겨나서 그를 부상시켰다.

rechifla 여 (고집세게) 휘파람 (불기); 바람이 휙 불기; 야유, 조롱.

rechiflar 자 끝까지 휘파람 불다. (극장 따위에서) 괴상한 소리를 내다 ; 조롱하다.

rechinar 자 삐걱거리다, 부딪치는 소리를 내다 ; 이를 부드득 갈다, (이가) 덜거덕 거리다; 악의적인 행동을 하다.

rechistar 자 중얼거리다.

rechoncho, cha 형 똥똥하고 키가 작은.

red 여 ① 그물. Los pescadores echaron al mar sus *redes*. 어부들이 바다에 그물을 던졌다. ② 머리 그물, 헤어네트. ③ 망상 조직(網狀組織), 정보망, 교통망. Se ha tendido una *red* de espionaje en todo el mundo. 전세계에 첩보망이 퍼져 있다. ~**se** 덫, 간책(奸策). Cayó en la *red* que le tendieron. 그는 처놓던 덫에 떨어졌다.

redactar 타 (문장을) 쓰다; (문서·기사 를) 작성·편집하다. Esta carta está bien *redactada*. 이 편지는 잘 쓰여 있다. ◇ **redacción** 여 ① 작문, 습작하기. Este niño tiene una *redacción* muy buena. 이 소년은 글짓기가 매우 능란하다. ② 편집 ; 편집부. ◇ **radactor, ra** 명 편집자.

redentor, ra 해방, 구제자. el *Redentor* 구세주, 속죄해 주는 사람; 되사는 사람, 전당 찾는 사람.

redentorista 형【종교】 구세주회의 (회원).

redescuento 【상업】 재할인.

redicho, cha 형 정확을 과장하여 발음하는

redimible 되살 수 있는, 전당잡힌 물건을 도로 찾을 수 있는; 상환할 수 있는; 속죄·속신할 수 있는.

redil 남 (가축 특히 양의) 우리.

redimir 타 되사다, (전당잡힌 물건을) 도로 찾다, 생환·회수하다; 속신·속죄하다; 구원·구제하다; 해방시키다.

redingote 남 부인의 긴 코트, 두꺼운 천으로 만든 큰 외투, (특히) 승마 외투.

redistribuir 타 재분배하다, 재구분하다.

rédito 남 이익, 수익; 이자(interés).

redituable / reditual 형 수익이 있는, 이익을 낳는.

redituar 타 (이자가) 생기다(rentar), 산출하다.

redivivo, va 소생하는, 부활하는, 부흥·재흥하는.

redoblado, da 형 중대한, 배가된; 힘센, 용감한, 살찐; 빠른 걸음의.

redoblante 남 큰북, 큰북을 치는 사람.

redondo, da 형 ① 둥근, 공 모양의. La mesa tiene las esquinas *redondas*. 그 책상은 모서리가 둥글게 되어 있다. ② 어림수의. Te daré doscientas pesetas en números *redondos*. 개산으로 200페세타를 네게 주겠다. ③ 단호한, 완전히. Le contesté con un no *redondo*. 나는 단호하게 아니라고 대답했다. *en redondo* 둥글게; 단호하게. *a la redonda* 주위에. En cinco quilómetros *a la redonda* no hay ningún poblado. 주위 5킬로미터 사이에는 마을 하나 없다.

reducir [70 aducir] 타 ① [+a: …의 형상으로] 되게하다, 化하다. El incendio *redujo* el edificio *a* cenizas. 화재가 그 건물을 재로 만들었다. ② 줄이다, 작게·적게 하다; 할인하다. Hay que *reducir* este paquete a la mitad para que quepa en el baúl. 가방 속에 들어가도록 이 보따리를 절반으로 작게 해야 한다. ③ 제한·한정하다. *Redujo* su intervención a prestar su coche. 그는 협력을 차를 빌려주는 것에 한정했다. ◇ ~ **se** 재 ① [+a: …의 형상으로] 되다. Todo *se redujo a* cuentos de la vecindad. 모두가 근처의 웃음거리로 되어버렸다. ② 줄다, 작게·적게 되다. ③ [+a: …만으로] 한정되다. *Se reduje a* vivir sin coche. 그는 (생활을 줄여서) 차 없는 생활로 정했다.

reducido, da 형 근소한, 작은, 좁은. Tiene un sueldo *reducido*. 그에게는 근소한 급료가 있다. ◇ **reducción** 여 축소; 절약; 에누리.

reemplazo 남 교대, 경질; 반환, 복위, 복직, 교체, 보충병. *de reemplazo* 대기중의 (장교).

reencarnación 여 화신, 재생; (영혼의) 재래(설), 환생.

reencarnarse 재 화신이 되다; 환생하다, 다시 낳다.

reenganchar 타 (군대에) 재복무시키다.

reenganche 남 (군대의) 재복무; 재복무 봉급.

reexaminar 재검사·재시험하다.

reexpedición 여 환송·역송·재내견.

reexpedir 타 환송·역송·재내견하다.

reexportación 여 재수출, 역수출.

reexportar 타 재수출·역수출하다.

refacción 여 가벼운 식사, 경식사; 수선 (reparación); (음식에 의한) 원기 회복; 휴양.

refaccionar 타 융자하다, 자금을 조달하다; (건물을) 수복하다.

refajo 남 짧은 스커트.

refectorio 남 (사원·수도원의) 식당.

referencia 여 ① 참조 기사·항목; 참고 문헌. En el archivo no hay *referencia* alguna de haber contestado a esta carta. 기록에는 그 편지에 회답을 낸 사실의 사항은 실려 있지 않다. ② 소식, 정보. ③ 복 신용 조회(처), 신원 조사. Han pedido *referencias* de él al sitio donde trabajaba. 그들은 그에게 관한 신용 조사를 그가 일하고 있던 곳에 의뢰했다. *con referenca a* …에 관하여. *Con referencia a* la importancia del rubro, nos complace informarles lo siguiente. 위에 쓴 수출품에 관하여 다음 사항을 알립니다. *hacer referencia a* …에 대하여 말하다. *Hizo referencia a* un autor muy famoso. 그는 대단히 유명한 작가에 관하여 말했다. ◇ **referente** 형 [+a: …에] 관한·하여, *Referente* a nuestro pedido No. 36 우리 쪽 주문 제36호에 관하여.

referir [47 herir] 타 ① 말하다, 진술하다. Me *refirió* lo ocurrido con muchos detalles. 그는 사건을 상세히 저에게 주었다. ② [+a: …에] 관련시키다. Todo lo *refiere a* sus teorías. 그는 무엇이나 자기의 주장으로 가져간다. ◇ ~ **se** 재 ① …에 관하여] 말하다, 진술하다. ¿A qué *se refiere* usted? 당신은 무슨 말을 하고 있습니까. ② [+a: …에]관계가 있다. En lo que *se refiere a* nuestras relaciones, nunca han sido más afectuosas que ahora. 우리들의 관계에 대하여 (말하면) 지금처럼 친밀했던 일은 없다.

refinar 타 ① 정련, 정세하다. En estos enormes complejos se *refina* el petróleo. 이 거대한 복합에서 석유가 정제된다. ② 세련하다; (문장 따위를) 닦다; 마무리하다. Era una persona de gustos *refinados*. 그는 세련된 취미의 사람이었다.

reflejar 태 ① 반사하다. Los espejos *reflejan* los rayos luminosos. 거울은 광선을 반사한다. ② 반영시키다; 나타내다. Sus palabras *reflejaban* desconfianza. 그의 말은 불신감을 나타내고 있었다. ◇~**se** 반영하다, 비쳐지다; 나타나다. Los árboles de la orilla *se reflejan* en el río. 언덕의 나무들이 냇물에 그림자를 비치고 있다. La alegría *se reflejaba* en el semblante. 기쁨이 얼굴에 나타나 있었다. ◇**reflejo** 명 ① 반사광; 반영. ② 그림자, 영상(映像). Vi su *reflejo* en el vidrio de la ventana. 나는 창 유리에 비친 그녀의 그림자를 보았다. ③ 형 (반사적인) 가는. Conduce muy bien y tiene buenos *reflejos*. 그는 운전이 능숙하고, 가늠이 좋다.

reflexión 명 ① 반사. la *reflexión* de la luz 빛의 반사. ② 반성, 고찰; 충고. Me hizo unas *reflexiones* muy atinadas. 그는 매우 적확한 충고를 해 주었다. ◇**reflexionar** 태 반성·고찰하다. *Reflexiónelo* bien. 그걸 잘 생각해 보십시오. 자 반성·고찰하다. Tengo que *reflexionar* sobre eso. 그 점에 대하여 나는 잘 생각해야 하겠다. ◇**reflexivo, va** 형 ① 사려깊은. Es una persona prudente y *reflexiva*. 그는 신중하고 사려깊은 사람이다. ②【문법】(동사가) 재귀의.

reformar 태 ① 바꾸어 만들다; 개조하다. Tienen que *reformar* la casa en que viven. 그들은 지금 살고 있는 집을 개축해야 한다. ② 개정·개혁하다. Santa Teresa *reformó* a su orden. 성녀 테레사는 자기의 수도회를 개혁했다. ③ 교정하다. ◇**reforma** 명 개조; 개정, 개혁; 교정. Se hace necesaria una *reforma* de las leyes. 법률 개정이 필요하게 되었다. ◇**reformador, ra** 명 개혁자.

reforzar [9] alzar, [24] contar] 태 보강·증강하다. Mamá le *reforzó* el pantalón en las rodilleras. 모친이 그의 바지 무릎에 헝겊을 대었다.

refrán 명 격언, 속담(proverbio). ◇**refranero** 명

refrescar [7] sacar] 태 ① 차게 하다. Hay que *refrescar* el agua. 그 물은 차게 해야 한다. ②(기억·인상을) 청신하게 하다. Si no te acuerdas te *refrescaré* la memoria. 내가 기억해 내지 못하면 기억해 내도록 해주겠다. 자 [3인칭 단수형만] 선선해지다. Por la tarde siempre *refresca*. 오후에는 언제나 선선해진다. ◇~**se** 차가와지다; 찬바람을 쐬다. Vamos a *refrescarnos* a la sombra de los árboles. 나무 그늘에 가서 찬바람을 쐬자. ◇**refresco** 명 ① 찬 음료. ② 다과(의 접대). Después de la misa nos ofrecieron un *refresco*. 미사 뒤에 우리들에게 과자랑 마실 것이 나왔다.

refrigerar 태 냉각하다; 냉방하다. ◇**refrigeración** 여 냉각, 냉동; 냉방(장치). En este banco hay *refrigeración*. 이 은행은 냉방이 되어 있다. ◇**refrigerador, ra** 남 또는 여 냉장고; 냉방기. Hemos comprado un *refrigerador* eléctrico [una *refrigeradora* eléctrica]. 우리들은 전기 냉장고를 샀다.

refugio 남 ① 피난처, 대피소. Durante los bombardeos todos corríamos al *refugio*. 폭격중 우리는 모두 피난처로 달려갔다. ② 보호, 비호. Le dieron *refugio* unos campesinos del pueblo. 마을 사람들이 그를 받아들여 도와주었다. ◇**refugiarse** [11] cambiar] 재 피난·대피하다. *Se refugió* en casa de su hermano. 그는 형의 집에 몸을 의지했다.

refulgencia 여 (발광체의) 빛남, 빛, 광채.

refulgente 형 빛나는, 찬란한.

refulgir 자 빛나다, 번쩍이다.

refundición 여 개작(작품).

refundir 태 고쳐쓰다; 개작하다; 개조하다; 재정리·재배열하다; 재건하다. 자 ① (공 따위가) 되튀다. ② [+a·en] 이익·손해가 되다(redundar).

refutar 태 반론·논파하다(contradecir); 반증하다.

regadera 여 물넣는 장치; 살수기.

regalar 태 ① 선물하다. ¿Qué vas a *regalarme* por mi cumpleaños? 내 생일에는 선물로 무엇을 주겠는가. ② 위로하다, 위안하다(consolar). Las dos hermanas *regalaron* a la anciana. 두 여승이 늙은 여승을 위로했다. ◇~**se** ① 몸을 보살피다, 안락하게 지내다. ② [+con: …을] 즐기다. *Se regala* de vez en cuando *con* un buen concierto. 그는 때때로 좋은 음악회에 가서 즐긴다. ◇**regalado, da** 형 안락·편안한. ◇**regalo** 남 ① 선물. En cuanto al *regalo* de tu padre es por ahora un verdadero misterio. 네 아버지의 선물에 대해서는 지금으로서는 정말로 비밀이다. ② 위안; 안락.

regañar 태 꾸짖다. La *regañaron* por llegar tarde. 모두들 그녀가 늦게 왔다고 꾸짖었다. 자 말다툼질 성내다.

regar [[8] pagar, [19] pensar] 태 ① (토지·식물에) 물을 주다·뿌리다. Todos los días *riegan* las calles. (사람들은) 날마다 거리에 물을 뿌리고 있다. ② [+con·

regatear de: …를] (에) 여기 저기 뿌리다. *Regó la carta con lágrimas.* 그녀는 편지에 눈물을 떨어뜨렸다. ◇ **regadera** 여 살수기, 물뿌리개. ◇ **regadura** 여 관개(灌漑)(riego).

regatear 타 ① 에누리하다, ② 아끼다. *No he regateado esfuerzo para ponerles en paz.* 그들을 화해시키기 위하여 나는 노력을 아끼지 않았다. ③ 값싸게・낮게 평가하다. *No le regateo inteligencia.* 나는 그의 지능을 낮게 평가하지는 않는다.

regenerar 타 재생・갱생시키다. *El trabajo le ha regenerado.* 일이 그를 갱생시켰다. ◇ **regeneración** 여 재생, 갱생.

régimen 남 regimenes ① 제도, 정체(政體). *El régimen de aquel país era muy democrático.* 그 나라의 체제는 아주 민주적이었다. ② 식사 제한, 식이요법. *Si estás a régimen, que te preparen el plato que te venga.* 식이요법을 하고 있다면, 네게 맞는 요리를 만들게 해라. ③ [문법] 지배(支配) (조사[措辭]상의 말과 말의 관계).

regio, gia 형 ① 국왕(國王)의. ② 호화로운(suntuoso). *Han dado una fiesta regia.* 그는 호화로운 잔치를 열었다.

región 여 ① 지방(地方)(comarca, parte, provincia). *Las regiones del Norte son más frías que las del Centro.* 북부의 여러 지방은 중부의 그것보다 춥다. ② (신체의) 국부(局部). *región abdominal* 복부(腹部). ◇ **regional** 형 지방의; 국부적인. *El traje regional ha desaparecido también.* 지방의 독특한 의상도 없어졌다.

regir [로음 elegir] 타 규제・지배하다. *Los gobernantes rigen los destinos de la patria.* 위정자가 조국의 운명을 지배한다. 자 (법률 따위가) 유효・현행 중이다. *Todavía rigen las tarifas del año pasado.* 작년의 세율은 아직 효력이 있다. ~se 처신하다. ¿*Por qué método se rige usted?* 당신은 어떠한 방법으로 행동합니까.

registrar 타 ① 검사하다. ¿*Dónde registrarán el equipaje?* 짐 검사는 어디서 합니까. ② 기록・기재・등록하다. *En esa época se registran las temperaturas más bajas.* 그 계절에 최저 기온이 기록된다. ◇~se (자기를) 등록하다. *Es preciso registrarse en el consulado.* 영사관에 등록하는 것이 필요하다. ◇ **registro** ① 원부(原簿), 대장(臺帳). *registro de la propiedad* 토지 대장. *registro de la propiedad intelectual* 저작권 대장. ② 기록, 등록, 등기. *registro de sonido* 녹음(錄音).

regla 여 ① 법칙; 규칙. *No hay regla sin excepción.* 예외 없는 규칙은 없다. ② 자. *Si lo trazas sin regla te saldrá torcido.* 자를 쓰지 않고 선을 그으면 굽어져 버린다. *en regla* 정규의, 규칙대로. *Tiene todos los papeles en regla.* 그는 정규 서류를 모두 갖추고 있다. *por regla general* 일반적으로, 대개.

reglado, da 형 절도있는, 온전한.

reglamentación 여 법규; 규칙의 제정, 법률 집행의 지시; 법령.

reglamentar 규정하다, 규칙으로 정하다, 규칙대로 하다, 세칙을 정하다, (규칙으로) 단속하다, 표명하다, 법령으로서 발포하다, 법의 집행을 지시하다.

reglamentario, ria 형 규정・법규상의. *edad reglamentaria* 정년.

reglamento 남 [집합적] 규칙, 법규(法規).—*Lo prohibe el reglamento.* 규칙이 그것을 금하고 있다.

reglar 타 규정하다, (규칙으로) 단속하다; 조정・조절하다; 규칙에 맞게 하다; (종이에) 줄을 긋다. ~se 규칙에 맞게 하다. ② [+a : …에] 준거하다, 적절히・절도있게 되다(moderarse).

regleta 여 [인쇄] 인텔(활자의 줄사이에 끼우는 납).

reglón 남 (미장이, 석공의) 수준기.

regocijo 남 큰 기쁨. *Con motivo de la coronación se organizaron diversos regocijos públicos.* 대관식 때문에 여러 가지 축하 행사가 행해졌다. ◇ **regocijarse** 재 [+con : …으로] 기뻐하다, 즐거워하다. *La gente se regocijó con sus chistes.* 사람들은 그 농담을 (듣고) 재미 있어 했다.

regresar 돌아가다・오다(volver). *Regresarán el jueves a su casa.* 그들은 목요일에 집으로 돌아간다. ◇ **regreso** 돌아감. *A mi regreso se lo contaré todo.* 내가 돌아온 뒤에 자초지종을 말하겠소.

regular 형 ① 규칙 바른; 정상적인. *Tenía el pulso regular.* 그의 맥은 정상이었다. ② 보통의; 무난한. *Disfrutaba de un salario regular.* 그는 많지도 않은 급료를 받고 있었다. 부 좋지 않게. *Mi madre está regular en esta temporada.* 모친은 이 시기에는 건강 상태가 좋지 않다. 타 ① 고치다, 규제하다. *Hay que regular el tráfico.* 교통을 규제해야 한다. ② 조정・조절하다. *Se ha construido una presa para regular la distribución del agua de riego.* 용수(用水) 분배의 조절을 하기 위하여 댐이 만들어졌다. *verbo regular* [문법] 규칙 동사. ◇ **regularidad** 규칙 바름, 정상.

rehabilitar 타 복권・복직・복귀시키다.

Algunos políticos *han sido rehabilitados* después de la guerra. 정치가는 전쟁후 원래의 지위에 복귀된 사람이 있다.

rehacer [68] hacer; 과거분사 rehecho] 団 새로 만들다. Hubo que *rehacer* los planos perdidos. 잃어버린 도면을 새로 만들어야 했다. ◇~se 체력·기력을 회복하다; 재기하다. Se *rehizo* después de la operación. 그는 수술 후 급속히 체력을 회복했다. ◇**rehecho, cha** 형 (체격이) 작고 튼튼한.

rehusar [17] 団 거부하다, 거절하다. (rechazar). Le *rehúsan* hasta el derecho a defenderse. 그는 자기 방위의 권리조차 거부당하고 있다.

reina 여 여왕, 왕비. Lola fue elegida *reina* de la fiesta. 롤라는 그 모임의 여왕으로 뽑혔다.

reinado 남 ①치세(治世), 통치, 지배. Fue en el *reinado* de Felipe II. 그것은 펠리뻬 2세의 시대였다. ②시대. Estaban en el *reinado* del entonces 그 무렵의 공포 시대였다.

reinar 자 ①군림·통치하다. Entonces *reinaba* Felipe II. 당시에는 펠리뻬 2세가 통치하고 있었다. ②무성(茂盛)하다, 가득차다. Entre la población *reinaba* el descontento. 국민 속에 불만이 가득 차 있었다.

reincidencia 여 재범, 타락, (병의) 재발.

reincidente 재범의; 타락한, (병이) 재발하는.

reincidir 자[+en] (죄·과실에) 다시 빠지다; (병이) 재발하다, 타락하다.

reincorporar 団 다시 참가시키다, 재차 합동·합체시키다. ◇~se 다시 참가·합동하다, 다시 합체되다.

reingreso 남 재가입.

reino 남 ①왕국. 분야(分野). *reino de los cielos* 신의 나라. ②[박물] ⋯계(界). *reino animal*. 동물계. *reino vegetal* 식물계.

reir [38] 자 웃다. Al oírlo se echó a *reir*. 그는 그 말을 듣고는 갑자기 웃기 시작했다. Si le *rien* las gracias se pondrá insoportable. 그의 장난을 당신들이 웃는다면 그는 손을 댈 수 없게 될 것이다. ◇~se (소리를 내어) 웃다. Se perseguían unos a otros gritando y *riéndose*. 그들은 큰 소리를 내기도 하고 웃기도 하며 술래잡기를 하고 있었다. [+de: ⋯를] 비웃다. Sus compañeros se *rien* de él. 동료들은 그를 비웃고 있다.

reiterar 団 되풀이하다 (repetir). Le *reitero* mis sentimientos amistosos. (편지의 끝맺음) 나의 우정을 되풀이하여 말씀드립니다.

reja 여 창의 격자. Los dos novios se hablan por la *reja*. 두 애인이 창문 격자 너머로 이야기한다. ◇**rejilla** 여 철망 (들창 따위에 쓰이는, 고기를 굽는); (차의) 그물 선반.

rejo 남 뾰족한 막대기·쇠못, 놀이에 쓰이는 못, 둥근쇠; 핀(aguijón);【식물】작은·어린 줄기.

rejón 남 단검; 끝이 예리한 짧으면서도 넓은 나이프, (투우사용의) 창.

rejonazo 남 자상, 단검으로 찌르기.

rejoneo 남 창으로 찌르며 싸우기.

rejuvenecer [30] crecer] 団 젊어지게 하다. Ese vestido le *rejuvenece* mucho. 그 옷은 당신을 매우 젊어 보이게 한다.

relación 여 ①관계, 관련. Eso no tiene ninguna *relación* con el asunto que estamos tratando. 그것은 지금 우리들이 화제로 하고 있는 일과 아무런 관계도 없다. ②이야기; 보고(서). Toda aquella *relación* era interesante. 그 이야기는 정말로 재미있었다. ③표, 일람표. Se publicó una *relación* de aspirantes. 지원자 일람표가 발표되었다. ④[주로 복] 관계, 교제. Tenemos buenas *relaciones* con esa familia. 우리들은 그 가정과 친하게 교제하고 있다. *con relación a/en relación con* ⋯에 관하여. No sé nada *con relación a* ese asunto. 그 문제에 대하여 나는 아무 것도 모른다. ◇**relacionar** 団 관계·관련시키다. En su conferencia *relacionó* los dos hechos históricos. 그는 강연에서 두 가지의 역사적인 일을 관계시켜서 말했다. 재 [+con: ⋯과] 관계가 있다, 교제하다. Aquella familia no *se relacionaba con* nadie. 저 가정은 아무하고도 교제하지 않았다.

relajar 団 (긴장·규율·힘을) 늦추다. La humedad *relaja* las cuerdas. 습기는 밧줄을 늦춘다. ◇~se 느슨하다, 지치다; 한숨 쉬다.

relámpago 남 번개. Esa idea pasó por mi cabeza como un *relámpago*. 그 생각이 번개처럼 내 머리를 스쳤다. ◇**relampaguear** 자 [3인칭 단수형만] 번개치다. Allá lejos *relampaguea*. 저 멀리서 번개가 치고 있다.

relatar 団 이야기하다, 말하다. Ha *relatado* una anécdota. 한가지 삽화를 그는 이야기했다. ◇**relato** 남 말; 이야기.

relativo, va 형 ①[+a: ⋯에] 관계가 있는. Se ha publicado el aviso *relativo* al nuevo horario de trenes. 열차의 새 시간표에 관한 예고가 발표되었다. ②상대적·비교적인; 상당한. Disfrutaba de una felicidad *relativa*. 나는 좌우간 행복이라 할 수 있는 것을 맛보고 있었다. ③【문법】관계의. 관계어 (관계 대명

relieve 사·형용사·부사 따위). oración de *relativo* 관계문. *muy relativo* 대단치 않은. Su talento es *muy relativo.* 그의 재능은 대단치는 못하다. ◇ **relativamente** 🏷 비교적, 상당히.

relieve 🏷 ① 양각(陽刻) (의 무늬·장식). ② (지표의) 기복(起伏). El *relieve* de España es muy variado. 서반아의 산이나 계곡의 기복은 대단히 복잡하다. ③ 저명(著名). Era un artista de mucho *relieve.* 그는 대단히 저명한 예술가이었다.

religión 🏷 종교, 신앙. Fíate del hombre religioso aunque profese una *religión* distinta de la tuya. 네 종교와 다른 종교의 취지라도 신앙심이 있는 사람을 믿어라. ◇ **religioso, sa** 🏷 ① 종교의. ② 신앙이 두터운. La tía es una mujer muy *religiosa.* 숙모는 매우 신앙심이 두터운 여성이다. 🏷 종교인 (승려, 여승). 수도사·녀. Los *religiosos* están ligados por los votos. 수도사는 서원(誓願)에 구속받고 있다.

reloj 🏷 시계. Se me ha parado el *reloj* y no sé qué hora es. 나는 시계가 멎어 있으므로 몇 시인지 모른다. ◇ **relojería** 🏷 시계점·공장. ◇ **relojero, ra** 🏷 시계 직공·상인, 시계포 주인.

relucir 🏷 나는 오로 모든 것은 lo que *reluce.* 빛나는 것이 모두 금이라고는 할 수 없다.

relumbrar 🏷 번쩍번쩍 빛나다; 번쩍이다.

relumbro 🏷 빛의 강함; 겉치레.

relumbrón 🏷 번쩍임, 빛남; 빛을 내는 물건. de *relumbrón* 겉치레로.

rellano 🏷 충층대 중간의 좀 넓은 곳; 고원지대, 산중 평원.

rellenar 🏷 가득히 채워넣다.

relleno, na 🏷 가득 채운. 🏷 채우는 물건.

remanente 🏷 나머지(residuo).

remangado, da 🏷 소매를 걸은.

remangar 🏷 소매를 걷다 (arremangar) ◇ **~se** 결의하다, 결단을 내리다.

remanso 🏷 잔잔한 물결, 태만, 지체, 지각.

remar 🏷 배를 젓다, 삿대질하다; 악전 고투하다.

remarcable 🏷 저명한; 주목을 끄는.

rematado, da 🏷 구할 도리가 없는, 어쩔 수 없는.

rematante 【남·녀 동형】 🏷 최고 입찰자, 낙찰자.

rematar 🏷 ① (…의) 최후의 일격을 가하다. *Remató* al caballo que había caído. 그는 넘어진 말의 숨통을 끊었다. ② 완성·완료시키다. Empieza muchas cosas pero no *remata* ninguna. 그는 여러 가지 일을 시작하지만 최후까지 해내지 못한다. 🏷 [+en:…으로] 끝나다. La broma *remató* en boda. 농담이 최후에 결혼으로 되었다.

remediar [11 cambiar] 🏷 구제하다, 돕다; 보수하다. Llorando no *remedias* nada. 네가 울어도 아무런 도움도 되지 않는다. ◇ **remedio** 🏷 ① (구체적인) 방책, 방법. No hay más *remedio* que aceptarlo. 그것을 승낙할 수 밖에 방법이 없다. ② 요법; 약(medicina). Todavía no hay un *remedio* eficaz contra la enfermedad. 그 병에 대한 유효한 약은 아직 없다.

remendar [19 pensar] 🏷 수선하다, (…을) 깁다. El llevaba un traje *remendado.* 그는 누덕누덕 기운 옷을 입고 있었다. ◇ **remiendo** 🏷 수선; 깁는 헝겊.

remesa 🏷 발송 (화물). Su encargo no ha llegado en esta *remesa.* 그의 주문품은 이번 짐에는 들어 있지 않았다.

remilgado, da 🏷 지나치게 몸치장을 한; 뽐내는.

remilgo 🏷 애교; 꾸민 태도, 몸치장.

reminiscencia 🏷 추억, 회상; 기억력.

reminiscente 🏷 추억의, 감회 깊은.

remirado, da 🏷 [+en:…에] 신중한, 세심한.

remirar 🏷 교정하다; 수정하다. ◇ **~se** 신중히 보다.

remisible 🏷 용서할 수 있는; 무리가 되지 않는.

remisión 🏷 발송, 발신; 사면, 면제 (perdón); 용서.

remiso, sa 🏷 활발치 못한, 겁이 많은; 머뭇거리는, 소심한(flojo).

remisorio, ria 🏷 면제의, 사면의.

remitir 🏷 ① 발송·발신하다. Le *remitimos* por correo aéreo el catálogo general de nuestra casa. 우리 회사의 종합 목록을 항공편으로 보냅니다. ② (의견·판단을) 맡기다, 사양하다. *Remito* la decisión a su buen criterio. 결정은 당신의 양식에 맡긴다. ③ [+a:…를 독자·상대 따위에] 참조시키다. El texto *remite* a la página siguiente. 본문은 다음 페이지에 있다. ◇ **~se** [+a:…에게] 의견·판단을 맡기다; (…을) 따르다. A los hechos me *remito.* 내가 말하고자 하는 일은 사실에 판단을 맡긴다. ◇ **remite** 🏷 발신인의 주소 성명. Aquí ponga usted su *remite.* 여기에 발신인의 주소 성명을 써 주십시오. ◇ **remitente** 🏷 발송·발신인. ◇ **remitido** 🏷 (신문의) 투서.

remolcar [7 sacar] 🏷 예항(曳航)·견인하다. Se le estropeó el motor y tuvieron que *remolcar*lo. (그의 차의) 엔

remontar 진이 망가져서, 끌고 가야 했다. ◇ **re-molcador** 명 예선선. ◇ **remolque** 명 예항; 끄는 밧줄; 견인되는 차. *a remolque* 끌어서; 끌려서.

remontar 타 (강물을) 거슬러 오르다; 타고 지나가다. Hay peces que *remontan* el río. 강물을 거슬러 오르는 물고기가 있다. ◇ ~**se** 재 ① 하늘 높이 오르다·날다. ② [시간적] 거슬러 오르다. Mis recuerdos *se remontan* a los primeros años de mi infancia. 내 추억은 유년기의 초기까지 소급한다. ③ (금액이) 달하다.

remoto, ta 형 ① [시간적·공간적] 아득한; 먼. En un país *remoto* vivían dos esposos jóvenes. 어느 먼 나라에 젊은 부부가 살고 있었다. ② 막연한. Tengo una *remota* idea de que una vez me hablaste de eso. 나는 그 일에 대해 한번 네가 이야기해 준 듯한 (막연한) 생각이 든다.

remordimiento 명 후회. El *remordimiento* es el huevo fatal puesto por el placer. 후회는 쾌락이 낳는 숙명적인 알이다.

remover [25] volver] 타 ① 휘젓다. *Remueva* usted la sopa. 수프를 휘저으십시오. ② 진동시키다. La explosión *removió* la casa. 폭발이 건물을 진동시켰다.

remunerar 타 보상하다, (…에게) 보수를 주다. Es un trabajo que se *remunera* bien. 그것은 보수가 좋은 일이다. ◇ **re-muneración** 여 보수. La *remuneración* es proporcionada al esfuerzo. 보수는 노력에 비례한다.

renacer [29] nacer] 자 소생하다. En la primavera se siente uno *renacer*. 봄이 되면 사람은 소생함을 느낀다. ◇ **renaci-miento** 명 [R-] 문예 부흥(기).

rencor 명 원한. No tengo *rencor* contra nadie por nada. 나는 누구에게도 무슨 일에도 원한을 갖고 있지 않다. ◇ **renco-roso, sa** 형 원망스러운. Me echó una mirada *rencorosa*. 그는 원망스러운 시선을 나에게 던졌다.

rendir 타 [8] pedir] 타 ① 항복·굴복시키다. Con sus amabilidades la *rindió*. 그는 친절한 체하여 그녀를 사로잡았다. ② (잔뜩) 지치게 하다. Ocho horas seguidas en ese trabajo *rinden* a cualquiera. 그 일을 계속해서 8시간이나 하면 아무라도 녹초가 된다. ③ (경의·감사등) 바치다. (당연한 것을) 드리다, 주다. Le *rendiremos* el sueldo entero. 그에게 급료를 전부 지키겠다. ④ (수익·이익을) 올리다. La tienda le *rinde* lo suficiente para vivir. 그 가게는 생활하기에 충분하리만큼 수익을 올리고 있다. *rendir cuentas* 변명하다; 책임을 지다. Ese capitán también tendrá que *rendir cuentas*. 그 선장도 그 책임을 져야할 것이다. ◇ ~**se** [+ a : …에게] 항복·굴복하다. El Alcázar no *se rindió* al enemigo. 성은 적군에게 항복하지 않았다. ② [+con·de …로] 지쳐 빠지다. *Se rindió* de tanto trabajar. 그는 너무 일해서 지쳐 빠졌다. ◇ **rendi-miento** 명 (봉사적인) 순종함, 복종; 피로; 수익, 능률.

renegar [8] pagar, 19] pensar] 강하게 부정하다. Niega y *reniega* que él haya intervenido en eso. 그는 그 일에 가담하지 않았다고 강하게 몇 번이나 말했다. 재 [+ de : …에서] 손을 떼다; 끊다. Para eso, *reniego* de su amistad. 그 때문에 나는 그와의 교제를 끊는다. ◇ **re-negado, da** 형 배교자, 역적.

renglón 명 ① (문장의) 줄, 행. Fíjese usted en el tercer *renglón*. 3행째를 잘 보시오. ② 문장, 문서. Sírvase usted leer estos *renglones* que le mando. 보내드리는 이 문서들을 읽어 주세요.

renombre 명 명성(fama). Era un médico de mucho *renombre*. 그는 대단히 명성이 있는 의사였다. ◇ **renombrado, da** 형 유명한(famoso, célebre).

renovar [24] contar] 타 ① 새롭게 하다 (바꾸다). Quiero *renovar* los cortinajes. 커튼 류를 새로 바꾸고 싶다. ② 다시 시작하다. *Hemos renovado* la antigua amistad. 우리들은 다시 구정(舊情)을 새롭게 하고 있다. ③ 갱신하다. Hay que *re-novar* el contrato cada dos años. 그 계약은 2년마다 갱신해야 한다.

renta 여 ① 수익, 소득. *renta nacional* 국민 소득. ② 이식(利息); 연금. *renta vitalicia* 종신 연금. ③ 임대료. ¿Qué pagas de *rentas*? 너는 집세 [방세]로 얼마 내고 있는가. ◇ **rentar** 자 ① 수익·이식을 낳다. Estos valores *rentarán* mucho en el futuro. 이 채권들은 장래 많은 이식을 낳을 것이다. ② 임대료를 하다. ¿Cuánto *renta* este cuarto? 이 방의 방세는 얼마인가. 타 (수익·이식을) 낳다.

rentero, ra 형 세금·소작료 등을 내는. 명 납세자, 소작인.

rentista [남·여 동형] 명 재산가; 연금을 받는 사람, 이자놀이하는 사람; 공채 소유자.

rentístico, ca 형 재정의, 국고 수입에 관한.

renuncia 여 부정, 부인; 반박, 반항; 모순, 당착.

renuente 형 순종치 않는, 완고한; 녹지 않는(indócil).

renuevo 图 새싹(tallo); 갱신, 쇄신.

renunciar [11 cambiar] 国 ① [+a : …를] 단념・포기하다. Ha tenido que *renunciar al* viaje por la enfermedad de su madre. 그는 모친의 병으로 여행을 단념했다. ② [+a : …를 / +en : …에] 양보하다. *Renunció a* su parte de herencia en favor de su hermana. 그는 유산의 자기 몫을 누이동생에게 양보했다. ③ [+a : …를] 사퇴・사임하다. *Renuncio a* la invitación que le hicieron. 그는 초대 받은 것을 사퇴했다. ◇ **renuncia** 阴 사표, 사임장. Presentó la *renuncia* de su cargo. 그는 (직무의) 사표를 냈다.

reñir [43 ceñir] 囯 꾸짖다. No *riña* más al niño. 그 어린이를 그만 꾸짖어라. [+con : …과] 싸우다. El marido y la mujer se pasan la vida *riñendo*. 그 부부는 싸움하면서 그날 그날을 지내고 있다. ◇ **reñido, da** ① 사이가 나빠진; 반대의. Eso está *reñido* con mis ideas. 그것은 내 생각과 맞지 않는다. ② (싸움・경쟁 따위가) 격심한, 집요한.

reo [남・여동형] 阳 죄인, 죄수; 피고. Llevaban a la *reo* a la Audiencia: 그 여죄수는 재판소로 연행되었다.

reparar 他 ① 수선하다. ② (최・손해 따위를) 보상하다; (…의) 앙갚음 하다. Hace lo posible por *reparar* su falta. 그는 과실을 보상하려고 가능한 한의 일을 하고 있다. 囯 [+en : …을] 주의・고려하다. *Reparé en* que no llevaba paraguas. 우산을 가지고 오지 않은 일에 나는 생각이 미쳤다. ◇ **reparación** 阴 ① 수선. Después de la *reparación* que me hicieron en el coche, ha quedado como nuevo. 수선을 했더니 (그것은) 새 차처럼 되었다. ② 보상, 앙갚음. Soy el ofendido y pido la *reparación* de tal injusticia. 내가 피해자이다; 그러한 부정(不正)의 보상은 받아야 하겠다.

reparo 图 ① 이의(異議), 트집. Quería poner algún *reparo* a la carta que redacté. 그는 내가 쓴 편지에 어떤 트집을 잡으려 하였다. ② [빈번하게] 고려, 겸양. No tenga usted *reparos* en decirme lo que piensa. 당신이 생각하고 있는 바를 말하는데 주저할 것은 없다.

repartir 他 [+a・en : …에게] 분배・배분하다. *Repartió* caramelos *a* los niños que estaban allí 그는 거기 있던 어린이들에게 캬라멜을 나누어 주었다. ◇ **reparto** 阳 ① 분배; (우편・상품 따위의) 배달; (연극의) 배역. La distribuidora no ha hecho hoy el *reparto*. 배달하는 여자가 오늘은 배달하지 않았다.

repasar 他 ① 다시・몇 번이나 지나가다.

① 다시・몇번이나 통과시키다. *Repasa* la plancha por este pliegue. 이 주름에 몇 번이고 다리미질을 해라. ② 재검토・검산・교정・교열하다. *Repase* usted esa cuenta detenidamente. 그 계산을 다시 한번 찬찬히 검산해 주시오. ③ 복습하다 [⑩ preparar]. Estoy *repasando* la lección de esta tarde. 나는 오늘 오후 배운 것을 복습하고 있는 중이다. ④ 바느질 고치다. La madre enseña a su hija a *repasar* la ropa. 모친은 자기 딸에게 옷깁는 법을 가르친다. ◇ **repaso** 阳 복습(문제); 꿰맴, *dar un repaso* 대강 복습하다; 대강 훑어보다. *Di un repaso al* periódico. 나는 신문을 대강 훑어 보았다.

repatriación 阴 환국, 송환, 본국 소환.

repatriado, da 图 귀국자.

repatriar 他 본국에 송환하다. 囯 귀국하다.

repecho 图 급경사; 가파른 언덕.

repelar 他 머리를 휘두르다. (말을) 급히 달리키다; 앙등・흥분시키다.

repelente 形 무례한, 혐오의.

repeler 他 배격하다(rechazar), 쫓아버리다.

repelo 图 털・깃을 거꾸로 세움, 발톱을 세움; 다툼(riña), 싸움(repognancia).

repeloso, sa 形 성을 잘 내는,노기찬,한을 품은(quisquilloso).

repente 图 충동. Tuvo un *repente* de ira. 그는 갑자기 성내기 시작했다. *de repente* 급히, 돌연히(repentinamente). *De repente* se apagaron todas las luces. 돌연 등불이 모두 꺼졌다. ◇ **repentino, na** 形 급한, 돌연한. Nos sorprendió su muerte *repentino*. 그의 급한 죽음이 우리들을 놀라게 했다. ◇ **repentinamente** 副 돌연히.

repertorio 图 상연・연주 종목. Buen *repertorio* tiene ese teatro para la próxima temporada. 그 극단은 이번 시즌에 공연을 좋은 상연 종목을 갖추고 있다.

repetir [36 pedir] 他 ① 되풀이 하다, 말하다. Te *repito* que no dejes de escribirme. 거듭 말하지만 편지 내는 걸 잊지 마라. ② 흉내내다. Los niños *repiten* lo que ven hacer a los mayores. 어린이는 어른이 하는 짓을 보고 흉내낸다. ◇ **~se** ① 되풀이되다. La historia *se repite*. 역사는 되풀이 한다. ② 거듭 자기를 …라고 말하다. *Me repito* de usted atto. y s.s.(편지의 맺음 말) 나는 당신의 정중하고 확실한 종(atento y seguro servidor)이라고 거듭 말합니다. ◇ **repetición** 阴 되풀이, 반복. El público entusiasmado pidió la *repetición*. 열광한 청중은 재청을

repicar 여러번이고 반복해서 찌르다; 종을 여러번 치다; 분쇄하다. ◇**~se** [+de] 자만하다(preciarse).

repintar (그림 등에) 가필·수정하다. (벽을) 바르다.

repique 몡 종소리; 불화, 언쟁.

repiquete 몡 종소리; 찬스, 기회.

repiquetear 종이나 악기를 열심히 치다. ◇**~se** 말다툼하다; 우수수 떨어지다.

repiqueteo 몡 종을 함부로 침; 싸움.

repisa 여 선반. *repisa de chimenea* 벽난로.

repleto, ta 가득 찬, 충만한. Tiene la cartera *repleta* de billetes. 그는 지갑을 지폐로 가득 채우고 있다.

replicar [7] sacar] 태 (…에게) 말대답하다(항변, 반론). Obedece y no me *repliques*. 너는 내 말을 듣고, 말대답하지 마라. 자 말대답하다. ◇**réplica** 여 말대답, 항변, 반론.

repoblar [24] contar] 태 식림하다; 들어가 살게하다. Están *repoblando* de pinos la ladera de la montaña 그 산의 기슭에 소나무의 묘목을 심고 있다.

reponer [60 poner; 과거분사 repuesto] 태 ① 복원하다; 복직시키다. Después de tres meses, la *han repuesto* en el cargo. 3개월 후 그는 복직되었다. ② [+de…] (…에) 보충하다. *Repuso* de fondos su cuenta corriente. 그는 자기의 당좌계금에 돈을 (꺼내서) 맡겼다. Tienes que *reponer* la caldera de carbón. 너는 보일러에 석탄을 보충해야 한다. ③ 수복·수선하다. Se rompió el cristal y aún no lo *han repuesto*. 유리가 깨어졌으나, 아직 바꾸지 않았다. ④ 재상연·재상영하다. La semana que viene *repondrán* aquella película. 다음 주에 저 영화가 또 상영된다. ⑤ [부정(否定) 과거의 때에] 대답하다. A esto repuso que él no conocía la orden. 이것에 대하여 그는 자기는 그 명을 모른다고 대답했다. ◇**~se** (건강·기력·재산이) 회복하다. Tardé en *reponerme* del susto. 나는 깜짝 놀라서 정신을 차리는 데 시간이 걸렸다.

reportaje 몡 보고 기사; 기록 영화; 통신.

reportamiento 몡 자제, 신중.

reportar 태 억제하다 (refrenar); 가져오다(llevar). ◇**~se** 자제 억제하다, 근신하다.

reporte 몡 (신문의) 기사, 통신, 리포트.

reporteril 혱 신문 기자의, 신분 기자의 티를 내는.

reporterismo 몡 신문 기자 직업, 수완.

reportero, ra 몡 신문 기자, 통신원.

reposar 자 ①(조용히) 쉬다; 잠자다. Vuelva más tarde; la enferma está *reposando* ahora. 또 나중에 와 주십시오. 환자는 지금 자고 있습니다. ②매장 당해 있다. ◇**reposado, da** 혱 한적한, 안정된; 유한한. El mar estaba *reposado*. 바다는 고요하게 되어 있었다. ◇**reposo** 몡 휴식; 안정. Se tomó media hora de *reposo*. 그는 30분 쉬고 있었다. *reposo absoluto* 절대 안정.

reprender 태 꾸짖다. El profesor *reprendió* a un alumno por su mala conducta. 선생은 어느 학생의 행동이 나빴으므로 꾸짖었다.

representar 태 ①(작품이) 나타내다; 의미하다. Esa danza *representa* la desesperación. 그 댄스는 절망(의 정경)을 나타내고 있다. ②상연하다, 역을 해내다. *Representa* bien el papel de ingenua. 그녀는 순진한 여인의 역을 잘 해내고 있다. ③대표·대행·대리하다. El Ministro de Asuntos Exteriores *representaba* al Gobierno en la ceremonia. 이 의식에 외무장관이 정부를 대표하여 출석했다. ◇**~se** 상상·회상하다. *Me represento* la escena como si la estuviera viendo. 나는 마치 지금 보고 있는 듯이 그 정경을 마음에 그리고 있다. ◇**representación** 여 ①상연. ②대표(인), 대리(권). Una *representación* de labradores acudió al Ministro de Trabajo 노동자 대표들이 노동장관에게 (진정하러) 갔다. ◇**representante** 몡 대표자, 대리인; 배우.

reprimir 억제·억압하다. Intentan *reprimir* el alza de precios. (그들은) 물가의 상승을 억제하려고 한다. ◇**~se** [+de…를] 자제하다. No pude *reprimirme* de reír. 나는 웃음을 참을 수 없었다.

reprochar 태 비난하다. No soy yo el que se lo *reprocha*. 당신의 그 일을 비난하고 있는 것은 내가 아니다. ◇**~se** 후회하다. *Se reprocha* a sí mismo su imprevisión. 그는 자기의 선견이 없음을 후회하고 있다.

reproche 몡 비난. Nunca le he dirigido *reproche* alguno. 나는 비난하는 듯한 말을 결코 그녀에게 했던 일이 없다.

reproducir [79 aducir] 태 ①복사·모사·복제하다, 전재(轉載)하다. Para *reproducir* bien los cuadros famosos hay que ser buenos artistas. 명화를 능가하게 모사하려면 좋은 예술가가 아니면 안된다. ②재생하다. Esta llave es para *reproducir* el sonido registrado. 이 키가 녹음을 재생한다. ③생식·번식시키다. ◇**~se** ①다시 생기다·일어나다. Al siguiente *se reprodujeron* los desórdenes.

다음날 또 혼란이 일어났다. ②번식하다. Han traído algunos animales raros para que *se reproduzcan* en nuestros bosques. 우리 나라 숲 속에서 번식시키기 위하여 진귀한 동물을 몇 마리 가져왔다. ◇ **reproducción** 예 복사, 모사, 복제; 재생, 재발; 생식, 번식.

reptil 형 파충류의. 명 파충류 (동물). La serpiente es un *reptil*. 뱀은 파충류이다.

república 예 공화 정체·국. De esta civilización brotaron muchas *repúblicas* independientes de habla española. 이 문명으로부터 서반아어의 18개 독립공화국이 싹텄다. ◇ **republicano, na** 형 공화정체·국의; 공화파·당의. Entonces el general se alzó contra el Gobierno *republicano*. 그때 장군은 공화파 정부에 반대하여 궐기했다. 명 공화파·당원.

repuesto 명 ① (병으로 부터의) 회복. ② 저축. Tenemos un buen *repuesto* de carbón. 우리 집에는 석탄의 저축이 충분하다. ③ [주로 복] 예배; 부품. No hay *repuesto* para esa marca de coches. 그 형의 자동차 부품은 없다. *de repuesto* 예비의.

repugnar 타 ①혐오하다. El *repugna* el engaño. 그는 속임수를 무척 싫어한다. ②(…에) 반대하다. *Repugnaba* todo lo que yo decía. 그는 내 말에는 모조리 반발했다. 자 혐오감을 갖게 하다. Me *repugna* tener que decírselo yo. 나는 그에게 그 말을 하여야 하는 일이 아주 싫다. **repugnancia** 예 혐오, 반발, 저항; 모순. ◇ **repugnante** 형 싫은, 아니꼬운.

repulsión 예 혐오, 반발. Ese vicio causa *repulsión*. 그러한 나쁜 버릇이 아니꼬운 느낌을 갖게 한다. ◇ **repulsivo, va** 형 반발의. Era un espectáculo *repulsivo*. 그것은 눈을 돌릴 그런 광경이었다.

reputar 타 [+de·por : …과] 평판·평가하다. La *reputan de* entendida en estas cuestiones. 이러한 문제에는 그녀는 상세하다는 세평이다. ◇ **reputación** 예 (좋은) 평판, 세평(世評); 명성(fama). Es muy celosa de su *reputación*. 그녀는 세평을 매우 걱정하는 여인이다. ◇ **reputado, da** 형 평판이 좋은.

requerir [47 herir] 타 ①필요로 하다. El enfermo *requiere* muchos cuidados. 그 환자에게는 여러 가지 배려가 필요하다. ②요구하다, 의뢰하다. Le *he requerido* insistentemente para que me acompañara. 나는 함께 가 달라고 그에게 집요하게 졸랐다. ③(여자를) 설복하다.

requetebién 부 솜씨좋게.

requiebro 명 아첨, 아부(piropo).

requilorios 명복 쓸모없는 의식.

requinto 명 작은 클라리넷 (연주자); 작은 기타.

requisa 예 검열, 시찰, 감찰, 징발.

requisar 타 징발하다.

requisición 예 징발.

requisito 명 필요 조건·사항. Para hacer oposiciones es *requisito* indispensable ser español. 수험에는 서반아 사람이라는 것이 절대로 필요한 조건이다.

res 예 사냥감; 네발 짐승 (소·양·돼지·말 따위).

resaca 예 해안에서 되물리가는 파도.

resaltar 타 ①돌출하다. ②특출하다. El rojo *resalta* mucho sobre esos grises. 그러한 쥐색 속에서 빨강이 선명하게 뛰어나 보인다. *hacer resaltar* 특히 눈에 띄게 하다.

resarcir [2 zurcir] 타 ①변상하다. ¿ Piensa *resarcirme* daños y perjuicios, si lo estropea? 당신이 그것을 부수면 손해변상을 해줄 속셈인가요. ②[+de : …을] (에게) 보상하다. Me *han resarcido de* los gastos del viaje. 그들은 내가 쓴 여비를 내주었다.

resbalar 자 [+en·por·sobre : …의 위를] 미끄러지다. *Resbalé por* el hielo. 나는 얼음 위를 미끄러졌다. ◇ **resbaladizo, za** 형 미끄러지기 쉬운.

rescatar 타 ①되돌려 받다, 되돌리다, 도로 빼앗다. Se propuso *rescatar* la herencia de los padres. 그는 양친의 유산을 탈환하려고 생각했다. ②구해 내다, 구출하다. Boni va hacia el pájaro prisionero; lo *rescata* de la liga. 보니는 잡힌 새에게 가서, 끈끈이로부터 그를 놓아주는 것이다. ◇ **rescate** 명 탈환; 되돌려 받음; 몸값.

rescindir 타 계약을 취소하다, 해제하다, 취소하다.

rescisión 예 계약 취소, 해약; 해제, 파기.

rescisorio, ria 형 해약의, 해제의, 해제의.

rescoldo 명 타다 남은 것(borrajo).

rescontrar 타 상쇄하다.

rescripto 명 왕의 조서, 칙서; 법왕의 답서, 조서.

resecar 타 바싹 말리다; 잘라버리다. ◇~se 말라 죽다.

resección 예【의학】 절제 수술.

reseña 예 인상서; 개요, 개평, 서평(書評). Escribe la *reseña* crítica de los libros aparecidos en la semana. 그는 주간에 나온 책의 서평을 쓰고 있다.

reserva 예 ①세:; 보류, 삼감. Hay que acoger esa noticia con *reserva*. 그 뉴스는 할인해서 듣지 않으면 된다. ②저축, 예비; 준비·적립금. Estas son nuestras *reservas* de víveres para todo el año. 이것은

reservar 우리들의 1년분 식료품 저축이다. ③ 숨김, 신중. No tengo *reserva* alguna para con mi tía. 나는 숙모님에게는 아무 숨기는 일도 없다. *a reserva de* …을 보류 조건으로 하여. Prometió venir, *a reserva de* que ocurriera algo imprevisto. 그는 어떤 뜻밖의 일이 일어나지 않는 한 오겠다고 약속했다.

reservar 태 ① 제거하여 놓다; 보류하다. *Reservamos* este dinero para el viaje. 이 돈은 여행을 위하여 메어 놓자. ② (자리・방을) 지정・예약하다. La mesa está *rservada*. 이 테이블은 예약되었다. 예약하고 있다. *Reservo* la mejor noticia para el final. 나는 제일 좋은 뉴스를 마지막까지 말하지 않고 있다. ◇ **~se** ① (자기를 위하여) 메어 놓다. *Se reservó* el mejor asiento. 그는 제일 좋은 자리를 자기 몫으로 메어 놓았다. ② 말하지 않고 두다. *Se reserva* su juicio. 그는 자기 생각을 별로 말하고 싶어하지 않는다. ◇ **reservado, da** 형 어울리지 않는, 신중한; 내밀한. Era una mujer muy *reservada*. 그녀는 소극적인 생각을 가진 여인이었다.

resfriarse [12 enviar] 재 감기들다. ◇
resfriado, da 형 감기 걸린. 남 감기. He cogido un fuerte *resfriado* esta mañana. 오늘 아침 나는 심한 감기에 걸리고 말았다.

resguardar 지키다, 보호하다. Este documento me *resguarda* en cualquier caso. 이 서류가 나를 어떤 경우라도 지켜 준다. ◇ **~se** [+a : …를] 막다, (…로부터) 피하다. *Nos resguardamos* de la lluvia en el portal de una casa. 우리들은 어떤 집의 현관에서 비를 피했다.

residencia 여 ① 거주, 주재(駐在); 주소 (domicilio, señas, dirección). No sé dónde ha fijado su *residencia*. 그가 어느 곳에 주소를 정했는지 나는 모른다. ② 저택; 공동 숙사. Estará dos días en la *residencia* de estudiantes extranjeros. 그는 이틀을 외국인 학생 숙사에 머무를 것이다. ◇ **residencial** 형 주택의; 임지(任地) 거주의. Han comprado una casa en el barrio *residencial*. 그들은 주택 지구에 집한 채를 샀다.

residir 재 ① 거주하다. ¿Dónde *reside* su familia actualmente? 그의 가족은 현재 어디에 살고 있나. ② [+en : …에] 있다, 존재하다. El encanto del lugar *reside* en el clima. 그 장소의 매력은 기후에 있다.

residuo 남 [주로 複] 나머지; 찌꺼기. Los *residuos* de la comida se los daremos al perro. 음식 찌꺼기는 개에게 주자.

resignar 타 [+en : …에게] (단념하고) 양보하다; 포기하다. El gobernador *resignó* el mando de la provincia en el general. 지사는 주의 지배권을 장군의 손에 넘겼다. ◇ **~se** ① [+a・con : …을] 단념하다. No le queda más remedio que resignarse con su suerte. 그는 자기 운명을 체념할 수 밖에 없었다. ② [+a+inf.] 체념하다. *Se resignó a salir*. 그는 단념하고 출발했다. ◇ **resignación** 여 체념, 인종(忍從).

resistente 형 ① 저항력이 있는. Ese germen se ha hecho *resistente* al medicamento usual. 그 세균은 보통 약에 대한 저항력이 생겼다. ② 튼튼한, 완강한. La cuerda es muy *resistente* y no se rompe con facilidad. 그 밧줄은 대단히 튼튼해서 쉽사리 끊기지 않는다. ◇ **resistencia** 여 ① 저항(력). ② 튼튼함, 내구력(耐久力). Este modelo de coche es de mucha *resistencia*. 이런 형의 차는 단지 튼튼하다. *oponer resistencia* 저항하다.

resistir 타 (재) ① [+a : …에] 저항・반항하다. Supo *resistir (a)* la tentación. 그는 유혹에 저항하는 수가 있었다. ② [+de : …을] 참다, 견디어 내다. No sé cómo he podido *resistir* esos ruidos. 그러한 소음에 그가 어떻게 견디어 내는가 나는 알 수 없다. No podía *resistir* de hablar. 그는 말하고 싶은 것을 참을 수 없었다. 재 내구력이 있다. Este coche todavía *resiste*. 이 차는 아직 쓸 수 있다. ◇ **~se** ① (명령 따위에) 저항하다. Como *se resistía* le colocaron las esposas. 반항했기 때문에 그는 수갑이 채워졌다. ② [+inf.] …하려고 하지 않다, …하기 불가능하다. *Me resisto a* pasar sin saludarle. 나는 그에게 인사하지 않고는 지나갈 수 없다. ③ [+여격 보어+inf.] …함에 저항을 느끼다. *Se me resiste* pasar sin saludarle. 그에게 인사하지 않고 통과하는 일에 나는 저항을 느낀다.

resolución 여 ① 해결. No es fácil la *solución* del problema. 문제의 해결은 용이하지 않다. ② 결정; 결심(decisión, determinación). Comuníqueme su *resolución* lo antes posible. 당신의 결심을 되도록 빨리 내게 전해 주십시오. *con resolución* 결연히.

resolver [25 volver; 과거분사 resuelto] 타 ① 해결하다. *No hemos resuelto* el problema. 우리들은 아직 문제를 해결하지 않았다. ② 재재・결정하다(decidir, determinar). El árbitro *resolvió* a su favor. 심판원은 그에게 유리한 결정을 내렸다. ③ [+inf.] …할] 결심을 하다

resonar

Ha resuelto no volver más. 그는 두번 다시 오지 않을 결심을 했다. ◇~**se** 图 (염증·부기가) 없어지다. ② [+en : …으로] 되다. Todo *se resolvió en* una riña más. 이것 저것이 모두 다 싸움이 되었다. ③ [+a+inf. : …할] 결심을 하다. No *se resuelve a* salir. 그는 출발할 결심을 굳히지 못하고 있다.

resonar [24] contar] 困 울려 퍼지다, 반향하다. Sus pasos *resonaban* en la galería. 그의 발소리가 복도에 울리고 있었다.

resonancia 囡 울림, 반향; 공명 (共鳴); 평판. La boda tuvo gran *resonancia*. 그 혼례는 대단한 평판이었다.

resoplido 閉 콧김, 거친 숨소리.

resorte 閉 ① 용수철, 태엽. Se ha roto el *resorte* de la cerradura. 자물쇠의 용수철이 부러졌다. ② (목적 달성을 위한) 수단. ¿De qué *resortes* te has valido para que te admitan en la asociación? 그 협회에 가입하기 위하여, 너는 어떤 수단을 썼느냐.

respecto 閉 관계. a este *respecto* 이에 관하여. al *respecto* 그것에 관한·관하여. Le dije unas cosas *al respecto*. 그것에 관하여 두세 가지 일을 나는 그에게 말했다. (con) *respecto a* …에 관하여. No hay nada nuevo (con) *respecto al* viaje. 여행에 관하여 별로 새로운 일은 아무 것도 없다. ◇ **respectivo, va** 휑 각자의. Se dieron sus señas *respectivas*. 그들은 서로 각자의 주소를 알려주었다. ◇ **respectivamente** 閉 각기. José y Juan tienen ocho y diez años *respectivamente*. 호세와 후안은 각기 8세와 10세이다.

respetar 囲 ① 존경·존중하다(estimar) *Respetamos* a·los ancianos. 우리들은 노인을 존경한다. ② 고려하다 (considerar). Empleó un lenguaje grosero sin *respetar* siquiera a las señoras. 그는 부인들 앞에도 불구하고 천한 말을 썼다.

respetable 휑 ① 존경할. muy *respetable* señor (편지의 서두) 존경하는 귀하에게. ② (수량이) 상당한. Observaba el toro a *respetable* distancia. 그는 소를 상당한 거리에서 관찰하고 있었다. 閉 관중, 관객 (espectador); 청중. Repitió una de las canciones para complacer al *respetable*. (가수는) 청중을 기쁘게 하기 위하여 노래 하나를 또 불렀다.

respeto 閉 ① 존경, 존중. Se debe guardar *respeto* a los mayores en edad. 연장자에게는 존경심을 가져야 한다. ② 두려움. Su tío le trató sin *respeto* a su conciencia del niño. 그의 숙부는 어린이 나름의 그 양심을 생각지 않고 그를 다루었다. ③ [주로 뗑] 경의. Presente mis *respetos* a su señora madre. 내 경의를 어머님께 전해 주십시오. *respeto a sí mismo* 자중 (自重). Se portaba bien sin perder *respeto a sí mismo*. 그는 자중하는 마음을 잃지 않고 잘 행동했다. de *respeto* 예배의, 소중한. ◇ **respetuoso, sa** 휑 존경심이 있는, 공손한. ◇ **respetuosamente** 閉 삼가, 공손하게. *Respetuosamente* le saluda su atento y seguro servidor. (편지의 맺는 말) 삼가 귀하의 예절을 알고 성실하고 공손하게 인사드립니다.

réspice 閉 말대답; 꾸짖음.

respigón 閉 [손가락의] 거스러미.

respingar 困 싫어하면서 복종하다; 우마가 거북하거나 간지러워 몸을 털다.

respingo 閉 몸을 몹시 진동함, 혐오, 마음 내키지 않음.

respiración 囡 호흡, 흡기; 공기의 출입.

respiradero 閉 공기 구멍; 숨 구멍; 공기 통로; 휴식 (descanso); 【속어】호흡 기관; 기관지.

respirar 困 호흡하다; 휴식하다; 안도하다. *Respire* usted fuerte. 심호흡을 해라. Déjeme usted *respirar*. 나를 쉬게 해 주세요. ◇ **respiración** 囡 ① 호흡. *respiración artificial* 인공 호흡. ② 환기. Dormía en un cuarto sin *respiración*. 그는 환기가 나쁜 방에서 자고 있었다.

resplandecer [30 crecer] 困 비치다, 빛나다. Le *resplandecía* la cara de felicidad. 그는 행복으로 얼굴이 빛나고 있었다. ◇ **resplandor** 閉 광휘, 빛. Lo vimos al *resplandor* de un relámpago. 번갯불로 그것이 보였다.

responder 囲 대답하다(contestar). Le *respondí* dos palabras. 나는 약간 그에게 말대꾸했다. Le *he respondido* que puede venir cuando quiera. 올 원할 때에 오는 것이 좋으리라고 나는 그에게 대답해 두었다. 困 ① [+a : …에게] 대답·말대꾸하다. ② 응하다, 보답하다. El profesor se esfuerza, pero los alumnos no *responden*. 교사는 노력하지만 학생은 (그에) 응하지 않는다. Yo *respondo de* lo que dice este muchacho. 이 소년이 말하는 일에 대하여는 내가 책임을 진다. [+por : …를] 보증하다. Su jefe *responde por* él. 그의 일은 그의 부장이 보증하고 있다.

responsable 휑 [+de : …에게] 책임이 있는; 책임감 있는. Yo no me hago *responsable de* lo que ocurra. 무슨 일이 일어나더라도 그는 그 책임을 지지 않는다. 閉 책임자. Tú eres el *responsable* de tus actos y no otro. 네가 네 행위의 책임자인 것이지 다른 아무도 아니다. ◇ **responsabilidad** 囡 책임. José tiene la *res*-

respuesta 여 대답, 회답(contestación). No he recibido *respuesta* de él. 나는 그에게서 답장을 받지 않았다.

resquebradura 여 균열, 갈라진 틈.

resquebrajar 타 가늘게 갈라지다, 금이 가다.

resquebrarse 재 분열하다; 금이 가다, 깨지다.

resquemar 타 (뜨거운 음식·접시에서) 혀에 얼얼한 맛을 주다, 자극하다.

resquemo 남 혓바닥을 쏘는 맛; 식품의 악취; 불에 너무 구운 음식에서 나는 좋지 않은 맛.

resquemor 남 불쾌, 노함.

resquicio 남 (좋은) 기회; 동기.

resta 여 [수학] 빼기; 나머지(residuo).

restablecer 타 재건하다(reconstituir). Lucharon para *restablecer* la república. 그들은 공화국 재건을 위하여 싸웠다. ◇ ~**se** (병에서) 회복하다. El enfermo *se restablecerá* pronto. 환자는 곧 회복할 것이다. ◇ **restablecimiento** 남 재건, 회복, 쾌차.

restante 형 남아(quedar). Nos *restan* todavía algunas esperanzas. 아직 우리에게는 얼마쯤 희망이 남아 있다. ◇ **restante** 형 나머지의.

restaurante 남 요리점, 레스토랑, 음식점, 식당.

restaurar 타 수복하다; 복원하다; (왕위에) 복위시키다. Están *restaurando* el Museo de Bellas Artes. 사람들은 미술관을 복원하고 있다. ◇ **restauración** 여 수복, 복원, 복위.

resto 남 ① 나머지; 다른 부분. Dedicó a esta labor el *resto* de su vida. 그는 이 일을 하는 것에 여생을 바쳤다. ② 나머지 물건, 잔해; 유골, 유해. La cocinera sabe aprovechar los *restos*. 요리사는 나머지를 잘 이용한다.

restricción 여 제한; 절감, 절약. En verano habrá *restricción* de agua. 여름에는 물의 절약이 행해지리라.

resucitar 자 소생·부활하다. 타 소생·부활시키다. Este aire fresco me *resucita*. 이 서늘한 바람이 소생하는 기분을 가지게 한다.

resuelto, ta 형 ① 해결·결정하는. Ya es cosa *resuelta*. 이미 그 일은 끝난 것이다. ② 과감한. Es un hombre muy *resuelto*. 그는 실로 과감한 사나이다. ◇ **resueltamente** 부 결연·단호하게.

resultar 자 ① (…의) 결과로 되다. El experimento no *ha resultado* como esperábamos. 실험은 우리들이 기대한 대로의 결과로 되지 않았다. ② [+de : …에서 결과적으로] 생기다, 일어나다. Del encuentro *resultaron* dos muertos y tres heridos. 그 충돌로 2명의 사망자와 부상자 3명이 생겼다. ③ [+명사·형용사·부사] (결과적으로) …이다. El viaje *resultó* estupendo. 그 여행은 훌륭한 것으로 되었다. Me *ha resultado* el traje en dos mil pesetas. 이 옷은 결국 2,000 세따 먹혔다. ④ (좋은) 효과를 올리다. Esa corbata no te *resulta* con ese traje. 그 넥타이는 너의 그 옷에는 맞지 않는다. ⑤ [+inf. / +que] …라는 말이 된다. Ahora *resulta que* el culpable soy yo. 그렇다면 결국 나쁜 것은 나라는 얘기로 된다. ◇ **resultado** 남 효과, 결과; 성적. El *resultado* de la operación es satisfactorio. 수술 결과는 만족할 만한 것이다.

resumen 남 요약, 개요. *en resumen* 요약해서; 결국. *En resumen*, que no quiére venir. 결국 그에게는 올 의사가 없는 것이다.

resumir 타 요약하다. Esto *se resume* en cuatro palabras. 이것은 네 마디로 요약된다.

resurgir [4] exigir] 자 다시 나타나다 (재현, 부활); 다시 일어나다. Después de la larga enfermedad *resurgió* con más fuerza. 오랜 병환 뒤에 그는 더욱 힘차게 다시 일어섰다. ◇ **resurrección** 여 [R-] 예수의 부활; 부활제.

retador, ra 남(결투의) 도전자.

retaguardia 여 (배구 3선수들의) 후위; 뒤를 수비하는 자.

retahila 여 일련, 계속됨.

retal 남 깎은 풀; 깎은 털; (신문 잡지 등의) 오려내기; 줄짓.

retar 타 도전하다(desafiar).

retardar 타 지체하다, 지각하다(diferir).

retardo 남 지체, 지연(demora).

retazar 타 갈갈이 찢다; 조그마한 덩어리로 갈라놓다.

retazo 남 찢어진 조각, 단편(trozo); 피복의 조각.

retecontento, ta 형 아주 즐거운.

reteguapo, pa 형 매우 아름다운.

retejar 타 지붕을 수리하며, 기와·타일을 새로 깔다.

retejer 타 뜨개질을 바싹바싹 붙여 짜다; 굳게 뜨다; 털실로 짜다.

retemblar 자 진동하다, 계속적으로 진동하다·흔들리다.

retén 남 준비, 예비; 예비병·역.

retención 예 보류; 유치, 구류; 기억; (급료의) 지불 정리; 보유액; 보유량.

retener [58 tener] 타 ① (수중·기억에) 남겨 두다; 만류하다. ¿*Retienes* todavía los libros de la biblioteca? 너는 아직도 도서관의 책을 되돌려 주지 않았는가. ② 유치·구류하다. Le *han retenido* en la comisaría mientras se aclaraba lo ocurrido. 사건이 명백해질 동안, 그는 경찰에 유치되었다. ③ (지불을 일시·일부) 정지하다. Todos los meses me *retienen* una módica cantidad. 나는 매달 근소한 금액을 공제 당하고 있다.

retirar 타 ①취소하다; 물러서게 하다. *Retire* un poco esta silla para que se pueda pasar. 사람이 다닐 수 있도록 이 의자를 약간 물려라. ② (저금·예금 등 물건을) 꺼내다, 끌어 올리다. *Retiré* dos mil pesetas de la cuenta corriente. 나는 당좌예금에서 2,000 페세따를 꺼냈다. ◇~**se** ①물러서다. Me *retiré* de la puerta. 나는 문에서 물러섰다. ②인퇴·퇴직하다. ③ 떨어져 있다, 떨어지다, 멀어지다. Mi casa está un poco *retirada* de la carretera. 나의 집은 길거리에서 조금 들어가 있다. ②인퇴·퇴직하다. Mi familia vivía *retirada* en el campo. 내 가족은 시골에 물러가서 살고 있었다. 図 인퇴·퇴직하다 ①퇴각, 전진(轉進).

retiro 남 ① 들어박힘. Vivió unos meses de *retiro* en su pueblo natal. 그는 고향에서 두어달 들어박혀 지냈다. ②인퇴(생활), 은거(처). Pasó el verano en su finca y en aquel *retiro* escribió su último libro. 그는 그 여름을 자기의 농장에서 지냈고, 그 은거지에서 최후의 저술을 했다. ③퇴직·퇴직금. ¿Cuánto cobra de *retiro*? 그는 퇴직 연금으로 얼마 받고 있나.

retocar [7 sacar] 타 ① (그림·화장을) 마무리하다. Sólo le falta *retocar* algunos detalles. 이미 그는 얼마쯤 세분의 마무리 붓을 대면 되게 되어 있을 따름이다. ② (사진을) 수정하다. La fotografía de bodas está demasiado *retocada*. 그 결혼 사진은 너무 수정되어 있다. ◇**retoque** 남 마무리 가필(加筆), 수정.

retorcer [1 vencer, 29 volver] 타 ① 꼬다, 비틀다. *Retorció* el brazo a José. 그는 호세의 팔을 비틀었다. ② (실·철사 따위를) 꼬다. ◇~**se** ①꼬이다, 얽히다. Cuidado con el cable del auricular para que no *se retuerza*. 수화기 선이 엉키지 않도록 조심하십시오. ② (넝쿨 따위가) 감기다. ③몸을 비틀다; 얼굴을 찡그리다. ◇ **retorcido, da** 휑 비틀어진.

retornar 자 (본래의 상태·장소에) 되돌아가다, 돌아오다. Salen mañana y no *retornarán* hasta el sábado. 그들은 내일 출발해서 토요일까지 돌아오지 않으리라. 타 되돌리다, 돌려주다. ◇ **retorno** ① 돌아옴·감; 돌아오는 차. Esperamos su *retorno* para el mes que viene. 그가 내달 돌아오는 것을 우리들은 기다리고 있다. ②답례, 보상.

retorsión 예 보복; 역습; 반론; 곡해.

retorta 예 증류기; 아마포의 일종.

retortero 남 선회; 빙빙돌기.

retortijón 남 비비꼬기; 창자가 뒤틀리는 듯이 배가 아픈 것.

retostado, da 휑 흑갈색의.

retozar (새끼양·아이들이) 뛰놀다; 재롱부리다.

retozo 남 희롱.

retozón, na 휑 (회롱하며) 뛰노는.

retractación 예 이미 한 말을 취소함; 철회.

retractar 타 취소하다, 철회하다. ◇~**se** [+de] 이미 한 말을 취소하다.

retráctil 휑 마음대로 늘어났다 줄어들었다 할 수 있는.

retractilidad 예 견축성.

retracto 남 회수, 반제, 도로찾기.

retraducir 타 다시 번역하다, 개역하다.

retraer [71 traer] 타 끌어들이다; 줄이다. ◇~**se** 물러나다, 숨다; 끌어 박히다 (도피). *Se retrajo* a nuestra casa. 그는 우리 집에 피난해 왔다. ◇ **retraído, da** 휑, 표면에 나타나지 않는. Estábamos de fiesta, pero él estuvo todo el rato *retraído*. 우리는 흥청거렸으나 그는 그동안 서먹서먹한 태도였다.

retrasar ① 늦추다. Con eso, en vez de adelantar, *retrasa* la solución. 그렇게 해서 그는 해결을 서두르기는 커녕 늦추고 있는 것이다. ②연기하다. *Retrasaron* la fecha de la reunión. 그들은 집회 날짜를 연기했다. 자 늦다. Mi reloj *retrasa* cinco minutos al día. 내 시계는 하루에 5분 늦는다. ◇~**se** 늦어지다. Siento *haberme retrasado* tanto. 이렇게 늦어서 죄송합니다. ◇ **retrasado, da** 휑 (시계·일·발달·사업·지불 따위가) 늦은. Vamos *retrasados* en desarrollo industrial. 우리나라는 공업의 발달이 늦어져 있다. ◇ **retraso** 남 ①늦음; 지연. El tren llegó con *retraso* de media hora. 열차는 30분 연착이었다. llevar *retraso* 늦다, 지연되다 (llegar tarde). ② [주로 복] 미불, 체납. Tiene *retrasos* debido a los gastos de la enfermedad. 그는 질병 비용 때문에 미지불금이 많이 있다. *retraso mental* 지혜가 늦음.

retratar 타 (…의) 초상을 그리다; (사람을) 사진을 찍다. Nos *retrataron* a todos a la entrada de casa. 우리들은 모두 현관에서 사진을 찍었다. ◇ **retratista** 명 초상화가, 사진사. ◇ **retrato** 명 초상화, 사진. Lola es un vivo *retrato* de su abuela. 롤라는 할머니와 꼭 닮았다.

retrazar 타 모조하다, 묘사하다.

retrechería 명.간어이설, 아첨; 죄를 벗기 위한 교활한 말 [행동].

retrechero, ra 형 매혹적인; 아첨하는 (astuto) 형 사실을 감추는 것.

retreparse 재 기울어지다, 쓰러지다.

retreta 명 퇴군·귀영·귀향의 나팔 소리; 등불 행렬.

retrete 명 변소.

retribuir [74 huir] 타 갚다(recompensar). ◇ **retribución** 명 갚음, 보상, 보수 (recompensa).

retroceder 재 후퇴하다. *Retrocedió* unos pasos para reunirse con nosotros. 그는 두세 걸음 뒤로 물러나서 우리와 합류했다.

retroceso 명 후퇴; 하락; (총·폭탄의) 반동.

retrogradar 재 뒤로 물러서다, 역행하다.

retrógrado, da 형 역행적인; 뒤로 물러나는; 보수·반동적인 (사람).

retrogresión 명 뒤로 물러남, 후퇴, 뒤로 달림.

retromarcha 명 (자동차의) 후퇴, 뒤로 달림.

retronar 재 천둥치다; 탕·쿵·딱 소리가 나다.

retropulsión 명 제트 엔진 (추진 장치).

reumatismo 명【의학】류머티스(reuma, reúma). ◇ **reumático, ca** 형 류머티스(성)의, 명 류머티스 환자.

reunir [18] 타 모으다. El martes *reúno* a mis amigos. 화요일에 나는 친구들을 모은다. *Ha reunido* muchos sellos. 그는 우표를 많이 모으고 있다. ◇ **-se** 모이다 (집합, 결집). *Nos reunimos* en su casa todos los sábados. 매주 토요일에 우리는 그의 집에 모인다. ◇ **reunión** 명 모임, 회합, 집회.

revelar 타 ① (비밀 따위를) 밝히다; 보이다, 나타내다. No quería *revelar* lo que sabía. 그는 알고 있는 것을 말하려 하지 않았다. Ese rasgo *revela* su egoísmo. 그 일면이 그의 이기주의를 나타내고 있다. ②【사진】현상하다. Traigo una película para que me la *revelen*. 나는 현상하여 달라고 필름을 가져갔다. ◇ **revelación** 명 ① 나타남, 발휘; 발각; 자백. ② 계시, 신발견. Lo que me dices es una *revelación* para mí. 네가 말해 준 일은 내게는 하나의 신발견이다. ◇ **revelado** 명 현상.

reventar [19 pensar] 타 ① 파열시키다. Hinchó demasiado el globo y lo *reventó*. 그는 풍선을 너무 부풀려서 터뜨렸다. ② 지치게 하다. Me *revienta* tener que vestirme de etiqueta. 예복을 입어야 한다는 것이 나를 싫증나게 한다. 자 ① 파열하다. Esta tarde *reviento* de alegría. 오늘 밤 즐거워서 나는 가슴이 터질 듯하다. ② [+de·por : …로] 근질근질하다. *Reventaba de* ganas de decirlo todo. 나는 몽땅 말해버리고 싶은 기분으로 (몸이) 근질거렸다. ◇ **-se** ① 통하지다, 파열하다. *Se reventaron* los cohetes. 불꽃이 통겨졌다. ② 녹초가 되다; 실패하다. *Se revienta* trabajando, no saca para nada. 녹초가 되도록 일했으나 결국 아무 것도 안 된다. ③ 죽다. ◇ **reventón** 명 파열; 실패; 난경; 최후의 안간힘.

reverencia 명 ① 숭배, 존경. ¡Con qué *reverencia* trata usted a aquel anciano! 당신은 저 노인을 대단히 존경합니다 그려! ② 인사. Le hizo una *reverencia* profunda. 그는 그 사람에게 정중하게 인사를 했다. ◇ **reverenciar** [1 cambiar] 타 존경하다. 명 몸을 굽혀 인사하다.

revés 명 ① 안(쪽). Este es el *revés* de la tela. 이 쪽이 옷감의 안쪽이다. ② 불운, 역경. *al revés* ① 뒤집어서. Llevas puestas las medias *al revés*. 너는 양말을 뒤집어서 신고 있다. ② 반대로. Déle una vuelta al derecho y otra *al revés*. 것을 오른쪽으로 1회전, 그리고 그밖으로 또 1회전 시키시오. ③ 뒤쪽으로. Todo le salía *al revés*. 만사가 그에게는 뒤쪽으로 나왔다. *del revés* 반대로. Llevas el sombrero *del revés*. 너는 모자를 쓰는 법이 거꾸로구나.

revestir [37 servir] 타 ① [+de·con : …을] (…의) 위에 입히다·바르다; 단장하다. *Revistió* su acto *de* una apariencia generosa. 그는 자기의 행위를 친절한 듯이 보였다. ② (힘 따위를) 내다, 보이다, 발휘하다. ① [+de·con : …을] 에 입다. Los campos *se revisten de* verdor. 들은 초록빛의 옷을 입는다. ② (힘 따위를) 내다, 보이다; (권력·사명 등)을 가지다. *Se revistió* de energía y le habló. 그는 용기를 내어, 그 사람에게 말을 걸었다.

revisar 타 ① 다시 검사·점검하다; 교열 (校閱)하다. Tengo que *revisar* el coche. 내 차의 점검을 해야 한다. ② 재심하다. ◇ **revisión** 명 검사, 점검; 재검사. Su coche necesita una *revisión* total. 그의

revista 여 ① 조사, 총점검(總点檢). Han pasado *revista* a sus papeles. 그의 서류들을 보았다. ②(신문·잡지의) 총평, 월평. *revista de libros* (이달·금주의) 신간 서평. ③ 잡지. Quiero suscribirme a esta *revista* semanal. 나는 이 주간지를 구독하고 싶다. *revista mensual* 월간지.

revivir 자 소생하다; 재발하다. 타 부활시키다. El recuerdo *revive* nuestro cariño. 추억이 우리들의 애정을 부활시킨다.

revocar [7 sacar] 타 ① 취소하다, 철회하다. El ministro *revocó* la orden del pasado mes. 장관은 지난 달의 명령을 철회했다. ② (벽 따위를) 새로 바르다.

revolar [24 contar] 자 (새가) 다시 날아오르다.

revolcar [7 sacar] 타 ① 전도시키다. El niño se está *revolcando* en el suelo. 어린이는 땅바닥에서 굴러다닌다. ② (경기에서 상대편을) 쳐넣고, 쳐내다; 낙제시키다. ◇ **revolcón** 남 전도, 전복; 낙제. *dar un revolcón* 전도시키다; 쳐내다.

revolotear 자 위어다니다. Un pájaro *revoloteaba* entre las ramas. 새 한 마리가 가지 사이를 날아 다니고 있었다.

revoltoso, sa 형 ① 장난하는. ② 불온한. 명 ① 장난꾼. ② 반란자. Se debe castigar severamente a los *revoltosos*. 불온 분자는 엄중히 처벌해야 한다.

revolución 여 ① 회전, (천체의) 공전(公轉). La canción está grabada en un disco de 33 *revoluciones* por minuto. 그 노래는 33회전의 레코드에 녹음되어 있다. ② 혁명, 대변혁. La *revolución* rusa tuvo lugar en 1917. 러시아혁명은 1917년에 일어났다. ◇ **revolucionar** 타 (…에) 대변혁·대소동을 일으키다. La televisión ha *revolucionado* la vida cotidiana de las mujeres. 텔레비전은 여성의 일상 생활을 크게 바꾸었다. ◇ **revolucionario, ria** 혁명의; 혁명적인. 명 혁명가.

revolver [25 volver; 과거분사 revuelto] 타 ① 휘젓다, 저어 합하다. *Revuélva*lo usted bien con la cuchara. 수저로 잘 저어주십시오. ② 혼란시키다, 소란케 하다. El anuncio de la subida del pan *revolvió* a la población. 빵값 인상의 발표가 그 곳 사람들을 크게 소란케 했다. ◇ ~**se** 몸부림치다. A causa del dolor *se revolvía* en la cama. 아픔 때문에 그는 침대에서 몸부림치고 있었다. ② 반항하다, 향하여 가다. *Se revuelve* contra mí porque no tiene otro con quien hacerlo. 그는 달리 덤벼들 상대가 없으므로 내게로 향해 온다.

revólver 남 (연발식의) 권총. Guardaba su *revólver* debajo de la almohada. 그는 권총을 베개 밑에 숨기고 있었다.

revuelo 남 ① 새가 날라다님. ② 소란, 소동. ¡ Qué *revuelo* arman los del piso de arriba! 윗층 사람들은 어쩌면 저런 큰 소란을 피울까!

revuelto, ta 형 ① 혼란·혼잡한. Viven *revueltos* los animales y las personas. 동물과 사람이 뒤섞여서 생활하고 있다. ② 거칠어질 듯한. ③ 소란한; 불온한. La gente está muy *revuelta* por la subida del arroz. 사람들은 쌀값 인상으로 떠들고 있다. 여 ① 빙글빙글 돌음. ② (냇·갯물의) 굽이. En una *revuelta* del sendero se ocultaba un hombre. 길 모퉁이에 한 사내가 숨어 있었다. ③ 소란.

rey 남 (국)왕; 왕자(王者). El león es el *rey* de la selva. 사자는 밀림의 왕자다.

rezagar [9 alzar] 타 (기도를) 하다. *Rezaba* todos los días sus oraciones. 그는 날마다 기도를 하고 있다. 자 ① 빌다. Ese día *rezan* por todos los difuntos. 사람들은 그 날에 고인(故人) 모두를 위하여 기도한다. ② 씌어 있다. Así *reza* el libro que tengo entre manos. 수중에 있는 책에 그렇게 씌어 있다. ② [+con: …에] 관계가 있다. La orden no *reza* conmigo. 그 명령은 나와 관계가 없다.

rezagar 타 뒤에 남겨두다, 연기하다, 뒤에 처지다, 뒤떨어지다.

rezago 남 잔류자; 나머지, 잔존물; 발육이 늦은 가축.

ribera 여 하안(河岸)·해안 지대. En las *riberas* del Turia se extiende la fértil huerta. 뚜리아강의 하안 지대에는 풍부한 경지가 펴져 있다. ◇ **ribereño, ña** 형 하안·해안지대의.

rezo 남 기도; 기도하는 사람.

rezón 남 네 갈고리 닻.

rezongar 자 불평하다, 투덜대다, 으르렁거리다.

rezongo 남 불평.

rezumar 타 스며나게 하다; 빼내게하다. ◇ ~**se** 스며나오다, 분비하다, 여과하다 ② (비밀 따위가) 누설되다.

R.F.A. Reales Fuerzas Aéreas.

ría 여 강의 입구.

rico, ca 형 ① 부자의, 부유한 ([↔ pobre]). Si yo fuera *rico* no trabajaría tanto. 내가 부자라면 이렇게 일하지 않을텐데. ② 풍부한. Valencia es muy *rica* en naranjas. 발렌시아는 귤이 대단히 풍부하다. ③ 맛

좋은. El pastel estaba muy *rica*. 그 과자는 대단히 맛 있게 먹었었다.

ridículo, la 형 ① 우스운, 익살맞은. Con ese traje *ridículo* que llevas, la gente se reirá de tí. 그런 기묘하 옷을 입고 있어서 모두 너를 웃는다. ② 인색한. Tiene un sueldo *ridículo*. 그는 가소로울 정도의 (적은) 급료를 받고 있다. ◇ **ridiculez** 여 우스운 짓·것; 대수롭지 않은 일. ◇ **ridiculizar** [9 alzar] 타 조롱하다. Se divierte *ridiculizando* a todo el mundo. 그는 여러 사람을 조롱하고 재미있어한다.

riego 남 물 뿌리기; 관개(灌漑), 용수(用水). Por el canal corre el agua para el *riego*. 농업 용수는 그 수로를 흐른다.

rienda 여 ① 고삐. Sujete usted bien las *riendas*. 고삐를 단단히 잡고 있으시오. ② 지배(支配). Ella lleva las *riendas* de la casa. 그녀가 그 집의 사무를 보고 있다. *a rienda suelta* 고삐를 놓고; 억제하지 않고. Se rió *a rienda suelta*. 그는 무조건 웃었다.

riesgo 남 위험(peligro). No hay ningún *riesgo* en probar. 해보는 일에는 아무런 위험도 없다. *a riesgo de* …의 위험을 무릅쓰고. Se lo dijo al padre *a riesgo de* que se enfadara. 그는 부친의 분노를 살 지 모르는 그 말을 했다.

rifle 남 라이플총, 소총.

rígido, da 형 ① 딱딱한. El acero es mucho más *rígido* que el cobre. 강철은 구리보다 훨씬 단단하다. ② 엄격한, 엄중한. ◇ **regidez** 여 경직; 엄격.

rigor 남 ① 엄중함, 엄격. Ya conocen el *rigor* de las leyes. 그들은 벌써 법률의 엄중함을 알았다. ② (추위·더위의) 엄중함. No pudieron soportar el *rigor* del frío. 그들은 냉혹한 추위에 견딜 수 없었다. ③ 엄밀, 정확. *de rigor* 정해진; 틀에 박힌. Se gastó la bromas *de rigor*. 그는 내게 틀에 박힌 농담을 했다. *en rigor* 엄밀하게 말하면.

riguroso, sa 형 ① 엄중·엄격한. Nos exigen una *rigurosa* observación de las reglas. 규칙을 엄중하게 지키도록 우리들은 요구당하고 있다. ② (추위·더위 등) 심한. Este invierno ha sido muy *riguroso*. 이 겨울은 추위가 심했다.

rima 여 ① (시)의 운, 각운(脚韻). La *rima* no es esencial a la poesía. 운은 시에서 본질적인 것은 아니다. ② 펀 서사시. Soy muy aficionado a las *rimas* de Bécquer. 나는 베께르의 서사시를 매우 좋아한다.

rincón 남 ① 모퉁이; 구석(esquina). Ponga usted la silla en el *rincón*. 그 의자를 구석에 놓으십시오.

rinconada 여 구석, 모퉁이.

rinconera 여 구석의 찬장, 삼각형의 소반에 받친 선반, 벽 구석.

ringlera 여 열, 줄, 가지런함.

ringlero 남 (연습 문제를 쓰기 위한) 줄, 선.

ringorrango 남 복 문식, 문체, 아름다운 말과 고운 문구.

rinoplastia 여 코 정형 수술.

riña 여 싸움, 다툼. Tú fuiste testigo de aquella *riña*. 너는 그 싸움의 증인이었다.

riñón 남 【해부】 신장(腎臟).

río 남 강(江), 냇물, 흐름. El Tajo es el *río* más grande de España. 따호강은 서반아에서 제일 큰 강이다.

rioplatense 형 라·쁠라따강(el Río de la Plata) (지방)의. 명 라·쁠라따강 지방의 사람.

riqueza 여 ① 부(富) [⇔ pobreza]; 재산. Toda mi *riqueza* son estas dos manos. 내 전 재산은 이 두 개의 손이다. ② 풍부. ③ 호사, 사치(lujo). Dejó la *riqueza* en que vivía 그는 사치스러운 생활을 하고 있었으나 그것을 버렸다.

risa 여 웃음. La *risa* es la sal de la vida. 웃음은 인생의 조미료이다. No es cosa de *risa*. 그것은 웃을거리가 아니다.

riscal 남 바위산; 바위가 많은 장소, 험준한 곳; 절벽, 벼랑.

risco 남 큰 바위, 바위산, 암산, 우뚝 솟은 바위, 낭떠러지.

riscoso, sa 형 바위가 많은, 험준한; 낭떠러지의.

risible 형 가소로운; 우스운.

risotada 여 폭소.

ríspido, da 형 거칠은, 난폭한; 옹이가 있는, 마디가 많은.

ristra 여 (양파나 후추의) 한줄 묶음; 묶음, 다발; 한줄.

risueño, ña 형 ① 미소짓는. Los hombres *risueños* son sanos de corazón. 웃는 얼굴이 아름다운 사람은 마음이 건전하다. ② 즐거운 듯한, 흐뭇해 하는, 쾌적한. ③ 유망한(prometedor).

ritmo 남 ① 리듬, 운율; 주기성(週期性). ② 속도. La construcción se lleva a *ritmo* acelerado. 건설은 급속도로 행해지고 있다. ◇ **rítmico, ca** 형 리드미컬한, 율동적인. Sólo se oía el tictac *rítmico* del reloj. 시계의 율동적인 소리가 들릴 따름이었다.

rito 남 의식, 예식; 형식·습관대로의 일. La fiesta sin tanto *rito* hubiera resultado más agradable. 그 행사는 저렇게 형식에 치우치지 않았다면, 좀더 즐거운 것으

rival 몡 경쟁 상대, 경쟁자, 적수(competidor). José ha ganado la carrera venciendo a todos sus *rivales*. 호세는 모든 상대를 물리치고 경주에서 이겼다. ◇ **rivalidad** 몡 경쟁 (의식), 대항, 적의(敵意). ◇ **rivalizar** 몡 alzar 겨루다, 경쟁하다. Las dos hermanas *rivalizan* en belleza. 두 자매는 아름다움을 다투고 있다.

rivera 몡 개천; 흐름.

rizar [9] alzar 타 ① (머리 따위를)곱슬곱슬하게 하다, (작게) 물결치게 하다. Tenía el pelo suavemente *rizado*. 그녀는 부드럽게 머리털을 곱슬곱슬하게 하고 있었다. ◇ **rizo** 몡 곱슬머리, 곡예 비행.

robar [타 +a; …에서] 훔치다, 강탈하다. Me *han robado* la cartera. 나는 지갑을 도둑맞았다. ◇ **robador, ra** 몡 훔치는; 도둑, 훔치는 사람; 범인. ◇ **robo** 몡 도둑질; 도난; 장물.

roble 【식물】 떡갈나무. El *roble* puede alcanzar de 20 a 40 metros de altura. 떡갈나무는 높이가 20에서 40미터까지도 될 때가 있다.

robusto, ta 혱 ① 우람한, 건장한. Es de constitución *robusta*. 그는 건장한 체격이다. ② 굵고 큰. ◇ **robustez** 몡 우람함, 건장함.

roca 몡 바위, 암석(巖石). Nos sentamos sobre una *roca*. 우리들은 바위 위에 걸터앉았다. ◇ **rocoso, sa** 혱 바위투성이의. Tuvo que subir por la cuesta *rocosa*. 바위 투성이의 언덕을 지나서 그는 올라가야 했다.

roce 몡 ① 마찰, 찰과; 할퀸 자국. Con el *roce* se está agujereando el codo de la camisa. 와야서츠는 닿아서 팔꿈치에 구멍이 뚫어져 간다. ② 접촉, 교제. Con el *roce* se toma el cariño. 접촉하고 있으면 정이 솟는다. ③ (성격 따위의) 불일치. No se hablan debido a ciertos *roces* de carácter. 그들은 어쩐지 성격이 맞지 않아서 서로 말을 않는다.

rocín 몡 여윈 말; 짐말.

rocinante 몡 (동끼호테가 타던 말의 이름에서) 여윈 말, 빼마.

rocío 몡 이슬. Tus lágrimas se me figuran gotas de *rocío* sobre una violeta. 네 눈물은 제비꽃 위의 이슬 방울처럼 내게는 생각된다. ◇ **rociar** [12] enviar 자 ① 이슬이 내리다. 타 (…에) 안개를 내뿜다. Hay que *rociar* la ropa antes de plancharla. 다리미질을 하기 전에 속옷 따위엔 안개를 내뿜어야 한다.

rodar [24] contar 자 ① 구르다, 전락하다. La piedra *rodaba* cuesta abajo. 돌멩이가 언덕 아래로 굴러 내렸다. ② 걸어다니다. *He rodado* la tarde en su busca. 나는 낮부터 그를 찾아다니고 있었다. ③ (차가) 달리다. Este tren *rueda* a más de 200 km. por hora. 이 열차는 시속 200 킬로미터 이상으로 달린다. 타 ① 굴리다. Si no podemos con esta piedra, la llevaremos *rodando*. 이 돌은 우리들의 힘에 겨우니까, 굴려서 날라 가자. ② 운전하다, 타고 돌아다니다. ③ 촬영하다; 영사하다. Toda la película se *rodará* en España. 그 영화는 모두 서반아에서 촬영된다. ◇ **rodaje** 몡 (영화의) 촬영; (집합적) 차 바퀴, 회전부.

rodear 타 ① 둘러 싸다 · 감다. La casa está *rodeada* de árboles. 집은 나무들에 에워싸여 있다. ② [+con·de; …에] (…의) 주위에 놓다 · 두르다. Le *rodeé* el cuello *con* los brazos. 나는 그의 목에 두 팔을 감았다. Para ir al pueblo no hace falta que *rodees* tanto. 그 마을로 가는데 그렇게 돌아갈 필요는 없다. 자 ① 멀리 돌아가는 길. ② 더듬거림. Déjese de *rodeos* y diga lo que quiere. 더듬거리지 말고 해달라고 싶은 말을 하시오. ③ (가축 떼를) 몰아 넣음.

rodilla 몡 ① 무릎. ② 걸레. de *rodillas* 무릎 끓고. Ponte de *rodillas* para rezar. 기도하기 위하여 무릎을 꿇으세요. ◇ **rodillera** 무릎도리, 무릎 싸개.

roer [72] caer; 주로 3 인칭으로] 타 ① (이로) 깨물다. Los ratones *roen* el queso. 쥐가 치즈를 갉아먹는다. ② 괴롭히다. Le *roe* la conciencia por lo que le ha dicho. 그는 당신에게 말한 일 때문에 양심의 가책을 받고 있다.

rogar [8] pagar, [24] contar 타 ① 빌다. ② 부탁하다, 원하다. Nos *ruega* que le esperemos. 그는 우리들에게 기다리라고 부탁한다.

rojo, ja 혱 ① 붉은. Llevaba una cinta *roja* en la cabeza. 그녀는 머리에 빨간 리본을 매고 있었다. ② 빨간 털의, 빨강. El semáforo está en *rojo*. 신호는 빨강으로 되어 있다. ◇ **rojizo, za** 혱 불그스름한.

rollo 몡 ① 권 (감은 물건). Déme un *rollo* de cordel para hacer paquetes. 소포를 만들 노끈을 한 뭉치 주시오. Revélenme cuanto antes estos dos *rollos* de fotogra-

fías. 되도록 빨리 이 두 필름을 현상해 주십시오. ②통나무; 원주(円柱) (모양의 것); 돌빵.

romance 阳 ①로망스어 (라틴어에서 나온 현대어, 특히 서반아어). ②사설 노래, 기사 이야기. El *romance* es una composición poética muy cultivada en la Edad Media. 사설 노래는 중세에 매우 성행한 시의 일종이다.

romancear 타 서반아어로 번역하다.

romancero, ra 阳여 가공 설화 작가, 전기 소설가; 옛 서반아 민요집.

romancista 여 로망스어 학자, 역사서 작가.

romanear 타 대저울로 무게를 달다.

romanesco, ca 형 로마의, 로마인의, 로마 기풍의, 소설의, 소설적인.

románico, ca 형 로마네스크 양식의; 로망스어의.

romano, na 형 ①로마(Roma)의. ②고대로마 (제국)의. La V representa cinco en cifra *romana*. V는 로마 숫자에서 5를 나타낸다. 명 로마 사람.

romanticismo 阳 낭만주의. Uno de los rasgos capitales del *romanticismo* reside en su espíritu individualista. 낭만주의의 주요한 특징의 하나는 그 개인주의적 정신이다. ◇ **romántico, ca** 낭만주의・파의; 로맨틱한, 공상적인.

romería 여 순례; 제례(祭禮). ◇ **romeriego, ga** 순례・축제를 좋아하는. ◇ **romero, ra** 명 순례, 참배자.

rompedero, ra 형 부스러지기 쉬운.

rompedor, ra 형명 파괴하는; 절단하는 (자); 파괴자, 바위 깨뜨리는 기계.

rompehielos 【단・복수 동형】阳 쇄빙선, 쇄빙기.

rompehuelgas 【단・복수 동형】阳 구사대원.

rompenueces 【단・복수 동형】阳 호두까기 기구.

rompeolas 【단・복 동형】阳 방파제.

romper [과거분사 roto/rompido] 타 ①깨다, 깎다, 빠개다. Lola le *rompió* la camisa. 롤라가 그의 셔츠를 찢었다. ②부수다. ¿Quién *ha roto* estos juguetes? 이 장난감을 부순 것 누구냐. 자 ①(꽃 오리가) 벌어지다; (물결이) 부서지다; (밤이) 새다. Al *romper* el día se divisaba la isla. 밤이 밝기 시작하자 섬 그림자가 멀리 보였다. ②[+a+*inf*.] 갑자기 …하기 시작하다. Al oírlo, *rompió a* llorar. 그 말을 듣고 그녀는 갑자기 울기 시작했다. ③[+con : …과의 사이가] 결별하다. *Ha roto* con su novio. 그녀는 애인과 사이가 벌어졌다. *romper en llanto* [*sollozos*] 갑자기 울기 시작하다. ◇

rompimiento 阳 깨짐, 빠개짐, 파열; 절교(絶交).

ronco, ca 형 (목・소리가) 쉰; (물결・바람이) 윙윙거리는. El está tan *ronco* que apenas puede hablar. 그는 목이 쉬어서 말도 거의 할 수 없다. ◇ **roncar** [7] **sacar**] 타 코를 골다; (사슴이) 울다.

ronda 여 ①야경, 순시; (여자들 사이에서) 노래하고 다님・또 그 패거리. ②환상 도로. ③선회(旋回). Las golondrinas volaban en sus *rondas*. 제비는 선회하면서 날고 있었다. ◇ **rondar** [7] ①야경 돌다, 밤에 거닐다. Las calles se veían llenas de gente que *rondaba* de una a otra parte. 거리는 여기 저기 돌아다니는 사람들로 가득했다. ②(목적이 있어서) 따라다니다. Los niños están *rondando* a mi alrededor esperando una golosina. 어린이들은 과자를 먹고 싶어서 내 둘레를 감돌고 있다.

ronzal 阳 고삐; (배의 도르래의) 로프.

ropa 여 ①옷(traje); 의료품(衣料品). La *ropa* sucia se lava en casa. 더러운 것은 자기 집에서 세탁하는 법이다. ②피륙. *ropa blanca* 흰 것(시트・수건・셔츠 냅킨 따위); 속옷. *ropa de cama* 시트, 침대 커버, 베개, 담요 따위. *ropa interior* 속옷.

rosa 여 장미(꽃). No hay *rosa* sin espinas. 가시 없는 장미는 없다. 형 장미빛 (분홍색)의. Tiene una camisa *rosa* y otra azul. 그녀는 핑크색 셔츠와 하늘빛의 것을 가지고 있다. *rosa de los vientos* 방위(方位)판. ◇ **rosado, da** 장미빛의. ◇ **rosal** 阳 장미(나무); 장미원(園). *rosal silvestre* 들장미(나무).

rosario 阳 로사리오 (기도; 성모에 바치는 기도); 염주.

roscón 阳 큰 나사.

róseo, a 형 장미꽃의, 장미색의.

roseta 여 작은 장미; 장미 모양의 매듭, 장미꽃 장식; 장미빛의 빰; 장미빛이 구리판, 동전.

rosetón 阳 큰 장미꽃 장식; 【건축】장미꽃 모양의 창, 원화창; 바퀴 모양의 창.

rosicler 阳 장미색. 【광물】홍색은.

rosillo, lla 형 밝은, 붉은 색의; 얼룩빛의 (말・소).

rosmaro 【동물】阳 물소.

rosqueado, da 형 나선형의, 비비꼬인.

rosquilla 여 도넛, 도넛.

rostro 阳 얼굴(cara). Lola lloraba con el *rostro* oculto entre las manos. 롤라는 두 손으로 얼굴을 감싸고 울고 있었다.

rotación 여 회전, (지구의) 자전(自轉). La tierra tarda 24 horas en su movimiento de *rotación* alrededor de su eje. 지구는 지축을 중심으로 하는 자전 운동

roto, ta 부서진; 망가진; 남루한. La silla estaba *rota* 의자는 부서져 있었다. La niña iba todo *rota* y sucia. 그 소녀는 아주 남루한 더러운 옷차림을 하고 있었다. 톙 찢어진 자국. Tiene un *roto* en el pantalón. 그는 바지가 찢어져 있다.

rótulo 톙 (상자·병의) 딱지·라벨; (건물의) 간판; 표찰, 제명(除名). Mire usted el *rótulo* de la caja y dígame qué dice. 상자의 라벨을 보고 무엇이라 써 있는지 말씀해 주세요.

rotundo, da 단호한. Me contestó con un *rotundo* no. 그는 나에게 단호하게 아니라고 대답했다.

rozar [9] alzar] 톙 비비다 (접촉, 마찰). El avión *rozó* ligeramente el suelo. 비행기는 땅 위를 가볍게 스쳤다. 재 문지르다. **~se** ① 문질러지다; 닳아지다. ② [+con…] 접촉·교제하다. No me gustaba *rozarse* con nadie. 그는 사람과 교제하는 것을 좋아하지 않았다.

rozamiento 톙 마찰(roce); 티격태격, 불화(不和).

rubí 톙 rubíes) [보석] 루비, 홍옥.

rubio, bia 톙 금발의 (♠ moreno). La niña era de *rubios* cabellos y ojos azules. 그 소녀는 금발에 푸른 눈이었다.

rubor 톙 홍안, 장미. Se le encendieron las mejillas de *rubor*. 그녀는 부끄러움에 볼을 붉혔다. ◇ **ruborizarse** [9] alzar] 낯을 붉히다, 부끄러워하다.

rúbrica 톙 인주로 찍은 도장, 수결, 서명. Pon la firma y la *rúbrica*. 서명 날인하십시오. ② 표제. *de rúbrica* 전해 내려오는, 관례에 의한. ◇ **rubro** 톙 [남미] 표제, (문서의) 머리글.

rudo, da 톙 ① 거칠거칠한; 조악한. Vivía rodeado de *rudos* labradores. 나는 거칠거칠한 농부들에 에워싸여 살고 있었다. ② 피로운, 고통스러운. La fortuna le dio un *rudo* golpe. 운명은 그에게 피로운 타격을 주었다. ◇ **rudeza** 톙 조야, 엄중한, 피로움.

rueda 톙 ① 차륜, 바퀴. La *rueda* es uno de los primeros inventos del hombre. 수레바퀴는 인류가 발명한 최초의 것 중의 하나이다. ② 둥글게 자른 것. No tomé más que dos *ruedas* de pescado. 나는 (둥글게 자른) 생선을 두 토막 밖에 먹지 않았다. ③ 둘러 앉음, 사람의 장막.

ruego 톙 간원, 청원. Venía con el *ruego* de que le admitiesen a trabajar. 일자리를 달라는 부탁을 가지고 나는 왔다. *a ruego de* …의 부탁으로. Fui a verle a *ruego* suyo. 나는 그에게 부탁 받았으므로 그를 만나러 갔다.

rugir [4] exigir] 재 (맹수·바람이) 포효하다; 신음하다. *Rugía* la tempestad. 폭풍이 포효하고 있었다. ◇ **rugido** 톙 짖는 소리; 신음.

ruido 톙 ① 소리, 소음(騷音). No hagas tanto *ruido*. 그렇게 소리를 내지 마라. ② 소란; 대단한 평판. El *ruido* de ese acontecimiento llegó hasta nosotros. 그 사건의 소문은 우리들에게까지 들려왔다. ◇ **ruidoso, sa** 톙 시끄러운; 세상을 소란스럽게 하는. Era un proceso *ruidoso*. 그것은 세상을 떠들썩하게 한 재판이었다.

ruin 톙 ① 천한, 비열한. ◇ **ruindad** 톙 천함, 비열함. No se permitirá cometer tales *ruindades*. 그는 그런 비열한 짓은 감히 하지 않을 것이다.

ruina 톙 ① 붕괴, 괴멸. Esta parte del edificio amenaza *ruina*. 건물의 이 부분이 무너질 듯하다. ② 몰락. Su padre está hecho una *ruina*. 그의 부친은 아주 몰락해 버렸다. ③ 폐허, 황폐한 자취. Vagaba por las *ruinas* de su ciudad natal. 그는 태어난 고을의 폐허로 방황했다. ◇ **ruinoso, sa** 톙 넘어질·무너질 듯한; 괴멸적인. Pasaron la noche en una casa *ruinosa*. 그들은 그 밤을 넘어질 듯한 어떤 집에서 지냈다.

rumano, na 루마니아(Rumania)의. 루마니아 사람. 톙 루마니아어.

rumbo 톙 방향, 길, 진로(進路)(camino, ruta). Salimos temprano con *rumbo* a la montaña. 우리들은 아침 일찍 산을 향해 출발했다. 톙 아낌없는, 사치스러운, 화려한. Viaja con mucho *rumbo*. 그는 매우 화려한 방법으로 여행한다. ◇ **rumboso, sa** 톙 아낌없는, 화려한.

rumiar 톙 ① 반추(反芻)하다, 되새김질하다. Los bueyes *rumian* sus alimentos. 소는 먹은 것을 되새김질한다. ② 숙고하다; 너무 생각하다. ◇ **rumia** 톙 반추, 되새김질. ◇ **rumiante** 톙 반추 동물.

rumor 톙 ① 소문, 풍문. Según *rumores* no confirmados cambiará el gobierno. 확인되지 않은 풍문에 의하면 정부가 바뀌는 듯하다. ② (막연한) 소리, 한들거림, 찰박거림. Se oía *rumor* de voces en la habitación de al lado. 이웃 방에서 사람 소리가 들렸다. ◇ **rumorear** 태 소문내다. Se *rumorea* que va a haber cambios políticos. 정변이 있을 듯하다는 소문이다.

rupia 톙 [인도·버어마·파키스탄 등의 화폐 단위] 루피.

ruptura 톙 파괴, 부조(不調).

rural 톙 전원의, 시골의. 톙 시골 사람.

ruso, sa 형 러시아(Rusia)의. 명 러시아 사람. 명 러시아어.

rústico, ca 형 시골의; 촌스러운; 조야한. Sancho Panza no era más que un *rústico* aldeano. 산초·빤사는 시골뜨기 촌사람밖에 (아무 것도) 아니었다. *a la rústica/en rústica* 종이 표지·가제본의.

ruta 예 ① 길(camino), 노선(路線), 루트, 경로; 항(공)로. ② 진로(進路). Ha emprendido una *ruta* equivocada. 그는 (장래에 향한) 진로를 그르쳤다. *ruta aérea* 항공로(航空路).

rutina 예 습관, 습관성. No lo hagas por *rutina*. (연구하지 않고) 익숙함 만으로 그렇게 해서는 안된다. ◇ **rutinario, ria** 형 익숙함에 의한, 습관적·기계적인. ◇ **rutinariamente** 튄 습관적·상투적으로.

S

S. sobre, su, substantivo.
$ dólar(es); dóllar(es); duro(s); peso(s).
S.ª soñora.
S. A. Sociedad Anónima 주식회사, 익명회사; Su Alteza 전하.
s.a.a. su atento amigo.
sáb. sábado.
sábado 图 토요일.
sabana 여 평야, 초원, 평원(llanura).
sábana 여 시트, 홑이불. Esta *sábana* está sucia; tráigame otra limpia. 이 홑이불은 더럽다; 다른 깨끗한 것을 가져 오세요.
sabandija 여 구역질 나게 하는 곤충·해충(사람·동물); Su Alteza 전하. 말을 타고 방목하는 가축을 보호하는 사람.
sabañón 男 (보통 ⑧) 【의학】 동상.
sabatino, na 圈 토요일의·에 행하는.
saber [65] 国 ① 알고 있다. ¿*Sabes* que José parte hoy para América? -No lo *sabía*. 호세가 오늘 미국으로 출발한다는 것을 알고 있는가. —그건 몰랐다. ② 알다, 생각나다. No *sé* cómo agradecerle tantos favores. 토토록 호의를 베풀어 주신데 대하여 무어라 감사를 드려야 할지 모르겠습니다. ③ [+*inf*.] …할 수가 있다, …할 줄 알다. Yo *sé* nadar, pero hoy no puedo hacerlo, que me lo prohibe el médico. 나는 헤엄칠 수 있지만 오늘은 안 되겠다; 의사에게 금지 당해 있으니까. 困 지식이 있다; 빈틈없다. ② [+a: …관사 없는 명사] …인 듯하다, 기미가 있다. Ese movimiento *sabe* a revolución. 그 움직임에는 혁명의 기미가 느껴진다. 男 지식(conocimiento, sabiduría). El *saber* no ocupa lugar. *a saber* 즉, 결국. ¡Quién *sé* yo! 내가 알게 뭐야 (나는 모른다)! ¡Quién *sabe*! 알게 뭐야 (아무도 모른다)! ◇ **sabiduría** 여 지식(conocimiento, saber); 현명, 신중.
sabido, da 圈 잘 알려진; 주지의; 바로 그. Hoy vuelve con las *sabidas* disculpas. 그는 오늘도 또 바로 그 변명 (같은 말)을 해왔다. *Sabido* es que ésta es la obra maestra del autor. 이것이 작자의 걸작임은 주지의 사실이다.
sabio, bia 圈 ① 현명한. Le dieron un *sabio* consejo. 현명한 충고가 그에게 주어졌다. ② 지식이 있는, 박식한. María es una mujer *sabia* en su profesión. 마리아는 자기 직업에 (대한) 지식이 깊다. ③ (동물이) 재주를 부릴 수 있는. El viejo tenía un mono *sabio* en su puesto. 노인은 자기의 가게에 재주를 부릴 수 있는 원숭이 한 마리를 데리고 있었다. 男 현인; 박식한 사람.
sable 男 칼, 검, 군도(軍刀).
sabor 男 맛, 풍미; 홍취. Es una substancia sin olor ni *sabor*. 그건 냄새도 맛도 없는 물질이다. ◇ **saborear** 国 맛보다. *Saboreaba* el triunfo. 그는 승리를 맛보았다.
saboreo 男 맛을 넣기, 양념하기; 맛보기.
sabotaje 男 태업, 사보타주.
saboteador, ra 男 태업자.
sabotear 困 国 사보타주하다, 태업하다.
sabroso, sa 圈 ① 맛이 있는; 맛 좋은. La comida es muy *sabrosa*. 그 음식은 대단히 맛있다. ② 내용·실질있는. Entre los amigos continuaba una conversación *sabrosa*. 친구들 사이에서 실속있는 회화가 계속되었다.
sacar [7] 国 ① (밖에) 내놓다. *Sacó* la cabeza por la ventana. 그는 창으로 머리를 내놓았다. ② 빼내다. Me han *sacado* una muela. 나는 어금니를 한 개 빼었다. ③ 집어 내다, 꺼내다, 빌어 내다, 데려 내다, 구해 내다. ¿De dónde ha *sacado* usted esa idea? 당신은 어디서 그런 일을 생각해 내셨는가요. Su mujer se queja de que no la *saca* nunca. 그의 아내는 그에게 아무데도 데려가 주지 않는다고 투덜거리고 있다. ④ 입수하다, 획득하다. ¿Dónde puedo *sacar* los billetes? 어디서 표를 살 수 있는가. *Saqué* un premio en el soteo. 제비 뽑기에서 나는 상을 탔다. ⑤ (사진·사본을) 찍다. Déjeme *sacarle* una foto. 당신의 사진을 찍게 해주세요. *sacar en claro* [*limpio*] 명백히 하다. Lo único que he *sacado en limpio* es que no tiene dinero. 내가 명백하게 한 것은, 다만 그가 돈을 가지고 있지 않다는 점뿐이다.
sacerdote 男 성직자, 승려; 사제. El *sacerdote* celebra la misa. 사제가 미사를

생한다. ◇ **sacerdotisa** 몡 무녀, 신을 섬기는 여인.

saco 몡 ①(물건을 넣는) 부대. Nos han traido treinta *sacos* de patatas. 우리들은 감자 30부대를 들여 놓았다. ②〖중남미〗양복 저고리, 상의(上衣). Le sienta muy bien este *saco*. 이 저고리는 당신에게 썩 잘 어울린다. *saco de dormir* 침낭. 슬리핑 백. *saco de mano* [*viaje*] 들고 다니는 주머니.

sacramental 휑 성체(聖體)·성사(聖事)에 관한. ◇ **sacramentar** 톄 (빵을) 성체로 만들다, 성례(聖禮)를 행하다. ◇ **sacramentario, ria** 휑 성체 부정론자. ◇ **sacramento** 몡 성체, 성사.

sacrificar [7] *sacar* 톄 ①〖+a: …때문에〗희생시키다. Pepa *sacrifica* sus hijos *a* su vanidad. 뻬빠는 그녀의 허영 때문에 아이를 희생시키고 있다. ②(식료용으로) 도살하다. ◇ **~se** [+a・para・por: …을 위하여] 희생이 되다. Ella *se sacrifica* por el enfermo. 그녀는 환자를 위하여 몸을 희생하고 있다. ②결사적으로 하다.

sacrificio 몡 희생·공물·헌신. El honor exige este *sacrificio*. 명예는 이러한 희생을 요구한다.

sacrilegio 몡 신성 모독(죄), (교회), 사원 따위의) 성소 침입·성물 절취·불경.

sacrílego, ga 휑 신성을 모독하는, 죄받을, 불경한.

sacristán 몡〖종교〗당지기, 절머슴, (교구의) 집사.

sacristía 몡 (사원의) 성기실.

sacro, ra 휑 신성한(sagrado).

sacrosanto, ta 휑 (사람・장소・법률이) 신성 불가침의, 매우 신성한, 신에 봉헌된.

sacudidor, da 휑 가르치기 힘드는, 순종치 않는, 다루기 어려운, 처치 곤란한; 단호한.

sacudidura 몡 (먼지를) 털기; 닦기, 깨끗이 하기.

sacudión 몡 몸시 흔들(리)기, 격진.

sacudir 톄 ①(세차게) 흔들다, 털다. Salió a la terraza para *sacudir* la ropa. 그는 옷을 털려고 테라스에 나갔다. ②떨어버리다. Ya tuenes que *sacudir* la pereza. 이제 게으름을 떨쳐 버리지 않으면 안된다. ◇ **~se** (주위의 물건을) 떨쳐버리다. La persona del padre debe ser *sagrada* para los hijos. 어버이의 인격은 아이들에게는 신성해야 한다. *la Sagrada Escritura* 성서(聖書).

sal[1] 몡 ①소금; 미료. ②맛; 사랑스러움.

sal[2] 나가거라.

sala 몡 ①방, 대청. Vamos a la *sala a* escuchar un poco de música. 음악을 좀 들으러 대청으로 갑시다. *sala de descanso* 휴게실. *sala de espera* 대합실. *sala de fumar* 흡연실. *sala de lectura* 독서실, 열람실.

salado, da 휑 소금기가 있는, 맛 한, 소금에 절인; 영리한, 귀여운.

salario 몡 급료(sueldo). Le pagan un pequeño *salario* por sus servicios. 그들은 그의 일에 적은 급료를 지불하고 있다.

salaz 휑 호색의, 음탕한(lujurioso).

salazón 몡 소금에 절이기・간맞추기; 소금에 절인 고기・생선.

salcedo 몡 수목이 자연적으로 우거지는 습지대.

salcochar 톄 어육이나 채소 등을 물과 소금만 쳐서 익히다.

salchicha 몡 가는 소시지; 〖군대〗지뢰에 불을이는 화약 따위를 넣는 가늘고 긴 자루.

salchichería 몡 소시지 상점・공장.

salchichero, ra 몡 소시지 제조인・상인.

salchichón 몡 큰 소시지.

saldar 톄 ①지불하다; 결산・청산하다. *saldar la cuenta de caja* 결산하다. ②상품 전부를 싸게 팔아 치우다.

saldo 몡 ①지불, 결산; 잔고, 장부끝. Queda todavía a mi favor un pequeño *saldo*. 내 구좌에는 아직 약간 잔고가 있다. ②잔품; (처분된 상품의) 매출. La tienda anuncia un *saldo*. 그 상점은 염가 판매 (바겐세일)를 알리고 있다.

salga *salir*의 접속법 현재 1·3인칭 단수형. ②나가십시오.

salgáis *salir*의 접속법 현재 2인칭 복수형.

salgamos *salir*의 접속법 현재 1인칭 복수형.

salgan *salir*의 접속법 현재 3인칭 복수형.

salgas *salir*의 접속법 현재 2인칭 단수형.

salgo *salir*의 직설법 현재 1인칭 단수형.

salida 몡 ①나감 (몡 entrada); 출발 (llegada), 발주(發走). Aquí podemos esperar hasta la *salida* del barco. 우리은 여기서 배가 출발할 때까지 기다리면 된다. ②출구 (몡 entrada); 도망갈 길. ¿Dónde está la *salida*? 출구는 어딘가요. ③기지(機知), 연구. El niño tuvo una *salida* que nos dejó sorprendidos. 그 어린이의 기지는 우리들을 경탄케 했다.

saliente 나온, 돌출한, 뛰어난, 현저한; 떠오르는. *ángulo saliente* 돌출각(角).

salir [62] 좨 ①나가다; 출발하다 (llegar). El sol *sale* por el este. 태양은 동쪽에서 뜬다. Mamá no *saldrá* de compras hoy. 오늘 모친은 장보러 가지 않을시다. ②쑥 나오다; 돌출하고 있다. ③〖+a: …와〗닮다. Ella *salió a* su

abuela. 그녀는 조모를 닮았다. ④ [+bien] 성공하다, [+mal] 실패하다. El *salió bien* en los exámenes. 그는 시험에 합격했다. ◇ ~**se** (내용물·그릇이) 새다, 넘쳐 흐르다. ¡Cuidado que *se sale* la leche! 우유가 넘치니까 조심해라!

saliva 여 침. ◇ **salivación** 여 침·군침을 흘림. ◇ **salivadera** 여 가래통(escupidera). ◇ **salival** 형 침의. *glándulas salivales* 타액선. ◇ **salivar** 자 침을 뱉다. ◇ **salivazo** 형 (뱉은) 침 ; 침뱉기. ◇ **salivera** 여 가래통. ◇ **salivoso, sa** 형 침을 많이 흘리는.

salón 남 대청마루, 살롱, 홀. En este *salón* caben más de cien personas. 이 홀에는 100명 이상은 들어갈 수 있다. *salón de actos* 강당. *salón de belleza* 미용실. *salón de clase* 교실.

salpimienta 여 소금과 후추의 혼합 조미료.

salpresar 타 (생선을) 눌러가며 소금에 절이다.

salpullido 남 [의학] 발진, 땀띠.

salsa 여 소스 ; 식욕을 돋구는 것 ; 장식품. *salsa de San Bernardo* 공복, 배고픔. *salsa de mahonesa·mayonesa* 마요네즈 (소스).

salsera 여 (배(船)모양의) 소스 그릇.

saltado, da 형 뛰어나온.

saltador, ra 형 (잘)뛰는. 명 도약 선수, 도약자 ; 곡예사. 남 (줄넘기의) 새끼줄.

saltamontes 남 [단·복수 동형] [곤충] 메뚜기(langosta).

saltaojos 남 [단·복수 동형] [식물] 작약 (peonía).

saltar 자 ① 날다, 뛰다. José tira la gorra y *salta* de alegría. 호세는 모자를 던지고 기뻐서 날뛴다. ② 뛰어 오르다·내리다, 뛰어 나가다·들다 ; 뛰어 넘다. ¿Puede usted *saltar* por encima de la tapia? 그 담을 뛰어 넘을 수 있습니까? ③ (파편이) 흩어지다 ; 금가다. 🔄 뛰어넘다. ◇ ~**se** 빠뜨리고 읽다·말하다. Al escribir a máquina *me he saltado* un renglón. 나는 타이프라이터를 쳤을 때 한 줄 빠뜨렸다.

salto 남 ① 날음, 도약. De un *salto* salvó el río. 그는 단번에 그 냇물을 뛰어 넘었다. ② 폭포(salto de agua). *salto mortal* 공중 회전. *a saltos* 펄쩍펄쩍 뛰어서 ; 도 중을 건너 뛰면서.

salud 여 건강 (상태). Disfruta de muy buena *salud*. 그는 대단히 좋은 건강을 지니고 있다. ¡A su *salud*! 당신의 건강을 빌고 (건배)! ◇ **saludable** 형 건강한 ; 건전한.

saludar 타 (…에게) 인사하다, 경의를 표하다. *Saluda* de mi parte a tu madre. 네 어머님께 안부 전해라. ◇ **saludo** 남 인사, 경의. Muchos *saludos* de mi parte al señor Guim. 부디 김씨에게 안부 전하세요.

salvador, ra 구조·구제자. el Salvador 구세주 예수그리스도.

salvadoreño, ña 엘살바도르(El Salvador)의. 엘살바도르 사람.

salvaje 형 ① 야생의. En el parque había animales *salvajes*. 공원에는 야생 동물이 있었다. ② 야만·미개의. 남 야만인, 미개인 ; 난폭자. Vivió una temporada entre los *salvajes* del Brasil. 그는 한때 브라질의 미개속에서 생활했다.

salvar 타 ① 구조·구제하다. El médico ha perdido la esperanza de *salvarle*. 의사는 그를 살릴 희망을 잃었다. ② 극복하다, 타고 넘다. Ya *hemos* salvado la principal dificultad. 우리는 주된 곤란을 이미 극복했다. ③ (어떤 거리를) 달리다, 통과하다. El tren *salvó* en doce horas la distancia entre las dos ciudades. 열차는 두 도시 사이를 12시간으로 달렸다. ④ 제외하다. Mis compañeros, *salvando* a los presentes, me han abandonado. 내 친구들은, 여기 있는 사람은 빼고, 모두 나를 버렸다. ◇ ~**se** 구조받다, 도망치다 ; 도움받다. *Sálvese* quien pueda. 도망할 수 있는 자는 도망치십시오. ◇ **salvación** 여 구제 ; [종교] 구령(救靈).

salvo, va 무사한. 전 [전치사적] …을 제외하고(menos, excepto). Lo aprobaron todos, *salvo* los descontentos de siempre. 여느 때의 불만 분자를 제외하고, 모두 그것을 승인했다. *a salvo* 무사히, 안전하게 ; 상처를 입지 않은 채로. Su honradez ha quedado *a salvo*. 그의 이름에는 상처가 없었다. *salvo que+subj*. …하는 것이 아니라면. *Salvo que* llueva mucho, saldremos de compras. 큰비가 아니면 장보러 가자.

san 형 [santo의 탈락형, 남성 단수 고유명사 앞에서 쓰이나 To와 Do로 시작되는 단어 앞에서는 예외] San Juan, San Marino ; Santa María ; Santo Domingo, Santo Tomás.

sanatorio 남 요양소. Le han mandado a reponerse a un *sanatorio*. 그는 건강을 회복하도록 요양소로 보내졌다.

sanción 여 법령, 비준, 재가, 인가(aprobación) ; 시인 ; 징벌, 제재 수단·규약. *sanciones económicas* 경제적 제재.

sancionar 타 법령화하다, (법령 따위를) 재가·인가·비준하다 ; 시인·찬성하다 ; 징계하다, 제재를 가하다.

sancionismo 圄 제재주의·정책, 제재 방법론.
sancochar 囲 반숙하다.
sancoche 囲 반숙한 요리.
sanctasanctórum 圄【단·복수 동형】지성소(至聖所) (유대 신전의 맨 안쪽); 비밀 중의 비밀, 극비.
sanctus【단·복수 동형】【종교】삼성창 ; 성령.
sanchopancesco, ca 圈 산초·빤사적인 (Don Quijote의 하인으로 상식이 풍부한 속물의 표본); 사상이 없는·속된.
sandalia 예 샌들.
sandunga 예 아름다움, 우아함, 아첨; 매혹; 유혹; 멕시코의 춤.
sandunguero, ra 圈 우아한, 유혹하는, 매혹적인.
saneado, da 圈 (저당·빚 따위의) 부담이 없는 ; 과세할 수 없는.
saneamiento 圄 보증 ; 보상 ; 배수, 위생 설비.
sanear 囲 (병자·죄수의) 피를 뽑다 ; 수액을 채취하다(resinar); 배수하다 ; 방수하다. *sangrar una presa* 댐의 물을 방수하다. 囚 출혈하다, 피를 흘리다.
sangraza 예 썩은 피.
sangre 예 피, 혈액. La *sangre* circula por las venas. 혈액은 혈관을 순환한다. *de sangre caliente* (동물의) 온혈의 ; 핏기가 많은. *de sangre fría* 냉혈의 ; 냉정한.
sangriento, ta 圈 피투성이의 ; 유혈의 ; 피비린내 나는.
sano, na 圈 ① 건강한 ; 건강에 좋은. Estaba más *sana* de lo que creía. 생각했던 것보다 그녀는 건강했다. ② 건전한. Creció en un ambiente familiar *sano*. 그는 건전한 가정 환경에서 자랐다. *sano y salvo* 무사한·하게. Su marido regresó a casa *sano y salvo*. 그 남편은 무사히 집에 돌아왔다. ◇ **sanidad** 예 건강, 위생, 보건.
santo, ta 圈 [많은 남성 성인의 이름 앞에서 san으로 함] 신성한, 성···; 청정한. San Francisco 성 프란시스꼬. Que *santa* gloria haya. 성스러운 영광 있으라 [略 q.s.g.h]. 圄 성인, 성자. Se ha erigido un momento a los *santos* coreanos en Seúl. 서울에 두 성인의 기념비가 세워졌다. ◇ **santidad** 예 【교황에 대한 존칭】 신성 ; 성하. Su *Santidad* el Papa Juan X X Ⅲ 교황 요하네스 23세 성하. ◇ **santificar** [7] sacar] 성신(한 것으로) 하게 하다.
santuario 圄 성전, 신전.
sarcoranfus 예【그리스어】콘도르, 독수리.
sardina 예 정어리. *sardina en conserva* 정어리 통조림. ◇ **sardinal** 圄 정어리 어망. ◇ **sardinero, ra** 圈 정어리의, 정어리 잡이용의. 圄 정어리 장수·어부.
sargento 圄 하사관, 중사, 경사.
sargentona 예 크고 난폭한 여자, 사내같은 여자.
sarmiento 圄 (포도 따위의) 덩굴, 열매가 자라는 가지.
sarna 예【의학】옴.
sarnoso, sa 圈 옴에 걸린 (사람), 옴 오른, 옴투성이의 ; 보잘 것 없는 사람.
sarpullido 圄【의학】땀띠.
sarraceno, na 圈 사라센 (사람의).
sarracina 예 난투.
sartén 예 프라이팬. La criada puso la *sartén* sobre la estufa. 식모는 프라이팬을 난로 위에 놓았다.
sastre 圄 (남자 옷의) 재봉사, 재단사. ◇ **sastrería** 예 재봉사직 ; 피복 공장.
Satán/Satanás 圄 마왕, 악마(Lucifer). ◇ **satánico, ca** 圈 악마의·같은. ◇ **satanismo** 圄 악마주의 ; 극악 무도.
satandera 예【동물】족제비(comadreja).
satélite 圄 위성. La luna es un *satélite* de la tierra. 달은 지구의 위성이다. *satélite artificial* 인공위성. *ciudades satélites* 위성 도시.
satisfacer [68 hacer: 과거분사 satisfecho] 囲 ① 만족시키다. La solución no *satisfizo* a nadie. 그 해결은 아무도 만족시키지 못했다. ② 보상하다 ; 지불하다. Tenía que *satisfacer* aquella deuda. 그는 그 빚을 갚아야 했다. ◇ **~se** [+con·de:···에] 만족하다. No *se satisfará con* esas explicaciones. 그런 설명으로는 그는 만족하지 않을 것이다. ◇ **satisfacción** 만족, 기쁨. ◇ **satisfactorio, ria** 圈 만족한.
satisfecho, cha 圈 만족한 ; 기뻐한. Deseo que todos queden *satisfechos* con esto. 이것으로 여러분은 만족해 주시기 바랍니다.
saturar 囲 (마음에) 물들이게 하다, 주입·동화시키다, 포화시키다, 가득 채우다 (colmar) ; [+de:···을] ···에 물리게 하다, 싫증나게 하다. ◇ **~se** 포화하다, 몰두하다.
saturnino, na 圈 납의 ; 연독의 ; 우울한 ; 말없는(tacoturno).
saturnismo 圄【의학】납중독, 연독.
sazón 예 호기, 사기 ; (좋은) 맛. A la *sazón* estuve en España. 그때쯤 적당하게 나는 서반아에 있었다. ◇ **sazonar** 囲 성숙시키다 ; (···에) 맛을 붙이다. La cocinera *sazona* bien la comida. 그 여자 요리사는 음식 맛을 잘 낸다. 囚 성숙하다. Esa fruta (se) *sazona* en la pri-

mavera. 그 과일은 봄에 성숙한다.

se 데 ① [대격 보어의 lo·la·los·las의 앞에 나올 때의 le·les의 변형] *Se lo diré*. 내가 그에게 그 말을 하겠다. ② [재귀 대명사의 원형; me·te·se·nos·os로 변화함] [대격 보어의 se] 자기를. *José se levanta*. 호세는 일어난다. *Lola se miraba en el espejo*. 롤라는 거울을 보고 있었다. [여격 보어의 se] 자기에게. *José se lo decía para sí misma*. 그녀는 자신에게 말했다. ④ [이해 관계의 se] 자기 때문에, 스스로, 자신의. *Se los comió en seguida*. 그는 곧 그것을 먹어 버렸다. *Quítate los guantes*. 장갑을 벗어라. *Me lavaré la cara*. 나는 얼굴을 씻겠다. ⑤ [자동사에 붙이는 se; 의미의 변화·강조] *Mañana nos marchamos de la ciudad*. 내일 우리는 그 도시에서 떠난다. *De oir esto, se reirían mucho de tí*. 이 말을 들으면 너를 모두들 크게 웃을 것이다. ⑥ [상호의 se] 서로를, 서로가. *José y Lola se aman, pero no se hablan nunca*. 호세와 롤라는 서로 사랑하고 있으나, 결코 (상호간에) 말을 하지 않는다. ⑦ [수동의 se; 주로 주어가 사물인 때]…되다. *La historia se repite*. 역사는 되풀이 된다. ⑧ [무인칭의 se, 항상+3인칭 단수의 동사] 사람은, 사람들은. *Allí se vive mal*; *pero se teme a Dios*. 저편은 생활은 가난하지만, 신앙이 두텁다. *Se me robó el reloj*. 나는 시계를 도둑맞았다. ⑨ [가능의 se] …가능하다. *Se oyeron unos gritos lejano*. 먼곳의 고함 소리가 들렸다. *Se sube al monte por este sendero*. 이 길을 통해서 산에 오를 수가 있다. ⑩ [일반론의 se] · 문제는 …, …하는 것이다. *Es fácil entenderlo cuando se es mujer*. 여자라면 그것을 이해하기 쉽다. *Amor con amor se paga*. 사랑은 사랑으로 갚아야 한다.

sé ① *saber*의 직설법 현재 1인칭 단수. ② *ser*의 2인칭 단수 긍정 명령형. *Sé bueno*. 착한 사람이 되어라.

secar [7] *sacar* 태 건조시키다, 말리다. *Puso a secar la ropa cerca del fuego*. 그는 옷을 말리기 위해 불 가까이에 놓았다. *El calor ha secado la hierba*. 더위가 풀을 말라 죽게 했다. ◇ **~se** ① 건조하다 ; 말라 죽다 ; 수척해지다. ② [자신의 얼굴·땀 따위를] 씻다, 닦다. *Séquese bien después del baño*. 목욕 후에 몸을 잘 닦으시오. ◇ **secador** 명 탈수기 (머리털의) 드라이어. ◇ **secante** 명 건조제 ; 흡수지.

sección 여 ① 절단 ; 단면(도). ② (관리상의) 과, 부 ; 학과 ; (신문의) 난(欄). ¿*En qué sección trabaja usted*? 당신은 어느 과에 근무하십니까. ◇ **seccionar** 태 구분하다.

seco, ca 형 ① 건조한 ; 말라 죽은. *La tierra estaba seca por la falta de la lluvia*. 비가 안 와서, 땅은 건조하여 있었다. ② 향량한. ③ 윤기·온기가 없는. *Le contestó con un no seco*. 그는 냉정하게 아니라고 대답했다. ④ 단 맛이 없는. ◇ **secamente** 튀 무미 건조하게, 통명스럽게.

secretario, ria 명 ① 비서 ; 사무관. *Mi secretaria le contestará por escrito*. 내 비서가 문서로 대답할 것이다. *Secretario General* 사무총장. ② (미국의) (국무)장관. *Secretario de Estado* 국무장관.

secretaría 여 비서직 ; 비서실 ; 문서·서무과 ; 성(省). *Secretaria de Estado* 국무성.

secreto, ta 형 비밀의. *No deben descubrirse cosas secretas*. 비밀한 일을 폭로해서는 안 된다. 명 비밀. *No tiene ningún secreto para mí*. 그는 나에게 아무 비밀도 없다. *en secreto* 비밀리에, 몰래, 살짝. *Me dijo en secreto que pensaba marcharse*. 그는 떠날 속셈이라고 나에게 살짝 말했다. ◇ **secretamente** 튀 비밀리에, 몰래, 살짝, 살그머니.

sector 명 부채꼴 ; 지구, 방면(方面). *Por este sector de la ciudad circulan pocos coches*. 도시의 이 지구에는 차가 별로 다니지 않는다.

secuestrar 태 유괴하다 ; 압류하다. *Unos estudiantes armados han secuestrado al embajador*. 몇 사람의 무장한 학생이 대사를 유괴했다. ◇ **secuestro** 명 유괴 ; 인질, 볼모 ; 압류.

sed 여 목마름 ; 갈망. *Tengo mucha sed*. 나는 무척 목이 마르다.

seda 여 명주. *Tiene la piel como la seda*. 그녀는 명주 같은 (미끈한) 피부를 가지고 있다. ◇ **sedoso, sa** 형 명주 같은.

sede 여 본부, 본청, 본거지. *La sede de la organización está en Barcelona*. 그 협회의 본부는 바르셀로나에 있다.

sedente 형 명주의·같은, 매끈매끈한 ; 명주로 만든 (핀).

sedería 여 명주로 만든 상품명 ; 명주파는 상점 ; 견직물상(商).

sedero, ra 형 명주의, 명주를 만드는. *industria sedera* 견직물업. 명 견직물 업자·제조인·상인.

sediciente 형 가상의, 가정의 ; 집작의 ; 자칭의.

sedición 여 반란, 소요, 폭동(rebelión) ; 마음의 어지러움.

sedicioso, sa 형 반란을 일으키는, 궐기한, 폭도의. 명 반도, 폭도.

sediento, ta 행 (목)마른; 건조된; 갈증한; [+de …을] 갈망하는.

sedimentar 타 침전시키다. ◇ **-se** 침전하다.

sedimentario, ria 행 침전의.

sedimento 명 침전물(pose), 앙금, 찌기.

seducir [70 aducir] 타 매혹·유혹하다.

seductivo, va 행 매혹적인(atractivo). ◇ **seductor** 명 유혹자.

seguida (en) 부 즉시, 곧바로. Vaya usted *en seguida*. 곧바로 가 주시오.

seguir [40] 타 ① (…에) 따르다, 따라가다. *Seguiré* sus amables consejos. 나는 친절하신 충고에 따르겠소. ② 연달아 하다. Ya es imposible *seguir* el viaje. 그 여행을 계속하기는 이미 불가능하다. 자 ㉠계속되다. Aún *sigue* sus preocupaciones. 아직 의연히 그는 계속 걱정하고 있다. ② 계속하여 하다; 길을 계속하다. *Siga* por la derecha. 우측 통행 (우측을 계속 가시오). ③ [+현재분사]…하기를 계속하다. *Siguió* hablando más de dos horas. 그는 2시간 이상 계속 써부렸거렸다. ◇ **seguido, da** 행 연달은; 똑바른. Vaya todo *seguido*. 이대로 똑바로 가십시오. Iba delante su coche y *seguido* el mío. 그의 차가 앞을 달리고, 이어서 내 것이었다. ◇ **seguidamente** 부 계속적으로, 연달아.

según 전 ① [근거] …에 의하여·따라서 …대로. Fue más horrible de lo que me imaginaba, *según* el informe que me dieron. 내게 해준 통지에 의하면, 그것은 상상 이상으로 심했다. La casa está hecha *según* los planos. 집은 설계도대로 지어져 있다. ② [접속사적] …하도록; …하는 바에 의하여·의하면. *Según* vayan llegando, hágalos usted entrar. 그 사람들이 오는대로 들여 보내십시오. *Según* parece, piensa marcharse pronto. 아마 그는 곧바로 떠날 속셈인 듯하다.

segundo, da 행 두번째의. La familia vivía en el *segundo* piso de la casa. 가족은 그 건물의 2층에 살고 있었다. 명 [시간의 단위] 초; 잠깐 동안. No tardo ni un *segundo*. 나는 1초도 꾸물거리지 않는다. *en segunda* 둘(첫의) 2등으로, 둘(자동차) 제 2 속력으로. Tuve que subir la cuesta *en segunda*. 나는 그 언덕을 제 2 속력으로 올라가야 했다. ◇ **segundero** 명 초침.

seguridad 여 ① 안전(성). Este puente no ofrece *seguridad*. 이 다리는 위태롭다. ② 확실(성). Vendrá mañana con toda *seguridad*. 틀림없이 그는 내일 온다. ③ 확신, 안심. Puede usted tener la *seguridad* de que lo haré. 내가 그 일을 하겠으니, 당신은 안심해도 좋소.

seguro, ra 행 ① 안전한. Esto es un lugar *seguro* para esconder las joyas. 여기는 보석류를 숨기기에 안전한 장소이다. ② 확실한(cierto). Anda con paso *seguro*. 그는 확실한 걸음걸이로 걷고 있다. ③ 확신이 있는. ¿Está usted *seguro*? 당신은 자신이 있나요. Estamos *seguros* de que nos han engañado. 확실히 우리들은 속고 있다. 명 ① 안전 장치·기. Puso la pistola en el *seguro*. 그는 권총의 안전 장치를 채웠다. ② 보험. ¿Quiere usted hacerse un *seguro* de vida? 생명 보험에 가입하지 않겠습니까. *de seguro* 확실하게. *en seguro* 안전하게. ◇ **seguramente** 부 확실히, 꼭.

seis 행 6의; 6번째의. 명 6.

seiscientos, tas 행 600의; 600번째의. 명 600.

selección 여 ① 선택, 선별; 정선. ② [집합적] 정선된 물건. Tenemos una *selección* de discos. 우리들은 정선한 레코드를 갖추고 있습니다. ③ 도태 (淘汰). *selección natural* 자연 도태. ◇ **seleccionar** 타 선택·선별하다; 정선하다.

selecto, ta 행 정선된. Anoche había una *selecta* concurrencia. 어젯밤은 품위 있는 사람들이 모여 있었다. ◇ **selectivo, va** 행 선택성의.

selva 여 대삼림, 밀림. Los niños se han perdido en la *selva*. 어린이들은 숲에서 길을 잃었다. ◇ **selvoso, sa** 행 밀림 지대의.

sello 명 ① 우표(estampilla); 인지 (印紙) (timbre). Para mayor rapidez en sus envíos peguen los *sellos* en la parte superior derecha. 우편물에는 더욱 빠르게 하기 위하여 우표를 오른쪽 상단에 붙여 주십시오. ② 표, 상징(símbolo). La violeta es el *sello* de lo bello. 제비꽃은 화려한 것의 상징이다. ③ 봉인, 증인(證印); 증지. ◇ **sellar** 타 ① (…에) 봉인·증인을 하다. ② (…에) 봉함을 하다. Es necesario *sellar* este paquete con plomo. 이 소포는 납으로 해야 한다.

semana 여 주일(週日). ¿En qué día de la *semana* estamos hoy? 오늘은 무슨 요일인가. Solían pasar el fin de *semana* en el campo. (그들은) 주말은 언제나 시간으로 가서 지내고 있었다. ◇ **semanal** 행 주(간)의, 주일 마다의. *revista semana* 주간지. ◇ **semanario** 명 주간지.

semblante 명 낯(빛); 외관. Hoy tiene usted muy buen *semblante*. 오늘 당신은 낯빛이 매우 좋습니다. ◇ **semblanza** 여 (간단한) 전기(傳記), 인물평.

sembrar [19 pensar] 匝 (씨를) 뿌리다; 흩어뿌리다. Los padres *siembran* y los hijos recogerán el fruto. 부모가 씨를 뿌리고 아이들이 그 혜택을 받는다. ◇ **sembrado** 낼 밭.

semejante 혱 ① [+a: …와] 닮아 있는. Es muy *semejante a* ti en el carácter. 그는 성격이 너와 잘 닮아 있다. ② [부정 (否定)문 속에서 강조/명사 앞에서 결멸적] 그러한. No he visto en mi vida frescura *semejante*. 태어난 후 그러한 능글능글한 일을 본 적이 없다. 냄 동류의 사람, 동포(compatriota). Piense que son nuestros *semejantes*. 그들도 우리와 같은 사람임을 생각하시오. ◇ **semejanza** 예 유사(類似), 서로 닮음.

semestre 낼 반년; (전기·후기의) 학기; (수입·신문 따위의) 반년분. ◇ **semestral** 혱 반년(마다)의.

semicircular 혱 반원(형)의.
semicírculo 냄 반원(형).
semicircunferencia 예 반원 둘레, 반원주.
semiconductor, ra 혱냄 [전기] 반도체(의).
semiconsonante 혱 반자음의 (문자).
semicorchea 예 [음악] 16분음표.
semidiós, sa 혱 반신반인(半神半人); 숭배받는 인물(héroe).
semifinal 혱 준결승전의 (출전자). 예 [보통] 준결승전.
semifinalista 혱 【남·여 동형】준결승 출전자.
semifluido 냄 반유동체.
semilunar 혱 반달 모양의.
semilunio 낼 반달.
semilla 예 (식물의) 씨; 근원(根源). *la semilla de la discordia* 분화의 씨. ◇ **semillero** 냄 못자리, 묘상(苗床). ◇ **semillita** 예 작은 씨·종자.
seminario 낼 ① 못자리; (악 따위의) 온상. ② (대학의) 세미나, 연습반·실. ③ 신학교(神學校).
seminarista 냄 【남·여 동형】신학도, 생도; (대학의) 연구(과)생.
semirrecto 혱 45도 (반직각)의.
semitono 냄 [음악] 반음, 반음정.
semivocal 혱 반모음의 (문자).
semoviente 혱 독축류의. *bienes semovientes* 가축. 낼 독축류, 가축.
sempiterno, na 혱 영구의, 불멸의.
senado 냄 상원, 참의원.
senador 냄 상원·참의원 의원.
senatorial 혱 상원·참의원 (의원)의.
sencillo, lla 혱 ① 단일의; 간단·단순한. El trabajo no era tan *sencillo* como parecía. 그 일은 보기보다 간단하지는 않았다. ② 간소한. Me gustaron las costumbres *sencillas* de los campesinos. 시골 사람들의 간소한 일상 생활이 나는 마음에 들었다. ◇ **sencillez** 예 단순; 간소; 순진(純眞). Vestía con mucha *sencillez*. 그는 매우 간소한 옷을 입고 있었다.

senda 오솔길; (뜰 따위의) 길. Me conduce por *sendas* de justicia. (신은) 나를 정의의 길로 인도하신다. ◇ **sendero** 냄 오솔길.

seno 낼 ① [신체] 가슴(pecho); 유방, 젖통. ② 호주머니, 품속. Lo llevaba siempre guardado en el *seno*. 그는 그것을 언제나 품안에 넣고 있었다. ③ 깊숙한 곳; 물굽이, 만(灣). ④ 자궁(matriz).

sensación 예 ① 느낌, 기분. Algunas masas de hielo hacen producen una *sensación* de frescura. 두어 개의 고드름이 우리에게 서늘한 느낌을 일으키게 한다. ② 감동, 좋은 평판. Es ésta la novela que ha causado *sensación*. 선풍적인 인기를 불러 일으킨 소설은 이것이다. ◇ **sensacional** 혱 감동적인; 훌륭한.

sensible 혱 ① 민감한. Tenía el oído muy *sensible* a la música. 그는 음악에 매우 예민한 귀를 가지고 있었다. ② 느끼기 쉬운. Era una niña *sensible*. 그녀는 감수성이 예민한 아이였다. ◇ **sensibilidad** 예 민감, 감수성; 감도(感度).

sentar [19 pensar] 匝 앉히다. Voy a *sentarle* en la última fila. 제일 뒷줄에 그를 앉히겠다. 匣 (몸매·심정·자태 따위에) 맞다, 적합하다. No le *sentará* bien la ducha. 샤워는 당신의 몸에 좋지 않겠지요. Ese peinado te *sienta* admirablemente. 그 머리 모양은 네게 썩 잘 어울린다. ◇ **~se** 앉다. Siéntese usted aquí. 여기 앉으십시오. No *se siente* aquí 여기 앉지 마십시오. Siéntate aquí. 여기 앉아라. No te *sientes* aquí. 여기 앉지마라. Los invitados están *sentados* a la mesa. 손님들은 테이블에 앉아 있다.

sentencia 예 ① 격언, 금언. ② 판결; 재정(裁定). El tribunal dictó la *sentencia*. 재판소는 판결을 선고했다. ◇ **sentencioso, sa** 혱 격언다운; 엄숙한.

sentido, da 감정이 담긴; 감수성이 예민한. Hoy day mi más *sentido* pésame. 그는 애도의 뜻을 표합니다. 냄 ① 감각, 의식(意識). La herida le privó del *sentido*. 부상하여 그는 실신했다. No tiene ningún *sentido* del ritmo. 그에게는 전혀 리듬 감각이 없다. ② 의미(significación). No lo tome usted en ese *sentido*. 그런 의미로 받아들이지 마십시오. ③ 방향(dirección). Caminaba en *sentido* opuesto. 나는 반대 방향으로 걷고 있었

sentimiento 图 ① 감정. Era una persona de buen sentimiento. 그는 마음이 상냥한 사람이었다. ② 슬픔(lástima). Le acompaño a usted en su *sentimiento*. 동정합니다. ◇ **sentimental** 冏 감정적 · 감상적인. La vieja era tan *sentimental* que guardaba todo lo que había sido de su marido. 그 노부인은 매우 감상적인 여인이어서, 남편의 물건은 무엇이나 간직해 두고 있었다.

sentir 예 图 ① 느끼다; (…에) 생각이 미치다. Por aquí *siento* un agudo dolor. 나는 이 근처에 날카로운 아픔을 느낀다. ¿Se siente feliz ahora? 지금 당신은 행복한 기분입니까. ② 슬퍼하다; 서운해 하다. *Sentí* en el alma la pérdida de tan fiel amigo. 나는 그토록 충실한 친구의 죽음이 진심으로 슬펐습니다. 图 느낌(sentido), 생각(pensamiento). En mi *sentir*, eso no es justo. 내 생각으로는 그건 옳지 못하다.

seña 예 (주로 图) ① 신호; 손짓, 눈짓. Los mudos hablan por *señas*. 벙어리는 손짓으로 말을 한다. ② 목표; 흔적. No dejaron ni *señas* del pastel. 그들은 과자를 흔적도 없이 먹어버렸다. ③ 图 주소(dirección). Me olvidé de poner las *señas* en el sobre. 나는 봉투에 주소를 쓰는 것을 잊었다. ¿Cuáles son sus *señas*? 주소는 어디입니까.

señal 예 ① 표, 징조. El color amarillo en la fruta es *señal* de madurez. 과실이 노랗게 된 것은 익은 징조이다. Ponga una *señal* en esa página. 그 책갈피에 표를 해 주십시오. ② 신호. La nave hizo *señal* de que había visto tierra. 그 배는 육지를 보았다는 신호를 했다. ③ 계약금. ¿Quiere usted que deje algún dinero en *señal*? 계약금으로서 얼마큼 돈을 놓아 둘까요. *señal de la cruz* 십자표.

señalar 囘 ① (…에) 표를 하다. *Señale* usted esta caja con la marca, "frágil." 이 상자에 "깨질 물건"의 표를 해 주십시오. ② 가리키다; 지정하다. Las flores de los ciruelos *señalan* la proximidad de la primavera. 매화꽃은 봄이 다가옴을 가리킨다. ◇ **-se** 특출하다. *Se ha señalado*, especialmente, como ensayista. 그는 수필가로서 특출하였답다. ◇ **señalado, da** 冏 특출한; 뚜렷한. Se notó un *señalado* cambio de actitud. 사람들은 그 태도가 현저하게 변한 것을 발견했다.

señor 예 ① [남성의 성에 붙이는 경칭; 부르는 때 이외에는 정관사를 붙임]…씨. Buenos días, *señor* López; tengo el gusto de presentarle a mi amigo, el señor Gracia. 안녕하십니까, 로페스씨; 내 친구인 가르시아씨를 소개합니다. ② 신사(caballero). A la puerta un *señor* pregunta por usted. 현관에서 어떤 분이 당신 말을 묻고 있습니다. ③ 图 …씨 부부. Esta tarde vendrán a verme los *señores* López. 오늘 오후 로페스씨 부처가 나를 만나러 온다. *nuestro Señor* 우리 주 예수 그리스도.

señora 예 ① [기혼 여성의 성 따위에 붙이는 경칭]…여사. Muchos saludos a su *señora* madre. 어머님께 부디 안부 말씀을 전해 주세요. ② …부인, 아내(mujer, esposa). ¿Puedo hablar con la *señora* de García? 가르시아부인과 이야기할 수 있을까요. ③ 여인, 부인(婦人). Cuando la conocí era una *señora* de edad. 저 사람은 내가 알게 되었을 때는 중년의 여인으로 되어 있었다. *Nuestra Señora* 성모(聖母).

señorita 예 ① 소녀, 아가씨. ¿Conoce usted a estas *señoritas*? 이 아가씨들을 아십니까. ② [미혼 여자의 성에 붙이는 경칭]…양. Mucho gusto en conocerla, *señorita* García. (소개 받은 상대에게) 가르시아양, 알게 되어서 즐겁습니다. ③ (하인으로 부터) 마님(patrona, ama, señora).

señorito 图 남자 주인, 도련님.

separar 囘 ① 나누다(partir). Hay que *separar* las manzanas sanas de las podridas. 성한 사과와 썩은 것을 구별해야 한다. ② 떼다. *Separe* usted un poco la mesa de la pared. 벽에서 테이블을 약간 떼어 주세요. ③ 구별하다. Hay que *separar* los dos aspectos de la cuestión. 문제의 양면을 구별하여 생각해야 한다. ◇ **-se** 나뉘다; 이별하다; 떨어지다. Se marchó a su destino *separándose* de su familia. 그는 가족과 멀어져서 임지로 부임했다. *por separado* 따로; 별め으로, 구분.

separación 예 분리; 격리; 이별, 구분.

separata 예 (잡지 따위의) 따로따로 인쇄한 부분; 별책(別冊).

separatismo 图 분리주의; 분리파.

separatista 冏 분리주의(파)의. 图 분리주의자.

separativo, va 冏 분리(용)의; 분리적인.

sepelio 예 매장(entierro).

sepia 예 【動物】 오징어; 세피아(오징어의 먹즙에서 뽑는 갈색 그림 물감); 세피아 빛.

septembrino, na 冏 9월의.

septenario, ria 冏 7단위의; 7일간의.

septenio 图 7년(간).

septentrión 图 북쪽(norte); 북두칠성. ◇ **septentrional** 冏 북쪽의. *país septen*

se(p)tiembre 남 북국(北國).
se(p)tiembre 남 9월.
sé(p)timo, ma 형 7번째의; 7등분의. 남 7분의 1.
sepulcro 남 무덤, 묘. Santo Sepulcro 성묘(聖墓) (예수 그리스도를 모은 무덤).
sepulcral 형 무덤같은, 음울한.
sepultar 타 묻다; 매장하다; 감추다. Las aguas *sepultaron* el pueblo entero. 그 고을은 완전히 수몰되었다. ◇ **sepultura** 여 매장; 표현, 무덤, 묘. Mi amigo, obrando así, estaba cavando su *sepultura*. 내 친구는 그렇게 해서 스스로의 무덤을 파고 있었다.
ser 54 자 ① [연결 동사; (대)명사·형용사(구)·부사(구)를 서술 보어로 함; 질적으로] …이다. El hombre es mortal. 사람은 죽는 것이다. ¿Qué es esto? ·Es un lápiz. 이것은 무엇인가요. —연필입니다. Lola *era* bonita y simpática. 몰라는 어여쁘고 붙임성 있는 어린이였다. …로 되다. Tú *serás* médico también. 너도 의사로 되는 것이지. [*inf*. 또는 que로 시작되는 어구를 주어로 할 때] 이다. *Es* bueno aprender el español. 서반아어를 학습하는 일은 좋은 일이다. [주어 있는 글을 만듦] 이다. ¿Ya *es* tarde? ·*Es* temprano todavía. 벌써 늦었나. —아직 이릅니다. ② [타동사의 과거 분사와 섞여서 수동태의 글을 만듦] …당하다. El que teme a muchos, *es* temido de muchos. 많은 사람을 외경하는 사람은 많은 사람에게 외경당한다. 물건, 실체, 본질; 놈, 사람; 존재(하는 것), 당위성. En eso está todo el negocio. 그 사업의 본질은 오로지 거기에 있다. *ser de* ① [소유] …의 것이다. ¿De quién es esta casa? 이 집은 누구 집입니까. ② [출처] …에서 왔다(출신, 태생). ¿De dónde son ustedes? ·Somos de la Argentina. 당신들은 어느곳 사람입니까. —우리는 아르헨티나 사람이오. ③ [재료] …제품이다. ¿*Es* de cuero •esta maleta? 이 여행 가방은 가죽 제품입니까. ④ [부류] …이다. ¿De qué color *es* este lápiz? ·Es azul. 이 연필은 무슨 색인가요. —파랑입니다. *ser para* ① [목적·목적지] Estas cartas *son para* usted. 이 편지들은 당신(앞으)로 것이오. ② [용도] Esta tela *es para* camisas. 이 천은 와이셔츠 용이다. *ser de* + *inf*. …해야 한다, …해도 좋다. *Es de creer* que son inútiles. 그것들은 쓸데없는 일이라고 믿어도 좋다. *ser viviente* 생물. *seres humanos* 사람들, 인간.
serenar 타 온화하게 하다; 조용하게 하다. 자 고요해지다. La tarde *ha serenado*. (일기가) 오후에는 온화해졌다. ◇ ~*se* (기분이) 조용해지다, 가라앉다. ¡*Serénese* usted, por favor! 부디 마음을 가라앉혀 주세요!
sereno, na 형 ① 맑게 개어서 온화한. La noche estaba muy *serena*. 그 밤은 대단히 온화하였다. ② 안정된. Era un hombre *sereno* de ánimo. 그는 변덕이 없는 온화한 사람이었다. 남 ① 밤공기, 밤이슬. El *sereno* le perjudica. 밤공기는 그에게는 해롭다. ② 야경(꾼). Los *serenos* vigilan por la calle durante la noche. 야경꾼은 밤새껏 거리를 돌아보고 다닌다. ◇ **serenidad** 여 정온; 침착, 냉정.
serie 여 일련·일군(의 것); 시리즈. Ha publicado una *serie* de artículos sobre política internacional. 그는 국제 정치에 관하여 일련의 기사를 발표하였다.
serio, ria 형 ① 성실한, 진지한. Cuando le vi, llevaba una cara muy *seria*. 그를 만났을 때, 그는 매우 성실한 얼굴을 하고 있었다. ② 중대한 (grave); 위독한. La situación iba poniéndose muy *seria*. 사태는 점점 중대하여지고 있었다. *en serio* 진지하게. Hablando *en serio* eso no está bien. 진지하게 말한다면 그건 안되겠는데. ◇ **seriamente** 부 진지하게. **seriedad** 여 성실함, 엄숙; 중대.
sermón 남 설교; 훈계. ◇ **sermonar** 자 설교·훈계하다. ◇ **sermonario, ria** 형 설교의. 남 설교집.
sermonear 설교하다(sermonar). 타 잔소리 잦다, 훈계하다.
sermoneo 남 잔소리, 힐책.
serodiagnóstico 남 【의학】 혈청 진단법.
serología 여 혈청학.
serosidad 여 장액성(漿液性);【생리】혈장(血漿).
seroso, sa 형 장액(성)의; 혈청의.
seroterapia 여 혈청 요법(suEroterapia).
serpiente 여 【파충류】 구렁이; 악마. El demonio adoptó la figura de una *serpiente* para tentar a Eva. 악마는 뱀의 모습을 하고 이브를 유혹했다. ◇ **serpentear** 자 꿈틀거리다.
serpigo 남 【의학】 피진(皮疹), 포행진(疱行疹).
serpol 남 【식물】 야생 백리향(百里香).
serradizo, za 형 톱질하기 쉬운; 제재용(製材用)의.
serraduras 여 톱밥.
serrallo 남 (회교국의) 후궁(harén).
serranía 여 산야, 산악 지대.
serrano, na 형 산의, 산악 지대의 (사람).
serrar 타 톱질하다.
serrato 형 【해부】 작은 이(齒) 모양으로 한; 톱(니) 모양의 (근육).

serrín 圓 톱밥(serraduras).
serrucho 圓 톱.
servible 圈 쓸만한, 유용한; 적용할 수 있는, 고칠 수 있는.
servicial 圈 주종적인; 부지런한, 일 잘하는; 고분고분한; 친절한; 천의를 봐주는.
servicio 圓 ① 봉사, 진력, 뒷바라지. Me prestó en aquella ocasión un *servicio* que nunca le agradeceré bastante. 그는 그때 감사의 말을 다할 수 없을만큼 나를 위하여 진력해 주었다. ② 소용됨, 쓸모. Aquí se guardan los coches que no están de *servicio*. 쓰지 않는 차는 여기 넣어 두고 있다. ③ (교통 기관의) 편, 운행. En breve, el nuevo ferrocarril entrará en *servicio*. 이윽고 새로운 철도가 열립다는. ④ 봉직, 근무; 병역(兵役). Lleva treinta años al *servicio* del Estado. 그는 국가 공무원으로서 30년 봉직하고 있다. ④ (봉사적·공공적인) 업무, 사업; 시설, 기관. *servicio de correos* 우편 업무. *servicio de incendios* 소방서. ⑥ (종교의식) 식, 예배. ⑦ 식기 세트. *servicio de mesa* 식기류.
servidor, ra 圓 머슴, 봉사자; [비칭으로서] 나. *su seguro servidor* S.S.S.; 편지의 맺음말로서 서명자의 비칭] ¿Quién es el último que ha entrado? -Un *servidor*. 최후에 들어온 사람은 누구냐. —나요.
servilleta 예 (식사때 쓰는) 냅킨. ◇ **servilletero** 圓 냅킨 상자.
servir 圓 ① 섬기다, 봉사·근무하다. Oíga usted. ¿En qué puedo *servirle*? 여보세요, 一무슨 일입니까. Tiene una hija *sirviendo* en casa de un médico. 그는 의사의 집에 근무하고 있는 딸이 한 사람 있다. ② 심부름하다, 시중들다, 진력하다. *Sirva* usted primera a las señoras. (식사에서) 처음에 부인들께 시중드십시오. ③ [+de : …로서] 소용되다. José bien puede *servir* de intérprete. 호세는 통역으로서 충분히 유용하다. ④ [+para : …를 위하여] 소용되다. No lo tire usted, que puede *servir* para algo. 그걸 버리지 말아 주시오, 무슨 소용이 됩지도 모르니까. 囲 ① (직을) 근무하다. *Sirve* este mismo puesto desde hace veinte años. 그는 이 한가지 직을 20년 전부터 근무하고 있다. ¿Le *sirvo* a usted un poco de vino? 술을 좀 더 드릴까요. ③ (상품·주문을) 조달·제공하다. No podremos *servirle* su pedido. 주문하신 물품을 보내드릴 수가 없읍니다. ◇ **-se** ① (자신이 식사·식품을) 갖추다, 붓다, 담다. *Sírvase* usted el azúcar. 자 (손수) 설탕을 넣으십시오. ② [+de : …를] 쓰다, 이용하다. El niño ha aprendido a *servirse* del tenedor y el cuchillo. 이 어린이는 포크와 나이프를 쓸 수 있게 되었다. ③ [경어표현 : +inf.] …하여 주시다. *Se sirvió* traérmelo el mismo. 그분은 손수 그것을 나에게 가지고 와 주셨다. *Sírvanse* ustedes cerrar las ventanas. 여러분들, 창문을 닫아주세요.

sesenta 圈 60의; 60번째의. 圓 60.
sesentavo, va 圈 60등분의 (1).
sesentón, na 圈 60대의 (노인).
sesera 예【해부】두개(頭蓋), 뇌수(seso).
sesgadura 예 비틀, 경사, 기울기.
sesgar 囲 비스듬히 자르다.
sesgo, ga 圈 경사의, 기울은, 비뚤진; 엄(숙)한 (얼굴); 고요한, 고요한. 圓 중용(中庸), 방향(rumbo). *al sesgo* 비뚤어져서, 기울게.
sesil 圈【식물】착생(着生)의, 고착(固着)의.
sesión 예 ① (의회 따위의) 개회; 개정; 협의회. Acaba de celebrarse la segunda *sesión* de la comisión mixta. 합동위원회의 제2회 협의회가 열렸읍니다. ② (거래소의) 입회; 상연, 상연.
seso 圓 ①【해부】뇌(수); (식물으로서의 동물의) 골. ② 이성, 신중함. No tiene dos gramos de *seso*. 그는 이만큼의 이성도 없다.
setecientos, tas 圈 700의; 700번째의. 圓 700.
setenta 圈 70의; 70번째의. 圓 70.
setiembre ⇨ septiembre.
sétimo, ma 圈 일곱째.
severo, ra 圈 ① 엄격한; 딱딱한. Era un maestro *severo* con sus alumnos. 그는 학생들에게 엄격한 교사였다. ② 엄은; 답답한. Lola se presentó con un traje *severo* en el acto. 롤라는 답답한 옷을 입고 식장에 나타났다. ◇ **severamente** ㉾ 엄격하게. ◇ **severidad** 예 엄격함; 엄중함.
sevillano, na 圈 세빌랴(Sevilla; 서반아 남부의 시·주)의. 圓 세빌랴 사람.
sexo 圓 (남녀·암수의) 성(性). *el bello sexo* 여성. *el sexo débil* 여성. *el sexo fuerte* 남성. ◇ **sexual** 圈 성의, 성적인.
sexto, ta 圈 6번째의; 6등분의. 圓 6분의 1.
si 젤 ① [단순한 조건 : +ind.] /가정의 조건 : +subj.] 만일 …한다면. *Si* vuelves en seguida te esperaré aquí. 네가 곧 돌아온다면 나는 여기서 기다리겠다. *Si* tuviera trabajo, trabajaría. 지금 만일 일이 있다면 나는 일하겠는데. ② [양보] …할 바에는; …한다 하더라도. *Si* ha

salido Lola, volverá pronto. 롤라는 외출하였으나 곧 돌아온다. ③ [대립] …이며는 또 한편. *Si* mi madre era muy buena, mi tío era muy malo y muy cruel. 모친이 대단한 선인이었지만 숙부는 대단한 악인이고 지극히 잔혹했다. ④ [간접 의문] …인지 어떤지. Me preguntaron *si* tenía equipaje. 짐을 가지고 있는지 어떤지 질문을 받았다. No sabíamos *si* era soltero o casado. 그가 독신인지 기혼인지를 우리들은 몰랐다. ⑤ [+*inf*.] …해서 좋은지 어떤지. A veces no sé *si* alegrarme o lamentarlo. 그것을 기뻐해야 좋을지 슬퍼해야 좋을지는 때때로 알지 못하게 된다. ⑥ [글머리에 의심·놀라움] ¿*Si* será verdad que ha heredado? 그가 상속받고 있었다는 것은 정말일까. ⑦ [소원·위구 : +*subj*.] ¡*Si* viniese pronto! 저 사람이 빨리 와 주었으면 좋겠는데! *si no* 그렇지 않으면. Ven pronto, *si no*, te expones a no encontrarnos. 곧 오너라; 그렇지 않으면 엇갈릴 염려가 있다.

sí 때 [주어 그 자체를 받는 3인칭의 전치사격 대명사. 빈번히 mismo를 덧붙여서 강조] 자기 자신, 그 자체. Al despertarse tenía ante *sí* un viejo. 그가 눈을 뜨니 그 앞에 한 노인이 있었다. 때 [긍정] 예, 그렇소; [부정 의문에 대해] 아니. ¿Vendrás esta tarde? -*Sí*, señor. 너는 오늘 오후에 오겠나. —예, 오겠소. ¿No estuviste aquí ayer? -*Sí*, estuve. 너는 어제 오지 않았느냐. —예, 왔습니다. *de sí* 그 자체로, 원래; 태어나면서 부터. El asunto es ya bastante difícil *de sí*. 그 문제는 이미 그 자체가 꽤 곤란한 것이다. *entre sí* 서로; 마음속에서. Los soldados hablaban bajo *entre sí*. 군인들은 서로 소곤소곤 이야기했다. *para sí* 자기를 위하여; 마음 속에서. Si lo dijo, lo diría *para sí*. 그는 그렇게 말했다 하더라도 혼자 말이었겠지. *volver en sí* 본정신으로 되돌아 오다. Cuando *volví en mí* ya no estaban. 내가 제 정신으로 돌아왔을 때 모두들 이미 없었다. *por sí o por no* 좌우간. *Por sí o por no*, vamos a coger el paraguas. 좌우간 우산을 가지고 가자. *sí que* 확실히. En esto *sí que* dices bien. 이 점에서는 확실히 네 말대로이다.

sibarítico, ca 혱 음란한(sensual).
sibaritismo 명 쾌락주의, 사치, 음란.
siberiano, na 혱 (소련의) 시베리아의 (사람) (siberia).
sibil 명 동굴; 양식을 저장하는 구덩이.
sibila 여 무당 (아폴로신을 받들던 여녀).
sic 본 원문대로.
sicalíptico, ca 혱 호색 문학의.

sicario 명 사객.
sicopatología 여 정신 병리학.
sicrómetro 명 습도계, 검습기.
sideral/sidéreo, a 혱 천체의, 별의, 항성의.
siderurgia 혱 제철업.
siderúrgico, ca 혱 제철업의.
sidra 여 사과주(酒).
siega 여 베는 것 (수확), 수확기.
siembra 여 씨뿌리기, 변종기.
siempre 본 ① 언제나. No están *siempre* contentos los ricos. 부자는 언제나 만족하고 있는 것은 아니다. ② 역시. *Siempre* será mejor que te quedes en casa. 역시 너는 집에 남아 있는 편이 좋다. ③ [강미] 꼭, 확실히. *Siempre* me iré mañana. 꼭 나는 내일 가겠소. *como siempre* 여느 때 같이, 평소대로. *de siempre* 예날부터 (의). Somos amigos *de siempre*. 우리들은 옛날부터 친구이다. *hasta siempre* (작별의 인사) 언제까지나 (안녕). *para siempre* 영원히. No me olvides *para siempre*. 나를 영원히 잊지 말아다오. *siempre que* …할 때는 언제나, …하기만 하면 꼭. *Siempre que* me ve, no deja de saludarme. 그는 나를 만나면 언제나 인사하는 일을 잊지 않는다.
sierra 여 ① [공구] 톱. No corta bien esta *sierra*. 이 톱은 잘 들지 않는다. ② 산맥, 산계, (山系) (cordillera). En Madrid, cuando se habla de la *Sierra*, se entiende la de Guadarrama. 마드리드에서 산맥이라 하면 과다라마 산맥이라고 이해된다.
siesta 여 한낮; 낮잠 (시간). ¿Va usted a dormir la *siesta*? 당신은 지금부터 낮잠 자십니까.
siete 형 7의; 7번째의. las *siete* maravillas del mundo 세계의 7대 불가사의. 명 7.
sietecueros 명 손가락에 난 부스럼, 발뒤축에 난 부스럼 (panadizo); 병신같은 사람.
sietemesino, na 일곱달 만에 낳은 (아이).
sífilis 여 [의학] 매독.
sifilítico, ca 혱 매독의. 매독 환자.
sifón 명 사이폰.
siga¹ 여 추종; 수행; 연속 (seguimiento).
siga² seguir의 접속법 현재 1·3인칭 단수형.
sigilo 명 비밀; 묵비; 봉인.
siglo 명 세기 (世紀) (cien años). ¿En qué *siglo* estamos? 지금 몇 세기인가요. El novelista vivió en el *siglo* V. 그 소설가는 5세기에 살았다.
siglo de oro 황금 세기.
significar [7] sacar] 의미하다 (querer

decir); 나타내다. No sé qué *significa* esta palabra. 이 단어가 무슨 뜻인지 나는 모른다. *significa* 의미가 중요하다. Dos mil pesetas no *significan* nada para él. 2,000페세타는 그에게는 아무런 뜻도 없다. **~se significó** como liberal entre nosotros. 호세는 우리들 사이에서 자유주의자로서 특출했다. ◇ **significación** 囡 의미(sentido); 중요성(importancia). Es un acto formulario que no tiene *significación*. 그것은 아무런 의미도 없는 형식적인 의식이다. ◇ **significado, da** 웽 잘 알려진; 중요한. 囲 의미, 말의 뜻; ¿Cuál es el *significado* de esta palabra? 이 단어의 의미는 무엇인가요. ◇ **significativo, va** 웽 의미가 있는; 이유가 있는.

signo 囲 ①표. Ponga usted aquí el *signo* de la cruz. 여기에 십자표를 하세요. ② 기호, 부호;【문법】구두점. Ponga usted claros los *signos* de puntuación. 구두점을 확실히 찍으십시오.

sigo seguir의 직설법 현재 1인칭 단수형.
siguiendo seguir의 현재분사.
siguiente 웽 다음의, 이하의. Las noticias *siguientes* fueron más agradables. 다음 뉴스는 훨씬 즐거운 것이었다.
sílaba 囡【문법】음절.
silbar 困 휘파람·호루라기를 불다. 困 야유하다. ◇ **silbato** 囲 호루라기. ◇ **silbido** 囲 휘파람·기적 소리.
silencio 囲 ①침묵, 묵비(默秘). El historiador guarda *silencio* sobre este punto. 그 역사가는 이 점에 대하여 침묵을 지키고 있다. ②고요함, 정적. Reinaba en la sala un *silencio* absoluto. 방 속에 완전한 정적이 가득차 있었다. ◇ **silenciosamente** 튀 조용히, 잠자코, 죽은듯이. ◇ **silencioso, sa** 웽 침묵한; 고요한. Caminaba una multitud *silenciosa* guardando el ataúd. 관을 지키면서 고요한 일단의 사람들이 걷고 있었다.
silepsis 囡【문법】의미적(意味的) 조응 (성·수의 원칙을 위반하는). La mayor parte murieron. 대부분은 죽었다.
sílex 囲【단·복수 동형】【광물】규석; 내열성의 유리.
sílfide 囡【신화】공기의 요정.
silfo 囲【신화】바람의 신.
silicato 囲【화학】규산염.
sílice 囡【화학】규산, 규토.
silíceo 웽 규토의, 규질의.
silicio 囲【화학】규소.
silueta 囡 옆모습; 그림자 그림. La chica tiene una *silueta* muy bonita. 그 소녀는 매우 아름다운 옆얼굴을 하고 있다.
silvestre 웽 야생의. Las flores *silvestres* poseen una belleza distinta de las cultivadas. 야생의 꽃에는 재배한 꽃과는 다른 아름다움이 있다.
silla 囡 의자.【마구】안장. Acerque esa *silla* más a la mesa. 그 의자를 좀더 테이블에 당겨주십시오.
sillón 囲 안락의자. La abuela cayó desmayada en el *sillón*. 할머니는 실신하여 안락의자에 넘어졌다. *sillón de ruedas* 바퀴의자.
símbolo 囲 상징; 기호, 부호. El olivo es el *símbolo* de la paz. 올리브는 평화의 상징이다. ◇ **simbólico, ca** 웽 상징·기호의. Se abrazaron; pero, era un abrazo *simbólico*. 두 사람은 서로 껴안았다; 그러나 그것은 형식적인 포옹이었다. ◇ **simbolizar** [⑨ alzar] 囮 상징하다. La balanza *simboliza* la justicia. 저울은 정의를 상징한다.
similar 웽 닮은, 유사한. Es un producto *similar*; no es auténtico. 이것은 유사품이다.
similitud 囡 상사, 유사, 근사.
similor 囲 모조금 (아연·동의 합금).
simio, mia 囲【동물】원숭이(mono). 囲囡 원숭이류.
simón 囲 합승마차.
simonía 囡 성직 매매.
simoníaco, ca 웽 성직 매매의 (자).
simpatía 囡 호감, 사랑, 공명(共鳴). José no tiene *simpatía* en la oficina. 호세는 그 사무소에 호감이 가지 않는다. ◇ **simpático, ca** 웽 귀여운. La chica era amable y *simpática*. 그 소녀는 상냥하고 느낌이 좋았다. ◇ **simpatizante** 웽 공명자, 동조자. ◇ **simpatizar** [⑨ alzar] 困 친근감을 가지다.
simple 웽 ① 단일의. El oro y la plata son cuerpos *simples*. 금이나 은은 단체(單體)이다. ② 간단·단순한. El trabajo parecía complicado, pero al realizarlo resultó muy *simple*. 그 작업은 복잡할 것 같으나 해보니 대단히 간단했다. ③ 간소·소박한. Ese día Lola llevaba un vestido *simple*. 그 날 롤라는 간소한 옷을 입고 있었다. ④ 호인다운, 바보스러운. La pobre era muy *simple* y se lo creía todo. 불쌍하게도 그 여인은 호인이어서 무엇이든지 믿어버렸다. ◇ **simplemente** 튀 간단히; 단순히. ◇ **simpleza** 囡 호인(스러운 일); 하찮은 일. ◇ **simplificar** [⑨ sacar] 囮 간단·단순하게 하다. Este procedimiento *simplificará* los trámites. 이 방식은 절차를 간소화할 것이다.
simular 囮 (…하는) 체하다, 위장하다. Pedía limosna *simulando* que estaba cojo. 그는 절름발이 흉내를 내며 동냥질

sin 전 ① …없이, …가 없는. Estoy *sin* empleo. 나는 무직이다. ② …의 이외에. Me costó tres mil pesetas *sin* los portes. 나는 운임 외에 3,000 뻬세따의 비용이 들었다. ③ [+que+*subj*.] …하지 않고. Sal por aquí *sin que* nadie te vea. 너는 아무 눈에도 띄지 않게 여기서 나가거라. ④ [부정어와 짝지어서 긍정] …않고. Lo tomé no *sin* repugnancia. 나는 약간 나쁜 기분으로 그것을 먹었다. No veía *nada sin* examinar lo que era. 그는 무엇이든지 보면 반드시 그것이 무엇인지를 조사했다. *sin embargo* 그렇지만, 그럼에도 불구하고.

sincero, ra 형 진지한, 성실한; 솔직한. Fue *sincero* y no sabía mentir. 그는 성실해서 거짓말을 하지 못했다. ◇ **sinceridad** 여 진지함; 성실; 솔직.

síncopa 여 음절의 생략; 중략어.

sincopar 타 중략하다, 줄이다(abreviar).

síncope 남 음절의 생략·중략(síncopa).

sincrónico, ca 형 동시(성)의, 동시에 있는.

sincronismo 남 동시성; 【영화】 영상과 발성과의 일치.

sincronizar 타 [+con] 동시에 하게 하다; 동시에 하다. *sincronizar* las imágenes con los sonidos (영화의) 영상과 발성이 일치하게 하다.

sindéresis 여 분별력, 양식.

sindicación 여 신디케이트 조직.

sindicato 남 노동·기업 조합. En esta compañía el *sindicato* apenas si tiene fuerza. 이 회사에서는 노동 조합은 거의 힘이 없다. ◇ **sindical** 형 노동·기업 조합의.

sindicalismo 남 노동 조합 운동, 조합주의.

sindicalista 형 노동 조합 주의의 (자).

sindicar 타 신디케이트 조직을 하다; 기업·노동조합에 들어가다; 고발하다 (acusar). ◇ **-se** 기업·노동 조합에 가입하다·들다.

sindicado 남 신디케이트, 기업조합, 노동 조합; (채권·주식의) 인수한 조합·은행단(sindicato bancario).

síndico 남 파산 관재인; (조합의) 이사.

sindiós 형 【단·복수 동형】 무신론자 (의).

sinecura 여 한가한 직책 (한직).

sinfín 남 무한(한).

sinfonía 여 【음악】 교향곡·악; (빛의) 조화.

singular 형 단일의, 독특한. José tenía dotes *singulares* de diplomático. 호세에게는 외교관으로서 독특한 재능이 있었

다. ② 진기한; 훌륭한. ¡Qué caso tan *singular*! 얼마나 진기한 사례인고! ③ 【문법】 단수의. 남 단수. Ponga usted este adjetivo en *singular*. 이 형용사를 단수형으로 만드시오. *en singular* 특히; 단수로. No me refiero a nadie *en singular*. 나는 특히 누구라고 지명해서 말하지는 않는다. ◇ **singularmente** 부 특히; 독특하게; 기묘하게.

siniestro, tra 형 ① 왼쪽의 (izquierdo). Está al lado *siniestro* del altar. 그것은 성단의 왼쪽에 있다. ② 사악한. Se le suponía intenciones *siniestras*. 그에게는 사악한 의도가 있다고 생각되었다. ③ 불길·불행한. 남 ① 천재, 재난. ② 여 사심, 원한.

sino [부정을 긍정으로 고침] ① …가 아니고, …의 밖에는. No es azul *sino* verde. 그건 파랑이 아니고 초록이다. Nadie *sino* José pudo hacerlo. 호세 밖에는 아무 누구도 그것이 불가능했다. *sino que* [글을 연결함] …하지 않고 …하다. No me molesta, *sino que* me agrada hacerlo. 그렇게 하는 일은 내게는 방해가 아니고, 즐겁다. *no sólo* … *sino* …뿐 아니라 …도. Va a venir *no sólo* él, *sino* toda su familia. 그 뿐만 아니라, 그 가족이 모두 오려 하고 있다.

sinodal 형 종교 회의의.

sínodo 남 종교 회의.

sinología 여 중국학.

sinólogo, ga 남 중국학자; 중국어 문제 학자.

sinonimia 여 동의, 유의(類義).

sinónimo, ma 형 동의의. 남 동의어.

sinopsis 여 【단·복수 동형】 요약, 개요, 일람표.

sinóptico, ca 형 요약의, 일람의.

sinrazón 여 불법; 부정; 불공평, 비행; 무법한.

sinsabor 남 무미, 불쾌; 괴로움.

sinsombrista 형 【남·녀 동형】 무모자의 자.

sinsonte 남 【새】 (중미산의) 찌르레기.

sintaxis 여 【문법】 문장론. ◇ **sintáctico, ca** 형 문장론의.

síntesis 여 【단·복수 동형】 ① 통합, 총괄. En su conferencia nos dio una *síntesis* de la novela contemporánea. 그는 강연에서 현대 소설을 총괄적으로 저리했다. ② 합성(合成). La *síntesis* es la operación inversa del análisis. 합성은 분석과 반대의 조작이다. ◇ **sintético, ca** 형 종합의; 합성의. El caucho *sintético* ha tomado importancia considerable. 합성고무는 상당한 중요성을 가져왔다.

sintetizar 타 [⑨ alzar] 종합·총괄하다;

합성하다.

síntoma 閺 징조, 징후. Hay *síntomas* de mejoría en las relaciones internacionales. 국제 관계에 호전의 징조가 있다.

sinvergüenza 예 뻔뻔스러움, 뻔뻔스런 사람.

siquiera 閺 ① 하다못해. Dime *siquiera* su nombre. 하다못해 그 사람의 이름이라도 가르쳐 주게. ② [부정어와 함께] …조차 …없다. Ni me dio las gracias *siquiera*. 그는 나에게 인사조차도 하지 않았다. No permite *ni siquiera* que le hable. 그는 나에게 말하는 것조차 허락하지 않는다. ③ [속어; 강조; tan+] 하다못해도, [ni tan+] …조차 …없다. Ni tan *siquiera* me dio las gracias. 그는 고맙다는 인사조차 하지 않았다.

sirena 예 ① 물의 요정; 인어(人魚). La *sirena* atraía a los navegantes con la dulzura de su canto. 물의 요정은 상냥한 노래 소리로 뱃 사람들을 꾀어 들였다. ② 신호 피리, 사이렌. La *sirena* de la fábrica avisa la entrada y salida de los obreros. 공장의 사이렌이 공원들의 입장이나 출장(의 시각)을 알린다.

sirviente 阅 (주로 남자) 사환. ◇ **sirvienta** 예 식모. El ama tenía impulsos de coger por un brazo a la *sirvienta*. 여주인은 식모의 팔을 움켜잡고 싶은 충동을 느꼈다.

sistema 閺 ① 조직, 제도; 방법, 방식. Después de la última guerra se implantó un *sistema* nuevo de educación. 지난번 전쟁 후, 새로운 교육 제도가 도입되었다. ② 계통, 체계. *sistema* de montañas 산계(山系). *sistema* nervioso 신경 계통. ◇ **sistemático, ca** 阎 정연한; 계통·체계적인; 계획적인. ◇ **sistemáticamente** 閺 정연하게; 계통·체계적으로; 계획적으로, 판에 박은 듯이. Me despierto *sistemáticamente* a las seis. 나는 판에 박은 듯이 6시에 눈을 뜬다. ◇ **sistematizar** [⑨ alzar] 匣 조직화하다; 체계를 세우다.

sitio 閺 ① 장소(lugar); 위치. Es un *sitio* precioso para ver el desfile. 그곳은 행렬을 보기에 알맞은 장소이다. ② 포위(전). ③ 여유, 여지. No hay *sitio* para andar. 걸을 여유가 없다.

situar [⑭ actuar] 匣 ① 위치하게 하다. *Situaron* unos vigilantes de trecho en trecho. 곳곳에 두어 명의 감시인이 배치됐다. ② (자금 따위를) 배당하다. El padre *situó* una considerable cantidad para la dote de su hija. 부친은 상당한 돈을 딸의 지참금으로 충당해 두었다.

◇ **-se** 위치를 차지하다. Uno *se situó* al principio de la calle y otro al final. 한 사람은 거리의 기점에, 한 사람은 종점에 위치했다. ◇ **situación** 예 위치; 상태; (좋은) 환경. La *situación* favorable de la ciudad atrae a muchos turistas. 도시의 유리한 위치가 많은 관광객을 끌어들인다.

so 【고어】 …의 아래에·부터(bajo).

SO. sudoeste.

soasar 匣 반(半)을 굽다; 반숙(半熟)하다; 너무 데우다; (뜨거운 열 따위로) 굽다, 태우다.

soba 예 마찰, 연마, 안마; 구축(zurra).

sobaco 閺 겨드랑이(axila).

sobado, da 阎 문질러진, 낡은; 일을 반복해서 열심히 함.

sobajar 匣 북북 문지르다 (빨다, 씻다).

sobaquera 예 (의류의) 겨드랑이 밑; 소매옥, 소매깃.

sobaquina 예 겨드랑이의 액취.

soberano, na 阎 지상의; 지독한. Ella era de una belleza *soberana*. 그녀는 지독한 미인이었다. ② 군주(君主)의 (monarca). Celebraron una boda digna de un *soberano* de la nación. 일국의 군주에 걸맞는 혼례가 행해졌다. ◇ **soberanía** 예 주권, 절대적 권력.

soberbio, bia 阎 ① 오만한. Era un hombre *soberbio* con sus inferiores. 그는 부하에 대하여 오만한 사내였다. ② 굉장한. Vivía en un *soberbio* palacio. 그는 굉장한 궁전에 살고 있었다.

sobra 예 ① 과다. ② [빈번히 閺] 나머지, 남은 것, 찌꺼기. Estos platos están hechos con las *sobras*. 이 요리는 남은 것으로 만들었다. de *sobra(s)* 너무 많을 정도의·로; 쓸데없는·게. Tengo motivos de *sobra(s)* para negarle el saludo. 내가 그에게 인사하지 않는데는 충분 이상의 이유가 있다. Yo aquí estoy de *sobra*. 나는 여기서는 쓸모없는 사람이다.

sobrar 匣 ① [+de: …에서] 남다; 처지다; 쓸데 없다. Me ha *sobrado* medio metro de tela de la que compré para el vestido. 옷감으로 산 천이 반 미터 (나에게) 남았다. ② 무익·불필요하다. Todo eso que has dicho *sobra*. 네가 한 말은 모두 불필요한 일이다. ◇ **sobrado, da** 阎 충분 이상의, 돈·자산이 충분한. Parece que no anda muy *sobrado*. 그는 돈이 너무 많이 있는 것도 아닌 모양이다. ◇ **sobrante** 阎 잔여·잉여의. 閺 잔여, 잉여.

sobre 置 ① [위치] …의 위에·에서. Ponga usted el vaso *sobre* la mesa. 컵을 책상 위에 놓아 주세요. ② …외에·밖에.

Me dio veinte duros *sobre* lo prometido. 그는 약속한 돈 외에 20두로를 나에게 주었다. ③ 〖제재〗 …에 대하여·관하여. Discurramos un poco más *sobre* este asunto. 이 일에 대하여 조금 검토해 보자. ④ 〖근접성〗 …의 옆에. El palacio estaba *sobre* el Duero. 궁전은 두에'로강에 면하여 있었다. ⑤ 부근, 대략, …무렵. Tendrá ya *sobre* cincuenta años. 그는 벌써 50살 쯤이겠지. ⑥ …을 중심·기준으로 하여. La Tierra gira *sobre* su eje. 지구는 지축을 중심으로 하여 자전하고 있다. Les solicitamos un descuento de 10 por ciento *sobre* el importe de la factura. 송장(送狀) 가격의 10퍼센트의 에누리를 희망합니다. *sobre todo* 특히. 屆 특히. *sobre monedero* 현금 봉투.

sobreabundante 팩 많은, 남아도는; 풍부한.

sobreabundar 邳 퍽 많다; 너무 많다.

sobreaguar(se) 邳 물위에 뜨다, 부유하다.

sobrealiento 屆 무거움; 숨쉬기 어려움.

sobrealimentar 囤 여분의 영양을 주다; 과급하다; 급유하다.

sobreasar 囤 굽다; 다시 한번 태우다 〔요리하다〕.

sobrecama 屆 침대 이불(colcha)

sobrecarga 屆 첨가한 짐; 무거운 짐; 부담(정신적인).

sobrecargar 囤 짐을 많이 싣다; 여분의 짐을 싣다.

sobrecielo 屆 덮개, 천막(toldo).

sobrecoger 갑자기 잡다. ◇~se …에 몹시 놀래다, 붙잡히다.

sobrecubierta 阋 이중 덮개; 책광보; 이불.

sobredicho, cha 慟 전술의, 상기(上記)의.

sobredorar (금속에) 금 또는 금박을 입히다, 도금하다; 변명하다(disculpar).

sobreexcitación 阋 이상한 흥분.

sobreexcitar 囤 과도한 자극·흥분시키다.

sobreexponer 囤 과도 노출을 하다.

sobrefaz 阋 겉, 외면(superficie).

sobrefino, na 慟 극상의.

sobreganar 囤 …에 낙승(樂勝)하다.

sobregirar (환어음·수표 등을) 초과 송금하다.

sobregiro 屆 초과 송금.

sobrechaz 屆 겉, 외면(sobrefaz).

sobrehilar 囤 없어 꿰매다.

sobrehombre 屆 초인.

sobrehumano, na 慟 초인적인.

sobrellevar (무거운 짐, 부담을) 덜어주다; 인내하다(aguantar).

sobremanera 囝 예상 외로, 이상(異常)으로.

sobremesa 阋 테이블보, 테이블 덮개; 식후. *de sobremesa* 탁상(식)의; 식후의.

sobremundano, na 慟 초세속적인.

sobrenadar 邳 (물에) 뜨다, 부표하다.

sobrenatural 慟 초자연적인, 신통의; 이상한, 불가사의한.

sobreno, na 남아 치는, 퍽 많은.

sobrenombre 屆 이명, 별명.

sobresalir [63 *salir*] 邳 ① 돌출하다. Tropecé en una piedra que *sobresalía* del suelo. 지면에서 돌출한 돌에 걸려 넘어졌다. ② 탁월하다. José *sobresale* entre todos por su inteligencia. 호세는 모두들 중에서 영리한 점이 특히 탁월하다. ◇ **sobresaliente** 慟 (시험 따위에서) 최우수의. 屆 최우수점.

sobresaltar 囤 엄습하다, 습격하다, 번민하게 하다. ◇~*se* [+con·de·por] 놀라게하다(asustarse).

sobresalto 屆 급습; 불의의 충격. *de sobresalto* 불의로.

sobresanar 囤 (상처가) 표면만 아물다.

sobrescrito (편지의) 이름, 주소; 집봉, 수신인 이름.

sobresdrújulo, la 慟 끝에서 네번째 음상에 악센트가 있는.

sobreseer 屆 단념·중지·방기하다.

sobresello 屆 이중 봉인; 낙인.

sobrestadía 阋 정박 초과 일수·요금.

sobrestante 屆 인부 감독(capataz).

sobresueldo 屆 할증한 급료, 특별 수당.

sobretodo 屆 외투(abrigo, gabán).

sobrevenir 邳 돌발하다; 불의에 일어나다.

sobrevidriera 阋 이중 유리창, 철 이중창 (유리창·철망이) 있는.

sobreviviente 慟 살아남은 (사람). 屆 생존자.

sobrevivir 邳 생존하다, 살아남다; 잔존하다; …(보다) 오래 살다.

sobrevolar 囤 …의 상공을 비행하다.

sobrino, na 阋 조카, 생질. Tenía muchos *sobrinos y sobrinas* a quienes atender. 그에게는 돌보아 주어야 할 많은 생질이나 질녀가 ·있었다.

sobrio, bria 소국적인; 적게 먹는; (빛·성격 따위가) 소박한. Era un hombre *sobrio* de palabras. 그는 말수가 적은 사람이었다. ◇ **sobriedad** 阋 소식; 검소, 소박.

social 慟 ① 사회의, 사회적인; 사교적인. Tenía muy buen trato *social*. 그는 사교성이 매우 좋았다. ② 회사의, 상사의. Nuestra firma girará bajo la razón *social* de Yale y Torne S.A. 우리 회사는 얄레·이·또르네 주식회사의 이름으로 영업하고 있습니다.

socialismo 屆 사회주의. ◇ **socialista** 慟

사회주의의. 圏 사회주의자.

sociedad 여 ① 사회; 상류 사회. La religión jugaba un papel muy importante en las *sociedades* primitivas. 종교는 원시사회에서 대단히 중요한 역할을 다하고 있었다. ② 공동체, 군생(群生). Las abejas viven en *sociedad*. 꿀벌은 군생한다. ③ 회사 (compañía, firma); 협회, 단체. La nueva *Sociedad* se inaugurará en breve. 이 새로운 회사는 멀지 않아 발족한다. ◇ *sociedad anónima* 주식회사.

socorrer 타 구조하다, 돕다 (ayudar). Había que socorrer a los náufragos. 난파자를 구조하여야 했다. ◇ **socorro** 남 구조, 구원. Le agradecí el *socorro* que me prestó. 그가 베풀어준 도움이 내게는 고마웠다.

sofá 남 [복 sofás] 【가구】 소파. Los dos se sentaron en el *sofá*. 두 사람은 소파에 앉았다.

sofocar [7) sacar] 타 ① 질식시키다, 숨이 막히게 하다. El calor me *sofocaba*. 더워서 나는 숨이 막힐 듯했다. ② [불·소란 따위를] 제압하다. Los bomberos *sofocaron* en breve el incendio. 소방사들은 곧 불을 껐다. ~**se** ① 숨이 막히다. El niño *se sofoca* con tanta ropa. 어린이는 그렇게 옷을 입혀서 숨이 막힌다. ② 낯을 붉히다. Al oir la palabra, la niña *se sofocó*. 소녀는 그 말을 듣고 낯을 붉혔다. ③ 격색하다. No vale la pena de que *te sofoques*. 네가 격색할 만한 일은 아니다. ◇ **sofocante** 형 숨막힐(만한).

sol 남 ① 태양. El *sol* sale por el este y se pone por el oeste. 태양은 동쪽에서 떠서 서쪽으로 진다. ② 햇빛, 햇볕. Mañana volveré aquí si hace *sol*. 날씨가 좋으면 나는 내일 또 여기 오겠다. ③ [페루의 화폐 단위]솔.

solado 남 포장, 포상.

solana 여 양지쪽; 일광욕실.

solanáceo, a 형 【식물】 가지과 식물(의).

solano 남 동풍.

solapa 여 (저고리의) 접은 옷깃; 용서; 변명. *de solapa* 비밀로, 조용히.

solapado, da 형 음험한; 기묘한, 교묘한; 파렴치한 (taimado).

solapar 타 옷깃을 만들다; 비밀로 하다. 圏 겹쳐 놓다, 겹쳐 접다; 포개다.

solar 태양의. *luz solar* 태양의 빛. 타 포장하다. 남 부지, 터; 구기; 명문.

solariego, a 형 구가(舊家)의, 명문(의); 옛부터의 (antiguo).

solas (a) 부 단독으로, 개인으로.

solaz 남 휴양; 위안; 안심. *a solaz* 즐겁게, 유쾌히.

solazar 타 위로하다, 즐겁게 하다.

solazo 남 맹렬한 태양.

soldado 남 병사; 군인, 전사(戰士). Visitamos la sepultura del *soldado* desconocido. 우리들은 무명 용사의 무덤을 찾았다.

soledad 여 ① 고독. Pasó los últimos años en la *soledad* de su retiro. 그는 은퇴 생활의 고독 속에서 최후의 여러 해를 지냈다. ② [번번히] 쓸쓸한 곳. No sé cómo puede vivir en aquellas *soledades*. 그러한 쓸쓸한 곳에서 그가 어떻게 하여 생활할 수 있는지 내게는 알 수 없다.

solemne 형 엄숙, 장엄한. Hoy se celebra la misa *solemne* en la iglesia. 오늘 교회에서 장엄한 미사가 행해진다. ◇ **solemnidad** 여 엄숙, 장엄, 의식. La apertura de curso es una *solemnidad* académica. 시업식은 학원의 의식이다.

soler [25 volver] 자 [+inf.] (습관적으로) 잘 ~하다. Solíamos hacer excursiones por la montaña. 우리는 흔히 산에 소풍을 갔었다.

solicitar 타 ① 구하다; 출원하다; 지망하다. Solicita un empleo en la oficina. 그는 그 사무소에 취직을 희망하고 있다. ② (출석·출연을 위하여) 초빙하다. Está tan *solicitada* que no para en casa. 그녀는 초빙받는 일이 많아서 집에 가만히 있을 틈이 없다. ③ (주의·관심을) 끌어당기다. En este pabellón hay muchas cosas que *solicitan* la atención del visitante. 이 진열관에는 참관자의 주의를 끄는 것이 많다. ◇ **solicitación** 여 출원, 지원, 초청; 수요; 유혹. ◇ **solicitado, da** 형 수요가 많은. ◇ **solicitante** 남 지원·청구하는.

solícito, ta 형 열심인; 친절한; 효도하는. Era un hijo *solícito* con sus padres. 그는 양친에게 효도하는 아들이었다. ◇ **solicitud** 여 열심; 친절, 배려; 원서, 청구 (서). Llene usted el pliego de la *solicitud*. 원서 용지에 써 넣어 주십시오. A la *solicitud* se enviará el folleto. 청구하시면 소책자를 보냅니다.

solidaridad 여 연대(감), 공동 책임. Firmó la protesta por *solidaridad* con sus compañeros. 그는 동료와의 연대감에서 항의문에 서명했다.

sólido, da 형 ① 고체의·고형의. El hielo es un cuerpo *sólido*. 얼음은 고체이다. ② 견고·강고한. El terreno no es suficientemente *sólido* para construir en él. 그 지반은 그곳에 건축하기에 충분할 만큼 견고하지는 못하다. 남 고체. Los *sólidos* se dilatan menos que los líquidos. 고체는 액체보다 더 팽창이 적다. ◇ **sóli-**

solitario, ria 형 ① 혼자만의, 고독한. El lobo es un animal *solitario*. 늑대는 고독한 동물이다. ② 쓸쓸한; 인기척 없는. La calle estaba *solitaria* a esas horas. 거리는 그 시각에는 쓸쓸하였다. 명 (다이아몬드의) 혼자 놓음; (카드의) 혼자 놀음.

solo, la 형 단 하나·한 사람의, 다만 그것 뿐인. Una *sola* palabra tuya de la vida a Inés. 당신의 단 한 마디가 이네스를 살리는 것이다. La vieja vivía *sola* en esta casa. 노파는 다만 혼자서 이 집에 살고 있었다. 명 독창, 독주(곡); (카드의) 혼자 놀음. *a solas* 혼자만이. Déjale que lo resuelva él *a solas*. 그 해결은 그 혼자에게 맡겨 두시오. ◇ **solamente** 튀 다만, …뿐(sólo); 겨우. Comía patatas *solamente*. 그는 감자만 먹고 있었다.

sólo 튀 다만, …만. *Sólo* he venido a verle. 나는 당신을 만나러 왔을 따름이오. *con sólo [solo] que* …다만 …할 뿐으로. *No sólo que* falte él, ya no podemos representar la función. 그가 빠진 것만으로 우리는 벌써 연극 상연이 불가능하다. *no sólo [solo]... sino* …뿐만 아니라. Igual ocurre *no sólo* aquí, *sino* en todas las partes del mundo. 비슷한 일은, 여기뿐만 아니라 세계 어느 곳에도 있다. *sólo que* 그러나, 다만. Sí me alegró la noticia, *sólo que* estaba cansado. 그 뉴스가 기쁘기는 기뻤지만, 다만 지쳐 있었다. *tan sólo* 다만, 오직. *Tan sólo* te pido que me dejes en paz. 다만 이게 내게서 나를 가만히 놓아 달라고 부탁하고 싶을 따름이다.

solomillo 명 (소의) 등심살(filete).

soltar [24 contar] 타 ①놓다; 손메다; 석방하다. Soltaron el pájaro de la jaula. 그들은 새를 새장에서 날려보냈다. ②(타격 따위를) 먹이다. ③(웃음·말소리·한숨 따위를) 내뱉다. Cuando lo oyó *soltó* una carcajada. 그는 그 말을 듣고는 껄껄 웃었다. ◇~**se** 풀려나다, 놓아나다; 풀리다, (끈 따위가) 풀리다. *Se soltó* el globo. 풍선이 날아갔다. *Se me han soltado* los cordones de los zapatos. 나는 구두끈이 풀렸다.

soltero, ra 형 미혼·독신의 [④ casado]. No sé si es *soltera* o casada. 그녀가 기혼인지 기혼인지 나는 모른다. 명 미혼·독신자, 노총각, 노처녀. ◇ **solterón, na** 명 적령기를 넘긴 노혼자, 노총각, 노처녀.

solución 명 ①해결; 해답. No veo *solución* para el enredo en que te has metido. 나는 네가 빠져들어간 분규의 해결 방법을 모른다. ②용해, 용액. ◇ **solucionar** 타 해결하다; 해결지어 마무리짓다.

solventar 타 지불하다; 결제하다; 해결하다.

solvente 형 지불 능력이 있는. 명 용해력이 있는, 용제, 용매.

sollado 명 [선박] 최하 갑판.

sollamar 타 태우다, 굽다. ◇~**se** 태워지다.

sollozar 자 흐느껴 울다, 목메어 울다.

soma 예 소맥분(cabezuela).

somanta 예 구타(tunda).

somatén 명 (인민의) 비상 경비대; 비상 소집; 경보; 요동(bulla).

somático, ca 형 인체의, 육체상의.

somatología 예 인체론, 비교 체격론, 인체생리 인류학.

sombra 예 ① 그림자. Se veía en el suelo la *sombra* del avión. 땅 위에 비행기 그림자가 보였다. ② 그늘. Nos sentamos a descansar a la *sombra* de un árbol. 우리들은 나무 그늘에 앉아서 쉬었다. ③ [빈번히 복] 어두운 그림자; 어둠. Se oyó el sonido de un disparo en las *sombras* de la noche. 밤의 어둠 속에서 총소리가 들렸다. ◇ **sombrilla** 예 양산(parasol, quitasol).

sombrero 명 모자. Quítese usted el *sombrero* al entrar. 들어올 때는 모자를 벗으세요. ◇ **sombrerería** 예 모자점. ◇ **sombrerero, ra** 명 모자 직공·상인.

sombrío, a 형 어스레한; 음산한. Tenía un semblante muy *sombrío*. 그는 매우 음울한 얼굴을 하고 있었다.

someter 타 ① 따르게 하다; 굴복시키다. Es muy difícil *someter* a esos rebeldes. 그러한 반항자를 굴복시키기는 매우 곤란하다. ②[+a:…에] 따르다; 맡기다. *Someteré* mi decisión *a* lo que me digan en la carta. 내 결정은 저 사람들이 편지로 말해오는 내용에 따라 하겠다. ③[+a:…시험·심사에] 겪다; 제출하다. *Someta* usted el informe *al* comité. 보고서를 위원회에 제출하십시오. ◇~**se** [+a:…에] 따르다; 굴복·항복하다. *Se sometió a* la opinión de la mayoría. 그는 대다수의 의견에 따랐다.

son 명 소리; 곁, 명성(fama) 핑계, 구실(pretexto) 동기(motivo); 방법(manera, modo).

sonar [24 contar] 자 ①울다, 울리다. Me parece que *ha sonado* el timbre. 나는 초인종이 울린듯한 생각이 든다. ②들은·본 기억이 있다. Ese nombre no me *suena*. 그 이름을 나는 기억이 없다. ③(이름이) 나다, 풍문이 돌다, (풍문에) 오르다. *Suena* mucho su nombre para candidato. 그 이름은 후보자로서 흔히

풍문에 오르다. 타 울리다. *Soné la campanilla.* 나는 초인종을 울렸다. ◇ ~**se** 코를 풀다; 소문이 나다. *Por ahí se suena que se casa.* 이 근처에서는 그가 결혼한다는 소문이 돌고 있다.

sonido 명 소리; (문자의) 음. *El aire es el principal vehículo del sonido.* 공기는 소리의 주된 전도체이다.

sonoro, ra 형 잘 울리는; 【문법】 유성의. *sonido sonoro* 유성음.

sonreír [38 reír] 자 미소하다. ◇ **sonriente** 애교있는. ◇ **sonrisa** 여 미소. *La anciana sonríe, siempre sonríe, con una sonrisa blanda y universal.* 늙은 여인은 벙글벙글, 끊임없이 벙글벙글 상냥하고 너그러운 미소를 머금고 있다.

sonrosar 타 붉게 물들이다. *El rubor sonrosó su cara.* 창피하다는 생각으로 그는 얼굴을 붉혔다. ◇ **~se** 장미빛이 되다, 얼굴이 붉어지다, 상기되다(rosarse).

sonrosado, da 형 장미빛의 될.

soñar [24 contar] 타 자 ① [+con : …의] 꿈을 꾸다. *He soñado contigo esta noche.* 나는 어젯밤 네 꿈을 꾸었다. ② 몽상하다. *Siempre soñaba con hacer ese viaje.* 언제나 그는 그러한 여행을 하려고 바라고 있었다. 티 꿈꾸다, (…을) 동경하다. ◇ **soñador, ra** 몽상하는. 명 몽상가.

sopa 여 수프. ¿*Le sirvo un poco de sopa?* 수프를 조금 드릴까요?

sopalancar 타 지렛대로 움직이다.

sopapear 타 손바닥으로 때리다, 학대하다.

sopapo 명 구타, 손바닥으로 때리기.

sopera 여 두껑이 있는 수프 그릇.

sopero 형 (수프용의) 접시.

sopesar 타 손으로 무게를 달다.

sopetón 명 손으로 때리기. *de sopetón* 돌연.

sopista 명 【남·여 동형】 궁색하게 생활하는 사람, 구걸을 해서 문학을 연구하던 학생.

sopladero 명 (지하의) 풍혈, 분공기.

soplado, da 형 거만한, 전방진, 불손한.

soplamocos 명 【단·복수 동형】 얼굴을 구타하는 것.

soplar 자 (바람이) 불다. *Soplaba un viento suave.* 산들바람이 불고 있었다. 타 불다, 불어 날리다. *Sopla el polvo de encima del libro.* 책 위의 먼지를 불어 날려라. ② 고자질하다, 귀뜸하다. *Me sopla al jefe cuanto ocurre en la oficina.* 그는 사무소에서 일어난 일을 모두 부장에게 고자질한다. ③ 훔치다(robar), 도둑질하다. *Me sopló cinco duros.* 나는 그에게 5두로를 도둑맞았다. ◇ **soplo** 명 ① 부는 일. *Esta tarde no hay ni un soplo de viento.* 낮부터는 바람이 조금도 없다. ② 순식간. *Se nos pasó la semana en un soplo.* 1주일은 순식간에 지나갔다. ③ 고자질, 밀고.

soportar 타 ① 버티다, 받다. *El dique soportó la presión del agua.* 이 제방이 수압을 버티어 냈다. ② (…에) 견디다; (추위·가난을) 참다. *Temen que a su edad no pueda soportar la operación.* 그 나이로는 그가 수술에 견디지 못하는게 아닌가 하고 모두 걱정하고 있다.

soporte 명 버팀; 받침 나무; 【기계】 베어링.

sordo, da 형 ① 귀머거리의; 귀먹은. ② 들으려 하지 않는. *Permaneció sorda a mis ruegos.* 그녀는 나의 부탁에 귀를 기울이지 않았다. ③ 울림이 없는; 둔한. *Tenía un dolor sordo en el pecho.* 나는 가슴에 둔통이 있었다. 명 귀머거리. *Aun los sordos han de oírme.* 귀머거리라도 내 말은 들릴 것이다.

sorprender 타 ① [+con : …으로] 놀라게 하다. *Me ha sorprendido con esa pregunta.* 그는 그런 질문을 해서 나를 놀라게 했다. ② (뜻밖에) 습격하다, 발견하다. *La madre le sorprendió robando.* 그가 도둑질을 하는 것을 모친이 발견했다. ◇ **~se** [+de·por : …에] 놀라다. *No se sorprenda usted por eso.* 그런 일에 놀라서는 안 된다. ◇ **sorprendente** 놀라운.

sorpresa 여 놀라움. *Les pienso dar una sorpresa llegando sin avisar.* 나는 그 집 사람들에게 알리지 않고 가서 저 사람들을 놀래주려고 생각한다. *de* [*por*] *sorpresa* 불의의 습격으로. *Me han cogido de sorpresa* 나는 뜻밖의 습격으로 붙들렸다.

sortear 타 ① 제비뽑기로 정하다·맞추다. *Se sorteaban los puestos de caza.* 사냥터 위치는 제비뽑기로 정하고 있었다. ② 피하다, 얼렁뚱땅하다. *Al fin hemos sorteado todas las dificultades.* 마침내 우리는 모든 곤란을 이겨냈다. ◇ **sorteo** 명 제비뽑기.

sosegar [8 pagar, 19 pensar] 타 진정하다, 안정시키다. 자 재 고요해지다, 평정해지다. *Este chiquillo no sosiega un momento.* 이 어린이는 잠깐동안도 가만히 있지 않는다. *Cuando usted se sosiegue hablaremos.* 당신의 마음이 안정되었을 때 말하겠소. ◇ **sosiego** 명 평온, 평정.

sospecha 여 의심, 의혹; 용의(容疑). *Se disipó mi sospecha no fundada.* 나의 이유 없는 의심은 사라졌다. ◇ **sospechoso, sa** 형 괴상한; 의심스러운. 명 용의자. *La policía detuvo a varios sospechosos.* 경찰은 수명의 용의자를 체포했다.

sospechar 자 [+de : …을] 수상해 하다, 의심하다. Nadie *sospecha de* su honradez. 그의 정직함을 의심하는 자는 없다. 타 (…가 아닌가 하고) 생각하다, 의심하다. *Sospecho* que no están en muy buenas relaciones. 그들이 별로 좋은 관계가 아닌 것이 아닌가 하고 나는 생각하고 있었다.

sostén 남 버팀, 지주(支柱);【의복】브레지어. Lo lógico es como el *sostén* de todo lo bello. 논리적인 일이 모든 아름다운 것의 주인인 듯하다.

sostener [58 tener] 타 ① 버티다, 지지·지원하다. Yo *sostenía* la cuerda por un extremo. 내가 밧줄의 한쪽 끝을 가지고 있었다. ② 보유·견지·지속하다. El tren *sostuvo* la velocidad de cien por hora durante todo el trayecto. 열차는 주행중 줄곧 시속 100킬로미터를 지속했다. *Hemos sostenido* con el jefe una conversación de dos horas. 우리는 그 과장과 2시간 회담하고 왔다. ③ 기르다, 부양하다. El solo, con su trabajo *sostenía* a la familia numerosa. 그가 혼자 일해서 대가족을 부양하고 있었다. ◇~se 몸을 지탱하다; 넘어지지 않고·변하지 않고 있다. Estaba tan borracho que no podía *sostenerse*. 그는 술이 취해서 서 있을 수가 없었다.

sostenido, da 형 반응이 높은. 남【음악】올림기호(#).

sota 여 (카드의) 잭; 부끄러움 없는 여인.

sotana 여 (승려의) 법의.

sótano 남【건축】지하실.

sotavento 남【바다】바람이 불어가는 쪽.

sotechado 남 오막살이, 초옥; 누옥.

sotileza 여 낚시줄.

soto 남 작은 숲, 잔나무 밭.

soviet 남 (소련의) 노동(勞農)평의회; 소비에트.

soviético, ca 형 소비에트(정부)의. la Unión Soviética 노동(勞動)사회주의 공화국 소비에트 동맹.

sovietizar 타 소비에트화하다; 공산화하다.

sovoz (a) 형 저음(低音)으로.

soy ser의 직설법 현재 1인칭 단수형.

Sr. señor.

Sra. señora.

su 형 sus) 남 [3인칭의 소유격 대명사의 형용사형; 명사 앞에 붙는 형태; 성변화하지 않음] 그(들)의, 그녀(들)의, 그(=그녀(들)의; 당신(들)의. Debemos mucho a *su* estudio. 우리는 그의 연구에서 은혜를 많이 입고 있다. Necesitamos *su estudio*. 우리는 그것의 연구를 필요로 한다. ¿Están en casa *sus* padres (de usted)? 당신의 양친께서는 댁에 계십니까.

suave 형 ① 부드러운, 매끈한. Soplaba una brisa *suave*. 산들산들 미풍이 불고 있었다. ② 상냥한, 온화한. Era una joven de carácter *suave*. (그녀는) 성격이 상냥한 소녀였다. ③ 입에 맞는. Este vino es muy *suave*. 이 포도주는 아주 단것 좋다. ◇ **suavemente** 부 부드럽게; 상냥하게; 미끈하게. Lo acariciaba *suavemente*. 나는 그것을 살짝 쓰다듬었다. ◇ **suavidad** 여 부드러움, 매끄러움, 온화함. ◇ **suavizar** [9 alzar] 타 부드럽게·매끄럽게 하다; 상냥하게·온화하게 하다.

subdelegado, da 명 부대리인, 대리인 보좌, 부의원; 재위탁자(再委託者).

subdelegar 재(再) 위임·위탁하다.

subdirector, ra 명 차장(次長).

súbdito, ta 형 복종하는, 예속하는. 명 신하, 부하.

subdividir 타 다시 나누다, 잘게 나누다, 세분하다.

subdivisión 여 다시 나눔, 세분(細分), 세별(細別).

subentender 타 넌지시 암시하는 것을 알아차리다.

subestación 여 분점, 분서(分署); 발전소 지소(支所).

subestima(ción) 여 과소 평가.

subestimar 타 과소 평가하다.

subestructura 여 기초 공사, 지형(地形) 공사, 토대, 기초.

subidero, ra 형 …에 올라가는. 남 사닥다리, 승마대, 발판.

subinspector 남 부검사관; 감찰관.

subir 타 ① 오르다 (반 bajar). El niño *subió* a un árbol para verlo bien. 어린이는 그것을 잘 보려고 한 나무에 올라갔다. ② (온도·값·수 따위가) 오르다, 상승하다. Los precios *suben* cada día más. 물가가 나날이 높아간다. ③ (발·수레를) 타다. Apenas *subimos* al tren, comenzó a andar. 우리가 열차를 타자마자 열차는 움직이기 시작했다. ④ 달하다, 닿다. ¿A cuánto *sube* la cuenta? 계산은 얼마나 됩니까. ⑤ 오르다. La vieja *sube* la escalera despacio, volviéndose a la niña. 늙은 여인은 천천히 계단을 올라서, 소녀를 돌아보았다. ⑥ 올리다. El mozo le *subirá* la maleta a la habitación. 사환이 여행가방을 방으로 올려줄 것입니다. ⑦ (소리·가격·값을) 올리다, 높이다. Tendrá usted que *subir* un poco la voz; es muy sordo. 당신은 소리를 좀 크게 해야 한다; 그는 매우

키가 머니까. ◇~**se** 오를 수 있다: 오르다. Al tejado *se sube* por este lado. 지붕에는 이쪽에서 오를 수 있다. *subirse a la cabeza* 머리에 오르다: 취하다: 자만하다. Se le ha *subido a la cabeza* su popularidad 그는 인기가 있으므로 자만하고 있다. ◇ **subido, da** 휑 (위치·값이) 높은: (색조가) 짙은, 강렬한. Llevaba una corbata de color *subido*. 그는 짙은 색의 넥타이를 매고 있었다. 예 상승, 등귀(騰貴): 오르막 언덕.

súbito, ta 휑 갑작스러운, 돌연한. Tuve que regresar precipitadamente por una *súbita* llamada de mi jefe. 나는 부장의 급한 호출로 급히 돌아가야 했다. *de súbito* 갑자기, 돌연히.

subjetivo, va 휑 주관적·개인적인. Respeto su opinión, pero me parece que es demasiado *subjetiva*. 나는 그의 의견을 존중하나 (그의 의견은) 너무 주관적인 듯이 생각된다.

subjuntivo, va 휑 【문법】접속법의. 몜 접속법. Ponga usted este verbo en *subjuntivo*. 이 동사를 접속법으로 만드십시오.

sublevar 탄 (…에)반란을 일으키게 하다: 반발시키다. Me *subleva* su hipocresía. 그의 위선에 나는 비위가 상한다. ◇~**se** 반란을 일으키다. El pueblo se *sublevó* contra el gobernador. 민중은 총독에 대하여 궐기했다. ◇ **sublevación** 예 반란.

sublime 휑 숭고한. Su *sublime* acto de heroísmo conmovió a todo el pueblo. 그의 영웅적이고 숭고한 행동은 전국민을 감동시켰다. ◇ **sublimidad** 예 숭고.

subrayar 타 (어구에) 밑줄을 긋다. Remítanme los volúmenes cuyo número *subrayo*. 내가 밑줄을 친 번호의 책을 보내 주십시오. ② 강조하다. Pedro *subrayaba* la importancia de que se colaborase con él en el asunto. 뻬드로는 그 건으로서 자기에게 협력하는 일의 중요성을 강조했다.

su(b)scribir [과거분사 su(b)scrito] 탄 (구입·출자·예약 따위에) 신청하게 하다, 응모시키다. Lola le *subscribió* por cien pesetas al mes a [en] la asociación benéfica. 롤라는 그에게 그 자선 협회에 월 100뻬셔타의 출자를 신청케 했다. ◇~**se** [+a·en :…을] 구독하다 [에] 가입하다. Quiero *subscribirme a* esta revista. 나는 이 잡지를 구독하고 싶다.

◇ **su(b)scripción** 예 신청·예약(금): 구독(료): 출자금. **su(b)scri(p)tor, ra** 휑 (출자·추렴 따위의) 신청자: 구독자.

subsecretaría 예 차관(次官)의 직위·사무실.

subsecretario, ria 휑 차관, 서기보(書記補).

subseguir(se) 재 뒤따르다.

subsidiario, ria 휑 종속적·적, 보조적: 추가의.

subsidio 몜 조성금(助成金), 보조금, 수당(手當): 국가의 군사적 원조 또는 중립에 대한 보조금: 보조(補助): 헌금(獻金): 임시세, 특별세.

subsiguiente 뒤에 계속하는.

subsistir 재 ① 존속하다. *Subsiste* la casa en que pasé mi niñez. 내가 소년 시대를 보낸 집은 아직 남아 있다. ② 생존하다, 지내다. Las plantas no pueden *subsistir* en aquel terreno. 저런 땅에서는 식물은 생존할 수 없다. ◇ **subsistencia** 예 ① 생존: 생활. ② 몜 생활 물자.

su(b)stancia 예 ① 물질. El caucho es una *substancia* blanda pero tenaz. 고무는 부드러우나 강한 물질이다. ② 실질, 내용. No dice más que cosas sin *substancia*. 그는 내용이 없는 말 밖에 하지 못한다. ◇ **su(b)stancial** 실질적으로: 요컨대. ◇ **su(b)stancial** 휑 실질적인: 중요한. Se verificó una reforma verdaderamente *substancial*. 진실로 실질적인 개혁이 행해졌다.

su(b)stantivo, va 휑 실질·실제의. El gobierno ha colaborado al proyecto con una ayuda *substantiva*. 정부는 실질적인 원조로 그 계획에 협력했다. 몜 【문법】(실체) 명사.

su(b)stituir [74 huir] 탄 ① [+por·con :…과] 바꿔 놓다, 바꾸다. *Substituiremos* el cuadro por ese otro. 이 그림을 떼고 다른 것으로 바꾸자. ② [자동사적: +a :…에] 대처되다. Una fuente *ha substituido a* la estatua. 조상(彫像) 대신에 분수가 생겼다. ◇ **su(b)stitutivo** 몜 대용품. Esto se utilizaba mucho como *substitutivo* del azúcar. 이것이 설탕의 대용품으로서 잘 쓰였다. ◇ **su(b)stituto, ta** 휑 대리인: 대행자. No puedo marcharme hasta que venga mi *substituto*. 나는 대신할 사람이 올 때까지 돌아가지 못한다.

substracción 예 제거, 제어, 몰아냄: 사기, 횡령: 삭감, 공제, 덜기: 【수학】감법(減法), 빼기.

substraendo 몜 【수학】감수(減數).

substraer 탄 떼다, 감하다, 덜다, 공제하다, 사기하다, 훔치다(hurtar, restar). ◇~**se** (자기 자신이) 교묘히 피하다, 벗어나다: (의무·약속 등을) 회피하다.

substrato 몜 【철학】기본, 실체.

subte 몜 〈아르헨띠나〉 지하철(metro).

subterráneo, a 휑 지하의. El ferrocarril

subterráneo se llama comúnmente metro. 그 지하실은 보통 메트로라고 불리운다. 관 지하실, 지하호. 【남미】 지하철.

subvención 예 보조·조성금(組成金). Recibe una *subvención* mensual de quinientas pesetas. 그는 다달이 500뻬따의 조성금을 받고 있다. ◇ **subvencionar** 타 보조·조성금을 내다.

subvenir 타 [+a] 도와주다, 보조하다 (auxiliar); (비용을) 지불하다, 공급하다.

subversión 예 전복, 파괴, 멸망; 문란.

subversivo, va 파괴하는, 타도하는, 파괴적인.

subversor, ra (질서·인심을) 문란케 하는, 파괴적인. 관 파괴자, 교란자.

subvertir 타 (질서·인심을) 문란케 하다, 파괴하다 (trastornar).

subyugación 예 억압; 정복; 복종; 굴종.

subyugar 타 굴복시키다, 억압·정복하다; 억제하다. ◇ ~**se** 굴종·복종하다.

succión 예 빨기, 빨아드림, 한번 빨기.

sucedáneo 대용품. *sucedáneo del café* 커피 대용품.

suceder 자 ① (일이) 생기다 (ocurrir). *¿Qué le ha sucedido a usted?* 당신의 신상에 무슨 일이 있었는가? [+a : …의 뒤에] 따르다. A una pena *sucede* una alegría. 괴로운 일 뒤에 즐거움 일이 있다. ③ 계승하다. No tiene hijos que *sucedan*. 그에게는 뒤를 이을만한 아들이 없다. ◇ **sucedido** 관 사건.

sucesivo, va 뒤를 따르는. Ocurrió por tres veces lo mismo en días *sucesivos*. 그 뒤 수일 동안 같은 일이 세번 있었다. *en lo sucesivo* 그 뒤에. ◇ **sucesivamente** 관 연달아. Fueron entrando *sucesivamente* en el salón. 그 사람들은 연달아 대청 마루에로 들어갔다. *y así sucesivamente* 이하 같음.

suceso 관 사건. Fue un *suceso* sin importancia. 그건 중요성이 없는 사건이었다. Lo primero que leo del periódico es la sección de *sucesos*. 내가 신문에서 최초로 읽는 것은 사회면이다.

sucesor, ra 상속인; 후계자. El insigne científico murió sin *sucesores*. 그 저명한 과학자는 죽어서 후계자가 없었다.

sucinto, ta 간결한, 간단한. Me ha dado una contestación *sucinta*. 그는 나에게 간단한 답장을 보냈다. ◇ **sucintamente** 관 간결하게; 간단히.

sucio, cia 관 ①때묻은, 불결한, 더러운 [≠ limpio]. La ropa *sucia* se lava en casa. 체면을 지켜라 (때묻은 옷은 집에서 빨아야 한다). ② 비열한. Su acción es muy *sucia*. 그의 행동은 매우 비열하다. ◇ **suciedad** 더러움, 먼지, 오물; 더러운 일; 부끄러운 일. No sabe decir más que *suciedades*. 그는 부끄러운 일 밖에 말하지 못한다.

suculento, ta 관 양분이 풍부한, 맛이 좋은 (sabroso).

sucursal 지점, 지부, 출장소. En Lima se ha inaugurado nuestra nueva *sucursal*. 이번에 리마에 우리 회사의 지점이 새로 개설되었다.

sudamericano, na 남(南) 아메리카 (América del Sur/Sudamérica)의. 관 남아메리카 사람.

sudor 관【생리】땀. Sustentaba a la familia con el *sudor* de su frente. 그는 많이 노력해서 가족을 부양하였다. ◇ **sudar** 자 땀을 흘리다. 관 땀을 흘리게 하다. ◇ **sudoroso, sa** 관 땀 흘린. Límpiate la frente, que la tienes *sudorosa*. 얼굴이 땀 투성이니 닦으시오.

suegro, gra 장인 (padre político), 장모 (madre política).

suela 관 발바닥, 구두 밑창.

sueldo 관 급료 (salario). El funcionario cobraba un *sueldo* de quinientas pesetas mensuales. 그 공무원은 월 500 뻬따의 급료를 받고 있었다.

suelo 관 ①【건물】 마루, 방바닥. Recoja usted los papeles esparcidos por el *suelo*. 마루에 흐트러진 종이를 주으십시오. ②지면, 땅바닥. José le pidió perdón echándose al *suelo*. 호세는 땅바닥에 엎드러서 그에게 사과하였다. ③ 토지. Este *suelo* produce mucho. 이 토지는 생산고가 높다. *suelo natal* 고향.

suelto, ta 관 ①놓여난, 풀려난. Estábamos alegres como pájaros *sueltos*. 놓여난 작은 새처럼 우리들은 재잘거렸다. ② 흐트러진. Estas tazas no se venden *sueltas*. 이 찻잔은 낱개로 팔지 않는다. ③유유자적한; 행실이 나쁜. Dibuja con mano *suelta*. 그는 유유한 손놀림으로 그리고 있다. 관 ① 잔돈 (cambio). No llevo *suelto* para el autobús. 나는 버스를 탈 잔돈이 없다. ② (신문의 삽입적인) 기사. Leí la noticia de su discurso en un *suelto* del periódico. 그의 연설 뉴스를 신문의 삽입 기사에서 읽었다.

sueño 관 ①수면; 졸림. *¿Tiene usted sueño?* 당신은 졸립니까. ② 꿈; 몽상 (夢想). La vida es *sueño*. 인생은 꿈이다. Ni en *sueños* lo pienses. 너는 꿈에도 그런 일을 생각해서는 안 된다.

suerte 예 ①운 (명); 행운. Dejaremos a la *suerte* la fecha del viaje. 여행 날짜는 그 때의 형편대로 하자. Por *suerte* o por desgracia ya está usted aquí. 행인지 불

행인이 멀어 당신은 여기 와 있습니다. ②〈생략的〉상태. Se le nota por el mejorado de *suerte*. 그는 생활 상태가 호전하고 있는듯이 보인다. ③〔단수·무관사로〕종류. Conoce a toda *suerte* de personas. 그는 모든 종류의 사람을 알고 있다. ④ 방법, 방식. Empezó a hablar de esta *suerte*. 그는 이런 식으로 이야기하기 시작했다. *de suerte que* 그렇다면, …하도록. ¿*De suerte que* tú no lo sabes? 그렇다면 너는 그 일을 모르는냐.

suficiente 형 충분한. Tenía dinero *suficiente* para comprarlo. 그것을 사기에 충분한 돈을 나는 가지고 있었다.

sufijo 명 〔문법〕접미사 (⇔ prefijo).

sufragar 타 돕다, 후원하다, 원조하다 (favorecer): 보조하다, 비용을 내다 (costear). 〔+por〕 투표하다.

sufragio 명 후원, 원조: 공양(供養); 투표; 선거체(voto).

sufragismo 명 부인 참정론·운동.

sufragista 명〔남·녀 동형〕부인 참정론자.

sufrible/sufridero, ra 형 견딜 수 있는, 인내할 수 있는; 웬만한, 꽤 괜찮은(tolerable).

sufrir 자 〔+de: …로〕괴로워하다, 고민하다. ¿De qué dolencia *sufre* usted? 당신은 어디가 나쁘십니까. 타〔(…)로〕괴로워하다, 고민하다. *Sufre* frecuentes ataques de tos. 그는 빈번한 기침의 발작으로 고민하고 있다. 〔(…)를〕견디다. *Hemos sufrido* los males con mucha paciencia. 우리는 그 장도 참아서 재난을 견디어 왔다. ③〔괴로움·일·변화·수술·시험 따위를〕받다, 당하다, 경험하다. *Sufrió* muchas persecuciones por la causa. 그는 주의(主義) 때문에 많은 박해를 받았다. ◇ **sufrido, da** 형 참을성 많은; 견딜 수 있는. Lola era una mujer muy *sufrida*. 롤라는 대단히 참을성 많은 여인이었다. ◇ **sufrimiento** 명 괴로움, 고민; 인내.

sugerir [47 herir] 타 ① 생각나게 하다, 시사하다. Este paisaje *sugirió* al autor su obra maestra. 그는 이 경치가 작가에게 걸작을 쓰게 했다. ② 슬쩍 비치다; 제한하다. Le *sugerí* que fuera a ver al jefe. 우두머리를 만나러 가면 어떨까 하고 나는 그에게 슬쩍 말했다. ◇ **sugerencia** 명 시사, 제안. No hizo caso de mis *sugerencias*. 그는 내 제안에 귀를 기울이지 않았다.

sugestión 명 암시, 시사(示唆). Eso es una buena *sugestión*. 그건 좋은 시사이다. ◇ **sugestionar** 타 (…에게) 암시하주다; (…의) 마음을 잡다. Me quedé *sugestionada* con la escena. 나는 그 장면

을 보고 마음을 붙잡히고 있었다.

suicidio 명 자살(自殺). ◇ **suicida** 명 자살자; 〔형용사적〕자살적인. Portarse así es una conducta *suicida*. 그러한 행위를 네가 하는 것은 자살 행위이다. ◇ **suicidarse** 재 자살하다.

suizo, za 스위스(Suiza)의. 명 스위스 사람.

sujetar 타 ① 복종시키다. ②〔파〕누르다, 잡아매다. En vano los policías trataron de *sujetarle*. 경관들은 그를 잡아 두려 했으나 허사였다. *Sujete* usted estas tablas con clavos. 못으로 이 판자를 붙여 놓으십시오. ◇ **~se** 복종하다. Hay que *sujetarse* al reglamento. 법규에 따라야 한다.

sujeto, ta 형 ① 〔단단하게〕눌려진, 잡아 매어진. No está bien *sujeto* el cinturón. 허리띠가 잘 매어져 있지 않다. ②〔+a: …따라〕변동할 수 있는. El programa está *sujeto* a modificaciones. 이 예정은 수정될지도 모른다. 명 ① 인물, 놈. La policía detuvo a un *sujeto* sospechoso. 경찰은 수상한 인물을 체포했다. ②〔문법〕주어, 주사(主詞).

sulfato 명〔화학〕황산염. *sulfato de amoniaco* 유안(硫安). *sulfato de cobre* 유산동 (硫酸銅).

sulfito 명〔화학〕아황산염.

sulfurar 타 유화(硫化)하다; 유황으로 표백하다; 성나시키게 하다(irritar). ◇ **~se** 흥분하다.

sulfúreo, a 형 유황의; 유황을 함유하고 있는.

sulfúrico, ca 형 유황의.

sulfuro 명〔화학〕유화물. *sulfuro de hierro* 유화철. *sulfuro de zinc* 경화 아연(硬化亞鉛).

suma 명 합계, 가산; 금액. El gasto ha subido a una *suma* considerable. 비용은 상당한 금액으로 되었다. *en suma* 결국. *En suma*, que no me conviene. 결국 내게는 형편이 좋지 않다. ◇ **sumar** 타 ① 보태다. ② 합계하다; 합계가 …로 되다. Todos sus ingresos *suman* cinco mil pesetas. 그의 전 수입은 합계가 5000뻬세따로 된다.

sumergir [4 exigir] 타 가라앉히다, (바다 따위에) 잠수시키다. Se *sumergió* en una profunda tristeza. 그는 깊은 슬픔에 잠겼다. ◇ **sumergible** 명 잠수함(潛水艦).

suministrar 타 공급·제공하다. El me *suministró* datos muy importantes. 그가 매우 중요한 자료를 제공해 주었다. ◇ **suministro** 명 공급, 제공; 보급품.

sumo, ma 형 더없는. He tenido *sumo* gus-

suntuosidad 예 호화, 호화; 사치스러움. ◇ **suntuosamente** 튀 호화스럽게, 화려하게; 사치스럽게. ◇ **suntuoso, sa** 혱 화려한, 호화스런, 사치스런.

supeditación 예 압박; 굴복; 복종; 굴종.

supeditar 타 억압·억제하다, 압박하다; 폭압하다; 굴복시키다(avasaliar). ◇ ~**se** 굴복·복종하다.

superable 혱 극복·타파할 수 있는.

superabundancia 예 과다; 풍부.

superabundante 혱 충분한, 퍽 많은, 남아도는.

superabundar 재 퍽 많다, 너무 많다, 남아돌다(rebosar).

superación 예 극복, 능가.

superar 타 ① [+a: …보다/+en: …의 점에서] 능가하다, 낫다. Este modelo *supera al* anterior *en* belleza de líneas. 이 형의 차는 전의 것보다 선의 아름다움이 뛰어난다. ② 극복하다. *Han superado* muchas dificultades. 그들은 많은 곤란을 극복했다.

superficie 예 (표)면, 면적, 외면. La *superficie* de la tabla no es lisa. 그 판자의 표면은 평평하지는 않다. ◇ **superficial** 혱 표면의, 천박한. La herida era *superficial*. 상처는 표면뿐이었다.

superfluo, flua 혱 나머지의, 소용없는. Quítese usted todo lo *superfluo*. 소용없는 것을 모두 빼십시오. ◇ **superfluidad** 예 소용없는 일·것.

superhombre 남 초인, 슈퍼맨.

superior 혱 ① [+a: …보다] 위의, 높은 (상위, 상급, 상등) [⇔ inferior]. La familia ocupa el piso *superior al* mío. 그 가족은 내 층보다 윗 층을 차지하고 있다. ② [+a: …보다/+en: …에서] 나은, 뛰어난 (우위, 우월). José es *superior a* su hermano *en* inteligencia. 호세는 형보다 머리가 뛰어나 있다. 남 ① 손위·상급자. Parecía *el superior* por su manera de expresarse. 그 말투로 보아서 그가 윗자리인 듯했다. ② 수도원장·원장. *superior general* 수도회 총장. ◇ **superiora** 예 수도원 여승장. ◇ **superioridad** 예 우월, 우위; 상층부·간부 (인 사람들). Tiene una *superioridad* manifiesta sobre los demás. (그것은) 다른 것과 비교해서 확실히 뛰어나 있다.

superlativo, va 혱 최상급의. Es hermosa en grado *superlativo*. 그녀는 최상급의 미인이었다.

supermercado 남 슈퍼마켓.

supermujer 예 초인적인 여자.

supernación 예 초국가.

supernumerario, ria 혱 정원 외의 (인원).

superpoblación 예 인구 과잉.

superponer 타 [과거분사 superpuesto] 무겁게 하다; 겹치다, 포개다; 보다 중요시하다(sobreponer).

superproducción 예 생산 과잉; 【영화】초특작품.

supersensible 혱 고감도(高感度)의.

supersónico, ca 혱 초음속의; 초음파의.

superstición 예 미신(迷信). Lo siente como una remota *superstición* o algo así. 그는 그것을 옛날의 미신이나 그런 것처럼 느끼는 것이다. ◇ **supersticioso, sa** 혱 미신적인.

suplemento 남 ① 보충; 이어댐. Ha puesto un *suplemento* a las patas de la mesa. 그는 테이블의 발을 이어대었다. ② (간행물의) 부록; 보유(補遺). ③ 보조권 (급행권·침대권 따위). Tiene usted que comprar el *suplemento* para tomar este tren. 당신은 이 열차를 타려면 급행권을 사야 합니다.

suplicar [[7] sacar] 타 탄원·간청하다. Les *suplico* que le animen y le ayuden. 그 사람을 격려하여 도와 주기를 나는 당신들에게 부탁합니다. ◇ **súplica** 예 탄원; 청원서. No cedió a sus *súplicas*. 그는 그 청원에 귀를 기울이지 않았다. *a súplica(s) de* …의 출원에 의하여. ◇ **suplicante** 혱 탄원하는 (듯한).

suplicio 남 고문; 심한 고통. Le sometieron a horribles *suplicios*. 그는 심한 고문을 당했다.

suplir 타 ① 보충·보충하다. Yo *supliré* lo demás. 그 이외는 내가 보충해 두지. ② (…의) 대리를 하다. *Suple* en el despacho a su padre. 그는 가게에서 부친의 대리를 한다. ◇ **suplente** 혱 보결·대행의. 남 보결·대행자.

suponer [60 poner; 과거분사 supuesto] 타 ① 가정·상정하다. *Supongamos* que sea verdad. 그러면 나 먼저 말해 주기로 하지. 그것이 진실이라고 가정하더라도 나는 그에게 그 말을 할 수 없다. ② (비용·수고·곤란 따위를) 예상시키다. La enfermedad le *ha supuesto* un gasto considerable. 그 병은 상당한 비용이 소요된다고 그에게는 생각되었다. ③ 상상하다. Usted podrá *suponer* lo que ocurrió. 당신은 무슨 일이 일어났는지 상상할 수 있겠지요. *Me supongo* que ya estará aquí. 나는 그가 이미 이곳에 와 있다고 상상한다. *ser de suponer* 당연하게 생각되다. Se cayó al agua con

supremo, ma 최고·지상의. No adoro la belleza *suprema* en ella. 그녀의 내부에 있는 최고의 아름다움을 나는 예찬하는 것은 아니다.

suprimir 囲 ① 멈추다, 폐지하다. *Suprimieron* los impuestos sobre las diversiones. 유흥세가 폐지되었다. ② 말할·말소하다. *Suprima* usted este pasaje de la carta. 편지의 이 부분을 말소해 주십시오.

supuesto, ta 圈 가정·가상의. El joven usaba un nombre *supuesto*. 그 청년은 가명을 쓰고 있었다. 图 가정, 가상. Se lo digo en el *supuesto* de que no pueda venir. 나는 당신이 못오시리라 생각해서 그렇게 말하는 것이오. *por supuesto* 물론. *Por supuesto* tendrá usted el pasaporte en regla. 물론 정식 여권을 가지고 있겠지요. *supuesto que* … 할 바에는. *Supuesto que* él no quiere venir, vamos en su busca. 그가 오려 하지 않는다면 우리들이 그를 맞이하러 가자.

sur 圈 남쪽; 남풍; 남부. Esta costumbre no se ve en el *sur* del país. 이러한 습관은 이 나라의 남부에서는 볼 수 없다.

suramericano, na 圈 남(南)아메리카 (Suramérica)의. 图 남아메리카 사람.

surco 图 도랑, 이랑, 줄. Las ruedas dejan *surcos* en el camino. 차 바퀴가 길에 줄을 남긴다. ◊ **surcar** [7]sacar 囲 (…에) 고랑을 세우다, 도랑을 만들다; (물·공기를) 헤치고 나아가다·날다. La nave *surcaba* las aguas. 배는 물을 끊고 나아가고 있었다.

surgir [4] exigir 困 ① 출현하다. *Surgió* cuando nadie le esperaba. 아무도 기다리고 있지 않는 때 그가 모습을 나타냈다. ② 솟아오르다, 떠오르다. La idea *surgió* en mi cabeza al observarlo. 그것을 관찰하면 내 머리에 이 생각이 떠올랐다. ③ (배가) 정박하다.

surtir 囲 [+de: 필요품·상품을] (…에게) 공급·제공하다. Su tío le *surte* de carbón para todo el año. 숙부가 1년 분의 석탄을 그에게 준다. 困 (물이) 뿜어 내다. ◊ **-se** [+de: 필요품 따위를] 준비하다. *surtir efecto* 효과를 내다. *Surtirá* buen *efecto* este artículo. 이 조항이 충분한 효과를 발휘하리라. ◊ **surtido, da** 圈 (각종) 배합한. Quiero una caja de galletas *surtidas*. (나는) 여러 가지 것이 섞은 비스킷이 한 상자 필요하다. 图 한 벌 갖춘 물품, 재고품. Tenemos un buen *surtido* de camisas de varios precios. 우리들에게는 여러 가지 가격의 와이셔츠를 충분히 갖추어 놓고 있습니다. ◊ **surtidor** 图 분수(噴水), 분수구.

suscitar 유발하다. Sus palabras *han suscitado* una violenta discusión. 그 발언이 격렬한 논의를 야기했다.

suscribir ⇨ **subscribir**.

suspender 囲 ① 닿다, 매달다. El cuadro estaba *suspendido* de un débil clavo. 액자는 약한 못으로 매달려 있었다. ② 중지·정지하다. Se *ha suspendido* el partido por la lluvia. 비 때문에 경기는 중지되었다. ③ 휴직·정직·낙제시키다. Le *suspendieron* en tres asignaturas. 그는 세 과목이 낙제로 되었다.

suspenso, sa 圈 ① 매달린. ② 어리숙한. Ante esa pregunta se quedó *suspensa*. 그녀는 그러한 질문을 받고 얼떨떨하였다. 图 낙제점. No tiene ningún *suspenso* en la carrera. 그는 전 과정에 낙제점이 없다. *en suspenso* 미결정·현안 중의. Esa ley está *en suspenso*. 그 법률은 아직 현안 중이다.

suspirar 困 ① [+de: …로] 한숨을 쉬다. *Suspiró* profundamente. 그는 깊은 한숨을 쉬었다. ② [+por: …를] 열망하다. *Suspiraba por* un abrigo de pieles. 그녀는 털가죽 외투를 입고 싶어서 견딜 수 없다. ◊ **suspiro** 图 한숨. Los *suspiros* son aire, y van al aire. 한숨은 바람, 그러므로 바람에 날린다.

sustancia ⇨ **substancia**.

sustantivo, va ⇨ **substantivo**.

sustentar 囲 ① 지탱하다. Esas noticias iban *sustentando* la esperanza. 그러한 소식이 희망으로 지탱 되어 갔다. ② 부양하다. Tenía que *sustentar* a su numerosa familia. 그는 많은 가족을 부양해야 했다. ◊ **-se** [+con + de: …를] 식료로 하다; 지주로 삼다. Las cabras *se sustentan con* hierbas. 염소는 풀을 먹는다. Vivió *sustentándose con* estas esperanzas. 그는 이러한 희망을 받침대로 하여 살았다. ◊ **sustento** 图 식료. Afanosamente trabajó para ganar el *sustento* diario. 그는 나날의 음식을 벌기 위하여 몸을 가루로 하여 일했다.

sustituir ⇨ **substituir**.

susto 图 놀라움, 공포. El estallido me dio un *susto*. 파열음이 나를 깜짝 놀라게 했다.

sutil 圈 ① 매우 얇은·가는. Las mujeres se cubrían con un velo *sutil* y flotante. 여인들은 얇고 팔랑거리는 베일을 머리

에 쓰고 있었다. ②있는 듯 만듯한, 근소한. Soplaba un viento *sutil*. 있는 듯 만듯한 바람이 불고 있었다. ③섬세·미묘한. ◇ **sutileza** 예 섬세; 미묘, 예민.

suyo, ya 圈 ① [3인칭의 소유격 대명사의 형용사형; ser의 보어로서; 또 명사의 뒤에 붙는 형태] 그것(들)의, 그(들)의, 그녀(들)의; 당신(들)의. ¿Esta pluma es *suya*? 이 펜은 당신(들)의 것입니까. Vino a verme un amigo *suyo*. 그(들)의 친구의 한 사람이 나를 만나러 왔다. ② [정관사를 붙여서] 그것(들)의·그(들)의·그녀(들)의·당신(들)의 것. Esta es mi pluma, y ¿dónde está *la suya*? 이것은 내 펜입니다만 당신의 것은 어디 있습니까. Me gustaría tener un anillo como *el suyo*. 당신의 그것과 같은 반지를 나도 갖고 싶다. *lo suyo* 그 사람다운 일·것. Ese trabajo es *lo suyo*. 그 일은 그에게 안성맞춤이다. *los suyos* (…의) 동료·가족. Fue con todos *los suyos* a la playa. 그는 자기의 동료를 모두 데리고 해안으로 갔다. *de suyo* 원래; 자연히. El asunto es ya *de suyo* complicado. 그 일은 원래 복잡한 것이다. *salirse con la suya* 희망을 이루다. Al fin *se salió con la suya*. 그는 드디어 희망을 이루었다.

s/v. su valor.

svástica 예 卍(형).

T

t. talón. tarde.
T. toleiada 돈.
tabaco 男 담배, 엽궐련. El abuso del *tabaco* no es recomendable. 담배의 남용은 칭찬할 일은 아니다. ◇ **tabacal** 연초 밭. ◇ **tabacalero, ra** 刨 연초(업)의. 男 담배 경작자·상인.
tabalear 目 이리저리 흔들다. 固 판대기를 손가락으로 두들기다. ◇ ~**se** 흔들리다.
tabanazo 男 찰싹 때림.
tabanco 男 식료품점.
tábano 男 【곤충】 등에; 말파리.
tabaque 男 작은 바구니, 보통 압정보다 좀 큰 못.
tabaquería 因 담배 가게.
tabaquero, ra 男 담배 장수, 담배 제조인. 刨 코담배갑; 담뱃갑; 담배 파이프의 대롱.
tabaquismo 男 담배 중독; 니코친 중독 (nicotismo).
tabardillo 男 소모열; 일사병 (insolación).
taberna 刨 (여자들의) 경양 식당. A mí no me gusta que el tío frecuente la taberna. 나는 숙부가 술집 출입을 하는 것이 마음에 들지 않는다.
tabla 刨 ① 판자, (판자가 주체인) 대(臺). Tráeme la *tabla* de planchar. 다리미 받침을 가져 오너라. ② 표, 리스트. El niño se está aprendiendo la *tabla* de multiplicar. 어린이는 구구표를 외우고 있는 중이다. ③ 無 무대. Esta actriz pisó las *tablas* por primera vez a sus quince años. 이 여배우는 15세때 첫 무대를 밟았다. ④ 圉 비김, 무승부. El partido terminó en *tablas*. 그 경기는 무승부로 끝났다.
tablada 刨 목축 검사소.
tablado 男 무대; 교수대; 표; 판매기. *sacar al tablado* 발포하다, 밝히다.
tablajería 刨 무대; 도박하는 집의 수입; 고깃간 (carnicería).
tablazo 男 판자대기로 때리기; 강바닥의 얕은 지류.
tablear 国 판자로 썰어 내다; (밭을) 구획으로 나누다, 두꺼운 판자로 (땅에) 평형하게 깔다; 두들겨 반반하게 하다.
tablero 刨 판의, 판자의. *madero tablero* 판자낼 목재. 男 판자, 판, 대(臺); 흑판; (장기 따위의) 판; 재단대; 조리대; (가게의) 카운터 (mostrador); (연기둥 머리의) 관판(冠板); 도박장; 사형대. *tablero de distribución* 배전반.
tabú 男 [複 tabúes] 터부, 금지; 금기 (禁忌); 금단 (禁斷).
tabuco 男 작은 부옥, 오막살이; 좁은 방.
tabulador 男 도표 작성자, (타이프 라이터의) 도표 복사 장치.
tabular 刨 판(板) 모양의; 판판한.
tac 擬 男 (심장·시계 등의) 소리.
taciturno, na 刨 잠자코 있는.
táctico, ca 刨 전략·전술의. 男 전략가. 因 전술; 책략. La *táctica* de las señoras se redujo a abrumarle a invitaciones al Ministro. 부인들의 전술은 장관에게 초대 공세를 취하는 일이었다.
tacto 男 ① 촉각, 촉감. Esta tela es muy suave al *tacto*. 이 천은 감촉이 매우 부드럽다. ② 빈틈 없음. Tiene mucho *tacto* para tratar a sus amigos. 그는 친구와의 교제가 빈틈 없다.
tacha 刨 상처, 결점; 비난, 트집. Siempre pone *tachas* a mi trabajo. 그는 언제나 내일에 트집을 잡는다. ◇ **tachadura** 刨 말소(抹消). ◇ **tachar** 国 ① (쓴 것을) 지우다. *Tache* usted esta palabra, que es inútil. 이 단어를 지우십시오; 불필요하니까. ② [+de: …라고] 비난하다. A ellos les *han tachado de* reaccionarios. 그들은 반동가라고 비난받았다.
tahalí 男 어깨에 두르는 칼띠; 유골대 (遺骨袋).
taheño, ña 刨 붉은 턱수염을 가진, 털이 붉은.
tahona 刨 제분기; 빵 제조 판매점.
tahonero, ra 男 빵집 주인.
tahur, ra 男 노름꾼, 도박자, 사기 도박꾼.
tailandés, sa 刨 태국·타일랜드의 (사람) (Tailandia).
taimado, da 刨 교활한, 간계한; 【칠레】 불쾌한.
taja 刨 분할, 절단; 짐 싣는 안장틀.
tajadera 刨 (소·돼지를 잡는) 반달 모양의 칼; 둥근 끌; (금속을 쪼는) 강철로 만든 정.

tajadero 🔲 고기 자르는 도마대(臺), 목 판, 쟁반.

tal [질적으로 비교하는 의미의 부정(不定) 어] 🔲 그와 같은, 그러한. No le visto ni oído *tal* cosa. 나는 그런 일을 본 일도 들은 일도 없다. 🔲 그러한 일·물건·사 람. No volveré a hacer *tal*. 다시는 그런 일을 두 번 다시 않겠습니다. 🔲 그런 식으로. *Tal* hablaba que parecia que lo había visto él mismo. 그런 식으로 이야기하므 로 그 자신이 그것을 본 듯이 생각되었 다. *tal como* …하는 대로. Lo dejaron todo *tal como* estaba. 그들은 모든 것을 예전대로 해 놓았다. *tal*…, *que*… 너무나 …이므로 …하다. *Tal* era su pobreza, *que* pedia limosnas. 그의 가난함은 동냥 질을 할 정도였다. *tal vez* 아마(quizás), 어쩌면. *Tal vez* no lo supiera. 어쩌면 그는 그 일을 모르는 것일게다. *con tal de + inf* …하기만 하면. No importa este frío *con tal de ir* bien abrigado. 따뜻하게 입고 가면 이 추위는 상관은 아니다. *con tal (de) que + subj.* …하기만 하면. Te lo prestaré *con tal de que* me lo devuelvas pronto. 곧 돌려준다면 네게 그것을 빌려 주겠다. ¿*Qué tal*? 어떤 모양으로. ¿*Qué tal* ha sido el viaje? 여행은 어떠했었나요. ¿*Qué tal* (estás)? 어떻게 지내느냐.

taladrador, ra 🔲 구멍 뚫는 사람. 🔲 구멍 뚫는 기구; 송곳.

taladrar 🔲 에 구멍을 뚫다; 꿰뚫다; 찌르다, (소리가 귀를) 찢고 지나가다, 파 들어 가다.

taladro 🔲 송곳; 구멍뚫는 기구; (뚫어놓은) 구멍; (종이에 구멍을 뚫어놓은) 철 선.

talanquera 🔲 판자 울타리, 판자벽; 방벽; 사립문; 안전.

talante 🔲 태도, 모습, 풍채, 방법, 안색; 의지, 포부; 성질, 종류.

talar 🔲 (옷이) 긴. 🔲 벌목하다; 불을 놓아 없애다, 파괴하다, 황폐시키다; 가지 치기를 하다; 제거하다.

talco 🔲 [광물] 활석(滑石).

talega 🔲 가방, 자루, 돈가방.

talego 🔲 (긴) 자루, 겁쟁이 남자.

talento 🔲 재능. No tiene *talento* para los trabajos de mecánica. 그에게는 기계 일의 재능이 없다.

talio 🔲 [화학] 탈륨 (희귀 금속 원소).

talismán 🔲 부적; 마력 있는 보물; 매력; (목에 거는) 호신패; 불가사의한 힘.

Talmud 🔲 유태교의 경전·법률·설화집.

talón 🔲 뒤꿈치, 구두의 뒤꿈치 부분; 말의 뒷발굽; 수표, 대장에서 떼어내고 남은 부 시; 부위 화폐. *el talón de oro·plata* 금

은 본위 화폐. *a talón* 도보로, 걸어서. *apretar los talones* 달리다.

talonario, ria 🔲 대장에서 떼어낸, 딴 본 지의. *libro talonario* 수표 대장; 이음 대장.

talonear 🔲 빨리 걷다; 뒤꿈치로 걷다.

talud 🔲 [건축] 경사, 사면(斜面); (답·벽 등의) 경사도; 비탈.

talla 🔲 ① 키, 신장. Era un hombre de *talla* media. 그는 중키의 사내였다. ② 목 조(木彫) [조각]. Se ha dedicado a la *talla en madera*. 그는 목조에 전력을 기 울였다.

talle 🔲 ① [신체] 가슴 둘레, 웨스트. Tiene un *talle* muy pequeño. 그녀는 매 우 가는 둘레가 가늘다. ② 자태, 체격. Esa muchacha tenía un lindo *talle*. 그 소녀는 자태가 아름다웠다.

taller 🔲 일터; 공장(fábrica); 아틀리에. Trabaja de aprendiz en un *taller* de carpintería. 그는 목수 일터에서 견습생으로 일하고 있다.

tallo 🔲 [식물의] 줄기; (채소·머위의) 싹, 움. El *tallo* sostiene las hojas, flores y frutos. 줄기 잎·꽃·열매를 받치고 있다. ◊ **talludo, da** 줄기가 긴; 키가 가늘고 큰; 손을 매기가 어려운.

tamaño, ña 🔲 상당한, 대단히 큰. Es imposible creer *tamaña* mentira. 그런 지 독한 거짓말은 믿을 수 없다. 🔲 크기, 치수. ¿De qué *tamaño* es su cuello? 당 신의 컬러 사이즈는 몇입니까? *tamaño natural* 실물 크기.

también 🔲 역시, …도 또한 (…하다). ¿*También* usted puede venir? 당신도 역시 와 주시겠소. Su hermana es alta *también*. 그의 여동생도 역시 키가 크다.

tambor 🔲 [악기] 북, 드럼, 드럼통. Tocaba el *tambor*. 그는 북을 치고 있었다.

tampoco 🔲 …도 또한 (…않다). No puede venir usted *tampoco*. 당신도 역시 못 오시는군요.

tan [tanto가 형용사·부사 앞에서 가지는 형태] 🔲 그렇게, 그만큼. Yo no soy *tan* descortés. 나는 그만큼 무례하지는 않다. No le esperaba *tan* temprano. 나는 당신이 이렇게 빨리 오리라고는 기대하지 않았었다. *tan*…*como*… …만큼 그렇게. Lola es *tan* alta *como* yo. 로라는 부처만큼 키가 크다. *tan + 형용 사·부사 + que* 너무 …이므로 …이다. Estaba *tan* cambiada *que* apenas la reconocí. 그녀는 너무 변해 있었으므로 나는 거의 그녀인 줄 몰라보았다.

tanda 🔲 ① [남미] 조직, 윤번, (윤번의) 조(組). Somos muchos; almorzaremos por *tandas*. 우리는 수가 많으니까 교대로

점심을 먹자. ②상연, 흥행; 시합. Iremos a ver la primera *tanda*. (그날의) 최초의 상연을 보러 가자.

tango 명 탱고 (노래·춤). El *tango* se extendió por el mundo a principios del siglo actual. 탱고는 금세기 초에 세계에 퍼졌다.

tantear 타 ① 재다; 더듬다, 조사하다 (investigar). *Tanteamos* el piso con el pie para ver si era fuerte. 마루가 튼튼한 지 어떤지 보기 위하여 우리들은 발로 더듬어 보았다. ②【경기】(…의) 득점을 기록하다. *Tanteamos* los puntos. 득점을 기록하다. ◇ **tanteo** 명 탐색; 득점수.

tanto, ta 형 (수·양의 비교 부정(不定)어; ⇨tan] 형 [+como: …와] 같은 정도의. Tengo *tantos* libros *como* tú. 너 만큼 많은 책을 가지고 있다. ②그만큼의, 그렇게 많은 시간이나. ¿Por qué da usted *tanta* prisa? 왜 그렇게 서두르시오. ③그만큼 많이 (수·양·정도). Eramos *tantos* que nos faltó comida. 우리들은 사람 수가 많았으므로 먹을 것이 모자랐다. ②얼마쯤 [숫자 대신]. Ya son las *tantas*. 벌써 이런 시간이다. ③[형용사·부사의 앞에서는 tan 으로 됨] 그렇게, 그만큼. ¿Por qué trabajas *tanto*? 왜 너는 그토록 일하느냐. ¿Eres tan pobre? 그토록 너는 가난한가. ④분량; 비율. Se mezclan tres *tantos* de cemento por cinco de arena. 시멘트 3에 모래 5의 비율로 섞는다. ②득점, 점수. Ganaron por dos *tantos* a cero. 그들이 2대 0으로 이겼다. algún *tanto* 얼마쯤, 약간. en [entre] *tanto* 그동안; 한편으로는. Entre tanto estaremos de charla. 그동안 잡담이라도 하고 있자. por (lo) *tanto* 그러므로. *tanto… cuanto…* 하는 만큼 그만큼. Te daré *tanto* trabajo *cuanto* quieras. 네가 하고 싶은 만큼 일을 얼마든지 주겠다. *tanto… que…* 너무 …이므로 …하다. Trabajamos *tanto que* apenas podemos dormir. 너무 일해서 우리는 거의 잠을 잘 수가 없다.

tañer [65] 타 (악기를) 치다, 울리다, 켜다(tocar). Se le oía *tañer* la guitarra por las tardes. 오후에는 그녀가 기타를 켜는 소리가 들렸다. ◇ **tañido** 명 소리; 종소리.

tapar 타 ① (…에) 뚜껑·덮개·마개를 하다. *Tape* usted el café para que no se enfríe. 커피가 식지 않도록 뚜껑을 덮으시오. ②덮다, 막다. Una gran piedra *tapaba* la entrada de la cueva. 동굴 입구를 큰 바위가 막고 있었다. ③숨기다; 감추다. La madre *tapa* todas las travesuras de su hija. 모친은 딸의 나쁜 행실을 모두 숨기고 있다. ◇ ~**se** 몸을 싸다; 얼굴을 덮다. *Tápese* usted bien, que hace frío afuera. 바깥은 추우니까 충분히 몸을 싸고 나가거라. ◇ **tapa** 예 (기물의) 뚜껑; (책의) 표지.

tapia 예 (건물) 담, 흙담. Saltó por encima de la *tapia*. 그는 담을 뛰어 넘었다.

tapiz 명 무늬놓은 두꺼운 천.

tapizar 타 (벽에) 융단을 걸다, 도배하다.

tapón 명 마개. *tapón corona* 왕관.

taponar 타 (…에) 마개를 하다; (상처를) 들어막다.

taponería 예 코르크 공업; 코르크 공장.

taponero, ra 형 코르크 마개의 (업자).

tapujarse 재 얼굴을 싸다.

tapujo 명 복면, 두건, 은닉, 은폐.

taquigrafía 예 속기숙.

taquigrafiar 타 속기하다.

taquígrafo, fa 명 속기자.

taquilla 예 표파는 곳, 매표구. Usted puede sacar la entrada en esa *taquilla*. 입장권은 거기 표파는 곳에서 살 수 있읍니다.

tardar 재 ①늦어지다; 느리다. ¡Cuánto *tarda* ese tren! 이 열차는 느리기도 하군! ② [+시간의 부사+en+inf.: …하기에] 시간이 걸리다. José no *tardará* mucho *en* llegar. 호세가 오기에 그다지 시간이 걸리지 않을 것이다. ◇ ~**se** 시간이 걸리다. ¿Cuánto *se tarda* de aquí a la estación? 여기서 역까지 시간이 얼마쯤 걸리는가. a más *tardar* 늦어도. ◇ **tardanza** 예 늦음, 지체. Perdone mi *tardanza*. 늦어서 미안합니다.

tarde 예 오후, 저녁. ¡Buenas *tardes*! (점심 후의 인사) 안녕하십니까. Estaré en casa mañana por la *tarde*. 나는 내일 오후 집에 있겠다. 튀 ①늦게 (↔*temprano*); 늦어져서. El suele llegar *tarde* a la oficina. 그는 번번히 사무소에 지각한다. Se hace *tarde* pero no estamos listos. 시간은 늦어졌지만 우리들의 준비는 되어 있지 않다. *de tarde en tarde* 가끔. *más tarde o más temprano* 조만간. *Más tarde o más temprano* tendrá que llamarme. 언젠가는 그는 나를 부르게 될 것이다.

tardío, a 형 (시기가) 늦은; 【식물】 늦자라의. El matrimonio tenía un hijo *tardío*. 부부에게는 만득의 아들이 하나 있었다.

tarea 예 일(trabajo). Me queda mucha *tarea* todavía. 아직 나는 일이 많이 남아 있다.

tarjeta 예 ①엽서. ②명함 (tarjeta de visita). Ese señor me ha dejado su *tarjeta* para usted. 그 사람이 당신 드리라고 명함을 놓고 갔습니다. *tarjeta postal* 우편엽서.

tasa 여 평가, 사정; 규정 가격. ◇ **tasar** 타 평가·사정하다; 제한하다. Tendría que *tasar* la comida al enfermo. 환자에게는 식사를 제한해야 한다.

tasación 여 평가, 가격의 결정; 사정.
tasador, ra 명 평가하는 사람, 사정관.
tasajo 남 포육(脯肉); 고기 자르기.
tasca 여 도박집; 술집(taberna).
tasquil 남 깨진 돌조각.
tatarabuelo, la 명 고조부모.
tataranieto, ta 명 현손(rebisnieto).
tatuaje 남 먹실 넣음, 문신하기.
tatuar 타 …에 먹실을 넣다; 문신하다. ~**se** (자기 몸에) 먹실을 넣다, 문신을 넣다.
tau 남 휘장, 문장.
taumaturgia 여 신통력, 신비력.
taumaturgo, ga 명 기적을 행하는 사람.
taurino, na 형 소의; 투우의.
Tauro 남 【천문】 금우좌(金牛座), 웅우좌(雄牛座).
taurófilo, la 형명 투우를 좋아하는 (사람); 투우광.
tauromáco, ca 형 투우의 (연구가).
tauromaquia 여 투우술.
tautología 여 동어, 유어 반복; 중복어.
tautológico, ca 형 동어 반복의.
taxativo, va 형 제한적, 한정적인.
taxear 자 【항공】 활주하다.
taxi 남 택시. Usted tardará una hora en *taxi*. 택시로 1시간 걸릴 것이다.
taxista 명 택시 운전사.
taxímetro 남 택시 미터기.
taza 여 【식기】 찻잔. Déme usted otra *taza* de té. 홍차를 또 한 잔 주십시오.
te 【대명】 단수의 대격·여격 대명사. ① 너를. *Te* esperaban tus padres a la puerta. 네 양친이 너를 문에서 기다리고 있었다. ② 너에게; 너로부터. ¿Qué te parece esto? 이것은 너에게 어떻게 생각되는가. ¿*Te* lo han robado? 너는 그것을 도둑 맞았는가. ③ [2인칭 단수 재귀 대명사] 너 자신. Lávate las manos. 손을 씻어라. No *te* laves la cara 얼굴을 씻지마라. Siéntate. 앉아라. No *te* sientes. 앉지마라.
té [복 tés] 남 ① 【식물·마실 것】 차(茶). ¿Qué prefiere usted, café o *té*? 커피와 차와 어느 편이 좋습니까. ② 다과회. Por la tarde vamos a un *té*. 오후에 우리들은 다과회에 간다. *né negro* 홍차. *té verde* 녹차.
teatro 남 ① 극장. Anoche lo encontré a la salida del *Teatro* Colón. 나는 어젯밤 꼴론극장에서 나와서 그를 만났다. ② 극(drama). ◇ **teatral** 형 연극의; 연극적인. Nada me gustó ese tono *teatral*. 나는 그 연극을 꾸미는 식의 가락을 아주 싫어했다.

técnico, ca 형 기술의; 전문의. Se han creado cinco escuelas *técnicas*. 전문학교가 5개교 창설되었다. 남 기술자; 전문가. Se ha dejado en manos de los *técnicos*. 그 일은 전문가의 손에 맡겨졌다. 여 기술, 수법. Empleaba una *técnica* particular para desenvolver el argumento. 그는 이야기의 줄거리를 발전시키는데 독특한 수법을 썼다.

techo 남 【전물】 천정; 지붕. La lámpara, colgada del *techo* empezó a bailar. 천정에 매단 전등이 흔들흔들하기 시작했다. ◇ **techumbre** 여 지붕.

teja 여 (지붕의) 기와. Causó su muerte una *teja* que le cayó en la cabeza. 머리에 떨어진 기와가 그를 죽였다. *a roca teja* 현금으로, 맞돈으로. ◇ **tejado** 남 기와 지붕.

tejer 타 짜다, 뜨개질하다. Penélope *tejía* un lienzo durante el día y lo deshacía por la noche. 뻬넬로뻬는 낮에는 천을 짜고, 밤에는 그것을 풀고 있었다. ◇ **tejido** 남 직물; 뜨개질한 것; 직조법. Las telas se diferencian por el *tejido* y por la fibra. 천은 짜는 법과 섬유에 따라 차이가 생긴다.

tela 여 ① 헝겊, 직물, 천(paño). Esa *tela* se encoge al lavar. 이 천은 세탁하면 줄어든다. ② 그물. *tela metálica* 철망.

telar 남 베틀; 꾸밈새, 뼈대; (무대 천정의) 막을 오르내리는 기구.

telaraña 여 거미집; 쓸데 없는 것·물건.
tele- 「먼」의 뜻.
telecomunicación 여 원거리 통신.
telecontrol 남 원거리 무전 조종.
teledifundir 타 여 텔레비전 방송을·으로.
teledifusión 여 텔레비전 방송.
teledifusora 여 텔레비전 방송국.
teledirigir 타 전파로 유도하다.
teleferaje 남 고가선 운반(高架線運搬).
teleférico, ca 형 남 고가선(의).
teléfono 남 전화(기). Le llaman por *teléfono*. 당신에게 전화가 걸려 왔습니다. *teléfono público* 공중전화. ◇ **telefonear** 타 (~에게) 전화하다(llamar). 자 전화를 걸다. ¿Se puede *telefonear* desde aquí? 여기서 전화를 걸 수 있습니까. ◇ **telefónico, ca** 형 전화의. ¿Dónde está la guía *telefónica*? 전화부는 어디 있나. ◇ **telefonista** 명 전화 교환수.

telégrafo 남 전신(電信). La oficina de *telégrafos* está a dos pasos de aquí. 전신국은 여기서 바로 가까이에 있다. ◇ **telegrafiar** [12 enviar] 타 (전보를) 치

다. 囲 전보를 치다. Te *telegrafiaré* en cuanto llegue. 내가 도착하면 바로 네게 전보를 치겠다. ◇ **telegrafista** 図 전신 기사.

telegrama 図 전보. Quiero mandarle un *telegrama* de pésame. 나는 그에게 조전(弔電)을 치고 싶다.

telescopio 図 망원경.

televisión 図 텔레비전. La *televisión* será un medio eficaz de enseñanza. 텔레비전은 유효한 교육 수단으로 되리라. ◇ **televidente** [19] 텔레비전 시청자. ◇ **televisar** 囲 텔레비전으로 방송하다. ◇ **televisor** 囲 텔레비전 수상기.

telón 囲 [연극] 막(幕). Al levantarse el *telón* se oyen dentro disparos y gritos. 막이 오르면 안쪽에서 총소리랑 고함소리가 들린다.

tema 囲 주제, 제재(題材). Cambiemos de *tema*. 화제를 바꾸자.

temblar 囲 [pensar 類] 囲 떨다. La pobre niña *temblaba* de frío. 가엾게도 소녀는 추위로 떨고 있었다. ◇ **temblor** 囲 떨림, 진동; 전율. Contemplaba el *temblor* de las estrellas. 나는 별이 떨고 있는 것을 바라보고 있었다. *temblor de tierra* 지진(地震).

temer 囲 ① 두려워하다, 외경(畏敬)하다. Allí se vive pobre pero se *teme* a Dios. 저 곳은 생활은 빈곤하지만 신을 외경하고 있다. *Temo* que lo haya perdido. 그는 그걸 잃지나 않았나 걱정하다. 困 [+por：…의 일을] 걱정하다. *Temía* siempre *por* su hijo. 나는 언제나 아들 때문에 걱정하고 있었다. ◇ **temor** 囲 두려움; 걱정. Le amenazaba el *temor* de que le hubiera ocurrido algo al hijo. 무슨 일이 아들의 신상에 일어나 것이나 아닌가 하는 걱정으로 그는 두려워하고 있었다.

temperamento 囲 체질; 기질. Es de un *temperamento* delicado y se fatiga pronto. 그는 허약한 체질이어서 곧 지친다.

temperatura 囲 ① 온도, 기온. Hacía un *temperatura* deliciosa. 기분좋은 기온이었다. ② 체온, 열.

tempestad 囲 폭풍우, 태풍. Las *tempestades* son muy frecuentes en esta época. 이 시기에는 폭풍우가 빈번히 있다. **tempestuoso, sa** 囲 폭풍우의; 일기가 나쁜.

templado, da 囲 ① 절도(節度) 있는; 조심된. ② 온난한. Es una mañana de otoño, *templada* y alegre. 따스하고 기분이 좋은 가을 아침이다. ③ 침착한, 냉정한. Es un tipo muy *templado*. 그는 매우 침착한 인물이다.

templo 囲 사원, 절, 신전, 성당. ¿Qué diferencia hay entre un *templo* budista y un *templo* cristiano? 불교 사원과 예수교 사원과는 어떻게 다른가?

temporada 囲 시기, 계절. Ha empezado ya la *temporada* de ópera. 가극의 계절이 벌써 시작되었다. *de temporada* 일시적인 · 으로. No vive aquí; está sólo *de temporada*. 그는 이곳에 살고 있는 것은 아니다; 일시적으로 있을 따름이다.

temporal 囲 한 시기의; 임시의. Tengo un trabajo *temporal*. 나는 임시의 일을 갖고 있다. ② 【문법】 때의, 때를 표시하는. *conjunción temporal* 때의 접속사. ③ 속세의, 세속적인. 囲 폭풍우. 폭풍우는 수일간 계속했다.

temprano, na 囲 (시기 · 시각이) 빠른. [⇔ tardío]. Las lluvias *tempranas* han hecho bastante daño a las frutales. 시기적으로 빠른 비가 과수에 상당한 손해를 주었다. 囲 빨리. [⇔ tarde]. Salimos por la mañana *temprano*. 우리는 아침 일찍 출발한다. Es demasiado *temprano* para salir. 출발하기에는 아직 너무 이르다.

ten tener의 2인칭 단수 명령형.

tenaz [羿 tenaces] 囲 ① 끈기있는. Es muy *tenaz* en todo lo que emprende. 그는 무엇이나 시작한 일에 대하여 끈기 있는 사내이다. ② 집요한. Me molestó varios días un dolor *tenaz*. 집요한 아픔에 나는 수일간 괴로워했다. ◇ **tenacidad** 囲 집요; 완강.

tenazas 예 囲 부젓가락, …집게; 못뽑이, 펜셋.

tenca 예 【물고기】 잉어.

tendal 囲 (배 갑판 위의) 차일(遮日).

tendedero 예 옷 말리는 곳.

tendejón 囲 작은 가게; 초라한 초가집.

tendencia 예 경향, 성벽(性癖). Mi hijo tiene una *tendencia* a la pereza. 내 아들은 게으름뱅이의 경향이 있다. ◇ **tendencioso, sa** 囲 편향적인; 저의가 있는.

tender [20] perder 類] 囲 ① 내뻗다, (빗줄 따위를) 치다. Al verme me *tendió* la mano. 그는 나를 보자 (악수하려고) 손을 내밀었다. ② 넙히다. Estaba *tendiendo* el mantel sobre la mesa. 그는 테이블에 테이블보를 펴고 있었다. 困 [+a：…로 향하는] 경향이 있다. El calor *tiende a* disminuir. 더위는 도 줄려는 경향이 있다. ◇ ~se (기다랗게) 뻗대다; 넘어지다. *Se tendió*, sobre la arena. 그는 모래위에 (길게) 뻗었다.

tendero, ra 囲 (주로 식료품점의) 주인, 점원. La *tendera* es muy amable con todo el mundo. 가게의 여주인은 누구에

게나 매우 상냥하다.

tendido 图 [투우의] 2등석.

tenedor 图 ① [식기] 포크. Páseme *tenedores*, que aquí faltan. 포크를 집어 주시오; 여기는 모자라니까. ② (증権·어음의) 소지인. *tenedor de libros* 장부·외게 담당자.

tener [58] 囲 ① 가지고 있다, (…가) 있다. ¿Qué *tienes* en la mano, Juan? 후안, 너는 손에 무엇을 가지고 있느냐. *Tengo* un hermano. 내게는 동생이 한 사람 있다. ② (해·때)를 지내다. *Tuve* un mal día. 나는 나쁜 하루를 지냈다. ③ [+때의 명사] (때·행수가) 지나고 있다. Su abuela *tendrá* sesenta años. 그의 할머니는 60세 쯤이리라. ④ [+dolor, miedo·calor·frío·sueño·hambre·sed·suerte 따위의 명사] (상태로) 되어 있다. ¿*Teníais* mucha hambre? 너희들은 대단히 배가 고팠었느냐. ⑤ [+과거분사] …해 두었다. *Teníamos* estudiada la cuestión. 우리는 그 문제를 연구해 두었었다. ⑥ [+por·como:…라고] 생각하다. No me *tengáis* por ingrato. 나를 은혜를 모르는 놈이라고 생각하지 말아 다오. *tener* a bien+inf. …하게 한다. Les agradezco el folleto que *han tenido* a bien enviarme tan pronto. 곧 바로 책자를 보내주셔서 감사합니다. *tener* que +inf. …할 필요가 있다, …해야 한다. …하지 않으면 안된다. Mañana *tendré* que salir temprano. 나는 내일 아침 일찍 출발해야 할 것이다. *no tener* más *que*+inf. …하기만 하면 된다. *No tiene* más *que* mirarles en los ojos para convencerse de ello. 그것을 납득하려면 그들의 눈을 보기만 하면 된다. *tener que ver con* …와 관계가 있다. ¿Qué *tengo que ver* con eso? 그 일과 나는 무슨 관계가 있는가. *tener prisa* 서두르고 있다. ¿Por qué *tiene* usted tanta *prisa*? 왜 당신은 그다지 서두르고 있는가요. *tener razón* (말, 생각이) 옳다. *Tiene* usted *razón*. 당신이 말하는 그대로입니다.

tenga ① tener의 접속법 현재 1·3인칭 단수형. ② 가지십시오. *No tenga* 갖지 마십시오.

tengáis tener의 접속법 현재 2인칭 복수형.

tengamos tener의 접속법 현재 1인칭 복수형.

tengan ① tener의 접속법 현재 3인칭 복수형. ② 당신들 가지십시오.

tengas tener의 접속법 현재 2인칭 단수형.

tengo tener의 직설법 현재 1인칭 단수형 (나는 가지고 있다).

teniente 图 육군 중위. *primer teniente* 육군 중위. *segundo teniente* 육군 소위. *teniente coronel* 육군 중령. *teniente general* 육군 중장.

tenis 图【스포츠】정구. Mi prima juega al *tenis* por la mañana. 나의 사촌 누이는 오전에 정구를 친다. ◇ **tenista** 图 정구치는 사람, 정구 선수.

tenso, sa 图 긴장한. Las relaciones de las dos familias están muy *tensas*. 그 두 집의 관계는 긴장하고 있다. ◇ **tensión** 回 ① 긴장, 팽팽함. Parece que ha disminuido la *tensión* internacional. 국제적 긴장은 늦추어진 듯하다. ② (가스·전기·혈압의) 압력. Usted tiene muy alta la *tensión*. 당신은 혈압이 매우 높다. *en tensión* 긴장한·해서.

tentar [19] pensar] 囲 ① (손으로) 더듬다; 조사하다. Tuve que bajar la escalera *tentando* la pared. 나는 벽을 더듬으면서 계단을 내려가야 했다. ② 시도하다, 기획하다. En vano *hemos tentado* todos los remedios. 우리는 모든 방책을 시도한 바 있었다. ③ 유혹하다. Usted tiene una hija muy bonita. No me *tientes* a fumar. 그에게 가 담배를 피우도록 유혹하지 마라. ◇ **tentación** 回 유혹(하는 물건): 욕망. No es fácil huir de las *tentaciones*. 그 유혹에서 빠져나가기는 용이하지 않다. ◇ **tentador, ra** 图 유혹하는; 욕망을 자아내는, 좋은. ◇ **tentativa** 回 시도, 기획; 미수 행위.

teñir [43] ceñir] 囲 [+de·en:…색으로] 물들이다. La chica tiene el cabello *teñido* de color zanahoria. 그 소녀는 당근색으로 머리털을 물들이고 있다.

teoría 回 이론(理論). La *teoría* a veces no es eficaz para llevar una cosa a cabo. 어떠한 일을 수행하는데 이론은 때때로 효과가 없다. *en teoría* 이론상으로.

teórico, ca 图 이론(상)의. Nos dieron una lección *teórico*-práctica. 우리들은 이론과 실기의 수련을 교육 받았다. *física teórica* 이론 물리학.

tercero, ra 图 [남성 단수 명사 앞에서 tercer] 세번째의. La familia ocupaba el *tercer* piso de esta casa. 그 가족은 이 건물 3층을 사용하고 있었다. ② 3등분의. Una *tercera* parte de la clase son alumnas. 학급의 삼분의 1은 여학생이다. 图 ① 3분의 1. ② 제삼자; 조정자. Necesitamos un *tercero* para resolver el asunto. 그 문제를 해결하기 위해서는 제삼자를 필요로 한다.

terciado, da 图 ① 가로 놓인; 엷은 갈색의 (사탕). ② 넓은 단검; 약간 넓은 지붕.

terciar 囲 가로 놓다, 사형(斜形)으로 하다; 세등분하다. 囲 공개하다, 조정하다 (mediar); [+ en] 참가하다, 수를 채워

terciario, ria 형 제3의, 제3위의;【지질】제3기층(第三期層)의.

terco, ca 형 완고한. Era un muchacho tan *terco*, que nadie pudo convencerle. 그는 대단히 완고한 소년이어서, 아무도 그를 설득할 수 없었다.

tergiversar 타자 변절하다; 핑계대다, 속이다.

terliz 남 이불잇; 이불잇감; 천막천; 튼튼한 목면직(木綿織).

termal 형 온천의.

termas 여복 온천, (옛 로마의) 공중 목욕장.

térmico, ca 형 열의, 온도의; 화력의.

terminal 형 말단·종점의; 기말의. 여 종점, 종착역, 터미널. Por casualidad nos encontramos en la oficina de la *terminal* del aeropuerto. 우리들은 우연히 공항 터미널의 사무실에서 만났다.

terminar 타자 끝마치다, 끝내다 [여 empezar, comenzar], 치우다. ¿Cuándo *terminará* usted esa tarea? 그 일은 언제 끝날까요? ① [=이] 끝나다(acabar). La reunión *terminó* cerca de las diez. 집회는 10시 가까이에 끝났다. ② [+en] 최후·말단에 …하다. La torre *termina* en punta. 그 탑은 끝이 뾰족하다. ③ [+por + inf.] 최후에 …하다. *Terminaré por* marcharse al extranjero. 그는 마침내는 외국으로 떠나게 될 것이다. ◇ **terminación** 여 ① 끝, 말미(末尾). Fue desastrosa la *terminación* de la guerra perdida. 패배의 결말은 참혹했다. ②【문법】어미(語尾). ③ (계약 따위의)만기.

término 남 ① 끝, 종점. Al fin llegamos al *término* del viaje. 우리들은 마침내 여행의 종점에 닿았다. ② 한계; 경계; 기간. Usted debe presentarse en el *término* de diez días. 당신은 10일 기한 안에 출석해야 한다. ③ 용어(用語). Este autor hace uso de *términos* escogidos. 이 작가는 용어를 골라서 쓰고 있다. Se expresó en estos *términos*. 그는 이러한 말로 자기 생각을 말했다. *en buenos términos* 알기 쉽게 말하면, 우호 관계로. Por ahora estamos *en buenos términos* con esa familia. 현재 우리들은 그 가족과 사이좋게 지내고 있다. *en último término* 결국. *en un término medio* 평균해서. *poner término* 끝을 내다. *Pongamos término a esta discusión estéril*. 이제 이런 무익한 토론은 그만두자.

termómetro 남 온도계, 체온계. El *termómetro* marcó 5 grados bajo cero. 온도계는 영하 5도를 가리켰다.

ternero, ra【동물】송아지. Me gustan las chuletas de *ternera*. 나는 송아지 고기 커틀릿을 좋아한다.

ternura 여 ① 상냥함; 상냥한 말. Era necesario que la tratasen con *ternura*. 그녀를 상냥하게 대접할 필요가 있었다. ② 눈물겨움. El derramó lágrimas al ver la *ternura* de la escena. 그는 그 눈물겨운 정경을 보고 눈물을 흘렸다.

terraza 여 ①【건물】테라스, 정지붕, 노대(露臺). ② 노상 찻집. Veíamos el ir y venir de la gente, mientras tomábamos el café en la *terraza*. 우리들은 거리의 찻집에서 커피를 마시면서 사람의 내왕을 보고 있었다.

terremoto 남 지진(地震). Chile está expuesto a frecuentes *terremotos*. 칠레는 빈번한 지진의 위험에 직면하고 있다.

terreno, na 형 지상·현세의. Los bienes *terrenos* son perecederos. 현세의 재산은 가까운 장래에 소멸한다. 남 ① 토지, 지면(suelo). ② 지반(地盤), 영역. Es un cualquiera fuera del *terreno* de la medicina. 그는 의학의 영역 이외에서는 아무 것도 아닌 인물이다.

terrestre 형 ① 대지·지구의. Entonces los objetos *terrestres* proyectan su sombra a gran distancia. 그때 지상의 물체는 그림자를 멀리까지 투영한다. ② 육상의. En el transporte *terrestre* nunca disminuye la importancia del ferrocarril. 육상 운수에서 철도의 중요성은 조금도 감소하지 않는다.

terrible 형 ① 무서운. La policía ha cogido al *terrible* criminal. 경찰은 무서운 범죄자를 체포했다. ② 지독한. Hacía un calor *terrible*. 지독한 더위였다. ◇ **terriblemente** 부 무섭게.

territorio 남 영토, 지역. Se decía que nunca se ponía el sol en el *territorio* español. 서반아 영토에는 태양이 지지 않는다고 말하고 있었다. ◇ **territorial** 형 영토의. *aguas territoriales* 영해.

terror 남 공포. Los dos viajeros quedan cautivos de un *terror* súbito ante el espectáculo. 두 나그네는 그 광경을 보고 갑작스런 공포에 사로잡혔다. ◇ **terrorismo** 남 공포 정치; 테러 행위. ◇ **terrorista** 남 테러리스트.

terso, sa 형 원활한. La mar estaba negra, *tersa* y muda. 해면은 검고, 매끄러워 고요해 있었다.

tertulia 여 (상객[常客]·동호자의) 모임, 클럽. El padre ha salido a su *tertulia* en el café. 부친은 카페에서 있는 모임에 갔다. ◇ **tertuliano, na** 남여 상객(의 한사

tesis 閺 (학위) 논문. Para fines de este mes tenemos que presentar la *tesis*. 우리는 이번 월말까지 논문을 제출해야 한다.

tesoro 閺 ① 보물, 보배, 재보(財寶). Esta cocinera es *un tesoro de nuestra casa*. 이 요리사는 우리 집의 보배이다. ② 국고(國庫). ◇ **tesorería** 閺 출납과, 경리 담당, 재무국. ◇ **tesorero, ra** 閺 출납계원 경리 담당, 재무관.

testamento 閺 유언(장); 【종교】서약. *Antiguo [Viejo] Testamento* 구약 성경. *Nuevo Testamento* 신약 성경.

testarudo, da 閺 고집 불통의. José es un niño *testarudo* y no sabe obedecer. 호세는 고집쟁이 어린이여서 복종할 줄을 모른다.

testera 閺 앞면, 정면; (차의) 앞자리.

testículo 閺【해부】불알.

testificación 閺 입증, 증명.

testifical 閺 증인의, 증거가 서는.

testificar 阺 증언하다, 증거를 세우다, 증언하다, 증거를 내세우다, 확실하게 밝히다.

testificativo, va 閺 증거가 있는; 명확한.

testigo 閺 ① 증인. La declaración de la *testigo* era falsa. 그 여자 증인의 증언은 위증이었다. ② 목격자. La policía está esperando que aparezcan *testigos* del accidente. 경찰은 사고의 목격자가 나타나기를 기다리고 있다.

testimonio 閺 증거; 증언. Le ofrece a usted el *testimonio* de afecto. (편지의 맺음말) (서명자는) 당신에게 친애의 정을 바칩니다. *falso testimonio* 위증(僞證).

tetánico, ca 閺 강직성의;【의학】파상풍의.

tétano(s) 閺【의학】파상풍; (격렬한) 근육의 경직.

tetar 阺 …에 젖을 주다(amamantar).

tetera 閺 찻주전자; (칠레) 젖병.

tetilla 閺 작은 젖통; (수컷의) 젖꼭지; (젖병의) 젖꼭지.

tetina 閺 (젖병의) 젖꼭지.

tetraetro 閺 4면체.

tetrágono 閺 4각형, 4변형.

tetrasílabo, ba 閺 4음절의 (낱말).

tétrico, ca 閺 슬픈, 아주 침울한.

tetuda 閺 유방이 큰 (여자).

teúrgia 閺 요술. 閺 요술사.

textil 閺 ① 직물의. Esta ciudad es otro centro de industrias *textiles*. 이 도시도 또한 직물 산업의 한 중심지이다. ② 섬유의. El lino es planta *textil*. 아마는 섬유 식물이다.

texto 閺 ① 문서. Para investigar esa época no disponemos de *téxtos*. 그 시대를 연구하는 데 우리들에게 쓰일 문헌이 없다. ② 본문; 원문(原文). Argumenta citando *textos* del autor. 그는 작자의 원문을 인용하면서 입론하고 있다. ③ 교과서 (libro de texto). ◇ **textual** 閺 원문대로의; 정확한.

tez 閺 teces] 閺 (얼굴의) 피부. Era una niña de *tez* morena y de dientes muy blancos. 그녀는 거무스름한 얼굴에 매우 흰 이를 가진 소녀였다.

ti 閜 [2인칭 단수의 전치사격 대명사] 너. Esta carta es para *ti*. 이 편지는 너 앞으로 온 것이다. Te estás engañando a *ti* mismo. 너는 자기 자신을 속이고 있다.

tía 閺 ① 백모, 숙모, 이모, 고모. Esa *tía* será mi madrina de boda. 그 숙모가 내 결혼식의 입회인으로 되어 준다. ② 아주머니. La *tía* Juliana me lo ha dicho. 훌리아나 아주머니가 나에게 그걸 가르쳐 주셨다.

tialina【화학】프치아린, 타액소.

tiamina 閺 비타민 B_1.

tiberio 閺 시끄러움(ruido, confusión).

tibetano, na 閺閺 티베트의 (사람). 閺 티베트어.

tibia 閺【해부】경골; 피리(flauta).

tibiar 阺 미지근하게 하다(entibiar).

tibieza 閺 미적지근함, 미온; 열정이 없음, 우유부단.

tibio, bia 閺 미적지근한, 미온의; 열정이 없는, 우유부단한.

tiempo 閺 ① 때, 시간. ¿Cuánto *tiempo* hace que usted vive aquí? 여기 살고 계신지 얼마쯤 됩니까? ② 틈; 여유. Cuando tenga *tiempo* venga usted. 틈이 있으면 오십시오. ③ 시대(época). Este puente fue construido en el *tiempo* de los romanos. 로마 (사람들의) 시대에 이 다리는 구축되었다. ④ 시기. ⑤ 천후, 일기, 날씨. ¿Qué *tiempo* hace? 날씨가 어떻습니까. Ahora hace buen *tiempo*, pero no va a durar mucho. 지금은 좋은 날씨이지만, 오래 갈 것 같지도 않다. *a tiempo* 시간에 대어서, 제시간에. Llegamos *a tiempo*. 우리는 제시간에 도착했다. *con tiempo* 여유를 가지고. Avísemelo *con tiempo*. 여유를 가지고 그 일을 알려 주세요. *fuera de tiempo* 시기에 뒤져서. Perdone que le llame *fuera de tiempo*. 시간 외에 불러 내어 미안합니다.

tienda 閺 ① 가게, 상점. A estas horas estarán cerradas las *tiendas*. 이 시간에는 가게들은 닫혀 있을 것이다. ② 천막, 막

사(菓名). *tienda de comestibles* 식료품점. *tienda de confecciones* 부인 소아복점. *tienda de modas* 부인복점. ◇ **tiendecita** 여 구멍가게.

tiene tener의 직설법 현재 3인칭 단수형.
tienen tener의 직설법 현재 3인칭 복수형.
tienes tener의 직설법 현재 2인칭 단수형.
tierno, na 형 ① 부드러운 (↔ duro). Esta carne de vaca está muy *tierna*. 이 쇠고기는 매우 연하다. ② 젊은; 어린. Perdió a su madre a la *tierna* edad de cinco años. 그는 (어린) 5세 때 어머니를 잃었다. ③ 상냥한; 눈물겨운. La niña cuidó con *tierno* afecto a su madre enferma. 소녀는 상냥한 애정을 담아서 모친의 간호를 했다. ◇ **tiernamente** 상냥하게.
tierra 여 ① (주로 T-) 지구. ② 육지. La *tierra* ocupa la cuarta parte de la superficie del globo. 육지는 지구 표면의 4분의 1을 차지하고 있다. ③ 토지, 지방. Aquí se venden productos de la *tierra*. 여기서는 이 지방의 산물을 팔고 있다. ④ 지면(地面). Desde lo más alto del árbol cayó a [en] *tierra*. 그는 그 나무의 꼭대기에서 땅바닥으로 떨어졌다. ⑤ 땅; 논밭. Tiene muchas *tierras* en Andalucía. 그는 안달루시아에 많은 논밭이 있다. ⑥ 흙, 진흙. Ponga un poco más de *tierra* en el tiesto. 화분에 좀더 흙을 넣으십시오.
tieso, sa 형 ① 돌출한. El perro, con las orejas *tiesas*, estaba atento al menor ruido. 개는 귀를 쫑긋 세우고 희미한 소리에도 주의하고 있었다. ② 완강한; 완고한. Le encontré *tieso* a pesar de su edad. 나이에 걸맞지 않게 그는 완강했다. ③ 젠체하는; 냉랭한.
tiesto 남 화분.
tífico, ca 형 티푸스(성)의. 명 티푸스 환자.
tiflitis 여 [의학] 맹장염.
tifoideo, a 형 티푸스(성)의 (tífico). ◇ **tifo** 남 티푸스(tifus). ◇ **tifoidea** 여 장티푸스(fiebre tifoidea). ◇ **tifus** 남 (발진) 티푸스.
tigre 남 [동물] 범, 호랑이. ◇ **tigresa** 여 암 호랑이.
tijera 여 (주로 복) 가위. Alcánceme las *tijeras*. 가위를 집어 주세요. *silla de tijera* 접는 의자.
tilde 남 또는 여 [문법] 과형 부호 (~); 억양 부호.
timbre 남 ① 초인종(campanilla). Tocó por dos veces un *timbre*, y no pareció nadie. 그는 두 차례 초인종을 울렸으나 아무도 나타나지 않았다. ② (수입)인지. Hay que ponerle un *timbre* a este

certificado. 이 증명서에 인지를 붙여야 한다.
tímido, da 형 소심한, 내성적인. La paloma es un ave muy *tímida*. 비둘기는 대단히 무서움을 타는 새이다. ◇ **timidez** 여 소심, 내성. De repente se sintió atrevida, dejando la *timidez* de siempre. 그녀는 여느 때의 소심함을 버리고 갑자기 대담한 기분으로 되었다.
timo 남 ① 사취. *dar un timo* 속여서 빼앗다, 사취하다. ② 뜬 소문. ③ [물고기] 송어의 일종(tímalo).
timocracia 여 금권 정치.
timocrático, ca 형 금권 정치의.
timol 남 티몰 (강력 방부제).
timonear 자 키를 다루다, 타기를 조종하다.
timonel 남 타수, 키 잡는 사람.
timonera 여 [선박] 조타실; 새의 꼬리의 큰 깃털 (하나).
timonero 남 키 잡는 사람. 형 키의, 타기의.
tina 여 ① 큰 토기; 큰통; 튜브; 목욕통.
tinaco 남 작은 통, 나무통.
tinada 여 장작단, 외양간.
tinglado 남 판자 마루; 음모, 수완.
tiniebla 여 [보통 복] 어둠, 암흑; 무지, 답답함. *el ángel de las tinieblas* 악마.
tino 남 ① (어떤 것을)만져서 알아내거나 마치는 데 능숙함; 명중시키는 재주; 신중, 이성, 수완. *a tino* 손으로 더듬어서. *a buen tino* 짐작으로. *sin tino* 절제없이, 쉬지않고. ② 큰 통; 물감들이는 통; 탱크.
tinta 여 잉크. Este papel no es bueno; la *tinta* se corre al escribir. (글씨를) 쓰면 잉크가 스민다. ◇ **tintero** 남 잉크병; 잉크스탠드.
tinto, ta 형 (포도나 포도주) 적색의. 남 적포도주(vino tinto).
tintóreo, a 형 색을 내는, 염색용의. 여 염료 채취용 식물.
tintorería 여 염료 공장; 세탁소.
tintorero, ra 남 염색하는 사람, 염색자.
tintura 여 염색(tinte); 염료; 얼굴을 곱게 하기 위해 바르는 연지, 얼굴 화장품 (afeite); 잉크물에 풀어논 물감; 수박 겉핥기식의 지식.
tiña 여 머리 버짐, 벌집; 벌집을 해치는 작은 벌레.
tiñoso, sa 형 머리 버짐이 난 (사람); 궁핍한 (사람).
tío 남 ① 삼촌, 숙부, 고모부. Mis *tíos* de Vigo serán padrinos de nuestra boda. 비고에 있는 내 숙부모님께서 우리들의 결혼식 입회인으로 되어 준다. ② 아저씨, 놈. ¿Qué se habrá creído ese *tío*? 저 녀

típico, ca 형 ① 전형적인. ② (지방적인) 특색이 있는. Hoy, por los campos, no se advierte el traje *típico*. 오늘날 시골에서도 지방 특유의 의상은 볼 수 없다.

tipo 남 ① 전형(典型); 형, 타입. La compañía ha colocado en venta un nuevo *tipo* de coche. 그 회사는 신형 차를 발매했다. ② 인물, 놈. Supongo que hay muchos *tipos* misteriosos ahí. 그곳에는 수상한 인물이 많이 있다고 나는 생각한다. ③ 활자(活字). Limpie usted los *tipos* de esta máquina de escribir. 이 타이프라이터의 활자를 깨끗이 청소해 주시오. ④ 율, 비율. *tipo de interés* 이율. *tipo de cambio* 환 산율.

tipocromía 여 [인쇄] 착색 인쇄.
tipografía 여 인쇄; 인쇄소(imprenta).
tipográfico, ca 형 인쇄의; 활자의.
tipógrafo 남 인쇄공; 식자공(cajisia); 식자기.
tipotelégrafo 남 텔레타이프.
tiquet(e) 남 입장권, 표, 티켓.
tiquismiquis 남복 쓸데 없는 것; 할 일 없는 걱정.
tira 여 가늘고 긴것, 끈. *tira de hierro* 철대. *tiras cómicas* [단·복수 동형] 만화.
tirabotas 남 [단·복수 동형] 장화신는데 쓰이는 쇠갈고리.
tirabuzón 남 코르크 마개 뽑기.
tirano, na 형 횡포한. 명 횡포한 사람; 폭군(暴君). Este niño es el *tirano* de la familia. 이 아이는 우리 집의 폭군이다.
◇ **tiránico, ca** 형 ① 폭군의·과 같은. ② 저항할 수 없는. Le cautivó su encanto *tiránico*. 그 저항할 수 없는 매력이 그를 포로로 했다.
tirante 형 ① 잡아 당긴, 팽팽한. Ponga la red bien *tirante*. 그물을 충분히 쳐 놓아라. ② 긴장·긴박한. Las relaciones entre las dos potencias estaban *tirantes*. 두 강국의 관계가 긴장하고 있다. ① 줄다리기, 당김; 덤보. ② 남 [의복] 바지 멜빵. Ponle al niño los *tirantes* para que no se le caigan los pantalones. 바지가 내려가지 않도록 어린이에게 바지 멜빵을 메어주십시오. ◇ **tirantez** 여 팽팽함; 긴장, 긴박.
tirar 타 ① 던지다. El niño *tiró* una piedra a la ventana. 소년이 창문에 돌을 던졌다. ② 넘어뜨리다. El viento *ha tirado* el árbol. 바람이 그 나무를 넘어뜨렸다. ③ 던져버리다. Estos tirantes ya no sirven; hay que *tirarlos*. 이 바지 멜빵은 이제 소용없게 되었다. 내 버려야겠다. ④ 발포하다, 발사하다. *Tiraban* cohetes a lo alto. 불꽃이 높이 쏘아 올려졌다. ⑤ 끌어당기다; (선을) 긋다. Me *tira* siempre el pueblo. 나는 언제나 (마음이) 나라쪽으로 끌린다. ⑥ 인쇄·발행하다(publicar). Esta prensa *tira* medio millón de ejemplares. 이 신문은 50만부 발행하고 있다. 자 ① 지속하다. ② (식품 따위가) 변치않다. Este abrigo *tirará* todavía otro invierno. 이 외투는 또 한겨울 입을 수 있겠다. ② [+a: …로 향하다] 경향이 있다. La cabra siempre *tira al* monte. 세살 버릇 여든까지 간다. ③ [+a: …와] 닮다. ③ …물들어 있다. La hija más bien *tira a* su padre. 그 소녀는 오히려 부친을 닮아 있다. ④ [+de: …을] 끌어당기다, 끌다. El burro *tira del* carro. 노새가 짐수레를 끈다. ⑤ 사격하다. Me enseñó a *tirar* al blanco con pistola. 그가 나에게 권총으로 과녁을 쏘는 법을 가르쳐 주었다. ◇ ~**se** ① 몸을 내던지다; 뛰어 나가다·뛰다; 뛰어 덤비다. Vimos como *se tiraban* al agua. 우리들은 그들이 물로 뛰어드는 모습을 보았다. ② 넘어지다; 뻗다. *Se tiró* en la cama. 그는 침대에 몸을 길게 눕혔다. ◇ **tirador, ra** 사수(射手). Mi padre era buen *tirador*. 내 부친은 사격의 명수였다.

tiro 남 ① 던짐. ② 사격; 총소리; 사정 (거리). Había sido campeón de *tiro* al blanco con pistola en su juventud. 그는 젊었을 때 권총 사격 선수였던 일도 있다. *a tiro (de)* (…가) 닿는 곳에; 가능한. Si se le *tiro*, le hablaré del asunto. 그가 말을 들을 기분이 되어 있다면 내가 이 일을 그에게 말하겠다.

tirón 남 세게당김, 끌기, 잡아당기기, 끌어들이기; 노력; 초보자; 연습자. *de un tirón* 당장, 즉시, 한번에.
tirotear 타 난사하다. ◇ ~**se** 싸움하다, 충돌하다, 논쟁하다.
tiroteo 남 난사, 명사격, 작은 전투, 작은 논쟁.
tirria 여 악감정, 증오, 원한, 유한.
tísico, ca 형 명 폐결핵의 (환자), 소모열의 (환자).
tisis 여 폐결핵, 소모열.
tisú 남 금·은 실로 만든 얇은 직물.
titán 남 [신화] 타이탄신.
títere 남 꼭두각시, 괴뢰, 앞잡이; 집념. 복 곡예.
titilación 여 간질르기, 간지러움, 가벼운 쾌감; 반짝임.
titilar 자 반짝이다, 빛나다, 간지럽다.
titiritaina 여 피리 소리, (피리 소리 따위의) 시끄러운 소리.
titiritar 자 (공포·추위로) 떨다.
titiritero, ra 명 곡예사. 인형 조종자.

titubear ㉚ 주저하다; 말을 더듬다. El testigo contesta sin *titubear*. 증인은 더듬지 않고 대답했다.

titular ㉻ (…에) 제명(題名)을 붙이다. Le recomiendo un libro *titulado* "Historia del Cristianismo." 나는 기독교 역사라고 이름이 붙은 책을 권장한다. ⑱ 직함·자격을 가진; 전속·전임의. Ese señor es profesor *titular* de esta asignatura. 그 사람은 이 학과목의 전임 교수이다.

título ㉾ ①제명, 책; (신문의) 제목. ¿Cuál es el *título* del libro? 그 책의 이름은 무엇입니까? ②직함, 자격. Tiene los *títulos* de abogado y doctor en Letras. 그는 변호사 자격과 문학 박사의 자격을 가지고 있다. ③증권, 채권, 주권. *a título de* …로서, …의 이유·구실로. Va tarde a la oficina *a título de* que le pagan poco. 급료를 적게 준다는 이유로 그는 사무소에 늦게 나간다.

toalla ㉾ 수건, 타월. Se limpió el sudor de la frente con una *toalla*. 그는 수건으로 이마의 땀을 닦았다.

tocador, ra ㉾ 연주자. ㉾ 변소; 화장대; 화장 상자.

tocante a ㉛ …에 관하여. No hemos hablado nada *tocante a*l sueldo. 급료에 관하여 우리들은 아무 말도 하지 않는다.

tocar [⑦ sacar] ㉻ ①(…에) 닿다, 만지다. No *he tocado* con el pie. 나는 발로 그것을 건드렸다. ②(악기 따위를) 울리다; (음색을) 내다. Lola *tocaba* la guitarra en su cuarto. 롤라는 자기 방에서 기타를 듣고 있었다. ㉚ ①[+a·con :에] 닿다. A estas horas el Sol parece *tocar* con la Tierra en el horizonte. 이 시각에는 태양이 지평선에서 지구에 닿는 듯이 보인다. ②[+a :고지·소집의 신호소리가] 울리다. Las campanas de la iglesia *tocan a* muerto. 교회의 종이 조종을 울리고 있다. ③(순번이) 돌아오다. A mí me *toca* limpiar nuestro cuarto. 우리 방 청소는 순번이 내게 돌아왔다. ④[+en : …에] 기항·착륙하다. Este barco no *tocará en* Veracruz. 이 배는 베라크루스에는 들리지 않는다.

tocino ㉾ 베이컨.

todavía ㉙ ①아직. El está durmiendo *todavía*. 그는 아직 잠자고 있다. ②더 (한층). Lola es *todavía* más aplicada que su hermano. 롤라는 오빠보다 더 근면하다. ③그리고도 또. He trabajado más que nadie y *todavía* me riñe. 나는 누구보다도 일을 잘 했다. 그런데도 오히려 그는 나를 꾸짖는다.

todo, da ⑱ [명사의 앞, 관사나 소유·지시 형용사가 있으면 다시 그 앞으로 나가는 부정(不定) 형용사] ①모든, 전 …. *Todos* sus hermanos viven en Madrid. 그의 형제는 모두 마드리드에 살고 있다. ②[강조; 명사의 뒤] …은 모두, 전체로서. Los hombres están *todos* amenazados por el temor de la muerte. 사람은 모두 죽음의 공포에 떨고 있다. ③[+부정관사+단수명사] 오로지 한개의. Su vida es *toda* una novela. 그의 일생은 단 한 편의 소설이다. ④[+관사 없는 단수명사] 어느 것이나, 각자의. *Todo* día trae sus penas. 그날그날이 고민을 가져온다. ⑤[숙어적; +관사 없는 추상명사/+관사없는 복수 명사] Se presentó con *toda* puntualidad. 그는 전혀 시각을 어기지 않고 모습을 보였다. ⑥[+관사+장소의명사] 그곳에 있는 사람 모두. *Toda* la casa asistía a la fiesta. 집안 사람 모두가 그 축제에 나갔다. ⑦[명사에서 떨어져서 부사적] 오로지. Vino *todo* manchado de barro. 그는 온통 진흙 투성이로 돌아왔다. ㉙ 전혀, 모두. El pobre se removió *todo* bruscamente. 그 불쌍한 놈은 전혀 갑자기 몸을 떨었다. ㉾ ① [단수형] 모두, 일체. Aquí hay de *todo* y se vende de *todo*. 여기에는 무엇이든지 있고 무엇이든지 팔고 있다. ② [복수형] 모든 사람. Esta es la opinión de *todos*. 이것이 모두의 의견이다. ③ [lo와의 결합으로] 모든 일·것. El habla de *todo* y *lo* explica *todo* bien. 그는 무엇이든지 화제로 삼고, 모든 것을 능란하게 설명한다. *ante todo* 무엇보다도 먼저. *Ante todo* cuida tu salud. 무엇보다도 네 건강에 조심해라. *con todo* 그러나. Con *todo* prefiero no ir. 그러나 나는 차라리 가고 싶지 않다. *del todo* 모조리. *sobre todo* 특히 (especialmente). Me gusta el café; *sobre todo* si está caliente. 나는 커피를 좋아한다; 특히 커피가 뜨거우면.

tolanos ㉾⑭ 종양, 종기.

toldadura ㉾ 천막, 차일.

toldar ㉻ 차일을 치다, 천막을 치다.

toldilla ㉾ 【선박】 후갑판 뒤의 선실, 갑판 위의 차일.

tole ㉾ 소요, 소란, 대소동, 배척의 외침, 반대, 소음, 굉음. *tomar el tole* 도망하다.

tolerancia ㉾ 관용; 신교(信敎)의 자유. La virtud más útil en la vida social es la *tolerancia*. 사회 생활에서 가장 중요한 덕의(德義)는 관용이다.

tolerar ㉻ ①허용하다, 용인하다. No se pueden *tolerar* los escándalos en la vía pública. 공도(公道)에서의 소란은 허용되지 않는다. ②견딜 수 있다. Mi estó-

toma 여 포획고, 판매고; 획득, 소득, 취임(식), 착위(식); 점령, 탈취, 접취; (약 따위의) 일회분. *toma de tierra* 【항공】착륙. *toma de cuentas* 회계 검사. *toma de posición* 취임(식).

tomador, ra 여 (어음, 수표의) 수취인, 소지인.

tomar 타 ① 잡다; 붙잡다. *Tome usted el precio.* 부디 대금을 받아 주시오. *Tomó la mano de ella entre las suyas.* 그는 그녀의 손을 자기의 두 손 속에 쥐었다. ② 먹다(comer), 마시다(beber). ¿A qué hora tomar usted el desayuno? 아침식사는 몇 시에 하겠소. ③ (일광·바람에) 쏘이다; 목욕하다. *Voy a tomar el sol.* 나는 햇볕을 쏘이려 한다. ④ (탈것을) 타다. *Pueden ustedes tomar un taxi.* 택시를 타면 된다. ⑤ (자리·장소·숙소를) 잡다. *Tome usted asiento.* 자리에 앉으십시오. ⑥ (표 따위를) 사다; (세로) 빌다. *He tomado dos entradas para esta tarde.* 나는 오늘 오후의 표를 두 장 사두었다. ⑦ 채용하다, 고용하다 (emplear). *Hemos tomado una muchacha nueva en la oficina.* 우리들은 사무소에 새로 소녀를 쓴 사람 채용했다. ⑧ 기록하다, 녹음하다, 사진찍다. *José quiere tomar nota de todo.* 호세는 무엇이든지 기록하려 한다. ⑨ 수단을 쓰다, 태도를 짓다, 책임지다. *El tomó la responsabilidad del trabajo.* 그는 그 일의 책임을 졌다. ⑩ (습관·버릇·취미 따위를) 몸에 붙이다; (어떤 감정을) 가지다. *Ha tomado las costumbres de aquel país.* 그는 그 나라의 습관을 몸에 지녔다. *Me tomaron mucho cariño.* 그 사람들은 나를 대단히 좋아하게 되었다. [+명사:…을] 하다. *José tomó la decisión de hacerlo.* 호세는 그렇게 할 결심을 하였다. *Están tomando todas las precauciones necesarias.* 필요한 예방은 모두 취해지고 있다. ⑫ [+por:…로] 오인하다. *Parece que te tomaba por tu hermano.* 그는 너를 네 형으로 오인한 듯하다. ⑬ (길을) 더듬다; [자동사적; +a·hacia·por:…의 쪽으로] 길을 잡다. *Había tomado una senda equivocada.* 그는 틀리는 길을 걷고 있었다. *Al llegar al cruce, tiene que tomar a la derecha.* 십자로에 도착하면 당신은 오른쪽으로 가야 합니다. ◇~se (자기가·자신을 위하여) 취하다. *Me tomé una copa de vino para animarme.* 나는 기운을 내려고 포도주를 한 잔 마셨다. *tomarse la libertad de+inf.* 실례지만 …하다. *Me tomo la libertad de dirigirme a usted por primera vez.* 실례지만 처음으로 편지를 올립니다.

tomate 남 【식물】토마토(의 열매).

tomo 남 (책의) 권(卷). *La novela está incluida en el tomo segundo de sus obras completas.* 그 소설은 그의 전집의 제 2권에 들어 있다.

tonelada 여 【중량·용적의 단위】톤. *Nos basta con dos toneladas de carbón para todo el invierno.* 겨울동안 2톤만 석탄이 있으면 우리들에게는 충분하다. ◇ **tonelaje** 남 【선박】(총)톤수.

tónico, ca 형 강장(强壯)의. 남 강장제(强壯劑).

tono 남 ① 가락. ② 말씨. *Me hablaba en tono de súplica.* 그는 나에게 간청하는 말씨로 말을 걸었다. ③ 색조. *La discusión tomó un tono político.* 토론은 정치색을 띠었다.

tonto, ta 형 ① 어리석은; 흐인인. *No seas tonta.* 바보스런 짓을 하지 마라. ② 바보스런, 얼빠진. ◇ **tonteo** 남 어리석은 짓·행동. ◇ **tontería** 남 어리석은 일. ◇ **tontón, na** 형 어리석은.

topar 타 (…와) 부딪치다; 만나다. ◇~se [+con:…과] 부딪치다; 만나다. *Me topé con él en la estación.* 나는 역에서 그를 만났다.

tope 남 정상, 접촉점, 충돌, 방해, 장해 물, (열차의) 완충기, 돛대 꼭대기. *hasta el tope* 가장자리까지.

topetada 여 (뿔달린 동물 따위가) 받기, 떠밀기, 충돌, 박치기.

topet(e)ar 타자 부딪치다, 충돌하다, 치다.

topetón 남 충돌, 부딪침, 만남; (뿔 따위로) 받음, 받기.

tópico, ca 형 화제의, 문제의, 제목의, 원칙적, 총론적 사사문제의. 남 외용약, 화제.

topo 남 【동물】두더지.

topografía 여 지형학, 지형, 지세.

topografiar 타 측량하다.

topográfico, ca 형 지형(학)적, 측량의.

topógrafo, fa 남 지형학자.

toponimia 여 지명, 지명학, 지명 연구.

toque 남 ① 접촉함. *No le di más que un toque con el lápiz.* 나는 그것에 연필로 살짝 대었을 뿐이오. ② 종소리·나팔 신호. 소리. *Se oye el toque de difuntos.* 조문하는 종소리가 들렸다. ③ (그림붓의) 한 번 칠함; 약간의 손질. *Unos cuantos toques más y estará terminado.* 좀더 손을 대면 그걸로 완성이겠지.

torbellino 명 회오리바람. El *torbellino* atravesó la llanura arrasándolo todo. 회오리바람이 닥치는 대로 쓸어 뜨리면서 평원을 횡단했다.

torcer [① vencer. ② perder] 타 [+a·hacia·] 굽다. Al llegar a la esquina, *tuerza* usted *a* la derecha. 모퉁이까지 가거든 오른쪽으로 굽어지세요. El agua *tuerce* los rayos de luz. 물은 광선을 굴절시킨다. ② 비틀어지게 하다; 비틀다, 뒤틀다. Al oírlo *torció* el gesto. 그 말을 듣더니 그는 얼굴을 찡그렸다. ◇ ~se ① 굽다; 뒤틀리다. ② 삐다. Me *torcí* un pie al bajar la escalera. 나는 계단을 내려오다 한쪽 발을 삐었다. ③ (성격이) 비꼬이다, (일이) 꼬이다. **torcido, da** 형 굽은; 비꼬인, 비틀린.

torear 투우하다. ◇ **toreador** 명 투우사. **tereo** 명 투우. **torería** 명 투우 기술·조합·단. **torero, ra** 형 투우의·풍의. 명 투우사; 투우 좋아하는 사람.

tormenta 여 폭풍우. El navío se refugió de la *tormenta* en la bahía. 배는 폭풍우를 피하여 만(灣) 속으로 피난했다. ◇ **tormentoso, sa** 형 폭풍우의; 일기가 사나워지는. El navío se aventuró en el mar *tormentoso*. 배는 폭풍의 바다에 위험을 무릅쓰고 출항했다.

tormento 남 ① 고문, 괴롭힘. ② 고민의 씨앗. Ese niño enfermo es su *tormento*. 그 병든 아이는 그의 고민의 씨앗이다.

torna 여 반환, 상환, 복귀; 관개로, 도랑. *volver las tornas* 갚다, 반려하다, 역전하다.

tornaboda 여 신혼 여행의 첫날, 결혼 이튿날.

tornada 여 돌아옴, 귀향, 복귀, 귀국.

tornadizo, za 형 신념을 굽힌, 변절한, 배반한. 명 변절자.

tornado 남 허리케인, 태풍.

tornaguía 여 수취증.

tornapunta 여 지주(支柱), 버팀 기둥.

tornar 타 돌려주다, 되돌리다. ③ (어떤 성질·상태로) 바꾸다. El mal humor le *tornó* taciturno. 기분이 나빠서 그는 말을 하지 않게 되었다. ③ [+a+inf.] 다시 …하다. *Tornó a* llover. 또 비가 오기 시작했다. ◇~se 바뀌다. En invierno las montañas *se tornan* blancas. 겨울에는 산들은 (눈으로) 희어진다.

tornasolado, da 형 변색의, 색깔이 변하는, 무지개 빛깔의.

tornasolar 타 (보는 방향에 따라) 색이 달라지게 하다, 무지개 빛깔로 하다.

tornátil 형 선회식의, 변화할 수 있는, 변하기 쉬운, 변덕스런.

tornatrás 혼혈아, 트기, 잡종.

tornavía 여 전차대, 회전대, (축음기의) 회전반, 회전식 무대.

tornavoz 남 장치, 반향, (악기의) 공명판.

torneante 명 경기에 출전한 선수.

tornear 타 회전시키다. 자 선회하다, 시합에 출전하다.

torneo 남 기마전, 마상 시합, 시합, 경기.

tornería 여 선반 공장, 선반 세공.

tornero, ra 명 선반공.

tornillero 남 탈주병.

tornillo 남 [공구] 수나사, 나사못. A ese muchacho le falta algún *tornillo*. 그 어린이는 어딘지 모자라는 곳이 있다.

toro 남 ① [동물] 황소, 숫소 [비교: buey]. Había un animal de piedra que tenía forma de *toro*. 소의 형상을 가진 돌로 된 동물이 있었다. ② 투우. Todo extranjero que visita España quiere ir a los *toros*. 서반아를 찾는 외국인은 모두 투우를 보러 가려 한다. *corrida de toros* 투우.

torpe 형 느슨한, 바보스런 (tonto). Le parezco *torpe* a la maestra. 선생에게는 내가 바보로 보이는 것이다. A causa de la gordura está *torpe* de movimientos. 그는 살이 쪄 있으므로 동작이 느리다. ◇ **torpeza** 여 우둔(tontería); 바보, 실책.

torpedo 남 기뢰, 어뢰.

torre 여 [건물] 탑. Esta *torre* de acero mide 320 metros de alto. 이 철탑은 높이가 320 미터이다. *torre de marfil* 상아탑. *torre de mando* 사령탑.

torrente 남 ① 격류(激流). El pobre toro fue arrastrado por el *torrente*. 불쌍하게도 그 소는 격류에 말려들어간다. ② (밀어닥치는) 군중. ◇ **torrencial** 형 격류의·와 같은. Caía una lluvia *torrencial*. 내퍼붓는 호우가 쏟아졌다.

torta 여 케이크, 부침개. Esta *torta* está seca. 이 케이크는 말라있다.

tortilla 여 옥수수 부침개.

tortuga 여 [동물] 거북.

tortura 여 꼬임; 고문. ◇ **torturar** 괴롭히다, 고문하다.

tos [복 toses] 여 기침. En la oscuridad se oyeron las *toses* secas de alguien. 어둠 속에서 어떤 사람의 기침 소리가 들렸다. ◇ **toser** 자 기침하다.

tosco, ca 형 ① 조잡한. Es un trabajo demasiado *tosco*. (그것은) 너무나도 조잡한 세공이다. ② 교양이 없다. Era una

tostar persona de maneras *toscas*. 그는 품행이 나쁜 사람이었다. ◇ **tosquedad** 예 조잡; 영성함.

tostar 图 (contar) 囲 태우다, 그을리다, 쬐다, 볶다. El pan está demasiado *tostado*. 이 빵은 너무 구어졌다. ◇ ~se (해·바닷바람에 살갛이) 타다. ◇ **tostada** 예 【식품】 토스트 빵. Tráigame un café, *tostadas* y mantequilla. 커피와 토스트와 버터를 가져다 주십시오. ◇ **tostador** 남 빵굽는 기계; 커피 볶는 기계.

total 형 전체의, 전면적; 전면적인. El bombardeo causó la destrucción *total* de la ciudad. 폭격이 도시의 전면적인 파괴를 가져왔다. 남 총계; 전부. ¿Cuál es el *total* de la suma? 집계한 총계는 얼마인 가요. *total*, *que* 결국, 즉. *Total*, *que* nadie está contento. 결국 누구든 한 사람 만족하지 않는다. *en total* 결국; 전부.

totalidad 예 전체, 전부.

totalitario, **ria** 형 전체의; 전체주의의 (사람).

totalitarismo 남 전체주의.

totalizar 国 집계하다, 합계하다. ◇ ~se [+en] 합계하여 ...이 되다.

totem 남 토템.

toxemia 예 【의학】 독혈증.

toxicidad 예 독성, 유독성.

tóxico, **ca** 형 위독한. 남 독, 독물.

toxicología 예 독물학.

toxicólogo, **ga** 명 독물학자.

toxicomanía 예 독물, 독물 중독.

toxicómano, **na** 형 독물 기호의. 명 독물 중독자.

toxina 예 독소.

tozal 남 구릉, 언덕, 꼭대기, 정상.

tozo, **za** 형 난쟁이의, 왜소한, 작은.

tozudo, **da** 형 고집센, 고지식한.

traba 예 결속, 연결, 묶음, 붙잡음, 움켜 쥠, 이음, 장해.

trabacuenta 예 계산 착오, 과오, 실수, 잘 못, 논쟁.

trabado, **da** 형 연결된, 접속된, 빽빽한, 조밀한, 강한, 강인한, 튼튼한; 【문법】 자음으로 끝나는 (음절).

trabajador, **ra** 형 일 잘하는, 능력있는, 부지런한 (aplicado, diligente). Lola es la más *trabajadora* de todo el pueblo. 롤라는 마을 제일의 일꾼이다. 명 (육체적인) 노동자, 일꾼.

trabajar 圄 ① 일한다. A nadie gusta que se le interrumpa en el *trabajo*. 아무도 일하는 중에 중단 당하는 일은 싫어한다. ② 노동 (labor). Van a cambiar la ley del *trabajo*. (그들은) 노동법을 개정하려 한다. Fueron arduas las luchas entre el captal y el *trabajo*. 노사 간의 투쟁은 격렬했다. ③ 작품, (농)작물. Este *trabajo* es muy útil para los que trabajan en las sociedades mercantiles. 이 저작(著作)은 상사에서 일하는 사람들에게 매우 유익하다. ④ 노고(勞苦). No hay atajo sin *trabajo*. 노고없는 지름길은 없다. *costar trabajo + inf.* ...하기에 힘들다. Me *costó* mucho *trabajo* arreglar el asunto. 이 일을 처리하는데 아주 많은 힘이 들었다. ◇ **trabajoso**, **sa** 형 노고가 많은, 곤란한.

trabajo 남 ① 일. A nadie gusta que se le interrumpa en el *trabajo*. 아무도 일하는 중에 중단 당하는 일은 싫어한다. ② 노동 (labor). Van a cambiar la ley del *trabajo*. (그들은) 노동법을 개정하려 한다. Fueron arduas las luchas entre el captal y el *trabajo*. 노사 간의 투쟁은 격렬했다. ③ 작품, (농)작물. Este *trabajo* es muy útil para los que trabajan en las sociedades mercantiles. 이 저작(著作)은 상사에서 일하는 사람들에게 매우 유익하다. ④ 노고(勞苦). No hay atajo sin *trabajo*. 노고없는 지름길은 없다. *costar trabajo + inf.* ...하기에 힘들다. Me *costó* mucho *trabajo* arreglar el asunto. 이 일을 처리하는데 아주 많은 힘이 들었다. ◇ **trabajoso**, **sa** 형 노고가 많은, 곤란한.

trabar 国 ① 연결시키다, 얽히게 하다. ② (우정을) 맺다; (회화·싸움 따위를) 시작하다. Los dos *trabaron* amistad en un viaje. 두 사람은 여행에서 친해졌다. ◇ ~se ① 감기다, 엉키다. *Se le traba* la lengua cuando habla rápido. 그는 빨리 말하면 혀가 잘 돌아가지 않는다. ② 싸움하다. Los dos *se trabaron* en una discusión. 두 사람은 입씨름을 시작했다.

traca 예 【선박】 뱃전판, 배밀판.

trácala 예 속임수, 기만, 사기, 술책, 거짓말.

tracalada 예 군중, 다수.

tracción 예 견인(력), 끌기, 끄는 힘.

tracista 【남·여 동형】 제도가, 도안자, 고안자, 계획자, 모사.

tracoma 예 【의학】 트라홈, 과립성 결막염.

tracto 남 간격(trecho), 기간(lapso).

tractor 남 견인차, 트랙터. *tractor de orque* 무한 궤도차.

tradición 예 전통, 전설(leyenda). Esta costumbre tiene una *tradición* muy remota. 이 풍습은 매우 오랜 전통을 가지고 있다. ◇ **tradicional** 형 전통적인; 전설의·과 같은. Todo el pueblo participa en la fiesta *tradicional*. 마을 사람들이 모두 그 전통적인 축제에 참가한다.

traducción 예 번역(물); 해석. Tengo varias *traducciones* coreanas del Quijote. 나는 동끼호떼의 우리말 번역을 몇 권 가지고 있다.

traducir 图 (aducir) 囲 ① 번역하다. ¿Quién *ha traducido* la novela al [en]

traer español? 이 소설은 누가 서반아어로 번역했는가. Esta parte está mal *traducida*. 이 부분은 오역되어 있다. ②표현하다 (expresar). *Tradujo* sus sentimientos en unas frases conmovedoras. 그는 자기의 감정을 감동적인 말로 표현했다. ◇ **traductor, ra** 명 번역자, 번역가.

traer 〔71〕 타 ① 가져·데려오다. Mozo, *tráigame* una cerveza. 보이, 맥주 한 병 가져오게. La pereza *trae* estos vicios. 게으름이 이러한 나쁜 버릇의 원인으로 된다. ③길들이다, 몸에 붙이고 있다. ④(신문이 기사 따위를) 싣다. El periódico de hoy *trae* un artículo sobre los accidentes de tráfico. 오늘 신문에 교통 사고에 관한 기사가 실려 있다. ⑤〔+형용사 : …의 상태로〕하여 놓다. El asunto le *traía* muy inquieto. 그 일이 그를 대단히 불안하게 하고 있었다.

tráfico 남 ①교통(량). Han aumentado los accidentes de *tráfico* recientemente. 요즈음 교통 사고가 증가했다. ②거래 (去來), 무역, 장사. En este puerto se hace un *tráfico* importante. 이 항구에서는 중요한 거래가 행해진다. *tráfico marítimo* 해운(海運). *jefe de tráfico* 운수 과장. *trancar el tráfico* 개통시키다.

tragaderas 여복 식도(食道). *tener buenas tragaderas* 잘 속다.

tragadero 남 식도(faringe), 구멍.

tragaldabas 남 〔단·복수 동형〕 대식가.

tragaleguas 남 〔단·복수 동형〕 잘 걷는 자, 건강인.

tragaluz 남 천정, 채광창.

tragantón, na 형 대식하는. 남 대식가. 여 성대히 차린 연회.

tragaperras 남 〔단·복수 동형〕 자동 판매기.

tragar(se) [8 pagar] 타재 마시다, 들이 마시다. Me obligaron a *tragar* la medicina. 나는 그 약을 억지로 먹었다. ◇ **trago** 남 한 입(에 마시는 양). Vamos a echarnos un *trago*. (술)을 한 잔 마시러 가자.

tragedia 여 비극(悲劇). 〔⇔ comedia〕. Prefiero la *tragedia* más bien que la comedia. 나는 희극보다 오히려 비극이 좋다. **trágico, ca** 형 ①비극의, 비극적인. Fue un accidente *trágico*, que costó la vida a muchas personas. 그것은 많은 사람의 생명을 빼앗은 비참한 사고였다. 남 비극 작가.

traición 여 배반, 배신. Hizo *traición* a su amigo causándole la muerte. 그는 친구를 배신하여 죽음에 몰아 넣었다. *a traición* 배신해서, 기습적으로. Le hirieron *a traición* con las espadas que tenían ocultas. 그는 상대가 감추어 가지고 있던 칼로 기습당했다. ◇ **traicionar** 타 배신하다; (의사에) 반대하다; (진실을) 폭로하다. Su gesto *traicionaba* sus intenciones. 그의 낯빛이 그의 의중을 (언외에) 나타내고 있었다.

traidor, ra 형 ①배신자의, 악인의. ②믿을 수 없는; (진실을) 숨길수 없는. Me miró con unos ojos *traidores*. 저의가 보이는 눈초리로 그는 나를 보았다. 남 배신자, 악인. ¿Dónde están los *traidores* que han vendido al fiel amigo? 충실한 동료를 (적에게) 팔아넘긴 배신자는 어디 있느냐.

traje 남 옷(ropa), 복장. El *traje* revelaba su buena posición económica. 그의 복장이 경제 상태의 양호함을 말하고 있었다. *traje de baño (playa)* 수영복. *traje de casa* 가정복. *traje de etiqueta* 예복 (frac). *traje de noche* 야회복.

trama 여 ① (천의) 가로 실. ② (주로 나쁜) 책략. Entre los dos me hicieron una *trama* odiosa. 그들은 둘이서 나에 대하여 가증한 책략을 꾸몄다. ③(작품의) 줄거리, 구조(構造). Es muy sencilla la *trama* de la novela. 그 소설의 줄거리는 매우 단순하다. ◇ **tramar** 타 책략을 쓰다, 꾸미다. Estaban *tramando* una alegre sorpresa para su madre. 모친에게 즐거운 놀라움을 (드리려고) 그들은 (일을) 꾸미고 있었다.

trámite 남 수속, 절차. Son bastante molestos los *trámites* para sacar el pasaporte. 여권을 받는 절차는 꽤 번거롭다.

trampa 여 덫, 함정, 간계. Pusieron algunas *trampas* para los ratones. 그들은 쥐를 잡을 덫을 몇 개 만들었다. *llevarse la trampa* 모르는 동안에 없어지다; 몽땅 허사가 되다. Nuestra herencia se *ha llevado la trampa*. 우리들의 상속 재산은 어느덧 없어져 있었다.

trance 남 (아슬아슬한) 시기, 전기(傳記). Le deseo la resignación posible en tan duro *trance* como el que sufre. 당신이 피로하는 이러한 피로운 때에 가능한 한의 체념을 빕니다. *a todo trance* 단연.

tranquilizar [20 alzar] 타 안정시키다; 안심시키다. La *tranquilizaron* las noticias recibidas. 받은 소식이 그녀를 안심시켰다. ◇~se 안정하다. *Tranquilícese* usted. 여보, 안심하십시오.

tranquilo, la 형 ①고요한; 평정한. Pasé un mes en un hotel *tranquilo*. 조용한 호텔에서 나는 한 달 동안 지냈다. ②안심한. Podré pasar *tranquilo* el verano sin las preocupaciones de otros años. 나는

지난 해와 같은 걱정도 없이 안심하여 여름을 보낼 수 있을 듯하다. ◇ **tranquilamente** 图 조용히; 정정하게; 태연히; 안심하고. ◇ **tranquilidad** 여 고요함; 평정; 안정; 안심. Tiene una *tranquilidad* envidiable en estas circunstancias. 이러한 상황 속에서 그는 부러울 정도의 태연한 태도이다.

transbordar 国 새로 쌓다; 바꿔타게 하다. Había que *transbordar* cerca de trescientos heridos. 300명 가까운 부상자를 바꿔타게 해야 했다. 困困 바꿔 타다. Si no *transbordamos* a otro buque, pereceremos todos. 우리는 다른 배에 옮겨타지 않으면, 모두 죽어버릴 것이다. ◇ **transbordador** 图 (케이블 식의) 반송교 (搬送橋), 연락선, 페리보트. ◇ **transbordo** 图 바꿔 쌓음; 옮겨 탐, 바꿔 탐.

transcribir 国 [과거분사 transcrito] ① 전사(轉寫)하다. Tengo *transcrita* la carta. 나는 그 때의 사본을 떠 두었다. ② 써 놓다, 기록하다. *Transcribió* en su diario sus impresiones de aquellos momentos. 그는 그 때의 인상을 일기에 써 두었다. ③【음악】편곡하다. ◇ **transcripción** 여 전사, 사본; 표기; 편곡(編曲).

transcurrir 困 (매가) 경과하다. *Transcurrió* mucho tiempo sin que le volviera a ver. 다시 그를 만날 일 없이 오랜 세월이 지났다. ◇ **transcurso** 图 경과. En el *transcurso* de quince años se ha transformado en una vieja. 15년 동안에 그녀는 노파로 변해 버렸다.

transeúnte 图 통행인(peón). Su vestido elegante llamaba la atención de los *transeúntes*. 그녀의 접잖은 옷이 통행인의 주의를 끌었다.

transferencia 여 이동, 이전, 양도, 운반, 매도, 인도, 전용.

transferible 图 움질 수 있는, 양도할 수 있는, 이전할 수 있는.

transferir 国 옮기다, 움직이다, 이동시키다, 지체시키다, 양도시키다, 인도하다, 전용하다.

transfiguración 여 (현저한) 변형.

transfigurar 国 변형시키다, 변모하다, 거룩하게 하다. ◇~**se** 변모하다, 변형하다.

transfijo, ja 图 관통하는, 꿰뚫는.

transfixión 여 관통, 못쓰게하기, 관통상.

transflorar 国 에나멜칠하다, 에나멜로 장식하다; 투명하게 하다.

transformar 国 ① [+en: …으로] (형태·모습·용도 따위를) 바꾸다. Esta obra podrá *transformar* el pueblo *en* un centro de turismo. 이 공사가 마을을 관광 중심지로 바꿀지도 모른다. ② (성격·품행 따위를) 변하게 하다. La estancia en América le *ha transformado*. 미국 체재가 그(의 생활 태도)를 전혀 변하게 했다. ◇ **transformación** 여 변형, 전환; 【생물】변태; 【전기】변압. ◇ **transformador** 图

transformismo 图 생물 변이설.

transformista 图 생물 변이설의.

transfregar 国 북북 문지르다·닦다.

tránsfuga 图 탈주자, 탈당자.

transfundir 国 (액체를) 따르다·붓다, 옮기다, 수혈하다, 전하다; (액체, 빛, 감화 등을) 스며들게 하다.

transfusión 여 주입, 이입, 수혈(법), 주사.

transfusor 图 (图) 수혈용의 (기구).

transgredir 国 (법, 규칙 등을) 범하다, 침해하다, 위반하다.

transgresión 여 위반, 반칙, 위법, 범죄.

transgresor, ra 图 위반하는. 图 위반자, 반칙자.

transguerra 여 전시중.

transición 여 ① 변천, 변화, 추이(推移). Hemos pasado sin *transición* del verano al invierno. (금년은) 여름에서 겨울로 곧장 뛰었다. ② 과도(過度). Vivimos en una época de *transición*. 지금은 과도기이다.

transigir [4] exigir] 困 ① 참다. *Transigiré* en cuanto al precio, pero no en cuanto a la calidad. 가격 면에서는 참기라도 하겠지만 품질 면에서는 불가능하다. ② [+con ···] 타협하다. No *transijo con* semejante injusticia. 나는 그따위 부정에 타협하지 않는다.

tránsito 图 ① 통행; 교통(량). Se prohibe el *tránsito*. 통행 금지(되어 있다). ② 통과; 경유·중계(지). Estaba de *tránsito* en Barcelona. 나는 (그 때) 바르셀로나에 들렀다. ◇ **transitorio, ria** 图 일시적인; 덧없는.

translimitar 国 (경계·한계를) 넘다.

translúcido, da 图 반투명한.

transmarino, na 图 해외의, 바다를 횡단하는.

transmigración 여 (집단적인) 이주, 통과.

transmigrar 国 (집단적으로) 이주하다, 이민하다.

transmisible 图 전할 수 있는, 보낼 수 있는, 전달할 수 있는.

transmisión 여 전달, 전과, 전도, 송전, 감염, 방송;【법률】양도;【전기】전동. *transmisión de pensamiento* 이심전심.

transmisor, ra 图 송신의, 방송의. 图 송신기, 방송기.

transmitir 国 ① 전하다. El aire *transmite*

transparente el sonido. 공기는 소리를 전한다. ② 감염시키다. No nos *transmitas* tu pesimismo. 네 비관주의를 우리들에게 전염시키지 말아 달라. ③ 방송하다(difundir). Las noticias al respecto fueron *transmitidas* por la radio. 그것에 관한 뉴스는 라디오로 방송되었다. ◇ **transmisión** 囡 전도; 전달; 감염; 방송(difusión).

transparente 囲 투명한. Hay que poner los cristales *transparentes* en lugar de los opacos. 유유빛 유리 대신 투명 유리를 끼어야 한다. (빛을 부드럽게 하기 위한) 커튼, 스탠드 유리; 발. *transparente de bambú* 대나무 발. ◇ **transparencia** 囡.

transportar 団 나르다, 운반·수송하다. Todos los materiales se *transportaron* en camiones. 재료는 모두 트럭으로 운반되었다. El cable *transporta* la electricidad. 전선이 전기를 보낸다. ◇ **~se** (기쁨·놀라움으로) 얼떨떨해지다. Reñida severamente por el padre *se había transportado*. 부친에게 호되게 꾸중듣고 그녀는 얼떨떨해졌다. ◇ **transporte** 男 ① 운송, 수송; 수송선. ② 황홀, 경천동지, 무아, 망아(忘我). Experimentó *transportes* de alegría. 그는 즐거움으로 무아지경이 되었다.

tranvía 男 (노면) 전차(의 노선·차량). Un camión chocó con el *tranvía*. 한 대의 트럭이 전차와 충돌했다.

trapalear 困 재잘거리다, 종알거리다.

trapalón, na 囲 말 많은, 다변의, 거짓의, 속이는. 囲 다변가.

trapatiesta 囡 소요, 폭동, 선동.

trapaza 囡 속임, 기만, 거짓, 사기.

trapear 団 눈이 내리다(nevar), 묘사하다.

trapecio 男 [기하] 부등변 사변형, 사다리꼴.

trapense 囲图 수도회 수도사(의).

trapería 囡 고물상.

trapero, ra 图 넝마주이, 고물 상인.

trapezoide 男 [기하] 부등변 사변형.

trapiche 男 (설탕을 부수는) 압착기, 가는 기계.

trapichear 困 소매로 팔다; 솜씨있게 해치우다.

trapicheo 男 속임, 술책, 깜찍한 장난.

trapillo 男 (저축해둔) 소액의 돈, 가난한 연인.

trapio 男 생생한 태도, 활발한 태도.

trapisonda 囡 소음, 시끄러움, 폭동, 싸움, 혼동, 거짓, 속임, 사기.

trapisondear 困 시끄럽다, 떠들다, 싸움을 하다; 속이다, 기만하다.

trapisondista 囲 [남·여 동형] 사기꾼.

trapo 男 ① 걸레. Déme el *trapo* para limpiar el coche. 차를 닦게 걸레를 주시오. ② 男 [경멸적으로 여자의] 옷. Sólo piensa en *trapos*. 그녀는 옷만 생각하고 있다. ◇ **trapero, ra** 图 고물상, 넝마주이. El *trapero* no veía nada sin examinar al pasar lo que sea. 넝마주이는 지나는 길에 무엇을 보면 반드시 무엇인가 하고 조사했다.

tras 囲 [+de] … 의 뒤에; … 의 배후에·에서. *Tras* los años viene el juicio. 몇 해나 된 뒤에 판단력이 생긴다. Se ocultó *tras (de)* la puerta. 그는 문 뒤에 숨었다.

trascendental 囲 중대한, 획기적인. Se ha introducido una reforma *trascendental* en el sistema de educación. 교육 체계에 획기적인 개혁이 도입되었다. ◇ **trascendencia** 囡 중대성, 탁월.

trascender [20 perder] 困 ① (강하게) 냄새나다. El rico olor del asado *trascendía* hasta aquí. 맛있는 불고기 냄새가 여기까지 났다. ② (외부에) 알리다. Ha *trascendido* su proyecto. 그의 계획이 외부에 새어났다. ③ (결과적으로) 나타나다. Su sentimiento religioso *trasciende* a todos los actos de su vida. 그의 종교적인 감정이 그의 생애의 모든 행동에 나타나 있다.

trasero, ra 囲 후부의. Se estropeó la parte *trasera* de mi coche en el accidente. 그 사고로 내 차의 뒷부분이 손상을 입었다. 男 [신체] 엉덩이. 囡 후부(後部). Tomemos asiento a la parte *trasera* del coche. 차량의 뒷부분에 자리를 잡자.

trasladar 団 ① 옮기다, 이동하다. Había que *trasladar* la cama a la habitación contigua. 침대를 이웃방에 옮겨야 됐다. ② 이전·전임·전속시키다. La *trasladaron* a la secretaría. 그녀는 비서과로 전속되었다. ③ 베끼다, 나타내다; 번역하다 (traducir). Intentaré *trasladar* al papel mi pensamiento. 내 생각을 종이에 써 내도록 하겠다. ◇ **~se** 전거·전임하다. ◇ **traslado** 男 이동; 이사, 전임; 사본, 등본; 통달(通達).

traslucirse 団 빛나다, (반)투명하다; 분명하다, 확실하다; 추측하다, 추단하다.

traslumbrar 団 눈부시게 하다. ◇ **~se** 눈부시다; 재빠르게 지나가다; 사라지다; 소실되다, (빛·색·향기가) 날다.

trasluz 男 투사·반사된 빛.

trasnochar 困 ① 밤 늦도록 깨어있다, 철야하다. Desde joven tenía costumbre de *trasnochar*. 젊을 때부터 그는 밤을 새우는 버릇이 있었다. ② (어디서) 밤을 지내다. Ese día tuvimos que *trasnochar* en casa del tío. 그날 우리는 숙부의 집에서 밤을 지내야 했다.

traspasar 回 ①꿰뚫다 ; 찌르다, 쑤시다. Una bala le *traspasó* el corazón. 탄환이 그의 심장을 관통했다. ②(냇물·길·한도를) 넘다. *Traspasamos* el arroyo de un lado a toro. 우리들은 시내를 (한쪽에서 저쪽으로) 건넜다. ③(주택·가게·그 권리를) 양도하다. *Traspasó* la tienda para retirarse al campo. 그는 가게를 양도하고 시골에 은퇴하였다.

trasplantar 回 옮겨 심다. Los jardineros *han trasplantado* estos cerezos. 정원사들이 이 벚나무를 옮겨 심었다. ◇**trasplante** 回 이식.

trasto 回 ①가구, 헌 도구. El cuarto está lleno de *trastos*. 그 방에는 헌 연장이 가득 있다. ②回 도구류, 용품(用品). Se han comprado *trastos* de cocina. 그들은 부엌 용품을 샀다.

trastornar 回 경악·혼란시키다. Les *trastorna* la enfermedad del hijo. 아들의 병이 그들을 비통케 하고 있다. ◇**-se** 미치다. ◇**trastornado, da** 圈 정신이 착란한. Tiene a su mujer *trastornada* en la clínica mental. 그는 정신 이상인 아내를 정신병원에 넣고 있다. ◇**trastorno** 回 경악, 혼란·소요; 몸의 실조; 정신 착란.

tratado 回 ①전문서, 논문. La editorial publica especialmente *tratados* de economía. 그 출판사는 특히 경제 전문 서적을 출판하고 있다. ②조약, 협정 (pacto), 계약 (contrato). Acaba de firmarse el *tratado* de paz entre las dos naciones. 양국 사이에 평화 조약의 조인이 끝났다. ◇**tratadista** 回 전문서의 저자.

tratamiento 回 ①대우 ; 경칭. No se le da ningún *tratamiento*. 그는 아무런 경칭도 주어져 있지 않다. ②치료 ; 처치 ; 처리.

tratar 回 취급하다 ; 대우하다. No sabe *tratar* la pluma. 그는 펜을 쓰는 법을 모른다. Hasta entonces la *trataron* de loca. 그때까지 모두들 그녀를 미치광이 대접을 하였다. ②(…와) 교제하다. Le *trato* desde hace mucho tiempo. 훨씬 이전부터 나는 그와 교제하고 있다. ③치료하다 (curar), 처치하다 ; 처리하다. Los médicos le *tratan* con un específico nuevo. 의사들은 그를 새로운 특효약을 써서 치료하고 있다. ④(문제를 …을) 취급하다. El ingeniero *trata* con máquinas. 기사가 기계를 움직인다. ②[+con : …와] 교제하다. No quiero *tratar* con esa gente. 나는 그러한 사람과 교제하고 싶지 않다. ③[+de : …를 문제로 하여] 다루다, 화제로 하다. Este libro *trata de* las costumbres de los animales. 이 책은 동물의 습성을 다루고 있다. ④[+en : …을] 장사하다. Mi tío trataba en antigüedades. 숙부는 골동품을 취급하고 있었다. ⑤[+de+*inf.* …하려고] 힘쓰다. *Trate* usted *de* ser más puntual. 시간을 지키도록 더욱 힘쓰시오. ◇**-se** ①취급받다 ; 처치되다. ②(서로) 교제하다. 그들은 오랜 친구다. ③[주어없는 3인칭 단수로 ; +de] 문제·화제는 …인 것이다. ¿De qué se *trata*? 무슨 이야기입니까.

trato 回 ①취급 ; 대우. El *trato* engendra cariño. 교제는 애정을 기른다. ②교섭 (negociación) ; 상담(相談). Hemos hecho unos *tratos* convenientes para los dos. 우리들은 쌍방에 형편이 좋은 상담을 하였다.

través 回 휨, 비뚤어짐(torcimiento), 기울기(inclinación) ; 역경(逆境), 불행, 비운 (desgracia). Se ha enfrentado a toda clase de *traveses* en la vida. 그는 인생의 모든 역경에 대처해 왔다. *al través* 가로질러서, 교차해서. Tire una línea en este sentido, y otra *al través*. 이 방향으로 선을 하나 긋고, 또한 줄을 (그와) 교차해서 그으세요. *a(l) través de* …을 통하여 ; …의 사이를 통과하여. Se fue *a través del* bosque. 숲을 지나서 그는 가버렸다.

travesía 回 횡단 (항해·비행) ; 횡단 거리. Hay sólo cinco leguas de *travesía* desde la costa de Africa a la de España. 아프리카 해안에서 서반아의 해안까지 겨우 5레구아의 횡단 거리 밖에 없다.

travieso, sa 圈 장난의. ¡Mucho cuidado con esa chiquilla, que es muy *traviesa*! 지독한 장난꾸러기니까 그 소녀를 무척 조심하라! ◇**travesura** 回 장난. El niño no hace más que *travesuras*. 그 어린이는 장난밖에 하지 않는다.

trayecto 回 행정, 도정(道程) ; (철도의) 구간(區間), 거리(distancia). Me lo contó en el *trayecto* siempre llevan el coche restaurante. 이런 장거리 열차들은 항상 식당차를 달고 다닌다. ◇**trayectoria** 回 궤도(軌道). Los científicos han seguido con atención la *trayectoria* del cohete. 과학자들은 주의깊게 로켓의 궤도를 쫓았다.

traza 回 ①(건조물의) 구도, 도면(圖面). He aquí la *traza* de El Escorial. 여기엘·에스꼬리알 궁전의 도면이 있다. ②

모습; 모양. Tenía *trazas* de mendigo. 그는 거지 같은 모습이었다. ③ 재능 (talento), 재치. No tiene mala *traza* para coser. 그녀에게 바느질의 재능이 없지는 않다.

trazar [[9] alzar] 태 ① (선을) 긋다; 제도하다. Los arquitectos *trazaron* los planos para el nuevo edificio. 건축가들이 새로운 건물의 도면을 만들었다. ② 소묘하다. ◇ **trazado, da** 형 [bien +] 모습·모양이 좋은; [mal+] 모습·모양이 나쁜. Es un hombre *bien trazado*. 그는 자태가 좋은 사람이다. 명 구도, 도면, 완성도(完成圖). El *trazado* de la fachada es de una gran belleza. 건물 정면의 완성도는 굉장히 아름답다.

trébol 【식물】클로버. El *trébol* de cuarto hojas se considera portador de buena suerte. 네 잎 클로버는 행운을 가져온다고 생각하고 있다.

trece 형 13의; 13번째의. 명 13.

trecho 명 [시간적·공간적] 간격; 구간. Del dicho al hecho hay gran *trecho*. 말하는 것과 행동하는 것과는 대단한 거리가 있다. *a trechos* 곳곳; 때때로. El vestido se ha descolorido *a trechos*. 이 옷은 곳곳이 빛이 바랬다.

tregua 여 ① 휴전(休戰). Están tratando de una *tregua* de la Navidad. 크리스마스의 휴전에 관하여 회담하고 있다. ② 중단, 중간 휴게. Su enfermedad no le da *tregua*. 그의 병은 줄곧 계속되고 있다.

treinta 형 30의; 30번째의. 명 30.

tremendo, da 형 무서운(terrible). Era una escena *tremenda*. 그것은 무서운 광경이었다.

trémulo, la 형 떠는, 흔들리는; 반짝이는; 너울거리는.

tren 명 열차 (기차, 전차). El *tren* llegó con retraso de dos horas. 열차는 2시간 늦게 도착했다. Aún no sé si iré en *tren* o en barco. 열차로 갈 것인가 배로 갈 것인가 나는 아직 모르겠다. *tren correo* (우편물도 나르는) 완행 열차. *tren expreso* [raipido] 급행 열차. *tren mixto* 화객 혼성 열차. *a todo tren* 굉장하게. Hicieron un viaje de novios *a todo tren*. 그들은 굉장한 신혼 여행을 했다.

trenza 여 세 갈래로 땋음; 세 갈래 머리. Mi frente es pálida; mis *trenzas* de oro; puedo brindarte dichas sin fin. 내 이마는 희고, 세 갈래 머리는 금빛이어서, 당신에게 무한한 행복을 바칠 수가 있습니다.

trepar 자 [+a: …로 / +por: …를] 기어 오르다. El niño *trepó* al árbol para alcanzarlo. 소년은 그것을 잡으러 나무에 기어올랐다. (…에) 구멍을 뚫다.

trepado 명 (우표 따위의 절취선의) 구멍.

tres 형 3의; 3번째의. 명 3. Como *tres* y dos son cinco. 3과 2가 5로 되듯이 (명백하다).

trescientos, tas 형 300의; 300번째의. 명 300.

triángulo 명 삼각형; 【악기】트라이앵글. ◇ **triangular** 형 삼각형의.

tribu 여 종족, 부족(部族). Según el autor, el gitano era la lengua hablada por algunas *tribus* de la India. 이 저자에 의하면, 집시어는 인도의 어느 부족이 썼던 말이다.

tribuna 여 ① 연단; 정계. Con un general aplauso el orador subió a la *tribuna*. 만장의 박수를 받고 연설자가 연단에 올랐다. ② (야외 따위에 만든) 관람석. Las *tribunas* estaban llenas de espectadores para ver el desfile. 관람석은 행렬을 보는 관객으로 꽉 찼다.

tribunal 명 법정, 재판소. No tenemos más remedio que llevarle a los *tribunales*. 우리는 그를 재판소로 데리고 가는 외에 방법이 없다. *tribunal de cuentas* 회계 감사원. *Tribunal Supremo* 대법원.

tribuno 명 [옛 로마의] 호민관.

tributo 명 공물(貢物); 당연한 대상(代價). Lo que haces es un *tributo* pagado a la amistad. 네가 하고 있는 일은 그의 친구라는 점에 따라다니는 당연한 대상이다. ◇ **tributar** 태 (공물; 경의·애정 따위를) 바치다.

trigo 【식물】밀. No es lo mismo predicar que dar *trigo*. 말만 하지 말고 실행해라. ◇ **trigal** 명 밀밭. Lo que haces es un *trigales*. 미풍이 밀밭을 한들거리게 한다. ◇ **trigueño, ña** 형 밀빛의.

trilla 여 타작, 탈곡.

trilladora 여 탈곡기.

trillar 태 탈곡하다.

trinchera 여 【군사】참호(塹壕). El enemigo resistía tenazmente en las *trincheras*. 적군은 참호에 의지하여 완강하게 저항했다.

triple 형 3배의, 삼중의. 명 3배, 삼중. Tu casa es el *triple* de grande que la mía. 네 집은 크기가 내 집의 3배이다.

triptongo 명 【문법】삼중 모음.

tripular 태 (배·항공기의 승무원을) 승무시키다; (…에) 탑승하다. El 3 de agosto de 1492 salieron de puerto de Palos tres naves españolas, *tripuladas* por ciento veinte hombres. 1492년 8월 3일 120인이 탄 3척의 서반아의 배가 팔로스

을 충향했다. ◇ **tripulación** 예 [집합적] 승무원. ◇ **tripulante** 图 승무원 (각개). Todos los *tripulantes* se salvaron lanzándose en el mar. 승무원은 모두 바다에 뛰어들어 구조됐다.

tris 图 순간, 즉시.

triste 刨 ① 슬픈 [⊕ alegre]; 쓸쓸한. Al oírlo me puse muy *triste*. 그 말을 듣고 나는 쓸쓸해졌다. ② [명사의 앞에서] 근소한; 하찮은. Tuve que conformarme con un *triste* pedazo de pan. 나는 겨우 한 조각의 빵으로 만족할 수 밖에 없었다. ◇ **tristeza** 예 슬픔 [⊕ alegría]; 쓸쓸함.

triunfar 困 [+de·en·sobre:…에게] 이기다; (…을) 극복하다. Ha triunfado en el campeonato. 그는 선수권 (시합)에서 승리를 얻었다. ◇ **triunfal** 刨 승리의; 승리에 도취한. José la recibió con una sonrisa *triunfal*. 호세는 승리에 도취한 미소로써 그녀를 맞이했다. *arco triunfal* 개선문. ◇ **triunfante** 승리의, 이긴. Hemos salido *triunfantes*. 우리가 승리자로 되었다. ◇ **triunfo** 圀 승리(victoria); 대성공; [카드의] 최강의 패. Al fin consiguió el *triunfo*. 그는 마침내 승리를 거두었다.

trivial 刨 평범한, 하찮은. Es una novela *trivial*, que no merece leerse. 그것은 읽을 값어치도 없는 하찮은 소설이다. ◇ **trivialidad** 예 평범, 하찮은 일·물건.

trompar 困 주먹으로 치다.

trompazo 圀 구타; [+con:…과] 충돌.

trompeta 예 [악기] 트럼펫; 나팔.

tronar [24 contar] 困 ① [주어ералю 3인칭 단수형 뿐으로] 천둥이 치다. Allá lejos relampaguea y *truena*. 저 먼 곳에서 번개가 치고 천둥이 울린다. ② 울려퍼지다; 격렬하게 비난하다. *Tronó* la voz del capitán. 대장의 소리가 울려퍼졌다.

tronco 圀 ① (나무의) 줄기; 원목. Dormía como un *tronco*. 그는 깊이 자고 있었다. ② 동체(胴體) ③ 선조, 가계(家系). Su mujer procede de un viejo *tronco*. 그의 아내는 오랜 집안 출신이다.

tropa 예 군대(ejército). Tiene un tío que es de *tropa*. 그에게는 군대에 근무하는 숙부가 있다.

tropel 圀 (사람 따위의) 붐빔. No sé por qué hay tanto *tropel* en la calle. 왜 거리에 이렇듯 사람이 붐비고 있는 지 난 모르겠다. Entraron en la casa en *tropel*. 그들은 밀치락달치락 집 속에 들어 왔다.

tropezar 〔2 alzar, 19 pensar〕 困 ① [+con·contra·en:…과] 부딪치다. Estaba completamente a oscuras y *tropecé* con un poste. 캄캄해서 나는 전주에 부딪쳤다. ② [+con:…과 우연히] 만나다. Esta tarde *he tropezado con* su hijo. 오늘 오후 나는 그의 아들을 만났다. ◇ ~ **se** (서로) 만나다. ◇ **tropiezo** 圀 실책; 충돌; 지장(支障). Cuidado con dar un *tropiezo* y caerse. 부딪쳐서 넘어지지 않도록 주의하라.

trópico 圀 열대 지방. ◇ **tropical** 刨 열대 지방의. Nunca he podido adoptarme al clima *tropical*. 나는 끝끝내 열대 기후에 순응할 수 없었다.

trotar 困 총총 걸음하다. Me he pasado toda la mañana *trotando*. 나는 오전중 줄곧 총총 걸음으로 지냈다. ◇ **trote** 圀 총총 걸음; 약간 바쁜 일. Tú no te metas en esos *trotes*. 너는 그런 바쁜 일에 관여하지 마라.

trozo 圀 토막, 단편(斷片). El niño jugaba con *trozos* de madera. 어린이는 나무 토막을 가지고 놀고 있다.

trucha 예 [물고기] 송어.

trueno 圀 [기상] 천둥. Hubo *truenos* y relámpagos durante la tormenta. 폭풍우치는 동안 천둥이 울리고 번개가 쳤다.

truncar [7 sacar] 囲 끝·머리를 잘라 내다. ◇ **truncado, da** 끝을 자른, 싹둑 자른.

tu [圀 tus] 떼 [2인칭 단수의 소유격 형용사이며 관사형] 너의. Aquí tienes *tu* libro. 네 책이 여기 있다.

tú [2인칭 단수의 주격 대명사; 성 변화하지 않는다; 친한 사이에만 쓰임] 너, 자네. María, *tú* irás conmigo. 마리아, 너는 나와 함께 가야 한다.

tuberculosis 예 [의학] 결핵; 폐결핵. ◇ **tuberculoso, sa** 결핵(성)의, 폐결핵의. 圀 폐결핵 환자.

tubo 圀 관(통, 파이프); Ya no se emplea el *tubo* de plomo para eso. 그 일 때문에 이제 연관(鉛管)은 사용되지 않는다. *tubo de vacío* 진공관.

tuerto, ta 刨 ① 뒤틀린, 굽은. Estos renglones que ha escrito están *tuertos*. 당신이 쓴 이 두 줄이 구부러졌다. ② 외눈의. 圀 외눈박이. En tierra de ciegos, el *tuerto* es rey. 소경의 나라에서는 외눈박이도 왕이다.

tuétano 圀 [해부] 골수.

tufo 圀 연기, 김; 악취.

tuición 예 방위, 보호, 수호.

tulipán 圀 [식물] 튤립, 울금향.

tullir 団 신체를 불구로 만들다.

tumba 예 무덤, 묘(sepulcro). Donde habite el olvido, allí estará mi *tumba*. 망각이 살고 있는 곳, 그 곳에 나의 무덤이 있으리라.

tumbar 団 넘어뜨리다. El viento *ha tum-*

bado el poste. 바람이 전주를 넘어뜨렸다. ◇ ~**se** 넘어지다; 드러눕다. Estaba *tumbada* en la cama, fumando. 그녀는 침대에 드러 누워서 담배를 피우고 있었다. ◆ **tumbo** 📖 비틀거림. Un borracho andaba dando *tumbos*. 한 주정뱅이가 비틀걸음을 걷고 있었다.

túnel 📖 터널.

turba 📖 무리, 군중. En la oscuridad se movía una *turba* de mendigos. 어둠 속에서 거지 떼가 우글거리고 있었다.

turbar 🔲 ① 어지럽히다. En la oscuridad se movía una *turba* la paz del lugar. 그 때까지 마을의 평화를 어지럽히는 일은 아무 것도 없었다. ② 당혹시키다. Le *turbó* la repentina presencia de la madre. 모친의 돌연한 출현이 그를 당혹케 했다.

trubio, bia 📖 흐린, 탁한 [⑭ claro]. Contemplaba si el río venía *turbio* o claro. 나는 냇물이 흐려 있는가 맑은가를 바라보았다.

turismo 📖 관광 (여행 · 사업). España dispone de admirables condiciones naturales para el *turismo*. 서반아는 관광여행에는 훌륭한 자연 조건을 갖추고 있다. *agencia de turismo* 관광 대리점. ◇ **turista** 📖 관광객. ◇ **turístico, ca** 📖 관광 업계 · 사업의. Nuestro país es la segunda potencia asiática en materia *turística*. 우리나라는 관광 면에서는 아시아 제2의 강국이다.

turno 📖 순번. Ahora me toca el *turno* a mí. 이번은 내 차례이다. *de turno* 당번으로. Yo estaba *de turno* aquella noche. 그날 밤은 내가 당번이었다.

tutor, ra 📖 보호자, 후견인(後見人). Al quedarse huérfanos los hermanos, los cuidó y educó como *tutor* un tío suyo. 그 형제가 고아로 되자, 그들의 숙부가 보호자로서 그들의 뒷바라지를 하고 교육을 해 주었다. ◇ **tutoría** 📖 후견, 보호.

tuve tener의 부정과거 1인칭 단수형.
tuvieron tener의 부정과거 3인칭 복수형.
tuvimos tener의 부정과거 1인칭 복수형.
tuviste tener의 부정과거 2인칭 단수형.
tuvisteis tener의 부정과거 2인칭 복수형.
tuvo tener의 부정과거 3인칭 단수형.

tuyo, ya 떼 ① [2인칭 단수의 소유격 대명사로 형용사형] 너의. Este libro es *tuyo* ; y no encuentro el mío. 이 책은 네 것이다; 내 것은 보이지 않는다. Me lo ha dicho una amiga *tuya*. 너의 한 여자 친구가 그것을 가르쳐 주었다. ② [관사를 딸려서] 네 것. Lo mío, mío, y lo *tuyo*, de entrambos. 내것은 내것, 네 것은 두 사람의 것. *los tuyos* 너의 동료 · 가족. Ahora tú tienes que preocuparte de los *tuyos*. 이제부터는 네가 네 가족의 일을 걱정해야 한다.

TV. televisión.

U

u [접속사 o가 o나 ho로 시작되는 말 앞에 올 때의 형태] 접 …인가, 또는. Dentro de siete *u* ocho días quedará compuesto el reloj. 시계는 7~8일이면 수선이 끝날 것이다.

U. urbano; usted.

ubre 여 (소 따위의) 젖통, 유방(乳房).

uf 감 아이구.

ufano, na 형 의기양양한. Lola iba *ufana* con su traje nuevo. 롤라는 새로 만든 옷을 입고 뽐내고 있었다. ◇ **ufanamente** 부 의기양양해서, 우쭐해서. ◇ **ufanarse** 재 의기양양해지다, 뽐내다. ◇ **ufanía** 여 우쭐거림, 으시댐.

U. I. unidad internacional.

último, ma 형 ① 최후의; 맨 끝의. Tomamos asiento en la *ultima* fila. 우리는 맨 뒷줄에 자리잡았다. ② 최근의·최신의. Lo ha publicado en el *último* número de esa revista. 그 잡지의 최근호에 그는 그것을 발표했다. Iba a la *última* moda. 그녀는 최신 유행 옷차림을 하고 있었다. *a últimos de* …의 끝 무렵에. Vendrá *a últimos de* septiembre. 그는 9월 말경에 온다. *por último* 최후에. ◇ **últimamente** 부 최후로, 최근에.

ultranación 여 초국가.

ultranacionalismo 남 초국가주의.

ultrarrápido, da 형 초고속의.

ultrarrojo 형 적외선의.

ultrasonido 남 【물리】 초음파.

ultravirus 남 【단·복수 동형】 바이러스.

un, una¹ 형 unos, unas] ① [부정관사; un은 단음절이나, 글의 첫머리에 올 때·글 속에서도 천천히 말할 때에는 악센트를 붙여서 강하게 발음함] 어느·하나의. *Un* amigo mío me lo dijo. 어떤 내 친구가 그 말을 내게 해 주었다. ② 약간의, 약…. Hace *unos* cinco días, recibí su amable carta. 닷새쯤 전에 천절하신 편지를 받으셨습니다. 형 [수형용사; 단수형인 때에는 부정관사와의 구별이 어려운 해가 있다; 남성 복수명사의 앞에서도 un의 형태를 가짐] 하나의. Estuve *una* semana en Roma. 나는 1주일동안 로마에 있었다. El mes de octubre tiene treinta y *un* días. 10월은 31일이다.

una² 대 [여자가 암암리에 자신의 일을 말할 때] 어느 여자. Este es el pago que le dan a *una*. 여자인 내가 받는 보답이 이것이다.

unánime 형 (모두들의) 기분·생각이 일치한, 만장일치의. La familia estaba *unánime* en desear el traslado. 이사하고 싶은 마음은 가족들 모두가 마찬가지였다. ◇ **unánimemente** 부 만장일치로. **unanimidad** 여 만장일치. *por unanimidad* 만장일치로 (unánimemente).

único, ca 형 유일한; 다만, 그것 만의. Ocupé el *único* asiento libre. 단 하나 비어 있던 자리에 나는 앉았다. Eran los *únicos* supervivientes de la catástrofe. 그 재난에서 살아남은 것은 다만 그들 뿐이었다. ◇ **únicamente** 부 단지, 오로지.

unidad 여 ① (전체를 구성하는) 단위. Ese tren es de doce *unidades*. 그 열차는 12량으로 되어 있다. *unidad internacional* 국제 단위. ② 통일(성). No hay *unidad* en el plan de urbanización. 그 도시 계획에는 통일성이 없다.

unificar [17 sacar] 타 동일하게 하다; 통일하다. Se intenta *unificar* los sueldos de los funcionarios. 공무원 급여의 일이 고려되고 있다. ◇ **unificación** 여 동일화; 통일. Con la conquista de Granada el año 1492, la *unificación* española fue completamente. 그라나다의 정복으로 1492년 서반아의 통일은 완성됐다.

uniforme 형 마찬가지의, 일정한. El coche recorrió la carretera con una velocidad *uniforme*. 차는 고속도로를 일정한 속력으로 달렸다. *uniforme militar* 군복. ◇ **uniformar** 타 마찬가지로 하다, 일정하게 하다; (…에) 제복을 입히다. ◇ **uniformidad** 여 단조로움; 일률성, 획일성.

unión 여 ① 접합, 결합. La *unión* de las tablas está tan bien hecha que no se nota. 판자의 접합이 잘 되어 있어서 이음매를 모를 정도이다. ② 단결·동맹, 조합; 연합(連邦). La *unión* hace la fuerza. 단결은 힘이다. ③ 결혼 (unión conyugal). El sacerdote bendijo la *unión* de los nuevos esposos. 사제가 새 부부의 결혼을 축복했다. ◇ **unionista** 혱 연방주의의; 노동 조합주의의. 몡 연방주의자; 노동 조합주의자.

unipersonal 혱 【문법】 단인칭의. *verbo unipersonal* 단인칭동사 (주어 없는 3인칭 단수형으로 쓰임; llover·nevar·tronar· relampauear 따위).

unir 타 ① [+a·con: …에·과] 함께 하게 하다, 합치다. Si hay harina en los dos sacos, *únela* y ponla aquí. 밀가루가 두 포대로 되어 있으면, 그것을 합쳐서 여기 놓아라. ② 접합·결합하다. Había seis o siete mesas cojas y hechas de tablas mal *unidas*. 다리가 절름발이이며 이음매도 나쁜 판자 테이블이 여닐곱개 있었다. ◇ **~se** 자 합쳐지다. *Me uno* a vuestro grupo. 나는 너희들의 그룹에 들어가겠다. ② 단결·합동·합체하다.

universal 혱 ① 우주의; 전세계의, ② 보편적인. El amor de padres a hijos es *universal*. 자식에의 부모의 애정은 (시대·장소를 넘어서) 보편적이다. *atracción universal* 만유인력. *hisrtoia universal* 세계사. ◇ **universalidad** 몡 보편성.

universidad 몡 (종합)대학교. En la *universidad* existen las facultades de Derecho, Medicina, Farmacia, etc. 종합대학에는 법학부·의학부·약학부 따위의 학과가 있다. ◇ **universitario, ria** 혱 대학의. Los problemas *universitarios* los soluciona el rector. 대학 문제는 학장이 이를 해결한다. 몡 대학생. *ciudad universitaria* 대학 지구·센터·촌.

universo 몡 우주; 전세계. Nuestro sistema solar una muy pequeña parte del *universo*. 우리들의 태양계는 우주의 극히 작은 일부이다.

uno, na³ 혱 ① 하나, 한 사람; 어떤 물건·사람. *Uno* de ellos me lo dijo. 그들 중 한 사람이 내게 그렇게 말했다. ② [내용의 남녀에 불구하고] 어떤 사람. No está *uno* siempre de buen humor. 나는 지금 마음이 언짢다. ③ 몡 얼마만큼의 물건, 몇 명인가의 사람. *Unos* decían una cosa, otros otra. 어떤 사람들은 이렇다고 말했다, 다른 사람들은 저렇다고 말했다. *cada uno* 각각, 각개. *Cada uno a lo suyo.* 작자 자기의 일을 해라. *uno a uno/uno por uno* 차례로. Los he pasado *uno por uno*. 나는 차례차례 그것을 다 보았다. *unos a otros* (가서로, 상호간에). Se miraban *unos a toros*. 그들은 서로 얼굴을 마주 보았다.

untar 타 ① [+con·de: 기름 따위를] (…에) 바르다; 더럽히다. ¿*Has untado* la rueda con grasa? 차 바퀴에 기름을 쳤나. ② 매수하다. Si no le *untas* no se resolverá tu asunto. 그에게 톡톡히 코아래 진상을 하지 않으면 네 문제는 해결되지 않는다. ◇ **~se** 혱 [+con·de: 기름 따위를 자기에게] 바르다; 더럽히다. *Te has untado* los dedos *de tinta*. 너는 손가락에 잉크 투성이가 되었다. ② 착복·횡령하다. Le han echado de la compañía por *untarse*. 그는 돈을 횡령했다는 이유로 회사를 쫓겨났다.

uña 몡 (손가락·기구의) 손톱; (소·말 따위의) 발굽. Esos dos hermanos han sido *uña y carne*. 그 두 형제는 떼어놓을 수 없는 사이였다. *largo de uñas* 도벽이 있는.

uranita 몡 【광물】 우라늄광.

urano 몡 【화학】 우라늄.

urbanismo 몡 도시화 운동, 도시 계획.

urbano, na 혱 ① 도시의 [@의 rural]. Las reformas *urbanas* han adelantado notablemente. 시가지의 재편성이 현저하게 진전했다. ② 예의(cortés). Era muy *urbano* en la mesa. 그는 식탁에서 대단한 예의가 발랐다. 몡 교통 순경; 민병(民兵) (milicia urbana). El *urbano* me indicó la dirección que debía tomar. 교통 순경이 내가 가야 할 방향을 가르쳐 주었다. ◇ **urbanidad** 몡 예의(範節). Practicaba las reglas de *urbanidad* cuidadosamente. 그는 세심하게 예절을 실천하고 있었다. ◇ **urbanizar** [⑨ alzar] 타 도시화하다. ◇ **urbanización** 몡 도시화.

urdir [④ exigir] 타 ① (긴급히) 필요하다. *Urge* que vengas a las diez. 너는 열시에 올 필요가 있다. *Me urge* terminar este trabajo. 나는 이 일을 빨리 끝내야 한다. ② 강제하다.

urdir 타 ① (나쁜 일을) 계획하다, 획책하다. Parece que se está *urdiendo* algo contra el gobierno. 반 정부의 무슨 일인지가 획책되고 있는 듯하다. ◇ **urdimbre** 몡 (직물의) 날; (나쁜) 계책.

urgente 혱 ① 긴급한. Era *urgente* lo que tenía que hacer. 그가 해야 할 일은 긴급을 요했다. ② 속달·지급 전보의.

urgencia 몡 긴급; 속달편; 지급 전보. Ponga usted el sello de *urgencia*. 속달 우표를 붙여 주세요. ◇ **urgentemente** 뵈 긴급히, 지급으로.

urgir [④ exigir] 타 ① (긴급히) 필요하다. *Urge* que vengas a las diez. 너는 열시에 올 필요가 있다. *Me urge* terminar este trabajo. 나는 이 일을 빨리 끝내야 한다. ② 강제하다.

URSS/U.R.S.S. la Unión de Repúblicas Socialistas Soviéticas 소비에트사회주의 연방공화국.

uruguayo, ya 혱 우루과이(el Uruguay) 의. 몡 우루과이 사람.

usar 타 ① 쓰다, 사용하다. ¿Me permite usted *usar* su teléfono? 전화를 좀 빌려 쓰시겠습니까. ② 상용하다. *Usamos* esa pasta de dientes. 우리들은 그 치약을 언제나 쓰고 있다. ◇ **~se** 유행하다. *Se usa* llevar la manga corta. 짧은 소매(의 옷)를 입는 것이 유행하고 있다. ◇ **usado, da** 형 오래 쓴; 익숙한; (신품에 대하여) 이미 사용한. Se ha comprado un coche *usado*. 그는 중고차를 한 대 샀다.

uso 남 ① 사용, 이용. Con el *uso* la pluma escribe bien. 펜은 사용하고 있으면 쓰기 좋게 된다. ② 용도, 효용(效用). Cada cosa tiene su *uso*. 물건에는 각기 용도가 있다. ③ 풍습, 유행(moda). Estaban vestidos cada cual al *uso* de su país. 모두들 각자가 자기 나라의 풍습에 따라서 의상을 입고 있었다. *hacer uso de* …을 사용·이용하다. En ello insistió *haciendo uso de* su derecho. 그는 자기의 권리를 행사하고 그것을 강하게 주장했다.

usted [약어 Ud., Vd. 복 Uds., Vds.] [원래 명사이지만 관사없이 대명사 취급; 남녀 공통] 당신. *Usted* me dispensará. 실례합니다. Todos *ustedes* son muy amables. 여러분 모두가 대단히 친절하십니다.

usual 형 보통·상용·통상의. Entre los medios *usuales* de transporte, el metro es el más rápido. 통상의 수송 기관으로는 지하철이 제일 빠르다.

usura 여 【상업】 고리(高利). ◇ **usurero, ra** 형 고리 대금의. 남 고리 대금 업자. Tuve que recurrir a un *usurero* por necesidad. 필요에 몰리는 고리 대금업자에게로 가야 했다.

usurpación 여 권리 침해, 찬탈, 횡령(물), 강탈; 불법 침해.

usurpador, ra 형 횡령하는. 남 횡령자; (왕위의) 찬탈자.

usurpar 타 빼앗다, 찬탈하다; 강탈하다, 횡령하다.

utensilio 남 도구, 용구; 가구, 잡기, 기구.

uterino, na 형 자궁의; 의붓의. *hermano uterino* 의붓 형제.

útero 남 【해부】 자궁.

útil 형 소용되는; 유용·유익한 [⊕ inútil]. Te dará un consejo *útil* para ti. 그는 네게 유익한 충고를 해 줄 것이다. 남복 도구. Esto les será de mucha *utilidad*. 이 일은 당신들에게 매우 유익할 것입니다.

utilizar [⑨ alzar] 타 이용·활용하다. Viven en el segundo piso y no *utilizan* el ascensor. 그들은 2층에 살고 있다; 그래서 엘리베이터는 쓰지 않는다. ◇ **utilizable** 형 이용 가능한.

utopia / utopía 여 유토피아, 이상향(理想鄉). ◇ **utópico, ca** 형 공상적인.

utopismo 남 공상가 심리, 몽상. ◇ **utopista** 남 몽상가.

uva 여 【과실】 포도. La *uva* ya está muy madura. 포도는 벌써 썩 잘 익었다. *uva pasa* 건포도. ◇ **uvero, ra** 형 포도의. *importación* [*exportación*] *uvera* 포도 수입 [수출]. 남 포도 재배자·상인.

uviforme 형 포도 모양의.

úvula 【해부】 목젖. ◇ **uvular** 형 목젖의, 연구개음의. ◇ **uvulitis** 여 목젖 염증.

V

V.A. Vuestra Alteza 전하.

vaca 여 【동물】 소, 암소. La muchacha asoma la cara risueña por debajo de la ubre de una *vaca*. 그 소녀는 소의 젖퉁이 밑에서 웃는 얼굴을 내밀었다. ◇ **vaquero, ra** 소몰이하는. 圀 목동; 가죽상인. *traje de vaqueros* 카우보이 복장. ◇ **vaqueta** 여 소가죽.

vacación 여 〔수로 圀〕 휴가. Sólo tengo 21 días de *vacaciones*. 나는 휴가가 겨우 21일이다.

vaciar [12 enviar] 타 ① (그릇·내용을) 비우다. *Vació* el vaso de un trago. 그는 단숨에 잔을 비웠다. *Vació* el vino en el vaso. 그는 포도주를 잔에 부었다. ② 거푸 집에 넣다.

vacilar 자 ① 흔들리다. Tened cuidado con la pared, que *vacila* mucho y puede caerse. 벽에 조심하시오, 무척 흔들리고 있어서 무너질지도 모르니까. ② 주저하다. *Vacilaba* en aceptar el contrato. 그 계약의 승낙을 그는 주저하고 있었다. ◇ **vacilación** 여 동요; 주저. ◇ **vacilante** 헝 흔들리는; 불안정한.

vacío, a 헝 ① (그릇이) 빈 (⑪ lleno). Era una jaula *vacía*: la del pájaro la llevaba él. 그것은 빈 새장이었다: 새가 들어 있는 것은 그가 가지고 있었다. ② 인기척 이 없는. La calle se queda *vacía* a estas horas. 거리는 이 시각에는 인기척이 없어진다. 圀 ① 공허, 진공(眞空). Se nota un *vacío* a mi alrededor después de que te has marchado. 네가 가 버린 뒤에 내 신변에는 어떤 공허가 느껴진다. ② 허공, 하늘(cielo). El cohete se lanzó al *vacío*. 로켓은 하늘로 향하여 발사되었다. *de vacío* (그릇이) 비어 있는데. El camión había llevado géneros a Barcelona y volvía *de vacío*. 트럭은 바르셀로나로 상품을 싣고 갔다가 빈 차로 돌아왔다.

vacuidad 여 (마음의) 공허, 빈틈.

vacunación 여 종두; 확뷘 주사.

vado 圀 여울; 방책.

vagabundo, da 헝 방랑하는, 유랑하는(vagamundo). Los gitanos son una raza *vagabunda*. 집시는 방랑 민족이다. 圀 방랑자, 유랑자. ◇ **vagabundaje/vagabundeo** 圀 방랑, 유랑(vagamundería). En la vida del trapero hay mucho de *vagabundaje*. 넝마주이의 생활에는 방랑성이 많이 있다. ◇ **vagabundear** 자 방랑·유랑하다. (vagamundear).

vagar [8 pagar] 자 ① [+por:…를] 떠돌아 다니다, 방랑하다. La dulce Ofelia *vagaba por* las orillas del río. 상냥한 오펠리아는 강 언덕을 방랑했다. ② 게으르게 살다.

vago, ga 헝 막연한. No me hizo más que una promesa *vaga*. 그는 막연한 약속 밖에 해 주지 않았다. 圀 게으름뱅이; 부랑자. No le gusta trabajar, es un *vago*. 그는 일하는 것이 싫다, 게으름뱅이다. *en vago* 막연히. ◇ **vagamente** 튀 막연히. Este niño recuerda *vagamente* a su abuelo. 이 어린이는 조부를 희미하게 기억하고 있다. ◇ **vaguedad** 여 모호함.

vagón 圀 (열차의) 차량(車輛). En un *vagón* de primera se viaja bastante cómoda. 1등차로는 제법 즐겁게 여행할 수 있다. *vagón de carga* 화차(貨車). ◇ **vagoneta** 여 손밀이 운반차.

vaguido, da 헝 현기증이 나는, 아찔하는. 圀 현기증; 위험.

vaharada 여 증기, 김.

vaharina 여 증기, 김(vaho). 수증기 (vapor).

vahear 자 발산하다; 증발하다.

vahido/vahído 圀 현기증.

vaho 圀 증기, 향기, 연기, 김; 악취나는 발산물.

vaina 여 (칼·전 따위의) 집.

vainazas 圀 【단·복수 동형】 게으르고 둔한 사람.

vaivén 圀 동요; 변천(變遷). En un *vaivén* de la suerte se encontró en la miseria. 그는 운명의 변천으로 빈곤한 상태로 있었다.

valedero, ra 헝 유효한(válido). El billete del tren es sólo *valedero* para tres días. 그 승차권은 3일간만 유효하다.

valenciano, na 헝 발렌시아(Valencia; 서반아 동해안의 주와 시; 옛 왕국)의. 圀 발렌시아 사람.

valer [61] 재 ① 가치가 있다; 소용되다. Más *valen* huevos de hoy que gallinas de mañana. 오늘의 달걀은 내일의 닭보다 가치가 있다. Más *vale* tarde que nunca. 늦어서라도 하는 것이 안하는 것보다 낫다. ② 가격이 …이다. Las manzanas *valen* a seis pesetas el quilo. 사과는 1킬로그램에 6페세타이다. ③ 능력이 있다. No todos *valen* para los estudios. 모두들 연구할 능력이 있다고는 할 수 없다. 타 (선량의 결과를) 가져오다. El llegar tarde le *valió* una gran reprimenda. 그는 늦게 왔으므로 심하게 꾸중들었다. 명 가치; 능력. Es un hombre de mucho *valer*. 그는 매우 유능한 사람이다. ◇**—se** [+ de: …를] 이용하다. Se *valió* de unos amigos para sacar el carné de conducir. 그는 친구들을 이용하여 운전면허를 땄다.

valiente 형 ① 용감한 (bravo). Sólo un hombre *valiente* se atreve a eso. 그런 것은 용감한 사람만이 감히 할 수 있다. ② 지독한, 심한. *Valiente* ciudad es Seúl. 서울은 지독한 도시이다. 명 용감한 사람, 매우 훌륭하다. ◇**valientemente** 부 용감히; 지독하게, 매우 훌륭하게.

valioso, sa 형 가치가 높은. Le agradecemos infinito las obras *valiosas* con que nos han obsequiado. 귀중한 작품들의 증정을 해 주셔서 깊이 감사드립니다.

valor 남 ① 가치. Este libro no tiene ya ningún *valor* para mí. 이 책은 나에게는 이미 아무런 가치도 없다. ② 가격, 값 (precio). ¿Qué *valor* tiene este anillo? 이 반지 값은 얼마입니까. ③ 용기, 대담. Los soldados dieron prueba de gran *valor*. 병사들은 대단히 용기가 있음을 보였다. ④ 명 [상업] 유가증권 (주로 복수형으로 쓰임). Los *valores* están en alza. 주식은 오르고 있다.

valorizar [9] alzar] 평가하다 (valuar); 값을 어림하다. ◇**valorización** 여 평가; 어림 (valuación).

valuación 여 평가, 평가 (valoración).

valuar 평가하다, 값을 매기다.

valla 여 방색; 장애물.

valladar 남 울타리.

valle 남 골짜기, 분지 (盆地). En medio del *valle* corre un arroyo. 골짜기의 한가운데를 시내가 흐르고 있다. *valle de lágrimas* 이 세상 (눈물의 계곡).

vampiresa 여 흡혈귀 같은 여자.

vampiro 남 흡혈귀; 착취자, 고리대금업자.

vanagloria 여 자만, 자만심.

vanguardia 여 전위(前衛). La columna de *vanguardia* avanzó hasta el campo enemigo. 선위 부대는 적의 진지까지 진출했다. ◇**vanguardismo** 남 전위파.

vanidad 여 허영. Como tiene tanta *vanidad*, nadie quiere ser su amigo. 그는 허영심이 강하므로 아무도 친구가 되지 않는다. ◇**vanidoso, sa** 형 허영심이 강한. Era una mujer *vanidosa*. 그녀는 매우 허영심이 강한 여인이었다.

vano, na 형 헛된; 무익한. Ha hecho *vanos* esfuerzos por conseguir la plaza. 그는 그 지위를 얻기 위해 헛된 노력을 했다. *en vano* 헛되이, 소용없이. Te empeñas *en vano* en convencerle. 너는 그를 설득하려 하여도 헛되이다.

vapor 남 ① (수)증기; 김, 아지랑이. Aquellos *vapores* no me dejaban respirar. 그 증기가 나를 숨막히게 했다. ② 기선(汽船). *vapor de agua* 수증기.

variable 형 ① 변하기 쉬운. En otoño el tiempo es *variable*. 가을은 변하기 쉽다. ② 변하기 쉬운 성격의. Tiene un carácter muy *variable*. 그는 매우 변하기 쉬운 성격이다. ③【문법】(품사·단어가) 변화가 있는.

variar [12 enviar] 재 변하다. Cuando se transforma el exterior, *ha variado* algo en el interior. 외형이 변하면 내부의 것 중 일부도 변하고 있다. *He variado* de gustos desde entonces. 그때부터 나는 기호가 변했다. 타 바꾸다 (cambiar). Había que *variar* los temas de conversación. 화제를 바꾸어야 했다. ◇**variación** 여 변화. ◇**variado, da** 변화가 있는; 각종의. El paisaje de este terreno es muy *variado*. 이 땅의 풍경은 매우 변화가 많다.

vario, ria 형 ① [명사의 뒤] 변화가 많은, 다양한. Ha pasado una vida *varia* y azarosa. 그는 변화가 많고 파란 많은 생활을 보내 왔다. ② 복 [주로 명사의 앞] 몇 개인가의. Le he escrito *varias* veces. 나는 그에게 몇 번인가 편지를 썼다.

variedad 여 ① 변화; 다양성. Todo son rosas sí, pero hay gran *variedad* de colorido. 모두 장미꽃이긴 확실하다; 그러나 색은 매우 다양하다. ② 복【연예】버라이어티.

varón 남 남자 [대 hembra]. El matrimonio tenía tres hijos, un *varón* y dos hembras. 부부에게는 세 아이가 있었다; 사내가 한 명에 계집애가 두 명. ◇**varonil** 형 사내의·다운. Tenía un carácter *varonil* que por nada se asustaba. 그는 어떤 일에도 놀라지 않는 사내다운 성격의 소유자였다.

vasco, ca 바스꼬(las Vascongadas)의. La lengua *vasca* se llama generalmente

vascuense. 바스꼬의 언어는 일반적으로 《바스꾸엔세》라 불린다. 뗑 바스꼬 사람 (피레네 산지에 원주하는 종족).
◇ **vascuense** 뗑 바스꼬어.

vaso 뗑 컵. Se bebió dos *vasos* de vino. 그는 포도주를 컵으로 두 잔 마셔버렸다. ◇ **vasija** 뗑 그릇, 용기(容器).

vasto, ta 휑 광대한. España tenía *vastos* dominios en el Nuevo Mundo. 서반아는 신대륙에 광대한 영토가 있었다. ◇ **vastedad** 뗑 광대함. Se maravilló de la *vastedad* de su proyecto. 그는 그 계획의 광대함에 놀랐다.

Vd. usted.

vecino, na 뗑 이웃의. Ese amigo vive en el pueblo *vecino*. 그 친구는 이웃 마을에 살고 있다. 뗑 ①이웃 사람. Entonces entró doña Teresa, la *vecina* de al lado. 벽 사이의 이웃사람 도냐·떼레사가 들어 왔다. ②주민, 거주자, 사는 사람 (residente). Aquella casa tenía unos cincuenta *vecinos*. 그 집물에는 거주자가 50명 쯤 있었다. ◇ **vecindad** 뗑 ①근처. Viven en la *vecindad*. 그들은 근처에 살고 있다. ②(집합적) 거주자. ◇ **vecindario** 뗑 (집합적) 주민; 주민 전체. Todo el *vecindario* sintió mucho la muerte del sacerdote. 주민은 모두 사제의 죽음을 매우 슬퍼했다.

veda 뗑 금렵·금어(기). Han levantado la *veda* y me voy de caza. 수렵이 해금(解禁) 되었으므로 나는 사냥을 간다.

vedar 国 ①금하다(prohibir). Está *vedado* pescar en esta parte del río. 강의 이곳에서는 낚시질은 금지되어 있다. ②방해하다. La dignidad de su cargo le *veda* hablar. 그의 임무가 임무인 만큼 그는 말할 수 없다.

vega 뗑 (주로 강의 양쪽 언덕의 비옥한) 광야(曠野). Fuimos a la *vega*, a la sombra de los álamos, a descansar. 우리는 들판 미루나무 그늘에서 쉬러 갔다.

vegetación 뗑 (집합적) 식물. Se extendía un terreno con mucha *vegetación*. 식물이 많이 있는 땅이 펼쳐지고 있었다. ◇ **vegetal** 휑 식물(성)의. 뗑 식물(planta). ◇ **vegetarianismo** 뗑 채식, 채식주의 (vegetarianismo). ◇ **vegetariano, na** 휑 채식하는, 뗑 채식가.

vehemente 휑 격한, 열렬한. Le respondió con palabras *vehementes* y en un tono poco amable. 격한 말씨와 별로 친절하지 못한 말투로 그는 그 사람에게 대답했다. ◇ **vehemencia** 뗑 격렬함, 열렬.

vehículo 뗑 ①탈것, (운송하는) 차. En la ciudad se ve toda clase de *vehículos*. 도시에서는 모든 종류의 탈것을 볼 수 있다. ②【물리】도체(導體), 매체(媒體). El aire es el *vehículo* del sonido. 공기는 소리의 도체이다.

veinte 휑 20의; 20번째의. 뗑 20. ◇ **veinticinco** 휑 25의; 25번째의. 뗑 25. ◇ **veinticuatro** 휑 24의; 24번째의. 뗑 24. ◇ **veintidós** 휑 22의; 22번째의. 뗑 22. ◇ **veintinueve** 휑 29의; 29번째의. 뗑 29. ◇ **veintiocho** 휑 28의; 28번째의. 뗑 28. ◇ **veintiséis** 휑 26의; 26번째의. 뗑 26. ◇ **veintisiete** 휑 27의; 27번째의. 뗑 27. ◇ **veintitrés** 휑 23의; 23번째의. 뗑 23. ◇ **veintiuno, na** 휑 (남성명사 앞에서는 veintiún 으로 됨) 휑 21의; 21번째의. Hoy se han reunido *veintiún* trabajadores. 오늘은 21명의 노동자가 모였다. 뗑 21.

vejez 뗑 노령; 노년기. Mi abuela murió de pura *vejez*. 할머니께서는 오로지 노령 때문에 사망했다.

vela 뗑 ①불침, 철야; 밤일. Pasamos la noche en *vela*. 그 밤을 우리들은 자지 않고 지냈다. La *vela* duró hasta la madrugada. 야간 작업은 새벽까지 계속되었다. ②(불을 켜는) 초. Ardían las *velas* tristemente. 촛불이 쓸쓸하게 켜져 있었다. ③돛. Las *velas* estaban henchidas por el viento. 돛은 바람을 받아서 부풀어 있었다.

velar 国 ①철야하다, 자지않고 있다. Me ha tocado *velar* toda la noche. 철야하는 차례가 내게 돌아왔다. ②야근하다. Muchos amigos *velarán* ante el altar. 많은 친구들이 제단 앞에서 철야를 하게 되겠지. ③(+por·sobre 〃…를) 지켜 보다(감사, 감독). La madre encargó a su hijo mayor que *velara* por su hermano. 모친은 큰 아들에게 동생을 돌보아 주도록 부탁했다.

velero, ra 휑 배의 속력이 빠른. 뗑 돛단배 (요트 따위). Un *velero* cruzó el puerto y salió a alta mar. 한 척의 범선이 항구를 가로질러서 먼바다로 나갔다.

veleta 뗑 풍향계(風向計). La *veleta* de torre, cuando tiene figura humana o de animal, se llama giralda. 탑에 붙인 풍향계는 사람이나 동물의 모습을 하고 있을 때 《히랄다》라 불린다.

velo 뗑 베일, 엷은 명주. Las mujeres allí presentes llevaban el *velo* en la cabeza. 거기 출석한 부인들은 머리에 베일을 쓰고 있었다. ◇ **veloce** 덮는 것.

veloz 휑 빠른. Pasó un coche *veloz* como un relámpago. 차 한 대가 번개처럼 질주했다. ◇ **velocidad** 뗑 속력, 속도. Le multaron por excesiva *velocidad*. 그는

vello 명 솜털, 뜨는 털, 섬모. Mi padre tiene mucho *vello* en el pecho. 나의 부친은 가슴 털이 많다. ◇ **velludo, da** 형 솜털이 난; 부드러운.

vena 명 ① 나뭇결, 돌결; 맥 (수맥·광맥 따위). ② 혈관; 정맥. La sangre circula por las *venas*. 혈액은 혈관을 순환한다. ③ 기분. Si le da la *vena* por estar amable, todo irá bien. 우호적으로 되려는 기분이 그에게 생기면 만사가 잘 되어 갈 것이다.

vencer [1] 타 ① 타파하다, (…에게) 이기다. Nuestro equipo *venció* al contrario por dos tantos. 우리 팀은 2점 차로 상대편을 이겼다. ② 극복하다. Para eso hay que *vencer* toda dificultad. 그러기 위해서는 어떠한 곤란도 극복해야 한다. ③ 억제·제압하다. No creo que *venza* semejante pasión. 그가 그러한 감정을 누를 수 있으리라고 나는 생각하지 않는다. 자 기한이 오다·끝나다. Mañana *vence* el plazo para la presentación de instancias. 원서 제출의 기한은 내일까지 이다. *dejarse vencer* 지다. No te dejes *vencer* por nada y sigue adelante. 너는 어떤 일에도 지지 말고 전진해라.

vencedor, ra 명 승자. ◇ **vencido, da** 형 ① 패배한. Me doy por *vencido*. 나는 졌다고 자인한다. ② 기한이 된, 늦어진. Le devolvió el dinero con los intereses *vencidos*. 그는 그 사람에게 돈을 그 기한 분의 이자와 함께 돌려주었다. 명 패배자. ◆ **vencimiento** 명 승리; 극복; 기한 만료, 가기. Mañana será el *vencimiento* de este giro. 이 환의 기한은 내일 끝난다.

vendar 타 (…에) 붕대를 감다. Voy a que me *venden* esta muñeca. 나는 이 손목에 붕대를 감아 달라고 간다. ◇ **venda** 명 붕대. Se ha lastimado una muñeca y tiene puesta una *venda* muy apretada. 그는 손목을 다쳐서, 매우 단단하게 붕대를 감고 있다. ◇ **vendaje** 명 [집합적] 붕대.

vendaval 명 강풍(強風). Se levantó un imponente *vendaval* que arrancó hasta los árboles de raíz. 강력한 폭풍이 일어나서 나무조차도 뿌리째 뽑았다.

vender 타 ① 팔다 (⇔ comprar). *Vendemos* artículos a precio fijo. 우리는 물건을 정가대로 팔고 있다. ② 배신하다. Luis me ha *vendido*; nunca esperé tal cosa de él. 루이스는 나를 배반했다; 뜻밖이었다. ③ [+por : …를 위하여] 희생하다. La mujer honesta no *vende* su honra *por* nada del mundo. 올바른 여성은 세상의 어떤 것 때문에도 그 정조를 희생하는 일이 없다. *venderse caro* 챈세하다. ◇ **vendedor, ra** 명 판매원, 점원.

veneciano, na 베네치아(Venecia)의, 베니스의. 명 베니스人·베니스 사람.

veneno 명 독; 해독(害毒). Esa clase de literatura es un *veneno* para la juventud. 그런 종류의 문학은 젊은이에게 해독으로 된다. ◇ **venenoso, sa** 형 유독한; 유해한.

venerar 타 ① 존경·숭배하다. *Venero* mucho a mi abuelo. 나는 조부를 매우 존경하고 있다. ② [종교] 제사하다, 예배하다. La imagen de la virgen se *venera* en la ermita. 성모상이 그 집에 모셔있다. ◇ **venerable** 형 존경·숭배할 만한; 고색 창연한. El soberbio y *venerable* edificio estaba lleno de recuerdos históricos y artísticos. 그 장엄한 오랜 건물에는 역사적이며 예술적인 유물이 잔뜩 있었다. ◇ **veneración** 명 존경, 숭배.

venezolano, na 명 베네수엘라(Venezuela)의. 명 베네수엘라人·베네수엘라 사람.

venga ① venir의 접속법 현재 1·3인칭 단수. ② 오십시오.

vengáis venir의 접속법 현재 2인칭 복수형.

vengamos venir의 접속법 현재 1인칭 복수형.

vengan venir의 접속법 현재 3인칭 복수형.

vengar [8] pagar] 타 (…의) 보복을 하다. *Vengó* a su padre, matando al enemigo. 그는 적을 죽여서 부친의 원수를 갚았다. Luis *vengó* la ofensa recibida por su familia. 루이스는 그의 가족에게 받은 모욕을 그에게 보복했다. ◇ ~ se 보복하다. No es justo que *se vengue* en el hijo de lo que le hizo el padre. 부친이 한 일을 그 아들에게 보복함은 옳은 일은 아니다. ◇ **venganza** 명 보복, 앙갚음. Rompió el cristal del escaparate por *venganza*. 그는 앙갚음으로 진열장의 유리를 깼다.

vengas venir의 접속법 현재 2인칭 단수형.

vengo venir의 직설법 현재 1인칭 단수형.

venir [69] 자 ① 오다. ¿De dónde *vengo* y adónde voy? 나는 어디서 와서, 어디로 가는가. Ya *viene* el verano. 벌써 여름이 왔다. ② 유래하다. La inteligencia le *viene* de la rama de su madre. 그의 머리가 좋은 것은 모친을 닮아서 이다. ③ (머리에) 떠오르다. No sé cómo me *vino* esa idea. 어째서 그런 생각이 떠올랐는지 나는 모른다. ④ 적합하다. ¿Me *vendrán* tus zapatos? 네 구두가 내게 맞을까. ⑤ [+ a + inf.] …하러 오다; …하게

venta — veras (de)

되다. *Vengo a verle a usted.* 나는 당신을 만나러 왔습니다. *¿En qué vino a parar este asunto?* 그 일은 어떻게 되었나. ⑥ [+de∶…이] 출신·원산이다. *De dónde viene usted?* 당신의 어디 출신입니까. ⑦ [+sobre∶…를] 습격하다. *Ha venido sobre la ciudad la muchedumbre de forasteros.* 그 고을에 수많은 타관 사람이 밀어닥쳤다. ◇~**se** 돌아오다, 무너지다. *Se vinieron al suelo nuestros planes.* 우리들의 계획은 무너져버렸다. ◇ **venida** 여 내착(來着) [⑩ ida].

venta 여 ① 매각, 판매 [⑩ compra]. *Estos días han disminuido las ventas.* 요즈음 매상이 줄었다. ② (시골의 조그만) 주막. *en venta* 매출 중의·이어서, 팔려고 내놓은.

ventaja 여 ① 잇점; 이익. *Todo tiene sus ventajas y, al mismo tiempo, sus desventajas.* 무슨 일에든지 잇점도 있지만 동시에 불리한 점도 있다. ② 유리, 강점. *Yo te llevo ventaja por mi experiencia.* 내가 경험이 있으니까 너보다 유리하다. *llevar ventaja a* …보다 우수하다. *sacar [tomar] ventaja* 이용하다. ◇ **ventajoso, sa** 혱 유리한. *Le ofrecieron un contrato ventajoso.* 그는 유리한 계약의 신청을 받았다.

ventana 여 창문. *Abra usted la ventana para que entre el aire.* 바람이 들어오도록 창문을 여십시오. ◇ **ventanilla** 여 ① (차·열차 따위의) 창문. *Unos rayos rubios del sol penetran por la ventanilla del tren.* 금빛의 태양 광선이 차창으로 들어온다. ② (사무소·표 파는 곳의) 창구. *Usted puede sacar ese billete en la ventanilla de al lado.* 그 표는 옆 창구에서 살 수 있습니다.

ventar 쨔 바람이 불다.

ventear 쨔 바람이 불다. 타 냄새를 맡다. ◇~**se** (미분자의 팽창으로 인하여) 쪼개지다; 기로 가득차다.

venteril 형 주막의.

ventilar 타 ① 송풍·환기하다. *Abre el balcón para que se ventile el dormitorio.* 침실의 환기를 위하여 발코니의 창을 열어라. ② 바람에 쏘이다. *Conviene ventilar la ropa antes de guardarla.* 속옷가지는 넣어두기 전에 바람을 쏘여야 한다. ③ 처리하다. *Tengo que ventilar un asunto en el ministerio.* 나는 이 일을 본부에서 처리해야 한다. ◇ **ventilación** 여 통풍, 환기; 통풍·환기 장치. *Para la ventilación del desván abrieron dos ventanas pequeñas.* 그들은 다락방 환기를 위하여 창문을 두 개 내었다. ◇ **ventilador** 남 선풍기; 환기 장치.

ventisquero 남 눈보라; 만년설; 눈더미.

ventolina 여 미풍.

ventosearse 재 방귀를 뀌다.

ventura 여 (행)운, 행복. *Les deseamos muchas venturas en el Año Nuevo.* 새해에 복 많이 받으십시오. *a la ventura.* 운에 맡기고. *Navegaban a la ventura.* 운에 맡기고 그들은 항해 하고 있었다. *por ventura* 다행히. 아마; 설마. *¿Lo has visto por ventura?* 설마 너는 그걸 본 건 아니겠지. *por la mala ventura* 불운·불행하게도. *Por su mala ventura, se derribó el puente en aquel momento.* 그는 불운하게도, 그 순간에 다리가 무너졌다. ◇ **venturoso, sa** 형 행운·행복한 (feliz).

veo *ver*의 직설법 현재 1인칭 단수형.

ver [53; 과거분사 visto] 타 ①보다, (…가) 보이다. *No veo nada sin gafas.* 나는 안경이 없으면 아무것도 보이지 않는다. *Ve usted aquella luz?* 저 빛이 보입니까. ② (…을) 만나다. *He ido a ver a mi antiguo profesor.* 나는 옛 선생님을 만나러 갔다. ③ 알다, 이해하다 (entender, comprender). *Ya veo lo que pretendes.* 네가 무엇을 바라고 있는지 나는 벌써 알았다. ◇~**se** ① (눈이) 보이다. *El que no ve* 는 ciego. 눈이 보이지 않는 사람이 소경이다. ② [+de+inf] …하려고) 시도하다. *Veremos de subir a este árbol.* 이 나무에 오를 수 있는지 시험해 보자. ~**se** 보이다; 알다. *Se veía una luz a lo lejos.* 멀리서 빛이 한 가닥 보이고 있었다. *Se ve que no sabe nada.* 그가 아무것도 모르는 일은 명백하다. ② [어떤 장소·상태에] 있다. *Nos veíamos pobres y perseguidos.* 우리들은 가난하며 박해당하고 있었다. ③ [+con∶…과] 만난다. *Me veo con él a menudo.* 그는 빈번히 그와 만난다. *a ver* 자, 어떻게; 두고 보자. *A ver, ¿puede contestarme?* 글쎄 당신은 대답할 수 있을까요. *a mi ver* 내 의견으로는. *tener que ver con* …와 관계가 있다. *¿Qué tengo que ver con eso?* 나는 그 일과 무슨 관계가 있는가.

veranear 쨔 피서를 하다. *Todos los años veraneamos en la montaña.* 해마다 우리는 산으로 피서하러 간다. ◇ **veraneante** 명 피서객. ◇ **veraneo** 남 피서. *No podemos pensar en ir de veraneo.* 우리는 피서하러 가는 일 따위를 생각할 수 없다.

verano 남 여름. *El verano es la estación más calurosa del año.* 여름은 1년중 가장 더운 계절이다. ◇ **veraniego, ga** 형 여름의.

veras (de) 형 정말로; 진실로. *Aquel día*

estaba enfermo *de veras*. 그날 정말로 나는 병이 났다.

verbena 예 ① [식물] 벗나무. ② 밤 축제, 전야제. La noche de San Juan celebramos la *verbena* en la plaza del pueblo. 성 요하네의 밤에 우리들은 거리의 광장에서 전야제를 가진다.

verbo 립 ① [문법] 동사. ② 언어. ◇ **verbal** 립 ① 동사의. ② 말(로)의, 구두의. No le dieron más que una promesa *verbal*. 그는 구두로 약속을 받았을 따름이었다.

verdad 예 진실 [↔ mentira]. Eso que dices no es *verdad*. 네가 말하는 것은 진실은 아니다. A decir *verdad*, a mí no me gusta esto. 바른대로 말하면 나는 이것이 좋지는 않다.

verdadero, ra 형 진실한; 성실한. No usaba el nombre *verdadero*. 그는 본명을 쓰지 않고 있었다. ◇ **verdaderamente** 분 정말로. Lola era *verdaderamente* guapa. 롤라는 정말로 미인이었다.

verde 형 초록빛의. El color *verde* se puede obtener combinando el azul y el amarillo. 초록빛은 파랑과 노랑을 배합해서 만들 수 있다. ② 파라, 미숙한. Estas naranjas están *verdes*, saben muy agrias. 이 귤은 덜 익었다; 대단히 시다. ③ 낯설지, 말라죽지 않은. Esta madera todavía está *verde*. 이 재목은 아직 생나무이다. 립 ① 초록빛, 녹색(綠色). El *verde* te cae muy bien. 초록빛은 네게 매우 어울린다. ② 푸른 풀. Nos sentamos en el *verde* para tomar un descanso. 우리는 쉬른 풀이 있는 곳에다 앉아 쉬었다. ◇ **verdor** 립 (짙은·싱싱한) 초록빛, 녹색. Los campos ya se visten de *verdor*. 들녘은 벌써 녹색의 옷을 입었다. ◇ **verdura** 예 무성귀, 채소(legumbre). Para cenar tenemos un plato de *verdura* y otro de pescado. 저녁 식사에는 야채 요리와 생선 (의 요리)를 우리는 먹는다.

vereda 예 오솔길; [남미] 보도(步道). Si sigues la *vereda* llegarás antes que por el camino. 이 오솔길로 가면 큰 길보다 빠르게 닿을 수 있다.

verdemar 립 바다빛, 옅은 초록색.

verderol 립 [새] 방울새(verderón).

verderón, na 립 짙은 녹색의. 립 [새] 방울새.

verdinegro, gra 형 암록색의.

verdugo 립 새싹(vástago).

vergüenza 예 ① 부끄러움 [창피한 일·생각]. Me da *vergüenza* pedírselo a José. 이것을 호세에게 부탁하는 것은 나는 창피하다. ② 염치. Si tienes *vergüenza*, debes devolverle ese dinero pronto. 네가 염치가 있다면 빨리 그 돈을 그에게 돌려주어야 한다. ◇ **vergonzoso, sa** 형 부끄러운, 부끄러워 하는. Lola es tan *vergonzosa*, que apenas habla. 롤라는 대단히 부끄럼을 타서, 거의 말을 하지 않는다.

verificar [7] *sacar* 태 ① 확인하다. Hay que *verificar* la cuenta una vez más. 그 계산을 또 한번 확인해 보아야 한다. ② 검사·실증하다. *Verificamos* el funcionamiento del motor. 우리들은 엔진의 작용을 보고 있다. ③ 행하다; 실현하다. Se *verificó* el acto de entrega de premios. 수상식이 거행되었다.

vermú/vermut [복수 vermúts] 립 베르뭇 (흰 포도주의 일종).

verruga 예 혹; 사마귀; 귀찮은 일.

verruso 립 수전노.

versar 재 주위를 돌다; [+sobre : …] 을 문제로 하다. ◇ **~se** 수련을 쌓다, 경험을 얻다.

versión 예 ① 번역 (작품). Esta *versión* francesa del Quijote está bien hecha. 이 〈돈·끼호떼〉의 프랑스어 번역은 잘 되어 있다. ② 해석, 견해(opinión). Hay varias *versiones* de este hecho. 이 사실에는 여러 가지 해석이 있다.

verso 립 시(의 한 줄); 운문(韻文). José le escribió muchas cartas, algunas en *verso*. 호세는 그녀에게 편지를 많이 썼다; 어떤 것은 시였다. ◇ **versificar** [7] *sacar* 재 시를 쓰다. 태 운문으로 만들다.

verter [20] *perder* 태 (물·냇물이) 부어지다. El Huerva *vierte* a Ebro. 우에르바강은 에브로강으로 들어간다. 태 ① (물 따위를) 흘리다. *Has vertido* el vino sobre el mantel. 너는 테이블보 위에 술을 흘렸구나. ② [+de : …로 부터 / +en : …에] (그릇·내용을) 비우다, 옮기다. *Vertió* el agua en la vasija. 그는 물을 그릇에 비웠다. ③ [+a·en : …으로] 번역하다, 바꿔 쓰다. ◇ **~se** 흘리다. Con el vaivén del buque se *vierte* el agua de los vasos. 배의 동요로 컵의 물이 튀어난다. ◇ **vertiente** 예 (물이 흐르는) 사면 (斜面); (지붕의) 한 쪽.

vértice 립 정점(頂点). ◇ **vertical** 형 수직한. Esta columna no es completamente *vertical*. 이 기둥은 완전한 수직은 아니다. ◇ **verticalmente** 분 수직으로.

vértigo 립 ① 현기증, 상기(上氣). No quiero subir a esa altura; siento *vértigo*. 나는 그런 높은 곳에 오르고 싶지 않다; 현기증이 난다. ② 번거로움. No me gusta el *vértigo* de las grandes ciudades. 나는 대도시의 번거로움이 마음에 들지

vesania 명 정신 착란, 발광, 광란.

Vesta 예 【신화】 베스타.

vestíbulo 남 현관, 로비. Enciende la luz del *vestíbulo*. 현관의 전등을 켜십시오.

vestido, da 형 [+de·en : …을] 입은. José iba *vestido* de etiqueta. 호세는 예복을 입고 있었다. 남 의복, 옷; 원피스.

vestir 66 pedir 타 ① [+de : …형·색의] 옷을 입고 있다. Mi madre, que era viuda, *vestía* siempre *de* negro. 모친은 미망인이었으므로, 항상 검정옷을 입고 있었다. Viene sonriente, *vestida de* colores claros. 그녀는 밝은 빛의 옷을 입고 벙글거리면서 온다. ② 바꾸어 입다. Ese color *viste* mucho. 그 빛은 대단히 옷이 돋보인다. 타 ① 입고 있다. Don José *viste* traje de torero. 돈·호세는 투우사의 옷을 입고 있다. ② (…에게) 옷을 입히다 (좋은 옷을 입히다, 옷을 주다); 옷치장하다. La madre *vistió* de gala a la niña. 모친은 소녀에게 때때옷을 입혔다. Las hojas nuevas *visten* ya los árboles. 어린 잎이 벌써 나무들을 단장하고 있다. ◇~**se** [+de : …형·색의] 옷을 입다; 단장하다. El niño *se viste* ya solo. 그 어린이는 이제 혼자서 옷을 입는다.

veterano, na 형 경험이 풍부한. José es *veterano* en el oficio. 호세는 그 일에서는 베테랑이다. 명 경험이 풍부한 사람, 노련한 사람, 베테랑.

vez 예 때; 번. Una *vez* me lo contó. 어느 때 그가 그 말을 해 주었다. Algunas *veces* cenamos fuera. 우리는 때로는 외식을 하곤 한다. Entonces fue la primera *vez* que la vio. 그가 그녀를 본 것은 그 때가 처음이었다. *a veces* 때때로. El miente *a veces*. 그는 때때로 거짓말을 한다. *a la vez* 동시에 (al mismo tiempo); 단번에. Todos querían hablar *a la vez*. 모두들 동시에 말하려고 했다. *cada vez* 「비교어」 점점. Está *cada vez más* guapa. 그녀는 점점 아름다워지고 있다. *cada vez que* …할 때마다. *cada vez que* viene me trae algún regalo. 그는 을 때마다 무엇인가 선물을 가지고 와 준다. *de una vez* 한 번으로, 단번; 단연. Más vale darle el susto *de una vez*. (기왕에 놀라게 하려면) 단숨에 그를 깜짝 놀라게 하는 것이 좋다. *de vez en cuando* 때때로. *en vez de* …의 대신으로 (en lugar de). Vino Lola *en vez de* su hermana. 몰라가 언니 대신 왔다. *otra vez* 다시(de nuevo); 또 한번. Dígamelo *otra vez*. 그 말을 또 한번 해 주세요. *tal vez* 아마(quizás). *Tal vez* no lo supiera. 아마 그는 그것을 모를 것이다.

vía 예 ① 길. La Gran *Vía* está siempre animada de gente. 그라비아는 언제나 사람들로 붐비고 있다. ② 노선, 선로. Está prohibido andar por la *vía* del tren. 철도의 선로를 다니는 것은 금지되어 있다. ③ 경로. 경유. Salieron para París *vía* Hendaya. 엔다야 경유로 그들은 파리로 출발했다. *vía pública* 공로(公路). *vía aérea* 공로(空路); 항공편. *vía marítima* 해로(海路); 배편, 선편(船便). Se lo mandaremos por *vía marítima*. 그것을 배편으로 보내겠소. *Vía Láctea* 은하(銀河). La *Vía Láctea* también se llama camino de Santiago. 은하는 《산띠아고의 길》이라고도 불리워진다.

viajar 자 ① [+por : …를] 여행하다 (hacer un viaje). *Han viajado por* toda Europa en coche. 그들은 유럽 전역을 차로 여행했다. ② 팔러 다니다. ◇**viajante** 남 외교원, 세일즈맨. Dentro de poco les visitará nuestro *viajante*. 곧 우리 회사의 외판원이 귀사를 찾아갑니다.

viaje 남 여행. Este amigo anda haciendo un *viaje* por estas tierras. 이 친구는 이 땅을 여행하면서 다니고 있다. *de viaje* 여행 하여. Los padres estaban de *viaje*. 양친은 여행중이었다. ¡Buen *viaje*! (여행 떠나는 사람에 대한 인사) 잘 다녀오세요. (화나서) 마음대로 해! Si no me invitan …; ¡buen *viaje*! 나를 초대하지 않는다면… 맘대로 해 ! ◇**viajero, ra** 명 여행자, 여객, 승객(pasajero). Se ruega a los *viajeros* que conserven sus billetes. 표를 잃지 않도록 승객 여러분께 부탁드립니다.

víbora 예 【파충류】 독사. Secaba las *víboras* después de muertas y las vendía. 그는 독사를 죽여서 말려가지고 그걸 팔고 있었다.

vibrar 타 (작은 동작으로) 떨다; (화살·광선 따위를) 쏘다. 자 ① 떨다. 진동하다. No *vibró* su corazón al oír el relato de tanta desgracia. 그런 불행한 이야기를 들어도 그의 마음은 떨리지 않았다. ◇**vibración** 예 진동, 흔들림. ◇**vibrante** 흔들리는.

vibrátil 형 진동하기 쉬운, 진동성의.

vicealmirante 명 【남·녀 동형】 해군중장; 부제독. 부(副)·차(次)·대리의 의미.

vicecónsul 남 부영사.

viceconsulado 남 부영사의 직·사무소.

vicenal 휑 20년의; 20년 마다의.

vicepresidente, ta 【남·녀 동형】 명 부통령; 부총재; 부의장, 부회장, 부사장(따위).

vicerrector, ra 【남·녀 동형】 명 (수도원·병원·대학의) 부원장, 부학장.

viceversa 튀 [y+] 역(逆)도 또한 같다. Se hace bien lo que se hace con gusto y viceversa. 기꺼이 하는 일은 잘 된다; 그리고 마지못해 하는 일은 결과도 나쁘다.

vicio 명 습관, 나쁜 버릇. Tiene el vicio de no contestar pronto. 바로 대답하지 않는 나쁜 버릇이 그에게는 있다. de vicio 버릇으로. Se queja de vicio. 불평을 말하는 것은 그의 버릇이다. ◇ **vicioso, sa** 휑 못된 버릇이 있는; 결함이 있는; 버릇 없는. círculo vicioso 악순환; 순환론법.

vicisitud 명 [주로 복] (인생의) 부침(浮沈), 사건. Después de muchas vicisitudes llegamos al término de nuestro viaje. 여러 가지 일에 부딪친 뒤에 우리는 여행의 종착점에 왔다.

víctima 명 희생(자), 조난자, 피해자. En el altar se sacrificaron las víctimas. 제단에 희생물이 바쳐졌다. El huracán ocasionó 500 víctimas. 태풍으로 500 명의 피해자가 생겼다.

victoria 명 승리(triunfo). En esa batalla consiguió una victoria decisiva nuestro ejército. 그 전투에서 아군이 결정적 승리를 거두었다. ◇ **victorioso, sa** 휑 의기양양한, 승전의. Nuestro ejército volvió victorioso de la guerra. 아군은 전쟁에 이기고 돌아왔다.

vid 명 【식물】 포도(나무). Una vid de troncos retorcidos daba sombra a la terraza. 구불구불한 줄기의 포도나무 한 그루가 테라스에 그늘을 만들고 있었다.

vida 명 ① 생명. Mi abuelo disfrutó de una larga vida. 조부는 장수하였다. ② 생활. El llevaba una vida agitada. 그는 바쁜 생활을 하고 있었다. Se gana la vida escribiendo. 그는 글을 써서 생활하고 있다. ③ 인생, 세상(mundo). La vida es sueño. 인생은 꿈이다. en toda la [su] vida 조금도…않는다. ¡En toda mi vida he oído tal cosa! 나는 (출생 이후 지금까지) 그런 말은 들은 일이 없다!

vidrio 명 유리(cristal). Es frágil como el vidrio. 그것은 유리처럼 약하다. ◇ **vidriera** 명 유리창·문. vidriera de colores 채색 모양의 유리창.

viejo, ja 휑 ① 오래 [⇔ nuevo]; 옛날부터의. Estos zapatos están ya viejos, hay que tirarlos. 이 구두는 벌써 낡았다; 버려야 하겠다. Somos viejos amigos 우리는 오랜 친구이다. ② 늙은 [⇔ joven]. Estaba sentada al sol un mendiga vieja. 늙은 여자가 일광욕을 하고 있었다. 명 노인(anciano) [⇔ joven]. El pobre viejo caminaba apoyándose en la pared. 가엾게도 그 노인은 벽에 의지하면서 걷고 있었다.

viento 명 【기상】 바람. Hoy hace mucho viento. 오늘은 바람이 매우 세다. Siempre sopla un viento del Norte. 언제나 북풍이 불고 있었다.

vientre 명 【신체】 배(abdomen). Se dio un golpe en el vientre. 그는 배에 일격을 받았다.

viernes 명 【단·복수 동형】 명 금요일.

viga 명 【건물】 들보, 가로장. Los techos están asegurados con vigas. 천장은 들보로 단단히 지탱되고 있다.

vigente 휑 효력이 있는, 현행의. La ley vigente lo prohibe. 현행의 법률은 그것을 금지하고 있다. ◇ **vigencia** 명 유효성, 효력. Al cabo de doscientos años esa concepción fundamental sigue teniendo vigencia. 200년 후에 그 기본적인 개념은 오히려 살아 있다.

vigilar 타 망보다. La vieja vigilaba a los niños. 그 노파가 어린이들을 망보고 있었다. 자 [+en·por·sobre; …를] 망보다, 감시·경비하다. Hay que vigilar constantemente por la salud pública. 공중위생에는 끊임없이 마음을 써야 한다. ◇ **vigilancia** 명 망보기, 감시. No descuido la vigilancia de mis asuntos. 나는 내가 담당한 일의 감시를 게을리 하지 않는다. ◇ **vigilante** 명 망보기, 감시병, 경비원.

vigor 명 완강함, 굳셈. ¡Con qué vigor saltaba una y otra vez! 어쩌면 그토록 원기왕성하게 그는 한번 또 한번 뛰었던 것일까! en vigor 효력이 있는; 현행의·으로. La nueva ley no entra en vigor hasta el mes que viene. 새 법률은 내달까지 유효하게되지 않는다. ◇ **vigorizar** 타 alzar] 강하게하다. El vino vigoriza el cuerpo. 포도주는 몸을 건강하게 한다. **vigoroso, sa** 휑 완강한, 활기가 있는. Este chico es vigoroso y atrevido. 이 소년은 완강하게 대담하다.

vil 휑 비열한. Es un hombre vil, capaz de engañar a su mejor amigo. 그는 가장 좋은 친구조차도 속일 정도로 비열한 자이다. ◇ **vileza** 명 비열.

villa 명 ① 별장(quinta, quintana, casa de campo); 호텔. Se compró una villa en las afueras de la ciudad. 그는 시의 근교에 별장을 사들였다. ② 시가지. La villa de Bilbao fue teatro de batallas durante

villancico 크리스마스 캐럴. Se oyen cantar *villancicos*. 크리스마스 캐럴(을 노래하는 것)이 들린다.

villano, na 천하고 비열한. El, muy *villano*, no respeta nada. 그는 비열한 놈이어서, 아무도 그를 존중하지 않는다. 명 비열한 사람; 촌사람. ◇ **villanía** 명 비열함.

vinagre 명 식초. La ensalada se prepara con sal, aceite y *vinagre*. 샐러드는 소금·기름·식초로 만든다.

vinariego 명 포도 재배가, 포도원 경영자, 포도원주.

vinario, ria 형 포도주의, 술의.

vinatería 명 포도주 상점, 포도주 판매업.

vinatero, ra 형 술의, 포도주 (양조)의. 명 포도주 상인.

vinaza 명 (재강에서 뽑아낸) 하급 포도주.

vinculación 명 관계, 우호, 연계(連繫); 세습 재산 설정.

vincular 타 ① 세습으로 하다, (재산의) 상속인을 한정하다; 영속하다, 영구히하다 (perpetuar); 결부하다: ② [+en:…에] 매다 (atar). ◇~se 영속하다.

vínculo 명 연쇄, 연관, 유대(lazo); 【법률】 한사 상속, 세습 재산 설정.

vincha 여 리본, 부인의 머리에 쓰는 머플러.

vindicar 타 옹호·변호하다(defender); 보복하다(vengar), 원수갚다(reivindicar); 부득이 강탈당한 것을 되찾다. ◇~**se** [+de:…의] 보복을 하다; (…을) 회복하다.

vindicativo, va 형 보복적인, 복수심이 강한(vengativo); 옹호의, 변호의.

vindicta 여 보복(venganza); 제재.

vinería 여 주점, 포도주점.

vinícola 형 포도주 양조의. 명 포도주원(vinariego), 포도 재배자.

vinicultor, ra 명 포도주, 양조가.

vinicultura 여 포도주 양조.

vinífero, ra 형 포도주를 생산하는.

vinificación 명 포도주화(化); 포도주의 발효; 주조법(酒造法).

vinílico, ca 형 비닐의.

vinilo 명 【화학】 비닐; 비닐 수지(樹脂).

vinillo 명 약한 술, 물을 탄 술.

vino¹ 명 술; 포도주. El solo se bebió una botella de *vino*. 그는 혼자서 포도주 한 병을 마셔버렸다.

vino² venir의 직설법 부정과거 3인칭 단수.

vinolencia 여 과음; 대주가.

viña 포도밭·원(園). ◇ **viñadero** 포도밭 지기. ◇ **viñador** 포도 재배자;

포도원. ◇ **viñal** 명 포도밭.

viola 여 【악기】 비올라. 명 비올라 연주자.

violar 타 ① 범하다; 위반하다. Las leyes se han hecho para que se cumplan y no para que se *violen*. 법률은 사람이 지키도록 만들어진 것이지, 범하기 위한 것은 아니다. ② (신성한 것을) 더럽히다; 욕되게 하다. *Violaban* el altar cuando les sorprendió el sacerdote. 그들은 제단을 어지럽히고 있었는데 그때 사제에게 발견되었다. ◇ **violación** 명 위반; 폭행; 【종교】 모독. Por *violación* de las leyes de tráfico le echaron una multa. 교통법 위반으로 그는 벌금을 물었다.

violentar 타 ① 무리하게 하다, (…에게) 폭력을 쓰다. El ladrón *violentó* el cajón y se llevó mi cartera. 도둑놈은 서랍을 억지로 열고 내 지갑을 가져갔다. ② 강제하다. Si no tiene muchas ganas de comer, no le *violentes*. 그가 별로 먹고 싶어하지 않으면 굳이 먹이지 말라. ◇~**se** 무리하게 하다, 견디다. Me violenté mucho hablándole así, pero tuve que hacerlo. 나는 억지로 참아가면서 그렇게 그에게 이야기했지만, 말하지 않을 수 없었던 것이다.

violento, ta 형 격렬한, 난폭한. No pronuncie usted palabras tan *violentas*. 그런 난폭한 말을 쓰지 마라. ◇ **violencia** 여 맹렬; 난폭, 폭력. Siempre contesta con mucha *violencia*. 그는 언제나 매우 난폭하게 대답한다. La policía tuvo que emplear la *violencia* para dispersar a los grupos. 경찰은 군중을 해산시키기 위하여 폭력을 써야 했다.

violeta 【식물】 제비꽃. La *violeta* es el símbolo de la modestia. 제비꽃은 겸허의 상징이다. 명 보라빛. Un vestido de color *violeta* resulta discreto. 보라빛 옷은 신중한 느낌이 든다.

violín 명 【악기】 바이올린. Al fondo de la galería empieza a oírse el *violín* melancólico. 복도의 안쪽에서 쓸쓸한 바이올린이 (의 소리가) 들리기 시작한다. ◇ **violinista** 여 바이올린 연주자.

virgen [명 virgenes] ① 처녀의. ② 개간 되지 않은. Se perdieron en las selvas *vírgenes* de la tierra firme. 그들은 대륙의 처녀림에 잘못 들어갔다. ③ 순결한; 순수한; 쓰지 않은. *miel virgen* 순수한 꿀. 여 ① 처녀. ② [V-] 성모; 성모상. La *Virgen* se apareció a tres pequeños pastores de Fátima en 1917. 파띠마의 세 목동 앞에 1917년 성모가 모습을 보였다. ◇ **virginal** 형 처녀의·와 같은; 청순한. No había perdido la candidez *virginal*. 그녀는 처녀다운 순진함을 잃지 않았

다. ◇ **virginidad** 여 처녀성; 순결.
viril 형 ① 사내의; 사내다운. Fue una acción *viril* digna de un elogio general. 그것은 사내다운 칭찬을 받을만한 사내다운 행위였다. ② 장년의. Iba a entrar en la edad *viril*. 그는 장년기에 들어가려 하고 있었다. ◇ **virilidad** 여 사내다움; 장년기.
virtud 여 ① (미)덕; 덕의(德義). ② 정결. Erase una joven estimada por su *virtud*. 정결함이 평판이 된 젊은 여인이 있었다. ③ 효력. Esta planta se cree que tiene la *virtud* de curar las heridas. 이 풀은 칼에 베인 상처를 고치는 효력이 있다고 생각되고 있다. *en virtud de* …에 의하여, …때문에, …그로. ◇ **virtuoso, sa** 형 덕 있는; 정결한; 효력 있는. Las acciones *virtuosas* serán premiadas por Dios. 덕행은 신의 보답을 받으리라. 명 음악의 명수.
visar 타 사증하다. Vengo a que me *visen* el pasaporte para México. 나는 멕시코 행 여권에 사증을 받으러 왔다. ◇ **visa** 사증, 비자. ◇ **visado** 사증, 비자.
viscoso, sa 형 끈적끈적한, 더더덕한. La miel es una sustancia *viscosa*. 꿀은 끈적끈적한 물질이다.
visible 형 ① (눈에) 보이는 [⇔ invisible]. Desde aquí es bien *visible* la chimenea. 여기서는 그 굴뚝이 잘 보인다. ② 명백한; 현저한. ③ 사람 앞에 내놓을수 있는. Llevaba un traje poco *visible*. 남 앞에 내 놓을성싶지 않은 옷을 그는 입고 있었다. ◇ **visiblemente** 눈에 띄게; 현저히. El niño engorda *visiblemente*. 그 어린이는 알아보게 살쪘다. ◇ **visibilidad** 여 가시도(可視度), 시계(視界). Con la niebla era escasa la *visibilidad*. 안개 때문에 시야가 좁다.
visión 여 ① 시력(視力). Ha perdido la *visión* de un ojo. 그는 한쪽 눈의 시력을 잃었다. ② 견해. Cada uno tiene su propia *visión* de las cosas. 사람에게는 각기 자기 나름의 견해가 있다.
visita 여 ① 방문. Tengo que hacer una *visita* de despedida a ese amigo. 나는 그 친구에게 작별의 인사를 해야 한다. ② 손님, 방문객. Esta tarde hemos tenido cuatro *visitas*. 오늘 오후 손님이 네 사람 있었다. ③ 순찰; 왕진(往診).
visitar 타 ① 방문하다; 문병하다. Tengo que visitar a la tía, que está en la cama. 나는 숙모를 문병하러 가야 한다; 앓고 있으니까. ② 왕진·회진하다. Ya le ha *visitado* el doctor y dice que no está grave. 의사가 이미 왕진해서 대단치는 않다고 말하고 있다. ③ 시찰·순찰하다. El inspector y los arquitectos han salido a *visitar* las obras. 검사관과 건축가들이 그 공사를 시찰하러 갔다. ④ 보러 가다 (견학·참관). Por dos veces *visitamos* el Museo del Prado. 우리는 두차례 쁘라도 미술관을 견학했다. ◇ **visitador, ra** 형 방문 좋아하는 사람; 시찰·순찰원. Por lo que habla la monja, es una *visitadora* que va de hospital en hospital. 그 여승의 말로 보아 그녀는 병원을 차례차례 돌아보는 순찰 여승인 것 같다. ◇ **visitante** 방문객, 견학·참관자; 참배자.
víspera 여 전일; 전야(제). Esto ocurrió en la *víspera* de Navidad. 이런 일이 크리스마스 전일에 일어났다. *en vísperas de* …의 직전에. Se mostraba muy alegre; estaba *en vísperas* de su boda. 그녀는 대단히 들떠 있었다; 결혼을 가까이 앞두었던 것이다.
vista¹ 여 ① 시각, 시력. Tiene usted una *vista* envidiable. 당신은 부러운 시력을 가지고 있소. ② 보는 일; 만남. No pierda usted de *vista* a este niño. 이 어린이를 잃지 마시오. Solamente lo conozco de *vista*, no lo he tratado. 나는 그를 보아서 알고 있을 따름이지, 교제한 일은 없다. Hasta la *vista*. 안녕 (또 만날 때까지). ③ 외견(外見). Este pastel tiene buena *vista*. 이 과자는 보기가 좋다. ④ 조망, 경치. La casa tiene la hermosa *vista*. 그 집에는 아름다운 조망이 있다. *a la vista* 눈에; 명백히; 목전에. No hay a la *vista* ningún cambio. 당장 변화는 없다. *en vista de* …을 보고·생각하고. *En vista* del mal tiempo suspendemos el viaje. 일기가 나쁜 것을 고려해서 우리는 여행을 중지했다. ◇ **vistazo** 남 흘끗 봄. No hice otro que echar un *vistazo* al periódico. 나는 신문을 흘끗 보았을 따름이었다. ◇ **vistoso, sa** 형 화려한.
visto, ta² [bien+] 좋게 생각된. [mal+] 나쁘게 생각된. No está *bien visto* que una señorita salga de casa sola. 계집애가 혼자서 나다니는 것은 좋게 생각되지 않는다. *por lo visto* 외견상으로, 어쩐지, 확실히, 분명히. *Por lo visto* no se acordó de que tenía que venir. 어쩐지 그는 와야 할 것을 잊은 듯하다.
visual 형 눈의, 시각의. En Castilla, mirar suele ser disparar la flecha *visual* al infinito. 까스띨랴에서 보는 것은 번번이 허공에 시선의 화살을 던지는 일이다. 여 시선.
vital 형 ① 생명의·이 있는. ② 사활의, 중대한. Para el partido, era un problema *vital* ganar las elecciones. 정당에 있어서 그 선거에 이기는 일은 사활문제였다. ◇ **vitalidad** 몡 생명력, 활력, 활기. Ha perdido con los años aquella *vitalidad*, que le caracterizaba. 그는 해가 거듭함에 따라 그를 특징 지우고 있던 활력을 잃었다.

vitamina 몡 비타민.

vitamínico, ca 혱 비타민의. *complejo vitamínico* 종합 비타민제.

vitaminizar 탸 비타민을 가하다.

vitaminosis 몡 [단·복수 동형] 비타민 결핍증.

vitando, da 피하지 않으면 아니되는; 저주할만한, 징그러운, 끔찍스러운.

vitela 몡 송아지 가죽, 질이 좋은 송아지, 피지.

vitícola 혱 포도 재배의.

viticultor, ra 몡 포도 재배가.

viticultura 몡 포도 재배(법).

vito 몡 안달루시아의 무용(곡).

vitola 몡 총의 구경; 여송연의 표준형 (사이즈); 풍체, 용모(traza).

¡vítor! 몡 만세! (환호, 격려의 소리).

vitorear 탸 환호하다(aplaudir), 만세를 부르다.

vitral 몡 (교회당의) 색 유리창.

vítreo, a 혱 유리의; 유리질 모양의.

vitrina 몡 진열장; 진열창, 쇼윈도우. En la *vitrina* se exhibe la colección artística. 그 모아 둔 미술품은 진열장 속에 전시되어 있다.

vituperar 탸 비난하다. Por más que le *vituperamos* su conducta, ella no se corrige. 우리들이 아무리 그녀의 행동을 비난해도 그녀는 고치지 않는다.

vituperio 몡 비난.

viudo, da 몡 남편·아내를 잃은 사람; 홀아비, 과부. La *viuda* del escritor vive feliz con su hijo y la mujer de éste. 그 작가의 미망인은 아들과 그 며느리의 집에서 행복하게 지내고 있다. ◇ **viudez** 몡 홀아비·어미 살림. ◇ **viudita** 몡 젊은 과부, 청상 과부.

viva 몡 만세.

vivacidad 몡 활력, 활기, 예민.

vivar 몡 양어장.

víveres 몡 식료품. No hay *víveres* en casa, ¿qué hacemos? 집에는 먹을 것이 없다, 어떻게 해.

viveza 몡 민활; 기지(機知); 날카로움. No podemos esperar que todo lo haga con *viveza* y prontitud. 그에게 만사를 기민하게 척척 해내도록 바랄 수는 없다.

vivienda 몡 주택, 가옥. Por allí hay pobres *viviendas*. 저 근처에는 허술한 주택이 있다.

vivir 짜 ① 살아 있다. No sé si *vive* o ha muerto. 나는 그가 살아있는지 죽었는지 모른다. Mi abuelo *vivió* más de ochenta años. 내 조부는 80세 이상까지 살았다. ② 생활하다. Apenas gana lo justo para *vivir*. 그는 살아가는데 빠듯한 것도 벌지 못하고 있다. Aquí se *vive* bien. 여기서는 모두 좋은 생활을 하고 있다. ③ 살다, 살고 있다. La familia *vivía* en una casa magnífica. 그 가족은 훌륭한 집에서 살고 있었다. ◇ **vividor, ra** 몡 생활력이 강한, 빈틈없는. ◇ **viviente** 혱 살아있는. Sus parientes, pasados y *vivientes*, se alababan de su noble linaje. 그의 친척은 과거의 사람도 살아 있는 사람도 자기의 고귀한 혈통을 자만하고 있었다.

vivo, va ① 살아있는; 생생한. Mira, que estoy *vivo* todavía. 보라, 나는 아직 살아있다. ② 기민한, 빈틈 없는. Es un niño tan *vivo*, que no parece que tenga tan pocos años. 그는 아주 빈틈 없는 어린이여서, 그다지 어리다고는 생각되지 않는다. ③ 산뜻한; 강렬한. Su recuerdo está *vivo* entre nosotros. 그의 기억은 우리들 사이에서 아직 선명하다.

vocabulario 몡 ① 어휘(語彙). Este escritor tiene un *vocabulario* muy rico. 이 작가는 어휘가 대단히 풍부하다. ② 용어집; 용어 사전. *vocabulario médico* 의학사전. ◇ **vocablo** 몡 단어.

vocación 몡 자질(資質), 적성(適性). Se necesita una verdadera *vocación* para trabajar en ese hospital. 그 병원에서 일하려면 정말로 적성이 필요하다.

vocal 혱 ① 소리의. ② 구두의; 성악의. 몡 발언권자, (심사) 위원. Se le nombró *vocal* del tribunal de oposiciones. 그는 전형위원회의 심사위원에 임명되었다. 몡 [문법] 모음(자) [⊕ consonante]. En español hay cinco vocales; aeiou. 에스파냐어에는 아·에·이·오·우의 다섯 모음이 있다. *cuerdas vocales* [해부] 성대(聲帶). *concierto vocal* 성악 콘서트.

vocálico, ca 혱 모음의, 모음자의.

vocalismo 몡 모음의 전체, 모음 체계.

vocalista [남·녀 동형] 몡 (살롱·카페의) 가수.

vocalizar 짜 발음 연습하다. 탸 유성화하다.

vocativo 몡 [문법] 호격, 부르는 말.

vocear 콘소리로 외치다. 탸 콘소리로 말하다, 떠며 팔다(pregonar), 콘소리로 부르다; 환호하다(aplaudir), 콘소리로 발표하다, 자만하다(jartarse).

vocejón 몡 콘소리, 거칠은 소리.

vocería 여 소음, 큰소리; 대변자의 직무, 변호사; 가수(cantar).

voceiro 큰소리, 소음, 외침(gritería).

vocero 대변자, 대표자.

vociferación 여 노호, 고함, 성난 외침.

vociferar 재 큰소리로 외치다·말하다, 뽐내다. 타 자화자찬하다, 과장해서 발표하다.

vocinglería 여 외침, 절규; 다변, 요설, 말이 많음.

vol. volante; volumen.

voladero, ra 형 나는, 날 수 있는; 변하기 쉬운; 훌연히 사라지는.

volador, ra 형 나르는, 회전하는, 경쾌한.

voladura 여 폭파, 폭발; 비행, 나르기.

volante 남 ① 전표, 전단, 메모, 삐라. El médico me dio un *volante* para el especialista. 의사가 전문의에게 가도록 메모를 써 주었다. ② (스커트의) 주름 장식. Salió la artista con una falda de volantes. 그 예술인은 주름 장식이 달린 스커트를 입고 나왔다. ③ (자동차의) 손잡이, 핸들. Estuvo dos horas al *volante*. 그는 2시간 핸들을 잡았다.

volar [24 contar] 재 날다; 비행하다. El avión *volaba* a lo largo del río. 그 비행기는 강을 따라서 날고 있었다. 타 폭파하다. *Volaron* todos los puentes con bombas. 그들은 폭탄으로 다리를 모두 폭파했다. ◇―se 날아가버리다. *Se me han volado* todos los papeles. 내 종이가 모두 날아가버렸다.

volcán 남 화산(火山). En Chile los *volcanes* son numerosos y activos. 칠레에는 화산이 많이 활동하고 있다. *volcán apagado* [extinto] 사화산. *volcán vivo* 활화산. ◇**volcánico, ca** 형 화산의.

volcar [7 sacar, 28 contar] 타 전복·전도하다. El coche *volcó* al dar una curva. 자동차는 커브를 돌리다가 전복했다. 타 (그릇·바구니를) 비우다. Los peones vuelcan sus cestos en el suelo. 인부들은 바구니 속의 물건을 땅에 비운다. ◇―se ① 넘어지다. Que no *se vuelque* el vaso. 컵이 넘어지지 않도록 (조심해라). ② 진력하다. El tío *se volcó* para conseguirme el empleo. 숙부가 진력해서 내 직업을 마련해 주었다.

volframio 남 [화학] 텅스텐, 볼프람.

vólibol 남 배구.

volquearse 여 전도하다(revolcarse).

volquetazo 남 전도, 전복.

vols. volumenes.

voltaico, ca 형 유전기의. *arco voltaico* 아크등, 전호(電弧). *pila voltaica* 볼트 전기.

voltaje 남 전압(량), 볼트수.

voltámetro 남 전기 분해기; 전해 전량계.

voltariedad 여 경박, 무박.

voltario, ria 형 경박한(versátil); 변하기 쉬운.

voltear 타 회전·전시시키다; 전복하다; (성질·상태를) 변하게 하다(trastrocar); 무너뜨리다(derribar). 재 뒤집어 엎어지다; 선회·회전하다.

voltejear 타 선회시키다(volear).

volteo 남 전도; 선회, 회전.

voltereta 여 공중 전시; 가벼운 재비닢기, 이긴 표시로 트럼프를 젖혀 겉을 보내임.

voltímetro 남 [전기] 볼트계(計); 전압계.

voltio 남 [전기] 볼트 (전압의 단위).

volubilidad 여 쉽게 움직임; 말이 술술 나옴; 경박, 변하기 쉬움.

voluble 형 쉽게 움직이는, 술술 잘 움직이는; 경박한(versátil).

volumen 남 ① 부피, 양; 음량(音量). El *volumen* de ventas ha sido extraordinario este año. 금년은 매출량이 대단했다. ② 체적, 용적. ③ (책의) 권, 책. He comprado una enciclopedia en tres *volúmenes*. 나는 3권짜리 백과사전을 샀다. ◇**voluminoso, sa** 형 부피가 커진. ¿ Qué hacemos con este paquete tan *voluminoso*? 이렇듯 부피가 큰 소포를 어떻게 할 것인가.

voluntad 여 의지; 의욕. No tiene *voluntad* para dejar de fumar. 그에게는 흡연을 그만 둘 의지가 없다. *buena voluntad* 선의(善意). ◇**voluntario, ria** 형 임의의, 자발적인. Fue un acto *voluntario*, no obligado. 그것은 자발적인 행위이지 의무적인 것은 아니었다. 남 지원·유지(有志)의, 의용병의. *tropas voluntarias* 의용군. 남 유지; 의용병.

voluptuoso, sa 형 관능적, 관능적인. La flor despide un aroma *voluptuoso*. 그 꽃은 관능을 간질거리는 듯한 향기를 낸다. ◇**voluptuosidad** 여 쾌락, 열락. Bebía de ese vino con *voluptuosidad*. 그는 그 술을 맛 있는 듯이 마셨다.

volver [29, 과거분사 vuelto] 타 ① 갖다대다. *Vuelvo* el libro al estante. 나는 책을 책장에 갖다댄다. ② 뒤집다. *Vuelve* el colchón poniéndolo de arriba abajo. 이 불을 윗쪽을 밑으로 하여 뒤집으시오. ③ 향하게 하다. Al oír su nombre *volvió* la cabeza. 자기의 이름을 듣고서 그는 얼굴을 뒤로 돌렸다. ④ [+형용사: …로] 하다, 만들다. Esa idea me *vuelve* loco. 그렇게 생각하면 나는 미친다. He conseguido *volverla* a mi opinión. 그(의 의견)를 내 의견대로 변경할 수가 있었다. 재 ① 돌아오다, 돌아가다. Por fin *ha vuelto* a la casa de sus padres. 드디

vomitar 어 그는 양친의 집에 돌아왔다. ② 다시 오다·가다. No pienso *volver* a este hotel. 나는 두번 다시 이 호텔에 올 생각은 없다. ③ 향하다, 굽다. Este camino *volverá* más adelante a la izquierda. 이 길은 더 저쪽에서 왼쪽으로 굽어져요. ④ [+ a + *inf*.] 다시 …하다. No *volveré* a hacer tal cosa. 그런 일은 두번 다시 하지 않겠다. Estaba de vuelta; parece que *volvió* a salir. 그는 돌아와 있었으나 또 나간 모양이다. ◇~**se** 되돌아오다·가다. *Se ha vuelto* a casa muy orgulloso. 그녀는 매우 뽐내며 집에 돌아왔다. ② 예전으로 돌아가다. Déjalo, que el disco *se vuelve* él solo. 내버려 두시오; 레코드는 저절로 되돌아오니까. ③ 뒤집히다. *Se ha vuelto* el paraguas con el viento. 그의 우산이 바람에 뒤집혀졌다. ④ 뒤돌아보다, 뒤쪽을 향하다. Al cruzar la calle *se volvió* hacia nosotros. 길을 건너려고 하면서 그는 우리 쪽을 뒤돌아 보았다. ⑤ [+형용사: …로] 되다. Don Quijote *se volvió* loco con esa lectura. 돈끼호떼는 그따위 것을 읽고 미치광이로 되었다.

vomitar 톄 (피·연기 따위를) 토하다. Los cañones *vomitaron* fuego. 대포가 불을 토했다. 意). ◇ **vómito** 톄 토함; 구토물, *vómito de sangre* (吐血).

vosotros, tras [2인칭 복수의 주격 대명사] 너희들, 자네들. *Vosotras* vendréis todas, ¿verdad? 너희들은 모두들 오겠지.

votar 톄 표결하다. 톄 ① [+por : …의 쪽에] 투표하다. Entonces *voto* por la violencia. 그렇다면 나는 무력에 찬성 투표하겠다. Por mi parte *votaré* en contra. 나는 반대 투표하겠다. ② [종교] 서원(誓願). ③ (투)표, 투표권, 발언권. Había cinco *votos* a favor y uno en contra. 찬성이 5표, 반대가 1표 였다. *echar votos* por…; …을 빈다. *Hago votos por* su felicidad. 나는 당신의 행복을 빕니다.

voy ir의 직설법 현재 1인칭 단수형.

voz (톄 *voces*) 톄 ① 소리. Salieron de casa dando *voces*. 그들은 큰 소리를 지르면서 집에서 나왔다. ② 말. Es una *voz* anticuada. 그것은 옛말이다. ③ 소문. Corría la *voz* de que se había marchado la familia. 그 가족이 이사했다는 소문이 나돌았다. ④ [문법] 태(態). ⟨Yo amo⟩ está en *voz* activa y ⟨yo soy amado⟩ está en *voz* pasiva. ⟨나는 사랑한다⟩는 능동태이고 ⟨나는 사랑받는다⟩는 수동태로 되어 있다. *a voces* 큰 소리로. Le llamaron *a voces*. 모두들 큰 소리로 그를 불렀다. *en voz alta* [*baja*] 큰 [작은] 소리로. Contésteme *en voz alto*. 큰 소리로 대답해 주십시오. *un secreto a voces* 공공연한 비밀.

vuelco 톄 전복; 도산. El coche dio un *vuelco*. 차가 뒤집혔다. *dar un vuelco al corazón* (놀라움·기쁨으로) 심장이 두근거리다.

vuelo 톄 ① 날아감(음); 비행. El *vuelo* de la golondrina es rápido. 제비가 날아가는 건 빠르다. *vuelo nocturno* 야간 비행. ② (스커트·소맷부리 따위의) 여유, 퍼짐. *alzar en vuelo* 날아가다; 떠나가다. *en vuelo alto* [*bajo*] 높이 [낮게] 날아서.

vuelta[1] 톄 ① 귀환, 귀차. He sacado el billete de ida *y vuelta*. 나는 왕복 차표를 샀다. ② 순회, 회전, 선회(旋回). Demos una *vuelta* por el jardín. 공원을 한 바퀴 돌자. ③ 뒤집음; 넘어짐. El coche dio la *vuelta* y quedó con las ruedas hacia arriba. 차가 뒤집혀서 바퀴가 위쪽으로 됐다. ④ 감음, 뱅뱅이. Déle dos *vueltas* a la llave. 열쇠를 두번 돌려라. ⑤ (길 따위의) 커브; 돌음. Por la carretera llegaremos antes, que no tiene tantas *vueltas*. 그 길을 걸어가면 빨리 닿는다. ⑥ 커브가 그리 많지 않으니까. ⑥ 거스름돈. ¿Tiene usted *vuelta* de este billete? 이 지폐의 거스름돈이 있는가요.

vuelto, ta[2] 톄 ① (어떤 방향을) 향한; 옆으로 된. Puse el cuadro *vuelto* hacia acá. 내가 액자를 이 쪽으로 향하게 걸었다. ② 뒤집은. Ponga usted los vasos *vueltos* sobre la mesa. 테이블에 컵을 엎어 놓으시오. 톄 [남미] 거스름돈. Cuente usted el *vuelto*. 거스름돈을 세어 주세요.

vuelva volver의 접속법 현재 1·3인칭 단수형.

vuelvan volver의 접속법 현재 3인칭 복수형.

vuelvas volver의 접속법 현재 2인칭 단수형.

vuelve volver의 직설법 현재 3인칭 단수형.

vuelven volver의 직설법 현재 3인칭 복수형.

vuelves volver의 직설법 현재 2인칭 단수형.

vuelvo volver의 직설법 현재 1인칭 단수형.

vuestro, tra 톄 ① [2인칭 복수의 소유격 대명사로서 형용사형] 너희들·자네들의. ¿Dónde está *vuestra* hija? 자네들의 딸은 어디 있느냐. ② [관사를 붙여서] 너희들·자네들의 것. Su coche es éste; pero el *vuestro*, ¿dónde lo habéis dejado? 그의 차는 이것인데 너희들의 것은

vulgar 圈 통속적인. Pierde por esas *vulgares* maneras que tiene. 그런 속된 짓을 하니까 그는 손해를 본다. ② (전문이 아닌) 일반·보통의. No tiene otros conocimientos sobre esto que los *vulgares* de todo el mundo. 그는 이것에 관해서 세상 사람들의 일반 지식 외에는 아무 것도 가지고 있지 못하다. ◇ **vulgarismo** 圄 속어(俗語).

vulgo 圄 [집합적] 일반·보통 사람. El *vulgo* no gusta de esto. 일반 사람은 이것을 좋아하지 않는다.

vulpécula/vulpeja 예 【동물】여우(zorra).

vulva 예 【해부】음문(陰門) [여자의 생식기]. ◇ **vulvitis** 예 음문염(陰門炎).

vv. ustedes.

W

wagneriano, na 휑 바그너(풍)의.
wat [뾱 wats] 휑【전기】와트(vatio).
whiski/whisky 휑 위스키. La palabra *whisky* a veces se pronuncia güisqui en español. 《위스키》라는 말은 서반아어는 《키스키》라고 발음되는 일이 있다.
winchéster 연발총.
won 휑 원 [한국의 화폐 단위].

X

xenofobia 예 외국인 배척·혐오. ◇ **xenófilo, la** 휑 외국인을 싫어하는. 휑 외국인을 싫어하는 사람.
xilófono 휑【악기】목금(木琴). ◇ **xilofonista** 휑 목금 연주자.
xilografía 예 목판 (인쇄). La *xilografía* consiste en el empleo de planchas de madera. 목판 (인쇄)는 나무 판자를 사용하는데 기초를 두고 있다. ◇ **xilográfico, ca** 휑 목판의. ◇ **xilógrafo** 휑 목판사.
xpiano. cristiano.
Xpo. Cristo.
xptiano. cristiano.
Xpto. Cristo.
Xptóbal. Cristóbal.

Y

y [i-, hi-로 시작되는 말의 앞에서 e로 변함; 다만 글의 머리에서는 변하지 않음] 휑 ① …와; 그리고. Tiene una casa moderna y cómoda. 그는 근대적인 그리고 살기 편한 집을 가지고 있다. Nieva y hacer frío de verdad. 눈이 와서 정말 춥다. ② [글 머리에서] 그리하여, 그건 그렇고. Y si fueras hombre, ¿qué querrias ser? 그럼 만일 네가 남자였다면 무엇이 되고 싶었을까.
ya 휑 ①[과거] 벌써, 이미. *Ya* te lo he dicho más de una vez. 나는 이미 너에게 이 일을 여러번 말했었다. ②[현재] 이제, 지금은. *Ya* sabe usted que era rico, pero *ya* es pobre. 이미 아시다시피 그는 부자였으나 지금은 가난합니다. ③[미래] 곧, 아직도; 언젠가는. *Ya* voy, espere un momento. 곧 가겠습니다; 잠깐 기다려 주십시오. *Ya* te daré lo que me pides. 네가 달라고 하는 것을 언젠가는 주겠다. ¡ya! / ¡ya, ya! 과연; 어떨는지. Te digo que he estado trabajando. — ¡ *Ya, ya*! 나는 너에게 말하지만, 일을 계속하고 있었던 거야. —옳거니! *ya que* … 하는 이상은. *Ya que* estás aqui, ayúdame a arreglar esto 네가 이곳에 있는 이상은 이것의 수선을 도와주게.
yacer [34] 휑 누워 있다, 묻혀 있다. Aqui *yace* el insigne músico. 그 고명한 음악가는 여기 묻혀 있다. ◇ **yacimiento** 휑 광상(鑛床), 광맥; 지층.
yanqui 휑 양키의. 휑 양키 [북아메리카 사람). Los *yanquis* pasaron la frontera. 양키들이 국경을 넘었다.
yarda 여 야드〔길이의 단위〕.
yate 남 요트, 쾌속정.
yegua 여【동물】암말〔비교 : caballo〕. La *yegua* sirve de guía a su rebaño. 그 암말이 무리의 안내역을 맡고 있다. ◇ **yeguada** 여 말의 무리.
yelmo 남 투구; 【군대】철모, 헬멧.
yema 여 싹, 움; 중앙부, 핵심.
yerba 여 풀, 잡초.
yerbatero 남 마초(馬草) 상인, 건초 상인.
yermar 타 황폐하게 하다, 적막하게 하다, 쓸쓸하게 하다.
yermo, ma 형 황폐한, 황량한, 불모의, 황무의, 경작되지 않은; 무인(無人)의. 남 황지, 황야.
yerno 남 사위. El *yerno* saludó a su suegra afectuosamente. 사위는 장모에게 애정을 담아서 인사했다.
yeso 남 석고, 회반죽; 석고상. Han dado de *yeso* a la pared. 그들은 벽에 이반죽을 발랐다.
yo 대〔1인칭 단수의 주격 대명사; 남녀 동형〕나. *Yo* no sé. 나는 모른다. Soy *yo* el que lo dice. 그렇게 말한 것은 나다. *Yo* misma le acompañaré 내 자신이 함께 가겠소.
yodo 남 옥도, 요드. ◇ **yodado, da** 형 요드를 함유한. ◇ **yodismo** 남 요드 중독.
yogi 남 요가 수행자〔인도의〕.
yuca 여【식물】유카, 실난초; 만디오카.
yugo 남 멍에, 굴레; 속박. El sacudió el *yugo*. 그는 속박을 뿌리쳤다.
yugoslavo, va 형 유고슬라비아 (Yugoslavia)의. 남 유고슬라비아 사람.

Z

zacapela 여 외침, 고함 소리, 소란, 소동.
zafar 타 꾸미다, 장식하다. ◇ **~se** 〔+ de : …을 동반하다〕피하다, 도망가다.
zafiedad 여 시골식, 어색함.
zafiro 남【보석】사파이어, 청옥. Llevaba unos pendientes con un *zafiro*. 그녀는 사파이어 귀고리를 달고 있었다.
zaga 여 후부, (순번의) 최후. *no ir en zaga* 뒤지지 않다. Lola es guapa, pero su hermana *no le va en zaga*. 롤라는 아름답지만, 그 여동생도 뒤지지 않는다.
zagal 남 젊은이; 양치는 소년.
zaguán 남 현관, 포치.
zahareño, ña 형 야생의, 다루기 어려운; 경빙진, 까디로운.
zaherimiento 남 비난, 질책.
zaherir 타 비난하다, 책하다, 혹평하다.
zahorí 남 점쟁이; 예언자.
zalamero, ra 형 알랑거리는, 감언이설의. ◇ **zalamería** 여 아첨, 감언이설. Con *zalamerías* no se gana la confianza de nadie. 아첨으로는 어느 누구의 신뢰도 얻을 수 없다.
zanahoria 여【식물】당근, 홍당무.
zancada 여 긴걸음.
zandía 여【식물】수박.
zangamanga 여 허위, 거짓말, 사기.
zangorriña 여 우울, 침울.
zapa 여 삽.【군대】참호.
zapato 남 구두. Tienes roto ese *zapato*; llévalo a la zapatería. 네 구두는 찢어졌다; 구둣방에 가져가거라. ◇ **zapatería** 여 양화점; 구두 수선소. ◇ **zapatero, ra** 남 구두 직공·상인; 양화점 주인(의 아내). La *zapatera* es muy zalamera. 그 구둣방의 안주인은 말솜씨가 대단히 좋다. ◇ **zapatilla** 여 슬리퍼, 샌들식 구두. Salió a la puerta en *zapatillas*. 그는 슬리퍼를 신은 채로 문밖에 나갔다.
zaragalla 여 목탄.
zaragata 여 소란, 소동, 싸움.
zarandajas 여 잡일, 부스러기.
zarpa 여【항해】출범.
zarria 여 넝마, 누더기 옷.
zarzagán 남 찬바람(cierzo).
zarzuela 여 희가극.
zas 감 철썩! 탁!
zascandil 남 사기꾼; 벼락부자.
zona 여 지대; 구역(區域). En el agua del mar hay *zonas* más frías que otras. 바닷물에는 다른 구역보다 차가운 구역이 있다.
zoológico, ca 형 동물의; 동물학의. jardín (parque) *zoológico* 동물원. ◇ **zoología** 여 동물학. ◇ **zoólogo** 남 동물학자.
zooterapia 여 수의학(獸醫學).
zorrería 여 교활; 비행.
zorro, rra 남 ①【동물】여우. ②교활한 사

라. No vayas con ellas. es muy *zorra* y saldrás engañado más de cuatro veces. 그 여인하고 가지 마라; 대단히 교활한 여인이니까 너는 몇 번 속을지 모른다.

zozobrar 재 ① 침몰하다. El velero *zozobró* a dos millas del puerto. 그 범선은 항구 밖 2해리의 곳에서 침몰했다. ② 실패·좌절하다. ◇ **zozobra** 예 불안, 걱정.

zumbar 재 신음하다. Me *zumban* los oídos. 나는 귀울음이 들린다. ◇ **zumbido** 남 신음; (벌레의) 날개 소리. El *zumbido* de los motores era molesto. 모터 소리가 성가시었다.

zumo 남 (과실·야채의) 즙(jugo), 주스. Prefiero el *zumo* de naranja al de limón. 나는 레몬 (주스)보다 오렌지 주스가 좋다.

zurcir [2] 타 꿰매다. Se me rompió el traje. pero una vez *zurcido*, apenas se notará. 옷이 찢어졌지만, 꿰매면 거의 눈에 띄지 않겠지. ◇ **zurcido, da** 형 짜깁기한, 꿰맨. 남 짜깁기.

zurrado 남 장갑(guante).

zurrar 타 ① 가죽을 무두질하다(adobar). ② 때리다; 혼내주다. ◇ **zurrador, ra** 남 가죽을 무두질하는 직공.

zurriaga 예 채찍, 가죽끈.

zurriagar 타 채찍질하다.

zurriagazo 남 채찍질; 재난.

zurrir 재 윙윙거리다; 후려치다. ◇ **zurrido, da** 형 윙윙거리는, 후려치는. 남 윙윙거림; 후려침.

zurrona 예 창녀, 매춘부.

zurupeto 남 암거래 상인.

zutano, na 형 아무개, 누구, 모(某).

불규칙동사색인

actuar 14	erguir 41	placer 33
adecuar . . . 13	errar 22	poder 66
adquirir . . . 23	estar 57	poner 60
aducir 70	exigir 4	prohibir . . . 18
advertir . . . 48	extinguir . . 5	querer 67
agorar 27	haber 63	rehusar . . . 17
airar 15	hacer 68	reír 38
alzar 9	henchir . . . 42	reunir 16
andar 56	herir 47	saber 65
asir 35	hervir 49	sacar 7
caber 64	huir 74	salir 62
caer 72	ir 55	seguir 40
cambiar . . . 11	jugar 28	sentir 46
ceñir 43	leer 75	ser 54
cernir 21	lucir 32	servir 37
coger 3	menguar . . 10	tañer 45
conocer . . . 31	morir 51	tener 58
contar 24	mullir 44	traer 71
crecer 30	nacer 29	valer 61
dar 52	oír 73	vencer 1
decir 69	oler 26	venir 59
delirquir . . 6	pagar 8	ver 53
dormir 50	pedir 36	volver 25
elegir 39	pensar 19	yacer 34
enviar 12	perder 20	zurcir 2

숫자는 동사번호

동 사 활 용 표

I. 규칙동사 (1)   (부정법·직설법·가능법)
   규칙동사 (2)   (명령법·접속법)
II. 정자법의 주의를 요하는 동사 (1) **-cer -cir, -ger -gir, -guir -quir**
   [1] vencer   [2] zurcir   [3] coger   [4] exigir
   [5] extinguir   [6] delinquir
III. 정자법의 주의를 요하는 동사 (2) **-car -gar -zar -guar**
   [7] sacar   [8] pagar   [9] alzar   [10] menguar
IV. 악센트의 주의를 요하는 동사 (1) **-iar -uar**
   [11] cambiar   [12] enviar   [13] adecuar   [14] actuar
V. 악센트의 주의를 요하는 동사 (2) **-ai- -eu-, -ehu- -ohi-**, *etc.*
   [15] airar   [16] reunir   [17] rehusar   [18] prohibir
VI. 어간모음변화 **e·i → ie** 의 동사
   [19] pensar   [20] perder   [21] cernir   [22] errar
   [23] adquirir
VII. 어간모음변화 **o·u → ue** 의 동사
   [24] contar   [25] volver   [26] oler   [27] agorar
   [28] jugar
VIII. 어간자음변화 **c → zc, s → sg** 의 동사
   [29] nacer   [30] crecer   [31] conocer   [32] lucir
   [33] placer   [34] yacer   [35] asir
IX. 어간모음변화 **e → i** 의 동사, 부 **-chir -llir -ner -nir**
   [36] pedir   [37] servir   [38] reir   [39] elegir
   [40] seguir   [41] erguir   [42] hanchir e   [43] cenir
   [44] mullir   [45] taner
X. 어간모음변화 **e → ie·i, o → ue·u** 의 동사
   [46] sentir   [47] herir   [48] advertir   [49] hervir
   [50] dormir   [51] morir
XI. 단음절동사
   [52] dar   [53] ver   [54] ser   [55] ir
XII. 특수한 동사
   [56] andar   [57] estar
XIII. 미래형과 가능법이 불규칙한 동사
   [58] tener   [59] venir   [60] poner   [61] valer
   [62] salir   [63] haber   [64] caber   [65] saber
   [66] poder   [67] querer   [68] hacer   [69] decir
XIV. 기타의 불규칙동사 **-ducir, -aer -oir -uir -eer**
   [70] aducir   [71] traer   [72] caer   [73] oir
   [74] huir   [75] leer

1. 규칙동사 (1) (부정법·직설법·가능법)

-ar 동사	-er 동사	-ir 동사	조동사 haber
부정법			완료형
부정법 　amar 현재분사 　amando 과거분사 　amado	comer comiendo comido	vivir viviendo vivido	부정형완료형 　haber +*pp.* 현재분사완료형: habiendo +*pp.*
직설법·현재			직·완료과거
amo amas ama amamos amáis aman	como comes come comemos coméis comen	vivo vives vive vivimos vivís viven	he has ha hemos habéis han　} +*pp.*
직설법·불완료과거			직·대과거
amaba amabas amaba amábamos amabais amaban	comía comías comía comíamos comíais comían	vivía vivías vivía vivíamos vivíais vivían	había habías había habíamos habíais habían　} +*pp.*
직설법·부정과거			직·직전과거
amé amaste amó amamos amasteis amaron	comí comiste comió comimos comisteis comieron	viví viviste vivió vivimos vivisteis vivieron	hube hubiste hubo hubimos hubisteis hubieron　} +*pp.*
직설법·미래			직·완료미래
amaré amarás amará amaremos amaréis amarán	comeré comerás comerá comeremos comeréis comerán	viviré vivirás vivirá viviremos viviréis vivirán	habré habrás habrá habremos habréis habrán　} +*pp.*
가능법·불완료형			가·완료형
amaría amarías amaría amaríamos amaríais amarían	comería comerías comería comeríamos comeríais comerían	viviría vivirías viviría viviríamos viviríais vivirían	habría habrías habría habríamos habríais habrían　} +*pp.*

II. 정자법의 주의를 요하는 동사 (1)   -cer -cir, -ger etc.

부정법	직·현재	접·현재	명령형
[1] I. **vencer** G. venciendo P. vencido	venzo vences vence vencemos vencéis vencen	venza venzas venza venzamos venzáis venzan	venza vence venza venzamos venced venzan
[2] I. **zurcir** G. zurciendo P. zurcido	zurzo zurces zurce zurcimos zurcís zurcen	zurza zurzas zurza zurzamos zurzáis zurzan	zurza zurce zurza zurzamos zurcid zurzan
[3] I. **coger** G. cogiendo P. cogido	cojo coges coge cogemos cogéis cogen	coja cojas coja cojamos cojáis cojan	coja coge coja cojamos coged cojan
[4] I. **exigir** G. exigiendo P. exigido	exijo exiges exige exigimos exigís exigen	exija exijas exija exijamos exijáis exijan	exija exige exija exijamos exigid exijan
[5] I. **extinguir** G. extinguiendo P. extinguido	extingo extingues extingue extinguimos extinguís extinguen	extinga extingas extinga extingamos extingáis extingan	extinga extingue extinga extingamos extinguid extingan
[6] I. **delinquir** G. delinquiendo P. delinquido	delinco delinques delinque delinquimos delinquís delinquen	delinca delincas delinca delincamos delincáis delincan	delinca delinque delinca delincamos delinquid delincan

III. 정자법의 주의를 요하는 동사 (2)   -car -gar -zar -guar

부정법	직·부정과	접·현재	명령형
[7] I. **sacar** G. sacando P. sacado	saqué sacaste sacó sacamos sacasteis sacaron	saque saques saque saquemos saquéis saquen	saque saca saque saquemos sacad saquen
[8] I. **pagar** G. pagando P. pagado	pagué pagaste pagó pagamos pagasteis pagaron	pague pagues pague paguemos paguéis paguen	pague paga pague paguemos pagad paguen
[9] I. **alzar** G. alzando P. alzado	alcé alzaste alzó alzamos alzasteis alzaron	alce alces alce alcemos alcéis alcen	alce alza alce alcemos alzad alcen
[10] I. **menguar** G. menguando P. menguado	mengüé menguaste menguó menguamos menguasteis menguaron	mengüe mengües mengüe mengüemos mengüéis mengüen	mengüe mengua mengüe mengüemos menguad mengüen

IV. 액센트의 주의를 요하는 동사(1)   **-iar -uar**

부정법	직·현재	접·현재	명령형
11 I. **cambiar** G. cambiando P. cambiado	cambio cambias cambia cambiamos cambiáis cambian	cambie cambies cambie cambiemos cambiéis cambien	cambie cambia cambie cambiemos cambiad cambien
12 I. **enviar** G. enviando P. enviado	envío envías envía enviamos enviáis envían	envíe envíes envíe enviemos enviéis envíen	envíe envía envíe enviemos enviad envíen
13 I. **adecuar** G. adecuando P. adecuado	adecuo adecuas adecua adecuamos adecuáis adecuan	adecue adecues adecue adecuemos adecuéis adecuen	adecue adecua adecue adecuemos adecuad adecuen
14 I. **actuar** G. actuando P. actuado	actúo actúas actúa actuamos actuáis actúan	actúe actúes actúe actuemos actuéis actúen	actúe actúa actúe actuemos actuad actúen

V. 액센트의 주의를 요하는 동사(2)
-ai- -eu-, -ehu- -ohi- *etc.*

부정법	직·현재	접·현재	명령형
15 I. **airar** G. airando P. airado	aíro aíras aíra airamos airáis aíran	aíre aíres aíre airemos airéis aíren	aíre aíra aíre airemos airad aíren
16 I. **reunir** G. reuniendo P. reunido	reúno reúnes reúne reunimos reunís reúnen	reúna reúnas reúna reunamos reunáis reúnan	reúna reúne reúna reunamos reunid reúnan
17 I. **rehusar** G. rehusando P. rehusado	rehúso rehúsas rehúsa rehusamos rehusáis rehúsan	rehúse rehúses rehúse rehusemos rehuséis rehúsen	rehúse rehúsa rehúse rehusemos rehusad rehúsen
18 I. **prohibir** G. prohibiendo P. prohibido	prohíbo prohíbes prohíbe prohibimos prohibís prohíben	prohíba prohíbas prohíba prohibamos prohibáis prohíban	prohíba prohíbe prohíba prohibamos prohibid prohíban

VI. 어간모음변화 e·i → ie 의 동사

부정법	직·현재	접·현재	명령형
19 I. **pensar** G. pensando P. pensado	pienso piensas piensa pensamos pensáis piensan	piense pienses piense pensemos penséis piensen	piense piensa piense pensemos pensad piensen
20 I. **perder** G. perdiendo P. perdido	pierdo pierdes pierde perdemos perdéis pierden	pierda pierdas pierda perdamos perdáis pierdan	pierda pierde pierda perdamos perded pierdan
21 I. **cernir** G. cerniendo P. cernido	cierno ciernes cierne cernimos cernís ciernen	cierna ciernas cierna cernamos cernáis ciernan	cierna cierne cierna cernamos cernid ciernan
22 I. **errar** G. errando P. errado	yerro yerras yerra erramos erráis yerran	yerre yerres yerre erremos erréis yerren·	yerre yerra yerre erremos errad yerren
23 I. **adquirir** G. adquiriendo P. adquirido	adquiero adquieres adquiere adquirimos adquirís adquieren	adquiera adquieras adquiera adquiramos adquiráis adquieran	adquiera adquiere adquiera adquiramos adquirid adquieran

VII. 어간모음변화 o·u → ue 의 동사

부정법	직·현재	접·현재	명령형
24 I. **contar** G. contando P. contado	cuento· cuentas cuenta contamos contáis cuentan	cuente cuentes cuente contemos contéis cuenten	cuente cuenta cuente contemos contad cuenten
25 I. **volver** G. volviendo P. *vuelto*	vuelvo vuelves vuelve volvemos volvéis vuelven	vuelva vuelvas vuelva volvamos volváis vuelvan	vuelva vuelve vuelva volvamos volved vuelvan
26 I. **oler** G. oliendo P. olido	huelo hueles huele olemos oléis huelen	huela huelas huela olamos oláis huelan	huela huele huela olamos oled huelan
27 I. **agorar** G. agorando P. agorado	agüero agüeras agüera agoramos agoráis agüeran	agüere agüeres agüere agoremos agoréis agüeren	agüere agüera agüere agoremos agorad agüeren
28 I. **jugar** G. jugando P. jugado	juego juegas juega jugamos jugáis juegan	juegue juegues juegue juguemos juguéis jueguen	juegue juega juegue juguemos jugad jueguen

VIII. 어간자음변화 c→zc, s→sg 의 동사

부정법	직·현재	접·현재	명령형
29 I. **nacer** G. naciendo P. nacido	*nazco* naces nace nacemos nacéis nacen	nazca nazcas nazca nazcamos nazcáis nazcan	nazca nace nazca nazcamos naced nazcan
30 I. **crecer** G. creciendo P. crecido	*crezco* creces crece crecemos crecéis crecen	crezca crezcas crezca crezcamos crezcáis crezcan	crezca crece crezca crezcamos creced crezcan
31 I. **conocer** G. conociendo P. conocido	*conozco* conoces conoce conocemos conocéis conocen	conozca conozcas conozca conozcamos conozcáis conozcan	conozca conoce conozca conozcamos conoced conozcan
32 I. **lucir** G. luciendo P. lucido	*luzco* luces luce lucimos lucís lucen	luzca luzcas luzca luzcamos luzcáis luzcan	luzca luce luzca luzcamos lucid luzcan
33 I. **placer** G. placiendo P. placido	*plazco* places place placemos placéis placen	plazca plazcas plazca plazcamos plazcáis plazcan	plazca place plazca plazcamos placed plazcan

[주] 접·현·삼인칭단수에 특수한 2종의 불규칙형을 갖는다. 더욱 직·부정과거 (1 3인칭단수에 plugo, 복수에 pluguieron plegue, plega 의 형; 접속법과거의 2형과 미래와는 제3인칭단수에만 활용: pluguiera, pluguiese, pluguiere.

부정법	직·현재	접·현재	명령형
34 I. **yacer** G. yaciendo P. yacido	*yazco* yaces yace yacemos yacéis yacen	yazca yazcas yazca yazcamos yazcáis yazcan	yazca yaz, yace yazca yazcamos yaced yazcan
	yazgo	yazga yazgas yazga yazgamos yazgáis yazgan	yazga yaz, yace yazga yazgamos yaced yazgan
	yago	yaga yagas yaga yagamos yagáis yagan	yaga yaz, yace yaga yagamos yaced yagan
35 I. **asir** G. asiendo P. asido	*asgo* ases ase asimos asís asen	asga asgas asga asgamos asgáis asgan	asga ase asga asgamos asid asgan

IX. 어간모음변화 e → i 의 동사

부정법	직·현재	접·현재	명령형
36 I. **pedir** G. *pidiendo* P. pedido	pido pides pide pedimos pedís piden	pida pidas pida pidamos pidáis pidan	pida pide pida pidamos pedid pidan
37 I. **servir** G. *sirviendo* P. servido	sirvo sirves sirve servimos servís sirven	sirva sirvas sirva sirvamos sirváis sirvan	sirva sirve sirva sirvamos servid sirvan
38 I. **reír** G. *riendo* P. *reído*	río ríes ríe reimos reís ríen	ría rías ría riamos riais (riáis) rían	ría ríe ría riamos reid rían
39 I. **elegir** G. *eligiendo* P. elegido	*elijo* eliges elige elegimos elegís eligen	elija elijas elija elijamos elijáis elijan	elija elige elija elijamos elegid elijan
40 I. **seguir** G. *siguiendo* P. seguido	*sigo* sigues sigue seguimos seguís siguen	siga sigas siga sigamos sigáis sigan	siga sigue siga sigamos seguid sigan
41 I. **erguir** G. *irguiendo* P. erguido	irgo, yergo irgues, yergues irgue, yergue erguimos erguís irguen, yerguen	irga, yer- irgas, yer- irga, yer- irgamos, yer- irgáis, *yer-* irgan, yer-	irga, yer- irgue, yer- irga, yer- irgamos, yer- erguid irgan, yer-
42 I. **henchir** G. *hinchendo* P. henchido	hincho hinches hinche henchimos henchís hinchen	hincha hinchas hincha hinchamos hincháis hinchan	hincha hinche hincha hinchamos henchid hinchan
43 I. **ceñir** G *ciñendo* P. ceñido	ciño ciñes ciñe ceñimos ceñís ciñen	ciña ciñas ciña ciñamos ciñáis ciñan	ciña ciñe ciña ciñamos ceñid ciñan
44 I. **mullir** G. *mullendo* P. mullido			
45 I. **tañer** G. *tañendo* P. tañido			

부 -chir -llir -ner -nir

직·부정과거	접·과 ra	접·과 se	접·미래
pedí	pidiera	pidiese	pidiere
pediste	pidieras	pidieses	pidieres
pidió	pidiera	pidiese	pidiere
pedimos	pidiéramos	pidiésemos	pidiéremos
pedisteis	pidierais	pidieseis	pidiereis
pidieron	pidieran	pidiesen	pidieren
serví	sirviera	sirviese	sirviere
serviste	sirvieras	sirvieses	sirvieres
sirvió	sirviera	sirviese	sirviere
servimos	sirviéramos	sirviésemos	sirviéremos
servisteis	sirvierais	sirvieseis	sirviereis
sirvieron	sirvieran	sirviesen	sirvieren
reí	riera	riese	riere
reíste	rieras	rieses	rieres
rio (rió)	riera	riese	riere
reímos	riéramos	riésemos	riéremos
reísteis	rierais	rieseis	riereis
rieron	rieran	riesen	rieren
elegí	eligiera	eligiese	eligiere
elegiste	eligieras	eligieses	eligieres
eligió	eligiera	eligiese	eligiere
elegimos	eligiéramos	eligiésemos	eligiéremos
elegisteis	eligierais	eligieseis	eligiereis
eligieron	eligieran	eligiesen	eligieren
seguí	siguiera	siguiese	siguiere
seguiste	siguieras	siguieses	siguieres
siguió	siguiera	siguiese	siguiere
seguimos	siguiéramos	siguiésemos	siguiéremos
seguisteis	siguierais	siguieseis	siguiereis
siguieron	siguieran	siguiesen	siguieren
erguí	irguiera	irguiese	irguiere
erguiste	irguieras	irguieses	irguieres
irguió	irguiera	irguiese	irguiere
erguimos	irguiéramos	irguiésemos	irguiéremos
erguisteis	irguierais	irguieseis	irguiereis
irguieron	irguieran	irguiesen	irguieren
henchí	hinchera	hinchese	hinchere
henchiste	hincheras	hincheses	hincheres
hinchó	hinchera	hinchese	hinchere
henchimos	hinchéramos	hinchésemos	hinchéremos
henchisteis	hincherais	hincheseis	hinchereis
hincheron	hincheran	hinchesen	hincheren
ceñí	ciñera	ciñese	ciñere
ceñiste	ciñeras	ciñeses	ciñeres
ciñó	ciñera	ciñese	ciñere
ceñimos	ciñéramos	ciñésemos	ciñéremos
ceñisteis	ciñerais	ciñeseis	ciñereis
ciñeron	ciñeran	ciñesen	ciñeren
mullí	mullera	mullese	mullere
mulliste	mulleras	mulleses	mulleres
mulló	mullera	mullese	mullere
mullimos	mulléramos	mullésemos	mulléremos
mullisteis	mullerais	mulleseis	mullereis
mulleron	mulleran	mullesen	mulleren
tañí	tañera	tañese	tañere
tañiste	tañeras	tañeses	tañeres
tañó	tañera	tañese	tañere
tañimos	tañéramos	tañésemos	tañéremos
tañisteis	tañerais	tañeseis	tañereis
tañeron	tañeran	tañesen	tañeren

X. 어간모음변화;

부정법	직·현재	접·현재	명령형
46 I. **sentir** G. *sintiendo* P. sentido	siento sientes siente sentimos sentís sienten	sienta sientas sienta *sintamos* *sintáis* sientan	sienta siente sienta sintamos sentid sientan
47 I. **herir** G. *hiriendo* P. herido	hiero hieres hiere herimos herís hieren	hiera hieras hiera *hiramos* *hiráis* hieran	hiera hiere hiera hiramos herid hieran
48 I. **advertir** G. *advirtiendo* P. advertido	advierto adviertes advierte advertimos advertís advierten	advierta adviertas advierta *advirtamos* *advirtáis* adviertan	advierta advierte advierta advirtamós advertid adviertan
49 I. **hervir** G. *hirviendo* P. hervido	hiervo hierves hierve hervimos hervís hierven	hierva hiervas hierva *hirvamos* *hirváis* hiervan	hierva hierve hierva hirvamos hervid hiervan
50 I. **dormir** G. *durmiendo* P. dormido	duermo duermes duerme dormimos dormís duermen	duerma duermas duerma *durmamos* *durmáis* duerman	duerma duerme duerma durmamos dormid duerman
51 I. **morir** G. *muriendo* P. *muerto*	muero mueres muere morimos morís mueren	muera mueras muera *muramos* *muráis* mueran	muera muere muera muramos morid mueran

XI. 단음절동사

부정법	직·현재	접·현재	명령형	직·불완과
52 I. **dar** G. dando P. dado	doy das da damos dais dan	*dé* des *dé* demos deis den	*dé* da *dé* demos dad den	daba dabas daba **dábamos** dabais daban
53 I. **ver** G. viendo P. *visto*	veo ves ve vemos veis (véis) ven	vea veas vea veamos veáis vean	vea ve vea veamos ved vean	veía veías veía **veíamos** veíais veían
54 I. **ser** G. siendo P. sido	soy eres es somos sois son	sea seas sea seamos seáis sean	sea *sé* sea seamos sed sean	**era** **eras** **era** **éramos** **erais** **eran**
55 I. **ir** G. *yendo* P. ido	voy vas va vamos vais van	vaya vayas vaya vayamos vayáis vayan	vaya ve vaya *vamos* id vayan	iba ibas iba **íbamos** ibais iban

e → ie·i, o → ue·u 의 동사

직·부정과거	접·과 ra	접·과 se	접·미래
sentí	sintiera	sintiese	sintiere
sentiste	sintieras	sintieses	sintieres
sintió	sintiera	sintiese	sintiere
sentimos	sintiéramos	sintiésemos	sintiéremos
sentisteis	sintierais	sintieseis	sintiereis
sintieron	sintieran	sintiesen	sintieren
herí	hiriera	hiriese	hiriere
heriste	hirieras	hirieses	hirieres
hirió	hiriera	hiriese	hiriere
herimos	hiriéramos	hiriésemos	hiriéremos
heristeis	hirierais	hirieseis	hiriereis
hirieron	hirieran	hiriesen	hirieren
advertí	advirtiera	advirtiese	advirtiere
advertiste	advirtieras	advirtieses	advirtieres
advirtió	advirtiera	advirtiese	advirtiere
advertimos	advirtiéramos	advirtiésemos	advirtiéremos
advertisteis	advirtierais	advirtieseis	advirtiereis
advirtieron	advirtieran	advirtiesen	advirtieren
herví	hirviera	hirviese	hirviere
herviste	hirvieras	hirvieses	hirvieres
hirvió	hirviera	hirviese	hirviere
hervimos	hirviéramos	hirviésemos	hirviéremos
hervisteis	hirvierais	hirvieseis	hirviereis
hirvieron	hirvieran	hirviesen	hirvieren
dormí	durmiera	durmiese	durmiere
dormiste	durmieras	durmieses	durmieres
durmió	durmiera	durmiese	durmiere
dormimos	durmiéramos	durmiésemos	durmiéremos
dormisteis	durmierais	durmieseis	durmiereis
durmieron	durmieran	durmiesen	durmieren
morí	muriera	muriese	muriere
moriste	murieras	murieses	murieres
murió	muriera	muriese	muriere
morimos	muriéramos	muriésemos	muriéremos
moristeis	murierais	murieseis	muriereis
murieron	murieran	muriesen	murieren

dar ver ser ir

직·부정과거	접·과 ra	접·과 se	접·미래
di	diera	diese	diere
diste	dieras	dieses	dieres
dio (dió)	diera	diese	diere
dimos	diéramos	diésemos	diéremos
disteis	dierais	dieseis	diereis
dieron	dieran	diesen	dieren
vi (ví)	viera	viese	viere
viste	vieras	vieses	vieres
vio (vió)	viera	viese	viere
vimos	viéramos	viésemos	viéremos
visteis	vierais	vieseis	viereis
vieron	vieran	viesen	vieren
fui (fuí)	fuera	fuese	fuere
fuiste	fueras	fueses	fueres
fue (fué)	fuera	fuese	fuere
fuimos	fuéramos	fuésemos	fuéremos
fuisteis	fuerais	fueseis	fuereis
fueron	fueran	fuesen	fueren
fui (fuí)	fuera	fuese	fuere
fuiste	fueras	fueses	fueres
fue (fué)	fuera	fuese	fuere
fuimos	fuéramos	fuésemos	fuéremos
fuisteis	fuerais	fueseis	fuereis
fueron	fueran	fuesen	fueren

XII. 특수한 농사

부정과거	직·현재	접·현재	명령형
56 I. **andar** G. andando P. andado			
57 I. **estar** G. estando P. estado	estoy estás está estamos estáis están	esté estés esté estemos estéis estén	esté está esté estemos estad estén

XIII. 미래형과 가능법이

부정법	직·현재	접·현재	명령형	직·미래
58 I. **tener** G. teniendo P. tenido	tengo tienes tiene tenemos tenéis tienen	tenga tengas tenga tengamos tengáis tengan	tenga *ten* tenga tengamos tened tengan	tendré tendrás tendrá tendremos tendréis tendrán
59 I. **venir** G. *viniendo* P. venido	vengo vienes viene venimos venís vienen	venga vengas venga vengamos vengáis vengan	venga *ven* venga vengamos venid vengan	vendré vendrás vendrá vendremos vendréis vendrán
60 I. **poner** G. poniendo P. *puesto*	pongo pones pone ponemos ponéis ponen	ponga pongas ponga pongamos pongáis pongan	ponga *pon* ponga pongamos poned pongan	pondré pondrás pondrá pondremos pondréis pondrán
61 I. **valer** G. valiendo P. valido	valgo vales vale valemos valéis valen	valga valgas valga valgamos valgáis valgan	valga *val*, vale valga valgamos valed valgan	valdré valdrás valdrá valdremos valdréis valdrán
62 I. **salir** G. saliendo P. salido	salgo sales sale salimos salís salen	salga salgas salga salgamos salgáis salgan	salga *sal* salga salgamos salid salgan	saldré saldrás saldrá saldremos saldréis saldrán
63 I. **haber** G. habiendo P. habido	he has ha, hay hemos habéis han	haya hayas haya hayamos hayáis hayan	haya *he* haya hayamos habed hayan	habré habrás habrá habremos habréis habrán
64 I. **caber** G. cabiendo P. cabido	*quepo* cabes cabe cabemos cabéis caben	quepa quepas quepa quepamos quepáis quepan	quepa cabe quepa quepamos cabed quepan	cabré cabrás cabrá cabremos cabréis cabrán
65 I. **saber** G. sabiendo P. sabido	*sé* sabes sabe sabemos sabéis saben	sepa sepas sepa sepamos sepáis sepan	sepa sabe sepa sepamos sabed sepan	sabré sabrás sabrá sabremos sabréis sabrán

andar estar

직·부정과거	접·과 ra	접·과 se	접·미래
anduve	anduviera	anduviese	anduviere
anduviste	anduvieras	anduvieses	anduvieres
anduvo	anduviera	anduviese	anduviere
anduvimos	anduviéramos	anduviésemos	anduviéremos
anduvisteis	anduvierais	anduvieseis	anduviereis
anduvieron	anduvieran	anduviesen	anduvieren

estuve	estuviera	estuviese	estuviere
estuviste	estuvieras	estuvieses	estuvieres
estuvo	estuviera	estuviese	estuviere
estuvimos	estuviéramos	estuviésemos	estuviéremos
estuvisteis	estuvierais	estuvieseis	estuviereis
estuvieron	estuvieran	estuviesen	estuvieren

불규칙한 동사

가능법	직·부정과거	접·과 ra	접·과 se	접·미래
tendría	tuve	tuviera	tuviese	tuviere
tendrías	tuviste	tuvieras	tuvieses	tuvieres
tendría	tuvo	tuviera	tuviese	tuviere
tendríamos	tuvimos	tuviéramos	tuviésemos	tuviéremos
tendríais	tuvisteis	tuvierais	tuvieseis	tuviereis
tendrían	tuvieron	tuvieran	tuviesen	tuvieren
vendría	vine	viniera	viniese	viniere
vendrías	viniste	vinieras	vinieses	vinieres
vendría	vino	viniera	viniese	viniere
vendríamos	vinimos	viniéramos	viniésemos	viniéremos
vendríais	vinisteis	vinierais	vinieseis	viniereis
vendrían	vinieron	vinieran	viniesen	vinieren
pondría	puse	pusiera	pusiese	pusiere
pondrías	pusiste	pusieras	pusieses	pusieres
pondría	puso	pusiera	pusiese	pusiere
pondríamos	pusimos	pusiéramos	pusiésemos	pusiéremos
pondríais	pusisteis	pusierais	pusieseis	pusiereis
pondrían	pusieron	pusieran	pusiesen	pusieren
valdría				
valdrías				
valdría				
valdríamos				
valdríais				
valdrían				
saldría				
saldrías				
saldría				
saldríamos				
saldríais				
saldrían				
habría	hube	hubiera	hubiese	hubiere
habrías	hubiste	hubieras	hubieses	hubieres
habría	hubo	hubiera	hubiese	hubiere
habríamos	hubimos	hubiéramos	hubiésemos	hubiéremos
habríais	hubisteis	hubierais	hubieseis	hubiereis
habrían	hubieron	hubieran	hubiesen	hubieren
cabría	cupe	cupiera	cupiese	cupiere
cabrías	cupiste	cupieras	cupieses	cupieres
cabría	cupo	cupiera	cupiese	cupiere
cabríamos	cupimos	cupiéramos	cupiésemos	cupiéremos
cabríais	cupisteis	cupierais	cupieseis	cupiereis
cabrían	cupieron	cupieran	cupiesen	cupieren
sabría	supe	supiera	supiese	supiere
sabrías	supiste	supieras	supieses	supieres
sabría	supo	supiera	supiese	supiere
sabríamos	supimos	supiéramos	supiésemos	supiéremos
sabríais	supisteis	supierais	supieseis	supiereis
sabrían	supieron	supieran	supiesen	supieren

XIII. 미래형과 가능형이

부정법	직·현재	접·현재	명령형	직·미래
66 I. **poder** G. *pudiendo* P. podido	puedo puedes puede podemos podéis pueden	pueda puedas pueda podamos podáis puedan	pueda puede pueda podamos poded puedan	podré podrás podrá podremos podréis podrán
67 I. **querer** G. queriendo P. querido	quiero quieres quiere queremos queréis quieren	quiera quieras quiera queramos queráis quieran	quiera quiere quiera queramos quered quieran	querré querrás querrá querremos querréis querrán
68 I. **hacer** G. haciendo P. *hecho*	*hago* haces hace hacemos hacéis hacen	haga hagas haga hagamos hagáis hagan	haga *haz* haga hagamos haced hagan	haré harás hará haremos haréis harán
69 I. **decir** G. *diciendo* P. *dicho*	*digo* dices dice decimos decís dicen	diga digas diga digamos digáis digan	diga *di* diga digamos decid digan	diré dirás dirá diremos diréis dirán

XIV. 기타의 불규칙동사

부정법	직·현재	접·현재	명령형
70 I. **aducir** G. aduciendo P. aducido	*aduzco* aduces aduce aducimos aducís aducen	aduzca aduzcas aduzca aduzcamos aduzcáis aduzcan	aduzca aduce aduzca aduzcamos aducid aduzcan
71 I. **traer** G. *trayendo* P. *traído*	*traigo* traes trae traemos traéis traen	traiga traigas traiga traigamos traigáis traigan	traiga trae traiga traigamos traed traigan
72 I. **caer** G. *cayendo* P. *caído*	*caigo* caes cae caemos caéis caen	caiga caigas caiga caigamos caigáis caigan	caiga cae caiga caigamos caed caigan
73 I. **oír** G. *oyendo* P. *oído*	*oigo* oyes oye oímos oís oyen	oiga oigas oiga oigamos oigáis oigan	oiga oye oiga oigamos oíd oigan
74 I. **huir** G. *huyendo* P. huido	huyo huyes huye huimos huis (huís) huyen	huya huyas huya huyamos huyáis huyan	huya huye huya huyamos huid huyan
75 I. **leer** G. *leyendo* P. leído			

불규칙한 동사(계속)

가능법	직·부정과거	접·과 ra	접·과 se	접·미래
podría	pude	pudiera	pudiese	pudiere
podrías	pudiste	pudieras	pudieses	pudieres
podría	pudo	pudiera	pudiese	pudiere
podríamos	pudimos	pudiéramos	pudiésemos	pudiéremos
podríais	pudisteis	pudierais	pudieseis	pudiereis
podrían	pudieron	pudieran	pudiesen	pudieren
querría	quise	quisiera	quisiese	quisiere
querrías	quisiste	quisieras	quisieses	quisieres
querría	quiso	quisiera	quisiese	quisiere
querríamos	quisimos	quisiéramos	quisiésemos	quisiéremos
querríais	quisisteis	quisierais	quisieseis	quisiereis
querrían	quisieron	quisieran	quisiesen	quisieren
haría	hice	hiciera	hiciese	hiciere
harías	hiciste	hicieras	hicieses	hicieres
haría	hizo	hiciera	hiciese	hiciere
haríamos	hicimos	hiciéramos	hiciésemos	hiciéremos
haríais	hicisteis	hicierais	hicieseis	hiciereis
harían	hicieron	hicieran	hiciesen	hicieren
diría	dije	dijera	dijese	dijere
dirías	dijiste	dijeras	dijeses	dijeres
diría	dijo	dijera	dijese	dijere
diríamos	dijimos	dijéramos	dijésemos	dijéremos
diríais	dijisteis	dijerais	dijeseis	dijereis
dirían	dijeron	dijeran	dijesen	dijeren

-ducir, -aer -oir -eer

직·부정과거	접·과 ra	접·과 se	접·미래
aduje	adujera	adujese	adujere
adujiste	adujeras	adujeses	adujeres
adujo	adujera	adujese	adujere
adujimos	adujéramos	adujésemos	adujéremos
adujisteis	adujerais	adujeseis	adujereis
adujeron	adujeran	adujesen	adujeren
traje	trajera	trajese	trajere
trajiste	trajeras	trajeses	trajeres
trajo	trajera	trajese	trajere
trajimos	trajéramos	trajésemos	trajéremos
trajisteis	trajerais	trajeseis	trajereis
trajeron	trajeran	trajesen	trajeren
caí	cayera	cayese	cayere
caíste	cayeras	cayeses	cayeres
cayó	cayera	cayese	cayere
caímos	cayéramos	cayésemos	cayéremos
caísteis	cayerais	cayeseis	cayereis
cayeron	cayeran	cayesen	cayeren
oí	oyera	oyese	oyere
oíste	oyeras	oyeses	oyeres
oyó	oyera	oyese	oyere
oímos	oyéramos	oyésemos	oyéremos
oísteis	oyerais	oyeseis	oyereis
oyeron	oyeran	oyesen	oyeren
hui (huí)	huyera	huyese	huyere
huiste	huyeras	huyeses	huyeres
huyó	huyera	huyese	huyere
huimos	huyéramos	huyésemos	huyéremos
huisteis	huyerais	huyeseis	huyereis
huyeron	huyeran	huyesen	huyeren
leí	leyera	leyese	leyere
leíste	leyeras	leyeses	leyeres
leyó	leyera	leyese	leyere
leímos	leyéramos	leyésemos	leyéremos
leísteis	leyerais	leyeseis	leyereis
leyeron	leyeran	leyesen	leyeren

韓西 辭典
DICCIONARIO
COREANO-ESPAÑOL

김 충 식 편저

일 러 두 기

1. 표제어는 **고딕체**로 표시하고, 그에 상당하는 한자어를 달았다.

하기(夏期) verano, estío. ~에 en[el] verano. ~강좌 curso de verano. ~휴가 vacaciones de verano.

2. 외래어 표기는 문교부가 제정한 외래어 표기법에 의거했거나 일부는 실생활에서 사용하는 것을 그대로 사용했다.

하이칼라 dandismo, modernismo, dandi, galán(사람). ~한 gentil, moderno.

하이킹 caminata, gira. ~가다 dar una caminata.

하이폰 guión.

하이힐 tacón alto.

3. 방언은 싣지 아니했다.

4. 표제어 가운데 명사에 접미사 「~하다」가 붙어 동사나 형용사로 되는 말은 따로 표제어로 삼지 않고 「~하다」로 표시했다.

학살(虐殺) asesinato cruel; [다수의]carnicería, matanza. ~하다 matar(asesinar) cruelmente; hacer genocidio; hacer una carnicería. ~자 asesino, homicida(*m.f.*).

5. 용례의 우리말 표기에는 일체 종지부, 의문부 등을 찍지 않았다.

한국(韓國) Corea. ~의 coreano. ~사람 coreano. ~어 coreano. ~여자 coreana. ~은 신비스러운 나라이다 Corea es un país misterioso. ~사람은 부지런하다 El coreano es diligente. ~어는 세계에서 가장 훌륭한 언어 중의 하나이다 El coreano es uno de los idiomas más magníficos del mundo.

6. 용례의 배열은 불가분의 관계에 있는 경우를 제외하고는 명사 → 형용사 → 부사 → 구 → 절 → 문장의 순서로 배열함을 원칙으로 했다.

학습(學習) estudio [y práctica], aprendizaje. ~하다 aprender, estudiar. 그는 ~태도가 좋다 Es muy serio en las aulas./ Estudia dedicamente. ~자 estudiante(*m.f.*); alumno,-na. ~지도 dirección de estudios. ~지도요령 normas de orientación para la enseñanza. ~참고서 libro de consulta.

7. 표제어가 몇 가지 다른 뜻을 포함하고 있을 경우는 1 2 3의 번호로 그 뜻을 분류하고 벽행을 잡아 실었다.

하다 1 [행하다] hacer, practicar, ir a +*inf*. 독서를 ~ leer el libro. 산책을 ~ dar un paseo, pasear. 여행을 ~ hacer un viaje; viajar. 일을 ~ trabajar, hacer un trabajo. 공부를 ~ estudiar, hacer un estudio. 등산을 ~ practicar el alpinismo. 노력을 ~ esforzarse por +*inf*., hacer esfuerzo por +*inf*. 할 수

없다 no poder +*inf.* 운동을 ~ hacer un ejercicio. 야구를 ~ jugar al béisbol.
2 [삼다] adoptar.
3 [종사하다] servir, entregarse a
4 [경험하다] experimentar.
5 [비용이 들다] costar. 이것이 얼마합니까 ¿Cuánto es esto?/ ¿Cuánto vale(cuesta) esto?/ ¿A cómo es esto?/ ¿Qué precio tiene esto?
6 [음식을] comer, tomar; [마시다] beber; [피우다] fumar. 점심을 ~ tomar el almuerzo, almorzar. 그는 술도 담배도 하지 않는다 El no bebe ni fuma.
7 [착용하다] vestirse, ponerse. 귀걸이를 ~ ponerse las orejeras.

8. 필요에 따라 보충 설명, 바꾸어 말하기, 동의어 따위를 [ ]안에 기입하여 역어 앞에 둠으로써 표제어의 뜻을 명확하게 한정하였다.

학생(學生) [초·중학교의] alumno; [국민학교의]colegial; [고등학교 등의]estudiante; [대학생] [estudiante] universitario, -ria. 두 사람은 ~때 결혼했다 Los dos se casaron siendo estudiantes. ~복 uniforme de estudiante(de escolar). ~생활 vida estudiantil. ~시대 años de estudiante, edad escolar. ~운동 movimiento estudiantil. ~증 carnet de estudiante. ~회관(식당) centro(comedor) de estudiantes.

9. 표제어, 용례의 뜻을 보충하고, 역어를 옳바르게 사용하는데 필요한 주의, 어법상의 주의, 기타 역어의 뉴앙스의 차이 따위를 ( )안에 기입하여 역어 뒤에 두었다.

약(藥) medicina, específico(특효약), remedio(요법), tónico(강장제), droga(약종), producto químico(화학약품).

10. 표제어 또는 용례의 역어가 둘 이상이 있을 때에는 (,)으로 구분하고 뜻에 약간의 차이가 있을 때는 (;)으로 구분했으며 역어가 둘 이상의 문장인 경우에는 (/)를 사용하여 구분했다.

주소(住所) residencia, domicilio, señas(*pl.*), dirección. ~가 부정하다 no tener domicilio fijo. 당신의 ~가 어디입니까 ¿Dónde está su domicilio?/ ¿Cuál es su dirección? ~록 libro de direcciones, directorio, guía(lista) de direcciones. ~변경 cambio de domicilio(de dirección). ~를 변경하다cambiar de casa(de domicilio).

11. 표제어 가운데 동의어 및 원말·변환말 등은 역어를 풀이하지 않거나 하나 둘만 실어주고 ⇨기호를 하여 참조토록 했다.

하처(何處) dónde, dondequiera. ⇨ 어디.

12. 역어는 표준 서반아어를 사용하였으며 중남미에서 사용하는

말은 【남미】【중남미】등으로 표기했다.

주사(注射) inyección; [왁찐의]vacunación. ~하다 inyectar. 의사가 나에게 ~를 놓았다 El médico me puso una inyección. ~기 jeringa, inyector; 【남미】inyectadora. ~액 inyectable.

13. 전문어 및 동물·식물·광물 등의 약어에는 약어로 표시했으나 기본 어휘에 속하는 말에는 전문어 표시를 하지않았다.

14. 역어의 생략형은 그대로 표기했다.

15. 우리말의 서반아어 표기는 이태릭체로 표기했다.

16. 명사의 역어로서 그 복수형이 불규칙적 변화를 하는 것과 규칙변화를 하더라도 틀리기 쉬운 것은 (*pl*) 안에 변화형을 표시했다.

17. 역어 가운데 사람을 표시하는 명사·대명사의 일반적인 형으로 *uno*를 사용했다. 또 사물은 *algo*, 장소는 *un sitio*를 사용했다.

주목(注目) atención. ~하다 prestar atención a(en) *algo · uno*, atender a *algo · uno*. ~를 끌다 llamar la atención de *uno*; [관심을]atraer el interés de *uno*. ~할 가치가 있다 merecer la atención, ser digno de [prestar] atención. ~할 만한 notable. 그는 모든 사람의 ~의 표적이다 Es el centro de atención de todos.

주둔(駐屯) estacionamiento, guarnición. ~하다 estar en(tener una) guarnición en *un sitio*. ~군 [수비대] guarnición; [점령군]tropas de ocupación.

18. 사람을 표시하는 명사·대명사의 소유격을 나타내는 일반적인 형으로는 *su*를 사용하고, 주어와 일치하는 전치사격 인칭대명사는 *sí*로 사용하였다.

학교(學校) escuela; [사립의 초등·중등·고등학교]. colegio; [공립의 중등·고등학교]instituto; [사립의 각종학교] academia. ~에 가다 ir a la escuela. ~에 입학하다 entrar (ingresar) en la escuela. ~를 졸업하다 salir de la escuela, terminar los estudios de la escuela; [대학]graduarse en(por) la universidad. ~를 그만두다 abandonar(dejar) los estudios escolares. ~를 휴학하다 faltar a la escuela(a la clase). 아들을 ~에 보내다 poner a *su* hijo en la escuela, enviar a *su* hijo a la escuela. 내일부터 ~는 쉰다 Mañana la escuela entra en el período de vacaciones. ~는 9시에 시작한다 Las clases comienzan a las nueve. ~에서 가르치다 enseñar(dar clase) en la escuela. ~교육 enseñanza escolar. ~방송 emisión escolar. ~법인 centro de enseñanza con personalidad jurídica. ~생활 vida escolar. ~시대 días escloares. ~위생 higiene escolar. ~친우 compañero de clase(de escuela · de estudios), condiscípulo, camarada(*m.f.*). 부기 ~ academia de contabilidad. 사

범 ~ escuela normal, escuela del magisterio.

19. 표제어나 용례의 역어 가운데 일부의 철자, 어귀 따위를 생략할 수 있을 경우에는 생략되는 부분을 [ ]안에 넣었다.

현악(弦樂) ~사중주[곡] cuarteto de cuerdas.

현악기(弦樂器) instrumento [músical] de cuerda.

20. 표제어·용례의 역어 가운데 일부의 어귀를 다른 어귀와 대체할 수 있을 경우에는 대체되는 어귀를 ( )안에 넣었다.

주름 [얼굴의] arruga[del rostro]; [옷의]pliegue; [눈 가장자리의]pata de gallo. ~을 잡다 plegar, hacer dobleces(pilegues).

21. 표제어·복합어·용례의 뜻을 부연하거나, 바꾸어 말하거나, 동의어 따위를 기입하는데 [ ]를 사용했다. 전문어는 【 】로 표시했다.

주부(主部) parte principal; 【문】sujeto.

주석산(酒石酸) 【화】ácido tartárico.

약 어 표

1. 우리말

【건】건축
【경】경제
【광】광물
【군】군사
【극】연극
【기】기계
【농】농업
【동】동물
【문】문법
【물】물리
【미】미술
【법】법률
【사】사진
【상】상업, 무역
【생】생물
【속】속어
【수】수학
【식】식물
【심】심리
【악】음악, 악기
【야】야구
【어】물고기
【운】운동
【의】의학
【인】인쇄
【전】전기
【조】새, 조류
【종】종교
【지】지리, 지명
【천】천문
【철】철학
【충】곤충
【해】해부
【화】화학

2. 서반아어

f. 여성명사 (femenino).
ind. 직설법 (indicativo).
inf. 동사원형 (infinitivo).
ing. 영어 (inglés).
m. 남성명사 (masculino).
subj. 접속법 (subjuntivo).

ㄱ

가1(가장자리) punta, extremo; (근처) cerca. 물~ playa. 강~ orilla de un río. 2 (끝) fin, cabo, extremidad. ~없는 바다 mar infinito.

가(加) adición, añadidura. ~하다 añadir, agregar.

가(可) [옳음] bueno; [경점] aprobado. ~도 아니고 부(否)도 아니다 No es ni bueno ni malo. Es regular. 분매(分賣)도 ~하다 Se puede vender por separado.

가(假) [임시적인] provisional (【남미】 provisorio), temporal, temporario, transitorio; [대리의] interino; [조건부의] condicional; [가설적인] hipotético, supuesto; [가짜의] falso. ~계약 contrato provisional. ~공사 obra provisional. ~사무소 oficina temporal (provisional). ~조약 tratado provisional.

-가(街) calle (f.). 고야~ calle de Goya.

-가(家) especialista (m.f.), autoridad. 낙천~ optimista (m.f.), 정치~ político, 에스타디스타 (m.f.). 혁명~ revolucionario.

가감(加減) adición y substracción. ~하다 [조절] regular, moderar, ajustar; [맛을] condimentar, sazonar. 온도를 ~하다 regular la temperatura. 소금을 넣어맛을 ~하다 echar sal para sazonar la comida. 일의 양을 ~하다 controlar el volumen del trabajo. ~승제 cuatro reglas aritméticas (adición, substracción, multiplicación y división).

가건물(假建物) edificio temporario.

가게 tienda, ~ frutería. 구멍 ~ tiendecita. 생선 ~ pescadería. ~를 내다 abrir la tienda. ~를 닫다 cerrar la tienda. ~를 열다 abrir la tienda.

가격(價格) precio, valor. ~을 올리다 aumentar (alzar · subir) el precio. ~을 내리다 reducir (bajar · rebajar) el precio, hacer una rebaja del precio. ~을 정하다 fijar el precio. ~을 일정하게 하다 mantener fijos los precios. 일정한 ~으로 un determinado precio. 쌀~이 오르고 있다 (내리고 있다) El precio del arroz sube (baja). ~ 변동 fluctuaciones de los precios. ~ 정책 política de precios. ~제도 sistema (m.) de precios. ~표 lista de precios. ~ 표시 우편 carta de valores declarados. ~ 협정 acuerdo sobre los precios. 시장 ~ precio de mercado. 적정 ~ precio razonable. 정찰 ~ precio fijo. 최고 ~ precio tope. 최저 ~ precio último. 특별 ~ precio especial. 판매 ~ precio de venta. 평균 ~ precio medio.

가결(可決) aprobación. ~하다 aprobar, resolver, decidir en. ~되다 ser aprobado (aceptado). 법안은 만장일치로 (찬성 100표 반대 50표로) ~되었다 El proyecto de ley fue aprobado por unanimidad (por cien votos en favor y cincuenta en contra).

가경(佳景) escena hermosa, paisaje hermoso.

가경(佳境) [고비] clímax; [경치] escena hermosa, paisaje hermoso. 이야기는 ~으로 들어간다 La historia se está poniendo interesante.

가계(家系) linaje, genealogía. ~도 árbol genealógico.

가계(家計) economía doméstica (familiar); presupuesto familiar. ~가 어렵다 La economía familiar está en condiciones difíciles. ~부 teneduría de libros del hogar, libro de cuentas del hogar.

가계약(假契約) contrato provisional.

가곡(歌曲) aria, canción, melodía. ~집 colección de canciones. 이탈리아 (독일) ~ canción italiana (alemana).

가공(加工) elaboración. ~하다 elaborar, trabajar. 원료를 ~하다 elaborar la materia prima. ~식품 alimento elaborado. ~품 producto (artículo) elaborado. 식품 ~업 industria alimenticia.

가공(架空) fantasía. ~의 [상상의] imaginario, fantástico. ~의 이야기 cuento fantástico. ~의 인물 figura imaginaria. ~ 케이블 cable aéreo.

가공사(假工事) obra provisional.

가관(可觀) espectáculo, ostentación.

가교(架橋) construcción de un puente. ~하다 construir un puente.

가구(家口) casa, familia que vive junta en una casa. ~수 número de casa. ~주 amo de casa, padre de familia.

가구(家具) mueble; [집합적] moblaje. ~가 비치된 집 casa amueblada. ~방 habitación amueblada (con muebles) de alquiler. 방에 ~를 들여놓다 amueblar la habitación. 이 방은 ~가 잘 비치되어 있다 Esta habitación está bien amueblada. ~상 mueblista. ~점 mueblería, tienda de muebles.

가꾸다 1 [자라게 하다] hacer crecer, cultivar. 정원을 ~ cultivar un jardín.
2 [치장하다] decorar.
가권(家眷) su familia.
가규(家規) regla de la familia.
가극(歌劇) ópera. 소~ opereta. 비~ ópera seria. 희~ zarzuela. ~글래스 gemelos de teatro. ~단 compañía de ópera. ~장 sala de ópera, teatro de ópera.
가금(家禽) aves domésticas, aves de corral. ~상 pollero, gallinero.
가급적(可及的) lo más posible. ~이면 si posible. ~속히 lo más pronto posible. 조석한 회답을 바랍니다 Espero que Vd. conteste lo más pronto posible.
가긍하다(可矜-) (ser) pobre, lastimoso, miserable. 가긍히 lastimosamente.
가기(佳期) [좋은 철] buena estación; [혼기] edad de matrimonio.
가기(家忌) lamento de familia.
가기(歌妓) cantora profesional.
가까스로 difícilmente, con dificultad, apenas, casi no, de mala vez.
가까와지다 acercarse, aproximarse.
가까이 cerca.
가깝다 estar cerca. 내 집은 여기서 ~ Mi casa está cerca de aquí.
가꾸다 cultivar, hacer crecer algún vegetal.
가끔 algunas veces, unas veces, a veces, de vez en cuando, de cuando en cuando.
가나다 [한글] alfabeto coreano.
가나오나 [언제나] siempre, en todo tiempo, en cualquier tiempo, constantemente.
가난 pobreza. ~하다 ser pobre. ~한 사람들 los pobres, los necesitados.
가난들다 andar escaso de dinero.
가난뱅이 pobre, indigente.
가납(嘉納) [물건의] aceptación; [충고의] aprobación. ~하다 aceptar con mucho gusto; aprobar, apreciar.
가납사니 persona habladora, parlero, parlador, charlador, guapetón, hablador.
가내(家內) familia, casa. ~공업 industria doméstica. ~노동 trabajo a domicilio. ~문제 asunto doméstico. ~평안하길 기원하다 rezar para que no suceda a mi ninguna desgracia a la familia
가냘프다 (ser) delgado, flaco, débil, pequeño. 가냘픈 목소리 voz débil. 가냘픈 허리 cintura delgada.
가누다 reprimir, restringir, predominar, controlar.
가느다랗다 (ser) muy delgado, muy flaco, muy débil.
가느스름하다 (ser) delgado un poco.
가는귀먹다 ensordecer un poco.
가늘다 (ser) delgado, delicado, sutil, flaco, falto de carnes.
가늠 puntería. ~하다 apuntar, tirar, poner la mira en alguna cosa.
가능(可能) posibilidad, probabilidad. ~한 [가능성이 있는] posible; [실현할 수 있는] realizable, factible; [실행할 수 있는] practicable. ~하다 ser posible (realizable · practicable). …하는 일은 ~하다 Se puede (Es posible) + inf. ~한 법위에서 en (dentro de · en la medida de) lo posible. 이 일을 3일만에 끝내는 것은 ~하다 Se puede (Es posible) terminar este trabajo en tres días. 이 문장은 여러가지 해석이 ~하다 Esta frase se puede interpretar de varias maneras./ Esta frase admite varias interpretaciones. 인간이 다른 혹성에 가는 일이 ~하게 되었다 Ya se ha hecho posible el que hombre viaje hasta otro planeta. ~성 posibilidad. 다시 전쟁이 일어날 ~성은 크다 Hay gran posibilidad de que estalle otra guerra.
가다 1 [일반적] ir, irse, partir, visitar. …하러 ~ ir a + inf. 기차로 ~ ir en tren. 걸어 ~ ir a pie, ir andando, andar, pasear(se). 뒤도 돌아보지 않고 ~ andar Como Lot. 말을 타고 ~ ir a caballo. 차로 ~ ir en coche. 피크닉 ~ ir de campo. 룰룰이 흩어져 ~ ir separadamente. 안녕히 가십시오 Vaya con Dios. 어머님께서는 일요일마다 교회에 가신다 Mi madre va a la iglesia los domingos. 어디 가십니까 ¿A dónde va usted? 집에 갑니다 Voy a casa. 박물관에 가려면 어디로 가야 합니까 ¿Por dónde se va al museo? 서반아에 가본 적이 있읍니까 ¿Ha estado usted en España?
2 [죽다] morir, fallecer, dejar de existir.
3 [세월이] pasar.
4 [값·무게가] costar, valer, pesar. 쇠고기는 1킬로에 500페소 간다 La carne de vaca cuesta (vale) quinientos pesos el kilo.
5 [꺼지다] apagarse. 불이 갔다 Se apagó la luz.
가다가 algunas veces, unas veces, a veces, de vez en cuando, de cuando en cuando.
가다듬다 calmar, apaciguar.
가다랭이 [물고기] atún.
가닥 pieza, pedazo.
가담(加擔) [관여] participación; [공모]

가당 conspiración; [원조] auxilio, apoyo, ayuda. ~하다 conspirar con, tomar parte por, unirse con. ~자 conspirador.
가당(可當) ~하다 tener razón.
가당찮다(可當-) no tener razón. 가당찮은 요구 demanda excesiva.
가대(家垈) casa y *su* sitio; residencia.
가도(家道) costumbre de la familia.
가도(街道) carretera, camino. 경인 ~ carretera Kyong-in.
가독(家督) ~을 양도하다 ceder a *uno* la dirección de la casa. ~을 상속하다 heredar una casa, suceder a *su* padre. ~ 상속권 derecho de sucesión como jefe de la familia. ~ 상속인 heredero [de una casa].
가동(可動) ~의 movible, móvil. ~성 movilidad.
가동(稼動) operación, la acción y el efecto de operar. ~하다 operar. ~ 시간 horas laborables (de trabajo). ~ 율 porcentaje de funcionamiento (de operacion), rendimiento.
가두 calle (*f.*). ~에서 en la calle. ~ 녹음 grabación pública en la calle. ~ 모금 colecta pública. ~ 연설 discurso pronunciado en la calle, arenga en las plazas. ~ 연설가 orador callejero. ~ 예술가 artista callejero. ~ 인터뷰 entrevista en la calle.
가두다 encarcelar, enjaular, cerrar completamente.
가두리 [모자·그릇 등의] labio [de un vaso], ala [de sombrero]; borde, margen.
가득 lleno. ~ 채우다 llenar, hacerse lleno.
가득가득 lleno separadamente. ~하다 cada uno está lleno.
가득하다 estar lleno.
가뜩이나 además, por otra parte, a más de eso.
가뜬하다 (ser) ágil, ligero, leve, vivo, activo.
가뜬히 ligeramente, levemente, ágilmente.
가라사대 como dice.
가라앉다 [침몰] hundirse, sumergirse, irse abajo; [조용해지다] aquietarse, tranquilizarse.
가라앉히다 [침몰] hundir, sumergir, echar a lo hondo; [마음을] calmar.
가라즈 garage, garaje.
가락 [음조] tono; [솜씨] destreza, habilidad, agilidad, maña y arte.
가락지 anillo. ~를 끼다 ponerse el anillo
가람(伽藍) catedral, templo budista.
가랑눈 nieve en polvo.
가랑니 piojo pequeño, liendre, huevo del piojo.
가랑비 llovizna. ~가 내리다 lloviznar.

가리이다 가랑이 gancho, corchete, horcajadura, horquilla; pierna.
가랑잎 hoja muerta.
가래 [농구] arado. ~로 땅을 갈다 arar, labrar la tierra.
가래 [담] flema, esputo.
가래다 distinguir, conocer la diferencia que hay entre las cosas.
가래질 aradura, labranza. ~하다 arar, labrar la tierra.
가래침 escupidura, saliva. ~을 뱉다 escupir, salivar, echar saliva.
가량(假量) [쯤] unos, unas; casi, aproximadamente, más o menos.
가려하다(佳麗-) (ser) hermoso, bello, lindo, bonito.
가련하다(可憐-) (ser) lastimoso, miserable, pobre.
가렵다 picar, sentir picazón, sentir comezón. 나는 팔이 ~ Me pica el brazo.
가령(假令) si, con tal que. ~ 당신이 오면, 그것을 보실 것이다 Si Vd. viene, lo verá.
가로 anchura, anchor.
가로(街路) calle (*f.*), avenida, camino, carretera. ~수 árboles de la calle, arbolado de una calle. ~등 farol.
가로막다 interrumpir, estorbar, obstruir.
가로맡다 tomar, emprender, tomar en mano.
가로변(街路邊) orilla del camino.
가로세로 [가로와 세로] longitud y anchura; [사방으로] por todas las partes.
가로지르다 cruzar, atravesar, trazar una línea al través de.
가로채다 interceptar, arrebatar, coger.
가루 polvo; [곡물의] harina. ~로 만들다 pulverizar, moler (reducir) *algo* a polvo, hacer *algo* polvo. ~로 부수다 machacar, moler. ~ 비누 jabón en polvo. ~ 밀크 leche en polvo (seca). ~ 약 medicina en polvo. ~ 설탕 azúcar en polvo. ~ 치약 polvos dentífricos. ~ 치즈 queso rallado. ~ 밀 harina de trigo. 옥수수 ~ harina de maíz.
가르다 dividir, partir, separar.
가르치다 enseñar, dar lecciones, instruir.
가르침 enseñanza, instrucción; lección; [제율] precepto; [교의] doctrina, dogma, máxima.
가리다¹ [선택] escoger, elegir; [구별] distinguir.
가리다² [쌓다] amontonar.
가리다³ [보이지 않게] esconder, ocultar, encubrir; tapar.
가리마 raya del cabello. ~타다 partir la raya del cabello.
가리우다 esconder, ocultar, encubrir; tapar.
가리이다 esconderse, ocultarse.

가리키다 señalar, indicar.
가리들다 [제방하다] impedir, interrumpir.
가마 [머리의] remolino, torbellino, vórtice.
가마 [탈것] palanquín.
가마 [가마솥] caldera, horno.
가마니 saco hecho de paja. 쌀~ saco de arroz.
가마솥 marmita, olla, caldera, horno.
가만가만 quietamente, pacíficamente. ⇨ 가만히.
가만히 quietamente, callandito, suavemente, pacíficamente, sin ruido; [살래·올래] con secreto, secretamente. ~ 말하십시오 Hable Vd. bajo.
가망(可望) esperanza, perspectiva, posibilidad. ~있는 lleno de esperanzas. ~이 있다 tener esperanzas.
가맣다 [검다] ser negro; [아득하다] estar lejos.
가매(假寐) [졸음] sueño ligero, sopor, adormecimiento.
가매장(假埋葬) entierro temporal. ~하다 enterrar temporalmente.
가맹(加盟) afiliación, adhesión. ~하다 adherirse (afiliarse) a···, entrar en···, hacerse miembro de···. 유엔에 ~하다 adherirse a la ONU. 조합에 ~하다 afiliarse al sindicato. ~국 signatario. ~자 afiliado, participante, miembro. 유엔 ~국 país miembro de la ONU.
가면(假面) máscara, careta. ~을 벗기다 desenmascarar. ~을 벗다 quitarse una máscara, desenmascararse. ~을 쓰다 ponerse una máscara, enmascararse. ~을 씌우다 enmascarar. ~ 무도회 baile de máscaras, mascarada.
가면허(假免許) licencia (autorización·permiso) temporal.
가명(假名) seudónimo. ~으로 en seudónimo.
가명(家名) nombre de la familia; [명예] honor de la familia. ~을 날리다 [떨어뜨리다] honrar (deshonrar) *su* familia. ~을 더럽히다 difamar el nombre de la familia, tachar (manchar) el honor de la familia.
가명(佳名) buena reputación, buen nombre.
가무(歌舞) la canción y la danza.
가문(家門) linaje.
가물 sequía, sequedad. 오랜 ~ seca larga. ~철 estación seca.
가물가물 vacilantemente.
가물거리다 [불빛이] vacilar. 가물거리는 불꽃 llama vacilante. 가물거리는 불 fuego chispeante. 촛불이 가물거린다 La vela pavea (se está acabando).

가물다 hacer seca.
가물음 seca, sequía, sequedad.
가물치 [어] bonito.
가물타다 sufrirse desde seca.
가뭇가뭇하다 manchar con lo negro.
가미(加味) sazón, salsa, sabor. ~하다 condimentar, agregar. A에 B를 ~하다 matizar (sazonar) A de (con) B, dar a A un matiz de B.
가발(假髮) peluca [postiza]. ~을 쓰다 ponerse peluca postiza.
가방 cartera; [서류 가방] carpeta; [남미] portafolio; [여학생용] cabás; [여행 가방] maleta, [소형의] maletín; [트렁크] baúl; [대형의] [baúl] mundo; [손가방] bolsa de mano. ~을 열다 abrir la cartera (maleta). ~을 가지고 있다 llevar una cartera. ~을 닫다 cerrar la maleta (la cartera). ~을 꾸리다 hacer la maleta. ~을 풀다 deshacer la maleta.
가버리다 irse, marcharse. 인사도 없이 ~ irse a la francesa.
가법(加法) 【수】 adición.
가법(家法) etiqueta casera.
가벼이 ligeramente.
가변(可變) instabilidad, inconstancia. ~의 cambiable, variable, transformable. ~ 비용 expensas variables. ~ 자본 capital variable.
가볍다 1 (ser) ligero, leve. 가벼운 ligero, leve; [중대하지 않는] no grave; [쉬운] fácil. 가벼운 죄 pecado ligero (venial). 가벼운 음악 música ligera. 가벼운 병에 걸리다 contraer una enfermedad ligera (leve). 가벼운 식사 comida ligera, refrigerio; [저녁때의] merienda. 몸이 가벼운 ágil. 상처가 생각보다 가벼웠다 La herida era menos grave de lo que se había pensado. 그는 나보다 5킬로 ~ Él pesa cinco kilos más ligero que yo./ Él pesa cinco kilos menos que yo. 가볍게 ligeramente, levemente, con ligereza; [쉽게] fácilmente, con facilidad. 가볍게 하다 aligerar, aliviar. 가볍게 때리다 dar un golpe ligero a *algo*. 가볍게 보다 menospreciar *algo* (a *uno*). 냇물이 가볍게 뛰다 saltar un río con facilidad. 짐을 가볍게 하다 aligerar (aliviar) la carga. 형을 가볍게 하다 atenuar (conmutar) la pena. 세금을 가볍게 하다 rebajar los impuestos. 기분이 ~ sentir alivio, sentirse aliviado. 2 [경솔한] ligero; [무분별] imprudente, inconsiderado, irreflexivo. 가볍게 a la ligera, de ligero, ligeramente; con imprudencia, inconsideradamente, irreflexivamente. 가벼운 행동 conducta ligera.
가보(家譜) genealogía, linaje, descenden-

가보(家寶) tesoro de familia, alhaja de casa.
가봉(假縫) prueba, hilván. ~하다 hilvanar. 웃옷을 ~하다 probarse la chaqueta.
가부(可否) bueno o malo, si o no, pro o contra. ~을 결정하다 decidir pro o contra.
가부(家父) mi padre.
가부(家夫) mi marido, mi esposo.
가분수(假分數) fracción impropia.
가뿐하다 ser ligero, ser ágil.
가불(假拂) paga adelantada, pago provicional (en suspenso). ~하다 pagar provisionalmente. ~받다 recibir paga adelantada. ~금 pago provisional, moneda de paga adelantada.
가사(家事) quehaceres domésticos, faenas domésticas, cuidado de la casa, quehaceres de casa, deberes de casa, ocupaciones domésticas. ~ 심판소 tribunal de asuntos domésticos.
가사(歌詞) letra [de una canción]. 곡에 ~를 붙이다 poner una letra (una poesía) a una melodía.
가사(假死) asfixia, síncope. ~ 상태 asfixia. ~ 상태의 asfixiado. ~ 상태에 빠지다 asfixiarse.
가사(袈裟) estola.
가산(加算) adición, suma. ~하다 sumar. 원금에 이자를 ~하다 sumar los intereses al capital. ~기 máquina adicional. ~세 impuesto adicional.
가산(家産) bienes de fortuna, propiedad casera.
가산(假山) colina artificial.
가상(假像) fantasma, duente; [광물에서의] imagen falsa (secundaria).
가상(假想) imaginación, idea fantástica. ~하다 imaginar. ~ 원자전 guerra atómica de simulación. ~적 enemigo imaginario. ~ 적국 enemigo hipotético, país enemigo imaginario.
가석방(假釋放) libertad condicional, libertad bajo caución. ~자 prisionero libre bajo su palabra de honor.
가선(架線) alambre eléctrico, cable. ~공사 instalación (tendido) de alambres eléctricos.
가설(假設) instalación provisional, imaginación. ~의 imaginario, fantástico, provisional. ~하다 [건물 따위를] establecer (instalar) algo provisionalmente.
가설(架設) construcción, instalación, establecimiento. ~하다 establecer, instalar, construir. 다리를 ~하다 construir un puente. 전화를 ~하다 instalar un teléfono. 케이블을 ~하다 tender (instalar) un cable.
가설(假說) hipótesis, suposición. ~적 hipotético. ~을 세우다 hacer hipótesis (conjeturas).
가성(苛性) calidad de cáustico, causticidad. ~의 cáustico. ~ 석회 cal viva. ~ 소다 soda (sosa) cáustica. ~ 알칼리 álcali cáustico. ~ 알코올 alcohol cáustico. ~ 칼리 potasa [cáustica].
가세(家勢) condición financiera de familia.
가세(苛稅) impuesto pesado.
가세(加勢) ayuda, auxilio, socorro, apoyo; [원군] refuerzo. ~하다 ayudar, auxiliar, socorrer, prestar apoyo (auxilio) a uno; reforzar [una tropa].
가소롭다(可笑~) (ser) absurdo, ridículo.
가속(加速) aceleración, aceleramiento. ~하다 acelerar. ~적(인) acelerado. ~적으로 aceleradamente, con aceleración. ~기 acelerador. ~도 aceleración. ~도계 acelerómetro. ~ 장치 acelerador.
가솔(家率) miembro de familia.
가솔린 gasolina. ~을 넣다 repostar (poner) gasolina. 차에 ~을 넣다 echar gasolina a un coche. ~을 가득 넣어 주세요 Llene el depósito. ~ 분사 장치 sistema de inyección de gasolina. ~ 스탠드 puesto(estación) de gasolina. ~차 carro de gasolina. ~ 탱크 depósito de gasolina.
가수(歌手) cantante (m.f.), cantor,-ra; [플라멩코의] cantador, -ra.
가수분해(加水分解)【화】 hidrólisis. ~하다 hidrolizar. ~ 효소 hidrolasa.
가수요(假需要) demanda de disfraz.
가스 gas. ~를 틀다 (잠그다) abrir (cerrar) la llave del gas. 난로의 ~를 켜다 encender el gas de la estufa. ~가 샌다 Se (Se escapa) el gas. 배에 ~가 차다 tener ventosidades (gases intestinales). ~ 공장 fábrica de gas. ~ 관 tubo (cañería) de gas. ~ 난로 estufa de gas. ~등 alumbrado(farola) de gas. ~ 마스크 careta antigás. ~ 미터기 contador de gas. ~ 오븐 (레인지·풍로) horno (cocina·hornillo) de gas. ~ 버너 mechero de gas. ~ 요금 precio del gas. ~ 용접 soldadura con gas y oxígeno. ~전(栓) llave de gas. ~ 절단 oxicorte, corte por llama oxiacetilénica. ~절단기 oxicortar. ~ 중단 intoxicación por el gas. ~ 터빈 turbina de gases. ~ 탱크 tanque (depósito) de gases. ~ 회사 compañía de gas. 독~ gas tóxico. 연료용~ gas combustible. 천연 ~ gas natural.
가슴 pecho, seno; [새의] pechuga. ~ 둘레

가슴걸이 busto. 그 여자는 ~이 약하다 Ella es débil de pecho. ~털 pelo de pecho.
가슴둘레 cincha, ventrera, cinto.
가슴앓이 cardialgía, dolor de pecho, pirosis *(f.)*, dolor que se siente en la boca del estómago. ~를 앓다 tener dolor de pecho.
가슴통 pecho.
가슴패기 pecho.
가시(可視) visibilidad. ~ 광선 rayo visible.
가시(荊) espina, pincho, púa. ~나무 árbol espinoso. ~ 덤불 zarza. ~ 철망 alambre de espina.
가시다 [씻다] lavar, limpiar, enjuagar.
가시버시 marido y mujer.
가식(假飾) hipocresía, disimulo, disimulación. ~하다 disimular.
가십 chisme, chismografía. ~란 gacetilla.
가제 gasa.
가야금(伽) *gayagum*, instrumento coreano con 12 líneas.
가약(佳約) cita de novios. 백년 ~ amor eternal.
가업(家業) ocupación·(profesión) de la casa (de la familia). ~을 잇다 suceder al padre en el negocio de la familia. ~을 돕다 ayudar en el trabajo de la casa.
가역(可逆) reversibilidad. ~의 reversible. ~ 반응 reacción reversible. ~성 reversibilidad. ~ 전동기 motor reversible.
가연물(可燃物) combustibles *(m.pl.)*.
가연성(可燃性) combustibilidad. ~의 combustible, inflamable.
가열(加熱) calentamiento, calefacción. ~하다 calentar. ~기 calentador. ~ 시험 prueba en caliente.
가엾다 (ser) lastimoso, pobre. 가엾기도 해라 ¡Qué lastimoso!
가옥(家屋) casa; [주거] vivienda. ~세(稅) impuesto sobre vivienda.
가외(加外) extra, extraordinario. ~ 수입 renta extra.
가요(歌謠) canción, copla, canto. ~곡 [cancíon] popular. ~계 canto folklórico, canción folklórica, canción popular.
가운 toga.
가운(家運) fortuna de una familia. ~이 기울다 Declina la fortuna de la familia.
가운데 centro.
가운뎃손가락 dedo medio (del corazón).
가위¹ tijeras, cizallas. ~로 (무엇을) 자르다 cortar[se] (algo) con tijeras.
가위² pesadilla, incubo. ~눌리다 tener una pesadilla.
가위(可謂) literalmente, conforme a la letra (al sentido literal), verdaderamente, por decirlo así.

가을내 todo el otoño.
가을 otoño, cosecha (수확). ~의 otoñal, autumnal. ~하다 cosechar, hacer agosto. ~걷이 cosecha otoñal. ~ 경치 escena de otoño. ~ 바람 viento otoñal. ~별 solana otoñal. ~ 보리 cebada otoñal. ~비 lluvia otoñal. ~철 otoñada, estación de otoño.
가을갈이 labranza otoñal, plantación en otoño. ~하다 labrar la tierra en el otoño, plantar en el otoño.
가이드 ① [안내] guía. ② [안내자] guía *(m.f.)*.
가인(佳人) mujer hermosa.
가인(家人) [식구] familia; [자기 자신] mi mujer (esposa).
가인(歌人) poeta; [여자] poetisa.
가일(佳日) día feliz.
가일층(加一層) más. ~ 공부하다 estudiar más. ~ 노력하다 hacer un gran esfuerzo.
가입(加入) afiliación, entrada, ingreso, adhesión; [전화·보험 등의] inscripción. ~하다 afiliarse a…, entrar (ingresar) en…, adherirse a…, hacerse miembro de…; inscribirse en…, abonarse a… 보험에 ~하다 inscribirse en el seguro. 조합에 ~하다 entrar en la asociación. ~ 신청 inscripción. [신]~자 [nuevo] subscriptor(abonado).
가자미 【어】 platija, lenguado.
가작(假作) [거짓 행동] ficción.
가작(佳作) buena obra, trabajo excelente; [선외 가작] obra (trabajo) que ha recibido una mención honorífica (honorable).
가장 el (la) más. ~ 위대한 사람 el más hombre. ~ 아름답다 ser el más hermoso. ~ 중요하다 ser el más importante.
가장(家長) jefe de la familia.
가장(假裝) disfraz. ~ 무도회 baile de máscaras (de disfraces). ~하다 disfrazarse, enmascararse, desfigurarse. ~ 행렬 mascarada, procesión de disfraces.
가재 【동】 langosta.
가재(家財) muebles *(m.pl.)*; riqueza de la familia. ~ 도구 muebles y utensilios.
가전(家傳) ~의 tramitido de padres a hijos (de generación en generación).
가절(佳節) estación hermosa; ocasión feliz.
가정(家庭) familia, hogar, casa. ~의 familiar, doméstico, hogareño. ~을 가지다 tener (poseer) *su* hogar. ~을 이루다 fundar (formar) un hogar (una familia). ~적인 분위기 ambiente hogareño. ~적인 남자 hombre hogareño (de *su casa*). 유복한 ~에서 자라다 crecer en una familia acomodada. ~ 경제 economía familiar (doméstica). ~과 [asignatura de] que-

가정 haceres domésticos. ~ 교사 preceptor 【여성의 경우는 institutriz】, profesor particular. ~ 교사를 하다 dar clases particulares. ~ 교육 educación familiar. ~란 columna doméstica; 【가정면】 plana familiar. ~ 법원 tribunal de asuntos familiares. ~ 불화 turbación doméstica, dificultades familiares, discordia doméstica. ~ 생활 vida familiar (hogareña · de familia). ~ 비극 tragedia doméstica. ~ 상비약 medicina familiar. ~ 요리 cocina casera. ~용의 de uso casero, para el uso doméstico. ~용 전기 기구 electrodomésticos. ~용품 utensilios domésticos. ~ 환경 ambiente familiar.

가정(家政) manejo de la casa, economía doméstica. ~과 departamento de economía doméstica. ~부 ama de llave, 【보통의】 asistenta. ~학 enseñanzas del hogar, economía doméstica.

가정(苛政) gobierno tiránico.

가정(家丁) criado.

가정(假定) suposición, supuesto, postulado; 【가설】 hipótesis. ~하다 suponer (poner por caso · admitir [por hipótesis]) que + ind · subj. ~의 supuesto, hipotético. …라 ~해서 suponiendo que + ind · subj., dado por supuesto que + ind · subj. 그가 죽었다고 ~해서 suponiendo (en el supuesto) que él haya muerto. ~법【문】 modo subjuntivo.

가정부(假政府) gobierno provisional.

가져가다 llevar.

가져오다 traer. 모자를 가져오너라 Trae el sombrero.

가조약(假條約) tratado provisional.

가조인(假調印) firma preliminar (provisional). ~하다 firmar preliminarmente (provisionalmente). ~식 ceremonia inicial.

가족(家族) 【miembros de una】 familia. ~의 familiar. ~이 많다 tener una familia numerosa. ~이 적다 tener poca familia. ~을 부양하다 mantener a su familia. 4인 ~ familia de cuatro personas (miembros). ~은 몇명이십니까 ~5명입니다 ¿Cuántos son ustedes de familia? (¿Cuántas personas hay en su familia?) —Somos cinco [de familia]. ~한테 안부 전해 주십시오. Recuerdos (Dé recuerdos de mi parte) a su familia. / Saludos a su familia. ~ 계획 plan familiar (de familia). ~ 수당 subsidio (compensación · asignación) familiar, pagas para la familia. ~ 제도 sistema de familia, sistema familiar. ~ 회의 consejo familiar. 대~ familia grande (numerosa), familión. 소~ familia pequeña (poco numerosa).

가죽 cuero (무두질한), piel; corteza (나무의), cáscara (과실의). ~ 제품의 de cuero, de piel. ~ 장갑 guantes de piel. ~ 표지 cubierta de cuero. ~ 혁대 cinturón de cuero. 살~ cutis.

가중(加重) gravamen, exceso de peso. ~하다 poner peso encima. ~ 과세 impuesto adicional.

가중(苛重) ~하다 (ser) pesado, excesivo.

가증(可憎) ~하다 aborrecible, maligno, malévolo, odioso, detestable.

가지[1] 【나무의】 rama.

가지[2] 【식】 berenjena. ~밭 berenjenal.

가지[3] 【종류】 género, especie, clase (f.)

가지다 【손에】 llevar; 【소유】 tener, tomar, contener, poseer; 【아이 · 새끼를】 estar preñada (encinta). 김 교수는 책을 많이 가지고 있다 El profesor Guim tiene muchos libros. 공산주의 사상을 ~ abrazar comunismo. 어린애를 ~ concebir.

가집행(假執行) ejecución provisional. ~하다 ejecutar provisionalmente.

가짜(假~) imitación, apariencia falsa. ~의 falso, imitativo. ~돈 moneda falsa. ~ 보석 piedra de imitación. ~ 여대생 la estudiante falsa. ~ 편지 carta falsa.

가책(苛責) remordimiento, compunción, arrepentimiento. 그는 양심의 ~을 받았다 Le atormentaba el remordimiento de conciencia. / Estaba roído por los remordimientos de la conciencia. / Le remordía (acusaba) la conciencia.

가처분(假處分) disposición provisional. ~하다 dictar una disposición provisional.

가철(假綴) encuadernación en rústica. ~로 하다 encuadernar en (a la) rústica. ~본 (~本) libro encuadernado en rústica.

가첨(加添) adición, añadidura. ~하다 añadir.

가축(家畜) animal doméstico; 【집합적】 ganado, bestias (f.pl.). ~을 기르다 criar ganado. ~ 병원 hospital veterinario.

가출(家出) fugitivo, prófugo. ~을 하다 dejar la casa, huir de la casa, escaparse de casa. ~ 소년 muchacho huidizo. ~인 fugitivo.

가출옥(假出獄) liberación (libertad) provisional (condicional), libertad bajo caución. ~하다 ser libertado provisional.

가치(價値) valor, mérito; 【가격】 precio. ~있는 valioso, precioso, estimable. ~없는 sin valor (mérito), que no vale para nada, insignificante. ~가 높은 · 매우 ~있는 de mucho (gran) valor. ~가 낮은 de poco valor. 상품의 ~ valor de las mercancías.

가친 ···할 ~가 있다 valer la pena de+*inf.* merecer la pena de+*inf.* 이 책은 읽을 ~가 있다 Este libro merece (vale) la pena de leer[se] (es digno de ser leído). ~론 teoría de valor. ···의 ~를 인식하다 reconocer el valor de *algo*. 예술적 ~가 있다 tener un valor artístico. 그 그림은 무척 ~가 있다 Ese cuadro tiene mucho valor. 그 그림은 아무런 ~가 없다 Ese cuadro no tiene ningún valor. 그것은 별로 ~가 없다 Eso no vale mucho. ~관 concepción del valor. ~판 juicio de valor, valoración, evaluación. 경제 ~ valor económico. 교환 ~ valor cambiador. 영양 ~ valor dietético. 이용 ~ valor de utilidad. 회소 ~ valor de carestía.

가친(家親) mi padre.

가칭(假稱) seudónimo, nombre provisional.

가택(家宅) casa; residencia; domicilio. ~수색 registro domiciliario, visita domiciliaria. ~수색하다 registrar toda la casa, hacer un registro domiciliario, hacer registro a domicilio. ~수색 영장 auto dado para registrar una casa. ~ 침입죄 allanamiento de morada.

가파르다 (ser) escarpado, precipitoso, acantilado. 가파른 절벽 roca escarpada.

가표(可票) voto afirmativo.

가풍(家風) costumbres (tradición) de la familia, tradición de casa, rito familiar.

가필(加筆) corrección, revisión; [그림] retoque. ~하다 corregir, revisar; retocar.

가하다(加一) [부가] añadir, juntar; [삽입] incluir, meter, insertar; [증가] aumentar.

가하다(可一) [옳다] tener razón.

가해(加害) asalto, violencia. ~하다 asaltar, acometer. ~자 autor de un atentado; [범인] criminal (*m.f.*).

가형(家兄) mi hermano.

가호(加護) protección divina. 신의 ~로 gracias a [la protección de] Dios. 우리에게 신의 ~가 있기를 Ojalá que nos proteja Dios.

가혹(苛酷) crueldad, severidad. ~한 cruel, inhumano; [엄한] severo, riguroso, duro. ~하게 severamente, cruelmente. ~한 취급을 받다 recibir (sufrir) un tartamiento cruel. ~한 벌 castigo severo. ~한 법률 ley rigurosa. ~한 조건 término duro, condición dura.

가화(佳話) cuento hermoso.

가화(家禍) desgracia doméstica.

가화(假花) flor artificial ⇨ 조화.

가환(家患) desgracia doméstica.

가훈(家訓) precepto de la familia.

가희(歌姬) cantora, cantarina, cantatriz.

가히(可一) fácilmente, con facilidad.

각(各) cada, todo, varios.

각(角) [모] esquina, recodo; [귀둥이] rincón; [각도] ángulo; [뿔] cuerno. 둔~ ángulo obtuso. 사~ cuadro. 직~ ángulo rectilíneo. 예~ ángulo agudo. 평면~ ángulo plano.

각가지(各一) toda clase.

각각(各各) cada, todo, individualmente, separadamente.

각각(刻刻) ~으로 cada momento, momento por momento, de momento en momento; a cada instante.

각개(各個) cada uno, uno a uno, uno por uno. ~ 격파하다 vencer (derrotar) las tropas enemigas una por (tras) una.

각개인(各個人) cada individuo.

각계(各界) varios círculos, cada campo. ~의 명사 distinguidas personalidades de cada campo.

각고(刻苦) trabajo difícil, labor ardua. ~하다 trabajar difícilmente (infatigablemente・laboriosamente).

각골 난망(刻骨難忘) recuerdo para siempre.

각광(脚光) candilejas. ~을 받다 ser foco (centro) de la atención pública.

각국(各國) cada país; [제국] varios países; [만국] todos los países del mundo.

각군(各郡) cada *gun*; todos los distritos.

각군데(各一) cada lugar (sitio), en (por) todas partes.

각기(脚氣) [의] beriberi. ~에 걸리다 contraer (padecer) el beriberi. ~를 앓다 sufrir del beriberi.

각기(各其) cada uno, cada una.

각도(角度) ángulo. ~를 재다 medir el ángulo. ~가 45도이다 formar (tener) un ángulo de cuarenta y cinco grados. 여러 ~에서 검토하다 examinar *algo* desde distintos ángulos. 이 ~에서는 그 집은 보이지 않는다 La casa no se ve desde este ángulo. ~계 goniómetro. ~ 측정[법] goniometría.

각도(角塔) [기하] prisma.

각도(各道) cada provincia.

각동(各洞) cada *dong*.

각론(各論) tema particular; [전체로] exposición por materias (por capítulos). ~으로 들어가다 entrar en (abordar) un tema particular.

각료(閣僚) miembro ministerial, miembro de gabinete. ~ 회의 congreso de gabinete. 한일 ~ 회담 asamblea ministerial entre Corea-Japón.

각리(各里) cada *ri*.

각막(角膜) 【해】 córnea. ~염 inflamación de la córnea, keratitis (*f.*), corneítis ~이

식 trasplante (transplantación) de la cornea.

각면(各面) [행정 구역] cada *mion*; [각방면] todas partes.

각박(刻薄) inhumanidad, falta de simpatía y piedad.

각반(脚絆) polaina, borceguí.

각방(各房) cada habitación.

각방면(各方面) cada dirección.

각별(恪別) ~한 especial; [현저한] notable; [예외적인] extraordinario, excepcional; [특수한] particular. ~히 especialmente; extraordinariamente; particularmente, en particular. ~한 배려로 por consideraciones especiales, como favor especial.

각본(脚本) pieza teatral, drama; [영화의] guión. ~가 dramaturgo, autor dramático; guionista (*m.f.*).

각부(各部) cada parte; [부서] cada departamento (sección); [정부의] cada ministerio.

각부(脚夫) mensajero.

각부분(各部分) cada parte, varias partes.

각사탕(角砂糖) azúcar en terrón. terrón de azúcar, azúcar cortadillo (en terrón). ~을 두 개 넣다 echar dos terrones de azúcar.

각색(脚色) adaptación; [희곡화] dramatización. ~하다 adaptar; dramatizar; dar forma dramática a *algo*. ~자 adaptador, dramaturgo.

각색(各色) [색채] cada color; [종류] toda clase, toda especie. 각양 ~의 varios, diversos.

각서(覺書) memorándum, prontuario.

각선미(脚線美) pierna de la figura hermosa. 그녀는 ~가 놀랍다 Tiene unas piernas maravillosas.

각설탕(角雪糖) ⇨ 각사탕.

각성(覺醒) despertamiento. ~하다 despertar. ~제 [droga] excitante (estimulante), remedio estimulante. 영적 ~ despertamiento espiritual.

각성(各姓) apellidos diferentes. ~받이 hombres de los apellidos diferentes.

각세공(角細工) hornabeque (obra) a tenaza.

각시 [인형] muñeca de soltera; [새색시] novia. desposada, la mujer recién casada.

각양(各樣) diversidad, variedad.

각오(覺悟) resolución, prevención, decisión. ~하다 resolverse, decidirse, resignarse. 죽음을 ~하다 resignarse a morir.

각운(脚韻) rima.

각원(各員) cada uno, todos.

각위(各位) caballeros, señores. 독자 ~에게 A los lectores.

각의(閣議) consejo de ministros, reunión del gabinete, consejo del gabinete, junta ministerial. ~를 열다 celebrar el consejo de ministros. 임시 ~ conferencia extra-ordinaria de gabinete.

각인(各人) cada uno, cada cual.

각일각(刻一刻) constantemente, a cada momento.

각자(各自) cada uno, cada cual, respectivamente (부사적으로). 점심은 ~ 준비하 십시오 Prepare cada uno su propio almuerzo. ~ 짐을 정리하십시오 Arregle cada uno su respectivo equipaje.

각재(角材) madero cuadrada.

각적(角笛) cuerno.

각조(各條) cada artículo.

각종(各種) varias clases. ~의 de toda especie, de diferentes clases, de diversos géneros, de diversas clases. 폐사는 ~ 제품을 갖추고 있다 Tenemos un gran surtido de diversos géneros. ~ 학교 academia.

각주(角柱) 【기하】 prisma. 3 (6)~ prisma triangular (sexagonal).

각주(脚注) nota al pie de la página. ~를 달다 poner notas al pie de la página.

각지(各地) partes diferentes, todas partes, cada lugar; [여러 지방] varias partes (distintas) regiones. ~ 날씨 tiempo local (de cada región) 전국 ~를 여행하다 viajar por todas las partes del país. 한국 ~에서 강연하다 dar conferencias en varios lugares de Corea.

각질(角質) keratina. ~화(化) keratosis (*f.*).

각처(各處) cada sitio (lugar), todas partes. ~에 en (por) todas partes.

각추(角錐) pirámide. ~형의 piramidal. 3 (5)~ prámide triangular (pentagonal)

각축(角逐) competición, rivalidad. ~하다 competir.

각층(各層) cada piso.

각파(各派) [정당] todos los partidos, cada partido; [예술계 따위의] todas las escuelas.

각하(閣下) Vuestra Excelencia, Su Excelencia. 장군 ~ Su Excelencia Señor General.

각하(却下) rechazamiento. ~하다 rechazar. 상고를 ~하다 rechazar una apelación a un tribunal superior.

각항(各項) cada cláusula.

각혈(咯血) esputo de sangre, vómito de sangre,●[의] hemoptisis. ~하다 esputar (escupir) sangre, vomitar la sangre, ex-

pectoral la sangre, tener hemoptisis.
간 salazón, acción de salar. ~하다 salar, sazonar con sal, curar con sal.
간(肝) 〖해〗 hígado. ~이 큰 atrevido, audaz, osado, intrépido. ~이 작다 ser tímido (medroso·miedoso·pusilánime·cobarde). ~을 녹이다 tener profunda impresión. ~을 싸늘하게 하다 horrizarse, espantarse. ~을 서늘하게 하다 maravillarse, asustarse. ~동맥 arteria de hígado. ~암 cáncer de hígado.
간(間) 〖가옥의〗 una habitación; 〖동안〗 duración, por, durante; 〖장소〗 entre. 1개월 ~ por un mes. 서울 부산~의 거리 la distancia entre Seúl y Busan.
간간이(間間-) a veces, algunas veces, de vez en cuando, de cuando en cuando.
간간하다 ser algo salado.
간격(間隔) 〖시간·공간〗 intervalo, distancia; espacio. ~을 두다 espaciar (distanciar); 〖A와 B의〗 dejar (poner) un espacio entre A y B. 수업시간의 ~을 줄이다 reducir el intervalo entre clase y clase. 열차의 발차 ~을 5분 더 늘리다 esparcir cinco minutos más las salidas de los trenes. 기둥과 기둥의 ~을 3미터로 하다 levantar los postes a (con) intervalos de tres metros. 일정한 ~을 유지하다 guardar un determinado intervalo. 열의 ~을 좁히십시오 Estrechen más las filas. 5미터 ~으로 나무가 심어져 있다 Los árboles están plantados a (con) intervalos de cinco metros. 선수들은 30초 ~으로 출발했다 Los jugadores salieron a (con) intervalos de treinta segundos.
간결(簡潔) brevedad, sencillez, laconismo. ~한 conciso, breve, sencillo, lacónico, sencillo y conciso. ~하게 brevemente, concisamente, lacónicamente, de una manera sencilla y concisa. ~한 문장 frases concisas. ~하게 표현하다 expresar concisamente.
간계(奸計) maquinación, intriga, conspiración. ~을 꾸미다 intrigar (conspirar) contra *uno*, maquinar (tramar·armar·urdir) una intriga contra *uno*; idear un plan taimado.
간고(艱苦) ~를 견디다 aguantar los apuros (las dificultades).
간곡(懇曲) amabilidad, cordialidad. ~한 cordial, amable. ~히 cordialmente, amablemente.
간과(看過) tolerancia. ~하다 pasar por alto, tolerar.
간교(奸巧) arte, maña, artificio, astucia, treta, fraude, engaño. ~한 astuto.
간난(艱難) penalidad, trabajo, molestia,
fatiga, pena, dificultades, adversidad.
간난 신고(艱難辛苦) 〖노고〗 trabajos, penas, dificultades; 〖시련〗 dura prueba; 〖역경〗 infortunio, adversidad; 〖곤궁〗 apuro. ~하여 자식을 기르다 criar a *sus* hijos con toda dificultad.
간단(間斷) interrupción. ~없이 incesantemente, perpetuamente, continuamente.
간단(簡單) simplicidad, sencillez; 〖쉬움〗 facilidad; 〖간단〗 brevedad, concisión. ~한 breve, conciso, simple; sencillo; fácil. ~히 brevemente, en resumen. simplemente, sencillamente; fácilmente; concisamente. ~한 기계 máquina simple. ~한 일 (문제) trabajo (problema) fácil (sencillo). ~한 보고 información breve. ~한 식사 comida ligera. ~히 말하면 en una palabra, en pocas palabras, en resumen. 기구를 ~하게 하다 simplificar la organización. 수속이 ~했다 Se han simplificado las formalidades.
간단 명료(簡單明瞭) simplicidad y claridad. ~한 simple y claramente.
간달 mes pasado.
간담(肝膽) hígado y hiel.
간담(懇談) consulta familiar, conversación amigable. ~하다 conversar amigablemente, charlar familiarmente. ~회 reunión amigable, charla, conferencia a (de) mesa redonda.
간도(間道) senda secreta; 〖지름길〗 atajo.
간드러지다 ser de coqueta.
간략(簡略) simplicidad, brevedad, concisión. ~한 simple, breve, sencillo, conciso; 〖약식〗 informal. ~히 simplemente, brevemente, abreviadamente; informalmente, sin formalismo. ~하게 하다 simplificar, abreviar. 연설을 ~하다 pronunciar un discurso abreviado. 결혼식을 ~히 하다 celebrar la boda de una forma simple (en la intimidad). ~화 simplificación, abreviación.
간만(干滿) flujo y reflujo [de marea].
간망(懇望) deseo ardiente, solicitud, súplica. ~하다 suplicar, implorar, anhelar.
간맞다 sazonarse bien.
간맞추다 sazonar.
간명(簡明) brevedad, concisión, laconismo. ~한 breve, conciso, sucinto.
간밤 anoche.
간병(看病) asistencia, cuidado [de un enfermo]; 〖철야의〗 vela. ~하다 cuidar, asistir, velar.
간부(幹部) directivo, dirigente (*m.f.*); 〖집합적〗 dirección, personal directivo. ~회 directorio, junta directiva, consejo de administración; 〖소련의〗 presidium. ~

보생 cadete.
간부(姦夫) adúltero.
간부(姦婦) adúltera.
간사(幹事) administrador, secretario, directivo, director, auditor. ~장 secretario general. ~회 junta directiva.
간사(奸詐) astucia, fraude, engaño, maña, treta. ~하다 (ser) astuto, mañoso, artificioso.
간살부리다 adular, lisonjear, halagar.
간상(奸商) comerciante deshonesto.
간석지(干潟地) tierra de marea. ~를 개간하다 reformar tierra de marea.
간선(幹線) línea principal, línea mayor. ~도로 carretera arterial (principal).
간선(間選) [간접 선거] elección indirecta.
간섭(干涉) intervención, intromisión, entrometimiento, entremetimiento; [물음] interferencia. ~하다 intervenir (interponerse · entrometerse · mezclarse · meterse) en algo; interferir. 정부의 ~ interferencia gubernamental. 타인의 생활에 ~하다 meterse en intimidades ajenas, entrometerse en la vida ajena. 남의 일에 ~하지 마십시오 No se meta Vd. en cosas ajenas. ~계[主義] interferómetro. [불]~주의 [no] intervencionismo. [불]~주의자 [no] intervencionista (m.f.)
간성(干城) baluarte.
간세(間稅) impuestos indirectós.
간소(簡素) simplicidad, llaneza, sencillez; modestia. ~한 simple, sencillo; modesto. ~하게 sencillamente; modestamente. ~화하다 simplificar. ~한 식사 comida sencilla. ~한 생활을 하다 llevar una vida sencilla. 생활을 ~화하다 simplificar la vida.
간수(一水) agua de sal.
간수(看守) carcelero. ~장 carcelero en jefe.
간수하다 tener cuidado de, mantener, proteger.
간식(間食) causeo, merienda. ~하다 tomar causeo, merendar. ~으로 …을 먹다 tomar algo entre comidas.
간신(奸臣) vasallo villano, partidario bellaco.
간신(艱辛) penalidad.
~히 a duras (malas penas), difícilmente, con mucha dificultad, por los pelos. ~한 시간에 대다 llegar por un pelo, llegar apenas a tiempo. ~히 위기를 벗어나다 librarse de una crisis a duras penas.
간악(奸惡) maldad, vicio, inquiedad. ~한 malvado, perverso.
간약(簡約) concisión, brevedad, simplificación;【수】abreviación. ~하다 condensar, abreviar, simplificar.
간언(諫言) amonestación. ~하다 amonestar.
간웅(奸雄) traidor mayor.
간원(懇願) petición, ruego, súplica, instancia, solicitud. ~하다 solicitar, rogar, suplicar, pedir encarecidamente, instar. …의 ~에 의해 a petición (a solicitud) de uno. ~자 solicitante, suplicante.
간유(肝油) aceite de hígado[de balacao].
간음(姦淫) fornicación; adulterio. ~하다 adulterar. ~하지 말라 No fornicarás. ~자·범 adulterado.
간이(簡易) simplicidad, sencillez. ~한 fácil, simple, sencillo. ~화하다 simplificar. ~생명보험 seguro postal de vida. ~수도 sistema reducido de abastecimiento de agua. ~식당 bodegón, figón, casa de comidas. ~여관 posada, fonda. ~주택 barraca, casa económica; casa prefabricada. ~재판소 tribunal sumario. ~화 simplificación.
간인(奸人) bribón, pícaro.
간인(刊印) imprenta. ~하다 imprimir.
간자(間者) espía ➩ 간첩.
간작(間作) [재배] siembra intermedia entre dos cosechas; [작물] cosecha intermedia.
간장(一醬) salsas de soya.
간장(肝腸) hígado, tripa, intestino, corazón. ~을 녹이다 encantar, embelesar. ~이 타다 quemarse para amor.
간장(肝臟) hígado. ~ 경화 cirrosis del hígado. ~병 mal de hígado, afección hepática. ~암 cáncer del hígado. ~염 hepatisis (f.). ~염 환자 hepático. ~절 hepatotomia.
간절(懇切) ansia, anhelo, ahinco, sinceridad. ~한 ardiente, ansioso, sincero. ~히 sinceramente, verdaderamente, francamente, con franqueza y buena fe.
간접(間接) rodeo, oblicuidad. ~의 indirecto, mediato. ~적으로 indirectamente, mediatamente. ~고용 empleo indirecto. ~ 목적어 objetivo indirecto. ~ 무역 comercio indirecto. ~ 보어 complemento indirecto. ~비 gasto indirecto. ~ 선거 elecciones indirectas. ~세 impuesto indirecto. ~ 조명 iluminación indirecta. ~ 조명 장치 alumbrado indirecto. ~ 침략 agresión indirecta. ~ 투자 inversión indirecta. ~ 화법 estilo indirecto.
간조(干潮) reflujo, marea baja (menguante descendiente), bajamar.
간주(看做) consideración. ~하다 considerar, tomar, tratar.
간주곡(間奏曲) intermedio.

간지(奸智) ~한 astuto, taimado, maquiavélico.
간지럼 cosquillas.
간지럽다 tener cosquillas.
간지럽히다 hacer cosquillas.
간직하다 almacenar, surtir, proveer.
간질(癎疾) epilepsia. ~ 환자 epiléptico.
간질이다 cosquillar.
간짓대 vara larga de bambú.
간책(奸策) treta fraudulenta, engaño, magaña, ardid.
간척(干拓) desecación, reclamación de la tierra por desagüe. ~하다 desecar, reclamar la tierra para desaguar. ~공사 trabajo de la reclamación. ~지 tierra desecado (reclamada).
간첩(間諜) espía (m.f.). ~ 망 red del espía. ~죄 crimen del espía. ~행위 espionaje, acción de espiar. ~활동 actividad del espía. 무장 ~ espía armado.
간청(懇請) petición, ruego, súplica. ~하다 rogar, suplicar.
간출(刊出) publicación. ~하다 publicar.
간취(看取) reconocimiento. ~하다 reconocer, descubrir.
간친(懇親) amistad. ~하다 ser íntimo. ~회 reunión social.
간통(姦通) adulteración, adulterio. ~하다 adulterar. ~자 adulterador. ~죄 adulterio.
간투사(間投詞) interjección.
간파(看破) perspicacia. ~하다 penetrar, adivinar, calar; leer.
간판(看板) cartelera, letrero, muestra, anuncio. ~을 걸다 poner (colgar) un letrero.
간편(簡便) simplicidad. ~한 simple, sencillo, fácil. ~한 방법으로 de un modo fácil.
간하다 salar, sazonar con sal.
간하다(諫ー) objetar, reconvenir, oponer.
간해 el año pasado.
간행(刊行) publicación, edición. ~하다 publicarse, editarse. 이 책은 1988년에 ~되었다. Se publicó este libro en el año 1988. ~ 연월일 fecha de publicación. ~물 publicación. 정기 ~물 periódico.
간헐(間歇) intermitencia. ~적인 intermitente. ~생산 fabricación intermitente. ~열 fiebre intermitente. ~온천 fuente (f.) (manantial) intermitente. ~전류 corriente intermitente.
간호(看護) cuidado de los enfermos. ~하다 cuidar enfermos. ~부 · 원 enfermero, -ra. ~부장 enfermera en jefe. ~원 양성소 centro de formación de las enfermeras. ~

보조원 secretaria de la enfermera. 견습 ~원 enfermera practical.
간혹(間或) algunas veces, a veces, de vez en cuando, de cuando en cuando, ocasionalmente, a intervalos.
갇히다 encerrarse, estar cerrado con llave.
갈겨쓰다 garrapatear, escribir mal, hacer garrapatos.
갈고랑쇠 gancho.
갈고랑이 gancho. ~사용금지 No usar ganchos. ~처럼 구부러진 ganchoso.
갈고쟁이 gancho de madera.
갈구(渴求) sed, deseo vehemente. ⇨갈망.
갈구리 gancho.
갈기 clin (crin) de caballo. ~가 있는 crinado, crinito.
갈기갈기 a pedazos, en pedazos. ~ 찢다 hacer pedazos.
갈기다 [차다] golpear, dar un golpe; [발로 치르다] patear, dar patadas (puntapiés); [연장으로 베다] cortar; [글씨를] escribir mal.
갈다 [바꾸다] cambiar, trocar una cosa por otra; [칼을] afilar; [밭을] arar, cultivar; [맷돌로] moler, pulverizar; [윤나게] pulir, pulimentar, dar lustre.
갈대【식】caña.
갈등(葛藤) discordia, conflicto. ~이 생기 Surgen conflictos (dificultades).
갈라서다 [이혼] divorciar, autrizar la separación de dos esposos, pronunciar el divorcio.
갈라지다 dividirse; [사이가] separarse.
갈론 galón.
갈래 remo; [구분] división, parte (f.).
갈리다 [분열되다] dividirse.
갈리시아【지】Galicia. ~의 [사람] gallego.
갈망(渴望) anhelo, deseo ardiente. ~하다 estar ansioso (sediento) de algo (de+ inf.), anhelar (ansiar) algo (+inf.), supirar por algo (por+inf.). 지적인 ~ deseo intelectual.
갈매기【조】gaviota. 바다 ~ gavina.
갈바람 viento del sur.
갈보 prostituta, ramera. ~집 brudel, la casa pública de mujeres mundanas, mancebía. 양~ prostituta extranjera.
갈비 chuleta, costilla. 돼지 ~ chuleta de cerdo. 소~ chuleta de vaca. 양~ chuleta de cordero.
갈빗대 costilla.
갈색(褐色) color pardo (moreno). ~의 moreno, castaño, pardo.
갈수(渴水) carestía de agua. ~기 temporada de sequía, período de sequedad.
갈아입다 ponerse cambiando [el vestido].
갈아타다 transbordar, cambiar, hacer trans-

갈증 sed. ~이 나다 tener sed. ~을 물다 apagar (calmar· satisfacer· aplacar· mitigar) la sed.

갈채(喝采) aplauso, aclamación, ~하다 aplaudir, aclamar. ~를 받다 ser aplaudido, ganar[se](recibir) los aplausos de uno.

갈퀴 rastrillo de madera.

갈탄(褐炭) lignito.

갈파(喝破) ~하다 proclamar, declarar.

갈팡질팡 ~하다 desatinar, perder el rumbo.

갈하다(渴-) tener sed.

갉다 rascar, raspar.

갉아먹다 roer, comer a bocaditos.

감¹ 【식】 caqui, kaki. ~나무 caqui, kaki.

감² [재료] material; [인재] persona conveniente.

감(感) [느낌] sensación, percepción, sentimiento; [인상] inspiración. ~을 주다 impresionar.

감가(減價) decremento, diminución, reducción. ~하다 reducir, disminuir.

감가(減價) depreciación. ~ 상각 depreciación. ~ 상각을 하다 amortizar *algo*. 자산 ~ depreciación de activos.

감각(感覺) sentido, sensación; [감성] sensibilidad. ~없이 insensible, sin conocimiento. ~을 잃다 perder sentido. 전통예술에 새로운 ~을 불어넣다 introducir un sentido nuevo en el arte tradicional. 그는 미(색)에 대한 ~이 뛰어나다 Tiene un gran sentido de la estética (del color). 그는 ~이 무디다 Tiene una sensibilidad pasada de moda. 나는 추위로 손가락의 ~이 무뎌졌다 Mis dedos están entumecidos por el frío. 식물은 ~이 없는 것 같다 Parece que las plantas no tienen sentidos. ~ 기관 órgano sensorio (de los sentidos). ~론 sensualismo. ~력 sensabilidad. ~주의자 sensualista. 피부 ~ sensación cutánea.

감감 ~하다 [소식] no tener noticias.

감개(感慨) emoción. ~ 무량하다 estar lleno de emoción.

감격(感激) emoción, conmoción, impresión emocional. ~하다 emocionarse, conmoverse, impresionarse mucho, sentir una honda emoción. ~시키다 impresionar, conmover. ~적인 emocionante, impresionante. 그는 그 말에 무척 ~했다 Se conmovió profundamente al oir el relato./ El relato lo dejó profundamente conmovido. 나는 원작을 읽고 새로운 ~을 맛보았다 Leyendo el original experimenté una emoción nueva./ La lectura del original me produjo una emoción nueva. 그는 ~의 눈물을 흘렸다 Se le saltaron las lágrimas con la emoción./ Se le arrasaron los ojos en lágrimas de emoción.

감관(感官) órgano de sentido.

감광(感光) sensibilización, sensibilidad. ~하다 exponerse a la luz. ~시키다 impresionar, exponer a luz. 이 필름은 ~되어 있다 Esta película ha quedado expuesta a la luz. ~제 emulsión. ~지 papel sensible (fotográfico). ~판 plancha sensibilizada. ~ 필름 película sensitiva.

감군(減軍) reducción de ejércitos.

감귤(柑橘) naranja. ~류 agrios (*m.pl.*).

감금(監禁) prisión, encierro, reclusión, detención. ~하다 encerrar, aprisionar, recluir, detener. 불법 ~ prisión ilegal. 대통령은 관저에 ~되어있다 El presidente está detenido en su residencia oficial.

감기(感氣) resfriado, constipado, catarro; [유행성감기] gripe (*f.*), influenza, trancazo. 심한 ~ resfriado grave (fuerte· terrible), mala gripe. 가벼운 ~ resfriado leve, gripe ligera, pequeño catarro. ~를 앓다 resfriarse, coger un resfriado (un frío· un catarro), pescar (pillar) un resfriado. ~를 앓고 있다 estar con gripe, estar resfriado, tener un catarro. ~기운이 약간 있다 estar levemente resfriado, sentirse un poco constipado, tener un pequeño catarro.

감기다 [먹을] lavar, bañar.

감내(堪耐) paciencia. ~하다 tener paciencia.

감다¹ [씻다] lavarse; bañarse. 머리를 ~ lavarse el pelo.

감다² [눈을] cerrar los ojos; [죽다] morir.

감당(勘當) desheredación, exheredación. ~하다 exheredar, desheredar.

감도(感度) sensibilidad. ~가 좋은 muy sensible. ~가 나쁜 poco sensible. 이 라디오는 ~가 좋다 Esta radio tiene gran sensibilidad. 고~ 필름 película pronta. 저~ 필름 película lenta.

감독(監督) 1) [지도] dirección; [사람] director; [감시] supervisión, vigilancia; [사람] supervisor, vigilante (*m.f.*); [시찰] inspección; [사람] inspector; [관리] superintendente (*m.f.*). ~하다 dirigir; supervisar, vigilar; inspeccionar; custodiar, ···의 ~하에 bajo [la] dirección de *uno*. 정부의 ~하에 놓다 colocar *algo* bajo el control del gobierno. 시험의 ~을 하다 vigilar el examen. ~ 부족으로 por falta de supervisión. ~ 관청 autoridad com-

감동 petente. [광산] ~국 departamento de inspección [de minas]. 2 [영화의] dirección; [사람] director, realizador; [스포츠의] entrenamiento; [사람] entrenador, -ra. ~하다 [영화] dirigir.

감동(感動) emoción, impresión, sensación. ~시키다 conmover, impresionar, emocionar, causar (producir) emoción (impresión) en *uno*. ~하다 emocionarse (conmoverse·impresionarse) por *algo*. ~적인 emocionante, conmovedor, impresionante. ~하기 쉬운 emotivo, impresionable, sensible. 나는 그 광경을 보고 ~되었다 Me impresionó. el espectáculo./ Me impresioné ante aquella escena. 나는 그의 말을 듣고 ~했다 Me emocioné. escuchando lo que decía. 그는 ~되어 눈물을 흘렸다 Las lágrimas se le saltaron (Derramó lágrimas) de emoción.

감람(橄欖) [식] olivo. ~나무 olivar. ~열매 oliva.

감량(減量) [체중의] disminución de peso. ~하다 disminuirse el peso.

감로(甘露) rocío dulce, néctar. ~수 agua dulce.

감루(感涙) lágrima de emoción, lágrima de gratitud.

감리(監理) supervisión, superintendencia. ~교 iglesia metodística.

감마 gamma. ~선 rayos gamma.

감면(減免) [세금의] exención (reducción) del impuesto; [형벌의] conmutación de la pena. ~하다 hacer a *uno* una reducción o exención del impuesto; conmutar o remitir la pena a *uno*.

감명(感銘) emoción, impresión profunda. ~을 주다 dar una impresión profunda a *uno*, emocionar (conmover) a *uno*. ~을 받다 emocionarse (impresionarse·sentir emoción) por *algo*. 나는 그 책을 읽고 ~을 받았다 Me emocioné leyendo ese libro.

감미(甘味) sabor dulce. ~롭다 ser dulce. ~로운 dulce, delicioso, exquisito. ~로운 음악 música exquisita. ~료 dulzura. 인공 ~료 dulcificante artificial.

감방(監房) celda.

감법(減法) [수] resta, substracción.

감별(鑑別) discernimiento, distinción, diferenciación. ~하다 discernir, distinguir, diferenciar. 병아리의 암수를 ~하다 determinar el sexo de un pollo.

감복(感服) admiración. ~하다 admirar *algo*·*uno*, admirarse de *algo*·*uno*.

감봉(減俸) reducción del salario. ~하다 reducir el salario.

감사(感謝) agradecimiento, gratitud, reconocimiento; [표현] gracias. ~하다 agradecer *algo* a *uno*, dar las gracias a *uno*. ~하는 agradecido. ~의 표시로 en señal de agradecimiento. ~의 말을 하다 pronunciar unas palabras de (expresar *su*) agradecimiento. 친절에 대해 진심으로 ~드립니다 Le agradezco sinceramente su bondad. 정말 ~합니다 ¡Cuánto se lo agradezco!/ Muchas gracias./ Muchísimas gracias./ Mil gracias./ Un millón de gracias./ No sabe cuánto se lo agradezco. 초대에 ~합니다 Gracias por (la) invitación. 원조해 주신데 대해 ~드립니다 Le estoy agradecido por su ayuda./Gracias por su ayuda. 조속한 답장을 해 주신데 대해 ~드립니다 Le agradezco su pronta respuesta. 카탈로그를 보내 주시면 ~하겠습니다 Les agradecería que me enviaran el catálogo. ~장 carta de agradecimiento. ~절 día de Acción de Gracias.

감사(監事) inspector, interventor.

감사(監査) inspección, examen, registro; [회계 감사] revisión (intervención) de cuentas, control. ~하다 inspeccionar, examinar, registrar; revisar, intervenir, controlar. ~역 auditor; inspector, revisor.

감싸다 proteger.

감산(減産) reducción (disminución) de producción, decremento en producción. ~하다 reducir (disminuir) la producción de *algo*. 각 메이커는 15%의 ~을 행하고 있다 Cada fabricante reduce un quince por ciento de su producción.

감산(減算) substracción. ~하다 substraer.

감상(鑑賞) apreciación, aprecio. ~하다 apreciar; saborear, deleitarse con *algo*. 그림을 ~하다 apreciar los cuadros. 나는 음악 ~을 좋아한다 Me gusta mucho la música. 그는 예술에 대한 ~안이 있다 Sabe apreciar el arte muy bien./ Entiende mucho de arte.

감상(感想) impresión, sentido. ~적 sentimental. ~문 composición sobre las impresiones de *algo*. ~을 말하다 decir las impresiones de *algo*. 한국에 대한 ~은 어떻습니까 ¿Qué impresión tiene Vd. de Corea?/ ¿Cuál es su impresión de Corea? 별로 ~이 없다 No encuentro nada de particular./ No tengo ninguna impresión en particular. ~주의 sentimentalismo. ~주의자 sentimentalista.

감상(感傷) sentimentalismo, sensiblería. ~적인 sentimental, sensiblero, romántico. ~적으로 sentimentalmente. ~에 젖다 entregarse al sentimentalismo; [상태]

감색(紺色) azul marino (obscuro). ~의 azul marino (obscuro).

감성(感性) [감각력] sensibilidad, sentido; [감수성] susceptibilidad.

감세(減稅) reducción de impuestos. ~하다 recudir impuestos. ~안(案) proyecto de ley para reducir impuesto.

감소(減少) disminución, reducción, decrecimiento, aminoración. ~하다 disminuir [se], decrecer, aminorarse, menguar, reducirse. 매상의 ~ disminución de las ventas. 생산의 ~ reducción de la producción. 이익이 ~한다 Las ganancias disminuyen. 농촌 인구는 ~하고 있다 La población rural está disminuyendo.

감속(減速) disminución de velocidad. ~하다 disminuir la velocidad. ~장치 decelerador; [치차의] engranajes reductores de velocidad. ~재【물】 moderador.

감수(監修) supervisión, dirección. ~하다 supervisar (dirigir) la publicación de un libro). A씨가 ~한 사전 diccionario publicado bajo la supervisión del señor A. ~자 supervisor.

감수(甘受) sometimiento, resignación. ~하다 someterse a algo, resignarse a (con) algo, conformarse con algo, aguantar. 을 ~하다 someterse a la censura, aguantar la crítica.

감수(減收) [감작] disminución (baja) de la cosecha; [수입] disminución de los ingresos. 금년 소맥은 작황이 좋지않아 50만톤이 ~됐다 Este año la cosecha de trigo no ha sido buena resultado (Dada la mala cosecha de trigo de este año ha resultado) una disminución de quinientos mil toneladas.

감수(減水) decrecimiento (bajada·descenso·disminución) de las aguas. ~하다 decrecer, bajar, descender, disminuir. 냇물이 ~한다 El río decrece./ El caudal del río desciende.

감수성(感受性) sensibilidad, emotividad, delicadeza, sentimientos delicados. ~이 강한 sensible, emotivo, impresionable, delicado. ~이 없는 insensible, impasible, indelicado. ~을 기르다 cultivar la sensibilidad.

감시(監視) vigilancia, custodia, inspección. ~하다 vigilar, custodiar, estar a la mira de algo·uno, inspeccionar. ~하에 있다 estar bajo la vigilancia de uno. 죄수를 ~하다 custodiar a los prisioneros. 적의 동정을 ~하다 vigilar la acción de los enemigos. ~소 atalaya. ~인 vigilante, guardia.

감식(鑑識) identificación [criminal], discernimiento, valuación. ~하다 discernir, percibir. ~가 perito, ojo para discernir. ~과 sección de identificación. 법최 ~자료 material de identificación criminal. 지문~ identificación de huellas digitales.

감식(減食) disminución del alimento, dieta, régimen alimenticio. ~하다 disminuir su alimento, ponerse a dieta, seguir un régimen.

감실거리다 vislumbrarse, brillar débilmente.

감심(感心) ~하다 admirar algo (a uno), admirarse de algo·uno, sentir (tener) admiración por algo·uno, quedar[se] (estar·sentirse) admirado por algo. ~시키다 admirar a uno, causar (producir·provocar) admiración a uno. ~할 admirativo, admirable, digno de admiración. ~해서 admirativamente, con admiración. ~한 청년 joven digno de admiración. 나는 그의 노력에 ~했다 Admiré (Me admiré de·Me admiré) su esfuerzo. 그의 사업 수완은 항상 나를 ~시킨다 Siempre me admira su talento para los negocios. 그 영화는 나를 ~시키지 못한다 La película no me convence (no me satisface).

감액(減額) disminución, reducción. ~하다 disminuir, reducir.

감언(甘言) palabras melosas (halagüeñas); lisonja, adulación, halago.

감언 이설(甘言利說) palabras melosas (halagüeñas), lisonja, adulación, halago. ~로 꾀다 (속이다) atraer (engañar) a uno con palabras melosas. ~로 꾀이다 ser embaucado (dejarse embaucar) por las palabras melosas de uno. 그들은 ~로 나에게 돈을 투자하게 했다 Consiguieron por medio de halagos que invirtiera el dinero.

감연(敢然) [결연히] resueltamente, decididamente, sin vacilar; [대담하게] audazmente, atrevidamente, con temeridad, osadamente, con valor.

감염(感染) infección, contagio. ~하다 infeccionar, infectar, contagiar. ~되다 contagiarse de (por) algo·uno. 나는 형한테서 ~되었다 Me he contagiado de mi hermano.

감옥(監獄) cárcel, prisión. ~에 넣다 encarcelar.

감응(感應) [기원의] respuesta; [영감] inspiración; [공감] simpatía; [약의] efica-

감자 【식】 patata, 【남미】 papa. ~밭 patatal, patatar.

감전(感電) sacudida (descarga) eléctrica. ~되다 ser sacudido por electricidad, recibir una sacudida eléctrica. ~사(死) electrocución. ~사하다 electrocutarse, morir de una descarga eléctrica.

감점(減點) disminución de puntos. 1점 ~하다 disminuir un punto.

감정(鑑定) juicio (opinión) de un experto; [평가] valoración, apreciación, estimación, tasación pericial. ~하다 valorar, apreciar, estimar, evaluar, justipreciar, tasar. 전문가에게 ~을 의뢰하다 pedir la opinión pericial (de especialista) en *algo*, someter *algo* al examen de un experto. ~서 experticia, pericial pericial. ~인 perito. 고미술 ~가 experto en antigüedades.

감정(感情) sentimiento; [감동] emoción; [심정] corazón; [열정] pasión; [충동] impulso. ~적인 sentimental; impulsivo. ~적으로 de modo sentimental, en tono sentimental. ~을 표하다 demostrar (disimular) *su* sentimiento. ~을 억제하다 contener (sujetar) *su* sentimiento. ~을 해치다 ofenderse, incomodarse, molestarse; [타인의] herir los sentimientos *de uno*; ofender a *uno*. ~에 호소하다 apelar a los sentimientos *de uno*. ~적으로 되다 ponerse sentimental. ~적인 행동 conducta sentimental. 내 말은 그녀의 ~을 상했다 La hirieron (ofendieron · picaron) mis palabras. ~ 교육 su educación emocional. ~론 opinión sentimental.

감지(感知) sentido. ~하다 sentir, percibir.

감찰(監察) inspección. ~하다 inspeccionar. ~관 inspector. ~의(醫) inspector médico.

감찰(鑑札) licencia, permiso. 영업 ~을 받다 recibir la licencia de comercio.

감청(紺青) azul marino (obscuro). ~색의 azul marino (obscuro).

감촉(感觸)[촉감] tacto. ~이 좋다 (나쁘다) tener un tacto agradable (desagradable), ser agradable (desagradable) al tacto.

감추다 ocultar, esconder.

감탄(感嘆) admiración, maravilla. ~하다 admirarse, maravillarse. ~할만한 admirable, maravilloso, digno de admiración. ~부호 [signo de] exclamación. ~사(詞) interjección.

감퇴(減退) decrecimiento, descenso, decaimiento. ~하다 decrecer, decaer. 나는 최근 식욕이 ~되었다 He perdido el apetito./ Estos días tengo poco apetito. 나는 최근 기억력이 ~되었다 Recientemente tengo mala (ha decaído mi) memoria.

감투(敢鬪) combatividad. ~하다 luchar (pelear · combatir) valientemente. ~상(賞) premio de combatividad (de valentía). ~정신 combatividad, valentía, brío, espíritu combativo.

감행(敢行) audacia. ~하다 atreverse a + *inf*., osar + *inf*. 공격을 ~하다 lanzar un ataque.

감형(減刑) conmutación de la pena. ~하다 conmutar la pena a *uno*. 그는 사형에서 종신형으로 ~되었다 Se le conmutó la pena capital por cadena perpetua. ~탄원서 petición de clemencia (de conmutación de pena).

감화(感化) influencia, influjo. ~하다 influir a (en · sobre) *uno*, ejercer (tener) influencia en (sobre) *uno*. …의 ~로 bajo la influencia de *uno*. ~를 받다 sufrir (sentir) la influencia de *uno*, dejarse influir por *uno*. ~를 받고 있다 estar bajo la influencia de *uno*. ~를 받기 쉽다 ser fácil de influir, dejarse influir.

감흥(感興) delicia, gozo, disfrute. ~이 일어나다 interesarse en (por) *algo*, sentir interés por *algo*, [인스피레이션] inspirarse en *algo*; [기쁨] sentir una sensación de placer. ~을 일으키다 despertar (suscitar) interés de *uno*. ~을 가라앉히다 enfriar (entibiar) el interés de *uno*.

감히(敢一) intrépidamente, audazmente, atrevidamente, osadamente. …하다 atreverse a + *inf*.

갑(匣) cajita; [담배 등의] paquete.

갑(岬) cabo, promontorio, punta de tierra.

갑각(甲殼) cáscara. ~류 crustáceos.

갑문(閘門) [puerta de] esclusa, compuerta.

갑부(甲富) millonario.

갑상선(甲狀腺) tiroides, glándula tiroides. ~종(腫) papera, bocio. ~ 호르몬 hormona tiroides.

갑옷(甲一) armadura. ~을 입다 llevar (vestirse de) armadura.

갑자기 de golpe, de repente, de pronto, repentinamente, de súbito, súbitamente.

갑작스레 de repente. ⇨ 갑자기.

갑충(甲蟲) escarabajo.

갑판(甲板) cubierta. 상 (하) ~ cubierta superior (inferior). 중~ entrepuente,

값 precio, valor, costo. ~이 내리다 bajar el precio, bajar en valor. ~이 오르다 subir el precio, subir en valor. ~이 싼 barato, moderado. ~이 비싼 caro. ~은 얼마입니까 ¿Cuánto vale?/ ¿Cuánto cuesta?/ ¿Cuánto es?/ ¿Qué precio tiene?/ ¿A cómo es?/ ¿Cuánto le debo?

갓 [쓰는] sombrero tradicional coreano.

갓² [금방·처음] fresco, nuevo.

갓난아이 criatura, infante, niño recién nacido.

강(江) río. ~가 orilla de un río. ~의 신(神) Dios tutelar de río.

강가(江-) orilla de un río.

강간(强姦) violación, estupro. ~하다 violar, forzar. ~죄 delito de violación. ~자 violador.

강건(强健) salud vigorosa, robustez. ~한 robusto, vigoroso, fuerte.

강경(强硬) firmeza, obstinación. ~한 firme, tenaz, inflexible; [비타협적인] intransigente. ~하게 firmemente, resueltamente, con firmeza. ~한 태도로 en actitud firme. ~한 수단을 취하다 tomar medidas rigurosas (enérgicas). ~하게 반대하다 oponerse fuertemente a *algo*.

강관(鋼管) tubo de acero.

강국(强國) país fuerte, nación poderosa, potencia. 세계의 ~ potencia del mundo.

강권(强權) autoridad. ~을 발동하다 ejecutar autoridad, invocar la autoridad legal (tomar fuertes medidas) contra *algo*.

강낭콩(江南-) judía.

강냉이 maíz.

강단(講壇) plataforma, estrado, [설교의] púlpito; [대학의] tarima, cátedra. ~에 오르다 subir a la plataforma.

강담(講談) recitación dramática de hechos históricos.

강당(講堂) salón de actos, sala de conferencias, paraninfo.

강대(强大) ~한 fuerte, poderoso, potente. ~국가 país fuerte, nación poderosa.

강도(强盜) robo a mano armada, saqueo violento, pillaje, atraco; [사람] ladrón a mano armada, atracador, salteador. ~질하다 asaltar (robar) a *uno*·a mano armada. 어제 저 집은 ~당했다 Ayer aquella casa fue asaltada (fue víctima de un asalto) a mano asaltada.

강도(强度) intensidad, fuerza. ~의 intenso, fuerte, intensivo.

강독(講讀) lectura; [해석] interpretación (explicación) [del texto].

강력(强力) gran fuerza, gran poder. ~한 fuerte, poderoso, potente, de mucha fuerza, enérgico. ~하게 enérgicamente, con fuerza. ~한 엔진 motor potente (de gran potencia). ~한 내각 gabinete fuerte. ~한 살충제 insecticida potente. ~하게 정책을 수행하다 poner enérgicamente en práctica el programa político.

강렬(强烈) intensidad, violencia. ~한 intenso, fuerte; [격한] violento. ~한 색 color vivo (chillón). ~한 일격을 가하다 dar un golpe violento. ~한 악취를 발하다 despedir un olor nauseabundo (muy malo), apestar. 그는 ~한 개성의 소유자다 Tiene una personalidad muy acusada.

강령(綱領) [정당 등의] programa *(m.)*, plataforma, principios.

강림(降臨) [그리스도의] advenimiento de Cristo.

강목(綱目) punto prinicipal, clasificación, clase.

강물(江-) río.

강박(强迫) compulsión. ~ 관념 obsesión, idea obsesiva. 그는 …라는 ~관념에 사로잡혀 있다 Le obsesionar idea de que + *subj*.

강변(江邊) orilla de un río.

강사(講師) lector, encargado del curso; [강연자] conferenciante *(m.f.)*, [남성] conferencista *(m.f.)*; [대학의] profesor adjunto.

강산(江山) ríos y montañas; [경치] paisaje; [강토] país. 금수 ~ tierra hermosa.

강석(講釋) [설명] comentario, explicación. ~하다 comentar, explicar.

강설(降雪) nevada, caída de la nieve. ~량 nevada.

강세(强勢) 【문】 acento prosódico (de intensidad).

강수량(降水量) cantidad de lluvia.

강습(講習) curso. ~을 받다 asistir al curso. ~생 estudiante [del curso]. ~회 curso, cursillo. 하계 ~ curso de las vacaciones de verano.

강습(强襲) asalto, ataque. ~하다 asaltar, tomar por asalto.

강심제(强心劑) tónico cardíaco (cardíaco), medicina estimulante.

강압(强壓) ~적인 opresivo, coercitivo; [전횡] arbitrario. ~적인 태도 actitud arbitraria.

강약(强弱) fuerza y debilidad, intensidad. 음의 ~ intensidad del sonido.

강연(講演) conferencia, alocución. ~하다 conferenciar. ~자 conferenciante. ~회 conferencia.

강옥(鋼玉) corindón.

강옥석(鋼玉石) corindón.

강요(強要) coacción. ~하다 exigir *algo* a *uno*, obligar (compeler) a *uno* · a *algo* (a+ *inf.*). 자백을 ~하다 obligar a uno a confesar. 빚의 지불을 ~하다 exigir a *uno* el pago de la deuda.

강우(降雨) [caída de] lluvia. ~량 cantidad de lluvia; [강수량] precipitaciones. 연간 ~량 cantidad anual de lluvias; [강수량] precipitaciones anuales.

강음(強音) acento, énfasis.

강의(講義) curso, lección; [1회 한의] conferencia. ~하다 dar un curso, dar clase; dar una conferencia. ~를 듣다 escuchar una conferencia. ~에 나가다 asistir al curso. 미술사의 ~를 하다 dar clase de historia de arte. ~록 apuntes del curso (de clase). 공개 ~ curso público. 교내 ~ curso a puerta cerrada.

강인(強靭) ~한 resistente; [불굴의] inquebrantable; [강건한] robusto, muy fuerte. ~한 육체(의지)를 가지다 tener un cuerpo robusto (una vluntad inquebrantable).

강자(強者) los fuertes. ~와 약자 los fuertes y los débiles.

강짜 celos excesivos.

강장제(强壯劑) tónico, reconstituyente.

강재(鋼材) material de acero.

강적(強敵) enemigo formidable (temible), rival (*m.f.*) tenaz, contrincante fuerte.

강제(強制) coacción, imposición, constreñimiento. ~하다 coaccionar, forzar, obligar. ~적 coactivo, obligatorio. ~적으로 a la fuerza, por [la] fuerza. 딸에게 결혼을 ~하다 obligar a *su* hija a casarse. 나는 ~로 입원되었다 Me hospitalizaron a la fuerza. ~ 노동 trabajo forzado. ~ 보험 seguro obligatorio. ~ 송환 repatriación forzada. ~ 송환하다 forzar a uno a repatriarse. ~ 수사 registro forzado. ~ 수용소 campo de concentración. ~ 집행 ejecución forzada.

강조(強調) énfasis, insistencia. ~하다 acentuar, poner énfasis en *algo*, insistir en *algo*, subrayar. 붉은 색을 ~하다 acentuar el color rojo. 평화의 중요성을 ~하다 acentuar (subrayar) la importancia de la paz.

강좌(講座) curso; [강의] clase (*f.*), lección. ~를 개설하다 abrir un curso. 텔레비전 서반아어. ~ curso de español por televisión.

강직(剛直) fuerza, fortaleza. ~한 fuerte, robusto, vigoroso.

강직(強直) [사후의] rigidez. ~한 rígido.

강진(強震) terremoto fuerte, seísmo fuerte, sacudida violenta.

강철(鋼鐵) acero. ~제의 de acero.

강청(強請) demanda injusta.

강추위 frío intenso.

강타(強打) 【운】 golpe fuerte (violento). ~하다 golpear fuerte. 그는 머리를 벽에 ~ 했다 Se dio un golpe fuerte en la cabeza contra la pared. ~자 fuerte golpeador.

강탄(降誕) nacimiento; [예수 · 성모 · 세례 자 요한의] navidad. ~제 [Pascua de] Navidad, Fiesta del Nacimiento de Jesucristo.

강탈(強奪) extorsión, pillaje, despojo (robo) violento. ~하다 despojar violentamente a *uno* de *algo*, robar *algo* a *uno* por la fuerza (usando la videncia).

강토(疆土) territorio.

강평(講評) comento, crítica. ~하다 comentar, hacer un comentario, criticar, censurar.

강풍(強風) viento fuerte, vendaval, ventarrón. ~주의보 alarma contra viento fuerte.

강하(降下) descenso, bajada, baja, caída. ~하다 descender, bajar. ~부대 tropa paracaidista.

강하다(強一) (ser) fuerte, poderoso, robusto, intenso.

강행(強行) forzamiento. ~하다 forzar. 투표 를 ~하다 forzar una votación. 태풍에도 불구하고 공사는 ~되었다 Forzaron las obras a pesar de la tempestad.

강행군(強行軍) marcha forzada. ~을 하다 hacer una marcha forzada.

강호(江湖) [강과 호수] ríos y lagos; [자연] naturaleza; [세상] mundo, público.

강호(強豪) veterano; [강적] adversario temible (poderoso · fuerte).

강화(講和) paz, reconciliación. ~하다 hacer la paz, reconciliarse. ~ 조약 [tratado de] paz. ~ 조약을 조인하다 firmar la paz ~ 회의 conferencia de paz.

강화(強化) fortalecimiento; consolidación. ~하다 fortalecer, fortificar, reforzar, intensificar; consolidar. 경영진을 ~하다 fortalecer la dirección. 지배 체제를 ~하 다 consolidar el régimen del gobierno. 동 맹 관계를 ~하다 cimentar (afirmar) la alianza.

갖추다 [준비] preparar, estar listo; [설비] equipar, proveer; [조건을] satisfacer; [구 비] tener, poseer; [서류를] llenar, rellenar.

같다 (ser) igual, mismo, idéntico. 같은 책 el mismo libro. 그의 차는 내 아버지의 차 와 ~ Su coche es igual que el de mi

갚다¹ padre. 나는 어제와 같은 시간에 도착한다 Llego a la misma hora que ayer.
갚다¹ [빚을] pagar. 빚을 ~ pagar la deuda.
갚다² [보답] recompensar.
갚다³ [원수를] vengarse.
개 perro, [암캐] perra. ~새끼 hijo de perro. ~집 perrera.
개가(凱歌) ~를 울리다 cantar [la] victoria; [승리를 하다] obtener un triunfo, triunfar. 미국팀에 ~를 울리다 triunfar sobre el equipo norteamericano. 시합은, 한국팀의 ~로 끝났다 El partido terminó con la victoria de los coreanos.
개가(改嫁) segundas nupcias. ~하다 casarse otra vez.
개간(改刊) reimpresión, edición revisada. ~하다 reimprimir, imprimir de nuevo.
개간(開墾) roturación; [산림의] desmonte; cultivo de tierra yerma. ~하다 roturar, hacer un sitio utilizable; desmontar; cultivar la tierra yerma. 황무지를 ~하다 roturar un terreno inculto; preparar un terreno yermo para el cultivo. ~지 terreno (campo) roturado.
개강(開講) apertura de curso. ~하다 empezar un curso, comenzar una serie de conferencias; [강좌를 설치하다] crear (establecer) una cátedra. ~식 ceremonia de apertura de curso.
개개(個個) ~의 individual, cada.
개고기 carne de perro; [사람] mal chico, persona cruel.
개관(開館) apertura, [개업] inauguración. ~하다 abrir, inaugurar. 오전 10시에 ~함 Se abre a las diez de la mañana. 월요일부터 금요일까지 ~함 Abierto de lunes a sábado.
개관(槪觀) reseña panorámica, aspecto general. ~하다 tener una visión de conjunto [panorámica] de algo.
개괄(槪括) sumario, resumen, compendio. ~하다 resumir, hacer un resumen de algo; [요약] compendiar, recapitular; [총괄] generalizar. ~적인 sumario, compendiado; general. ~적으로 말하면 en resumen; en términos generales. 사건을 ~적으로 보고하다 recapitular el suceso; relatar el asunto sumariamente.
개교(開校) ~하다 abrir (inaugurar·fundar) una escuela. ~기념일 aniversario de la fundación (de la inauguración) de la escuela.
개구리 [동] rana. ~가 울다 croar. ~울음 소리 croar, canto de rana.
개국(開國) ~하다 abrir el país al comercio extranjero, empezar las relaciones con los países extranjeros.

개근(皆勤) presencia regular, asistencia regular. ~하다 asistir regularmente a algo, no faltar nunca a algo, asistir (servir) durante todo el año. ~상(賞) premio de asistencia perfecta.
개기식(皆旣食) eclipse total.
개념(槪念) concepto, noción, idea general. ~적 conceptual, nocional.
개다¹ [날씨가] aclararse, volver a ponerse claro lo que estaba obscuro. 날씨가 갠다 Va aclarando.
개다² [으깨다] amasar.
개다³ [옷 등을] doblar, plegar.
개략(槪略) resumen, compendio, sumario, sinopsis (f.).
개량(改良) mejora, mejoramiento; [개혁] reforma. ~하다 mejorar, reformar. 기계를 ~하다 mejorar la máquina. 농지를 ~하다 mejorar el campo. 품종을 ~하다 mejorar la raza. ~종(種) variedad mejorada.
개런티 garantía.
개론(槪論) nociones generales, esbozo; [입문] introducción. 법학 ~ introducción al estudio del derecho.
개막(開幕) levantamiento de telón, comienzo de una función. ~의 벨이 울린다 Suena el timbre que anuncia el levantamiento del telón.
개명(改名) ~하다 cambiar su nombre.
개명(開明) civilización.
개문(開門) apertura de la puerta. ~하다 abrir la puerta.
개미 hormiga. ~굴 hormiguero.
개발(開發) desarrollo; [자원의] explotación. ~하다 desarrollar, desenvolver; explotar. 신제품을 ~하다 sacar un nuevo producto. 알라스카를 ~하다 explotar Alaska. 자원을 ~하다 explotar los recursos naturales. ~비 gastos de explotación. ~도상국 país en vías (en proceso) de desarrollo. ~원조 ayuda para el desarrollo. ~원조위원회 Comité de Asistencia al Desarrollo, CAD. 광산 ~ explotación de minas. 석유 ~ explotación petrolera. 인간 능력의 ~ desarrollo de la facultad humana.
개방(開放) entrada libre. ~하다 abrir, dejar abierto, abrir de par en par [문호를]. ~적 abierto. ~적 단체 organización abierta. 창을 ~하다 dejar abierta la ventana. 엄금 No dejar la puerta abierta. 그 테니스코트는 일반에 ~되어 있다 La cancha de tenis está abierta al público. 그는 ~적인 성격이다 Es de un carácter abierto (franco).
개벽(開闢) creación.

개변(改變) cambio, modificación; [개혁] renovación, reformación. ~하다 cambiar, modificar; renovar, reformar. 제도를 ~하다 reformar el sistema.

개별(個別) ~적으로 individualmente, separadamente, particularmente, uno por uno, [여자] una por una. ~절충 negociación individual. ~지도 orientación individual.

개병(皆兵) reclutamiento universal. 국민 ~제도 sistema de reclutamiento universal.

개복(開腹) ~ 수술 laparotomía.

개봉(開封) ~하다 [봉투를] abrir un sobre; [봉인된 것을] abrir algo sellado, desellar. ~해서 보내다 enviar algo en un sobre abierto. ~ 우편물 objeto postal no cerrado. ~ 편지 carta abierta. 편지를 ~하다 abrir una carta.

개산(槪算) aproximación, cálculo aproximativo (aproximado). ~하다 calcular (tasar) algo aproximadamente, hacer un cálculo aproximado de algo, calcular algo por encima. ~으로 aproximadamente, con aproximación. 오늘 매상은 ~으로 백만원이다 Las ventas de hoy ascienden aproximadamente a un millón de wones. ~ 지불 pago con aproximación.

개선(改善) mejora, mejoramiento; [개혁] reforma; [향상] progreso. ~하다 mejorar; reformar. 노동 조건을 ~하다 mejorar las condiciones de trabajo. ~책 medidas de reforma, remedio.

개선(改選) renovación [por elección]. ~하다 renovar. 협회의 임원을 ~하다 elegir los nuevos dirigentes de una asociación.

개선(凱旋) vuelta triunfal. ~하다 volver en triunfo, volver triunfalmente (triunfo). ~ 장군 general triunfante (vencedor). ~문 arco de triunfo, arco triunfal.

개선(疥癬) sarna. ~에 걸린 sarnoso.

개설(開設) establecimiento, fundación, apertura; [창설] creación. ~하다 establecer, fundar, abrir, inaugurar, crear. TV 국을 ~하다 establecer una estación de televisión. 신용장의 ~ apertura de un crédito. 지점의 ~ apertura de una sucursal. 신용장을 ~하다 abrir el crédito.

개설(槪說) explicación (resumen) general, exposición sumaria. ~하다 explicar algo en términos generales, exponer algo sumariamente, dar una idea general de algo.

개성(個性) personalidad, carácter individual, individualidad; [독창성] originalidad. ~적인 personal; original, singular. ~이 없는 sin personalidad; sin originalidad; común. ~이 있다 tener personalidad. ~을 발휘하다 mostrar (revelar) su personalidad. ~을 발달시키다 desarrollar su personalidad. 그는 ~이 강하다 Es un hombre de mucha personalidad./ Tiene una fuerte personalidad.

개수(個數) número. ⋯의 ~를 세다 contar algo.

개수(改修) reparación, reforma. ~하다 reparar, rehacer, reformar. 교량 ~ 공사 reparaciones (reformas) del puente.

개수(概數) número redondo (aproximado).

개시(開始) comienzo, principio. ~하다 comenzar, empezar, iniciar, dar principio a algo. 공격을 ~하다 emprender (empezar) el ataque. 영업을 ~하다 empezar un negocio (un servicio). ⋯과 교섭을 ~하다 abrir (entrar en) negociaciones con uno.

개심(改心) arrepentimiento. ~하다 arrepentirse, enmendarse; corregirse, reformarse. ~시키다 corregir, reformar. ~의 여지가 없다 ser incorregible (irremediable), no tener remedio, estar definitivamente perdido. 그는 이미 ~했다 Está completamente arrepentido y trabaja con diligencia.

개악(改惡) ~하다 cambiar algo para mal. 헌법의 ~ enmienda retrograda de la Constitución.

개업(開業) apertura, inauguración; [창업] fundación, establecimiento. ~하다 empezar a ejercer de algo, inaugurar, fundar, establecerse de algo, establecer abrir una tienda, practicar (병원을). 변호사로 ~하다 establecerse de (como) abogado, abrir un bufete. 카페를 ~하다 abrir (empezar) una cafetería. ~의(醫) médico práctico, médico de consulta.

개역(改譯) traducción revisada. ~하다 traducir de nuevo.

개연(開演) levantamiento del telón; apertura. ~하다 levantar el telón. ~ 시간 hora de apertura. 6시 ~함 El telón se levanta a las seis./ La representación comienza a las seis.

개연성(蓋然性) probabilidad.

개요(概要) sinopsis, resumen. 조약의 ~ resumen del tratado.

개운(開運) ~ 부적 amuleto para la fortuna.

개울 arroyo, arroyuelo.

개원(開院) [병원 등의] apertura, inauguración; [국회의] apertura de la sesión. ~식 inauguración; [국회의] ceremonia de apertura [de la Dieta].

개원(改元) cambio [del nombre] de la era.

개으르다 (ser) perezoso, holgazán. ⇨ 게으르다.
개으름 pereza. ⇨ 게으름.
개으름뱅이 holgazán, perezoso.
개으름부리다 holgazanear.
개인(個人) individuo; particular. ~의・~적인 individual, personal; [사적인] privado, particular. ~적으로 individualmente, personalmente; privadamente, como simple particular. ~의 자유 libertad individual. ~의 이익 interés particular. ~적인 이유로 por razones personales, por una causa privada. 나는 그를 ~적으로 알고 있다 Le conozco personalmente. ~공격 ataque a una persona particular. ~ 교수 lección privada (particular). ~에 교수를 하다 dar lecciones particulares a uno. 피아노 ~ 교수를 받다 tomar lecciones particulares de piano. ~사업 propietario. ~소득 renta per cápita. ~ 소비 consumo individual. ~숭배 culto a la personalidad. ~용품 cosa de uso persona. ~전 [partido] individual. ~주의 individualismo. ~주의자 individualista (m.f.).
개인(改印) ~하다 cambiar su sello [registrado]. ~계(屆) declaración del cambio de sello.
개인전(個人展) exposición personal (privada). A씨의 ~을 열다 organizar (hacer) una exposición personal de las obras del señor A.
개입(介入) intervención; [간섭] injerencia, intromisión. ~하다 intervenir (interponerse) en algo; [간섭] entrometerse (injerirse) en algo. 제삼자의 ~ intervención de un tercer partido. 베트남 전쟁에 ~하다 intervenir en la Guerra Vietnamita.
개자(芥子) mostaza. ~ 가루 polvo de mostaza. ~ 그릇 mostacero, mostacera.
개자식 hijo de perro.
개작(改作) refundición; [번안・각색] adaptación; [표절] plagio. ~하다 refundir, rehacer; adaptar; [표절하다] plagiar, cometer plagio.
개장(開場) apertura. ~하다 abrir; empezar, abrirse. ~식 ceremonia de apertura. 정오 ~ Se abre al mediodía.
개장(改裝) renovación, reforma, modificación, transformación. ~하다 renovar, reformar, transformar, equipar con nuevas instalaciones. 점포 ~ 휴업 Cerrado por reformas.
개재(介在) ~하다 [A와 B간에] estar (encontrarse, mediar, interponerse, estar situado) entre A y B.

개전(改悛) arrepentimiento, penitencia. ~하다 arrepentirse, compungirse, dolerse. ~시키다 hacer arrepentirse a uno. ~의 정이 현저하다 dar claras muestras de su arrepentimiento, arrepentirse sinceramente.
개전(開戰) rompimiento (principio) de hostilidades, comienzo de la guerra. ~하다 romper (comenzar) las hostilidades, comenzar (emprender) la guerra.
개점(開店) apertura, inauguración. ~하다 inaugurar el comercio, abrir tienda. ~시간 hora de apertura (de abrir la tienda). 10시 ~ La tienda se abre a las diez. 점포는 ~ 휴업 상태다 La tienda está abierta, pero apenas hace negocio.
개정(改訂) revisión. ~하다 revisar. ~판 edición revisada [y corregida]. ~증보판 edición corregida (revisada) y aumentada.
개정(改正) [수정] enmienda, rectificación; [개정] revisión; [개혁] reforma; [변경] modificación. ~하다 enmendar, corregir; revisar; reformar; modificar. 법률을 ~하다 enmendar una ley. ~ 요금 precio revisado. 조약 ~안 proyecto de [la] revisión del tratado.
개정(開廷) apertura del tribunal (del juzgado). ~하다 abrir el tribunal (la sesión). ~중이다 El tribunal está en sesión.
개조(改造) reconstrucción, reorganización; [개장] transformación; [개수] reforma. ~하다 reconstruir, reorganizar; transformar; reformar. 부엌을 ~하다 reformar una cocina. 차고를 작업장으로 ~하다 transformar un garaje en taller.
개조(改組) reorganización, reconstrucción. ~하다 reorganizar, reconstruir.
개조(開祖) fundador.
개종(改宗) conversión. ~하다 convertirse, cambiar de religión. ~시키다 convertir. 그는 신교에서 카톨릭으로 ~했다 Se convirtió del protestantismo al catolicismo. ~자 converso, convertido.
개죽음 muerte en vano. ~하다 morir inútilmente.
개찰(改札) revisión de billetes, [남미] revisión de boletos. ~하다 revisar los billetes, [표를 자르다] picar los billetes; [집찰] recoger los billetes; horadar billete con punzón, horadar boleto con punzón. ~구 portillo de andén, garita del revisor. ~자 revisor.
개척(開拓) explotación, cultivo, colonización; [개간] roturación. ~하다 explotar, cultivar; roturar. 새로운 연구 분야를 ~하

다 crear (iniciar) una nueva esfera de estudio. ~자 colonizador, colono, explotador; [새로운 분야의] iniciador, pionero.

개천(開川) arroyo, acequia (m.)

개체(個體) individuo.

개최(開催) celebración. ~하다 celebrar, dar. 다음 올림픽 ~지 sede de los próximos Juegos Olímpicos. 영화제가 서울에서 ~되었다 El festival de cine se celebró (tuvo lugar) en Seúl.

개축(改築) reconstrucción; [전부의] reedificación. ~하다 reconstruir, reedificar.; [개수] reformar. ~공사 obras de reconstrucción; reformas.

개칭(改稱) cambio de nombre (de título de denominación). ~하다 cambiar el nombre, un nombre poner nuevo. 회사 명칭을 A에서 B로 ~하다 cambiar la razón social de A en la de B.

개탄(慨嘆) ~하다 lamentar, deplorar. ~할 수 있는 lamentable, deplorable.

개통(開通) apertura al tráfico. ~하다 abrirse al tráfico; [개영] inaugurarse. 터널이 ~되었다 El túnel quedó al tráfico. 새로운 전화 회선이 ~된다 La nueva línea telefónica se pone en funcionamiento. ~식 inauguración.

개판(改版) nueva redacción. ~하다 redactar de nuevo.

개편(改編) [조직의] reorganización, reconstitución. ~하다 reorganizar, reconstituir.

개평(槪評) observaciones generales.

개폐(開閉) apertura y clausura. ~하다 abrir y cerrar.

개폐(改廢) reorganización, revisión, modificación. ~하다 reorganizar, revisar, modificar. 법률을 ~하다 someter a revisión (hacer modificación) una ley.

개표(開票) escrutinio, recuento de los votos. ~하다 hacer el escrutinio (el recuento de los votos), recontar los votos. ~입회인 escrutador.

개항(開港) ~하다 abrir un puerto [al comercio exterior]. ~장 puerto abierto [al comercio extranjero], puerto de tratado

개헌(改憲) reforma (modificación) de la Constitución.

개혁(改革) reforma, reorganización(개조); [쇄신] renovación, innovación. ~하다 reformar, reorganizar, renovar, hacer reforma de algo. 통화 제도를 ~하다 reformar el sistema monetario. 교육 제도를 근본적으로 ~하다 reformar radicalmente el sistema de educación. 정치적 ~ reforma política. ~안(案) proyecto de reforma. ~자 reformador; renovador; reformista (m.f.).

개호(改號) cambio de nombre de pluma.

개화(開化) civilización.

개화(開花) ~기(期) floración, florescencia. 르네상스 문화의 ~기 florecimiento (prosperidad) de la cultura del Renacimiento.

개황(概況) situación general, estado general.

개회(開會) inauguración; apertura [de una asamblea·de una sesión]. ~하다 abrir [la asamblea], empezar la sesión. ~를 선언하다 declarar la sesión abierta, inaugurar. ~사를 하다 pronunciar el discurso de apertura. ~중이다 estar en sesión. 의회는 내일 ~합니다 La Cámara celebrará (abrirá) sesión mañana. ~을 선언합니다 Se declara abierta la sesión. ~식 ceremonia de apeftura, inauguración.

객(客) huésped, visita, cliente.

객관(客觀) objetividad. ~적 objetivo. ~적으로 objetivamente. ~성 objetividad. ~성이 없는 falto de objetividad. ~주의 objetivismo. ~시험 examen objetivo.

객사(客死) ~하다 morir en el extranjero (lejos de su país·durante el viaje).

객석(客席) [무대에 대한] sala de espectadores (de auditorio); [좌석] localidad, asiento, butaca.

객선(客船) barco de pasajeros, paquebote.

객실(客室) sala de visitas; [호텔의] habitación.

객원(客員) ~교수 profesor visitante (invitado).

객월(客月) mes pasado.

객인(客人) [손님] huésped.

객차(客車) coche (vagón) de pasajeros, vagón de viajeros. 혼합 ~ vagón mixto.

객체(客體) objeto. ~화 objetivación. ~화하다 objetivar.

객초(客草) tabaco para huéspedes.

객추(客秋) otoño pasado.

객춘(客春) primavera pasada.

객하(客夏) verano pasado.

객혈(客血) ⇨ 각혈.

갱 rufián, pistolero, gángster, bandido; [행위] gangsterismo. ~영화 película de gángsteres. 은행 ~ gánster atracador de bancos.

갱내(坑內) interior de mina.

갱년기(更年期) edad crítica, período regresivo; [폐경기] menopausia. ~장애 indisposiciones por las menopausia.

갱도(坑道) galería de mina, pozo de mina.

갱부(坑夫) minero.
갱생(更生) regeneración, renacimiento (conversión propia) a una buena vida. ~하다 regenerarse (redimirse·corregirse) de la mala vida (de un pecado), renacer (convertirse) a una vida nueva. ~시키다 regenerar a *uno*, corregir a *uno* de la vida viciosa, tratar de enmendar a *uno* de un defecto.
갱신(更新) renovación, reanudación, reanudamiento; [법] reconducción. ~하다 renovar, reanudar. 계약을 ~하다 renovar el contrato. 기록을 ~하다 batir (mejorar) un récord. 협정을 ~하다 reanudar el acuerdo.
갱정(更訂) revisión. ⇨ 경정.
갱질(更迭) cambio, alteración. ~하다 cambiar, reemplazar.
가기 orgullo, arrogancia. ~를 부리다 estar orgulloso.
갈쭉하다 ser algo largo.
거개(擧皆) casi, mayoría.
거구(巨軀) figura masiva.
거국(擧國) toda la nación. ~ 일치로 일어섰다 La nación se levantó como un solo hombre.
거기 ahí, ese sitio.
거년(去年) año pasado. ~부터(까지) desde (hasta) el año pasado. ~ 여름에 en el verano del año pasado. ~의 오늘 en esta misma fecha del año pasado.
거느리다 dirigir, mandar, gobernar.
거닐다 callejear, pasearse.
거당(擧黨) todo el partido. ~ 체세 movilización de todo el partido.
거대(巨大) grandeza. ~한 gigantesco, enorme, colosal. ~화 agrandamiento. ~화하다 agrandar.
거동(擧動) movimiento, gesto, ademán, acto. 수상한 ~으로 por *sus* actos sospechosos. ~이 수상한 남자 hombre de actos sospechosos (de movimiento sospechoso).
거두(巨頭) persona importante, figura prominente, gran hombre; [업계·재계의] magnate. ~ 회담 conferencia cumbre.
거두다¹ [모으다] juntar, unir, coleccionar.
거두다² [얻다] ganar, obtener.
거두다³ [돌보다] cuidar, obtener.
거두다⁴ [그만두다] parar, dejar de + *inf*.
거드름 valentonada. ~피우는 valentón. ~ 피우는 사람 valentón.
거뜬하다 (ser) ligero, ágil.
거들다 ayudar, asistir.
거들떠보다 prestar atención a, dar; dirigirse a.
거듭 otra vez, de nuevo, repetidamente,

repetidas veces. ~하다 repetir, hacer de nuevo.
거래(去來) comercio. ~하다 comerciar. ~ 사절 suspensión del comercio.
거류(居留) residencia, permanencia. ~하다 residir, permanecer. ~민 residente, extranjero; [집합적] colonia. ~지 concesión, terreno concedido. 칠레 거주 한국 ~민 residentes coreanos en Chile.
거름 estiércol, abono. ~을 주다 abonar.
거리¹ calle (*f.*), camino. ~의 여인 mujer pública, prostituta, ramera.
거리² [재료] material; [대상] causa, origen; sujeto (재료).
거리(距離) distancia; [주행거리] recorrido; [전파·포탄 등의 도달거리] alcance; [간격] intervalo, ~에 a cinco kilómetros de *un sitio*. ···에서 걸어서 (자동차로) 10분~에 a diez minutos de *un sitio* andando (en coche). 일정한 ~를 유지하다 mantener una distancia determinada. ~를 재다 medir la distancia. 장 ~를 걷다 hacer un largo recorrido a pie. 손 (목소리)가 닿을 ~에 있다 estar al alcance de la mano (de la voz). 이 그림은 ~를 두고 보는 것이 더 좋다 Este cuadro se aprecia mejor a distancia. ···에서 보다 이곳에서 역까지의 ~가 가깝다 La estación se encuentra a menos distancia de aquí que de *un sitio*. 요금은 ~에 따라 다르다 La tarifa varía según la distancia. 서울에서 부산까지는 ~가 얼마나 됩니까 ¿Qué distancia hay de Seúl a Busan? ~계 telémetro. 장~ larga distancia. 장~ 전화를 걸다 poner una conferencia.
거리(巨利) ganancia fabulosa, beneficio enorme.
거리낌없이 en buena lid, abiertamente, sin vacilación.
거마(車馬) caballos y vehículos; tráfico; transportación.
거만(巨萬) millones; gran fortuna. ~의 부 fortuna inmensa. ~을 부를 쌓다 amontonar un caudal [de riquezas], adquirir una gran fortuna.
거만(倨慢) arrogancia, altivez, orgullo ~한 arrogante, orgulloso, altivo.
거머리 sanguijuela. ~같은 사람 peste.
거머쥐다 empuñar, asir, agarrar; apoderarse.
거물(巨物) gran hombre, coloso.
거미 [동] araña. ~가 집을 짓다 Una araña hila su tela. ~줄 hilo (hebra) de araña. ~집 telaraña, tela de araña.
거부(拒否) negación, veto. ~하다 negar, rehusar, rechazar. 제안을 ~하다 poner el

veto a la propuesta. 출격을 ~하다 negarse a salir al combate. ~권[derecho de] veto. ~권을 행사하다 hacer uso del derecho de veto.

거부(巨富) millonario, multimillonario, billonario.

거부지 pelo púbico.

거북【동】 tortuga, galápago. ~선(船) buque blindado en forma de galápago.

거북하다 ser incómodo.

거사(居士) devoto budista.

거상(巨商) comerciante rico.

거상(巨像) estatua colosal (gigantesca).

거석(巨石) piedra enorme (grande), monumento megalítico. ~문화 cultura megalítica.

거선(巨船) barco grande (enorme).

거성(巨星) estrella gigantesca; [위인] gran hombre, coloso. 문단의 ~이 서거했다 Ha fallecido un coloso del mundo literario.

거세(去勢) castración, capadura, esterilización. ~하다 castrar, esterilizar, capar. ~마(馬) caballo castrado. ~우(牛) buey ~.

거세다 (ser) cruel, violento, áspero, rígido.

거소(居所) domicilio, residencia, lugar. ~을 옮기다 mudar de lugar.

거수(擧手) alzamiento de mano, seña con la mano. ~하다 alzar (levantar) la mano. ~로 투표하다 votar a mano alzada. ~경례를 하다 hacer un saludo militar.

거스르다 [반대하다] oponer, contradecir. …에 거슬러 contra.

거스름돈 cambio, dinero menudo. ~을 받으세요 Aquí está su cambio.

거시적(巨視的) macroscópico.

거실(居室) habitación, cuarto de estar.

거액(巨額) gran cantidad, suma enorme. ~의 gran cantidad de, suma enorme de. ~의 돈 gran cantidad de dinero. ~의 자금(예산) gran capital (prepuesto). 손해는 1억원의 ~에 달한다 Las pérdidas ascienden a la suma colosal de cien millones de wones.

거역(拒逆) desobediencia, oposición, objeción. ~하다 desobedecer, oponer.

거울 espejo; [대형의] luna. ~을 보다 mirarse en el espejo. ~에 비친 모습 figura reflejada en el espejo. ~앞에서 면도하다 afeitarse ante el espejo. ~달린 옷장 armario con espejo (de luna).

거웃 pelo público.

거월(去月) mes pasado.

거위【鳥】 ganso.

거유(巨儒) gran confuciano.

거의 casi; [부정] apenas. ~ 전부 casi todo. 건물은 ~ 완성되었다 El edificio está casi terminado. ~ 모든 병사가 죽었다 Casi todos los soldados han muerto. 나는 ~ 집에 있다 Casi siempre estoy en casa. 그는 ~ 익사할 뻔 했었다 Por poco se ahogaba./ Estaba a punto de ahogarse. 두개는 ~ 같다 Estos dos son casi iguales. 그 문제는 ~ 해결이 불가능하다 Es casi imposible resolver ese problema. 나는 그에 대해서 ~ 아무 것도 모른다 No sé casi nada de él. 나는 ~ 그를 만나지 못했다 No le he visto apenas./ Apenas le he visto. 그는 돈을 ~ 가지고 있지 않다 Apenas (Casi no) tiene dinero.

거의거의 casi. ⇨ 거의.

거인(巨人) gigante, coloso, titán; [위인] gran hombre. ~ 같은 gigantesco.

거장(巨匠) gran maestro, coloso.

거재(巨財) fortuna enorme.

거저 gratis, de balde.

거저먹기 trabajo fácil.

거적 estera, esterilla.

거절(拒絶) negativa, rechazamiento. denegación. ~하다 rechazar, rehusar, negarse a algo (a+inf.). 어음 지불(인수)를 ~하다 rehusar el pago (la aceptación) [de una letra]. 그는 나와의 면회를 ~했다 Se negó a recibirme. ~ 증서 protesto. 어음 지불(인수) ~ 증서를 작성하다 hacer el protesto por falta de pago (de aceptación).

거점(據點) punto de apoyo, base (f.). 전략 ~ base estratégica.

거주(居住) vivienda, morada, residencia. ~하다 habitar, domiciliar, residir, morar. ~권 derecho de residencia. ~자 morador, habitante, residente (m.f.). ~증명서 certificado de residencia. ~지불(地拂) pago a domicilio.

거죽 [표면] superficie; [외면부] exterior, parte exterior; [외관] apariencia.

거중 조정(居中調停) mediación, intervención. ~하다 mediar, interponerse entre.

거지 mendigo.

거지반(居之半) mayoría; [대개] por la mayor parte, por lo común, ordinariamente.

거진 casi ⇨ 거의.

거짓말 mentira. ~하다 mentir, decir la mentira. 내 생각에는 ~ 같다 No pueden creerlo mis ojos. ~쟁이 mentiroso.

거짓부림 mentira.

거추(去秋) otoño pasado.

거취(去就) actitud. ~을 정하지 못하다 estar indeciso sobre qué actitud tomar.

거치다 pasar.

거칠다 (ser) bruto, tosco, inculto, grosero.

거품 espuma, burbuja. ~을 일구다 espumear. ~[투성이]의 espumajoso. ~

투성이 espumaje. 입에서 ~을 뿜다 espumajear, echar espumarajos por la boca.
거한(巨漢) gigante, titán, coloso, persona de gran tamaño.
거행(擧行) celebración. ~하다 celebrar. ~되다 celebrarse, tener lugar. 개회식을 ~하다 celebrar la apertura. 다리의 개통식이 ~되었다 Se celebra la inauguración del puente.
걱정 ansiedad, preocupación. ~하다 preocuparse. ~시키다 preocupar. ~하지 마라 No se preocupes. ~하지 마십시오 No se preocupe.
건(鍵) tecla (피아노·풍금의).
건(件) [일·사건·문제] asunto, cosa. 예의 ~ el asunto referido (en cuestión). 귀하께서 의뢰한 ~ lo que nos ha encargado usted. 그 ~은 어떻게 되었나 ¿Qué se ha hecho de aquel asunto? 어제는 교통사고가 10~이 있었다 Ayer hubo diez accidentes de tráfico.
건(腱) tendón.
건각(健脚) piernas fuertes. ~의 소유자다 ser gran andador (andarín).
건강(健康) salud. ~한 sano, con buena salud. ~하다 estar sano, estar bien [de salud], gozar de buena salud. ~이 좋은 saludable, bueno para la salud, sano; [위생면에서] higiénico. ~에 나쁜 insalubre, malo (perjudicial) para la salud. ~상의 이유로 por razón de salud. ~이 좋지 않다 estar (andar) mal [de salud], estar indispuesto (enfermizo·delicado [de salud]). ~하게 살다 vivir con beuna salud. ~을 유지하다 conservar la salud. ~을 회복하다 recobrar (recuperar) la salud, mejorar de salud. ~에 주의하다 cuidarse bien, cuidar de (mirar por) *su* salud. …의 ~을 위해 건배하다 beber a la salud de *uno*. ~을 축하해[건배합시다] ¡A su salud! ~하시다니 정말 기쁩니다 Me alegro muchísimo de que esté bien de salud. 그는 피로로 ~을 해쳤다 El trabajo excesivo le quebrantó la salud./ Perdió la salud por trabajar demasiado. 담배를 과다하게 피우는 것은 ~을 해친다 Fumar en exceso debilita (daña·destruye) la salud. 이곳 기후는 ~에 좋다 Aquí el clima es saludable. 이 자세는 ~에 무척 좋다 Esta postura es muy buena para la salud. ~미 belleza sana. ~보험 seguro de salud (de enfermedad). ~법 higiene (*f.*) ~상담 consulta sobre *su* salud. ~상태 estado de salud. ~증명서 patente (carta) de sanidad. ~증진 mejoramiento de la salud. ~진단[을 받다] [tener (recibir)] un reconocimiento médico. ~진단서 certificado médico. ~체 cuerpo sano.
건곤(乾坤) cielo y tierra, universo.
건국(建國) fundación del país (del estado) ~하다 fundar un estado (un país). ~기념일 Día de la Fundación Nacional. ~200주년제 Bicentenario de la Fundación del país.
건너 otro lado.
건너가다 atravesar, cruzar.
건너다 atravezar, cruzar.
건너편 otro lado. ~에 al otro lado de.
건달(乾達) bribón, tuno, pícaro.
건드리다 tocar; [자극하다] provocar, irritar, ofender, enfadar.
건듯, 건뜻 prontamente, con presteza, apresuradamente.
건립(建立) edificación, construcción. ~하다 deificar, establecer, construir.
건망증(健忘症) amnesia. ~이 심한 amnésico.
건물(建物) edificio. 고층 ~ edificio alto.
건물(乾物) hortalizas secas, legumbres secas.
건반(鍵盤) teclado; [전] tecla. ~ 악기 instrumento de teclado.
건방지다 jactarse. 건방진 jactancioso, presuntuoso. 건방진 사람 hombre presuntuoso.
건빵(乾-) bizcocho; [집합적] galleta.
건배(乾杯) brindis. ~하다 brindar, beber a la salud. ~! ¡Salud!/ ¡A su salud! …의 건강을 위해서 ~하다 brindar por *uno*, beber a la salud de *uno*. 무엇에 ~할까 ¿Por qué brindamos?
건설(建設) construcción, ~하다 construir; [건물을] eficiar, erigir, levantar. ~적 constructivo. ~적인 의견 opinión constructiva. ~중이다 estar en construcción. ~부 Ministerio de Construcción (de Obras Públicas y Urbanismo). ~부 장관 Ministro de Construcción (de Obras Públecas y Urbanismo). ~비 gastos de construcción. ~ 용지 terreno (solar) para construcción. ~회사 empresa de construcción.
건성 desatención, descuido, distracción.
건성(乾性) ~의 seco. ~유(油) aceite secante.
건수(件數) número [de casos]. 범죄 ~가 최근 감소하였다 El número de los delitos ha disminuido recientemente.
건습(乾濕) humedad.
건시(乾柿) caqui seco.
건실(健實) firmeza. ~하다 ser firme.
건아(健兒) joven vigoroso.
건어(乾魚) pescado seco.
건육(乾肉) carne seca.

건의(建議) [세의] propuesta, recomendación. ~하다 proponer, recomendar. ~서 memorial. ~자 proponente, proponedor.

건재(健在) ~하다 [건강] gozar de buena salud, estar bien de salud, estar bueno, estar con buena salud; [현역] estar en activo.

건재(建材) materiales de construcción. 신(新)~ nuevos materiales de construcción.

건전(健全) salud, sanidad, salubridad. ~하다 [정신이] sano, honesto; [견실한] firme, sólido. ~한 사상 ideas sanas. ~한 오락 diversiones sanas (honestas·salidables). ~한 재정 finanzas solventes (sanas·sólidas·bien equilibradas). 재정(경제)의 ~화 saneamiento financiero (económico). ~한정신은 ~한 육체에 있다 Alma (Mente) sana en cuerpo sano.

건전지(乾電池) pila seca, batería seca.

건조(建造) construcción, edificación. ~하다 construir, edificar. ~중이다 estar en construcción. ~중에 ~하다 construir un barco. ~물 edificio, construcción, edificación.

건조(乾燥) [상태] sequedad; [행위] secado. ~하다 secarse, resecarse, desecarse. ~시키다 secar, resecar, hacer *algo* seco, desecar. ~된 seco, reseco, desecado. 재목을 ~시키다 curar (desecar) las maderas 풀을 ~시키다 secar las hierbas. 공기가 ~하다 El aire está seco. 이 지방은 ~하다 Esta región es seca. ~과실 fruta pasa (seca). ~기 secadora, deshumedecedora; [의류의] enjugador. ~실 secadero. ~야채 verduras deshidratadas (desecadas). ~제 desecante; [기름]aceite secante; [도로에 쓰이는] secante.

건초(乾草) heno.

건축(建築) edificación, construcción; [건물] edificio, construcción; [기술] arquitectura. ~하다 edificar, construir. ~상의 arquitectural, arquitectónico. ~중의 en construcción. ~가 arquitecto. ~ 계획 plan de construcción. ~ 공사 obras de construcción. ~ 기준법 ley fundamental de la construcción. ~비 gastos de construcción. ~사 arquitecto autorizado. ~설계 사무소 estudio de arquitectura. ~양식 estilo arquitectónico. ~업 industria de la construcción. ~업계 círculo industrial de la construcción. ~업자 constratista (*m.f.*) de obras, constructor. ~자재 material para construcción. ~학 arquitectura. ~회사 compañía de construcción. 일급 ~사 arquitecto de primera clase.

건투(健鬪) buena lucha, buen combate, lucha brava. ~하다 luchar bravamente.

건판(乾板) [사] placa seca.

건평(建坪) área de un edificio. ~ 백평 una área de cien *piong*.

건포도(乾葡萄) pasa.

걷다 andar, caminar, marchar. 걸어서 가다 ir a pie, ir andando. 걸어서 통학(통근)하다 ir a la escuela (a la oficina) andando. 걸으면서 책을 읽다 leer un libro andando. 그곳은 걸어서 갈 수 있다 Se puede ir allí andando. 역까지 걸어서 5분 걸린다 Se tarda cinco minutos andando (a pie) hasta la estación.

걷다 1 [말다] rollar, arrollar. 소매를 걷고 en mangas de camisa.
2 [치우다] remover; [내리다] bajar, poner más bajo algo.
3 [돈 따위를] coleccionar.

걸다 1 [매달다] colgar.
2 [말을 걸다] hablar a *uno*.
3 [시비를] provocar.
4 [전화를] telefonear, llamar por teléfono.
5 [자물쇠 따위를] cerrar.
6 [선금을] pagar. 얼마나 걸겠습니까 ¿Cuánto quiere Vd. apostar?
7 [돈·목숨 등을] apostar.

걸레 hule para cubrir el suelo.

걸리다 1 [시간이] tardarse. 여기서 역까지는 얼마나 걸립니까 ¿Cuánto se tarda de aquí a la estación?
2 [매달리다] colgarse.
3 [병에] padecer.

걸물(傑物) hombre extraordinario, gran hombre; [여자] mujer extraordinaria.

걸상(-床) taburete, tabrete, tabulete, banqueta.

걸쇠 aldaba [de puerta]. 문의 ~를 채우다 cerrar con aldaba.

걸식(乞食) mendigo, pordiosero; [행위] mendiguez, mendicidad, pordioseo. ~하다 mendigar, pedir limosna, pordiosear.

걸신(乞伸) voracidad, calidad de voraz. ~들리다 (ser) voraz, muy comedor, tener apetito voraz.

걸음 paso, la acción de andar. 첫 ~ primer paso. 한 ~ 한 ~ paso a paso.

걸음걸이 modo de andar.

걸인(乞人) mendigo.

걸작(傑作) obra maestra. 불멸의 ~ obra maestra inmortal. 그것은 ~이다 Es una obra maestra. 그는 ~이다 Es un tipo divertido. ~집 colección de obras maestras.

걸출(傑出) ~하다 sobresalir, descollar,

distinguirse. ~한 sobresaliente, distinguido, prominente, destacado. ~한 인물 personaje prominente.

검(劍) espada, sable.

검객(劍客) espada, esgrimidor; 【남미】 esgrimista.

검거(檢擧) captura, arresto, detención, aprehención. ~하다 capturar, arrestar, apresar, detener, aprehender, prender. 여러 사람이 ~되었다 Algunos fueron detenidos.

검게하다 ennegrecer.

검다 ser negro.

검댕 hollín. ~투성이의 holliniento.

검도(劍道) esgrima. ~시합을 하다 hacer un toreo de esgrima. ~장 sala de esgrima. ~가 esgrimidor.

검둥이 negro.

검류계(檢流計) galvanómetro.

검문(檢問) control, inspección. ~하다 controlar, inspeccionar. ~소 [punto de] control.

검사(檢事) fiscal (*m.f.*), procurador [público]. ~장 fiscal general.

검사(檢査) examen (*pl.* exámenes), inspección, revisión, control; [확인을 위한] comprobación, verificación; [회계의] intervención; [세관의] registro; [금의 질 등의] contraste. ~하다 examinar, inspeccionar, revisar; comprobar, verificar; registrar; contrastar. 제조 공정의 ~ inspección del proceso de fabricación. 여권의 ~ control de pasaportes. 짐의 ~ control de equipajes. ~를 받다 examinarse, sufrir un examen. 소지품을 ~하다 examinar los objetos personales de *uno*. 품질을 ~하다 examinar (comprobar·verificar) la calidad de *algo*. 이 기계는 ~필이다 Esta máquina ya está verificada (examinada). ~필 Aprobado./ Examinado./ Visto bueno. ~관·~원 examinador, inspector, verificador, registrador.

검산(檢算) prueba, verificación. ~하다 verificar [el resultado de la operación].

검소(儉素) simplicidad, economía, frugalidad. ~한 simple, frugal, económico.

검속(檢束) detención, arresto. ~하다 detener, arrestar.

검술(劍術) esgrima.

검시(檢屍) examen del cadáver; [해부] autopsia [judicial]. ~하다 examinar el cadáver, hacer una autopsia, autopsiar el cadáver.

검안(檢眼) [시력의] examen de la vista, optometría. ~하다 examinar a *uno* de la vista.

검약(儉約) economía, frugalidad. ~하다 economizar, ahorrar.

검역(檢疫) inspección sanitaria; [격리 기간] cuarentena. ~하다 poner a *uno* en cuarentena. ~을 받다 someterse a la cuarentena. ~중이다 estar en cuarentena. ~관 oficial del lazareto. ~소 lazareto, estación de cuarentena. ~항 puerto de cuarentena.

검열(檢閱) inspección, censura (책의), revista (군의). ~하다 inspeccionar, censurar, aplicar (ejercer) censura a *algo*. ~을 받다 someterse a la censura. ~필 Aprobado por la censura;[카톨릭교회에서] Nihil obstat. ~관 censor.

검온(檢溫) termometría. ~기 termómetro clínico.

검인(檢印) sello de aprobación (de control); [저자의] sello del autor.

전기(檢氣) electroscopio.

검정 negro, color negro. ~머리 pelo negro.

검정(檢定) examen (*pl.* exámenes), [허가] aprobación (autorización) oficial. ~하다 examinar, inspeccionar. ~필 교과서 libro de texto autorizado. 교원 ~ 시험 examen de licencia para maestros.

검증(檢證) inspección, verificación, comprobación. ~하다 comprobar, verificar, inspeccionar.

검진(檢診) exmen médico (clínico), reconocimiento médico. ~하다 examinar médicamente. ~을 받다 someterse a un reconocimiento médico, sufrir un examen clínico. 집단 ~ reconocimiento (examen clínico) en grupo.

검찰(檢察) inspección, registro. ~관 fiscal (*m.f.*), procurador. ~청 fiscalía. [서울]지방 ~청 Fiscalía de Distrio [de Seúl].

검찰(檢札) revisión [de billetes]. ~하다 revisar billetes (boletos). ~원 revisor.

검침(檢針) lectura (apunte) de un contador. 전기의 ~을 하다 leer un contador de electricidad.

검출(檢出) detección. ~하다 detectar. 토양에서 대량의 PCB가 ~되었다 En la tierra se detectó una considerable cantidad de policlorobifenilo.

검토(檢討) examen, estudio, investigación. ~하다 examinar, estudiar, investigar, someter *algo* a examen. ~를 거듭하다 examinar *algo* repetidas veces. 그 건은 ~중이다 El asunto está en examen./ Tengo en estudio el asunto. 잘 ~후에 답하겠습니다 Le contestaré después de estudiar la cuestión a fondo. 그것은 더 ~를 요한다 Eso necesita examinarse más./ Eso debe someterse a ulteriores discusiones.

검파(檢波) detección [de las ondas]. ~하다 detectar [las ondas]. ~기(器) detector [de ondas].

검호(劒豪) buena espada, maestro de armas (de esgrima).

겁(怯) cobardía. ~많은 cobarde.

겁간(劫姦) rapto. ⇨ 강간.

겁쟁이(怯-) cobarde, medioso.

겁탈(劫奪) [약탈] pillaje, robo; [강간] rapto, violación. ~하다 saquear, pillar, robar, hurtar, cometer un repto, horzar a una mujer, violar.

것 [물체] cosa, objeto; [사물·일] cosa, asunto. 이~ esta cosa, éste. 저~ aquella cosa, aquél. 내~ el mío. 네~ el tuyo.

겉 superficie; [외면] exterior, apariencia.

겉눈썹 ceja.

게(동) cangrejo; [바다의] cámbaro; [담수의] éstaco. ~껍질 caparazón del cangrejo. ~구멍 cangrejera. ~장수 cangrejero, -ra. 바닷~ corngrejo de mar, cangrejo moro.

게걸스럽다 (ser) voraz, muy comedor, devarador. 게걸스럽게 먹다 tener apetito voraz.

게릴라전(-戰) guerrilla. ~을 하다 guerrillear.

게시(揭示) cartel, letero; [행위] anuncio, aviso, notificación. ~하다 anunciar (avisar·notificar) [en el tablero de anuncio]. ~판 cartelera, tablero de anuncios.

게양(揭揚) ~하다 izar, enarbolar. 국기를 ~하다 izar la bandera nacional.

게우다 vomitar.

게으르다 (ser) perezoso, holgazán.

게으름 holgazanería, pereza. ~부리다 (ser) perezoso, holgazán.

게으름뱅이 perezoso, holgazán.

게을러빠지다 ser muy perezoso (holgazán).

게을리 perezosamente. ~하다 descuidar, desatender.

게임 [놀이] juego; [시합] partida, partido; [테니스] juego. ~을 하다 jugar; echar una partida. ~세트 fin de la partida, final del juego.

게재(揭載) publicación, inserción. ~하다 publicar, insertar. 이 시는 잡지에 ~되었다 Esta poesía fue publicada en una revista.

겨 cáscara.

겨냥 puntería, blanco. ~하다 apuntar, asestar el tiro.

겨누다 apuntar.

겨드랑이 sobaco.

겨레 paisano, compatriota (m.f.).

겨루다 competir.

겨룸 competición, concurso.

겨를 tiempo desocupado.

겨우 con dificultad, difícilmente.

겨우내 todo el invierno.

겨울 invierno. ~의 invernal, de[l] invierno. ~에 en [el] invierno. ~을 지내다 pasar el invierno; invernar; [동면] hibernar. ~준비를 하다 hacer preparativos para el invierno. ~방학 vacación de invierno.

겨자 [식] mostaza. ~단지 mostacera.

격(格) 1 [등급] orden, categoría; [지위] rango; [자격] capacidad; [인격] carácter. ~이 오르다 (내리다) subir (bajar) de rango. …보다 ~이 올라가다 ser de (tener) categoría superior a *uno*. ~이 틀리다 ser de un rango diferente.
2 [문] caso. ~변화 declinación. ~변화하다 declinarse. 주(목·여·전치사)~ caso nominativo (acusativo·dativo·preposicional).

격감(激減) fuerte disminución, diminución repentina, mengua (reducción) repentina y notable. ~하다 desminuir (menguar·reducirse) notablemente (visiblemente). 인구가 ~하다 Disminuye la población rápida y notablemente. 매상이 ~했다 Las ventas han bajado notablemente en poco tiempo.

격납고(格納庫) hangar.

격년(隔年) cada dos años. ~의 de cada dos años. ~으로 cada dos años, en años alternos.

격노(激怒) ira, furor, rabia, cólera; [부정에 대한] indignación. ~하다 enfurecerse, indignarse, tomar rabia, montar en cólera, ponerse furioso. ~시키다 exasperar, irritar, enfurecer, encolerizar.

격돌(激突) choque (encontrón·trompazo) fuerte, colisión violenta. ~하다 chocar fuertemente contra *algo*, darse un trompazo fuerte con *algo*.

격동(激動) movimiento violento, agitación. ~하다 agitarse. ~하는 사회 sociedad agirada (revuelta·tempestuosa). ~기 época de agitación (de turbación).

격려(激勵) estímulo. ~하다 animar (alentar·estimilar) a *uno* [a + *inf.*], infundir ánimos en *uno*, dar aliento a *uno*.

격렬(激烈) violencia, arrebatamiento. ~한 violinto; [경쟁 등이] *severo*; [고통 등이] agudo, vehemente.

격론(激論) discusión (disputa) acalorada (ardiente·viva). ~하다 discutir (disputar) acaloradamente, tener una discusión animada.

격류(激流) corriente rápida, torrente.

격리(隔離) aislamiento, separación. ~하다 aislar, separar. 전염병환자를 ~하다 aislar [a] los enfermos contagiosos. ~병동 pabellón aislado [de un hospital].

격막(隔膜) deafragma (m.).

격멸(擊滅) exterminio, aniquilación. ~하다 exterminar, destruir, aniquilar. 적을 ~하다 destruir (aniquilar) el enemigo.

격무(擊務) trabajo fatigoso (pesado・penoso・abrumador). 그는 ~를 견디어 못한다 No aguanta un trabajo tan fatigoso.

격변(激變) cambio repentino (violento・brusco), mutación repentina;[주식의] fluctuación violenta. ~하다 cambiar (fluctuar) violentamente (bruscamente・repentinamente).

격세(隔世) distinta edad, otra edad, diferente mundo. 당시를 생각하면 ~지감이 있다 Cuando pienso en aquellos días, me parece que han pasado siglos. ~유전 atavismo. ~유전의 atávico.

격식(格式) [지위] posición (estado) social; [형식] formalidad. ~이 높은 de alto estado, de elevada posición social. ~을 차리지 않고 sin ser ceremonioso, sin ceremonia. ~을 중시하다 dar importancia a las formalidades.

격심(激甚) severidad. extremidad. ~한 severo, intenso.

격앙(激仰) ~하다 excitarse, exasperarse, irritarse, enfurecerse. ~시키다 excitar, exasperar, irritar, enfurecer. ~한 excitado, exasperado, irritado, enfurecido.

격언(格言) proverbio, máxima, refrán. ~집 refranero.

격월(隔月) ~의 bimensual. ~로 en meses alternos, cada dos meses.

격일(隔日) cada dos días. ~로 un día sí y otro no, en días, cada tercer día.

격자(格子) enrejado, rejilla. ~문 (창) puerta (ventana) de rejilla. 이 창에는 ~가 붙어 있다 Esta ventana tiene puestas las rejillas.

격전(激戰) batalla (combate) feroz, guerra a muerte (sin cuartel). ~구 [선거의] distrito electoral muy reñido. ~지 campo de batalla muy reñida.

격정(激情) pasión violenta, apasionamiento.

격조(格調) ~가 높은 sublime; [문장 등의] altisonante, grandilocuente. 그의 문장은 ~가 높다 Su estilo tiene un tono elevado.

격주(隔週) cada dos semanas. ~의 quincenal, de cada dos semanas. ~해 cada dos semanas. ~ 토요일에 cada dos sábados alternos.

격증(激增) fuerte aumento, crecimiento repentino (rápido), aumento repentino, crecimiento brusco. ~하다 aumentar (crecer) rápidamente (repentinamente), ir en rápido aumento. 인구가 ~한다 Aumenta bruscamente la población. 수입이 ~했다 Hubo un fuerte incremento en las importaciones.

격진(激震) terremoto violento, seísmo violento.

격차(格差) diferencia. ~를 시정하다 corregir la diferencia. AB간에 ~를 두다 hacer (establecer) diferencia entre A y B. 남녀 임금 ~가 증대 (축소)되고 있다 Aumenta (Disminuye) la diferencia entre el sueldo de los hombres y el de las mujeres. 기업 ~ diferencia entre empresas. 기온의 1년 ~ diferencia entre la temperatura máxima y la mínima del año.

격추(擊墜) derribamiento. ~하다 derribar [a tiros].

격침(擊沈) ~하다 echar a pique, hundir.

격퇴(擊退) rechazamiento, repulsión. ~하다 rechazar, repulsar.

격투(格鬪) [lucha・pelea] cuerpo a cuerpo, cuerpo singular, lucha de mano en mano, encuentro de mano en mano. ~하다 pelear cuerpo a cuerpo. ~기 arte marcial.

격파(擊破) destrozo, destrucción. ~하다 derrotar, destrozar, romper. 적군을 ~하다 destrozar el ejército enemigo.

격하다(激−) [격앙] excitarse, irritarse; [분격] exasperarse, exfurecerse.

격화(激化) intensificación arrebato. ~하다 intensificarse, arreciarse, hacerse intenso. ~시키다 intensificar. 전투가 ~된다 El combate se hace más intenso (encarnizado).

겪다 [경험하다] experimentar. 겪어 본 일이 있다 tener experiencia.

견(絹) seda. ~사 hilo de seda. ~직물 sedería, géneros de seda.

견강부회(牽强附會) ~한 forzado, traído de lejos.

견고(堅固) firmeza, solidez. ~한 fuerte, firme, sólido. ~하게 fuertemente, sólidamente, firmemente. ~한 성 castillo inexpugnable (bien fortificado・bien defendido).

견과(堅果) nuez.

견디다 soportar, tolerar, tener paciencia.

견일성(−性) paciencia. ~있는 paciente.

견마(犬馬) [개와 말] perros y caballos; [낮춤말] yo. ~지로를 아끼지 않다 prestar un gran servicio a *uno*.

견문(見聞) observación, conocimiento, ex-

견본(見本) muestra, espécimen, modelo. 시장 ~시장 feria de muestras. 국제 ~시장 Feria Internacional de Comercio.

견습(見習) aprendizaje. ~하다 hacer (pasar) *su* aprendizaje.

견식(見識)[안식] discernimiento, entendimiento, juicio; [지식] sabiduría, información. ~이 있는 clarividente, bien entendido, de mucho entendimiento, muy enterado. ~이 높은 clarividente, previsor. 그는 미술에 ~이 있다 Es un gran conocedor de [las] bellas artes.

견실(堅實) seguridad, firmeza, solidez, estabilidad. ~한 seguro, firme, sólido, estable. ~하게 seguramente, firmemente, sólidamente. ~한 방법 método seguro. ~한 사업 negocios firmes (seguros). ~한 사람 persona sensata (juiciosa).

견원(犬猿) ~의 el perro y el gato. 두 사람은 ~지간이다 Los dos se llevan como el perro y el gato.

견유(犬儒) ~의 cínico. ~학설 cinismo.

견인(牽引) remolque, tracción. ~하다 arrastrar, remolcar, tirar de *algo*. ~력 fuerza de tracción. ~저항 resistencia traccional. ~차 tractor, coche (carro) remolque.

견장(肩章) charretera, hombrera.

견적(見積) valuación. ~하다 valuar.

견제(牽制) divertimiento estratégico, diversión. ~하다 divertir. 적을 측면에서 ~하다 divertir al enemigo por un flanco suyo.

견주다 [비교] comparar. …과 견주어서 en comparación con.

견지(見地) punto de vista. 이런 ~에서 보면 desde este punto de vista. 경제적 (정치적) ~에서 desde el punto de vista económico (político).

견지(堅持) ~하다 perseverar (mantenerse firme) en *algo*, mantener. 정책을 ~하다 perseverar en *su* política.

견책(譴責) censura, represión, crítica. ~하다 censurar, culpar, reprender, criticar.

견치(犬齒) diente canino (columelar), canino, colmillo.

견학(見學) visita educacional, inspección (visita) científico-escolar. ~하다 visitar [a] un sitio para instruirse, realizar una visita científico-escolar. 박물관을 ~하다 visitar un museo. 공장 ~ visita educacional a una fábrica. ~ 여행 viaje de observación.

견해(見解) opinión, parecer. ~의 일치 conformidad. ~의 차이 desacuerdo, diferencia (descrepancia) de opiniones. ~를 말하다 expresar (exponer·dar) *su* opinión. …과 ~이 일치하다 ponerse de acuerdo con *uno*, [상태] estar conforme (de acuerdo) con *uno*, ser del mismo parecer que *uno*. …과 ~를 달리하다 estar en desacuerdo con *uno*, no ser del mismo parecer que *uno*, tener otra opinión que *uno*. 그것은 견해의 ~다 Es cuestión de parecer.

결과(結果) resultado, consecuencia; [성과] fruto. ~의 mirándolo desde el punto de vista del resultado. 그 ~ por consiguiente, en consecuencia, como resultado. 시험 (조사)의 ~ resultado del examen (de la investigación). 노력의 ~ fruto del esfuerzo. 좋은 ~를 얻다 salir bien, obtener buen resultado, tener [buen] éxito. 나쁜 ~를 초래하다 traer (causar) malas consecuencias. 중대한 ~를 가져오다 causar graves consecuencias. 나쁜 ~로 끝나다 salir mal, tener mal éxito. ~를 보아서 según cómo sea el resultado, después de ver el resultado. 여러모로 생각한 ~ después de haberlo pensado de varias maneras, después de haberle dado muchas vueltas al asunto. ~는 …이다 Resulta que + *ind.* / El resultado es que + *ind.* 실험 ~는 대성공이었다 La prueba ha tenido muy buen éxito./ El resultado de la prueba ha sido un completo éxito. ~는 같은 것이다 El resultado es el mismo./ Resulta lo mismo. ~는 의외였다 El resultado fue inesperado. 수술의 ~는 만족하지 못하다 El resultado de la operación no es satisfactorio. ~론 argumento basado en el resultado.

결국(結局) en fin, al fin, por fin, finalmente, después de todo, al fin y al cabo. 실험은 ~실패했다 Al fin, fracasó el experimento. 나는 여러모로 생각했지만 ~의견은 변하지 않는다 Lo he pensado bien, pero en fin mi opinión es la misma./ Aunque le he dado muchas vueltas al asunto, sigo, de todas maneras, pensando lo mismo. 그도 ~ 양보하게 될 것이다 Al fin y al cabo, ha de ceder. ~…이다 Total, que + *ind.* ~우리들은 그것을 하기로 결정했다 Total, que nos hemos decidido a hacerlo.

결근(缺勤) ausencia, inasistencia. ~하다 ausentarse (no asistir)[a *su* puesto de trabajo]. ~으로 다루다 tratar a *uno* como ausente (como inasistente). ~계 aviso (notificación) de ausencia. ~계를 내다

결단 informar de *su* ausencia. ~자 ansente (*m.f.*), inasistente (*m.f.*)

결단(決斷**)** decisión, determinación, resolución. ~력이 없는 indeciso, irresoluto. ~을 내리다 tomar una resolución; [에] decidir (determinar) *algo*. 그는 ~력이 있다 Es [un] hombre de decisión./ Es un hombre resuelto (decidido).

결당(結黨**)** formación de un partido, asociación,

결렬(決裂**)** rotura, rompimiento, ruptura. ~하다 romperse. 교섭은 ~되었다 Las negociaciones se han roto. 교섭 ~ruptura de negociaciones.

결론(結論**)** conclusión. ~을 내리다 concluir. ~을 세우다 (꺼내다) establecer (sacar) una conclusión. ~으로서 en conclusión. ...라 ~하다, ...라는 ~에 달하다 llegar a la conclusión de+*inf*.(de que+*ind*.) ~은 나올 것 같지 않다 No parece que vamos a llegar a una conclusión. ~적으로 말해서 너의 제안은 받아들일 수 없다 En conclusión no puedo aceptar tu propuesta.

결막(結膜**) 【해】** conjuntiva, adnata. ~염 conjuntivitis (*f.*).

결말(結末**)** fin, término; [소설·희곡의] desenlace; [비극적인] catástrofe (*f.*); [해결] solución, arreglo; [결과] resultado, resulta. ~이 나다 terminar, acabar, llegar a una conclusión; quedar solucionado. ~을 내리다 [짓다] poner fin a *algo*, concluir (terminar) *algo*; solucionar *algo*. 이 소설의 ~은 재미가 없다 No es interesante el desenlace de esta novela. 사건의 ~은 어떻게 났느냐 ¿Qué ha sido del asunto?/ ¿Cómo se arregló (En qué quedó) el asunto?

결백(潔白**)** inocencia. ~한 inocente. 자신의 ~을 증명하다 probar *su* inocencia.

결벽(潔癖**)** manía (amor) por limpieza (por el aseo);[정의감] probidad, integridad, incorruptibilidad. ~한 que ama la limpieza; probo, íntegro, puritano.

결별(訣別**)** separación, despedida. ~하다 separarse (despedirse) de *uno*, decir adiós a *uno*; [서로] separarse

결빙(結氷**)** congelación. ~하다 helarse, congelarse. ~점 (기) punto (período) de congelación.

결사(決死**)** ~의 determinado, desesperado. ~의 각오로 desafiando a la muerte, con coraje desesperado, desesperadamente. ~대 pelotón suicida.

결사(結社**)** asociación, sociedad, organización. ~를 만들다 formar (organizar) una sociedad ~의 자유 libertad de asociación.

결산(決算**)** liquidación, balance, cierre de libros. ~하다 hacer el balance, saldar una cuenta, llevar a cabo el cierre de libros. ~보고를 하다 publicar el estado de cuenta. ~보고서 estado de cuenta, balance general financiero. ~일 día de liquidación. ~기 término de liquidación ~위원회 comisión de las cuentas.

결석(缺席**)** ausencia; [피고의] contumacia, rebeldía. ~하다 no asistir, faltar. ~하고 있다 estar ausente. 수업에 ~하다 no asistir (faltar) a [la] clase. 오늘은 ~자가 많다 Hay muchos ausentes hoy. ~계 nota(aviso) de ausencia. ~계를 제출하다 presentar una nota de justificación de *su* ausencia. ~재판 juicio en rebeldía.

결석(結石**) [의]** cálculos, mal de piedra, litiasis(*f.*). 요도 ~ litiasis urinaria.

결선(決選**)** ~투표 voto final (decisivo).

결성(結城**)** formación, organización, constitución. ~하다 formar, organizar, constituir. 노동조합을 ~하다 organizar un sindicato de obreros.

결속(結束**)** unión, solidaridad; [동맹] alianza, coalición, liga. ~하다 unirse, solidificarse; aliarse, ligarse. ~하여 como un solo cuerpo, unidamente, justamente. 당내의 ~을 굳히이 하다 consolidar (solidificar) la unidad del partido.

결손(缺損**)** déficit, pérdida.

결승(決勝**)** competencia final, finales. ~에 나아가다··~전에 출전하다 entrar (presentarse) en la final. ~전 final (*f.*). ~점 meta, gol, punto decisivo. ~점을 얻다 marcar un punto decisivo. 【축구】 marcar el gol de la victoria. ~출전자 finalista (*m.f.*).

결식(缺食**)** ~아동 niño mal alimentado.

결실(結實**)** fructificación; [결실] fruto. ~하다 fructificar; dar fruto. 그것은 그의 노력의 ~이다 Eso es fruto de sus esfuerzos. ~기 época de la fructificación.

결심(決心**)** resolución, decisión, determinación. ~하다 resolverse, decidirse, determinarse, tomar una resolución. ~이 굳다 estar firme en *su* resolución. ~바꾸다 mudar de decisión, retractar (cambiar) *su* decisión. ...하는 ~을 굳히다 decidirse firmemente a + *inf*. ~이 서지 않다 quedar indeciso, estar irresoluto. ...한 ~을 하다 decidirse firmemente a + *inf*. ...할 ~이 굳어 있다 estar firmemente decidido (resuelto) a + *inf*. ...할 ~이다 estar decidido (resuelto·dispuesto) a + *inf*. 나는 출석할지 어떨지

아직 ~이 서지 않았다 Aún no he decidido si asistir o no. 그는 담배를 끊을 ~을 했다 Ha tomado la decisión de no fumar más./ Ha decidido dejar de fumar.

결여(缺如) falta, ausencia. ~하다 [대상이 주어] faltar a *uno*; [주제가 주어] carecer de *algo*. 달러에 대한 신뢰의 ~falta de confianza en el dólar. 그는 주의력이 ~되어 있다 Le falta (Carece de) la capacidad de concentración.

결연(結緣) formación del parentesco. ~하다 formar la relación.

결연(決然) ~한 firme, resuelto, decidido ~히 resueltamente, decididamente, con firmeza. ~한 태도로 con una actitud firme, con un ademán resuelto.

결원(缺員) vacancia, puesto vacante, resulta ~의 vacante. ~을 보충하다 llenar un puesto vacante, cubrir una vacante(una resulta). 결원이 생겼다 Quedó vacante un puesto en esa sección. 그 직무는 ~으로 되어있다 El empleo está vacante.

결의(決議) resolución, decisión. ~하다 resolver, decidir. 전쟁 반대의 ~를 하다 votar contra la guerra. ~기관 órgano de decisión. ~문 texto de una resolución. ~안 resolución, proyecto por decidir. ~안을 제출하다 proponer una resolución. ~사항 asuntos que resolverse.

결의(決意) resolución, decisión. ~하다 decidirse, resolverse. 굳은 ~로 con una resolución firme.

결장(結腸)【해】colon. ~염 colitis(f.).

결재(決裁) sanción, aprobación. ~하다 sancionar, aprobar. ~를 바라다 acometer (presentar) *algo* a la aprobación (al juicio) de *uno*.

결전(決戰) batalla (lucha) decisiva. ~하다 dar una batalla decisiva, combatir decisivamente. ~투표 votación decisiva.

결절(結節)【의】nudosidad;【해】tubérculo; [마디] nudo. ~상의 nudoso; tuberoso. ~형성 tuberculación.

결점(缺點) defecto, falta, tacha, imperfección; [약점] punto débil (flaco). ~이 있는 defectuoso, imperfecto. ~이 없는 entero, perfecto, sin tacha, impecable, irreprochable. ~을 고치다 corregir los defectos a *uno*; [자신의] corregirse los defectos. ~을 지적하다 señalar (indicar) los defectos. …의 ~을 찾다 buscar defectos en (a) *algo*·*uno*. 누구나 ~이 있다 Todo el mundo tiene defectos. 게으름이 그의 ~이다 La pereza es su punto flaco. 그는 ~투성이다 Está lleno de defectos.

결정(決定) decisión, determinación, fijación. ~하다 decidir, determinar, fijar. ~적인 decisivo, definitivo; [확정적] seguro. ~적 순간 momento decisivo. ~적인 타격을 주다 dar un golpe decisivo. ~권을 가지다 tener el poder decisivo (de decisión). 당의 방침을 ~하다 determinar la política del partido. 합격자를 ~하다 decidir los que serán aprobados. 출발날짜를 ~하다 fijar el día de la salida. 승리를 ~적으로 하다 hacer definitiva la victoria. 다음 회합은 3월에 열기로 ~되었다 Se ha decidido celebrar la próxima reunión en marzo. ~권은 의장에 있다 El poder decisivo lo tiene el presidente. 그의 승진은 ~적이다 Es segura su promoción. ~론 determinismo. ~론자 determinista *(m.f.)*. ~판 edición definitiva.

결정(結晶) cristalización. ~하다 cristalizarse. ~시키다 cristalizar. 노력 (사랑)의 ~ fruto de *sus* esfuerzos (del amor). ~계 sistema cristalino. ~수 agua de cristalización. ~체 cristal, cristalización. ~학 cristalografía. ~형 [면·구조] forma (faceta·estructura) cristalina. ~작용 cristalización.

결제(決濟) liquidación, cancelación, reembolso. ~하다 liquidar, cancelar, reembolsar. 차용금을 ~하다 liquidar una deuda. ~방법 forma de reembolso.

결집(結集) concentración, reunión. ~하다 […을] concentrar, juntar, reunir. 총력을 ~하여 concentrando todas las energías. 민주세력을 ~하다 reunir todas las fuerzas democráticas.

결체(結滯)【의】intermisión del pulso, acrotismo.

결코(決一) [결코…않다] nunca, jamás, nunca jamás, de ninguna manera, de ningún modo. 귀하의 친절을 ~ 잊지 않겠 습니다 No olvidaré nunca (Jamás olvidaré) *su* amabilidad. 그는 ~ 나쁜 사 람이 아니다 No es de ninguna manera un hombre malo.

결탁(結託) conspiración, confabulación, colusión. ~하다 conspirar, confabularse. …와 ~하다 conspirar (confabularse · conchabarse) con *uno* en (para) *algo*. …과 ~하여 en connivencia (en complicidad) con *uno*, entendiéndose con *uno*.

결투(決鬪) duelo, desafío. ~하다 batirse en duelo. ~를 신청하다 desafiar (arrojar el guante · enviar el cartel) a *uno*. ~에 응 하다 admitir el desafío, recoger el guante. ~ 신청 desafío, envío del cartel. ~자 duelista *(m.)*. ~장 cartel [de desafío].

결핍(缺乏) escasez, falta, carencia. ~하다 [대상이 주어] faltar a uno, escasear; [주체가 주어] carecer de algo. 자금의 ~ falta de recursos. 이 나라에는 식량이 ~되어 있다 En este país faltan los víveres./Este país carece (tiene escasez) de víveres.

결함(缺陷) defecto, imperfección. ~이 있는 defectivo, defectuoso, imperfecto. ~이 있는 자동차 coche defectuoso. 그에게는 육체적 (정신적) ~이 있다 Tiene un defecto físico (moral).

결합(結合) combinación, unión, ligazón. ~하다 combinarse, unirse [a (con) algo], ligarse. ~시키다 unir, combinar, ligar. 산소와 수소는 ~한다 El hidrógeno y el oxígeno se combinan. ~제 aglutinante.

결항(缺航) suspensión [비행기의] aéreo・[배의] marítimo. ~하다 suspender el servicio. 오늘 편은 ~이다 Se suspende el servicio de hoy.

결핵(結核) tuberculosis (f.); [병리] tubérculo. ~에 걸리다 tuberculizarse, coger la (enfermarse de) tuberculosis. ~성의 tuberculoso, tísico, hético. ~균 microbio (bacilo) tuberculoso. ~ 요양소 sanatorio. ~환자 tuberculoso, tísico. 폐~ tisis (f.), tuberculosis pulmonar.

결행(決行) ~하다 ejecutar algo con resolución, hacer algo cueste lo que cueste.

결혼(結婚) matrimonio, casamiento, boda. ~하다 casarse (contraer matrimonio・desposarse) con uno. ~시키다 casar a uno. ~의 matrimonial, nupcial. 갓 ~한 recién casado. ~한 딸 hija casadera. ~적령기의 casadero, núbil. ~날짜를 결정하다 fijar el día de la boda. ~을 신청하다 [남자가 여자에게] pedir la mano (de una mujer). ~을 승낙하다 acceder a [una] petición de matrimonio (de casamiento), prometerse con uno. 그녀는 이미 ~했다 Ya está casada. ~계 registro de matrimonio. ~계를 제출하다 registrar el matrimonio. ~기념일 aniversario nupcial (de bodas). ~반지 anillo nupcial (de boda) alianza. ~사기 fraude matrimonial. ~상 담소 agencia matrimonial. ~생활 vida matrimonial. ~선물 regalo de boda. ~식 bodas, ceremonia del matrimonio, nupcias, desposorios. ~식을 열다 celebrar la boda (las nupcias・el matrimonio); [카톨릭 교회에 의해] casarse por la iglesia. ~증명서 certificado (acta) matrimonial. ~중매인 mediador (intermediario)[en un casamiento]. ~취소 disolución (anulación) del matrimonio. ~통지 aviso (notificación) de casamiento. ~통지를 하다 notificar un casamiento. ~피로연 banquete(recepción) de boda. ~행진곡 marcha nupcial. ~휴가 licencia de matrimonio.

겸(兼) y, en adición, al mismo tiempo. 수상 ~외상 el Primer Ministro y [al mismo tiempo] Ministro de Asuntos Exteriores.

겸두겸두 al mismo tiempo, a la vez, simultáneamente, a un tiempo.

겸무(兼務) empleo adicional. ~하다 tener empleo adicional.

겸비(兼備) ~하다 combinar, tener ambos. 지혜와 용기를 ~하다 tener tanta sabiduría como valor.

겸사(謙辭) modestia, humildad.

겸사겸사 ⇨ 겸두겸두.

겸상(兼) mesa para los dos. ~하다 preparar para los dos, comer en la misma mesa.

겸손(謙遜) modestia, humildad. ~하다 humillarse, ser modesto. ~하게 con modestia, con humildad, modestamente, humildemente.

겸업(兼業) ~하다 ejercer dos profesiones; [부업으로 하다] ejercer algo como trabajo accesorio (como profesión secundaria). ~농가 agricultor con otro trabajo secundario.

겸양(謙讓) modestia, humildad. ~의 미덕 을 발휘하여 con modestia, con humildad.

겸용(兼用) ambos usos. ~하다 usar adicionalmente. A에도 B에도 ~하다 usar algo para A y para B (así para A como para B). 이 웃옷은 여름과 겨울 ~이다 Esta chaqueta sirve para invierno y para verano. 응접실 ~ 서재 estudio que sirve también como (de) salón. 이 우산은 청우 ~이다 Esta paraguas sirve también de parasol.

겸임(兼任) ~하다 desempeñar algo al mismo tiempo. 2개 (여러개) 의 직무의 ~ desempeño de dos (varios) cargos. 수상 은 외상을 ~하고 있다 El Primer Ministro desempeña al mismo tiempo la cartera de Asuntos Exteriores. ~강사 [전임 강사에 대한] profesor no numerario.

겸하다(兼一) [겸용] servir también, servir tanto, servir para; [겸직] desempeñar algo al mismo tiempo. 쇼핑 겸하여 산책하다 ir de paseo y de compras. 여러 용도를 ~ servir para usos múltiples. 거실과 식당을 겸한 방 habitación que sirve tanto de sala de estar como de comedor. 이 부엌은 식당을 겸하고 있다 Esta cocina sirve también como (de) comedor. 수상은 외상을 겸하고 있다 El Primer Ministro desempeña al mismo tiempo la cartera de

겸허 Asuntos Exteriores. 그는 두 개의 직을 겸하고 있다 Desempeña los dos cargos (Ocupa dos puestos) al mismo tiempo.

겸허(謙虛) modestia, humildad. ~한 modesto, humilde. ~하게 modestamente, humildemente.

겹 doblez, pliegue, plegadura.

경 hacia, a eso de…, alrededor de…, por, en, como, sobre. 월말 ~ a fines del mes. 오후 다섯 시 ~ a eso de las cinco de la tarde. 8월 ~에 por agosto. 15세기 ~에 alrededor del siglo XV. 몇 시 ~에 ¿A qué hora más o menos? 그는 세시 ~에 왔다 Vino a eso de (alrededor de· como a hacia· sobre) las tres. 크리스마스 ~에 그는 돌아올 것이다 Volverá por (en) la Navidad.

경(卿) señor; [영국의] lord [pl. lores].

경(經) sutra(m.), Escritura Sagrada del Budismo, canon budista. ~을 읽다 leer un libro sagrado del budismo, recitar los sutras.

경가극(輕歌劇) opereta, zarzuela.

경각(頃刻) momento, instante, segundo, minuto. ~지간에 en un momento (instante).

경각(傾角) [물] inclinación.

경감(輕減) mitigación, reducción, aligeramiento. ~하다 mitigar, reducir, aligerar, aliviar. 세금을 ~하다 reducir (aligerar) impuestos. 고통을 ~하다 mitigar el sufrimiento, aliviar el dolor.

경거(輕擧) conducta imprudente. ~망동하다 actuar a la ligera (sin reflexión· imprudentemente). ~망동을 피하다 guardarse (evitar) toda conducta imprudente.

경건(敬虔) piedad, devoción, reverencia. ~한 pio, piadoso, devoto, religioso.

경계(境界) límite, linde, confín, aledaños, frontera. AB간의 ~를 정하다 fijar los límites entre A y B. ~선 línea de límite, línea de demarcación. ~표 mojón, hito, coto.

경계(警戒) [조심] precaución, cautela, alarma, ojo; [경비] vigilancia. ~하다 tomar precaución, precaverse, alarmarse, vigilar. ~시키다 poner a *uno* sobre aviso. ~하여 con cautela, con precaución; vigilantemente, con cien ojos, con ojo avizor. ~ 태세로 en estado de alarma. ~를 엄중히 하다 (늦추다) reforzar (relajar) la vigilancia. 그는 ~를 요한담 Es un hombre de desconfiar./ Hay que tener precaución con él. ~경보 [aviso de] alarma. ~ 선 límite de seguridad, línea de alarma; [경찰의] cordón de policías. ~선을 치다 tener un cordón de policías. ~수위 nivel de alarma. 강물이 ~수위를 넘었다 El agua del río ha sobrepasado el (el. nivel máximo (de alarma).

경고(警告) amonestación, advertencia, prevención, aviso. ~하다 advertir, amonestar, prevenir, avisar. ~없이 sin advertencia (aviso). ~를 말하다 (dar) (recibir) una advertencia. 나는 다시 위반하면 벌을 받을 것이라고 그에게 ~했다 Le advertí que sería castigado si volvía a cometer la infracción.

경골(脛骨) espinilla. 【해】 tibia.

경골(頸骨) vértebra cervical.

경공업(輕工業) industria ligera.

경과(經過) [대의] paso, transcurso; [사건 등의] progreso, desarrollo; [기한의] expiración. ~하다 pasar, transcurrir; progresar, desarrollar; expirar. 시간의 ~에 따라 con el transcurso del tiempo, con el tiempo. 분쟁의 ~를 설명하다 explicar el desarrollo del conflicto. 그로부터 5년이 ~했다 Han pasado cinco años desde entonces. 환자는 ~가 양호하다 El paciente se está mejorando.

경관(警官) policía (m.f.), agente de policía.

경관(景觀) escena, vista, paisaje, perspectiva.

경구(敬具) Quedo de usted muy atto. y s.s. [atento y seguro servidor], Q.E.S.M. [que estrecha su mano].

경구(警句) epigrama(m.), aforismo. ~를 토하다 hacer observaciones (advertencias) agudas.

경금속(輕金屬) metal ligero.

경기(競技) juego, concurso, competición. ~하다 jugar, tener partida de juego. ~에 참가하다 tomar parte en los juegos. ~에 이기다 (지다) ganar (perder) en la competición. ~대회 [스포츠의] manifestación deportiva, juegos deportivos. ~자 competidor, jugador. ~장 estadio, campo de juegos (de deportes). ~종목 prueba deportiva. 십종 ~ decathlón. 오종 ~ pentathlón. 올림픽 ~대회 Juegos Olímpicos, Olimpiada.

경기(景氣) [형편] [marcha (estado) de] las cosas; [상황] actividad (tendencia) del mercado, condición de los negocios; [경제 상태] situación económica. ~가 좋다 (나쁘다) Las cosas marchan bien (mal)./ [상점에서] El negocio prospera (languidece)./ El negocio anda bien (mal). ~가 어떻습니까 ¿Cómo le van las cosas (los negocios)? ~가 회복된다 Se recupera la sutuación económica. ~가 후퇴한다 Empeora la sutuación económica.

경기구(輕氣球) globo [aerostático].
경기병(輕騎兵) caballería ligera.
경내(境内) recinto.
경대(鏡蠹) tocador, estante de tocador.
경도(經度) longitud.
경도(硬度) dureza. ~계 durómetro; [광물의] esclerómetro.
경동맥(頸動脈) [해] carotida (f.).
경량(輕量) ~의 ligro, liviano. ~급 peso ligero.
경력(經歷) carrera, historia personal, curso, antecedentes (m.pl.); [이력] curriculum vitae; historial. ~이 좋다 tener buenos antecedentes, tener un pasado irreprochable. ~이 좋지 않다 tener malos antecedentes, tener un pasado poco honroso. ~을 속이다 disimular su historia personal. ~을 조사하다 investigar los antecedentes de uno. 여러 가지 ~을 가지고 있다 tener varias carreras, ser una persona de varias carreras. 그는 ~이 어떤 사람입니까? ¿Qué antecedentes tiene él? 그는 외교관으로 오랜 ~이 있다 Tiene una larga experiencia en la carrera.
경련(痙攣) convulsión, espasmo; [근육의] calambre, retortijón; [안면의] tic [nervioso]. ~하다 convulsionarse, tener accesos convulsivos. ~적 convulsivo, espasmódico. 전신에 ~을 일으키다 tener convulsiones en todo el cuerpo. 그는 수족이 ~을 일으켰다 Se le convulsionaron las extremidades./ Tuvo convulsiones en los miembros. 위 ~하다 calambre de estómago.
경례(敬禮) saludo, salutación. ~하다 saludar (hacer un saludo) a uno; [거수] hacer un saludo militar a uno; [탈모] saludar a uno quitándose el sombrero; [머리를 숙이다] hacer una reverencia a uno. ~에 답하다 responder al saludo.
경로(經路) curso, ruta, camino. 정보의 ~ vía (conducto) de información.
경로(敬老) respeto por los ancianos. ~의 날 día [en honor] de los ancianos. ~의 reunión en honor de los ancianos; [노인회] peña de los ancianos.
경륜(經綸) administración. ~하다 administrar los asuntos del estado.

경리(經理) administración financiera, contabilidad. ~를 담당하다 encargarse de la administración financiera. ~ 담당 contable (m.f.), tenedor de libros. ~과 contaduría. 육군 ~학교 academia de intendencia militar.
경마(競馬) carrera de caballos, carreras hípicas. ~에 돈을 걸다 apostar en las carreras de caballos. ~로 이익을 보다 (손해를 보다) ganar (perder) en las carreras de caballos. ~ 기수 jinete de carreras, jokey. ~마 caballo de carrera. ~장 hipódromo. ~팬 carrerista (m.f.).
경망(輕妄) imprudencia, frivolidad, indiscreción. ~한 imprudente, frívolo, indiscreto.
경매(競賣) remate, venta pública, subasta. ~하다 vender a subasta (en subasta pública), rematar, subastar. 가구를 ~에 붙이다 poner los muebles a [pública] subasta (la almoneda). ~인 licitador, licitante (m.f.). ~장 sala de subastas.
경멸(輕蔑) desprecio, desdén, menosprecio. ~하다 despreciar, desdeñar, menospreciar. ~적인 despreciativo, desdeñoso, menospreciativo. ~의 눈으로 보다 mirar a uno con ojos desdeñosos (con desprecio). ~할 수 있는 despreciable, desdeñable, menospreciable, digno de desprecio. ~하는 듯한 미소를 짓다 reír despectivamente (con un tono de desprecio).
경모(敬慕) admiración, adoración. ~하다 adorar, admirar, amar y respetar.
경묘(輕妙) ~한 gracioso, ingenioso, donairoso.
경문(經文) sutra (m.).
경문학(輕文學) literatura ligera.
경미(輕微) ~한 leve, insignificante. 손해는 ~했다 El daño ha sido leve.
경박(輕薄) ~한 frívolo, veleidoso, voluble. 그는 ~한 남자다 Es un hombre (Tiene un carácter) frívolo.
경범죄(輕犯罪) contravención, falta leve, delito menor. ~법 ley relativa a la contravención.
경보(警報) [señal de] alarma. ~를 내리다 dar una alarma. ~가 해제되다 Termina la alarma. ~는 아직 해제되지 않았다 Todavía sigue (no ha pasado) la alarma. ~기 [aparato de] alarma. ~램프 lámpara de alarma. 화재 ~기 alarmador de fuego.
경보(競步) marcha atlética, carrera de andar.
경복(敬服) respeto, admiración. ~하다 respetar, admirar, estimar.
경부(頸部) cerviz, cogote. ~의 cervical.
경비(經費) gastos, expensas. ~관계로 por

razón financiera (económica). ~가 많이 드는 costoso, que necesita muchos gastos. 회사의 ~로 a expensas de la compañía. ~를 절감하다 cercenar los gastos. 물가고 때문에 ~가 오른다 Suben los gastos debido al alza de precios.

경비(警備) guardia, custodia, vigilancia. ~하다 guardar, custodiar, vigilar. ~하고 있다 estar de guardia. ~을 나가다 salir de guardia. ~을 교대하다 relevar (mudar) la guardia. ~가 엄하다 estar guardado (vigilado) estrictamente. ~하 guardia. ~원 guardia(m.), custodio, vigilante. ~정 guartacostas.

경사(傾斜) inclinación, declive, declividad, oblicuidad. ~지다 inclinarse, declinar. ~진 inclinado, declinante, oblicuo. ~지게 en declive, oblicuamente. 급한 ~ declive abrupto (pino). 30도 ~져 있다 tener una inclinación de treinta grados. 이 토지는 하천쪽으로 ~져 있다 El terreno se inclina hacia el río. 지붕은 완만하게 ~져 있다 El tejado tiene un declive suave. ~각 [ángulo de] oblicuidad. ~면 plano inclinado.

경사(京師) capital principal, metrópoli.

경사(慶事) asunto feliz, ocasión feliz. ~스럽다 ser feliz.

경상(輕傷) herida leve. ~을 당하다 recibir una herida leve, ser herido levemente.

경상(經常) ~의 corriente, ordinario. ~비 expensas corrientes (ordinarias), gastos corrientes.

경색(景色) paisaje, vista, panorama (m.). ~이 좋은 de buena visra, de paisaje pintoresco.

경석(輕石) pómez, piedra pómez.

경선(經線) 【지】 meridiano.

경솔(輕率) ligreza, frivolidad, imprudencia. ~한 ligero, frívolo, imprudente. ~히 frívoamente, de ligero, imprudentemente. ~한 짓을 하다 hacer cosas frívolas, portarse frívolamente. ~하게 판단하다 juzgar a la ligera. 그는 약간 ~하다 Es un poco imprudente.

경수(硬水) agua gorda (dura).

경승(景勝) hermoso paisaje, vista maravillosa. ~지 lugar de hermoso paisaje (de vista mavillosa).

경시(輕視) ~하다 despreciar, menospreciar, prestar poca atención a *algo · uno*, hacer poco caso de *algo · uno*, tener *algo* (a *uno* en poco). …의 의견을 ~하다 prestar poca atención a la opinión de *uno*.

경식(輕食) comida ligera, merienda. ~당 snack-bar, cafetería.

경신(更新) renovación. ~하다 renovar.

경신(敬神) piedad, reverencia para con Dios.

경악(驚愕) ~하다 sobresaltarse, pasmar [se], espantarse.

경애(敬愛) respeto y afecto, veneración. ~하다 amar y respetar, venerar. ~하는 querido, estimado. ~하는 A군 mi estimado señor A.

경어(敬語) término honorífico, término (palabra) de respeto, palabra respetuosa; [정중한 말]término(palabra) de cortesía (de urbanidad). ~를 사용하다 usar términos respetuosos. ~로 말하다 hablar en términos de respeto.

경연(競演) concurso.

경연(慶宴) banquete, fiesta. ~을 베풀다 dar una fiesta.

경영(經營) administración, manejo, dirección [administrativa]; operación, gestión. ~하다 [관리] administrar, manejar, dirigir; [사업주로서] operar. ~난에 빠지다 caer en dificultades financieras. 경양 식당을 ~하다 llevar una cafetería. 학교를 ~하다 dirigir una escuela. 그는 무역 회사를 ~하고 있다 Dirige una compañía de comercio exterior. 이 회사는 ~이 잘되고 있다(나쁘다) La administración funciona bien(mal) en esta empresa. ~능력 capacidad de dirección. 그는 ~능력이 있다 Tiene talento para la administración./ Tiene capacidad adminstiva. ~방침 política de negocios. ~자 patrono, patrón; [관리자]administrador, director, gerente; [소유자] propietario, dueño. ~자측과 노동자측 [노사] patronos y obreros; [노자] capital y trabajo. ~자 단체 patronato. ~진 empresarios, patronal (f.). ~학 administración de empresas, económica de la empresa. ~참가 participación de los obreros en la dirección. ~협의회 consejo de administración (de dirección).

경영(競泳) carrera de natación. 100미터 ~ carrera de natación de 100 metros.

경옥(硬玉) [광] jade.

경우(境遇) caso, ocasión, circunstancia. ~에 의하면 según el caso. 어떤 ~에도 …이 아니다 [부정] en ningún caso, de ninguna manera.

경운기(耕耘機) cultivador, cultivadora; [소형의] motocultivador, motocultor.

경원(敬遠) ~하다 poner a *uno* a distancia respetándo*le*.

경위(經緯) urdimbre y trama; 【지】 longitud y latitud, circunstancia.

경위(涇渭) [옳고 그름] lo bueno y lo malo; [판단·식별력] juicio, discernimiento.

경유(鯨油) aceite de ballena.
경유(經由) aceite ligero.
경유(經由) ~하다 pasar por *un sitio*.····를 ~로 vía *un sitio*, pasando por *un sitio*. 로마~로 스페인에 가다 ir a España pasando por Roma.
경음악(輕音樂) música ligera.
경의(敬意) respeto, homenaje. ~를 표하다 presentar (mostrar) *su[s]* respeto[s] a *uno*. ···에게 ~를 표하여 en homenaje a (de) *uno*, en honor de *uno*.
경이(驚異) maravilla, prodigio, admiración, sorpresa. ~적인 maravilloso, prodigioso, sorpréndente, admirable. ~적인 속도 velocidad asombrosa (prodigiosa). ~적인 성공 éxito maravilloso. ~의 눈으로 바라보다 mirar con admiración, contemplar con los ojos maravillados (llenos de admiración).
경작(耕作) cultivo, labranza, labor (*f.*). ~하다 cultivar, labrar *un sitio*. ~에 적당한 토지 tierra cultivable (laborable・adecuada para el cultivo). ~면적 extensión de terreno agrícola. ~자 labrador, cultivador. ~지 tierra de cultivo (de labranza).
경장(輕裝) vestido (atavío) ligero. ~하다 vestirse ligeramente. ~으로 ligeramente vestido, en atavío ligero.
경장(更張) renovación. ~하다 renovar.
경쟁(競爭) competencia, competición, emulación, rivalidad. ~하다 competir (rivalizar) con *uno*, hacer [la] competencia a *uno*. ~에 이기다 ganar en un concurso, salir triunfante en una competencia. ~에 지다 perder en un concurso, ser derrotado en una competición. 그 두 회사는 매상액으로 ~하고 있다 Esas dos compañías compiten (están en competencia) por conseguir una mayor venta. 그들은 ~으로 고층빌딩을 짓고 있다 Rivalizan en la construcción de altos edificios. A는 B와의 ~에서 이겼다 A ha salido triunfante de (en) la competición con B. 최근 출판계는 ~이 심하다 Hay una competencia muy reñida en el mundo editorial de hoy día. ~력을 강화하다 reforzar la fuerza competitiva (la competitividad). 한국 상품의 강한 수출 ~력 fuerte competitividad exportadora de las mercancías coreanas. ~국 país competidor. ~ 시험 oposiciones, examen competitivo. ~ 의식 (심) conciencia (espíritu) de rivalidad (de emulación). ~자・~상대 rival (*m.f.*), adversario. 입시 ~율 porcentaje de las plazas sobre los aspirantes en el examen de ingreso.

경적(警笛) silbato (pito) de alarma; [자동차의] claxon, bocina. ~을 울리다 silbar, tocar la bocina, bocinar.
경전(經典) sagrada escritura; [기독교의] Biblia; [회교의] Corán; [불교의] Sutra.
경정(更正) revisión, corrección. 예산의 ~ reajuste del presupuesto. 세의 ~ 결정을 하다 retasar el importe de la contribución.
경제(經濟) economía. ~적 económico. ~적으로 económicamente. 그는 ~적으로 곤란하다 Está apurado económicamente./ El pasa apuros económicos. 한국의 ~ 사정 estado de la economía (situación económica) de Corea. ~계 círculos económicos, mundo económico. ~ 경찰 policía de economía. ~ 공황 pánico económico. ~ 기사 artículo sobre la economía. ~기획원 Departamento de Planificación Económica. ~ 단체 organización económica. ~ 대국 potencia económica. ~력 poder económico (financiero). ~ 사회 sociedad económica. ~ 성장 crecimiento (desarrollo) económico. ~ 성장률 tasa de crecimiento económico. ~ 원론 principios de economía. ~ 위기 crisis económica. ~ 전쟁 guerra económica. ~정책 política económica. ~ 제도 sistema económico. ~ 침략 invasión (agresión) económica. ~ 투쟁 lucha económica. ~학 economía política. ~학부 facultad de ciencias [políticas y] económicas. ~학자 economista (*m.f.*). ~협력개발기구 Organización para la Cooperación Económica y el Desarrollo, OCED. ~ 활동 actividad económica.
경조(慶弔) condolencia. ~전보 telegramas (*m.pl.*) de felicitación y de condolencia.
경종(警鐘) campana de alarma. ~을 울리다 tocar la campana de alarma; [비유] dar la alarma.
경주(競走) carrera, corrida, regata (보트의). ~하다 correr, luchar a la carrera, regatear. ~에 이기다 (지다) ganar (perder) en la carrera. ~ 자동차 automóvil de carreras. 단거리 ~ carrera de corta destancia. 마라톤 ~ carrera maratón. 100미터 ~ carrera de cien metros lisos. 장거리 ~ carrera de larga destancia. 1000미터 ~ carrera de mil metros.
경주(傾注) devoción, aplicación. ~하다 dedicarse, entregarse. ~하다 concentrar todas *sus* fuerzas en *algo*, dedicarse (consagrarse) todo entero (en cuerpo y alma) a *algo*.
경중(輕重) importancia relativa, gravedad

경증(輕症) enfermedad leve. ~환자 caso leve.

경지(耕地) campo de cultivo, tierra cultivada (laborada). ~¦ 뜬적 superficie cultivada. ~정리 arreglo del terreno cultivable.

경지(境地) estado mental. 새로운 ~를 열다 abrir nuevos horizontes en *algo*. 성인의 ~에 달하다 llegar a la santidad.

경질(硬質) ~의 duro, rigido. ~고무 goma dura. ~유리 vidrio de calidad dura. ~자기 porcelana dura.

경질(更迭) cambio, su[b]stitución, reemplazo. ~하다 su[b]stituir, reemplazar. 각료의 ~ cambio de ministro.

경찰(警察) policía; fuerzas del orden 【군대 fuerzas armadas에 대해 각종 경찰의 총칭】. ~의 policial, policíaco. 사건을 ~에 알리다 avisar (informar) a la policía de lo sucedido. ~은 범인을 수사하고 있다 La policía persigue al criminal. ~관 agente de policía, policía (*m.f.*). ~견 perro policía. ~국가 estado policíaco. ~권 poder (autoridad) de la policía. ~서 (서장) comisaría (comisario) de policía. ~력 fuerza pública. ~의(醫) médico forense. ~ 학교 academia de policía.

경첩 gozne, bisagra. ~을 달다 engoznar, poner goznes a *algo*. ~을 벗기다 desgoznar.

경첩(輕捷) agilidad.

경청(傾聽) ~하다 escuchar [atentamente], prestar (dar) oído[s] a *algo*. ~할 만한 digno de escuchar. ~할 만한 가치가 있다 (없다) (No) Vale la pena [de] prestarle oído[s].

경축(慶祝) [축하] congratulación, felicitación. ~하다 celebrar, congratular, felicitar. ~일 día de fiesta [nacional].

경치(景致) escena, perspectiva, vista, paisaje. 좋은 ~ paisaje pintoresco. 밤~ paisaje nocturno.

경칭(敬稱) título honorífico. ~생략 Sin mención de títulos.

경쾌(輕快) ligereza. ~한 ligero, alegre, jovial. ~하게 con ligereza; alegremente, jovialmente. ~한 동작 movimiento ligero. ~한 리듬 ritmo alegre. ~하게 춤추다 bailar con ligereza.

경탄(驚歎) asombro. [찬탄] admiración, maravilla. ~하다 asombrarse (maravillarse) de *algo*; admirarse de *algo*. ~하게 하다 asombrar, admirar, causar admiración en *algo*. ~할 만한 admirable. 그의 재능에 사람들은 ~했다 Su talento admiró a la gente./ La gente se admiró de su talento.

경토(耕土) terreno rico (fértil).

경품(景品) premio, regalo, obsequio. ~을 내놓다 ofrecer premios. ···을 ~으로 붙이다 añadir (insertar) *algo* como regalo. ~권 papeleta de premios. ~부 대매출 gran venta con premios.

경하(慶賀) congratulación, felicitación. ~하다 congratular, felicitar.

경하다(輕-) ser ligero ; [경솔한] imprudente.

경합(競合) competencia. ~하다 rivalizar, licitar (입찰에서).

경향(傾向) tendencia ; [성향] inclinación. ···의 ~이 있다 tener (tener [una] tedencia) a+*inf*. 물가가 상승하는 ~이 있다 Los precios tienden a subor./ La tendencia es al alza [de precios]. 이 국민은 새로운 것을 거부하는 ~이 있다 Este pueblo tiene [una] inclinación a rechazar las novedades. 그는 책임을 회피하는 ~이 있다 Tiene cierta inclinación a evadir la responsabilidad.

경험(經驗) experiencia. ~하다 experimentar, tener experiencia de *algo*. ~있는 experimentado ; [숙련된] experto, perito. ~이 없는 inexperto ; [초심의] novato. ~적인 experimental, empírico. ~이 있는 간호원 enfermera experimentada. 타이피스트의 ~이 있는 사람 persona que tiene la experiencia de mecanógrafo. ~을 쌓다 acumular experimental, empírico. ~을 쌓다 acumular experiencias de *algo*. ~을 살리다 aprovechar la experiencia. ~이 많다 (적다) tener mucha (poca) experiencia en *algo*. 풍부한 ~을 살려서 con una caudar de experiencia. 수년의 ~으로 con largos años de experiencia. ~으로 알다 (배우다) saber (aprender) *algo* por experiencia. 내 ~으로는 ··· Según mi experiencia···/ Mi experiencia muestra que+*ind*. 좋은 ~이 되다 ser una buena experiencia para *uno*. 어려움을 ~하다 experimentar sufrimiento, sufrir dificultades. 교사의 ~이 있다 tener experiencia de maestro. 그것은 귀중한 ~이었다 Ha sido una experiencia preciosa. 그는 실연을 여러번 ~했다 Ha experimentado muchas veces el fracaso amoroso. 나는 아직 그런 ~이 없다 Todavía no he tenido esa experiencia. 그런 사태는 이미 ~했다 Esa situación ya la he experimentado. 그 외교관의 ~이 풍부하다 Tiene mucha (una gran) experiencia en diplomacia (como diplomacia). ~담 historia (relato) de su experiencia. ~론 empirismo. ~론자 empírico. ~연수 años de

경호(警護) escolta, convoy, custodia. ~하다 escoltar, convoyar, custodiar.

경화(硬貨) moneda metálica, moneda contante y sonante. ~로 en metálico.

경화(硬化) esclerosis. 동맥 ~ esclerosis arterial.

경화학공업(輕化學工業) industria química ligera.

곁 vecindad ; [옆] lado. ~의 vecino, cercano. ~에 cerca, al aldo. …의 ~에 cerca de, al lado de,

곁눈 mirada de reojo. ~으로 보다 ojear (mirar) de sosalayo (de reojo), guiñar.

계(階) rango oficial, grado.

계(計) total, suma total; [합계하여] en total.

계(係) sistema ; [혈통] linaje. 태양 ~ sistema solar.

계(界) mundo, círculo, reino. 경제 ~ círculo económico. 동물~ reino animal. 식물 ~ reino planta. 광물~ reino mineral.

계(戒) precepto.

계간(季刊) publicación trimestral. ~잡지 revista trimestral.

계고(戒告) advertencia, amonestación, reprimenda. ~하다 hacer una advertencia a uno, amonestar, reprender. 그는 ~처분을 받았다 Le dieron una advertencia.

계곡(溪谷) valle, quebrada.

계관(桂冠) ~의 시인 poeta laureado.

계교(計巧) plan, proyecto, designio, treta.

계급(階級) clase (f.) ; [등급] categoría ; [놓은] rango ; [신분] casta, estado ; [군대의] graduacion ; [서열] orden (pl.ordenes), heraquía ; [계층] capa. ~이 오르다 subir de rango. ~을 올리다 subir un rango. ~을 내리다 degradar a uno. 노동자 (중류) ~에 속하다 pertenecer a la clase obrera (media). ~의식 conciencia de clase. ~제도 jerarquía, sistema de clases. ~투쟁 lucha (conflicto) de clases.

계기(契機) punto decisivo, motivo;【철】momento. ~을 ~로 하여 con motivo de algo. …의 ~가 되다 dar la ocasión de algo, ocasionar (causar) algo. 한국 전쟁은 일본 경제 부흥의 ~가 되었다 La guerra de Corea ocasionó la reconstrucción de la economía japonesa.

계기(計器) medidor, contador, indicador. ~비행 vuelo con intrumentos (sin visibilidad). ~착륙장치 sistema de aterrizaje instrumental. ~판 [자동차의] tabiero de mandos; [비행기의] tablero (caudro) de instrumentos.

계단(階段) escalera, escalón. ~을 오르다 subir por la escalera. ~을 내려가다 bajar por la escalera.

계도(系圖) genealogía.

계란(鷄卵) huevo. 삶은 ~ huevo pasado por agua.

계략(計略) complot, conspiración; [책략] estratagema, artificio, ardid (m.), treta. ~을 써서 empleando estratagemas, valiéndose de estucias. ~을 세우다 trazar (idear) una estratagema. ~에 빠지다 dejarse atrapar, caer en la trampa. ~에 빠뜨리다 poner (hacer caer en) una trampa a uno.

계량(計量) medida, pesada. ~하다 [무게를] pesar; [분량을] medir. ~기 medidor, balanza.

계류선(繫留線) barco anclado.

계리사(計理士) perito contador (mercantil), contador certificado.

계명(戒名) nombre póstumo budista. ~를 붙이다 poner un nombre póstumo budista a uno.

계모(繼母) madrastra

계몽(啓蒙) ilustración. ~하다 instruir, ilustrar. ~적인 작품 obra instructiva (de ilustración). ~ 문학 (철학) literatura (filosofía) de la ilustración. ~서 libro de ilustración. ~운동 【역사】 La Ilustración. ~주의 iluminismo. ~주의자 ilustrado.

계발(啓發) ~하다 alumbrar (iluminar·ilustrar) a uno sobre algo; [감화] edificar. 나는 그의 강연에 크게 ~되었다 Su conferencia ha sido para mí muy iluminadora (me ha ilustrado enormemente).

계보(系譜) genealogía.

계부(繼父) padrastro

계부(季父) hermano menor de su padre.

계사(繫詞) cópula.

계산(計算) cálculo, calculación, cuenta. ~하다 calcular, contar, computar, hacer un cálculo. ~상[으로] calculadamente. ~할 수 있는 calculable, computable. ~을 틀리다 calcular mal, equivocarse (cometer un error) en el cálculo. 대금을 ~해 주십시오 Hágame el cáculo del precio. ~이 빠르다 ser buen calculador, ser fuerte en cálculo. ~이 더디다 Ser flojo en cálculo. ~기 máquina caluladora (sumadora·para calcular). ~서 [estado de] cuenta. ~자 regla de cálculo, calculador. 견적 [매상] ~서 cuenta simulada (de venta). 전자 ~기 [컴퓨터] computdore. 전자 탁상 ~기 calculadora.

계상(計上) ~하다 sumar, ennumerar, especificar.

계선(繫船) amarra de barco. ~장 amarradero.

계속(繼續) continuación, seguimiento;〖갱신〗renovación ;〖연장〗prolongación. ~하다 continuar, seguir;renovar, prolongar. ~적인 continuo, seguido. ~적으로 continuamente, seguidamente. ~해서 …하다 seguir (continuar)+『현재분사』. ~해서 일하다 (공부하다) seguir (continuar) trabajando (estudiando). 일을 ~하다 seguir el trabajo. 심의를 ~하다 continuar las deliberaciones. 구독을 ~하다 renovar la suscripción. 계약을 ~하다 prolongar el contrato. 그 문제는 ~심의 되었다 Ese problema ha quedado para ulteriores deliberaciones. ~기간 período de duración.

계수(季嫂) cuñada, hermana política.

계수(係數)〖수〗coeficiente. 팽창 (마찰) ~ coeficiente de expansión (de rozamiento).

계수(計數) calculación.

계승(繼承) sucesión, herencia. ~하다 suceder, heredar. 왕위를 ~하다 suceder en el trono. 부친의 사업을 ~하다 suceder a su padre en los negocios, heredar los negocios de su padre. ~권 derecho de sucesión. ~자 sucesor, heredero.

계시(啓示) revelación. ~하다 revelar.

계시다 estar, quedarse. 누님은 댁에 계십니까 ¿ Está en casa su hermana? 한국에 얼마나 계셨습니까 ¿Cuánto tiempo hace que estaba en Corea? 서울에 계신지 얼마나 됩니까 ¿Cuánto tiempo hace que lleva usted en Seúl?

계약(契約) contrato, pacto. ~하다 contratar, pactar, concluir (ajustar · formar) un contrato. ~을 이행하다 cumplir [con] (respetar) el contrato. ~을 취소하다 ~해서하다 anular el contrato. ~을 파기하다 rescindir (romper · dehacer) el contrato. ~에 위반하다 quebrantar (violar) el contrato. ~을 갱신하다 renovar el contrato. 매매을 맺다 concluir un contrato de compraventa. ~금〖운동 선수 등의〗fichaje. ~갱신 renovación del contrato. ~기한 término (plazo) de un contrato. ~불이행 imcumplimiento del contrato. ~서 escritura de un contrato. ~서를 작성하다 hacer un contrato. ~ 위반 infracción (violación) del contrato. ~자 contratante (m.f.) ;〖당사자〗parte [contratante]. ~조항 estipulaciones (cláusulas) de un contrato. ~ 취소 disolución del contrato. ~ 파기 rescisión del contrato. 일년 ~ contrato válido por un año. 장기 (단기) ~ contrato a largo (corto) plazo. 차관 (보상) ~ contrato de préstamo (de indemnización).

계엄(戒嚴) ~령 ley marcial. ~령을 선포하다 proclamar la ley marcial. ~령을 해제하다 quitar la ley marcial. ~상태 estado de sitio (de alarma · de excepción).

계열(系列) línea ;〖물〗serie ;〖생〗sistema (m.), sucesión. A사의 ~아래 들어가다 colocarse dentro de la línea de la compañía A. 그의 소설은 리얼리즘 ~에 속한다 Su novela se clasifica entre los realistas./ Su novela se sitúa dentro de la línea realista. ~화 하다 〖회사 등을〗agrupar. 기업의 ~화 agrupación industrial. ~회사 sociedad subsidiaria, compoñías afiliadas.

계원(係員) oficial. 접수 ~ recepcionista.

계월(桂月) luna ;〖음력 8월〗agosto lunar.

계육(鷄肉) pollo.

계율(戒律) preceptos [budistas], mandato, mandamiento. ~을 지키다 observar los preceptos. ~을 파하다 violar los preceptos.

계쟁(係爭) pleito, disputa,〖법〗litigio. ~하다 disputar, contender; litigar. ~중의 사건 asunto en litigio (en disputa). ~에 관해 …와 ~중이다 estar en litigio con uno sobre algo.

계절(季節) estación. ~풍 monzón.

계주(繼走) carrera de tanda, carrera de relevos.

계집 mujer ;〖아내〗su mujer (esposa, señora) ;〖정부〗concubina. ~아이 chica, niña, muchacha. ~종 criada. ~질 libertinaje.

계책(計策) artificio, treta, plan.

계천(溪川) arroyo, río, arroyuelo.

계통(系統) sistema (m.). ~적 sistemático. ~적으로 sistemáticamente. ~을 세우다 sistematizar. ~을 세워 공부하다 estudiar sistemáticamente. 같은 ~의 언어 lenguas de la misma familia.

계획(計劃) plan, proyecto, programa (m.) ;〖의도〗intención. ~하다 intentar + inf., tener la intención de + inf., calcular, proyectar. ~적인 premeditado, calculado, intencional, deliberado. ~적으로 premeditadamente, calculadamente, intencionalmente, deliberadamente. ~적인 범죄 crimen premeditado. 무 ~으로 sin plan ni nada. ~에 의하면 según el proyecto, de acuerdo con el plan. ~을 세우다 proyectar, planear, trazar (montar · establecer · preparar) un plan (programa), hacer planes (un proyecto). ~을 품다 hacer algo· en la mente. ~을 실행하다 ejecutar un proyecto. ~을 변경하다 cambiar de proyecto, modificar el proyecto. ~데로 진행하다 seguir con el plan

previo. 새로운 회사 설립을 ~하다 proyectar la fundación de una compañía nueva. 새로운 사업이 ~되고 있다 Está sobre el tapete (en proyecto) una empresa nueva. 우리들은 소풍갈 ~이 있다 Tenemos planeado hacer (Tenemos en proyecto) una excursión. ~이 성공 (실패) 했다 Salió bien(mal) el proyecto./ Tuvo buen (mal) éxito el proyecto. ~으로 끝났다 El proyecto ha quedado sólo en proyecto (ha quedo sin realizarse). 공사는 ~대로 진행되었다 Las obras marchaban tal como se había proyectado. ~ 경제 economía planificada. 경제 발전 ~ proyecto de desarrollo económico. 연구 ~ plan de estudios. 하기 휴가 ~ plan de las vacaciones de verano. 5년 (10년) ~ plan quinquenal (decenal). 제 3차 경제 5개년 ~ el Tercer Plan Quinquenal de Desarrollo Económico.

고(故) difunto, fallecido. ~A씨 el difunto señor A.

고가(高價) alto precio, precio alto (elevado). ~의 de alto precio, caro, valioso. ~이다 costar caro, valer mucho, ser caro (de mucho valor). 이 그림은 무척 ~이다 Este cuadro cuesta muy caro (cuesta un ojo de la cara). ~품 artículo valioso (caro), objeto de mucho valor.

고가(高架) ~의 aéreo. ~도로 carretera elevada. ~[전]선 cable eléctrico aéreo. ~철도 ferrocarril de vía aérea.

고가(古家) casa antigua.

고가(故家) familia antigua.

고각(高閣) edificio alto.

고갈(枯渴) agotamiento, ~되다 agotarse, consumirse. 우리는 자금이 ~됐다 Se nos agotaron los fondos./ Se nos agotó el capital.

고갑다 ser desagradable.

고개 nuca; [머리] cabeza; [언덕·산의] cumbre (cima·pico) de montaña; [절정] ápice, clímax, pico.

고객(顧客) cliente, parroquiano.

고견(高見) su opinión; [뛰어난 의견] opinión excelente.

고결(高潔) integridad, probidad, nobleza y pureza de alma. ~한 íntegro, probo, recto, noble. ~한 사람 hombre íntegro (noble y recto), alma proba.

고경(苦境) adversidad, apuro. ~에 처하다 hallarse en apuros.

고고학(考古學) arqueología. ~상의 arqueológico. ~자 arqueólogo.

고관(高官) alto dirigente, alto funcionario.

고교(高校) [국공립의] instituto [de segunda enseñanza]; [사립의] colegio; [메시코]** escuela preparatoria, [남미] escuela secundaria superior; [과정] bachillerato. ~생 estudiante de[l] bachillerato. ~졸업생 bachiller (m.f.), superior.

고구마 batata, camote (남미), baniato, patata dulce.

고국(故國) país natal, patria.

고군(孤軍) ~분투하다 luchar solo (sin apoyo ninguno).

고궁(古宮) palacio antiguo.

고귀(高貴) nobleza. ~한 alto y noble, distinguido, elevado. ~한 사람 noble (m.f.), hombre distinguido. ~한 정신 espíritu noble. ~한 태생이다 ser noble de nacimiento (de cuna), ser de linaje (de sangre) noble.

고금(古今) ~의 antiguo y moderno. ~의 명작 obras maestras antiguas y modernas. ~를 통해서 en todas las épocas. 동서·~을 통해 그를 능가할 음악가는 없다 No hay músico que le haya superado en ningún lugar ni época.

고급(高級) calidad superior, primera clase (categoría), alta clase, clase superior. ~의 de clase superior [de calidad], superior, de primera clase (categoría), de primer orden. ~관료 alto funcionario. ~선원 oficial (de un barco). ~차 coche lujoso (de lujo). ~품 artículo de lujo (de categoría).

고급(高給) sueldo elevado (alto). ~을 받다 ganar(cobrar) un sueldo alto. ~으로 고용하다 emplear a *uno* con un sueldo alto.

고기 [짐승의] carne (f.); [물고기] pescado. 돼지 ~ carne de puerco (cerdo·chancho) 쇠~ carne de vaca. 양~ carne de oveja.

고기압(高氣壓) alta presión atmosférica.

고기잡이 pesca; [어부] pescador. ~하다 pescar.

고난(苦難) [고통] sufrimiento, padecimiento; [어려움] dificultades, penalidades, trabajos; [불행] desgracia. ~를 참다 soportar (aguantar ： pasar) los sufrimientos; sufrir[sobrellevar] las desgracias. 그의 일생은 ~의 연속이었다 Su rostro acusa una profunda pena.

고단하다 estar cansado.

고답(高踏) ~적인 muy intelectual. ~파 escuela parnasiana. ~파 시인 poeta parnasiano; [여자] poetisa parnasiana.

고대(古代) edad antigua, tiempo antiguo, antigüedad. ~의 antiguo, de antigüedad, de antaño. ~로마 Roma antigua. ~문명 civilización antigua. ~인 antiguos (m.pl.).

고도(高度) 1 altura, altitud. ~의 alto. ~를

고도 오르다(내리다) ganar (perder) la altura. ~천미터의 상공을 나르다 volar a una altura de mil metros. ~계 altímetro. 2 ~의 elevado; [진보한] avanzado. ~의 문명 civilización muy elevada (de gran desenvolvimiento). ~의 기술 técnica muy avanzada (de alto grado). 경제의 ~성장 crecimiento acelerado (alto crecimiento) de la economía.

고도(古都) capital (ciudad) antigua.

고도(孤島) isla solitaria (aislada).

고독(孤獨) aislamiento, soledad. ~한 solitario, aislado. ~한 생활 vida solitaria. ~한 남자 hombre solitario. ~한 여자 mujer solitaria. ~한 생활을 하다 vivir solo (aislado), llevar una vida solitaria. ~을 느끼다 sentirse solitario (solo), sentir soledad. ~감 sensación de soledad.

고동(鼓動) palpitación, latido; [맥박의] pulsación. ~하다 latir, palpitar, pulsar.

고드름 cerrión, carámbano.

고등(高等) clase superior. ~의 superior, alto, avanzado de clase superior. ~검찰청 Fiscalía General. ~교육 enseñanza superior. ~동물 animal superior. ~변무관 alto comisario. ~수학 matemáticas superiores. ~법원 Tribunal Superior de Apelación), Audiencia Territorial. ~학교 escuela sueprior. ~사범학교 escuela normal superior. 여자 ~사범학교 escuela normal superior de señoritas. 공업 ~학교 escuela superior politécnica. 농업 ~학교 escuela superior de agricultura. 상업 ~학교 escuela superior de comercio.

고등어[어] caballa, escombro.

고딕 gótico. ~의 gótico. ~건축 arquitectura gótica. ~서체 letra gótica. ~양식 estilo gótico. ~음악 música gótica.

고락(苦樂) las alegrías y las penas. ~을 함께 하다 compartir las alegrías y las penas con *uno*.

고랑¹ [수갑] esposas; [족쇄] cadena.

고랑² [두둑 사이] surco.

고래[동] ballena. ~기름 aceite de ballena. ~고기 carne de ballena.

고래(古來) ~로 desde muy antiguo, desde los tiempos antiguos. 한국 ~의 풍습 costumbre tradicional coreana.

고래고래 ruidosamente, con mucho ruido, alborotadamente.

고려(考慮) consideración, deliberación, reflexión. ~하다 considerar; [검토] estudiar; [숙고] mreflexionar sobre *algo*. ~에 들어가다 tener (tomar) en cuenta *algo*, tomar (tener) en consideración *algo* fuera de *su* consideración. …을 ~해서 teniendo en cuenta *algo*, en consideración a *algo*, por consideración a *uno*. 신중히 ~한 후에 después de estudiarlo prudentemente. 그 문제는 ~중이다 El problema está bajo (sometido a) consideración. 그것은 ~할 여지가 없다 Eso no da lugar a consideración alguna. 정부는 여론의 동향을 ~해서 정책을 변경했다 El gonierno, teniendo en cuenta la opinión pública, cambió de política.

고려(顧慮) consideración, solicitud. ~하다 considerar, tomar *algo* en consideración, tomar (tener) en cuenta; [주의를 기울이다] prestar atención a *algo*. …을 ~하여 considerando *algo*, en consideración a *algo*, teniendo en cuenta *algo*, en atención a *algo*. …을 ~하지않고 sin tener en cuenta *algo*.

고려자기(高麗磁器) porcelana (alfarería) coreana.

고령(高齡) edad avanzada. ~의 de edad avanzada. ~에 달하다 llegar a la vejez (a una edad avanzada). 그는 90세의 ~으로 죽었다 Murió a la avanzada edad de noventa años. ~자 anciano.

고름 pus. ~집 pústula.

고리 anillo.

고리(高利) interés algo; [부정한] usura, intereses usurarios. ~의 usurario, de usura. ~로 con usura, usurariamente. ~로 빌려주다 dar a usura, prestar usurariamente. ~대금업자 usurero, logrero, prestamista (*m.f.*).

고릴라[동] gorila.

고립(孤立) aislamiento, desamparo, aislación. ~하다 aislarse, desampararse. ~시키다 aislar, desamparar. ~한 aislado, solitario, desamparado. ~무원의 aislado y sin ninguna ayuda. 홍수로 마을은 ~되었다 El pueblo quedó aislado por la inundación./ La inundación aisló el pueblo. 이 나라는 세계경제에서 ~되어 있다 Este país vive aislado de la economía mundial. ~정책 política de aislamiento. ~주의 aislacionismo. ~주의의 aislacionista. ~주의자 aislacionista (*m.f.*).

고마와하다 estar agradecido por, dar las gracias por, agradecer.

고막(鼓膜)[해] tímpano [del oído].

고맙다 estar agradecido, dar las gracias. 대단히 고맙습니다 Gracias./ Muchas gracias./ Mil gracias./ Un millón de gracias./ Se lo agradezco./ Estoy muy agradecido.

고매(高邁) nobleza. ~한 noble, elevado. ~한 정신 espíritu elevado.

고명(高名)[명성] fama, reputación; [경어] su [famoso] nombre. ~한 renombrado, ilustre, insigne. ~한 철학자 filósofo renombrado (ilustre · insigne). ~을 많이 들었습니다 Ya le conozco a usted por su reputación./ Su nombre me es muy familiar./ He oído mucho de usted.

고모(姑母) tía, hermana de su padre.

고모부(姑母夫) tío, esposo de su tía.

고목(枯木) ábol muerto (seco).

고목(古木) árbol viejo (secular).

고무 goma, caucho. ~의 de goma. ~공 pelota de jebe. ~신 zapato de goma. ~인 sello de caucho. ~풀 mucílago.

고무(鼓舞) estimulacióin, animación. ~하다 estimular, alentar, animar.

고문(顧問) consejero, consultor, asesor. ~변호사 abogado consultador (consultante). 기술~ consejero técnico.법률~ asesor (consejero) legal, jerisconsulto. 재무 ~ consejero financiero.

고문(拷問) tortura, tormento, suplicio. ~하다 atormentar. ~을 가하다 torturar (atormentar) a uno, infligir suplicio a uno.

고문(古文) escrito (texto) antiguo, escritura arcaica.

고문서(古文書) texto (documento) antiguo. ~보관서 archivo. ~학 paleografía. ~학자 paleógrafo.

고물(古物) antigüedades, cosas viejas. ~상 tienda, de artículos de segunda mano.

고민(苦悶) agonía, congoja, angustia. ~하다 agonizar, acongojarse, sufrir mucho. 그는 얼굴에 ~의 빛을 띠고 있다 Puso cara de angustia./ Su rostro tomó una expresión dolorosa.

고발(告發) acusación; 【법】 denuncia. ~하다 acusar; denunciar; imputar. 경찰에 ~하다 denunciar a uno a la policía. 나는 그를 횡령해로 ~했다 Le acusé de delito de agravio. ~자 acusador, denunciador, denunciante (m.f.).

고배(苦杯) amarga derrota. ~를 마시다 [패배] sufrir una amarga derrota; [시합에서] perder el partido; [경험] pasar por una amarga experiencia; [실패] tener un amargo fracaso, fracasar, salir mal.

고백(告白) confesión; [사랑의] declaración; [신앙의] profesión. ~하다 confesar; declarar. 사랑을 ~하다 declarar (confesar) su amor a uno. 죄를 ~하다 confesar sus pecados (confesarse de sus culpas) a uno. 신앙의 ~을 하다 hacer profesión de fe.

고별(告別) despedida. ~사 alocución fúnebre. ~식 ceremonia de despedida, misa funeral.

고분(古墳) tumba antigua, sepulcro antiguo, túmulo.

고분고분 obedientemente.

고분자(高分子) macromoléculas. ~화합물 combinación de macromoléculas.

고뿔 resfriado. ~에 걸리다 coger un resfriado.

고비 [절정] clímax; [위기] crisis (f.); momento crítico.

고삐 rienda.

고사(古史) historia antigua.

고사(古寺) templo antiguo.

고사(考査) examen.

고사(故事) hecho histórico; tradición, leyenda.

고사(固辭) ~하다 obstinarse (empeñarse) en rehusar algo, persistir en rechazar algo, repulsar (recusar) algo con persistencia.

고사포(高射砲) cañón antiaéreo.

고산(高山) monte alto, montaña alta (elevada). ~병 mal de montañas(de altura), enfermedad montañera, soroche. ~식물 vegetación (flora) alpina, planta alpestre.

고상(高尙) nobleza, elegancia. ~한 [숭고], elevado, noble;, [상품], refinado, exquisito, elegante. ~한 취미 gusto exquisito (refinado).

고색(古色) vetustez. ~창연한 vetusto, antiguo, que tiene apariencia de antigüedad.

고생(苦生) vida difícil, penalidad. ~하다 pasar un trago amargo. 산다는 것이 ~이다 aburrirse de vivir.

고생대(古生代) era paleozoica, paleozoico. ~의 paleozoico.

고생물(古生物) organismos extintos.

고서 libro antiguo, libros usados, libros de segunda mano. ~점 tienda de libros usados. ~파는 사람 vendedor de libros usados.

고성(古城) castillo antiguo (viejo).

고성(高聲) alta voz. ~으로 en voz alta.

고성능(高性能) eficiencia alta. ~의 potente, de alto redimiento, [정밀한] de alta precisión. ~폭약 explosivo de alta potencia, ~의 explosivo.

고소(告訴) denuncia. ~하다 presentar una denuncia (una demanda) contra uno. ~를 취하하다 desistir de su demanda. ~인 acusador. ~장 denuncia.

고소(高所) altura, sitio alto, lo alto. ~공포증 acrofobia.

고소(苦笑) risa forzada, risa del conejo. ~을 하다 sonreír forzadamente.

고속(高速) gran velocidad, alta velocidad, carrera tendida. ~의 de gran velocidad, de carrera tendida. ~으로 a alta (gran) velocidad, con mucha velocidad. ~도로 autopista. ~계전기 relé de acción rápida.

고수(鼓手) tambor; [작은 북의] tamborilero.

고수(固守) ~하다 defender; [수비] defender *algo* tercamente (con persistencia), [견지] mantener (guardar・conservar) *algo* firmemente.

고수머리 cabellos rizados.

고슴도치 【동】 erizo.

고승(高僧) [덕이 높은] bonzo de alta virtud; [고위의] bonzo de rango elevado (de alta categoría).

고시(古詩) poema antigua.

고시(古時) tiempos antiguos.

고시(告示) aviso, declaración, anuncio. ~하다 avisar, declarar, anunciar.

고시(考試) examen. 고등 ~ examen del alto servicio civil. 보통 ~ examen de servicio civil. 사법 ~ examen de admisión de jueces y fiscales.

고심(苦心) afán, trabajos, sufrimiento; [노력] esfuerzo, empeño, tesón. ~하다 desvelarse por *algo*, afanarse por + *inf*. ~해서 con muchos esfuerzos, haciendo esfuerzos esfanosos y penosos. ~ 참담하다 sudar tinta (trabajar como un negro・romperse los cascos) para + *inf*. ~담 relato los las penosas experiencias sufridas. ~작 obra realizada con muchos esfuerzos.

고아(孤兒) huérfano. ~가 되다 quedar huérfano. ~원 asilo de huérfanos, hospicio, orfanato.

고아(高雅) elegancia. ~한 distinguido, elegante.

고안(考案) idea; [발명] invención. ~하다 idear, imaginar; inventar (idear) un nuevo método (una) máquina nueva. ~자 inventor.

고압(高壓) alta presión; [전기의] alta tensión, alto voltaje. ~적인 태도로 나오다 tomar (adoptar) una actitud coercitiva (represiva・opresiva). ~선 cable (alambre) de alta tensión. ~전류 corriente eléctrica de alta tensión. ~회로 circuito de alto voltaje.

고액(高額) importe alto, suma (cantidad) elevada. ~소득자 persona [que goza] de una renta elevada (de guenos ingresos).

고약(膏藥) parche, emplasto. ~을 어깨에 바르다 [자신의] aplicarse un emplasto (un parche) al hombro, emplastarse el hombro.

고양이 【동】 gato ; [암컷] gata.

고어(古語) arcaismo, palabra anticuada (antigua), voz arcaida.

고역(苦役) trabajo duro (penoso)

고열(高熱) [몸의] fiebre alta, calentura elevada. ~에 시달리다 padecer (estar afectado por) una fiebre alta.

고옥(古屋) casa antigua.

고온(高溫) temperatura alta (elevada). ~다습의 caluroso y húmedo, cálido y de mucha humedad. ~계 pirómetro.

고요 tranquilidad ~하다 (ser) tranquilo, silencioso, quieto, pacífico. ~히 quietamente, pacíficamente, con sosiego.

고용(雇傭) empleo. ~하다 emplear, dar trabajo a *uno*, tomar. ~계약 contrato (pacto) de empleo (de trabajo). ~조건 condiciones de empleo. ~자・~주 patrón, patrono. ~자측 patronal. 피 ~인 empleado.

고우(故友) amigo viejo (antiguo)

고원(雇員) empleado de categoría inferior

고원(高原) altiplanicie; 【남미】 aliplano, [대지] meseta.

고원(高遠) ~한 elevado, noble, sublime. ~한 이상 ideal noble (sublime).

고위(高位) alta dignidad, rango, alta (mucha) categoría. ~에 오르다 elevarse a una alta dignidad, llegar a ser una persona de [alta・mucha] categoría. ~고관 dignatario, prócer, alto dirigente.

고유(固有) ~의 propio a *algo*; [특유의] peculiar (particular) a *algo*, inherente (connatural) a *algo*, característico. 한국 ~의 풍습 costumbre propia (peculiar) coreana. ~명사 sustantivo (nombre) propio.

고율(高率) tipo elevado, tasa elevada, razón alta. ~의 금리 tipo elevado de interés.

고을 pueblo, aldea.

고음(高音) sonido alto, tono agudo. ~의 alto, agudo. 이 스피커는 ~이 잘 난다 Este altavoz reproduce bien el tono alto. ~부 【악】 soprano, tiple. ~부 기호 clave de sol.

고의(故意) intención. ~의 intencional, intencionado, deliberado. ~로 intencionadamente, con intención de (a) propósito, expresamente, ex profeso. 나는 ~로 그 일을 하지 않았다 No lo he hecho de propósito (con intención).

고인(故人) difunto, persona fallecida, finado. ~이 되다 morir, fallecer, finar, dejar de existir.

고인(古人) antepasado.

고인돌 dolmen.

고자(告者) chismoso. ~쟁이 chismoso. ~

질 chismeo, chismografía. ~질 하다 chismear, chismorrear.

고자세(高姿勢) actitud intransigente (agresiva · provocativa). ~를 취하다 tomar (adoptar) una actitud intransigente (agresiva · provocativa).

고작 a lo más, lo más, cuando mejor.

고장 distrito, región.

고장(故障) [기계 등의] avería; [장해] obstáculo; [사고] accidente; [결함] defecto. ~이 나다 [생기다] averiarse, quedarse averiado; [상태] no marchar (funcionar·andar) bien, tener una avería. …의 ~을 수리하다 reparar (arreglar) algo. ~의 원인을 발견하다 encontrar la causa de la avería. 이 기계는 ~이 나 있다 Esta máquina está averiada (no anda bien). ~차 corche averiado.

고저(高低) [높이] altura; [상장·열의] altibajos, fluctuaciones; [기복] altibajos, desigualdades; [음의] tono; [소리의] modulación; [요철] desnivel, desigualdad. ~가 있는 [토지가] desnivelado, desigual, accidentado; ~이 없는 nivelado, igual, llano. ~·측량 medición geométrica de la altura.

고적(古跡) monumento histórico; [유적] vestigio, ruinas [históricas].

고적운(高積雲) altocúmulo.

고전(古典) clásico. ~적인 clásico. ~극 teatro clásico. ~문학 literatura clásica, letras clásicas. ~작가 clásico (m.f.), autor clásico. ~주의 clasicismo. ~파 escuela clásica. ~학 estudios clásicos, humanidades (f.pl.). ~학자 humanista (m.f.).

고전(苦戰) batalla dura, lucha desesperada. ~하다 combatir desesperadamente.

고전(古錢) moneda antigua. ~수집가 numismático. ~학 numismática.

고전장(古戰場) campo antiguo de batalla.

고정(固定) fijeza, fijación. ~하다 fijar, establecer. ~된 fijo, firme, estacionario, estacional, permanente. 책상을 방바닥에 ~하다 fijar un pupitre en el suelo. 이 옷장은 벽에 ~되어 있다 Este armario está fijado (fijo) a la pared. ~관념 idea fija, obsesión. ~급 sueldo fijo (regular). ~부채 pasivo fijo. ~자본 capital fijo. ~자산 activo fijo (inmobilizado). ~자산세 impuestos sobre inmuebles. ~콘덴서 condensador.

고정(苦情) queja, reclamo. ~을 토로하다 quejarse, reclamar.

고제(高弟) primer discípulo, discípulo más aventajado.

고조(高潮) plenamar. ~에 달하다 culminar.

고주파(高周波) alta frecuencia. ~발진(변성)기 oscilador (transformador) de hiperfrecuencia. ~전류 corriente (f.) de alta frecuencia.

고증(考證) investigación histórica. ~하다 investigar. 10세기의 의상에 관한 ~ investigación (indagación) de la indumentaria del siglo X.

고지(高地) terreno alto (elevado); [대지] meseta; [고원] altiplanicie.

고지(告知) noticia, aviso, información. ~하다 notificar, avisar, informar, anunciar. ~판 tablilla [de informaciones], tablero de anuncios.

고집(固執) persistencia. ~하다 insistir (persistir) en algo, sostener (mantener) firmemente (tenazmente) algo. ~불통이다 casarse con su opinión, ser tenaz. 자기 설을 ~하다 sostener tenazmente (persistir en) su opinión.

고착(固着) adhesión. ~하다 adherirse (pegarse) a algo.

고찰(考察) consideración, observación, reflexión. ~하다 considerar, observar, contemplar, reflexionar sobre algo. 문명에 관한 ~ estudio de la civilización.

고참(古參) socio más antiguo, veterano. ~의 el más antiguo. 그는 이 클럽의 최 ~이다 Es el socio más antiguo de este club. ~병 veterano.

고체(固體) [cuerpo] sólido. ~의 sólido. ~가 되다 solidificar[se]. ~연료 combustible sólido. ~화 solidificación.

고총(古塚) tumba vieja.

고추 chile, ají. ~소스 ají.

고충(苦衷) solicitud, predicamento.

고취(鼓吹) estímulo, incitación. ~하다 inspirar (incular) algo a uno, excitar (estimular) a uno a + inf. (a que + subj.).

고층(高層) muchos pisos. ~건축 rascacielos, construcción de muchos pisos. ~기류 corriente (f.) de la atmósfera superior. ~운(雲) altoestrato.

고치다 [병을] curar; [수선하다] reparar; [교정하다] corregir, enmendar.

고통(苦痛) dolor, pena, dolencia, sufrimiento, angustia. ~을 느끼다 sentir pena (angustia). ~을 주다 dar pena a uno. 이일은 나에게는 ~이다 Este trabajo es un sufrimiento para mí.

고투(苦鬪) combate duro. ~하다 combatir desesperadamente.

고풍(古風) moda antigua, estilo de antigüedad. ~의 arcaico, anticuado, antiguo, de moda antigua; [시대에 뒤진] pasado (fuera) de moda. ~스런 표현 arcaismo.

고학(苦學) estudio universitario bajo dificultades. ~을 하다 estudiar bajo dificultades, estudiar con (en medio de) dificultades económicas. ~생 estudiante con dificultades económicas.

고학년(高學年) cursos avanzados [de la escuela].

고행(苦行) penitencia, mortificación. ~을 하다 hacer penitencia, mortificarse. ~자 asceta (m.f.).

고향(故鄉) tierra .(pueblo) natal, patria [chica], terruño. 제이의 ~ la segunda patria. ~에 돌아오다 volver al pueblo natal. ~을 그리워하다 añorar su pueblo natal, tener nostalgia (añoranza) de su patria chica.

고혈압(高血壓) hipertensión arterial, alta presión (tensión) arterial. ~의 hipertenso. ~자 hombre de alta presión (tensión) arterial.

고형(固形) solidez. ~의 sólido. ~물 sólido. ~식 alimento sólido. ~연료 combustible sólido.

고환(睾丸)【해】 testículo, compañón. ~염 orquitis (f.).

고희(古稀) septuagésimo cumpleaños. ~를 축하하다 celebrar el septuagésimo cumpleaños de uno.

곡(哭) lamento, gemido, sollozo, clamor. ~하다 lamentar[se], dar gemidos (sollozos).

곡(曲) melodía, música; [작품] composición (pieza) musical. 시에 ~을 붙이다 poner música a un poema, poner un poema en música. 세 ~을 연주하다 interpretar tres piezas musicales. 두 ~을 부르다 cantar dos canciones. 피아노 ~ pieza para piano.

곡괭이 azadón, zapapico.

곡류(穀類) cereales.

곡마(曲馬) circo. ~단 compañía de circo.

곡면(曲面) superficie encorvada.

곡명(曲名) título [de una pieza musical].

곡목(曲目) programa [de un concierto]; [목록] título [de una pieza musical]

곡물(穀物) cereal. ~재배 cultivo de cereales. ~창고 granero; [고가식의] hórreo.

곡사(曲射) ~포 obús.

곡선(曲線) curva, línea curva. ~을 그리다 trazar una curva. ~미 belleza de curva, curva hermosa.

곡식(穀−) cereal, grano.

곡예(曲藝) juego de manos, malabarismo, juegos malabares, acrobatismo, suertes acrobáticas. ~를 하다 hacer malabarismo (acrobatismo). ~사 acróbata (m.f.), malabarista (m.f.), equilibrista (m.f.).

곡조(曲調) tono, melodía.

곡창(穀倉) granero. ~지대 granero. 그 지역은 세계의 ~지대가 될 것이다. Esa zona llegará a ser el granero del mundo.

곡척(曲尺) escuadra.

곡해(曲解) mala interpretación. ~하다 interpretar equivocadamente, entender mal, tergiversar, trocar(torcer) el sentido de algo.

곤궁(困窮) pobreza, necesidad, miseria, apuro. ~하다 hallarse en la miseria, empobrecerse; [상태] estar muy apretado, ser pobre. ~의 극에 달해 있다 estar en la extrema necesidad, sufrir de una extrema pobreza. ~자 pobre (m.f.), necesitado, apurado.

곤란(困難) dificultad; [장해] obstáculo; [곤궁] apuro, aprieto, escasez; [역경] adversidad; [난사] tropiezo; [고난] tormento. ~한 difícil; duro; penoso; trabajoso, fatigoso. ~한 공사 obra [de construcción] difícil. 해결키 ~한 사건 asunto difícil de resolver. ~을 당하다 encontrarse (tropezar) con una dificultad. ~을 극복하다 superar (vencer) una dificultad. ~을 피하다 eludir (evitar) dificultades. …하는 게 ~하다 Es difícil 부. 그는 생활이 ~하다 Vive en gran estrechez. 또 이 ~이 생겼다 Nace (Surge) otra dificultad. 보행에 ~을 느끼다 andar (caminar) con dificultad.

곤로 hornillo. 전기 ~ hornillo eléctrico.

곤봉(棍棒) palo, garrote, tranca; [경찰봉] porra; cachiporra; [체조용] maza de gimnasia.

곤충(昆蟲) insecto. ~ 채집 colección (caza) de insectos. ~ 채집망 red para cazar insectos. ~학 entomología, insectología. ~학자 entomólogo, insectólogo.

곧 inmediatamente, en seguida, pronto, en el acto.

곧바로 en seguida. ⇨ 곧.

곧장 directamente; derecho. 집으로 ~ 오너라 Ven directamente a casa. ~ 가십시오 Siga derecho.

골¹ [노여움] ira, cólera; enojo, enfado. ~나다 estar enojado (enfadado).

골² 용도. ~이 빈 falto de seso, perdido el juicio.

골³ 【운】 meta, término, gol. ~테이프 cinta de meta.

골격(骨格) constitución corporal.

골동품(骨董品) antigüedades (f.pl.) [artículos de] curiosidades (f.pl.). ~을 수집하다 coleccionar objetos de arte antiguos. 그는 ~적인 존재다 Ha hecho su tiempo./[경멸적] Es una persona anticuada. ~수집가 anticuario. ~점 tienda de antigüedades(de curiosidades.)

골막(骨膜)【해】periostio. ~염 periostisis (f.).

골머리(骨—) cerebro; cabeza. ~ 아픈 일 dolor de cabeza, anxiedad.

골목 callejuela.

골무 dedil.

골반(骨盤)【해】pelvis.

골분(骨粉) harina de huesos. ~비료 abono de huesos pulverizados.

골상(骨相) ~학 frenología, craneología.

골수(骨髓) tuétano, médula. ~염 osteomielitis (f.).

골절(骨折) fractura (de hueso). ~하다 fracturarse. 그는 다리가 ~되었다 Se le fracturó (quebró) la pierna. 단순(복잡) ~fractura simple (complicada). 두개골 ~ fractura del cráneo.

골짜기 valle.

골퍼 golfista (m.f.).

골프 golf, golfo. ~의 홀 hoyo. ~선수 golpista (m.f.). ~장 cancha de golf.

곪다 superar.

곰【동】 oso. 북극 ~ oso polar. 흰~ oso blanco.

곰보 marca de viruela.

곰팡이 moho.

곱다 ser hermoso (bello·lindo·bonito).

곱사 ⇨곱사등이.

곱사등이 giba, joroba, corcova.

곳 [장소] sitio, lugar; [주소] casa, dirección.

곳곳 en (por) todas partes.

곳집 almacén.

공(功) mérito, hazaña. ~을 쌓다 hacer méritos.

공간(空間) espacio; [빈것] vacío. ~의 espacial. ~예술 arte de tres dimensiones.

공갈(恐喝) amenaza, intimidación, chantaje. ~하다 amenazar [con chantaje], intimidar, coaccionar. ~자 chantajista (m.f.). ~죄 delito de chantaje (de amenaza·de coacción).

공감(共感) simpatía, consentimiento. ~하다 simpatizar. ~을 느끼다 sentir (experimentar) simpatía por (hacia) uno. …의 ~을 불러 일으키다 inspirar simpatía a uno, atraer la simpatía de uno.

공개(公開) ~의 abierto, público. ~하다 abrir al público. ~시장 mercado público. ~장 carta abierta.

공격(攻擊) ataque, asalto. ~하다 atacar, asaltar, acometer. ~적 ofensivo, agresivo.

공경(恭敬) respeto, veneración. ~하다 respetar, venerar, tener respeto a uno.

공고(公告) anuncio oficial, publicidad, proclama, aviso [de la alcaldía] ~하다 dar aviso de algo, dar publicidad a algo, publicar un aviso de algo, publicar algo oficialmente.

공공(公共) ~의 público, común. ~의 질서(복지) orden (bienestar) público. ~의 이익을 위해서 en beneficio común, en interés público. ~ 기업체 corporación pública. ~물 bienes del pueblo, propiedad pública. ~ 사업 empresa pública, servicios públicos, obras públicas. ~ 시설 servicios (establecimientos) públicos. ~ 요금 tarifa de los servicios públicos. ~지출 gastos públicos. ~ 투자 inversión pública.

공과(工科) departamento de ingeniería, escuela (facultad) de ingeniería(de tecnología). ~ 대학 universidad politécnica (tecnológica), escuela superior de ingeniería.

공과(公課) impuestos públicos.

공과(工課) curso de estudio.

공과(功過) mérito y demérito.

공관(公館) residencia oficial.

공구(工具) herramienta, instrumento. ~한 벌 juego de herramientas. ~점 ferretería.

공국(公國) ducado, principado. 룩셈부르크 ~ Gran Ducado Luxemburgo. 모나코 ~ Principado de Mónaco.

공군(空軍) fuerzas aéreas, aviación, ejército de aire. ~기지 base aérea.

공권(公權) derechos civiles, derechos públicos.

공금(公金) fondo público. ~횡령 malversación de los fondos públicos (del dinero bajo su custodia), desfalco. ~을 횡령하다 malversar, desfalcar.

공급(供給) suministro, abastecimiento, aprovisionamiento, surtido. ~하다 suministrar, abastecer, aprovisionar, surtir, proporcionar, proveer. ~자 suministrador. 전력의 ~ suministro de electricidad, servicio eléctrico. 전력을 ~하다 suministrar energía eléctrica. 이 나라는 한국에 양모을 ~하고 있다 Este país suministra (abastece·proporciona) lana a Corea. 우리들은 1주일용 식량을 ~받았다 Nos abastecieron (proveyeron·surtieron) de comestibles para una semana. ~능력 capacidad suministradora. ~원 fuente de suministro. ~자 surtidor, suministrador, abastecedor, proveedor, aprovisionador. ~장치 alimentador, cargador, dispositivo (aparato)

공기(空氣) 1 aire, atmósfera. 신선한 ~ aire fresco. ~의 유통이 좋은 (나쁜) bien (mal) ventilado(aireado). ~를 빼다 sacar aire de *algo*. 타이어에 ~를 넣다 inflar (hinchar) el neumático (la rueda). 타이어는 ~가 충분히 넣어져 있다 Los neumáticos están bien inflados. 타이어의 ~가 빠졌다 Se ha desinflado el neumático. 시골은 ~가 좋다 En el campo el aire es puro (limpio). ~ 밀도 densidad del aire. ~ 베개 almohada neumática (de aire). ~역학 aerodinámica. ~ 저항 resistencia del aire. ~ 전염 contagio (infección) por el aire. ~ 정력학 aerostática. ~총 escopeta de viento. ~ 펌프 bomba neumática.
2 [분위기] atmósfera, ambiente. 긴장된 ~가 흐르었다 El ambiente se puso tenso./ Un aire de tensión se apoderó del ambiente. 당세에는 법안에 찬성할 ~가 강하다 Domina un ambiente favorable al proyecto de ley dentro del partido.

공기(公器) órgano público. 신문은 사회의 ~다 Los periódicos son un órgano público (de la sociedad).

공기업(公企業) empresa pública.

공단(公團) corporación [pública], organismo semi-gubernamental. ~ 주택 viviendas construidas por la Corporación de la Vivienda.

공단(貢緞) satín, satén.

공당(公黨) partido político oficialmente reconocido.

공덕(公德) moralidad social. ~심 civismo, sentido cívico (del deber público), moralidad pública. ~심이 있다 tener sentido cívico (de la moral pública).

공도(公道) vía pública; [정의] camino recto(derecho), justicia. 천하의 ~를 걷다 caminar por la senda de la justicia.

공동(共同) cooperación, colaboración, comunidad. ~하다 cooperar (colaborar, coadyuvar) con *uno* en *algo*; [주어가 복수] mancomunarse. ~의 común, cooperativo. ~의 적 en colaboración, en cooperación, de mancomún. ~의 적 enemigo común. ~으로 영화를 제작하다 hacer una película en colaboración. 우리들은 방을 ~으로 사용한다 Compartimos la habitación entre todos. ~ 경영 dirección conjunta (en asociación); conjunto (en asociación). ~ 관리 coadministración. ~ 구좌 cuenta en participación mancomunada. ~ 모금 colecta para beneficencia pública. ~ 모의 conspiración. ~ 묘지 cementerio público (común). ~ 변소 retrete común, excusado público. ~ 사업 empresa cooperativa. ~ 생활 [동거] convivencia; [집단 생활] vida colectiva (de comunidad). ~ 생활을 하다 vivir en comunidad. ~ 성명 comunicado conjunto; declaración conjunta. ~ 시장 mercado común. ~ 책임 responsabilidad común. ~체 comunidad. ~체 inversión colectiva[de capitales]. ~ 출자로. con fondos en común. ~전선을 형성하다 formar un frente de alianza (hacer un frente común) contra *algo*.

공동(空洞) caverna, cavidad, hoyo, hueco. 폐에 ~이 생겼다 Se produce una cavidad en el pulmón.

공랭(空冷) ~엔진 motor enfriado por aire.

공략(功略) [탈취] toma; [정복] conquista. ~하다 tomar, conquistar. 적진을 ~하다 tomar el campo enemigo.

공로(功勞) mérito, hazaña, acción meritoria, servicio[meritorio]. ~있는 meritorio. ~자 benemérito.

공로(空路) ~로 en avión, por vía aérea. ~로 마드리드로 향하다 ir a(salir para) Madrid en avión.

공로(公路) ⇨ 공도(公道).

공론(空論) argumento vano, dictamen imaginario.

공론(公論) opinión pública, criticismo recto.

공룡(恐龍) dinosaurio; [화석] saurios fósiles.

공리(功利) utilidad. ~적 utilitario. ~주의 utilitarismo. ~주의자 utilitarista (*m.f.*).

공리(公理) axioma (*m.*).

공리(空理) teoría vacía. ~ 공론 teoría inaplicable (irrealizable), razonamiento vacío (falto de base). ~ 공론에 흐르다 perderse en vanas elucubraciones.

공립(公立) ~의 público, comunal; [시립의] municipal; [주립의] provincial. ~학교 escuela pública.

공매(公賣) subasta, venta pública. ~에 붙이다. sacar a (vender en) en subasta pública.

공명(功名) hazaña. ~심 ambición(deseo) de distinguirse, deseo de destacarse.

공명(共鳴) 1 [반향] eco, resonancia, repercusión. ~하다 resonar. ~상자 resonador. ~흡수 absorción de resonancia. 2 [공감] ~하다 compartir la opinión de *uno*, simpatizar con *uno*. 나는 그의 의견에 ~했다 He compartido su opinión. ~자 simpatizante, seguidor.

공명 정대(公明正大) justicia, equidad. ~한 justo, equitativo. ~하게 justamente, equitativamente.

공모(公募) subscripción pública. ~하다 in-

공모 vitar en público, subscribir en público. 사원을 ~하다 reclutar empleados públicamente. 주식을 ~하다 ofrecer acciones a subscripción pública, colocar acciones en el mercado.

공모(共謀) conspiración, confabulación, conchabanza. ~하다 conspirar, confabularse, conchabarse. …와 ~하여 conspirando (confabulándose) con *uno*. ~자 conspirador, confabulador.

공무(公務) servicio público, negocios oficiales (públicos). ~원 funcionario [público]. ~원 법 estatuto de los funcionarios públicos. ~원 주택 vivienda para funcionarios. ~집행방해 injerencia en el ejercicio de las funciones públicas.

공문서(公文書) documento oficial (público).

공물 ofrenda, ofrecimiento.

공민(公民) ciudadano. ~권 ciudadanía, derecho civil.

공방(攻防) ataque y defensa, ofensiva y defensiva. ~전 batalla [de] ofensiva y defensiva.

공배수(公倍數) común múltiplo. 최소 ~ mínimo común múltiplo.

공백(空白) [종이 등의] blanco; [여백] margen; vacío, abertura; falta. ~의 blanco; vacío. ~의 페이지 página blanca [en blanco]. 정치적 ~interregno. ~을 메우다 llenar el vacío. …을 위해 3개월의 ~기간을 두다 establecer (poner) tres meses de término pendiente para *algo*.

공범(共犯) [범죄에 직접 참여하지 않는] complicidad. ~자 cómplice *(m.f.)*; coautor [de un delito].

공법(公法) derecho público. 국제 ~ derecho internacional público.

공병(工兵) zapador, gastador. ~대 cuerpo de zapadores (de gastadores).

공보(公報) boletín (noticia·comunicación·periódico) pública.

공복(公僕) servidor público, persona al servicio del público.

공복(空腹) hambre *(f.)*. ~이다 tener hambre, tener el estómago vacío. ~을 느끼다 sentir hambre. ~을 채우다 satisfacer el (*su* hambre).

공부(工夫) estudio. ~하다 estudiar, hacer el estudio. 그는 의사가 되기 위해 ~하고 있다 Estudia para [ser] médico. 우리는 알기위해 ~한다 Estudiamos para saber.

공비(公費) gastos públicos, desembolso público. ~로 a expensas públicas.

공비(工費) costo de construcción (de obra).

공비(空費) desperdicio. ~하다 desperdiciar. 시간을 ~하다 perder (desperdiciar·malgastar) el tiempo.

공사(公司) firma, compañía.

공사(公社) corporación pública.

공사(公使) ministro. ~를 파견하다 enviar [a] un ministro. ~관 legación. ~관원 funcionario de la legación; [집합적] personal de la legación. 변리(辦理) ~ ministro plenipotenciario. 한국 ~관 Legación de Corea.

공사(工事) obra, [trabajos de] construcción. ~하다 construir. ~중이다 estar de obra, estar en construcción. 다리가 ~중이다 El puente está en construcción. ~비 gastos de construcción. ~중 [게시] En construcción (obras). ~장 lugar de la construcción. 도로 보수 ~ obras de arreglo de la carretera.

공사(公私) lo oficial (lo público) y lo privado. ~를 혼동하다 confundir lo oficial (lo público) con lo privado, mezclar el interés público con el privado. ~다망하다 estar ocupado tanto pública como privadamente. ~ 혼동 confusión de los asuntos públicos con los privados.

공사(公事) asuntos públicos.

공산(共產) propiedad común. ~권 bloque comunista. ~당 partido comunista. ~당원 comunista *(m.f.)*. ~ 사회 sociedad comunista. ~주의 comunismo. ~주의의 comunista. ~주의 국가 país comunista. ~주의자 comunista *(m.f.)*.

공산(公算) posibilidad, probabilidad. …의 ~이 크다 Es muy posible que + *subj*. 그는 조난되었을 ~이 크다 Es muy posible que ellos tuvieran un accidente.

공상(空想) fantasía, imaginación, ilusión, quimera. ~하다 imaginar, figurarse, representar *algo* en la mente. ~적인 imaginario, fantástico, fabuloso; [계획 등의] quimérico. ~에 잠기다 entregarse a la imaginación. ~가 hombre imaginativo(de mucha imaginación). ~과학소설 ficción (novela·ficción) científica, ciencia-ficción.

공생(共生) [생] simbiosis *(f.)*.

공석(公席) [회의의] mitin, reunión.

공석(空席) puesto vacante (desocupado), asiento desocupado, plaza vacante; [결원] vacante *(f.)*. ~의 vacante. ~을 메우다 llenar (cubrir) una vacante.

공선(公選) elección pública (por votación popular). ~하다 elegir públicamente, elegir por sufragio general(por votación [popular]).

공설(公設) ~의 público; [시의] municipal.

~시장 mercado público (municipal).

공세(功勢) ofensiva, agresión. ~를 취하다 tomar la ofensiva.

공소(公訴) acción pública. ~하다 entablar una acción pública [ante el tribunal].

공소(控訴) apelación. ~하다 interponer (presentar) una apelación [ante el tribunal superior]. 판결에 대해 ~하다 apelar de (contra) la sentencia. ~심 juicio de apelación. ~인 apelante (m.f.).

공손(恭遜) cortesía, urbanidad, buena crianza. ~한 cortés, urbano, bien criado. ~히 urbanamente, cortésmente.

공수(空輸) transporte aéreo (por vía aérea・por aire・por avión). ~하다 transportar algo por aire (por vía aérea).

공수(攻守) ataque y defensa, ofensiva y defensiva. ~동맹 alianza ofensiva y defensiva, alianza de ofensa y defensa.

공수(空手) mano vacío.

공수병(恐水病)【의】hidrofobia.

공술(供述) deposición, confesión. ~하다 deponer, testificar, confesar. …에게 유리 (불리)한 ~을 하다 prestar una declaración desfavorable (favorable) a uno. ~서 declaración escrita. ~자 declarante (m.f.).

공습(空襲) bombardeo (ataque) aéreo. ~하다 bombardear, atacar por cielo. ~경보 alarma del raid aéreo. ~경보를 하다 dar la alarma (la señal) de bombardeo.

공시(公示) publicidad, anuncio (aviso) público, noticia oficial. ~하다 anunciar públicamente algo, publicar, hacer público algo;【법규를】promulgar. 시장 선거의 ~가 되었다 Se ha anunciado la próxima elección para alcalde.

공식(公式) formalidad, oficialidad;【수】fórmula. ~의 formal, oficial. ~적으로 oficialmente, de manera oficial. ~발표에 의하면 según el anuncio oficial. ~적으로 방문하다 visitar un sitio oficialmente. ~주의 formulismo. ~주의자 formulista (m.f.). ~행사 actos oficiales.

공신(公信) confidencia pública.

공심(空心) estómago vacío.

공안(公安) seguridad pública. ~위원 comité de seguridad pública.

공알 clítoris.

공약(公約) promesa pública, compromiso oficial;【선거의】promesas electorales;【정당의】plataforma. ~하다 prometer públicamente (oficialmente).

공약수(公約數) divisor común. 최대~ máximo común divisor.

공양(供養) misa para el difunto. ~하다 hacer ofrecimiento al difunto.

공언(公言) declaración, manifestación. ~하다 declarar, manifestar.

공언(空言) palabra vana, mentira.

공업(工業) industria. ~의 industrial, menufacturero. ~용의 industrial. ~고등학교 escuela secundaria técnica, instituto (colegio) técnico (laboral). ~국 (도시・지대) país (ciudad・zona) industrial. ~단지 polígono industrial. ~대학 universidad politécina (tecnológica). ~력 poder industrial. ~용 제품 producto industrial. ~용수 agua para uso industrial. ~화 industrialización. ~화하다 industrializar. ~화 정책 política de industrialización. 자동차 (화학) ~ industria automovilística (química). 탈~사회 sociedad postindustrial.

공여(供與) suministro, abastecimiento. ~하다 suministrar (proporcionar) algo a uno, abastecer a uno con (de) algo.

공역(共譯) traducción en equipo (en colaboración). ~하다 traducir algo en equipo. AB씨 ~의・traducido por los señores A y B [en colaboración].

공연(公演) función, representación [pública]. ~하다 funcionar. ~을 하다 dar una representación (una función) de algo.

공연(共演) función colectiva. ~하다 cooperar en la función teatral. 무대 (영화)에서 …와 ~하다 actuar con uno en el escenario (en una película). ~자 coactor, cooperador.

공연하다(公然-) (ser) público, abierto.

공연하다(空然-) (ser) inútil.

공영(公營) ~의 público, municipal. ~농장 granja colectiva, campo de cultivo colectivo.

공예(工藝) arte industrial, artefacto. ~의 industrial, tecnológico, politécnico. ~가 artesano, artista (m.f.) de artes menores. ~유리 vidrio artístico. ~품 producto industrial, artículos elaborados, objeto de arte [aplicada] (de artesanía・de artes menores].

공용(公用) negocios oficiales (públicos), servicio público. ~의 oficial. ~으로 por negocios oficiales. ~어 lengua oficial. ~여권 pasaporte oficial.

공용(共用) uso común. ~의 de uso común, común, público. ~하다 compartir, usar algo en común. ~의 수도 agua corriente de uso común. 우물을 ~하다 usar el pozo en común.

공원(公園) parque;【소공원】plazuela. 파고다~ el parque de Pagoda.

공원(工員) obrero [de una fábrica].

공유(共有) copropiedad, propiedad común. ~하다 poseer *algo* en común, poseer colectivamente, tener *algo* como propiedad común. ~의 [de propiedad] ~물 copropiedad, propiedad común. 이 책들은 우리 모두의 ~이다 Estos libros son propiedad común de todos nosotros. ~자 copropietario. ~지 terreno de propiedad común.

공유(公有) posesión pública. ~의 de posesión pública, [시의] comunal, municipal. ~재산 propiedad pública; bienes comunales. ~지 terreno público.

공으로 gratis, de balde. ~ 얻다 ganar gratis.

공익(公益) interés (bien) público, utilidad pública. ~비 gravamen (carga) común, obligaciones comunes. ~ 사업 empresa (obra) de utilidad pública.

공인(公認) reconocimiento (aprobación; autorización) oficial. ~하다 reconocer (aprobar) oficialmente, autorizar. ~의 reconocido, aprobado, autorizado, legalizado. ~ (미~) 기록 récord oficialmente reconocido (no reconocido). ~ 회계사 contador público (titulado). ~ 후보자 candidato reconocido por su partido.

공인(公人) hombre [al servicio del] público.

공일 trabajo gratis.

공일(空日) [일요일] domingo; [일반] día festivo, día feriado, día de fiesta, día de descanso.

공임(工賃) paga, jornal, [gasto de la] mano de obra.

공자(孔子) Confusio.

공짜 gratificación. ~로 gratuitamente, de balde, gratis.

공작(工作) labor, operación, gestión. ~하다 laborar, obrar, maniobrar, gestionar. ~ 기계 máquina herramienta. 도면 ~ dibujos y trabajos manuales.

공작(公爵) duque. ~부인 duquesa.

공작(孔雀) [조] pavo real. ~석(石) malaquita.

공장(工場) fábrica, factoría; [수공업적인·작은] taller. ~을 설립하다 instalar una fábrica. ~도 franco en fábrica. ~도 가격 precio de fábrica. ~시설 instalación (equipos e instalaciones) de la fábrica. ~장 director (jefe) de fábrica. ~주 dueño (propietario) de la fábrica. ~지대 zona industrial. 도자기 ~ taller de cerámica.

공저(共著) colaboración …와 ~의 escrito en colaboración con *uno*. 이 책은 3인 ~ 이다 Este libro ha sido redactado en colaboración por tres autores. ~자 coautor; colaborador.

공적(公的) público, oficial. ~으로 públicamente, oficialmente. ~인 일 misión oficial, asunto oficialmente confiado. ~ 적인 장소 lugar público.

공적(公敵) enemigo público.

공적(功績) mérito, acto meritorio; [공헌] contribución. ~을 세우다 realizar un servicio distinguido.

공전(空前) ~의 inaudito, sin precedentes, sin antecedentes en *su* historia. ~ 절후의 que jamás se ha visto ni se verá en el futuro. ~의 대성공 éxito fenomenal. 마라톤 사상 ~의 기록을 수립하다 establecer un récord sin precedentes en la historia del maratón.

공전(公轉) [천] revolución. ~하다 girar recorriendo su órbita, hacer su revolución, dar vueltas [alrededor del sol].

공전(空電) atmosféricas, electricidad atmosférica, perturbaciones [eléctricas].

공전(公電) telegrama oficial; [본국 정부에서 대사 등에게 보내는] despacho diplomático.

공정(公正) imparcialidad, rectitud. ~한 justo; [공평] imparcial, equitativo. ~하게 en (con · según) justicia, equitativamente, imparcialmente. ~한 판정 decisión imparcial, fallo equitativo. ~가격 precio justo. ~거래 위원회 Comisión de Comercio Justo. ~ 증서 contrato (acta) notarial, escritura pública.

공정(工程) proceso, procedimiento. ~표 representación gráfica de las operaciones. 생산 ~ proceso de fabricación.

공정(公定) ~의 oficial. ~가격 precio oficial (público).

공제(控除) [급료 등에서] deducción; [세금의] cantidad libre [de impuestos]. ~하다 deducir. 총소득의 10%를 ~하다 deducir (descontar) el diez por ciento del importe total. 급료에서 보험료 ~액 cantidad deducida del sueldo por concepto de seguro.

공제(共濟) ~조합 asociación de socorros mutuos, mutualidad, sociedad mutualista. ~조합원 mutualista (*m.f.*), masonería.

공존(共存) coexistencia. ~하다 coexistir. ~공영하다 coexistir para la prosperidad mutua.

공주(公主) princesa, infanta.

공중(空中) espacio, cielo. ~의 aéreo, atmosférico. ~에 en (por) el aire (el cielo · el espacio). ~을 날다 volar en (por) el aire. 비행기는 ~ 분해되었다 El avión se desintegró en el aire (en [el] vuelo). ~갖가 inspección aérea. ~누각 castillo aéreo. ~누각을 만들다 hacer castillos en el aire. ~방전 descarga atmosférica. ~사진 fotografía aérea. ~수송 transporte aéreo ; [공군에 의해] puente aéreo. ~서커스 acrobacia aérea. ~전 batalla aérea, combate aéreo. ~전기 electricidad atmosférica. ~촬영 fotografía aérea.

공중(公衆) público, gente [en común]. ~의 público. ~의 면전에서 en público, a la vista de la gente. ~도덕 moral (moralidad) pública, comportamiento en público. ~변소 retrete público, urinarios, aseos públicos. ~위생 higiene(sanidad) pública. ~전화 teléfono público.

공중탕(公衆湯) baño público.

공증(公證) notaría. ~소 notaría. ~인 notario [público]. ~의 escribanil.

공직(公職) función pública, oficio (cargo) público, puesto oficial, empleo del gobierno. ~에 있다 ocupar un puesto oficial. ~에 취임하다 entrar al servicio del gobierno, asumir una función pública. ~에서 추방하다 expulsar a uno del puesto oficial (de una función pública). ~선거법 ley de las elecciones públicas.

공진회(共進會) feria. 농사 ~ feria agrícola regional.

공차(公差) [수] diferencia común.

공차(空車) [택시의] taxi libre; [표시] Libre.

공창(公娼) [제도] prostitución autorizada; [사람] prostituta autorizada.

공창(工廠) arsenal. 해군 ~ arsenal naval.

공채(公債) bono. ~를 발행하다 emitir bonos.

공책(空冊) cuaderno.

공처가(恐妻家) calzonazos, bragazas.

공천(公薦) nominación pública. ~하다 nominar públicamente.

공청회(公聽會) audición pública, reunión de diputados para escuchar la opinión de los interesados y entendidos en un asunto de carácter público.

공출(供出) ofrecimiemto. ~하다 ofrecer algo [al gobierno]

공칭(公稱) ~의 nominal. 당원수가 ~ 10만명이다 Son cien mil los miembros nominales del partido. ~자본 capital nominal (autorizada).

공탁(供託) depósito de fianza, consignación. ~하다 depositar (dar) fianza. ~금 fianza, depósito. ~금을 법원에 납부하다 depositar fianza en el tribunal. ~물 depósito. ~자 depositante (m.f.).

공통(共通) ~의 común, general, público. ~ 목적 fin común. ~의 언어 idioma común. ~의 이해를 가지다 tener unos intereses comunes. ~에서의 ~성 comunidad de intereses. 서반아어와 불란서어는 많은 점에서 ~이다 El idioma español y el francés tienen muchos puntos en común. ~점 punto común. ~점을 가지다 tener puntos comunes.

공판(公判) juicio, audiencia pública [de una causa]. ~에 회부하다 llevar (someter) algo a juicio. ~기록 acta (registro) de audiencia pública.

공평(公平) equidad, imparcialidad; [정당] justicia. ~한 equitativo, imparcial; justo. ~하게 equitativamente, con equidad, imparcialmente, sin parcialidad. ~하게 말하면 imparcialmente hablando. ~하게 말하다 tratar de ser imparcial. ~무사 integridad, desinterés absoluto.

공포(公布) promulgación, publicación, anuncio. ~하다 promulgar, publicar, anunciar. 법률의 ~ promulgación de la ley. 법령을 ~하다 promulgar (expedir) un decreto.

공포(恐怖) terror, horror, espanto, pavor. ~에 사로잡히다 sobrecogerse de terror. ~를 느끼다 sentir terror. ~을 느끼게 하다 infundir (causar) terror a uno, aterrar (aterrorizar) a uno. ~로 떨다 temblar de horror. ~정치 terrorismo; [불란서의] el Terror.

공포(空砲) cartucho sin bala, cañonazo descargado. ~를 쏘다 desparar sin bala, batir a cañonazo vacuo.

공폭(空爆) raid aéreo, bombardeo aéreo. ~하다 bombardear por aire, bombear.

공표(公表) declaración oficial, proclamación, publicación, anuncio al público. ~하다 anunciar algo oficialmente (al público), publicar, proclamar.

공학(工學) ingeniería, tecnología. ~박사 doctor en ingeniería. ~부 escuela (facultad) de ingeniería (de tecnología). ~사 licenciado en ingeniería.

공학(共學) educación mezclada (mixta), coeducación. 남녀 ~의 coeducación. 이 학교는 남녀 ~이다 Esta es una escuela mixta.

공함(公函) carta oficial.

공항(空港) aeropuerto; [비행장]aeródromo. 김포국제 ~ el Aeropuerto Internacional de Kimpo.

공해(公海) alta mar, aguas internacionales. ~상에서 en aguas internacionales, fuera de las aguas territoriales.

공해(公害) contaminación ambiental (del medio ambiente), polución. ~방지운동 campaña [preventiva] contra las contaminaciones ambientales. ~병 enfermedad ocasionada (causada) por la contaminación. 소음 ~ contaminación por los ruidos. 자동차 ~ contaminaciones varias ocasionadas por los automóviles.

공허(空虛) vacuidad, insubstancialidad. ~한 vacío, insubstancial. ~한 생활 vida insulsa (vacía).

공헌(貢獻) contribución, servicios. ~하다 contribuir a *algo*, rendir (prestar) servicios para (a) *algo*. 그는 회사의 발전에~이 크다 Contribuye mucho al (Trabaja mucho para el) desarrollo de la compañía. ~자 contribuyente.

공화(共和) republicano. ~국 república. ~국의·~정체의 republicano. ~국 대통령 presidente de la república. ~당 partido republicano. ~정체 régimen republicano. ~정치 política republicana. ~주의 republicanismo. ~주의자 republicano.

공황(恐慌) 1 〖공포〗 terror, pánico, espanto. ~상태에 빠지다 aterrorizarse, caer en un estado de pánico.
2 〖경〗 pánico, crisis económica. 대 ~ gran pánico (crisis).

공회당(公會堂) salón público, sala municipal de fiestas, salón municipal de actos.

공휴(公休) vacación legal. ~일 día festivo regular, día de descanso regular.

-곶 cabo.

곶감 caqui seco.

과 y, e, con, contra. 산~바다 montaña y río. 아들~아버지 hijo y padre.

과(課) sección(부·과의), departamento; 〖학과〗 lección. 제6~ lección seis (sexta). 회계~ sección (oficina) de contabilidad.

과(科) 〖식·동〗 familia; 〖과정〗 curso; 〖학과〗 sección, departamento. 서반아어~ sección (departamento) de español. 초등 ~ curso elemental. 당신은 문과대학의 무슨 ~입니까 ¿En qué sección (departamento) de la Facultad de Letras estudia usted?

과감(果敢) ~한 valiente, atrevido, denodado, intrépido. ~하게 valientemente, con valentía. ~하게 공격하다 lanzar ataques denodados.

과거(過去) 1 pasado. ~의 pasado. ~에 el pasado, anteriormente. ~3년간 durante (por) tres años pasados. ~를 잊자 Olvidemos el pasado.
2 〖문〗 pretérito. ~미래(미래완료) con-

dicional simple (compuesto). ~분사 participio pasado. ~완료 pretérito pluscuamperfecto. 완료(불완료)~ pretérito perfecto (imperfecto).

과격(過激) ~한 radical; 〖과도한〗excesivo; 〖극단의〗extremo. ~한 사상 ideas exaltadas, ideología radical. ~한 운동〖신체의〗 ejercicio excesivo. ~분자 elemento radical(extremista). ~주의 extremismo, radicalismo. ~주의자 estremista *(m.f.)*, radical *(m.f.)*. ~파 facción radical (extremista).

과녁 blanco.

과년도(過年度) el año pasado.

과다(過多) exceso, demasía, sobra, superabundancia. ~한 excesivo, demasiado.

과단(果斷) decisión rotunda, juicio rápido. ~한 resuelto.

과당(過當) ~ 경쟁 competencia desenfrenada (excesiva).

과당(果糖) fructosa.

과대(誇大) exageración, ponderación. ~한 exagerado, fanfarrón. ~광고 anuncio exagerado. ~망상증 megalomanía. ~망 상증 환자 megalómano.

과대(過大) ~한 excesivo, exagerado, demasiado, desmesurado. ~하게 excesivamente, demasiado, con exageración. ~한 요구 demanda excesiva. ~한 값 precio exagerado. ~평가하다 sobreestimar, supervalorar. 피해를 ~시하다 dar a los daños más importancia de la que se debe. ~평가 estimación excesiva, sobreestimación.

과도(過度) exceso. ~한 excesivo, exagerado, demasiado. ~하게 excesivamente, con exageración, en exceso, en demasía. ~한 음주 exceso en la bebida. ~한 긴장 으로 debido a la aguda tensión.

과도기(過渡期) época (período) de transición, período transitorio.

과도적(過渡的) transitorio, transeúnte, de transición.

과두정치(寡頭政治) oligarquía. ~의 oligárquico.

과로(過勞) trabajo excesivo, esfuerzo violento, agotamiento causado por el exceso de trabajo. ~하다 agotarse (fatigarse) por el exceso de trabajo. ~로 쓰러지다 caer enfermo por [el] exceso de trabajo(a fuerza de trabajar).

과료(科料) multa ligera. 1000원의 ~에 처하다·~를 과하다 poner (imponer) a *uno* una multa de mil wones.

과린산(過燐酸) superfosfato. ~석회 superfosfato de cal.

과목(科目) curso, lección, asignatura.

과묵(寡默) ~한 callado, silencioso, taciturno.

과민(過敏) nerviosidad, hiperestesia. ~한 excesivamente sensible, hipersensible, nervioso, sensitivo. ~증 eretismo.

과밀(過密) ~한 demasiado denso, apretado. ~도시 ciudad superpoblada.

과반수(過半數) mayor número, mayoría. ~를 얻다 · 점하다 obtener la mayoría. ~를 점하고 있다 estar en mayoría, tener una mayoría. ~로 제안을 채택하다 adoptar una proposición por mayoría de votos. 찬성표는 ~에 달했다 Los votos en favor de la proposición alcanzaron mayoría.

과부(寡婦) viuda.

과부족(過不足) exceso y falta. ~없이 sin exceso ni falta.

과산(過酸) perácido.

과산화(過酸化) ~물 peróxido. ~ 수소 (질소) peróxido de hidrógeno (de nitrógeno).

과세(課稅) imposición (fijación) de impuestos, tasación. ~하다 imponer (gravar · cargar) algo con un impuesto. ~대상이 되는 imponible. 수입 (수입품)에 ~하다 gravar los ingresos (los artículos de importación) con impuestos. ~면제 exención de impuestos; [우선세·관세의] franquicia. ~품 afrículos(sujetos) a impuestos. ~품을 가지고 계십니까 [세관에서] ¿Tiene usted algo que declarar?

과소(過小) ~평가 subestimación. ~평가하다 desestimar, subestimar, infravalorar.

과수(果樹) [árbol] frutal. ~의 재배 cultivo de frutas, fruticultura. ~원 huerta, vergel.

과시(誇示) ~하다 ostentar (hacer ostentación) de algo.

과신(過信) confianza equivocada, confianza excesiva. ~하다 confiar demasiado, tener demasiada confianza en algo · uno, dar demasiado crédito a algo · uno. 자기의 능력을 ~하다 creer demasiado(tener demasiada confianza) en su propio talento.

과실(過失) falta, equivocación, error. ~의 erróneo. ~을 범하다 cometer un error, cometer una falta. ~로 por equivocación (descuido · inadvertencia). 파일럿의 ~이었다 El piloto cometió un error./ Fue un error del piloto. ~치사[죄] homicidio por imprudencia (involuntario · por error).

과실(果實) fruto; [과물] fruta. ~상점 frutería. ~상인 frutero. ~접시 frutero, plato frutero. ~주 licor de frutas. 싱싱한 ~ fruta fresca. 익은 ~ fruta madura. 풋~ fruta verde.

과언(過言) exageración. ···라 말해도 ~은 아니다 No es mucho (demasiado · exagerado · [una] exageración) decir que + ind.

과업(果業) negocio encargado, lección.

과열(過熱) recalentamiento, calentamiento excesivo, calefacción excesiva. ~하다 recalentarse, calentar demasiado, calentar excesivamente. 엔진이 ~되었다 El motor se calienta excesivamente. 경기는 ~상태다 La situación económica está recalentada.

과오(過誤) falta, equivocación, error. ~를 범하다 equivocar, faltar.

과외(課外) estudio extraordinario. ~강의 lectura extraordinaria, clase fuera del programa de estudios. ~활동 actividades fuera del programa de estudios.

과원(課員) [집합적] personal de una sección. 경리 ~이다 pertenecer a la sección de contabilidad.

과육(果肉) [식] sarcocarpio.

과음(過淫) libertinaje, indulgencia sexual.

과음(過飮) bebida excesiva. ~하다 beber demasiado.

과일 fruta. ~가게 frutería. ~장수 frutero.

과잉(過剩) exceso, sobra, superabundancia, superfluidad. ~의 excesivo, demasiado. 금년은 쌀의 생산이 ~이었다 Este año ha habido una excesiva cosecha de arroz. ~ 방위 exceso de legítima defensa. ~ 생산 exceso de producción, superproducción. ~ 인구 población excesiva, superpoblación.

과자(菓子) dulce, golosina; [파이·케이크 따위] pastel, torta. 홍차와 ~를 내놓다 servir (ofrecer) té y dulces. ~점 confitería, pastelería, dulcería. ~점 주인 confitero, pastelero. ~빵 bollo.

과장(課長) jefe de sección.

과장(誇張) exageración, ponderación; [수사] hipérbole. ~하다 exagerar, ponderar; hiperbolizar. ~된 exagerado, ponderativo; hiperbólico. ~해서 con exageración; con hipérbole. ~된 표현 expresión exagerada (hiperbólica · hiperbolizada). ···라 말해도 ~은 아니다 No es (está) exagerado (No es [una] exageración) decir que + ind. 너는 사실을 ~하고 있다 Exageras el hecho.

과정(過程) proceso, etapa, desarrollo, curso. ···의 ~에서 en el curso (en el proceso · en el transcurso) de ···. 진화의 ~ el proceso de la evolución. 몰락의 ~에 있

과정(課程) curso. ~을 끝마치다 terminar un curso. 속성~ curso intensivo.

과제(課題) tema (*m.*).

과중(過重) perponderancia, sobrepeso. ~한 demasiado, pesado, sobrecargado, muy duro. ~한 노동 trabajo excesivo. ~한 책임 responsabilidad demasiado pesada.

과즙(果汁) jugo (zumo) de frutas

과테말라【지】 Guatemala. ~의·~사람 guatemalteco.

과하다(課-) imponer, asignar, infligir. 세금을 ~ gravar (cargar) a *uno* con un impuesto. 학생들에게 숙제를 ~ dar (poner) a los alumnos deberes (imponer a los alumnos ejercicios)[para que hagan en casa].

과학(科學) ciencia. ~의·~적 científico. ~적으로 científicamente. ~교 교육 formación científica. ~기술 ciencia y técnica. ~기술부 Departamento de Ciencia y Tecnología. ~관 museo de ciencias. ~자 científico, hombre de ciencia. ~잡지 revista científica. ~주의 cientifismo.

과히(過-) demasiado.

곽 caja.

곽공(郭公) cuco, cuclillo.

관(冠) corona.

관(館)【박람회 등의】 pabellón. 한국~ Paballón de Corea.

관(觀) vista. 사회~ vista de sociedad. 세계~ vista del mundo. 인생~ vista de vida.

관(管) tubo, pipa, caño, conducto;【집합적】 tubería;【집합적으로 가스·수도의】 cañería.

관(棺) ataúd. 시체를 ~에 넣다 poner (meter) el cadáver en el ataúd.

관개(灌漑) riego, irrigación. ~하다 regar, irrigar. ~용수(用水) riego. ~용수로(用水路) acequia, reguera.

관객(觀客) espectador;【집합적】 público. ~층이 넓다 tener un vasto público. ~은 전원 기립하여 박수를 쳤다 Todos los espectadores se pusieron de pie y aplaudieron. 오늘은 ~이 많이(적게) 입장했다 Hoy asiste (hay) un público numeroso(poco público). ~석 asiento;【집합적】 sala.

관계(關係) 1【관련】 relación, conexión. ~가 있는 correspondiente, concerniente. ~가 있다【서로】relacionarse, conexionarse;【…과】relacionarse con *algo·uno*, tener (guardar·mantener) relaciones con *algo·uno*. 이 두개의 사건은 상호 밀접한 ~가 있다 Estos dos casos están íntimamente relacionados./ Hay una relación estrecha entre los dos casos. 날씨는 수확과 깊은 ~가 있다 El tiempo tiene una relación estrecha (está en relación estrecha) con los cosechas. 그것은 너와는 ~가 없다 Eso no tiene nada que ver contigo. 나는 그 사건과 아무 ~가 없다 Yo no tengo nada que ver con (en) el asunto. 기후에 ~없이 출발합니다 Partimos independientemente del tiempo./ Partimos haga el tiempo que haga. 그는 광고 ~일을 하고 있다 Se dedica a un trabajo relacionado con la publicidad. ~법규 reglamento concerniente. ~서류 correspondientes documentos.

2【사이·교제】~를 맺다 establecer relaciones con *algo·uno*. …과는 거래 ~를 가지고 있다 tener relaciones comerciales con…. 친척 ~ relaciones de parentesco. 친자 ~filiación. 작가와 독자의 ~ relaciones del escritor con sus lectores. 외교 ~를 끊다 romper las relaciones diplomáticas[con un país]. 사업상 ~가 있다 tener relaciones con *uno* por el trabajo. 당신은 그와 무슨 ~가 있습니까 ¿Qué relaciones tiene usted con él? 그와 나는 삼촌과 조카의 ~이다 Él y yo somos tío y sobrino. 나는 이 회사와 ~가 깊다 Tengo relaciones estrechas con esta compañía. 양국의 ~는 악화되어 가고 있다 Están empeorando las relaciones entre los dos países. 한미 ~ relaciones coreano-estadounidense(entre Corea y los EEUU).

3【육체적】relaciones carnales (sexuales). ~를 갖다 tener relaciones carnales con *uno*.

4【관여】~하다 participar de (en) *algo*, tomar parte en *algo*, asociarse a (con) *algo*. 그는 그 공사에 ~가 있다 Participa en la obra. 오직에 ~가 있다 estar implicado (metido) en una corrupción. ~ 각료 ministros interesados (correspondientes). ~자 interesado.

5【영향】influencia. ~하다 influir en (sobre) *algo*, tener (ejercer) influencia sobre *algo*. 기후 ~로 이 과일은 한국에서는 생산되지 않는다 Debido a la influencia del clima no se produce esa fruta en Corea. 누가 대표이건 나는 아무런 ~가 없다 No me importa quién ostente la representación. 물가 상승은 생활에 큰 ~가 있다 La subida de [los] precios tiene mucha influencia [influye mucho] sobre la vida.

6【문법】relación. ~사 relativo. ~대명사 (형용사·부사) pronombre (adjetivo· adverbio) relativo. ~절 oración (cláusula) relativa (de relativo).

관계(官界) mundo oficial, círculos oficiales. ~에 들어가다 entrar en el mundo oficial.
관계(官階) rango oficial.
관공리(官公吏) funcionario.
관공립(官公立) nacional y provinicial, público. ~학교 escuela pública.
관공서(官公署) organizaciones públicas.
관광(觀光) turismo. ~객 turista. ~국 país de turismo. ~도시 ciudad turística. ~버스 autobús de turismo, autocar de turismo. ~비자 visa de turismo, visa de turista. ~안내 guía turística. ~안내소 oficina(agencia) de turismo. ~여행 turismo, viaje turístico (de recreo). ~여행을 하다 hacer turismo, viajar por turismo. ~자원 recursos turísticos, fuente de turismo. ~지도 mapa turístico (de turismo). ~사업 turismo. ~지 lugar de turismo. ~열차 tren de recreo(de turismo). ~회사 compañía de turismo, compañía turística.
관구(管區) distrito de jurisdicción, parroquia (교회의).
관권(官權) autoridad del gobierno.
관기(官紀) disciplina (moral) oficial (burocrática). ~를 숙정하다 hacer respetar la disciplina oficial. ~을 유지하다 mantener rígida la disciplina entre los funcionarios.
관내(管內) jurisdicción. …의 ~에 dentro de la jurisdicción de….
관념(觀念) idea; [개념] concepto, noción. ~적이다 ideal. 시간의 ~이 없다 no tener noción del tiempo. 책임 ~이 전혀 없다 no tener la menor noción de responsabilidad. ~론 idealismo. ~론적인 idealista. ~론자 idealista (m.f.).
관능(官能) sensualidad, voluptuosidad. ~적인 sensual, voluptuoso. ~적인 무용 baile sensual. ~주의 sensualismo.
관대(寬大) generosidad, indulgencia, magnanimidad. ~한 magnánimo, generoso. ~하게 generosamente, con indulgencia. ~한 조치 medida indulgente. ~하게 취급하다 tratar a uno con indulgencia. 그는 ~하게도 나를 용서했다 El me perdonó generosamente. 그는 ~한 사람이다 Tiene gran corazón./El es generoso.
관람(觀覽) visita, espectáculo. ~로 entrada. ~무료 [게시] Entrada gratis. ~석 asiento, localidad, tribuna.
관련(關聯) relación, conexión, referencia. ~하다 relacionarse (tener relación) con algo. …에 ~하여 con relación a algo, en relación con algo, referente (respecto) a algo. 이 두 문제는 전혀 ~이 없다 No hay ninguna conexión entre los dos asuntos. 그는 최근 사건과 ~된 사회학 강의를 했다 Dio una clase de sociología con referencia a(relacionándola con) los acontecimientos recientes.[방위] ~산업 industria relacionada [con la defensa nacional]. ~질문 pregunta afín (conexa);[의회의] interpelación afín. ~회사 compañía afiliada (subsidiaria); [자회사] empresa filial.
관례(慣例) costumbre, uso, práctica; [선례] precedente. ~에 따라 según la costumbre, como de costumbre; conforme a los precedentes. ~에 따르다 seguir la costumbre. ~를 따르다 seguir la costumbre. ~를 깨드리다 romper la costumbre. ~에 역행하다 ir contra la costumbre.
관록(貫祿) dignidad. ~이 있는 dignidad, digno, majestuoso. ~을 보이다 mostrar [la] dignidad.
관료(官僚) burocracia, burócrata (사람). ~적 burocrático. ~정치 burocracia. ~주의 burocratismo.
관리(官吏) funcionario.
관리(管理) administración, superintendencia. ~하다 administrar, dirigir. 공원을 ~하다 administrar el parque. 공장을 ~하다 dirigir (controlar) una fábrica. 재산을 ~하다 administrar los bienes. 공원의 ~사무소 oficina de administración del parque, ~비 gastos administrativos. ~직 cargo de dirección, gerencia; [사람] director, gerente (m f.), ~인 administrador. ~업무 administración de una oficina. 일반 ~비 gastos generales de administración. ~인 administrador.
관립(官立) establecimiento oficial. ~의 establecido por el gobierno.
관명(官名) titulo oficial.
관모(官帽) sombrero oficial.
관목(灌木) arbusto; [작은] mata. ~으로 숨다 esconderse en unas matas.
관문(關門) puerta; [난관] barrera, obstáculo, dificultad, paso difícil. ~을 통과하다 pasar el espaldón. 시험의 제일 ~을 돌파하다 superar (vencer) la primera barrera del examen.
관민(官民) el gobierno y el pueblo.
관변(官邊) círculos oficiales.
관병식(觀兵式) revista.
관보(官報) boletín oficial. ~에 공포하다 publicar algo en el boletín oficial.
관비(官費) expensas del gobierno. ~로 a expensas del gobierno. ~로 유학하다 estudiar en el extranjero a expensas (a costa) del gobierno.
관사(冠詞) 【문】 artículo. 정~ artículo

관사(官舍) residencia oficial.
관상(觀賞) admiración. ~하다 admirar la belleza de *algo*. ~어 pez *(m.)* para acuario (para pecera). ~용 식물 planta ornamental.
관상(觀相) fisonomía, fisionómica. ~가 fisionomista *(m.f.)*. ~학 metoposcopia.
관선(官選) elección oficial. ~의 elegido (nombrado·designado) por el gobierno. ~변호사 abogado de oficio.
관성(慣性) hábito, costumbre;【물】 inercia. ~으로 por hábito.
관세(關稅) derechos aduanales(aduaneros·arancelarios·de aduana), impuesto de entrada, adeudo. ~에 순한 (~없는) sujeto a(libre de) derechos de aduana. ~를 과하다 adeudar *algo*, imponer los derechos a *algo*. ~를 지불하지 않고 지입하다 meter *algo* sin pagar impuestos de entrada. ~ 동맹 unión aduanera (de aduana). ~율 arancel, tarifa aduanera (arancelaria). ~ 장벽 barrera aduanera.
관습(慣習) costumbre, hábito, uso, usanza; [인습] convención; [전통] tradición. ~에 따라 la usanza (la costumbre). …의 ~에 따라 a usanza (a[l] uso) de *algo*, según usanza de *algo*. ~에 따르다 pegarse (someterse) a la costumbre. ~법 derecho consuetudinario.
관심(關心) interés. ~을 갖다 tener (sentir) interés por (hacia) *uno*, tener (poner) interés en (por) *algo*, interesarse en (por) *algo* (por *uno*), estar interesado en *algo*. 그에 관한 것을 아무 것도 나에게는 ~이 없다 No me interesa nada (No me importa) lo que sea de él. 이 건(件) ~이 있는 분은 아래 주소로 연락바랍니다 Sírvanse escribir a la dirección siguiente los interesados en este asunto. 나의 주된 ~은 이 전쟁이 언제 끝나는가에 있다 Mi interés principal está en saber cuándo terminará esta guerra. ~사 asunto (cosa) de interés (de importancia). 그것은 우리에게는 일대 ~사 이다 Es de mucho interés para nosotros./ 그것은 우리에게 ~이 많은 일이다 Es cosa que nos interesa muchísimo./ Nos tiene preocupadísimos.
관아(官衙) oficina gubernamental.
관악기(管樂器) instrumento [músico] de viento.
관여(關與) participación, relación. ~하다 participar en *algo*, tomar parte en *algo*.
관영(官營) negociación del gobierno, empresa del gobierno, monopolio del gobierno, monopolio del Estado. ~의 del gobierno, del Estado.

관용(寬容) tolerancia, indulgencia, generosidad. ~하다 tolerante, indulgente, generoso. ~의 정신 espíritu de tolerancia. ~과 인내 tolerancia y paciencia.
관용(慣用) uso [corriente]. ~의 usual, acostumbrado, habitual. ~상 por usanza, ~구 modismo, locución, frase hecha. ~표현 expresión idiomática.
관위(官位) rango, rango oficial, posición (categoría) oficial.
관음(觀音) diosa budista de la Merced.
관자놀이 sien *(f.)*.
관장(館長) director, superintendente, jefe de bibliotecarios.
관장(灌腸) irrigación, lavativa. ~하다 irrigar. ~기(器) lavativa, irrigador. ~액 irrigación, enema, lavativa. ~제 lavativa, enema.
관재(管財) administración. ~인 administrador; [청산인] liquidador.
관저(官邸) residencia oficial. 대통령 ~ residencia oficial del presidente.
관전(觀戰) ~하다 observar. 시합을 ~하다 observar (ver·asistir a) un partido.
관절(關節) articulación, coyuntura. ~을 삐다 [자신의] dislocarse una articulación. 나는 어깨의 ~을 삐었다 Se me ha dislocado la articulación del hombro.
관점(觀點) punto de vista. 이런 ~에서 desde este punto de vista.
관제(官制) organización del gobierno. ~엽서 tarjeta postal [de estado], postal [de estado].
관제(管制) control. ~관(官) controlador [del tráfico aéreo]. ~탑 torre de control.
관제(官製) ~의 hecho por el gobierno. ~엽서 tarjeta oficial.
관조(觀照) contemplación, observación.
관중(觀衆) espectador.
관직(官職) servicio del gobierno, burocracia oficial, puesto oficial. ~을 받다 recibir un puesto oficial. ~을 떠맡다 asumir un cargo en el gobierno, entrar en la burocracia oficial.
관찰(觀察) observación, examen, estudio. ~하다 observar, examinar, estudiar. 개미가 개미굴을 만드는 것을 ~하다 observar cómo las hormigas hacen su hormiguero.
관철(貫徹) logro, consecución, cumplimiento, efectuación, penetración. ~하다 lograr, cumplir, efectuar, llevar a cabo. 방침을 ~하다 llevar a cabo su proyecto. 그는 요구를 ~했다 Logró que aceptaran su demanda.
관청(官廳) oficina gubernamental (de administración pública). ~가(街)[수도

관측(觀測) observación. ~하다 observar. 천체를 ~하다 observar un astro. ~기구 [기상용의] balón de ensayo, globo piloto (sonda), radiosonda. ~소 observatorio. 지진 ~소 observatorio de sismología. ~자 observador.

관통(貫通) penetración. ~하다 penetrar, agujerear, atravesar. 탄환이 그의 팔을 ~했다 Una bala le penetró en el brazo.

관하(管下) jurisdicción. ~의 bajo la jurisdicción.

관하여(關—) 1 [대하여] referir a. …에 관해서 도, sobre, a propósito de…, acerca de…, en cuanto a…, [con] respecto a (de)…, 이 점에 관해서 a este respecto, de este particular. 평화에 관해서 술회하다 hablar de [la] paz. 우정에 관해서 acerca de la amistad. 돈의 것에 관해서는 por lo que respecta (por lo que se refiere) al dinero. …에 관한 de, sobre, acerca de…, 서반아에 관한 책 libro sobre la historia de España. 통화 문제에 관한 질문 preguntas acerca del problema monetario.
2 [관계하다] afectar; relacionarse (tener relación) con algo. 그것은 한국의 장래에 관한 문제다 Es un problema que tendrá influencia en el futuro de Corea. 그것은 그의 생명에 관한 문제다 Es un problema que afecta a su vida.

관할(管轄) jurisdicción, control. ~하다 controlar, tener (ejercer) control (jurisdicción) sobre algo. …의 ~하에 하다 (속해 있다) caer (estar) bajo la jurisdicción de…. …의 ~밖에 있다 estar fuera de la jurisdicción de…. 이 건은 우리의 ~밖이다 Este caso no está dentro de nuestra jurisdicción. ~ 관청 autoridad competente. ~ 구역 [법원 등의] jurisdicción; [활동 구역의] zona (radio) de la acción.

관함식(觀艦式) revista naval.

관허(官許) permiso gubernamental, licencia.

관헌(官憲) [당국] autoridades; [경찰] policía.

관현악(管弦樂) música de orquesta (orquestal). ~곡 pieza de (para) orquesta. ~단 [banda de] orquesta.

관혼상제(冠婚喪祭) ritos para la mayoría de edad, bodas, funerales y culto a los antepasados.

괄시(恝視) inhospitalidad. ~하다 maltratar, acocear.

괄호(括弧) ( ) paréntesis ; [ ] paréntesis cuadrados;| | llaves ; < > comillas;( ) paréntesis dobles. ~에 넣다 poner entre paréntesis. ~를 없애다 quitar los paréntesis. ~를 열다 (닫다) abrir (cerrar) el paréntesis.

광 despensa, pañol.

광(狂) manía. 야구~ manía por béisbol.

광(光) [빛] luz; [윤] lustre.

광각(光角) [물] ángulo óptico.

광견(狂犬) perro rabioso. ~병 rabia. ~병 환자 rabioso.

광경(光景) espectáculo, escena. 아름다운 ~ escena hermosa. 하늘에서 본 ~ vista desde el cielo.

광고(廣告) anuncio, publicidad, propaganda, reclamo; [포스터] cartel [안내문] prospecto. ~하다 anunciar, poner un anuncio [hacer propaganda] de algo. …에 ~를 내다 insertar un anuncio en. 신문에 신제품의 ~를 하다 publicar un anuncio de un artículo nuevo en un periódico. 잡지에 ~하다 anunciar en una revista. ~등 anuncios luminosos. ~란 columna de anuncios. ~료 precio de anuncio, gastos de [la] publicidad, tarifa publicitaria. ~업자 agente de publicidad. ~주 anunciante. ~ 대리점 agencia de publicidad. ~탑 torre de anuncios (de propaganda). ~ 우편 carta de anuncio circular.

광공업(鑛工業) industria minera e industrial.

광구(鑛區) zona minera.

광궤(廣軌) vía;[남미] trocha) ancha; [유럽의 표준계] vía normal. ~ 철도 ferrocarril de vía ancha.

광기(狂氣) locura, insania, demencia. ~의 insano, loco.

광녀(狂女) [mujer] loca.

광년(光年) año luz.

광대 [얼굴] cara, rostro.

광대(廣大)¹ acróbata.

광대(廣大)² amplitud, inmensidad, grandeza. ~한 extenso, vasto, inmenso, de gran extensión, de gran dimensión. ~무변의 ilimitado, infinito, inconmensurable. ~한 지역 área inmensa. ~한 평원 llanura extensa (vasta).

광대뼈 pómolos.

광도(光度) grado (intensidad) de la luz, luminosidad. ~계 fotómetro, luminómetro.

광란(狂亂) delirio, locura, enloquecimiento. ~하다 delirar, enloquecer[se], voverse [como] loco.

광막(廣漠) ~한 평원 llanura que se extiende hasta perderse de vista.

광맥(鑛脈) yacimiento, vena, filón. ~을 찾

아내다 descubrir un yacimiento [mineral].

광명(光明) [빛] luz, rayo, [희망] esperanza. 전도에 ~을 보이다 encontrar una luz de esperanza en el futuro.

광물(鑛物) mineral, substancias minerales. ~의 mineral. ~ 섬유 fibra mineral. ~ 자원 recursos minerales. ~학 mineralogía. ~학자 mineralogista (m.f.).

광범(廣範) amplitud. ~한 muy amplio, extenso, vasto, inmenso. ~한 지식 conocimiento vasto (amplio y variado). ~한 행동 반경 radio de acción muy amplio. 정계에 ~한 영향력을 가지고 있다 tener una gran influencia en los círculos políticos.

광부(鑛夫) minero, barretero.

광분(狂奔) ~하다 matarse por (algo (por (al)+inf.), afanarse en (por) algo (en (por)+inf.), hacer esfuerzos desesperados por (para) algo (por (para)+inf.). 돈 모으기에 ~하다 recurrir a todos los medios para reunir el dinero.

광산(鑛山) mina. ~하다 ~ minero. ~ 기사 ingeniero de minas. ~ 노동자 obrero minero. ~업 industria minera. ~전문학교 escuela de ingenieros de minas. 우라늄 ~ mina de uranio.

광산(鑛産) ~물 producto mineral. ~ 자원 recursos minerales.

광상(鑛床) yacimiento. 우라늄을 함유한 ~ yacimiento que contiene uranio.

광상곡(狂想曲) capricho.

광석(鑛石) mineral. ~ 검파기 detector de cristal [de cuarzo]. ~ 수신기 receptor con detector de cristal. ~ 운반선 barco de transporte de minerales.

광선(光線) luz, rayo. ~의 반사로 그의 얼굴이 잘 보이지 않는다 Debido a los reflejos de la luz no se le ven bien la cara.

광수(鑛水) agua mineral.

광시곡(狂詩曲) rapsodia.

광신(狂信) fanatismo. ~적인 fanático. ~적으로 fanáticamente. ~자 fanático, santurrón(종교의).

광야(曠野) vaga, llanura vasta.

광언(狂言) drama, función, representación, sainete, treta, petardo.

광업(鑛業) industria mineral (minera), exportación de las minas. ~의 minero, mineral.

광열비(光熱費) gastos de luz y gas.

광영(光營) honor, gloria. ⇨영광.

광원(光源) fuente luminosa, origen de la luz.

광유(鑛油) aceite perfumado.

광음(光陰) tiempo. ~은 화살같이 흐른다 El tiempo pasa como una flecha./ El tiempo vuela.

광의(廣義) sentido amplio. ~로 en sentido amplio. ~로 해석하다 interpretar algo en un sentido amplio.

광인(狂人) loco, lunático.

광장(廣場) plaza; [소광장] plazuela. 5월의 광장 Plaza de Mayo.

광적(狂的) loco, chiflado, lunático; [광신적인] fanático.

광전관(光電管) célula fotoeléctrica.

광전류(光電流) corriente fotoeléctrica.

광전자(光電子) fotoelectrón.

광전지(光電池) célula fotovoltaica, fotocélula.

광주리 canasta, cesto.

광채(光彩) ~를 발하다 sobresalir en algo [entre muchos], brillar en algo.

광천(鑛泉) manantial de agua mineral; [광수] agua mineral. ~요법 balneoterapia. ~장 balneario.

광태(狂態) extravagancia, manera escandalosa. ~를 부리다 hacer extravagancias, portarse de una manera escandalosa.

광택(光澤) lustre, brillo, tersura. ~ 있는 lustroso, brillante, pulimentado, terso. ~이 없는 deslustroso, deslucido, mate, sin lustre, sin brillo. ~이 있다 tener lustre y tersura. ~을 잃다 perder el lustre, deslustrarse. ~을 내다 dar (sacar) brillo (lustre) a algo, lustrar (pulir) algo, dar tersura y lustre a algo. ~지(紙) papel satinado.

광파(光波) onda luminosa (de luz).

광학(光學) óptica. ~의 óptico. ~ 기계 aparatos (instrumentos) ópticos (de óptica). ~ 망원경 telescopio óptico. ~ 유리 vidrio óptico (de óptica). ~ 제품 artículo de óptica.

광합성(光合成) fotosíntesis.

광화학(光化學) fotoquímica. ~반응 reacción fotoquímica. ~스모그 neblumo fotoquímico.

광휘(光輝) brillantez, brillo, gloria. ~ 있는 brillante, esplendente, glorioso y brillante.

광희(狂喜) alegría, júbilo, éxtasis. ~하다 estar loco de alegría, regocijarse extremadamente.

괘종(掛鐘) reloj [de pared].

괘지(罫紙) papel rayado.

괜찮다 no ser malo, ser bueno.

괜히 en vano, inútilmente.

괭이 azada, azadón.

괴기(怪奇) misteria. ~한 grotesco, fantástico, misterioso; [기이한] extraño. ~ 소설 novela escalofriante.

괴담(怪談) cuento de duende, cuento de

괴력 espectro, cuento de fantasmas, historia horrible (horripilante).

괴력(怪力) fuerza extraordinaria (maravillosa·hercúlea). ~의 사나이 hombre de una fuerza maravillosa, hércules.

괴로움 turbación, confusión, disturbio; aflicción, pena, congoja, calamidad.

괴롭다 [고통스럽다] [estar] dolorido, afligido, desconsolado, atormentado.

괴롭히다 agonizar. 나를 괴롭히지 마라 No me agonices.

괴뢰(傀儡) títere. 수상은 군부의 ~다 El primer ministro es un títere en manos del ejército. ~정권 gobierno títere, régimen marioneta.

괴멸(壞滅) destrucción, ruina total; [패배] derrota; [전멸] aniquilamiento. ~하다 ser destruido, caer en la ruina; aniquilarse. ~시키다 destruir, arruinar, convertir un sitio en ruinas; aniquilar. 지하조직은 ~되었다 La organización clandestina fue aniquilada (destruida).

괴문서(怪文書) documento (folleto) de fuente desconocida.

괴물(怪物) monstruo, fenómeno; [비범한 사람] prodigio. ~같은 monstruoso.

괴수(怪獸) bestia monstruosa, monstruo. ~영화 película de monstruos.

괴짜 hombre excéntrico.

괴혈병(壞血病) [한] escorbuto. ~의 escorbútico. ~ 환자 escorbútico.

교가(校歌) himno de la escuela.

교각(橋脚) pilar [de un puente].

교감(交感) simpatía, correspondencia. ~신경 [nervio] [gran] simpático.

교과(敎科) [학과목] asignatura, materia, disciplina; [커리큘럼] plan de estudios.

교과서(敎科書) [libro de] texto. 수학 ~ libro de texto de matemáticas.

교관(敎官) profesor, instructor, maestro.

교구(敎區) parroquia.

교기(校旗) estandarte escolar, bandera de la escuela.

교내(校內) ~에서 dentro (en el interior) de la escuela. ~ 방송 emisión intraescolar.

교단(敎壇) tarima de profesor, estrado.

교단(敎團) comunidad religiosa, congregación, orden religiosa. 프란시스코~ Orden de San Francisco. 예수스~ Compañía de Jesús.

교당(敎堂) [교회] iglesia; [대성당] catedral (f.); [절] templo [budista]

교대(交代) relevo, substitución. ~하다 substituir, suceder, turnar. ~로 alternativamente.

교도(敎徒) creyente, adherente.

교도관(矯導官) carcelero.

교두(敎頭) primer maestro, primer instructor, primer profesor.

교두보(橋頭堡) cabeza de puente. 유럽시장에 ~를 구축하다 establecer una cabeza de puente en el mercado europeo.

교란(攪亂) agitación. ~시키다 agitar. ~자 agitador.

교량(橋梁) puente. ~공사 construcción de un puente.

교련(敎練) ejercicio (instrucción) militar. ~하다 hacer la instrucción militar.

교료(校了) Listo para limpiar. ~하다 dar el visto bueno para imprimir.

교류(交流) 1 【전】 corriente alterna (alternativa). ~ 발동기 alternador, generador de corriente alterna. ~ 회로 (전압·전동기·외위차계) circuito (voltaje·motor·potenciómetro) de corriente alterna. 2 [문화 등의] intercambio. ~하다 intercambiar. 인사의 ~ intercambio de personal. 한국·페루 간의 문화 ~ intercambio cultural entre Corea y el Perú.

교리(敎理) doctrina, dogma. ~ 문답서 catecismo.

교만(驕慢) arrogancia. ~한 arrogante, insolente, soberbio, altivo.

교모(敎母) madrina.

교목(喬木) árbol alto (grande).

교묘(巧妙) ~한 hábil, mañoso. ~하게 hábilmente, mañosamente. ~하게 변명하다 excusarse (disculparse) mañosamente.

교무(敎務) negocios escolares, departamento de los asuntos escolares. ~과 (課) departamento de instrucción; secretaría [de la universidad].

교문(校門) puerta (entrada) de la escuela.

교미(交尾) cópula, coito, ayuntamiento; [닭의] pisa. ~하다 copularse, ayuntarse, cruzarse, juntarse. ~기 brama, estación de celo.

교배(交配) [생] mestizaje, cruzamiento. ~시키다 cruzar.

교본 피아노 ~ método de piano.

교부(交付) entrega, concesión. ~하다 entregar, dar, conceder. 여권을 ~하다 expedir un pasaporte.

교부(敎父) [초기 기독교회의 신학자] Padres de la Iglesia; [세례의] padrino.

교사(敎師) maestro; [중학교 이상의] profesor; [교습소 등의] instructor. 서반어어 ~ profesor de español. ~가 되다 hacerse maestro (profesor). 대학에서 ~를 하고 있다 trabajar (estar) de profesor en una universidad.

교사(校舍) [edificio de la] escuela.

교사(教唆) instigación, incitación. ~하다 instigar, excitar, incitar. ~에 ~되어 instigado por *uno*. 살인을 ~하다 incitar a *uno* al asesinato. ~자 instigador, incitador.

교살(絞殺) estrangulación. ~하다 estrangular.

교서(教書) 1 [로마 교황의] encíclica. 2 [미국 대통령의] mensaje del presidente estadounidense; 일반 (특별) ~ mensaje general (especial).

교섭(交涉) 1 negociación, negocio, trato; [회담]conferencia, conversación. ~하다 negociar(tratar)[acerca de] *algo* con *uno*. ~에 들어가다 entrar en negociaciones (en tratos) con *uno*, empezar (entablar) las negociaciones con *uno*. ~중이다 estar de (en) negociaciones (en trato) con *uno*. 평화조약에 관해 ~하다 negociar acerca del tratado de paz. ~에 의해 mediante (por medio de) las negociaciones. ~이 마무리 되었다 Las negociaciones han llegado a un acuerdo (a una conclusión). 서반아와 통상협정을 ~하다 negociar un tratado comercial con España. 그는 그 회사와 지불조건을 ~하고 있다 Está negociando(tratando) las condiciones de pago con esa compañía. 2 [관계] relación, conexión, contacto. ~을 가지다 entablar relaciones (ponerse en contacto) con *uno*. ~을 가지고 있다 tener relaciones (tener que ver) con *uno*; [연애 관계] estar en relaciones [amorosas] con *uno*. A와 B간에 ~이 있다 Hay una relación (una conexión) entre A y B.

교수(教授) enseñanza, instrucción; [사람] catedrático, profesor; [집합적] profesorado. ~하다 enseñar, dar clase. ~에 승진하다 ser promovido (ascendido) a catedrático. ~법 didáctica, método didáctico (de enseñanza). ~회 consejo(junta) de profesores; [조직] claustro (de profesor). 문학부 (마드리드 대학) ~ catedrático de la Facultad de Filosofía y Letras (de la Universidad de Madrid). 초~ profesor auxiliar. 명예~ profesor honorario.

교수대(絞首臺) horca, patíbulo. ~의 이슬로 사라지다 morir (terminar *su* vida) en la horca.

교수형(絞首刑) pena de horca, penalidad de estrangulación. ~에 처하다 ahorcar a *uno*, condenar a estrangulación.

교습소(教習所) escuela práctica. 댄스 ~ escuela de baile. 자동차 ~ auto-escuela.

교실(教室) aula, [sala de] clase. 요리 ~을 열다 abrir una escuela (una academia) de cocina. 고고학 ~ [반] clase de arqueología; [조직] seminario de arqueología.

교양(教養) cultura, saber, conocimientos. ~있는 culto, instruido. ~없는 inculto. ~을 높이다 aumentar (desarrollar) la cultura. ~을 얻다 adquirir cultura. ~ 과정 ciclo de disciplinas básicas. ~ 프로그램 programa cultural. ~학부 facultad de artes liberales. 일반 ~ 과목 asignatura de estudios comunes.

교역(交易) tráfico, comercio, intercambio comercial. ~하다 traficar, comerciar, cambalachar (물물교환).

교열(校閱) revisión, revista. ~하다 revisar, pasar revista a *algo*. A씨의 ~에 의한 책 libro revisado por el señor A. ~자 revisor.

교외(郊外) afueras, alrededores, cercanías. 서울의 ~에 살다 vivir en las afueras (en los alrededores) de Seúl. ~전차 [tren] suburbano, tren de cercanías.

교우(校友) compañero de clase, compañero de estudios (de escuela); [졸업생] graduado de la escuela. ~회 asociación de granduados colegiales.

교우(交友) amigo, compañero; amistad. ~관계 relaciones de amistad. …과 ~관계가 있다 tener relaciones amigables con *uno*. …의 ~관계를 조사하다 inquirir sobre las relaciones amistosas de *uno*.

교원(教員) [국민학교의] maestro; [중학교의 이상의] profesor; [교습소 등의]instructor; [집합적] profesorado, cuerpo (personal) docente. ~ 면허 diploma (*m.*) (título) de maestro. ~ 조합 sindicato de instructores. ~ 자격증 diploma de maestro. 촉탁 ~ encargado del curso.

교육(教育) educación, instrucción; [학교 교육] enseñanza, magisterio; [양성] formación [profesional]. ~하다 educar, enseñar, instruir, formar. ~적인 educativo, instructivo. ~이 있는 bien educado, instruido. ~이 없는 sin instrucción. ~을 받다 recibir enseñanza (educación). 좋은 ~을 받다 recibir una buena enseñanza (educación·formación). 음악가가 되기 위한 ~을 받다 recibir una formación musical. 고등 ~을 받은 사람 persona que ha recibido una enseñanza superior. 그것은 ~적 견지에서 바람직하지 못하다 No es deseable desde el punto de vista pedagógico. 그녀는 자녀 ~에 열의를 다하고 있다 Pone todo su entusiasmo en la educación de sus hijos. ~계 mundo pedagógico. ~과정 programa de estudios. ~ 기관 órgano (institución) de educación, centro docente. ~ 기본법 ley

교의 fundamental de la educación. ~방법 método de educaocn (de enseñanza). ~비 gastos educacionales (para la educación). ~수준 nivel educativo. ~실습생 profesor cursillista. ~심리학 psicología pedagógica. ~심의회 Consejo de Instrucción Pública. ~예산 presupuesto para la educación. ~제도 sistema de educación (de enseñanza). ~자 educador; pedagogo. ~영화 película educativa. ~위원 miembro de la junta de educación. ~위원회 junta de educación. ~프로그램 programa educativo. ~부 pedagogía. ~학의 pedagógico. ~학부 facultad de pedagogía. ~행정 administración de instrucción pública. 성인~ enseñanza de adultos. 63제~ sistema esolar de seis años de primaria y tres de secundaria.

교의(校醫) médico titular [de la escuela].

교의(敎義) doctrina, dogma (*m.*), principio. ~상의 doctrinal, dogmático. 기독교의~ doctrina cristiana. 카톨릭의~ dogma católico.

교인(敎人) creyente (*m.f.*), fiel (*m.f.*).

교잡(交雜) confusión, desorden.

교장(校長) director [de una escuela].

교장(校場) aula, clase.

교재(教材) material de (para) enseñanza.

교전(交戰) guerra, batalla, lucha. ~하다 luchar [con (contra) un enemigo], entablar una lucha [contra un enemigo]; [전쟁하다] hacer [la] guerra [a un país], guerrear [con (contra) un país]. ~국 [países] beligerantes. ~권 derecho de hacer la guerra. ~상태 estado de guerra, beligerancia. 이웃 나라와 ~상태에 들어가다 entrar en guerra con un país vecino. A국과 ~상태에 있다 hallarse en estado de guerra con A.

교전(敎典) libro sagrado.

교접(交接) coito, unión sexual; [교미] cópula. ~하다 unirse (juntarse) sexualmente; copularse.

교정(校庭) jardín (patio) [de la escuela].

교정(校訂) revisión, corrección. ~하다 revisar, corregir. ~본 edición crítica. ~자 revisor.

교정(校正) corrección de pruebas. ~하다 corregir las pruebas. ~쇄 pruebas de imprenta. ~담당자 corrector, revisor.

교정(矯正) corrección, rectificación, reajuste. ~하다 corregir, rectificar, rejustar. 말더듬이를 ~하다 corregir la tartamudez. 발음을 ~하다 corregir [los] defectos de pronunciación. ~할 수 있는 corregible. ~할 수 없는 incorregible.

교제(交際) relaciones (*f.pl.*), trato, amistad. ~하다 tener relaciones (trato·amistad) con *algo*, tratar (relacionarse·codearse) con *uno*. ~를 좋아하는 sociable. ~를 싫어하는 insociable. ~를 뱉다 entablar (trabar) relaciones amistosas con *uno*, ponerse relación con *uno*. ~를 끊다 romper [las relaciones·el trato] con *uno*, dejar de tratar con *uno*. 그는 ~가 넓다 Tiene muchas amistades./ Tiene relaciones extensas./ Tiene relaciones (amistades) numerosas./ Es hombre de mundo. 그는 어떤 사람과 ~하고 있느냐 ¿Con qué clase de gente se alterna (se codea)?/ ¿Qué clase de gente frecuenta? ~가 persona de mundo (de trato de gentes). ~비 gastos de relaciones sociales.

교조(教祖) fundador de una secta religiosa.

교조(敎條) dogma (*m.*). ~적인 dogmático. ~주의 domatismo.

교주(敎主) jefe supremo de una religión; [창시자] fundador de una religión.

교직(敎職) profesorado, cátedra (대학의); 【종】 ministerio, orden sacerdotal. ~에 있다 dedicarse a la enseñanza, ser profesor. ~에 들어가다 ingresar en la enseñanza, escoger el profesorado, hacerse profesor. ~과정 curso de formación pedagógica. ~원 profesor. ~원 조합 sindicato del profesorado y personal no docente [de un centro de enseñanza]. ~원실 aula de profesores.

교차(交叉) intersección, cruce. ~하다 entrecortarse, cruzar. ~된 cruzado. ~점 punto de intersección, empalme.

교착(膠着) ~의 aglutinante. 교섭은 ~상태에 있다 Las negociaciones se hallan estancadas (paralizadas)./ Las negociaciones están en un punto muerto. ~어 lengua aglutinante.

교착(交錯) ~하다 cruzarse, entrecruzarse.

교체(交替) reemplazo, relevo, cambio, substitución. ~하다 reemplazar (relevar·substituir) a *uno*, ponerse en lugar (en vez) de *uno*, alternar con *uno*. ~로 alternativamente, con alternación, por tandas, por turnos. ~로 차를 운전하다 conducir el coche alternativamente, turnarse para conducir el coche. 여섯 시간~로 일하다 trabajar por turnos de seis horas. 삼~로 일을 하다 trabajar en tres turnos. A가 B와 ~했다 A ha substituido a B. 나는 그와 ~로 감시했다 El y yo vigilamos por turnos. ~요원 substituidor; [집합적] tanda; [군대 등의] relevo. 삼~제 sistema [de trabajo] de tres

교칙(校則) reglamento de la escuela.
교탁(教卓) mesa de profesor.
교태(嬌態) coquetería, flirteo. ~를 부리다 coquetear.
교통(交通) circulación, tráfico, tránsito; [연락] comunicación. ~ 정리를 하다 ordenar (regularizar) la circulación, regular el tráfico. ~ 혼잡을 완화하다 descongestionar el tráfico. ~을 차단하다 interrumpir la circulación, interceptar (cortar) el tráfico. ~량이 많은 도로 carretera de mucho tráfico (tránsito). 이 도로는 ~량이 증가했다 En esta carretera ha aumentado el tráfico (el volumen de la circulación). 이 주변은 ~량이 많다 Hay mucho tránsito (mucha circulación) por aquí. 이곳은 ~편이 좋다 (나쁘다) Este lugar está bien (mal) comunicado. 당시는 ~ 사정이 좋다 (나쁘다) La circulación es fácil (difícil) en esta ciudad. ~기관 medios de comunicación (de tráfico). ~규칙 código (ordenanzas) reglamento de la circulación. ~마비 paralización del tráfico. ~망 red (vías) de comunicación. ~비 gastos de comunicación. ~사고 accidente de tráfico (de circulación). ~순경 agente (policía) de tráfico. ~신호 semáforo, control de la circulación (de tráfico). 한국~공사 Agencia de Turismo de Corea.
교파(教派) secta religiosa.
교편(教鞭) magisterio. ~을 잡다 ejercer el magisterio, enseñar.
교풍(校風) tradición (espíritu) de la escuela.
교향곡(交響曲) sinfonía. 베토벤의 ~ 제 5 번 la quinta sinfonía de Beethoven.
교향시(交響詩) poema sinfónico.
교향악(交響樂) sinfonía. ~단 orquesta sinfónica.
교화(教化) [종교·도덕상의] moralización, edificación; [문명화] ilustración, civilización. ~하다 moralizar; ilustrar, civilizar; [그리스도교의] catequizar, evangelizar. ~ 사업 obra educacional.
교환(交換) 1 cambio, intercambio; [물물교환] permuta, trueque. ~하다[A를 B와] cambiar (permutar) A por (con) B, dar (poner·tomar) A por B; trocar A con(en·por) B. …과 ~으로 a cambio de *algo*; a (en) trueque de *algo*. 출판물의 ~ intercambio de publicaciones. ~조건을 내다 presentar los puntos de regateo. 의견을 ~하다 cambiar (intercambiar) opiniones. 자리를 ~하다 cambiar el (el) asiento con *uno*; [서로] cambiar[se el] asiento. 페소를 달러로 ~하다 cambiar pesos en dólares. 나는 그와 넥타이를 ~ 했다 Le cambié la corbata por la suya./ Cambié con él la corbata. ~ 가치 valor del cambio. ~ 수단 medio de cambio. ~ 유학생 becario de intercambio. 2 [전화의] conexión del teléfono. ~대 cuadro de distribución. ~수 telefonista. 3 [어음의] compensaciones bancarias. ~하다 cambiar [cheques·letras y otros títulos entre los bancos].
교환(交歡) canje de cortesía, canje de benevolencia. ~하다 canjear cortesía.
교활(狡猾) astucia, maña, ardid *(m.)*; sagacidad. ~한 astuto, mañoso, taimado; sagaz. ~하게 con astucia y engaño, astutamente; sagazmente. ~한 수단을 쓰다 emplear recursos astutos, recurrir a engaños y ardides.
교황(敎皇) Papa*(m.)*, Pontífice, Sumo Pontífice. ~의 pontificio. ~이 되다 pontificar. ~성하(聖下) Su Santidad el Pontífice, Su Santidad el Papa.
교회(敎會) [조직] Iglesia; [건물] iglesia; [대성당] catedral; [그리스도교 이외의] templo; [회교의] mezquita. ~에 가다 ir a la iglesia. ~법 derecho canónico (eclesiástico). ~음악 música eclesiástica. 로마 카톨릭 ~ Iglesia Católica Romana.
교훈(教訓) lección, moraleja, precepto. ~적인 moralizador, edificante, instructivo. ~을 주다 dar una lección a *uno*. 좋은 ~ 이 되다 dar un ejemplo edificante (un buen ejemplo) a *uno*.
구(九) nueve. 제 ~의 noveno.
구(句) frase *(f.)*, locución; [삽입구] inciso; [시의] verso. 형용사 (부사) ~ frase adjetiva (adverbial).
구(區) barrio, distrito. ~민 habitante de un barrio. ~청 oficina de barrio. ~청장(長) jefe de barrio.
구(球) esfera, bola, globo, tubo(수신기의), pelota (축구).
구(舊) viejo, antiguo. ~판(版) edición antigua.
구가(舊家) familia antigua.
구강(口腔) cavidad bucal. ~외과 cirugía bucal (dental). ~ 위생 higiene bucal.
구개(口蓋) paladar. ~음 palatal. 경 ~ paladar duro. 연 ~ velo del paladar.
구간(區間) sección, división; [철도 등의] trayecto. 열차의 운전 ~ recorrido (trayecto) del servicio de un tren. 일 ~ 200원 doscientos wones cada tramo. 우리 가 타는 ~은 100원이다 Nuestro trayecto ahora cuesta cien wones.

구걸(求乞) mendiguez. ~하다 pedir limosna, mendigar.

구경 espectáculo, vista. ~하다 mirar. ~꾼 mirador, mirón.

구경(口徑) calibre. 32 ~ 권총 revólver del calibre 32.

구관조(九官鳥) mirlo.

구교(舊交) antigua amistad. ~를 새로이 하다 renovar (resucitar·recobrar·calentar) la antigua amistad con *uno*.

구교(舊敎) catolicismo, religión católica. ~의 católico. ~도 católico.

구구표(九九表) tabla de multiplicación.

구균(球菌) micrococo.

구근(球根) bulbo, cebolla.

구금(拘禁) detención, prisión, arresto. ~하다 detener, arrestar.

구급(救急) ~병원 clínica de urgencia (de asistencia urgente); [무료의] casa de socorro. ~상자 botiquín de urgencia. ~약 medicina de primeros auxilios. ~차 ambulancia. ~차를 부르다 llamar a la ambulancia.

구기(球技) [작은 공의] juego de la pelota; [큰 공의] juego del balón.

구기다 [옷 등을] arrugar, hacer arrugas, plegar.

구김살 pliegue, doblez, arruga.

구내(構內) recinto, campus. 대학의 ~에서 en el recinto (en el campus) de la universidad. 역의 ~에서 en [el patio de] la estación, dentro de la estación. ~ 택시 taxi con licencia para recoger clientes en las estaciones.

구내염(口內炎) estomatitis (*f.*).

구대륙(舊大陸) Viejo (Antiguo) Continente, Antiguo Mundo.

구더기 gusano, larva.

구덩이 cueva, caverna, cavidad.

구도(構圖) composición. ~가 좋은 (나쁜) 도안 dibujo bien (mal) compuesto.

구도(舊都) capital antigua.

구도(舊道) camino antiguo (viejo).

구도(求道) ~심(자) espíritu (persona) que busca la verdad.

구독(購讀) [예약 구독] subscripción, abono. ~하다 subscribir. 잡지를 ~하고있다 subscrito a (ser subscriptor de) una revista. 신문의 ~을 예약하다 subscribirse(abonarse) a un periódico. ~료 tarifa de *subscripción*. ~자 subscritor, subscriptor.

구두 zapatos; [장화] botas. ~한 켤레 un par de zapatos. ~를 신다 ponerse (calzarse) los zapatos. ~를 벗다 quitarse (descalzarse) los zapatos. [자물쇠] ~를 닦다 limpiar[se] los zapatos. ~방 주인

~수선공 zapate*r*o. ~닦이 limpiabotas. ~약 betín, crema para zapatos. ~약을 바르다 dar (untar) betín (dar [de] crema) a los zapatos. ~끈 cordones del zapato. ~줄 cepillo para los zapatos. ~주걱 calzador. ~ 수선공 zapatero remendón. ~골 horma. 굽이 낮은 ~ zapatos de tacones bajos. 굽이 높은 ~ zapatos de tacones altos.

구두(口頭) ~의 oral, verbal. ~로 oralmente, verbalmente, de palabra, de viva voz. ~계약 contrato oral. ~ 변론 alegato oral. ~ 시험 examen oral.

구두(句讀) puntuación. ~점 signos de puntuación. 문장에 ~점을 찍다 poner los signos de puntuación en un escrito, puntuar un escrito.

구두쇠 avaro, tacaño.

구락부(俱樂部) club.

구래(舊來)의 viejo, antiguo, tradicional.

구렁이 serpiente grande, boa.

구레나룻 patillas.

구력(舊曆) calendario antiguo; [태음력] calendario lunar.

구류(拘留) [pena de] detención. ~하다 detener.

구르다 [데굴데굴] rodar; [발을] patear.

구름 nube (*f.*). ~이 많은 하늘 cielo nublado. ~이 없는 하늘 cielo sin nubes (despejado). 흰 (검은) ~ nube blanca (negra). ~ 끼다 Se forman las nubes. ~이 끼기 시작한다 Comienzan a formarse las nubes./ Se está nublando el cielo. ~이 흩어진다 Las nubes desaparecen (se dispen)./ El cielo se esclarece (se despeja). 하늘에 ~이 꺼여 있다 El cielo está nublado (cubierto de nubes). 산꼭대기에 ~이 덮여있다 Las nubes cubren (ciñen) la cima de la montaña. 달이 ~에 가려있다 La luna se ha ocultado tras (detrás de) las nubes. 하늘에 ~ 한 점이 없다 No hay ni una (sola) nube en el cielo.

구름다리 viaducto.

구름 nueve años de edad.

구릉(丘陵) loma, colina. ~ 지대 zona de colinas.

구리 cobre. ~빛의 color cobrizo.

구린내 mal olor.

구매(購買) compra, adquisición. ~욕을 일으키다 despertar (estimular) el deseo adquisitivo de *uno*. ~가격 precio de compra (de adquisición). ~력 facultad de compras, poder adquisitivo. ~부 departamento de compras. ~자 comprador. ~ 조합 cooperativa de compras.

구멍 agujero. ~을 내다 agujerear.

구멍가게 tiendecita.

구면(球面) superficie esférica. ~경 espejo esférico. ~ 삼각법 trigonometría esférica.

구명(救命) ~구 salvavidas. ~ 보트 bote salvavidas. ~ 조끼 chaleco salvavidas.

구명(究明) ~하다 esclarecer, estudiar (examinar) *algo* a fondo, investigar, inquirir, indagar. 진리를 ~하다 esclarecer (indagar) la verdad, procurar (intentar·tratar de) conocer la verdad.

구문(構文) construcción. ~법 sintaxis (*f*.)

구문(歐文) escritura europea. ~으로 en letras europeas.

구미(口味) apetito. ~를 잃다 perder el apetito.

구미(歐美) Europa y América. ~의 europeo-americano. ~인 europeos y americanos, occidentales.

구민(區民) habitante de un barrio.

구별(區別) distinción; [식별] discernimiento. ~하다 distinguir, discernir. 남녀노소 ~없이 sin distinción de edad ni sexo. 진짜와 가짜를 ~하다 distinguir lo verdadero de lo falso. 이 말의 의미를 정확히 ~해라 Distingue exactamente los sentidos de estas palabras.

구부러지다 agarbarse.

구부리다 agarbar.

구분(區分) división; [식별] clasificación; [구획] sección, compartimiento. ~하다 dividir; clasificar; compartir. 마을을 넷으로 ~하다 dividir un pueblo en cuatro secciones.

구비(口碑) tradición oral.

구빈(救貧) ~사업 obra de beneficencia. ~원 asilo para los pobres, casa de beneficencia.

구사(驅使) ~하다 hacer pleno uso de *algo*, sacar la mayor partida (el mayor partido) de *algo*. 최신 기술을 ~하여 배를 건조하다 construir un buque usando la más moderna tecnología en su máximo grado (haciendo pleno uso de la última tecnología).

구사 일생(九死一生) ~하다 escapar (salvarse·librarse) milagrosamente de la muerte, escaparse por un pelo.

구상(具象) ~적인 concreto, material, figurativo. ~파 예술 arte figurativo. ~화 pintura figurativa.

구상(構想) plan, proyecto, programa (*m*.); [착상] idea. ~을 세우다 trazar (formar·elaborar·forjar·madurar) un plan. 웅대한 ~을 가지다 tener un plan de gran alcance.

구석 esquina.

구성(構成) composición, constitución, formación; [구조] estructura; [미술] construcción. ~하다 componer, organizar, constituir. ~이 되다 componerse (constar) de *algo·uno*. 작품의 ~ plan de la obra. 다섯명의 과학자가 위원회를 ~하고 있다 Cinco científicos forman el comité./ El comité consta (se compone) de cinco científicos. 이 소설은 ~이 탄탄하다 Esta novela tiene una estructura sólida. ~ 요소 elemento constitutivo (constituyente), componente. ~원 miembro, componente (*m.f*.).

구세(救世) salvación. ~군 Ejército de Salvación. ~주 el Salvador, Redentor, Mesías (*m*.).

구세계(舊世界) Viejo Mundo.

구속(拘束) impedimento, estorbo; [제한] restricción. ~하다 impedir, estorbar; restringir. 용의자의 신병을 ~하다 detener a un sospechoso. 그 규정은 아무런 ~력이 없다 Ese reglamento no tiene ninguna fuerza restrictiva.

구술(口述) exposición (manifestación) oral; [받아쓰기] dictado. ~의 oral, verbal. ~하다 exponer *algo* oralmente, manifestar oralmente, dictar. ~ 시험 examen oral. ~ 필기하다 escribir al dictado.

구슬 bola.

구슬리다 lisonjear, adular, acariciar.

구슬프다 estar triste.

구습(舊習) costumbre antigua.

구시가(舊市街) parte antigua (barrios antiguos) de la ciudad.

구식(舊式) ~의 anticuado. ~ 기계 máquina anticuada.

구실(口實) pretexto; [변명] excusa, disculpa; escapatoria, efugio. 좋은 ~ buena excusa. ~을 만들다 (찾다) inventar (buscar) un pretexto para *algo* (para+*inf*.). …을 ~로 하다 con el pretexto de *algo*, pretextando *algo* (que+*ind*.). …을 ~로 하다 pretextar *algo*, dar (alegar) *algo* como pretexto, tomar *algo* por pretexto. 그는 여러 가지 ~을 만들어 일을 쉰다 Busca diversos pretextos para no trabajar. 두통을 ~로 학교를 쉬다 faltar a la escuela bajo pretexto de un dolor de cabeza, pretextar un dolor de cabeza para no asistir a clase.

구심(求心) ~적인 centrípeto. ~력 fuerza centrípeta.

구십(九十) noventa. 제 ~의 nonagésimo. ~ 대의 사람 nonagenario.

구악(舊惡) falta antigua, mala conducta pasada. ~을 들추어내다 delatar las faltas

구애(求愛) cortejo; [남자가 여자에게] galanteo. ~하다 cortejar (hacer la corte) a *uno*; galantear a *uno*.

구약(口約) promesa verbal. ~하다 dar promesa verbal.

구약성서(舊約聖書) Viejo (Antiguo) Testamento.

구어(口語) lengua coloquial, lenguaje hablado. ~의 oral, dialogal. ~문 frase (f.) de estilo coloquial. ~체 estilo dialogal.

구역(區域) zona, límite, esfera.

구역질(嘔逆-) náusea, bascas, gana de vomitar.

구우(舊友) [옛날의] amigo antiguo, antiguo camarada; [옛날부터의] viejo amigo.

구원(救援) socorro, auxilio, ayuda. ~하다 socorrer, ayudar, auxiliar, prestar auxilio (ayuda) a *uno*. ~대 socorro, equipo de socorro, expedición de salvamento.

구월(九月) septiembre.

구인(求人) busca de personal. ~! Demanda de Trabajo. 신문에 ~ 광고를 내다 anunciar en un periódico una oferta de trabajo (de empelo).

구인(拘引) arresto. ~하다 arrestar, prender. ~장 orden de arresto.

구입(購入) compra, adquisición. ~하다 comprar (adquirir) *algo* a (de) *uno*, hacer compra de *algo*. ~가격 precio de compra (de adquisición). ~자 comprador.

구장(球場) cancha de béisbol.

구적(舊蹟) ruinas, lugar histórico.

구전(口傳) instrucción oral; [비전] secreto; [말로 전함] tradición oral. ~을 전수하다 transmitir *algo* a *uno* de palabra, iniciar (instruir) a *uno* oralmente en *algo*.

구전(口錢) comisión, corretaje.

구제(救濟) socorro, auxilio, salvación, asistencia. ~하다 socorrer, auxiliar, salvar, asistir. 난민을 ~하다 socorrer a los refugiados. 빈곤한 가정을 ~하다 asistir a una familia pobre. ~기금・~자금 fondos de socorro. ~사업 obra (ayuda) social. ~자 salvador.

구제(驅除) exterminación, estirpación. ~하다 exterminar, extirpar. 쥐 (모기)를 ~하다 exterminar las ratas (los mosquitos).

구조(構造) estructura; [조직] organización; [메카니즘] mecanismo. ~상의 estructural. 인체 (사회)의 ~ estructura del cuerpo humano (de la sociedad). 기계의 ~ mecanismo de la máquina. 사회의 소비 ~ estructura del consumo mundial.

~식【화】 fórmula estructural. ~ 언어학 lingüística estructural. ~주의 estructuralismo. ~주의의 estructuralista. ~주의자 estructuralista (m.f.). 경제 (산업) ~ estructura económica (industrial). 사회 ~ 개혁 reforma de las estructuras sociales.

구조(救助) salvación, socorro, salvamento, rescate. ~하다 socorrer, ayudar, salvar. 손을 뻗치다 socorrer (ayudar) a *uno*. 인명을 ~하다 salvar la vida de (a) *uno*. ~대 pelotón (equipo) de salvamento. ~본부 puesto central de salvamento. ~선 barco de salvamento. ~신호 SOS (m.). ~작업 trabajos de rescate (de salvamento).

구좌(口座) cuenta. ~를 폐쇄하다 cerrar una cuenta. 은행에 ~를 개설하다 abrir una cuenta en un banco. 은행에 ~를 가지고 있다 tener (mantener) una cuenta en el banco.

구주(歐州) Europa. ~의[사람] europeo.

구직(求職) busca (demanda) de empleo, busca de colocación, busca de trabajo. ~하다 buscar el empleo. ~! Bolsa de Trabajo./ Se busca trabajo. ~자 persona que busca empleo, buscador de empleo, aspirante.

구청(區廳) oficina (ayuntamiento) de barrio. ~장 jefe de barrio.

구체(球體) esfera, cuerpo esférico, globo.

구체적(具體的) concreto. ~으로 concretamente, en concreto.

구체제(舊體制) antiguo régimen (sistema).

구체화(具體化) ~하다 concretar. 계획은 곧 ~할 것이다 El plan se pondrá concreto pronto.

구축(構築) construcción. ~하다 construir.

구축(驅逐) expulsión. ~하다 expulsar. ~함 contratorpedero, cazatorpedero.

구출(救出) salvamento, rescate. ~하다 salvar, rescatar, libertar, poner en salvo.

구충제(驅蟲劑) insecticida, vermífugo.

구취(口臭) mal olor de boca. 그는 ~가 난다 Huele su boca.

구치(臼齒) muela.

구치(拘置) detención, encarcelamiento. ~하다 detener, encarcelar, poner en prisión a *uno*. ~소 casa de detención, cárcel (f.), prisión.

구타(毆打) golpo. ~하다 golpear, dar un golpe.

구태(舊態) condición vieja, estado viejo. 그것은 ~ 의연하다 Permanece como estaba (como antes)./ Permanece sin cambiar.

구태여 intencionalmente, expresamente, de propósito, de intento, adrede.

구토(嘔吐) vomito. ~하다 vomitar. ~제 vomitorio, emético, vomitivo.

구판(舊版) edición antigua.

구폐(舊弊) ~의 anticuado, pasado de moda, caduco.

구하다(求-) [사다] comprar; [가지고 싶어 하다] desear, querer; [바라다] buscar, pedir. 산에서 물고기를 ~ pedir leche a las cabrillas.

구현(具現) realización, encarnación. ~하다 realizar, encarnar, dar forma material a *algo*; […에] realizarse en *algo*.

구형(求刑) demanda de castigo (de pena). ~하다 demandar (reclamar) un castigo (una pena). 피고에게 사형을 ~ 하다 pedir (demandar) la pena de muerte para el acusado.

구형(球形) ~의 esférico.

구호(口號) mote, lema.

구호(救護) socorro, ayuda, protección. ~ 하다 socorrer, ayudar, asistir. ~반 equipo de socorro (de salvamento). ~소 puesto de socorro (de salvamento).

구혼(求婚) propuesto de matrimonio, proposición (oferta・propuesta) de matrimonio. ~하다 proponer el matrimonio a *uno*; [여성에게] pedir la mano de *uno*. ~ 자 pretendiente (*m.f.*).

구획(區劃) división; [가로] manzana, bloque; [경계] límite, deslinde; [부분] sección, sector, zona, barrio. ~하다 dividir; delimitar, deslindar. ~ 정리를 하다 demarcar (reajustar) los límites de los terrenos. ~ 정리 [도시의] delimitación de las calles.

국 guc, sopa coreana.

국(國) nación, país, estado.

국(局) dirección (부내의), buró, departamento, correo (우편). ~원 empleado. ~장 jefe, director. 방송~ estación de radio. 발행~ oficina libradora. 지불~ oficina de pago.

국가(國家) país, nación, estado. ~의 nacional, ce Estado, estatal. ~의 이익 intereses (causa) del Estado. ~적 견지 에서 desde el punto de vista nacional. ~ 에 봉사하다 servir al Estado, servir a la (*su*) patria. ~ 경찰 policía estatal (nacional). ~ 공무원 funcionario [del Estado]. ~ 관리 control estatal. ~ 기관 organismo nacional. ~ 사회주의 nacionalsocialismo. ~ 시험 examen de Estado; [채용시] oposición. ~ 예산 presupuesto del Estado. ~ 존망시 momento crítico de la nación. ~재건최고 회의 Consejo Supremo para la Reconstrucción Nacional. ~주의 nacionalismo. ~주의자 nacionalista (*m.f.*). ~ 통제 control estatal.

국가(國歌) himno nacional.

국경(國境) frontera. ~을 넘다 pasar (atravesar) la frontera. ~을 침입하다 violar (infringir) las fronteras. 멕시코는 미국과 ~을 접하고 있다 Méjico limita con [los] Estados Unidos. 예술에는 ~이 없다 El arte no conoce fronteras. ~ 경비 대 (수비대) guarnición (guardia) de frontera. ~ 분쟁 conflicto fronterizo, disputa fronteriza. ~ 지대 zona fronteriza.

국경일(國慶日) fiesta nacional.

국고(國庫) tesoro nacional, finanzas públicas, fisco, arcas fiscales. ~ 대리인 agente fiscal del gobierno. ~ 보조 subsidio del gobierno (del Estado). ~ 부담금 subsidio de la tesorería del Estado. ~ 수입 ingresos fiscales (del Estado), renta del Estado (del Erario). ~ 증권 cédulas del tesoro. ~ 채권 bono de la Tesorería.

국교(國敎) religión del Estado. 이 나라는 카톨릭을 ~로 하고 있었다 Esta nación confesaba (profesaba) la fe católica. 영국 ~ la Iglesia anglicana. 영국 ~도 conformista (*m.f.*).

국교(國交) relaciones diplomáticas. ~를 맺다 entrar en relaciones diplomáticas [con un país]. ~를 단절 (회복)하다 romper (restablecer) las relaciones diplomáticas. ~ 단절 ruptura (rompimiento) de relaciones diplomáticas.

국군(國軍) ejército nacional.

국권(國權) derecho (poder) nacional.

국기(國旗) bandera nacional. ~[배의] pabellón, bandera de popa. 한국의 ~ bandera nacional de Corea; pabellón coreano.

국기(國技) deporte nacional.

국난(國難) peligro (crisis) nacional, riesgo del Estado.

국내(國內) interior del país. ~의 interior, doméstico, nacional. ~에서 en el [interior del] país, domésticamente. 스파이 사건으로 ~가 소란하다 En el país todo el mundo anda agitado con el caso de espionaje. ~ 거래 comercio interior. ~ 물가 precios interiores (del interior). ~ 사정 circunstancias interiores. ~ 산업 industria nacional. ~ 선 línea ([비행] vuelo) nacional. ~ 생산품 producto del país. ~ 소비 consumo interno (doméstico). ~ 수요 demanda interior (doméstica). ~ 시장 mercado interior (doméstico・nacional). ~ 우편 correo nacional (doméstico). ~ 정치 política interior (doméstica). ~ 항로 línea de

국도(國道) capital (f.).
국도(國道) carretera (ruta) nacional. ~ 1 호선 la ruta 1.
국란(國亂) guerra civil.
국력(國力) potencia (poder · poderío · fuerza) del país. ~을 기르다 fomentar (reforzar) la potencia del país.
국론(國論) opinión pública (nacional). ~이 양분되다 La opinión se dividió en dos en el país.
국리(國利) interés nacional.
국립(國立) ~의 nacional, del Estado, estatal. ~ 공원 parque nacional. ~ 극장 teatro nacional. ~ 대학 universidad nacional (estatal). ~ 병원 hospital nacional. ~ 은행 banco nacional (estatal).
국면(局面) aspecto [del asunto], situación, fase (f.). ~을 타개하다 despejar la situación. ~을 변화시키다 hacer cambiar la situación de raíz. 공업 개발의 ~에 접어 들다 entrar en la fase de explotación industrial. ~이 완전히 다르다 El asunto toma un aspecto completamente diferente.
국무(國務) asuntos del Estado. ~성 [미국의] Departamento del Estado. ~장관 Secretario del Estado, Ministro del Estado.
국문(國文) literatura vernácula. ~학 literatura nacional, literatura coreana (clásica). ~학과 departamento de la literatura coreana. ~법 gramática de la lengua coreana.
국물 *guemul*, sopa coreana.
국민(國民) pueblo, nación. ~의 nacional, popular. ~의 의무 obligación del pueblo. 양국 ~의 우호를 깊게하다 estrechar la amistad de ambos pueblos. ~ 감정 sentimiento nacional. ~ 경제 economía nacional. ~ 교육 educación nacional. ~ 대회 asamblea nacional, junta magna. ~ 생활 vida nacional (de pueblo). ~성 carácter nacional, nacionalidad. ~ 소득 renta nacional. ~ 심사 examen de jueces hecho por el pueblo. ~순생산 Producto Nacional Neto, PNN. ~ 연금 pensión naional. ~ 총생산 Producto Nacional Bruto, PNB. ~ 투표 referéndum.
국민학교(國民學校) escuela primaria. ~ 교원 maestro.
국민학생(國民學生) muchacho de escuela primaria.
국방(國防) defensa nacional (del territorio [nacional]). ~상 por la defensa nacional. ~부(部) Ministerio ([미국의]

Departamento) de Defensa [Nacional]. ~부 장관 Ministro de Defensa Nacional; [미국의] secretario de Defensa. ~비 gastos (desembolso) para la defensa nacional.
국법(國法) leyes [del país]. ~을 지키다 observar (respetar) las leyes [del país].
국보(國寶) tesoro nacional. 이 불상은 ~로 지정되어 있다 Esta imagen está designada como tesoro nacional.
국부(國富) riqueza nacional, recursos de un país.
국부(局部) parte (f.), región, sección. ~적 인 local, parcial. ~적으로 parcialmente. ~ 마취 anestesia local.
국부(國父) padre del Estado.
국비(國費) gasto (desembolso) nacional, expensas del Estado. ~로 a expensas del Estado.
국빈(國賓) huésped del Estado, huésped nacional. ~으로 환영하다 recibir a *uno* como huésped del Estado.
국사(國史) historia nacional.
국사(國事) asuntos nacionales, negocios del Estado. ~에 참여하다 participar en los asuntos nacionales. ~범 delito político; [사람] ofensor político.
국산(國産) producción nacional, fabricación del país. ~의 de fabricación (de producción) nacional (doméstica). 이것 은 ~이다 Esto es de fabricación nacional. ~ 원자재 materia prima local. ~차 automóvil de fabricación doméstica.
국상(國喪) funerales nacionales.
국새(國璽) sello del Estado.
국서(國書) [문서] cartas credenciales; [서적] literatura (obra) nacional.
국선(國選) ~의 nombrado (designado) por el gobierno. ~ 변호사 abogado de oficio.
국세(國稅) impuesto nacional. ~청 Dirección General de Tributos, Departamento General de Contribuciones.
국세(國勢) estado de un país. ~ 조사 censo [de población]. ~ 조사를 행하다 hacer (levantar) un censo. ~ 조사관 censor.
국소(局所) parte (f.).
국수 tallarín, fideo.
국수(國粹) característica nacional, espíritu de la nación. ~의 típicamente nacional. ~주의 nacionalismo; [광신적인] chavinismo. ~주의자 nacionalista (m.f.); chauvinista (m.f.).
국수(國手) campeón nacional.
국시(國是) razón del Estado, principio de la política nacional.
국악(國樂) música clásica nacional.

국어(國語) lengua; [모국어] lengua madre (materna); [한글] lengua coreana, coreano. ~ 교사 profesor de coreano. 수개 ~에 능통한 사람 polígloto. ~ 사전 diccionario de la lengua coreana. ~심의회 Consejo Nacional de la Lengua Coreana. 2개 ~ 사전 diccionario bilingüe.

국영(國營) administración nacional. ~의 del Estado, nacional. ~ 농장 granja del Estado. ~ 무역 comercio estatal. ~ 사업 empresa del Estado. ~화 nacionalización, estatificación. ~화 하다 nacionalizar.

국왕(國王) rey; [여왕] reina; [군주] monarca, soberano. ~의 real; monárquico. ~ 폐하 Su Majestad el Rey. 알폰소 ~ 12세 el Rey Alfonso XII

국외(國外) extranjero, ultramar. ~에서 en el extranjero, fuera del país. ~에 나가다 salir del país, ir al extranjero. ~에 도망하다 refugiarse en el extranjero, exiliarse. ~에 추방하다・퇴거시키다 desterrar (expulsar) a *uno* del país. ~ 추방 deportación.

국외(局外) posición neutral. ~에 서다 ponerse al margen. ~ 중립을 지키다 mantenerse al margen y neutral. ~자 persona ajena al asunto (no comprometida); [제삼자] tercero; [방관자] espectador.

국욕(國辱) vergüenza (deshonra) nacional. ~적인 교섭 negocio que deshonra a la nación.

국운(國運) destino del país. ~을 걸다 poner en juego el destino del país.

국원(局員) funcionario.

국위(國威) gloria (prestigio・honor・dignidad) nacional. ~를 선양하다 realzar la dignidad nacional. ~를 손상시키다 deteriorar la dignidad nacional.

국유(國有) ~의 [propio] del Estado, estatal, nacional. ~림 bosque estatal. ~ 재산 bienes del Estado. ~지 terreno del Estado. ~화 nacionalización. ~화 하다 nacionalizar.

국장(局長) jefe *(m.f.)*, director; [우체국 등의] administrador.

국장(國葬) funeral[es] del Estado. ~으로 하다 enterrar a expensas del Estado, otorgar a *uno* funerales del Estado.

국적(國籍) nacionalidad. ~ 불명의 de nacionalidad desconocida. ~을 바꾸다 cambiar de nacionalidad. 한국 ~을 가지고 있다 ser de nacionalidad coreana. 아르헨티나의 ~을 취득하다 adquirir (obtener) la nacionalidad argentina.

국적(國賊) traidor [al país].

국정(國情) condición del país.

국정(國政) gobierno, asuntos del Estado, administración del país. ~을 관장하다 tomar las riendas del Estado.

국정(國定) redacción nacional. ~의 redactado por el gobierno, designado por el Estado. ~ 교과서 libro de texto aceptado por el gobierno.

국제(國際) ~적 internacional. ~적으로 internacionalmente. 그의 이름은 ~적으로 알려져 있다 Su nombre es conocido aun en el extranjero./ Tiene renombre internacional. ~개발국 Agencia para el Desarrollo Internacional, AID. ~개발협회 [제이 세계 은행] Asociación Internacional de Desarrollo, ADI. ~ 견본 시장 feria [de muestras] internacional. ~ 결혼 matrimonio (casamiento) internacional. ~ 경기 juego internacional. ~ 경제 economía internacional. ~ 관계 relaciones internacionales. ~ 관리 administración internacional. ~ 공법 derecho internacional público. ~노동기구 Organización Internacional del Trabajo, OIT. ~ 도시 ciudad cosmopolita. ~ 문제 problema internacional. 그것은 ~ 문제가 되었다 Eso se convirtió en un problema internacional. ~ 방송 emisión internacional. ~법 derecho internacional. ~부흥개발은행 [세계은행] Banco Internacional de Reconstrucción y Desarrollo, BIRD. ~사법재판소 Tribunal Internacional. ~선 línea ([비행] vuelo) internacional. ~ 시장 mercado internacional. ~ 수지 balanza de pagos internacional. ~ 식량농업기구 Organización de las Naciones Unidas para la Alimentación y la Agricultura, FAO. ~신의 lealtad internacional. ~어 lengua internacional. ~ 연맹 Liga de las Naciones. ~ 연합 Organización de las Naciones Unidas, ONU. ~인 cosmopolita *(m.f.)*. ~ 전화 teléfono internacional; [[비행] conferencia internacional. ~ 정세 situación internacional. ~주의 internacionalismo. ~통화기금 Fondo Monetario Internacional, FMI. ~하천 río internacional.

국조(國鳥) pájaro nacional.

국지(局地) localidad. ~의 local. ~ 전쟁 guerra local.

국채(國債) obligaciones del estado, bonos del gobierno.

국책(國策) política nacional, razón de Estado.

국철(國鐵) [서반아] Red Nacional de Ferrocarriles Españoles, RENFE.

국체(國體) régimen nacional.
국치(國恥) humillación nacional.
국토(國土) territorio nacional. ~계발 계획 plan de exportación del territorio. ~방위 defensa nacional.
국판(菊版) octavo.
국풍(國風) costumbres nacionales.
국한(局限) localización. ~하다 localizar.
국한문(國漢文) lengua coreana y china.
국헌(國憲) constitución.
국호(國號) nombre del Estado.
국혼(國婚) matrimonio real.
국화(菊花) crisantemo. ~과 식물 compuesta.
국화(國花) flor nacional.
국회(國會) asmablea nacional;【서반아】Cortes (f.pl.);【미국】Congreso;【영국】Parlamento;【일본】Dieta. ~를 소집(해산)하다 convocar (disolver) la asmblea nacional. ~가 개회중이다 La asamblea nacional está en sesión. ~도서관 biblioteca de la asmblea nacional. ~의원 diputado, miembro de la asamblea nacional, parlamentario. ~의사당 Palacio de la asamblea nacional.
군(君) señor. 김 ~[부를 때] Señor Guim. ~이라 부르다 tutear a *uno*. 김~은 오지 않는다 No viene el señor Guim.
군(軍) milicia;[편성 단위】 ~의 militar. ~당국 autoridades militares. ~사령관 comandante del ejército. ~사령부 cuartel general.
군(郡) distrito, partido [judicial].
군가(軍歌) canto militar.
군경(軍警) militar y policía.
군국(軍國) nación militar. ~주의 militarismo. ~주의의 militarista. ~주의자 militarsta (m.f.).
군규(軍規) ⇨ 군기(軍紀).
군기(軍紀) disciplina militar. ~를 문란케 하다 perturbar la disciplina militar. ~위반 violación de la disciplina militar.
군기(軍機) secreto militar.
군기(軍旗) bandera del ejército, estandarte.
군단(軍團) legión;[사단의 편제 단위】cuerpo del ejército.
군대(軍隊) ejército, tropa;[집합적] fuerzas militares (armadas). ~식으로 a lo militar. ~에 입대하다 ingresar (alistarse) en el ejército. 나의 ~시절에 cuando estaba en el ejército, durante mi vida militar. ~교육 educación (instrucción) militar. ~생활 vida militar.
군도(群島) archipiélago, grupo de islas. 하와이 ~ Islas Hawai.
군도(軍刀) sable, espada del ejército.

군림(君臨) ~하다 reinar en *un sitio*, dominar *un sitio*. 실업계에 ~하다 reinar en el mundo industrial. 전 유럽에 ~하다 dominar toda Europa. 왕은 ~하나 통치하지 않는다 El soberano reina, pero no rige.
군모(軍帽) sombrero militar.
군무(軍務) servicio militar, negocios militares. ~에 종사하다 cumplir *su* servicio milirar.
군무(群舞) baile colectivo (en grupo).
군민(軍民) militar y civil.
군벌(軍閥) clan militar.
군법회의(軍法會議) consejo de guerra, tribunal de guerra. ~에 회부하다 citar (hacer comparecer) a *uno* ante el consejo de guerra.
군복(軍服) uniforme militar. ~을 입고 있다 tener puesto el uniforme militar, estar de uniforme.
군부(軍部) autoridades militares. ~독재 dictadura militar.
군비(軍備) armamentos, preparativos de guerra. ~를 확장하다 (축소하다) desarrollar (reducir) armamentos. ~경쟁 competición de armamentos. ~철폐 desarme, desarmamiento. ~축소 desarme, reducción (limitación) de armamentos. ~축소를 하다 desarmarse.
군사(軍士) soldado.
군사(軍使) enviado militar.
군사(軍事) funciones (negocios) militares. ~상의 militar, estratégico, bélico. ~기지 base militar. ~목표 objetivos militares. ~법정 tribunal militar. ~시설 instalaciones militares. ~재판 justicia militar. ~정권 gobierno militar. ~훈련 preparación militar, disciplina militar.
군상(群像) grupo.
군생(群生) gregarismo, vida gregaria. ~하다 vivir en grupos. ~식물 planta social (gregaria).
군세(軍勢) tropa, ejército.
군소(群小) ~의 menor. ~국가 países menores.
군속(軍屬) agregado al ejército, agregado a la armada.
군수(郡守) alcalde.
군수(軍需) ~경기 prosperidad debida a los pedidos de guerra. ~경제 economía de guerra. ~공장 fábrica de municiones (de armamentos). ~산업 industria de municiones (de guerra). ~품 material militar.
군용(軍用) uso militar. ~의 de uso militar, para uso bélico. ~견 perro de guerra. ~기 avión militar (de guerra); [집합적] aviación militar. ~도로 ruta militar

(estratégica). ~ 열차 tren militar.
군웅(群雄) señores poderosos, líder rival. ~ 한 끼 rivalidad de señores poderosos. ~이 할거하고 있다 Los poderosos señores se están disputando la soberanía.
군의(軍醫) médico militar.
군인(軍人) military. ~이 되다 hacerse militar. ~식으로 a lo militar. ~정신 espíritu militar.
군자(君子) [현인] sabio; [덕이 높은 사람] hombre virtuoso. ~는 위험을 멀리한다 El sabio nunca corteja el peligro./ La discreción es la mejor parte del valor.
군자금(軍資金) fondos militares (de guerra).
군장(軍葬) funeral militar.
군장(軍裝) uniforme militar.
군정(軍政) administración militar. ~을 실시하다 establecer un gobierno (un régimen) militar. ~장관 gobernador militar.
군졸(軍卒) soldados.
군주(君主) soberano, monarca. ~국·~정치·~정체 monarquía. 입헌 ~ 정체 monarquía constitucional. 전제 ~ 정체 monarquía absoluta.
군중(群衆) gentío, multitud de gente, muchedumbre, tropel de gente. ~을 헤치고 나아가다 abrirse camino por la fuerza entre la muchedumbre. ~ 심리 psicología de masas.
군집(群集) ⇨ 군중(群衆).
군청(群靑) ~색 azul [ultra]marino (de ultramar). ~색의 de un azul [ultra]marino.
군체(軍體) [생] colonia.
군축(軍縮) desarme, reducción (limitación) de armamentos. ~하다 desarmarse. ~ 회의 conferencia del (para el) desarme.
군표(軍票) billete de guerra, vale de guerra.
군함(軍艦) buque de guerra.
군항(軍港) puerto naval (militar).
군화(軍靴) botas de soldado.
굳다[1] [응고] solidificarse, endurecerse, ponerse sólido; [우유·기름·피 등이] cuajarse, coagularse; [시멘트 등이] fraguar. 피가 굳는다 Se coagula la sangre. 시멘트가 굳는다 Fragua el cemento. 젤리가 굳는다 Se cuaja la jalea.
2 [의견·계획 등이] solidificarse. 당의 방침이 굳어졌다 Se ha solidificado la línea del partido.
굳다[2] (ser) fuerte, vigoroso.
굴[동] ostra; [남미] ostión. ~양식 ostricultura. ~양식장 ostral, ostrero. ~장수 ostrero. ~튀김 ostras rebozadas.

굴(窟) cueva, caverna.
굴곡(屈曲) flexión, torcedura. ~하다 doblarse, torcerse. ~된 doblado, torcido.
굴뚝 chimenea.
굴복(屈服) sumisión, rendición. ~하다 darse por vencido; […에게] ceder (rendirse·someterse) a (ante) uno. ~시키다 someter, sujetar, subyugar, declararse vencido.
굴신(屈伸) ~운동 movimiento de estiramiento y contracción de los músculos.
굴욕(屈辱) humillación, afrenta, deshonra, oprobio. ~적인 humillante, afrentoso. ~을 느끼다 sentir una humillación (una afrenta). ~을 주다 humillar (afrentar·avergonzar) a uno, hacer una afrenta a uno. ~을 받다 sufrir una humillación (una afrenta).
굴절(屈折) [물] refracción. ~하다 doblarse, torcerse; [빛 등이] refractarse, refringirse. 렌즈는 빛을 ~시킨다 La lente refracta los rayos de luz. ~된 심정 mentalidad complicada. ~각 ángulo de refracción. ~계 refractómetro. ~광선 rayo refracto. ~망원경 telescopio refractor. ~률 índice de refracción. ~ 측정기 fleximetro.
굴조개 ostra.
굴종(屈從) sujeción (sumisión)[servil], obediencia humilde. ~하다 someterse (sujetarse)[servilmente] a uno. ~시키다 subyugar (sujetar) a uno a una humilde servidumbre.
굴지(屈指) ~의 distinguido.
굶다 no comer. 굶어 죽다 morir[se] de hambre.
굶주리다 tener hambre.
굽 [마소의] casco; [구두의] tacón.
굽다 asar, tostar. 군고기 [불고기] carne asada, asado.
굽신거리다 incensar, lisonjear, adular con bajeza.
굽히다 encorvarse, doblarse, rendirse.
궁(宮) palacio.
궁도(弓道) [tiro con] arco. ~ 시합 torneo de arco.
궁둥이 trasero, culo, nalgas (f.pl.). ~가 무거운 사람 visita de galleta. ~가 진득하지 못한 사람 culo de mal asiento.
궁리(窮理) deliberación, consideración. ~하다 deliberar, considerar.
궁박(窮迫) escasez, apuro, estrechez, privación, miseria. ~하다 sufrir privaciones (miseria). 국가 재정이 ~하다 Las finanzas de la nación atraviesan dificultades.
궁상(窮狀) estado miserable, condición

궁서(窮鼠) rata en aprieto. ~는 오히려 고양이를 문다 Ciervo en aprieto es enemigo peligroso.
궁성(宮城) palacio real.
궁술(弓術) ballestería.
궁시(弓矢) arco y flecha.
궁여일책(窮餘一策) último recurso. ~을 강구하다 recurrir un último recurso.
궁전(宮殿) Palacio Real (Imperial).
궁정(宮廷) corte (f.), Palacio Real (Imperial).
궁중(宮中) corte imperial (real).
궁지(窮地) situación difícil, apuros, aprieto. ~에 몰리다 meterse en callejón sin salida, verse en un apuro, meterse en un atolladero, caer en una situación difícil (crítica), verse entre la espada y la pared. ~를 벗어나다 salir (escapar) del atolladero. ~에 몰아넣다 meter (poner) a *uno* en un aprieto (en una situación difícil).
궁핍(窮乏) carencia, escasez, pobreza.
궁하다(窮-) [가난하다] ser pobre. 궁하면 통하다 Cuando una puerta se cierra, otra se abre.
궁형(弓形) arco. ~의 abovedado, corvo.
권(卷) [책의] tomo, volumen (pl. volúmenes); [영화의] carrete, cinta, rollo. 제1~ el tomo primero, el primer tomo. 5~으로 된 작품 obra en cinco volúmenes.
권(勸) [추천] recomendaíón; [권고] consejo. ~하다 recomendar; aconsejar.
권고(勸告) exhortación; [조언] consejo, recomendación. ~하다 exhortar; aconsejar, advertir, recomendar. 사직을 ~하다 aconsejar dimitir a *uno*. ~에 따르다 seguir los consejos. ~에 따라 conforme a los consejos. 정부는 업자에게 그 상품의 제조를 중지하라고 ~했다 El gobierno exhortó al fabricante a que cesara de manufacturar los artículos.
권내(圈內) ~의 ~에 dentro del ámbito (de la esfera·del alcance·de la órbita) de *algo*. 당선 ~에 있다 [선거에서] tener la posibilidad de ganar en la campaña electoral. 우승 ~에 있다 tener la posibilidad de obtener la victoria. 적의 세력 ~에 있다 estar en la esfera de influencia del enemigo. 제주도는 태풍 ~에 들어있다 La Isla Chechu ya está dentro de la zona del tifón.
권능(權能) poder, facultad, atribución, autoridad, competencia. ~을 부여하다 autorizar, dar poder.
권두(卷頭) principio (comienzo) [de un libro]. ~논문 [잡지의] artículo que encabeza una revista. ~사 prefacio, introducción.
권력(權力) poder, autoridad. ~을 휘두르다 ejercer *su* poder (*su* autoridad) [sobre *uno*]. ~을 잡다 obtener (ocupar·asumir) el poder. ~ 다툼 contienda por la autoridad. ~자 poderoso. ~ 투쟁 lucha por el poder. 국가 ~ poder[es] estata[es], autoridad estatal.
권리(權利) derecho, privilegio. ~가 있다 tener derecho a (el derecho de) *algo*. ~를 행사하다 ejercer (hacer valer) *su* derecho. ~를 취득하다 adquirir (obtener) un derecho. ~를 포기하다 renunciar a *sus* derechos. ~를 양도하다 tra[n]sferir *sus* derechos a *uno*. ~를 침해하다 usurpar el derecho de *uno*. 당신한테는 나를 벌할 ~가 없다 Usted no tiene derecho a castigarme. 그것은 너의 당연한 ~이다 Te corresponde de derecho. 당연한 ~로 우리들은 그것을 요구한다 Reclamamos eso como un derecho que nos es natural. ~금 [셋집 등의] fianza.
권말(卷末) final [de un libro].
권모(權謀) ardid (m.), intriga, maniobra, táctica. ~에 능한 lleno de ardides (de maniobras). ~을 부리다 recurrir al maquiavelismo (a una maniobra), maquinar (tramar) intrigas. ~가 maquiavelista, intrigante, maquinador. ~ 외교 diplomacia maquiavelista.
권선(勸善) ~징악의 moralizador.
권세(權勢) poder, influencia. ~를 휘두르다 ejercer *su* poder (*su* influencia) sobre *uno*. ~욕 anhelo del poder, deseo por el poder.
권외(圈外) ~ fuera del ámbito (de la esfera·del alcance). 당선 ~에 있다 no tener posibilidad de ganar en la elección. 폭풍우 ~에 있다 estar fuera de la zona de la tempestad.
권위(權威) autoridad, prestigio. ~있는 autorizado, prestigioso. ~를 잃다 desprestigiarse, perder la autoridad (el prestigio). ~있는 소식통에 의하면 según una fuente autorizada (fidedigna). 그는 정계에서 ~를 가지고 있다 Tiene prestigio en el mundo político. ~있는 소식통은 그 정보를 부정하고 있다 Las fuentes autorizadas desmienten la noticia. ~자 autoridad. …의 ~자이다 ser una autoridad en *algo*. 그는 경제학의 ~자이다 Es una autoridad en [la] economía política.
권유(勸誘) solicitación, invitación. ~하다 solicitar, invitar; [설득] persuadir. 그는 나에게 보험에 가입하기를 ~했다 Me solicitó entrar en el seguro. 보험 ~자

solicitante *(m.f.)* (solicitador) de seguros. ~자 solicitador.

권익(權益) derechos e intereses.

권적운(卷積雲) cirrocúmulo.

권총(拳銃) pistola; [자동의] pistola automática; [연발] revólver; [소형의] pistolete, cachorrillo. ~을 겨누다 apuntar a *algo* · *uno* con una pistola. ~을 쏘다 disparar (descargar) una pistola.

권층운(卷層雲) cirroestrato.

권태(倦怠) cansancio, fatiga, tedio, aburrimiento. ~감 hastío, aburrimiento, tedio. ~감을 느끼다 hastiarse de *algo*, aburrirse con (de · por) *algo*, sentir tedio por *algo*. ~기 período de aburrimiento [en la vida matrimonial].

권토중래(捲土重來) ~하다 volver a atacar después de recobrar las fuerzas.

권투(拳鬪) boxeo. ~를 하다 boxear. ~가 · ~선수 boxeador. ~장 liza [de boxeador].

권한(權限) atribución, poder, autoridad. ~을 부여하다 autorizar (conferir · otorgar) poder a *uno*, autorizar a *uno*, conceder a *uno* atribuciones. …의 ~에 속하다 estar dentro de las atribuciones de *uno*. …의 ~을 가지다 tener la autoridad para (el derecho de)+*inf.*, estar autorizado para+*inf.* ~의 위임 delegación de la autoridad. ~을 위임하다 delegar la autoridad en (a) *uno*. 그것은 나의 ~외다 Eso no está dentro de mis atribuciones./ Eso está fuera de mi competencia.

권화(權化) encarnación, personificación. 그녀는 미덕의 ~이다 Es la virtud personificada./ Es la encarnación de la virtud.

궐내(闕內) palacio real.

궐련 cigarrillo. ~을 피우다 fumar un cigarrillo.

궤도(軌道) [천체의] órbita; [철도의] vía. 인공위성을 ~에 올리다 poner en órbita un satélite artificial. 사업을 ~에 올리다 poner el trabajo en marcha. 인공위성이 ~에 진입하다 (~를 벗어나다) El satélite artificial entra en (se desvía de) su órbita. 일이 ~에 오르기 시작한다 El trabajo empieza a marchar sobre ruedas. 그의 사업은 ~에 오르고 있다 Sus negocios van por buen camino.

궤변(詭辯) sofisma, sofistería, falacia. ~의 sofístico, falaz. ~가 sofista *(m.f.)*.

궤양(潰瘍) 【의】 úlcera, llaga. ~이 생기다 llagar.

궤적(軌跡) 【수】 lugar geométrico.

귀 oreja, oído(청각). ~를 기울이다 aguzar las orejas. ~를 틀어막다 cerrar los oídos. 나는 귀가 아프다 Me duele el oído. 그는 ~가 멀다 El tiene sordera.

귀감(龜鑑) modelo, buen ejemplo.

귀걸이 zarcillo, pendiente; [꾸바·멕시코] arete.

귀결(歸結) consecuencia, resultado, conclusión. 당연한 ~로 como consecuencia natural (lógica · necesaria). …은 당연한 ~이다 Es una conclusión lógica que+*ind.*/ De eso se sigue naturalmente que+*ind.*

귀경하다(歸京-) ~하다 regresar a la capital (a Seúl).

귀공자(貴公子) joven *(pl. jóvenes)* noble. ~인척하는 propio (digno) de un príncipe, aristocrático, con aire noble (distinguido).

귀국(貴國) su país(estado · nación).

귀국(歸國) vuelta(regreso) a *su* país. ~하다 volver(regresar · tornar) a *su* país. ~길에 오르다 tomar el camino de(ir con rumbo a) su país.

귀금속(貴金屬) metal precioso(noble). ~상 [가게] platería, orfebrería, joyería; [사람] platero, orfebre, artífice *(m.f.)*, orífice; joyero.

귀납(歸納) inducción. ~하다 inducir. ~적 inductivo. ~법 método inductivo.

귀녀(貴女) preciosa hija.

귀동자(貴童子) precioso hijo.

귀두(龜頭) 【해】 balano, extremidad del pene (del clítoris).

귀뚜라미 【곤충】 grillo.

귀로(歸路) regreso, vuelto.

귀리 【식】 centeno.

귀머거리 sordo. ~의 sordo.

귀빈(貴賓) huésped distinguido. ~석 tribuna de honor. ~실 sala (recibidor) de huéspedes distinguidos, salón de honor.

귀부인(貴夫人) dama, señora noble.

귀사(貴社) su distinguida casa.

귀서(貴書) su carta.

귀성(歸省) ~하다 ir a casa paternal, visitar a *su* tierra nativa, volver (regresar) a la tierra (al pueblo) natal.

귀속(歸屬) pertenencia. ~하다 pertenecer a…. 기니아의 일부는 서반아에 ~되었다 Una parte de Guinea pertenecía a España.

귀순(歸順) sumisión, obediencia. ~하다 someterse, obedecer. 정부에 ~하다 someterse al gobierno.

귀신(鬼神) demonio, dios.

귀엣말 susurro, ruido sordo, cuchicheo, voz baja. ~하다 cuchichear, hablar al oído.

귀여겨듣다 escuchar atentamente.

귀여워하다 mimar, echar a perder con mimos.
귀의(歸依) conversión. ~하다 convertirse a [una religión]; creer en [una religión].
귀이개 mondaoídos.
귀인(貴人) noble(m.f.), persona de alcurnia.
귀재(鬼才) prodigio, talento excepcional; [사람] genio.
귀족(貴族) [계급] nobleza, aristocracia; [사람] noble (m.f.). ~적인 aristocrático. ~ 출신이다 ser de familia (de linaje) noble, ser de noble alcurnia. ser de noble de nacimiento. ~ 작위를 받다 · 이 되다 recibir el título de noble, ser ennoblecido. ~ 사회 sociedad aristocrática. ~원 senado, cámara alta. ~정치 gobierno aristocrático, política aristocrática, aristocracia.
귀중(貴重) preciosidad. ~한 precioso, valioso, de gran valor (precio); [존중할 만한] apreciable, estimable. ~품 artículo precioso (valioso · de valor).
귀지(貴地) esa plaza, esa ciudad, ésa.
귀착(歸着) llegada, regreso. ~하다 llegar, volver, regresar, resultar. 모든 것은 금전 문제로 ~한다 Todo termina en la cuestión del dinero. 그 사고는 그의 책임이라는 결론에 ~했다 Llegamos a la conclusión de (a concluir) que él tenía la responsabilidad del accidente.
귀천(貴賤) ~의 차별없이 sin distinción de rango (de alcurnia). 직업에 ~없다 No hay profesión vil.
귀항(歸航) ~하다 navegar hacia su país, volver (regresar) al puerto.
귀향(歸鄉) ~하다 volver a su tierra nativa.
귀화(歸化) naturalización. ~하다 naturalizarse.
귀환(歸還) regreso, vuelta, retorno, tornada. ~하다 volver, regresar, retornar. 기지에 ~하다 regresar a la base. 본국에 ~하다 regresar a la patria, repatriar[se].
귓결 ~에 por ventura, casualmente, por acaso, por casualidad.
귓구멍 oreja.
귓바퀴 oreja, pabellón externo del oído.
귓밥 cera de los oídos.
귓병(-病) dolor de oído.
귓불 lóbulo.
귓속말 ◇ 귀엣말.
규격(規格) norma, tipo, modelo. ~외의 fuera de serie. ~에 일치한 conforme al modelo (a la norma). ~품 artículo normalizado.
규명(糾明) ~하다 examinar algo a fondo. 범행의 동기를 ~하다 examinar a fondo los motivos del crimen.
규모(規模) escala, dimensión, envergadura. ~가 큰 (작은) de gran (pequeña) escala (envergadura). 대 ~의 공사 obra de gran escala (envergadura). 대 ~로 en gran escala. 소 ~로 en pequeña escala. 전국적인 ~로 a escala nacional. ~를 확장하다 (축소하다) extender (reducir) el campo de su actividad. ~에 있어서 그 나라 제 2위의 방적회사 la segunda firma textil del país por su envergadura.
규문(閨門) recámara de señora.
규방(閨房) recámara de señora.
규범(規範) [규준] norma, regla; [모범] ejemplar, modelo. 사회 ~ norma social.
규산(硅酸) 【화】 ácido silícico. ~염 silicato.
규소(硅素) 【화】 silicio.
규수(閨秀) [처녀] soltera; [글하는 여자] mujer literaria. ~시인 poetisa. ~작가 escritora, autora. ~화가 pintora.
규약(規約) estatuto, reglamento. 조합 ~ estatuto del sindicato.
규율(規律) disciplina, orden. ~을 유지하다 mantener la disciplina. ~을 지키다 observar (guardar) la disciplina. ~을 깨뜨리다 faltar a la disciplina.
규정(規定) reglamento, prescripción. ~하다 reglamentar, estipular, prescribir. ~의 regular, estipulado. ~품 [제조] ejercicios obligatorios. ~ 요금 precio estipulado (reglamentario · prescrito). ~ 용액 solución normal.
규제(規制) reglamentación, control. ~하다 regular, reglamentar, controlar. 데모를 ~하다 controlar la manifestación.
규중(閨中) recámara de señora. ~처녀 soltera.
규칙(規則) regla; [집합적] reglamento, orden. ~적 regular. ~적으로 regularmente. ~을 만들다 fijar (hacer · establecer) una regla (un reglamento). ~을 지키다 observar (obedecer) las reglas. ~을 어기다 violar (contravenir · infringir · ir contra) una regla. ~에 반하는 contrario al (en contra del) reglamento. ~적인 호흡 respiración regular. ~적인 생활 vida bien ordenada. ~에 의하면 según (conforme a) la regla. ~에 의하면 …이다 La regla dice que …/ Según el reglamento (las reglas)…. 이 학교의 ~에는 학생은 복도에서 달리는 것을 금하고 있다 El reglamento de esta escuela prohíbe a los alumnos (dice que los alumnos no deben) correr por los pasillos. 집과 회사 간을 ~적으로 왕복하다 ir y volver regularmente de la compañía a casa. ~ 동사 verbo regular. ~ 위

규탄(糾彈) acusación, censura, denuncia. ~하다 acusar a *uno de algo*, censurar, incriminar, denunciar.

규합(糾合) convocación. ~하다 convocar.

균(菌) microorganismo; [세균] bacteria; [구균] micrococo, coco; [버섯의] hongo; vacilo.

균등(均等) igualdad. ~히 하다 igualar. ~한 igual, parejo.

균일(均一) uniformidad. ~한 uniforme. ~하게 con uniformidad. 요금을 ~하게 하다 fijar un precio uniforme. 모든 물건은 1000원 ~이다 Todos los artículos se venden a precio uniforme de mil wones. ~요금 precio uniforme.

균제(均齊) simetría.

균질(均質) homogeneidad. ~의 homogéneo. ~화 하다 homogeneizar.

균형(均衡) equilibrio, balanza. ~이 잡힌 (잡히지 않은) bien (mal) equilibrado. ~을 잡다 equilibrar. ~을 이루다 lograr el equilibrio. …의 ~을 유지하다 mantener *algo* en equilibrio. 수요와 공급의 ~을 유지하다 mantener el equilibrio entre la oferta y la demanda. ~을 깨뜨리다 (잃다) romper (perder) el equilibrio. ~이 깨졌다 Se rompe (Se pierde) el equilibrio. 양국의 힘의 ~을 유지하고 있다 Los dos países mantienen un equilibrio de fuerzas. 국제 수지의 ~ equilibrio de la balanza de pagos internacionales.

귤(橘) naranja. ~나무 naranjo.

그 [그이] él; [그것] meso; ése. ~의 su【전치형】; suyo【후치형】. ~로 lo, le, a él. ~에게 le, a él. ~의 것 el suyo, la suya, los suyos, lo suyo. ~자신 él mismo.

그것 [중성] eso; ése, ésa, ésos, ésas. ~은 무엇이냐 ¿Qué es eso?

그곳 ahí, ese lugar (sitio). ~에 ahí, en ese lugar.

그끄러께 hace tres años.

그끄저께 hace tres días.

그날 ese día, el mismo día.

그네¹ columpio; [곡예용] trapecio. ~를 뛰다 columpiarse, moverse en el columpio.

그네² ellos; los.

그녀(-女) ella. ~의 su【전치형】; suyo【후치형】. ~를 la, a ella. ~에게 le, a ella. ~의 것 el suyo, la suya, los suyos, las suyas, lo suyo. ~자신 ella mismor.

그녀들(-女-) ellas. ~의 su【전치형】; suyo【후치형】. ~를 las, a ellas. ~에게 les, a ellas. ~의 것 el suyo, la suya, los suyos, las suyas. ~자신 ellas mismas.

그늘 sombra. 나무 ~에서 쉬다 descansar a la sombra de un árbol.

그들 ellos. ~의 su【전치형】; suyo【후치형】. ~을 los, a ellos. ~에게 les, a ellos. ~의 것 el suyo, la suya, los suyos, las suyas. ~자신 ellos mismos.

그랑프리 gran premio.

그래¹ [대답] [긍정] Sí; [부정] No.

그래² por eso, por consiguiente.

그래도 pero, sin embargo.

그래서 y, e, por eso.

그래프 [도식] gráfico, diagrama (*m.*) gráfico. ~용지 papel cuadriculado.

그램 gramo.

그러나 pero, mas, sin embargo.

그러나 저러나 salga lo que saliere, con todo eso, sea lo que se fuere, de todos modos, de cualquier modo, sea como se fuere.

그러면 entonces, pues.

그러므로 por eso, por lo tanto.

그런데 pero, sin embargo, y.

그런즉 por eso, por lo tanto.

그럼 [물론] por supuesto, claro que sí, desde luego, ¡Cómo no!

그렇게 tanto, así.

그렇다 [대답] Tienes razón; sí; no.

그룹 grupo. ~을 만들다 agrupar.

그루터기 tocón, cepa.

그르다 [옳지 않다] estar equivocado; [나쁘다] estar malo.

그르치다 estropear, destruir, corromper.

그릇 vaso.

그리고 y, e.

그리니치 [observatorio de] Greenwich. ~ 표준시 hora normal de Greenwich.

그리다¹ [그림을] pintar, dibujar; [묘사하다] describir.

그리다² [사모하다] anhelar, desear vivamente.

그리스도 Cristo, Jesús Cristo, Santísimo. ~교 cristianismo. ~교 청년회 Asociación Cristiana de los Jóvenes. ~교 여자 청년회 Asociación Cristiana de las Jóvenes. ~교도 cristiano.

그리스【지】Grecia. ~의 [사람] griego. ~어 griego.

그리움 deseo ardiente.

그린랜드【지】Groenlandia. ~의 groenlandés.

그림 cuadro, pintura; dibujo. ~을 그리다 pintar, dibujar.

그림자 sombra.

그만두다 parar, cesar de, dejar de, abandonar.

그물 red, malla.

그믐날 el último·día.

그슬리다 quemar, abrasar (consumir) con fuego.

그야말로 verdaderamente, realmente, bien que, de veras, a la verdad.

그을다 [햇볕에] quemarse.

그을음 hollín.

그저께 anteayer. ~ 아침 anteayer por la mañana. ~밤 anteayer por la noche, anteanoche.

그치다 parar, cesar. 그칠 새 없이 continuamente, sin cesar, incesantemente. 그칠 새 없는 걱정 ansiedad constante.

극(劇) teatro, drama(m.); [희곡] pieza de teatro. ~적인 dramático. ~문학 teatro, literatura dramática. ~시 (음악) poesía (música) dramática. ~영화 cinedrama(m.). ~작가 dramaturgo, escritor de dramas.

극(劇) teatro, drama (m.); [희곡] pieza de teatro. ~적인 dramático. ~문학 teatro, literatura dramática. ~시 (음악) poesía (música) dramática. ~영화 cinedrama (m.). ~작가 dramaturgo, escritor de dramas.

극광(極光) aurora, luz polar.

극기(克己) abnegación, estoicismo. ~심 espíritu abnegado (estoico·de abnegación).

극단(劇團) compañía teatral.

극단(劇壇) mundo teatral.

극단(極端) extremo, exceso (과도). ~의 extremo, estremado, radical, ultra; [예외적인] excepcional; [과도한] exagerado; extraordinario. ~으로 extremadamente; extraordinariamente. ~적인 예 caso estremo. ~적인 대조 contraste fuerte (radical). ~론 extremismo.

극대(極大) máximum, máximo. ~의 grandísimo, máximo. ~량 máximum.

극도(極度) extremo, grado supremo. ~로 extremadamente. ~의 extremo, excesivo, extremado. ~로 con (en) extremo, en exceso, excesivamente, en sumo grado. ~로 지치다 cansarse en extremo. ~의 피로로 por estar extremadamente cansado.

극동(極東) Lejano (Extremo) Oriente. ~에서의 평화와 안전 la paz y la seguridad en el Extremo Oriente. ~위원회 Comité del Lejano Oriente.

극락(極樂) paraíso, cielo budista. ~ 왕생 muerte feliz (tranquila). ~ 왕생하다 morir tranquilamente. ~조 ave del paraíso.

극력(極力) con todo el poder, con toda fuerza, en la medida de lo posible. 나는 ~노력하겠다 Haré todo lo posible./ Haré el mayor esfuerzo posible./ Haré todo lo que esté en mis manos./ Me esforzaré en la medida de lo posible.

극렬(極烈) violencia, severidad, intensidad. ~한 violento, severo, intenso. ~히 violentamente, con vehemencia, severamente.

극미(極微) ~한 microscópico, infinitesimal.

극복(克服) ~하다 vencer, rendir, superar. 곤란 (장애)를 ~하다 vencer (superar·salvar) dificultades (obstáculos).

극본(劇本) guión.

극비(極秘) secreto estricto (capital·absoluto·rigroso). ~의 estrictamente confidencial. ~로 en el mayor secreto, con sumo secreto. 사건을 ~로 하다 guardar (poner) el asunto en el más absoluto secreto.

극빈(極貧) extremada pobreza.

극상(極上) ~의 de calidad superior, superfino, óptimo, supremo. ~품 artículo de calidad superior. ~품질 suprema calidad.

극소(極小) minimun, mínimo. ~의 muy pequeño, infinitesimal, mínimo. ~량 mínimum.

극시(劇詩) poema (m.).

극악(極惡) atrocidad. ~한 atroz, malvado, diabólico. ~한 사람 hombre malvado (perverso), monstruo, bribón horrible.

극약(劇藥) remedio fuerte, medicamento de empleo peligroso.

극우(極右) extrema derecha, ultraderecha. ~의 [사람] extrema derechista (m.f.), ultraderechista (m.f.). ~파 extremas derechas.

극작(劇作) teatro, obra dramática. ~가 dramaturgo.

극장(劇場) teatro. ~음악 música teatral. 국립 ~ teatro nacional.

극적(劇的) dramático.

극점(極點) punto extremo, clímax.

극좌(極左) extrema izquierda, ultraizquierda. ~의 [사람] extrema izquierdista (m.f.), ultraizquierdista (m.f.). ~파 extremas izquierdas.

극지(極地) región polar. ~탐험 exploración polar.

극치(極致) máximo grado, colmo, non plus ultra. 미의 ~ belleza suprema (ideal). 행복의 ~ colmo de la felicidad. ~에 달하다 llegar al máximo grado.

극평(劇評) crítica teatral; [신문 등의] crónica del teatro. ~을 하다 criticar obras teatrales (dramáticas). ~가 crítico teatral.

극한(極限) último límite, extremidad. ~에 달하다 llegar al último límite. 그의 인내는 ~에 달했다 Su paciencia llegó al límite. ~ 상황 situación límite.

극형(極刑) pena capital. ~에 처하다 condenar a *uno* a la pena capital.

극히(極 -) muy, sumamente, extraordinariamente. ~ 중요한 sumamente inportante.

극화(劇化) adaptación teatral, dramatización. ~하다 adaptar al teatro. 소설을 ~하다 dramatizar una novela, adaptar a la escena (al teatro) una novela.

근(根)【수】 raíz.

근간(根幹) raíz y tronco, principio, fundamento, fondo.

근간(近刊) próxima publicación, edición reciente. ~의 de próxima publicación, recien publicado. ~서 [출판된] libro recien publicado, libro de reciente publicación; [출판될] libro en preparación. ~ 예고 anuncio de libros de próxima aparición.

근거(根據) base, fundamento; [전거]autoridad; [이유] razón *(f.)*. ~있는 [bien] fundado, con fundamento. ~없는 infundado, sin fundamento; sin razón. …을 ~로 basarse en *algo*. 과학적 ~가 있다 tener una base científica. …할 충분한 ~가 있다 Hay buenas razones para + *inf*. 그의 주장에는 확실히 ~가 있다 Ciertamente hay fundamento en su opinión. ~지 base de operación (de operaciones).

근거리(近距離) distancia corta, poco distancia, cercanía. ~에 있다 estar a poco distancia. ~ 열차 tren de cercanías.

근검(勤儉) economía. ~한 económico.

근교(近郊) alrededores, cercanías, afueras. ~의 de los alrededores, suburbano. 서울 ~에 en las afueras de Seúl.

근근이(勤勤-) con dificultad, difícilmente.

근년(近年) estos años, estos últimos años. ~에 없었던 풍작이다 Hemos tenido una cosecha tan abundante como no había en estos últimos años.

근대(近代) edad (época) moderna, tiempos modernos, tiempo reciente. ~의·~적 ,modemo. 서반아는 15세기 초에 ~로 접어들었다고 한다 Se dice que España entró en la época moderna a principios del siglo XV. ~국가 país moderno. ~사 historia moderna. ~사상 ideas modernas. ~사회 sociedad moderna. ~오종 pentatlón moderno. ~음악 música moderna. ~인 hombre moderno. ~주의 modernismo ~화 modernización. ~화 하다 modernizar. ~화 되다 modernizarse.

근동(近東) Cercano Oriente.

근들거리다 mecer.

근래(近來) estos días, recientemente, en estos últimos tiempos. 그것은 ~에 보기 드문 걸작이다 Esa es una obra maestra difícil de encontrar en estos últimos tiempos.

근로(勤勞) labor, trabajo, servicio. ~ 계급 clase obrera. ~대중 masa obrera. ~봉사 servicio de trabajo gratuito. ~ 소득 ingresos de trabajo. ~자 trabajador. ~ 청년 joven obrero. ~학생 trabajador·estudiante *(m.f.)*.

근면(勤勉) diligencia, aplicación, laboriosidad. ~한 diligente, trabajador, laborioso, aplicado. ~한 학생 estudiante *(m.f.)* aplicado. ~하게 일하다 aplicarse, trabajar aplicadamente. ~가 hombre trabajador; mujer trabajadora.

근모(根毛) pelos absorbentes.

근무(勤務) servicio, trabajo. ~하다 servir, estar de servicio, trabajar, prestar servicio. ~중에 en·acto de servicio, durante el ejercicio de *su* cargo. ~성적 expediente. ~ 성적이 좋다 tener un expediente profesional excelente. ~시간 horas de trabajo (servicio), horas de oficina. 8시간 ~ ocho horas de servicio. 나는 1일 8시간 ~다 Trabajo ocho horas diarias. 벌써 내 ~시간이 넘었다 Ya han terminado mis horas de trabajo. ~처 lugar de trabajo, oficina. ~평정 calificación de servicios. ~평정을 매기다 calificar los servicios prestados.

근본(根本) raíz, fundamento, base *(f.)*. ~적 인 radical, fundamental, básico. ~적으로 radicalmente, fundamentalmente, básicamente, a fondo. ~적인 차이 diferencia radical (fundamental). ~적인 해결 resolución radical (fundamental). 이 계획은 ~적으로 틀렸다 Este plan está equivocado radicalmente. 민주주의의 ~은 인권 존중이다 El respeto a los derechos humanos es la base de la democracia. ~ 원칙 (문제) principio (cuestión) fundamental.

근사(近似) ~한 aproximado. ~하게 aproximadamente. ~식 fórmula aproximada. ~치 valor aproximado.

근성(根性) carácter, espíritu, temple, temperamento. ~이 나쁜 perverso, malévolo, retorcido, malicioso, maligno. ~이 썩은 corrompido, de corazón vil. ~을 발휘하다 mostrar *su* vigor (*su* carácter· *su* espíritu). 그는 ~이 있다 Tiene vigor (carácter)./ Es un hombre de vigor (carácter· de espíritu · de temperamento). 상인 ~ espíritu de·comerciante, mercantilismo.

근세(近世) época moderna. ~사 historia moderna.

근소(僅少) ~한 poco. ~한 차이로 이기다 ganar por una mínima diferencia.

근속(勤續) servicio continuo. ~하다 servir durante largo tiempo, prestar servicios continuos, seguir trabajando. 30년 이상 ~자 los (las) que han prestado servicios durante más de treinta años seguidos. 나는 이 회사에 20년 이상 ~하고 있다 Llevo más de veinte años al servicio de (Hace más de veinte años que trabajo en) esta compañia. ~기간 tiempo de servicio. ~연수 años transcurridos en el servicio. ~자 empleado en el servicio largo.

근시(近視) miopía, cortavista. ~눈 ojo miope, corto de vista. ~이다 tener la vista corta, ser corto de vista, ser miope. ~안경 gafas de (para la) miopía. ~안의 사람 miope (m.f.).

근신(謹愼) buena conducta; reserva, circunspección, reclusión(병). ~하다 portarse bien; [자택에서] recluirse en su domicilio.

근심 inquietud, ansiedad, solicitud. ~하다 inquietarse (fatigarse) por (de) algo.

근엄(謹嚴) seriedad, formalidad, gravedad. ~한 severo, serio, solemne, grave, formal.

근원(根源) origen, procedencia, principio; [근본원인]causa primera.

근육(筋肉) músculo; [집합적] musculatura. ~의 muscular. ~질의 musculoso. ~을 단련하다 fortalecer los músculos. ~ 노동 labor físico, esfuerzo físico, trabajo de brazos. ~ 노동자 obrero [manual], peón (pl. peones) bracero. ~ 조직 musculatura, sistema muscular. ~ 주사 inyección intramuscular.

근위(近衛) ~병 (사단) soldado (división) de la guardia personal (imperial).

근인(近因) causa inmediata.

근일(近日) ~중에 dentro de poco, un día de éstos, en lo futuro cercano(부사적으로). ~중에 방문하겠습니다 Le visitaré un día de éstos. ~개점 Se inaugurará pronto./ De próxima inauguración.

근일점(近日點) 【천】 perihelio.

근자(近者) ~의 reciente. ~에 recientemente.

근작(近作) última obra.

근저(根底) fundamento, cimiento, base (f.).

근절(根絶) extirpación, desarraigo, erradicación; [절멸] extinción, exterminación, destrucción. ~하다 extirpar, desarraigar, arrancar; extinguir, exterminar, destruir.

근접(近接) ~한 próximo, contiguo.

근지점(近地點) 【천】 perigeo.

근착(近着) ~의 recién llegado. ~ 잡지 revista recién llegada.

근처(近處) vecindad, cercanía. ~에 en la vecindad (cercanía).

근치(根治) cura radical; [상처의] cicatrización. ~하다 sanar (curar) radicalmente; cicatrizar.

근친(近親) pariente cercano. ~결혼 casamiento consanguíneo. ~상간 incesto. ~자 pariente [cercano], familiar (m.f.), allegado.

근하신년(謹賀新年) Feliz Año Nuevo./ Le deseo un próspero Año Nuevo.

근해(近海) mares cercanos a un sitio. 한국 ~에 en las aguas cercanas a las costas de Corea. ~어 pescado de mares cercanos. ~ 어업 pesca en mares cercanos a la costa.

근화(近火) incendio vecino.

근황(近況) condición actual, estado reciente.

글라이다 planeador.

글러브 guante(야구·권투의).

글리세린 glicerina.

글리코겐 glicógeno.

글자 letra, tipo. ~를 쓰다 escribir. ~를 읽다 leer.

긁다 [가려워서] rascar, raspar. 머리를 ~ rascarse el pelo.

금¹ [값] precio, costo, valor. 적당한 ~ precio razonable.

금² [선] línea; [접은 자국] pliegue, dobléz; [틈] grieta, raja.

금(金) 1 oro. ~의 de oro, dorado. ~의 유출 salida (emigración·fuga) de oro. ~메달 medalla de oro. ~색 color de oro. ~색의 dorado. ~시계 reloj de oro. ~제품 producto de orfebrería.
2 ~일봉을 주다 gratificar a uno con una cantidad de dinero, dar una gratificación a uno. 18 ~ oro de 18 quilates. ~반지 anillo de oro.

금강사(金剛砂) esmeril.

금강석(金剛石) diamante.

금고(金庫) caja fuerte, caja de hierro, caja, tesorería.

금고(禁錮) prisión, encarcelamiento. ~ 1년형에 처하다 condenar a uno a un año de prisión.

금과옥조(金科玉條) regla de oro. …을 ~로 삼다 no reconocer otra autoridad que algo, adherirse estrictamente a algo.

금관(金管) ~악기 cobres.

금관(金冠) corona de oro.

금광(金鑛) [광석] mineral de oro; [광산] mina de oro; [광업] yacimiento de oro.

금괴(金塊) lingote de oro, tejo de oro, macizo.

금권(金權) ~ 정치 plutocracia, política plutocrática.

금기(禁忌) tabú; [식물 등의] contraindicación. ~를 이기다 violar el tabú.

금년(今年) este año, el año corriente (en curso), el presente año. ~ 가을에 el otoño de este año. ~ 9월에 en septiembre de este año. ~ 중에 en el transcurso del año, dentro de este año. ~은 몇년입니까 ¿En qué año estamos? ~은 1989년입니다 Estamos en 1989.

금니(金齒) diente de oro.

금단(禁斷) prohibición. ~하다 prohibir. ~의 열매 fruta prohibida.

금도금(金鍍金) doradura, plaqué de oro. ~하다 dorar.

금돈 (金-) ⇨ 금화.

금돌 (金-) ⇨금광, 금석(金石)

금동 (金冬) este invierno.

금동 (金銅) cobre dorado.

금란지계(金蘭之契) amistad íntima.

금란지교 (禁蘭之交) ⇨ 금란지계.

금력(金力) poder del dinero, influencia del dinero. ~정치 plutocracia, poder reino del dinero.

금렵(禁獵) veda, prohibición de caza. ~! Coto./ Vedado de caza. ~구 terreno acotado, coto. ~기 epoca de veda.

금령(禁令) prohibición, veda.

금리(金利) interés, crédito, renta; [이자율] tasa (tipo) de interés. ~을 올리다 (내리다) aumentar (rebajar) el tipo de interés. ~ 생활자 rentista (m.f.). ~ 수준 nivel de interés. 고 (저)~ interés alto (reducido).

금명간(今明間) hoy o mañana, en un día o dos.

금문자(金文字) carácter en oro, letra dorada.

금물(禁物) prohibición, tabú. 고혈압이 있는 사람의 술은 ~이다 Las bebidas alcohólicas son fatales para los que tienen la tensión arterial alta. 그에게 이 말은 ~이다 Éste es un tema tabú para él. 비지네스에 온정은 ~이다 La benevolencia es incompatible con los negocios.

금박(金箔) pan [de] oro, oro batido [en hojas].

금발(金髮) cabello (pelo) rubio. ~의 rubio, pelirrubio,【신어】blondo. ~의 여인 mujer rubia.

금방(今方) ahora mismo, en este mismo instante, poco hace, recientemente, últimamente.

금배(金杯) copa de oro.

금번(今番) esta vez, recientemente, poco tiempo hace.

금본위(金本位) patrón [de] oro, sistema del patrón oro.

금분(金粉) polvo de oro.

금붕어(金-) pez de colores.

금사(金絲) hilo de oro.

금새 precio. ~가 비싸다 (싸다) ser caro (barato).

금서(禁書) libro prohibido. ~로 하다 catalogar [un libro] en el Índice, prohibir la lectura [de un libro]. ~목록【종】Índice.

금색(金色) color de oro. ~의 dorado.

금석(今昔) el pasado y el presente. ~지감 을 느끼다 sentir profundamente el cambio de los tiempos.

금석(今夕) esta noche.

금석(金石) minerales y rocas. ~지교 amistad firme. ~지약 promesa firme.

금성(金星) Venus, lucero.

금속(金屬) metal. ~의 metálico. ~제의 de metal. ~공업 metalurgia, industria metálica (metalúrgica). ~ 광택 brillo metálico. ~ 노동자 trabajador metalúrgico. ~ 비누 jabón metálico. ~음 sonido (ruido) metálico. ~ 정류기 rectificador metálico. ~ 조직학 metalografía. ~ 제품 producto metálico. ~ 포장 empaquetadura metálica. ~ 흑연 브러시 escobilla de carbón metalizado. ~ 현미경 microscopio metalúrgico.

금수(禽獸) bestia, animal cuadrúpedo. ~의 bestial, brutal.

금수(禁輸) prohibición de exportación e importación. ~품목 lista de artículos prohibidos.

금승(金蠅)【곤충】mosca con brillo metálico; lucilia caesar.

금시계(金時計) reloj de oro.

금시작(金翅雀)【조】pinzón; verderón.

금시표(金時表) ⇨ 금시계(金時計).

금실(琴瑟) armonía conyugal.

금실지락(琴瑟之樂) ⇨ 금실(琴瑟).

금실 (金-) hilo dorado.

금알(禁遏) ⇨ 금압(禁壓).

금압(禁壓) supresión. ~하다 suprimir; reprimir; refrenar; sofocar.

금액(金額) cantidad; suma; cantidad [suma] de dinero.

금야(今夜) esta noche.

금어(禁漁) prohibición de pesca, veda. ~! Vedado de pesca. ~구 zona vedada de pesca. ~기 época de veda. ~장(場) preserva marina.

금어(金魚) pez de colores; pez parecido a la tenca de color de oro y rojo rojado.

금어초(金魚草)【식】(hierba) becerra.

금언(金言) proverbio; adagio; refrán; apotegma; aforismo. ~집 colección de proverbios y refranes.

금연(禁煙) prohibición de fumar; [게시]Se prohibe fumar; No fumar; No fume; Prohibido fumar; [억제하다] dejar [abstenerse de fumar. 차내에서는 ~이다 Está prohibido fumar en el tren. ~실(室) [기차의] no fumadores; compartimento de no fumar.

금오(金鳥) sol. ~옥토(玉兎) el sol y la luna.

금요(金曜) ⇨ 금요일(金曜日).

금요(今曜) esta madrugada.

금요일(金曜日) viernes.

금욕(禁慾) abstinencia, práctica ascética; mortificación. ~하다 reprimir la pasión, mortificarse, abstenerse de los goces mundanos. ~적인 ascético, mortificante. ~생활을 하다 llevarse una vida ascética. ~가 practicante de la abstinencia. ~의 estoicismo; asceticismo. ~주의 estoico; asceta.

금원(禁苑) jardín imperial.

금월(今月) este mes; el mes corriente (presente·actual); mes en curso. ~중에 (말에) dentro (al fin) de este mes. ~ 15일에 al día 15 de este mes; al 15 del mes corriente (en curso).

금융(金融) financiación, financiamiento, finanzas. ~의 financiero, monetario. ~의 상태 situación monetaria. ~중심 centro financiero. ~의 긴박 aprieto monetario. ~의 길을 강구하다 ocuparse en operaciones financieras. ~이 핍박해 있다 La situación monetaria continúa muy tirante. ~계 mundo financiero, círculo monetario. ~공항 pánico financiero. ~기관 órgano bancario. ~긴축 restricción monetaria de crédito. ~시장(市場) mercado de dinero. ~업자(業者) financiero. ~완만 dinero flojo. ~위기 crisis monetaria. ~자본 capital financiero. ~정책 política financiera (monetaria). ~제한 restricción del crédito bancario. ~조직 (組織) sistema de cerculación monetaria; sistema bancario. ~조치 medidas financieras.

금은(金銀) 1 oro y plata. 2 dinero;【남미】 plata; dinero contante(현금); efectivo(정금) ~방 joyería. ~세공사 orífice; orfebre. ~재보(財寶) dinero y joyas.

금일(今日) hoy, hoy día. ~까지 hasta hoy, hasta la fecha.

금자탑(金字塔) pirámide, obra monumental. ~을 이루다 realizar una obra monumental.

금잔(金盞) copa de oro.

금잔화(金盞花)【식】maravilla, caléndula; [학명] caléndula arvensis.

금전(金錢) dinero, moneda, efectivo. ~상의 monetario, pecuniario. ~의 문제 problema pecuniario (económico). ~의 codicia de dinero. ~적으로 돕다 ayudar económicamente. 이것은 ~적인 가치가 없다 Esto no tiene ningún valor material. 그는 ~의 노예다 No hace nada sino por dinero./ Es un hombre metalizado. ~등 록기 caja registradora, registrador de monedas. ~출납부 libro de caja.

금제(禁制) prohibición, interdicción. ~하다 prohibir, vedar. ~의 prohibido, ilegal. ~품 artículo prohibido.

금족(禁足) arresto, reclusión. 10일 간의 ~을 명하다 condenar a uno a diez días de arresto.

금주(禁酒) abstinencia [de bebidas alcohólicas]. ~하다 abstenerse de bebidas alcohólicas. ~동맹 liga antialcohólica. ~운동 antialcoholismo.

금주(今週) esta semana. ~에 dentro de esta semana. ~ 말에 este fin de semana. ~ 수요일에 el miércoles [de esta semana] este miércoles. ~의 일정 programa de esta semana.

금지(禁止) prohibición, proscripción; [수렵 등의] veda. ~하다 prohibir, proscribir; vedar. ~를 해제하다 levantar (suspender·alzar) la prohibición. 성냥의 수입 ~ prohibición a la importación de fósforos. 차의 통행을 ~하다 prohibir la circulación de los vehículos. 법률은 미성년자의 흡연을 ~하고 있다 La ley prohíbe fumar a los menores de edad. 이 연못에서 수영은 ~되어 있다 Está prohibido bañarse en este estanque. 면회 ~가 풀렸다 Se levantó la prohibición de visitas.

금지환(金指環) anillo de oro.

금치산(禁治產) interdicción civil, incapacitación. ~자 incapacitado.

금테(金─) aro dorado. ~안경 gafas de aro dorado (con montura de oro).

금품(金品) dinero y artículos de valor. ~ 을 빼앗다 desplumar (desvalijar) a uno.

금하다(禁─) prohibir, vedar. 의사는 그에게 술을 마시는 것을 금하고 있다 El médico le prohíbe tomar bebidas alcohólicas.

금혼식(金婚式) bodas de oro.

금화(金貨) moneda de oro. ~로 지불하다 pagar con (en) monedas de oro.

금환(金環)【천】corona. ~식 eclipse anular.

금후(今後) de aquí (de ahora·desde ahora) en adelante, en el futuro, en lo sucesivo. ~의 venidero, futuro. ~ 10년간 estos (los) diez años siguientes (venideros), diez años más, desde (de) ahora en diez años. ~ 주의 하십시오 Sea más prudente de ahora en adelante.

급(級) clase (f.), grado; [권투·레슬링의] peso. 장관 ~의 인물 persona con calibre para ser ministro, ministrable. 그는 태권도 2~이다 Tiene el segundo grado inferior de taekwondo.

급(急) ~한 repentino, precipitoso. ~히 apresuradamente, precipitadamente, de prisa.

급강하(急降下) picado, descendimiento repentino. ~하다 picar, descender repentinamente, descender en picado. ~ 폭격 bombardeo repentino (en picado).

급거(急遽) [돌연] de repente; [급히] de prisa, apresuradamente. ~ 출발하다 salir de repente (de prisa).

급격(急激) prisa, presteza, precipitación. ~한 precipitado, repentino, rápido. ~히 de repente, precipitadamente, rápidamente, con presteza. ~한 발전을 이룩하다 conseguir un desarrollo rápido (acelerado). ~히 증가하다 aumentar rápidamente.

급경사(急傾斜) pendiente (f.) empinada, vertiente (f.) abrupta (escarpada). ~의 escarpado, abrupto.

급급하다(汲汲~) intentar+inf. 그는 돈을 벌려고 급급하고 있다 Está sediento de dinero./ No piensa más que ganar dinero.

급하다(急~) (ser) urgente.

급등(急騰) subida veloz (rápida·repentina). ~하다 subir rápidamente (repentinamente). 주가가 ~했다 Ha subido repentinamente la cotización de las acciones.

급락(急落) baja (caída) repentina. ~하다 bajar repentinamente. 주가가 ~했다 La cotización de las acciones ha bajado.

급료(給料) salario, sueldo, paga. ~를 지불하다 pagar el salario (el sueldo). ~를 받다 cobrar el salario (el sueldo). ~를 올리다 (내리다) subir (bajar) el salario, aumentar (disminuir) el sueldo. 높은 (싼) ~에서 일하다 trabajar con un gran (pequeño) salario. 월 30만원의 ~를 받다 cobrar de sueldo trescientos mil wones al mes. 나는 다음달부터 ~가 오른다 El próximo mes me suben el sueldo. ~일 día de paga. ~ 지불 명부 nómina [de pagos], lista de jornales.

급류(急流) torrente, corriente rápida.

급무(急務) deber (asunto·negocio) urgente.

급박(急迫) urgencia, apremio. ~한 apremiante, acuciante, urgente. ~한 사태 situación apremiante. 사태가 ~하다 La situación se pone apremiante.

급변(急變) cambio repentino (brusco·súbito·imprevisto); [악화] empeoramiento repentino. ~하다 cambiar repentinamente (súbitamente·bruscamente·de repente), convertirse repentinamente. 날씨가 ~했다 El tiempo ha cambiado repentinamente. 병세가 ~했다 El enfermo empeoró (El estado del enfermo se ha agravado) de repente.

급병(急病) enfermedad repentina (aguda). ~에 걸리다 caer enfermo de repente.

급보(急報) mensaje urgente, despacho especial. ~하다 enviar un mensaje urgente, informar inmediatamente, informar (avisar) a uno con urgencia de algo; [경보] dar a alarma de algo. 화재를 ~하다 dar la alarma de un incendio.

급비(給費) beca. ~를 받다 disfrutar de (recibir) una beca. 나는 ~로 서반아에 갔다 Fui a España con una beca. ~생 becario.

급사(給仕) camarero; mozo; [사무실의] manzadero.

급사(急死) muerte repentina. ~하다 morir repentinamente (de repente).

급선봉(急先鋒) cabeza, líder, vanguardia. 반정부의 ~에 서다 estar a la cabeza (a la vanguardia) del movimiento contra el gobierno.

급성(急性) ~의 agudo; fulminante. ~폐렴 pulmonía aguda.

급소(急所) [몸의] parte (punto) vital, punto vulnerable; [요점] punto esencial (capital), lo esencial del caso. ~르 찌르다 herir la sensibilidad.

급속(急速) rapidez, prontitud. ~한 rápido, pronto, acelerado. ~하게 rápidamente, prontamente, aceleradamente, con rapidez, con prontitud. ~한 진보를 하다 hacer progresos rápidos, avanzar a marchas forzadas (a un ritmo acelerado).

급수(級數) progresión, series.

급수(給水) abastecimiento (suministro·servicio·distribución) de agua. ~하다 abastecer (suministrar·distribuir·proveer de) agua. 시간 ~를 하다 abastecer agua por un tiempo determinado. ~관 (전·탑·펌프) cañería (toma·torre·bomba) de agua. ~ 제한 distribución restringida de agua. ~차 camión cisterna. ~ 탱크 depósito de agua limpia.

급습(急襲) ataque (asalto) repentino, carga, sorpresa. ~하다 atacar (asaltar) de repente (por sorpresa).

급식(給食) abastecimiento (suministro) de comida. ~하다 proveer a uno de comida, servir comida a uno.

급여(給與) suministro, concesión; salario, sueldo. ~하다 dar, conceder, suministrar. ~수준 nivel de salarios (de sueldos). ~ 지불 명세서 especificación (nota detallada) de pagos de salarios (de sueldos). ~ 체계 sistema (m.) de salarios (de sueldos).

급용(急用) asunto (negocio) urgente. ~으로 por un asunto urgente.

급우(級友) compañero de clase, condiscípulo.

급유(給油) abastecimiento (suministro) de petróleo; [가솔린의] suministro de gasolina; [연료의] repostaje; [기계·기름의] lubrificación, engrase. ~하다 suministrar petróleo (gasolina); repostar; lubrificar, engrasar. ~소 surtidor. ~소 estación (depósito) de petróleo; [주유소] gasolinera, estación de servicio.

급장(級長) monitor de clase.

급전(急轉) cambio repentino (brusco·súbito). ~하다 cambiar bruscamente (repentinamente). ~ 직하에 inminentemente, de repente, de golpe. 그 문제는 ~직하에 해결되었다 El problema ha encontrado una solución repentina (súbita).

급정거(急停車) parada repentina. ~하다 pararse bruscamente (de repente). 차 (열차)를 ~시키다 parar (frenar) el coche (el tren) de repente.

급제(及第) aprobación. ~하다 ser aprobado, pasar un examen, aprobar (salir bien en) los exámenes. ~점 marca de aprobación, nota de aprobación, nota necesaria para aprobar. ~점을 얻다 obtener las notas requeridas en el examen.

급증(急增) aumento repente (rápido). ~하다 aumentar de repente.

급진(急進) ~적인 radical. ~ 사상 idea (ideología) radical. ~파 secta radical; [사람] radical (m.f.).

급하다(急一) tener prisa, acelerarse.

급행(急行) expreso, viaje rápido, tren expreso. ~권 billete ([남미] boleto) expreso. ~ 열차 [tren] expreso (exprés·rápido). ~ 요금 tarifa (pago·suplemento) del expreso. 9시발 마드리드행 ~ tren expreso de las nueve para Madrid.

급환(急患) caso emergente (urgente·de urgencia).

급히(急一) [빨리] aprisa, de prisa, prontamente, con presteza, en seguida, inmediatamente, urgentemente, de repente; [성급히] apresuradamente.

굿다 dibujar, bosquejar.

긍정(肯定) afirmación; [단언] aserción, aseveración. ~하다 afirmar; aseverar. ~적인 positivo, afirmativo; aseverativo. ~적으로 positivamente, afirmativamente. 신의 존재를 ~하다 afirmar la existencia de Dios. 나는 ~도 부정도 하지 않는다 No afirmo ni niego. / No digo ni que sí ni que ~. ~문 oración afirmativa (aseverativa)

긍지(矜持) orgullo, dignidad.

긍휼(矜恤) piedad, misericordia, lástima, compasión, simpatía. ~하다 compadecer, tener lástima.

기(氣) [원기] espíritu, energía, poder, vitalidad, vigor; [정신력] corazón.

기(期) [기한] término, plazo; [시대] período, época; [단계] etapa. 결핵의 제 3 ~ tercera etapa de la tuberculosis. 우리 들은 이 학교의 2~생이다 Somos los graduados de esta escuela.

기(旗) bandera, banderola; [군기] estandarte; [함선의] pabellón; [삼각기] gallardete; [작은 기] banderita. ~를 게양하다 enarbolar (izar) una bandera. ~를 내리다 arriar (bajar) una bandera. ~를 흔들다 agitar (ondear) una bandera.

기(基) [화] radical.

기(忌) luto, duelo.

기각(棄却) rechazo. ~하다 rechazar.

기간(期間) plazo, término, período, duración. ~을 연장하다 prolongar (prorrogar) el plazo. 그 ~에 durante ese período, en (dentro de) ese plazo. 일정 ~내에 durante (dentro de) un plazo fijo. 지금은 시험 ~이다 Ahora estamos en el período de exámenes. 「~: 3월 15일부터 9월 13일까지 6개월간」Duración: del 15 de marzo hasta el 13 de septiembre, durante seis meses.

기간(基幹) ~ 산업 industria clave.

기간(旣刊) edición anterior. ~의 ya publicado, publicado anteriormente.

기갈(飢渴) hambre y sed.

기갑(機甲) ~부대 cuerpo blindado (acorazado), fuerzas de armadura.

기개(氣槪) brío, coraje. ~가 있는 brioso. ~가 있다 tener el brío (el coraje) de.

기꺼이 con mucho gusto, gustosamente.

기결(旣決) ~ 된 decidido, determinado, resuelto; [죄가] convicto. ~ 서류 expedientes (legajos) clasificados. ~수 reo convicto.

기계(機械) máquina; [집합적] maquinaria. ~적 mecánico, automático. ~화 mecanización. ~화 하다 macanizar. ~화 부대 fuertzas mecanizadas. ~공(工) mecánico, mecanista. ~공학 ingeniería mecánica. ~론 mecanismo. ~문명 civilización mecánica (de la máquina). ~ 손실 pérdida mecánica. ~실 sala de mecánicas.

기계(器械). instrumento, aparato. ~ 체조 gimnasia pesada, gimnasia con aparatos.

기계(奇計) artificio inesperado, estrategia astuta, táctica ingeniosa.

기고(寄稿) colaboración. ~하다 colaborar a, escribir para. 신문에 ~하다 escribir un artículo para un periódico; colaborar en un periódico. ~가 colaborador.

기골(氣骨) firmeza de carácter, inflexibilidad de espíritu. ~이 있다 tener firmeza de carácter, tener inflexibilidad de espíritu.

기공(起工) ~하다 comenzar la obra, poner manos a la obra. ~식 [ceremonia de] colocación de la primera piedra de la piedra de fundación.

기공(氣孔) 【식】 estoma (*m.*); 【동】 estigma (*m.*).

기관(氣管) conducto del vapor.

기관(機關) 1 [엔진] motor; [기계] máquina. ~고 cocheras; [큰] cocherón. ~사 maquinista (*m.f.*). ~실 cuarto de motores. ~장 jefe de máquinas, maquinista en jefe.
2 [기구] órgano, organismo, organización, medios. ~지 órgano. 금융의 중심 ~ órgano central del sistema monetario. 공익 ~ servicio público. 연구 ~ órgano (centro) de investigación.

기관(氣管) tráquea, asperarteria. ~지 bronquio. ~지염 bronquitis (*f.*). 만성 ~지염 bronquitis crónica.

기관(器官) órgano.

기관(汽罐) caldera de vapor.

기관(奇觀) maravilla, espectáculo singular, vista rara.

기관차(機關車) [전기·증기] locomotora [eléctrica·de vapor].

기관총(機關銃) ametralladora; [단기관총] metralleta. ~수 ametrallador. 경(중)~ ametralladora ligera (pesada).

기기(機器) maquinaria. 수송 ~ maquinaria de transporte.

기괴(奇怪) misterio. ~한 [기묘한]extraño, raro; misterioso, fantástico.

기교(奇巧) arte (*m.(f)*), técnica; [숙련] habilidad, destreza; [손의]artificio. ~을 부린 연주 ejecución artísticamente elaborada. ~를 부리다 usar el artificio, echar mano de técnicas sutiles.

기구(機構) [구조] mecanismo, estructura; [조직] organización. ~를 개혁하다 reorganizar *algo*, renovar la organización de *algo*. ~개편 reorganización.

기구(氣球) balón (*pl.* balones), globo [aerostático], aerostato. ~를 올리다 lanzar un balón. ~에 타고 오르다 ascender en un balón.

기구(器具) utensilios, instrumento, aparato.

기권(棄權) renuncia, renunciación, abandono[de un derecho]; [투표의] abstencionismo, abstención de voto. ~하다 renunciar a *su* derecho; abstenerse de votar. 시합을 ~하다 abandonar (retirarse de) un partido. ~율 tasa de abstencionistas. ~자 [투표의] abstencionista (*m.f.*). ~주의 abstencionismo. ~주의자 abstencionista (*m.f.*).

기근(氣根) raíz aérea.

기근(饑饉) carestía, (penuria· escasez) de víveres. 물 ~ escasez(penuria) de agua.

기금(基金) fondo. ~을 만들다 crear (establecer) un fondo. ~모집 colectación del fondo.

기내(機內) ~에서 en el avión. ~ 서비스 (음식) servicio (comida) en el avión.

기기(機器) maquinaria. 수송 ~ maquinaria de transporte.

기념(記念) conmemoración, recuerdo. ~하다 conmemorar. ~의 conmemorativo, conmemoratorio. ~할만한 conmemorable. …의 ~으로 en conmemoración (en memoria· en recuerdo) de *algo*. 승리를 ~하여 en conmemoración de la victoria. 나는 ~될만한 것을 무언가 사고 싶다 Quiero comprar *algo* que sirva de recuerdo. …의 ~비 monumento [conmemorativo] a…. 적도~비 monumento a la mitad del mundo. ~ 메달 medalla conmemorativa. ~ 사진 foto conmemorativa. ~ 사진을 찍다 sacar una foto como (de) recuerdo. ~식 ceremonia conmemorativa. ~식수 plantación conmemorativa. ~일 día conmemorativo, aniversario. ~우표 sello conmemorativo. ~제 fiesta conmemorativa. ~품 recuerdo. ~ 프로그램 programa conmemorativo. ~ 화폐 moneda conmemorativa. 졸업 ~ 앨범 álbum conmemorativo de la graduación.

기능(機能) función. ~적 funcional. ~적으로 functionalmente. ~을 발휘하다 funcionar. 기관(器官)의 ~ función orgánica. ~ 감퇴 hipofunción. ~도 diagrama (*m.*) functional. ~ 장애 impedimento

기능 (desorden) funcional. ~저하 decadencia funcional. ~주의 funcionalismo. ~항진 hiperfunción.

기능(技能) habilidad (destreza) técnica, talento. …는 ~을 갖고있다 tener el arte (la capacidad·la habilidad) de + *inf*. ~수당 subsidio de talento (de capacidad). 올림픽 ~ concurso internacional de formación profesional. 특수 ~ talento especial.

기다 arrastrar.

기다리다 esperar, aguardar. 잠깐 기다려 주십시오 Espere un momento. 기다리게 해서 미안합니다 Siento mucho haberle hecho esperar.

기담(奇談) cuento raro (extraño·curioso), historia extraordinaria.

기대(期待) expectación, espera, expectativa; [희망] esperanza. ~하다 esperar *algo* + *inf*., esperar que + *subj*., tener esperanza[s] de que + *subj*. …을 기대하여 en espera de *algo*, esperando (confiando) en *algo*. ~에 부응하다 responder a la esperanza de *uno*. ~를 갖게하다 prometer a *uno*, hacer esperar (dar esperanzas) a *uno*, hacer abrigar a *uno* esperanzas. ~를 등지다 traicionar (truncar) las ilusiones de *uno*, decepcionar a *uno*. 나는 너희들이 위인이 되기를 ~한다 Espero que lleguéis a ser unos grandes hombres. 나는 그에 대한 ~가 크다 Tengo en él depositadas grandes esperanzas. 그의 성공을 그다지 ~할 수 없다 No podemos esperar su éxito. / No hay mucha posibilidad de que él salga bien. 당신의 원조를 ~합니다 Espero que me ayude Vd. / Espero (Cuento con·Confío en) su ayuda. 나는 그의 전도에 ~를 걸고 있다 Tengo esperanzas de su porvenir. 그는 ~했던 결과를 얻었다 Ha obtenido el buen resultado que había esperado (que esperaba). 그는 ~ 이상의 성과를 얻었다 Obtuvo un éxito mayor del (un resultado mayor de lo) que había esperado (pensado). 그는 우리들의 ~에 어긋났다 No nos decepcionó. / No defraudó nuestras esperanzas. 결과는 모두 우리들의 ~에 반했다 Todo resultó al contrario de como esperábamos. ~에 반하여 en contra de la expectación, contrario a lo esperado. ~밖의 대답이었다 Fue una respuesta que me decepcionó(desilusionó).

기대다 [물건에] apoyarse en *algo*, arrimarse a; [의지] confiar en *uno*, tener confianza en, contar con, asegurarse de, fiarse de (en). 그들에게 기대지마라 No se fíe Vd. de ellos. / No cuente Vd. con ellos.

기도(祈禱) oración, rezo. ~하다 orar, invocar, rezar a Dios.

기도(企圖) plan, proyecto, empresa, prueba. ~하다 intentar, probar, proyectar, emprender.

기동(機動) ~대 [경찰의] brigada antidisturbios. ~부대 [육군] cuerpo motorizado; [해군] fuerza operativa. ~성 movilidad.

기동(起動) arranque. ~하다 arrancar. ~장치 aparato(mecanismo) de arranque.

기둥 pilar, poste, columna (원의). ~시계 reloj de pared.

시둥서방(-書房) alcahuete.

기득(旣得) ~의 obtenido, adquirido. ~권 derecho adquirido.

기량(技倆) habilidad, talento, destreza, técnica.

기(器) [재능] calibre, capacidad.

기러기 【鳥】 ganso silvestre.

기력(氣力) ánimo, energía, brío, vigor. ~ 있는 animado, enérgico, brioso, vigoroso. ~없는 abatido, lánguido. ~을 상실하다 perder el vigor (la energía). 나는 이제는 일을 계속할 ~이 없다 Ya no tengo ánimo para seguir trabajando. 그는 ~이 쇠했다 Ha decaído su ánimo.

기로(岐路) punto de bifurcación. ~에 서다 estar en el punto de bifurcación, estar en una encrucijada.

기록(記錄) 1 [행위] anotación, registro; [문서] documento, acta. [연대기] crónica; [의사록] acta. ~하다 anotar, registrar, dejar escrito *algo*, dejar constancia de *algo*, tomar nota de *algo*. 옛~에 의하면 según unos documentos antiguos. ~계원 anotador, escribiente *(m.f.)*. ~문학 literatura documental. ~ 보관소 archivo. ~영화 película documental. 2 [경기 등의] marca, récord. ~하다 marcar. ~적인 récord, inusitado, sin anales en la historia. ~을 수립(갱신)하다 establecer (renovar) una marca (un récord). ~을 깨뜨리다 batir el récord, superar la marca. 자기의 ~을 깨뜨리다 batir *su* propio récord. 한난계는 40℃를 ~했다 El termómetro marcó cuarenta centigrados. 그는 연속 우승 ~을 가지고 있다 Ostenta el récord de ser el campeón por dos veces consecutivas. ~적인 더위다 Hace un calor inusitado (sin precedentes). ~ 계원 anotador. ~ 보유자 poseedor de un récord. 한국 ~ récord coreano (en Corea). ~을 보유하기 위하여 guardar del récord. 신 ~을 세우다 crear un nuevo récord. 세계 ~ récord mundial.

기뢰(機雷) mina mecánica, mina

[submarina], torpedo. ~를 부설하다 fondear minas. ~정·~함 torpedero. 음향(자기)~ mina acústica (magnética).

기류(氣流) corriente atmosférica.

기류(寄留) ~하다 residir temporalmente en una casa ajena. ~지 lugar de residencia temporal.

기르다 [양육하다] dar de comer, criar, pacer; [교육하다] enseñar, educar, cultivar; [수염 따위를] crecer; [동물을] criar, tener. 잘 길러진 개 perro bien amaestrado. 나는 개를 기르고 있다 Tengo (Crío) un perro. 이 아파트에서는 동물을 기르는 것이 금지되어 있다 Se prohíbe tener animales en estos apartamentos.

기름 aceite. ~투성이의 aceitoso. ~집 aceitería. 머리~ brillantina. 정제~ aceite esencial. 피마자~ aceite de ricino.

기린(麒麟) 【동】 jirafa. ~아 niño prodigio, joven prometedor.

기립(起立) levantamiento. ~하다 ponerse de pie, levantarse. 일어나 있다 estar de pie. ~으로 표결하다 votar por levantados y sentados. ~! ¡ De pie !

기마(騎馬) ~로 a caballo. ~ 경찰 agente (guardia) montado. ~ 경찰 policía montada. ~대 torneo. ~상 estatua ecuestre. ~전 simulacro de combate a caballo. ~행렬 cabalgata.

기막히다 Se me hace el nudo en la garganta.

기만(欺瞞) engaño, trampa, impostura. ~하다 engañar. ~적인 engañoso, tramposo, impostor. 그것은 ~이다 Eso es un engaño.

기말(期末) [학기말] fin del semestre [2학기제의] (del trimestre [3학기제의]); 【상】 fin de ejercicio (del período contable). ~예산 balance de cierre de ejercicio. ~시험 examen semestral (trimestral).

기명(記名) firma. ~하다 firmar, poner su nombre. ~주(株) acción registrada. ~식의 【상】 nominativo. ~식 수표 (어음) cheque (letra) a favor de determinada persona. ~증권 título nominativo. ~투표 votación (voto) nominal.

기묘(奇妙) ~한 extraño, curioso, extravagante, raro.

기문(氣門) estoma.

기물(器物) vasija, utensilios.

기미 descoloramiento. ~가 끼다 descolorarse.

기미(氣味) sensación, palpamiento, contacto, tinte. ~가 안 좋다 tener recelo. ~가 나쁜 desagradable, diabólico.

기민(機敏) agudeza, rapidez, presteza, sagacidad, agilidad. ~한 agudo, rápido, sagaz; ágil. ~하게 agudamente, sagazmente; ágilmente, hábilmente.

기밀(機密) secreto, confidencia. ~의 secreto, confidencial. ~을 지키다 guardar el secreto. ~을 폭로하다 revelar secretos. ~비 fondos secretos. ~ 사항 asunto secreto (confidencial). ~서류 documentos confidenciales. 국가 ~ secretos de Estado. 군사 ~ secreto militar. 직무상 ~ secreto profesional.

기반(基盤) base (f.), fundamento. …을 ~으로 하다 basarse (fundarse) en algo, tener algo como base, tener su base (su fundamento) en algo. 이 지방은 농업을 ~으로 발전했다 Esta región se desarrolló a (sobre la) base de la agricultura.

기발(奇拔) ~한 original, raro, singular, extraordinario; [기지가 풍부한] genial. ~한 아이디어 idea original.

기백(氣魄) espíritu, alma, carácter. 호매한 ~ espíritu intrépido.

기뻐하다 alegrarse de + inf., tener gusto en + inf.

기벽(奇癖) hábito excéntrico, excentricidad, extravagancia, particularidad, singularidad, rareza.

기별(奇別・寄別) noticia, palabra, información, carta. ~하다 hacer saber, decir, informar. ~을 듣다 tener noticias de.

기병(騎兵) soldado de caballería, jinete [a caballo]; [집합적] caballería. ~대 tropa de caballería. ~ 분대장 jefe de escuadrón.

기보(旣報) información anterior. ~의 previamente informado. ~한 바와 같이 como se ha informado ya.

기복(起伏) altibajos, ondulación. ~하다 subir y bajar, ser ondulado, ondular. ~이 많은 ondulado, accidentado. ~이 많은 인생 vida llena de vicisitudes.

기본(基本) base (f.), fundamento, principio; [초보] elementos, rudimentos. ~적인 básico, esencial, fundamental, principal; elemental, rudimentario. ~적 인권 derechos fundamentales del hombre. 거래의 ~ 조건 condición esencial para (en) el negocio. ~급 sueldo base. ~ 단위 unidad fundamental. ~ 방침 política fundamental. ~법 ley (f.) fundamental. ~ 어휘 vocabulario básico (esencial). ~요금 [일정한] cuota fija.

기부(寄附) contribución, subscripción, donación. ~하다 contribuir, donar. ~금을 모으다 reunir (juntar) subscripciones. 도서관에 책을 ~하다 donar libros a la

기분 526 기술

biblioteca. ~금 contribución, donación.

기분(氣分) estado de ánimo, disposición de espíritu, humor. ~이 좋다 sentirse bien, estar de buen humor, estar de fiesta. ~이 나쁘다 sentirse mal, estar indispuesto, indisponerse; estar de mal humor. ~을 내서 노래부르다 cantar con sentimiento. ~전환을 하다 distraerse, cambiar de estado de ánimo; [머리를 쉬다] despejarse. 오늘은 ~이 좋지않다 Hoy no me siento bien. ~이 어떻습니까 ¿Cómo está (se siente) usted? 그는 그 소리를 듣자 ~을 잡쳤다 Al oírlo se puso de mal humor.

기쁘다 (ser) feliz, alegre, contento, agradable. …해서 기쁘다 alegrarse de + *inf*., tener gusto en + *inf*. 뵘게 되어 (정말 기쁩니다 Me alegro (mucho) de verle [a Vd.]

기쁨 gusto, alegría, gozo.

기사(騎士) caballero. ~로 만들다 encomendar, armar caballero a *uno*, conferir a *uno* el título de caballero. ~단 caballería, orden de caballeros. ~도 caballería.

기사(技士) ingeniero.

기사(技師) ingeniero, técnico. ~장 jefe de ingenieros. 건축 ~ arquitecto. 농업 (전기·화학·선박) ~ ingeniero agrónomo (electricista·químico·naval)

기사(記事) artículo; [경기적인] columnas, crónica. ~에 ~를 게재하다 insertar (publicar) un artículo en *algo*.

기사(起死) 그는 … 회생의 끝을 넣었다 Metió un gol que salvó la situación.

기산(起算) …일부터 ~하다 contar a partir de…, empezar a contar. 오늘부터 ~하여 contando desde (a partir de) hoy. ~일 día de inicio del plazo, día desde el que (a partir del cual) se cuenta un plazo (un término). 이자 ~일 fecha inicial.

기상(氣象) fenómeno atmosférico. ~ 관측 observación meteorológica; 관측기 meteoroscopio. ~ 관측소 observatorio meteorológico. ~ 위성 (레이다) satélite (radar) meteorológico. ~대 estación meteorológica. ~청 departamento meteorológico; 【서반아】 Servicio Meteorológico Nacional. ~통보 boletín meteorológico. ~학 meteorología. ~학자 meteorólogo; meteorologista (*m.f.*). 중앙~대 observatorio central de meteorología.

기상(起床) levantamiento. ~하다 levantarse. ~시키다 levantar. ~나팔 diana. ~시간 hora de levantarse.

기상(奇想) idea fantástica. ~천외의 muy original, fantástico, inimaginable.

기상(機上) ~에서 a bordo, en el avión.

기생(妓生) *guiseng*.

기생(寄生) parasitismo. ~하다 ser parásito de *algo*, vivir parásito, vivir dentro de. ~식물 planta parásita. ~충 insecto parásito. 그는 사회의 ~충이다 Es un parásito de la sociedad.

기선(氣船) vapor, buque de vapor, vapor de servicio regular(정기의). ~으로 por vapor. ~회사 compañía de vapores.

기선(機先) iniciativa. ~을 제하다 tomar iniciativa, tomar (coger) la delantera a *uno*, anticiparse a *uno*. ~을 잡다 ganar por la mano. ~을 잡고 …하다 adelantarse a + *inf*.

기성(旣成) ~의 cumplido, realizado, hecho, fijo; [현존의] existente. ~ 개념 ideas fijas. ~ 사실 hecho realizado (cumplido·consumado), cosa acabada. ~ 정당 partido político existente (actual). ~품 artículo confeccionado (hecho). ~복 ropa hecha, vestido hecho.

기성(奇聲) grito extraño. ~을 지르다 dar un grito extraño.

기세(氣勢) vigor, actividad, animación, entusiasmo; [환성] alboroto, gritería. ~를 펴다 vigorizarse.

기소(起訴) acusación, procesamiento. ~하다 acusar, procesar, procurar, formular una acusación contra *uno*. ~ 유예 anulación de la acusación. ~장 acta de acusación.

기수(基數) número cardinal. ~사 numeral cardinal.

기수(技手) ayudante de ingeniero.

기수(機首) [공] proa [de un avión]. 비행기 ~를 을린다 (내린다) El avión se encabrita (desciende) de cabeza.

기수(旗手) abanderado, alférez; [기병의] portaestandarte.

기수(奇數) [número] impar, [número] non. ~일 día impar [non].

기수(騎手) jinete, caballero, cabalgador, [경마의] jockey (*pl.* jockeys).

기숙(寄宿) hospedería, alojamiento. ~하다 hospedarse, alojarse. ~사 dormitorio, residencia; [학생의] internado, pensión. ~사에 들어가다 entrar en un internado. ~사에 넣다 poner a *uno* en un internado. ~생 pensionista (*m.f.*), [alumno] interno.

기술(技術) técnica, arte (*m.f.*), conocimiento técnico; [과학 기술 일반] tecnología; [기교]habilidad técnica. ~[상]의 técnico, tecnológico. ~을 배우다 aprender (asimilar·adquirir) la técnica. 손~을 가지고 있다 tener una técnica manual. ~을 발휘하다 desplegar *su* destreza, hac-

기술 alarde de *su* habilidad. ~적으로 어렵다 ser técnicamente difícil. ~ 원조 ayuda técnica (tecnológica). ~자 técnico; [기사] ingeniero. ~ 혁신 revolución técnica. ~ 혁신 renovación (inovación) técnica(tecnológica).

기술(記述) descripción, narración. ~하다 describir, relatar. ~적 descriptivo.

기쓰다(氣-) hacer todo lo que se puede (cuanto se puede).

기슭 orilla, borde, base, pie *(m.)*, esquina.

기습(奇襲) ataque por sorpresa. ~하다 sorprender, atacar por sorpresa.

기아(饑餓) hambre *(f.)*.

기악(器樂) música instrumental.

기암괴석(奇岩怪石) rocas y piedras fantásticas.

기압(氣壓) presión atmosférica. ~이 천 밀리바이다 La presión atmosférica es de mil milibares. ~이 오른다 (내린다). La presión atmosférica sube (baja). ~계 barómetro. ~ 고도계 altímetro barométrico.

기약(期約) promesa. ~하다 pometer.

기어이(期於-) sin falta, sin duda.

기억(記憶) memoria, recuerdo. ~하다 acordarse de, recordar, retener, rememorar. ~이 좋다 tener buena memoria. ~이 나쁘다 tener mala memoria. ~에 남다 quedar en memoria. ~을 잃다 perder la memoria. 당신을 영원히 ~ 하겠다 Te recordaré para siempre. ~력 memoria, retentiva. ~ 상실 abulia. ~ 상실증 환자 abúlico. ~ 상실증 amnesia. ~ 술 mnemotécnica.

기업(企業) empresa. ~가 empresario. ~연합 cartel. ~정비 ajuste de la empresa. ~주 empresario. ~ 합동 trust *(pl. trustes)*. ~화 [상품화] comercialización. [공업화] industrialización. 대~ empresa grande. 외국 ~ empresa extranjera. 중소 ~ empresas pequeñas y medianas.

기여(寄與) contribución. ~하다 contribuir. 그 발명은 인류의 진보에 무척 ~하고 있다 Ese invento está contribuyendo mucho al desarrollo de la humanidad.

기예(技藝) arte, talento, labores.

기온(氣溫) temperatura [amosférica]. ~이 오른다 (내린다) La temperatura sube (baja). ~이 20도이다 La temperatura es de veinte grados. ~이 30도로 오른다 (5도 내린다) La temperatura sube a treinta grados(baja cinco grados). 오늘은 ~이 높다 (낮다) Hoy hace una temperatura alta (baja). 이곳은 ~이 높다 (낮다) Aquí la temperatura es alta (baja). 월 (연) 평균 ~ temperatura media mensual (anual).

기와 teja. ~를 이은 cubierto de tejas. ~공장 tejera, tejar, tejería. ~굽는 사람 tejero. ~지붕 tejado. 지붕에 ~를 올리다 tejar, cubrir con tejas.

기용(起用) nombramiento, empleo. ~하다 nombramiento, empleo. ~하다 nombrar, designar, elegir; [승진] ascender, promover. 비서로 ~하다 nombrar a *uno* secretario. 중요한 직책을 ~하다 promover a *uno* a un puesto importante.

기우(杞憂) temor imaginario, inquietud infundada, preocupación innecesaria.

기운(機運) oportunidad, ocasión, suerte *(f.)*.

기운(氣運) tendencia de tiempo. 민주화의 ~이 고조되었다 Ha cobrado fuerza la tendencia democrática.

기울다 1 [경사] inclinarse, ladearse. 앞으로 (뒤로) ~ inclinarse hacia delante(hacia atrás). 좌측 (우측)으로 ~ inclinarse (ladearse) a la izquierda (a la derecha) 45도 ~ inclinarse cuarenta y cuatro grados. 옆으로 기운다 Se inclina un lado. 배가 기운다 El barco escora (se inclina a un costado). 그 탑은 기울고 있다 La torre está inclinada (ladeada) 하루 서쪽으로 기울었다 El sol ha declinado hacia el oeste.

2 [경향] tender (inclinarse · ser propenso) a *algo* (a + *inf.*). 모든 의견이 찬성으로 기운다 Las opiniones de todos se inclinan a la aprobación. 그의 관심은 공부보다 놀이쪽으로 기울고 있다 Su interés tiende a la diversión más bien que al estudio.

기울이다 1 [경사] inclinar, ladear. 몸을 앞(옆)으로 ~ inclinar el cuerpo hacia delante (de un lado). 머리를 ~ ladear (inclinar) la cabeza. 탁자를 ~ inclinar la mesa.

2 [집중] 전력을 기울여서 con toda energía, con todas *sus* fuerzas. 전력을 ~ dedicarse (aplicar toda la energía · consagrar todos *sus* esfuerzos) a *algo* (a + *inf.*).

3 나라를 ~ arruinar un país.

기웃거리다 atisbar, mirar por un agujero sin ser visto; mirar a escondidas (furtivamente).

기원(紀元)[서력 기원] era cristiana (de Cristo). ~ 65년에 en el año 65 después de Jesucristo [d.[J.]c.] (de la era cristiana). ~ 전 500년에 en el año 500 antes de Jesucristo [a.[J.] C.]

기원(起源) origen, fuente, manantial, principio. ~을 거슬러 올라가다 remontarse al origen de *algo*. 올림픽의 ~은 그리스시

기원 대로 거슬러 올라간다 El origen de la Olimpiada se remonta a (La Olimpiada data de) la época griega.

기원(祈願) oración, súplica, rezo, ruego, petición. ~하다 orar, invocar, rezar a Dios; rogar, pedir, suplicar.

기율(紀律) disciplina, regularidad. ~있는 regular, ordenado. ~없는 indisciplinado.

기이(奇異) ~하다 (ser) extraño, singular, raro, extraordinario, particular.

기인(基因) causa, raíz (m.), origen. ~하다 provenir (resultar · originarse) de algo, ser causado por algo, deberse (ser debido) a algo. 그 폭동은 인종 차별에 ~되고 있다 El tumulto se debe (es debido) a la discriminación racial.

기인(奇人) persona excéntrica, hombre extravagante (orignal · excéntrico · raro).

기일(忌日) aniversario de la muerte.

기일(期日) fecha, día fijo (convenido), data; [기한] término, vencimiento. ~내에 antes de vencimiento. ~을 정하다 fijar la fecha. 정해진 ~에 a [l] día fijo. ~을 지키다 (지키지 않다) observar (no respetar) la fecha. 12월 11일 ~에 con vencimiento al 11 de diciembre.

기입(記入) apunte, anotación; [기장] asiento. ~하다 apuntar, anotar; asentar; [빈칸을] llenar. 전표에 금액을 ~하다 apuntar el precio en la nota.

기자(記者) periodista(m.f.); [편집자] redactor; [통신기자] reportero, cronista (m.f.); [통신원] corresponsal. ~단 grupo de periodistas. ~석(席) reservados para la prensa. ~클럽 club de prensa. ~회견 rueda (conferencia) de prensa.

기장 longitud. ⇨ 길이.

기장(機長) capitán (pl. capitanes) [del avión].

기장(記章) medalla, insignia, emblema.

기장(記帳) asiento; [숙제 등의] registro. ~하다 anotar, registrar, asentar; contabilizar; hacer el registro. ~ 항목 partida.

기재(記載) descripción, mención. ~하다 escribir, describir, mencionar, hacer mención de algo; [신문에] publicar; [부기] registrar. 별항 ~와 같이 como se menciona en un párrafo separado. ~ 사항 artículo mencionado. ~ 사항 누락 omisión.

기재(奇才) genio. 문단의 ~ genio literario.

기재(機材) material.

기저귀 pañal, sabanilla de niño.

기적(奇跡) milagro, maravilla. ~적 milagroso, maravilloso. ~적으로 milagrosamente, de milagro. ~적으로 구조되다 salvarse de milagro. ~을 믿다 creer en el milagro. ~을 행하다 hacer un milagro. 한 강의 ~ milagro del Río Jan. ~이 일어났다 Se obró el milagro.

기적(汽笛) [기차의] pito; [배의] sirena; [소리의] sonido del pito (de la sirena). ~을 올리다 silbar, pitar, tocar el pito; sonar la sirena.

기전기(起電機) motor eléctrico.

기전력(起電力) fuerza electromotriz.

기절(氣絶) desmayo, desfallecimiento; 【의】síncope. ~하다 desmayarse, desfallecer, perder el sentido (el conocimiento). ~시키다 desmayar. ~한 desmayado.

기점(起點) punto de partida.

기점(基點) punto de origen (de referencia). …을 ~으로 반경 1킬로미터 이내에 en (dentro de) un radio de un kilómetro en torno a un sitio.

기정(旣定) ~의 afirmado, establecido. ~ 사실 hecho establecido.

기조(基調) [논지] idea [pre]dominante; [근저] base (principio) fundamental, fundamento; 【악】tono [predominante], nota tónica. 빨강색을 ~로 한 그림 pintura en la que predomina (resalta) el color rojo. 그의 문학은 인도주의를 ~로 하고 있다 Su literatura tiene como idea predominante (En su literatura predomina) el humanitarismo. ~ 연설 discurso inaugural.

기존(旣存) ~의 ya existente (establecido); [현존의] actual.

기준(基準) norma, modelo; [평가 등의] criterio; [조건] condición. ~을 설정하다 establecer (fijar) una norma en algo + inf. ~ 가격 precio base (básico). ~량 cantidad normal(prefijada). ~선 (면) [측량의] línea (plan) de referencia. 판단 ~ criterio.

기중(忌中) ~의 de luto. ~이다 estar de luto.

기중기(起重機) grúa. ~선(船) grúa flotante. ~차 carro de grúa. 고정 (회전) 식 ~ grúa fija (giratoria).

기증(寄贈) contribución, donación, oferta. ~하다 contribuir, donar, regalar. 책을 도서관에 ~하다 donar (hacer un donativo de) libros a la biblioteca.

기지(基地) base (f.). 남극 ~ base antártica. 항공 ~ base aérea.

기지(機知) ingenio, prespicacia, agudeza; [유머] gracia. ~가 풍부한 ingenioso, agudo. ~가 풍부한 회화 conversación ingeniosa (graciosa). 그는 ~가 풍부하다 Es un hombre de mucho ingenio (de mucha agudeza)./ Tiene mucho ingenio./ Es muy ingenioso (agudo).

기지(旣知) ~의 ya conocido. ~수 dato.
기진(氣盡) agotamiento, fatiga. ~하다 estar cansado. ~맥진 agotamiento completo.
기질(氣質) genio, naturaleza, temple, temperamento. ~이 좋은 de buen genio. 격한 ~의 de temperamento violeto (vehemente).
기차(汽車) tren, ferrocarril. ~로 en tren. ~로 가다 ir en tren. ~를 타다 tomar el tren. ~를 놓치다 perder el tren. ~에 오르다 subir en el tren. ~삯 pasaje de ferrocarril, precio del billete de ferrocarril. 서울행 ~ tren para Seúl.
기찻길(汽車-) ferrocarril, vía férrea.
기채(起債) emisión de [un] empréstito, flotación de empréstito. ~하다 emitir bonos [un empréstito], poner en circulación un empréstito.
기척 signo, señal, nota, indicio.
기체(氣體) gas, cuerpo gaseoso. ~의 gaseoso. ~로 되다 gasificar. ~연료 combustible gaseoso.
기체(機體) avío; [동체] fuselaje, cuerpo del avión.
기초(基礎) fundamento, base (f.); [건물의] cimiento; [근본] fundamental, básico; elemental. ···의 ~로 a base de algo. ···의 ~를 다지다 consolidar el fundamento (la base) de algo, fundamentar algo. ~가 단단한 회사 compañía sólidamente establecida. 외국어 공부는 ~가 중요하다 La base (el fundamento) es lo más importante en el estudio de lenguas extranjeras. ~공사 cimentación, cimientos. ···의 ~공사를 하다 cimentar algo. ~공제 exención (deducción) básica de impuestos. ~산업 industria clave. ~지식 conocimiento elemental.
기초(起草) anteproyecto, delineamiento. ~하다 preparar, esbozar, elaborar. 조약 안을 ~하다 esbozar (elaborar) el borrador de un tratado. ~위원회 comité de redacción.
기총(機銃) ~소사 ametrallamiento. ~소사하다 ametrallar.
기치(旗幟) bandera; [비유적] su actitud. ~를 선명히 하다 aclarar (definir) su actitud.
기침 tos. ~을 하다 toser.
기타 [악] guitarra. ~을 켜다 tocar la guitarra. ~용의 guitarresco. ~ 음악 música guitarresca. ~ 연주가 guitarrista. ~점 guitarrería. ~ 제조인·~ 상인 guitarrero.
기타(其他) los otros, los demás, etc.
기탁(寄託) depósito. ~하다 depositar; poner algo en depósito. ~금·~물 depósito. ~자 depositario.
기탄(忌憚) ~(이) 없이 francamente, abiertamente, sin rodeos. ~없이 말하면 [Hablando] Francamente,... 그것에 대해 ~없이 나에게 말씀해 주십시오 Dígame francamente lo que piensa de esto./ Diga sin rodeos su opinión sobre esto.
기폭(起爆) ~장치 artefacto explosivo. ~제 detonador.
기품(氣品) dignidad, distinción, gracia, elegancia, nobleza. ~있는 digno, gracioso, elegante, distinguido, noble. 그녀의 아름다움은 ~이 있다 Tiene elegancia en su belleza./ En su belleza hay dignidad.
기풍(氣風) carácter, disposición, temple.
기피(忌避) [병역의] evasión, insumisión [al servicio militar]; [재판관의] recusación. 징병을 ~하다 evadir el servicio militar. 재판관을 ~하다 recusar a un juez.
기필코(期必-) sin falta, sin duda, positivamente.
기하(幾何) geometría. ~ 급수 serie (progresión) geométrica. ~급수적으로 en progresión geométrica. ~학 geometría. ~학자 geómetra (m.f.). ~학적 geométrico. 도형~학 geometría descriptiva. 입체 ~ geometría del espacio. 평면 ~ geometría plana. 해석 ~ geometría analítica.
기한(期限) término; [기간] plazo; [기일] fecha fija (limitada · de expiración), vencimiento [de un plazo]. ~을 앞당기다 (늘리다) adelantar (prolongar) el plazo. ~을 연장하다 prorrogar el plazo. ~이 오다·~이 되다 vencer. ~부로 a término, a plazo fijo. ~까지는 para la fecha fija. ~을 정하다 fijar un plazo. 5년의 ~을 정하다 señalar un término de cinco años. ~이 가깝다 (끝나다) Se acerca (Expira) el plazo. 이 여권(어음)은 내일 ~이 끝난다 Este pasaporte (giro) expira mañana. 그 어음은 ~이 됐다 La letra ha vencido. 상환 ~은 아직 안 됐다 La fecha del vencimiento no llega (no vence) todavía. ~ 만료 expiración del plazo. 지불 ~ vencimiento. 최종 ~ último vencimiento del plazo.
기한(飢寒) hambre y frío.
기함(旗艦) capitana.
기항(寄港) ~하다 tocar a un puerto, hacer escala en.
기행(紀行) memoria de viaje, relación de viaje. ~문 relación (relato) de un viaje.

기행 ~ viaje a la América del Sur.
기행(奇行) excentricidad, conducta extraña.
기형(奇形) deformidad, formación defectuosa (anormal), deformación. ~의 deforme. ~한 niño deforme.
기호(記號) signo, marca, señal, símbolo. ~를 하다 poner el signo en *algo*, marcar *algo*. ~로 표시하다 expresar (representar) *algo* con signos. 그것은 무슨 ~입니까 ¿Qué significa esa marca?/ ¿Qué quiere decir ese signo? ~ 논리학 lógica simbólica. ~론 semiótica, ~ 학 semiología.
기호(嗜好) gusto. ~품 víveres de lujo.
기혼(既婚) ~의 casado. ~자 casado.
기화(奇貨) [물건] curiosidad; [호기] oportunidad rara.
기화(奇禍) accidente, desgracia, infortunio, desaventura, desdicha, calamidad, desastre.
기화(氣化) volatilización, gasificación; [증발] evaporación, vaporización. ~하다 volatilizarse; evaporarse; evaporar, vaporizar. ~기 carburador. ~열 calor de vaporización.
기회(機會) oportunidad, ocasión. 이 ~에 en (con) esta ocasión. ~가 있으면 si se presenta la oportunidad, si hay ocasión. ~가 있을 때마다 en cada ocasión. ~를 기다리다 esperar la oportunidad. ~를 이용하다 aprovechar (aprovecharse de) la ocasión. ~를 상실하다·잃다 perder (desperdiciar·dejar escapar) la oportunidad. ~를 주다 dar ocasión a *uno*. ~할 좋은 ~이다 Es una buena ocasión de (para) +*inf*.
기획(企劃) plan, proyecto, programa (*m*.). ~하다 planear, proyectar. 새로운 사전을 ~하다 hacer planes (organizar un proyecto) para un nuevo diccionario.
기후(氣候) clima (*m*.); [날씨] tiempo, estado atmosférico. ~가 좋은 bueno, agradable. ~가 나쁜 malo, desagradable. 여기는 ~가 좋다 Aquí el clima es bueno (agradable)·suave·[건강적] saludable). 3월에는 ~가 좋아진다 En marzo el clima se hace (se pone) agradable. ~학 climatología. 지중해성 ~ clima mediterráneo.
긴급(緊急) urgencia, emergencia, apremio. ~한 urgente, apremiante. ~하게 urgentemente, con apremio. ~한 경우에는 en caso de emergencia. ~ 사태가 일어나다 Surge una emergencia./ Se presenta un caso de urgencia. ~ 동의 moción urgente (de urgencia). ~ 사태 선언 declaración de urgencia. ~ 착륙 aterrizaje forzoso. ~ 탈출 장치 sistema de evacuación de emergencia. ~ 피난 evacuación de emergencia.
긴밀(緊密) intimidad. ~한 íntimo, estrecho. ~하게 estrechamente, intimamente. ~한 관계를 유지하다 mentener relaciones estrechas. ~하게 연락을 취하다 comunicarse estrechamente. 관계를 ~하게 하다 estrechar las relaciones con *uno*.
긴박(緊迫) tensión. ~하다 ponerse tenso (en tensión). ~한 tenso, de tensión. ~한 시합 partido reñido y emocionante. ~한 공기가 감돌고 있다 Se percibe un ambiente de tensión.
긴요(緊要) ~한 necesario, importante, trascendental.
긴장(緊張) tensión; [신경의] nerviosismo. ~하다 ponerse tenso. ~되어 있다. ~한 상태에 있다 estar en estado de tensión. ~된 얼굴로 con una cara de nerviosismo (de tensión). ~을 풀게 하다 calmar los nervios de *uno*, tranquilizar (sosegar·relajar) a *uno*. 강의를 ~해서 듣다 escuchar la lección con mucha atención. 신경을 ~시키다 poner en tensión los nervios de *uno*. 시험 전에는 누구나 ~한다 Todos se ponen nerviosos (tensos) antes del examen. 차를 타고 갈 때는 ~의 연속이다 Cuando uno va en coche, la tensión es continua. ~이 풀렸다 Se alivió (Se relajó) la tensión de sus nervios. 모두 ~이 풀렸다 Aflojó la tensión de todos. 국제간의 ~이 완화됐다 Ha disminuido la tensión internacional. 이 회사에는 ~감이 없다 No se nota ambiente de tensión en esta compañía.
긴축(緊縮) restricción, reducción. ~하다 restringir, reducir, restriñir. 재정을 ~하다 restringir las actividades financieras. ~ 재정 financiación restringida.
긴하다(緊-) ser importante (útil·necesario·esencial·indispensable·urgente).
긷다 sacar. 물을 ~ sacar agua.
길 cambio; [가로] calle; [경로] vía, ruta; [통행] paso, pasaje; [방법] modo, manera. ~에서 en [el] camino; en la calle. ~을 잃다 perderse en el camino, extraviarse. 나는 ~을 잃었다 Me he perdido. 미술관에 가는 ~을 가르쳐 주십시오 Dígame por dónde se va al museo. ~은 역으로 갑니까 ¿Este camino va (conduce) a la estación? 이 ~을 갑시다 Vamos por este camino. ~이 차가 혼잡하

길게하다 | 531 | 꿰뚫다

다 La calle está llena de coches. 모든 ~은 로마로 통한다 Por todas partes se va (Todos los caminos van) a Roma. 달리 ~이 없다 No hay otro (más) remedio.
길게하다 alargar.
길다 (ser) largo.
길동무 compañero de viaje.
길들이다 domar, domesticar, amansar.
길래 para siempre.
길마 albarda.
길모퉁이 esquina [de la calle]
길몽(吉夢) sueño feliz afortunado)
길벗 compañero de viaje.
길보(吉報) buena noticia, noticia dichosa (fausta). ~를 가져오다 traer una buena noticia a uno.
길사(吉事) asunto feliz.
길쌈 tejido, el arte y modo de tejer. ~하다 tejer. ~꾼 tejedor.
길상(吉祥) agüero feliz.
길운(吉運) buena suerte, fortuna feliz, buena fortuna.
길이¹ largo, longitud.
길이² largo, [por] mucho tiempo. ~ ~ para siempre, permanentemente.
길인(吉人) [착한 사람] buen hombre; [복잡한 사람] persona feliz.
길일(吉日) día feliz.
길잡이 guía (m.f.).
길조(吉兆) agüero feliz.
길흉(吉凶) fortuna, suerte (f.). ~을 점치다 adivinar fortuna.
김¹ vapor.
김² [개회] oportunidad, ocasión.
김매다 escardar, desarraigar (arrancar) las hierbas inútiles.
김치 guimchi, legumbres saladas.
깁다 coser.
깃 [날개털] pluma. ~털 베게 almohada de plumas.
깃² [옷깃] cuello; cabezón, cuello de camisa.
깃대(旗—) el asta de la bandera.
깃발(旗—) bandera, insignia, estandarte.
깊다 1 [길이가·심오하다·'잠이] ser profundo (hondo) 깊은 관계 relación íntima. 깊은 비밀 arcano. 사려 깊은 prudente.
2 [밤이] ser tarde. 깊은 밤 medianoche, noche profunda.
깊이¹ [명사] hondura, profundidad. ~10미터 diez metros de profundidad.
깊이² [부사] profundamente.
까끄라기 [이삭의] arista, barba de la espiga.
까다¹ [벗기다] descortezar, pelar, mondar, descascarar. 귤을 ~ mondar una naranja.
2 [부화하다] empollar. 새들이 방금 깠다 Los pájaros acaban de salir del huevo.
3 [치다] golpear, dar un golpe; [신문에서] criticar.
까다² [제하다] deducir, substraer, descontar, rebajar.
까다롭다 [성미가] (ser) particular; [문제 등이] complicado.
까닭¹ 1 [이유] razón (f.); [원인] causa. 무슨 ~으로 ¿por qué?
2 [연유] circunstancia; caso.
까마귀 cuervo. ~가 운다 Un cuervo grazna grazido de un cuervo.
까마득하다 estar muy lejos.
까지 a, hasta, para. 세시부터 다섯시 ~ de las tres a las cinco. 월요일 ~ 계속 hasta el domingo; [막판] para el domingo. 3시 ~는 돌아오겠다 Volveré para las tres.
까치 【새】 ica, urraca.
깍듯이 urbanamente, cortésmente. ~인사하다 saludar cortésmente.
깍듯하다 (ser) cortés.
깍쟁이 tacaño, avariento.
깎다 [수염을] afeitar; [머리를] cortar. 수염을 ~ afeitarse, hacerse la barba.
깡통 lata. ~따개 abrelatas.
깡패 tuno.
깨 【식】 ajonjolí.
깨물다 morderse. 입술을 ~ morderse los labios.
꺽꽂이 esqueje(원예의).
껴안다 abarcar. 서로 ~ abarcarse.
꼬끼요 quiquiriquí (닭의 울음). ~하고 울다 dar un quiquiriquí.
꼬다 alabearse.
꼬락서니 [상태] estado, condición; [광경] espectáculo; [외양] aspecto.
꼬챙이 asador, espetón.
꼭두각시 títere.
꽃 flor (f.). ~이 피다 florecer, estar en flor. ~가루 polen. ~병 florero, jarrón. ~장수 florero. ~집 florería.
꽃받침 【식】 cáliz, pedúnculo.
꾀병(—病) zangauanga.
꾀꼬리 ruiseñor.
꾸러미 paquete.
꾸중하다 castigar, regañar, parar el macho.
꾸짖다 reprender, parar el macho.
꿀꺽꿀꺽 a grandes sorbos. ~마시다 beber a grandes sorbos.
꿀꿀거리다 [돼지가] verraquear.
꿈 sueño, ilusión. ~을 꾸다 soñar. …의 ~을 꾸다 soñar con. ~에도 생각하지 못하다 No se me ocurre ni en sueño.
꿈적 ~거리다 mover. ~도 하지않다 no hacer movimiento el que menor.
꿰뚫다 aguijerear.

끌어안다 abrazar. 서로 ~ abrazarse. 여인들은 바라보더니 서로 껴안았다 Los novios se miraron y luego se abrazaron.

끝 punta, borde, margen. ~에서 ~까지 de cabo a cabo.

끝나다 acabar, terminar.

끝내다 terminar, acabar.

끼리끼리 en grupos.

끼우다 insertar, meter.

끽연(喫煙) fumar. ~하다 fumar. ~이 금지되어 있다 Se prohibe fumar. ~실 sala de fumar. ~자 fumador. ~차 vagón (departamento·compartim[i]ento) reservado para fumadores (para fumar).

ㄴ

나¹ yo. ~의 mi, mío. ~의 것 el mío. ~와 함께 conmigo. ~를·~에게 me, a mí.
나² edad ⇨ 나이.
-나 pero.
나가다 [밖으로] salir; 거리에 ~ salir a la calle. 산책 ~ ir de paseo. 장보러 ~ ir de compras.
나귀 asno, burro, borrico.
나그네 viajero, pasajero, vagamundo, extranjero.
나날이 de día en día, de un día para otro.
나누다 dividir, partir. 셋으로 ~ dividir por tres. 셋씩 ~ dividir en tres.
나다 [출생] nacer; [냄새가] oler; [병 등이] tener; [생각] ocurrir.
나라 país, nación, estado; [조국] patria. ~를 위하여 목숨을 바치다 morirse por *su* patria.
나라님 rey, soberano, monarca.
나락(奈落) infierno.
나란히 en una línea; [가지런히] en orden.
나루 embarcadero.
나룻배 barca de pasaje, vapor de río.
나르다 transportar, llevar.
나머지 [남은 것] resto, residuo, sobra.
나무 [수목] árbol, planta; [재목] madera.
나무라다 condenar, vituperar, reprender, censurar.
나방【충】 polilla.
나병(癩病) lepra. ~환자 lazarino, leproso.
나비 mariposa. ~ 넥타이 corbata de lazo.
나쁘다 [불량] ser malo. 건강이~ estar malo.
나사(螺絲) 1 [못] tornillo. ~ 돌리개 desatornillador.
2 [나선] espira.
나아가다 [전진] avanzar; [진보] progresar.
나약(懦弱) debilidad. ~한 débil.
나열(羅列) alineación, desfile. ~하다 alinear, desfilar.
나오다 [밖으로] salir. 집에서 ~ salir de casa.
나이 edad, años. 너 ~가 몇이나 있느냐 ¿cuántos años tienes?/¿Qué edad tienes?
나이프 cuchillo; [소형의] cortaplumas; [접는] navaja. ~로 자르다 cortar *algo* con un cuchillo. ~와 포크 cuchillo y tenedor.
나일론 nilón, nylón, nilon. ~ 스타킹 medias de nilón.
나중 futuro. ~에 en el futuro.
나전어(羅甸語) latín.
나체(裸體) cuerpo desnudo, desnudez. ~의 desnudo, desnudado (*m.f.*).
나체주의(裸體主義) nudismo. ~자 nudista.
나치스 natismo. ~주의자 natista.
나침반(羅針盤) compás, brújula.
나침의(羅針儀) ⇨나침반.
나타나다 aparecer.
나타내다 [표시] mostrar; [표현] expresar; [대표·상징] simbolizar.
나태(懶怠) pereza. ~하다 ser perezoso (holgazán).
나토 OTAN, O.T.A.N.; Organización del Tratado del Atlántico del Norte, Organización para el Tratado del Atlántico Norte.
나토륨【화】 sodio.
나팔(喇叭) corneta, trompa. ~수 corneta, trompetero.
나프킨 servilleta.
나프타린 naftalina.
나환자(癩患者) lazarino, leproso.
나흗날 el [día] cuatro del mes.
나흘 cuatro días; [나흗날] el [día] cuatro del mes.
낙(樂) gusto, placer; [행복] felicidad.
낙관(樂觀) optimismo. ~하다 ser optimista. ~적 optimista. ~론 optimismo. ~론자 optimista (*m.f.*).
낙농(酪農) lechería, quesería. ~장 estancia.
낙담(落膽) desaliento. ~하다 descorazonarse, desalentarse.
낙뢰(落雷) rayo, golpe de relámpago. ~하다 caer un rayo.
낙루(落涙) llanto.
낙마(落馬) caída de caballo. ~하다 caerse de caballo.
낙망(落望) chasco. ~하다 llevarse chasco, salir mal en una empresa.
낙반(落盤) hundimiento, atierre.
낙방(落榜) fracaso en el examen. ~하다 fracasar en el examen.
낙서(落書) escrito en las paredes. ~하다

borrajear. ~금지 ¡ Se prohibe borrajear !
낙선(落選) fracaso. ~하다 fracasar, ser rechazado. ~자 candidato infructuoso.
낙성(落成) terminación de obra. ~하다 terminarse. ~식 ceremonia de terminación.
낙수(落穗) espigas caídas.
낙엽(落葉) hojas caídas, deshoje. ~하다 deshojarse. ~수 árbol caedizo.
낙오(樂伍) rezago. ~하다 rezagarse. ~자 rezagado.
낙원(樂園) paraíso, Edén.
낙인(落印) estigma. ~을 찍다 estigmatizar.
낙일(落日) puesta del sol.
낙제(落第) fracaso en un examen. ~하다 suspenderse. ~생 reprobado, fracasado. ~점 punto de reprobación.
낙조(落照) puesta del sol, ocaso del sol. ~때까지 hasta que se ponga el sol.
낙지【어】 pulpo.
낙착(落着) conclusión, fin, arreglo. ~하다 concluirse, arreglarse.
낙찰(落札) licitación favorecida. ~하다 triunfar en la licitación. ~자 licitante favorecido.
낙천(樂天) optimismo. ~적 optimista. ~가 optimista *(m.f.)*. ~주의 optimismo. ~지 paraíso.
낙타(駱)【동】 camello, dromedario. ~사육인 camellero.
낙태(落胎) aborto, malparto. ~하다 abortar, malparirse.
낙토(樂土) paraíso.
낙하(落下) caída. ~하다 caer.
낙하산(落下傘) paracaídas. ~부대 cuerpo de paracaídas. ~병 paracaidista.
낙화생(落花生) cacahuete, maní.
낚시질 pesca. ~하다 pescar. ~하러 가다 ir de pesca.
난(欄) columna. 문예~ columnas literarias.
난(亂) guerra, sublevación. ~을 일으키다 sublevar, rebelarse.
난(難) dificultad. ~문제 problema difícil.
난간(欄干) baranda, pasamanos.
난공불락(難攻不落) ~의 inatacable, inconquistable, inexpugnable.
난관(難關) barrera fuerte, dificultad. 입시의 ~을 돌파하다 vencer (superar·salvar) la barrera del examen de ingreso.
난국(難局) situación grave, situación crítica (difícil), momento crítico, crisis; [정치의] crisis política. ~을 극복하다 vencer la crisis. ~에 있다 estar en una crisis (en una situación difícil). ~에 대처하다 enfrentarse con (hacer frente a) una situación crítica. ~을 타개하다 superar (vencer) las dificultades, pasar por una crisis, encontrar una salida a la crisis.
난독(亂讀) lectura caprichosa, lectura al tuntún. ~하다 leer al tuntún.
난동(亂動) disturbio, tumulto.
난로(暖爐) estufa. 가스~ estufa de gas.
난류(暖流) corriente cálida.
난립(亂立) anegación. ~하다 anegarse.
난리(亂離) [전쟁] guerra; [반란] rebelión, revuelta; [소요] disturbio.
난문제(難問題) problema difícil, pregunta difícil, rompecabezas.
난민(難民) náufrago, refugiado. ~구제 ayuda a los refugiados.
난방(暖房) calefacción. ~장치 calefacción, radiador.
난사(難事) dificultad. 이것은 ~중의 ~이다 No hay nada más difícil que esto./ No hay ninguna cosa tan difícil como esta.
난산(難産) parto difícil (laborioso). ~하다 tener un parto difícil (laborioso).
난색(難色) dificultad. ~을 표하다 mostrarse poco dispuesto a aprobar *algo*.
난선(難船) naufragio. ~하다 naufragar.
난세(亂世) época bélica, tiempos turbulentos.
난소(卵巢) ovario.
난시(亂視) vista confusa, astigmatismo, atigmático(사람).
난외(欄外) margen, borde. ~의 marginal.
난이(難易) dificultad y facilidad. …의 ~에 따라 conforme a la (al grado de) dificultad de *algo*. ~도 grado de dificultad.
난잡(亂雜) desorden, confusión. ~한 desordenado.
난쟁이 enano, pigmeo.
난전(亂戰) combate confuso.
난점(難點) [어려운 점] dificultad, punto delicado (difícil); [결점] defecto, falta. 조건에 ~이 있다 Algunas de las condiciones no son satisfactorias. 아무런 ~이 없다 No tiene ningún defecto.
난제(難題) proposición difícil.
난청(難聽) ~이다 tener dificultad al oir, no oir bien.
난초(蘭草)【식】 orquídea.
난치병(難治病) enfermedad incurable (maligna).
난파(難破) naufragio. ~하다 naufragar. ~선 barco naufragado. ~자 náufrago.
난폭(亂暴) violación, desorden. ~한 violento, rudo.
난항(難航) navegación borrascosa. ~하다 [일이] no marchar bien, avanzar despacio, tener un camino arduo que recorrer. 교섭은 ~이다 Las negociaciones no marchan bien. 인선은 ~이었다 No fue

난해(難解) ~한 difícil, incomprensible, difícil de entender.
난행(亂行) libertinaje, calaverada.
낟알 grano.
날¹ 1 día; [날짜] fecha. ~로 de día en día. cada día. ~이 밝는다 Amanece. ~이 문다 Atardece.
2[날씨] tiempo. ~이 좋건 나쁘건 que llueva o no, con buen o mal tiempo. ~이 덥다 (춥다) Hace calor (frío).
날² [칼 등의] filo.
날개 ala. ~을 펴다 desplegar las alas. ~돋친듯 Se vende como volando.
날다 [공중을] volar; [활공하다] planear; [여기저기] revolotear. 높이 ~ volar alto. 낮게 ~ volar bajo. 나르는 새를 쏘다 tirar a un pájaro que vuela. 런던으로 ~ ir en avión a Londres. 서울의 상공을 ~ volar por encima de Seúl. 비행기(새)가 난다 Vuela un avión (un pájaro). 나비가 난다 Revolotea una mariposa. 공이 매우 멀리 날아갔다 La pelota ha volado muy lejos. 탄환이 날라온다 Vienen volando las balas. 바람으로 그의 모자가 날라갔다 El viento se llevó su sombrero./ Con el viento voló su sombrero. 강풍으로 지붕이 날라갔다 El ventarrón se llevó el tejado.
날리다 volar, dejar volar.
날마다 todos los días, cada día, diariamente. 거의 ~ casi todos los días.
날샐녘 alba.
날쌔다 ser ágil.
날씨 tiempo. 좋은 ~ buen tiempo. 나쁜 ~ mal timepo. ~가 좋건 나쁘건 que llueva o no, con buen o mal tiempo. 오늘 ~는 어떻느냐 ¿Qué tiempo hace hoy? 아주 좋은 ~다 Hace muy buen tiempo.
날인(捺印) sello. ~하다 sellar.
날조(捏造) invención. ~하다 forjar, inventar. ~된 forjado, inventado.
날짜 fecha, data. ~가 없는 sin fecha. ~순으로 por orden de fechas.
날치 【어】 volador, pez volante.
날카롭다 ser agudo (puntiagudo).
낡다 ser viejo.
남 [타인] los demás, los otros, otra persona. ~몰래 en secreto, secretamente.
남(男) [남자] hombre; [아들] hijo.
남(南) sur. ~의 sur. ~으로 al sur.
남구(南歐) Europa del Sur, Europa meridional.
남국(南國) país del sur.
남극(南極) [극점] polo sur (antártico·austral); [지대] región antártica; [자칭] 의] polo sur. ~의 antártico. ~관측대

expedición científica (equipo de exploradores científicos) de la Antártida. ~권 círculo polar antártico. ~대륙 Continente Antártico, Antártida. ~조약 Tratado del Antártico. ~탐험 exploración de la Antártida. ~해(海) Océano Glacial Antártico.
남기다 dejar [atrás]; [보존하다] reservar; [저축하다] ahorrar. 음식을 접시에 ~ dejar comida en el plato. 빵을 남기지 않고 먹다 comer todo el pan. 학생을 벌로 ~ retener a un alumno por castigo. 편지를 ~ dejar [atrás] una carta. 그녀는 두 아이를 남기고 죽었다 Ella murió dejando dos niños.
남남동(南南東) sudsudeste.
남남서(南南西) sudsudoeste, sursudoeste.
남녀(男女) hombre y mujer. ambos sexos. ~공학 coeducación. ~동등권 igualdad de derechos en ambos sexos.
남(南-) sur.
남다 quedar[se], permanecer; [잔존하다] sobrar, quedar, restar. 집 (사무소)에 ~ quedarse en casa (en la oficina). 결승에 ~ quedarse para la final. 나는 아직 만원이 남아 있다 Aún me quedan diez mil wones. 10에서 7을 빼면 3이 남는다 Cuando restamos siete de diez quedan tres./ Diez menos siete son tres. 그 집은 아직 남아 있다 La casa existe todavía. 그 풍습이 남아 있다 Subsiste la costumbre. 십분 남았다 Nos faltan diez minutos.
남단(南端) extremo meridional.
남동(南東) sudeste, sureste. ~의 sudeste.
남매(男妹) hermanos. 그들은 ~간이다 Son hermanos.
남미(南美) América del Sur, Sudamérica, Sud-América, Sur América. ~의 sudamericano, de [la] América del Sur. ~인 sudamericano. ~제국 países de [la] América del Sur.
남발(濫發) emisión excesiva. ~하다 emitir excesivamente.
남방(南方) sur, mediodía; [열대 지방] región tropical. ~의 austral, meridional; [열대의] tropical. ~에 가다 ir a la región tropical.
남벽(南壁) cara sur. …의 ~을 오르다 escalar… por su cara sur.
남부(南部) parte sur (meridional), sur. ~의 del sur, meridional.
남북(南北) el norte y el sur; [남북 방향] dirección norte-sur. ~으로 펼쳐진 산맥 cordillera que se extiende de norte a sur. 나라를 ~으로 관통하는 철도 ferrocarril que atraviesa el país de norte a sur (en la dirección norte-sur). ~문제 problema de

las relaciones entre los países avanzados y los en desarrollo, problema norte-sur. ~전쟁 Guerra de Secesión.

남비 olla, marmita, pote. ~ 뚜껑 cobertera de olla, tapadera de pote (de marmita)

남빛(藍-) color azul obscuro algo violado.

남빙양(南氷洋) Océano Glacial Antártico.

남색(男色) sodomía.

남색(藍色) color azul obscuro algo violado.

남생이 tortuga.

남서(南西) sudoeste, suroeste. ~의 sudoeste.

남성(男性) género masculino, varón. ~의 masculino. ~적 varonil, viril.

남십자성(南十字星) la Cruz del Sur.

남아(男兒) [사내아이] muchacho; hijo: [대장부] hombre.

남아메리카(南-) América del Sur.

남양(南洋) Mar del Sur, Asia Meridional. ~제도(諸島) islas del Pacífico Meridional.

남용(濫用) abuso. ~하다 abusar, malversar(공금을).

남우(男優) actor.

남움직씨 ⇨타동사.

남위(南緯) latitud sur.

남유럽(南-) Europa meridional.

남자(男子) varón, hombre. ~의 masculino, varonil. ~답게 varonilmente.

남작(男爵) barón. ~부인 baronesa.

남장(男裝) disfraz de hombre. ~의 disfrazado de hombre. ~하다 disfrazarse de hombre.

남쪽(南-) sur, mediodía, sud. ~의 meridional, austral. ~에 hacia el mediodía, al sur.

남편(男便) marido, esposo.

남풍(南風) viento sur.

남하(南下) ~하다 dirigirse (ir) al (hacia el) sur.

남해(南海) mar del sur; [열대의] mar tropical.

납골당(納骨堂) osario.

납관(納棺) ~하다 meter en ataúd [el cuerpo de *uno*].

납금(納金) pago; [납부된 돈] dinero pagado. ~하다 pagar, abonar.

납기(納期) [세금·납세의] tiempo de pago; [납품의] fecha de entrega.

납득(納得) entendimiento, asenso. ~하다 consentir, asentir. ~시키다 persuadir.

납량(納涼) goce de la brisa fresca. ~선 barca para disfrutar del fresco.

납부(納付) pago (세금), suministro (물품). ~하다 [납입금·세금] pagar; [납품] entregar, 세금을 ~하다 pagar la contribución, contribuir. ~금 suma pagada.

납세(納稅) pago de impuestos (de contribución). ~하다 pagar impuestos (contribución), contribuir. ~액 cantidad de contribución. ~의무 obligación de pagar contribución. ~의무가 있는 sujeto a contribución (a impuesto). ~자 contribuyente (*m.f.*).

납월(臘月) diciembre lunar.

납입(納入) pago, entrega. ~하다 [A에 B를] entregar B a A, abastecer (proveer· surtir) a A de B.

납작코 nariz chata.

납작하다 ser llano (liso·plano·raso·chato).

납치(拉致) ~하다 plagiar (hurtar·robar) a *uno*.

납품(納品) entrega [de mercancías]; [물건]artículos entregados. ~하다 entregar. ~서(書) recibo de expedición.

낫(鎌) hoz, siega.

낫다¹ [좋다] ser mejor; ser superior a.

낫다² [치유되다] curarse.

낭떠러지 precipicio, despeñadero, peñasco.

낭독(朗讀) lectura en voz alta, recitación. ~하다 leer en voz alta, recitar.

낭만(浪漫) ~적 romántico.

낭만주의(浪漫主義) romanticismo.

낭보(朗報) noticia alegre.

낭비(浪費) derroche, gasto inútil. ~하다 derrochar, malgastar.

낭설(浪說) rumor falso.

낭송(朗誦) recitación. ~하다 recitar.

낭인(浪人) sin trabajo, desocupado.

낭패(狼狽) confusión, turbación. ~하다 confundirse, consternarse. ~한 confuso, perplejo.

낭하(廊下) corredor, pasillo.

낮 día (*m.*), mediodía (정오).

낮다 ser bajo. 낮은 소리로 말하다 hablar bajo. 낮은 목소리로 en voz baja.

낮잠 siesta, sueño de la tarde. ~을 자다 dormir (tomar) la siesta.

낯 [얼굴] cara, rostro.

낱 pedazo.

낱낱이 uno a uno, uno por uno, separadamente.

낱말 palabra, vocabulario.

낱알 cada grano.

낳다 producir, parir, dar a luz.

내¹ [개울] arroyo.

내² [연기] humo.

내³ [냄새] olor.

내⁴ [나의] mi, mío; [내가] yo. ~ 책 mi libro. ~가 했다 Yo lo hice. ~가 가겠다

Yo iré.
내각(內角) 【기하】 ángulo interno.
내각(內閣) ministerio, gabinete, consejo de ministros; [정부] gobierno. ~를 조직하다 formar (organizar) un gabinete. ~를 타도하다 derribar el gabinete (el gobierno). ~ 개조 reorganización ministerial (del gabinete). ~ 총사직 dimisión en pleno de los ministros (en bloque del gabinete)
내객(來客) visita, huésped, confidado. ~이 있다 tener una visita.
내공(內攻) [의] retrocesión, retroceso. ~하다 retroceder.
내과(內科) tratamiento interno, medicina interna (general). ~의(醫) internista (m.f.). ~로 진찰을 받다 consultar al internista.
내구력(耐久力) durabilidad, resistencia. ~있는 durable, resistente.
내규(內規) reglamento interno.
내근(內勤) servicio interior (de oficina). ~ 사원 empleado de servicio interior.
내기 juego, apuesta. ~하다 apostar.
내남없이 todo el mundo, alguien.
내내 por todo el tiempo, siempre, desde el principio hasta el fin.
내년(來年) el año que viene, próximo año. ~봄 primavera del año próximo.
내놓다 [노출] exponer; [발간] publicar. 서한사전을 ~ publicar el diccionario español-coreano.
내달(來-) próximo mes, mes próximo, mes que viene.
내락(內諾) consentimiento privado (oficioso). ~하다 consentir privadamente. ~을 얻다 recibir (obtener) un consentimiento oficioso de *uno* [de + *inf.*]. …하는 ~을 주다 consentir oficiosamente a *uno* + *inf.*, dar a *uno* consentimiento oficioso para + *inf.*
내란(內亂) [내전] guerra civil (intestina); [반란] rebelión, sedición, sublevación. ~을 일으키다 empezar (desencadenar, encender) una guerra civil; rebelarse; sublevarse. ~을 진압하다 dar fin a la guerra civil; reprimir la rebelión.
내려가다 bajar, descender.
내려오다 bajar, descender.
내력(來歷) historia pasada, vida pasada, cuento, origen.
내륙(內陸) ~성 기후 clima continental. ~지방 [región] interior.
내리다 bajar, descender; [탈것에서] bajarse.
내면(內面) lo interior (íntimo), fondo, aspecto interior. ~의‧~적인 interior, íntimo. ~적으로 interiormente, en lo interior, en lo íntimo, en el fondo, en *su* fuero interno. 인간의 ~ fondo (lo íntimo) de un ser humano. 사회의 ~ aspecto interno de la sociedad. 그는 ~적으로 무척 치밀하다 Es un hombre muy delicado en el fondo (en su fuero inetrno). ~ 생활 vida interior.
내명(內命) orden secreta. ~을 내리다 dar a *uno* una orden secreta.
내무(內務) negocios interiores. ~부 Ministerio del Interior (de Negocios Interiores). ~부 장관 Ministro del Interior (de Negocios Interiores).
내밀(內密) ~한 confidencial, reservado, secreto. ~히 confidencialmente, reservadamente, con reserva, en secreto, secretamente. 이것은 ~히 해주십시오 Guarde usted silencio sobre esto./ Guarde esta información en secreto./ No diga esto a nadie.
내밀다 sacar, echar afuera, alargar, tender, servir, ofrecer(음식을). 혀를 ~ sacar la lengua. 손을 ~ tender la mano.
내방(來訪) visita. ~을 받다 tener visita. ~하다 visitar, hacer visitas. ~자 visita, visitante.
내복(內服) uso interno. ~약 medicina interna.
내부(內部) interior. ~의 interior, interno. ~에 en el interior, adentro, por dentro. 위원회의 ~에서 분쟁이 일어났다 Ocurrió una disputa en el interior del comité. 그는 회사의 ~ 사정에 통한다 Está bien informado de los asuntos internos de la compañía. ~감사 control interno. ~구조 infraestructura, estructura interna. ~기생 endoparásito.
내분(內紛) discordia (querella) intestina (interna). 그 정당에서 ~이 일어났다 Se produjo una discordia intestina en ese partido político.
내분비(內分泌) secreción interna. ~선(腺) glándula endocrina. ~액 secreción interna.
내빈(來賓) huéped, invitado. ~석 asientos para huéspedes.
내선(內線) [전기의] instalación eléctrica en una casa; [전화의] extensión; [교환대] centralita [telefónica]. ~을 부르다 llamar a la centralita. ~ 30번을 부탁합니다 [con] La extensión treinta, por favor. ~전화 teléfono interior.
내성(內省) introspección, reflexión. ~하다 dedicarse a la introspección, reflexionar. ~적인 introspectivo, reflexivo.
내세(來世) la otra vida, la vida.
내수(內需) consumo interior.

내수(耐水) ~의 resistente al agua, impermeable, a prueba de agua.

내습(來襲) asalto. ~하다 atacar de repente, asaltar.

내시(內示) ~하다 anunciar oficiosamente.

내신(內申) reporte reservado futura.

내심(內心) interior de corazón, intención real. ~으로 en su corazón, en su fuero interno, en el fondo de *su* corazón, en lo íntimo del alma. ~ 경멸하다 despreciar en llo íntimo de *su* alma. 그는 ~ 만족하지 않고있다 Interiormente no está muy contento.

내야(內野) [운] infield, campo interno. ~수 jugador dentro del compo.

내약(內約) ~하다 hacer un convenio no oficial, ponerse de acuerdo oficiosamente.

내역(內譯) detalle, partida de una cuenta.

내연(內緣) matrimonio clandestino. ~의 처 mujer ilegítima (clandestina) …과 ~의 관계를 맺다 amancebarse con *uno*, tener relaciones ilícitas con *uno*.

내연기관(內燃機關) máquina (motor) de combustión interna.

내열(耐熱) ~의 termoresistente. ~ 유리 vidrio termorresistente.

내왕(來往) ida y vuelta. ~하다 ir y volver.

내외(內外) dentro y fuera. ~의 interior y exterior. …의 ~에 en el interior y el exterior de *algo*. ~의 정세 situación interior y exterior del país, situación nacional e internacional.

내용(內容) contenido; [제재] materia, asunto; [취지] tenor, su[b]stancia. 책의 ~ contenido (asunto) substancia de un libro. 편지의 ~ tenor (contenido) de una carta. ~이 충실한 su[b]stancioso. ~이 빈약한 insubstancial, insípido, de contenido pobre. 그의 말은 ~이 없다 Sus palabras son insubstanciales, son insípidas, carecen de contenido. 회담의 ~은 불명이다 Se ignora el contenido de la conferencia. ~ 견본 páginas de muestra (de espécimen).

내우(內憂) ~외환 dificultades interiores y exteriores.

내월(來月) mes próximo, mes que viene.

내의(內衣) ropa interior, camiseta.

내의(內意) [의중] intención secreta (escondida); [내명] orden (f.) secreta. …의 ~를 받아서 de (por) orden secteta de *algo*.

내이(內耳) 【해부】 oído interno. ~염 otitis interna.

내일(來日) mañana. ~ 오전 mañana por la mañana. ~ 오후 mañana por la tarde. ~ 저녁 mañana por la noche.

내자(內子) mi mujer.

내장(內臟) víscera, intestinos, tripas. ~의 visceral. ~ 질환을 일으키다 caer víctima de una enfermedad interna.

내재(內在) ~하다 existir inmanente en *algo*, ser inherente a *algo*. ~적인 inmanente, inherente. 오직은 관료 제도에 깃어있다 La corrupción es inherente a (inseparable de) la burocacia. ~성 inmanencia.

내적(內的) interior, interno. ~ 생활 vida interior. ~ 요인 factor interno. ~ 필연성 necesidad interior.

내전(內戰) guerra civil. 그 나라에서는 ~이 일어났다 En ese país tuvo lugar una guerra civil.

내접(內接) 【기하】 inscripción. ~하다 inscribir.

내정(內政) administración de casa, asuntos interiores, política interior. ~ 간섭 intervención en los asuntos internos (interiores) [de *su* país]. ~ 간섭을 하다 intervenir en los asuntos internos (interiores) [de un país]. ~ 불간섭의 원칙 principio de no intervención.

내정(內定) decisión particular (oficiosa · infornal · privada); [인사의] designación oficiosa. ~하다 decidir *algo* oficiosamente (informalmente); designar (nombrar) oficiosamente a *uno*. 그는 장관에 ~되었다 Le han nombrado ministro oficiosamente. 예산이 ~되었다 Se ha fijado oficiosamente el presupuesto. 채용~자 elegible (m.f.).

내정(內庭) patio.

내정(內情) situación interna, condiciones internas; [실정] situación verdadera.

내조(內助) ayuda de *su* esposa. ~하다 ayudar *su* esposo. ~공에 의해서 con la ayuda de *su* esposa.

내주(來週) próxima semana, semana próxima, semana que viene.

내지(乃至) [···부터···까지] de ~ a, desde ··· hasta, entre···y; [또는] o, u. 9인 ~ 10인 nueve o diez personas. 7~8 siete u ocho. 50인 ~ 60인 de cincuenta a sesenta personas. 사장 ~는 부사장이 출석할 것이다 Asistirá [o] el presidente o el vicepresidente.

내지(內地) interior del país. ~의 interior, doméstico.

내직(內職) trabajo suplementario. ~하다 tener un trabajo suplementario. ~으로 피아노를 가르치다 aumentar los ingresos dando clases de piano.

내진(耐震) prueba al terremoto. ~ 건물 edificio a prueba de terremotos.
내채(內債) empréstito (deuda) interior.
내출혈(內出血) hemorragia interna.
내통(內通) ~하다 conspirar(confabular · comunicarse secretamente) uno; [상태] estar en comunicación (en connivencia) secreta con uno. ~자 traidor.
내핍(耐乏) ~ 생활 vida de privación (con estrechez). ~ 생활을 하다 vivir con (en la) estrechez.
내포(內包) [논리학] comprensión. ~하다 abarcar, entrañar, comprender algo dentro de sí, contener algo en sí. …의 가능성을 ~하다 abarcar la posibilidad de algo.
내한(來韓) venida (visita) a Corea. ~하다 visitar Corea.
내해(內海) mar interior.
내향(內向) ~적인 introvertido. ~성 introversión.
내화(耐火) ~의 refractario, a prueba de fuego. ~벽돌 ladrillo refractario.
냄새 olor, perfume. ~가 나다 oler a. ~가 perfumado, oloroso, aromático. ~가 없는 sin olor, que no huele. ~가 좋은 perfumado, oloroso, fragante. ~가 나쁜 hediondo, que huele mal, de mal olor. ~ 참 좋다 ¡Qué bien huele!
냉각(冷却) enfriamiento. ~하다 enfriarse. ~기 refrigerador.
냉기(冷氣) frío, frialdad.
냉담(冷談) indiferencia, frialdad. ~한 frío, indiferente.
냉대(冷待) tratamiento frío. ~하다 tratar fríamente.
냉동(冷凍) refrigeración, congelación. ~한 refrigerado. ~하다 refrigerar, congelar. ~ 고기 carne congelada. ~실 enfriadero, nevera. ~기 congelador.
냉방(冷房) habitación fría. ~장치 refrigeración.
냉소(冷笑) risa falsa, irrisión. ~하다 reir falsamente, burlar.
냉수(冷水) agua fría. ~ 마찰 frotación con agua fría. ~ 마찰을 하다 frotar con agua fría. ~욕 baño de agua fría.
냉장고(冷藏庫) refrigerador, nevera.
냉전(冷戰) guerra fría.
냉정(冷靜) tranquilidad, serenidad, calma. ~한 sereno, tranquilo.
냉차(冷茶) té con hielo.
냉천(冷泉) manantial frío.
냉큼 prontamente, con presteza, en seguida.
냉해(冷害) perjuicio en frío.
냉혈(冷血) sangre fría. ~의 de sangre fría.
냉혹(冷酷) crueldad, frialdad. ~한 cruel, insensible.

너¹ tú. ~의 tu, tus, tuyo. ~에게, ~를 te, a tí. ~와 함께 contigo.
너² cuatro ⇨ 넷.
너구리 [동] mapache.
너그러이 generosamente, liberalmente.
너그럽다 ser generoso (liberal).
너덧 unos cuatro.
너무 demasiado. ~ 마시다 beber demasiado. ~ 먹다 comer demasiado.
너비 anchura, anchor.
너희 vosotros ⇨ 너희들.
너희들 vosotros. ~의 vuestro. ~을 · ~에게 os, a vosotros.
넉다운 knock-down, derribo (tumbar · hacer caer) a uno. ~되다 ser derribado.
넉아웃(운) knock-out, K.O. ~하다 dejar K.O.(noquear) a uno, poner a uno fuera de combate. ~승 victoria por K.O.
넋 alma, espíritu.
넌더리 disgusto, aversión, aborrecimiento, odio. ~나다 estar cansado de, estar harto de.
넌센스 disparate, absurdo. ~와 같은 말을 하다 decir disparates. 완전히 ~다 ¡Qué absurdo!/ ¡Es completamente absurdo!
넓다 ser ancho (extenso · espacioso).
넓이 [폭] anchura, anchor; [면적] extensión, área.
넓적다리 muslo.
넘겨짚다 conjeturar, suponer.
넘다 atravesar, cruzar.
넘버 número; [자동차의] [número de] matrícula. ~원 número uno, número I [primero]. …의 ~원이다 ser el número uno de.
넘버링 [행위] numeración; [기기] numerador.
넙치 [어] platija, rodaballo.
넝마 trapo, andrajo, harapo.
넝쿨 parra.
넣다 insertar, ingerir, introducir.
네¹ [너] tú; [너의] tu, tuyo.
네² [넷] cuatro.
네³ [긍정 대답] Sí./ Está bien./ Muy bien; [부정 대답] No.
네가 [사] negativa.
네거리 encrucijada.
네놈 tú.
네댓 unos cuatro o cinco.
네모 cuadrado. ~진 cuadrado.
네모꼴 tetrágono, cuadrilátero.
네발짐승 cuadrúpedo.
네온 neón, neo. ~등 lámpara de neón. ~ 사인 anuncio de neón.
네째 cuarto. ~의 cuarto.
넥타이 corbata. 나비 ~ corbata de lazo, corbatín. ~핀 alfiler de corbata.

넷 cuatro.

년(年) año. 1~ un año. 2~에 한번 cada dos años. 2~ 계속해서 dos años seguidos. 5~만에 en cinco años. 1989~에 en mil novecientos ochenta y nueve. 1~후에 un año después. 그는 2·3~에 한 번 한국에 온다 Viene a Corea una vez cada dos o tres años. 그는 3~간 서반아에 체류했다 Permaneció tres años en España. 이 10~간에 서울은 많이 변했다 La ciudad de Seúl ha cambiado mucho en (durante) estos diez años. 나는 30~전부터 이곳에 살고 있다 Vivo aquí desde hace treinta años. 이 도시는 5~전에 대지진으로 흔들렸다 Un gran terremoto sacudió esta ciudad hace cinco años (cinco años atrás). 나는 2,3~전부터 그녀를 만나지 못하고 있었다 No la veía (había visto) desde hacía tres años. 내가 그들을 만나지 못한지 10~되었다 Hace diez años que no los veo (he visto).

노(櫓) remo. ~를 젓다 bogar, remar, bogar al remo.

노경(老境) edad vieja, vejez. ~에 접어들다 avanzar en la vida.

노고(勞苦) pena, faena, fatigas.

노고지리 alondra.

노곤(勞困) fatiga, cansancio. ~하다 estar cansado.

노골적(露骨的) rudo, intrépido. ~으로 말하면 francamente dicho.

노기(怒氣) cólera, enojo, ira, enfado; [부정에 대한] indignación; [격노] rabia, furor, arrebato. ~를 띤 colérico, furioso, indignado. ~로 가득차서 furiosamente, enojosamente, con indignación. ~ 등등히 arder de (en) ira, montar en cólera. ~를 폭발시키다 dejar estallar *su* ira. ~을 억제하다 cortar (reprimir) la cólera, contenerse en *su* cólera. …의 ~를 진정시키다 calmar (apaciguar · desarmar) la cólera de *uno*. 부친의 ~가 풀렸다 La ira de mi padre se mitigó (se aplacó)./Mi padre se desenojó (se desenfadó).

노년(老年) vejez, edad avanzada. ~기 vejez; [드물] senectud.

노다지 [광맥] mina rica; [행운] bonanza.

노닥거리(老-) persona vieja.

노닥이다 charlar.

노대(露臺) balcón.

노대가(老大家) maestro viejo.

노도(怒濤) 적이 ~처럼 몰려들었다 Oleadas de enemigos avanzaron sobre nosotros.

노동(勞動) labor, trabajo. ~하다 trabajar. ~당 partido laborista. ~장관 Ministro del Trabajo. ~부 Ministerio del Trabajo. ~시간 horas de trabajo. ~자 obrero. ~쟁의 conflicto de trabajo. ~조합 unión obrera.

노란빛 color amarillo.

노랑 color amarillo.

노랗다 ser amarillo.

노래 canción. ~하다 cantar, cantar una canción.

노력(努力) esfuerzo. ~하다 esforzarse por +*inf.*, hacer esfuerzos (un esfuerzo) por (para) +*inf.*, procurar+*inf.* 최선의 ~을 하다 hacer todos los esfuerzos, hacer todo lo posible. 최후의 ~을 하다 hacer (realizar) el último esfuerzo. ~가이다 ser trabajador (aplicado). 되도록 ~을 하겠다 Voy a hacer todo lo posible. 목적을 달성하기 위해 가일층 ~해야한다 Debemos hacer más (un mayor) esfezro para realizar nuestro objetivo.

노련(老鍊) ~한 experto.

노령(老齡) vejez, ancianidad. ~의 viejo.

노루 【동】 venado, ciervo.

노르웨이 [지] Noruega. ~의 [사람] noruego. ~어 noruego.

노른자위 yema de huevo.

노름 juego. ~하다 garitear. ~꾼 garitero.

노망(老妄) chochera, chochez, debilidad de juicio. ~한 노인 el viejo que chochea. ~부리다 chochear.

노모(老母) *su* vieja madre.

노목(老木) viejo árbol.

노무(勞務) labor. ~자 obrero.

노반(路盤) calzada [de carretera].

노벨 Nobel. ~상 Premio Nobel. ~상 수상자 ganador del (laureado con el) Premio Nobel.~문학 (평화)상 Premio Nobel de Literatura (de la Paz).

노변(路邊) orilla del camino.

노병(老兵) soldado viejo.

노상 siempre.

노상(路上) [en] el camino.

노새 mula.

노선(路線) ruta, línea.

노성(怒聲) grito de cólera.

노쇠(老衰) decrepitud, chochez. ~하다 decrepitarse. ~한 caduco.

노숙(露宿) campamento. ~하다 acampar.

노승(老僧) sacerdote viejo, monje viejo.

노심(勞心) ansia, solicitud. ~하다 estar inquieto.

노안(老眼) presbiopía. ~경 anteojos convexos.

노어(露語) ruso, lengua rusa.

노여움 ira, cólera, enojo, enfado.

노역(勞役) labor.

노염(怒炎) ira, cólera ⇨ 노여움.

노영(露營) vivaque, campamento. ~하다

노예(奴隸) esclavo. 노의 ~다 ser esclavo del dinero. ~ 매매 comercio (tráfico) de esclavos. [흑인의] tráfico de negros. ~ 상인 negrero. ~ 제도 esclavitud. ~ 해방 emancipación de los esclavos.

노이로제 neurosis.

노인(老人) anciano, viejo. ~ 의학 gerontología.

노임(勞賃) jornal, paga.

노자(勞資) capital y trabajo. ~ 협조 acuerdo del capital y trabajo.

노점(露店) puesto al aire libre. ~상 vendedor en calle.

노정(路程) [이수] distancia; [여정] itinerario, viaje.

노조(勞組) unión obrera.

노처(老妻) su esposa vieja.

노처녀(老處女) solterona.

노천(露天) el aire libre. ~에서 al aire libre.

노총각(老總角) solterón.

노출(露出) exposición, exhibición. ~하다 exponer, exhibir. ~광 exhibicionista.

노친(老親) sus padres viejos.

노카운트 [운] cuenta nula.

노코멘트 ~하다 No hago comentarios./Sin comentarios.

노크 aldabonazo, llamada. ~하다 llamar, golpear.

노트¹ nudo. 15 ~를 내다 hacer quince nudos. 이 배는 [매시] 20 ~로 향해한다 Este barco navega a veinte nudos [por hora].

노트² cuaderno.

노트북 ⇨ 노트².

노파(老婆) vieja, anciana.

노파심(老婆心) solicitud excesiva, precaución inútil.

노하다(怒—) enojarse, enfadarse.

노형(老兄) usted.

노호(怒號) vociferación, bramido, rugido. ~하다 vociferar, bramar, rugir.

노획(鹵獲) captura. ~하다 capturar, apresar.

노후(老朽) decrepitud. ~의 decrépito, gastado.

노후(老後) vejez, ancianidad.

녹(綠) verde.

녹(綠) orín, mocho (óxido) que cría el hierro. ~슨 mohoso, orientinto.

녹다 [열에] liquidarse, derretirse; [용해] disolverse; [반하다] estar enamorado de uno.

녹말(綠末) almidón.

녹색(綠色) [color] verde. ~의 verde.

녹용(鹿茸) joven cuerna del ciervo (venado).

녹음(錄音) grabación. ~하다 grabar. ~기 grabador. ~방송 emisión de grabados.

녹이다 [고체를] derretir, fundir, liquidar.

녹지(綠地) terreno verde. ~대 zona verde.

녹차(綠茶) té verde.

녹화(綠化) plantación de árboles. ~하다 llenar de árboles verdes.

논 arrozal. ~에 물을 대다 regar el arrozal.

논거(論據) base de un argumento.

논고(論告) prosecución. ~하다 procesar.

논다니 ramera, prostituta.

논단(論斷) conclusión. ~하다 concluir.

논란(論難) crítica, censura de las acciones ajenas. ~하다 criticar.

논리(論理) lógica. ~적 lógico. ~상 lógicamente. ~학 lógica.

논문(論文) tesis, ensayo, tratado. 졸업 ~ tesis de graduación.

논법(論法) lógica, método del discusión.

논설(論說) disertación, discurso, editorial, artículo de fondo.

논스톱 ~의 sin escala, directo.

논의(論議) discusión, debate. ~하다 discutir, debatir.

논쟁(論爭) controversia, debate, disputa. ~하다 controvertir, disputar.

논전(論戰) controversia, debate. ~하다 controvertir, disputar.

논증(論證) prueba. ~하다 confirmar.

논지(論旨) objeto del argumento.

논평(論評) crítica. ~하다 criticar.

논픽션 obra documental, no ficción.

놀다 [유희] jugar, gozar de, divertirse.

놀라다 sorprenderse de, sorprenderse con.

놀라게하다 sorprender.

놀라움 sorpresa; [공포] susto, espanto, terror; [경탄] admiración.

놀리다 [조롱하다] reirse de, mofarse, ridiculizar, poner en ridículo.

놀이 juego, deporte, gusto, pasatiempo; [소풍] excursión.

놀이터 patio de recreo.

놈 [사람] hombre, mozo, chico; [동물, 물건] cosa, uno.

놋 ⇨ 놋쇠.

농(弄) ⇨ 농담.

농(農) ⇨ 농업.

농(膿) ⇨ 고름.

농가(農家) [농장] granja; [집] casa de labrador (de labranza); [가족] familia agrícola.

농간(弄奸) treta fraudulenta, engaño, fraude, artería, astucia. ~을 부리다 hacer travesuras.

농경(農耕) cultivo, labranza. ~ 민족 pue-

농공(農工) agricultura e industria.
농과(農科) facultad de agricultura, curso agrícola.
농구(籠球) baloncesto, básketbol, básquetbol.
농구(農具) instrumento (utensilio) agrícola (de labranza); [집합적] herramientas agrícolas, aperos de labranza.
농군(農軍) labrador, agricultor.
농기(農器) ⇨ 농구(農具).
농기구(農機具) maquinaria agrícola.
농노(農奴) siervo [de la gleba]. ~제 servidumbre.
농담 chanza, broma. ~하다 bromear, chancearse. ~으로 en chabza, en broma. ~꾼 bromista. ~하지마세요 No se chancee.
농담(濃淡) matiz, tinte; [명암] claro y sombra.
농도(濃度) densidad, espesora, concentración.
농림(農林) agricultura y silvicultura. ~부 Ministerio de Agricultura y Silvicultura. ~부장관 Ministro de Agricultura y Silvicultura.
농무(濃霧) niebla espesa (densa); [바닥 등의] bruma densa.
농민(農民) labrador; [집합적] gente agrícola; [자작농] agricultor, cultivador; [농촌사람] campesino. ~ 소설 novela campesina. ~ 운동 campaña de labradores. ~조합 sindicato agrícola.
농번기(農繁期) temporada de mayor ocupación para labradores.
농부(農夫) labrador, labriego; [자작농] agricultor, cultivador.
농부(農婦) labradora; agricultora.
농사(農事) agricultura. ~꾼 agricultor. ~시험장 centro experimental de agricultura, granja de experimentos, quinta normal.
농산물(農産物) productos agrícolas.
농상(農商) agricultura y comercio.
농색(濃色) color denso.
농성(籠城) sitio, encierro. ~하다 estar en sitio, encerrarse.
농수산(農水産) agricultura e industria pesquera.
농수산부(農水産部) Ministerio de Agricultura e Industria Pesquera.
농아(聾啞) sordomudos. ~학교 escuela de sordomudos.
농약(農藥) [살충제] insecticida agrícola.
농양(膿瘍) absceso.
농어촌(農漁村) pueblo agrícola y pesquera.
농업(農業) agricultura, industria agrícola.

~의 agrícola. ~에 종사하다 dedicarse a (ocuparse en) la agricultura. ~ 경제 economía agrícola. ~국 país agrícola. ~ 노동력 labores agrícolas. ~ 노동자 obrero agrícola; [날품팔이] jornalero, bracero. ~ 고등학교 escuela superior de agricultura. ~ 설비 equipo agrícola. ~용 기계 máquina agrícola. ~ 인구 población agrícola. ~ 정책 política agrícola. ~ 지대 zonas agrícolas. ~협동조합 cooperativa agrícola.
농예(農藝) agronoma, tecnología agrícola. ~화학 agroquímica, química agrícola.
농원(農園) huerta, granja, hacienda.
농작물(農作物) cosechas.
농장(農場) granja, finca (explotación) agrícola; [대농장] hacienda.【남미】estancia; [플랜테이션] plantación. ~을 경영하다 llevar (dirigir · administrar) una granja. ~주(-主) propietario de una granja. 커피 ~ plantación de café. 담배 ~ plantación de tabaco.
농지(農地) terreno agrícola; [전답] campo. ~ 개혁 reforma agraria (del terreno agrícola). ~ 면적 extensión del terreno agrícola. ~ 문제 problema del agro (del terreno agrícola).
농지거리(弄-) chanza, burla, chiste. ~하다 chancear, chancearse, usar de chanzas.
농촌(農村) pueblo (aldea) agrícola; [전원] campo; [농촌 지역] región rural. ~의 rural, agrícola, rustico. ~ 경제 economía rural. ~ 사회 sociedad rural. ~ 생활 vida rustica (en el campo · del campo). ~ 청년 jóvenes campesinos.
농축(濃縮) concentración, condensación, enriquecimiento. ~하다 concentrar, condensar, enriquecer. ~ 우라늄 ruanio enriquecido. ~ 주스 jugo concentrado.
농토(農土) terreno destinado a la agricultura.
농하다(-) ser denso.
농학(農學) agronomía, ciencia de la agricultura. ~의 agronómico. ~박사 doctor en agricultura(en agronomía). ~ 부 facultad de agronomía. ~사 perito en agricultura.
농한기(農閑期) temporada de desocupación para labradores, época desocupada para labradores.
농협(農協) Cooperativa Agrícola.
농후(濃厚) ~한 espeso, denso, pesado; [강렬한] fuerte. ~한 주스 jugo espeso. ~한 러브 신 escena de amor muy pesada. ~한 냄새 olor fuerte. 그는 혐의가 ~하다 Las sospechas que existen sobre él cobran fuerza. ~ 사료 forraje concentrado.

높다 alto (elevado); [값이] ser caro. 높게 altamente, elevadamente. 높은 소리로 en voz alta. 값이 ~ costar mucho.

높이¹ altura, altitud.

높이² [부사] alto, altamente, elevadamente.

높이다 alzar, elevar, levantar; [증진하다] promover; acrecentar, aumentar; [개선하다] mejorar.

놓다 poner, instalar, dejar, colocar, establecer. 탁자 위에 모자를 놓으십시오 Ponga el sombrero en la mesa. 그것을 어디에 놓을까요 ¿Dónde lo pongo?

놓치다 perder. 기차를 ~ perder el tren. 때를 놓치지 않고 sin perder tiempo.

뇌(腦) cerebro, sesos; 【의】 cerebral; encéfalico. ~병원 hospital para enfermedad cerebral.

뇌리(腦裡) celebre, su memoria, su mente. ~에 새기다 grabar algo en su memoria (en su mente). ~에 떠오르다 ocurrir (venir) a uno, ocurrírsele a uno. 그 생각이 ~에서 사라지지 않는다 No se me apartan esos recuerdos de la mente./ Esos recuerdos aún persiguen mi memoria.

뇌막(腦膜) meninge (m.). ~염 meningitis.

뇌물(賂物) cohecho, soborno. ~을 주다 cohechar, sobornar.

뇌빈혈(腦貧血) anemia cerebral. ~을 일으키다 tener un ataque de anemia cerebral.

뇌살(惱殺) ~하다 fascinar, hechizar, embrujar.

뇌성(雷聲) trueno. ~이 울리다 tronar.

뇌쇄(惱殺) ~하다 hechizar, fascinar.

뇌수(腦髓) encéfalo.

뇌신경(腦神經) nervios craneales (cerebrales).

뇌염(腦炎) encefalitis (f.).

뇌우(雷雨) tormenta acompañada de truenos.

뇌일혈(腦溢血) hemorragia cerebral, apoplejía.

뇌종양(腦腫瘍) tumor cerebral.

뇌진탕(腦振盪) conmoción cerebral.

뇌출혈(腦出血) apoplejía, hemorragia cerebral. ~의 발작을 일으키다 sufrir de apoplejía, ser atacado por una hemorragia cerebral.

뇌파(腦波) electro-encefalograma (m.).

뇌충혈(腦充血) hiperemia (congestión) cerebral.

뇌혈전(腦血栓) trombosis (f.) cerebral.

누각(樓閣) palacio, torre (f.) edificio alto.

누계(累計) suma total.

누구 ¿quién?. ~도 cualquiera. ~인가 alguien. ~도 ···이 아니다 nadie. ~에게 ¿a quién?. ~의 ¿de quién? ~를 ¿a quién? 당신은 ~를 기다리고 계십니까 ¿A quién espera Vd.?

누나 hermana mayor.

누누이(屢屢一) repetidamente, repetidas veces, frecuentemente, muchas veces.

누님 hermana mayor.

누락(漏落) omisión. ~하다 omitirse.

누르다 aprensar, prensar, apretar. 초인종을 ~ tocar el timbre. 초인종을 누르십시오 Toque el timbre, por favor.

누리다 gozar de algo. 행복을 ~ gozar de la felicidad.

누명(陋名) deshonor, deshonra, ignominia.

누비다 [포배기 등을] colchar, acolchar.

누설(漏泄) goteo, filtración. ~하다 gotear, hacer agua.

누에 gusano de seda.

누월(屢月) muchos meses.

누이 hermana.

누이동생 hermana menor.

누일(屢日) muchos días.

누전(漏電) corto circuito. ~하다 haber escape de electricidad.

누진(累進) promoción. ~하다 promoverse sucesivamente. ~세 impuesto progresivo.

누차(屢次) muchas veces, repetidamente, repetidas veces.

누출(漏出) goteo. ~하다 gotear, hacer agua.

눈¹ ojo. ~을 뜨다 abrir los ojos. ~을 감다 cerrar los ojos. ~짐작으로 a ojo. 길게 찢어진 ~ ojos rasgados. 튀어나온 ~ ojos reventones.

눈² [싹] pimpollo, vástago.

눈³ nieve (f.). ~이 내리다 nevar. ~이 쌓이다 acumularse la nieve. ~처럼 하얀 níveo. 한국은 겨울에 ~이 많이 내린다 En Corea hace mucha nieve en [el] invierno.

눈가리개 venda.

눈감다 cerrar los ojos.

눈곱 legañas(f.pl.).

눈금 [자의] graduación.

눈꺼풀 párpado.

눈동자(一瞳子) niña del ojo.

눈망울 globo del ojo.

눈멀다 perder la vista.

눈물 lágrimas (f.pl.). ~을 흘리면서 con lágrimas, entre lágrima y lágrima. ~을 흘리다 derramar (verter) lágrimas. ~을 닦다 secarse (enjugarse) las lágrimas. ~을 억제하다 contener (reprimir) las lágrimas. ~이 나올 정도로 웃다 morirse de risa, llorar de risa, reír hasta llorar. ~로 범벅이된 얼굴 rostro bañado en lágrimas. 감동의 ~을 흘리다 ~이 날 정도로 감

눈물짓다 llorar de emoción. ~을 글썽거리며 con lágrimas en los ojos, con los ojos llenos de (arrasados en) lágrimas. 그녀는 ~을 훌리면서 간청했다 Ella suplicó llorando./ Ella suplicó con los ojos llenos de (arrasados en) lágrimas. 그들은 ~을 삼키면서 패배를 인정했다 Ellos aceptaron la derrota tragándose las lágrimas. ~이 그의 뺨으로 흘러내리다 Las lágrimas le caen (corren·resbalan) por las mejillas.

눈물짓다 llorar.
눈바람 ⇨ 눈보라.
눈방울 glovo del ojo.
눈병(-病) dolor de ojo.
눈보라 ventisca.
눈비 nieve y lluvia.
눈사태(-沙汰) alud, avalancha de nieve.
눈살 ceño, entrecejo.
눈송이 copo de nieve.
눈썹 ceja.
눈알 globo del ojo.
눈약(-藥) colirio, loción para los ojos.
눈짓 guiño. ~하다 guiñar.
눌변(訥辯) lento en hablar; [웅변이 아닌] poco elocuente.
눕다 acostarse.
눕히다 acostar.
뉘¹ quién, de quién ⇨ 누구.
뉘² [누이] hermana.
뉘앙스 matiz.
뉘우치다 arrepentirse [de], sentir.
뉘우침 arrepentimiento.
뉴스 noticias, novedades. ~ 영화 noticiario.
뉴욕(-市) Nueva York.
뉴질랜드(-市) Nueva Zealand. ~의 [사람] neocelandés.
느끼다 sentir, experimentar.
느낌 [인상] impresión; [기분] sentimiento; [감각] tacto.
느닷없이 repentinamente, de repente, de súbito, súbitamente.
느릅나무 [식] olmo.
느리다 ser lento. …이 ~ ser lento en *algo* (en+*inf*.). 그는 동작이 ~ Tiene unos movimientos lentos. 그는 일이 ~ Es lento en el trabajo.
늑간(肋間) [해] intercostal.
늑골(肋骨) costilla. ~의 costal.
늑대 lobo.
늑막(肋膜) [해] pleura. ~염 pleuritis, pleuresía.
늑장부리다 holgazanear, haraganear.
늘 [언제나] siempre, constantemente.
늘다 aumentar, crecer, abultar.
늘리다 multiplicar.

늘보 haragán, holgazán.
늘이다 [길이를] alargar, extender, prolongar, dilatar.
늙다 envejecer, hacerse viejo.
늙은이 persona vieja, viejo.
능(陵) mausoleo, tumba imperial.
능구렁이 1 [동] boa.
2 [사람] persona astuta.
능동(能動) actividad. ~적 activo. ~태 [문] voz activa.
능력(能力) capacidad, facultad, habilidad; [적성] aptitud; [권한] competencia; efeciente. …하는 ~이 있다 tener capacidad de + *inf*. 각자의 ~에 따라 분배하다 distribuir *algo* según la habilidad de cada uno. ~급(給) sueldo según capacidad. ~ 테스트 prueba de aptitud.
능률(能率) eficacia; [사람·조직의] eficiencia; [효율] rendimiento. ~적인 eficaz, ~적으로 eficazmente; eficientemente. ~을 올리다 aumentar (promover) la eficacia. ~을 내리다 disminuir la eficacia. ~이 오른다 (내린다) [Se] Aumenta ([Se] disminuye) la eficacia. ~적으로 공부하다 estudiar eficazmente. ~급(給) sueldo según la eficacia (a eficiencia).
능변(能辯) locuacidad, facilidad de palabra; [웅변] elocuencia, oratoria. ~의 locuaz; elocuente. 그는 ~이다 Tiene facilidad de palabra./ Es elocuente.
능수(能手) 1 [주완] habilidad, capacidad, aptitud talento.
2 [사람] experto.
능수버들 sauce llorón.
능숙(能熟) habilidad, destreza. ~한 experimentado, diestro, hábil, experto.
능욕(凌辱) 1 insulto, ultraje. ~하다 insultar, ultrajar.
2 [여자를] violación, la acción de forzar a una mujer. ~하다 violar, forzar a una mujer. 처녀를 ~하다 desflorar, estuprar, corromper (forzar) a una doncella.
능통(能通) perfeccionamiento, maestría.
능히(能-) fácilmente, hábilmente, con habilidad, con maña, perfectamente.
늦다 [시각이] ser tarde. 늦게 tarde, fuera de tiempo, pasado mucho tiempo. 늦어도 a lo menos, al menos, por lo menos.
늦다 atrasarse, estar atrasado. 시계가 ~ El reloj está atrasado.
늦추다 [더·고삐를] aflojar, laxar; [미루다] diferir, dilatar, dejar para otro tiempo.
늪 pantano, laguna. ~지 ciénaga, terreno pantanoso.

니스 barniz. ~를 칠하다 barnizar.
니켈 níquel.
니코틴 nicotina.
니크롬 nicromo. ~선 alambre de nicromo.

니힐 [허무] nihilidad.
니힐리스트 [허무주의자] nihilista *(m.f.)*.
니힐리즘 [허무주의] nihilismo.
닉네임 ⇨ 별명.

ㄷ

다 1 [모두] todo; todo el mundo, todos. 2 [철저히] completamente.

다각(多角) ~ 경영 empresa variada. ~ 농업 policultivo. ~ 무역 comercio multilateral. ~ 재배 cultivos diversificados. ~화 diversificación. ~화하다 [⋯을] diversificar.

다각적(多角的) multilateral. ~으로 de manera multilateral. ~으로 검토하다 examinar *algo* de manera multilateral.

다각형(多角形) polígono.

다갈색(茶褐色) color moreno (pardo). ~의 moreno, castaño.

다감(多感) ~한 sensible, impresionable; [감상적인] sentimental. ~한 소녀 chica sentimental.

다과회(茶菓會) tertulia.

다국적(多國籍) ~기업 empresa multinacional.

다극(多極) ~관 lámpara polielectródica.

다급하다 ser inminente (urgente).

다기(多岐) diversidad. ~의 diverso.

다난(多難) ~의 lleno de dificultades. 이 계획은 아직 극복하야 ~간의 노고가 보답되었다 Este plan tiene todavía muchas dificultades que superar.

다년(多年) muchos (largos) años. ~간 por muchos años, años y años. ~간에 걸쳐 durante largos años. ~의 희망 deseo acariciado desde hace muchos años. ~간의 노고가 보답되었다 La labor de tantos años ha tenido su recompensa. ~생의 vivaz, perenne. ~생 식물 planta vivaz (perenne).

다능(多能) genio multiforme. ~한 polifacético, de genio multiforme.

다니다 [왕복] ir *y* volver; [통근·통학] atender, ir; [자주 가다] frecuentar, visitar a menudo. 학교에 ~ ir a la escuela. 구경 ~ visitar puntos de interés. 사냥 ~ ir de caza.

다다르다 llegar a.

다다이스트 dadaísta *(m.f.)*.

다다이즘 dadaísmo.

다달이 cada mes, todos los meses.

다대(多大) ~한 mucho, considerable.

다독(多讀) ~하다 leer mucho. ~가 gran lector.

다듬다 [나무·돌 등을] podar, cortar, quitar; [대패로] allanar, acepillar, alisar; [칼로] cortar, afeitar.

다람쥐 [동] esquirol, ardilla.

다랑어 [어] atún.

다래끼 [눈의] orzuelo del ojo.

다량(多量) gran cantidad, copia. ~으로 abundantemente, copiosamente. ~의 mucho, abundante, una gran cantidad de.

다루다 [사람을] tratar; [손으로] trabajar; [처리] manejar, conducir; [가죽 등을] curtir (zurrar· adobar· aderezar) [pieles].

다르다 diferenciar, variar, ser diferente (distinto).

다리¹ pierna; [동물·가구의] pata; [발톱이 있는 동물의 앞다리] garra.

다리² puente. ~를 놓다 construir el puente.

다리다 aplanchar, planchar. 바지를 ~ planchar los pantalones.

다리미 plancha. ~질하다 planchar. 전기~ plancha eléctrica.

다만 sólo, solamente. ~ 한번 sólo una vez.

다망(多忙) ~한 ocupado, atareado. ~하다 estar muy ocupado.

다면(多面) diversos aspectos (puntos); diversos ángulos. ~적인 연구 investigación desde diversos ángulos. ~적으로 조사하다 examinar *algo* bajo diversos aspectos (puntos). ~체 poliedro. 정~체 poliedro regular.

다모증(多毛症) hipertricosis *(f.)*.

다목적(多目的) muchas aplicaciones, muchos fines. ~의 con muchas aplicaciones. ~댐 embalse con muchos fines, embalse que sirve para muchas cosas.

다물다 cerrar. 입을 ~ callarse, dejar de hablar.

다발 atado, lío, mazo, envoltorio.

다방(茶房) *dabang*, salón (sala) de té, café, cafetería.

다방면(多方面) muchas direcciones. ~의 de muchos lados. ~에 지식을 가진 사람 persona de muchos conocimientos, polifacético. ~으로 활동하다 ocuparse en diversas actividades, trabajar en diversos campos de actividad.

다변(多辯) locuacidad. ~한 locuaz.

다변형(多邊形)【수】polígono. ~의 poligonal.

다병(多病) ~한 enfermizo; [허약한] débil, enclenque.

다비(茶毘) cremación, incineración. ~하다 incinerar [un cadáver].

다사(多事) acontecimientos reunidos. ~[다난]한 agitado, accidentado, movido; [바쁜]ocupado. ~다난한 날 día agitado.

다산(多産) fecundidad. ~의 fecundo, prolífico, fértil. 내 집은 ~계이다 Soy de una familia prolífica.

다색(多色) ~의 policromo, multicolor. ~채색 policromía.

다섯 cinco. ~째의 quinto.

다소(多少) 1 [수의] número; [양의] cantidad; [액의] suma.

2 [얼마만큼] un poco, algo; [어느 정도] hasta cierto punto. ~의 un poco de···, más o menos, algo de···. 서반아를 ~ 한다 hablar un poco de español. ~라도 경험이 있는 사람은 누구나 cualquier persona que tenga un poco de experiencia. 그것에 대해 ~ 알고 있다 Sé algo de eso. 아직 ~ 희망이 남아 있다 Todavía queda algo de esperanza.

다수(多數) [과반수] mayoría, gran (mayor) número; ~의 muchos, numerosos; [대부분의]la mayoría de, la gran parte de, la mayor parte de, la buena parte de. ~를 점하다 tener una mayoría. ~의 사람들이 ··· 라 생각하고 있다 Mucha gente piensa que ~ind. ~의 의견에 따르다 seguir la opinión de la mayoría. 희망자가 ~ 나타났다 Se presentaron muchos voluntarios. ~당 partido mayoritario. ~파 secta mayoritaria.

다수결(多數決) decisión por mayoría. ~로 결정하다 decidir algo por mayoría. ~원칙 principio de la mayoría, gobierno mayoritario (de la mayoría).

다스리다 [통치] gobernar, mandar; [관리하다] manejar, administrar; [병을] curar; [죄를] castigar.

다시 otra vez, de nuevo, nuevamente.

다시마 alga marina.

다신교(多神教) politeísmo. ~도 politeísta (m.f.).

다액(多額) gran cantidad, ~의 de suma considerable, [una] gran cantidad de···. ~의 기부 [una] gran cantidad de donativos. ~의 유산 una gran herencia, una sólida fortuna heredada. ~을 쓰다 gastar mucho en algo. 그는 ~ 납세자다 Paga una gran cantidad de impuestos.

다양(多樣) ~한 diverso, variado. ~성 diversidad, variedad. ~화 diversifica-

ción 소비재의 ~화 diversificación de los artículos de consumo. ~화하다 diversificarse. 기술 혁신은 매번 ~화 되었다 Las innovaciones técnicas se han diversificado cada vez más.

다언(多言) locuacidad; muchas palabras. 이 것을 설명하기 위해서는 ~이 필요없다 No se necesitan muchas palabras para explicar este asunto.

다원(多元) [철] pluralismo ~론 pluralismo. ~방송 emisión retransmitida por múltiples estaciones. ~방정식 ecuación de varias incógnitas.

다음 ~의 próximo, que viene, siguiente;[제 2차의] segundo. ~주 la semana próxima (que viene), la próxima semana. ~날에 al día siguiente, [훗날]un día. ~달 el mes próximo (que viene). ~해 el año próximo (que viene).

다의(多義) muchas significaciones. ~어 palabra con muchas significaciones, vocablo polisemo, polisemia.

다이내믹 ~한 dinámico. ~ 스피커 altavoz dinámico.

다이너마이트 dinamita. ~를 설치하다 colocar (instalar) dinamita en un sitio. ~로 폭파하다 dinamitar algo, volar algo con dinamita.

다이버 saltador; [잠수의] buzo.

다이빙 salto, zambullida. ~하다 zambullirse.

다이아몬드 diamante, 【야구】 losange, diamante. ~ 연마공 · ~상 diamantista (m.f.). 공업용 ~ diamante industrial.

다이어그램 diagrama (m.).

다이얼 disco, dial, esfera. ~을 돌리다 [전화] marcar el número; [금고 등의] girar el disco de combinación. ~을 A국에 맞추다 [라디오의] sintonizar la radio A. ~식 전화 teléfono de disco. ~ 직통 [전화] comunicación directa.

다이제스트 compendio, resumen (pl. resúmenes).

다작(多作) fecundidad. ~의 fecundo, prolífico. 그는 ~가이다 Es un escritor fecundo (prolífico).

다재(多才) talentos variados. ~한 versado en muchas cosas, de talentos variados, polifacético. ~한 인물 persona polifacética.

다정(多情) ~한 enamoradizo; caprichoso, lascivo, salaz, inconstante; sentimental, sensible. ~다감한 청년 joven de carácter emotivo.

다짐 promesa. ~하다 prometer.

다채롭다(多彩-) ser variado, ser diverso. 다채로운 multicolor; [변화가 풍부한]

다처(多妻) muchas esposas. 일부 ~의 polígame. 일부 ~[제] poligamia. 일부 ~자 poligamia.

다투다 [싸우다] reñir, pelear, disputar; [겨루다] competir, contender.

다치다 herir. 그녀는 머리를 다쳤다 Ella le hirió en la cabeza.

다크호스 caballo desconocido, candidato improviso.

다항식(多項式) polinomio.

다행(多幸) buena suerte, buena fortuna. ~히도. felizmente, dichosamente.

다혈질(多血質) temperamento sanguíneo, constitución sanguínea. ~의 pletórico, de temperamento sanguíneo.

닥치다 acercarse, aproximarse.

닥터 [박사·의사] doctor. ~ 코스 curso de doctorado.

닦다 [훔치다] enjugar, secar; limpiar; quitar. 손수건으로 얼굴[의 땀]을 ~ enjugarse (secar) [el sudor de] la frente con un pañuelo. 먼지를 ~ quitar el polvo de *algo*. 손수건으로 바지의 얼룩을 ~ limpiar la mancha del pantalón con un pañuelo. 입을 ~ limpiarse la boca.

단(但) pero, sin embargo.

단(團) cuerpo, grupo, partido.

단(壇) estrado; [교단] tarima; [연단] tribuna; [교회의] púlpito.

단(斷) decisión. ~을 내리다 decidir.

단(段) 1 [계단의] escalón, grada, peldaño. 계단을 2~씩 올라가다 subir las escaleras de dos en dos. 선반 상~에 책을 놓다 poner libros en el estante de arriba.
2 [신문 등의] columna. 2~ 기사 artículo en dos columnas.
3 [무술 등의] *dan*. 그는 태권도 3~ 이다 Tiene el tercer dan de taekwondo./ Es tercer dan en taekwondo.

단가(單價) precio por unidad. ~ 100원으로 cien wones pieza (unidad).

단가(短歌) *danga*, una especie de poema.

단가(壇家) fiel adscrito a un templo budista.

단거리(短距離) corta (poca·escasa) distancia. ~ 경주 carrera de velocidad (corta distancia). ~선수 corredor de cortas distancias, [e]sprinter *(m.f.)*.

단검(短劍) daga, puñal, espadín.

단결(團結) unión, consolidación, coalición, solidaridad, unidad. ~하다 unirse, juntarse. ~된 unido, asociado, coligado. ~을 공고히 하다 sellar (consolidar) la unión. ~을 유지하다 conservar la unión (la cohesión). 굳게 ~하여 적에게 대항하다 consolidar la unión para enfrentarse al enemigo. ~은 힘이다 La unión hace la fuerza. ~십 espíritu de unidad.

단계(段階) grado, etapa; [국면] fase. 지금 ~로는 en la etapa actual. 교섭의 현 ~에 en el momento actual de las negociaciones. 제일 ~에 en la primera etapa. 문명의 제 ~ etapas de una civilización. 전쟁은 최후의 ~에 들어갔다 La guerra ha entrado es su última etapa (fase).

단골 costumbre, parroquia, cliente. ~ 손님 arroquiano.

단과대학(單科大學) facultad, escuela superior.

단교(斷交) ruptura (rompimiento) de las relaciones diplomáticas. ~하다 romper las relaciones diplomáticas [con un país]. 양국간에 ~는 이제 피할 수 없다 Ya es inevitable el rompimiento de relaciones diplomáticas entre ambos países.

단기(短期) término corto, corta duración. ~의 de corta duración. ~대학 colegio universitario para los dos primeros años. ~대부 préstamo de término corto, préstamo a corto plazo. ~신용 (어음) crédito (letra) a corto plazo.

단기(單記) escrutinio uninominal. ~ 투표 votación uninominal.

단기간(短期間) corta duración, corto tiempo. ~의 de corta duración, de corto tiempo. ~로 en poco tiempo, en un corto período de tiempo.

단기제(單記制) sistema de cédula simple.

단념(斷念) abandono, resignación. ~하다 abandonar, renunciar a *algo* (a + *inf.*), desistir de *algo*. ~시키다 hacer renunciar a *uno* de *algo* (de + *inf.*), hacer renunciar a *uno* a *algo* (a + *inf.*); [설득하여] persuadir a *uno* a dejar *algo* (a dejar de + *inf.*). 우리들은 여행을 ~했다 Desistimos del viaje.

단단히 [견고히] firmemente, fuertemente; [크게] grandemente, magnánimamente, severamente.

단도(短刀) puñal, daga. ~로 찌르다 dar una puñalada a *uno*, apuñalar a *uno*.

단도직입(單刀直入) franqueza. ~으로 directamente, francamente, sin rodeos, sin ambigüedades. ~적으로 말하면 francamente hablando.

단독(單獨) ~의 solo; [개개의] individual; [독립의] independiente. ~으로 solo, individualmente, [혼자힘으로] por *sí mismo*. ~비행을 하다 volar a solas. ~행동을 하다 actuar independientemente (por *su* cuenta). 내가 ~으로 그 일을 하겠다 Lo haré yo solo (por mí mismo). ~강화 paz por separado. ~강화를 체결하다

단독(丹毒)【의】erisipela.
단두대(斷頭臺) cadalso, patíbulo; guillotina. ~의 이슬로 사라지다 perecer en el patíbulo.
단락(段落) párrafo. ~을 나누다 dividir en párrafos. 이 문장은 두 개의 ~으로 나뉘어져 있다 Este pasaje está dividido en dos párrafos.
단락(短絡)【물】corto circuito.
단란(團欒)[화평] harmonía; intimidad familiar. 일가 ~하다 gozar de la intimidad familiar (de la vida de familia).
단련(鍛鍊) entrenamiento, ejercicio. ~하다 [자신을] entrenarse, ejercitarse. 심신을 ~하다 ejercitar el cuerpo y el espíritu.
단리(單利) interés simple. ~로 계산하다 calcular a interés simple.
단말마(斷末魔) su último momento. ~의 고통 agonía, congoja de muerte. ~의 고함을 지르다 dar un grito de agonía.
단맛 dulzur. ~이 나다 ser dulce.
단면(斷面) sección, corte. 사회의 한 ~ una escena (una fase · un aspecto) social, una muestra de la vida actual. ~도 sección, corte. 횡 ~ perfil (corte) transversal.
단명(短命) vida corta, efimeridad. ~의 vida corta, efímero. ~의 정부 gabinete efímero. ~으로 죽다 morir joven (prematuramente).
단문(單文)【문】oración (frase) simple.
단문(短文) frase corta; [작문] redacción (composición) breve.
단박 en seguida, inmediatamente, directamente.
단발(單發) tiro único. ~기 monomotor. ~총 fusil de tiro único.
단발(斷髮) corte de pelo (cabello). ~하다 cortar cabellos. ~을 하고 있다 tener el cabello (el pelo) corto.
단백(蛋白) albúmina. ~질 albúmina; 【화】 proteína. ~질을 함유한 albuminoso; que contiene proteína. ~질 치료법 proteinoterapia.
단상(單相) ~ 교류 corriente [alterna] monofásica. ~ 전동기 motor monofásico.
단상(壇上) estrado, tribuna. ~에 오르다 subir al estrado (a la tribuna).
단색(單色) ~의 monocromo, unicolor.
단서(但書) estipulación, cláusula condicional.
단서(端緒) comienzo, punto de partida, origen. ···의 ~를 남기다 dar origen (lugar) a *algo*, marcar el punto de partida de *algo*.
단선(單線)【철도】línea (vía) única; una sola línea [carril]. ~ 운전 circulación ferroviaria de vía única, manipulación de un solo carril.
단선(斷線) ruptura del cable eléctrico; rotura de alambre, desunión. ~하다 romper la línea, interrumpir la línea. 강풍으로 ~됐다 El fuerte viento cortó el cable.
단성(單性)【생】unisexualidad.
단세포(單細胞) ~의 unicelular. ~ 생물 unicelulares *(m.pl.)*, organismo unicelular.
단소(短小) ~한 [작은] pequeño; [짧은] corto.
단소(短簫) *danso*, flauta corta de bambú.
단속(斷續) intermitencia. ~하다 intermitir [se]. ~적인 intermitente. ~적으로 intermitentemente, a intervalos.
단수(單數)【문】singular. ~의 singular. ~[형]으로 하다 poner *algo* en singular. ~ 명사 sustantivo (nombre) singular. 3인칭 ~ tercera persona [del] singular.
단수(斷水) suspensión del suministro de agua. ~하다 suspender el suministro de agua. ~중이다 El agua está cortada. 9시에서 10시까지 ~합니다 Habrá un corte de agua desde las nueve hasta las diez.
단수(短壽) vida corta.
단순(單純) simplicidad, sencillez. ~한 simple, sencillo. ~하게 simplemente. ~한 사람 hombre simple. ~한 생각 idea simple. ~화 simplificación. ~화하다 simplificar.
단시(單詩) poema corto.
단시간(短時間) poco tiempo. ~의 de poco tiempo.
단시일(短時日) pocos días. ~에 en pocos días.
단식(斷食) ayuno. ~하다 ayunar, practicar (observar) el ayuno. ~요법 dieta absoluta.
단신(單身) ~으로 solo; [혼자 힘으로] sin ayuda de nadie. ~으로 여행하다 viajar solo.
단신(短信) carta corta.
단아(端雅) gracia, elegancia. ~한 elegante.
단안(斷案)[결정] decisión; [결론]conclusión. ~을 내리다 concluir.
단애(斷崖) precipicio, [산의] despeñadero; [해안의] acantilado.
단어(單語) vocablo, palabra. ~장 cuaderno de palabras. ~집 vocabulario, glosario. ~ 카드 ficha de vocabulario.

단언(斷言) declaración; [확언] afirmación, aserción. ~하다 declarar, decir terminantemente (rotundamente·categóricamente); afirmar [de una manera tajante], asertar, asegurar. ~하는지가… No estoy muy seguro de que + subj. 꼭 성공하겠다고 그는 ~했다 Declaró estar seguro del éxito. 내일은 비가 멈출 것이라고 어떻게 ~할 수 있습니까 ¿Cómo puedes afirmar (asegurar) que dejará de llover mañana?

단연(斷然) categóricamente, decididamente, resueltamente. 그가 ~ 빠르다 Él es con mucho el más rápido. 그것이 ~ 우수하다 Sin duda alguna esto es lo mejor.

단열(斷熱) ~재 aislante térmico.

단엽(單葉) 【식】 unifoliado. ~ 비행기 monoplano.

단오(端午) dan-o, el cinco de mayo lunar. ~절 fiesta de dan-o.

단원(團員) miembro [de una corporación].

단원(單元) [학과의] parte de un programa de estudio.

단위(單位) unidad. 길이의 ~ unidad de longitud. 화폐 ~ unidad monetaria.

단음(單音) 【악】 monotonía. ~절 monosílabo.

단일(單一) ~의 único, simple, solo. ~국가 estado unitario. ~성 unidad, simplicidad. ~조합 sindicato independiente. ~화 unificación. ~화하다 unificar algo.

단작(單作) monocultivo.

단잠 sueño profundo.

단장(斷腸) corazón roto. ~의 비애 gran pena, desgarramiento del corazón. ~의 비애를 느끼다 sentir gran pena, tener el corazón roto.

단장(團長) jefe de grupo (de equipo). A씨를 ~으로 하는 사절단 delegación encabezada por el señor A, delegación que tiene a la cabeza al señor A.

단장(丹粧) [화장] acto de vestirse, modo de vestir; [장식] ornamento, adorno, decoración. ~하다 ornamentar, adornar, embellecer; [꾸미다] decorar.

단적으로(端的—) directamente, sin rodeos, sin ambigüedades. ~으로 말하면 이것은 잘못이다 Francamente hablando, eso es un error.

단전(丹田) ~에 힘을 주다 tensar los músculos del bajo vientre.

단절(斷絶) ruptura, interrupción, quebrantamiento, extinción. ~하다 romperse, interrumpirse, cortarse; [가계 등의] extinguirse. 세대의 ~을 느끼다 sentir la ruptura (la brecha) de generaciones.

단점(短點) defecto, falta, demérito.

단정(端正) decencia, rectitud, integridad. ~한 decente, recto, íntegro.

단정(斷定) aserción, afirmación; [결정] decisión; [결론] conclusión. ~하다 afirmar, asegurar; decidir (determinar) que + ind. ~적인 tajante, categórico. ~적으로 tajantemente, categóricamente. ~을 내리다 tomar una determinación sobre algo; sacar una conclusión de algo. 그는 그것은 불가능하다고 ~했다 Aseguró (Sacó la conclusión de) que eso era imposible.

단조(單調) monotonía, uniformidad. ~로운 monótono, poco variado. ~로운 풍경 paisaje monótono (uniforme). ~로운 생활을 하다 llevar una vida monótona.

단조(短調) 【악】 tono menor. ~로운 선율 melodía en tono menor.

단종(斷種) 【의】 esterilización. ~하다 esterilizar, castrar.

단죄(斷罪) condenación; [참수] decapitación. ~하다 condenar a uno.

단지 jarro, jarra, cántaro.

단지(團地) urbanización, gran conjunto (grandes bloques) de pisos [de alquiler moderado]. ~에 살다 vivir en grandes bloques de pisos. ~생활 vida en grandes bloques de pisos.

단지(但只) sólo, solamente, meramente, simplemente.

단청(丹靑) [채색] color; [그림] pintura. ~하다 dar los colores.

단체(團體) colectividad, organización. entidad, grupo; [동업의] gremio. ~를 이루다 formar un grupo (una entidad). ~을 하다 vivir en grupo. ~경기 deporte en equipo, competición en equipos. ~계약 contrato colectivo. ~교섭 negociación gremial. ~보험 seguro colectivo. ~승차권·~표 billete de grupo. ~여행 viaje colectivo (en grupo). ~의 의 reducción para un grupo. ~행동 actuación colectiva (en grupo). ~협약 conferencia gremial.

단총(短銃) pistola, revólver.

단추 botón. ~를 끼우다 abrochar.

단축(短縮) acortamiento; [축소] disminución, reducción; [요약] abreviación. ~하다 acortar; disminuir, reducir; abreviar. 기간을 ~ abreviar el plazo. 노동 시간을 ~을 요구하다 requerir una reducción de horas de trabajo. 노동 시간을 30분 ~하다 reducir en treinta minutos el horario laboral. 거리를 50미터로 ~하다 disminuir (acortar) la distancia a cincuenta metros. 그 일은 시간을 ~했다 El trabajo abrevió las horas.

단춧구멍 ojal.

단층(斷層) 【지질】 falla. ~ 촬영 tomografía.

단침(短針) [시계의 시침] aguja pequeña, horario.

단파(短波) onda corta. ~ 방송 (수신기) emisión (radiorreceptor) de onda corta.

단편(短篇) obra (pieza) corta. ~ 소설 novelita, cuento. ~ 소설집 libro (colección) de cuentos. ~영화 [película de] cortometraje.

단편(斷片) fragmento, pedazo, trozo. ~적 fragmentario, quebrado; [부분적인] parcial. ~적으로 fragmentariamente, a trozos.

단평(短評) crítica corta, breve comentario.

단풍(丹楓) 1 [일] hojas amarillas.
2 ⇨ 단풍 나무.

단풍나무(丹楓-) arce.

단합(團合) unión. ⇨ 단결.

단항식(單項式) 【수】 monomio.

단행(斷行) acción decisiva. ~하다 ejecutar (realizar) *algo* con resolución, realizar *algo* con decisión.

단행본(單行本) volumen separada (independiente), publicación en libro. ~으로 출판하다 publicar *algo* en un volumen separado.

단호(斷乎) ~한 firme, decisivo, rotundo. ~히 decisivamente, rotundamente.

단화(短靴) zapato.

닫다 cerrar. 문을 ~ cerrar la puerta. 창문을 ~ cerrar la ventana. 가게를 ~ cerrar la tienda. 문을 닫아 주십시오 Cierre la puerta, por favor.

닫히다 cerrarse. 문이 저절로 닫힌다 Se cierra la puerta. 문이 닫혀 있다 La puerta está cerrada.

달 1 luna. ~이 없는 falto de la luz de la luna. ~에 비치진 iluminado por la luna. ~빛 luz de la luna. ~의 여신 Diana. ~이 뜨다 Hace luna. ~세계 la luna. 보름~ luna llena.
2 [달력의] mes. 한 ~에 네번 cuatro veces al mes.

달걀 huevo. 갓낳은 ~ huevo fresco. ~의 흰자 (노른자) clara (yema) de huevo. 부침 ~ huevos fritos (estrellados). 반숙한 ~ huevos pasados por agua. 삶은 ~ huevos duros(cocidos). ~ 껍질 cáscara de huevo. ~술 bebida compuesta de leche, huevos, azúcar y un licor espirituoso. ~을 낳다 poner un huevo, aovar.

달구지 carro, carromato, carruaje.

달다¹ [맛이] (ser) dulce; [입맛이] tener buen apetito.

달다² [걸다] colgar; [착용하다] ponerse.

달다³ [무게를] pesar.

달라지다 [변화] cambiarse, alterarse.

달래다 [진정시키다] apaciguar, calmar, tranquilizar, aquietar; [어르다] agradar, complacer.

달러 dólar【$】. ~로 지불하다 pagar en dólar. ~ 지역 zona del dólar. 아메리카 ~ U.S. dólar, dólar estadounidense.

달력(-曆) calendario.

달리다 correr. 쏜살같이 ~ correr como una flecha.

달리다² [기운이] estar cansado.

달리다³ [걸리다] colgarse.

달리아 【식물】 dalia.

달마리 halo, halón, corona.

달밤 noche iluminada por la luz de la luna.

달변(達辯) elocuencia.

달빛 luz de la luna.

달삯 salario (sueldo) mensual.

달성(達成) [실현] realización. ~하다 realizar, llevar a cabo *algo*; [도달] alcanzar, lograr, conseguir. 계획을 ~하다 realizar el plan. 목적을 · 목표를 ~하다 alcanzar *su* objetivo.

달싹거리다 sacudir, agitar.

달아나다 escapar, huir, evitar; [빨리 가다] irse, moverse, correr rápidamente.

달아보다 [무게를] pesar; [자기 몸을] pesarse.

달음박질 corrida. ~하다 correr.

달음질 [경주] carrera; [달음박질] corrida.

달이다 [약을] hacer una decocción.

달인(達人) experto, perito, hombre excelente. 그는 자기의 분야의 ~이다 Es un experto en su campo.

달콤하다 ser algo dulce.

달통(達通) maestría. ⇨ 통달.

달팽이 【동】 babosa.

달포 un mes más o menos.

달필(達筆) buena caligrafía. ~이다 escribir bien, tener buena caligrafía.

달하다(達) llegar *a un sitio*; [수준 등에] alcanzar *algo*. 목적지 (정상)에~ llegar a *su* destino (a la cima). 목표 (평균 수준)에 ~ alcanzar el objetivo (el nivel medio). 기준에 ~ alcanzar el nivel determinado. 피해는 1천만원에 달했다 Los daños sufrieron (ascendieron) a diez millones de wones. 매상 총액이 백만원에 달했다 Las ventas alcanzaron un total de un millón de wones. 예금은 2백만원에 달했다 Los depósitos ascendieron a dos millones de wones. 불입 자본금은 5천만원에 이른다 El capital pagado asciende a cincuenta millones de wones. 산높이는 4천미터에 달한다 La montaña alcanza una altura de (La cumbre se eleva a) cuatro

닭 [수컷] gallo; [암컷] gallina; [병아리] pollo. ~을 죽이다 matar un pollo. ~을 굽다 asar un pollo. ~을 사육하다 criar gallinas. ~고기 carne de gallinas. ~장 gallinero.

닮다 parecerse. 순자와 순이는 닮았습니까 - 예, 많이 닮았습니다. 그녀들은 자매입니다. ¿Se parecen Suncha y Suni? - Sí, mucho; son hermanas.

닳다 [해지다] gastar, romperse. 닳은 옷 vestidos usados.

담 muralla, muro. 돌~ muralla de piedra.

담(痰) escupitajo, esputo; [의] flema. ~을 뱉다 escupir, esputar. 목에 ~이 생기다 tener flemas en la garganta.

담가(擔架) camilla, andas. ~로 운반하다 llevar a *uno* en camilla.

담낭(膽囊) vesícula biliar. ~염 colecistitis (f.).

담다 poner; [병에] embotellar, enfrascar, poner *algo* en botellas (en frascos).

담당(擔當) cargo. ~하다 encargarse (hacerse cargo) de *algo*. ~시키다 encargar a *uno* de *algo*. 그가 이 건을 ~하고 있다 Él está encargado (se encarga) de este asunto. 그가 수학(3학년)을 ~하고 있다 Es el profesor encargado de dar matemáticas (de los alumnos de tercero). ~의 의사 médico responsable. ~자 persona encargada de *algo* (de + *inf.*), encargado. 올림픽 ~장관 ministro encargado de los Juegos Olímpicos.

담력(膽力) audacia, bravura, coraje. ~있는 animoso, denodado, valiente, con coraje. ~을 기르다 cultivar audacia.

담배 [식물] tabaco; [궐련] cigarrillo; [여송연] cigarro] puro; [씹는 담배] tabaco picado. ~ 한 갑 un paquete de cigarrillos. ~한 대 un cigarrillo. ~를 피우다 fumar [un cigarrillo]. ~피우는 사람 fumador. ~를 끊다 abstenerse (privarse) del tabaco, dejar de fumar. ~피우십니까 -예, 피웁니다 ¿Fuma usted? - Sí, fumo. 그는 ~를 좋아한다 Es un gran fumador. 그는 줄~를 피운다 Fuma como una chimenea. 독한 (순한) ~ [tabaco] negro (rubio). ~가게 estanco, tabaquería. ~꽁초 pitillo.

담백(淡白) simplicidad, sencillez. ~한 [성질이] simple; [음식물에] sencillo, poco graso. ~하게 sencillamente, simplemente. 돈에 ~하다 ser indiferente (poco apegado) al dinero.

담뱃대 pipa.

담보(擔保) prenda, garantía; [법] hipoteca, empeño. ~로 잡히다 hipotecar, empeñar. ~로 하다 tomar (depositar) en garantía. …을 ~로 하여 en prenda de *algo*, bajo (con) garantía de *algo*. ~을 잡고 돈을 빌려주다 prestar dinero sobre prenda (sobre hipoteca). ~로 돈을 빌리다 tomar prestado dinero con garantía. ~부 대부 préstamo hipotecario. ~부 사채 bonos hipotecarios. ~물권 seguridad real. 부동산 ~ hipoteca sobre los bienes raíces. 인적 (상품) ~ garantía personal (de defectos comerciales). ~ 대부금 préstamo sobre prendas.

담비【동】marta.

담석(膽石) cálculo(piedra) biliar. ~증 colelitiasis (f.), litiasis (f.) biliar.

담소(談笑) ~하다 charlar (conversar) amigablemente.

담수(淡水) agua dulce. ~어(魚) pez de agua dulce. ~호(湖) lago de agua dulce.

담액(膽液) ⇨ 담즙.

담요(毯~) manta, frazada.

담임(擔任) cargo, cuidado. ~하다 tener cargo de. 우리 학급의 ~선생 profesor responsable(encargado) de nuestra clase; [국민학교의]maestro de nuestra clase. 이 학급의 ~이다 ser(estar) encargado de esta clase. 수학 ~은 A선생이다 El señor A es nuestro profesor de matemáticas(nos enseña matemáticas).

담쟁이【식】hidra.

담즙(膽汁) bilis (f.); [동물의] hiel (f.). ~질 temperamento bilioso (colérico). ~질의 [사람] bilioso.

담채(淡彩) colores claros, colorido delicado. ~화(畵) lavado, pintura de colores claros.

담판(談判) negociación, conversación. ~하다 entablar (entrar) en negociaciones con *uno*.

담홍색(淡紅色) color rosa, rosa pálida. ~의 rojo claro, de [color] rosa, [de] salmón de rosa pálida.

담화(談話) comunicación oficiosa, comentario oficioso. ~를 발표하다 hacer un comentario oficioso. ~실 sala de reunión (de charla).

답(答) respuesta, contestación, solución. ~하다 responder, contestar.

답답하다(畓畓─) ser mal ventilado. 답답한 방 cuarto mal ventilado.

답례(答禮) devolución de saludo. ~하다 responder al saludo, devolver el saludo. …의 방문에 ~하다 devolver la visita a *uno*.

답변(答辯) contestación, respuesta. ~하다 contestar, responder. ~을 요구하다 pedir (demandar) a *uno* una respuesta.

답사(答辭) respuesta, discurso en respuesta. ~를 하다 (읽다) prenunciar (leer) un discurso de respuesta.

답사(踏査) exploración. ~하다 explorar a uno.

답서(答書) respuesta, contestación. ~를 내다 responder la carta.

답습(踏襲) sucesión. ~하다 suceder, seguir, imitar a uno. 전통적인 방법을 ~하다 seguir (continuar) el método tradicional.

답신(答申) informe. ~을 내다 presentar un informe. ~서 informe.

답안(答案) contestación, papel de examen. ~을 쓰다 contestar a las preguntas del examen. ~을 채점하다 examinar (calificar) las hojas del examen. 이 ~은 잘 되었다 Estas respuestas están bien hechas.

답장(答狀) contestación, respuesta.

답파(踏破) ~하다 recorrer un sitio.

닷새 [5일간] cinco días; [5일] el 5 del mes.

닷새날 el cinco [del mes].

당(黨) partido; [도당] pandilla. ~을 결성하다 formar un partido. ~대회 congreso del partido. ~본부 sede del partido.

당가(當家) [이 집] esta familia (casa). ~ 우리집] nuestra familia (casa). ~에서는 en nuestra casa.

당구(撞球) billar. ~치다 jugar al billar.

당국(當局) autoridades, autoridad competente. 이 문제는 관계 ~에 의해 토의될 것이다 Este asunto será discutido por las autoridades competentes. ~은 이 문제를 해결하려고 노력하고 있다 Las autoridades están tratando de resolver este problema. 시 ~ autoridades municipales. 학교 ~ dirección de la escuela.

당규(黨規) reglamento del partido. ~를 어기다 violar el reglamento del partido.

당근(食) zanahoria. ~즙 jugo de zanahoria.

당기(當期) término corriente, este término. ~ 순이익 ganancia neta del término corriente (de este término).

당기(黨紀) disciplina del partido. ~를 깨뜨리다 romper (arruinar) la disciplina del partido. ~문란 rompimiento (quebranto) de la disciplina del partido.

당기다 [끌어서] tirar; [시간을] avanzar.

당나귀 asno, burro.

당년(當年) este año. 그는 ~ 만 서른살이다 Este año él ha cumplido treinta años.

당뇨병(糖尿病) [의] diabetes (f.). ~의 diabético. ~환자인 ~환자이다 Ella es diabética.

당당하다(堂堂-) ser imponente (majestuoso・magnífico). 당당하게 imponentemente, majestuosamente, magníficamente, heroicamente; [정정당당하게] con aire majestuoso, con dignidad; [공연히] públicamente. 당당한 체구의 estatura imponente. 당당한 저택 magnífica mansión. 당당하게 반론하다 replicar con valor (valientemente). 당당하게 싸우다 luchar heroicamente.

당대(當代) nuestra época. ~ 제일의 작곡가 el mejor compositor actual (de nuestra época).

당도(當到) llegada. ~하다 llegar.

당락(當落) el resultado de la elección. ~선상의 후보자 candidato de cuyo triunfo o fracaso se duda. ~은 오늘 판명된다 El resultado de la elección se sabrá hoy.

당략(黨略) política del partido.

당량(當量) [화] equivalente.

당론(黨論) opinión del partido.

당류(糖類) sacárido.

당리(黨利) interés del partido. ~당략에 따르다 no pensar sino en el interés de su propio partido.

당면(當面) ~의 presente, urgente, apremiante. ~하다 hacer frente. ~의 목적 fin (objetivo) inmediato. ~한 문제 problema inmediato; [급한] problema urgente. 대학의 ~한 과제 problema importante al que se enfrenta la universidad.

당무(黨務) asuntos del partido.

당밀(糖蜜) almíbar, sirope.

당번(當番) turno [de servicio]. ~이다 estar de servicio. ~ 교사 maestro en turno.

당부(當付) pedido. ~하다 pedir.

당부(當否) justicia e injusticia.

당분(糖分) azúcar.

당분간(當分間) por el momento, por ahora; durante (por) algún tiempo. ~ 더위가 계속될 것이다 El calor seguirá por algún tiempo.

당선(當選) [triunfo en la] elección. ~되다 ser elegido; [입상] obtener el premio. 국회의원에 ~되다 ser elegido miembro de la Dieta. 1등에 ~되다 lograr (ganar) el primer puesto en algo. ~자 elegido; [입상자] laureado. ~ 작품 obra galardonada (premiada).

당세(黨勢) influencia del partido. ~ 확장을 기도하다 trabajar para ampliar la influencia de un partido.

당수(黨首) jefe del partido.

당시(當時) en aquella (esa) época, en aquellos tiempos, entonces. ~의 de esos días, de aquella (esa) época, de aquellos tiempos, de entonces. 종전 ~ 그는 열두

당신 [친칭] tú; [존칭] usted; [그] él; [그녀] ella. ~의 tu; su. ~에게 te; le. ~을 te; le, lo, la.

당연(當然) naturaleza. ~한 natural, propio. ~히 naturalmente; [분명히] evidentemente; claramente; [필연적으로] necesariamente, forzosamente; [불가피하게] inevitablemente; [정당하게] justamente. ~한 결과 resultado natural. ~한 일이다 Es natural./ Es evidente. 아이들이 놀기 좋아하는 것은 ~하다 Es natural que los niños quieran jugar. 행복하기를 바라는 것은 인간으로서 ~하다 Es muy natural que el hombre quiera ser feliz. 당신이 노여워하는 것은 ~하다 Tiene razón suficiente para enfadarse. 그는 ~히 처벌받아야 한다 Merece un castigo./ Merece ser castigado.

당원(黨員) partidario, miembro [del partido]. ~이 되다 afiliarse (adherirse) a un partido. ~ 명부 lista de miembros del partido. ~증 certificado del partido.

당의(糖衣) ~정(錠) pastilla (tableta) azucarada (con un baño de azúcar).

당의(黨議) consejo del partido; [결의] decisión del partido.

당일(當日) ese día; [지정일] el día señalado. ~의 of ese día, del día. 운동회의 ~ el [mismo] día de la fiesta atlética. ~ 판매표 billete puesto en venta el día de la presentación. ~한 통용표 billete válido sólo el día de su despacho.

당장(當場) en seguida, enseguida, inmediatamente, en el acto.

당적(黨籍) lista de los miembros del partido. ~에서 떠나다 alejarse del partido, dejar su partido. ~을 박탈하다 borrar el nombre de uno (quitar uno・excluir a uno) de la lista de los miembros del partido.

당좌(當座) ~의 temporal, provisional. ~ 계정 cuenta corriente. ~ 예금 [예금한] cuenta corriente. ~ 대월 giro en descubierto. 천만원의 ~대월을 허용하다 autorizar el giro en descubierto de diez millones de wones.

당지(當地) este lugar (sitio); [지방] esta región. ~의 산물 producto de esta región. ~에 도착하다 llegar aquí. ~ 체재중에 durante su estancia aquí (en este lugar).

당직(當直) servicio; [감시・배의] guardia. ~이다 estar de servicio (de guardia).

~ 사관 oficial de guardia. ~원 persona de servicio; [배의] marinero de cubierta. ~ 일지 diario de servicio.

당점(當店) esta (nuestra) tienda. ~에서는 이 물건은 취급하지 않습니다 No tratamos de este género en nuestra tienda.

당첨(當籤) 그는 복권 1등에 ~되었다 Le tocó el primer premio. ~ 번호 número afortunado (premiado). ~자 ganador.

당파(黨派) partido, clan; [분파] secta, facción. ~를 만들다 formar un partido. 많은 ~로 나누어지고 있다 Se dividen en muchos partidos. ~별 득표수 número de votos según los partidos. ~ 싸움 querellas intra-partidarias (entre facciones). ~심 espíritu del partido.

당해(當該) ~의 [문제의] en cuestión; [소관의] competente. ~ 관청 autoridades competentes. ~ 사항 dicho asunto. ~ 조합 sindicato en cuestión.

당혹(當惑) confusión. ~하다 confundir. ~한 confuso. ~해서 en confusión.

당화(糖化) sacarificación. ~하다 sacarificar *algo*.

당황(唐惶・唐慌) confusión, desorden, tumulto, caos, embarazo. ~하다 estar confundido (confuso).

닻 ancla, áncora. ~을 올리다 levar anclas. ~을 내리다 echar anclas (anclar) en *un sitio*.

닿다 [접하다] tocar, alcanzar; [이르다] llegar.

닿소리 consonante. ⇨ 자음.

대¹ [줄기] tallo, tronco; pipa.

대² bambú. ~쪽같은 사람 hombre de corazón recto (franco), hombre de disposición franca. ~껍질 vaina de brote de bambú. ~세공 [제품] objeto de bambú. ~회초리 (빗자루) varta (escoba) de bambú.

대(對) parejo a taz a taz, empate. 2~4 dos a cuatro.

대가(代價) precio; [비용] coste. ~을 치르다 pagar el preico.

대가(大家) [거장] gran maestro; [권위] autoridad; [음악의] virtuoso. …의 ~이다 ser un gran maestro de *algo*.

대가(貸家) casa de alquiler. ~함 Por alquiles./ Alquiler.

대각(對角) [기하] ángulos opuestos. ~선 diagonal.

대강 casi, cerca de.

대강(代講) ~하다 dar clase por *uno*.

대강(大綱) principio fundamental; [개요] idea general.

대개(大概) en general, generalmente, probablemente, más o menos.

대거(大擧) en masa, en gran número, en gran fuerza.

대검(帶劍) espada.

대결(對決) confrontación, careo. ~하다 confrontarse (enfrentarse) con *uno*. ~시키다 [A와 B를] confrontar (enfrentar) a A y a B.

대계(大計) 국가백년 ~를 세우다 trazar un proyecto de gran envergadura para el futuro del Estado.

대공(對空) ~의 antiaéreo. ~ 레이다 radar de vigilancia aérea. ~ 포화 cañonazo antiaéreo.

대공(大功) mérito grande. 국가에 ~이 있는 사람 persona que ha hecho servicios extraordinarios al Estado.

대과(大過) gran error, error grave. ~없이 sin gran error, sin error grave.

대과거(大過去) 〖문〗 pluscuamperfecto.

대관(戴冠) coronación. ~식 ceremonia de la coronación.

대구(大口) 〖어〗 bacalao.

대국(大國) país grande; 〖강국〗 potencia, estado fuerte. 초~ superpotencia.

대국(大局) situación general. ~적으로 보면 en su totalidad. ~을 관찰하다 observar el estado general. ~에 변화가 없다 No hay ningún cambio en la situación general.

대군(大軍) gran (numeroso) ejército.

대군(大群) [동물의] gran manada. 코끼리의 ~ gran mnada de elefantes.

대권(大權) prerrogativa imperial. ~을 발동하다 usar la prerrogativa imperial.

대규모(大規模) gran escala, escala mayor. ~의 de gran escala, de escala mayor. ~로 en gran escala.

대금(代金) precio, coste, importe. ~을 지불하다 pagar el importe de *algo*. ~을 받다 cobrar el importe.

대금(貸金) empréstito, dinero prestado.

대금(大金) dineral, suma (cantidad) grande de dinero. ~을 투자하다 invertir una gran cantidad de dinero en *algo*, gastar un capitalazo en *algo*. ~를 들이어 입수하다 obtener *algo* por una suma grande.

대기(待機) espera. ~하다 esperar y ver, estar a la espectativa; [경찰 등이] estar en alerta.

대기(大氣) atmósfera; 〖공기〗 aire. ~의 atmosférico; aéreo. ~중에 en el aire. ~굴절 refracción atmosférica. ~권 aerosfera. ~오염 contaminación de la atmósfera.

대기(大器) [hombre de] gran talento, gran genio. ~ 만성 Un gran talento suele madurar lentamente. ~ 만성형의 de madurez tardía.

대길(大吉) gran dicha.

대내(對內) ~적인 interior, interino; [국내의] doméstico, del país. ~ 정책 política doméstica.

대농(大農) cultivo mayor.

대뇌(大腦) cerebro.

대다[1] [손을] tocar. 손대지 마시오 No toque./ No tocar.

[2] [시간에] llegar a tiempo.

대다[2] [돈·물건을] suplir, proveer.

대다 [사실대로] decir [la verdad], confesar.

[2] [길을] señalar, mostrar.

대다수(大多數) [gran] mayoría, mayor parte. 한국의 집은 ~가 목재로 되었다 La mayor parte de las casas coreanas es de madera. ~의 소년은 야구를 좋아한다 La mayoría de los niños son aficionados al béisbol.

대단원(大團圓) desenlace. ~에 이르다 llegar al desenlace.

대단하다 ser considerable (inmenso·enorme·severo·intensivo·serio·grave·grande). 대단히 muy, mucho, seriamente, horriblenente. 대단한 재산 fortuna considerable. 대단한 눈 mucha nieve. 대단한 추위 frío severo.

대담(對談) diálogo, conversación, coloquio; [인터뷰] entrevista. ~하다 dialogar con *uno*; tener una entrevista con *uno*, entrevistarse.

대담(大膽) osadía, audacia, atrevimiento. ~한 osado, audaz, atrevido. ~하게 osadamente, audazmente. ~한 거짓말 mentira atrevida. ~한 복장 traje atrevido. ~하게 의견을 말하다 tener el valor de opinar. ~하게도 …하다 tener la audacia de+*inf.*, atreverse a+*inf.*

대답(對答) contestación, respuesta. ~하다 contestar, responder. 질문에 ~하다 contestar a la pregunta.

대대(大隊) [보병] batallón; [포병·공군 등] grupo. ~장 jefe de batallón.

대대(代代) por generaciones. ~의 hereditario. ~의 묘 sepulcro de familia. 그의 집안은 ~로 의사다 En su casa se sigue la medicina por generaciones.

대대적(大大的) grande, espléndido, enorme, vasto. ~으로 en gran escala, espléndidamente. ~으로 보도하다 [신문에] publicar en grandes titulares. ~으로 선전하다 hacer propaganda en gran escala.

대도(大盜) gran ladrón.

대도(大道) carretera, camino real.

대도회(大都會) ciudad principal, metrópoli.

대독(代讀) ~하다 leer *algo* en nombre de *uno*.

대동(帶同) acompañamiento. ~하다 acompañar.

대동(大同) ~단결하다 formar una coalición. ~소이 casi lo mismo. ~소이하다 Es casi (prácticamente) lo mismo./ No hay más que una pequeña diferencia.

대두(擡頭) subida, encumbramiento. ~하다 encumbrarse, obtener (cobrar) fuerza. 민족주의가 ~되었다 Ha cobrado fuerza el nacionalismo.

대두(大豆) soja, soya. ~유(油) aceite de soja.

대들다 oponer, desafiar.

대들보(大-) cuartón, madero grueso.

대등(對等) igualdad, paridad. ~한 igual, parejo. ~하게 igualmente. …과 ~하다 igualar a *uno*. ~한 권리를 가지다 tener igualdad de derechos. 여기서는 모두가 ~하다 Aquí todos son iguales. 이 회사에서는 남녀를 ~하게 취급한다 En esta compañía se da un tratamiento igual a los empleados de ambos sexos.

대뜸 en seguida, enseguida, inmediatamente, instantemente.

대략(大略) sumario; [부사적으로] sumariamente, más o menos.

대량(大量) gran masa, gran cantidad. ~의 de gran masa;[una] gran cantidad de…, mucho. ~으로 en gran cantidad. 위조표가 ~으로 발견되었다 Han sido hallados gran número de billetes falsos. ~생산 procucción en serie (masa). ~생산을 하다 fabricar *algo* en serie.

대령(大領) [육군] coronel; [해군] capitán de navío.

대례복(大禮服) traje de ceremonia, traje escotado.

대로(大路) carretera, calle principal.

대로(大怒) ira, cólera, furia. ~하다 estar enfadado (enojado).

대류(對流) 【물】 convección. ~권 troposfera. ~ 방열기 convectorm, radiador por convección.

대륙(大陸) continente. ~의·~적인 continental. ~간 탄도탄 proyectil (ingenio) balístico intercontinental. ~성 기후 clima continental. ~ 횡단의 transcontinental. ~횡단철도 ferrocarril transcontinental. 신(구)~ el Nuevo (Viejo) Mundo. 아시아 ~ Continente Asiático.

대리(代理) delegación, agencia, representación; [사람] su [b]stituto, reemplazante *(m.f.)*, suplente *(m.f.)*. ~의 delegado, encargado, apoderado; substitutivo; [임시의] interino. ~로 poder; [···의] en nombre de *uno*. ~의 ~로 해서 substituyendo a *uno*, como (a título de) suplente de *uno*. ~를 하다 su[b] stituir (reemplazar·suplir) a *uno*. ~를 세우다 designar a un apoderado. 과장~로 오다 venir a título de jefe de sección. ~권 representación. 어떤 회사의 ~권을 가지다 llevar la representación de una sociedad. ~대사·공사 encargado de negocios. ~점 agencia, casa de representante. ~점 계약 contrato de agencia (de representante). ~인 representante *(m.f.)*, 【법】 procurador. ~점 agente vendedor. 학장 ~ rector interino.

대리석(代理石) mármol. ~ 모양의 jaspeado. ~상 estatua de mármol.

대립(對立) oposición; [적게] antagonismo. ~하다 oponerse (ser opuesto) a *uno*; ser incompatible con *uno*; [서로] oponerse, ser opuestos; ser incompatibles. 양자의 ~이 격화하다 Se intensifica el antagonismo entre los dos. 그들의 의견이 ~되고 있다 Tienen opiniones opuestas. 중소 ~ antagonismo China y Rusia.

대망(大望) gran deseo, ambición. ~을 품다 abrigar una ambición. ~을 품고 con (abrigando) una ambición.

대망(待望) esperanza. ~의 muy (tan) esperado, ansiado, apetecido. ~의 비가 내리기 시작했다 Comenzó a caer la tan esperada lluvia.

대맥(大麥) cebada.

대머리 calvicie; [사람] calvo. ~의 calvo. ~병 alopecia.

대면(對面) entrevista. ~하다 entrevistarse (tener una entrevista) con *uno*. 20년 후에 부자지간이 ~했다 El padre y el hijo volvieron a verse después de veinte años.

대명동사(代名動詞) verbo pronominal.

대명사(代名詞) pronombre.

대모(代母) madrina.

대목(大木) carpintero.

대문(大門) puerta principal.

대문자(大文字) letra mayúscula.

대문장(大文章) [사람] gran escritor.

대물(對物) ~렌즈 objetivo.

대미(對美) con (hacia) los Estados Unidos.

대바구니 cesto de bambú.

대번에 [곧] en seguida, enseguida, inmediatamente, directamente, instantemente; [쉽사리] fácilmente, con facilidad.

대범(大凡) ~한 general. ~하게 en general, generalmente.

대법원(大法院) Corte Suprema.
대변(大變) accidente terrible, desastre, calamidad.
대변(對辯) respuesta, contestación. ~하다 responder, contestar.
대변(代辯) procuración, agencia, representación. ~하다 representar, ejecutar por *uno*, hablar por (en nombre de) *uno*. 신문은 여론을 ~한다 El periódico es portavoz de la opinión pública. ~자 portavoz (*m.*).
대변(大便) excremento, heces (*f.pl*). ~을 보다 evacuar [el vientre], hacer de vientre.
대별(大別) 2종으로 ~하다 clasificar (dividir) *algo* en dos clases principales.
대본(臺本) texto; [라디오의] libreto; [영화의] guión.
대부(大富) millonario, billonario.
대부(代父) padrino.
대부(貸付) empréstito, préstamo. ~하다 prestar. ~금 préstamo, empréstito.
대부분(大部分) la mayor parte, la mayoría. …의 ~은 La mayor parte (La mayoría) de…[동사는 de의 뒤에 오는 명사의 수에 일치하는 경우가 많다]. 라틴 아메리카의 ~은 열대와 아열대에 있다 La mayor parte de [la] América Latina está en las zonas tropicales y subtropicales. 그 참석자들은 이미 돌아갔다 La mayor parte de los asistentes se han ido ya. 그는 재산의 ~을 잃었다 La mayor parte de sus bienes se perdió.
대분수(帶分數) número mixto.
대불(大佛) gran estatua de Buda.
대비(貸費) expensas prestadas.
대비(對比) comparación. ~하다 [A를 B와] comparar A con B.
대사(大事) gran cosa; asunto importante; asunto serio.
대사(大使) embajador. 정부는 그를 칠레주재 ~로 파견했다 El gobierno le ha acreditado embajador en Chile. ~관 embajada. ~관원 miembro de la embajada. ~관부 상무관 agregado comercial de la embajada. ~급 회담 conferencia a nivel de embajadores. 주한 서반아 ~ embajador de España en Corea. 주한 서반아 ~관 embajada de España en Corea.
대사(大赦) amnistía, indulto general. ~하다 amnistiar. ~를 행하다 conceder un indulto general. ~령 decreto de amnistía.
대사(大蛇) serpiente grande.
대사교(大司教) arzobispo.
대상(對象) objeto, sujeto. 연구 (조사)의 ~ objeto del estudio (de la investigación). 비판의 ~이 되다 hacerse objeto de crítica. 이 잡지는 학생을 ~으로 하고 있다 Esta revista está destinada a los alumnos.
대상(代償) compensación, recompensa. …의 ~으로 en compensación de *algo*.
대상(隊商) caravana.
대서(代書) ~하다 escribir por *uno*. ~소 despacho de amanuense. ~자 amanuense (*m.f.*), escribiente (*m.f.*), notario.
대서(大暑) días de más calor en verano.
대서양(大西洋) Océano Atlántico, el Atlántico. ~의 atlántico. ~ 연안 costa atlántica. ~헌장 Carta del Atlántico. ~횡단의 transatlántico. ~횡단비행 vuelo transatlántico. 북(남)~ el Atlántico Norte (Sur). 북~조약 Tratado del Atlántico Norte. 북~조약기구 Organización del Tratado del Atlántico Norte, OTAN.
대설(大雪) nieve fuerte.
대성(大成) acabamiento, éxito completo. ~하다 llegar a ser un hombre de categoría.
대성(大聲) voz grande, vozarrón.
대성(大聖) gran sabio.
대세(大勢) situación (tendencia) general. 세계의 ~ situación internacional. ~에 따르다 seguir la tendencia general. ~가 우리에게 유리하다 La situación general nos es favorable. 전쟁의 ~는 이미 결정되어 있다 La suerte de la guerra está decidida. 이 사건은 ~에 영향을 주지 않을 것이다 Este acontecimiento no cambiará apenas la situación general.
대소(大小) grande y pequeño, dimensión, tamaño. ~ 각양각색의 de varios tamaños. 일의 ~을 불문하고 sin hacer caso de la dimensión del asunto. ~ 열 개의 접시가 있다 Hay diez platos de diferentes tamaños.
대수(代數) álgebra. ~의 algebraico, algébrico. ~ 방정식 ecuación algebraica.
대수(對數) logaritmo. ~표 tabla de logaritmos.
대수롭다 ser importante (precioso·estimable·útil).
대승(大勝) victoria aplastante. ~하다 alcanzar una victoria aplastante contra *uno*.
대승(大乘) ~불교 Mahayana, gran vehículo.
대승리(大勝利) gran victoria. 우리는 ~를 했다 Hemos conseguido una gran victoria.
대승정(大僧正) arzobispo.
대식(大食) glotonería, gula, voracidad. ~의 glotón, voraz. ~하다 glotonear, comer mucho. ~가 comilón, glotón.

대신(大臣) Ministro (Secretario) [de Estado].

대안(代案) segundo proyecto, plan sustitutivo, proyecto sustitutivo.

대안(對岸) orilla (ribera) opuesta, banda de allá del río.

대안(對案) contraproyecto.

대야 jofaina, palangana.

대양(大洋) océano. ~의 oceánico.

대양주(大洋洲) Oceanía. ~의 [사람] oceánico.

대어(大語) jactancia. ~하다 jactarse, fanfarronear.

대어(大漁) pesca abundante.

대언(大言) jactancia. ~을 토하다 jactarse, fanfarronear.

대업(大業) gran obra. ~을 성취하다 realizar una gran obra.

대여(貸與) préstamo, prestación. ~하다 prestar, dar *algo* prestado.

대여섯 unos cinco o seis.

대역(大逆) ~죄 (사건) delito (crimen) de lesa majestad (de alta traición).

대역(大役) suplente; [연극] sobresaliente (*m.f.*)[여성은 sobresalienta도 있음]. ~을 하다 substituir a *uno*.

대역(對譯) traducción paralela. ~시리즈 serie de traducción paralela. 서한 ~본 texto bilingüe español-coreano.

대열(隊列) filas (*f.pl*), líneas (*f.pl*). ~을 지어 en fila, en formación. ~을 정돈하여 en buen orden. ~을 짓다 formar las filas. ~을 흐트리다 desordenar las filas, desbandarse.

대영(對英) con (hacia) Inglaterra.

대오(隊伍) filas, formación. ~를 짓다 formar filas.

대왕(大王) gran rey. 알렉산더 ~ Alejandro Magno.

대외(對外) ~적인 exterior; [국제적인] internacional. ~관계 relaciones exteriores; relación internacional. ~무역 comercio exterior. ~원조 ayuda para el exterior. ~정책 política exterior (internacional). ~지불 pagos exteriores. 통화의 ~가치 valor externo de la moneda.

대요(大要) resumen, compendio, sumario; [부사적으로] en resumen. ~을 말하다 exponer *algo* en resumen.

대용(代用) substitución (reemplazo) provisional. A를 B로 ~하다 su[b]stituir provisionalmente A por B, suplir A con B. ~ 할 수 있는 su[b]stituible. …의 ~이 되다 ser utilizable en vez de *algo*, poder hacer las veces de *algo*. ~식 alimento sucedáneo (substitutivo). ~품 sucedáneo, substitutivo, mercadería substituible.

대우(待遇) acogida, trato; [여관 등의] servicio; [급료] salario, sueldo. ~가 좋다 [내객 등에게] tratar bien a *uno*. 친구로 ~하다 tratar a *uno* como amigo. 노동자의 ~을 개선하다 mejorar las condiciones laborales. 저 호텔은 ~가 좋다 (나쁘다) En aquel hotel el servicio es bueno (malo). 우리 회사는 ~가 좋다 (나쁘다) En la compañía nos pagan bien (mal). 그는 중역 ~을 받고 있다 Le dan el trato de director.

대원(隊員) miembro [del equipo]. 탐험 ~ miembro de una expedición.

대원수(大元帥) generalísimo.

대위(大尉) [육군] capitán; [해군] teniente de navío.

대위법(對位法) [악] contrapunto.

대응(對應) correspondencia, homología. ~하다 corresponder a *uno*. 서반아어에는 ~ 어법이 ~하는 것이 없다 En español no hay nada que corresponda a este giro. 실상에 ~하는 방책을 세우다 tomar medidas de acuerdo con la situación verdadera. ~책 disposición.

대의(大意) idea principal. 강연의 ~ resumen de la conferencia.

대의(大義) 그것은 명분이 서지 않다 Eso va en contra de todos los derechos y principios. / Eso no puede justificarse.

대의(代議) representación. ~원 delegado, representante (*m.f.*). ~정치 gobierno representativo. ~제 sistema representartva.

대이름씨 pronombre.

대인(大人) gran hombre, hombre de gran virtud.

대인(對人) ~관계 relaciones personales.

대인물(大人物) gran hombre, magnate.

대일(對日) con el Japón, hacia el Japón.

대임(大任) misión importante; [중책] mucha responsabilidad. ~을 다하다 cumplir [con] una misión importante.

대자연(大自然) naturaleza.

대작(代作) obra artística escrita por otro. ~하다 escribir una obra artística por otro, escribir la tesis por otro.

대작(大作) obra, monumental, gran obra; [큰] obra de gran tamaño.

대장 [대장장이] herrero. ~간 herrería.

대장(大將) [육군] capitán general; [해군] almirante.

대장(隊長) capitán (*pl.* capitanes).

대장(大腸) intestino grueso. ~균 colibacilo.

대장(臺帳) libro mayor. ~에 기입하다 inscribir *algo* en el libro mayor.

대장경(大藏經) colección completo de Sutras Budistas.

대장부(大丈夫) hero, hombre valiente.

대장일 herrería.

대장장이 herrero.

대저(大抵) generalmente, en general, comúnmente, por lo común.

대적(大敵) enemigo formidable.

대전(大電) ~하다 electrizarse. ~시키다 electrizar.

대전(大戰) gran guerra. 제2차 ~ Gran Guerra Segunda (Ⅱ). 제1차 ~ Gran Guerra Primera (Ⅰ). 제1차세계 ~ Guerra Mundial Primera (Ⅰ), Primera Guerra Mundial.

대전(對戰) A팀과의 ~ 성적 rusultado de los encuentros con el equipo A.

대절(貸切) reservación. ~하다 reservar.

대접 taza (cuenca) de sopa.

대접(待接) trato, tratamiento, recepción. ~하다 tratar, recibir.

대제(大帝) gran emperador.

대제(大祭) [gran] fiesta.

대조(對照) contraste; [비교] comparación. ~하다 [A와 B를] contrastar (comparar) A con B; colacionar (cotejar·confrontar) A y B. ~적인 contrastante. …와 ~해서 en contraste con algo. 원장과 ~하다 cotejar algo con el libro mayor. A와 B의 성격은 ~적이다 El carácter de A contrasta vivamente con el de B.

대좌(對座) ~하다 sentarse cara a cara (frente a frente).

대좌(臺座) [조각상·원주 등의] pedestal, peana; [소형의] basa de un busto; [기계 등의] soporte.

대죄(大罪) gran crimen (delito); [종교·도덕상의] pecado capital (mortal). ~인 gran criminal (m.f.); gran pecador.

대주교(大主敎) arzobispo.

대중(大衆) multitud, masas (f.pl), pueblo, público; [군중] gentío. ~적인 popular, para las masas. ~화 하다 popularizar. ~적으로 비판하다 criticar en público. 이 소설은 ~성이 있다 Este libro es accesible a todos. ~문학 literatura popular. ~성 popularidad. ~소설 novela popular. ~소설가 novelista popular. ~식당 casa de comidas, bodegón, restaurante barato.

대증요법(對症療法) alopatía.

대지(大地) tierra, tierra firme.

대지(臺紙) [사진의] cartón, cartulina. 사진을 ~에 붙이다 pegar una foto en un cartón, montar una fotografía.

대지(大智) gran sabiduría; [사람] sabio.

대지(大指) pulgar.

대지(大志) gran ambición. ~를 품다 abrigar una gran ambición.

대진(對陣) ~하다 acampar (asentar los reales) frente a frente.

대진(代診) ~하다 examinar [a un enfermo] en lugar de uno.

대질(對質) afrontamiento, acareamiento. ~시키다 afrontar, acarear.

대차(大差) gran diferencia.

대차(貸借) debe y haber. ~를 청산하다 liquidar cuentas. ~ 관계 relaciones financieras. ~ 기한 término (límite) de un préstamo. ~대조표 balance.

대책(對策) contramedidas (f.pl.). ~을 세우다 tomar una medidas para algo. 물가 상승에 직면하여 ~을 강구하다 tomar medidas para hacer (tomar contramedidas) frente a la subida de los precios.

대처(對處) ~하다 tomar medidas para algo, hacer frente a algo. 새로운 사태에 ~하다 tomar medidas para (hacer frente a) una situación nueva.

대처승(帶妻僧) sacerdote budista.

대천(大川) río grande.

대천지원수(戴天之怨讐) enemigo mortal.

대첩(大捷) gran victoria.

대체(大體) lo principal, lo esencial, resumen. ~로 más o menos, en general, en resumen, generalmente. ~의 general, principal, esencial.

대체(代替) ~물 sucedáneo, substitutivo. ~지(地) terreno substitutivo.

대초원(大草原) estepa; [남미의] pampa; [북미의] pradera.

대추나무 【식】 dátil.

대출(貸出) préstamo. ~하다 prestar.

대치(對峙) ~하다 estar frente a frente.

대충 casi, carca de.

대칭(對稱) simetría. ~적인 simétrico. ~축 eje de simetría.

대타(代打) 【운】 relevo. ~자 bateador de revelo, paleador de revelo.

대통령(大統領) presidente. ~의 presidencial. ~ 관저 residencia oficial del Presidente. ~ 교서 mensaje presidencial. ~령 decreto presidencial. ~ 선거 elección presidencial. ~ 전용기 avión presidencial. ~직 presidencia.

대퇴골(大腿骨) fémur.

대퇴부(大腿部) muslo. ~의 femoral.

대파(大破) ~하다 ser gravemente dañado, quedar medio destruido.

대패 cepillo. ~질 acepilladura. ~질하다 acepillar.

대패(大敗) derrota seria. ~를 당하다 sufrir una derrota seria.

대평원(大平原) pampa.

대포(大砲) cañón, artillería. ~를 쏘다 descargar un cañón, disparar un cañón,

cañonear[se]. ~의 소리 estruendo del cañonazo.
대폿집 taberna, bodegón.
대표(代表) representación, delegación; [대표자] representante, delegado. ~하다 representar. ~적인 representativo; [전형적] típico. ~적인 메이커 fabricante representativo. ~를 파견하다 delegar (despachar·enviar) un representante. 한국의 ~ representante de Corea. 학급을 ~해서 representando a la clase, representando a la clase. 우인 일동을 ~해서 en nombre de todos *sus* amigos. 이조시대의 ~적인 정원 jardín típico de la época de la dinastía Yi. 정부를 ~하다 representar al gobierno. ~단 delegación, representación. ~부 (外交) misión. ~번호 [전화의] número centralita. ~작 obra principal (maestra). ~제 민주주의 democracia representativa. ~질 interpelación hecha en nombre de un partido.
대풍(大風) viento fuerte.
대풍(大豊) cosecha abundante.
대피(待避) desvío. ~하다 desviar, ponerse a cubierto. ~선 desviadero;【철도】apartadero.
대필(代筆) escrito por otro. ~하다 escribir *algo* por (en vez de) *uno*.
대하(大河) gran río. ~소설 novela río, novelón.
대하다(對―) oponerse a, encararse. 적에 대한 공격 ataque al (contra el) enemigo. 조국에 대한 사랑 amor a la patria. 이 질문에 대한 그의 대답 la respuesta de él a esta pregunta. 사회에 대한 책임 responsabilidad para con la sociedad. 우리에 대한 세간의 평가 estimación que el pueblo tiene de nosotros.
대하증(帶下症) leucorrea.
대학(大學) [종합대학] universidad; [단과대학] facultad, escuela superior (universitaria)【서반아의 대학은 기초과정은 disciplinas básicas, 전문과정은 especialización, 박사과정은 doencia로 나눈다】. ~의 unversitario. ~에 입학하다 ingresar (entrar) en la universidad. ~을 졸업하다 graduarse en (por) la universidad. ~의 자치 autonomía de la universidad. 4년제 ~ universidad de cuatro años. ~가 barrio universitario. ~교육 enseñanza superior, educación universitaria. ~ 도시 ciudad universitaria. ~병원 hospital universitario (de universidad). ~분쟁 conflicto universitario, agitación universitaria. ~생 universitario. ~생활 vida universitaria. ~원 escuela para graduados. ~원생 estudiante de la escuela para graduados. ~졸업생 graduado de una universidad; [기초과정의] diplomado, [전문 과정의] licenciado.
대학자(大學者) hombre sabio (docto).
대한(大韓) ⇨ 대한민국.
대한(大寒) días más fríos del invierno.
대한(大旱) sequía (sequedad) severa.
대한민국(大韓民國) República de Corea. 서반아 주재 ~ 대사관 Embajada de la República de Corea en España.
대한해(大韓海) Mar de Corea.
대합실(待合室) sala de espera, antesala.
대항(對抗) oposición; [적대] antagonismo; [경쟁] rivalidad. ~하다 oponerse a *uno*; rivalizar con *uno* en *algo*, competir (emularse) con *uno*. A사에서 신제품을 발매하다 poner un nuevo artículo a la venta en competencia con la firma A. 웅변가로서 그에게 ~할 수 있는 사람은 없다 Como orador, nadie puede competir con él. 한일~시합 partido entre Corea y Japón, partido coreano-japonés.
대해(大海) océano.
대행(代行) ~하다 ejecutar *algo* en nombre de *uno*; [법] actuar como procurador. 사무를 ~하다 reemplazar a *uno* en sus funciones. ~ 기관 agencia. ~자 poder habiente (m.f.), mandatario, representante (m.f.), apoderado. 학장 ~ rector interino (actuante·en funciones).
대헌장(大憲章) Carta Magna.
대형(大型) tamaño grande.
대형(隊形) disposición de tropas, formación, orden (*pl.* órdenes). 전투 ~으로 있다 estar en orden de batalla.
대화(對話) diálogo, coloquio; [회화] conversación. ~하다 dialogar, conversar.
대화(大火) conflagración, gran incendio.
대화(大禍) gran desastre, calamidad.
대환(大患) aflicción, desastre.
대회(大會) gran reunión, congreso; [총회] asamblea general; [스포츠의] competición deportiva. ~를 열다 celebrar una gran reunión. 공산당 ~ congreso del partido comunista.
대흉(大凶) suerte malísima.
댁내(宅內) *su* familia.
댁내 su señora.
댄서 bailarín, danzante; [여자] bailarina.
댄스 baile, danza. ~하다 bailar, danzar. ~교사 profesor de baile. ~교습소 escuela de baile. ~음악 música de baile. ~파티 baile. ~홀 sala de baile.
더 más. ~ 많이 más. ~ 중요한 más importante. ~ 공부해라 Estudia más.
더구나 además.

더군다나 además.

더듬거리다 [말을] tartamudear.

더듬다 1 [손으로] tentar, buscar. 어둠속에서 성냥을 ~ buscar cerilla a obscuras (en donde no se ve).

2 [말을] tartamudear.

더디다 ser lento.

더러 1 [어쩌다] de vez en cuando, de cuando en cuando, algunas veces, de tarde en tarde, a veces, ocasionalmente, por contingencia.

2 [얼마름] unos, un poco.

더러 muy, mucho, seriamente.

더럽다 estar sucio, ensuciarse. 더러운 옷 ropa sucia.

더럽히다 manchar, ensuciar; [여자를] violar.

더미 montón.

더불어 juntos, con. ~ 일하다 trabajar juntos.

더블 doble.

더욱 más. ~ 노력하다 hacer más esfuerzo.

더운물 agua caliente.

더위 [날씨] calor. 숨막히는 ~ calor sofocante. 오늘은 ~가 심하군 iCuánto calor hace hoy!

더티 플레이 juego sucio.

더하다 [보태다] añadir, agregar. 둘에 둘을 더하면 넷이다 Dos y dos son cuatro.

덕 virtud, moralidad. ~이 높은 virtuoso, de alta virtud.

덕분(德分) favor. ⇨ 덕택.

덕성(德性) moralidad, virtud. ~을 기르다 cultivar la moralidad.

덕의(德義) moralidad. ~심 sentido moral, moralidad.

덕정(德政) administración benevolente. ~을 베풀다 gobernar con benevolencia.

덕택 favor, gracia; ayuda, asistencia. …의 ~으로 gracias a. ~으로 아주 건강합니다 Estoy muy bien, gracias. ~에 더욱 건강해졌습니다 Gracias a Dios, estoy mucho mejor.

덕행(德行) virtud, conducta (acción) virtuosa. ~이 높은 사람 hombre virtuoso.

던지다 1 tirar, echar, arrojar. 불에 ~ tirar (echar) algo al fuego. 바다에 몸을 ~ echarse (arrojarse) al mar. 정계에 몸을 ~ meterse en el mundo político.

2 [투표하다] votar.

덜 menos. 그는 나보다 ~ 먹는다 El come menos que yo.

덜다 [절약하다] ahorrar; [빼다] substraer, restar; [감하다] reducir.

덤 extra, adición.

덤불 arbusto, mata.

덤비다 [달려들다] atacar, asaltar, acometer; [서둘다] apresurar, darse prisa. 덤비지 마라 No te des prisa.

덤핑 dúmping, inundación del mercado con mercancías a bajo precio, vaciamiento de mercaderías a precios bajos. ~하다 hacer dúmping, vaciar mercaderías a precios bajos. ~ 방지 관세 derechos de aduana antidumping.

덥다 [기후가] hacer calor; [몸이] tener calor; [음식이] estar caliente. 날씨가 무척 ~ Hace mucho calor. 나는 몸이 ~ Tengo calor. 더워 죽겠다 Me muero de calor.

덧니 diente doble.

덧붙이다 añadir, agregar.

덧셈 adición.

덧신 chanclo.

덩굴 parra, tallo delgado. 포도 ~ vid, parra.

덩둘하다 ser tonto (bobo·torpe·estúpido).

덩어리 masa; grupo.

덫 trampa, cepo; garito, red. ~에 걸리다 caer en el garito (en la trampa). 쥐~ ratera.

덮개 tapa, tapadera, cubierta. ~를 하다 tapar, cubrir.

덮다 [씌우다] cubrir, tapar; [닫다] cerrar.

데 sitio, lugar; punto; [특징] figura, aspecto; [부분] parte (f.); [경우] caso, circunstancia. 강한 ~ punto fuerte.

데다 quemarse, escaldarse. 불에 덴 아이는 솥 뚜껑을 보고도 놀란다 Gato escaldado del agua fría huye.

데드볼 pelotazo.

데려가다 llevar, acompañar.

데려오다 acompañar, traer.

데모 manifestación. ~대 manifestación. ~대원 manifestante. 가두 ~대 manifestante callejera.

데모크라시 democracia.

데뷰 estreno, debut. ~하다 estrenarse, debutar.

데생 croquis, dibujo, boceto.

데우다 calentar. 다시 ~ volver a calentar. 식은 것을 ~ calentar lo que estaba frío.

데이터 datos.

데이트 cita. ~하다 tener una cita.

데치다 cocer ligeramente, hervir.

덴마크 [지] Dinamarca. ~의 dinamarqués. ~인·~어 dinamarqués.

도 [및] y, e; […도 역시] también; […도 … 이 아니다] tampoco, ni…ni.

도¹(道) [행정 구역] provincia, estado, departamento, distrito.

도²(道) [도로] camino; [술] arte; [가르침] ensenanza, doctrina; [진리] verdad.

도(度) [각도·온도의] grado. 45~의 각 ángulo de cuarenta y cinco grados. 기온

도가니 crisol.

이 섭씨 15 ~이다 La temperatura es de quince grados centígrados. 찬자는 40 ~의 열이 있다 El enfermo tiene cuarenta grados de fiebre. ~가 강한 안경 gafas de cristales gruesos.

도각각(倒閣) derribamiento del gabinete. ~운동을 일으키다 lanzar una campaña para derribar el gabinete.

도공(陶工) alfarero, ceramista *(m.f.)*.

도관(導管) [tubo de] conducto.

도괴(倒壞) caída, hundimiento, derrumbe. ~하다 caer, hundirse, derrumbarse. ~가옥 casas destruidas (hundidas).

도교(道敎) taoísmo. ~신자 taoísta *(m.f.)*.

도구(道具) instrumento, útiles; [공구] herramienta, [세대 도구] utensilios; [가구] muebles. ~를 사용하다 usar un instrumento. 선전을 ~로 하다 aprovechar *algo* para la propaganda. …의 ~로 사용하다 usar *a uno* como instrumento para *algo*. ~ 상자 caja herramental (de herramientas).

도구(渡歐) ~하다 ir a Europa; [출발] salir para Europa.

도국(島國) país isleño (de isla).

도그마 dogma *(m.)*.

도그매틱 dogmático.

도그머티즘 dogmatismo.

도금(鍍金) enchapado, chapado, [전기도금] galvanización; [금도금] dorado; [은도금] plateado. ~하다 planchear, chapear, galvanizar; [A를 B로] bañar A con B. ~이 벗겨지다 [금의] Se despega (quita) el dorado. ~공 dorador; plateador.

도기(陶器) [집합적] loza, cerámica. ~제의 cerámico. ~를 굽다 cocer la cerámica. ~점 tienda de cerámica. ~상 comerciante de cerámica. ~ 제조소 alfarería, alfar.

도깨비 fantasma.

도끼 hacha, machado, machete.

도난(盜難) robo. ~당하다 ser robado, ser víctima de un robo. ~계를 내다 declarar un robo a la policía. 그는 시계를 ~당했다 Le han robado el reloj. ~방지의 contra [el] robo. ~경보기 alarma contra los ladrones. ~보험 seguro contra [el] robo, seguro escalo. ~보험에 들다 asegurar *algo* contra el robo. ~예방장치 dispositivo de seguridad contra el robo; [자동차의] antirrobo. ~품 objeto robado.

도넛 buñuelo.

도달(到達) llegada, arribo. ~하다 llegar a. ~거리 alcance.

도당(徒黨) pandilla, banda, facción; [분파] secta; [이해를 같이하는] clan. ~을 짓다 reunirse en (formar una) pandilla, formar (agruparse) en una liga, conspirar juntos; [비밀로] armar una cábala.

도덕(道德) moral *(f.)*; [공덕심] civismo. ~적 moral; [윤리적] ético; [교훈적] edificante. ~상 moralmente. ~적 책임 responsabilidad moral. ~적으로 좋지 않다 no ser bueno moralmente (desde el punto de vista moral). ~을 존중하다 respetar la moral. ~심이 없다 no tener ninguna moralidad, carecer de sentimiento moral. ~가 moralista *(m.f.)*, persona de alta moralidad. ~ 교육 educación moral.

도덕(渡德) visita a Alemania. ~하다 visitar a Alemania.

도둑 [도둑놈] ladrón; [강도] salteador, bandido; [도둑질] robo, hurto. ~을 당하다 sufrir un robo. ~이야! ¡Ladrón! 내 집에 ~이 들었다 Han robado en mi casa./ Un ladrón ha entrado a robar en mi casa.

도둑놈 ladrón.

도둑맞다 sufrir un robo, robarle.

도둑질 robo, hurto. ~하다 robar, hurtar.

도락(道樂) [취미] pasatiempo, afición, gusto, distracción, diversión; [방탕] libertinaje, desenfreno. ~으로 그림을 그리다 pintar por afición (por gusto). ~에 빠지다 dedicarse al libertinaje. ~자 libertino, calavera, hombre vicioso.

도랑 acequia.

도랑치마 falda corta.

도래(到來) llegada, venida. ~하다 venir, llegar.

도래(渡來) [사람의] visita; [사물의] introducción [del extranjero]. ~하다 introducirse. 화란 ~의 procedente de Holanda. 호기가 ~했다 Se presenta una buena ocasión.

도량(度量) generosidad, magnanimidad, liberalidad. ~이 넓은 generoso, dadivoso, magnánimo, de gran corazón, liberal. ~이 좁은 mazquino, tacaño, soez.

도량형(度量衡) peso y medida. ~기 검사인 almotacén. ~학 metrología.

도련님 señorito; [시동생] cuñado, hermano político.

도령 solterón; muchacho.

도로(道路) camino; [가로] calle *(f.)*; [자동차 전용의] carretera; [한길] camino real. ~를 따라서 a lo largo de la carretera. ~상에서 en la calle. ~를 만들다 construir una carretera. ~ 공사를 하다 trabajar en obras de carretera. ~ 안 servicio de carretera. ~망 red de carreteras. ~ 인부 [peón] caminero. ~ 지도 mapa de carreteras. ~ 표시 señal de circulación. 한

국~공사 Corporación Nacional Coreana de Carreteras.

도료(塗料) pintura, materia de tinte.

도루(盜壘) 【운】 hurto de base. ~하다 hurtar la base.

도륙(屠戮) carnicería, matanza. ~하다 matar atrozmente, hacer una carnicería.

도르래 polea, garrucha.

도리(道理) razón (f.), justicia (정의), verdad (진리), principio (원리). ~에 맞는 razonable, juicioso. ~에 맞지 않는 irrazonable.

도리어 [반대로] al contrario, por el contrario; [오히려] más bien.

도마뱀 【동】 lagarto.

도막 fragmento, trozo.

도망(逃亡) fuga, huida. ~하다 huir, escaparse, fugarse. ~중의 en fuga. 국외로 ~하다 fugarse al extranjero. 형무소에서 ~하다 fugarse de una prisión. ~자 fugitivo.

도매(都賣) venta al por mayor. ~하다 vender al por mayor.

도면(圖面) dibujo, diseño.

도모(圖謀) plan, proyecto, designio. ~하다 formar un plan, proyectar, trazarse un plan, formar proyectos.

도무지 no por cierto, nada de eso, de ninguna manera.

도미 【어】 besugo.

도미(渡美) visita a América. ~하다 visitar a América, ir a los Estados Unidos; [출발] salir para los Estados Unidos.

도미니카(지) La República Dominicana. ~의 (사람) dominicano.

도민(島民) habitante (m.f.) de la isla, isleño.

도민(道民) habitantes provinciales.

도박(賭博) juego. ~을 하다 jugar. ~을 열다 tener una sesión de juego. ~에 몰두하다 entregarse al juego. ~으로 파산하다 perder *su* fortuna en el juego. ~사 jugador. ~장 lugar (casa) de juego, timba; [비합법의] garito; [카지노] casino.

도발(挑發) provocación. ~하다 provocar.

도배(塗褙) empapelado. ~하다 empapelar. ~장이 empapelador.

도벌(盜伐) ~하다 derribar árboles en secreto.

도벽(盜癖) cleptomanía. ~이 있는 cleptomaníaco, cleptomaniaco, cleptómano. ~이 있는 사람 cleptómano. 그에게는 ~이 있다 Tiene la manía del robo./ Es un cleptómano.

도보(徒步) ~로 a pie, andando, caminando, paseando, pedestremente. ~의 pedestre, de a pie. ~로 가다 ir a pie, ir andando. 학교는 여기서 ~로 20분 거리에 있다 La escuela está a veinte minutos de aquí a pie. ~ 여행 viaje pedestre, excursión a pie, caminata.

도불(渡佛) visita a Francia. ~하다 visitar (ir) a Francia.

도사(導師) maestro espiritual en el budismo.

도산(倒産) quiebra, bancarrota. ~하다 quebrar, hacer quiebra (bancarrota).

도살(屠殺) matanza. ~하다 matar. ~자 matachín. ~장 matadero. ~업자 carnicero.

도상(途上) ⇨ 도중. 발전 ~에 있다 estar en vías (en proceso) de desarrollo.

도서(島嶼) islas.

도서(圖書) libros. ~를 수집하다 coleccionar libros. ~ 목록 catálogo de libros. ~실 biblioteca. ~ 열람실 sala de lectura. ~ 카드 ficha. ~ 담당자 bibliotecario. ~관 biblioteca.

도서관(圖書館) biblioteca. ~원 bibliotecario. ~장 director de la biblioteca. ~학 biblioteconomía.

도선(導線) alambre (cable) conductor.

도선(渡船) barco (vapor) de transporte, barca de pasaje. ~장 embarcadero.

도수(度數) número de veces. ~ 분포 [통계] distribución de frecuencias.

도시(都市) ciudad, población. ~의 municipal. ~ 계획 urbanización.

도시락 almuerzo, merienda. ~ 상자 portaviandas, fiambrera.

도식(圖式) esquema, diagrama.

도식(徒食) vida perezosa (holgazana).

도신(刀身) hoja de espada.

도신(逃身) escapada, huida, fuga. ~하다 escapar, huir, evitar.

도심(都心) centro de la ciudad.

도안(圖案) croquis, esbozo, diseño. ~하다 diseñar. ~사 diseñador.

도야(陶冶) 인격을 ~하다 formar (cultivar) el carácter.

도약(跳躍) salto. ~하다 saltar, brincar.

도영(渡英) visita a Inglaterra. ~하다 visitar a Inglaterra.

도예(陶藝) [arte] cerámica. ~가 ceramista (m.f.).

도와주다 ayudar, asistir. 나를 도와주십시오 Ayúdeme, por favor.

도외시(度外視) ~하다 no hacer caso, hacer la vista gorda.

도요새 【조】 agachadiza.

도용(盜用) ~하다 hacer un uso fraudulento de *algo*. 아이디어를 ~하다 plagiar (apropiarse de) una idea.

도움 ayuda, auxilio, asistencia, socorro,

apoyo

도읍(都邑) capital (f.).

도의(道義) moral, moralidad. ~적인 moral. ~적으로 moralmente. ~적인 의무 obligación moral. ~의 퇴폐 degeneración (depravación) de la moralidad pública. ~에 반하다 contrariar (faltar) a la moral. ~를 중시하다 tener un sentido moral elevado, respetar los preceptos de la moralidad. ~적으로 보아 그의 행위는 용납되지 않는다 Su acto es moralmente inadmisible. 그는 ~심이 없다 Le falta (No tiene) el sentido moral.

도의회(道議會) asamblea provincial. ~의 원 consejal, miembro de la asamblea municipal.

도일(渡日) visita al Japón. ~하다 visitar al Japón.

도입(導入) introducción, inducción. ~하다 introducir, inducir. 신기술을 ~하다 introducir las nuevas técnicas. ~부[악] introducción.

도자기(陶磁器) procelana, [집합적] loza y porcelana.

도작(盜作) plagio. 어떤 책에서 ~하다 plagiar un libro. ~자 plagiario.

도장(塗裝) pintura. ~하다 pintar.

도장(道場) salón de ejercicio, escuela, gimnasio, club. 태권도 ~ gimnasio (club) de taekwondo.

도저히(到底—) de ninguna manera, de ningún modo.

도적(盜賊) ladrón, rebelde, bandido. ~이 들다 entrar un ladrón.

도전(挑戰) desafío, duelo. ~하다 desafiar, retar. ~적 desafiante.

도정(道程) itinerario (trayecto) de viaje.

도제(徒弟) aprendiz, discípulo. ~ 기간 aprendizaje.

도주(逃走) huida, fuga. ~하다 huir, fugarse. ~시키다 poner en fuga.

도중(途中) ~에서 en el camino; [중도에서] a medio camino. ~에서 돌아오다 volverse en la mitad del camino. ~에서 계획을 포기하다 abandonar el plan a medio camino, dejar el plan a medio camino. 학교에 여행 ~에 en el viaje. 학교에 가는 (집에 돌아가는) ~에 en el camino a la escuela (a casa). 대화 ~에 자리를 뜨다 irse en medio de la conversación. 나는 ~에서 친구를 만났다 Me encontré con un amigo en el camino. 나는 산책 ~에 그를 만났다 Le encontré mientras yo paseaba (cuando yo daba un paseo). ~까지 함께 갑시다 Te acompaño hasta mitad del camino. 이 열차는 ~의 역에서는 서지 않는다 Este tren no para en las estaciones intermedias. ~ 하차 bajada en medio camino. ~ 하차하다 bajar del tren en medio camino.

도지사(道知事) gobernador [provincial]

도착(到着) llegada, arribo. ~하다 llegar, arribar. …에 ~하다 llegar a. 서울에 ~하다 llegar a Seúl. 마드리드에 ~한 때 그 llegar (llegando) a Madrid. 그가 ~하자 마자 en cuanto llegue. ~순으로 por orden de llegada. 오후 5시 열차로 ~하다 llegar en el tren de las cinco de la tarde. 그의 편지는 오늘 아침에 ~했다 Su atenta [carta] me llegó esta mañana. ~ 시간 hora de llegada.

도착(倒錯) 성적 ~ [상태] perversión sexual; [동성애에] inversión sexual. 성적 ~ 자 perverso; invertido; [남성의] sodomita; [여성의] lesbiana.

도처(到處) todas partes.

도청(盜聽) escucha clandestina. ~하다 escuchar clandestinamente (secretamente). 전화를 ~하다 interceptar secretamente mensajes telefónicos. ~ 장치 aparato de escucha clandestina.

도청(道廳) oficina de la provincia.

도체(導體) conductor.

도취(陶醉) embriaguez, borrachera, embelesamiento. ~하다 embriagarse (extasiarse) con (de) algo. ~되어 있다 estar embriagado (extasiado) con (de) algo. ~경 estado de éxtasis.

도치(倒置) 【문】 inversión. 주어와 동사를 ~하다 invertir el orden del sujeto y del verbo.

도탄(塗炭) miseria. ~에 빠지다 sumirse en una miseria extrema.

도태(淘汰) selección, eliminación. ~하다 seleccionar, eliminar. 성~ selección sexual. 자연 ~ selección natural.

도토(陶土) arcilla figulina, barro de alfarero, caolín (pl. caolines).

도킹 [인공위성의] acoplamiento.

도표(道標) poste indicador; [이정표] mojón kilométrico.

도표(圖表) diagrama (m.).

도품(盜品) objeto robado.

도피(逃避) escapada, huida, fuga, evasión. ~하다 escapar, huir, fugarse. 자본의 ~ evasión (fuga) de capitales. 연인들의 ~ 행 fuga de los amantes. 현실에서 ~하다 huir (escapar) de la realidad.

도하(都下) capital, metrópoli. ~의 del distrito metropolitano.

도학(道學) filosofía moral, moral, ética. ~ 자 moralista (m.f.), ético.

도합(都合) total, suma total.

도항(渡航) travesía; [외국으로] viaje al

도해(圖解) explicación gráfica, ilustración. ~하다 ilustrar.
도형(圖形) figura, diagrama (m.).
도형(徒刑) [징역] trabajos forzados. ~수 presidiario. ~장 presidio.
도화선(導火線) espoleta, pebete; [유인] incentivo, motivo, móvil.
도회(都會) ciudad, población. ~의 urbano, municipal. ~에서 자란 criado en la ciudad. ~인 ciudadano, habitantes.
독 jarro, jarra.
독(毒) veneno, ponzoña; 【의】 tóxico. ~이 있는 venenoso, ponzoñoso. ~을 마시다 beber veneno. ~을 먹이다 propinar una ponzoña (envenenar empozoñar) a uno. ~을 넣은 envenenado a algo. …에 ~을 넣다 echar veneno a algo. ~이 그의 온몸에 돌았다 El veneno circuló por todo el cuerpo. ~으로 ~을 제거하다 curar el mal con el mal.
독가스(毒가-) gas tóxico (venenoso). ~탄 bomba de gas tóxico.
독경(讀經) ~하다 recitar sutras.
독기(毒氣) toxicidad, virulencia; [악의] malicia malevolencia, acrimonia. ~를 품은 [악의] malicioso, malévo, acrimonioso.
독농가(篤農家) labrador diligente.
독단(獨斷) decisión arbitraria, juicio arbitrario, dogma. ~적 dogmático; [자의적] arbitrario. ~적으로 por su propia decisión, arbitrariamente, sin consultar a nadie. ~적으로 결정하다 decir algo por su propio juicio. ~론·~주의 dogmatismo.
독려(督勵) ~하다 estimular, animar, alentar.
독력(獨力) su propia fuerza. ~으로 con su propia fuerza, sin ayuda ajena, por sí solo. ~으로 성공하다 obtener buen éxito sin ayuda ajena. ~으로 일을 끝내다 terminar el trabajo por su propia fuerza.
독립(獨立) independencia. ~하다 independizarse, emanciparse. ~의 independiente; [자율적인] autónomo. ~해서 por su propia cuenta, independientemente. ~된 방 cuarto independiente. ~시키다 independizar. ~을 얻다 obtener la independencia. ~을 선언하다 declarar la independencia. ~해서 생활하다 vivir independiente[mente], vivir separado de su familia. ~해서 장사를 시작하다 independizarse y emprender un nuevo negocio. 부모로부터 ~하다 independizarse de los padres. 대한민국은 1945년에 ~했다 La República de Corea se independizó en 1945. ~국 país (estado) independiente. ~선언 declaración de [la] independencia. ~심이 강한 [lleno de] espíritu de independencia. ~운동 movimiento de independencia. ~채산제 [sistema de] autofinanciamiento (autonomía financiera). 미국~전쟁 Guerra de la Independencia [norteamericana].
독물(毒物) substancia tóxica. ~학 toxicología. ~학의 toxicológico. ~학자 toxicólogo.
독방(獨房) celda, calabozo. ~에 넣다 meter a uno en el calabozo.
독백(獨白) monólogo, soliloquio. ~을 하다 monologar, soliloquiar. ~극 drama en monólogo.
독보(獨步) ~의 solo, sin igual, sin par, incomparable.
독본(讀本) libro de lectura.
독부(毒婦) mujer malvada, diabla.
독사(毒蛇) serpiente venenosa.
독살(毒殺) envenenamiento, empozoñamiento. ~하다 envenenar, empozoñar, matar a uno con veneno. ~시키다 morir envenenado. ~되다 ser matado por envenenamiento. ~자 envenenador.
독서(讀書) lectura. ~하다 leer. ~을 좋아 하다 ser aficionado a la lectura. 나의 취미는 ~이다 Tengo afición a la lectura. ~삼매경에 잠기다 absorberse (entregarse) a la lectura, enfrascarse en la lectura. ~가 aficionado a la lectura. ~주간 semana de la lectura. ~회 ~를 개최하다 [abrir un] círculo de lectura.
독선(獨善) confidencia excesiva en sí. ~적 arbitrario, egocéntrico, excesivamente confidente en sí. ~적으로 arbitrariamente. 그는 ~에 빠져있다 Está poseído de sí mismo.
독설(毒舌) acrimonia. ~을 퍼붓다 hablar con acrimonia, tronar. ~가 lengua viperina (de víbora).
독성(毒性) toxicidad. ~이 있는 tóxico, venenoso.
독소(毒素) veneno, ponzoña, elemento tóxico; 【의】 toxina.
독수리(조) águila. ~의 (같은) aguileño.
독습(獨習) estudio sin maestro. ~하다 estudiar sin maestro, aprender a solas. 서반아어 ~서 manual (libro) de español sin maestro.
독시(毒矢) flecha envenenada.
독신(獨身) soltería; 【문어·공용어】 celibato; [사람] soltero. ~의 soltero; célibe. ~으로 지내다 pasar la vida soltera,

독신 quedarse soltero. 그는 아직 ~이다 Está todavía soltero. 그는 ~주의자이다 Es célibe por principio. ~생활 vida soltera, solte ía. ~자 célibe *(m.f.)*, soltero.

독신(瀆神) profanación, sacrilegio. ~행위를 하다 cometer un sacrilegio.

독실(篤實) sinceridad. ~한 sincero, probo.

독심술(讀心術) arte de leer el pensamiento.

독아(毒牙) ~에 걸리다 caer en las garras (ser víctima) de *uno*.

독액(毒液) líquido tóxico; [동물의] veneno.

독약(毒藥) veneno, ponzoña. ~을 마시다 tomar ponzoña.

독어(獨語) 1 [독일어] alemán, lengua alemana.
2 [혼잣말] soliloquio, monólogo.

독일(獨) Alemania. ~의 · ~어 · ~사람 alemán.

독자(讀者) lector; [정기 구독자] abonado, subscriptor; [집합적] público. 그의 작품은 ~층이 넓다 Su obra tiene un público vasto. ~란 columnas de lectores.

독자(獨自) ~의 [독특한] original, singular [개인적인] personal, individual; [자신의] propio. ~의 판단으로 bajo *su* propio criterio. ~의 행동을 하다 actuar independiente, seguir *su* propio camino. ~의 견해를 가지다 tener una opinión original (personal). ~성 originalidad, singularidad.

독자(獨子) solo hijo.

독재(獨裁) despotismo, autocracia, dictadura. ~적 autocrático, despótico. ~적으로 autocráticamente. ~자 autócrata *(m.f.)*, déspota *(m.)*, dictador; [폭군] tirano. ~제 autocracia, régimen autocrático, dictadura.

독점(獨占) monopolio, monopolización exclusiva; [전유] acaparamiento, posesión exclusiva. ~하다 monopolizar, acaparar. ~적 exclusivo, privativo. ~적으로 exclusivamente. 이익(판매)를 ~하다 monopolizar la ganancia (la venta). ~할 예정을 ~하고 있다 monopolizar el amor de *uno*. 그는 혼자 방을 ~하고 있다 Él solo ocupa el cuarto. ~ 금지법 ley [de] antimonopolio. ~ 기업 empresa monopolista. ~ 대리점 representación exclusiva. ~력 fuerza monopolizadora. ~ 사업 empresa monopolizada. ~욕 deseo de posesión exclusiva. ~자 monopolista *(m.f.)*. ~ 자본 (자본주의) capital (capitalismo) monopolista. ~ 회견 entrevista exclusiva.

독주(獨奏) solo. ~하다 tocar solo. 바이올린 ~는 A씨이다 El señor A tocará el solo de violín. ~곡 solo. ~자 solista *(m.f.)*. ~회 recital.

독주(毒酒) licor fuerte; [독을 탄 술] licor venenoso.

독지가(篤志家) persona caritativa.

독창(獨唱) solo, recital. ~하다 cantar solo recitar.

독창(獨創) originalidad iniciativa. ~적인 original; [창의력이 풍부한] inventivo. 이 방법은 그의 ~에 의한 것이다 Este método se debe a una idea original suya. ~력 facultad creadora, ingenio. ~성 originalidad; [창의] idea original.

독초(毒草) hierba (planta) venenosa.

독촉(督促) ~하다 apremiar. 지불을 ~하다 requerir (intimar) el pago a *uno*. ~장 requerimiento, intimación; [세금 등의] aviso.

독특(獨特) peculiaridad. ~한 peculiar, especial, particular, típico; [독특한] original, único, singular. ~한 방법으로 a *su* modo (particular). 한국인의 ~한 관습 costumbre particular de los coreanos. 이 지방의 ~한 요리 plato típico de esta región. 그는 걷는 법이 ~하다 Tiene su manera peculiar de caminar.

독파(讀破) ~하다 leer *algo* entero, recorrer *algo* completamente.

독하다(毒 —) 1 [독기 있다] ser venenoso, emponzoñado; [해독] dañoso, nocivo. 독한 가스 gas venenoso.
2 [진하다] ser fuerte. 독한 술 licor fuerte. 독한 담배 tabaco fuerte.
3 [잔인하다] ser malicioso (maligno · malévolo). 독한 여자 mujer malévola.
4 [굳세다] ser firme. 독한 마음 resolución firme.

독학(獨學) estudio sin maestro.

독해(讀解) 서반아어의 ~력을 배우다 aprender a leer los textos españoles.

독학(篤學) ~의 estudioso, asiduo, que tiene mucho interés en el estudio.

독후감(讀後感) 이 책의 ~은 어떻습니까 ¿Qué impresión tiene usted después de leer este libro?

돈 dinero, moneda; plata; [재산] riqueza. ~을 내다 pagar. ~을 벌다 ganar dinero. ~을 쓰다 gastar dinero. ~이 없다 no tener dinero. 내가 ~이 많다면 자동차를 한 대 사겠는데 Si yo tuviera mucho dinero, compraría un coche. 내가 ~이 많았다면 자동차를 한 대 샀을텐데 Si yo hubiera tenido mucho dinero, yo habría comprado (hubiese comprado) un coche.

돈주머니 bolsa, bolso, bolsillo.

돈지갑 portamonedas *(pl.)*.

돋다¹ 1 [해・달이] salir. 해가 돋는다 Sale el sol.
2 [싹 돋이] brotar, germinar.

돌² piedra. ~집 la casa de piedra.

돌² 오늘이 동생의 첫 ~이다 Hoy es el primer aniversario de mi hermano.

돌개바람 torbellino, remolino.

돌격(突擊) ataque, acometida, carga, embestida, asalto. ~하다 atacar, acometer, cargar, embestir, asaltar. ~! ¡Al ataque!/ [총검으로] ¡A la bayoneta! ~대 tropa de asalto.

돌기(突起) resalte, apéndice. ~하다 resalir, sobresalir.

돌다 [회전하다] girar. 지구는 태양의 주위를 돌고있다 La tierra gira alrededor del sol.

돌발(突發) ~하다 sobrevenir, estallar, ocurrir de improviso, ocurrir de repente. 파티가 한창일 때 예기치 못한 사건이 ~했다 En mitad de la fiesta sobrevino un esperado incidente. 그것을 축하하는 파티가 열리고 있을 때에 갑자기 사건이 돌발했다 Cuando se celebraba la fiesta ocurrió un repentino incidente. ~적 repentino, improviso. ~사건 emergencia, suceso inesperado (imprevisto). ~사고 accidente.

돌보다 cuidar, tener cuidado.

돌아가다 1 volver. 집에 ~ volver a casa.
2 [회전] girar.
3 [방향을] torcer, doblar.
4 [죽다] morir, fallecer, dejar de existir.

돌연(突然) de repente, repentinamente, bruscamente, súbitamente; [불의에] inesperadamente, improvisadamente, de improviso. ~의 repentino; súbito; inesperado, impensado. 그는 ~습격당했다 Fue atacado de improviso. 그것은 ~일어난 일이어서 잘 기억할 수 없다 Fue una cosa tan inesperada que no puedo recordar bien. ~변이 mutación.

돌입(突入) ~하다 acometer, lanzarse, ir. 전쟁에 ~하다 lanzarse a la guerra. 파업에 ~하다 ir a la (entrar en) huelga.

돌절구 mortero de piedra.

돌진(突進) lanzamiento, arranque. ~하다 lanzarse, abalanzarse, arrojarse, echarse. 사람들이 출구로 ~했다 La gente se lanzó para la salida. 그는 적을 향해서 돌진했다 Se abalanzó sobre los enemigos.

돌쩌귀 gozne, charnela, bisagra.

돌출(突出) ~하다 sobresalir, salir afuera. ~된 saliente, salidizo, prominente. 배가 ~한 남자 hombre de vientre saliente (abombado). 발코니가 길에 ~해 있다 El balcón cuelga sobre la calle. ~부 saliente, prominencia.

돌탑(-塔) torre de piedra, pagoda.

돌파(突破) ruptura, rompimiento. ~하다 romper, abrir paso, vencer la dificultad. 적진을 ~하다 romper las líneas enemigas, abrirse paso entre los enemigos. 백만을 ~하다 subir más de un millón. ~구 brecha. ~구를 열다 abrir brecha.

돌팔이 matasanos, curandero.

돌풍(突風) ráfaga de viento, racha, ventolera. ~이 분다 El viento sopla en ráfagas.

돌확 mortero de piedra.

돐 un año lleno; día lleno; [출생일] primer aniversario.

돕다 ayudar, asistir.

돗자리 estera.

동(東) este, oriente, levante. ~의 oriental, del este.

동(銅) cobre. ~색의 cobrizo. ~제(製)의 de cobre. ~광 mineral de cobre. ~도금 encobrado. ~메달 medalla de cobre. ~세공 trabajo del cobre; [물건] objeto (artículo) de cobre.

동감(同感) igual sentimiento, simpatía. ~이다 ser de la misma opinión, tener igual sentimiento, estar de acuerdo. 너와 ~이다 Estoy de acuerdo contigo.

동갑(同甲) misma edad. 우리는 ~이다 Tenemos la misma edad./ Somos de la misma edad.

동강 pedazo.

동거(同居) convivencia, cohabitación. ~하다 convivir, cohabitar; [···과] habitar (vivir) con uno. 두 가족이 ~하고 있다 Dos familias cohabitan bajo el mismo techo. ~인 coviviente.

동격(同格) 1 [동등한 지위] mismo rango. ···과 ~이다 ocupar el mismo rango (ser del mismo nivel) que uno.
2【문】aposición. ~의 apositivo. ···과 ~어 palabra puesta en aposición con ···.

동결(凍結) congelación. ~하다 [냇물 등이] helarse, congelarse; [자산 등을] congelar. 물가와 임금을 ~하다 congelar los precios y los sueldos. 임금 ~ congelación salarial.

동경(銅鏡) espejo de cobre.

동경(東經) longitud este.

동경(憧憬) deseo ardiente. ~하다 anhelar.

동계(同系) ~의 consanguíneo, del mismo tronco. ~색의 del mismo tono que ···, de un color análogo al de ···. ~회사 compañía del (perteneciente al) mismo grupo financiero.

동계(冬季) ~올림픽 juegos olímpicos (olimpiada) de invierno. ~휴가 vacaciones de invierno.

동계(動悸) palpitaciones, latidos del corazón. ~치다 palpitar. ~가 걱정되다 tener palpitaciones rápidas. ~가 있다 Tengo palpitaciones./ Me palpita el cortazón.

동공(瞳孔) pupila, niña.

동광(銅鑛) mineral de cobre.

동구(東歐) Europa oriental. ~제국 países de [la] Europa oriental.

동국(同國) el mismo país. ~인 compatriota (m.f.), conciudadano.

동굴(洞窟) cueva, caverna.

동권(同權) derechos iguales, mismos derechos. 남녀는 ~이다 Los dos sexos tienen los mismos derechos (gozan de derechos iguales).

동그라미 [원] círculo; [영] cero.

동그랗다 ser redondo.

동급(同級) igual clase, la misma clase. ~의 de igual clase, de la misma clase. ~생 condiscípulo, compañero de clase (curso).

동기(動機) motivo, móvil, incentivo; 【악】 motivo. ~가 ~가 되어 motivado por *algo*. 범행의 ~는 돈이었다 El dinero fue el motivo del crimen./ El crimen tenía por motivo el dinero.

동기(同期) [같은 시기] mismo período, misma época. 작년 ~에 en el período correspondiente del año pasado. 우리들은 ~다 Somos de la misma promoción. ~생 compañero de promoción.

동남(東南) sudeste. ~계 estesudeste. ~아시아 제국 países del Sudeste de Asia (del Asia Sudoriental). ~아시아제국 연합 Asociación de Naciones del Sudeste de Asia. ~아시아 조약기구 Oranización del Tratado del Sudeste de Asia.

동네 aldea, población pequeña.

동년(同年) el mismo año. 1989년 3월과 ~ 8월에 en marzo de 1989 y en agosto del mismo año.

동년배(同年輩) 그는 나와 거의 ~이다 Tiene casi los mismos años que yo./ El y yo tenemos casi los mismos años (somos casi de la misma edad).

동녘(東-) este.

동등(同等) igualdad. ~한 igual; [가치가 같은] equivalente; [동수준의] del mismo nivel. ~한 권리 derecho igual, el mismo derecho. ~과 ~하다 ser igual a *algo·uno*. ~하게 취급하다 [A를 B와] tratar A de la misma manera que B. ~과 학력이 ~하다 tener el mismo nivel de inteligencia que *uno*. 국가 원수와 ~한 대우를 받다 recibir el mismo tratamiento que un jefe de Estado. 이 시험으로 고졸과 ~한 자격을 얻는다 Se convalida el título de bachiller con este examen. 그는 당신과 ~이다 [지위가] Él es su igual.

동란(動亂) disturbio, agitación; [폭동] rebelión, sublevación; [전쟁] guerra. 국내의 ~ disturbio internal. 한국 ~ Guerra Coreana, disturbio en Corea.

동력(動力) fuerza motriz.

동렬(同列) el mismo rango. A를 B와 ~로 취급하다 tratar A de la misma manera que B.

동료(同僚) colega (m.f.), compañero, socio, camarada (m.f.). 그는 나의 ~이다 Es mi colega (mi compañero).

동류(同類) igual clase, igual especie, semejante; [공모자] cómplice. ~항 términos semejantes.

동맥(動脈) 【해】 arteria. ~ 경화증 esclerosis arterial, arteriosclerosis (f.). ~ 주사 inyección arterial. ~혈 sangre roja (arterial).

동맹(同盟) alianza, liga, unión, confederación. ~하다 ligarse (aliarse·confederarse) con··· ~조약을 맺다 concluir un pacto de alianza (pactar) una alianza [con un país]. ~국 países aliados, potencias aliadas. ~군 fuerzas aliadas. ~과업 huelga. ~ 휴교 huelga de estudiantes. 한미 ~ Alianza coreano-americana.

동면(冬眠) sueño hibernal, hibernación, adormecimiento invernal. ~하다 hibernar. ~동물 animal hibernante.

동명(同名) mismo nombre. ~의 de mismo nombre. 우리들은 ~[인]이다 Somos tocayos. ~ 이인 homónimo, tocayo.

동명(洞名) nombre de la aldea.

동명사(動名詞) gerundio.

동명태(凍明太) pescadilla congelada.

동모(同謀) conspiración. ~하다 conspirar.

동몽(童蒙) niño, chico, muchacho.

동무 amigo, compañero.

동문(同文) mismo contenido (texto). ~전보를 치다 poner un telegrama del mismo contenido (texto).

동문수학(同門受學) ~하다 estudiar con el mismo profesor.

동물(動物) animal; [집합적·한 시대·한 지방의] fauna. ~계 reino animal. ~성 animalidad. ~성의· ~질의 animal. ~원 parque zoológico, jardín zoológico, zoo. ~지 fauna. ~학 zoología. ~학자 zoólogo.

동반(同伴) acompañamiento. ~하다 acompañar, ir juntos. 부인 ~으로 con (acompañado por (de)) *su* esposa. 그는 가족을 ~하고 왔다 Vino con la familia. ~자 acompañador.

동반구(東半球) hemisferio este.

동방(東方) oriente, levante. ~의 oriental.
동배(同輩) camarada (m.f.), compañero; [동료] colega (m.f.).
동병(同病) la misma enfermedad. ~을 상련하다 Quienes de la misma enfermedad padecen, se compadecen./ Los que sufren la misma enfermedad se compadecen mutuamente.
동복(冬服) traje de invierno.
동복(同腹) ~의 [씨가 다른] uterino.
동봉(同封) adjunción. ~하다 incluir, adjuntar. ~의 adjunto, incluso. ~으로 en la presente [carta], en la misma carta. 본 서에 ~하다 adjuntar *algo* con la presente. 복사를 ~합니다 Adjunto (Le remito adjunta) una copia. 송장을 ~합니다 Una factura va adjunta. 사진 ~ 된지 carta acompañada de una foto, carta adjunta a una foto. ~ 주문서 nota de pedido inclusa. ~품 incluso, incluido. ~ 편지 carta adjunta, carta inclusa. 서류 셋 ~ tres inclusas.
동부(東部) parte este, levante.
동부(東北) nordeste. ~지방 distrito nordeste. ~풍 temporal, ventarrón del nordeste.
동분서주(東奔西走) ~하다 andar ocupado de un lado a otro.
동사(動詞) ~의 verbal. ~구 frase verbal. ~변화 conjugación del verbo. 자~ verbo intransitivo. 타~ verbo transitivo.
동사(凍死) muerte de frío. ~하다 morir de frío.
동산 jardín. ~바치 jardinero.
동산(銅山) mina de cobre.
동산(動産) bienes muebles, bienes mobiliarios.
동상(銅像) estatua de bronce. ~을 세우다 elevar una estatua de bronce [en honor] de *uno*.
동상(凍傷) sabañón, quemaduras por el frío. ~이 걸리다 tener un sabañón. 그는 손에 ~이 걸려 있다 Tiene las manos heladas (quemadas) por el frío.
동상(同上) ídem, como el anterior, lo mismo [que arriba].
동색(同色) mismo color. ~의 del mismo color.
동서(同壻) concuñado.
동서(同棲) cohabitación, concubinato. ~하다 vivir juntos, vivir de concubinato; […과] cohabitar con *uno*.
동서(同書) mismo libro, la misma obra; [그 책] ese libro; [문제의] el libro en cuestión. ~에서 인용 ibídem, ibíd.
동서(東西) el este y el oeste; [동양과 서양] el Oriente y el Occidente. 이 강은 도시를 ~로 관통하고 있다 Este río atraviesa la ciudad de este a oeste. ~남북 norte, sur, este y oeste; [기본방위] puntos cardinales. ~ 양진영 el Oeste y el Este, el campo occidental y el campo comunista.
동서남북(東西南北) puntos cardinales; norte, sur, este y oeste.
동석(同席) ~하다 sentarse a la misma mesa que *uno*. 그녀와 ~해서 기뻤다 Gocé enormemente de su compañía en la reunión. ~자 일동 todos los presentes; [회식자] todos los comensales.
동선(銅線) alambre (cable) conductor.
동선(同船) mismo barco. ~하다 embarcar (viajar) en el mismo barco que *uno*.
동성(同性) mismo sexo. ~의 del mismo sexo, homosexual. ~애 homosexualidad, amor homosexual. ~애하는 남자 homosexual, sodomita (m.). ~애하는 여자 homosexual (f.), lesbiana.
동성(同姓) mismo apellido. 그는 나와 ~동명이다 Tiene mi mismo nombre y apellido que yo. ~의 사람 homónimo, -ma.
동소(同所) [같은 장소] el mismo lugar (sitio); [전기의 장소] el lugar mencionado arriba. ~에 [상기 인용문 중에서] en el lugar citado.
동수(同數) mismo número. 찬반 ~이다 Hay tantos pros como contras. 양팀은 ~이다 Los dos equipos son iguales en números. A는 B와 ~의 선수를 보낸다 A envía el mismo número de jugadores que B.
동숙(同宿) ~하다 alojarse en el mismo hotel que *uno*; [하숙에] alojarse a la misma pensión que *uno*. ~자 compañero de hotel (de pensión).
동승(同乘) 차에 ~하다 subir en el mismo coche.
동시(同時) mismo tiempo. ~에 al mismo tiempo, a la vez, simultáneamente. ~의 simultáneo. ~에 두개의 일을 하다 hacer dos trabajos simultáneamente (a la vez). 나는 그와 ~에 출발했다 Salí al mismo tiempo que él. 그는 현상을 설명하고 ~에 방침을 제기했다 Explicó la situación del momento, y al mismo tiempo propuso la dirección a tomar. 이 영화는 재미있고 ~에 교육적이다 Esta película es interesante e instructiva a la vez (tan instructiva como interesante). 차는 편리하지만 ~에 위험하다 Los vehículos son útiles, pero, al mismo tiempo (por otra parte), peligrosos. ~ 녹음 sincronización. ~ 방송 emisión simultánea. ~성 simultaneidad, sincronismo. ~ 통역 inter-

동시대(同時代) ~의 contemporáneo. A는 B와 ~의 사람이다 A es contemporáneo de B. 두 사람은 ~에 활약했다 Los dos desplegaron su actividad en la misma época. ~인 contemporáneo, -a.

동식물(動植物) animales y vegetales; [어느 지역·시대의] fauna y flora. ~계 reino animal y vegetal (de los animales y vegetales).

동심(童心) candidez de *su* infancia, corazón de un niño. ~을 상하다 herir el corazón de un niño.

동심(同心) mismo corazón. ~원 círculos concéntricos.

동아(東亞) Asia Oriental. ~의 oriental.

동안(間) [기간] período; [부사적] por, durante. 오래 ~ [por] mucho (largo) tiempo. 10년 ~ [por] diez años.

동안(童顔) cara (semblante) juvenil (de niño). ~이다 tener una cara (un semblante) juvenil (de niño).

동액(同額) misma suma (cantidad) [de dinero].

동양(東洋) oriente. ~의 oriental. ~사람 oriental. ~학 orientalismo. ~[어] 학자 orientalista (m.f.). ~화하다 orientalizar.

동업(同業) [직종의] misma profesión, [업종의] mismo comercio. 그는 나와 ~이다 Es de la misma profesión que yo. ~자 compañero de oficio (de negocio·de comercio). ~ 조합 gremio. ~ 조합의 gremial. ~ 타사(他社) otras compañías en la misma línea de negocios.

동요(童謠) canción infantil, canción de (para) niños.

동요(動搖) trepidación, estremecimiento, temblor; [급격한] sacudida; [심리적] disturbio, turbación, perturbación, agitación. ~하다 trepidar, estremecerse, temblar; turbarse, perturbarse, perder *su* calma, agitarse. 사회의 ~ perturbación (agitación) social. 그 사고로 사람들은 ~했다 El accidente perturbó (agitó) los sentimientos (el espíritu) de la gente. 그의 표정에 ~의 빛이 보인다 Se nota una turbación en *su* rostro.

동원(東原) tundra.

동원(動員) movilización. ~하다 movilizar. 부대의 ~을 해제하다 desmovilizar a las tropas. 조사를 하기 위해 부하를 ~하다 movilizar a *sus* subordinados para que lleven a cabo las investigaciones. ~령[을 발하다] [dar la] orden de movilización. ~해제 desmovilización. 총~ movilización general.

동월(同月) el mismo mes.

동위(同位) ~각 ángulos correspondientes. ~원소 isótopo.

동음(同音) ~의어 homonimia. ~의어어 homónimo.

동의(同意) asentimiento, consentimiento, 【문】 asenso; [승인] aprobación. ~하다 asentir a *algo* (a + *inf*.), consentir en *algo* (en + *inf*. en que + *subj*.). ~를 구하다 pedir el consentimiento de *uno*. …의 ~없이 sin el consentimiento de *uno*. 그들은 내 의견에 ~했다 Asintieron a mi opinión. 그는 그 집을 나에게 팔 것을 ~했다 Consintió en venderme la casa.

동의(動議) moción, proposición. ~안을 제출하다 presentar una moción. ~를 가결(부결·철회)하다 adoptar (rechazar·retirar) una moción.

동의(同義) ~의 sinónimo. ~성 (性)sinonimia. ~어 sinónimo. A는 B와 ~어이다 A es sinónimo de B. 이 한국어에 대한 반아의 ~어는 무엇이냐 ¿ Cuál es el sinónimo español de esta palabra coreana?

동이 jarro, jarra.

동이다 atar, apretar, amarrar.

동인(同人) dicha persona; [문예의] miembro de un círculo (de un grupo) literario. ~잡지 revista de un círculo literario.

동인(動因) móvil, causa motiva, motivo.

동일(同一) ~한 mismo, idéntico; [같은] igual. ~시 하다 identificar A con B, asimilar A a B. 두개는 완전히 ~한 물건이다 Ambos son idénticos. ~성 identidad.

동일(同日) el mismo día.

동자(童子) muchacho, niño.

동자(瞳子) pupila, niña del ojo.

동작(動作) movimiento, acción, gesto. ~이 민첩하다 (둔하다) ser ágil (torpe) en *sus* movimientos. 그는 ~이 둔하다 Se han entorpecido los movimientos.

동적(動的) dinámico.

동전(銅錢) moneda de cobre.

동점(同點) empate. ~이 되다 empatarse. 시합은 2대2의 ~으로 끝났다 El partido terminó en (con) empate a dos. 그들은 시험에서 ~이었다 Sacaron la misma nota en el examen. 두 후보자가 ~을 얻었다 Los dos candidatos obtuvieron el mismo número de puntos.

동정 [옷의] collar.

동정(動靜) [움직임] movimiento; [상황] situación. ~을 살피다 indagar (averiguar) los movimientos.

동정(童貞) castidad, virginidad; [남자] hombre casto (virgen), virgen (*pl*. vírgenes). ~을 지키다 guardar (mante-

동정 ner) la (la virginidad). ~을 잃다 perder (romper) *su* castidad (*su* virginidad).

동정(同情) compasión, simpatía, conmiseración. ~하다 tener compasión de *uno*, compadecerse de *uno*; compadecer a *uno*, tener piedad de *uno*; [입장을 '이해하다'] comprender la situación de *uno*. ~적 compadeciente, simpatizante. ~적으로 compasivamente, simpáticamente, con simpatía. ~심이 없는 frío, duro. ~을 보이다 manifestar (mostrar) [la] compasión a *algo·uno*. ~을 일으키다 inspirar compasión a *uno*. …에 대해 ~적으로 바라보다 mirar *algo* con compasión (con simpatía). ~파업 huelga por simpatía.

동조(同調) 1 [찬동] ~하다 ponerse de acuerdo con *uno*, simpatizar con *uno*; ponerse del lado de *uno*, adoptar (tomar) el partido de *uno*. 그는 나의 의견에 ~ 했다 Estuvo de acuerdo conmigo./ Se adhirió a mi opinión. ~자 partidario, -ria; simpatizante (*m.f.*).
2 [무선·라디오] sintonización. ~시키다 sintonizar. ~회로 circuito de sintonización.

동족(同族) [일족] la misma familia; [종족] la misma tribu. ~결혼 endogamia. ~원소 elementos emparentados. ~회사 compañía familiar.

동쪽(東-) este. ~의 este. 해는 ~에서 뜨고 서쪽으로 진다 El sol sale por el este y se pone por el oeste.

동종(同種) misma especie (calidad), mismo género. ~의 식물 plantas congéneres. ~의 상품 artículos de mismo género.

동지(同志) camarada (*m.f.*), compañero; personas de a misma idea. ~애 camaradería, fraternidad.

동지(冬至) solsticio de invierno.

동질(同質) misma calidad. ~의 de misma calidad, homogéneo. ~성 homogeneidad.

동짓달 noviembre del calendario lunar; mes once del calendario lunar.

동창(同窓) condiscípulo. 그는 나와 ~이다 Estudió en la misma escuela que yo. ~생 graduado en la misma escuela, condiscípulo. ~회 [조직] asociación de antiguos alumnos; [회합] reunión de antiguos alumnos.

동체(胴體) cuerpo; tronco; [비행기의] fuselaje. ~ 착륙 aterrizaje sobre la panza. ~착륙하다 aterrizar sobre la panza.

동태(動態) movimiento. ~ 분석 análisis dinámico.

동태(凍太) pesadilla congelada.

동트다 amanecer. 동틀녘에 al romper el día.

동판(銅版) [인쇄] grabado en cobre, calcografía; [에칭] grabado al agua fuerte. ~ 인쇄하다 grabar en cobre. ~화 pintura de grabado en cobre.

동판(銅板) lámina de cobre.

동패(銅牌) medalla de cobre.

동편(東便) lado este.

동포(同胞) compatriota (*m.f.*).

동풍(東風) viento este.

동행(同行) ~하다 acompañar a *uno*, ir con *uno*; viajar juntos; [호위하다] escoltar a *uno*. ~자 acompañante.

동향(同鄕) mismo país, mismo país, misma provincia, mismo pueblo. …과 ~이다 ser del mismo país (de la misma provincia del mismo pueblo) que *uno*, ser paisano de *uno*. ~인 conciudadano, paisano.

동향(動向) inclinación, tendencia, movimiento. 경제~ tendencias económicas.

동혈(洞穴) caverna, cueva, gruta.

동형(同型) misma forma, mismo tipo; 【수】 isomorfismo. ~의 de la misma forma, del mismo tipo; isomorfo. ~이다 ser de la misma forma que *algo*; [주어는 복수] ser isomorfos.

동호(同好) misma afición. ~인 persona de la misma afición. [미술] ~회 sociedad de aficionados [a las bellas artes].

동화(同化) asimilación, adaptación. ~하다 […을] asimilar *algo*; […에] adaptarse a *algo*. 한국인은 남미 사회에 쉽게 ~하지 않는다 Los coreanos no se adaptan con facilidad a la sociedad sudamericana. ~작용 asimilación, adaptación.

동화(童話) cuento infantil; cuento de hadas. ~ 작가 escritor de cuentos infantiles.

동화(銅貨) moneda de cobre. 500원 ~ moneda de quinientos wones.

동화(動畫) película de dibujos animados.

동화력(同化力) poder asimilativo. ~이 있는 asimilativo, adaptativo.

돛 vela.

돛단배 navío velero.

돛대 mástil.

돼지【동】 puerco, cerdo, cochino. ~고기 carne de cerdo.

되다 ser, hacerse. 부자가 ~ hacerse rico.

되돌아가다 volver.

되돌아오다 volver.

되풀이 repetición. ~하다 repetir.

두 dos, un par. ~배 dos veces. ~번 dos veces, otra vez. ~내외 marido y mujer, esposos.

두(頭) 말 5~ cinco caballos. 가축 500~ quinientas cabezas de ganado.

두각(頭角) ~을 나타내다 distinguirse, señalarse, sobresalir. 그는 머리가 좋은 점에서 ~을 나타내고 있다 Sobresale (Se distingue) [entre todos] por su inteligencia. 그는 정치가로 ~을 나타냈다 Señaló como político.

두개골(頭蓋骨) cráneo, calavera

두건(頭巾) capote, toca. ~을 쓰다 ponerse capote.

두견(杜鵑) 1 [소쩍새] cuclillo, cuco. 2 [진달래] azalea.

두고두고 muchas veces, de cuando en cuando; [영원히] para siempre.

두근거리다 palpitar. 가슴이 ~ palpitar el corazón.

두근두근 con una rápida sucesión de golpecitos.

두꺼비【동】 sapo.

두께 espesor, espesura, densidad. ~가 5 티이다 tener cinco centímetros de espesor.

두뇌(頭腦) cerebro, seso.

두다 1 [놓다] poner, colocar.
2 [보관·저장하다] guardar.
3 [남겨두다] dejar.
4 [고용하다] emplear.
5 [설치] establecer; [임명] nombrar.

두더지【동】 topo.

두덜거리다 refunfuñar, gruñir, regañar, murmurar.

두드러기 urticaria.

두드리다 golpear, dar un golpe. 문을 ~ llamar a la puerta.

두들기다 apalear, golpear, sacudir, dar de golpes.

두레박 acetre.

두려움 [공포] miedo, temor, horror; [걱정] ansiedad; [위험] peligro, riesgo.

두려워하다 [무서워하다] temer, tener miedo.

두렵다 temer, tener miedo. 나는 ~ Temo./Tengo miedo.

두령(頭領) líder, dirigente, jefe.

두루 extensamente, anchamente, generalmente, universalmente.

두루마기 *durumagui*, abrigo coreano.

두루미【조】 grulla.

두리번거리다 mirar con asombro, estar alerta, tener vigilancia.

두목(頭目) líder, dirigente, jefe, cabecilla (*m.*).

두발(頭髮) cabello, pelo.

두부(頭部) cabeza; [두개] cránco. ~을 다치다 herirse (ser herido) en la cabeza.

두부(豆腐) cuajada de soja.

두상(頭上) [머리] cabeza.

두서(頭書) ~의 arriba mencionado, mencionado arriba, susodicho, sobredicho.

두서너 dos o tres, unos.

두서넛 dos o tres, unos.

두세 dos o tres, unos. ~번 dos o tres veces.

두셋 dos o tres.

두엇 unos dos, un par de.

두옥(斗屋) choza, cabaña, barraca.

두운(頭韻) aliteración.

두족류(頭足類) cefalópodos (*m.pl.*).

두통(頭痛) dolor de cabeza, jaqueca. ~을 가지다 tener dolor de cabeza.

둑 dique, orilla, ribera, margen, banda. 강~ banda de río.

둔각(鈍角)【수】 ángulo obtuso. ~삼각형 triángulo obtusángulo.

둔감(鈍感) insensibilidad, torpeza. ~한 poco sensible, estúpido, insensible, torpe.

둔기(鈍器) arma contundente.

둔재(鈍才) torpeza; [사람] torpe (*m.f.*).

둔하다(鈍一) [머리가] ser lerdo (torpe · estúpido); [칼날이] falto de filo obtuso. 둔한 사람 el hombre bobo (tonto · imbécil).

둔한(鈍漢) el hombre bobo.

둘(二) dos.

둘러싸다 cercar, conservar.

둘레 circunferencia, periferia.

둘째 segundo. ~로 segundo, en segundo lugar.

둥글다 ser redondo. 둥근 탁자 mesa redonda.

뒤 [후방] espalda, tras, dorso; [미래·장래] futuro; [나중·다음] después, luego; [결과] fin, conclusión, resultado.

드디어 finalmente, al fin, en fin, por fin.

드라마 drama (*m.*).

드라이브 paseo (viaje·excursión) en coche, paseo en automóvil. ~하다 pasearse (dar un paseo) en coche.

드라이 아이스 hielo carbónico, hielo seco.

드라이어 secador. 헤어~ secador [del cabello].

드라이 클리닝 lavado (limpieza) en seco, limpieza química, lavadura en seco. ~하다 limpiar (lavar) en seco.

드러눕다 acostarse, reposar.

드럼통 bidón, tonel de metal.

드롭스 pastilla de cande.

드리다 dar, presentar, regalar, obsequiar.

드물다 ser raro, raramente, rara vez.

득(得) [이익] ganancia, beneficio, lucro; [유리] ventaja. ~을 보다 ganar, lucrarse, beneficiarse, sacar provecho.

득도(得度) ~하다 entrar en el sacerdocio budista.

득실(得失) ventaja y desventaja, pro y

독의 contra. ~을 논하다 discutir sobre las ventajas y las desventajas de *algo*.

독의(得意) orgullo, especialidad. ~의 favorito, orgulloso.

독점(得點) puntos [obtenidos]; 【운】 tantos, puntos; 【양팀의】 tanteo; 【시험 동의】 nota, marca. ~하다 obtener puntos, ganar puntos. ~ 10을 얻다 hacer diez tantos, ganar diez puntos. ~을 세다 contar los puntos. ~이 3대2이다 El tanteo es de tantos a dos.

독책(得策) medida provechosa. ~의 provechoso, útil.

독표(得票) votos [obtenidos]. ~수 números de votos [obtenidos]. 그의 ~수는 백만을 넘었다 Ha obtenido más de un millón de votos.

듣다 oir, escuchar. 라디오를 ~ escuchar la radio. 듣는 바에 의하면 Dicen que…/ Se dice que…/ Oigo decir que…. 내 말을 좀 들어보십시오. Escúcheme.

들 campo; [평야] llano; [농지] heredad, finca de labranza.

들개 【동】 gozque.

들국화(-菊花) 【식】 crisantemo silvestre, santimonia, pajitos (*m.pl.*).

들녘 llano, campo.

들놀이 excursión. ~가다 ir de excursión.

들다 1 [손에] tener, tomar, coger, llevar.
2 [사실・예를] dar, citar, mencionar.
3 [높이가] levantar, alzar, elevar.
4 [음식을] tomar, comer, beber.

들러리 [신랑의] padrino de boda; [신부의] madrina de boda.

들러붙다 adherir.

들려주다 decir, informar; [노래를] cantar.

들르다 pasar por *un sitio*.

들리다 oírse; [소문이] se dice que.

들볶다 molestar, atormentar, afligir.

들소 【동】 bisonte, toro cimarrón.

들어가다 entrar en *un sitio*.

들어오다 entrar en *un sitio*.

들오리 【조】 pato silvestre, ánade. ~ 새끼 cerceta.

들장미 【식】 agavanza, agavanzo.

들쥐 【동】 ratón de campo.

등 espalda.

등(等) 1 [등급] clase (*f.*), grado. 콩쿠르에서 4~이다 ser cuarto en un concurso. 6~까지 상품이 있다 A los sextos se les dan premios.
2 [따위] etcétera, etc.

등(灯) luz (*pl.* luces), lámpara.

등가(等價) equivalencia. ~의 equivalente; [가격이] del mismo precio; [가치가] del mismo valor. …과 ~이다 ser del mismo precio que *algo*, equivaler (ser equivalente) a *algo*. ~물 equivalente.

등각(等角) ~삼각형 triángulo equiángulo.

등거리(等距離) ~의 equidistante. …과 ~이다 ser equidistante de *algo*, estar a la misma distancia de *algo*. 내 집에서 역과 학교는 ~이다 La estación y la escuela equidistan de mi casa.

등고선(等高線) curva (línea) de nivel.

등교(登校) ~하다 ir a la escuela.

등귀(騰貴) alza, subida, encarecimiento. ~하다 encarecerse, subir los precios. 물가의 ~ alza (subida) de los precios. 땅값이 ~한다 Sube (Se eleva) el precio de los terrenos.

등급(等級) clase, grado; [높은] rango; [계급] categoría; [물의] magnitud. 상품에 ~을 매기다 clasificar las mercancías. ~을 올리다 elevar *algo* a una categoría superior. ~을 내리다 bajar *algo* a una categoría inferior.

등기(登記) registro, inscripción. ~하다 registrar, inscribir [en un registro], proceder al registro de *algo*. ~된 registrado. 편지를 ~로 하다 certificar una carta. ~료 derechos del registro. ~부 [libro de] registro. ~소 oficina de registros.

등나무(藤-) roten, mimbre. ~ 지팡이 roten. ~ 의자 silla de rejilla (de mimbre).

등대(燈臺) faro. ~선 barco farol. ~수 guardián de faro.

등등(等等) etcétera, etc.

등록(登錄) registro, inscripción, matriculación. ~하다 registrar, inscribir, matricular. 자신의 이름을 ~하다 inscribirse, matricularse. A의 이름을 명부에 ~하다 inscribir el nombre de A en la lista. 상표를 ~하다 registrar una marca de fábrica. 당시에는 백만대의 자동차가 ~되어 있다 En esta ciudad están matriculados un millón de automóviles. ~부 registro, matrícula. ~금 (번호) derechos (número) de registro (de matrícula). ~필 registrado. ~상표 marca depositada. ~제 sistema de registro.

등받이 respaldo de silla.

등변(等邊) ~의 equilátero.

등본(謄本) copia, duplicado. 호적~ copia del registro de domicilio.

등분(等分) división en partes iguales. ~하다 dividir *algo* en partes iguales. 5~하다 dividir en cinco partes iguales. 우리들은 비용을 ~해서 분담했다 No dividimos los gastos en partes iguales.

등불(燈-) luz de una lámpara. ~을 켜다 encender la lámpara.

등비(等比) ~급수・~수열 progresión geométrica. ~급수적으로 증가하다 aumentar en progresión geométrica.

등뼈 esquena (물고기 등의).

등사(謄寫) reproducción, copia. ~하다 reproducir, copiar. ~판 mimeografía, policopia; [인쇄술] policopia. ~판으로 인쇄하다 mimeografiar. ~판으로 인쇄한 mimeografiado.

등산(登山) alpinismo, montañismo. ~하다 practicar el alpinismo, escalar montañas. 도봉산에 ~하다 subir al monte Dobong. ~가 alpinista (*m.f.*), montañero, montañista (*m.f.*). ~클럽 club alpinista. ~화 botas de alpinista.

등식(等式) igualdad.

등신(等身) tamaño natural. ~이 큰 de cuerpo entero, de tamaño de estatura. ~대(大)의 de tamaño natural. ~대의 상 estatua de tamaño natural.

등심(一心) lomo de buey (de vaca).

등심(燈心) mecha.

등압선(等壓線) isobara, líneas isobáricas.

등온선(等溫線) isoterma, líneas isotermas.

등외(等外) ~의 fuera de selección. 그는 ~가 되었다 Quedó fuera de selección./ Quedó eliminado./ No consiguió ningún premio. ~작품 obra no clasificada (fuera de selección).

등용(登用) nombramiento. ~하다 [임용] nombrar a *uno* [a (para) un puesto], [승진] promover. 광범위에 인재를 ~하다 abrir una carrera profesional para los hombres de talento.

등용문(登龍門) puerta del éxito. 이 시험은 고급 관료가 되기 위한 ~이다 El éxito en este examen abre el camino para llegar a ser altos funcionarios.

등원(登院) ~하다 ir al parlamento.

등위(等位) ~접속사 conjunción coordinante.

등유(燈油) quesoreno, aceite (petróleo) para lámpara.

등장(登場) entrada en escena. ~하다 entrar en escena; [나타나다] aparecer. 햄릿 ~[각본에서] Entra Hamlet. 문단에 ~하다 hacer *su* aparición en el mundo literario. 텔레비전 ~이래 desde la aparición de la televisión. 이 작품에서 그녀는 매춘부 역으로 ~한다 En esta obra ella representa el papel de una prostituta. ~인물 personaje. 재~ reentrada en escena; reaparición.

등정(登頂) ~하다 llegar (subir) a la cumbre. 초~하다 llegar el primero a la cumbre.

등차(等差) igual diferencia. ~급수・~수열 progresión aritmética.

등청(登廳) ~하다 [부처에] ir al ministerio; [시청에] ir al ayuntamiento.

등한(等閑) negligencia, descuido. ~하다 ser negligente. ~히 하다 descuidar.

등화(燈火) luz de lámpara, alumbrado. ~관제 control del alumbrado, apagón, obscurecimiento, restricción del alumbrado. ~관제를 하다 apagar el alumbrado.

디디다 dar un paso.

디딤돌 pasadera, estriberón.

디자이너 dibujante, proyectista.

디자인 diseño, designio.

디젤 엔진 motor Diesel.

디프테리아 difteria. ~의 diftérico.

딜레마 dilema. ~에 빠지다 caerse en dilema.

따님 *su* hija.

따다 [얻다] obtener, ganar. 돈을 ~ ganar mucho dinero.

따르다[1] obedecer, seguir. 그의 희망에 ~ conformar a sus deseos.

따르다[2] [액체를] echar. 물을 ~ echar el agua.

딸 hija, mi hija. 첫~ *su* primera hija. ~을 시집보내다 casar a *su* hija.

딸국질 hipo. ~하다 tener (padecer) hipo.

딸기 [식] fresa.

딸년 hija, mi hija.

땀 sudor. ~이 나다 estar sudando, estar nadando en sudor.

땅 tierra, globo, terreno, suelo.

땅거미 crepúsculo vespertino.

땅콩 cacahuete, maní.

때[1] tiempo, hora, momento. …할 ~ cuando, mientras. ~를 기다리다 esperar una oportunidad.

때[2] [기름의] mugre (*f.*). ~묻은 mugriento.

때때로 a veces, de vez en cuando, de cuando en cuando. 그는 ~ 밤늦게 돌아온다 A veces vuelve a casa bien entrada la noche.

때리다 golpear, dar un golpe.

때문 proque, que.

땔나무 [장작] leña para la lumbre; [섶] matorral.

땜질 soldadura. ~하다 soldar.

떠나다 [출발] salir, partir. 나는 내일 마드리드로 떠난다 Mañana salgo para Madrid.

떠들다 [큰 소리로] hacer un ruido.

떨어뜨리다 dejar caer.

떨어지다 caer[se].

또 [다시] otra vez, de nuevo; [반복해서] repetidamente; [그 위에] y, además. [한편] en cambio.

또한 también; [그 위에] y, además.

똥 estiércol, excremento, boñiga (소의) cagajón (말의).
뚜껑 tapadera, cobertera, tapa.
뚱뚱보 gordo.
뚱뚱하다 ser gordo.
뜨겁다 estar caliente.
뜬소문 ⇨ 유언 비어.
뜰 patio, jardín.
뜸질 cauterización. ~하다 cauterizar, dar cauterio.
뜻 [의향] intención, *su* idea; [의지] mente *(f.)*, deseo; [목적] propósito; [희망] esperanza; [야망] ambición, aspiración.
뜻밖 sorpresa, repentón, lance inesperado (imprevisto). ~의 inesperado, impensado, no prevenido, inopinado, repentino, que no se esperaba. ~에 de repente, impensadamente, inesperadamente, inopinadamente, sin pensarlo, de improviso.
뜻하다 [계획하다] planear, intender; [결심하다] decidir, determinar; [의미하다] significar, querer decir. 이것은 무엇을 뜻하느냐 ¿Qué quiere decir (significa) esto?/ ¿Cómo se dice esto?
띵하다 tener dolor de cabeza, doler*le* la cabeza.

ㄹ

-ㄹ 갈 곳 el sitio adonde ir. 올 가을 el otoño que viene. 그 박물관은 한 번 찾아가 볼만 하다 El museo vale la pena [de] visitar./ El museo merece la pena de visitar. 누가 그것을 할 것인가 ¿Quién lo hará?

-ㄹ것 같다 […같이 보이다] parecer; […아 닐까 걱정이다] temer que+subj.; [아마… 것이다] tal vez, quizá[s]. 비가 올 것 같다 Parece que va a llover. 그는 늦을 것 같다 Parece que él no llegue tarde.

-ㄹ망정 pero, sin embargo, aunque. 그는 나 이는 어릴 망정 유능한 변호사다 Aunque él es joven, es un abogado competente./ El es joven, pero es un abogado competente.

-ㄹ뿐더러 no sólo (solamente)… sino [también], así como, tanto como, lo mismo que. 그는 서반아어를 말할 뿐더러 불어도 한다 El habla no sólo el español sino el francés./ El habla francés también como español.

-ㄹ지 si [o no]. 그가 올지 어떨지 모르겠다 No sé si viene [o no].

-ㄹ지라도 aunque + subj. 비가 올지라도 aunque llueva.

라글란 raglán.

라는 llamado. 안토니오~ 소년 un muchacho llamado Antonio.

라돈 radón.

라듐 radio (f.).

라디안 【수】[각도의 단위] radián.

라디에이터 radiador.

라디오 radio (f.). ~를 듣다 escuchar la radio. ~방 tienda de radios. ~로 방송하 다 emitir por radio. ~겸용 축음기 radiogramófono. ~방표 radiomensaje. ~방송 radiodifusión. ~방송국 radiodifusora. ~청취자 radioyente, radioescucha. ~통신 radiocomunicación. ~팬 radioyente, radioescucha (m.f.).

라르고 【악】largo.

라마 lama. ~교 lamaísmo. ~교도 lamaísta (m.f.). ~승(僧) lama

라스트 último.

라우드스피커 altavoz.

라운드 【운】vuelta.

라이벌 rival, competidor.

라이브러리 biblioteca.

라이센스 permiso. 수입~ permiso de importación.

라이스 arroz.

라이스카레 arroz con cari.

라이언 【동】león.

라이터 encendedor. 가스~ encendedor de gas.

라이트 1 derecha. 2 ligero. ~헤비급 peso pesado ligero. 3 【운】 campo derecho.

라인 línea. 언더 ~ subraya.

라일락 【식】lila.

라켓 raqueta.

라틴아메리카 América Latina. ~의 [사람] latinoamericano.

라틴어(-語) latín. ~의 latino.

랑데뷰 cita.

래프트 【운】campo izquierdo.

램프 lámpara.

러너 【운】corredor.

러브레터 carta de amor.

러시아 【지】Rusia. ~의 [사람] ruso. ~어 ruso.

럭키 fortuna, suert, dicha. ~ 세븐 séptimo dichoso.

럭비 rugbi.

런던 【지】Londres. ~의 [사람] londinense.

런치 almuerzo ligero, cubierto ligero.

레귤러 regular.

레몬 limón. ~수 limonada.

레벨 nivel.

레스토랑 restorán, restaurante.

레슨 lección.

레슬러 luchador.

레슬링 lucha. ~선수 luchador.

레시버 receptor.

레이다 radar.

레이디 dama, señora.

레이스 【운】carrera. ~를 하다 competir en la carrera.

레이온 rayón.

레인코트 impermeable.

레일 riel, carril.

레지스턴스 resistencia.

레코드 récord, disco. ~를 틀다 tocar disco. ~플레이어 tocadiscos. LP ~ disco microsurco. MP ~ disco de surco

레크레이션 recreo, recreación.
레커 carta.
레텔 marbete.
레퍼터리 repertorio, reportorio.
레프리 【운】 árbitro.
레프트 izquierda.
렌즈 lentes. 볼록 ~ lente convexo. 오목 ~ lente cóncavo.
렌트겐선(-線) rayos X, rayos de Roentgen. ~사진 fotografía de rayos.
-려고 산보하~ 나가다 salir de casa para dar un paseo. 무엇 하~ 왔니 ¿A qué vienes? 그는 떠나~ 한다 El va a marcharse.
-려나 언제 떠나 ~ ¿Cuándo va a salir?
-려네 Yo voy a + *inf*. 나는 자 ~ Yo voy a acostarme. 자네가 가면 나도 가 ~ Yo iré si tú vas. 나는 내년에 외국에 가 ~ Yo iré al extranjero el año que viene.
-려느냐 무엇을 하 ~ ¿Qué vas a hacer? 어디를 가 ~ ¿Adónde vas? 언제 돌아오 ~ ¿Cuándo volverás?/ ¿Cuándo vas a volver?
-려야 나는 웃지 않으 ~ 웃지 않을 수 없었다 No pude menos de reírme.
-려오 다시는 그런 짓을 안 하 ~ No lo haré otra vez.
-렴 마음대로 해보~ Haz como quieras.
-렵니까 언제 떠나시~ ¿Cuándo sale usted? 저와 같이 영화를 보러 가시지 않으 ~ ¿No quiere ir al cine conmigo?
로 1 [수단·기구] en, a, con, por. 기차 (비행기·버스·지하철·택시) ~ en tren (avión·autobús·metro·taxi). 서반아어 ~ en español (castellano). 도보 ~ a pie, andando. 전화 ~ por teléfono. 손으~ 쓰다 escribir a mano. 연필~ 쓰다 escribir con lápiz. 잉크로 쓰다 escribir con tinta.
2 [이유·원인] de. 추위 ~ 죽다 morirse de frío.
3 [원료·재료] de. 이 집은 나무~ 만들어졌다 Esta casa es de madera.
4 [방향] a, para. 해변가~ 가다 ir a la playa. 서울~ 떠나다 salir (partir) para Seúl.
로드쇼 estreno especial.
로마 【지】 Roma. ~의 [사람] romano. ~법 ley romana. ~법왕 Papa. ~자 letra romana.
로맨스 episodio romántico.
로봇 títere.
로비 vestíbulo.
로스구이 solomillo, carne asada, rosbif.
로케이션 rodaje exterior.
로켓 cohete. ~기지축 cohetero. ~포 cañón cohete. 삼단식 ~ cohete de tres tramos.

로코코식(-式) rococó.
로터리 rotario. ~클럽 Club Rotario. ~클럽 회원 rotariano.
로프 cuerda.
롤러 rodillo, allanador. ~스케이트 patín de ruedas.
루마니아 【지】 Rumania. ~의 [사람] rumano. ~어 rumano.
루비 【광】 rubí.
루즈 colorete, afeite que se ponen en el rostro las mujeres.
루트 ruta, vía; 【수】 radical.
룩셈부르크 【지】 Luxemburgo. ~의 [사람] luxemburgués.
룩스 lux.
룰 regla.
룸바 [쿠바의 무용곡] rumba.
룸펜 vago, vagabundo.
류머티즈 reumatismo, reuma.
륙색 mochila.
르네상스 Renacimiento; [프랑스어] Renaissance.
르포르타주 reportaje.
를 1 [동사의 목적어] 우표~ 수집하다 coleccionar los sellos. 나에게 시계 ~ 주다 darme un reloj. 바다를 보기~ 원하다 querer contemplar el mar. 서반아어 ~ 배우기 ~ 원합니다 Quiero que usted aprenda español. 서반아어 ~ 배웁시다 Aprendamos (Vamos a aprender) español. 마리아는 나 ~ 사랑한다 María me ama (quiere). 나는 그대~ 사랑하오 Yo te amo (quiero).
2 [전치사의 목적어] 개 ~ 무서워하다 tener miedo del perro.
리그 liga. ~전 juego en liga.
리더 líder, dirigente.
리드 ~하다 conducir (guiar · dirigir) a *uno*.
리듬 ritmo.
리본 cinta. 녹색 ~ cinta verde.
리사이틀 recital.
리스트 lista. 블랙 ~ lista negra.
리어카 carrro remolcado.
리얼리스트 realista (*m.f.*).
리얼리즘 realismo.
리터 litro.
리트머스 tornasol. ~시험지 papel de tornasol.
리포트 reporte.
리허설 【극】 ensayo, recitación.
릴레이 carrera de tanda. ~하다 suceder.
림프 linfa. ~선 glándula linfática.
립스틱 lápiz labial (de labios).
링 anillo.
링크 patinadero, sala de patinar. ~제 sistema de cadena.

ㅁ

마(麻) 【식】 cáñamo.
마(魔) demonio, diablo.
마각(馬脚) ~을 드러내다 enseñar (asomar) la oreja, revelarse.
마감(磨勘) cierre, conclusión, acabamiento. ~하다 cerrar, acabar, concluir.
마개 tapón. ~를 막다 entaponar, tapar con un tapón.
마구(馬具) arreos, guarniciones, arneses, jaeces.
마구간(馬廐間) establo.
마권(馬券) billete de apuestas mutuas, billete del concurso hípico; [연승식] billete de apuesta emparejada.
마귀(魔鬼) diablo, demonio, espíritu.
마나님 señora, señorita.
마네킹 maniquí.
마누라 su mujer [esposa].
마녀(魔女) bruja, hechicera.
마늘 【식】 ajo.
마다 cada. 날 ~ cada día, todos los días.
마당 patio.
마도로스 marinero, marino.
마돈나 [성모] Nuestra Señora; [화상] madona.
마디 nudo; [말] una palabra.
마땅하다 ser conveniente.
마땅히 [당연히] naturalmente; [적당히] convenientemente.
마라톤 [carrera de] maratón. ~선수 corredor de maratón.
마력(魔力) poder mágico. ~이 있는 encantador, fascinado, hechicero.
마력(馬力) fuerza de caballo.
마루 piso, suelo.
마르다 secarse, enjugarse.
마르크 [화폐단위] marco.
마멸(磨滅) desgaste. ~되다 desgastarse.
마법(魔法) magia, hechicería, brujería. ~의 mágico. ~으로 por arte de magia. ~을 사용하다 emplear (practicar) la magia. ~사 hechicero, mágico, mago, brujo.
마리후아나 mariguana, marihuana.
마부(馬夫) cochero.
마비(痲痹) parálisis f., perlesía, paralización; entumecimiento. ~되다 paralizarse; entumecerse, entorpecerse; [무감각하게 하다] insensibilizar. 그는 하반신이 ~되어 있다 Está paralizado de medio cuerpo para abajo. 파업으로 철도가 ~상태에 있다 La huelga paralizó el transporte ferroviario. 국가 경제가 총파업으로 ~되었다 La economía nacional quedó paralizada por la huelga general.
마비저(馬鼻疽) 【수의학】 muermo.
마사지 masaje. ~하다 masajear, masar, efectuar el masaje. ~사 masajista (m.f.)
마상(馬上) ~에서 a caballo.
마수(魔手) mala influencia.
마술 equitación, habilidad ecuestre, hipismo. 그는 ~의 달인이다 Es un buen jinete.
마술(魔術) magia, brujería. ~사 mago, mágico, juglar, jugador de manos.
마스코트 mascota. 이 개는 팀의 ~다 Este perro es la mascota del equipo.
마스크 máscara. ~를 쓰다 ponerse máscara.
마시다 beber, tomar, tragar.
마약(痲藥) droga, estupefaciente; [마취약] anestésico; [환각제] [droga] estimulante (excitante). ~을 상용하다·~중독에 걸리다 usar habitualmente drogas, drogarse.
마왕(魔王) Satanás, Satán.
마요네즈 [salsa] mayonesa.
마음 corazón, mente, alma.
마을 aldea. ~사람 aldeano.
마이동풍(馬耳東風) 뭐라고 말해도 그는 ~이었다 Se hizo el sordo a todo lo que le dije./ Todo lo que le dije me entró por un oído y le salió por otro.
마이크 micrófono. ~를 통해서 por micrófono. ~앞에 서다 (서있다) ponerse (estar) al micrófono.
마이크로 micro-. ~미터기 micrómetro. ~버스 microbús. ~필림 microfilm.
마일 milla.
마제(馬蹄) casco, pezuña del caballo.
마진(痲疹) 【상】 margen. 적은 ~으로 con un pequeño margen.
마차(馬車) coche, carro, carruaje; [승합마차] diligencia; [의식용의] carroza. ~로 가다 ir en coche. ~말 caballo de tiro. 쌍

두 ~ coche de dos caballos.
마지막 fin, cabo, conclusión.
마찰(摩擦) fricción, rozamiento, roce. ~하다 friccionar, frotar. ~음【음성학】fricativa.
마천루(摩天樓) rascacielos 〔단수·복수 동형〕
마취(痲醉) anestesia, narcotismo. ~시키다 anestesiar a *uno*. ~에서 깨어나다 despertarse de la anestesia. ~약 anestésico.
마치다 terminar, concluir.
마침내 finalmente, al fin, en fin, por fin.
마하 Mach. ~수 número de Mach. ~2로 비행하다 volar a dos Mach.
막¹ 〔함부로〕 a la ventura, por acaso.
막² ahora mismo, en este mismo instante, hace poco, recientemente.
막(膜)【해】membrana.
막(幕) telón. ~을 올리다 levantar (alzar) el telón. ~을 내리다 bajar el telón.
막간(幕間) entreacto, intermedio. ~에 en el entreacto.
막내 hijo menor.
막다 1 〔방어〕 defenderse. 적의 침입을 ~ defenderse contra (resistir [a]) la invasión del enemigo. 추위를 ~ protegerse del frío.
2 〔예방〕prevenir, tomar precaución contra *algo*; 〔방지〕impedir. 전염병의 감염을 ~ prevenir la infección de una enfermedad contagiosa. 화재의 확산을 ~ impedir la extensión del incendio.
막대(莫大) ~한 inmenso, colosal, enorme, descomunal. ~한 재산 enorme fortuna. 그것은 ~한 비용이 든다 Eso cuesta muchísimo dinero (requiere enormes gastos).
막동이 hijo menor.
막료(幕僚) oficial de estado mayor; 〔집합적〕 estado mayor.
막연(漠然) vaguedad. ~한 vago, impreciso, confuso; ambiguo, equívoco, o[b]scuro. ~히 vagamente, confusamente; ambiguamente, o[b]scuramente. ~한 대답 respuesta ambigua. 나는 어머니에 대해 ~한 기억을 하고 있다 Tengo un vago recuerdo de mi madre.
만 〔단지〕 sólo, solamente; pero. 꼭 한번 ~ sólo una vez.
만(萬) diez mil.
만(灣) bahía, golfo.
만(滿) ~ 20세다 tener veinte años [cumplidos]./ cumplir veinte años. 나는 금월 23일에 ~ 28세가 된다 Cumplo veintiocho años el tres de este mes. 그가 죽은 지 ~ 7년이 되었다 Ya hace siete años cumplidos que murió.

만(卍) cruz gamada, esvástica.
만가(輓歌) elegía, réquiem.
만개(滿開) plena floración, plenitud. 꽃이 ~했다 Las flores están en su plenitud. 벚꽃이 ~했다 El cerezo está todo florido (está en plena floración · está completamente florido).
만국(萬國) todas las naciones, el mundo entero. ~의 universal, internacional. ~기 banderas de todas las naciones. ~박람회 Exposición Internacional (Universal) ~우편연합 Unión Postal Universal, UPI.
만기(滿期) vencimiento, cumplimiento, expiración. ~가 되다 vencer, cumplir, expirar. ~에 al vencimiento. ~로 제대하다 obtener la licencia [del servicio militar]. 12월 11일이 ~다 El plazo vence el once de diciembre. 약속어음은 3개월로 ~가 된다 El pagaré vence en tres meses. ~불 pago al vencimiento. ~불의 pagadero al vencimiento. ~일 día (fecha) de vencimiento, plazo.
만끽(滿-) ~하다 gozar (disfrutar) plenamente de *algo*, saborear *algo* suficientemente, saciarse de *algo*.
만나다 〔사람〕 ver, encontrar, encontrarse con. 만나뵙게 되어 기쁩니다 Me alegro de verle a usted.
만난(萬難) todos los obstáculos. ~을 무릅쓰고 venciendo todos los obstáculos, cueste lo que cueste, a toda costa, superando todas las dificultades (todos los obstáculos).
만년(晩年) últimos años [de la vida], vejez. ~에 en edad avanzada, en sus últimos años. 행복한 ~을 보내다 pasar *sus* últimos años felices. 우나무노의 ~ los últimos años de Unamuno, Unamuno en sus últimos años.
만년(萬年) diez mil años; eternidad. ~ 후보 candidato eterno.
만년설(萬年雪) ventisquero, nieve perpetua (permanente).
만년필(萬年筆)〔pluma〕estilogtáfica;【남미】plumafuente. ~로 쓰다 escribir con la estilográfica.
만능(萬能) ~의 omnipotente, todopoderoso. ~ 선수 atleta hábil para todo. ~약 panacea [universal].
만단(萬端) todas las preparaciones. ~의 준비가 되어 있다 Todo está preparado./ Todas las preparaciones están hechas.
만담(漫談) charla cómica [teatral].
만돌린【악】mandolina, bandolín;【남미】bandolina.

만두(饅頭) bollo rellenado de pasta de judías azucaradas.
만들다 hacer, crear; [음식을] preparar.
만디오카 [식][남미] mandioca, yuca.
만료(滿了) terminación, expiración. ~하다 terminar, expirar. 대통령은 내년 3월에 임기가 ~된다 El presidente termina su mandato el próximo marzo.
만루(滿壘) bases llenas.
만리장성(萬里長城) Gran Muralla de China.
만면(滿面) cara. 그는 ~에 미소를 띠고 있다 Tiene la cara muy sonriente.
만물(萬物) todo lo creado. 인간은 ~의 영장이다 El hombre es el señor de todo lo creado (el rey de la creación).
만민(萬民) [전국민] todo el pueblo, toda la nación; [전인류] toda la humanidad, todos los hombres.
만병(萬病) cualquier enfermedad. 감기는 ~의 근원이다 Un simple resfriado puede ser origen de cualquier enfermedad. ~통치약 panacea, curalotodo.
만보(漫步) callejeo, paseo. ~하다 callejear (pasearse · deambular) por *un sitio*.
만사(萬事) todo, lo todo, todas las cosas. ~가 끝났다 Todo está perdido./ Todo va (marcha) bien. ~가 돈이다 Poderoso caballero es don Dinero.
만성(慢性) estado crónico, achaque. ~하다 ~으로 되다 ponerse crónico, echar raíces, arraigarse, pasar al estado crónico. 국세수지의 ~적 적자 déficit exterior crónico. 이 기업에서는 노사분쟁이 ~하 되어있다 En esta empresa están permanentemente en disputa la dirección y los obreros./ En esta empresa los conflictos laborales son *algo* crónico. ~병 enfermedad crónica, cronismo.
만세(萬歲) ¡Viva! 서반아~! ¡Viva España!
만신(滿身) ~의 힘을 다해 con todas *sus* fuerzas. 그는 ~창이 되었다 Todo su cuerpo está cubierto de heridas.
만심(慢心) orgullo, presunción, arrogancia. ~하다 enorgullecerse (estar orgulloso) de *algo*, envanecerse (engreirse) de (con) *algo*.
만약(萬若) si, en caso de que + *subj*. ~ 내가 돈이 많다면, 자동차를 한대 사겠는데 Si yo tuviera mucho dinero, compraría un coche.
만연(蔓延) propagación, extensión, difusión. ~하다 propagarse, extenderse, prevalecer. 콜레라가 몇 지방에서 ~되고 있다 El cólera se extiende por algunas regiones. 이 지방에는 부패가 ~되고 있다 La corrupción prevalece en esta región.
만용(蠻勇) temeridad, osadía, osadía. ~을 부려 …하다 atreverse a (osar) + *inf*.
만원(滿員) lleno [de gente], completo. ~이 되다 llenarse [de gente]. 호텔이 ~이다 El hotel está totalmente lleno (completo)./ No hay cuartos en el hotel. 그의 가게는 항상 ~이다 Su tienda está siempre llena. ~열차 tren completo.
만월(滿月) luna llena, plenilunio. ~이다 La luna está llena.
만유(漫遊) excursión, viaje de recreo. ~하다 ir de excursión, recorrer, hacer un viaje de recreo. 세계를 ~하다 dar la vuelta al mundo, recorrer todo el mundo.
만유인력(萬有引力) gravitación universal, atracción universal. ~의 법칙 ley de la gravitación universal.
만인(萬人) todos los hombres, todo el mundo.
만인(蠻人) barbaro, salvaje (*m.f.*), hombre primitivo.
만일(萬一) si, en caso de que + *subj*. ~에 대비하여 por si acaso. ~ 비가 오면 si lluvia. ~ 돈을 가지고 있다면 si tuviera dinero. ~돈을 가지고 있었다면 si hubiese tenido dinero. ~ 날씨가 좋으면 외출하겠다 [실현 가능] Si hace buen tiempo, salgo. ~ 날씨가 좋다면 외출하겠는다 [현재 사실의 반대] Si hiciera buen tiempo, saldría. ~ 어제 날씨가 좋았다면 외출했을텐데 Si hubiese hecho buen tiempo ayer, habría (hubiera) salido. ~ 내가 당신이었다면 그런 일을 하지 않았을 텐데 En su lugar (Si yo hubiera sido usted · Yo que usted), no lo habría hecho.
만장(滿場) todos los asistentes, todo el público [el auditorio]. ~을 매료하다 encantar a todo el auditorio. ~의 박수갈채 aplausos estrepitosos de toda la sala. ~일치 unanimidad. ~일치로 por unanimidad, de común acuerdo, según la opinión unánime.
만재(滿載) ~하다 estar completamente cargado (estar abarrotado · estar lleno por completo) de *algo*. 재미있는 기사를 ~한 잡지 revista que está llena de (que abunda en) artículos divertidos. 트럭은 짐을 ~하고 간다 El camión va completamente cargado. 철을 ~한 배 barco atestado de hierro.
만전(萬全) integridad, perfección. ~을 기해서 para la máxima seguridad. ~하다 prevenirse contra (prever) toda eventualidad. ~책을 강구하다 tomar todas las medidas posibles para *algo*. 당사는 안전

만점(滿點) calificación máxima, perfecto. 수학에서 ~을 받다 sacar la calificación máxima en matemáticas. 50점 에서 40점을 받다 sacar cuarenta puntos del máximo de cincuenta. 이 호텔은 서비스가 ~이다 El servicio es perfecto en este hotel.

만조(滿潮) plenamar, marea alta, mar llena (plena). ~에 가다 ir a la pleamar. ~가 되다 Crece (Sube) la marea.

만족(滿足) satisfacción, contento. ~하다 satisfacerse (saciarse) contentarse) con (de) *algo*. ~시키다 satisfacer, dar satisfacción a *uno*, contemplar. ~한 satisfactorio; [완전한] perfecto, cabal; [충분한] suficiente, bastante. ~된 satisfecho, contento. ~해서 con satisfacción, contentamente. 조건을 ~시키다 llenar (satisfacer) los requisitos. 욕망을 ~시키다 satisfacer (saciar) el deseo. ~의 뜻을 표하다 expresar *su* satisfacción. ~하다 darse por (sentirse) satisfecho. 나는 내 아들에게 ~하고 있다 Estoy satisfecho con(de) mi hijo. 너는 가진 것으로 ~해야 한다 Debes contentarte (estar contento) con lo que tienes. 그는 ~한 교육을 받지 못했다 No ha tenido una educación satisfactoria.

만족(蠻族) bárbaros, tribu salvaje.

만좌(滿座) todos los asistentes, toda la concurrencia, público. ~ 중에서 delante de todos los asistentes, delante de toda la concurrencia, en público.

만주(滿洲) Manchuria. ~의 [사람] manchuriano.

만지다 tocar. 만지지 마십시오 No toque.

만찬(晩餐) banquete, comida. ~회 banquete, fiesta.

만천하(滿天下) todo el mundo.

만추(晩秋) fin[es] (últimos días) del otoño, parte posterior del otoño, otoño postrero.

만춘(晩春) parte posterior de la primavera, primavera postrera.

만취(滿醉) embriaguez.

만큼 [비교] tan…como, tanto…como, tanto como; [어느 정도]¿cuánto tiempo? 시간이 얼마~ 걸리느냐 ¿Cuánto tiempo se tarda? 그는 나~ 키가 크다 El es tan alto como yo.

만학(晩學) 그의 서반아어는 ~이다 Ya no era joven cuando estudió el español./ Empezó a estudiar español cuando ya era mayor.

만혼(晩婚) matrimonio tardío. 그는 ~이었다 Se casó tardíamente./ Contrajo un matrimonio tardío.

만화(漫畵) caricatura, chiste, dibujo cómico; [스토리가 있는] historieta cómica, tira cómica; [만화영화·동화] película de dibujos [animados], dibujos animados. ~를 그리다 dibujar una caricatura. ~화 하다 caricaturizar. ~가 caricaturista (*m.f.*). ~ 잡지 tebeo, revista de tiras cómicas. 【남미】 muñequitos (*m.pl.*).

만화경(萬華鏡) calidoscopio.

만회(挽回) ~하다 recobrar, recuperar. ~불능의 irrecobrable, irrecuperable. 명예를 ~하다 recuperar *su* honor. 형세를 ~하다 enderezar la situación.

많다 mucho. 사람이 ~ Hay mucha gente.

많이 mucho. 그는 돈을 ~ 쓴다 El gasta mucho dinero.

맏누이 hermana mayor.

맏동서(-同壻) hermano político, cuñado; [여자] cuñada.

맏딸 hija mayor.

맏아들 ⇨ 장남.

맏아이 ⇨ 맏자식.

맏자식 hijo mayor; hija mayor.

맏조카 hijo mayor de hermano mayor.

맏형(-兄) hermano mayor.

맏형수(-兄嫂) cuñada mayor.

말[1] palabra, vocablo, término, lenguaje, lengua, idioma *m*.

말[2] caballo, yegua(암컷). ~을 타고 가다 ir a caballo. ~을 타다 montar a caballo. ~에서 내리다 desmontar.

말(末) fin. 5월 ~에 a fines de marzo.

말고삐 brida, rienda.

말괄량이 doncella pizpireta y respingona.

말굽 casco, pezuña del caballo; [편자] herradura.

말기(末期) último período, fin, final; [최종 단계] última etapa, ocaso. ~적 증상 síntomas del ocaso. 이조 ~에 al final de la Era de Icho.

말꼴 heno.

말다툼 disputa. ~하다 disputar.

말더듬다 tartamudear.

말더듬이 tartamudo.

말단(末端) punta, cabo, extremidad. ~의 terminal, extremo. ~ 기구 ramos inferiores de la organización.

말똥 estiércol, estiércoles [de caballo].

말뚝 estaca. ~을 박다 estacar.

말라리아 【의】 paludismo, malaria. ~열 fiebre palúdica.

말레이[지] Malaya. ~반도 Península de Malaya. ~의 [사람] malayo.

말로(末路) fin. 영웅의 ~ [슬픈] ~ fin

말리다 [miserable] de un héroe.
말리다 secar; resecar; desecar, dejar seco. 바람에 ~ airear. 햇볕에 ~ secar al sol. 옷을 ~ secar la ropa al sol. 연못을 ~ desecar un estanque.
말미(末尾) fin, final, término. 본 서한의 ~에 al pie de la presente. ~에 서명하다 firmar al pie de un documento.
말본 gramática.
말살(抹殺) raspadura, borradura, liquidación. ~하다 borrar, raspar, tachar, cancelar. 명부에서 그의 이름을 ~하다 borrar su nombre de la lista. 역사에서 ~하다 borrar algo de la historia. 민주파를 ~하다 eliminar los partidarios de la democracia. 반대 의견을 ~하다 suprimir toda opinión contraria.
말일(末日) el último día. 3월 ~까지에 para el último día (para el fin) de marzo.
말초(末稍) ~적 insignificante, de poca importancia, de poca monta. ~ 신경 nervio periférico.
말하다 decir, hablar; [이야기하다] contar, relatar; conversar; charlar; mencionar; [설명하다] explicar; [고하다] avisar, anunciar; [상세히] describir. 서반아어로 ~ hablar en español. ···라고 ~ Se dice que···/ Dicen que··· 당신에게 말할 것이 있다 Tengo una cosa que decirle. 더 말할 것이 아무 것도 없다 No tengo nada más que decirle. 말씀하세요. [전화에서] Diga./ Dígame. 말하는 법에 조심해라 Ten cuidado con tu manera de hablar. 이것은 서반아어로 무어라고 말합니까? ¿Cómo se dice esto en español?/ ¿Qué quiere decir esto en español?/ ¿Qué significa esto en español?
맑다 ser limpio (claro·inocente).
맑스주의 marxismo. ~자 marxista.
맘모스 mamut (pl. mamuts). ~ 대학 universidad enorme. ~ 탱커 superpetrolero.
맘보 mambo. ~를 추다 bailar el mambo.
맛 sabor. ~이 좋은 sabroso, delicioso.
맛나다 ser sabroso (delicioso).
망(網) red. ~을 드디 hacer redes.
망(望) [살핌] vigilancia, desvelo. ~보다 vigilar.
망(望) [만월] luna llena; [음력 보름날] el quince del mes lunar.
망각(忘却) olvido, descuido. ~하다 olvidar.
망간(化) manganeso. ~광 manganesia.
망고(식) mango.
망국(亡國) país arruinado, nación conquistada. ~적인 ruinoso al Estado, decadente. ~적 문학 literatura decadente. ~ 국민 pueblo sin patria; 【문】 pueblo apátrida.
망년회(忘年會) reunión de despedida al año, fiesta de fin de año.
망라(網羅) ~하다 [포함] incluir (comprender·contener) todo algo; [수집] recoger todo algo.
망령(忘靈) alma en pena; [혼령] aparición, fantasma.
망루(望樓) atalaya, vigia.
망막(網膜) retina. ~염 retimitis f..
망막(茫漠) ~한 vasto y vago, inconmensurable.
망명(亡命) expatriación, exilio. ~하다 expatriarse, exil[i]arse. 미국에 ~하다 exiliarse a los (en los) Estados Unidos. ~자 exiliado, expatriado, refugiado político. ~ 정권 gobierno en [el] exilio. ~지 lugar de exilio. 정치 ~ asilo político.
망부(亡父) el difunto padre.
망부(亡夫) el difunto esposo.
망상 fantasia.
망설이다 vacilar, titubear. ~이지 않고 sin vacilación, sin duda.
망아지 potro, potrillo.
망원(望遠) ~경 [지상용] catalejo; [천체용] telescopio [astronómico]. ~경으로 보다 observar algo con el catalejo. ~ 렌즈 teleobjetivo. ~ 사진 telefoto.
망은(忘恩) ingratitud. ~의 ingrato.
망치 martillo. ~로 두들기다 amartillar, martillar.
맞다 tener razón, ser correcto. 당신 말이 ~ Tiene usted razón.
맞서다 desafiar, retar.
맞이하다 acoger.
매(조) halcón. ~사냥 halconería.
매가(買價) precio de compra.
매가(賣價) precio de venta.
매각(賣却) venta. ~하다 vender, despachar.
매개(每個) cada uno, cada una.
매개(媒介) mediación, intervención. ~하다 mediar, actuar como mediador. ····을 ~로 해서 por medio (por mediación·por conducto) de algo·uno. 전염병을 ~하다 transmitir una epidemia. ~자 mediador, medianero; [전염병의] portador, vehículo.
매국(賣國) traición a la patria. ~적인 desleal con (a) su patria. ~노 traidor a la patria.
매년(每年) todos los años, cada año. ~의 anual. ~ 4회 cuatro veces al año. ~ 8월에 todos los años en agosto.
매니큐어 manicura. ~를 하다 hacer la manicura a uno; [자신에게는] hacerse la manicura. ~사(師) manicuro. ~ 세트

매도(罵倒) injuria brutal (violenta), insulto, crítica acerba, ultraje. ~하다 decir a *uno* injurias, injuriar a *uno* violentamente, insultar, criticar a *uno* acerbamente.

매독(梅毒) sífilis. ~ 환자 sifilítico.

매다 〖동여매다〗 atar.

매달(每-) cada mes, todos los meses.

매력(魅力) encanto, atracción, gracia, fascinación. ~적인 encantador, atractivo, gracioso, fascinante. ~을 느끼다 ser atraído por *algo*·*uno*. 이 일은 ~이 있다 Me atrae este trabajo./ Este trabajo tiene su encanto.

매료(魅了)~하다 encantar, fascinar, cautivar a (el corazón de) *uno*, hechizar, seducir. 나는 그녀의 미성에 ~되었다 Su bonita voz me encantó.

매립(埋立) reclamación. ~하다 reclamar.

매만지다 ajustar, asear.

매매(賣買) compraventa; 〖거래〗 comercio, negocio, tráfico. ~하다 comprar y vender, traficar (comerciar·negociar) en (con) *algo*. 주의 ~ operaciones de bolsa, compraventa de acciones. 그는 토지의 ~에 종사하고 있다 Se dedica a la compraventa de terrenos. ~ 계약 contrato de compraventa.

매명(賣名) propaganda de su monbre. ~을 목적으로 con el fin de darse a conocer, con el objeto de hacer publicidad (propaganda) de *sí* mismo. ~ 행위 autobombo, propaganda de *sí* mismo.***

매몰(埋沒) entierro. 집은 토사에 ~되어 있다 La casa está sepultada bajo tierra.

매미 〖충〗 cigarra, chicharra.

매복(埋伏) acecho. ~하다 acechar.

매부(妹夫) cuñado, hermano político.

매상(買上) compra. ~하다 comprar.

매상고(賣上高) suma vendida. ~ 합계 suma total de las ventas.

매설(賣設)~하다 instalar (poner) *algo* debajo de la tierra.

매수(買收) compra; 〖사람을〗 soborno, cohecho. ~하다 comprar; 〖사람을〗 sobornar, cohechar. 정부는 그 토지를 ~했다 El gobierno expropió el terreno. 저 공무원은 업자에게 ~되었다 Aquel funcionario está sobornado por el industrial.

매수(枚數) número de hojas. 필요한 종이의 ~ número de jojas de papel necesarias.

매시(每時) ~ 60킬로로 a sesenta kilómetros por hora.

매연(煤煙) humo [de carbón] ; hollín.

매우 muy. ~ 잘 한다 muy bien. 그는 서반아어를 ~ 잘 한다 El habla muy bien el español.

매월(每月) todos los meses, cada mes. ~의 mensual. ~ 2회 dos veces al mes. ~ 두번째 토요일에 el segundo sábado de cada mes.

매음(賣淫) prostitución. ~하다 ganar con *su* cuerpo. ~녀·부 prostituta, ramera, puta. ~굴 prostíbulo, burdel lupanar.

매일(每日) todos los días, cada día. ~의 diario ; 〖일상의〗 cotidiano. ~ 여덟시에 todos los días a las ocho. ~ 목욕하다 bañarse diariamente. 나는 방과후 ~세 시간 일한다 Trabajo después de la escuela tres horas diarias.

매입(買入) compra. ~하다 comprar.

매장(埋葬) entierro, inhumación. ~하다 enterrar, inhumar, sepultar, dar sepultura a *uno*. ~ 허가서 permiso de enterramiento[subterráneo].

매장(埋藏) ~하다 enterrar; 〖숨기다〗 esconder *algo* bajo tierra. 석유 ~량 reservas de petróleo.

매점(買占) acaparamiento, monopolio. ~하다 acaparar, monopolizar. ~자 acaparador.

매점(賣店) puesto, tenderete ; 〖신문·꽃·청량 음료 등의〗 quiosco, kiosco.

매제(妹弟) cuñado, hermano político.

매주(每週) todas las semanas, cada semana. ~의 semanal. ~ 금요일에 cada viernes, todos los viernes.

매진(邁進) ~하다 luchar, actuar decididamente. 사업의 발전을 위해 ~하다 luchar (actuar decididamente) para desarrollar el negocio.

매체(媒體) medio, vehículo.

매초(每秒) cada segundo. ~ 5미터 속도로 a cinco metros de velocidad al (por) segundo.

매춘(賣春) prostitución. ~하다 prostituirse. ~하게하다 prostituir. ~ 금지법 ley contra la prostitución. ~부 prostituta, ramera, mujer pública ; 〖속〗 puta. ~ 부의 집 prostíbulo, burdel, lupanar.

매출(賣出) caza de víveres. ~하러 가다 ir de compras.

매형(妹兄) cuñado, hermano político.

매호(每戶) cada casa.

매혹(魅惑) atracción, encanto, fascinación, seducción. ~하다 atraer, encantar, fascinar, seducir. ~적 atractivo, fascinante, seductivo.

맥(貘) 〖동〗 tapir.

맥(脈) 〖맥박〗 pulso, pulsación, latido. ~이 빠르다 (늦다·약하다·불규칙하다) teer el pulso rápido (lento·débil·intercadente).

맥락(脈絡) hilo, coherencia; 〖관련〗 coneión, relación.

맥박 脈搏 pulso, pulsación. ⇨ 맥(脈).
맥아 麥芽 malta. ~당 maltosa.
맥주 麥酒 cerveza. 한 잔 의 ~ un vaso de cerveza, una [caña de] cerveza. ~를 제조하다 eloborar (fabricar) cerveza. ~ 제조업 industria cervecera. ~ 제조 회사 cervecería.
맨드라미 【식】 amaranto.
맨더리 cabeza pelada.
맨몸 cuerpo desnudo.
맨발 descalzo.
맨션 casa de piso ([멕시코] de condominios); [한 구획] piso, apartamento.
맨손 manos vacías.
맹견(猛犬) perro feroz. ~ 주의 Cuidado con el perro.
맹공(猛攻) ataque intenso. ~하다 atacar intensamente.
맹금(猛禽) ave de rapiña, ave rapaz. ~류 rapaces *(f.pl.)*.
맹렬(猛烈) violencia. ~한 violento, furioso, impetuoso. ~하게 violentamente, furiosamente, impetuosamente. ~한 공격 ataque violento (furioso). ~하게 공부하다 dedicarse intensamente al estudio; [학생 용어] empollar, amarrar.
맹목(盲目) ceguedad, ceguera. ~한 ciego. ~적으로 ciegamente, a ciegas.
맹방(盟邦) [país] aliado.
맹성(猛省) reflexión seria. ~을 촉구하다 incitar a *uno* a la reflexión seria.
맹세 juramento, voto. ~하다 juramentarse. ~를 어기다 romper el voto.
맹수(猛獸) fiera, bestia feroz; [고양이과의] bestia félida. ~ 사냥 caza de bestias feroces. ~ 사육사 domador.
맹아(盲啞) ciego y [sordo] mudo. ~ 교육 educación de ciegos y sordomudos. ~학교 escuela de ciegos [y sordomudos].
맹약(盟約) compromiso de honor; [동맹] pacto de alianza.
맹연습(猛演習) entrenamiento (ensayo) intensivo (severo). ~을 하다 entrenarse (ensayarse) intensivamente en *algo*. ~을 과하다 someter a *uno* a un entrenamiento (a un ensayo) intensivo.
맹우(盟友) amigo real (firme·confidencial), camarada *(m.)*.
맹위(猛威) violencia, furor, ferocidad. ~를 떨치다 rabiar, enfurecerse.
맹인(盲人) persona ciega, ciego.
맹장(盲腸) intestino ciego. ~염 apendicitis *(f.)*. 급성 ~염 apendicitis aguda.
맹점(盲點) punto ciego. 법의 ~을 이용하다 aprovechar (sacar partido de) las oscuridades de la ley.
맹종(盲從) obediencia ciega. ~하다 obedecer (seguir) a *uno* ciegamente.
맹폭(猛爆) bombardeo intensivo. ~하다 bombardear *un sitio* intensivamente.
맹휴(盟休) huelga, huelga de una escuela.
맺다 [매듭을] anudar, enredar, juntar; [결실] producir; [관계를] formar, hacer; [완결] terminar, concluir.
머리(頭) cabeza; [두뇌] cerebro; [정신 상태] mente *(f.)*; [머리털] pelo, cabello; [우두머리] líder, jefe.
머리카락 cabello, pelo. ~을 묶다 arreglar el pelo. ~을 빗다 peinar el pelo. ~을 자르다 cortar el pelo.
머리털 ⇨ 머리카락.
머무르다 quedarse; [쉬다] parar; [남아있다] quedar.
머뭇거리다 vacilar, titubear.
먹 tinta china. ~그림 pintura hecha con tinta china.
먹거리 comida.
먹다 comer, tomar. 아침밥을 ~ desayunar, tomar el desayuno. 점심을 ~ almorzar, tomar el almuerzo. 저녁밥을 ~ cenar, tomar la cena.
먼지 polvo. ~을 털다 sacudir el polvo, despolvar. ~털이 recogedor.
멀다¹ [거리] estar lejos. 내 집은 여기서 ~ Mi casa está lejos de aquí.
멀다² [눈이] ser ciego.
멀리 lejos. ~에서 a lo lejos.
멀미 [배·차 등] mareo. ~하다 marearse. ~합니다 Estoy mareado.
멈추다 parar.
멋 sutileza.
멋쟁이 dandi.
멍석 estera.
멍에 yugo.
멍청이 persona estúpida, tonto, bobo, idiota.
멍청하다 ser estúpido, tonto, bobo, idiota.
멍하니 fuera de *sí*.
메뉴 menú, lista de platos, carta [de platos]. ~ 좀 부탁드립니다 El menú, por favor. ~를 보여주십시오 Enséñeme la carta, por favor.
메니저 gerente, administrador.
메다 [어깨에] cargar al hombro.
메달 medalla. ~을 가슴에 달다 ponerse (llevar) una medalla en el pecho. 금~ medalla de oro. 은~ medalla de plata. 동~ medalla de bronce.
메뚜기 【충】 saltamontes, langosta.
메리야스 tela de punto. ~ 셔츠 camiseta. ~ 제품 artículos (géneros) de punto. ~ 하의 ropa de punto.
메모 memorándum, nota. ~ 용지 volante.

~장 libro borrador, libro do apuntes.
메소포타미아 【지】 Mesopotamia. ~의 mesopotámico.
메시지 mensaje ; [성명] declaración. ~를 보내다 enviar(dirigir) un mensaje a *uno*.
메신저 mensajero. ~ 보이 recadero.
메아리 eco.
메이데이 el primero de mayo.
메이커 [compañía] fabricante.
메조소프라노 mezzo·soprano ; [가수] mezzo·soprano (*f.*).
메탄 metano. ~ 가스 metano.
메트리스 colchón (*pl.* colchones.).
멕시코 【지】 Méjico, México. ~의 [사람] mexicano, mejicano.
멜로디 melodía.
멜로드라마 melodrama (*m.*).
멜론 melón.
멜빵 parihuelas (*f.pl.*).
멧돼지 jabalí.
며느리 hija política, nuera.
며칠날 qué día del mes. 오늘이 ~인가 ¿Cuál es la fecha de hoy? / ¿A cuántos estamos hoy?
며칠 [시일] qué día del mes ; [일수] Cuántos días, cuánto tiempo ; [수일] unos días.
멱살 garganta ; [옷깃] cuello.
면(綿) algodón. ~의 algodonero. ~공업 industria algodonera. ~제의 de algodón. ~양말 calcetines de algodón. ~화약 algodón pólvora.
면(麵) tallarín, fideo.
면담(面談) entrevista. ~하다 tener una entrevista [personal] con *uno*.
면도(面刀) navaja de afeitar. ~하다 afeitar. ~기 maquinilla de afeitar, afeitadora. 전기 ~기 afeitadora eléctrica.
면도칼(面刀─) navaja de afeitar.
면모(面貌) [얼굴의] semblante, cara, rostro ; [외형] aspecto.
면목(面目) honor, fama, reputación ; apariencia, aspecto. ~이 없다 tener vergüenza. ~을 얻다 ganar el honor. ~을 잃다 perder el honor (la reputación). ~을 일신 하다 cambiar completamente de aspecto (de apariencia), transformarse totalmente.
면밀(綿密) minucia, minuciosidad. ~한 minucioso. ~히 minuciosamente, detalladamente. ~한 계획을 세우다 planear *algo* minuciosamente (detalladamente), hacer un proyecto minucioso de *algo*.
면사(綿絲) hilo de algodón.
면사포(面紗布) velo nupcial (de boda).
면상(面上) *su* cara.
면상(面相) aspecto, semblante, cara, aire, ademán.
면세(免稅) exención de impuesto, exención de tributo libre, exención de franco de derechos, franquicia. ~의 exento de derechos. ~점 límite de exención, punto libre de impuestos. ~통과 tránsito. ~품 artículo libre de impuestos.
면소(免訴) sobreseimiento.
면식(面識) conocimiento [personal]. ~이 있는 conocido. ~이 없는 사람 desconocido, forastero. ~이 있다 conocer a *uno*. 나는 그와 ~이 있다 Le conozco. / ¿Es un conocido mío. 나는 그와 일 ~도 없다 No le conozco de nada. / Él me es completamente desconocido.
면양(綿羊) [수컷] carnero ; [암컷] oveja ; [집합적] ganado lanar.
면역(免疫) inmunidad. ~이 되다 inmunizarse. ~이 되어 있다 estar inmune a (contra) *algo*. ~성의 inmune. ~학 inmunología. ~학자 inmunologista (*m.f.*). ~ 화학 inmunoquímica.
면장(免狀) diploma, patente (*f.*) ; [허가증] licencia, permiso, autorización. ~을 주다 licenciar.
면적(面積) extensión, área, superficie. 광대 한 ~의 de una superficie enorme. 이 토지 의 ~은 얼마나 됩니까 ¿Cuál es la superficie de este terreno? 이 정원의 ~은 500 평방미터이다 La superficie de este jardín es de quinientos metros cuadrados / Este jardín tiene quinientos metros cuadrados de extensión. 그 도시의 ~은 약 70평방킬 로미터이다 La ciudad abarca un área aproximada de setenta kilómetros cuadrados.
면전(面前) …의 ~에서 delante (en presencia) de *uno*.
면접(面接) entrevista. ~하다 recibir a *uno* para una entrevista. ~ 시험 examen oral. ~원 entrevistador.
면제(免除) exención, franquicia, dispensa. ~하다 dispensar (eximir) a *uno* de *algo*. 그는 일을 ~받았다 Le eximieron del trabajo. 세금 ~ exención de impuestos, franquicia. 우편세 ~ franquicia postal (de porte).
면제품(綿製品) artículos de algodón. ~의 de algodón.
면죄(免罪) indulgencia, perdón. ~부 indulgencia.
면직(免職) desposición, destitución del servicio, destitución del empleo ; [해고] despedida. ~하다 destituir, deponer, despedir.
면직물(綿織物) tela (tejido) de algodón.
면포(綿布) tela de algodón, géneros de

면하다(免−) [벗어나다] escapar, huir, evitar.

면하다(面−) hacer frente, encararse.

면학(勉學) estudio. ⇨ 공부.

면허(免許) autorización, licencia, permiso, carné. ~장 licencia, permiso, carta de privilegio (특허), certificado (증서).

면화(綿花) algodón en rama. ~ 재배 cultivo de algodón.

면회(面會) entrevista. ~하다 entrevistarse con uno, tener una entrevista con uno. ~실 locutorio. ~ 사절 Se prohíben las visitas. ~인 visita, visitante (m.f.). ~일 (시간) día (hora) de recepción.

멸균(滅菌) esterilización. ~하다 esterilizar.

멸시(蔑視) desprecio, menosprecio. ~하다 despreciar, menospreciar.

멸망(滅亡) caída, hundimiento, derrumbamiento. ~하다 caerse. 로마 제국의 ~ la caída del Imperio romano.

멸치 【어】 anchoa.

명가(名家) familia famosa.

명감(名鑑) nómina, lista, directorio.

명곡(名曲) obra maestra de música, fragmento de música célebre.

명공(名工) virtuoso.

명구(名句) [단어·경구] sentencia, aforismo. ~집 colección de sentencias.

명군(名君) rey (monarca) sabio.

명기(銘記) ~하다 recordar bien, imprimir (grabar) algo en la memoria (en la mente)

명기(名器) vasija famosa; [악기] instrumento famoso.

명기(明記) ~하다 escribir algo claramente (precisamente). 계약서에는 …라 ~되어 있다 Consta en el contrato que + ind.

명년(明年) el año próximo (que viene).

명단(名單) lista.

명답(名答) respuesta acertada (ingeniosa).

명도(名刀) espada (sable) excelente ; [유명한] espada famosa.

명동(鳴動) ~하다 retumbar, hacer un ruido sordo.

명랑(明朗) ~한 jovial, alegre.

명령(命令) orden, mando, mandato ; [훈령·지시] dirección, instrucciones. ~하다 ordenar (mandar) algo a uno (a uno + inf. · que + subj.). ~적인 imperativo, perentorio. ~적으로 imperativamente, perentoriamente. ~법 [문] [modo] imperativo.

명료(明瞭) claridad, lucidez. ~한 claro, lúcido. ~하게 calmamente, lúcidamente, distintamente. ~하게 하다 hacer algo claro, aclarar.

명마(名馬) caballo estupendo ([유명한] renombrado).

명망(名望) denominación (fama); [인망] popularidad. ~가 persona de alta reputación.

명맥(命脈) vida. 겨우 ~을 유지한다 Apenas tiene vida. / Tiene poca vida. / Le sustenta un hilo de vida.

명명(命名) denominación, bautizo. ~하다 dencminar (bautizar) algo (a uno). 그 배는 A라 ~되었다 El barco fue bautizado con el nombre de A. ~법 nomenclatura. ~식 bautismo.

명목(名目) nombre, título ; [구실] pretexto, excusa. ~상의 nominal. …의 ~으로 a título de algo ; a (con·so) pretexto de algo. ~ 가격 precio nominal. ~ 임금 sueldo nominal.

명문(明文) texto formal.

명문(名門) casa ilustre, familia célebre (distinguida·noble). ~ 출신이다 ser de una familia distinguida, ser descendiente de una familia linajuda. ~교 escuela célebre.

명문(名文) prosa bella, pasaje excelente. ~가 estilista, prosista famoso. ~집 antología ; [교재용의] crestomatía.

명물(名物) [명산] producto especial (famoso).

명민(明敏) ~한 sagaz, perspicaz, inteligente, clarividente.

명백(明白) evidencia, claridad. ~한 claro, evidente, manifiesto, patente.

명복(冥福) 고인의 ~을 빌다 rogar por el descanso (el reposo) del alma de un difunto.

명부(名簿) lista, nómina, rol ; [등록부] matrícula, registro.

명사(名詞) su[b]stantivo, nombre.

명사(名士) personalidad, personaje distinguido ; [집합적] celebridades, notables.

명산(名産) producto famoso.

명상(瞑想) meditación, contemplación. ~하다 meditar, contemplar. ~적인 meditabundo, contemplativo. ~에 젖다 absorberse (sumergirse) en la meditación.

명석(明晳) claridad, lucidez, distinción. ~한 claro, lúcido, distinto.

명성(名聲) reputación, fama, renombre, prestigio. ~이 있는 reputado, famoso, renombrado, célebre. ~을 얻다 obtener (ganar·adquirir·cobrar) buena reputación. ~을 잃다 perder la reputación.

명세(明細) detalle. ~하게 detalladamente, minuciosamente, con todo detalle.

명세서(明細書) detalle, especificación. 지출 ~ relación detallada de gastos.
명소(名所) lugar (sitio) famoso (célebre), sitio de interés.
명수(名手) experto, maestro, virtuoso, perito. 오르간의 ~ virtuoso del órgano. 사격의 ~ excelente tirador.
명수(名數) número concreto (denominado).
명수(命數) duración de la vida.
명승(名勝) sitio (lugar) pintoresco.
명승(名僧) sacerdote eminente (célebre).
명시(明視) visión clara. ~거리 [distancia de] punto visual.
명시(明示) manifestación clara, indicación. ~하다 aclarar, especificar, manifestar, indicar, ilustrar.
명실(名實) nombre y realidad, fama y hecho. ~공히 de hecho lo mismo que de nombre, así en nombre como en realidad.
명안(名案) buena (excelente) idea. 그것은 ~이다 Es una buena (feliz) idea.
명암(明暗) luz y sombra, claridad y oscuridad; 【회화】 claroscuro. 인생의 ~ el haz y envés de la vida, aspecto bueno y malo de la vida.
명언(名言) dicho acertado, palabra acertada; [유명한] frase (f.) célebre; [기억할 만한] dicho inmortal, palabra memorable. 그것은 ~이다 ¡Qué bien dicho! ~집 colección de frases célebres.
명언(明言) afirmación, declaración. ~하다 afirmar (declarar·asegurar) [definitivamente].
명역(名譯) traducción excelente.
명연기(名演技) representación excelente
명예(名譽) honor, honra, fama. ~를 더럽히다 manchar honor. ~를 지키다 defender el honor. ~를 회복하다 rehabilitar a uno; [자신의] rehabilitarse. ~를 존중하다 respetar el honor. …으 ~로 하다 tener el honor de ~. 회원 miembro honorario. ~ 훼손 difamación, infamación. ~ 교수 profesor honorario, profesor emérito. ~심 sed de honor, amor de la gloria, apetito por fama, ambición. ~직 puesto honorario. ~ 박사 doctor honoris causa. ~ 시민 ciudadano honorario (en honor). ~ 회장 presidente de honor.
명왕성(冥王星) Plutón.
명우(名優) gran actor; [여자] gran actriz.
명월(名月) luna clara; [만월] luna llena.
명의(名義) nombre. ~상의 nominal. …의 ~로 en (a·bajo el) nombre de uno. A씨의 ~로 변경하다 transferir algo al nombre del señor A. ~ 변경 transferencia de nombre. ~인 testaferro; [대표자] representante (m.f.); [소유자]titular (m.f.) tenedor.
명의(名醫) gran médico, médico ilustre.
명인(名人) experto, maestro, virtuoso, perito, diestro, mano maestra.
명일(明日) mañana.
명일(命日) día de aniversario de la muerte.
명작(名作) bora maestra, obra famosa.
명장(名匠) [gran] maestro (artesano), maestro ilustre.
명장(名將) general ilustre, gran general.
명저(名著) [유명한] libro (obra) excelente; [유명한] libro célebre (famoso).
명절(名節) día festivo.
명제(命題) proposición.
명조(明朝) mañana por la mañana.
명주(明紬) seda.
명중(命中) acierto. ~하다 dar en el blanco, acertar [en] algo, dar en algo. 탄환을 ~시키다 acertar la bala en el blanco.
명찰(名札) tarjeta, tarjeta de negocios (상용의), plancha con el nombre.
명칭(名稱) nombre, nomenclatura, denominación.
명쾌(明快) ~한 claro y preciso, nítido, lúcido, bien definido. ~하게 claramente, nítidamente. ~한 판단 juicio claro.
명필(名筆) [글씨] buena caligrafía; [그림] cuadro maestro. ~가 maestro de caligrafía (de pincel).
명함(名啣) tarjeta [de visita]; [상용의] tarjeta de negocios. ~을 두고 가다 dejar su tarjeta. ~ 교환 tarjetearse, cambiar la tarjeta con uno.
명화(名畵) [그림] cuadro célebre, obra maestra de pintura; [영화] película célebre, obra maestra de cine.
명확(明確) claridad, certeza, exactitud, precisión. ~한 cierto, evidente, preciso, claro, exacto. ~히 claramente, exactamente, evidentemente, terminantemente.
몇 [약간] unos; [얼마] cuántos. ~해 cuántos años; unos años. ~살 cuántos años [de edad]. ~시 ¿qué hora? ~번이나 muchas veces. 나이가 ~입니까 ¿Cuántos años tiene usted?
모 [각] ángulo; [모서리] esquina.
모(毛) [털] pelo.
모(母) madre.
모(某) [모인] cierta persona, Don Fulano de Tal; [어떤] un, uno.
모가비 jefe.
모가지 cuello. ⇨ 목.
모계(母系) ~ 가족 familia materna. ~ 사회 sociedad matriarcal. ~제 matriarcado.
모교(母校) alma máter. 그의 ~는 서울대학교이다 Hizo su carrera en (Su alma máter

모국(母國) [madre] patria, nación progenitora. ~의 patrio. ~어 lengua materna.

모근(毛根) raíz del pelo.

모금(募金) colecta, cuestación, petición de donativos. ~에 응하다 contribuir a una colecta. ~ 운동 campaña para la recaudación de donativos.

모기 mosquito. ~가 물다 picar el mosquito.

모기장(一帳) mosquitera.

모녀(母女) madre e hija.

모노타이프 mototipo.

모닥불 hoguera.

모델 modelo. …을 ~로 하다 tomar *algo* por modelo. ~ 하우스 casa piloto.

모독(冒瀆) profanación, sacrilegio; [말에 의한] blasfemia. ~하다 profanar; blasfemar. ~적인 profanador, sacrílego; blasfemante. 신을 ~하다 blasfemar (proferir blasfemias) contra Dios. ~자 profanador; blasfemador.

모두 todo, todos; [사람] todo el mundo, todos los hombres; [물건] todas las cosas; [함께] todos juntos; [합계] en total, en total. ~에게 안부 전해 주십시오 Recuerdos a todos. 부모님, 형제 ~ 잘 있습니다 Mi padre, mi madre, mi hermano, todos están bien. 우리들은 ~해서 일곱입니다 Somos siete. ~ 조국을 위해 일어나거라 Levantaos todos para la patria.

모두(冒頭) principio. …의 ~에 at principio de…. ~ 진술 declaración de apertura.

모든 todo. ~ 사람은 죽기 마련이다 El hombre es mortal.

모란【식】peonía.

모래 arena. ~가 많은 arenoso. ~땅 terreno arenoso.

모략(謀略) estratagema, ardid, treta, artificio. ~을 꾸미다 urdir una estratagema.

모레 pasado mañana. ~ 아침(저녁) pasado mañana por la mañana (por la noche).

모로 [비스듬히] diagonalmente, oblicuamente, al sesgo; [옆으로] de lado.

모르다 1 no saber, no conocer, ignorar, desconocer. 모르는 desconocido. 어떨 줄 모르다 no saber qué hacer.

2 [깨치지 못하다] no entender (comprender).

3 [기억하지 못하다] no recordar, no acordarse de.

4 [경험이 없다] no tener experiencia.

모면(謀免) evasión, salida, escape. ~하다 evadir, eludir, huir de la dificultad.

모반(謀叛) rebelión, traición, levantamiento. ~을 일으키다 alzarse en armas. ~인 rebelde, conspirador, traidor, sublevado, insurgente.

모발(毛髮) cabello, pelo. ~ 건조증 xerasia.

모방(模倣) imitación; [모작] copia. ~하다 imitar; copiar. …을 ~해서 a imitación de *algo*. 이 그림은 미로의 ~이다 Este cuadro es una imitación de Miro. ~자 imitador; copiador.

모범(模範) modelo, ejemplo. ~적인 ejemplar. ~을 보이다 mostrar un ejemplo. …을 ~으로 하다 seguir el ejemplo de…. ~ 연기를 행하다 representar una demostración. ~ 아동 niño modelo. ~ 해답 corrección-modelo, modelo de corrección.

모병(募兵) recluta. ~하다 reclutar. ~ 담당자 reclutador.

모사(模寫) copia, reproducción. ~하다 copiar, reproducir.

모살(謀殺) asesinato premeditado. ~하다 asesinar. ~ 범인 asesino.

모색(摸索) ~하다 buscar a tientas *algo*, tantear, palpar.

모선(母線)【기하】generatriz.

모선(母船) buque factoría (nodriza).

모서리 esquina, canto, borde, ángulo.

모성(母性) maternidad. ~ 보호 protección de la maternidad. ~ 본능 instinto maternal. ~애 amor maternal.

모세 Moisés. ~의 십계 Los diez mandamientos [de Moisés].

모세관(毛細管) tubo capilar. ~ 현상 [fenómeno de] capilaridad.

모션 movimiento.

모순(矛盾) contradicción, conflicto, incompatibilidad. ~된 inconsistente, incompatible.

모스크 [회교 사원] mezquita.

모습 figura, aspecto, semblante.

모시다 servir.

모양(模樣) dibujo, diseño.

모욕(侮辱) insulto, ofensa; agravio, afrenta, ignominia, infamia. ~하다 insultar, ofender, injuriar, afrentar, infamar. ~적인 insultante, ofensivo, injurioso. ~을 당하다 recibir (sufrir) un insulto. 나는 그에게서 ~을 당했다 El me insultó.

모우(牡牛)【동】toro, buey.

모유(母乳) pecho de madre, leche materna. ~로 기르다 criar un niño dándole *su* pecho. 이 아이는 ~로 자랐다 Este niño ha sido criado con la leche de la madre (ha crecido a los pechos).

모으다 [여럿을] reunir, recoger, amontonar; [집중하다] concentrar; [저축하다]

ahorrar. ganar. 돈을 ~ ganar dinero.
모음(母音) vocal (f.). ~의 vocal, vocálico. ~사 vocal. ~화 vocalización. ~화 vocalizar. 강(약)~ vocal fuerte (débil). 개(폐)~ vocal abierta(cerrada). 이중~ diptongo. 삼중~ triptongo. 반~ semivocal.
모의(謀議) complot (pl.complots), conjura, conspiración, intriga. ~하다 tramar un complot, conjurarse, conspirar, intrigar ⇨ 음모.
모의(模擬) imitación, remedo. ~국회 simulacro de debates parlamentarios. ~시험 examen de prueba. ~전 simulacro.
모이 comida, alimento. ~를 주다 dar de comer.
모이다 reunirse.
모인(某人) Don Fulano de Tal.
모임 reunión, mitin. 어제 ~이 있었다 Ayer hubo una reunión.
모자(帽子) sombrero; [테가 있는] gorra; [테 없는] gorro; [파나마제] panamá (pl.panamáes); [총칭]tocado. ~를 쓰다 ponerse un sombrero. ~를 쓰고 있다 tener un sombrero puesto. ~를 쓰지 않고 con la cabeza descubierta. ~를 쓰지 않고 가다 ir con la cabeza descubierta. ~를 벗다 quitarse el sombrero, descubrirse. ~를 벗고 인사하다 saludar quitándose el sombrero. ~를 쓰고 가십시오 Siga con su sombrero puesto. ~걸이 percha [para sombreros]. ~점 sombrerería. ~점 주인 sombrerero.
모자(母子) la madre y el hijo. ~ 모두 건재하다 La madre y el hijo (Tanto el hijo como la madre) están sanos (en buen estado).
모자이크 mosaico. ~의 mosaico.
모조(模造) imitación. ~하다 imitar. ~의 de imitación; [위조] falso; [인공] artificial. ~가죽 cuero artificial. ~대리석 similimármol, imitación de mármol. ~보석 joya de imitación. ~진주 perla de imitación, perla artificial. ~다이아몬드 diamante falso. ~품 imitación, artículo contrahecho.
모조리 todo, enteramente.
모직물(毛織物) género de lana.
모집(募集) 1 [병사·노무자 등의] recluta, reclutamiento, leve; [지원자 등의] busca. ~하다 reclutar, hacer una leva (una recluta) de⋯; buscar. ~을 개시하다[예약동]abrir una suscripción de algo; [학교가]comenzar el reclutamiento de alumnos (de aspirantes). 사무원을 ~하다 hacer una convocatoria para puestos de oficinista. 참가자를 ~하다 buscar participantes. ~광고 anuncio de reclutamiento. ~인원 número de aspirantes admitidos.
2 [기금 등의] solicitación. 사채를 ~하다 emitir bonos. 공채를 ~하다 emitir (hacer) un empréstito.
모체(母體) [어머니의 몸] cuerpo de la madre; [기원] origen procedencia. A당의 ~는 B이다 El partido político A ha nacido de la sociedad B. 그의 선출 ~는 A노조이다 La organización que le ha delegado para la elección es el sindicato B.
모충(毛蟲) oruga.
모태(母胎) matriz.
모퉁이 esquina.
모포(毛布) manta, cobertor de lana. ~를 덮고 자다 dormir tapado (cubierto) con la manta.
모피(毛皮) forro de pieles.
모필(毛筆) pincel [chino]. ~로 쓰다 escribir con pincel.
모항(母港) puerto de origen.
모험(冒險) aventura. ~하다 aventurarse, correr (tener) un aventura. ~을 좋아하는 aventurero. 그 계획은 ~이다 Ese proyecto es arriesgado. 그것은 약간 ~이다 Es algo peligroso. ~가 aventurero. ~담 relatos de aventuras. ~담을 하다 contar (relatar) sus aventuras. ~소설 novela de aventuras.
모형(模型) modelo, maqueta. ~을 만들다 hacer un modelo (una maqueta). 100분의 1의 ~ maqueta a escala de una centésima. ~비행기 aeromodelo.
모호(模糊) vaguedad. ~한 vago, ambiguo, equívoco.
목 [동물의] cuello ; [인후] garganta. ~이 마르다 tener sed. ~이 아프다 tener dolor de garganta.
목가(牧歌) pastorela, pastoral, bucólica, égloga, idilio. ~적인 pastoral, bucólico.
목각(木刻) escultura de madera. ~의 esculpido en madera. ~인형 muñeca de madera.
목걸이 collar, gargantilla.
목검(木劍) espada de madera.
목격(目擊) ~하다 presenciar, asistir a algo, ser testigo. 범인을 ~하다 ver [con los propios ojos] al criminal. 나는 그 사건을 ~했다 Soy testigo de ese incidente. / Presencié el incidente. ~자 testigo de vista, testigo ocular (de vista), mirón.
목공(木工) [사람] carpintero, ebanista ; [일] trabajo de madera, artesanía en madera. ~기구 utensilios para trabajos en madera. ~품 objeto (obra) en (de)

목관(木棺) pipa de madera. ~ 악기 instrumento de madera; [총칭] maderas (f. pl.).
목구멍 garganta.
목금(木琴) xilófono. ~을 켜다 tocar el xilófono. ~ 연주가 xilofonista (m.f.).
목단(牧丹) peonía.
목도리 bufanda.
목덜미 nuca.
목동(牧童) pastor, pastorcillo, zagal; [거세한 소의] boyero; [소의] vaquero; [양의] ovejero; [산양의] cabrero.
목련(木蓮) [꽃] magnolia; [나무] magnolio.
목례(目禮) saludo silencioso. ~하다 saludar a uno con los ojos (con la cabeza).
목록(目錄) catálogo; [리스트] lista; [대장의] inventario; [문헌 등의] repertorio.
목마(木馬) caballo de madera. 트로이의 ~ caballo de Troya.
목마르다 tener sed.
목면(木綿) algodón. ~을 tejido de algodón. ~사(糸) hilo de algodón.
목사(牧師) pastor, cura protestante.
목산(目算) cálculo, estimación. ~을 하다 calcular, estimar.
목성(木星) Júpiter.
목소리 voz, tono.
목수(木手) carpintero.
목숨 vida. 귀한 ~ vida preciosa.
목요일(木曜日) jueves [단·복수 동형].
목욕(沐浴) baño. ~하다 tomar un baño, bañarse. ~을 준비하다 preparar un baño. ~물을 데우다 calentar [el agua para] el baño. ~을 시키다 bañar. ~물이 준비되었다 El baño está preparado. ~물이 뜨겁다 (미지근하다) El baño está caliente (tibio). 대중 ~탕 baño público. ~실 [cuarto de] baño. ~실 딸린 방 habitación con baño. ~ 수건 toalla [de] baño. ~탕 baño. ~통 bañería, bañera.
목장(牧場) granja, ganadería; [남미] rancho; [목초지] prado, pasto; [작은] pradejón; [집합적] pradera. ~을 경영하다 administrar (dirigir) una granja. ~주 ganadero, propietario de una granja; ranchero.
목재(木材) madera. ~의 maderero. ~집 casa de madera. ~ 취급하는 사람 maderero. ~점 maderería.
목적(目的) fin, objeto, objetivo, finalidad; [의도] propósito, intención. …의 ~으로 a fin de. ~을 가지고 con el objeto de, intentar, pretender. ~을 달성하다 conseguir (lograr) su objeto, realizar su propósito. ~을 정하다 fijar el objeto. ~물 objeto. ~격 caso acusativo. ~론 teleología. ~어 objeto. ~지 destinación, destino.

목전(目前) ~의 inmediato, inminente, todo cercano. ~에 임박하다 estar inminente. 승리는 ~에 있다 La victoria la tenemos ya ante los ojos. 그는 출발을 ~에 두고 있다 Está cercana su salida. 시험이 ~에 임박해 있다 El examen está a la vuelta de la esquina.
목젖【해】 úvula. ~ 염증 uvulitis.
목제(木製) ~의 de madera, hecho de madera.
목조(木造) ~의[construido] de madera. ~ 가옥 (건축·선박) casa (edificio·barco) de madera.
목차(目次) índice, tabla de materiales (de contenido).
목초(牧草) pasto, hierba. ~를 뜯어먹다 pacer, pastar. ~지 dehesa, pasto, coto de ~[공동 사용의] pastuaje.
목축(牧畜) ganadería, cría de ganado. ~의 ganadero. ~ 업자 ganadero. ~ 지대 región ganadera.
목측(目測) cálculo con los ojos. ~하다 calcular algo con los ojos, medir algo con los ojos, medir algo a ojo [de buen cubero].
목침(木枕) almohada de madera.
목탄(木炭) carbón de madera; [디자인용의] carboncillo. ~화 dibujo a carbón.
목판(木版) grabado en madera, xilografía. ~술 xilografía. ~화 xilografía, grabado en madera. ~ 화가 xilógrafo, grabador.
목표(目標) fin, objeto, meta, objetivo. ~에 달하다 conseguir su objetivo, llegar a la meta. 금년의 ~는 매상을 두 배로 하는 것이다 La meta de este año es doblar las ventas.
목하(目下) por el momento, ahora, presente, actualmente. ~의 actual, presente, de momento. ~ 아무 일없이 무사하다 Por el momento todo está en orden. 그 문제는 ~ 검토 중이다 El problema está sometido a examen.
목화(木化) algodonero; [솜] algodón. ~ 밭 algodonal. ~솜 algodón en rama. ~송이 hilo de algodón en bolas. ~씨 semillas de algodón.
몫 parte, porción.
몬로 Monroe. ~주의 doctrina de Monroe.
몬순 monzón.
몰골 aspecto, forma.
몰다 [자동차 등을] conducir.
몰두(沒頭) ~하다 quedarse absorto en algo. 그는 연구에 ~하고 있다 Está absorto en su investigación.

몰락(沒落) caída, hundimiento, derrumbamiento. ~하다 decaer, hundirse. ~ 귀족 noble decaído.

몰래 en secreto, secretamente.

몰몬교(-敎) mormonismo. ~ 신자 mormón.

몰수(沒收) confiscación. ~하다 confiscar. 그 경관에게 카메라를 ~당했다 Un policía le confiscó la cámara fotográfica. ~품 artículo confiscado.

몰아(沒我) absorbimiento.

몰아내다 expeler, expulsar, arrojar.

몰인정(沒人情) inhumanidad, falta de compasión. ~한 inhumano, duro, poco amable.

몰핀 morfina. ~ 중독 morfinismo.

몸 cuerpo. ~조심해라 Ten cuidado.

몸뚱이 cuerpo.

몸씨 sujeto.

몸매 figura, forma.

몸집 cuerpo, figura, estatua.

못¹ clavo. ~을 박다 clavar. ~뽑이 sacaclavos.

못² estanque, lago, charca.

몽고(蒙古) [지] Mogolia. ~의 mongol, mongólico. ~ 반점 mancha mongólica. ~인 mongol. 내(외) ~ Mongolia Interior (Exteriror).

몽땅 todo, completamente, enteramente, perfectamente.

몽둥이 palo, bastón, garrote. ~로 때리다 apalear, dar golpes con palo (garrote·bastón).

몽롱(朦朧) 의식이 ~하다 tener la conciencia confusa (vaga·oscura). 나는 의식이 ~해졌다 Mi conciencia se ha empañado (se ha vuelto confusa).

몽매(夢昧) ignorancia. ~하다 ser ignorante.

몽상(夢想) ensueño, sueño, ilusión, visión. ~하다 soñar con *algo*, forjarse (hacerse) ilusiones de *algo*. ~가 soñador; utopista (*m.f.*), visionario.

몽유병(夢遊病) so[m]nambulismo. ~의 so[m]námbulo. ~자 so[m]námbulo.

몽정(夢精) polución [nocturna].

몽타주 montaje. ~ 사진 [범인의] fotomontaje, foto robot.

묘 [무덤] tumba, sepulcro.

묘(墓) tumba, sepulcro, sepultura. ~를 만들다 erigir una tumba, colocar una lápida. ~를 파다 excavar una tumba. ~를 참배하다 visitar la tumba. ~를 파는 인부 sepulturero, enterrador. ~지기 guardián del cementerio.

묘(廟) [종묘] mausoleo.

묘계(妙計) proyecto (plan·idea) genial.

묘기(妙技) destreza, habilidad.

묘령(妙齡) edad casadera. ~의 en flor de la vida.

묘미(妙味) encanto indefinible.

묘방(妙方) este.

묘방(妙方) receta medicinal excelente.

묘법(妙法) método excelente.

묘비(墓碑) lápida sepulcral. ~명 epitafio.

묘사(描寫) descripción, dibujo, bosquejo. ~하다 describir, dibujar, bosquejar.

묘수(妙手) [바둑 등의] buena jugada.

묘안(妙案) buena idea, idea excelente. 그에게 ~이 떠올랐다 Se le ocurrió una buena idea.

묘약(妙藥) específico, remedio infalible.

묘지(墓地) cementerio, camposanto, campo santo.

묘지(墓誌) epitafio, inscripción sepulcral.

묘책(妙策) buena idea. ⇨ 묘안.

묘표(墓標) lápida sepulcral.

묘하다(妙-) ser extraño (raro·curioso·singular·extraordinario). 묘한 남자 hombre raro. 묘한 얼굴 cara perpleja. 묘한 시선 mirada extraña. 묘한 복장 ropa extraña.

무(無) nada; [공허] vacío. ~로 돌아가다 reducir a la nada. ~에서 유(有)는 생기지 않는다 Nada puede salir (nacer) de la nada.

무가치(無價値) nonada. ~의 sin valor, que no vale nada.

무감각(無感覺) insensibilidad, letargo. ~한 insensible, paralizado.

무감찰(無鑑札) ~의 sin licencia.

무겁다 [무게] ser pesado.

무게 [중량] peso. ~를 달다 pesar. ~가 있다 ser pesado.

무경쟁(無競爭) ~으로 당선되다 ser elegido sin competencia (sin opositor).

무경험(無經驗) inexperiencia, falta de experiencia. ~의 inexperto, novel, imperito; [초심의] novicio. ~하다 ser inexperto, carecer de experiencia. ~자 inexperto, novicio.

무계획(無計劃) falta de plan (de proyecto). ~한 sin proyecto. ~하게 여행하다 viajar sin [fijar] plan.

무고(誣告) denuncia falsa. ~하다 formular una denuncia falsa. ~죄 delito de denuncia falsa.

무곡(舞曲) danza, música de baile. 서반아 ~제 5번 danza española No. 5.

무골(武骨) tosquedad, rudeza. ~의 brusco, rudo.

무관(武官) militar; [대사관부의] agregado militar ([해군] naval).

무관(無關) ⇨ 무관계.

무관(無冠) ~의 sin corona. 신문기자는 ~의 제왕이라고 한다 Se dice que el periodista es un rey sin corona.

무관계(無關係) 그는 이 사건과는 ~하다 No tiene nada que ver con este suceso.

무관심(無關心) indiferencia, falta de interés, desapego. ~한 indiferente a *algo*. ~하다 quedarse indiferente a *algo*, no tener interés en (por) *algo*. ~한 체 하다 fingir (afectar) indiferencia. 젊은이들은 정치에 ~하다 Los jóvenes no muestran ningún interés en (por) la política.

무교육(無教育) ~한 inculto, poco instruido, ignorante.

무구(武具) armadura.

무궁(無窮) eternidad.

무궤도(無軌道) ~의 extravagante, desarreglado, desordenado. ~한 젊은이들 jóvenes excéntricos (incontrolados). ~전차 tranvía sin riel.

무균(無菌) ~상태·~법 asepsia. ~상태의 aséptico.

무급(無給) ~의 no pagado, no remunerado. ~으로 일하다 trabajar sin cobrar nada. ~조수 ayudante *(m.f.)* no remunerado.

무기(武器) armas. ~를 들다 tomar las armas. ~를 버리다 dejar las armas. ~를 빼앗다 quitar las armas (desarmar) a *uno*. ~고 arsenal. ~탄약 armas y municiones.

무기(無期) ~의 ilimitado, indefinido, no fijo. ~연기 aplazamiento indefinido. ~연기하다 aplazar *algo* indefinidamente. ~징역 trabajos forzados a perpetuidad. ~징역에 처하다 condenar a *uno* a presidio perpetuo.

무기(無機) ~의 inorgánico. ~물 materia inorgánica. ~화학 química inorgánica (mineral). ~화합물 compuesto inorgánico.

무기(舞妓) danzarina, bailarina, danzadora, bailadora.

무기력(無氣力) inercia. ~한 inerte, lánguido, sin energía. ~한 생활을 하다 llevar un vida lánguida, vivir en la inercia.

무기명(無記名) ~의 no registrado, sin nombre. ~예금 depósito no inscrito. ~채권 bono al portador. ~투표 voto secreto, votación secreta. ~투표를 하다 efectuar una votación secreta.

무기한(無期限) ~의 ilimitado, indefinido. ~으로 ilimitadamente, indefinidamente. ~파업 huelga ilimitada.

무난(無難) ~한 pasable, sano, ileso. ~히 sano, ileso, sin novedad. 이렇게 하면 ~할 것이다 Si haces esto, te evitarás complicaciones. 이 옷을 입는 것이 ~하겠다 Con este vestido saldrás airosamente (no tendrás complicaciones). 그는 그 곡을 ~히 연주했다 Tocó la pieza más o menos bien.

무남독녀(無男獨女) sola hija.

무너뜨리다 derivar, subvertir, demoler, destruir.

무너지다 hacer derrumbarse, decaer, romperse.

무녀(巫女) sacerdotista, vestal *(f.)*, bruja.

무념(無念) mortificación, resentimiento.

무능(無能) incompetencia, ineficacia, incapacidad, inhábil. ··한 인간 hombre incapaz. 당국의 ~을 비난하다 criticar la incompetencia de la autoridad.

무능력(無能力)【法】incapacidad. 법적으로 ~한 incapaz. ~자 incapaz *(m.f.)*.

무늬 figura. ~있는 비단 seda floreada.

무단(無斷) ~으로 sin aviso, sin decir nada; [허가 없이] sin permiso. 일을 ~으로 쉬다 descansar del trabajo sin avisar. 타인의 집에 ~으로 들어가다 entrar en una casa ajena sin llamar a la puerta. 나는 형의 카메라를 ~으로 가지고 나왔다 Me llevé la cámara de mi hermano sin pedir permiso. ~전재를 금함 "Reservados todos los derechos."

무담보(無擔保) ~로 sin prenda, sin garantía, al descubierto.

무당(巫堂) hechicera.

무당벌레【곤충】coccinela.

무대(못난이) bobo, idiota, tonto.

무대(舞臺) tablado, tablas *(f.pl.)*, escenario, escena. ~에 서다 pisar las tablas. ~에 오르다 salir al escenario, aparecer en escena (en el tablado). ~이면의 사정에 밝다 estar al tanto de lo que ocurre entre bastidores. ~가 바뀌다 Cambia la escena. 이 소설은 마드리드의 뒷골목으로 ~하고 있다 Esta novela se desarrolla en las callejuelas de Madrid. 이 마을은 대사건의 ~가 되었다 Esta aldea se ha convertido en el teatro de un gran acontecimiento. 그는 세계를 ~로 활약하고 있다 Despliega sus actividades por el mundo entero. ~감독 director de escena. ~미술 escenografía. ~미술가 escenógrafo. ~의상 vestuario de teatro. ~음악 música escénica. ~장치 decoración. ~효과 efecto escénico (teatral). 활동~ esfera (campo) de acción.

무더기 pila, montón.

무던하다 [너그럽다] ser generoso; [충분하다] ser bastente (suficiente).

무덤 tumba, sepulcro, cementerio.

무덥다 ser sofocante. 무더운 날씨 tiempo sofocante.

무도(無道) maldad, inhumanidad, acción malvada. ~하다 ser malvado (cruel・inmoral・inhumano).

무도(武道) arte militar.

무도(舞蹈) danza, baile. ~하다 bailar, danzar. ~ 교사 maestro de baile (danza). ~자 danzador, bailador, bailarín, danzarín. ~장 sala de baile.

무독(無毒) incapacidad de hacer daño.

무두장이 curtidor, zurrador.

무두질 curtimiento, zurra. ~하다 curtir, zurrar, adobar, aderezar. 가죽을 ~하다 adobar (aderezar) pieles.

무득점(無得點) [시합에서] ~으로 끝나다 no ganar tantos (quedarse a cero)[en un partido].

무디다 [칼날이] sin filo (corte); [둔하다] estúpido, torpe; [말씨가] tronco, descortés.

무뚝뚝하다 ser bronco (áspero・descortés・tosco・grosero・rudo). 무뚝뚝한 사람 persona bronca.

무럭무럭 [성장] rápidamente, bien; [냄새・연기가] densamente.

무려(無慮) unos, unas, poco más o menos, aproximadamente.

무력(武力) poder (fuerza) militar. ~에 호소하다 recurrir a las armas. ~에 의해 해결하다 solucionar *algo* mediante las armas. ~ 개입・간섭 intervención armada (del ejército). ~ 교섭 negociación respaldada por las armas. ~ 행사 uso de las armas.

무력(無力) falta de fuerza, impotencia; [약함] debilidad. ~한 impotente, débil, falto de fuerza, ineficaz. ~함을 느끼다 sentirse abatido (débil). 나는 이 건에 ~하다 Yo soy impotente en este asunto. ~감 sentimiento de impotencia (de debilidad).

무렵 tiempo, cuando. ~에 cuando. 그 ~에 entonces.

무례(無禮) falta de urbanidad, descortesía, insolencia. ~한 descortés, desatento, falto de urbanidad, insolente.

무뢰한(無賴漢) canalla, pillo, pillastre, tunante.

무료(無聊) tedio, fastidio, aburrimiento. ~한 tedioso, fastidioso.

무료(無料) gratuito, libre. ~로 gratis, sin pagar nada, gratuitamente, de balde. 이 팸플릿은 ~이다 Este folleto es gratis. ~ 봉사 servicio gratuito (voluntario). ~ 숙박소 asilo. 입장 ~ entrada libre. ~ 입장권 billete (entrada) gratuito (de favor).

무릎 rodilla.

무리¹ [한패] compañía, cuadrilla, gavilla; [떼] grupo, gentío; [떨] estación.

무리² [해・달의] halo, halón, corona.

무리(無理) irracionalidad, violencia, sinrazón. ~한 violento, imposible, forzado. ~하게 por fuerza, violentamente.

무면허(無免許) ~ 운전을 하다 conducir un coche sin licencia (sin permiso).

무명 algodón. ~실 hilo de torzar (de pelo); [방직용] hilaza de algodón.

무명(無銘) ~의 sin firmado.

무명(無名) ~의 anónimo, desconocido, sin nombre. ~의 신인 debutante sin fama. ~ 전사의 묘 tumba del soldado desconocido. ~씨 anónimo.

무명지(無名指) ⇨ 약지(藥指).

무모(無毛) ~의 lampiño, falto de pelos. ~증 atriquia, atricosis (*f.*).

무모(無謀) temeridad. ~한 atrevido temerario. ~하게도 temerariamente, imprudentemente, irreflexivamente. ~한 투기 especulación arriesgada.

무미(無味) ~한 insípido, soso, de mal gusto, sin sabor, sin gusto. ~ 건조한 sin gracia, llano, insulso, prosaico, sin sabor, soso.

무방비(無防備) ~의 indefenso. ~ 도시 ciudad abierta.

무법(無法) sinrazón, ilegalidad, ultraje. ~의 ilícito, irrazonable, violento, exorbitante. ~자 persona fuera (al margen) de la ley; bruto.

무병(無病) ~하다 gozar de buena salud, estar sano y salvo. ~을 빌다 rogar por la salud y la felicidad de *uno*.

무보수(無報酬) ~의 gratuito; [자원의] voluntario. ~로 gratuitamente; voluntariamente. ~로 일하다 trabajar gratuitamente.

무분별(無分別) falta de juicio, imprudencia, irreflexión, insensatez; [경솔] ligereza. ~한 imprudente, inconsiderado, irreflexivo, insensato; ligero. ~하게 imprudentemente, inconsiderablemente, a la ligera. ~하게 행동하다 comportarse imprudentemente.

무불통지(無不通知) conocimiento (sabiduría) extenso. ~한 사람 enciclopedia (diccionario) andante.

무사(武士) guerrero, caballero, soldado. ~도 caballería.

무사(無事) seguridad, sosiego, buena salud. ~한 salvo, sano, quieto, sosegado. ~히 sin novedad, sano y salvo, sin contratiempo, a salvo; [상품 등이] perfectamente, en buen estado, en debida forma. ~하다 [건강] estar bien, gozar de buena salud, pasarlo bien; [안전] estar en paz (en seguridad). 자식의 ~을 축원하다 orar por la buena salud de *su* hijo. 그는 ~히 귀가했다 Volvió a casa sin novedad. 나는 아들이 ~한 것을 보고 안심했다 Estoy tranquilo al ver a mi hijo sano y salvo. ~하시기를 빕니다 [여행하는 사람에게] [Le deseo un] Buen viaje. 화재가 있었지만 나의 집은 ~했다 Mi casa salió indemne del incendio. 수술은 ~히 끝났다 Ha terminado bien la operación. 물건은 ~히 도착했다 Ha llegado el artículo en buenas condiciones.

무사/ imparcialidad, abnegación. ~한 imparcial, desinteresado.

무사고(無事故) ~ 운전을 하다 conducir un coche [por largo tiempo] sin accidente.

무사마귀 verruga.

무산(無産) ~ 계급 proletariado. ~자 proletario.

무상(無常) mutabilidad, instabilidad, transitoriedad, fugacidad. ~한 pasajero, transitorio, fugaz. 세상의 ~을 느끼다 sentir (experimentar) la transitoriedad del mundo (la instabilidad de las cosas terrenas).

무상(無償) ~의 gratuito, sin recompensa. ~으로 gratuitamente, gratis, de balde.

무상(無上) ~의 supremo, sumo, altísimo. ~의 영광 hohor supremo. ~의 기쁨 gozo(placer) supremo.

무상출입(無常出入) ~하다 visitar libremente.

무색(-色) color teñido. ~옷 ropa colorante.

무색(無色) acromatismo. ~의 transparente, incoloro. ~투명한 incoloro y transparente. 정치적으로 ~이다 ser neutral políticamente, carecer de color político.

무생물(無生物) objectos inanimados, natura inanimada. ~계 mundo inanimado.

무서리 primavera escarcha.

무서움 miedo, temor, horror.

무서워하다 temer, tener miedo. 개를 ~ tener miedo del perro. 나는 개를 무서워한다. Temo (Tengo miedo del) el perro.

무선(無線) ~의 inalámbrico. ~으로 por radio. ~기사 • ~사 radiotelegrafista (*m.f.*); [비행기의] radionavegante. ~방송 radio (f.), radiodifusión. ~설비 equipo radioeléctrico. ~유도 [조종사에] dirección por radio; [무인기 등의] teledirección. ~유도하다 dirigir *algo* por radio. ~전보 radiotelegrama (*m.*). ~전신 radiotelegrafía, radiograma, telégrafo sin hilos. ~전신국 estación (central) radiotelegráfica. ~전신으로 por radiotelegrafía. ~전신기 aparato radiotelegráfico. ~전화 teléfono sin hilos, radiotelefonía. 아마추어 ~가 radioaficionado.

무섭다 [겁나다] ser terrible; [사납다] ser fiero (feroz·cruel). 무서운 꿈 sueño terrible.

무성(無性) ~의【생】asexual, asexuado. ~생식 generación asexual.

무성(茂盛) frondosidad. ~하다 crecer frondoso. ~한 frondoso.

무성(無聲) ~영화 película muda. ~음【언어】sonido sordo.

무성의(無誠意) doblez, disimulación. ~하다 ser doble (poco sincero).

무세(無稅) exención de derechos, dispensa de impuestos. ~의 libre (extento) de derechos, dispensado de impuestos, franco de derechos, dispensado de impuestos; [관세가] exonerado. 연수입 100만원 이하는 ~이다 Los que ganan menos de un millón de wones al año están extentos de impuestos. ~품 artículos libres.

무소【동】rinoceronte.

무소속(無所屬) independencia, neutralidad. ~의 independiente, neutro. ~의원 diputado sin pertenencia (independiente).

무수(無手) ~ 알코올 alcohol anhidro.

무수(無數) sinnúmero. ~한 innumerable, un sinnúmero de…, infinito, incalculable. ~히 innumerablemente, infinitamente, incalculablemente.

무술(武術) artes y marciales (militares).

무슨 qué. ~ 일이냐 ¿Qué te pasa?

무승부(無勝負) empate.

무시(無視) ~하다 no prestar atención a *algo · uno*, no hacer caso de *algo · uno*, desatender. 법을 ~하여 con desprecio (con desden) de la ley, ignorando la ley. 여론을 ~하여 desatendiendo (no teniendo en cuenta) la opinión pública. 그는 부모님의 의견을 ~하고 결혼했다 Se casó no haciendo caso de la opinión de sus padres.

무시무시하다 ser terrible (espantoso · horroroso · formidable · espantador). 무시무시한 광경 escena terrible.

무시험(無試驗) ~으로 sin examen, sin examinarse.

무식(無識) ignorancia, analfabetismo. ~하다 ser ignorante, analfabeto.

무신경(無神經) insensibilidad, apatía. ~의 insensible, calloso. ~한 남자 hombre poco delicado. 그는 ~이다 Carece de

무신론(無神論) ateísmo. ~의 ateo. ~자 ateísta, ateo.
무신앙(無信仰) incredulidad. ~의 incrédulo, descreído.
무실(無實) inocencia, mentira, falta de realidad. ~의 falso, mendaz.
무심(無心) ~한 inocente.
무아(無我) éxtasis, desinterés, abnegación. ~의 extático, desinteresado, desprendido. ~의 경지에 이르르다 llegar al estado extático, llegar a un estado espiritual de perfecta abnegación.
무안(無顏) vergüenza, deshonra. ~하다 tener vergüenza, avergonzarse de, correrse de, sonrojarse.
무언(無言) silencio, callada, taciturnidad. ~의 silencioso, callado, tácito. ~으로 en silencio, silenciosamente. ~으로 있다 quedarse silencioso. ~의 행동을 하다 guardar un silencio religioso ; guardar un silencio absoluto, encerrarse en el mutismo.
무언극(無言劇) pantomima.
무엄(無嚴) impudencia, insolencia, inmodestia. ~하다 ser impudente (descarado·insolente).
무엇 qué ; algo. ~이나 todo, cada cosa. ~때문에 por qué. ~이 어쨌다고 ¿Qué? / ¿Qué dices? ~때문에 그런 짓을 했느냐 ¿Por qué lo hiciste? ~이고 하겠소 Yo haré algo.
무역(貿易) comercio exterior (internacional), intercambio comercial ; [어떤 나라와] ~하다 comerciar (negociar·traficar) [con un país] en algo. ~에 종사하다 dedicarse al comercio exterior. 한국과 남미와의 ~은 성하지 않다 El comercio entre Corea y los países sudamericanos no está en pleno desarrollo. ~국 país exportador [e importador]. ~ 결산 balanza comercial. ~ 관습 costumbre de comercio internacional. ~ 불균형 desequilibrio de la balanza comercial. ~상 [수출상] exportador ; [수입상] importador. 그는 ~상이다 Se dedica al comercio exterior. ~ 상사 casa comercial. ~ 수지 balanza comercial. ~ 시장 mercado internacional. ~외 거래 comercio invisible. ~외 수지 항목 partidas invisibles. ~정책 política del comercio exterior. ~항 puerto de comercio exterior. ~풍 vientos alisios. 한미 ~ comercio entre los Estados Unidos y Corea.
무연(無緣) sin relaciones. 그는 학문과는 ~한 사람이다 Es un hombre ajeno (indiferente) al estudio. / El estudio no significa nada para él. ~ 묘지 cementerio olvidado (desamparado).
무연(無煙) ~의 sin humo. ~탄 carbón sin humo, antracita. ~ 화약 pólvora sin humo.
무예(武藝) artes marciales (militares.)
무욕(無慾) desinterés.
무용(無用) ~의 inútil, innecesario.
무용(舞踊) danza, baile. ~하다 danzar, bailar. ~가 bailarín ; [여자] bailarina. ~음악 música de danza. 한국 ~ baile coreano.
무용(武勇) valentía, bravura ; [무훈.] hazaña, proeza. ~담 cuento (historia) de hazaña. ~담을 말하다 contar las hazañas.
무운(武運) suerte guerrera, suerte bélica. ~이 없어서 poco favorecido por la suerte de la guerra.
무운(無韻) ~의 sin rima. ~시 verso libre (suelto).
무위(無爲) ociosidad, desocupación, holganza, pereza. ~의 ocioso, desocupado, perezoso. ~ 도식하다 llevar una vida ociosa, vivir ociosamente (en la ociosidad). ~ 도식자 zángano.
무의미(無意味) ~한 sin sentido, insignificante, vacío, absurdo, inútil. ~하게 absurdamente, para nada. ~한 것을 말하다 decir cosas insignificantes (absurdas). 그런 일은 ~하다 No tiene sentido [hacer] ese trabajo. / Ese trabajo está desprovisto de sentido.
무의식(無意識) inconsciencia, sin conocimiento. [심] inconsciente. ~적인 inconsciente, involuntario. ~적으로 inconscientemente, involuntariamente. ~상태에 있다 encontrarse (estar) en un estado inconsciente.
무의촌(無醫村) aldea (pueblo) sin médico.
무이(無二) ~의 único, sin igual, incomparable. ~한 친구 amigo íntimo.
무이자(無利子) ~의 no paga intereses, sin rédito. ~로 빌려주다 prestar sin interés.
무익(無益) inutilidad. ~한 inútil. ~한 살생을 하다 matar para nada (inútilmente). ~하게 inútilmente.
무인(拇印) sello del pulgar. 서류에 ~을 찍다 poner un sello con el pulgar al documento.
무인(無人) ~의 inhabitado, desierto. ~도 isla inhabitada (desierta.) ~ 비행기 avión sin piloto. ~ 차단기 paso a nivel sin guardián.
무임(無賃) ~의 libre de, gratuito, de balde. ~으로 gratis, de balde. ~ 승차를 하다 viajar sin billete.

무임소(無任所) sin cartera. ~ 장관 ministro sin cartera.

무자격(無資格) falta de capacidad, inhabilidad. ~의 sin título, sin licencia, sin certificado, no diplomado. ~ 교원 maestro no titulado. ~ 의사 médico no calificado. ~자 persona no calificada.

무자비(無慈悲) falta de compasión, falta de corazón. ~한 cruel, despiadado, sin piedad (compasión).

무작위(無作爲) ~ 추출법 elección al azar, muestrario por azar.

무장(武將) general, capitán.

무장(武裝) ~ armamento, equipo bélico. ~하다 armar, equipar; [자신을] armarse. ~한 armado. ~을 해제하다 desarmar (desguarnecer) a *uno*. 소총으로 ~하다 armarse con (de) un fusil. ~ 경관 policía armado. ~ 해제 desarme.

무저항(無抵抗) no resistencia. ~의 no resistente. ~주의 no resistencia. ~주의자 no resistente (*m.f.*).

무적(無敵) ~의 sin par, invencible, insuperable, sin rival. ~ 함대 Armada Invencible.

무전(無電) radiografía. ~을 치다 radiografiar, enviar (poner) un radiograma. ~으로 구조를 청하다 pedir el socorro por radiograma. ~이 들어왔다 Recibimos un radiograma. ~기 aparato de radio.

무전(無錢) ~ 여행을 하다 viajar sin dinero. ~ 취식하다 comer y beber sin dinero (sin pagar la cuenta).

무절제(無節制) inconstancia, infidelidad. ~한 inconstante, desleal, infiel, sin principios.

무정(無情) falta de corazón, crueldad, inhumanidad. ~한 insensible, inhumano [냉혹] cruel; duro; [무자비】despiadado. ~하게도 cruelmente. 그는 ~한 남자다 Es un hombre cruel. / No tiene corazón.

무정견(無定見) falta de convicción, falta de opinión propia. ~한 sin convicción.

무정란(無精卵) huevo no fecundo.

무정부(無政府) anarquía. ~의 anárquico. ~ 상태 anarquía, estado anárquico. 그 지방은 ~ 상태이다 En esa región domina la anarquía. ~주의 anarquismo, acracia. ~주의의 anarquista, acrata. ~주의자 anarquísta (*m.f.*), acrata (*m.f.*). ~화 anarquizar.

무제한(無制限) ~의 no restringido, ilimitado, libre. ~으로 sin restricciones, sin límites. 속도는 ~이다 Respeto a la velocidad no hay límite máximo.

무조건(無條件) ~의 incondicional, sin condición, absoluto, ilimitado. ~으로 incondicionalmente; sin condición. 적에게 ~ 항복하다 rendirse incondicionalmente al enemigo. ~ 항복 rendición incondicional.

무좀 eccema, eczema.

무종교(無宗敎) irreligión. ~의 irreligioso. ~이다 no tener (no practicar) ninguna religión.

무죄(無罪) inculpabilidad, inocencia. ~한 inocente, libre de culpa. ~로 되다 librarse. ~를 주장하다 [자신의] proclamar (protestar) *su* inocencia. …의 ~를 선고하다 declarar la inocencia de *uno*, declarar a *uno* inocente. ~ 방면 absolución, descarga. ~ 방면하다 absolver, descargar. ~ 방면되다 salir absuelto (descargado). ~ 판결 veredicto de inculpabilidad. 그는 ~다 Él es inocente.

무지(無地) ~의 sin dibujo, liso.

무지(拇指) pulgar.

무지(無知) ignorancia, estúpidez. ~한 ignorante, estúpido. ~한 몽매한 사람들 gente ignara (ignorante). ~를 이용해서 속이다 engañar a *uno* aprovechando *su* ignorancia. 그는 자신의 ~를 폭로했다 Reveló su [propia] ignorancia.

무지개 acro-iris. ~가 뜨다 aparecer arco-iris.

무지렁이 zote, zopenco, bolo, tonto.

무직(無職) ~의 sin ocupación, sin trabajo, sin empleo. ~이다 no tener empleo.

무진장(無盡藏) ~의 inagotable, infinito. ~하게 inagotablemente, infinitamente. 이 광산에는 석탄이 ~하다 El carbón de esta mina es inagotable.

무질서(無秩序) desorden, confusión, tumulto. ~한 desordenado, confuso, tumultuario, en desorden. ~한 상태에 있다 estar en desorden.

무찌르다 [살육] matar, quitar la vida; matar atrozmente; hacer una carnicería; [공격] atacar, asaltar, acometer.

무차별(無差別) falta de distinción. ~한 indistinto. ~하게 indistintamente. 남녀 ~하게 sin distinción de sexo. ~[남녀 노소] todas las categorías. ~ 폭격 bombardeo indiscriminado. ~ 폭격을 하다 bombardear sin discriminación (sin distinción).

무착륙(無着陸) ~ 비행을 하다 volar sin aterrizar (sin hacer escala).

무참(無慘) crueldad. ~하다 ser cruel.

무책(無策) falta de artificio. ~의 sin maña.

무책임(無責任) irresponsabilidad. ~의 irresponsable; negligente. ~한 약속 promesa dada a la ligera. ~한 발언 palabra dicha a la ligera. ~한 부모 padre negligente (irresponsable). ~하다 [책임감이 없다ła] no tener sentido de responsabilidad. ~한 짓을 하다 actuar (conducirse) irresponsablemente (sin responsabilidad). ~하게 말하다 hablar irresponsablemente; […을] decir algo sin pensar en el resultado.

무척 muy, mucho. ~ 춥다 Hace mucho frío.
무취(無臭) ~의 inodoro, sin olor
무취미(無趣味) ~이다 no tener gusto (afición particular), carecer de gusto; [무풍류] ser insípido (prosaico).
무턱대고 sin razón, irracionalmente, exorbitantemente, excesivamente.
무통(無痛) anodinia. ~의 indoloro. ~ 분만 parto sin dolor.
무통제(無統制) falta de orden, falta de control.
무투표(無投票) ~ 당선되다 ser elegido sin votación.
무풍(無風) calma chicha(muerta). ~의 sin viento, encalmado. ~ 상태다 No sopla una brizna de viento.
무학(無學) falta de instrucción(educación), ignorancia. ~의 ignorante, indocto, falto de educación; 【문】iletrado; [문맹] analfabeto. 그는 ~이지만 재능이 있다 No ha hecho estudios, pero está bien dotado.
무한(無限) infinidad, infinito, inmensidad, eternidad; 【철】infinitud. ~의 infinito, ilimitado, eterno, interminable. ~하게 infinitamente sin límites. ~의 공간 espacio sin fin (sin límites). ~의 기쁨 gozo infinito. ~대 infinito. ~대의 infinito. ~ 책임 responsabilidad ilimitada.
무해(無害) ~한 inofensivo, 【문】inocuo, innocuo.
무혈(無血) ~ 혁명 revolución pacífica (sin derramamiento de sangre).
무형(無形) ~의 inmaterial, invisible, abstracto. ~ 자산 activo inmaterial. ~ 문화재 propiedad cultural intangible.
무화과(無花果) higo. ~나무 higuera.
무효(無效) 【법】nulidad; [무효로 하는 것] anulación, invalidación; [효과가 없는 것] ineficacia. ~의 nulo; ineficaz. ~가 되다 quedar nulo, anularse, invalidarse. ~로 하다 anular, invalidar. 그 계약은 ~다 El contrato no tiene validez. ~ 투표 voto inválido.
무훈(武勳) hazaña (proza) militar. ~을 세우다 distinguirse (señalarse) en el campo de batalla.
묵계(默契) entendimiento (acuerdo) tácito. ~를 맺다 ponerse de acuerdo tácitamente con uno, llegar a un entendimiento (a un acuerdo) tácito con uno. 그들간에 ~가 성립되었다 Existía un entendimiento tácito entre ellos.

묵념(默念) rezo silencioso.
묵다 [숙박하다] apearse en, alojarse en.
묵다 [오래되다] ser viejo (antiguo). 묵은 관습 costumbres antiguas.
묵도(默禱) oración mental, rezo silencioso. ~하다 orar mentalmente, rezar mentalmente.
묵독(默讀) lectura en silencio. ~하다 leer silenciosamente (calladamente).
묵묵(默默) ~하다 ser silencioso. 묵묵히 en silencio, silenciosamente, sin decir nada, calladamente. ~히 일하다 trabajar silenciosamente.
묵비(默秘) reserva mental. ~권 derecho de guardar reserva (de mantener silencio).
묵살(默殺) ~하다 no hacer caso de algo, no prestar atención a algo; [사람] ignorar a uno. 소수 의견을 ~하다 no prestar ninguna atención a las opiniones de la minoría.
묵상(默想) contemplación, meditación, aprobación tácita. ~하다 contemplar, meditar.
묵시록(默示錄) Apocalipsis.
묵인(默認) consentimiento tácito. ~하다 aprobar algo tácitamente, dar su aprobación tácita a algo.
묶다 atar, liar, arreglar. 머리를 ~ arreglar los pelos.
묶음 atado, lío, mazo, envoltorio.
문(門) puerta, portezuela(자동차 등의). ~을 두드리다 llamar a la puerta. ~을 닫다 cerrar la puerta. ~을 열다 abrir la puerta. ~을 닫으세요 Cierre Vd. la puerta. ~을 열지 마세요 No abra Vd. la puerta.
문(文) [문장] oración; [문화・학문] literatura, letras, pluma. ~은 무보다 강하다 La pluma es más poderosa que la espada.
문(問) problema (m.) ⇨ 문제.
문고(文庫) [서고・장서] archivo, biblioteca; [총서] colección [de obras literarias], biblioteca. ~을 열다 (관) libro (edición) de bolsillo. 학급 ~ biblioteca de clase.
문과(文科) sección literaria. ~에 진학하다 tomar la rama (elegir estudiar la carrera) de letras. ~대학 facultad de literatura. ~생 [문학부] estudiante de la facultad de filosofías y letras; [문과계] estudiante de letras (de humanidades・de ciencias humanas).
문관(文官) oficial (funcionario) civil.
문교(文教) ~ 예산 presupuesto educativo (para la educación). ~ 정책 política educativa.

문교부(文敎部) Ministerio de Educación Nacional (de Instrucción Pública). ~장관 ministro de Educación Nacional (de Instrucción Pública).
문구(文具) [문방구] papel y avíos necesarios para escribir.
문구(文句) frase (f.), palabra.
문단(文壇) mundo (círculo) literario.
문답(問答) preguntas y respuestas; [대화] diálogo. ~하다 cambiar preguntas y respuestas, dialogar (sostener un diálogo) con uno.
문대다 estregar, fregar, limpiar.
문도(門徒) discípulo.
문두(文頭) comienzo (encabezamiento) de una frase. 부사를 ~에 놓다 encabezar una frase con un adverbio.
문둥이(-病) lepra, elefancía. ~ 환자 leproso.
문둥이 leproso, lázaro. ~ 요양소 lazareto.
문득, 문뜩 repentinamente, de repente, súbitamente.
문란(紊亂) desorden, desarreglo, confusión, desconcierto. ~하다 estar en desorden. ~케 하다 desordenar, confundir, descomponer, desconcertar.
문례(文例) modelo, ejemplo de frase, frase (f.). 편지 ~집 epistolario, manual de epístolas. ~를 들다 dar un ejemplo.
문맥(文脈) contexto, argumento.
문맹(文盲) falta de instrucción, ignorancia, analfabetismo, analfabeto, persona literata. ~이 indocto, ignorante, iliterato.
문면(文面) contenido [de una carta], tenor, texto. 편지의 ~에 의하면 según el contenido de la carta. 편지의 ~은 다음과 같다 La carta dice como sigue: / El contenido de la carta es el siguiente:
문명(文明) civilización; [문화] cultura. ~된 civilizado. ~의 이기 facilidades de la civilización, comodidades de la vida moderna. ~의 발상지 cuna de la civilización. ~화 하다 [나라 등을] civilizar. ~화 되다 civilizarse. ~한 país civilizado. ~병 enfermedades inherentes a la civilización. ~ 비평 crítica sobre la civilización. ~ 사회 sociedad civilizada. ~인 [집합적] gente civilizada.
문명(文名) nombre literario.
문무(文武) la pluma y la espada. ~겸전하다 sobresalir en la pluma y la espada.
문물(文物) [문명] civilización; [학예] las ciencias y las artes. 서반아의 ~을 알다 conocer la civilización española. 서양 ~ civilización occidental.
문방구(文房具) efectos (enseres) de escritorio. ~점 papelería. ~점 주인 papelero.

문벌(門閥) linaje, buen linaje, buena familia.
문법(文法) gramática. ~의·~적인 gramático, gramatical. 이 어법은 ~적으로 정확하지 못하다 No es correcto gramatical este modo de expresión. ~책 [libro de] gramática. ~학자 gramático. 서반아어 ~ gramática española.
문병(問病) visita [a un paciente]. ~하다 visitar. 입원중인 친구를 ~하다 visitar a un amigo en el hospital.
문빗장(門-) aldaba de puerta. ~을 지르다 cerrar con aldaba.
문사(文士) escritor, literato, hombre de letras.
문서(文書) escrito, escritura; [기록·자료] documento, acta; [서류] papel, pieza; nota; [편지] correspondencia, carta. ~로 por (en) escrito. ~로 만들다 poner algo por escrito. 정식 ~으로 제출하다 presentar un documento oficial referente a algo. ~과 sección de archivos y documentos. ~위조 falsificación de un documento.
문선(文選) escogimiento (인쇄), escogedor de tipos.
문식(文飾) ornato de estilo, embellecimiento retórico (literario); floridez.
문신(文身) figura dibujada en el cutis con tinta indeleble. ~하다 pintar[se] el cutis con figuras.
문안(文案) borrador, minuta, plan de una composición, borrador de una composición, diseño de una composición. ~을 작성하다 hacer un borrador (una minuta).
문어(文語) palabra literaria, lenguaje literario; [쓰는 말] lengua escrita. ~적인 literario. ~체로 쓰다 escribir en estilo literario.
문어(文魚) 【어】 pulpo.
문예(文藝) [문학] literatura, bellas letras; [문학과 예술]artes y cultura. ~란 columna literaria. ~부 círculo (club) de literatura; [신문의] sección de literatura. ~ 부흥 el Renacimiento. ~ 비평 crítica literaria. ~ 비평가 crítico literario. ~ 작품 [영화의] película literaria. ~ 잡지
문외한(門外漢) lego, profano. 나는 물리학에 있어서는 ~이다 Soy lego (profano) en física.
문우(文友) amigo literario.
문의(問議) interrogación. ~하다 inquirir.
문인(文人) hombre de letras, literato.
문인(門人) discípulo.
문자(文字) letra, escritura, carácter (pl. caracteres). 표의 ~ ideógrafo. 상형 ~ jeroglífico. 대~ mayúscula. 소~ minús-

문자반(文字盤) [시계 등의] esfera, mostrador.
문장(文章) [문] frase (f.); [문체] estilo. ~을 쓰다 escribir (componer· redactar) frases. ~을 연습하다 elaborar el estilo. …의 ~을 인용하다 citar una frase de *uno*. 그는 ~이 좋다 (나쁘다) Escribe bien (mal). 이것은 ~이 되지 않는다 Esto no constituye una frase. 세르반테스의 ~을 읽다 leer un texto de Cervantes. ~가 estilista (m.f.). ~론 sintaxis (f.). ~체 estilo literario.
문장(紋章) blasón, emblema (m.(f.)), escudo [de armas]. ~학 heráldica.
문장(門帳) ⇨ cortina.
문장(蚊帳) ⇨ 모기장.
문재(文才) habilidad literaria, talento literario. ~가 있다 tener un talento literario.
문전(門前) ~에서 delante de la puerta.
문전(文典) ⇨ 문법(文法).
문제(問題) cuestión, problema [전] asunto; [주제] tema (f.). ~의 사람 persona en cuestión, persona de que se trata. ~를 풀다 resolver un problema. ~를 일으키다 [추문을] causar un escándalo. ~를 정리하다·해결하다 arreglar los asuntos. ~에 직면하다 enfrentarse con un problema. ~화 하다 hacerse un problema, promover (provocar) discusiones. 해결해야 할 많은 ~가 있다 Hay muchos problemas que resolver. ~는 그것이 사실인지 아닌지이다 La cuestión es (consiste) en si es verdad o no. ~극 (소설) teatro (novela) de tesis. ~가 papel del examen. ~의식 conciencia crítica. ~집 cuestionarios, ejercicios.
문조(文鳥) gorrión de Java; 【학명】padda oryzivora.
문지기(門-) portero.
문지르다 estregar, fregar, limpiar, frotar.
문지방(門地枋) umbral.
문진(文鎭) pisapapeles.
문집(文集) colección de prosas (de obras literarias); [선집] antología, florilegio.
문책(問責) ~하다 censurar, reprochar.
문책(文責) ~은 편집자에 있다 responsabilidad de artículo. El editor tiene toda la responsabilidad de este artículo.
문체(文體) estilo. ~를 모방하다 imitar el estilo de *uno*. 그것은 평이한 ~로 쓰여 있다 Está escrito en un estilo sencillo. ~론 estilística.
문초(問招) cuestión de tormento ~하다 cuestionar.
문치(文齒) incisivo.
문턱 umbral. ~에 걸터앉다 sentarse en el umbral.
문투(文套) estilo literario.
문틈(門-) abertura entre las partes de una puerta.
문패(門牌) plancha con el nombre del que habita en casa.
문필(文筆) letras, arte literaria. ~업에 종사하다 dedicarse al trabajo literario. ~로 생활하다 vivir de *su* pluma. ~ 생활에 들어가다 empezar la carrera de las letras. ~가 escritor [de profesión]; [저널리스트] periodista (m.f.).
문하(門下) ~의 bajo la pedagogía de, disciplinado por. ~에서 배우다 estudiar con (bajo la dirección de) *uno*. ~생 discípulo.
문학(文學) literatura, bellas artes. ~의· ~적 literario. ~론을 토론하다 discutir de literatura con *uno*. ~을 지망하다 aspirar a la literatura. 나는 서반아 ~에 흥미가 있다 Tengo interés en la literatura española. ~ 박사 doctor en letras, doctor de la literatura. ~사(史) historia de la literatura. ~사 licenciado en letras. ~ 애호가 aficionado a la literatura. ~ 운동 movimiento literario. ~가 literato, hombre (mujer) de letras. 서반아 ~자 estudioso de la literatura española. ~ 작품 obra literaria. ~ 청년 joven que tiene aspiraciones literarias. 한국 ~ 회 Sociedad de Literatura Coreana.
문헌(文獻) documentos, datos, referencias; [집합적] literatura, bibliografía. ~을 수집하다 coleccionar documentos. 이것에 관한 ~은 아주 드물다 La literatura sobre este asunto es muy escasa. ~ 목록 bibliografía. ~ 수집 colección de datos. ~학 filología.
문형(文型) modelo oracional.
문호(文豪) gran escritor.
문호(門戶) puerta. …에 ~를 개방하다 abrir la puerta para…. ~를 폐쇄하다 cerrar la puerta. ~ 개방 principio de la puerta abierta. ~ 개방주의 política de la puerta abierta.
문화(文化) cultura; [문명] civilización. ~적 cultural, civilizado. ~적으로 culturalmente. ~의 발전 desarrollo de la cultura. ~가 진보한다 Progresa (Se desarrolla) la cultura. 그 지역은 ~가 뒤떨어져 있다 Ese distrito está atrasado culturalmente. ~ 공로자 persona de mérito cultural. ~ 교류 intercambio cultural. ~ 단체 organización cultural. ~ 생활 vida moderna (cultural). ~ 수준 nivel cultural (de la cultura). ~ 수준이 높다 (낮다) tener un

묻다¹ [질문] preguntar. 남녀를 묻지 않고 sin distinguir los sexos.

묻다² [땅에] enterrar.

물 [을 마시다] beber (tomar) agua. ~을 붓다 verter (echar) agua en *algo*. ~을 뿌리다 esprcir (derramar) agua. 정원에~을 뿌리다 regar el jardín. 꽃에 ~을 뿌리다 regar las flores. 위스키를 ~로 타다 cortar el whisky con agua, aguar el whisky. ~에 뜨다 flotar en el agua.

물가 orilla del agua, playa, ribera.

물가(物價) precios. ~의 상승 (하락) elevación (baja) de los precios. 안정된 ~ precios estables. ~를 안정시키다 estabilizar los precios. 유효한 ~ 대책을 강구하다 tomar medidas eficaces con la subida de los precios. ~가 오른다 Se elevan (Se alzan·Suben) los precios. ~가 내린다 Bajan (Descienden) los precios. 서울은 ~가 비싸다 En Seúl la vida es cara. 변동 variación (fluctuación) de los precios. ~ 상승률 tasa de la subida de los precios. ~ 수준 nivel de los precios. ~ 지수 índice de precios. ~ 통제 regulación (control) de los precios. 도매 (소비자) ~ 지수 índice de precios al por mayor (de consumo).

물감 materia de tinte ; tinte, color. ~을 들이다 teñir.

물개 【동】 lutria, nutra, nutria.

물거품 burbuja. ~이 지다 burbujear.

물건(物件) artículo, objeto.

물결 ola, onda. 잔 ~ oleadita.

물고기 *pez (m.)* ; [생선] pescado.

물권(物權) derecho real.

물납(物納) ~하다 pagar en especie.

물다¹ [갚다] pagar.

물다² [깨물다] morder ; [물것이] picar. 짖는 개는 물지 않는다 [말수가 적은 사람이 무서운 사람이다] Perro ladrador, poco mordedor. 모기가 문다 El mosquito pica.

물라토 [백인과 흑인 사이의 혼혈] mulato.

물레방아 aceña, molino de agua.

물론(勿論) por supuesto, claro, naturalmente, sin duda, desde luego ; [독립 문장] Ya lo creo. / No faltaba (faltaría) más / ¿Cómo no? ~ 그렇습니다 Por supuesto (Claro) que sí. ~ 그렇지 않습니다 Por supuesto (Claro) que no. 그에게는 ~ 자식이 없다. 독신이다 Claro que no tiene hijos. Él es soltero. 그는 영어는 ~이고 서반아어도 말한다 Naturalmente habla inglés y además, español.

물리(物理) [물리학] física. ~적인 físico. 그것은 ~적으로 불가능하다 Es materialmente imposible. ~ 요법 fisioterapia. ~학자 físico *(m.f.)*. ~ 현상 fenómeno físico. ~ 화학 fisioquímica.

물물교환(物物交換) trueque. ~하다 [A를 B와] trocar A con (en·por) B.

물병(一甁) cántaro, acuario.

물색(物色) ~하다 [찾다] buscar ; [도둑 등이] rebuscar [en] *un sitio*. 후계자를 ~하다 buscar un sucesor.

물소 【동】 búfalo, bizonte.

물시계(一時計) reloj de agua.

물심(物心) materia y moral. ~ 양면으로 tanto material como moralmente.

물쑥 【식】 estragón.

물약(一藥) medicamento líquido, poción.

물오리 【조】 pato silvestre, ánade. ~ 새끼 cerceta.

물욕(物欲) ambiciones mundanas, deseo de ganancias materiales.

물음 pregunta, cuestión.

물의(物議) escándalo público. ~를 일으키다 dar (causar·armar·promover) un escándalo público.

물자(物資) material ; [상품] artículo, mercancía ; [자원] recursos. ~를 공급하다 abastecer de materiales a *uno*. ~가 부족하다 Faltan mercancías (recursos). 이 나라는 ~가 풍부하다 Este país es rico en materiales.

물적(物的) material. ~ 자원 resursos materiales. ~ 증거 prueba (evidencia) material.

물정(物情) condiciones de los asuntos. 세상 ~에 어둡다 ser ignorante del mundo. ~이 소연하다 El desorden reina por todas partes.

물증(物證) prueba (evidencia) material.

물질(物質) materia ; [물질 존재] substancia. ~적 material, físico, corporal. ~ 원조 ayuda material. ~적으로 윤택하다 Desde el punto de vista material es afortunado./ Es un hombre materialmente favorecido. ~ 문명 civilización material. ~욕 deseo de posesiones materiales. ~의 materialismo. ~주의자 materialista *(m.f.)*.

물체(物體) objeto, cuerpo, substancia.

물품(物品) objeto, cosa ; [상품] artículo, mercancía. ~세 impuesto sobre con-

sumos.
물통 cubo (balde) para agua.
뭉치다 [단결] unir, combinar.
뭍 tierra.
뭐 qué ⇨ 무엇.
미 mi.
미(美) hermosura, belleza. ~적 estético, artístico.
미가(米價) precio del arroz. 생산자 (소비자) ~ precio del arroz para el productor (para el consumidor).
미각(味覺) gusto, sabor. 세계의 ~ sabor internacional.
미간(未刊) ~의 inédito, que no se ha publicado aún.
미간(眉間) entrecejo. ~을 찌프리다 fruncir el entrecejo.
미개(未開) ~한 primitivo, salvaje.
미개간(未開墾) ~의 incultivado.
미개발(未開發) inexplotado.
미개척(未開拓) inexplorado.
미결(未決) ~의 pendiente, no decidido. ~감 casa de detención. ~ 구류 detención pendiente. ~ 서류 documento en examen. ~수 reo (m.f.); procesado.
미결제(未決濟) ~의 no arreglado (solucionado). ~ 계정 cuenta pendiente.
미곡(米穀) arroz y otros cereales. ~상 comerciante en cereales.
미관(美觀) vista hermosa (bella·pintoresca), panorama pintoresco. ~을 손상하다 estropear la vista, echar a perder la belleza del paisaje.
미광(微光) luz lánguida (abatida·débil), vislumbre.
미국(美國) los Estados Unidos (de América). ~인 americano, norteamericano, estadounidense.
미궁(迷宮) laberinto, misterio indescifrable. ~의 laberíntico. 사건은 ~에 빠졌다 El caso se ha convertido en un misterio indescifrable.
미기(美技) juego diestro.
미끄러지다 resbalar, deslizarse.
미끄럼 resbalón.
미나리 【식】 perejil.
미남(美男) hombre guapo (bien parecido).
미납(未納) falta de pago; [체납] atraso (retraso) de pago. ~의 no pagado, atrasado. ~금 caídos, suma no pagada (pendiente); atrasos.
미네랄 mineral. ~ 워터 [광수] agua mineral.
미녀(美女) mujer guapa (bien parecida).
미담(美談) episodio edificante, historia hermosa (alentadora), anécdota laudable.
미덕(美德) virtud.

미등(尾燈) farol trasero, luz trasera.
미래(未來) futuro, porvenir. ~의 futuro. ~ 소설 novela de anticipación. ~주의 futurismo ~파 futurismo; [사람] futurista (m.f.). 직설법 ~ 〔완료〕 futuro [perfecto] de indicativo.
미려(美麗) hermosura, belleza. ~한 hermoso, bello, bonito.
미력(微力) pobre abilidad, abilidad pequeña. ~을 다하다 esforzarse todo lo que pueda.
미련 tontería, bobera.
미련(未練) sentimiento, pesar; [애착] apego, cariño, afecto. ~을 남기고 con (sin tiendo) mucha pena por *algo·uno*. ~이 있는 어두로 con un acento de pesar. ~이 있다 tener apego (estar apegado) a *algo·uno*. 그녀에게 ~은 없다 Me he resignado a perderla.
미로(迷路) laberinto, dádalo. ~에 빠지다 perderse (meterse) en el laberinto.
미루다 〔연기·지연〕 diferir, suspender.
미리 de antemano, anticipadamente.
미립자(微粒子) corpúsculo; [원자를 구성하는 입자〕 partícula.
미만(未滿) ~의 menos de…, debajo de…, bajo…. 18세 ~ 입장 금지 "Prohibida la entrada a menores de dieciocho años."
미망인(未亡人) viuda. ~이 되다 perder *su* esposo, enviudar.
미명(未明) ~에 antes de amanecer, de madrugada.
미명(美名) buen nombre, renombre, ostentación. …의 ~아래 bajo el bello nombre do *algo*, bajo capa de *algo*, so pretexto de *algo*.
미모(美貌) rostro hermoso; [아름다움] belleza, hermosura.
미목(眉目) rosgo, cara, fisonomía. ~이 수려한 de rasgos firmes y hermosos. ~이 수려하다 tener una fisonomía (una cara) hermosa.
미묘(微妙) delicadeza, finura, sutileza. ~한 delicado, delicioso, fino, sutil. ~한 차이 diferencia sutil. 그것은 ~한 문제다 Es un problema bastante delicado. 그의 마음은 ~하게 변했다 Su corazón experimentó un delicado (sutil) cambio.
미문(美文) frase (prosa) bella. ~체 estilo florido.
미미(微微) pequeñísimo, escaso; insignificante. 이 사업의 이익 마진은 ~하다 Es pequeñísimo el margen de ganancia de este negocio./ Este negocio no produce más que un módico margen de ganancias.
미봉(彌縫) ~책 expediente, medida pro-

미분(微分) [계산] cálculo diferencial (f.). ~하다 diferenciar. ~계수 coeficiente diferencial. ~방정식 ecuación diferencial.

미불(未拂) ~의 no pagado; [연체] atrasado. ~금 suma no pagada (pendiente), caídos, atrasos.

미사 [카톨릭] misa. ~를 거행하다 celebrar (decir) misa. ~에 가다 ir a misa. ~를 듣다 oir misa. ~곡 misa; [진혼 미사곡] réquiem. 장엄 ~ misa rezada (privada). 사자[추도]~ misa de difuntos [de réquiem]; [유아의 경우] misa de ángel. 장엄 ~ misa mayor (solemne). 심야 ~[크리스마스 이브의] misa de gallo.

미사일 misil. ~ 기지 base de [lanzamiento de] misiles. 지대공 ~ misil de tierra a aire. 지대지 ~ misil terrestre.

미상(未詳) ~의 desconocido. 작본값은 ~이다 El capital es desconocido.

미상환(未償還) ~의 no reembolsado.

미생물(微生物) microbio, microorganismo. ~학 microbiología.

미성(美聲) voz dulce (hermosa · argentina · suave · agradable), buena voz. 그는 ~의 소유자다 Tiene una voz agradable.

미성년(未成年) minoridad, minoría de edad. ~의 menor de edad. 그는 ~이다 Es un menor. ~자 menor. ~자 금주법 ley que prohíbe a los menores beber alcoholo. ~자 금지 Prohibido a los menores.

미세(微細) ~한 menudo, diminuto, fino, minucioso, microscópico.

미션 misión.

미션 스쿨 colegio de una organización cristiana.

미소(微小) ~한 diminuto, pequeñísimo, minúsculo, microscópico.

미소(微笑) sonrisa. ~하다 sonreír. ~를 띠고 sonriente, con cara risueña. 입술에 ~를 띠고 있다 tener la sonrisa sobre (a flor de) los labios, estar con la sonrisa en los labios. 승리의 여신이 우리에게 ~지 었다 La victoria nos sonrió.

미소년(美少年) joven guapo, chico guapo.

미수(未收) ~금 suma no percibida. ~ 수익 renta acumulada. ~익금 ganancia no realizada.

미수(未遂) conato. 절도 ~ conato de robo.

미숙(未熟) ~함 inexperiencia. ~한 inexperto, inmaduro, verde; prematuro. 나는 기술이 아직 ~하다 Mi técnica es aún pobre (inmadura). ~아 niño prematuro. ~자 novato principiante (m.f.).

미술(美術) bellas artes. ~의 · ~적인 artístico. ~가 artista. ~ 공예 artes menores, artesanía artística. ~관 museo [de bellas artes]. ~사 historia del Arte. ~ 애호가 aficionado a las bellas artes. ~원 academia de bellas artes. ~전 exposición de bellas artes (de arte). ~품 objeto de arte, obra artística. ~학교 escuela de bellas artes. 국립 근대 ~관 Museo Nacional de Arte Moderno.

미스 Miss, señorita; [잘못] error, culpa. ~ 코리아 Miss Corea, señorita Corea. ~를 범하다 cometer un error (una equivocación). 나의 ~다 Es culpa mía./ Es un fallo mío.

미시적(微視的) microscópico.

미식(美食) comida deliciosa, bocado exquisito. ~하다 darse buena mesa. ~가 gastrónomo, amante de la buena comida. 그는 ~가이다 Ama la buena mesa./ Le gusta comer bien.

미신(迷信) superstición. ~을 타파하다 acabar con las supersticiones. ~가 persona supersticiosa. ~가이다 ser supersticioso.

미아(迷兒) niño perdido.

미안(未安) ~하다 [남에게] sentir. 대단히 ~합니다 Lo siento mucho. 늦어서 ~하다 Siento mucho haberte hecho esperar.

미안술(美顔術) tratamiento facial (de belleza).

미약(微弱) ~한 delicado, débil.

미약(媚藥) afrodisiaco.

미연(未然) 사고를 ~에 방지하다 prevenir un incidente.

미열(微熱) fiebre ligera, un poco de fiebre, décimas [de fiebre], destemplanza. ~이 있다 tener un poco de fiebre, tener décimas (destemplanza). 그는 ~이 났다 Le han dado unas décimas de fiebre.

미완(未完) inacabado. ~의 inacabado. 그는 ~의 대기(大器)이다 Tiene aún mucho talento por explotar.

미완성(未完成) inacabamiento. ~의 inacabado.

미용(美容) embellecimiento, belleza femenina. ~사 peluquero [de señoras]. ~소 salón de belleza, peluquería [de señoras] ~식 comida especial para guardar la línea. ~체조 gimnasia estética.

미욱하다 ser estúpido.

미움 odio, aborrecimiento, tema, aversión.

미워하다 odiar, detestar, aborrecer, abominar.

미익(尾翼) [비행기의] plano de cola.

미인(美人) mujer hermosa (guapa · bella · linda · bonita), belleza. 그녀는 ~다 Es guapa. 그의 부인은 진짜 ~다 Su esposa es una auténtica belleza. ~박명 La belle-

미작(米作) cultivo de arroz, cosecha de arroz.

미장원(美粧院) peluquería, salón de belleza.

미장이 enjalbegador.

미저골(尾骶骨) 【해】 coxis.

미적(美的) estético, artístico. ~으로 estéticamente. ~ 감각 sentido estético. 그는 ~ 감각이 발달되었다 Tiene un sentido estético desarrollado.

미적분(微積分) cálculo infinitesimal (diferencial e integral).

미점(美點) calidad, mérito, virtud.

미정(未定) ~의 indeterminado, indeciso. 기일은 ~이다 La fecha no está fijada. ~고(稿) borrador, manuscrito incompleto.

미제(美製) hecho en los Estados Unidos.

미죄(微罪) pecado venial, delito menor. 그는 ~로 석방되었다 Le pusieron en libertad porque era un delito de poca monta.

미주(美洲) ~기구 Organización de [los] Estados Americanos, OEA. ~개발은행 Banco Internacional de Desarrollo.

미주신경(迷走神經) nervio vago (neumogástrico).

미증유(未曾有) ~의 inaudito, sin precedentes, nunca visto.

미지(未知) ~의 desconocido. ~의 세계 mundo desconocido.

미지근하다 estar tibio (templado). 미지근한 물 agua tibia.

미지수(未知數) incognita. 그는 아직 ~이다 Su porvenir es una incógnita.

미진(微震) temblor ligero, terremoto leve, microseísmo.

미착(未着) ~의 por llegar, aún no llegado.

미채(迷彩) disfraz, camuflaje. ···을 ~하다 camuflar *algo*.

미취학(未就學) ~ 아동 niño no escolarizado.

미치광이 [광인] loco; [열광자] maníaco, maniático.

미치다¹ volverse loco. 미친 사람 loco, maníaco. 미친듯이 locamente, furiosamente.

미치다² [이르다] llegar a. 손에 미치는 곳에 a *su* alcance.

미태(美態) apariencia hermosa (bella).

미태(媚態) coquetería. ~를 부리다 coquetear, hacer coqueterías, flirtear con *uno*.

미터 metro. ~의 métrico. 500미터의 거리 distancia de quinientos metros. ~기 contador; [택시의] taxímetro. 전기 ~ contador de electricidad. 가스 ~기를 검사하다 registrar el contador de gas. ~기 검사원 registrador. ~법 sistema métrico.

미풍(微風) brisa, viento suave.

미풍(美風) costumbres finas, buenas costumbres, buenas maneras; [미덕] virtud.

미학(美學) estética. ~의 estético. ~자 estético.

미행(尾行) persecución oculta. ~하다 perseguir (seguir) a *uno* ocultamente (en secreto), seguir las pisadas (la pista) de *uno*.

미혼(未婚) ~의 soltero, no casado; 【법】 célibe. ~모 madre soltera. ~자 soltero.

미화(美化) embellecimiento; [이상화] idealización. ~하다 embellecer, hermosear; idealizar. 그는 현실을 ~한다 Idealiza demasiado la realidad. 도시 ~운동 campaña para embellecer la ciudad.

미화(美貨) dólar norteamericano.

미흡(未洽) insuficiencia. ~하다 ser insuficiente.

미희(美姬) hermosura, chica hermosa (bella).

민가(民家) casa [partiqular].

민간(民間) pueblo. ~의 popular; [공에 대한] [군에 대한] privado; [군에 대한] civil. ~기[집합적]·~ 항공 aviación civil. ~무역 comercio privado. ~ 방송 emisión comercial. ~설화 cuento popular. ~외교 diplomacia no oficial. ~인 persona no pública. ~전승 tradición popular, folklore, folclore. ~투자 inversión del sector privado. ~ 회사 empresa privada.

민감(敏感) susceptibilidad, sensibilidad, delicadeza, viveza. ~한 sensible, susceptible, delicado. 극도로 ~한 hipersensible. ···에 ~하다 ser sensible a *algo*. 정세의 변화를 ~하게 느끼다 percibir con agudeza el cambio de la situación. 코가 ~하다 tener un olfato muy agudo. 그는 추위에 ~하다 Es sensible al frío./ Es friolero. 그녀는 유행에 ~하다 Ella es sensible a la moda. 그는 귀가 ~하다 Tiene un oído muy sensible (agudo).

민국(民國) [공화국] república. 대한 ~ República de Corea.

민권(民權) derecho civil.

민대가리 cabeza calva.

민도(民度) nivel cultural y moral del pueblo. 이 나라는 ~가 높다 (낮다) El nivel cultural de este país es alto (bajo).

민둥민둥하다 [머리가] volverse (quedarse) calvo. 민둥민둥한 calvo. 그는 머리가 ~ Es calvo.

민둥산 monte (cerro) pelado.

민들레 【식】 diente de león, amargón

민란(民亂) rebelión, sublevación.
민력(民力) poder económico del país, recursos nacionales.
민물 agua dulce. ~ 고기 pez de agua dulce.
민법(民法) derecho civil, código civil (법전). ~학자 civilista *(m.f.)*.
민병(民兵) miliciano; [집합적] milicia.
민복(民福) bienestar nacional.
민본주의(民本主義) democracia.
민사(民事) ~의 civil. ~ 소송 proceso (pleito) civil. ~ 소송법 código de procedimientos civiles. ~ 재판 (사건) juicio (causa) civil.
민생(民生) bienestar público.
민선(民選) ~의 elegido por sufragio.
민성(民聲) opinión pública.
민속(民俗) folkore, folclore. ~학 folklore, folclore. ~학자 folklorista *(m.f.)*, folclorista *(m.f.)*.
민속(敏速) pronitud, presteza, rapidez, celeridad. ~한 presto, rápido, pronto.
민수(民需) demanda civil. ~ 산업 industria civil. ~품 artículo que corresponde a la demanda civil.
민심(民心) sentimiento (voluntad) popular. ~을 얻다 (잃다) ganar (perder) el favor del pueblo.
민영(民營) empresa privada. ~의 privado.
민예(民藝) ~품 obra de arte popular.
민완(敏腕) destreza, habilidad, capacidad. ~한 capaz, hábil, diestro. ~가 capacitado, hombre apto, hombre hábil, hombre de facultad, hombre de aptitud.
민요(民謠) canción (aire) popular.
민유(民有) ~림 bosque que pertenece a un particular. ~지 propiedad privada, terreno particular.
민의(民意) voluntad del pueblo; [여론] opinión pública. ~를 묻다 consultar al pueblo.
민정(民政) gobierno no militar. ~을 실시하다 establecer un régimen civil.
민정(民情) situación material y moral (condiciones) del pueblo.
민족(民族) raza; [국민] pueblo; nación. ~의 racial, étnico; nacional. ~의 독립 independencia del pueblo. ~ 자결 derecho del pueblo a determinar por sí mismo, autodeterminación. ~ 음악 música étnica (folklórica). ~의 característica racial (etnológica). ~주의 nacionalismo. ~주의자 nacionalista *(m.f.)*. ~학 etnografía. ~학적 etnográfico. ~해방선전 frente de liberación nacional. ~해방전쟁 guerra de liberación nacional (del pueblo).
민주(民主) democracia. ~적 democrático.
~적으로 democráticamente. ~주의 democracia. ~당 Partido Democrático. ~주의자 demócrata *(m.f.)*. ~화 democratización. ~화 하다 democratizar. ~화 되다 democratizarse.
민중(民衆) pueblo, masa, público. ~의 popular. ~ 예술 arte popular.
민첩(敏捷) agilidad, presteza, vivacidad, prontitud. ~한 ágil, listo, presto, pronto. ~하게 prestamente, ágilmente.
민화(民話) cuento popular.
민활(敏活) presteza, agilidad. ~한 pronto, vivaz. ~히 vivamente, prestamente.
믿다 creer, estar seguro de, dar fe a. 믿을만 한 creíble. 믿을 수 없는 increíble.
믿음 [신뢰] confianza, confidencia, crédito; [신앙] fe *(f.)*, creencia.
믿음성(一性) calidad de lo que es digno de confianza. ~있다 ser digno de confianza.
믿음직하다 ser seguro (confiable), ser digno de confianza.
밀 [식] trigo. ~로 만든 hecho de trigo.
밀가루 harina, harina de trigo.
밀감(密柑) [식] [나무] mandarino; [열매] mandarina; [작은] clementina.
밀계(密計) ~를 꾸미다 formar una intriga, intrigar un secreto.
밀고(密告) denuncia, delación, soplonería. ~하다 denunciar, delatar, ir con el soplo a uno. ~자 denunciante *(m.f.)* delator.
밀교(密敎) budismo esotérico.
밀기울 acemite.
밀다 [예밀다] empujar; [깎다] afeitar, allanar, acepillar; [추천] recomendar.
밀담(密談) conversación secreta (privada). ~하다 conversar a puerta cerrada.
밀도(密度) densidad. ~가 높은 muy denso, de mucha densidad. 이 책은 ~가 짙다 Este libro es muy denso (substancioso). ~계 densímetro.
밀랍(蜜蠟) cera de ceja.
밀렵(密獵) caza furtiva. ~하다 cazarfurtivamente (en vedado). ~자 cazador furtivo.
밀림(密林) selva, jungla.
밀매(密賣) venta ilícita (clandestina). ~하다 vender *algo* clandestinamente.
밀모(密謀) intriga, manejo, trama. ~하다 tramar.
밀물 creciente de la marea.
밀방(蜜房) celda, celdilla.
밀봉(蜜蜂) abeja.
밀봉(密封) ~하다 sellar *algo* [herméticamente], lacrar.
밀사(密使) emisario, enviado secreto.
밀생(密生) ~하다 tupirse, crecer espeso (frondoso). ~한 tupido, espeso, fron-

doso.
밀서(密書) carta confidencial, mensaje sereto.
밀수(密輸) [밀수입] importación secreta, contrabando, matutete, metedería. ~하다 pasar de contrabando, meter de contrabando, contrabandear, hacer contrabando, matutear. ~품 artículo de contrabando; [집합적] matute. ~자 contrabandista, matutero.
밀수입(密輸入) ⇨ 밀수
밀수출(密輸出) exportación clandestina, contrabando. ~하다 exportar *algo* de contrabando, matutear.
밀실(密室) [비밀의] cuarto secreto; [폐문의] cuarto cerrado. ~에 감금하다 recluir a *uno* en un cuarto.
밀약(密約) tratado secreto, promesa secreta.
밀월(蜜月) luna de miel. ~ 여행 viaje de novios (de luna de miel).
밀의(密議) conferencia secreta.
밀입국(密入國) entrada ilegal. ~하다 entrar en un país ilegalmente.
밀장(密葬) ~을 행하다 celebrar el funeral entre los familiares.
밀접(密接) estrechamiento. ~한 estrecho; [친한] íntimo. ~하게 하다 estrechar. ~히 estrechamente. …과 ~한 관계에 있다 tener (estar en) relaciones estrechas con …. 양국 관계는 매번 ~해 진다 Las relaciones entre los dos países se estrechan cada vez más.
밀정(密偵) espía, emisario secreto.
밀조(密造) fabricación (manufactura) ilícita. ~하다 fabricar *algo* clandestinamente (sin autorización).
밀집(密集) agrupación, congregación. ~하다 apiñarse, agruparse, aglomerarse. 이곳은 작은 집이 ~해 있다 Aquí las casas pequeñas están apiñadas. 인구 ~ 지대 zona densa de población. 주택 ~ 지구 barrio donde se apiñan las viviendas, barrio apiñado de viviendas.
밀짚 paja. ~ 모자 sombrero de paja.
밀착(密着) ~하다 adherir[se] bien (pegarse) a *algo*.
밀통(密通) fornicación; [기혼자의] adulterio. ~하다 cometer adulterio, poner los cuernos; […과] fornicar con *uno*.
밀폐(密閉) ~하다 cerrar *algo* herméticamente. ~ 용기(容器) recipiente hecho para que se cierre herméticamente.
밀항(密航) travesía clandestina, navegación secreta. ~하다 navegar clandestinamente (en secreto). ~자 polizón.
밀회(密會) ~하다 verse (reunirse) [con *uno*] en secreto.
밉다 ser odioso (aborrecible · maligno · malévolo · detestable); [미워하다] odiar, detestar.
밍크 visón. ~ 코트 abrigo de visón.
및 y, también, así como, también como, tanto como, lo mismo que, además de.
밑 1 [하부] fondo, suelo, la parte, inferior. ~에 debajo. 나무 ~에 debajo del árbol. **2** [음부] vulva.
밑바닥 fondo, suelo, base.
밑바탕 [본질] esencia; [기초] cimiento, fundación, fundamento; [본성] carácter inherente.
밑지다 perder.
밑창 fondo. 구두 ~ suela.
밑천 [자본] capital, dinero contante; [성기] pene.
밑층(-層) piso bajo.

ㅂ

바 cosa, lo que. 그가 말하는 ~ lo que él dice. 내가 아는 ~로는 como yo sé. 어찌할 ~를 모르다 no saber qué hacer.

바가지 cucharón de calabaza. ~ 긁다 regañir entre dientes.

바구니 cesta; [큰] cesto; [손잡이 달린] canasta, canasto.

바깥 parte exterior. ~의 exterior, externo, fuera de la casa. ~ 부모 *su* padre.

바깥양반 *su* esposo (marido)

바꾸다 cambiar, alterar.

바나나 banana, plátano. ~ 나무 banano. ~ 밭·농장 bananal, bananar.

바느질 costura. ~하다. coser

바늘 1 aguja; [핀] alfiler. ~에 실을 꿰다 ensartar (enhebrar) una aguja. ~을 찌르다 clavar una aguja en (a) *algo*. ~로 찌르다 pinchar (picar·punzar) *algo* con una aguja. ~을 찌르는 듯한 고통 dolor punzante.

2 [낚시의] anzuelo. ~에 물다 caer (picar) en el anzuelo.

바다 mar; [대양] océano.

바다 표범 foca.

바닥 1 [평면] parte llana. 땅 ~ tierra, terreno. 마룻 ~ piso, suelo. 손 ~ palma. 발 ~ suela.

2 [밑부분] fondo, suelo. parte inferior; [신의] suela.

바닷가 playa, costa, ribera, orilla.

바닷물 agua del mar, agua salada.

바닷사람 marinero, navegante.

바둑 "*baduk*", juego coreano de fichas blancas y negras. ~을 두다 jugar al baduk.

바라다 1 [소원하다] desear, querer, tener ganas de; [부탁] pedir.

2 [기대·예기] esperar, tener esperanza.

바라보다 mirar; [응시] comtemplar; [관망] percibir (examinar) con la vista.

바람 [공기의 유동] viento; [미풍] brisa; [강풍] ventarrón, viento *fuerte*; [폭풍] tempestad, tormenta, borrasca; [선풍기 따위의] corriente (*f.*). ~이 몹시 분다 Hace macho viento./ El viento es muy fuerte.

바람개비 veleta.

바람결 rumor, voz no confirmada que corre entre el público.

바람둥이 hombre lascivo, mujer lasciva.

바랑 mochila.

바래다¹ [퇴색] descolorar.

바래다² [배웅] escoltar.

바로 1 [바르게] correctamente, honradamente. ~ 말하면 francamente. ~ 발음하다 pronunciar correctamente.

2 [정확히] exactamente.

3 [곧] en seguida, enseguida, inmediataemtne.

4 [곧장] directamente. 집에 ~ 오너라 Ven a casa directamente.

바로잡다 [굽은 것을] enderezar, poner derecho; [잘못을] corregir, recticar, enmendar, reformar, renovar.

바르다¹ [옳다] tener razón.

2 [정직하다] ser honrado.

3 [햇볕이] ser claro. 양지 바른 곳 lugar claro.

바르다² [붙이다] pegar; [칠하다] pintar.

바보 tonto, bobo, torpe, idiota. ~같은 짓을 하다 mofarse de hacer burla de él, hacer el bobo.

바쁘다 estar ocupado. 바쁘게 apresuradamente. 오늘은 대단히 ~ Hoy estoy muy ocupado.

바빠 apresuradamente, de prisa; rápidamente. ~ 굴다 dar prisa, tener prisa, apresurar.

바서지다 romperse.

바스켓 cesta; [큰] cesto. ~볼 baloncesto. ~볼 선수 jugador de baloncesto.

바스크어(-語) vasco, vascongado.

바위 roca, peñasco. ~가 많은 peñascoso, lleno de rocas, requeño.

바이블 Biblia. ~의 biblico.

바이어 comprador; [수입상] importador.

바이올린 [악] violín. ~을 연주하다 tocar el violín. ~ 연주자 violinista (*m.f.*) ~ 케이스 estuche de violin. 제 1 (제 2) ~ primer (segundo) violín.

바자 bazar; [자선시] kermesse, bazar de beneficencia.

바주카포(-砲) bazooka (*m.*), bazuca (*m.*), bazuco.

바지 pantalones, calzones.

바지런하다 ser diligente.
바치다 [드리다] dar, donar, dedicar; [세금 등을] pagar, 뇌물을 ~ cohechar, sobornar.
바퀴 rueda; [회전] vuelta, giro, rotación, revolución. 시내를 한 ~ 돌다 dar una vuelta por el centro.
바탕 [기질] carácter, naturaleza; [품질] material, calidad; [기반] fondo.
바터 trueque, toma y da acá. ~제 cambalache, trueque, sistema toma y da acá.
바톤 [棒] bastón, posta. ~을 넘기다 pasar la posta.
바티칸 Vaticano.
박 calabaza.
박격포(迫擊砲) mortero [de trinchera]
박다 [못 등을] clavar, clavar; [인쇄·사진] estampar, imprimir; [바느질을] coser.
박대(薄待) maltrato. ~하다 maltratar, tratar mal.
박두(迫頭) urgencia, presión. ~한 위기 crisis inminente.
박람(博覽) sabiduría extensa. ~강기한 사람 hombre de vasta erudición de memoria prodigiosa, enciclopedia viviente.
박람회(博覽會) exposición, exhibición.
박력(迫力) vigor, fuerza. ~있는 vigoroso, enérgico, poderoso. ~이 있다 tener vigor (fuerza). ~이 없다 carecer de vigor, ser débil (flojo·poco convincente). ~있는 영화 película emocionante.
박리(剝離) despegadura, exfoliación.
박리다매(薄利多賣) pequeñas ganancias y rápidas ventas (y rápidos ingresos).
박멸(撲滅) destrucción, exterminio, aniquilación. ~하다 hacer desaparecer *algo* completamente, exterminar, acabar del todo con *algo*, destruir *algo* totalmente, aniquilar. 성병 ~ 운동 campaña antivenérea, lucha contra las enfermedades venéreas.
박물관(博物館) museo [de historia natural]. 국립 ~ museo nacional.
박물학(博物學) historia natural. ciencias naturales *(m.f.)* ~자 naturalista *(m.f.)*
박복(薄福) desgracia, infortunio, desventura, desdicha. ~하다 ser desgraciado (desafortunado·desdichado).
박봉(薄俸) mal sueldo (salario), poca remuneración. ~의 poco remunerado, mal pagado.
박빙(薄氷) hielo delgado.
박사(博士) doctor, Dr. ~가 되다 sacar el título (obtener el grado) de doctor, doctorarse. ~ 과정 curso de doctorado. ~ 논문 tesis doctoral (de doctorado). ~ 학위 grado de doctor, doctorado. ~호 título de doctor, doctorado. 김 ~ el doctor Guim. 문학 ~ doctor en letras.
박살(撲殺) matanza a palos. ~하다 matar a palos.
박색(薄色) cara fea.
박수(拍手) palmoteo, palmada; [박수 갈채] aplauso. ~치다 palmotear, batir palmas, dar palmadas; aplaudir. ~ 갈채를 받다 recibir a *uno* con aplausos. 모두가 그 가수에게 ~를 보냈다 Todos aplaudieron al cantante.
박식(博識) extensos conocimientos, extensa sabiduría, cultura enciclopédica. ~한 muy sabio, enciclopedico, elído.
박애(博愛) filantropía. ~의 filantrópico. ~가 filántropo.
박약(薄弱) debilidad, flaqueza. ~한 débil, endeble, flojo, flaco. 그 주장은 근거가 ~ 하다 La afirmación está poco fundamentada. 그는 의지 ~이다 Es de débil voluntad./ Es débil de voluntad. 이 아이는 심신이 ~하다 Este niño es débil tanto física como mentalmente.
박자(拍子) compás, ritmo, cadencia. ~를 맞추다 coger (llevar) el compás. ~을 맞추어 걷다 andar a compás. 손으로 ~을 맞추다 marcar el compás [con la mano]. 발로 ~을 맞추면서 기타를 켜다 tocar la guitarra marcando el compás con el pie. 4분의 2 (3·4) ~ compás de dos (tres·cuatro) por cuatro. 8분의 4 ~ compás de cuatro por ocho.
박작거리다 apiñarse.
박절(迫切) ~하다 ser insensible (desamorado·inhumano·severo)
박정(薄情) frialdad, insensibilidad, desafecto, crueldad. ~한 frío, insensible, duro de corazón, desafecto; [잔혹] cruel, desalmado, inhumano. ~하게 fríamente, desalmadamente, ingratamente. ~한 사람 insensible; desalmado; ingrato. 나는 그렇게 ~한 짓을 할 수 없다 No puedo hacer una cosa tan cruel.
박제(剝製) [행위] disección, disecación; [기술] taxidermia; [표본] espécimen de animales disecados. ~로 하다 disecar.
박쥐 [동] murciélago, vespertilio.
박차(拍車) espuela. ~를 가하다 expedir (acelerar·apresurar) *algo*, dar prisa a *algo*.
박탈(剝奪) [권리 등의] privación, despojo. ~하다 privar (despojar) a *uno* de *algo*. 관직을 ~하다 despojar a *uno* de su puesto oficial. 그는 지휘권을 ~당했다 Le privaron (despojaron) del mando.
박테리아 bacteria, microbio.
박토(薄土) terreno estéril.
박하(薄荷) menta. ~맛의 con sabor a

menta. ~과자 (유) bombón (esencia) de menta.

박학(博學) erudición, gran cultura. ~한 erudito, docto, sabio. ~한 사람 erudito, pozo de ciencia.

박해(拍害) persecución. ~하다 perseguir. ~를 받다 suirir persecución; […로부터] ser (verse) perseguido por *uno*. ~자 perseguidor.

밖 1 [바깥] parte exterior. ~에 fuera de la casa, al aire' libre.
2 [이외] excepción. ~에 solamente, no más que. 이것 ~에 없다 No hay más que éste.

반(半) medio, mitad; [부사] medio. ~의 medio. ~으로 나누다 partir *algo* por la mitad (por mitades · mitad por mitad), dividir *algo* en dos partes iguales. ~으로 자르다 cortar *algo* por la mitad. 그 사과는 ~이 썩어 있었다 La mitad de la (Media) manzana estaba podrida. 비용의 ~을 지불하십시오 Pague usted la mitad de los gastos, por favor. 내 나이의 ~이다 Tiene la mitad de mis años. 1년 ~ [un] año y medio. 1킬로 ~ [un] kilo y medio. 1시간 ~ [una] hora y media. ~다스 media docena. ~년 medio año. ~시간 media hora. 1배 ~ 증가하다 aumentar la mitad más.

반(班) cuadrilla, equipo, grupo; [군대의] escuadrada. ~장 jefe de la cuadrilla; jefe de escuadra.

반-(反-) anti·. ~식민지주의 anticolonialismo. ~정부운동 movimiento antigubernamental.

반가와하다 alegrarse de + *inf*. 그는 나를 보고 반가와 했다 El se alegró de verme.

반가이 alegremente, de buena gana, con placer.

반각(返却) devolución, restitución; [반금] reembolso. ~하다 devolver, restituir; reembolsar.

반감(半減) reducción a la mitad. ~하다 reducir (disminuir) *algo* a la mitad. ~되다 reducirse a la mitad, disminuir[se] a la mitad. 경비를 ~하다 reducir los gastos a la mitad. 회원이 ~됐다 Los miembros disminuyeron (han quedado reducidos) a la mitad.

반갑다 alegrarse de + *inf*. 반가운 소식 noticia alegre (agradable)

반값(半-) medio precio, mitad de[l] precio. ~으로 팔다 vender *algo* a medio precio (a mitad de precio). ~으로 할인 하다 descontar la mitad del precio, rebajar el precio a la mitad.

반걸음(半-) medio paso.

반격(反擊) contraataque, contraofensiva. ~하다 contraatacar *algo* (a *uno*), dar un contraataque.

반경(半徑) radio. …에서 ~ 10킬로 이내에 en un radio de diez kilómetros alrededor de *un sitio*. ~ 3센티미터의 원을 그리다 trazar un círculo con un radio de tres centímetros.

반골(反骨) ~ 정신 espíritu rebelde (de no sometimiento a la autoridad).

반공(反共) anticomunismo. ~의 anticomunista. ~의 anticomunismo. ~주의자 anticomunista.

반관(半官) ~ 반민의 semioficial.

반구(半句) 【시작】 hemistiquio.

반구(半球) hemisferio. 동 ~ hemisferio oriental. 서 ~ hemisferio occidental. 남 ~ hemisferio austral. 북 ~ hemisferio boreal.

반군(叛軍) rebelde, fuerzas rebeldes.

반금(返金) devolución. ⇨ 반작.

반기(反旗) ~를 게양하다 alzar (levantar) la bandera de rebelión.

반기(半期) [반년] semestre; [1 기의 반] mitad del periodo. ~의 semestral. ~로 semestralmente. ~ 결산 (배당) balance (dividendo) semestral.

반기(半旗) ~를 게양하다 colocar la bandera a media asta.

반기다 alegrarse.

반나(半裸) ~의 semidesnudo, medio desnudo.

반년(半年) medio año, seis meses; [반기] semestre. ~의 semestral, semianual. ~마다 cada seis meses; semestralmente, cada semestre.

반달(半一) [반개월] quincena, quince días, medio mes; [달의] media luna. ~ 후에 quince días (una quincena) después. ~ 마다의 quincenal, bimensual. ~마다 cada quince días, quincenalmente.

반대(反對) 1 [역] contrario, lo contrario, lo opuesto, lo inverso. ~의 contrario, opuesto, inverso. ~로 al (por el · por lo) contrario, en cambio. ~ 방향으로 en dirección opuesta. …과는 ~로 contra *algo*. 내 의도와는 ~로 contra mi propósito. 그는 나와 ~ 성격이다 Su carácter es contrario al mío. 두 사람의 취미는 완전히 ~다 Los dos tiene gustos completamente opuestos. 현실은 그 ~다 La realidad es lo contrario. 너는 신발을 ~로 신고 있다 Llevas puestos los zapatos al revés. 그는 막내동생과는 ~로 키가 무척 크다 A diferencia de su hermano menor, él es muy alto. ~ 명령 contraorden. ~ 심문 interrogatorio contradictorio. ~쪽 otro

lado. ~쪽의 보도 acera opuesta (de otro lado de la calle). 역사 ~쪽에 학교가 있다 Hay una escuela al otro lado de la estación.
2 [불찬성·이의] objeción, oposición. ~하다 [불찬성] oponerse a algo · uno, contrariar algo (a uno); [반론] contradecir a uno; [항의] protestar de (contra) algo. ~의 opuesto. ~의 뜻을 표명하다 declararse contra algo. 의안에 ~하다 oponerse a la propuesta. 이 의견에 찬성입니까 ~입니까 ¿Está usted a favor o en contra de esta opinión? 네가 그곳에 가는데 나는 ~다 Me opongo a que vayas allí. ~당 partido de la oposición. ~ 세력 la oposición. ~자 oponente (m.f.). ~ 투표 votación en contra. ~ 투표를 하다 votar en contra. 핵실험 ~! ¡No a (Abajo) las pruebas nucleares!

반도(叛徒) insurgente (m.f.), insurreco, rebelde (m.f.).

반도(半島) península. ~의 peninsular. ~인 peninsular. 한~ Península Coreana. 이베리아 ~ Península Ibérica.

반도체(半導體) semiconductor.

반동(反動) reacción. ~적 reaccionario, retrógrado. …에 대한 ~으로 en reacción a algo. ~가 reaccionario, retrógrado. ~정치 política reaccionaria (retrógrada).

반드시 [꼭] sin falta, sin duda, positivamente.

반등(反騰) reactivación. ~하다 reactivarse.

반란(反亂) rebelión, sublevación, insurrección. ~을 일으키다 rebelarse (sublevarse) contra uno. ~을 진압하다 apaciguar (reprimir) una rebelión. ~군 tropas rebeldes. ~자 rebelde (m.f.), insurgente (m.f.), sedicioso.

반려(伴侶) acompañante (m.f.), compañero.

반론(反論) refutación, rebatimiento. ~하다 rebatir algo, refutar algo, contradecir a uno.

반면(反面) otra parte, otro lado. 그 ~에 por otra parte, por otro lado. 그는 유능하지만 ~에 결점도 많다 Es un hombre competente, pero, por otra parte, tiene muchos defectos.

반면(半面) 1 [얼굴의] mitad de la cara.
2 [일면] un lado, un costado, una cara.

반목(反目) antagonismo, oposición, hostilidad. ~하다 ~하고있다 estar de punta con uno, estar en oposición a uno, estar en rivalidad con uno.

반문(反問) ~하다 responder a una pregunta con otra, devolver la pregunta.

반바지(半~) pantalones cortos, calzones, calzas.

반박(反駁) refutación. ~하다 refutar.

반반(半半) mitad, mitad por mitad. ~으로 나누다 partir algo por la mitad (mitad por mitad). 식용유와 식초를 ~으로 섞다 mezclar mitad u mitad de aceite y vinagre. 남자와 여자가 ~인 그룹 grupo de mitad hombres y [de] mitad mujeres.

반발(反撥) 1 repulsión. ~하다 repulsar. ~력 fuerza repulsiva.
2 [반감을 일으킴] reacción. ~하다 reaccionar contra algo. ~을 느끼다 sentir antipatía (repulsión) a algo · uno. 야당은 정부의 태도에 ~했다 La oposición ha reaccionado contra la actitud del gobierno.

반복(反復) repetición, reiteración. ~하다 repetir, reiterar. ~해서 repetidas veces, repetidamente, reiteradamente. ~연습을 하다 practicar repetidas veces. ~기호【악】barra de repetición.

반비례(反比例) razón inversa. ~하다 estar en razón inversa a algo. …에 ~해서 en razón inversa a algo.

반사(反射) reflexión, reverberacion; [반영] reflejo. ~하다 reflejar. ~되다 reflejarse, reverberar. ~신경이 좋다 tener buenos reflejos. 거울은 빛을 ~한다 El espejo refleja la luz. ~로 horno de reverbero. ~망원경 telescopio reflector (de reflexión) ~ 작용. ~ 운동 reflexión.

반사회적(反社會的) antisocial.

반생(半生) media vida, mitad de vida. ~을 회고하다 una mirada retrospectiva sobre su vida pasada. 후~ media vida posterior.

반생반사(半生半死) ~의 entre vida y muerte, medio muerto, más muerto que vivo.

반성(反省) reflexión, examen de sí mismo. ~하다 reflexionar, examinarse a sí mismo. 나는 그에게 ~을 촉구했다 Le insté a que reflexionara. ~회 reunión para examinar las actividades pasadas.

반소(反訴) contraacusación, contrademanda, reconvención. ~하다 reconvenir a uno, levantar una reconvención contra uno.

반소설(反小說) antinovela.

반송(返送) devolución, remesa en devolución. ~하다 remitir en devolución, devolver.

반수(半數) mitad [del número total]. 위원의 ~ 개선 reelección de la mitad de los miembros del comité.

반숙(半熟) media madurez. 계란을 ~으로

반시간 하다 pasar un huevo por agua. ~의 medio maduro. ~ 계란 huevo pasado por agua.

반시간(半時間) media hora. ~마다 cada media hora.

반신(返信) contestación, repuesta. ~하다 contestar, responder. ~료 franqueo con respuesta pagada. ~료 선납 respuesta pagada. ~용 엽서 tarjeta postal con respuesta pagada.

반신(半身) medio cuerpo, mitad del cuerpo. ~불수 hemiplejía. ~상 busto.

반신(半神) [남] semidiós; [여] semidiosa.

반신반의(半信半疑) incertidumbre, duda. ~로 sin certidumbre. ~하다 dudar acerca de algo (sobre algo· si + ind) , estar en duda de algo (de si + ind) , no estar seguro de algo (de que + subj) . ~로 듣다 oir algo con duda (temiendo duda· sin convicción) .

반액(半額) medio precio, mitad de precio; [승차권] medio billete; [입장료] media entrada. ~으로 하다 rebajar algo a la mitad. ~로 팔다 vender algo a mitad de precio. 아이들은 ~ "Medio precio para los niños."

반양자(反陽子) antiprotón.

반어(半語) ironía. ~적 irónico. ~를 쓰다 hablar irónicamente.

반역(反駁) refutación, rebatimiento, contradicción, objeción. ~하다 rebatir (refutar) algo· uno; sublevarse contra algo· uno. ~을 기도하다 tramar una rebelión. 정부에 ~하다 rebelarse contra el gobierno. ~자 rebelde, revoltoso. ~자 (m.f.) . 조국에의 ~자 traidor a la patria.

반영(反映) reflejo. ~하다 reflejarse en algo. 불황을 ~하여 reflejando (en reflejo de) la depresión económica. 여론을 정치에 ~시키다 reflejar la opinión pública en la política. 그의 성격이 문장에 ~되고 있다 Su carácter se refleja en sus escritos./ Sus escritos son un espejo de su carácter.

반영구적(半永久的) casi permanente. ~으로 사용할 수 있다 poder usarse casi permanentemente.

반원(半圓) semi-círculo, hemiciclo. ~형의 semicircular. ~ 아치 arco de medio punto.

반월(半月) media luna.

반음(半音) 【음】 semitono.

반응(反應) teacción; [효과] efecto. ~하다 reaccionar [a algo] . ~이 있다 reaccionar; producirse un efecto. ~을 일으키다 causar (producir· provocar) una reacción; causar (hacer· producir· sutir) efec-

to. 그 농담을 듣고도 그는 아무런 ~도 나타내지 않았다 No reaccionó ni siquiera al oír ese chiste. ~성 reactividad. ~체 reactivo.

반의어(反意語) antónimo.

반일(半-) media jornada.

반일(半日) mitad del día.

반일(反日) ~적인 antijaponés. ~ 감정 sentimiento antijaponés. ~ 운동 campaña antijaponesa.

반입(搬入) 공장에 기계를 ~하다 llevar (transportar) la máquina dentro de la factoría.

반입자(反粒子) antipartícula.

반작용(反作用) reacción. ~하다 reaccionar contra (ante) algo.

반장(班長) jefe de escuadra.

반전(返電) telegrama de respuesta. ~을 치다 poner un telegrama de respuesta, responder por telegrama.

반전(反戰) anti-guerra. ~ 사상 ideología contra la guerra.

반전(反轉) [상하 방향의] inversión; [수평방향의] vuelta. ~하다 invertirse; dar la vuelta.

반점(斑點) mácula, mancha, pinta. ~이 있는 manchado. ~이 있다 llevar manchas.

반제(返濟) devolución, reembolso. ~하다 reembolsar, devolver. ~ 기일 [부채 등의] plazo de devolución (de reembolso) , fecha fijada de devolución.

반제품(半製品) semiproducto, producto semiacabado (semiterminado· semimanufacturado) , artículo mediohecho, artículo semimanufacturado.

반주(伴奏) acompañamiento. ~하다 acompañar. ~로 (없이) con (sin) acompañamiento. 피아노로 ~하다 acompañar al (con el) piano. 피아노 ~로 노래하다 cantar con acompañamiento de piano. ~자 acompañador, acompañante; [집합적] acompañamiento. 무 ~ 바이올린 소나타 sonata para violín solo.

반주(半周) semicírculo. ~하다 dar media vuelta [alrededor de algo] .

반증(反證) contraprueba, prueba (testimonio) de lo contrario. ~을 제시하다 confutar, presentar una contraprueba, dar (ofrecer· presentar) las pruebas de lo contrario.

반지 anillo, sortija. ~를 끼다 ponerse la seortija. 결혼 ~ anillo de boda. 금 ~ anillo de oro. 다이아몬드 ~ anillo de diamante.

반지(半紙) papel de caligrafía.

반찬(飯饌) platos.

반창고(絆瘡膏) esparadropo, parche, em-

반체제(反體制) ~ 운동 movimiento contra el régimen establecido.

반추(反芻) rumia, rumiadura. ~하다 rumiar; [비유적] reflexionar sobre algo repetidas veces. ~ 동물 rumiante.

반출(搬出) ~하다 llevar algo fuera.

반칙(反則) infracción, transgresión, violación; [스포츠] falta. ~을 범하다 (hacer) una falta. ~으로 지다 perder un juego por hacer cometido una falta. ~타 【권투】 golpe prohibido.

반투막(半透膜) 【생】 membrana semipermeable.

반투명(半透明) tra[n] slucidez. ~의 traslúcido, tra[n]sluciente.

반품(返品) artículo (género) devuelto, mercancía devuelta; [반품하는 것] devolución de género. ~하다 devolver.

반하다 estar enamorado de uno. 나는 그녀한테 눈에 반했다 Estuve enamorado de ella a primera vista.

반하다(反-) [대립] ser opuesto (contrario) a algo; [위반] quebrantar (contravenir·infringir) algo. …에 반하여 contra algo, en contra de algo. 목적에 ~ ser contrario al fin. 법에 ~ contravenir (infringir) una ley. 예의에 ~ faltar a la cortesía. 내 추측에 반해서 contra mi suposición. 그것에 반해서 al (por el·por lo) contrario, en cambio.

반항(反抗) resistencia, oposición; [불복종] insubordinación, desobediencia. ~하다 resistir (oponerse) a uno, rebelarse (sublevarse) contra uno; desobedecer a uno. ~적 resistente, insubordinado, insumiso, desobediente; rebelde; terco. …에 해서 oponiéndose a algo. ~적인 태도를 취하다 tomar una actitud rebelde (desobediente). ~기 período de obstinación (de tequedad). ~심 espíritu rebelde (de insubordinación).

반향(反響) eco, repercusión, resonancia. ~하다 repercutir, resonar.

반혁명(反革命) contrarrevolución. ~의 contrarrevolucionario.

반환(返還) devolución, restitución. ~하다 devolver, restituir.

받다 recibir. 비전(秘傳)을 ~ recibir los secretos. 편지를 ~ recibir una carta. 상을 ~ ganar el premio.

받아들이다 aceptar, adoptar.

받아쓰기 dictado. ~하다 escribir al dictado.

받아쓰다 poner por escrito, redactar.

받치다 [괴다] sostener, apoyar.

받침 [괴는] sostén.

발¹ pie (*m.*); [가구·동물의] pata. ~바닥 suela.

발² [가리는] cortina de bambú.

발(發) [출발] salida, procedencia; [탄수] tiro, cartucho, bala, disparo. 5시 ~ 열차 tren de las cinco [horas]. 서울 ~ 급행 expreso procedente de Seúl. 마드리드 ~ 외전에 의하면 según un despacho de Madrid. 6~을 발사하다 descargar seis tiros.

발가락 dedo del pie.

발가숭이 cuerpo desnudo.

발각(發覺) descubrimiento, revelación. ~되다 descubrirse, revelarse.

발간(發刊) publicación. ~하다 publicar.

발걸음 paso.

발견(發見) descubrimiento, hallazgo, encuentro. ~하다 descubrir, encontrar, hallar. 크리스토발·꼴론의 아메리카 대륙의 ~ el descubrimiento del continente americano por Cristóbal Colón. 크리스토발·꼴론은 1492년에 신대륙을 ~했다 Cristóbal Colón descubrió el Nuevo Mundo en 1492. ~자 descubridor.

발광(發光) radiación, irradiación. ~하다 radiar, irradiar. ~도료 pintura luminosa. ~체 cuerpo luminoso.

발광(發狂) locura, demencia. ~하다 volverse loco, enloquecer, perder la razón. ~한 demente, loco.

발군(拔群) ~의 sobresaliente, destacado, preeminente. ~의 공적 mérito inigualable. ~의 성적으로 졸업하다 graduarse con [las] notas sobresalientes (con todos los honores).

발굴(發掘) excavación, desenterramiento; [특히 시체의] exhumación. ~하다 excavar, desenterrar, exhumar. 유적을 ~하다 excavar las ruinas. 시체를 ~하다 desenterrar (exhumar) los restos.

발꿈치 talón.

발굽 casco.

발권(發券) emisión. ~은행 banco de emisión.

발기(勃起) erección, turgencia. ~하다 entrar en erección, ponerse trugente.

발기(發起) promoción, proyección, propuesta. ~하다 promover, proyectar, organizar. …의 ~로 propuesto (sugerido) por *uno*, a propuesta de *uno*, por (a la) iniciativa de *uno*. 이 회합은 A씨의 ~로 열린다 Esta reunión se celebra a propuesta (por iniciativa) del señor A. ~인 fundador; promotor.

발단(發端) comienzo, punto de partida,

발달 origen. 암살 사건이 ~이 되어 내란이 일어났다 El asesinato fue el origen de los disturbios internos.

발달(發達) desarrollo, crecimiento; [진보] progreso, avance. ~하다 desarrollar, crecer; progresar, avanzar. 진보 desarrollado; progresado, avanzado. 과학의 ~ avance de la ciencia. 한국의 공업은 현저하게 ~되었다 La industria coreana ha progresado mucho.

발동(發動) [적용] ejercicio, uso; [일의] función, moción. ~하다 ejercitar, hacer entrar *algo* en vigor; funcionar, poner en moción. ~기 motor. ~선 motora, lancha rápida. 사법권 ~ ejercicio del poder judicial.

발뒤꿈치 talón.

발뒤축 talón.

발레 [춤] ballet (*pl.* ballets). ~단 (음악) compañía (música) de ballet.

발렌시아 [지] Valencia. ~의 [사람] valenciano.

발령(發令) nombramiento (anuncio) oficial. ~하다 anunciar oficialmente el nombramiento de *uno*.

발로(發露) expresión, manifestación.

발매(發賣) venta. ~하다 vender, poner *algo* en venta. ~을 금지하다 prohibir la venta. ~중이다 estar en venta. ~금지 "Prohibida la venta" ([책의] la publicación). ~원 distribuidor.

발명(發明) invención. ~하다 inventar. ~의 재능이 있다 tener genio de invención, tener espíritu inventivo. ~가・~자 inventor. ~품 cosa inventada, invención, invento.

발목 tobillo. ~이 삐인 것 같습니다 Creo que me he dislocado el tobillo.

발문(跋文) epílogo, palabras finales.

발발(勃發) estallido, iniciación. ~하다 estallar. 전쟁이 ~했다 Estalló la guerra.

발병(發病) inicio de enfermedad. ~하다 enfermar, caer enfermo, ponerse enfermo.

발본(拔本) ~적인 drástico, radical, fundamental. ~적으로 drásticamente, radicalmente, fundamentalmente.

발분(發憤) decisión a hacer *algo*. ~하다 decidirse a hacer *algo*.

발사(發射) [발포] disparo, tiro; [로켓의] lanzamiento. ~하다 disparar; lanzar. 권총을 ~하다 disparar *su* pistola. 로켓을 ~하다 lanzar un cohete.

발산(發散) [열등의] emisión; [향기 등의] emanación, exhalación. ~하다 emitir; emanar, exhalar. 향기를 ~하다 exhalar aroma. 정력을 ~시키다 descargar la energía. 화덕에서 고열이 ~한다 El horno emite un alto calor.

발상(發想) idea, concepción. 그것은 ~이 좋다 Hay una buena idea en eso./ Eso está muy bien concebido./ Eso encierra una buena idea.

발상(發祥) 문명의 ~지 cuna de la civilización.

발생(發生) [대사건 등의] estallido; [열・전기 등의] generación. ~하다 ocurrir; estallar; [열・전기 등의] engendrarse, producirse. 사건이 ~했다 Ocurrió un accidente. 새로운 문제가 ~했다 Surgió un nuevo problema. 콜레라가 ~하고 있다 El cólera se declara./ Hay un brote de cólera. ~학 embriología.

발성(發聲) emisión de voz. ~연습을 하다 vocalizar. ~법 vocalización.

발송(發送) envío, despacho. ~하다 enviar, despachar, mandar, remitir, expedir; [상품을] consignar.

발신(發信) [편지・전보의] envío, remisión, expedición. ~하다 enviar, remitir, expedir. ~국 estación remitente; [전보의] oficina de emisión. ~지 lugar de envío. ~인 remitente (*m.f.*).

발심(發心) despertamiento espiritual. ~하다 hacerse religioso.

발아(發芽) [종자의] germinación; [잎 등의] brote. ~하다 germinar; brotar.

발안(發案) propuesta, proposición; [동의] moción. ~하다 proponer, sugerir, presentar moción. …의 ~으로 por la iniciativa (por la proposición) de *uno*. ~자 proponente (*m.f.*), promotor, inventor.

발암(發癌) ~성의 cancerígeno.

발언(發言) palabras, declaración; [견해] observación; [제언] proposición. ~하다 hablar, tomar la palabra, declarar, hacer una declaración. ~을 취소하다 retractarse. ~을 허락하다 permitir (dejar) a *uno* hablar. …에게 유리한 (불리한) ~을 하다 hablar en favor de (contra) *uno*. ~권 derecho a hablar.

발연(發煙) humo. ~유산 ácido sulfúrico humeante. ~탄 bomba fumígena (de humo). ~통 cartucho (dispositivo) fumígeno.

발열(發熱) acceso (ataque) de fiebre. ~하다 tener fiebre. 그는 ~했다 Le ha dado [un ataque de] fiebre./ Ha sido atacado por la fiebre. ~량 potencia calorífica. ~반응 reacción exotérmica.

발육(發育) crecimiento, desarrollo. ~하다 crecer, desarrollar[se]. ~이 좋다 crecer (desarrollarse) bien. ~이 나쁘다 no crecer (desarrollarse) bien. ~이멈추다 dejar de crecer (de desarrollarse). ~ 부진・

불량 crecimiento (desarrollo) insuficiente (deficiente).

발음(發音) pronunciación; [명확한] articulación. ~하다 pronunciar; articular. ~하기 어려운 difícil de pronunciar. ~이 좋다 (나쁘다) pronunciar bien (mal). ~기호 signo ([집합적] alfabeto) fonético.

발의(發議) sugestión; [제의] propuesta, proposición; [동의] moción. ~하다 sugerir; proponer. …의 ~로 a la propuesta de *uno*. ~권 iniciativa. ~권을 가지다 tener la iniciativa.

발자국 huella, pisada, vestigio, impresión del pie.

발작(發作) ataque, acceso; [발작의 격발] paroxismo. ~적 paroxismal. ~적으로 por acceso. ~을 일으키다 tener (sufrir) un acceso (un ataque). ~적으로 살해하다 matar a *uno* por impulso (en un arrebato). 심장이 ~적으로 아프다 sentir un dolor repentino en el corazón.

발전(發展) evolución, crecimiento; [진보] progreso, avance; [확장] expansión; [융성] prosperidad. ~하다 desarrollarse, evolucionar, crecer; prosperar. 산업의 ~ desarrollo industrial. 국제 경제의 ~ evolución de la economía internacional. 과학은 현저한 ~을 했다 La ciencia ha experimentado avances fenomerales. 이 회사는 ~ 가능성이 있다 Esta compañía tiene posibilidades de desarrollo. ~ 도상국 país en vías (en proceso) de desarrollo. 경제 ~ desarrollo económico.

발전(發電) electrización, generación [de electricidad], producción de la fuerza (de la energía) eléctrica. ~하다 generar, producir. ~기 dínamo, generador de energía eléctrica. ~능력 capacidad generadora. ~설비 instalaciones de generación de la energía eléctrica. ~소 central eléctrica (generadora). 【아르헨띠나】 usina de electricidad. 수력 ~소 central hidroeléctrica. 화력 ~소 central térmica. 원자력 ~ generación por energía atómica.

발정(發情) celo. ~기에 있다 estar en celo.

발족(發足) inauguración, fundación. ~하다 inaugurar, fundar. ~되다 inaugurarse, fundarse. 위원회는 10명으로 ~했다 El comité inició sus actividades con diez miembros.

발주(發注) pedido, encargo. ~하다 hacer un pedido de *algo*, encargar.

발진(發疹) [의] erupción, exantema. ~티푸스 tifo eruptivo, tifus eruptivo (exantemático).

발차(發車) [열차·버스의] partida, salida. ~하다 partir, salir, arrancar. 열차는 5번선에서 ~한다 El tren sale de la vía número quinto. ~시각 hora de salida.

발착(發着) salida y llegada. ~하다 salir y llegar. ~시간표 horario. 기선 ~소 embarcadero para buques.

발췌(拔萃) extractos, trozos escogidos. ~하다 entresacar, extractar. 이것은 신문기사에서 ~한 것이다 Este es un extracto de un artículo del periódico.

발코니 balcón, terraza.

발탁(拔擢) selección, elección. ~하다 escoger, elegir.

발톱 uña.

발파(發破) demolición por la dinamita. ~하다 volar *algo* con dinamita.

발포(發布) promulgación, proclamación. ~하다 promulgar, proclamar.

발포제(發泡劑) [의] vejigatorio.

발표(發表) anuncio, declaración; [공표] publicación; [표명] manifestación, expresión. ~하다 anunciar, declarar; publicar; manifestar, expresar. 약혼 ~하다 anunciar compromiso de boda. 작품을 ~하다 presentar una obra. 미~ 작품 obra inédita (no publicada).

발하다(發—) [빛·열 등을] emitir, despedir, echar, arrojar. 빛을 ~ emitir luz.

발한(發汗) sudor, transpiración. ~하다 sudar, transpirar.

발행(發行) [책 등의] publicación, edición; [지폐·국채 등의] emisión. ~하다 publicar, editar, sacar *algo* a luz; emitir, poner *algo* en circulación. ~되다 publicarse. 이 잡지는 매월 ~된다 Esta revista se publica mensualmente. ~가격 precio de emisión. ~금지 prohibición de la publicación. 어떤 책을 ~금지시키다 prohibir la publicación de un libro. ~부수 tirada. 이 신문은 ~부수가 많다 Este periódico tiene una gran tirada. ~소 oficina (lugar) de publicación; [출판사] [casa] editorial (*f*.) ~일 fecha de la publicación. ~자 editor. 지폐 ~고 importe de los billetes emitidos, circulación fiduciaria.

발화(發火) encendido, ignición. ~하다 encenderse, incendiarse, inflamarse. ~하기 쉬운 inflamable, fácil de encenderse. ~점 punto de ignición.

발회(發會) inauguración. ~하다 inaugurar una sociedad.

발효(發效) [comienzo de] vigencia. ~하다 ponerse (entrar) en vigencia (en vigor). 조약의 ~ vigencia del tratado.

발효(發酵) fermentación. ~하다 · ~시키다 fermentar.

발휘(發揮) demostración, manifestación, revelación. ~하다 demostrar, manifestar, revelar. 재능을 ~하다 revelar *su* talento, desplegar (valerse de) *su* capacidad.

밝다¹ [환하다] ser claro.

밝다² [날이] amanecer. 날이 밝는다 Amanece.

밝는날 alba, albor.

밟다 pisar, hollar. …의 발을 ~ pasar el pie de *uno*. 외국 땅을 ~ pisar tierra extranjera.

밤¹ noche (*f.*). ~이 되다 anochecer. ~의 nocturno. 내일 ~에 mañana por la noche. 일요일 ~에 el domingo por la noche.

밤² (栗) castaña, mijo. ~나무 castaño.

밤낮 día y noche. ~으로 일하다 trabajar de día y de noche.

밤마다 cada noche, todas las noches.

밤새도록 toda la noche.

밤색(-色) color de castaña, marrón, color marrón.

밤손님 ladrón.

밤중(-中) medianoche. ~에 a medianoche.

밥 comida; [아침밥] desayuno; [점심] almuerzo; [저녁밥] cena. ~을 먹다 comer, tomar.

밥맛 apetito(식욕). 나는 ~이 없다 No tengo apetito.

밥상(-床) mesa. ~을 차리다 poner la mesa. ~의 앞에 앉다 sentarse a la mesa.

밧테리【전】 batería.

방(房) [집의 구성요소로] pieza; [공동으로 사용하는] sala; [개개의] habitación, cuarto. ~을 빌리다 (예약하다) alquilar (reservar) una habitación. 우리집에는 ~이 다섯 개가 있다 Hay cinco piezas ([식당·응접실 등을 제외하고] habitaciones) en nuestra casa. ~ 있습니까 [호텔에서] ¿Hay (tienen) habitación libre?

방갈로 bungalow.

방계(傍系) línea (rama) colateral (transversal). ~의 colateral. ~친족 pariente colateral. ~회사 compañía afiliada, sociedad afiliada, casa filial.

방공(防共) anti-comunismo. ~주의자 anticomunista (*m.f.*). ~협정 Pacto Anti-Comintern.

방공(防空) defensa antiaérea. ~연습 ejercicio antiaéreo. ~호 foso (abrigo · refugio) antiaéreo.

방과후(放課後) después de [la] clase, terminada la clase; [하교시에] al salir de la escuela.

방관(傍觀) contemplación indiferente. ~하다 hacer de mirón, quedarse de espectador, mirar *algo* sin hacer nada; [무관심] quedarse indiferente a *algo*. ~적인 in-

diferente. ~적인 태도를 취하다 tomar una actitud indiferente (de espectador) a (ante) *algo*. ~자 espectador, mirón.

방광(膀胱)【해】vejiga. ~의 vesical. ~ 결석 cálculo vesical. ~염 inflamación de la vejiga, cistitis (*f.*).

방귀 ventosidad. ~를 뀌다 ventosear(se), ventear.

방글거리다 sonreír.

방금(方今) ahora mismo, en este mismo instante, poco hace, recientemente, últimamente. ~ … 하다 acabar de + *inf*. 아버지는 ~ 돌아오셨다 Mi padre acaba de volver a casa.

방긋거리다 sonreír.

방기(放棄) renuncia, abandono, renunciación, renunciamiento. ~하다 renunciar a *algo*, abandonar, dejar. 권리를 ~ renunciar a *sus* derechos. 책임을 ~하다 abandonar (dejar) *su* responsabilidad.

방뇨(放尿) ~하다 orinar[se].

방담(放談) ~하다 hablar con toda libertad.

방대(尨大) ~한 enorme, colosal, gigantesco. ~한 예산 presupuesto fabuloso. ~한 자료 un montón de materiales. ~한 수의 작품 una enorme cantidad de obras.

방독(防毒) ~면 careta antigás (contragases), máscara anti-gas.

방랑(放浪) vida errante, viaje sin destino; [유랑] vagancia, vagabundeo. ~하다 errar; vagar. vagabundear. ~생활을 하다 llevar una vida de vagabundo. ~벽이 있다 tener el hábito de vagabundear. ~자 vagabundo.

방류(放流) ~하다 echar, poblar. 물을 ~하다 echar al agua. 물고기를 강에 ~하다 poblar el río de peces.

방망이 garrote, palo, bastón.

방면(方面) [방향] dirección; [지방] región; [분야] campo. 한국의 서부 ~에 en la parte oeste de Corea. 신촌 ~행 버스 autobús para Sinchon. 강남 ~에 살다 vivir en el área de Gangnam. 그 ~의 전문가 especialista en esa materia. 각 ~에 친구가 많다 tener muchos amigos en las distintas esferas de la sociedad. 그 문제는 관계 각 ~에서 검토되었다 Ese problema ha sido discutido por todas las autoridades relacionadas. 그는 여러 ~에 재능이 있다 Tiene talento para muchos campos.

방면(放免) liberación, soltura; [무죄방면] absolución, lebre. ~하다 libertar, poner a *uno* en libertad, absolver.

방명(芳名) buen nombre. ~은 일찍이 잘 알고 있었습니다 Le conocía a usted ya de nombre.

방목(放牧) apacentamiento, pastoreo, pasto. ~하다 pastar, pastorear, apacentar. 소를 ~하다 pastar el ganado vacuno. ~장 pasto, pastura.

방문(訪問) visita. ~하다 visitar a *uno*, visitar (hacer una visita a) *un sitio*. ~을 받다 recibir una visita. 친구의 ~을 받다 recibir una visita de un amigo. A 교수를 연구실로 ~하다 visitar al profesor A en su estudio. 수상은 영국을 공식(친선)~중이다 El primer ministro está de visita oficial (de amistad) en Inglaterra. ~객, ~자 visitante *(m.f.)*, visita, visitador. 오늘은 ~객이 많았다 Hoy he tenido muchas visitas.

방문(房門) puerta [de una habitación].

방바닥 suelo de una habitación.

방방곡곡(坊坊曲曲) en todas partes del país.

방범(防犯) prevención de crimen. ~ 주간 semana de prevención de los crímenes.

방법(方法) manera, modo; [계통을 세운] método, proceso; [수단] medio. 이 ~으로 de esta manera, de este modo. 어떤 ~으로라도 de cualquier modo, de una manera u otra. 가능한 모든 ~으로 por todos los medios posibles. ~이 틀리다 equivocarse en el proceso. ~을 찾다 buscar una manera (un medio). 그 외의 ~은 없다 No hay otro remedio que ése. 알릴 ~이 없다 No hay manera de avisar. ~론 metodología. ~론적인 metodológico.

방벽(防壁) barrera; [성벽] muralla. 자연의 ~ barrera natural.

방부제(防腐劑) [식품 등의] antipútrido; [의] antiséptico. ~에 ~를 사용하다 emplear un antipútrido en *algo*.

방비(防備) defensa. ~를 튼튼히 하다 reforzar las defensas, fortalecer.

방사(放射) emisión; [열·빛의 복사] radiación; [라디움 등의] emanación. ~하다 emitir; radiar; emanar. ~상(狀)의 radiado, radial. ~ 고온계 pirómetro de radiación. ~열 calor radiante.

방사(房事) cópula, coito.

방사능(放射能) radi[o]actividad. ~비 lluvia radiactiva. ~ 장애 lesión causada por la radiactividad.

방사선(放射線) [집합적] radiación. ~ 요법 radioterapia. ~ 장애 daño por radiación. ~ 화학 química de las irradiaciones.

방사성(放射性) ~의 radi[o]activo. ~ 물질 substancia radiactiva. ~ 원소 (동위원소) elemento (isótopo) radiactivo. ~재 cenizas radiactivas. ~ 폐기물 desperdicios radiactivos.

방석(方席) cojín, almohadón.

방선(傍線) línea vertical. ···의 ~을 긋다 trazar una línea vertical al lado de···; [밑줄] subrayar···.

방설(防雪) protección contra la nieve. ~림(林) bosque que sirve de abrigo (de defensa) contra la nieve.

방송(放送) emisión, transmisión, difusión. ~하다 emitir, difundir, transmitir, radiar; [라디오로] radiodifundir; [텔레비전으로] televisar. ~을 듣다 escuchar la radiodifusión. ~ 구역 alcance de una emisora. ~국 [estación] emisora, difusora. ~극 teatro radiofónico. ~대학 universidad a distancia. ~망 red de estaciones emisoras, [텔레비전의] red televisora. ~ 시간 horas de emisión. ~실 estudio [de emisión]. 토론회 [텔레비전의] discusión televisada. ~협회 Corporación Radiotelevisora.

방수(放水) desagüe; [배수] drenaje. ~하다 desaguar; drenar. ~관 tubo de desagüe. ~구 bacazac; [댐] rebosadero; surtidor. ~로 canal de desagüe. ~차 autobomba *(m.)*.

방수(防水) impermeabilidad. ~의 impermeable. ~하다 impermeabilizar *algo*. ~ 가공된 impermeabilizado. ~ 가공 impermeabilización. ~복 traje impermeable. ~성 impermeabilidad. ~ 시계 reloj hecho a prueba de agua, reloj sumergible. ~포 tela impermeable.

방습(防濕) ~제 desecante.

방식(方式) [형식] forma; [정식] fórmula; [양식] modo; [방법] método, proceder; [체계] sistema *(m.)*; [수속] formalidad. ~에 따라서 en debida [buena] forma.

방심(放心) distracción, actitud distraída. ~하다 distraerse, enajenarse. ~상태에 있다 estar distraído.

방아 molino.

방아쇠 gatillo, disparador.

방안(方案) plan, programa *(m.)*. 대체적인 ~ plan general.

방앗간(-間) molino.

방약무인(傍若無人) arrogancia. ~하게 행동하다 conducirse de un manera insolente.

방어(防御) defensa, protección; [수세] defensiva. ~하다 defender. ~의 태세를 취하다 (취하고 있다) ponerse (estar) a la defensiva. ~ 진지 posición defensiva.

방어전(防御戰) batalla a la defensiva, operación defensiva. ~을 하다 combatir a la defensiva.

방언(放言) ~하다 pronunciar palabras inconsideradas, hacer declaraciones inconsideradas, hablar a tontas y a locas (a

방언(方言) dialecto, provincialismo. ~연구 dialectología. 마요르까 → mallorquín.

방역(防疫) prevención de una epidemia. ~수단을 강구하다 tomar medidas para prevenir las epidemias. ~선 cordón sanitario.

방열기(放熱器) radiador.

방울¹ [물의] gota. 한 ~ 한 ~ 씩 gota a gota.

방울² [쇠방울] campana. ~ 소리 son de campana.

방위(防衛) defensa, resguardo, protección. ~하다 defender, resguardar, proteger. 자국 통화를 ~하다 defender su moneda. ~력 poder defensivo.

방위(方位) dirección, rumbo con la brújula; [선박] derrota con el compás; 【천】 azimut. ~각 (측정기) ángulo (alidada) azimutal.

방음(防音) insonorización, aislamiento acústico. ~된 insonorizado. ~실 cabina insonorizada. ~ 장치 instalación para la insonorización. ~재(材) materiales insonoros.

방일(放逸) ~한 desordenado, disoluto, libertino. ~한 생활을 하다 llevar una vida desordenada (disoluta).

방임(放任) ~하다 dejar obrar libremente. 자식들을 ~해 두다 dejar a los niños actuar libremente (que hagan lo que quieran) ~주의 principio (sistema) no intervencionista.

방적(紡績) hilandería. ~공 hilandero, hilador. ~공장 hilandería. ~업 hilandería, industria hilandera. ~업자 hilandero.

방전(防戰) combate defensivo, batalla defensiva. ~하다 luchar (combatir) a la defensiva.

방전(放電) descarga de eléctricidad (eléctrica). ~하다 descargar electricidad.

방점(傍點) puntos [puestos a lo largo de la línea]. 어떤 구에 ~을 찍다 hacer resaltar una frase con puntos puestos a lo largo de la línea, subrayar una frase con puntos.

방정 conducta indiscreta.

방정떨다 obrar imprudentemente.

방정맞다 ser ligero (frívolo).

방정식(方程式) ecuación. ~을 세우다 (풀다) poner (resolver) una ecuación. 1(2·3)차 ~ ecuación de primer (segundo· tercer) grado.

방조(幇助) ayuda, fomento. 범죄를 ~하다 facilitar el crimen de *uno*, ayudar a *uno* en un crimen. ~자 cómplice *(m.f.)*. ~죄 complicidad.

방종(放縱) libertinaje. ~한 생활을 하다 vivir en el libertinaje.

방주(傍註) nota marginal. ~을 붙이다 poner notas al margen.

방증(傍證) testificación, comprobación.

방지(防止) prevención. ~하다 prevenir, impedir, evitar. 사고를 ~하다 prevenir accidentes.

방직(紡織) hilado y tejido. ~공업 industria textil.

방진(防塵) ~안경 gafas hechas a prueba del polvo. ~장치 protector contra el polvo.

방책(方策) [수단] medio, remedio; [취지] medidas *(f.pl.)*; [계획] plan, proyecto; [방침] política. ~을 강구하다 tomar los medios [necesarios]

방첩(防諜) contraespionaje.

방청(傍聽) asistencia [재판의] a una audiencia · [의회의] a una sesión del parlamento]. ~하다 prestar los oídos, escuchar. 재판을 ~하다 asistir a la audiencia. ~금지의 재판 audiencia a puerta cerrada. ~권 entrada de admisión [en la audiencia]. ~석 tribuna del público. ~인 público, oyente; [집합적] auditorio.

방추(紡錘) huso. ~형의 ahusado, fusiforme.

방축(放逐) expulsión; [추방] deportación; [국외로] destierro. ~하다 expulsar; desterrar.

방출(放出) [발산] emisión. ~하다 emitir. 가스 (에너지) ~하다 emitir gas (energía). 저장 물질을 ~하다 enajenar las provisiones.

방충제(防虫劑) [bola de] naftalina (alcanfor).

방취(防臭) ~하다 desodorizar *algo*. ~제 desodorante.

방치(放置) abandono. ~하다 dejar [una cosa como se halla]. 문제를 미해결로 ~하다 dejar un problema sin (por) resolver. 쓰레기를 노상에 ~하다 dejar la basura en la calle. 사태는 ~될 수 없다 No se pueden dejar así las cosas.

방침(方針) curso, orientación, dirección; [원칙] principio, norma; [정책] política. 새로운 ~으로 나아가다 tomar una nueva línea. 회사의 영업 ~ política financiera de una compañía. ~을 세우다 tomar (fijar) *su* línea de conducta. ~을 바꾸다 cambiar *su* línea de conducta. ~을 잘못 잡다 errar[se] en la orientación, tomar un curso erróneo.

방탄(防彈) ~유리 vidrio resistnete a las balas. ~조끼 chaleco antibalas.

방탕(放蕩) libertinaje, prodigalidad; [품행이 나쁨] mala conducta. ~한 자식 hijo

방파제(防波堤) rompeolas, malecón, dique.
방패(防牌) escudo, broquel, arma defensiva.
방편(方便) expediente, recurso; [수단] medio. 그것은 일시적인 ~에 불과하다 Eso no es nada más que un recurso provisional.
방풍(防風) protección contra el viento. ~림 bosque de protección contra el viento.
방학(放學) vacaciones. 여름 (겨울) ~ vacaciones de verano (invierno).
방한(防寒) protección contra el frío. ~구(具) material contra el frío. ~복 ropa contra el frío. ~화 botas impermeables.
방한(訪韓) visita a Corea. ~하다 visitar a Corea.
방해(妨害) obstrucción, perturbación; [전파의] interferencia. ~하다 obstruir, impedir, estorbar, obstaculizar; interferir; interrumpir. 출세의 ~ obstrucción de su buen éxito. 계획 (결혼)을 ~하다 estorbar el plan (el casamiento) de (a) uno. 영업을 ~하다 impedir el negocio a uno. 교통을 ~하다 interrumpir la circulación. ~전파 onda perturbadora. 전파 ~ [의도적인] interferencia intencionada.
방향(方向) dirección, rumbo, orientación. 같은 (다른) ~으로 en la misma (en otra) dirección. 동서의 ~ dirección este-oeste. ~을 틀리다 equivocarse de dirección, tomar una dirección equivocada. ~을 바꾸다 cambiar de dirección, tomar otra dirección. ~을 가르치다 orientar a uno. [장례의] ~을 잡다 orientarse [para el futuro]. ~ 감각이 예민하다 (둔하다) tener (no tener) sentido de la orientación. ~ 전환 cambio de dirección, viraje; [의견의 변화] cambio de opinión (de parecer). 그는 학자에서 ~ 전환하여 정계에 들어갔다 Dejando la carrera académica, tomó un rumbo en el mundo político. ~지시기 flecha de dirección; [점멸기] luz intermitente. ~타 timón [de dirección]. ~탐지기 indicador de dirección, radiogoniómetro.
방향(芳香) fragancia, perfume, aroma. ~을 풍기다 despedir perfume.
방화(邦畵) [영화] película coreana, película nacional, film (cine) coreano.
방화(放火) incendio premeditado. ~하다 provocar (prender) incendio; [⋯에] incendiar *algo*, prender (pegar) fuego a *algo*. 그 불은 ~였다 Fue un incendio premeditado. ~광 piromanía, manía por el fuego; [사람] pirómano, matiático por el (del) fuego. ~범 incendiario.

방화(防火) protección contra el fuego, defensa contra el incendio, prevención contra el incendio. ~건축 construcción incombustible (ignífuga · a prueba de fuego). ~벽 muro ([배 등의] mamparo) cortafuegos. ~장치 equipo de incendios. ~훈련 entrenamiento contra incendios.
방황(彷徨) vagabundeo. ~하다 vagar, vagabundear, errar.
밭 campo; [야채밭] jardín, huerta; [과수원] huerto; [농장] granja. ~을 경작하다 cultivar (labrar · trabajar en) el campo. ~을 짓다 cultivar la tierra.
밭갈이 aradura, labranza. ~하다 arar, labrar la tierra.
밭고랑 surco. ~을 짓다 surcar, hacer surcos en la tierra.
밭도랑 zanja.
밭두둑 caballón.
밭일 labranza.
배¹ [식] pera. ~나무 peral.
배² [복부] vientre, abdomen, barriga. ~가 고프다 tener hambre. ~가 아프다 tener dolor de estómago, tener dolor de vientre, doler*le* el estómago. 나는 ~가 아프다 Me duele el vientre (la barriga · [속] la tripa)./ Tengo dolor de vientre./ Tengo dolor de estómago./ Me duele el estómago.
배³ [선박] buque, barco, nave (*f.*), navío; [작은 배] barca, lancha, bote. ~로 a bordo, en barco, por barco. ~에 오르다 [승선] embarcarse, subir a bordo. ~에서 내리다 desembarcarse, bajar de un barco. ~에 올리다 embarcar. ~에서 내리다 desembarcar. ~로 가다 ir en barco (a bordo). ~를 젓다 remar. 제주행 ~에 오르다 embarcarse para Chechu.
배(倍) dos veces del tamaño, duplicación. 두 ~의 doble, duplo. 세 ~의 triple, triplo. 네 ~의 cuadruplo.
배가(倍加) duplicación, redoblamiento. ~하다 duplicarse, doblarse. ~시키다 doblar, duplicar, redoblar.
배격(排擊) ~하다 rechazar, desechar.
배경(背景) fondo; último término; [무대의] decorado, telón de foro (de fondo). 사회적 ~ fondo social. 교회를 ~으로 사진을 찍다 sacar una fotografía con una iglesia de fondo. 사건의 ~에는 인종문제가 있다 El al fondo del caso hay un problema racial.
배계(拜啓) [편지의 서두] Muy señor mío; [여자] Muy señora mía; Muy estimado señor: [여자] Muy estimada señora; Mi querido amigo; [여자] Mi querida amiga; [회사·단체 등에] Muy señores míos:/

De nuestra consideración :
배고프다 tener hambre. 배고파 죽겠다 Me muero de hambre.
배관(配管) [물의] cañería; [가스 등의] tubería. ~공사를 하다 instalar las cañerías. ~도 diagrama de tuberías.
배교(背敎) ~자 apóstata *(m.f.)*, renegado.
배구(排球) voleo de pelota, volibol, vóleibol.
배급(配給) distribución, racionamiento; [물건] ración. ~하다 distribuir, racionar, repartir las raciones de *algo*. ~을 받다 recibir (cobrar) su ración. ~제도 racionamiento, sistema de racionamiento.
배기(排氣) escape. ~가스 gas de escape. ~관 tubo de escape. ~구 orificio de escape. ~량 cilindrada. ~량 2000cc의 차 coche de dos mil *cm*l. de cilindrada.
배꼽 [해] ombligo.
배낭(背囊) mochila, macuto. ~족 mochilero.
배뇨(排尿) micción. ~하다 orinar.
배다 [잉태하다] concebir, hacerse preñada.
배달(配達) servicio (reparto·entrega·transporte) a domicilio; [우편 등의] distribución. ~하다 servir *algo* a domicilio; distribuir. 우유 (신문)을 ~하다 repartir la leche (el periódico). 나의 의자를 집에 ~하게 했다 Hice que me trajeran la silla a la casa. 시내 ~무료 "Dentro de la ciudad, franco de porte." ~구역 zona de entrega a domicilio; [우편의] zona de distribución postal. ~료 porte, precio de transporte. ~인 [아파트 등의] distribuidor, repartidor; [우편의] cartero; [전보의] repartidor de telegramas.
배달(倍達) Corea. ~민족 raza coreana.
배당(配當) repartición, reparto; [주식의] dividendo. ~하다 repartir; distribuir (repartir)[los dividendos]. 이익의 ~을 받다 cobrar el reparto del beneficio. ~금 dividendo.
배덕(背德) inmoralidad. ~의 inmoral. ~자 inmoral *(m.f.)*, inmoralista *(m.f.)*.
배드민턴 [운] volante.
배란(排卵) ovulación. ~하다 ovular.
배려(配慮) cuidado, atención, solicitud, consideración. ~하다 tener cuidado, prestar atención. 귀하의 각별한 ~에 con su consideración favorable. 세심한 ~을 하다 prestar minuciosas atenciones a *algo*. ~가 부족하다 carecer de atenciones (tener poca consideración) a *algo*. ~해 주시길 바랍니다 Le pido que lo tome (tenga) en consideración. ~에 감사드립니다 Muchas gracias por sus atenciones.

배리(背理) irracionalidad, absurdo; [논리학] paragismo. ~법 reducción al absurdo.
배면(背面) parte trasera (posterior); revés. ~의 trasero, posterior. 적을 ~에서 공격하다 atacar al enemigo por detrás.
배반(背反) traición. ~하다 traicionar, hacer traición.
배본(配本) entrega (reparto) de libros.
배부(配付) ⇨ 배포.
배부르다 estar lleno, estar harto.
배분(配分) reparto, distribución. ~하다 repartir, distribuir. 자식들에 재산을 균등하게 ~하다 repartir la herencia con igualdad entre sus hijos.
배사(背斜) [지질] anticlinarl.
배상(賠償) indemnización, resarcimiento, compensación, reparacion. ~하다 indemnizar, recompensar, resarcir. 손해 ~을 하다 indemnizar a *uno* del perjucicio. ~금 indemnización, compensación. 회사는 피해자들에게 ~금을 지불했다 La compañía indemnizó a las víctimas. ~분할불 amortización de las indemnizaciones.
배색(配色) coloración. ~이 좋다 Los colores están bien combinados (hacen juego· armonizan).
배석(倍席) ~하다 tener el honor de asistir a *algo*, asistir a *algo* como adjunto [de *uno*]. ~ 판사 juez asesor.
배선(配船) distribución de buques (barcos). ~하다 distribuir los barcos.
배선(配線) instalación eléctrica (de un cable), cableado. ~하다 instalar un cable (tender cables· poner la instalación eléctrica) en *un sitio*, cablear *un sitio*. ~도 esquema de conexiones eléctricas, diagrama del circuito.
배설(排泄) excreción, evacuación. ~하다 excretar, descargar el vientre, evacuar el vientre. ~물 excreción, exctrementos, heces.
배속(配屬) ~하다 destinar (asignar· designar) a *uno*[a un puesto]. 그는 영업부에 ~되었다 Le destinaron (designaron) al departamento de negocios.
배수(排水) evacuación de agua; [간적적] desecación, desagüe; [도량의 의한] drenaje, avenameinto. ~하다 evacuar el agua de *un sitio*; drenar (desaguar· avenar) *un sitio*; desecar un sitio. ~관 tubo ([집합적] tubería) de desagüe. ~구 canal de desagüe (de drenaje). ~량 [배의] desplazamiento. ~량 1만톤의 배 barco de diez mil toneladas de desplazamiento. ~펌프 bomba de desagüe.
배수(倍數) múltiplo. 15는 3의 ~다 Quince

배수 es [un] múltiplo de tres. 최소공 ~ mínimo común múltiplo.

배수(配水) ~관 conducto de agua, cañería de distribución.

배수(背水) ~진을 치다 quemar las naves.

배신(背信) traición. ~하다 traicionar. ~행위 abuso de confianza; [코리] traición. ~행위를 하다 cometer un acto de mala fe [contra *uno*]; traicionar a *uno*.

배심(陪審) jurado. ~원 [miembro del] jurado. ~원석 tribuna del jurado. ~제도 sistema de jurado.

배앓이 dolor de estómago.

배액(倍額) importe (suma) doble; [요금의] precio doble. ~ 증자 aumento doble de capital.

배양(培養) cultivo. ~하다 cultivar. 세균을 ~하다 hacer el cultivo de un microbio. ~액 (기) caldo (medio) de cultivo.

배역(配役) reparto [de papeles]. ~을 하다 hacer el reparto [de los papeles].

배열(排列) disposición, colocación, ordenación, arreglo. ~하다 disponer, ordenar, arreglar, poner *algo* en orden, clasificar.

배영(背泳) [natación de] espalda, dorso. ~을 하다 nadar de espalda. 200미터 ~ doscientos metros espalda.

배외(排外) ~적인 xenófobo, antiextranjero. ~감정 xenofobia. ~사상 ideología antiextranjera.

배우(俳優) actor; [무대 배우] artista de teatro; [영화 배우] artista de cine; [희극 배우] comediante. ~가 되다 hacerse actor; [여자] hacerse actriz.

배우(配偶) maridaje, casamiento. ~자 cónyuge (*m.f.*); esposo, esposa.

배우다 aprender, tomar una lección; estudiar; [연습] practicar. 서반아어를 ~ aprender español. 타자를 ~ aprender a escribir a máquina.

배우자(配偶者) 【생】 gameto.

배율(倍率) [망원경 등의] aumento. ~ 300의 현미경 microscopio de trescientos aumentos. 이 현미경의 ~은 20배이다 El aumento de este microscopio es de veinte./ Este microscopio aumenta veinte veces más objetos.

배음(倍音) armónico.

배일(排日) ~ 운동 movimiento antijaponés.

배일성(背日性) heliotropismo negativo.

배임(背任) abuso de confianza, prevaricación. ~죄로 문초하다 acusar a *uno* de prevaricación.

배전(配電) distribución de electricidad, abastecimiento de energía eléctrica. ~하다 distribuir la electricidad. ~을 정지하다 suspender la distribución de la electricidad, cortar la electricidad. ~반 cuadro de distribución, panel de control. ~소 centro de distribución de electricidad.

배정(配定) distribución. ~하다 distribuir.

배제(排除) exclusión, eliminación, rechazo; [구축] desalojamiento. ~하다 excluir, quitar, eliminar, rechazar; desalojar. 장해를 ~하다 salvar obstáculos. 데모대를 구내에서 ~하다 desalojar a los manifestantes del recinto.

배척(排斥) exclusión, eliminación; [보이콧] boicoteo. ~하다 excluir, boicotear. 외국상품을 ~하다 boicotear los productos extranjeros. ~운동 boicoteo. 유태인 ~ 운동 movimiento antisemítico, antisemitismo.

배추 berza, col. ~ 뿌리 raíz de la berza. ~ 김치 berzas saladas.

배출(輩出) 황금 시대에는 위대한 화가가 ~되었다 En el Siglo de Oro aparecieron sucesivamente grandes pintores.

배출(排出) evacuación, expulsación. ~하다 evacuar, expeler, expulsar.

배치(配置) disposición, colocación. ~하다 disponer, colocar, apostar, situar, emplazar. 광장에 군대가 ~되었다 Apostaron los soldados en la plaza.

배타(排他) exclusividad. ~적인 exclusivo. ~주의·~성 exclusivismo. ~주의의 [자] exclusivista.

배포(配布) distribución, reparto. ~하다 distribuir, repartir. 자료를 ~하다 distribuir los datos a *uno*. 비라를 ~하다 distribuir octavillas.

배필(配匹) esposo, esposa; consorte; marido, mujer.

배합(配合) combinación; [혼합] mezcla; [조화] armonía. ~하다 combinar; mezclar. ~이 좋은 bien combinado, bien armonizado, bien arreglado. 이것은 색의 ~이 좋다 (나쁘다) Estos colores hacen (no hacen) juego./ Estos colores casan (no casan). ~ 비료 abono (fertilizante) compuesto. ~ 사료 piensos compuestos.

배화교(拜火敎) culto del fuego; [조로아스타교] zoroastrismo, mazdeísmo. ~도 zoroástrico.

배회(徘徊) ~하다 vagar, deambular.

배후(背後) fondo, parte trasera; …의 ~에 tras-(detrás de) *algo*·*uno*, a la espalda de *uno*. …에 숨겨하다 atacar a *uno* por detrás. 사건의 ~관계를 찾다 buscar lo que hay detrás del caso. 나는 여자의 소리를 ~에서 들었다 Oí una voz de mujer a mi espalda.

백(百) ciento【명사와 mil의 앞에서 cien이 된다】. ~번째의 centésimo. ~배의 céntuplo. ~배로 하다 centuplicar. ~세의 사람 centenario (centenar · cien aniversario · cien aniversario de la fundación de *algo*). 약 ~의 unos cien…, un centenar de…. ~분율 porcentaje.

백 [가방] maleta.

백(白) blanco.

백계(白系) ~의 blanco. ~러시아인 ruso blanco.

백골(白骨) hueso. ~시체 huesos, cadáver en huesos.

백곰(白―)【동】 oso blanco.

백과사전(百科辭典) diccionario enciclopédico, enciclopedia.

백과전집(百科全集) enciclopedia.

백금(白金) platino.

백년(百年) cien años, siglo. 창립 ~제 centenario (centenar · cien aniversario de la fundación de *algo*).

백동(白銅) cuproníquel. ~화 moneda de níquel.

백만(百萬) un millón. ~번째의 millonésimo. 수 ~의 millones de…. ~년 un millón de años. ~권 un millón de libros. ~장자 millonario.

백모(伯母) tía.

백묵(白墨) tiza. ~한 개 una pieza (una barrita) de tiza. ~으로 쓰다 escribir con tiza.

백문불여일견(百聞不如一見) El ver es creer./ Más vale un testigo de vista que ciento de oídas.

백미(白米) arroz pulido.

백발(白髮) ~의 cano, canoso.

백발백중(百發百中) nunca yerra el blanco, cada tiro produce efecto. ~하다 no errar nunca el tiro.

백부(伯父) tío.

백병전(白兵戰) combate cuerpo a cuerpo. ~을 하다 combatir (luchar) cuerpo a cuerpo.

백분율(百分率) porcentaje.

백사탕(白砂糖) azúcar blanco.

백삼(白蔘) ginsén blanco.

백색(白色) [color] blanco; [시] albura. ~인종 raza blanca.

백서(白書) libro blanco;【서반아】 libro rojo.【나라에 따라 다르다. 베네수엘라는 libro amarillo. 멕시코는 libro azul. 엘살바도르는 libro rosado. 경제 ~ libro blanco de economía.

백설(白雪) blanca nieve.

백성(百姓) [국민] pueblo.

백수(百獸) ~의 왕 rey de los animales.

백안시(白眼視) ~하다 mirar a *uno* fríamente (con malos ojos).

백약(百藥) todas las medicinas.

백열(白熱) candencia, incandescencia. ~등 lámpara eléctrica de incandescencia.

백운(白雲) nubes blancas.

백운모(白雲母) mascovita.

백의(白衣) [의사 등의] bata blanca; [성직자의] alba. ~의 천사 enfermera vestida de blanco, ángel blanco.

백인(白人) blanco. ~종 raza blanca, los blancos.

백일초(百日草) zinnia.

백일해(百日咳) tos ferina.

백작(伯爵) conde. ~의 condal. ~령 condado. ~부인 condesa.

백조(白鳥)【조】 cisne.

백주(白晝) pleno día. ~에 en (a) pleno día.

백중(伯仲) ~하다 igualar a *algo · uno*, estar al mismo nivel que *algo · uno*; [서로] igualarse (competir · rivalizar) en *algo*. 2인의 능력은 ~하다 Los los son de igual (tiene la misma) habilidad.

백지(白紙) papel blanco, hoja en blanco. ~답안을 제출하다 entregar el examen (contestar) en blanco. ~으로 하다 dar a *uno* carta blanca (firma en blanco). ~투표하다 votar en blanco. …을 ~로 돌리다 volver *algo* a su comienzo. ~위임장 carta blanca, cédula en blanco, firma en blanco.

백출(百出) 이 점에서 의논이 ~했다 Este punto ha provocado muchas y acaloradas discusiones./ El problema, en este aspecto, ha suscitado una serie de discusiones muy acaloradas.

백치(白痴) idiotez; [정신병학] idiocia; [사람] idiota (*m.f.*). ~의 idiota.

백팔십도(百八十度) ciento ochenta grados. 그의 사상은 ~ 전환했다 Su pensamiento ha experimentado un cambio radical (completo).

백퍼센트(百―) ciento (cien) por ciento, cien por cien. ~의 효과 por cien por cien efectivo, de eficacia total (completa).

백포도주(白葡萄酒) vino blanco.

백합(百合) lirio.

백해(百害) 담배는 몸에 ~ 무익하다 El tabaco es pura y simplemente malo (dañoso) para la salud.

백혈구(白血球) glóbulo blanco, leucocito.

백혈병(白血病) leucemia.

백화(百花) toda clase de flores. 정원에 ~가 만발해 있다 El jardín está cubierto de toda clase de flores.

백화점(百貨店) almacén.

밴드 [악단] banba, conjunto musical, orquesta; [혁대] cinturón; [고무밴드] anillo de goma, gomita; [손목시계의] pulsera.

밴텀급(-級) peso gallo.
뱀 〖蛇〗 serpiente, culebra.
뱀장어(-長魚)〖魚〗 anguila. ~새끼 anguila. 전기 ~ anguila eléctrica.
뱃머리 proa.
뱃멀미 mareo, náusea. ~하다 marearse.
뱃사공(-沙工) barquero.
뱃사람 marinero.
뱃짐 carga de un buque.
버드나무 sauce.
버들 sauce.
버러지 insecto. ⇨ 벌레.
버럭 repentinamente, de repente, súbitamente, de súbito.
버르장머리 hábito. ⇨ 버릇.
버릇 hábito, costumbre; [예의] etiqueta.
버리다 [내던지다] echar, arrojar, lanzar, tirar; [포기] abandonar; [망가뜨리다] destruir.
버마 Birmania. ~의 (사람) birmano.
버선 *boson*, calcetines coreanos. ~을 신다, (벗다) ponerse (quitarse) los calcetines.
버섯 〖菌〗 seta, hongo.
버스 autobus, omnibus; [아르헨티나·볼리비아] colectivo; [미니] minibús; [마이크로] microbús; [관광버스] autocar. ~로 ~를 타고 en autobús. ~안에서 en el autobús. ~로 가다 ir en autobús. ~에 오르다 tomar un autobús; [승차] subir a un autobús. ~에서 내리다 bajar[se] de un autobús. ~를 놓치다 perder el autobús; [비유] perder la oportunidad. 이 마을까지는 ~가 다닌다 Llega el autobús (Hay un servicio de autobuses). ~ 정류소 parada del autobús. ~ 여행 viaje en autobús. ~ 터미널 terminal de autobuses.
버터 manteca, mantequilla.
버티다 [견디다] aguantar, tolerar, soportar, tener paciencia.
번(番) 1 [차례] turno. ~갈아 por turno. 2 [번호] número. 5~ 창구 ventanilla No. 5.
3 [회주] vez. 한 ~ una vez. 두 ~ dos veces. 한 ~ 더 una vez más. 여러 ~ muchas veces.
번각(翻刻) reimpresión. ~하다 reimprimir. ~서 libro reimpreso.
번갈아(番-) por turno, alternativamente.
번개 relámpago. ~같이 날쌔게 como una pólvora, como un relámpago.
번뇌(煩惱) [bajas·malas] pasiones, deseos pecaminosos, pasiones mundanas.
번민(煩悶) angustia, congoja, aflicción, tormento. ~하다 tener angustia, acongojarse, afligirse, atormentarse.
번번이 cada vez, cada ocasión, siempre, cuandoquiera. 서울에 올 때마다 ~ cada

vez que (siempre que) vengo a Seúl.
번복(翻覆) cambio. ~하다 cambiar.
번성(繁盛) prosperidad. ~하다 prosperar; [상태] estar próspero, gozar de prosperidad; [상점이] tener muchos clientes (mucha clientela · muchos parroquianos · mucha parroquia). 그의 사업은 ~하고 있다 Sus negocios están prósperos./ Su negocio va (anda) viento en popa.
번식(繁殖) multiplicación, generación, reproducción;[세포의 증식] proliferación. ~하다 reproducirse, multiplicarse; proliferar. ~기 época de reproducción. ~력 fecundidad. ~력이 있는 fecundo. ~력이 없는 estéril, infecundo.
번안(翻案) ~하다 adaptar. [A를 B로] adaptar A a B. 동끼호떼의 ~을 영화화 하다 realizar (efectuar) una adptación cinematográfica de Don Quijote de la Mancha.
번역(翻譯) traducción. ~하다 traducir. ~으로 읽다 leer *algo* en una traducción. ~할 수 없는 말 palabra intraducible. 베께르의 작품을 ~하다 traducir a Bécquer. 서반아어를 한글로 ~하다 traducir el español al coreano. ~권 (권료) derecho (derechos) de traducción. ~서 libro traducido. ~자 traductor.
번영(繁榮) prosperidad, florecimiento, bonanza. ~하다 prosperar, florecer. ~하고 있다 estar próspero, gozar de prosperidad.
번외(番外) extra, suplemento; [인원] supernumerado.
번의(翻意) ~하다 cambiar de intención (de opinión). ~시키다 disuadir a *uno* de *su* decisión, hacer cambiar de intento a *uno*.
번잡(煩雜) complicación molesta. ~한 complicado y molesto.
번쩍 de una vez, de un tirón, fácilmente, con facilidad, ligeramente, sin esfuerzos.
번지(番地) número [de la casa]. 몇 ~에 살고 계십니까 ¿En qué número vive usted?/ ¿Qué número tiene su domicilio?
번지다 esparcir, divulgar, difundir, extender.
번창(繁昌) bonanza. ~하다 ir en bonanza, prosperar.
번호(番號) número. ~! ¡Número! ~순으로 en (por) orden numérico, por orden, por turno. ~순으로 놓이다 colocarse en fila en (por) orden numérico. 이름에 ~를 매기다 numerar los nombres. ~가 틀렸습니다 [전화에서] Usted se equivoca de número. ~표 ficha de número.

번화(繁華) florecimiento de una ciudad. ~한 florecimiento, populoso. ~가 centro de compras y diversiones.

벌¹ [들] campo, llano.

벌² juego, colección. 책 한 ~ una colección de libros.

벌³ abeja. 여왕 ~ abeja reina. ~집 colmena. ~꿀 miel de abeja. 꿀 ~ abeja. 땅 ~ avispa. 말 ~ avispón.

벌(罰) castigo; [형] pena. ~하다 castigar. ~을 주다 · ~을 가하다 castigar a *uno*, imponer (aplicar) un castigo (una pena) a *uno*. ~을 받다 ser castigado, sufrir castigo. 그는 거짓말을 했기 때문에 ~을 받았다 Fue castigado (Le castigaron) por haber mentido.

벌금(罰金) multa. 가벼운 (무거운) ~ multa leve (grave). ~을 내다 pagar la multa. ~을 과하다 multar a *uno*, imponer (poder) una multa a *uno*.

벌다 ganar. 돈을 ~ ganar dinero.

벌떡 de repente, repentinamente.

벌레 [곤충] insecto.

벌리다 abrir.

벌벌 trémulamente, con temblor, temblando. ~떨다 temblar, temblequear, tembletear. 추워서 ~ 떨다 tiritar de frío.

벌써 ya. ~ 다섯 시입니다 Ya son las cinco. ~ 일을 끝마칠 시간이다 Ya es hora de terminar el trabajo. ~ 잠자리에 들 시간이다 Ya es hora de acostarme.

벌채(伐採) corte, tala; [산림 전체의] desmonte, despoblación forestal. ~하다 cortar, talar; desmontar (despoblar) *un sitio*.

벌칙(罰則) reglamento penal, penalidad, regulaciones penales.

벌판 [평야] llano, llanura; [대초원] pampa.

범 [동] tigre.

범~(汎~) pan. ~아랍주의 panarabismo. ~아메리카주의 panamericanismo.

범람(氾濫) inundación, desbordamiento. ~하다 [냇물이] desbordarse. 시장에 ~하다 inundar el mercado. 비로 연못이 ~했다 La charca se desbordó por causa de la lluvia.

범례(凡例) advertencia (nota) [preliminar].

범부(凡夫) ⇨ 범인(凡人).

범선(帆船) [barco] velero, barco (buque) de vela.

범속(凡俗) mediocridad.

범신론(汎神論) panteísmo. ~적인 panteísta, panteístico. ~자 panteísta (*m.f.*).

범위(範圍) [넓은] extensión; [영역] dominio; [권] ámbito, esfera; [한계] límite. ~가 넓은 amplio, extenso, vasto. ···의 ~내(외)에 dentro (fuera) de los límites de··· 할 수 있는 ~에서 dentro de *su* alcance (de *sus* posibilidades). 활동 ~를 넓히다 extender *su* campo de actividad. 내가 아는 ~에서는 que yo sepa. 그의 독서는 넓은 ~로 파급된다 Sus lecturas abarcan un vasto campo. 시험 ~는 10페이지에서 80페이지까지이다 El examen abarcará desde la página diez hasta la ochenta.

범인(凡人) hombre común, persona ordinaria; [hombre] mediocre (*m.f.*). 그는 ~이 아니다 No es un hombre ordinario./Es alguien. 그의 의견은 ~에게는 이해될 수 없다 Su opinión es incomprensible para los hombres comunes.

범인(犯人) autor [del crimen], criminal, delicuente.

범재(凡才) mediocre (*m.f.*) ⇨ 범인(凡人).

범죄(犯罪) delito, ofensa; [중죄] crimen (*pl.* crímenes); [집합적] delincuencia. ~의 하다 cometer (consumar · incurrir en) un delito. ~를 구성하다 constituir un delito. ~ 사건 caso (suceso) criminal. ~ 수사 investigación de casos criminales. ~자 delincuente (*m.f.*); criminal (*m.f.*). ~ 행위 acción (hecho) criminal.

범주(範疇) categoría. ···의 ~에 속하다 corresponder a (ser de) la categoría de *algo*.

범하다(犯—) [죄를] cometer, perpetrar algún delito (yerro); [규칙 · 법률을] violar una rey (un pacto), infringir, quebrantar, contravenir a; [여자를] violar, vulnerajar. 특허권을 ~ violar una patente, imitar (falsificar) un artículo que tiene privilegio de invención.

범행(犯行) delito, acción delictiva. ~을 자백하다 declararse culpable, confesar (reconocer) *su* delito. ~을 부인하다 negar el delito.

법(法) 1 [법률] ley (*f.*), derecho; [규칙] reglar; [규정] reglamento; [법전] código. ~에 어긋나지 않는 legal. ~에 어긋나는 ilegal. ~을 순수하다 observar la ley. ~을 범하다 infringir (violar) la ley. ~에 따르다 someterse a la ley. ~에 호소하다 recurrir a la ley. 로마 (서반아) ~ derecho remano (español). 회사 ~ derecho de las sociedades comerciales.
2 [도리] razón (*f.*), justificación. ~에 어긋나다 no tener razón.
3 [방법] método.
4 [문] modo. 직설 (접속) ~ modo indicativo (subjuntivo).

법과(法科) [법학부] facultad de derecho. ~의 학생이다 ser estudiante de la facultad de derecho. ~출신이다 ser licen-

법관(法官) juez (m.).

법규(法規) ley (f.), reglamento.

법당(法堂) santuario, lugar santo (sagrado).

법도(法度) ley (f.), regla.

법랑(琺瑯) esmalte. ~질 esmalte.

법령(法令) leyes y ordenanzas.

법례(法例) ley que rige la aplicación de las leyes.

법률(法律) [집합적] [각부문의] derecho; [나라 전체의] legislación. ~상의 jurídico. ~상 jurídicamente. ~에 맞는 legal. ~에 어긋나는 ilegal. ~에 호소하다 acudir a la ley. ~을 지키다 (어기다) observar (violar) una ley. ~을 위반하다 infringir (transgredir) contravenir a) la ley. ~로 금지되어 있다 estar prohibido por la ley. ~을 공부하다 estudiar derecho. ~을 제정하다 hacer una ley; [입헌] legislar. ~의 보호 밖에 두다 poner a *uno* fuera de la ley. ···은 ~이 인정하고 있다 La ley autoriza (permite)···. ~가 jurista (m.f.), jurisconsulto. ~ 고문 consejero legal. ~ 사무소 consultorio (despacho) de derecho. ~ 상담 consulta de materia jurídica. ~서 libro de derecho. ~ 용어 término legal (de derecho). ~학 [ciencia de] derecho, jurisprudencia. ~학가 jurista (m.f.), legista (m.f.), jurisperito.

법리(法理) principios legales. ~학 jurisprudencia, ciencia del derecho.

법무부(法務部) Ministerio de Justicia. ~장관 ministro de Justicia.

법문(法文) ley (f.). ~화 하다 dar una forma legal a···. ~학부 facultad de derecho y letras.

법복(法服) [재판관의] toga.

법사(法師) bonzo.

법사(法事) ceremonia religiosa budista. ~를 행하다 hacer una ceremonia religiosa budista.

법석 ruido, bulla, clamor.

법안(法案) [정부 제출의] proyecto de ley; [의원 입법에 의한] proposición de ley. ~을 기초하다 redactar (establecer) un proyecto de ley. ~을 제출하다 presentar un proyecto de ley.

법열(法悅) éxtasis [religioso].

법왕(法王) Papa, Pontífice. ~의 pontifical. ~ 교서 mensaje pontifical. ~ 성하 Su Santidad; Vuestra Santidad. ~청 Vaticano, Santa Sede, Corte Pontificia.

법외(法外) ~의 extravagante, excesivo, exorbitante, desmesurado. ~에 excesivamente, desmesuradamente.

법원(法院) corte. 고등 ~ corte de apelación. 대 ~ corte suprema. 지방 ~ corte distrita.

법의(法衣) vestimentas (f.pl.), sotana.

법의학(法醫學) medicina legal. ~의 medicolegal. ~자 perito medicolegal.

법인(法人) persona jurídica, corporación. ~[소득]세 impuesto sobre [la renta de] una corporación.

법적(法的) legal. ~ 근거가 있는 fundado en las leyes, apoyado por la ley. ~ 수단에 호소하다 acudir a los medios legales. 그것은 ~으로 옳다 Es legítimo (legalmente correcto).

법전(法典) código.

법정(法廷) tribunal [de justicia], justicia. ~에 출두하다 comparecer ante el juez, presentarse al tribunal. ~에서 싸우다 disputar *algo* en el juzgado; llevar *algo* a los tribunales, litigar, pleitear. ~ 모욕죄 delito de desacato a la autoridad del tribunal.

법정(法定) ~의 legal. ~ 가격 precio legal. ~ 대리인 representante legal. ~ 상속인 heredero legal. ~ 이자 (이율) interés (tasa de interés) legal. ~ 적립금 reserva estatutaria, reserva legal. ~ 전염병 enfermedad infecciosa declarada por la ley.

법제(法制) legislación. ~국 departamento legislativo. ~사(史) historia de la legislación.

법조(法曹) ~계 mundo de juristas.

법치국(法治國) país regido por la ley; [입헌 정체의] estado constitucional.

법칙(法則) regla, ley (f.). ~에 따라 según (de acuerdo con) la ley.

법학(法學) jurisprudencia [ciencia del] derecho. ~을 공부하다 estudiar derecho. ~박사 doctor en derecho. ~부 facultad de derecho. ~사 licenciado en derecho. ~자 jurista (m.f.), legista (m.f.), jurisperito.

벗 amigo, compañero. 친한 ~ amigo íntimo.

벗기다 1 [옷을] desnudar, quitar la ropa. 2 [껍질을] descortezar, pelar, modar, descascarar. 귤 껍질을 ~ mondar una naranja.

벗나무 cerezo.

벗다 quitarse. 옷을 ~ quitarse [la ropa]. 외투를 ~ quitarse el abrigo. 장갑을 ~ quitarse los guantes. 모자를 ~ quitarse el sombrero. 구두를 ~ quitarse los zapatos.

벙거지 sombrero.

벙실거리다 sonreír.

벙어리 mudo, muda. ~의 mudo.

베개 almohada; [긴 베개] travesaño. ~를 높이고 자다 dormir tranquilamente, dormir bien sin preocupación. 책을 ~삼아 자다 dormir con un libro por almohada.

베갯머리 cabecera. ~에 a la cabecera.

베갯잇 funda de almohada.

베끼다 copiar.

베네수엘라 [지] Venezuela. ~의 [사람] venezolano.

베니아판(-板) madera contrachapada.

베다 [자르다] cortar.

베드 cama, lecho. 트윈 ~ cama de matrimonio. 더블 ~ dos camas.

베란다 veranda, terraza.

베레모자(-帽) boina, boína.

베를린 [지] Berlín. ~의 [사람] berlinés.

베스타 Vesta(부엌과 가정의 여신).

베스트 el mejor, el superior. ~를 다하다 hacer lo mejor. ~셀러 libro de más venta. ~텐 los diez mejores.

베어링 cojinete.

베이스 [운] base.

베이컨 tocino.

베일 velo. ~을 쓰다 llevar un velo en la cabeza, estar cubierto con un velo. 신비의 ~을 벗기다 quitar el velo del misterio a *algo*.

베타 beta. ~선 rayos beta.

벤졸 benzol.

벨 timbre, campanilla; [벨소리] timbre. ~을 울리다 tocar (sonar) el timbre (la campanilla). ~을 누르다 tocar el timbre, apretar el botón del timbre. 수업시작 ~이 울린다 Suena el timbre del comienzo de clase. 전화 ~이 울린다 Suena el timbre. 전화 ~이 울리고 있다 Está sonando el teléfono. ~을 누르십시오 Toque el timbre. ~보이 botones.

벨트 [밴드] cinturón, banda, correa; [기계의] correa, cinta. ~를 두르다 apretarse (sujetar) el cinturón, ceñirse.

벨지움 [지] Bélgica. ~의 [사람] belga, belgico.

벼락 trueno. ~같은 tronador.

벼랑 peñasco, roca escarpada; costa acantilada.

벼루 piedra de tinta.

벼룩 pulga.

벼르다 intentar a + *inf.*, planear.

벼슬 puesto gubernamental, rango oficial.

벽(癖) hábito.

벽(壁) pared.

벽걸이 percha. ~의 mural. ~지도 mapa mura.

벽난로(壁煖爐) hogar, fogón.

벽돌 ladrillo. ~을 굽다 ladrillar. ~제조인 ladrillero. ~공장 ladrillar.

벽보(壁報) cartel.

벽옥(碧玉) jaspe.

벽지(僻地) lugar remoto (apartado・aislado), sitio alejado. ~ 교육 educación en remotas áreas rurales.

벽촌(僻村) aldea remota (apartada), aldehuela solitaria.

벽화(壁畫) pintura mural, mural; [프레스코화] fresco, pintura al fresco.

변(便) excrementos. ~검사를 하다 examinar excrementos.

변경(邊境) zona fronteriza (alejada), confines (*m.pl.*). ~의 fronterizo, remoto.

변경(變更) cambio, alteración, modificación; [수정] corrección. ~하다 cambiar, alterar, modificar; corregir. 프로그램이 일부 ~되었다 Se ha alterado parcialmente el programa. 신용장의 조건 ~ modificaciones de una carta de crédito.

변기(便器) taza [de retrete]; [소변용] urinario; [찬자용 동의] orinal; [침실용] vaso de noche, bacinica.

변동(變動) cambio, alteración, mutación; [움직임] movimiento; [가격의] fluctuación, altibajos, oscilación. ~하다 cambiar, fluctuar, oscilar, variar. ~을 일으키다 ocasionar combio (producir alteración) en *algo*. 기온의 ~ cambio (mutación) de la temperatura. 사회의 ~ transformación de la sociedad. 사회의 대 ~ cataclismo (gran trastorno) de la sociedad. 외교 방침에 ~을 가져오다 traer (ocasionar) un cambio en la política exterior.

변두리(邊-) arrabal, suburbio.

변론(辯論) discusión, debate, disputa; [법정에서의] procedimiento oral. ~ 대회 concurso de oratoria. ~부 (asociación) de oratoria. ~하다 discutir, debatir.

변리사(辨理士) agente de parentes.

변리공사(辨理公使) ministro residente.

변명(變名) nombre falso (fingido・ficticio). ~을 사용하다 utilizar un nombre falso. A라는 ~으로 숙박하다 registrarse en un hotel con el nombre falso de A.

변명(辯明) excusa, apología, disculpa. ~하다 excusar, excusarse, disculparse, explicar.

변모(變貌) transfiguración, transformación, metamorfosis. ~하다 transfigurarse, transformarse, metamorfosearse. 그 어촌은 공업지대로 ~되었다 El pueblo pesquero se ha transformado en una zona industrial.

변비(便秘) constipación de vientre, estre-

변사(變死) muerte sospechosa (médico-legal). ~체 cadáver de una persona muerta en circunstancias sospechosas.

변사(辯士) orador, conferenciante (m.f.); [무성 영화의] presentador.

변사(變事) accidente, emergencia, contingencia; [불의의 사고] contratiempo.

변상(辨償) indemnización, compensación, reparación. ~하다 compensar, indemnizar, reparar. ~을 요구하다 pedir indemnización a uno. 빌려주신 책을 잃어버렸기 때문에 다른 새 것으로 ~하겠습니다 Como he perdido el libro que me dio prestado, le compenso con otro nuevo.

변색(變色) cambio de color; descoloración, descoloramiento. ~하다 cambiar de color; [색깔이] descolorarse, desteñirse. 일광으로 책의 표지가 ~되었다 La cubierta del libro se ha desteñido por el sol.

변설(辯舌) elocuencia, facundia. ~이 유창하다 ser elocuente, tener facilidad de palabra (en hablar). ~가 elocuente (m.f.), orador.

변성(變成) ~암 roca metamórfica.

변성(變性) desnaturalización. ~알콜 alcohol desnaturalizado. ~제 desnaturalizante, agente modificante.

변성(變聲) cambio de la voz. ~기 edad de cambio de la voz.

변소(便所) servicio, retrete, wáter; [욕실 겸용의] baño. ~에 가다 ir al baño (wáter).

변속(變速) cambio de velocidad (de marcha). ~하다 cambiar de velocidad (de marcha). ~기 caja de engranajes (de cambio de velocidades).

변수(變數) variable.

변신(變身) metamorfosis (f.), transfiguración. ~하다 metamorfosearse (transfigurarse) en algo.

변심(變心) cambio de ideas; [변절] traición. ~하다 cambiar de ideas; traicionar.

변압(變壓) transformación del voltaje. ~기 transformador.

변위(變位) [물] desplazamiento.

변음(變音) ~기호 bemol.

변이(變異) [생] variación; [돌연변이] mutación.

변인(變人) persona excéntrica.

변장(變裝) disfraz; [가장] enmascaramiento; [위장] disimulo, camuflaje. ~하다 disfrazarse. 여자로 ~하다 disfrazarse de mujer. ~해서 disfrazado. ~의 disfrazado. ~하다 disfrazarse.

변전소(變電所) subestación [de transformación].

변절(變節) defección; [표리] traición; [배교] apostasía. ~하다 cambiar la chaqueta (de opiniones); traicionar, apostatar. ~자 traidor; apóstata (m.f.).

변제(辨濟) pago, indemnización. ~하다 pagar, indemnizar.

변조(變調) 【음】 cambio de tono; [이상] irregularidad, anormalidad; 【전】 modulación. ~기 modulador. ~주파수 (지수) frecuencia (coeficiente) de modulación. ~파 onda modulada.

변조(變造) adulteración, falsificación. ~하다 adulterar, falsificar. ~수표 cheque adulterado. ~화폐 moneda adulterada.

변종(變種) 【생】 variedad; [돌연변이에 의한] mutación.

변주(變奏) variación. ~곡 variación.

변증법(辯證法) dialéctica, lógica. ~적인 dialéctico. ~적 유물론 materialismo dialéctico.

변질(變質) cambio de calidad, alteración; deterioro, degeneración. ~하다 cambiar de calidad, degenerarse, corromperse; [우유·포도주가] descomponerse, agriarse.

변천(變遷) transición, variación. ~하다 cambiarse, variarse.

변칙(變則) irregularidad. ~적인 irregular, anormal. ~적인 교육을 받다 recibir una educación irregular (anormal).

변태(變態) 1 [이상] anormalidad, anomalía. ~적인 anormal, anómalo. ~성욕 anomalía sexual; [성욕 도착] inversión (perversión) sexual; [동성애] homosexualidad. ~성욕자 invertido. 2 【생】 transformación, metamorfosis (f.). ~하다 transformarse, metamorfosearse. 3 [물·화] ~점 temperatura de transformación. 동소 (자기) ~ transformación alotrópica (magnética). ~수지 resina modificada.

변혁(變革) cambio; [개혁] reforma. ~하다 cambiar; reformar. 사회를 ~하다 reformar la sociedad. ~자 reformador.

변형(變形) transformación, metamorfosis, deformación. ~하다 transformarse, metamorfosearse. A를 B로 ~시키다 [A를 B에로] transformar A en B. ~ 문법 gramática transformacional (transformativa).

변호(辯護) defensa; [법정에서의] alegato; [석명] justificación. ~하다 defender, abogar, justificar. 그는 나를 ~했다 Él me ha defendido. 그 점에 대해서는 ~의 여지가 없다 En cuanto a ese punto no hay lugar para defensa./ Ese punto es indefendible. ~ 수수료 derechos de abogacía.

변호사(辯護士) abogado. ~를 의뢰하다 acudir a un abogado. ~와 상담하다 consultar con un abogado sobre *algo*. ~ 직 abogacía. 관선 ~ abogado de pobres.

변화(變化) 1 cambio; [변경] modificación, alteración; [변동] mutación; [변형] transformación; [변천] vicisitud, transición; [다양] variedad. ~하다 cambiar; modificarse, alterarse; transformarse; variar. ~가 많은 variado, lleno de variedad. ~가 없는 que carece de variedad; [단조] monótono; [무변화] inmutable. ~하기 쉬운 cambiable; variable. ~를 일으키다 causar cambio en *algo*. 계획의 ~ cambio (modificación·alteración) del proyecto. 기후의 ~ mutación (cambio) del tiempo. 이 지방의 경치는 ~가 다양하다 El paisaje de esta región es variado. 정세가 ~했다 La situación ha cambiado. 정세에 아무런 ~가 없다 No hay ningún cambio (ninguna novedad) en la situación. 사회 구조에 대 ~가 일어났다 Se ha producido un gran cambio en la estructura social. 한국의 농업은 급속한 ~를 보였다 La agricultura coreana ha experimentado con cambio rápido. ~기호 【악】 accidental. 2 [동사의] conjugación; [명사·형용사 등의] declinación, flexión. ~하다 conjugarse; declinarse. ~시키다 conjugar; declinar. ~어 palabra variable. 동사 ~표 tabla de conjugaciones de los verbos.

변환(變換) 【수】 transformación. ~기 [전] cambiador de frecuencia, transformador.

별 estrella. ~; [천체] astro; [혹성] planeta. ~ 의 estrellar. ~모양의 de (en) forma de estrella. ~이 밝은 밤 noche estrellada. ~ 이 반짝이다 Brillan (Titilan) las estrellas.

별개(別個) ~의 separado, otro. ~로 separadamente.

별거(別居) separación. ~하다 vivir separadamente. 저 부부는 ~중이다 Aquel matrimonio vive separado. 그는 가족과 ~하고 있다 Vive separado de su familia.

별건(別件) ~으로 체포하다 detener a *uno* por otra acusación.

별견(瞥見) ~하다 echar un vistazo a *algo*.

별관(別館) [edificio] anexo. 호텔의 ~ anexo de un hotel.

별기(別記) [párrafo] aparte. ~와 같이 como pone aparte, como está escrito en otra parte.

별도(別途) uso separado. ~의 especial, separado. ~ 수입 (적립금) ingreso (reserva) especial.

별동(別棟) edificio separado, dependencias, pabellón.

별로(別一) en especial, especialmente.

별리(別離) despedida, separación.

별명(別名) [다른 이름] otro nombre, nombre postizo (supuesto); [본명 이외의 남들이 지어 부른] apodo, mote; [펜네임·예명 등] seudónimo; [별명으로는] alias. 그는 ~으로 A 라고도 불리운다 A él le llaman también A por apodo.

별문제(別問題) otra cuestión (cosa), otro asunto. 그것은 ~이다 Es otra cosa. 이것 과 그것은 ~이다 Esto es una cosa, y eso es otra [cosa]./ Este y ése son dos asuntos diferentes. 연애와 결혼은 ~이다 El amor y el matrimonio son dos cosas distintas.

별빛 luz de estrellas.

별세계(別世界) otro mundo, mundo diferente; [특수한 세계] mundo aislado (aparte). 여기는 완전히 ~이다 Esto es un mundo completamente diferente.

별실(別室) [다른 방] otro cuarto, otra habitación; [특별실] sala especial.

별안간(瞥眼間) de repente, repentinamente, de súbito, súbitamente.

별일(別一) casa particular, cosa extraña. ~ 없다 estar bien.

별장(別莊) casa de campo, villa, quinta. ~ 지 lugar de quintas. 전세 ~ villa de alquiler.

별종(別種) clase diferente, género diferente, especie diferente. ~의 de otro género, de otra clase.

별지(別紙) papel adjunto (anexo). ~와 같이 como se especifica en el documento adjunto. ~의 서류 documento adjunto. ~에 기재하다 escribir en la hoja adjunta.

별책(別册) suplemento; [잡지의] número suplementario. ~ 부록 suplemento.

별천지(別天地) ⇨ 별세계.

별파(別派) [종파] otra secta; [당파] otro partido; [유파] otra escuela.

별편(別便) correo aparte. ~으로 por correo diferente, por [correo] separado, en carta aparte, por sobre separado.

별항(別項) otro artículo. ~에 기재한 대로 como se menciona (se declara) en otro artículo.

볏 cresta [de gallo].

볏짚 paja de arroz.

병(病) edfermedad. ~; [질환]afección; [지병] achaque. ~의 enfermo, malo, indispuesto. ~이 되다 enfermar, caer (ponerse) enfermo. ~에 걸리다 contraer una enfermedad. ~이다 estar enfermo (malo·mal). ~이 낫다 [주어가 사람] curarse (restablecerse·sanar) de la (*su*) enfermadad, curar[se], sanar. 그는 병이 나았다 Su enfermedad se ha curado. 당신의 ~은 어떻습니까 ¿Cómo está (va) su enfermedad? ~결석 ausencia por causa de enfermedad. ~문안 visita a un enfermo. ~휴가 licencia por enfermedad.

병(瓶) botella; [작은] frasco, botellín; [약의] frasquito; [목이 짧은] tarro, bote. ~에 담긴 embotellado. ~에 담아 embotellar (enfrascar) *algo*. 포도주 한 ~ una botella (un frasco) de vino. 잼의 ~ tarro de mermelada.

병고(病苦) sufrimientos causados por una enfermedad.

병구(病軀) cuerpo enfermo. ~를 무릅쓰고 a pesar de la enfermedad.

병균(病菌) microbio.

병기(兵器) arma. ~고 arsenal. ~창 departamento de artillería general. 신 ~ nueva arma.

병대(兵隊) tropa, soldado.

병동(病棟) pabellón de hospital.

병력(兵力) potencia militar. 적의 ~ fuerza enemiga, potencia de enemigos, efectivo enemigo. ~ 5만의 적 efectivo enemigo de cincuenta mil hombres. ~을 증강(삭감) 하다 aumentar (disminuir) los efectivos.

병력(病歷) antecedentes clínicos.

병렬(並列) paralelo. 전지를 ~로 놓다 montar pilas en paralelo (en derivación). ~회로 circuito en paralelo.

병리(病理) ~학 patología. ~학의 patológico. ~학자 patólogo. ~해부학 anatomía patológica.

병마(病魔) enfermedad. ~에 시달리다 ser atacado por una enfermedad.

병명(病名) nombre de una enfermedad.

병발(併發) 그는 감기에서 폐렴을 ~했다 Su resfriado se complicó con una pulmonía. ~증 complicación.

병법(兵法) arte militar; [전략] estrategia; [전술] táctica. ~가 estratega *(m.f.)*; táctico.

병사(兵士) soldado, combatiente.

병사(病死) muerte de enfermedad. ~하다 morir de enfermedad. 결핵으로 ~하다 morir de tuberculosis.

병사(兵舍) caserna, cuartel; barraca.

병상(病床) cama de enfermo, lecho de enfermo. ~에 있다 estar en cama, guardar cama.

병상(病狀) estado (condción) de la enfermedad. ~이 악화되다 agravarse (empeorarse) la enfermedad.

병설(併設) A에 B를 ~하다 construir B al lado de A.

병신(病身) salud delicada. ~의 enfermizo, delicado de salud.

병실(病室) habitación de un enfermo; [병원의] sala de hospital.

병아리 polluelo, pollito, pollo; [암컷] polluela, pollita.

병약(病弱) ~한 enfermizo, enclenque.

병역(兵役) servicio militar. ~을 복무하다 hacer su servicio [militar], servir en la milicia. ~을 마치다 terminar el sevicio militar. ~을 면제하다 exentar a *uno* el servicio militar. 그들은 ~의무가 있다 El servicio militar es obligatorio para ellos./ Ellos tienen el deber de hacer su servicio militar. ~ 면제 exención del servicio militar. ~ 연한 [기간] duración (término) del servicio militar.

병영(兵營) cuartel.

병용(併用) uso (empleo) simultáneo. ~하다 [A와 B를] usar (emplear) A y B a la vez (al mismo tiempo).

병원(病院) hospital, enfermería; [의원] clínica; [종합병원] policlínica. ~에 입원하다 ingresar (entrar) en el hospital. ~에 입원시키다 hospitalizar a *uno*, internar a *uno* en un hospital. ~에 자주가다 frecuentar el hospital. ~선 buque hospital. ~장 director del hospital.

병원(病原) causa de una enfermedad, origen de una enfermedad. ~균 microbio, germen patógeno. ~체 organismo patógeno. ~학 etiología.

병원(兵員) efectivos; [병사] soldado. ~을 증강 (경감)하다 aumentar (disminuir) los efectivos.

병인(病人) ⇨ 병자(病者).

병자(病者) enfermo, paciente.

병장(兵長) sargento.

병적(病的) enfermizo, mórbido; [이상한] anormal. 그는 ~으로 청결을 원한다 Su deseo de limpieza es anormal (enfermizo).

병제(兵制) sistema militar.

병졸(兵卒) soldado raso.

병참(兵站) ~기지 base de abastecimientos bélicos. ~부 comisaría, departamento de abastecimientos (de provisiones).

병풍(屏風) biombo, mampara plegable. ~을 치다 poner un biombo.

병합(併合) anexión, incorporación. ~하다 anexar, anexionar, incorporar. A사는 B사에 ~되었다 La firma A ha sido incorporada a la firma B. 신라는 백제를 ~했다 Sinla anexionó a Becche.

병해(病害) [농작물의] daño causado por las enfermedades.

병행(併行) 두개의 안을 ~해서 검토하다

병화 examinar paralelamente los dos proyectos. 여러가지의 일을 ~해서 행하다 hacer varios trabajos a la par. 서반아어와 프랑스어를 ~해서 공부하다 estudiar el español y el francés al mismo tiempo.

병화(兵火) guerra. ~에 짓밟히다 ser destruido por la guerra.

병환(病患) enfermedad.

병후(病後) [회복기] convalecencia. ~의 de convalecencia. ~에 después de un enfermedad. ~에 있는 사람 convaleciente. 그는 ~이다 Está en convalecencia.

볕 sol. ~에 타다 quemarse al sol. ~에 쬐다 quemar al sol.

보각(補角) ángulo suplementario.

보강(補強) refuerzo. ~하다 reforzar, fortalezar. 수비대를 ~하다 reforzar una guarnición. 재목으로 다리를 ~하다 reforzar (consolidar) el puente con maderos. 지점에 인원을 ~하다 enviar un refuerzo de dependientes a la sucursal, reforzar la sucursal enviándole dependientes.

보강(補講) lección (clase) suplementaria. ~을 하다 dar una clase suplementaria.

보건(保健) [위생] higiene (f.), sanidad pública; [건강] salud. ~소 servicio (oficina central) de sanidad pública. ~육 asignatura de salud y educación física. 세계~기구 Organización Mundial de la Salud, OMS.

보결(補缺) suplemento; [사람] suplente (m.f.), substituto, auxiliar (m.f.). ~모집을 하다 proceder al reclutamiento suplementario, reclutar de nuevo para llenar los efectivos (para cubrir las vacantes). ~ 입학하다 ingresar en la escuela como alumno suplementario, ingresar en la escuela cubriendo una vacante. ~ 선거 elección parcial (suplementaria). ~선수 suplente, reserva (m.f.).

보고(報告) informe, información, relación, comunicación. ~하다 informar a *uno* de (sobre) *algo*, relatar (contar) *algo* a *uno*; [알리다] enterar a *uno* de *algo*. ~서 informe, boletín; [회계의] estado. ~서를 작성하다 hacer un informe. ~자 informador; [회의 등의] ponente (m.f.).

보고(寶庫) tesoro. 이 바다는 물고기의 ~다 Este mar abunda (es rico) en peces.

보관(保管) custodia, depósito. ~하다 custodiar, tener en cargo, depositar. ~에 custodia. ~자 depositario. ~증 el certificado de depósito.

보균자(保菌者) portador de gérmenes.

보급(補給) reabastecimiento; [공급] abastecimiento, suministro. ~하다 [...에] reabastecer (reaprovisionar) *un sitio* de *algo*; abastecer *un sitio* de *algo*; suministrar *algo* a *un sitio*; [배·비행기가 식량·연료를] repostar. 마을에 식량을 ~하다 abastecer de alimentos (suministrar alimentos a) un pueblo. 차에 연료를 ~하다 poner (echar) gasolina al coche. 비행기는 연료를 ~하기 위해 마닐라에 착륙했다 El avión aterrizó en Manila para reposar. ~기(선) avión (nave) de abastecimiento (de suministro). ~ 기지 base (ruta) de aprovisionamiento.

보급(普及) difusión, propagación; [일반화] generalización; [대중화] popularización, vulgarización. ~하다 difundirse, propagarse; generalizarse, extenderse. ~시키다 difundir, propagar; generalizar. 자동차의 ~ popularización del automóvil. 텔레비전이 ~되다 El uso de la televisión se generaliza. 한국은 교육이 ~되고 있다 La educación está muy difundida (generalizada) en Corea. ~판 edición popular.

보기 ejemplo. ~를 들면 por ejemplo.

보내다 mandar, enviar. 편지를 ~ enviar (mandar) la carta.

보너스 gratificación, bonificación; [일시금] paga extra (eventual). 2개월분의 ~가 나왔다 Nos han pagado dos meses de gratificación (de paga extra).

보다 ver, mirar; [읽다] leer; [간주] considerar; [일을] manejar. 장보러 가다 ir de compras.

보답(報答) recompensa. ~하다 recompensar.

보도(報道) información, reporte, anuncio. ~하다 informar, anunciar. 신문~에 의하면 según [informan] los periódicos. 그 뉴스는 제일면에 ~되었다 Esa noticia se dio en primera plana. 마드리드에서의 ~에 의하면 según las noticias (Según informes) de Madrid. ~를 규제하다 controlar la información. ~진에 둘러싸이다 ser rodeado de periodistas (representantes de la prensa). 그 뉴스는 전세계에 ~되었다 Los medios de comunicación del mundo entero han dado la noticia./ Se ha publicado la noticia en el mundo entero. ~ 기관 organismo de información pública. ~부 [텔레비전 방송 등의] departamento de servicios informativos.

보도(步道) acera; 【멕시코】 banqueta.

보도(補導) ~하다 corregir, reformar. 불량소년을 ~하다 corregir (reformar) un joven delincuente.

보드랍다 ser suave.

보듬다 abrazar.
보라 ⇨ 보라빛.
보라색 (—色) ⇨ 보랏빛.
보람 mérito, efecto, resultado.
보랏빛 púrpura, color purpureo.
보루 (堡壘) fortaleza.
보류 (保留) [연기] aplazamiento; [의견 등의] reserva, reservación. ~하다 diferir, aplazar; reservar. 권리를 ~하다 reservar el derecho. 그 문제의 결정은 다음 회의까지 ~되었다 Se ha aplazado la decisión sobre el problema para la próxima sesión. 이건에 관해서는 내 의견을 ~한다 Reservo mi opinión sobre este asunto.
보름 [보름동안] quince días; [보름날] el quince del mes lunar.
보리 infante. ~대 infantería.
보모 (保母) niñera;【멕시코】nana.
보모 (保姆) institutriz, maestra de escuela de párvulos.
보물 (寶物) tesoro, objeto precioso. ~찾기 busca de tesoro.
보병 (步兵) infante. ~대 infantería.
보복 (報復) [무력 등에 의한] represalias; [경제 제재 등] retorsión; [대항 조치] contramedida; [반격] contraataque. ~하다 desquitarse, vengarse. ~적 vengativo. ~ 조치로 como represalias. ~을 무서워해서 por medio de represalias. ~ 조치를 취하다 tomar represalias. ~ 공격 ataque vengativo. ~ 관세 derechos de represalia.
보살피다 cuidar, tener cuidado, prestar atención.
보상 (補償) compensación, indemnización, recompesa, resarcimiento. ~하다 compensar, indemnizar. ~금 indemnización.
보색 (補色) color complementario.
보석 (寶石) piedra preciosa, gema; [장신구] alhaja, joya. ~상 joyero, estuche para joyas. ~상 joyero, [가게] joyería. 모조 ~ piedras falsas.
보석 (保釋) excarcelación dada bajo fianza (aprobada bajo custodia), libertad bajo la fianza. ~하다 poner a *uno* en libertad (excarcelar a *uno*) bajo fianza (bajo caución). ~으로 나오다 ser excarcelado bajo fianza. ~금 fianza, caución. ~보증인 fiador.
보선 (保線) mantenimiento de la vía férrea. ~계 guardavía. ~구 (공사) sección (obras) de mantenimiento de la vía férrea.
보세 (保稅) ~ 창고 depósito, almacén de depósito de aduana. ~ 창고항 puerto de depósito. ~ 화물 mercancías en depósito.
보수 (保守) conservatismo. ~적 conservador. ~당 partido conservador. ~세력 fuerzas [políticas] conservadoras. ~주의 conservatismo, conservadorismo. ~주의자 conservador. ~ 진영 campo conservador.
보수 (報酬) recompensa, retribución; [돈] remuneración. ~을 주다 conceder a *uno* una recompensa (una remuneración); [···의] retribuir (recompensar·remunerar) *algo* a *uno*. ~를 받다 recibir una retribución (una remuneuración), ser pagado. ···의 ~로 en pago (en retribución) de *algo*. ~가 좋다 (나쁘다) pagar bien (mal). ~가 좋은 (나쁜) 일 trabajo bien (mal) retribuido. 무 ~로 sin cobrar.
보스 jefe, caudillo; [두목] cabeza (*m.*), cacique. ~ 정치 política obligárquica.
보슬비 llovizna. ~가 내리다 lloviznar.
보안 (保安) mantenimiento de seguridad. ~과 servicio de seguridad. ~림 bosque reservado. ~요원 personal de mantenimiento. ~조례 reglamento de la seguridad pública.
보양 (保養) recreo, diversión
보어 (補語) complemento.
보여주다 enseñar.
보온 (保溫) mantenimiento de la temperatura, conservación del calor. ~재 (材) termoaislador, calorífugo.
보유 (保有) posesión. ~하다 tener, poseer. 한국의 자동차 ~대수 cantidad de coches que posee Corea. 금 ~고 reservas de oró. 핵무기 ~국 potencia nuclear, país poseedor de armas nucleares.
보육 (保育) educación de los párvulos. ~하다 criar, educar. ~기 incubadora. ~원 jardín de infancia, escuela de párvulos; [탁아소] guardería.
보이 muchacho, camarero, mozo. ~스카웃 explorador.
보이다 [눈에] verse. 눈에 보이는 visible. 보이지 않는다 no verse. 별이 보였다 Se veían las estrellas.
보이콧 boicoteo, boicot. ~하다 boicotear. 수업 ~ boicoteo de las clases.
보일러 caldera [de vapor]. ~를 작동시키다 hacer funcionar la caldera. ~공 fogonero, calderero. ~관 tubo de caldera. ~실 sala de caldera.
보장 (保障) garantía. ~하다 asegurar, garantizar. 자유로운 활동을 ~하다 asegurar la actividad libre de *uno*. 독립 (인권)을 ~하다 garantizar la independencia (los derechos del hombre).
보전 (保全) integridad. 영토를 ~하다 salvaguardar la integridad territorial, guardar y conservar íntegro el territorio.
보조 (補助) auxilio, ayuda, asistencia. ~하다 ayudar, prestar asistencia a *uno*. 여비를 ~하다 pagar en parte (contribuir en

parte para costear) el viaje de *uno*. 생활비를 ~하다 costear parte de la vida de *uno*. ~금 subvención, subsidio. ~의자 trasportín. ~원 ayudante. ~ 장부 libro auxiliar. ~화폐 moneda subsidiaria.

보조(步調) paso, cadencia en el paso. ~를 맞추어 걷다 llevar (marcar) el paso, marchar con el paso marcado, andar a compás. A당은 B당과 공동 ~을 맞추고 있다 El partido A y el partido B marchan a uno. 통일전선의 ~가 깨졌다 La coordinación del frente unido ha quedado rota.

보조개 hoyuelo.

보존(保存) conservación; [수확물 등의] preservación. ~하다 conservar, guardar. ~하기 쉬운 (어려운) fácil (difícil) de conservar. ~상태가 좋다 (나쁘다) estar bien (mal) conservado. ~법 método de conservación. ~식(食) productos alimenticios en conserva.

보좌(補佐) auxilio, ayuda, asistencia; [사람] asistente, coadjutor, suplente (*m.f.*), adjunto. ~하다 ayudar, asistir, coadyuvar, servir a *uno* de coadjutor. 부장 ~ adjunto (suplente) del jefe [de la sección], jefe adjunto.

보주(補注) nota suplementaria.

보증(保證) garantía, caución, fianza, aval. ~하다 garantizar (garantir) a *uno·algo* (que + *ind.*), asegurar a *uno* [de] *algo* (que + *ind.*). ~금 caución, fianza, señal. ~서 documento (certificado) de garantía. ~인 fiador, garante. ~인이 되다 ser fiador. 지불 ~ garantía de pago.

보지 vulva.

보지(報知) información, aviso, noticia. ~하다 avisar, informar.

보지(保持) mantenimiento, conservación, retención. ~하다 mantener, retener, conservar.

보청기(補聽器) trompetilla acústica, aparato auditivo.

보초(步哨) centinela. ~를 서다 hacer centinela, colocarse de vigilancia; [상태] estar de centinela (de vigilancia). ~를 세우다 colocar centinelas [situar un soldado de vigilancia] en *un sitio*.

보충(補充) suplemento, complemento. ~의 suplementario, complementario. ~하다 llenar, suplir.

보측(步測) ~하다 medir algo a pasos.

보칙(補則) regla suplementaria; [조항] artículo suplementario.

보태다 añadir, agregar.

보통(普通) ~의 [통상] común, general, ordinario, corriente; [일반적] general; [상용] usual; [평균] medio; [상태] normal; [명범] mediano, mediocre, común y corriente. ~은 ordinariamente; generalmente, en (por el) general. ~이상 (이하)의 de más (menos) de lo ordinario, superior (inferior) a lo común. ~방식으로 de manera normal, de modo corriente. ~의 인간 hombre normal (corriente). ~의 서반아 사람 español corriente. 그는 ~의 대학생이다 Es un estudiante corriente de la universidad. 금년의 추위는 ~이 아니다 El frío de este año no es normal. 그것은 ~ 의견이다 Esa es la opinión general. 저녁밥은 ~ 10시다 La cena es ordinariamente a las diez. 이것은 서반아어로 ~ 사용되는 표현이다 Esta es una expresión muy corriente en español. ~교육 educación normal (ordinaria). ~급행 expreso. ~명사 nombre común. ~선거 sufragio universal. ~열차 tren normal. ~예금 cuenta de ahorro. ~요금 tarifa ordinaria, precio corriente. ~우편 correo ordinario. ~전보 telegrama ordinario. ~편으로 [우편] por correo ordinario; [철도편] en pequeña velocidad.

보트 bote; [랜치] lancha; [경주용의] canoa de carrera; [조정 경기] remo. ~를 젓다 remar, bogar. ~ 놀이를 하다 divertirse en remar. ~ 레이스 regata; [모터 경주] carrera de motoras.

보편(普遍) ~적인 universal. ~화 하다 universalizar. ~개념 universales (*m.pl.*). ~성 universalidad, generalidad.

보필(補筆) ~하다 retocar *algo*.

보합(步合) [율] tasa, porcentaje; [수수료] comisión. 5%의 ~ comisión de cinco por ciento.

보행(步行) el andar. ~하다 andar, caminar. ~에 곤란하다 tener mucha dificultad en andar, no poder andar apenas. ~기 andador. ~자 peatón, transeúnte (*m.f.*). ~자 우선 prioridad a los peatones. [게시] Ceda a peatones. ~자 천국 isla de peatones.

보험(保險) seguro. …에 ~을 들다 asegurar *algo*. 화재 ~을 들다 asegurar contra incendio. 백만원의 ~에 들다 asegurar por un millón de wones. ~가격 valor asegurado. ~ 계약 contrato de seguro. ~계약자 tenedor de póliza. ~금 cantidad asegurada. ~금 수취인 el beneficiario. ~금액 suma asegurada. ~대리인 agente (corredor) de seguros. ~율 tipo (tasa) de seguro. ~ 요금 prima de seguro. ~자 asegurador. ~ 증명서 certificado de seguro. ~증권 póliza de seguro. ~ 회사 compañía de seguros. 강제 ~ seguro obligatorio. 신용 ~ · 신원 보증 ~ seguro de fidelidad. 운송 ~ seguro de trasporte. 이중 ~ seguro coincidente. 재 ~ reaseguro. 전시 ~ seguro de guerra. 피 ~ 물건 objerto asgurado. 피 ~ 자 asegurado. 책임 ~ seguro de responsabilidad. 해상 ~ seguro marítimo.

보호(保護) protección, amparo, abrigo. ~하다 proteger, amparar, abrigar, prestar (dar) protección (amparo) a *uno*; [A를 B에서] proteger A contra B. …의 ~를 받다 ser favorecido de (ponerse bajo) la protección de *uno*; ampararse con (de · en) *uno*; [상대의] buscar (solicitar) la protección de *uno*, pedir el amparo de *uno*. 국내 산업을 ~하다 proteger la producción nacional. ~국 [보호하는] país protector; [보호받는] país protegido (bajo la tutela de otro). ~자 protector; [부모] padres; [후견인] tutor. ~색 color protector. ~조 ave protegida. ~ 무역 comercio protegido. ~ 무역 제도 sistema poteccionista. ~무역주의 proteccionismo. ~령 protectorado.

복(福) suerte (f.), fortuna.

복고(復古) restauración. ~조 tendencia retrógrada (reaccionaria); [유형의] retorno a la moda antigua. ~조의 retrógrado; de la moda antigua.

복구(復舊) restauración, restitución, rehabilitación; [재건] restablecimiento, recuperación. ~하다 restaurar, restituir, reactivar; restablecer. 생산시설을 ~하다 reactivar las instalaciones fabriles. 호남선이 ~되었다 Se ha restablecido el servicio en la línea de Jonam. ~공사 obra de reparación

복권(復權) rehabilitación. ~시키다 rehabilitar a *uno*. ~하다 rehabilitarse.

복권(福券) lotería.

복귀(復歸) vuelta, retorno. ~하다 restaurar[se] (volver) a *algo*. 직장에 ~하다 volver a desempeñar *sus* funciones, volver a ocupar *su* puesto.

복당(復黨) ~하다 volver al partido, reintegrarse en el partido.

복대(腹帶) [임산부의] ventrera (faja) de maternidad; [말의] cincha [del caballo].

복리(福利) bienestar y utilidad.

복리(複利) interés compuesto. ~로 계산하다 calcular a interés compuesto.

복마전(伏魔殿) pandemónium.

복막(腹膜) peritoneo. ~의 peritoneal. ~염 peritonitis (f.).

복면(覆面) máscara, antifaz; [면포] disfrazo. ~하다 enmascarse, velarse, cubrirse la cara, embozarse. ~강도 bandido embozado.

복명(復命) ~하다 rendir informe de *su* misión.

복무(服務) servicio obligatorio. ~하다 servir. ~규정 reglamento del servicio público. ~시간 horas de trabajo.

복문(複文) oración compuesta.

복병(伏兵) emboscada. ~을 만나다 encontrarse (tropezar) con una emboscada. ~을 배치하다 plantar (poner) una emboscada.

복복선(複複線) vía cuádruple. AB간에는 ~이다 La línea es de vía cuádruple entre A y B.

복부(腹部) región abdominal, abdomen, vientre, barriga. ~의 abdominal.

복비례(複比例) razón compuesta, proporción compuesta.

복사(複寫) reproducción; [카피] copia. ~하다 copiar *algo*; reproducir *algo*. ~를 하다 hacer una copia de *algo*. ~를 3장하다 hacer (sacar) tres copias de *algo*. ~기 duplicador, fotocopiadora. ~지 papel de copia.

복사(輻射) radiación. ~열 calor radiante.

복서 boxeador.

복선(複線) vía doble, línea doble. AB간을 ~화 하다 duplicar la vía entre A y B. ~으로 되어 있다 La vía es doble.

복선(伏線) insinuación del desarollo ulterior, trama secreta. ~을 펴다 insinuar el (hacer una insinuación del) desarrollo ulterior.

복소수(複素數) número complejo.

복수(復讐) venganza, represalias, desquite, revancha. …의 ~를 하다 vangar (vindicar) a *uno*, vengarse de *algo*. …에 ~하다 vengarse de (en) *uno*, tomar venganza en *uno*. ~를 기도하다 tramar (meditar) una venganza. ~심 espíritu vengativo (de venganza). ~심에 불타다 arder en espíritu de venganza. ~자 vengador.

복수(複數) 1 ~의 unos, varios, algunos. 범인은 ~이다 Son varios los criminales./ El crimen ha sido obra de varios autores. 2 【문】 ~의 plural. ~로 하다 pluralizar. ~로 사용되는 usarse en plural. ~명사 substantivo (nombre) plural. ~형 plural. 1인칭 ~ primera persona [del] plural.

복수초(福壽草) adonis amulensis.

복숭아 melocotón.

복습(復習) repaso. ~하다 repasar. 수학의 ~을 하다 repasar las lecciones de matemáticas, hacer un repaso de las matemáticas.

복식(複式) expresión compuesta. ~ 부기 partida doble. ~ 투표 votación doble.

복식(服飾) vestido y *sus* adornos. ~관계의 일을 하고 있다 realizar un trabajo relacionado con el vestido y *sus* adornos. ~디자이너 modista (*m.f.*). ~ 잡지 revista de moda. ~품 adorno, ornato.

복식 호흡(腹式呼吸) respiración abdominal.

복심(腹心) ~의 de confianza, fidedigno, confiable, fiel. ~의 부하 subordinado de confianza.

복싱 boxeo. ~ 선수 boxeador.

복안(腹案) idea, plan. ~이 있다 tener un plan en la cabeza.

복역(服役) prestación de servicio. ~하다 [징역으로] cumplir *su* condena [la sentencia]. 형무소에서 ~중이다 estar en prisión cumpliendo *su* condena.

복엽(複葉) [삭] hoja compuesta. ~기 biplano.

복용(服用) toma de medicamento. ~하다 tomar. 매식후 2정 ~ "Dos pastillas después de cada comida." ~량 dosis.

복원(復元) [재건] reconstrucción; [수복] restauración, reparación. ~하다 restituir. ~도 restitución. ~력 estabilidad.

복원(復員) ~하다 ser desmovilizado. ~병 soldado desmovilizado.

복위(復位) restauración ~하다·~시키다 restaurar.

복음(福音) Evangelio; [반가운 소식] noticia bendita. ~을 전하다 predicar el Evangelio, evangelizar. ~서 Evangelio.

복잡(複雜) complejidad, complicación. ~한 complejo, complicado, intrincado. ~하게 하다 hacer *algo* complejo, complicar, intrincar. ~하게 되다 hacerse complejo, complicarse. ~한 문장 frase compleja. ~한 정국 situación política compleja (confusa·enredada·enmarañada). ~한 표정을 하다 tener una expresión equívoca. 그것에 ~한 사정이 있다 Hay razones inexplicables para ello. 이 소설은 줄거리가 ~하다 El argumento de esta novela es muy complicado.

복장(服裝) traje, vestido, ropa. 파티용 ~을 하다 ponerse el vestido de fiesta.

복적(復籍) ~하다 [시가에] volverse a registrar en *su* familia de origen; [여자가] volver a tomar el nombre de antes de casarse.

복제(複製) reproducción, copia. ~하다 reproducir. ~화 réplica.

복종(服從) obediencia, sumisión, obedecimiento. ~하다 obedecer (someterse) a *uno*. ~시키다 hacer obedecer a *uno*. ~을 맹세하다 jurar obediencia (sumisión) a *uno*. 명령에 절대 ~하다 obedecer completamente las órdenes de *uno*.

복지(服地) tela, tejido.

복지(福祉) bienestar[público], 국민 ~를 개선하려고 노력하다 esforzarse por mejorar el bienestar social. ~ 관계 비용 gastos sociales. ~ 국가 estado benefactor. ~ 사업 obras sociales. ~ 시설 establecimiento de asistencia social.

복직(復職) reposición, rehabilitación. ~하다 volver a *su* antiguo oficio, reasumir *su* antiguo puesto; [사면후] rehabilitarse en un puesto. ~시키다 rehabilitar (reponer) a *uno* [en un puesto].

복통(腹痛) dolor de vientre (de barriga·de estómago). ~이 일어나다··~이다 tener dolor de vientre (estómago). ~을 느끼다 sentir[se] dolor de vientre (estómago).

복학(復學) reintegración. ~하다 ser reintegrado, volver a la escuela; [병 등의 후에] volver a clase, tomar clases de nuevo.

복합(複合) combinación. ~하다 combinarse, compuesto. ~경기 [스키] pruebas mixtas. ~명사 nombre compuesto. ~단백질 proteínas complejas. ~삼부 형식 [악] forma ternaria compuesta. ~어 palabra compuesta. ~체 [화] complejo.

복화술(腹話術) ventriloquia. ~을 사용하다 practicar la ventriloquia. ~사 ventrílocuo.

볶다 tostar, freír.

본가(本家) rama principal [de una familia], familia cabeza; [원조] casa original.

본거(本據) sede (*f.*), base, centro.

본격(本格) ~적으로 a toda escala, metódicamente, en plena escala. ~적인 연구 estudio serio. ~적인 전쟁 guerra a toda escala. ~과 추리소설 auténtica novela policíaca. ~적인 겨울에 접어들었다 Estamos en pleno invierno. 서반아어를 ~적으로 배우다 aprender el español metódicamente. 공사는 ~적으로 들어갔다 Las obras han entrado en plena escala.

본과(本科) curso regular (principal).

본관(本館) [별관에 대해] edifico proncipal (central).

본관(本管) conducto principal.

본교(本校) esta (nuestra) escuela; [분교에 대해] escuela principal.

본급(本給) [기본급] sueldo base; [고정급] sueldo fijo.

본능(本能) instinto. ~적인 instintivo. ~적으로 instintivamente, por instinto. ~적으로 만족시키다 satisfacer el instinto. ~에 따라 행동하다 obrar según (actuar tal como manda) el instinto. 동물은 ~적으로

불을 두려워한다 Los animales temen el fuego por instinto. 생식 ~ instinto genético.

본당(本堂) sala principal[de un templo].

본대(本隊) grueso del ejército.

본댁(本宅) residencia (casa) principal; [정실] mujer legal.

본뜻(本一) propósito original, motivo verdadero; [진의] verdadera intención. 그것은 내 ~이 아니다 No es mi verdadera intención.

본래(本來) [원래] originalmente, originariamente; [본질적으로] esencialmente; [타고난대로] naturalmente, por naturaleza. ~의 original, originario; natural, innato. ~의 능력을 발휘하다 desplegar su capacidad innata. ~의 의미로의 민주주의 la democracia en el propio sentido de la palabra. 이 작품은 그의 ~의 재능이 보이지 않는다 Esta obra no muestra su talento original. 잔학성은 인간 ~의 성질이다 La crueldad es una tendencia innata en el ser humano. 그런 일을 하는 것은 ~ 무리다 Es esencialmente imposible hacer tal cosa. 관념과 실체는 ~ 별개다 La idea y la sustancia son esencialmente distintas.

본령(本領) [특질] característica, propiedad; [득의] fuerte. ~을 발휘하다 deservolver plenamente sus facultades, desplegar su especialidad.

본론(本論) [주제] tema (m.), sujeto; [서론에 대해] materia. ~에 들어가다 entrar en materia, ir al caso (al grano); [핵심에] entrar en el meollo del tema, tratar del tema principal. ~으로 돌아가면 volviendo al tema principal. ~에 들어갑시다 Vamos al grano. ~으로 돌아갑시다 Volvamos a nuestro tema.

본루(本壘) base, puesto de bateador (야구). ~타 jonrón.

본류(本流) corriente principal (mayor).

본명(本名) nombre verdadero (real). ~을 숙이다 usar (presentarse con) un nombre falso. ~을 밝히다 revelar (declarar) su nombre falso. 그의 ~은 …이다 Su nombre real es ….

본문(本文) texto, cuerpo. 이 책의 ~은 9페이지에서 시작한다 El texto de este libro empieza en la página nueve.

본방(本邦) nuestro país.

본부(本部) sede (f.), oficina principal, central (f.); [사령부] cuartel general.

본분(本分) deber, obligacion. ~을 다하다 cumplir [con] su obligacion. 학생의 ~ deberes de estudiante.

본사(本社) oficina central (principal), casa matriz. 그는 ~ 근무다 Trabaja en la oficina principal.

본산(本山) templo principal [de una secta budista].

본서(本署) comisaría.

본선(本線) línea principal.

본선(本船) este barco. ~은 외항에 정박중이다 El barco está al ancla en rada. ~도 franco a bordo, FOB.

본성(本姓) [여성이 결혼하기 전의 성] apellido de soltera; [원래의 성] apellido real.

본성(本性) naturaleza, carácter innato (nato). ~을 나타내 mostrar (revelar) su carácter innato, desenmascararse. 그것이 그의 ~이다 Ese es su carácter nato. 술을 마실 때 ~이 나타난다 Se revela su verdadero carácter cuando está bebido.

본심(本心) veradera intención. ~을 밝히다 abrir su pecho, franquearse..~을 말하면 Hablando francamente… 당신은 ~에서 그렇게 생각하십니까 ¿Así lo cree usted realmente? 이것이 내 ~이다 Esta es mi verdadera intención.

본영(本營) cuartel general, oficina principal.

본위(本位) norma. ~화폐 talón. 금 ~ talón de oro. 은~ talón de plata.

본의(本意) intención verdadera.

본인(本人) uno mismo; [여자] una misma; sujeto; persona en cuestión. ~에게 인도하다 entregar a la persona en cuestión. ~의 의지를 존중하다 respetar la voluntad de la persona. ~이 올것 Que venga la persona en cuestión. 나는 그것을 직접 ~한테서 들었다 Lo he oído de él mismo./ Lo sé de buena tinta.

본적(本籍) domicilio legal【스페인에서는 이 제도가 없음】. 내 ~지는 영암이다 Mi domicilio legal es Yongam.

본전(本殿) santuario principal (central).

본점(本店) central (f.), oficina principal, casa matriz, sede (f.).

본제(本題) [주제] tema (m.), sujeto; [서론에 대한] materia. ⇨ 본론.

본존(本尊) 【불교】 imagen budista principal.

본지(本指) propósito original; [진짜의] propósito verdadero.

본지(本紙) este (nuestro) periódico.

본지(本誌) esta (nuestra) revista.

본직(本職) verdadera profesión. ~의 de profesión, profesional. 그의 ~은 의사다 Su verdadera profesión es médico.

본질(本質) esencia, substancia. ~적인 esencial; [내재적인] intrínseco; [근본적인] fundamental. ~적으로 esencial-

본처(本妻) esposa [legítima], mujer legítima.

본체(本體) [실체] su[b]stancia; [부분에 대해] cuerpo.

본초자오선(本初子午線) el primer meridiano.

본토(本土) [대륙] continente, tierra firme. 한국 ~ Corea propiamente, dicha.

본회의(本會議) [국회 등의] sesión plenaria; [예비 회의에 대해] sesión (reunión) oficial.

볼 mejilla, carrillo. 양쪽 ~에 입맞추다 besar a *uno* en ambas mejillas.

볼리비아[지] Bolivia. ~의 [사람] boliviano.

볼링[운] bolos. ~을 하다 jugar a los bolos.

볼트 1 [전압] voltio, voltaje. 100 ~ 전압 tensión de cien boltios.
2 【기】 perno. ~로 고정시키다 apretar (fijar) *algo* mediante los pernos.

볼펜 bolígrafo.

봄 primavera. ~의 primaveral, de [la] primavera. ~에 en [la] primavera. 이른 (늦은) ~에 en la primavera temprana (tardía). ~내 toda la primavera. 인생의 ~ primavera de la vida. 한국의 ~은 날씨가 어떻습니까 ¿Qué tiempo (clima) hace en primavera en Corea? ~날 tiempo primaveral. ~바람 brisa primaveral (de primavera). ~비 lluvia primaveral (de primavera).

봉건(封建) ~적 feudal; [보수적] conservador. 그는 ~적이다 Tiene ideas conservadoras. ~사회 sociedad feudal. ~시대 época feudal. ~제도 feudalismo, régimen (sistema) feudal, feudalidad.

봉고도(棒高度) salto de pértiga.

봉공(奉公) servicio, servicio público, servicio doméstico. ~하다 servir. ~인 empleado; sirviente, criado.

봉급(俸給) sueldo, salario; paga; 【문】 estipendio. ~생활자 asalariado.

봉기(蜂起) levantamiento, sublevación, alzamiento, motín. ~하다 levantarse, sublevarse, alzarse.

봉납(奉納) ofrecimiento, dedicación. ~하다 dedicar (ofrecer) *algo* a los dioses. ~물 ofrenda.

봉랍(封蠟) lacre.

봉밀(蜂蜜) miel (*f.*). ~이 들어있는 con miel.

봉사(奉仕) servicio, beneficiencia, beneficio. ~하다 servir a *uno*, prestar (hac-

er) servicio a *uno*. ~사업 obra de beneficencia.

봉서(封書) carta [sellada].

봉선화(鳳仙花) balsamina.

봉쇄(封鎖) bloqueo, cierre. ~하다 bloquear. ~을 풀다 levantar el bloqueo; [봉의] desbloquear *un sitio*. ~를 깨뜨리다 romper el bloqueo. 예금을 ~하다 bloquear depósitos. ~해제 desbloqueo. 경제 ~ bloqueo económico. 자금 ~ bloqueo de fondos.

봉인(封印) sello. ~하다 sellar (cerrar) *algo*. ~을 열다 desellar (abrir) *algo*.

봉입(封入) adjunción, inclusión. ~하다 incluir, adjuntar.

봉직(奉職) servicio gubernamental. ~하다 tener un puesto (trabajar) en *algo*. 그는 외무부에 ~하고 있다 Tiene un puesto (Trabaja) en el Ministerio de Asuntos Exteriores.

봉착(逢着) ~하다 encontrar, encontrarse con.

봉투(封套) sobre. 편지를 ~에 넣다 meter una carta en un sobre.

봉하다(封−) sellar (cerrar) *algo*. 편지를 ~ sellar (cerrar) una carta.

봉합(封緘) ~엽서 carta-tarjeta; [항공편용] aerograma (*m.*).

봉합(縫合) sutura. ~하다 hacer una sutura, coser.

부(部) 1 [조직] sección, departamento. 경리 ~ sección de contabilidad.
2 [클럽] club, círculo. 테니스 ~ club de tenis.
3 [서책 등의] parte (*f.*); [책] ejemplar. 3 ~로 되어있는 소설 novela que consta de tres partes. 5천 ~를 발행하다 tirar cinco mil ejemplares, publicar (hacer) una tirada de cinco mil ejemplares.

부(富) riqueza. ~를 얻다 hacer una fortuna.

부(副) duplicado, ayudante; vice-. ~의장·~총재·~통령·~사장 vicepresidente. ~영사 vicecónsul. ~지사 vicegobernador.

부가(付加) adición, añadidura. ~하다 adicionar, añadir. ~가치 valor añadido. ~세 impuesto adicional; [남미] sobreimpuesto. ~요금 sobretasa.

부각(俯角) 【수】 ángulo de depresión.

부결(否決) desaprobación. ~하다 rechazar, desprobar. 50대 10으로 그 의안은 ~되었다 El proyecto ha sido rechazado por diez votos a favor y cincuenta en contra.

부계(父系) ~의 paterno. ~ 가족 familia paterna. ~제 patriarca (*m.*).

부과(賦課) imposición de tributos. ~하다

부관(副官) ayudante; [장교의] ayudante de campo.

부교감신경(副交感神經) [nervio] parasimpático.

부국(富國) ~강병책 política de fortalecimiento económico y militar.

부권(父權) patria potestad.

부권(夫權) derechos del marido.

부귀(富貴) riqueza y nobleza, prosperidad. ~영화의 noble y rico.

부근(附近) cercanías, vecindad. …의 ~에 [주위] en la cercanía (en la vecindad) de …; [근처에] cerca de …. 이 ~에 살다 vivir cerca de aquí, vivir aquí cerca. 그 ~에는 상점이 많다 Hay muchas tiendas por ahí. 이 ~에는 학이 많다 En estas cercanías (En estos contornos) abundan las grullas.

부기(簿記) contabilidad, teneduría de libros. ~ 담당자 tenedor de libros, contable (m.f.). 단식 ~ contabilidad por partida simple. 복식 ~ contabilidad por partida doble.

부기(附記) adición, añadidura, apéndice. ~하다 adicionar, adjuntar, añadir; [주를 달다] apostillar.

부끄러움 vergüeza, verecundia. 부끄러워하는 vergonzoso, verecundo.

부끄럽다 tener vergüenza.

부내(部內) área (espacio) interior de un círculo. 그는 ~에서 평판이 좋다 Tiene buena reputación entre sus colegas. 정부의 ~ 의견을 조정하다 coordinar las opiniones dentro (entre los ministros) del gobierno.

부녀(婦女) mujer. ~ 폭행 violación de una mujer.

부녀자(女子) mujeres, mujerío; [아이들 포함] mujeres y niños.

부농(富農) agricultor rico.

부단(不斷) continuación, vida cotidiana. ~의 incesante, continuo, constante, cotidiano, usual. ~히 incesantemente, continuamente, constantemente, usualmente, cotidianamente. ~한 노력하다 esforzarse incesantemente (constantemente), realizar un esfuerzo continuo.

부담(負擔) carga. ~하다 cargar con~algo, hacerse cargo de algo. ~시키다 cargar a uno con algo. ~이 되다 ponerse pesado para uno. ~을 가볍게 하다 aligerar (aliviar) a uno de una carga. 납세자의 ~을 가볍게 하다 aligerar de impuestos a los contribuyentes. 비용은 내가 ~하겠다 Cargaré con los gastos. 그것은 위에 ~이 될 것이다 Eso causará una digestión pesada./ Eso será una carga para el estómago. 그것은 내 재력에는 과대한 ~ 이다 Es una carga excesiva para mi poder financiero. ~금 contrivución, cuota.

부당(不當) injusticia, sin razón. ~한 injusto, indebido, injustificado, irrazonable; [불법의] ilícito, ilegal. ~하게 injustamente, indebidamente; ilegalmente. ~한 이익을 얻다 sacar un provecho ilícito. ~노동 행위 acto laboral injusto. ~처분 pena ilegal. ~해고 destitución ilegal.

부대(部隊) unidad, cuerpo, tropa; [분견대] destacamento. ~장 jefe del cuerpo.

부대(附帶) anexo, accesario, secundario. ~공사 construcción secundaria. ~결의 resolución adicional. ~사항 artículo anexo. ~조건 condición subsidiaria.

부덕(不德) demérito, indignidad. ~한 indigno, desmerecedor, vicioso. 모두 저의 ~의 소치입니다 Todo se debe a mi falta de virtud.

부도(不渡) [수표] cheque deshonrado, giro no aceptado.

부도덕(不道德) inmoralidad. ~한 inmoral, vicioso.

부도체(不導體) mal conductor.

부독본(副讀本) libro de lectura complementaria.

부동(不同) diferencia, desigualdad, disparidad. ~한 diferente, desigual, dispar.

부동(不動) inmovilidad, estabilidad, fijeza. ~의 inmóvil, fijo, firme. ~의 신념 fe firme. ~의 자세를 취하다 ponerse firme, cuadrarse.

부동(浮動) floltación. ~하다 foltar, ir a flote; [변동] fluctuar. ~인구 población flotante. ~표 voto fluctuante.

부동산(不動産) bienes inmuebles (raíces). ~의 inmobiliario. ~을 소유하다 tener bienes inmuebles. ~감정사 experto para bienes (en bienes raíces). ~업자 agente inmobiliario. ~ 담보 crédito hipotecario. ~저당 은행 banco hipotecario. ~회사 agencia inmobiliaria.

부동액(不凍液) anticongelante.

부동의(不同意) desacuerdo, desaprobación. …에 ~하다 desaprobar algo, discrepar en algo, no estar de acuerdo con algo, estar en desacuerdo con algo. 나는 ~다 No estoy de acuerdo.

부동항(不凍港) puerto libre de hielo, puerto que no se hiela.

부두(埠頭) muelle; [선착항] embarcadero, desembarcadero. ~역 estación del puerto. 도착항 ~인도가격 puestos en el muelle.

부드럽다 ser suave (tierno, blando).

부등(不等) desigualdad. ~변 삼각형 triángulo escaleno. ~식 desigualdad. ~호 signo de desigualdad.
부디 positivamente, sin duda, sin falta, a toda costa, por favor.
부락(部落) pueblo, caserío, aldehuela.
부란(孵卵) ~기 incubadora.
부란(腐爛) putrefacción, descomposición. ~하다 pudrirse, descomponerse. ~시체 cadáver putrefacto (podrido).
부랑(浮浪) vagabundeo, vagabundería. ~아 vagabundo, golfo. ~자 vagabundo.
부라부라 de prisa, apresuradamente.
부러뜨리다 romper.
부러워하다 envidiar, tener envidia. 네가 부럽다 Te envidio.
부러지다 romperse.
부력(浮力) flotabilidad.
부록(附録) suplemento, apéndice. ~달린 잡지 revista con suplementos adjuntos.
부류(部類) calse (f.), especie.
부르다 llamar, invitar, denominar. 의사를 ~ enviar por el médico.
부르쥐다 cerrar con estrechez.
부르짓다 vocear, exclamar; advocar.
부르짖음 grito, exclamación, aclamación, gritería.
부르트다 ampollarse, levantarse ampollas en *algo*.
부리 [새의] pico.
부리나케 de prisa.
부리다[사람·말을] manejar, conducir, gobernar, dirigir; [기구·기계를] operar; [새주·꾀를] engañar.
부리다[짐을] descargar.
부마(駙馬) hijo político del rey.
부모(父母) padre y madre; [양친] padres. ~의 paternal.
부문(部門) sección, departamento; [범주] categoría; [분야] campo. 다섯 ~로 나누다 dividir *algo* en cinco secciones. A ~에 넣다 clasificar *algo* en la categoría de A. ~별로 por secciones; [전문별] por especialidades. 사회과학의 일 ~ un ramo de las ciencias sociales. ~활동 actividad departamentalizada. 백화점의 양품 ~ sección de camisería en un almacén. 생사(生糸) ~ ramo de la seda. 성악 ~ sección de música vocal.
부본(副本) duplicata, duplicado, copia.
부부(夫婦) matrimonio, esposos. marido y mujer, cónyuges. ~의 matrimonial, conyugal. ~가 되다 casarse con *uno*, contraer matrimonio con *uno*; [두 사람이] casarse. …과 ~의 약속을 하다 prometerse a *uno*, dar *su* palabra de casamiento a *uno*. 김씨 ~ los señores Guim, el Sr. Guim y su señora. 그들은 ~ 사이가 (나쁘다) El matrimonio se lleva (mal). 그와 나는 이제 ~가 아니다 El y yo ya no somos marido y muyer. 그들은 ~ 처럼 행동한다 Se comportan como si estuvieran casados. ~ 관계 relación matrimonial. ~ 생활 vida conyugal (marital). ~ 싸움 querella (lío) matrimonial, riña conyugal.

부분(部分) parte (f.), porción, sección. ~적 parcial; regional. ~적으로 parcialmente, en parte. …의 상당한 ~ una buena parte de…. ~적으로는 옳지만 전체적으로는 그렇지 않다 Es correcto en parte, pero no lo es en conjunto. 어떤 ~은 철로 또어떤 ~은 나무로 되어 있다 Es en parte de hierro y en parte de madera. ~부정 negación parcial. ~품 partícula, pieza aislada.

부빙(浮氷)hielo flotante; [유빙원] banquisa.
부사(副詞)【문】 adverbio. ~적 adverbial. ~적으로 adverbialmente. ~적 용법 uso adverbial. ~구(절) locución (proposición) adverbial.
부사장(副社長) vicepresidente.
부산물(副産物) subproducto, producto accesorio, derivado. 석유와 그 ~ petróleo y derivados.
부상(副賞) premio suplementario.
부상(負傷) herida. ~당하다 recibir una herida, ser herido; herirse, estar herido. ~당한 herido. 그는 팔을 ~당했다 Recibió una herida en el brazo./ Se hirió en el brazo. ~자 herido. 그 사고로 50명의 ~자가 발생했다 Cincuenta personas resultaron heridas en ese accidente.
부서(副署) refrendo, refrendación. ~하다 refrendar *algo*.
부서(部署) puesto.
부서지다 romperse.
부설(敷設) construcción, edificación; [케이블·궤도로] colocación, tentido. ~하다 construir, edificar; colocar, tender. 철도를 ~하다 construir un ferrocarril. 철도의 ~ construcción del ferrocarril.
부성(父性) paternidad. ~의 paternal. ~애 amor paternal.
부속(附属) dependencia. ~의 dependiente, anexo, accesorio. ~하다 pertenecer a *algo*, depender de *algo*. ~국민학교 escuela primaria anexa. ~품 accesorios (*m.pl.*). 대학 ~병원 hospital anexo a la universidad. 외무부 ~기관 organización perteneciente al (dependiente del) Ministerio de Asuntos Exteriores.
부수(付随) ~적인 accesorio, anexo. 계약

부수 에 ~하는 요건 obligaciones anexas de un contrato. 결혼과 그것에 ~된 문제 casamiento y sus problemas relacionados.

부수(部數) número de ejemplares; [인쇄 부수] tirada. 그것은 ~에 제한이 있다 Está limitada la tirada.

부수다 romper, destruir.

부수입(副收入) ingresos adicionales (subsidiarios). ~을 얻다 obtener unos ingresos adicionales.

부식 [腐蝕] [유기물의] descomposición; [금속의] corrosión. ~하다 descomponerse; corroerse. ~시키다 descomponer; corroer. ~성이 있는 corrosivo. ~방지제 inhibidor de corrosión. ~작용 acción corrosiva. ~제 corrosivo.

부식(副食) ~물 alimentos subsidiarios, substancias alimenticias subsidiarias. ~비 gastos para alimentos subsidiarios.

부실(不實) infidelidad, deslealtad. ~한 desleal; [부정한] infiel, pérfido.

부양(扶養) sostén, sustentación. ~하다 mantener, sostener, criar. ~ 가족이 있다 tener una familia que mantener. ~료를 지불하다 pagar una pensión alimenticia. ~ 가족 수당 subsidio familiar. ~공제 deducción familiar.

부업(副業) negocio secundario (auxiliar). 이 농부는 ~으로 소를 사육하고 있다 Este labrador cría vacas como negocio secundario.

부엌 cocina.

부여(附與) ~하다 dote, dotación. ~하다 dotar. 그는 음악적 재능을 ~받고 있다 Está dotado del talento musical.

부여(附與) ~하다 dar, otorgar, conceder. …하는 권리를 ~하다 dar a uno el derecho a + inf.

부역(賦役) prestación personal. ~을 과하다 imponer la prestación personal.

부연(敷衍) ~하다 parafrasear.

부용(芙蓉) flor de la vida.

부원(部員) miembro de un club. 요트 ~ miembro del club de yate.

부유(富裕) riqueza. ~한 rico, adinerado, acaudalado.

부인(婦人) mujer, señora; [정숙히] dama; [집합적] bello sexo. ~의 femenino. ~들께서는 무엇을 드시겠습니까. ¿Qué quieren tomar las señoras? ~ 경관 agente femenino de policía, mujer policía. ~ 과 ginecología. ~과 의사 ginecólogo. ~ 기자 periodista, reportera. ~ 문제 problema de mujeres. ~병 enfermedad de la mujer. ~복 vestido (traje) de señoras (de mujeres). ~복점 casa de modas, tienda de confección para señoras, boutique. ~용 "Danas." ~용의 para mujeres, de mujer. ~ 잡지 revista femenina. ~ 참정권 sufragio femenino, sufragismo. ~ 해방 emancipación (liberación) de las mujeres. ~ 해방론 feminismo. ~ 해방론자 feminista (m.f.).

부인(夫人) mujer, señora, esposa. ~을 동반하여 en compañía de su esposa, acompañado de su señora. 사장과 사장 ~ el señor presidente y su señora. 이씨 ~ señora [de] Yi.

부인(否認) denegación, negación, negativa, desmentida. ~하다 negar, desmentir. 죄상을 ~하다 negar el delito.

부임(赴任) partida a su puesto. ~하다 partir para su puesto. 그는 과장으로 종로 지점에 ~했다 Marchó a la sucursal de Chongro para asumir su cargo como jefe de sección.

부자(父子) padre e hijo.

부자(富者) rico; [甲호] millonario, billonario, multibillonario.

부자연(不自然) falta de naturalidad. ~스런 contranatural, artificial.

부자유(不自由) inconveniencia, incomodidad. ~스런 poco natural, innatural, inconveniente, incómodo; [불구] paralítico; [인위적인] artificial. ~스런 미소 sonrisa forzada. ~스런 자세 postura innatural. 그 연기는 ~스럽다 Es poco natural esa interpretación.

부작용(副作用) efectos secundarios. ~이 있다 tener efectos secundarios.

부잣집(富者-) familia rica; casa del hombre rico.

부장(部長) director (jefe) de sección (de departamento).

부장(副將) sub-capitán.

부재(不在) ausencia. ~하다 estar ausente. ~의 ansente. 그의 ~중에 en (durante) su ausencia. 정치의 ~ ausencia de una política verdadera. ~증명 coartada. ~투표 voto del que permanece ausente. ~지주 propietario no residente, absentista (m.f.). ~투표 voto anticipado por razón de ausencia. ~투표를 하다 votar antes de la fecha por razón de ausencia.

부저(-箸) ⇨ 부젓가락.

부적격(不適格) ~한 no apto. ~자로 판정되다 ser juzgado no apto para algo.

부적당(不適當) impropiedad, ineptitud. ~한 inadecuado, impropio, inconveniente. 이 예문은 ~하다 Este ejemplo no es adecuado.

부적임(不適任) impropiedad, indignidad,

부전 incongruencia. ~한 impropio, indigno, incongruente. 그는 그 지위에 ~하다 Ese puesto no le viene bien./ No es apto para ese cargo. 클럽을 통솔하기에 ~한 남자다 No es apto para dirigir el club.

부전(不戰) 【운】 renunciación a la guerra. ~승 un tanto ganado sin luchar (jugar). ~승 하다 ganar un tanto sin luchar (jugar). ~ 조약 pacto de renunciación a la guerra, convenio de anti-guerra.

부전(附箋) marbete, etiqueta. ~을 붙이다 poner (pegar) un marbete (una etiqueta) a *algo*.

부절제(不節制) intemperancia, excesos, inmoderación, incontinencia. ~하다 intemperante, inmoderado, incontinente. 그는 ~한 생활을 하고 있다 Vive (Lleva) una vida intemperante.

부점(附點) 【악】 puntillo. ~음부 nota con puntillo. ~ 4분 음부 negra (semínima) y puntillo.

부젓가락 varillas (tenazas) para coger el fuego.

부정(不正) injusticia, iniquidad, maldad; [비합법성] ilegalidad, ilegitimidad. ~한 injusto, inicuo, malvado, ilegal, ilícito; [부정직한] deshonesto. ~하게 injustamente, ilegalmente, ilegítimamente. ~을 저지르다 ~한 행위를 하다 cometer un acto injusto; conducirse ilegalmente; hacer una casa deshonesta. ~한 돈 dinero mal adquirido; [뇌물] soborno. ~한 수단으로 por medidas ilegales. ~공사 construcción fraudulenta. ~거래 negocio ilegal. ~이득 ganancia ilícita. ~행위 acto ímprobo, irregularidad; conducta ilegal. 시험에서 ~행위를 하다 cometer fraude (engañar・hacer trampas) en el examen.

부정(否定) negación, negativa. ~하다 negar, rehusar, denegar; desmentir. ~적 negativo. ~적으로 negativamente. ~적인 답을 하다 dar una respuesta negativa, responder negarivamente. ~적인 태도를 취하다 tomar una actitud negativa. 그는 그 집에 갔던 것을 ~했다 Niega haber ido a esa casa. 정부는 그 보도를 ~했다 El gobierno ha desmentido esa información. 나도 문제의 곤란함을 ~하지 않는다 No niego que es (sea) difícil.

부정(不定) ~의 indefinido, indeterminado. 수입이 ~이다 tener ingresos irregulares. ~관사 【문】 artículo indeterminado (indefinido). ~대명사 pronombre indeterminado. ~법 【문】 modo infinitivo. ~사 【문】 infinitivo.

부정기(不定期) falta de periodicidad, irregularidad. ~의 irregular, no periódico. ~선 buque de servicio irregular. ~편 servicio irregular.

부정당(不正當) injusticia.

부정직(不正直) deshonestidad, deshonradez, improbidad. ~한 deshonesto, deshonrado, ímprobo.

부정확(不正確) inexactitud, imprecisión. ~한 inexacto, incorrecto, infiel, incierto.

부제(副題) subtítulo. ~를 붙이다 poner un subtítulo. 「서반아사의 한 측면」이라는 ~의 책 un libro con el subtítulo de "Un aspecto de la historia de España."

부조(扶助) ayuda, asistencia, auxilio; [구원] socorro. ~하다 ayudar, auxiliar, prestar auxilio a *uno*; socorrer, prestar auxilio. ~를 받다 recibir asistencia. ~료 viudedad.

부조(父祖) antepasados, abuelos.

부조리(不條理) absurdo. ~한 absurdo.

부조화(不調和) falta de armonía, discordancia, disonancia. ~의 discordante, sin armonía, inarmónico, disonante.

부족(部族) tribu (*f.*).

부족(不足) falta, carencia, escasez, deficiencia, insuficiencia, carestía de *algo*. ~하다 [사물이 주어] faltar a *uno*; [사람이 주어] carecer. ~한 deficiente, falto, insuficiente. 달러의 ~ escasez de dólares. 수송력의 ~ deficiencia de los transportes. 자금의 ~ falta de recursos. 전력의 ~ escasez de la energía eléctrica. 아무런 ~없이 생활을 하다 vivir cómodamente (con desahogo・con holgura), llevar una vida holgada. 아르바이트로 수입의 ~을 보충하다 suplir la falta de ingresos echando horas. 1000원이 ~하다 Faltan mil wones. 양이 ~하다 Falta [la] cantidad. 그는 재능이 ~하다 Le falta talento. 그는 경험이 ~하다 Carece de experiencia. 우리는 식량이 ~하다 Nos faltan los víveres. ~물자 artículo escaso.

부주의(不注意) descuido, inadvertencia, negligencia; [방심] distracción. ~한 descuidado, desatento, negligente. 내 ~로 por mi descuido. 운전수의 ~로 사고가 일어났다 Un descuido del conductor fue la causa del accidente.

부지(敷地) solar, terreno.

부지깽이 hurgón, atizador.

부지런하다 ser diligente (trabajador). 신은 부지런한 사람을 돕는다. A quien madruga, Dios le ayuda.

부지불식간(不知不識間) ~에 sin saberlo, involuntariamente, sin tener conciencia.

부지중(不知中) sin saberlo. ⇨ 부지불식간에.

부진(不振) inactividad, depresión; [정체] estancamiento, paralización. ~한 inactivo, desanimado, estancado. 사업의 ~ paralización (inactividad) de los negocios. 수출의 ~ estancamiento de la exportación. 장사가 아주 ~하다 Los negocios atraviesan por una fuerte inactividad. 영화가 ~하다 El cine está en depresión. A팀은 ~하다 El equipo A está (va) de capa caída.

부질없다 ser vano (inútil).

부차적(副次的) [이차적] secundario; [부수적] accesorio, incidental.

부착(附着) adhesión. ~하다 adherirse (pegarse) a *algo*. 풀은 ~력이 강하다 Esta pasta tiene un fuerte poder adherente. ~물 substancia pegada.

부창부수(夫唱婦隨) 그 집은 ~이다 En esa casa la mujer obedece siempre lo que dice el marido (sigue en todo al marido).

부채 abanico. ~질하다 abanicar.

부채(負債) deuda, débito; 【부기】 pasivo. …에게 50만원의 ~이 있다 deber a *uno* quinientos mil wones. 1억원의 ~로 도산하다 quebrar con una deuda de cien millones de wones. 장기 (단기) ~ deuda a largo (corto) plazo.

부채질 ventilación. ~하다 abanicar.

부처 [석가모니] Buda.

부처(夫妻) marido y mujer, esposos, matrimonio. 김씨 ~ los señores Guim, el señor Guim y señora.

부총재(副總裁) vicepresidente.

부추 【식】 puerro, cebolla.

부치다¹ [부치다] abanicar. 부채를 ~ abanicar.

부치다² [편지·물건을] enviar, mandar. 편지를 ~ mandar una carta. 소포를 ~ mandar un paquete.

부치다³ [논·밭을] cultivar, labrar.

부치다⁴ [음식을] freir.

부칙(附則) artículo adicional.

부친(父親) padre.

부침(浮沈) 회사의 ~에 관한 중대한 문제이다 Es un problema grave que afecta al futuro (que decide la suerte) de nuestra compañía.

부침이 tortilla, torta.

부탁(付託) comisión, cargo de fideicomisario. ~하다 encargar a, encomendar.

부탄 butano. ~가스 gas butano.

부통령(副統領) vicepresidente.

부패(腐敗) putrefacción; podredumbre, corrupción; [도덕적] depravación. ~하다 pudrirse, corromperse, descomponerse; alterarse, deteriorarse. ~시키다 pudrir, corromper, descomponer; alterar, deteriorar. ~한 podrido, corrupto, vicioso. ~하기 쉬운 corruptible, perecedero, caduco. 우유는 이미 ~되어 있었다 La leche ya estaba podrida. 정치가들이 ~되어 있다 Los políticos están corrompidos. ~물 pudrición, cosa descompuesta.

부표(浮標) boya.

부표(附票) tabla anexa.

부품(部品) pieza, partes; [예비·교환의] pieza de repuesto (de recambio). 라디오의 ~ piezas de un receptor de radio. ~을 바꾸다 cambiar unas partes.

부피 tamaño, volumen.

부하(部下) subordinado, subalterno. 대위와 그의 ~들 el capitán y sus hombres. 유능한 ~를 가지다 tener subordinados competentes. 그는 나의 ~이다 Es mi subordinado.

부합(符合) ajuste, coincidencia, identidad. ~하다 concordarse (coincidir · corresponder) con *algo*. 그것은 그의 증언과 ~한다 Ello coincide con su testimonio.

부형(父兄) padres y hermanos; [양친] padres. ~회 [조직] asociación de padres de familia; [회합] reunión de padres.

부호(富豪) millonario, hombre adinerado. 대~ multimillonario, archimillonario.

부호(符號) [인] seña, signo; marca, señal; clave; [전기의] cifra. ~에 ~를 붙이다 poner el signo en *algo*, marcar *algo*.

부화(孵化) incubación. ~하다 empollar, incubar. ~기 incubadora. 인공~기 incubadora artificial.

부화뇌동(附和雷同) ~하다 dejarse llevar de la corriente. ~해서 gregariamente. 그는 ~한다 Él no es un mero eco de las opiniones de los demás./ Baila al son que le tocan.

부활(復活) resurrección, resurgimiento; [부흥] restauración, renacimiento. ~하다 resucitar, resurgir; renacer. ~시키다 resucitar. 예수의 ~ resurrección de Jesucristo. 산업의 ~ resurgimiento industrial. 군국주의가 ~되고 있다 Reaparece (Renace) el militarismo. ~제 Pascua de Resurrección.

부회장(副會長) vicepresidente.

부흥(復興) restauración, restablecimiento, rehabilitación; [학예의] renacimiento; [재건] reconstrucción. ~하다 restaurarse, restablecerse, rehabilitarse; renacer; reconstruirse.

북(北) norte; septentrión (*m*.). ~의 norte, septentrional. …의 ~에 al norte de. ~아

메리카 América del Norte.

북구(北歐) la Europa septentrional (del Norte).

북극(北極) Polo Ártico, Polo Norte. ~의 ártico, hiperbóreo. ~곰 oso polar. ~권 círculo polar ártico. ~성 estrella polar. ~지방 regiones (tierras) árticas (hiperbóreas). ~탐험 expedición al polo norte. ~해 Océano Ártico.

북단(北端) extremidad norte (septentrional).

북대서양조약(北大西洋條約) Tratado del Atlántico Norte.

북동(北東) nordeste. ~의 nordeste.

북두칠성(北斗七星) Osa (Carro) Mayor, septentrión (*m.*).

북미(北美) la América del Norte, Norteamérica. ~의 [사람] norteamericano.

북방(北方) dirección del norte, parte septentrional. ~에 al norte. ~의 del norte, septentrional.

북벽(北壁) vertiente (*f.*) norte.

북부(北部) parte norte, región septentrional.

북북동(北北東) nornordeste.

북북서(北北西) nornoroeste.

북빙양(北氷洋) Océano Glacial Ártico.

북상(北上) ~하다 dirigirse (avanzar) hacia el norte, ir en dirección al norte; [배가] hacerse hacia el norte, hacer rumbo al norte.

북서(北西) noroeste. ~의 noroeste.

북양(北洋) mar del norte.

북위(北緯) latitud norte.

북한(北韓) Corea del Norte.

북해(北海) mar del norte.

분¹(分) 1 [시간] minuto. 15~ un cuarto [de hora], quince minutos. 30~ media hora, treinta minutos. 9시 10 (15 · 30)~이다 Son las nueve y diez(y cuarto · y media). 여기서 역까지는 몇~걸립니까 ¿Cuántos minutos se tarda de aquí a la estación? 걸어서 10~걸립니다 Se tarda diez minutos a pie. 2 [각도·경도·위도] 38도 2~ trienta y ocho grados dos minutos.

분²(分) ~의 1 un medio, una (la) mitad. 3~의 1 un tercio, una (la) tercera parte. 3~의 2 dos tercios, dos terceras partes. 1과 4~의 3 uno tres cuartos. 5만~의 1의 지도 mapa de una cincuentamilésimo, mapa dibujado a escala de uno por cincuenta mil.

분³(分) [부분] parte (*f.*), porción. 나는 그 사람 ~까지 먹었다 Me comí hasta su ración. 표는 너의 ~도 사두었다 Ya tengo comprado también tu billete. 3일~식량 víveres para tres días.

분가(分家) familia ramal, rama de una familia. ~하다 formar (establecer) una nueva familia separada (una nueva rama familiar).

분개(憤慨) enojo, enfado, indignación, enfurecimiento. ~하다 enojarse, enfadarse, indignarse, enfurecerse. ~해서 con indignación. 그녀의 태도에 나는 ~하고 다 Estoy enfadado con su actitud.

분격(憤激) indignación, exasperación, enfurecimiento. ~하다 indignarse, exasperarse, enfurecerse. ~을 사다 provocar (incurrir en) la indignación de *uno*.

분견(分遣) ~대 destacamento.

분골쇄신(粉骨碎身) ~하다 esforzarse hasta más no poder. ~하여 …하다 dedicarse en cuerpo y alma a + *inf.*, no perdonar esfuerzos en + *inf.*

분과(分科) departamento, sección; [학부] facultad. ~회 reunión (comisión) divisional, junta seccional.

분관(分館) anexo, edificio separado.

분광(分光) espectro. ~기 espectroscopio. ~분석 análisis espectral.

분교(分校) filial de una escuela principal.

분교장(分敎場) sala de clase separada de una escuela.

분권(分權) distribución de las autoridades. ~화 descentralización.

분규(分糾) complicación, enredo, embrollo. ~하다 complicarse, enredarse, embrollarse. ~시키다 complicar, enredar, embrollar. ~을 거듭하다 ponerse más y más (cada vez más) complicado. 사태가 ~된다 Se enreda la situación. 의논이 ~된다 Se complica la discusión.

분극(分極) polarización. ~화 하다 […을] polarizar.

분기(分岐) divergencia, bifurcación. ~하다 dividirse, separarse; [두개로] bifurcarse; [세부적으로] divergir, ramificarse. ~점 punto de bifurcación, empalme; [길의] encrucijada.

분기(奮起) ~하다 levantarse, animarse, cobrar ánimo.

분납(分納) ~하다 [돈을] pagar a plazos; [물건을] entregar por parte. 세금을 2회(4기·반년마다)로 ~하다 pagar el impuesto en dos veces (a cuatro plazos · semestralmente).

분노(憤怒) ira, cólera; enojo, enfado. ~하다 estar enojado (enfadado).

분뇨(糞尿) excrementos (*m.pl.*).

분담(分擔) asignación, repartición, cargo parcial. ~하다 encargarse de una parte de *algo*; […과] compartir *algo* con *uno*. ~

분대 시키다 asignar (repartir) a *uno* una parte de *algo*. …과 책임을 ~하다 compartir la responsabilidad con *uno*. 세 사람이 일을 ~합시다 Vamos a repartir el trabajo entre los tres. 비용은 각자가 ~한다 Cada uno costea sus gastos. ~금 cuota, contribución.

분대(分隊) pelotón, escuadra; [분견대] destacamento. ~장 jefe del pelotón, jefe de escuadra.

분도기(分度器) transportador.

분량(分量) cantidad f.; [체적] volumen; [무게] peso; [약 등의] dosis (f.).

분류(分類) clasificación f. ~하다 clasificar. 5종으로 ~하다 clasificar (dividir) *algo* en cinco grupos. 카드를 ABC 순으로 ~해놓다 colocar las fichas en orden alfabético. 카드를 저자별로 ~하다 clasificar las fichas según los autores. 고래는 포유류에 ~된다 La ballena se clasifica entre los mamíferos. ~법 sistema de clasificación. ~ 카드 fichas de clasificación. ~표 tabla (lista) clasificada. ~학 taxonomía. ~학상의 taxonómico. ~학자 taxonomista (m.f.).

분류(奔流) torrente, corriente rápida.

분류(分溜) fraccionamiento, destilación fraccionada. ~하다 fraccionar, separar *algo* por destilación fraccionada. ~탑 columna de fraccionamiento.

분리(分離) separación f., segregación, desunión. ~하다 separarse, apartarse. ~시키다 separar, segregar, desunir, apartar. A를 B에서 ~하다 separar A de B. ~할 수 있는 separable. ~할 수 없는 inseparable. 두 개의 문제를 ~해서 검토하다 examinar separadamente dos problemas. ~ 공판 juicio separado. ~ 공판하다 enjuiciar separadamente. ~ 과세 imposición separada. ~주의 separatismo. ~주의의 separatista. ~주의자 separatista (m.f.).

분립(分立) separación, independencia. ~하다 separar. 당은 여러 파로 ~상태다 El partido está dividido en varias facciones.

분만(分娩) parto, alumbramiento. ~하다 dar a luz. ~시키다 partear a *uno*. ~실 sala de parto.

분말(粉末) polvo; [미세한] polvillo. ~ [상]의 en polvo. ~로 하다 reducir *algo* a polvos, pulverizar.

분매(分賣) venta en partes. ~하다 vender en partes, vender separadamente. 토지를 ~하다 vender un terreno por parcelas. 이 전집을 ~한다 Se vende esta colección separadamente.

분명(分明) claridad f., evidencia, transparencia. ~하다 ser claro (evidente). ~히 claramente, evidentemente.

분모(分母) denominador.

분묘(墳墓) tumba, sepulcro.

분무기(噴霧器) rociador, pulverizador. ~로 농약을 살포하다 pulverizar el insecticida.

분문(噴門) 【생】 cardias.

분발(奮發) esfuerzo, conato, empeño. ~하다 animarse, esforzarse, empeñarse.

분방(奔放) carácter libre. 그녀는 ~한 성격이다 Tiene un carácter libre.

분배(分配) distribución f., repartición. ~하다 distribuir, repartir. 피난민에게 식량을 ~하다 distribuir los víveres entre los refugiados. 이익의 ~에 참여하다 participar en la repartición de los beneficios. 재산을 아이들에게 ~하다 repartir los bienes entre los hijos.

분별(分別) [판단력] juicio; [양식] buen sentido, discreción; [이성] razón (f.). ~있는 juicioso; discreto; razonable, prudente, avisado, considerado. ~없는 indiscreto, imprudente, irreflexivo, inconsiderado. ~을 잃다 perder el juicio. ~없이 행동하다 conducirse (comportarse) sin discreción.

분비(分秘) secreción f., segregación. ~하다 secretar, segregar. ~물 secreción f., segregación. ~선 glándula secretoria.

분사(分詞) 【문】 participio. ~구문 frase absoluta. 현재 ~ participio presente. 과거 ~ participio pasado.

분사(憤死) ~하다 morir en (de) un ataque de indignación.

분산(分散)· dispersión, esparcimiento, divergencia. ~하다 dispersarse, esparcirse, divergir. ~시키다 dispersar, esparcir. 공장을 지방으로 ~시키다 esparcir las fábricas en varias provincias. 학생들은 ~해서 점심을 먹었다 Los alumnos se dispersaron para almorzar. 빛의 ~ dispersión de la luz.

분서(焚書) quemadura de los libros. ~를 하다 quemar los libros prohibidos.

분석(分析) análisis (f.), ensayo [금속의]. ~하다 analizar, ensayar. 자료를 ~하다 analizar los datos. ~화학 (철학) química (filosofía) analítica.

분손(損損) 【경】 avería parcial.

분쇄(粉碎) ~하다 demoler, destrozar, hacer pedazos. 독재정치 ~ ¡Abajo la dictadura!

분수(分數) [한분] posición social; [분별] discreción f., prudencia. ~있는 discreto. ~없는 indiscreto, imprudente.

분수(噴水) fuente (f.), manantial. ~가 나오다 Sale (Brota) el agua de la fuente.

분수(分數) fracción, número quebrado. ~의 fraccionario. ~식 expresión fraccionaria.

분수령(分水嶺) [línea] divisoria [de aguas].

분승(分乘) 관광단은 5대의 버스에 ~해서 출발했다 Partió el grupo de turistas en cinco autocares.

분식(粉飾) ~하다 falsear.

분신(分身) 그는 나의 ~이다 Él es mi otro yo.

분실(分室) oficina aneja (anexa).

분실(紛失) pérdida, extravío. ~하다 perder, extraviar[se]. ~되다 perderse, extraviarse, desaparecer. ~게를 제출하다 hacer una declaración de la pérdida de *algo*. 나는 가방을 ~했다 Se me ha perdido (extraviado) el maletín. ~물 objeto perdido.

분야(分野) ramo, terreno, esfera; [학문·예술의] campo. 무역 ~에서 en el terreno de los intercambios comerciales. 새로운 ~를 개발하다 cultivar un nuevo ramo. 의학 ~ campo de la medicina.

분양(分讓) cesión en partes. ~하다 ceder en partes, vender en partes. 토지를 ~하다 vender un terreno por parcelas. ~주택 casa y parcela en venta. ~지 urbanización, parcela, solar que se venden en partes, terreno que se venden en partes.

분업(分業) división de la labor, división del trabajo. ~으로 일을 합시다 Vamos a dividir el trabajo entre nosotros.

분연(憤然) ~하다 indignarse, enojarse. ~히 con indignación, en un arrebato de cólera.

분열(分列) ~식 desfile. ~행진 marcha en desfile. ~행진을 하다 desfilar.

분열(分裂) desunión, disgregación, división, quebrantamiento, escisión; [교회 등의] cisma. ~하다 desunirse, disgregarse, dividirse, separarse, quebrantarse, separarse. ~시키다 desunir, disgregar, dividir, separar, quebrantar, escindir. 세로는 ~한다 Se divide la célula. 독일은 동서로 ~되어있다 Alemania está dividida en oriental y occidental. 당은 3파로 되었다 El partido se dividió (Se escindió) en tres fracciones. ~생식 reproducción *por fisiparidad*. ~조직(식) tejido meristemático. ~책동 actividades escisionistas.

분원(分院) [병원의] anexo del hospital.

분위기(雰圍氣) atmósfera, ambiente. ~를 해치다 estropear (echar a perder) la atmósfera agradable. 종교적 ~를 창출하다 crear un ambiente religioso. 자유로운 ~로 회담하다 conferenciar en un ambiente libre.

분자(分子) 1 molécula. ~의 molecular. ~간의 intermolecular. ~내의 intramolecular. ~굴절 refracción molar. ~량 peso molecular. ~식 fórmula molecular. ~화합물(증류·열·스펙터럼) compuesto (destilación · calor · espectro) molecular.
2 [분수의] numerador.
3 [성원] elemento.

분장(扮裝) disfraz. ~하다 disfrazarse de *algo*. 광대로 ~하다 disfrazarse de payaso. 해적으로 ~해서 disfrazado de pirata.

분재(盆栽) árbol enano, planta enana en maceta. ~를 만들다 cultivar un árbol enano. 매화 ~ maceta de un ciruelo enano.

분쟁(紛爭) conflicto, contienda, litigio. …과 ~을 일으키다 entrar en conflicto ([상태] tener una dificultad) con…. ~에 말려들다 verse envuelto en el (ser atrastrado al) conflicto. ~중의 en litigio. 양국간에 ~이 일어났다 Se produjo un conflicto entre los dos países.

분전(奮戰) combate animoso, batalla vigorosa. ~하다 combatir (luchar) desesperadamente (duramente); [노력하다] realizar esfuerzos tenaces. 그는 시합에서 ~했다 En el partido él dio de sí todo lo que pudo.

분주(奔走) trajín apresurado, gestión. ~하다 trajinar con apresuramiento, gestionar.

분지(盆地) cuenca.

분책(分冊) fascículo. ~으로 출판하다 publicar en volúmenes separados. 그 컬렉션은 제 5~까지 출판되었다 Se publicó la colección hasta el quinto fascículo.

분출(噴出) efusión, tromba, chorro. ~하다 salir con ímpetu (a chorro · en tromba · a borbotones). 화산의 ~물 erupciones. 지하에서 천연가스가 ~한다 Desde el subsuelo sale a chorro el gas natural. 화산이 용암을 ~한다 El volcán lanza (vomita) la lava.

분침(分針) [시계의] minutero, manecilla grande.

분탕(焚蕩) disipación. ~하다 ser pródigo.

분통(憤痛) rabia, ira, enojo, furor, arrebato de cólera. ~을 터뜨리다 enojarse, enfadarse.

분투(奮鬪) combate animoso. ~하다 combatir animosamente. ⇨ 분전.

분파(分派) ramo, secta; [정당 등의] fracción. ~를 만들다 formar una secta (un grupo). ~활동을 하다 realizar activi-

분포(分布) distribución. ~하다 distribuir. ~곡선 curva de distribución.

분필 tiza. ~ 하나 una pieza de tiza. ~로 쓰다 escribir con tiza.

분하다(憤-) resentirse, dar muestras de sentimiento. 분해하다 sentir indignación.

분할(分割) división, desmembramiento, partición; [분배] repartimiento. ~하다 dividir, partir, desmembrar; repartir. ~통치하다 gobernar un sitio dividiéndolo en varias secciones. 토지를 ~ parcelar (dividir) el terreno. ~를 paga a plazos, paga en partes iguales. ~불로 a abonos, a plazos. ~불로 하다 pagar a plazos. ~선적 expediciones parciales.

분해(分解) análisis, descomposición; [기계 등의] desarme, desmontadura. ~하다 descomponer, analizar; desarmar, desmontar. 물을 산소와 수소로 ~하다 descomponer el agua en oxígeno e hidrógeno. 문장을 주부와 술부로 ~하다 analizar la oración en el sujeto y el predicado, analizar el sujeto y el predicado de la oración. 시계를 ~소제하다 descomponer un reloj para limpiarlo. ~점 punto de descomposición.

분홍(粉紅) color de rosa, rojo muy claro.

분화(分化) diferenciación; [특수화] especialización. ~하다 diferenciarse [de algo].

분화(噴火) erupción, actividad volcánica. ~하다 echar fuego, emitir fuego. ~를 시작하다 entrar en erupción. ~중이다 estar en erupción. ~구 cráter.

분회(分會) ramo.

붇다 [늘어가다] aumentarse, acrecentarse, crecer; [체증이] hincharse, elevarse.

불 fuego, lumbre. ~을 끄다 extinguir fuego, apagar la luz. ~을 켜다 encender la luz, alumbrar. ~이 꺼지다 apagarse la luz. ~이 켜지다 encenderse la luz.

불(弗) dólar. 미화 10~ diez dólares estadounidenses.

불가(不可) desaprobación; [평점] suspenso. ~하다 no tener razón. ~의 desaprobado. 법안을 ~한 자가 10명이었다 Diez diputados votaron contra el proyecto de ley.

불가(佛家) [신도] budista; [절] templo budista.

불가결(不可缺) ~의 indispensable, imprescindible. 석유는 현대 생활에 ~하다 El petróleo es indispensable para la vida moderna.

불가능(不可能) imposibilidad. ~한 imposible. ~을 가능으로 하다 hacer posible lo imposible. …하는 것은 ~하다 Es imposible + *inf.* (que + *subj.*). 그것은 전혀 ~하다 Es completamente imposible. 그것은 실제로는 ~하다 Es prácticamente imposible.

불가리아(지) Bulgaria. ~의 [사람] búlgaro.

불가분(不可分) indivisibilidad, inseparabilidad. ~의 indivisible, inseparable. A는 B와 ~하다 A es indivisible de B.

불가사리 [동] estrella de mar.

불가사의(不可思議) misterio, milagro. ~한 [기묘] extraño, curioso; [진기한] raro; [이상한] extraordinario; [수수께끼의] enigmático; [불가해한] inexplicable; [신비스러운] misterioso; [마법에 의한] mágico; [기적적인] milagroso. ~한 현상 fenómeno. ~한 인물 personaje misterioso (enigmático). ~한 힘 poder mágico. 세계의 칠대 ~ las siete maravillas del mundo.

불가역(不可逆) ~한 irreversible. ~반응 reacción irreversible.

불가지론(不可知論) agnostisismo. ~의 agnóstico. ~자 agnóstico.

불가침조약(不可侵條約) pacto de no agresión, tratado de no invadir.

불가피(不可避) ~한 inevitable, ineludible.

불가항력(不可抗力) fuerza mayor. ~의 de fuerza mayor. ~으로 por fuerza mayor. 그 사고는 ~때문이다 Ese accidente fue causado por una fuerza mayor.

불가해(不可解) ~한 incomprensible; [수수께끼 같은] enigmático; [신비의] misterioso; [뚫을 수 없는] impenetrable. ~한 일 enigma (*m.*); misterio. ~한 인물 persona enigmática, un enigma. ~한 태도 actitud impenetrable. 그의 자살은 ~하다 No comprendo bien la causa de su suicidio./ Es un misterio (un enigma) su suicidio.

불간섭(不干涉) no intervención. ~주의 정책 política de no intervención.

불감증(不感症) frigidez. ~의 frígido.

불개입(不介入) no intervención.

불건강(不健康) ~한 insalubre, malsano. ~한 생활을 하다 llevar una vida malsana.

불건전(不健全) morbidad. ~한 malsano, mórbido, morboso, insano. ~한 사상 ideas malsanas. ~한 오락 pasatiempo de dudosa moralidad. 그의 생활은 ~하다 Su vida es disoluta. ~재정 finanzas mal equilibradas.

불결(不潔) suciedad, deseneo. ~한 sucio, inmundo.

불경(不敬) irreverencia, blasfemia. ~한 irreverente, irrespetuoso, falto de respeto; [신에 대한] sacrílego, impío, profano.

~한 언사를 토로하다 [신에 대해서] proferir palabras impías. ~죄 delito contra la realeza.

불경(佛經) escrituras budistas.

불경기(不景氣) depresión, inactividad [económica]; [경기 후퇴] recesión. ~의 deprimido, inactivo. ~이다 Los tiempos están malos./ Atravesamos por una depresión. 이 상점은 ~이다 Esta tienda hace mal negocio (anda mal).

불고기 bulgogui, asado, carne asada, rosbif.

불공대천지수(不共戴天之讐) enemigo mortal.

불공평(不公平) parcialidad, iniquidad. ~한 parcial, inicuo, no equitativo, injusto. 이 세계는 월급쟁이에게 ~하다 Este sistema tributario es injusto para con los asalariados.

불꽃 chispa. ~이 튀기다 chispear.

불과(不過) sólo, solamente, no… más que.

불교(佛敎) budismo. ~의 budista, búdico. ~신자 budista (m.f.).

불구(不具) lisiadura; [전쟁 등에 의해] mutilación. ~의 lisiado; mutilado. ~가 되다 lisiarse; mutilarse. ~자 lisiado; mutilado.

불구(不拘) ~하고 a pesar de, no obstante, sin embargo, pese a.

불구대천(不共戴天) ~의 적 enemigo mortal.

불굴(不屈) ~의 inflexible, indómito, inquebrantable, perseverante, infatigable. ~의 사람 hombre de una tenacidad infatigable. ~의 정신으로 con una voluntad inquebrantable, con un espíritu indomable.

불규칙(不規則) irregularidad. ~한 irregular. ~하게 irregularmente. ~한 생활을 하다 llevar una vida irregular (desordenada). 그는 식사 시간이 ~하다 Es muy irregular en sus comidas. ~ 동사 verbo irregular. ~ 활용 conjugación irregular.

불균형(不均衡) desproporción, desquilibrio. ~한 desequilibrado. 국제수지의 ~ desequilibrio de la balanza de pagos internacionales. 수입의 ~ desnivel entre exportación e importación. 국내외 시장 간의 ~ desproporción entre el mercado doméstico y exterior. ~을 시정하다 corregir la desproporción de *algo*.

불그데데하다 ser bermejizo (rojizo).

불그레하다 ser bermejizo (rojizo).

불끈 [갑자기] de repente, repentinamente; [단단히] con firmeza, bien apretado.

불근신(不謹愼) imprudencia, indiscreción. ~한 imprudente, indiscreto.

불기소(不起訴) sobreseimiento. ~로 하다 sobreseer. 그 사건을 ~로 하다 sobreseer la causa. 증거 불충분으로 그는 ~되었다 Le han sobreseído por no existir suficientes pruebas.

불길(不吉) mal agüero. ~한 funesto, siniestro, de mal augurio (presagio agüero). ~한 징조 augurio siniestro. ~한 예감을 가지다 tener un mal presentimiento. ~한 꿈을 꾸다 soñar con un mal augurio.

불능(不能) imposibilidad; [성적인] impotencia. ~의 imposible, incompetente; impotente. ~자 impotente.

불다 1 [바람이] soplar. 바람이 분다 Hace viento. 강풍이 분다 Hace (Sopla) un viento fuerte. 북풍이 분다 Sopla un viento norteño.

2 [취주] tocar. 트럼펫을 ~ tocar la trompeta.

3 수프를 불어서 식히다 enfriar la sopa soplando. 수프를 불고 있다 Hierve la sopa.

불단(佛壇) altar budista.

불도(佛道) budismo.

불도(佛徒) budista (m.f.).

불도저 bulldozer.

불독【동】perro dogo, perro de presa, bu[l]dog.

불두덩 ingle.

불량(不良) mala calidad, maldad, perversidad. ~한 malo; [타락한] corrupto; [열등한] inferior; [품질이] defectuoso. ~한 사람 pilluelo, golfo, granuja, sinvergüenza (m.f.). ~하게 되다 hacerse un pilluelo. 청소년의 ~화를 방지하다 prevenir la depravación de los jóvenes. 그는 성적 ~ 으로 퇴학 당했다 Fue expulsado de la escuela debido a las pobres notas. 그는 ~해져 있다 Está hecho un pilluelo. ~그룹 banda de golfos. ~ 소년 joven descarriado (depravado); [집합적] juventud descarriada. ~ 외국인 extranjero indeseable. ~품 artículo defectuoso.

불로(不勞) ~ 소득 ingresos ganados sin trabajar.

불로(不老) ~ 불사의 영약 elíxir de larga vida.

불륜(不倫) inmoralidad. ~의 inmoral.

불리(不利) desventaja. ~한 desventajoso, desfavorable. ~한 입장에 있다 encontrarse en una situación desfavorable; [~에 비해] estar en desventaja con *uno*. 이 계약은 우리에게 ~하다 Este contrato es desfavorable para nosotros. 형세가 우리에게 ~하다 La situación es desfavorable para nosotros. 교섭의 결과는 우리에게 ~했다 La negociación resultó desventa-

불만(不滿) descontento, insatisfacción. ~스런 [사람이] descontento, insatisfecho. ~이다 estar descontento con (de) *algo*. ~을 토로하다 quejarse de *algo*. …에 ~을 느끼다 sentir descontento de *algo*·*uno*. 나는 이런 낮은 봉급에는 ~이다 No puedo contentarme (No estoy satisfecho) con un salario tan bajo. 그는 ~스런 표정을 했다 Ha mostrado el descontento en su rostro./ Le ha salido el descontento a la cara. 나는 아무ー도 없다 No tengo nada de que quejarme./ Ya no pido más./ No tengo ningún motivo de descontento.

불매(不買) ~에 대해서 ~동맹을 맺다 boicotear (coligarse en el boicoteo contra) *algo*. ~운동 boicoteo, boicot.

불면불휴(不眠不休) ~로 sin dormir ni reposar.

불면증(不眠症) insomnio. ~의 insomne. ~이다 estar insomne. ~에 걸리다 sufrir de insomnio. ~환자 insomne (*m.f.*).

불멸(不滅) perpetuidad, inmortalidad. ~의 inmortal, imperecedero. 영혼 ~ inmortalidad del alma.

불멸(佛滅) muerte de Buda.

불명(不明) obscuridad; [불학실] incertidumbre, 그의 생사는 ~이다 Nadie sabe si está vivo o muerto.

불명료(不明瞭) indistinción, vaguedad. ~한 indistinto, vago, poco claro. ~한 발음 pronunciación articulada (difícilmente conprensible).

불명예(不名譽) deshonor, deshonra, ignominia, vergüenza. ~의 deshonroso, infamado, ignominioso, vergonzoso. ~로 생각하다 tener *algo* a deshonra.

불모(不毛) esterilidad, aridez. ~의 estéril, infecundo, improductivo; [건조한] árido. 그 토지는 ~이다 Esta tierra es estéril.

불문(不問) ~에 부치다 pasar en silencio (por alto) *algo*.

불문(佛門) ~에 들어가다 hacerse bonzo.

불문률(不文律) ley no escrita. 그것은 ~로 되어 있다 Eso es una ley aunque no esté escrita.

불민(不憫) ~한 pobre【명사 앞에 온다】, triste, lastimoso, compasivo. ~하게 생각하다 tener lástima (apiadarse·compadecerse) de *uno*, compadecer a *uno*.

불발(不發) ~이었다 Falló el disparo. ~로 끝나다 [비유] no llegar a ponerse por obra. ~탄 bala que no ha reventado (estallado·explotado).

불법(不法) [위법] ilegalidad, ilegitimidad; [부정] injusticia. ~한 ilegal, ilegítimo; injusto. ~으로 ilegalmente, ilegítimamente. ~수단을 쓰다 tomar medidas ilegales. ~감금 aresto (sujeción·detención) ilegal. ~입국 (출국) entrada (salida) ilegal. ~점거 ocupación ilegal (ilegítima). ~침입 incursión (intrusión) ilegal. ~행위[를 하다][cometer un] acto ilegal.

불변(不變) invariabilidad, inmutabilidad, constancia. ~의 invariable, inmutable, constante. ~수·량 constante.

불복(不服) descontento, disgusto, desaprobación. ~하다 estar descontento (no estar contento) de (con) *algo*, protestar contra (de·por) *algo*.

불복종(不服從) desobediencia.

불비(不備) inperfección, defecto. ~한 imperfecto, defectivo, defectuoso. 이 서류에는 ~한 점이 많다 Hay muchos defectos en este documento./ Este documento deja mucho que desear.

불사(不死) inmortalidad. ~의 inmortal, imperecedero.

불사(佛寺) templo budista.

불사(佛事) ceremonia budista. ~를 거행하다 celebrar una ceremonia budista.

불사르다 quemar, abrasar, consumir con fuego.

불사신(不死身) fénix. ~의 invulnerable; [불사의] inmortal.

불사조(不死鳥) fénix.

불상(佛像) imagen de Buda; imagen de una deidad budista.

불상사(不祥事) acontecimiento funesto.

불쌍하다 ser pobre (miserable). ~한 고아 pobre huérfano.

불서(佛書) escrituras budistas; literatura budista.

불선(不善) maldad, desgracia, infortunio.

불선명(不鮮明) ~한 indistinto, impreciso, vago, borroso. ~한 화면 imagen borrosa, pantalla indistinta.

불성공(不成功) fracaso. ~으로 끝나다 fracasar, terminar en un fracaso, salir fracasado (mal).

불성실(不誠實) deslealtad, doblez. ~한 desleal, ímprobo, pérfido, infiel.

불소(弗素) [화] fluor.

불손(不遜) actitud altiva, insolencia. ~한 insolente, arrogante, altivo, impertinente. ~한 태도로 con una actitud altiva, con insolencia. ~한 행동을 하다 conducirse con insolencia.

불수(不隨) parálisis, perlesía. ~가 되다 padecer parálisis, paralizarse. 반신 ~ hemiplejía. 반신 ~의 hemipléjico. 전신

불쑥 ~ parálisis total. 하반신 ~ paraplejía. 전신(반신·하반신) ~ 이다 estar paralizado totalmente (de medio cuerpo·de cintura hacia abajo). 그는 뇌출혈로 좌반신 ~ 가 되었다 Un ataque de apoplejía le dejó paralizado de medio cuerpo izquierdo.

불쑥 de repente, repentinamente, impensadamente, inesperadamente.

불순(不純) ~한 impuro. ~한 동기에서 por motivos deshonestos. ~한 관계에 있다 mantener relaciones inmorales. ~물 impurezas.

불순(不順) intemperie, intemperatura. ~한 [계절 외의] extemporáneo; [불규칙한] irregular; [변하기 쉬운] variable. 최근 날씨가 ~하다 Ultimamente el tiempo es muy irregular. 그 곳은 기후가 ~하다 Allí experimentan cambios armosféricos./ Allí el clima es variable (cambiable).

불시(不時) ~의 imprevisto, inesperado, impensado. ~출자 gastos imprevistos (incidentales).

불시착(不時着) [육상에] aterrizaje forzoso; [해상에] amerizaje forzoso. ~하다 hacer un aterrizaje (un amerizaje) forzoso.

불식(拂拭) 의혹을 ~하다 barrer la sospecha.

불식(佛式) rito budista. ~으로 conforme al rito budista.

불신(不信) [불신의] deslealtad, infidelidad, perfidia; [불신용·불신감] desconfianza, incredulidad. ~을 사다 atraer la desconfianza de *uno*, descreditarse (desprestigiarse) con (para·ante) *uno*. ~을 품다 desconfiar de *algo·uno*. ~의 눈으로 보다 mirar a *uno* con desconfianza. 내각에 대한 ~감이 강하다 Aumenta la desconfianza contra el gabinete.

불신용(不信用) desconfianza, recelo.

불신임(不信任) [내각] ~안 moción de censura [contra el gabinete].

불심(不審) duda, sospecha. ~의 dudoso, sospechoso, extraño. ~검문 interrogación por sospecha.

불안(不安) inquietud, ansiedad, intranquilidad, preocupación, cuidado. ~한 ansioso, inquieto, intranquilo. ~을 느끼다 inquietarse (intranquilizarse·desasosegarse) *de algo*; preocuparse [de (con·por) *algo*]. 그는 밤을 보내다 pasar una noche inquieta, pasar una noche sumido en la ansiedad. 나는 자식의 장래가 ~하다 Me preocupa (Me preocupa el futuro de mi hijo). 나는 대지진이 일어날까 ~이다 Tengo miedo de (Temo) que ocurra un gran terremoto.

불안정(不安定) inestabilidad, inseguridad, estado precario. ~한 inestable, inseguro, precario. ~한 의자 silla inestable. ~한 지위 posición inestable (insegura). ~한 통화 moneda inestable. ~한 경제 정세 precaria situación económica. 정국의 ~ inestabilidad de la situación política. 경제 상태가 ~하다 La situación económica es precaria (inestable). 그는 수입이 ~하다 No tiene ingresos constantes.

불알 testículo.

불어(佛語) francés.

불어나다 aumentarse, crecer, multiplicarse, obtenerse.

불언실행(不言實行) acción más que de palabras. 그는 ~하는 사람이다 Es un hombre de acción más que de palabras./ Habla poco, pero actúa.

불역(不易) ~의 inalterable, inmutable. ~의 진리 verdad eterna.

불연(不燃) ~가스 gas inerte (raro). ~성 incombustibilidad, ininflamabilidad. ~성의 ininflamable, incombustible. ~ 주택 casa ininflamable.

불연속선(不連續線)【기상】frente ocluido.

불온(不穩) ~한 amenazador, alarmante, inquietante. 도시는 ~한 공기가 감돈다 Un aire amenazador envuelve (domina) la ciudad. ~분자 perturbador; agitador.

불온당(不穩當) ~한 indecente, inmoderado.

불완전(不完全) imperfección. ~한 imperfecto, incompleto. ~하게 imperfectamente. ~한 대책 medidas imperfectas. ~한 지식 conocimientos imperfectos. ~한 점을 지적하다 indicar los defectos. ~고용 subempleo. ~연소 combustión incompleta.

불요(不撓) ~불굴의 정신 espíritu inflexible (inquebrantable).

불용(不用) ~의 innecesario.

불우(不遇) [불운] infortunio, desgracia; [역경] adversidad. ~한 infortunado, desgraciado. 그의 일생은 ~했다 Toda su vida era poco afortunada.

불운(不運) mala suerte, desventura, desgracia. ~한 desafortunado, desventurado, desgraciado. ~하게도 desafortunadamente, desgraciadamente. 그의 일생은 ~의 연속이었다 Su vida fue una verdadera cadena de gracias. 그에게 ~이 따른다 Le persigue la fortuna adversa (la mala suerte).

불원(不遠) ~하다 no estar lejos. ~간에 en el futuro cercano.

불유쾌(不愉快) disgusto. ~한 desagra-

불의 dable; [노한] enfadoso; enojoso, fastidioso; [괴로운] malesto, disgustado.

불의(不意) descuido. ~의 imprevisto, inesperado, inopinado, inpensado; [돌연의] repentino. ~에 inesperadamente, impensadamente, de imprevisto, de repente. ~의 사건 suceso imprevisto (repentino). ~에 습격을 받다 ser atacado por sorpresa. 그가 ~에 방문했다 Vino a verme de improvisto.

불의 (不義) adulterio. ~의 adúltero.

불이익(不利益) desventaja. …에게 ~이다 ser desventajoso a *uno*. ~를 저지르다 adulterar. ~의 씨 hijo adulterino.

불이행(不履行) incumplimiento.

불인가(不認可) desaprobación, negativa, rechazamiento. 신청은 ~되었다 La solicitud no ha sido aprobada (no consiguió la autorización·fue rechazada).

불일치(不一致) desacuerdo, discrepancia. 성격의 ~ incompetencia de carácter.

불임(不妊) esterilidad, infecundidad. ~ [증]의 estéril, infecundo. ~ 수술 esterilización. …에게 ~ 수술을 실시하다 esterilizar.

불입(拂入) pago, desembolso. ~하다 pagar, abonar, saldar, depositar. 첫 ~을 하다 hacer un desembolso inicial. 은행에 10만원을 ~하다 depositar cien mil wones en un banco. ~금액 importe pagado. ~자본금 capital realizado (pagado).

불자(佛者) [불제자] budista *(m.f.)*.

불전(佛典) escritura sagrada del budismo.

불제자(佛弟子) budista *(m.f.)*.

불찬성(不贊成) desaprobación. ~이다 estar contra *algo*, desaprobar (no aprobar) *algo*; [부동의] no estar de acuerdo con *algo*, no consentir *algo*. 너의 의견에는 ~이다 No soy de tu opinión./ No estoy de acuerdo contigo. 그 점에 관해서는 그에게 ~이다 No comparto su opinión sobre ese punto.

불찰(佛刹) templo budista.

불찰(不察) negligencia, descuido.

불참(不參) no asistencia, ausencia. ~하다 no asistir. ~자 ausente.

불철저(不徹底) ~한 insuficiente, incompleto. 연락이 ~했다 La comunicación no ha sido transmitida a todos.

불철주야(不徹晝夜) día y noche.

불초(不肖) hijo indigno, yo. ~자식 el hijo indigno de *su* padre.

불충(不忠) deslealtad, infidelidad, perfidia. ~한 desleal, infiel.

불충분(不充分) insuficiencia. ~한 insuficiente; [불완전한] imperfecto. …하기에는 ~하다 ser insuficiente para + *inf*. 설명이 ~하다 No es suficiente la explicación./ No está bien explicado.

불치(不治) ~의 incurable, fatal. ~병[에]걸리다 [padecer una] enfermedad incurable. ~병 환자 incurable *(m.f.)*.

불친절(不親切) falta de amabilidad, carencia de bondad, falta de cariño. ~한 poco amable (amistoso·bondanoso), falto de amabilidad, frío; poco servicial, inhospitalario. ~하게 sin bondad, sin (con poca) amabilidad. 손님한테 ~하다 ser desatento con los clientes.

불침번(不寢番) [행위] ronda de noche; [사람] vigilante, sereno. ~을 서다 vigilar (hacer guardia) toda la noche.

불쾌(不快) desagrado, disgusto. ~한 desagradable, molesto, incómodo. ~한 얼굴을 하다 poner la cara de desagrado, mostrar desagrado. ~감을 일으키다 causar desagrado a *uno*, producir un sentimiento desagradable (de desagrado) a *uno*. ~지수 índice de malestar.

불타(佛陀) Buda *(m.)*.

불타다 quemarse, arder.

불탑(佛塔) pagoda.

불통(不通) interrupción de comunicación. ~이다 interrumpirse la comunicación. 철도가 ~이다 Se ha suspendido la comunicación ferroviaria./ El servicio ferroviario ha quedado suspendido. 도로가 ~이다 Han quedado cortadas las comunicaciones por carretera. 전화가 ~이다 Las comunicaciones telefónicas se han interrumpido.

불퇴전(不退轉) ~의 결의로 con una resolución inquebrantable.

불투명(不透明) opacidad. ~한 opaco, intransparente. ~하게 하다 opacar (nublar) *algo*, hacer *algo* opaco. ~하게 되다 hacerse opaco, nublarse. ~체 cuerpo opaco.

불패(不敗) ~의 invencible, invicto.

불편(不便) incomodidad, inconveniencia. ~한 incómodo, inconveniente. 운바하기 ~한 difícil de manejar. ~을 느끼다 sentir las incomodidades; […에] encontrar *algo* inconveniente. ~을 참다 aguantar las incomodidades. 이곳은 교통이 ~하다 Los medios de transporte no son convenientes por aquí. 나는 집에 전화가 없어 ~을 느낀다 Tengo la inconveniencia de no tener teléfono en casa. 시골은 ~한 것이 많다 Hay (Tenemos que aguantar) muchas incomodidades en el campo.

불편부당(不偏不黨) imparcialidad. ~의 [공평한] imparcial; [중립의] neutro; [독립의] independiente.

불평(不平) descontento, queja. ~하다 quejarse (dar quejas) de *algo·uno*; [중얼거리다] refunfuñar, murmurar, gruñir. ···에 대해서 ~이 있다 tener quejas de *uno*, formar queja de *algo·uno*. 그는 그 결정에 대해 ~을 많이 한다 Se queja mucho de esa decisión. 아무런 ~도 없다 No hay nada de que quejarse. ~가 refunfuñador, gruñidor, murmurador, quejica *(m.f.)*. ~분자 elementos descontentos.

불평등(不平等) desigualdad. ~한 tratar desigualmente (con desigualdad). ~조약 tratado desigual.

불필요(不必要) superfluidad, dispensabilidad. ~한 innecesario, inútil, superfluo. ~하게 innecesariamente; inútilmente, superfluamente.

불하(拂下) venta de la propiedad del gobierno (del Estado). ~하다 [국유물을] vender la propiedad del gobierno (del Estado); [공개 입찰] poner en venta pública. ~품 artículo de venta por el gobierno.

불합격(不合格) incompetencia, inadaptabilidad. ~한 incompetente, inadaptable. 시험에 ~하다 salir mal en los exámenes. 징병검사에 ~하다 no ser reconocido apto para el servicio militar. 상품검사에서 ~하다 ser rechazado (reprobado) en el examen de calidad de los artículos. ~자 persona reprobada (descalificada·suspendida). ~품 género (artículo) reprobado (rechazado).

불합리(不合理) irracionalidad, absurdo. ~한 irracional, irrazonable, absurdo, ilógico. 조직의 ~한 점을 개선하다 mejorar las contradicciones existentes en la organización.

불행(不幸) desgracia, mal, infelicidad, desdicha; [불운] desventura, infortunio. ~한 desgraciado, infeliz, desdichado; desventurado, desafortunado. ~히도 desgraciadamente, por desgracia, desdichadamente. ~하게 하다 hacer *uno* desgraciado. ~한 경우 circunstancias desgraciadas (desfavorables). ~한 결과로 되다 parar en mal, tener un resultado infeliz. ~을 만나서 tener una desgracia. 친구 집에 ~이 있었다 Hubo un muerto en casa de mi amigo. ~중 다행이었다 Ha sido un mal menor. 아무 데도 다치지 않았으니 ~중 다행입니다 Menos mal que no ha habido ningún herido.

불련듯이 de repente, repentinamente.

불협화음(不協和音) disonancia.

불화(弗貨) dólar [americano].

불화(佛畵) pintura budista.

불화(不和) discordia, desacuerdo. ~의 discorde, disentido, desavenido. ···과 ~가 있다 llevarse mal (estar en discordia) con *uno*. 가정에 ~가 그치지 않는다 La discordia. reina siempre en la familia.

불확실(不確實) incertidumbre, inseguridad. ~한 incierto, inseguro. ~한 정보 información incierta (poco confiable).

불확정(不確定) lo indefinido. ~성 원리 principio de incertidumbre.

불환지폐(不換紙幣) billete inconvertible.

불황(不況) depresión [económica], inactividad de mercado. ~의 inactivo, estancado. 자동차업계는 ~에 떨어졌다 La industria automovilística cayó en la depresión. 세계적인 ~이 아직 계속되고 있다 La depresión mundial sigue todavía.

불효(不孝) desobedencia a *sus* padres, falta de piedad filial. ~의 ingrato a *sus* padres. ~하다 ser ingrato a (con) *sus* padres. ~자 hijo réprobo (ingrato).

불후(不朽) ~의 eterno, inperecedero, perdurable, inmortal. ~의 명작 obra eterna. ~하게 하다 inmortalizar. ~의 명성을 남기다 dejar una fama imperecedera.

붉다 ser rojo; [심홍] ser cremesí; [진홍] ser bermejo (de color escarlata). 붉어지다 ponerse colorado, ruborizarse.

붉히다 sonrojarse, sonrosearse, ponerse colorado, abochornarse.

붐 auge, boom. 요즈음은 여행이 ~이다 Estos días el viaje está muy de moda (goza de enorme popularidad). 투자가 ~이다 Las inversiones están de moda.

붐비다 estar ocupado.

붓 cepillo, brocha; pluma; instrumento escrito. ~을 들다 tomar la pluma, escribir, dibujar, pintar.

붓다 hincharse. 발이 부었다 Tengo el pie hinchado.

붓다² [쏟다] echar, vaciar.

붕괴(崩壞) derrumbamiento, desplome, hundimiento; [국가 등의] caída; [방사선 원소의] desintegración. ~하다 derrumbarse, desplomarse, hundirse; caer[se], arruinárse; desintegrarse. 정부가 ~되다 caerse el gobierno. 경제가 결정적으로 ~되다 La economía se deploma definitivamente.

붕대 venda, vendaje. ~를 감다 vendar.

붕어[어] carpa.

붕어(崩御) fallecimiento, muerte *(f.)*. 왕의 ~ fallecimiento (muerte) de un rey.

붕우(朋友) amigo, compañero. ~유신 confidencia entre amigos.

붙다 [접착] pegarse, adherirse, unirse.

붙들다 [꽉 쥐다] coger, asir, agarrar; [잡

붙이다 arrestar, prender.
붙이다 pegar, adherir, unir; [이름을] nombrar; [불을] encender.
붙잡다 agarrar.
브라운관(-管) tubo de Braun.
브라질[地] Brasil. ~의[사람] brasileño.
브래지어 sostén, justilla.
브랜디[술] coñac.
브러시 cepillo.
브레이크 freno. ~를 걸다 frenar algo, poner freno a algo; [억제] refrenar, contener.
브레인 cerebro. 그들은 대통령의 ~이다 Son los cerebros del presidente.
브로치 broche, prendedor, alfiler de pecho.
브로커[商] corredor de cambios.
블라우스 blusa.
블랙 리스트 lista negra, lista de los sospechosos.
블랙 커피 café solo.
블랭크 blanco.
블록 bloque.
비¹ lluvia. 큰 ~ aguacero. 이슬 ~ llovizna. 억수같이 퍼붓는 ~ chaparrón, fuerte aguacero. ~가 오다 llover, hacer lluvia. ~가 많이 내린다 Llueve mucho./ Hace mucha lluvia. ~가 올 것 같다 Parece que va a llover. ~가 억수처럼 오다 llover a cántaros.
비² [쓰는] escoba. 빗자루 palo de escoba.
비(妃)[왕비] reina, princesa.
비(比)[비율] razón (f.), proporción.
비(碑) lápida, monumento. …의 ~를 세우다 elevar un monumento en memoria (en recuerdo) de algo·uno. 적도 기념 ~ el monumento a la mitad del mundo.
비가(悲歌) elegía.
비겁(卑怯) cobardía, vileza. ~한 cobarde, vil, ruin. ~하게 cobardemente, indignamente, vilmente. ~한 짓을 하다 cometer una cobardía. …하는 것은 ~하다 Es cobarde que + subj./ Es una cobardía (Es de cobardes) + ind. 컨닝을 하는 것은 ~하다 Es una vileza copiar en el examen. ~자 cobarde (m.f.), vil (m.f.), ruin (m.f.).
비결(秘訣) clave, secreto. 성공의 ~ clave (secreto) del buen éxito. 건강의 ~을 가르쳐 주십시오 Enséñeme los secretos de la buena salud.
비경(秘境) región aún inexplorada.
비계 gordo, cebo, manteca.
비계(秘計) plan secreto.
비고(備考) nota, observación, reparo, advertencia, referencia. ~란 columna de notas (de observaciones).
비공(鼻孔) ventanas de la nariz.
비공개(非公開) ~의 cerrado, no público, a puertas cerradas. 회의는 ~로 행해졌다 La asamblea se celebró a puertas cerradas.
비공식(非公式) ~의 no oficial, informal, oficioso. ~적으로 no oficialmente, informalmente, oficiosamente. ~ 발표에 의하면 según una declaración oficiosa.
비과세(非課稅) ~품 artículo exento (libre) de impuesto.
비과학적(非科學的) no (poco) científico.
비관(悲觀) pesimismo. ~하다 volverse pesimista. ~적인 pesimista. 모든 사물을 ~적으로 보다 verlo todo con ojos pesimistas, ver todas las cosas con pesimismo. ~하지 마라 No seas pesimista. ~론 vista pesimista, pesimismo. ~론자 pesimista (m.f.).
비교(比較) comparación, paralelo. ~하다 [A를 B와] comparar A con B. ~적 comparativamente, relativamente. ~하면 en comparación con (de) algo. 전년에 ~해서 en comparación con el año precedente. 빵의 소비량은 쌀의 소비량과 ~가 되지 않는다 El consumo de pan no tiene comparación con el del arroz. 그것은 ~적 쉬운 문제다 Es un problema comparativamente fácil. ~급[文] comparativo. ~문학 literatura comparada. ~연구 estudio comparado.
비구니(比丘尼) monja budista.
비국민(非國民) persona antipatriota (antinacional), antipatriota (m.f.).
비굴(卑屈) bajeza, vileza, villanía, infamia, indignidad, servilismo. ~한 bajo, servil, rendido. ~하게 servilmente, rendidamente.
비극(悲劇) tragedia, drama trágico. ~의·~적 trágico, calamitoso. ~적으로 trágicamente, calamitosamente. ~적인 사건 acontecimiento trágico (funesto). ~으로 끝나다 resultar trágico, acabar en tragedia. ~배우 [남] actor trágico; [여] actriz trágica. ~작가 autor de tragedias, trágico.
비금속(非金屬) metaloide.
비금속(卑金屬) metal común.
비난(非難) censura, reproche, vituperación, [비판] crítica [adversa], reprobación; [반대] desaprobación; [고발] acusación. ~하다 censurar, reprochar, vituperar; reprobar; desaprobar. ~할만한 reprochable, censurable. ~의 여지가 없는 incensurable, que no da lugar al reproche (a la censura). ~을 받다 ser reprochado (censurado) por uno, incurrir en (atraerse·exponerse a) la censura de uno. ~투로 con un tono (con un aire)

비너스 Venus.

비논리적(非論理的) ilógico, no teórico.

비뇨(泌尿) micción. ~기 órganos urinarios. ~기의 urinario. ~기과 urología. ~기과 의사 urólogo.

비누 jabón. ~의 jabonoso. ~거품 빛깔의 jabonero. ~가게, ~공장 jabonería. ~판매인 jabonero. ~로 세탁하다 jabonar. ~세탁 jabonadura. 화장 ~ jabón de olor. ~상자 jabonera.

비늘 escama.

비닐 vinilo. ~봉지 bolsa de vinilo. ~하우스 invernadero de vinilo.

비다 estar vacío, estar libre. 빈 방 habitación libre.

비단(緞) seda.

비대(肥大) hipertrofia, corpulencia. ~해지다 hipertrofiarse. ~해진 hipertrofiado. ~증의·~성의 hipertrófico.

비대칭(非對稱) asimetría. ~의 asimétrico.

비동맹(非同盟) no alineación. ~정책 política de no alineación. ~제국 países no alineados.

비둘기 [조] paloma; [수컷] palomo; [새끼] pichón. ~가 운다 Arrulla una paloma. ~집 palomar, palomera. ~파 pacifistas (m.pl.).

비듬 caspa, escamilla.

비등(沸騰) hervor, ebullición. ~하다 hervir, bullir. 물을 ~시키다 hervir el agua. 의논이 ~하다 La discusión está en plena ebullición. ~점 punto (temperatura) de ebullición.

비라 papel volante, pasquín. ~를 뿌리다 esparcir papeles volantes, dar pasquines a los transeúntes.

비래(飛來) ~하다 [비행기·새가] venir, llegar; [비행기로] venir (llegar) en avión.

비렁뱅이 mendigo.

비련(悲戀) amor trágico.

비례(比例) razón (f.), proporción. ~하다 proporcionarse. ~에 ~하여 en proporción de (con) algo, proporcionalmente a algo. A는 B에 ~하다 A está proporcionado a B. B는 A에 ~시키다 proporcionar A a B. 생산량에 ~하여 임금을 지불하는 pagar el salario proporcionalmente a la cantidad de producción. ~대표제 representación proporcional. ~배분 repartición proporcional. ~식 expresión proporcional. 반~ razón inversa. 정~ razón directa.

비로소 por primera vez.

비록 si, aunque. ~나이는 젊지만 aunque es joven.

비록(秘錄) documento secreto; [회상록] memorias (secretas).

비롯하다 empezar, comenzar.

비료(肥料) abono, fertilizante. ~를 주다 abonar, fertilizar, estercolar. 토지에 ~를 주다 abonar (fertilizar·estercolar) la tierra. 가리 ~ fertilizante potásico. 인산 ~ fertilizante fostado. 질소 ~ fertilizante nitrogenado. 화학 ~ abono químico.

비류(比類) ~없이 sin igual, sin rival, sin par, incomparable.

비만(肥滿) gordura, corpulencia, obesidad. ~한 gordo, corpulento, obeso. ~아 niño obeso. ~증 obesidad, adiposis (f.).

비말(飛沫) salpicadura, rociada; [거품의] espuma. ~감염 infección por gotitas.

비망록(備忘錄) agenda, memorándum, librito de apuntes.

비매품(非賣品) artículo invendible, artículo no destinado (no puesto) a la venta, artículo que no se vende. 이것은 ~이다 Este artículo no es para venta.

비명(悲鳴) grito lastimero, alarido. ~을 지르다 gritar lastimeramente, dar (emitir·lanzar) un grito lastimero, dar un alarido.

비명(碑銘) inscripción de un monumento; [묘의] epitafio.

비무장(非武裝) desmilitarización. ~화 하다 desmilitarizar. ~지대 zona desmilitarizada.

비문(碑文) inscripción de un monumento; [묘의] epitafio.

비밀(秘密) secreto, confidencia. ~의 secreto, confidencial, oculto, disimulado, encubierto. ~리에 secretamente, en (de) secreto, con la mayor reserva, confidencialmente; a escondidas. ~을 지키다 guardar (callar) un secreto. ~을 누설하다 divulgar (revelar) un secreto. ~을 폭로하다 descubrir un secreto. 이것은 ~로 해야 한다 Mantén esto en secreto./ Esto tiene que ser un secreto entre tú y yo./ Guarda el secreto de esto. ~이 누설되었다 Se ha divulgado (revelado·descubierto) el secreto. ~결사 sociedad secreta. ~경찰 policía secreta. ~누설 divulgación (revelación) de un secreto. ~문서 documento secreto. ~외교 diplomacia secreta. ~재판 juicio secreto. ~조직 organización secreta (clandestina). ~출판 publicación clandestina. ~탐정사

비바람 lluvia y viento.
비방(誹謗) ~ 중상 calumnia, infamación, acusación, falsa. ~ 중상하다 calumniar, levantar calumnias contra *uno*, infamar, difamar.
비방(秘方) recta secreta.
비번(番番) ~의 libre de servicio. 나는 오늘은 ~이다 Hoy estoy de fuera servicio./ Hoy no entro de servicio./ Hoy libre. ~날 día de descanso (libre que no toca a *uno* el servicio).
비범(非凡) ~한 extraordinario, poco común, de calidades extraordinarias (sobresalientes); [재능이] de dotes excepcionales.
비법(秘法) arte secreto, fórmula secreta.
비보(悲報) noticia triste (funesta).
비보(秘寶) tesoro escondido.
비분(悲憤) indignación. ~강개하다 indignarse (resentirse) vivamente de (por) *algo*.
비비(狒狒) [동] zambo.
비비꼬다 retorcer.
비비다 estregar, frotar, fregar.
비사교성(非社交性) insociabilidad, huraña.
비사교적(非社交的) huraño, insociable.
비산(飛散) ~하다 despersarse, esparcirse, desparramarse.
비산(砒酸) ácido arsénico. ~연(鉛) arseniato de plomo. ~염 arseniato.
비상(非常)·1 emergencia; [국가의] ~시에 en el período crítico [del país], en una emergencia (en una crisis) [nacional]. ~시에는 cuando ocurra una emergencia, en caso de emergencia (de eventualidad). ~시에 대비하다 prevenir contra una emergencia, preparar para una emergencia (para una eventualidad). ~ 경보 alarma [de emergencia]. ~ 계단 escalera de incendios (de salvamento). ~구 salida de emergencia. ~ 대권 poderes extraordinarios. ~벨 timbre de alarma. ~ 사태 estado de emergencia, circunstancia crítica. ~ 사태 선언 declaración del estado de emergencia. ~ 소집 convocación extraordinaria, medida extraordinaria. ~ 수단을 취하다 ~ 수단에 호소하다 recurrir a un expediente estraordinario (a una medida extraordinaria). ~ 식량 víveres de reserva. ~ 신호 señal de alarma. ~ 처치 disposición de emergencia.

2 ~한 grande, mucho; [과도] excesivo. ~히 muy, mucho. ~을 성공을 획득하다 obtener un gran éxito, 그것은 ~히 중요하다 Tiene (Es de) gran importancia. 날씨가 ~히 춥다 Hace mucho frío./ Hace un frío excesivo. 그녀는 ~히 예쁘다 Es muy guapa./ Es guapísma. 칠레는 한국에서 ~히 멀다 Chile está[situado] muy lejos (a gran distacia) de Corea.
비상(飛翔) vuelo. ~하다 volar.
비상근(非常勤) ~ 강사 lector no numerario.
비상선(非常線) línea (cordón) de policías (de urgencia). ~을 치다 formar (colocar) un cordón de policías.
비상시(非常時) emergencia, crisis (*f.*).
비상식(非常識) falta del sentido común. ~적인 falto del sentido común, insensato, no razonable, extravagante.
비서(秘書) secretario. 그에게는 여~가 있다 Tiene una secretaria popular. ~과 secretaría. ~관 secretario oficial. 개인 ~ secretario particular.
비석(碑石) lápida (piedra) sepulcral.
비소(砒素) [화] arsénico. ~ 중독 arsenicismo.
비속(卑俗) vulgaridad, vulgarismo. ~한 vulgar, bajo; soez, grosero. ~한 말 lenguaje vulgar (populachero), palabras groseras.
비수(匕首) daga, puñal.
비수(悲愁) pesar, pesadumbre.
비술(秘術) arte secreta, misterios de un arte. ~을 펴다 desplegar todas las astucias (todos los recursos) al alcance de *su* mano.
비스킷 galleta, bizcocho.
비슷하다 ser similar.
비싸다 ser caro. 싼 것이 바싸게 먹힌다 Lo barato es caro. 싼 것이 비지떡이다. Lo barato sale caro.
비애(悲哀) tristeza, aflicción, dolor, pesadumbre, melancolía. 인생의 ~ amargura de la vida. 환멸의 ~을 느끼다 sufrir una decepción.
비약(飛躍) vuelo; salto. ~하다 volar; dar un salto. 크게 발전을 하다 hacer grandes (rápidos) progresos, adelantar a pasos agigantados. 매상이 ~적으로 신장했다 Nuestras ventas han aumentado a pasos agigantados.
비어(卑語) palabra vulgar; [집합적] vulgarismo.
비어 cerveza.
비어홀 cervecería,
비엔나(자) Viena. ~의[사람] vienés.
비열(卑劣) bajeza, cobardía. ~한 vil, in

비열 fame, bajo, ruin, abyecto. ~한 방법으로 de una manera vil (infame), canallescamente. ~하게도 …하다 hacer la canallada de + *inf.* 그는 나에게 ~한 행위를 했다 Me hizo una canallada.

비열(比熱)【물】 temperatura específica.

비염(鼻炎) rinitis *(f.)*.

비영리(非營利) ~ 사업 empresa no lucrativa (no comercial).

비예술적(非藝術的) inartístico, poco artístico.

비옥(肥沃) fertilidad. ~한 fértil, fecundo, productivo. ~한 토양 suelo productivo. 토지를 ~하게 하다 fertilizar (fecundar) la tierra. 이 토지는 ~하다 Esta tierra es fértil.

비올라【악】 viola. ~ 연주자 viola *(m.f.)*.

비옷 impermeable.

비용(費用) gasto, expensas, coste. ~이 들다 costar. ~이 드는 costoso. ~이 들지않는 barato. ~을 절약하다 medir los gastos. 모든 ~을 들여서 cueste lo que cueste, a toda costa.

비우다 vaciar.

비운(非運) mala suerte, desdicha, desgracia.

비웃다 ridiculizar, escarnecer, hacer mofa de *uno*.

비원(悲願) deseo más vehemente (encarecido), deseos entrañables.

비위생(非衛生) insalubridad. ~적인 antihigiénico, insalubre. ~적이다 carecer de higiene.

비유(比喩) figura de construcción; [직유] símil; [은유] metáfora; [우의] alegoría. ~적인 figurado, similar, metafórico, alegórico. ~적으로 metafóricamente, alegóricamente, en sentido figurado. ~적 의미로 en sentido figurado.

비율(比率)【비】 proporción; [비례] razón *(f.)*. 2대 3의 ~로 a razón de dos por tres. 거의 같은 ~로 casi en la misma proporción. 1대 2와 4대 8은 같은 ~이다 La proporción de uno por dos es la misma que la de cuatro por ocho.

비음(鼻音)【문】[sonido] nasal. ~화 nasalización. ~화 하다 nasalizar.

비인간(非人間) ~적인 inhumano, inhumanitario. 그 행위는 ~적이다 Ese acto es inhumano. ~ Es un acto que carece de humanitarismo. ~성 inhumanidad.

비인도적(非人道的) inhumano. 포로를 ~으로 다루다 tratar inhumanamente a los prisioneros de guerra.

비인정(非人情) inhumanidad. ~스런 inhumano.

비자 visa, visado. ~를 신청하다 solicitar la visa. ~를 받다 recibir la visa. 여권의 ~를 받다 tener visado *su* pasaporte. 통과 ~ visa [de] tránsito.

비잔티움【지】 Bizancio.

비잔틴 ~의 bizantino. ~ 건축 arquitectura bizantina. ~ 양식 estilo bizantino.

비장(悲壯) ~한 patético; [비극적인] trágico; [장렬한] heroico. ~한 결의 resolución heroica. ~한 최후를 마치다. tener una muerte heroica (trágica), morir heroicamente.

비장(秘藏) ~하다 atesorar, guardar *algo* preciosamente. ~한 atesorado, precioso. ~본(本) libros más preciosos de la biblioteca.

비장(脾臟) bazo.

비적(秘蹟) sacramento.

비전(非戰) antiguerra. ~론 pacifismo. ~론자 pacifista *(m.f.)*.

비전(秘傳) secreto. ~을 전수하다 iniciar a *uno* en los secretos de *algo*.

비전투원(非戰鬪員) no-combadiente *(m.f.)*; [일반 시민] paisano civil.

비전하(妃殿下) Su Alteza la Princesa.

비정(非情) ~한 cruel, sin piedad, desapiadado, inhumano.

비준(批准) ratificación. ~하다 ratificar. ~서 nota (libro) de ratificación. ~서 교환 canje de ratificación.

비중(比重) 1 densidad relativa, peso específico. ~을 재다 medir el peso específico. ~계 densímetro, aerómetro, gravímetro. 2 [중요도] importancia relativa. 한국의 교육에서 사학이 점하는 ~은 크다 En la educación coreana las escuelas privadas tienen un peso considerable.

비지니스 negocios; [상업] comercio. ~맨 hombre de negocios. ~ 센터 centro de negocios. ~ 스쿨 academia (instituto) de comercio.

비참(悲慘) miseria, desgracia. ~한 miserable, trágico, lamentable, desdichado. ~한 광경 espectáculo horroroso (miserable). ~한 생활을 하다 llevar una vida miserable. ~한 최후를 마치다 morir trágicamente. 사고는 가장 ~했다 El accidente fue de lo más trágico que se puede imaginar.

비천(卑賤) ~한 bajo, vil, humilde, obscuro. ~한 태생이다 ser de nacimiento humilde (de condición baja = de humilde origen).

비철금속(非鐵金屬) metal no ferroso.

비취(翡翠) jade.

비타민 vitamina. 당근은 ~A가 풍부하다 La zanahoria abunda (es rica) en vitamina A. ~ 결핍증 avitaminosis *(f.)*.

비탄(悲嘆) lamentación, pesadumbre, aflicción, dolor, profunda tristeza. ~에 빠지다 afligirse, lamentarse, acongojarse.

비저(脾疽疸) 【의】 ántrax.

비통(悲痛) ~한 doloroso, afligido, penoso, angustiado. ~한 호소 llamamiento patético, apelación patética. ~한 절규를 하다 gritar dolorosamente, dar un grito doloroso (desgarrador).

비틀다 retorcer (얼굴·신체·나무 등을).

비파(琵琶) 【악】 bifa, laúd coreano.

비파(枇杷) 【식】【나무·열매】 níspero; [과실] níspola.

비판(批判) crítica, juicio crítico, censura. ~하다 criticar, censurar, hacer una crítica sobre *algo*, dirigir críticas (censuras) hacia *uno* ~적인 crítico. ~적인 태도를 취하다 tomar una actitud de crítica sobre *algo* (contra *uno*). 그의 행동을 ~하다 criticar su conducta, censurarle su actuación. 그는 ~ 정신을 가지고 있다 Tiene un espíritu crítico. ~하기는 쉬운 일이다 Es fácil criticar.

비평(批評) crítica, observación crítica; [서평] reseña; [주해] comentario. ~하다 criticar, hacer la crítica de *algo*, hacer una observación con respecto a *algo*; reseñar, hacer la reseña de *algo*. ~안(眼)이 있다 tener sentido crítico. 문예 ~을 하다 hacer una crítica (una reseña) literaria. 이 작품은 ~의 여지가 없다 Esta obra desafía toda crítica. ~가 crítico.

비품(備品) equipo; [사무소 등의] mueblaje; [부속품] accesorios *(m.pl.)*; [예 비품] partes *(f.pl.)*, repuestos *(m.pl.)*, recambios *(m.pl.)*.

비프스테이크 bistec, biftec.

비프스텍 ⇨비프스테이크.

비하(卑下) ~하다 mostrarse humilde (modesto), humillarse. ~하게 humildemente, en toda humildad.

비합법(非合法) ilegalidad, ~적 ilegal, ilícito, ilegítimo, contrario a la ley. ~적으로 ilegalmente, ilícitamente, ilegítimamente.

비행(飛行) vuelo, aviación; gira, navegación aérea. ~하다 volar, navegar por el aire. ~가 aviador, aeronauta. ~ 갑판 cubierta de aviones. ~ 계획 plan de vuelos. ~대 cuerpo de aviación. ~복 traje de aviador. ~사 piloto *(m.f.)*, aviador, aeronauta. ~ 시간 (속도) duración (velocidad) de vuelo. 야간 ~ vuelo nocturno. 유람 ~ vuelo de excursión. 편대 ~ vuelo por formación.

비행(非行) mala conducta, delincuencia. ~에 빠지다 hundirse en la delincuencia. ~소년 muchacho (chico) delincuente.

비행기(飛行機) avión *(m.)*. ~에 오르다 tomar el avión; montar en (subir al) avión, embarcar[se]. ~에서 내리다 bajar (descender·desembarcar) de un avión. ~로·~를 타고 en avión. ~로 마드리드에 가다 ir a Madrid en avión. ~를 놓치다 perder el avión. ~ 멀미를 하다 marearse en el avión. ~를 제조하다 construir aviones. ~ 사고 accidente aéreo (de avión·de aviación). ~운(雲) estela que deja avión, estela de vapor, reguero de avión. ~ 제조 공업 industria aeronáutica (constructora de aviones). 경~ avión ligero. 상업 민간 ~ avión de uso comercial y privado.

비행선(飛行船) aeronave *(f.)*, [globo] dirigible.

비행장(飛行場) aeródromo, campo de aviación; [공항] aeropuerto.

비행정(飛行艇) hidroavión *(f.)*.

비현실(非現實) ~적인 irreal; [공상적] quimérico, fantástico, utópico; [실현 불능] impracticable; [실현 불능] irrealizable. ~적인 정책 programa político irrealizable.

비호(庇護) protección, amparo, atrocinio, tutela; favor. ~하다 proteger, defender, amparar, patrocinar, tutelar; favorecer. ~의 ~하에 bajo la protección de *uno*.

비화(飛火) chispa, centella, incendio saltado. ~하다 saltar el incendio.

비화(秘話) episodio desconocido.

비화(悲話) historia triste.

빈객(賓客) invitado de honor.

빈곤(貧困) pobreza, indigencia, miseria, estrechez; [극도의] penuria. ~한 pobre, indigente, menesteroso, necesitado. ~하다 empobrecerse, vivir en miseria. ~한 가정 familia pobre. ~한 사람 pobre, los pobres, los necesitados. ~에 빠지다 caer en la miseria. 정신의 ~ pobreza de espíritu.

빈궁(貧窮) pobreza, indigencia. ~한 pobre, indigente, necesitado.

빈농(貧農) labrador pobre.

빈대 chinche.

빈도(頻度) frecuencia. ~가 높은 frecuente.

빈민(貧民) pobres, indigentes, necesitados. ~을 구제하다 ayudar (auxiliar) a los pobres. ~굴 barrio de los pobres.

빈발(頻發) ~하다 ocurrir frecuentemente, suceder muchas veces.

빈번(頻繁) frecuencia. ~한 frecuente; [왕래가] concurrido. ~히 frecuentemente, a menudo, con frecuencia, sin cesar. 화재가 ~히 일어나다 Frecuentemente estallan incendios.

빈부(貧富) pobreza y riqueza. ~의 차가 심하다 (적다) Hay gran (poca) diferencia entre los pobres y los ricos.

빈사(瀕死) ~의 moribundo, agonizante. ~상태에 있다 estar en agonía. ~자 moribundo.

빈상(貧相) fisonomía pobre, apariencia pobre, aspecto miserable. ~의 de apariencia pobre, de aspecto miserable. ~차림의 pobremente vestido.

빈속 estómago vacío.

빈손 mano' vacía.

빈약(貧弱) pobreza, escasez. ~한 pobre; escaso; [허약] débil. ~한 체격을 하고 있다 ser de constitución débil. 그의 지식은 ~하다 Su conocimiento es pobre.

빈우(牝牛) vaca.

빈자(貧者) pobre (m.f.).

빈촌(貧村) poblacho.

빈핍(貧乏) pobreza; [빈궁] indigencia, miseria; [극도의] penuria. ~하다 estar reducido a la miseria, vivir pobremente (en la miseria), estar micesitado. ~한 pobre, necesitado, menesteroso, indigente, miserable. ~하게 되다 empobrecer[se]. ~한 생활을 하다 vivir en miseria. ~한 집에서 태어나다 nacer en una familia pobre. 이 마을은 무척 ~하다 Este pueblo es muy pobre.

빈한(貧寒) pobreza. ~하다 ser pobre.

빈혈(貧血) anemia, escasez de sangre. ~성의 anémico. ~을 일으키다 padecer anemia.

빌다¹ [구걸하다] mendigar, pordiosear, vivir de limosna; [기원하다] orar, invocar, rezar a Dios; [사죄하다] pedir perdón, apologizar.

빌다² [차용하다] pedir (tomar) prestado; [방을] alquilar.

빌딩 edificio.

빌리다 prestar. 돈을 ~ prestar dinero.

2 [임대하다] alquilar.

빗 peine. ~으로 머리를 빗다 peinarse el pelo.

빗기다 peinar.

빗다 peinarse. 머리를 ~ peinarse el pelo.

빗물 agua llovediza, lluvia.

빙결(氷結) congelación. ~하다 congelarse, helar[se]. ~된 helado, congelado. 바다가 ~됐다 Se heló el mar. ~방지 장치 anticongelador.

빙괴(氷塊) bloque (cubito) de hielo.

빙낭(氷囊) bolsa de hielo.

빙벽(氷壁) acantilado de hielo.

빙사탕(氷砂糖) azúcar pública

빙산(氷山) iceberg (pl. icebergs). 그것은 ~의 일각에 불과하다 No es nada más que una parte de la realidad oculta.

빙설(氷雪) hielo y nieve. ~에 갇힌 bloqueado por el hielo y la nieve.

빙점(氷點) punto de congelación. ~하 10도 diez grados bajo cero.

빙하(氷河) glaciar. ~의 glacial. ~기 período glacial.

빙해(氷解) [의심 등이] ~하다 disiparse.

빚 deuda.

빚쟁이 prestamista (m.f.), usurero, lofrero.

빚주다 prestar dinero.

빚지다 deber.

빛 luz, fulgor; [광선] rayo; [섬광] destello; [광택] lustre, brillo. ~을 발하다 lucir, emitir luz, radiar, relucir, destellar. 희망의 ~ rayo de la esperanza.

빛나다 lucir, relucir, brillar. 구두가 빛난다 Los zapatos brillan. 눈이 빛난다 Los ojos brillan. 별이 빛난다 Las estrellas centellean (titilan). 전람회에서 그의 작품이 최고로 빛난다 Su obra es la más brillante de la exposición. 빛난다고 해서 모두가 금은 아니다 No es oro todo lo que reluce.

빠라구아이 Paraguay. ~의 [사람] paraguayo.

빠르다 1 [속도가] (ser) rápido, acelerado, veloz, ligero. 빠른 말 caballo rápido. 세계에서 제일 빠른 열차 el tren más rápido del mundo. 이해가 ~ ser agudo de inteligencia.

2 [시간이] 빠른 시간에 a una hora temprana. 여느 때보다 빨리 저녁밥을 먹다 tomar la cena más temprano que de costumbre. 그는 일어나는 것이 ~ Es madrugador./ Se levanta temprano todas las mañanas. 금년은 초설이 예년보다 10일 ~ Este año hemos tenido la primera nevada diez días antes de lo normal. …하는 것은 아직 ~ Todavía es temprano para + inf. 절망하기에는 아직 ~ Todavía nos queda esperanza. 빠른 편이 좋다 Cuanto antes, mejor.

빵 pan; [식빵] pan de molde; [불란서 빵] barra de pan; [롤 빵] panecillo. ~ 한 조각 un pedazo de pan. ~을 만들다 hacer pan. 딱딱한 ~ pan duro. ~을 굽다 hornear pan. ~장수 panadero. ~집 panadería. 버터 바른 ~ pan con mantequilla. 잼 바른 ~ bollo con jalea.

빻다 moler.

빼앗다 saquear, quitar, privar de. 왕위를 ~ usurpar el trono. 혼을 ~ encantar.

뺨 mejilla, carrillo. 오른쪽 ~을 때리면, 왼쪽 ~을 내주어라 A quien te hiere en una

mejilla, preséntale asimismo la otra.
뻐구기 【조】 cuco.
뼈 hueso. 무명~ hueso innominado. 꽁무니 ~ hueso palomo.
뽐내다 jactarse, soberbiar.

뽕나무 【식】 moral.
뿔 cuerno.
삐다 [팔·손 등을] dislocarse. 팔을 ~ dislocarse un brazo.

人

사(四) cuatro. ~분의 일 un cuarto. ~분의 삼 tres cuartos. 제~[의] cuarto. ~배 cuatro veces. ~반세기 un cuarto de siglo.

사(死) muerte (f.).

사(史) historia. ~적 유물론 materialismo histórico. 서반아~ historia de España.

사(寺) templo.

사(社) [회사] compañía; [상회] firma; [사무소] oficina; [결사] asociación, sociedad.

사가(史家) historiador.

사가(賜暇) licencia.

사각(四角) cuadrado; [장방형] rectángulo, cuadrilongo. ~의 cuadrado; rectangular, cuadrilongo. ~의 탁자 mesa cuadrada (rectangular). ~의 얼굴 cara cuadrada.

사각(死角) ángulo muerto.

사감(私感) rencor, odio.

사감(舍監) inspector (prefecto) de internado.

사거(死去) muerte (f.), defunción, fallecimiento. ~하다 morir, fallecer, pasar a mejor vida.

사건(事件) acontecimiento, suceso, caso, asunto; [상행위] accidente, incidente; [소송 사건] caso judicial, proceso, causa; [우발적] eventualidad, contingencia. ~을 인수하다 [변호사가] encargarse de una causa. 어려운 ~을 해결하다 solucionar un asunto difícil, resolver una cuestión difícil. 대~이 일어났다 Ha ocurrido un suceso muy grave./ Ha sucedido una cosa muy grave. 도난 ~ caso de robo. 워터게이트 ~ caso Watergate. 정치 ~ acontecimiento político.

사격(射擊) tiro, disparo, descarga. ~하다 descargar, disparar, tirar. ~을 개시하다 empezar a disparar. ~의 명수다 ser un buen (excelente) tirador. ~장 [campo de] tiro. 일제 ~ descarga cerrada.

사견(私見) opinión personal. 저의 ~으로는 en (según) mi opinión personal, a mi parecer, según yo opino (creo).

사계(四季) [계절] cuatro estaciones. ~를 통해서 por (en) todas estaciones, durante todo el año. ~의 변화 transición (cambio) de las estaciones.

사계(斯界) tema (m.). ~의 권위자이다 ser una gran autoridad en el tema.

사고(思考) pensamiento, contemplación. ~하다 pensar [en]. ~력 facultad mental (de pensar). 나는 ~력이 감퇴했다 Tengo floja (debilitada) la facultad mental. ~방법 forma (método) de pensar.

사고(事故) accidente; [작은] incidente; [큰] calamidad, catástrofe (f.), cataclismo; [장해] obstáculo, impedimento, estorbo. ~를 당하다 sufrir un accidente. ~를 일으키다 causar (ocasionar) un accidente. ~를 막다 prevenir (evitar) los accidentes. ~로 죽다 morir en (por) un accidente. ~가 일어나다 Ha ocurrido (sobrevenido) un accidente. 그는 자동차로 ~를 일으켰다 Ha tenido un accidente con su coche. ~ 사 muerte por accidente. ~ 현장 sitio (lugar) del accidente.

사공(沙工) barquero, remero.

사과【식】 manzana. ~밭 mazanal. ~나무 manzano. ~주(酒) sidra.

사과(謝過) apología. ~하다 apologizar.

사관(士官) oficial. ~후보생 cadete. 육군~ oficial del ejército de tierra. 육군~학교 academia militar.

사교(司敎) obispo. ~관 palacio episcopal (obispal). ~구 obispado. 대~. arzobispo.

사교(社交) relaciones sociales. ~적 sociable. 비~적인 insociable, poco sociable. ~가 hombre sociable; [여자] mujer sociable. ~계 sociedad, mundo. ~계의 사람들 gente (f.) de sociedad. ~계에 나가다 participar en la sociedad. ~계에 출입하다 frecuentar la sociedad. ~댄스 baile de sociedad. ~성 sociabilidad. ~술 arte de sociabilidad. ~술에 능하다 ser hábil en (tener el arte de) las relaciones sociales.

사교(邪敎) herejía. ~도 hereje.

사구(砂丘) dunas, médano.

사권(私權) derecho privado (particular).

사귀다 hacer amigos con.

사극(史劇) drama histórico.

사금(砂金) oro en polvo, oro aluvial, arena

사기(詐欺) fraude, engaño, timo, estafa, impostura. ~적인 engañador, fraudulento. ~적 조작 manejos fraudulentos. ~당하다 ser estafado. ~하다 defraudar, cometer (hacer) un fraude. ~꾼 estafador, engañador, timador, embaucador. ~ 파산 quiebra fraudulenta.

사기(士氣) moral (f.); [특히 군인의] espíritu militar. ~를 고무하다 estimular (incitar · levantar) la moral de *uno*. ~를 저해 시키다 desmoralizar a *uno*, hacer perder la moral a *uno*. ~가 오른다 La moral es excelente./ Se levanta el espíritu. ~가 떨어져 있다 La moral está abatida (floja).

사기(死期) tiempo (hora) de muerte, último momento. ~가 가까와지다 acercarse la hora de muerte. ~를 재촉하다 acelerar su última hora, acelerar el fin (la muerte) de *uno*, precipitar la muerte de *uno*. 그의 ~가 가깝다 Sus días ya están contados./ Está en las últimas.

사기(史記) historia.

사기(沙器) china, porcelana.

사나이 [남자] hombre; [남자다운] naturaleza humana, valentía. ~의 masculino. ~다운 varonil, valiente, de hombre. ~답게 valerosamente, valientemente.

사날 tres o cuatro días, unos días.

사납다 ser feroz (fiero · cruel).

사내 hombre; [남편] marido, esposo.

사내아이 niño, chico, muchacho.

사냥 caza. ~하다 cazar. ~하러 가다 ir de caza. ~꾼 cazador. ~터 lugar de caza.

사념(邪念) malos pensamientos, ideas perversas; [잡념] distracción. ~을 품다 (버리다) tener (sacudir) los malos pensamientos.

사다 comprar. 표를 ~ sacar un billete.

사다리 escala (escalera) portátil.

사다리꼴 [기하] trapecio.

사다새 [조] pelícano.

사닥다리 escala (escalera) portátil. ~층계 caja de escalera.

사단(師團) división. ~장 general de división.

사단법인(社團法人) sociedad civil con personalidad jurídica.

사대주의(事大主義) 그는 ~자이다 Es una persona servil.

사도(使徒) apóstol. 평화의 ~ apóstol de la paz. ~행전 Hechos de los Apóstoles. 십이~ los [doce] Apóstoles.

사도(私道) camino privado.

사도(邪道) doctrina herética, heterodoxia. 그것은 ~다 Es un modo impropio de hacer las cosas.

사들이다 comprar.

사라센 [민족] sarracenos (m.pl.). ~의 sarraceno.

사라지다 desaparecer.

사람 hombre, ser humano, gente (f.). ~이 좋은 afable, bondadoso. ~이 나쁜 malicioso, travieso.

사람답다 ser humano.

사랑 amor. ~하다 amar, querer. 나는 그대를 사랑!'1 오 Yo te quiero./ Yo te amo.

사랑(舍廊) cuarto, habitación.

사랑니 muela cordal (del juicio).

사려(思慮) reflexión, consideración; [분별] discreción; [신중] prudencia. ~의 reflexivo, considerado. ~가 없는 irreflexivo; imprudente. ~분별이 있는 discreto; prudente, sensato, cuerdo; [양식이 있는] de buen sentido.

사력(死力) esfuerzo desesperado. ~을 다해 싸우다 luchar desesperadamente (con desesperación).

사령(死靈) alma de un muerto, alma en pena.

사령(辭令) [임명장] escrito de nombramiento (de nominación). ~을 받다 recibir el nombramiento.

사령(司令) mando, comando. ~관 comandante. ~부 cuartel general.

사례(謝禮) [감사] gracias, gratitud, agradecimiento; [보수] remuneración, gratificación; [의사·변호사·강사 등에의] honorarios. ~하다 agradecer, dar las gracias; remunerar (recompensar) a *uno*.

사례(事例) caso, ejemplo.

사료(史料) datos históricos, documentos [históricos], materiales para la historia. ~ 편찬 historiografía. ~ 편찬관 historiógrafo, archivero, archivista. ~ 편찬소 archivos.

사료(飼料) alimentos para los animales domésticos; forraje, heno, pastura, pienso.

사륙판(四六判) [인] dozavo.

사르다 quemar (abrasar · consumir) con fuego.

사르르 suavemente, tranquilamente.

사리(私利) propio interés, ganancia personal, ventaja privada.

사리(舍利) reliquia de Buda.

사리(事理) verdad, razón (f.), juicio. ~에 밝은 사람 hombre de juicio.

사립(私立) ~의 privado, particular. ~대학 universidad privada. ~탐정 detective privado. ~학교 escuela privada.

사립문 puerta de ramita. ~을 열다 abrir la puerta de ramita.

사마귀 verruga, excrecencia cutánea. ~가

사막(砂漠) desierto. 사하라~ el [desierto de] Sahara.

사망(死亡) muerte, fallecimiento, defunción. ~하다 morir, fallecer, dejar de existir. ~의 확인 confirmación de [la] defunción. 그 사고로 많은 사람이 ~했다 Muchas personas murieron [resultaron muertas] en ese accidente. ~게 declaración de defunción. ~광고 necrología, esquela de defunción. ~기사 artículo necrológico. ~률 mortalidad. ~자 difunto, muerto, finado; [사고 등의] víctima. ~자수 número de víctimas. ~증명 (통지) partida (aviso) de defunción.

사면(四面) todos lados, todas partes. ~이 바다로 둘러싸여 있다 estar rodeado del mar por todos lados (por todas partes). ~체 tetraedro. ~초가 tener todo el mundo en contra de *sí* mismo. ~초가이다 tener todo el mundo en contra de *sí* mismo. ~팔방 todas direcciones, todas partes, todos lados, cuatro costados. ~팔방으로 a todas partes, a todas direcciones, por los cuatro costados.

사면(斜面) declive, pendiente (*f.*); [산의] vertiente (*f.*). 급~ pendiente abrupta (escarpada).

사면(赦免) indulto, perdón, amnistía. ~하다 indultar, conceder el perdón a *uno*, amnistiar. ~장 carta de indulto.

사명(使命) misión. ~을 다하다 desempeñar (cumplir [con]) una misión. ~을 띠다 encargarse de una misión. ~감에 불타 entusiasmado con una misión. …하는 것에 ~감을 가지다 sentirse llamado a + *inf*.

사명(死命) mortalidad, fatalidad.

사명(社名) razón social, nombre [de] la compañía.

사모(思慕) cariño, afecto, apego. ~의 정을 느끼다 sentir un cariño cada vez mayor por (para con) *uno*.

사무(事務) trabajo [de oficina]. ~적인 [실제적] práctico; [사무 특유의] oficinesco. ~적으로 de una manera práctica; [기계적으로] mecánicamente. ~보다 trabajar en la oficina. ~를 맡다 encargarse del negocio. ~적인 능력이 있다 tener habilidad práctica. ~적으로 처리하다 manejar (despachar) *algo* de una manera práctica. 동료끼리서로 ~를 인계받다 encargarse del trabajo de su compañero. ~관 funcionario administrativo. ~관리 control administrativo. ~국 secretaría. ~국원 secretario. ~국장 secretario general. ~복 ropa de trabajo. ~소 oficina; [변호사의] bufete. ~실 despacho. ~원 oficinista (*m.f.*); [집합적] personal de la oficina. ~용 기기 máquinas y equipos para uso de oficina. ~용품 artículo para oficina. ~장 [배의] comisario. ~절충 negociaciones de nivel práctico. ~책상 bufete.

사문(査問) encuesta, investigación, pesquisa. ~하다 investigar, pesquisar. ~위원회 comité de encuesta, comisión investigadora. ~회의 consejo de indagación.

사문서(私文書) documento privado.

사문암(蛇紋岩)【광】 serpentina.

사물(私物) objeto personal. 그는 도서관의 책을 ~화하고 있다 Usa los libros de la biblioteca como si fueran de su propiedad. 그는 회사를 ~화하고 있다 Administra la compañía como si se tratase de su propiedad personal.

사물(事物) cosas, objetos. 외국의 ~을 소개하다 introducir las cosas del extranjero.

사뭇 [멋대로] voluntariamente, de buena gana, con gusto; [줄곧] continuamente; [매우] muy, mucho.

사반(四半) un cuarto. ~기 trimestre.

사발(沙鉢) tazón.

사방(砂防) ~림(林) plantación contra el deslizamiento de arena.

사방(四方) puntos cardinales. ~에 por todas partes. ~팔방으로 a todas direcciones, a todas partes, por los cuatro costados. ~이 산으로 둘러쌓인 rodeado de montañas por los cuatro lados (por todos lados). 1킬로 ~에 en un kilómetro a la redonda. ~ 3미터의 연못 estanque cuadrado de tres metros de lado.

사배(四倍) cuatro veces. ~의 cuatro veces, cuádruple.

사백(四百) cuatrocientos.

사백(舍伯) mi hermano mayor.

사백(詞伯) hombre de letras, hombre erudito, literato, gran poeta.

사범(師範) maestro. ~학교 escuela normal.

사법(司法) justicia. ~관 magistrado. ~관이 되다 entrar en la magistratura. ~권 poder judicial. ~부[장관] Ministerio (ministro) de Justicia. ~서사 secretario judicial. ~시험 oposiciones (examen estatal) para el cuerpo de Justicia. ~행정 administración judicial. 국제 ~재판소 Tribunal Internacional de Justicia.

사법(私法) derecho privado.

사변(事變) emergencia, turbación, accidente, guerra. 만주~ guerra de Manchuria. 상해~ incidente de Shangai.

사변(四邊) cuatro lados. ~에 por todas partes. ~형 cuadrilátero. ~형의 cuadrilátero.

사변(斜邊) [수] línea oblicua; [직각삼각형의] hipotenusa.

사별(死別) separación por muerte. ~하다 perder [a] uno. 남편과 ~하다 perder su esposo. 그녀는 어머니와 ~했다 Ella perdió[a] su madre./ Se le murió la madre.

사병(士兵) soldado.

사병(死病) enfermedad mortal.

사보타주 sabotaje.

사복(私服) traje de paisano. ~형사 agente vestido de paisano (que lleva traje de calle).

사복(私腹) ~을 채우다 enriquecer su propio bolsillo, saciar su bolsillo propio.

사본(寫本) manuscrito; [부본] duplicado. ~을 만들다 copiar, trasladar algún escrito.

사부(四部) [네부분] cuatro partes.

사부(師父) [스숭과 부친] su padre y maestro; [스승] su maestro.

사부(師傅) [스승] maestro, tutor; [왕자의] tutor del príncipe.

사부랑거리다 charlar.

사부자기 con facilidad, fácilmente, sin esfuerzos.

사분(私憤) rencor personal.

사분(四分) división en cuatro. ~하다 cuartear, partir algo en cuatro. ~의 3 tres cuartos.

사뿐 ligeramente, suavemente, tranquilamente.

사분사분하다 ser benévolo (cariñoso·afable·de buen natural).

사비(私費) ~로 a su costa, a sus expensas. ~로 유학하다 costearse los estudios en el extranjero.

사분오열(四分五裂) ~하다 desmembrarse, despedazarse. 당은 ~의 상태에 빠졌다 El partido [se] ha quedado desmembrado.

사사(私事) cosas personales (privadas), asuntos personales; [사생활] vida privada. ~를 들추어 내다 revelar los asuntos personales de uno.

사사(事事) todas las cosas, todos los asuntos. ~건건 cualquier cosa, cualquiera.

사사(師事) ~하다 hacerse discípulo de uno, estudiar (aprender) con uno.

사사(謝辭) [사례] gracias, agradecimiento; [변명] excusa; [사죄] apología. ~하다 agradecer, dar las gracias; excusarse.

사사로이(私私-) personalmente, privadamente.

사사롭다(私私-) ser privado. 사사로운 감정 sentimiento personal.

사사오입(四捨五入) cálculo redondo. ~하다 redondear, contar las fracciones de cinco para arriba como una unidad y desatender el resto.

사산(死産) nacimiento de un niño muerto. ~하다 dar a luz a un niño muerto. ~아 mortinato.

사살(射殺) fusilamiento. ~하다 fusilar.

사삿일(私私-) asuntos personales, asuntos privados, asuntos particulares.

사상(史上) en la historia. ~ 유례없는 sin igual en la historia. ~ 공전의 sin precedente en la historia.

사상(思想) idea, pensamiento; [이데올로기] ideología. 사건의 ~적 배경 fondo ideológico del suceso. ~가 pensador. ~대계 ideario. ~ 문제 problema ideológico. ~ 통제 control del pensamiento. 서양~사 historia del pensamiento occidental.

사상(砂上) ~누각 castillo de naipes.

사상(事象) fenómeno, acontecimiento.

사상(死傷) ~자 muertos y heridos. 그 사고로 많은 ~자가 생겼다 Ha habido muchos muertos y heridos en ese accidente.

사색(思索) pensamiento, meditación, contemplación. ~하다 pensar, meditar, contemplar. ~에 잠기다 absorberse en sus meditaciones, sumirse en sus pensamientos.

사생(寫生) boceto, esbozo. ~하다 bosquejar, esbozar; [자연을 묘사하다] dibujar (copiar) algo del natural. 경치를 ~하다 dibujar el paisaje. ~첩 bloc de dibujo.

사생아(私生兒) hijo natural.

사생활(私生活) vida privada (íntima).

사서(辭書) diccionario, léxico. ~를 찾다 consultar diccionario.

사서(司書) bibliotecario.

사서(史書) libro histórico.

사서(私書) documento privado, carta privada. ~함 apartado [postal·de correos]; 【남미】casilla. ~함 150호 apartado (casilla) Núm. 150.

사선(斜線) línea oblicua.

사선(死線) peligro de la muerte. ~을 넘다 superar el (librarse del) peligro de la muerte.

사설(邪說) opinión perversa; [이단] herejía.

사설(社說) editorial, artículo de fondo. ~로 논하다 hacer un comentario editorial. ~란 columna editorial.

사설(私設) ~의 de iniciativa personal, privado.

사소설(私小說) novela con rasgos auto-

사수(射手) tirador, disparador; [화살의] arquero.
사숙(舍叔) mi tío.
사숙(私塾) escuela privada.
사숙(私淑) ~하다 considerar a *uno* como *su* maestro.
사순절(四旬節) cuaresma.
사슴 [동] ciervo, venado; [암컷] cierva; [흰] gamo. ~이 운다 El ciervo brama. ~ 가죽 cuero de ciervo. ~사냥 caza de ciervos.
사슬 cadena.
사시 lema (*m.*)[de una empresa].
사시(斜視) estrabismo, mirada bizca. ~의 bizco, bisojo.
사신(私信) carta personal (privada), correspondencia personal (particular).
사신(邪神) dios perverso.
사실(私室) habitación privada.
사실(事實) hecho; [현실] realidad; [진실] verdad. ~상 de hecho; realmente. ~상의 de hecho. ~의 승인 reconocimiento de hecho. ~무근의 infundado, sin fundamento. ~을 말하다 hablar la verdad, decir la verdad. ~에 근거를 둔 basado en el hecho. ~에 근거를 두고 basándose en los hechos. ~에 반해 contrario a la verdad. ~을 왜곡하다 deformar un hecho. ~을 직시하다 mirar (contemplar) la realidad frente a frente. …라는 ~ el hecho de que + *ind.* ~…이다 Verdad es que + *ind.* 그것은 ~이다 Es verdad./ Es un hecho innegable. 그가 병이라는 ~이 판명됐다 Se ha aclarado el hecho de que él está enfermo. ~은 그가 작가이다 La verdad (El hecho) es que él es el autor. 그가 그곳에 들린 것은 ~이다 Es verdad que él ha pasado por allí. 그것은 명백한 ~이다 Es una verdad clarísima (manifiesta)./ Es un hecho evidente. 그 회사는 ~상 도산했다 De hecho, esa compañía ha hecho quiebra. ~은 소설보다 기이하 다 El hecho es más extraño que la ficción./ La realidad sobrepasa a la ficción.
사실(史實) hecho histórico, verdad histórica.
사실(寫實) descripción real. ~적 realista, real. ~주의 realismo. ~주의의 realista. ~주의자 realista (*m.f.*).
사심(私心) interés personal, egoísmo, pensamiento personal. ~없는 desinteresado.
사심(邪心) corazón perverso; [의도] mala intención.
사십(四十) cuarenta. 제 ~ [의] cuadragésimo.

사아(死兒) niño muerto.
사악(邪惡) depravación, maldad. ~한 malo, perverso, malicioso, maligno. 인간 의 본성이 ~하다고 생각하지 않는다 No creo que la naturaleza humana sea mala.
사안(私案) plan privado (personal), idea privada.
사안(史眼) vista histórica.
사암(砂岩) arenisca.
사양(斜陽) decadencia, declive. ~산업 industria en decadencia (en declive).
사양(辭讓) [사절] negativa, repulsa. ~하 다 rehusar, rechazar, no aceptar, no permitir, no consentir, repulsar.
사어(死語) lengua muerta (no hablada); [단 어] palabra caída en desuso.
사어(私語) cuchicheo.
사업(事業) empresa, negocio. ~을 일으키 다 fundar una empresa. ~을 경영하다 dirigir (manejar) un negocio, administrar una empresa. ~에 성공하다 (실패하다) tener (no tener) éxito en *su* negocio, triunfar (fracasar) en el negocio. 때 ~을 이룩하다 llevar a cabo una gran empresa (obra). 그의 ~은 잘 되어 가고 있다 Le anda (va) bien el negocio. ~가 hombre de negocios, empresario. 그는 대단한 ~가이다 Tiene un espíritu emprendedor./ Es un hombre muy emprendedor. ~ 소득 renta de explotación. ~ 연도 término de negocio. ~ 자금 capital de empresa. ~장 lugar de empresa.
사역(使役) empleo. ~하다 emplear. ~의 【문】 factitivo, causativo. ~동사 verbo factitivo (causativo).
사연(事緣) historia [entera].
사연(辭緣) contenido. 편지의 ~ contenido de la carta.
사연(四列) cuatro líneas.
사열(査閱) inspección, examen. ~하다 inspeccionar, examinar. ~관 inspector, examinador.
사영(私營) manejo privado. ~의 particular, privado. ~ 버스 autobús de una compañía privada.
사영(射影) 【수】proyección. ~ 기하학 geometría proyectiva.
사오(四五) cuatro o cinco. ~일 cuatro o cinco días, unos días. ~회 cuatro o cinco veces.
사옥(社屋) edificio [de una compañía].
사욕(私慾) propio interés, interés personal.
사용(使用) uso, empleo; [약 등의] aplicación. ~하다 usar, emplear, hacer uso de *algo*; aplicar. ~상의 주의 indicaciones sobre el uso. 이것은 아직 ~할 수 있다 Esto todavía resiste. 이것은 이제 ~할 수

없다 Esto ya no es servible. 이것은 ~할 수 없다 Esto está fuera de uso. 이 말은 그다지 ~되지 않는다 Ya se usa poco esta palabra./ Ha caído en desuso esta palabra. 이 전화 좀 ~할 수 있을까요 ¿Se puede usar este teléfono? ~가치 valor de uso. ~권 derecho de (al) uso. ~권자 usuario. ~료 precio de renta de (alquiler · de arriendo). ~법 cómo usar, modo de empleo. ~인 [피고용인] empleado; [하인] criado. ~자 [고용주] patrón; [이용자] usuario. ~중 [게시] "Ocupado."

사용(私用) asunto privado (personal). ~으로 출장하다 salir [de la oficina] por sus asuntos personales. ~ 전화 uso teléfono ([호출] llamada telefónica) por (para) un asunto privado.

사용(社用) negocios de la compañía. ~으로 여행하다 hacer un viaje por negocios de la compañía.

사원(社員) empleado [de una compañía]; [집합적] personal. 나는 제철회사의 ~이다 Soy empleado de una compañía siderúrgica. 그는 이제 당사의 ~이 아니다 Ya no es [un] empleado de nuestra compañía. ~숙소 dormitorio para empleados.

사원(寺院) [불교의] templo budista; [기독교의] iglesia; [큰] catedral (f.); [회교의] mezquita. ~건축 arquitectura religiosa.

사원(私怨) rencor, enemistad personal, resentimiento.

사월(四月) abril, cuarto mes del año.

사위 [서랑] hijo político, yerno.

사유(私有) posesión privada. ~의 privado, de propiedad particular. ~ 재산 bienes privados, propiedad particular (privada). ~재산권 derecho de propiedad privada. ~재산제도 régimen de la propiedad privada. ~지 terreno particular. ~지에 출입 금지 Propiedad particular./ Prohibido el paso.

사유(思惟) pensamiento, reflexión.

사유(事由) razón (f.), causa. ~없이 sin razón.

사육(飼育) cría. ~하다 criar. ~자 criador.

사육제(謝肉祭) carnaval.

사은(謝恩) expresión de gratitud. ~회 ceremonia de agradecimiento, banquete de agradecimiento; [졸업의] banquete dado por los graduados en señal de gratitud a los profesores.

사의(辭意) intención de dimitir, intento de dimisión. ~를 표명하다 manifestar su intención de dimitir, presentar la dimisión. ~를 번복하다 desdecirse de su dimisión. 그의 ~는 굉장히 굳다 Tiene la intención firme de dimitir./ Está firmemente decidido a dejar el puesto.

사의(謝意) [감사] agradecimiento, gratitud. ~를 표해서 en señal de gratitud. ~를 표하다 expresar su gratitud, agradecer, manifestar su gratitud, expresar su agradecimiento.

사이 1 [공간] espacio; [간격] intervalo; [거리] distancia. ~에 entre.
2 [시간] intervalo, rato, vez, pausa. 잠깐 ~ durante algún tiempo, por algún tiempo. 한 시와 두 시 ~에 entre la una y las dos.
3 [관계] relaciones, conecciones. ~에 entre. 형제 ~이다 Somos hermanos./ Él es mi hermano.

사이다 sidra.

사이드카 carro lateral.

사이렌 sirena. ~이 울리다 Suena una sirena.

사이비(似而非) seudo-, falso. ~ 종교 religión falsa.

사이즈 tamaño.

사이클 ciclo.

사이클링 ciclismo.

사인 firma. ~하다 firmar.

사인(私人) persona privada, [individuo] particular. ~으로써 como un particular. 일개의 ~으로 살다 vivir como un simple particular.

사인(死因) causa de la muerte. 그의 ~은 가스 중독이다 Su muerte se debe a la intoxicación de gas.

사인(死人) muerto, difunto.

사임(辭任) dimisión, renuncia. ~하다 dimitir el puesto, renunciar el puesto.

사자(使者) mensajero, enviado. ~를 파견하다 enviar un mensajero a uno. …을 ~로 파견하다 enviar a uno de mensajero.

사자(獅子) [동] león. ~의 leonino. ~우리 leonera. ~코 nariz respingada. 암~ leona.

사자(死者) muerto, difunto.

사자(寫字) transcripción, copia. ~생 transcriptor, copista (m.f.), amanuense.

사자(嗣子) hijo heredero.

사장(社長) presidente, director general.

사장(死藏) atesoramiento. ~하다 conservar algo sin utilizarlo, tener algo empolvado. 이 원고는 도서관에 ~되었다 Este manuscrito ha estado encerrado en la biblioteca.

사장(師匠) maestro, profesor.

사장(社葬) funerales organizados por la compañía.

사재(私財) fortuna privada. ~를 털어서 con el dinero de su propio bolsillo. ~를 털다 sacrificar toda su fortuna.

서저(私邸) residencia privada.
사적(史跡) monumento histórico; [유적] restos, vestigio, ruinas.
사적(史的) histórico. ~유물론 materialismo histórico.
사적(私的) privado, personal, particular. ~으로 privadamente.
사적(射的) tiro al blanco.
사전(辭典) diccionario, léxico; [간단한] vocabulario; [백과사전] enciclopedia. ~을 찾다 consultar el diccionario. 어떤 말을 ~에서 찾다 buscar una palabra en el diccionario. ~ 집필자 autor de un diccionario. ~편찬[법] lexicografía. ~편찬자 lexicógrafo. 서한~ diccionario español-coreano. 한서~ diccionario coreano-español.
사전(事前) ~의 previo, anterior. ~에 previamente, de antemano, antes, con anticipación. ~ 공작을 하다 efectuar previas operaciones. ~협의[를 하다] [celebrar una] consulta previa. ~통고 aviso previo. 선거의 ~ 운동 campaña preelectoral.
사절(使節) enviado, mensajero; [대표] delegado. ~로 가다 ir como delegado. ~단 delegación, misión. ~단원 misionario. 경제~ misión económica. 문화~ enviado cultural; [집합적] delegación cultural.
사절(謝絶) rechazamiento, repulsa. ~하다 rehusar, rechazar, no aceptar. 면회~ Las visitas serán excusadas.
사정(事情) circunstancia, estado de cosas, situación; [이유] razón (*pl.* razones). 특수한 ~ circunstancias (condiciones) particulares. ~에 의해서 según las circunstancias. 피할 수 없는 ~으로 por causa de fuerza mayor, por circunstancias inevitables. 가정 ~으로 por razones de familia, por asuntos familiares. 이런 ~으로 siendo así las cosas, por (en) estas circunstancias. ~을 고려하다 tener en cuenta las circunstancias. ~을 설명하다 explicar el porqué. ~이 허락하면 si las circunstancias lo permiten. ~이 허락하는 한 en cuanto lo permitan las circunstancias. 상세한 ~을 말씀해 주십시오 Cuénteme las circunstancias detalladas. 외국 ~에 정통하다 estar versado en asuntos extranjeros. ~이 어떻더라도 en cualquier circunstancia. 옛날과는 ~이 다르다 La situación es distinta de la de hace muchos años. 주택 ~ situación de viviendas.
사정(射程) alcance, tiro. ~거리의 largo alcance. ~안 (밖)에 있다 estar al (fuera del) alcance.
사정(査定) tasación, evaluación. ~하다 tasar, evaluar, valorar. 재산의 ~ tasación de bienes. 세액을 ~하다 tasar las contribuciones. 그는 연수입 500만원으로 ~되었다 Evaluaron su ingreso anual en cinco millones de wones. 근무태도에 의해 보너스를 ~하다 evaluar la paga extraordinaria de acuerdo con *su* entrega al trabajo. ~액 avalúo.
사정(私情) sentimiento personal, afección privada. ~에 좌우되다 dejarse llevar por consideraciones (por sentimientos) personales. ~을 버리다 dejar aparte sentimientos personales.
사정(射精) eyaculación. ~하다 eyacular.
사제(師弟) maestro y discípulo.
사제(司祭) [카톨릭] sacerdote, cura (*m.*). ~관 casa sacerdotal (de párroco). ~직 sacerdocio. 부~ vicario. 주임~ párroco.
사조(思潮) movimiento de idea, corriente de pensamientos (de ideas). 근대 ~ corrientes del pensamiento moderno. 문예~ corrientes literarias.
사족(士族) [계급] linaje noble; familia noble.
사족(四足) cuatro piernas. ~의 cuadrúpedo. ~ 동물 cuadrúpedo.
사죄(謝罪) disculpa, perdón, excusa. ~하다 disculparse, excusarse, pedir perdón a *uno*. ~를 요구하다 pedir (exigir) disculpas de *uno*. ~ 광고를 신문에 게재하다 publicar *sus* disculpas (*sus* excusas) en un diario. ~문 petición de perdón por escrito. ~ 광고 anuncio de pedir perdón.
사죄(死罪) pena capital (de muerte).
사주(社主) dueño de la sociedad.
사주(砂洲) banco, bajío.
사주(使嗾) instigación. ~하다 instigar.
사증(査證) [여권의] visa, visto bueno, visado; [상] legalización. ~하다 visar, legalizar. ~을 받다 recibir el visto bueno [en el pasaporte]. 선하증권에 ~하다 legalizar el conocimiento [de embarque].
사지(死地) abismo de muerte. ~에 빠지다 correr peligro de morir. ~로 떠나다 partir para no volver jamás. ~를 탈출하다 escapar de la muerte.
사지(四肢) [cuatro] miembros, extremidades.
사직(司直) autoridades judiciales.
사직(辭職) resignación, dimisión, renuncia. ~하다 dimitir, renunciar, resignar; [국무총리 등이] renunciar (abandonar) el poder. ~을 권고하다 aconsejar a *uno* la dimisión. ~을 신청하다 presentar *su* misión. ~원 renuncia (dimisión) escrita.

사진(寫眞) fotografía, foto (*f.*). ~의 fotográfico. ~을 촬영하다 fotografiar *algo*. ~의 ~을 촬영하다 sacar (tomar; hacer) una foto de *algo·uno*. ~이 잘 나오다 (나오지 않다) salir bien (mal)[en la foto]. ~을 확대하다 ampliar una foto. ~을 인화하다 imprimir una foto [en la foto]. 그는 ~이 잘 나온다 Es fotogénico. 이 ~은 잘 찍혀 있다 Está bien tomada la foto. ~가 fotógrafo. ~기 máquina fotográfica, cámara [fotográfica]. ~관 taller de fotógrafo; [현상 등을 하는] estudio (laboratorio) fotográfico. ~반 sección de fotógrafos. ~식자 fotocomposición. ~전송 fototelegrafía. ~판·~판 fotograbado. ~ 제판하다 fotograbar. ~ 판정 decisión del ganador por fotografía. ~ 측량 levantamiento fotográfico.

사찰(査察) inspección, observación. ~하다 inspeccionar, observar. ~관 inspector. 공중~ inspección (observación) aérea.

사찰(寺刹) templo.

사찰(私札) carta privada.

사창(私娼) prostituta clandestina (de calle). ~굴 casa de mala fama, prostíbulo.

사채(社債) obligaciones (bonos) de sociedad anónima. ~를 발행하다 emitir obligaciones.

사철(四一) cuatro estaciones, estaciones del año; [부사적] todo el año, siempre. ~피는 꽃 flor perenne.

사철(私鐵) ferrocarril particular (privado), línea privada de ferrocarriles.

사철(砂鐵) arena ferruginosa.

사체(四體) miembro, parte del cuerpo.

사체(死體) cadáver, cuerpo[muerto]; [특히 인간의] restos mortales. ~를 화장하다 incinerar (quemar) el cadáver. 그는 ~로 발견되었다 Se encontraron muerto./ Apareció cadáver. ~ 안치소 depósito de cadáveres. ~ 유기죄 delito de abandono de cadáver. ~ 해부 autopsia, anatomía de un cadáver.

사촌(四寸) primo.; [여자] prima.

사춘기(思春期) adolescencia, pubertad, pubescencia. ~의 adolescente, púber. ~의 소년 muchacho adolescente.

사취(詐取) timo, fraude, estafa. ~하다 timar (defraudar·estafar) *algo* a *uno*.

사치(奢侈) lujo. ~스러운 lujoso, de lujo. ~세(稅) impuesto sobre el lujo. ~품 artículo de lujo.

사칙(社則) reglamento (estatuto) de la compañía.

사칭(詐稱) usurpación del nombre falso. ~하다 hacer una declaración falsa; [이름을] llamarse con [un] nombre falso; decir un hombre falso. ···라 이름을 ~하여 bajo (llamándose con) el nombre falso de···

시카린 sacarina.

사타구니 ingle.

사탕(砂糖) azúcar; [원당] azúcar bruto. ~을 넣다 echar azúcar en (a) *algo*. ~공업 industria azucarera. ~무 remolacha. ~수수 caña de azúcar. 각~ azúcar en terrón. 백~ azúcar refinado. 빙~ azúcar candi. 흑~ azúcar prieto, azúcar negro.

사태(事態) situación, coyuntura, caso, circunstancias. 이와같은 ~로는 en esta coyuntura, en estas circunstancias. ~를 수습하다 arreglar la situación. ~가 심각하다 Es una situación grave. ~는 악화 (호전)되어 가고 있다 Va empeorando (mejorando) la situación.

사택(私宅) su hogar, casa (residencia) privada.

사택(社宅) viviendas. A사의 ~ viviendas de la compañía A.

사퇴(辭退) renunciación, denegación. ~하다 renunciar, rehusar, excusarse de (negarse a) + *inf.* 사장 취임을 ~하다 negarse cortésmente a ocupar la presidencia de la compañía.

사투(死鬪) lucha (combate) a muerte. ~하다 combatir (luchar) a muerte.

사투리 dialecto, acento. 지방 ~ dialecto (acento) provincial.

사파(娑婆) este mundo. ~의 mundano.

사파이어 zafiro.

사팔눈[ojo] ojizaino. ~의 ojizaino, bizco, bisojo.

사팔뜨기 estrabismo;[사람] bizco, bizca.

사표(辭表) carta de dimisión. ~를 쓰다 escribir la carta de dimisión. ~를 수리하다 (기각하다) aceptar (rechazar) la dimisión. ~를 제출하다 presentar la dimisión.

사푼사푼 suavemente, con un paso ligero, ligeramente. ~ 걸어가다 andar ligeramente, ir con pasos ligeros.

사학(史學) historia, ciencia histórica. ~과 sección de historia. ~자 historiador, ·ra.

사학(私學) escuela privada (particular); [대학] universidad privada. ~ 교육 enseñanza privada. ~ 조성금 subsidio a la enseñanza privada.

사항(事項) [항목] artículo; [문제] cuestión, problema (*m*); [주제] tema (*m.*), sujeto; [제재] materia. 토의~ tema de discusión, asunto que se ha de tratar[en

사해(四海) cuatro mares, todo el mundo. ~가 평온하다 Todo el mundo está en paz.

사해(死骸) cadáver, cuerpo muerto.

사행(私行) conducta privada.

사행(射倖) ~적인 aleatorio. ~심 espíritu aleatorio, espíritu especulativo. ~심을 조장하다 excitar el espíritu aleatorio.

사향(麝香) almizcle. ~내가 나다 oler a almizcle. ~고양이 gato de algalia. ~노루 【동】 almizclero, cabra de almizcle.

사혈(瀉血) sangría. ~하다 sangrar. ~기 ventosa.

사형(死刑) pena capital (de muerte). ~을 구형하다 demandar para *uno* la pena de muerte. ~을 선고하다 condenar a *uno* a muerte, distar a *uno* la pena de muerte. ~을 집행하다・~에 처하다 ejecutar (aplicar) a *uno* la pena de muerte. ~을 폐지하다 abolir la pena de muerte. ~이 된 reo de muerte, condenado a muerte. ~ 선고 condena a (sentencia de) muerte. ~ 집행 ejecución de la pena de muerte. ~ 집행인 verdugo.

사형(私刑) linchamiento. ~을 가하다 linchar.

사형(舍兄) mi hermano.

사화(史話) cuento histórico.

사화(私和) reconciliación. ~하다 reconciliar.

사화산(死火山) volcán apagado.

사환(使喚) muchacho para hacer mandados.

사활(死活) ~문제 cuestión de vida o de muerte (de importancia vital).

사회(社會) sociedad; 【세간】 mundo. ~의・~적 social. ~의 일원이다 ser un miembro de la sociedad. ~에 나가다 salir al mundo. ~에 공헌하다 contribuir a la sociedad (al bienestar social). ~를 위해 일하다 trabajar por el bienestar social. ~적 견지에서 desde el punto de vista social. ~적 지위를 얻다 conseguir una posición social. ~적으로 매장하다 poner a *uno* al margen de la sociedad. ~ 개량 reforma social. ~ 경제 economía social. ~ 계급 clase social. ~계약 contrato social. ~ 공학 ingeniería social. ~과 asignatura (formación) social. ~ 과학 ciencias sociales. ~ 구조 estructura social. ~당 partido socialista. ~ 도덕 moralidad (moral) social. ~면 【신문의】 sucesos. ~ 문제 problema social. ~ 민주주의 democracia social, socialdemocracia. ~ 민주주의자 socialdemócrata (*m.f.*). ~ 보장 seguridad social. ~ 보험 seguro social. ~ 복귀 rehabilitación social. ~ 복지 bienestar social. ~ 봉사 auxilio (servicio・asistencia) social. ~부 [신문사의] sección de sucesos [del periódico]. ~ 불안 malestar social. ~ 사업 obra social, obra de utilidad pública. ~ 생활 vida social. ~ 자본 capital de índole social. ~ 정세 situación social. ~ 정책 política social. ~ 조직 organismo social. ~주의 socialismo. ~주의의 socialista. ~주의자 socialista (*m.f.*). ~학 sociología. ~학적 인 sociológico. ~학자 sociólogo, -ga. ~ 현상 fenómeno social. ~화 socialización. ~화하다 socializar.

사회(司會) presidencia [de una reunión]. ~하다 presidir, dirigir. A씨의 ~로 bajo la presidencia del señor A. 회를 ~하다 presidir una reunión. 토론[회]을 ~하다 dirigir la discusión, presidir el debate. 회의의 ~는 A씨다 El presidente (El director) de la reunión es el señor A. ~자 presidente, -ta; [연예 등의] presentador.

사후(死後) después de la muerte. ~의 명성 fama póstuma. ~의 세계 otro mundo, mundo de ultratumba. ~출판의 작품 obra póstuma. 시체는 ~ 20시간이 됐다 Ya lleva veinte horas de cadáver./ El cuerpo ya lleva veinte horas muerto. ~ 경직 rigidez cadavérica.

사후(事後) después del hecho. ~ 승락 aprobación post factum (después del hecho consumado). ~에 승락을 구하다 pedir la aprobación después del hecho (más tarde・ulteriormente). ~ 처리 arreglo (despacho) ulterior de *algo*.

사흘날 tercer día (día tres) del mes.

사흘 [3일] tres días; [사흗날] tercer día del mes. ~동안 tres días. ~걸러 cada cuatro días.

삭감(削減) reducción, disminución. ~하다 reducir, disminuir. 예산 (인원)을 ~하다 reducir el presupuesto (el personal).

삭막(索寞) ~한 desolado. ~한 인생 vida desolada. ~한 풍경 paisaje desolado.

삭발(削髮) corte de pelo. ~하다 cortar[se] pelo.

삭월(朔月) nueva luna.

삭월세(朔月貰) alquiler mensual. ~방 habitación alquilada. ~집 casa alquilada.

삭이다 digerir. 음식을 ~ digerir el alimento.

삭일(朔日) primer día del mes lunar.

삭제(削除) omisión, borradura, supresión. ~하다 omitir, borrar, suprimir, tachar. 본문에서 1행을 ~하다 suprimir una línea del texto. 명부에서 이름을 ~하다 borrar de la lista el nombre de *uno*.

삭풍(朔風) viento norte del invierno.
삭히다 digerir; [발효] hacer fermentar.
삯 [품삯] salario, sueldo, jornal, paga; [요금] pasaje; [보수] remuneración, recompensa.
산(山) monte, montaña. ~이 많은 montañoso. ~을 올라가다 (내려가다) subir (bajar) al monte.
산(酸) ácido. ~의 ácido. ~처리 tratamiento ácido.
-산(-山) el monte. 남~ el monte Nam.
산간(山間) montañas. ~의 entre montañas, montañoso.
산개(散開) despliegue. ~하다 desplegarse.
산계(山系) sistema montañoso.
산고(産故) parto, dolores de parto. ~로 죽다 morir de parto.
산꼭대기(山-) cumbre (cima) de la montaña.
산골(山-) distrito montañoso.
산과(産科) obstetricia, tocología. ~의사 tocólogo. ~병원 casa de maternidad.
산기(産氣) ~가 있다 sentir los primeros dolores del parto.
산기슭(山-) pie (m.) del monte.
산더미(山-) montón.
산돼지(山-) 【동】 jabalí.
산들바람 brisa.
산뜻하다 ser claro (fresco·vivo) 산뜻한 빛 color claro.
산란(産卵) postura de huevos. ~하다 poner huevos; [고기의] desovar, frezar. ~기 época de puesta; [고기의] desove, freza.
산란(散亂) dispersión. ~하다 dispersarse, desparramarse, esparcirse.
산록(山麓) pie del monte. ~에 al pie del monte. ~의 마을 pueblo que está al pie del monte.
산림(山林) bosque, selva. ~국 departamento de silvicultura.
산만(散漫) distracción, falta de atención, descuido. ~한 [주의가] distraído, desatento, descuidado; [문장의] flojo; [생각이] confuso, impreciso. 그는 주의가 ~했다 Está desatento./ Le falta la concentración de espíritu.
산매(散賣) venta por menor. ~하다 vender al por menor (al menudeo). ~상 lonjista (m.f.), tendero, comerciante por menor, revendedor.
산맥(山脈) sierra, cordillera, cadena montañosa. 안데스~ los Andes.
산명수려(山明水麗) belleza escénica, vista pintoresca.
산모(産母) mujer en el sobreparto.
산목숨 su vida.

산문(山門) [산의 어귀] entrada del monte; [절의 문] entrada del templo budista; [절] templo budista.
산문(産門) vulva, vagina, conducto sexual que se extiende desde la vulva hasta la matriz.
산문(散文) prosa. ~적인 prosaico. ~으로 쓰다 escribir en prosa. ~시 poema en prosa, prosa poética.
산물(産物) productos. 부~ producto accesorio.
산미(酸味) acidez. ~한 ácido.
산발(散發) 총성이 ~적으로 들렸다 Se oyeron disparos esporádicamente.
산발(散髮) pelo desmechado. ~하다 cortarse el pelo; [다른 사람을] cortar el pelo a uno.
산벼락 experiencia horrible.
산보(散步) paseo. ~하다 pasear[se], dar un paseo, tomar un paseo; dar una vuelta, tomar el aire. ~하러 가다 ir de paseo. 공원에 ~하러 가다 ir de paseo al parque, ir al parque a dar un paseo. 그 주변을 ~할려고 한다 Voy a dar una vuelta por allí.
산복(山腹) ladera, falda. ~에 있는 집 casa en las faldas de la montaña.
산봉(山峰) cima, cumbre, pico.
산봉우리(山-) cima, cumbre, pico.
산부(産婦) mujer parida, mujer en cinta, parturienta.
산부인과(産婦人科) ginecología. ~의사 ginecólogo, -ga.
산붕(山崩) derrumbamiento, derrumbe.
산사(山寺) templo en el monte.
산사람(山-) montañés.
산사태(山沙汰) derrumbamiento, derrumbre.
산산이(散散-) en pedazos. ~ 부서지다 romperse en pedazos.
산산조각(散散-) pedazos rotos, fragmentos, fracciones. ~으로 부서지다 romperse en pedazos.
산삼(山蔘) ginseng silvestre.
산성(酸性) acidez. ~의 ácido. ~으로 만들다 acidar, acidificar. ~매체 (염료) catalizador (colorante) ácido. ~반응 reacción de ácido. ~염 sal ácida.
산소(酸素) oxígeno. ~ 결핍증 anoxemia. ~산 oxácido. ~ 아세칠렌 용접 soldadura oxiacetilénica. ~ 펌프 bomba de oxígeno. ~ 흡입 inhalación de oxígeno.
산소(山所) sepultura, tumba, sepulcro.
산수(山水) montañas y agua; [경치] vista, paisaje.
산수(算數) aritmética, matemática.
산술(算術) aritmética.
산스크리트 sánscrito. ~어 sánscrito.

산실(産室) sala de partos, cuarto de maternidad.
산아제한(産兒制限) control de natalidad. ~을 하다 controlar la natalidad.
산악(山岳) montaña, sierra. ~이 많은 montañoso. ~국이 많은 montañoso. ~ 지방 región montañosa. ~회 asociación de alpinistas.
산액(産額) [cantidad de] producción.
산야(山野) campos y montañas.
산약(散藥) medicina en polvo.
산양(山羊) cabra montés; [염소] cabra, chiva, cabrón; [면양] antílope.
산업(産業) industria. ~의 industrial. ~계 círculos industriales, mundo industrial. ~별 노동조합 asociación sindical por industrias. ~분야 rama industrial. ~의 비금 reservas industriales. ~스파이 espía industrial. ~자본 capital industrial. ~합리화 racionalización industrial. ~혁명 revolución industrial. 1차(2차·3차) ~ industrias primarias (secundarias·terceras).
산욕(産褥) sobreparto. ~중이다 estar de parto. ~열 fiebre puerperal.
산울림 eco. ~이 울리다 resonar, formar eco.
산원(産院) [casa de] maternidad.
산월(産月) mes de parto.
산일(散逸) dispersión. ~하다 dispersar, perderse.
산자수명(山紫水明) belleza escénica, paisaje pintoresco.
산장(山莊) quinta de montaña, villa, casa de campo, chalet [de montaña].
산재(散在) ~하다 estar esparcido (diseminado), encontrarse disperso. 이 지방에는 작은 마을들이 ~해 있다 Esta comarca está salpicada (punteada) de pequeñas aldeas.
산재(散財) expensas, derroche. ~하다 gastar dinero, derrochar.
산적(山賊) bandido, bandolero, salteador de caminos.
산적(山積) montón. 문제가 ~해 있다 Están amontonados (acumulados) los problemas./ Hay un montón de problemas.
산전(産前) antes de parto. ~산후에 antes y después de parto.
산정(山頂) cumbre, cima, cúspide (f.). [꼭대기] pico.
산정(算定) cálculo; [평가] estimación. ~하다 calcular; estimar. 피해액을 ~하다 calcular los daños recibidos.
산중(山中) ~에 en la montaña, entre montañas. 피레네 ~의 촌 pueblo pirenaico.

산지(産地) lugar de producción, región productora, [lugar de] origen; [나라] país productor. 이 지방은 동의 ~로 유명 하다 Esta región es famosa por la producción de cobre. 이 밀의 ~는 어디입니까 ¿De dónde es este trigo?
산지(山地) región montañosa, tierra montañosa.
산채(山菜) hortalizas naturales de la montaña. ~요리 comida de hortalizas naturales de la mañana.
산책(散策) paseo. ~하다 pasear[se], dar un paseo. 아침 ~ paseo matutino. ~나가 다 ir de paseo. 정원을 ~하다 pasear[se] (dar un paseo) por el jardín.
산천(山川) monte y arroyo. ~ 초목 naturaleza, paisaje, plantas y árboles.
산촌(山村) aldea montañosa, pueblo entre montañas.
산출(産出) producción. ~하다 producir. 이 공장은 연간 1천만톤의 철강을 ~한다 Esta fábrica produce diez millones de toneladas de acero al año. ~액 producción. 석유 ~국 país productor de petróleo.
산출(算出) cuenta. ~하다 contar, calcular, computar.
산타클로스 Papá Noel.
산탄(散彈) perdigones. ~총 escopeta.
산토끼 liebre.
산파(産婆) partera, comadrona. ~역을 하 다 hacer de medianero.
산포(散布) esparcimiento. ~하다 esparcir, diseminar, desparramarse.
산하(山河) montañas y mares.
산하(傘下) ~의 afiliado, asociado. …의 ~에 들어가다 afiliarse (asociarse) a *algo*. ~의 기업 empresas afiliadas a…. ~의 조합 sindicatos asociados a….
산학(算學) aritmética.
산학(山學) orología.
산학(産學) ~ 협동 cooperación industrial-universitaria.
산해(山海) montañas y mares.
산해진미(山海珍味) comida espléndida.
산호(珊瑚) coral. ~초 barrera coralina, arrecife (escollo) coralino.
산화(酸化) oxidación. ~하다 oxidarse. ~물 óxido. ~염 llama oxidante. ~제 oxidante.
산회(散會) levantamiento de la sesión, clausura. ~하다 levantarse la sesión, clausurar.
살¹. [일반적으로] carne (f.); [근육] músculo.
살²[화살] flecha, saeta.
살³[나이] años [de edad]. 스무 ~ veinte

살갗 cutis.
살결 cutis, tez, color. 고운 ~ hermoso cutis, bello color.
살구 【식】 albaricoque. ~나무 albaricoquero.
살균(殺菌) esterilización. ~하다 esterilizar. ~제 esterilizador.
살그머니 furtivamente, ocultamente, en secreto, secretamente, a escondidas.
살기(殺氣) sed por sangre. ~가 서리다 ponerse furioso.
살다 vivir, habitar, morar. 산 vivo. 선생님께서는 어디에서 사십니까 ¿Dónde vive Vd.?
살륙(殺戮) ⇨ 살육.
살리다 ⇨하다 salvar.
살림 [생계] modo de vivir (de ganar la vida); [살림살이] vida. 집안 ~ vida doméstica.
살림꾼 ama de gobierno, ama de llaves.
살림살이 manejo de los asuntos domésticos.
살며시 en secreto, secretamente.
살무사 víbora.
살벌(殺伐) ~한 brusco, arisco, violento, bárbaro, brutal. 이 지방은 아직 ~하다 Aún reina la brutalidad en esta región.
살생(殺生) ~하다 matar animales. ~금지 지역 lugar vedado de caza y pesca.
살수(撒水) ~하다 regar. ~기 regadera. ~차 carro de regar.
살아나다 revivir, volver a vivir; [위기 모면] escapar; [재기] recobrar.
살아생전(－生前) [durante] el tiempo de la vida. ~에 en su vida.
살얼음 hielo delgado.
살육(殺戮) matanza, mortandad, carnicería, masacre. 주민을 ~하다 hacer una matanza (una carnicería) de los habitantes.
살의(殺意) propósito homicida, intención de matar. ~를 품다 abrigar un propósito homicida.
살인(殺人) homicidio, asesinato. ~[죄]를 범하다 cometer un homicidio, asesinar. ~적 homicida. ~ 광선 rayo homicida. ~범 homicida (m.f.), asesino. ~ 사건 caso de homicidio. ~ 용의자 inculpado (acusado) de homicidio, presunto homicida.
살짝 [모르게] furtivamente, a escondidas, en secreto, secretamente; [쉽게] fácilmente, con facilidad, sin esfuerzos; [가볍게] ligeramente.
살찌다 engordar.
살촉(－鏃) punta de flecha.
살충제(殺虫制) insecticida. 나무에 ~를 뿌리다 rociar los árboles con insecticida.
살펴보다 mirar alrededor.
살풍경(殺風景) insipidez. ~한 desencantado, insípido, sin sabor, prosaico. ~한 경치 paisaje muerto. ~한 방 habitación sin adorno alguno.
살피다 mirar alrededor; [판단] juzgar.
살해(殺害) asesinato, matanza, homicidio. ~하다 matar, asesinar. ~자 asesino.
삵괭이 lince, gato silvestre.
삶 vida, existencia.
삶다 1 [물에] hervir, cocer. 삶은 계란 huevos duros (cocidos).
2 [사람을] aplacar, apaciguar, pacificar, calmar.
삼 【식】 cáñamo. ~으로 만든 cañameño.
삼(蔘) ginseng.
삼(三) tres. 제~[의] tercero. ~분의 일 un tercio, una tercera parte. 제~과 la lección tercera, la lección tres. 제~학년 tercer año.
삼가다 [조심] cuidar, tener cuidado; ser prudente; [억제·절제] abstenerse, privarse de.
삼각(三角) triangular. ~ 관계 relación triangular, triángulo amoroso. ~ 모자 sombrero de tres picos, tricornio. ~ 무역 comercio triangular. ~자 escuadra. ~법 trigonometría. ~주 delta. ~ 함수 función trigonométrica. ~형 triángulo. ~형의 triángulo, triangular.
삼각(三脚) 【사】 trípode. 이 인(二人) ~ 【운】 carrera de tres piernas.
삼경(三景) las tres maravillas paisajísticas.
삼경(三更) medianoche.
삼국(三國) tres naciones. ~통일 unificación de los tres naciones.
삼권분립(三權分立) separación de los tres poderes [legislativo, ejecutivo y judicial].
삼극관(三極管) tríodo.
삼년(三年) tres años. ~마다 cada tres años. ~마다의 trienal. ~생 alumno de tercer año, estudiante de tercer curso.
삼단뛰기(三段－) triple salto.
삼단론법(三段論法) silogismo. ~으로 논하다 argumentar con silogismos.
삼대(三代) tres generaciones.
삼두근(三頭筋) 【해】 tríceps.
삼두정치(三頭政治) triunvirato.
삼등(三等) tercera clase; [경기의] tercer

삼등분(三等分) ~하다 dividir (partir) algo en tres partes iguales.

삼라만상(森羅萬象) universo, naturaleza, toda la creación.

삼루(三壘) base tercera. ~수 beisbolista de la base tercera. ~타 golpe de base tercera.

삼류(三流) tercer grado, clase tercera. ~의 del tercer grado, de clase tercera; [명범한] de medio pelo, mediocre.

삼륜차(三輪車) triciclo.

삼림(森林) bosque; [밀림] selva. ~의 forestal. ~개발 (행정) explotación (administración) forestal. ~지대 zona forestal.

삼매(三昧) absorción, concentración, devoción.

삼면(三面) tres lados; [신문의] tercera página. ~경 luna de tres espejos. ~기사 noticias urbanas, sucesos.

삼모작(三毛作) tres cosechas anuales. ~을 하다 recoger tres cosechas anuales.

삼바(춤) zamba.

삼발이 trípode (m.f.).

삼배(三倍) tres veces, triple. ~의 triple. ~하다 triplicar. ~로 되다 hacerse triple, triplicarse. ~의 크기가 …보다 세 veces más grande que…. 사람수를 ~로 하다 triplicar el número de personas. 2의 ~는 6이다 El triple de dos (son) seis. 9는 3의 ~이다 Nueve son el triple de tres. 이 줄은 그것보다 ~ 길다 Esta cuerda es tres veces más larga que ésa. 가격은 1년에 ~나 올랐다 El precio se ha triplicado en un año.

삼복(三伏) canícula, los días caniculares.

삼분(三分) trisección. ~하다 dividir algo en tres partes.

삼삼오오(三三五五) en grupos pequeños, por doses y treses.

삼상(三相) ~교류 corriente trifásica. ~전 동기 motor trifásico.

삼색(三色) tricolor, de tres colores. ~기 bandera tricolor (de la Tricolor). ~판 tricolotipia.

삼세(三世) tres generaciones, tercer generación.

삼승(三乘) cubo, tercera potencia, potencia de tercer grado. ~하다 cubicar, elevar a la tercera potencia. 2의 ~은 8이다 El cubo de dos son ocho. ~근 raíz cúbica.

삼십(三十) treinta. 제~번째 [의] trigésimo. ~분 media hora, treinta minutos. 지금 5시 ~분이다 Son las cinco y media ahora.

삼원색(三原色) los tres colores fundamentales (primarios).

삼월(三月) marzo.

삼위일체(三位一體) Trinidad. ~설 Trinitarianismo.

삼인(三人) tres personas. ~조 trío. ~이 타는 요트 yate de tres tripulantes.

삼인칭(三人稱) tercera persona. ~으로 말 하다 hablar en tercera persona. 동사의 ~ 복수형 tercera persona del plural del verbo.

삼일(三日) el [día] tres del mes; [3일간] tres días.

삼자(三者) tres [personas]. ~회담 conferencia tripartita (entre tres).

삼중(三重) ~하다 triplicar. ~충돌 triple choque.

삼중주(三重奏) trío, tercete (곡).

삼진(三振) 【운】 tres golpes en vano. ~하 다 golpear tres veces en vano.

삼차(三次) 【수】 tres dimensiones. ~의 tres dimensiones; tercero. ~방정식 ecuación de tercera potencia (de potencia de tercer grado). ~식 expresión cúbica. 제~ 계획 la tercera fase del plan, el tercer plan.

삼촌(三寸) tío.

삼층(三層) tres pisos; segundo piso.

삼키다 tragar, deglutir, engullir.

삼팔선(三八線) paralelo 38 grado.

삼행(三行) tres renglones. ~광고 anuncio breve (de tres renglones).

삼회(三回) tres veces.

삽(鍤) pala. ~로 퍼지다 traspalar.

삽시간(霎時間) momento, instante.

삽입(挿入) inserción. ~하다 insertar, intercalar. ~구 paréntesis. ~절 inciso.

삽화(挿話) episodio, anécdota.

삽화(挿畵) ilustración, grabado. ~가 들어 있는 ilustrado. ~에 ~넣다 ilustrar algo [con grabado]. ~화가 ilustrador, -ra.

삿갓 sombrero de bambú.

상(喪) luto. ~을 입다 estar de luto.

상(床) mesa. ~을 차리다 poner la mesa. ~을 차려 놓았다 La mesa está lista.

상(賞) premio, recompensa, galardón. ~을 수여하다 · ~을 주다 premiar (recompensar · galardonar) a uno. ~을 받다 recibir un premio. ~을 획득하다 ganar (obtener) un premio. ~을 제정하다 fundar un premio. 금~ premio áureo. 노벨 ~ Premio Nobel. 일등 (이등) ~ primer (segun-

상(上) [상顧] primer tomo (volumen), tomo primero (I); [등급] grado superior, clase alta. ~의 superior, primero. 그의 성적은 ~에 속한다 Se sitúa entre los mejores.

상(相) [용모] fisionomía, aspecto;【화】【전】【천】 fase.

상(像) imagen (*pl.* imágenes), figura; [조각상] estatua; [흉상] busto. …의 ~을 세우다 levantar (erigir) una estatua a *uno*. 마리아~ Imagen de María.

상(商) 【수】 cociente.

상가(商家) tienda.

상가(商街) centro, parte céntrica de una ciudad.

상가(喪家) familia en luto.

상각(償却) amortización. ~하다 amortizar. 부동산의 ~ amortización de inmuebles.

상객(上客) buen cliente; [집합적] clientela selecta.

상객(常客) cliente (*m.f.*), parroquiano.

상견(相見) entrevista. ~하다 verse, encontrarse.

상경(上京) ~하다 ir a la capital, ir [오다] venir] a Seúl. 그는 지금 ~해 있다 Está temporalmente en la capital.

상고(上告) apelación [a un tribunal superior]; [대법원에] recurso de casación. ~하다 apelar; recurrir.

상공(商工) comercio e industria. ~부 Ministerio de Comercio e Industria. ~부장관 Ministro de Comercio e Industria. ~업 comercio e industria. ~회의소 Cámara de Comercio e Industria.

상공(上空) ~에 지나가다 pasar por el aire. 시(市)의 ~에 sobre la ciudad. 마을의 ~에 sobre el pueblo. 100미터 ~에 a una altura de cien metros. ~에서 desde lo alto del cielo. 서울 ~을 나르다 volar [por] sobre ([por] encima de) Seúl.

상과(商科) curso comercial (de comercio). ~대학 facultad de comercio, escuela superior de comercio.

상관(上官) ~의 명에 따르다 obedecer las órdenes de *su* superior.

상관(相關) correlación. ~적인 correlacional. …과 ~ 관계에 있다 estar en correlación con *algo*. ~ 계수 coeficiente de correlación.

상권(上卷) tomo I (primero).

상권(商權) [권력] poder comercial; [권리] derechos comerciales.

상궤(常軌) curso normal, camino recto. ~를 벗어나다 desviarse del curso regular, descarriarse.

상극(相剋) conflicto, lucha.

상근(常勤) ~의 regular; [전속의] titular. ~ 강사 lector numerario; [여자] lectora numeraria.

상금(賞金) premio en moneda (dinero). ~을 제공하다 ofrecer premio a *algo*, ofrecer una suma [como premio] a *algo*. 그 시합에는 ~이 걸려있다 En esa competición se ofrece una prima al ganador.

상급(上級) rango alto, clase superior. ~의 superior. 그는 대학에서 나보다 2년 ~이다 Es dos años superior a mí en la universidad. ~생 estudiante de curso superior. ~ 재판소 tribunal superior. ~학년 clases superiores. 서반아어 ~ 강좌 curso superior de lengua española.

상기(想起) ~하다 recordar, acordarse de *algo*. ~시키다 recordar (evocar) *algo* a *uno*.

상기(上記) ~의 arriba mencionado, susodicho. ~의 목적 los objetivos arriba mencionados. ~ 장소 dirección susodicha.

상기(上氣) ~한 볼 (얼굴) mejilla (rostro) encendido (enrojecido).

상냥 afabilidad. ~한 afable.

상념(想念) noción, concepción, idea.

상다리(床-) patas de la mesa.

상단(上段) [옷장 등의] anaquel superior; [계단·교실 등의] gradería superior; [침대차의] litera superior (de arriba).

상단(上端) extremo superior.

상달(上達) progreso, adelanto. ~하다 progresar, adelantar.

상담(相談) consulta. ~하다 consultar. ~을 받다 consultarse. ~역 consejero. ~자 consultador.

상담(商談) trato; [교섭] negociaciones negocio. ~을 행하다 negociar (tratar) un asunto con *uno*. ~을 결정하다 (파기하다) concluir (romper) un trato.

상당(相當) ~하다 ser adecuado, ser apropiado, ser razonable, ser considerable, corresponder a. ~한 adecuado, apropiado, razonable, considerable.

상대(上代) antigüedad, edad antigua, tiempo antiguo. ~의 antiguo.

상대(相對) relatividad. ~적 relativo. ~적으로 relativamente. ~성 원리 teoría de la relatividad. ~주의 del relativismo ~주의자 relativista (*m.f.*).

상도덕(商道德) moral (*f.*) comercial.

상등(上等) mejor calidad. ~의 superior, fino, de [buena] calidad, de calidad superior. ~병 soldado de primera clase. ~품 artículo de mejor calidad. 다른 ~품을 보여주십시오 Enséñeme otro de mejor calidad.

상례(常例) uso común, costumbre. ~에 반

(反)하다 obrar contra la práctica establecida.

상록(常綠) ~의 perenne. ~수 árbol de hoja perenne.

상론(詳論) explicación (exposición) detallada; [의논] discusión minuciosa. ~하다 explicar (exponer) detalladamente; discutir minuciosamente.

상류(上流) [강의] parte más alta del río; corriente superior, alta clase. ~의 de altas clases, de curso superior. ~에 río arriba. 아마존강 ~ 지역 el alto Amazonas. 다리는 이곳에서 2킬로 ~에 있다 El puente está dos kilómetros más arriba de aquí. ~ 계급 social distinguida (superior), clase alta;[사람들] gente de la alta sociedad. ~ 사회 alta (buena) sociedad, gran mundo. ~ 사회에 출입하다 frecuentar la buena sociedad.

상륙(上陸) ~하다 desembarcar, tomar (bajar a) tierra. 부대는 인천에 ~했다 La unidad desembarcó en Inchón. 태풍은 제주도에 ~했다 El tifón llegó a (alcanzó) la costa de Chechu. ~용 주정(舟艇) barcaza de desembarco. ~작전 operación de desembarco.

상말(常—) palabras vulgares, vulgarismo.

상면(相面) ~하다 verse, encontrarse.

상무(尙武) militarismo, espíritu militar (marcial).

상무(商務) comercio, negocios comerciales. ~관 agregado comercial.

상무(常務) negocios ordinarios, deberes diarios. ~이사 director gerente.

상반(相反) contradicción, reciprocidad. ~하다 ser contrario mutuamente.

상반기(上半期) primer semestre, primera mitad del año.

상반신(上半身) medio cuerpo para arriba, parte superior del cuerpo.

상방(上方) parte superior.

상배(賞杯) copa [de premio]. ~를 수여하다 conceder un trofeo.

상벌(賞罰) premio y (o) castigo. ~없음 [이력서] No hay premio ni castigo.

상법(商法) [법률] comercial; [법전] código comercial.

상보(床褓) cubierta de mesa.

상보(詳報) información completa, noticia con todo detalle, relato circunstanciado. ~하다 informar detalladamente (con todo detalle) sobre algo, dar una información completa sobre algo.

상복(喪服) luto, traje de duelo, traje de luto. ~을 입다 vestirse de luto, vestirse de negro. 과부의 ~ luto de viuda. 약식 ~ medio luto.

상봉(相逢) encuentro mutual. ~하다 encontrarse con uno, verse.

상부(孀婦) viuda joven.

상부(上部) parte superior. ~의 superior. ~ 구조【건·경】 superestructura. ~조직 organización superior.

상부(相扶) ⇨상부 상조.

상부 상조(相扶相助) ayuda mutua.

상비(常備) ~하다 proveer [de] algo permanentemente. ~의 permanente. ~군 ejército permanente. 가정~약 [집합적] botiquín de casa.

상사(上士) sargento.

상사(上司) superior. 그는 나의 ~이다 Él es mi superior.

상사(商社) casa de comercio, compañía (sociedad·firma) comercial.

상사(商事) asuntos comerciales, negocios [comerciales]. ~ 계약 contrato comercial. ~ 재판소 tribunal comercial. ~사 firma comercial.

상사람(常—) hombre común.

상사병(相思病) ~에 걸리다 estar enamorado de.

상상(想像) imaginación, fantasía. ~하다 imaginar, suponer. ~력 facultad imaginativa.

상석(上席) [좌석] asiento (silla) superior; [주빈석] sitio de honor.

상선(商船) barco (buque) mercante (de comercio); [집합적] marina mercante. ~대 flota mercantil.

상설(常設) ~하다 establecer algo permanentemente. ~의 permanente. ~시장 mercado. ~영화관 cine permanente. ~위원회 comisión (junta·comité) permanente.

상세(詳細) detalle, pormenores. ~한 minucioso, detallado. ~히 minuciosamente, detalladamente, en detalle, con minuciosidad. ~히 설명하다 explicar algo en detalle, referir los pormenores de algo, detallar algo. 사건을 ~하게 알다 enterarse de los detalles del asunto. 그의 보고는 매우 ~하다 Sus informes son muy detallados. ~한 것은 사무국에 문의하여 주십시오 Para mayores detalles, diríjanse a la secretaría. ~한 것은 당사에 조회해 주십시오 Para más informes escriban a nuestra oficina.

상소(上訴) apelación [a una jurisdicción superior]. ~하다 apelar. 판결에 대해서 ~하다 apelar de (contra) la sentencia.

상속(相續) herencia, sucesión. ~하다 heredar. ~권 derecho de sucesión. ~인 heredero.

상수(常數) constante (f.).

상수도(上水道) acueducto, servicio de agua.

상순(上旬) principios del mes. 3월 ~에 a principios (a comienzos) [del mes] de marzo.

상술(詳述) descripción (relación) detallada, exposición minuciosa, especificación. ~하다 describir detalladamente, referir minuciosamente, especificar.

상술(上述) ~한 arriba mencionado, antedicho, precitado, dicho arriba, sobredicho.

상습(常習) hábito, costumbre. ~범 delincuente *(m.f.)* habitual. 그는 소매치기 ~범이다 Es un ratero habitual. 그는 지각 ~자이다 Llega siempre tarde. 마약 ~자 toxicómano.

상승(上昇) subida, elevación, ascensión, ascenso, alza. ~하다 subir, elevarse, ascender. 물가가 ~했다 Han subido los precios. 비행기가 ~한다 El avión sube. ~경향 tendencia ascendente (al alza). ~곡선 curva ascendente. ~기류 corriente atmosférica ascendente. ~속도 velocidad de ascenso. 실용 ~ 한도 techo práctico (de servicio).

상승(常勝) ~가도를 가다 tener una trayectoria invencible. ~ 장군 general siempre victorioso.

상시(常時) tiempo usual, siempre(부사적 으로).

상식(常識) sentido común; [양식] buen sentido; [초보적 지식] conocimiento elemental. ~이 있는 que tiene [el] sentido común; de buen sentido. [이성적] razonable. ~적인 생각 idea banal. ~으로 판단하다 juzgar *algo* según (de acuerdo con) el sentido común. ~을 결여하다 carecer de sentido común. ~밖의 행위를 하다 actuar con insensatez (sin sentido común). 그것은 ~이다 Todo el mundo lo sabe./ Es bien conocido.

상식(常食) comida usual, comida corriente. 쌀을 ~하다 vivir (alimentarse) de arroz.

상신(上申) ~하다 hacer una relación [a un superior]. ~서 relación, memoria escrita.

상실(喪失) pérdida. ~하다 perder. 자신을 ~하다 perder *su* propia confianza (la confianza en *sí* mismo).

상심(傷心) ~하다 apesadumbrarse, acongojarse. ~의 afligido, acongojado, apenado. 그는 ~끝에 병이 됐다 Cayó enfermo de aflicción./ Se afligió tanto que se puso enfermo.

상아(象牙) marfil. ~색 color marfil. ~세공 [obra de] marfil. ~조각 escultura de marfil. ~질[이의] marfil, dentina. ~탑 torre de marfil.

상악(上顎) quijada (mandíbula) superior. ~의 maxilar. ~골 hueso maxilar.

상애(相愛) amor mutuo. ~하다 amorse [uno a otro].

상어(-魚) tiburón. ~ 가죽 piel de tiburón.

상업(商業) comercio, negocios. ~의 comercial. ~상·~적으로 comercialmente. ~에 종사하다 dedicarse al comercio, hacer negocios. ~계 círculo (mundo) de comercio. ~고등학교 escuela superior de comercio. ~ 도시 ciudad comercial. ~디자인 diseño comercial. ~문 correspondencia comercial. ~어음 efectos comerciales. ~은행 banco comercial. ~주의 mercantilismo.

상여(賞與) gratificación, bonificación, paga extraordinaria. ~를 주다 gratificar (dar una gratificación) a *uno*. 연말 ~ gratificación que se paga al fin del año.

상연(上演) representación [teatral]. ~하다 poner en escena, representar, dar. ~중이다 estar en función. 그 코미디는 지금 ~중이다 Ahora está representando esa comedia.

상영(上映) ~하다 presentar (dar·pasar) [una película]. 그 영화는 지금 ~중이다 Ahora se está dando (presentando) esa película. 근일 ~[게시] "En breve sobre esta pantalla."

상오(上午) mañana; de la mañana. ~ 5시에 a las cinco de la mañana. ~ 7시 30분 열차 el tren de las siete y media de la mañana.

상온(常溫) temperatura ordinaria; temperatura normal; [일정의] temperatura constante; [평균의] temperatura media.

상용(常用) uso corriente. ~하다 usar ordinariamente; servirse de *algo* habitualmente; [마시다] tomar *algo* habitualmente, acostumbrarse a tomar *algo*. 이 약을 ~하는 것은 몸에 나쁘다 El uso continuo de este medicamento no es bueno para la salud. ~어 palabra común (de uso corriente). ~ 대수 logaritmo común.

상용(商用) negocios, asuntos comerciales. ~의 comercial. ~으로 por negocios. ~으로 여행하다 viajar (hacer un viaje) por negocios. ~문 correspondencia comercial. ~어 término comercial.

상운(祥運) buena suerte.

상원(上元) el quince de enero del calendario lunar.

상원(上院) senado, cámara alta. ~의원 senador.

상위(上位) posición (puesto·categoría·

상위 rango) superior. ~의 superior. ~를 점하다 ocupar los primeros puestos. …보다 ~에 있다 estar en una posición superior a (más alta que)…, ser superior a *uno*. ~입상하다 situarse (colocarse) entre los primeros. ~의 superior.

상위(相違) diferencia; [불일치] discrepancia, discordancia. ~하다 ser distinto (diferente) de *algo·uno*, diferir (diferenciarse) de *algo·uno*. ~없이 sin falta, seguramente.

상응(相應) conformidad. ~하다 adecuarse. ~한 apto, apropiado. 그는 노력을 많이 했기 때문에 그것에 ~한 성과를 얻을 것이다 Como se ha esforzado mucho, recogerá el fruto debido (correspondiente).

상의(上衣) chaqueta, americana; [여자의] blusa. ~를 입다 (벗다) ponerse (quitarse) la chaqueta.

상의(相議) consulta, conferencia, discusión; [담판] negociación. ~하다 consultar, pedir parecer, conferir, discutir; negociar.

상이군인(傷痍軍人) mutilado de guerra, inválido [de guerra].

상인(商人) comerciante. ~이 되다 hacerse comerciante. 그는 ~이 되었다 El se hizo comerciante. ~ 기질 temperamento mercantil.

상인(常人) gente (hombre) común, mediocre.

상인(喪人) lamentador.

상인방(上引枋) 【건】 lintel, dintel.

상임(常任) ~의 permanente. ~위원 miembro permanente [de la comisión] ~위원회 comisión (junta) permanente. [비] ~이사회 [유엔 안보 이사회의] miembro [no] permanente del Consejo de Seguridad de la ONU.

상자(箱子) caja. 나무 ~ caja de madera.

상장(賞狀) certificado de mérito, diploma (*m.*) de honor. ~을 수여하다 (otorgar) un diploma de honor.

상장(上場) precio de mercado, precio corriente, expeculación. ~되다 ser inscripto en la cotización oficial. ~(비)회사 compañía anónima abierta (cerrada). [비] ~주 acciones [no] inscritas en la bolsa.

상재(商才) talento (habilidad) comercial, *don para el comercio*. ~가 있다 tener talento comercial. 그는 ~가 있다 Tiene el don para el comercio.

상전(上典) señor, amo, dueño.

상점(商店) casa comercial, tienda, almacén. ~가 centro comercial, barrio de tiendas. 오늘은 ~이나 은행은 쉰다 Hoy [se] cierra el comercio y la banca.

상정(上程) ~중의 법안 proyecto presentado a la orden del día. 국회에 법안을 ~하다 presentar un proyecto de ley a la Dieta.

상제(上帝) Dios.

상조(尙早) madurez antes de tiempo. ~의 prematuro.

상조(相助) ayuda mutua. ~하다 ayudar a uno a otro.

상주(常駐) ~하다 estar siempre estacionado en *un sitio*.

상주(喪主) jefe del duelo, el que preside el entierro.

상중(喪中) período de luto. ~이다 estar en período de luto.

상지(上肢) miembros superiores.

상질(上質) [buena] calidad, primera calidad, la mejor clase.

상징(象徵) símbolo. ~하다 simbolizar. ~적인 simbólico. ~적으로 simbólicamente. 비둘기는 평화의 ~이다 La paloma es el símbolo de la paz. 올리브는 평화를 ~한다 El olivo simboliza la paz. ~주의 simbolismo. ~주의자 simbolista (*m.f.*). ~파의 simbolista. ~화 simbolización.

상찬(賞讚) alabanza, elogio, loa, admiración. ~하다 alabar, elogiar, loar, admirar.

상책(上策) buen medio, buena idea. 그것은 ~이다 Es un buen medio./ Es una buena idea.

상처(喪妻) muerte de *su* esposa.

상처(傷處) herida. 깊은 ~ herida grave. ~를 입다 recibir la herida.

상체(上體) parte superior del cuerpo. ~를 일으키다 incorporarse. ~를 앞으로 숙이다 inclinarse.

상층(上層) capa superior; [지위] primer rango. ~ 계급 clase social superior, altas esferas de la sociedad. ~부 cuadro superior [de una organización].

상추 [식] lechuga.

상쾌(爽快) frescura, fresco, frescor. ~한 fresco, refrescante. 기분을 ~하다 refrescar a *uno*. 기분이 ~하다 Me siento refrescado.

상타다(賞—) ganar el premio, ser premiado.

상탄(賞嘆) admiración, aplauso. ~하다 admirar, aplaudir, alabar.

상태(狀態) condición, estado, situación. 현 ~에 의하면 según el estado actual. 이런 ~로는 수리가 되지 않겠다 En estas condiciones el arreglo no va a servir de nada. 그 나라는 지금 어떤 ~입니까? ¿En qué situación está ese país ahora? 그는 아

상태 직 걸을 ~가 아니다 Todavía no está en condiciones de andar.

상태(常態) estado normal, condición ordinaria.

상투(常套) ~ 수단 manera habitual de actuar. 이것이 그의 ~ 수단이다 Esta es su manera habitual de actuar.

상팔자(上－) buena fortuna.

상패(賞牌) medalla [de premio].

상표(商標) marca [de fábrica], nombre comercial. A라는 ~로 bajo el nombre comercial de A. ~를 등록하다 registrar una marca. 등록 ~ marca registado.

상품(上品) gentileza, elegancia. ~의 refinado, elegante.

상품(商品) mercancía, artículo, género, mercadería. 이곳에서는 그 ~은 취급하지 않습니다 Aquí no tratamos en ese artículo. ~ 견본 muestra de géneros. ~ 권 bono de compra. ~ 목록 catálogo de géneros. ~화 comercialización. ~화하다 comercializar.

상품(賞品) premio. ~을 제공하다 ofrecer premio. ~을 받다 (수여하다) obtener (otorgar) un premio. ~수여식 ceremonia de la distribución de premios.

상하(上下) alto y bajo, parte superior e inferior, arriba y abajo. ~로 arriba y abajo. ~ 좌우로 en todas direcciones. ~ 구별없이 sin consideración de rango. 신분의 ~없이 indistintamente (aparte del) rango social, sin distinción (sin discriminación) del rango social.

상하(常夏) verano eterno.

상하다(傷－) dañarse, averiarse; [음식이] acedarse.

상학(商學) ciencia comercial. ~박사 doctor en ciencias comerciales. ~부 facultad de comercio.

상한(象限) 〖수〗 cuadrante.

상항(商港) puerto de comercio.

상해(傷害) herida; 〖법〗 lesión. ~ 보험 seguro de (contra) accidentes. ~죄 agresión. ~치사[죄] agresión que resulta la muerte.

상해(詳解) explicación detallada, comentario minucioso.

상행위(商行爲) acto comercial (de comercio).

상현(上弦) ~달 luna creciente.

상형문자(象形文字) jeroglífico.

상호(商號) nombre comercial, razón social. …의 ~로 bajo la razón social de.

상호(相互) reciprocidad, reciprocación. ~의 recíproco, mutuo. ~관계 correlación, relación mutua (recíproca).

상혼(商魂) espíritu comercial.

상환(償還) reembolso, restitución; [월부·연부의] amortización. ~하다 reembolsar, restituir; amortizar. 1995년 ~ 채권 título reembolsable en el año 1995. 국채의 ~ amortización de títulos. ~ 기금 fondo de amortización. ~ 기한 término (plazo·período) de reembolso.

상황(狀況) circunstancia, situación, estado de las cosas. 현 ~으로는 en las circunstancias actuales, en la situación presente. ~의 변화에 따라 según el cambio de circunstancias. ~에 따라 좌우되다 estar a merced de las circunstancias. ~을 판단하다 juzgar las circunstancias. 너의 ~ 판단은 옳다 Es correcto tu juicio de la situación. 그것은 ~에 달려있다 Eso depende de [cómo esté] la situación.

상황(商況) condición comercial.

상회(商會) sociedad (casa) comercial.

상흔(傷痕) cicatriz.

살살이 en (por) todas partes.

새 【조】 pájaro; [큰] ave. ~의 깃 pluma. ~장 jaula. ~집 nido. 손안에 든 ~한마리가 숲속의 두마리보다 낫다 Más vale pájaro en mano que ciento volando.

새기다¹ [조각하다] esculpir [en madera·en piedra].

새기다² interpretar, explicar, explanar.

새기다³ [반추 동물이] rumiar.

새끼¹ cuerda de paja.

새끼² [새의] polluelo, pollo; [말의] potro; [개의] cachorro, cahorrito; [고양이의] gatito; [염소의] cabrito; [양의] cordero; [물고기의] pececillo.

새다 1 [날이] amanecer, apuntar el día. 2 [기체·액체가] gotear, hacer agua.

새달 próximo mes, mes próximo (que viene). ~ 초하루 el primero del mes próximo.

새댁 [새집] nueva casa; [신부] novia.

새로 de nuevo, nuevamente, otra vez. ~ 오신 선생님 nuevo maestro. ~ 한 시 la una de la mañana.

새롭다 ser nuevo (fresco). 새로운 것 novedad. 새로운 집 nueva casa. 새로운 말 palabra nueva. 새로운 소식 noticia nueva. 새로운 사상 idea nueva. 새롭게 하다 renovar, hacer nuevo. 무슨 새로운 소식이라도 있읍니까? ¿Qué hay de nuevo? 별로 새로운 일이 없읍니다 Nada de particular.

새벽 alba, albor. ~이다 Amanece./ Apunta el día.

새싹 vástago. ~이 나다 brotar.

새색시 novia, desposada, mujer recién casada.

새서방(－書房) novio, el recién casado.

새아기씨 novia, desposada, mujer recién casada.
새암 envidia, celos. ~바리 persona celosa (envidiosa).
새앙쥐 【동】 ratón.
새우 【동】 [큰 새우] langosta de mar; [보리새우] langostín; [작은 새우] camarón.
새장(-欌) jaula.
새집¹ 1 [집] casa nueva.
2 [신부] novia.
새집² [새의] nido.
새치 canas.
새콤하다 ser ácido.
새털 pluma(깃털); plumón(솜털).
새파랗다 1 ser azul obscuro; [얼굴이] ponerse pálido.
2[절다] ser joven.
새하얗다 ser blanco como la nieve.
새해 año nuevo. ~를 축하하다 celebrar el Año Nuevo. ~에 복 많이 받으십시오 ¡Feliz Año Nuevo!
색(色) 1 [빛] color. ~칠하다 colorar, colorir, teñir (dar) color.
2 [색사] lujuria, deseo carnal, gusto sensual, sexo. ~쓰다 tener relaciones sexuales.
3 [용모] belleza mujeril, encanto femenino.
색골(色骨) persona lujuriosa (lasciva), hombre putañero, disoluto, libertino, Don Juan.
색광(色狂) manía sexual, erotomanía.
색구(索具) cordaje.
색깔(色-) color. 이 오바는 무슨 ~입니까 ¿De qué color es este abrigo?
색도(索道) cable aéreo.
색마(色魔) sátiro, hombre lascivo, matador de mujeres.
색맹(色盲) ceguera para los colores, acromatopsia; [특히 적색과 녹색의] daltonismo; [사람] ciego para los colores; daltoniano.
색사(色事) relaciones sexuales.
색소(色素) 【생】 pigmento; materia colorante. ~체 plastidio.
색쓰다(色-) tener relaciones sexuales.
색시 [신부] novia, desposada; [처녀] soltera; [아내] mujer, esposa; [접대부] camarera, moza. ~를 얻다 casarse.
색안경(色眼鏡) anteojos para el sol, gafas para (del) sol.
색연필(色鉛筆) lápiz rojo.
색욕(色慾) apetito concupiscible, concupiscencia, deseo sexual (carnal), libido.
색인(索引) índice. ~을 달다 hacer el índice. ~으로 찾다 buscar *algo* en el índice.

책에 ~을 넣다 hacer el índice en un libro.
색정(色情) pasión sexual; concupiscencia, lascivia, deseo lascivo, erotismo. ~광(狂) locura sexual; [증상] erotómano, manía erótica; [특히 여성의] ninfomanía. ~광 환자 erotómano; ninfómana, ninfomaníaca.
색조(色調) matiz (*m*.), tono; 【미】 matización, tonalidad.
색지(色紙) papel de forma cuadrada [para escribir una poesía o para dibujar].
색채(色彩) color, colorido, tinte, coloración. ~가 풍부한 lleno de colores, rico en colores, colorido. ~가 없는 falto de colorido, descolorado. ~ 감각이 있다 tener el sentido de los colores, entender de colores. 비극적 ~ 를 띠다 revestir un color (un tono) trágico. 정치적 ~ color (tono) político. 정치적 ~가 없다 no tener (carecer de) color político.
샌드백 saco de arena.
샌드위치 sandwich, emparedado; [불란서빵의] bocadillo. ~맨 hombre anuncio. 햄~ sandwich (bocadillo) de jamón.
샌드페이퍼 papel de lija.
샌들 sandalia. ~을 신고 나가다 salir en sandalias.
샐러드 ensalada.
샐러리 salario, sueldo. ~맨 oficinista (*m.*), empleado, asalariado, hombre asalariado.
샘 pozo. ~물 agua del pozo.
샘플 muestra, espécimen (*pl.* especímenes).
샛길 camino desviado, senda, callejuela, calle angosta, camino estrecho.
샛바람 viento este.
샛밥 merienda. ~을 먹다 merendar.
샛별 Venus, Lucero, estrella del alba.
샛서방 la persona con quien se tienen relaciones amorosas ilícitas.
생(生) vida; [삶] existencia.
생가(生家) casa natal (materna·paterna). 이곳이 피카소의 ~이다 Ésta es la casa natural de Picasso (la casa donde nació Picasso).
생각 pensamiento, consideración. ~하다 pensar, considerar. 깊이 ~하다 aconsejarse (consultar) con la almohada.
생강(生薑) 【식】 jengibre.
생계(生計) vida, subsistencia. ~를 세우다 ganarse la vida. 일가의 ~를 세우다 mantener (sostener) a la familia. 그들은 농업으로 ~를 세우고 있다 Se ganan la vida con la agricultura. ~비 costo de vida, gastos de mantenimiento de la familia. ~비 지수 índice del costo de vida.

생글거리다 sonreír. 생글거리며 con cara risueña, con sonrisa, sonriendo.

생기(生氣) vitalidad, vigor, energía, espíritu, vida. ~있는 vigoroso. ~가 없는 falto de vigor, sin vida, inánime, exánime. ~가 가득차 있는 vigoroso, lleno de vitalidad. ~를 회복하다 reanimarse, recobrar el ánimo.

생년월일(生年月日) fecha de nacimiento. ~을 기입하다 inscribir la fecha de nacimiento.

생도(生徒) alumno, estudiante; [제자] discípulo.

생래(生來) por nacimiento. ~의 natural, de nacimiento.

생략(省略) omisión; [간략] abreviación, abreviatura; 【문】elipsis (f.). ~하다 omitir; abreviar. ~한 omiso; abreviado. 형식적인 수속을 ~하다 omitir la formalidad. ~없이 sin abreviar, por extenso. ~부호 signo de abreviación.

생리(生理) 1 fisiología. ~의 vital. ~적인 fisiológico. ~적으로 fisiológicamente. ~적 욕구 necesidad fisiológica. 하품은 ~적 현상이다 El bostezar es un fenómeno fisiológico. ~학 fisiología. ~학자 fisiólogo, -ga. 2[월경] reglas, menstruación, menstruo. ~가 시작되다 menstruar. ~일 días críticos (de reglas de menstruación). ~통 dolores menstruales, turbaciones de la menstruación. ~휴가 descanso durante los días críticos.

생명(生命) vida. ~의 vital. ~과 재산을 보호하다 proteger la vida y los bienes. 다섯명이 ~을 잃었다 Cinco hombres perdieron la vida. 그녀의 가수로써의 ~은 길었다 (짧았다) Su vida como cantante ha sido larga (corta). 그의 정치 ~은 끝났다 Su vida política ha terminado. 자동차의 ~은 안전성에 있다 Lo más importante de un automóvil es su seguridad. ~력 fuerza vital, vitalidad. 이 풀들의 ~력이 강하다 Estas hierbas son de una vitalidad asombrosa. ~선 [손금의] línea de la vida. [단체] ~보험 seguro de vida [de grupo].

생물(生物) ser (organismo) viviente (vivo). 달에는 ~이 없다 No existe la vida en la luna. ~학 biología. ~학의 biológico. ~학자 biólogo.

생사(生死) vida y muerte. ~ 불명의 desaparecido, perdido. ~지경을 해매다 estar entre la vida y la muerte, seguir en [el] estado de coma. ~ 기로에 있다 estar en un momento crítico (en una fase crítica), encontrarse en un caso de vida o muerte. …과 ~를 같이하다 seguir la suerte de uno. ~에 관한 문제이다 Es una cuestión de vida o muerte. 그의 ~를 확인하다 averiguar si vive o no. ~ 불명이다 Nada se sabe de su paradero.

생사(生糸) seda cruda.

생산(生産) producción, fabricación. ~하다 producir, fabricar. ~적인 productivo. ~을 촉진하다 promover (fomentar) la producción. 석유를 ~하다 producir petróleo. 자동차를 ~하다 fabricar automóviles. 여기서는 연간 백만톤의 강철을 ~하고 있다 Aquí se produce un millón de toneladas de acero por año. 이 토론은 ~적이 아니다 Esta discusión no es productiva. ~ 가격 precio de producción. ~계획 programa de producción. ~고 producción total, rendimiento. ~ 과잉 superproducción, exceso de producción. ~관리 control de producción. ~국 país productor. ~기업 empresa productora. ~력 productividad, fuerza (capacidad) productiva. ~물 producto. ~비 costo (coste) de producción. ~품 producto. ~성 producibilidad. ~자 productor, fabricante (m.f.). ~자 가격 precio de los productores. ~재 bienes de producción. ~지 región productora, origen de producción. 한국~성 본부 Centro Coreano de Productividad.

생살여탈(生殺與奪) ~하다 tener poder sobre la vida y la muerte, ser dueño de horca y cuchillo.

생석회(生石灰) cal viva.

생선(生鮮) pescado. ~ 상인 pescadero. ~가게 pescadería.

생성(生成) creación, formación.

생소(生疎) ~한 poco familiar, extraño.

생수(生水) agua cruda.

생식(生殖) generación, reproducción, procreación, engendramiento. ~하다 reproducirse, multiplicar[se]; procrear, engendrar. ~기 órgano genital (reproductivo). ~기능 función generativa. ~력 potencia.

생신(生辰) cumpleaños.

생애(生涯) vida, curso de la vida. 행복한 (비참한) ~ vida feliz (miserable).

생업(生業) profesión, oficio. ~에 전념하다 dedicarse a su profesión.

생육(生育) crecimiento. ~하다 cultivar, criar.

생일(生日) cumpleaños. ~을 축하하다 celebrar su cumpleaños. ~을 축하합니다 ¡Feliz cumpleaños!

생전(生前) ~에 durante la vida, en su vida.

생존(生存) existencia; [살아 남는 일] supervivencia. ~하다 existir; sobrevivir. ~경쟁 lucha por la vida. ~경쟁에서 이기다(지다) vencer (perder) en la lucha

생쥐 ratón.
생지(生地) suelo (tierra) natal, lugar (sitio) de nacimiento.
생질(甥姪) sobrino. ~녀 sobrina.
생채(生菜) ensalada.
생체(生體) cuerpo vivo. ~ 반응 reacción vital. ~ 실험 [인간·동물의] experimento sobre un cuerpo; [인간의] experimentación humana. ~해부[를 하다] [practicar (hacer) una] vivisección.
생태(生態) estado de vida. 벌의 ~ hábitos de las abejas. ~학 ecología. ~학의 ecológico.
생포(生捕) captura. ~하다 capturar.
생화(生花) flor natural.
생화학(生化學) bioquímica. ~의 bioquímico. ~자 bioquímico.
생환(生還) vuelta a casa. ~하다 regresar vivo, volver (salir) con vida. ~자 sobreviviente (m.f.); superviviente (m.f.).
생활(生活) vida, existencia. ~하다 vivir. ~이 곤궁하다 estar en apuro de vida, pasar apuros, llevar una vida apurada. 행복한 ~을 하다 pasar una vida feliz. 1개월 10만원으로 ~하다 vivir con cien mil wones al (por) mes. ~난 escasez, apuros. ~력 energía para ganarse la vida. ~력이 있다 estar lleno de energía para ganarse la vida. ~ 보조급 subsidio social a los indigentes. ~비 gastos de vida, costo de [la] vida. 서울은 ~비가 높다 La vida es cara en Seúl. ~비가 오른다 Sube el costo de [la] vida. ~ 상태 condiciones de vida. ~ 수준·정도 nivel de vida. 그들은 ~ 수준이 낮다 El nivel de vida es bajo. ~ 수준을 올라갔다 Ha subido el nivel de vida. ~ 양식 modo de vida, manera de vivir. ~ 필수품 artículos de primera necesidad. ~ 환경 ambiente que rodea la vida de uno.
생후(生後) después de nacido. ~ 6개월된 유아 nene de seis meses. ~ 8개월 때에 a la edad de ocho meses.
샤워 ducha. ~를 하다 ducharse, tomar una ducha. ~ 딸린 방 habitación con ducha.
샹송 canción popular francesa.
샤프 [악] sostenido. ~한 agudo. ~펜슬 lapicero.
샤프펜슬 lapicero, portaminas.
샴페인 champaña.
샴푸 champú.
서(序) [머리말] prólogo.
서(書) [서적] libro; [서간] carta; [서류] documento; [서도] caligrafía; [필적] escritura; [쓴것] escrito.
서(署) oficina; [경찰서] comisaría de policía.
서가(書架) estantería.
서가(書家) calígrafo.
서간(書簡) carta, epístola, misiva; [짧은-] billete; [집합적] correspondencia. ~체 estilo epistolar.
서거(逝去) muerte, fallecimiento. ~하다 morir, fallecer, dejar de existir.
서경(敍景) descripción de un paisaje. ~적인 descriptivo. ~시 poesía descriptiva.
서경(西經) longitud oeste.
서고(書庫) biblioteca, almacén de libros.
서곡(序曲) obertura, preludio.
서광(曙光) aurora, alba, luz crepuscular de la mañana. 평화의 ~ aurora de la paz.
서구(西歐) Europa [Occidental], Occidente. ~화하다 europeizarse. ~ 문명 civilización occidental. ~인 europeo, occidental (m.f.) ~ 제국 países de Europa[occidental], países occidentales.
서기(書記) secretario; [필기자] amanuense (m.f.), escribiente (m.f.); ~관 [대사관의] secretario[de embajada]; [재판소의] secretario judicial, escribano forense. ~국 secretaría. ~국원 secretario. ~장 secretario general. 일(이)등 ~관 primer (segundo) secretario.
서기(暑氣) calor.
서기(西紀) Anno Domini, en el año de Nuestro Señor.
서남(西南) sudoeste, suroeste. ~서 oessudoeste.
서녘 oeste.
서늘하다 [선선하다] ser fresco.
서다 [서있다] sentarse; [멈추다] parar; [건립·창립] estar construido.
서당(書堂) *Sodang*, escuela privada.
서도(書道) caligrafía coreana.
서두르다 apresurar, darse prisa, tener prisa. 서두십시오 Dése prisa./ Tenga prisa. 서둘러라 Date prisa./ Ten prisa. 서두르지 마십시오 No se dé prisa./ No tenga prisa. 서두르지 마라 No te des prisa./No tengas prisa.
서랍 cajón. ~을 열다 abrir el cajón.
서로 mutuamente, recíprocamente, uno a otro.
서력(西歷) era cristiana. ~ 1919년에 en [el año] 1919 [de la era cristiana]. 금년은 ~ 1989년이다 Estamos en [el año] 1989 [de la era cristiana].

서론(序論) introducción, [서문] prólogo, prefacio; [연설의] exordio.

서류(書類) papeles, piezas; [자료·기록] documento, informe, datos; [보고서] relación; [문서] escrito. ~로 en documento, por escrito. ~를 작성하다 redactar (formular) un documento. ~ 가방 cártera[de documentos]. [후보자] ~심사 selección [de los candidatos] por los documentos presentados. 후보자를 ~심사하다 seleccionar a los candidatos por los documentos presentados. ~철 carpeta, fichero.

서른 treinta. ~번째의 trigésimo.

서리 escarcha, helada blanca. ~가 내리다 escarchar. ~가 내린다 Escarcha./ Cae la escarcha. ~가 내리고 있다 Está escarchdo./ Hay escarcha. ~ 제거 장치 [냉장고의] descongelador.

서막(序幕) [연극의] primer acto, acto primero, apertura.

서면(書面) carta, documento, escritura. ~으로 por escrito, por [medio de] carta.

서명(署名) firma, rúbrica; [편지·증서의 끝에의] su[b] scripción. ~하다 firmar; su[b]scribir. 서류에~ 날인하다 firmar y sellar (poner la firma y el sello a) un documento. ~ 운동을 하다 llevar a cabo una campaña para la reunión de firmas. 이 서류에는 대통령의 ~이 있다 Este documento tiene la firma del presidente. ~국 países firmantes. ~자 firmante (m./f.), signatario.

서명(書名) título [de un libro] "한국의 인상"이라는 ~의 책 libro titulado "Impresiones de Corea".

서목(書目) lista de libros.

서무(庶務) asuntos generales. ~과 sección de asuntos generales.

서문(序文) prefacio, prólogo, preámbulo; [서론] introducción. 친구의 작품을 위해 ~을 쓰다 prologar (escribir un prólogo para·hacer un prefacio) la obra del amigo.

서민(庶民) [집합적] pueblo; [대중] masas, la plebe. 이 마을은 ~적이다 Este pueblo tiene un ambiente muy popular. 저 왕자는 매우 ~적이다 Aquel príncipe tiene un espíritu muy abierto al pueblo. ~ 계급 clase popular.

서반구(西半球) hemisferio este.

서방(西方) oeste. ~의 occidental. ···의 ~에 al oeste de.

서방(書房) [남편] su marido (esposo).

서방질 adulterio, acto de cometer adulterio. ~하다 hacer cornudo, cometer adulterio.

서법(書法) caligrafía, arte de escribir.

서부(西部) parte occidental, oeste. ~의 occidental.

서북(西北) noroeste. ~의 noroeste. ~쪽 oesnoroeste.

서사(敍事) descripción, narración. ~적인 narrativo. ~시 poema épico, poesía épica, epopeya. ~시인 poeta épico.

서생(書生) hombre joven que estudia estando de servicio en una familia; [학생] estudiante (m./f.), alumno.

서서히(徐徐-) lentamente, a paso lento; [조금씩] poco a poco, paso a paso; [차제에] gradualmente, paulatinamente, progresivamente. ~ 건강을 회복하다 recobrar la salud gradualmente (paulatinamente). 공업이 ~ 발전한다 La industria se desarrolla progresivamente. 경기가 ~ 상향되어 간다 La economía viene mejorando poco a poco (lentamente). 병은 ~ 그의 육체를 좀먹어 간다 La enfermedad va minando poco a poco su salud.

서설(序說) preludio.

서수(序數) número ordinal. ~사(詞) numeral ordinal. ~ 형용사 adjetivo numeral ordinal.

서술(敍述) descripción, relación, narración. ~하다 describir, relatar, narrar. ~적인 descriptivo, narrativo. ~ 보어 complemento predicativo.

서식(書式) fórmula fija, modelo. ~대로 쓴 계약서 contrato en buena (debida) forma. 계약서를 ~대로 작성하다 redactar el contrato en su debida (en estricta conformidad con la fórmula), formular el contrato. 이 서류는 ~이 틀렸다 Este documento no está redactado en debida forma. ~집 formulario.

서식(棲息) habitación, morada. ~하다 habitar, morar, vivir.

서신(書信) carta; [편지 왕래] correspondencia.

서약(誓約) juramento, promesa [solemne]; [신에 대한] voto. ~하다 dar palabra, hacer un juramento; [···을] jurar algo (+ inf.), declarar algo bajo juramento, hacer promesa solemne de + inf. ~을 지키다 guardar su juramento (su palabra). ~을 파기하다 faltar a (romper) su juramento (la promesa [solemne]). 그는 비밀을 지키겠다고 ~했다 Ha jurado guardar el secreto. ~서 juramento escrito, promesa firmada.

서양(西洋) el Occidente. ~의 [사람] occidental; [유럽의] europeo. ~식의·~풍의 de estilo occidental (europeo), a la europea. ~사 historia occidental. ~ 요리 cocina occidental (europea). ~ 문명 civilización occidental (europea). ~풍 estilo

europeo. ~화 pintura europea, [영화] film europea. ~ 화가 pintor al óleo.
서언(西諺) proverbio europeo.
서언(序言) prólogo, preámbulo.
서역(西譯) traducción al español. ~하다 traducir al español.
서열(序列) orden, grado, [고위의] rango. …보다 ~이 위 (아래)이다 ser superior (inferior) a *uno* en el rango, ser más alto (bajo) de rango que *uno*.
서영(西英) español-inglés. ~사전 diccionario español-inglés.
서예가(書藝家) calígrafo.
서운하다 [주로 1인칭 주어] sentirse. 무척 ~ Me siento mucho.
서운해하다 [주로 2·3인칭 주어] sentirse. 그는 무척 서운하다 El se siente mucho.
서울[지] Seúl; [수도] capital (*f.*). ~의 [사람] seulense. 서반아의 ~ 마드리드, Madrid, la capital de España.
서원(誓願) voto. ~하다 hacer voto de. ~의 votivo.
서임(敍任) ⇨ 임명(任命).
서자(庶子) hijo natural (ilegítimo), bastardo.
서장(序章) capítulo preliminar.
서장(書狀) carta.
서장(署長) jefe comisario(경찰의), director, -ra(세무서 등의).
서재(書齋) escritorio, estudio, sala de estudio, biblioteca.
서적(書籍) libros. ~상 librería. ~ 상인 librero, -ra. ~ 수집광 bibliómano, -na.
서점(書店) librería.
서정(抒情) lirismo. ~적 lírico. ~시 [poesía] lírica. ~ 시인 poeta lírico; [여자] poetisa lírica.
서쪽(西一) oeste, poniente, occidente. ~의 occidental. ~에 al oeste. 해는 ~으로 진다 El sol se pone por el oeste.
서중(暑中) durante (en) el verano.
서지 estameña; serger (*ing.*).
서지(書誌) bibliografía. ~학 bibliografía. ~학적인 bibliográfico. ~ 학자 bibliógrafo.
서책(書冊) libros, publicaciones.
서체(書體) escritura; [서도의] estilo caligráfico.
서캐 liendre, huevo del piojo.
서커스 *circo*. ~를 보러 가다 ir a ver el circo. ~단 compañía de circo.
서평(書評) reseña (informe crítico) [de un libro], crítica de libros. ~하다 reseñar [un libro], dar (publicar) una reseña crítica[de un libro].
서풍(西風) viento del oeste, céfiro.
서한(書翰) carta, epístola. ~ 종이 papel de cartas.
서한(西韓) español-coreano. ~사전 diccionario español-coreano.
서해(西海) mar este; [황해] Mar Amarillo
서행(徐行) velocidad reducida. ~하다 ir despacio (a poca velocidad), marchar con velocidad reducida; [감속] disminuir (moderar) la velocidad. ~하십시오 ¡Despacio./ ¡ Vaya a poca velocidad!
서화(書畵) pinturas y caligrafías. ~전 exposición de pinturas y caligrafías.
서훈(敍勳) condecoración. ~하다 dar (conceder · otorgar) un condecoración a *uno*.

석(錫) estaño. ~도 de estaño.
석가(釋迦) Buda, Shaka-muni. ~에 설법 No es necesario predicar a un sabio.
석간(夕刊) edición de la tarde, periódico vespertino (de la tarde). 어제 A사의 ~에 의하면 según la edición vespertina de ayer del A.
석고(石膏) yeso. ~질의 yesoso. ~ 세공 obra de yeso. ~ 흉상 busto de yeso.
석공(石工) picapedrero, albañil.
석굴(石窟) caverna de piedra.
석권(席卷) ~하다 arrollar, dominar. 유럽을 ~하다 arrollar toda Europa.
석기(石器) instrumento de piedra. ~ 시대 Edad de Piedra. 신(중·구)~시대 edad neolítica (mesolítica · paleolítica).
석녀(石女) mujer estéril.
석년(昔年) [옛날] tiempos antiguos; [작년] año pasado.
석류(石榴) [나무] granado; [열매] granada. ~석 granate.
석면(石綿) asbesto, amianto. ~ 스레이트 pizarra de asbesto.
석명(釋明) justificación, explicación. ~하다 justificarse.
석묵(石墨) grafito, lápiz plomo.
석문(石門) puerta de piedra.
석반(夕飯) [저녁밥] cena.
석방(釋放) libertad, libertación. ~하다 poner a *uno* en libertad, soltar. 무죄 ~ absolución libre.
석불(石佛) [estatua de] Buda de piedra.
석비(石碑) monumento de piedra; [묘의] lápida, monumento funerario. ~를 세우다 erigir un monumento.
석사(碩士) [학위] maestro. 문학 ~ maestro en artes.
석상(石像) estatua de piedra.
석상(席上) en la reunión. 회의 (파티) ~에서 en (durante) la conferencia (la fiesta).
석쇠 parrillas.
석수(石手) albañil. ~질 albañilería.
석순(石筍) estalagmita.

석양(夕陽) sol poniente. ~에 al poner del sol.

석영(石英)【광】 cuarzo. ~ 유리 (수은등) vidrio (lámpara) de cuarzo.

석유(石油) petróleo;【속】 nafta, oro negro; [등유] queroseno. ~의 petrolero; [석유를 생산하는] petrolífero. ~를 채굴하다 descubrir un yacimiento petrolífero. ~가스 gas de petróleo. ~갱 pozo de petróleo. ~공업 industria petrolífera. ~난로 estufa de petróleo. ~위기 crisis petrolera. ~탱크 buque tanque, petrolero. ~탱크 depósito de petróleo. ~화학 petroquímica. ~화학공업 industria petroquímica.

석재(石材) piedra de construcción, sillar. ~상 tienda de piedra de construcción.

석조(石造) ~의 de piedra, hecho de piedra. ~집 casa de piedra.

석주(石柱) columna de piedra.

석차(席次) orden; [식선 등의] orden de asientos. ~가 2위 올라가다 [떨어지다] ganar (perder) dos puestos. 이 학생은 ~가 떨어졌다 Este alumno ha perdido puestos.

석탄(石炭) carbón [mineral・de piedra], hulla. ~을 채굴하다 excavar carbón. ~을 때우다 quemar (encender) carbón mineral. ~가스 gas de carbón. ~기(紀)【지질】 carbonífero. ~기의 carbonífero. ~난로 estufa de carbón (para carbón de piedra). ~산업 industria hullera (carbonífera). ~운반선 barco carbonero. ~재 carbonilla, ceniza del carbón. ~층 estrato (capa) carbonífero.

석탄산(石炭酸) fenol.

석탑(石塔) pagoda de piedra.

석판(石板) pizarra.

석판(石版) litografía, imprenta litográfica. ~의 litográfico. ~으로 인쇄하다 litografiar algo. ~술・~화 litografía. ~술의・~인쇄의 litográfico.

석패(惜敗) ~하다 perder por margen estrecho. 그는 ~했다 Perdió el partido por muy poco./ Estuvo a punto de ganar.

석학(碩學) gran sabio.

석함(石函) caja de piedra.

석화채(石花菜)【식】 agar-agar.

석회(石灰) cal. ~ [암] de piedra calizo, calcáreo. ~질의 cálcico. ~암・~석 caliza. ~수 agua de cal. ~질소 cianamida cálcica. ~층 estrato de caliza.

섞다 mezclar.

섞이다 mezclarse.

선(善) bien. ~을 행하다 hacer [el] bien. 인간의 본성은 ~하다 La naturaleza humana es buena. ~은 속히 시행하라 Hazlo lo rápido si es bueno./ Una vez decidido a hacer cosas buenas, no dejes correr el tiempo inútilmente.

선(線) línea, raya, trazo; [윤곽 등] lineam[i]ento. ~을 긋다 trazar una línea;[…에 밑줄을 긋다] subrayar algo. A점에서 B점에 ~을 그으시오 Póngase (Trácese) una línea desde el punto A hasta el B. [북위] 38도~ 38 grados [de latitud norte]. 5번 ~ [역의] vía quinta. 호남~ Línea [Ferroviaria] de Jonam.

선(禪) zen, meditación sedente de los budistas. ~종(宗) secta zen.

선(腺) glándula.

선각자(先覺者) precursor, padre, pionero.

선객(船客) pasajero. 일등 ~ pasajero de camarote.

선객(先客) visita precedente.

선거(船渠) dique.

선거(選擧) elección. ~하다 elegir. ~의 electoral. ~에 이기다 (지다) ganar (perder) la elección. ~에 입후보로 나가다 presentarse como candidato en una elección. 의장을 ~로 뽑다 elegir presidente por votación. ~는 3월에 실시된다 La elección tiene lugar en marzo. ~관리위원회 comité electoral. ~강령 plataforma (programa) electoral. ~구 distrito electoral. ~권 derecho electoral (de voto・de elección). ~권을 행사하다 ejercer su derecho de voto. 그에게는 ~권이 있다 Tiene derecho de voto. ~ 연설 discurso electoral. ~법 ley (código) electoral. ~법 위반 violación de la ley electoral. ~운동 campaña electoral. ~인 elector. ~인 명부 lista (nómina) electoral. ~사무소 oficina de campaña electoral[de un candidato]. ~자격 capacidad de elector. ~제도 régimen (sistema) electoral. ~포스터 cartel electoral. 국회의원~ elecciones para la Cámara de Diputados. 대통령~・~의장 elección del presidente. 도(시)의원~ elecciones provinciales (municipales). 보궐~ elección parcial. 총~ elección general.

선견(先見) previsión. ~지명이 있다 tener previsión, ser previsor. ~지명이 없다 carecer de previsión.

선결(先決) resolución previa. ~ 문제 problema previo. 물가 안정이 ~ 문제다 La estabilidad de precios es un problema de primerísima urgencia./ Hace fuerza resolver ante todo el problema de la estabilidad de los precios.

선경(仙境) tierra de los duendes.

선고(先考) su padre muerto.

선고(宣告) pronunciamiento, declaración, sentencia, condenación. ~하다 pronunciar, declarar, sentenciar, condenar. 무죄를 ~하다 declarar la inocencia de *uno*. 그는 금고 5년형을 ~받았다 Fue condenado (Se le ha sentenciado) a cinco años de prisión. 사형 ~ condena (sentencia) de muerte.

선골(仙骨) sacro.

선공(先攻) 〖운〗 ataque primero.

선광(選鑛) selección (clasificación・separación) de minerales. ~하다 seleccionar (clasificar・separar) minerales. ~부 escogedor (separador) de mineral. ~장 estación de clasificación.

선교(宣敎) misión, predicación. ~사 misionero.

선구(船具) aparejo.

선구(先驅) precursor. ⇨ 선구자.

선구자(先驅者) precursor. 유행의 ~이다 ser [el] origen de la moda. 독립 운동의 ~이다 ser precursor del movimiento de la independencia.

선글라스 gafas de (para el) sol, anteojos para el sol.

선금(先金) pago adelantado. ~을 치르다 pagar adelantado, pagar anticipadamente.

선납(先納) pago adelantado.

선남선녀(善男善女) gentes piadosas; [신자] fieles.

선내(船內) en el barco. ~에서 하룻밤을 보내다 pasar una noche en el bareo. ~를 모조리 찾다 buscar por todo el barco.

선녀(仙女) hada.

선단(船團) flota; [작은] flotilla. ~을 이루다 formar una flota.

선단(船團) flota. ⇨ 선단.

선대(先代) predecesor, antecesor; el último dueño. ~의 de predecesor.

선도(善導) ~하다 mostrar a *uno* el camino justo, guiar a *uno* a la virtud.

선도(先導) guía. ~하다 guiar, conducir. …의 ~로 guiado por *uno*, bajo guía de *uno*. ~자 guía, conductor.

선동(煽動) agitación, instigación, incitación, incitación, excitación. ~하다 agitar, instigar, incitar, excitar. ~적 incitativo. …의 ~으로 bajo instigación de *uno*. 그는 반란을 일으키라고 병사들을 ~했다 Instigó a los soldados a que se insurreccionaran./ Excitó (Incitó) a los soldados a la rebelión. ~자 agitador, instigador.

선두(先頭) cabeza. 기를 ~로 con la bandera a la cabeza de *sí*. 모두의 ~에 서다 adelantarse a todos, ir a la cabeza de todos. 모두의 ~에 서있다 estar a la cabeza de todos. 모두의 ~에서 달리다 correr a la cabeza de todos. ~ 차량 vagón de cabeza.

선두(船頭) barquero, piloto.

선두르다 orlar, escarolar, lindar, rayar en.

선량(選良) representante, delegado.

선량(善良) bondad, benevolencia, honradez. ~한 bueno, honrado, benévolo.

선례(先例) precedente. ~에 의하면 según precedentes. ~없는 inaudito. ~를 만들다 dar un precedente.

선로(線路) vía [ferroviaria], carril, rail, raíl. ~를 놓다 poner la vía (los carriles・los railes). ~ 인부 peón ferroviaria.

선린(善隣) buena vecindad. ~ 외교를 취하다 tomar (seguir) la política de buena vecindad.

선망(羨望) envidia. ~하다 envidiar. ~의 대상이다 ser objeto de envidia. ~의 눈으로 보다 ver (mirar) *algo* (a *uno*) de envidia a *algo・uno*.

선명(宣明) declaración. ~하다 declarar.

선명(鮮明) claridad, nitidez, distinción. ~한 claro y distinto, nítido. ~하게 nítidamente, claramente, distintamente. ~한 색 color nítido. 입장을 ~히 하다 aclarar *su* posición. 이 책은 인쇄가 ~하다 Este libro está impreso muy claramente (tiene la impresión clara).

선무(宣撫) 〖공작〗 pacificación, apaciguamiento, aplacamiento.

선물(膳物) regalo, obsequio. 크리스마스 (새해) ~ aguinaldo. ~하다 regalar, obsequiar, hacer un regalo.

선미(船尾) popa. ~에 속 a popa. ~에서 침몰하다 hundirse por la popa.

선민(選民) pueblo elegido. ~ 사상을 품다 creerse los elegidos de Dios.

선박(船舶) buque, barco, navío.

선반(一盤) estante, anaquel. ~ 위에 얹다 poner *algo* sobre un anaquel.

선반(旋盤) torno. ~공 tornero, torneador. ~ 공장 taller de torno.

선발(先發) partida anterior a otros. ~하다 partir en avanzada. ~대 avanzada.

선발(選拔) selección, elección. ~하다 escoger, seleccionar, elegir. 후보자 중에서 ~하다 elegir a *uno* entre los candidatos. ~ 시험 examen de selección, oposición. ~팀 equipo de selección.

선배(先輩) alumno antiguo, superior, mayor. 그는 내 대학 1년 ~다 Es un año superior a mí en la universidad. 그는 내 대학의 대~다 Es muy anterior a mí en la universidad. 영화계에서는 그 사람보다 내가 ~다 En el mundo del cine soy más antiguo que él.

선별(選別) selección, clasificación. ~하다 seleccionar, clasificar. 주문을 ~하다

선병질(腺病質) escrófula. ~의 escrofuloso.

선복(船腹) casco; [적재 능력] arqueo, tonelaje.

선봉(先鋒) vanguardia.

선부(先夫) marido anterior; [최초의] primer marido de *uno*.

선부(先父) padre muerto.

선불(先拂) pago adelantado, pago sobre entrega. ~하다 pagar adelantado.

선비 sabio.

선사(先史) ~시대 período prehistórico, época prehistórica.

선사(先師) su maestro muerto.

선생(先生) 1 [국민학교의] maestro, -tra; [중학교 이상의] profesor, -ra; [가정교사] profesor particular; [예능의] maestro; [교습의] instructor; [강습소 등의] conferenciante (*m.f.*), profesor. 영어 ~ profesor de inglés. 피아노 ~ maestro de piano.
2 [경칭] [교사] [남자] señor ([기혼여성] señora・[미혼여성] señorita), profesor; [의사] doctor. ~ (A~), 안녕하십니까 Buenos días, profesor (señor A). A ~은 쉬고 있다 El profesor A descansa.

선서(宣誓) jura, juramento, promesa solemne, prestación de juramento. ~하다 jurar, prestar juramento. …라 ~하다 declarar bajo juramento que + *ind*. ~를 하고 증언하다 atestiguar bajo juramento. ~를 파기하다 romper (violar) el juramento. 그는 진실을 말하겠다고 ~했다 Juró (Declaró bajo juramento) decir (que diría) la verdad. 선수 ~ juramento de atleta.

선선하다 [시원하다] ser fresco (refrescante); [성질이] ser franco (cándido).

선수(選手) [경기자] jugador, -ra; competidor, -ra; [운동가] atleta (*m.f.*). 올림픽 한국대표 ~로 선발되다 ser elegido miembro del equipo coreano de los juegos olímpicos. ~권 campeonato. ~권을 획득하다 ganar el campeonato. ~권을 방어하다 defender el título de campeón. 세계 권투 ~권을 획득하다 ganar el campeonato mundial del boxeo. ~권 보유자 campeón, mantenedor (poseedor) del título. ~촌 [올림픽] ciudad olímpica. 수영~ nadador [de competición]. 축구~ jugador de fútbol. 우리 체조 ~단 equipo coreano de gimnasia.

선수(船首) proa. ~를 향하다 poner proa a *un sitio*, hacer rumbo a (hacia) un *sitio*.

선수(先手) ~를 치다 anticiparse, tomar la iniciativa (la delantera). 네가 ~다 【장기】 Tú sales./ Tú tienes la salida.

선승(禪僧) bonzo (monje) de zen.

선실(船室) camarote. 특등(1등・2등・3등) ~ camarote [de primera clase・de clase turística・de tercera clase].

선심(線審) juez de línea.

선악(善惡) bien y mal; bondad y maldad, virtud y vicio; justicia e injusticia. ~을 불문하고 dejando aparte si eso es bueno o malo. ~을 분별하다 tener la conciencia del bien y del mal, saber distinguir el bien del mal (entre el bien y el mal). 그는 일의 ~을 분별하지 못한다 No puede distinguir lo bueno y lo malo de las cosas.

선약(先約) compromiso anterior. ~이 있다 tener compromiso anterior. 그는 ~이 있어 오지 못한다 Un compromiso le impide venir. 오늘밤은 ~이 있다 Tengo ya una cita esta noche.

선언(宣言) declaración, proclamación, manifiesto. ~하다 declarar, proclamar, manifestar. 독립을 ~하다 declarar (proclamar) la independencia. 개회를 ~하다 declarar abierta la sesión. 포스담 ~ Declaración de Potsdam.

선열(先烈) patriota muerto. 순국 ~ patriota martirizado.

선외(選外) ~가 되다 quedarse fuera de la selección, no ser premiado. ~ 가작 mención honorífica.

선용(善用) buen uso. ~하다 hacer buen uso de *algo*.

선원(船員) marinero, marino; [승무원] tripulante; [집합적] tripulación. ~을 지원하다 ir por la marina.

선율(旋律) melodía. ~적인 melódico, melodioso.

선의(善意) buena voluntad (intención・fe). ~의 de buena fe (intención). ~로 con buena intención, de buena fe. ~의 사람 hombre de buena voluntad. ~로 해석하다 tomar *algo* a bien (en buen sentido), dar una interpretación favorable a *algo*.

선의(船醫) médico de a bordo.

선인(船人) marinero. ⇨ 뱃사람.

선인(善人) buena persona, persona virtuosa, hombre bueno, buen hombre. ~과 악인 hombre bueno y hombre malo, los buenos y los malos.

선인(仙人) ermitaño.

선인(先人) [선조] antepasados, ascendientes; adelantado, precursor.

선인장【식】cacto.

선일(先日) el otro día.

선임(選任) elección; [지명] nominación.

선임(先任) ~의 precedente. ~순의 승진 ascenso por antigüedad. ~교장 director antiguo (anterior). ~자 precedente *(m.f.)*, predecesor.
선임(船賃) pasaje; [적하 운임·용선료] flete. ~을 지불하다 pagar el pasaje.
선입견(先入見) preocupación, prejuicio.
선입관(先入觀) prejuicio, prevención, idea preconcebida, concepto anticipado. ~없이 sin prevención (prejuicio). ~을 버리다 dejar la idea preconcebida. …에 대해 나쁜 ~을 가지다 tener una mala prevención contra *algo · uno*, tener una prevención en contra de *algo · uno*.
선자(選者) juez *(pl.* jueces), miembro del jurado.
선잠 sueño ligero.
선장(船長) capitán; [작은 배의] patrón. ~실 cabina del capitán.
선저(船底) fondo del barco.
선적(船積) embarque, carga. ~하다 embarcar, cargar *algo* a bordo. ~비용 gastos de embarque. ~서류 documentación del buque, documentos de embarque. ~지도서 instrucción de embarque. ~항 puerto de carga (embarque). ~허가서 permiso de embarcación.
선적(船籍) nacionalidad del barco. ~항 puerto de matrícula (de abanderamiento). 한국~의 아리랑호 Arirang, bandera coreana. ~등록 abanderamiento. ~등록을 하다 abanderar.
선전(善戰) ~하다 competir valientemente (admirablemente).
선전(宣傳) publicidad, propaganda, reclamo; [광고] anuncio, aviso. ~하다 dar publicidad a *algo*, propagar, hacer propaganda de *algo*; anunciar. 정책을 ~하다 hacer propaganda de un programa político. 대대적으로 ~하다 anunciar *algo* en masa. 신제품을 텔레비전으로 ~하다 dar publicidad a un producto nuevo por la televisión. 효과적인 ~이 되다 resultar una eficiente propaganda. 그것은 특정 회사의 ~이 된다 Eso sirve de propaganda de una compañía particular. ~매체 medios de publicidad. ~ 문구 eslogan (lema) publicitario. ~부 sección de publicidad. ~비 gastos de publicidad. ~영화 película de publicidad. ~전 campaña publicitaria (de publicidad), guerra de propaganda. ~ 전단 octavilla, hoja de propaganda, prospecto. ~ 포스터 cartel (letrero) publicitario (de anuncio). ~효과 efecto público sensacional (impresionante).

선전(宣戰) ~ 포고 declaración de guerra. ~ 포고를 하다 declarar la guerra [a un país].
선정(善政) buen gobierno. ~을 베풀다 gobernar (dirigir) sabiamente (sagazmente).
선정(選定) selección, elección, escogimiento. ~하다 elegir, seleccionar, escoger.
선정적(煽情的) excitante, provocativo, erótico, lascivo.
선제(先制) 적에게 ~ 공격을 하다 adelantarse en el ataque al enemigo.
선조(先祖) antepasado, antecesor, ascendiente *(m.f.)*; [직계의] progenitor; [집합적] ascendencia. ~ 전래의 hereditario, ancestral. ~의 대대의 묘 tumba de la familia. 그의 집은 ~ 대대로 의사이다 Todos los antepasados de esa familia son médicos.
선종(禪宗) secta[budista] de zen.
선주(船主) naviero, armador.
선진(先陣) vanguardia. ~을 하다 ser vanguardia. ~ 다툼 disputa por ir en vanguardia.
선진(先進) ~의 avanzado, desarrollado, adelantado. ~ 공업국 país industrialmente desarrollado. ~국 país avanzado (desarrollado · adelantado), naciones avanzadas (adelantadas).
선집(選集) obras elegidas (escogidas), selección de obras; [시·문장의] antología.
선착(先着) primera llegada. ~순으로 por orden de llegada ([엽서 등의] de recibo). ~ 20명을 초대합니다 Invitamos a los primeros veinte clientes. ~자 el primero en llegar.
선창(船窓) ojo de buey, portilla.
선창(船艙) cala, bodega; [저장고] pañol, panol.
선처(善處) medidas apropiadas, modo apropiado. ~하다 tomar las medidas apropiadas. 그것을 ~하겠다 Lo trataré de un modo apropiado.
선천(先天) ~적 innato, natural, congénito; [유전성의] hereditario. ~적으로 innatamente. ~적 성질 disposiciones congénitas. ~적 병 enfermedad congénita.
선철(銑鐵) hierro bruto, arrabio, lingote de función (de hierro).
선체(船體) casco[de un buque].
선출(選出) elección. ~하다 elegir. …을 위원으로 ~하다 elegir a *uno* miembro de un comité. 그는 대통령으로 ~되었다 Fue elegido (Le eligieron) presidente.
선취권(先取權) derecho de perioridad.

선측(船側) lado del barco. ~ 인도 franco a bordo.

선태(蘚苔) ~식물 musgos.

선택(選擇) selección, elección. ~하다 escoger, elegir, seleccionar, triar. ~을 잘못하다 elegir mal, equivocarse en la elección, hacer una selección mala. ~을 주저하다 vacilar en elegir (en la elección). 우리에게는 ~의 여지가 없다 No tenemos alternativa./ No nos queda otro remedio. ~과 asignatura opcional (facultativa·electiva). ~권 【상업】 opción. ~권은 너에게 있다 Tú tienes el derecho de elegir./ La opción queda en tu mano.

선편(船便) vía marítima. ~으로 por vía marítima, por barco, por vapor.

선포(宣布) declaración. ~하다 declarar, proclamar. 전쟁을 ~하다 declarar la guerra.

선풍(旋風) remolino[de viento], torbellino. ~을 일으키다 [사건 등이] causar (producir) sensación.

선풍기(扇風機) ventilador. ~를 돌리다 (끄다) poner (parar) un ventilador. ~상 abaniquero. ~점 abaniquería.

선하(船荷) cargamento, carga. ~ 목록 partida de sobordo, manifesto. ~ 증권 conocimiento de embarque [a bordo·sobre cubierta]. ~주(主) embarcador.

선행(善行) buena conducta. ~장 medalla de buena conducta.

선행(先行) preceder (adelantarse) a *algo*. 시대에 ~하다 adelantarse a *su* tiempo, ir a la vanguardia de *su* época. ~사 【문】 antecedente.

선향(線香) pebete [delgado], varilla (junquillo) de incienso.

선험적(先驗的) transcendental, a priori.

선현(先賢) sabios antiguos.

선혈(鮮血) sangre fresca.

선화(線畫) dibujo de líneas.

선회(旋回) vuelta; [진로 변경] viraje. ~하다 dar vueltas, girar; virar. 기수를 좌측으로 ~시키다 hacer girar el aparato hacia la izquierda. 비행기가 ~하고 있다 Un avión está dando vueltas en el cielo. ~계 indicador de giro. ~교 puente giratorio. ~ 반경 radio de viraje. ~ 비행 vuelo circular.

선후책(善後策) remedio que haya. ~을 강구하다 buscar un remedio, tomar medidas remediadoras (terapéuticas) para *algo*.

섣달 diciembre, último mes del año. ~ 그믐 víspera del Año Nuevo.

섣불리 groseramente, toscamente.

설 [día del] Año Nuevo.

설(說) [의견] opinión, parecer; [학설] teoría. 그 점에 대해 여러 ~이 있다 Hay distintas opiniones sobre ese punto. 나는 너의 ~에 찬성이다 Soy del mismo parecer que tú./ Estoy de acuerdo contigo. 그가 범인이라는 ~ la hipótesis de que él sea autor del crimen.

설경(雪景) paisaje de nieve (nevado).

설계(設計) diseño, proyecto, plano. ~하다 diseñar, proyectar, trazar un plano de *algo*. ~가 잘된 (못된) bien (mal) distribuido. 기계를 ~하다 diseñar una máquina. 생활의 ~를 하다 hacer un proyecto de la vida. 그는 손수 집을 ~했다 Trazó personalmente el plano de su casa. ~도 diseño, traza. ~도를 그리다 trazar ~자 diseñador,ra; trazador,-ra.

설교(說教) 【종】 sermón, predicación; [신교의] prédica. ~하다 sermonear, predicar, echar un sermón. ~를 듣다 oír un sermón. ~하기 좋아하는 [사람] sermoneador. 나는 부친의 ~에 싫물이 난다 Estoy harto de los sermones de mi papá. 그는 여자한테 ~듣는 것을 싫어한다 No le gusta ser sermoneado por una mujer. ~단 púlpito. ~자 predicador,-ra. ~집 sermonario.

설날 Día del Año Nuevo.

설득(說得) convicción, persuasión. ~하다 convencer a *uno* de (para) que + *subj.*, persuadir a *uno* a (para) + *inf.* ~당하다 dejarse convencer (ser convencido) por *uno*. 나는 그에게 회합에 출석할 것을 ~했다 Le he convencido de que asista a la reunión. ~력 poder persuasivo. ~력이 있는 persuasivo.

설령(設令) aunque. ~ 비가 오더라도 외출하겠다 Aunque llueva, saldré de casa.

설립(設立) establecimiento, fundación. ~하다 establecer, fundar. 학교를 ~하다 establecer (fundar) una escuela. 회사를 ~하다 fundar (organizar) una compañía. ~자 fundador.

설맹(雪盲) ceguera producida por el reflejo de la nieve.

설명(說明) explicación; [주석·코멘트] comentario. ~하다 explicar, dar explicaciones sobre *algo*; comentar, hacer comentarios sobre *algo*. 사건에 관해 ~을 요청하다 pedir a *uno* explicaciones sobre el suceso. 자신의 생각을 ~하다 explicar *sus* propias ideas, dar razón de *sus* ideas. 문장의 의미를 ~하다 comentar el texto, aclarar el significado del texto. 이 현상은 ~이 안된다 Este fenómeno es inexplicable. 나는 그에게 이곳은 금연이라는 것을 ~했다 Le he explicado que está prohibido fumar aquí. 왜 물가가 오르는지 ~해 주십시오 Explique por qué aumentan los precios. ~이 필요치 않는 것이다 Es tan claro que no hace falta explicación alguna. ~서 nota, texto explicativo. 약의 사용·법에 관한 ~서 folleto explicativo sobre el uso de un medicamento. 사진의 ~ pie del título.

설문(設問) cuestión, encuesta.

설비(設備) equipo, instalación. ~가 좋은 (나쁜) bien (mal) equipado. 가스의 ~ instalación de gas. 냉방 ~가 있는 건물 edificio con aire acondicionado. 공장에 새로운 기계를 ~하다 instalar nueva maquinaria en la fábrica. 공장에 근대적인 ~를 하다 instalar en la fábrica equipos modernos. 이 집은 ~가 좋다 Esta casa tiene todas las comodidades. ~ 비용 costo de equipos. ~ 투자 inversión de equipo (en instalaciones y equipos).

설사(泄瀉) diarrea, flujo de vientre.

설사(設使) aunque. ~ 비가 오더라도 외출 하겠다 Aunque llueva, saldré de casa.

설산(雪山) montaña cubierta de nieve.

설욕(雪辱) desquite, venganza, revancha. ~하다 desquitarse (vengarse·omar la revancha) de *algo*. ~전 partido de desquite, revancha.

설움 tristeza, pesadumbre, aflicción, lamentación, duelo.

설유(設諭) amonestación, admonición. ~하다 amonestar.

설정(設定) establecimiento; [창설] creación. ~하다 establecer; crear; imaginar. …의 안정 기금 ~ creación de un fondo de estabilización de…. 어떤 상황을 ~하다 imaginar (figurarse) cierta circunstancia. 문제의 ~ 방법이 틀렸다 El problema está mal planteado.

설치(設置) [설립] establecimiento, fundación; instalación. ~하다 establecer, fundar; organizar; instalar. 공동시장을 ~하다 establecer un mercado común. 학교를 ~하다 fundar una escuela. 심의회를 ~하다 organizar un consejo. 전화를 ~하다 instalar un teléfono.

설탕(雪糖) azúcar. ~을 넣다 azucarar. 백(흑)~ azúcar refinado (moreno).

설편(雪片) copo de nieve.

설해(雪害) daños causados por la nevada.

설화(說話) narración. ~ 문학 literatura narrativa.

설화(舌禍) ~ 사건 escándalo por una declaración inoportuna.

섬 isla. ~의 isleño, insular. 배로 ~에 가다 ir a una isla en barco.

섬광(閃光) destello, fulgor, fulguración,

relámpago. ~을 발하다 despedir destellos, destellar, fulgurar, relampaguear.

섬기다 servir. 스승을 ~ obedecer *su* maestro.

섬나라 país insular (isleño). ~ 근성 espíritu (estrechez) insular.

섬놈 nativo isleño.

섬멸(殲滅) exterminación, aniquilación, extirpación, anonadamiento. ~하다 exterminar, aniquilar, extirpar, anonadar.

섬세(纖細) delicadez. ~한 delicado, fino, exquisito, sutil.

섬유(纖維) fibra. ~가 많은 [야채 등이] fibroso. ~ 공업 industria textil. ~ 제품 productos textiles. ~질 fibrina. ~소 celulosa, fibrina.

섭리(攝理) providencia. 신의 ~ providencia divina. 자연의 ~에 반한 antinatural.

섭생(攝生) régimen. ~하다 cuidarse, cuidar [de] *su* salud.

섭섭하다 [주어가 1인칭] sentirse; 섭섭하다[주어가 2·3인칭] sentirse. 그가 못 온다하니 ~ Me siento que él no venga.

섭씨(攝氏) Celsio. ~ 5도의 물 agua de a cinco centígrados. 기온이 ~10도이다 La temperatura es de diez grados centígrados. ~한냉계 termómetro centígrado.

섭외(涉外) relaciones exteriores. ~국 Departamento de relaciones exteriores. ~사 무 asuntos de relaciones exteriores (públicas).

섭정(攝政) regencia. ~자 regente *(m.f.)*.

섭취(攝取) toma; [동화] asimilación. ~하 다 tomar; asimilar. 영양물을 ~하다 tomar alimentos nutritivos. 서구 문명을 ~하다 asimilar la civilización occidental.

성 ira, cólera. ~을 내다 enojarse, enfadarse, estar enojado (enfadado). ~나게 하다 encolerizar, causar ira, enojar, enfadar.

성(姓) apillido. 그의 ~은 김이다 Su apellido es Guim.

성(聖) santidad. ~스러운 santo. ~도밍고 Santo Domingo.

성(性) 1 [성질] naturaleza, natural. 사람의 ~은 선하다 La naturaleza humana es buena. ~선설 (악설) doctrina según la cual la naturaleza humana es buena (mala) en si misma.
2 [남녀의] sexo; [문] género. ~의 sexual. ~에 눈을 뜨다 abrir los ojos a la sexualidad. ~관계 relaciones sexuales. ~도덕 moral sexual. ~범죄 delito sexual. ~생활 vida sexual. ~주기 ciclo sexual. ~행위 acto sexual.

성(城) castillo, fortaleza.

성(省) [관청] Ministerio; [중국의 행정구분] provincia. 외무~ Ministerio de Asuntos Exteriores.

성가(聲價) fama, reputación. ~를 높이다 acrecentar (aumentar) *su* fama.

성가(聖歌) himno, canto litúrgico. ~대 coro.

성가시다 estar fastidioso (molesto). 성가시게 굴지 말라 No me molestes.

성격(性格) carácter; [기질] temperamento. ~이 틀리다 tener disparidad de caracteres. 그는 소심한 ~이다 Es de carácter tímido. 그녀와 나는 ~적으로 맞지 않는다 Ella y yo tenemos dos caracteres incompatibles. 그것은 그의 ~을 잘 나타내고 있다 Eso indica muy bien su carácter. ~ 묘사 descripción (retrato) de caracteres, caracterización. ~ 배우 actor de carácter; [여자] actriz de carácter. ~ 이상자 carácter anormal.

성경(聖經) Biblia, la Sagrada Escritura.

성공(成功) [bueno] éxito, buen resultado. ~하다 [주어는 사람] tener [buen] éxito (salir bien) en *algo*; [주어는 일] tener éxito, salir (resultar) bien, salir (acabar) con éxito. 실험은 ~하다 tener [buen] éxito en el experimento. 첫 등정에 ~하다 lograr escalar una montaña por primera vez. 실험은 ~했다 El experimento ha salido bien. 그는 사업에 ~했다 Ha tenido [buen] éxito en sus negocios. 영화는 ~했다 La película ha sido un éxito. 난 가망이 전혀 없다 No hay ninguna esperanza de éxito. ~하기를 축원합니다 ¡Ojalá que tenga éxito! ¡Ojalá que Dios le favorezca! 회의는 ~리에 끝났다 La reunión acabó con gran éxito. ~자 hombre que triunfa (tiene éxito).

성과(成果) resultado, fruto. 큰 ~을 얻다 obtener excelentes resultados. 우리들은 기대 이상의 ~를 얻었다 Obtuvimos mejor resultado de lo que esperábamos.

성곽(城郭) castillo.

성교(性交) coito, cópula, intimidad sexual. …과 ~하다 copular con *uno*, hacer el amor con *uno*. ~ 불능 impotencia.

성교육(性教育) educación del sexo.

성구(成句) modismo.

성금(誠金) donación, contribución.

성급(性急) impetuosidad. ~한 impetuoso, impaciente, precipitado. ~하게 impacientemente, precipitadamente, prematuramente. ~한 결론 conclusión precipitada. ~한 사람 hombre impaciente. ~하게 결론을 내리다 precipitarse en sacar una conclusión.

성기(性器) órganos sexuales.

성나다 estar enfadado (enojado).

성내다 enojarse, enfadarse, estar enfadado (enojado).

성냥 fósforo, cerilla. ~곽 cajita de fósforos, caja de cerillas.

성년(成年) mayor edad, mayoría de edad. ~에 달하다 llegar a la mayoría de edad, llegar a ser adulto. ~자 adulto.

성능(性能) calidad; [효용] rendimiento. ~이 좋은 de buena (excelente) calidad. ~이 나쁜 de mala calidad. 엔진의 ~ 시험 prueba de rendimiento de un motor.

성당(聖堂) catedral, iglesia, templo, santuario.

성대(盛大) esplendor, prosperidad, grandeza, magnificencia. ~한 [음성] próspero, floreciente; [장엄] solemne; [화려한] espléndido, pomposo. ~히 prósperamente, con gran pompa (aparato); [대규모로] en gran escala. ~한 장례를 치르다 hacer funeral solemne. 완성을 ~히 축하하다 celebrar solemnemente (con una gran fiesta) al terminación de *algo*. 결혼식은 ~히 행해졌다 La boda se celebró con gran pompa y esplendor.

성대(聲帶) cuerdas vocales. ~ 모방을 하다 imitar la voz de *uno*.

성도(聖徒) discípulo, apóstol.

성량(聲量) volumen de [la] voz. ~이 풍부하다 tener buenos pulmones (buena voz: voz fuerte y sonora).

성령(聖靈) Espíritu Santo. ~ 강림절 [Pascua de] Pentecostés.

성립(成立) [협정 등의] establecimiento, firma; [조직 등의] formación; [법안 등의] adopción, aprobación. ~하다 establecerse, constituirse, firmarse; formarse; ser adoptado (aprobado). A와 B간에 계약이 ~했다 El contrato se ha firmado entre A y B. 내각이 ~되었다 Se formó el gabinete. 법안이 ~되었다 Ha sido aprobado un proyecto de ley. 예산이 ~되었다 El presupuesto ha sido aprobado.

성망(盛望) reputación, fama. ~ 있는 célebre, de alta reputación.

성명(姓名) nombre y apellido.

성명(聲名) fama, reputación, popularidad.

성명(聲明) declaración, manifestación, anunciación; [코뮤니케] comunicado. ~하다 declarar, manifestar, anunciar. 반대 ~을 하다 hacer una declaración en contra. 한미공동~에 의하면 ~이다 Según el comunicado[conjunto] coreanonorteamericano… / El comunicado coreano-norteamericano declara que + *ind*.

성모(聖母) la [Santísima] Virgen, Nuestra

성문(城門) puerta del castillo.

성문(成文) escritura. ~의 escrito. ~법 estatuto, ley escrita (positiva). ~화 codificación. ~화하다 codificar.

성문(聲門) 【해】 glotis.

성벽(性癖) inclinación, propensión, predisposición.

성벽(城壁) muralla.

성별(性別) diferencia (distinción) de sexo. ~을 묻지 않고 no teniendo que ver (no teniendo en cuenta) la diferencia de sexo, sin distinción de sexo.

성병(性病) enfermedad venérea. ~ 환자 venéreo.

성분(成分) componente, constitutivo; [재료] ingrediente. 물의 ~ componentes del agua. 비누의 ~ ingredientes del jabón.

성분(性分) [성격] carácter (*pl.* caracteres), naturaleza; [기질] temperamento; [소질] disposición.

성사(成事) complemento, perfección, éxito. ~하다 completar, llevar a cabo, tener éxito, salir bien.

성산(成算) plan. ~이 있다 tener un plan perfecto.

성서(聖書) [Santa] Biblia, Escritura Sagrada. ~의 bíblico. ~에 손을 얹고 …할 것을 선서하다 jurar sobre la Biblia + *inf.* ~에서 인용·cita bíblica. ~ 연구 estudios bíblicos.

성성이(猩猩-) 【동】 orangután.

성쇠(盛衰) prosperidad (apogeo) y decadencia, vicisitud. 로마제국의 ~ el apogeo y la decadencia del Imperio romano.

성수(聖水) agua sagrada.

성숙(成熟) madureza, sazón. ~하다 madurarse. ~한 maduro.

성실(誠實) sinceridad, honradez, fidelidad, veracidad. ~한 sincero, honrado, fiel, verídico. ~하게 sinceramente, honradamente, fielmente. ~한 사람 hombre sincero. ~한 친구 amigo fiel. ~하게 일하다 trabajar honradamente. ~하게 약속을 지키다 cumplir fielmente *su* palabra.

성심(誠心) sinceridad, buena fe. ~성의로 sinceramente, con buena fe, fielmente, *con el corazón en la mano.* ⋯의 ~성의를 다하다 entregarse sinceramente a *algo*, dedicarse con buena fe a *algo*.

성악(聲樂) música vocal (armónica). ~가 vocalista (*m.f.*). ~과 sección de técnica vocal.

성안(成案) plan, proyecto. ~하다 tener un plan definitivo.

성애(性愛) amor sexual.

성에 helada, hielo.

성역(聲域) 【악】 registro de la voz.

성역(聖域) [recinto] sagrado.

성왕(聖王) rey sagrado.

성욕(性欲) deseo sexual, apetito carnal (sexual); 【심리학】 lujuria. ~을 만족시키다 saciar (contentar·satisfacer) *su* apetito sexual. 변태 ~ sexualidad anormal.

성우(聲優) actor; [여자] actriz.

성운(星雲) nebulosa.

성원(成員) miembro.

성원(聲援) estímulo, aplausos. ~하다 animar, alentar.

성의(誠意) sinceridad, cordialidad, buena fe. ~ 있는 sincero, cordial, serio, de buena fe. ~없는 insincero, falto de sinceridad. ~를 다해서 con sinceridad, sinceramente, de (con) buena fe. ~를 보이다 mostrar sinceridad (buena fe). ~가 없다 no tener (carecer de) sinceridad, no ser sincero.

성인(成人) adulto. ~이 되다 ser adulto, alcanzar la edad adulta. ~ 교육 enseñanza para adultos. ~병 enfermedades de los adultos. ~의 날 día de los nuevos adultos. ~ 영화 película para adultos. ~ 학습 clases (cursos) para adultos.

성인(聖人) santo,-ta. 그는 ~군자같은 사람이다 Parece un santo.

성자(聖者) sabio, santo.

성장(成長) crecimiento, desarrollo; [발달] progreso. ~하다 crecer, desarrollarse; [성숙] madurar; progresar. 식물이 ~한다 Crecen las plantas. ~하면서 그녀는 더 아름다워졌다 Con los años se ha hecho más hermosa. 불행은 인간을 ~시킨다 La desgracia hace madurar a las personas. 그는 대실업가로 ~했다 Llegó a ser un gran hombre de negocios. ~기 época (período) de crecimiento (de desarrollo). ~률 tasa de crecimiento. ~ 산업 industria que progresa (en desarrollo). ~주(株) acción [bursátil] de gran porvenir; [비유] persona que promete.

성장(盛裝) traje de etiqueta. ~하다 vestirse de etiqueta (de gala·de fiesta), estar en traje de etiqueta. ~을 하고서 en vestido de fiesta, en traje de etiqueta (de gala). 딸에게 ~시키다 vestir a la hija con vestido de fiesta.

성적(成績) 【결과】 resultado; [접수] nota. ~이 좋다 (나쁘다) tener buenas (malas) notas. ~을 얻다 (나쁜) ~을 얻다 obtener (sacar) buenas (malas) notas. 일의 ~을 올리다 mejorar los negocios. 그는 학교 ~이 올랐다 Han subido sus notas. ~표

성적(性的) sexual. ~ 관계 relaciones sexuales. ~ 매력 atractivo sexual, sex-appeal. ~ 매력이 있는 여자 mujer de atractivo sexual. ~ 욕망 deseo sexual. ~ 충동 ímpetu sexual.

성전(聖典) libros sagrados; 【기독교】 [Santa] Biblia.

성정(性情) genio, natural, carácter.

성조기(星條旗) bandera de estrellas y rayas.

성좌(星座) constelación. ~ 조견도 planisferio.

성주(城主) señor de un castillo.

성지(聖地) Tierra Santa.

성지(城址) [유적] vestigios de un castillo; [폐허] ruinas de un castillo.

성직(聖職) sacerdocio, clerecía. ~의 sacerdotal, clerical. ~자 eclesiástico, clérigo, sacerdote; [집합적] clero.

성질(性質) carácter, naturaleza, natural; [기질] temperamento; [특성] característica. ~이 좋은 de buen carácter. 금속의 ~ propiedades del metal. 일의 ~상 por la naturaleza del trabajo. ~이 좋은 (나쁘다) tener buen (mal) carácter, ser de buen (mal) carácter.

성찬(聖餐) Sagrada Comunión.

성체(聖體) [카톨릭의] Eucaristía.

성충(成蟲) imago.

성취(成就) consumación; [달성] cumplimiento; [실현] realización. ~하다 consumar; cumplir; realizar. ~되다 consumarse; cumplirse; realizarse. 그의 염원이 ~됐다 Se ha consumado su anhelo.

성층권(成層圈) estratosfera. ~의 estratosférico. ~ 비행 vuelo estratosférico.

성탄(聖誕) nacimiento sagrado.

성탄절(聖誕節) Navidad, el día de Navidad. 즐거운 ~이 되기를 기원합니다 ¡Feliz Navidad!

성패(成敗) éxito y fracaso.

성품(性品) naturaleza.

성하(盛夏) pleno verano. ~에 en pleno verano.

성학(星學) astronomía.

성함(姓銜) *su* nombre. ~이 어떻게 되십니까 ¿Cómo se llama usted?

성행(性行) carácter y conducta.

성향(性向) inclinación, propensión.

성현(聖賢) sabio.

성혼(成婚) boda, nupcias, casamiento.

성홍열(猩紅熱) escarlatina, escarlata.

성화(聖火) fuego sagrado.

성황(盛況) prosperidad. ~을 이루다 mostrarse próspero, prosperar, medrar, tener gran éxito. 파티는 ~이었다 La fiesta tuvo gran éxito. 가게가 ~이다 La tienda prospera (hace un buen negocio).

성회(盛會) reunión animada. ~됐습니다 La reunión obtuvo buen éxito.

세 tres. ~사람 tres hombres.

세(世) generación, edad, época.

세(貰) alquiler.

세(勢) influencia, poder, fuerza.

세(稅) contribución, impuesto. ~를 부과하다 poner impuestos. ~를 납부하다 pagar la contribución.

세(歲) año. 10~ diez años de edad.

세간(世間) mundo; [사회] sociedad; [사람들] gente (f.), todo el mundo.

세계(世界) mundo, universo. ~의・~적인 mundial, universal. ~적으로 mundialmente, universalmente. 동물의 ~ reino animal. 학문의 ~ mundo académico. ~적인 음악가 músico de fama mundial. ~적인 불황 recesión mundial. ~를 일주하다 dar una vuelta al mundo. ~일주여행을 하다 hacer un viaje alrededor del mundo. ~적으로 평판이 높은 de fama mundial, famoso mundialmente. ~는 가장 긴 다리이다 Es el puente más largo del mundo. 그 소식은 ~로 퍼졌다 La noticia se divulgó por todo el mundo. ~는 ~적으로 유명하다 Este templo es conocido mundialmente. 두 사람은 다른 ~의 인간이다 Los dos pertenecen a un mundo completamente distinto. ~ 각국 cada país ([제국] varios países) del mundo. ~ 각처 cada lugar ([각지방] varias regiones) del mundo. ~관 visión del mundo. ~기록 récord mundial. ~기록을 수립하다 (깨다) establecer (batir) el récord mundial. ~기록 보유자 poseedor del récord mundial. ~ 경제 economía mundial (universal・del mundo). ~ 문학 literatura universal. ~사 historia universal. ~선수권대회 campeonato mundial. ~ 은행 Banco Mundial; [정식 명칭] Banco Internacional de Reconstrucción y Desarrollo. ~ 지도 mapa del mundo. ~ 평화 paz universal (mundial・del mundo). ~ 회의 conferencia (congreso・asamblea) mundial. 제 1차 (2차) ~ 대전 la Primera (Segunda) Guerra Mundial. 전 ~ todo el mundo, mundo entero.

세공(細工) [제작] trabajo, confección; [기능] artesanía, pericia manual; [제품] obra, trabajo, objeto. ~하다 obrar *algo*. 손~ obra hecha a mano. 죽~을 하다 trabajar en bambú. 이 반지에는 정교하게 ~이 되어 있다 Este anillo está finamente trabajado. 금은~ orfebrería.

세관(稅關) aduana. ~의 aduanero. ~의 신

세균(細菌) bacteria, microbio. ~의 formalidades aduaneras (de aduanas). ~을 통하다 pasar la aduana. ~을 통하다 pasar *algo* por la aduana. ~에서 검사받다 ser inspeccionado en la aduana. ~을 속이다 engañar a la aduana (al aduanero). ~원 aduanero. ~장벽 barrera aduanera. 공항~ aduana secar.

세균(細菌) bacteria, microbio. ~의 bacteriológico, microbiológico. ~ 검사 análisis bacteriológico. ~ 배양 cultivo microbiano (micróbico). ~ 병기 arma bacteriológica. ~요법 bacterioterapia. ~학 bacteriología, microbiología. ~학자 bacteriólogo,-ga; microbiólogo,-ga.

세금(稅金) [주로 지방세] impuesto; [주로 국세] contribución; [주로 관세·사용세 등] derechos; [일반적으로 조세] tributo. ~을 부과하다 gravar (cargar) a *uno* con un impuesto, imponer contribuciones a *uno*. ~을 면제하다 eximir a *uno* de la contribución. ~을 올리다 (내리다) aumentar (disminuir) el impuesto. ~을 납부하다 pagar un impuesto. …에서 ~을 징수하다 recaudar impuestos a *uno*. ~의 신고를 하다 hacer *su* declaración de impuestos. 봉급에서 ~을 떼다 deducir los impuestos del sueldo. 2만원의 ~을 지불하다 pagar veinte mil wones de impuesto [s].

세기(世紀) siglo. ~의 제전 fiesta del siglo. ~말적인 문학 literatura finisecular (de [l] fin de siglo). 이십 ~ el siglo veinte【보통 el siglo ×× 로 표기한다】. 기원전 3~ el siglo tercero antes de Cristo.

세내다 alquilar, arrendar, dar en arriendo.

세뇌(洗腦) lavado de cerebro. ~하다 lavar el cerebro de (a) *uno*. 그는 ~되었다 Le han lavado el cerebro.

세다[강력] ser fuerte (vigoroso·robusto·poderoso·enérgico); [강렬] ser violente; severo; intensivo.

세다[2] [머리털이] blanquearse; [안색이] ponerse pálido.

세다[3] contar; calcular, 1에서 10까지 ~ contar de uno a diez.

세대(世帶) familia. ~수 número de familias. ~주 cabeza (jefe) de familia.

세대(世代) generación. 젊은 ~ generación joven. 자신과 같은 ~의 de *su* misma generación. 우리들은 그들과 ~가 틀리다 No somos de la misma generación que ellos.

세도(勢道) poder [político].

세레나데 serenata.

세력(勢力) influencia; [힘] potencia, imperio, poder, fuerza. ~이 있는 influyente, potente, poderoso. ~이 없는 sin influencia. ~을 확장하다 extender *su* influencia en un sitio. ~을 잃다 perder *su* influencia. ~을 미치다 influir grandemente (ejercer influencia) sobre *uno*. …에 대한 ~이 있다 tener influencia sobre *uno*. 태풍의 ~이 약해져 간다 El tifón va perdiendo su fuerza. ~가 persona de influencia. ~범위 esfera de influencia. ~투쟁 rivalidad de influencia.

세련(洗練) refinamiento. ~하다 refinar. ~된 refinado. 그의 취미는 ~되어 있다 Tiene un gusto muy refinado.

세례(洗禮) bautismo. ~를 베풀다 bautizar. ~를 받다 ser bautizado, bautizarse. ~명 nombre de pila (de bautismo). ~자 bautista.

세로 longitud. ~줄 línea vertical.

세론(世論) opinión pública. ~ 조사 encuesta.

세리(稅吏) colector.

세리사(稅理士) consultante fiscal [titulado].

세말(歲末) fin de año. ~ 대매출 grandes ventas de fin de año.

세면(洗面) aseo, lavadura. ~하다 arreglarse; [얼굴을 씻다] lavarse la cara. ~기 jofaina, palangana. ~대 lavabo. ~대 달린 방 habitación con lavabo. ~ 도구 artículos de aseo (de tocador). ~ 자그릇 estuche de aseo. ~소 lavatorio, lavabo; [욕실 겸용의] cuarto de baño.

세모 triangular. ~꼴 triángulo.

세모(歲暮) fin del año. ~ 대매출 grandes ventas de fin de año.

세목(細目) detalles, pormenores. ~으로 en detalle detalladamente.

세무서(稅務署) oficina de impuestos. ~장(원) director (empleado) de la oficina de impuestos.

세미나 seminario. A교수의 ~에 참석하다 asistir al (participar en el) seminario del profesor A.

세미콜론 punto y coma (;). ~을 찍다 poner [un] punto y coma.

세밀(細密) minucia, menudencia, cortedad, pequeñez. ~한 minucioso. ~하게 minuciosamente.

세밀화(細密畫) miniatura.

세밑(歲一) el fin del año.

세배(歲拜) saludo del Año Nuevo.

세법(稅法) ley de impuesto [s] (de tributo).

세부(細部) detalle, pormenor. ~적으로 묘사하다 describir *algo* detalladamente (a la menuda). …의 ~를 점검하다 revisar *algo* detalladamente.

세비(歲費) [국회의원] dietas, asignación

세살 tres años de edad.
세상(世上) mundo; sociedad.
세상(世相) actualidad (aspecto · fase) de la sociedad. ~을 반영하다 reflejar la actualidad social.
세상없어도(世上―) a toda costas; de algún modo; no faltaba más.
세속(世俗) [풍습] costumbres vulgares; [속세] mundo mundano. ~의·~적인 [교회에 대해] civil, laico, secular, seglar; [이 세상의] mundano, [비속한] vulgar. ~적인 생활 (명성) vida (fama) mundana. ~적인 쾌락 placeres mundanos. 그는 아주 ~적인 인간이다 Es un hombre muy vulgar. ~음악 música profana.
세수(稅收) ingresos (procedentes) de los impuestos.
세수(洗手) ~하다 lavarse la cara [y las manos].
세습(世襲) herencia. ~[제] 의 hereditario. ~하다 heredar. ~재산 patrimonio.
세심(細心) prudencia, minuciosidad. ~한 minucioso. ~한 주의를 기울여서 con cuidado minucioso, con el mayor cuidado posible. ~한 주의를 기울이다 concentrar toda *su* atención en *algo*, prestar la mayor atención a *algo*.
세액(稅額) suma de impuestos.
세우(細雨) llovizna.
세원(稅源) procedencia (fuente) de impuestos.
세월(歲月) tiempo, años. 10년 ~이 흘렀다 Han transcurrido diez años. 8년의 ~을 걸려 이 다리를 완성했다 Tras ocho años de esfuerzos se ha construido este puente. ~은 사람을 기다리지 않는다 El tiempo no espera a los hombres.
세율(稅率) tasa de impuestos, tarifas fiscales; [관세율] arancel. ···의 ~을 올리다(내리다) subir (bajar) la tasa de impuestos de *algo*. 소득세의 ~이 내렸다 La tasa de impuestos sobre la renta ha disminuido (bajado). ~을 15퍼센트이다 La tasa de impuestos es de un quince por ciento.
세인(世人) público, mundo. 그는 ~의 주목을 받고 있다 Es foco (centro) de la atención pública.
세일론[지] Ceilán. ~의 [사람] ceilanés. ~차(茶) té de Ceilán.
세일즈맨 viajante *(m.f.)*, vendedor, representante *(m.f.)*.
세입(歲入) rentas [anuales] del Estado (públicas).
세정(世情) costumbre, condición de la sociedad.
세제(稅制) sistema tributario, régimen impositivo. ~ 개혁 reforma del sistema tributario.
세제(洗劑) detergente.
세주다(貰―) arrendar, dar en arriendo, alquilar.
세척(洗滌) lavado; [상처의] detersión; [장의] irrigación. ~하다 lavar, limpiar; deterger; irrigar. ~기 irrigador. 위~ lavado del estómago.
세초(歲初) principio del año.
세출(歲出) gastos [anuales] del Estado (públicos).
세칙(細則) reglamento detallado, reglas (regulaciones) detalladas.
세컨드 [운] base segunda.
세탁(洗濯) lavadura, lavado. ~하다 lavar *algo*. ~을 하다 hacer la colada. ~할 수 있는 lavable. 이 천은 ~할 수 없다 Esta tela no soporta el lavado. 천이 ~으로 위축되었다 Se encogió la tela al lavarla. ~기 lavadora. ~물 colada, ropa para lavar. ~물을 헹구다 (말리다) enjuagar (secar) la colada. ~ 비누 jabón de lavar (para el lavado de la ropa); [가루의] jabón de polvo. ~판 tabla de lavado. ~소 lavandería, tintorería. 옷을 ~소에 보내다 mandar la ropa a la tintorería (al tinte), mandar a lavar la ropa. ~소 주인 lavandero, tintorero. 전기 ~기 lavadora eléctrica.
세태(世態) fase de la vida.
세트 1【한벌】 juego. 그것은 여섯개 ~로 되어있다 El juego está compuesto de seis piezas. 그것은 ~로만 팝니다 Lo vendemos sólo por juegos. 서류 한 ~ un juego de documentos. 라디오 ~ juego de radio. 2【영화】 plató, set; 【연극】 decorado. 3【테니스 등의】 set. 제일 ~을 이기다 (지다) ganar (perder) el primer set.
세평(世評) [평판] reputación, opinión pública, juicio popular; [인기] popularidad; [소문] rumor. ~의하면 Se dice que ~ *ind.*, Dicen que + *ind.* ~에 오르다 andar de boca en boca.
세포(細胞) célula. ~의 celular. ~의 신진대사 metabolismo celular. ~막 membrana celular. ~ 분열 división de célula. ~액 savia celular. ~ 조직 tejido celular. ~질 citoplasma *(m.)*. ~학 citología. ~학자 citólogo. ~핵 núcleo. 공산당 ~ célula comunista.
세하(細蝦) camarón.
세후(歲後) después de Año Nuevo.
센개 perro blanco.
센머리 canas *(f.pl.)*.

센세이션 sensación. ~을 일으키다 causar una gran sensación. 일대 ~을 일으키다 causar (agitar · producir) una gran sensación. 학계에 ~을 일으키다 causar sensación en el mundo científico.

센스 sentido. …의 ~가 있다 tener sentido de algo. 그는 유머 ~가 있다 Tiene sentido del humor./ Entiende el humor.

센타보【화폐단위】centavo.

센터 centro;【운】campo central;【야구】【사격】exterior centro. ~라인【도로의】línea central;【운】línea de centro. ~포드【축구】delantero centro. ~하프【축구】defensa central. 국립암~ centro nacional anticanceroso. 오락~ centro de recreo.

센트 centavo, céntimo.

센트멘털 sentimental.

센트모【화폐단위】céntimo.

센티미터 centímetro.

셀로판 celofán. ~지 celofán. ~테이프 cinta adhesiva de celofán transparente.

셀룰로오스 celulosa.

셀룰로이드 celuloide.

셈 cálculo, cuenta. ~하다 contar, calcular, pagar.

셈본 aritmética.

셋 tres. ~째번[의] tercero.

셔터 obturador. 자동~ obturador automático.

셔츠 camiseta. 와이~ camisa. ~지 tela para camisa.

소【동】【암소】vaca;【황소 · 종우】toro;【거세한】buey. ~걸음으로 a paso de tortuga. ~마굿간 boyera. ~치는 사람 vaquero.

소(小) pequeñez; miniatura; pequeño. ~아시아 Asia menor. ~위원회 subcomisión.

소(少) poco;【젊은】joven.

소(沼) pantano;marisma.

소가지 naturaleza; disposición; temperamento. ~가 나쁘다 ser malo (malvado · malicioso).

소각(消却) incineración, quema. ~하다 incinerar, quemar. ~로 ~소 incinerador. ~장 quemadero. 폐물 ~ 장치 quemador de desperdicios.

소갈머리 naturaleza; temple; disposición;【생각】intención. ~없는 사람 hombre insensible (inconsciente).

소감(所感) impresión, observación, opinión. ~을 말하다 hacer observaciones (opinar) sobre algo, dar sus impresiones sob re algo.

소강(小康) tranquilidad breve. ~ 상태 tregua, momento de calma.

소개(紹介) presentación;【문화 등의】introducción;【추천】recomendación. ~하다 presentar; introducir; recomendar. 자기 ~를 하다 presentarse a sí mismo. 서반아 문학을 한국에 ~하다 introducir la literatura española en Corea. 친구 철수를 ~합니다 Permítame presentarle a Vd. a mi amigo, Cholsu. 그에게 나를 ~해 주시겠습니까 ¿Quiere usted presentarme a él? 그는 부모에게 애인을 ~했다 Presentó a su novia a sus padres. ~자 introductor, recomendante. ~장 carta de presentación (recomendación).

소개(疏開) evacuación. ~하다 evacuar. ~자 evacuado, refugiado.

소거(消去) eliminación. ~하다 eliminar. ~법【수】eliminación.

소견(所見) observación, opinión, modo de ver, impresión. ~을 말하다 exponer (expresar) su opinión sobre algo, opinar de (en) algo. ~없음 No hay observación especial que hacer.

소경 ciego. ~놀이 juego de la gallina ciega.

소계(小計) subtotal.

소곤거리다 cuchichear, cuchuchear, hablar al oído, murmurar.

소관(所管) jurisdicción. ~의 jurisdiccional. …의 ~이다 pertenecer a la jurisdicción de…. ~ 경찰서 (재판소) comisaría de policía (tribunal) jurisdiccional. ~ 관청 autoridad competente (jurisdiccional).

소국(小國) país pequeño.

소굴(巢窟)【악당 등의】guarida, nido, madriguera.

소규모(小規模) escala pequeña. ~의 de escala pequeña.

소극(消極) ~적인 poco emprendedor (dinámico);【부정적】negativo;【수신적】pasivo. ~으로 negativamente, pasitivamente. 그는 그 제안에 ~적이다 Se muestra negativo hacia (poco entusiasmado con) esa propuesta. ~성 negatividad, pasividad. ~책 medida de carácter conservador.

소극(笑劇) farsa.

소금 sal (f.). ~에 절인 condimentado de sal. ~에 절이다 salar algo, sazonar algo con sal. ~을 쳐서 먹다 comer algo con sal. ~을 넣다 echar sal en algo. 소금 좀 건네주십시오 Páseme la sal. ~그릇 salero.

소금기 gusto salado (de sal);【염분】salobridad, salinidad. ~가 있는 salino, salobre, salado. ~가 들어 있다 estar muy salado. ~을 빼다 desalar algo, quitar la sal a algo.

소금물 agua salada.

소급(遡及) retroacción, retroceso. ~하다 retrotraer, remontarse al pasado.

소기(所期) expectación. ~의 esperado. ~와 같이 como se esperaba.
소나기 chubasco.
소나무 pino.
소나타【악】 sonata.
소녀(少女) muchacha, chica, niña. 그녀의 ~ 시절에는 en su niñez. ~ 취미 gustos de colegiala.
소년(少年) muchacho, niño, mozo, joven. ~의 juvenil, adolescente. ~ 시절에는 en la niñez de *uno*. ~ 범죄 delincuencia juvenil. ~ 잡지 revista para los muchachos. ~단 la Asociación de Niños Exploradores, cuerpo de muchachos exploradores. ~ 시대 juventud.
소농(小農) labrantín, pegujalero.
소뇌(小腦) cerebelo. ~의 cerebeloso.
소다【化】[agua] gaseosa, soda. 가성 ~ soda cáustica.
소담(小膽) cobardía, timidez. ~한 cobarde, tímido.
소대(小隊) sección. ~장 jefe de sección.
소도구(小道具) artículos portátiles en el escenario.
소독(消毒) desinfección; [살균] esterilización; [소독법] asepsia. ~하다 desinfectar; esterilizar. ~한 esterilizado. ~된 algodón. ~액 desinfectante. ~약 desinfectante. ~용의 desinfectante.
소동(騷動) tumulto, alboroto, motín, disturbio, revuelta. ~을 일으키다 armar un alboroto, organizar un motín. ~을 진압하다 calmar un alboroto, sofocar un motín. ~이 일어날 것 같다 Parece que se va a armar (Se ve venir) un tumulto.
소득(所得) ingresos *(m.pl.)*, renta. 그는 연 천만원의 ~이 있다 Tiene unos ingresos anuales de diez millones de wones. ~세 impuesto sobre ingresos, impuesto sobre [la] renta. ~의 분포 distribución de la renta. ~ 정책 política de la renta nacional. 1인당 ~ renta per cápita, renta por cabeza. 저(低)~자층 clase social de ingresos bajos (elevados). 평균 ~ renta media.
소등(消燈) apagamiento de la luz. ~하다 apagar la luz. ~ 나팔 toque de silencio. ~ 시간 hora de apagar las luces.
소라【동】 caracol.
소란(騷亂) disturbio, alboroto, tumulto, desmán, conmoción, insurrección [~죄 crimen de perturbación [del orden público].
소량(小量) pequeña cantidad; [부사적] un poco. ~의 un poco de…, una pequeña cantidad de…, algo de… 극히 ~의 muy poco, muy pequeña (poca) cantidad de…

소련(蘇聯) Unión Soviética.
소령(少領)【육군·공군】 comandante, 【해군】 capitán de corbeta.
소로(小路) calle estrecha, callejón.
소리 voz, sonido(음향), grito. 작은 ~로 en voz baja. 큰 ~로 en voz alta. ~를 낮추다 bajar la voz.
소리마디 sílaba.
소리지르다 vocear, exclamar.
소리치다 vocear, exclamar, gritar, dar un grito.
소리판 disco.
소망(所望) deseo, anhelo, esperanza, expectación. ~하다 desear, rogar, suplicar, pedir.
소매 manga. ~를 올리십시오 Levántese la manga.
소매(小賣) reventa, venta al por menor. ~로 al por menor, al detalle. ~가격 precio al menor. ~상 detallista. ~점 tienda de venta por menor.
소매치기 [사람] ratero, raterillo.
소맥(小麥) trigo. ~분 harina, harina de trigo.
소멸(消滅) extinción, desaparición. ~하다 desaparecer[se], extinguirse; [실효] caer en desuso. 자연 ~하다 extinguirse por sí solo; [해산] disolverse espontáneamente. 권리의 ~ caducidad del derecho.
소모(消耗) [소비] consumición; [소모] abrasión, desgaste. ~하다 consumir; gastar. ~되다 consumirse; desgastarse. 체력을 ~하다 consumirse, extenuarse. 정력을 ~하다 gastar *su* energía. 병력의 ~가 심하다 Se pierde (Se consume) mucha fuerza armada. 기계의 ~가 심하다 Se desgasta mucha la maquinaria. ~전 guerra de desgaste, aeróculo de desgaste, suministros. 사무용 ~품 suministros de oficina. ~비 gastos de consumo. ~품 artículo de desgaste.
소묘(素描)【미술】 esbozo, bosquejo, boceto. ~하다 esbozar, bosquejar.
소문(小門) 1 puerta pequeña. 2【보지】 vulva.
소문(所聞) rumor. ~난 muy famoso. ~을 퍼뜨리다 esparcir (divulgar) alguna noticia.
소박(素朴) simplicidad, sencillez, ingenuidad. ~한 simple, sencillo, ingenuo. 이 지방 사람은 ~하다 La gente de esta región es rústica y sencilla.
소방(消防) lucha contra incendios, prevención de fuego. ~단 · ~대 cuerpo de bomberos. ~서 cuartel (parque) de bomberos. ~사 bombero. ~펌프 bomba de

incendios. ~차 camión (coche) de bomberos.

소변(小便) orina, orines (m.pl.); [어린이] pipí. ~을 보다 orinar; [어린이] hacer pis. ~금지 [게시] No orinar [aquí].

소비(消費) consumo, consumición, gasto. ~하다 consumir, gastar. 국내 ~를 만족시키다 satisfacer el consumo interno (doméstico). ~량 [cantidad de] consumo. ~사회 sociedad consumidora (de consumo). ~액 cantidad de consumo. ~세 impuesto (sobre) consumo. ~자 consumidor. ~자 가격 precio de consumo (de los consumidores). ~재 bienes (artículos) de consumo. ~ 조합 cooperativa de consumidores (de consumo). ~혁명 revolución de consumo.

소비에트 Unión de Repúblicas Socialistas Soviéticas, USSR.

소사(小使) conserje, sirviente.

소사(燒死) muerte por incendio. ~하다 morir abrasado. ~자 víctima del incendio. ~체 cadáver carbonizado.

소사(小史) breve historia.

소산(消散) ~하다 disiparse, desvanecerse; [증발하다] volatilizarse, evaporarse.

소산(所産) producto; [성과] fruto; [결과] consecuencia, resultado. 장기간의 연구의 ~ fruto de muchos años de investigación.

소상(塑像) imagen (pl. imágenes) plástica; [석고의] imagen de yeso.

소생(小生) yo, yo mismo.

소생(蘇生) resucitación. ~하다 resucitar, volver a la vida. ~시키다 resucitar, devolver la vida a *uno*.

소석회(消石灰) cal muerta (apagada).

소설(小說) novela. ~의··적인 novelesco. ~을 쓰다 escribir una novela. ~화하다 novelar *algo*. 마치 ~같다 Es una novela verdadera./ Es como si una novela./ Es como si fuera una verdadera novela. ~가 novelista.

소속(所屬) dependencia. ~하다 pertenecer a···. ···~의 dependendiente a. 저 선수는 A팀에 ~되어 있다 Aquel jugador pertenece al equipo A./ Aquel jugador es del equipo A.

소송(訴訟) pleito civil, pleito, proceso, litigio. ~을 걸다 proceder contra *uno*, poner pleito a *uno*, entablar pleito (demanda) contra *uno*, demandar a *uno* por *algo*. ~에 이기다 ganar el pleito. ~에 지다 perder el pleito. ~을 취하하다 renunciar al (abandonar el) pleito. ~ 당사자 litigante (m.f.). ~ 대리인 abogado (m.f.). ~ 비용 costas procesales (del pleito). ~ 사건 caso judicial. ~ 수속 procedimiento (trámite) judicial, diligencias judiciales. ~ 의뢰인 cliente (m.f.). 민사 ~ pleito civil.

소수(小數) minoría, número pequeño. ~의 minoritario, de número pequeño. 그것은 찬성이 ~여서 부결되었다 Eso ha sido rechazado por un pequeño número de votos. 그의 의견은 ~여서 지지하는 자는 극히 ~다 Muy pocos sostienen su opinión. 그 제안은 13표라는 ~밖에 획득하지 못했다 Esa proposición obtuvo sólo una minoría de trece votos. ~당 [partido de la] minoría, partido minoritario. ~ 독점 oligopolio. ~민족 minoría[nacional]. ~의견 opinión minoritaria (de la minoría). ~정예주의 principio de la minoría selecta. ~파 minoría.

소수(素數) 【수】 número primo.

소수(小數) 【수】 [fracción] decimal. ~점 punto decimal, coma. ~점 이하 제 1위의 primer decimal. ~ 제2위까지 계산하다 calcular hasta el segundo decimal.

소스 salsa. ~ 그릇 salsera.

소스라치다 espantarse, asustarse.

소승(小乘) ~불교 budismo meridional;[대승에서 경멸적으로] pequeño vehículo.

소시(少時) juventud, muchachez.

소시민(小市民) pequeña burguesía. ~ 계급 pequeña burguesía.

소시지 salchincha, salechichón.

소식(消息) noticia, nueva, comunicación, información; [편] carta. ~이 있다 tener noticias (estar informado) de *algo*·*uno*. ~에 정통하다 estar bien informado de *algo*. ···의 ~을 묻다 (전하다) preguntar (traer) noticias de *algo*·*uno*. 그 배는 3일 전부터 ~이 끊겼다 Hace tres días que el barco no da señales de vida. 그는 ~이 불명이다 Seguimos sin recibir noticias de él. ~통 círculos (medios) bien informados, fuentes bien informadas. ~통에 의하면 según dicen bien informados, según una fuente informada, segun círculos bien informados.

소식(小食) sobriedad en el comer. 그는 ~을 한다 Es sobrio en la comida./ Come poco.

소신(所信) [신념] convicción, creencia; [의견] opinión. ~을 피력하다 dar (expresar · exponer) *su* opinión. ~을 굽히지 않다 ser firme en *sus* convicciones; mantener *su* opinión tenazmente.

소실(消失) ~하다 quemarse, ser destruido (consumirse) por el fuego. ~을 면하다 librarse (escapar) del incendio (del fuego). ~ 가옥 casa consumida por el fuego

소실(消失) desaparición, desvanecimiento; [권리 등의] extinción. ~하다 desaparecerse, desvanecerse; extinguirse.
소실(小室) concubina.
소심(小心) prudencia, timidez. ~한 tímido, pusilánime. ~하게 tímidamente. ~한 사람 tipo tímido, espíritu pusilánime.
소아(小兒) bebé, niño. ~과 pediatría. ~과의사 médico pediátrico, pediatra, pediatra. ~마비 polio [mielitis], parálisis infantil. ~마비 환자 poliomielítico. ~용약 medicina para niños.
소액(小額) suma pequeña. ~의 금액 suma pequeña de dinero. ~ 지폐 papel moneda de poco valor.
소양(素養) [지식] conocimiento; [지적 교육] formación; [교양] cultura. …의 있다 tener conocimiento (formación·cultura) de algo, ser versado en algo.
소외(疎外) alienación. ~하다 alienar.
소요(騷擾) sedición, motín, tumulto. ~죄 delito de sedición.
소요(逍遙) paseo. ~하다 pasear[se], dar un paseo, deambular. 뜰을 ~하다 dar un paseo (pasearse) por el patio. ~학파 peripato. ~학파의 peripatético.
소요(所要) ~의 necesario, requerido. ~금액 cantidad necesaria. ~시간 tiempo necesario.
소용(所用) uso, servicio. ~되다 usarse, servirse. 이것은 어디에 ~되는냐 ¿Para qué sirve esto?
소용돌이 vórtice, remolino de agua.
소용돌이치다 girar, dar vueltas.
소원(所員) miembro; [집합적] personal.
소원(訴願) petición; [청원] apelación. ~하다 presentar una petición (interponer un recurso) de algo.
소위(少尉) 【육군·공군】 alférez, segundo teniente; 【해군】 alférez de navío.
소위(所爲) su conducta [proceder].
소유(所有) [소유함] posesión; [소유물] ~하다 poseer, tener algo en su poder (en su posesión). 이 집은 A씨의 ~이다 Esta casa está en posesión del (pertenece a·es del) señor A. 그 그림은 A씨의 ~가 되었다 Ese cuadro ha entrado en posesión (ha pasado a las manos) del señor A. ~권 [derecho de] propiedad. ~권을 얻다 obtener el derecho de propiedad de algo, tomar posesión de algo. ~대명사 pronombre posesivo. ~물 propiedad. ~욕 avaricia, codicia, deseo de poseer (de tener·de agarrar). 그는 ~욕이 매우 강하다 Es una persona muy posesiva. ~자 poseedor, propietario, dueño. 그 토지의 ~자는 변하지 않았다 El terreno no ha cambiado de propiedad (ha mudado de manos). ~지 propiedad, posesión. ~형용사 adjetivo posesivo.
소음(騷音) ruido, bulla. ~이 많다 Hay mucho ruido.
소음기(消音器) silenciador
소이탄(燒夷彈) bomba incendiaria.
소인(小人) niño, chico; persona baja; persona astuta.
소인(素人) aficionado.
소인(素因) [원인] causa, factor; 【의】 propensión.
소인(消印) matasellos.
소일(消日) ~하다 haraganear, pasar el tiempo, divertirse. ~거리 diversión.
소임(所任) deber, obligación. ~을 다하다 cumplir sus deberes.
소자(小子) [부모에게] yo.
소자(少者) joven.
소작(小作) inquilinato. ~권 derecho de arrendatario. ~료 renta de labranza. ~인 inquilino.
소장(所長) jefe [de la oficina].
소장(少將) 【육군】 general de división; 【해군】 contra-almirante; 【공군】 general de división aérea.
소장(所藏) posesión. ~의 en posesión de. 국립 도서관 ~의 guardado en la Biblioteca Nacional. A씨 ~의 그림 cuadro en posesión del señor A.
소장(小壯) ~의 joven. ~유망 정치가 político joven y prometedor.
소장(小腸) 【해】 intestino delgado.
소장(訴狀) petición.
소장(消長) prosperidad y decadencia.
소재(所載) ~의 insertado en algo, publicado en algo.
소재(素材) material, materia. ~를 모집하다 reunir (coleccionar) los materiales. ~를 주다 dar (ofrecer) la materia.
소재(所在) sitio, ubicación. 지사의 ~지 domicilio (sitio) de la sucursal. 회사의 ~지 domicilio social. ~를 감추다 esconderse, desaparecer sin dejar rastro, evaporarse. 책임 ~를 명확히 하다 esclarecer a quién incumbe la responsabilidad. 그의 ~는 불명이다 No se sabe dónde está./ Su paradero es desconocido.
소전(小傳) compendio biográfico.
소절(小節) 【악】 compás (pl. compases).
소정(所定) ~의 fijado; [지정된] ~의 기간 내에 en el plazo señalado. ~의 시간에 a la hora señalada. ~일에 en el día fijado (señalado). ~의 수속을 밟다 hacer las debidas gestiones (los trámites re-

소괘(掃除) limpieza. ~하다 limpiar, barrer. ~인 limpiador, barrendero.
소조(小鳥) pajarito.
소주(小註) notas detalladas.
소주(燒酒) sochu, aguardiente coreano.
소중(所重) importancia. ~하다 ser importante (precioso). ~한 자식 hijo precioso.
소질(素地) aptitud, fundamento (기초).
소지(小指) meñique.
소지(持) posesión. ~하다 llevar [algo consigo]. 그의 ~품 (금) objeto (dinero) que lleva consigo. 정당한 ~인 tenedor legítimo. ~인 [수표 등의] tenedor.
소질(素質) disposición, talento, don. 어학에 ~이 있다 tener el don de lenguas. 음악 기의 ~이 있다 tener disposición para la música. ~을 개발하다 cultivar los dones. 그에게는 ~이 없다 Le falta (Está falto de) disposición.
소집(召集) [의회 등의] convocación; [군대의] llamamiento, reclutamiento. ~하다 convocar; llamar a filas. 임시 국회를 ~하다 convocar una sesión extraordinaria de la Dieta. 채권자 집회를 ~하다 convocar a los acreedores. ~ 나팔 toque [de corneta]. ~ 영장 orden de convocación. ~장 convocatoria.
소쩍새 cuclillo, cuco.
소차(小差) pequeña diferencia.
소찬(素饌) platos con legumbres solamente, pero sin carne y pescados.
소책자(小冊子) folleto, folletín; [정치서 전 등의] panfleto.
소총(小銃) fúsil; [카빈총] carabina; [라이플 총 rifle. ~ 탄환 bala [de fúsil].
소추(訴追) persecución judicial. ~하다 perseguir a *uno* judicialmente.
소켓 asquillo. 전구를 ~에 끼우다 enchufar (enroscar) una bombilla.
소쿠리지다 [물결이] saltar.
소쿠리 cesta de bambú.
소탕(掃蕩) barredura. ~하다 barrer.
소택(沼澤) pantano. ~지 terreno pantanoso, ciénaga, tremedal.
소통(疏通) comunicación. ~하다 entenderse.
소파 sofá.
소편(小篇) pequeña obra literaria.
소편(小片) pedacito, trocito.
소포(小包) paquete. ~ 우편 encomienda postal.
소품(小品) pieza (obra) pequeña; [문학] escrito pequeño, composición pequeña, opúsculo; [회화] cuadrito; [음악] fragmento pequeño [de música].
소풍(逍風) excursión. ~가다 ir de excursión.

소프라노 soprano; [가수] soprano *(f.)*, tiple *(m.f.)*. ~로 부르다 cantar con una voz de soprano.
소프트 blando. ~볼 softball.
소학교 escuela primaria. ⇨ 국민학교.
소해(掃海) limpieza del mar; dragado [de minas]. ~하다 limpiar el mar; rastrear las minas. ~ 작업 operación de rastrear. ~정(艇) dragaminas, barreminas.
소행(素行) conducta, proceder, comportamiento. ~이 나쁘다 comportarse mal (insensatamente). ~을 고치다 corregir *su* comportamiento. 그는 ~이 좋지않다 No sabe comportarse (como corresponde como es debido)./ No se comporta bien.
소행(所行) *su* conducta.
소향(燒香) ofrenda de incienso. ~하다 quemar (ofrecer) el incienso.
소형(小形) tamaño pequeño. ~의 de tamaño pequeño.
소호(沼湖) pantano y el lago.
소홀(疏忽) descuido, negligencia. ~하다 ser indiferente, negligente. ~히 descuidadamente, negligentemente, con indiferencia.
소화(消化) digestión; [비유] asimilación. ~하다 digerir; asimilar[se]. ~의 digestivo. ~가 잘 되는 digerible, digerible, fácil de digerir. ~가 안되는 indigesto, indigestible, difícil de digerir. 지식을 ~하다 asimilar (digerir) conocimientos. 일을 ~하다 cumplir el programa del día. ~기 órgano digestivo. ~ 불량 indigestión; [의] dispepsia. ~ 불량을 일으키다 tener una indigestión. [음식물이 주어] causar (traer) a *uno* una indigestión. ~ 작용 funciones digestivas. ~제 digestivo. ~ 효소 diastasa.
소화(消火) extinción de incendio (del fuego). ~하다 extinguir (apagar) el fuego. ~기 extintor [de incendios]. ~전 (栓) boca (bomba) de incendios.
소화(笑話) cuento humorístico.
소환(召喚) llamamiento; emplazamiento; [법] citación. ~하다 llamar; emplazar; citar. ~에 응하다 acceder a una citación. 증인으로 ~하다 citar a *uno* de testigo. ~장 [carta de] citación, comparendo; emplazamiento.
소환(召還) llamada. ~하다 llamar, hacer volver a *uno*. 대사를 본국에 ~하다 mandar a un embajador volver al país.
속 1 [깊숙한 안] interior.
2 [마음의] corazón.
2 [내용] contenido.

속(續) continuación.

속(贖) [속죄] expiación.
속(屬) dependencia, género (식물・동물의).
속(束) haz, atado, gavilla.
속간(續刊) ~하다 continuar la publicación.
속개(續開) continuación. ~하다 continuar.
속계(俗界) mundo, vida mundana.
속관(屬官) oficial subordinado.
속국(屬國) dependencia, estado tributario, territorio.
속기(速記) taquigrafía, estenografía. ~하다 estenografiar (taquigrafiar) *algo*. ~록 textos taquigráficos, notas taquigráficas (estenográficas), estenograma *(m.)*. ~문자 estenograma. ~자 taquígrafo, estenógrafo. ~ 타이피스트 taquimecanógrafo, estenotipista *(m.f.)*, taquígrafo a máquina. ~ 타자술 taquimecanografía, estenotipia, taquigrafía mecánica.
속내복(-內服) ⇨ 속내의.
속내의(-內衣) ropa interior, camiseta.
속눈썹 pestaña.
속닥거리다 cuchichear, cuchuchear, hablar al oído, murmurar.
속단(速斷) [판단] juicio rápido ; [결단] resolución (decisión) pronta ; [결론] conclusión precipitada (apresurada). ~하다 decir *algo* pronto ; sacar una conclusión precipitada, saltar a una conclusión.
속달(速達) correo urgente ; [편지] carta urgente ; [소포] paquete urgente ; ~[로] "Urgente". ~로 보내다 mandar *algo* por expreso. ~ 요금 tarifa de expreso.
속담(俗談) proverbio, refrán.
속도(速度) velocidad. ~를 올리다 acelerar, aumentar la velocidad. ~를 줄이다 reducir (aminorar) la velocidad. 매초 20미터 ~로 a la velocidad de veinte metros por segundo. 이 차는 ~를 얼마나 냅니까 ¿Qué velocidad alcanza este coche? ~계 velocímetro, cuentakilómetros. ~ 기호【악】indicación de movimiento. ~ 한도 límite de velocidad. ~ 제한은 50킬로다 La velocidad máxima permitida es de cincuenta kilómetros.
속독(速讀) lectura rápida. ~하다 leer rápidamente.
속되다(俗-) ser vulgar (común・popular).
속력(速力) velocidad, rapidez. ~을 내다 dar más rápida.
속령(屬領) posesión, territorio ; [보호령] protectorado ; [식민지] colonia.
속명(俗名) [출가 전의] nombre secular ; [생전의] nombre que tenía el difunto durante su vida.
속물(俗物) persona vulgar (mundana), esnob, filisteo. ~ 근성 [e]snobismo, filisteísmo.
속박(束縛) sujeción, coartación ; [제한] restricción, limitación. ~하다 sujetar, coartar ; restringir, limitar. ~의 밤에 sufrir el (sujetarse al) yugo de uno. …의 자유를 ~하다 restringir (limitar) la libertad de *uno*. 시간에 ~되어 있다 estar sujeto al tiempo. 일에 ~되어 있다 estar atado a un trabajo. 나는 아무 것에도 ~되어 있지 않다 No me sujeto a nadie ni nada. 그는 아무런 ~도 받지 않고 자유롭게 Se porta con toda libertad.
속발(束髮) tocado (peinado) en moño (en rodete).
속발(續發) sucesión. ~하다 suceder, seguir, ocurrir en sucesión. 사고가 ~했다 Un accidente sucedió (siguió) al otro. / Han ocurrido sucesivos accidentes.
속병(-病) enfermedad intestinal.
속보(速步) paso rápido.
속보(速報) [최신 뉴스] noticia de última hora. ~판 tabla de anuncios de última hora. 선거 ~ información inmediata (rápida) de los resultados de las elecciones.
속보(續報) noticias continuas, informes complementarios.
속사(俗事) cosas de la vida, mundanos, negocios cotidianos.
속사(速射) tiro continuo y rápido.
속사포(速射砲) cañón de tiro rápido.
속삭이다 cuchichear, cuchuchear, hablar al oído, murmurar.
속산(俗算) cálculo rápido.
속설(俗說) tesis (opinión) popular (vulgar), creencias populares.
속성(速成) formación intensiva (rápida), ejecución rápida. ~과 curso intensivo. ~의 por el atajo.
속성(屬性) atributo.
속세(俗世) mundo humano, mundo vulgar.
속세간(俗世間) [este] mundo, mundo vulgar, vida terrestre.
속셈 intención ; [암산] cálculo mental.
속속(續續) sucesivamente, continuamente, sin cesar, sin interrupción. 관객이 ~ 입장한다 Entran los espectadores sin interrupción.
속악(俗樂) música popular (vulgar.)
속어(俗語) vulgarismo, lenguaje (giro) popular ; lenguaje (expresión) familiar, lenguaje coloquial ; [은어] jerga, argot.
속옷 ropa interior (blanca). ~을 갈아입다 cambiarse de ropa interior. ~은 항상 깨끗이 입어라 Ten siempre limpia la ropa interior.

속요(俗謠) canción popular, copla.

속이다 engañar. 자신을 ~ engañarse. 아무도 자기 자신을 속일 수 없다 Nadie puede engañarse a sí mismo.

속인(俗人) [보통 사람] hombre de la calle, tipo medio, vulgo; [승려에 대해] laico, seglar (m.f.), lego.

속인주의(屬人主義) principio de la jurisdicción personal.

속임수 treta, engaño, fraude. ~를 쓰다 hacer suertes.

속죄(贖罪) expiación. ~하다 expiar.

속지(屬地) posesión, dependencia, territorio. ~주의 principio de la jurisdicción territorial.

속진(俗塵) mundo. ~을 피하다 vivir lejos del mundanal ruido, retirarse del mundo.

속출(續出) sucesión. ~하다 suceder, ocurrir en sucesión. 희망자가 ~하고 있다 Se van multiplicando los solicitantes. 고장차가 ~했다 Han habido una racha de coches averiados. / Los coches se averiaron sucesivamente.

속치마 enagua.

속칭(俗稱) nombre vulgar, apodo, mote.

속편(續篇) continuación, segunda parte. ~을 쓰다 escribir la continuación de algo.

속필(速筆) escritura rápida. ~로 쓰다 escribir con rapidez.

속하다(屬一) depender de, pertenecer a.

속행(續行) continuación; [재개] reanudación. ~하다 continuar, seguir, proseguir; reanudar. 연구를 ~하다 continuar el estudio. 교섭은 ~되고 있다 Continúan las negociaciones.

속화(俗化) [대중화] popularización. ~하다 vulgarizarse; popularizarse; ~된 vulgarizado; popularizado.

속히(速一) rápidamente, pronto.

손¹ 오른 (왼) ~ mano derecha (izquierda). ~이 부족하다 faltar las manos. ~을 잡다 [악수하다] apretar las manos.

손² huésped; parroquiano. ⇨ 손님.

손(孫) descendiente; [손자·손녀] nietos.

손(損) pérdida, daño.

손가락 dedo. 엄지~ dedo pulgar (gordo). 둘째~ dedo ídice (saludador). 셋째~ dedo cordial (del corazón·de en medio). 넷째~ dedo anular (médico). 새끼~ dedo meñique (auricular).

손가방 cartera grande, portafolio.

손금 líneas de palma, quiromancia. ~쟁이 quiromántico.

손녀(孫女) nieta.

손님 huésped, visita; [고객] cliente, parroquiano.

손대다 [만지다] tocar; [착수하다] comenzar, empezar; [때리다] golpear, dar un golpe. 손대지 마십시오 No tocar. / No toque.

손도끼 destral, hacha pequeña.

손료(損料) precio de alquiler. ~를 지불하고 빌리다 alquilar algo, tomar algo en arriendo. ~를 받고 빌려주다 dar algo en arriendo, alquilar algo.

손목 muñeca, pulsera. ~시계 reloj de pulsera. ~이 아픕니다 Me duele la muñeca.

손바느질 labor (f.), costura.

손바닥 palma [de la mano].

손발 mano y pie; [사지] miembro.

손부(孫婦) esposa de su nieto.

손부족(-不足) carestía de manos. ~하다 carecer de manos.

손뼉 palmoteo, palmada. ~(을)치다 palmotear, batir palmas, dar palmadas; aplaudir.

손상(損傷) [배·선하의] avería. ~을 주다 causar daño a algo. ~을 받다 sufrir (experimentar) daño.

손색(遜色) …에 비해 ~이 없다 no ir en zaga de algo·uno.

손서 esposo de su nieta.

손수 personalmente, en persona.

손수건(-手巾) pañuelo, moquero.

손쉽다 ser fácil (simple·ligero). 손쉬운 문제 problema fácil. 큰 ~이다 fácilmente, con facilidad.

손실(損失) pérdida. ~하다 perder. 그의 죽음은 우리 회사에 큰 ~이다 Su muerte constituye una gran pédida para nuestra compañía.

손아귀 [수중] [en] las manos. ~에 있다 estar en su mano. ~에 넣다 capturar.

손아래 el estado de ser más joven que otro.

손아랫사람 inferior.

손위 antigüidad.

손윗사람 antiguo, anciano.

손익(損益) pérdidas y ganancias. ~을 계산하다 hacer el balance. ~계산서 estado de pérdidas y ganancias. ~분기점 punto de equilibrio.

손일 obra manual.

손자(孫子) nieto.

손잡이 mango; [문 등의] manecilla.

손톱 uña. ~깎이 cortauñas 【단·복수 동형】.

손톱눈 carne viva.

손톱묶음 ⇨ 소괄호(小括弧).

손풍금(-風琴) acordeón.

손해(損害) daño, perjuicio; [큰 손해] estrago; [배·선하의] avería; [손실·사상] pérdida, deterioro, estropeo. ~를 주다 causar (producir) daño (perjuicio·

손해 배상 estrago) a (en) algo · uno, dañar (perjudicar) algo a uno.) ~를 입다 sufrir (padecer · recibir) daño; averiarse. ~액 cantidad de los daños.

손해 배상(損害賠償) indemnización, compensación. ~하다 indemnizar a uno del perjuicio, pagar una indemnización a uno. ~을 청구하다 reclamar una indemnización a uno. ~을 받다 recibir la indemnización, indemnizarse. ~으로 a título de indemnización, en indemnización de los daños. ~금 indemnización.

손해보다(損害-) sufrir (padecer · recibir) daño, averiarse.

솔¹ pino.

솔² cepillo. ~로 털다 acepillar, limpiar con el cepillo.

솔깃하다 estar interesado en. 솔깃이 con interés, con entusiasmo.

솔로 solo.

솔리스트 solista (m.f.).

솔선(率先) ~해서 por iniciativa propia. ~해서 ~하다 tomar la iniciativa en + inf. 그는 ~해서 모범을 보였다 El mismo dio el ejemplo.

솔직(率直) franqueza. ~한 franco, abierto. ~히 francamente, con franqueza, abiertamente. ~히 말하자면 francamente hablando, poniendo las cosas en su sitio, dejándose de rodeos. ~히 의견을 말하다 hablar (opinar) francamente (sin ambages).

솔질 acepilladura. ~하다 acepillar, limpiar con el cepillo.

솜 algodón; algodón de rama, guata.

솜브레로 sombrero.

솜씨 habilidad, destreza.

솜옷 ropa de algodón.

솟다 [높이] ascenderse alto; [샘 등이] fluir, correr, manar.

송가(頌歌) himno, cántico.

송곳 barrena de mano, alesna, lezna, subila, taladro.

송곳니 colmillo.

송구(送球) 【운】 pelota de mano.

송금(送金) remesa, envío de dinero; [환] giro. ~하다 remesar, remitir (enviar) el dinero; enviar un giro [postal] a uno, remitir el dinero por giro postal a uno. ~수취인 destinatario de remesa. ~자 remitente de dinero. [우편·전신] ~액 transferencia [postal · telegráfica].

송달(送達) entrega, despacho, embarque. ~하다 enviar, mandar, despachar.

송덕(頌德) elogio. ~하다 elogiar, aplaudir.

송독(誦讀) recitación. ~하다 recitar.

송두리째 todo, completamente, enteramente, cabalmente, a fondo.

송료(送料) [coste de] envío, flete, porte; [우편세] franqueo. ~선불 porte pagadero a la entrega.

송별(送別) despedida. ~사 palabras de despedida. ~연 fiesta de despedida. ~회 reunión de despedida. ~회를 열다 celebrar una reunión de despedida.

송부(送付) envío, expedición. ~하다 enviar, mandar, remitir.

송수(送水) abastecimiento de agua. ~관 cañería de agua.

송신(送信) transmisión, emisión. ~하다 transmitir, emitir. ~기 transmisor, emisor. ~소 transmisora, emisora. ~안테나 antena transmisora.

송아지 ternera.

송어(松魚)【어】trucha.

송유관(送油管) oleoducto.

송이 racimo. 포도 한 ~ un racimo de uvas.

송이(松栮) seta, hongo.

송이버섯(松栮-) ⇨ 송이(松栮).

송장 cadáver, cuerpo muerto de una persona.

송장(送狀) factura. 상업 ~ factura comercial. 영사 ~ factura consular.

송전(送電) trasmisión de la electricidad, transmisión y distribución de energía eléctrica. ~하다 transmitir la electricidad. ~선 cable de electricidad. 낙뢰로 ~ 이 끊겼다 La caída de un rayo ha cortado la corriente eléctrica.

송죽(松竹) el pino y el bambú.

송풍(送風) ventilación, aeración. ~하다 ventilar (airear) un sitio. ~기 ventilador.

송화(送話) ~기 transmisor.

송환(送還) devolución. ~ [본국에의] repatriación. ~하다 devolver; repatriar.

솥 caldera, horno.

쇄골(鎖骨)【해】clavícula, asilla.

쇄국(鎖國) aislamiento nacional. ~하다 cerrar el país al extranjero. ~정책 política de aislamiento nacional.

쇄도(殺到) ~하다 acudir en tropel, abalanzarse, precipitarse, agolparse. 사람들이 입국에 ~했다 La gente se abalanzó en tropel hacia la salida. 응모자가 ~했다 Los solicitantes acudieron en tropel. 당사에 주문이 ~했다 Hemos recibido una infinidad de pedidos.

쇄빙선(碎氷船) [barco] rompehielos.

쇄신(刷新) renovación, reforma, innovación. ~하다 renovar, reformar, innovar. 인사를 ~하다 renovar el personal.

쇠 [철] hierro; [금속] metal.

쇠가죽 piel de vaca, cuero.

쇠고기 carne de vaca.
쇠망(衰亡) caída, acabamiento.
쇠망치 martillo de hierro.
쇠미(衰微) declinación, decadencia. ~하다 declinar, decaer.
쇠사슬 cadena, traba.
쇠스랑 rastro, mielga, rastrillo.
쇠약(衰弱) extenuación, debilitación, agotamiento. ~하다 debilitarse, agotarse, flaquear. ~한 abatido, extenuado, agotado.
쇠창살 verja.
쇠톱 sierra de hierro.
쇠퇴(衰退) caída, decrecimiento, decrepitud, decadencia, decaimiento. ~하다 decrecer, decaer, declinar. 농업의 ~ decadencia de la agricultura.
쇼 espectáculo, exhibición, exposición.
쇼비니슴 chauvinismo.
쇼윈도 escaparate.
쇼핑 compra. ~ 가다 ir de compras. ~센터(가) centro (barrio) comercial.
수(數) número, cifra. 십 ~일 más de diez días. ~배 varias veces.
수(手) [손] mano ; [수단] manera ; [가능성·능력] posibilidad, habilidad, capacidad.
수(壽) 1 [장수] longevidad, ancianidad, duración larga de la vida.
2 [연령] su edad. ~하다 gozar de la vida larga, vivir mucho tiempo.
수(繡) bordado, bordadura. ~ 놓다 bordar.
수(首) pieza, poema (m.), selección.
수감(收監) prisión, encierro. ~하다 encarcelar.
수갑(手匣) esposas.
수강(受講) asistencia a la lectura. ~하다 asistir a la lectura.
수개(數個) varios, unos, algunos.
수개월(數個月) unos(varios) meses.
수건(手巾) toalla ; [손수건] pañuelo.
수검(搜儉) inspección. ~하다 inspeccionar.
수결(手決) su firma. ~을 두다 firmar.
수계(受戒) ~하다 recibir órdens sagradas budistas.
수고 faena, trabajo, pena, fatiga, esfuerzo. ~하다 trabajar diligentemente.
수공(手工) obra manual. ~업 industria artesanal (manual). ~예 *artesanía*. ~예품 obra de artesanía.
수괴(首魁) jefe (m.f.), cabecilla (m.), instigador.
수교(手交) entrega. ~하다 entregar.
수교(修交) amistad. ⇨ 수호.
수구(守舊) conservación. ~하다 ser conservador.

수구(水球) water-polo, polo acuático. ~선수 water-polista.
수군거리다 cuchichear, cuchuchear, hablar al oído, murmurar.
수금(收金) colección de dinero. ~하다 coleccionar dinero.
수급(需給) la oferta y la demanda, demanda y oferta. ~의 조정이 잘 되어 있다 Hay un buen equilibrio entre la oferta y la demanda.
수긍(首肯) ~하다 aprobar, aceptar, admitir. ~할 수 없는 inadmisible ; [납득할 수 없는] poco convincente.
수기(手記) nota, apunte ; [공책] cuaderno ; [일기] diario ; [회상기] memorias.
수난(受難) sufrimiento, padecimiento ; [예수의] la Pasión [de Jesucristo]. ~곡 Pasión.
수난(水難) calamidad por el agua, desastre en mar. ~ 구조 salvamento del agua.
수납(受納) aceptación, recibo. ~하다 aceptar, recibir.
수납(收納) [세금 등의] recaudación. ~하다 recaudar, cobrar, percibir.
수녀(修女) monja, religiosa.
수년(數年) unos (varios) años. ~간 durante (por) unos años. ~전 hace unos años, unos años atrás. ~후 después de unos años.
수뇌(首腦) jefe (m.f.), cabeza (m.), líder (m.f.), dirigente (m.f.). ~부 directorio. ~ 회담 conferencia [en la] cumbre.
수다스럽다(數多−) ser hablador. 수다스런 여자 mujer habladora.
수다쟁이 hablador ; [여자] habladora.
수단(手段) medida. 외교적 ~ medida diplomática.
수달(水獺)【동】nutra, nutria. ~피 piel de nutra.
수당(手當) bonificación. 매달의 ~ bonificación mensual.
수도(首都) capital (f.), metrópoli (f.). 칠레의 ~는 어디입니까 ¿Cuál es la capital de Chile? 서반아의 ~는 마드리드이다 La capital de España es Madrid. ~권 zona metropolitana.
수도(水道) agua [corriente], conducción de agua ; [상수도] acueducto. ~를 끌다·설치하다 instalar el [conducto de] agua corriente. ~의 물을 틀다 (잠그다) abrir (cerrar) el grifo de agua. ~관 cañería de agua. ~공사 obra de conducción de agua. ~국 [시외] oficina municipal de las aguas. ~ 부설 servicio de agua. ~ 설비 instalación de abastecimiento de agua. ~ 요금 tarifa de consumo de agua. ~전(栓) grifo [de

수도(修道) asceticismo, profesión de la vida ascética. ~사 monje, fraile, hermano; [여자] monja, religiosa, hermana. ~원 convento, monasterio, cenobio; [여자의] convento de (para) monjas. ~원 생활 vida monástica. ~원장 superior de un convento; [여자] superiora de un convento de monjas. ~회 orden religiosa, congregación [religiosa]. 대~원 abadía. 대~원장 abad; [여자] abadesa.

수돗물(水道-) agua bebedera del acueducto.

수동(受動) pasividad. ~적 pasivo. ~태 【문】 voz pasiva. ~형 forma pasiva.

수동(手動) ~의 a (de) mano, accionado a mano. ~ 브레이크 freno de mano.

수두룩하다 ser abundante.

수라(水剌) comida real.

수라장(修羅場) escena sangrienta.

수락(受諾) aceptación; [동의] consentimiento. ~하다 aceptar, dar consentimiento a algo.

수량(數量) cantidad. ~이 증가하다 (감소하다) aumentar (disminuir) de cantidad.

수량(水量) volumen (cantidad) de agua. ~계 contador de agua.

수렁 lodazal, lodazar.

수레 coche, carro.

수레바퀴 rueda.

수려(秀麗) gracia, belleza, hermosura. ~한 bello, hermoso, soberbio. ~한 설악산의 자태 perfil soberbio del monte Solac.

수력(水力) fuerza hidráulica. ~ 발전 generación hidroeléctrica. ~ 발전소 central hidroeléctrica. ~ 전기 energía hidroeléctrica. ~ 터빈 turbina hidráulica. ~학 hidráulica.

수련(睡蓮) 【식】 nenúfar.

수련(修練) entrenamiento, ejercicio. ~하다 entrenarse, ejercitarse.

수렴(收斂) 【물·수】 convergencia; 【의】 astricción. ~성의 astringente. ~제 astringente.

수렵(狩獵) caza. ~하다 ir a cazar, ir de caza. ~가 cazador. ~기 estación de caza. ~장 terreno de caza.

수령(受領) aceptación, recibo. ~하다 recibir, aceptar; [금전을] cobrar. ~인(印) sello de recibo. ~증 recibo.

수령(首領) caudillo, jefe, cabeza (m.).

수령(樹齡) edad de un árbol. 이 나무는 ~이 100년이다 Este árbol tiene cien años de edad.

수로(水路) vía acuática (de agua); [용수로] cauce. ~도 mapa hidrográfico. ~ 표시 baliza.

수록(收錄) ~하다 incluir; [모으다] reunir. 이 사전은 5만 단어가 ~되어 있다 Este diccionario contiene cincuenta mil palabras.

수뢰(水雷) torpedo. ~를 부설하다 colocar las minas. ~정 torpedero.

수로(水路) ⇨ 수회(受賄).

수료(修了) terminación de los estudios. ~하다 terminar los estudios, completar el curso. ~증서 diploma (m.)

수류탄(手榴彈) granada de mano.

수륙(水陸) tierra y agua. ~ 양서 동물 animal anfibio. ~ 양용 전차 tanque de guerra anfibio.

수륙진미(水陸珍味) ⇨ 산해 진미(山海珍味).

수리 【조】 águila.

수리(修理) reparación, arreglo. ~하다 reparar, arreglar; [남비·우산 등을] componer. ~할 수 있는 reparable. ~할 수 없는 irreparable. ~중이다 estar en reparación (en arreglo). 자동차를 ~하러 보내다 mandar el coche para que lo arreglen. 이 기계는 ~가 필요하다 Esta máquina necesita reparación. ~공 [mecánico] reparador. ~공장 taller de reparación, garaje. ~대(금) coste de reparación. ~비 gastos de reparación.

수리(受理) aceptación, recepción. 하다 recibir, aceptar.

수리(水利) [물의 이용] aprovechamiento del agua; [관개] riego, irrigación; [수운(水運)] transporte por agua. ~편이 좋다 (나쁘다) tener buenas (pocas) facilidades para el transporte por agua. ~권 derecho de utilización del agua.

수리(數理) ~적인 matemático. ~적으로 matemáticamente. ~통계학 estadística matemática.

수리(水理) ⇨ 수맥(水脈).

수림(樹林) bosque, selva.

수립(樹立) establecimiento, fundación, instauración. ~하다 establecer, fundar, instaurar, erigir. 신기록을 ~하다 establecer (alcanzar) un nuevo récord. 신정부를 ~하다 instaurar un nuevo gobierno.

수마(水魔) diluvio, inundación.

수마(睡魔) sueño. 나는 ~에 붙들렸다 Yo tenía un sueño que no veía. / Me caía de sueño.

수만(數萬) unas decenas de miles. ~명 unas decenas de miles de personas.

수맥(水脈) vena de agua.

수면(水面) superficie del agua. ~에서 5미터 위에 a cinco metros de la superficie del agua. 기름이 ~에 떠있다 La grasa flota en la superficie del agua.

수면(睡眠) sueño. ~하다 dormir. …의 ~을 방해하다 estorbar (impedir) a *uno* el sueño. ~부족 falta de sueño. 나는 ~부족이다 Estoy falto de sueño. ~시간 horas de sueño. ~약 píldora (pastilla) para dormir, somnífero, soporífero.

수명(壽命) [duración de la] vida; [물건의] duración. ~이 다한 전지 pila gastada. ~이 길다 gozar de larga vida. ~이 단축되다 acortarse la vida. ~이 연장되다 prolongarse la vida. ~을 연장하다 prolongar (alargar) la vida. ~을 다하다 morir de [una] muerte natural. 코끼리는 인간보다 ~이 길다 La vida del elefante es más larga que la del hombre. / Los elefantes viven por más largo tiempo que los hombres. 저 가수는 ~이 길다 Aquel cantante tiene una larga carrera. 이 제품은 ~이 길다 (짧다) Este artículo dura mucho (poco). 재봉틀의 ~이 꽤 길다 La vida de una máquina de coser es bastante larga. 한국인의 ~은 길어지고 있다 La vida de los coreanos es cada vez más larga. 그는 술로 ~을 단축시켰다 La bebida le cortó la vida.

수모(受侮) insulto. ~을 당하다 recibir (sufrir) un insulto.

수모자(首謀者) cabecilla (*m*.).

수목(樹木) árbol. ~이 무성한 cubierto (poblado) de árboles.

수묵화(水墨畵) dibujo a tinta china.

수문(水門) compuerta; [운하의] esclusa.

수미(首尾) principio y fin; [경과] curso; [결과] consecuencia, resultado. ~일관한 consistente. ~일관하여 consistentemente.

수밀도(水蜜桃) melocotón.

수박 [식] sandía, melón de agua.

수반(首班) jefe, cabeza. 내각의 ~에 지명하다 nombrar a *uno* jefe del gobierno.

수배(數倍) unas veces.

수백(數百) unas centenas, unos centenares. ~명 unos centenares de personas. ~만명 unos millones de personas.

수법(手法) procedimiento, método, técnica, manera de obrar.

수병(水兵) marinero. ~복 (모) blusa (gorra) marinera. 일등 ~ marinero de primera [clase].

수복(壽福) vida larga y felicidad.

수복(修復) [건물·미술품 등의] restauración. ~하다 restaurar.

수부(水夫) marinero. ~장 contramaestre. 견습 ~ grumete.

수부(首府) capital (*f*.). metrópoli. ~의 metropolitano.

수분(受粉) polinización.

수분(水分) agua, substancias líquidas; [액즙] jugo, zumo. ~이 많은 aguanoso, acuoso. 이 과일은 ~이 많다 Esta fruta es jugosa.

수비(守備) defensa. ~하다 defender, guardar. ~를 견고히 하다 asegurar la defensa. ~대 guarnición.

수사(手寫) ~하다 copiar a mano. ~본 manuscrito.

수사(修士) monje, fraile.

수사(搜査) pesquisa, investigación, averiguación. ~하다 pesquisar, investigar, averiguar.

수사(數詞) 【문】 numeral.

수사(修辭) retórica. ~상의 retórico, de retórica. ~하다 retoricar. ~학 retórica. ~학자 retórico, -ca.

수사납다(數─) ser desgraciado (desafortunado·desdichado).

수사돈(─査頓) el padre de *su* hijo político.

수산(水産) industria acuática. ~물 productos marítimos. ~ 시험장 laboratorio de piscicultura (de pesquería experimental). ~업 industria pesquera. ~ 조합 cooperativa pesquera. ~청 Dirección General de Pesca. ~학교 escuela de pesquería.

수산화(水酸化) ~물 hidróxido. ~칼슘 (나트륨) hidróxido de calcio (de sodio).

수삼(水蔘) ginsén crudo.

수상(首相) Primer Ministro. ~ 관저 residencia oficial del primer ministro. 카스트로 ~ el Primer Ministro Fidel Castro.

수상(受賞) recibo de premio. ~하다 recibir un premio (un galardón), ser galardonado (premiado). 노벨상을 ~ ser galardonado con el Premio Nobel. ~자 premiador, ganador de premio. ~작품 obra premiada.

수상(授賞) ~하다 premiar (galardonar·dar el premio) a *uno*. ~식 [학교의] ceremonia de reparto de premios; [문학상 등의] ceremonia de entrega de premios.

수상(受像) recepción de imágenes. ~기 [텔레비전의] televisor.

수상(殊常) recelo, suspicacia, desconfianza. ~한 suspicaz, desconfiado, receloso, sospechoso. ~히 여기다 sospechar, formar (tener) sospecha, tener por sospechoso.

수상(水上) superficie de agua. ~에 뜨다 flotar sobre el agua. ~ 경기 deporte acuático, deporte natatorio. ~ 경찰 policía de puerto. ~ 비행기 hidroaeroplano, hidroavión. ~ 스키 esquí náutico (acuático).

수상(手相) líneas de palma, quiromancia.

수상록 ~가 quiromántico. ~학 quiromancia.
수상록(手相錄) ensayos.
수상쩍다(殊常-) ser sospechoso.
수색(愁色) aire (semblante·aspecto) inquieto (melancólico). cara melancólica.
수색(搜索) pesquisa, indagación. ~하다 pesquisar, investigar, buscar.
수석(首席) [사람] primero; [석차] primer puesto. ~이다 ser el primero, estar a la cabeza. ~을 차지하다 ocupar el primer puesto. 그는 ~으로 졸업했다 Fue el primero de su promoción. 외교단 ~ decano del cuerpo diplomático.
수선 alboroto, ruido. ~스럽다 haber ruido. ~을 피우다 hacer un ruido.
수선(修繕) reparación, remiendo. ~하다 reparar, componer. ~비 gastos de reparación.
수선(垂線) [línea] perpendicular.
수선(水仙) 【식】 narciso. 황 ~ junquillo.
수성(水星) Mercurio. ~의 mercurial.
수성(獸性) bestialidad, animalidad, brutalidad.
수성암(水成岩) roca sentimentaria.
수세(水洗) lavadura. ~하다 lavar. ~식 변소 retrete de agua corriente.
수세(守勢) defensiva. ~의 defensivo. ~를 취하다 tomar la defensiva. ~에 서다 ponerse a la defensiva. ~에서 공세로 바꾸다 pasar de la defensiva a la ofensiva.
수세(收稅) recaudación, cobro de impuestos. ~리(吏) recaudador, colector.
수소 toro, buey.
수소(水素) hidrógeno. ~ 폭탄 bomba de hidrógeno. 중 ~ hidrógeno pesado.
수속(手續) procedimiento, proceso. ~하다 seguir las formalidades. 소송 ~ trámite legal.
수송(輸送) transporte, acarreo. ~하다 transportar, acarrear. ~중에 en el transporte. ~ 기관 medio de transporte. ~기 [항공] avión de transporte. ~량 cantidad de transporte. ~력 capacidad de transporte. ~선[buque de] transporte. ~자 transportador.
수수(授受) transferencia, transmisión, entrega y aceptación. 금전의 ~ entrega y aceptaición de dinero. 재산의 ~ transferencia (transmisión) de bienes.
수수께끼 enigma (*m.*), adivinanza, acertijo, misterio. ~같은 enigmático, misterioso. ~의 인물 persona enigmática, hombre misterioso.
수수료(手數料) comisión, derechos honorarios.
수술 【식】 estambre.
수술(手術) operación, intervención quirúrgica. ~하다 operar, practicar a *uno* (ejecutar en *uno*) una operación. ~을 받다 operarse. ~가능한 operable. ~후의 postoperativo. 맹장 ~을 받다 operar a *uno* de [la] apendicitis. 그는 폐 ~을 받았다 Se operó (Le operaron) del pulmón. ~대 mesa de operaciones. ~복 bata de operaciones. ~실 sala de operaciones, quirófano.
수습(收拾) control. ~하다 controlar, conseguir dominar *algo*. 시국을 ~하다 controlar (conseguir dominar·restablecer) la situación agitada. 이제 사태 ~ 방법이 없다 Ya no hay manera de solucionar esta confusa situación./ Las circunstancias están fuera de nuestro control.
수시(隨時) [언제나] siempre, a todas horas; [필요에 응해] siempre que haga falta, según necesidad. 입회는 ~ 접수하고 있다 Está permanentemente abierta la puerta de admisión./ No hay límite de plazo para la petición de admisión. ~ 접수 "Recepción permanente."
수식(修飾) [문] modificación; [문] calificación. ~하다 adornar; [동사·형용사·부사를] modificar; [명사를] calificar. ~어 palabra modificativa; calificativo.
수식(數式) fórmula.
수신(受信) recepción. ~하다 recibir, captar. ~상태가 좋다 (나쁘다) captar bien (mal) la onda. ~기 receptor. ~국 [전보의] oficina de recepción. ~료 cuota de recepción. ~인 destinatario.
수신(修身) moral, ética.
수심(水深) profundidad del agua. 호수의 ~을 재다 medir la profundidad del agua del lago, sondar el lago para ver su profundidad. ~계 batímetro.
수심(垂心) 【기하】 ortocentro.
수심(愁心) melancolía, tristeza.
수심(獸心) corazón brutal.
수십(數十) unas decenas. ~명 unas decenas de personas. ~만명 unos centenares de miles de personas.
수압(水壓) presión hidráulica. ~이 올라간다 (내려간다) Sube (Baja) la presión del agua. ~계 piezómetro.
수액(樹液) savia.
수양(修養) cultura, formación. ~하다 cultivar. ~있는 ilustrado, culto. ~없는 inculto. ~을 쌓은 사람 hombre de formación sólida. 정신 ~에 노력하다 procurar adquirir una sólida formación espiritual.
수양버들 【식】 sauce llorón.
수업(授業) clase (*f.*); [강의] lección; [과목] asignatura. ~을 하다 dar la lección.

수업(修業) ~을 받다 recibir una clase. ~에 나가다 asistir a una clase. ~중에 durante la clase. ~은 9시에 시작한다 La clase empieza a las nueve. ~이 없었다 No había escuela. 오늘은 ~이 없다 Hoy no hay clase. 다음 시간은 역사 ~이다 La próxima hora es [la] clase de historia. 선생은 ~중이다 El profesor está en clase. ~료 [대학 등의] cuota de enseñanza; [면 귀 수업의] honorarios de clase. ~시간 hora de clase.

수업 estudio, ejercicio. ~하다 estudiar. ~중 durante su estudio. ~연한 escolaridad. ~증서 diploma (certificado) de estudios.

수겁다 [도리없다] ser imposible, no poder hacer; [재수없다] no tener suerte. 할 수 없는 것은 아니다 No es imposible. 나는 갈 ~ No puedo ir.

수겁다(數-) [무수하다] ser innumerable. 수없이 innumerablemente.

수에즈【지】 Suez. ~운하 Canal de Suez.

수여(授與) concesión, entrega, otorgamiento. ~하다 dar, otorgar, conceder, entregar. 졸업증서 (상품)을 ~하다 entregar el diploma (el premio) a uno. 상품~식 ceremonia de [la] entrega de premios.

수역(水域) zona de aguas. 위험 ~ aguas peligrosas, zona peligrosa de aguas.

수열(數列) progresión.

수염 barba; [콧수염] mostacho, bigote; [구 레나룻] patilla. ~이 텁수룩한 peludo. ~을 깎다 afeitarse.

수영(水泳) natación. ~하다 nadar, practicar la natación. ~대회 concurso de natación. ~모자 gorro de baño. ~복 ropa para nadar. ~장 nadadero, piscina (풀장). ~팬티 pantalones de baño. 국제~연맹 Federación Internacional de Natación.

수예(手藝) labores, artes manuales. ~품 artículo de labor (de artes manuales).

수온(水溫) temperatura del agua. ~계(計) termómetro de agua, indicador de temperatura del agua.

수완(手腕) habilidad, destreza; [능력] capacidad, talento. ~있는 hábil, capaz, de talento. ~을 발휘하다 mostrar su habilidad. 장사 ~이 있다 ser hábil en los negocios. 그는 정치적 ~이 결여되어 있다 Le falta [el] talento político. ~가 있는 hombre hábil (diestro).

수요(需要) demanda, exigencias. ~가 있다 tener demanda. ~가 많다 tener mucha demanda. ~를 충족하다 llenar demanda, satisfacer la necesidad. 금년 겨울은 석유의 ~가 많았다 Este invierno ha habido mucha demanda de petróleo. ~공급 demanda y suministro. ~공급의 법칙 ley de la oferta y la demanda. ~표 (곡선) tabla (curva) de demanda. ~자 consumidor.

수요일(水曜日) miércoles.

수욕(獸慾) apetito sexual (deseo carnal) desenfrenado.

수용(收容) ~하다 acoger, dar asilo a uno, acomodar. 부상자를 ~하다 acoger a los heridos. 난민을 ~하다 dar asilo a los refugiados. 이 회의장은 5천명을 ~할 수 있다 Esta sala puede acomodar a (tiene un aforo de) cinco mil personas./ En esta sala caben cinco mil personas. ~소 [난민의] asilo, campamento, albergue; [포로의] campo de prisioneros (de concentración).

수용(收用) expropiación. ~하다 expropiar a uno de algo. 강제 ~ expropiación forzada. 토지 ~법 ley de expropiación de terrenos.

수우(水牛) búfalo [de agua].

수운(水運) transporte fluvial, transporte marítimo, transporte por agua.

수원(水源) origen, fuente (f.). 두에로 강의 ~은 우르비온산맥이다 El Duero nace en la sierra de Urbión.

수원(隨員) acompañante; [집합적] acompañamiento, comitiva, séquito. 대사와 그의 ~ el embajador y su comitiva.

수월(數月) varios meses.

수월스럽다 ser fácil.

수월하다 ser fácil, no es difícil.

수위(水位) nivel del agua. 강의 ~가 올라간다 (내려간다) Sube (Baja) el nivel del río. ~표 marca del nivel del agua.

수위(首位) primer puesto, primer lugar. ~의 principal. ~를 점하다 ocupar el primer puesto. ~에 있다 estar a la cabeza.

수위(守衛) guardián; guarda (m.f.), conserje; [의회 등의] ordenanza; [문지기] portero.

수유(授乳) lactancia, amamantamiento. ~하다 dar de mamar (lactar・amamantar・dar el pecho・dar la teta) [a un niño].

수은(水銀) mercurio, azogue. ~등 lámpara de vapor de mercurio. 정류기 rectificador de mercurio [de arco]. ~주 columna mercúrica. ~중독 hidrargirismo. ~한난계 (기압계) termómetro (barómetro) de mercurio.

수음(手淫) masturbación, onanismo. ~을 하다 masturbarse.

수의(隨意) libertad. ~의 libre. ~로 libremente, sin restricción.

수의(獸醫) veterinario. ~학 veterinaria. ~학교 escuela veterinaria.

수의(受益) ~자 beneficiario. ~자 부담의 원칙 principio según el cual los beneficiarios (los usuarios) deben pagar los gastos de aquello de que se benefician.

수익(收益) ganancia, lucro, beneficio, rendimiento. ~이 있는 lucrativo, que produce ganancias. ~을 올리다 producir ganancias, lucrarse. ~이 없는 일 trabajo que no rinde. ~을 낳다 rendir. ~이 낮다 producir pocas ganancias, ser poco lucrativo. 연주회 ~ ganancias del concierto. 1일 ~ rendimiento diario.

수인(囚人) prisionero, cautivo, reo, preso, encarcelado, recluso. ~복 vestido de prisionero. ~ 호송차 coche celular.

수인(數人) unas personas, varias personas.

수일(數日) unos (varios) días. ~간 durante (por) unos días. ~ 전부터 desde hace unos días. ~후 al cabo de unos días, unos días después.

수입(輸入) importación; [도입] introducción. ~하다 importar; introducir. 외국의 유행을 한국에 ~하다 introducir la moda extranjera en Corea. 한국은 석유를 ~하고 있다 Corea importa el petróleo. ~국 país importador. ~ 금제품 artículos de importación prohibida. ~세 derechos de importaciones. ~ 수속 trámites de importación. ~ 신고 declaración de las importaciones. ~ 어음 letra de cambio de importación. ~업자 importador. ~제한 restricción de las importaciones. ~ 초과 exceso de las importaciones sobre las exportaciones. ~품 artículos de importación (importados). ~ 할당 cuota de importación. ~항 puerto de importaicón. ~ 허가[증] licencia (autorización) de importación. ~ 허가 제품 artículos importables.

수입(收入) renta, ingresos, entradas; [이익] utilidad, ganancia. ~이 많다 (적다) tener mucho (poco) ingreso, ganar mucho (poco). 월 20만원의 ~이 있다 tener un ingreso de doscientos mil wones. 월 10만원의 ~이 된다 Eso produce un ingreso mensual de cien mil wones. 그것은 많은 ~이 생기지 않는다 Eso no reporta (da · produce) mucho dinero. ~과 지출 ingresos y gastos, entradas y salidas. ~인지 timbre móvil, sello (importe) fiscal. 관광 ~ ingresos por turismo. 실 ~ ingresos netos. 총 ~ ingresos brutos.

수자(數字) cifra, número. ~로 나타내다 expresar con cifras. ~를 들다 exponer las cifras.

수장(水葬) sepultura en el mar, entierro en el mar. ~하다 sepultura en el agua. 시체를 ~하다 sepultar el cadáver en el mar.

수재(秀才) escolar brillante, hombre brillante (de talento), genio, persona talentosa.

수저 cuchara.

수전노(守錢奴) verrugoto, tacaño.

수정(修正) corrección, enmienda; [법안 등의] modificación; [변경] cambio; [정정] rectificación; [사진 등의] retoque. ~하다 corregir, enmendar; modificar; rectificar; retocar. 계획을 ~하다 modificar el plan. ~안 enmienda de un proyecto de ley. ~액 líquido corrector. ~ 예산 presupuesto modificado. ~ 자본주의 capitalismo modificativo. ~주의 revisionismo.

수정(水晶) cristal de roca, cuarzo, cristalino. ~같은 cristalino. ~세공[품] obra de artesanía de cristal de roca. ~시계 (관) reloj (placa) de cuarzo. ~제[해] cristalino.

수정(受精) fecundación. ~시키다 fecundar. ~란 huevo fecundado.

수제(手製) ~의 hecho a mano, hecho en casa.

수족(手足) manos y pies; [사지] miembro.

수족관(水族館) acuario.

수중(水中) hidropesía.

수주(受注) aceptación de órdenes. ~하다 recibir pedidos. ~ 생산 fabricación de encargos. ~ 잔고 reservas de órdenes.

수준(水準) nivel. ~이 높은 (낮은) · 높은 (낮은) ~의 de un nivel alto (bajo). 같은 ~의 del mismo nivel. 같은 ~에 있다 estar al (en el) mismo nivel que…. ~이 올라가다 (내려가다) El nivel sube (baja). 생산력이 선진국의 ~에 달했다 La capacidad productiva ha llegado al nivel de los países adelantados. 그의 능력은 ~ 이하다 Su capacidad no llega al nivel establecido. 이 학생들의 ~은 대단하다 El nivel de estos estudiantes es deplorable. ~기 nivel. ~측량 nivelación. 사회적 ~ nivel social.

수줍다 ser esquivo (vergonzoso).

수줍음 esquivez, despego.

수중(手中) en sus manos.

수중(水中) ~의 submarino. ~에 가라앉다 hundirse en el agua. ~으로 뛰어들다 tirarse al agua, zambullirse. ~ 안경 (마스크) gafas (máscara) de buceo. ~ 촬영 fotografía submarina.

수증기(水蒸氣) vapor [de agua].

수지(收支) ingresos y gastos, entradas y salidas, cargo y data. ~ 균형을 맞추다

수지 equilibrar los ingresos y los gastos. ~ 균형이 맞다 equilibrarse ingreso y desembolso. ~ 을 하다 hacer el balance. ~ 결산표 balance general.

수지(樹脂) resina; [향료·약용품의] bálsamo. ~가 많은 resinoso. ~화 resinificación. 합성 ~ resina sintética.

수직(垂直) dirección vertical. ~한 perpendicular, vertical. ~으로 perpendicularmente, verticalmente. ~으로 상승하다 ascender en dirección vertical. ~선 [línea] perpendicular. ~이 착륙기 avión de despegue y aterrizaje vertical. ~선 línea vertical.

수질(水質) calidad del agua. 이 물은 ~이 좋다 (나쁘다) El agua de este lugar es de buena (mala) calidad. ~ 검사 examen del agua; [분석] análisis del auga.

수집(收集) collección; [우표의] filatelia. ~하다 coleccionar, reunir, juntar. 외국우표를 ~하다 coleccionar sellos de correos extranjeros. ~가 coleccionista (*m.f.*); [우표] filatelista (*m.f.*).

수차(水車) molino de agua; [발전소 등의] turbina, hidráulica.

수차(數次) varias (repetidas) veces.

수차(收差) aberración. 색 ~ aberración cromática.

수창(首唱) ~하다 tomar la iniciativa en (de) *algo*. ···의 ~으로 por [la] iniciativa de *uno*. ~자 iniciador.

수채화(水彩畫) acuarela. ~를 그리다 pintar un cuadro a la acuarela. ~가 acuarelista.

수천(數千) unos (varios) millares. ~명 unas millares de personas. ~만명 decenas de millones de personas. ~억원 unos centenares de miles de millones de wones.

수첩(手帖) librito.

수축(收縮) contracción; [천 등의] encogimiento. ~하다 contraerse, encoger[se]. ~성 contractibilidad. ~성이 있는 contráctil; capaz de encogerse.

수출(輸出) exportación. ~하다 exportar. 이 기계는 멕시코에 ~된다 Esta máquina se exporta a Méjico. ~업 comercio de exportación. ~업자 [comerciante (*m.f.*)] exportador; [상사] casa exportadora. ~산업 industria exportadora. ~세 derechos de exportación. ~ 수속 trámites de exportación. ~ 신고 declaración de exportación. ~ 어음 letra de cambio de exportación. ~ 장려금 subvención de exportación. ~ 제한 restricción de las exportaciones. ~ 증명서 certificado de exportación. ~ 초과 exceso de las exportaciones sobre las importaciones. ~품 [artículo de] exportación. ~할당·cuota de exportación. ~항 puerto de exportación. ~ 허가[증] licencia (autorización) de exportación. [석유] ~국 país exportador [de petróleo].

수출입(輸出入) exportación e importación. ~의 차액 equilibrio de las exportaciones y las importaciones, balanza comercial (de comercio). ~업 comercio exterior. ~업자 casa de comercio exterior. 한국 ~은행 Banco de Exportación e Importación de Corea.

수취(受取) recibo. ~ 어음 letra a recibir. ~인 aceptor.

수치(羞恥) vergüenza. ~심 pudor, sentimiento de vergüenza. ~심에서 por pudor. ~심이 없다 no tener pudor, ser desvergonzado (descarado · impúdico).

수치(數値) valor numérico.

수캐 perro.

수컷 macho, varón. ~의 varonil. 공작 ~ pavo real.

수탈(收奪) expropiación, explotación. ~하다 expropiar (explotar) *algo a uno*.

수탉 gallo.

수태(受胎) concepción. ~하다 concebir, quedarse encinta. ~된 encinta, embarazada, preñada. ~고지 la Anunciación.

수평(水平) horizontalidad. ~의 horizontal, nivelado, plano. ~으로 horizontalmente. ~으로 하다 poner *algo* en posición horizontal. ~면 plano horizontal. ~선 horizonte;【수】horizontal (*f.*). 태양이 ~선에 든다 (진다) El sol aparece (se pone) en el horizonte.

수포(水泡) burbuja de agua, borbotón; [집합적] espuma. ~로 돌아가다 convertirse en humo, resultar en vano, deshacerse como las espumas.

수표(手票) cheque. ~로 지불하다 pagar por cheque. ~에 이서하다 endosar un cheque. ~를 발행하다 librar un cheque. ~ 발행인 girador de cheque, librador de cheque. ~장 libreta de cheques, talonario de cheques, talón de cheques. ~ 지참인 portador de cheque. 무기명 ~ cheque al portador. 부도 ~ cheque flotante, cheque desacreditado, cheque denegado. 여행자용 ~ cheque de viajeros. 은행 ~ cheque de banco. 이서 ~ cheque endosado. 지참인 지불 ~ cheque al portador.

수프 sopa. 야채 ~ sopa de juliana. 맛없는 ~ sopa de ajo · de gato.

수피(樹皮) corteza. ~를 벗기다 descortezar [un árbol].

수피(獸皮) piel de animal.

수필(隨筆) ensayo. ~가 ensayista (*m.f.*). ~란 columna de ensayos. ~집 ensayos, recopilación de ensayos.

수하(手下) seguidor, subordinado.

수하(誰何) ~하다 preguntar quiénes; 【군】 dar el quién vive.

수하물(手荷物) equipaje. ~ 검사소 control de equipajes. ~ 예치소 consigna.

수학(數學) matemáticas; 【일반적으로 복수형으로 사용】. ~의 matemático. ~적으로 matemáticamente. ~자 matemático.

수학(修學) estudios (*m.pl.*). ~ 여행 viaje de estudios. ~ 연한 escolaridad, duración de los estudios.

수해(水害) daños causados por la inundación. ~를 당하다 sufrir una inundación. 농작물은 ~로 전멸됐다 Las cosechas quedaron completamente destrozadas por la inundación. ~지 zona de inundación, área inundada.

수행(隨行) acompañamiento, escolta. ~하다 escoltar, acompañar. ···~하다 acompañar a *uno*, formar parte de la comitiva de *uno*. ~원 acompañante, -ta; [집합적] acompañamiento, comitiva, séquito.

수행(遂行) ejecución, cumpleimiento. ~하다 ejecutar, cumplir [con] *algo*, llevar a cabo *algo*. 그는 임무를 훌륭하게 ~했다 Ejecutó maravillosamente su encargo.

수행(修行) práctica rigurosa, penitencia. ~하다 ejercitar las virtudes. ~을 쌓다 practicar ascéticamente.

수험(受驗) examen. ~하다 examinarse, presentarse al examen. ~에 성공하다 salir bien en (pasar·superar) el examen de ingreso. ~에 실패하다 salir mal en el examen de ingreso. 대학의 ~공부를 하다 prepararse para el examen de ingreso en la universidad. ~ 과목 materias (asignaturas) del examen. ~료 derechos de examen. ~ 번호 (표) número (tarjeta) de examinando. ~생 examinando. ~ 자격 calificación del examen.

수혈(輸血) transfusión de sangre. ~하다 transfundir, hacer a *uno* una transfusión de sangre.

수형자(受刑者) encarcelado, preso, penado; [징역수] forzado, presidiario.

수호(守護) protección, guardia. ~하다 proteger, custodiar, amparar. ~신 dios tutelar.

수호(修好) ~조약 tratado de amistad.

수화기(受話機) auricular. ~를 들다 descolgar el auricular. ~를 놓다 colgar el auricular.

수화법(手話法) quirología

수확(收穫) cosecha, [re]cogida, recolección, rendimiento; [곡물의] siega; [포도의] vendimia; [성과] fruto, resultado; [수확물] cosecha. ~하다 cosechar; recoger. 보잘 것 없는 ~ triste cosecha. 풍한 ~ buena cosecha. ~이 많다 (적다) Hay buena (poca) cosecha. 이 토지는 1년에 밀 1톤의 ~을 거둔다 Este terreno produce una tonelada de trigo al año. ~고 producción, cosecha. ~기(期) época de cosecha, [tiempo de] cosecha. ~기에 a la cosecha. ~ 저감의 법칙 ley de cosecha decreciente.

수회(收賄) aceptación de soborno ([남미] de coima). ~하다 aceptar soborno. ~용의로 체포되다 ser arrestado bajo la acusación de hacer aceptado el soborno.

수회(數回) unas (varias) veces.

수효(數爻) número. ~를 세다 contar. ⇨ 수(數).

수훈(殊勳) mérito, hazaña, proeza. ~을 세우다 realizar una hazaña (un acto de valor). ~자 héroe. ~장(章) medalla de servicio distinguido.

숙고(熟考) deliberación, madura (cuidadosa) consideración. ~하다 deliberar, considerar bien, preponderar. ~한 끝에 después de cuidadosa consideración. 이 문제는 ~를 요한다 Hay que diliberar sobre este problema.

숙녀(淑女) dama, mujer distinguida.

숙달(熟達) adiestramiento. ~하다 hacerse experto (adquirir mucha práctica) en *algo* (en + *inf.*), ser perito, llegar a la perfección. 영어에 ~되어 있다 dominar el inglés. 그는 컴퓨터 조작에 ~되어 있다 Es un experto en el manejo de la computadora.

숙덕거리다 susurrar, cuchuchear, cuchichear.

숙독(熟讀) lectura detenida (atenta). ~하다 leer *algo* con detenimiento.

숙련(熟練) maestría, destreza, pericia; [손재주] habilidad manual. ~되다 adquirir la maestría (perfeccionarse·adiestrarse) en *algo*. ~된 diestro, ducho, experto, perito; [정통한] conocedor; [경험을 쌓은] experimentado, de mucha experiencia práctica. 비상한 ~을 요하다 requerir una gran maestría técnica. 그는 교정에 ~이 되어 있다 Tiene mucha experiencia práctica en la corrección de pruebas. ~공 obrero especializado. ~자 experto, perito.

숙망(宿望) deseo antiguo, anhelo. ~을 달성하다 conseguir el anhelo antiguo.

숙면(熟眠) sueño profundo. ~하다 dormir

숙명(宿命) hado, destino, sino, fatalidad. ~적 fatal, destinado. ~적으로 fatalmente, por fatalidad. ~론 fatalismo. ~론자 fatalista *(m.f.)*.

숙모(叔母) tía.

숙박(宿泊) hospedaje, alojamiento. ~하다 hospedarse, alojarse, albergarse; [투숙] parar, hacer noche. ~료 hospedaje, pensión del hotel. ~료를 지불하다 pagar el hospedaje. ~비 gastos de alojamiento. ~소 dormitorio. ~카드 ficha de inscripción [para los viajeros]. ~자 huésped *(m.f.)*. ~자 명부 registro de huéspedes (de hospedaje・de viajeros). 무료~소 cotarro.

숙부(叔父) tío.

숙사(宿舎) alojamiento, hospedaje, dormitorio. ~를 제공하다 ofrecer alojamiento a *uno*. ~를 준비하다 preparar un alojamiento.

숙소(宿所) dirección. ~를 옮기다 cambiar de casa.

숙시(熟視) ~하다 fijar los ojos en *algo*, comtemplar.

숙어(熟語) modismo, idiotismo, expresión idiomática, giro.

숙연(宿縁) 【불교】karma; [운명] predestinación, destino.

숙영(宿営) acantonamiento; [야영] campamento. ~하다 acantonar; acampar, vivaquear. ~지 acantonamiento; campamento.

숙원(宿怨) viejo rencor. ~을 갚다 desquitarse de un viejo rencor, sacarse la espina.

숙의(熟議) larga deliberación (discusión). ~하다 deliberar sobre *algo*, discutir de (sobre・por) *algo* a fondo.

숙이다 agachar. 머리를~ agachar la cabeza.

숙적(宿敵) enemigo mortal, viejo enemigo.

숙정(肅正) vigorización de la disciplina. ~하다 vigorizar la disciplina.

숙제(宿題) deberes;【멕시코】tarea; [현안] cuestión pendiente. ~를 내다 poner (imponer・dar) los deberes a *uno*. ~를 히다 hacer los deberes. 다년간의~ cuestión de hace mucho tiempo.

숙지(熟知) pleno conocimiento. ~하다 conocer *algo* a fondo, conocer *algo* como la palma de la mano.

숙직(宿直) guardia (vigilancia) de noche. ~하다 estar de guardia de noche. ~실 sala de guardia. ~원 guardia de noche.

숙질(叔姪) tío y *su* sobrino.

숙청(肅清) depuración, purga. ~하다 purgar, depurar. 피의~ depuración sangrienta.

숙폐(宿弊) vicio inveterado, mal hábito empedernido, convencionalismo.

숙환(宿患) enfermedad crónica.

순(旬) 1 [10일간] período de diez días. 2 [10년] decenio, curso de diez años. 상 (중・하) ~ principios (mediados・fines) del mes.

순(純) puro, genuino. ~국산의 de fabricación puramente doméstica. ~한국풍의 puramente coreano, de estilo puramente coreano. ~한국식 건축 arquitectura típicamente coreana. ~금 oro puro.

순(順) [순서] orden; [순번] turno. ~으로 en orden, por turno. 나이~으로 por orden de edad. 알파벳~으로 en el orden alfabético.

순(筍) retoño. 죽(竹)~ retoño de bambú.

순간(旬間) 잡지 revista que sale cada diez días.

순간(瞬間) instante, momento. ~의・~적인 momentáneo, instantáneo. ~적으로 momentáneamente, instantáneamente. 그~에 en el momento, en el instante. 다음~에 un momento después. 외출하려는~에 al (en el) momento de salir. 일어나는~에 나는 머리를 부딪쳤다 Al levantarme, me dio un golpe en la cabeza.

순견(純絹) [tela de] seda pura.

순결(純潔) pureza, castidad; [처녀성] virginidad, integridad. ~한 puro, casto; virgen. ~을 잃다 perder la pureza (la castidad); perder la virginidad. ~을 지키다 guardar la castidad. ~을 바치다 dedicar la virginidad a *uno*. ~을 빼았다 desflorar (quitar la virginidad) a *uno*.

순경(巡警) policía *(m.f.)*, agente de policía.

순교(殉教) martirio. ~하다 padecer martirio, morir de mártir. ~자 mártir *(m.f.)*.

순국(殉國) muerte por la patria. ~하다 morirse por la patria. ~선열 mártir [patriótico].

순금(純金) oro puro. ~반지 sortija (anillo) de oro puro.

순대 salchicha, chorizo;【남미】salame. ~집 salchichería. ~장수 salchichero.

순도(純度) pureza.

순량(純良) ~한 bueno, manso, dócil, apacible, puro y buena calidad.

순례(巡禮) peregrinación, peregrinaje, romería. ~하다 peregrinar [a *un sitio*], hacer una peregrinación (una romería) [a

순록(馴鹿) reno, rangífero, rengífero.
순면(純綿) algodón puro, puro algodón. ~의 de puro algodón. 이것은 ~이다 Esto es todo de algodón.
순모(純毛) lana pura, pura lana. ~의 de pura lana. 이것은 ~다 Esto es de pura lana.
순문학(純文學) literatura pura.
순박(純朴) simplicidad, candidez. ~한 simple, cándido.
순백(純白) ~의 blanquísimo, de una blancura inmaculada.
순번(順番) turno, orden. ~으로 en orden, por orden. ~이 오다 tocar*le* a *uno* el turno. ~을 정하다 fijar el orden. ~을 기다리다 esperar *su* turno. ~을 양보하다 ceder el turno a *uno*.
순보(旬報) boletín que aparece cada diez días.
순복(順服) sumisión, rendimiento, obediencia. ~하다 someter, sujeter, obedecer.
순분도(純分度) pureza [de oro y plata]; [금의] quilate.
순사(殉死) inmolación, suicidio por la muerte de *su* señor. ~하다 morir siguiendo al monarca, inmolarse siguiendo en la muerte a *su* señor.
순산(順産) alumbramiento feliz, parto feliz. ~하다 tener un parto feliz.
순서(順序) orden, ordenación. ~를 세우다 ordenar, metodizar. ~바른 · ~있는 ordenado, metódico. ~있게 · ~바르게 ordenadamente, en orden, por buen orden. ~대로 다 trabajar sistemáticamente. ~대로 말하다 contar *algo* de una manera ordenada (por *sus* pasos). ~를 거꾸로 하다 invertir el orden. …의 ~를 어지럽히다 desordenar (perturbar) *algo*.
순수(純粹) pureza. ~한 puro. ~하게 puramente. ~한 한국인 coreano de pura cepa.
순시(瞬時) un momento, un instante. ~에 en un instante, al momento.
순시(巡視) inspección. ~하다 inspeccionar. ~정 patullero.
순애(純愛) amor puro (angélico·angelical). ~영화 película que trata de la historia de un amor puro.
순양함(巡洋艦) crucero.
순연(順延) aplazamiento. ~하다 aplazar (posponer) *algo* al (para el) día siguiente. 우천시 ~ Lloviendo, será aplazado hasta el primer día de buen tiempo. 운동회는 우천시 ~할 La fiesta deportiva será aplazada al día siguiente si llueve.

순열(順列) 【수】 permutación. ~조합 【수】 permutación y combinación.
순위(順位) orden, lugar; [등급] grado; [신분] rango. 같은 ~의 del mismo grado. ~을 정하다 fijar el orden.
순은(純銀) plata pura.
순응(順應) adaptación; [기후·풍토에] aclimación. ~하다 adaptarse (amoldarse) a *algo*; aclimatarse a *algo*. 환경에 ~하다 adaptarse (amoldarse) a las circunstancias; aclimatarse al ambiente. ~성 adaptabilidad. ~성이 있다 ser capaz de adaptarse.
순익(純益) ganancia neta (pura), beneficio líquido (neto). 500만원의 ~을 얻다 sacar un beneficio neto de cinco millones de wones.
순전(純全) pureza, integridad. ~한 [순수한] puro; [전적인] absoluto, perfecto. ~히 totalmente, enteramente, cabalmente; puramente; completamente.
순정(純正) pureza. ~의 puro.
순정(純情) candor, inocencia. ~의 cándido, inocente.
순조(順調) normalidad. ~로운 normal; [호조] favorable. ~롭게 favorablemente, normalmente, con regularidad. 환자는 경과가 ~롭다 El enfermo sigue mejorando[se] con regularidad. 만사가 ~롭다 Toda va (marcha) bien. 경영상태가 ~롭다 Los negocios marchan bien.
순종(純種) sangre pura, casta no mezclada.
순종(順從) obediencia, docilidad. ~하다 obedecer.
순직(殉織) muerte en deberes (en *su* puerto de trabajo). ~하다 morir en cumplimiento (caer víctima) de *sus* deberes. ~자 víctima de *sus* deberes, mártir del deber.
순진(純眞) candor, inocencia, candidez. ~한 inocente, cándido, candoroso, genuino.
순차(順次) orden, turno. ~적으로 [점점] gradualmente; [차례로] en orden, por turno.
순찰(巡察) vuelta de inspección; [진지 등의] ronda; [순시] patrulla. ~하다 ir inspeccionando por *un sitio*; rondar por *un sitio*; patrullar [por] *un sitio*.
순치(馴致) ~하다 domar, domesticar.
순풍(順風) viento favorable.
순항(順航) crucero. ~하다 cruzar. ~선 crucero. ~속도 (고도) velocidad (altitud) de crucero.
순하다(順-) 1 [성질이] ser dócil (obediente·apacible).
2 [맛이] dulce, suave. 순한 담배 tabaco suave.

순행(巡行) vuelta de inspección. ~하다 dar vueltas.

순혈(純血) sangre pura. ~종의 de pura casta.

순화(純化) purificación, depuración. ~하다 purificar, depurar.

순환(循環) circulación, ciclo. ~하다 circular por *algo*. 목욕은 혈액 ~를 좋게한다 El baño estimula la circulación de la sangre. ~계통 sistema circulatorio. ~기 aparato circulatorio. ~논법 círculo vicioso. ~버스 autobús circular. ~선 línea de lazo. ~소수 fracción periódica.

순회(巡回) vuelta. [야경·보초 등의] ronda; [순찰] patrulla. ~하다 dar vuelta por *un sitio*; rondar por *un sitio*; patrullar[por] *un sitio*. ~중인 경관 agente en patrulla. ~도서관 biblioteca circulante. ~지역 zona de vigilancia. ~진료소 clínica ambulante.

숟가락 cuchara. 찻~ cucharita, cucharilla.

술 licores, vino. ~을 마시다 beber licor. ~취하다 achisparse. ~버릇이 나쁘다 ser bebedor pendenciero.

술꾼 bebedor, tomador, borracho.

술래잡기 juego del escondite.

술부(述部) predicado.

술술 [막힘없이] fluentemente; [쉽게] fácilmente, con facilidad; [솔직하게] francamente.

술어(述語) [문] predicado.

술어(術語) término técnico; [집합적] terminología.

술자리 banquete, fiesta.

술잔 vaso, copa.

술집 bar, taberna, cantina.

술책(術策) estratagema, ardid (m.), treta, artificio. ~을 부리다 hacer uso de (acudir a) una estratagema. ~에 빠지다 caer (ser cogido) en una treta, ser víctima de una estratagema.

술통 cuba, barril de vino.

술회(述懷) recordación. ~하다 relatar la reminiscencia.

숨 aliento, respiración. 단 ~에 de un tirón, de una vez. ~쉬다 alentar, respirar. ~을 헐떡거리다 jadear.

숨결 aspiración, respiración. ~이 거칠다 ser corto de resuello, respirar con dificultad.

숨구멍 [해] tráquea, traquearteria.

숨기다 esconder.

숨김없이 francamente.

숨넘어가다 expirar, morir, fallecer, dejar de existir.

숨다 ocultarse, esconderse.

숨바꼭질 juego del escondite.

숨쉬다 respirar.

숨지다 expirar, morir, fallecer, dejar de existir.

숫- puro, inocente. ~처녀 virgen (f.), chica inocente.

숫돌 afiladera.

숫색시 virgen (f.).

숭고(崇高) sublimidad. ~한 sublime, majestuoso, noble. ~한 목적 fin noble. ~한 정신 espíritu sublime.

숭배(崇拜) adoración, culto, veneración; [찬탄] admiración. ~하다 venerar, rendir culto a *algo·uno*; admirar. 나는 A씨를 마음에서 ~하고 있다 Admiro de corazón al señor A. ~자 adorador, admirador.

숭상(崇尙) respeto, veneración. ~하다 respetar, venerar.

숭어 [어] mújol.

숯 carbón de leña.

숲 densidad; riqueza; [수량] cantidad.

숲 bosque, arboleda, selva.

쉬다¹ [휴식] descansar, reposar, tranquilizar (마음을).

쉬다² [숨을] respirar.

쉬다³ [잠자다] dormir; [잠자리에 들다] acostarse. 잘 ~ dormir bien.

쉬하다 urinar.

쉰 cincuenta. ~살 cincueta años [de edad].

쉽다 ser fácil (simple).

쉽사리 fácilmente, con facilidad.

슈미즈 camisa de mujer.

슈트 traje completo. ~케이스 maleta, valija.

스님 sacerdote, cura.

스레이트 pizarra. 지붕을 ~로 이다 cubrir el tejado de pizarras. empizarrar el tejado. ~지붕 tejado de pizarras.

스릴 estremecimiento.

스마트 esbeltez, elegancia. ~한 esbelto, elegante, galano.

스무 veinte. ~번째 vigésimo.

스물 veinte. 그 여자는 ~한 두 살 쯤 되었을 것이다 Ella tendrá veintiún o veintidós años [de edad].

스스로¹ [자기 자신] se, sí, sí mismo; en persona, personalmente.

스스로² [저절로] se, automáticamente.

스웨덴 【지】 Suecia. ~의[사람] sueco. ~어 sueco. ~체조 gimnasia sueca.

스웨터 suéter, jersey.

스위스 【지】 Suiza. ~의[사람] suizo.

스위치 interruptor.

스카프 pañuelo.

스칸디나비아 【지】 Escandinavia. ~의[사람] escandinavo.

스커트 falda, saya.

스컹크 【동】 mofeta.

스케이트 patinaje; [구두] patín. ~타다 patinar. ~장 patinador. ~링 pista de patinaje (de hielo). ~선수 patinador. 롤러 ~ patín de ruedas. 피규어 ~ patín de figura.

스케줄 plan, programa (m.). ~을 세우다 hacer planes; […의] planear (programar) algo. 나는 금주는 ~이 서있다 Estoy cargado de planes esta semana./ Tengo organizada toda esta semana.

스케치 bosquejo, esbozo. ~하다 bosquejar. ~북 cuaderno para dibujos.

스코어 tanteo. ~ 보더 marcador. ~북 anotador.

스콜 chubasco.

스코틀랜드 【지】 Escocia. ~의 [사람] escocés.

스쿠터 motosilla.

스크럼 reyerta.

스크랩 recortes. ~북 cuaderno de recortes.

스크린 pantalla.

스키 esquí (pl.esquís). ~를 타다 esquiar. ~타러 가다 ir a esquiar. ~를 신다 ponerse los esquís. ~선수 esquiador. ~장 estación (campo) de esquí; [트랙] pista de esquí. ~화(바지) botas (pantalón) de esquí. 수상 ~ esquí acuático.

스타 estrella, astro.

스타디오 estudio.

스타디움 estadio.

스타일 estilo, figura.

스타킹 medias. ~ 두 켤레 dos p●2s de medias. ~을 신다 (벗다) ponerse (quitarse) las medias. ~을 신고 있다 llevar [las] medias.

스타트 salida. ~를 끊다 partir.

스태미너 resistencia (fuerza) física, vigor, nervio, aguante. ~를 증가시키다 aumentar la fuerza física. ~가 있는 남자 hombre enérgico (infatigable).

스탠드 [관객석] tribuna, gradería.

스탬프 sello, timbre, estampilla. …에 ~를 찍다 sellar (timbrar) algo. ~대 tapón. ~ 잉크 tinta para sellos. 기념 ~ [sello] conmemorativo.

스탭 personal, plantilla. 편집 ~의 일원이다 formar parte del personal de redacción.

스테레오 estéreo.

스토브 estufa.

스톱 parada. ~워치 cronómetro, reloj de segundos muertos. ~하다 parar.

스튜어디스 azafata; 【남미】 aeromoza.

스트라이크 huelga; 【운】 golpe. ~하다 ponerse en huelga.

스트레이트 derecho. ~로 이기다 ganar dos partidas seguidas. ~로 마시다 beber un licor puro.

스트렙토마이신 estreptomicina.

스틱 bastón. ~을 짚고 걷다 andar con bastón.

스팀 vapor; [난방] calefacción de vapor. ~이 통하고 있다 estar calentado con vapor. ~ 다리미 plancha de vapor.

스파이 [사람] espía; [행위] espionaje.

스파이크 【운】 zapatos con clavos.

스펀지 esponja.

스페이스 espacio.

스페인 【지】 España. ~의 [사람] español. ~어 español. ~어사 lengua española. ~계 아메리카[인] 의 hispano-americano.

스펙트럼 espectro.

스포츠 deporte. ~맨 deportista. ~맨십 juego limpio.

스폰서 patrocinador.

스푼 cuchara; [찻수저] cucharita.

스프링 muelle, resorte. ~코트 gabán de entretiempo. ~이 든 이불 colchon de muelles.

스피드 velocidad.

스피커 altavoz, megáfono, altoparlante.

슬그머니 de oculto, furtivamente, ocultamente, secretamente, en secreto.

슬금슬금 furtivamente, a escondidas.

슬기 sabiduría, cordura, prudencia, juicio, inteligencia, buen sentido. ~가 있다 ser inteligente (sabio).

슬기롭다 ser inteligente (sabio · prudente). 슬기로운 소년 muchacho inteligente.

슬라이드 diapositiva, portaobjeto.

슬럼프 hundimiento, baja repentina. ~에 빠지다 caer en hundimiento.

슬로건 lema. …의 ~으로 con lema de.

슬리퍼 zapatillas, chapines(부인용).

슬며시 furtivamente, a escondidas; [가만히] dulcemente, suavemente.

슬슬 lentamente, ligeramente, suavemente.

슬쩍 [몰래] secretamente, en secreto, furtivamente, a escondidas; [가볍게] ligeramente; [능숙하게] diestramente, sagazmente, mañosamente.

슬퍼하다 entristecerse, ponerse triste (melancólico).

슬프다 sentirse triste. 슬픈 이야기 historia triste. 슬픈 소식 noticia triste.

슬픔 tristeza, pesadumbre.

슬피 tristemente, con tristeza, con angustia, con pena, con aflicción, con sentimiento.

습격(襲擊) ataque, asalto, acometida. ~하다 atacar, asaltar, acometer, tomar por asalto. 적의 ~을 받다 sufrir el ataque del enemigo.

습관(習慣) costumbre; [풍속] uso, prácti-

습기 ca; [버릇] hábito; [관습] convención, conveniencias sociales; [타성] inercia, rutina. ~적인 acostumbrado; habitual; de convención; rutinario. ~적으로 por costumbre; por hábito, por rutina. …하는 ~이 있다 tener la costumbre de + inf. ~성이 있다 causar hábito. 나쁜 ~을 고치다 corregir un vicio. ~에 반(反)한 contrario a las costumbres. 아이들을 일찍 일어나는 ~을 들이다 acostumbrar a los niños a levantarse temprano. 그는 매일 아침 산책하는 ~이 있다 Tiene la costumbre de (Tiene por costumbre) dar un paseo todas las mañanas. 아침에 커피를 마시는 것이 그의 ~이 되었다 El tomar café por las mañanas se ha hecho una costumbre para él.

습기(濕氣) humedad. ~있는 húmedo. 이 방은 ~가 많다 En este cuarto hay mucha humedad.

습도(濕度) humedad. ~를 재다 medir la humedad. ~가 높다 tener un clima muy húmedo, hacer mucha humedad en *un sitio*. ~계 higrómetro.

습득(習得) [지식의] adquisición. ~하다 [기술 등의] adquirir conocimiento de *algo*; aprender *algo* (a + *inf.*).

습득(拾得) recogida. ~하다 recoger; [발견] hallar. ~물 objeto hallado, cosa hallada, hallazgo. ~자 el que encuentra.

습성(習性) hábito.

습속(習俗) costumbre, maneras y costumbres.

습자(習字) escritura, caligrafía. ~을 하다 aprender a escribir en letras caligráficas, aprender la caligrafía. ~교본 modelo de caligrafía. ~첩(帖) cuaderno de escritura.

습작(習作) 【미】 estudio.

습지(濕地) terreno húmedo, tierra húmeda; [늪] tierra pantanosa.

습진(濕疹) 【의】eccema. ~투-성이의 eccematoso.

습포(濕布) eczema.

습하다(濕--) ser húmedo.

승(乘) 【수】 multiplicación. ~하다 multiplicar.

승(僧) [불교의] bonzo, fraile, budista, secerdote de Buda.

승강(昇降) ascenso y descenso. ~구 entrada; [비행기 등의] portezuela; [갑판의] escotilla. ~기 ascensor, elevador; [하물의] montacargas.

승객(乘客) pasajero, viajero. ~ 명부 lista de viajeros.

승격(昇格) promoción. ~하다 obtener un ascenso, elevarse a un grado superior. 어떤 교육기관을 대학에 ~시키다 elevar un centro didáctico al rango de universidad.

승급(昇給) aumento de sueldo. ~하다 obtener un aumento de sueldo. ~시키다 aumentar el sueldo de *uno*.

승급(昇級) promoción, ascenso. ~하다 ascender, ser promovido.

승기(勝機) ocasión de ganar. ~를 잡다 (잃다) asir (perder) la ocasión de ganar.

승낙(承諾) [동의] consentimiento, asenso; [승인] aceptación, aprobación. ~하다 consentir, asentir a *algo* (a + *inf.*); admitir, aceptar, aprobar. ~을 주다 dar a *uno* el consentimiento. ~을 요청하다 pedir a *uno* el consentimiento. ~을 얻다 obtener el consentimiento de *uno*. …의 ~을 얻어 (얻지 않고) con el (sin) consentimiento de *uno*.

승려(僧侶) ponzo, monje budista.

승률(勝率) porcentaje de victorias.

승리(勝利) victoria, triunfo. ~하다 ganar la victoria. ~을 얻다 conseguir (obtener) una victoria, triunfar, vencer. 최후의 ~를 얻다 conseguir una victoria decisiva. ~는 우리의 것이다 Hemos ganado la batalla./ La victoria es nuestra. ~자 vencedor, ganador, triunfador.

승마(乘馬) equitación. ~로 a caballo. ~대·cuerpo montado. ~복 [바지·화] traje (pantalón·botas) de montar. ~클럽 club hípico (de equitación).

승무원(乘務員) [집합적] personal [de un vehículo]; [배·비행기의] tripulante; [집합적] tripulación. ~ 명부 rol.

승법(乘法) 【수】 multiplicación.

승복(承服) ~하다 [승인] aceptar, admitir; [복종] obedecer (someterse) a *algo·uno*. ~시키다 convencer a *uno* (a + *inf.*). 그것은 ~할 수 없다 Eso es inaceptable (inadmisible)./ No puedo aceptarlo (admitirlo).

승부(勝負) [경쟁] competición, disputa, lucha; [시합] partido, match (*pl*.matches); [경기] juego; [일국] partida, jugada. ~을 다투다 competir con *uno*, luchar contra (con) *uno*; disputarse 【주어는 복수】; jugar, jugar (tener) un partido; jugar (luchar) una partida; [내기하다] apostar, jugar. ~에 이기다 (지다) ganar (peder) [la partida·en el juego]. ~을 짓다 jugar una partida decisiva, luchar hasta vencer o ser vencido. ~운이 강하다 tener buena suerte en el juego. 대 ~을 하다 jugar una gran partida.

승산(勝算) esperanza del triunfo (de ganar), posibilidad de la victoria. ~이 없는 sin posibilidad de la victoria. ~이 있다

승선 tener esperanza de ganar. 내일의 시합은 ~이 있습니까 ¿Tiene usted mucha seguridad de ganar el partido de mañana?

승선(乘船) embarco. ~하다 embarcarse [en un barco], subir [a un barco], subir a bordo. ~해 있다 estar a bordo. ~권 billete de barco.

승소(勝訴) triunfo en los tribunales. ~하다 ganar la causa (el pleito). 사건은 원고의 ~로 끝났다 El pleito terminó con el triunfo del demandante.

승수(乘數) multiplicador. 피~ multiplicando.

승원(僧院) convento, monasterio.

승인(承認) [인가] aprobación; [인식] reconocimiento; [동의] consentimiento. ~하다 aprobar; reconocer; consentir. ~하다 (거부하다) dar (rehusar) el consentimiento a algo. 중국을 ~하다 reconocer a China. 국회의 ~을 얻다 (구하다) obtener (pedir) la aprobación de la Dieta.

승인(勝因) causa de la victoria.

승자(勝者) ganador; vencedor. ~가 되다 ganar [un partido], salir vencedor (triunfante) [de (en) un partido].

승적(僧籍) ~에 들다 ordenarse de sacerdote, hacerse bonzo, tomar el hábito.

승전(勝戰) victoria, tuiunfo.

승정(僧正) obispo 대~ arzobispo.

승직(僧職) sacerdocio.

승진(昇進) promoción, ascenso, ascensión. ~하다 ascender, ser promovido, subir. ~시키다 promover, ascender. 그는 ~이 빠르다 (늦다) Asciende rápido (despacio). 그는 부장으로 ~했다 Ha ascendido a director de un departamento.

승차(乘車) subida. ~하다 [열차에] subir al tren; [버스에] subir al autobús; [자동차에] subir a (en) un coche. ~해 주십시오 [열차에] Suban al tren, por favor. ~권 billete, [남미] boleto.

승천(昇天) ascensión. ~하다 subir al cielo (a los cielos), ir al paraíso, ascender al cielo.

승패(勝敗) victoria y [o] derrota. ~를 다투다 disputar la victoria. ~는 시운이다 La victoria o la derrota dependen de la suerte.

승화(昇華) [화·예술] sublimación. ~하다 sublimarse. ~시키다 sublimar.

시(時) hora. 세 ~는 tres. 8~는 (전에·지나서) a (antes de·pasadas) las ocho. 8~경에 hacia (a eso de) las ocho. 3~에서 4~까지 de tres a cuatro. 3~부터 4~사이에 entre tres y cuatro. 9~25분 발 열차 tren (de que sale a) las nueve y veinticinco. 몇 ~입니까 ¿Qué hora es? 8~이다 Son las ocho./ [내 시계로는] Mi reloj marca las ocho. 8~20분 (15분·15분전) 이다 Son las ocho y veinte (y cuarto·menos cuarto). 8~반이다 Son las ocho y media. 오전 8~10분이다 Son las ocho y diez de la mañana. 오후 3~이다 Son las tres de la tarde. 밤 11~25분이다 Son las once y veinticinco de la noche.

시(市) ciudad; [행정체] municipalidad; [지역] municipio. ~의 municipal. ~의 중심부 centro de la ciudad.~당국 municipalidad, ayuntamiento, autoridades municipales. 서울~ ciudad de Seúl.

시(詩) poesía, composición poética; [시편] poema (m.), poesía; [시구] verso; [연] estrofa. ~적 poético. ~를 짓다 componer una poesía, hacer un poema (versos). 풍경에 ~을 느끼다 tener un sentimiento poético ante el paisaje.

시(葉) cigarro, puro, tabaco.

시가(市街) calle (f.). ~를 산보하다 dar un paseo por la calle. ~전 combate (batalla) en las calles. ~전차 tranvía urbano.

시가(市價) precio de mercado, valor en plaza (de cotización·comercial). ~의 30 퍼센트 할인으로 con una rebaja de treinta por ciento sobre el precio de mercado. ~로 사다 comprar algo al precio de mercado. 그 미술품은 ~로 10만원으로 평가되고 있다 Ese objeto de arte se estima en un precio de mercado de cien mil wones.

시가(詩歌) poesía, verso.

시가(媤家) familia de su esposo.

시가(時價) precio corriente (cotizado en el mercado), cotización del día. ~로 사다 comprar algo al predio corriente (a la cotización del día). ~ 500원으로 견적하다 estimar algo en un precio corriente de quinientos wones. 이 그림은 ~로 적어도 30만원은 나가겠다 Este cuadro costará en el mercado actual trescientos mil wones por lo menos. ~로 지불하겠습니다 Pagaremos al precio corriente en el mercado.

시각(時刻) tiempo, hora. ~표 [열차 등의] horario; [책자] guía de trenes.

시각(視角) ángulo visual (óptico·de vista·de la visión).

시각(視覺) vista, visión. ~적인 visual. ~적으로 visualmente. ~에 호소하는 광고 anuncio que apela a la vista. ~ 신호 señal óptica.

시간(時間) hora, tiempo. ~이 걸리다 tardar. ~을 보내다 pasar el tiempo. ~이 늦다 llegar tarde. ~을 지키다 ser puntual. ~을 절약하다 ahorrar (economizar) el tiempo. …할 ~이 있다 tener tiempo para

시객 + inf. …할 ~을 주다 dar a *uno* tiempo de (para) + *inf.* (para que + *subj.*). 이 일에는 ~이 많이 걸린다 Este trabajo necesita largo tiempo (lleva mucho tiempo)./ Es un trabajo que cuesta mucho tiempo. ~은 충분하다 Hay (Tenemos) suficiente tiempo. 벌써 ~이 다 됐다 Ya es hora./ Se ha terminado el tiempo permitido. 사건의 해결은 ~ 문제이다 La solución del caso es cuestión de tiempo. 벌써 취침할 ~이다 Ya es hora (tiempo) de acostarte ([de] que te acuestes). ~급(給) pago por hora. ~당 por hora. ~표 horario, diagrama (열차의).

시객(詩客) poeta.

시거레트 cigarrillo, pitillo. ~ 케이스 pitillera, cigarrera, estuche de cigarrillo. ~ 케이서 papel de cigarrillo (de fumar)

시계(詩計) reloj. ~가 늦다 El reloj está atrasado. ~가 빠르다 El reloj está adelantado. ~를 맞추다 poner bien el reloj. ~ 태엽을 감다 dar cuerda el reloj. ~점 relojería. ~점 주인 relojero. ~탑 torre de reloj. 벽 ~ reloj de pared. 손목 ~ reloj de pulsera. 회중 ~ reloj de bolsillo.

시계(視界) vista, ángulo (campo) visual (de visión), visibilidad. ~에 들어오다 entrar en el campo visual (a la vista). ~에서 사라지다 perderse de la vista. ~내에 있다 estar dentro del campo visual de *uno*.

시골 campo, campiña, provincia, región. ~의 rústico, rural, campesino.

시골뜨기 paisano, aldeano, patán.

시국(時局) situación actual, estado actual de las cosas [en cuestión]; [정치 정세] circunstancias políticas actuales. ~을 수습하다 arreglar una situación (las circunstancias difíciles).

시굴(試掘) perforación experimental, exploración de ensayo, sondeo. ~하다 haer perforaciones experimentales, realizar prospecciones.

시궁창 albañal.

시그널 señal.

시끄럽다 haber ruido, ser ruidoso. 시끄럽게 ruidosamente. 시끄러운 음악 música ruidosa. 시끄럽게 떠들다 hacer un ruido.

시극(詩劇) drama *(m.)* (pieza de teatro) en verso.

시금석(試金石) piedra de toque, prueba decisiva.

시금치 【식】 espinaca.

시금하다 ser algo ácido.

시급(時急) emergencia, urgencia, inminencia. ~하다 ser urgente (inminente). ~히 en seguida, inmediatamente, cuanto antes.

시기(時機) [buena] oportunidad (ocasión). ~에 적합한 oportuno, conveniente. ~를 기다리다 esperar una oportunidad (una ocasión propicia) para + *inf.* ~를 놓치다・~를 잃다 perder la oportunidad de + *inf.*, dejar pasar una buena ocasión de + *inf.* ~를 이용하다 aprovechar oportunidad (la ocasión).

시기(時期) tiempo, temporada, época; [제절] estación, sazón. 같은 ~에 en la misma época. 곤란한 ~에 en un momento difícil. 그 ~에 그는 한국에 없었다 En ese momento (tiempo) no estaba en Corea. 그것을 하는 것은 ~ 상조다 Todavía no es tiempo de hacerlo./ Es todavía prematuro hacerlo (que lo hagamos). 그녀에게 말하는 것은 ~가 나쁘다 No es momento oportuno para hablarle de eso./ El momento no es propicio para que se le hable de eso.

시기(試技) intento.

시기(猜忌) envidia. ~하다 envidiar.

시나리오 argumento, guión. ~ 작가 guionista.

시나브로 en el momento sobrante.

시내 arroyo; [작은] arroyuelo.

시내(市內) la ciudad. ~에 en (dentro de) la ciudad. ~전차 tranvía *(m.)*. ~ 통화 conferencia urbana.

시네마 cinema.

시녀(侍女) doncella, camarera, dama de honor.

시누이 hermana política, cuñada.

시뉘올케 cuñadas, hermanas políticas.

시다 [음식이] ser agrio, ser ácido.

시단(詩壇) círculos poéticos.

시담(示談) arreglo privado. ~하다 arreglar privadamente.

시대(時代) época, era, tiempos, período; [시기] temporada; [세대] generación. ~에 뒤떨어진 anticuado, despasado. ~를 초월한 independiente (sin limitación) de tiempo, que traspasa los límites del tiempo. ~에 역행하다 ir en contra del curso natural del tiempo. ~를 반영하는 reflejar la época.~에 뒤지다 quedarse atrás en la marcha del tiempo, vivir atrasado. 우리들의 ~ nuestra época, tiempos actuales. 다음 ~를 담당할 젊은이들 jóvenes forjadores de la época futura. 어느 ~에도 en todos los tiempos, en cualquier tiempo. 이조 ~에 en la época (en los tiempos) de la dinastía Yi. 내 학창 ~에 en mis tiempos de estudiante. …하는 ~가 오다 Llegará la época en que + *subj.* ~와 함께 습관은 변한다 Cada época tiene sus costumbres./ Las costumbres cambian

시댁(媤宅) [집] casa de *su* esposo; [식구] familia de *su* esposo.

시들다 [초목이] marchitar, ajar, deslucir.

시디시다 ser muy ácido (agrio).

시럽 jarabe.

시렁 anaquel, estante.

시력(視力) vista, poder visual. ~을 잃다 perder la vista. ~을 회복하다 recuperar (recobrar) la vista. ~이 약하다 tener la vista débil. ~의 ~을 검사하다 examinar la vista a *uno*. 그의 ~은 정상이다 Su vista es normal./Tiene la vista normal. 내 ~이 감퇴되었다 La vista se me ha debilitado (enervado)./ Tengo la vista muy gastada.

시련(試鍊) prueba. ~을 받다 sufrir prueba.

시론(詩論) poética; [시연구] estudio sobre la poesía.

시론(時論) opinión pública.

시료(施療) tratamiento médico. ~하다 curar gratis.

시류(時流) corriente (tendencia) de la época, tendencia del mundo, todo de sociedad. ~을 따르다 seguir la corriente de la época.

시름 ansiedad, cuidado, preocupaicón.

시립(市立) ~의 municipal, civil. ~ 대학 (도서관·병원) universidad (biblioteca·hospital) municipal.

시말(始末) [상태] situación; [결과] consecuencia, resultado. ~서 excusa (explicación) escrita.

시멘트 cemento. ~로 접합하다 aglutinar (fijar) *algo* con cemento. ~공장 (공업) fábrica (industria) de cemento.

시모(媤母) madre de *su* esposo, suegra.

시무룩하다 estar malcontento (caprichoso); [날씨가] estar nublado.

시문(詩文) poesía.

시문(試問) cuestión, examen, entrevista.

시민(市民) ciudadano; [주민] habitante, vecino. ~계급 burguesía, clase burguesa. ~권 ciudadanía, derecho civil. ~권을 얻다 obtener la ciudadanía. ~ 사회 sociedad civil. ~세 impuesto municipal. ~운동 campaña de los ciudadanos. 서울 ~ vecino de Seúl. ~회관 salón de los ciudadanos.

시발(始發) primera salida en la mañana. 열차의 ~은 5시다 El primer tren sale a las cinco. ~열차 primer tren. ~역 estación de origen.

시방(時方) ahora. ⇨ 지금.

시뻘겋다 ser carmesí.

시범(示範) buen ejemplo.

시법(詩法) arte poético (de versificación).

시보(時報) 1[인쇄물 등의 표제] boletín, gaceta. 주시 ~ boletín de Bolsa. 2 [시간을 알림] toque de la hora. ~을 알리다 dar la hora. 10시 ~을 알리려 한다 Ahora van a dar las diez.

시부(媤父) padre de *su* esposo, suegro.

시부모(媤父母) padres de *su* esposo

시비(是非) justicia o injusticia.

시비(施肥) fertilización, abonación.

시사(時事) actualidades, sucesos corrientes. ~문제 problemas de la actualidad; [과목] cuestiones contemporáneas. ~ 해설 comentario de la actualidad.

시사(試寫) 【영】 pre-vista. ~하다 dar una pre-vista. ~실 sala de pre-vista. ~회 pre-vista de película, presentación de una película a los críticos.

시사(示唆) sugestión, sugerencia. ~하다 sugerir a *uno·algo*; sugerir (insinuar) a *uno que* + *subj*.

시사(試射) disparo de ensayo, ensayo de disparo. ~하다 ensayar el disparo.

시산(試算) [개산] cálculo aproximado; [검산] verificación de un cálculo. ~표 balance de prueba.

시살(弑殺) regicidio, asesinato de un rey (de una reina).

시삼촌(媤三寸) tío de *su* esposo.

시상(詩想) idea poética

시생(侍生) yo, me.

시선(詩選) antología poética, colección de poesías, cancionero, florilegio.

시선(視線) mirada. ~이 부딪치다 encontrarse las miradas. ~을 향하다 dirigir (echar) una mirada a *algo·uno*.

시설(施設) establecimiento; [고아·노인 등의] fundación, asilo, patronato. ~하다 instituir. 스포츠 (문화) ~ instalaciones deportivas (culturales). 아동 복지 ~ establecimiento benéfico para niños.

시성(詩聖) gran poeta.

시세(時勢) actual. ~에 따르다 seguir la moda del día.

시세(市稅) impuesto municipal.

시세(時世) tiempos, edad.

시속(時俗) costumbres de la edad.

시속(時速) velocidad por hora. ~ 80킬로 80km. por hora. ~ 100킬로를 내다 hacer cien kilómetros por hora. ~ 50킬로로 달리다 (운전하다) ir (conducir) a cincuenta kilómetros por hora. ~계 velocímetro, cuentaquilómetros. 최고 ~ velocidad máxima por hora. 최저 ~ velocidad mínima por hora.

시스템 sistema (m.).
시승(試乘) 자동차에 ~하다 ensayar (hacer la prueba de) un coche.
시시각각(時時刻刻) a cada momento, sin cesar.
시시비비(是是非非) ~하다 llamar cada cosa por su nombre. ~주의 principio de llamar cada cosa por su nombre.
시식(試食) prueba de una comida, degustación. ~하다 probar, degustar.
시신경(視神經) nervio óptico.
시아버지(媤-) padre político de la mujer, padre de *su* esposo, suegro.
시아주버니(媤-) hermano de *su* esposo, hermano político de la mujer, cuñado.
시안(試案) proyecto (plan) de prueba. ~을 작성하다 hacer (formar) un proyecto de prueba.
시야(視野) campo visual; [시계] visibilidad, calidad de visible.
시약(試藥) reactivo.
시어(詩語) lenguaje (término) poético.
시어머니(媤-) madre de *su* esposo, madre política de la mujer, suegra.
시업(始業) comienzo [de trabajo]. 학교는 9시~이다 La escuela empieza (Las clases empiezan) a las nueve. ~벨 timbre de comienzo de clase; [공장 등의] sirena de comienzo del trabajo. ~식 ceremonia de comienzo (de apertura) del curso.
시연(試演) ensayo. ~하다 ensayar.
시영(市營) administración municipal. ~의 municipal, comunal. ~ 버스 autobús municipal (de la municipalidad). ~ 사업 servicios (obras públicas) de la municipalidad. ~ 주택 vivienda construida por la municipalidad. ~화 municipalización. ~화 하다 municipalizar.
시외(市外) alrededores (afueras) de una ciudad. ~의 suburbano. ~에 살다 vivir en arrabal. ~ 통화 conferencia interurbana.
시용(試用) ensayo, prueba, uso tentativo. ~하다 ensayar, probar, someter (poner) *algo* a prueba, usar *algo* como prueba. ~기간 período de prueba. ~품 artículo de ensayo.
시우(時雨) lluvia de estación.
시운(時運) suerte (f.), fortuna.
시운전(試運轉) ensayo, prueba; [열차 등의] viaje de prueba; [엔진 등의] marcha de prueba. ~을 하다 probar *algo*, hacer ensayo (pruebas) de *algo*, someter *algo* a prueba.
시원하다 hacer fresco (날씨가), tener fresco (몸이). 날씨가 무척 ~ Hace mucho fresco.

시월(十月) octubre.
시위(示威) manifestación. ~하다 manifestarse públicamente, hacer una manifestación pública. ~ 참가자 manifestante (m.f.).
시유(市有) ~의 municipal. ~화 하다 pasar *algo* a la posesión municipal, municipalizar. ~지 terreno del municipio.
시음(試飮) cata, degustación. ~하다 catar, probar, degustar.
시의(侍醫) médico de la Familia Imperial (Real).
시의(時宜) circunstancias, ocasión. ~를 얻은 oportuno. ~에 맞지 않은 inoportuno.
시의(猜疑) ~심 recelo, espíritu receloso. ~심이 강한 muy receloso (desconfiado, suspicaz).
시회회(市會會) asamblea municipal, consejo muinicipal. ~의원 concejal, miembro de asamblea municipal. ~의원 선거 elección municipal (de concejales).
시이소 balanchín, columpio [de tabla]. ~를 하다 jugar al balanchín. ~ 게임 columpio (de concejales).
시인(是認) aprobación, consentimiento. ~하다 aprobar, consentir, dar aprobación (consentimiento) a *algo*.
시인(詩人) poeta. 여류 ~ poetisa.
시일(時日) [때] tiempo, días, horas; [날짜] fecha, tiempo. ~을 요하다 requerir tiempo.
시작(始作) principio, comienzo; [기원] origen. ~하다 empezar, comenzar. ···하기 ~하다 comenzar (empezar · ponerse · echarse) a+*inf*. 울기(울기) ~ echarse a llorar.
시작(詩作) composición de poemas, creación poética. ~하다 componer poesías.
시작(試作) ensayo, producción (fabricación) tentativa. ~하다 ensayar, fabricar *algo* de ensayo (a prueba). 새로운 자동차를 ~하다 fabricar a prueba un nuevo modelo de automóvil. 신종쌀을 ~하다 cultivar a prueba una nueva variedad de arroz. ~ 공장 planta piloto. ~품 artículo fabricado de ensayo (a prueba).
시장 hambre (f.), ganas de comer. ~하다 tener hambre. 나는 몹시 ~하다 Tengo mucha hambre. 나는 ~해서 죽겠다 Me muero de hambre.
시장(市長) alcalde; [여자] alcaldesa. ~ 부인 alcaldesa.
시장(市場) mercado, plaza. ~을 개척하다 crear (abrir) un mercado. ~ 가격 precio (cotización) del mercado. ~ 동향 tendencia del mercado. ~ 조사 (분석) investigación (análisis) del mercado. 금융 ~

시재(時在) [현재] tiempo presente.

시재(詩才) talento poético.

시적(詩的) ~인 poético. ~으로 poéticamente. ~ 감흥 delicia poética.

시절(時節) [계절] estación; tiempo, época, oportunidad.

시점(時點) momento. 이 ~에서는 en este momento.

시정(是正) rectificación; [틀린 것의] corrección. ~하다 rectificar, reajustar, corregir, [개선] reformar. 교육 제도를 ~하다 reformar el sistema educativo. 불미한 점을 ~하다 rectificar los puntos defectuosos.

시정(詩情) sentimiento poético. ~이 풍부한 lleno de poesía.

시정(施政) gobernación. ~ 방침 plan de gobierno. ~ 방침 연설 discurso sobre política administrativa.

시정(市政) administración municipal.

시정(市井) [거리] calle (f.); [사람] hombre de la calle. ~의 소문 rumor que circula.

시제(時制) tiempo. ~의 일치 concordancia de los tiempos.

시제(市制) régimen municipal. ~를 실시하다 establecer el régimen municipal.

시조(始祖) fundador, padre.

시조(詩調) sicho, verso coreano.

시종(始終) siempre, en todo tiempo, todo el tiempo, desde el principio hasta el fin, consistentemente, continuamente, incesantemente. ~ 일관 consistentemente.

시종(侍從) chambelán. ~장 gran chambelán.

시중 servidumbre, asistencia, servicio. ~하다 servir, cuidar, asistir.

시중(市中) [en] la ciudad, [en] la calle.

시즌 temporada, época. 여름은 해수욕 ~이다 El verano es la temporada de los baños en el mar. 스키 ~ temporada de esquí.

시집(媤—) familia de *su* esposo.

시집(詩集) poesías, obras poéticas.

시차(時差) diferencia de horas. 마드리드와 서울 간의 ~는 몇 시간입니까 ¿Cuántas horas de diferencia hay entre Madrid y Seúl? 파리와 워싱톤 간의 ~는 5시간이다 Entre París y Wáshington hay cinco horas de diferencia. ~ 출근 diferenciación de las horas de entrada (de la apertura de las oficinas).

시차(視差) [천] paralaje.

시찰(視察) inspección; [견학] visita. ~하다 inspeccionar, hacer la inspección de *un sitio*; visitar, hacer la visita de *un sitio*. ~단 cuerpo de inspectores. ~ 여행 viaje de inspección (de observación). ~원 inspector.

시책(施策) medida, política.

시청(市廳) municipalidad, ayuntamiento, municipio; [시청사] ayuntamiento.

시청(視聽) atención. ~각 de audiovisual. ~각 교육 enseñanza (educación) audiovisual. ~률 porcentaje de televidentes. ~자 televidente (*m.f.*). ~자 참가 프로그램 programa en el que participan los televidentes.

시청(試聽) audición. ~하다 [레코드를] oir un disco.

시체(詩體) estilo de un poema.

시체(屍體) cadáver, cuerpo muerto.

시초(始初) principio, comienzo, origen. ~의 primero. ~에 al principio.

시취(屍臭) olor de cuerpo muerto.

시취(詩趣) poesía, sabor poético. ~가 풍부한 lleno de poesía, poético. ~가 없는 falto de poesía, prosaico, vulgar.

시침(詩針) horario, manecilla (aguja) de reloj.

시토 [동남 아시아 조약기구] Organización del Tratado del Sudeste de Asia.

시큰둥하다 ser impudente (descarado).

시큼하다 ser agrillo (algo agrio). 이 포도주는 맛이 ~ Este vino tiene punta de agrio.

시판(市販) ~의 en el mercado, en venta. ~ 중이다 estar en venta. ~되지 않는 책 libro que no sale a la venta pública. 이 물건은 이제 ~되지 않는다 Este artículo ya no circula en el mercado. ~ 가격 precio en el mercado.

시편(詩篇) poesía; [구약성서의] Salmos.

시평(時評) crítica de actualidades, [문예~] crónica literaria, crítica sobre literatura actual. 정치 ~ comentarios de la actualidad política.

시평(詩評) crítica poética.

시하(時下) a presente, ahora, al momento presente.

시학(詩學) poética; [시법] arte poético (del verso).

시학(視學) ~관 inspector de escuelas.

시한(時限) límite de tiempo, período (수입의). ~ 폭탄 bomba de tiempo (con mecanismo de relojería). ~ 파업 huelga de duración limitada.

시할머니(媤—) abuela de *su* esposo.

시할아버지(媤—) abuelo de *su* esposo.

시합(試合) match; [주로 구기의] partido; [격투기의] pelea, lucha, combate; [장기의] partida; [선수권 시합] campeonato.

시해 ~을 하다 jugar un partido; luchar, pelear. ~을 시작하다 comenzar el partido.

시해(弑害) regicidio. ⇨ 시살.

시행(施行) ejecución, realización. ~하다 llevar a cabo. 법령을 ~하다 poner un decreto en vigor.

시행착오(試行錯誤) [sistema de] ensayos y errores, [método de] tanteos.

시험(試驗) [성능 등의] ensayo, prueba; [학교 등의] examen; [공무원 등의] oposiciones; [콩쿠르] concurso. ~하다 ensayar; probar; someter *algo* a prueba. ~적으로 a modo (a título) de ensayo, por (como) prueba. 기계의 성능을 ~하다 probar (examinar) la capacidad de la máquina. ~에 합격하다 pasar el examen, ser aprobado en el examen. ~에 낙방하다 fracasar (fallar・ser suspendido) en el examen. ~ 공부를 하다 prepararse para el examen. ~ 과목 materias de examen, asignatura para el examen. ~관(官) examinador; [집합적] tribunal. ~관(管) probeta, tubo de ensayo. ~ 답안 contestaciones [escritas] del examen. ~ 문제 problemas (preguntas) del examen. ~ 비행 vuelo de ensayo (de prueba). ~소 laboratorio. 운전 면허 ~ examen para sacar el carné de conducir. 지방 공무원 ~ oposiciones a los cuerpos de administración local.

시황(市況) estado del mercado; [주식의] situación de la bolsa. ~이 한산하다 (활발하다) El mercado esta firme (flojo).

시회(詩會) club poético.

시효(時效) prescripción. 10년으로 ~가 되다 prescribir (extinguirse por prescripción) al cabo de diez años.

시후(時候) estación, tiempo.

시흥(詩興) inspiración poética.

식(式) 1 [의식] ceremonia, rito, ritual. ~을 거행하다 celebrar una ceremonia. ~이 거행된다 Tiene lugar (Se celebra) la ceremonia./ Se verifica el acto. ~순 programa de la ceremonia.
2 [수학 등의] fórmula.
3 [스타일] estilo. 한국 ~으로 a la coreana, a la usanza coreana. 한국의 ~ estilo coreano. 서반아 ~ estilo *español*.

식객(食客) gorrista, parásito; chupón; gorrón. ~으로 살다 vivir de gorrista.

식견(識見) conocimiento, sabiduría, discernimiento, criterio, vista, visión.

식구(食口) familia, miembros de una familia. 많은 (적은) ~ familia grande (pequeña).

식권(食券) cupón (talón) de racionamiento.

식기(食器) vajilla de mesa. ~ 찬장 aparador, vasar.

식다 ponerse frío; enfriarse, templarse, moderarse el enojo (cualquier pasión).

식당(食堂) comedor; [음식점] restaurante; 【남미】restorán; [스낵] cafetería, bar. ~차 coche comedor (restaurante), vagón restaurante. 사원 ~ comedor de la compañía. 학교 ~ comedor de la escuela.

식도(食道) esófago. ~암 cáncer de esófago. ~염 esofagitis (*f.*), inflamación del esófago.

식도락(食道樂) gula, gastrónomo.

식량(食糧) provisiones, víveres, vituallas, comestibles. ~을 공급하다 abastecer (proveer) de víveres a *uno*. ~ 보급을 끊다 cortar los víveres a uno. ~의 결핍 escasez de víveres. ~ 관리 control de comestibles. ~ 관리 제도 sistema de control de comestibles. ~ 사정 (문제) situación (problema) de comestibles. ~ 위기 crrisis de comestibles.

식료(食料) alimento, comida. ~품(品) alimentos, comestibles, productos (artículos) alimenticios. ~품점 tienda (almacén) de comestibles.

식림(植林) repoblación [forestal], cultivo de bosques. ~하다 repoblar *un sitio* con árboles.

식모(食母) criada que sirve en la cocina y ayuda a la cocinera, cocinera.

식목(植木) planta, planta en maceta. ~하다 plantar un árbol. ~일 Día del Arbol.

식물(植物) planta, vegetal; [집합적] vegetación; [한 시대・한 지역의] flora. ~의 vegetal. 한국의 ~ flora coreana. ~계 reino vegetal. ~성 기름 (단백질) aceite (albúmina) vegetal. ~성 버터 vegetalina. ~원 jardín botánico. ~지 (誌) flora. ~ 채집 colección de plantas. ~ 채집을 하다 herborizar, recoger plantas. ~ 표본 espécimen (*pl.*especímenes) botánico, muestra botánica. ~학 botánica. ~학자 botánico.

식물(食物) alimento, comida, comestibles, manjar.

식민(植民) colonización; [사람] colono. ~하다 colonizar. ~의 colonial. ~성 (장관) Ministerio (ministro) de Ultramar. ~지 colonia. ~지 주의 colonialismo. ~지화 하다 colonizar. 신 ~지 주의 neocolonialismo. 구 ~지 주의 antigua colonia.

식빵(食~) pan de molde.

식별(識別) discernimiento, distinción. ~하다 [A와 B를] discernir (distinguir) A

식비(食費) gasto de los alimentos.

식사(食事) comida. ~하다 comer, tomar [una comida]. ~중이다 estar en (a) la mesa, estar comiendo. ~ 준비를 하다 hacer (preparar) la comida; [식탁에] poner la mesa. ~에 초대하다 convidar (invitar) a *uno* a comer. ~를 함께하다 [주어는 복수] comer juntos; […와] 밖에서 ~하다 comer con *uno*. 하루에 세 번 ~하다 tomar (hacer) tres comidas al día. ~는 몇 시입니까 ¿A qué hora es (se sirve) la comida? ~ 시간 hora de comer.

식사(式辭) discurso [ceremonial]. ~를 하다 pronunciar un discurso [en la ceremonia].

식산(殖産) explotación industrial, fomento de las industrias.

식성(食性) preferencia. ~에 맞는 음식 comida favorita.

식수(植樹) plantación de árboles. ~하다 plantar un árbol.

식수(食水) agua potable, agua que se puede beber.

식언(食言) ~하다 faltar a *su* palabra.

식염(食鹽) sal de mesa. ~수 suero fisiológico. ~ 주사 inyección de suero fisiológico.

식욕(食欲) apetito, gana[s] de comer. ~이 있다 tener apetito (gana[s] de comer). ~이 없다 no tener apetito (ganas de comer). ~이 왕성하다 tener mucho apetito (muchas ganas de comer). ~을 잃다 perder el apetito. ~을 증진시키다 excitar el apetito a *uno*. 나는 걱정이 있을 때는 ~이 없어지다 Cuando tengo preocupaciones, se me quita el apetito. ~ 부진 anorexia, inapetencia, falta de apetito. ~ 부진이다 padecer de inapetencia, tener desgana; estar desganado.

식용(食用) ~의 comestible, de comer. ~에 적합한 comestible. ~ 개구리 rana comestible. ~유 aceite comestible.

식육(食肉) carne (f.). ~류 【동】 carniceros, carnívoros. ~업 carnicería. ~업자 carnicero.

식은땀 sudor frío.

식이요법(食餌療法) dieta, régimen [alimenticio·de comidas]. ~을 하다 (하고 있다) ponerse (estar) a dieta.

식인종(食人種) tribu antropófaga (caníbal), los antropófagos, los caníbales.

식자(識者) sabio, erudito, entendido. ~의 의견을 구하다 pedir opiniones a los entendidos, consultar a las personas competentes.

식자(植字) composición. ~하다 componer. ~기 [모노타이프] monotipia; [라이노타이프] linotipia. ~공 cajista.

식장(式場) salón (sala·lugar) de ceremonia; [결혼 피로연 등의] sala de banquetes.

식전(食前) ~에 antes de la comida, antes de comer. ~술 aperitivo. ~ 복용 "Tómese antes de comer."

식전(式典) ceremonia.

식중독(食中毒) envenenamiento alimenticio, intoxicación alimenticia. ~에 걸리다 envenenarse con un alimento.

식지(食指) dedo índice (saludador).

식체(食滯) indigestión.

식초(食醋) vinagre. ~병 vinagrera. ~산 【화】 ácido acético.

식충(食蟲) ~식물 plantas insectívoras.

식탁(食卓) mesa. ~에 앉다 sentarse a la mesa. ~의 준비를 하다·~을 보다 poner la mesa. ~을 치우다 quitar la mesa. ~을 떠나다·~에서 일어나다 levantarse de la mesa.

식품(食品) alimentos, comestibles. ~ 공해 contaminación de los alimentos. ~ 매장 departamento de comestibles. ~ 위생 higiene alimenticia. ~ 위생법 reglamentos sobre la salubridad de los productos alimenticios. ~ 첨가물 aditivo alimenticio.

식후(食後) ~에 después de la comida, después de comer. ~ 복용 "Tómese después de la comida."

신¹ calzado, zapatos. ~을 신다 ponerse los zapatos. ~을 벗다 quitarse los zapatos.

신² alegría, júbilo, gozo, deleite. ~이 나다 estar excitado.

신(神) Dios, dios(잡신). 여~ Diosa.

신(信) creencia, fe, crédito.

신-(新-) nuevo, neo-, moderno. ~무기 arma nueva. ~여성 mujer moderna.

신간(新刊) publicación nueva. ~의 recién publicado, de publicación, nueva. ~서 libro nuevo, novedad. ~서 소개 crónica de libros, reseña de libros nuevos.

신건이 persona tonta.

신격(神格) divinidad. ~화 deificación, divinización. ~화 하다 deificar, divinizar.

신경(神經) nervio. ~의 nervioso. ~이 둔한 [둔감] insensible; [우둔] lerdo, torpe, tardo de comprensión. ~질이 난 nervioso. ~을 쓰다 preocuparse de (por) *algo*. ~을 빼다 sacar (quitar·matar) los nervios. ~을 마비시키다 insensibilizar los nervios. ~을

안정시키다 calmar los nervios. ~을 자극하다 aguzar los nervios. ~계통 sistema nervioso. ~과 neurología. ~과민 hiperestesia, hipersensibilidad, nerviosidad. ~과민의 hiperestésico, hipersensible, nervioso, demasiado sensible a *algo*. ~과 의사 neurólogo. ~병 neuropatía. ~성 설사 diarrea emocional. ~세포 célula nerviosa. ~쇠약 neurastenia. ~안정제 calmante. ~전 guerra psicológica (de nervios). ~증 nuerosis (*f.*). ~증 환자 neurótico. ~통 neuralgia. ~통의 neurálgico. ~학 neurología.

신고(申告) declaración, anuncio, manifestación. ~하다 declarar, anunciar, manifestar. 소득을 ~하다 declarar la renta. 무슨 ~할 것이라도 있읍니까 [세관에서] ¿Tiene algo (algún objeto) que declarar? ~할 것이 아무 것도 없다 No tengo nada que declarar. ~서 declaración. ~자 relator, declarante (*m.f.*), declarador. 재산 ~ declaración de bienes (de impuestos).

신고(辛苦) penalidad, penas. ~하다 sufrir, fatigarse. ~를 겪다 sufrir privaciones (duras punas).

신관(新館) edificio ([별관] anexo) nuevo.
신관(神官) sacerdote sintoísta.
신관(信管) espoleta.
신교(新教) protestantismo, religión protestante, reforma. ~도 protestante (*m.f.*), reformado.
신교(信教) religión. ~의 자유 libertad de conciencia (de cultos).
신구(新舊) lo nuevo y lo viejo. ~의 viejos y nuevos. ~ 장관 ministros entrantes y salientes.
신국면(新局面) aspecto nuevo, fase nueva. ~에 들어가다 presentarse bajo un aspecto nuevo, entrar en una fase nueva.
신규(新規) regulación nueva. ~로 de nuevo, nuevamente. ~로 사람을 채용하다 admitir nuevos empleados. ~가입자 nuevo miembro, neófito, recién ingresado; [전화 동의] nuevo abonado. ~개점 nueva apertura (inauguración).
신극(新劇) teatro moderno.
신기(新奇) novedad. ~한 nuevo, novedoso. ~한 것을 좋아하다 gustar de las novedades.
신기록(新記錄) nuevo récord. ~을 수립하다 batir un récord, alcanzar (establecer) un nuevo récord. 세계 (한국) ~ nuevo récord mundial (coreano).
신기루(蜃氣樓)'espejismo.
선기원(新紀元) era nueva. ~을 열다 abrir una época nueva.
신년(新年) Año Nuevo; [정월 초하루] Día de Año Nuevo. ~ 초에 al principio del año nuevo. ~을 축하하다 celebrar el año nuevo. ~을 맞이하다 recibir el año nuevo. ~ 연회 fiesta (convite) de año nuevo. 근하 ~ Feliz Año Nuevo.
신념(信念) fe, creencia, convicción. ~을 가지고 con fe. 확고한 ~을 가지다 abrigar una firme convicción, tener una creencia inalterable. …라는 ~을 가지고 있다 tener la convicción (la confianza) de que + *ind*.
신다 ponerse. 신을 ~ ponerse los zapatos.
신대륙(新大陸) el Nuevo Mundo.
신도(信徒) creyente (*m.f.*), fiel (*m.f.*), devoto.
신동(神童) niño prodigio.
신디케이트 sindicato.
신랄(辛辣) agudeza. ~한 severo, incisivo. ~하게 severamente.
신랑(新郞) novio. ~ 신부 novios.
신력(新曆) nuevo calendario.
신록(新綠) fresco (tierno · nuevo) verdor. ~의 계절 estación de fresco (tierno · nuevo) verdor.
신뢰(信賴) confianza. ~하다 confiar[se] en *uno · algo*. ~할 만한 fidedigno. ~를 저버리다 traicionar la confianza de *uno*. 그는 사원한테서 ~받고 있다 Los empleados tienen confianza en él. 그는 ~할 수 있다 Se puede confiar en él./ Es digno de confianza.
신망(信望) confianza. 그는 학생들에게 ~이 있다 Goza de confianza entre sus alumnos.
신명(身命) cuerpo y vida. ~을 걸고 a costa (a riesgo) de la vida.
신묘(神妙) ~한 laudable, sumiso. ~하게 dócilmente.
신문(新聞) periódico, rotativo; [일간지] diario; [저널리즘] periodismo; [신문 일반] prensa. ~에 쓰다 escribir en el periódico. ~에서 읽다 leer en el periódico. ~을 펴다 desplegar el periódico. ~을 구독하다 subscribir un periódico. ~ [의 보도] 에 의하면 según los periódicos. ~에 의하면 …라 한다 Dicen los periódicos que + *ind*. 그것은 ~에 보도되어 있다 Eso está en la prensa./ Los diarios llevan una noticia. ~ 광고 anuncio periodístico. ~ 광고를 내다 poner un anuncio en el periódico. ~ 구독자 lector (suscriptor) de un periódico. ~ 기사 artículo. ~ 기자 periodista. ~대 tarifa de suscripción de un periódico. ~ 배달인 repartidor de periódicos. ~사 periódico.

신미 (新米) arroz de la última cosecha.
신민 (臣民) súbdito.
신바닥 suela.
신발명 (新發明) invención reciente (nueva).
신방 (新房) cuarto nupcial, cama nupcial.
신변 (身邊) ~을 정리하다 arreglar (poner en orden) las cosas (las pertenencias); [교제관계를] liquidar (poner término a) las relaciones personales. ~에 위험을 느끼다 sentirse en peligro. …의 ~을 경계하다 cuidar de seguridad de uno.
신병 (新兵) recluta, soldado recién alistado.
신봉 (信奉) ~하다 profesar, adherirse a algo. ~자 devoto.
신부 (神父) [reverendo] padre. A ~ 는 padre A. ~님 [호격] Padre./ [편지에서] Reverendo padre.
신분 (身分) posición social, rango. ~이 있는 사람 hombre de buena posición. 증명 identificación. ~ 증명서 tarjeta de identificación, carnet de identificación.
신비 (神秘) misterio. ~스런 misterioso. ~스럽게 místicamente. 생명의 ~를 찾다 buscar el misterio de la vida. 한국은 세계에서 가장 ~스러운 나라 중의 하나이다 Corea es uno de los países más misteriosos del mundo. ~주의 misticismo. ~주의의 místico.
신빙성 (信憑性) autenticidad, credibilidad. ~있는 auténtico, creíble, fidedigno. ~없는 dudoso, sospechoso. 이 정보는 ~이 없다 Esta información carece de credibilidad.
신사 (紳士) caballero. ~적인 caballeresco. ~용의 para hombres. 그는 ~다 Es un caballero./ Es un hombre muy educado. 그는 ~적으로 행동했다 Se llevó (Se comportó) caballerosamente. ~숙녀 여러분 Señoras y señores (caballeros), Damas y caballeros. ~록 Quién es quién, anuario que contiene los nombres y el historial de personas muy conocidas. ~복 traje para caballeros. ~협정 acuerdo verbal (entre caballeros).
신상 (身上) [몸] cuerpo; [형편] condición, circunstancia; [경력] vida. ~ 문제 asuntos personales. ~서 registro (informe) personal, datos personales. ~ 조사 investigación referente a la persona. ~ 조사를 하다 obtener informes (datos) de uno, informarse de uno.
신상필벌 (信賞必罰) castigo seguro y recompensa cierta.
신생대 (新生代) era cenozoica. ~의 cenozoico.
신생아 (新生兒) recién nacido.
신생활 (新生活) nueva vida, nueva existencia.
신서 (新書) nuevo libro.
신서 (信書) carta; [총칭] correspondencia.
신석기 (新石器) ~시대 edad neolítica.
신선 (神仙) brujo, hechicero.
신선 (新鮮) frescura. ~한 fresco. ~한 과실 fruta fresca. ~한 문체 estilo orginal. ~한 생선 pescado fresco. ~한 야채 verduras frescas. ~미가 없는 작품 obra estereotipada (poco original). 그 그림은 나에게 ~한 인상을 주었다 Ese cuadro me dio una impresión fresca (nueva).
신설 (新設) nueva fundación. ~하다 crear, establecer (organizar) algo nuevo. 학부를 ~하다 establecer una facultad nueva. ~ 건물 edificio nuevo (recién construido). ~ 공장 fábrica nueva. ~학과 departamento nuevo, sección nueva.
신설 (新說) teoría (opinión) nueva. ~을 세우다 edificar (concebir· proponer) una teoría nueva.
신성 (神聖) santidad. ~한 santo, sagrado. …의 ~을 더럽히다 ofender (violar) la santidad de algo, profanar algo. ~ 동맹 Alianza Sagrada. ~ 로마 제국 Sacro Imperio Romano. ~화 consagración.
신세계 (新世界) el Nuevo Mundo.
신속 (迅速) velocidad, rapidez. ~한 rápido, presto. ~히 rápidamente, de prisa, prestamente, con prontitud, pronto, en un vuelo. ~히 일을 처리하다 despachar (liquidar) prestamente un trabajo. 이 일은 ~을 요한다 Este trabajo requiere un despacho urgente (urgencia de tratamiento)./ Es necesario despachar este trabajo, urgentemente.
신승 (辛勝) ~하다 ganar por muy poco (con dificultad). 그는 ~했다 Venció por un pelo.
신시 (新詩) poema moderno.
신시대 (新時代) era (época) nueva. ~를 열다 abrir una era nueva.
신식 (新式) nuevo estilo; [시스템] sistema nuevo; [방법] método nuevo. ~의 de nuevo estilo, nuevo, moderno. ~화 하다 modernizar. 이 기계는 ~이다 Esta máquina es un modelo nuevo.
신심 (信心) devoción, fe, piedad, creencia. ~이 깊은 pío, piadoso, devoto. ~을 가지다 ser devoto de…, tener devoción a…. 그녀는 ~이 깊다 Es una mujer devota (religiosa). 그는 ~이 부족하다 Le falta

신안(新案) idea nueva, designio nuevo. ~특허 patente de invención.

신앙(信仰) fe, creencia, religión, devoción. ~하다 creer (tener fe) en *algo*. ~이 깊은 devoto, religioso, piadoso, de mucha devoción (religión · creencia). ~을 가지다 tener [la] fe ([la] religión). ~을 버리다 abandonar (perder · dejar) la fe. ~을 갖지 않다 no tener (religión). ~생활을 하다 llevar una vida religiosa. ~의 자유 libertad de conciencia. 신을 ~하다 creer (tener fe) en Dios.

신약(新藥) medicamento nuevo.

신약성서(新約聖書) el Nuevo Testamento.

신어(新語) palabra nueva, neologismo. ~를 만들다 formar (inventar) una palabra nueva. ~법 neologismo.

신여성(新女性) muchacha moderna.

신역(新譯) traducción nueva.

신열(身熱) fiebre *(f.)*.

신예(新銳) ~의 fresco, escogido. ~의 등산가 alpinista joven lleno de promesas. ~부대 tropa fresca e intacta.

신용(信用) confianza, crédito, fe *(f.)*; [평판] buena reputación. [商] crédito. ~하다 creer *algo* (a *uno*), creer en *algo · uno*, tener confianza (fe) en *algo · uno*, dar crédito a *algo · uno*. ~이 있다 tener confianza. ~할 만한 fiable, creíble. ~을 잃다 perder crédito. ~ 조사 informes de créditos. ~조합 asociación de crédito. ~장 carta de crédito. ~장의 조건 위반 discrepancia de condiciones de carta de crédito. ~장을 개설하다 abrir (establecer) carta de crédito. ~장을 취소하다 cancelar carta de crédito. ~장의 조건을 변경하다 variar las condiciones de carta de crédito. ~장 통일 규칙 Reglas y Usos Uniformes Relativos a los Créditos Documentarios. 취소 불능 ~장 carta de crédito irrevocable. 확인 ~장 carta de crédito confirmado. 장기 (중기 · 단기) ~ crédito a largo (medio · corto) plazo.

신원(身元) identidad. ~ 보증 garante, fianza. ~ 보증인 fiador.

신원(新元) Año Nuevo.

신월(新月) luna nueva.

신음(呻吟) ~하다 gemir, lanzar quejidos.

신의(信義) lealtad, fidelidad, fe *(f.)*. ~에 반해 desleal. ~를 가지고 행동하다 conducirse con lealtad. ~에 반해있다 ir en contra de la lealtad. ~를 지키다 quedarse fiel.

신의(神意) voluntad divina (de Dios).

신인(新人) . novato, novel *(m.f.)*, principiante *(m.f.)*; [주로 배우 · 가수 등의] debutante *(m.f.)*. ~ 작가 escritor nuevo (novel). ~ 배우 actor nuevo; [여배우] actriz nueva.

신임(信任) ~의 nuevo, recién nombrado. ~ 교수 nuevo profesor.

신임(信任) confianza. ~하다 poner confianza en *algo*. 그는 사장의 ~이 두텁다 El director tiene una gran confianza en él. ~장 cartas credenciales. ~ 투표 voto de confianza.

신입(新入) ~의 recién entrado, nuevo. ~자 recién ingresado. ~ 사원 nuevo empleado. ~생 nuevo estudiante, alumno recién ingresado, principiante *(m.f.)*. ~회원 nuevo miembro.

신자(信者) creyente, fiel, devoto. 카톨릭 ~가 되다 hacerse cristiano; [개종] convertirse cristianismo.

신작(新作) obra (producción) nueva.

신장(身長) estatura. ~이 크다 (작다) ser alto (bajo) de estatura. ~을 재다 medir a *uno*, medir la estatura de *uno*. ~이 자라다 crecer en estatura. 당신의 ~은 얼마입니까 ¿Cuánto mide usted?/ ¿Qué estatura tiene usted? 나는 ~이 1미터 65이다 Tengo un metro sesenta y cinco de estaturas./ Mido un metro y sesenta y cinco centímetros. 그는 ~이 7센티 자랐다 Ha crecido siete centímetros. 평균 ~ estatura media.

신장(伸張) extensión, expansión, dilatación. ~하다 alargarse, extenderse, dilatarse. ~성 expansibilidad.

신장(腎臟) riñón. ~의 renal. ~ 결석 cálculo renal. ~병 enfermedad de riñón. ~염 nefritis *(f.)*.

신저(新著) obra nueva, último libro.

신전(神殿) templo, santuario.

신정(神政) teocracia.

신정(新訂) nueva revisión.

신제(新制) sistema nuevo.

신조(信條) credo, principio. 나의 생활 ~ principios de mi vida. ···을 ~로 하고 있다 tener por principio o *inf*.

신조(新造) construcción nueva. ~선 barco recién construido. ~어 neologismo.

신주(新鑄) acción nueva.

신중(愼重) prudencia, circunspección; [조심] precaución. ~한 prudente, circunspecto; [주의깊은] atento; [조심성있는] cauteloso. ~히 prudentemente, con prudencia, con circunspección. ~을 기해 a medida de prudencia. ~한 태도를 취하다 tomar una actitud prudente (cautelosa). ~히 검토하다 examinar cuidadosamente *algo*. ~론을 펴다 emitir una opinión cautelosa. 그는 ~하지 못하다 Le

신진 falta (Carece de) prudencia./ Es un imprudente.
신진(新進) ~의 reciente, nuevo. ~ 작가 escritor de nueva generación.
신진대사(新陳代謝) metabolismo.
신참(新參) ~의 nuevo, incipiente. ~자 novicio, novato.
신천지(新天地) nuevo mundo. ~를 열다 descubrir un mundo nuevo (un[os] horizonte[s] nuevo[s]).
신청(申請) súplica, petición, solicitud, demanda. ~하다 solicitar, pedir, hacer demanda (una solicitud formal) de *algo*, dirigir una petición de *algo*. ~을 수리하다 (기각하다) aceptar (rehusar) una demanda. 특허 ~을 하다 pedir (solicitar) una patente de invención. 시청에 영업 허가를 ~하다 solicitar al ayuntamiento la autorización para abrir un negocio. ~서 solicitud escrita; [용지] formulario de la solicitud. ~인·~자 solicitante (*m.f.*).
신체(身體) cuerpo. ~의 corporal, físico. ~ 강건하다 ser robusto, ser de hierro, tener una salud de hierro. ~ 검사 examen físico (médico). [소지품의] registro, [무기 소지에 대한] cacheo. ~ 검사를 하다 hacer a *uno* un examen físico; registrar a *uno*; cachear a *uno*. ~ 장애자 minusválido, subnormal [físico], impedido.
신축(新築) edificio nuevo. ~하다 construir nuevamente, construir[se], edificar[se]. ~의 recién construido, nuevo. 그는 집을 ~했다 [Se] Construyó una casa nueva.
신축(伸縮) expansión y contracción. ~하다 dilatarse y contraerse. ~성이 있는 elástico.
신춘(新春) año nuevo, primer mes del año.
신출귀몰(神出鬼沒) ~하다 aparecer en lugares imprevistos y en momentos también imprevistos.
신탁(信託) fideicomiso. ~하다 dar en fideicomiso (en fideicomisaria). ~ 예금 depósito en fideicomiso. ~ 은행 banco fiduciario (fideicomisario). ~자 fideicomitente (*m.f.*). ~ 통치 régimen de tutela. ~ 통치령 territorio bajo tutela. ~ 회사 compañía fiduciaria. 피 ~자 fideicomisario, fiduciario.
신탁(神託) oráculo.
신통력(神通力) poder sobrenatural (mágico). ~을 잃다 perder el poder mágico, [비유적] perder todo *su* prestigio (*su* autoridad).
신파(新派) escuela nueva; [주의] teatro moderno coreano melodramático.
신판(新版) nueva edición.
신품(新品) artículo nuevo, mercancía nueva. ~과 같다 parecer (estar) como nuevo, ser tan bueno como nuevo.
신하(臣下) súbdito, vasallo.
신학(神學) teología. ~적인 · ~의 teológico. ~ 도 seminario. ~ 생 seminarista (*m.*). ~ 부 · ~ 대학 facultad de teología. ~ 박사 doctor en teología. ~자 teólogo.
신학기(新學期) [2학기제의] nuevo semestre; [3학기제의] nuevo trimestre. ~에 al entrar en el nuevo semestre.
신형(新型) nuevo modelo. ~차 nuevo modelo de automóvil, coche nuevo.
신호(信號) señal; [장치] semáforo. ~하다 señalar a *uno*, hacer (dar) señas a *uno*, hacer (observar) el semáforo (la señal). ~를 무시하다 violar el semáforo, no hacer caso de la señal. ~는 푸른색이다 El semáforo (La señal) está verde. ~가 빨강이 되었다 El semáforo se ha puesto rojo. ~기 [교통의] semáforo; [원반식의] disco. ~소 semáforo, estación de señales.
신혼(新婚) nuevo matrimonio. ~의 recién casado. ~ 부부 matrimonio recién casado, pareja recién casada. ~ 시대 luna de miel. ~ 여행 viaje de luna de miel, viaje de novios.
신화(神話) mito; [집합적] mitología. ~의 mítico, mitológico. ~ 시대 época (era) mitológica. ~학 mitología.
신화(神化) deificación. ~하다 deificar.
신흥(新興) levantamiento reciente. ~의 recién levantado. ~ 계급 clase salida de la nada, clase nueva. ~ 도시 ciudad nueva. ~ 세력 fuerzas nacientes. ~ 제국 naciones nacientes. ~ 종교 nueva secta religiosa.
싣다 1 [적재하다] cargar.
2 [기재하다] publicar, registrar.
실 hilo; [방적사] hilaza.
실(失)[과실] error; [손실] pérdida.
실(實) verdad, realidad (진실); realidad (현실), sinceridad (성실), substancia (실질).
실(室) cuarto, habitación, cámara.
실가(實家) casa paterna.
실각(失脚) caída. ~하다 perder *su* puesto, ser destituido.
실감(實感) sensación real, sentido sólido de la realidad; [실제의 인상] impresión real. ~하다 experimentar, sentir, darse cuenta cabal de *algo*.
실개천 arroyuelo, arroyo pequeño.
실격(失格) descalificación. ~하다 ser descalificado.
실경(實景) vista real.
실과(實果) fruta. ~ 과실(果實).
실권(實權) poder veradadero (real), autoridad verdadera. ~을 장악하다 empuñar

실내(室內) interior [del cuarto] = ~의 interior. ~에서 en un cuarto, dentro de la casa, bajo techado. ~악 música de cámara. ~경기 · ~유희 juego interior (de casa). ~장식 decoración de interiores. ~화 zapatillas (f.pl.); babuchas (f.pl.).

실력(實力) capacidad, habilidad. ~있는 capaz, potente, competente, de valía. ~에 호소하다 recurrir a la fuerza (a la acción directa). ~을 발휘하다 mostrar (manifestar) su verdadera capacidad. 그는 그 대학에 입학할 ~이 있다 Tiene capacidad para ingresar en esa universidad. 너는 영어 ~이 있다 Ella es fuerte en inglés. 두 명의 피아니스트는 ~이 백중하다 Son dos pianistas a cuál más competentes. ~자 personaje [influyente], personalidad; notables (m.pl.). ~행사 [경관의] uso de la fuerza; [파업 경관] acción directa.

실례(失禮) descortesía, falta de educación, indelicadeza, incorrección; [무례] insolencia, impertinencia, grosería. ~합니다 ¡Perdón!/ Perdóneme usted./ Dispénseme usted. 식사 중에 담배를 피우는 것은 ~이다 Es una falta de educación fumar durante la comida. 일전에 집에 없어서 ~했습니다 Siento no haber estado en casa el otro día. ~지만 먼저 잠자리에 들겠습니다 Con su permiso voy a acostarme. ~지만 이제 가 보아야합니다 Lo siento, pero debo marcharme ya.

실례(實例) ejemplo. ~를 들다 citar (dar) un ejemplo. ~를 두서넛 들면 ··· Citando algunos ejemplos.

실로(實一) realmente, en realidad, verdaderamente.

실로폰 xilófono. ~ 연주자 silofonista.

실록(實錄) crónica.

실리(實利) utilidad. ~적 utilitario. ~를 중시하다 dar importancia a la utilidad. ~주의 utilitarismo. ~주의의 utilitarista. ~주의자 utilitarista (m.f.).

실린더[기] cilindro.

실링[화폐단위] chelín.

실망(失望) desilusión, chasco, decepción. ~하다 desilusionarse, decepcionarse, llevarse un chasco. ~시키다 desilusionar, decepcionar, dar un chasco a uno. 나는 그 결과에 ~했다 Me decepcionó el resultado./ Me quedé desilusionado (Me llevé un chasco) con el resultado.

실명(失名) nombre desconocido. ⇨ 무명.

실명(失明) pérdida de la vista. ~하다 perder la vista, cegarse. ~자 ciego.

실모(實母) madre real (verdadera).

실무(實務) negocio práctico, prática. ~적인 práctico. ~가 hombre [de negocios] práctico.

실물(實物) objeto real, el objeto mismo, la cosa misma. ~대(大) tamaño natural.

실부(實父) padre real (verdadero).

실비(實費) precio de coste, expensas reales, costo. ~로 팔다 vender algo a precio de coste. ~를 지불하다 pagar el coste. ~ 진료소 enfermería pública.

실사(實査) inspección actual. ~하다 inspectar actualmente.

실사회(實社會) mundo actual (real). ~에 나가다 salir al mundo, empezar a vivir en sociedad.

실상(實相) aspecto real, verdad, realidad.

실상(實像) imagen real.

실상(實狀) [현상] circunstancias actuales, actualidad, estado actual; [실태] realidad, situación actual. ~은 이렇다 Así es la realidad./ Lo que pasa es esto.

실생활(實生活) vida real; [물질적인] vida material; [일상의] vida diaria (cotidiana).

실성증(失性症)【의】 afonía.

실소(失笑). ~하다 echarse a reir, soltar el trapo. ~를 금치 못하다 no poder menos de reir. 그의 발언은 모두의 ~를 샀다 Todos tomaron a risa sus palabras./ Sus palabras suscitaron la risa de todos.

실수(失手) equivocación, yerro, error. ~하다 equivocarse.

실수(實收) [실제의 수확] cosecha neta; [순익] ingresos netos, ganancia neta. ~는 예상을 상회했다 La cosecha neta superó [a] lo previsto.

실수(實數) número contado (exacto).【수】 número real.

실습(實習) práctica; [실업학교 등에서] clase práctica, ejercicios prácticos; [현장에서의 견습] aprendizaje, ejercicios. ~하다 practicar; hacer ejercicios prácticos. 공장에서 ~을 하다 hacer las prácticas en la fábrica. ~생 practicante (m.f.), aprendiz; [인턴] médico practicante, pasante (m.f.).

실시(實施) ejecución, realización. ~하다 ejecutar, poner en algo práctica, ejectuar, realizar, llevar a cabo algo. 계획을 ~하다 realizar un proyecto. 법률을 ~하다 poner la ley en vigor.

실신(失神) desmayo, desvanecimiento. ~

실어증(失語症) afasia. ~환자 afásico.

실언(失言) palabra imprudente; desliz en la lengua. ~하다 usar palabras impropias; deslizar. ~을 취소하다 retirar *sus* palabras imprudentes; retractar *sus* palabras. 그는 ~을 했다 Ha sido una imprudencia haberlo dicho.

실업(實業) negocio, [상업] comercio; [공업] industria. ~의 comercial. ~가 hombre de negocios, industrial. ~계 círculo comercial, mundo de negocios. ~ 교육 enseñanza profesional. ~ 학교 escuela de peritos, escuela profesional.

실업(失業) desempleo, desocupación, paro. ~하다 perder empleo, perder *su* trabajo, desocuparse. ~ 보험 seguro contra el desempleo, seguro de paro. ~ 수당 subsidio de paro. ~자 desocupado.

실연(失戀) amor frustrado (perdido), desengaño amoroso. ~하다 llevarse un chasco (frustrarse) en *sus* amores, sufrir un desengaño amoroso.

실연(實演) representación, demostración, exhibición; [쇼] espectáculo. ~하다 dar una exhibición; [쇼] actuar en la escena.

실용(實用) uso práctico, práctica. ~적 práctico. ~화 하다 poner *algo* en uso práctico. ~성 있는 practicable. ~성 utilidad. ~서반아어 el español práctico. ~ 신안 modelo registrado. ~주의 pragmatismo. ~품 artículo práctico, objeto de uso práctico.

실의(失意) desencanto, desilusión, decepción, frustración; [실망] desesperación. ~에 빠진 desesperado, decoraznado.

실익(實益) lo útil. ~이 있다 ser útil, ser lucrativo. 취미와 ~을 겸하여 uniendo (combinando) lo útil con lo agradable. 취미와 ~을 겸하다 ser un pasatiempo lucrativo.

실인(實印) sello legal (registrado).

실자(實子) hijo verdadero.

실재(實在) existencia [actual]; realdad. ~하다 existir [realmente]. ~의 인물 personaje real. ~론 realismo.

실적(實績) resultados reales; [일의 성격] expediente profesional; [공적] méritos *(m.pl.)*. ~을 올리다 obtener mejores resultados. 수출 ~ exportaciones efectivas.

실전(實戰) guerra real, batalla. ~에 참가하다 participar en la batalla.

실정(失政) política mal llevada.

실정(實情) realidad, condición actual, circunstancia real.

실제(實弟) hermano [menor] de sangre.

실제(實際) práctica, actualidad. ~로 realmente, de hecho. ~의 real, verdadero. ~적 práctico. ~적으로 prácticamente, verdaderamente, de verdad, de veras; de hecho; en realidad, realmente.

실존(實存) existencia. ~의 existencial. ~주의 existencialismo. ~주의의 existencialista. ~주의자 existencialista *(m.f.)*

실종(失踪) fuga, deserción, escapada, desaparencia, huida. ~하다 desaparecer, fugarse, desertar.

실증(實證) prueba, demostración, muestra. ~하다 probar de positivo, probar. ~적 positivista. ~주의 positivismo. ~적 positivista. ~주의자 positivista *(m.f.)*.

실지(失地) territorio perdido. ~를 회복하다 recuperar el territorio perdido.

실지(實地) práctica. ~의 práctico. ~로 en práctica. ~로 사용할 수 없는 impracticable. ~로 적용하다 aplicar *algo* en la práctica. ~ 검증 inspección a la vista. ~ 교육 enseñanza práctica. ~ 답사 estudio (una investigación) sobre el terreno. ~ 시험 [자동차의] examen práctico. ~ 조사 exploración.

실직(失職) pérdida de ocupación. ~하다 perder *su* ocupación.

실질(實質) sustancia, materia; [본질] esencia. ~적 substancial, real, subtancioso. ~적으로 substancialmente, realmente. ~적인 차이 diferencia real. ~적으로는 같은 Son, en realidad, la misma cosa. 그는 ~상의 지도자이다 De hecho él es el jefe. ~ 소득(임금) renta (salario) real.

실착(失錯) error.

실책(失策) error, equivocación, despiste. ~하다 errar, equivocar, cometer un yerro.

실천(實踐) práctica. ~하다 practicar, poner en práctica, llevar *algo* a la práctica. ~적 práctico. 이론과 ~에는 커다란 격차가 있다 Hay una gran distancia entre la teoría y la práctica. ~ 철학 filosofía práctica.

실체(實體) substancia, esencia. ~적 substancial. ~가 없는 insubstancial, falto de substancia. ~론 substancialismo. ~성 substancialidad.

실추(失墜) 권위를 ~하다 obscurecer la fama, desprestigiarse, perder la autoridad. 명예를 ~시키다 deshonrar (infamar・quitar el honor) a *uno*.

실측(實測) medida, [토지의] agrimensura,

실컷 sinceramente, cordialmente. ~ 웃다 reírse a más no poder.

실탄(實彈) cartucho cargado [con bala]. ~사격 tiro con bala.

실태(實態) estado real. ~ 조사 encuesta sobre las situaciones reales.

실태(失態) [실책] descuido, error, falta; [창피] vergüenza, baldón, deshonra. 큰 ~를 부리다 cometer una falta grave.

실패(失敗) fracaso, malogro, fallo, derrota. ~하다 frustrarse, salir mal, fracasar, malograrse. 계획은 ~로 끝났다 El proyecto terminó en fracaso (resultó fallido)./ Abortó (Fracasó) el proyecto. 그의 결혼은 ~했다 Su matrimonio fue un fracaso. 그를 장관으로 임명한 것은 대~였다 Ha sido un gran fallo haberle nombrado ministro. 그는 입학 시험에 ~했다 Fracasó (Salió mal) en el examen de ingreso. 그는 사업에 ~했다 Fracasó en el negocio. 비행기가 이륙에 ~했다 El avión ha fallado en el despegue. ~는 성공의 어머니이다 Los malos trances hacen al hombre sabio./ Más enseña la adversidad que la prosperidad. ~작 obra malograda.

실행(實行) práctica; [수행] ejecución; [실현] realización. ~하다 llevar a cabo *algo*; [수행] poner *algo* en obra, poner *algo* en ejecución; [실시] llevar a efecto *algo*, efectuar; [실현] realizar. ~에 옮기다 llevar en práctica. ~ 가능한 practicable. ~ 불가능한 impracticable. 계획을 ~하다 ejecutar un proyecto. ~ 위원 comité ejecutivo; [조직위원회] comité organizador.

실험(實驗) experimento, prueba, ensayo. ~하다 experimentar, probar, ensayar. ~적 experimental. ~적으로 experimentalmente; como [una] prueba. 동물을 ~하다 realizar un experimento con animales. ~ 공장 fábrica piloto. ~ 극장 teatro experimental. ~ 과학 ciencia experimental. ~실 laboratorio.

실현(實現) realización, ejecución. ~하다 realizar, llevar a cabo *algo*. ~되다 [꿈을 이] convertirse en realidad, realizarse; [예상 등이] cumplirse. ~ 가능한 realizable. ~ 불가능한 irrealizable. ~ 곤란한 difícil de realizar. 그의 이상은 ~되었다 Su ideal se ha convertido en una realidad.

실형(實兄) hermano [mayor] de sangre.

실형(實刑) castigo de prisión [sin la sentencia en suspenso].

실화(實話) historia verdadera (verídica).

실화(失火) incendio accidental.

실황(實況) escena actual. ~ 방송 transmisión en directo. ~ 방송을 하다 emitir en el mismo sitio.

실효(失效) invalidez, caducidad, extinción, prescripción. ~하다 perder efecto, caducar, vencer, perder la validez.

실효(實效) efecto real; [실제의] efecto práctico; [유효성] eficacia. ~가 있는 efectivo, eficaz.

싫다 no le gustar, odiar, abominar. 이런 책은 ~ No me gusta este libro.

싫어하다 disgustar, odiar, abominar, detestar, aborrecer.

싫증 aburrimiento. ~나게 하다 aburrir. ~나는 cansado, aburrido.

심(心) [마음] mente (*f.*), corazón, sentido, emoción. ~적 mental, psicológico. 애국 ~ patriotismo.

심각(深刻) severidad, gravedad, seriedad. ~한 grave, serio, profundo, severo. ~한 문제 problema grave. ~한 영향 influencia profunda. ~한 인력 부족 grave escasez de manos. ~한 얼굴을 하다 poner la cara seria, tomar una expresión grave, tomar un aire serio. 사태가 ~하다 La situación está (es) grave (seria). 사태는 ~하게 되었다 La situación se ha puesto grave (seria)./ La situación se agravó.

심경(心境) estado de ánimo, sentimientos íntimos. ~의 변화 cambio de parecer (de actitud mental). 그는 ~의 변화를 일으켰다 Ha combiacido de manera de pensar. 현재의 ~은 어떻습니까 ¿Cuál es su estado de ánimo actual?

심금(心琴) emoción más profunda.

심기(心機) mente (*f.*). ~ 일전(一轉)하다 cambiar de idea (de vida). ~ 일전해서 일을 시작하다 ponerse a trabajar con un ardor renovado.

심기(心氣) mente (*f.*), modo, sentimiento. ~ 전환 diversión de *su* mente.

심난(甚難) dificultad extrema. ~하다 ser extremadamente difícil.

심낭(心囊) [해] pericardio.

심다 plantar; [씨를] sembrar. 정원에 나무를 ~ plantar los árboles en el jardín.

심대(甚大) ~하다 ser muy grande (enorme · inmenso · serio).

심덕(心德) virtud. ~이 좋은 사람 hombre de virtud.

심도(深度) profundidad. ~를 재다 medir la profundidad. ~계 batímetro.

심려(心慮) cuidado, ansia, preocupación, tormento, molestia, ansiedad, inquietud.

~하다 recelar, temer, desconfiar, sospechar.

심력(心力) poder (facultad) mental.

심령(心靈) espíritu, alma de un muerto. ~의 espiritual. ~술 espiritismo. ~ 현상 fenómeno espiritista.

심로(心勞) ansiedad, fatiga. ~하다 fatigarse.

심리(心理) [p]sicología, mentalidad, estado de ánimo. ~적인 [p]sicológico. ~적으로 [p]sicológicamente. ~적으로 위축되어 있다 estar abatido [p]sicológicamente. 이상한 ~ 상태에 있다 encontrarse en un estado anormal de espíritu. ~극 drama [p]sicológico. ~분석 [p]sicoanálisis (f.). ~ 요법 psicoterapia. ~주의 [p]sicologismo. ~학 [p]sicología. ~학자 [p]sicólogo. 사회(실험·범죄·아동)~학 [p]sicglogía social (experimental·criminal·infantil).

심리(審理) juicio, examen. ~하다 someter *algo* a un juicio. 그 사건은 ~중이다 El incidente se encuentra sometido a un (está en) juicio.

심문(審問) interrogatorio. ~하다 interrogar, preguntar, someter *uno* a un interrogatorio. ~을 받다 ser interrogado, ser sujeto a un interrogatorio. ~조서 interrogatorio.

심미(審美) ~적인 estético. ~적으로 estéticamente. ~안 sentido estético.

심방(尋訪) visita. ~하다 visitar.

심벌 símbolo.

심보 disposición, naturaleza, mente, corazón. ~가 고약한 사람 persona malévola.

심복(心服) admiración y devoción. ~하다 adorar en.

심복(心腹) 1 [가슴과 배] corazón y estómago.
2 [긴요한 것] lo indispensable.
3 [믿는 사람] confidente.

심부름 recado, mensaje, mandado.

심사(審査) examen, investigación, examinación, inspección. ~하다 examinar, investigar. ~에 합격하다 pasar el examen. 응모자를 ~하다 examinar a los solicitantes. 그녀는 ~ 결과 3등이 되었다 El jurado le concedió (otorgó) el tercer premio. ~원 examinador, juez (m.), miembro del jurado; [집합적] jurado.

심사(心事) pensamiento del corazón, inquietud, sentimiento, pesar, zozobra, desasosiego.

심사(心思) malevolencia, mala intención, malicia, mal genio. ~가 사납다 ser malévolo (de mal carácter · de mal genio).

심사(深思) mediación, intercesión, contemplación, profundo pensamiento. ~하다 mediar, contemplar. ~ 숙고한 끝에 después de la consideración cuidadosa. ~ 숙고하다 considerar *algo* cuidadosamente.

심사(深謝) gracias sinceras (cordiales), profundo agradecimiento. ~하다 agradecer (dar las gracias). *uno* cordialmente (sinceramente).

심산(心算) intención, propósito, designio. …할 ~이다 intentar + *inf.*, pensar en, tener la intención de + *inf.* 그것은 내 ~이 아니었다 Esa no era mi intención.

심산(深山) montaña alta.

심상(心像)【심리】imagen (*pl.* imágenes), imagen mental.

심상(尋常) ~하다 ser ordinario (común · usual). ~치 않다 ser extraordinario (poco frecuente · raro · extraño · nada común); [병세가] ser grave (serio · crítico).

심성(心性) naturaleza, disposición, mente (f.), mentalidad.

심술(心術) malevolencia, mala intención, malicia, mal genio. ~궂다 ser malévolo (de mal carácter · de mal genio). ~부리다 no ser amable con *uno*. ~꾸러기 persona malévola.

심신(心身) el cuerpo y el espíritu, el alma y el cuerpo. ~을 단련하다 templar el cuerpo y el espíritu, disciplinar el alma y el cuerpo. ~공히 건전하다 estar sano de cuerpo y de espíritu. ~공히 피로하다 estar fatigado física y moralmente.

심실(心室)【해】ventrículo. 우(좌) ~ ventrículo derecho (izquierdo).

심심풀이 [소일] pasatiempo, diversión, recreación. ~하다 matar el tiempo.

심심하다¹ [맛이] ser desabrido.

심심하다² sentir aburrimiento (tedio · enfado).

심악하다(甚惡-) ser cruel (inhumano).

심안(心眼) ojos de la mente. ~으로 보다 mirar con los ojos de la mente.

심야(深夜) medianoche, horas avanzadas de noche. ~에 avanzada la noche, muy tarde por la noche, en las horas avanzadas de la noche, a medianoche. ~ 영업의 abierto después de la medianoche. ~까지 일하다 trabajar hasta muy tarde por (hacia altas horas de) la noche. ~에 거리를 배회하다 deambular por la calle a medianoche. ~ 방송 (프로그램) transmisiones (programa) después de la medianoche. ~ 요금 tarifa de media noche.

심연(深淵) abismo.

심오(深奧) profundidad. ~한 profundo, hondo.

심원(深遠) ~한 profundo, abstruso, esotérico, hermético. ~한 철학 filosofía esotérica (hermética).

심의(審議) deliberación, discusión. ~하다 deliberar, discutir. ~중이다 estar bajo deliberación. 그 건을 ~에 부치다 remitir el asunto a la sesión. 이런 의제들이 ~중이다 Estos proyectos están sobre el tapete (en estudio·discutiéndose). ~위원회 consejo deliberante. ~회 asamblea deliberante. 예산 ~ discusión del presupuesto.

심장(心臟) corazón. ~의 cardiaco. ~이 강한 audaz; impudente, descarado. 도시의 ~부 corazón de la ciudad. 한국 경제의 ~부 corazón vital de la economía coreana. ~이 약하나 (강하다) tener un corazón débil (robusto). 발작 (마비) ataque (parálisis) de corazón. ~병 enfermedad cardiaca (del corazón). ~병 환자 cardiaco. ~ 비대증 hipertrofia cardiaca. ~판막 válvula cardiaca. ~판막증 enfermedad de la válvula cardiaca.

심적(心的) mental. ~ 피로 fatiga mental.

심전도(心電圖) electrocardiograma (m.).

심정(心情) emoción, sentimiento, corazón.

심줄 tendón.

심중(心中) su mente, su intención, su corazón. ~이 편안치 않다 [불안] estar inquieto; [불만] estar descontento. 당신의 고통스런 ~을 잘 이해한다 Comprendo bien su penoso estado de ánimo.

심취(心醉) entusiamo, adoración; [일시적인] admiración exagerada, apego, afición acérima. ~하다 entusiasmarse por algo·uno, prendarse de algo·uno, adorar algo (a en) uno), fascinarse por algo·uno, estar absorto en algo, amar algo apasionadamente. 그는 춘원에 ~되어 있다 Admira (Adora) a *Chunwon*./ Está entusiasmado con *Chunwon*. ~자 admirante (m.f.), admirador.

심통(心痛) sufrimiento mental.

심판(審判) juicio, arbitraje; [사람] juez, árbitro. 최후의 ~ juicio final. ~을 내리다 dar (emitir) un juicio sobre *algo*. 시합 ~을 하다 actuar (hacer) de árbitro en un partido.

심포니 sinfonía.

심해(深海) grandes profundidades marinas. ~의 abismal. ~어(魚) pez abismal (pelágico).

심혈(心血) sangre de corazón. ~을 기울이다 poner toda *su* energía (*su*) alma en *algo*, dedicarse a *algo* con todo el corazón.

심호흡(深呼吸) respiración profunda. ~을 하다 respirar profundamente.

심혼(心魂) *su* corazón (alma).

심홍(深紅) carmesí. ~의 carmesí.

심화(心火) ira, cólera, pasión.

심황(心黃) 【식】cúrcuma.

심회(心懷) mente (*f*.), corazón.

심히(甚―) muy, mucho, muchísimo.

십(十) diez. 제 ~ [의] décimo. ~중 팔구 diez por uno, muy probablemente. ~배로 하다 decuplicar, decuplar, multiplicar por *diez*, aumentar diez veces. ~각형 decágono. ~초 diez segundos. ~분 minutos. ~일 diez días. ~주 diez semanas. ~년 diez años, década. ~세기 diez siglos; [열번째] siglo décimo.

십각형(十角形) decágono.

십계(十戒) los Diez Mandamientos, Decálogos.

십구(十九) diez y nueve, diecinueve. 제 ~ [의] decimonoveno.

십년(十年) diez años, década. ~을 하루같이 diez años como un día, constantemente.

십대(十代) ~를 jóvenes de los diez a los diecinueve años, jóvenes de menos de viente años. 그는 아직 ~이다 Todavía no llega a los veinte años./ Todavía tiene menos de viente años.

십륙(十六) diez y seis, dieciséis. 제 ~ [의] décimosexto. ~세기 siglo décimosexto (diez y seis). ~밀리영화 película de dieciséis milímetros.

십만(十萬) cien mil. ~번째의 cienmilésimo.

십면체(十面體) 【수】 decaedro.

십분(十分) [시간] diez minutos; [충분히] bastante. ~의 일 un décimo.

십사(十四) catorce. 제 ~ [의] décimocuarto.

십삼(十三) trece. 제 ~ [의] décimotercio.

십억(十億) mil millones. ~년 mil millones de años.

십오(十五) quince. 제 ~ [의] décimoquinto. ~분 un cuarto de hora. 3시 ~분이다 Son las tres y cuarto. 3시 ~분 전이다 Son las tres menos cuarto.

십오야(十五夜) coche de la luna llena (de plenilunio). 8월 ~ buena luna llena de agosto.

십이(十二) doce. 제 ~ [의] duodécimo. ~면체 dodecaedro. ~시 las doce; [정오] mediodía; [자정] medianoche 【mediodía·medianoche는 「12시경」의 뜻으로도 쓰인다】. ~시에 a las doce; a mediodía; a medianoche.[낮·밤] ~시 반에 a las doce y media [del día·de la noche]. ~음 음악 música dodecafónica.

~음절의 dodecasílabo. ~진법 numeración de base doce.
십이월(十二月) diciembre.
십이지장(十二指腸) duodeno. ~ 궤양 úlcera duodenal. ~염 duodenitis (f.). ~충 anquilostoma (m.).
십인(十人) diez personas.
십인십색(十人十色) Cuantos hombres, tantos pareceréis./ Cien cabezas, cien sentencias./ Tantos más hombres, cuantas más divergencias.
십일(十一) once. 제 ~[의] undécimo.
십일월(十一月) noviembre.
십자(十字) cruz. ~를 긋다 hacer la señal de la cruz, hacer (trazar) la cruz; [⋯을] bendecir a uno; [자신에] santiguarse; hacerse la cruz, trazar cruces sobre su pecho. ~군 Cruzada. ~로 encrucijada, cruce. ~로에 al (en el) cruce de camino. ~형 cruz, forma de cruz. ~형의 cruciforme, en (de) forma de cruz. ~포화 fuego cruzado. 적~ Cruz Roja.
십자가(十字架) cruz. ~에 못박다 clavar (fijar) a uno en la cruz, crucificar a uno. ~상 crucifijo, cruz, efigie de Cristo crucificado.
십자매(十姉妹) 【조】benglaí; [학명] lonchura striata.
십종(十種) diez especies. ~경기 decatlón.
십진법(十進法) [수의] numeración decimal; [도량형의] sistema decimal.
십칠(十七) diez y siete, diecisiete. 제 ~[의] décimoséptimo.
십팔(十八) diez y ocho, dieciocho. 제 ~[의] décimoctavo.
싱겁다 [맛이] ser desabrido (insípido).
싱싱하다 ser fresco. 싱싱한 야채 legumbres frescas. 싱싱한 과일 fruta fresca.
싶다 1 [하고 싶다] Yo quiero (deseo), Me gusta (gustan), Me gustaría. 함께 가고 ~ Me gustaría ir con usted./ Quiero (Deseo) ir con usted.
2 [⋯같이 보이다] parecer. 비가 올 성 ~ Parece que va a llover.
싸다 ser barato(값이). 싸게 하다 hacerse barato. 싼 것이 비지떡 Lo barato sale caro.
싸우다 combatir, luchar.
싸움 guerra, batalla, combate. ~을 일으키다 provocar a combate.
싹 retoño.
쌀 arroz (m.). ~가게 arrocería. ~밥 arroz blanco (cocido).
쌍곡선(雙曲線) hipérbola.
쌍둥이(雙~) gemelos, mellizos.
쌍무(雙務) ~적인 bilateral, sinalagmático. ~ 계약 contrato bilateral (recíproco・sinalagmático).
쌍방(雙方) ambas partes. ~의 ambos, mutuo. ~의 합의로 por acuerdo mutuo, de común acuerdo.
쌍발(雙發) ~의 bimotor. ~비행기 avión bimotor.
쌍벽(雙璧) 로페와 깔데론은 바로크 연주의 ~이다 Lope y Calderón son los dos grandes del teatro barroco.
쌍생아(雙生兒) gemelos [쌍생아의 한쪽은 gemelo]; hermanos gemelos; [여자] hermanas gemelas. 일란성 ~ gemelos idénticos (homocigóticos・univitelinos). 이란성 ~ gemelos fraternos (heterocigóticos・bivitelinos).
쌍안경(雙眼鏡) gemelos, anteojos de larga vista; [프리즘 쌍안경] prismáticos. ~으로 보다 mirar con los gemelos.
썩다 podrirse, corromperse.
썰매 trineo, patín.
쏟다 물을 ~ verter el agua.
쑥 absenta.
쓰다[1] escribir. 서반어로 ~ escribir en español. 편지를 ~ escribir la carta.
쓰다[2] [사용] usar; [사람을 employer; [소비하다] gastar; [말을] hablar. 이것은 무엇에 쓰십니까 ¿Para qué sirve esto? 한국에서는 어떤 말을 쓰십니까 – 한글을 씁니다 ¿Qué idioma (lengua) se habla en Corea? Se habla coreano. 이 전화 좀 써도 될까요 ¿Podría (Puedo) usar teléfono?
쓰다[3] ponerse. 모자를 ~ ponerse el sombrero.
쓰다[4] [맛이] ser amargo. 쓴 맛 gusto amargo. 쓴 약 medicina amarga. 맛이 ~ ser de gusto amargo.
쓰다[5] [색을] tener coito.
쓰다듬다 agasajar, pasar la mano por la espalda, galagar, acariciar; frotar suavemente; tocar ligeramente con la mano; dar golpecillos.
쓰디쓰다 ser extremamente amargo.
쓰라리다 estar doloroso (penoso・amargo). 쓰라린 경험 experiencia amarga. 쓰라린 눈 mal de ojos.
쓰러뜨리다 derribar, destruir, echar por tierra. 사람을 때려 ~ echar por tierra de un golpe, derribar.
쓰러지다 1 caerse; [도피하다] haçer derrumbarse.
2 [죽을] morir[se], fallecer, dejar de existir. 배고파 ~ morirse de hambre.
3 [파산하다] quebrar, hacer bancarrota.
쓰레기 barreduras, tripas, basura. ~통 receptáculo para polvo (para ceniza).
쓰레받기 pala de recoger la basura.
쓰리다 dolerse, escocer. 가슴이 ~ tener

쓰이다¹ [글씨가] escribirse. 쉽게 ~ escribirse fácilmente.

쓰이다² [들다·소용되다] costar, gastarse; [사용되다] usarse, servir, emplearse.

쓸다 [종자] hiel, vesícula biliar.

쓸다¹ barrer, limpiar con la escoba. 마루를 ~ barrer el piso.

쓸다² [줄로] raspar, esofinar.

쓸데 없다 no servir para nada, no ser de ninguna utilidad, ser inútil. 쓸데 없이 sin necesidad, inútilmente, fuera de propósito, en vano. 쓸데 없이 돈을 쓰다 gastar dinero.

쓸모 uso, utilidad. ~가 있다 ser útil. ~가 없다 El no sirve para nada.

쓸쓸하다 ser solitario. 쓸쓸하게 느끼다 sentirse solitario.

씁쓸하다 ser algo amargo.

씌우다 [모자 등을] poner, cubrir.

씨¹ 1 [종자] semilla, simiente. ~가 많은 abundante en semillas. 사과(오렌지)의 ~ semilla de una manzana (una naranja). 과일의 ~ pepita, cuesco. ~를 뿌리다 sembrar.

2 [동물의] casta, raza; [혈통] línea directa de una familia, linaje; [아이] hijo.

3 [원인·재료] causa, origen, sujeto.

씨² [품사] parte de la oración.

씨³ textura, trama.

씨(氏) señor. 김용진 ~ Señor Guim Yong Chin.

씨명(氏名) nombre y apellido[s] 【서반아어권에서는 어머니쪽의 성도 쓴다. 그런 경우 성은 복수형이다】. ~ 미상의 no identificado. ~ 미상의 남자 hombre no identificado.

씨족(氏族) tribu, familia, clan. ~ 제도 organización tribal (tribal).

씹 [음부] vulva, vagina; coito. ~하다 tener cioto.

씹거웃 pubes, pubis.

씹다 masticar, mascar.

씻다 lavar; [자기 몸을] lavarse. 얼굴(손)을 ~ lavarse la cara (las manos).

ㅇ

아 ¡Ah! ~ 그렇습니까 ¿Ah, sí? ~ 덥다 ¡Cuánto calor! ~아름답다 ¡Qué hermosa! ~ 졸린다 Tengo mucho sueño. ~ 지금 곧 갈께 Sí, me voy.
아(亞) Asia.
아(阿) Africa.
아가 bebé, nene.
아가딸 hija soltera.
아가리 boca.
아가미 agalla.
아가씨 señorita, joven.
아까 hace poco.
아깝다 (ser) lamentable, compasivo, lastimero, miserable; [귀중하다] precioso, valioso.
아교(阿膠) visco. ~질의 viscoso, glutinoso, pegajoso.
아국(我國) nuestra nación, nuestro país.
아군(我軍) nuestro ejército, nuestra tropa.
아궁이 chimenea, hogar.
아귀다툼 argumento.
아그레망 [외교] agrément, beneplácito. ~을 청구하다 solicitar el agrément.
아기 niño, niña.
아기살 flecha corta.
아기서다 ponerse preñada (encinta), concebir.
아기집 [자궁] matriz, útero.
아끼다 escatimar, ahorrar.
아낌없이 generosamente, implacablemente.
아나운서 locutor.
아나운스 anuncio. ~하다 anunciar.
아낙네 mujer; esposa.
아내 mujer, esposa.
아네모네 【식】 anemona, anémona, anemone(f.).
아녀자(兒女子) niños y mujeres; joven (f.).
아늑하다 ser cómodo (agradable). 아늑한 방 habitación cómoda.
아니 1 [부사] no.
2 [대답이 부정일 때] no; [부정의문에 대한 대답] sí. 벌써 가십니까? —아니 ¿Ya se va usted? —No, no me voy. 가시지 않습니까? —아니 ¿No va usted? —Sí, yo voy. 대단히 감사합니다— —천만에 Muchas gracias.—De nada (No hay de qué).

아니다 no. 이것은 불가능한 일이 ~ No es imposible.
아담 【성】 Adán. ~과 이브 Adán y Eva.
아동(兒童) niño; [생도] alumno. ~복지법 derecho de bienestar para los niños.
아둔하다 ser tonto (estúpido · torpe · bobo).
아들 hijo.
아라비아 [지] Arabia. ~의 árabe, arábigo. ~말 árabe. ~사람 árabe (m.f.). ~수자 número arábigo.
아랍 ~의[사람] árabe. ~어 árabe. ~게릴라 guerrilla árabe. ~연맹 Liga Arabe. ~제국 países árabes.
아래 fondo, parte inferior. ~의 de abajo, inrerior. …의 ~에 debajo de. ~로 abajo.
아래층(一層) piso inferior; [부사] abajo.
아랫배 vientre, barriga, panza.
아랫입술 labio inferior.
아량(雅量) generosidad. ~있는 generoso.
아령(亞鈴) pesa.
아류(我流) su método particular, su [propia] manera, su [propio] modo, su manera particular.
아르바이트 [임시의] trabajo povisional; [부업] pluriempleo, trabajo subsidiario. ~을 하다 [파트타임의] echar horas; hacer un trabajo subsidiario. ~로 생활하다 vivir (ganarse la vida) con trabajo subsidiario. ~학생 estudiante que trabaja durante las horas libres.
아르헨티나 [지] la [República] Argentina. ~의[사람] argentino.
아름다움 hermosura, belleza.
아름답다 ser hermoso (pintoresco · bello · lindo); [얼굴이] guapo. 아름다운 여자 mujer hermosa. 아름다운 경치 escena pintoresca. 아름다운 소녀 chica bonita. 아름답게 hermosamente, bonitamente, bellamente, lindamente.
아리아 【악】 aria.
아마 tal vez, quizá[s], acaso, probablemente. 그는 ~ 오지 않을것이다 Probablemente no vendrá él. ~ 당신의 말이 맞을 것이다 Tal vez usted tenga razón.
아마(亞麻) lino. ~유 aceite de lino. ~포 [tela de] lino.

아마존강(－江) el Amazonas.

아마추어 aficionado.

아메리카 América; [미국] Estados Unidos [de América]. ~의 [사람] americano; estadounidense. ~ 영어 inglés norteamericano. ~ 인디언 inido americano.

아멘 ¡Amén!

아미노산(－酸) aminoácido.

아무 1 [사람] alguien, alguno, todo el mundo; [부정] nadie, ninguno. ~도 모른다 Nadie lo sabe./ No lo sabe nadie. 2 [사물] alguno; [부정] no, ninguno.

아무렴 ¡Cómo no!/ Por supuesto./ Desde luego./ Claro [que sí].

아버님 *su* padre.

아버지 padre, papá.

아베크 pareja. ~로 en pareja; […과]con *uno*, acompañado de *uno*.

아부(阿附) adulación, lisonja. ~하다 adular, lisonjear.

아브라함【인명】 [유대인의 시조] Abrahán, Abraham.

아빠 papá.

아사(餓死) muerte de hambre (de inanición). ~하다 morir de hambre. ~자 muerto de hambre (de inanición).

아세톤【화】 acetona.

아세틸렌【화】 acetilena.

아쉬워하다 echar de menos *algo*.

아쉽다 echar de menos *algo*.

아스테카 ~족 los aztecas. ~족의 azteca.

아스팔트 asfalto. 도로를 ~로 포장하다 asfaltar la calle, pavimentar la calle con asfalto. ~ 도로 calle asfaltada (pavimentada con asfalto). ~ 포장 asfaltado, pavimentación asfáltica.

아스피린 aspirina.

아슬아슬하다 ser peligroso (arriesgado). 아슬아슬하게 en el momento crítico.

아시아(亞細亞) el Asia. ~의 [사람] asiático. ~아프리카계 países afro-asiáticos. ~아프리카회의 Conferencia Asiático-africana.

악(雅樂) música tradicional de la corte imperial coreana.

아양 coquetería. ~스럽다 ser de coqueta. ~을 부리다 hacer coqueterías.

아어(雅語) lenguaje elegante, término refinado.

아연(啞然) zinc, cinc. ~ 도금 galvanización de cinc. ~ 도금한 galvanizado de cinc. ~ 도금을 하다 galvanizar *algo* de cinc. ~산염 cincato. ~ 도금 강판 chapa de acero galvanizada. ~판 plancha de zinc.

아연(俄然) de repente, repentinamente, de súbito, súbitamente.

아열대(亞熱帶) zona subtropical. ~ 식물 (동물) planta (animal) subtropical; [집합적] flora (fauna) subtropical.

아예 desde el principio; nunca, jamás.

아우 hermano, hermana.

아우트라인 contorno, diseño, esquema.

아웃【야구】 out; [축구·테니스 등] fuera.

아이 niño, chico, muchacho; [여자] niña, chica, muchacha; [자기의] [*su* propio] hijo, hija. ~때부터 desde *su* niñez (infancia). ~다운 frívolo, trivial, pueril, propio de niño. ~를 배다 concebir, hacerse preñada.

아이디어 idea. 그것은 좋은 ~다 Es una buena idea.

아이스크림 helado.

아이스하키 icehockey.

아이슬란드【지】 Islandia. ~의 [사람] islandés.

아일랜드【지】 Irlanda. ~의 [사람] irlandés.

아장거리다 bambolear, marchar con paso incierto. 아장거리는 아기 niño chiquito de dos a tres años de edad.

아저씨 tío.

아전인수(我田引水) Todo molinero hace venir el agua a su molino. 그것은 ~격이다 Ese es un argumento interesado(egoísta).

아주 muy, mucho, perfectamente. ~ 피곤하다 estar muy cansado.

아주머니 tía.

아지랑이 tufo.

아지트 escondrijo, escondite; [악인의] guarida.

아직 todavía. ~ 9시가 안 되었다 Todavía no son las nueve.

아집(我執) egotismo, tenacidad, obstinacidad.

아첨 adulación. ~하다 adular. ~쟁이 adulador.

아치 arco.

아침 mañana; [오전중] por la mañana. ~의 de la mañana, matinal, matutino. ~에 출발하다 salir por la mañana. ~ 일찍 muy de mañana, muy temprano por la mañana, de madrugada. ~ 일찍 일어나다 levantarse temprano, madrugar. ~부터 밤까지 desde la mañana hasta la noche, de la mañana a la noche; [온종일] todo el día. 어제 ~ ayer por la mañana. 오늘 ~ esta mañana. 내일 ~ mañana por la mañana. 일요일 ~에 el domingo por la mañana. ~ 5시에 a las cinco de la mañana. ~ 예배 culto de la mañana. [수도원에서] maitines.

아침밥 desayuno. ~을 먹다 desayunar[se], tomar el desayuno.

아카데미 academia. ~상【영화】 Premio de la Academia, Oscar. ~회원 académico. 서반아 왕립 ~ Real Academia Española.

아카시아【식】 acacia.

아케이드 arcada.

아코디언【악】 acordeón. ~을 켜다 tocar el acordeón. ~ 연주자 acordeonista.

아테네【지】 Atenas. ~의 [사람] ateniense.

아트 arte ; bellas artes. ~지 papel cuché.

아트리에 [화가의] taller de pintor; [조각가의] taller de escultor, estudio.

아파트 [건물] casa (bloque) de pisos; [방 하나를 빌리는것] pensión; [개개의 주거] [큰 것] piso, [방 두개 정도의 작은 것] apartamento,[방 1개] un cuarto. 두 칸의 ~ apartamento de dos piezas. 가구 달린 ~ apartamento amueblado. ~에 살다 vivir en una pensión (en un cuarto alquilado).

아편(阿片) opio. ~을 피우다 fumar opio. ~굴 fumadero de opio. ~상용자 fumador de opio. ~전쟁 guerra del Opio. ~중독 toxicosis (f.) (intoxicación) por el opio.

아프가니스탄【지】 el Afganistán. ~의 [사람] afgano.

아프다 1 [병·상처 등이 주어] doler a *uno*; [사람이 주어]tener dolor de *algo*. 아프게 하다 [의사가 환자에게] hacer daño a *uno*. 머리가 ~ Me duele la cabeza./ Tengo dolor de cabeza. 배가 ~ Me duele el estómago./ Tengo dolor de (en el) estómago. 아파서 얼굴을 찡그리다 hacer gestos (muecas) de dolor. 온몸이 ~ Siento dolores por todo el cuerpo. 근육이 ~ [운동 한 후에] Tengo agujetas en el muslo. 눈이 ~ Me pican (escuecen) los ojos. 어디가 아프십니까 ¿Dónde (Qué) le duele? 많이 먹으면 배가 ~ Comer mucho me da dolor de estómago. 이 음악을 들으면 머리가 ~ Oír esta música me da dolor de cabeza.

2 [마음이] 마음이 ~ afligirse, sentir pena; [후회] tener remordimientos. 사고의 사진을 보면 마음이 ~ Me da mucha pena ver la foto del accidente.

3 복잡한 문제로 머리가 ~ Es un problema complejo que me da dolores de cabeza. 그는 나의 아픈 곳을 찔렀다 Me tocó en lo vivo./ Me atacó el punto débil (flaco).

아프리카【지】 el Africa. ~의 [사람] africano.

아한대(亞寒帶) zona subglacial (supolar).

아홉 nueve. ~ 번째 [의] noveno.

아흐레 el nueve del mes; [아흐렛날] nueve días.

아흔 noventa. ~번째 [의] nonagésimo.

악(惡) mal; [악덕] vicio; [사악] perversidad, malignidad. ~에 물들다 mancharse del vicio. 이 구역은 ~의 소굴이다 Este barrio es una guardia de malhechores.

악감정(惡感情) antipatía, animosidad ; [나쁜 인상] mala impresión, impresión desagradable. ~을 주다 dar a *uno* una impresión desagradable. 그는 나에게 ~을 품고 있다 Siente animosidad hacia mí./ Guarda cierta antipatía contra mí.

악극(樂劇) ópera, drama musical.

악기(樂器) instrumento, instrumento músico. ~의 부속품 partes y accesorios musicales. 그는 여러 가지 ~을 칠 줄 안다 Sabe tocar varios instrumentos. ~점 tienda de instrumentos músicos.

악기류(惡氣流) turbulencia.

악녀(惡女) mujer malvada (mala), bruja, hechicera.

악단(樂團) [관현악단] orquesta; [취주악단] banda, charanga; [합주단] conjunto.

악단(樂壇) mundo musical.

악담(惡談) contumelia, iujuria (ofensa) de palabra, afrenta, burla, ultraje. ~하다 maltratar de *uno*, burlarse con desprecio, hablar mal de *uno*.

악당(惡黨) pícaro, bribón.

악대(樂隊) banda [musical], charanga(취주), orquesta(관현).

악덕(惡德) vicio, corrupción, depravación. ~ 상인 comerciante inmoral. ~ 정치가 político corrupto (venal).

악동(惡童) niño travieso, pilluelo, tunante, galopín.

악랄(惡辣) ~한 vil, ruin, sucio, astuto. ~한 수단으로 por medios sucios (astutos).

악력(握力) fuerza de puños. ~이 세다 tener mucha fuerza de puños. ~계 dinamómetro de mano.

악례(惡例) mal ejemplo; [선례] mal precedente(antecedente). ~를 남기다 dejar un mal ejemplo; establecer (sentar) un mal precedente (antecedente).

악마(惡魔) diablo, demonio, ángel de las tinieblas.

악명(惡名) mala reputación (fama). ~이 높은 de mala reputación.

악모(岳母) *su* suegra, *su* madre política, madre de *su* esposa.

악몽(惡夢) pesadilla, mal sueño. ~에서 깨어나다 despertarse de un mal sueño.

악보(樂譜) nota de música, nota musical; música; [총보] partitura. ~를 읽다 leer la partitura.

악부(岳父) *su* suegro, *su* padre político, padre de *su* esposa.

악사(樂師) músico.

악사(惡事) ⇨ 악행.

악사(樂士) músico; [악단원] miembro de una orquesta.

악성(惡聲) mala voz.

악성(樂聖) maestro, músico célebre.

악성(惡性) maldad, mal índole, mal genio. ~의 malo, malévolo, pernicioso. ~감기 gripe maligna (peligrosa). ~ 빈혈 anemia perniciosa. ~ 인플레 inflación perniciosa(viciosa·peligrosa). 종양【의】tumór maligno.

악센트 acento.

악셀 [가속장치] acelerador. ~을 밟다 apretar (pisar) el acelerador.

악수(握手) estrechamiento (apretón) de manos, reconciliación. ~하다 apretar la mano, estrechar a *uno* la mano; [서로] darse las manos. ~를 청하다 dar (ofrecer·tender) la mano a *uno*.

악순환(惡循環) círculo vicioso. 물가와 임금이 ~을 계속한다 Los precios y los sueldos siguen un círculo vicioso.

악습(惡習) malos hábitos, mala costumbre, vicio. ~에 물들다 contraer (adquirir) malos hábitos.

악심(惡心) tentación. 그는 갑작스런 ~을 일으켜 돈을 훔쳤다 Inducido por una tentación repentina robó dinero.

악역(惡疫) epidemia. ~이 이 마을에 만연하고 있다 En este pueblo hay epidemia. ~ 만연지 región contaminada [por la epidemia].

악역(惡役) papel de malo (de traidor).

악연(惡緣) mal enlace.

악영향(惡影響) mal efecto, mala influencia.

악용(惡用) abuso, mal uso. ~하다 abusar de *algo*, usar *algo* mal, hacer mal uso de *algo*. 법률을 ~하여 돈을 벌다 ganar dinero abusando (haciendo mal uso) de las leyes.

악우(惡友) mal amigo, mal compañero.

악운(惡運) suerte favorable, pero no merecida. ~이 세다 tener la suerte del diablo; [속] tener buena pata. 그는 ~이 다했다 La buena suerte (Esa suerte del diablo que tenía le ha abandonado).

악의(惡意) mala intención (voluntad), malevolencia; malicia. ~가 있는 malicioso, malintencionado, malévolo. ~가 없는 sin malicia, bueno como el pan. ~를 품다 tener (abrigar) mala intención contra *uno*. ~로 con mala intención, con malicia. 나는 ~로 그렇게 한 것이 아니다 No lo hice con mala intención.

악인(惡人) mal hombre, hombre perverso, bribón, truhán.

악장(樂長) conductor, director. músico, músico mayor.

악장(樂章) 【악】 movimiento. 제 1~ primer movimiento. 4~으로 된 교향곡 sinfonía en cuatro movimientos.

악전 고투(惡戰苦鬪) combate s desesperados. ~하다 luchar a muerte, forcejear para + *inf*.

악정(惡政) mal gobierno, mal administración. ~에 시달리다 sufrir (padecer) un mal gobierno.

악질(惡質) mala calidad. ~의 malo, vicioso, maligno, malvado; [비열] vil. ~적인 범죄 crimen vil. ~적인 사기 fraude vil.

악처(惡妻) mala esoposa.

악천후(惡天候) mal tiempo, timepo borrascoso.

악취(惡臭) mal olor, hedor, olor fétido (hediondo). ~가 나는 fétido, hediondo, pestilente. ~를 풍기다 exhalar (expedir) mal olor, apestar. ~가 코를 찌른다 Huele que apesta./ El mal olor hiere el (ofende al) olfato.

악취미(惡趣味) mal gusto, gustó vulgar. ~의 de mal gusto, impertinente.

악평(惡評) crítica desfavorable, censura, reprobación; [평판] mala fama, mala reputación.

악폐(惡弊) costumbre viciosa, malos hábitos, vicios.

악풍(惡風) malas costumbres.

악필(惡筆) mala mano, malas letras. ~이다 tener mala letra (caligrafía).

악한(惡漢) pícaro, bribón, pillo, tunante, golfo.

악행(惡行) mala acción (conducta), maldad; [범죄] delito. ~을 저지르다 hacer cosas malas; cometer delitos.

악화(惡化) empeoramiento; [병상의] agravación; [도덕적인] desmoralización, deterioración, corrupción. ~하다 empeorar[se]; agravar[se]; desmoralizarse, deteriorarse, corromperse. 국제 정세가 점점 ~되어 가고 있다 Va de mal en peor (Se pone cada vez más tensa) la situación internacional. 국제 수지가 ~됐다 La balanza de pagos internacionales ha empeorado (se ha agravado). 병이 갑자기 ~됐다 La enfermedad se agravó súbitamente.

악화(惡貨) mala moneda, mal dinero. ~는 양화를 구축한다 La mala moneda desplaza la buena.

안 interior; [이내] menos de.

안(案) [제안] proposición, propuesta; [의안] proyecto de ley; [의견] opinión; [

안) idea; [계획] proyecto, plan. ~을 세우다 hacer (formular·trazar) un plan. ~을 제출하다 proponer un plan (un proyecto). 나에게 한 개의 ~이 있다 Tengo un plan (un proyecto).

안개 niebla, neblina. ~가 짙은 nebuloso, lleno de nieblas.

안거(安居) vida tranquila.

안건(案件) materia, asunto, objeto. 중요한 ~ asunto importante.

안경(眼鏡) gafas, anteojos, lentes. ~을 쓰다 ponerse las gafas (los anteojos). ~을 벗다 quitarse las gafas (los anteojos).

안계(眼界) vista, campo de visión.

안공(眼孔) ojete.

안과(眼科) oftalmología. ~의사 oftalmólogo, -ga; oculista (m.f.). ~의원 (병원) clínico (hospital) oftálmico.

안광(眼光) brillantez del ojo. ~이 지배에 철하다 leer entre líneas.

안구(眼球) globo ocular, globo del ojo.

안내(案內) guía, información, aviso. ~하다 guiar, informar, conducir, invitar. 서울을 ~하다 guiar a *uno* por Seúl, enseñar a *uno* Seúl. 방으로 ~하다 pasar a *uno* al cuarto. 좌석으로 ~하다 guiar (llevar) a *uno* al asiento. 도중까지 ~해드리겠습니다 Le guiaré (acompañaré) hasta la mitad del camino. ~도 plano informativo. ~서 guía; [철도의] guía de ferrocarriles. ~소 oficina de información; [관광객용] oficina de turismo. ~원 guía (m.f.); [극장의] acomodador,-ra. ~장 esquela de invitación.

안녕(安寧) 1 [평화] paz; [질서] orden. ~을 유지하다 mantener el orden de la sociedad. ~을 교란하다 perturbar (alterar) el orden público, producir révueloes (inquietudes) en la sociedad.
2 [인사] ~하십니까 ¿Cómo está usted?; [오전] Buenos día./ [아르헨티나] Buen días; [오후] Buenas tardes; [저녁·밤] Buenas noches. ~히 계십시오 (가십시오). Adiós; [라틴아메리카 주변 국가} chau. 아버님께서는 하시냐~예, 하십니다 ¿Cómo está tu padre?- Sí, está bien.

안다 [팔에] abrazar; [새가 알을] empollar.

안단테【악】andante.

안달 impaciencia. ~하다 ser impaciente, ser nervioso.

안대(眼帶) venda de los ojos. ~하다 ponerse una venda en los ojos. ~을 하고 있다 llevar (tener) una venda en los ojos.

안데스【지】los Andes. ~의 andino.~개발공사 Corporación Andina de Fomento, CAF. ~공동시장 Mercado Común Andino. ~그룹 Grupo Andino. ~산맥 los Andes.

안도(安堵) ~하다 aliviarse, desahogarse, respirar, sentirse aliviado. ~의 숨을 내쉬다 dar un suspiro (respirar) de alivio.

안락(安樂) bienestar, comodidad. ~한 cómodo; holgado, confortable, deleitoso. ~하게 bien y a gusto, cómodamente, con gusto, en paz. ~하게 살다 vivir cómoda y holgadamente. ~의자 sillón. ~사 eutanasia.

안락 의자(安樂椅子) butaca, sillón.

안력(眼力) perspicacia, agudeza. ~이 예리한 perspicaz, agudo, sagaz.

안료(顔料) [materia] colorante; [그림의] colores.

안마(按摩) masaje, friega. ~하다 dar masaje, dar friega. ~사 masajista.

안면(安眠) sueño tranquilo (sosegado·reposado·profundo). ~하다 dormir tranquilamente. ~을 방해하다 perturbar (interrumpir) el sueño. ~방해 perturbación del sueño, alboroto nocturno.

안면(顔面) cara. ~의 facial.

안목(眼目) llave (f.), punto principal.

안배(按配) sazón, sabor, estado de salud, manera, modar, arreglo, disposición. ~하다 condimentar, arreglar, disponer.

안벽(岸壁) muelle, malecón, escollera, embarcadero.

안부(安否) recuerdos, saludos, salud, noticia, destino. ~를 묻다 informarse de la salud de *uno*, preguntar por el estado (por la seguridad) de *uno*. 가족한테 ~전해 주십시오 Recuerdos (Saludos) a su familia.

안사람[mi] mujer, esposa.

안산(安産) buen parto (alumbramiento), parto feliz (fácil). ~하다 tener un buen parto, dar a luz con facilidad.

안색(顔色) cara, semblante, tez, rostro, aspecto. ~이 좋은 vivo. ~이 나쁜 pálido. ~이 좋다 (나쁘다) tener buena(mala) cara, tener buen (mal) aspecto. ~이 변하다 ~이 변하다 cambiar (mudar) de color. ~을 읽다 leer en (adivinar por) la cara de *uno*. ~을 걱정하다 preocuparse por el estado de ánimo de *uno*. 그는 사고 소식을 듣고 ~을 변했다 Se puso pálido al oir la noticia del accidente. 나는 그의 ~을 살폈다 Examiné de qué humor estaba él.

안식(眼識) ~이 있다 entender de *algo*, ser entendido en *algo*.

안식(安息) reposo, descanso. ~일 [기독교] día de reposo (de descanso), domingo; [유태교] sábado, descanso sabatino. ~일을 지키다 observar (guardar) el descanso dominical.

안심(安心) tranquilidad, calma, confianza, fe. ~하다 sosegarse, tranquilizarse, quedarse tranquilo. ~시키다 tranquilizar, sosegar, poner tranquilo a uno. ~하고 tranquilamente, con [toda] tranquilidad (seguridad). ~할 수 있는 사람 hombre confiable (de toda confianza). ~하십시오 ¡Tranquilo./ ¡Tranquilícese! ¡Descuide usted!/ ¡Pierda (Sin) cuidado!

안약(眼藥) colirio, loción para los ojos.

안어버이 madre.

안염(眼炎) oftalmía, inflamación de los ojos.

안온(安穩) paz, apacibilidad. ~한 apacible, pacífico, tranquilo. ~하게 apaciblemente, tranquilamente, en paz. ~하게 살다 vivir tranquilo (pacíficamnete), llevar una vida tranquila.

안이(安易) ~한 fácil; [간단] sencillo; [안락] cómodo. ~한 생각 juicio optimista; [천박한] noción ligera (superficial). ~하게 fácilmente, con facilidad.

안일(安逸) indolencia, vida ociosa. ~하게 지내다 pasar los días en indolencia. ~한 생활을 하다 llevar una vida ociosa, vivir en el ocio (en la pereza).

안장(鞍裝) silla de montar. ~을 놓다 ensillar.

안전(安全) seguridad, certeza, certidumbre. ~한 seguro, salvo, confiable. ~하게 seguramente, sin peligro, sin riesgo, a salvo, sano y salvo. ~하게 하다 asegurar, salvar, poner en salvo. ~한 장소에 en un lugar seguro (libre de peligros). ~한 방법 medio seguro, método garantizado. ~한 투자 inversión segura. ~ 면도 maquinilla de afeitar. ~감 conciencia de seguridad. ~기【전】 cortacircuito[s]. ~등 lámpara (linterna) de seguridad. ~밸브 válvula de seguridad. ~벨트 cinturón de seguridad. ~벨트를 매다 abrocharse el cinturón de seguridad. ~보장 seguridad. ~보장이사회 Consejo de Seguridad. ~률 coeficiente de seguridad. ~성 seguridad. ~운전 manejo cauteloso (prudente). ~장치 dispositivo (aparato) de seguridad; [총의] seguro. ~제일주의 principio que pone la seguridad en primer lugar, política de prudencia. ~지대 zona de seguridad, burladero. ~편 imperdible, pasador de seguridad.

안정(安定) estabilidad, firmeza; [균형] equilibrio; [일정] constancia. ~하다 mantenerse estable, estabilizarse, quedarse estable. ~시키다 estabilizar. ~을 잃다 perder el equilibrio. ~ 세력 el poder estable, el poder durable. ~도 estabilidad. ~통화 moneda sólida. 경제~ estabilidad económica. 통화~ estabilidad monetaria.

안정(安靜) quietud, sosiego, reposo. ~시키다 sosegar, tranquilizar, reposar. ~ 요법 tratamiento (cura) de reposo.

안주(安住) vida tranquila. ~지를 구하다 buscar un retiro (un asilo), buscar donde vivir tranquilo.

안주(按酒) comestibles víveres, vituallas.

안중(眼中) ~에 없다 [주어々 uno] no hacer caso de algo·uno, no tomar algo en consideración (en cuenta). 이해는 그의 ~ 에 없다 El interés no le merece atención./ No toma el interés en consideración./ El interés es lo que menos le preocupa. 그는 전혀 내 ~는 없다 No hago ningún caso de él./ No le hago caso en absoluto.

안질(眼疾) mal de ojos, ojos enfermos.

안착(安着) llegada sin novedad, feliz llegada. ~하다 llegar sin novedad, llegar sano y salvo.

안출(案出) invención. ~하다 inventar, idear, ingeniar.

안치(安値) puesta, instalación. ~하다 instalar, poner con ceremonia, guardar como reliquia. 사원에 상을 ~하다 instalar (colocar) una estatua en el templo. 시체를 ~하다 colocar (depositar) un cadáver.

안타(安打) bateo seguro. ~하다 dar un bateo seguro.

안태(安泰) seguridad, tranquilidad, paz.

안테나 antena. ~를 세우다 instalar (levantar) la antena. 실내~ antena interior. 텔레비전 ~ antena de televisión.

안팎 [안과 밖] el interior y el exterior; [표리] ambos lados; [내외] más o menos, casi, alrededor de; unos.

안하 무인(眼下無人) ~이다 ser audaz (osado·atrevido·descarado·impudente a-rrogante·orgulloso).

앉다 1 [자리에] sentarse. 앉아 있다 estar sentado. 여기 앉으세요 Siéntese aqí, por favor. 앉아라 Siéntate. 우리들은 식탁에 앉는다 Nos sentamos a la mesa. 벤치에 앉자 Sentémonos en el banco.
2 [새 등이] posarse, ponerse en percha.

앉은뱅이 cojo, manco.

앉히다 [앉게 하다] sentar; [자리에] nombrar.

않다 no ser. 그는 정직하지 ~ El no es honrado.

알 huevo; [물고기·조개류의] freza. ~을 품다 empollar. ~을 부화하다 incubar, empollar. ~을 낳다 poner huevo.

알다 saber, conocer(사람·도시를), enterarse, tener conocimiento de. 나는 마리아를 알고 있다 Conozco a María.

알뜰하다 ser prudente (económico · frugal). 알뜰한 살림 vida frugal. 알뜰히 prudentemente, económicamente, frugalmente.

알라 【회교】 Alá (*m*.).

알랑거리다 adular, lisonjear; [여자가] coquetear, hacer coqueterías.

알랑쇠 lisonjero; adulador.

알랑알랑 astutamente, con lisonja.

알래스카 【지】 Alaska. ~의 [사람] alaskano.

알레그레토 【악】 alegretto.

알레그로 【악】 alegro.

알루미늄 aluminio. ~을 함유한 aluminífero. ~으로 처리하다 aluminiar. ~ 제품 artículo (producto) de aluminio. ~ 합금 aleación de aluminio.

알리다 anunciar, advertir, informar.

알맞다 ser conveniente (conforme·rezonable·adecuado·proporcionado·moderado·templado). 알맞은 값 precio razonable. 알맞게 convenientemente, de una manera conveniente, adecuadamente, proporcionadamente, razonablemente, moderadamente. 알맞게 오다 venir a tiempo.

알바니아 【지】 Albania. ~의 [사람] albanés. ~어 albanés.

알선(斡旋) buenos oficios; [조정] mediación, recomendación. ~하다 ofrecer *sus* buenos oficios (prestar un servicio) a *uno*; [AB사이를] mediar entre A y B. …으로 por la mediación de *uno*, gracias a los buenos oficios de *uno*. 취직을 ~하다 ayudar a *uno* a buscar empleo, buscar empleo a *uno*. ~자 mediador, medianero.

알아보다 [문의] inquirir; [조사] averiguar, examinar, investigar, indagar.

알음 conocimiento; [이해] comprensión, entendimiento.

알칼리 álcali. ~성의 alcalino.

알코올 alcohol. ~의 alcohólico. ~계 alcohómetro. ~ 램프 lámpara de alcohol. ~ 발효 fermentación alcohólica. ~ 분해 alcoholisis (*f*.). ~ 소독 desinfección alcohólica. ~ 음료 bebida alcohólica. ~ 중독 alcoholismo. ~ 중독화 alcoholizado. ~중독이 되다 alcoholizarse. ~ 중독자 alcohólico. 공업용 ~ alcohol industrial. 연료용 ~ alcohol para combustible.

알토 【악】 alto; [가수] alto (*m.f.*).

알파벳 alfabeto. ~의 alfabético. ~순의 alfabético. ~순으로 alfabéticamente, por orden alfabético.

알파카 【동·모직물】 alpaca.

알프스 ~의 alpino. ~산맥 cordillera (cadena) de los Alpes.

알피니스트 alpinista, montañero.

알피니즘 alpinismo.

알현(謁見) ~하다 ser recibido en audiencia por *uno*. 국왕은 대사에게 ~을 허락했다 El rey concedió (dio) audiencia al embajador./ El rey recibió al embajador en audiencia. ~실 sala de audiencias.

앎 sabiduría, inteligencia, conocimiento.

앓다 estar enfermo. 이를 ~ tener dolor de muelas, dolerle las muelas.

-앓이 dolor. 배~ dolor de estómago. 이~ dolor de muelas.

암¹ [암컷] femenino, hembra. ~캐 perra. ~ 코양이 gata. ~닭 gallina.

암² [감탄사] ¡Cómo no!/ Por supuesto./ Desde luego./ Claro.

암(癌) 【의】 cáncer. ~세포 célula cancerosa. 위(폐) ~ cáncer de estómago (de pulmón). 그것들은 사회의 ~이다 Son un cáncer de la sociedad.

암거(暗渠) conducto (canal) subterráneo; [농업용] azarbeta.

암굴(岩窟) cueva, caverna.

암기(暗記) memoria. ~하다 aprender *algo* de memoria. ~력 memoria, retentiva.

암담(暗澹) ~한 sombrío, triste y melancólico, lóbrego. ~한 기분이 들다 ponerse desanimado (desilusionado·deprimido). 그의 전도는 ~하다 Se ciernen negras nubes sobre su futuro.

암만해도 a toda costa.

암모니아 amoníaco. ~가스 gas amoníaco. ~수 agua amoniacal.

암묵(暗默) silencio, mudez. ~의 tácito, mudo, implícito.

암벽(岩壁) pared de roca.

암산(暗算) aritmética mental, cálculo mental. ~하다 calcular mentalmente, hacer una cuenta mental.

암살(暗殺) asesinato. ~하다 asesinar, matar a *uno* alevosamente. ~자 asesino.

암상인(闇商人) estraperlista.

암석(岩石) roca, peña; [큰바위] peñasco. ~권 litosfera. ~학 geognosia, mineralogía.

암송(暗誦) recitación. ~하다 recitar.

암술 【식】 pistilo.

암시(暗示) sugestión, insinuación, alusión. ~하다 sugerir, insinuar, sugestionar. ~적 sugestivo, insinuante, alusivo. ~ 요법 tratamiento por sugestión.

암시장(闇市場) mercado negro.

암실(暗室) cuarto obscuro, cámara oscura.

암암리(暗暗裡) ~에 tácitamente, implícitamente; [비밀리에] en secreto, secre-

암야(暗夜) noche sin luna.

암약(暗躍) intriga secreta, ardid secreto, maniobra oculta. ~하다 intrigar secretamente (a ocultas), urdir (maquinar) una intriga secreta.

암염(岩鹽) sal de piedra, sal de gema. ~ 채굴소 salina.

암운(暗雲) nubarrón (*pl.* nubarrones). 유럽에 ~이 덮이고 있다 Negros nubarrones cubren toda Europa. 정계에 ~이 깔리고 있다 Negras nubes se amontonan sobre el horizonte político.

암자(庵子) ermita.

암장(暗葬) entierro secreto. ~하다 enterrar secretamente.

암중(暗中) en la obscuridad. ~ 모색 marcha(búsqueda) a tientas. ~ 모색하다 ir (andar・marchar) a tientas entre tinieblas, buscar *algo* a tientas en la obscuridad (entre tinieblas).

암초(暗礁) escollo, arrecife, rompiente; [장애] impedimento, obstáculo. 배가 ~에 부딪혔다 El barco tropezó (encalló・calló detenido) en el escollo./ Varó en un arrecife el barco.

암캉아지 perrita.

암캐 perra.

암코양이 gata.

암탉 gallina.

암퇘지 puerca, marrana.

암투(暗鬪) enemistad (hostilidad) latente. 그들 간에는 ~가 있다 Existe una hostilidad latente entre ellos.

암페어 【전】 amperio, A. ~계 amperímetro. ~시 amperio・hora. ~시 용량 capacidad en amperios hora (en cantidad de electricidad). ~수 amperaje. ~ 회수 amperio-vuelta (*f.*).

암호(暗號) cifra, criptografía; [암호문] escritura cifrada (en cifra・en clave). ~로 쓰다 escribir (formular) *algo* en calve, cifrar *algo*. ~를 사용하다 utilizar una cifra, valerse de claves. ~를 해독하다 descifrar un criptograma. ~ 전보 telegrama cifrado (en cifra・en clave). ~표 clave criptográfica, lista de claves. 전신 ~ código telegráfico.

암흑(暗黑) obscuridad, tiniebla, negrura. ~의 obscuro, tenebroso, negro. ~가 bajos fondos. ~ 대륙 Continente Negro. ~시대 edad negra (de tinieblas). 사회의 ~면 cara obscura (sombría) de la sociedad.

압권(壓卷) lo mejor; [책의] las mejores páginas [de una obra]; [클라이막스] clímax.

압도(壓倒) aplastamiento. ~하다 aplastar, abrumar, derribar. ~적인 abrumador, aplastante. ~적 승리 victoria abrumadora (aplastante). ~적 다수로 por una abrumadora mayoría. 적의 힘에 ~ 당하다 sucumbir por la fuerza del enemigo. 나는 그의 열의에 ~ 당했다 Quedé abrumado por su entusiasmo.

압력(壓力) presión. ~을 가하다 ejercer (dar・añadir) [una] presión sobre *algo・uno*, apretar *algo* (a *uno*). 재계의 ~으로 por la presión de los círculos financieros. ~계(計) manómetro. ~ 단체 grupo de presión. ~솥 olla de presión, olla exprés, autococedor. ~ 시험 prueba de presión.

압류(押留) embargo, secuestro. ~하다 embargar, secuestrar.

압박(壓迫) opresión, presión. ~하다 oprimir, apretar, ejercer (hacer) presión sobre *algo・uno*. 국내 산업을 ~하다 oprimir las industrias nacionales. 표현의 자유를 ~ 하다 suprimir la libertad de expresión. ~ 을 느끼다 sentirse oprimido. 대국이 소국을 ~한다 Los países grandes oprimen a los pequeños. ~감 sensación opresiva, sentimiento de opresión.

압사(壓死) muerte por compresión. ~하다 morir aplastado.

압살(壓殺) 혁명운동을 ~하다 sofocar el movimiento revolucionario.

압수(押收) [재산의] confiscación, incautación; 【법】 comiso; [차압] embargo. ~하다 confiscar, incautarse de *algo*; comisar, embargar.

압연(壓延) laminación. ~하다 laminar. ~ 강(鋼) acero laminado. ~관(管) tubo laminado. ~공장 fábrica (taller) de laminación. ~기 laminador, laminadora.

압정(押釘) clavija.

압정(押政) [학정] tiranía; [전제] despotismo, gobierno arbitrario.

압제(壓制) opresión; [폭정] tiranía; despotismo. ~에 신음하다 sufrir (gemir) bajo la tiranía (bajo la opresión) de *uno*. ~자 tirano, déspota.

압착(壓搾) prensa; [압축] compresión. ~하다 prensar, comprimir. ~ 공기 aire comprimido. ~기 prensa; compressor.

압축(壓縮) [공기 등의] compresión; [문장 등의] contracción. ~하다 comprimir, condensar. 사전의 내용을 3분의 1로 ~하다 reducir a una tercera parte el contenido del diccionario.

앙갚음 desquite, venganza. ~하다 desquitarse de, vengarse de.

앙고라 [직물] tela) angora. ~ 토끼 conejo (cabra) de Angora.

앙금 depósito, sedimento, pozo, heces.

앙등(昂騰) alza súbita. ~하다 alzar súbitamente.

앙상블 conjunto.

앙심(怏心) rencor, enemistad.

앙칼스럽다 ser fiero (cruel·violento).

앙케트 encuesta.

앙코르 repetición, otra vez. ~! ¡Otra! ¡Que se repita! ~을 청하다 pedir la repetición. ~에 답하여 respondiendo a la petición del público.

앞 1[미래] futuro. ~으로 en el futuro. 2[전방·정면] frente. ~으로(에) enfrente de, delante de. 3[면전] presencia. ~에서 a *su* presencia.

앞가슴 pecho.

앞날 futuro; [전날] el otro día, hace unos días.

앞뒤 orden; [결과] consecuencia.

앞서 [이전에] antes, ya; [미리] de antemano, anticipadamente.

앞일 futuro.

앞잡이 [안내] guía *(m.f.)* [주구] títere.

애가(哀歌) elegía.

애견(愛犬) perro mimado (favorito). ~가 aficionado a los perros.

애교(愛嬌) gracia, simpatía; [매력] encanto, atractivo. ~있는 gracioso, simpático, atractivo, encantador. ~있는 얼굴을 하고 있다 tener la cara graciosa. ~를 부리다 prodigar amabilidades a *uno*, hacerse simpático a *uno*, mostrarse amable con *uno*. 그녀는 ~가 넘쳐흐른다 Es muy graciosa (encantadora). / Ella tiene mucho encanto.

애교심(愛校心) amor a *su* escuela.

애국(愛國) patriotismo, amor para con la patria. ~적 patriótico. ~심 patriotismo. ~심이 강하다 ser un ardiente patriota. ~자 patriota *(m.f.)*.

애국가(愛國歌) himno nacional.

애기(愛機) avión favorito.

애당초 principio, comienzo. ~의 primero, original, inicial. ~에 primero, primariamente, originalmente, principalmente.

애도(哀悼) condolencia, pésame, duelo. ~하다 expresar condolencia. ~의 뜻을 표하다 expresar profunda condolencia, dar el pésame por la muerte de *uno*. ~사 palabras de pésame.

애독(愛讀) ~하다 leer con gusto, leer con vivo interés. ~서 libro predilecto. ~자 lector, subscriptor.

애드벌룬 globo anunciador, balón de publicidad.

애련(哀憐) piedad, misericordia, lástima, compasión.

애로(隘路) [좁은 길] camino estrecho, vereda; [산중의] desfiladero. 인적자원의 ~ estrangulamiento de la mano de obra.

애마(愛馬) caballo favorito (preferido).

애매(曖昧) vaguedad, imprecisión, o[b]scuridad; ambigüedad. ~한 [불확실] vago, impreciso, o[b]scuro, indeciso; [두 가지 뜻이 있는] ambiguo; [회피적] evasivo. ~한 대답을 하다 dar una respuesta ambigua (obscura·imprecisa). ~한 태도를 취하다 tomar una actitud indecisa (ambigua). ~한 점이 많다 contener muchos puntos ambiguos. 책임이 ~하다 no aclarar en quién cae la responsabilidad. 이 문장은 의미가 ~하다 El sentido de esta frase es ambiguo (confuso).

애먹이다 hostigar, vejar, molestar, enfadar.

애무(愛撫) caricia. ~하다 acariciar, hacer caricia. 어린애를 ~해 주다 hacer caricias a un niño.

애벌레 larva.

애사(哀史) historia triste, tragedia.

애상(哀傷) pesar, pesadumbre, aflicción.

애상(哀想) afabilidad, cortesía, hospitalidad.

애서(愛壻) *su* yerno (hijo político).

애서가(愛書家) bibliófilo.

애석(哀惜) piedad, lástima, compasión. ~하다 apesadumbrarse, tomar pesadumbre, entristecerse, afligirse.

애송(愛誦) recitación de *su* poema. ~하다 recitar con gusto. 그는 로르까의 시를 ~한다 Es aficionado a (Le encanta) recitar los poemas de García Lorca.

애수(哀愁) tristeza, pesadumbre, melancolía. ~를 느끼다 sentir tristeza.

애쓰다 esforzarse por +*inf*, hacer un esfuerzo por +*inf*, hacer todo lo que se puede (cuanto se puede). 몹시 ~ hacer gran esfuerzo. 애써 공부하다 estudiar mucho.

애아(愛兒) amado (querido) niño.

애아버지 mi marido.

애연가(愛煙家) aficionado al tabaco, gran fumador.

애완(愛玩) ~하다 tener afecto (amor·cariño) a *algo*, estar encariñado con *algo*, estar aficionado a *algo*. ~견(犬) perro faldero. ~동물 animal favorito. ~물 cosa favorita (preferida).

애욕(愛欲) amor sensual, pasión de amor. ~의 노예가 되다 ser esclavo (estar cautivo) de amor sensual.

애용(愛用) uso habitual. ~의 favorito, preferido, usado con preferencia. ~하다 usar con [mucha] preferencia. 그가 ~하는 만년필 pluma de sus preferencias, su pluma preferida.

애원(哀願) ruego, súplica, imploración, deprecación. ~하다 rugar (suplicar · implorar) a *uno* que + *subj*. ~하는 사람 suplicante *(m.f.)*.

애인(愛人) querido, amante *(m.f.)*

애잔하다 muy débil, delicado.

애장(愛藏) ~하다 atesorar. ~ 고미술품 obras de arte antiguas atesoradas por *uno*.

애젊다 parecer menor que *su* edad.

애정(哀情) tristeza.

애정(愛情) amor, cariño, afecto. ~이 있는 cariñoso, afectuoso, amoroso, amable, tierno. ~이 없는 frío, duro, sin compasión. 부부의 ~ amor conyugal (entre esposos). 동물에 대한 ~ cariño a los animales. ~을 느끼다 sentir cariño por *algo · uno*. ~없이 결혼하다 casarse con *uno* sin amor. 그는 그녀에게 ~을 느끼고 있다 Siente un tierno afecto por ella.

애조(哀調) melodía triste. ~면 곡 música melancólica (triste · elegíaca).

애착(愛着) apego, afición, afecto. ~을 느끼다 tener apego a *algo*, sentir afecto por *algo*. 그는 그 시계에 꽤장한 ~을 가지고 있다 Tiene mucho apego a ese reloj.

애처(愛妻) amada (querida) esposa. ~가다 ser cariñoso con *su* esposa, ser un marido solícito.

애첩(愛妾) *su* concubina favorita.

애칭(愛稱) diminutivo [familiar y] cariñoso; 【문】 hipocorístico. 롤라는 돌로레스의 ~이다 Lola es el diminutivo cariñoso de Dolores.

애타(愛他) altruismo. ~적인 altruista. ~주의 altruismo. ~주의자 altruista *(m.f.)*.

애통(哀痛) lástima, lamentación, lamento, duelo. ~하다 lamentar[se].

애티 puerilidad, cosa propia de niños. ~나다 ser pueril. ~를 벗다 crecer.

애프터서비스 servicio postventa.

애호(愛好) gusto, afición. ~하다 aficionarse a. ~가 aficionado. 미술~가 aficionado a (amante de) las bellas artes.

애호(愛護) protección, amparo. ~하다 proteger, amparar. 동물을 ~하다 proteger a los animales. 동물~협회 sociedad protectora de animales.

애화(哀話) historia triste.

액(厄) desgracia, infortunio, calamidad.

액(額) suma, cantidad, importe.

액(液) líquido, jugo, savia.

액년(厄年) año calamitoso; [나이] edad crítica (nefasta · climatérica).

액면(額面) valor nominal, par. ~[가격]으로 a la par. ~ 이상으로 sobre la par. ~ 이하로 bajo la par. …의 말을 ~ 그대로 받아들이다 tomar a la letra las palabras de *uno*.

액모(腋毛) pelo de la axila.

액세서리 accesorio.

액셀러레이터 acelerador. ~를 밟다 apretar (pisar) el acelerador.

액션 acción.

액수(額數) suma, volumen, número.

액운(厄運) calamidad, desastre, desdicha, desventura.

액일(厄日) día nefasto.

액체(液體) líquido. ~ 연료 combustible líquido.

액취(腋臭) sobaquina, olor de la axila. 그는 ~가 난다 Huele a sobaquina.

액화(液化) licuación, liquidación, licuefacción. ~하다 licuar, liquidar. ~되다 convertirse en líquido, liquidarse. ~할 수 있는 licuable. ~ 가스 gas líquido. ~ 석유가스 gas de petróleo licuado.

앨범 álbum.

앰프【전】 amplificador.

앵두【식】 cereza. ~나무 cerezo.

앵무새(鸚鵡—) papagayo, loro.

야(野) 1 [들] campo.
2 [야당] partido de la oposición.

야간(夜間) por la noche, de noche. ~에 de noche, por la noche. ~의 nocturno. ~ 비행 vuelo nocturno (de noche). ~ 열차 tren nocturno. ~ 영업 servicio nocturno. ~ 외출 금지 queda. ~일 trabajo nocturno. ~흥행 función nocturna (de noche). ~에 일하다 trabajar de noche.

야견(野犬) perro suelto (errante), perro mostrenco, perro cimarrón. ~ 사냥 caza de perros errantes (mostrencos). ~ 수용소 corral de perros errantes.

야경(夜警) vigilancia nocturna; [사람] guarda (vigilante) nocturno (de noche); [구역내의] sereno.

야경(夜景) vista (escena) nocturna, perspectiva de noche.

야곡(夜曲) nocturno.

야광(夜光) ~ 도료 pintura luminosa. ~충 noctiluca. ~ 시계 reloj de esfera luminosa, reloj luminoso.

야구(野球) béisbol. ~하다 jugar al béisbol; [시합] hacer un partido de béisbol. ~ 선수 beisbolista, jugador de béisbol. ~장 campo de béisbol.

야근(夜勤) servicio nocturno (de noche · por la noche). ~ 수당 subsidio para el servicio nocturno.

야금(夜禽) pájaro (ave) salvaje.

야금(冶金) metalurgia. ~의 metalúrgico. ~ 공업 insdustria metalúrgica. ~학 · ~술 metalurgia. ~학의 metalúrgico. ~학자 metalúrgico.

야기(夜氣) aire (frescura) de la noche, sereno.

야기(惹起) ~하다 levantar, provocar, crear.

야뇨증(夜尿症) enuresis, incontinencia de orina.

야당(野黨) partido opositor (de la oposición).

야드 yarda.

야만(野蠻) barbarie. ~의 bárbaro; [미개한] primitivo; [난폭한] brutal, cruel. ~적인 풍습 costumbres bártbaras. ~스런 상태에 있다 quedarse en el estado primitivo. ~인 bárbaro; primitivo.

야망(野望) ambición. ⇨ 야심(野心).

야맹(夜盲) nictalopia.

야반(夜半) medianoche. ~에 a (al) medianoche. ~이 지나서 después de medianoche. ~까지 hasta medianoche. ~이 지나까지 hasta muy tarde por (hasta muy entrada) la noche.

야비(野卑) vulgaridad, grosería. ~한 vulgar, grosero. ~한 남자 hombre vil (vulgar). ~한 말을 하다 decir groserías.

야상곡(夜想曲) nocturno.

야생(野生) ~의 [식물·동물이] salvaje; [주로 식물이] silvestre. ~동물 animales salvajes. ~식물 plantas silvestres.

야성(野性) salvajez. ~적인 salvaje. ~미가 있는 rústico. ~화 하다 volverse salvaje.

야수(野獸) fiera, bestia, animal bravio. ~의 fiero, bestial. ~같은 brutal, feroz. ~성 bestialidad, brutalidad, ferocidad. ~파 【미술】 fauvismo.

야습(夜襲) asalto nocturno, ataque nocturno. ~하다 asaltar de noche. 적을 ~하다 sorprender (atacar) al enemigo de noche.

야식(夜食) sobrecena, recena. ~을 들다 tomar la sobrecena.

야심(夜心) ambición. ~있는·~적 ambicioso. ~로 abicioisamente. ···의 ~이 있다 ·~을 품다 tener ambición de *algo*, ambicionar *algo* (+ *inf.*). ~으로 불타다 quemarse de ambición. ~으로 가득차 있다 estar lleno de ambición. ~을 만족시키다 satisfacer (calmar) *su* ambición. ~적인 계획 plan glandioso. ~적인 작품 obra ambiciosa. ~가 ambicioso.

야업(夜業) trabajo nocturno (de noche), vigilia.

야영(夜營) campamento, vivac, vivaque. ~하다 acampar, vivaquear, dormir al aire libre, asentar los reales. ~지 campamento, sitio para acampar.

야외(野外) campo. ~의 al aire libre. ~에서 al aire libre. ~극 función en el campo. ~극장 (음악회) teatro (concierto) al aire libre. ~연습 maniobras en el campo. ~집회 reunión al aire libre.

야위다 ponerse delgado. 야윈 delgado, flaco.

야유(夜遊) diversiones nocturnas. ~하다 salir en busca de diversiones nocturnas.

야유(揶揄) abucheo. ~하다 abuchear.

야음(夜陰) oscuridad de la noche. ~을 타서 aprovechando (aprovechándose de·amparado por·al amparo de) la oscuridad de la noche.

야인(野人) rústico, patán.

야자(椰子) 【식】 coco, cocotero, palmera. ~열매 coco. ~유(油) aceite de coco.

야전(野戰) campaña, batalla campal. ~병원 hospital de campaña.

야전(夜戰) batalla nocturna.

야조(野鳥) pájaro (ave) silvestre.

야조(夜鳥) pájaro·(ave) nocturno.

야채(野菜) hortaliza, verdura, legumbre. ~을 재배하다 cultivar hortalizas. ~밭 campo de hortaliza, huerta, huerto. ~샐러드 ensalada de verdura. ~수프 sopa juliana (de verduras). ~요리 plato de verduras. ~재배 cultivo de hortalizas.

야포(野砲) cañón de campaña.

야하다(冶一) [빛깔이] ser brillante (lucido). 야한 옷 ropa brillante.

야학(夜學) escuela noctura. ~에 다니다 asistir a la escuela nocturna (de noche). ~생 estudiante de la escuela nocturna.

야합(野合) unión (conexión) ilícito; [공모] colusión, conspiración. ~하다 conspirar, maquinar.

야행(夜行) viaje nocturno.

야화(野花) flor silvestre.

야회(夜會) fiesta nocturna, fiesta de noche, reunión nocturna, velada, sarao. ~를 열다 celebrar una fiesta nocturna. ~복 [부인의] vestido de noche.

약(藥) medicina, específico(특효약), remedio(요법), tónico(강장제), droga(약종), producto químico(화학약품). ~방, ~국 farmacia, droguería, botica. ~제사 boticario, farmacéutico.

약(約) unos, más o menos, alrededor de, aproximadamente. ~ 삼백 unos trescientos, trescientos más o menos. ~ 50인 unas cincuenta personas. ~ 천 킬로미터 alrededor de mil kilómetros. ~ 20년전 hace unos (casi) veinte años. 그는 ~ 마흔살이다 Tiene cuarenta años más o menos.

약(略) abreviación, forma abreviada. ~하다 abreviar, omitir, resumir.

약간(若干) unos, un poco. ~의 unos, un poco de. ~의 돈 un poco de dinero.

약값(藥−) precio de la medicina.
약골(弱骨) constitución débil.
약관(弱冠) viente años [de edad], joven.
약관(約款) [조약의] cláusula; [계약서의] estipulación.
약국(藥局) farmacia. ~방 farmacopea, códice farmacéutico.
약도(略圖) doseño, esquema(m.). ···의 ~를 그리다 diseñar algo, hacer un diseño (un esquema) de algo.
약동(躍動) enérgico movimiento, palpitación. 생의 ~ vitalidad. ~하는 육체 cuerpo en pleno y enérgico movimiento. ~하는 산업 도시 cuidad industrial llena de vida. 젊은 세대는 미래를 향해 ~하고 있다 La generación joven se lanza vibrante hacia el futuro.
약력(略歷) curriculum vitae somero.
약물 agua medicinal, agua mineral.
약물(藥物) materia medicinal, medicamento, medicina.
약방문(藥方文) prescripción. ~을 쓰다 prescribir.
약분(約分) [數] reducción (simplificación) de una fracción. ~하다 reducir (simplificar) una fracción.
약사(略史) historia breve.
약소(弱少) ~한 pequeño y débil.
약속(約束) promesa, compromiso, palabra. ~하다 dar su palabra (una promesa) a uno; [···을] prometer algo a uno, comprometer algo a uno. ~처럼 conforme a la palabra. ~의 장소 lugar (sitio) de cita. ~의 땅 la tierra de promiso. ~ 시간에 a la hora citada (prometida). ~ 날 까지에는 para el día prometido. ~을 이행하다 cumplir [con] su promesa (su palabra). ~을 어기다 romper (violar) su promesa, faltar a su palabra. ~을 지키다 guardar (mantener) su promesa (su palabra). 그는 ~을 지키는 사람이다 Es un hombre de palabra. ~을 취소하다 cancelar (anular) el compromiso. ···와 만날 ~을 하다 citarse con uno. 나는 3시에 그녀와 만날 ~이 있다 Tengo una cita (Estoy citado) con ella a las tres. 결혼 ~을 하다 comprometerse a casarse con uno, dar palabra de matrimonio a uno. 그는 금연 할 것을 아내에게 ~했다 Prometió dejar de fumar a su mujer. 그 조건을 이행하기로 나는 당신에게 ~한다 Le prometo que cumpliré lo estipulado.
약속 어음(約束−) pagaré, abonaré, vale. ~을 발행하다 girar (librar) un pagaré. ~ 발행인 girador,-ra. ~ 수취인 tenedor,-ra; tomador,-ra.

약손가락(藥−) dedo cordial (en medio del corazón).
약수(約數) divisor. 최대공 ~ máximo común divisor.
약수(藥水) agua medicinal, agua mineral.
약시(弱視) 【醫】 ambliopía, debilidad de la vista.
약식(略式) informalidad. ~의 simplificado; [전정식이 아닌] informal; 【법】 sumario, sumarísimo, sin formalismo. ~ 군사 재판 consejo de guerra sumarísimo. ~ 소송 proceso sumario.
약어(略語) abreviatura; [머리글자] sigla. ~표 lista de abreviaturas.
약언(略言) sumario, resumen. ~하면 en una palabra, en resumen. ~하다 hablar en resumen, resumir.
약오르다 estar enfadado (enojado).
약올리다 encolerizar, enojar, irritar, causar ira, provocar, entrucer.
약용(藥用) uso medicinal. ~ 식물 planta medicinal. ~ 알코올 alcohol medicinal. ~포도주 vino medicinal.
약음(弱音) sonido débil.
약자(略字) abreviatura, carácter chino simplificada; [속기의] signos estenográficos.
약자(弱者) débil, persona débil.
약재(藥材) medicinas.
약전(略傳) biografía breve, bosquejo biográfico, nota biográfica.
약점(弱點) punto débil, debilidad, defecto.
약정(約定) contrato, acuerdo, compromiso. ~으로 por acuerdo, por arreglo. ~을 이행하다 cumplir sus compromisos. ~에 위배하다 violar (faltar a) sus compromisos. ~서 convención escrita.
약제(藥劑) ~사 farmacéutico; boticario.
약조(約條) [언약] promesa; [규정] regla, condición. ~하다 prometer.
약졸(弱卒) soldado cobarde (débil).
약지(藥指) dedo anular.
약진(躍進) desarrollo rápido (enorme), gran progreso. ~하다 desarrollarse rápidamente, hacer un progreso enorme.
약질(弱質) constitución débil (delicada).
약체(弱體) cuerpo débil. ~의 débil, delicado. ~화 ponerse débil (delicada), hacerse menos fuerte. ~ 내각 gabinete débil. ~ 회사 compañía débil.
약초(藥草) hierba medicinal, planta medicinal, simples (pl.). ~ 상인 herbolario.
약칭(略稱) abreviatura.
약탈(掠奪) pillaje, saqueo. ~하다 pillar, saquear. ~자 saqueador, pillador. ~품 botín, despojo.

약탕관(藥湯罐) tetera, hervidor.
약(藥) droga, medicina, medicamento. ~의 farmacéutico, medicinal. ~ 공업 industria farmacéutica. ~류 productos farmcéuticos.
약하다(弱-) [ser] débil, endeble, flojo; [섬약] frágil; [섬세] delicado, raquítico; [박약한] flaco. ~하게 débilmente, flojamente, sin fuerzas. 약한 바람 viento suave (apacible). 약한 사람을 학대하다 maltratar a los débiles. 장이 ~ ser delicado del intestino, tener el intestino débil. 여성에게 ~ tener [una] debilidad por (ser débil con) las mujeres. 그는 영어에 ~ Es débil en inglés./ Su punto flaco (débil) es el inglés.
약학(藥學) farmacia; [약리학] farmacología. ~대학 facultad de farmacia. ~박사 doctor en farmacia. ~사 licenciado en farmacia.
약호(略號) signo abreviado; [전신의] cifra.
약혼(約婚) compromiso de casamiento, noviazgo, esponsales. ~하다 desposarse. ~자 novio, desposado.
약화(弱化) debilidad, fragilidad. ~하다 enflaquecer, hacerse menos fuerte.
약효(藥效) efecto(poder) medicinal (de la medicina), resultado del remedio.
얄궂다 ser raro (extraño·singular·curioso·desagradable). 얄궂은 날씨 tiempo desagradable.
얄팍하다 ser algo delgado.
얌전하다 ser dócil (manso·benévolo·tranquilo). ~하게 dócilmente.
양(陽) positivo.
양(良) [평점] notable.
양(羊) oveja, carnero, cordero(양새끼). ~고기 carnero. ~치기 ovejero.
양(孃) señorita. 이 ~ señorita Yi.
양(量) cantidad. ~이 늘다 (늘리다) aumentar (disminuir) en cantidad. ~을 초과하다 [음식의] tomar algo en (con) exceso. 식사의 ~을 줄이다 disminuir [la cantidad de] comida. 일의 ~을 줄이다 disminuir la cantidad del trabajo. 나는 술의 ~이 늘었다 Bebo más que antes.
양가(良家) buena familia. ~의 자제 hijo de buena familia. ~집 태생이다 ser de buena familia.
양가(養家) casa de padres adoptivos.
양가(兩家) ambas casas (familias).
양가구(洋家具) mueble de estilo europeo.
양감(量感) ~이 있는 masivo, voluminoso.
양계(養鷄) avicultura, cría de gallinas. ~가 gallinero, pollera, avicultor. ~장 gallinero, pollero.
양곡(糧穀) grano, cereales, provisiones.
양과자(洋菓子) pastel, torta.
양광(陽光) luz del sol (del día).
양국(兩國) ambos (los dos) países.
양군(兩軍) ambos (los dos) ejércitos; [스포츠 등의] ambos (los dos) equipos.
양궁(洋弓) tiro de arco [europeo].
양귀비(楊貴妃) [식] amapola, adormidera.
양극(陽極) ánodo, polo positivo. ~ 산화 oxidación anódica. ~선 rayos anódicos. ~액 anolito. ~전류 corriente anódica. ~효과 efecto de ánodo.
양극(兩極) [지구·전기·자석의] los dos polos; [전기의] los dos electrodos.
양극단(兩極端) los dos extremos. 그들은 찬성과 반대의 ~으로 나뉘어졌다 Tomaron posturas extremas, en pro y en contra.
양기(陽氣) 1 [볕] luz del sol.
2 [남자의] vigor, vitalidad, virilidad, energía.
양녀(養女) hija adoptiva. ~로 삼다 adoptar, ahijar. ~가 되다 ser adoptada.
양녀(洋女) mujer europea (americana).
양념 condimento, guiso, salsa. ~을 치다 sazonar, dar sazón al manjar, condimentar. ~이 된 sazonado.
양놈(洋-) extranjero, europeo, blanco.
양단(兩端) los dos extremos, las dos puntas, los dos cabos, los dos márgenes.
양담배(洋-) tabaco importado (americano), cigarrillos americanos.
양당(兩黨) dos partidos políticos.
양도(讓渡) cesión, traspaso, concesión. ~하다 traspasar, enajenar. ~인 cedente. ~증서 escritura de traspaso.
양도(兩刀) doble filo, dos filos. ~의 de doble filo, de dos filos.
양도체(良導體) buen conductor.
양돈(養豚) cría de puercos. ~장 pocilga.
양동(陽動) ~작전 operación de diversión.
양두 구육(羊頭狗肉) Dar gato por liebre.
양로(養老) ~보험 seguro de la vejez. ~연금 pensión (anualidad) para los ancianos. ~원 asilo de ancianos.
양륙(揚陸) aterrizaje, desembarco. ~하다 aterrizar, desembarcar.
양립(兩立) compatibilidad; [공존] coexistencia. ~하다 ser compatible, coexistir. ~할 수 없다 ser incompatible. 나한테는 가정과 일이 ~하지 못한다 Para mí el trabajo y la familia son incompatibles.
양말(洋襪) [짧은] calcetines; [긴] medias. ~한 켤레 un par de calcetines. ~열 켤레 diez pares de calcetines. ~띠 liga.
양면(兩面) ambos lados, ambas facetas, ambas caras, dos caras. 물건에는 ~이 있다 Las cosas tienen dos caras. ~ 작전

operación por dos frentes. ~테이프 cinta de dos caras adhesivas.

양모(養母) madre adoptiva.

양모(羊毛) lana; [한 마리분의] vellón. ~의 de lana, lanero. ~을 자르다 cortar la lana a un cordero, esquilar los corderos. ~공업 industria lanera. ~제품 artículos de lana.

양모제(養毛劑) tónico para el cabello, loción capilar.

양물(洋物) artículo occidental.

양물(陽物) pene.

양미(兩眉) dos cejas.

양미(凉味) sabor fresco.

양미간(兩眉間) espacio entre cejas, ceja.

양민(良民) buenos ciudadanos, gente pacífica.

양반(兩班) noble, hidalgo.

양방(兩方) ambos, los dos, ambas partes. ~의 ambos. ~ 모두 옳다 Ambos son correctos.

양배추【식】col, berza.

양변(兩邊) ambos lados.

양보(讓步) concesión, conciliación. ~하다 conceder.

양복(洋服) ropa; [주로 남성용의] traje; [여성용의] vestido; [한복에 대해] vestido europeo. ~을 입다 ponerse el vestido (el traje), vestirse. ~을 만들다 hacerse un traje. ~걸이 percha, colgante. ~장 armario; [거울달린] armario de luna. ~점 sastrería, tienda de confección. ~점 주인 sastre,-tra; [부인복의] modista(m.f.). ~지 tela, tejido.

양봉(養蜂) apicultura. ~가 apicultor. ~장 colmenar.

양부(養父) padre adoptivo.

양부모(養父母) padres adoptivos.

양부인(洋婦人) dama extranjera; [창녀] puta (prostituta) para los extranjeros.

양분(兩分) bisección, división en dos partes iguales. ~하다 dividir en dos partes iguales.

양분(養分) alimento, nutrición, elementos nutritivos, sustento.

양사(陽事) ⇨ 방사(房事).

양산(量産) fabricación (producción) en serie.

양산(陽傘) parasol, quitasol. ~을 쓰다 ponerse el parasol. ~을 가지고 가다 llevar un parasol.

양상(樣相) aspecto, fase (f.), apariencia, cariz (m.). 불황은 심각한 ~을 띠고 있다 La depresión económica presenta un cariz cada vez más grave.

양색(兩色) dos colores.

양생(養生) cuidado de la salud; [병후의] recuperación. ~하다 cuidar de la salud, cuidarse; recuperarse.

양서(洋書) libro europeo (extranjero), libro importado.

양서(良書) buen libro.

양서(兩棲) ~의 anfibio. ~류 anfibios. ~동물[animal] anfibio.

양성(養成) educación, formación, cultivación, entrenamiento. ~하다 disciplinar, educar, formar. 기사를 ~하다 formar (educar) a los ingenieros. 간호원 ~소 escuela de enfermeras.

양성(陽性) positiva. ~의 positivo. ~ 반응 reacción positiva; [투베르쿨린의] cutirreacción positiva.

양성(兩性) ~의 bisexual, hermafrodita; 【화】 anfótero. ~ 생식 gamogénesis(f.). ~ 전해질【화】electrolito anfótero.

양수(羊水) líquido amniótico.

양수(讓受) traspaso, cesión. ~인 cesionario.

양순(良順) ~하다 ser bueno(obediente・apacible・manso).

양순음(兩脣音) ⇨ 순음(脣音).

양숟가락(洋~) cuchillo.

양습(良習) buena costumbre.

양식(樣式) forma, estilo, modo, manera; [서류의] formalidad. 로마네스크 ~의 사원 catedral románica (de estilo románico).

양식(洋式) estilo europeo. ~의 de estilo extranjero (europeo). ~ 변소 retrete de estilo europeo.

양식(良識) buen sentido, sensatez. ~이 있는 sensato. ~이 있다 tener buen sentido. ~에 반하다 ir contra el buen sentido. 그것은 너희들의 ~에 맡긴다 Lo dejo a vuestro buen sentido.

양식(糧食) provisiones, víveres.

양식(洋食) comida a la europea, cocina europea, plato occidental.

양식(養殖) cultura, cría; [물고기의] piscicultura. ~하다 cultivar, criar. 굴이 ~ 되고 있다 Se cultivan ostras. ~장 criadero; [물고기의] piscina, vivero. ~ 진주 perla cultivada.

양신(良辰) ⇨ 가기(佳期).

양실(洋室) cuarto a la europea, cuarto (habitación) occidental.

양심(良心) conciencia. ~적인 honrado, honesto. ~적으로 con honradez. ~의 소리 voz de la conciencia. ~이 없는 sin conciencia. ~에 가책받지 않는 concienzudo. ~이 없다 no tener conciencia. ~에 부끄러움이 없다 tener la conciencia traquila (limpia). ~에 호소하다 apelar a la conciencia de *uno*. ~적으로 장사를 하다 hacer negocio con honradez. ~이 마비되어 있다 tener la conciencia atrofiada. 이 상점은 별로 ~적이 아니다 Esta tienda es poco honesta. 그 재단사는 일을 ~적으로 한다 Ese sastre hace su trabajo a conciencia.

양심(兩心) corazón doble.
양아들(養一) hijo adoptivo.
양아버지(養一) padre adoptivo.
양악(洋樂) música occidental. ~가 músico de música europea.
양악기(洋樂器) instrumento musical europeo.
양안(兩岸) ambas orillas. 쁠라따강 ~에 a ambas orillas del Plata.
양안(兩眼) ambos ojos.
양약(洋藥) buena medicina. ~은 입에 쓰다 Las buenas medicinas son amargas.
양양(洋洋) ~한 바다 mar inmensa. 그의 전도는 ~하다 Su porvenir es muy brillante.
양어(養魚) piscicultura, cría de peces. ~가 piscicultor. ~장 vivero, piscina. ~지(池) piscina.
양어머니(養一) madre adoptiva.
양여(讓與) traspaso ; [영토의] cesión ; [이권의] concesión. ~하다 transferir, conceder.
양옥(洋屋) casa del estilo europeo.
양우(良友) buen amigo.
양원(兩院) ambas cámaras. 법안은 의회의 ~을 통과했다 El proyecto de ley fue aprobado en ambas Cámaras de la Dieta. ~ 의원 총회 asamblea general de los diputados y de los senadores del partido.
양위(讓位) abdicación. ~하다 abdicar. 왕은 그의 아들에게 ~ 했다 El rey abdicó la corona en su hijo.
양육(羊肉) carnero.
양육(養育) crianza, educación. ~하다 criar, cuidar, educar ; mantener, sostener. 아이들을 ~하다 criar a *sus* niños. ~비 gastos para criar.
양은(洋銀) metal blanco, plata alemana, alpaca.
양의(洋醫) medico medical ; [서양인] médico europeo.
양의(良醫) buen médico.
양익(兩翼) las dos alas ; [대열의] los dos flancos.
양인(兩人) ambos, los dos, ambas partes.
양인(洋人) europeo, occidental, extranjero.
양일간(兩日間) dos días.
양자(養子) hijo adoptivo. ~로 삼다 adoptar, prohijar. ~가 되다 ser adoptado.
양자(兩者) ambos ; los (las) dos, ambas partes. ~가 모두 만족하고 있다 Ambos están contentos. ~가 모두 가지 않았다 Ni uno ni otro fueron.

양자(陽子) protón.
양자(量子) cuanto (*pl.*cuanta 혹은 cuantos). ~론 teoría de los cuanta (de los cuantos). ~ 역학 mecánica cuántica.
양잠(養蠶) sericultura, sericicultura, ; [양잠업] industria de sericultura. ~가 sericultor, sericicultor. ~소 criadero de gusanos de seda.
양장(洋裝) vestido de estilo europeo. ~하다 vestirse al estilo europeo (a la europea). ~점 almacén de novedades.
양재(洋裁) costura [a la europea]. ~를 배우다 aprender la costura. ~점 tienda de costura. ~점 주인 modista (*m.f.*). ~ 학교 academia de costura.
양전기(陽電氣) positrón.
양조(釀造) elaboración, destilación. ~하다 destilar.
양주(洋酒) licor extranjero, alcohol occidental.
양주(兩主) marido y mujer, esposos.
양지(陽地) lugar soleado, sol, solana.
양질(良質) buena calidad. ~의 superior calidad. ~의 원유 petróleo de buena calidad.
양쪽(兩一) ambas partes, ambos lados ; [사람] ambos, los dos.
양차(兩次) dos veces.
양책(良策) buena medida, buena idea, buena táctica.
양처(良妻) buena esposa. 현모 ~ buena esposa y madre meritoria.
양철(洋鐵) hierro galvanizado.
양초(洋一) vela, candela. ~를 켜다 encender la vela.
양추(涼秋) otoño fresco, septiembre del calendario lunar.
양춘(陽春) primavera, enero [del calendario lunar].
양측(兩側) ambos lados. ~에 a (por) ambos lados. 도로 ~에 집이 늘어서 있다 Ambos (Los dos) lados del camino están llenos de casas.
양친(兩親) padres. 이 아이는 ~이 없다 Este niño es huérfano. / Este niño no tiene padres. / Este niño no tiene [ni] padre ni madre.
양키 yanki, yanqui.
양토(養兔) cuniculura. ~장 conejera.
양탄자(洋一) alfombra.
양파 [식] cebolla.
양편(兩便) ambos lados.
양품점(洋品店) camisería, mercería. ~ 주인 camisero.
양풍(洋風) estilo europeo (occidental). ~

양풍 으로 al estilo europeo. ~의 de estilo europeo (occidental).

양풍(涼風) brisa fresca.

양피(羊皮) zamarro. ~지 pergamino.

양항(良港) buen puerto. 천연의 ~ buen puerto natural.

양해(諒解) entendimiento, comprensión. ~하다 entender, comprender.

양호(良好) ~한 bueno, excelente, venturoso. 환자의 경과는 ~ 하다 El enfermo está recobrándose (recuperándose) satisfactoriamente. 시계는 ~하다 La visibilidad es buena.

양화(洋畫) [그림] pintura occidental (europea); [영화] cine occidental (extranjero). ~가 pintor al óleo.

양화(陽畫) [prueba] positiva.

양화(洋靴) zapatos. ~점 zapatería. ~점 주인 zapatero.

양회(洋灰) cemento.

얕다 Hay poca profundidad. 한강은 ~ El Río Jan tiene poca profundidad.

얕보다 despreciar, desestimar, menospreciar.

어(語) palabra; [전문어] término, dicción, vocabulo; [언어·국어] lengua, idioma (*m.*). 외국~ lengua extranjera.

어감(語感) sentido de la lengua.

어구(語句) frase (*f.*).

어구(漁具) arte (utensilio) de pesca.

어구(漁區) zona de pesca, pesquera.

어귀 entrada.

어근(語根) raíz de una palabra.

어금니 muela.

어기(漁期) temporada de pesca.

어기다 equivocar, alterar. 약속을 ~ violar promesa.

어깨 hombro. ~에 메다 cargar al hombro.

어깨걸이 chal.

어느 1 [의문] qué. ~ 누구 quién.
2 [어느… 이나] alguno; [모든 것의]; [부정문에서] ninguno. ~ 것이나 cualquiera.
3 [한] un, una, cierto.

어두움 obscuridad. ⇨ 어둠.

어두컴컴하다 ser muy obscuro. 어두컴컴한 밤 noche obscura.

어둠 obscuridad, tinieblas; [저녁] anochecer, crepúsculo. ~의 세상 mundo obscuro. ~속에서 en la obscuridad.

어둡다 ser obscuro. 어두운 방 habitación obscura.

어디 dónde. 여기가 어딥니까. ¿Dónde estamos? 당신은 ~에 사십니까 ¿Dónde vive usted? 역에 갈려면 ~로 가면 됩니까 ¿Por dónde se va a la estación? ~ 가십니까 ¿A dónde va usted? ~ 태생이십니까 ―한국 태생입니다 ¿De dónde es usted? ―Soy de Corea.

어떻게 cómo. 요즈음 ~ 지내십니까 ¿Cómo está usted estos días?

어떨씨 adjetivo ⇨ 형용사.

어란(魚卵) freza, huevas de los peces.

어렵다 1 ser difícil; [복잡하다] estar complicado [delicado]. 어렵지 않은 fácil, simple. 어려운 문제 cuestión difícil. 어려운 수술 operación delicada. 어려운 시험 examen difícil.
2 [생활이] ser pobre. 어려운 사람들 los pobres.

어로(漁撈) pesca, pesquera. ~술 arte de pescar.

어록(語錄) antología.

어뢰(魚雷) torpedo. ~를 발사하다 lanzar torpedos; […에 대하여] torpedear. ~ 발사관 [tubo] lanzatorpedos. ~정 torpedero.

어루만지다 acariciar.

어류(魚類) peces. ~학 ictiología. ~ 학자 ictiólogo.

어르다 mecer. 아이를 팔에 품고 (무릎에 앉히고) ~ menear a un niño en los brazos (sobre las rodillas).

어르신네 [남의 아버지] *su* padre; [존칭] usted. ~께서 집에 계시지요 ¿Está en casa su padre?

어른 adulto. ~의 adulto. ~의 세계 mundo adulto. ~의 생각 idea adulta.

어른거리다 vacilar una llama.

어리광 coquetería del niño.

어리다 ser joven, pequeño. 어릴 때 나는 시골에서 살았다. Cuando era niño, yo vivía en el campo.

어리석다 ser estúpido (tonto · torpe · bobo).

어린이 niño, muchacho; [영아] bebe, nené, infante. ~같은 pueril, propio de niño (de muchacho). ~ 시절에 en la infancia (niñez).

어릿광대 payaso.

어마어마하다 [당당하다] ser grande (magnífico); [대단하다] ser colosal.

어망(漁網) red de pesca.

어머니 madre, mamá. ~의 maternal. ~의 사랑 amor materno.

어물거리다 prevaricar, usar de expresiones ambiguas.

어물어물 equivocadamente, ambiguamente.

어미(語尾) 【문】 terminación de palabra, desinencia.

어민(漁民) pescador.

어버이 padres. ~를 공경하라 Tienes que respetar a tus padres.

어법(語法) fraseología, uso de dicción.

어부(漁夫) pescador. ~지리를 얻다 be-

어분(魚粉) harina de pescado.
어비(魚肥) abono de pescado.
어서 1 [빨리] prontamente, con presteza, rápidamente, apresuradamente, de prisa. ~ 오너라 Ven pronto. / Date prisa. / Apresúrate.
2 [환영] por favor. ~ 오십시오 ¡Bienvenido!
어선(漁船) barco de pesca, barco pescador (pesquero).
어스름 crepúsculo vespertino.
어슬렁거리다 haraganear, andorrear, corretear.
어슴푸레하다 ser obscuro (opaco·sombrío).
어안(魚眼) fisheye. ~ 렌즈 objetivo de fisheye.
어업(漁業) pesca ; [산업] industria pesquera. ~에 종사하다 dedicarse a la pesca. 한국은 ~이 성하다 La industria pesquera está muy desarrollada en Corea. ~국 país pesquero. ~권 derecho de pesca. ~ 전관 수역 zona reservada de pesca. ~조합 sindicato de pescadores.
어울리다 [조화되다] sentar, caer (venir) bien [un vestido]. 이 코트는 나에게 어울리지 않는다 No me sienta esta levita. 그것은 당신에게 어울린다 Eso le conviene a Vd. perfectamente. / Eso le va(cae) a Vd. muy bien.
어원(語原) etimología, origen de palabra. ~학 etimología. ~학자 etimologista.
어유(魚油) aceite de pescado.
어육(魚肉) [조상선] pescado ; [생선과 수육] pescado y carne.
어음【상업】 letra. ~을 발행하다 librar (girar) una letra. ~을 인수하다 aceptar una letra. ~ 교환[고] compensaciones bancarias. ~ 교환소 cámara de compensación. ~ 발행인 girador, librador. ~ 인수인 aceptador (aceptante) [de una letra]. ~ 지불인 girado, librado. ~ 지참인 portador[de una letra]. 부도 ~ letra rechazada. 수취 ~ letra a(por) recibir. 약속 ~ pagaré. 일람불 ~ letra a la vista. 일부후···일(월) 불 ~ días (meses) fecha. 지불 ~ letra a (por) pagar. 확정일 불 ~ letra a plazo fijo. 환 ~ letra de cambio.
어음(語音) pronunciación.
어의(語義) significación de una palabra.
어의(御醫) médico real.
어이딸 madre e hija.
어이아들 madre e hijo.
어장(漁場) pesquera.

어저께 ayer.
어적거리다 mascar despacio y con ruido. mascar a dos carrillos.
어전(御殿) palacio.
어제 ayer. ~부터 de ayer acá. ~ 아침 (오전) ayer por la mañana. ~ 오후 ayer por la tarde. ~ 어디 계셨습니까 ¿Dónde estuvo Vd. ayer?
어제오늘 ayer y hoy ; [요즈음] estos días.
어젯밤 anoche.
어조(語調) acento, tono.
어째(서) por qué. ~ 늦었느냐 ¿Por qué llegaste tarde?
어쨌든 de cualquier modo que sea, en cualquier caso, de todos modos, de cualquier modo, sea como se fuere.
어쩌면 1 [추측] tal vez, quizá[s], acaso.
2 [감탄] 걔가 그렇게 예쁠까 ¡Qué hermosa es ella!
어찌 1[방법] cómo. ~해서든지 sin duda, sin falta, a toda costa.
2 [왜] ~해서 ¿por qué?
어찌씨 adverbio. ⇨ 부사.
어차피 de todos modos, de todas maneras.
어촌(漁村) aldea de pescadores, pueblo pesquero (de pescadores).
어투(語套) manera de hablar, tono.
어폐(語弊) palabra inadecuada, términos mal entendidos. ~가 있다 La expresión no es adecuada.
어학(語學) lingüística, lenguas. ~의 lingüístico. ~의 재능 talento lingüístico. ~자 linguista (m.f.). ~ 지식 conocimiento lingüístico.
어항(漁港) puerto pesquero.
어획(漁獲) pesca, pesquería. ~고(高) [cantidad de] pesca, suma de pesca.
어휘(御諱) nombre del rey.
어휘(語彙) vocabulario. 풍부한 ~ vocabulario abundante.
억(億) cien millones. 십 ~ mil millones. ~만장자 archimillonario, multimillonario.
억누르다 oprimir, apretar, reprimir, restringir.
억단(臆斷) juicio sin fundamento. ~하다 juzgar algo sin fundamento fidedigno.
억류(抑留) detención, arresto, internamiento ; [선박의] embargo. ~하다 detener, arrestar, prender. ~소 campo de detención (de internamiento). ~자 detenido.
억설(臆說) conjetura, suposición ; [가설] hipótesis (f.) ; [학적 가설] teoría. ~하다 hacer una hipótesis.
억세다 1 [세차다] ser fuerte (forzudo·vigoroso·robusto·muscular).
2 [뻣뻣하다] ser rígido (duro·tenso·inflexible).

억수 aguacero, lluvia torrencial. 비가 ~같이 내리다 llover a cántaros, diluviar.

억압(抑壓) opresión, represión, sujeción. ~하다 reprimir, oprimir, sujetar. 언론의 자유를 ~하다 oprimir la libertad de palabra.

억양(抑揚) entonación, altos y bajos de voces.

억제(抑制) freno, represión. ~하다 refrenar, contener, reprimir ; [제어] dominar. ~할 수 없는 irrefrenable, irresistible. 물가의 상승을 ~하다 frenar (impedir) la elevación de los precios. 자본의 유출을 ~하다 contener la salida del capital.

억지 sinrazón, despropósito, falta de razón, obstinación, aferramiento, terquedad, pertinacia. ~가 아닌 razonable, natural.

억지로 por fuerza. ~하게 하다 forzar, violentar.

억측(臆測) suposición, conjetura. ~하다 suponer, conjeturar, adivinar. 나의 ~이 맞았다 Mi suposición ha acertado. 그것은 ~에 지나지 않다 No es más que una conjetura.

언급(言及) referencia, alusión. ~하다 mencionar (citar) *algo*, hablar (hacer mención) de *algo*, aludir *algo*, referirse (hacer referencia) a *algo*. 그는 연설 중에 이 점에 대해 ~했다 Hizo mención de este punto (a este respecto) en su discurso.

언니 hermano, hermana. 큰~ hermano (hermana) mayor.

언덕 cuesta, cerro, monte.

언도(言渡) sentencia. ~하다 sentenciar, condenar.

언동(言動) palabras y acciones. ~을 신중히 해야한다 Tenemos que hablar y obrar con prudencia. / Debemos ser prudentes en las palabras y acciones.

언론(言論) palabra. ~의 자유 libretad de palabra ; [신문의] libertad de prensa ; [출판의] libertad de imprenta. ~게 sa. ~의 자유가 없는 자유는 존재하지 않는다 No hay libertad sin libertad de prensa.

언명(言明) declaración. ~하다 declarar, manifestar.

언문 일치(言文一致) unificación de la lengua hablada y de la escrita.

언변(言辯) elocuencia. ~이 있는 elocuente.

언사(言辭) palabras, habla, lenguaje, lenguaje; [표현] expresión. 외교적 ~ lenguaje diplomático.

언성(言聲) voz, tono. 화난 ~ voz colérica. 맑은 ~ voz clara. ~을 높여 ruidosamente, aborotadamente, con mucho ruido, en voz alta.

언약(言約) promesa, palabra. ~하다 prometer.

언어(言語) lengua, idioma (*m.*), habla. ~학 filología, linqüística. ~학의 linqüístico, filológico. ~학적 linqüístico, filológico. ~학자 linqüista (*m.f.*). ~ 장애 defecto (impedimiento) del habla ; [실어증]afasia.

언쟁(言爭) disputa, riña, contienda, pelea. ~하다 reñir, contender, pelear.

언저리 canto, borde, esquina, ángulo, margen, ribete, orilla.

언제 1 [의문] ¿Cuándo? ; [몇시] ¿Qué hora? ; [며칠] ¿Qué día? ~든지 cuandoquiera, siempre que. ~까지 ¿hasta cuándo. ~부터 desde cuándo. ~쯤 hacia (para) cuándo. ~나 처럼 como de costumbre. 그는 ~ 떠났습니까 ¿Cuándo salió? 출발은 ~ 하십니까 ¿Cuándo se marcha usted? ~부터 ~까지 한국에 계시겠습니까 ¿Desde y hasta cuándo va a estar en Corea? 일은 ~까지 계속될 것입니까 ¿Hasta cuándo durará el trabajo? ~까지 편지를 보내야 합니까 ¿Para cuándo tengo que mandar la carta? 그 신문은 ~ 것입니까 ¿De qué día es (De cuándo es) Qué fecha lleva) el periódico? ~ 사고가 일어났는지 모른다 No sé cuándo ocurrió el accidente.

2 [미래] algún día, otro día, un día [de estos], en el futuro cercano. 내 한 번 전화 하겠습니다 Le llamaré algún día.

3 [과거] en otro tiempo, otras veces, antiguamente.

언제나 siempre ; [평소에] usualmente, comúnmente ; [습관적으로] habitualmente ; [···할 때마다] cuandoquiera, siempre que, cada vez que. 아버지는 ~ 후하다 Mi padre siempre es generoso. 그는 ~ 담배를 피우고 있다 El siempre fuma.

언제든지 cuandoquiera, algún tiempo ; [항상] siempre. ~ 좋으실 때 오십시오 Venga cuando quiera. 그는 일요일에는 ~ 집에 있다 El siempre está en casa [todos] los domingos.

언젠가 [마래의] algún día, otro día ; [과거의] un día, el otro día, antes.

언질(言質) promesa, fianza de palabra, palabra de honor. ~을 주다 dar palabra, prometer, soltar prenda.

언짢다 ser malo, sentirse mal. 언짢은 꿈 mal sueño. 언짢은 날씨 mal tiempo. 언짢은 소식 mala noticia. 언짢게 말하다 hablar mal de *uno*.

언청이 hendedura (abertura) del labio superior. ~의 labihendido.

언행(言行) dichos y hechos, palabras y obras.

얹다 poner ; [짐을] cargar, echar, poner.

얼 [정신] espíritu, mente ; [혼] alma ; [의지] voluntad. ~빠진 abstraído, distraído. ~이 빠져 fuera de sí, absorto, abstraído en meditación. 한국의 ~ espíritu de Corea. 애국의 ~ espíritu patriótico, patriotismo.

얼간이 bobo, idiota, tonto.

얼굴 cara, faz, rostro. ~이 두꺼운 descarado. ~을 씻다 lavarse la cara. ~을 붉히다 abochornarse, sonrojarse, sonrosearse, ponerse colorado, mostrar en la cara rubor.

얼다 hela[rse]. 언 helado, congelado.

얼룩 [오점] mancha ; [반점] mancha, borrón, lunar, pintarrajo.

얼룩말 [동] cebra.

얼른 aprisa, de prisa, prontamente, con presteza, rápidamente, en seguida, inmediatamente. ~ 해라 Ten prisa. / Date prisa. / Apresúrate. / Está de prisa.

얼리다 helar.

얼마 1 [수량] cuántos (수), cuánto (양). 2 [금액] cuánto. 이 모자는 ~입니까 ¿Cuánto es (cuesta·vale) este sombrero? / ¿A cómo es este sombrero? / 그 쇠고기는 1킬로에 ~입니까 ¿Cuánto es la carne de vaca al kilo? 여기서 서울까지는 거리가 ~나 됩니까 ¿Qué distancia hay de aquí a Seúl?

얼마나 1[의문] [수] cuántos (수), [양] cuánto ; [시간] cuánto tiempo ; [금액] cuánto. 책이 ~ 있습니까 ¿Cuántos libros tiene usted? 돈이 ~ 필요합니까 ¿Cuánto dinero necesita usted? 시간은 ~ 걸립니까 ¿Cuánto tiempo se tarda? 한국에 와서 ~ 됩니까 ¿Cuánto tiempo hace que lleva usted en Corea? 여기서 역까지의 거리는 ~ 됩니까 ¿Qué distancia hay de aquí a la estación?
2 [감탄] qué, cuánto. ~ 아름다운 경치냐 ¡Qué hermoso es el paisaje! 이 ~ 좋은 날씨인가 ¡Qué buen tiempo hace! 당신을 만나뵙게 되니 ~ 기쁜지 모르겠나 ¡Cuánto me alegro de verle a usted!

얼음 hielo. ~물 agua helada. ~ 베개 almohada con hielo. ~집 nevería. 인조 ~ hielo artificial.

얽다 atar, apretar, amarrar, vendar. 체인으로 ~ amarrar con cadenas. 상처를 ~ vendar una herida.

얽어매다 ligar.

엄격(嚴格) severidad, rigor. ~한 estricto, severo, riguroso. ~히 estrictamente, severamente.

엄금(嚴禁) prohibición estricta (rigurosa). ~하다 prohibir algo estrictamente (rigurosamente). 이곳에서는 흡연을 ~함 Aquí se prohíbe estrictamente fumar.

엄동(嚴冬) invierno riguroso (muy frío).

엄마 mamá.

엄명(嚴命) orden estricto, instrucciones rígidas.

엄밀(嚴密) severidad, rigor. ~한 estricto, riguroso. ~히 estrictamente, rigurosamente.

엄벌(嚴罰) castigo severo (riguroso), punición severa. ~에 처하다 castigar a uno severamente (rigurosamente·sin benevolencia), condenar a uno a un castigo severo (a una pena rigurosa).

엄선(嚴選) selección estricta. ~하다 seleccionar rigurosamente, elegir algo severamente (cautelosamente).

엄수(嚴守) observancia estricta (rigurosa·escrupulosa). ~하다 observar algo estrictamente (rigurosamente·escrupulosamente). 비밀을 ~하다 guardar el secreto. 시간을 ~하다 ser puntual, guardar la máxima (la mayor) puntualidad 「시간을 ~할 것」 Se ruega la máxima (la mayor) puntualidad.

엄숙(嚴肅) solemnidad. ~한 solemne, grave. ~히 solemnemente, con solemnidad. ~한 분위기 ambiente solemne. ~한 태도 actitud grave. 식은 ~하게 거행되었다 La ceremonia fue celebrada con solemnidad.

엄습(掩襲) ataque repentino. ~하다 atacar repentinamente.

엄정(嚴正) ~한 [엄한] severo, riguroso, estricto; [공평한] imparcial; [정확한] exacto, justo. ~하게 rigurosamente, estrictamente; exactamente, justamente. ~ 중립 neutralidad rigurosa. ~중립을 지키다 mantener una neutralidad estricta (absoluta). ~하게 심사하다 examinar con imparcialidad.

엄중(嚴重) severidad, rigor. ~한 severo, estricto, riguroso. ~히 severamente, estrictamente.

엄지 [손의] pulgar; [발의] el dedo gordo del pie.

엄지발가락 el dedo gordo del pie.

엄지발톱 uña del dedo gordo del pie.

엄지손톱 uña del pulgar.

엄청나다 ser absurdo (terrible). 엄청나게 terriblemente, absurdamente. 엄청나게 큰 muy, grande, gigantesco. 엄청난 값 precio extravagante. 엄청난 숫자 número enorme.

엄친(嚴親) padre estricto; [자기의] su

엄하다(嚴-) ser severo (estricto·rígido·rigoroso). 엄하게 severamente, estrictamente, rigorosamente. 엄하게 벌주다 castigar severamente.

엄한(嚴寒) frío severo (riguroso). ~기(期) período en que hace un frío intenso. ~지절에 en lo más recio del invierno.

엄호(掩護) protección, cubrimiento; ~하다 proteger. 퇴각을 ~하다 cubrir la retirada. ~ 사격 fuego de protección.

업 [직업] trabajo, ocupación; [전문의] profesión.

업계(業界) círculos, sector industrial. ~신문 periódico de un ramo comercial (industrial). 제철 ~ círculos siderúrgicos.

업다 cargar al hombro.

업무(業務) operación; [일] trabajo, oficio. ~상의 사고 accidente de trabajo. ~상의 과실 descuido en el desempeño del cargo profesional. ~상 과실 치사죄 delito de homicidio por descuido profesional en el desempeño del trabajo. ~ 제휴 cooperación [entre empresas]. A사와 판매에 관해 ~제휴하다 cooperar con A en la venta. ~명령 orden empresarial. ~용의 destinado para el uso profesional. ~비 gastos de operación. 은행 (할인) ~ operación de banco (de descuento). 해운 ~ operaciones marítimas.

업신여기다 despreciar, desestimar, menospreciar.

업자(業者) comerciante, negociante, industrial. 당사를 출입하는 ~ comerciante que tiene relación con nuestra compañía. ~간 협정 acuerdo entre las empresas interesadas.

업적(業績) [성과] resultado; [일·작품] trabajo realizado, obra. ~을 올리다 arrojar buenos resultados; realizar un buen trabajo. 연구 ~이 뛰어난다 El fruto de sus investigaciones es sobresaliente. 이 회사는 ~이 별로 없다 Esta compañía arroja resultados muy pobres. 경기 회복으로 회사의 ~이 올랐다 La recuperación económica ha estimulado las actividades comerciales de la empresa.

업종(業種) sección de industria (de empresa), rama de comercio. ~별로 por ramas industriales (comerciales).

없다 no haber, no existir, no tener. 돈 없이 sin dinero. 없는 사람들 los pobres. 저 사람은 자식이 ~ El no tiene hijos. 병에 물이 조금 밖에 ~ Hay poca agua en la botella.

없애다 [제거] remover; [낭비] gastar; [잃다] perder.

없어지다 1 [분실하다] perder[se].
2 [소멸하다] desaparecer, irse.

없이 sin. 틀림 ~ sin falta (duda). 할 수 ~ inevitablemente. 그치 ~ infinitamente, sin fin, perpetuamente.

엉덩이 cadera; nalga. ~가 무겁다 ser lento (perezoso·holgazán). ~뼈 hueso de la cadera, hueso ilíaco.

엊그저께 [수일 전] hace unos días; [그저께] anteayer.

엊그제 ⇨ 엊그저께.

엊저녁 anoche, ayer por la noche.

엎다 trastornar, poner lo de arriba abajo, volcar, hacer volcar.

엎어지다 caerse.

엎드리다 prosternarse.

엎지르다 derramar, verter.

에 a, en, para, sobre, y, con. 몇 시~ ¿A qué hora? 마드리드~ 도착하다 llegar a Madrid. 서울~ 거주하다 residir en Seúl. 영국~ 가다 partir (salir) para Inglaterra.

에게 a, para. 우리~ 돈을 주다 darnos dinero. 어머니~ 편지를 쓰다 escribir a su madre.

에게서 de. 어머니~ 편지가 오다 recibir una carta de su madre.

에고이스트 egoísta.

에고이즘 egoísmo.

에나멜 esmalte; [피혁의] charol.

에너지 energía. ~ 보존의 법칙 principio de la conservación de energía. ~ 소비량 consumo de energía. ~ 위기 crisis enérgica (de la energía). ~ 자원 recursos (fuentes) de energía, reservas energéticas.

에누리 descuento. ~하다 descontar, rebajar.

에러 error.

에로 obscenidad, pornografía. ~ 문학 literatura obscena (pornográfica). ~ 사진 (영화) fotografía (película) obscena (pornográfica·verde).

에로스 [사랑의 신] Eros.

에로티시즘 erotismo.

에로틱 erótico.

에메럴드 esmeralda. ~색의 esmeraldino.

에서 1 [장소] en. 공장~ 일하다 trabajar en la fábrica. 공원~ 산보하다 pasear[se] (dar un paseo) en el parque.
2 [출발점] de, desde. 2시~ 3시 사이에 entre las dos y las tres. 학교~ 돌아오다 volver de la escuela. 기차~ 내리다 bajar del tren. 해는 서쪽~ 떠서 동쪽으로 진다 El sol sale por el este y se pone por el oeste.
3 [주격] 우리 학교~ 이겼다 Ganó nuestra escuela. 회사~ 나한테 시계를 주었다

에스빠냐 La compañía me dio un reloj. 4 [견지] desde, según. 교육적 견지~ 보면 desde el punto de vista educador.

에스빠냐 España. ~의 [사람] español. ~어 español, castellano, lengua española (castellana), idioma español (castellano).

에스컬레이터 escalera móvil, escalera a motor.

에스키모 ~의 esquimal. ~인 esquimal.

에스파냐 ⇨ 에스빠냐.

에스페란토 esperanto. ~학자 esperantista.

에어컨디셔너 acondicionador del aire.

에이비시 [알빠벳] alfabeto, abecedario; [초보] abecé. ~순으로 por orden alfabético, alfabéticamente.

에이커 [농] acre.

에이프런 delantal, mandil.

에치오피아 [지] Etiopía. ~의 etiópico. ~사람 etíope.

에쿠아도르 [지] el Ecuador. ~의·~사람 ecuatoriano.

에테르 [화] éter.

에티켓 etiqueta.

에프엠 frecuencia modulada, FM. ~방송 emisión (radiodifusión) en frecuencia modulada (en FM). ~수신기 receptor modulado en frecuencia (de frecuencia modulada).

에프오비 FAB, franco a bordo. ~가격으로 en termino, FAB.

에피소드 episodio; [일화] anécdota.

에필로그 epílogo.

엑스레이 radiografía.

엑스선(-線) rayos X. ~단층 촬영 tomografía. ~사진 radiofotografía. ~촬영 radiografía.

엑스트러 extra (m.f.); comparsa (m.f.) figurante (m.f.). 영화에 ~로 출연하다 hacer (trabajar) de extra en una película.

엔지니어 ingeniero.

엔진 motor. ~을 멈추다 parar el motor. ~브레이크 freno motor.

엘레지 elegía.

엘리베이터 ascensor, 【남미】 elevador; [주로 화물용] elevador, montacargar ~에 오르다 entrar en el ascensor. ~로 오르다 (내리다) subir (bajar) en ascensor. ~보이 ~~걸 ascensorista (m.f.).

엘살바도르 [지] El Salvador. ~의 [사람] salvadoreño.

엥겔계수(-係數) coeficiente de Angel.

여(女) mujer, muchacha.

-여(餘) más de. 20 ~년 más de veinte años. 천 ~명의 부상자가 있었다 Resultaron más de mil heridos.

여가(餘暇) tiempo libre (desocupado). ~에 en ratos libres (desocupados), en el tiempo libre. ~가 있다 tener tiempo libre (desocupado). ~를 즐기다 gozar (disfrutar) del tiempo libre. ~를 이용하다 aprovechar el tiempo libre.

여각(餘角) [기하] ángulo complementario.

여객(旅客) viajero; [주로 배·비행기의] pasajero. ~수용능력 60명의 배 barco de capacidad de sesenta pasajeros. ~기 avión de pasajeros. ~안내소 oficina de información turística. ~열차 tren de viajeros (de pasajeros). ~운임 tarifa de viaje. 보통 ~운임 precio del billete ordinario.

여걸(女傑) heronina.

여공(女工) obrera.

여과(濾過) filtración. ~하다 filtrar, colar. ~기 filtro, colador.

여관(旅館) hotel, hostal; [시골의 간이여관] posada, venta, fonda. ~에 숙박하다 hospedarse (alojarse) en un hotel. ~을 경영하다 llevar un hotel, ser propietario de un hotel. ~주인 hotelero, propietario del hotel; posadero, mesonero.

여교사(女教師) maestra.

여권(旅券) pasaporte. ~을 신청하다 solicitar la expedición de un pasaporte. ~을 교부하다 expedir a uno un pasaporte. ~을 보이다 enseñar a uno su pasaporte. ~의 사증을 받다 hacer visar su pasaporte. ~검사 revisión del pasaporte.

여급(女給) moza, camarera.

여기 aquí. ~에, ~로, 이곳, 이에 desde aquí, desde este punto, de aquí. ~까지 hasta aquí. ~로 por aquí. ~가 어딥니까 ¿Dónde estamos?/ ¿Dónde estoy?

여기(技) pasatiempo. diversión, entretenimiento.

여기다 pensar, considerar, tratar.

여기자(女記者) periodista.

여기저기 aquí y allí (y acullá), acá y allá. ~를 보다 mirar por todas partes. 잃은 물건을 ~ 찾다 buscar un objeto perdido por todas partes. 국내를 ~ 여행하다 hacer un viaje por diversas partes del país. 정원 ~서 새들이 울고 있다 Cantan los pájaros aquí y allí en el jardín. 이 마을은 ~에서 관광하러 온다 A este pueblo llegan turistas de todas partes.

여념(餘念) ···에 ~이 없다 estar absorto (enfrascado) en algo. 어머니는 편물에 ~이 없다 Mi madre está absorta en su labor de punto.

여단(旅團) brigada. ~장 brigadier, general de brigada.

여담(餘談) digresión.

여당(與黨) partido del (en el) poder, partido del (en el) gobierno, partido guber-

namental.
여덟 ocho. ~번 ocho veces. ~쩨 octavo. ~살 ocho años [de edad]. ~시 las ocho.
여동생(女同生) hermana.
여드렛날 el ocho [del mes].
여드름 granos, errupciones.
여래(如來) Buda *(m.)*.
여러 mucho, varios, diverso.
여러 가지 diverso, varios, diverso.
여러번 frecuentemente, con frecuencia, muchas veces.
여러분 caballeros, señores. 신사 숙녀 ~ damas (señoras) y caballeros.
여력(餘力) fuerza restante, energía remanente, reserva de energía. ~이 충분히 있다 tener mucha reserva de energía. ~을 모으다 reunir todas las fuerzas restantes. 아직 …할 ~이 있다 tener todavía la fuerza de + *inf.* 그는 아직 충분히 ~이 있다 Tiene mucha reserva de energía.
여로(旅路) viaje.
여론(與論) opinión pública.
여류(女流) sexo femenino, bello sexo. ~의 femenino. ~ 작가 escritora, autora. ~ 화가 pintora.
여름 verano; 【문】 estío. ~의 veraniego, de [l] verano; de[l] estío, estival. ~에 en [el] verano. ~ 끝날 때에 a fines (a finales · a la caída) del verano. ~의 태양 sol de verano. 한 ~에 en pleno verano. ~방학 · ~휴가 vacaciones de verano.
여망(與望) popularidad, confianza. 국민의 ~을 받다 gozar (disfrutar) de la confianza del pueblo.
여명(黎明) alba.
여명(餘命) resto de la vida.
여무지다 ser fuerte.
여물다 1 [익다] madurar, llegar a madurez. 2 [사람이] ser vigoroso (firme · fuerte).
여미다 ajustar, arreglar. 옷깃을 ~ ajustar *su* traje. 옷깃을 여미고 듣다 escuchar con atención, escuchar con sinceridad.
여반장(如反掌) muy fácil, facilísimo. 그러한 일은 ~이다 Es muy fácil.
여배우(女俳優) actriz.
여백(餘白) blanco, margen, espacio. ~에 쓰다 escribir en el margen. ~을 메꾸다 llenar el espacio. ~을 남기다 dejar [un] margen, dejar [un] espacio en blanco.
여별(餘一) extra, sobra, repuesto.
여보 hola, perdón, mira. ~ 이게 뭐요. Mira, ¿qué es esto?
여보시오 hola, por favor, perdón, perdóneme; [전화에서] Diga(받은 쪽). Oiga. Oigame(거는 쪽).
여분(餘分) más de, más.
여비(旅費) gastos de viaje. ~를 지급하다 pagar a *uno* los gastos de viaje.
여사(女史) Madama, Señora, Señorita. 김 ~ Señora Guim.
여상(女相) cara mujeril (mujeriega).
여색(女色) [미색] belleza femenina; [미인] [mujer] guapa; [성교] cioto; [색욕] deseo sexual.
여생(餘生) [resto de la] vida.
여서(女壻) yerno, hijo político, esposo de *su* hija.
여섯 seis. ~쩨 sexto. ~시 las seis.
여성(女性) sexo femenino, sexo gentil. ~적 mujeril, femenil, afeminado. ~관 vista de sexo bello.
여성(女聲) voz femenina. ~ 합창 coro femenino.
여송연(呂宋煙) cigarro. ~을 피우다 fumar un cigarro.
여수(女囚) prisionera.
여수(旅愁) tedio de viaje, soledad del viajero, nostalgia.
여승(女僧) monja.
여식(女息) hija.
여신(女神) Diosa.
여실히(如實一) justamente, como lo es, realmente. 실생활을 ~묘사하다 describir la vida tal como es, reproducir fielmente la vida real.
여심(女心) corazón de mujer.
여아(女兒) hija; muchacha, niña.
여왕(女王) reina, soberana. ~벌 abeja reina.
여우 [동] zorra; [사람] zorro, hombre astuto y engañoso.
여우(女優) actriz.
여운(餘韻) resonancias prolongadas, eco. 시의 ~을 맛보다 saborear el gustillo que deja (lo insinuante) de la poesía.
여울 recial, raudal, corriente inpetuosa del río.
여위다 ponerse flaco (delgado).
여유(餘裕) 1 soltura, desahogo; clama, tranquilidad. ~생활에 ~가 있다 vivir a *su* gusto, vivir con desahogo, llevar una vida holgada (cómoda). ~가 없다 estar en apuros de vida, vivir en necesidad, llevar una vida apretada. 마음의 ~를 갖다 tener tranquilidad. 마음의 ~를 잃다 perder la calma.
2 [잉여] sobra, excedente; [여지] lugar, espacio; [한가] tiempo libre. ~를 남기다 dejar espacio. 돈에 ~가 있다 tener dinero suficientemente. 충분한 시간의 ~를 갖고 con tiempo de sobra. 충분한 시간의 ~가 있다 Hay tiempo de sobra. 이제 시간의 ~가 없다 Ya no hay (no queda) tiempo; / Me falta tiempo. 아직 옷장을 놓

여의 을 ~가 있다 Todavía hay espacio para colocar la cómoda.

여의(女醫) médica, doctora.

여의다 perder.

여인(女人) mujer, mujer casada. ~ 금제(禁制) Se prohíbe el acceso de (a) las mujeres./ Entrada prohibida para las mujeres.

여인(麗人) belleza.

여인숙(旅人宿) posada, fonda, mesón.

여자(女子) mujer; [여아] hija; [소녀] muchacha, chica. ~의 femenino, de [la] mujer. ~같은 afeminado. ~다운 femenino; [여성 특유의] femenil. ~다운 femineidad, feminidad. ~같은 남자 hombre afeminado. ~다운 여자 mujer muy femenina. ~다운 우아함 gracia femenina. ~다운 말 lenguaje femenil. 그녀는 ~답게 되었다 Se ha hecho muy femenina. 그녀는 ~답지 못하다 Su manera de ser es poco femenina./Tiene poca femineidad. 그녀는 잘 생긴 ~다 Es una mujer guapa. 범죄 뒤에는 항상 ~가 있다 Detrás de un delito siempre está (se esconde) una mujer. ~대학 colegio de mujeres.

여장(旅裝) vestido (ropa) de viaje; preparativos de viaje. ~을 꾸리다 equiparase para el viaje, hacer la maleta. ~을 풀다 deshacer la maleta.

여장(女裝) vestido [femenino].

여장부(女丈夫) heroína.

여전(如前) ~하다 ser el mismo.

여점원(女店員) dependiente.

여정(旅程) trayecto; itinerario, ruta; [예정표] plan de viaje.

여정(旅情) soledad del viajero. ~을 위로하다 consolar las soledades (entretener la monotonía) del viajero (de la viajera).

여제(女弟) hermana.

여죄(餘罪) más crimen, otro delito. 그는~가 있었다 Había cometido otro delito.

여주인(女主人) ama, dueña; [주부] señora; [여관의] posadera, mesonera, hospedera; [하숙집의] patrona.

여지(餘地) espacio, lugar, sitio, cabida, margen. ~가 없다 No hay lugar. 아직 ~가 있다 Hay espacio libre todavía./ Hay sitio (cabida) para más. 재 검토할 ~가 없다 No hay margen para reconsiderar. 타협의 ~가 없다 No admite compromiso./ No hay lugar para compromiso. 개선의 ~가 많다 Hay muchos puntos que mejorar.

여진(餘震) temblor secundario.

여질(女姪) sobrina.

여쭙다 decir, informar, mencionar. 잠간 여쭈어 보겠습니다만 Perdóneme.[pero]

여체(女體) cuerpo femenino.

여파(餘波) efecto secundario; [영향] influencia. 태풍의 ~를 받다 recibir la influencia del tifón.

여편네[아내] *su* esposa (mujer); [결혼한 여자] mujer [casada]. ~를 얻다 casarse con una mujer.

여필종부(女必從夫) La mujer debe seguir a su marido.

여하(如何) qué, cómo, condición[es]. ~한 qué. ~히 cómo. ~한 이유로 por qué. ~한 희생을 내더라도 a toda costa.

여하간(如何間) salga lo que saliere, de cualquier modo, de todos modos.

여하튼(如何一) ⇒ 여하간.

여학교(女學校) escuela de niñas, liceo de niñas.

여학생(女學生) colegiala, estudiante, niña escolar.

여행(旅行) viaje, excursión. ~하다 […를] viajar (hacer un viaje) por *un sitio*; […에] hacer un viaje (ir de viaje) a *un sitio*. ~하러 가다 salir de viaje. ~중이다 estar de viaje. ~에서 돌아오다 volver (regresar) de viaje. ~가 viajante, viajero. ~ 가방 maleta, baúl. ~기 libro de viajes, relación de un viaje. ~ 안내 guía turística. ~안내소 agencia de viajes (de turismo). ~자 viajero; [관광객] turista (m.f.) ~자 수표 cheque de viaje (de viajero). ~지 [목적지] destino de viaje.

여행권(旅行券) pasaporte.

여혼(女婚) casamiento de *su* hija.

여흥(餘興) diversión, entretenimiento adicional. ~으로 como una extra.

역(驛) estación. ~전 관광 plaza de enfrente de la estación. 다음 ~에서 내리다 bajar[se] en la próxima estación. 서울~ la estación de Seúl. 급행은 이 ~에서 서지 않는다 El expreso no para en esta estación. ~원 oficial (empleado) de estación. ~장 jefe de estación.

역(役) [연극의] papel, parte (f.). ~을 하다 desempeñar *su* papel. 배우에게 ~을 주다 dar (confiar) un papel a un actor.

역(逆) contrariedad, oposición. ~의 contrario, inverso, opuesto. ~으로 al (por el) contrario, al (del) revés, a la inversa. ~ 방향으로 con rumbo contrario, en [la] dirección opuesta (contraria), en sentido opuesto (inverso).

역(譯) traducción, versión. 고전의 현대어 ~ versión moderna de una obra clásica. 서반아 문학의 한글 ~ traducción (versión) coreana de la literatura española.

역(亦) [역시] también; [역시 …이 아니다] no... tampoco.

역경(逆境) adversidad, apuros, infortunio.

desgracia. ~에 처하다 verse perseguido por la desgracia, estar en la adversidad. ~에 빠지다 caer en la desgracia. ~과 싸우다 luchar contra la adversidad.

역광선(逆光線) contraluz. ~으로 촬영하다 fotografiar a contraluz.

역년(曆年) año civil.

역대(歷代) generaciones sucesivas. ~의 sucesivo. 이 건물은 ~ 대통령이 살았다 Han habitado este edificio los presidentes sucesivamente. ~ 내각 todos los gobiernos que han sucedido.

역독(譯讀) traducción [oral]. ~하다 traducir [oralmente].

역량(力量) habilidad, talento. ~이 있는 hábil, capaz, de mucho talento. ~을 나타내다 demostrar (dar prueba de) *su* capacidad. 자신의 ~을 시험하다 probar *su* capacidad, poner *su* capacidad a prueba.

역류(逆流) contracorriente (*f.*), corriente (*f.*) contraria, reflujo. ~하다 fluir a la dirección contraria, correr a la dirección contraria, correr hacia atrás, refluir en sentido inverso, remontar. 더러운 물이 ~한다 El agua sucia corre hacia atrás.

역리(疫痢)【의】 disentería infantil.

역마차(驛馬車) coche de diligencia, coche público para los viajeros.

역모(逆謀) conspiración. ~하다 conspirar, maquinar.

역문(譯文) traducción, versión.

역방(歷訪) gira. 각국을 ~하다 hacer una gira por diversos países.

역병(疫病) epidemia, enfermedad contagiosa, peste (*f.*). ~이 발생했다 Se ha declarado (extendido) una epidemia. ~이 유행하고 있다 Hay (Existe · Corre · Prevalece) una epidemia. ~ 유행지 región (distrito · área) infectada.

역본(譯本) traducción, versión, libro traducido.

역비례(逆比例) proporción inversa.

역사(歷史) historia, crónica. ~상의 histórico. ~이전의 prehitórico. ~적 histórico. ~적으로 históricamente. ~적 배경 fondo histórico. ~적 건조물 monumento histórico. ~에 남기다 pasar a la historia. ~에 이름을 남기다 dejar *su* nombre en la historia. ~상 유명한 famoso desde punto de vista histórico, históricamente famoso. ~는 되풀이 한다 La historia se repite. 이 학교는 ~가 오래다 Esta escuela tiene una larga historia. ~관 (철학) concepción (filosofía) de la historia. ~극 drama histórico. ~가 historiador. ~ 소설 novela histórica. ~화 (화가) cuadro (pintor) de historia. 서반아 ~ historia de España.

역사(力士) luchador.

역서(譯書) traducción, libro traducido.

역선전(逆宣傳) propaganda opuesta a otra.

역설(力說) ~하다 […을] subrayar, recalcar, insistir en *algo*, dar énfasis a *algo*.

역설(逆說) paradoja. ~적 paradójico. ~으로 paradójicamente.

역수(逆數)【수】 recíproca.

역수입(逆輸入) reimportación. ~하다 reimportar.

역수출(逆輸出) reexportación. ~하다 reexportar.

역술(譯述) traducción. ~하다 traducir. ~자 traductor.

역습(逆襲) contraataque. ~하다 contraatacar, hacer un contraataque.

역시(亦是) [또한] también; [결국] después de todo, bien pensado todo.

역신(逆臣) vasallo traidor.

역어(譯語) traducción, palabra traducida. 한글에는 이 말에 해당하는 적절한 ~가 없다 No existe una palabra exacta en coreano que corresponda a esta palabra.

역연(歷然) ~하다 ser evidente. ~히 evidentemente. 증거가 ~히 남아 있다 Existe una prueba evidente.

역용(逆用) uso en sentido contrario. ~하다 usar en sentido contrario. 적의 선전을 ~하다 aprovechar la propaganda del enemigo para *su* ventaja.

역원(役員) oficial, funcionario, socio. ~회 consejo.

역원(驛員) oficial (empleado) de estación.

역임(歷任) 요직을 ~하다 ocupar sucesivamente puestos importantes.

역자(譯者) traductor.

역작(力作) obra maestra.

역장(驛長) jefe de estación.

역적(逆賊) traidor, rebelde, insurgente.

역전(歷戰) ~의 용사 veterano.

역전(驛前) enfrente de la estación.

역전(力戰) lucha ardua. ~하다 combatir desesperadamente.

역전(逆轉) inversión, reversión, mudanza de suerte. ~하다 invertirse, cambiar en sentido contrario. ~시키다 invertir, trocar. 적자를 ~하다 invertir el déficit. 형세가 ~됐다 Se ha invertido la situación.

역전 경주(驛傳競走) carrera de relevos. 경부간 ~ carrera de relevos entre Seúl y Busán.

역점(力點) [강조점] énfasis; [힘을 가하는 점] punto de aplicación de potencia. ~을 두다 poner énfasis en *algo*.

역조(逆調) ~의 desfavorable. 무역 지수가 ~다 La balanza comercial está desfavorable.

역주(力走) ~하다 correr a más no poder.
역청(瀝青) betún. ~탄 carbón bituminoso.
역풍(逆風) viento contrario (opuesto).
역학(易學) arte de la adivinación.
역학(力學) dinámica. ~의 dinámico. 동~ cinética. 정(靜)~ estática.
역할(役割) papel, parte *(f.)*, oficio; [사명] misión. ~을 배분하다 distribuir los papeles a *uno*. 중대한 ~을 하다 desempeñar un papel importante. …의 ~을 과하다 cumplir con *su* oficio de *algo*. 여성의 사회적 ~ papel social de la mujer. 국가의 경제적 ~ misión económica del Estado.
역행(逆行) movimiento contrario; [후퇴] retroceso, acción de recular, retrogradación. ~하다 moverse en dirección opuesta; recular, retroceder. 시대에 ~하다 ir en contra de (ir contra) la corriente de los tiempos. 시대에 ~된 판결 sentencia anacrónica.
역효과(逆效果) efecto (resultado) contrario. ~의 contraproducente. 선전이 ~가 됐다 La propaganda ha resultado contraproducente.
엮다 1 [얽어 만들다] tejer, trenzar.
2 [편찬] compilar, redactar, escribir.
엮은이 compilador.
엮음 [편찬] compilación, redacción.
연(年) año. ~1회 una vez al año. ~1회의 anual. ~ 말 fin del año. ⇨ 년(年).
연(鳶) cometa. ~을 날리다 volar una cometa.
연(鉛) plomo. ~의 plomoso.
연(連) [인쇄 용지의 단위] resma; 【시학】 estrofa.
연(延) total.
연(蓮) 【식】 loto.
연가(戀歌) canción de amor.
연간(年間) durante un año. 밀의 ~ 생산액 producción anual de trigo. ~ 30억원의 매상을 올리다 obtener un beneficio anual de tres mil millones de wones. 이 상은 ~ 을 통해 최고의 성적을 얻은 자에게 수여한다 Este premio se otorga la que ha obtenido las mejores notas durante un año. ~ 계획 programa anual. ~ 매상고 suma anual de ventas. ~ 소득 renta anual.
연감(年鑑) anuario, almanaque.
연강(軟鋼) acero suave.
연거푸 continuamente, sucesivamente.
연결(連結) liga, unión, enlace; [차량의] enganche, conexión, acoplamiento. ~하다 juntar, unir, enlazar; enganchar, conectar, acoplar. 차량을 ~하다 enganchar los vagones. 10양의 ~ 열차 tren de diez vagones. ~기 [차량의] aparato de conexión.
연계(軟鷄) pollo, polluelo.
연고(緣故) [관계] conexión, enlace; [혈연] parentesco. ~가 있다 tener buena recomendación. ~가 없다 no tener conexión. ~ 로 채용하다 emplear a *uno* por relaciones personales.
연고(軟膏) ungüento, pomada, bizma.
연골(軟骨) cartílago, ternilla.
연공(年功) servicio largo, larga experiencia.
연공(年貢) tributo, contribución territorial.
연관(聯關) ⇨ 관련.
연관(鉛管) tubo de plomo. ~공 plomero.
연구(研究) estudio, investigación. ~하다 estudiar, indagar, investigar, hacer investigaciones de *algo*. 그는 서반아사를 ~하고 있다 Investiga (Se especializa en) la historia de España. 남미 경제의 ~ estudio de la economía política de Sudamérica. ~ 과제 tema (materia) de investigación. ~ 논문 tratado, trabajo de investigación; [학위 논문] tesis *(f.)*. ~반 equipo investigador. ~ 발표를 하다 [학회 등에서] leer una comunicación (una ponencia); [출판물에 의해] publicar el resultado de una investigación. ~ 보고 informes de investigaciones, memoria. ~비 fondos para las investigaciones. ~소 instituto (centro) de investigaiones), laboratorio. ~소원 investigador (miembro)[del instituto]. ~소장 director de un instituto de investigación. 인문과학 ~소 Instituto de Las Ciencias Humanas. ~실 despacho (cuarto) de investigaciones, cuarto de estudio; [화학 등의] laboratorio. ~심 espíritu investigador. ~자 investigador. ~ 활동 actividades investigadoras. ~ 휴가 licencia para (de) estudios. ~회 sociedad de investigadores; [회합] reunión de investigadores. 나의 ~분야 mi campo de investigación.
연구(軟球) pelota.
연극(演劇) teatro, función (representación) teatral. ~은 종합예술이다 El teatro es un arte sintético. ~계 mundo teatral (del teatro). ~론 dramaturgia. ~부 club de teatro. ~인 artista teatral. ~ 학교 escuela ([국·공립의] conservatorio) dramaturgia (de teatro). 서반아 ~사 historia del teatro español. 전위 ~ teatro vanguardista.
연근(蓮根) rizoma de loto.
연금(年金) pensión, anualidad; [금미에 의한] renta. ~을 주다 conceder una anualidad a *uno*. ~ 수령자 pensionado, pensionista *(m.f.)*. 양로 ~ pensión a la vejez.

연금(軟禁) 자택에 ~하다 someter a *uno* a arresto domiciliario.
연금술(鍊金術) alquimia. ~의 alquímico. ~사 alquimista *(m.)*.
연급(年級) grado del año.
연급(年給) salario anual.
연기(煙氣) humo. ~처럼 사라지다 desaparecer como humo.
연기(演技) [배우의] representación, interpretación, actuación. ~하다 actuar, representar (desempeñar) *su* papel. 그의 ~는 훌륭하다 Actúa maravillosamente./Representa estupendamente su papel./Su representación es maravillosa. ~자 actor. [여자] actriz.
연기(延期) aplzamiento, prorrogación, prórroga. ~하다 aplazar, diferir, prorrogar, posponer. 여행을 1주일간 ~하다 aplazar el viaje una semana. 지불일을 ~하다 dar prórroga, prorrogar el plazo. 대부에 대한 1년 ~ prórroga por un año para préstamos.
연기(年期) término del año, término del servicio.
연기(連記) ~하다 matricular nombres, escribir seguidos los nombres. 3명 ~로 투표하다 votar con tres nombres en la misma papeleta. ~ 투표 voto con más de dos nombres; ~제 [투표의] sistema de balota plural.
연기(年紀) [나이] *su* edad.
연내(年內) antes de finalizar el año. 우리들은 ~에는 목표를 달성할 수 있을 것이다 Podremos alcanzar el objetivo antes de finalizar el año.
연년(年年) de año en año, año tras (por) año; [매년] todos los años, cada año, anualmente.
연단(演壇) tribuna, estrado; [스테이지] tablado. ~에 오르다 subir (ascender) a la tribuna.
연달다 continuar, seguir. 연달아 continuamente, sucesivamente.
연담(緣談) propuesta de matrimonio, negociaciones de casamiento.
연대(年代) [시대] época, período, era; [세대] generación; [연호] fecha. ~순의 cronológico, de orden cronológico. ~순으로 *cronológicamente*, *por el orden cronológico*. 1898 ~의 작가들 escritores de la generación de 1898 (del 98). 1990 ~에 en el período de 1990, en los años noventa. ~기 crónica, anales *(m.pl.)* ~학의 cronológico.
연대(連帶) solidaridad. ~하다 solidarizarse con *uno*. ~의 solidario. ~로 en solidaridad. ~ 보증인 confiador. ~ 책임 responsabilidad solidaria.
연대(聯隊) regimiento. ~의 regimental. ~본부 plana mayor de un regimiento. ~장 comandante de un regimiento.
연도(年度) año, término; [예산 · 회계상의] ejercicio; término del año, año fiscal. ~초에 a principios del termino. ~ 말의 de finales del termino. 1988 ~ 예산 presupuesto del ejercicio de 1988. 본 ~ este año fiscal.
연도(沿道) camino. ~의 · ~에 a lo largo del camino. ~의 집들 casas a ambos lados del camino. ~의 관중들은 주자들에게 박수를 보냈다 Los espectadores a lo largo de carretera aplaudieron a los corredores.
연독(鉛毒) [독] veneno de plomo; [중독] envenenamiento por plomo.
연돌(煙突) chimenea, cañón de chimenea. ~을 세우다 construir una chimenea. ~ 소제 deshollinamiento. ~ 소제를 하다 deshollinar la chimenea. ~ 소제인 deshollinador.
연두(年頭) principio del año. ~에 al principio del año. ~ 소감을 발표하다 publicar el mensaje del año nuevo. ~ 교서 mensaje de Año Nuevo.
연락(連絡) [통지] aviso, noticia, información; [접촉] contacto; [교통 · 통신] comunicación; [접속] empalme. ~하다 avisar, comunicar, informar a *uno* de (sobre) *algo*.
1 ~을 취하다 ponerse en contacto con *uno*. ~을 유지하다 establecer el contacto con *uno*. ~이 끊기다 perder el contacto con *uno*. ~ 사항이 있다 tener algo que comunicar. 항상 ~을 취하고 있다 estar siempre en contacto con *uno*. 회합 일자를 ~하다 avisar a *uno* la fecha de una reunión. 결정 사항을 ~하다 informar a *uno* de las decisiones. ~ 망 red de comunicaciones. ~ 위원회 comité (comisión) de enlace. ~ 장교 oficial de enlace.
2 ~을 차단하다 romper la comunicación. ···과 (A와 B간에) ~을 유지하다 establecer la comunicación *un sitio* (entre A y B). 모든 ~이 두절되다 Se han interrumpido todas las comunicaciones. 이 도로는 수도와 군 교외을 ~한다 Esta ruta pone en comunicación la capital y sus arrabales. 이 열차는 급행과 ~한다 Este tren empalma con el expreso. 이 역에서는 버스 ~이 있다 Desde esta estación hay servicio de autobús. ~선 barco de empalme; [페리] ferribote, ferry boat, transbordador. ~역 estación de empalme. ~표 billete com-

연래(年來) los años pasados. ~의 mucho tiempo, antiguo. ~의 꿈 sueño de mucho tiempo. ~의 벗 amigo de muchos años.

연령(年齡) edad, años de edad. ~에 불구하고 sin distinción de edad. 모든 ~층의 사람들 gente de todas las edades. 평균 ~은 스무살이다 La edad media es viente años. ~ 제한 límite de edad. ~층 grupo de edad.

연례(年例) ~의 anual. ~ 보고 informe anual. ~ 행사 eventos anuales.

연로(年老) vejez. ~하다 ser viejo (anciano).

연로(沿路) [연도] ruta.

연료(燃料) combustible, carburante. ~의 보급 abastecimiento de combustible. 비행기에 ~를 보급하다 repostar un avión. ~가 떨어졌다 Se ha agotado el combustible. ~계 [가솔린의] medidor de gasolina. ~비 gastos de combustibles. ~용 알코올 alcohol de quemar. ~유 petróleo combustible. ~ 탱크 tanque (depósito) de combustible. ~ 파이프 tubos de combustible. ~ 펌프 bomba de alimentación.

연륜(年輪) anillo anual, círculo anual [de madera].

연리(年利) interés anual, interés por año. ~ 5푼으로 a cinco por ciento de interés por año, al interés anual de cinco por ciento.

연립(連立) alianza, coalición. ~ 내각 gabinete de coalición, gobierno coalicionista. ~방정식 ecuaciones con varias incógnitas.

연마(研磨) ejercicio. ~하다 ejercitarse, practicar.

연막(煙幕) cortina de humo [artificial], velo de humo, mampara de humo. ~을 치다 echar una cortina de humo, ocultarse tras el humo, despistarse.

연만(年滿) vejez. ~하다 ser bastante viejo (senil).

연말(年末) fin del año. ~에 a fines (al fin al final) del año. ~ 상여금 bonificación del fin del año.

연맥(燕麥) [귀리] avena.

연맹(連盟) liga, unión, federación. ~을 맺다 unirse, aliarse. ~에 가입하다 participar en la unión. 인권 옹호 ~ Liga de los Derechos del Hombre. 한국 축구 ~ Federación Coreana de Fútbol. 국제 ~ Liga de Naciones.

연면(連綿) ~하다 ser continuo. ~히 continuamente. 인권선언정신은 ~히 계속되고 있다 El espíritu de la Declaración de derechos del hombre y del ciudadano continúa hasta nuestros días.

연명(連名) ~으로 mancomunadamente, en común. ~의 성명 manifiesto en común. ~으로 편지를 내다 mandar una corta en común.

연모[도구] instrumento; [재료] materia.

연모(戀慕) ~하다 prendarse (enamorarse) de *uno*.

연목 구어(緣木求魚) buscar un pez en el árbol, pescar.

연못(蓮-) estanque de agua.

연문(戀文) carta amorosa (de amor).

연미복(燕尾服) frac (*pl*.fraques).

연민(憐憫) compasión, lástima, piedad. ~의 정을 느끼다 tener compasión (piedad) por *uno*. ~의 정을 느끼게 하다 infundir lástima a (en) *uno*.

연발(連發) disparos sucesivos. ~하다 disparar en sucesión rápida. 질문을 ~하다 lanzar preguntas una tras otra. ~총 fusil de repetición. 6 ~권총 revólver de seis tiros

연방 continuamente, constantemente.

연방(聯邦) unión federal; [서독] estado federal; [스위스 등] confederacón. ~의 federal. ~의회 (정부) congreso (gobierno) federal. ~ 제도 sistema (régimen) federal. ~준비 [제도] [sistema de la] reserva federal. ~준비은행 Banco de Reserva Federal.

연배(年輩) edad, edad madura. 동 ~ misma edad. 동 ~의 de la misma edad.

연변(年邊) interés anual.

연변(沿邊) área a lo largo del río (del ferrocarril · ruta).

연병장(練兵場) campo de maniobra.

연보(年報) anuario, informe anual, boletín anual.

연보(年譜) crónica personal, sumario biográfico.

연봉(年俸) sueldo (salario) anual. ~ 백만원 salario anual de un millón de wones. 그의 ~은 천만원이다 Su sueldo anual es de mil millones de wones.

연봉(連峰) sierra, cordillera.

연분(緣分) conexión, enlace, relación.

연분홍(軟粉紅) color de rosa ligero.

연비례(連比例) proposición continua.

연사(演士) orador.

연산(年産) producción anual. 이 카메라는 ~ 1만대에 달한다 La producción anual de esta máquina fotográfica alcanza el nivel de (llega a) diez mil unidades. 철강 생산의 ~ 10만톤을 넘었다 La producción anual de acero subió a más de cien

mil toneladas.
연산(演算) [수] operación, cuenta, cálculo. ~하다 hacer una cuenta, calcular.
연산(連山) cadena de montañas.
연상(年上) edad mayor. ~의 de edad mayor, mayor.
연상(聯想) asociación de ideas; [환기] evocación; [유추] analogía. ~하다 asociar las ideas, acordarse de *algo*, pensar en *algo*. ~시키다 hacer pensar a *uno* en *algo*; evocar (segerir) *algo* a *uno*. 이 음악을 들으면 강물이 흐르는 것이 ~된다 Esta música [me] evoca (sugiere) la corriente de un río.
연서(連署) firma en común, firmas mancomunadas; [부서] refrendata, refrendo. ~하다 firmar en común; refrendar. 보증인 ~를 하여 송부할 것 La demanda debe ser enviada con las firmas de los garantes. ~인 confirmante (*m.f.*).
연선(沿線) ~에 a lo largo de línea. 철도 ~에 살다 vivir cerca del ferrocarril.
연설(演說) discurso, oración; [훈시] alocución; [격려의] arenga. ~하다 dar (pronunciar) un discurso. ~가 orador. ~조로 말하다 hablar en tono oratorio (de discurso). 그는 ~을 잘한다 (못한다) Es un buen (mal) orador. 그는 공해에 관해서 ~했다 Pronunció un discurso en la televisión sobre la contaminación del medio ambiente. ~가 orador.
연성 하감(軟性下疳)【의】 úlcera venerea.
연세(年歲) edad, años de edad. ~가 많다 ser viejo. ~가 어떻게 되십니까 ¿Cuántos años tiene usted? 내 할아버지는 ~가 70이다 Mi abuelo tiene setenta años [de edad]
연소(年少) mocedad, edad tierna. ~의 menor, joven, juvenil. …에서 제일 ~하다 ser el menor de edad entre (de)…. ~ 노동자 obrero menor de edad. ~자 joven (*m.f.*); [집합적] juventud.
연소(燃燒) combustión, encendimiento, inflamación. ~하다 quemarse, encenderse, inflamarse, abrasarse. ~시키다 quemar, encender, inflamar, abrasar. ~물 combustibles (*m.pl.*). ~실 cámara de combustión; [엔진의] cámara de explosión.
연소(延燒) extensión del incendio. ~하다 extenderse el incendio.
연속(連續) continuación, continuidad, sucesión, serie. ~하다 continuar. ~된 continuo; ~되는 sucesivo. ~해서 continuamente; sucesivamente. 1주일 ~해서 una semana consecutiva (entera). 살인 사건이 ~해서 일어났다 Ha habido repetidos asesinatos./ Han ocurrido varios homicidios uno tras otro. ~물 [텔레비전·라디오의] serial. ~생산 fabricación continua. ~ 텔레비전 드라마 drama televisado en serie. ~ 흥행 función de un espectáculo continua (rotativa).
연쇄(連鎖) cadena. ~ 반응 reacción en cadena.
연수(研修) cursillo, adiestramiento. ~하다 cursar, estudiar. ~생 cursillista (*m.f.*) ~소 instituto de formación profesional.
연수(年數) [número de los] años. 봉급은 경험 ~에 따라 변한다 El salario depende de los años de experiencia.
연수(年收) ingresos anuales, entrada anual, renta. 그의 ~는 300만원이다 Su entrada anual es de tres millones de wones./ Gana tres millones de wones por año (anualmente).
연수(軟水) agua delgada (blanda).
연습(演習) ejercicio, práctica (실습), maniobra (군대의).
연습(練習) ejercicio, párctica, ensayo, entrenamiento; [군대의] maniobras, prácticas militares. ~하다 ejercitarse (entrenarse) en *algo* (en + *inf*), ensayarse a (en·para) *algo* (+*inf*.). ~시키다 ejercitar (entrenar) a *uno* en *algo* (en + *inf*.). ensayar a *uno* a + *inf*. ~중에 durante el ejercicio (el entrenamiento). ~ 부족이다 estar falto de ejercicio (de entrenamiento). 말을 ~하다 ejercitarse (entrenarse) en hablar. 연설의 ~을 하다 ensayarse en el discurso. 피아노를 ~하다 hacer ejercicios de piano. 테니스 ~을 하다 entrenarse en el tenis. 잘 ~을 쌓고 있다 estar bien ejercitado (entrenado). 학생들에게 독서 방법을 ~시키다 ejercitar a los alumnos en la lectura. ~곡(曲) estudio. ~기(機) avión de entrenamiento. ~ 문제 [cuestiones de] ejercicio. ~ 부족 falta de ejercicio. ~생 estudiante (*m.f.*). ~선 buque escuela. ~ 시합 partido de entrenamiento. ~장(帳) cuaderno de ejercicios. ~장(場) terreno (lugar) de entrenamiento; campo de maniobra. ~ 함대 escuadra en entrenamiento. 사격 ~ ejercicios de tiro (de disparo).
연승(連勝) victorias sucesivas. ~하다 vencer sucesivamente, traer una serie de victorias, ganar sucesivamente. 3 ~하다 ganar sucesivamente tres partidos (partidas), ganar tres veces consecutivas. ~식 마권 billete de apuesta doble.
연시(年始) principio del año.
연식 정구(軟式庭球) tenis de pelota blanda.
연안(沿岸) [육지] litoral; [바다] parte del mar cerca de la costa. ~의 litoral, cos-

tero, a lo largo de la costa. 대한해 ~을 항해하다 navegar a lo largo de la costa del (costear el) Mar de Corea. 경비대 patrulla de costas. 경비정 guardacostas. ~ 무역 comercio costero. ~ 어업 pesca costera (cerca de la costa· de bajura). ~ 항로 línea (servicio) a lo largo de la costa. ~ 항해 cabotaje.

연애(戀愛) amor. ~하다 enamorarse de. …와 ~ 관계에 있다 tener amores con *uno*. ~ 결혼을 하다 casarse por amor. ~ 결혼 casamiento por amor. ~ 감정 sentimiento del amor. ~ 문제 cuestión de amor. ~ 사건 aventura amorosa, amores *(m.pl.)*. ~ 소설 novela de amor. ~ 시 poesía de amor. ~ 편지 carta amorosa.

연액(年額) suma anual. ~ 백만원의 원조금 subsidio anual de un millón de wones.

연야(連夜) cada noche, todas las noches.

연약(軟弱) ~한 [성격이] débil (blando) de carácter, de carácter débil; [지반 등이] poco sólido (firme), blando. ~한 성격이다 ser débil de carácter. 그 토지는 지반이 ~하다 El terreno es poco sólido.

연어(鰱魚) [어] salmón.

연역(演繹) deducción. ~하다 deducir. ~적인 deductivo. ~에 의해 por deducción. ~법 método deductivo.

연예(演藝) representación, función teatral. ~방송 radiodifusión (emisión) de una función de variedades. ~란 página de espectáculos. ~장 salón de funciones. ~회 función teatral.

연옥(煉獄) purgatorio.

연와(煉瓦) ladrillo. ~공(工) ladrillero. ~공장 ladrillar.

연운(年運) fortuna (suerte) del año.

연원(淵源) origen. ~하다 venir de.

연월일(年月日) fecha.

연유(緣由) [유래] origen; [사유] razón *(f.)*, causa.

연유(煉乳) leche condensada (concentrada).

연이나(然-) pero, sin embargo.

연인(戀人) amante, querido, amado, novio.

연일(連日) cada día, día tras día, días consecutivos; [매일] todos los días. ~ 계속되는 좋은 날씨 buen tiempo día tras día, días consecutivos de buen tiempo. ~ 산책 나가다 salir de paseo todos los días. ~ 비로 강물이 붇어나고 있다 Está crecido el río por la lluvia continua de estos días. ~ 연야(連夜) cada día y cada noche; todos los días y todas las noches.

연장 heramienta, utensilio.

연장(年長) ~의 mayor, de más edad, más viejo. …보다 열살 ~이다 ser diez años mayor (tener diez años más) que *uno*. ~자 mayor *(m.f.)*, señor (señora) mayor. ~자의 말에 복종하여야 한다 Debes obedecer a los mayores. 최 ~자 el (la) mayor.

연장(延長) extensión, prórroga, prolongación. ~하다 alargar, prolongar, prorrogar, dilatar, alargar, extender. 회의를 30분 (노선을 5킬로) ~하다 prolongar la sesión por treinta minutos (la ruta por cinco kilómetros). 지불 기한을 ~하다 dar prórroga, posponer (diferir) el plazo de pago. ~전 prórroga.

연재(連載) ~하다 publicar *algo* en serie (regularmente). ~되다 publicarse (aparecer) en serie. 신문에 소설을 ~하다 publicar una novela por entregas en un periódico. ~소설 novela por entregas (de serie).

연적(戀敵) rival en amor.

연전(年前) hace unos años.

연전(連戰) ~하다 ir de batalla en batalla (de guerra en guerra); [스포츠에서] jugar una serie de partidos. ~연승하다 traer victoria sobre victoria. ~연패하다 ir de derrota en derrota.

연접(連接) conexión, combinación. ~하다 juntar, unir, combinar.

연정(戀情) amor, pasión.

연제(演題) título de un discurso (de una conferencia).

연제(年祭) aniversario.

연좌(連座) complicidad. ~하다 ser cómplice, implicarse en *algo*. ~제 responsabilidad colectiva.

연주(演奏) ejecución [musical], interpretación [de una pieza musical], [작품을] ejecutar, interpretar; [악기를] tocar. 피아노곡을 ~하다 ejecutar una obra para piano. 플루트를 ~하다 tocar la flauta. ~가 intérprete *(m.f.)*, ejecutante *(m.f.)*. ~곡목 repertorio, programa *(m.)*. ~법 técnica (método) de interpretación. ~회 concierto. ~회에 가다 ir al concierto. 바이올린 ~회를 열다 dar un concierto de violín. ~회장 salón (sala) de conciertos. ~ 여행을 가다 realizar una gira musical.

연주창(連珠瘡) [의] escrófula, lamparón. ~약 antiesrofuloso.

연죽(煙竹) pipa de bambú.

연줄(緣-) relación, conexión.

연중(年中) año completo, todo el año. 내 점포는 ~ 무휴다 Mi tienda está abierta todo el año. ~ 행사 ceremonias (ritos) anuales.

연지(臙脂) arrebol, colerete; [입술연지] lápiz de labios, lápiz labial.

연차(連次) muchas veces, repetidamente, repetidas veces.

연차(年次) orden cronológico. ~ 계획 proyecto anual. ~ 예산 presupuesto anual. ~ 유급 휴가 asueto asalariado anual. ~ 총회 asamblea anual.

연착(延着) arribo tardío, tardanza en llegar. ~하다 llegar con retraso, tener retraso. 열차는 5분 ~이다 El tren tiene un retraso de cinco minutos (tiene cinco minutos de retraso).

연철(鍊鐵) hierro forjado.

연체(延滯) atraso, retardo. 그는 납세를 ~하고 있다 Tiene retrasado (Está atrasado en) el pago de los impuestos. ~금 atrasos caídos. ~이자 interés diferido (no pagado al vencimiento).

연체 동물(軟體動物) molusco.

연초(煙草) tabaco. ⇨ 담배.

연출(演出) ejecución, desempeño, dirección, representación. ~하다 ejecutar, poner en obra, dirigir, representar, interpretar. …의 역을 ~하다 hacer de, representar el papel de. ~자 director. ~효과 efecto de la interpretación.

연탄(煉炭) briqueta.

연통(煙筒) chimenea.

연파(連破) ~하다 derribar [a sus adversarios] sucesivamente.

연판(鉛版) [인] estereotipia.

연패(連覇) 3 ~하다 ganar tres veces seguidas el campeonato.

연패(連敗) derrotas sucesivas. ~하다 ser derrotado sucesivamente. 3 ~하다 ser derrotado tres veces seguidas.

연표(年表) tabla cronológica.

연필(鉛筆) lápiz *(m.)*. ~로 쓰다 escribir con lápiz. ~을 깎다 afilar (sacar punta a) un lápiz. ~깎이 sacapuntas, afilalápices. ~심 mina. ~화 dibujo con (a) lápiz.

연하(年賀) felicitaciones del Año Nuevo. ~장 tarjeta de felicitación del Año Nuevo.

연하(年下) edad menor. ~의 de edad menor. 더 ~의 menor.

연하(嚥下) deglución. ~하다 deglutir, tragar.

연하다(軟-) ser tierno (blando). 연한 고기 carne tierna.

연한(年限) *período, término, plazo*. 의무 교육 ~ término obligatorio escolar.

연합(聯合) [결합] unión, asociación; [연맹]liga, alianza. ~하다 unirse, aliarse, asociarse, ligarse. ~이 unido, aliado. ~되어 en unión con *uno*, juntamente con *uno*. ~군 ejército aliado, fuerzas aliadas (unidas); [1・2차 대전의] Aliados. ~국 países aliados. ~ 정권 gobierno de coalición. ~체 federación. ~ 함대 flota unida.

연해(連-) continuamente, sucesivamente.

연해(沿海) costa. ~의 costanero.

연행(連行) ~하다 llevar. 용의자를 경찰서에 ~하다 llevar a un sospechoso a la comisaría.

연혁(沿革) historia; [발달] evolución; [변천]vicisitudes.

연호(年號) nombre [cronológico] de una era. ~를 채택하다 adoptar un nombre para una nueva era.

연화(軟化) ~하다 ablandarse, reblandecerse. ~제 ablandador.

연화(蓮花) flor de loto.

연회(宴會) banquete, convite. [춤・음악이 있는]festín. ~를 열다 tener (celebrar・preparar) un banquete, banquetear; dar un fesín. ~장 sala (salón) de banquetes.

연휴(連休) días feriados consecutivos. 5일간의 ~ cinco días de descanso seguidos. ~로 하다 [휴일과 휴일 사이의 근무일을 휴일처럼 쉬다] hacer puente.

열 diez. ~번째 décimo. ~시 las diez. ~살 diez años [de edad].

열(熱) 1 [열기] calor. ~을 가하다 calentar *algo*. ~을 내다 irradiar, radiar, emitir calor. ~을 전하다 transmitir el calor. ~교환 intercambio térmico. ~에너지 energía térmica (calorífica). ~ 응력 termoesfuerzo. ~용량 capacidad térmica (calorífica). ~전도성 conductividad calorífica. ~전도성이 좋은 (나쁜) de buena (mala) conductividad calorífica. ~처리 termotratamiento. ~회수 termorrecuperación. ~효율 rendimiento térmico (calorífico).

2 [체온] temperatura; [병의] fiebre *(f.)*, calentura. ~이 높다 tener fiebre alta. ~이 있다 tener fiebre. ~을 재다 medir (tomar) la temperatura del cuerpo de *uno*. ~을 억제하다 sujetar (contener) la fiebre. ~이 오른다 (내린다) Sube (Baja) la fiebre. ~이 40도이다 tener cuarenta grados de fiebre. ~이 많다 (적다) tener mucha (un poco de) fiebre. 그는 ~이 났다 Le ha dado fiebre. 나는 40도 가까이 ~이 났다 Tuve (Me dio) una fiebre de casi cuarenta grados. ~이 계속하고 있다 Continúa (Se mantiene) la fiebre. ~이 다시 ~이내리지 않다 No se me quita (pasa) la fiebre. 그는 ~이 내렸다 Se le ha ido (quitado) la fiebre./ Le ha bajado la temperatura.

3 [열의・열정] fiebre, entusiasmo, ardor, pasión. ~이 식다 desinteresarse de *algo*

열 *uno.* ~을 올리다 entusiasmarse con *algo*, apasionarse con (por) *algo·uno.* 그는 그 소녀에게 ~을 올리고 있다 Está loco (apasionado) por la chica. 그는 일에 ~이 없다 No tiene entusiasmo por su trabajo.

열(列) línea; [횡렬] fila; [종렬] columna, hilera; [창구 앞 등의] cola; [행진] desfile, cortejo. 자동차의 ~ hilera[s] de automóviles. 술병의 ~ fila de botellas. 사는 사람들의 ~ cola de compradores. ~의 선두 (후미)를 걷다 marchar a la cabeza (a la cola) de la fila. ~에 들어가다 [행진의]entrar en el desfile. ~을 짓다 formar un cortejo. ~을 지어 걷다 desfilar, marchar en filas. ~을 흐트리다 romper la fila. ~을 지어 기다리다 esperar en cola. ~에 서다 ponerse a la cola. 첫번째 (세번째)~에 en la primera (tercera) fila. 2~로 걷다 andar en dos filas. 의자를 횡 5~로 놓다 disponer (ordenar) las sillas en cinco filas horizontales. 종 2~로 놓이다 disponerse en dos filas verticales (en dos columnas). 데모 행진의 ~ Sigue el desfile de los manifestantes.

열강(列強) [grandes] potencias. 세계의 ~ potencias del mundo.

열거(列擧) enumeración. ~하다 enumerar, detallar. 이 점을 ~하다 enumerar las ventajas.

열광(熱狂) frenesí, exaltación, entusiasmo. ~하다 entusiasmarse por *algo·uno*, apasionarse (exaltarse · excitarse) con (por) *algo·uno.* ~시키다 entusiasmar, apasionar, exaltar, excitar. ~적 apasionado, frenético, entusiástico. ~적으로 con entusiasmo, con frenesí, frenéticamente, entusiastamente, entusiásticamente, apasionadamente. ~적인 팬 entusiasta *(m.f.)* de *algo·uno*, hincha *(m.f.)* de *algo·uno*, aficionado a *algo·uno.*

열국(列國) naciones [del mundo].

열기(熱氣) aire caliente ([강한] ardiente); [열]calor; [열광적인 분위기] atmósfera calurosa. ~를 띤 어조 tono ferviente (ardiente). 회장에는 ~가 가득하다 La sala hierve de entusiasmo.

열기관(熱機關) motor térmico.

열나다(熱−) [몸에] tener fiebre; [화나다] estar enfadado (enojado).

열녀(烈女) heroína, mujer heroica, mujer de virtud.

열다¹ abrir. 문을 ~ abrir la puerta. 길을 ~ construir un camino. 꾸러미를 ~ desenvolver un paquete. 병마개를 ~ destapar una botella. 봉투를 ~ desellar. 상점을 ~ establecer una tienda. 창문을 ~ abrir la ventana. 회를 ~ celebrar una reunión. 학교를 ~ fundar una escuela. 2 [개최] celebrar, dar. 잔치를 ~ dar una fiesta.

열다²(열매가) nacer, vegetar.

열대(熱帶) trópicos, zona tórrida. ~의 tropical. ~성 저기압 depresión ecuatorial. ~ 식물 planta tropical. ~어 pez tropical. ~ 지방 regiones tropicales.

열댓 unos quince.

열도(列島) cadena de islas; [군도] archipiélago.

열독(閱讀) ~하다 leer, examinar.

열등(劣等) inferioridad. ~한 inferior. ~감 complejo (sentimiento) de inferioridad. …에 대해 ~감을 느끼다 (갖다) sentir (tener) complejo de inferioridad ante *uno*. ~생 alumno atrasado.

열락(悅樂) alegría, júbilo, gozo, gusto, deleite. ~하다 alegrarse.

열람(閱覽) ~하다 leer, consultar. ~실 sala de lectura. ~자 letor, ra.

열량(熱量) cantidad de calor; [칼로리] caloría. ~을 측정하다 medir la cantidad de calor. ~계 calorímetro. ~ 측정 calorimetría.

열렬(熱烈) ~한 ferviente, ardiente, caluroso, vehemente, apasionado. ~히 fervientemente, ardientemente, calurosamente, con vehemencia, apasionadamente. ~한 애국자 patriota ardiente. ~한 사랑 amor ardiente. ~한 박수를 보내다 aplaudir *algo* (a *uno*) con vehemencia. ~한 환영을 받다 encontrarse con un recibimiento efusivo (caluroso). 나는 그 가수의~한 팬이다 Soy un entusiasta (un ferviente admirador) de ese cantante.

열리다 abrirse. 문이 열린다 Se abre la puerta. 문이 열려 있다 La puerta está abierta. 뚜껑이 열리지 않는다 No se abre la tapadera.

열망(熱望) anhelo, deseo ardiente. ~하다 anhelar, esperar encarecidamente, ansiar, desear *algo* ardientemente.

열매 fruto; [견과] nuez; [장과] baya.

열반(涅槃) nirvana.

열변(熱辯) [연설] discurso ferviente; [웅변] elocuencia vehemente. ~을 토하다 dar un discurso ferviente.

열병(熱病) fiebre *(f.)*, calentura;【의】pirexia. ~에 걸리다 contraer pirexia. ~환자 paciente *(m.f.)* aquejado de una fiebre.

열병(閱兵) ~하다 revisar (pasar revista a) las tropas. ~식 inspección de las tropas, revista, militar.

열부(烈婦) heroína, mujer heroica.

열사(烈士) patriota *(m.f.)*, héroe.

열상(裂傷) desgarrón.
열석(列席) presencia, asistencia. ~자 asistir, estar presente. ~하다 asistente; [집합적] concurrente.
열선(熱線) 【물】 rayo calorífico. ~ 흡수 유리 vidirio endotérmico.
열성(劣性) ~의 recesivo. ~ 유전 herencia recesiva.
열성(熱誠) devoción; [성실] sinceridad; [열의] celo. ~에 가득찬 lleno de sinceridad.
열세(熱勢) inferioridad, desventaja. ~을 만회하다 recuperar la ventaja. 적에 수적으로 ~다 ser inferior en número al enemigo.
열쇠 llave (f.). ~로 열다 abrir con llave. 게으름은 가난의 ~다 Pereza, llave de pobreza.
열심(熱心) celo, entusiasmo, ahinco, forvor, ardor; diligencia, asiduidad. ~한 [열렬한] entusiasta, apasionado, ferviente, ardiente, fervoroso, entusiástico; [근면한] diligente, asiduo, aplicado; [활동적인] activo, vigoroso; [전심의] afanoso; [주의깊은] atento. ~히 apasionadamente, fervientemente, con fervor, con ardor; asiduamente, con afán. 수업에 ~를 듣다 prestar mucha atención a la clase, escuchar la clase muy atentamente. …에 ~이다 [흥미를 보이다] mostrar un vivo interés por *algo*. 그는 공부에 매우 ~이다 El es muy aplicado en su estudio.
열십자(一十字) cruz.
열악(劣惡) ~하다 ser malo. ~한 상품 mercadería de mala calidad.
열애(熱愛) ~하다 amar apasionadamente a *uno*, admirar ciegamente a *uno*.
열역학(熱力學) termodinámica.
열연(熱演) representación (acción) apasionada. ~하다 representar apasionadamente (ardientemente · con entusiasmo).
열의(熱意) entusiasmo, ardor, pasión, fervor. ~있는 entusiástico, lleno de entusiasmo. ~를 가지고 con fervor, con ardor, apasionadamente. ~를 보이다 mostrar entusiasmo. ~을 잃다 perder entusiasmo. ~를 잃게 하다 apacalar (apagar · enfriar · hacer perder) el entusiasmo de *uno*. 나는 일에 ~을 잃었다 He perdido el entusiasmo hacia el trabajo. 그는 일에 ~를 상실하고 있다 Carece de (Le falta) entusiasmo hacia su trabajo.
열전(列傳) vidas de los héroes.
열전(熱戰) 【운】 partido reñido, torneo ardiente, lucha ferviente.
열전기(熱電氣) termoelectricidad.

열정(劣情) sentimientos bajos, pasiones bajas. ~을 자극하는 소설 novela que excita (inflama) las bajas pasiones. ~을 자극하다 excitar los sentimientos bajos.
열정(熱情) fervor, ardor, pasión. ~적 pasional. ~가 persona apasionada, entusiasmar.
열중(熱中) ~하다 entusiasmarse por *algo*, tener mucha afición a *algo*, estar loco por *algo*; [몰두] absorberse en *algo*, entregarse a *algo*; [전념] dedicarse (aplicarse) a *algo*. ~시키다 apasionar, entusiasmar. 그는 일에 ~하고 있다 Está completamente entregado al trabajo.
열차(列車) tren. ~에 오르다 tomar el tren; [승차] subir al tren. 9시발 ~에 오르다 tomar el tren de las nueve. ~를 놓치다 perder el tren. 서울발 ~ tren para (procedente de) Seúl. ~가 움직인다 El tren arranca (se pone en marcha). 임시 ~ tren especial.
열탕(熱湯) agua hirviente (hirviendo). ~을 끼얹다 echar agua hierviente a *algo*. ~ 소독 desinfección en agua hirviente. ~소독하다 desinfectar *algo* en agua hirviente.
열풍(烈風) viento violento, vendaval.
열풍(熱風) viento caliente; [사하라사막 등의] simún; [지중해 연안의] siroco.
열하루 once días; [제 11일]el [día] once. 열하룻날 el once del mes. 12월 ~ el once de diciembre.
열한째 undécimo.
열핵 반응(熱核反應) reacción termonuclear.
열혈(熱血) sangre ardiente. ~한(漢) hombre de temperamento apasionado, hombre de sangre ardiente.
열화(烈火) cólera, ira. ~같이 노하다 inflamarse de cólera (de ira).
열화학(熱化學) termoquímica.
열흘 [10일] 의 [día] diez; [10일간] diez días; [열흘째] día décimo.
엷다 [두께가] ser delgado; [빛깔의] ser ligero; [창백한] estar pálido.
염(鹽) sal (f.).
염가(廉價) precio bajo, precio moderado. ~의 barato, de bajo (módico) precio, de precio bajo. ~로 팔다 vender *algo* a bajo (módico) precio. ~ 판매 venta de saldos. ~판 edición popular.
염기(鹽氣) sabor de sal. ~가 있는 salino, salobre.
염기(鹽基) 【화】 base (f.). ~성의 básico. ~도 basicidad. ~성 산화물 (염료) óxido (clororante) básico. ~성 염 sal básica. ~성 탄산동 cardenillo, verdín. ~성 탄산연 plomo blanco, albayalde.
염두(念頭) mente, pensamiento. ~에 두다 tener presente *algo*, tener en cuenta *algo*;

염려 [고려하다] considerar, tener en consideración *algo*, pensar en *algo*. ~에 두지 다 no pensar (no tener interés) en *algo*; [고려에 넣지 않다] no tener en consideración *algo*, no prestar atención a *algo*. 나는 항상 안전 운전을 ~에 두고있다 Siempre procuro manejar el coche con seguridad. 그는 돈벌이 이외에는 ~에 없다 No piensa más que en ganar dinero. 그에 대한 것은 ~에 없다 No se aparta de mi memoria lo de él./ Lo de él me persigue.

염려(念慮) [걱정] ansiedad, inquietud, preocupación; [불안] miedo, temor. ~하다 temer, tener miedo.

염력(念力) energía, vigor.

염료(染料) materia de tintura.

염류(鹽類) sales.

염매(廉賣) venta a bajo precio (con rebaja), venta de saldos. ~하다 vender *algo* a bajo precio (con rebaja), liquidar.

염문(艶文) carta de amor, carta amorosa.

염문(艶聞) asuntos amorosos.

염병(染病) [장티푸스] tifo, tifus; [전염병] epidemia.

염분(鹽分) cantidad de sal, salinidad, salobridad. ~을 함유한 salino, salobre; 【지질학】 salífero. 다량의 ~을 함유하다 contener gran cantidad de sal.

염불(念佛) invocación (rezo · oración) budista. ~을 외다 rezar a Buda, recitar oraciones, rezar la oración budista.

염산(鹽酸) ácido clorhídrico, ácido hidroclórico.

염색(染色) tintorería, teñidura. ~하다 teñir.

염서(艶書) carta amorosa (de amor).

염서(炎暑) calor intenso (extremo · excesivo).

염세(厭世) pesimismo. ~적 pesimista. ~적인 방법으로 생각하다 pensar de una manera pesimista. ~가 pesimista, misántropo. ~관 concepción pesimista. ~주의 pesimismo; misantropía.

염소 [동] cabra, chiva, cabrón.

염소(鹽素) cloro. ~산 ácido clórico. ~산염 clorato. ~산 칼륨 clorato potásico. ~처리 cloración. ~표백 blanqueamiento con cloro.

염수(鹽水) agua salada, salmuera.

염원(念願) deseo, anhelo. ~하다 desear, anhelar.

염전(鹽田) salina.

염증(炎症) inflamación, enconamiento. ~을 일으키다 enconarse, inflamarse. 상처가 ~을 일으키고 있다 La herida está inflamada.

염증(厭症) disgusto, aversión.

염천(炎天) tiempo ardiente, calor abrasador. ~하에서 걷다 andar bajo el sol ardiente (abrasador).

염출(捻出) 비용을 ~하다 arreglarse (arreglárselas · manejarse · manejárselas) para reunir los gastos.

염치(廉恥) honor, integridad. ~심 vergüenza.

염탐(廉探) espinaje. ~하다 espiar. ~자 espía.

염통 corazón.

염화(鹽化) ~물 cloruro. ~ 암모니움 (나트륨) cloruro amónico (sódico). ~ 수소 cloruro de hidrógeno.

엽견(獵犬) perro de caza.

엽궐련(葉卷煙) cigarro.

엽기(獵奇) ~적인 que excita una curiosidad insana. ~ 소설 novela que excita una curiosidad insana. ~ 심 curiosidad de rareza. ~ 취미 gusto morboso.

엽기(獵期) época (período · temporada) de caza.

엽록소(葉綠素) clorofila. ~의 clorofílico.

엽록체(葉綠體) cloroplasto.

엽사(獵師) cazador, montero.

엽서(葉書) [tarjeta] postal (*f.*). ~를 보내다 mandar (enviar) una postal. 우편 ~ tarjeta postal.

엽총(獵銃) escopeta de caza.

엿듣다 escuchar a las puertas, escuchar por la ventana lo que se habla dentro de la casa, escuchar secretamente.

엿새 [엿새날] el [día] seis; [6일간] seis días.

영(永) para siempre.

영(嶺) cerro, una cadena de colinas.

영(零) cero, nada. ~하 10도 diez grados bajo cero. ~이 1 에 대하여 uno por cero.

영(靈) alma, espíritu; [죽은 사람의] ánimas (*f.pl.*); [신령] divinidad. ~적인 espiritual. ~의 세계 el otro mundo, el reino de los muertos. ~과 육 el alma y el cuerpo.

영(領) dominio, territorio.

영감(靈感) inspiración, numen. …에서 ~을 받다 inspirarse en *algo*, recibir inspiración de *algo*. ~을 주다 inspirar (dar inspiración) a *uno*.

영감(令監) hombre viejo; [남편] *su* marido; [존칭] lord.

영걸(英傑) 1 [인물] gran hombre, héroe. 2 [기상] carácter heroico.

영검(靈驗) milagro.

영겁(永劫) eternidad.

영결식(永訣式) ceremonia funeral.

영계(靈界) reino de los muertos, el otro mundo.

영고(榮枯) ~ 성쇠 vicisitud, prosperidad y decadencia.

영공(領空) espacio [aéreo] territorial. ~침범 violación del espacio [aéreo] territorial.

영관(榮冠) corona de gloria, laurel. 입상(승리)의 ~을 얻다 conseguir los laureles del premio (de la victoria).

영관(領官) oficial de ejército cuyo mando puede extenderse a un regimiento, como el coronel y el teniente coronel.

영광(榮光) gloria, aureola; 【명예】 honor. ~의 glorioso.

영구(永久) perpetuidad, eternidad. ~한 perpetuo, eterno. ~히 perpetuamente, para siempre. ~성 permanencia. ~운동 【물】 movimiento permanente. ~치 diente permanente.

영구차(靈柩車) coche fúnebre.

영국(英國) 【지】 Inglaterra. ~의 inglés, británico. ~인 inglés. ~여자 inglesa.

영내(領内) ~에서 en el territorio.

영년(永年) muchos años, mucho tiempo.

영농(營農) explotación, cultivo, agricultura.

영단(英斷) juicio decisivo, decisión audaz (firme), medida drástica. ~을 내리다 cortar el nudo gordiano, emitir un juicio decisivo.

영단(營團) corporación (fundación) pública.

영달(榮達) encumbramiento, ascenso.

영도(零度) grado cero. 기온이 ~로 내려갔다 La temperatura ha bajado a cero.

영도(領導) dirección, guía. ~하다 guiar, dirigir. ~자 dirigente, líder.

영락(零落) ruina, arruinamiento, decadencia. ~하다 arruinarse, decaer, caer en la ruina.

영령(英靈) 【전사자의】 alma de un soldado muerto (de un héroe caído) en la guerra (en el campo de batalla).

영롱(玲瓏) brillantez. ~하다 ser brillante.

영리(怜悧) ~한 inteligente; 【예민】 listo, sagaz, perspicaz. ~하게 sagazmente. 이 아이는 ~한 눈을 하고 있다 Este niño tiene los ojos inteligentes.

영리(營利) lucro, ganancia, beneficio. ~적인 lucrativo, utilitario. ~적으로 utilitariamente. ~을 목적으로 하다 tener objeto lucrativo. ~단체 organización establecida con fines lucrativos. ~사업 empresa comercial. ~주의 utilitarismo, mercantilismo.

영림(營林) administración de los bosques; repoblación forestal, silvicultura, 【남미】 forestación. ~서 departamento local de silvicultura.

영매(令妹) su hermana.

영매(靈媒) medium.

영면(永眠) sueño eterno, fallecimiento. ~하다 dormir el sueño eterno (de la eternidad), dormirse para siempre, fallecer. ~하소서 Que en paz descanse 【Q.E.P.D.】.

영문 1 【까닭】 razón (f.), causa, porqué. ~을 모르겠다 No sé porqué.
2 【형편】 circunstancias.

영문(英文) inglés, texto en inglés; composición inglesa, escrito inglés. ~으로 쓰다 escribir en inglés. ~한역 하다 traducir del inglés al coreano. ~법 gramática inglesa. ~한역 traducción del inglés al (o en) coreano. ~학 literatura inglesa. ~학과 sección (departamento) de literatura inglesa.

영부인(令夫人) su señora.

영미(英美) Inglaterra y [los] Estados Unidos de América. ~의 anglo [norte] americano, inglésnorteamericano. ~문학 literatura anglo [norte]americana.

영사(領事) cónsul; 【직】 consulado. ~의 consular. ~가 되다 hacerse cónsul. ~관 consulado. ~관원 personal del consulado. ~ 사증 legalización consular. ~ 사증 료 derechos consulares. ~ 송장 factura consular. 서울 주재 서반아 ~ cónsul español en Seúl. 명예 ~ cónsul honorario, cónsul ad honorem. 부~ vicecónsul. 총~ cónsul general.

영사(映寫) proyección, rodaje. ~하다 proyectar, rodar. 슬라이드를 스크린에 ~하다 proyectar diapositivas en la pantalla. ~기 proyector [cinematográfico]. ~막 pantalla. ~실 cuarto (cabina) de proyección.

영상(映像) imagen. ~ 문화 cultura por imágenes. ~ 송신기 videotransmisor. ~ 신호 señal de imagen (de video). ~ 주파 기 frecuencia de imagen. ~ 증폭기 amplificador de imagen, videoamplificador.

영생(永生) vida (eterna·inmortal), inmortalidad. ~하다 vivir inmortalmente, gozar de la inmortalidad.

영서(令壻) su yerno (hijo político).

영서(永逝) muerte (f.).

영서(英書) libro de inglés; 【영문】 literatura inglesa.

영서(英西) inglés-español. ~사전 diccionario inglés-español.

영선(營繕) construcción y reparación. ~과 sección de construcción y reparación.

영성(靈性) espiritualidad.

영세(零細) ~한 menudo, fragmentario.

영세 한 자본 pequeño capital. ~기업 empresa menuda.

영세(永世) 중립 neutralidad permanente (perpetua). ~중립국 país permanentemente neutral.

영세 불망(永世不忘) ~하다 recordar para siempre.

영속(永續) permanencia, duración, persistencia. ~하다 durar, perpetuarse, perdurar, permanecer, persistir. ~적 duradero, permanente, perpetuo, perdurable, durable. ~성 permanencia, perpetuidad.

영수(領收) recepción. ~하다 recibir. ~증 recibo. 정히 ~함 He recibido debidamente.

영수(領袖) dirigente, líder, jefe.

영시(英詩) [전체] poesía de inglés; [시편] poema en inglés.

영시(零時) cero horas. 오전 ~에 a medianoche. 오후 ~에 a mediodía. ~시 20분이다 Son las cero y veinte.

영식(令息) su hijo. A씨의 ~ hijo del señor A.

영아(嬰兒) nene, bebé, criatura, crío. ~살인범 infanticida *(m.f.)*. ~살해죄 infanticidio.

영애(令愛) su hija.

영약(靈藥) remedio milagroso.

영양(營養) nutrimento, nutrición, alimentación. ~있는 nutritivo, alimentoso, alimenticio, nutricio. ~이 없는 poco nutritivo (alimenticio). ~이 풍부한 음식 alimento substancioso. ~가 valor nutritivo, caloría. ~부족 nutrición insuficiente. ~분 elementos nutricios (nutritivos). ~불량 mala nutrición, innutrición. ~소 nutrimento. ~식 comeda fortificante. ~실조 inanición, desórdenes tróficos, desnutrición. ~사 perito en alimentación (en nutrición). ~학 bromatología.

영양(羚羊) 【동】 antílope.

영양(令孃) su hija. A씨의 ~ hija del señor A.

영어(英語) inglés, lengua inglesa, idioma inglés.

영어(囹圄) prisión, cárcel.

영업(營業) [장사] comercio; [사업] negocios, trabajo; [운영] operación [comercial], explotación comercial. ~하다 hacer negocios, dedicarse a los negocios, llevar a cabo un negocio. [가게·사무소] estar abierto; [개업] abrir un negocio. ~중 Abierto. 토요일과 일요일은 ~하지 않음 Cerrado sábados y domingos. ~성적을 올리다 mejorar la marcha de los negocios. ~금지 (정지) prohibición (suspensión) de los negocios. ~면허 licencia para abrir un negocio. ~방침 (정책) orientación (política) de negocios. ~보고서 memoria de negocios (de operaciones). ~부 sección comercial (de negocios). ~비 gastos (expensas) operacionales (de operaciones). ~세 impuesto comercial. ~소 oficina. ~시간 horas de comercio (de oficina·de trabajo). ~시간은 오전 10시부터 오후 7시까지임 Abierto desde las diez de la mañana hasta las siete de la tarde. ~일 día hábil. ~자금 capital operacional, fondo de operaciones. ~품목 [lista de] artículos.

영역(英譯) traducción inglesa. ~하다 traducir al inglés.

영역(領域) territorio, región; [분야·범위] dominio, campo, esfera; [전문] especialidad.

영영(永永) para siempre, eternalmente, perpetuamente.

영예(榮譽) honor, gloria. ~로운 glorioso.

영웅(英雄) héroe. ~적 heroico. ~숭배 culto a los héroes.

영원(永遠) eternidad, perpetuidad; [불멸] inmortalidad. ~의 eterno, perpetuo; inmortal. ~히 eternamente, perpetuamente, para siempre. ~한 진리 verdad eterna. 이름을 ~히 전하다 transmitir el nombre a la posteridad, inmortalizar el nombre.

영유(領有) posesión. ~하다 poseer.

영육(靈肉) cuerpo y alma.

영자(英字) letra inglesa. ~신문 periódico en inglés.

영장(令狀) orden, auto, decreto. ~을 발부하다 dar orden.

영장(靈長) creatura suprema. 인간은 만물의 ~이다 El hombre es el rey de la creación. ~류 primates *(m.pl.)*.

영재(英才) [사람] [hombre de] talento (genio). ~교육 educación especial para niños brillantes (precoces·de talento).

영전(榮轉) promoción, cambio favorable de cargo o puesto. ~하다 ser promovido, mudarse de un cargo a otro superior. 그는 과장에서 지점장으로 ~했다 Fue promovido de jefe de sección a director de sucursal.

영전(靈前) ~에 ante el alma de un difunto.

영점(零點) cero. 물리 시험에서 ~을 받다 sacar un cero en física.

영접(迎接) acogida. ~하다 acoger.

영정(影幀) retrato.

영주(永住) ~하다 residir per-

영주(領主) señor feudal.
영지(領地) dominio; [영토] territorio; [봉건 귀족의] señorío; [봉토] feudo.
영지(靈地) lugar sagrado.
영창(營倉) calabozo. ~에 넣다 meter a *uno* en el calabozo.
영탄(詠嘆) lamentación. ~적인 deplorante, lamentable.
영토(領土) territorio, dominio, posesión. ~의 territorial. ~적 야심 ambición territorial. ~를 잃다 (확장하다) perder (extender) *su* territorio.
영패(零敗) ~하다 ser vencido sin marcar ningún tanto.
영하(零下) bajo cero. ~ 30도 30 grados bajo cero. ~5도이다 La temperatura es de cinco grados bajo cero.
영한(英韓) inglés-coreano. ~사전 diccionario inglés-coreano.
영합(迎合) lisonja. ~하다 lisonjear.
영해(領海) aguas territoriales (jurisdiccionales), mar territorial, soberanía marítima. 한국 ~내(외)에 dentro (fuera) de las aguas territoriales de Corea.
영향(影響) influencia, efecto. ~하다 influir en *algo* (sobre *algo*·con *uno*), ejercer influencia sobre *algo*·*uno*, [남미] influenciar *algo* (a *uno*). ~을 받다 tener la influencia de. 기후 (마업)의 ~으로 por (bajo) influencia del clima (de la huelga). 좋은 (나쁜) ~을 끼치다 ejercer buena (mala) influencia en (sobre) *algo*·*uno*. 그의 발언은 학계에 큰 ~을 주었다 Su declaración ha tenido una gran influencia en los círculos académicos. 그는 친구한테서 나쁜 ~을 받았다 Recibió una mala influencia de su amigo. 내가 음악을 좋아한 것은 형의 ~덕분이다 Gracias a la influencia de mi hermano, me he aficionado a la música. 그는 다른 사람의 ~을 받기 쉽다 Se deja fácilmente influir por los demás. ~력 influencia.
영험(靈驗) milagro, virtud milagrosa. ~이 있는 milagroso. ~이 있다 ser mágico en su efecto.
영혼(靈魂) alma.
영화(映畵) cine, cinematografía; [작품] película, film. ~를 보다 ver una película. ~을 보러 가다 ir a ver una película, ir al cine. ~를 만들다 hacer una película. ~를 촬영하다 rodar (tomar) una película. ~로 촬영하다 filmar (cinematografiar) *algo*. ~를 감독하다 realizar (dirigir) un film. ~에 출연하다 tener un papel (actuar) en una película. 이 소설은 ~화되었다 Adoptaron esta novela al cine. 나는 그 소설을 ~로 보았다 He visto esa novela en cine. ~계 círculos cinematográficos, mundo del cine (de la pantalla). ~ 감독 director del cine. ~관 [sala de] cine. ~ 배급 회사 (agencia) distribuidora de películas. ~ 비평 crítica cinematográfica. ~ [제작] 회사 compañía productora de películas. ~ 촬영 filmación, rodaje. ~ 배우 actor de cine, actriz de cine; artista de cine. ~제작자 director de producción, productor. ~화 versión cinematográfica.
영화(榮華) prosperidad, esplendor; [호사] magnificencia, fausto; gloria. ~로운 glorioso, próspero; fastuoso. ~롭게 살다 vivir fastuosamente, llevar una vida fastuosa.
영화(英貨) [지폐] moneda inglesa. ~ 100파운드 cien libras esterlinas. ~로 환산하다 cambiar *algo* en moneda inglesa.
옆 ···의 ~에 al lado de···. ~방 habitación vecina (contigua·de al lado).
옆구리 costado, flanco, lado. 나는 ~가 아프다 Me duele el costado (el lado).
예¹ aquí. ⇨ 여기.
예² pasado, tiempos antiguos. ~로부터 desde los tiempos antiguos.
예³ sí; sí, señor; sí, señora; presente, señor; no.
예(例) [관례] uso, costumbre; [선례] precedente; [실례] ejemplo; [경우] caso. ~의 [언제나] de costumbre, de siempre; [문제의] en cuestión. ~는 이 없는 sin precedente; sin ejemplo. ~를 들면 por ejemplo. ~를 들다 dar (poner·citar) un ejemplo. ~를 들어 인용하다 citar *algo* por (como) ejemplo. ···의 ~를 따르다 seguir el ejemplo de···. [좋은] ~를 남기다 dar un [buen] ejemplo. 이런 ~는 많다 Hay muchos ejemplos parecidos./ Hay muchos casos de este tipo. 여태 그런 ~는 없다 No hay otro ejemplo semejante a éste.
예(禮) 1 [절] saludo. ~하다 saludar a *uno*, hacer una reverencia a *uno*.
2 [예의] cortesía, etiqueta. ~를 잃다 faltar a la cortesía (a la buena educación); [···에 대해] ser descortés con *uno*. ~를 다하다 dar a *uno* una muestra de su gran cortesía, demostrar (manifestar) a *uno* su plena cortesía.
예각(銳角) 【수】 ángulo agudo. ~ 삼각형 triángulo acutángulo.

예감(豫感) presentimiento. …의 ~을 하다 presentir *algo*, tener presentimiento de *algo*.

예견(豫見) previsión, pronóstico. ~하다 prever, pronosticar. 미래를 ~하다 prever el porvenir.

예고(豫告) aviso [previo], notificación [previa], anuncio previo. ~하다 anunciar [por anticipado·con anticipación], avisar (comunicar) [de antemano·con tiempo·previamente]. ~편【영화】avance, trailer.

예과(豫科) curso preparatorio.

예금(預金) 【행위·돈】depósito; 【돈】dinero depositado; 【우편저금】ahorro [postal]. ~하다 depositar (ingresar) dinero. ~을 인출하다 sacar dinero depositado (de la cuenta). 나는 5만원 있다 tener cincuenta mil wones en cuenta de ahorro. 은행에 만원을 ~하다 depositar diez mil wones en el banco. 은행에 당좌 ~이 있다 tener una cuenta corriente en el banco. ~계원 cajero de la sección de depósito. ~구좌 cuenta de depósito. ~이자 interés sobre el depósito. ~증서 recibo de depósito. ~자 depositador, depositante (*m.f.*). ~통장 libreta de banco (de depósitos), libreta (cartilla) de ahorros. 총~ depósitos totales.

예기(豫期) 【기대】expectativa, expectación; 【예상】previsión, pronóstico. ~하다 esperar, prever. ~치 못한 inesperado; imprevisto. ~한 결과 resultado previsto. ~했던 대로 como era de esperar, como se esperaba. ~에 반해서 contra (contrariamente a) la expectación. …을 ~하고 en espera de *algo* (de que + *subj.*) 우리가 ~한 이상의 que supera nuestra espectativa. 결과는 ~한 이상이었다 El resultado superó lo previsto.

예납(豫納) pago adelantado. ~하다 pagar anticipadamente.

예년(例年) cada año, todos los años. ~의 normal, anual. ~의 행사 reunión anual. ~대로 con todos los años, como cada año. 금년은 ~에 없는 풍작이다 Este año la cosecha es excepcionalmente buena. 금년 여름은 ~에 비해 더위가 심하다 Este verano el calor es más riguroso de lo ordinario (que de costumbre).

예능(藝能) conocimientos, talentos.

예리(銳利) ~한 afilado; agudo, aguzado; cortante. ~한 날 hoja afilada.

예매(豫買) compra adelantada. ~하다 comprar anticipadamente.

예매(豫賣) venta adelantada. ~하다 vender anticipadamente.

예멘【지】 el Yemen. ~의 [사람] yemenita (*m.f.*).

예명(藝名) nombre profesional.

예문(例文) ejemplo de frase, frase (*f.*) ejemplar, modelo. ~을 인용하다 citar una frase de ejemplo. ~을 인용하여 설명하다 explicar *algo* con una frase ejemplar. 이 사전은 ~이 풍부하다 En este diccionario hay ejemplos abundantes.

예물(禮物) regalo, obsequio. 결혼 ~ regalos nupcial (de boda).

예민(銳敏) vivacidad, agudeza, sagacidad. ~한 agudo, penetrante, vivo, perspicaz; inteligente, sagaz. 그는 관찰이 ~하다 Es un observador penetrante. 그는 두뇌가 ~하다 Es muy inteligente./ Tiene una inteligencia viva./ Es vivo de inteligencia.

예방(豫防) prevención; 【주의】precaución. ~하다 prevenir, precaver; tomar precaución contra *uno*. ~의 preventivo, de precaución. 전염을 ~하다 prevenir la infección. ~책·~조치 medio de precaución, medidas preventivas; 【집합적】profilaxis (*f.*). 공기 오염에 대한 ~책을 강구하다 tomar medidas preventivas contra la contaminación del aire. ~약 profiláctico, antídoto. ~주사 inyección preventiva. ~주사를 놓다 poner una inyección preventiva a *uno*. ~접종 vacunación. ~접종 증명서 certificado internacional de vacunación. ~접종을 하다 vacunar (inocular) a *uno*. ~접종을 받다 ser inoculado, hacerse vacunar. 독감의 ~접종을 받다 vacunarse contra la influenza. ~ 왁친 vacuna preventiva. ~ 위생 (의학) higiene (medicina) preventiva.

예방(禮訪) visita cortés.

예배(禮拜) culto; 【의식】oficio. ~하다 rendir culto a *algo*. 일요일에 ~에 나가다 asistir al oficio (a los servicios) del domingo. ~당 iglesia, capilla. ~자 adorador. 성모 ~ culto de hiperdulía. 천사 ~ culto de dulería. 천체 ~ culto de ladría. ~는 몇시에 있습니까 ¿A qué hora es el culto?

예법(禮法) cortesía, etiqueta.

예보(豫報) pronóstico, predicción. ~하다 pronosticar, prever. ~관【기상대의】pronosticador. 일기 ~ pronóstico del tiempo.

예복(禮服) uniforme de gala, traje de etiqueta (ceremonia), frac. ~을 입고 en traje de etiqueta. ~을 착용할 것 Es obligatorio el traje de etiqueta.

예쁘다 ser bonito (bello·lindo·hermoso·guapo). 예쁜 인형 muñeca bonita. 예쁜 꽃

flor hermosa. 예쁜 여자 mujer guapa.
예비(豫備) 1 reserva, repuesto. ~의 de reserva, de repuesto, de recambio. ~을 가지고 있다 tener (guardar) *algo* de reserva. ~군 reserva. ~금 fondo de reserva, capital de reserva. ~비 [예산의] fondo de emergencia, reserva. ~ 부품 pieza de recambio (de repuesto). 타이어 llanta de repuesto, neumático de recambio. ~품 repuesto.
2 [준비] preparación. ~의 preparativo. ~ 교섭 negociación preliminar. ~ 시험 examen previo (preparatorio). ~ 지식 conocimiento previo. ~ 학교 escuela preparatoria. ~ 협정 acuerdo preliminar.
예비역(豫備役) ~ 장교 oficial de complemento.
예산(豫算) presupuesto. ~의 presupuestario. ⋯의 ~을 세우다 hacer un presupuesto de *algo*, presupuestar *algo*. ~을 초과하다 exceder el presupuesto. 총액 1억원의 ~을 세우다 Se presupuesta la cifra global de cien millones de wones. 우리들은 여행 ~을 10만원으로 했다 Hemos presupuestado el viaje en cien mil wones. 이 계획은 거대한 ~을 필요로 한다 Este proyecto exige un presupuesto enorme. 우리에게는 ~이 없다 Nos falta el presupuesto. ~안을 가결 (부결)하다 aprobar (rechazar) el presupuesto. ~ 연도 año presupuestario. ~외 수입 ingresos fuera del presupuesto. ~ 위원회 comité presupuestario (de presupuesto). ~ 조치 medidas presupuestarias. ~ 편성 compilación del presupuesto. ~을 편성하다 elaborar el presupuesto. ~ 항목 partida (apartado) de un presupuesto. 판매 ~ presupuesto de ventas.
예상(豫想) pronóstico; [추측] conjetura, presunción; [기대] expectativa, expectación. ~하다 prever, pronosticar, conjeturar, presumir; esperar. ~대로 como se presumía. ~대로의 previsto. ~외의 imprevisto, impensado. ~에 반하여 al contrario de (contrariamente a) la expectación, contra toda expectación. ~ 이상의 대성공 éxito por encima de toda expectación. 경마의 ~ pronóstico de la carrera de caballos. 최악의 사태를 ~하다 prever lo peor. 나는 선거에서 여당이 패하리라 ~했었다 Suponía que perdería en las próximas elecciones el partido del gobierno. 그런 일은 우리가 전혀 ~하지 못했다 No nos pasó siquiera por la cabeza que pudiera ocurrir tal cosa. ~이 맞았다 (벗어났다) El pronóstico resultó correcto (fallido). 그의 ~은 틀렸다 Se ha equivocado en sus pronósticos. 우리가 ~했던 이상의 성공을 거두었다 Ha salido mejor de lo que esperábamos. 결과는 ~에 반했다 El resultado fue contrario a la expectativa./ El resultado fue del todo inesperado. 물가 상승이 ~된다 Se espera que suban los precios.
예선(豫選) elección previa, preelección; 【운】 eliminatoria, prueba preliminar. ~을 하다 elegir previamente; hacer una eliminatoria. ~을 통과하다 pasar la elección previa (la prueba preliminar). 이차 ~에서 탈락하다 ser eliminado en la segunda eliminatoria.
예속(隷屬) sujeción, servidumbre, sumisión. ~하다 sujetarse (someterse) a *algo · uno*, sujetarse al yugo de *algo*. ~시키다 sujetar a *uno* bajo el yugo de *algo*. ~ 상태에 있다 estar bajo el yugo de *algo*.
예순 sesenta. ~살 sesenta años.
예술(藝術) arte, bellas artes. ~적인 artístico. ~가 artista. ~품 obra de arte.
예습(豫習) preparación de la lección (de la clase). ~하다 preparar la lección.
예시(例示) ejemplificación. ~하다 ejemplificar, demostrar *algo* con ejemplos.
예식(禮式) ceremonia; 【종교의】 ritos.
예심(豫審) instrucción [de un expediente]. ~을 하다 instruir [una causa]. ~중이다 estar en instrucción. ~ 판사 juez (*m.*) de instrucción.
예약(豫約) [좌석의] reserva, reservación; [구독예약] su[b]scripción. ~하다 reservar; su[b]scribir (abonarse) a *algo*. ~을 취소하다 anular la reserva; desabonarse. ~을 개시하다 (마감하다) abrir (cerrar) la su[b]scripción. ~ 판매 하다 vender *algo* por su[b]scripción. 좌석을 ~하다 reservar asiento. 방 두개를 ~해 두었다 tener reservados dos cuartos. 신문 ~을 하다 su[b]scribirse (abonarse) a un periódico. 방을 예약했으면 합니다만 [호텔에서] Quisiera reservar una habitación. 오늘의 ~을 했으면 합니다만 [병원 등에서] Quisiera pedir (tomar) hora para hoy. ~ 구독료 su[b]scripción. ~ 구독자 su[b]scriptor,-ra. ~ 기한 plazo de su[b]scripción. ~석 asiento reservado, plaza reservada; [테이블] mesa reservada. ~ 신청서 fórmula (hoja) de su[b]scripción.
예언(豫言) profecía, predicción. ~하다 profetizar, predecir. 그의 ~이 맞았다 (틀렸다) Se realizó (Falló) su predicción. 그는 대지진이 일어날 것이라 ~했다 Predijo que ocurriría un gran terremoto. ~자

예외(例外) excepción, caso excepcional. ~의 excepcional, extraordinario. ~적으로 excepcionalmente. ~로 하다 exceptuar *algo*, hacer una excepción a *algo*. ~없이 sin excepción. …은 ~로 하고 a (con) excepción de…, excepto, salvo. 그 나라들은 ~로 하고 con excepción de esos países. 이것은 ~다 Este es un caso excepcional. ~없는 규칙은 없다 No hay regla sin excepción./ La excepción confirma la regla. ~ 조치 medida de excepción.

예우(禮遇) recepción cordial.

예의(禮儀) cortesía, política, etiqueta, urbanidad, buenos modales, buenas formas. ~ 바른 cortés, político. ~ 바르게 cortésmente. ~를 모르는 descortés, impolítico, mal educado, grosero. ~를 모르다 no tener cortesía (política · educación). ~를 지키다 observar las reglas de la urbanidad. ~가 없다 faltar a la cortesía. ~를 중시하다 respetar la decencia (la urbanidad · los buenos modales).

예장(禮狀) carta de agradecimiento.

예장(禮裝) traje de ceremonia (de etiqueta). ~하다 ir en traje de ceremonia (de etiqueta).

예전(−前) tiempos antiguos, el pasado. ~부터 desde los tiempos antiguos. ~에 en tiempos antiguos. ~대로 de costumbre, como antes.

예절(禮節) ⇨ 예의(禮儀).

예정(豫定) [계획] plan, programa *(m.)*; arreglo previo; [시간표] horario. ~하다 proyectar, planear; arreglar previamente, fijar (designar) *algo* de antemano (anticipadamente). ~의 previo, arreglado de antemano. ~의 행동 [línea de] acción planeada. ~시간에 a la hora fijada. ~외의 비용 expensas imprevistas. ~을 세우다 preparar un proyecto, establecer un plan, hacer un programa. ~을 변경하다 cambiar el plan (el proyecto). ~에 따라 conforme al plan (al programa señalado), según el plan. ~에 따르다 seguir el plan. ~에 늦다 retrasarse en el proyecto. ~보다 일찍 도착하다 llegar antes de la hora prevista. 숙박비로 만원을 ~하다 preparar diez mil wones para el alojamiento, presuponer el alojamiento en diez mil wones. …할 ~이다 proponerse + *inf.*, disponerse (estar dispuesto) a + *inf.* 나는 내일 출발할 ~이다 Tengo previsto salir mañana. 그는 내일 도착할 ~이다 Ha [de] llegar mañana. 그 계획은 금년 봄에 실현 ~이었다 El proyecto debía [de] realizarse (haberse realizado) esta primavera. 출석자가 다수로 ~된다 Se prevé una asistencia numerosa./ Se esperan numerosos concurrentes. 오늘밤 ~이 어떻습니까 ¿Cuál es su plan para esta noche? 일주일 ~으로 여행할 참이다 Voy a viajar con un plan de una semana. 그 사건때문에 ~이 완전히 망가졌다 Debido al incidente, se ha perturbado completamente el programa. ~액 suma estimada.

예제(例題) ejemplo. [연습문제] ejercicio.

예증(例證) ~하다 probar (demostrar) *algo* con ejemplos.

예지(叡智) sagacidad, sabiduría, inteligencia.

예지(豫知) presciencia, previsión. ~하다 prever, tener presciencia de *algo*. 지진을 ~하다 [예보] prever (predecir) un terremoto. ~능력 capacidad de presciencia.

예찬(禮讚) alabanza, elogio, adoración, glorificación. ~하다 alabar, elogiar, adorar, glorificar. 모성 ~ glorificación de la maternidad.

예측(豫測) previsión, pronóstico; [추측] suposición. ~하다 prever, pronosticar; suponer. 수급의 ~ pronóstico de la demanda y la oferta. 실패를 ~하다 pronosticar un fracaso. 경기의 동향은 ~이 안된다 Es imprevisible la tendencia económica.

예포(禮砲) salva. ~를 쏘다 tirar una salva.

예항(曳航) remolque. ~하다 remolcar. ~선 remolcador.

예해(例解) ~하다 ilustrar *algo* con ejemplos.

예회(例會) reunión regular, sesión ordinaria.

예행 연습(豫行演習) ejercicio preliminar (ensayo general). ~을 하다 hacer un ejercicio preliminar (ensayo general). 운동회의 ~을 하다 ensayar la fiesta atlética.

옛 viejo, antiguo. ~ 친구 viejo amigo.

옛날 tiempos antiguos, el pasado. ~ 풍속 costumbres antiguas.

오(五) cinco. 제~의 quinto. ~배의 quíntuplo. ~분의 일 un quinto. 제~장 capítulo cinco.

오 ¡Oh! ¡Ah! ¡Ay! ¡Dios mío!

오각형(五角形) pentágono. ~의 pentagonal, pentangular. 정 ~ pentágono regular.

오곡(五穀) cinco granos.

오관(五官) cinco órganos sensorios, cinco sentidos.

오그리다 [몸을] agacharse, bajarse doblan-

오기(傲氣) obstinación, pertinacia, porfía, orgullo.
오기(誤記) escrito erróneo, error.
오나가나 siempre.
오뉴월(五六月) mayo y junio; [여름] verano.
오늘 hoy. ~아침 esta mañana. ~오후 esta tarde. ~밤 esta noche.
오늘날 estos días, en nuestros días, en nuestros tiempos, hoy día, hoy.
오다 [도착] venir, llegar. 기차가 올때까지 hasta que llegue el tren. 이리 오너라 Ven acá (aquí). 이리 오십시오 Venga acá (aquí). 그는 오늘은 안 올 것이다 El no vendrá hoy. 자동차가 오는 것이 보였다 Vi un coche viniendo.
오두막(-幕) choza, cabaña, barraca.
오락(娛樂) entretenimiento, recreo, pasatiempo, diversión. ~센타 parque de atracciones. ~시설 comodidades (establecimiento·instalaciones) de recreo (de diversión). ~실 sala de recreo (de diversiones·de entretenimientos). ~장 centro (casa·jardín) de recreo (de diversiones). ~프로그램 programa de entretenimiento.
오랑우탄 【동】 orangután.
오랑캐 hombre bárbaro (salvaje).
오랑캐꽃 violeta.
오래 [por] mucho (largo) tiempo; largamente, dilatadamente. ~머물다 quedarse mucho tiempo. ~걸리다 [사물이 주어] llevar mucho (largo) tiempo, durar mucho [tiempo], durar largo tiempo; [사람이 주어] tardar mucho [tiempo] en *algo* (en + *inf.*). 그것은 ~걸릴 것이다 Eso llevará mucho tiempo. ~걸립니까 ¿Llevará (Durará) mucho tiempo? ~는 걸리지 않는다 No lleva (dura) mucho tiempo. ~라야 1주일이 걸리지 않을 것이다 No llevará, a lo más, ni una semana. 통증이 ~계속되었다 El dolor continuó mucho tiempo. 그의 공적은 역사에 ~남을 것이다 Su hazaña se eternizará en (pasará a) la historia.
오래간만 después de mucho tiempo. ~입니다 Hace mucho tiempo que no le veo./[강조] ¡Tanto tiempo!
오래도록 [por] mucho (largo) tiempo.
오래동안 [por] mucho (largo) tiempo.
오렌지 【식】 naranja. ~나무 naranjo.
오로지 sólo, solamente.
오류(誤謬) equivocación, error.
오륜 대회(五輪大會) los Jugos Olímpicos, Olimpiada.

오르내리다 subir y bajar.
오르다 subir, montar. 말에 ~ montar a caballo. 기차에 ~ subir al tren.
오른손 mano derecha.
오른쪽 derecha. ~에·~으로 a la derecha, a mano derecha.
오른편 derecha.
오리 [조] pato, ánade (*m.f.*); [암컷] pata; [새끼] patito. ~가 울다 parpar.
오리 무중(五里霧中) desorientado, a tientas, a ciegas. ~이다 estar desorientado, andar a tientas.
오만(傲慢) altanería, soberbia, orgullo. ~한 altanero, soberbio, orgulloso.
오면체(五面體) pentaedro.
오명(汚名) deshonra, infamia. ~을 벗다 quitarse una imputación falsa.
오목 렌즈 lentes cóncavas.
오묘(奧妙) profundidad. ~하다 ser profundo.
오물(汚物) suciedad, inmundicia, porquería; [하수의] aguas residuales.
오믈렛 tortilla (de huevos).
오버 [오버코트] abrigo, gabán, sobretodo.
오버슈즈 chanclos.
오버코트 ⇨ 오버.
오변형(五邊形) pentágono.
오보(誤報) información (comunicación·noticia) errónea (equivocada). 이 뉴스는 ~로 밝혀졌다 Esta noticia resultó errónea.
오붓하다 ser bastante (suficiente).
오빠 hermano mayor.
오산(誤算) mal cálculo, cómputo erróneo. ~을 하다 calcular mal.
오선(五線) ~보 pentagrama (*m.*). ~지 papel pautado.
오성(悟性) entendimiento.
오소리 【동】 tejón.
오손(汚損) ensuciamiento. ~하다 ensuciar. ~되다 ensuciarse.
오수(午睡) siesta.
오수(汚水) agua sucia; [하수의] aguas residuales.
오스트렐리아 【지】 Australia. ~의 [사람] australiano.
오스트리아 【지】 Austria. ~의 [사람] austríaco.
오식(誤植) errata de imprenta, error tipográfico.
오심(誤審) juicio erróneo [dado por un tribunal].
오십(五十) cincuenta. ~번째의 quincuagésimo, cincuentenario. 그는 사람 cincuentón. 양자는 ~보 백보다 Hay poca diferencia entre los dos. 이것은 그것과 ~

보 백보다 Esto es más o menos lo mismo que eso.
오아시스 oasis.
오역(誤譯) traducción errónea (equivocada mala·inexacta). ~하다 traducir mal (con errores).
오염(汚染) contaminación. ~하다 contaminar. 이곳은 공기가 방사능으로 되어 있다 Aquí el aire está contaminado por la radiactividad.
오용(誤用) mala aplicación, mal uso (empleo), uso erróneo ; [파격] solecismo. ~하다 usar (emplear·aplicar) algo mal.
오월(五月) mayo.
오월동주(吳越同舟) nido de víboras, implacables enemigos reunidos en el mismo barco.
오이 [식] cohombro, pepino.
오인(誤認) concepto falso, idea equivocada. ~하다 entender mal.
오입(誤入) ~하다 putear.
오자(誤字) letra mal escrita, letra errónea, errata.
오전(午前) mañana. ~에 por la mañana, [남미] en la mañana. ~의 matutino, matinal, de la mañana. 어제 ~에 ayer [por la] mañana. 오늘 ~에 esta mañana. 내일 ~에 mañana por la mañana. 토요일 ~에 el sábado por (en) la mañana. ~ 내내 [durante] toda la mañana. ~ 3시에 a las tres de la mañana. ~이시에 a las doce de la noche. 나는 6일 ~에 출발한다 Salgo el día seis por la mañana.
오점(汚點) mancha, borrón. 그는 경력에 ~을 남겼다 Dejó manchada (Manchó) su historia personal.
오존(화) ozono. ~ 발생기 ozonizador.
오종 경기(五種競技) pentatlón.
오줌 orina, orín. ~누다 orinar, mear.
오지(奧地) interior [de un país], rincón remoto. ~에 들어가다 ir tierra adentro, internarse, penetrar. 브라질의 ~를 탐험하다 explorar regiones interiores y desconocidas del Brasil.
오직 sólo, solamente.
오직(汚職) corrupción, escándalo. ~하다 dejarse sobornar (corromper), ensuciarse las manos. ~관리 funcionario corrupto (sobornado). ~사건 caso de corrupción.
오진(誤診) diagnosis errónea, diagnóstico erróneo. ~하다 hacer una diagnosis errónea, diagnosticar erróneamente.
오징어 [동] chipirón, calamar, pulpo.
오차(誤差) error.
오찬(午餐) refección, merienda.
오층(五層) cinco pisos. ~탑 pagoda de cinco pisos.

오케스트라 orquesta. ~용으로 편곡하다 adaptar (arreglar) algo para la orquesta, orquestar algo.
오케이 De acuerdo./ Muy bien./ ¡Vale!/ Está bien. 만사 ~다 Todo va (anda) bien.
오토메이션 automación, automatización.
오토바이 motocicleta.
오토자이로 autogiro.
오트밀 avenage.
오퍼 oferta. 확정 ~ oferta (en) firme.
오페라 ópera.
오푼(五分) cino por ciento, mitad. ~으로 나누다 dividir por mitad. ~의 이자 interés de cinco por ciento.
오프셋 【인】 of[f]set.
오한(惡寒) escalofrío. ~이 나다 escalofriarse.
오합지졸(烏合之卒) chusma, muchedumbre desordenada.
오해(誤解) equívoco, mala interpretación, mal entendimiento, malentendido. ~하다 equivocar, juzgar mal algo, interpretar (entender) mal algo. ~를 풀다 disipar un mal entendimiento. …의 ~를 사다 causar un mal entendimiento a uno. 너의 발언은 ~를 사기 쉽다 Tu declaración es fácil que cause un mal entendimiento./ Tu declaración puede ser fuente de equívocos. 그는 나의 진의를 ~하고 있다 Juzga mal mi verdadera intención. 양자간에 ~가 생겼다 Entre los dos ha surgido un malentendido.
오후(午後) tarde, postmeridiem, P.M.. ~의 de la tarde, postmeridiano. ~에 por la tarde. ~ 3시에 a las tres de la tarde. ~내내 [durante] toda la tarde. 오늘 ~ esta tarde, hoy por la tarde. 어제 ~ ayer [por la] tarde. 내일 ~ mañana por la tarde. 토요일 ~ el sábado por la tarde. 나는 6일 ~에 출발한다 Salgo el día seis por la tarde.
옥(玉) bola, bombilla, joya, bala.
옥내(屋內) interior de la casa. ~에서 en el interior de la casa. ~에 dentro, en casa, bajo techado. ~의 interior, interno. ~경기 juegos bajo techado. ~ 스포츠 deportes de interior (en sala). ~ 운동장 gimnasio. ~ 풀장 piscina cubierta.
옥도(沃度) 【화】 yodo. ~의 yodado.
옥리(獄吏) carcelero.
옥사(獄死) ~하다 morir en prisión.
옥상(屋上) terraza, azotea. ~에서 en la terraza (la azotea). 이 건물은 ~이 없다 Este edificio no tiene azotea. ~ 정원 jardín terraza (azotea).
옥소(沃素) 【화】 yodo. ~의 yodado. ~ 산염 yodato.
옥쇄(玉碎) ~하다 combatir hasta la

옥야(沃野) campo fértil, vega.
옥외(屋外) campo raso, aire libre. ~에서 fuera de casa; [노천에서] al aire libre. ~의 externo, exterior. ~ 스포츠 [놀이] deportes (juegos) exteriores (al aire libre). ~장 piscina descubierta.
옥좌(玉座) trono real (imperial).
옥타브 【악】 octava.
옥토(沃土) tierra fértil.
온건(穩健) ~한 moderado, mesurado, razonable. ~한 사상 idea moderada. ~한 인물 hombre moderado. 그는 최근 ~해졌다 Se ha vuelto moderado estos días. ~파 partido moderado; [사람] moderado, da.
온난(溫暖) calor templado. ~한 templado, de calor moderado, tibio. 이곳은 기후가 ~하다 Aquí el clima es templado. ~전선 frente cálido.
온당(穩當) ~한 apropido, conveniente, propio; razonable, moderado. ~한 요구 petición moderada (razonable).
온대(溫帶) zona templada. ~ 기후 clima templado. ~ 식물 flora de la zona templada.
온도(溫度) temperatura. ~를 재다 medir la temperatura. ~를 조절하다 regular la temperatura. ~를 10도 올리다 elevar (subir) la temperatura diez grados. ~를 10도로 내리다 bajar la temperatura a diez grados. ~가 높다 (낮다) La temperatura está alta (baja). ~가 5도 올랐다 La temperatura sube cinco grados. ~가 20도로 내렸다 La temperatura baja a veinte grados. 실내 ~는 20도이다 La temperatura[en el interior] de la habitación es de (registra) veinte grados. ~계 termómetro. ~ 조절 장치 termostato, termorregulador. ~ 측정 termometría.
온라인 ~시스템 operación directa en línea, reducción de datos en línea.
온상(溫床) almajara, almáciga. 악의 ~ vivero de vicios (de males).
온수(溫水) agua tibia. ~ 풀장 piscina climatizada.
온순(溫順) docilidad. ~한 benévolo, dócil, amable, obediente.
온스 onza, oz.
온실(溫室) invernadero, invernáculo. ~에서 재배하다 cultivar *algo* en un invernadero. 그는 ~에서 자랐다 El ha sido criado con demasiados cuidados (con muchos mismos : con miedo de que vaya a romperse). ~ 식물 planta de invernadero.
온정(溫情) benevolencia, ternura, indulgencia, cordialidad. ~이 있는 benévolo, indulgente, tierno, cordial. ~주의 política paternal, paternalismo, política benévola.
온종일(―終日) todo el día.
온집안 toda la casa.
온천(溫泉) aguas (baños) termales, manantial de agua mineral caliente, caldas (f.pl.). ~에 가다 ir a las aguas termales (a las termas). ~에 들어가다 tomar baños termales. ~ 여관 hotel con baños termales. ~ 요법 cura termal, tratamiento por aguas termales, balneoterapia. ~장 balneario de aguas termales.
온혈 동물(溫血動物) animal de sangre caliente.
온화(溫和) ~한 [성질이] tranquilo, apacible, moderado, dulce; [기후가] templado, suave. ~한 성격이다 ser de un carácter dulce.
온후(溫厚) ~한 afable, amable, dulce.
올가미 trampa, lazo corredizo.
올라가다 subir, ascender, montar, elevarse.
올라이트 ¡Está bien!
올리다 subir, ascender, elevar.
올리브 olivo(나무), aceituna(과실). ~색의 oliváceo. ~유 aceite de oliva.
올림픽 Olimpiada, Olimpíada. ~의 olímpico. ~ 선수 atleta loímpico. ~ 종목 deportes (juegos), modalidades de los Juegos Olímpicos. 국제 ~ 위원회 Comité Olímpico Internacional, COI. 서울~ Juegos Olímpicos (La Olimpiada) de Seúl. 제22회 ~대회 Los Vigésimo Segundos Juegos Olímpicos.
올빼미 lechuza, buho, mochuelo.
올챙이 【동】 renacuajo.
올캐 cuñada, hermana política.
올해 este año. ~는 비가 많이 왔다 Este año ha llovido mucho.
옮기다 mover, remover, mudar.
옳다 tener razón. 옳지 않다 no tener razón.
옴 sarna, comezón, picazón.
옴 【전】 ohmio(저항의 단위).
옷 vestido, ropa, traje. ~을 입다 vestirse, ponerse. ~을 벗다 quitarse la ropa. 속~ ropa interior.
옷감 paño, tela.
옷깃 cuello.
옷장 cómoda, guardarropa, armario, ropero.
옹립(擁立) ~하다 sostener.
옹주(翁主) princesa.
옹호(擁護) protección, amparo, defensa. ~하다 proteger, amparar, defender. …을 ~해서 en defensa de *algo · uno*. 권리를 ~하다 proteger los derechos. ~자 protector,

옻 laca. ~나무 ailanto.

와 y, con. 너~ 나 tú y yo. 어머니~ 말하다 hablar con *su* madre.

와락 de repente, repentinamente, súbitamente, de súbito.

와이셔츠 camisa.

와트 〖전기〗 watt, vatio. ~시 vatio·hora. ~계 vatímetro.

와해(瓦解) ~하다 caer[se], hundirse, derrumbarse, destruirse ; [계획 등이] arruinarse.

왁찐 vacunación. ~주사를 놓다 vacunar.

완강(頑强) obstinación, terquedad, tenacidad. ~한 tenaz, obstinado, terco. ~히 tenazmente, tercamente, obstinadamente, con obstinación. ~히 저항하다 resistir [se] tenazmente. ~한 저항에 부딪히다 tropezar con una resistencia tenaz.

완결(完結) conclusión, terminación, término, acabamiento. ~하다 concluir, terminar, acabar. 이 책은 10권으로 ~한다 Este libro concluye en el tomo décimo.

완고(頑固) obstinación, aferramiento, terquedad, pertinacia, tenacidad. ~한 obstinado, terco, de cabeza dura, pertinaz, tenaz. ~하게 obstinadamente, tercamente. ~한 사람 hombre obstinado, cabeza dura. ~하게 주장하다 insistir en *algo* con tenacidad. 아버님은 ~하시다 Mi padre es terco.

완곡(婉曲) circunlocución, circunloquio, perífrasis (*f.*), eufemismo, rodeo. ~한 indirecto, perifrástico. ~하게 de manera indirecta, por un rodeo de palabras. 그는 ~한 말로 초대를 거절했다 Rehusó la invitación empleando prudentes circunloquios.

완구(玩具) muñeca.

완납(完納) pago completo (entero·íntegro), entrega completa. ~하다 pagar completamente (enteramente·íntegramente). 세금을 ~하다 pagar los impuestos enteros. 회비를 ~하다 pagar la cuota entera de socio.

완두(豌豆) 〖식〗 guisante.

완력(腕力) fuerza del brazo, violencia, fuerza física, robustez muscular. ~있는 musculoso, de brazos vigorosos. ~으로 por fuerza, por violencia. ~에 호소하다 recurrir a la violencia. ~을 쓰다 usar la fuerza (la violencia).

완료(完了) 1 terminación, acabamiento, conclusión. ~하다 terminar, acabar, concluir. 5개년 계획을 ~하다 perfeccionar el plan quinquenal. 준비는 ~됐다 Todo está listo. 2 〖문〗 tiempo perfecto.

완만(緩慢) lentitud ; [활발치 못함] flojedad, inactividad. ~한 lento, pausado, flojo, inactivo. ~하게 lentamente, despacio, pausadamente. 그는 동작이 ~했다 Se han embotado sus movimientos./ Ha perdido agilidad. 금융 사정은 ~하다 La situación monetaria está floja.

완벽(完璧) perfección. ~한 perfecto, intachable, impecable, irreprochable. ~하게 perfectamente, impecablemente, a [la] perfección. ~을 기하다 pretender perfección.

완비(完備) perfección, integridad. ~하다 completarse, perfeccionarse. ~된 completo, perfecto. 설비가 ~된 호텔 hotel bien equipado (con buenas instalaciones). 냉난방 ~ el climatizador.

완성(完成) perfeccionamiento, acabamiento, cumplimiento. ~하다 perfeccionarse, llevarse a cabo ; [···을] perfeccionar, acabar [completamente] ; llevar a cabo *algo*, cumplir. 결국 연구 (맹)이 ~됐다 Por fin se ha acabado la investigación (se ha llevado a cabo la construcción de la presa). ~품 artículo terminado, producto terminado (acabado).

완수(完遂) acabamiento, realización perfecta. ~하다 acabar, llevar a cabo *algo*, lograr (conseguir·realizar) *algo* a la perfección.

완승(完勝) victoria completa. ~하다 ganar una victoria completa, triunfar completamente.

완장(腕章) brazal, brazalete. ~을 달다 (달고 있다) ponerse (llevar) un brazal.

완전(完全) perfección, entereza ; totalidad, integridad. ~한 perfecto, completo, entero, total, cabal. ~히 perfectamente, enteramente, a la perfección, completamente, por completo, plenamente ; del todo, totalmente. ~한 성공 éxito perfecto. ~무결한 integro, impecable. 계획은 ~히 성공했다 El plan ha salido bien del todo (perfecto·a la perfección). 실험은 ~히 실패했다 El experimento fracasó por completo. 교량은 ~히 건설되어 있다 El puente está construido perfectamente. 이 콜렉션은 ~에 가깝다 Esta colección está casi completa. ~ 고용 pleno empleo. ~ 범죄 crimen perfecto. ~ 연소 combustión completa.

완주(完走) ~하다 terminar la carrera, correr la carrera entera.

완충(緩衝) ~국 estado tapón. ~작용 (용액) acción (solución) reguladora. ~ 장치 amortiguador ; [열차 등의] tope ; [자동

완패 차의] parachoques. ~지대 zona neutral.
완패(完敗) derrota completa (total). ~하다 sufrir una completa derrota, ser derrotado completamente.
완화(緩和) mitigación, modificación, alivio. ~하다 mitigar, moderar, aflojar, [가볍게] aliviar, aligerar ; [갑작거나] disminuir, reducir. 제한을 ~하다 moderar (aflojar) el límite, mitigar la restricción. 국제 긴장을 ~하다 mitigar (relajar) la tensión internacional. 주택난을 ~하다 aliviar el problema de vivienda. 통증을 ~하다 aliviar (aligerar) el dolor. 교통의 혼잡을 ~하다 descongestionar el tráfico. ~제 paliativo.
왕(王) rey, monarca. 백수의 ~ rey de los animales. 석유 (발명)~ rey (primate) del petróleo (de los inventos). ~을 폐하다 destronar (bajar de) el trono a un rey. ~으로 옹립하다 poner (colocar) a *uno* en el trono, elegir rey a *uno*.
왕가(王家) casa (familia) real. 보르봉~ la casa Borbónica (de Borbón) ; [사람들] los Borbones.
왕관(王冠) corona, diadema.
왕국(王國) reino, monarquía. 아라곤~ reino de Aragón. 태권도~ 한국 Corea, país campeón de Taekwondo.
왕궁(王宮) palacio real, alcázar.
왕권(王權) autoridad real, soberanía (dignidad) regia. ~신수설 teoría del derecho divino de la dignidad regia.
왕녀(王女) princesa real ; [서반아의] infanta.
왕년(往年) tiempo pasado, antigüedad. ~의 pasado, antiguo. 그는 ~에 명우였다 El era una famosa estrella de años pasados.
왕당(王黨) monárquicos, realistas.
왕도(王都) ciudad real (imperial).
왕래(往來) [통행] circulación, tránsito, tráfico, ida y vuelta. ~하다 ir y venir, circular, transitar, andar. 이 도로는 자동차의 ~ 가 심하다 Hay mucho tráfico (Hay gran circulación de coches· Circulan gran número de coches) en esta calle. 많은 여행자들이 이 길을 ~ 했다 Muchos viajeros iban y venían por este camino.
왕로(往路) [viaje de] ida.
왕립(王立) ~의 real.
왕복(往復) ida y vuelta, ir y volver. ~하다 ir y volver ; [버스 등이 AB간을] hacer el servicio (el recorrido de ida y vuelta) entre A y B, cubrir el recorrido entre A y B. 거기서 ~ 두시간 걸리다 tardar dos horas en ir y volver de allí. ~ 운임 tarifa de ida y vuelta para *un sitio*. 나는 비행기로 ~했다 Para ir y venir viajé (Fui y vine· Hice el viaje de ida y vuelta) en avión. 나는 매일 서울과 수원간을 ~하고 있다 Hice un viaje de ida y vuelta Seúl y Suwon todos los días. 배는 이곳과 섬사이를 ~하고 있다 El barco cubre la travesía de ida y vuelta de aquí a la isla. 서울발 2등 ~표 한 장 주세요 Déme un billete [boleto] de segunda clase de ida y vuelta para Seúl. ~엽서 tarjeta [postal] con respuesta pagada (con contestación pagada·de ida y vuelta). ~차표 billete (【남미】 boleto) de ida y vuelta.
왕비(王妃) reina.
왕생(往生) muerte, fallecimiento. ~하다 fallecer, morir.
왕성(旺盛) 원기가 ~하다 tener mucha energía (fuerza).
왕수(王水) 【화】 agua regia.
왕실(王室) ~의 왕가.
왕왕(往往) [자주] frecuentemente, muchas veces, a menudo ; [때때로] ocasionalmente, algunas veces, a veces, de vez en cuando.
왕위(王位) trono, corona. ~에 오르다 subir (ascender) al trono. ~를 계승하다 suceder el trono. ~를 넘기다 abdicar [el trono] en *uno*, ceder el trono a *uno*. ~에 앉히다 poner (sentar) a *uno* en el trono. ~를 다투다 disputar por el trono (por la corona). …의 ~를 찬탈하다 arrebatar a *uno* el trono, destronar a *uno*.
왕자(王子) príncipe real ; [서반아의] infante.
왕자(王者) rey, monarca. 복싱의 ~ campeón de boxeo.
왕정(王政) monarquía. ~을 복고하다 restaurar una monarquía. ~ 복고 restauración de la monarquía.
왕조(王朝) dinastía, reinado. 프랑코~ dinastía de los Francos.
왕족(王族) familia real.
왕좌(王座) trono, asiento regio (imperial) ; [수위] el primer puesto, supremacía. ~를 다투다 competir en supremacía. ~에 오르다 subir (ascender) al trono. 그는 장기의 ~에 올랐다 Ha pasado a ser el rey del ajedez. 이 회사는 자동차 업계의 ~를 점하고 있다 Esta compañía domina (tiene la hegemonía de) la industria automovilística.
왕진(往診) visita a un paciente. ~하다 visitar a un paciente (un enfermo), ir a examinar al enfermo en *su* casa. 의사는 지금 ~ 중이다 El médico está de visita ahora. 의사는 야간에 ~하지 않는다 El médico no hace visitas por la noche. ~료 honorarios de la visita del médico. ~시

간 hora de la visita del médico.
왕후(王侯) reyes y aristócratas. ~ 같은 생활을 하다 vivir como un sultán (como un rajá).
왜 por qué. ~ 나하면 porque.
왜(倭) Japón ; japonés.
왜가리【조】garza.
왜골 patán, villano.
왜구(倭寇) invasores japoneses.
왜녀(倭女) mujer japonesa.
왜놈(倭-) japonés.
왜말(倭-) japonés, lengua japonesa.
왜색(倭色) maneras japonesas.
왜선(倭船) barco japonés.
왜소(倭小) ~ 한 enano, diminuto, minúsculo. 문제를 ~화 하다 minimizar un problema.
왜수건(倭手巾) toalla.
왜식(倭式) estilo japonés.
왜인(倭人) japonés.
왜장(倭將) general japonés.
왜정(倭政) mando japonés.
왜풍(倭風) estilo japonés.
외 cohombro, pepino.
외(外)〔이외〕excepto, además [de] ;〔바깥〕fuera.
외각(外角) ángulo exterior.
외견(外見) apariencia, aspecto, aire, vista exterior. ~으로는 según las apariencias ; por lo visto, al parecer. ~으로 판단하다 juzgar a *uno* por *sus* apariencia[s].
외계(外界) mundo exterior, exterior.
외과(外科) cirugía. ~의 quirúrgico. ~ 의사 cirujano.
외곽(外廓) [건물의] cerco exterior. 정부의 ~ 단체 organización dependiente (subsidiaria · auxiliar) del gobierno.
외관(外觀) apariencia, aspecto, vista exterior ; [외면] exterior. ~에는 al parecer. 공장의 ~ vista exterior de la fábrica. 이 건물의 ~은 고풍스럽다 El exterior de este edificio tiene un aire antiguo.
외교(外交) diplomacia, política exterior. ~적 · ~상의 diplomático. ~상으로 · ~상 diplomáticamente. ~상의 비밀 secreto diplomático. ~수단으로 por conducto diplomático. 한국의 대서반아 ~ política de Corea con España. ~관계를 수립하다 establecer las relaciones diplomáticas. A 국과 ~를 단절하다 romper las relaciones diplomáticas con A. 그녀는 ~적 수완이 있다 · ~가이다 Es diplomática [en sus relaciones] con los demás. ~적 diplomático. ~관 diplomático. ~관이 되다 entrar en la diplomacia, ingresar en la carrera diplomática, hacerse diplomático. ~관 시험 oposiciones a diplomático.
~단(團) cuerpo diplomático. ~문서 documento diplomático, nota diplomática. ~문제 problema diplomático. ~사령 lenguaje diplomático, palabras de cortesía. ~정책 · ~방침 política exterior.
외국(外國) extranjero, país extranjero. ~의 extranjero, exterior, del exterior. ~산의 producido en el extranjero, de origen extranjero. ~제의 de fabricación extranjera. ~인을 위한 방송 emisión para el extranjero. ~풍의 a la manera extranjera, exótico. ~에 가다 ir al extranjero. ~에서 돌아오다 vover del extranjero. ~에서 살다 vivir en un país extranjero (en el extranjero). 그는 ~에서 태어났다 Nació en el extranjero. ~담배 tabaco importado. ~무역 comercio exterior. ~선 buque extranjero. ~시장 mercado extranjero. ~어 lengua extranjera, idioma extranjero. ~여행 viaje al (por el) extranjero. ~우편〔외국으로〕correo internacional ; [외국에서]correo procedente del extranjero. ~은행 banco extranjero. ~인 extranjero. ~전보 telegrama internacional, cablegrama (*m.*). ~통화 moneda extranjera. ~항로 línea de navegación internacional. ~환[은행] [banco del] combio extranjero.
외근(外勤) servicio externo. ~ 사원 empleado de servicio externo.
외기(外氣) aire [libre].
외래(外來) ~의 extranjero, exótico, de origen extranjero ; [수입된] importado. ~사상 ideas extranjeras, pensamiento importado. ~어 vocablo de origen extranjero, palabra de origen extranjero, palabra exótica ; [어법] extranjerismo. ~진료 consulta de enfermos no hospitalizados. ~ 환자 paciente externo, paciente de consulta, paciente no internado.
외력(外力) fuerza exterior.
외롭다 ser solitario.
외륜선(外輪船) vapor de ruedas (de paletas).
외면(外面) faces exteriores, apariencia.
외무(外務) negocios exteriores, asuntos extranjeros. ~부 Ministerio de Relaciones Exteriores (de Asuntos Exteriores). ~부 장관 Ministro de Relaciones Exteriores.
외미(外米) arroz importado (extranjero).
외박(外泊) alojamiento fuera del propio domicilio. ~하다 pernoctar, no volver a casa. 병사에게 ~을 허가하다 dar un pase de pernocta a un soldado. 나는 어젯밤에 ~을 했다 No volví a casa anoche.

외부(外部) exterior, parte (f.) exterior, exterioridad. ~의 exterior, externo, de fuera. ~에 al exterior, fuera, por fuera. ~에서 desde fuera. ~의 사람 forastero, persona de fuera ; [문제와 무관한] persona ajena al asunto. ~와의 관계 relaciones exteriores. 기밀을 ~에 누설하다 divulgar el secreto [al exterior].

외사(外事) asuntos extranjeros. ~계 sección de asuntos extranjeros.

외상 crédito, fiado. ~으로 팔다 vender al fiado. ~으로 사다 comprar al fiado.

외상(外傷) herida externa, lesión visible ; [의] traumatismo. ~성의 traumático.

외상(外相) Ministro de Asuntos (de Relaciones) Exteriores.

외선(外線) [전화] línea exterior ; [전선] alambre exterior.

외설(猥褻) obscenidad, indecencia. ~한 obsceno, indecente, pornográfico, verde, inmoral. ~한 그림 cuadro indecente. ~죄 ultraje (ofensa) al pudor, indecencia pública. ~ 행위 acto indecente (inmoral).

외식(外食) comida que se toma fuera del propio domicilio. ~하다 comer fuera (en un restaurante). ~자 huésped que come fuera de la casa.

외신(外信) noticias extranjeras.

외아들 solo hijo.

외야(外野) [운] jardín, campo, outfield. ~수 jardinero.

외양(外洋) alta mar, mar ancha, océano.

외양(外樣) aspecto.

외양간(喂養間) establo.

외연(外延) 【논리】 extensión, denotación.

외용(外用) uso externo, aplicación externa. ~약 medicina para aplicación externa, medicamento para aplicación externa.

외우다 aprender de memoria.

외유(外遊) viaje por el extranjero, viaje por el mundo. ~하다 viajar por el extranjero, viajar por el mundo, ir al extranjero.

외이(外耳) oreja ; pabellón de la oreja. ~염 otitis externa.

외인(外人) extranjero, forastero. ~ 교사 profesor extranjero. ~ 묘지 cementerio de los extranjeros. ~ 부대 legión extranjera.

외자(外資) capital extranjero ; [투자] inversión extranjera. ~를 도입하다 introducir (acoger) las inversiones extranjeras. ~도입 introducción (inducción) de inversiones extranjeras, importación del capital extranjero, inducción del capital extranjero.

외자식(-子息) solo hijo.

외적(外敵) enemigo [extranjero].

외적(外的) externo, exterior, extrínseco. ~요인 factor externo. ~ 원인 causas extrínsecas.

외전(外電) telegrama extranjero, cablegrama.

외접(外接) 【기하】 circunscripción. ~하다 circunscribir.

외제(外製) fabricación extranjera.

외조모(外祖母) abuela materna.

외조부(外祖父) abuelo materno.

외족(外族) pariente materno.

외지(外地) territorio exterior (de ultramar) ; tierra ultramarino ; territorio ultramarino ; [외국] extranjero. ~ 근무 servicio en el extranjero.

외채(外債) empréstito extranjero (exterior), deuda exterior (del empréstito) en el exterior). ~를 모집하다 emitir (colocar·procurar) un empréstito en el extranjero.

외척(外戚) pariente materno (del lado materno).

외출(外出) salida ; [산책] paseo. ~하다 salir [de casa]. 부친은 ~중이다 Mi padre no está [en casa] / Mi padre está fuera (ausente). 그의 ~중에 durante su ausencia. 오늘은 ~하지 않았다 No he salido de casa hoy./ Me he quedado en casa hoy. 그쪽으로 ~하겠다 Voy a dar un paseo por ahí. ~ 금지령 toque de queda. ~복 traje de calle. ~일 (시간) día (hora) de salida. ~ 허가증 permiso de salida.

외치다 gritar, dar un grito.

외투(外套) abrigo, gabán, gabardina ; 【남미】 sobretodo ; capa ; [군인용] capote.

외팔이 manco.

외피(外皮) [동물·식물의] epidermis (f.), cutículo ; [과피] pericarpio ; [피부] piel (f.).

외할머니 abuela materna.

외할아버지 abuelo materno.

외해(外海) océano, alta mar, mar abierto.

외향(外向) ~적인 extrovertido, extrovertido. ~적인 성격이다 ser de un natural extravertido. ~성 extroversión, extraversión.

외형(外形) forma (externa), figura ; [외관] apariencia, exterioridad, aspecto exterior.

외화(外貨) mercaderías importadas(물건), moneda extranjera(화폐) ; divisas. ~의 유입 (유출) ingreso (salida) de divisas. ~를 획득하다 obtener (adquirir) divisas. ~부족을 시정하다 ajustar la escasez de divisas. ~ 관리 control de divisas. ~ 보유고. ~ 준비고 reserva de divisas. ~ 유

출 fuga de divisa, salida de divisa.
외화(外畵) película extranjera.
왼 izquierdo. ~눈 ojo izquierdo.
왼발 pie izquierdo.
왼뺨 mejilla izquierda.
왼손 mano izquierda.
왼쪽 izquierda. ~의 izquierdo. ~으로 a la izquierda.
왼팔 brazo izquierdo.
요 colchón.
요가 yoga. ~ 행자 yogi (m.).
요건(要件) [중요한] asunto importante ; [필요 조건] requisito, condición necesaria. ~을 만족시키다 (모으다) satisfacer (reunir) los requisitos.
요괴(妖怪) fantasma (m.), espectro ; [괴물] monstruo. 그 집에서는 ~가 나타난다 En la casa andan fantasmas. ~의 집 casa de fantasmas.
요구(要求) reclamación, exigencia, requerimiento ; [정당한 권리로써의] reivindicación ; [집합적으로 노조의 요구] plataforma reivindicativa ; [요청] demanda, petición. ~하다 reclamar, exigir, requerir ; reivindicar ; demandar, pedir. ~에 의해 a demanda, de acuerdo con la demanda. 노동자의 ~ reivindicación de los obreros. 시대의 ~ exigencia de los tiempos. ~을 만족시키다 satisfacer las exigencias. 군사 기지의 철거를 ~하다 reclamar la evacuación de una base militar. 봉급 인상을 ~하다 pedir aumento del salario. 파업권을 ~하다 reivindicar el derecho de huelga.
요구르트 yogur.
요금(料金) precio ; [표시된] tarifa ; [수수료] derechos ; [비용] coste. ~을 지불하다 pagar el precio de *algo*. ~을 받다 recibir (cobrar) el precio de *algo*. ~을 올리다 (내리다) subir (bajar) el precio. 보통 ~에 30원 증가 treinta wones sobre el precio ordinario. ~은 5천원이다 El precio es de cinco mil wones. 이것은 별도이다 Este tiene otro precio. ~표 lista de precios, tarifa.
요기(妖氣) aire siniestro (extraño).
요담(要談) negociación. ~하다 platicar sobre negocios.
요도(尿道) uretra.
요독증(尿毒症) uremia.
요람(搖籃) cuna. ~기에 있다 estar en *su* infancia.
요런 tan, este. ~ 식으로 en este modo, en esta manera. ~ 식으로 해라 Haz como esto.
요령(要領) habilidad, tacto, maña, secreto. ~을 가르치다 enseñar a *uno* el secreto de *algo*. ~을 배우다 aprender los secretos de *algo*. ~이 좋은 남자 hombre astuto (sagaz). ~이 나쁘다 ser torpe (desmañado).
요로(要路) [고위] posición importante ; [당국] autoridades ; [교통의] carrera principal.
요리(料理) [조리] cocina ; [음식물] plato, comida. ~하다 cocinar, guisar. ~를 내다 servir a *uno* una comida. ~를 잘(못) 하다 ser buen (mal) cocinero. 그녀는 ~의 명수다 Es muy buena cocinera. ~에 손을 대지 않다 no tocar la comida. 적을 ~하다 derrotar a *su* adversario [con facilidad]. 맛있는 ~를 만들다 hacer una comida sabrosa (rica). ~법 [특정 요리의] receta ; [일반적이] arte· culinario. ~사 cocinero. ~집 restaurante. ~장 cocina. ~책 libro de cocina, recetario. ~학교 escuela de cocina. 서반아~ plato español, comida española.
요망(要望) demanda, deseo. ~하다 demandar, desear.
요법(療法) tratamiento, cura, terapéutica.
요부(妖婦) seductora, vampiresa.
요부(腰部) caderas.
요부(要部) parte esencial (principal).
요산(尿酸) ácido úrico.
요새 recientemente, estos días, nuestros días, hoy día.
요새(要塞) fortaleza, fuerte (f)., fortificación. ~전 guerra de sitio. ~ 지대 zona fortificada.
요소(要素) elemento ; [요인] factor. 생활 수준을 결정하는 ~ elementos que determinan el nivel medio de vida.
요소(要所) punto (lugar) importante ; [전략상의] lugar estratégico. ~~에 en los puntos estratégicos. 시내 ~~에 감시원을 세우다 colocar vigilantes en los puntos estratégicos de la ciudad.
요소(尿素) urea. ~ 수지(樹脂) resina de urea.
요술(妖術) hechicería, nigromancia. ~쟁이 hechicero, nigromante.
요약(要約) resumen, epítome. ~하다 resumir, epitomar. ~하면 en resumen. 문제는 이 몇 줄에 ~되어 있다 La cuestión se resume en estas líneas.
요양(療養) recuperación ; [치료] cura, tratamiento. ~하다 recuperarse, recobrar la salud, recibir (seguir un) tratamiento, tratarse para la recuperación. ~중이다 estar bajo el tratamiento médico, estar en tratamiento. 자택 ~하다 cuidarse en casa. ~소 sanatorio.
요업(窯業) alfarería, [industria] cerámica.

~가 alfarero, ceramista.
요염(妖艶) ~한 hechicero, fascinador, voluptuoso.
요오드 yodo. ~팅크 tintura de yodo.
요원(要員) [집합적] personal, equipo. 연구소의 ~ personal del laboratorio. 경비~ personal de guardia.
요인(要人) personaje, personalidad, persona importante, personal principal, hombre prominente.
요인(要因) factor; [주요 원인] causa principal. 물가는 임금을 결정하는 ~의 하나이다 Los precios constituyen un factor al determinar el salario.
요일(曜日) día de la semana. 오늘은 몇 일입니까 ¿Qué día [de la semana] es hoy?
요전 [며칠 전] el otro día, hace unos días; [전번] antes.
요절(夭折) muerte prematura. ~하다 morir prematuramente (joven).
요점(要點) punto esencial (importante), esencia.
요정(料亭) yochong, restaurante [tradicional coreano].
요정(妖精) hada.
요지(要旨) punto esencial, resumen. 편지의 ~를 설명하다 explicar los puntos esenciales de la carta.
요지(要地) [군사상의] posición estratégica; [교통상의] posición importante para comunicaciones.
요직(要職) puesto (posición) importante. ~에 취임하다 (있다) ocupar (estar en) una posición importante.
요철(凹凸) concavidad y convexidad. ~의 cóncavo y convexo.
요청(要請) petición, reclamación; [간원] instancia. ~하다 pedir a *uno* + *inf.* (que + *subj.*), reclamar *algo* a (de) *uno*; instar *uno* a (para) que + *subj.* ~에 답해서 a petición de *uno*. ~에 답하다 satisfacer la reclamación.
요추(腰椎) vértebra abdominal (lumbar).
요통(腰痛) dolor lumbar.
요하다(要-) necesitar, requerir, pedir, demandar, querer. 이것은 세심한 주의를 요하는 일이다 Este trabajo requiere una atención minuciosa. 그는 이 작품에 약 5년을 요했다 Tardó unos cinco años en (Necesitó unos cinco años para· Le costó unos cinco años) completar esta obra.
요항(要項) punto esencial, substancia. 입시 ~ guía para el examen de ingreso.
요항(要港) puerto importante.
요해(要害) fortaleza. ~의 estratégico, invencible. ~지(地) posición estratégica. 자연의 ~ fortaleza natural.

요행(僥倖) chiripa, fortuna inesperada, buena suerte.
욕(辱) abuso. ~하다 abusar.
욕(慾) deseo. 육~ deseo sexual.
욕객(浴客) bañista (*m.f.*).
욕구(欲求) necesidad, demanda; [욕망] deseo, apetito; [희구] ansia, anhelo, afán. ~을 느끼다 sentir un complejo de frustración.
욕망(欲望) deseo, apetito; [갈망] ansia; [탐욕] codicia. ~을 만족시키다 satisfacer el deseo. ~을 억제하다 contener (reprimir) el deseo.
욕보이다 insultar, violar.
욕설(辱說) abuso. ~하다 abusar.
욕실(浴室) cuarto de baño.
욕심(慾心) codicia, avaricia. ~많은 avaro. ~을 내다 codiciarl.
욕심쟁이(慾心-) ávaro, codicioso.
욕의(浴衣) bata de baño.
욕정(欲情) deseo sensual, apetito (pasión) carnal.
욕조(浴槽) bañera, baño.
옷잇 sábana.
용(用) para. 남자 (여자) ~ para hombres (mujeres).
용(龍) dragón.
용감(勇敢) bravura, valentía, coraje, valor. ~한 valiente, bravo, valeroso. ~한 병사 soldado valiente. ~하게 valientemente, con valor.
용건(用件) negocio, asunto; [방문의] objeto de la visita. ~이 무엇입니까 ¿Qué desea usted?
용골(龍骨) [배의] quilla.
용공(容共) ~적인 procomunista. ~파 facción procomunista.
용광로(鎔鑛爐) horno [de fundición·de fusión]; [높은] alto horno.
용구(用具) [공구] herramienta, instrumento; [용품] utensilios, útiles; [일체] equipo. 등산 ~ equipo de alpinismo.
용기(勇氣) valor, bravura, ánimo, coraje. ~있는 valiente, bravo, valeroso. ~없는 cobarde. ~를 가지고 con valor, con ánimo. ~를 보이다 mostrar valor. ~가 있다 ser valiente, tener valor. 그는 ~가 없다 Es un cobarde./ Carece de (Le falta· No tiene) valor./ No es valeroso (valiente). 나에게는 사실을 말할 ~가 없다 No me atrevo a (No tengo valor para) decir la verdad. 그 말을 듣고 우리들은 ~백배했다 Al oírlo se nos redobló el ánimo. 그는 ~를 잃었다 Se desanimó./ Se desalentó./ Perdió el ánimo.
용기(用器) instrumento.
용기(容器) receptáculo, vasija, recipiente,

용기병(龍騎兵) dragón.

용납(容納) toleración, admisión, permiso. ~하다 tolerar, admitir, permitir.

용단(勇斷) decisión valerosa. ~을 내리다 tomar una decisión valerosa.

용도(用途) uso, servicio, aplicación. ~가 넓다 ser del uso extensivo, tener muchos usos, ser bueno para varios fines.

용돈(用-) alfileres, dinero para gastos particulares.

용두(龍頭) corona [del reloj].

용두 사미(龍頭蛇尾) ~로 끝나다 quedar [se] en agua de borrajas.

용두질 masturbación, onanismo. ~하다 practicar la masturbación.

용량(容量) capacidad, cabida. ~분석 análisis volumétrico.

용량(用量) dosis. ~을 늘리다 (줄이다) aumentar (disminuir) la dosis. ~을 정하다 dosificar, recetar una dosis. ~결정 dosificación.

용례(用例) ejemplo. ~를 들다 dar (citar) un ejemplo.

용맹(勇猛) bravura. ~한 intrépido, impávido, temerario, valiente, bravo. ~하게 intrépidamente, impávidamente. ~심 espíritu intrépido (valiente).

용명(勇名) fama por *su* bravura. ~을 떨치다 ganar fama por *su* bravura.

용모(容貌) fisonomía, semblante, facciones.

용무(用務) empleo, negocio, asunto. ~로 por (para) negocios.

용법(用法) manera de usar, usos ; [용법서] direcciones [para uso].

용변(用便) excreción. ~을 보다 hacer *sus* necesidades. ~을 시키다 ayudar a *uno* a hacer *sus* necesidades. ~보러 가다 ir al retrete (al servicio).

용병(傭兵) [soldado] mercenario. ~대 tropa mercenaria.

용사(勇士) guerrero bravo, soldado valiente, héroe.

용서(容恕) perdón. ~하다 perdonar, tolerar. ~할 수 없는 implacable, despiadado, riguroso. ~없이 implacablemente, sin reserva, rigurosamente. 다음번에는 ~않겠다 La próxima vez no te perdono. 늦은 것을 ~하십시오 Haga el favor de perdonar mi tardanza.

용선(傭船) fletamento ; [배] barco fletado. ~하다 fletar [un barco]. ~계약 [contrato de] fletamento. ~계약서 contrato de flete. ~료 flete. ~주(主) fletador.

용설란(龍舌蘭) [식] agave (f.), pita, maguey ; [남미] henequén.

용수(用水) agua. ~로 canal de irrigación. ~지 alberca. ~통 arca (depósito) de agua.

용수철(龍鬚鐵) muelle.

용심(用心) [주의] cuidado. ~하다 tener cuidado.

용암(熔岩) lava. ~을 분출하다 vomitar (emitir) lava. 분화구에서 ~이 분출한다 La lava brota del cráter.

용액(溶液) solución.

용약(勇躍) ~하여 con valor, con ánimo.

용어(用語) palabra, dicción ; [어휘] vocabulario ; [술어] término ; [집합적] terminología. ~의 선택 selección de las palabras. ~집 vocabulario. 문법 ~ término gramatical.

용의(容疑) sospecha. 살인 ~로 체포하다 arrestar (detener) a *uno* bajo la sospecha de homicidio. ~자 sopechoso, presunto autor. 유력한 ~자 sospechoso clave.

용의(用意) preparativa, precaución, prevención. ~하다 preparar, proveer. ~주도한 prudente, cuidadoso, cauto, precavido.

용이(容易) facilidad, sencillez. ~한 fácil, simple, sencillo. ~하게 fácilmente, sin dificultad. 그것은 ~한 일이 아니다 No es fácil de hacer (de practicar). 이 책은 ~게 입수할 수 있다 Podemos adquirir este libro fácilmente./ Se puede hallar este libro sin dificultad. 당신의 원조가 사업의 확대를 ~하게 할 것이다 Su ayuda facilitará la ampliación del negocio.

용인(容認) consentimiento, admisión, asentimiento ; [허가] permiso. ~하다 consentir, admitir, asentir (dar consentimiento) a *algo* ; permitir.

용인(庸人) empleado. ⇨ 고용인.

용자(容姿) apariencia, cara y figura. ~가 수려하다 tener buena presencia.

용장(勇將) general bravo ; gran soldado.

용장(勇壯) bravera, heroísmo. ~의 bravo, heroico.

용재(用材) madera.

용적(容積) [용량] •capacidad, cabida ; [체적] volumen. ~을재다 medir la capacidad. 이 병의 ~은 1리터이다 Esta botella tiene la capacidad de un litro.

용접(熔接) soldadura. ~하다 soldar. ~공 soldador. ~기 soldadora.

용지(用地) terreno [reservado] ; [건설용 공터] solar. 철도 ~ terreno reservado para ferrocarril.

용지(用紙) formulario, papel en blanco ; [남미] planilla. ~에 기입하다 llenar el formulario.

용태(容態) condición de un paciente. ~가 좋다 estar bien.
용퇴(勇退) retirada (demisión · jubilación) voluntaria. ~하다 retirarse (dimitir · jubilarse) voluntariamente.
용품(用品) utensilios, artículos. 어린이 ~ artículos para niños.
용해(溶解) 1 [액체에 의한] disolución, solución. ~하다 […을] disolver, licuar, liquidar ; [···가] disolverse. ~도 solubilidad. ~열 calor de disolución.
2 [열에 의한] fundición, derretimiento. ~하다 […을] fundir, derretir ; […가] fundirse, derretirse.
용호(龍虎) [용과 범] el dragón y el tigre ; [두 영웅] dos héroes, dos gigantes. ~상박 lucha entre dos gigantes.
우(優) [성적] sobresaliente. ~를 받다 sacar (tener) sobresaliente.
우(右) derecha.
우거 residencia temporaria.
우거지다 cubrir con [plantas · hierba]. 잡초로 우거진 정원 jardín cubierto (lleno) de mala hierba.
우거지상(一相) ceño, sobrecejo, semblante ceñudo (enfadado · disgustado · emperado). ~을 하다 mirar con ceño, poner mala cara, ponerse ceñudo, poner mal gesto, enfurruñarse.
우겨대다 persistir, insistir, empeñarse.
우격다짐 compulsión fuerte (violenta), coerción. ~하다 obligar (precisar) por fuerza. ~으로 fuertemente, forzadamente, violentamente, por fuerza.
우견(愚見) 1 [자기 의견] mi opinión. ~으로는 en mi opinión, a mi parecer, desde mi punto de vista.
2 [어리석은 의견] opinión estúpida.
우경(右傾) ~하다 inclinarse a la derecha.
우국(憂國) patriotismo. ~지사 patriota. ~지정 patriotismo.
우군(友軍) tropa amiga.
우기(雨期) temporada (estación · época) de lluvias. 그 지방은 ~에 접어들었다 Ha empezado la estación de lluvias en esa región.
우기(右記) ~의 arriba mencionado.
우기다 insistir, persistir.
우단(羽緞) terciopelo, tela de seda velluda.
우당(友黨) partido amigo.
우대(優待) hospitalidad, servicio especial. ~하다 tratar cordialmente, tratar a uno con favor (con distinción). ~권 [할인권] billete de descuento.
우두(牛痘) vacunación, vaccinación. ~를 놓다 vacunar.
우두머리 [꼭대기] cima, cumbre ; [장] jefe, principal, cabeza.
우둔(愚鈍) estupidez, torpeza. ~한 lerdo, estúpido, tonto, necio, bobo, imbécil. ~하게 neciamente, de una manera tonta, tontamente, idiotamente.
우등(優等) ~의 excelente, sobresaliente. ~으로 졸업하다 graduarse con mención honorífica, terminar brillantemente sus estudios. ~상 [학교의] premio de excelencia (de honor) ; [콩쿠르 등의] premio de honor. ~생 alumno excelente (sobresaliente), estudiante sobresaliente.
우라늄 uranio.
우량(雨量) cantidad de lluvia. ~계 pluviómetro, pluviómetro. ~ 측정 pluviometría.
우량(優良) excelencia. ~한 excelente, superior, bueno, escogido.
우려(憂慮) inquietud, ansiedad. ~하다 inquietarse de algo, preocuparse por algo, temer algo, sentir ansiedad por algo. ~할 만한 사태다 La situación es muy grave (seria). 그의 병상은 매우 ~되고 있다 Es gravísimo el estado de su enfermedad.
우롱(愚弄) mofa, burla, irrisión, ridículo. ~하다 mofar, hacer mofa (burla) de, burlarse.
우뢰 trueno. ~ 소리가 난다 Truena.
우료(郵料) porte de correos, franque. ~ 부족 porte insuficiente.
우루구아이 [지] la República Oriental del Uruguay. ~의 uruguayo. ~사람 uruguayo.
우리¹ nosotros. ~의 nuestro. ~를 · ~에게 nos. ~의 것 el nuestro. ~ 자신 nosotros mismos. ~ 한국인 (동양인) nosotros los coreanos (los orientales).
우리² jaula [para fieras] ; [가축의] corral ; [양 등의] redil, cercado, corral.
우마(牛馬) toros y caballos. ~처럼 혹사하다 hacer trabajar a uno como [a] una bestia.
우매(愚昧) estupidez y ignorancia.
우묵하다 ser hueco. 우묵한 눈 ojos hundidos.
우물 pozo. ~물 agua de pozo.
우미(優美) gracia, elegancia, refinamiento. ~한 gracioso, elegante, fino, refinado.
우민(愚民) persona ignorante, gente estúpida.
우박(雨雹) granizo. ~이 내리다 granizar.
우발(偶發) ocurrencia, incidente, suceso causal. ~적 incidental.
우방(友邦) país amigo.
우방(右方) lado derecho. ~의 situado a mano derecha. ~에 a mano derecha, a la derecha.

우변(右邊) lado derecho.
우부(愚夫) hombre estúpido.
우부(愚婦) mujer estúpida.
우비(雨備) impermeable, abrigo impermeable, paraguas.
우산(雨傘) paraguas. ~을 쓰다 ponerse el paraguas. ~을 펴다 (접다) abrir (cerrar) el paraguas. ~ 끗이 paragüero.
우상(偶像) ídolo.
우생(優生) ~학·~배우 eugenesia. ~학의 eugenésico. ~ 보호법 ley de producción de la eugenesia.
우선(于先) primero, en primer lugar, al (en el) principio.
우선(優先) precedencia, preferencia, prioridad. ~하다 preceder a *algo·uno*, tener prioridad sobre *algo·uno*. ~시키다 otorgar (dar) la preferencia a *algo·uno*.[A 보다 B를] anteponer A a B. ~적으로 preferentemente. …을 ~시키다 dar la máxima prioridad a *algo*. 자연 보호가 개발보다 ~되어야 한다 La protección de la naturaleza debe tener prioridad sobre (se debe anteponer a) la explotación. ~권 [derecho de] prioridad. ~권을 가지다 tener la prioridad a (sobre) *uno*. ~권을 주다 dar la prioridad a *uno*. ~주(株) acción preferente (preferida·privilegiada).
우세(優勢) superioridad, preponderancia, predominancia. ~한 superior, dominante, preponderante. …보다 ~하다 prevalecer (dominar·ser superior·llevar ventaja) a. 반란군이 ~하게 되었다 El ejército rebelde ha ganado superioridad. A팀은 B팀보다 ~하다 El equipo A es superior al equipo B. ~승 victoria por puntos.
우세(郵稅) franqueo. ~ 부족 porte insuficiente.
우송(郵送) envío postal (por correo). ~하다 mandar (enviar) *algo* por correo. ~으로 por correo. ~료 porte [de correos], franqueo.
우수 [덤] adición, extra, bonificación ; [우수리] cambio.
우수(右手) mano derecha.
우수(優秀) excelencia. ~한 excelente, eminente, brillante ; [최고급의] superior, sobresaliente. 성적이 ~한 sobresaliente. ~한 품질 calidad superior. ~한 성적을 얻다 obtener (sacar) buenas notas en *algo*. 그는 ~한 비행사이다 Es un excelente piloto. ~성 excelencia, superioridad.
우수(憂愁) tristeza, melancolía. ~의 melancólico, triste. ~에 젖다 ponerse (encontrarse) triste (melancólico), tener un aire triste.
우수(偶數) número par.
우수(雨水) agua de lluvia, agua llovediza.
우수리 1 [거스름돈] cambio, dinero menudo. ~ 여기 있읍니다 Aquí está el cambio./ Aquí tiene el cambio. 2 [단수] fracción.
우스개 jocosidad, festividad. ~ 소리 chanza, dicho burlesco, burla, chocarrería. ~ 소리로 en chanza, de burlas, en zumba. ~ 소리를 하다 chancear, chancearse, usar de chanzas, decir un chiste.
우습게 보다 despreciar, desestimar, menospreciar.
우습다 [재미있다] ser alegre (cómico·gracioso·chistoso·burlesco) ; [가소롭다] ser ridículo.
우승(優勝) victoria, triunfo ; [선수권] campeonato. ~하다 ganar (obtener·conseguir) la victoria, triunfar, salir victorioso. 콩쿠르의 ~을 겨루다 disputarse un concurso. ~ 결정전 final de una copa (de un torneo). ~기 bandera de triunfo (de campeonato). ~배 ~컵 copa. ~배를 손에 놓다 ganar la copa. ~자 vencedor,-ra ; triunfador,-ra. ~팀 equipo triunfador.
우아(優雅) elegancia, gracia. ~한 elegante, gracioso, refinado. ~하게 elegantemente, con elegancia, con gracia. ~한 드레스 vestido elegante. ~한 제스처 gestos elegantes. ~춤 baile elegante. ~하게 살다 llevar una vida refinada (elegante·aristocrática).
우악스럽다(愚惡-) ser feroz (fiero·cruel·atroz·salvaje·voraz·rapaz). 우악스럽게 ferozmente, fieramente, cruelmente.
우안(右岸) banda derecha, orilla derecha.
우애(友愛) amistad, fraternidad. ~있는 amistoso.
우여곡절(迂餘曲折) vicisitud. 인생의 ~ vicisitudes de la vida.
우연(偶然) casualidad. ~히 por casualidad, casualmente. ~의 casual, fortuito, impensado. ~의 사고 contingencia.
우열(優劣) superioridad o inferioridad, calidad. ~을 다투다 competir por la superioridad, disputar por la superioridad (por la preeminencia). 두 사람의 ~을 논하다 discutir sobre los méritos y los defectos de ambos. 그들 간에 ~이 없다 No se puede decir quién es superior entre ellos.
우울(憂鬱) melancolía, tristeza, esplín. ~하다 estar melancólico, estar de un humor melancólico. ~한 melancolico, triste. ~에 빠지다 caer en la melancolía.

그것을 알고 나는 ~해졌다 Me puse melancólico al saberlo. ~한 얼굴을 하다 tener la cara melancólica (triste). ~증 melancolía, hipocondría.

우월(優越) superioridad. ~하다 predominar, ser superior, prevalecer. ~한 predominante. ~감 sentimiento de predominio (superioridad). ~감을 갖다 creerse superior a *uno*, tener un sentimiento de superioridad respecto a *uno*. ~감을 누리다 gozar (disfrutar) de *su* superioridad.

우위(優位) precedencia ; [절대적인] supremacía. ~…보다 ~이다 estar por encima de *uno*, ser más que *uno*. ~를 점하다・~에 서다 llevar ventaja (tomar la delantera・aventajar) a *uno*・ganar (establecer) superioridad sobre *uno*. 다른 메이커를 압도하여 절대적 ~를 유지하다 mantener una supremacía sobre los demás fabricantes.

우유(牛乳) leche (*f.*), leche de vaca. ~를 짜다 ordeñar [las vacas]. ~병 botella de leche. ~장수 lechero. ~상점 lechería. ~판매인 lechero.

우유부단(優柔不斷) irresolución, indecisión. ~한 irresoluto, indeciso.

우육(牛肉) carne de vaca ([남미] de res).

우음마식(牛飮馬食) ~하다 comer como una vaca y beber como una mula, comer como cuatro y beber como seis.

우의(友誼) amistad. ⇨ 우호(友好).

우의(雨衣) impermeable, abrigo impermeable.

우익(右翼) ala derecha.

우인(友人) amigo, compañero. ~대표 A씨 el señor A, representante de todos los amigos de *uno*.

우정(友情) amistad. ~이 있는 amistoso, amigable. ~을 가지고 con amistad, amigablemente. ~으로 por amistad. ~을 품다 sentir [la] amistad a *uno*. ~이 두텁다 ser fiel a *sus* amigos. …과 ~을 맺다 trabar (hacer) amistad con *uno*. 두사람은 굳건한 ~을 맺고 있다 La amistad une (liga) firmemente a los dos.

우정(郵政) servicio postal, administración postal.

우주(宇宙) espacio, universo, cosmos. ~의 universal. ~ 과학 ciencia espacial. ~로켓 proyectil-cohete. ~론 cosmología. ~복 traje para vuelos espaciales. ~병 enfermedad espacial. ~비행 vuelo espacial. ~비행사 astronauta. ~선 [물] rayos cósmicos. ~선 astronave, nave espacial. ~시대 época espacial. ~여행 astro náutica, viaje astronáytico. ~인 astronauta. ~ 정거장 estación espacial (astral).

우천(雨天) tiempo lluvioso, lluvia. ~으로 인해서 a causa de la lluvia. ~인 경우 en caso de lluvia. ~ 순연(順延) postergado al primer día hermoso.

우체(郵遞) correo ; servicio postal. ~국 [casa (oficina) de] correos ; [본국] oficina principal de correos ; [지구] estafeta de correos. ~국에 가다 ir a la estafeta (a correos). ~국원 empleado de correos. ~국장 administrador de correos. ~부 cartero. ~통 buzón [de correos]. ~통에 넣다 echar una carta al buzón. 중앙~국 la central de correos.

우측(右側) derecha, mano derecha, lado derecho. ~에 a la derecha, a mano derecha.

우파(右派) [partida] derecha ; [사람] derechista (*m.f.*).

우편(右便) derecha. ⇨ 우측.

우편(郵便) correo ; [-우편물] correo, correspondencia. ~의 postal. ~으로 por correo. ~으로 보내다 enviar *algo* por correo, echar *algo* al correo. ~을 배달하다 distribuir el correo. ~국 casa de correos, correo. ~료 franqueo, porte de correo. ~배달 distribución (repartición) del correo. ~배달부 cartero. ~번호 número postal. ~사서함 apartado postal. ~소포 paquete [postal]. ~열차 tren correo. ~업무 servicio・postal. ~엽서 tarjeta postal. ~영수증 recibo postal. ~요금 porte, franqueo, gastos de franqueo. ~ 요금표 tarifa postal. ~저금 depósito (ahorro) postal. ~함 buzón. ~환 giro postal. 국내~ correo nacional. 외국~물 [외국으로] correo internacional. [외국에서] correo procedente del extranjero.

우표(郵票) sello [de correo] ; 【남미】 estampilla ; [멕시코] timbre. 엽서에 ~를 붙이다 poner un sello a la carta, franquear la carta. 이 편지는 얼마짜리 ~를 붙여야 합니까 ¿Qué franqueo necesita esta carta? 100원~ sello de cien wones. ~ 수집 colección de sellos, filatelia. ~ 수집가 filatelista (*m.f.*). ~첩 álbum de sellos.

우피(牛皮) piel de vaca.

우현(右舷) estribor. ~으로 기울다 inclinarse a estribor. ~에 섬이 보인다 Se ve una isla a estribor.

우호(友好) amistad. ~적인 amistoso, amigable. ~적으로 amistosamente, amigablemente. ~ 관계 relaciones amistosas. ~적으로 relaciones amistosas. 우리나라는 미국과 ~ 관계를 유지하고 있다 Nuestro país mantiene

우화(寓話) fábula, apólogo. ~작가 fabulista (m.f.), autor de fábulas. 이솝~집 Fábulas de Esopo.

우환(憂患) 1 [조심·근심·걱정] ansiedad, preocupación, molestia. 2 [병] enfermedad.

우회(迂回) rodeo, desvío. ~하다 desviarse, dar un rodeo (una vuelta). 버스는 공사중인 곳을 ~하고 있다 El autobús da un rodeo en el sitio en construcción. ~로 desvío.

욱일(旭日) ~승천하세이다 estar en plena ascensión.

운(運) fortuna, destino, suerte. ~이 좋은 afortunado. ~이 나쁜 desgraciado. ~좋게 afortunamente. ~이 좋다 tener buena suerte. 너 ~이 참 좋구나 ¡Qué buena suerte tienes!

운(韻) rima. …과 ~을 맞추다 rimar con….

운동(運動) [물체의] movimiento ; [운동의] ejercicio ; [경기] deporte, atletismo. ~하다 hacer ejercicio, hacer campaña contra. ~가 deportista, atleta. ~량 cantidad de movimiento. ~복(화) traje (zapatillas) de deportes. ~ 부족 falta de ejercicio físico. ~ 신경 nervios motores. ~ 에너지 energía cinética. ~원 [선거의] colaborador (agente) electoral, solicitador de votos. ~장 campo de recreo. ~회 fiesta atlética.

운명(殞命) muerte (f.), fallecimiento. ~하다 morir, fallecer, dejar de vivir.

운명(運命) suerte (f.) ; [숙명] destino, fatalidad, sino, estrella. ~의 여신 la Fortuna. ~과 싸우다 luchar contra el destino. 선장은 배와 ~을 같이 했다 El capitán compartió la suerte del barco. ~론 fatalismo. ~론자 fatalista (m.f.). ~을 같이 하다 correr la misma suerte que.

운모(雲母) [광] mica.

운문(韻文) verso, poema, poesía. ~의·~으로 en verso.

운반(運搬) transporte, porte. ~하다 transportar, llevar. 그는 트럭으로 생선을 ~하고 있다 Se dedica al transporte de pescado en camión.

운석(隕石) aerolito, meteorito, piedra meteórica, bólido.

운세(運勢) destino, hado, estrella. ~가 좋다(나쁘다) tener buena (mala) estrella. ~를 보다 presagiar (adivinar) la ventura de uno.

운송(運送) transporte, transportación. ~하다 transportar, portear, trajinar. ~계약 contrato de transporte. ~료 precio de transporte ; [배의] flete ; [트럭의] camionaje. ~비 gastos de transporte. ~업 empresa de transportes. ~업자 transportista (m.f.), empresario de transportes. ~회사 compañía de transportes.

운수(運數) suerte (f.), fortuna. ~가 좋다 tener buena suerte. ~가 나쁘다 tener mala suerte.

운수(運輸) transporte, tráfico. ~상(相) ministro de Transportes. ~성(省) Ministerio de Transportes.

운영(運營) operación, administración. ~하다 operar, manejar.

운용(運用) 1 [적용] empleo, aplicación. ~하다 hacer funcionar, aplicar, emplear. 2 [자금의] manejo, operación ; [투자] inversión. ~하다 manejar ; invertir.

운율(韻律) medida, metro, ritmo.

운임(運賃) [운송료] precio de transporte ; [배의] flete ; [여객 운임] precio de viaje, tarifa, [배·비행기의] pasaje. ~ 무료로 libre de flete. 다음달부터 철도 ~이 오른다 En el próximo mes suben las tarifas del ferrocarril. ~ 정산소 taquilla de liquidación de pasaje. ~ 보험료 포함가격 costo, seguro y flete ; CSF, CIF.

운전(運轉) 1 [자동차 등의] conducción, manejo. ~하다 conducir, guiar, manejar. 차를 ~하다 conducir un automóvil. ~대 cabina del conductor. ~ 면허 licencia (carnet) de conductor. ~사 [열차의] maquinista. ~수 conductor, chófer. [택시의] taxista.
2 [기계의] manejo, funcionamiento. ~하다 manejar, hacer funcionar *algo*, operar ; funcionar.

운집(雲集) enjambre, gentío, multitud de gente reunida. ~하다 enjambrar.

운치(韻致) elegancia. ~가 있다 ser elegante.

운하(運河) canal. ~를 열다 canalizar *un sitio*, abrir (hacer) canales en *un sitio*. ~ 지대 región (zona) canalizada. ~ 통과료 [derechos de] pasaje por (de) un canal. 파나마 (수에즈)~ Canal de Panamá (de Suez).

운항(運航) servicio, navegación ; [비행기의] vuelo. ~하다 navegar, hacer servicio.

운해(雲海) mar de nubes.

운행(運行) [열차·버스의] servicio ; [천체의] movimiento. ~하다 hacer el servicio. 열차의 ~표 diagrama (m.) de la marcha de trenes.

운휴(運休) suspensión (parada) de los servicios.

울다 1 llorar; [눈물을 흘리다] derramar (verter) lágrimas; [갓난애가] dar vagidos. 울고 싶다 querer (tener ganas de) llorar. 울면서 llorando, con lágrimas en los ojos. 울려고 하다 estar a punto de llorar. 기뻐서 ~ llorar de alegría. 울고 싶은 것을 참다 contener las lágrimas. 울 이유가 없다 No tienes razón para llorar./ No tienes por qué llorar. 어린애가 젖을 먹고 싶어 울고 있다 El nene da vagidos reclamando leche.
2 [짐승이] gritar, dar voces; [새가] cantar, gritar; [벌레가] chirriar, cantar.

울렁거리다 [두근거리다] palpitar; [메슥하다] sentir náusea, tener ganas de vomitar.

울리다 1 [울게 하다] hacer llorar a *uno*; [눈물을 흘리게 하다] arrancar lágrimas a *uno*, [감동시키다] conmover (emocionar) mucho a *uno*. 어린애를 울리지 말라 No hagas llorar al nene. 울리는 이야기다 Es una historia patética (conmovedora).
2 [소리나게 하다] sonar. 벨이 울린다 Suena el timbre.

울림 son, sonido, ruido; [반향] eco; [진동] vibración.

울민(鬱悶) tristeza, melancolía. ~하다 ser doloroso (lastimoso·lúgubre·triste).

울보 llorón; [여자] llorona.

울분(鬱憤) resentimiento, enojo, enfado, ira, cólera, disgusto. ~하다 endadarse, enojarse, ~을 참다 controlar *su* colera. ~을 풀다 satisfacer *su* resentimiento.

울상(-相) cara llorosa, rostro lloroso; ~이다 estar punto a llorar.

울음 grito, lloro, lágrimas *(f.pl.)*. ~을 그치다 dejar de llorar.

울적(鬱寂) ~한 melancólico, triste, solitario.

울창(鬱蒼) ~한 frondoso, espeso, denso. 나무가 ~하다 Los árboles están frondosos.

울타리 cerca, palizada.

움 [싹] yema, germen.

움직이다 mover. 움직이지 않는 inmóvil, inamovible, fijo, inmoto.

움직임 movimiento; [활동] actividad.

움츠리다 acurrurcarse, acocharse.

웃기다 hacer reir.

웃다 reir; [미소] sonreir; [큰소리로] echar (lanzar·soltar) una carcajada, reir a carcajadas. 속으로 ~ sonreir por adentro. 소녀들은 아무 것도 아닌 것에도 잘 웃는다 Las chicas se ríen por nada. 웃기 시작하다 ponerse (echarse) a reir.

웃옷 chaqueta, americana. ~를 벗다 quitarse la chaqueta.

웃음 risa; [미소] sonrisa. 입술에 ~을 머금다 tener la sonrisa en los labios. 나는 기뻐서 ~을 참을 수 없다 No puedo contener la risa de alegría.

웅담(熊膽) hiel del oso.

웅대(雄大) magnificencia, grandeza. ~한 grandioso, grande, magnífico. ~한 파노라마 panorama magnífico. ~한 계획 gran proyecto.

웅덩이 charco, charca.

웅도(雄圖) gran plan, proyecto ambicioso.

웅변(雄辯) elocuencia. ~의 elocuente, oratorio. ~적으로 elocuentemente. ~가 oratorio, -ra. ~술 arte de la elocuencia, oratoria. 이 사실에 관해서는 통계가 ~으로 증명하고 있다 En cuanto a este hecho, la estadista es una prueba elocuente.

웅비(雄飛) gran ambición. ~하다 [기업 등이] extender *sus* actividades al extranjero.

웅자(雄姿) figura valerosa. ~ 당당히 con compostura intrépida.

웅장(雄壯) grandeza, esplendor, fausto, pompa, magnificencia. ~하다 ser grande (espléndido·magnificente·sublime).

원 [화폐단위] won (*pl.* wones). 1만~은 서반아 화폐로는 얼마입니까 ¿Cuánto es en moneda española diez mil wones?/ ¿A cuánto equivalen diez mil wones en moneda española?

원(圓) círculo, esfera, redondel. 컴퍼스로 ~을 그리다 dibujar un círculo con un compás. ~을 그리면서 날다 volar dibujando un círculo. ~을 만들다 formar un círculo. ~운동 movimiento circular.

원(員) miembro.

원(院) institución. 과학~ academia de ciencia.

원(元) [본디] original. ~주소 residencia original.

원가(原價) costo, precio de coste; [공장원가·제조원가] precio de fábrica. ~로 al precio de coste. ~로 팔다 vender *algo* a precio de coste. ~ 이하로 팔다 vender *algo* a menos del costo. ~를 내리다 reducir el precio de fábrica. ~ 계산 cálculo de costes, balance en el precio de fábrica.

원거리(遠距離) distancia larga.

원격(遠隔) ~하다 ser distante (lejano·remoto·apartado). ~ 조종 control (manejo) remoto, telemando, teledirección. ~ 조종을 하다 controlar (manejar) *algo* a distancia (desde lejos), teleguiar, teledirigir.

원경(遠景) paisaje (vista) distante, perspectiva; [그림의] lontananza, fondo, lejos *(m.)*.

원고(原稿) manuscrito; [초안] borrador; [인쇄의] original [de imprenta], texto. ~을 쓰다 hacer (preparar) un manuscrito. ~료 remuneración (emolumentos)[para el autor]. ~ 용지 cuartilla, papel de borrador.

원고(原告) demandante *(m.f.)*, querellante *(m.f.)*. ~측 parte demandante.

원광(圓光) halo, halón, corona.

원군(援軍) resfuerzo, fuerza socorredora, socorro. ~을 부르다 (보내다) pedir (mandar) refuerzos.

원그림(原—) cuadro original.

원근(遠近) distancia. ~법 perspectiva.

원금(元金) capital, fondo; [이자에 대한] principal. ~ 보증의 con garantía de principal.

원급(原級) 【문】 grado positivo.

원기(元氣) ánimo, vigor, fuerza, aliento; [건강] buena salud. ~가 좋은 vigoroso, brioso, alegre. ~가 없는 abatido, descorazonado, desanimado. ~가 있다 [건강] estar bien [de salud]. ~가 왕성하다 tener muchos ánimos, ser muy vigoroso. ~를 회복하다 recobrar (recuperar) el ánimo, animarse, adquirir ánimos; [환자가] restablecerse, recobrar (recuperar) la salud (las fuerzas). 그는 병으로 ~가 없다 No tiene ánimo para estar enfermo. 나는 이제 말할 ~도 없다 Ya no tengo ni el ánimo para hablar. 저 노인은 ~가 왕성하다 Aquel anciano está muy vigoroso (tiene muchos ánimos).

원기(原器) [도량형의] patrón, prototipo. 미터 [킬로그램] ~ patrón del metro (del kilogramo).

원내(院內) interior de la cámara.

원녀(怨女) viuda.

원년(元年) primer año [de la era].

원단(元旦) día del Año Nuevo.

원대(遠大) ~한 de gran escala, no por de pronto, remoto. ~한 계획 proyecto (plan) de gran escala. ~한 뜻을 품다 concebir un ideal grandioso.

원동기(原動機) motor, máquina motriz.

원동력(原動力) fuerza motriz, motor, promotor. 공업화의 ~ fuerza impulsora de la industrialización.

원둘(原—) ⇨ 원주(圓周).

원둘레 circunstancia.

원둘레율(圓—率) ⇨ 원주율.

원래(原來) [태어날 때부터] de nacimiento; [본질적으로] por naturaleza; [처음부터] del (desde el) principio; [처음에는] al principio, al comienzo; [원래는] originalmente, originariamente; [최초에는] primitivamente. 그는 ~ 정직한 남자다 Es honrado de nacimiento. 이 계획은 ~ 그가 제안했던 것이다 Este proyecto es el que él había propuesto originalmente.

원려(遠慮) prudencia, premeditación, modestia. ~하다 recatarse, ser ceremonioso. ~없이 sin recatarse, sin cumplido.

원로(元老) decano, veterano, mayores. ~원 senado. ~원 의원 senador. 정계의 ~ viejo estadista.

원론(原論) principios.

원료(原料) materia prima, primera materia.

원리(元利) principal (capital) e interés. ~합계액 suma del principal e interés.

원만(圓滿) plenitud, paz perfecta; [조화] armonía. ~한 agradable, pacífico; armonioso. ~히 apaciblemente. ~한 성격이다 tener un carácter apacible. ~하게 해결하다 solucionar algo en forma amigable, dar solución amistosa a *algo*. 그의 가정은 ~하다 Su familia está muy unida./ La armonía reina su casa. 부부 사이가 ~하다 El matrimonio se lleva bien.

원망(願望) deseo; [절망] ansia, anhelo. ~하다 desear; ansiar, anhelar.

원망(怨望) [원한] rencor, enemistad antigua, resentimiento; [증오] odio; [불평] quejar. ~하다 resentir, reprochar, vituperar. ~스럽게 de una manera increpadora.

원망(遠望) vista distante, perspectiva. ~하다 mirar deste lejos.

원면(原綿) algodón en rama.

원명(原名) título original.

원모(原毛) lana burda (natural·en rama).

원무(圓舞) vals. ~곡 vals.

원문(原文) [texto] original.

원반(圓盤) disco. 투~ lanzamiento de disco. 투~ 선수 discóbolo.

원방(遠方) lugar lejano, lejanía. ~의 lejano, remoto. ~에 a lo lejos.

원방(原邦) países restantes, tierra lejana.

원범(原犯) ⇨ 정범(正犯).

원법(原法) ley original.

원병(援兵) refuerzos, socorro. ~을 부르다 (보내다) pedir (mandar) refuerzos.

원본(原本) original.

원부(原簿) libro mayor.

원부(怨婦) viuda.

원뿔(圓—) cono. ~ 모양의 cónico, en forma de cono.

원산(原產) origen de un producto. ~지(地) procedencia, origen, lugar de origen. ~지 증명서 certificado de origen. 한국~의 de origen coreano. 고무 나무의 ~지는 아마존강 유역이다 El árbol del caucho procede originariamente de la cuenca del Amazonas.

원상(原狀) estado original. ~으로 복구하다 restaurar *algo* a *su* primitivo estado.

원색(原色) color primario, color original, color natural. ~판 impreso por los colores primarios, heliotipia. 삼~ los tres colores primarios.

원생(原生) ~의 primitivo, primero, original. ~ 동물 protozoo, protozoario. ~림(林) selva virgen.

원서(原書) [texto] original. 돈끼호떼를 ~로 읽다 leer el Quijote en el [texto] original.

원서(願書) solicitud, aplicación. ~를 제출하다 presentar (formalizar) *su* solicitud (*su* aplicación). 입학 ~ solicitud para el ingreso.

원성(怨聲) queja, pesar, molestia.

원소(元素) elemento [químico], cuerpo simple. ~ 기호 símbolo químico ~ 분석 análisis elemental.

원소(原素) elemento, elemento químico.

원수(元首) jefe del Estado, soberano, monarca.

원수(元帥) [육군의] mariscal, general en jefe; [해군의] almirante supremo.

원수(員數) número de personas.

원수(怨讐) enemigo. ~를 갚다 vengar.

원숙(圓熟) perfección, madurez, sazón. ~하다 perfeccionarse, madurar. ~한 maduro, perfecto, en sazón, en madurez. ~하다 perfeccionarse, madurar. 그의 연기는 ~의 경지에 이르렀다 Su representación ha llegado a la madurez.

원숭이【동】 mono.

원시(原始) origen, principio, génesis. ~적인 primitivo. ~적인 방법으로 por un medio primitivo (anticuado). ~림(林) selva virgen. ~ 사회 sociedad primitiva. ~ 생활 vida primitiva. ~ 시대 tiempos primitivos. ~인 [hombres] primitivos, pueblo primitivo. ~ 종교 religión primitiva.

원시(遠視) hipermetropía. ~이다 ser hipermétrope. ~ 안경 gafas contra la hipermetropía.

원심(遠心) fuerza centrífuga. ~ 분리하다 centrifugar. ~ 분리기 centrifugadora. ~ 송풍기 ventilador centrífugo. ~ 주조 fundición centrífuga. ~ 탈수기 secadora centrífuga.

원안(原案) proyecto (plan) original; [의안] proposición original. ~을 작성 (수정)하다 preparar (rectificar) el proyecto original.~대로 가결하다 adoptar la proposición sin enmendar.

원액(原液) solución no diluida.

원양(遠洋) océano remoto. ~ 어업 pesca en alta mar (en mares lejanos). ~ 항로 derrotero oceánico, ruta oceánica. ~ 항해 navegación transoceánica.

원어(原語) idioma original. ~로 읽다 leer *algo* en *su* idioma original.

원영(遠泳) natación de larga distancia.

원예(園藝) [야채의] horticultura; [화초·정원목] jardinería. ~가 jardinero, horticultor. ~ 식물 planta jardinera (para jardín).

원유(原油) petróleo bruto (no refinado). crudos petrolíferos.

원유회(園遊會) fiesta en jardín, fiesta al aire libre.

원음(原音) pronunciación (sonido) original.

원의(原義) sentido primitivo (original), acepción original.

원인(遠因) causa remota.

원인(原因) causa, origen, motivo. ~불명의 inexplicable, de origen desconocido.

원인(猿人) pitecantropo.

원일(元日) día de Año Nuevo, primer día del año.

원일점(遠日點) afelio.

원자(原子) átomo. ~의 atómico. ~가(價) valencia. ~ 결합 enlace atómico (covalente). ~ 구조 estructura atómica. ~ 기호 notación atómica. ~량(量) peso atómico. ~로 pila atómica, [horno] reactor. ~력 energía atómica (nuclear). ~력 공업 industria de energía nuclear. ~ 발전 generación de la electricidad por la energía atómica. ~력 발전기 reactor generador. ~력 발전소 central [eléctrica] nuclear. ~력 함 barco nuclear (atómico). ~력 시대 era atómica. ~력 위원회 Comisión Nacional de Energía Atómica. ~력 잠수함 submarino atómico (de propulsión nuclear). ~ 물리학 física nuclear. ~ 물리학자 investigador de física nuclear. ~ 번호 número atómico. ~ 폭탄 bomba atómica. ~핵 núcleo atómico. 방사성 ~ átomo radiactivo.

원작(原作) [obra] original. ~자 autor original.

원장(園長) director.

원장(院長) [학원·병원 등의] director; rector.

원장(原帳) libro mayor.

원재료(原材料) materia prima.

원저(原著) original. ~자 autor.

원적(原籍) domicilio permanente (original). ~지 lugar de *su* domicilio, lugar de

원전(原典) texto original.
원점(原点) [기준점] punto de partida (de arranque); [수] origen; [근원] origen, principio. ~으로 돌아가다 volver al principio, recuperar el espítitu original.
원정(遠征) expedición. ~하다 hacer una expedición a *un sitio*. 나폴레옹의 러시아 ~ expedición de Napoleón a Rusia. ~대를 파견하다 mandar una expedición. 에베레스트 ~대 expedición al Everest. 유럽 ~팀 equipo de gira deportiva por Europa. ~대원 expedicionario.
원조(援助) ayuda, asistencia, auxilio; [구원] socorro; [비호] amparo; [지원] sostén; [보조] subsidio. ~하다 ayudar, auxiliar, asistir; socorrer; amparar. 친구에게 자금의 ~를 요청하다 pedir ayuda monetaria a *su amigo*. 유족에의 ~ auxilios a los familiares de los fallecidos. 개발도상국에 대한 미국의 경제~ asistencia (ayuda) económica de los EEUU a los países en vías de desarrollo. ~물자 socorro.
원조(元祖) [창시자] fundador, iniciador, inventor.
원족(遠足) excursión; [장거리 도보] caminata. ~하다 hacer una excursión, darse la (una) caminata. 우리들은 학교의 ~로 제주도에 갔다 Fuimos de excursión escolar a *Chechudo*.
원죄(原罪) pecado original.
원주(圓周) círculo, circunferencia. ~각 ángulo central. ~율 coeficiente de la circunferencia.
원주(圓柱) columna;【수】cilindro. ~상(狀) de cilíndrico. ~ 도법 proyección cilíndrica.
원주민(原住民) indígena(*m.f.*), aborigen, autóctono.
원지(原紙) [등사판의] cliché, clisé, papel mimeográfico (stencil).
원진(原陣) corro de todo el equipo. ~을 만들다 hacer corro.
원질(原質) substancia elementaria.
원천(源泉) fuente, origen, procedencia. ~과세 impuesto deducido de la fuente de ingresos. 지식의 ~ fuente de conocimientos.
원추(圓錐) cono. ~형의 cónico, coniforme. ~ 도법 proyección cónica.
원칙(原則) principio, regla fundamental.
원컨대(願一) ojalá [que].
원탁(圓卓) mesa redonda. ~회의 conferencia a mesa redonda.
원통(冤痛) resentimiento, compunción, dolor de conciencia. tristeza llena de remordimientos. ~하다 tener pene (dolor pesadumbre).
원통(圓筒) cilindro.
원판(原板) negativo, coiché.
원폭(原爆) bomba atómica. ~ 피해자 víctima de la bomba atómica.
원피스 vestido [de una pieza].
원하다(願一) desearm querer. ⇨원.
원한(怨恨) rencor, enemistad.
원항(遠航) navegación oceánica.
원해(遠海) alta mar, océano, mar ancha. ~어 pez pelágico (coeánico).
원행(遠行) viaje lejano (largo). ~하다 hacer un viaje lejano.
원형(原形) forma original. 그 비행기는 이미 ~을 잃었다 Ese avión ya la perdido (no tiene) su forma original.
원형(圓形) círculo redondo. ~의 circular, redondo. ~ 극장 anfiteatro.
원형(原型) arquetipo, prototipo, modelo.
원형질(原形質) protoplasma.
원호(援護) asistencia, anxilio, socorro. ~하다 asistir, socorrer.
원화(原畵) pintura origenal, dibujo original.
원활(圓滑) harmonta. ~한 suave, moderado, armonioso; [순조] regular. ~하게 suavemente, moderadamente, armoniosamente, con suavidad, sin contratiempo, regularmente, sin dificultad. 회의의 ~한 진행을 기하다 hacer que la conferencia marche suavemente (sin el menor contratiempo). 일이 ~하게 진행된다 El trabajo progresa sin dificultad (sobre ruedas).
원흉(元凶) instigador, inductor, cabecilla.
월 [문장] oración.
월(月) mes; luna; [월요일] lunes.
월간(月刊) publicación mensual. ~의 mensual. ~잡지 revista mensual.
월갈【언어】sintaxis (문장론).
월경(月經) menstruación, menstruo, regla, ciclo menstrual. ~이 있다 menstruar, tener *sus reglas*. ~대 cinturón higiénico, banda higiénica. ~ 불순 irregularidad menstrual, menstruación irregular. ~용 냅킨 paño higiénico, compresa higiénica.
월경(越境) violación de la frontera. ~하다 pasar (atravesar) la frontera; [침입] violar la frontera.
월계관(月桂冠) corona de laurel. ~을 쓴 laureado, [시어] laurífero. ~을 쓰다 cubrirse de laureles, ser laureado. ~을 씌우다 laurear a *uno*.
월계수(月桂樹) laurel, lauro.
월광(月光) luz (brillo · fulgor) de la luna.
월권(越權) abuso. ~ 행위 abuso de la

월급(月給) salario mensual, sueldo mensual, mensualidad. 30만원의 ~을 받고 있다 tener un sueldo mensual de trescientos mil wones, ganar trescientos mil wones mensuales de sueldo. ~날 día de pago. ~쟁이 asalariado.

월남(越南) venida al sur. ~하다 venir al sur.

월내(月内) ~에 dentro del mes.

월동(越冬) ~하다 pasar el invierno, invernar. ~자금 fondos para invernar.

월력(月曆) calendario.

월령(月齡) edad de la luna.

월례(月例) ~의 mensual. ~회의 reunión mensual.

월말(月末) fin de mes. ~지불 pago a fines de mes. ~에 지불하겠습니다 Le pagaré al fin de mes.

월면(月面) superficie de la luna. ~에 착륙하다 alunizar. ~도 selenografía, mapa selenográfico (lunar). ~착륙 alunizaje.

월명(月明) luz de la luna.

월변(月邊) interés mensual.

월보(月報) boletín mensual.

월봉(月俸) salario (sueldo) mensual.

월부(月賦) pago mensual. ~로 por pagos mensuales. ~로 사다 comprar *algo* a plazos. 5개월 ~로 사다 comprar *algo* en cinco mensualidades. ~지불 pago por mensualidad. ~판매 venta a plazos, venta por pago mensual.

월북(越北) ida a Corea del Norte. ~하다 ir a Corea del Norte.

월불(月拂) pago mensual.

월사(月事)【生理】 menstruación. ⇨ 월경.

월사금(月謝金) honorarios mensuales; [학교의] derechos de enseñanza, matrícula.

월삭(月朔) primer día del mes.

월산(月産) producción mensual. ~1만개를 목표로 하다 tener como meta la producción de diez mil unidades al mes. ~은 3천톤이다 La producción mensual es de tres mil toneladas.

월색(月色) luz de la luna.

월세(月貰) alquiler mensual.

월세계(月世界) luna, mundo lunar.

월수(月收) entrada mensual, ganancias・(ingresos) mensuales. 그의 ~는 백만원이다 Sus ingresos mensuales alcanzan un millón de wones./ Gana un millón de wones al mes.

월식(月食) eclipse lunar. 개기 (부분) ~ eclipse total (parcial) de la luna.

월액(月額) suma (cuota) mensual. 회비는 ~천원이다 Son mil wones la cuota mensual de los socios.

월요일(月曜日) lunes. ~마다 los lunes.

월일(月日) meses y días, fecha. 생년~ fecha de nacimiento.

월전(月前) ~에 hace un mes.

월초(月初) principios del mes.

월터급(月華)【운】 peso mediano ligero.

월화(月華) luz de la luna.

위 [상부] la parte superior; [꼭대기] cima; [표면] superficie.

위(位) 1【순위】 lugar, puesto, rango. 멕시코의 인구는 세계 제1~이다 La ciudad de México ocupa el primer lugar del mundo en cuanto a [la] población. 그는 마라톤에서 제이~가 되었다 Quedó en segundo lugar en la carrera de maratón. 2【수】 lugar, parte (*f.*).

위(胃) estómago. ~의 gástrico. ~가 약하다 tener el estómago débil (delicado), ser delicado de estómago.

위경련(胃痙攣)【의】 convulsión estomacal, calambre del estómago. ~을 일으키다 tener una convulsión del estómago.

위광(威光)【권위】 prestigio, autoridad; [세력] influencia, poder.

위계양(胃潰瘍)【의】 úlcera gástrica (del estómago).

위급(危急) emergencia, crisis (*f.*). ~한 crítico. ~시에 en caso de emergencia. ~존망지추 momento crítico, tiempo de emergencia.

위기(危機) crisis (*f.*); momento crucial (crítico). ~일발의 순간에 en el momento crítico. ~를 벗어나다 escaparse a (de) la crisis, salir (librarse) de la crisis. ~에 처하다 caer en estado de crisis. ~감・~의식을 가지다 tener la conciencia del estado de crisis en *algo*. ~일발로 면하다 salvarse por un pelo (por los pelos・por muy poco), escaparse por una tabla. 그 회사는 경영 ~에 빠져있다 Esa compañía atraviesa una crisis financiera.

위난(危難) peligro, riesgo. ⇨ 위험.

위대(偉大) grandeza. ~한 grande; [단수명사 앞에서 gran]; [거대한] enorme; [권력한] poderoso. ~함 grandeza. ~한 공적 gran mérito (hazaña). ~한 예술가 gran artista (*m.f.*).

위도(緯度) latitud. A는 B와 같은 ~에 있다 A está en la misma latitud que B.

위독(危篤) gravedad, peligro de muerte. ~하다 estar muy grave, agonizar, estar en peligro de muerte. ~해지다 ponerse muy grave.

위력(威力) poder; [영향력] influencia. ~ 있는 poderoso, potente, influyente. 돈의 ~으로 con el poder del dinero. ~을 써서

업무를 방해하다 obstruir [a *uno*] los negocios por la fuerza. 그 신병기는 파괴적 ~을 가지고 있다 Esa nueva arma posee un gran poder destructivo.

위령(慰靈) ~비 monumento funerario, cenotafio. ~제 honras fúnebres, oficios para el descanso del alma de un difunto.

위로(慰勞) recompensa. ~하다 recompensar a *uno* por el servicio, agradecer a *uno* el servicio. ~회를 개최하다 celebrar una fiesta para agradecer el servicio recibido. ~금 gratificación.

위명(僞名) nombre fingido, nombre falso. ~을 쓰다 fingir el nombre, usar un nombre falso.

위명(威名) fama, reputación.

위문(慰問) consolación, consuelo, visita [de consuelo]. ~하다 preguntar por la salud, expresar la simpatía, ir a consolar a *uno*. ~대 bolsa de regalo. ~품 regalo.

위반(違反) violación, ultraje. ~하다 violar. ~자 contraventor.

위배(違背) violación, infracción. ~하다 violar.

위법(違法) ilegalidad. ~의 ilegal, ilícito. ~행위 ilegalidad, acto ilegal. ~를 하는 사람 infractor de la ley. ~행위를 하다 cometer un acto ilegal, actuar ilegalmente.

위병(衛兵) guardia, centinela, soldado de guarnición. ~ 근무 servicio de guardia. ~교대 relevo de guardias. ~초소 puesto de guardia, prevención.

위병(胃病) dolor de estómago.

위산(胃酸) ácido gástrico. ~ 과다 hiperclorhidria, acidez de estómago.

위상(位相) 【전·천】 fase (*f.*); 【수】 topología. ~각 ángulo de defasaje (de defasamiento).

위생(衛生) higiene, sanidad, salubridad. ~적인 higiénico, sanitario, salubre. ~에 주의하다 tener cuidado de la higiene. 비~적인 poco higiénico, antihigiénico, insalubre. ~ 상태를 조사하다 examinar el estado de sanidad. 식사 전에 손을 씻지 않는 것은 ~상 좋지 않다 No es higiénico comer sin lavarse las manos. 이 식당은 대단히 ~적이다 Este restaurante es muy higiénico. ~병 sanitario. ~설비 instalaciones sanitarias. ~ 시험소 laboratorio de la higiene. ~ 학 higiene, profiláctica. ~학자 higienista (*m.f.*).

위선(僞善) hipocresía. ~의 · ~적 hipócrita. ~자 hipócrita.

위선(緯線) 【지】 paralelo.

위성(衛星) 【천】 satélite. 화성에는 ~이 2개 있다 Marte tiene dos satélites. ~국 país satélite. ~ 도시 ciudad satélite. ~ 중계 retransmisión por (vía) satelite. 인공~ satélite artificial.

위세(威勢) influencia, energía. ~좋은 valiente, gallardo. ~없는 abatido, amilanado.

위스키 whisky, whiski.

위시(爲始) comienzo. ~하다 empezar, comenzar.

위신(威信) prestigio. ~있는 prestigioso. ~을 잃다 (지키다) perder (guardar) *su* prestigio. ~을 손상시키다 comprometer el prestigio de *uno*. 나라의 ~때문에 por el prestigio del país.

위안(慰安) recreo, solaz (*m.*). ~하다 recrear, solazar. ~ 여행을 하다 hacer un viaje de recreo. ~회 reunión de recreo, fiesta de recreo. ~회를 열다 celebrar una fiesta de recreo.

위암(胃癌) cáncer del estómago.

위압(威壓) autoridad. ~하다 intimidar, acobardar, imponer. ~적인 imponente. 나는 그의 태도에 완전히 ~당했다 Me quedé completamente intimidado por su actitud./ Me acobardó totalmente su actitud.

위액(胃液) jugo gástrico.

위약(胃弱) indigestión, estómago débil.

위약(違約) 【계약의】 incumplimiento (infracción) del contrato; 【약속의】 incumplimiento (infracción) del compromiso (de la promesa), falta de promesa. ~하다 incumplir (infringir·quebrantar·romper) el contrato; faltar a *su* palabra (a *su* promesa), violar *su* pomesa, incumplir (infringir·quebrantar·romper) *su* compromiso (su promesa). ~인 경우에는 en caso de no cumplir el compromiso. ~금 indemnización.

위엄(威嚴) dignidad, majestad. ~있는 majestuoso, imponente, digno, augusto. ~없이 sin dignidad, poco serio. ~을 보이다 mostrar *su* dignidad. ~을 유지하다 (잃다) mantener (perder) *su* dignidad. 그에게는 ~이 있다 Tiene dignidad./ Le envuelve un aire de dignidad. 그에게는 ~이 없다 Le falta [la] dignidad.

위업(偉業) gran obra (empresa), hazaña. ~을 성취하다 llevar a cabo una gran empresa. 조상의 ~ hazañas de los abuelos.

위염(胃炎) gastritis (*f.*).

위용(偉容) aspecto majestuoso (imponente), apariencia majestuosa (imponente); 【주로 사람】 porte (aire) majestuoso (señorial).

위원(委員) comisionado, miembro de una

위인(偉人) gran hombre.

위임(委任) comisión, delegación; 【상】 poder; 【법】 mandato delegar a *uno* para + *inf*. (en *uno* para que + *subj.*), delegar *algo* en *uno*, comisionar *algo* a *uno*, otorgar poder a *uno*. 나는 서명을 차장에게 ~했다 He delegado la firma en el subdirector. ~자 mandante (*m.f.*), poderdante (*m.f.*). ~장 poder, procuración. ~ 통치 mandato (internacional). ~ 통치국 país (estado) mandatario. ~ 통치령 territorio bajo mandato. 피~자 mandatario.

위자료(慰藉料) solatium.

위작(僞作) obra apócrifa.

위장(胃腸) estómago e intestinos. ~이 강하다(약하다) tener una buena (mala) digestión. ~병 enfermedad gastrointestinal. ~약 medicamento gastrointestinal; [소화제] digestivo. ~염(炎) gastroenteritis (*f.*). ~ 장해 indisposición digestiva.

위장(僞裝) disfraz, simulación, fingimiento. ~하다 disfrazar, simular, fingir; [자신을] disfrazarse. ~ 도산 quiebra (bancarrota) fraudulenta.

위정자(爲政者) gobernante.

위조(僞造) falsificación, falseamiento. ~하다 falsificar, contrahacer. ~된 falsificado, falso. 화폐(문서)를 ~하다 falsificar moneda (un documento). ~ 수표 cheque falsificado. ~자 falsificador. ~지폐 billete falso. ~ 화폐 moneda falsa.

위증(僞證) testimonio falso. ~하다 dar un testimonio falso, testimoniar en falso. ~죄 perjurio.

위촉(委囑) [위탁] comisión, encargo, encomienda; [의뢰] solicitud, petición. ~하다 encargar, encomendar. …의 ~에 의해 a petición (a instancia) de *uno*. 시장조사를 연구소에 ~하다 encargar al instituto la investigación del mercado.

위축(萎縮) encogimiento, contracción. ~하다 encogerse, atrofiarse, marchitarse.

위치(位置) 1 lugar, posición, sitio, situación. ~하다 situarse, estar situado. ~를 재다 medir el lugar de *algo*. 지도상에 서울의 ~를 표시해주시요 Señálame en el plano la posición de Seúl. 대한민국은 극동에 ~해 있다 La República de Corea está situado en el Lejano Oriente.
2 [추상적] 문학사에 있어서 세르반테스의 ~ lugar (posición) de Cervantes en la historia de la literatura.

위카타르(胃-) gastritis.

위탁(委託) 【상】 consignación; [의뢰] encargo. ~하다 confiar (encargar) *algo* a *uno* ; consignar *algo* a *uno*. 조사를 ~하다 confiar (encargar) la investigación a *uno*. 판매를 ~하다 consignar la venta y compra a *uno*. ~자 consignador. ~판매 venta en comisión. ~품 mercancías consignadas.

위태(危殆) peligro, riesgo. ~하다 ser peligroso (arriesgado).

위통(胃痛) dolor de estómago; 【의】 gastralgia.

위패(位牌) tablilla mortuoria budista.

위풍(威風) ~당당한 majestuoso, imponente ; [행진 등이] marcial. ~당당하게 majestuosamente, con majestad; con un aire marcial.

위필(僞筆) 【책】 escritura falsificada; [그림] pintura falsificada. ~의 falsificado, contrahecho.

위하수(胃下垂) gastroptosis (*f.*), ptosis gástrica.

위하여(爲-) para [que], por, por el beneficio de.

위해(危害) daño, injuria. ~를 가하다 hacer daño (mal) a *uno*, dañar (perjudicar) a *uno*, herir a *uno*.

위헌(違憲) inconstitucionalidad. ~의 inconstitucional, anticonstitucional, contrario a la constitución.

위험(危險) peligro, riesgo. ~한 peligroso, inseguro; expuesto; [모험적] arriesgado, aventurado. ~한 사업 negocio arriesgado (inseguro). ~한 장난감 juguete peligroso. …의 ~을 무릅쓰고 con peligro de *algo*. 생명의 ~을 무릅쓰고 arriesgando (aventurando · costando) la vida, con peligro de la vida. ~을 피하다(막다) evitar (prevenirse contra) el peligro de *algo*. ~을 무릅쓰다 arriesgarse, aventurarse. ~에 빠지다 caer en el riesgo, ponerse en peligro. ~에 빠지게 하다 hacer caer a *uno* en el riesgo, poner a *uno* en peligro. ~하는 ~을 무릅쓰다 correr [el] riesgo de + *inf*. …하는 것은 ~하다 Es peligroso + *inf*. 그 길은 ~하다 Es peligroso jugar en la calle. 그의 생명이 ~하다 Su vida corre (está en) peligro./ [빈사] Puede morir en cualquier momento. ~ 분자 elemento peligroso. ~ 사상 concepto peligroso, ideas peligrosas. ~ 신호 señal de peligro. ~ 인물 hombre peligroso. ~지대 · ~구역 zona peligrosa (de peligro).

위협(威脅) amenaza, intimidacion. ~하다 amenazar, intimidar, amedrentar. ~적 amenazador, amenazante. ~ 사격을 하다 dar un disparo de aviso, disparar al aire para amenazar. ~적인 태도를 취하다 tomar una actitud amenazadora. 권총으로 ~하다 amenazar a *uno* con la pistola. ~자 amenazardor. 핵무기의 발달은 평화에 대한 ~이다 El desarrollo de las armas nucleares constituye una amenaza para la paz. 우리들은 전쟁(홍수)의 ~에 처해 있다 Nos amenaza una guerra (una inundación).

위확장(胃擴張) dilatación gástrica (del estómago).

위훈(偉勳) hazaña, proeza, acción (obra) meritoria. ~을 세우다 hacer una hazaña. ~을 찬양하다 elogiar la hazaña de *uno*.

윙크 guiñada, señas de un ojo. ~하다 guiñar, hacer del ojo.

유(類) 【생】 orden; 【철】 género; [무리] grupo; [종류] clase, especie. ~가 없는 único, incomparable, sin par; [선례가 없는] sin precedentes.

유(有) [존재] existencia; [소유] posesión.

유가 증권(有價證券) [주식 등의] valores, títulos, acciones o bonos; [어음·수표] efectos de comercio. ~투자 inversión en acciones o bonos.

유감(遺憾) sentimiento. ~스런 deplorable, lamentable. ~스럽게도 con pesar mío, muy a mi pesar, con mucha pena, sintiéndolo mucho. ~없이 satisfactoriamente, perfectamente. ~의 뜻 sentimiento, pesar. ~으로 생각하다 sentir (lamentar) *algo* (que + *subj*.). 재능을 ~없이 발휘하다 desplegar toda *su* capacidad. ⋯은 ~이다 Es una lástima (una pena) que + *subj*./ Es de lamentar que + *subj*. ~스럽게도 보내드릴 수 없습니다 Sentimos no poder enviárselo. 장관은 그 일에 대해 ~의 뜻을 표명했다 El ministro declaró que lamentaba lo ocurrido.

유격(遊擊) ataque repentino, guerrilla. ~대 tropa (fuerza·columna) volante. ~수 [운] shortstop.

유고(有故) [사고] accidente; [까닭] causa, razón. ~시에 al tiempo de un accidente.

유고(遺稿) obra póstuma, restos literarios, escritos póstumos, manuscritos dejados por el difunto.

유고슬라비아 【지】 Yugoslavia. ~의 [사람] yugoeslavo.

유골(遺骨) restos, cenizas.

유공(有功) merecimiento, mérito.

유괴(誘拐) rapto, secuestro. ~하다 secuestrar, raptar. ~범 secuestrador, raptor.

유교(儒教) confucianismo.

유구(悠久) eternidad, permanencia. ~하다 (ser) eterno.

유구(類句) frase similar (análoga).

유권자(有權者) elector, votante *(m.f.)*. ~명부 lista electoral.

유급(有給) ~의 asalariado, pagado. ~휴가 vacaciones pagadas (retribuidas).

유기(有機) ~적 orgánico. ~적으로 orgánicamente. ~물 materia orgánica. ~산 ácido orgánico. ~수은 mercurio orgánico. ~체 organismo. ~화학 química orgánica. ~화합물 compuesto orgánico.

유기(有期) ~의 redimible, limitado. ~공채 empréstito redimible (limitado). ~형 condena de duración limitada.

유기(遺棄) abandono, desamparo. ~하다 abandonar, dejar, desamparar. 시체 ~ abandono de un cadáver.

유네스코 Unesco, Organización de las Naciones Unidas para Educación, Ciencia y Cultura.

유녀(幼女) niña.

유녀(姪女) sobrina.

유녀(游女) puta, ramera.

유년(幼年) ~기 infancia, niñez. ~기에 en *su* niñez (*su* infancia). ~기부터 desde en *su* niñez (*su* infancia).

유념(留念) atención. ~하다 prestar atención a.

유능(有能) ~한 competente, talentoso, hábil.

유니버시아드 universíada.

유니세프 UNICEF, Fondo de la Infancia de las Naciones Unidas.

유니폼 uniforme. ~을 입히다 uniformar a *uno*. ~을 입다 ponerse el uniforme.

유단자(有段者) poseedor de más de un *dan*.

유당(乳糖) lactina, lactosa.

유덕(有德) ~한 virtuoso. ~한 사람 hombre de virtud, persona virtuosa.

유덕(遺德) mérito, virtud. 고인의 ~을 기리다 recordar con emoción los méritos (las virtudes) del difunto.

유도(誘導) dirección guiada, inducción, guía. ~하다 dirigir, guiar, inducir. 비행기를 활주로에 ~하다 dirigir un avión a la pista. 관객을 출구로 ~하다 guiar al público a la salida. ~로(路) [비행장의] pista de rodaje. ~미사일 proyectil teledirigido. ~심문 pregunta capciosa (hecha de tal manera que sugiere la respuesta deseada). ~ 전류 corriente inductiva. ~전자계 campo inductor. ~ 회로 circuito inductivo. ~ 코일 carriete de inducción. ~체 derivado. ~탄 proyectil

유도(誘導) dirigido, proyectil teleguiado.
유도(柔道) yudo.
유도(儒道) confucianismo.
유독(有毒) ~한 venenoso, dañino, tóxico, nocivo, deletéreo. ~ 가스 gas tóxico. ~ 물질 substancia venenosa. ~성 toxicidad, venenosidad.
유동(流動) flote, fluctuación. ~하다 flotar, fluctuar. ~적인 flotante, movible, inestable. 법안이 성립될지 안될지는 아직 ~적이다 Todavía no es seguro si el proyecto de ley está aprobado o no. ~부채 pasivo circulante (corriente). ~성 fluidez, liquidez. ~식 alimento líquido. ~자본 capital circulante. ~자산 activo circulante (corriente·líquido). ~체 fluido ; [액체] líquido. ~학 reología.
유두(乳頭) [젖꼭지] pezón.
유람(遊覽) excursión, viaje de recreo. ~하다 ir a visitar. ~객 turista. ~버스 autocar de turismo (de excursión). ~비행 vuelo de excursión (de turismo). ~선 barco de excursión. ~자동차 autobús de turismo.
유랑(流浪) vagabundeo, vagabundería. ~하다 vagabundear, errar. ~의 errante, vagabundo. ~생활 vida errante (vagabunda). ~민 pueblo errante.
유래(由來) [기원] origen, procedencia, fuente (f.) ; [내력] historia ; [원인] causa. ~에서 ~하다 proceder (originarse·venir·derivar [se]) de algo, tener su origen (su principio) en algo. …의 ~를 찾다 buscar el origen de algo.
유량(流量) caudal. ~계 aforador, gastómetro, flujómetro.
유럽 Europa. ~의 [사람] europeo. ~공동체 la Comunidad Europea. ~경제공동체 Comunidad Económica Europea, CEE. ~자유무역연합 Asociación Europea de Libre Comercio, AELC. ~제국 países europeos.
유려(流麗) ~한 fluido y elegante. ~한 문장 estilo fluido y elegante.
유력(有力) ~한 potente, poderoso, influyente ; [증거가] convincente. ~한 증거를 발견하다 encontrar una prueba convincente. ~자 personaje poderoso (influyente). ~자 persona influyente.
유령(幽靈) fantasma (m.), espectro, aparición, aparecido, duende. ~의 fantasmal. 그의 집에는 ~이 나타난다 En la casa anda un fantasma./ La casa está embrujada. ~의 집 casa de fantasma. ~선 barco de fantasma. ~ 인구 población falsa. ~ 회사 compañía falsa.
유례(類例) ejemplo semejante (análogo). ~없는 excepcional, singular, sin ejemplo semejante (análogo).

유료(有料) ~의 de pago ; [통행이] de peaje. 이 변소는 ~다 Debe pagar para usar este servicio. ~ 도로 carretera de peaje. ~ 주차장 aparcamiento de pago.
유리(有利) ventaja. ~한 favorable, conveniente ; ventajoso, provechoso, lucrativo ; útil. ~하게 favorablemente ; ventajosamente, con ventaja. ~한 투자 계획 plan de inversión lucrativo. ~한 조건 término ventajoso. 우리들은 ~한 입장이다 Llevamos ventaja a los demás./ Quedamos más favorecidos que los demás. 교섭은 우리한테 ~하게 진전되고 있다 Las negociaciones llevan una marcha favorable para nosotros.
유리(琉璃) vidrio, cristal. ~제품의 vitreo, de vidrio. 창에 ~를 끼우다 colocar un vidrio en la ventana. ~ 가게 cristalería, vidriería, tienda (almacén) de cristales. ~ 공업 industria del vidrio. ~공예 hialotecnia. ~공장 vidriería, cristalería. ~구슬 pelota de cristal. ~그릇 vidriería, cristalería, todo género de vidrios y cristales. ~문 puerta vidriera (con cristales). ~병 botella de vidrio. ~상자 vitrina. ~ 섬유 fibra de vidrio. ~세공 [기술] hialotecnia, hialurgia ; [제품] cristalería, objetos elaborados de vidrio. ~잔 vaso. ~장수 cristalero, vidriero. ~제조 노동자 vidriero, [부는 사람] soplador de vidrio. ~창 vidriera, ventana de vidrio. 색~ vidrio (cristal) colorado (que tiene color·pintado·teñido). 안전~ vidrio inastillable. 창~ vidrio de ventana. 판~ lámina de vidrio.
유리(有理) ~수 número racional. ~식 expresión racional.
유리(遊離) isolación, separación. ~하다 isolarse. ~시키다 isolar.
유린(蹂躪) pisoteo, violación. ~하다 pisotear, violar. 인권을 ~하다 infringir derecho personal (humano).
유망(有望) buena esperanza, promesa. ~한 prometedor, que promete, de porvenir, de futuro. ~한 산업 industria prometedora (de porvenir). 이 피아니스트는 매우 ~하다 Este pianista promete mucho (tiene un gran porvenir).
유머 humor, sentido del humor, humorismo. ~가 있다 · ~가 풍부하다 ser humorístico. ~가 없다 carecer de sentido del humor. ~ 소설 novela humorística. ~ 작가 humorista (m.f.), escritor humorístico.
유명(有名) fama, renombre. ~한 famoso, célebre, conocido, renombrado, notorio ;

[명판이] ilustre, reputado. ~ 무실한 nominal. ~하게 되다 hacerse famoso, llegar a ser famoso, ganar renombre, adquirir (ganar) fama (reputación). 그는 박식하기로 ~하다 Es famoso por su sabiduría. ~인 celebridad.

유명론(唯名論) nominalismo. ~자 nominalista *(m.f.)*.

유모(乳母) nodriza, ama de cría. ~차 cochecito [de niño].

유목(遊牧) nomadismo. ~하다 llevar una vida nómada. ~민 nómada *(m.f.)*. ~생활 nomadismo.

유무(有無) existencia o no existencia, sí o no.

유문(幽門)【해】píloro. ~의 pilórico.

유물(遺物) reliquias restos. 고대의 ~ restos de la antigüedad. 그는 과거의 ~이다 Es una pieza de museo (una supervivencia del pasado).

유물(唯物) materialismo. ~주의 materialismo. ~론자・~주의자 materialista. ~론적인 matealista. ~ 사관 materialismo histórico.

유미주의(唯美主義) esteticismo. ~자 esteta *(m.f.)*.

유민(流民) refugiado, desamparado.

유발(誘發) provocación. ~하다 provocar. 그 폭발은 많은 재해를 ~했다 La explosión provocó muchos daños.

유방(乳房) pecho [de la mujer].

유별(類別) clasificación, ordenación. ~하다 clasificar, ordenar.

유보(留保) reservación, reserva. ~하다 reservar.

유복(裕福) abundancia, opulencia. ~한 rico, adinerado, acaudalado, acomodado. ~한 가정 familia rica. ~하게 살다 llevar una vida acomodada.

유부녀(有夫女) [mujer] casada.

유사(有事) emergencia. ~시에는 en caso de urgencia (de necesidad), si lo exige el caso.

유사(類似) semejanza, analogía, similitud. ~하다 [a] semejarse (parecerse) a *algo*, semejar *algo*. ~한 semejante, parecido, análogo, similar. ~점 punto de semejanza.

유사(有史) ~ 이래의 desde los albores de la historia. ~이전의 prehistórico.

유산(流産) aborto, malparto. ~하다 abortar. 계획이 ~이 되었다 Ha abortado el plan.

유산(遺産) herencia, bienes relictos, legado ; [세습 재산] patrimonio. ~ 상속 herencia. ~상속을 받다 adir la herencia. ~을 남기다 legar a *uno* una fortuna (una propiedad), dejar a *uno* una herencia (un legado). ~으로 집을 남기다 dejar una casa en herencia. 누구를 ~인으로 하다 nombrar heredero a *uno*, instituir por heredero a *uno*. ~을 상속하다 heredar una fortuna (una propiedad) de *uno*, adir (recibir・aceptar) la herencia de *uno*. 서반 아의 문화적 ~을 지키다 guardar el patrimonio cultural de España. ~ 분쟁 disputa sobre la herencia. ~ 상속 sucesión de herencia. ~ 상속인 heredero. ~ 수취 인 legatario.

유산(硫酸) ácido sulfúrico. ~수소칼륨 bisulfato potásico. ~ 아연 sulfato de cinc. ~암모늄(칼륨・동・니켈) sulfato amónico (potásico・cúprico・niqueloso). ~염 sulfato. ~지(紙) papel vegetal (cristal・sulfurizado).

유산(乳酸) ácido láctico. ~균 bacilo láctico, bacteria láctica. ~염 lactato. ~ 음료 bebida (fresco) a base de fermento láctico. ~ 칼슘 (에틸) lactato cálcico (de etilo).

유산(有産) ~계급 clase adinerada (acaudalada・burguesa), burguesía. ~자 adinerados, acaudalados.

유상(有償) ~의 oneroso. ~ 계약 contrato oneroso. ~ 원조 ayuda onerosa.

유색(有色) ~ 인종 raza de color.

유서(由緒) origen ; [역사] historia. ~있는 de buen origen, con historia clara. ~있는 건축물 edificio histórico. ~있는 가문 대 생이다 ser de familia ilustre.

유서(遺書) testamento. ~를 만들다 hacer (otorgar) testamento.

유선(乳腺) glándula manaria. ~염 mastitis *(f.)*.

유선형(流線型) ~의 aerodinámico. ~ 열차 tren aerodinámico.

유성(遊星) planeta.

유성(有聲) ~의 sonoro. ~음 sonido sonoro. ~ 자음 consonante sonora. ~화 sonorización. ~화하다 sonorizar.

유성(有性) ~의【생】sexual. ~ 생식 reproducción sexual.

유성(流星) exhalación, estrella fugaz, bólido.

유세(遊說) campaña oratoria ; [선거의] viaje electoral. ~하다 viajar por la campaña oratoria ; [선거의] hacer un viaje (una gira) electoral, ir de viaje para solicitar votos.

유소(幼少) infancia, niñez. ~하다 ser joven (niño). ~시부터 desde *su* niñez.

유수(流水) agua corriente.

유수(有數) 한국 ~의 항구 uno de los mejores puertos de Corea. 한국은 세계 ~ 의 석유 소비국이다 Corea es uno de los

유숙(留宿) alojamiento. ~하다 alojar, aposentar, poner en alojamiento.

유순(柔順) docilidad. ~한 dócil, manso, obediente.

유스 호스텔 albergue juvenil. 국제～협회 Asociación Internacional de Albergues Juveniles.

유습(遺習) costumbre antigua, tradición.

유시(幼時) infancia, niñez. ~에(부터) en (desde) *su* infancia (*su* niñez).

유시(諭示) instrucción, mensaje.

유식(有識) ~한 inteligente. ~자 sabio, docto.

유신(維新) renovación, reforma.

유신론(有神論) teísmo. ~의 teísta. ~자 teísta *(m.f.)*.

유실(流失) despojo por avalancha. ~하다 perderse por avalancha, llevarse. ~ 가옥 casa llevada (arrastrada) por la inundación.

유실(遺失) pérdida. ~하다 perder. ~물 objeto perdido, pérdidas. ~물 취급소 oficina de objetos perdidos.

유심론(唯心論) espiritualismo. ~자 espiritualista *(m.f.)*.

유아(幼兒) niño pequeño, niño de pecho (de teta).

유아(乳兒) criatura, niño de teta (de pecho), [niño] lactante, niño mamón.

유아(遺兒) niño del difunto.

유암(乳癌) cáncer mamario, cáncer en los pechos.

유액(乳液)【식】látex;[화장품] loción lechosa.

유약(柔弱) afeminación. ~한 afeminado, débil, blando, que carece de vigor varonil.

유어(類語) sinómino. ~사전 diccionario de sinónimos.

유언(遺言) testamento, última voluntad. ~장 testamento. ~장을 만들다 hacer (otorgar) testamento. ~ 집행인 testamentario. 비밀～장 testamento cerrado (escrito). 자필～장 testamento ológrafo.

유언(流言) rumor. ~비어 bulo, rumor falso, noticia sin fundamento. ~비어를 퍼뜨리다 divulgar un rumor, hacer correr *(difundir・lanzar)* rumores [falsos].

유업(業) trabajo dejado por *uno*. 부친의 ～을 계승하다 seguir el trabajo dejado por *su* padre.

유역(流域) cuenca. 아마존강 ～ la cuenca del Amazonas.

유연(柔軟) blandura, flexibilidad. ~한 blando, flexible.

유연(油煙) negro de humo, hollín.

유영(遊泳) natación. ~하다 nadar. ~ 금지 [게시] Prohibido bañarse.

유예(猶豫) aplazamiento;[형집행・징병 등의] prórroga;【상】respiro, gracia. 형 집행을 ~하다 aplazar un ejecución, suspender la ejecución de la sentencia. 일주 일간의 ~를 요청하다 pedir una semana de prórroga (de aplazamiento). ~ 기간 [해고의] plazo de despedida;[지불의] días de gracia.

유용(流用) malversación, incautación. ~하다 malversar, incautarse.

유용(有用) ~하다 ser útil, provechoso. ~한 식물 planta útil. 개는 인간에게 ~한 동 물이다 El perro es un animal útil para el hombre.

유우(乳牛) vaca lechera.

유원지(遊園地) parque de juegos infantiles;[오락적인] feria, parque de atracciones.

유월(六月) junio.

유의(留意) atención. ~하다 prestar atención a *algo*, preocuparse por *algo*, hacer caso de *algo*, fijarse en *algo*, tomar (tener) *algo* en cuenta. 건강에 ~하다 tener cuidado de la salud; [자신의] cuidarse.

유익(有益) ventaja. ~한 útil;[교육적인] instructivo, educativo. ~한 충고 buen consejo. 우리에게 ~한 책 libro útil (instructivo) para nosotros. 시간을 ~하게 이 용하다 aprovechar el tiempo.

유인(誘因) causa provocadora, motivo incitador. …의 ~이 되다 causar (provocar・ocasionar) *algo*.

유인(誘引) tentación, seducción. ~하다 tentar, inducir, seducir.

유인원(類人猿) antropoide.

유일(唯一) unidad. ~한 único. ~한 목적이 다 ser *su* único objeto.

유임(留任) retención en el cargo. ~하다 quedarse (permanecer) en *su* cargo.

유입(流入) afluencia, entrada. ~하다 afluir en *un sitio*, entrar en *un sitio*;[강이] desembocar en *un sitio*. 외자의 한국에의 ~ afluencia del capital extranjero a Corea.

유자격(有資格) ~의 diplomado, titulado, calificado, habilitado. ~자 persona calificada (habilitada).

유작(遺作) obra póstuma.

유저(遺著) obra póstuma.

유적(遺跡) ruinas *(f.pl.)*, vestigios *(m.pl.)*.

유전(油田) campo de petróleo, campos petroleros, yacimientos petrolíferos.

유전(遺傳) herencia. ~하다 heredar, heredarse, transmitirse. ~성의 hereditario. 그 의 성격은 아버지한테서 ~이다 Ha here-

유전학 ... dado el carácter de su padre./ Debe su carácter a su pedre. ~병 enfermedad hereditaria. ~자 gen, gene.
유전학(遺傳學) genética. ~의 genético. ~자 geneticista (m./f.).
유정(油井) pozo de petróleo.
유제(乳劑) emulsión.
유제품(乳製品) producto lácteo.
유조(油槽) tanque de aceite. ~선 buque tanque.
유족(遺族) familia de un difunto, familia sobreviviente. ~ 연금 pensión a la familia sobreviviente.
유종(有終) ~의 미를 장식하다 concluir brillantemente, acabar con perfección.
유죄(有罪) culpabilidad. ~의 culpable. ~를 선고하다 declarar (sentenciar) culpable a *uno*. 그는 ~가 선고되었다 Fue declarado delincuente (culpable). ~ 판결 veredicto de culpabilidad.
유죄(流罪) destierro. ~에 처하다 condenar a destierro.
유즙(乳-) leche (f.).
유증(遺贈) legado. ~하다 legar *algo* a *uno*.
유지(油脂) ruinas (f.pl.).
유지(維持) mantenimiento, sostenimiento, preservación, conservación. ~하다 mantener, sostener, conservar, guardar. 평화를 ~하다 mantener la paz, mantenerse en paz. 긴밀한 관계를 ~하다 sostener estrechas relaciones. 체면을 ~하다 salvar las apariencias, conservar *su* dignidad. 사장의 지위를 ~하다 mantener la presidencia. 가계를 ~하다 mantener la economía casera. 별장을 ~하다 mantener una casa de campo. ~비 gastos de mantenimiento (de conservación). ~ 회원 miembro bienhechor.
유지(有志) [사람] voluntario, interesados. ~를 모으다 reunir (buscar) voluntarios (interesados).
유지(油脂) aceote y grasa. ~상(商) aceitería.
유지(遺志) deseo (intención · voluntod) de un difunto, último deseo de *uno*. 아버지의 ~를 받들어 conforme al(de conformidad con el) deseo de *su* [difunto] padre.
유지(油紙) papel untado de aceite.
유착(癒着) [상처의] cicatrización; vínculo, unión. ~하다 cicatrizarse. A당은 대기 업과 ~해 있다 El partido A tiene un vínculo con las grandes empresas.
유창(流暢) afluencia, soltura. ~한 afluente elocuente. ~히 elocuentemente, afluentemente, con soltura, con facilidad, de corrido. ~히 말하다 hablar elocuentemente. 김교수는 서반아어를 ~히 한다 El profesor Guim habla español elocuentemente.
유채(油菜) colza.
유체(遺體) retos [mortales], cadáver.
유체(流體) fluido. ~ 역학 hidrodinámica. ~ 정력학 hidrostática.
유추(類推) analogía. ~하다 razonar por analogía. ~적 analógico. ···에서 ~하면 a juzgar (a razonar) por *algo*. ~법 analogismo.
유출(流出) salida, fuga, efusión, derrame, flujo. ~하다 salir, derramarse, fluir. 두뇌의 ~ huida de cerebros. 외화의 ~ fuga de divisas. 자본의 ~ salida (fuga) del capital. 금이 외국으로 ~한다 Sale el oro al extranjero.
유충(幼虫) pulgón (*pl.*pulgones), larva, oruga. ~기 período larval.
유치(乳齒) diente de leche.
유치(誘致) invitación. ~하다 invitar. 공장을 ~하다 invitar la instalación de una fábrica.
유치(留置) detención. ~하다 detener. ~장 calabozo, cuarto de detención.
유치원(幼稚園) escuela (colegio) de párvulos, jardín de infancia, kindergarten. ~ 선생 educador,-ra. ~생 niño del jardín de infancia.
유카【식】yuca.
유쾌(愉快) alegría, placer. ~한 alegre, jovial, festivo; [줄거운] divertido, jubiloso; gracioso. ~하게 alegremente. ~한 남자 hombre jovial. ~하게 되다 ponerse alegre. ~한 것을 말하다 decir cosas divertidas. ~하게 지내다 pasar el tiempo alegremente (con júbilo), pasarlo bien. 아주 ~하게 보내다 pasarlo muy bien, pasarlo la mar de bien, pasarlo bomba, divertirse mucho.
유탄(流彈) bala perdida.
유태인(猶太人) judío. ~가 · ~구역 judería.
유토피아 utopia, utopía.
유통(流通) 1 [화폐 등의] circulación; [상품의] distribución. ~하다 circular; [통용하다] tener curso legal. ~시키다 poner *algo* en circulación. 수표는 은행권과 같이 ~한다 Los cheques circulan como cualquier billete de banco. ~ 기구 mecanismo de distribución. ~성 negociabilidad. ~시장 mercado de circulación. ~증권 [어음·수표 등] título negociable. ~ 혁명 revolución en el dominio de la distribución. ~ 화폐 moneda corriente (en circulación de curso legal). 화폐 ~고 circulación fiduciaria. 화폐 ~속도 velocidad de circulación monetaria.

유파 2 [공기의] ventilación. 공기의 ~이 좋다 (나쁘다) tener buena (mala) ventilación, estar bien (mal) ventilado.

유파(流派) escuela.

유폐(幽閉) encierro, encerramiento, confinamiento. ~하다 encerrar, confinar.

유포(流布) circulación, propagación, diseminación, divulgación. ~하다 circular, difundirse.

유품(遺品) legado, objejo dejado por un difunto.

유풍(遺風) costumbre antigua, tradición.

유하다(有−) ⇨있다.

유하다(柔−) ser suave (tierno·benigno).

유하다(留−) quedarse, alojar, aposentar.

유학(留學) estudio en el extranjero. ~하다 ir a estudiar al extranjero, estudiar en el extranjero. 서반아에 ~하다 ir a España para (a) estudiar. 재한 외국인 ~생 estudiante en el extranjero. ~생 estudiantes extranjeros en Corea.

유학(遊學) viaje para estudio. ~하다 viajar para estudiar. 마드리드에 ~하다 ir a Madrid a estudiar.

유학(儒學) confucianismo. ~자 confucio, sabio chino.

유한(遺恨) rencor, enemistad, malicia.

유한(有限) ~의 limitado; 【수】 finito. ~소수 decimal finito. ~책임 responsabilidad limitada. ~회사 sociedad de responsabilidad limitada, S.L., 【남미】 S. [de] R.L.

유한(有閑) ocio, tiempo desocupado (de descanso). ~계급 gente acomodada. ~계급 desocupada, clases ricas que llevan una vida de ocio. ~ 마담 dama rica y ociosa.

유해(有害) ~한 nocivo, dañoso, perjudical, dañino. ~한 사상 pensamiento nocivo. ~무익하다 ser nocivo e inútil. 인체에 ~한 물질 sustancia perjudicial al cuerpo humano.

유해(遺骸) restos [mortales], cadáver.

유행(流行) 1 moda. ~하다 estar en boga (en moda). ~의 de (a la) moda. 최신 ~스타일 estilo de última moda. ~시키다 imponer la moda de *algo*, poner de (en) moda. ~을 만들다 crear la moda. ~을 따르다 seguir la moda. ~에 뒤지다 atrasarse en la moda; 【상께】 estar con retraso en la moda, estar pasado de moda. ~에 뒤진 atrasado de moda. 금년은 이 색깔이 ~하고 있다 Este color está de moda este año. 오토바이가 대~이다 Las motos están muy de moda. 이것은 ~에 뒤진것이다 Esto está pasado de moda. ~가 canción popular; [유행중인] canción de (a) la moda. ~ 가수 cantante *(m.f.)* popular. ~ 작가 escritor en boga.
2 [병의] propagación. ~하다 propagarse, extenderse, reinar. 성의 epidémico. 이 지역에서는 콜레라가 ~하고 있다 En esta área se propaga el cólera. ~병 epidemia.

유혈(流血) derramamiento de sangre, matanza. ~의 참사 accidente sangriento.

유형(類型) tipo. ~의 típico. ~적인 estereotipado. 그것은 ~이 많다 Hay muchos tipos (ejemplos) de eso. ~학 [심리] tipología.

유형(流刑) destierro; [정치범의] exilio, deportación. ~을 보내다 desterrar, poner a *uno* en el exilio, deportar, exiliar. ~수 desterrado; exiliado, deportado. ~지 sitio (lugar) de exilio.

유형(有形) materialidad. ~의 material, corporal. ~ 무형으로 원조하다 prestar una ayuda a *uno* moral y materialmente.

유혹(誘惑) tentación, seducción. ~하다 tentar, seducir. ~을 거절하다 rechazar la tentación. ~에 빠지다·~에 지다 caer en la tentación, ceder (sucumbir) a la tentación, dejarse llevar por la tentación. ~에 이기다 vencer la tentación. 돈의 ~과 싸우다 resistir a la tentación de dinero. ~자 tentador, seductor.

유화(柔和) docilidad, mansedumbre, dulzura. ~한 dócil, manso, apacible. ~한 얼굴 fisonomía dulce, semblante apacible.

유화(油畵) [pintura al] óleo. ~로 그리다 pintar al óleo. ~를 그리다 pintar un cuadro al óleo. ~가 pintor al óleo. ~물감 colores de la pintura al óleo.

유화(乳化) emulsión. ~하다 emulsionar *algo*. ~제 emulsionante.

유화(宥和) apaciguamiento, pacificación. ~ 정책 política de apaciguamiento (de pacificación).

유화(硫化) ~나트륨 sulfuro sódico. ~물 sulfuro. ~수소 hidrógeno sulfúrico. ~철 sulfuro de hierro.

유황(硫黃) azufre. ~의 sulfúreo, sulfúrico, sulfuroso. ~천 manantial sulfuroso. ~화(華) azufre sublimado, flor de azufre. 천연 ~ azufre vivo.

유회(流會) suspensión de una asamblea. ~하다 suspender la junta (la reunión). 오늘 ~할 것같다 Parece que va a suspenderse la reunión de hoy.

유효(有效) eficacia, validez. ~한 eficaz, efectivo; [표등의] valedero, válido; [사용할 수 있는] utilizable. ~하게 eficazmente. ~한 방법 método eficaz. ~한 증서 certificado válido. ~하게 하다 vali-

유훈(遺訓) dar. 3일간 (금월말까지) ~한 표 billete valedero por tres días (hasta el fin de este mes). 6개월 ~한 확신 vacuna que inmuniza (tiene efecto) por seis meses. 돈 (시간)을 ~있게 사용하다 usar eficazmente el dinero (el tiempo). 이 증서는 아직 ~하다 Es valedero todavía este certificado. 이 여권은 1년간 ~하다 Este pasaporte es válido por un año. ~ 기간 plazo (término) de validez, plazo vigente. ~성 eficacia, eficiencia, validez. 계약의 ~성 validez del contrato. ~ 9수요 demanda efectiva. ~ 표 voto válido.

유훈(遺訓) últimas instrucciones del difunto. 그는 부친의 ~을 받들고 있다 Sigue las instrucciones que dejó su padre

유휴(遊休) ~ 설비 equipo parado ; [공장] fábrica en paro. ~ 자본 capital inactivo.

유흥(遊興) diversión, fiesta. ~하다 divertirse. ~비 gastos de diversiones. ~음식세 impuestos sobre diversiones, comida y bebida.

유희(遊戲) juego. ~를 하다 jugar. ~실 sala de juego. ~장 campo de recreo.

육(六) seis. 제 ~ [의] sexto. ~배의 séxtuplo. ~배로 하다 sextuplicar.

육(肉) carne (f.) ; [육체] cuerpo. ~과 영 cuerpo y alma, carne y espíritu.

육각(六角) hexágono. ~형의 hexagonal.

육감(肉感) deseo carnal, sensualidad. ~적 sensual, voluptuoso.

육계(肉桂) [식] canel, canelero ; [수피·분말] canela.

육교(肉交) relaciones carnales, copla, coito.

육교(陸橋) viaducto.

육군(陸軍) ejército. ~의 militar. ~성 Ministerio de Guerra (del Ejército). ~장관 ministro de Guerra (del Ejército).

육대주(六大洲) seis continentes.

육도(陸稻) arroz de secano.

육로(陸路) ~로 por tierra, por vía terrestre.

육류(肉類) carne (f.).

육면체(六面體) hexaedro.

육박(肉薄) ~하다 perseguir a uno de cerca, acosar a uno, acercarse con amenaza, combatir mano a mano. 적에 ~하다 acosar(hostigar) al enemigo.

육법 전서(六法全書) compendio (código) de leyes, conjunto de seis códigos.

육상(陸上) tierra. ~의 terrestre. ~ 경기 deportes atléticos, atletismo. ~ 근무 servicio en tierra. ~ 수송 transporte terrestre (por tierra).

육서(陸棲) ~동물 (식물) animal (planta) terrestre.

육성(育成) crianza. ~하다 criar, educar ; [형성] formar ; [조성] desarrollar, fomentar, promover. 사업을 ~하다 desarrollar una empresa. 인격을 ~하다 formar el carácter de uno. 청소년을 ~하다 educar a los jóvenes.

육성(肉聲) voz natural (viva).

육식(肉食) comida de carne, alimento animal. ~하다 comer carne, alimentarse de carne. ~ 동물 animal carnívoro. ~류 carnívoros (m.pl.).

육신(肉身) cuerpo.

육십(六十) sesenta. ~번째 [의] sexagésimo. ~대의 사람 sesentón. ~ 진법 numeración de base sesenta.

육아(肉芽) [식] granulación.

육아(育兒) crianza, cuidado de los niños, puericultura. 그녀는 ~에 열심이다 Cuida a sus niños con diligencia./ No escatima cuidados para con sus niños. ~ 법 puericultura. ~실 cuarto de los niños.

육안(肉眼) nudo. ~으로 볼 수 있는 visible (perceptible) a simple vista. ~으로는 볼 수 없는 invisible (imperceptible) a simple vista. ~으로 보다 ver con los ojos.

육영(育英) ~ 사업 obra de educación, trabajo educacional. ~ 자금 [fondo de] beca. ~회 institución para la concesión de becas.

육욕(肉慾) apetito (deseo) sexual (carnal), pasión animal. ~에 빠지다 darse a los placeres sexuales, dejarse arrastrar por los apetitos carnales.

육운(陸運) transporte terrestre.

육전(陸戰) guerra terrestre. ~대 infantería marina.

육종(肉腫) sarcoma (m.).

육즙(肉汁) jugo de carne, caldo.

육지(陸地) tierra.

육체(肉體) cuerpo ; [정신에 대한] carne (f.). ~의·~적 [신체의] corporal, físico ; [살의] carnal. ~ 욕망 deseo carnal. ~적 쾌락 voluptuosidad, placeres carnales (de la carne). ~ 관계를 맺다 tener relaciones carnales con uno, hacer el amor con uno. ~ 노동 trabajo físico. ~ 노동자 obrero, peón. ~미 hermosura física. 그녀는 아름다운 ~미를 가지고 있다 Tiene un cuerpo muy hermoso. / Tiene un cuerpo de líneas perfectas.

육친(肉親) pariente consanguíneo (carnal). 그의 ~들 los suyos. ~의 정 sentimiento de consanguinidad. ~ 관계 relación entre parientes carnales, relación de consanguinidad, parentesco carnal.

육탄(肉彈) bomba humana. ~전을 하다 cembatir (pelear·luchar) cuerpo a cuerpo.

육풍(陸風) viento terral (de la tierra).

육필(肉筆) autógrafo, quirógrafo. ~의 autográfico. ~ 편지 carta autógrafa.

육합(六合) [우주] universo, cosmos.

육해공(陸海空) tierra, mar y aire. ~군 /uerzas terrestres, navales y aéreas. ~삼군을 지휘하다 mandar (ejercer el mando supremo de) los ejétrictos de Tierra, Mar y Aire.

윤(潤) lustre. ~을 내다 lustrar. 구두에~을 내다 lustrar los zapatos. 가구에 ~을 내다 dar lustre a un mueble.

윤간(輪姦) violación de una mujer en grupo, múltiple violación de una mujer.

윤곽(輪郭) contorno, perfil ; [자태의] silueta ; [얼굴의] rasgos ; [소묘·개략의] esbozo, bosquejo. …을 그리다 [도형의] contornear algo ; [도형의·개념의] perfilar (esbozar·bosquejar) algo. ~이 뚜렷한 bien contornado.

윤년(閏年) año bisiesto.

윤달(閏-) mes bisiesto.

윤독(輪讀) lectura por torno. ~하다 leer algo por turno.

윤리(倫理) ética, moral (f.). ~적 ético, moral. ~학 ética.

윤무(輪舞) ronda.

윤번(輪番) ~으로 por turno, por rotación. ~제 sistema de por turno.

윤작(輪作) rotación de cultivos. ~하다 alternar cultivos.

윤전(輪轉) ~식의 rotativo. ~기 rotativa ; [동사판의] multicopista.

윤창(輪唱) canon. ~하다 cantar [una canción] en canon.

윤택(潤澤) abundancia, copia. ~한 abundante, copioso.

윤활유(潤滑油) aceite lubricante.

윤회(輪廻) metempsicosis, transmigración.

율(率) [비율] proporción ; razón (f.), tipo. 【수】 módulo. 높은 ~로 a razón alta. ~을 높게(낮게) 하다 subir (bajr) la proporción. 6%의 ~로 a un seis por ciento.

율동(律動) ritmo, movimiento rítmico ; [시학] cadencia. ~적 rítmico.

율법(律法) 모세의 ~ Ley mosaica (de Moisés).

융기(隆起) elevación, levantamiento. ~하다 elevarse. 지각의 ~ levantamiento de la corteza de la tierra.

융단(絨緞) alfombra.

융동(隆冬) invierno severo.

융성(隆盛) prosperidad, florecimiento. ~한 próspero, floreciente. ~이 극에 달하다 llegar a la plena prosperidad ; [상태] estar en el zenit de la prosperidad.

융자(融資) financiación, financimineto ; [대부] préstamo. ~하다 financiar ; prestar a…. ~를 받다 ser financiado. 은행에서 ~를 받다 recibir un préstamo de un banco. 은행에 ~를 의뢰하다 pedir un préstamo a un banco. 회사에 천만원을 ~하다 hacer un préstamo de diez millones de wones a una compañía. ~ 계획 plan a financiación. ~ 기관 organismo de financiación.

융통(融通) 1 [금전 등의] préstamo. ~하다 prestar. ~할 수 있는 돈 dinero disponible. ~ 어음 letra (pagaré) de favor. 2 [성격] ~성이 있다 tener un espíritu (un carácter) flexible. ~성이 있는 사람 persona comprensiva (adaptable). ~성이 없는 사람 persona incomprensiva (inadaptable).

융합(融合) fusión. ~하다 fusionarse, fundirse, armonizarse.

융해(融解) fusión, fundición. ~하다 fundirse, derretirse. ~시키다 fundir, derretir. ~로. horno de fusión. ~열 calor de fusión. ~ 석영 cuarzo fundido. ~점 punto de fusión.

융화(融和) armonía, concierto, buenas relaciones ; [화해] reconciliación. ~하다 armoniarse ; reconciliarse. 양국간에 ~를 꾀하다 trabajar para la reconciliación entre ambos países. 조합원 상호간에 ~를 꾀하다 promover las relaciones amistosas entre los miembros del sindicato. ~ 정책 política de reconciliación.

윷 [놀이] yut. ~놀이 juego de yut.

윷놀다 jugar al yut.

으뜸 [첫째] primero ; [두목] jefe ; [근본] base.

으시대다 presumirse.

으슬렁으스럽 lentamente.

은(銀) plata. ~의 de plata, argentino. ~ 도금하다 argentar, platear. ~색 plateado, argentino. ~종이 papel de palta.

은거(隱居) retiro, retirada. ~하다 retirarse de la vida activa.

은고(恩顧) favor, atención, amparo. ~를 받다 recibir un favor de algo,

은공(思功) favor, mérito.

은광(銀鑛) mina de plata.

은급(恩給) pensión, renta. ~으로 살다 vivir de una pensión. ~ 생활자 rentista, pensionado, pensionista (m.f.). ~ 제도 sistema (régimen) de pensiones.

은닉(隱匿) encubrimiento, ocultación. ~하다 encubrir, ocultar, receptar. 범인을 ~하다 encubrir al delincuente. ~ 물자

은둔(隱遁) retiro [del mundo], reclusión. ~하다 retirarse del mundo. ~자 asceta, ermitaño.

은막(銀幕) pantalla de cine.

은밀(隱密) secreto. ~한 secreto. ~히 en secreto, secretamente.

은반(銀盤) 1 [소반] plato de palta. 2 [달] luna.

은방(銀房) joyería.

은배(銀杯) copa de plata, trofeo.

은사(恩師) maestro venerado (respetado); [옛날의] maestra antigua.

은사(恩賜) ~의 시계 reloj otorgado por Su Majestad el Emperador.

은사(恩赦) amnistía, indulto. ~를 받다 recibir la amnistía (un indulto), ser amnistiado.

은상(恩賞) recompensa. ~을 받다 recibir una recompensa, ser recompensado.

은어(隱語) jerga, jerigonza, argot (pl.argots); [비어] lengua verde; [도적의] germanía. ~를 사용하다 emplear jergo, hablar en jerigonza (en argot).

은의(恩義) favor, bondad, obligación. ~에 보답하다 pagar la bondad, [re] compensar a uno por los favores recibidos.

은인(恩人) bienhechor, benefactor. 너는 내 생명의 ~이다 Te debo la vida.

은인(隱忍) paciencia, aguante. ~하다 perseverar, persistir. ~자중하다 aguantarse, contenerse, dominarse.

은자(隱者) ermitaño, anacoreta (m.f.); [회교의] derviche. ~암 ermita; [초자의] [choza de] retiro.

은잔(銀盞) copa de plata.

은전(銀錢) moneda de plata.

은전(恩典) gracia (favor) especial. ~을 입다 ser [el] objeto de una amnistía.

은정(恩情) afección benévola, favor.

은총(恩寵) [신의] gracia; [군주의] favor. ~을 받다 recibir la gracia de Dios; recibir el (gozar del) favor del soberano.

은퇴(隱退) retiro. ~하다 retirar.

은폐(隱蔽) encubrimiento, ocultación. ~하다 encubrir, ocultar, tapar. 사실을 ~하다 ocultar la realidad.

은하(銀河) vía láctea, galaxia, comino de Santiago.

은행(銀行) banco, casa bancaria. ~의 bancario. ~가 banquero. ~원 empleado de banco. 한국 ~ Banco de Corea.

은행(銀杏) fruto de brenca, fruto de gingo.

은혜(恩惠) favor, beneficio, benevolencia. ~를 입다 ser favorecido con (de·por) algo, gozar del favor de uno, recibir un favor (una merced) de uno. ~을 베풀다 beneficiar (hacer un favor) a uno.

은혼식(銀婚式) bodas de plata.

은화(銀貨) moneda de plata.

은화 식물(隱花植物) criptogamas (f.pl.)

을 1 [대상] 나는 탑 ~ 본다 Veo la torre. 2 해외 여행에는 대한 항공~ Vuela en KAL al extranjero. 3 [목표·방향] 언제 ~ 가느냐 ¿Cuándo vas a Seúl? 4 [어디] 강 ~ 건너다 cruzar el río. 5 [동안] 세 시간~ 잠자다 dormir tres horas. 6 [목적] 영화 구경 ~ 가다 ir a ver una película, ir al cine.

읊다 recitar. 시를 ~ recitar un poema.

음(音) [음향] sonido; [패향한] son, resonancia; [잡음] ruido; [악기의 음] toque, tañido.

음(陰) ~으로 양으로 tanto en secreto como en público, implícita y explícitamente.

음경(陰莖) pene, falo, miembro viril; [속] polla.

음계(音階) escala musical, gama. ~ 연습을 하다 practicar (ejercitar) la escala musical. 전(반)~ escala diatónica (cromática). 장(단)~ escala mayor (menor).

음곡(音曲) músicas y cantos.

음극(陰極) 【전】 polo negativo, cátodo. ~관 tubo de rayos catódicos. ~선 línea de cátodo, rayos catódicos.

음기(陰氣) tristeza.

음낭(陰囊) escroto.

음독(音讀) lectura en voz alta. ~하다 leer en voz alta.

음란(淫亂) lascivia, lujuria. ~한 lujurioso, lascivo.

음량(音量) volumen de la voz (del sonido). 라디오의 ~을 올리다 subir (aumentar) el volumen de la radio. ~계 volúmetro.

음력(陰曆) calendario lunar.

음료(飮料) bebida, licor. ~수 agua potable. 알코올 ~ bebidas alcohólicas.

음모(陰謀) complot (pl.complots), conjura, conspiración, intriga. ~를 꾸미다 tramar un complot, conjurarse, conspirar, intrigar. 정부에 대한 ~가 꾸며지고 있다 Traman una conspiración contra el gobierno. ~가 conjurado, conspirador, intrigante (m.f.).

음모(陰毛) vagina, vulva.

음문(陰門) vagina, vulva.

음미(吟味) examen, indagación, investigación. ~하다 examinar, investigar, inquirir.

음반(音盤) disco.

음보(音譜) música ⇨ 악보.

음부(音符) nota musical. 전(2분·4분·8

음분(音部) 분・16분・32분) ~ [nota] redonda (blanca・negra・corchea・semicorchea・fusa).
음부(陰部) partes [genitales], parte privada, pubis, verija.
음색(音色) tono, timbre, entonación.
음성(音聲) voz, sonido. ~학 fonética. ~자 fonetista (m.f.).
음성(陰性) negatividad. ~의 negativo. ~반응 reacción negavina. [튜베르크린의] cutirreacción negativa.
음소(音素) fonema (m.).
음속(音速) velocidad del sonido. ~의 벽 barrera del sonido.
음순(陰脣) labios de la vulva. 대~ labios grandes de la vulva. 소~ labios pequeños de la vulva, ninfas (f.pl).
음습(陰濕) ~한 sombrío; melancólico.
음식(飲食) comida y bebida. ~물 comida y bebida, alimentos. ~세 arbitrios sobre el consumo de comidas y bebidas. ~점 resturante, figón.
음신(音信) comunicación, correspondencia. ~하다 comunicar, corresponderse.
음악(音樂) música. ~적 musical. ~가 músico. ~대 banda. ~애호가 aficionado a (amante de) la música. ~영화 película musical. ~학교 escuela (academia・[국립의] conservatorio) de música. ~회 concierto.
음역(音域) [악기의] diapasón; [소리의] registro.
음영(陰影) sombra; [문장・그림 등의] matiz.
음욕(淫慾) ⇨ 색용.
음우(陰佑) ayuda en secreto.
음운(音韻) fonema (m.). ~론 fonología. ~론 학자 fonólogo.
음울(陰鬱) ~한 lúgubre, melancólico, sombrío, triste.
음절(音節) sílaba. 단어를 ~ 분해하다 silabear una palabra. 단~어 monosílabo. 2 ~어 bisílabo. 3 ~어 trisílabo. 다 ~어 polisílabo.
음정(音程) intervalo [musical]. 그의 노래는 ~이 맞지 않는다 Su canto está desafinado.
음조(音調) tono; [억양] modulación.
음주(飲酒) beber [alcohol]. ~가 bebedor. ~운전 conducción en estado de embriaguez.
음질(音質) sonoridad, calidad del sonido. 이 라디오는 ~이 나쁘다 Es mala la sonoridad de esta radio.
음차(音叉) diapasón.
음치(音癡) ~이다 no tener un oído musical.
음탕(淫蕩) libertinaie, disipación. ~한 libertino, disipado.
음파(音波) onda sonora.
음표 문자(音標文字) signo fonético, fonorama (m.).
음핵(陰核) [신체의] clítoris.
음향(音響) sonido. ~신호 señal acústica. ~ 측정기 medidor de acústica. ~학 acústica. ~효과 efectos sonoros.
음험(陰險) taimería, trapaza. ~한 insidioso, malévolo, malintencionado, taimado, astuto, capcioso. ~하게 insidiosamente.
음화(陰畵) negativo; [사진] fotografía negativa; [유리 제품의] placa negativa; [인쇄] clisé, cliché.
읍(邑) pueblo, ciudad.
응결(凝結) congelación, coagulación (피의), cuajadura (기름의). ~하다 congelarse, coagularse, cuajarse.
응고(凝固) solidificación, coagulación, cuajadura. ~하다 solidificarse; coagularse, cuajarse. ~된 피 coágulo de sangre, grumo de sangre. ~열 calor de solidificación. ~점 punto de congelación, temperatura de solidificación.
응급(應急) primera asistencia, despacho provisional. ~의 urgente [y provisional], de emergencia, de urgencia, provisional, emergente. ~ 수단을 취하다 tomar una disposición urgente y provisional (de urgencia). ~수리를 하다 hacer un arreglo (una reparación) urgente y provicional. ~ 치료를 하다 aplicar remedio provisional, aplicar cura provisional.
응낙(應諾) consentimiento, aprobación, permiso, acuerdo. ~하다 consentir, permitir.
응달 sombra.
응답(應答) respuesta, contestación. ~하다 responder (contestar) a algo・uno.
응대(應對) [응답] respuesta, contestación; [면담] entrevista. ~하다 responder, contestar; entrevistarse.
응대(應待) atención. ~하다 atender a uno. 그는 손님~에 바쁘다 Está ocupado con (Está ocupado recibiendo) las visitas./ [가게에서] Está ocupado atendiendo a sus clientes. 전화로 ~하다 atender a uno por teléfono. ~를 잘하다(못하다) atender bien (mal).
응모(應募) [참가] participación; subscripción. ~하다 participar en algo, subscribirse a a algo. 콘테스트에 ~하다 participar (tomar parte) en un concurso. ~액 suma subscrita, importe subscrito. ~ 원고(작품) artículo presentado (obra pre-

응분(應分) ~의 según *su* habilidad, según *sus* recursos. ~의 기부를 하다 hacer una donación conforme a *sus* medios económicos.

응소(應召) alistamiento. ~하다 alistarse, sentar plaza en la milicia. ~병 soldado alistado, recluta *(m.)*.

응수(應酬) contestación, réplica aguda. ~하다 contestar, responder, devolver un insulto.

응시(凝視) ~하다 mirar *algo* fijamente (de hito en hito), fijar [estrechamente] la vista (la mirada) en *algo*.

응용(應用) aplicación. ~하다 [A를 B에] aplicar A a B; [실용화] poner *algo* en la práctica. ~할 수 있는 applicable. 이론을 실생활에 ~하다 aplicar la teoría a la vida práctica. 이 학문은 ~이 넓다 (좁다) Esta ciencia tiene mucha (poca) aplicación. ~과학 ciencia aplicada. ~문제 tema aplicado. ~범위 radio (campo) de aplicación. ~수학 matemáticas aplicadas. ~화학 (물리학·역학) química (física·mecánica) aplicada.

응원(應援) [원조] ayuda, asistencia, subsidio, auxilio; [지원] apoyo; [성원] animación, estímulo; [원군] refuerzos. ~하다 auxiliar, ayudar, socorrer; apoyar; animar, estimular; vitorear. 후보자를 ~하다 apoyar a un candidato. ~가 canción de los hinchas. ~단 partido de vítores, grupo de hinchas. ~연설 discurso para apoyar a *uno*.

응전(應戰) ~하다 responder [al ataque · del enemigo], tomar desafío.

응접(應接) atención. ~하다 atender a *uno*. ~실 salón de recepciones. ~세트 juego de muebles para el recibidor. ⇨ 응대(應待).

응집(凝集)【물】cohesión; [상태] agregación; [기체·액체 중의 미립자의] floculación; [세균 등의] aglutinación. ~하다 adherirse. ~력 cohesión.

응하다(應─) 1 [답하다] contestar(responder · dar contestación) a *algo*. 질문에 ~ contestar a la pregunta. 응하여 call centers 상담에 응합니다 Aconsejamos sobre préstamos.
2 [승락하다] acceder a (consentir en · aceptar · concertar) *algo*. 초대 (도전)에 ~ aceptar la invitación (el desafío). 의뢰(제안·조건)에 ~ aceptar la petición (la proposición · las condiciones). A 씨와의 거래에 ~ concertar operaciones comerciales con el señor A.
3 [응모] presentarse. 현상 모집에 ~ presentarse a la convocatoria del concurso.
4 [권요·수요에] conceder (otorgar · satisfacer) *algo*. 희망에 ~ satisfacer el deseo de *uno*. 시대의 요구에 ~ satisfacer las exigencias de la época. 폐사는 어떤 주문에도 응합니다 Estamos en condiciones de satisfacer cualquier pedido.
5 [적합] …에 응해서 de acuerdo con, conforme a, según. 수입에 응한 생활을 하다 vivir de acuerdo con el sueldo. 수요에 응한 생산을 하다 producir conforme a la demanda. 상황에 응한 방책을 세우다 tomar las medidas necesarias según el caso.

의 de, en, por, para. 서반아어~ 편지 carta en español. 오늘~ 신문 periódico de hoy. 일만원~ 수표 un cheque por diez mil wones. 커피~ 잔 taza para café.

의(誼) amistad, intimidad.

의(義) justicia.

의거(義擧) conducta caballerosa (caballeresca), acto heroico (loable · honesto).

의거(依據) dependencia. ~하다 apoyarse (fundarse) en *algo*, depender de *algo*. 그의 학설은 A·스미스에 ~하고 있다 Su teoría se apoya en A. Smith.

의견(意見) parecer, opinión. [생각] idea, concepto; [견해] vista. ~을 발표하다 emitir su opinión, declarar su parecer de *uno*. ~을 듣다 pedir el parecer de *uno*. …과 ~이 같다 estar conforme (de acuerdo) con *uno*, compartir la opinión de *uno*, convertir con *uno*. 나의 ~으로는 a mi parecer (mi juicio), en mi opinión (mi concepto).

의결(議決) decisión, resolución, determinación. ~하다 decidir, resolver, determinar. ~권 derecho de voto (de votar), voto. ~권을 행사하다 expresar el voto, votar. ~기관 órgano de decisión.

의과(醫科) departamento de medicina. ~대학 facultad de medicina.

의기(意氣) [원기] ánimo, brío; [사기] espíritu, moral *(m.)*. ~양양한 triunfal, victorioso. ~양양하게 triunfalmente, victoriosamente. 왕성하다 estar animadísimo, estar muy brioso (animoso). tener una moral elevada. ~ 소침하다 estar abatido (deprimido · sin moral). ~가 꺾이다 desalentarse, abatirse, desanimarse, perder el ánimo (el coraje). …과 ~가 투합하다 congeniar bien con *uno*. …의 ~에 감동하다 ser atraído (influido) por el espíritu (por el ánimo) de *uno*. ~를 저해시키다 desanimar.

의기(義氣) espíritu caballeroso, caballería.

의논(議論) consulta, conferencia. ～하다 consultar.

의도(意圖) intención, propósito. ～하다 tener intención de (proponerse · pretender · intentar) + *inf*. ～적인 intencionado. ～적으로 intencionadamente, deliberadamente, con intención.

의례(儀禮) ceremonia, cortesía. ～적인 ceremonial, de cortesía.

의론(議論) disputa, discusión, debate. ～하다 disputar, debatir, discutir. ～의 여지가 없는 indiscutible.

의뢰(依賴) petición, encargo, ruego, solicitud, súplica. ～하다 encatgar (pedir · rogar) *algo a uno*; [의뢰] confiar (encomendar) *algo a uno*, poner *algo* en manos de *uno*. …의 ～로 a petición(a ruego · a súplica) de *uno*. 재산 관리를 ～하다 confiar a *uno* la administración de *sus* bienes. 사건을 변호사에 ～하다 encargar el pleito a un abogado. ～심 deseo de depender de otra persona. ～인 cliente *(m.f.)*. ～장 solicitud escrita, carta de encargo (petición).

의료(醫療) tratamiento médico, asistencia médica, cuidados médicos. ～기관 institución médica. ～기기 apajero (instrumento) médico. ～비 gastos médicos. ～시설 establecimiento médico.

의료(衣料) vestidos, prendas de vestir.

의류(依類) vestidos, prendas de vestir. ～비 gastos de ropa. ～품 매장 sección de vestidos, departamento de ropa.

의리(義理) obligación, deber, justicia. ～강한 formal, concienzudo.

의모(義母) [계모] madrastra; [양모] madre adoptiva.

의무(義務) deder, obligación. ～적인 obligatorio. ～적으로 obligadamente, por obligación. ～로써 por obligación, por deber. 시민으로써의 ～ deber de ciudadano. ～을 다하다 cumplir [con] *sus* deberes (*sus* obligaciones). ～을 태만히 하다 faltar a *su* deber. …할 ～이 있다 estar obligado a+*inf*, estar obligado a +*inf*. ～하는 ～을 지다 obligarse a+*inf*. ～를 지우다 obligar a *uno* a+*inf*. 우리들은 세금을 납부할 ～가 있다 Estamos obilgados a pagar impuestos./ Nos vemos en (Tenemos).la obligación de pagar impuestos. 부모에게 아이들을 학교에 넣을 것을 ～를 지우고 있다 La ley obliga a los padres a poner a sus hijos en la escuela. 그는 오직 ～적으로 일하고 있을 따름이다 Trabaja sólo por obligación. ～감 sentido del deber. ～교육 eñsenanza obligatoria.

의무실(醫務室) enfermería.

의문(疑問) 1 [의심] duda. ～을 품다 dudar, conccbir (abrigar) una duda. 그 점은 ～이 남았다 Ese punto ha quedado dudoso. 그의 성공은 ～의 여지가 없다 No cabe (hay) duda de que tendrá buen éxito. 그가 올지 ～이다 No se sabe si vendrá o no. ～점 punto dedoso.
2 【문】 ～대명사 (형용사·부사) pronombre (adjetivo · adverbio) interrogativo. ～문 oración interrogativa. ～부호 [signos de] interrogación. ～사 interrogarivo.

의미(意味) sentido, significación. ～하다 significar, querer decir. ～없이 sin sentido, absurdo. ～심장한 expresivo. 이것은 서반아어로 무엇을 ～합니까 ¿Qué significa (quiere decir) esto en español?/ ¿Cómo se dice esto en español?

의복(衣服) traje, vestido, ropa.

의부(義父) [계부] padrastro; [양부] padre adoptivo.

의분(義憤) indignación justa (contra la injusticia). ～을 느끼다 indignarse contra *algo*.

의붓아버지 padrastro.

의붓어머니 madrastra.

의사(意思) intención, intento, propósito; [의지] voluntad; [생각] pensamiento, idea. ～를 전하다 hacer conocer *sus* intenciones a *uno*. ～가 통하다 hacerse entender; llegar a entenderse con *uno*. ～표시 expresión de intención. ～표시를 하다 manifestar *su* voluntad, exponer *sus* propósitos (*sus* intenciones).

의사(醫師) médico, doctor. ～의 진찰을 받다 consultar al médico. 아들을 ～에게 데리고 가다 llevar a *su* hijo al médico, hacer que *su* niño sea atendido por el médico. ～를 부르다 llamar (hacer venir) al médico. ～를 부르러 가다 ir a llamar al médico, ir por el médico. ～를 부르러 보내다 enviar a *uno* a buscar (a llamar) al médico, mandar a *uno* por el médico. ～서 개업하다 abrir (establecer) un consultorio. ～면허장 licencia médica (para ejercer la medicina). ～회 colegio de médicos.

의사(議事) [심의] debate, deliberación; [의제] materia (asunto) de discusión, tema para discusión. ～를 방해하다 obstruir (obstruccionar) el debate. ～를 진행하다 dar curso al debate. ～록 acta [de la] sesión], libros de actas. ～방해 táctica obstructiva, obstrucción parlamentaria. ～일정 orden de[l] día. ～진행 procedimiento de debate.

의상(衣裳) vestido (주로 여성용), traje (주로 남성용), ropa, [집합적] vestimenta, indumentaria. 화려한 ~을 입고 가다 ir (estar) vestido de gala.

의서(醫書) tratado médico.

의석(議席) escaño. 국회에 ~을 얻다 ganar (obtener) un escaño en las Cortes. A당의 ~수 número de escaños del partido A.

의성어(擬聲語) onomatopeya.

의수(義手) mano postiza, mano artificial.

의술(醫術) medicina, arte médico, arte médica.

의식(衣食) vestido y alimento. ~이 궁하다 estar apurado (en apuro) de ropa y comida.

의식(意識) conciencia. ~하다 estar consciente. ~적 consciente.

의식(儀式) ceremonia; [종교의] rito, ritual. ~적 ceremonial. ~을 행하다 hacer una ceremonia.

의식주(衣食住) el vestido, el alimento y la vivienda; [생활 필수품] subsistencias (f.pl.).

의심(疑心) duda, sospecha. ~하다 dudar, sospechar. ~의 여지가 없다 No cabe duda.

의안(議案) moción, proposición, proyecto de ley.

의안(義眼) ojo artificial (postizo・falso・de cristal).

의약(醫藥) [약] medicina. ~ 분업 separación de las funciones de los médicos y de los farmacéuticos. ~ 품[article de] medicamento, medicina.

의업(醫業) profesión médica.

의역(意譯) traducción libre. ~하다 traducir libremente, hacer una traducción libre de algo.

의연(毅然) ~한 firme, resuelto, decidido. ~히 firmemente, resueltamente, decididamente, con firmeza, con resolución. ~한 태도 actitud resuelta (decidida).

의연금(義捐金) contribución, subscripción. ~모집 colectación de dádivas.

의외(意外) ~의 [예기치 않는] imprevisto, inesperado, inopinado; [불의의] accidental, fortuito; [놀랄만한] sorprendente. ~로 inesperadamente, inopinadamente, de improviso, contra toda previsión. ~의 일 lo imprevisible; accidentalidad. ~의 사람을 만나다 encontrarse con una persona inesperada. 여기서 당신을 만나다니 ~였다 No esperaba encontrarme con usted aquí./ iQué sorpresa encontrarme con usted aquí./ No tenía la menor idea de encontrarle a usted aquí. 나는 그것을 ~로 생각하고 있다 Estoy sorprendido de eso./ No contaba con eso. 그는 ~에도 시험에 떨어졌다 Para mi sorpresa (Contrariamente a lo que se esperaba), fracasó en el examen.

의욕(意欲) afán (pl. afanes), anhelo, deseo, entusiasmo; [야심] ambición. ~적인 [사람이] entusiasta; ambicioso. ~적으로 de buena gana, con entusiasmo; [관심을 가지고] con interés. …할 ~이 강하다 tener muchas ganas de + inf., estar muy deseoso(ambicioso) de + inf. ~적인 작품 obra ambiciosa. 그는 어떤 일에도 ~이 강하다 Le entusiasma cualquier cosa./ Pone mucho afán en todo lo que hace.

의용(義勇) ~병 soldado voluntario. ~군 ejército de voluntarios.

의원(議員) miembro de una asamblea. ~단 delegación (misión) parlamentaria. 국회 ~ diputado parlamentario.

의원(醫院) clínica, consultorio [de médico].

의원(議院) cámara de parlamento.

의원(依願) ~ 면직 jubilación voluntaria.

의음(擬音) sonido imitado, imitación de sonidos.

의의(意義) [의미] significación, sentido, significado; [가치] valor; [존재 이유] razón de ser. ~있는 significativo, significante; [중요한] importante; [유익한] útil. ~없는 sin sentido, insignificante; [무용한] inútil. ~를 주다 dar significado a algo, conceder importancia a algo. 이 운동은 사회적 ~가 있다 Esta campaña tiene un sentido social. 이 발견은 중대한 ~를 가지고 있다 Este descubrimiento tiene una gran significación.

의인법(擬人法) personificación.

의인화(擬人化) personificación. ~화하다 personificar.

의자(椅子) [팔걸이가 없는] silla; [안락의자] sillón, butaca; [진의자] banco; [긴 칭]asiento. ~에 앉다 sentarse en una silla. ~에서 일어나다 levantarse de la silla. ~를 권하다 ofrecer una silla a uno, invitar a uno a sentarse.

의장(議長) presidente,-ta. ~에 선출되다 ser elegido presidente. ~이 되다 ocupar el sillón de la presidencia. 회의의 ~을 맡다 encabezar (presidir・dirigir) una reunión. …를 ~으로 선출하다 elegir presidente a uno, elegir a uno de (como) presidente. ~석 sillón (silla) presidencial.

의장(議場) sala de sesiones (de conferencias・de juntas・de asambleas); [국회의] Dieta.

의장(意匠) diseño, dibujo. ~가 dibujante.

의장병. ~권 (등록) propiedad (registro) de dibujo (o diseño).
의장병(儀仗兵) guardia de honor.
의적(義賊) ladrón generoso con los pobres, ladrón benévolo.
의정서(議定書) protocolo.
의제(議題) tema (sujeto·merteria) [de discusión].
의족(義足) pierna artificial, pierna postiza.
의존(依存) dependencia. ~하다 depender de *algo·uno*. 외국 시장에의 ~ dependencia del mercado extranjero. 상호 ~ interdependencia, dependencia mutua. 석유의 해외 ~도 grado de dependencia del petróleo extranjero. 우리들은 원료를 수입에 ~하고 있다 Dependemos de la importación en materias primas.
의중(意中) intención. ~의 사람 querido, amante. ~을 떠보다 sondear los pensamientos (tantear las intenciones) de *uno*. ~을 밝히다 abrir el corazón (el pecho) a *uno*, desahogarse (expansionarse) con *uno*. 그는 나의 ~의 사람이다 Él es el hombre en el que estoy pensando. 그녀는 나의 ~의 인물이다 [결혼 상대로] Es la dueña de mis pensamientos.
의지(意志) voluntad, albedrío. ~가 강한 사람 hombre de voluntad firme. ~가 약한 사람 hombre de voluntad débil. ~가 강한 (약한) tener una voluntad firme (débil). ~가 강하다 tener una voluntad firme (de hierro), ser resuelto (decidido). ~가 약하다 tener una voluntad débil (frágil), ser indeciso. ~에 반하여 contra *su* voluntad, a pesar *suyo*, mal de *su* agrado.
의지(依支) ayuda, asistencia, dependencia. ~하다 depender.
의지(義肢) miembro artificial, protesis (f.) de miembro.
의치(義齒) diente falso, diente postizo.
의탁(依託) dependencia. ~하다 depender.
의태(擬態) mimetismo.
의표(意表) sorpresa.
의학(醫學) medicina, ciencia médica. ~상의 médico. ~적으로 mécicamente. ~계 mundo médico. ~교 escuela de medicina. ~박사 doctor en medicina. ~부 facultad (departamento) de medicina. ~사 licenciado (bachiller) de medicina.
의향(意向) [의사] intención, propósito, disposición; [의견] opinión; [생각] idea. ⋯할 ~이다 tener la intención de+*inf.*, estar dispuesto a+*inf.*, pensar+*inf.*, proponerse+*inf.* ~을 떠보다 sondear la intención (la opinión) de *uno*. 나는 내년에 프랑스어를 배울 ~이다 Tengo la intención de estudiar el francés el año que viene.

의협심(義俠心) espíritu caballeresco (caballeroso), magnanimidad, alma generosa. ~이 강한 caballeresco, caballeroso, magnánimo.
의형제(義兄弟) hermano político, cuñado; [형제의 약속을 한] hermano de juramento. ~를 맺다 jurar ser hermanos de por vida.
의혹(疑惑) uuda, sospecha. ~하다 dudar, sospechar.
의회(議會) asamblea, Parlamento, Congreso, Dieta. ~ 정치·주의 parlamentarismo. ~ 제도 régimen parlamentario. ~민주주의 democracia parlamentaria.
이¹ diente, [어금니] muela. ~를 닦다 limpiar los dientes. ~가 아프다 doler*le* a *uno* las muelas. ~가 아픕니다 Me duelen los dientes, Tengo dolor de las muelas.
이² este, esta, estos, estas. ~책 este libro. ~집 esta casa. ~책들 estos libros. ~집들 estas casas. ~달 este mes. 당신의 ~시계 este reloj suyo (de usted).
이³ [충] piojo. ~투성이의 머리 cabeza piojosa (piojenta).
이(二) dos. 제 ~[의]segundo. ~분의 일 un medio, mitad. ~ ~ 는 사 Dos por dos son cuatro.
이간(離間) separación. ~하다 separar, desunir.
이것 [지시] éste. ~으로 con éste, ahora, aquí. ~뿐 no más.
이공(理工) ciencias e ingeniería. ~과 (학부) departamento (facultad) de ciencias e ingeniería.
이과(理科) ciencias; [학부] facultad de ciencias. ~ 시간 clase de ciencias. ~대학 escuela superior de ciencias. ~[계] 학생 alumno [de la facultad] de ciencias.
이관(移管) transferencia, cesión. ~하다 transferir, ceder. 권한을 다른 관청에 ~하다 transferir la autoridad a otro departamento del gobierno.
이교(異敎) [외국의 종교] religión extranjera; [기독교에서 보면] paganismo, gentilidad, idolatría; [이단] heterodoxia, herejía. ~의 pagano, gentil, idólatra; [기독교를 모르는] infiel; heterodoxo, hereje. ~도 pagano; gentil (*m.f*); idólatra, infiel (*m.f.*); heterodoxo.
이구동성(異口同聲) ~으로 unánimemente.
이국(異國) país extranjero. ~적 exótico. ~적 정서 (취미) exotismo.
이궁(離宮) palacio de retiro, palacio apartado, real sitio.
이권(利權) derecho; [관허의] concesión. ~을 얻다 conseguir el derecho; obtener la concesión. ~을 주다 conceder a *uno* el

이급 derecho. ~소유자・~양수인 concesionario.
이급(二級) segunda clase.
이기(利己) propio interés, egoísmo. ~적 egoísta. ~심 egoísmo. ~주의 egoísmo. ~주의자 egoísta (m.f.).
이기(二期) dos periodos, dos sesiones.
이기다¹ [승리하다] ganar, triunfar; [극복하다] vencer, superar.
이기다² [반죽하다] amasar, formar (hacer) una masa.
이끌다 guiar.
이끼 [식] musgo. ~낀 musgoso.
이내(以內) dentro, menos de. ~에 desde de. 5일 ~에 돈을 지불하다 pagar la deuda en el plazo de cinco días. 1시간 ~에 답하다 contestar en menos de una hora. 이곳에서 1킬로 ~에는 집이 한 채도 없다 No hay casa alguna de aquí en un kilómetro. 10킬로그램 ~의 짐은 송료가 무료다 Se manda gratis cualquier paquete que pesa menos de diez kilos.
이념(理念) idea.
이뇨(利尿) ~제 diurético.
이다 ser; [되다] cumplir, tener. 나는 학생 ~ Soy estudiante. 당신은 예쁜 여자 ~ Usted es hermosa. 이번 토요일에는 먹 10살 ~ Cumplo diez [años] el sábado próximo (que viene)./ Tengo diez años cumplidos el sábado próximo.
이단(異端) [카톨릭에 대한] herejía; [정통에 대한] heterodoxia. ~의 herético, heterodoxo. ~자 hereje (m.f.), heterodoxo.
이달 este mes, mes presente (corriente). ~15일 el 15 de este mes.
이당(離黨) seperación [de un partido]. ~하다 separarse de (dejar) su partido.
이데올로기 ideologia.
이동(移動) mudanza, traslado, movimiento, transferencia; [민족・새의] migración. ~하다 mudarse, moverse. ~시키다 trasladar, mudar, transferir. ~ 도서관 biblioteca móvil. ~ 진료소 ambulancia, coche sanitario. ~성 고기압 anticiclón migratorio. 자본(인구)의 ~ movimiento de capital (de la población). ~ 경찰 policía ferroviaria.
이동(異動) alteración. 인사 ~ alteración del personal.
이득(利得) ganancia, beneficio. ~이 많은 lucrativo, lucroso. ~을 올리다 lucrarse.
이등(二等) segunda clase. ~으로 여행하다 viajar en segunda [clase]. ~국 país de segundo orden. ~병 soldado (de tercera clase). ~상 segundo premio. ~ 선실 camarote de segunda [clase] (de clase de turista). ~차 vagón de segunda [clase]. ~표 billete ([남미] boleto) de segunda [clase].
이등변 삼각형(二等邊三角形) triángulo isósceles.
이등분(二等分) bisección. ~하다 bisecar, dividir en dos partes iguales. ~선 bisectriz.
이때 en este momento, ahora, en esta ocasión.
이라크 [지] el Irak, el Iraq. ~의 [사람] iraqués, iraquí.
이란 [지] el Irán. ~의 [사람] iranio, iranés.
이래(以來) desde, desde que + ind. 그 ~ desde entonces. 그의 출발 ~ desde su marcha, desde que se marchó él. 지난달 ~ 그를 만난 적이 없다 Desde el mes pasado no le he visto (no le veo).
이래서 así, de este modo, como éste.
이런 tal, tales.
이렇게 tan. ~ 나쁜 tan malo.
이레 [날짜] el siete [del mes]; [날수] siete días.
이력(履歷) hietoria personal, antecedentes, carrera. ~서 historia personal, carriculum vitae.
이례(異例) excepción, caso excepcional. ~적인 inaudito, excepcional; [선례가 없는] sin precedente. ~적 승진 ascenso excepcional.
이로(理路) ~ 정연한 lógico, ordenado, coherente. ~ 정연하게 lógicamente, ordenadamente, coherentemente.
이론(理論) teoría. ~적인 teórico. ~상 teóricamente, en teoría. ~가 teórico. ~ 물리학 física teórica. 케인즈 ~ la teoría de Keynes.
이론(異論) objeción, oposición, opinión diferente. ~없이 unánimemente. ~이 없다 no tener objeción.
이롭다(利一) ser bueno (beneficioso・provechoso・útil・ventajosa).
이루(二壘) base segunda. ~수 basevolero de la segunda. ~타 golpe de dos bases.
이루다 efectuar, completar, llevar a cabo, realizar.
이루어지다 realizarse, efectuarse.
이룩하다 [건립・수립] edificar, construir, establecer; [성취] efectuar, completar.
이류(二流) segunda clase. ~의 de la segunda clase, de segundo orden. ~ 작가 escritor de segunda categoría. ~ 학교 escuela de segundo orden. ~ 호텔 hotel de segunda clase.
이륜(二輪) dos ruedas. ~차 vehículo de dos ruedas.

이륙(離陸) despegue. ~하다 despegar. 김포공항을 ~하다 despegar del aeropuerto de Kimpo.

이르다¹ [시간이] ser temprano. 시간이 ~ Es temprano.

이르다² [도착하다] llegar.

이르다³ [알리다] avisar, informar.

이를테면 por ejemplo.

이름 1 nombre ; [성명] nombre y apellido.
 2 [명칭] nombre, título.
 3 [명성] fama, reputación.
 4 [구실] pretexto, excusa ; [명목] causa.

이름씨 nombre, substantivo.

이리 [동] lobo.

이리 1 [방향] esta vía, esta dirección, este lado, acá, aquí. ~ 오십시오 Venga acá (aquí).
 2 [이렇게] tan. ~ 많이 tanto.

이마 frente (*f.*). 넓은 ~ la frente alta.

이매지네이션 imaginación.

이면(裏面) revés, lado reverso. 어음의 ~에 al dorso de la letra. 인생의 ~ lado sórdido de la vida. ~을 읽어 주십시오 Léase al dorso.

이명(異名) sobrenombre ; [별명] otro nombre ; apodo, mote. …라는 ~을 가지다 tener el sobrenombre de…

이모(姨母) hermana de *su* madre, tía.

이모(異母) madre diferente. ~형제 hermano de padre ; medio hermano, hermanastro.

이모부(姨母夫) esposo de *su* tía materna, tío.

이모션 emoción.

이모작(二毛作) 【농】 cultivo de dos cosechas. 이곳에서는 쌀과 보리의 ~이 행해진다 Aquí se recogen dos cosechas al año ; de arroz y de cebada.

이물(異物) [의] cuerpo extraño.

이미 ya, antes de ahora.

이민(移民) 1 [외국에] emigración ; [사람] emigrante (*m.f.*). ~하다 emigrar. 그의 부모는 아르헨티나에 ~갔다 Sus padres emigraron a la Argentina. ~선 barco de emigrantes.
 2 [외국에서] inmigración ; [사람] inmigrante (*m.f.*). 미국의 서반아계 ~ inmigrantes hispanos en [los] Estados Unidos. ~법 ley de (para) inmigración.

이바지 contribución. ~하다 [공헌하다] contribuir, hacer una contribución.

이반(離反) enajenamiento, enajenación, separación. ~하다 separarse, alejarse, enajenarse. 이 마을의 마음은 그에게서 ~하고 있다 El pueblo está alejado de él./ Ha perdido la simpatía del pueblo.

이발(理髮) peluquería, peinado. ~사 peluquero, barbero, peinador. ~소 peluquería, barbería.

이방인(異邦人) extranjero.

이배(二倍) doble, dos veces. ~하다 doblar, duplicar. ~의 doble ; duplicado. ~가 되다 doblarse, duplicarse. …보다 ~크다 dos veces más grande que *algo*. 어느 때보다 ~의 시간을 쓰다 gastar el doble de tiempo para *algo* (para + *inf.*) que de costumbre. 6은 3의 ~다 Seis es (son) el doble de tres. 도시의 인구는 10년만에 ~가 되었다 La población de la ciudad se ha duplicado en diez años. 금년의 이익은 작년의 ~다 Las ganancias de este año doblan a (son el doble de) las del año pasado.

이번 [금번] esta vez ; [최근] recientemente ; [다음번] próxima vez ; [머지않아] pronto ; [다음의] próximo ; [지난번의] pasado reciente.

이베리아 ~의 [사람] ibero, íbero. ~계 아메리카의 [사람] iberoamericano.

이변(異變) suceso extraordinario, caso anormal. 기후의 ~ suceso anormal. 정계에 무슨 ~이 일어난 것 같다 Parece que se ha producido alguna alteración en el mundo político.

이별(離別) separación, despedida ; [이혼] divorcio. ~하다 separarse (despedirse) de *uno* ; divorciarse de *uno*.

이부(二部) dos partes, segunda parte. ~ 교수 sistema dual de enseñanza. ~ 합창 dúo, dueto, coro de dos voces.

이부(異父) ~형제 hermano de madre.

이부자리 cama. ~를 펴다 hacer cama.

이분(二分) ~하다 dividir (partir) *algo* en dos. ~의 일 un medio, la mitad. 이 문제는 여론을 ~했다 Este asunto dividió en dos la opinión pública. 이 정당은 정계를 ~하는 대세력이다 Este partido constituye una de las dos grandes fuerzas que dividen el mundo político.

이분자(異分子) elemento heterogéneo.

이불 colchón. 깃털 넣은 ~ colchón de pluma.

이브닝드레스 traje de noche.

이쁘다 ser bonito (hermoso) · bello · lindo.

이비인후과(耳鼻咽喉科) otorrinolaringología. ~의사 otorrinolaringólogo. ~의원 clínica de otorrinolaringología.

이사(理事) administrador, director. ~장 director jefe, presidente (*m.f.*) [del consejo de administración], administrador general. ~회 consejo de administración, directorio. 부~장 vicepresidente (*m.f.*).

이사(移徙) mudanza. ~하다 mudarse, cambiar de casa.

이삭 espiga. ~이 나오다 espigar. ~줍는 사람 espigador.

이산(離散) dispersión. ~하다 dispersarse, esparcirse. 일가는 ~했다 La familia se dispersó.

이산화(二酸化) dióxido. ~물 bióxido, dióxido. ~유황 dióxido de azufre, anhídrido sulfuroso. ~탄소 bióxido de carbono.

이삼(二三) unos [cuantos], algunos, unos pocos, alguno que otro. ~일 dos o tres días. ~일마다 cada dos o tres días. ~회 dos o tres veces.

이상(以上) más de. 10인 ~의 가족 familia [que consta] de más de diez miembros. 6세 ~의 아이 niño de (que tiene) más de seis años. 나는 매일 8시간 ~잔다 Duermo más de ocho horas todos los días. 출석자의 3분의 2 ~의 찬성이 필요하다 Es preciso tener la aprobación de más de dos tercios de los asistentes. 일의 반 ~이 끝났다 Ya está hecha más de la mitad del trabajo.

이상(異常) anormalidad. ~한 extraordinario, anormal, insólito. ~하게 anormalmente, extraordinariamente. 그는 ~하다 Es [un] anormal. 금년 여름의 더위는 ~하다 Hace un calor extraordinario este verano. 가격이 ~하게 올랐다 El precio ha subido anormalmente. ~기온 tiempo anormal. ~건조 주의보 advertencia contra una sequedad excesiva. ~심리 psicología anormal.

이상(理想) ideal. ~의·~적 ideal; [완벽한] perfecto. ~적으로 idealmente. ~을 품다 (concebir) un ideal. ~에 불타다 afanarse por su ideal. ~을 실현하다 realizar (llevar a cabo) su ideal. 높은 ~ ideal noble (sublime). 전쟁이 없는 사회를 실현하는 것이 그의 ~이었다 Su ideal era realizar una sociedad sin luchas. 두 사람 은 ~적인 콤비다 Los dos son una pareja ideal. 이것이 ~적 대학이다 Ésta es la universidad ideal. ~과 현실은 다르다 El ideal y la realidad son cosas distintas./ Lo ideal es diferente de lo real. ~주의 idealismo. ~주의적인 idealista. ~주의자 idealista (m.f.). ~향 utopía, utopía. ~화 idealización. ~화 하다 idealizar.

이상(異狀) anomalía, novedad. ~이 없다 estar normal, estar en un estado normal, estar en orden. ~이 있다 estar anormal. ~이 없습니다 No hay (Sin) novedad./ Todo está bien en orden. 환자는 ~이 없다 El enfermo no presenta ningún síntoma especial. 엔진에 ~이 있다 El motor no anda (no funciona) bien./ Le pasa algo al motor.

이색(異色) singularidad. ~적인 singular, único [en su género]. 그는 작가중에서는 ~적이다 Es único entre los escritores.

이서(裏書) endoso. ~하다 endosar, endorsar.

이설(異說) opinión diferente, heterodoxia.

이성(理性) razón (f.). ~적 racional; [분별 있는] razonable. ~적으로 racionalmente; razonablemente. ~이 없는 irracional; irrazonable. ~을 잃다 perder la razón. ~을 되찾다 recuperar la razón. ~에 호소하다 apelar a la razón.

이성(異性) 1 sexo opuesto, el otro sexo. 2 [화] isomería. ~체 isómero. ~화 isomerización.

이세(二世) segunda generación; [불교] dos vidas, presente y futuro. 펠리페 ~ Felipe II [Segundo]. 이사벨 ~ Isabel II [Segunda]. 그는 브라질 ~다 Es un brasileño de padres coreanos.

이송(移送) transferencia, transporte. ~하다 transferir, transportar.

이수(履修) complemento. ~하다 completar, terminar.

이쑤시개 mondadientes, palillo, escarbadientes. ~통 palillero.

이순(耳順) sesenta años [de edad]; [사람] sexagenario.

이스라엘[지] Israel. ~의 [사람] israelí, israelino.

이스트[효모] levadura.

이슬 rocío; [방울] gota de rocío. ~이 내리다 rociar.

이슬람 ~교 islam, islamismo, mahometismo. ~교도 islamita (m.f.), musulmán.

이슬비 llovizna. ~가 내리다 lloviznar.

이승 este mundo, esta vida. ~에서 en este mundo. ~을 떠나다 morir, fallecer, dejar de vivir.

이승(二乘) [수] duplicación del mismo número, cuadrado. ~하다 duplicarse, cuadrar.

이식(移植) 【식】[장기의] transplante, trasplante; [피부의] injerto. ~하다 trasplantar, transplantar; injertar. 심장 ~수술을 하다 hacer un trasplante de corazón.

이식(利殖) acumulación de dimero, ganancia. ~하다 acumular dinero. ~을 계산하다 tratar de conseguir (de hacer dinero). ~법 método de conseguir ganancia (de sacar dinero).

이식(利息) interés.

이식(二食) dos comidas al día.

이심(二心) doblez, dolo, traición. ~이 있는 doble, traidor, alevoso.

이심전심(以心傳心) telepatía, mutua comprensión tácita.

이십(二十) veinte. ~번째 [의] vigésimo. ~대의 도스 비엔테 a los treinta años [de edad] . ~세기 siglo veinte.

이앓이 dolor de muela. ~를 하다 tener dolor de muela.

이야기 [담화] conversación, plática ; [잡담] charla ; [사실·허구] historia. ~하다 decir, hablar ; charlar.

이양(移讓) cesión, transferencia. ~하다 ceder (transferir) *algo* a *uno*. 권리를 귀사에 ~했다 Cedemos el derecho a su compañía.

이어링 pendiente ; [바퀴의] arete, zarcillo, [낱미] aro.

이어폰 audífono.

이역(異域) [이국] [país] extranjero ; [먼곳] lugar lejano.

이연(離緣) divorcio, separación ; [양자의] anulación del contrato de adopción (de ahijamiento). ~하다 divorciarse (separarse) de *uno*.

이연발(二連發) escopeta de dos cañones.

이열(二列) dos hileras (hilas·líneas) ; [종의] dos filas ; [종의] dos columnas. ~로 놓다 poner *algo* en dos líneas (hileras·filas). ~로 놓이다 colocarse en dos filas (columnas). ~로 행진하다 marchar de dos en dos (en dos columnas). 앞에서(뒤에서) ~에 en la segunda fila contando desde delante (desde detrás).

이온 ion, ión. ~의 iónico. ~ 결합 enlace iónico. ~ 방정식 ecuación iónica. ~적 (積) producto iónico. ~화 ionización. ~화 경향 tendencia de ionización. 양 ~ catión (m.). 음 ~ anión (m.).

이외(以外) 1 . [···을 제외하고] excepto, salvo, menos, aparte de···, fuera de···. 이것 ~의 문제 los otros (demás) problemas aparte de éste. 그 사람 외의 사람들 los otros fuera (aparte) de él. 나 ~의 전원 todos menos yo. 나는 한국 ~는 모른다 No hablo más (No hablo otra lengua) que el coreano. 산에 가는 것 ~에 낙이 없다 Aparte del montañismo, no tengo ninguna otra diversión. 그것 ~의 것은 아무 것도 모른다 No sé nada más que eso./ Eso es todo lo que sé. 그렇게 하는 ~에는 방법이 없다 No hay más (otro) remedio que hacerlo.

2 [···에 덧붙여] además (aparte) de···. 나 ~에도 세사람이 말했다 Hablaron tres personas además de mí. 월급 ~에 특별수당을 지불하다 pagar una gran gratificación aparte del sueldo.

이욕(利欲) avaricia. ~에 눈이 멀다 cegarse de avaricia.

이용(利用) uso, utilización, aprovechamiento. ~하다 usar, utilizar, aprovechar, hacer uso (utilizarse·servirse·valerse) de *algo*. ~할 수 있는 utilizable, aprovechable. ~할 수 없는 inservible, no utilizable, no aprovechable. ~ 가치가 있는 útil. ~ 가치가 없는 inútil. 이 기회를 ~해서 aprovechando esta oportunidad. 최대한으로 ~하다 sacar el mejor partido de *algo*. 잘 ~하다 aprovechar bien, sacar buen partido de *algo*. 그는 지위를 ~해서 나쁜 짓을 했다 Abusando de su puesto, ha cometido un delito. ~자 usuario. 버스 ~자 usuario de autobús.

이웃 vecindad, casa vecina. ~의 vecino. ~ 사람 vecino.

이원(二元) ~론 dualismo. ~론자 dualista (*m.f.*). ~성 dualidad.

이원제(二院制) sistema bicameral.

이월(二月) febrero.

이유(理由) razón (*f.*), porqué ; [원인] causa ; [동기] motivo ; [구실] pretexto. ~ 있는 razonable. ~없는 sin razón, mal fundado ; inmotivado. ~가 있는 sin razón, sin motivo. ~없는 반항 resistencia sin razón (infundada). ~가 어떻든 간에 Cualquiera que sea la razón. ···의 ~로 por razón (por razones) de *algo*, por (a) causa de *algo*. 어떤 ~로 ¿Por qué [razón] ···? 이런 ~로 por estas razones. 경제석 ~로 por razones económicas. ···를 [충분한] ~가 있다 tener [suficiente] razón para + *inf*. 내가 반대하는 데는 ~가 있다 Tengo suficiente razón para oponerme. 그런 것은 ~가 되지 않는다 No es una razón suficiente./ Eso no explica nada. 나는 그 ~를 모르겠다 No sé el porqué (la razón).

이유(離乳) ablactación, destete. ~하다 ablactar, destetar, desmamar, despechar. ~기 período de destete. ~식 régimen del niño destetado.

이윤(利潤) provecho, furto. ~을 올리다 hacer un buen provecho. ~을 추구하다 perseguir ganancias.

이율(利率) tasa (tipo) de interés, tanto por ciento. ~을 올리다 (내리다) subir (bajar) el tipo de interés. 법정 ~ tipo legal. 시장 ~ tipo de mercado. 은행 ~ tipo bancario.

이율 배반(二律背反) antinomia. ~의 antinómico.

이의(異議) [반대] objeción, oposición, reparo ; [불찬성] disentimiento ; [항의] protesta. ~없이 sin objeción ; [만장일치로] por unanimidad. ~를 말하다 hacer objeciones (oponerse·poner reparos) a *algo* ; disentir de *algo* ; protestar contra

이의 (de) *algo*. ~ 있습니다 Yo protesto / Me opongo. ~ 있고 있고. 이 안에 ~ 있습니까 ¿Tiene ustedes alguna objeción a este proyecto? 나는 그것에 ~가 없습니다 No pongo objeciones (No tengo nada que objetar) a eso. ~ 신청 objeción, reclamación;【법】recusación. ~ 신청을 하다 reclamar contra *algo · uno*; recusar. ~신청인 reclamante *(m.f.)*.

이의(異意) opinión diferente.

이익(利益) ganancia, beneficio, provecho, interés, utilidad. ~이 있는 [유리한] provechoso, útil, fructuoso; [돈이 되는] lucrativo, rentable, remunerado. …의 ~을 위해서 en beneficio (en provecho) de *uno*, en (por) interés de *uno*. 자신의 ~을 위해서 por *su* [propio] interés, en beneficio (en provecho) propio. 큰 ~을 얻다 obtener (lograr) mucha ganancia. 상호 ~을 위해서 일하다 trabajar en beneficio (en provecho) mutuo. 이 장사는 별로 ~이 없다 Este negocio no trae muchos beneficios (es poco lucrativo). 그런 일을 해서 무슨 ~이 되느냐 ¿Qué provecho sacas haciendo eso? ~배당 [금] dividendo. ~율 tasa de beneficio. 순~ [금] ganancia (utilidad) neta, beneficio neto. 총 ~ [금] ganancia (utilidad) bruta, beneficio bruto.

이인(二人) dos personas. ~ 삼각 carrera de tres piernas (a tres pies).

이인(異人) extranjero.

이자(利子) interés, rédito. 높은 (싼) ~로 con alto (bajo) interés. 무 ~로 sin interés. 연 6 부의 ~로 con (a) interés anual del seis por ciento.

이재(罹災) sufrimiento de calamidad. ~하다 sufrir calamidad. ~민 damnificado, víctima.

이적(離籍) ~하다 suprimir (borrar) el nombre de *uno* del registro familiar.

이적(利敵) 그것은 ~행위다 Es una actitud que favorece al enemigo.

이적(異蹟) milagro.

이전(移轉) [이사] cambio de domicilio, mudanza, traslado. ~하다 mudar[se] / trasladarse. ~시키다 mudar, trasladar. 사무소는 종로로 ~했다 La oficina se ha trasladado a Chongro. ~통지 aviso del cambio de domicilio.
2 [권리의] transferencia, traspaso. ~하다 transferir (pasar · traspasar) el derecho a *uno*.

이전(以前) 1 [전 · 옛날] antes, antiguamente, en otro tiempo, hace [mucho] tiempo. ~의 antiguo. ~과 같이 como antes. ~부터 desde hace tiempo, desde antes. 이 마을은 ~에는 조용했다 Antes, este pueblo era muy tranquilo. 나는 그를 ~에 몇번 만났다 Le he visto varias veces antes. 그의 ~의 주소 su dirección antigua. 그는 이제 ~의 그가 아니다 El ya no es lo que era antes./ El ya no es el mismo de antes.
2 […보다 전] antes de…. ~의 anterior a …. 4시 ~에 antes de las cuatro. 30세 ~에 antes de los treinta años de edad. 그는 결혼하기 ~에 자주 산에 올라갔다 Solía subir a las montañas antes de casarse. 그는 나를 만나기 ~에 이미 나에 대한 것을 알고 있었다 Ya sabía algo de mí antes de verme.

이점(利點) ventaja.

이정(里程) distancia. ~표 hito (mojón) kilométrico.

이제 ahora. ⇨ 지금.

이주(移住) migración; [외국에] emigración; [외국에서] inmigración. ~하다 emigrar; inmigrar. ~자 emigrante *(m.f.)*; inmigrante *(m.f.)*.

이주간(二週間) dos semanas, quince días.

이중(二重) doble, duplicación. ~의 doble, duplicado. ~으로 doblemente, por duplicado. ~으로 하다 hacer doble, duplicar, doblar. ~으로 포장하다 envolver *algo* dos veces. ~가격제도 sistema de cotización doble. ~결혼 bigamia. ~과세 imposición doble. ~구조 estrictira doble. ~국적 nacionalidad doble, dos nacionalidades, doble nacionalidad. ~스파이 espía doble. ~생활 vida doble. ~생활을 하다 llevar una vida doble. ~인격 carácter doble. ~인격자 persona que tiene dos caras distintas. ~창 [곡] · ~주 [곡] dúo.

이지(理智) inteligencia, intelecto. ~적 intelectual, inteligente. ~적인 얼굴을 하고 있다 tener una cara intelectual, tener cara de inteligente. 그녀는 ~적인 여성이다 Es una mujer inteligente.

이직(離職) ~하다 desocuparse, dejar *su* trabajo; [실직] perder *su* trabajo. ~자 desempleado, parado, desocupado.

이질(異質) heterogeneidad. ~의 heterogéneo, de calidad (de naturaleza) diferente.

이질(痢疾)【의】disentería.

이집트【지】Egipto. ~의 · ~사람 egipcio.

이쪽 este lado. ~으로 오십시오 Venga por aquí.

이차(二次) ~의 [두번째] segundo; [부차] secundario, de segunda importancia. ~로 하다 dejar *algo* a un lado; [다음 회] postergar *algo*. 승패는 ~적인 문제다 Ga-

이착(二着) segundo lugar (puesto); [사람] el segundo, la segunda. ~하다 ganar el segundo puesto, ocupar el segundo lugar.

이채(異彩) prodigio. ~를 띄다 lucir con mucho.

이층(二層) primer piso; 【남미】 segundo piso. ~에서 arriba. ~en los altos. ~의 de arriba, del piso principal. ~의 방 habitación del primer piso. ~에 오르다 subir al primer piso. ~에서 살다 vivir en el primer piso. ~집 casa de un piso.

이치(理致) razón (f.).

이타(利他) ~적인 altruista. ~주의 altruismo. ~주의자 altruista (m.f.).

이탈(離脫) ~하다 separarse de algo. 당적을 ~하다 separarse de su partido.

이탈리아 【지】 Italia. ~의 [사람] italiano. ~어 italiano.

이태 dos años.

이탤릭 itálica. ~체로 en cursiva.

이틀 dos días. ~마다 cada dos días.

이팔 diecis éis.

이하(以下) [수량이] menos de…, bajo; [정도가] inferior a… 스무살 ~의 사람 persona menor (que no pasa) de veinte años. 천 미터 ~의 산 montaña de menos de mil metros de alto. 백페세타 ~로 a menos de cien pesetas. 평균 ~의 성적 nota inferior al promedio. 중류 ~의 가정 [중류를 포함 하지 않음] familia inferior a la clase media.

이학(理學) ciencias naturales, física. ~박사 doctor en ciencias. ~부 facultad de ciencias. ~사 licenciado en ciencias. ~자 científico, físico.

이항(二項) ~의 binominal. ~식 binomio. ~정리 binomio de Newton.

이항(移項) 【수】 transposición. ~하다 transponer.

이해(利害) interés. ~의 일치 coincidencia de intereses. ~의 대립 (충돌) oposición (conflicto) de intereses. ~과 ~를 같이하다 tener intereses comunes con uno. 두 사람은 ~관계로 결합되어 있다 Los dos están unidos por intereses comunes. 이것은 당신에게도 ~관계가 있다 Esto afecta a sus intereses también. ~ 관계자 los

interesados.

이행(履行) cumplimiento. ~하다 cumplir. ~하지 못하다 incumplir, faltar a algo. 계약을 ~하다 cumplir el contrato.

이행(移行) traslado, transición. ~하다 pasar, trasladarse; [변화] convertirse. 봉건제도가 자본제로 ~되었다 El régimen feudal se convirtió en un régimen capitalista.

이혼(離婚) divorcio, separación. ~하다 divorciarse (separarse) de uno. ~소송을 제기하다 presentar una demanda de divorcio. 그녀는 남편과 ~했다 Se divorció de su esposo. ~수속 procedimiento (trámites) de divorcio. ~자 divorciado. ~장 libelo de repudio.

이화학(理化學) física y química, físico-química. ~연구소 instituto de investigación físico-química.

이회(二回) dos veces. 월 ~ [발행]의 bimensual. 연 ~ [발행]의 semestral. ~ 전 segundo encuentro (combate).

이후(以後) 1 [금후] en adelante, de aquí (de hoy) en adelante, desde ahora [en adelante], a partir de ahora (de hoy); [장래에] en lo sucesivo, en lo porvenir, en el futuro. ~ 네 행동을 조심해라 De aquí en adelante ten cuidado con tu condcta. 2 [이래] desde, de, a partir de…, después de…, desde… en adelante. 9월 20일 ~ a partir del viente de septiembre. 1944년 ~ 오늘까지 todo el tiempo desde 1944 hasta hoy día. 2시 ~는 집에 있겠다 Estaré en casa de las dos en adelante. 내란 ~ 정정은 안정됐다 Después de la guerra civil, se estabilizó la situación política. 그 ~ desde (a partir de) entonces, después de eso, luego. 그는 그 ~ 그를 만난 적이 없다 Desde entonces no le he visto.

익(翼) ala, fianco. 우~ ala derecha.

익년(翌年) año próximo, año siguiente.

익다 [과일·기회 등의] madurar. 익은 maduro. 익지 않은 verde. 익은 과일 fruta madura. 익지 않은 과일 fruta verde.

익명(匿名) ~의 anónimo. ~으로 anónimamente.

익사(溺死) ahogamiento, ahogo. ~하다 morir ahogado; ahogarse en el agua. ~자 ahogado. ~체 cadáver de un ahogado.

익월(翌月) mes próximo, mes siguiente. ~에 en el mes siguiente.

익일(翌日) día siguiente. ~에 al día siguiente.

익조(益鳥) pájaro (ave) útil.

익조(翌朝) mañana siguiente. ~에 a l~ mañana siguiente.

익주(翌週) semana siguiente. ~에 la semana siguiente.
익충(益虫) insecto útil.
익히다 [과일을] madurar.
인(仁) benevolencia.
인(燐) 【화】 fósforo. ~의·~을 함유한 fosfórico. ~광석 rocas fosfatadas.
인(印) sello, estampilla.
인가(認可) autorización, aprobación, sanción. ~하다 autorizar, aprobar, sancionar. ~을 얻다 obtener la autorización, ser autorizado. 철도 건설의 ~를 받았다 Se ha autorizado la construcción del ferrocarril. ~장 [영사에 대한] exequátur.
인가(人家) casa, domicilio humano. ~드문 poco habitado.
인가(隣家) casa vecina.
인간(人間) hombre, ser humano. ~의·~적인 humano. ~은 죽기 마련이다 El hombre es mortal. ~ 만사 새옹지마(塞翁之馬) No hay mal que por bien no venga. ~공학 ingeniería humana, ergonomía. ~국보 tesoro nacional viviente. ~성 humanidad, naturaleza humana, cualidad humana. ~성을 존중하다 respetar la dignidad humana. ~미 sentimiento humano, humanidad. ~미가 있는 lleno de humanidad. ~미가 없다 carecer de humanidad.
인감(印鑑) sello. ~계·~신고 registro de un sello. ~계를 하다 hacer que su sello sea registrado. ~증명 autorización (legalización) de un sello.
인건비(人件費) desembolso del personal.
인걸(人傑) [전생의] persona distinguida, hombre (carácter) eminente.
인격(人格) carácter, personalidad. ~이 높은 de alto carácter. ~자 hombre de carácter.
인견(人絹) seda artificial.
인견(引見) audiencia, recepción. ~하다 dar (conceder) audiencia a uno, recibir a uno en audiencia.
인공(人工) artificio. ~의·~적 artificial. ~위성 satélite artificial. ~ 호수 lago artificial. ~ 호흡 respiración artificial.
인과(因果) 1 [원인 결과] causa y efecto. ~관계 relación causal. ~률 ley de causa y efecto, principio de la causalidad.
2 [불교] karma; [전생의] retribución de los bienes o males cometidos en una vida anterior; [운명] destino. ~ 응보 El destino del hombre después de la muerte depende de sus hechos en esta vida o en existencias anteriores.
인광(燐光) fosforescencia. ~을 발하다 fosforecer.

인광(燐鑛) mineral de fosfato.
인구(人口) población. 서울의 ~는 몇명입니까 ¿Cuántos habitantes tiene Seúl? ~문제 problema de la población. ~ 조사 censo.
인국(隣國) país vecino (limítrofe).
인권(人權) derecho humano. ~ 유린 atropello de derecho personal.
인근(隣近) vecindad. ~의 vecino, cercano a, próximo, adyacente.
인기(人氣) popularidad. ~있는 popular, a la moda. ~없는 impopular. ~가 있다 adquirir [la] popularidad. ~를 얻다 ganar (gozar de) una buena reputación. ~ 상승 중의 cada vez más popular. ~가 떨어지다 perder su popularidad. ~ 절정이다 estar en el apogeo de su popularidad. 사람들에게 ~가 있다 tener buena acogida del público. 그는 부하에게 ~가 있다 Es muy querido de (Es popular entre) sus subalternos. 이 물건은 ~가 있다 Este artículo es muy solicitado. 한국관이 ~를 모았다 El pabellón coreano gozó de una gran popularidad. ~ 배우 actor (actriz (f.)) popular, ídolo del escenario; [영화의] ídolo de la pantalla, estrella de cine. ~ 작가 escritor popular. ~ 투표 examen de popularidad.
인내(忍耐) paciencia, perseverancia, sufrimiento. ~하다 tener paciencia, perseverar, aguantar. ~심이 강한 paciente, perseverante, sufrido. ~이 부족하다 carecer de paciencia. …하는 데는 ~력이 필요하다 Hace falta [tener] paciencia para + *inf.*
인대(靭帶) 【해】 ligamento, ligazón.
인덕(仁德) benevolencia, humanidad.
인도(人道) [인륜] humanidad; [보도] acera. ~적 humano, humanitario. ~주의 humanitarismo. ~주의자 humanista (*m.f.*)
인도(引渡) guía, introducción. ~하다 guiar. ~자 guía (*m.f.*).
인도(印度)【지】India. ~의 [사람] hindú, indio.
인도네시아【지】Indonesia. ~의 [사람] indonesio.
인도양(印度洋) Océano Indico.
인도차이너【지】Indochina.
인두(咽頭)【해】faringe (f.). ~염 faringitis (f.).
인디언 indio.
인력(人力) fuerza humana, facultad humana.
인력(引力) [지구의] gravedad, gravitación, terrestre; [물체간의] atracción. 만유 ~ atracción universal.

인력거(人力車) vehículo tirado por un hombre.

인류(人類) raza humana, humanidad. ~학 antropología.

인륜(人倫) moralidad. ~에 반하다 ser contrario a la humanidad.

인망(人望) popularidad. ~있는 popular. ~없는 impopular.

인면(人面) cara humana.

인멸(湮滅) extinción, apagamiento; [고의 적] destrucción, abolición. ~하다 extinguirse, apagarse; destruir.

인명(人命) vida humana. ~ 구조 salvamiento de la vida humana.

인명(人名) nombre de persona. ~부(簿) lista de nombres.

인문(人文) civilización, cultura. ~ 과학 ciencia de cultura. ~ 지리 geografía descriptiva.

인물(人物) persona, personaje, carácter.

인민(人民) pueblo. ~의 popular. ~위원 comité popular (소련의). ~ 전선 frente popular. ~ 투표 voto popular.

인방(隣邦) país vecino.

인보이스 【경】 factura.

인본(印本) libro impreso.

인부(人夫) peón, jornalero.

인분(人糞) excrementos humanos.

인사(人士) persona.

인사(人事) 1 saludo; salutación; [예절] complimentos (m.pl.), cortesía; [감사] gracias. ~하다 saludar a *uno*; complimentar a *uno*. ~에 답하다 devolver un saludo a *uno*. ~없이 상담에 들어가다 entrar en negociaciones sin preámbulos. ~없이 떠나다 irse sin despedirse (sin decir adiós·sin saludar). ~없이 가버리다 despedirse a la francesa. ~장 carta (tarjeta) de saludo.
2 [사람이 하는 일] negocio humano.
3 [직원 관계] negocio personal. ~처 Oficina de Negocios Humanos.

인사 불성(人事不省) insensibilidad, desmayo. ~이 insensible, desmayado. ~이 되다 desmayarse.

인산(燐酸) ácido fosfótado. ~ 비료 fertilizante fosfático, abono fosfórico. ~염 fosfato. ~ 칼슘 fosfato de calcio.

인삼(人蔘) 【식】 ginsén, ginseng. 고려 ~ ginsén coreano.

인상(印象) impresión. ~적인 impresionante. ~을 주다 impresionar. 그는 우리들에게 좋은 (나쁜) ~을 주었다 Nos dio (causó·hizo·produjo) [una] buena (mala) impresión. 한국의 첫 ~은 어떻습니까 ¿Cuál es su primera impresión de Corea? ~관 impresionismo. ~주의 impresionismo. ~파 escuela impresionista; [사람] impresionista. ~파 음악 música impresionista. ~파 화가 pintor impresionista. 신 ~주의 neoimpresionismo.

인상(人相) fisonomía, facciones. ~이 나쁜 남자 hombre de fisonomía ominosa. ~을 보다 predecir a *uno* el porvenir (leer el carácter de *uno*) por sus facciones. 범인의 ~ 서를 작성하다 hacer una descripción fisonómica del criminal. 그는 완전히 ~이 변했다 Ha cambiado completamente de fisonomía. ~학자 fisonomista (m.f.) fisónomo.

인상(引上) subida, alza. ~하다 subir, alzor.

인색(吝嗇) mezquindad, avaricia, tacañería. ~한 mezquino, avaro, tacaño. ~한 사람 avaro, tacaño. 그는 ~하다 Es un mezquino. ~한 짓을 하지 마라 No seas tacaño.

인생(人生) vida. ~을 즐기다 gozar de la vida. ~관 concepto de la vida.

인선(人選) selección del personal. ~하다 seleccionar una persona.

인세(印稅) honorarios, derechos de autor. ~을 지불하다 pagar honorarios.

인솔(引率) ~하다 conducir, dirigir, guiar. …에 ~되어 con *uno* a la cabeza, conducido por *uno*. ~자 guía (m.f.) (organizador) responsable.

인쇄(印刷) imprenta, impresión. ~하다 imprimir, tirar, estampar, dar *algo* a la imprenta (a la estampa). ~중이다 estar en prensa. ~된 impreso. …을 1만부 ~하다 imprimir diez mil ejemplares de *algo*. 이 책은 ~가 잘 되었다 (잘못되었다) Este libro está bien (mal) impreso. ~공 tipógrafo, impresor, prensista (m.). ~기계 máquina de imprimir, prensa. ~물 impresos. ~소 imprenta, tipografía. ~술 tipografía, arte de imprimir. ~물 재중 Impresos. ~자 impresor.

인수(引受) aceptancia; [환어음의 보증] garantía, seguridad. ~하다 aceptar; responder; garantizar.

인수(因數) 【수】 factor. ~ 분해하다 descomponer *algo* en factores. ~분해 descomposición factorial (en factores).

인수(人數) número de personas. ~를 조사하다 averiguar el número de personas. ~로 압도하다 aplastar a *uno* por (en) el número. ~가 부족하다 Faltan algunos. 아직 ~가 5명 부족하다 Todavía nos faltan cinco personas. ~가 찼다 El número está completo. 반의 ~는 30명이다 La clase tiene (cuenta con) treinta alumnos.

인술(仁術) arte benevolente.
인스피레이션 inspiración.
인습(因襲) costumbres inveteradas, rutina. ~적 convencional, tradicional, rutinario. ~을 타파하다 arrancar (quitar) la costumbre inveterada.
인식(認識) conocimiento, cognición; [이해] comprensión; [확인] reconocimiento. ~하다 conocer; comprender; reconocer; darse cuenta de *algo*. ~을 새롭게 하다 cambiar completamente de idea, renovar la comprensión, ver bajo una nueva luz. 그는 경제 정세에 대해 ~이 부족하다 No se da plena cuenta (No tiene más que una idea muy insuficiente) de la situación económica./ Corece de (Le falta) la compresión de la situación económica. ~론[철] teoría del conocimiento. ~부족 falta de comprensión.
인신(人身) cuerpo humano, *su persona*. ~공격 ataque personal. ~매매 tráfico humano.
인심(人心) espíritu humano, corazón de hombre, sentimiento popular.
인양(引揚) salvamento. ~하다 salvar.
인어(人魚) sirena.
인연(因緣) 1 [불교] karma; [원인] causa. 2 [운명] destino, fatalidad. 3 [연분] afinidad; conexión, relación. 4 [유래] origen, historia.
인용(引用) cita, citación. ~하다 citar. 아리스토텔레스의 말을 ~하다 citar a (citar palabras de) Aristóteles. ~문 frase citada, cita. ~부호 《 》 comillas; [―] raya. ~참고서 목록 índice de referencias, bibliografía.
인원(人員) número de personas, cuerpo, empleados. ~을 배치하다 dotar de personal.
인위(人爲) calidad artificial. ~적 artificial. ~적 도태[생] selección artificial. ~적으로 artificialmente, artificiosamente.
인유(人乳) leche humana.
인육(人肉) carne humana.
인의(仁義) humanidad y justicia.
인자(仁慈) benevolencia, misericordia. ~한 benévolo.
인자(因子) factor, concausa; [유전 인자] gene, gen.
인자(仁者) persona benevolente.
인장(印章) estampa.
인재(人材) personaje, hombre de habilidad.
인적(人的) humano. ~자원 recursos humanos.
인적(人跡) huella humana. ~이 끊긴 despoblado, solitario.

인접(隣接) vecindad. ~하다 confinar (limitar·lindar·colindar) con *un sitio*. ~한 contiguo, inmediato, lindante. ~지 terrenos colindantes.
인정(人情) sentimientos humanos, [인간성] humanidad; [동정심] compasión, piedad. ~이 있는 humano, humanitario; compasivo, piadoso. ~이 없는 inhumano; despiadado. ~이 없다 no tener corazón. 이곳 사람들은 ~이 넘친다 Aquí la gente es muy afable. 그렇게 생각하는 것이 ~이다 Es muy humano pensar así.
인정(認定) [확인] comprobación, constatación; [승인] reconocimiento; [증명] atestación, certificación. ~하다 comprobar (constatar·reconocer·atestar) *algo* (que + *ind.*) …을 사실로 ~하다 constatar la realidad de *algo*. ~서 certificado, diploma (*m.*)
인정(仁政) gobierno benevolente.
인제 ahora, desde ahora.
인조(人造) artificial. ~고무 goma sintética. ~버터 margarina. ~인간 autómata.
인종(人種) raza. ~적 de raza, etnológico (인종학상의).
인종(忍從) sumisión, resignación, abnegación. ~하다 resignarse con *algo*, someterse a *algo*.
인주(印朱) tinta de sello.
인증(認證) ratificación, sanción, certificación. ~하다 ratificar, sancionar, certificar.
인증(引證) alegación. ~하다 aducir, alegar.
인지(認知) reconocimiento; legitimación. ~하다 reconocer; legitimar.
인지(印紙) póliza, sello, estampilla, timbre. ~를 붙이다 pegar (poner) una póliza en *algo*. ~세 impuesto (derechos) de timbre. ~수입 timbre.
인지상정(人之常情) naturaleza humana, humanidad.
인질(人質) rehenes.
인책(引責) ~하다 asumir la responsabilidad de *algo*, declararse responsable de *algo*. ~사직하다 dimitir asumiendo la responsabilidad de *algo*.
인척(姻戚) pariente político (por afinidad). ~ 관계 afinidad, parentesco político. ~관계를 맺다 contraer parentesco. 그와 그녀는 ~관계다 El y ella son parientes políticos.
인체(人體) cuerpo humano. ~구조 construcción del cuerpo.
인출(引出) cajón, gaveta, retirada (예금의). ~하다 sacar, extraer, retirar (예금을).

인치 pulgada.
인칭(人稱) 【문】 persona. ~의 personal. 비~의 impersonal. ~ 대명사 pronombre personal. ~ 변화 variación de persona. 제1~ primera persona. 제2~ segunda persona. 제3~ tercera persona.
인터내셔널 internacional.
인터내셔널리즘 internacionalismo.
인터뷰 entrevista, interviú. ~하다 entrevistar[se] con *uno*, tener una entrevista con *uno*.
인터폰 interfono, intercomunicador.
인턴 [실습기간] internado en un hospital; [실습생] interno (practicante) de hospital.
인테리어 [실내 장식] decoración de interiores. ~ 디자이너 diseñador de interiores.
인텔리 intelectual *(m.f.)*; [집합적] intelectualidad, los intelectuales. 그는 ~이다 El es un intelectual.
인토네이션 intonación.
인퇴(引退) retiro, retirada. ~하다 retirarse.
인파(人波) muchedumbre.
인품(人品) carácter personal, apariencia personal. ~이 좋은 guapo, bien parecido.
인플레 inflación. ~의 inflacionista, inflacionario. ~에 대처하다 combatir la inflación. ~을 억제하다 detener (frenar) la inflación. ~를 완화하다 reducir la inflación. ~ 경향 (대책) tendencia (política) inflacionista. 잠재적 ~ inflación latente.
인플레이션 ⇨인플레.
인플루엔자 influenza, gripe *(f.)*; 【속】 trancazo. ~에 걸리다 coger la gripe. ~에 걸려있다 tener gripe.
인하(引下) reducción. ~하다 reducir.
인행(印行) publicación. ~하다 publicar.
인형(人形) [여자의] muñeca; [남성의] muñeco; títere, marioneta. ~을 사용하다 manejar los títeres. ~놀이를 하다 jugar a las muñecas. 그 소녀는 진짜 ~이다 Esta niña es una verdadera muñeca. ~극 función (teatro) de títeres. ~ 조종자 titiritero.
인형(仁兄) [편지에서] Mi querido amigo.
인화(引火) inflamación. ~하다 inflamarse. ~하기 쉬운 inflamable. ~점 punto de inflamación.
인화(印畵) prueba, fotografía impresionada. ~지 papel fotosensible (de copias).
인화(人和) concordia, paz, unión, armonía.
인화물(燐化物) fosfuro.
인회석(燐灰石) apatita.
인후(仁厚) humanidad y generosidad.

인후(咽喉) 【해】 garganta.
일 trabajo, tarea, oficio, empresa. ~하다 trabajar. ~복(服) ropa de trabajo. ~터 taller.
일(一) uno. 제 ~의 primero.
일가(一家) un hogar, una familia. 장남 ~ familia de *su* hijo mayor. ~을 이루다 tener casa propia; [결혼하여] formar un hogar (una familia). ~를 이루다 [학문으로] ser una autoridad en *algo*. ~를 부양하다 sostener un hogar vale mil onzas de oro. ~가 여행을 가다 Toda la familia sale de viaje. ~의 장(長) cabeza *(m.)* de familia.
일각(一刻) un minuto, instante. ~이라도 빨리 lo más pronto posible, a la mayor brevedad, cuanto antes. ~을 다투는 urgente. ~도 유예할 수 없다 No se puede perder ni un momento./ No hay tiempo que perder. ~이 천금 El tiempo es oro./ Cada momento vale mil onzas de oro.
일각(一角) un rincón. ~수 (獸) unicornio.
일간(日刊) diario. ~의 diario. ~ 신문 periódico diario.
일간(日間) unos días.
일갈(一喝) ~하다 gritar a *uno* con voz en trueno, tronar contra *uno*, reprender a *uno* con voz recia.
일개(一個) uno, una una, pieza. ~의 un, una. ~100쎄소 cien pesos cada una. ~ 20원짜리 사과를 10개 주십시오 Déme diez manzanas de viente wones.
일거(一擧) ~에 por un solo empeño, de un [solo] golpe, de una vez. ~에 열사를 만회하다 superar la desventaja de un solo golpe. ~에 적을 부수다 vencer al enemigo de un solo golpe (ataque).
일거 양득(一擧兩得) ~하다 matar dos pájaros con una piedra (de un tiro).
일거 일동(一擧一動) todo movimiento. 나는 그의 ~을 주시하고 있다 Observo cuidadosamente todos sus movimientos.
일건(一件) un asunto. ~ 서류 expediente.
일격(一擊) un golpe; [총의] un disparo, un tiro; [칼의] una estocada, [주먹의] un puñetazo. ~을 가해 dar un golpe, con un solo golpe. ~을 가하다 dar un golpe a *uno*.
일견(一見) al parecer, según parece. ~하여 a primera (simple) vista. 백문이 불여 ~이다 Ver es creer.
일고(一考) 그 문제는 ~를 요한다 Hay que considerar bien problema.
일곱 siete. ~번째 [의] séptimo.
일과(日課) tarea diaria, trabajo cotidiano; [예정] programa de trabajo del día horario [del día].
일관(一貫) consistencia; coherencia. ~한

일괄(一括) ~하다 englobar, abarcar. ~하여 en bloque, en conjunto. ~ 구입 compra en bloque. 법안의 ~ 상정 presentación de proyectos de ley en conjunto.

일광(日光) luz del sol, rayos del sol. ~ 소독 desinfección solar. ~욕 baño de sol. ~욕을 하다 bañarse al sol, tomar el sol. ~ 요법 helioterapia.

일국(一國) un país, una nación.

일국(一局) [장기·바둑의] una partida.

일군(一群) [사람의] un grupo, un tropel; [동물의] un rebaño, una manada; [새의] una bandada; [도둑 등의] una banda. ~의 코끼리 un rebaño (una manada) de elefantes.

일급(日給) salario diario, paga diaria, jornal. ~으로 일하다 trabajar por día (a jornal). ~5천원이다 El jornal es de cinco mil wones./ ~에 사람을 쓰다 El pago es de cinco mil wones por día. ~제 sistema de pago a diario (a jornal).

일급(一級) primera clase.

일기(日記) diario. ~체의 소설 novela en forma (al estilo) de diario. ~를 쓰다 llevar el diario, escribir *su* diario. ~에 적다 apuntar (anotar) *algo* en el diario.

일기(日氣) tiempo, condición atmosférica. ~불순 tiempo inclemente.

일기(一期) [기간] un término; [일생] toda *su* vida. 70세를 ~로 죽다 morir a los setenta años.

일기(一騎) un solo jinete. ~당천 guerrero que vale por mil.

일년(一年) un año. ~에 al año, por año. 그 는 ~에 몇번 병에 걸린다 Cae enfermo varias veces al año. ~생 alumno de primer año; [신인] novicio, novato. ~초 planta anual.

일단(一端) un extremo; [일부] una parte, un aspecto. 사건의 ~ un aspecto del acontecimiento. 책임의 ~은 나에게 있다 Soy responsable en parte.

일단(一團) un grupo, una banda, una tropa. 관광객의 ~ un grupo de turistas. 도적의 ~ una banda (una cuadrilla) de ladrones.

일단(一段) [계단의] un peldaño, un escalón; [문장의] un párrafo. 계단을 ~올리다 (내리다) subir (bajar) un escalón.

일단락(一段落) pausa; conclusión; etapa. 오늘로 일은 ~되었다 Hoy hemos llegado al final de una etapa del trabajo./ Lo más duro del trabajo se ha acabado hoy.

일당(一黨) un partido. ~독재 dictadura de un solo partido.

일당(日當) paga diaria, jornal. ~을 지불하 다 pagar el jornal.

일대(一代) una generación; [일생] una vida, toda la vida; [한 시대] una época. ~의 de *su* tiempo, de *su* época. ~의 영웅 el héroe de *su* época (de su tiempo). ~에 재산을 이루다 hacer una gran fortuna en una sola generación. 사람은 ~, 이름은 만 대 Más vale perderse el hombre que perder el nombre. ~기 biografía, vida.

일대(一帶) zona, región. 이 주변 ~에 por todas estas cercanías, por toda esta vecindad. 산악지방 ~에 en las zonas montañosas. 영동지방 ~에는 눈이 내렸 다 Ha nevado por toda la región (por todo el distrito) de Yon Don.

일대사(一大事) suceso muy grande. ~가 일어났다 Ha acontecido algo grave.

일대일(一對一) ~로 싸우다 hacer combate singular.

일도 양단(一刀兩斷) nudo gordiano. ~의 조치를 취하다 cortar el nudo gordiano.

일동(一同) todos. 우리들 ~ todos nosotros. 사원 ~ todos los empleados de la compañía. 그들은 ~이 함께 놀러갔다 Fueron todos juntos a divertirse.

일등(一等) primera clase, primer lugar (orden). ~으로 가다 ir en primera. ~으로 여행하다 ~을 타다 viajar en primera. 마드리드까지 ~한 장 Un billete de primera para Madrid. ~국 estado de primer orden. ~병 solado [de segunda clase]. ~상 primer premio. ~상을 주다 otorgar el primer premio. ~ 선객 pasajero de primera clase. ~ 선실 camarote de primera clase. ~차 coche (vagón) de primera [clase]. ~표 billete ([남미] boleto) de peimera [clase].

일람(一覽) una ojeada, un vistazo. ~하다 dar un vistazo, echar una mirada sobre *algo*, dar una ojeada a *algo*; [책 등 을] recorrer, hojear. ~표 lista, tabla [sinóptica], cuadro [sinóptico]. ~불 음 letra a la vista. ~후 3개월불 음 letra a tres meses vista.

일러주다 decir; informar; aconsejar; enseñar.

일련(一連) una serie. ~의 una serie de…. ~의 제문제 una serie de problemas.

일련탁생(一蓮托生) 나는 친구들과 ~이다 Comparto la suerte con mis amigos.

일렬(一列) una línea; [세로의] una fila; [가

로의] una hilera. ~로, en fila, en hilera. ~로 서다 formarse (ponerse) en fila; alinearse.

일로(一路) [곧장] derecho; [길] camino. ~…로 곧바로 ponerse en camino directamente a *un sitio*, avanzar todo derecho hacia *un sitio*.

일루(一壘) primera base. ~수 beisbolista de primera base.

일루(一縷) ~의 희망을 갖다 abrigar un hilo de esperanza. ~의 희망이 사라졌다 Se ha desvanecido (esfumado) el último resto de esperanza.

일류(一流) primer rango (orden), primera clase (categoría). ~의 de primer rango (orden), de primera clase (categoría). ~대학 universidad de primera categoría. ~피아니스트 pianista de primer orden.

일륜(日輪) sol.

일률(一律) uniformidad. ~적 uniforme. ~적으로 uniformemente, de la misma manera. ~적으로 만원씩 승급하다 obtener todos un aumento de sueldo de diez mil wones. 그런 문제는 ~적으로 논의할 수 없다 Esos problemas no se pueden discutir en el mismo plano (desde el mismo punto de vista).

일리(一理) [algo de] razón. 그의 말에도 ~가 있다 Tiene razón desde cierto punto de vista./ Tiene algo de razón.

일말(一抹) una sombra; un dejo; un poco. ~의 불안을 느끼다 sentir algo (un dejo) de inquietud vaga. ~의 슬픔 una sombra (un poco) de tristeza.

일망 타진(一網打盡) redada. ~하다 hacer una redada. 도둑을 ~으로 검거하다 arrestar de un golpe una banda de ladrones.

일매(一枚) una hoja. ~의 una hoja de.

일맥(一脈) …과 ~ 상통하다 tener algo en común con *algo·uno*.

일면(一面) [한쪽] un lado; [양상] un aspecto; [전면] toda la superficie; [신문의] primera plana. ~의 기사 artículo en primera plana.

일면식(一面識) 그와는 ~도 없다 No le he visto nunca./ Es un completo desconocido para mí.

일명(一名) un persona.

일모작(一毛作) cosecha única en el año. 이 지방은 ~이다 Esta región sólo produce una cosecha al año.

일몰(日沒) puesta del sol. ~ [시] a la puesta del sol, al ponerse el sol. ~전(후)에 antes (después) de anochecer.

일문(一門) una familia completa.

일문일답(一問一答) una pregunta y una respuesta, diálogo. ~하다 sostener un diálogo con *uno*; [서로] intercambiar preguntas y respuestas. ~형식의 설명서 folleto explicativo en forma de diálogo (en forma catequística).

일반(一般) ~의··~적인 [전반적인] general; [보편적인] universal; [보통의] corriente, común, ordinario; [대중적인] popular. ~적으로 generalmente, en general, por lo general; comúnmente, por lo común, ordinariamente; popularmente. ~에게 공개하다 abrir *algo* al público. ~적으로 말하면 hablando en términos generales, hablando por lo general, generalmente hablando. ~적으로 과학에 흥미가 있다 tener interés en la ciencia en general. 인디오들은 ~적으로 마테차를 마신다 Por lo general los indios toman mate. 그 회사의 제품은 ~적으로 품질이 좋다 Los productos de esa empresa son generalmente de buena calidad. ~교양 cultura general. ~ 독자 lectores en general (ordinarios). ~론 teoría general. ~성 generalidad; popularidad. ~ 시민 ciudadanos corrientes (comunes). ~화 generalización; popularización. ~화 하다 generalizar; popularizar. ~ 회계 cuenta general.

일발(一發) [사격] un disparo, un tiro; [타격] un golpe. ~로 de un tiro. ~을 가하다 dar (pegar) un golpe (un puñetazo) a *uno*. ~로 명중하다 dar en el blanco de un solo tiro. ~의 총성이 들렸다 Se oye disparo.

일방(一方) un lado, el otro lado. ~적 parcial, unilateral. ~으로 por una parte.

일배(一倍) una vez. ~보다 ~반 크다 ser una vez y media más grande que….

일번(一番) 1 [1위] el primer lugar, el número uno, No 1; [1위의 사람] el primero. ~의 primero. ~으로 primeramente, primero, en primer lugar. 그는 학급에서 ~이다 Es el primero (el número uno) de su clase. 경주에서 ~이 되다 llegar el primero en la carrera, ganar la carrera. ~ 열차 el primer tren. ~ 제자 el mejor discípulo.

2 [우등] el más; [열등] el menos.

일변(一變) cambio completo, cambio repentino. 태도를 ~하다 cambiar completamente de actitud.

일변도(一邊倒) ~의 adherido completamente a…. 친미 ~의 정책 política absolutamente pronorteamericana.

일별(一瞥) una ojeada, un vistazo, una vista. ~하다 echar una ojeada (dar un

일보 vistazo) a *algo*·*uno*. ～하여 a primera (simple) vista, a la primera ojeada.

일보(一步) un paso. ～ paso a paso, gradualmente. ～ 전진하다 (주보하다) dar un paso adelante (atrás). ～ 앞으로 나아가다 adelantarse un paso. ～ 전진하다 avanzar paso por paso. ～도 집밖으로 나가지 않다 no salir ni a la puerta de la casa. ～ 양보하다 ceder un paso, hacer una pequeña concesión. ～도 양보하지 않다 no ceder ni un paso (ni un punto), no hacer la menor concesión. 민주정치로～를 내딛다 dar los primeros pasos hacia una política democrática. 이 회사는 도산～ 직전에 있다 Esta compañía está al borde de la quiebra.

일보(日報) boletín diario, información diaria; [신문] diario.

일본(日本) Japón, Nipón. ～의 [사람] japonés, nipón. ～어 japonés, nipones.

일부(一部) 1 [일부분] una parte, una porción. 제 ~ la parte primera. …의 ~을 이루다 formar (constituir) parte de *algo*. 한국은 아시아의 ～다 Corea forma parte de Asia. 계획이 ~ 실현되었다 Se ha realizado una parte del proyecto. ～의 위원이 반대하고 있다 Algunos de los miembros del comité se oponen.

2 [1책] un ejemplar, [1권] un tomo. 복사한 것을 ～ 주십시오 Déme un ejemplar de las copias.

일부 다처(一夫多妻) poligamia. ～자 poligamo

일부 일부(一夫一婦) monogamia. ～자 monógamo.

일분(一分) un minuto. 이 문제는 ～ 일초가 급하다 Este problema es urgentísimo.

일사병(日射病) insolación, asoleamiento. ～에 걸리다 coger (pillar) una insolación, insolarse, asolearse.

일산(日産) producción diaria. 이 공장은 철강이 ～ 500톤이다 Esta fábrica produce quinientas toneladas de acero diarias (por día)./ La producción de acero de esta fábrica es de quinientas toneladas diarias.

일산화탄(一酸化) ～물 monóxido. ～ 탄소 (질소·연) monóxido de carbono (de nitrógeno·de plomo).

일상(日常) ～의 cotidiano, diario, de todos los días; [보통의] ordinario, corriente. 그것은 ～ 다반사이다 Eso ocurre todos los días. 그것은 ～ 잘 사용되는 물건이다 Es un artículo que se utiliza mucho en la vida cotidiana. ～ 생활 vida diaria (cotidiana·de todos los días). ～성 lo cotidiano; [습관성] rutina cotidiana. ～업무 asuntos de cada día (diarios). ～ 회화 conversación diaria.

일생(一生) una vida, la vida entera; [부사] toda la vida. ～의 de toda la vida. ～의 일 trabajo de toda la vida. ～의 전기 su biografía. ～에 한번 una vez en la vida. ～을 통해 durante (a lo largo de) *su* vida; [부정문에서] en toda *su* vida, jamás en *su* vida. 혁명가로 ~을 보내다 pasar *su* vida como un revolucionario. ～동안 독신으로 지내다 permanecer (quedarse) soltero toda la vida. ～에 한 번 오는 호기다 Esta oportunidad no llega más que una vez (Es una oportunidad única en la vida). ～ 동안 귀하의 친절을 잊지 않겠습니다 No olvidaré su amabilidad en toda mi vida.

일석이조(一石二鳥) Matar dos pájaros de un tiro.

일설(一說) otra opinión. ～에 의하면 Según otra opinión··· / Otros dicen que···

일세(一世) una época, una era, una edad; una generación. 프레데릭 ~Federico I (primero). 이사벨 ~ Isabel I (primera). 한인계 미국인 ～ norteamericano de origen coreano de primera generación. ～의 영웅 héroe de la época. ～를 풍미하다 dominar la época.

일세기(一世紀) un siglo, siglo primero.

일소(一笑) una risa, una sonrisa. ～에 부치다 echar *algo* a risa, carcajearse de *algo*.

일소(一掃) ～하다 [제거] quitar, barrer, limpiar, extirpar, depurar; [근절] exterminar, aniquilar. 적을 ～하다 barrer (exterminar) a los amigos. 폭력을 ～하다 extirpar (acabar con) la valencia. 도시에서 무뢰인을 ～하다 expulsar a (acabar con) los golfos de la ciudad. 재고품을 ～하다 liquidar todas las mercancías almacenadas. 의심을 ～하다 aclarar (barrer) las deudas.

일손 mano de obra.

일수(日收) ingreso diario, entrada diaria; [이익] ganancia diaria.

일수(日數) número de días.

일수 판매(一手販賣) agencia exclusiva. ～하다 realizar una venta exclusiva de *algo*. ～자 agente exclusivo.

일순간(一瞬間) [명사] momento, instante; [부사] un momento, un instante, momentáneamente, instantáneamente. ～[간]에 en un momento, en un instante, en un abrir y cerrar de ejos, en un santiamén.

일시(日時) tiempo, fecha, día y hora.

일시(一時) 1 [판매] en otro tiempo, una vez, antes, antiguamente.

2 [잠시] durante algún tiempo, por un

일식 (日蝕) eclipse solar.
일신 (一身) su vida. ~상의 personal, particular, privado. ~상의 문제 problema personal. ~상의 이유로 por razones personales (particulares) …때문에 ~을 걸다 arriesgarse la vida por *algo*.
일신 (一新) renovación. ~하다 renovar, cambiar completamente. 기분을 ~하다 sentirse renovado, sentirse renovado (animado). 면목을 ~하다 renovar el aspecto. 멤버를 ~하다 renovar (cambiar completamente) los miembros.
일신교 (一神敎) monoteísmo.
일심 (一審) [tribunal de] primera instancia.
일심 (一心) entusiasmo. ~으로 con toda el corazón. ~이 되다 entregarse, dedicarse. ~으로 빌다 ofrecer una oración ardente (ferviente).
일야 (一夜) una noche.
일약 (一躍) de repente, de un salto, de una vez. ~ 유명하게 되다 hacerse célebre de repente, alcanzar la fama de la noche a la mañana. 그는 ~ 장교가 되었다 De un salto pasó a oficial del ejército.
일어나다¹ 1 [기상] levantarse. 일찍 일어나는 사람 quien madruga. 침대에서 ~ levantarse de la cama. 나는 매일 아침 7시에 일어난다 Me levanto todos los días a las siete. 이제 일어날 시간이다 Ya es hora de levantarse. 그 환자는 이제 일어날 수 있다 El enfermo ya se puede levantar. 나는 아침에 일어나면서부터 밤에 잘 때까지 하루종일 일한다 Trabajo todo el día desde que me levanto (me pongo de pie) hasta que me acuesto.
2 [자지 않고 있다] despertarse, dejar de dormir. 어젯밤은 공부하면서 늦도록 일어나 있었다 Anoche estuve despierto hasta muy tarde estudiando.
일어나다² 1 [발생] ocurrir, suceder, acontecer, pasar; [돌발하다] estallar, sobrevenir. 전쟁이 일어났다 Ha estallado la guerra. 그는 사는 부주의에서 일어나는 일이 많다 Muchos accidentes suelen ocurrir por descuido. 그에게 무슨 일이 일어 났음에 틀림없다 Algo debe de haberle pasado.
2 [흥하다] prosperar. 나라가 일어났다 Prospera el país. 각종 산업이 일어났다 Han surgido (salido a luz) varias industrias.
일어나다³ [바람이] soplar. 바람이 일어났 다 Corre (Se levanta) el viento.
일어서다 levantarse.
일언 (一言) una palabra.
일요일 (日曜日) domingo. ~마다 todos los domingos, cada domingo. 이번 ~에 el domingo próximo (que viene). 오늘은 ~ 이다 Hoy es domingo. 나는 ~에는 미사에 간다 Voy a misa todos los domingos. ~판 edición de domingo, suplemento dominical.
일용 (日用) necesidad diaria, uso diario. ~의 de necesidad diaria, de uso diario. ~품 artículo de uso diario (de necesidad diaria).
일원 (一員) miembro; [조합·클럽 등의] socio; [구성원] componente, integrante. 클럽의 ~이 되다 afiliarse a (hacerse socio de) un club. 그 개도 가족의 ~이다 El perro también es un miembro de la familia.
일원 (一元) causa única. ~적인 monístico. ~론 monismo. ~론자 monista *(m.)*. ~화 unificación. ~화 하다 unificar. ~²차 방정식 educación de segundo grado con una incógnita.
일원제 (一院制) sistema unicameral.
일월 (一月) enero.
일위 (一位) [수위] el primer lugar (puesto·rango). ~를 점하다 obtener (ganar) el primer lugar; [상석] ser el primero, ocupar el primer lugar.
일익 (一翼) una parte. ~을 담당하다 formar parte de. 이 정당은 여당연합의 ~을 담당하고 있다 Este partido forma parte de la coalición gubernamental.
일인 (日人) japonés,-sa. nipones,-sa.
일일 (一日) un día; el [día] primero. 1월 ~ el [día] primero de enero. 개회를 ~ 연기하다 diferir la apertura de la sesión por un día.
일일이 uno por uno, respectivamente.
일임 (一任) ~하다 confiar (dejar·encargar) *algo* a *uno*.
일장기 (日章旗) bandera del Sol Naciente.
일장일단 (一長一短) 이것에는 ~이 있다 Hay ventajas y desventajas (ventajas e inconvenientes·méritos y deméritos· conveniencias e inconveniencias) en esto./ Eso tiene su lado bueno y malo.
일재 (逸材, 逸才) hombre de gran talento, genio.

일전(日前) hace unos días; recientemente.
일전(一戰) una batalla. ~을 하다 librar una batalla.
일정(一定) ~한 [고정된] fijo; [결정된] decidido, definido; [규정된] establecido; [규칙적인] regular; [불변의] invariable, perpetuo. ~한 가격 precio fijo. ~한 서식 fórmula establecida. ~된 날에 en el día determinado (definido). ~한 시각에 a la hora definida (establecida). ~한 속도로 con una velocidad constante. ~한 간격으로 [공간] con (a) cierta distancia; [시간] con (a) cierto intervalo. ~하게 하다 fijar, establecer; hacer *algo* uniforme, uniformar. ~한 수입을 얻다 tener un ingreso fijo. ~한 목적을 가지다 tener un objetivo fijo. ~한 직업을 얻다 conseguir un empleo fijo. ~기간 보존하다 conservar *algo* durante un determinado tiempo. 온실을 ~하게 유지하다 mantener constante la temperatura del cuarto. 금값은 거의 ~하다 El precio del oro se mantiene casi fijo.
일정(日程) programa (orden) del día. ~을 짜다 determinar (fijar) el programa del día. ~을 변경하다 alterar el programa (el orden) del día.
일제(一齊) ~히 [동시에] a un tiempo, al mismo tiempo, a la vez, simultáncamente; [일제히] todos juntos. ~히 박수로 맞이하다 recibir a *uno* con una salva de aplausos. ~히 소리지르다 gritar a coro. ~히 직장을 포기하다 abandonar simultáneamente el trabajo. 자동차가 ~히 출발한다 Los coches arrancan a la vez. 모두가 ~히 소리질렀다 Gritaron todos a una voz (a la vez). ~검거 detención general (en masa). ~ 사격 descarga cerrada; [합의의] andanada. ~ 사격을 하다 lanzar una (nube de) descarga.
일조(日照) ~권 derecho al sol (a la insolación). ~ 시간 horas de insolación.
일조(一朝) ~에 en un día. ~ 유사시에 en caso de emergencia (de dificultades). 로마는 ~일석에 이루어지지 않았다 No se puede realizar una gran obra en un día (de la mañana a la noche)./ Roma no se hizo en un solo día./ Zamora no se ganó en una hora.
일족(一族) [친족] parentela, parentesco; [가족] familia; [씨족] clan. 김씨 ~ el clan del señor Guim.
일종(一種) una clase, un género, una especie; [변종] una variedad. ~의 낙타이다 La llama es una especie de camello. 인간도 동물의 ~이다 El hombre pertenece a la especie animal.

일주(一周) una vuelta. ~하다 dar una vuelta a *un sitio*. 그라운드를 ~하다 dar una vuelta al campo. 시내를 ~하다 dar una vuelta por el centro. 마을의 상공을 ~하다 dar una vuelta sobre el pueblo. 한국을 ~하다 viajar por toda Corea. 유럽 ~ 여행 (기라) por toda Europa. 개점 ~년을 기념하다 conmemorar el primer aniversario [de la apertura] de una tienda.
일주(一週) una semana. ~간 una semana, por una semana.
일주기(一週忌) [servicios religiosos con motivo del] primer aniversario de la muerte de *uno*.
일주일(一週日) una semana. ~ 전에 hace una semana. ~ 후에 después de (pasada) una semana. ~ 이내에 en menos de una semana. ~에 한 번 una vez a la semana (por semana).
일직(日直) servicio de día. ~하다 estar de servicio (de guardia) de día
일직선(一直線) línea recta. ~의 recto, derecho, directo. ~으로 en línea recta, directamente. ~으로 가다 ir derecho a (en línea recta hacia) *un sitio*.
일진(一陣) un grupo; un soplo, una ráfaga. ~ 광풍이 분다 Corre un soplo de viento./ Se levan una ráfaga de viento. 선수단의 제 ~ el primer grupo de jugadores.
일진월보(日進月步) progreso rápido. ~하다 hacer progresos rápidos, progresar muy rápidamente.
일진일퇴(一進一退) 병세가 ~하고 있다 La enfermedad se mejora un poco pero después vuelve a empeorarse / La enfermedad tiene sus altibajos. 승부는 ~다 El partido está muy reñido.
일찌기 temprano; [전에] antes. ~ 일어나다 levantarse temprano
일찍 temprano. 아침 ~ temprano por la mañana.
일차(一次) una vez. ~의 primario, primero 【남성 단수명사 앞에서 primer】. ~ 산품 productos primarios. ~ 시험 primer examen. ~ 전류 corriente primaria. ~ 전지 batería de pilas. ~ 회로 circuito primario.
일착(一着) [경주] primer lugar (puesto); [옷] un traje, un vestido. ~하다 ganar la carrera, ocupar el primer lugar (puesto), llegar el primero. ~한 사람 ganador de la carrera, primero en llegar a la meta.
일처 다부(一妻多夫) poliandria.
일체(一體) un cuerpo.
일체(一切) 1 [전부] [lo] todo【부정대명

일촉즉발(一觸卽發) ~의 상태 situación que puede explotar de un momento a otro, situación explosiva (crítica que echa chispas).

일축(一蹴) ~하다 [거절하다] rechazar, rehusar; [이기다] vencer, derrotar.

일출(日出) salida del sol.

일층(一層) [건물] primer piso, piso bajo; [더욱] más, más aún. 책임이 ~ 무거워진다 hacerse más responsable. 누나도 미인이지만 여동생이 ~더 미인이다 La hermana mayor es guapa, pero más aún la menor.

일치(一致) coincidencia; [의견 동의] acuerdo, concierto, concordia, unanimidad, consenso; {문} concordancia. ~하다 coincidir (concordar) con *algo*. ~시키다 hacer coincidir; acordar, conciliar; concordar. ~된 coincidido, de acuerdo, acordado; concorde. ~로 de acuerdo, por unanimidad, unánimemente. ~ 협력하다 cooperar con *uno*. 견본과 ~하고 있다 estar conforme a la muestra. 행행을 ~시키다 concordar las palabras con las acciones. 서로 의견이 ~하다 acordarse, quedar de acuerdo, llegar a un acuerdo; [상태] tener la misma opinión, compartir la opinión. 나의 정보는 그의 것과 ~했다 Mis noticias coincidieron con las suyas. 이상과 현실은 ~하지 않는다 El ideal no concuerda con (no se acomoda a) la realidad. 우리들은 취미가 ~하고 있다 Coincidimos en los gustos. 그들은 이해 ~하고 있다 Concuerdan en los intereses.

일컫다 llamar; [칭찬하다] alabar, admirar.

일탈(逸脫) desviación, aberración. ~하다 desviarse de *algo*. 임무에서 ~한 행동 acciones que se desvían del deber.

일터 trabajo, taller.

일통(一通) un ejemplar. ~의 편지 una carta.

일편(一片) una pieza, un trozo. ~의 de una sola pieza.

일편(一編) una obra, una composición, una pieza. ~의 시 un poema. ~의 소설 una novela.

일품(一品) un artículo; [한 개] una pieza; [요리] un plato. ~ 요리 platos a la carta.

일품(逸品) cosa (objeto · artículo) excelente; [걸작] obra maestra.

일할(一割) diez por ciento. 정가의 ~을 할인하여 팔다 vender *algo* con un diez por ciento de descuento.

일행(一行) [단체] el grupo, una partida; [수행자] comitiva, séquito. 관광객의 ~ [10명] un grupo de [diez] turistas. 김씨 ~ el señor Guim y su comitiva. 외무장관 ~ el ministro de Asuntos Exteriores y su séquito.

일화(逸話) anécdota, episodio. 그에게는 ~가 많다 Se cuentan muchas anécdotas de él.

일확 천금(一攫千金) ~을 꿈꾸다 soñar con hacerse millonario de la noche a la mañana (de un golpe).

일환(一環) …의 ~으로 como parte integral de *algo*. …의 ~을 이루다 formar una parte de *algo*.

일회(一回) una vez; [승부의] una partida. ~로 de una vez. ~로 시험에 합격하다 aprobar el examen en el primer intento. ~로 전액을 지불하다 pagar toda la suma de una vez. 단 ~의 기회 única ocasión. 나는 금년에 ~ 사고를 일으켰다 He causado un accidente este año. 승부는 ~로 결정될 것이다 Una sola partida decidirá el juego.

일흔 setenta. ~번째 [의] septuagésimo.

일희일비(一喜一悲) ~하다 sentirse ya alegre, ya triste.

읽다 leer; [낭독하다] recitar. 많이 읽히는 잡지 revista muy leída. 「전쟁과 평화」를 읽어본 적이 있느냐 ¿Has leído "Guerra y paz"? 우나무노는 청년들 사이에 많이 읽혀진다 Unamuno fue muy leído entre la juventud. 어머니는 나에게 동화를 읽어 주셨다 Mi madre me leyó un cuento. 신문을 읽으세요 Lea Vd. el periódico.

잃다 perder, malograr. 호기를 ~ perder (dejar escapar) una buena oportunidad. 나는 길을 잃었다 Me he perdido./ Me he desviado.

임 querido, novio.

임간(林間) ~학교 escuela (curso) en el campo de verano.

임검(臨檢) inspección. ~하다 inspeccionar. 선박의 ~ inspección de un barco. 선박의 ~을 하다 inspección de un barco.

임계(臨界) ~상태 estado crítico. ~실험 experimento crítico.

임관(任官) nombramiento. ~되다 ser nombrado. 그는 재판관에 ~되었다 Fue nombrado juez.

임균(淋菌) gonococo.

임금 rey, soberano, monarca (*m.*).

임금(賃金) gaje, jornal, salario. ~ 노동자 peón, jornalero.

임기(任期) mandato, término de servicio. ~가 만료된 cumplido el servicio. 4년 ~의 시장으로 선출되다 ser elegido alcalde para un mandato de cuatro años. 금년 5월 로 그의 ~는 끝난다(만료된다) Vence (Expira) su mandato este mayo. ~만료. cumplimiento de servicio.

임기응변(臨機應變) ~의 de acuerdo con circunstancias; de expediente, oportuno. ~으로 conforme a las circunstancias. ~의 조치를 취하다 recurrir a un expediente. ~으로 행동하다 comportarse según las circunstancias.

임대(賃貸) ~로 alquiler. ~차하다 alquilar. 집 ~로는 얼마입니까 ¿Cuánto es el alquiler de la casa?

임면(任免) nombramiento y destitución. ~권을 가지다 tener el derecho (la autoridad) de nombramiento y destitución.

임명(任命) nombramiento, designación, nominación. ~하다 nombrar, designar. 자신의 후계자를 ~하다 nombrar (designar) a su sucesor. 그는 부사장으로 ~되었다 Le han nombrado vicepresidente.

임무(任務) cargo; [직무] oficio; [사명] misión; [역할] papel, [의무] deber. 중대한 ~를 띠고 encargado de una misión importante. ~를 수행하다 desempeñar bien *su* cargo. ~를 과하다 asignar (designar) a *uno* un cargo. …을 ~로 하다 tener por cargo + *inf.* 그는 적의 동정을 살필 ~를 받았다 Le han encomendado la misión de espiar los movimientos del enemigo.

임병(淋病) gonorrea.

임부(妊婦) mujer preñada (encinta). ~복 vesvido de maternidad.

임산부(妊産婦) mujeres embarazadas o parturientas.

임상(臨床) ~의 clínico. ~ 강의 lección clínica, clínica. ~의(醫) clínico. ~ 의학 medicina clínica, clínica.

임석(臨席) asistencia, presencia. ~하다 asistir a *algo · un sitio*, estar presente en *un sitio*. ~의 asistente. …의 ~하에 bajo la (en) presencia de *uno*.

임시(臨時) ~의 [일시적인] temporal, provisional; [특별한] especial, extraordinario. ~로 provisionalmente, temporalmente; especialmente, extraordinariamente. ~로 고용하다 emplear a *uno* temporalmente. 그가 아파서 ~로 내가 출석했다 Como él estaba enfermo, asistí provisionalmente en *su* lugar. ~ 노동자 trabajador provisional. ~ 뉴스 noticia especial. ~ 국회 sesión extraordinaria de la Dieta. ~비 gasto extraordinario. ~ 수입 ingreso extraordinario. ~ 수당 subsidio especial. ~ 열차 tren extraordinario (suplementario). ~ 예산 presupuesto provisional. ~ 의회 asamblea extraordinaria. ~ 정부 gobierno provisional. ~ 지출 gasto extraordinario. ~ 총회 asamblea general extraordinaria. ~ 휴교 cierre temporal de la escuela. ~ 휴업 cierre temporal (provisional).

임신(妊娠) [수태] concepción; [상태] preñez, gravidez, embarazo. ~하다 concebir, embarazarse. ~시키다 preñar, embarazar. ~ 7개월의 embarazada de seis meses 【한국과는 숫자가 다르다】. ~중이다 estar (quedar) embarazada (encinta · preñada). ~부. preñada. ~중절 aborto (abortamiento) [provocado]

임야(林野) bosques y campos.

임업(林業) silvicultura.

임용(任用) nombramiento. ~하다 nombrar.

임원(任員) oficial.

임의(任意) voluntad. ~의 facultativo, libre, arbitrario; [자발적인] espontáneo, voluntario. ~로 facultativamente, arbitrariamente; espontáneamente, voluntariamente, a voluntad. ~로 선출하다 elegir *algo* al azar (arbitrariamente). ~ 추출하다 escoger al azar. 경찰에 ~ 출두를 요구하다 invitar a *uno* a presentarse (pe dir a *uno* que se presente voluntariamente). ~ 단체 organismo privado que no es objeto de protección legal. ~ 적립금 reserva voluntaria.

임자 [소유자] dueño, poseedor; [경영자] propietario.

임전(臨戰) ~태세를 취하다 prepararse para la guerra. ~태세에 있다 estar en pie de guerra.

임정(臨政) gobierno provisional.

임종(臨終) momento final, última hora, hora suprema (de la muerte). ~에 al momento de la muerte.

임지(任地) puesto. [서울의] ~로 떠나다 partir a (para) *su* [nuevo] puesto [en Seúl]. 그의 ~는 서반아이다 El tiene su puesto en España.

임질(淋疾) [의] gonorrea.

임차(賃借) préstamo, empréstito. ~ 관계 relación producida de un préstamo. ~ 대조표. balance, avanzo.

임파(淋巴) [해] linfa. ~의 linfático.

임학(林學) silvicultura; [수목학] dendrología.

임항(臨港) ~선 línea de ferrocarril de puerto. ~ 지대 zona lindante con el puerto.

임해(臨海) orillas del mar. ~ 공업 지역 zona industrial litoral. ~ 학교 escuela

입 boca. ~으로만 de boca. ~에서 ~으로 de boca en boca. ~을 막다 tapar la boca. ~은 화의 근원이다 En boca cerrada no entra mosca.

입각(入閣) entrada en el gabinete. ~하다 entrar en el gabinete, ocupar un asiento en el gabinete. ~예상자 los presuntos ministros, los que se suponen formarán un nuevo gabinete.

입각(立脚) ~하다 basarse (fundarse·apoyarse) en *algo*. …에 ~해서 basado (fundado·apoyado) en algo.

입고(入庫) 1 [상품의] almacenamiento. ~하다 almacenar [las mercancías]. ~료 gastos de almacén, almacenaje.
2 [전차·버스가] ~하다 al entrar en el garaje. ~시키다 meter en el garaje.

입구(入口) entrada.

입구(入寇) invasión. ~하다 invidir.

입국(入國) entrada en un país; [이민·여행자의] inmigración. ~하다 entrar en un país. ~을 허가 (금지·거절)하다 permitir (prohibir·rehusar) a *uno* la entrada en el país. ~관리국 Departamento de Inmigración. ~관리사무소 Oficina Nacional de Inmigración. ~ 사증 visa. ~ 수속 trámites de entrada. ~자 inmigrante (*m.f.*).

입금(入金) [수령] recibo; [수령금] dinero recibido, suma recibida. ~하다 abonar (ingresar) en cuenta. 1만원의 ~이 있었다 Ha habido un recibo de diez mil wones. ~ 전표 nota de recibo.

입내 bufonada.

입다 [옷을] vestirse, ponerse. 웃옷을 ~ ponerse la chequeta.

입단(入團) ~하다 unirse a (ingresar) en una organización.

입당(入黨) entrada en (adhesión a) un partido político, ingreso en un partido. ~하다 entrar en (adherirse a) un partido político.

입대(入隊) alistamiento, incorporación. ~하다 ingresar en el ejército, alistarse en la milicia, entrar en un servicio militar; [지원] hacerse soldado.

입덧나다 perder *su* apetito.

입론(立論) argumentación, razonamiento. ~하다 argumentar, razonar.

입맛 apetito. ~이 있다 (없다) (no) tener buen apetito.

입맞추다 besar, dar un beso. 뺨에 ~ dar*le* un besito en la mejilla.

입문(入門) ~하다 hacerse discípulo de *uno*. ~서 introducción, iniciación. 서반아어 ~ El español para los principiantes./ Curso elemental de español./ Introducción a la lengua española.

입방(立方) cubo. ~의 cúbico. 일 ~미터 un metro cúbico, m³. 일 ~미터의 de un metro cúbico. 2미터 ~의 de un cubo de dos metros. ~근 raíz cúbica. ~체 cubo. ~체의 cúbico.

입법(立法) legislación. ~의 legislativo. ~권 poder legislativo. ~기관··~부 cuerpo (órgano) legislativo; 【남미】 legislatura. ~의회 asamblea legislativa.

입사(入社) entrada en una firma, entrada en una compañía. ~하다 entrar en una compañía, entrar en una sociedad. ~시험 examen de entrada (de admisión) en una compañía, examen de colocación.

입사(入射) [물] incidencia. ~의 incidente. ~각 ángulo de incidencia.

입상(入賞) obtención de premio. ~하다 ganar un premio. 1등에 ~하다 ganar el primer premio. ~자 ganador del premio, laureado. ~ 작품 obra laureada (premiada).

입상(立像) estatua.

입상(粒狀) ~의 en grano, granulado. ~으로 하다 granular.

입선(入選) ~하다 ser escogido (seleccionado). ~자 persona seleccionada (escogida), ganador, triunfante.

입소(入所) entrada, admisión; [교도소에] encarcelamiento, prisión.

입속말 murmureo, murmurio, susurro. ~하다 murmurar, susurrar.

입수(入手) adquisición. ~하다 obtener, adquirir, conseguir. ~ 곤란한 difícil de conseguir.

입수염 mostachos, bigotes.

입술 labio. 윗(아랫) ~ labio superior (inferior).

입시(入試) examen de ingreso.

입신(立身) ~ 출세 avance en *su* carrera, éxito en la vida. ~ 출세하다 avanzar (progresar) en *su* carrera, tener éxito en la vida.

입안(立案) planeamiento. ~하다 planear, diseñar. ~자 autor de un proyecyo, proyectista (*m.f.*).

입양(入養) adopción. ~하다 adoptar.

입영(入營) alistamiento. ~하다 entrar en el cuartel.

입옥(入獄) ~하다 entrar en la prisión. ~중이다 estar en prisión (en la cárcel).

입욕(入浴) baño. ~하다 tomar un baño, bañarse. ~시키다 bañar a *uno*.

입원(入院) hospitalización, internación; entrada en un hospital, ingreso en un

입자 (粒子) grano; [미립자] partícula.

입장 (入場) admisión, entrada. ~하다 entrar en un sitio. ~를 거절하다 rehusar a uno la entrada. 엄숙하게 ~ 하다 hacer una entrada solemne. ~권 [billete ([남미]boleto) de] entrada; [역의] billete (boleto) de andén. ~권을 사다 comprar (sacar) la entrada. ~권 판매소 taquilla de billete de entrada. ~로 드는 권리 derechos de entrada. ~로 500원을 지불하다 pagar una entrada de quinientos wones. ~무료 Entrada gratis. ~세 impuesto sobre espectáculos. ~식 [운동 경기의] desfile inaugural de los atletas. ~자 [관객] espectador; [청중] auditorio; [집합적] público asistente, entrada.

입장 (立場) situación, puesto; [견지] punto de vista.

입적 (入籍) entrada en un registro familiar. ~하다 entrar (inscribirse) en un registro familiar. 처를 ~하다 poner el nombre de su mujer en el registro familiar.

입전 (入電) telegrama recibido, cablegrama recibido.

입정 (入廷) ~하다 [재판관이] hacer su entrada. 피고를 ~시키다 introducir a un acusado.

입증 (立證) prueba, comprobación, demostración. ~하다 probar, comprobar, demostrar. 무죄를 ~하다 demostrar la inocencia de uno.

입지 (立地) ~조건 factores de localización, situación geográfica. ~조건이 좋다 (나쁘다) estar bien (mal) situado.

입지전 (立志傳) 그는 ~속의 인물이다 Ha triunfado por su propio esfuerzo./ Es hijo de sus obras.

입찰 (入札) licitación. ~하다 licitar algo. ~에 의해 물가를 licitación. ~에 붙이다 poner algo en licitación. 100만원으로 ~하다 hacer una licitación por un millón de wones. ~자 licitador; [경매의] postor. 최고 ~자 el mayor (mejor) postor.

입천장 (一天障) paladar. ~의 palatino.

입체 (立體) sólido; [기하] cuerpo. ~의 sólido. ~감을 주다 dar un efecto estereoscópico. ~적으로 고찰하다 considerar algo desde distintas dimensiones. ~교차 paso a desnivel. ~경 (鏡) estereoscopio. ~기하 geometría sólido, gemetría del espacio. ~사진 anáglifo. ~영화 cine tridimensional. ~음악 música estereofónica. ~파 cubismo; [사람] cubista (m.f.).

입초 (入超) exceso de la importación sobre la exportación, balanza desfavorable del comercio exterior.

입추 (立秋) primer día del otoño, comienzo del otoño.

입추 (立錐) 회장은 ~의 여지가 없다 La sala está atestada (repleta).

입춘 (立春) primer día de la primavera, comienzo de la primavera.

입하 (入荷) llegada de mercaderías (de mercancías). ~하다 llegar. 포도가 ~했다 Han llegado uvas.

입학 (入學) ingreso (entrada) [en una escuela]; [허가] admisión. ~하다 ingresar (entrar) [en una escuela], ser admitido [en una escuela]. ~을 축하합니다 Le felicito a usted (Enhorabuena) por su admisión. ~금 derechos de ingreso (de matrícula). ~ 수속 matrícula, trámites de entrada. ~ 수속을 하다 matricularse, hacer los trámites de entrada. ~시험 examen de ingreso, examen de admisión. ~ 시험을 보다 someterse al examen de admisión (de ingreso), examinarse de ingreso. ~식 ceremonia de entrada. ~자격 requisito (aptitud) para el ingreso. ~원서 solicitud de admisión. ~ 지원자 candidato (solicitante) para la admisión.

입항 (入港) entrada en el puerto, llegada al puerto. ~하다 entrar en un puerto. 부산에 ~하다 entrar en el puerto de Busán. ~중이다 estar en el puerto. ~세 derechos de puerto (de quilla). ~ 수속 despacho de entrada. ~수수료 derechos de entrada. ~허가서 permiso de entrada.

입헌 (立憲) ~직 constitucional. ~ 군주국·~ 군주제 monarquía constitucional. ~ 정체 régimen constitucional. ~ 정치 gobierno constitucional.

입회 (立會) presencia, asistencia, sesión. ~하다 presenciar, asistir. ~ 연설 discurso conjunto.

입회 (入會) ingreso, entrada, adhesión. 클럽에 ~하다 entrar en (adherirse a · ingresar en) un club. 협회에 ~을 신청하다 pedir (solicitar) la admisión en una asociación. ~금 derechos de ingreso, cuota de entrada. ~자 socio. 신입 ~자를 모집하다 invitar nuevos socios.

입후보 (立候補) candidatura. ~하다 pre-

입히다 sentarse como candidato. ~를 선언하다 (취하하다) anunciar (retirar) *su* candidatura. 그는 대통령선거에 ~했다 Se ha presentado como candidato para la presidencia. ~자 candidato. 국회의원 ~자 candidato para diputado.

입히다 [옷을] vestir, poner. 옷을 ~ vestir (poner el vestido) a *uno*.

잇다¹ [지붕을] tejar.

잇다 [접속] conectar; [계속] continuar.

잇달다 continuar. 잇 달아서 continuamente.

잇닿다 continuar.

잇대다 continuar.

잇몸 encía, carne que cubre la quijada y guarnece la dentadura. ~의 종기 flemón, tumor en las encías.

잇솔 cepillo de dientes.

있다 1 [존재] estar; [유무] existir, haber 【3인칭 단수형으로 직설법 현재에서는 hay】; [발견되어 있다] encontrarse, hallarse, verse; [위치하다] estar situado. 정의는 ~ La justicia existe. 책상 위에 연필이 ~ Hay un lápiz en la mesa. 열쇠 여기 ~ Aquí tienes la llave. 파출소는 길의 우측에 ~ El puesto de policía está a la derecha de la calle. 역은 도시의 남부에 ~ La estación está en la parte sur de la ciudad. 카리브해에는 많은 섬이 ~ Hay muchas islas en el Caribe. 부산은 서울 남방약 400킬로미터 거리에 ~ Busán está [situado] a unos cuatrocientos kilómetros al sur de Seúl. 달에는 생물이 없다 En la luna no existen seres vivientes. 2 [···에 있다]. 사고의 원인은 그의 부주의에 ~ La causa del accidente está en (es) su descuido. 양자의 차이는 여기에 ~ La diferencia entre los dos está en este punto. 진정한 행복은 다른 사람을 행복하게 하는 데 ~ La verdadera felicidad consiste (estriba) en hacer felices a los demás.
3 [소유] tener, poseer; [향유] gozar (disfrutar) de *algo*. 그에게는 아들이 세 명 ~ Tiene tres hijos. 빈방이 있습니까 ¿Tienen ustedes un cuarto libre? 그에게는 우수한 재질이 ~ Tiene excelentes dotes./ 그는 우수한 재능이 ~ Tiene excelentes dotes./ 그는 책임감이 ~ Tiene sentido de responsabilidad.
4 [경험] haber+과거분사. 서반아에 가 보신 적이 있습니까 ¿Ha estado usted en España? 나는 그를 한 번 본 적이 ~ Le he visto una vez.
5 [완료] tener+과거분사【목적보어의 성·수에 일치한다】. 이 문은 열쇠가 채워져 ~ Está cerrada con llave esta puerta. 이미 식사를 준비해 두고 ~ Ya tenemos preparada la comida. 나는 가겠다고 그에게 말해 두고 ~ Le tengo dicho que voy.
6 [발생] ocurrir, pasar, producirse; haber. 어젯밤 화재가 있었다 Anoche hubo (se produjo) un incendio. 교통 사고가 매일 ~ Hay accidentes de tráfico todos los días.
7 [···하는 일이 있다] 그는 시간에 정확하지만 가끔 지각하는 일도 ~ Aunque él es puntual, también se retrata a veces. 그는 약속을 잊는 일이 자주 ~ Se olvida muy a menudo de la palabra dada.
8 [행해지다] tener lugar, haber; [식이] celebrarse. 내일 시험이 ~ Hay exámenes mañana. 오후에 결혼식이 ~ Por la tarde hay una boda./ Se celebra una boda por la tarde.
9 [수량 등] 아직 10분 남아 ~ Todavía quedan (hay·tenemos) diez minutos. 달이 뜰 때까지는 아직 한 시간 남아 ~ Aún falta una hora para la salida de la luna.
10 [체재] permanecer. 그는 마드리드에 3일간 있을 예정이다 Va a permanecer tres días en Madrid.
11 [숙박] estar alojado. 나는 로스안데스 호텔에 있다 Estoy alojado en el Hotel Los Andes.

있다가 luego.

잉꼬 [조] papagayo, cotorra, guacamayo, perico, zapoyolito.

잉부 (孕婦) mujer preñada (embarazada·encinta).

잉어 [어] carpa.

잉여 (剩餘) sobrante, excedente, sobra. ~금 superávit. ~농산물 excedentes agrícolas. ~농산물을 수출하다 exportar los sobrantes de los productos agrícolas. ~물자 materias sobrantes. ~자금 fondos sobrantes.

잉카 [사람] inca (*m.f.*); [민족] incas (*m.pl.*). ~의 incaico. ~제국 Imperio Incaico.

잉크 tinta. ~로 쓰다 escribir con tinta. ~병 tintero. ~스탠드 tintero. ~얼룩 borrón. ~지우개 líquido borrador de tinta.

잉태 (孕胎) preñez, preñado, concepción. ~하다 concebir, hacerse preñada.

잊다 olvidar, dejar olvidado. 잊지 말고 sin falta. 자신을 ~ olvidarse de sí. 나를 영원히 잊지 말아다오 No me olvides para siempre.

잊어버리다 olvidarse.

잎 hoja; [집합적] follaje.

잎나무 motorral, breñal, zarzal.

잎사귀 hoja.

잎파랑이 ⇨ 엽록소(葉綠素).

ㅈ

자 [단위] regla. ~로 선을 긋다 trazar una línea con una regla. 계산~ regla de cálculo. 받침~ falsa regla. 보통~ regla graduada.

자 ahora, a ver. ~ 오너라 Ahora ven. ~ 오십시오 Ahora venga Vd.

자(子) hijo. ~회사 compañía filial.

자(字) letra. 5~ la 5. rr~ la rr. 낫놓고 기역 ~도 모른다 no entender el abecé, no saber el abecé.

자(者) 1 [사람] persona, gente, uno. 그~ él, ése. 신은 부지런한 ~를 돕는다 A quien madruga, Dios le ayuda.
2 [것] cosa, éste, aquél. 전~ aquél, aquélla, aquéllos, aquéllas. 후~ éste, ésta, éstos, éstas.

자(自) de. ~오전 10시 지 오후 3시 de las diez de la mañana a las tres de la tarde.

자가용(自家用) su propia casa. ~용의 destinado al uso [소비용] al consumo doméstico (de casa). ~용으로 para uso doméstico; para el consumo de casa. ~제품의 doméstico, casero, hecho en casa. ~당착에 빠지다(빠져있다) caer (estar) en contradicción consigo mismo. ~발전장치 generador privado. ~수정 autofecundación, autogamia. ~용차 coche (particular). ~중독 autointoxicación, intoxicación interna (endógena), toxicosis (f.).

자가용(自家用) [개인용] uso propio, uso personal; [차] su coche. ~의 para uso propio.

자각(自覺) conciencia. ~하다 tener conciencia (ser consciente) de algo. 국민의 ~을 촉구하다 despertar la conciencia del pueblo. 나는 내 자신의 책임을 ~하고 있다 Soy consciente de mi responsabilidad. 너는 사건의 중대함을 ~하지 못하고 있다 Tú no eres consciente de lo grave que es el caso.

자갈 cascajo, arena gruesa. ~을 깔다 llenar (cubrir) con cascajo. ~길 camino arenoso. ~터 arenaria.

자개 madreperla.

자객(刺客) asesino.

자격(資格) [요건] requisito; [능력] capacidad, aptitud; [권능] facultad, atribución; [타이틀] título; [권리] derecho. ~이 없는 incompetente; no calificado, no capacitado; sin título; [무면허의] sin carné (licencia·permiso), no autorizado. ~이 있다 tener los requisitos (satisfacer las condiciones necesarias) para + inf. tener capacidad (estar autorizado) para + inf., estar capacitado para algo; tener derecho a + inf. ~을 잃다 perder el derecho a + inf ···, incapacitarse (inhabilitarse) para + inf. perder las facultades (atribuciones) para + inf. ~을 얻다 obtener el título (el diploma) de algo. ~을 주다 conceder a uno facultades (atribuciones) para algo, calificar (autorizar·habilitar) a uno para + inf. ~을 위조하다 falsificar un título. ~이 상실되다 ser descalificado. 개인 ~으로 en calidad (a título) personal. 교수의 ~으로 en calidad (a título) de catedrático. 대학졸업 ~을 주다 conferir a uno el título de diplomado. 그는 선거를 할 ~이 있다 Ya reúne los requisitos para votar. 무슨 ~으로 나에게 그런 말을 하십니까 ¿Con qué derecho (En qué capacidad) me lo dice usted? 그에게는 그녀를 비판할 ~이 없다 El no tiene derecho a criticarla. ~ 제한이 없다 No exigimos título particular. 입사 ~ título exigido para la colocación; requisitos para ingresar en la compañía. 국민학교 교사 ~검정시험 examen de reválida para maestros de primera enseñanza. 후보자 ~심사 examen de calificación de los candidatos. ~이 상실되다 ser descalificado.

자결(自決) 1 determinación propia, resignación voluntaria.
2 [자살] suicidio, acto de quitarse la vida. ~하다 determinar por si mismo, suicidarse, matarse.

자계(自戒) disciplina de sí mismo, amonestación propia. ~하다 amonestarse, enmendarse, corregirse, escarmentarse.

자고로(自古-) desde el tiempo antiguo.

자구(字句) fraseología. ~를 수정하다

자꾸 retocar el estilo de *algo*.

자꾸 repetidamente, repetidas veces, frecuentemente, con frecuencia, a menudo, siempre, muchas veces. 그는 수업중에 ~ 졸만 잔다 El duerme frecuentemente en la clase.

자국 marca, señal, nota, impresión, huella, cicatriz, chirlo, rastro, pisada. 긁힌 ~ rasguño, araño, arañazo, rascadura.

자국(自國**)** *su* [propio] país, *su* patria. ~의 de *su* país. ~민 compatriota *(m.f.)*, paisanc. ~어 lengua materna (nativa·vernácula). ~ 통화 moneda nacional.

자궁(子宮**)** útero, matriz. ~의 uterino. ~발육부전 hipoplasia del útero. ~외 임신 embarazo extrauterino.

자규(子規**)** cuco, cuclillo.

자그마치 un poco, unos; [반의적] tanto. 술을 ~ 마셔라 No bebas tanto.

자극(磁極**)** polo magnético.

자극(刺戟**)** estímulo; [흥분] excitación; [추진] impulso. ~하다 estimular; excitar; impulsar. ~을 주다 dar estímulo a *unc* [para que + *subj*.]. ~을 찾다 buscar excitación; [성적인] buscar estímulos sensuales. 식욕을 ~하다 estimular (excitar) el apetito. 경기를 ~하다 impulsar la actividad económica, activar el comercio.

자금(資金**)** capital, fondos. ~이 있다 tener capital (fondos). ~이 없다 no tener (carecer de) fondos. ~을 마련하다 preparar fondos. ~을 조달하다 proveerse de fondos, reunir el dinero necesario. ~난 dificultades financieras. ~ 부족 falta (escasez) de fondos. ~ 조달 financiación.

자급(自給**)** suministro por *sí* mismo. ~하다 suministrar por *sí* mismo. ~자족 autarquía, suficiencia de *sí* mismo. ~의 autárquico, autosuficiente. ~ 자족할 수 있는 나라 nación autosuficiente. ~ 자족하다 abastecerse de *algo*, suministrarse *algo* por *sí* mismo, bastarse a *sí* mismo en *algo*. ~자족 경제 autarquía.

자기(自己**)** *sí* mismo. ~의 personal, privado. ~기만 engaño de *sí* mismo. ~기만하다 engañarse [a *sí* mismo]. ~도취 narcisismo. ~부정 negación de *sí* mismo. ~비판 autocrítica, crítica de *sí* mismo. ~변호 justificación de *sí* mismo, defensa propia, autojustificación. ~변호를 하다 justificarse (defenderse) [a *sí* mismo], hacer la apología (la defensa) de *sí* mismo. ~만족 complacencia en *sí* mismo, satisfacción de *sí* mismo. ~소개 presentación de *sí* mismo, autopresentación. ~소개를 하다 presentarse [a *sí* mismo].

~암시 autosugestión. ~유도 autoinducción. ~자본 capital propio. ~혐오 odio a (repugnancia de) *sí* mismo. ~혐오에 빠지다 sentir odio a (tener repugnancia de) *sí* mismo.

자기(磁器**)** porcelana, cerámica, china.

자기(磁氣**)** magnetismo. ~의 magnético.

자기(自記**)** ~기압계 barómetro registrador. ~온도계 termómetro registrador. ~우량계 pluviógrafo, pluviómetro registrador.

자나깨나 día y noche.

자낭(子囊**)** asca.

자네 tú. ~들 vosotros.

자녀(子女**)** hijos, hijo e hija. 양가의 ~다 ser hijos de buena familia.

자다 dormir [se]; [잠자리에 들다] acostarse. 낮잠 ~ dormir la siesta. 단잠을 ~ dormirse como una piedra, dormirse como un lirón.

자당(自黨**)** *su* propio partido.

자당(慈堂**)** *su* madre.

자도(紫桃**)** [식] ciruela. ~나무 ciruelo.

자동(自動**)** automación, automatismo. ~의··~적인 automático. ~적으로 automáticamente, mecánicamente. 전~의 totalmente automático. ~문 puerta automática. ~변속기 transmisión automática. ~ 선반 torno automático. ~ 소총 fusil automático; [기관단총] metralleta. ~승인제 sistema de aprobaciones automáticas. ~시계 reloj de cuerda automática. ~ 장치 autómata *(m.)*. ~ 제동기 freno automático. ~ 제어 control automático. ~ 제어장치 aparato de automatización, servomecanismo. ~ 조절 regulación automática. ~조종 pilotaje automático. ~판매기 distribuidor automático, tragaperras, máquina vendedora (expendedora) automático, expendedor automático. ~판매기로 표를 사다 sacar un billete en el expendedor automático. ~화 automatización. ~화하다 automatizar.

자동사(自動詞**)** verbo intransitivo.

자동차(自動車**)** automóvil, auto, coche; 【남미】carro. ~의 automovilístico. ~로··~를 타고 en coche (automóvil). ~에 오르다 subir en (a) un automóvil, montar en automóvil. ~로 가다 ir en coche. ~에서 내리다 bajar [se] (apearse) de un coche. 환자 (화물)을 ~로 운반하다 llevar un enfermo (un equipaje) en coche. 부산은 서울에서 ~로 5시간 거리에 있다 Busán está a cinco horas en automóvil de Seúl. ~ 강도 [사람] agresor del chófer de un automóvil. ~ 경주 carrera·de automóviles. ~ 교습소 autoescuela. ~ 보험

seguro de automóviles. ~ 부품 piezas (accesorios) de automóviles. ~ 사고 accidente automovilístico (de automóvil). ~ 산업 industria automovilística. ~세 impuesto sobre los automóviles. ~손해배상 책임보험 seguro obligatorio contra los accidentes automovilísticos. ~ 수리공・정비공 mecánico. ~ 수리공장・정비공장 taller de reparación. ~ 여행 viaje en automóvil. ~전시회 exposición de automóviles. ~전용도로 autopista. ~취득세(법) (ley de) impuesto sobre la adquisición de automóviles.

자두 ciruela. ⇨ 자도.
자디잘다 ser muy pequeño.
자라다 crecer, criarse.
자랑 jactancia, orgullo. ~하다 jactarse, estar orgulloso de. 나는 내 조국을 ~으로 여기고 있다 Estoy muy orgulloso de mi patria.
자력(自力) fuerza propia. ~으로 solo, sin ayuda de nadie, por *sí* mismo, por la fuerza propia, por *sí* solo. ~으로 성공하다 salir bien en *algo* por *sus* propios medios. ~갱생 regeneración por *sus* propios esfuerzos.
자력(資力) medios [financieros], recursos [económicos]; [자금] fondos. 나는 자식을 대학에 보낼 ~이 없다 No tengo recursos para mandar a mi hijo a la universidad.
자력(磁力) atracción magnética; [자성] magnetismo.
자료(資料) documentos, datos; [집합적] documentación. ~를 수집하다 coleccionar datos, reunir documentos, documentarse. ~ 카드 ficha de documentación.
자루¹ [주머니] saco, saca, costal, talega. ~에 넣다 meter en sacos.
자루² [손잡이] mango, puño, asa.
자르다 cortar. 둘로 ~ cortar en dos. 도끼로 나무를 ~ cortar los árboles con la hacha.
자리 1 asiento, sitio. ~에 앉다 tomar asiento, sentarse. ~에서 일어나다 levantarse del asiento.
 2 [위치] situación.
 3 [지위] puesto, posición. 중요한 ~ posición importante.
 4 [계산상의] estabilidad.
 5 [자국] marca, señal, nota, impresión, huella.
 6 [깔개의] colchón.
자립(自立) independencia, manutención por *sí* mismo. ~하다 independizarse, mantenerse por *sí* mismo.
자마이카 [지] Jamaica. ~의 [사람] jamaicano.
-자마자 en cuanto, luego que, tan pronto como. 도착하~ en cuanto llegue.
자막(字幕) subtítulo.
자만(自滿) ~하다 ser ensimismado.
자만(自慢) jactancia. ~하다 enorgullecerse (envanecerse) de *algo*; jactarse. 성공을 ~하다 enorgullecerse del éxito.
자매(姉妹) hermanas. ~도시 ciudades hermanas. ~점 tiendas filiales. ~편 obras hermanas. ~회사 compañía subsidiaria.
자멸(自滅) [자연 멸망] destrucción natural; [자기 파멸] destrucción de *sí* mismo, perdición espontánea. ~하다 destruirse naturalmente; perderse; provocar *su* propia ruina, destruirse (arruinarse) a *sí* mismo; [패배] provocar *su* propia derrota, destruirse por *sí* mismo.
자명(自明) ~의 evidente, patente. ~한 이치 verdad evidente, axioma *(m.)*. …으~한 일이다 Es evidente que + *ind*. 그것은 ~한 이치다 Eso es evidente.
자명종(自鳴鍾) [reloj] despertador.
자모(子母) madre e hijo. ~음 consonante y vocal.
자모(字母) [알파벳] alfabeto, abecedario, silábicos, matriz de letra.
자모(慈母) madre bondadosa.
자모(姉母) madre y hermana.
자못 muy, excesivamente, sumamente, extremamente.
자문(諮問) consulta. ~하다 consultar, informarse de. 위원회에 ~하다 consultar (presentar *algo*) a un comité para deliberación. ~기관 organismo consultivo. ~위원회 comité consultivo, comisión consultiva.
자문(自問) ~하다 preguntarse. ~자답 soliloquio, monólogo.
자물쇠 cerradura. ~를 열다 abrir la cerradura. ~로 잠그다 cerrar con candado. ~집 cerrajero. 안전 ~ llave de seguridad.
자발(自發) espontaneidad. ~적 espontáneo, voluntario. ~적으로 espontáneamente, voluntariamente. 그는 ~적으로 협력을 제안했다 Ha propuesto su colaboración por su iniciativa. ~성 espontaneidad, iniciativa, voluntad. ~성이 풍부한(없는) lleno (falto) de iniciativa (de voluntad).
자방(子房) [식] ovario.
자백(自白) confesión, declaración. ~하다 confesar (declarar) *su* crimen; 【속】cantar. ~시키다 arrancar a *uno* la confesión, hacer confesar a *uno su* crimen. 그는 그 돈을 받았다고 ~했다 El confesó que había recibido ese dinero.

자복(子服) confesión. ~하다 confesar.
자본(資本) capital, fondos. ~을 투자하다 invertir capital. ~을 축적하다 acumular fondos. ~가 capitalista (*m.f.*). ~주의 사회(체제) sociedad (régimen) capitalista. 수권(불입·예약) ~금 capital autorizado (pagado·suscripto). ~주의 capitalismo. ~주의자 capitalista (*m.f.*).
자봉침(自縫針) máquina de coser.
자봉틀(自縫-) máquina de coser.
자부(資婦) nuera, hija política.
자부(慈父) padre bondadoso.
자부(自負) ~하다 creerse, presumir de. ~심 confianza en sí mismo; presunción, orgullo, engreimiento. ~심이 강한 creído; presumido, orgulloso, engreído. ~심을 상하다 herir el orgullo de *uno*.
자비(慈悲) misericordia, caridad. ~심이 많은 misericordioso, caritativo.
자비(自費) costa propia. ~로 a costa propia. ~출판 publicación costeada por el autor.
자빠뜨리다 derribar, derrocar.
자빠지다[넘어지다] caerse. 하마터면 자빠질 뻔 했다 Por poco me caí.
자산(資產) bienes, propiedades, fortuna, recursos; [상] activo; [세습 재산] patrimonio. ~이 있다 tener (poseer) fortuna. ~을 동결하다 congelar los bienes. ~가 hombre de fortuna (de bienes), persona opulenta. ~ 총액 importe total de activos.
자살(自殺) suicidio. ~하다 suicidarse, matarse. 실연으로 ~하다 suicidarse por amor. 혼자 그 산에 오르는 것은 ~ 행위다 Subir solo a esa montaña es [cometer] un suicidio. ~방조 complicidad en el suicidio. ~자 suicida (*m.f.*).
자살(刺殺) ~하다 matar a puñaladas.
자상(仔詳) detalle, pormenor. ~히 detalladamente.
자색(姿色) belleza, hermosura.
자색(紫色) púrpura, color purpúreo.
자생(自生) ~의 silvestre, natural.
자서(自序) prólogo del autor.
자서(字書) diccionario.
자서(自署) ~하다 firmar [*su* nombre]. ~전 autobiografía.
자석(磁石) imán; [지남철] brújula, compás. 영구(일시·마제형) ~ imán permanente (temporario·de herradura).
자석영(紫石英) ⇨ 자수정.
자선(慈善) beneficencia, filantropía. ~의 benéfico, filantrófico. ~을 베풀다 hacer [el] bien; dar limosna. ~가 bienhechor, benefactor. ~ 단체 institución benéfica (filantrópica). ~ 병원 hospital benéfico

~ 사업 obra benéfica (filantrópica·de caridad·de misericordia).
자설(自說) *su* propia opinión.
자성(磁性) magnetismo.
자성(自省) introspección, reflexión, examen de conciencia. ~하다 reflexionar, hacer examen de conciencia.
자세(仔細) detalle, pormenor. ~한 detallado. ~히 detalladamente.
자세(姿勢) postura, posición; [태도] actitud; [포즈] pose. ~가 좋은 de buena postura. ~을 바로 하다 enderezar la postura. ~가 나쁘다 tener un porte desarreglado (dejado).
자손(子孫) descendiente (*m.f.*); [집합적] descendencia. …의 ~이다 ser descendiente de *uno*.
자수(自首) denunciación por sí mismo. ~하다 denunciarse a las autoridades, entregarse (denunciarse) a la policía.
자수(刺繡) bordado. ~하다 bordar, labrar, recamar. ~한 블라우스 blusa bordada. 손수건을 ~하다 bordar un pañuelo. ~대 bastidor. ~사(師) bordador,-ra. ~ 바늘 aguja de bordado. ~실 hilo de bordado.
자수정(紫水晶) amatista.
자숙(自肅) continencia. ~하다 contenerse, abstenerse de *algo*.
자습(自習) ~하다 estudiar por sí mismo. ~문제 trabajo; [숙제] deberes. ~실 (시간) sala (hora) de estudios.
자승(自乘) cuadrado, segunda potencia, potencia de segundo grado. ~하다 cuadrar, elevar al cuadrado. 5의 ~은 25이다 Cinco al cuadrado son veinticinco.
자승자박(自繩自縛) ~하다 caer en *su* propia trampa.
자시다 comer. ⇨ 먹다.
자식(子息) [자녀] *sus* hijos, *sus* hijos y *sus* hijas. ~이 없다 no tener hijos. ~이 셋 있다 tener tres hijos.
자신(自信) confianza (seguridad) en sí mismo. ~있는 confidente en sí mismo. ~을 잃다 perder la seguridad en sí mismo. ~이 만만하다 estar plenamente seguro de (estar lleno de confianza en) sí mismo.
자신(自身) sí mismo. ~의 de sí mismo, personal.
자아(自我) ego, egotismo, yo, uno mismo, sí mismo. ~의 확립 (해방) afirmación (emancipación) del yo. ~를 확립하다 afirmar *su* personalidad.
자애(慈愛) benevolencia, cariño, afecto, ternura. ~깊은 amoroso, benévolo.
자애(自愛) egoísmo. 아무쪼록 자중~ 하시기를 앙망합니다 Tenga usted mucho cuidado con (de) *su* salud./ Cuídese usted

자양(滋養) nutrición. ~분 substancia nutritiva, nutrimento.

자업자득(自業自得) consecuencia del acto propio, justo castigo. ~이다 Dios le ha castigado. 그가 실패한 것은 ~이었다 El sembró su propio fracaso.

자연(自然) naturaleza. ~의 natural. ~히 naturalmente. ~계 [mundo de la] naturaleza. ~과학 ciencia natural. ~과학자 científico. ~관 visión (idea) de la naturaleza. ~도태 selección natural. ~발생 generación espontánea. ~발화 (폭발) combustión (explosión) espontánea. ~법 derecho natural. ~법칙 ley natural. ~사 muerte natural. ~숭배 culto a la naturaleza. ~식품 alimentos naturales. ~주의 naturalismo.

자엽(子葉) cotiledón. 단~식물 monocotiledónea. 쌍~식물 dicotiledónea.

자영(自營) ~하다 llevar un negocio independiente. ~농민 agricultor propietario. ~업 empresa (negocio) independiente.

자오선(子午線) meridiano.

자외선(紫外線) rayos ultravioletas.

자우(慈雨) lluvia benéfica. 한천(旱天)의 ~ lluvia benéfica después de una sequía.

자욱하다 ser denso.

자웅(雌雄) masculino y femenino. ~을 결하다 enfrentarse para una lucha definitiva; […과] medirse con *uno*. ~을 다투다 luchar con *uno* por la hegemonía, rivalizar con *uno*. 병아리의 ~을 감별하다 determinar la sexualidad de los pollos. ~동체 hermafroditismo. ~동체의 hermafrodita.

자원(資源) recursos [naturales]. ~을 개발하다 explotar recursos naturales.

자원(自願) ~하다 ofrecer (contribuir) voluntariamente.

자위(自慰) 1 consolación de *sí mismo*. 2 [수음] onanismo, masturbación. ~행위를 하다 masturbarse, entregarse a la masturbación.

자위(自衛) defensa propia, autodefensa. ~하다 defenderse. ~수단을 강구하다 tomar medidas defensivas (medios de defensa) para *sí mismo*. ~권 derecho de defensa propia. ~본능 instinto de defensa propia. ~대 Fuerzas Armadas de Autodefensa.

자유(自由) libertad. ~로운 libre. ~롭게 libremente, sin reserva. ~경제 economía libre. ~경쟁 libre competencia. ~당 partido liberal. ~무역 libre comercio. ~시장 mercado libre. ~자재의 libre y liberal. ~주의 liberalismo. ~주의자 liberalista. ~판매 venta libre. ~항 puerto libre, puerto franco. ~형 estilo libre.

자율(自律) autonomía. ~적인 autónomo. ~신경 nervios autónomos.

자음(子音) consonante *(m.)*. ~자 letra consonante, consonante *(f.)*. 이중 ~ consonantes compuestas.

자의(自意) *su* propia voluntad. ~로 voluntariamente, espontáneamente, de libre voluntad.

자의(字義) sentido de una palabra. ~대로 literalmente, conforme a la letra (al sentido literal). ~대로의 해석 interpretación literal.

자의(恣意) ~적인 arbitrario, caprichoso. ~로 arbitrariamente, a *su* capricho, a *su* gusto.

자의식(自意識) conciencia de *sí mismo* (de *su* propia estimación). ~과잉이다 ser demasiado consciente (tener demasiada conciencia de *sí mismo*).

자인(自認) ~하다 reconocer, admitir. 그는 범행을 ~했다 Reconoció su crimen.

자자손손(子子孫孫) descendientes, hijos, posteridad.

자작(自作) propia obra. 그의 ~시 poema de su composición (de su propia pluma), su propio poema. ~자연【연극】representar *sus* propias piezas; 【악】interpretar *sus* propias obras. ~농 agricultor propietario.

자작(子爵) vizconde. ~부인 vizcondesa.

자작나무【식】abedul.

자장(磁場) campo magnético.

자장가(-歌) arrullo.

자재(自在) [자유] libertad. ~하다 estar libre. ~로 muy libremente.

자재(資材) material. 건축 ~ materiales de construcción.

자전(自轉) rotación [sobre su eje]. ~하다 girar, dar vuelta, rodar. 지구는 ~하는데 24시간이 걸린다 La Tierra tarda veinticuatro horas en dar una vuelta sobre su eje.

자전(字典) diccionario.

자전(自傳) autobiografía. ~풍의 autobiográfico.

자전거(自轉車) bicicleta. ~를 타다 montar en bicicleta. ~로 가다 ir en bicicleta. ~경주 carrera ciclista (de bicicletas), ciclismo. ~여행 gira en bicicleta; [싸이클링] ciclismo. ~선수 biciclista *(m.)*.

자정(子正) medianoche. ~에 a [la] medianoche.

자제(自制) abnegación. ~하다 abnegarse, refrenarse, contenerse, reprimirse. ~심 autodominio, dominio (control) de *sí mis-*

mo. ~심을 잃다 perder el dominio de sí mismo. 그는 ~심을 되찾았다 Ha recobrado el dominio de sí mismo.

자제(子弟) hijos, niños. 김씨의 ~ el hijo del señor Guim. 양가의 ~ niños de buena familia.

자제(自製) propia manufactura. ~의 de su propia hechura, fabricado en casa.

자조(自嘲) ~하다 burlarse de sí mismo.

자족(自足) autosuficiencia.

자존(自尊) respeto propio, orgullo.

자존심(自尊心) amor propio, propia estimación, orgullo, [propia] dignidad. ~이 있다 tener amor propio. ~이 강하다 ser orgulloso. ~을 상하다 herir a uno en su amor propio. ~을 잃다 perder su propia dignidad. 그녀는 ~을 상했다 Se sintió herida (La hirieron) en su amor propio.

자주 muchas veces, a menudo, frecuentemente, con frecuencia, repetidas veces.

자주(自主) independencia. ~적 autónomo, voluntario. [독립한] independiente, libre. ~적으로 voluntariamente, por su propia iniciativa. ~권 autonomía. ~독립 independencia. ~성 autonomía; independencia. ~외교 política exterior independiente (basada en la autonomía).

자주빛(紫朱~) púrpura, color purpúreo.

자중(自重) prudencia. ~하다 [자애] cuidarse de sí mismo; [신중] tener prudencia, ser prudente, ser circunspecto. ~해서 con prudencia, con moderación. 더 ~해야 한다 Hay que ser más moderado./ Hace falta tener más prudencia.

자지 pene, miembro viril.

자진(自進) ~하다 servir como voluntario, sentar plaza.

자질(資質) cualidad, don.

자질구레하다 ser frívolo. 자질구레한 일 bagatela, paparrucha, fruslería, friolera, cualquier cosa de poca substancia y valor.

자찬(自讚) ~하다 alabarse, glorificarse, admirarse.

자책(自責) ~하다 acusarse.

자천(自薦) ~하다 proponerse a sí mismo, presentarse.

자철광(磁鐵鑛) magnetita.

자청(自請) ~하다 ofrecer (contribuir) voluntariamente, servir como voluntario, sentar plaza; servirse.

자체(自體) sí, sí mismo.

자체(字體) letra; [필적] escritura; [활자의]tipo. 이것은 너의 선생님의 독특한 ~ 이다 Esta es la letra típica de tu profesor.

고딕~ letra negrilla.

자초지종(自初至終) toda historia.

자축거리다 cojear.

자축발이 persona coja.

자취 rastro, huella, pisada.

자취(自炊) preparación de comida por sí mismo. ~하다 hacer comida por sí mismo. 나는 ~를 하고 있다 Yo me hago la comida./ Yo cocino mi propia comida.

자치(自治) autonomía, regionalismo. ~의 autónomo. ~제의 autonómico. ~권 derecho a la autonomía. ~권을 요구하다 (주다) reclamar (conceder) la autonomía. ~단체 colectividad autónoma. ~령 [연방의] dominio. ~제도 autonomía. ~체 cuerpo autónomo, municipio. 학생~회 asociación [autónoma] de estudiantes.

자친(慈親) su madre.

자침(磁針) aguja magnética (imantada).

자칫 casi, por poco. ~ 넘어질 뻔 했다 Por poco me caí.

자칭(自稱) presunción, falsedad. ~하다 pretenderse, darse el título (titularse de…, llamarse; [사칭] hacerse pasar por…. ~의 pretendido, supuesto. ~ 박사 doctor fingido. ~ 신사 supuesto caballero.

자타(自他) …은 ~가 다 인정하고 있다 Está públicamente reconocido que+ind. 그는 ~가 다 인정하는 이 분야의 제일인자다 El es indiscutiblemente la primera figura en este campo.

자태(姿態) talle, figura.

자택(自宅) su casa, su domicilio. ~에서 요양하다 curarse en casa, someterse al tratamiento en casa. ~요법 curativa en casa.

자파(自派) su propia.

자포자기(自暴自棄) desesperación, abandono de sí mismo. ~하다 desesperarse.

자폭(自爆) ~하다 [폭탄으로] matarse con una bomba; [비행기가] estrellar su avión contra un objetivo.

자필(自筆) escritura propia, autógrafo. ~로 en la escritura propia. ~의 escrito por sí mismo, manuscrito, autógrafo, de su puño y letra; [유언 등의] ológrafo. ~원고 autógrafo. ~ 유언서 [testamento] ológrafo.

자학(自虐) masoquismo. ~적인 경향이 있다 tener tendencia al masoquismo.

자해(自害) suicidio. ~하다 matarse, suicidarse.

자형(姉兄) cuñado, hermano político.

자혜(慈惠) caridad, ternura, benevolencia, amor.

자화(磁化)【물】~하다 magnetizar, imantar, imanar.

자화상(自畵像) autorretrato.
자화자찬(自畵自讚) autobombo. ~하다 alabarse a *sí mismo*, hacer (hacerse el) autobombo.
자활(自活) independencia, mantención por *sí mismo*. ~하다 mantenerse a *sí mismo*, vivir con *sus* propios recursos, sustentar por *sí mismo*.
작(作) [작품] obra, producción; [농작] cosecha.
작(昨) ayer.
작가(作家) autor, escritor. 여류 ~ autora, escritora. 유행 ~ escritor popular.
작고(作故) muerte (*f*.), fallecimiento. ~하다 morir, fallecer, dejar de existir.
작곡(作曲) composición musical. ~하다 componer [música]. ~가 compositor.
작금(昨今) recientemente, en nuestros días, hoy [en] día. ~의 세상 el mundo de hoy día.
작년(昨年) año pasado. ~ 여름 verano pasado.
작다 ser pequeño (chico · trival). 작은 목소리 voz baja.
작대기 varilla, vara, caña.
작대기바늘 aguja grande.
작도(作圖) dibujo.【기】 construcción. ~하다 construir.
작동(昨冬) invierno pasado.
작동(作動) ~하다 funcionar, marchar, andar. 브레이크가 ~한다 Funciona el freno. ~스위치 conmutador actuador.
작렬(炸裂) estallido, reventón. ~하다 estallar, reventarse. ~음 estallido, estampido, detonación.
작명(作名) nombramiento. ~하다 nombrar.
작문(作文) composición. ~하다 componer. …에 관한 ~을 쓰다 hacer una composición sobre *algo*. 서반아어 ~ composición española. 자유 ~ composición libre.
작물(作物) producto agrícola, productos del campo; [수확] cosecha. 이 지방의 대표적 ~ producto agrícola típico de esta región. 가뭄 때문에 ~을 망쳤다 Hemos tenido mala cosecha debido a la sequía. 이웃 토양은 ~의 생육이 적당하다 El suelo de aquí es adecuado para el cultivo de los productos agrícolas.
작법(作法) composición, método.
작별(作別) despedida. ~하다 despedirse de *uno*.
작부(酌婦) camarera, moza.
작살 arpón.
작성(作成) [문서의] redacción, preparación. ~하다 hacer, redactar, preparar. 명부(예정표)를 ~하다 hacer una lista (un plan). 계약서를 ~하다 redactar un contrato. 계획을 ~하다 trazar un proyecto. 법안을 ~하다 elaborar un proyecto de ley. 시험문제를 ~하다 preparar las cuestiones del examen.
작시(作詩) versificación. ~하다 versificar. ~자 versificador, versista.
작심(作心) resolución, determinación. ~하다 resolver, determinar.
작야(昨夜) anoche.
작약(芍藥) peonía.
작업(作業) trabajo, obra, operación. ~하다 obrar, trabajar. ~을 시작하다 poner mano a la obra. ~중이다 estar de trabajo. ~중 en obra. ~복 vestido de trabajo, blusa. ~시간 hora de trabajo. ~요법 ergoterapia, cura por el trabajo. ~원 trabajador, obrero. ~장 taller.
작용(作用) acción, operación, ejecución. ~하다 ejecutar, funcionar.
작월(作月) mes pasado.
작위(作爲) arficio. ~적인 artificial, artificioso; [의도적] intencional, intencionado. ~적으로 intencionalmente.
작위(爵位) título nobiliario (de nobleza), rango de cada noble. ~를 받은 사람 título. ~를 수여하다 conceder un título nobiliario a *uno*.
작은아버지 tío.
작은어머니 tía.
작일(昨日) ayer.
작자(作者) autor, escritor.
작전(作戰) 1 [책략] estrategia, táctica, plan de campaña. ~상의 ~적인 estratégico. ~상 estratégicamente.
2 [군사 작전] operación [militar]. 상륙 ~을 실시하다 efectuar una operación de desembarco. ~계획 plan de operaciones. 공동 ~ operación conjunta (aliada).
작정(作定) decisión, determinación, intención, idea, plan, propósito. ~하다 decidir, determinar, intentar + *inf*.
작주(昨週) semana pasada.
작추(昨秋) otoño pasado.
작춘(昨春) primavera pasada.
작품(作品) obra; [영화의] producción. 그 화가는 헤아릴 수 없이 많은 ~을 세상에 내놓았다 Ese pintor dio al mundo innumerables obras. 베토벤의 ~ 16번 la obra diesiséis de Beethoven. ~집 obras. 문학 ~ obra literaria.
작풍(作風) estilo, manera. 피카소의 ~을 모방하다 imitar (el estilo de) Picasso.
작하(昨夏) otoño pasado.
잔(殘) resto.
잔(盞) vaso, taza, copa. 커피 한 ~ una taza de café. 물 한 ~ un vaso de agua. 포도주 한 ~ una copa de vino.

잔고(殘高) resto, saldo. ~…이다 arrojar un saldo de… 내 은행 예금의 ~는 만원이다 Me queda diez mil wones en mi cuenta del banco. 전(前)~ saldo anterior. 평균~ saldos promedios. 현금~ saldo en caja.

잔교(棧橋) muelle; [선착장] embarcadero, desembarcadero. ~를 통과하여 승선하다 subir a bordo pasando por el muelle.

잔금(殘金) resto, lo restante. ~ 1만원 diez mil wones de resto. ~은 1개월 후에 지불하겠다 Pagaremos el resto dentro de un mes.

잔당(殘黨) superviviente (m.f.), sobreviviente (m.f.), refugiado.

잔돈 sencillo, dinero suelto, cambio.

잔돌이 espalda.

잔디 césped (m.). ~를 심다 encespedar, cubrir con céspedes. ~밭 prado.

잔뚝 extremamente, sumamente.

잔루(殘壘)【운】 corredor dejado en base.

잔류(殘留) quedada. ~하다 quedarse, permanecer, seguir en el mismo sitio.

잔무(殘務) negocios por despachar. ~를 정리하다 liquidar los negocios, liquidar los asuntos que [se] han quedado en suspenso.

잔병(-病) insalubridad, estado enfermizo.

잔부(殘部) resto, existencias.

잔상(殘像) imagen consecutiva (restante).

잔서(殘暑) calor que hace en otoño, calor del tardío verano.

잔설(殘雪) restos de nieve.

잔악(殘惡) atrocidad, maldad horrible.

잔업(殘業) horas extras (suplementarias). ~하다 hacer (echar) dos horas extras. 2시간 ~하다 hacer (echar) horas extras. ~수당 prima de horas extras.

잔여(殘餘) resto. ~의 restante, que sobra. ~재산 activo después de la disolución, legado residual.

잔염(殘炎) calor tardío.

잔월(殘月) luna del alba.

잔유(殘油) aceite quedado.

잔인(殘忍) crueldad, brutalidad. ~한 cruel, sangriento, despiadado. ~ 무도한 cruelísimo.

잔진하다 ser tranquilo.

잔재(殘宰) residuo, desperdicio.

잔전(-錢) cambio.

잔존(殘存) ~하다 subsistir, quedar, perdurar. 그 풍습은 아직 ~하고 있다 Subsiste esa costumbre. ~세력 fuerza subsistente.

잔치 fiesta, banquete. ~를 열다 dar una fiesta.

잔품(殘品) artículos invendibles (no vendidos).

잔학(殘虐) crueldad, inhumano, brutal, atroz. ~한 범죄 crimen brutal. ~한 행위 salvajada, bestialidad. ~한 행위를 하다 cometer una salvajada.

잔해(殘骸) restos, residuos; [건물의] ruinas, escombros.

잔혹(殘酷) crueldad, brutalidad, sangre fría. ~한 cruel, sangriento. ~ 무도한 cruelísimo. 동물을 ~하게 다루다 tratar a los animales con crueldad. 그는 ~하게 나의 청원을 거절했다 Ha tenido la crueldad de rechazar mi petición.

잘 1 [익숙·능란] bien, excelentemente. 서반아어를 ~하다 hablar español bien. 노래를 ~ 부르다 cantar bien.
2 [충분히] cuidadosamente, con cuidado. ~듣다 escuchar a *uno* con cuidado.

잘나다 [잘생기다] ser guapo. 잘난 사내아이 chico guapo. 그 여자는 잘났다 Ella es guapa.

잘되다 salir bien, tener buen éxito; [번영] prosperar.

잘똑거리다 cojear.

잘못 equivocación, falta, culpa, yerro, errata. ~하다 equivocarse, tener la culpa, no tener razón. ~ 투성이 책 libro lleno de yerros (de erratas). 길을 ~들다 descarriarse. ~ 이해하다 comprender mal. 내 비서의 ~이다 Mi secretaria tiene la culpa.

잘생기다 ser guapo (bien parecido·bonito). 잘 생긴 남자 hombre guapo.

잘하다 hacer bien. 서반아어를 ~ hablar español bien. 요리를 ~ ser un buen cocinero.

잠 sueño; [낮잠] siesta. ~자다 dormir [se]. ~재우다 dormir. ~이 오다 tener sueño. ~에 떨어지다 caerse de sueño. ~을 쫓다 espantar el sueño. 깊은 ~ sueño pesado.

잠그다 cerrar, acerrojar. 열쇠로 ~ cerrar con llave.

잠깐 un momento, un rato. ~기다리십시오 Espere un momento, por favor.

잠꾸러기 dormilón, -na.

잠들다 dormirse, adormir.

잠망경(潛望鏡) periscopio.

잠바 blusa holgada de obrero, zamarra de piel.

잠방이 calzoncillos.

잠복(潛伏) escondite, incubación. ~하다 esconderse, ocultarse, mantenerse escondido; [병이] permanecer (quedar) en un estado latente. ~중인 간부 dirigente que está oculto. 범인은 서울에 ~중이다 El criminal está escondido en Seúl. ~기

잠사(蠶絲) hilo de seda. ~ 시험장 laboratorio de sericicultura. ~업 industria sericultural.

잠수(潛水) sumersión, buceo. ~하다 sumergirse, bucear, zambullirse. ~모함 abastecedor de submarinos. ~병 enfermedad submarina. ~복 escafandra. ~부 buzo. ~함 submarino.

잠시(暫時) un momento, en un momento (부사적으로). ~의 momentáneo. ~기다려 Espere usted un momento, por favor.

잠식(蠶食) usurpación, invación. ~하다 usurpar, invadir.

잠언(箴言) máxima, sentencia, dicho sentencioso, aforismo; 【성경】 proverbio.

잠업(蠶業) sericicultura.

잠열(潛熱) calor latente.

잠옷 pijamas, piyamas.

잠입(潛入) entrar secretamente, entrar clandestinamente (subrepticiamente) en *un* sitio, colarse en *un* sitio. 스파이가 국내에 ~했다 El espía entró clandestinamente (Se coló) en el país.

잠자다 [수면] dormir; [낮잠] dormir una siesta, tomar una siesta; [취침] acostarse. 잠잘 시간 hora de acostarse. 늦도록 ~ dormir tarde.

잠자리[1] libélula, caballito del diablo.

잠자리[2] cama. ~를 펴다 hacer la cama. ~에 들다 acostarse. ~를 같이하다 dormir juntos.

잠자코 sin decir nada, en silencio; [의의 없이] con obediencia, obedientemente. ~ 있어라 ¡Silencio!/Cállate.

잠잠하다 callarse, ser tranquilo. 잠잠하게 tranquilamente.

잠재(潛在) estado latente. ~하다 estar latente (ocultado), quedarse en el estado latente. ~적인 latente. ~적 인플레 inflación latente. ~실업자 parados (obreros en paro) no inscritos. ~의식 subconsciencia. ~ 주권 soberanía teórica (en potencia).

잠정(暫定) ~적 provisional, interino, temporal, accidental. ~적으로 provisionalmente. ~조치를 취하다 tomar una medida provisional. ~적으로 임명하다 nombrar a *uno* como interino. ~ 예산 presupuesto provisional.

잠지 pene de niños.

잠항(潛航) navegación submarina. ~하다 navegar sumergido, sumergirse, hundirse en el agua, navegar debajo del agua.

잠행(潛行) viaje en disfraz. ~하다 [몸을 숨기다] esconderse, ocultarse. 지하에 ~하다 esconderse en la clandestinidad, viajar de incógnito.

잡가(雜歌) canción vulgar; [민요] canto folklórico, canción (balada) folklórica.

잡거(雜居) residencia mixta. ~하다 vivir juntos. 한 집에서 ~하다 vivir juntos en una casa.

잡곡(雜穀) cereales varios. ~상(商) comerciantes de cereales.

잡균(雜菌) gérmenes varios, bacterias varias.

잡기장(雜記帳) memorándum, libro de apuntes, agenda.

잡년(雜-) mujer sucia (asquerosa).

잡념(雜念) distracciones, ideas varias. ~을 없애다 alejar de *sí* las distracciones.

잡놈(雜-) hombre ruin (vulgar).

잡다 1 [손으로] coger, tomar.
2 [체포] arrestar, prender.
3 [담보로] embargar.
4 [결정] fijar, decidir, determinar; [선정] elegir; [예약] reservar. 골라 ~ elegir. 날짜를 ~ fijar la fecha. 일자리를 ~ obtener un puesto.

잡다[2] [죽이다] matar; [불을] apagar.

잡다[3] [요량] estimar.

잡다(雜多) variedad, diversidad. ~한 misceláneo, vario, diverso, de todo tipo.

잡담(雜談) charla, conversación deshilvanada (sin su [b] stancia' sin orden ni concierto). ~하다 charlar, parlotear, chacharear.

잡답(雜沓) [혼잡] aglomeración, concentración; gentío, barullo.

잡동사니 géneros diversos, cachivache, bagatela. ~ 상 (商) pacotillero.

잡되다(雜-) ser vulgar.

잡말(雜-) charla sucia.

잡목(雜木) tallar, soto. ~림 monte tallar, soto.

잡무(雜務) ocupaciones menudas, pequeñas obligaciones.

잡문(雜文) artículo de tema ligero, divagaciones literarias; [수상] trabajo ensayístico. 잡지에 ~을 쓰다 escribir un trabajo ensayístico para una revista. ~집 miscelánea ensayística, colección de trabajos ensayísticos.

잡물(雜物) géneros diversos.

잡배(雜輩) hombre vulgar.

잡병(雜病) varias enfermedades.

잡보(雜報) noticias generales.

잡비(雜費) gastos misceláneos (varios·diversos). ~로 만원이 필요하다 Se necesitan diez mil wones para gastos varios.

잡색(雜色) varios colores.

잡서(雜書) libros misceláneos.

잡설(雜說) ⇨ 잡소리.
잡세(雜稅) impuestos misceláneos.
잡소리(雜 ー) [외설한] conversación obscena (sucia), bagatelas, fruslerías.
잡수시다 tomar, comer.
잡수입(雜收入) ingresos varios.
잡식(雜食) ~ 동물 animal omnívoro.
잡아당기다 [끌다] tirar. 위로 ~ tirar (apartar·retirar) hacia atrás.
잡역(雜役) tareas varias, quehaceres varios, trabajos misceláneos. ~부 peón.
잡음(雜音) ruido; [전파의] interferencias, parásitos (ruidos) atmosféricos. 라디오에 ~이 있다 La radio tiene interferencias. ~이 들어가서 라디오가 들리지 않는다 No se oye la radio por las interferencias.
잡인(雜人) entremetido, intruso.
삽일(雜 ー) asuntos misceláneos, quehaceres domésticos, trajines personales.
잡종(雜種) razas mezcladas. ~의 mestizo, cruzado, híbrido, bastardo. ~개 perro bastardo.
잡지(雜誌) revista. ~를 구독하다 suscribirse a una revista.
잡초(雜草) hierbajo. ~를 뽑다 escardar hierbajos.
잡치다 corromper, arruinar, deteriorar, destruir.
잡탕(雜湯) [국] sopa mixta.
잡혼(雜婚) casamiento (matrimonio) mixto, casamiento (matrimonio) mutuo que se celebra entre dos familias. ~하다 casarse mutuamente cuatro o más personas de dos familias.
잡화(雜貨) artículos diversos (varios·en general), mercancías misceláneas, mercaderías en general; [일용 잡화] enseres domésticos. ~상 comerciante de enseres domésticos. ~점 tienda de mercaderías misceláneas (de enseres domésticos).
잣다 [실을] hilar.
장(將) general.
장(長) [책임자] jefe, director.
장(張) hija. 종이 한 ~ una hoja de papel.
장(章) capítulo. 제2~ capítulo segundo.
장(腸) intestino; [동물의] tripa. ~의 intestinal. ~질환 afección (perforación·estenosis (f.)) intestinal. ~카타르 catarro intestinal, enterocolitis. ~티프스 fiebre tifoidea.
장(場) mercado, feria, plaza.
장(欌) guardarropa.
장(醬) ⇨간장.
장가(結婚) casamiento, matrimonio. ~들다 casarse.
장갑(掌匣) guantes. ~ 한 켤레 un par de guantes. ~을 끼다 ponerse los guantes.

장갑(裝甲) 【군】 acorazado. ~하다 acorazar, brindar. ~차 coche blindado. ~판 plancha (placa) de blindaje.
장강(長江) río largo.
장거(壯擧) gran empresa, hazaña.
장거리(長距離) larga distancia. ~를 항행하다 cubrir (hacer) grandes distancias [sin escala]. ~경주 carrera de [gran] fondo. ~버스 autobús de línea. ~비행 vuelo de largo recorrido. ~여객기 avión de largo recorrido (trayecto). ~전화 conferencia de larga distancia; [시외] conferencia (llamada) interurbana. ~전화를 걸다 poner una conferencia [de larga distancia]. ~주자 corredor de fondo. ~포 cañón de largo alcance.
장결석(膵結石) 【의】 enteritis.
장고(杖鼓) ⇨장구.
장고(長考) ~하다 pensar mucho (largamente) en algo, reflexionar (sobre) algo. ~끝에 después haber pensado mucho.
장관(長官) secretario, ministro. 국방~ ministro de Defensa Nacional. 외무~ ministro de Asuntos Eoteriores (Extranjeros.) 내무~ ministro de Asuntos Interiores. 문교~ ministro de Educación.
장관(將官) [육군] general; [해군] admiral.
장관(壯觀) vista magnífica, espectáculo grandioso, panorama maravilloso. 정말 ~이다 Es verdaderamente un espectáculo grandioso./ iQué vista tan magnífica!
장광설(長廣舌) largo discurso. ~을 늘어놓다 pronunciar un largo discurso, perorar largamente.
장교(將校) oficial. ~에 임명하다 ser nombrado oficial. 육군 [해군] ~ oficial del ejército (de la marina).
장구 [악] changu. tambor coreano.
장구(長久) eternidad, mucho (largo) tiempo. ~지계 política perpetua.
장군(將軍) general.
장궤양(腸潰瘍) 【의】 ulcera intestinal.
장기(長技) habilidad especial.
장기(長期) período (plazo) largo. ~의 prolongado, largo, que dura mucho tiempo. ~로 a largo plazo, a largo término. ~화하다 durar mucho tiempo, eternizarse. ~대부(자금·신용) préstamo (fondos·crédito) a largo plazo. ~예보 pronóstico a largo plazo.
장기(將棋) changgui, ajedrez coreano. ~두다 jugar al ajedrez. ~짝 pieza [de ajedrez]. ~판 tablero [de ajedrez].
장기(臟器) vísceras (f.pl.).
장끼 [조] faisán.
장난 juego. ~하다 jugar. ~감 juguete. ~감 상점 juguetería. ~꾸러기 juguetón,

juguetona.
장남(長男) hijo mayor, primogénito.
장내(場內) ~에서 en el interior de la sala; [경기장의] dentro del estadio. ~는 열기로 찼다다 La sala ardía de entusiasmo. ~ 금연 Prohibido fumar dentro de la sala.
장녀(長女) hija mayor, primogénita.
장년(壯年) ~의 남자 hombre maduro, adulto. ~기 edad madura (adulta). ~기에 달하다 llegar a la edad madura.
장뇌(樟腦) canfor, alcanfor.
장님 ciego.
장단(長短) [길이의] lo largo y lo corto; [장단점] mérito y defecto; [박자] ritmo. ~ 여러가지의 de diversas longitudes. 사람은 누구나 ~이 있다 Cada uno tiene sus defectos y cualidades.
장담(壯談) jactancia. ~하다 jactarse, fanfarronear.
장대 palo largo.
장대(壯大) grandeza, magnificencia. ~한 grandioso, magnífico, colosal, soberbio. ~한 건물 edificio magnífico. ~한 계획 proyecto de gran magnitud.
장대(長大) ~한 muy largo y ancho.
장도(壯途) misión importante, curso ambicioso.
장도리 martillo. ~로 치다 martillar. 노루발 ~ martillo con pala hendida (de artjas).
장딴지 pantorrilla.
장래(將來) porvenir, futuro. ~의 futuro, venidero. ~에 le en el (lo) futuro; [언젠가는] un día, algún día. ~성이 있는 de porvenir. ~가 유망한 청년 joven de porvenir (con mucho porvenir). ~를 생각하다 pensar en el futuro (en el porvenir). ~의 계획을 세우다 hacer planes para el futuro. ~에 대비해서 공부하다 estudiar en previsión de su porvenir. ~의 일은 알 수 없다 El futuro es incierto./ ¡Quién conoce el porvenir! 이 회사는 ~성이 있다 Esta compañía tiene un gran porvenir.
장려(壯麗) magnificencia, esplendor, grandiosidad. ~한 espléndido, magnífico, grandioso.
장려(奬勵) exhortación, fomento. ~하다 fomentar, exhortar. ~금 subsidio, subvención, prima. ~상 premio fomentador.
장력(張力) [fuerza de] tensión.
장렬(壯烈) ~한 heroico, épico. ~한 최후를 마치다 morir de una manera espectacular.
장렬(葬列) cortejo (comitiva · procesión) fúnebre.
장례(葬禮) ceremonias fúnebres, entierro.
장로(長老) anciano, superior, deán, decano, patriarca; [교회의] anciano. ~파 presbiteriana. ~파 교회 iglesia presbiteriana.
장롱(欌籠) guardarropa.
장림(長霖) estación de lluvias larga.
장마 estación de lluvias.
장막(帳幕) tienda, cortina. 죽의 ~ cortina de bambú.
장만 preparación. ~하다 preparar; comprar; hacer, estar listo. 점심을 ~ preparar el almuerzo. 집을 ~ comprar una casa
장면(場面) escena, cuadro, aspecto.
장모(丈母) suegra, madre política.
장문(長文) [편지] carta larga. ~의 보고 informe largo (amplio). ~의 전보 telegrama largo (de mucho texto).
장미(薔薇) 【식】rosal. ~꽃 rosa. ~빛의 rosáceo, rosado. ~색 rosa (m.). ~원 rosaleda, rosalera.
장발(長髮) cabello (pelo) largo, melena. ~의 남자 hombre de pelo largo.
장방형(長方形) rectángulo. ~의 rectangular.
장벽(障壁) barrera, obstáculo. ···에 대한 ~을 설치하다 poner un obstáculo (obstáculos) a *algo*, obstaculizar *algo*. ~을 제거하다 quitar el obstáculo.
장병(將兵) oficiales y soldados.
장본인(張本人) cabecilla, promotor, instigador. 그가 이 소요의 ~이다 El es el cabecilla (el promotor · el instigador) del disturbio.
장부(帳簿) registro, libro [de cuentas]. ~에 기입하다 poner *algo* en el registro. ~를 참조하다 consultar los libros. ~를 조사하다 comprobar (examinar) los libros. ~ 담당자 tenedor de libros, contable (*m.f.*).
장부(丈夫) hombre varonil (valiente).
장부(臟腑) entrañas, vísceras.
장비(葬費) expensas funerales.
장비(裝備) equipo; [무장] armamento. ~하다 equiparse (srmarse) de *algo*; [A에 B를] equipar (armar) A de (con) B. 이 배는 원자력 엔진으로 ~하고 있다 Este barco está equipado con un motor de energía atómica. 등산 ~ equipo para el alpinismo. 중(경)~병(兵) soldado tuertemente (ligeramente) armado.
장사 negocio, comercio. ~하다 hacer negocios.
장사(葬事) [servicio] funeral, entierro, exequias.
장사(壯士) matamoros.
장사(長蛇) culebra larga, serpiente.
장사(아)치 buhonero, vendedor ambulante.
장사진(長蛇陣) larga cola. ~을 치다 formar una larga cola.

장생(長生) vida larga, longevidad. ~하다 vivir mucho, gozar de una vida larga.

장서(藏書) biblioteca, colección de libros. 굉장한 ~를 가지고 있다 tener una gran colección de libros. ~인(印) sello de colección de libros, bibliófilo. ~목록 catálogo de una biblioteca.

장서(長逝) ~하다 morir, fallecer.

장석(長石) [광] feldespato.

장성(將星) generales.

장성(長城) muro largo.

장성(長成) crecimiento.

장소(場所) sitio, lugar, espacio.

장손(長孫) nieto mayor.

장송(長松) pino alto.

장송곡(葬送) ~행진곡 marcha fúnebre.

장수 comerciante, vendedor, negociante.

장수(將帥) jefe, comandante, general.

장수(長壽) larga vida, longevidad. ~하다 gozar de una larga vida. ~법 secreto de la longevidad.

장수벌(將帥~) abeja madre (reina).

장승(長丞) mijero, piedra millera.

장시간(長時間) muchas horas, mucho (largo) tiempo. ~동안··~를 걸쳐 durante muchas horas, durante mucho (largo) tiempo.

장식(裝飾) decoración, ornamentación; [장식품] ornamento, adorno; [집·실내·가구 등의] decorado. ~하다 decorar, ornar, adornar. ~의 ornamental. ~이 없는 liso. ~품 adornos.

장신(長身) gran estatura. ~의 alto, de gran estatura. 그는 ~이다 Es alto. / Es de gran estatura.

장신구(裝身具) adorno, accesorios; [보석] joyas, alhaja. ~점 bisutería.

장악(掌握) ~하다 apoderarse de *algo*. 권력을 ~하다 tomar (asumir) el mando (el poder). 부하를 ~하다 tener en *su* mano a *sus* hombres. 정부는 사태를 ~할 수 없다 El gobierno se encuentra incapacitado para dominar la situación.

장안(長安) capital.

장애(障碍) obstáculo, impedimento, dificultades, embarazo; [질환] mal, desventaja física. ~를 극복하다 vencer (superar) las dificultades. ···에서 ~를 제거하다 quitar el impedimento a *algo*. ···의 ~가 되다 impedir (estorbar) *algo*. 신체에 ~가 있다 con desventajas físicas. ~물 obstáculo. ~물 경주 carrera de obstáculos.

장야(長夜) noche larga, noches largas del invierno.

장어(長魚) [어] anguila.

장엄(莊嚴) grandeza, solemnidad, majestuosidad. ~한 solemne, majestuoso, sublime. ~하게 solemnemente, majetuosamente.

장외(場外) fuera de cámara, fuera de un sitio.

장유(醬油) salsa coreana.

장유(長幼) ~유서 Los jóvenes deben ceder el paso a los mayores.

장음(長音) sonido largo, vocal larga. ~부 acento largo, signo de sonido largo (de vocal larga).

장의(葬儀) funeral [es], exequias, honras (pompas) fúnebres. ~를 치르다 celebrar los funerales. ~에 참가하다 asistir a las exequias. ~사(師) empresario de pompas fúnebres. ~위원장 organizador de los funerales. ~장 sala de pompas fúnebres. ~차 carroza funeral, coche fúnebre.

장의자(長椅子) sofá, silla poltrona, silla de descanso, canapé, banco.

장인(匠人) artesano, artífice.

장인(丈人) suegro, padre político.

장일(葬日) dia del funeral.

장자(長子) hijo mayor.

장작(長斫) leña.

장전(裝塡) carga. ~하다 cargar. 총에 탄환을 ~하다 cargar el fusil con balas.

장점(長點) mérito; [미덕] virtud.

장정(壯丁) joven; [집합적] juventud.

장정(裝幀) arte decorativo de un libro; [제본] encuadernación; [책 전체의 의장] presentación. ~하다 decorar un libro, encuadernar. ~이 호화스런 책 libro lujosamente encuadernado.

장조(長調) tono mayor.

장조모(丈祖母) abuela de *su* mujer.

장조부(丈祖父) abuelo de *su* mujer.

장족(長足) paso largo, pie largo. ~의 진보를 하다 hacer grandes progresos (progresos rápidos·grandes adelantos).

장죽(長竹) pipa larga [de fumar].

장중(掌中) ~에 en *sus* manos.

장중(莊重) solemnidad, pompa; gravedad, seriedad. ~한 solemne, sublime, grave.

장지(長指) dedo cordial, dedo de un medio, dedo del corazón.

장지(壯志) gran ambición.

장지(葬地) cementerio.

장질(長姪) primo mayor.

장질부사(腸窒扶斯) fiebre tifoidea, tifus. ~의 tifoideo.

장차(將次) en el futuro, algún día.

장치(裝置) aparato, dispositivo, mecanismo; [연극] decorado; [영화] equipo. ~하다 [A에 B를] equipar a A con (de) B.

장침 …을 ~ 한 provisto de *algo*, equipado de (con) *algo*. ~가 [무대의] decorador.

장침(長針) aguja larga; [분침] minutero.

장티푸스(腸-) ⇨ 장질부사.

장파(長波) onda larga. ~ 방송 emisión de onda larga.

장편(長篇) obra voluminosa. ~ 소설 novela larga. ~ 영화 [película] de largo metraje.

장폐색증(腸閉塞症) oclusión intestinal, íleo.

장하다(壯-) [웅-] [훌륭하다] ser grande (espléndido·glorioso·valiente·admirable).

장하다(長-) ser excelente (bueno·hábil).

장학(奬學) fomento de estudio. ~금 beca. ~생 becario. ~금을 타다 ganar la beca.

장한(壯漢) hombre fuerte.

장해(障害) obstáculo. ⇨ 장애.

장형(長兄) hermano mayor.

장화(長話) palabra larga.

장화(長靴) botas, botas altas.

장황(張皇) ~하다 ser tedioso (fastidioso·pesado). ~한 연설 discurso tedioso.

잦다 [빈번하다] ser frecuente (ocupado).

재¹ [고개] cerro.

재² [타고 남은] ceniza.

재(災) calamidad, desastre.

재(財) [부] requeza; [금전] dinero; [재산] fortuna; 【경】 bienes.

재- otra vez, de nuevo, re-. ~건 reconstrucción.

재가(再嫁) segundas nupcias.

재가(在家) ~하다 quedarse (estar) en casa.

재가(裁可) sanción [imperial·real]. ~하다 sancionar, dar la sanción a *algo*. ~를 청하다 pedir la sanción (la aprobación) imperial.

재간(再刊) nueva publicación, reimpresión, reedición. ~하다 volver a publicar, reimprimir, reeditar.

재간(才幹) habilidad, talento. ~이 있는 talentoso.

재갈 bocado.

재개(再開) reapertura, reanudación. ~하다 […를] abrir (empezar) *algo* de nuevo, reabrir, reanudar. 외교관계의 ~ reanudación de las relaciones diplomáticas. 교섭을 ~하다 reabrir (reanudar) la negociación. 열차의 운전을 ~하다 reanudar el servicio de trenes. 회의는 내일부터 ~된다 Se abre de nuevo la sesión a partir de mañana.

재개(再改) segunda revisión. ~하다 revisar de nuevo.

재개발(再開發) re·explotación. ~하다 re·explotar, volver a explotar. 도시 ~ reestructuración urbana.

재거(再擧) nueva oportunidad, segundo intento. ~를 기도하다 trazar el segundo levantamiento, hacer un segundo intento, tratar de encontrar una nueva oportunidad, intentar la vuelta.

재건(再建) [건물 등의] reconstrucción, reedificación; [국가·경제 등의] restablecimiento. ~하다 reconstruir, reedificar; restablecer. 교회를 ~하다 reconstruir una iglesia. 회사를 ~하다 restablecer la compañía.

재검토(再檢討) revisión, reexamen, reconsideración, repaso. ~하다 revisar, reexaminar, reconsiderar, repasar. ~후 después de un nuevo examen, tras nuevas consideraciones. 이 계획은 ~의 여지가 있다 Este proyecto deja lugar a revisiones.

재결(裁決) veredicto, fallo, juicio; [결정] decisión. ~하다 pronunciar un veredicto sobre *algo*, dar (dictar) un fallo sobre *algo*. ~을 청하다 pedir la decisión de *uno*.

재경(在京) ~하다 residir en la capital. ~의 de la corte.

재계(財界) círculos (centros·sectores) financieros, mundo económico. ~의 불황 depresión económica. ~인(人) financiero.

재고(再考) reconsideración. ~하다 reconsiderar, reflexionar, repensar. ~의 여지가 없다 No cabe (No hay lugar a) reconsideración.

재고(在庫) almacenamiento. ~를 조정하다 ajustar el almacenamiento. ~가 바닥이 났다 Los almacenamientos se encuentran agotados. ~품 existencias, mercaderías en almacén, surtido. ~품 과잉 exceso de existencias. 그 ~품이 있다 Tenemos esos géneros en almacén. ~조사 inventario. ~조사를 하다 hacer el inventario de *algo*, inventariar *algo*.

재교(再校) revisión, segunda prueba. ~하다 corregir la segunda prueba.

재교부(再交付) ~하다 expedir de nuevo. 신분증명서를 ~하다 expedir de nuevo un carné de identidad. 여권의 ~를 요청하다 pedir la expedición de un nuevo pasaporte.

재교육(再教育) reeducación. ~하다 reeducar, educar a *uno* de nuevo.

재교환(再交換) recambio. ~하다 recambiar.

재군비(再軍備) rearmamento, rearme. ~하다 rearmar.

재귀(再歸) ~동사 (대명사) verbo (pronombre) reflexivo. 대명동사의 ~용법 uso reflexivo del verbo pronominal.

재근(在勤) ~하다 trabajar, servir. 그는 보고타 지사에 ~하고 있다 Trabaja en la sucursal de Bogotá.

재기(再起) recobro. ~하다 restaurarse; [병에서] recobrar la salud; [불행 등에서] levantarse de nuevo. ~불능 ser irrecuperable, quedar inutilizado (fuera de combate).

재기(才氣) ingeniosidad. ~있는 ingenioso, brillante. ~가 발랄하다 ser brillante (ingenioso), tener mucha chispa.

재난(災難) calamidades, desgracia, accidente. ~을 만나다 tropezar con un contratiempo.

재녀(才女) mujer inteligente (de talento).

재능(才能) talento; [능력] capacidad, habilidad; [본래의] don. ~이 있는 de talento; capaz (*pl.* capaces), hábil. ~을 발휘하다 mostrar (probar) *su* talento. 음악에 ~이 있다 tener talento musical (para la música). 그는 뛰어난 ~을 가진 사람이다 Es hombre de gran talento./ Es una persona bien dotada. 그는 ~이 많다 Es muy capaz. 그는 수학적인 ~을 타고났다 Está dotado de talento para las matemáticas.

재다 1 [자로] medir. 키를 ~ medir *su* altura.
2 [헤아리다] calcular.
3 [염탐하다] espiar.
4 [탄환을] cargar.
5 [으시대다] estar orgulloso de.

재단(財團) fundación, consocio financiero. 록펠러 ~ Fundación Rockefelle. ~법인 fundación de utilidad pública con personalidad jurídica.

재단(裁斷) corte, recortar. ~하다 cortar, recortar.

재담(才談) chiste, dicho agudo.

재덕(才德) talento y virtud.

재독(再讀) ~하다 releer, volver a leer *algo*.

재동(才童) chico inteligente.

재떨이 cenicero.

재래(在來) ~의 existente, corriente, usual, tradicional, convencional, ordinario. ~의 습관 costumbres tradicionales. ~무기 armas convencionales.

재략(才略) táctica.

재량(才量) habilidad y magnanimidad.

재량(裁量) discreción. ~의 ~으로 a discreción de *uno*. …의 ~에 일임하다 dejar *algo* a la discreción de *uno*

재력(才力) habilidad, talento.

재력(財力) recursos, poder (estado) financiero, medios. ~이 있다 tener recursos (gran poder financiero).

재롱(才弄) acción graciosa.

재료(材料) material, materia; [자료] dato; [재재(題材)] asunto, materia de que se trata. ~비 gastos de (para los) materiales. 연구~ datos (material) del estudio. ~을 수집하다 coleccionar materiales necesarios.

재류(在留) permanencia, residencia. ~하다 residir provisionalmente. ~민 residentes.

재림(再臨) segunda llegada (venida). ~하다 llegar (venir) de nuevo.

재명(才名) fama para *su* talento.

재목(材木) madera de construcción, maderaje. ~상 maderero. ~하치장 depósito de maderas, maderería.

재무(財務) asuntos financieros, finanzas, financiamiento, financiación. ~국 tesorería. ~관 subsecretario de Hacienda. ~부 Ministerio de Hacienda. ~부장관 Ministro de Hacienda.

재물(財物) propiedad, bienes, tesoros, fortuna.

재미 diversión, entretenimiento, recreo, pasatiempo; [만족] satisfacción; [취미] afición, gusto. ~있다 ser interesante.

재미(在美) estancia en los Estados Unidos. ~의 en América. ~ 교포 residentes coreanos en América.

재빠르다 ser ágil. 재빨리 ágilmente, prontamente, con presteza.

재발(再發) reaparición; [병의] recaída (회복 도중에), recidiva (회복후). ~하다 aparecer; recaer. 그는 암이 ~되었다 Se le ha reproducido el cáncer. 사고의 ~을 방지하다 precaverse contra la repetición del accidente.

재발견(再發見) ~하다 redescubrir.

재방송(再放送) reemisión, retransmisión. ~하다 retransmitir, volver a transmitir, volver a radiodifundir.

재배(栽培) cultivo, cultura. ~하다 cultivar, culturar. 꽃의 ~ cultivo de las flores, floricultura. ~자 cultivador,-ra.

재배치(再配置) recolocación, reasignación. ~하다 recolocar, reasignar.

재벌(財閥) plutocracia financiera, consorcio financiero (de empresas). ~해체 disolución de los grandes consorcios financieros. 삼성~ Consorcio Samsung.

재범(再犯) recaída, reincidencia. ~자 reincidente (*m.f.*).

재변(才辯) elocuencia, talento oratorio.

재변(災變) calamidad, desastre.

재보(財寶) tesoro, riquezas, bienes y tesoros. ~를 쌓다 amontonar riqueza.

재봉(裁縫) costura. ~하다 coser. ~을 배우다 aprender la costura, aprender a coser. ~에 능하다 ser buen costurero. ~도구 avíos de coser. ~상자・~대 costurero, caja de costura. ~사 sastre, costurera, modista. ~틀 máquina de coser.

재분배(再分配) redistribución. ~하다 redistribuir. 소득 ~ redistribución de la renta.

재사(才士) persona apta (dotada·talentosa), hombre de dotes. ~다병 El hombre de dotes es propenso a caer enfermo. ~는 자신의 재능으로 무너진다 El hombre de dotes se deja engañar por sus mismas dotes.

재산(財産) hacienda, fortuna, bienes *(m.pl.)*, propiedad. 전 ~을 잃다 perder toda su fortuna. 1억원의 ~이 있다 tener una fortuna de cien millones de wones. 그에게는 상당한 ~이 있다 Cuenta con una hacienda considerable. 이 책들이 내 유일한 ~이다 Lo único que constituye mi fortuna son estos libros. 그는 많은 ~을 자식들에게 남기고 죽었다 Murió dejando muchas riquezas (una gran fortuna) a sus hijos. 이 모든 울창한 국토는 국민의 ~이다 Toda esta tierra frondosa es patrimonio del pueblo. ~가 hombre de fortuna, millonario, multimillonario. ~권 derecho del propietario. ~목록 inventario. ~세 impuesto de (sobre) la propiedad privada.

재삼(再三) repetidas veces, una y otra vez. ~ 재사 repetidamente, reiteradamente, repetidas veces, muchas veces. ~ 경고하였음에도 불구하고 pese a las repetidas advertencias. ~주의하다 advertir una y otra vez.

재상(宰相) Primer Ministro.

재색(才色) ~을 겸비한 여인 mujer bella e inteligente, mujer tan bella como inteligente.

재생(再生) 1 [녹음의] reproducción. ~하다 reproducir.
2 [폐품의] ~하다 rehacer, regenerar. ~고무 caucho regenerado. ~사이클 ciclo regenerativo. ~셀룰로오즈 celulosa regenerada. ~터빈 turbina regeneradora.
3 [심] reminiscencia;【생】reproducción.

재생산(再生產) reproducción. ~하다 reproducir.

재선(再選) reelección. ~하다 reelegir. ~되다 ser reelegido. 그는 대통령에 ~되었다 Fue reelegido Presidente.

재세(在世) ~중에 durante *su* vida.

재수(財數) suerte *(f.)*, fortuna. ~가 좋다 tener suerte.

재수입(再輸入) reimportación. ~하다 reimportar.

재수출(再輸出) reexportación. ~하다 reexportar.

재시험(再試驗) reexamen, examen suplementario. ~하다 reexaminar.

재심(再審) revisión. ~하다 revisar. ~을 청구하다 pedir (demandar) la revisión. ~을 명하다 mandar (ordenar) la revisión. ~청구 demanda de revisión.

재앙(災殃) [재난] desastre, calamidad; [불행] desgracia, infortunio, desventura, desdicha.

재액(災厄) calamidad.

재야(在野) ~의 opuesto al poder, que no ocupa ningún puesto oficial. ~의 명사 personas eminentes fuera de puesto oficial.

재연(再燃) ~하다 resurgir, resucitar, revivir.

재연(再演) repetición de una representación. ~하다 poner *algo* en escena otra vez, volver a representar *algo*.

재외(在外) ~의 en el extranjero. ~ 교포 coreanos residentes en el extranjero. ~자산 capitales coreanos en el extranjero.

재우다 hacer dormir.

재원(才媛) genio femenino, muchacha discreta.

재원(財源) recursos financieros; [자금] fondos, medios. ~이 풍부하다 disponer de recursos (de fondos) abundantes. ~이 없다 no disponer sino de escasos fondos. …에 ~을 구하다 buscar una fuente de rentas (de ingresos) en *algo*.

재위(在位) reinado. ~하다 reinar, estar en *su* trono. …의 ~중에 en (bajo) el reinado de *uno*.

재음미(再吟味) reexamen.

재인식(再認識) reconocimiento. ~하다 reconocer *algo* una vez más.

재자(才子) persona talentosa.

재작년(再昨年) año antepasado.

재적(在籍) ~하다 estar inscrito, estar matriculado. 그는 아직 이 대학에 ~중이다 Está matriculado todavía en esta universidad.

재정(財政) administración financiera, finanzas *(f.pl.)*, hacienda [pública]. ~상의 financiero, fiscal, monetario. ~상 desde el punto de vista financiero, monetariamente. ~상의 원조를 하다 prestar ayuda financiera a *uno*. 그는 ~으로 곤궁에 처해 있다 Se encuentra en apuros financieros. 이 회사는 ~이 곤란하다 Esta compañía está en una situación financiera difícil./ Esta compañía atraviesa dificultades financieras. ~가 financiero. ~문제 problema (asunto) financiero. ~상태 situación financiera. ~상태가 좋다 (나쁘다) estar en buena (mala) situación

재정(財政) financiera. ~정책 ploítica fiscal (financiera). ~투융자 inversión financiera y préstamos del Estado. ~연도 año fiscal. 국가 ~ finanzas del Estado, hacienda pública. 지방 ~ finanzas locales.

재정(再訂) revisión. ~하다 revisar. ~판 edición revisado.

재정(裁定) arbitrio; [결정] decisión. ~하다 arbitrar, fallar.

재제(再製) nueva manufactura, reproducción. ~하다 rehacer. ~품 artículos rehechos.

재주 [재능] habilidad, talento; [솜씨] destreza, arte.

재주(在住) residencia. ~하다 vivir, residir, morar. ~자 residente. 멕시코 ~의 한국인 coreanos residentes en Méjico.

재주꾼 persona de gran talento.

재중(在中) 견본 ~ "Muestras". 사진 ~ "Fotografías".

재지(才智) ingenio, talento. ~있는 ingenioso, talentoso, de gran talento.

재직(在職) permanencia en el puesto, servicio. ~하다 ocupar (estar en) un puesto. ~중 durante la permanencia en el puesto, durante el período de *su* servicio. ~하고 있다 estar en una posición. ~기간 años de servicio.

재질(才質) dotes, dones que recibimos de la naturaleza, don natural, talentos.

재차(再次) otra vez, de nuevo; [두번째로] por segunda vez; [한번 더] otra vez. ~의 repetido, renovado.

재채기 estornudo. ~하다 estornudar.

재천(在天) existencia en el cielo.

재청(再請) el acto de pedir el público la repetición de una escena dramática (lírica); [감탄] ¡Otra!/ ¡Otra vez!/ ¡Que se repita!

재촉 apremio. ~하다 apremiar.

재출발(再出發) repartida. ~하다 partir de nuevo, empezar de nuevo. 소설가로 ~하다 rehacer *su* vida como novelista.

재취(再娶) segundo matrimonio. ~하다 casarse por segunda vez, casarse en segundas nupcias.

재치(才致) ingenio, destreza, habilidad, conocimiento. ~있는 diestro, inteligente, mañoso, listo, capaz.

대킷 chaqueta, saco.

재탕(再湯) segunda decocción. ~하다 cocer de nuevo.

재투자(再投資) reinversión. ~하다 reinvertir. 이익을 생산에 ~ reinversión de ganancias en la producción.

재판(裁判) justicia, proceso, juicio; [소송] pleito. ~하다 juzgar. ~에 이기다 ganar el pleito. ~에 지다 perder en el pleito. ~에 회부하다 poner al proceso. ~관 juez; [집합적] magistrado. ~권 derecho judicial, jurisdicción. ~기록 memorial. ~소 tribunal, juzgado, 【남미】 corte (*f.*). ~장 presidente de tribunal.

재판(再版) [제2판] segunda edición; reimpresión. ~하다 reimprimir.

재편성(再編成) reorganización, reestructuración. ~하다 reorganizar, reestructurar. 산업 ~ reorganización de la industria. 부대를 ~하다 reorganizar el ejército.

재평가(再評價) revaloración. ~하다 revalorizar. 자산의 ~ revalorización de la propiedad. 토지를 ~하다 revalorizar el terreno. 그 작가는 오늘날 ~받고 있다 Ese escritor está revalorizado hoy día.

재학(在學) matrícula en una escuela. ~하다 estar matriculado [en una escuela], ser estudiante [en una escuela]. ~중에 cuando [era] estudiante. ~생 estudiante matriculado. ~증명서 certificado de matrícula.

재할인(再割引) redescuento. ~하다 redescontar. ~율 tipo de redescuento.

재해(災害) calamidad, desastre, siniestro; [사고] accidente. ~를 당하다 sufrir (padecer) un desastre, ser víctima de un accidente. ~에 의한 손실 pérdida por siniestro. ~대책본부 centro coordinador de las medidas contra desastres. ~보험 seguro contra accidente. ~지역 lugar del siniestro. 지진 ~ 구조본부 centro de auxilio a las víctimas del terremoto.

재향군인(在鄕軍人) ex-soldado, ex-combatiente. ~회 asociación de ex-combatientes.

재현(再現) resurgimiento, reparición; [재생] reproducción. ~하다 reproducir *algo*. ~되다 resurgir, reaparecer. 사건의 경과를 ~하다 reproducir el proceso del acontecimiento.

재혼(再婚) segundo matrimonio. ~하다 casarse en segundas nupcias, casarse por segunda vez.

재화(財貨) bienes, riquezas, propiedads tesoro.

재화(災禍) [재난] calamidad, desastre; [불행] desgracia, infortunio, desventura, desdicha.

재확인 ~하다 confirmar *algo* una vez más.

재회(再會) nuevo encuentro. ~하다 ver a *uno* de nuevo, volver a ver a *uno*. 우리의 ~를 축하하여 건배합시다 Vamos a brindar por nuestro nuevo encuentro.

재흥(再興) resurgimiento, restauración, re-

잭나이프 navaja sevillana, navaja fuerte de bolsillo.

잼 compota, jalea.

잼버리 reunión nacional o internacional de muchachos exploradores.

잿빛 gris, color gris. ~이 도는 parduzco.

쟁기 arado, labranza. ~질하다 arar, labrar la tierra.

쟁론(爭論) reyerta, disputa. ~하다 altercar, contender.

쟁반(錚盤) bandeja, salvilla.

쟁의(爭議) conflicto; [파업] huelga. ~를 해결하다 resolver el conflicto. ~권 derecho de huelga.

쟁쟁하다(錚錚-) [뛰어나다] ser prominente (eminente·sobresaliente).

쟁쟁하다(琤琤-) 1 [귀에 남다] sonar. 2 [소리가] ser claro (resonante·sonoroso). 쟁쟁한 목소리 voz resonante (clara).

쟁점(爭點) punto litigante, meollo del conflicto; [논쟁점] manzana de la discordia, punto (tema) de discusión.

쟁취(爭取) contienda para poseer, arrebatina.

쟁탈(爭奪) esfuerzo, contienda, lucha, disputa, competencia, competición, concurso. ~하다 luchar, contender.

쟁투(爭鬪) disputa. ~하다 diputar (luchar por) *algo*. 정권의 ~전을 벌이다 [주어가 복수] disputarse el poder político.

저¹ [나] yo. ~의 mi, mío. ~의 것 el mío.

저² [악기] flauta.

저³ [저것] aquel. ~사람 aquel hombre. ~여자 aquella mujer.

저(箸) [젓가락] varillas delgadas de madera.

저(著) obra, producción. 김씨 ~ 한서사전 Diccionario coreano-español por el señor Guim. 가르씨아·로뻬스 ~ 서반아문학사 Historia de la literatura española de García López.

저개발국(低開發國) país subdesarrollado; [발전도상국] país en vías de desarrollo.

저것 aquél, aquélla.

저격(狙擊) tirar a *uno* desde una posición emboscada. ~병 tirador emboscado.

저고리 chogori, chaqueta, americana, chaqueta coreana.

저공(低空) vuelo bajo. ~비행 vuelo bajo (rasante). ~비행을 하다 volar en vuelo bajo; volar a ras de tierra, volar rasando el suelo.

저금(貯金) [행위] ahorro, economía; [돈] ahorros, economías. ~하다 ahorrar, economizar. ~을 인출하다 sacar (retirar) dinero de los ahorros. ~으로 생활하다 vivir de *sus* ahorros. [월급에서] 5만원을 ~하다 ahorrar cincuenta mil wones [del sueldo]. ~제 caja de ahorro. ~통 hucha, alcancía. ~통장 libreta de [caja de] ahorros. 우편 ~ ahorro postal.

저금리(低金利) ~정책 política de crédito a tipo bajo de interés.

저급(低級) inferior, bajo; [저속] vulgar, vil. ~한 남자 hombre vulgar. ~한 취미 gusto vulgar. ~잡지 revista vulgar.

저기 allí. ~에 allí.

저기압(低氣壓) depresión (baja presión) atmosférica.

저널리스트 periodista.

저널리즘 periodismo.

저녁 1 noche *(f.)*. ~에 por la noche. 오늘 ~ esta noche. 내일 ~ mañana por la noche. 어제 ~ anoche, ayer por la tarde. 2 [식사] cena. ~을 먹다 cenar, tomar la cena. ~에 초대하다 invitar a la cena.

저녁때 noche *(f.)*, anochecer, puesta, ocaso del sol. ~에 por (en) la noche, al anochecer.

저녁밥 cena. ~을 먹다 tomar la cena, cenar. ~을 짓다 preparar la cena.

저능(低能) idiotez, imbecilidad. ~한 idiota, imbécil, falto de inteligencia, ñoño, tonto. ~아[兒] niño imbécil.

저당(抵當) hipoteca, prenda. ~하다 dar en prenda. ~잡히다 hipotecar. ~을 취소하다 cancelar una hipoteca. ~권 hipoteca. ~권 설정자 deudor hipotecario.

저돌(猪突) ~적으로 나아가다 seguir adelante pese a todo. 그는 ~형이다 Avanza contra todo riesgo./ No se amedrenta (No retrocede) por nada./ Es un temerario.

저력(低力) energía propia. ~있는 poderoso. ~이 있다 tener reservas de energía (de fuerza). ~을 발휘하다 [실력] mostrar *su* latente capacidad.

저렴(低廉) baratura. ~한 barato.

저류(低流) corriente del fondo; [바다의] corriente submarina; [비유적] corriente latente.

저리(低利) interés bajo. ~로 a un interés bajo. ~ 자금 fondo de interés bajo.

저마다 cada uno, todo el mundo.

저면(底面) [수] base *(f.)*. ~적 superficie de la base.

저명(著名) ~한 célebre, renombrado, famoso.

저물가(低物價) precio bajo. ~정책 política de precio bajo.

저물다 [해가] ponerse; [끝나다] terminar. 해가 ~ ponerse el sol. 해가 저물때까지

hasta que se ponga el sol. 해가 저물다 Se pone el sol. 우리들은 저물기 전에 귀가했다 Volvimos a casa antes de que se pusiera el sol.

저미다 tajar, cortar, partir, dividir.

저버리다 quebrantar, violar, dejar, abandonar, faltar a, desertar, separarse de. 약속을 ~ quebrantar (violar) su promesa. 남편을 ~ dejar a su marido.

저벅거리다 pisar pesadamente, marchar a pie.

저변(低邊)【수】 base. 사회의 ~ capa más baja de la sociedad. 삼각형의 ~ base de un triángulo.

저서(著書) obra, libro.

저속(低速) poca velocidad. ~으로 a poca velocidad.

저속(低俗) ~한 vulgar. ~한 프로그램 programa vulgar.

저수(貯水) ~하다 acumular (retener) el agua. ~능력 capacidad de retención. ~량 volumen del agua retenida (acumulada), almacenaje de agua. ~조 depósito de agua. ~지 depósito (arca) de agua; [댐등의] embalse, pantano.

저술(著述) obra, redacción. ~하다 escribir, componer, redactar. ~가 autor, escritor. ~업 profesión literaria (de las letras). 여류 ~가 autora, escritora.

저승 otro mundo. ~으로 가다 morir, ir al paraíso.

저압(低壓) baja presión. ~압축기 compresor de baja presión. ~전류 corriente de baja tensión.

저액(低額) ~의 mínimo, bajo, pequeño, barato. ~ 소득자 persona de una renta baja (de ingresos bajos).

저열(低熱) temperatura baja, fiebre baja.

저열(低劣) vulgaridad, bajeza. ~한 vil, bajo.

저온(低溫) temperatura baja. ~ 살균 paste[u]rización a baja temperatura.

저울 balanza.

저율(低率) tipo bajo.

저음(低音) sonido de tono bajo, voz baja, barítono. ~으로 노래하다 cantar con [una] voz de bajo, cantar en sotto voce. ~부 bajo.

저의(底意) intención oculta (encubierta·secreta); segunda intención. ~가 있는 한 de intención encubierta; de (con) segunda intención.

저인망(低引網) red barredera, jábega. ~어업 pesca con red barredera.

저자 [시장] mercado, plaza.

저자(著者) autor, escritor. ~의 서명 autógrafo del autor.

저자세(低姿勢) actitud conciliadora (moderada). ~를 취하다 tomar una actitud conciliadora (moderada).

저작(著作) [행위] redacción de las obras. ~하다 escribir libros. ~을 업으로 하다 vivir de su pluma (de sus escritos). ~가 escritor, autor, hombre de letras. ~물 obras, escritos. ~물 보호조약 convención para la protección de las obras literarias y artísticas.

저작(咀嚼) masticación. ~하다 masticar, mascar.

저작권(著作權) derechos de autor, propiedad literaria. 이 작품에는 ~이 있다 Esta obra tiene derechos de autor. ~소유 "Todos los derechos reservados". ~소유자 titular de derechos de autor. ~보호기간 duración de validez de derechos de autor. 만국 ~조약 convención universal sobre los derechos de autor.

저장(貯藏) almacenamiento; [보존] conservación. ~하다 almacenar; conservar. 겨울에 대비해 식량을 ~하다 hacer provisión de comida para el invierno. ~고 almacén, depósito. ~품 productos almacenados, reservas, provisiones.

저조(低調) tono bajo, voz baja. ~한 bajo, flojo, inactivo. 매상이 ~하다 Las ventas son flojas.

저주(咀呪) maldición, imprecación. ~하다 imprecar, maldecir.

저주파(低周波) baja frecuencia. ~ 전류 corriente de baja frecuencia.

저절로 por sí mismo, automáticamente. 그것은 ~ 움직인다 Eso se mueve por sí mismo.

저지(沮止) impedimento. ~하다 impedir, obstruir, estorbar, detener. 데모대를 ~하다 detener el avance de los manifestantes. 법안의 승인을 ~하다 impedir (estorbar) la aprobación de un proyecto de ley.

저지(低地) tierra baja.

저촉(抵觸) frotación, colisión. ~하다 chocar contra.

저축(貯蓄) reserva, ahorro. ~하다 ahorrar [se] . ~을 장려함으로 fomentar (estimular) el ahorro. 일전 한푼의 ~도 없다 no tener ni un centavo de ahorro. ~ 은행 caja (banco) de ahorros.

저탄(貯炭) almacenamiento de carbón. ~장 depósito de carbón.

저택(邸宅) palacio, palacete, mansión.

저하(低下) caída, baja, bajada; [하락] declinación. ~하다 caer, bajar, declinar, descender. 생산의 ~ aminoración productiva.

저학년(低學年) cursos inferiores (elementales).

저항(抵抗) resistencia; [대항] oposición. ~하다 resistir a *uno* ([a] *algo*), resistirse a+*inf*., oponer resistencia a *algo*; oponerse a *algo*·*uno*. ~력이 있는 resistente. ~이 없는 irresistible. 강하게 ~하다 resistir obstinadamente. 소극적 ~ resistencia pasiva. ~기 reóstata. ~력 fuerza de resistencia. ~ 운동 resistencia.

저해(阻害) impedimento, traba, estorbo. ~하다 impedir, poner trabas (obstáculos) a *algo*, estorbar, vedar.

저혈압(低血壓) hipotensión. ~의 사람 hombre de baja tensión arterial.

저희들 nosotros. ~의 nuestro. ~을 nos.

적 (때) tiempo, ocasión.

적(敵) enemigo; adversario; [경쟁자] rival, competidor. 민중(인류)의 ~ enemigo del pueblo (de la humanidad). ~을 격파하다 vencer al enemigo. 많은 ~을 만들다 hacerse muchos enemigos.

적(賊) [도둑] ladrón; [역적] rebelde, insurgente, traidor.

적(的) 1 [목표·대상] blanco, objeto, centro. 선망의 ~ objeto de la envidia. 2 [접미어] -ico, -al. 경제~ económico. 동양~ oriental. 세계~ mundial, universal. 직업~ profesional. 외교~ diplomático. 정치~ político. 가급 ~ lo más +형용사·부사+ possible. 구체~으로 concretamente, en concreto. 가급 ~ 빨리 lo más pronto posible.

적(籍) registro civil; [본적] domicilio legal. ~을 넣다 inscribir a *uno* en un registro. ~을 빼다 borrar el nombre de *uno* del registro civil. 대학에 ~을 두다 estar matriculado en una universidad. 그는 서울에 ~이 있다 [본적] Su domicilio legal está en Seúl.

적(積) [수학] producto.

적개심(敵愾心) [적의(敵意)] hostilidad, enemestad; [경쟁심] emulación, rivalidad. ~으로 불타다 [경쟁심] sentir emulación hacia *uno*, rivalizar con *uno*. ~에게 ~을 품다 sentir hostilidad contra *uno*. ~을 일으키다 excitar hostilidad.

적격(適格) competencia. ~의 apto. ~이다 [유자격] ser calificado (competente) para *algo*; [적성] ser apto a (para) *algo*. ~자 competente, calificado.

적국(敵國) país enemigo.

적군(敵軍) tropa enemiga, ejército enemigo.

적군(赤軍) ejército rojo.

적군(賊軍) [반란군] ejército sublevado, tropas rebeldes.

적극(積極) lo positivo. ~적 emprendedor, dinámico; [긍정적] positivo; [활발] activo. ~적으로 positivamente; activamente. ~적인 태도를 취하다 tomar una actitud positiva. ~성이 없다 ser poco emprendedor. 그는 이 계획에 ~적이다 Se muestra muy positivo respecto a este proyecto.

적기(敵機) avión enemigo.

적기(適期) ~의 oportuno, en tiempo.

적나라(赤裸裸) ~한 descubierto. ~하게 francamente, sin reserva. ~하게 고백하다 confesar honestamente (francamente).

적남(嫡男) hijo legítimo.

적녀(嫡女) hija legítima.

적년(積年) muchos años.

적다[1] [글을] escribir, apuntar. 연필로 ~ escribir con lápiz. 서반아어로 ~ escribir en español. 전화번호를 적겠다 Voy a apuntar el número del teléfono.

적다[2] [수가] ser poco.

적당(適當) ~한 conveniente, adecuado; [주로 부정문에서] pertinente; [시의를 얻은] oportuno. ~하게 adecuadamente. ~한 가격 precio razonable. ~한 조치를 취하다 tomar una medida adecuada. ~한 시기를 택하다 elegir el momento oportuno (favorable). …하는 것은 ~하다 Es conveniente + *inf*. (que + *subj*.). 지금 그에게 그것을 말하는 것은 ~치 못하다 No es pertinente decírselo en este momento. 방을 ~한 온도로 유지하다 mantener la habitación a una temperatura adecuada. 이 일에 ~한 사람 persona apta (idónea) para este trabajo.

적대(敵對) desafío, hostilidades. ~하다 enemistarse con *uno*, oponerse a *uno*; [저항] resistir a *uno*. ~ 행위 actitud hostil, hostilidades.

적도(赤道) ecuador. ~의 ecuatorial, ecuatoriano. ~ 직하에서 bajo la línea ecuatorial. ~ 직하의 나라 país ecuatoriano. ~을 넘다 pasar la línea ecuatoriana. ~기념비 monumento a la mitad del mundo. ~제 paso del Ecuador.

적란운(積亂雲) cúmulo nimbo.

적량(適量) cantidad adecuada; [약의] dosis (*f*.).

적령(適齡) edad apropiada; [결혼의] edad casadera (núbil); [징병의] edad de reclutamiento. ~기 edad casadera. 그녀는 결혼 ~기이다 Ella está en edad casadera.

적례(適例) buen ejemplo; [전형적인] ejemplo vivo.

적리(赤痢) disentería. ~의 disentérico. ~에 걸리다 contraer (contagiarse de) disentería. ~균 bacilo disentérico. ~환자

적린(赤燐) fósforo rojo (amorfo).

적립(積立) reserva. ~하다 amontonar, ahorrar, reservar. ~금 fondo de reserva.

적막(寂寞) soledad, desolación, desolamiento. ~한 solitario, desolado, desierto, despoblado. ~감 sentido solitario. ~한 광경 vista desolada.

적발(摘發) revelación, denuncia. ~하다 denunciar; [폭로] descubrir. 위반자를 ~하다 denunciar al infractor. 오직을 ~하다 descubrir un caso de corrupción.

적법(適法) legalidad. ~의 legal, legítimo, justo; [법에 저촉없이] lícito.

적병(敵兵) soldado enemigo.

적부(適否) propiedad o impropiedad, conveniencias e inconveniencias. ~를 논하다 discutir las conveniencias e inconveniencias de *algo*.

적분(積分) 【수】 integración, cálculo integral. ~하다 integrar. ~ 방정식 ecuación integral.

적산(敵産) propiedad enemiga.

적색(赤色) [빛깔] color rojo; [공산주의] comunismo. ~분자 elemento rojo. ~혁명 revolución roja.

적선(積善) acumulación del hecho virtuoso.

적선(敵船) barco enemigo.

적설(積雪) nevada, nieves (*f.pl.*). ~이 3미터에 달했다 La nevada alcanzó tres metros.

적성(適性) aptitud, idoneidad. ~이 있다 ser apto (idóneo) a (para) *algo*. ~ 검사 examen de aptitud.

적성(敵性) ~국가 país hostil (enemigo).

적소(適所) lugar conveniente (propio), posición conveniente (propia). 적재 ~ persona conveniente en el lugar conveniente.

적손(嫡孫) posteridad legal, nieto legítimo.

적송(積送) embarque, envío, remesa, cargo, cargamento. ~하다 embarcar, poner a bordo.

적송(赤松) 【식】 pino rojo.

적쇠 parrilla, reja. ~에 굽다 asar en parrillas.

적수(赤手) mano vacía.

적수(敵手) rival, *competitor*, antagonista. 호~ buen rival.

적시(敵視) mirada hostil. ~하다 mirar con hostilidad, considerar a *uno* como enemigo.

적시다 mojar, humedecer.

적실(的實) exactitud, puntualidad.

적실(嫡室) esposa legítima.

적십자(赤十字) Cruz Roja. 국제~위원회 Comité Internacional de la Cruz Roja. ~병원 Hospital de la Cruz Roja. ~사 Sociedad de la Cruz Roja.

적어도 a lo menos, por lo menos, al menos.

적역(適役) puesto adecuado. 이 일에는 그가 ~이다 El es la persona adecuada (apropiada) para este trabajo. / Este trabajo le irá a él como anillo al dedo.

적역(適譯) buena traducción. 이것은 ~이다 Esta traducción es buena (exacta).

적외선(赤外線) rayos infrarrojos. ~ 사진 fotografía infrarroja.

적요(摘要) sumario, resumen, extracto, compendio. ~란 columna de apostillas.

적용(適用) aplicación. ~하다 [A를 B에] aplicar A a B. ~할 수 있는 aplicable. ~할 수 없는 inaplicable. 이 법률은 외국인에게는 ~되지 않는다 Esta ley no se aplica a los extranjeros.

적우(積雨) lluvia larga.

적운(積雲) cúmulo.

적위(赤緯) declinación.

적응(適應) adaptación. ~하다 adaptarse (acostumbrarse) a *algo*; [기후·풍토에] aclimatarse a *algo*. ~시키다 [A를 B에] adaptar A a B. 새로운 환경에 ~하다 adaptarse al nuevo ambiente. ~성 adaptabilidad; ~성이 있다 tener capacidad de adaptación, ser adaptable (flexible).

적의(敵意) hostilidad, enemistad. ~있는 hostil. ~를 품다 sentir hostilidad por (contra) *uno*; [상태] ser hostil con *uno*. ~있는 태도를 취하다 tomar una actitud hostil.

적임(適任) adecuación, competencia. ~의 apto (adecuado) para *algo*. 그는 이 일에 ~이다 Es adecuado para este trabajo. ~자 persona adecuada.

적자(赤子) [아이] bebé, nene.

적자(赤字) cifra roja, déficit. ~를 내다 llevar cafra roja, tener déficit. ~를 메우다 cubrir el déficit.

적자(嫡子) hijo legítimo.

적자생존(適者生存) supervivencia de los más aptos (de los mejores adaptados).

적장(敵將) general enemigo.

적재(積材) cargamento. ~하다 cargar. ~량 carga. 이 트럭의 최대 ~량은 10톤이다 La carga máxima de este camión es de diez toneladas. ~ 용량 capacidad de carga.

적재(適材) persona a propósito. ~를 적소에 배치하다 poner a una persona en el lugar que le corresponde. ~적소 cada cosa en su lugar, Un sitio para cada cosa y cada cosa en su sitio.

적적하다(寂寂-) ser solitario (desolado, desierto). 적적한 곳 lugar solitario. 적적하게 지내다 vivir una vida solitaria.

적전(敵前) enfrente de enemigo. ~상륙 desembarco en presencia del enemigo. ~에 상륙하다 desembarcar frente al enemigo. ~에서 도망가다 huir bajo el fuego enemigo.

적절(適切) ~한 conveniente, adecuado, preciso, idóneo. ~한 말 palabra precisa. ~한 비유 metáfora a propósito (adecuada). ~한 평가를 하다 hacer una valoración justa. 제목은 내용에 ~하지 못하다 El título no corresponde al contenido.

적정(適正) ~한 apropiado, justo, razonable. ~ 가격 precio razonable (apropiado).

적정(敵情) situación (posición) del enemigo.

적중(的中) acertamiento. ~시키다 acertar. 그의 예언은 ~했다 Su predicción se ha hecho realidad.

적지(敵地) territorio enemigo.

적진(敵陣) posicion (línea) enemiga, campo enemigo. ~을 돌파하다 romper (forzar) la línea enemiga.

적처(嫡妻) esposa legítima.

적철광(赤鐵鑛) hemetites (f.).

적출(摘出) extracción. ~하다 extraer, sacar por operación.

적출(嫡出) legitimidad. ~의 legítimo. ~자 hijo legítimo. ~자로 인정하다 legitimar a uno.

적탄(敵彈) bala enemiga. ~에 쓰러지다 caer bajo la bala enemiga.

적포도주(赤葡萄酒) vino tinto.

적하(積荷) carga. ~하다 cargar.

적함(敵艦) barco [de guerra] del enemigo.

적합(適合) [합치] conformidad; [적응] adaptación. ~하다 conformarse con *algo*, adaptarse a *algo*. ~하게 하다 [A를 B에] adaptar (acomodar·ajustar) A a B. 주어진 환경에 ~하다 adaptarse al ambiente dado. 시대에 ~하게 하다 adaptar (ajustar) *algo* a la época.

적혈구(赤血球) glóbulo rojo.

적화(赤化) conversión al comunismo, bolshevización. ~하다 bolshevizar.

적확(的確) ~한 preciso, exacto. ~히 exactamente, precisamente. ~히 표현하다 expresar *algo* con precisión.

적히다 escribirse.

전(田) campo. ⇨ 밭.

전 ex-, anterior. ~ 내각 el gabinete anterior. ~ 사장 el ex presidente. ~ 총리 el ex primer ministro.

전(錢) [돈] dinero, moneda. 동~ moneda [de cobre].

전(全) todo, da, dos, das. ~원 todos los empleados [de una empresa]. ~ 인류 toda la humanidad. ~수입 todo el ingreso. ~20권의 백과사전 enciclopedia de viente tomos. ~ 한국(세계)의 노동자 todos los trabajadores de Corea (del mundo). ~세계 todo el mundo.

-전(傳) [전기] vida, biografía.

-전(殿) palacio, salón.

-전(戰) guerra, batalla; [경기의] juego. 근대 ~ guerra moderna.

전가(轉嫁) imputación. ~하다 imputar, echar la culpa a otro. 책임을 ~하다 imputar (echar) la responsabilidad a *uno*.

전가(傳家) ~의 hereditario. ~의 보도(寶刀)를 빼다 jugar *su* última carta.

전각(殿閣) palacio real.

전간(癲癇)【의】epilepsia. ~의 epiléptico.

전갈(傳喝) mensaje [verbal]. ~하다 mandar (enviar) una mensaje.

전갈(全蠍)【동】escorpión.

전개(展開) despliegue, desarrollo, desenvolvimiento; [진전] evolución;【수학】desarrollo. ~하다 desplegarse, desarrollarse, desenvolverse. ~시키다 desarrollar, desplegar, desenvolver. 논지를 ~하다 desarrollar *su* argumento. 부대를 ~시키다 desplegar una tropa. 사태가 급속히 ~되었다 La situación ha evolucionado (se ha desarrollado) rápidamente. 이야기는 서반아를 무대로 ~된다 El relato se desarrolla en España. 양팀간에 열전이 ~되고 있다 Un partido emocionante se juega entre los dos equipos. ~도 plano desarrollado. ~부【악】sección de desarrollo.

전거(典據) autoridad; [출전] referencia; [원전] fuente (f.), documento original. ~를 들다 citar la autoridad, indicar *sus* referencias.

전거(轉居) mudanza, traslado. ~하다 mudarse, trasladarse. ~를 통지하다 avisar el cambio de domicilio.

전격(電擊) rayo, sacudida eléctrica. ~작전 operación relámpago, ataque fulgurante (rápido).

전경(全景) vista completa (general), panorama (*m.*). ~을 촬영하다 sacar una visita panorámica de *algo*. 언덕 위에서 마을의 ~을 보다 dominar una vista panorámica del pueblo desde lo alto de una colina.

전경(前景) primer plano.

전계(電界) campo eléctrico. ~강도 intensidad del campo eléctrico.

전공(專攻) especialidad. ~하다 especializarse en *algo*. ~이 무엇입니까 ¿En qué se

전공(戰功) mérito militar.
전공(前功) mérito anterior.
전공(電工) ingeniero eléctrico.
전과(全科) curso completo, todo curso de estudios [en un colegio].
전과(戰果) frutos de una batalla, logros militares, resultado de la guerra. ~를 올리다 ganar por la guerra. ~을 확대하다 ensanchar la ganancia de la guerra. 혁혁한 ~을 올리다 lograr una brillante victoria.
전과(前科) crimen anterior. ~가 있다 tener antecedentes criminales. ~ 5범의 남자 hombre de cinco antecedentes policiales. ~자 hombre de antecedentes criminales.
전과(轉科) cambio de su estudio principal.
전관(前官) predecesor, antecesor.
전관(專管) jurisdicción exclusiva.
전광(電光) luz eléctrica, chispa eléctrica, relámpago. ~처럼 con la velocidad del rayo, rápido como el relámpago. ~게시판 tabla de anuncio con letras eléctricas. ~뉴스 noticias de lertras eléctricas, cinta eléctrica de noticias.
전교(全校) toda la escuela, la escuela entera; [모든 학교] todas las escuelas. ~생 todos los alumnos (los estudiantes) de la escuela.
전교(轉校) cambio de escuela. ~하다 cambiar de escuela. A교에서 B교로 ~하다 pasar de la escuela A a la escuela B.
전구(電球) bombilla [eléctrica] lámpara, ampolla. 100와트의 ~ bombilla de cien vatios.
전국(全國) todo el país, el país entero. ~의 · ~적인 nacional. ~적으로 por (en) todo el país, por todas las partes del país. ~적인 규모로 de (a) la escala nacional. 한국 ~에 por toda Corea. ~구 [선거의] circunscripción de escala nacional. ~대회 [경기] competición nacional; [콩쿠르] concurso nacional; [회합] conferencia naicional. ~방송 radioemisión por todo el país.
전국(全局) situación general.
전국(戰局) fase (aspecto · marcha) de la guerra. ~은 나날이 악화되다 La guerra se vuelve cada día más desfavorable.
전국(戰國) ~시대 período de guerras civiles (intestinas), período turbulento.
전군(全軍) todo el ejército, toda la tropa.
전권(全權) poderes plenos, facultades amplias, plenipotencia. ~을 위임하다 conferir a uno (investir a uno con) plenos poderes. ~을 장악하다 tener (apoderarse de) los poderes plenos. ~대사 embajador plenipotenciario. ~위원 plenipotenciario.
전권(全卷) todo el volumen (el tomo); [전책] todo los volúmenes (los tomos). ~을 통독하다 por todo el volumen. ~을 읽다 leer todos los tomos. ~을 상영하다 proyectar toda la película.
전극(電極) electrodo.
전근(轉勤) traslado. ~하다 ser traslado a un sitio. ~시키다 trasladar. 본점에서 신촌 지점으로 ~하다 trasladarse de la casa matriz a la sucursal de Sinchón. ~을 명하다 mandar a uno el traslado a un sitio, trasladar (mudar · desplazar) a uno a un sitio.
전기(電氣) electricidad; [전류] corriente eléctrica; [전등] luz eléctrica. ~의 eléctrico. ~로 eléctricamente. ~를 켜다 encender la luz. ~를 끄다 apagar la luz. ~기관차 locomotora eléctrica. ~곤로 horno eléctrico. ~냉장고 refrigeradora eléctrica, nevera, frigorífico [eléctrico]. ~기구 aparato eléctrico. ~다리미 plancha eléctrica. ~담요 manta eléctrica. ~로 (爐) horno eléctrico. ~분해 electrólisis, electrolización. ~분해하다 electrolizar algo. ~시계 reloj eléctrico. ~면도기 afeitadora eléctrica. ~도금 galvanización. ~세탁기 lavadora eléctrica. ~소제기 aspirador de polvo, aspiradora eléctrica [de polvo]. ~스탠드 lámpara de sobremesa. ~스토브 estufa eléctrica. ~설치 instalación eléctrica. ~에너지 energía eléctrica. ~용접 soldadura eléctrica. ~의자 silla eléctrica. ~요금 tarifa de la electricidad. ~요금을 지불하다 pagar la contribución. ~요리기 cocina eléctrica. ~축음기 gramófono eléctrico. ~화학 electoquímica. ~회로 circuito eléctrico. 가정용 ~기구 aparato electrodoméstico (eléctrico casero).
전기(傳奇) ~소설 novela legendaria y fantástica.
전기(電機) aparatos eléctricos. ~공업 industria de aparatos eléctricos, electro-industria.
전기(傳記) biografía. ~의 biográfico. 고야의 ~를 쓰다 escribir una biografía de Goya. ~작가 biográfico,·ca.
전기(轉機) punto decisivo, momento crítico, momento decisivo; [위기] crisis (f.).
전기(前期) [초기] primer período (término); [전반] primera mitad; ~금 priemr semestre. ~ 이월금 saldo de la cuenta anterior (del ejercicio anterior).
전기(戰記) crónica (memorias) de la gue-

rra. ~물 relato (narración · historieta) de la guerra.

전기(前記) ~의 mencionado (indicado · dicho) antes (más arriba), sobredicho, antedicho, susodicho. ~의 mencionado más arriba. ~와 같이 como se ha dicho (citado · escrito · mencionado) antes.

전기(轉記) transcripción, copia. ~하다 transcribir, copiar; 【부기】 pasar las cuentas. 원장에 ~하다 pasar los asientos [de un libro] al libro mayor.

전나무 【식】 abeto.

전날(前—) día anterior (precedente), la víspera. 출발 ~에 la víspera de la salida. 축제 ~에 el día antes de la fiesta.

전남편(前男便) marido (esposo) anterior.

전납(全納) pogo entero (integral). ~하다 pagar del todo.

전납(前納) pago adelantado. ~하다 pagar en adelanto.

전년(前年) año anterior (precedente); [작년] año pasado.

전념(專念) dedicación. ~하다 aplicarse (dedicarse · entregarse) a algo, sumergirse en algo, ocuparse de algo. 학문에 ~하다 dedicarse al (ocuparse del) estudio. 요양에 ~하다 no preocuparse de nada sino de su curación.

전능(全能) omnipotencia. ~한 omnipotente, todopoderoso.

전단(傳單) hojilla, hojuela.

전단(專斷) arbitrariedad, arbitrio. ~하다 arbitrar.

전달(前—) el mes pasado. ~ 8일에 el ocho del mes pasado. ~호 número del mes pasado.

전달(傳達) transmisión, traspaso, comunicación. ~하다 transmitir, comunicar.

전담(全擔) toda responsabilidad, carga completa. ~하다 encargarse de algo. 네가 필요로 한 여행비용을 ~하겠다 Me encargaré de todos los gastos de viaje que necesites.

전담(專擔) responsabilidad exclusiva.

전답(田畓) campos (m.pl).

전당(典當) prenda. ~잡히다 empeñar, dar (dejar) algo en prenda. ~포 monte de piedad.

전당(殿堂) palacio; [성전] santuario, templo, panteón. 학문의 ~ santuario de la ciencia.

전대(前代) época anterior. ~미문의 inaudito, sin ejemplo, sin precedentes, jamás oído. 그것은 ~의 사건이다 Es un asunto inaudito (sin precedentes).

전도(前途) provenir, perspectiva, lo futuro.

~유망한 청년 joven prometedor. …를 축복하다 desear un buen éxito. 이 회사는 ~가 유망하다 Esta compañía tiene [mucho] futuro. 너희들의 장래는 ~가 양양하다 Vuestro futuro está lleno de esperanzas. 이 계획은 ~가 요원하다 Este proyecto tiene mucho que andar antes de realizarse.

전도(轉倒) vuelco, revuelco, tropiezo, caída; [순서 등의] inversión, trastorno. ~하다 volcarse, revolcarse, tropezar, cear. ~시키다 volcar, revolcar, trastornar.

전도(傳導) transmisión, conducción. ~하다 transmitir, conducir. ~성의 conductivo. ~률 conductividad. ~성 conductor.

전도(全圖) mapa (plano) completo. 서울~ plano completo de Seúl.

전도(傳道) misión, evangelización, predicación, propaganda. ~하다 predicar la fe a (entre) uno, evangelizar a uno, propagar la religión en un sitio, difundir el evangelio en un sitio (entre uno). ~자 evangelista (m.f.); predicador,-ra; [해외에의] misionero,-ra.

전동기(電動機) motor [eléctrico], electromotor.

전동력(電動力) fuerza electromotriz.

전두(前頭) frente; 【해】 sincipucio, coronilla, vértice de la cabeza.

전등(電燈) luz (lámpara) eléctrica. ~을 켜다 encender la luz. ~을 끄다 apagar la luz. ~을 설치하다 instalar la lámpara eléctrica. ~이 켜지다 encenderse la luz. ~이 꺼지다 apagarse la luz.

전락(轉落) caída, precipitación. ~하다 caer, precipitarse. 최하위에 ~하다 caer al último puesto. 그는 20미터 ~했다 Se precipitó veinte metros abajo.

전란(戰亂) desorden por la guerra.

전람회(展覽會) exposición, exhibición. ~를 열다 celebrar (abrir) una exposición. ~에 가다 visitar una exposición. ~에 출품하다 mandar (presentar) algo a una exposición. ~장 salón de exposición, galería.

전래(傳來) introducción, transmisión. ~하다 introducirse, transmitirse. 불교는 중국에서 ~되었다 El budismo fue introducido (vino) de China.

전략(戰略) estrategia. ~적인 · ~상의 estratégico. ~상의 요소 punto estratégico. ~상 · ~적으로 estratégicamente. ~가 estratégico, estratega (m.f.). ~ 목표 objetivo (blanco) estratégico. ~ 물자〔병기〕 materias (armas) estratégicas. ~ 목적

전략 846 전문

기 bombardero estratégico.

전략(前略) me apresuro a informarle a Vd. que.

전력(電力) electricidad, fuerza (energía) eléctrica. ~을 소비하다 (공급하다) consumir (suministrar) la electricidad. ~계 vatímetro, electrodinamómetro. ~ 공급능력 capacidad suministradora de la energía eléctrica. ~회사 compañía eléctrica (de electricidad).

전력(全力) toda la fuerza, toda la energía. ~을 다해서 con toda energía (fuerza). ~을 다하다 hacer cuanto pueda, hacer todo lo posible (lo más posible · lo imposible · todo lo que esté en *su* mano) por (para) + *inf*. ~으로 질주하다 correr con todas *sus* fuerzas, correr a más no poder. …에 ~을 기울이다 poner toda da energía (concentrar toda *su* energía) en *algo*. 그는 공사의 완성에 ~을 기울이고 있다 Consagra toda su energía (Está dedicado en cuerpo y alma) a la terminación de la obra.

전력(戰力) potencia (fuerza · poder) militar. ~을 증강하다 reforzar la fuerza militar.

전력(前歷) antecedentes *(m.f.).*

전력(戰歷) carrera de guerra, experiencia de guerra.

전령(傳令) mensajero, ordenanza *(f.)*

전령(電鈴) timbre [eléctrico] . ~을 누르다 tocar el timbre.

전례(前例) precedente, ejemplo anterior. ~없이 inaudito, sin precedente, sin ejemplo. ~를 근거로 하다 apoyarse en un precedente. 그런 ~는 아직 없다 Todavía no hay tal precedente. 그것은 ~를 만들 것이다 Eso sentará un precedente.

전류(電流) corriente eléctrica, fluido eléctrico. ~를 통하다 electrizar *algo*, hacer pasar la corriente a *algo*. ~를 끊다 cortar la corriente, interceptar (interrumpir) la corriente. ~계 amperímetro. ~제한기 limitador de corriente.

전리(電離) disociación electrolítica, ionización. ~층 ionosfera.

전리품(戰利品) trofeo, botín, despojos.

전립선(前立腺) próstata. ~ 비대 hipertrofia de próstata.

전마선(傳馬船) chalana, lancha.

전말(顚末) [상세] detalle; [경위] curso del evento; [사정] circunstancia.

전망(展望) panorama *(m.)*, vista perspectiva. 산정에 ~하다 extender la cumbre de una montaña. 현대시를 ~하다 dar una visión de (hacer un estudio somero sobre) la poesía contemporánea. 장래의 ~ perspectiva futura (del porvenir). ~대 mirador, atalaya, belvedere, plataforma de observación. ~차 coche panorámico. 경제~ panorama de la situación económica.

전매(轉賣) reventa. ~하다 revender.

전매(專賣) monopolio, monopolización. ~하다 monopolizar. …의 ~권을 소유하다 poseer el monopolio de *algo*. ~ 공사 corporación de monopolio. ~ 특허 patente de invención. 그것은 그의 ~ 특허이다 Justamente está especializado en eso. ~품 artículo monipolado. 정부 ~ monopolio del gobierno.

전면(全面) toda la superficie. ~적 general, total, complete, entero. ~적으로 generalmente, totalmente, completamente. ~광고를 하다 hacer un anuncio utilizando toda una página de periódico. 나는 ~적으로 찬성이다 Estoy completamente de acuerdo con usted. 나는 그를 ~적으로 지지한다 Le apoyo incondicionalmente. 나는 그와 ~적으로 의견이 일치했다 Él y yo quedamos completamente de acuerdo (coincidimos plenamente). ~ 강화 paz general. ~ 전쟁 guerra total.

전면(前面) frente, fachada (건물의). …의 ~에 al frente de.

전멸(全滅) aniquilamiento, anonadación. ~하다 aniquilarse, ser aniquilado. ~시키다 aniquilar. 폭격으로 마을이 ~됐다 Toda la ciudad fue aniquilada (destruida) por el bombardeo.

전모(全貌) todos los aspectos. 사건의 ~가 명확히 밝혀졌다 Han salido a la luz todos los aspectos del asunto.

전몰(戰歿) ~자 caídos, muertos (difuntos · fallecidos) en batalla (en el campo de honor).

전무(全無) carencia total, ausencia total. ~하다 no tener nada. 나는 법률지식이라고는 ~하다 No sé nada del conocimiento de la ley.

전무(專務) [회사의] director general.

전문(全文) texto completo. ~을 인용하다 citar el texto completo. 조약 ~ texto completo de un tratado.

전문(專門) especialidad. ~의 especial; [직업적인] profesional. ~으로 especialmente. ~으로 하다 especializarse *en algo*. 그는 경제학이 ~이다 Se especializa en economia / La economía es su especialidad. 그것은 내 ~이 아니다 Eso no es mi especialidad. 나는 ~이외의 것에는 관심이 없다 No me interesa nada qué esté fuera de mi especialidad. 이 회사는 기계 수입을 ~으로 취급하고 있다 Esta firma comercial se especializa en la importa-

전문 ción de máquinas. ~가 especialista (*m.f.*), experto, perito. 그는 그 도의 ~이다 Es especialista (experto) en la materia. ~과목 asignatura especial. ~교육 educación especial (técnica). ~분야 campo especializado. ~어 palabra técnica, término técnico; [집합적] terminología, tecnicismo. ~위원 consejero técnico, experto. ~위원회 comité de expertos. ~의(醫) médico especialista. ~점 tienda especial. ~학교 escuela especial (técnica). ~화 especialización.

전문(電文) texto del telegrama.

전문(前門) puerta delantera.

전문(傳聞) rumor, voz común.

전문(錢文) dinero.

전문(前文) [전장·조약 등의] preámbulo.

전반(全般) totalidad, generalidad. ~의 general, total, global. ~적으로 generalmente, en general, por lo general. ~적인 고찰 estudio global. ~적으로 보아 desde un punto de vista general. ~적을 말해서 generalmente hablando. 경제 ~에 관해 보고하다 informar sobre la economía en general. 문제를 ~적으로 취급하다 tratar un asunto globalmente. 생활 수준이 ~적으로 향상되었다 El nivel de vida ha mejorado en general. 사태가 ~적으로 악화되고 있다 La situación, mirada en general, está empeorando.

전반(前半) primera mitad; [축구 등의] primer tiempo. 나는 책의 ~을 읽는 것을 끝냈다 Acabo de leer la primera mitad del libro.

전방(前方) frente. ~의 que está delante, delantero; de más allá. ~에서 de frente. ~에 adelante; delante. ~의 숲 bosque de enfrente. 100미터 ~에 a cien metros al frente. ~에 산이 보인다 Se ve una montaña delante.

전방(廛房) tienda.

전번(前番) el otro día. ~의 anterior.

전범(戰犯) criminal de guerra.

전법(戰法) táctica. ~을 바꾸다 cambiar de táctica.

전별(餞別) regalo de despedida.

전병(煎餠) oblea, galleta de arroz.

전보(塡補) suplemento.

전보(戰報) noticia de la guerra.

전보(電報) telegrama (*m.*), despacho telegráfico; [해외에] cablegrama. ~로 por telegrama, telegráficamente. ~를 치다 poner (enviar·mandar) un telegrama a *uno*, telegrafiar. ~로 알리다 avisar por telegrama. 내일 도착한다고 그에게서 ~가 왔다 Me telegrafió que llegaría (llegará) mañana. ~국 oficina telegráfica (de telégrafos). ~로 precio de telegrama. ~배달인 distribuidor de telegramas.

전복(顚覆) derribo, vuelco, trastorno; [배의] zozobra; [정부 등의] derrocamiento, caída. ~하다 trastornarse, volcar [se]; zozobrarse. 정부의 ~를 기도하다 conjurarse para derribar (para derrocar) al gobierno.

전복(全鰒)【조개】oreja marina.

전봇대(電報-) polo telegráfico.

전부(前部) primera parte, parte delantera.

전부(全部) todo; lo todo; [합계] total, suma; [부사적] enteramente, totalmente. ~의 total, entero. 집에 있는 책 ~ todos los libros que hay en la casa. 여기 있는 사람 ~ todas las personas que están aquí. 한 권을 ~ 읽다 leer un libro de cabo a rabo (desde el principio hasta el fin). 포도주 한 병을 ~ 마시다 beber una botella entera de vino. 빚을 ~ 갚다 devolver toda la deuda. 그는 가지고 있던 돈을 ~ 썼다 Gastó todo el dinero que tenía (cuanto dinero que tenía). 너에게 ~ 준다 Te lo doy todo. 이것으로 ~다 Esto es todo. 그걸로 ~다 Eso es todo. 사과는 ~ 10개다 Hay diez manzanas en total. ~ 얼마입니까 ¿Cuánto cuesta en total?/¿Cuánto es todo? 비용이 ~ 10만원 들었다 El costo total alcanzó los cien mil wones.

전부(前夫) [전남편] marido (esposo) anterior.

전분(澱粉) almidón, fécula. ~질의 feculento.

전비(前非) error pasado. ~를 후회하다 arrepentirse de *sus* errores pasados.

전비(戰備) gastos de guerra; [예산] presupuesto de guerra.

전사(戰死) muerte en la batalla. ~하다 morir en la batalla (guerra), quedar en el campo. ~자 muertos (difuntos·caídos) en la guerra.

전사(戰史) historia militar. 제 2차 세계대전 ~ historia de la Guerra Mundial Segunda.

전사(戰士) guerrero, combatiente, soldado.

전사(轉寫) copia, transcripción. ~하다 copiar, transcribir; [사진·석판술로] tomar copia de *algo*.

전삭(前朔) mes pasado.

전상(戰傷) caída en el campo, herida por guerra. ~자 herido por guerra.

전생(前生) vida anterior, existencia pasada.

전생애(全生涯) toda la vida. ~를 통하여 durante toda *su* vida.

전서(全書) libro completo. 백과 ~ enciclopedia.

전서구(傳書鳩) paloma mensajera (correo).

전선(戰線) línea (frente) de batalla.

전선(電線) línea eléctrica, cable eléctrico, alambre eléctrico; [전신의] línea telegráfica.

전선(前線) 1 primera línea, frente. ~에 나가다 ir al frente. 병사를 ~에 보내다 enviar a los soldados al frente de batalla. 2 [기상] frente.

전선(全線) toda la línea.

전선(戰船) buque de guerra.

전설(傳說) leyenda, tradición. ~상의·~적인 legendario, tradicional. ~상의 인물 personaje legendario. ~에 의하면 …이다 La leyenda cuenta que + *ind*.

전성(全盛) colmo de prosperidad, pleno florecimiento. ~의 en plena prosperidad, en el colmo (en el cenit·en el auge) de la prosperidad. ~기 período de plena prosperidad. ~기의 영국 Inglaterra en la época de su pleno esplendor. ~기에 있다 estar en el auge (en el colmo·en la cumbre·en el cenit) de la prosperidad (del florecimiento).

전성관(傳聲管) tubo megáfono (acústico·de bocina).

전세(前世) vida (existencia) anterior. 그것 ~의 인연이다 Eso se debe a un efecto de la ley del karma.

전세(專貰) contrato del alquiler.

전세(戰勢) situación de guerra.

전세계(全世界) todo el mundo, el mundo entero. ~로 por todo el mundo. ~의 사람들(나라들) todos los hombres (los países) del mundo. ~에서 모이다 venir de todas las partes del mundo.

전세계(前世界) mundo anterior.

전세기(前世紀) siglo pasado.

전소(全燒) ~하다 quedar destruido completamente en un incendio.

전속(轉屬) mudanza [de un militar]. ~하다 cambiar de cuerpo militar.

전속(專屬) exclusividad. ~하다 pertenecer exclusivamente. ~의 exclusivo. A사 ~ 가수 cantante (*m.f.*) ligado (perteneciente) a la compañía A.

전속력(全速力) la mayor velocidad. ~으로 con la mayor velocidad, a toda prisa, a toda velocidad, a todo correr. ~으로 달리다 [사람이] correr con todas *sus* fuerzas (a más no poder·a tumba abierta); [자동차가] rodar (correr) a toda velocidad (rapidez); [말이] correr a galope [tendido] (a todo escape). ~으로 도망치다 [달려] huir a todo correr.

전손(全損) pérdida (avería) total, completa pérdida. ~담보 prenda para pérdida total.

전송(電送) transmisión telegráfica. ~하다 transmitir por telegrama, telefotografiar. 사진을 ~하다 transmitir una foto por telegrafía. ~ 사진 telefotografía, fototelegrafía. ~ 사진기 telefotógrafo.

전송(餞送) acompañamiento. ~하다 acompañar, escoltar.

전송(轉送) transmisión; remisión, reenvío. ~하다 transmitir, remitir, reexpedir, reenviar.

전수(傳授) iniciación. …의 ~를 받다 recibir la iniciación en *algo*.

전수(傳受) herencia. ~하다 heredar, recibir.

전수(全數) número total, total, unanimidad.

전수(專修) especialización, estudio exclusivo. ~하다 especializar [se].

전술(戰術) táctica; [전략] estrategia. ~상의·~적인 táctico; estratégico. ~적으로 tácticamente; estratégicamente. ~을 단련하다 elaborar una táctica. ~을 바꾸다 cambiar de táctica. ~가 táctico; estratega. ~ 핵병기 arma nuclear táctica.

전술(前述) ~한 mencionado (dicho) antes (más arriba). ~한 바와 같이 como antes mencionado, como se ha dicho (mencionado) antes.

전승(戰勝) victoria, triunfo. ~국 nación triunfante, país victorioso, nación victoriosa. ~기념일 día [conmemorativo] de la victoria.

전승(全勝) victoria completa. ~하다 ganar victoria completa, ganar todos los partidos, salir invicto.

전승(傳承) folklore, folclore.

전시(展示) exhibición, exposición. ~하다 exhibir, exponer. ~판매회 exposición y venta de objetos expuestos. ~회 exhibición, exposición.

전시(戰時) tiempo (período) de guerra. ~중에 durante la guerra. ~ 공채 (국채) empréstito (deuda pública) de guerra. ~ 국제법 ley internacional de guerra. ~상태 estado de guerra. ~ 체제 régimen de guerra.

전시(全市) toda la ciudad, la ciudad entera.

전시대(前時代) tiempos antiguos, generaciones pasadas.

전신(前身) vida pasada, carrera anterior. 그녀의 ~은 발레리나였다 Era bailarina antes. 이 대학의 ~은 신학교였다 El origen de esta universidad fue un semi-

전신(全身) todo el cuerpo, el cuerpo entero. 나는 ~이 떨렸다 Me tembló todo el cuerpo. 그는 ~에 땀으로 목욕했다 Todo el cuerpo le quedó bañado de (por) sudor. 수영은 ~운동이다 La natación ejercita todas las partes del cuerpo. ~마취 anestesia general. ~불수 parálisis general (total). ~불수가 되다 paralizarse totalmente. ~상··사진 retrato de cuerpo entero, retrato de todo el cuerpo.

전신(電信) telégrafo, telegrafía. ~의 telegráfico, cablegráfico. ~으로 telegráficamente, por telégrafo, por cable. ~을 보내다 telegrafiar, cablegrafiar. ~이 불통이다 La comunicación telegráfica está interrumpida. ~국 oficina telegráfica (cablegráfica). ~기 telégrafo, equipo telegráfico. ~기사 telegrafista (m.f.). ~국장 dirección cablegráfica. ~전화공사 Corporación Pública del Telégrafo y el Teléfono, Corporación Pública de Telecomunicaciones. ~암호기 código telegráfico.

전실(前室) esposa anterior (divorciada). ~자식 hijos de su esposa anterior.

전심(專心) con todo el corazón. ~하다 entregarse (dedicarse · aplicarse) a algo, sumergirse en algo. 학문에 ~하다 dedicarse al (sumergirse en el) estudio.

전심(全心) todo su corazón. ~을 다하여 con todo su corazón.

전아(典雅) ~한 elegante,refinado, gracioso, fino.

전압(電壓) presión eléctrica, voltaje, tensión [eléctrica] . ~을 올리다 (내리다) elevar (reducir) el voltaje. ~100볼트의 de cien voltios. ~강하 disminución del voltaje. ~계 voltímetro. ~계전기 relé de voltaje. ~ 전류계 polímetro. ~조정기 regulador de voltaje. ~회로 circuito derivado (de voltaje).

전액(全額) cantidad total, importe total, monto total. ~을 지불하다 pagar toda la cantidad, hacer el pago total. 채무를 ~갚다 pagar toda la deuda. 요금은 ~되돌려 주었다 Devolvieron el importe total. ~지불 pago íntegro (total).

전야(前夜) víspera, la noche precedente. 혁명 ~에 en vísperas de la revolución. ~제 fiesta de víspera.

전언(傳言) mensaje, recado. ~을 남기다 dejar un recado. ~판 tabla de mensajes.

전언(前言) palabra anticipada. ~을 취소하다 retractarse (desdecirse) de lo dicho, retirar sus palabras, cantar la palinodia.

전업(轉業) cambio de empleo (de ocupación). ~하다 cambiar de empleo (de negocios). 그는 인쇄소에서 서점으로 ~했다 Abandonó la imprenta para dedicarse a la librería.

전업(專業) especialidad, ocupación especial. ~농가 agricultor dedicado completamente a la agricultura.

전역(戰役) guerra, batalla.

전역(全域) toda la región, toda la área.

전역(全譯) traducción completa (integral). ~하다 traducir algo completamente.

전역(戰域) zona de la guerra.

전연(全然) enteramente, de todo, en absoluto, absolutamente. ~ 알지 못하다 no saber nada. ~···이 아니다 no··· nada (en absoluto · de ninguna manera · de ningún modo · nunca). 그를 아십니까~ ~모릅니다 ¿Le conoce Vd.?- No, en absoluto. 그 것은 ~생각이 나지 않는다 No me acuerdo absolutamente nada de eso. 이제 가솔린이 ~없다 La gasolina ya está agotada del todo./ Ya no hay ni una gota de gasolina.

전열(前列) primera fila, fila delantera. ~우측에서 두번째 좌석 el segundo asiento de la derecha en la primera fila.

전열(戰列) frente, línea de batalla. ~에 참가하다 ir al frente, juntarse (unirse) en el frente. ~을 이탈하다 quitarse (del dejar el) frente.

전열(電熱) calor eléctrico. ~기 calentador eléctrico.

전염(傳染) infección, contagio. ~성의 contagioso, infeccioso, infectivo. ~하다 contagiar, ser infeccioso. ~되다 contagiarse, transmitirse, pegarse. 이 병은 ~된다 Esta enfermedad es infecciosa (se contagia). ~병 enfermedad contagiosa (infecciosa) epidemia.

전용(專用) uso exclusivo. ~의 reservado, exclusivo, privado, de uso privado, particular. 보행자 ~도로 pasaje reservado para peatones. 직원 ~입구 entrada prohibida al público.

전용(轉用) ~하다 aplicar (destinar) algo a otro fin; [A를 B에] usar A por (como). B 농지를 주차장으로 ~하다 usar el terreno agrícola como parque de estacionamiento.

전우(戰友) compañero (camarada · hermano) armas.

전원(全員) todos, todos los miembros, todo el personal. ~일치로 unánimemente, por unanimidad. ~의 찬성 consentimiento (aprobación) unánime. 가족 ~ toda la familia. 우리들 ~ todos

전원(田園) campo. ~의 rural, campesino, campestre, pastoral. ~생활을 하다 vivir en el campo. ~도시 ciudad rural (bucólica). ~시 poesía pastoral, bucólica, égloga. ~시인 poeta pastoral.

전원(電源) fuente de energía eléctrica; [콘센트] toma (de corriente), enchufe de pared. ~을 끊다 (넣다) cortar (conectar) el interruptor (la corriente). 모터를 ~에 연결하다 conectar el motor con la corriente. ~을 개발하다 [수력의] explotar los recursos hidroeléctricos.

전월(前月) mes pasado.

전위(傳位) abdicación (dimisión) de la corona. ~하다 abdicar la corona.

전위(前衛) vanguardia. 【운】 [jugador] delantero. ~예술 (예술가) arte (artista) de vanguardia.

전위(電位) potencial eléctrico. ~계 electrómetro. ~차 diferencia de potencial.

전유(專有) posesión exclusiva. ~하다 poseer exclusivamente.

전유(全乳) leche pura.

전율(戰慄) estremecimiento (temblor) de horror (de miedo). ~하다 estremecerse. ~할 terrible, horrible.

전음(全音)【음】 tono entero.

전의(轉義)[비유적인] sentido figurativo (figurado·metafórico). [파생적인] sentido derivado.

전의(戰意) ánimo de lucha, moral (f.). ~를 상실하다 desmoralizar (desanimar) a uno. ~를 잃은 desmoralizado. ~가 없는 desmoralizado, desanimado.

전이(轉移) ~하다 [암이] metastacizar. 암의 ~ metástasis cancerosa.

전인(前人) precedente. ~ 미답의 기록 récord sin precedentes.

전일(前日) día anterior.

전임(前任) traslado, cambio de puesto. ~하다 ser mudado a otro puesto. ~시키다 trasladar a uno a nuevo puesto.

전임(專任) exclusividad. ~의 de tiempo completo. ~강사 lector numerario. ~교수 catedrático titular.

전임(前任)의 precedente. ~자 predecesor.

전입(轉入) transferencia, traslado. ~하다 mudarse (cambiar de domicilio) a un sitio.

전자(電子) electrón. ~의 electrónico. ~계산기 calculadora electrónica. ~공업 industria electrónica. ~공학 electrónica, ingeniería electrónica, electrotécnica. ~광학 óptica electrónica. ~렌지 horno electrónico. ~렌스 lente electrónica. ~빔 haz de electrones. ~주사(走査) exploración electrónica. ~증배관 multiplicador eléctrico, tubo generador de electrones secundarios. ~현미경 microscopio electrónico. 양~ positrón, electrón positivo. 음~ negatón, negatrón, electrón negativo.

전자(電磁) electromagnetismo. ~브레이크 freno magnético. ~석 electroimán. ~장 campo electromagnético. ~ 조작 밸브 válvula accionada por solenoide. ~파 ondas electromagnéticas.

전자(前者) el primero, el anterior, aquél. 나는 이 두개의 의견 중에서 ~를 택한다 De estas dos opiniones prefiero la primera.

전장(戰場) campo de batalla; [전선] frente (m.). ~의 이슬로 사라지다 caer en el campo de batalla.

전장(全長) longitud total. ~ 100미터의 다리 puente de cien metros de longitud.

전장(電場) campo eléctrico.

전재(轉載) reproducción, copia, transcripción. ~하다 reproducir, copiar, transcribir. ~를 금함 "Se prohibe la reproducción."

전재(戰災) debastación (destrozo) de la guerra, daño de guerra. ~를 받다 sufrir daño de guerra, sufrir la devastación de la guerra. ~를 넘다 salvarse de la devastación de la guerra. ~고아 huérfano de guerra. ~자 víctimas de la guerra.

전쟁(戰爭) guerra. ~하다 hacer la guerra (guerrear) [con (contra) un país]. ~중에 durante la guerra. ~중이다 estar en guerra. ~에 이기다 (지다) ganar (perder) la guerra, vencer (ser vencido) en la guerra. ~에 나가다 ir (partir) a la guerra. ~에서 죽다 perecer (morir) en la guerra. ~을 시작하다 comenzar (declarar) la guerra, entrar en guerra. ~이 일어나다 estallar la guerra. 자식을 ~에 잃다 perder [a] su hijo en la guerra. ~이 시작되었다 Se declaró (Estalló) la guerra. ~문학 (영화) literatura (película) de guerra. ~미망인 viuda de guerra. ~범죄인 criminal de guerra. ~보험 seguro de guerra. ~상태 estado de guerra. ~상태에 있다 estar en estado de guerra. ~행위 acto de guerra. ~재판 juicio de la guerra. 한국~ la Guerra Coreana.

전적(戰績) éxito de la guerra,【운】 resultado, récord.

전적(戰跡) campo de batalla viejo.

전적(典籍) libros ⇨ 서적.
전적(轉籍) ~하다 trasladar el domicilio [legal] 서울로 ~하다 trasladar *su* dimiclio [legal] a Seúl.
전적(全的) [형용사격] total, todo, entero. ~으로 totalmente, enteramente.
전전(輾轉) de un lugar a otro, rodando. ~하다 errar (vagar) de un lugar a otro. 직장을 ~하다 cambiar de empleo frecuentemente.
전전(戰戰) ~하다 participar en varias batallas.
전전(戰前) período anterior a la guerra. ~에는 antes de la guerra. ~의 일본 el Japón de antes de la guerra. ~과 generación de antes de (anterior a) la guerra.
전전긍긍(戰戰兢兢) ~하다 estar todo atemorizado, estar sobrecogido de terror, temblar con espantos incesantes. 대지진이 일어나 나지 않을까 하여 모든 사람은 ~하고 있다 Todo el mundo está sobrecogido de terror ante la posibilidad de un gran terremoto.
전전날(前前ㅡ) la antevíspera. 출발 ~에 la antevíspera (dos días antes) de la salida.
전정 amor anterior, amistad vieja.
전정(剪定) poda. ~하다 podar. ~하는 사람 podador. 나무를 ~하다 podar un árbol. ~용 가위 podadera.
전제(專制) autocracia, despotismo. ~의 · ~적인 despótico, autocrático, absoluto. ~군주 monarca absoluto. ~정치 autocratismo, gobierno despótico; régimen autocrático.
전제(前提) primisa. ~로 하다 suponer, presuponer. 모두의 찬성을 ~로 하여 계획을 세우다 trazar un proyecto suponiendo la aprobación de todos. 대 ~ premisa mayor. 소 ~ premisa menor.
전조(前兆) presagio, agüero (선악의), síntoma (징후).
전조(前條) artículo (párrafo) precendente (anterior).
전조(轉調) 【악】 modulación. ~하다 modular.
전죄(前罪) crimen anterior.
전주(田主) propietario (dueño) de tierras.
전주(典主) propietario (dueño) de tierras.
전주(錢主) acreedor; [여자] acreedora.
전주(電柱) poste eléctrico, [전신의] poste de telégrafo; [전화선의] poste de teléfono.
전주(前週) la semana pasada. ~ 수요일에 el miércoles pasado (de la semana pasada). 그는 ~의 오늘 결혼했다 Hoy hace justo una semana que se casó./ Se casó este día de la semana pasada.

전주(前奏) preludio. ~곡 preludio.
전중(典重) cortesía, cortesanía, atención, urbanidad, buena crianza. ~하다 ser cortés.
전지(田地) tierra cultivada, campo, arrozal.
전지(全紙) espacio completo de papel.
전지(剪枝) rama podada. ~하다 podar, cortar las ramas.
전지(轉地) cambio del aires. ~하다 cambiar (mudar) del aires. …에 ~요양을 가다 ir a un *un sitio* para cambiar de aires.
전지(電池) batería eléctrica, pila; [건전지] pila seca; [축전지] acumulador [eléctrico]. ~가 다 됐다 La pila se ha agotado. 이 인형은 ~로 움직인다 Esta muñeca funciona con pilas. ~시계 reloj de batería.
전지(戰地) [전장] campo de batalla; [전선] frente.
전지(全知) ~전능한 todo poderoso, omnipotente. ~한 신 Dios omnisciente y omnipotente.
전직(轉職) [직업의] cambio de porfesión. ~하다 cambiar de profesión.
전직(前職) ocupación anterior. ~장관 ex ministro.
전진(前進) marcha hacia delante (al frente), avance, ·adelanto; [진보] desarrollo, progreso. ~하다 marchar hacia delante, avanzar, adelantar; desarrollarse, progresar. 일보 ~하다 dar un paso adelante. ~! ¡Adelante! ~기지 base de avance (de frente).
전진(戰陣) campo militar; [전법] táctica.
전진(戰塵) polvo de batalla.
전질(全帙) colección completa [de libros].
전집(全集) obras completas. 소월 ~ obras completas de Sowol. 한국 문학 ~ colección completa de la literatura coreana.
전차(戰車) tanque. ~대 unidad de tanques. 중(경) ~ tanque pesado (ligero). 대 ~포 cañón contratanque.
전차(電車) tren eléctrico, [시내전차] tranvía *(m.)*. ~요금 pasaje de tranvía. 노면 ~ tranvía a nivel. 시내 ~ tranvía urbano.
전처(前妻) esposa anterior, [최초의] primera mujer.
전철(電鐵) ferrocarril eléctrico.
전철(轉轍) ~하다 cambiar la vía. ~기 cambio [de vía]. ~수 guardagujas *(m.)*; 【남미】 cambiavía *(m.)* cambiador.
전첩(戰捷) victoria, triunfo. ~하다 ganar una victoria. ~국 potencia victoriosa.
전체(全體) integridad, conjunto; [전부] todo, total, totalidad. ~의 · ~적인 integral; todo, total, entero; [전반적

general. ~로‥~적으로 en total, totalmente; en conjunto; en general, generalmente, en términos generales. 반~의 의견 opinión general de la clase. ~주의 totalitarismo. ~주의 국가 país totalitario. ~회의 asamblea plenaria (general).

전초(前哨) avanzada. ~전 escaramuza.

전축(電蓄) gramófono eléctrico.

전출(轉出) mudanza afuera. ~하다 [···] mundarse (cambiar de domicilio) a *un sitio*; [···에서] mudarse (cambiar de domicilio) de *un sitio*.

전치(全治) recuperación (curación) completa (perfecta). ~하다 recuperarse completamente, curar[se] (sanar) completamente. ~일주간 recuperación completa en una semana. ~1개월의 부상을 당하다 recibir una herida que necesita un mes para curarse (para la curación completa).

전치사(前置詞) preposición. ~적 preposicional. ~격 인칭대명사 pronombre personal preposicional. ~구 modo (locución) preposicional.

전쾌(全快) restauración completa de la salud, curación completa de un enfermedad. ~하다 recuperarse(recobrar la salud·curar[se]) completamente. 그는 ~되었다 Se ha curado completamente de la enfermedad. 하루 빨리 ~되시길 축원합니다 Ruego a Dios que recobre la salud cuanto antes.

전토(全土) tod el país, todas las partes. 서반아 ~를 여행하다 viajar por toda España (por todas las partes de España).

전통(傳統) tradición. ~인 tradicional. ~적으로 tradicionalmente. ~을 지키다 mantener la tradición. ~을 파괴하다 faltar a (romper con) la tradición. ~에 따르다 seguir (conformarse con) la tradición. 축구는 ~적으로 이 학교에서 인기가 있다 Tradicionalmente el fútbol es muy popular en esta escuela. 이 축제는 500년의 ~이 있다 Esta fiesta tiene quinientos años de tradición. ~주의 tradicionalismo. ~주의자 tradicionalista (*m.f.*).

전투(戰鬪) batalla, combate, lucha, pelea. ~하다 batallar. ~에 참가하다 tomar parte en la batalla. ~을 개시하다 romper las hostilidades, empeñar (comenzar) el combate, abrir fuego. ~를 중지하다 levantar (suspender) el combate. ~ 태세에 있다 estar sobre las armas. ~기 [avión de] caza. ~력 fuerza bélica, potencia bélica. ~원 combatiente. 비~원 no combatiente. ~폭격기 caza-bombardero.

전파(電波) onda eléctrica; [라디오의] onda radioeléctrica (hertziana). ~를 통해서‥~고에 의해 por radio. ~계 ondámetro. ~고도계 radioaltímetro. ~망원경 radiotelescopio. ~ 유도탄 cohete radiodirigido. ~ 탐지기 radar.

전파(傳播) propagación, difusión, divulgación. ~하다 difundirse, divulgarse, propagarse.그리스도교의 ~ propagación del cristianismo.

전판(全-) todo. 가진 것을 ~ 잃었다 El perdió todo lo que tenía./ El perdió cuanto tenía.

전패(戰敗) derrota [en la guerra] ~하다 derrotarse en la guerra, perder una guerra.

전패(全敗) derrota completa. ~하다 sufrir derrota completa, perder todos los partidos.

전편(全篇) libro (volumen) completo.

전편(前篇) primera parte.

전폐(全廢) abolición total. ~하다 abolir *algo* totalmente.

전폭(全幅) ~적인 todo, pleno. ~적으로 todo, plenamente. ~적 신뢰로 con toda confianza. ~적인 신뢰를 하다 poner(tener) plena confianza en *uno*.

전표(傳票) nota [de cuenta], volante. ~를 떼다 hacer una nota [a *uno*], pasar una nota.

전하(殿下) Su Alteza; Vuestra Alteza.

전하(電荷) carga eléctrica.

전하다(傳-) 1 [전달하다] transmitir, enviar, mandar, comunicar, decir. 나에게 전화하라고 그에게 전해 주십시오 Dígale que me llame.부인께 인사 말씀 전해 주십시오 Saludos (Recuerdos) a su señora. 2 [전수하다] instruir, introducir, enseñar, dar, conceder, hacer saber. 제자에게 지식을 ~ dar el conocimiento a *sus* discípulos.
3 [남겨주다] transmitir, pasar sucesivamente de unos a otros.

전학(轉學) cambio de escuela. ~하다 mudarse a otra escuela.

전함(戰艦) acorazado, buque batallador, buque de guerra.

전항(前項) artículo (párrafo·cláusula) precedente (anterior). ~에서 en la cláusula precedente (anterior). ~의 규정 reglamento del artículo precedente.

전해(前-) [작년] año pasado.

전해(電解)【화】electrólisis. ~하다 electronizar. ~액 electrolito.

전향(轉向) conversión. ~하다 convertirse, enmendarse. ~시키다 convertir a *uno* a *algo*. 그는 공산주의에서 파시즘으로 ~했다 Se convertió (Ha pasado) del comu-

전혀 nismo al fascismo. 그는 가수가 ~했다 Abandonó su profesión para hacerse cantante.

전연(全-) enteramente, de todo, en absoluto, absolutamente. ~이 아니다 no…nada (en absoluto· de ninguna manera· de ningún modo· nunca). 그를 아는가 ~모릅니다 ¿Le conoces?· No, en absoluto. 그것에 대한 생각이 ~나지 않는다 No me acuerdo absolutamente nada de eso.

전형(典型) tipo, prototipo, [모범] modelo, ejemplar; [이상적인 상] ideal. ~적인 típico. 한국인의 ~ modelo del coreano, coreano típico. 그는 ~적인 마드리드인이다 Es un típico madrileño. 그녀는 ~적인 미녀이다 Ella es un belleza ideal (modelo de belleza). 그는 ~적인 염세주의자이다 Es el prototipo del peminista.

전형(銓衡) selección, elección, escogimiento. ~하다 elegir, escoger, entresacar.

전호(前號) número precedente (anterior). ~에서 계속 Sigue al número precedente (anterior).

전화(電話) teléfono. ~의 telefónico. ~를 걸다 llamar a *uno* por teléfono, telefonear a *uno*. ~로 알리다 avisar *algo* a *uno* por teléfono, telefonear *algo* a *uno*. ~로 말하다 hablar a *uno* al (por) teléfono. ~에 나오다 ponerse (atender) al teléfono. ~를 끊다 interrumpir (dejar) la comunicación, colgar el teléfono. ~를 설치하다 instalar un teléfono. 장거리 ~를 신청하다 pedir una conferencia telefónica de larga distancia. 장거리 ~를 걸다 poner una conferencia. ~연락을 받다 recibir una comunicación telefónica. 나는 그에게 속히 오라고 ~했다 Le dije por teléfono que viniera pronto. 나는 그에게 곧 가라고 ~했다 Le avisé por teléfono que iría en seguida. 나는 그의 집에 ~했다 Le he llamado (He telefoneado) a su casa. 마드리드에 ~했으면 합니다만 Quisiera hacer una llamada a Madrid. 내일 다시 ~하겠습니다 Le volveré a telefonear mañana. 나중에 ~해 주라 Teléfoneame (Llámame [por teléfono]) más tarde. ~왔다 Alguien te llama por teléfono. 김선생을 ~에 나오게 불러주십시오 Diga al señor Guim que se ponga al teléfono. 곧 ~에 나올테니 잠간 기다려 주세요 Un momento, que en seguida se pone. ~가 끊겼습니다 Se ha cortado el teléfono (la comunicaición). ~좀 빌릴 수 있을까요 ¿Me permite usted usar (Podría servirme de· Se puede usar· Puedo usar) su teléfono? ~좀 빌려주십시오 Permítame usar su

teléfono, por favor. ~가 울린다 Suena el teléfono. ~가 나왔습니다 [말씀하십시오] Tiene ,usted la comunicación./ Ya puede usted hablar. ~가 멉니다, 더 큰 소리로 말씀해 주십시오 No le oigo bien. Haga el favor de hablar un poco más fuerte. ~ 가설(료) (derechos de) instalación de teléfono. ~가 (加)入자 subscriptor telefónico. ~ 교환기 conmutador telefónico. ~ 교환수 telefonista (*m.f.*). ~국 oficina de telecomunicaciones (de teléfono); [교환국] central telefónica (de teléfonos). ~기 teléfono, [수화기] receptor; [송수화기] auricular con micrófono. ~기계기구 aparato telefónico. ~ 번호 número de teléfono. ~번호부 guía telefónica (de teléfonos); [멕시코] directorio telefónico. ~선 hilo telefónico, línea telefónica. ~요금 [전체] gastos telefónicos; [통화료] coste de la llamada. ~전보 telégrafo. ~회선 circuito telefónico.

전화(電化) electrificación, electrización. ~하다 electrificar, electrizar. 철도를 ~하다 electrificar la línea ferroviaria.

전화(戰禍) estrago de la guerra.

전화(戰火) [fuego por la] guerra.

전화(轉化) cambio, transformación. ~하다 cambiar.

전환(轉換) cambio, vuelta, transformación, conversión. ~하다 cambiar de *algo*, convertir. 방향 (정책)을 ~하다 cambiar de dirección (de política). ~기 punto de cambio. 인생 (역사)의 ~기 fase de gran transformación de la vida (de la historia). 180도의 ~ cambio completo. ~사채(社債) bono convertible en acciones. 장면의 ~ mutación.

전황(戰況) situación militar (de la guerra), desarrollo o progreso de la batalla.

전회(前回) la vez anterior, la última instalación (연속물의). ~의 anterior, último. ~의 강의에 계속해서 continuando la clase última.

전회(轉回) revolución, rotación. ~하다 revolverse, girar, dar vueltas.

전횡(專橫) despotismo, autoritarismo, arbitrariedad. ~한 despótico, autoritario, arbitrario.

전후(前後) 1 [앞과 뒤] ~좌우로 de todos los lados, en todos los sentidos. 행렬의 ~에 delante y detrás de una persona. 차를 ~로 움직이다 mover un coche hacia delante y hacia atrás. 우리들은 ~로 적에게 포위되었다 El enemigo nos cercó por delante y por detrás. 나는 ~좌우를 바라보았다 Miré todo alrededor de mí. 2 식사 ~에 antes y después de la comida.

12시 ~에 hacia (sobre · a eso de · como a) las doce, a las doce más o menos. 1980년 ~에 alrededor del año 1980. 20인 ~의 그룹 grupo de unas veinte personas (de viente personas más o menos). 만원의 ~ 선물 regalo de diez mil wones o por ahí (o algo así).
3 [순서] 두사람은 ~해서 도착했다 Los dos llegaron sucesivamente uno después del otro. ~관계 [문장의] contexto.

전후(戰後) pos [t] guerra, época post-bélica. ~에 después de la guerra. ~파 generación · de la pos [t] guerra. [사람] pos [t] guerra (m.f.).

절¹ [사찰] templo budista.

절² [인사] saludo, salutación. ~하다 saludar.

절(節) cláusula, párrafo.

절감(節減) economía, ahorro, reducción. ~하다 reducir, economizar, ahorrar. 전력소비를 ~하다 economizar el consumo de la electricidad.

절개(節介) incisión. ~하다 incidir, hacer (practicar) una incisión.

절개(節槪) fidelidad, honor, integridad. ~있는 casto, puro, honesto.

절검(節儉) frugalidad, ahorro.

절경(絶景) paisaje hermosísimo, vista maravillosa. 정말 ~이다 ¡Qué paisaje más hermoso!/ ¡Qué vista tan maravillosa!

절골(折骨) fractura del hueso. ~하다 romper el hueso.

절교(絶交) rompimiento (ruptura) de la amistad. ~하다 romper [las relaciones] con *uno*. 두 사람은 ~ 상태에 있다 Está rota la amistad entre los dos. 이제 너와는 ~다 Ya no te trato más./ Hemos terminado.

절구 mortero.

절규(絶叫) exclamación. ~하다 exclamar, gitar a voz en cuello.

절다 cojear. 다리를 절며 걷다 andar cojeando.

절단(切斷) corte; 【외과】 amputación. ~하다 cortar; amputar. ~수술을 하다 [의사가] operar a *uno* para amputar *algo*, hacer una operación para amputar algo a *uno*. 오른팔을 ~하다 [의사가] amputar a *uno* el brazo derecho. 그는 기계에 끼여 오른팔이 ~되었다 Se ha cortado el brazo izquierdo al ser cogido por la máquina. ~면 sección.

절대(絶大) lo absoluto. ~적인 absoluto. ~로 absolutamente, en absoluto. ~불변의 inmutable, inalterable, permanente. 명령에 ~ 복종하다 obedecer absolutamente (por completo) la orden. 그것은 ~로 불가능하다 Es absolutamente imposible. 나는 ~ 반대다 Me pongo categóricamente (rotundamente). 내가 ~ 옳다 Yo tengo absolutamente la verdad (la razón). 그는 나에게 ~적인 신뢰를 가지고 있다 Tiene una confianza absoluta en mí. 그의 명령은 ~다 Su orden es absoluta. ~ 개념 concepto absoluto. ~ 군주제 monarquía absoluta. ~ 다수 mayoría absoluta. ~ 다수로 por una mayoría absoluta. ~ 안정 reposo absoluto (completo). ~ 온도 temperatura absoluta. ~자 ser absoluto. ~주의 absolutismo. ~치 valor absoluto.

절대(絶大) ~적 máximo, sumo, gigantesco, inmenso.

절도(窃盜) robo, hurto, latrocinio. ~하다 cometer un robo, robar, hurtar. ~용의로 체포되다 ser detenido por sospecha de robo. ~범 autor de un robo.

절도(節度) moderación, mesura. ~있는 moderado, mesurado. ~를 가지고 con moderación, con mesura. ~를 지키다 mantenerse moderado, guardar moderación.

절도(絶島) isla solitaria (desierta).

절뚝거리다 cojear.

절뚝발이 cojo, paticojo. ~의 cojo, paticojo.

절룩거리다 ⇨ 절뚝거리다.

절름거리다 ⇨ 절뚝거리다.

절름발이 ⇨ 절뚝발이.

절망(絶望) desesperación, desesperanza. ~하다 desesperarse, perder toda esperanza. ~시키다 desesperar (hacer perder la esperanza) a *uno*. ~적인 desesperado, desesperante. ~에 빠지다 hundirse (sumirse) en la desesperación. 그 소식은 그를 ~에 빠뜨렸다 Esa noticia le hundió en la desesperación. 아내의 죽음으로 그는 ~했다 Quedó desesperado al morirse (por la muerte de) su esposa. 그는 인생에 ~하여 자살했다 Habiendo perdido toda esperanza en la vida, se suicidó./ Se suicidó desesperado de la vida. 환자의 상태는 ~적이다 El enfermo está en un estado desesperado (desesperante). 길은 ~적으로 길다 El camino es desesperadamente largo.

절망(切望) anhelo, deseo. ~하다 anhelar, desear (esperar) ardientemente (fervorosamente). 모든 사람들은 그의 입후보를 ~하고 있다 Todo el mundo anhela que él se presente como candidato.

절멸(絶滅) exterminio, aniquilación. ~하다 exterminarse, aniquilarse. ~시키다 exterminar, aniquilar, destruir, acabar

절명(絶命) fin de la vida, muerte. ~하다 morir, fallecer, expirar.

절묘(絶妙) el exquisito, soberbio. ~한 연기 actuación soberbia.

절무(絶無) nada, nulo. ~하다 no existir, no haber en ninguna parte. ~한 nulidad. 그런 예는 ~하다 Este caso no tiene precedentes./ Es inaudito tal caso.

절미(節米) economía de arroz. ~하다 economizar arroz.

절박(切迫) urgencia. ~한 urgente; apremiante, acuciante. ~하다 estar inminente. 사태가 ~하다 La situación es apremiante. 시험 기일이 ~하다 Se está aproximando la fecha del examen.

절반(折半) mitad. ~하다 partir (dividir) *algo* por [la] mitad. 나는 그와 이익을 ~했다 Entre él y yo dividimos las ganancias por la mitad.

절벽(絶壁) precipicio, acantilado, despeñadero.

절부(節婦) mujer casta.

절사(節士) hombre de fidelidad.

절상(折傷) fractura, hueso roto.

절색(絶色) hermosura sin par, modelo de hermosura.

절선(切線) 【기하】 tangente.

절세(絶世) ~의 sin par, incomparable. ~미인 belleza (hermosura) incomparable (sin par).

절수(節水) economía de agua. ~하다 reducir el consumo del agua.

절식(絶食) ayuno. ~하다 ayunar, abstenerse de comida. ~중이다 estar en ayuno. ~요법 tratamiento por ayuno.

절식(節食) ~하다 ser moderado en *su* comida, tratar de no comer mucho.

절실(切實) urgencia, necesidad. ~한 urgente; sincero, ardiente, serio, agudo. ~히 sinceramente, con anhelo, profundamente, intensamente, seriamente. ~한 문제 problema serio. ~한 요구 demanda urgente. 물가 억제가 지금 ~한 과제로 되어있다 El control de los precios es ahora una tarea de primera importancia.

절약(節約) economía, ahorro. ~하다 ahorrar. 에너지의 ~ ahorro de energía. 시간을 ~하다 economizar (ahorrar) el tiempo. 비용을 ~하다 *economizar* (reducir) los gastos. 종이를 ~해서 사용하다 usar el papel de manera económica. 그는 ~가다 Es un hombre económico. 이 방법으로 하면 시간 (비용)이 ~된다 Con este método se economiza el tiempo (se economizan los gastos).

절연(絶緣) 1 ruptura; [불화] desavenencia, cizaña. ~하다 romper las relaciones con *uno*. 자식과 ~하다 romper las relaciones con *su* hijo. 우리는 숙부의 가족과 ~상태에 있다 Están rotas nuestras relaciones con la familia de nuestro tío.

2 [전] aislamiento. ~하다 aislar. ~체 aislador. ~테이프 cinta aisladora.

절요(絶要) importancia, urgencia. ~하다 ser importante (urgente).

절용(節用) economía, frugalidad. ~하다 usar frugalmente.

절음(絶飲) abstinencia total.

절음(節飲) templanza, temperancia.

절의(節義) integridad, fidelidad.

절이다 [소금에] salar, sazonar con sal.

절재(絶才) talento extraordinario.

절전(節電) economía de la electricidad. ~하다 economizar la electricidad.

절정(絶頂) apogeo, auge, zenit, cenit, cima, sumidad. 인기 ~에 있다 estar en la cima de la popularidad. 행복의 ~에 있다 encontrarse en el apogeo de la felicidad.

절제(節制) [음식물 등의] moderación, templanza. ~하다 templarse, moderarse.

절조(節操) [주의·주장에 충실한] constancia, fidelidad, intefridad; [주의] principio. ~없는 inconstante, sin principios. ~을 지키다 mantenerse fiel a (firme en) *sus* principios.

절족동물(節足動物) artrópodo.

절주(節酒) ~하다 templarse (ser sobrio) en la bebida.

절차(節次) procedimiento, formalidad. 법률상의 ~ formalidades legales. 입학 ~ formalidades de ingresa.

절찬(絶讚) gran admiración, elogio (alabanza) entusiasta. ~하다 hacer los máximos elogios (grandes alabanzas) de *algo*·*uno*. ~을 받다 gozar de gran admiración (estima).

절창(絶唱) canción excelente.

절충(折衷) negociación. ~하다 negociar con *uno* acerca de *algo*. ~을 통해서 mediante negociaciones. ···에 관해서 ~중이다 estar en trato (estar negociando) con *uno* acerca de *algo*. 양가는 ~에 들어 갔다 Ambas partes han empezado a negociar (han entrado en negociaciones). 조합과 경영자축의 ~은 실패로 끝났다 Han fracasado las negociaciones entre la patronal y el sindicato.

절충(折衷) ~하다 [A와 B를] tomar un término medio entre A y B. ~적인 ecléctico. ~안 término medio [entre dos opiniones distintas].

절취(竊取) hurto, robo. ~하다 hurtar, robar.
절친(切親) intimidad, amistad íntima. ~하다 ser íntimo.
절판(絶版) edición agotada. ~된 agotado. ~되다 agotarse la edición, dejar agotada la edición [de un libro]. 이 책은 ~되었다 Se ha agotado la edición del libro.
절품(絶品) sin par, bondad sin igual.
절품(切品) ausencia de valores públicos (de acciones).
절필(絶筆) última escritura, última composición.
절하(切下) reducción. ~하다 reducir. 평가~하다 desvalorar, depreciar [el valor de la moneda].
절해(絶海) pleno mar. ~의 고도 isla perdida en pleno mar.
절호(絶好) ~의 magnífico, excelente, óptico; finísimo, el mejor, sin par. ~의 기회 ocasión inmejorable o única, oportunidad inmejorable o única. ~의 기회를 놓치다 perder una oportunidad excelente. …하는데 ~의 기회이다 Es la mejor ocasión para + inf. ~의 날씨다 Hace un tiempo maravilloso (ideal). 봄은 여행의 ~의 계절이다 La primavera es la mejor estación para viajar.
젊다 ser joven. 젊음 juventud. joven. 젊었을 때에는 cuando era joven, en *su* juventud.
젊은이 joven *(m.f.)*.
점(點) punto; [쉼표] coma. ~을 찍다 puntuar, puntear, motear, poner un punto; poner una coma. 5 ~ 15 [소수점] 5, 15, cinco coma quince.
점(占) adivinación, advinanza. ~치다 adivinar.
점감(漸減) disminución progresiva (gradual), decrecimiento (descenso) progresivo (gradual). ~하다 disminuir (descrecer·descender) gradualmente.
점거(占據) ocupación, toma. ~하다 ocupar, tomar.
점검(點檢) inspección, examen, llamada de la lista, revista; [확인] verificación. ~하다 inspeccionar, examinar, revisar, pasar lista, pasar revista. 서류를 ~하다 pasar revista a los papeles. 자동차를 ~하다 revisar el coche.
점등(點燈) alumbrado, farol. ~하다 encender, alumbrar, iluminar. 조명등이 ~되었다 Se encendió el iluminador.
점령(占領) ocupación, posesión. ~하다 ocupar, tomar posesión de *un sitio*. ~군 ejército de ocupación. ~군 당국 autoridades de ocupación. ~지구··지역 zona ocupada. 피 ~국 estado ocupado (sometido a la ocupación).
점막(店幕) taberna, posada, fonda, mesón.
점막(粘膜) membrana mucosa. ~의 mucoso.
점묘(點描) esbozo, bosquejo; 【미】 punteado. ~하다 dibujar, esbozar; puntear. ~주의 puntillismo. 정계 ~ bosquejo del mundo político.
점선(點線) línea de puntos (punteada), puntos sucesivos. ~을 긋다 tirar línea punteada. ~을 따라 잘라 주십시오 Corten siguiendo la línea de puntos (el punteado).
점성(粘性) viscosidad.
점성술(占星術) astrología. ~에 의한 예언 predicción astrológica. ~가 astrólogo.
점수(點數) marca, nota. ~표 lista de puntos.
점술(占術) pronosticación.
점심(點心) almuerzo. ~을 먹다 almorzar, tomar el almuerzo.
점안(點眼) ~하다 instilar colirio en el ojo. ~기 cuentagotas *(m.)*.
점액(粘液) moco, flema.
점원(店員) dependiente *(m.f.)*, empleado de tienda.
점유(占有) ocupación. ~하다 ocupar, posesionarse de *algo*.
점자(點字) letras de puntos [para ciegos] , letras Braille; [점자법] braille. ~로 번역 하다 transcribir *algo* en letras de puntos. ~서(書) escritura en relieve de los ciegos, libro con letras puntuales para ciegos.
점잔 aire dignificado.
점잖다 ser dignificado.
점쟁이(占-) adivino, mago, zahorí.
점적(點滴) [혈관에의] instilación.
점점(漸漸) poco a poco, paso a paso, gradualmente. ~ 더워지기 시작한다 Poco a poco empieza a hacer calor.
점주(店主) dueño de una tienda.
점증(漸增) crecimiento (aumento) progresivo (gradual). ~하다 crecer (aumentar) progresivamente (gradualmente).
점진(漸進) progreso gradual. ~하다 progresar gradualmente. ~적인 gradual, paulatino. ~적으로 gradualmente.
점차(漸次) gradualmente, poco a poco, paso a paso.
점착(粘着) adhesión, adherencia. ~하다 adherir. ~력 fuerza coherente, fuerza adherente. ~성 adhesión.
점철(點綴) ~하다 tildar, esparcir.
점토(粘土) arcilla.
점포(店鋪) tienda. ~를 내다 abrir una tienda. ~를 닫다 cerrar una tienda.

점하다(占-) tomar, ocupar. 전물의 1층과 2층을 ~ ocupar la planta baja y el primer piso del edificio. 전체의 40%를 ~ sumar el cuarenta por ciento del total.

점호(點呼) llamada, revista. ~하다 pasar lista, revistar.

점화(點火) ignición; [폭약의] inflamación. ~하다 encender, pegar fuego a; inflamar *algo*. 가스에 ~하다 encender el gas. ~기 encendedor. ~순서 orden de explosiones. ~ 코일 (장치·프라그) bobina (dispositivo·bujía) de encendido. 가스 ~기 encendedor para el gas.

접객(接客) recepción. ~하다 recibir. ~원 recepcionista *(m.f.)*.

접견(接見) visita; [인견] audiencia, recepción. ~하다 recibir una visita; dar (conceder) audiencia a *uno*, recibir a *uno* en audiencia.

접경(接境) frontera, límite, confín.

접골(接骨) reducción de una luxación o fractura, composición de los huesos fracturados. ~의사 ensalmador.

접근(接近) acercamiento, acceso, aproximación, proximidad. ~하다 acercarse, aproximarse; [상태] estar cada vez más cerca (próximo). 미국과 중국의 ~ acercamiento chino-norteamericano. 두 대의 차가 ~하고 있다 Dos autos se están aproximando. 태풍이 제주도에 ~하고 있다 El tifón se está acercando a Chechudo. 두 사람의 관계가 급속히 ~했다 Se estrecharon rápidamente las relaciones entre los dos. 두 사람의 실력은 ~해 있다 Los dos tienen casi el mismo nivel.

접다 [종이 등을] doblar, plegar.

접대(接待) agasajo, recepción, obsequio, ágape. ~하다 agasajar, obsequiar. 고객을 ~하다 agasajar a los clientes. 차를 ~하다 servir té a *uno*. ~비 gastos de recepción.

접두어(接頭語) 【문】 prefijo.

접목(接木) injertación, injerto. ~하다 injertar.

접미어(接尾語) 【문】 sufijo.

접빈(接賓) recepción.

접선(接線) 【수】 [línea] tangente; [접촉] contacto.

접속(接續) conexión. ~하다 conectar. 두개의 회로를 ~하다 conectar los circuitos. 라디오와 전축을 ~하다 conectar la radio con el tocadiscos. ~도 diagrama (esquema) de conexiones. ~법 modo subjuntivo. ~사 conjunción.

접수(接受) recibimiento, cobranza. ~하다 recibir. ~ 담당자 recepcionista *(m.f.)*

접수(接收) confiscación, expropiación. ~하다 confiscar, expropiar.

접시 plato. 딸기 한 ~ un plato de fresas.

접안(接岸) 안벽에 ~하다 atracar en el muelle.

접안렌즈(接眼-) ocular.

접어들다 entrar; [세월이] acercarse, aproximarse.

접전(接戰) lucha cuerpo a cuerpo, cambate no decidido; [경기] juego (partido) reñido. ~ 끝에 이기다 ganar un partido muy reñido.

접점(接點) 【수】 punto de contacto (de tangencia).

접종(接種) inoculación. ~하다 inocular.

접착(接着) ~하다 [A와 B를] adherir A a B, pegar A a (con) B. ~제 adhesivo. ~테이프 cinta adhesiva.

접촉(接觸) 1 [사람과의] contacto. ~하다 ponerse en contacto con *uno*; [상태] tener (estar en) contacto con *uno*. ~시키다 [A와 B를] poner a A en contacto con B. 개인적 ~ contacto personal. ~을 유지하다 (끊다) mantener (romper) el contacto con *uno*. 그는 외국인과 ~할 기회가 많다 Tiene muchas oportunidades de tratar con extranjeros. 그는 나와의 ~을 피하고 있다 Evita todo contacto conmigo.
2 [물체의] toque. ~하다 tocar *algo*. ~시키다 [A와 B를] tocar A con B. 플러그의 ~이 나쁘다 El enchufe no está bien conectado. ~ 사고 choque. ~점 punto de contacto.

접하다(接-) 1 [인접] lindar (limitar) con …, estar junto a…. 멕시코는 북으로 미국과 국경을 접하고 있다 Méjico limita al norte con Estados Unidos.
2 [응접·교제] tratar a *uno*, tener contacto con *uno*. 손님을 ~ atender a los clientes. 그는 직업때문에 여러 다른 사람과 접한다 Su trabajo le obliga a tratar a (con) diversas personas. 나는 그와 접해서 많은 것을 배웠다 Mi contacto con él me ha enseñado muchas cosas./ He aprendido muchas cosas tratándole.
3 [수취하다] recibir *algo*. 급보에 ~ recibir una noticia urgente.
4 [접촉] tocar *algo*. 원에 접하는 직선 línea recta tangente del (que toca el) círculo.

접합(接合) unión; 【생】 conjugación. ~하다 unir, juntar. ~부 juntura, unión.

젓 pescado salado.

젓가락 palillos.

젓다 1 [배를] remar.
2 [액체를] mover, menear.
3 [손을] hacer señas, señalar.
4 [머리를] mover. 머리를 ~ mover la

cabeza.

정¹ [쇠연장] escoplo, cincel. ~으로 파다 escoplear, cincelar.

정² [참으로] muy, realmente, verdaderamente, de veras, a la verdad.

정(正) derecho, positivo. ~회원 miembro regular.

정(情) [감정] sentimiento; [감동] emoción; [동정] simpatía; [애정] afección, ternura; cordialidad. ~이 있는 afectuoso, tierno, cariñoso. ~이 없는 insensible, imposible, duro. ~이 깊은 amoroso, afectuoso, tierno. ~을 통하다 [남녀가] tener relaciones amorosas.

정(錠) tableta.

정가(正價) precio fijo, precio justo.

정가(定價) precio fijo; [표시 가격] precio de lista. ~를 매기다 fijar el precio de *algo*. ~를 올리다 alzar (aumentar) el precio. ~를 내리다 reducir (rebajar) el precio. ~로 팔다 vender a precio fijo. ~의 1할 할인으로 팔다 vender con el descuento de un diez por ciento del precio de lista. ~표 lista de precios.

정각(正刻) tiempo exacto; [부사적] en punto, justo. ~ 5시에 a las cinco en punto. ~1시다 Es la una en punto. ~ 3시에 오너라 Ven a las tres en punto.

정각(定刻) tiempo fijo, hora señalada. ~에 al tiempo fijo, a la hora establecida (fijada). ~5분 전에 cinco minutos antes de la hora establecida. 열차는 ~보다 5분 지체해서 발차했다 El tren salió con cinco minutos de retraso a la hora fijada.

정각(頂角)【기하】 ángulo vertical.

정각(亭閣) pabellón.

정간(停刊) suspensión de la publicación. ~하다 suspender la publicación. ~되다 suspenderse la publicación.

정갈하다 ser elegante (petimetre·limpio).

정감(情感) emoción, sentimiento.

정강(政綱) programa político.

정강이 espinilla. ~뼈 tibia.

정객(政客) político, estadista *(m.f.)*.

정거(停車) parada. ~하다 parar.

정거장(停車場) parada. 버스 ~ parada de autobuses.

정격(正格) regularidad. ~의 regular, correcto.

정견(政見) opinión política, programa político. ~을 발표하다 anunciar (exponer) *su* programa político.

정견(定見) principio propio, convicción. ~이 있다 (없다) (no) tener propia opinión. ~이 없는 남자 hombre sin convicciones fijas. 그에게는 ~이 없다 No tiene opiniones propias.

정결(貞潔) castidad, virtud. ~한 casto, virtuoso.

정경(情景) escena.

정계(政界) mundo político. ~에 들어가다 meterse en el mundo político. ~를 은퇴하다 retirarse de la vida política.

정계(正系) linaje directo, línea legítima.

정계(定界) frontera, demarcación.

정곡(正鵠) punto principal.

정골(整骨) ⇨ 접골(接骨).

정공(正攻) ataque frontal.

정과(正課) curso regular.

정관(定款) estatuto. ~을 만들다 (개정하다) establecer (modificar) el estatuto.

정관(靜觀) contemplación. ~하다 esperar alerta, contemplar. 사태를 ~하다 observar de lejos el desarrollo (el curso) de los acontecimientos.

정관사(定冠詞)【문】 artículo definido (determinado).

정교(情交) intimidad; relaciones amorosas. ~를 맺다 [남녀 관계] tener relaciones amorosas.

정교(政敎) la religión y la política. ~분리 separación de la religión y la política.

정교(精巧) primor, finura. ~한 fino, exquisito. ~하게 sútilmente.

정교(正敎) [정치와 종교] religión y política; [정치와 교육] política y educación.

정교사(正敎師) profesor numerario (regular).

정구(庭球) tenis. ~를 치다 jugar al tenis. ~공 pelota de tenis. ~장 cancha de tenis. ~ 토너먼트 toreo de denis.

정국(政局) situación política. ~의 위기 crisis político. ~의 안정 estabilidad política. ~을 담당하다 encargarse del gobierno.

정권(政權) poder político. ~을 장악하다 apoderarse del poder político. ~을 유지하다 estar en el poder. 사회주의 ~ gobierno socialista.

정규(定規) rela, norma.

정규(正規) regularidad, formalidad, legalidad. ~의 regular, formal; [합법의] legal. ~ 수속을 밟다 cumplir todas las formalidades requeridas. 나는 ~과정을 수료하였다 Seguí todos los cursos regulares. ~군 tropas regulares.

정극(正劇) drama tradicional (legítimo).

정근(精勤) ~하다 trabajar asiduamente. ~상 premio de aplicación (de asiduidad·de asistencia).

정글 yungla, selva.

정금(正金) oro en especie, numerario; [정화] moneda de oro y plata; [현금] efectivo. 어음을 ~로 바꾸다 hacer efectivas las

letras.
정기(定期) período fijo. ~적인 periódico, regular. ~적으로 periódicamente, regularmente. ~ 간행물 publicación periódica, periódico. ~ 검사 inspección periódica. ~ 대회 asamblea general regular. ~선 barco de línea. ~승차권 pase, [billete de] abono. ~시험 examen regular. ~ 예금 depósito a plazo (a término fijo). 3개월의 ~ 예금 depósito a plazo de tres meses. ~편 servicio regular. ~항로 línea periódica (de servicio regular). 부~선 barco sin línea regular.

정기(正氣) conciencia, conocimiento, sobriedad. ~의 cuerdo, sobrio, sano. ~를 잃다 perder los sentidos. ~를 회복하다 recobrar los sentidos.

정기(精氣) esencia, espíritu y energía.

정기휴일(定期休日) día de descanso regular.

정녀(貞女) mujer virtuosa (casta).

정년(停年) límite de edad, edad límite (de jubilación · de retiro · reglamentaria). ~으로 por haber cumplido la edad reglamentaria. ~이 되다 llegar a la edad límite. ~제 régimen sobre el límite de edad. ~퇴직 retiro por edad. ~퇴직하다 retirarse por el límite de edad.

정담(政談) discusión política.

정담(情談) historia amorosa; cara a cara, silla a silla.

정답(正答) contestación correcta.

정답다(情~) ser amigable (amistoso). 정다운 관계 relaciones íntimas.

정당(政黨) partido político. ~을 결성하다 formar un partido político. ~에 가입하다 entrar en (adherirse a) un partido político. ~을 탈퇴하다 retirarse (separarse) de un partido político. ~원 miembro de un partido político. ~ 정치 política de partidos. 2 대 ~제 régimen de los dos mayores partidos políticos.

정당(正當) justicia, propiedad. ~한 justo, justicabo, derecho; [합법적] legal, legítimo. ~한 요구 demanda justa (legítima). ~한 이유 razón justa (legítima;debida). ~한 이유없이 sin razón debida. ~한 보수 remuneración merecida. ~한 처벌 castigo merecido. ~한 수속을 밟다 rellenar (cumplir) las formalidades necesarias. ~한 권리로 con derecho legal. ~히 평가하다 apreciar algo (a uno) por su justo valor. ~ 방위 defensa legal (propia); 【법】 legítima defensa [propia]. ~성 lo justo; legalidad; [인간 관계에 있어서] legitimidad. ~화 justificación. ~화 하다 justificar.

정당(精糖) refinación del azúcar; [정제당] azúcar refinado. ~소 refinería de azúcar.

정대(正大) justicia. ~하다 ser justo.

정도(程度) grado; [수준] nivel; [한도] límite. ~가 높은 (낮은) de alto (bajo) nivel. 피해의 ~ extensión del daño. 어느 ~로 hasta cierto punto. 어느 ~까지 en cierto grado. 어느 ~의 차이가 있다 Existe alguna diferencia.

정도(正道) justicia, camino recto (justo · de la virtud).

정독(精讀) lectura cuidadosa (atenta). ~하다 leer cuidadosamente (atentamente · con atención).

정돈(整頓) arreglo, orden, ajuste. ~하다 arreglar, ordenar, poner algo en orden. 서류를 ~하다 colocar (clasificar) los documentos, poner los documentos en orden. 책상위를 ~하다 poner en orden las cosas de la mesa. 그의 방은 잘 ~되어 있다 Su habitación está en orden (bien arreglada).

정들다(情~) ponerse íntimo, llegar a amar. 정든 님 su querido, [여자] su querida. 정든 학생들 queridos alumnos.

정떨어지다(情~) estar disgustado.

정략(政略) táctica política. ~ 결혼 matrimonio de conveniencia.

정량(定量) cantidad fija. ~의 우유를 주다 dar una cantidad fija de leche. ~ 분석 análisis cuantitativo.

정력(精力) energía, vigor, fuerza vital. ~적인 enérgico, vigoroso. ~적으로 enérgicamente, vigorosamente. ~적으로 활동하다 actuar enérgicamente. …에 전 ~을 집중하다 concentrar toda la energía en (sobre) algo. 그는 다리의 건설에 ~을 기울이고 있다 Se dedica enérgicamente (Dedica sus esfuerzos) a la construcción del puente. ~가 persona enérgica. ~ 감퇴 falta de energía, pérdida de vigor.

정력학(靜力學) estática. ~적 estático.

정련(精鍊) refinación, refinado, refino. ~하다 refinar. ~소 refinería.

정렬(貞烈) castidad, virtud. ~하다 ser casto (virtuoso).

정렬(整列) alineamiento. ~하다 alinearse, ponerse en fila. 3열 횡대 (종대)로 ~하다 ponerse en tres filas (columnas).

정령(精靈) espíritu, alma.

정령(政令) decreto ley, decreto del gobierno.

정례(定例) usanza, costumbre. ~의 ordinario, regular. ~에 따라 según (siguiendo) la costumbre ordinaria. ~ 각의 consejo ordinario (regular) de ministros.

정론(正論) razonamiento justo. 그것은 ~이다 Admito la rectitud de tu argumento.

정론(定論) teoría establecida.

정론(政論) discusión política, política.

정류(停留) parada. ~하다 parar. ~소·~장 parada.

정류(整流)【전】 rectificación. ~하다 rectificar. ~기 rectificador. ~자(子) conmutador.

정류(精溜)【화】 rectificación. ~하다 rectificar.

정률(定律) ley fijo; 【악】 ritmo fijo.

정률(定率) tipo fijo. ~세 impuestos proporcionales.

정리(整理) arreglo; [정리 통합] consolidación. ~하다 arreglar, poner algo en orden, acomodar; consolidar. 방을 깨끗하게 ~하다 arreglar (poner en orden) el cuarto 선반의 책을 ~하다 arreglar los libros en el estante. 서류를 ~하다 poner los papeles en orden. 자회사를 ~하다 liquidar empresas dependientes. 재고품을 ~하다 liquidar existencias. ~철 fichero, casillero, clasificador. ~함 cómoda.

정리(定理)【수】 teorema (*m.*).

정리(情理) humanidad.

정말(正―) verdad, realidad; [부사적] realmente, verdaderamente, en realidad. ~은 en realidad, verdaderamente.

정맥(靜脈) vena. ~의 venoso. ~염 flebitis (*f.*). ~ 주사 inyección intravenosa. ~혈(血) sangre negra (venosa). 대 ~ vena cava.

정면(正面) frente, delantera, cara principal; [건물의] fachada principal, frontispicio; [교회의] portada. ~의 frontal, de enfrente. ~에 en frente, enfrente, delante. ~에서 적을 공격하다 atacar al enemigo de frente. ~에서 바람을 받다 tener el viento de frente. ~에서 사람을 보다 mirar a *uno* de frente. 호텔의 ~에 은행이 있다 Hay un banco en frente del hotel. ~ 계단 escalera principal. ~도 vista frontal (de frente). ~상 retrato frontal (de frente). ~ 충돌 colisión frontal. ~충돌하다 chocar frontalmente con *algo·uno*.

정무(政務) negocios gubernativos, asuntos políticos (del Estado). ~관 oficial ejecutivo. ~차관 vice-ministro parlamentario.

정문(正門) puerta principal, portón.

정물(靜物) objeto inanimado. ~화 bodegón, naturaleza muerta.

정미(精米) descascarillado del arroz; [정미된 쌀] arroz blanco (descascarillado). ~기 descascaradora de arroz. ~소 molino descascarador de arroz.

정미(正味)【상】 neto. ~로 en neto, en limpio; 【남미】 líquido. ~ 5킬로 이다 pesar cinco kilos netos (en limpio). ~ 중량 peso neto.

정밀(精密) precisión, minuciosidad. ~한 preciso, minucioso. ~하게 precisamente, con precisión, minuciosamente. 그 카메라는 매우 ~하다 Esa cámara fotográfica es muy precisa. ~ 검사 examen minuicioso. ~기구 (기계) instrumento (máquina) de precisión.

정박(碇泊) anclaje, ancoraje. ~하다 anclar, ancorar, echar el ancla (las anclas), fondear. …에 ~해 있다 estar anclado en *un sitio*. ~중인 배 barco anclado. ~지 fondeadero, ancladero. ~항 puerto de anclaje.

정반대(正反對) todo lo contrario, oposición directa (inversa), análisis (*f.*). ~의 inverso, directamente opuesto. ~로 a (por) la inversa, en oposición directa (diversa). …과 ~의 입장을 취하다 tomar una posición completamente opuesta a la de *uno*. 너의 의견은 나와는 ~다 Tus opiniones son todo lo contrario de las mías. 바다는 ~쪽에 있다 El mar se encuentra en la dirección opuesta. 그의 행동은 말과는 ~다 Hace todo lo contrario de lo que dice. 그는 형과는 ~의 조용한 성격이다 Tiene un carácter tranquilo completamente opuesto al de su hermano.

정밤중(正―中) medianoche. ⇨ 한밤중.

정방형(正方形) cuadrado [regular·perfecto]. ~의 rectangular, cuadrado, cuadrangular.

정벌(征伐) subyugación, conquista, sujeción. ~하다 subyugar, conquistar, someter.

정변(政變) cambio político (de gobierno); [쿠데타] golpe de Estado. 그 나라에서는 ~이 있었던 것 같다 Parece que hubo cambio de gobierno en ese país.

정보(情報) información, informe, noticia. ~를 제공하다 dar (suministrar) un informe a *uno*. ~를 흘리다 difundir una noticia. …의 ~을 얻다 obtener una información sobre *algo*. 현지에서 얻은 ~에 의하면 según la información obtenida en el lugar en cuestión. ~ 과학 ciencia de la información. ~망 red de informaciones. ~부 servicio de información; departamento de información. ~ 산업 industria informativa. ~ 선전 industria informativa. ~원(源) fuente de [la] información. ~ 이론 teoría de la información. ~전달 transmisión. ~ 혁명 revolu-

정복(征服) conquista; [굴복] subyugación, sujeción; [지배] dominio. ~하다 conquistar, hacer la conquista de *un sitio*; subyugar, sujetar, someter; dominar. 자연을 ~하다 dominar (señorear) las fuerzas de la naturaleza. 에베레스트를 ~하다 conquistar el Everest. 유럽을 ~하다 conquistar Europa.

정복(正服) uniforme.

정본(正本) [원본] texto original.

정본(定本) edición decisiva, texto auténtico.

정부(正否) el derecho y la injusticia.

정부(政府) gobierno; [국가] Estado. ~의 gubernamental; estatal. ~에서의 보조금 subvención del Estado. ~ 소식통의 정보 información [de fuente] oficial. ~를 인수하다·~의 최고 책임자가 되다 asumir el gobierno. ~를 쓰러뜨리다 derrocar (hacer caer) el gobierno. ~를 지지하다 apoyar el gobierno. ~ 당국 autoridades gubernamentales. 한국 ~gobierno coreano (de Corea).

정부(情夫) amante, querido.

정부(情婦) amante *(f.)*, querida.

정부(正副) ~ 2통으로 por duplicado. ~ 2통의 서류 original y la copia. ~ 양위원장 presidente titular y vicepresidente.

정부(貞婦) mujer virtuosa.

정분(情分) amistad cordial, afección, intimidad.

정비(整備) mantenimiento, conservación, manutención, arreglo. ~하다 conservar, arreglar. 잘 ~된 테니스 코트 pista de tenis bien conservada. ~ 불량에 의한 사고 accidente provocado por el mal arreglo (por la mala conservación). ~원·~공 mecánico.

정비례(正比例) proporción (razón) directa. A는 B에 ~하다 A estar en proporción directa con B.

정사(正史) historia auténtica.

정사(正使) delegado (enviado) en jefe.

정사(政事) asuntos gubernamentales.

정사(靜思) meditación, contemplación. ~하다 meditar, contemplar.

정사(精査) investigación menuda, examen cuidadoso.

정사(精舍) monasterio, convento.

정사(情史) historia de amor, romance.

정사(情死) suicidio de dos amantes. ~하다 morir juntos por amor, cometer doble suicidio.

정사원(正社員) empleado regular (permanente). 그는 ~이 되었다 Ha pasado a ser empleado regular.

정산(精算) cuenta detallada. ~하다 hacer una cuenta exacta. 운임을 ~하다 pagar la diferencia de precio de un billete. ~소 [역의] oficina de reajuste de billetes.

정삼각형(正三角形) triángulo equilátero.

정상(正常) normalidad. ~적 normal. ~적으로 normalmente. ~적이 아닌 anormal, irregular. ~적 심리 상태 mentalidad normal. ~화 normalización. ~화 하다 normalizar. 외교관계를 정상화하다 normalizar las relaciones diplomáticas.

정상(情狀) circunstancias. ~ 참작 circunstancias atenuantes. ~을 참작하다 tener una cuenta (atender a) las circunstancias atenuantes. ~을 참작하여 atendidas las circunstancias atenuantes. 그에게는 ~ 참작의 여지가 없다 Ciertas circunstancias le defienden.

정상(頂上) cumbre, cima. ~을 정복하다 alcanzar la cumbre, conquistar la cima. ~ 회담 conferencia [en la] cumbre.

정서(淨書) escrito en limpio. ~하다 escribir *algo* en limpio, pasar *algo* a limpio.

정서(情緖) emoción, sentimiento. ~가 풍부한 emocional.

정석(定石) regla general, gambito.

정선(精選) selección estricta. ~된 escogido. ~하다 elegir estrictamente, escoger con cuidado (cuidadosamente).

정선(停船) ~하다 pararse, detenerse. ~시키다 parar (detener) un barco.

정설(定說) teoría establecida, opinión admitida. …가 ~로 되어 있다 Es una opinión comúnmente admitida que+*ind.*

정성(精誠) sinceridad, ansia, anhelo, vehemencia. ~껏 con todo corazón.

정세(情勢) situación, condiciones (*m.pl.*), circunstancias (*f.pl.*). 유럽의 ~ situación europea. 세계의 ~ situación del mundo. ~의 변화 cambio de la situación.

정세(精細) minuciosidad.

정수(定數) número fijo; [수·물] constante (*f.*).

정수(整數) [수] entero. ~의 integral.

정수(正數) número positivo.

정수(精髓) esencia, quintaesencia; [정화] flor. 한국 문화의 ~ esencia de la cultura coreana. 서반아 문학의 ~ flor de la literatura española.

정수(精粹) pureza, integridad.

정수(淨水) purificación del agua. ~장 estación de filtración, planta de purificación del agua.

정수(井水) agua del pozo.

정숙(貞淑) castidad. ~한 casta, virtuoso, modesto.

정숙(靜肅) silencio, quietud. ~한 tranquilo, quieto. ~을 깨뜨리다 romper el silencio.

정승(政丞) primer ministro.

정시(定時) tiempo fijo. ~에 al tiempo fijo. ~에 퇴사하다 salir de la oficina a la hora establecida(fijada).

정시(正視) mirada directa. ~하다 mirar en derechura. 현실을 ~하다 hacer frente a la realidad, mirar la realidad de frente.

정식(正式) formalidad. ~의 formal, regular; [공식의] oficial; [법정의] legal. ~으로 formalmente, regularmente; oficialmente; legalmente. ~으로 계약하다 contratar en forma debida. ~으로 결혼하다 contraer matrimonio legalmente. ~으로 통고하다 informar oficialmente.

정식(定食) cubierto; [멕시코] comida corrida; plato combinado. 오늘의 ~ menú (plato) del día. ~을 주문하다 pedir el cubierto.

정식(定式) fórmula. ~의 formular, regular, formal.

정신(精神) espíritu, mente; [혼] alma. ~의·~적인 espiritual, mental; [심리적인] psíquico; [육체에 대해] moral. ~적으로 espiritualmente, mentalmente; moralmente. ~을 집중하다 entregarse enteramente a *algo*, concentrarse en *algo*. ~을 통일하다 concentrar *su* espíritu. ~적 타격 golpe mental. ~적 능력 facultades morales. 그는 ~이 썩었다 Está corrompido. ~에 이상을 일으키다 perder la razón, caer (entrar) en la demencia. ~감정 test psiquiátrico, prueba psiquiátrica. ~과 departamento de psiquiatría (de psicosis). ~과 의사 médico psiquiatra. ~노동 trabajo mental. ~ 박약 debilidad mental, atraso (retraso) mental. ~력 fuerza mental. ~ 박약아 niño retrasado (atrasado) mental. ~병 enfermedad mental. ~병 사나토리오 psiquiátrico; manicomio. ~병자 psicópata (m.f.). ~병학 psiquiatría. ~분석 psicoanálisis. ~분열병 esquizofrenia. ~분열병 환자 esquizofrénico, ·~상태 estado mental (del espíritu). ~연령 edad mental. ~요법 psicoterapia. ~안정제 tranquilizador. ~위생 higiene mental. ~이상 trastorno mental. ~ 이상자 trastornado mental. ~장애 아동 niño deficiente mental. ~ 착란 vesania. ~통일 concentración del espíritu (de la mente). 헌법 ~ espíritu de la constitución.

정실(正室) esposa legal.

정실(情實) consideraciones privadas. ~을 배제하다 rechazar toda consideración personal.

정애(情愛) afección, cariño. ~깊은 afectuoso, cariñoso. ~없는 insensible, impasible.

정액(定額) valor fijo, suma fija. ~에 달하다 alcanzar la cantidad (la suma) fijada. ~ 저금 depósito de suma fija.

정액(精液) semen, esperma.

정야(靜夜) noche silenciosa.

정양(靜養) descanso, reposo. ~하다 descansar, tomar un descanso, reposarse. 병후의 ~ reposo de convalecencia. 시골에 ~하러 가다 ir a tomar un descanso al campo.

정어리 [어] sardina.

정업(定業) ocupación regular (fijo).

정연(整然) ~한 ordenado (arreglado). ~히 en [buen] orden, con orden. ~히 행진하다 marchar en buen orden.

정열(情熱) pasión, ardor, fervor. ~적인 apasionado, ardoroso, ardiente, fervoroso, ferviente. ~적으로 apasionadamente, con ardor, con fervor. ~을 가지고 con ardor, con fervor. ~에 불타다 quemarse de pasión. ···에 ~을 기울이다 aplicarse con ardor a *algo* (a + *inf*.).

정예(精銳) escogido, la flor y nata, lo más selecto; [병사] soldados escogidos (selectos); [군] tropa escogida.

정오(正午) mediodía. ~에 a mediodía. ~ 쯤 hacia el mediodía. 오늘 ~에 그를 만나다 Voy a verle este mediodía.

정오(正誤) corrección. ~표 fe de erratas.

정온(定溫) temperatura constante. ~으로 보존하다 mantener *algo* a una temperatura constante.

정온(靜穩) tranquilidad. ~한 tranquilo, quieto.

정욕(情欲) deseo (apetito) carnal (sensual ·sexual), pasiones.

정원(庭園) jardín, parque.

정원(定員) número fijo de personas; [정족수] quórum; [수용력] capacidad completa, número de plazas. ~ 50명의 배 barco en que caben cincuenta personas, barco con (de) cincuenta asientos (plazas). ~에 달하다 llegar al número fijo. ~을 초과하다 exceder el número fijo. ~ 이상의 손님을 태우다 sobrecargar (recargar) de viajeros. ~ 이상의 승객이 버스에 타고 있다 El autobús lleva más pasajeros que [de] su capacidad normal./ El autobús va sobrecargado de pasajeros.

정월(正月) enero, año nuevo. ~ 설날 día del año nuevo.

정유(精油) [정제] refinado (refinación) del

정육(精肉) carne fresca. ~상 carnicero.
정육면체(正六面體) hexaedro regular.
정은(正銀) plata pura.
정음(正音) pronunciación correcta.
정의(正義) justicia. ~의 justo. ~때문에 por la causa de la justicia. ~의 싸움 guerra por la justicia. ~감이 강한 sensible a la justicia. 그는 ~파이다 Es un hombre justiciero.
정의(情誼) amistad. ~가 깊은 fiel, cordial.
정의(精義) significado exacto.
정의(定義) definición. ~하다 definir, dar una definición a algo.
정인(情人) querido; querida.
정자(正字) ~법 ortografía. ~법의 ortográfico.
정자(亭子) pabellón.
정자(精子) espermatozoide, espermatozoo, zoospermo.
정작 verdad, realidad, actualidad; [부사적] verdaderamente, realmente, en realidad, actualmente, prácticamente.
정장(正裝) uniforme de gala. ~하다 vestirse de etiqueta (de gala·de ceremonia); [군인이] ponerse uniforme de gala. ~하고 en vestido de ceremonia. ~할 것 Vestirse de gala./ Etiqueta.
정장석(正長石) orto[cla]sa.
정쟁(政爭) disputa (controversia) política; [당파간의] lucha de partidos, opositor (adversario·rival·contrario) político.
정적(靜的) estático.
정적(靜寂) silencio, sosiego, calma, quietud, tranquilidad.
정적(政敵) adversario (rival) político.
정전(停電) interrupción eléctrica, corte de electricidad, apagón. ~하다 interrumpir la electricidad. 30분간 ~되었다 La corriente eléctrica fue cortada por treinta minutos.
정전(停戰) armisticio, suspensión de las hostilidades. ~하다 suspender la guerra (las hostilidades). ~ 협정을 체결하다 concertar un armisticio. ~ 교섭 negociación del armisticio.
정전(靜電) electrostático. ~ 용량 capacidad electrostática. ~ 전압계 (전위) voltímetro (potencial) electrostático. ~ (하) carga estática. ~학 electrostática.
정전기(靜電氣) electricidad estática.
정절(貞節) castidad, fidelidad. ~한 casto, fiel.
정절(正切)【수】 tangente (m.).

정점(頂點) cumbre, cima, puto culminante, apogeo. 위기의 ~ punto más crítico.
정접(正接)【수】 tangente (f.).
정정(政情) situación (condición) política. 이 나라는 ~이 불안정하다 Es inestable la situación política de este país.
정정(訂正) corrección, rectificación, enmienda. ~하다 corregir, rectificar, enmendar. ···의 ~을 가하다 poner unas enmiendas a algo.
정정당당(正正堂堂) dignidad e imparcialidad. ~한 digno e imparcial. ~히 con dignidad e imparcialidad. ~한 abierto y franco.
정정하다(亭亭─) [노익장하다] ser vigoroso (activo).
정제(錠劑) pastilla, píldora.
정제(精製) refinamiento. ~하다 refinar. 석유를 ~하다 refinar el petróleo. ~법 procedimiento de refinar. ~소·~공장 refinería. ~염 sal refinada. ~업 industria de refinación. ~품 artículos refinados.
정조(貞操) castidad, fidelidad, virtud. ~가 강한 여자 mujer fiel (casta·virtuosa). ~를 지키다 guardar castidad. [아내로] ser fiel a su esposo. ~를 더럽히다 deshonrar a uno. ~대 cinturón de castidad.
정조(情操) sentimiento noble. ~ 교육 cultura de sentimiento.
정조(正朝) ⇨ 원단(元旦).
정조(正租) 〔벼〕.
정족수(定足數) quórum, número necesario. ~에 달했다 Ha alcanzado el quórum. 회의는 ~에 달하고 있다 La asamblea constituye el quórum.
정좌(正座) ~하다 sentarse derecho.
정주(定住) permanencia. ~하다 establecerse (instalarse·radicarse·domiciliarse·vivir permanentemente·fijar el domicilio) en un sitio. ~지 domicilio fijo.
정중(鄭重) cortesía. ~한 atento. ~하게 atentamente.【귀하의 ~한 편지 su atenta carta.
정지(停止) parada, detención; [중단] interrupción; [중지] suspensión. ~하다 parar[se], detenerse; suspender. ~시키다 parar, detener; suspender. 발행을 ~하다 suspender la publicación. ~ 신호 disco cerrado. 지불 ~ suspensión de pagos.
정지(靜止) inmovilidad. ~하다 inmovilizarse, pararse. ~하고 있다 estar[se] parado (inmóvil·estático). ~ 궤도 órbita geostacionaria. ~ 상태 inmovilidad.
정지(整地) [경지의] arreglo (preparación) [de un terreno]; [택지의] allanamiento. ~하다 preparar (arreglar) [un terreno]; allanar [un terreno].

정직(正直) honradez, franqueza. ~한 honrado, franco. ~하게 honradamente, francamente.

정직(定職) empleo (trabajo) regular (fijo), profesión (ocupación) regular (fija). 그는 ~이 아니다 No tiene profesión fija.

정직(停職) suspensión de empleo. ~ 처분을 하다 suspender a *uno* de *su* empleo.

정진(精進) devoción, dieta vegetal. ~하다 aplicarse.

정차(停車) parada. ~하다 parar[se]. 3분 ~ parada de tres minutos. ~장 estación.

정착(定着) fijación. ~하다 fijarse, establecerse firmemente, echar raíces. 민주주의는 아직 한국에 ~되어 있지 않다 La democracia aún no ha echado raíces profundas en Corea. ~액【사진】 fijador.

정찬(正餐) comida formal.

정찰(偵察) reconocimiento, exploración. ~하다 reconocer, explorar. ~하러 가다 ir de reconocimiento. ~기 avión de reconocimiento. ~대 cuerpo de exploración. ~ 비행 vuelo de exploración.

정책(政策) política. ~을 수립하다 estructurar (formular) un programa político (una línea política). 대외 ~ política extranjera. 미국에 대한 ~ política de los Estados Unidos de América para con Corea.

정체(停滯) estancamiento, detención. ~하다 estancarse, detenerse, amontonarse. 거래가 ~되고 있다 Los negocios están estancados (permanecen inactivos.)

정체(正體) régimen, sistema de gobierno. 공화 ~ régimen republicano.

정초(正初) principio de enero. ~에 al principio de enero.

정충(精蟲) espermatozoide, zoospermo.

정취(情趣) [기분] modo; [느낌] sentimiento; [아치] efecto artístico.

정치(政治) política, gobierno. ~의・~상의 ~적인 político. ~적으로 políticamente. ~를 논하다 hablar (discutir) de política. ~에 관계하다 ocuparse en política. ~적으로 해결하다 resolver políticamente. ~의 빈곤 política pobre, pobreza de la política. 그는 ~적 수완이 뛰어나다 Es un buen político. ~가 político, estadista (*m.f.*), hombre de estado; [빈정대서] policastro. ~결사 sociedad (asociación) política. ~ 공작 maniobra política. ~ 자금 규제법 ley de regulación de fondos para actividades político, ley de control de fondos políticos. ~ 기자 redactor político, periodista especializado en política. ~ 기구 estructura política. ~ 문제【화】 problema político. ~ 문제화 하다 convertirse en un problema político. ~란 columnas políticas. ~력 influencia política. ~범 criminal político. ~색이 있는 apolítico. ~ 불신 desconfianza de la política. ~ 운동 movimiento político. ~조직【한 나라의】 sistema político; [개인의] organización política. ~ 투쟁 lucha política. ~학 [ciencia] política. ~ 활동 actividades políticas.

정치(定置) fijación. ~망【어업】[pesca de] red fija.

정칙(定則) regla establecida, ley fijo.

정칙(正則) sistema regular, regularidad, normalidad. ~의 regular, formal.

정탐(偵探) espionje. ~하다 espiar.

정토(淨土) paraíso, morada celeste.

정통(正統) legitimidad. ~의 ortodoxo ; [합법적]legítimo. ~파 escuela ortodoxa

정통(精通) conocimiento hondo. ~하다 tener perfecto conocimiento de *algo*. 국제정치에 ~하다 conocer bien (estar muy al corriente de) la política internacional. 그는 회계 업무에 ~하다 Tiene perfecto conocimiento del (Es experto el) oficio de contaduría.

정평(定評) reputación fija (establecida), fama. ~이 있다 Es un crítico de reputación establecida.

정평(正評) crítica pertinente.

정하다(定-) [결정] decidir, determinar, fijar ; [협정] acordar, arreglar ; [선정] elegir ; [결심] resolver.

정학(停學) expulsión temporal de la escuela, suspensión de asistir a la escuela. ~ 처분에 처하다 expulsar *a uno* temporalmente de la escuela. 그는 1개월의 ~을 받았다 Se vio expulsado de la escuela durante un mes.

정해(正解) contestación correcta, solución correta, respuesta exacta. ~를 발견하다 encontrar la solución correcta. ~자(者) el (la) que da la respuesta exacta.

정현(正弦)【수】seno [recto].

정형(整形) ortopedia. ~ 미용 cirugía plástica cosmética. ~ 외과 ortopedia. ~ 외과(外科)의 ortopédico. ~ 외과 의사 ortopedista.

정형(定形) forma fija, figura regular. ~없는 sin forma fija, amorfo, informe.

정형(定型) forma fija, metro fijo. ~시 poema de forma fija, verso de metro fijo.

정혼(精魂) alma, espíritu.

정화(淨化) purificación, depuración, limpieza. ~하다 purificar, depurar, limpiar. ~ 장치 depurador, aparato para depurar.

정화 ~조 purificador. 국어 ~ purismo.
정화(精華) esencia, flor.
정화(正貨) metálico. ~로 en metálico. ~로 지불하다 pagar en metálico. ~ 준비고 reservas de oro.
정확(正確) exactitud, precisión, puntualidad. ~한 correcto, exacto, justo, puntual ; preciso. ~히 correctamente, exactamente, a punto fijo. ~한 시간 hora exacta (puntual). ~한 지도 mapa preciso. ~한 저울 balanza de precisión. ~한 문장 frase correcta. ~한 답 respuesta exacta. ~한 번역 traducción fiel. ~히 발음하다 pronunciar correctamente. ~히 재다 medir precisamente. ~히는 모르다 no saber *algo* a punto fijo. 더 ~히 말하면 para ser exacto, dicho con más precisión. 시간에 ~하다 ser puntual. 보도에 ~을기 하다 tratar de ser exacto en las informaciones. 이 시계는 ~하다 Este reloj indica la hora exacta. / [빠르지도 늦지도 않다] Este reloj es exacto.

정황(情況) situación, circunstancia. ~ 증거 evidencia circunstancial.
정회(停會) suspensión de una reunión. ~하다 suspender.
정히(正一) exactamente, verdaderamente, realmente.
젖 pecho, teta, leche. ~을 빨다 ordeñar. ~을 주다 dar el pecho a. ~을 먹이다 dar la teta. ~꼭지 pezón ; [남자의] tetilla, tetina.
젖다 mojarse. 젖은 옷 traje mojado. 젖은 땅 tierra húmeda.
젖소 vaca lechera.
제¹ [저기] allí, aquel sitio.
제² [저·자기] yo, se ; [자기의] mi, *su* propio, mi propio.
제(題) [표제] título ; [문제] cuestión.
제(祭) [제사] servicio religioso ; [축제] fiesta.
제(弟) [자칭] yo ; [아우] hermano (menor).
제(除) substracción. ⇨ 제법.
제(帝) emperador.
제(諸) mucho, varios, diverso.
제(第) número, No. ~5조 ~3항 el artículo quinto, la cláusula segunda. ~9 교향곡 novena sinfonía.
제(製) manufactura. ~의 fabricado. 한국~ fabricación coreana.
제각기(一各其) cada, respectivamente, separadamente, individualmente.
제강(製鋼) manufactura (fabricación) de acero. ~소 acería.
제거(除去) eliminación. ~하다 eliminar, quitar. 방사능을 ~하다 eliminar la radiactividad de *algo*.

제곱〖수〗 cuadrado. ~하다 cuadrar, multiplicar un número por sí mismo.
제공(提供) ofrecimiento, oferta. ~하다 ofrecer ; [공급] suministrar, abastecer, proveer. 서비스를 ~하다 ofrecer *sus* servicios. 정보를 ~하다 suministrar informaciones. 이 프로그램은 A회사의 ~으로 보내진다 Este programa se lo ofrece la compañía A.
제공권(制空權) supremacía aérea, poder aéreo, dominio aéreo. ~을 장악하다 tener el dominio del aire.
제과(製菓) ~업 confitería, dulcería, repostería ; [케이크류의] pastelería. ~ 회사 compañía confitería.
제구(制球) 〖운〗 control de bola.
제구실 *su* función ; [의무] *sus* deberes, *su* obligación.
제국(諸國) diversos países. 발칸 ~ estados de la península de los Balcanes. 중남미 ~ países de Centro y Sudamérica.
제군(諸君) caballeros, ustedes.
제금(提琴) violín. ~을 켜다 tocar el violín. ~가 violinista.
제기(祭器) platos usados en los servicios religiosos.
제기(提起) planteamiento. ~하다 proponer. 문제를 ~하다 plantear un problema. 소송을 ~하다 plantear un pleito, entablar un proceso.
제너레이션 generación (세대).
제단(祭壇) altar. 주(主) ~ altar mayor.
제당(製糖) fabricación (manufactura) de azúcar. ~공장 ·~소 azucarera. ~업 industria azucarera. ~ 업자 fabricante de azúcar. ~ 회사 compañía azucarera.
제대(除隊) [만기의] licencia del servicio militar ; [병·사고의한] exención por inútil. ~하다 quedar libre (exento) del servicio militar ; [만기로] obtener la licencia, licenciarse. ~병 soldado librado ; [만기의] soldado licenciado.
제도(製圖) diseño, dibujo [lineal]. ~하다 diseñar, dibujar. ~판 (탁자·기·용지) tabla (mesa·instrumento) de dibujo. ~자 delineante (m.f.), diseñador, dibujante (m.f.).
제도(制度) instituciones (f.pl.), sistema (m.), régimen. ~를 확립하다 establecer un régimen. ~화 하다 […을] instituir.
제도(諸島) islas, archipiélago. 카나리아 ~ Islas Canarias.
제도(濟度) salvación, redención. ~하다 salvar el alma de *uno*.
제독(制毒) protección, contra el veneno.
제독(堤督) almirante.

제동(制動) ~수 guardafreno, retranquero.
제동기(制動機) freno. 공기 ~ freno atmosférico (de aire). 자동 ~ freno automático.
제등(提燈) linterna [de papel], linterna veneciana, farolillo. ~을 켜다 (끄다) encender (apagar) una linterna. ~ 행렬 procesión (fila) de lintenas.
제련(製鍊) refinadura. ~하다 refinar. ~소 refinería. ~자 refinador.
제례(祭禮) rito, fiesta.
제로 cero, nada.
제막(除幕) acción de descubrir el velo. ~하다 quitar el velo [de la estatua], descubrir (inaugurar) [una estatua]. ~식 [ceremonia de] inauguración. …의 ~식을 행하다 inaugurar *algo*.
제명(題名) título. A라는 ~으로 bajo el título de A.
제명(除名) expulsión, exclusión. ~하다 expulsar, excluir. 당에서 ~하다 expulsar a *uno* del partido político.
제모(制帽) gorra oficial; [학교의] gorra escolar (de escuela)
제목(題目) [표제] título; [주제] materia, tema (*m*.); [모토] lema (*m*.).
제물(祭物) sacrificio, ofrenda.
제반(諸般) todas cosas. ~ 사정에 의해 con unas y otras cosas, debido a diversas circunstancias.
제발 por favor. ~ 용서하세요 Pordóneme, por favor.
제방(堤防) malecón, dique, represa. ~을 축조하다 construir un dique. ~이 무너졌다 El dique se ha roto (hundido · quebrado).
제법 considerablemente, bastante, muy.
제법(除法) [수] divisiónn.
제복(制服) uniforme. ~을 입다 vestirse de uniforme, uniformar a *uno*. ~을 입고 있다 llevar (ir de) uniforme. ~을 입은 que lleva puesto uniforme, en uniforme. ~의 경관 agente de policía en uniforme. ~[제모]를 입은 학생 estudiante en uniforme (vestido de uniforme reglamentario).
제복(制服) jábito [sacerdotal · clerical], sotana.
제본(製本) encuadernación. ~하다 encuadernar. 논문을 ~하다 encuadernar una tesis. 이 책은 ~이 잘되어있다. Este libro está bien encuadernado. ~소[taller de] encuadernación. ~자 encuadernador.
제분(製粉) fabricación de la harina, molinería. ~하다 moler. 소맥을 ~하다 moler trigo. ~ 공장 molino harinero. ~기 molino. ~업 molinería. ~업자 molinero. ~ 회사 compañía de harina.

제비 lotería, rifa, sorteo. ~뽑다 rifar, sortear.
제비【조】 golondrina.
제비꽃【식】 violeta.
제빙(製氷) fabricación de hielo. ~ 공장 fábrica de hielo. ~기 máquina de fabricar hielo. ~실 [냉장고의] heladora.
제사(製糸) fabricación de hilados. ~공 hilandero, ·ra. ~ 공장 fábrica (taller) de hilados, hilandería. ~업 hilatura, industria hilandera. ~업자 fabricante de hilados.
제사(祭祀) servicio funeral.
제사(題詞) prólogo.
제산(除算) división. ~하다 dividir.
제삼(第三) tercero. ~의 tercer[o], tercio. ~국 tercer estado, tercer país, tercera nación ; [제삼세력] tercera potencial. ~세계 tercer mundo. ~자 tercera persona, tercero.
제설(諸說) opiniones diversas; [이론] teorías variadas. 이 사건에 관해서는 ~이 분분하다 Hay versiones (interpretaciones) diversas acerca de este suceso. / Hay una gran divergencia de opiniones sobre este asunto.
제설(除雪) ~하다 quitar la nieve de *un sitio*, desembarazar *un sitio* de nieve. 길의 ~을 하다 desembarazar el camino de nieve, aclarar de nieve el camino. ~기 · ~차 barredora de nieve, quitanieves.
제소(提訴) ~하다 apelar. 사건을 법정에 ~하다 llevar el caso a los tribunales, entablar un pleito. 유엔에 ~하다 apelar ante (a) la ONU.
제수(除數) [수] divisor. 피~ dividendo.
제수(弟嫂) cuñada, hermana política.
제스처 gesto, ademán, señal.
제시(提示) presentación, exhibición. ~하다 presentar, enseñar; [제안] proponer. 신분증명서를 ~하다 mostrar *su* carné de identidad. 조건을 ~하다 presentar una condición.
제실(帝室) casa (familia) real.
제씨(弟氏) *su* hermano.
제씨(諸氏) caballeros, ustedes.
제안(堤案) propuesta, proposición. ~하다 hacer una propuesta; [⋯을] proponer. ~의 ~에 따라 a propuesta de *uno*, de acuerdo con la proposición de *uno*. ~ 이유를 설명하다 explicar los motivos de *su* propuesta. 휴전을 ~하다 proponer un armisticio. 그의 ~은 거절되었다 Su propuesta fue rechazada. / No accedieron a su propuesta. ~자 proponedor, proponente (*m.f.*).
제압(制壓) opresión. ~하다 oprimir; [지

제야(除夜) Noche Vieja, víspera del año nuevo. ~의 종(鐘) campanadas de Noche Vieja (la víspera del año nuevo).

제약(製藥) fabricación de medicina. ~업 industria farmacéutica. ~회사 (공장) compañía (fábrica) farmacéutica.

제약(制約) restricción, limitación. ~하다 restringir, limitar. 문법상의 ~ restricción gramatical. …의 행동을 ~하다 restringir el movimiento de *uno*. 외국인에게 ~이 있다 Existen restricciones de empleo para los extranjeros.

제어(制御) control. ~하다 controlar. ~반 cuadro de control (de instrumentos). ~varilla de regulación. ~스위치 interruptor de mando. ~장치 equipo de control.

제염(製鹽) fabricación de la sal. ~소 salinas. ~업 industria de la sal. ~업자 fabricante (productor) de sal.

제오(第五) quinto.

제오열(第五列) quinta columna.

제왕(帝王) soberano, monarca *(m.)*, rey; [황제]emperador. ~신권설 teoría de la monarquía de derecho divino. ~절개 operación (intervención) cesárea. ~절개 수술을 받다 sufrir la operación cesárea.

제외(除外) excepción, exclusión. ~하다 exceptuar, excluir. …을 ~하고 excepto, salvo, menos.

제위(帝位) trono imperial. ~에 오르다 ascender al trono. ~를 물려주다 abdicar el trono.

제위(諸位) caballeros.

제유(製油) manufactura del petróleo. ~소 refinería de petróleo (de aceite).

제육(一肉) carne de puerco.

제육감(第六感) el sexto sentido; [직관] intuición.

제의(提議) propuesta, proposición. ~하다 proponer.

제이(第二) segundo, secundario. ~의 segundo, secundario. 그의 ~의 고향 su segunda tierra natal. ~기 segundo período; [단계] segunda etapa. ~심 segunda instancia.

제인(諸人) todo el mundo.

제일(霽日) último día del año.

제일(祭日) día de fiesta, fiesta nacional; [휴일] día festivo, día feriado, día de descanso.

제일(第一) primero. ~의 primero; [최초의] primario; [본원의] primordial; [주요한] principal; [가장 우수한] de primera clase. ~로 primeramente, primero, en primer lugar; [우선] ante todo, antes que nada. ~위를 차지하다 pertenecer al primer rango. 무엇보다도 신용이 ~이다 En cualquier asunto, la confianza es lo más importante. ~과 lección una (primera), primera lección. ~기 primer período; 【의】 primera fase. ~기생(期生) graduados de la primera promoción. ~단계 la primera fase (etapa). ~당 partido más fuerte (influyente), primer partido. ~면 [신문의] la primera página (plana).

제일보(第一步) primer paso, principio. ~를 내딛다 dar el primer paso. 이것은 민주화의 ~다 Este es el primer paso hacia la democracia.

제일선(第一線) primera línea; [전선] frente. ~에 서다 salir al frente. ~에서 활약하다 desplegar *sus* actividades en primera línea. ~부대 tropa de primera línea (de vanguardia).

제일성(第一聲) primer discurso. 선거의 ~을 열다 pronunciar el primer discurso electoral.

제일의(第一義) primer principio, primer punto esencial.

제일인자(第一人者) primer personaje, número uno. 그는 서반아 문학의 ~다 Es la primera autoridad en [la] literatura española.

제자(弟子) alumno, discípulo; [도제] aprendiz.

제자(題字) epígrafe.

제작(製作) fabricación, producción. ~하다 fabricar, producir, manufacturar. 기계를 ~하다 fabricar máquinas. 영화를 ~하다 producir una película. ~비 coste (costa) de producción. ~소 fábrica, taller; [스튜디오] estudio. ~스텝 plantilla de producción. ~자 fabricante *(m.f.)*, productor, constructor, [영화의] productor.

제재(題材) materia; [주제(主題)] sujeto, tema *(m.)*.

제재(製材) aserradura [de madera]. ~기 máquina aserradora. ~공장·~소 aserradero. ~업 industria maderera.

제재(制裁) sanción; [벌] castigo, punición; [형벌] pena. ~을 가하다 sancionar a *uno*; castigar a *uno*. ~를 받다 sufrir castigo. 사회적 ~ sanción social.

제적(除籍) eliminación de un nombre del registro, anulación del registro. ~하다 borrar el nombre de *uno* del registro.

제전(祭典) fiesta, festividad, festival, ritos religiosos.

제절(諸節) [집안 여러분] toda la familia,

제정(帝政) religión y estado. ~ 일치 teocracia.

제조(製造) fabricación ; [생산] producción ; [조립] montaje. ~하다 fabricar ; producir ; montar. 한국에서 ~된 de fabricación coreana. 귀사에서 ~한 라디오 la de su fabricación. 이 공장에서는 타이어(자동차)를 ~하고 있다 Fabrican neumáticos (automóviles) en esta fábrica. ~ 공장 fábrica. ~법 procedimiento (modo) de fabricación. ~비 costo (gastos) de fabricación. ~업 industria manufacturera. ~원·~인·~업자 fabricante (m./f.); productor, -ra.

제지(製紙) fabricación de papel. ~ 공장 fábrica de papel. ~업 industria papelera. ~업자 fabricante de papel. ~용 펄프 pulpa de papel. ~회사 compañía [manufacturera] de papel.

제지(制止) detención. ~하다 refrenar, reprimir, detener.

제창(提唱) abogación, propuesta. ~하다 abogar por *algo*; [제안] proponer. 민주화를 ~하다 abogar por la democratización.

제철 estación conveniente.

제철(製鐵) siderurgia. ~[공] 업 siderurgia; industria siderúrgica. ~공장·~소 fábrica siderúrgica. ~업자 industrial siderúrgico. ~회사 compañía siderúrgica.

제철(蹄鐵) herradura, herraja.

제초(除草) escardadura, escarda, desyerba. ~하다 escardar (desyerbar) *un sitio*. ~기(機) extirpador de hierbas. ~기(器) escardillo. ~제 herbicida *(m.)*.

제출(提出) presentación; [제안] proposición. ~하다 presentar, proponer. 국회에 법안을 ~하다 presentar un proyecto de ley a la dieta. 리포트 (답안)을 ~하다 presentar *su* trabajo (el papel del examen). 증거(사료)를 ~하다 presentar las pruebas (la dimisión). 의견을 ~하다 proponer *su* opinión.

제칠(第七) séptimo.

제택(第宅) mansión.

제트 mechero para gas. ~기 avión a chorro.

제판(製版) [사진 제판] fotograbado. ~하다 fotograbar *algo*.

제패(制覇) dominio, hegemonía. ~하다 dominar, conquistar. 시장을 ~하다 dominar el mercado. 세계를 ~하다 conquistar la hegemonía del mundo. 세계를 잘망하다 aspirar a la hegemonía del mundo.

제품(製品) producto; [상품] artículo. ~ 검사 examen de productos. 금년의 신 ~ nuevos productos de este año. 한국 ~ artículo fabricado en Corea, artículo de fabricación coreana.

제하다(除一) [제외하다] excluir, exceptuar; [빼다] deducir, substraer; [나누다] dividir; [제거하다] eliminar. 제하고 excepto, a excepción de.

제한(制限) restricción, límite, limitación. ~하다 restringir, limitar. ~에 ~없이 sin límite de *algo*. 나는 담배를 하루에 10개로 ~하고 있다 Me limito a fumar solamente diez cigarrillos al día. 수에 ~이 있다 El número es limitado./ Hay límite de número. 시간에 ~이 있어서 충분히 준비할 수 없다 La limitación del tiempo no permite una adecuada preparación. ~ 속도 velocidad limitada. ~ 시간 hora limitada.

제한(際限) límite, término. ~이 없는 sin límites, ilimitado, infinito. ~없이 infinitamente, ilimitadamente. 인간의 욕에는 ~이 없다 La codicia humana no tiene (conoce los) límites.

제해권(制海權) dominio del mar, poderío marítimo, supremacía naval. ~을 장악하다 dominar el mar, tener el poderío marítimo.

제행(諸行) todas las cosas en el mundo, todo. ~무상 Todas las cosas en el mundo son transitorias (fugaces)./ Todo es vanidad.

제헌(制憲) establecimiento de una constitución. ~하다 establecer una constitución.

제혁(製革) ~공장 curtiduría, tenería. ~업 industria de curtidos. ~업자 curtidor.

제현(諸賢) [damas y] caballeros.

제호(題號) título [de un libro].

제화(製靴) ~공장 fábrica de zapatos. ~업 industria del calzado (del zapato).

제후(諸侯) príncipes feudales.

제휴(提携) alianza, coalición, cooperación. ~하다 cooperar (colaborar) con…, asociarse con (a)…; [서로] aliarse, asociarse, ayudarse. […과] hacerse en cooperación [con…]. 양사는 ~해서 신제품을 개발했다 Las dos compañías en cooperación han desarrollado un nuevo producto. ~ 회사 compañía cooperativa.

젠틀맨 caballero.

젤라틴 gelatina.

젤리 jalea, jaletina.

조 [식] mijo.

조(兆) billón. 1 ~ un billón, un millón de millones.

조(朝) dinastía, reino.
조(條) artículo. 헌법 제 1 ~ el Artículo Primero de la Constitución.
조(調) [곡조] tono. 시비 ~로 críticamente.
조가(弔歌) canto fúnebre.
조가비 concha. ~ 세공 obra de concha.
조각 pedazo, pieza. 빵 한 ~ un pedazo en pan.
조각(組閣) formación del gabinete. ~하다 formar (organizar) un gabinete.
조각(彫刻) escultura, grabado. ~하다 grabar, esculpir. ~가 escultor, grabador. ~도(刀) escoplo.
조각나다 romperse, rajarse.
조각조각 en pedazos. ~ 빛다 romper en pedazos, resgar, desgarrar en tiras.
조간(朝刊) periódico de la mañana, edición matutina.
조갈(燥渴) sed. ~이 나다 tener sed.
조감도(鳥瞰圖) perspectiva (plano) a vista de pájaro.
조개 marisco, concha. ~ 세공 obras de concha.
조개구름 nubes que parecen ser mezclas de cirrus con cúmulus (con estratus).
조객(弔客) visitante para la condolencia.
조건(條件) condición; [수학 등의] datos [de un problema];[상황] circunstancias. ~이 좋은 bien condicionado. ~부의 condicional. ~부로 bajo (sujeto a) condición, condicionalmente. ~를 붙이다 imponer (poner) condiciones a algo. ~을 수락하다 (거부하다) aceptar (rehusar) las condiciones. …라는 ~으로 a (con la) condición de que + subj./ con tal que + subj. 이 ~으로 en estos términos, con estas condiciones. 필요한 ~을 만족시키다 satisfacer las condiciones requeridas, llenar las condiciones exigidas. ~ 반사 reflejo condicionado. ~ 법【문】 modo condicional. ~부 condicionado. 지불 (판매) ~ condiciones de pago (de venta).
조계(租界) concesión.
조고(祖考) su abuelo muerto (difunto).
조공(朝貢) ~하다 pagar tributo. ~국 país tributario.
조교(吊橋) puente colgante, punte levadizo.
조교(助敎) asistente.
조교수(助敎授) profesor auxiliar (adjunto).
조국(祖國) patria. ~의 patrio. ~을 위해 por la patria. ~을 위해 싸우다 luchar por su patria. ~을 위해 죽다 morir[se] por la patria. ~애 patriotismo.
조그마하다 ser pequeño.
조금 un poco. ~씩 poco a poco.
조급(躁急) impaciencia, desasosiego. ~한 impaciente. ~히 impacientemente.
조기(早期) primeros estadios. ~하다 Es importante un temprano diagnóstico. 암은 ~에 발견되면 치료할 수 있다 El cáncer se puede curar si se descubre en sus primeros estadios.
조기(弔旗) bandera de duelo; [배의] pabellón a media asta. ~를 게양하다 izar [상태] llevar] la bandera de duelo; izar la vandera a media asta.
조기(早起) levantamiento temprano. ~하다 levantarse temprano [por la mañana], madrugar. ~인 madrugador.
조기(釣磯) ⇨ 낚시터.
조끼 chaleco.
조난(遭難) accidente, siniestro, desastre. ~하다 [배의] sufrir un accidente; naufragar. ~선 barco naufragado. ~신호 SOS, señal de socorro. ~자 víctima, siniestrado; náufrago.
조달(調達) provisión, abastecimiento, almacenamiento; [식량의] aprovisionamiento. ~하다 proveer, abstecer, proveerse (abstecerse) de algo, aprovisionar. ~해 주다 abstecer (proveer) a uno de algo. 자금을 ~하다 reunir fondos.
조동사(助動詞) verbo auxiliar.
조락(凋落) caída; decadencia, ruina. ~하다 caer; reducirse, decaer, quedar arruinado.
조력(助力) ayuda, auxilio. ~하다 ayudar, auxiliar.
조력(潮力) ~발전 producción de electricidad por medio de las mareas. ~발전소 central maremotriz.
조련(操鍊) ejercicio militar; [연습] maniobra.
조령모개(朝令暮改) ~다 Se suceden las órdenes y contrórdenes.
조례(條例) regulamento, regla.
조로(早老) vejez prematura.
조롱(嘲弄) burla, mofa. ~하다 reírse (burlarse・mafarse) de uno.
조루(早漏) eyaculación precoz.
조류(潮流) corriente marina; [사상 등의] corriente, tendencia.
조류(鳥類) pájaros, aves. ~학 ornitología. ~학의 ornitológico. ~학자 ornitólogo,-ga.
조류(藻類) algas. ~학 algología.
조르다 [죄다] estirar, atiesar, arremangar, atar, unir; [요구하다] pedir, exigir; [재촉] apresurar, dar prisa.
조리(條理) razón (f.), lógica. ~있는 razonable, justo, lógico.
조리(調理) [요리] cocina. ~하다 cocinar. ~대 [mesa de] cocina. ~사 cocinero,-ra.

~장 cocina.
조리개 [사진기의] iris.
조림(造林) repoblación forestal. ~하다 repoblar *un sitio* con árboles.
조립(組立) estructura, organización. ~하다 componer.
조마(調馬) entrenamiento de caballos. ~를 하다 entrenar un caballo.
조마조마 nerviosamente, inquietamente, incómodamente.
조만간(早晩間) tarde o temprano, más tarde o más temprano.
조망(眺望) vista, panorama, paisaje.
조명(照明) iluminación, alumbrado. ~기 iluminador. ~탄 bomba de destello.
조모(祖母) abuela.
조목(條目) artículo.
조문(條文) texto, [조항] artículo, cláusula. ~을 해석하다 interpretar el artículo. ~에 명기되어 있다 estar estipulado (establecido) en un artículo.
조문(弔問) ~하다 hacer una visita de condolencia (de pésame) a *uno*.
조문(弔文) discurso fúnebre.
조물주(造物主) Creador, Dios.
조미(調味) ~하다 sazonar, condimentar. ~료. sazomamiento, condimento.
조밀(稠密) densidad. ~한 denso. 인구 ~ 지방 región de densa población, zona de gran densidad [de población].
조바심 ansiedad, preocupación.
조반(朝飯) desayuno. ~을 들다 desayunar, tomar el desayuno.
조밥 mijo cocido.
조발(調髮) peinado.
조변석개(朝變夕改) mutabilidad, volubilidad, inconstancia. ~하다 cambiar constantemente.
조병창(造兵廠) arsenal.
조부(祖父) abuelo. ~모 abuelos.
조사(調査) encuesta, investigación; [인구 등의] censo. ~하다 hacer una encuesta (una investigación) de (sobre) *algo*, investigar; hacer el censo. ~를 진행하다 llevar adelante las investigaciones. 그 건은 ~중이다 El asunto está en estudio. ~단 equipo investigador (de investigación). ~원 investigador, -ra. ~위원회 comité de investigación.
조사(弔詞) palabra de condolencia, alocución fúnebre, discurso funeral, mensaje de condolencia. ~를 하다 pronunciar palabras de condolencia, pronunciar una alocución fúnebre.
조사(助詞) palabra auxiliar, partícula.
조사(祖師) fundador.
조사(早死) muerte prematura. ~하다 morir joven.
조사(照査) verificación, comprobación, confirmacieón por argumento (por evidencia). ~하다 verificar, justificar, pobar, comprobar.
조산(早産) parto prematuro. ~하다 dar a luz prematuramente.
조산(造山) ~운동 movimiento orogénico.
조산원(助産員) partera, comadre.
조상(祖上) antepasados, antecesores, ascendientes.
조상(彫像) estatua.
조상(弔喪) condolencia, pésame. ~하다 condolerse.
조서(調書) atestado. ~를 작성하다 instruir el atestado de *uno*.
조석(朝夕) la mañana y la noche; [식사] el desayuno y la cena.
조선(造船) construcción naval (de barco). ~국 país constructor de barcos. ~기사 ingeniero naval. ~소 astillero, arsenal. ~업 industria naval. ~학・~술 ingeniería naval. ~회사 empresa constructora naval (de construcción naval).
조선(祖先) antepasados, ascendientes, antecesores.
조섭(調攝) cuidado de la salud.
조성(造成) manufactura, producción, construcción. ~하다 hacer, manufacturar, fabricar, producir, construir.
조성(助成) ayuda, fomento, subsidio, subvención. ~하다 ayudar a *uno* a + *inf.*, fomentar, subvencionar. 농업을 ~하다 fomentar la agricultura. ~금 subsidio, subvención. ~금을 주다 dar (asignar) un subsidio (una subvención) a *algo・uno*, subvencionar *algo*. 출판에 ~금을 주다 subvencionar la publicación.
조성(組成) formación. ~하다 formar.
조세(租稅) impuesto, tributo. ~를 과하다 imponer tributo. ~를 면제하다 exentar de un tributo. ~를 징수하다 recaudar.
조소(彫塑) escultura y modelado; [회화에 대해] escultura.
조소(嘲笑) risa burlona, burla, mofa. ~하다 burlarse (reírse・mofarse) de *uno*. ~적인 burlón (*pl.*burlones).
조속(早速) al instante. ~하다 no perder tiempo en.
조손(祖孫) abuelo y nieto.
조수(潮水) marea, flujo y reflujo de las aguas del mar. ~가 준다 (불어난다) La marea mengua (crece).
조수(助手) ayudante, asistente. ~석 [차의] asiento delantero junto al conductor.
조숙(早熟) precocidad. ~한 [아이 등이] precoz, prematuro; [과일 등이] temprano.

조식(朝食) desayuno. ~을 들다 desayunar, desayunarse, tomar el desayuno.

조식(粗食) dieta frugal. ~하다 vivir frugalmente.

조심(操心) [주의] cuidado; [경계] caución, precaución; [신중] prudencia. ~하다 tener cuidado, cuidar, ser prudente. ~하여 con cuidado, cuidadosamente. ~하십시오 Tenga cuidado.

조악(粗惡) tosquedad. ~한 tosco, basto.

조야(朝野) ~의 명사 personas distinguidas en los medios oficiales y no oficiales.

조야(粗野) ~한 rudo, rústico.

조약(條約) tratado, convención; [군사적인] pacto; [협정] acuerdo, convenio. ~을 체결 [폐기·비준·개정]하다 concertar (denunciar·ratificar·reformar) un tratado. ~에 조인하다 firmar un tratado. ~이 발효하다 El tratado entra en vigor. ~국 estados firmantes (signatarios). ~개정 revisión de pacto.

조약돌 guija, guijarro, china.

조양(調養) cuidado de la salud.

조어(釣魚) pesca. ~하다 pescar.

조어(造語) palabra inventada; [구] frase acuñada; [신어] neologismo, palabra de nuevo cuño.

조언(助言) consejo. ~하다 aconsejar. ~에 따르다 seguir el consejo de uno. ~자 consejero.

조업(操業) operación, funcionamiento. 【어업】 faena. ~하다 operar, hacer funcionar; faenar. ~을 개시하다 empezar a trabajar, comenzar el trabajo (la actividad). ~을 단축하다 reducir las horas de operación. 완전 ~하다 operar a toda capacidad. ~단축 reducción de las horas de operación. ~비 gastos de explotación (de funcionamiento). ~일수 [número de] días de operación. ~정지 paro.

조역(助役) ayudante de alcalde.

조연(助演) papel secundario. ~하다 hacer un papel secundario. ~자 actor secundario, [여자] actriz secundaria.

조예(造詣) erudición. ~가 깊다 ser erudito (versado) en algo, tener profundos conocimeintos (un conocimiento profundo). 그는 한국 문학에 ~가 깊다 Es un profundo conocedor de la literatura coreana.

조용하다 ser tranquilo, callar.

조우(遭遇) encuentro. ~하다 encontrarse con. 적과 ~하다 encontrarse con el enemigo. 폭풍우와 ~하다 ser sorprendido por una tempestad.

조원(造園) construcción de un jardín. ~하다 construir un jardín. ~가 diseñador de jardines. ~술 jardinería.

조위(弔慰) condolencia. ~금 dinero que se da por la muerte de uno.

조율(調律) afinación. ~하다 afinar. ~사 afinador.

조음(調音) 【음성학】 articulación.

조의(弔意) condolencia, pésame. ~를 표하다 expresar condolencas a uno, dar el pésame a uno.

조인(鳥人) aviador.

조인(調印) firma, sello. ~하다 firmar, sellar. 평화 조약이 ~되었다 La paz se ha firmado (sellado). ~자 firmante (m.f.).

조작(操作) manejo, operación, maniobra. ~하다 manejar, operar. ~하기 쉬운 (어려운) 장치 aparato fácil (difícil) de manejar. 여론을 ~하다 maniobrar la opinión pública.

조잡(粗雜) grosería, rudeza. ~한 tosco; rústico, grosero; [일] chapucero.

조장(組長) monitor, capataz.

조장(助長) ~하다 fomentar, favorecer, estimular, contribuir a algo. …의 진보를 ~하다 fomentar el (ayudar al) desarrollo de algo.

조전(弔電) telegrama de pésame. ~을 치다 telegrafiar manifestando la condolencia, enviar un telegrama de condolencia (de pésame).

조절(調節) regularización, regulación, control, ajuste. ~하다 regularizar, regular, ajustar, controlar. 라디오의 음을 ~하다 regular el sonido de una radio. 온도를 ~하다 regularizar la temperatura. ~기 regulador.

조정(調整) regulación, arreglo, ajuste, revisión. ~하다 regular, ajustar, arreglar, revisar. 기계를 ~하다 revisar una máquina. 의견을 ~하다 coordinar (conciliar) las opiniones.

조정(朝廷) corte imperial.

조정(調停) mediación; [중재] arbitraje; [화해] conciliación. ~하다 mediar, arbitrar; conciliar. ~자 mediador, átbitro.

조제(調製) preparación de la medicina. ~하다 preparar la medicina.

조제(粗製) fabricación tosca. ~의 basto, tosco. ~품 artículo (objeto) tosto.

조제(調劑) fabricación, confección; [약품 등의] preparación [de medicinas]. ~하다 fabricar, confeccionar; preparar un medicamento; [처방에 의해] preparar una receta. 주문품을 ~하다 realizar un encargo.

조조(早朝) ~에 en las primeras horas de la mañana, por la mañana. ~부터 desde las

조족지혈(鳥足之血) muy poco.
조종(操縱) conducción, dirección; [배・비행기의] pilotaje; [배의] maniobra. ~하다 conducir, dirigir; pilotar; manejar. ~간 palanca de mando. ~법 pilotaje; maniobra. ~사 piloto. ~석 asiento (puesto) del piloto. ~ 장치 mandos. 부~사 copiloto.
조종(祖宗) antepasados reales.
조종(弔鍾) toque a muerto, campana fúnebre.
조준(照準) puntería. …에 ~을 맞추다 apuntar (visar) *algo*, dirigir la puntería (las visuales) a *algo*. ~기 mira.
조직(組織) [기구] organización; [구성] formación, constitución; [구조] estructura; [체제] sistema (*m.*); 【생】 tejido. ~하다 organizar; formar, constituir; sistematizar. ~적인 orgánico; sistemático. ~적으로 orgánicamente; sistemáticamente. ~적인 반란 rebelión organizada. ~에 봉피하다 desorganizarse. ~적으로 행동하다 obrar sistemáticamente (de manera sistemática). 군대를 ~하다 organizar un ejército. …로 ~되어 있다 estar compuesto (componerse) de…. …의 ~을 파괴하다 desorganizar *algo*. 이 연맹은 5개의 단체로 ~되어 있다 Esta federación está constituida por cinco corporaciones. ~ 구조 【생】 histología. ~ 노동자 obreros organizados. ~력 facultad de organización. ~망 red de organización. ~도 gráfica de organización. ~ 위원회 comité organizador. ~자 organizador. ~ 폭력 violencia organizada. ~표 voto organizado. ~화 sistematización. 판매 활동을 ~하다 sistematizar las actividades de venta.
조짐(兆朕) síntoma (*m.*).
조차 también, además, hasta. 너~ 그럴 줄은 몰랐다 No sabía que tú también lo haría.
조차(租借) arriendo, arrendamiento. ~하다 arrendar, tomar *un sitio* en arriendo. 이 토지는 미군이 ~하고 있다 El ejército de los Estados Unidos tiene este terreno en arriendo. ~권 derecho arrendaticio (de arriendo). ~지 terreno arrendado.
조차(操車) operación. ~하다 operar. ~장 estación de clasificación.
조치(措處) ⇨ 조처.
조추(早秋) comienzo (primeros días) del otoño.
조춘(早春) comienzo (primeros días) de la primavera.
조치(措置) disposición, remedio. ~하다 disponer, tomar medidas.
조침(早寢) acostamiento temprano. ~하다 acostarse temprano.
조카 sobrino. ~딸 sobrina.
조타(操舵) manejo del timón. ~하다 manejar el timón. ~실 cámara del timón. ~수 timonel.
조퇴(早退) ~하다 volver temprano. 학교(회사)를 ~하다 volver temprano de la escuela (de la oficina).
조판(組版) la composición de letras de imprenta. ~하다 componer las letras de imprenta.
조폐국(造幣局) Casa de [la] Moneda (de [la] acuñación).
조합(組合) sindicato, asociación, corporación. ~원 miembro de asociación.
조합(調合) preparación de medicina, composición. ~하다 mezclar, preparar.
조합(照合) verificación. ~하다 verificar, comparar.
조항(條項) artículo, cláusula; [집합적] clausulado. 헌법 ~ clausulado de la Constitución.
조해(潮解)【화】 delicuescencia. ~성의 delicuescente.
조행(操行) conducta, proceder.
조형(造形) plástica. ~ 미술 artes plásticas, artes formativas.
조혼(早婚) matrimonio precoz. ~하다 casarse muy joven.
조화(調和) armonía, concordia. ~하다 armonizar (ir・hacer juego) con *algo*. ~시키다 armonizar. ~된 색 colores que armonizan (que van bien). 마음과 신체의 ~ armonía entre cuerpo y alma. ~를 깨뜨리다 turbar (romper) la armonía.
조화(造花) flor artificial. 장미의 ~ rosa artificial
조화(造化) creación, naturaleza. ~의 묘(妙) maravillas de la naturaleza. ~신(神) Creador, Dios de creación.
조회(照會) referencia, información. ~하다 informarse (pedir referencias・pedir informes) de (sobre) *algo*・*uno*. ~중 En vía de información. A씨에게 ~해 주십시오 Sírvase dirigirse directamente al señor A. ~장 [carta de] solicitud de informes.
조회(朝會) reunión matutina.
족(足) pie.
족(族) [혈족] familia; [부족] tribu; [종족] raza; [씨족] clan, rama, casta. ~장 eje de tribu. 몽고~ raza mongol. 친~ familia.
족보(族譜) genealogía. ~학자 genealogista.
족속(族屬) [가족] familia; [일가] pariente (*m.*).

족쇄(足鎖) grillos, manijas. ~를 채우다 engrilliar, encadenar.
족온기(足溫器) estufilla.
족자(族子) calentapiés (m.).
족장(族長) patriarca (m.)
족적(足跡) huella, rastro, señal. ~을 남기다 dejar las huellas. 그의 작품은 미술사에 위대한 ~을 남겼다 Sus obras han dejado grandes huellas en la historia del arte.
족제비 【동】 comadreja.
-족족 [마다] cada vez, cuandoquiera. 오는 ~ cuandoquiera vengan.
족집게 tenacillas.
족하다(足−) ser bastante.
존경(尊敬) respeto, estima, estimación, aprecio; [숭배] veneración, reverencia, adoración. ~하다 respetar, estimar, apreciar; venerar, reverenciar, adorar. ~할 만한 respetable, estimable, apreciable; venerable, reverenciable. 나의 ~하는 선생님 mi respetado (estimado) profesor. 그는 모든 사람들로부터 ~을 받고 있다 Es respetado por (de) todos./ Se atrae la estimación de todos./ Todo el mundo le respeta.
존귀(尊貴) nobleza. ~하다 ser noble.
존당(尊堂) su madre.
존대(尊大) altivez. ~하다 ser altivo.
존립(存立) existencia, subsistencia. ~하다 existir, mantenerse, subsistir. ~을 위태롭게 하다 comprometer la existencia de algo.
존망(存亡) destino, existencia.
존속(存續) subsistencia; [영속] permanencia, duración, continuación. ~하다 subsistir, seguir subsistiendo; permanecer, continuar. 회사를 ~시키다 hacer continuar a la empresa. 옛 제도가 ~되고 있다 Subsiste aún el antiguo régimen.
존속(尊屬) ascendiente. ~ 살인 parricidio. ~ 살인자 parricida (m.f.).
존안(尊顔) su cara.
존엄(尊嚴) dignidad, santidad, majestuosidad. 인간의 ~을 지키다 mantener la dignidad humana.
존재(存在) existencia, ser. ~하다 existir; ser. 신의 ~ existencia de Dios. …의 ~를 무시하다 no hacer ningún caso de algo・uno, no prestar ninguna atención a algo・uno, no tener en cuenta la presencia de algo・uno. 그는 이 마을에 필요한 ~다 Es un hombre indispensable para este pueblo. 나는 생각한다, 고로 ~한다. Yo pienso, luego existo. ~론 ontología. ~ 이유 razón de ser. 비 ~ no existencia, inexistencia.
존중(尊重) estima, estimación, respeto, consideración, aprecio. ~하다 estimar, respetar, considerar, apreciar. ~할 만한 estimable, respetable, digno de respeto. …을 ~해서 en estima de algo, por respeto a algo. 전통을 ~하다 respetar la tradición.
존칭(尊稱) título de honor. ~을 주다 titular.
졸고(拙稿) mi manuscrito.
졸년(卒年) año de su muerte.
졸다 dormitar.
졸도(卒倒) desmayo, desfallecimiento, deliquio; 【의】 síncope. ~하다 desmayarse, perder el sentido, desfallecer; dar un síncope.
졸렬(拙劣) ~한 torpe, pobre, desmañado. ~한 문장 escrito pobre (mal hecho). 그의 연기는 ~하다 Su actuación es pobre.
졸리다 tener sueño. 무척 졸리는 군요 Tengo mucho sueño. 졸립니까？ -예, 무척 졸립니다 ¿Tiene usted sueño? -Sí, tengo mucho sueño.
졸부(猝富) nuevo rico, rico repentino, millonario que permanece un noche.
졸업(卒業) graduación. ~하다 graduarse. 학교를 ~하다 graduarse en (salir de) una escuela. ~ 논문 tesis para graduarse; [전문 과정의] esina de licenciatura. ~생 graduado; [예정자] graduando. ~ 시험 exámenes de graduación. ~식 ceremonia de graduación (terminación). ~ 증서 diploma (m.).
졸음 adormecimiento, sueño. ~이 오다 tener sueño.
졸이다 [고기 등을] reducir por medio de la cocción; [마음을] sentirse nervioso.
졸작(拙作) [졸렬한] [자기의] mi obra.
졸장부(拙丈夫) cobarde, gallina.
졸저(拙著) [자기 작품] mi obra, [보잘 것 없는] pobre obra, pobre libro, pobre composición.
졸졸 [물이] murmurando, gota a gota, a gotas. ~ 흐르다 correr a gotas, caer gota a gota.
졸지(猝地) ~에 de repente, repentinamente, de súbito, súbitamente, de pronto.
졸책(拙策) pobre plan (proyecto).
졸필(拙筆) [악필] mal carácter de letra, mala quirografía, mala escritura.
졸하다(卒−) morir, fallecer, dejar de existir.
좀¹ 【충】 polilla.
좀² [청할 때] por favor; [조금] un poco. ~

좀도둑 ratero, ladroncillo.
좀처럼 [칩사리] fácilmente, con facilidad, ligeramente; [여간해서] raramente, rara vez, por maravilla.
좁다 ser estrecho, ser angosto. 좁은 길 calleja angosta.
종 sirviente; [여자] sirvienta.
종(鐘) campana. ~을 울리다 tocar la campana.
종(宗) secta. ~조(祖) fundador de una secta.
종(種) [종류] especie, clase (f.), categoría; [종자] semilla, simiente. ~의 기원(起源) origen de especie.
종(終) fin.
종(縱) longitud, lo largo. ~의 vertical. ~으로 a lo largo.
종(從) ~의 secundario, subordinado. ~형 primo.
종가(宗家) familia principal, casa orginal.
종가세(從價稅) derechos por avaluo, impuesto ad valórem.
종각(鐘閣) campanario.
종결(終結) fin, acabamiento, terminación. ~하다 concluirse, finalizar, llegar al fin (al final). ~시키다 poner fin (poner punto final) a algo, ultimar, terminar, finalizar.
종곡(終曲) final.
종관(縱貫) ~하다 atravesar. ~ 자동차도로 autopista transversal.
종교(宗敎) religión. ~상의·~적인 religioso. ~심이 있는 devoto, piadoso. ~심이 없는 irreligioso, descreído. ~를 믿다 creer en una religión. ~를 퍼뜨리다 (금하다) propagar (prohibir) la religión. ~가 퍼지고 있다 Se propaga la religión. ~가 religioso. ~ 개혁 la Reforma. ~ 단체 institución religiosa. ~ 법인 sociedad religiosa con personalidad jurídica. ~ 서적 libro religioso. ~ 음악 música religiosa. ~ 재판 auto de fe; [기관] la Inquisición. ~ 전쟁 guerras de religión. ~화 puntura religiosa. ~학 ciencia de las religiones. ~회의 concilio.
종국(終局) final, término, última fase. ~의 último, final. ~으로 al fin finalizar, llegar al término. 전쟁은 ~에 들어갔다 La guerra ha entrado en su fase final.
종군(從軍) ~하다 ir al frente (acompañando a la tropa). ~ 간호원 enfermera militar. ~ 기자 correspondiente de guerra. ~ 사제 capellán militar. ~ 일기 diario de guerra.

종기(腫氣) abseso.
종기(終期) final, terminación.
종내(終乃) [마침내] al fin, finalmente, en conclusión. 그는 ~ 가버렸다 Se fue finalmente.
종단(縱斷) ~하다 atravesar un sitio en (por) toda su longitud. ~면 sección vertical.
종달새 alondra, calandria, alauda arvensis.
종대(縱隊) columna, fila vertical (en fondo). 2열 ~로 정렬하다 alinearse formando dos columnas, formar en dos filas en fondo. 2열 ~로 행진하다 marchar (desfilar) en dos filas.
종돈(種豚) verraco.
종두(種痘) vacuna, vacunación, inoculación. ~하다 vacunar (inocular la vacuna) a uno. ~을 받다 ser vacunado, vacunarse.
종래(從來) hasta el presente, hasta ahora. ~의 antiguo, tradicional. ~처럼 como usual, como de costumbre, como hasta ahora, como siempre. ~의 방법으로는 성과가 오르지 않을 것이다 No se obtendrá un buen resultado con el método.
종려(棕櫚) palma, palmito.
종렬(縱列) columna, fila vertical (en fondo).
종료(終了) terminación. ~하다 acabar, concluir, finalizar.
종루(鐘樓) campanario, campanil.
종류(種類) especie, calse (f.), suerte (f.), género, categoría. 같은 ~의 de la misma calse. 다른 ~의 de otra clase. 여러 ~의 de diversas especies. 모든 ~의 de todas clases, toda clase de··· . ~별로 나누다 ordenar algo por clases (por especies). 나는 그런 ~의 책은 읽지 않는다 No leo esa (tal) clase de libros.
종마(種馬) caballo padre, caballo semental; 【남미】 garañón.
종막(終幕) [종연] caída de telón; [최후의 막] último acto; [종말] fin, desenlace. ~이 가까워지다 acercarse al fin. ~에 되다 llegar al fin (al desenlace).
종말(終末) fin, conclusión.
종목(種目) especie; [운] prueba. 영업 ~ ramos de negocios.
종문(宗門) religión, culto; [종파] secta.
종반(終盤) fin, última etapa. ~에 접어들다 aproximarse (acercarse) al fin, entrar en la última etapa. 선거는 ~전에 들어갔다 La campaña electoral ha entrado en la última etapa.
종범(從犯) complicidad; [사람] cómplice (m.f.).
종별(種別) clasificación, seperación (distinción) por especies. ~에 의해 분류하다 clasificar (ordenar) por especies.

종복(從僕) sirviente, criado.

종사(從事) ~하다 ocuparse en (con·de) *algo*, dedicarse a *algo*; [전념] consagrarse (aplicarse·entregarse) a *algo*. 상업에 ~하다 dedicarse al comercio. 많은 사람이 철도 건설에 ~하고 있다 Mucha gente está dedicada a la construcción del ferrocarril.

종속(從屬) [의존] dependencia, [복종] subordinación, sumisión. ~하다 depender de *algo·uno*; [상태] estar bajo la dependencia de *algo·uno*; subordinarse (someterse) a *algo·uno*. ~시키다 subordinar. ~적인 dependiente. ~국 país satélite. ~절【문】cláusula (oración·proposición) subordinada. 경제적 ~ subordinación económica.

종손(宗孫) nieto mayor de la familia principal.

종손(從孫) nieto de *su* hermano.

종손녀(從孫女) nieta de *su* hermano, nieta.

종시(終始) desde el comienzo (desde el principio) hasta el fin, de cabo a rabo, [항상] siempre, en todo tiempo, 일관된 ~ consistente, firme, 일관하여 consistentemente, firmemente, con toda consistencia, desde siempre. 그들은 ~ 그 안에 반대했다 Desde el principio hasta el final se opusieron a ese proyecto.

종식(終熄) ~하다 cesar, acabar. ~시키다 reducir. 인플레를 ~하다 reducir la inflación.

종신(終身) toda la vida. ~의 vitalicio. ~고용 empleo vitalicio. ~연금 pensión (renta·anualidad) vitalicia, vitalicio. ~형 pena vitalicia. ~형에 처하다 condenar a *uno* a cadena perpetua, condenar a *uno* a encarcelamiento perpetuo. ~회원 miembro perpetuo (vitalicio).

종아리 pantorrilla.

종알거리다 murmurar, musitar, murmurar (hablar) entre dientes, hablar en voz baja e indistinta.

종야(終夜) toda la noche. ~ 운전 servicio de toda la noche.

종양(腫瘍) tumor. 그는 뇌에 ~을 가지고 있다 Tiene un tumor en el cerebro.

종언(終焉) fin; [사망] muerte *(f.)*.

종업(終業) fin de la jornada; [상점의] cierre; [학교의] clausura del curso. ~시간 hora del cierre. ~식 ceremonia de clausura del curso [académico].

종업원(從業員) empleado, dependiente *(m.f.)*; [집합적] personal, plantilla. 이 호텔의 ~은 모두 친절하다 Todo el personal de este hotel es amable.

종우(種牛) toro semental.

종유(鍾乳) ~동 gruta de estalactitas. ~석 estalactita.

종이 papel. ~한 장 una hoja de papel.

종일(終日) todo el día, el día entero; [24시간] durante veinticuatro horas. 버스는 ~ 운행된다 Las autobuses circulan [durante] todo el día./ Hay servicio de autobuses durante vienticuatro horas. ~ 종야(終夜) toda la noche.

종자(種子) semilla, simiente *(f.)*.

종자(從者) acompañante *(m.f.)*, asistente, escudero; [집합적] séquito, comitiva, acompañamiento.

종적(蹤跡) rastro, huella, pisada. ~을 감추다 desaparecer.

종전(終戰) terminación (fin) de la guerra. ~후 después de la terminación de la guerra, en la pos[t] guerra.

종전(從前) anterioridad. ~의 anterior, antecedente. ~처럼 como antes, como hasta entonces.

종점(終點) término, terminal; [역] estación final; [정유소] parada final, fin de trayecto. 버스는 ~에 도착했다 El autobús ha llegado a la parada final (al término).

종족(種族) tribu, pueblo, raza.

종종(種種) especie diferente; [부사적] de vez en cuando, de cuando en cuando, algunas veces.

종종걸음 paso corto y ligero.

종주(縱走) recorrida longitudinal [de una cadena de montañas]. 알프스를 ~하다 recorrer los Alpes siguiendo la cordillera. ~로(路) ruta (camino) de la cordillera.

종주(宗主) ~국 estado protector. ~권 soberanía.

종지 plato pequeño, copa pequeña.

종지(宗旨) religión, culto; [종파] secta.

종지(終止) fin, término;【악】cadencia. ~하다 acabar, terminar. ~부 punto final. 내전에 ~부를 찍다 poner fin a la guerra civil.

종지뼈 rótula, choquezuela.

종진(縱陣) columna. ~을 치다 formar la columna.

종질(從姪) hijo del primo.

종질녀(從姪女) hija del primo.

종착역(終着譯) estación terminal.

종친(宗親) familia real.

종파(宗派) secta [religiosa]. ~적 sectario. ~ 근성 espíritu sectario.

종합(綜合) síntesis, generalización. ~하다 integrar, formar un todo. ~적 sintético. ~적으로 sintéticamente. ~ 대학 universidad. ~ 병원 hospital general. ~ 예술

arte sintético. ~ 철학 filosofía sintética.

종형제(從兄弟) primos.

종회(宗會) reunión de la familia.

종횡(縱橫) longitud y anchura, lo largo y lo ancho; todas las direcciones. ~으로 a lo largo y a lo ancho; vertical y horizontalmente; [사방으로] en todas las direcciones; [자유 자재로] con facilidad. 서반아어를 ~으로 구사하다 manejar el español con gran soltura. 시내 구석구석을 ~으로 배회하다 callejear por todos los rincones de la ciudad.

좆 pene.

좋다 ser bueno. 더 ~ ser mejor. 좋은 집 buena casa. 좋은 소식 buenas noticias. 좋은 집안 buena familia. 날씨가 ~ Hace buen tiempo. 그는 머리가 ~ Es inteligente. 좋은 생각이다 Es buen idea.

좋다[느낌] Bueno./ Muy bien./ Está bien.

좋아하다 gustar, ser aficionado a; [사랑하다] amar, querer. 커피보다 차를 ~ preferir el té al café.

좋이 bien, considerablemente.

좌(左) izquierda. ~측으로 a la izquierda. ~측의 izquierdo, siniestro.

좌경(左傾) radicalización. ~한 radical. ~하다 inclinar a la izquierda. ~화 하다 tender (inclinarse) a la izquierda.

좌골(坐骨) cía, esquión. ~의 isquiático, ciático. ~ 신경통 ciática.

좌기(左記) ~의 abajo mencionado. ~와 같이 como sigue.

좌담(座談) charla. ~하다 charlar. ~회 tertulia, coloquio, conversación, reunión de plática.

좌상(座像) [조각] escultura de una figura sentada.

좌석(座席) asiento, sitio; [극장 등의] localidad. ~을 예약하다 reservar un asiento. 2천명 좌석이 있다 Hay asientos para dos mil personas. ~ 지정권 billete de reserva (de asiento reservado). ~ 지정권 발매소 taquilla de reservas. ~ 지정차 vagón reservado.

좌선(坐禪) meditación religiosa [como se practica en la secta zen]. ~하다 practicar la meditación. ~하기 위해 앉다 sentarse en una postura fija para hacer meditación.

좌시(坐視) ~하다 mirar *algo* con indiferencia (con ojos indiferentes). 나는 그의 곤궁을 ~할 수 없다 No puedo mirar con indiferencia su miseria. / No puedo permanecer como espectador pasivo ante sus dificultades.

좌안(左岸) costa (orilla) izquierda.

좌약(坐藥) supositorio.

좌우(左右) 1 la derecha y la izquierda; [두 방향] las dos direcciones; [양측] los dos lados. ~을 보다 mirar alrededor, volverse a la derecha y la izquierda.
2 [결정] decidir; [영향] influir sobre *algo*. …의 운명을 ~하다 decidir la suerte de (ejercer una influencia decisiva en) *algo · uno*.

좌우명(座右銘) máxima.

좌우간(左右間) de todos modos, de cualquier modo, sea como se fuere.

좌익(左翼) 1 [정치상의] izquierda; [사람] izquierdista (*m.f.*) ~의 de izquierdas, izquierdista. ~ 단체 asociación de izquierdas.
2 [대열·비행기·운동의] ala izquierda. ~수 jardín izquierdo.

좌절(挫折) fracaso, frustración. ~하다 fracasar, frustrarse. ~감을 맛보다 sentirse frustrado. 자금난으로 계획은 ~되었다 Debido a dificultades financieras, se frustró el proyecto.

좌정(坐定) ~하다 sentar, tomar un asiento.

좌지우지(左之右之) ~하다 controlar.

좌천(左遷) degradación, relegación, destierro. ~하다 degradar, relegar, desterrar. 그는 지사에 ~되었다 Ha sido relegado a una sucursal.

좌초(坐礁) encallo, escalladura, varadura, varada. ~하다 encallar, varar. 배를 ~시키다 hacer varar un barco.

좌측(左側) izquierda. ~의 izquierdo.

좌파(左派) izquierda, ala izquierda; [사람] izquierdista (*m.f.*) 사회당 ~ ala izquierda del partido socialista.

좌편(左便) la izquierda, lado izquierdo.

좌표(座標) coordenadas (*f.pl.*). ~축 ejes de las coordenadas. 종 ~ ordenada. 횡 ~ abscisa.

좌하(座下) [편지의] señor, Sr.

좌현(左舷) babor. ~으로 기울다 incolinarse a babor. 보트를 ~으로 잡다 virar el bote a babor.

죄(罪) crimen, pecado, delito. ~있는 culpable. ~없는 inocente. ~를 범하다 cometer crimen.

죄과(罪科) crimen, delito.

죄다¹ estirar, atiesar; [마음을] sentir nervioso.

죄다² todo, cabalmente, totalmente, enteramente. ~ 자백하다 confesar todo. 이것이 ~인가 ¿Es todo?

죄명(罪名) nombre del delito. 사기 ~으로 por fraude; [용의] bajo la acusación de fraude.

죄상(罪狀) delito. ~을 자백하다 confesar

죄송(罪悚) crimen, delito; [종교상의] pecado. ~을 범하다 cometer un delito (un crimen·un pecado). ~감 conciencia de pecado. ~감을 느끼다 sentirse culpable. 그에게는 ~감이 없다 No posee el sentido de culpabilidad.

죄업(罪業) pecado.

죄인(罪人) criminal *(m.f.)*, reo *(m.f.)*, delincuente *(m.f.)*; [종교상의] pecador,-ra.

주(註) [주해] nota, comentario, observación, glosa; [종교상의] pecador,-ra. …에 ~를 달다 anotar (comentar·glosar) *algo*. ~를 단 anotado, comentado.

주(主) [주인] amo, señor; [수령] jefe; [신] Dios, el Señor. ~된 principal, capital. ~로 principalmente, en buena parte. 노동자를 ~로 한 단체 agrupación compuesta principalmente por los obreros. ~기도 padrenuestro. 예수 ~ Nuestro Señor Jesucristo.

주(州) provincia; [미국·멕시코 등 남미·오스트레일리아의] estado; [''''·빠라구아이의] departamento; [스위스의] cantón; [대륙] continente. 5대 ~ los Cinco Continentes.

주(週) semana. ~의 semanal. ~ 1회의 semanal. ~에 1회 semanalmente, una vez a la semana, cada semana. ~당에·1~ 에 per semana. ~48시간제 sistema de cuarenta y ocho horas de trabajo semanales. 금~ esta semana. 전~ semana pasada. 내~ semana próxima (que viene).

주(洲) banco de arena; [대륙] continente. 삼각~ delta.

주(株) acción. ~권 título de acción. 설탕 ~ acciones azucareras. 제철 ~ acciones siderúrgicas. 철도~ acciones ferroviarias.

주(酒) círculo. 세계 일 ~ vuelta al mundo.

주(酒) licor.

주(駐—) ~한 서반아대사관 Embajada de España en Corea. ~미 한국대사 embajador de la República de Corea en [los] Estados Unidos.

주가(酒家) taberna. ⇨ 술집.

주가(株價) precio de la acción.

주가(住家) residencia, casa, domicilio.

주간(主幹) superintendente, editor en jefe. 편집 ~ redactor jefe.

주간(週刊) publicación semanal. ~의 semanal. ~지(誌) semanario, revista semanal.

주간(週間) semana. ~의 semanal. 1 ~ una semana, ocho días. 2 ~ dos semanas, quince días. 2 ~후에 después (al cabo) de dos semanas, dos semanas más tarde, a las dos semanas. 1~ 이내에 en (antes de que pase) una semana. 오늘부터 1~ 안에 de hoy en ocho días. 오늘부터 2~ 후에 dentro de dos semanas, de hoy en dos semanas. 그가 출발한지 2~ 후에 나도 출발했다 A las dos semanas de su partida, yo partí también. 그가 병상에 있은 지 1 ~ 되었다 Hace una semana que él guarda cama.

주강(鑄鋼) acero fundido (colado).

주객(主客) el dueño y el huésped. ~이 전도되었다 Se invierten los papeles.

주객(酒客) bebedor, borracho.

주거(住居) domicilio, vivienda, residencia; [독채] casa. ~하다 habitar, residir, morar. ~를 정하다 fijar la residencia. 비 ~ gastos de vivienda.

주걱 cucharón.

주검 [시체] cadáver, cuerpo muerto.

주격(主格) 〖문〗 caso nominativo.

주관(主觀) subjetividad. ~적 subjetivo. ~적으로 subjetivamente. 일체의 ~을 버리다 desechar (eliminar) toda subjetividad. ~주의 subjetivismo.

주관(主管) superintendencia. ~하다 inspeccionar, revistar.

주교(主教) obispo. 대~ arzobispo.

주구(走狗) [앞잡이] …의 ~가 되다 hacerse el instrumento de *uno*.

주구(誅求) exacción, extorsión. ~하다 exigir.

주군(駐軍) tropas de ocupación.

주군(主君) su señor, su amo.

주권(主權) soberanía, autoridad suprema. ~의 행사 ejercicio de la soberanía. ~자 jefe de Estado, soberano. ~ 재민(在民) La soberanía pertenece al pueblo. 국가 ~ soberanía nacional. 국민 ~ soberanía del pueblo.

주권(株券) acción, título.

주근깨 pecas. ~가 있는 얼굴 caras pecosas. ~가 끼다 tener pecas, ponerse pecoso.

주급(週給) salario semanal, semana. 나는 ~ 10만원이다 Cobro cien mil wones semanales. ~제 sistema de paga semanal.

주기(週期) 1 ciclo, período; [공전의] re-

주기 volución. ~적 periódico, cíclico. ~적으로 periódicamente, cíclicamente. ~으로 오는 위기 crisis cíclicas. ~성 periodicidad. 경기에는 ~성이 있다 La economía suele tener un movimiento cíclico. 20년 ~ veinte años cíclicos. 2 【화】 período. ~율표 tabla de Mendeleev.

주기(酒氣) embriaguez, borrachera.

주기(周忌) 부친의 1~ el primer aniversario de la muerte de mi padre.

주년(週年) aniversario. 우리의 결혼 5~ quinto aniversario de nuestro casamiento. 학교 창립 50~ cincuentenario (quincuagésimo aniversario) de la fundación de la escuela.

주눅들다 sentirse tímido, perder su nervio.

주니어 más mozo, más joven que otro ; hijo, el menor.

주다 dar, donar. 먹을 것을 ~ dar a comer. 나는 그에게 책 한 권을 준다 Le doy un libro. 가족에게 안부 전해 주십시오 Recuerdos (Saludos) a su familia. 이것을 네게 주겠다 Esto es para ti.

주당(酒黨) bebedor, borracho.

주도(周到) ~한 cuidadoso, cabal, prudente, completo.

주도(主導) …의 ~로 por iniciativa de uno. ~권 iniciativa ; [지배권] hegemonía. ~권을 잡다 tomar la inciativa. ~권 싸움 disputa por la hegemonía.

주독(酒毒) alcoholismo.

주동(主動) ~적인 역할을 하다 desempeñar un papel principal.

주둔(駐屯) estacionamiento, guarnición. ~하다 estar en (tener una) guarnición en un sitio. ~군 [수비대] guarnición ; [점령군] tropas de ocupación.

주둥이 [입] boca ; [말] lengua ; [부리] pico.

주량(酒量) capacidad de bebida. ~이 크다 ser [un] gran bebedor, beber mucho.

주력(主力) fuerza principal ; [군］ grueso. ~ 선수 competidor principal. ~ 전투기 avión principal de caza. ~함 buque capital. ~함대 armada principal.

주로(主-) principalmente, primeramente ; [대개] generalmente, en general.

주로(走路) [경기장의] pista.

주류(主流) corriente principal, tendencia dominante. ~파 facción dominante. 반 ~파 grupo anti-corriente principal.

주류(酒類) licor alcohólico.

주름(酒類) licor alcohólico.

주름 [얼굴의] arruga [del rostro]; [옷의] pliegue ; [눈 가장자리의] pata de gallo. ~을 잡다 plegar, hacer dobleces (pliegues).

주름잡다 plegar, hacer dobleces (peliegues).

주리다 tener hambre. 주린 hambriento, acosado de hambre.

주립(州立) provincial. ~대학 universidad provincial.

주마(走馬) caballo corredor.

주마등(走馬燈) linterna giratoria. ~같은 calidoscópico.

주막(酒幕) posada, mesón, fonda, taberna.

주말(週末) fin de semana. ~을 해변에서 보내다 pasar el fin de semana en la playa. 금 ~에 al fin de esta semana, en este fin de semana. ~을 잘 보내십시오 Buen fin de semana. ~여행 viaje al fin de semana. ~ 여행을 설악산으로 가다 ir de fin de semana al monte Solac.

주머니 portamonedas, bolsa ; [돈주머니] talega para guardar dinero ; [호주머니] bolsillo.

주머니칼 cortaplumas, navajita de bolsillo ; [단도] daga, puñal.

주먹 puño. ~을 쥐다 hacer puño, cerrar el puño.

주목(注目) atención. ~하다 prestar atención a (en) algo · uno, atender a algo · uno. ~을 끌다 llamar la atención de uno ; [관심을] atraer el interés de uno. ~할 가치가 있다 merecer la atención, ser digno de [prestar] atención. ~할 만한 notable. 그는 모든 사람의 ~의 표적이다 Es el centro de atención de todos.

주무(主務) ~관청 autoridad competente. ~ 장관 ministro responsable.

주무르다 [손으로] tocar, manosear ; [안마하다] dar masajes, sobar el cuerpo ; [농락하다] seducir.

주문(注文) encargo, pedido, petición ; [요구] demanda. ~하다 encargar, pedir. ~을 받다 recibir un encargo (un pedido). ~을 취소하다 anular (revocar) el encargo (el pedido). ~을 확인하다 confirmar el pedido. ~에 응하여 de acuerdo (de conformidad) con el pedido. ~복 traje a la medida (de encargo). ~서［을 보내다] [enviar una] nota de pedidos. ~품 encargo ; [다량의] pedido.

주문(呪文) palabras mágicas (imprecatorias · de conjuro). ~을 외다 musitar palabras mágicas.

주문(主文) [판결의] texto [de una decisión judicial].

주물(鑄物) moldaje, artículo de hierro moldido.

주물럭거리다 tocar.

주미(駐美) ~의 residente en los Estados Unidos. ~한국대사 embajador de la República de Corea en los EEUU.

주민(住民) residente, habitante *(m.f.)*, vecino. ~등록 inscripción en el registro civil. ~세 impuesto municipal (del habitante). ~표 cédula del registro civil. ~투표 voto de habitantes.

주밀(周密) prudencia. ~한 prudente, cuidadoso.

주방(廚房) cocina.

주번(週番) [임무] servicio (guardia) de semana; [사람] encargado de semana.

주범(主犯) delincuente (criminal) principal.

주벽(酒癖) hábito de beber.

주변(周邊) contorno, cercanías, circunferencia, periferia. ···의 ~에 en torno a(de)···, alrededor de···, en derredor de ···.

주보(週報) semanario, boletín semanal.

주보(酒甫) buen bebedor.

주보(酒保) cantina de cuartel.

주봉(主峰) pico más alto.

주부(主婦) señora, ama de casa, madre de familia.

주부(主部) parte principal; 【문】 sujeto.

주빈(主賓) huésped de honor, convidado principal. ···을 ~으로 파티를 열다 celebrar una fiesta en honor de *uno*.

주사(注射) inyección; [왁찐의] vacunación. ~하다 inyectar. 의사가 나에게 ~놓았다 El médico me puso una inyección. ~기 jeringa, inyector; 【남미】 inyectadora. ~액 inyectable.

주사(主事) gerente, superintendente.

주사(酒肆) taberna.

주사위 dado. ~놀이를 하다 jugar con *o* a los dados. ~놀이 하는 사람 jugador de dados. ~통 cubilete de dados.

주산(珠算) cálculo por ábaco, manejo del ábaco. ~가(家) calculista por ábaco.

주산물(主産物) productos principales.

주산지(主産地) principal región productora de *algo*.

주상(主上) rey, soberano.

주색(酒色) ~에 빠지다 llevar una vida viciosa, entregarse al libertinaje.

주석(主席) decano, primado, soberano. 국가 ~ jefe del Estado. 중국 공산당 ~ jefe del Partido Comunista Chino.

주석(注釋) comentario.

주석(酒席) banquete, festín, [속] comilona.

주석(朱錫) estaño.

주석(柱石) columna, pilar.

주석산(酒石酸) 【화】 ácido tartárico.

주선(酒仙) gran bebedor, hijo de Baco.

주선(周旋) mediación, agencia. ~하다 recomendar. ~인 mediador. ~료 corretaje, comisión.

주성분(主成分) ingredientes (componentes) principales.

주세(酒稅) impuesto sobre bebidas alcohólicas.

주소(住所) residencia, domicilio, señas *(pl.)*, dirección. ~가 부정하다 no tener domicilio fijo. 당신의 ~가 어디입니까 ¿Dónde está su domicilio?/ ¿Cuál es su dirección? ~록 libro de direcciones, directorio, guía (lista) de direcciones. ~변경 cambio de domicilio (de dirección). ~를 변경하다 cambiar de casa (de domicilio).

주속(紬屬) sedas.

주술(呪術) magia, hechicería, brujería.

주스 jugo, zumo. 오랜지~ jugo de naranja.

주시(注視) mirada fija. ~하다 mirar *algo* (a *uno*) fijamente, observar *algo* (a *uno*) atentamente, fijar la vista en *algo*·*uno*, fijarse en *algo*·*uno*, clavar los ojos en.

주식(酒食) bebidas y comida.

주식(晝食) almuerzo, comida del mediodía. ~을 들다 comer, almorzar. ~에 초대하다 invitar a *uno* a comer (a almorzar).

주식(株式) valores, acciones. ~ 시장 mercado de valores. ~ 취급소 bolsa. ~ 회사 compañía por acciones, sociedad anónima.

주식(主食) alimento principal (base), comida diaria. 한국인은 쌀을 ~으로 하고 있다 El arroz constituye el alimento principal para los coreanos.

주심(主審) 【스포츠】 árbitro, juez *(m.)* principal.

주악(奏樂) representación musical. ~자 músico.

주안(主眼) objeto principal. 이 정책은 산업 육성을 ~으로 하고 있다 Esta política tiene como objeto principal promover las industrias. ~점 punto importante (principal), lo esencial, clave.

주야(晝夜) día y noche. ~로 일하다 trabajar [de] día y [de] noche. ~ 교대로 일하다 trabajar en turnos de día y noche.

주어(主語) 【문】 sujeto.

주역(主役) [역] papel principal; [사람] protagonista *(m.f.)*. ~을 맡다 actuar (hacer) de protagonista; [비유] hacer el primer papel en *algo*.

주연(主演) ~하다 protagonizar, trabajar como protagonista. A ~의 영화 película con A como protagonista. ~ 배우 actor princpal, protagonista *(m.f.)*.

주연(酒宴) festín, banquete. ~을 베풀다 ofrecer (dar·celebrar) un banquete.

주옥(珠玉) [보석] joya. ~편 obra maestra, obra preciosa.

주요(主要) ~한 principal. 세계의 ~국가 principales naciones del mundo. ~산업(인물·목적) industria (persona·objeto) principal.

주위(周圍) alrededor, contorno, perímetro; [부근] cercanías. [환경] circunstancia, ámbito, ambiente. ~를 돌다 dar una vuelta alrededor de *algo*. ~의 촌락 pueblos de alrededor. ~의 사정 circunstancias. ~의 환경 ambiente circundante. ~의 영향을 받다 recibir la influencia del ambiente. ~의 풍경을 바라보다 contemplar el paisaje circundante (de alrededor). 호수는 ~가 5킬로이다 El lago tiene cinco kilómetros en redondo. 섬은 ~가 10킬로이다 La isla tiene diez kilómetros de perímetro. 이 도시는 ~가 약 30킬로이다 Esta ciudad tiene unos treinta kilómetros de circuito (un circuito de unos treinta kilómetros en su circuito unos treinta kilómetros). 광장 ~에는 호텔이 늘어서 있다 Se alzan hoteles alrededor de la plaza. 연못의 ~를 걷다 andar alrededor del estanque. 탁자 ~에 앉읍시다 Vamos a sentarnos (Sentémonos) alrededor de la mesa.

주유(周遊) excursión, viaje de recreo. ~하다 hacer un viaje circular por *un sitio*. ~권(券) cupón de viaje, billete de viaje circular.

주유(注油) engrase, lubricación. ~하다 engrasar (lubricar) *algo*. ~기 lubricador, engrasador. ~소 estación de servicio, gasolinera.

주육(酒肉) vino y carne.

주음(主音)【악】tónica.

주의(注意) 1 [주목] atención. ~하다 prestar atención a *algo*. ~해서 atentamente, con atención. ~를 끌다 llamar (atraer) la atención a (de) *uno*. ~를 집중하다 concentrar sobre *algo*. …에게 ~를 환기시키다 llamar (despertar) atraer) la atención de *uno* sobre *algo*. …에 ~를 보내다 prestar (dirigir la·poner) atención a *algo*·*uno*. …의 ~를 돌리다 desviar la atención de *uno*. ~하십시오 ¡Atención!/ ¡Ojo!/ [책에서] N.B., nota bene.
2 [조심] cuidado, atención, precaución, prudencia. ~깊은 cuidadoso, cauteloso, prudente. ~깊게 cuidadosamente, con cuidado; cautelosamente, prudentemente, con precaución. …에 ~하다 tener cuidado con (de) *algo*. 건강에 ~하십시오 Tenga cuidado con (de) su salud. 차 ~해라 Ten cuidado con el coche. 머리 ~해라 Ten cuidado con la cabeza. 내릴 때 ~하십시오 Tenga cuidado al bajar. 페인트 ~ Cuidado con la pintura. [약의] ~ dirección. ~ 사항 indicaciones, notas, observaciones. ~ 인물 vigilado.
3 [충고 등] observación, advertencia. ~하다 observar, advertir. ~를 주다 dar una indicación a *uno*, hacer una observación a *uno*.

주의(主義) principio. ~에 반(反) contra el principio. ~에 따라 según sus principios. ~를 지키다 mantener sus principios. ~에 반하다 ir en contra de sus principios. …하는 것은 나의 ~가 아니다 No es según (Va en contra de) mis principios + *inf.* …하는 것을 ~로 하다 tener por principio + *inf.*

주익(主翼) alas [del avión].

주인(主人) patrón, amo, señor; [상점의] dueño, propietario; [여관·호텔의] hotelero; [손님에 대해] anfitrión; [남편] marido. 이 댁의 ~을 뵙고 싶습니다 Quisiera ver al señor de esta casa. ~공 protagonista (*m.f.*), héroe, personaje principal. ~역 anfitrión.

주인(主因) causa principal.

주일(主日) día festivo (de fiesta), día feriado (de descanso).

주일(駐日) residente en el Japón. ~한국 대사관 Embajada de la República de Corea en el Japón.

주일(週日) entre semana. ~에 entre semana.

주임(主任) jefe (*m.f.*), encargado principal. ~ 교사 maestro encargado. ~ 기사 ingeniero jefe. ~ 교수 [학과의] catedrático jefe de un departamento.

주입(注入) inyección. ~하다 inyectar.

주자(走者) corredor.

주장(主將) [스포츠의] capitán [del equipo].

주장(主張) [의견] opinión; [권리 등의] reclamación; [종교·철학의] doctrina, tesis (*f.*), ideas; [역설] insistencia. ~하다 opinar que + *ind.*; reclamar; insistir en *algo*. acentuar, hacer resaltar *algo* ~을 철회하다 retirar *su* opinión, renunciar a *su* pretensión. 유산 상속의 권리를 ~하다 reclamar *su* derecho a la herencia. 무죄를 ~하다 insistir en *su* inocencia.

주재(主宰) presidencia, dirección. ~하다 presidir, dirigir. …의 ~로 bajo la presidencia de *uno*. ~자 presidente,-ta; director,-ra.

주재(駐在) residencia, permanencia. ~하다 residente. ~하다 residir, permanecer, estacionarse. ~원 representante ([신문사의]) corresponsal) residente en *un sitio*. 서반아 ~ 대한민국 대사관 Embajada de

la República de Corea en España.
주저(躊躇) vacilación. ~하다 vacilar, titubear. ~하면서 con vacilación, con duda. ~하지 않고 sin vacilación, sin dudar. 주저하는 것을 ~하다 vacilar en + *inf.*, dudar si + *inf.*

주저(主著) obra principal.

주전론(主戰論) belicismo. ~을 제창하다 incitar a la guerra. ~자 belicista.

주전자(酒煎子) caldera. 찻~ tetera.

주절(酒節)【문】 oración principal.

주점(酒店) taberna, bar.

주점(主點) punto principal (importante).

주정(酒精) alcohol, espíritu de vino.

주제(主題) tema (*m.*), leitmotiv; [음악·회화의] motivo; [연설 등의] asunto. 영화 ~곡 tema [musical] de la película. ~가 canción temática.

주조(鑄造) fundición; [화폐의] acuñación. ~하다 fundir; acuñar. 500원화를 ~하다 acuñar moneda de quinientos wones. ~공 fundidor. ~소 fundición.

주조 tónica general, tono dominante; 【악】 tónica.

주조(主潮) corriente (*f.*) principal.

주조(酒造) ~하다 hacer licores mezclando varios ingredientes. ~장 cervecería.

주종(主從) empleador y empleado, dueño y serviente.

주주(株主) accionista. ~총회 junta gereral de accionistas.

주지(主旨) propósito principal.

주지(住持) superior de un templo budista.

주지(周知) ~의 bien conocido. ~하다 ser muy conocido. 뉘 바와 같이 como todo el mundo sabe. ~의 사실 hecho bien conocido (sabido). …은 ~의 사실이다 Es bien sabido (Todo el mundo sabe) Nadie ignora) que + *ind.*

주지주의(主知主義) intelectualismo. ~자 intelectualista (*m.f.*).

주지육림(酒池肉林) orgía, bacanal.

주차(駐車) aparcamiento, estacionamiento. ~하다 [차가] aparcar, estacionarse. ~시키다 aparcar (estacionar·dejar·parar) el coche en *un sitio*. ~중인 차 coche aparcado. ~금지 Se prohíbe estacionar./ Prohibido aparcar (estacionar)./ No estacionar./ No estacione. ~금지 구역 zona prohibida de estacionamiento. ~기 parquímetro. ~위반 infracción de aparcamiento. ~장 aparcamiento, parque de estacionamiento.

주창(主唱) promoción, vindicación. ~하다 abogar, promover. ~자 promotor, promoveedor.

주체(主體) sujeto. …을 ~로 하고 있다 estar compuesto (constar) principalmente en *algo*. 이 운동은 학생이 ~이다 El núcleo de este movimiento lo forman los estudiantes./ El movimiento está organizado principalmente por los estudiantes. ~성 subjetividad; [자발성] iniciativa. ~성이 없는 falto de iniciativa.

주최(主催) auspicio. ~하다 organizar, patrocinar, promover. ~자 organizador, patrocinador.

주축(主軸) eje principal; [기계의] eje motor, árbol de manivelas.

주춤거리다 vacilar.

주춧돌(柱一) piedra angular.

주치의(主治醫) médico de cabecera (de familia.[담당 의사] responsable).

주택(住宅) vivienda, domicilio, residencia; [독립의] casa (individual). ~가 barrio (zona) residencial. ~공단 Organismo Inmobiliario Semi-Gubernamental. ~난 crisis (dificultad) de la vivienda, escasez de viviendas. ~문제 problema de la vivienda. ~수당 subsidio de (para) la vivienda. ~지 zona residencial. [택지] parcela de terreno, solar.

주파(周波) ciclo. ~계 frecuencímetro. 이 국은 ~수 1300킬로 사이클로 방송하고 있다 Esta estación transmite en la frecuencia de 1300 kilociclos. ~수 frecuencia.

주파(走破) ~하다 recorrer. 전코스를 ~하다 recorrer todo el proyecto.

주판(珠板) ábaco. ~을 놓다 mover bolitas de ábaco, calcular.

주포(主砲) cañón principal.

주피터 Júpiter.

주필(主筆) editor [en] jefe. 부~ sub-editor.

주항(周航) periplo, circunnavegación. ~하다 circunnavegar.

주해(註解) anotación, comentario.

주행(走行) ~거리 recorrido, distacia recorrida. ~거리계 cuentakilómetros. ~요금 [택시의] tarifa por kilómetros.

주형(鑄型) molde; [활자의] matriz.

주홍(朱紅) escarlata, grana.

주화(鑄貨) moneda; acuñación. ~하다 acuñar moneda.

주화론(主和論) pacifismo. ~자 pacifista.

주황(朱黃) color de naranja.

주효(奏效) [성공] éxito; [유효] eficacia. ~하다 tener éxito, salir bien.

주흥(酒興) jovialidad.

죽(竹) bambú. ~의 장막 cortina de bambú.

죽(粥) gachas de arroz, puches de arroz.

죽다 morir, fallecer, salir de este mundo; [사고·전쟁으로] perecer, perder la vida. 죽은 muerto, difunto. 죽을 각오로

죽마 882 중

dispuesto a morir. 죽을 지라도 aunque muera. 죽을 때까지 hasta la muerte. ~로 ~ morir de *algo*. 배고파 ~ morir[se] de hambre. 부상으로 ~ morir por (de) una herida recibida. 젊어서 (20세에) ~ morir joven (a los veinte años). …하기 보다는 차라리 죽는 편이 낫다 Más vale morir que + *ind*./ Antes prefiero morir que + *ind*. 그는 사고로 죽었다 Perdió su vida (Pereció) en el accidente. 배고파 죽겠다 [Me] muero de hambre. 어머니가 죽으신 3년 되었다 Hace tres años que murió mi madre.

죽마(竹馬) zanco. ~를 타다 andar en zancos. ~지우 amigo de la infancia.

죽수(竹筍) vástago de bambú.

죽을병(~病) enfermedad mortal.

죽음 muerte (f.), fallecimiento.

죽이다 matar, asesinar (모살). 숨을 ~ contener el aliento. 감정을 ~ contenerse de emoción.

죽창(竹槍) lanza de bambú.

준(準) ~우승 subcampeón-na. ~회원 miembro no regular, miembro asociado.

준거(準據) conformidad. ~하다 acomodarse (ajustarse) a (con) *algo*, basarse (apoyerse) en *algo*. …에 ~하여 en conformidad con *algo*, con arreglo a *algo*. 규칙에 ~하다 conformarse con el reglamento.

준걸(俊傑) gran hombre, héroe.

준결승(準決勝) semifinal [주로 pl.]. ~에 진출하다 avanzar a la semifinal.

준공(竣工) terminación [de la obra]. ~하다 terminarse, acabarse. 공사의 ~이 가깝다 La obra está para terminarse. ~식 ceremonia de terminación de las obras.

준교사(準敎師) maestro asistente.

준금치산(準禁治産) semi-interdicción, semi-incapacitación. ~자 semi-interdicto, semi-incapacitado.

준급(準急) expreso local.

준마(駿馬) caballo ligero; 【시】 corcel.

준법(遵法) obediencia a las leyes. ~ 정신 respeto de la legalidad, espíritu de obediencia a las leyes. ~투쟁 lucha laboral de celo.

준봉(峻峰) pico escarpado.

준봉(遵奉) observancia. ~하다 observar, obedecer.

준비(準備) preparativos; [행위] preparación. ~하다 preparar, hacer los preparativos de *algo*. 여행 (식사)를 ~하다 preparar el viaje (la comida), hacer los preparativos del viaje (de la comida). 출발 ~을 하다 arreglarse para la salida. 산에 갈 ~를 하다 prepararse para subir a la montaña. 아무런 ~도 없이 sin ningún preparativo. 저녁식사 ~가 되어 있다 Está preparada la cena. 나는 출발할 ~가 되어 있다 Estoy listo para salir. 만반의 ~가 되어 있다 Todo está listo. ~금 [상] reserva. ~ 운동 ejercicios preparatorios. ~ 위원회 comité encargado de los preparativos. 임의 (법정) ~금 [상] reserva facultativa (obligatoria). 예금 지불 ~ 제도 [상] requisitos de reservas legales contra depósitos.

준사(俊士) gran hombre.

준사관(准士官) oficial subordinado.

준설(浚渫) dragado, drajage. ~하다 dragar. ~기 ~선 draga.

준수(遵守) observación. ~하다 observar, guardar, obedecer, cumplir.

준수(俊秀) ~한 prominente.

준엄(峻嚴) severidad. ~한 severo, riguroso, austero, estricto.

준열(峻烈) severidad. ~한 severo, riguroso.

준위(准尉) oficial subalterno.

준장(准將) [육군·공군의] general de brigada; [영국·미국 등의 해군의] comodoro.

준재(俊才) hombre de talento.

준족(駿足) ~의 rápido, veloz. ~의 주자 buen corredor.

준준결승(準準決勝) juego antesemifinal.

준칙(準則) regla, regulaciones.

준하다(準－) concordar, estar proporcionado a, corresponder a *algo*, ...에 준해서 de acuerdo con *algo*, con arreglo a *algo*, según *algo*. 물가의 상승에 준해서 월급을 올리다 aumentar el sueldo de acuerdo con el alza de los precios.

준험(峻險) precipitación. ~한 precipitoso, escarpado.

줄[1] [끈] cuerda.

줄[2] línea. ~의 lineal. ~을 긋다 linear.

줄[3] [쇠를 깎는] lima.

줄[4] [방법] cómo, qué. 헤엄칠 ~ 알다 saber cómo nadar.

줄거리 [골자] contorno, pérfil, plan general.

줄곧 continuamente, constantemente.

줄기 tronco, tallo; [본줄기] corriente (f.); [혈관의] vena; [산의] cordillera; [소나기의] lluvia, aguacero, chaparrón.

줄다 [감소시키다] reducir, decrecer; [삭감하다] acortar, recortar; [축소하다] abreviar; [단축하다] contraer.

줄행랑(－行廊) [도망] huida. ~치다 huir, escapar.

줍다 recoger.

줏대(主－) opinión definida.

중 monje. 여자 ~ monja.

중(中) 1 [중앙] centro, mitad, promedio. ~이상 (이하) por encima (por debajo) del promedio. ~이상 (이하)의 성적 nota superior (inferior) a la media. ~의 상(하) mitad por arriba (para abajo); [계층] clase media alta (baja).
2 [동안·진행중] durante, en, en el curso de, mientras, en el curso de, mientras. 내가 부재 ~에 durante (en) mi ausencia. 내가 서반아 체재 ~ durante mi estancia en España. 실험 (수송) ~에 durante el (en ·el curso de) experimento (transporte). 2·3일 ~에 dentro de dos o tres días, dentro de pocos días. 건설 ~인 건물 edificio en construcción. 여행 ~이다 estar de viaje.
휴가 ~이다 estar de vacaciones. 그는 지금 수업 ~이다 Está ahora en clase.
3 [중에서] en, entre. 출석자 6명 ~1명은 여자였다 Había una mujer entre los seis 4 [내내] todo el …, toda la …. 오전 ~ toda la mañana.
중가(重價) precio caro.
중간(重刊) reimpresión, nueva edición. ~하다 reimprimir, imprimir de nuevo.
중간(中間) medio. ~의 mediano. ~의 ~에 en el medio entre. ~ 보고 informe (relación) provisional. ~색 color intermedio. ~ 시험 examen en el mitad [3학기제의] del trimestre. [2학기제의] del semestre. ~ 착취 explotación hecha por el intermediario. ~ 착취를 하다 explotar a *uno* [siendo intermediario]
중간자(中間子) 【물】 mesotrón, mesón.
중간층(中間層) estrato social medio.
중간파(中間派) neutral.
중갑판(中甲板) cubierta media.
중개(仲介) mediación, intervención. ~하다 interceder, intervenir. ~자 intermediario. …의 ~로. por favor de.
중거리(中距離) distancia mediana. ~ 경주 (주자) carrera (corredor) de semi-fondo (de medio fondo). ~ 여객기 avión de recorrido (de trayecto) medio. ~ [유도탄·미사일] avión de bombardeo (proyectil balístico·misil) de alcance medio.
중견(中堅) cuerpo principal. 그는 이 회사의 ~이다 Forma parte del núcleo más activo de esta compañía. ~ 간부 directivo (dirigente) intermedio. ~ 작가 escritor importante. ~수 【운】 jugador en el campo.
중경상(重輕傷) 사고로 30인의 ~자가 나왔다 En el accidente treinta personas resultaron heridas de distinta gravedad.
중계(中繼) retransmisión. ~하다 [동시 중계] retransmitir *algo* directamente (en directo); [녹화 중계] retransmitir *algo* diferidamente (en diferido). ~ 방송 transmisión, rediodifusión a relevo. ~ 무역 comercio de tránsito. ~선 línea de junta.
중고(中古) segunda mano. ~로 a segunda mano. ~의 de segunda mano. ~로 사다 comprar *algo* de segunda mano. ~ 자동차 automóvil de segunda mano (de ocasión· de lance). ~품 de segunda mano.
중공(中共) China Comunista.
중공업(重工業) industria pesada.
중과(衆寡) ~부적으로 패하다 ser derrotado por [la] inferioridad en número.
중구(中歐) Europa central.
중국(中國) China. ~의 [사람] chino. ~어 chino.
중궁(中宮) reina.
중권(中券) tomo segundo.
중근동(中近東) Cercano y Medio Oriente.
중금속(重金屬) metal pesado.
중급(中級) curso medio. ~ 서반아어 curso medio de lengua española.
중남미(中南美) América Central y del Sur; [라틴 아메리카] América Latina, Latinoamérica. ~ 제국 países latinoamericanos.
중년(中年) edad madura, edad viril, mediana edad. ~의 de edad madura. ~의 남자 hombre de mediana edad. ~이다 ser·de mediana edad, ser maduro. ~을 넘다 pasar de la madurez, estar para volver.
중노동(重勞動) labor pesada, trabajo duro (pesado). 10년의 ~을 선고하다 sentenciar a *uno* a diez años de trabajos pesados.
중농(中農) agricultor medio.
중농주의(重農主義) fisiocracia. ~자 fisiócrata (*m.f.*).
중뇌(中腦) cerebro medio.
중단(中斷) interrupción; [일시 중지] suspensión. ~하다 interrumpir; suspender. 시합을 30분~하다 interrumpir el partido treinta minutos. 교섭는 ~되어 있다 Las negociaciones están suspendidas. 회의는 일시 ~되었다 La sesión quedó suspendida temporalmente.
중단(中段) parte intermedia (del medio). ~ [침대차의] litera intermedia (del medio).
중대(中隊) [보병·공병] compañía; [기병] escuadrón; [포병] batería. ~장 capitán, comandante de la compañía.
중대(重大) importancia. ~한 importante, grave, serio, tra[n]scendental. ~한 과오 error grave. ~한 손해 pérdida seria. ~한 용건 negocio importante, asunto tra[n]

중도 scendental. ~시 하다 tener *algo* por muy importante, dar (atribuir) una gran importancia a *algo*. ~한 영향을 미치다 ejercer una influencia muy importante sobre *algo · uno*. 나에게는 무척 ~한 ону제이다 Es un problema muy grave (serio) para mí. ~성 importancia, gravedad, seriedad, trascendencia.

중도(中途) ~에서 en medio del camino.

중도(中道) medio del camino, paso moderado. ~를 걷다 estar en (tomar) un término medio justo. ~ 정치 política moderada. ~ 좌파 partido de centro izquierda (~ 파 centrista (*m.f.*); [당파] partido central (centrista · de centro).

중독(中毒) intoxicación, envenenamiento. ~하다 envenenarse, intoxicarse. ~성의 venenoso. ~사하다 morir intoxicado. ~ 환자 intoxicado. 일산화 탄소 ~ intoxicación por [el] monóxido de carbono.

중동(中東) Medio Oriente.

중등(中等) grado segundo, calidad mediana. ~의 de segunda clase, de calidad mediana, de clase media, mediano. ~ 교육 enseñanza secundaria (media), segunda enseñanza. ~품 mercancía de calidad media. ~학교 escuela secundaria.

중략(中略) elipsis, emisión.

중량(重量) peso. ~을 달다 medir el peso. ~감이 있는 sólido, macizo. ~이 … 킬로 이다 pesar… kilos. ~급 peso pesado. ~ 분석 análisis gravimétrico. ~ 증명 서 certificado de peso y medida. ~ 초과 exceso de peso. ~ 총 peso bruto.

중량급(重量級) [스포스의] peso medio.

중력(重力) gravedad; [인력] gravitación. ~계 gravímetro.

중령(中領) [육군 · 공군] teniente coronel; [해군] capitán de fragata.

중로(中路) medio camino, la mitad del camino. ~에서 en medio del camino, a medio camino.

중론(衆論) opinión pública, voz de gente. ~에 의하여 결정하다 referir a la opinión pública.

중류(中流) medio del río. ~의 mediano. ~ 계급 clase media. 아마존강 ~ curso medio del Amazonas; [지역] el Amazonas medio.

중립(中立) neutralidad, imparcialidad. ~ 의 neutral, imparcial. ~을 지키다 guardar neutralidad, permanecer neutral (imparcial). ~국 país neutral. ~주의 neutralismo. ~주의의 neutralista. ~ 정책 política neutral. ~ 지대 territorio (zona) neutral. ~화 하다 neutralizar. 무장

~ neutralidad armada. 영세 ~국 estado neutral permanente.

중망(衆望) confianza del público, popularidad. ~을 얻다 ganar la popularidad. ~을 한몸에 모으다 ganarse la confianza del . público.

중매(仲媒) mediación del matrimonio. …의 ~로 por mediación de. ~하다 hacer de medianero. ~쟁이 padrinos, mediadores del matrimonio.

중매(仲買) corretaje. ~인 corredor.

중미(中美) América Central, Centro América. ~의 centroamericano. ~경제이사회 Consejo Económico Centroamericano, CEC. ~경제통합은행 Banco Centroamericano de Integración Económica, BCIE. ~결제기구 Cámara de Compensación Centroamericana. ~공동시장 Mercado Común, Centroamericano. ~공업제 기관연합 Federación de Cámaras y Asociaciones Industriales Centroamericanas, FECAICA. ~기구 Organización de Estados Centroamericanos, ODECA.

중반(中盤) estapa intermedia. 선거는 ~전 에 들어갔다 La campaña electoral llega a (ha entrado en) su etapa intermedia.

중병(重病) enfermedad grave (seria). 그는 ~이다 Está gravemente (seriamente) enfermo. ~인 enfermo grave.

중벌(重罰) castigo severo.

중범(重犯) [중범죄] crimen capital; [사람] reo del delito capital.

중복(重復) repetición, reposición. ~하다 doblarse. 어구의 ~ pleonasmo. 쓸데없는 ~을 피하다 evitar las repeticiones inútiles.

중부(中部) centro, zona central. ~ 지방 zona (región) central.

중사(中士) [군] sargento.

중산계급(中産階級) clase media, burguesía.

중산모(中山帽) sombrero hongo.

중상(中傷) calumnia, difamación, maledicencia. ~하다 calumniar, difamar, hablar mal de *uno*. ~적인 calumnioso, difamatorio.

중상(重傷) herida seria (grave). ~을 입다 herirse seriamente (gravemente), ser (resultar) gravemente herido. ~자 herido grave.

중상주의(重商主義) mercantilismo. ~의 mercantilista. ~자 mercantilista (*m.f.*).

중생(衆生) 【불교】 seres vivientes.

중생대(中生代) edad, mesozoica.

중석(重石) tungsteno.

중성(中性) 【화】 neutralidad; 【문】 género neutro. ~의 neutro, neutral, sin sexo. ~

적인 남자 hombre afeminado. ~ 세제 detergente neutro. ~화 neutralización.

중성자(中性子) neutrón. ~ 폭탄 bomba de neutrones.

중세(中世) Edad Media, medievo. ~기 medievo.

중세(重稅) impuesto pesado (oneroso). ~를 부과하다 cargar a *uno* con un impuesto pesado, agobiar a *uno* con impuestos. ~에 시달리다 estar agobiado por impuestos onerosos, sufrir el peso de altas contribuciones.

중소(中小) ~의 pequeño y mediano. ~기업 empresa pequeña y mediana, empresas de menor escala.

중수(重水) 【화】 agua pesada.

중수소(重水素) hidrógeno pesado.

중순(中旬) 8월 ~에 a mediados de agosto.

중시(重視) ~하다 dar (conceder) [gran] importancia a *algo*, hacer mucho caso de *algo*, atribuir gran aprecio (valor) a *algo·uno*, estimar en mucho a *uno*.

중신(重臣) políticos importantes, vasallo principal (importante).

중심(中心) centro, medio, corazón; [중핵] núcleo; [초점] foco. ~의 [주요한] principal. …의 ~에 en el centro de …, en medio de…. 도시의 ~부에 en el centro (en la zona céntrica · en los puntos céntricos) de la ciudad. 원의 ~ centro de círculo. 태풍의 ~ centro del tifón. 산업의 ~지 centro industrial. 적십자가 ~이 되어 바로 la iniciativa de la Cruz Roja. 서울은 상업의 ~이다 Seúl es un centro industrial. 그가 계획의 ~이 되었다 Él es el alma del plan (el que da vida al plan). ~각 ángulo central. ~ 거리 distancia entre centros. ~선·~축 eje. ~ 인물 persona central, dirigente (*m.f.*), cabeza, eje.

중심(重心) centro de gravedad. ~을 유지하다 (잃다) mantener (perder) el equilibrio.

중압(重壓) presión. ~감을 주다 acusar a *uno* un sentimiento de opresión, abrumar a *uno*. …하도록 ~을 가하다 hacer presión sobre *uno* (presionar a *uno*) para que + *subj*.

중앙(中央) centro; [중간] medio. ~의 central. ~에 en el centro. 도시의 ~에 광장이 있다 Hay una plaza en el centro de la ciudad. ~부 [parte] central. ~ 분리대 faja intermedia. ~ 도매 시장 mercado central al por mayor. ~ 아시아 Asia Central. ~ 우체국 oficina central de correos. ~ 은행 banco central. ~ 집권 centralización [de poderes]. ~ 집권주의

centralismo.

중야(中夜) medianoche.

중언(重言) repetición. ~하다 repetir.

중얼거리다 murmurar, susurrar, refunfuñar.

중역(重役) director, administrador; [유한회사·합명회사의] gerente (*m.f.*). ~ 회의 junta directiva (de directores), consejo.

중역(重譯) retraducción. 영어에서 ~하다 retraducir *algo* de la versión inglesa.

중엽(中葉) mediados del mes.

중요(重要) importancia. ~한 importante, de importancia. 더 ~한 más importante. 가장 ~한 de máxima importancia, el más importante. ~시하다 estimar *algo* en mucho, valorar *algo* mucho, atribuir (dar) importancia a *algo*. ~하는 것은 ~하다 Es importante (Importa) + *inf*. (que + *subj*.). 그것은 별로 ~하지 않다 Eso no importa mucho. / Eso no es de (no tiene) mucha importancia. ~한 것은 지금 곧 행동하는 것이다 Lo que importa (Lo importante) es que nos pongamos en acción ahora mismo. 우리에게 가장 ~한 것은 이 계획을 실행하는 것이다 Lo más importante para nosotros es llevar a cabo este plan. ~도 [rango de] importancia. ~ 문화재 [미술품] obra de arte histórica importante; [건조물] monumento histórico importante. ~ 사항 cuestión importante. ~성 importancia. ~ 인물 (서류) personaje (documento) importante.

중용(中庸) mediocridad, moderación. ~을 지키다 observar moderación, guardar moderación (el justo medio · la compostura).

중용(重用) ~하다 designar a *uno* a un alto puesto, confiar a *uno* un puesto importante. 그는 직장에서 ~되어 있다 Tiene confiado un alto puesto (Ocupa un puesto importante) en la oficina.

중우(衆愚) ~ 정치 demagogia.

중위(中尉) [육군·공군] teniente; [해군] alférez de navío.

중위(中位) ~의 mediano, regular, moderado.

중유(重油) aceite crudo, petróleo crudo, aceite pesado.

중의원(衆議院) Cámara Baja, Cámara de Diputados. ~ 의원 diputado. ~ 의장 Presidente del Congreso, presidente de la Cámara de Diputados.

중음(中音) 【악】 mediante (*f*.). ~부 (部) contralto.

중이(中耳) 【해】 oído medio. ~염 otitis media.

중인(衆人) público, todo el mundo. ~ 환시

중에 a la vista del público (de todo el mundo), públicamente, en público.

중임(重任) misión (cometido) importante, tarea de responsabilidad. ~을 띠고 con (para desempeñar) una misión importante. ~을 다하다 desempeñar un cometido importante, asumir un cargo de responsabilidad.

중장(中將) [육군·공군] teniente general; [해군] vice-almirante.

중재(仲裁) mediación, arbitraje. ~하다 mediar, arbitrar. ~자 mediador, árbitro.

중전(中殿) reina.

중절(中絶) suspensión. ~하다 suspenderse, interrumpirse. 임신 ~ aborto.

중절모(中折帽) sombrero de fieltro.

중점(重點) parte (punto) esencial. ···에 ~을 두다 poner énfasis en algo, dar importancia (prioridad) a algo, acentuar algo. 서반아어 ~ 적으로 배우다 concentrar sus energías en [el estudio del] español. 그의 연설은 외교 문제에 ~을 두었다 En su discurso ha puesto énfasis en los problemas relacionados con el exterior.

중정(中庭) patio.

중증(重症) estado grave, enfermedad seria. ~이다 estar grave (gravemente enfermo en estado grave). ~ 심신 장애자 subnormal de gravedad. ~ 환자 paciente (m.f.) (enfermo) grave.

중지(中止) cese, interrupción; [일시적인] suspensión. ~하다 cesar, interrumpir; suspender. 강연회는 ~되었다 La conferencia quedó suspendida. 자금난으로 공사가 일시 ~되고 있다 La obra está paralizada (en suspenso) temporalmente por falta de fondos.

중지(中指) dedo del corazón.

중지(衆智) todos los consejos útiles. ~를 모으다 reunir todos los consejos útiles, movilizar a todos los entendidos y especialistas.

중직(重職) puesto importante, cargo de mucha responsabilidad. ~에 있다 ocupar un puesto importante, desempeñar un cargo de mucha responsabilidad.

중진(重鎭) figura prominente (destacada), magnate. 그는 실업계의 ~이다 Es una figura prominente del mundo económico.

중창(重唱) duo. 2 (3·4·5·6·7·8) ~ duo (trío· cuarteto· quinteto· sexteto· septeto· octeto) [vocal].

중책(重責) alta (gran) responsabilidad. ~을 맡다 asumir una alta responsabilidad.

중추(中樞) eje, pivote, centro. ~ 신경 nervio central.

중추(仲秋) octavo mes lunar. ~ 명월 luna llena del octavo mes lunar, luna de cosecha.

중축(中軸) eje.

중탄산(重炭酸) ~염 bicarbonato. ~염수 agua bicarbonatada.

중태(重態) estado crítico (grave· serio· peligroso). ~이다 estar gravemente enfermo, encontrarse en un estado grave. ~에 빠지다 ponerse grave, agravarse, caer en un estado grave.

중퇴(中退) 대학을 ~하다 abandonar (dejar) la carrera universitaria sin terminar, dejar la universidad a mitad de carrera.

중파(中波) onda media.

중판(重版) reimpresión. ~하다 reimprimir.

중편(中編) ~ 소설 novela corta (de extensión media).

중포(重砲) cañón pesado (de grueso calibre); [집합적] artillería pesada.

중폭격기(重爆擊機) bombardero pesado.

중풍(中風) parálisis (f.). ~의 paralítico, paralizado. ~에 걸리다 quedarse paralítico. ~증 환자 paralítico.

중하다(重-) [무겁다] ser pesado; [병이] serio, crítico, grave; [일이] ser importante.

중학교(中學校) escuela secundaria (de segunda enseñanza); 【서반아】 escuela de educación general básica, [segunda etapa].

중학생(中學生) alumno de escuela secundaria, 【서반아】 estudiante de educación general básica, [segunda etapa].

중핵(中核) núcleo.

중형(中型) mediano volumen, tamaño medio (normal). ~의 de mediano volumen, de tamaño medio (normal).

중형(重刑) pena grave. ~에 처하다 condenar a uno a una pena grave.

중혼(重婚) bigamia. ~자 bígamo. ~죄 [delito de] bigamia.

중화(中和) neutralización. ~하다 neutralizarse. ~시키다 neutralizar.

중화(中華) ~ 사상 convencimiento de la superioridad de su propia civilización. ~ 요리 cocina china, platos chinos.

중환(重患) enfermedad grave.

중후(重厚) cortesía y generosidad. ~하다 ser cortés y generoso.

중흥(中興) restauración, rehabilitación, restablecimiento, renovación. ~하다 restituir, restablecer, reproducir, reedificar.

중히(重-) con cuidado, cuidadosamente. ~ 여기다 [주의] tener mucho cuidado; [존중] respetar.

쥐¹ [동] rata, ratón. ~꼬리 cola de rata.

쥐² [경련] calambre. ~나다 dar (causar)

calambre.
쥐다 tener, empuñar, asir, agarrar.
쥐뿔같다 ser de ningún valor.
쥐어뜯다 arrancar (separar) con violencia.
쥐어박다 dar puñetazos.
쥐잠듯이 uno a uno, uno por uno, individualmente, enteramente, cabalmente, a fondo.
쥐죽은듯하다 ser muy tranquilo (silencioso).
쥔 dueño, amo. ⇨ 주인(主人).
즈음 tiempo, ocasión. 이 ~ ahora, estos días, hoy día, hoy, recientemente.
즉(即) es decir, o sea, así pues.
즉각(即刻) inmediatamente, instantáneamente, al instante, en seguida, sin más tardar, en el acto.
즉결(即決) decisión inmediata. ~하다 decidir en el acto.
즉매(即賣) venta en el acto. ~하다 vender en el acto.
즉사(即死) muerte instantánea. ~하다 morir en el acto.
즉석(即席) ~의 repentino. ~에서 en el acto, al instante, en seguida, inmediatamente. ~ 요리 cocina repentina.
즉시(即時) inmediatamente, al momento, al instante, sin perder un momento, al punto, en el acto. ~불(拂) pago a la vista.
즉위(即位) ascensión al trono, entronización. ~하다 ascender al trono, ocupar el (subir al) trono. ~시키다 entronizar, elevar a uno al trono. ~식 [ceremonia de la] proclamación del rey, coronación.
즉응(即應) adaptación. ~하다 adaptar. …에 ~하여 conforme a.
즉일(即日) el mismo día. ~로 en el mismo día.
즉효(即效) efecto inmediato. ~가 있다 tener (producir) un efecto inmediato. ~약 remedio de efecto inmediato.
즉흥(即興) improvisación. ~의 improvisado. ~적으로 짓다·연주하다 improvisar algo. ~시·~곡·~극 improvisación. ~ 연주 ejecución improvisada. ~ 시인·~ 연주가 improvisador, ra.
즐겁다 alegrarse. 즐거이 dichosamente, felizmente, alegremente, jovialmente, deliciosamente, de buena manera grata, con alegría, con mucho gusto. 즐거운 설 feliz año nuevo. 즐거운 추억 memoria feliz. 즐거운 때나 피로운 때나 con buen o mal tiempo. 즐겁게 하다 agradar, alegrar, placer. 즐거이 하루를 보내다 pasar todo el día alegremente.
즐기다 divertirse, gozarse, vivir contento y alegre. ser aficionado a. 음악을 ~ ser aficionado a la música.
즙 jugo, zumo. 이 과일은 jugoso. ~내는 기계 jugúadora. 오랜지 ~ jugo de naranja. 레몬 ~ jugo de limón.
증(症) 1 [증세] síntoma (*m.*).
2 [화증] cólera, ira.
3 [싫증] disgusto.
증(證) [증거] evidencia, prueba, testimonio; [증서] certificado.
증가(增加) aumento, crecimiento. ~하다 aumentar[se], acrecentarse. ~시키다 aumentar, acrecentar. 인구의 ~ crecimiento de la población. 체중의 ~ aumento de peso. 20%의 ~ aumento del veinte por ciento. 작년의 것을 3배 상회한 큰 ~ un gran crecimiento tres veces mayor que el del año anterior. 수 (양)이 ~하다 aumentar de (en) número (volumen). 인구가 ~되고 있다 La población va en aumento (está aumentando). 생산은 매년 계속해서 ~하고 있다 La producción sigue creciendo cada año más. 이것은 작년보다 2천톤의 ~다 Este es un aumento de dos mil toneladas en relación con el año pasado. 그 기계는 수출이 ~했다 Aumentó la exportación de esas máquinas. ~량 cantidad aumentada, crecimiento. ~율 tasa de aumento.
증간(增刊) número extra. ~호 número especial (adicional).
증감(增減) aumento y disminución, adición y reducción. ~하다 aumentar y disminuir, agregar y deducir, fluctuar. 매상은 달에 따라 ~이 있다 El volumen de ventas cambia de un mes a otro.
증강(增强) refuerzo. ~하다 reforzar, aumentar. 전력을 ~하다 reforzar la capacidad bélica. 수송력을 ~하다 aumentar la capacidad de transporte.
증거(證據) prueba, testimonio, evidencia. ~를 세우다 probar, testificar. ~를 제출하다 presentar las pruebas. ~를 조사하다 (모으다) examinar (juntar) las pruebas. ~불충분으로 por falta de pruebas suficientes, por insuficiencia de pruebas. 확실한 ~ prueba positiva. …에게 유리한 (불리한) ~ evidencia favorable (desfavorable) a *uno*. ~물 testimonio. ~ 불충분 insuficiencia de pruebas. ~금 [dinero en] depósito, fianza. ~ 서류 documento, évidencia documenta. ~품 comprobante, prueba. ~인멸 supresión de las pruebas.
증권(證券) títulos, valores, efectos; [채권] bono, obligaciones; [공채] empréstito; [주권] [título de] acción. ~시장 (거래소) mercado (bolsa) de valores. ~ 회사 compañía de valores.

증기(蒸氣) vapor. ~기관 máquina de vapor. ~기관차 locomotora de vapor. ~선 barco de vapor. ~터빈 turbina de vapor. ~펌프 bomba de incendios.

증대(增大) aumento, incremento. ~하다 aumentar, incrementarse, acrecentarse, crecer, agrandarse. ~시키다 aumentar, incrementar, agrandar. 생산량이 ~했다 La producción ha aumentado. 전쟁의 가능성이 ~하고 있다 Aumenta la posibilidad de una guerra. ~사 aumentativo.

증류(蒸溜) destilación. ~하다 destilar. ~공장 destilería. ~기 ·장치 destilador; [특히 술의] alambique. ~주(酒) bebida alcohólica hecha por destilación. ~수 agua destilada.

증명(證明) testimonio. ~하다 probar. ~서 certificado.

증발(蒸發) evaporación; [기화] vaporización; [휘발] volatilización. ~하다 evaporarse; vaporarse; volatilizar[se]; [실종] evaporarse. ~하기 쉬운 volátil. ~열 calor de evaporación.

증배(增配) aumento de dividendo. ~하다 aumentar el dividendo.

증병(增兵) refuerzo, nuevo socorro; tropas adicionales. ~하다 reforzar, añadir nuevas fuerzas a, fortalecer, proveer de tropas adicionales.

증보(增補) aumento; [사전 등의] suplemento. ~하다 hacer suplemento, aumentar; suplementar. ~판 edición aumentada.

증빙(證憑) evidencia, prueba; [근거] autoridad.

증산(增産) aumento de producción. ~하다 aumentar la producción de *algo*.

증상(症狀) síntoma (*m.*), condición de enfermedad, señal.

증서(證書) escritura; [증명서] certificado, testimonio. ~를 작성하다 hacer una escritura.

증설(增設) aumento de instalación. ~하다 aumentar la instalación. 병원을 ~하다 construir un hospital más. 대학을 ~하다 fundar una nueva universidad. 한 반을 ~하다 aumentar una clase. 전화를 대 ~하다 instalar un nuevo teléfono.

증세(症勢) síntoma (*m.*).

증세(增稅) aumento ([지방세의] contribución) de impuestos. ~하다 aumentar impuestos. 5% ~하다 aumentar la contribución cinco por ciento.

증손(曾孫) bisnieto. ~녀 bisnieta. ~자 bisnieto.

증쇄(增刷) reimpresión. 천부를 ~하다 reimprimir mil ejemplares.

증수(增水) aumento de agua. ~하다 aumentar el agua.

증수(增收) aumento de ingresos (de renta); [수확의] aumento de cosecha.

증식(增殖) reproducción, multiplicación; [조직세의] proliferación. ~하다 reproducirse, multiplicarse; proliferar.

증액(增額) aumento de suma, subida, alza. ~하다 aumentar, subir. 임금의 10% ~을 요구하다 exigir un aumento de sueldo del diez por ciento. 임금을 1만원만 ~하다 aumentar el sueldo a *uno* en diez mil wones. 임금을 30만원으로 ~하다 subir el sueldo a *uno* a trescientos mil wones.

증언(證言) testimonio, atestiguamiento. ~하다 testificar, atestiguar. ~대 tribuna de testimonio.

증여(贈與) donativo, ofrenda; 【법】 donación. ~하다 donar, dar. 재산을 ~하다 donar los bienes. ~세 impuesto sobre donaciones. ~자 donante (*m.f.*), donador.

증오(憎惡) odio; [혐오] aborrecimiento, abominación, repugnancia. ~하다 odiar; detestar, aborrecer. ~를 품다 tener odio a *uno*.

증원(增員) aumento del personal. ~하다 aumentar el número del personal. 직원을 50명 ~하다 aumentar en cincuenta el personal. 직원을 10명에서 20명으로 ~하다 aumentar el personal de diez a veinte.

증원(增援) refuerzo. ~하다 reforzar. ~대를 파견 (요청)하다 enviar (pedir) refuerzos. ~군 refuerzos.

증인(證人) testigo. ~에 서다 servir de testigo, ser testigo. ~으로 하다 tomar a *uno* por testigo. 피고 (원고)측의 ~ testigo de descargo (de cargo). ~심문 interrogatorio de los testigos. ~대 ·~석 barra de los testigos. ~대에 서다 · ~석에 앉다 subir a la barra.

증인(證印) sello, estampilla. ~을 찍다 sellar (estampillar) *algo*.

증자(增資) aumento (ampliación) de capital. ~하다 aumentar (ampliar) el capital. ~주(株) acciones adicionales.

증정(贈呈) donación, obsequio. ~하다 obsequiar a *uno* con *algo*, donar, regalar. ~본 ejemplar de obsequio. ~식 ceremonia de entrega de donativos. ~품 donación, donativo, obsequio.

증조모(曾祖母) bisabuela.
증조부(曾祖父) bisabuelo.
증좌(證佐) ⇨ 증거.
증진(增進) aumento, progreso, adelanto, promoción, mejoramiento. ~하다 transmitir, emitir, promover, mejorar. ~시키

증축 ~다 aumetnar, progresar, adelantar. 능률을 ~하다 aumentar la eficacia, mejorar el rendimiento. 체력을 ~하다 fortalecer el cuerpo. 식욕을 ~시키다 estimular el apetito.

증축(增築) ampliación de un edificio. ~하다 ampliar (agrandar) un edificio. 집을 1층 ~하다 aumentar un piso a la casa. 방 하나 (2층)을 ~하다 añadir (construir) una habitación (un primer piso). ~공사 obras de ampliación.

증파(增派) refuerzo, nuevo socorro, tropas adicionales. ~하다 reforzar, añadir nuevas fuerzas, proveer de tropas adicionales.

증폭(增幅) amplificación. ~하다 amplicar. ~기 amplificador.

증표(證票) documento justificado.

증회(贈賄) cohecho, soborno. ~하다 cohechar, sobornar, corromper.

증후(症候) síntoma (*m.*). ⇒ 증세

지 [동안] desde, después [que] 그들이 서울에 온 지 10년 되었다 Hace diez años que llevan en Seúl.

지(至) a, hasta. 자 오전 10시 ~ 오후 3시 de las diez de la mañana a las tres de la tarde.

지(肢) miembro.

지(知) sabiduría.

지가(地價) precio de un terreno. ~의 상승 subida del precio de los terrenos.

지각(遲刻) retraso, tardanza. ~하다 llegar tarde. 수업에 10분 ~하다 llegar a [la] clase con un retraso de diez minutos, llegar diez minutos tarde a [la] clase. ~자 retrasado, rezagado.

지각(知覺) percepción; [감각] sentidos. ~하다 percibir. ~을 잃다 perder los sentidos (la sensibilidad). ~과민 hiperestesia. ~신경 nervio sensorio (sensitivo).

지각(地殼) corteza terrestre, litosfera. ~변동 diastrofismo, movimiento de la corteza terrestre. ~ 운동 actividad de la corteza terrestre.

지갑(紙匣) [돈지갑] bolso, bolsa, talega para guardar dinero.

지겹다 estar tedioso (fastidioso・molesto・pesado).

지계(地階) sótano, piso inferior.

지고(至高) sublimidad. ~의 supremo, sublime.

지교(至交) amistad eternal (íntima・profunda).

지구(地球) tierra, globo terrestre. ~상에 en la tierra, en la superficie terrestre. ~외의 생물 ser extraterrestre. ~ 관측년 año geofísico. ~ 물리학 geofísica. ~의 (儀) globo terráqueo.

지구(地區) barrio, zona, área; [거리의] manzana).

지구(持久) perseverancia, resistencia. ~력 aguante, perseverancia, constancia; [스포츠・말의] resistencia. ~력이 있다 tener mucha perseverancia (mucho aguante), aguantar mucho; ser resistente (infatible). ~전 guerra de agotamiento [스포츠] juego de resistencia.

지구(地溝) foso.

지국(支局) [신문사의] delegación; [라디오・텔레비전의] estación emisora local. A신문사 광주 ~ delegación del periódico A en Guangchu.

지그재그 zigzag, zisgás. ~하다 formar en zigzag, ir en zigzags, hacer zigzags.

지극(至極) muy, extremadamente, excesivamente.

지글거리다 chisporrotear.

지금(只今) ahora. ~의 presente. ~껏 hasta ahora. ~으로부터 10년전 hace diez años. ~은 봄이다 Estamos en primavera.

지급(至急) urgencia. ~의 urgente, inminente, de urgencia. ~으로 cuanto antes, urgentemente, inminentemente. ~우편 correo urgente. ~전보 telegrama urgente. ~전 "Urgente". ~편으로 por vía urgente; [철도편의] en gran velocidad. ~편으로 보내다 enviar *algo* por vía urgente. ~ 통화 llamada urgente.

지급(支給) [월급 등의] pago; [수당 등의] asignación, retribución; [분배] distribución; [공급] suministro. ~하다 pagar; conceder, asignar; distribuir; suministrar, proveer de *algo* a *uno*. 아직 비를 ~하다 pagar a *uno* el importe de la comida. 월급 30만원을 ~하다 pagar a *uno* trescientos mil wones de salario mensual. 식량을 ~하다 distribuir alimento, proveer de (suministrar) alimento. ~액 cantidad proporcionada.

지기(知己) conocido. ~가 되다 conocerse; […와] conocer a *uno*.

지껄이다 chismear.

지나다 1 [통과하다] pasar.
2 [경과하다] pasar, correr el tiempo. 지난 날 días pasados, el otro día. 지난 달 mes pasado. 지난 밤 anoche. 지난 일 lo pasado.
3 [초과하다] expirar, concluir, acabar.

지나새나 siempre, día y noche, en todos los tiempos, en todas las edades.

지나치다 [지나가다] pasar. 지나친 excesivo, vehemente, inmoderado. 지나치게 excesivamente, extremadamente, demasiado. 지나치게 술을 마시다 beber

지난 demasiado. 지나치게 먹다 comer demasiado.

지난(至難) dificultad extrema. ~하다 ser muy difícil, ser el más difícil.

지난번 el otro día. ~의 pasado, anterior, reciente.

지남철(指南鐵) imán.

지내다 1 [세월을] pasar el tiempo; [생활하다] vivir. 요즈음 어떻게 지내십니까 ¿Cómo está usted estos días?
2 [치르다] celebrar, observar.
3 [겪다] experimentar.

지네 【동】 cientopiés, ciempiés.

지느러미 aleta.

지능(知能) inteligencia. ~적인 inteligente. ~이 좋은 (미친한) 아이 niño avanzado (retrasado). ~범 ofensa intelectual (mental). ~ 정도 nivel intelectual (de inteligencia). ~ 지수 cociente intelectual. ~ 검사 examen mental.

지니다 tener, llevar, poseer, mantener. 돈을 지니고 있지 않다 No tengo dinero.

지닐재주 buena memoria.

지다¹ [패배하다] perder; [굴복하다] ceder; [열등하다] ser inferior a.

지다² [등에] llevar, cargar; [의무를] deber, estar obligado; [책임을] asumir. 빚을 ~ deber, estar endeudado, tener deudas.

지다³ 1 [잎·꽃이] caer. 지기 시작하다 empezar a caer.
2 [해·달이] ponerse. 해가 서쪽에 질 무렵 cuando se ponga el sol por el oeste. 해는 동쪽에서 떠서 서쪽으로 진다 El sol sale por el este y se pone por el oeste.
3 [그늘 따위가] asombrar, cubrir con la sombra.

지당(至當) ~한 muy justo.

지대(至大) ~하다 ser grande (inmenso·enorme).

지대(地帶) zona, región.

지대(地代) renta de terreno.

지덕(知德) sabiduría y virtud. ~을 겸비한 사람 hombre de sabiduría y virtud.

지도(地圖) mapa, carta; [시가 지도] plano; [지도장] atlas. 서반아의 ~ mapa de España. 서울의 ~ plano de Seúl. ~에서 ···을 찾다 buscar algo en el mapa. ~을 보면서 여행하다 viajar con mapa. 5만분의 1 ~ mapa a la escala de cincuenta mil. 간단한 ~을 그려 주시겠느냐 ¿Puedes dibujar un plano sencillo? 이 마을은 ~에 나와 있다 Este pueblo aparece en el mapa. 백 ~ mapa mudo.

지도(指導) instrucción, dirección, guía, orientación. ~하다 guiar, instruir, dirigir, orientar. ···의 ~하에 bajo la dirección de uno. ~적 역할을 하다 desempeñar un pepel orientador (dirigente) en algo. 학생의 개인 ~를 하다 dirigir (orientar) personalmente a los alumnos. 클럽 활동을 ~하다 dirigir las actividades del club. ~원 monitor, consejero. ~자 [정치적인] guía; [운동의] dirigente (m.f.), líder (m.f.).

지동설(地動說) teoría heliocéntrica, heliocentrismo.

지랄병(一病) 【의】 epilepsia. ~的 epiléptico. ~환자 epiléptico.

지렁이 【동】 lombriz de tierra.

지레¹ palanca.

지레² de antemano, a prevención, anticipadamente.

지레짐작 conjetura. ~하다 conjeturar. 그것은 ~에 불과하다 No es más que una conjetura.

지려(知慮) prudencia, sabiduría.

지력(知力) capacidad intelectual, inteligencia.

지령(指令) instrucción, órdenes, consigna. ~하다 dar instrucciones (órdenes) a uno. ~서 instrucción escrita.

지론(持論) opinión de largo tiempo. ~을 고수하다 persistir su teoría.

지뢰(地雷) mina [de guerra]. ~를 부설하다 sembrar minas en (minar) un sitio. ~를 제거하다 quitar (barrer) minas de un sitio, limpiar de minas un sitio. ~밭 campo de minas.

지루하다 estar tedioso.

지류(支流) afluente, tributario. 이것은 아마존강의 ~이다 Este es un afluente del Amazonas.

지르다¹ [소리를] chillar, gritar, dar gritos agudos (penetrantes).

지르다² 1 [손·발로] patear, dar patados (puntapiés).
2 [꽂다] insertar, ingerir algo entre otros, colocar en medio de.
3 [불을] pegar, incendiar, pegar fuego.

지름 diámetro. 반 ~ radio, semidiámetro.

지름길 atajo, camino más corto. 노력없는 ~은 없다 No hay atajo sin trabajo.

지리(地理) geografía. ~상의 geográfico. ~학적으로 geográficamente. 서울의 ~에 밝다 conocer todos los rincones de Seúl, conocer Seúl muy bien. 나는 이 지대의 ~에 어둡다 No conozco muy bien esta zona. ~학 geografía. ~학의 geográfico. ~학자 geógrafo. 인문 ~ geografía humana.

지리멸렬(支離滅裂) incoherencia. ~한 incoherente. ~하게 incoherentemente. 그의 말은 ~하다 Habla incoherentemente./ Lo que dice no tiene ninguna coherencia.

지리하다(支離-) estar tedioso (monótono), estar cansado de. 지리한 여행 viaje monótono. 지리한 이야기 cuento tedioso. 지리하게 하다 molestar, incomodar, jorobar.

-지마는 aunque, sin embargo, pero. 나이가 어리~ aunque es joven./ El es joven, pero… 그럴 ~ 당신에게 찬성할 수는 없다 Sin embargo, no puedo estar acuerdo con usted.

지망(志望) aspiración, deseo, anhelo. ~하다 desear+*inf.*, aspirar a *algo*. 외교관을 ~하다 aspirar a la carrera diplomática. A사에 입사를 ~하다 aspirar a un puesto en la compañía A. 이과계를 ~하다 desear especializarse en las ciencias naturales. ~대학 universidad de *su* elección. ~자 aspirante (*m.f.*). 제1 (제2·제3) ~ primera (segunda·tercera) preferencia.

지면(紙面) cara del papel, página (espacio) del periódico, prensa.

지면(地面) suelo, tierra. ~에 떨어지다 caer al suelo. ~에 놓다 poner *algo* en el suelo. ~에 눕다 acostarse en el suelo. ~에 흩어지다 esparcirse por el suelo.

지명(地名) nombre de lugar, topónimo. ~사전 diccionario de nombres geográficos. ~학 toponimia.

지명(指名) nombramiento, designación. ~하다 nombrar, designar. 위원에 ~하다 designar a *uno* miembro de una comisión. 그는 회장에 ~되었다 Fue nombrado (Le han nombrado) presidente. ~수배 disposiciones para la búsqueda de un criminal identificado. 경찰은 그를 ~수배했다 La policía ha identificado como criminal. ~통화 llamada local. ~인 persona a persona.

지명(知名) ~이 높은·낮은 muy (poco) conocido (célebre·famoso).

지모(智謀) ~가 풍부한 남자 hombre de recursos.

지문(指紋) huella digital (dactilar). ~을 받다 tomar huellas digitales.

지물(紙物) ~포 papelería.

지반(地盤) fundación, base, distrito electoral (선거의). ~을 얻다 ganar el terreno. ~을 잃다 perder el terreno.

지방(地方) 1 [구역] región, comarca, provincia. ~의 regional, local. 태평양에 면해 있는 ~ región que da al Océano Pacífico. ~경찰 policía local. ~공공 단체 colectividad local. ~공무원 funcionario municipal (de la administración local). ~교부세·교부금 subsidio estatal para un municipio. ~구 circunscripción local. ~법원 tribunal de distrito. ~분권 descentralización administrativa, administración descentralizada. ~분립주의 regionalismo. ~세 impuesto local. ~신문 periódico regional, prensa local. ~은행 banco regional (local). ~의회 consejo regional. ~자치 autonomía local (provincial·regional). ~자치체 municipalidad, municipio, colectividad autónoma regional. ~장관 gobernador. ~제도 sistema de administración municipal. ~판 edición regional (provincial) [de un periódico]. ~법원 Tribunal del Distrito de Seúl.
2 [시골] provincia, campo. ~의 provincial. ~을 돌아다니다 recorrer las provincias, hacer un recorrido por provincias. ~색 color local. ~색이 풍부한 lleno de tipismo. ~인 provinciano.

지방(脂肪) grasa, sebo. ~의 sebáceo. ~이 많은 seboso.

지배(支配) dominación, imperio, dominio; [통치] gobierno. ~하다 dominar, reinar, mandar, regir, gobernar. ~적인 dominante, reinante, predominante. ~적인 의견 opinión predominante. 자연을 ~하다 dominar (controlar) las fuerzas de la naturaleza. ~하에 놓다 poner a *uno* (bajo *su* autoridad), sujetar, subyugar, avasallar. 외국의 ~하에 있다 estar bajo el dominio de un país extranjero. ~계급 clase dirigente. ~권 hegemonía, supremacía, control. ~욕 deseo de dominación. ~자 dominador, gobernente. 피~자 dominados (*m.pl.*), gobernados (*m.pl.*).

지배인(支配人) gerente. 부~ subgerente, vicegerente. 총~ gerente general.

지병(持病) indisposición crónica, enfermedad crónica, achaque. ~의 achacoso. 그는 ~이 재발했다 Se ha recrudecido.

지보(至寶) 음악계의 ~ figura suprema del mundo musical, personaje de máximo valor en el mundo de la música.

지부(支部) subdivisión; [당의] sede local. A당 B지부[장] [jefe de la] sede local del partido A en B.

지불(支佛) pago. ~하다 pagar. ~의 por pagar, pagadero. ~을 연기하다 aplazar el pago. ~을 정지하다 suspender el pago. 계정(計定)을 ~하다 pagar cuentas. 현금으로 ~하다 pagar al contado. ~능력 solvencia, capacidad de pago. ~방법 manera (medio·modo) de pago. ~유예 moratoria. ~일 fecha del pago. ~인 pagador. ~조건 condiciones de pago. ~지 lugar de pago.

지붕 tejado.

지브롤터 [지] Gibraltar. ~해협 Estrecho de Gibraltar.

지사(志士) patriota *(m.f.)*.

지사(支社) sucursal *(f.)*. ~장 director (gerente) [de una sucursal].

지사(知事) gobernador.

지상(地上) [지면] tierra, suelo. ~의 terrestre. ~의 낙원 paraíso terrestre (terrenal · de este mundo). ~에 놓다 poner en el suelo. ~에 떨어지다 caer por tierra (al suelo). ~ 50미터의 높이다 tener una altura de cincuenta metros. ~ 8층 지하 2층 건물 edificio de ocho plantas [sobre tierra] y dos más debajo (más de sótano). ~권 derecho de suelo. ~실험 experimento en (sobre) el suelo.

지상(誌上) ~에 en una revista.

지상(至上) lo supremo, soberano, sumo. ~명령 orden suprema.

지상(紙上) [en] el periódico. 신문 ~에서 읽다 leer *algo* en el periódico.

지서(支署) delegación.

지선(至善) bien supremo.

지선(支線) línea secundaria, [línea] ramal.

지성(知性) inteligencia [칠] intelecto. ~적인 inteligente.

지성(至誠) sinceridad perfecta (absoluta), devoción. ~껏 sinceramente.

지세(地勢) topografía.

지소(支所) dependencia.

지소사(指小辭) [문] diminutivo.

지속(持續) duración, continuación. ~하다 continuar, durar, mantenerse, perdurar. 관심이 ~되고 있다 Perdura el interés. ~기간 duración. ~성 durabilidad, continuidad.

지수(指數) índice; 【수】 exponente. 물가 ~ índice de precios. 불쾌 ~ índice de desagrado. 생산 ~ índice de producción.

지시(指示) indicación; instrucciones. ~하다 indicar; instruir. ~에 따라 conforme a (según) las instrucciones. ~에 따르다 seguir las instrucciones. ~를 하다 dar instrucciones a *uno*. 정부는 그에게 귀국하라고 ~했다 El gobierno le indicó que volviera al país. ~대명사 (형용사) pronombre (adjetivo) demostrativo. ~사 demostrativo. ~약 indicador. ~관 poste indicador.

지식(知識) [지력] conocimiento; [학식] conomientos, ciencia, saber, sabiduría. ~이 풍부한 사람 hombre de gran sabiduría (de gran ciencia · de muchos conocimientos). ~을 넓히다 ampliar (extender · aumentar) *sus* conocimientos. ~을 얻다 adquirir el conocimiento de *algo*. ~이 많다 tener un conocimiento profundo. 수개 국어의 ~이 있다 dominar (conocer) varias lenguas. …에 아무 ~도 없다 no tener ningún conocimiento (no saber nada) de *algo*. 경험은 ~의 어머니다 La experiencia es la madre de la sabiduría. ~계급 intelectuales *(m.f.)*, clase intelectual. ~산업 industria intelectual. ~욕 codicia de saber. ~인 intelectual *(m.f.)*

지신(地神) dios de la tierra.

지실(知悉) conocimiento completo.

지심(地心) centro de la tierra.

지아비 marido, esposo.

지압(指壓) terapéutica de la presión de dedos. ~하다 tratar a *uno* con la terapéutica de la presión de dedos.

지압요법(指壓療法) quiropráctica. ~의 quiropráctico. ~의사 quiropráctico.

지애(至愛) amor profundo.

지어내다 [꾸며내다] tramar, maquinar en secreto, inventar, forjar. 거짓말을 ~ forjar una mentira. 말을 ~ inventar palabras.

지어미 mujer, esposa.

지역(地域) región, zona, área. ~적인 local, regional. ~별로 por regiones. ~개발 explotación regional. ~냉난방 climatización local. ~대표 delegación regional. ~분포 distribución geográfica. ~사회 sociedad local. ~연구 estudios (disciplinas) generales de regiones, estudios por regiones.

지연(遲延) retraso, atraso, demora, dilación, 【법】 negligencia[culpable]. ~하다 retrasarse, atrasarse, demorare. ~되고 있다 tener retraso. 발송의 ~ dilación de envío. 열차는 눈 때문에 두시간 ~했다 El tren se retrasó dos horas por la nieve.

지열(地熱) geotermia. ~발전 producción geotérmica de electricidad.

지옥(地獄) infierno, calderas de Pedro Botero. ~의 infernal, del infierno. ~에 떨어지다 caer en el infierno, irse al infierno.

지용(智勇) inteligencia y coraje. ~을 겸비한 명장 gran general que reúne (tiene) inteligencia y coraje.

지우(智友) amigo íntimo.

지우(知遇) amistad cariñosa, favor. ~하다 tratar con amistad cariñosa.

지우개 borrador, goma de borrar; raspador.

지우다¹ [지워없애다] cancelar, borrar, rayar, raspar.

지우다² [숨을] expirar; [아이를] malparir, abortar.

지우다³ [형성하다] formar, hacer.

지우다⁴ [이기다] derrotar, vencer.

지우다⁵ [부담시키다] cargar.

지우산(紙雨傘) paraguas de papel.

지원(志願) [지망] aspiración; [신청] solicitud, instancia. ~하다 aspirar a *algo*, presentarse a *algo* (para+inf); presentar la solicitud para *algo*. 군대에 ~하다 alistarse como voluntario, sentar plaza, entrar a servir como soldado voluntariamente. ~병 voluntario. ~자 aspirante (m.f.), [임무 등의] voluntario.

지원(支援) apoyo, ayuda. ~하다 apoyar, prestar apoyo a *uno* en *algo*, sostener, mantener, amparar.

지위(地位) [계층] clase (m.f.), categoría; [높은] rango; [위치] posición, situación. ~가 높은 de alto rango, de alta categoría. ~가 오르다 ascender [de categoría], elevarse, subir, mejorar de posición social. ~를 유지하다 mantenerse en *su* categoría, mantener *su* posición. ~를 남용하다 abusar de *su* posición. 사회적 ~ rango (categoría) social; posición (situación) social. 높은 ~에 오르다 llegar a una alta categoría (a una posición distinguida). 2 [직무] cargo, puesto. 지사의 ~ cargo de gobernador. 교장의 ~에 있다 ocupar el puesto de director. 좋은 ~에 있다 estar en un buen puesto. 책임 있는 ~에 있다 tener un puesto (un cargo) de responsabilidad.

지육(知育) instrucción (educación) intelectual.

지인(知人) conocido, conocimiento. ~이 많다 tener muchos conocidos.

지자(知者) sabio.

지자기(地磁氣) magnetismo terrestre, geomagnetismo.

지장(支障) obstáculo, impedimento, estorbo. 그 사건으로 교섭에 ~을 초래했다 Ese acontecimiento ha constituido un estorbo para las negociaciones.

지저귀다 gorjear, piar.

지저분하다 ser sucio.

지적(指摘) indicación señalamiento. ~하다 indicar, señalar, apuntar. 당신이 하신 데로 como ha indicado usted. 잘못을 ~하다 indicar el error.

지적(知的) intelectual. ~인 얼굴 aspecto intelectual. ~ 노동 trabajo intelectual. ~ 능력 facultad (capacidad) intelectual. ~ 빈곤 pobreza intelectual. ~ 욕구 ansia intelectual.

지점(支店) sucursal (f.). ~을 설치하다 establecer una sucursal. 은행의 ~을 설치하다 abrir una sucursal del banco. ~장 director (gerente) [de una sucursal]. A은행 부산 ~ Sucursal de Busán del Banco A. 해외의 ~망 red de sucursales en ultramar.

지점(支點) punto de apoyo, fulcro.

지점(地點) punto; [장소] lugar, sitio. 여기서 2킬로 북쪽 ~ un lugar a doscientos kilómetros al norte de aquí. 섬은 여기서 10킬로 ~에 있다 La isla está a diez kilómetros de aquí.

지정(指定) [일시・장소의] señalamiento, indicación; [문화재 등의] designación. ~하다 señalar, indicar; designar. ~된 날에 el día indicado. 시간과 장소를 ~하다 señalar (indicar) la hora y el lugar. 상속인으로 ~하다 designar a *uno* por (como) heredero. 이 책은 교과서로 ~되어있다 Este está designado como libro de texto. ~석 asiento reservado.

지정학(地政學) geopolítica.

지조(地租) contribución territorial, impuesto sobre bienes raíces.

지조(志操) ~가 굳은 entero, firme, íntegro.

지주(地主) propietario de terreno (tierras), terrateniente (m.f.), hacendado. 대 ~ latifundista (m.f.), gran propietario de tierras. 소 ~ minifundista (m.f.), pequeño propietario de tierras.

지주(支柱) sostén, soporte; [천막 등의] palo de sostén; [식목의] tutor; [콩・토마토 등의] rodrigón. 일가의 ~을 잃다 perder el sostén de la familia. 정신적 ~ sostén moral.

지중(地中) ~의 subterráneo. ~에 en la tierra. ~에 묻다 enterrar. ~에서 파내다 desenterrar. 시체를 ~에서 파내다 exhumar el cadáver.

지중해(地中海) el [mar] Mediterráneo.

지지(地誌) libro sobre la geografía local.

지지(支持) apoyo, sostenimiento. ~하다 apoyar, sostener, ayudar, secundar. 국민의 ~하에 con el apoyo general del pueblo. ···의 ~을 얻다 tener el apoyo de ···. 정부의 정책을 ~하다 secundar la política del gobierno. ~를 구하다 buscar (pedir) el apoyo de *uno*. ~자 denfensor, -ra; partidario.

지진(地震) terremoto, temblor de tierra, seísmo. ~의 sísmico. 어제 작은 ~이 있었다 Hubo un pequeño terremoto ayer. ~계 sismógrafo, sismómetro. ~ 관측 observación sísmica. ~학 seismología, sismología.

지질(地質) naturaleza del terreno. ~을 조사하다 investigar (sondear) el terreno. ~학 geología. ~학의 geológico. ~학자 geólogo, -ga.

지질(紙質) calidad del papel.

지참(持參) ~하다 [가지고 오다] traer; [가지고 가다] llevar 각자 심사를 ~할 것

Tráigase cada uno su comida. 이력서를 ~할 것 Tráigase el curriculum vitae. ~인불 수표 cheque al portador. ~인불로 지불하십시오 Páguese al portador. ~인 portador,·ra. ~금 tode. ~인불(人拂)의 pagadero al portador.

지체(遲滯) demora, retraso. ~하다 retardarse. ~시키다 retrasar, demorar, retardar. ~없이 sin retraso, sin demora, sin tardanza.

지체(肢體) [몸] cuerpo; [사지] cuatro miembros. ~ 부자유아 niño inválido.

지축(地軸) eje terrestre.

지출(支出) desembolso, gasto, salida. ~하다 desembolsar, gastar, ~액 suma desembolsada.

지층(地層) capa.

지치다 estar cansado de; [힘이 빠지다] debilitarse, enflaquecerse.

지침(指針) [자석 동의] aguja; [방침] guía.

지칭(指稱) designación. ~하다 designar.

지키다 1 [방어하다] defender, preservar, proteger, guardar. 나라를 ~ defender la nación.
2 [감시하다] velar (observar·cuidar) atentemente algo.
3 [고수하다] mantener, preservar, observar. 평화와 질서를 ~ mantener la paz y el orden. 중립을 ~ observar la neutralidad. 절개를 ~ mantener la castidad.
4 [약속 따위를] cumplir, observar. 약속을 ~ cumplir su palabra, tener palabra. 본분을 ~ cumplir con su obligación. 침묵을 ~ guardar silencio. 비밀을 ~ observar el secreto.

지탱(支撑) mantenimiento, apoyo, protección. ~하다 mantener, guardar, observar.

지팡이 bastón. ~를 짚다 andar con bastón.

지퍼 cremallera, cierre relámpago.

지편(紙片) hoja, trozo de papel, papelucho.

지평선(地平線) horizonte. ~상에 en el horizonte; [접안] en la línea del horizonte.

지폐(紙幣) papel moneda, billete.

지표(地表) superficie de la tierra.

지표(指標) índice; [대수의] característica; [경제의] indicador (barómetro) económico.

지하(地下) 1 [땅밑] subterráneo. ~의 subterráneo. ~에 숨다 ocultarse bajo la tierra. ~10미터 지점에 a diez metros bajo tierra. ~도 paso subterráneo. ~수 aguas subterráneas (freáticas). ~실 sótano; [지하고] cueva, bodega. ~ 자원 recursos subterráneos (del subsuelo). ~철 metro; [아르헨띠나] subte. ~철로 가다 ir en el metro.

2 [비밀] ~의 clandestino. ~조직 organización clandestina. ~ 활동 actividad clandestina; [비합법의] movimiento ilegal.

지학(地學) geografía física, ciencia de la tierra.

지향(指向) aspiración; [경향] propensión, inclinación; [방향] dirección, orientación. ~하다 aspirar a algo; orientarse hacia algo. 공업화를 ~하다 aspirar a la industrialización. ~성 antena direccional (m.) direccional 전통 ~형의 사회 sociedad orientada a la tradición.

지향(志向) ⇨ 지향(指向).

지혈(止血) hemostasis (f.). ~하다 contener (cortar) la hemorragia. ~제 hemostático.

지협(地峽) istmo. 파나마 ~ istmo de Panamá.

지형(地形) disposición del terreno, configuración (relieve) terrestre. ~을 조사하다 investigar(estudiar) la configuración terrestre. ~도 carta topográfica. ~ 조건 condiciones topográficas. ~학 topografía. ~학의 topográfico. ~학자 topógrafo,·fa.

지형(紙型) molde de papel.

지혜(智慧) sabiduría, inteligencia, entendimiento; ingenio, sagacidad, capacidad. ~가 있는 inteligente, sagaz, perspicaz.

지환(指環) anillo. ⇨ 가락지, 반지.

지휘(指揮) mandato, mando; 【軍】 dirección. ~하다 mandar; [악] dirigir. ~권을 행사하다 ejercer el mando (el poder para mandar) sobre uno. ~ 계통 línea de mando. ~관 comandante. ~대 estrado. ~봉 varilla; 【악】 batuta. ~자 【악】 director; dirigente.

직(職) oficio, profesión, empleo. ~을 주다 dar una posición. ~을 얻다 obtener empleo. ~을 잃다 perder empleo.

직각(直覺) intuición. ~하다 intuir. ~적 intuitivo.

직각(直角) ángulo recto. ~의 rectángular. ~ 삼각형 triángulo rectángular.

직간(直諫) amonestación (admonición) directa. ~하다 amonestar directamente.

직감(直感) intuición percepción, inmediata. ~하다 percibir inmediatamente. ~적 intuitivo. ~적으로 intuitivamente. ~적으로 알다 percibir intuitivamente.

직격(直擊) golpe directo. …에 ~을 가하다 dar un golpe directo a algo. ~탄 balazo.

직결(直結) conexión directa. ~하다 estar unido directamente con (a) algo, tener relación directa con algo. 생산자와 소비자를 ~하다 poner en relación directa a

직경(直徑) diámetro. ~이다 ser diametral. ~이 40cm이다 tener un diámetro de cuarenta centímetros.

직계(職階) clasificaciones de puestos. ~제 sistema de clasificaciones de puestos.

직계(直系) …의 ~ 자손이다 ser descendiente directo de *uno*, descender en línea directa de *uno*. A씨의 ~ 제자 discípulo directo del señor A. ~존속(비속) ascendientes (descendientes) de *uno* en línea directa.

직공(職工) obrero. ~장(長) mayoral.

직관(直觀) intuición. ~하다 intuir. ~적인 intuitivo. ~적으로 intuitivamente, por intuición. ~력 facultad (poder) de intuición.

직구(直球) {운} bola recta.

직권(職權) autoridad, poder oficial. ~을 남용하다 abusar de *su* autoridad. ~남용 abuso de la autoridad.

직기(織機) telar, máquina de tejer.

직능(職能) función. ~급 sistema de sueldos pagados por (según) función desempeñada. ~ 대표제 sistema de representación por profesión.

직렬(直列) serie. ~회로 circuito en serie.

직류(直流) {전} corriente directa. ~ 모터 motor de corriente directa.

직립(直立) ~하다 elevarse, levantarse. ~의 elevado, levantado. ~원인 pitecántropo en posición vertical.

직매(直賣) venta directa sin intermediarios. 생산자 ~ venta directa por el productor.

직면(直面) afrontamiento. ~하다 encontrarse ante (delante de·en frente de) *algo*, hacer frente a *algo*. 죽음에 ~하다 enfrentarse a *su* muerte. 위기에 ~하고 있다 estar ante una crisis. 위험에 ~하다 afrontar peligros.

직명(職名) [직업명] nombre de una ocupación; [직함] título oficial.

직무(職務) cargo, oficio. ~상의 oficial. ~ 집행 ejecución de *su* cargo. ~ 태만 negligencia del deber.

직물(織物) tejido, géneros, paño. ~공업 industria textil.

직분(職分) deber, obligación. 교사의 ~ deber de un maestro. ~을 다하다 cumplir con *su* obligación.

직사(直射) rayo directo, fuego frontal(대포). ~하다 alumbrar directamente, disparar frontalmente.

직사각(直四角) cuadrado regular.

직선(直線) [línea] recta. 일 ~으로 en línea recta. ~을 긋다 trazar una línea recta. ~ 거리 distancia en línea recta. ~ 거리로 5 킬로미터이다 Hay cinco kilómetros de distancia en línea recta. ~ 운동 movimiento lineal. ~ 코스 pista derecha (en línea recta).

직설법(直說法) modo indicativo.

직소(直訴) ~하다 dirigir una petición (una apelación·una súplica) directa a *uno*, apelar directamente a *uno*.

직속(直屬) ~하다 depender directamente (estar debajo) de… 장관 ~ 기관 organización bajo el control directo de un ministro.

직수입(直收入) importación directa. ~하다 importar directamente. 서반아에서 ~한 포도주 vino importado directamente de España.

직수출(直輸出) exportación directa. ~하다 exportar directamente.

직시(直視) 현실을 ~하다 enfrentarse (hacer frente) a la realidad, enfrentarse a los hechos tal como son.

직언(直言) ~하다 hablar con franqueza (sin rodeos).

직업(職業) ocupación, empleo, profesión. ~적 profesional. ~이 무엇입니까 ¿Qué profesión tiene usted?/ ¿Cuál es su trabajo? ~ 교육 enseñanza profesional. ~군인 militar profesional (de carrera). ~별 전화 번호부 guía telefónica por profesiones. ~병 enfermedad profesional. ~ 의식 conciencia profesional. ~ 소개소 agencia de empleos. ~ 야구 béisbol prefisional.

직역(直譯) traducción literal (textual· palabra por palabra). ~하다 traducir literalmente (textualmente·palabra por palabra).

직영(直營) ~하다 administrar directamente. ~점 tienda administrada directamente por la casa madre 버스회사 ~ 호텔 hotel dirigido directamente por una compañía de autobuses.

직원(職員) empleado; [사무원] oficinista; [집합적] personal. 그는 이 학교의 ~(사무 ~)이다 Es un empleado de (Trabaja de oficinista en) esta Universidad. ~명 부 lista de funcionarios. ~실 [학교의] sala de los profesores.

직유(直喩) comparación.

직인(職人) artesano, obrero.

직장(職場) lugar (puesto) de trabajo. ~을 지키다 perseverar en el puesto.

직장(直腸) intestino recto.

직전(直前) …의 ~에 inmediatamente (justo) antes de *algo*. 시험 ~에 justo antes del examen.

직접(直接) ~적 directo, inmediato. ~적으로 directamente, inmediatamente. ~ 섭 negociaciones directas. ~ 민주주의 democracia directa. ~ 보어 complemento directo. ~ 선거 sufragio directo. ~세 contribuciones directas, impuesto directo. ~ 화법 estilo directo.

직제(職制) [제도·조직] organización (repartición) del empleo.

직진(直進) ~하다 ir derecho, ir en dirección recta (directa).

직책(職責) deberes (obligaciones) del cargo. ~을 다하다 cumplir las obligaciones de su cargo.

직통(直通) comunicación directa. ~하다 comunicar directamente. ~ 열차 tren directo. ~ 전화 teléfono directo; [즉시 전화] comunicación directa.

직할(直轄) ~의 bajo del control directo de …

직항(直航) ~하다 [배가] ir directamente a *un sitio* sin hacer escala; [비행기가] ir en vuelo directo. 서울에서 뉴욕까지 ~편 vuelo directo de Seúl a Nueva York.

직행(直行) ~하다 ir directamente a *un sitio*.

직후(直後) inmediatamente después. …의 ~에 inmediatamente después de *algo*. 전쟁 ~ inmediatamente después de la guerra.

진 [술] ginebra, gin. ~이 들어 있는 con ginebra, con gin.

진(眞) verdad.

진(陣) filas, posición, campamento. ~을 치다 acampar, tomar [una] posición. 일류 교수~ profesorado de primer orden.

진가(眞價) valor real, verdadero valor, valor intrínseco. ~를 발휘하다 demostrar *su* verdadero valor. ~를 인정하다 reconocer el valor intrínseco. ~를 판단하다 apreciar el valor verdadero. 그의 ~는 아직 알려져 있지 않다 No se sabe todavía lo que realmente vale él.

진격(進擊) avance. ~하다 avanzar contra *un sitio*.

진경(進境) estado actual de las cosas.

진공(眞空) vacuo, vacío. ~으로 하다 hacer *algo* vacuo. ~계 vacuómetro. ~관 tubo de vacío, válvula electrónica. ~ 방전 descarga en el vacío. ~ 펌프 bomba de vacío.

진군(進軍) marcha, avance. ~하다 marchar, avanzar. ~ 나팔을 불다 tocar la marcha.

진급(進級) promoción. ~하다 ascender, pasar, ser promovido al grado superior. ~시키다 hacer pasar a *uno* al grado superior, promover. 2학년에 ~하다 pasar al segundo año. ~ 시험 examen de promoción.

진기(珍奇) ~한 raro, curioso.

진노(震怒) ira, iracundia, enojo, enfado.

진눈¹ ojos legañosos.

진눈² agua nieve, nieve (granizo) mezclada con lluvia.

진눈깨비 agua nieve. ~가 내린다 caer agua nieve, nevar y llover al mismo tiempo, caer granizo menudo.

진단(診斷) diagnóstico; [진단법] diagnosis. ~하다 diagnosticar. 의사의 ~을 받다 consultar al médico. 의사는 그를 감기로 ~했다 El médico ha diagnosticado su caso de resfriado. ~서 certificado del médico.

진달래 [식] azalea.

진담(珍談) anécdota divertida (curiosa), suceso pintoresco.

진도(進度) grado de progreso.

진도(震度) grado sísmico, intensidad sísmica. ~ 4의 지진 terremoto de cuatro grados de intensidad. ~계 sismógrafo.

진동(振動) temblor, vibración. ~하다 vibrar, temblar. ~수 número de vibración.

진두(陣頭) ~에 서다 ponerse al frente de *algo*; [공격의] dirigir un ataque; [운동의] dirigir una campaña.

진드기 [동] garrapata, rezno. ~같은 사람 gorrón.

진득이 seriamente, modestamente, tranquilamente, formalmente, pacientemente, serenamente, con serenidad.

진득하다 tener paciencia. 진득하게 seriamente, modestamente.

진력(盡力) esfuerzo. ~하다 esforzarse por + *inf.*, hacer un esfuerzo por + *inf.*

진로(進路) camino, paso, carrera, ruta, rumbo. ~를 바꾸다 cambiar el rumbo. ~를 돌리다 tomar rumbo erróneo. ~ 지도를 하다 dar consejo a *uno* sobre *su* carrera futura. …의 ~를 막다 impedir el paso a (de)… 졸업 후의 ~를 결정하다 determinar la carrera que seguir después de graduarse.

진료(診療) tratamiento médico. ~소 [사립의] clínica; [학교·공장 등의] enfermería; [무료의] dispensario. 시립~소 clínica municipal.

진리(眞理) verdad. 보편적 ~ verdad universal. ~를 탐구하다 buscar la verdad. ~를 찾다 buscar la verdad.

진맥(診脈) pulso. ~하다 tomar el pulso.

진면목(眞面目) *su* verdadero carácter.

진묘(珍妙) ~한 cómico, ridículo, chistoso, exténtrico.

진문(珍聞) noticia curiosa, suceso interesante y raro.

진미(珍味) sabor extraordinario (delicado y maravilloso).

진보(進步) progreso, desarrollo, adelanto. ~하다 progresar, desarrollarse. ~적인 progresista. 과학의 ~ desarrollo de las ciencias.

진보(珍寶) tesoro, artículo precioso.

진본(眞本) [책의] [copia] originial, primer escrito, primera composición.

진부(眞否) verdad o falsedad, autenticidad, verdad.

진부(陳腐) ~한 usado, gastado, pasado, visto; [오래 된] desfasado, antiguo, pasado de moda, caduco. ~한 농담 broma gastada (pasada de moda). ~한 표현 expresión gastada (desfasada).

진분수(眞分數) fracción propia.

진사(陳謝) excusas (f.pl.), perdón. ~하다 presentar excusas (disculparse・perdir perdón) a *uno*.

진상(眞相) verdad, estado real. ~를 조사하다 averiguar el fondo de un acontecimiento.

진성(眞性) ~콜레라 cólera genuino.

진수(眞髓) esencia, quintaesencia, alma, meollo.

진수(進水) lanzamiento, botada, botadura. ~하다 ser lanzado. ~시키다 lanzar[un barco], botar (echar) [un barco] al agua. ~식 botatura [de un barco], ceremonia de lanzamiento.

진술(陳述) declaración. ~하다 declarar, dar cuenta.

진실(眞實) verdad, realidad. ~한 real, verdadero; sincero. ~하게 verdaderamente.

진심(眞心) sinceridad, veradadero corazón.

진압(鎭壓) represión, sofocación. ~하다 reprimir, sofocar.

진앙(震央) epicentro.

진언(進言) consejo. ~하다 aconsejar (dar consejo) a *uno*.

진열(陳列) exhibición, muestra, exposición. ~하다 exponer, mostrar, exhibir. ~실 sala de exposición (de exhibición), galería. ~장 escaparate. ~케이스 mostrador. ~품 artículo exhibido (expuesto).

진영(陣營) campamento, campo. 사회주의 ~ campo socialista.

진용(陣容) formación, orden, disposición. [구성원] personal. ~을 정비하다 [화사 등의] fortalecer el personal.

진원(震源) hipocentro. ~지 centro sísmico.

진위(眞僞) verdad y falsedad. ~를 조사하다 indagar la autenticidad.

진의(眞意) verdadera intención, motivo real, sentido verdadero. 그가 반대하는 ~을 이해하지 못한다 No comprendo (Busco en vano) la verdadera intención de su objeción.

진입(進入) ~로 [비행장의] ruta (vía) de acceso (de aproximación).

진자(振子) péndulo.

진짜 artículo genuino (real). ~의 genuino, real, verdadero; [인공에 대한] natural.

진작 1 [더 일찍] más temprano.
2 [곧] inmediatamente, directamente.

진재(震災) desastre del terremoto.

진전(進展) progreso, desarrollo, evolución. ~하다 progresar, desarrollarse, evolucionar.

진정(眞情) sentimiento verdadero, sinceridad. ~을 토로하다 desahogar *su* corazón, desahogarse, poner al desnudo el sentimiento, hablar con el corazón en la mano.

진정(鎭定) pacificación. ~하다 pacificar (restablecer el orden en) *algo*.

진정(陳情) petición, súplica, requerimiento. ~하다 suplicar, pedir, requerir. 보조금의 증액을 장관에게 ~하다 pedir al ministro que aumente los subsidios. ~서 petición [escrita], instancia.

진정(進呈) donación, presentación. ~하다 regalar, obsequiar.

진정(鎭靜) calma. ~하다 calmar, mitigar. ~제 medicina calmante, sedante; [신경 안정제] tranquilizante.

진종일(盡終日) todo el día.

진주(眞珠) perla. ~목걸이 collar de perlas. ~채취 pesca de perlas. ~채취자 pescador de perlas. ~패(貝) madreperla.

진주(進駐) ocupación [militar]. ~하다 ocupar militarmente *un sitio*. ~군 tropas de ocupación.

진중(珍重) ~하다 guardar *algo* con aprecio (con estimación).

진지 comida.

진지(陣地) campamento, posición. ~를 공격하다 (방어하다) atacar (defender) una posición. ~전 operación en posición.

진지(眞摯) sinceridad. ~하다 ser sincero.

진찰(診察) reconocimiento médico, consulta [médica]. ~하다 examinar a *uno*. 의사의 ~을 받다 consultar al médico. 오늘은 A선생의 ~일이다 Hoy es el día de consulta del doctor A. ~권 (료・실・시간) tarjeta (honorarios・sala・horas) de consulta.

진창 fango, cieno, lodo.

진척(進陟) [인의] progreso; [계남이] promoción.

진출(進出) avance, salida, expansión, extensión. ~하다 salir, avanzar. 해외에 ~하다 [기업 등이] extender *sus* actividades al extranjero. 한국 상품이 남미시장에 ~했다 Las mercancías coreanas han invadido el mercado sudamericano. 여성이 사회에 ~하기 시작하고 있다 Las mujeres comienzan a participar en los asuntos tos públicos.

진취적(進取的) ~인 progresivo, activo.

진통(陣痛) dolor de parto. ~제 analgésico, sedante, calmante.

진퇴(進退) avance y retirada, conducta. ~를 함께 하다 acompañar a *uno* en sus suertes.

진폭(振幅) amplitud [de vibración].

진품(珍品) objeto curioso (raro). curiosidad, rareza.

진하다(津-) [빛깔이] ser obscuro; [국물 등이] ser rico.

진학(進學) entrada en una escuela de grado superior. ~하다 entrar en las escuelas superiores. 대학에 ~하다 ir (pasar) a la universidad. ~교실 Academia para los aspirantes a la escuela superior. ~적성 검사 examen por la aptitud escolar. 고교 ~율 porcentaje de los alumnos que pasan al bachillerato.

진행(進行) avance, marcha, progreso. ~하다 avanzar, marchar, progresar. ~중 en marcha.

진형(陣形) formación de campaña.

진혼(鎭魂). ~미사 misa de réquiem (funeral). ~미사곡 réquiem. ~제 fiesta [de las almas] de los difuntos.

진홍(眞紅) ~의 carmesí. ~으로 물들이다 teñir *algo* de carmesí.

진화(進化) evolución. ~하다 evolucionar. 원숭이가 ~되어 인간이 되었다 El mono, evolucionando, llegó a ser hombre./ El hombre desciende del mono. ~론 evolucionismo. ~론자 evolucionista *(m.f.)*, darvinista *(m.f.)*.

진화(鎭火) extinción. ~하다 apagar el fuego, extinguir. ~되다 apagarse, extinguirse.

진흙 fango, cieno, lodo. ~투성이의 cenagoso.

진흥(振興) fomento, estímulo, promoción, desarrollo. ~하다 fomentar, estimular, promover.

질(質) calidad, naturaleza.

질(膣) 【해】 vagina. ~의 vaginal. ~염 vaginitis *(f.)*.

질곡(桎梏) yugo.

질녀(姪女) sobrina.

질다 [땅이] ser cenagoso. 진 길 camino cenagoso.

질량(質量) 【물】 masa. ~불변의 법칙 ley de conservación de las masas. ~수 número de masa.

질문(質問) pregunta, interrogación; [의회 등의] interpelación. ~하다 preguntar, hacer una pregunta, interrogar; interpelar. ~ 있습니까 ¿Tiene usted alguna pregunta? ~에 답하다 contestar a la pregunta. ~자 interrogador, interrogante *(m.f.)*; interpelante *(m.f.)*.

질병(疾病) enfermedad.

질산(窒酸) ácido nítrico.

질서(秩序) orden. ~있는 ordenado. ~없는 desordenado. ~정연히 con orden, ordenadamente. ~가 정연하다 estar en orden. ~가 문란하다 estar en desorden. ~를 유지하다 mantener (perturbar) el orden. ~를 회복하다 restablecer (recobrar) el orden.

질소(窒素) nitrógeno, ázoe. ~고정법 fijación de nitrógeno. ~비료 abono.

질시(嫉視) celos.

질식(窒息) sofocación, asfixia, sofoco. ~하다 asfixiarse, sofocarse. ~시키다 asfixiar, sofocar. ~해서 죽다 mori' asfixiado. ~성의 asfixiante. ~사 muerte por asfixia.

질의(質疑) pregunta; [국회 등의] interpelación. ~ 응답 preguntas y respuestas.

질적(質的) ~인 cualitativo. ~적으로 cualitativamente. ~으로는 A는 B보다 못하다 A es de peor calidad que B. ~규제 control cualitativo. ~향상 mejoramiento en (de la) calidad.

질주(疾走) carrera tendida. ~하다 correr con rapidez, correr a toda velocidad (a toda marcha).

질책(叱責) represión, reprimenda. ~하다 reprender, vituperar. 엄한 ~을 받다 recibir duras reprimendas.

질타(叱咤) ~ 격려하다 animar, avivar, estimular.

질투(嫉妬) celos, envidia. ~하다 estar celoso, tener celos de *uno*, envidiar a *uno*. ~가 심한 celoso, envidioso. ~심을 품다 estar celoso de *uno*, tener celos de *uno*. ~에서 그는 아내를 살해했다 Mató a su mujer por celos.

질풍(疾風) ~처럼 como el viento, como una ráfaga de viento.

질항아리 jarro de barro.

질환(疾患) enfermedad; 【의】 afección.

짊어지다 1 [짐을] cargar al hombro. 2 [의무 등을] asumir.

짐 [짐] cargo. ~을 싣다 cargar. ~을 부리다 descargar. ~을 풀다 desempaquetar, desempapelar, desenvolver, desembalar, desenfadar.

짐(朕) yo.

짐꾼 paquete.

짐승 bestia, animal cuadrúpedo.

짐자동차(-自動車) camión; [소형] camioneta.

짐작 conjetura. ~하다 conjeturar.

짐짝 paquete.

짐차(-車) [자동차] camión; [기차] vagón (furgón) de carga.

집[1] 1 [사람의] casa, residencia, domicilio, hogar. 넓은 [좁은] ~ casa grande (pequeña). 석조~ casa de piedra. ~안에서 encasa. ~에 있다 estar (quedarse) en casa. ~을 세내다 alquilar una casa. ~을 짓다 construir una casa.
2 [가족·가정] hogar, casa propia, morada, mansión, familia, domicilio, residencia.
3 [야생 동물의] cubil. 개~ perrera. 거미~ telaraña. 벌~ colmena. 새~ nido.
4 [물건의] caja, funda, estuche. 아기~ útero, matriz. 칼~ vaina.

집[2] [첩] concubina. 전주~ su concubina en Chonchu.

집[3] jugo, zumo. ⇨ 즙.

-집(集) colecciones.

집게 tenazas (f.pl.).

집게손가락 dedo índice.

집결(集結) concentración. ~하다 concentrarse, juntarse, reunirse. ~시키다 concentrar, centralizar. ~지점 punto de concentración.

집계(集計) suma total. ~하다 sumar; [계산] contar. 투표를 ~하다 sumar los votos, contar el número de votos.

집광(集光) ~기 condensador de luz. ~렌즈 lente condensador.

집금(集金) cobro, cobranza, recaudación. ~하다 cobrar, recaudar. ~인 cobrador.

집념(執念) obsesión, idea fija, obstinación, porfía, empeño. ~이 강한 obstinado, porfiado, tenaz. ~으로 obstinadamente, con obscesión, obstinadamente, tenazmente.

집다 coger (recoger·alzar) lo que estaba caído.

집단(集團) grupo, agrupación, masa, colectividad. ~적인 colectivo, agrupado. ~으로 en grupo, en masa, en bloque; [공동으로] colectivamente. ~을 이루다 formar (reunirse en) un grupo, agruparse. ~강도 [행위] bandolerismo, bandidaje, robo en grupo; [사람] banda de ladrones, bandoleros organizados. ~결근 ausentismo en masa. ~농장 granja colectiva; [소련] koljoz. ~심리 psicología. ~생활 vida colectiva. ~안전보장 seguridad colectiva. ~이민 inmigración en masa. ~이질 disentería en masa. ~지도 dirección (orientación) colectiva. ~취직 colocación en masa. ~폭행 violencia en grupo.

집달리(執達吏) alguacil.

집도(執刀) 수술은 A박사의 ~로 행해졌다 La operación fue practicada por el doctor A.

집록(集錄) compilación. ~하다 compilar, readactar.

집무(執務) desempeño del cargo. ~하다 atender al negocio. ~중이다 estar de servicio. ~시간 horas de oficina (trabajo·de servicio). ~중 금연 Se prohibe fumar durante el trabajo.

집배(集配) recogida y reparto. ~하다 recoger y distribuir algo. 이곳은 하루에 3회 우편의 ~가 있다 Aquí se recogen y distribuyen las cartas tres veces al día. ~원 cartero.

집사(執事) intendente, ta; mayordomo.

집사람 mi mujer.

집산(集散) reunión y dispersión. ~지 centro distribuidor. 농산물 ~지 centro (lugar) de recogida y distribución de productos agrícolas.

집산주의(集産主義) colectivismo. ~자 colectivista (m.f.).

집세(-貰) alquiler, arriendo.

집시 gitano, bohemio. ~풍의 gitanesco. ~생활 vida de bohemio.

집심(執心) anhelo. ~하다 anhelar.

집안 1 [가족·친척] familia, hogar; pariente. 온 ~ toda la familia.
2 [집속] interior de una casa. ~일 quehaceres domésticos, labores caseras.

집안 사람 mi mujer.

집약(集約) ~하다 [요약] resumir. 조사 결과를 ~하다 resumir los datos de la investigación. 그의 사상은 이 한 마디로 ~되어 있다 Todo su pensamiento está resumido (condensado·abreviado) en esta frase. ~농업 agricultura intensiva.

집어넣다 insertar, meter.

집어등(集魚燈) lámpara de pesca.

집오리 ánade, pato.

집요(執拗) obstinación, pertinacia, porfía, terquedad. ~한 obstinado, terco, porfiado, tenaz, temoso. ~하게 obstinadamente, tercamente.

집적(集積) acumulación, aglomeración, amontonamiento, pila, montón. ~하다 amontonar, acumular, aglomerar, apilar. 자료를 ~하다 acumular (aglomerar amontonar) datos. ~소 almacén, depósito. ~회로 circuito acumulador.

집적거리다 [건드리다] jorobar, molestar, atormentar, importunar, rabiar.

집정(執政) gobierno, administración; [사람] administrador. ~하다 gobernar, administrar.

집중(集中) concentración, reconcentramiento; [권력 동의] centralización. ~하다 concentrar centrar, centralizar. 주의를 ~하다; concentrar (fijar) la atención en *algo*. 정신을 ~하다 concentrar *su* espíritu [sobre *algo*, concentrarse [en *algo*]. 전력을 ~하다 concentrar todas *sus* fuerzas en *algo*. 질문을 ~하다 concentrar las preguntas en *uno*. 권력을 ~하다 centralizar (concentrar) el poder. 토론은 이 점에 ~되었다 La discusión se dirigió exclusivamente hacia (se centró en) este punto. 인구가 도시에 ~되고 있다 La población está concentrada en las ciudades. ~강의 curso intensivo. ~포화 fuego convergente [de artillería].

집착(執着) adhesión, apego. ~하다 adherirse excesivamente, apegarse obsesionadamente (exageradamente) a *algo*, aferrarse a *algo*. 금전 (생명)에 ~하다 apegarse mucho al dinero (a la vida). ~을 단념하다 renunciar al apego a (hacia) *algo*. 나는 현재의 지위에 아무런 ~도 없다 No tengo ningún apego alpuesto actual. ~심 tenacidad.

집찰(集札) colección (recogida) de billetes. ~계 recogedor de billetes.

집필(執筆) escritura. ~하다 escribir, redactar. ~하기 시작하다 ponerse a escribir, coger la pluma. ~중인 소설 novela en redacción. ~자 escritor, autor.

집하(集荷) concentración de mercancías. ~하다 concentrar mercancías.

집합(集合) reunión, agrupación; 【수】 conjunto. ~하다 reunirse, juntarse. ~론 teoría de conjunto. ~명사 nombre colectivo. ~장소 lugar de reunión, lugar de cita.

집행(執行) ejecución. ~하다 ejecutar. 형을 ~하다 ejecutar la pena (la sentencia). ~부 consejo directivo. ~영장 orden de ejecución. ~위원 ejecutivo, comisionado. ~위원회 comité ejecutivo. ~유예 sentencia en suspenso. 징역 1년 ~유예 2년 un año de trabajos forzados con dos años de la sentencia en suspenso.

집회(集會) reunión; [회합] asamblea, junta; [요구·항의 동의] concentración; [정치 연설의] mitin (*pl.* mitines). ~를 열다 celebrar una reunión, reunirse; celebrar una concentración, concentrarse. ~에 나가다 asistir a una reunión. ~의 자유 libertad de reunión. ~가 개최된다 Tiene lugar una concentración. ~소 lugar de reunión. ~장 sala de reuniones.

짓 [행위] hecho, conducta, movimiento.

짓다¹ [만들다] hacer, construir, manufacturar. 나쁜 ~ mala conducta.

짓다² [유산] abortar, malparir.

짓밟다 pisar, poner bajo los pies.

짓이기다 amasar, agullar.

징¹ batintín, gongo.

징² [구두의] clavo de herradura.

징검다리 pasadera, estribrón.

징계(懲戒) sanción, castigo. ~하다 sancionar, castigar. ~의 disciplinario. ~면직 destitución, disciplinaria. ~처분 medida disciplinaria.

징모(徵募) recluta. ~하다 reclutar tropas.

징발(徵發) incautación, requisa. ~하다 incautarse de, requisar.

징벌(懲罰) castigo, punición, pena. ~하다 castigar, punir, penar. ~위원회 comité disciplinario.

징병(徵兵) reclutamiento, conscripción, leva. ~하다 reclutar, levar, llamar a *uno* al servicio militar. ~에 응하다 alistarse (sentar plazo) en el ejército. ~기피 evasión del servicio militar. ~기피자 prófugo. ~검사 reconocimiento para la conscripción. ~면제 exención del servicio militar. ~연기 prórroga (aplazo) de reclutamiento. ~제도 sistema de reclutamiento.

징세(徵稅) cobro (recaudación) de impuestos. ~하다 recaudar (cobrar) impuestos.

징수(徵收) percepción, recaudación. ~하다 percibir, recaudar. 세금을 ~하다 recaudar impuestos.

징역(懲役) [encarcelamiento con] trabajos forzados. ~살다 cumplir una pena de trabajos forzados. ~ 10년에 처하다 condenar a *uno* a diez años de trabajos forzados.

징용(徵用) reclutamiento. ~하다 reclutar a *uno* [por fuerza].

징조(徵兆) síntoma, indicación.

징집(徵集) demanda, petición; [병사의] reclutamiento, leva. ~하다 demandar, pedir; reclutar, levar.

징후(徵候) síntoma, presagio, augurio. ~가 있는 sintomático. 회복의 ~을 보이다 mostrar síntoma de recuperación.

짖다 [개가] gañir, ladrar. 개 짖는 소리 gañido. 짖는 개는 잘 물지 않는다 Perro ladrador, poco mordedor.
질다 ser subido(색이), espeso(액이), fuerte(술이).
짚 paja. ~더미 montonera. 볏~ paja de arroz.
짚다 [맥 등을] tomar. 맥을 ~ tomar el pulso.
짚동우리 cesta de paja.
짚신 sandalias de paja.
짜내다 estrujar(즙·액 따위를).
짜다¹ [맛이] ser salado.
짜다² [천을] teñir.
짧다 ser corto.
쪽¹ [조각] pedazo.
쪽² [방향] dirección, lado. 농 ~ este. 오른 ~ izquierda.
쪽³ [에이지] página.
쯤 a eso de···, alrededor de···. 월말 ~ a fines del mes. 오전 아홉시 ~ a eso de las nueve de la manana.
찌꺼기 desecho. 종이 ~ desecho de papel.
찌르다 dar una puñalada, punchar, picar(벌 레가).
찡그리다 ponerse ceñudo, enfurruñarse, mirar con ceño, poner mala cara.
찡찡거리다 [불평] refunfuñar, gruñir, regañar, rezongar, murmurar, quejarse.
찢다 desgarrar, romper, despedazar, rasgar, hacer pedazos.
찧다 [곡식을] machacar, moler.

ㅊ

차(車) [일반적으로] vehículo; [자동차] coche, automóvil; [트럭] camión; [기차] tren; [전차] tranvía. ~로 en coche. ~로 가다 ir en coche. ~ [택시] 를 타다(잡다·부르다) tomar (coger·llamar) un taxi. ~사고 accidentes del vehículos. ~삯 pasaje. 레일 ~ coche automotor. 식당 ~ coche comedor. 영구 ~ coche fúnebre. 장갑 ~ coche blindado. 중고 ~ coche usado. 침대 ~ coche cama.

차(茶) té. ~를 마시다 tomar el té. ~잔 taza para té. ~숟가락 cucharilla, cucharita.

차(差) diferencia. ~가 있다 hay diferencia. ~가 없다 no hay diferencia. 3점 ~로 이기다 ganar por tres puntos (tantos). 2점 ~로 지다 perder por dos puntos. 50표 ~로 당선하다 ser elegido por una mayoría de cincuenta votos. 그와 나 사이에는 신장의 ~가 크다 Hay gran diferencia de estatura entre él y yo. 우리의 생활비는 달에 따라 ~가 있다 Nuestro costo de vida varía según el mes. 이 지방은 계절에 따라 한서의 ~가 심하다 En esta región hay un gran contraste de temperatura según estaciones.

차(次) orden, grado; [다음의] próximo, siguiente. 일 ~의 primero. 이 ~의 secundario. 2~5개년 계획 segundo plan quinquenal. 3~ 방정식 ecuación de tercer grado.

차갑다 estar frío. 차가운 날씨 tiempo frío. 물이 ~ El agua está f:ía.

차고(車庫) garaje, garage, cochera; [열차 등의] cocherón. 차를 ~에 넣다 meter un coche en el garaje. 전차가 ~에 들어간다 El tranvía entra en el coherón.

차관(次官) vice-ministro, subsecretario. 내무 ~ vice-ministro de relaciones interiores exteriores. 사무 ~ subsecretario 외무 ~ vice-ministro de negocios. 정무 ~ viceministro parlamentario.

차관(借款) crédito, préstamo. ~을 요청하다 pedir un préstamo. ~을 제공하다 extender (otorgar) crédito. 달라 ~ crédito en dólares. 장기 ~ crédito a largo plazo.

차기(次期) período próximo. ~의 próximo. ~국회 próxima sesión parlamentaria. ~대통령 presidente siguiente (que viene). ~예산안 proyecto de presupuesto del ejercicio siguiente. ~총선거 próximas elecciones generales.

차남(次男) segundo hijo.

차내(車內) interior de un coche (tren). ~에서 en el coche.

차녀(次女) segunda hija.

차다¹ estar frío, ser frío. 찬물 agua fría. 커피가 ~ El café está frío. 물이 ~ El agua está fría. 얼음은 ~ El hielo es frío.

차다² estar lleno de. 배가 ~ su estómago es lleno.

차다³ [발로] patear, dar patadas (puntapiés).

차다⁴ [패용] ponerse.

차단(遮斷) interceptación, interrupción. ~하다 interrumpir, interceptar. ~기 interruptor; barrera.

차도(車道) camino de carruajes.

차도(差度) mejora, mejoría, mejoramiento, convalecencia, recuperación. 나는 ~가 있다 Yo estoy mejor que antes.

차돌 silicato. ~같은 사람 hombre de firme carácter.

차등(差等) grado, graduación, diferencia, discriminación.

차라리 de mejor gana, más bien, antes. ~ ··· 하는 것이 좋다 Me gustaría más./ Preferiría. 내가 있느니 ~ 가는 것이 낫다 Más quisiera irme que quedarme.

차량(車輛) vehículo, carruaje, material rodante; [철도의] vagón, carruaje ferroviario; [화차·객차] coche. ~ 통행 금지 "Prohibido el paso a todo vehículo."

차례(次例) 1 [번] orden, turno. ~로 en orden.
2 [회수] vez. 한 ~ una vez. 두(세)~ dos (tres) veces. 여러 ~ muchas veces. 책을 세 ~ 읽다 leer un libro tres veces.

차례차례 (次例次例) uno a uno, uno por uno.

차륜(車輪) rueda.

차리다 1 [준비하다] preparar.
2 [의관을] vestirse.
3 [간직] mantener, observar.

차멀미 mareamiento del coche.
차변(借邊)【상】 adeudo.
차별(差別) discriminación, segregación, distinción. ~하다 [A를 B와] discriminar (distinguir·diferenciar) [a] A de B. ~없이 sin distinciones, sin discriminación. …의 ~ a distinción de…. ~적 연사 palabras discriminantes. 남성과 여성을 ~하다 hacer discriminación entre hombres y mujeres. ~ 관세 derechos diferenciales. ~ 대우 trato desigual. ~대우하다 tratar a *uno* con discriminación. 미국 상품에 대한 ~ 대우 discriminación contra las mercancías norteamericanas.
차분하다 ser tranquilo (quieto·sereno).
차비(車費) preparación, provición, [의도] intención. ~하다 preparar, estar listo.
차색(茶色) moreno claro, castaño claro. ~의 castaño claro.
차석(次席) segundo puesto. ~을 점하다 ocupar el segundo puesto. 그는 ~으로 졸업됐다 Fue el segundo de su promoción. ~ 판사 juez adjunto.
차선(車線) carril.
차선책(次善策) segunda alternativa.
차압(差押) embargo, secuestro, incautación. ~하다 embargar, secuestrar, incautarse de *algo*. 그는 집을 ~당했다 Le embargaron su casa. ~을 해제하다 levantar el embargo. 밀수품에 대한 ~행하다 efectuar un embargo de los artículos de contrabando. ~ 물건 objeto embargado. ~ 재산 propiedad embargada.
차액(差額) diferencia. ~을 지불하다 [요금을] pagar el suplemento (la diferencia). 등급에 따라 ~을 지불하다 pagar la diferencia del aumento del sueldo. 매상에서 지출의 ~이 순익이다 La venta menos los gastos constituye la ganancia neta.
차양(遮陽) [모자의] visera, [창의] transparente, persianas.
차용(借用) préstamo, deuda. ~하다 pedir (tomar) *algo* prestado. 일금 10만원을 용한 김중식 Reconozco que debo la suma de cien mil wones. Guim Chungsic. ~어 palabra prestada, préstamo. 영어에서의 ~어 palabra tomada del inglés. ~자 prestatario; arrendatario. ~증서 certificado de una deuda.
차원(次元) dimensión. 같은 ~의 del mismo orden. ~이 다른 문제 cuestión de otro orden (de orden distinto). 삼 ~의 세계 espacio de la tercera dimensión.
차이(差異) diferencia, disparidad. ~가 없다 no hay diferencia.
차입금(借入金) préstamo por pagar.
차장(次長) subjefe, subdirector.
차장(車掌) cobrador. [철도의] revisor; 【남미】 conductor.
차점(次點) punto próximo. ~이 되다 [낙선자의 제 1위] ser el primero en la lista de los no elegidos.
차중(車中) ~에서 [자동차] en el coche; [열차] en el tren.
차차(次次) [점점] gradualmente, poco a poco, paso a paso.
차창(車窓) ventanilla. ~의 풍경 paisaje visto por la ventanilla del tren.
차체(車體) [자동차의] carrocería; [열차의] caja.
차축(車軸) eje de una rueda.
차출(差出) remitente. ~하다 presentar, ofrecer; [보내다] mandar, remitir, expedir.
차출인(差出人) remitente.
차츰차츰 gradualmente, paso a paso, poco a poco.
차표(車票) billete, 【남미】 boleto. ~를 사다 sacar un billete. ~을 조사하다 revisar un villete. 부산까지 2등 ~ 한 장을 주세요 Quiero un billete de segunda [clase] a Busán. 왕복. 편도 ~ billete de ida y vuelta. 편도 ~ billete de ida. 일등 (2등·3등) ~ billete de primera (segunda·tercera) [clase].
차호(次號) número siguiente (próximo). 이하 ~에 계속 Sigue en el número próximo. ~ 완결 Termina (El final aparecerá) en el número próximo.
차회(次回) próxima vez, vez siguiente. ~에 en próxima vez. ~의 próximo, siguiente. ~로 미루다 aplazar (diferir) *algo* para la vez siguiente.
착(着) [도착] llegada. 7월 5일 KAL편으로 로스엔젤레스 ~ llegada a Los Angeles por KAL el [día] cinco de julio.
착각(錯覺) ilusión. ~하다 forjar (concebir) una ilusión. ~을 일으키다 ilusionarse, producir una ilusión.
착검(着劍) [호령] ¡A la bayoneta! ~하고 a la bayoneta.
착공(着工) comienzo de la construcción (de la obra), puesta de la primera piedra puesta en obra. ~하다 comenzar la obra poner la primera piedra.
착란(錯亂) aberración, confusión, desorden. ~하다 estar confuso. ~ 상태에 있다 estar en un delirio. 정신 ~ aberración mental, delirio, trastorno del juicio. 정신 ~을 일으키다 tener (sufrir) un ataque de delirio.

착륙(着陸) aterrizaje. ~하다 aterrizar (tomar tierra) en un sitio. 공항에 ~하다 aterrizar (tomar tierra) en el aeropuerto. ~ 장치 aterrizador, tren de aterrizaje. ~등 luz de aterrizaje. 불시 ~ aterrizaje forzoso.

착복(着服) desfalco, malversación, substracción. ~하다 malversar, substraer, apropiarse [de] algo, desfalcar.

착상(着想) idea, inspiración. 비범한 ~ ingenio extraordinario. …에서 ~을 얻다 inspirarse en algo. 좋은 ~이다 Es una buena idea (una idea ingeniosa).

착색(着色) colocación; [채색] colorido. ~하다 colorar; colorear. 붉게 ~하다 colorar algo en rojo. ~유리 vidrio coloreado (de color). ~제 [materia] colorante.

착석(着席) ~하다 sentarse, tomar asiento. ~순으로 por orden de asiento. ~해 있다 estar sentado. ~해 주십시오 Siéntese, por favor.

착수(着手) comienzo, principio. ~하다 comenzar, empezar, poner en marcha algo. 일에 ~하다 poner manos a la obra, emprender una tarea. 5개년 계획에 ~하다 emprender un plan quinquenal.

착수(着水) amaraje, amerizaje. ~하다 amarar, amerizar.

착실(着實) ~ en seguro; [부단의] constante; [규칙적] regular. ~하게 seguramente; constantemente; regularmente.

착안(着眼) mira, puntería. ~하다 observar (percibir) algo. ~점 punto de vista, criterio.

착오(錯誤) equivocación, error.

착용(着用) ~하다 vestirse, ponerse. 제복을 ~하고 con el uniforme puesto. 예복을 ~할 것 El traje es de vigor.

착유(搾乳) [행위] ordeño. ~하다 ordeñar. ~하는 여인 ordeñadora. ~기 ordeñadero. ~장 lechería; [낙밀] ordeñadura.

착임(着任) entrada (puesta) en función. ~하다 entrar (ponerse) en función.

착잡(錯雜) complicación, intrincación. ~하다 [사건 등이] complicarse, intrincarse. ~한 complicado, intrincado. ~한 사건 asunto complicado. 그곳에서는 이해 관계가 ~하다 Allí se enredan los intereses.

착종(錯綜) ⇨ 착잡.

착지(着地) [체조] aterrizaje.

착착 paso a paso, progresivamente, regularmente. 공사는 ~ 진행되고 있다 Las obras avanzan paso a paso.

착취(搾取) explotación. ~하다 explotar, sacar utilidad de. ~계급 clase social explotadora. 피~계급 clase social explotada.

착탄(着彈) ~거리 alcance [de una bala]. ~거리 안에 있다 estar al alcance. ~거리 밖에 있다 estar fuera del alcance.

착하(着荷)【상】arribada (llegada) de mercancías. ~불 pago(a) pagar·a llegada segura.

착하 ser gentil (amable·bueno·virtuoso); [온순] ser manso (apacible).

찬가(贊歌) himno.

찬동(贊同) aprobación, apoyo, conformidad. ~하다 aprobar (apoyar) algo. 그 안은 전원의 ~을 얻었다 La propuesta consiguió la aprobación general. / Todos dieron su conformidad a la propuesta.

찬란(燦爛) brillantez, brillo, esplendor, lustre. ~한 brillante, glorioso, esplendido. ~한 문화 civilización gloriosa. ~한 보석 joya brillante.

찬미(贊美) exaltación, enaltecimiento. ~ 하다 exaltar, enaltecer, ensalzar. ~가 himno.

찬물 agua fría.

찬부(贊否) el pro o el contra, sí o no. ~를 묻다 poner a un voto, someter algo a la votación. ~ 표결을 하다 aprobar o desaprobar, votar sobre.

찬사(贊辭) elogio, alabanza; [과대한] ditirambo. ~를 드리다 hacer el elogio de algo·uno, alabar algo (a uno).

찬상(讚賞) admiración, aplauso. ~하다 admirar, aplaudir.

찬성(贊成) aprobación, conformidad, adhesión, consentiento. ~하다 aprobar algo, adherirse (dar su consentimiento) a algo·uno; [상태] estar de acuerdo con algo. ~을 구하다 (얻다) pedir (conseguir) el consentimiento (la aprbación) de uno. ~의 뜻을 표명하다 mostrar conformidad con algo·uno, declararse partidario de algo·uno. ~ 연설을 하다 pronunciar un discurso en favor de algo. 부친께서는 내 결혼에 ~이시다 Mi padre está de acuerdo con nuestro casamiento. 나는 그의 의견에 ~이다 Comparto su opinión. / Soy del mismo parecer que él./ Estoy conforme (de acuerdo) con él. 2/3 이상의 ~이 필요하다 Es preciso un quorum de más de dos tercios de la votación. ~ ! ¡Conforme!/ ¡De acuerdo!/ ¡Sí, señor! ~ 10표 반대 5표 였다 Hubo diez votos a favor y cinco en contra. ~자 partidario, adepto.

찬송(讚頌) alabanza, elogio, encomio, glorificación, admiración. ~하다 alabar,

찬술 glorificar. ~가 himno, salmo. ~가를 부르다 cantar himnos.

찬술 licor frío.

찬술(撰述) escritura, composición. ~하다 escribir, componer, compilar.

찬술(纂述) edición, compilación. ~하다 redactar, compilar.

찬양(讚揚) alabanza, admiración. ~하다 alabar, admirar.

찬연(燦然) brillantez. ~한 brillante. ~한 빛 luz brillante. ~히 빛나다 resplandecer, estar deslumbrante.

찬의(贊意) ~를 표하다 mostrar la conformidad (dar el consentimiento) a *algo*.

찬이슬 rocío frío.

찬장(饌欌) armario (alacena) [con anaqueles para guardar loza (comestibles)].

찬조(贊助) patrocinio. ~하다 patrocinar. ~원 sostenedor. ~회원 miembro cooperador.

찬탄(贊嘆) admiración, aplauso. ~하다 admirar, aplaudir.

찬탈(簒奪) usurpación. ~하다 usurpar, arrebatar. 왕위 ~자 usurpador del trono.

찰과상(擦過傷) desolladura, excoriación.

찰나(刹那) momento, instante. ~의 momentáneo. ~적 빠락 gusto momentáneo. ~주의 oportunismo.

찰상(擦傷) desolladura, excoriación.

찰흙 arcilla.

참¹ [참으로] realmente, verdaderamente, muy, mucho. ~ 춥다 Hace mucho frío hoy. 그 여자는 ~ 미인이다 Es muy guapa. 도와 주셔서 ~ 고맙습니다 Estoy muy agradecido por su ayuda./ Muchas gracias por su ayuda.

참² verdad, realidad; [성실] sinceridad, fidelidad; [사실] hecho.

참가(參加) participación, asistencia, intervención. ~하다 participar en *algo*, tomar parte en *algo*, intervenir en *algo*. 경영에 ~하다 participar en la dirección. ~국 país participante. ~자 participante (*m.f.*), partícipe (*m.f.*); [집합적] asistencia. 그 집회는 ~자가 많았다 Han sido muchos los participantes en esa concentración.

참고(參考) rereticia. ~하다 referir. ~로 하다 consultar, aconsejarse con (de) *algo*. 이 예는 나에게는 ~가 되지 않는다 Para mí no sirve este ejemplo. ~문헌 [집합적·리스트] bibliografía. ~서 libro de consulta. ~인 testigo; [전문가 등] asesor,ra. ~ 자료 documento de consulta, datos de referencia.

참관(參觀) vista. ~하다 vistar, inspeccionar. ~자 visitante (*m.f.*). 수업 ~ visita a la clase.

참극(慘劇) tragedia, evento trágico, catástrofe (*f.*), cataclismo.

참기름 aceite de sésamo.

참깨(植) ajonjolí, sésamo.

참나무(植) roble.

참다 aguantar, tolerar, soportar, tener paciencia, sufrir. ~ㄹ 수 있는 tolerable, sufrible. 참을성 있는 paciente. 치통을 ~ aguantar dolor de muelas.

참담(慘憺) ~한 desastroso, catastrófico. 그 계획은 ~한 결과로 끝났다 El plan ha dado un resultado desastroso (ha sido una catástrofe).

참렬(參列) asistencia, concurrencia. ~하다 asistir (concurrir) a *algo*. 장례식에 ~하다 asisitir a los funerales. ~ 자 asistente (*m.f.*); [집합적] asistencia, concurrencia.

참모(參謀) [oficial de] Estado Mayor. ~본부 Estado Mayor [General]. ~장 Jefe de Oficiales de Estado Mayor. ~총장 Jefe de Estado Mayor. 육군 ~총장 jefe del Estado Mayor del Ejército.

참배(參拜) culto. ~하다 ir a renir culto (ir a rezar) [a un templo]. ~자 adorador.

참사(參事) secretario, consejero. ~관 secretario, consejero.

참사(慘死) muerte trágica. ~하다 tener una mala muerte.

참사(慘事) catástrofe (*f.*), desastre. 대~를 일으키다 ocasionar un gran catástrofe.

참살(斬殺) degüello, decapitación. ~하다 degollar, decapitar.

참살(慘殺) carnicería, matanza sangriente (violenta); [다수의] mortandad. ~하다 hacer una carnicería, dar una muerte cruel a *uno*. ~ 시체 cadáver destrozado.

참상(慘狀) condición horrorosa, escena clamitosa (desastrosa), espectáculo terrible.

참새(조) gorrión.

참석(參席) asistencia, atendencia, presencia, participación. ~하다 atender, participar, asistir.

참신(斬新) ~한 nuevo, innovador; [창조적] original; [현대적] moderno. ~한 아이디어 idea original.

참여(參與) participación. ~하다 participar en. ~관 consejero.

참예(參詣) visita a un templo. ~하다 ir y rendir culto, visitar un templo. ~자 visitante.

참외 melón.

참으로 realmente, verdaderamente, efectivamente, qué. ~ 아름답다 ¡Qué hermosa!

참을성 paciencia. ~있는 paciente. ~있게 pacientemente, con paciencia.

참의원(參議員) Cámara Alta (de Senadores), Senado. ~의원 senador, miembro de Cámara Alta. ~의장 presidente de Cámara Alta.

참작(參酌) consideración, deliberación, referencia. ~하다 considerar, consultar, referir a, deliberar.

참전(參戰) participación en guerra. ~하다 tomar parte en la guerra, participar (intervenir) en la guerra.

참정권(參政權) derechos políticos; [투표권] derecho de voto. 부인에게 ~을 부여하다 conceder a las mujeres el derecho de voto.

참조(參照) comparación, referencia. ~하다 consultar, ver, cotejar. 5페이지를 ~하십시오 Véase la página cinco.

참패(慘敗) derrota completa. ~하다 derrotarse por completo, sufrir una derrota, ser derrotado.

참하다 ser apacible (de buen genio).

참하다(斬 —) degollar, decapitar.

참학(慘虐) crueldad, brutalidad, atrocidad, inhumanidad, ferocidad. ~하다 ser cruel (brutal·atroz·inhumano·feroz). ~한 행위 acto brutal.

참해(慘害) desastre, calamidad. 전쟁의 ~ calamidad de la guerra.

참형(慘刑) castigo cruel (terrible).

참호(塹壕) trinchera. ~을 파다 excavar (abrir) una trinchera.

참혹(慘酷) crueldad, brutalidad, atrocidad. ~하다 ser cruel (brutal·atroz).

참화(慘禍) desastre, catástrofe (f.), tragedia.

참회(懺悔) confesión, penitencia. ~하다 confesarse con uno de algo. ~를 듣다 confesar a uno, oir las confesiones a uno. 신에게 ~하다 confesarse a Dios. ~록 las confesiones. ~ 청문승 confesor.

찻삯 pasaje.

찻숟가락(茶 —) cucharilla.

찻잔(茶盞) taza [para café].

찻집(茶 —) salón (sala) de té, café, cafetería.

창 [구두의] suela.

창(槍) lanza, azagaya, venablo. ~으로 찌르다 alancear, atravesar (prendar) con lanza.

창(瘡) sífilis. ⇨ 창병.

창(窓) ventana. ~을 열다 abrir una ventana; [위로] subir una ventana. ~을 닫다 cerrar una ventana; [아래로] bajar una ventana. ~을 열어주시겠습니까 ¿Quiere usted abrir la ventana?/ Abra la ventana, por favor. ~을 열어도 좋습니까 ¿Podría (Puedo) abrir la ventana?

창가(唱歌) canto, canción. ~대 coro.

창간(創刊) publicación de una revista nueva. ~호 número inicial de una revista.

창건(創建) establecimiento, fundación, inauguración. ~하다 establecer, fundar, inaugurar.

창고(倉庫) almacén, depósito, sótano, granero, polvorín (화약의). ~료 almacenaje, bodegaje. ~지기 guardaalmacén.

창공(蒼空) cielo azul. ~을 날다 volar en el cielo.

창구(窓口) ventanilla.

창극(唱劇) *changguc*, ópera clásica coreana.

창기(娼妓) prostituta, ramera.

창기병(槍騎兵) lancero.

창끝 punta de lanza.

창녀(娼女) prostituta, ramera, puta.

창달(暢達) fluidez, afluencia, actividad, promoción.

창당(創黨) formación de un partido político. ~하다 formar (organizar) un partido político.

창도(唱道) abogacía. ~하다 abogar por, propagar.

창립(創立) fundación, establecimiento, instauración, creación. ~하다 establecer, fundar, instaurar, crear. 회사를 ~하다 fundar una empresa. ~5주년을 기념하다 celebrar el cincuentenario de la fundación. ~ 기념일 aniversario de la fundación. ~자 fundador.

창문(窓門) ventana. ⇨ 창.

창백(蒼白) palidez. ~한 pálido, lívido. 얼굴이 ~하다 ponerse pálido.

창병(瘡病) sífilis, enfermedad específica (venérea·infecciosa).

창부(倡夫) actor.

창부(娼婦) prostituta, ramera.

창살(窓 —) celosía, rastel. ~없는 감옥 prisión.

창상(創傷) cuchillada, herida.

창설(創設) establecimiento. ~하다 establecer, fundar.

창세(創世) creación del mundo. ~기【성경】Creación.

창시(創始) fundación, iniciación. ~하다 fundar; establecer. ~자 fundador.

창안(創案) idea (plan) original.

창업(創業) inauguración, fundación, establecimiento. ~하다 establecer, fundar.

창의(創意) iniciativa, originalidad. ~있는 creador. ~ 한 espíritu iniciativa, originalidad. ~력이 풍부한 사람 hombre de gran originalidad. 그는 ~력이 풍부하다 El tiene ideas originales.

창자(해) intestinos, tripa. ~의 intestinal de los intestinos.

창작(創作) creación; [작품] obra original. ~하다 crear, iniciar. ~가 autor creativo. ~력 poder creativo.

창조(創造) creación. ~하다 crear. ~력 poder creador.

창천(蒼天) cielo azul.

창파(滄波) oleada, ola grande.

창포(菖蒲)【식】ácoro, cálamo.

창피(猖披) vergüenza, ignominia, deshonra. ~하다 tener vergüenza, avergonzarse de.

창해(滄海) océano.

창호(窓戶) ventanas y puertas.

창황(倉皇) ~하게 aceleradamente, apresuradamente.

찾다 1 [발견하다] buscar. 사람을 ~ buscar a uno. 집을 ~ buscar una casa. 누구를 찾고 계십니까 ¿A quién busca usted?
2 [저금을] sacar.
3 [방문] visitar.
4 [사전을] consultar.

찾아내다 descubrir, buscar.

찾을모 mérito.

채[1] [북·장구의] baqueta (palillo·bolillo) de tambor.

채[2] [아직] incompleto, imperfecto, todavía [no] ; [겨우] sólo, solamente.

채(菜) entremés, ensalada vegetal.

채결(採決) votación, decisión. ~하다 poner a [la] votación, decidir por votación, votar. ~에 들어가다 proceder a la votación. ~의 결과 그 법률은 가결되었다 Por una mayoría de votos se ha aprobado el proyecto de ley.

채광(採鑛) explotación de las minas.

채광(採光) alumbramiento. ~이 좋은 bien alumbrado. 이 잘된 방 sala bien alumbrada. ~창 claraboya, tragaluz (pl.) (pl. tragaluces).

채굴(採掘) explotación [minera·de una mina]. ~하다 explorar [una mina]. 석유를 ~하다 explotar el petróleo. ~권 concesión minera.

채권(債券) bono; [집합적] obligaciones (f.pl) [공채] ~을 발행하다 emitir obligaciones. ~소유자 obligacionista (m.f.). 시(철도) ~ obligaciones municipales (de ferrocarril).

채권(債權) derecho de crédito; acreencia. ~국 nación acreedora. ~자 acreedor,-ra. ~자 회의 junta de acreedores.

채널 canal.

채록(採錄) ~하다 transcribir; [일부를] extractar.

채무(債務) deuda, débito, obligación, pasivo. ~의 불이행 incumplimiento de las obligaciones, falta de pago. ~의 초과 superioridad (exceso) del pasivo sobre el activo. ~를 이행하다 cumplir con las obligaciones. 100만원의 ~가 있다 tener la deuda de un millón de wones; [⋯에게] deber a uno un millón de wones. ~국 nación deudora. ~자 deudor.

채비(-備) preparación ⇨ 차비.

채산(採算) cálculo provechoso. ~을 맞추다 ser provechoso. ~이 맞는 provechoso, remunerador, lucrativo. ~이 맞지 않는 improductivo. 이 사업은 ~이 맞지 않다 Esta empresa es poco remuneradora.

채색(採色) coloración. ~하다 colorar, pintar.

채석(採石) labra de las piedras. ~장 cantera. ~인부 cantero.

채소(菜蔬) vegetales, legumbres, verduras.

채식(採食) dieta vegetal, régimen vegetariano, dieta (m.) fitógrafo. ~하다 vivir de vegetales. ~주의 vegetarianismo. ~주의의 vegetariano. ~주의자 vegetariano.

채용(採用)[채택] adoptación, uso; [고용] admisión, empleo; [임용] nombramiento. ~하다 admitir, emplear; adoptar, usar. 공업화 정책을 ~하다 adoptar la política de industrialización. 그는 은행에 ~되었다 Fue admitido (Se colocó) en un banco. 한국에서는 미터법이 ~되고 있다 En Corea se usa el sistema métrico. ~ 규준 condiciones de admisión. ~ 시험 examen de admisión (de colocación); [공무원 동의] oposiciones (f.pl.). ~ 신청 aplicación para el empleo. ~ 인원 número de personas que se admiten. ~ 통지 [carta de] aviso de admisión.

채우다[충만] llenar; [기한을] cumplir; [욕심을] satisfacer.

채원(菜園) huerta.

채점(採點) marcación. ~하다 marcar. ~표 tarjeta de marcar.

채집(採集) colección. ~하다 coleccionar, hacer colección de algo. 곤충을 ~하다 coleccionar insectos. ~가 coleccionista (m.f.); coleccionador,-ra; colector,-ra.

채찍 látigo, azote, zurriago. ~질 acción de azotar, flagelación. ~질하다 azotar, dar un latigazo, dar azotes, dar con vergas, flagelar.

채취(採取) extracción. ~하다 extraer, sacar, tomar, coger. 지문을 ~하다 tomar las huellas dactilares. 혈액을 ~하다 extraer la sangre.

채탄(採炭) extracción de carbón [de piedra] . ~량 producción de carbón. ~부 minero de carbón.

채택(採擇) adoptación. ~하다 adoptar.

책(册) libro, tomo; [작품] obra. ~을 쓰다 escribir un libro. ~을 읽다 leer un libro. ~을 내다 publicar un libro. ~을 넘기다 hojear las páginas de un libro. ~고 biblioteca. ~무명 cubierta. ~방 librería. ~장 armario. ~ 제목 título del libro.
책(責) [책임] responsabilidad; [책망] reproche. ~하다 reprochar, vituperar.
책(策) plan, proyecto, designio.
책꽂이(册－) armario (estante) para libros.
책권(册券) tomo, libro. 그는 ~이나 가졌다 El tiene muchos libros.
책동(策動) maniobra, intriga. ~하다 maniobrar. ~자 intrigante.
책략(策略) artificio, ardid, estratagema, treta. ~으로 por estratagema.
책력(册曆) almanaque, calendario.
책망(責望) reproche. ~하다 reprochar, vituperar.
책무(責務) deber, obligación. ~를 이행하다 cumplir [con] *su* s deber [es].
책방(册房) librería.
책사(册肆) librería.
책사(策士) hombre de recursos, táctico; [책모가] intrigante (m.f.), maquiavelista (m.f.). ~을 쓰다 usar una treta, valerse de un artificio.
책상(册床) mesa; [공부 책상] pupitre, mesa de estudio; [사무용] escritorio. ~보 mantel.
책임(責任) responsabilidad; [의무] deber. ~있는 responsable. ~을 회피하다 evadir la responsabilidad. ~감 espíritu de responsabilidad. ~자 persona responsable.
책자(册子) libros, folleto
책장(册欌) estante para libros.
책장(册張) hoja. ~을 넘기다 hojear.
책점(册店) librería.
챔피언 campeón; [선수권 보유자] poseedor del título.
챙 visera.
챙기다 [모으다] coleccionar; [짐 꾸리다] enfardelar, empaquetear, hacer el baúl, arreglar el paquete.
처(處) lugar, sitio; [기구] oficina.
처(妻) mujer, esposa, señora. ~부모 suegros, padres políticos.
처결(處決) desición, disposición. ~하다 decidir.
처남(妻男) cuñado, hermano político.
처녀(處女) virgen, doncella. ~의 virginal. ~작 obra virgen. ~ 항해 navegación virgen.
처단(處斷) decisión, disposición. ~하다 decidir, castigar.
처덕(妻德) ayuda de *su* esposa, virtud de una esposa.

처량(悽凉) ~하다 ser melancólico (solitario · triste). 처량한 심사 humor melancólico.
처럼 como, de, como sí, tan… como, tanto … como. 눈~ 희다 ser tan blanco como la nieve. 물은 수정~ 맑다 El agua es tan clara como el cristal. 그는 억만장자나 된 것~ 말한다 El dice como si fuera billonario.
처리(處理) despacho, manejo. ~하다 disponer, tratar.
처마 socarrén, alero (ala) de tejado.
처먹다 devorar, tragar, engullir, comer con avidez (con voracidad).
처모(妻母) suegra.
처방(處方) receta. ~을 쓰다 escribir una receta, recetar. 약국에 이 ~을 가지고 가십시오 Lleve esta receta a la farmacia.
처벌(處罰) castigo, pena. ~하다 castigar.
처부모(妻父母) padres de *su* esposa, suegro, padre político.
처분(處分) disposicion; [처벌] castigo. ~하다 disponer; castigar.
처삼촌(妻三寸) tío de *su* esposa.
처세(處世) manera de vivir. ~술 sabiduría mundanal.
처소(處所) [장소] lugar, sitio; [거처] residencia. 임시 ~ residencia temporaria.
처신(處身) conducta (proceder). ~하다 oprceder, obrar, conducirse, comportarse, portarse. ~이 단정하다 ser de buena conducta (de buenas maneras). ~이 나쁘다 portarse mal, ser de mala conducta.
처우(處遇) trato, tratamiento. ~하다 tratar.
처음 primero, comienzo; [기원] origen. ~의 primero, inicial, original. ~으로 primero, en priemr lugar, al principio,en el principio. ~에 al principio.
처자(妻子) *su* mujer y sus hijos; [가족] *su* familia. ~가 있는 남자 hombre casado y con hijos. ~를 부양하다 sostener a la familia.
처자(處子) doncella, señorita, virgen.
처절(悽絶) ~한 horrible, horrendo. ~한 광경 escena horrible.
처제(妻弟) cuñada, hermana política.
처조모(妻祖母) abuela de *su* esposa.
처조부(妻祖父) abuelo de *su* esposa.
처조카(妻－) sobrino de *su* esposa.
처족(妻族) parientes (familia) de *su* esposa.
처질(妻姪) sobrina de *su* esposa.
처참(悽慘) ~한 horrible, horrendo, espantoso, calamitoso, lastimoso, lastimero. ~하게 보이다 tener aspecto lastimoso.
처첩(妻妾) esposa y concubina.
처치(處置) disposicion, remedio. ~하다

처형(妻兄) cuñada, hermana política.
처형(處刑) pena, castigo. ~하다 penar.
척(尺) regla.
척도(尺度) medida, regla de medir, barómetro, index.
척수(脊髓) médula espinal.
척추(脊椎)【해】 vértebra, espina dorsal. ~의 espinal.
척추골(脊椎骨) vértebra.
척후(斥候) patrulla. ~하러 가다 patrullar. ~장(長) jefe de patrullas.
천 [피륙] paño, tela.
천(千) mil. 2 ~의 학생 dos mil alumnos. ~분의 uno milésimo. ~배 mil veces.
천거(薦舉) recomendación. ~하다 recomendar.
천견(淺見) poco conocimiento, mi opinión (vista).
천계(天界) cielo.
천계(天啓) revelación divina.
천고(千古) eternidad. ~불멸의 eterno, inmortal.
천공(天空) cielo.
천공(穿孔) perforación. ~하다 taladrar, barrenar, agujerear. ~기 perforador, taladro.
천구(天球) firmamento, bóveda celestre, esfera celestial. ~의(儀) globo celeste.
천국(天國) cielo, paraíso. ~의 paradisíaco, celestial. ~에 가다 ir al paraíso. 이 세상의 ~ paraíso terrenal. 이 도시는 젊은이의 ~이다 Esta ciudad es un paraíso para los jóvenes.
천금(千金) mucho dinero, fortuna. ~을 주고도 사지 못할 물건 artículo inestimable.
천기(天氣) tiempo. ~가 좋다 Hace buen tiempo. ~가 나쁘다 Hace mal tiempo. ~예보. pronóstico del tiempo.
천녀(天女) ángel, hurí(회교의).
천년(千年) mil años.
천당(天堂) paraíso, cielo. ~가다 ir al paraíso, morir, fallecer.
천대(賤待) maltratamiento. ~하다 tratar mal, maltratar.
천도교(天道敎) religión de *Chondoguio*.
천동(天動) trueno.
천동설(天動說) sistema geocéntrico (de Ptolomeo- de Tolomeo), teoría [p]tolemaica.
천둥 trueno. ~치다 tronar, retumbar el trueno. ~이 떨어지다 caer el rayo.
천리안(千里眼) doble vista. ~을 가진 사람 clarividente.
천막(天幕) tienda [de campaña], pabellón, toldo; 【남미】 carpa. ~을 치다 poner pabellón, poner (armar) tiendas de campaña, poner un toldo. ~을 치우다 quitar (desarmar) el pabellón (el toldo). ~ 생활을 하다 vivir en tienda de campaña.
천만(千萬) diez millones; [무수] millares, [부사적] muchísimo. ~의 말씀입니다 De nada./ No hay de qué./ [미안합니다에 대한] No importa./ De ningún modo./ De ninguna manera.
천만년(千萬年) diez millones de años.
천만다행(千萬多幸) muy buena suerte. ~이다 tener muy buena suerte. ~으로 por fortuna, por dicha, dichosamente.
천만의외(千萬意外) gran sorpresa.
천명(天命) providencia, destino. ~을 알다 resignarse al destino.
천명(闡明) proclamación, clarificación. ~하다 clarificar, poner claro, aclarar, proclamar.
천문(天文) astronomía. 손해가 ~학적 숫자에 달하고 있다 Las pérdidas ascienden a cifras astronómicas. ~대 observatorio astromómico. ~학 astronomía. ~학적 astronómico. ~학자 astrónomo.
천박(淺薄) frivolidad. ~한 frívolo, somero. ~한 지식 sabiduría superficial.
천벌(天罰) justo castigo de Dios.
천변(川邊) orilla de un río, ribera. ~에 a lo largo de un río.
천변(天變) calamidad natural.
천부(天賦) naturaleza ínsita. ~의 innato, inherente, natural, de nacimiento. ~의 재능 talento natural.
천분(天分) naturaleza, dote. ~이 있는 ingenioso, talentoso.
천사(天使) ángel, serafín; 【대천사】 arcángel, heraldo de Dios. ~같은 angelical, angélico, seráfico. 수호의 ~ ángel de la guarda, angel custodio.
천상(天上) paraíso, cielo. ~의 celeste. ~제 mundo celestial. ~천하유아독존 Solamente mi persona es sagrada en todo el universo./ Santo soy yo sólo en el cielo y en la tierra.
천성(天生) [부사적] por naturaleza. ~의 natural.
천석(泉石) agua y piedras.
천석꾼(千石-) propietario rico.
천성(天性) naturaleza, disposición natural, temperamento [natural]. ~의 innato. 습관은 제2의 ~이다 La costumbre es otra naturaleza./ Es hábito es una segunda naturaleza.
천수(天壽) ~를 다하다 morir a una edad avanzada de muerte natural.
천수(泉水) lago y arroyuelo de jardín.
천시(賤視) desprecio, menosprecio. ~하다 despreciar, menospreciar.

천연(天然) naturaleza. ~의 natural; [야생의] salvaje, silvestre. ~[액화]가스 gas natural [líquido]. ~ 기념물 monumento natural, especies raras protegidas por la ley. 이 동물은 ~기념물이다 Este animal está protegido por la ley. ~색 color natural, tecnicolor. ~색 사진 (영화) fotografía (película) en tecnicolor. ~자원 recursos naturales. ~진주 (섬유) perla (fibra) natural.

천연두(天然痘) viruelas. ~ 예방 확진 vacuna antivirolenta.

천왕성(天王星) Urano.

천우(天佑) gracia a Dios, gracia divina.

천의(天意) voluntad del cielo (divina), Providencia.

천인(天人) angel. ~의・~같은 angelico.

천일야화(千一夜話) Mil y una Noche.

천자(天子) emperador, soberano; [하늘의 아들] Hijo del Cielo.

천자(天資) ⇒ 천품 (天票).

천장(天障) techo. 둥근 ~ cúpula, domo.

천재(天災) calamidad (desastre)natural, estragos naturales. ~지변을 당하다 sufrir (padecer) una calamidad natural, ser atacado por un desastre natural.

천재(天才) [재능] genio, talento extraordinario; [사람] hombre genial (de genio); prodigio. ~적인 genial. 그는 어학의 ~이다 Es un prodigio en (para) las lenguas. 그녀는 ~적 시인이다 Es una poetisa genial. ~ 교육 educación para desarrollar las aptitudes de los niños particularmente dotados. ~ 소년 niño prodigio.

천재(千載) mil años. ~일우의 기회 oportunidad para. 이름을 ~에 남기다 ganar la fama inmortal.

천적(天敵) enemigo natural.

천정(天井) techo. ~이 높은 (낮은) 방 habitación de techo alto (bajo). ~이 높은 지 모르고 오르는 값의 앙등 alza de los precios que no conoce el límite (no tiene límite).

천정(天頂) cenit, zenit.

천제(天帝) Dios, Providencia.

천주(天主) Dios, Nuestro Señor. ~교 religión católica romana, catolicismo. ~교도 católico.

천지(天地) cielo y tierra; [세계] universo, mundo; [영역] esfera. 거짓말하지 않는다는 것을 ~신명께 맹세한다 Juro al cielo que no miento. ~ 창조 La Creación.

천직(天職) [직업의] vocación, profesión; [사명] misión.

천진난만(天眞爛漫) ~한 ingenuo, cándido, inocente, simple.

천창(天窓) claraboya, tragaluz.

천천히 lentamente, gradualmente. ~ 말하다 (걷다) hablar (andar) lentamente. 좀 더 ~ 말씀해 주십시오 Hable más despacio. ~ 하십시오 No se dé prisa./ No tenga prisa.

천체(天體) astro, cuerpo celeste. ~ 관측 observación astronómica. ~ 관측을 하다 hacer observaciones astronómicas. ~망원경 telescopio astronómico.

천초(天草) alga roja, agar-agar.

천추(千秋) mil años, muchos años.

천축(天竺) India.

천치(天癡) idiota, torpe, tonto, bobo.

천편일률(千篇一律) monotonía. ~의 monótono.

천평칭(天平稱) balanza.

천품(天票) disposición natural.

천하(天下) país entero, mundo. ~에 bajo el cielo. ~ 일품의 sin par, único en el mundo.

천하다(賤하─) [신분] humilde, bajo, vulgar. 천한 말투 expresión vulgar.

천하명창(天下名唱) cantor excelente, cantor mundialmente famoso.

천하일품(天下一品) único artículo.

천학(淺學) sabiduría superficial.

천행(天幸) buena suerte (fortuna). ~으로 por fortuna, por dicha, dichosamente.

천형병(天刑病) lepra. ~자 leproso.

천황(天皇) emperador; [여제] emperatriz. ~제(制) régimen imperial.

천후(天候) tiempo. ~의 급변 cambio abrupto (repentino) del tiempo. 전~ 전투기 cazador para todo tiempo.

철¹ [계절] estación. 여름 ~ verano. ~이른 (늦은) 사과 manzanas tempranas (tardías). 제~이 아닌 intempestivo, fuera de sazón. 사 ~ cuatro estaciones; [부사적] todo el año, siempre.

철² discreción, prudencia. ~이 없다 ser indiscreto.

철(鐵) hierro, fierro. ~의 de hierro, ferroso.

철강(鐵鋼) hierro y acero. ~업 industria siderúrgica, siderurgia. ~ 제품 productos siderúrgicos.

철갱(鐵坑) mina de hierro.

철거(撤去) abolición, evacuación. ~하다 quitar, retirar, apartar, remover; [해체] desmontar, desmantelar. 기지를 ~하다 desmantelar una base militar. 장애물을 ~하다 quitar (remover) un obstáculo de un sitio.

철골(鐵骨) armazón de hierro. ~ 건축 edificio de (construcción con)armazón de hierro.

철공소(鐵工所) herrería, fundición de hierro.

철공장(鐵工場) fundería.
철관(鐵管) tubo (cañería) de hierro.
철광(鐵鑛) minerales de hierro. ~석 mineral [es] (mena) de hierro.
철교(鐵橋) puente de hierro; [철도의] puente de vía férrea.
철근(鐵筋) cinchuela de acero. ~ 콘크리트 hormigón armado, cemento armado.
철기(鐵器) utensilios de hierro, artículos de ferretería. ~ 시대 edad de hierro.
철도(鐵道) ferrocarril, vía férrea. ~의 ferroviario; 【남미】ferrocarrilero. ~를 부설하다 construir un ferrocarril. ~편으로 por ferrocarril, por tren. ~편으로 가다 tomar el tren, ir por ferrocarril (en tren). ~편으로 보내다 mandar *algo* por ferrocarril. 이 도시로 ~가 나가다 El ferrocarril pasa por esta ciudad. A시와 B시 사이에는 ~가 통하고 있다 Las ciudades de A y B están comunicadas por el ferrocarril. ~자살을 하다 suicidarse arrojándose al tren. ~공사 obras de ferrocarril. ~공안원 agente (oficial) de seguridad ferroviaria. ~ 도(渡) franco sobre vagón. ~노선 vía férrea. ~망 red ferroviaria (de ferrocarriles), sistema ferroviario. ~ 사고 accidente ferroviario (de ferrocarril). ~ 수송 transporte ferroviario. ~ 시각표 guía [de horario] de ferrocarriles, horarios de trenes. ~ 안내소 oficina de información de ferrocarriles; 【서반아】 oficina de la RENFE. ~ 운임 [여객의] precio del billete; [화물의] precio de transporte. ~운임표 tarifa ferroviaria (de [l] transporte). ~원 oficial (empleado) de ferrocarriles; [내부] guardavía (*m*.). ~ 화물 인환증 conocimiento de embarque por ferrocarril. 시베리아 ~ Ferrocarril Transiberiano.
철두철미(徹頭徹尾) [완전히] perfectamente, completamente, en todo, enteramente; [시종] desde el principio hasta el fin, de un extremo a otro.
철로(鐵路) ferrocarril. ⇨ 철도.
철리(哲理) filosofía, principios filosóficos.
철망(鐵網) calibrador de alambre.
철면피(鐵面皮) sinvergüenza, descaro. ~한 descarado, sinvergüenza, desvergonzado. ~하게도 desvergonzadamente, descaradamente. ~하게도 …하다 tener el descaro de + *inf*.
철모(鐵帽) yelmo (casco) [de hierro].
철문(鐵門) puerta de hierro.
철물(鐵物) artículos de ferretería, herraje.
철벽(鐵壁) ~ 수비 posición inatacable, defensa perfecta (inexpugnable).
철병(撤兵) retirada de tropas, evacuación. ~하다 retirarse de (evacuar) *un sitio*. 미군은 베트남에서 ~했다 Las tropas estadounidenses se retiraron de (evacuaron) Vietnam.
철봉(鐵棒) barra de hierro; 【체조】 barra fija (horizontal). ~을 하다 hacer ejercicios en una barra fija.
철사(鐵絲) alambre. ~ 세공 enrejado, alambrado.
철분(鐵分) ~을 함유한 ferruginoso.
철분(鐵粉) limaduras de hierro.
철새 pájaro migratorio.
철선(鐵線) alambre de hierro.
철수(撤收) retirada, recogida. ~하다 retirar [se], remover.
철야(徹夜) trasnoche, toda la noche. ~하다 trasnochar, velar toda la noche, pasar la noche en vela. ~의 일 trabajo de toda la noche. ~로 …하다 pasar toda la noche + 「현재분사」, pasar la noche sin dormir + 「현재분사」. ~공부하다 estudiar toda la noche. 일 때문에 ~하다 pasar varias noches en vela trabajando.
철인(鐵人) filósofo; [현인] sabio.
철재(鐵材) [materiales de] hierro.
철저(徹底) ~하다 penetrar hasta el fondo. ~한 íntegro, de todo en todo. ~하게 integramente, a fondo.
철제(鐵製) ~의 de hierro, férreo; [강철제의] de acero.
철조망(鐵條網) alambrada con (de) púas. ~을 치다 tender el alambrada.
철책(鐵柵) barrera (valla) de hierro.
철칙(鐵則) regla de hierro, norma invariable (inmutable · de hierro). 손님에게 친절한 것은 장사의 ~이다 Tratar bien a los clientes es una norma de hierro en los negocios.
철탑(鐵塔) torre de hierro.
철퇴(撤退) evacuación, retirada. ~하다 evacuar, retirarse de. 도시를 ~하다 retirarse de (evacuar) la ciudad. 부대를 ~시키다 retirar una tropa.
철퇴(鐵槌) martillo. ~를 내리다 dar un golpe terrible a *uno*; [벌하다] castigar a *uno* severamente.
철판(鐵板) plancha (chapa) de hierro; [엷은] lámina de hierro. 쇠고기 ~ 구이 carne de vaca asada a la plancha.
철편(鐵片) trozo (pedazo) de hierro.
철폐(撤廢) abolición, derogación, eliminación, supresión. ~하다 abolir, suprimir. 법률을 ~하다 abolir una ley. 세한을 ~하다 quitar (suprimir) una restricción. 노예제도의 ~ abolición de la esclavitud.
철필(鐵筆) estilo, pluma de acero; [조각용] buril, cincel.

철하다(綴―) deletrear, componer, archivar.
철학(哲學) filosofía. ~적 filosófico. ~적으로 filosóficamente. 그에게는 독특한 인생 ~이 있다 Tiene su propia filosofía de la vida./ Tiene sus propias ideas sobre la vida. ~자 filósofo.
철혈(鐵血) sangre e hierro. ~재상 el Canciller de hierro.
철회(撤回) retirada, retractación; 【법】 revocación, derogación. ~하다 retractar, retirar. 처분을 ~하다 revocar una disposición. 그는 말한 것을 ~했다 Retiró lo que había dicho./ Se retractó de lo dicho.
첨가(添加) adición, añadidura. ~하다 agregar, añadir, adicionar, anexar. ~물・~제 aditivo.
첨부(添附) añadidura, adición. ~하다 [A를 B에] adjuntar (acompañar) B a A. 신청에 주민표의 복사를 ~해야한 La solicitud debe ir acompañada por (de) una copia del registro de domicilio. ~서류 documentos adjuntos.
첨삭(添削) corrección, revisión. ~하다 corregir, revisar.
첨서(添書) [소개장] carta de presentación.
첩(妾) concubina.
첩(帖) paquete.
첩(帖) álbum.
첩경(捷徑) [지름길] atajo; [쉬운 길] camino más corto.
첩보(捷報) noticia de una victoria.
첩보(諜報) espionaje. ~기관 organización de espionaje, servicio de inteligencia. ~부원 agente secreto. ~활동 espionaje.
첩실(妾室) concubina.
첩자(諜者) espía, agente secreto.
첫- primero, nuevo.
첫가을 otoño temprano.
첫걸음 [걸음] primer paso, comienzo; [초보・기본] primeros principios, ideas fundamentales, rudimentos.
첫겨울 invierno temprano.
첫날 primer día.
첫날밤 noche nupcial.
첫눈 [일견] primera vista. ~에 a primera vista. 나는 그녀에게 ~에 반했다 Estuve enamorado de ella a primera vista.
첫눈 primera nieve de la estación.
첫돌 primer aniversario.
첫딸 primera hija.
첫머리 [시작] comienzo.
첫번(一番) primera vez. ~에는 primero, al principio. ~부터 desde el principio. ~째로 por primera vez. ~ 경험 primera experiencia. ~ 시험 primer examen.
첫봄 primavera temprana.
첫사랑 primer amor, *su* primer querido. ~에 빠지다 estar enamorado por primera vez.
첫서리 primera escarcha.
첫아들 primer hijo.
첫얼음 primer hielo.
첫여름 verano temprano.
첫이레 día séptimo después del nacimiento de un infante.
첫인상 primera impresión.
첫정(-情) primer amor.
첫째 primero, número uno. ~의 primero, primario. ~로 primero, en primer lugar, sobre todo, principalmente. ~로 시간을 지켜라 Sobre todo, debes ser puntual.
첫추위 primer frío del invierno.
첫판(一版) primera edición. 책의 ~을 발간하다 publicar primera edición de un libro.
첫해 primer año. 서반아 생활의 ~ primer año de mi vida en España.
첫혼인(-婚姻) primer casamiento (matrimonio).
청(靑) [color] azul.
청(請) petición, ruego, súplica. ~하다 rogar, pedir, suplicar, solicitar. 대답을 ~하다 pedir una contestación (una respuesta).
청(廳) salón, sala, edificio. ~사 edificio gubernamental. 시~ palacio municipal, ayuntamiento. 중앙~ capitolio.
청각(聽覺) oído, sensación auditiva. ~이 예민하다 tener el oído fino. ~기관 órganos de audición.
청강(聽講) asistencia a un curso. ~하다 asistir a una cátedra, asistir a un curso, seguir los cursos. ~생 estudiante fuera de la carrera, oyente (*m.f.*).
청결(淸潔) limpieza, aseo. ~한 limpio. ~하게 limpiamente. ~히 하다 limpiar, tener limpio.
청과(靑果) legumbres y frutas. ~점 verdulería. ~장수 verdulero.
청교도(淸敎徒) puritano.
청구(請求) petición, demanda. ~하다 pedir, demandar. ~서 nota de demanda. ~자 demandante.
청년(靑年) joven; [집합적] juventud. ~의 juvenil. ~기 adolescencia. ~단 asociación de jóvenes. ~ 시대 juventud.
청동(靑銅) bronce. ~의 broncíneo.
청량 음료수(淸凉飮料水) refresco.
청력(聽力) potencia auditiva, poder de oído. ~하다 ~계 audiómetro.
청렴(淸廉) integridad. ~하다 ser honesto.
청록(靑綠) ⇒고구나니.
청룡(靑龍) dragon azul.
청명(淸明) serenidad, claridad. ~한 claro. ~한 하늘 cielo claro. ~한 일기 tiempo

청문(聽聞) ~회 audiencia.
청밀(淸蜜) miel (f.).
청백(淸白) integridad. inocencia. puridad. ~한 honesto, inocente.
청부(請負) contrato. ~하다 contratar. ~공사 obra de contrato. ~인 contratista (m.f.).
청빈(淸貧) pobreza honrada.
청사(靑史) historia.
청사(靑絲) hilo azul.
청사(廳舍) edificio gubernamental.
청사진(靑寫眞) heliografía, diseño.
청산(淸算) liquidación. ~하다 liquidar. ~인 liquidador.
청산(靑酸) ácido prúsico. ~가리 cianuro de potasio.
청산유수(靑山流水) fluidez, afluencia, facundia, elocuencia. ~같이 con afluencia (facundia · abundancia) de expresiones.
청상(靑孀) ⇨ 청상 과부.
청상(靑孀 靑孀寡婦) viudita, viuda joven.
청색(靑色) color azul (verde), azul, verde.
청서(淸書) copia en limpio. ~하다 hacer copia en limpio.
청석(靑石) piedra azul.
청소(淸掃) limpieza, limpia [dura]. ~하다 limpiar.
청소년(靑少年) juventud.
청송(靑松) pino verde.
청수(淸水) agua fresca y clara.
청신(淸新) frescura, novedad. ~한 fresco, nuevo.
청신경(聽神經) nervio acústico.
청실(靑-) hilo azul.
청야(淸夜) noche clara.
청어(靑魚) [어] arenque, clupea.
청옥(靑玉) zafir, zafiro.
청와대(靑瓦臺) Cheongwade, Casa Azul.
청요리(淸料理) plato chino, comida china.
청우(晴雨) que llueva o no, con bueno o mal tiempo. ~에도 불구하고 que llueva o no, con bueno o mal tiempo.
청우계(晴雨計) barómetro.
청운(靑雲) [구름] nubes azules; [고위] alto rango. ~객 hombre ambicioso.
청원(請願) petición. ~하다 suplicar. ~서 petición escrita.
청음(淸音) consonante muda.
청자(靑瓷) chongja, cerámica tradicional coreana, cerámica [coreana].
청중(聽衆) auditorio; asistencia, oyente, concurrencia. 그의 연주는 ~을 감동시켰다 Su actuación entusiasmó el auditorio.
청진(聽診) auscultación, estetoscopia. ~하다 auscultar. ~기 estetoscopio, fonendoscopio.
청천(靑天) cielo azul.
청천(晴天) buen tiempo.
청첩장(請牒狀) [carta de] invitación. ~을 내다 mandar (enviar) una invitación. ~을 받다 recibir una invitación, ser invitado.
청초(淸楚) hermosura, pulidez, elegancia. ~한 lindo, pulido, bonito.
청춘(靑春) juventud, primavera de la vida. ~기(期) adolescencia.
청취(聽取) audición [라디오의] escucha. ~하다 escuchar; [사정 등을] oir, atender. 증인들로부터 사정을 ~하다 oir las declaraciones de los testigos. ~자 oyente. 라디오 ~자 radioyente (m.f.) radioescucha (m.f.).
청컨대(請-) por favor, Yo quiero, Yo espero.
청탁(請託) petición, ruego, súplica, solicitud. ~하다 pedir, rogar, suplicar.
청하다(請-) [부탁] pedir; [간청] rogar, suplicar; [초빙] invitar.
청혼(請婚) propuesta de matrimonio. ~하다 proponer.
체¹ criba, cribo, tamiz.
체² pretensión, pretexto. ~하다 pretender.
체감(遞減) decrecimiento (descenso) gradual (progesivo), disminución progresiva (gradual). ~하다 disminuir (descrecer; descender) gradualmente (sucesivamente). 원거리 ~법 [운반 등의] tarifa decreciente.
체격(體格) constitución, complexión física. ~이 좋은 de buena constitución, bien complexionado. ~이 좋다 ser de robusta (fuerte) complexión. ~이 나쁘다 ser de complexión débil. ~ 검사 examen físico [del cuerpo].
체결(締結) concertación. ~하다 concertar, concluir. 조약을 ~하다 concertar un tratado. 계약을 ~하다 concluir un contrato.
체계(體系) sistema (m.). ~적인 sistemático. ~적으로 sistemáticamente. ~를 세우다 sistematizar.
체공(滯空) ~기록 récord de autonomía de vuelo. ~ 비행 autonomía de vuelo. ~ 시간 duración de vuelo.
체구(體軀) constitución, complexión física. ~가 좋다 ser robusta (fuerte) complexión. ~가 나쁘다 ser de complexión débil. ~가 당당한 사람 hombre de constitución robusta.
체납(滯納) retraso en el pago. ~하다 no pagar algo en el plazo determinado, retrasar el pago de algo. ~금 atrasos, pagos atrasados (pendientes).

체내(體內) interior del cuerpo. ~의 혈액 sangre [de circulación] interior.

체념(諦念) resignación, renuncia, renunciación. ~하다 resignar, renunciar.

체능(體能) aptitud física.

체득(體得) experiencia de sí mismo. ~하다 dominar algo (la manera de + inf.), conocer por la experiencia.

체력(體力) fuerza física, vigor. ~을 기르다 desarrollar su fuerza física. ~이 강해지다 vigorizarse, ponerse fuerte. ~이 쇠하다 perder su vigor. ~을 회복하다 recobrar su vigor. ~ 개선 mejoría de la fuerza corporal.

체류(滯留) estancia, permanencia. ~하다 estar (permanecer·residir por algún tiempo) en un sitio. 호텔에 ~하다 hospedarse (alojarse) en un hotel. 바르셀로나에 ~중에 durante la estancia en Barcelona. 나는 마드리드에 1개월 ~할 예정이다 Pienso estar (quedarme) un mes en Madrid. ~비 gastos de estancia. ~지 lugar de permanencia.

체면(體面) [경판] reputación; [위신] dignidad; [명예] honra. ~을 더럽히다 perjudicar la dignidad. ~을 중시하다 tener sentido de honor. ~을 유지하다 guardar el decoro.

체모(體貌) ⇨ 체면.

체벌(體罰) castigo corporal. ~을 가하다 aplicar (imponer·infligir) a uno un castigo corporal.

체부(遞夫) cartero.

체신(遞信) comunicaciones. ~부 Ministerio de Comunicaciones. ~부 장관 ministro de Comunicaciones.

체액(體液) humores (m.pl.).

체온(體溫) temperatura del cuerpo. ~을 재다 tomar (medir) la temperatura del cuerpo. ~이 내린다 (오른다) Baja (Sube) la temperatura del cuerpo. 환자의 ~은 38도 5분이다 La temperatura del enfermo está a treinta y ocho y medio. ~계 termómetro [clínico]. ~ 조절 termorregulación.

체위(體位) condición física; [체격] estado físico; [자세] postura. ~ 향상 progreso físico de cuerpo.

체육(體育) atletismo; [스포츠] deporte; [교과] formación física. ~의 날 día de los deportes. ~관 gimnasio. ~ 시설 instalaciones deportivas. ~회 asociación atlética. 국민 ~대회 fiesta nacional de atletismo.

체재(滯在) ⇨ 체류.

체재(體裁) apariencia, estilo. ~가 나쁜 de mala apariencia, mal aparecido. ~가 좋은 de buena apariencia, bien parecido. ~를 지키다 cubrir (guardar) las apariencias.

체적(體積) volumen; [용적] capacidad. ~을 달다 medir el volumen de algo. ~은 2 입방미터이다 El volumen es de dos metros cúbicos.

체제(體制) régimen. 신 ~를 확립하다 establecer un nuevo régimen. 안데스 공동 시장의 경제 ~ régimen económico del Mercado Común Andino. 전시 ~ sistema en guerra.

체조(體操) gimnasia, gimnástica, ejercicios físicos (gimnásticos). ~하다 hacer gimnasia. ~ 경기 competiciones gimnásticas. ~ 선수 gimnasta (m.f.). ~장 gimnasio.

체중(體重) peso del cuerpo. ~이 불어나다 (준다) aumentar(disminuir) de peso. ~을 달다 pesar a uno; [자신의] pesarse. ~이 60킬로이다 pesar sesenta kilos. ~이 얼마입니까 ¿Cuánto pesa usted?

체증(滯症) indigestión.

체질(體質) constitución [física]. 강한 (약한) ~이다 ser fuerte (débil) de constitución. 기업의 ~을 개선하다 mejorar la constitución de una empresa. ~이 약하다 La constitución física es flaca.

체취(體臭) olor corporal del cuerpo.

체포(逮捕) detención, arresto, captura. ~하다 detener, arrestar, capturar. 그는 도둑 혐의로 ~되었다 Fue arrestado bajo acusación de robo. ~장 orden de detención (de prisión).

체하다 (滯-) tener una indigestión.

체하다 pretender.

체한(滯韓) estancia en Corea. ~하다 estar (quedarse) en Corea.

체험(體驗) experiencia [personal]. ~하다 experimentar algo [personalmente], tener experiencia de algo. ~을 이용하다 aprovechar la experiencia. ~으로 알다 conocer (aprender) algo por experiencia. 진기한 ~을 하다 tener una experiencia rara. 그는 전쟁을 ~했다 Ha vivido de guerra. 그는 기아를 ~했다 Ha pasado hambre. ~담 relato de una experiencia personal.

체현(體現) personificación, encarnación. ~하다 personificar, encarnar.

체형(體刑) [체벌] castigo corporal; [징역] trabajos forzosos (forzados).

체형(體型) tipo, figura, forma del cuerpo.

체화(滯貨) existencias de difícil salida. ~를 일소하다 liquidar existencias de difícil salida.

체후(體候) salud. 기~ 만강하시나이까

¿Cómo está usted estos días?
첼로【악】 violoncelo. ~ 연주가 violoncelista *(m.f.)*.
첼리스트 violoncelista *(m.f.)*.
초 candela, vela. ~의 심지 pabilo.
초(秒) segundo. ~칠 segundero.
초(草) borrador, bosquejo, diseño, plan. ~하다 bosquejar, hacer borrador, componer la primera forma.
초(醋) vinagre. ~병 vinagrera.
초(初) comienzo, principio, primero. 내월 ~에 a principios del mes próximo (que viene). ~하루 el primer día del mes.
초(抄) selecciones.
초(超) super-, ultra-, sur-. ~현대적 ultramoderno. ~현실주의 surrealismo.
초가(草家) casa de tejado de paja.
초가을(初-) otoño temprano.
초가집(草家-) ☞초가(草家).
초겨울(初-) invierno temprano.
초계(哨戒) patrulla. ~하다 patrullar, rondar, hacer la ronda.
초고(草稿) manuscrito. ~를 짓다 hacer un borrador.
초고속(超高速) ~의 a gran velocidad. ~ 촬영 tomavistas estroboscópico. ~ 카메라 cámara estroboscópica.
초고층(超高層) ~ 빌딩 rascacielos.
초과(超過) exceso, excedente. ~된 excedente, sobrante. ~하다 exceder, sobrar, rebasar, sobrepasar. 예산을 ~하다 sobrepasar el presupuesto. 허용량을 ~하다 sobrepasar el presupuesto. 한도를 ~하다 rebasar el límite. ~ 요금을 2천원을 지불하다 pagar un recargo (un exceso) de dos mil wones. ~ 근무 수당 graficación por las horas extras de trabajo. ~ 근무 servicio extraordinario. ~ 근무 시간 horas extraordinarias (extras). ~ 수하물 exceso de equipaje. ~ 중량 excedente de peso, peso de más. ~ 수출 exceso de exportación.
초교(初校) primera prueba, primera plana.
초국가주의(超國家主義) ultranacionalismo.
초급(初給) primer salario (sueldo).
초급(初級) clase elemental. ~의 primero, comenzante.
초기(初期) primer período. ~의 de primeros días.
초년(初年) [첫해] primer año; [초기] primeros años; [생애의] su juventud. ~병 recluta, soldado bisoño.
초년(初年) primer dan, primer grado.
초단파(超短波) onda ultracorta.
초당파(超黨派) ~의 suprapartidista. ~로 más allá de las pasiones partidistas, superando ideologías partidistas. ~ 외교 diplomacia suprapartidista.
초대(招待) invitación. ~하다 invitar. ~받다 recibir una invitación. ~객 invitado. ~장 tarjeta de invitación, carta de invitación, invitación.
초대(初代) primera generación, fundador. ~의 primero. ~ 대통령 primer Presidente.
초대면(初對面) primera entrevista.
초동(初冬) comienzo del invierno.
초등(初等) ~의 elemental, primerizo. ~과 primer grado.
초라하다 ser miserable (sucio).
초래(招來) ~하다 causar.
초록(草綠) verde. ~빛 color verde.
초록(抄錄) epítome. ~하다 hacer un compendio de.
초만원(超滿員) 영화관이 ~이다 El cine está abarrotado de gente. 열차가 ~이었다 El tren estaba atestado (abarrotado) de pasajeros./ El tren iba de bote en bote. 여름에 해변은 ~이다 En verano la playa está de bote en bote (completamente llena).
초면(初面) primera vista (reunión・entrevista). ~의 사람 extranjero. ~이다 ver a *uno* por primera vez.
초목(草木) hierba y árbol, plantas, vegetación.
초문(初聞) última noticia.
초미(焦眉) emergencia, urgencia, inminencia. ~의 emergente, urgente, inmiente. ~ 지급 urgencia. ~의 문제 cuestión urgente.
초범(初犯) primera ofensa. ~자 delincuente nuevo.
초보(初步) primer paso, rudimento. ~의 elemental, rudimental. ~ 서반아어 español elemental.
초본(抄本) extracto. ~하다 extraer.
초봄(初-) primavera temprana.
초부(樵夫) leñador.
초빙(招聘) invitación. ~하다 invitar. ~에 응하다 aceptar la oferta de una posición.
초사(焦思) ansiedad.
초산(初産) primer parto.
초산(醋酸) 【화】 ácido acético.
초산(硝酸) ácido nítrico.
초상(肖像) retrato. ~화 retrato. ~ 화가 retratista.
초상(初喪) duelo; [장례] servicio fúnebre.
초생(初生) comienzo del mes. ~달 creciente, el primer cuarto de la luna. ~달 모양의 creciente.
초석(礎石) cimiento, fundación, fundamento; piedra angular.

초설(初雪) primera nieve.
초성(初聲) sonido inicial.
초속(初速) velocidad inicial.
초속(秒速) velocidad por segundo.
초순(初旬) primera década, principio. 팔월 ~에 a principios de agosto.
초승 primeros días [del mes].
초식(草食) ~하다 comer hierba, alimentarse de hierbas. ~의 herbívoro. ~가 fitófafo. ~ 동물 animal herbívoro.
초심(初心) ~의 inexperto, novel. ~자 novicio.
초심(焦心) ansiedad.
초심(初審) primer juicio.
초안(草案) borrador, minuta, manuscrito.
초야(初夜) primera noche, noche nupcial.
초역(抄譯) traducción de extractos. ~하다 traducir por trozos.
초연(初演) estreno. ~하다 estrenar.
초연(初戀) primer amor.
초연(超然) ~하게 con un aire de despego, con una actitud indiferente. 세상일에 ~하다 estar por encima de las cosas mundanas, estar despegado de lo mundano. 모욕적인 말을 하는 데도 ~하다 quedarse indiferente ante las ofensas. ~주의 principio de no intervención.
초엽(初葉) comienzo, principio. 20세기 ~에 a principios del siglo viente.
초원(草原) llanura, pampa.
초월(超越) trascendencia. ~하다 trascender, ir más allá de *algo*; [상태] estar por encima de *algo*. ~한 trascendente. 이해를 ~하다 estar por encima de *su* propio interés, olvidarse de *su* interés. ~ 철학 filosofía trascendental.
초유(初有) ~의 primero, inicial, original.
초음파(超音波) ondas ultrasónicas, ultrasonido. ~ 검사 inspección ultrasónica.
초인(超人) superhombre. ~적 superhumano, sobrehumano.
초인종(招人鐘) timbre. ~을 누르다 tocar el timbre.
초일(初日) primer día, día de apertura.
초임(初任) primer nombramiento. ~급 salario (sueldo) inicial.
초자연(超自然) ~적 sobrenatural, preternatural.
초저녁(初-) temprano por la noche.
초점(焦點) foco. ~의 focal. ~ 거리 distancia focal.
초조(焦燥) impaciencia. ~한 impaciente. ~하게 impacientemente.
초조(初潮) primera menstruación.
초지(初志) *su* intención original, *su* propósito original. ~을 관철하다 llevar a cabo *su* intención original.

초청(招請) invitación. ~하다 invitar. 점심에 ~하다 invitar a almorzar. ~장 [carta de] invitación.
초추(初秋) primer otoño, comienzo del otoño.
초춘(初春) primera primavera, comienzo de la primavera.
초취(初娶) *su* primera esposa.
초치(招致) invitación. ~하다 invitar.
초침(秒針) segundero.
초콜릿 chocolate, chocolatín.
초특급(超特急) superexprés.
초판(初版) primera edición, edición príncipe.
초하(初夏) primer verano, principios del verano, comienzo del verano.
초하다(抄-) copiar.
초하룻날(初-) el [día] primero [del mes].
초학자(初學者) principiante, novicio.
초현실주의(超現實主義) surrealismo. ~자 surrealista.
초혼(初婚) primer matrimonio. ~의 de primeras nupcias.
촉각(觸覺) tacto. ~의 tactil.
촉각(觸角) antena, tentáculo.
촉광(燭光) intensidad luminosa en bujías.
촉구(促求) ~하다 solicitar, importunar, atraer, demandar, reclamar.
촉대(燭臺) candelero.
촉망(囑望) esperanza, expectación, expectativa. ~하다 esperanzar en *uno*.
촉매(觸媒) catalizador.
촉박(促迫) urgencia, inminencia. ~하다 ser inminente (urgente).
촉진(促進) aceleración. ~하다 acelerar, promover, apresurar.
촉탁(囑託) comisión; [사람] miembro extraordinario. ~하다 poner a cargo (al cuidado) de, entregar con confianza, confiar, dar en fideicomiso.
촌(寸) 1 [단위] *chon*, pulgada coreana. 2 [촌수] grado de parentesco. 삼 ~ tío. 사 ~ primo.
촌(村) aldea, lugar, pueblo, campo. ~사람 lugareño, aldeano. ~에서 살다 vivir en el campo.
촌각(寸刻) momento.
촌놈(村-) patán, aldeano, villano.
촌뜨기 paisano, aldeano, patán, labrador.
촌락(村落) aldea, pueblo, campo.
촌로(村老) viejo del campo.
촌명(村名) nombre del pueblo.
촌민(村民) aldeanos, lugareños.
촌보(寸步) unos pasos. 피로해서 ~도 옮길 수 없다 Estoy tan cansado que no puedo mover ni un paso.
촌부(村婦) aldeana, lugareña.

촌사람(村-) aldeano, lugareño.
촌수(村數) grado de parentesco.
촌스럽다(村-) ser rústico.
촌시(寸時) momento, instante.
촌음(寸陰) momento, instante.
촌장(村長) alcalde de aldea.
촌지(寸志) prueba de amistad.
촌충(寸蟲) tenia.
촘촘하다 ser denso.
총대(-臺) candelero.
촛병(醋瓶) botella de vinagre.
촛불 luz de una vela (bujía·candela). ~을 켜다 (끄다) encender (apagar) la luz de un candela.
총(銃) rifle, fusil, escopeta(엽총). ~을 겨누다 cargar armas al hombro.
총(總) todo, entero, total. ~수(數) número total. ~수입 entrada total.
총각(總角) soltero.
총감(總監) superintendente.
총검(銃劍) bayoneta. ~술 arte de la bayoneta.
총격(銃擊) tiroteo, descarga de fusilería. 적에게 ~을 가하다 tirotear contra el enemigo, disparar (descargar) tiros contra el enemigo.
총경(總警) superintendente general.
총계(總計) [suma] total; [부사적으로] en todo, totalmente, en total. ~하다 totalizar. ~로 en total.
총공격(總攻擊) ataque general.
총괄(總括) suma, recapitulación. ~하다 sumar. ~적 sumario.
총구(銃口) boca de arma de fuego (de un fusil). ~를 돌리다 apuntar a *algo*·*uno* con un fusil. ~로 위협하다 amenazar a *uno* con un fusil.
총기(聰氣) inteligencia, buena memoria. ~가 있다 ser inteligente. ~가 없다 ser estúpido (torpe). ~가 좋다 tener una buena memoria.
총기(銃器) armas pequeñas.
총독(總督) gobernador general, virrey.
총동원(總動員) movilización general. ~하다 hacer una movilización general. 국가 ~ movilización nacional.
총량(總量) cantidad total.
총력(總力) poder total, toda *su* energía, todas *sus* fuerzas. ~을 다하여 con todas *sus* fuerzas.
총론(總論) introducción, advertencia general.
총론(叢論) colección de ensayos. 문학 ~ colección de ensayos en literatura.
총리(總理) [국무총리] Primer Ministro.
총명(聰明) inteligencia, entendimineto, luces (*f.pl.*), perspicacia. ~한 inteligente, sagaz, avispado, despabilado, perspicaz.
총목록(總目錄) catálogo (lista) general.
총무(總務) negocios generales. ~과 secretaria general.
총보(總譜) partitura.
총본산(總本山) templo central, sede.
총사령관(總司令官) comandante en jefe.
총사령부(總司令部) cuartel general.
총사직(總辭職) resignación general. ~하다 resignar en pleno.
총살(銃殺) fusilazo, fusilamiento, paso por las armas. ~하다 fusilar a *uno*, pasar a *uno* por armas. ~되다 ser fusilado.
총상(銃床) culata [del fusil].
총상(銃傷) herida por la bala.
총선거(總選擧) elección general.
총성(銃聲) disparo [de fusil], estampido.
총소리(銃-) disparo [de fusil], estampido.
총수(銃帥) líder supremo, comandante en jefe.
총수(總數) [número] total.
총수(銃手) escopetero.
총신(銃身) cañón [del fusil].
총아(寵兒) favorito, afortunado. 문단의 ~ autor favorito. 시대의 ~ hombre de moda.
총안(銃眼) aspillera, saestera.
총알(銃-) bala de metal.
총애(寵愛) favor, benevolencia. ~하다 favorecer. ~를 받다 ser favorito de *uno*, gozar del favor de *uno*. ~를 잃다 caer en desgracia; [⋯의]perder el favor de *uno*.
총액(總額) suma total; [부사적으로] en todo, totalmente, en total.
총영사(總領事) cónsul general. ~관 consulado general.
총원(總員) personal íntegro. ~ 100명 cien personas en total.
총의(總意) parecer general, opinión general.
총장(總長) presidente, rector; [사무총장] secretario general.
총재(總裁) presidente. ~의 직 presidnencia.
총칙(總則) reglas generales.
총칭(總稱) nombre genérico. ~하다 nombrar genéricamente.
총탄(銃彈) bala [de fusil].
총통(總統) presidente, caudillo, generalísimo.
총평(總評) crítica general.
총포(銃砲) armas de fuego. ~점 armería.
총화(總和) suma total, total.
총회(總會) asamblea general.
촬영(撮影) [사진의] fotografía; [영화의] rodaje. ~하다 sacar (tomar·hacer) fotos; [⋯을] fotografiar; rodar. ~ 금지

최고 "Prohibido hacer fotos". ~기 cámara. ~기사 operador [de cámara cinematográfica]. ~소 estudio. ~대회 concurso fotográfico.

최고(最高) lo superior. ~의 el más alto, supremo, máximo, culminante. ~ 속도로 a máxima velocidad. 회사에서 ~의 지위를 차지하다 ocupar el puesto más alto de la compañía. 오늘은 금년 ~의 더위다 Hoy ha hecho el máximo calor de este año. 그 영화는 ~로 재미있다 La película es interesantísima (sumamente interesante). 매상은 ~에 달했다 Las ventas han superado todos los niveles. 이 차의 ~ 속도는 180킬로다 La velocidad máxima de este coche es de ciento ochenta kilómetros por hora. 이 차는 ~ 시속 200킬로까지 낸다 Este coche alcanza una velocidad máxima de doscientos kilómetros por hora. 그가 시험 (선거)에서 ~점을 얻었다 Ha obtenido la mayor nota en examen (el mayor número de votos en las elecciones). ~ 간부 jefes. ~ 기온 temperatura máxima. ~액・~치 máximum, máximo. ~ 재판소 tribunal supremo; 【남미】 corte suprema. ~ 책임자 responsable (m.f.) supremo. ~ 회의 consejo supremo. ~ 지휘관 comandante supremo.

최고(最古) ~의 lo más antiguo. 세계 ~의 그림 el cuadro más antiguo del mundo.

최고(催告) notificación; [채무 이행의] reclamo, advertencia. ~하다 notificar a uno a que + subj.; [채무의 이행을] intimar la orden de pago (reclamar una deuda) a uno.

최고봉(最高峰) 문단의 ~ figura cimera (máxima) de las letras. 안데스의 ~ la cima más alta de los Andes.

최고조(最高潮) culminación, cenit, zenit, clímax. 관객의 흥분은 ~에 달했다 El entusiasmo del público llegó a su cenit (a su clímax).

최근(最近) recientemente, últimamente; recién [과거분사 앞에서]. ~의 reciente, novísimo, último. ~ 5년간에 en los últimos (durante los) cinco años. ~에 매입한 책 libro recien comprado. ~의 상황 situación de estos últimos días. ~의 조사에 의하면 según las últimas investigaciones. 그는 ~ 한국에 왔다 Ha venido a Corea hace poco./ [남미] Recién ha venido a Corea. 그를 만나지 못했다 No le veo estos días. ~까지 그는 이곳에서 근무했었다 Trabajaba aquí hasta hace poco. 그것은 ~에는 진기하지 않다 Eso no es raro (nada extraño) hoy día.

최남단(最南端) extremo sur. 이곳은 한국의 ~이다 Éste es el extremo sur de Corea.

최단(最短) ~의 el más corto. ~ 코스를 취하다 tomar la ruta más corta. ~ 거리 la distancia más corta.

최대(最大) máximo, máximum. ~의 el más grande, el mayor, máximo. 세계 ~의 도시 la ciudad más grande (la mayor ciudad) del mundo. 그것이 나의 ~의 고민이다 Mi mayor sufrimiento está en eso. 이것이 타협할 수 있는 ~한도이다 Éste es el límite máximo de concesión. 이 차에는 ~한 네 사람 밖에는 탈 수 없다 No se admiten más que cuatro personas en este coche. ~다수의 행복 la mayor felicidad del mayor número. ~ 부하(負荷) carga máxima (límite). ~ 적재량 capacidad máxima de carga. ~ 출력 potencia (capacidad) máxima. ~ 풍속 velocidad máxima del viento.

최량(最良) lo óptimo. ~의 el mejor, superior.

최루(催淚) ~가스 gas lacrimógeno. ~탄 bomba lacrimógena.

최면(催眠) hipnosis (f.). ~의 hipnótico. ~을 hipnotismo. ~술사 hipnotista. ~술에 걸다 hipnotizar a uno. ~제 hipnótico. ~ 상태 hipnosis (f.), estado de hipnotismo. ~ 상태에 빠지다 caer en el estado de hipnotismo. ~ 요법 curación hipnótica.

최북단(最北端) el extremo norte.

최상(最上) lo mejor. ~의 óptimo, supremo, de primera calidad (categoría), superlativo. 이것은 ~품이다 Este género es de primera [calidad]./ Este artículo es de óptima calidad. ~급 clase superior; 【문】 superlativo.

최선(最善) lo mejor. ~의 óptimo. ~의 방법 el mejor medio (modo). ~을 다하다 hacer lo mejor posible (todo lo posible・lo más posible・lo mejor).

최소(最小) mínimo, mínimum. ~의 el más pequeño, el menor, mínimo. 손해를 ~한으로 제한하다 detener (limitar) el daño al (a lo) mínimo. ~한 세 사람은 필요하다 Se necesitan tres peresonas por lo menos (como mínimo). ~ 공배수 mínimo común multiplo. ~한 a lo mínimo. ~ 한도 grado mínimo.

최신(最新) ~의 novísimo, reciente, último, el más nuevo. ~형의 de último modelo, de modelo más reciente, a la última. ~의 기술 la técnica más moderna. ~의 뉴스 noticias de última hora. ~ 유행의 de última moda. ~ 유행형 última moda (novedad). 잡지의 ~호 el último número de la revista.

최악(最惡) lo peor. ~의 malísimo, pésimo, el peor. ~의 경우에는(에도) en (aun en) el peor de los casos. ~의 경우에 대비하다 prepararse (disponerse) para lo peor. 기후가 ~의 상태이다 Hace un tiempo pésimo (peor). 전국은 ~의 사태에 이르렀다 La guerra ha llegado a la peor situación.

최우수(最優秀) ~의 el mejor. ~선수 el mejor jugador. 한국 ~ 테니스 선수 el primera raqueta coreana.

최장(最長) el más largo.

최저(最低) mínimum, mínimo. ~의 el más bajo, ínfimo, mínimo. ~한의 mínimo. ~한의 자유 el mínimo de libertad. ~한 10만원은 필요하다 Se necesitan cien mil wones como mínimo. 그것은 ~ 1만원이든다 Cuesta por lo menos diez mil wones. 이 요리는 ~이고 pésima. 기온 temperatura mínima. ~ 임금 sueldo (salario) mínimo.

최적(最適) ~의 ideal, el más propio (propicio・adecuado). 그것은 나에게 ~의 일이다 Ése es el trabajo más adecuado para mí. 이곳은 별장지로 ~이다 Este lugar es ideal para la casa de campo.

최전선(最前線) primera línea, frente. ~에서 싸우다 combatir en el frente (en la primera línea).

최전열(最前列) la primera fila.

최종(最終) final. ~의 final, último; [결국의] definitivo. ~적으로 en definitiva, definitivamente. ~적인 결론 conclusión definitiva. ~ 결정 decisión definitiva. ~ 계단 la última etapa. ~ 라운드 [권투의] el último asalto. ~ 목적 objetivo final. ~ 버스 (열차) el último autobús (tren). ~ 변론 alegato final. ~ 보고 informe definitivo. ~판 [신문의] la última edición. ~회 [영화의] el último sesión.

최초(最初) principio, comienzo. ~에는 al principio, al comienzo. ~의 primero, inicial; [본래의] original. ~로 primeramente, en primer lugar; [처음으로] por primera vez. ~의 계획으로는 según el plan original. ~의 1년간 durante el primer año. 이 책의 ~3페이지 las primeras tres páginas de este libro. 그의 ~의 작품 su primera obra. 그가 ~에 도착했다 Llegó primero. 그를 ~에 만난 것은 10년전이다 Hace diez años que le vi por primera vez. 그가 우는 것을 본 것은 그것이 ~요 최후였다 Ni aun ni después le he visto llorar./ Fue la primera y última vez que le veía llorar. 그는 ~부터 그것을 알고 있었다 Lo sabía desde el principio.

최촉(催促) apremio, urgencia, acuciamiento. ~하다 apremiar, urgir, acuciar. 대답을 ~하다 urgir a *uno* la respuesta. 지불을 ~하다 urgir a *uno* el pago. 일찍 오라고 그에게 ~해라 Dile que venga pronto. ~장 carta de apremio, carta apremiante.

최하(最下) lo ínfimo. ~의 el más bajo. ~층 estrato bajísimo. 사회의 ~층 la clase más baja (el estrato más bajo) de la sociedad.

최혜국(最惠國) nación más favorecida. ~ 대우[를 하다] [otorgar el] trato de nación más favorecida. ~ 조관(條款) cláusula [la] nación más favorecida. ~ 조항 = ~ 조관.

최후(最後) fin, final. ~의 último; 【문】 postrero, final. ~에 por último, al fin, finalmente, en último lugar. ~까지 hasta el fin. ~에 있다 estar al final, estar en el último lugar. ~의 한 방울까지 hasta la última gota. ~의 순간에 en el último momento. ~의 심판 Juicio Final. ~의 만찬 La Última (Santa) Cena. ~의 힘을 쏟다 hacer *sus* últimos esfuerzos. ~의 수단을 취하다 tomar la última medida. 그의 ~의 작품 su última obra. 그를 ~에 만난 것은 3일 전이다 Hace tres días que le vi la última vez. 그를 ~로 만난 것은 마드리드에서 였다 La última vez que le vi fue en Madrid. 나는 ~까지 희망을 잃지 않겠다 No perderé la esperanza hasta el final. 그의 ~는 비참했다 La última etapa de su vida ha sido muy miserable./ Ha acabado su vida en la miseria. 그 영화의 ~는 무척 인상적이다 La final de la película es muy impresionante. ~ 통첩 ultimátum.

추(錘) [저울의] peso; [시계의] péndula.

추(醜) fealdad, deformidad; [더러움] suciedad.

추가(追加) adición, suplemento. ~하다 poner *algo* de más; [A를 B에]añadir A a B. ~의 suplementario, adicional. 주문을 ~하다 hacer un pedido suplementario. 두세행(行)을 ~하다 añadir (poner) dos o tres línes más. ~량 cantidad adicional. ~ 시험 examen suplementario. ~ ·예산 presupuesto suplementario. ~ 요금 recargo. ~ 조항 artículos agregados. ~ 지출 desembolso suplementario.

추거(推擧) recomendación. ⇨추천.

추격(追擊) persecución, caza. ~하다 perseguir, acosar, cazar.

추경(秋耕) arado otoñal.

추경(秋景) escena otoñal.

추계(秋季) otoño.

추고(推敲) alambicamiento de dicción. ~하

다 alambicar dicciones.

추구(追求) persecución, búsqueda. ~하다 perseguir, buscar, ir detrás de *algo*. 행복의 ~ persecución (búsqueda) de la felicidad. 쾌락을 ~하다 correr tras los placeres. ···을 ~하여 a la búsqueda (en busca) de *algo*.

추근추근 importunidad. ~거리는 importuno. ~하다 importunar. ~히 importunamente.

추기(秋期) otoño.

추기(追記) epílogo.

추기경(樞機卿) cardenal.

추납(追納) paga suplementaria.

추녀 socarrén, alero (ala) de tejado.

추녀(醜女) mujer fea.

추념(追念) conmemoración. ~하다 conmemorar. ~식 ceremonia conmemorativa.

추다 [춤을] danzar, bailar.

추도(追悼) duelo por la muerte. ~하다 lamentar, decir el pésame, llorar la muerte de *algo*. ~사를 하다 dedicar (pronunciar) una oración fúnebre a *uno*. ~미사 misa de memoria. ~연설 discurso fúnebre.

추락(墜落) caída. ~하다 caerse, precipitarse, sufrir una caída. 지상 (바다)에 ~하다 caer a tierra (en el mar).

추론(推論) deducción, inducción. ~하다 inducir, razonar.

추리(推理) deducción, conjetura, razonamiento. ~하다 deducir, conjeturar. ~소설 novela policíaca.

추모(追慕) ~하다 evocar.

추문(醜聞) escándalo. ~을 퍼트리다 causar una difamación.

추밀원(樞密院) Consejo Privado [del Emperador].

추방(追放) [국외로] exilio, destierro; [추방·제명] expulsión, exclusión: ~되어 있다 estar en el exilio, estar exiliado. ~자 exiliado, desterrado.

추분(秋分) equinoccio otoñal (de otoño).

추산(推算) calculación, computación, estimación. ~하다 estimar.

추상(推想) conjetura, adivinación. ~하다 conjeturar, suponer, adivinar.

추상(秋霜) [서리] escarcha otoñal; [준엄] severidad. ~같은 severo, riguroso.

추상(抽象) abstracción. ~하다 abstraer. ~적 abstracto, ~적으로 en abstracto, de un modo abstracto. ~적으로 생각하다 pensar de una manera abstracta (en abstracto). 그것은 ~론이다 Es una discusión abstracta. ~명사 nombre abstracto. ~파 예술 arte abstracto. ~화 pintura abstracta.

추상(追想) recuerdo, memoria. ~하다 recordar. ~록 memorias (*f.pl.*).

추서(追書) posdata.

추석(秋夕) *chusoc*, fiesta de cosecha [del 15 de agosto del calendario lunar].

추세(趨勢) marcha, curso, tendencia general. 시대의 ~에 따르다 acomodarse a la marcha del tiempo.

추소(追訴) procesamiento suplementario. ~하다 hacer un procesamiento suplementario contra *uno*.

추수(秋收) cosecha. ~하다 cosechar. ~감사절 día de acción de gracias en reconocimiento de protección y merced divinas.

추신(追伸) pos[t]data, post scriptum 【P.S., P.D.】. ~하다 escribir de postdata.

추악(醜惡) feidad, fealdad, monstruosidad. ~한 feo, deformado, malhecho, grotesco, monstruoso; [행위 등의] innoble; [불쾌감을 주는] repugnante, asqueroso.

추앙(推仰) adoración, respeto. ~하다 adorar, respetar.

추야(秋夜) noche otoñal.

추억(追憶) recuerdo, memoria. ~하다 recordar[se], acordarse de. ~에 젖다 sumirse en los recuerdos.

추우임검 chicle, goma de mascar.

추위하다 sentirse frío.

추월(秋月) luna otoñal.

추월(追越) adelanto. ~하다 adelantar.

추월(取月) enero del calendario lunar.

추위 frío, tiempo frío. ~가 심하다 Hace mucho frío./ El frío es intenso.

추이(推移) transición, cambio. ~하다 cambiar, mudar.

추인(追認) ratificación. ~하다 ratificar.

추잡(醜雜) suciedad. ~하다 ser sucio. ~한 사람 persona sucia.

추장(推奬) recomendación. ~하다 recomendar.

추장(酋長) cacique, caudillo, jefe de tribu.

추적(追跡) persecución. ~하다 persuguir, seguir la pista (las huellas) de *uno*. 경관이 도적을 ~한다 La policía persigue al ladrón. ~ 안테나 antena de persecución. ~자(者) perseguidor. ~자(子) isótopo indicador, tracer.

추절(秋節) otoño, estación otoñal.

추접(醜—) suciedad. ~하다 ser (estar) sucio. ~스런 놈 persona sucia.

추정(推定) presunción. ~하다 presumir. ~적 presuntivo.

추종(追從) seguimiento. ~하다 seguir, acompañar. ~을 불허하다 no tener otro

추진(推進) promoción, propulsión. ~하다 promover, impulsar, propulsar. 개발 계획을 ~하다 impulsar el plan de explotación. 민족 통일을 ~하다 promover la unificación de la raza. ~기 máquina propulsora; aparato propulsor; hélice. ~력 empuje, fuerza propulsora (impelente). ~축 eje (árbol) de transmisión, eje propulsor. [배의] eje portahélice. ~ 효율 rendimiento propulsivo (de propulsión)

추징(追徵) recargo. ~하다 recargar. 그는 ~금을 물었다 Le recargaron impuestos. 세금 ~ recargo de los impuestos. ~금 multa adicional.

추찰(推察) conjetura. ~하다 conjeturar, simpatizar, imaginar.

추천(推薦) recomendación. ~하다 recomendar. A씨의 ~으로 por la recomendación del señor A, recomendado por el señor A. 그는 교장으로 ~되었다 Le recomendaron para el puesto de director. ~자 recomendante (m.f.). ~장 carta de recomendación. ~영화 교육부 ~ 영화 película recomendada por el Ministerio de Educación.

추첨(抽籤) sorteo, rifa. ~하다 sortear, rifar. ~으로 por sorteo. ~으로 결정하다 echar *algo* a suertes, decidir *algo* por sorteo. ~에 당첨되다 salir (tocar) en el sorteo, salir premiado. 그는 ~에 떨어졌다 No ha salido (No le ha tocado) en el sorteo./ 나는 ~에서 나쁜 번호를 뽑았다 He sacado un mal número. ~권 billete (participación) de lotería. ~번호 número de lotería.

추출(抽出) muestreo, preparación de un muestrario;【화】extracción. ~하다 disponer un muestrario, muestrear; extraer. 견본을 ~하다 elegir una muestra. ~물 extracto.

추측(推測) conjetura, presunción, adivinación. ~하다 conjeturar, presumir, adivinar.

추태(醜態) conducta escandalosa, acto vergonzoso, fealdad, escándalo. ~의 feo. ~를 부리다 procederse vergonzosamente, dar un escena escandalosa, dar un escándalo. ~를 드러내다 exponerse a la burla (a la mofa) de todos por *su* conducta escandalosa.

추파(秋波) mirada significativa (coquetona). ~를 던지다 lanzar una mirada significativa (coquetona) a *uno*.

추풍(秋風) viento otoñal.

추하다(醜-) [불결] estar sucio; [비루] ser bajo (vil · ruin).

추한(醜漢) persona sucia.

추행(醜行) conducta escandalosa.

추호(秋豪) pedazo. ~도 a lo menos, ni en lo más mínimo, de ninguna manera.

추후(追後) más tarde.

축(軸) [자의] eje, árbol. X ~ [수] eje de X.

축(祝) celebración, congratulación.

축가(祝歌) canción alegre y piadosa; [크리스마스] villancico de Nochebuena (Navidad).

축구(蹴球) fútbol, balonpie. ~하다 jugar al fútbol. ~ 선수 futbolista.

축농증(蓄膿症) ocena; [흠막강 등의] empiema.

축도(縮圖) dibujo reducido. 인생의 ~ epítome de la vida.

축배(祝杯) brindis. ~를 들다 brindar por *algo · uno*; […을 축하하여] beber para celebrar *algo*; […의 건강을 축하하여] beber a la salud de *algo*.

축복(祝福) [신의] felicitación; [축하] felicitación. ~하다 bendecir; felicitar. ~받은 bendito. …의 전도를 ~하다 desear a *uno* un futuro próspero (feliz). 우리에게 신의 ~이 있기를 ¡Que Dios nos bendiga!

축사(祝辞) palabras de felicitación. ~하다 decir enhorabuena.

축사(縮寫) copia reducida, reducción (사진의). ~하다 copiar en menor escala.

축사(畜舍) pesebre, establo.

축산(畜産) ganadería, cría de ganado. ~을 하다 dedicarse a la ganadería. ~물 productos ganaderos. ~학 zootecnia, ciencia ganadera.

축생(畜生) [동물] bruto, bestia, animal.

축성(築城) construcción de un castillo. ~하다 construir (edificar · levantar) un castillo.

축소(縮小) reducción. ~하다 reducir. 군비 ~ desarme.

축쇄판(縮刷版) edición de tamaño reducido.

축수(祝壽) ~하다 hacer voto, jurar.

축어(逐語) ~ 번역 traducción palabra por palabra, versión literal. ~ 번역을 하다 traducir palabra por palabra (textualmente).

축연(祝宴) fiesta, banquete. ~을 열다 dar una fiesta.

축우(畜牛) vaca doméstica, ganado.

축원(祝願) plegaria, súplica, petición. ~하다 rezar, orar.

축음기(蓄音器) gramófono, fonógrafo; [전축] electrófono; [플레이어] tocadiscos【同義 단·복수 동형】. ~을 틀다 poner (tocar) un disco. ~의 바늘 aguja [de tocadiscos].

축의(祝儀) celebración, congratulación,

축이다 mojar.
축일(祝日) día de fiesta.
축재(蓄財) acumulación de riqueza. ~하다 acumular (almacenar) dinero, hacer dinero, atesorar.
축적(蓄積) acumulación; [물건] montón. ~하다 acumular, amontonar. 자본의 ~ acumulación de fondos (de capital).
축전(祝電) telegrama de felicitación. ~을 치다 felicitar por cable, telegrafiar la congratulación, mandar a *uno* un telegrama de felicitación.
축전(蓄電) carga eléctrica, acumulación de electricidad. ~하다 cargar la energía eléctrica. ~기 condensador [elétrico]. ~지 acumulador [eléctrico], batería de acumuladores.
축전(祝典) festejo, fiesta conmemorativa. 창립 10주년 기념 ~을 개최하다 celebrar una fiesta conmemorativa del décimo aniversario de la fundación.
축제일(祝祭日) fiesta, día festivo.
축조(逐條) artículo por artículo. 법안을 ~ 심의하다 discutir (examinar) un proyecto de ley artículo por artículo.
축조(築造) construcción, edificio. ~하다 construir, edificar.
축척(縮尺) escala recucida. ~ 천분의 일 escala de un milésimo.
축축하다 ser húmedo (mojado). 축축한 옷 ropa mojada. 축축한 공기 aire húmedo. 축축하게 하다 humedecer, mojar ligeramente.
축출(逐出) expulsión. ~하다 expulsar.
축포(祝砲) salva. 10발의 ~를 쏘다 disparar una salva de diez cañonazos.
축하(祝賀) felicitación, celebración, congratulación. ~하다 felicitar, celebrar, congratular. 신년을 ~하다 congratular por nuevo año. ~합니다 ¡Felicidades!/ ¡Congratulaciones! 크리스마스를 ~합니다 ¡Feliz Navidad! 생일을 ~합니다 ¡Feliz cumpleaños! ~회 reunión de felicitación.
춘경(春耕) arado primaveral.
춘경(春景) escena primaveral.
춘계(春季) primavera.
춘광(春光) escena primaveral.
춘국(春菊) crisantemo coronado.
춘기(春期) primavera, estación primaveral.
춘몽(春夢) sueño vacío.
춘복(春服) ropa primaveral.
춘부장(春府丈) *su* padre.
춘분(春分) equinoccio de primavera. ~날 día del equinoccio de primavera.
춘사(椿事) accidentes; [대참사] desastre;

[비극] tragedia.
춘삼월(春三月) marzo del mes lunar.
춘설(春雪) nieve primaveral.
춘정(春情) deseo (apetito) sexual, pasión.
춘추(春秋) primavera y otoño. ~복 traje para la primavera y el otoño.
춘풍(春風) viento de la primavera.
춘하추동(春夏秋冬) cuatro estaciones del año; primavera, verano, otoño e inverno.
춘화(春畵) dibujo pornográfico.
춘화(春花) flores primaverales.
출가(出家) [중] bonzo, religioso budista. ~하다 hacerse bonzo; [비구니가 되다] hacerse religiosa budista.
출가(出嫁) casamiento, matrimonio. ~하다 casarse. ~시키다 casar.
출간(出刊) publicación. ⇨ 출판.
출강(出講) ~하다 dar lecciones.
출관(出棺) salida del cortejo fúnebre de la casa del difunto. ~하다 Sale el cortejo fúnebre.
출격(出擊) salida, ataque. ~하다 hacer una salida.
출고(出庫) entrega. ~하다 entregar.
출구(出口) salida.
출근(出勤) asistencia. ~하다 ir a trabajar (a la oficina). ~하고 있다 estar en su oficina (en *su* puesto de trabajo). ~부 libro de asistencia. ~ 시간 hora de salir para la oficina. ~일 día de oficina.
출금(出金) desembolso, gasto. ~하다 desembolsar, gastar. ~전표 nota de gasto.
출납(出納) recepción y desembolso (entrada y salida) de dinero. ~계원 cajero, tesorero. ~과 caja. ~장부 libro de caja.
출동(出動) movilización. ~하다 ponerse en acción, movilizarse. ~시키다 movilizar. 공군의 ~을 요청하다 pedir la movilización del ejército del aire. 구호반이 ~되었다 Se han puesto en acción los cuerpos de socorro.
출두(出頭) presencia, comparición; [법] comparecencia. ~하다 presentarse, comparecer. 본인이 ~할 것 Preséntese en persona. 나는 경찰에 ~하라는 명령을 받았다 Me citaron para que compareciese ante la policía. ~명령 citación.
출력(出力) potencia (energía) [de salida], capacidad, potencia útil; [입력에 대해] salida; [특히 전력 등의] potencia generada. ~ 1킬로와트의 kilovatio de potencia. ~ 미터기 indicador del nivel de salida. 최대 ~ potencia máxima.
출마(出馬) ~하다 [선거에] presentar *su* candidatura.
출몰(出沒) aparición y desaparición. ~하다 aparecer y desaparecer, aparecer fre-

출발(出發) partida, salida. ~하다 partir, salir. ~ 신호를 하다 dar la señal de salida (de marcha). ~하려는 찰나이다 estar para (a punto de) salir. 김포를 ~하여 뉴욕으로 향하다 salir de Kimpo para Nueva York. ~! ¡En marcha!/ ¡Adelante! ~일 (시간) fecha (hora) de partida. ~점 punto de partida. 인생의 ~점이 잘못되다 tener un comienzo equivocado en la vida. 그는 부산을 향해 ~했다 El partió para Busán.

출범(出帆) salida del barco, zarpa. ~하다 zarpar.

출병(出兵) envío (expedición) de tropas. ~하다 enviar (expedir) tropas.

출사(出社) ~하다 ir a su oficina (al trabajo).

출산(出産) parto, alumbramiento. ~하다 parir, alumbrar, dar a luz. ~을 축하하다 celebrar el nacimiento. 사내아이를 ~했다 Parió un hijo varón. ~ 수당 subsidio de alumbramiento (de maternidad). ~예정일 fecha prevista del alumbramiento. ~ 휴가 licencia de maternidad, vacaciones retribuidas con motivo del parto.

출생(出生) nacimiento. ~하다 nacer. 그는 1944년 12월 11일에 ~했다 Él nació el once de diciembre de 1944. ~률 natalidad. ~증명서・~계 partida de nacimiento. ~연월일 fecha de nacimiento. ~지 lugar de nacimiento, tierra natal.

출석(出席) asistencia, presencia. ~하다 asistir a algo; [참가] tomar parte en algo. 수업 (회의)에 ~하다 asistir a clase (a una reunión). ~해 주시면 감사하겠습니다 Le agradecería que asistieera usted (que nos honre con su presencia). ~부 lista de asistencia. ~자 asistente (m.f.), persona presente; [집합적] asistencia. 오늘 ~자는 10명이었다 Hoy han sido diez los asistentes. 그의 발언은 ~자를 놀라게 했다 Su discurso sorprendió a los asistentes.

출세(出世) éxito social (en el mundo); [승진] promoción, ascenso, avance. ~하다 tener éxito en el mundo, abrirse camino; subir, ascender, avanzar. ~가 빠르다 ascender rápidamente en el mundo. 그의 ~작 obra que le ha hecho famoso. 그는 ~코스에 올랐다 Ha entrado en el camino que le llevará al ascenso. ~주의 arribismo. ~주의자 arribista (m.f.).

출신(出身) origen, [학교의] graduado. …~이다 ser natural de, ser de; [학교의]ser graduado en (de). 광주 ~이다 ser [natural] de Guangchu. 농민 ~이다 ser de origen agricultor. 이 대학 ~이다 ser graduado en (de) esta universidad. 어디 ~이십니까 ¿De dónde es usted?/ [출신교] ¿En qué escuela se graduó usted? 한국 어디 ~이십니까 ¿De qué parte de Corea es usted? 저 정치인은 공무원 ~이다 Aquel político es un ex funcionario. ~지 tierra natal, lugar de nacimiento.

출어(出漁) ~하다 salir a pesca. ~ 구역 pesquería. ~ 금지 구역 zona de pesca prohibida.

출연(出演) actuación. ~하다 actuar, realizar una actuación; [영화의] trabajar, hacer (representar) un papel; [프로그램] ejecutar. 텔레비전 (영화・어떤 프로그램)에 ~하다 salir en la televisión (en la película・un programa). ~자 actor, -triz; intérprete (m.f.); [집합적] reparto.

출영(出迎) encuentro; [영접] recepción. ~하다 recibir, encontrar, ir a ver.

출옥(出獄) salida de la cárcel. ~하다 salir de la cárcel.

출원(出願) petición, solicitación, aplicación; [시험 등의] \candidatura, inscripción. ~하다 pedir|solicitar, presentar (formular) una demanda [시험 등에] presentar una solicitud. 특허를 ~하다 solicitar la patente. ~자 [지원자] aspirante; [청원자] solicitante (m.f.), suplicante (m.f.).

출입(出入) entrada y salida. ~하다 entrar y salir, frecuentar. 외부인사의 ~을 금함 Prohibido el paso a toda perona ajena. ~구 entrada. ~국 emigracion e inmigración.

출자(出資) contribución, aportación; [투자] inversión. ~하다 contribuir, aportar; invertir. 사업에 1000만원을 ~하다 aportar diez millones de wones a un negocio. ~금 contribución. ~자 socio, inversionista (m.f.).

출장(出張) viaje de nogocios; [공용의] viaje oficial. ~하다 viajar por negocios (oficiales), hacer un viaje oficial. 그는 ~중이다 Está de (en) viaje de nogocios. 그는 산마이고에 ~을 명령받았다 La han ordenado ir a Santiago por negocios. 그의 ~처에 전화해 주십시오 Telefonee (Telefonéele) al lugar donde está en viaje de negocios. ~비 expensas de viaje. ~소 agencia, sucursal(m.) ~원(員) agente.

출장(出場) participación. ~하다 tomar parte (participar) en algo, concurrir a algo. ~을 취소하다 cancelar la participación. ~자 [참가자] concurrente (m.f.); [경기자] competidor. ~팀 equipo partici-

출전(出典) fuente (f.), original. ~을 표시하다 indicar la fuente.
출전(出戰) salida (partida) al frente; [경기에] participación en un juego. ~하다 salir al frente; participar (tomar parte) en el juego.
출정(出廷) comparición; 【남미】 comparecencia. ~하다 comparecer, presentarse ante el juez. 증인으로 ~하다 comparecer como testigo.
출정(出征) salida al frente, incorporación a filas. ~하다 salir al frente (a [la] campaña). ~군인 soldado combatiente, soldado enviado al frente.
출제(出題) ~하다 presentar las preguntas [del examen].
출진(出陣) salida para la guerra. ~하다 salir al frente.
출찰(出札) despacho de billetes. ~ 계원 billetero. ~구 taquilla, despacho de billetes. ~소 taquilla, 【남미】 boletería.
출처(出處) origen.
출초(出超) exceso de exportación.
출타(出他) salida de casa. ~하다 salir de casa. ~중에 durante *su* ausencia.
출판(出版) publicación, edición. ~하다 publicar, dar a luz, editar. 이 책은 방금 ~되었다 Este libro acaba de publicarse. 이 책은 마드리드에서 ~되었다 Este libro se publicó en Madrid. ~계 mundo editorial. ~기념회 recepción dada para celebrar la publicación [de un libro]. ~목록 catálogo de publicaciones. ~물 publicado; [집합적]publicación. ~사 editorial (f.), casa editora (editorial), compañía editorial. ~의 자유 libertad de la publicación. ~자 editor.
출품(出品) exhibición, exposición. ~하다 exhibir, exponer. ~물 artículo (objeto) expuesto. ~자 expositor,-ra.
출하(出荷) envío de mercancías (de mercaderías), expedición; [배에서] embarque. ~하다 enviar mercancías. ~인 remitente (m.f.). ~ 정지 detención del envío de mercancías. ~ 통지 aviso de embarque.
출항(出港) partida (salida) del puerto. ~하다 salir (partir) del puerto, dejar el puerto. ~을 허가하다 permitir (autorizar) [a un barco] salir del puerto. ~을 정지하다 embargar [un barco]. ~ 정지를 풀다 desembargar [un barco]. 부산을 ~하다 salir del puerto de Busán, dejar Busán. ~ 허가서 permiso (pasaporte) para salir del puerto.
출항(出航) zarpa. ~하다 zarpar, hacerse a la vela (a la mar), levar anclas. ~ 준비 preparación para zarpar. ~ 준비를 하다 prepararse para zarpar.
출현(出現) aparición. ~하다 aparecer, surgir. 새로운 내구 자재가 ~했다 Han aparecido nuevos materiales durables.
출혈(出血) derrame de sangre, hemorragia. ~하다 sangrar, echar sangre. ~을 막다 cortar la hemorragia, contener (detener · cortar · restañar) la sangre. ~이 멎추다 dejar de sangrar. ~과다로 죽다 morir por excesivo derrame de sangre (por pérdida de mucha sangre). 코에서 ~하다 echar sangre (sangrar) por la nariz. ~ 수출 exportación con pérdidas.
출화(出火) incendio. ~하다 encenderse.
춤 baile, danza. ~하다 bailar, danzar. 너는 ~을 참 잘 춘다 ¡Qué bien bailas!
춥다 [날씨가] hacer frío; [몸이] tener frío. 날씨가 몹시 ~ Hace mucho frío. 추워서 죽겠다 Me muero de frío.
충격(衝擊) impulso. ~적인 impulsivo.
충고(忠告) consejo; [경고] advertencia. ~하다 aconsejar, dar consejo a *uno*, advertir.
충군(忠君) lealtad.
충당(充當) asignatura. ~하다 destinar (asignar) A a B. 수익을 사무소의 정비에 ~하다 destinar las ganancias al arreglo de la oficina.
충돌(衝突) colisión, choque. ~하다 chocar contra, encontrarse con.
충동(衝動) impulso. ~적 impulsivo. ~적으로 impulsivamente. 성적 ~ impulso sexual.
충만(充滿) plenitud. ~하다 llenarse, impregnarse.
충복(忠僕) servidor (sirviente) fiel, criado leal.
충분(充分) suficiencia. ~하다 ser suficiente (bastante · satisfactorio). ~히 suficientemente, bastantemente, bastante, enteramente, cabalmente, a fondo. ~한 식량 provisiones suficientes.
충성(忠誠) lealtad, fidelidad. ~을 맹세하다 jurar (prometer) lealtad.
충신(忠臣) vasallo (servidor · hombre) fiel (leal).
충실(忠實) fidelidad, lealtad. ~한 fiel, leal. ~히 fielmente, lealmente. ~한 번역 traducción fiel. 그는 자기 자신에게 ~한 남자다 Es un hombre fiel (sincero) consigo mismo. 그는 약속을 ~히 지킨다 Es cumplidor de su palabra./ Es fiel a su palabra.
충실(充實) plenitud, perfección. ~하다 llenar, repletar, enriquecer.

충심(衷心) su corazón verdedero. ~으로 de todo corazón, sinceramente, lealmente.
충언(忠言) consejo honesto. ~하다 aconsejar.
충의(忠義) lealtad, fidelidad.
충적(沖積) ~토 · ~층 aluvión, terreno aluvial. ~평야 llanura aluvial. ~세(世) holoceno.
충전(充電) carga. ~하다 cargar. 배터리에 ~하다 cargar la batería. ~기 cargador.
충전(充塡) obturación. ~하다 obturar. 충치를 ~하다 obturar una muela cariada.
충절(忠節) fidelidad, lealtad.
충족(充足) suficiencia, satisfacción. ~한 suficiente, bastante. ~적 조건 condición suficiente. ~시키다 satisfacer.
충직(忠直) honradez. ~한 honrado, recto, honesto.
충치(蟲齒) diente picado (cariado)
충해(蟲害) plaga de insectos, daño causado por los insectos.
충혈(充血) congestión. ~하다 congestionarse. ~시키다 congestionar. ~된 congestionado. 눈이 ~되어 있다 tener los ojos inyectados.
효효(忠孝) lealtad y amor filial.
췌장(膵臟)【해】páncreas.
취각(嗅覺) sentido de olfato, sensación olfatoria.
취객(醉客) borrachón.
취급(取扱) trato, tratameinto. ~하다 tratar. …을 ~하다 tratar de *algo*.
취득(取得)【입수】adquisición, obtención, consecución;【수령】recibimiento. ~하다 adquirir, obtener, conseguir; recibir.
취미(趣味) gusto, afición. ~없는 insípido. ~있는 de buen gusto. 나는 스포츠에 ~가 있다 Soy aficionado al deporte./ Tengo buena afición al deporte. 내 ~는 책수집이다 Mi afición es coleccionar los libros.
취사(取捨) adopción y rechazo, escogimiento, selección. ~하다 elegir a su discreción. ~ 선택 selección, elección. ~ 선택하다 seleccionar, elegir, escoger.
취사(炊事) cocina. ~하다 cocer, cocinar. ~ 담당자 cocinero. ~장 cocina.
취소(取消) cancelación, revocación. ~하다 cancelar, abolir. 주문을 ~하다 cancelar un pedido. ~ 불능 신용장 carta de crédito irrevocable.
취소(臭素)【화】bromo.
취업(就業) comienzo del trabajo. ~하다 ponerse a trabajar. ~중이다 estar en trabajo, estar trabajando. ~중 금연 Prohibido fumar durante el trabajo. ~ 규칙 reglas de trabajo. ~시간 (일) horas (día) de trabajo.
취옥(翠玉) esmeralda.
취의(趣意) sentido, objeto. ~서 prospecto.
취임(就任) toma de posesión de un cargo. ~하다 tomar posesión de *su* cargo de *algo*, asumir *algo*. 文교장관에 ~하다 tomar posesión de *su* cargo de ministro de Educación. 시장에 ~하다 asumir la dirección (la presidencia) de la compañía, tomar posesión de *su* cargo de presidente de la compañía. ~ 연설 discurso inaugural. 학장 ~식 ceremonia de la toma de posesión del rector de la universidad.
취재(取材) selección de datos, recogida (reunión · acumulación) de noticias;【소설 등의】reunión de materiales. ~하다 recoger materiales, reunir datos de *algo*, informarse de *algo*. ~원 fuente de noticias.
취조(取調) inquisición, investigación. ~하다 inquirir, investigar.
취주(吹奏) ~하다 tocar instrumento. ~악 música de instrumento de viento.
취지(趣旨)【의도】propósito, intención;【목적】fin, objeto, finalidad;【내용】contenido;【주제】tema;【요지】resumen. 강연의 ~ tema central de la conferencia. 문제의 ~ punto clave (meollo) de la cuestión. 회사 설립의 ~ finalidad de la fundación de compañía.
취직(就職) obtención de empleo. ~하다 tomar un empleo, colocarse.
취체(取締)【통제】control;【관리】manejo, administración. ~하다 controlar; manejar. ~역 director.
취침(就寢) acostada. ~하다 acostarse, meterse en la cama, irse a la cama. ~ 시각 hora de acostarse.
취태(醉態) borrachera.
취하(取下) retiro, retirada. ~하다 retirar, abandonar.
취하다(取一)【채용】adoptar;【선택하다】preferir, elegir;【꾸다】prestar, pedir prestado.
취하다(醉一) estar borracho.
취학(就學) entrada al colegio. ~하다 ingresar (entrar) en la escuela. ~시키다 enviar a *uno* a la escuela. ~률 porcentaje de la población escolar. ~ 아동 escolares (*m.f.*), niños matriculados en la escuela. ~ 연령 edad escolar.
취한(醉漢) borracho, borrachín.
취항(就航) puesta en servicio. ~하다 empezar a prestar servicio de línea, ponerse (entrar) en servicio.
취향(趣向) designio, idea, trama.
측(側) lado. 양~ ambos lados.

측량(測量) medición, sonda. ~하다 medir, sondar. ~사 agrimensor.

측면(側面) lado, perfil. ~의 laternal. ~ 공격 ataque de flanco. ~도 vista lateral.

측보기(測步器) podómetro.

측우기(測雨器) pluviómetro, pluviómetro.

측정(測定) medición. ~하다 medir.

측후소(測候所) estación meteorológica.

층(層) [계급] grado, clase (f.); [건물의] piso. 일~ piso bajo. 2~ primer piso.

층계(層階) escalera. ~를 오르다 subir a la escalera. ~를 내려가다 bajar de la escalera.

치골(恥骨) pubis.

치과(齒科) odontología. ~ 기구 instrumento dental. ~ 대학 escuela superior dental. ~의(醫) dentista, cirujano dentista, odontólogo. ~의원 consultorio de dentista, clínica dental. ~학 odontología.

치근(齒根) raíz de un diente.

치근거리다 molestar, incomodar.

치다 1 [때리다] golpear, dar un golpe.
2 [공격] atacar; conquestar.
3 [나무] cortar.
4 [깨끗이 하다] limpiar.
5 [사육] criar.
6 [양념을] poner.
7 [휘장·천막을] cerrar.
8 [피아노 등을] tocar. 피아노를 ~ tocar el piano.
9 [세] contar.
10 [여기다] considerar; suponer.
11 [전보를] enviar. 전보를 ~ enviar un telegama.
12 [소리치다] gritar, dar un grito.

치료(治療) tratamiento[médico], cuidados médicos, cura; 【의】 terapia. ~하다 curar, tratar, dar tratamiento médico a *uno*. ~를 받다 ser tratado [en el hospital], seguir un tratamiento. 병 (환자)의 ~를 받다 tratar una enfermedad (a un enfermo). 눈의 ~를 받다 recibir tratamiento de los ojos. 암의 ~를 받다 recibir tratamiento para el cáncer. ~중의 en tratamiento. 만성 적자에 대한 ~법 terapéutica del déficit crónico. ~비 gastos médicos (de tratamiento).

치르다 [돈을] pagar. 돈을 ~ pagar dinero.

치마 *chima*, falda [coreana].

치명(致命) ~적 mortal, fatal. ~적인 타격을 주다 dar un golpe mortal (mortífero). ~상(傷) herida mortal. ~상을 입다 recibir una herida mortal, estar mortalmente herido. 그것이 그의 ~상이되었다 Esa herida le resultó mortal. 외교 정책의 실패가 정부의 ~상이 되었다 El fracaso de la política exterior constituyó una herida mortal para el gobierno.

치밀(緻密) ~한 detallado, minucioso. ~한 계획 plan detallado (preciso). 그의 머리는 그다지 ~하지 못하다 A él le falta (No tiene mucha) precisión [de pensamiento].

치사(致謝) apreciación, gratitud. ~하다 agradecer, dar las gracias, apreciar.

치사량(致死量) dosis fatal (mortal).

치석(齒石) sarro, tártaro. ~을 제거하다 quitar el sarro de los dientes.

치세(治世) reinado. …의 ~에 bajo el reinado de *uno*.

치수(-數) medida, tamaño. ~를 재다 medir.

치수(治水) control fluvial, gobernación fluvial. ~ 공사 obras para la regularización del curso fluvial, construcción de diques de encauzamiento. ~ 공학 ingeniería hidráulica.

치아(齒牙) diente.

치안(治安) orden público, seguridad pública. ~을 유지하다 mantener la paz (el orden) pública. ~을 어지럽히다 perturbar el orden público. 이 지방은 ~이 나쁘다 En esta región no anda bien el orden público./ Este distrito carece de seguridad pública. ~ 대책 medidas para asegurar el orden público. ~ 유지법 ley para el mantenimiento del orden público.

치약(齒藥) dentífrico, pasta de dientes, pasta dentífrica.

치외 법권(治外法權) [derecho de] extraterritorialidad, jurisdicción extraterritorial. ~의 extraterritorial.

치욕(恥辱) vergüenza, deshonor, deshonra, oprobio, afrenta. ~을 주다 deshonrar a *uno*.

치우다 [정리] ordenar; [없애다] remover; [시집보내다] casar.

치우치다 [기울다] inclinar.

치유(治癒) recobro, curación, restablecimiento, curación. ~하다 recobrar, sanar. ~되다 curarse.

치장(治粧) decoración, adorno, ornato. ~하다 decorar, adornar, hermosear, embellecer.

치정(痴情) pasión loca (ciega), amor loco.

치졸(稚拙) ~한 문장 estilo (expresión·construcción) infantil.

치즈 queso.

치질(痔疾) 【의】 hemorroide, almorrana.

치켜세우다 alabar.

치킨 pollo, pollito.

치통(齒痛) dolor de diente (muela). ~이 나다 tener dolor de diente, doler*le* el diente (las muelas).

치하(治下) …의 ~에 bajo el reinado de uno.

치하(致賀) felicitaciones, felicidades, congratulaciones. ~하다 felicitar, congratular.

치한(痴漢) sátiro, maniático sexual.

치환(置換)【수·화】su[b]stitución. ~하다 su[b]stituir. ~기(基) sustituyente. ~체 producto de sustitución.

칙령(勅令) orden imperial, edicto del Emperador.

칙명(勅命) orden del Emperador.

칙사(勅使) enviado (mensajero) real.

칙어(勅語) decreto imperial.

칙임(勅任) nombramiento real.

칙재(勅裁) decisión (sanción) real.

칙지(勅旨) orden imperial.

칙필(勅筆) autografía real.

칙허(勅許) permiso (sanción) real.

친(親) parentesco, su sangre, real, pro-. ~미 pronorteamericanismo.

친교(親交) amistad, intimidad, relación íntima. ~가 있는 사람 amigo íntimo. ~를 맺다 formar amistad.

친구(親舊) amigo, compañero, camarada (m.f.). 나의 ~ un amigo mío, uno de mis amigos. 아버지의 ~ amigo de mi padre. 나의 ~ 안또니오 mi amigo, Antonio. 오랜 ~ viejo amigo. 절친한 ~ amigo íntimo. 진짜 ~ verdadero amigo. 술 ~ compañero de licor. 여행 ~ compañero de viaje. 학교 ~ compañero de clase. ~가 되다 ser amigo, asociar con.

친권(親權) autoridad paternal.

친근(親近) intimidad, amistad. ~하다 ser íntimo.

친목(親睦) amistad, intimidad, confraternidad. ~회 reunión amigable, reunión para estrechar la amistad recíproca.

친미(親美) pro-norteamericanismo.

친밀(親密) intimidad, amistad. ~한 íntimo. ~한 벗 amigo íntimo. ~하게 con amistad.

친분(親分) amistad, intimidad, conocimiento, familiaridad. 나는 그와 ~이 없다 No le trato.

친불(親佛) pro-francés.

친서(親書) carta autógrafa.

친서(親西) pro-español.

친선(親善) amistad, relaciones íntimas. 한서 ~ amistad entre Corea y España.

친소(親蘇) pro-sovietismo.

친숙(親熟) familiaridad. ~한 familiar.

친아버지(親-) su verdadero padre.

친애(親愛) amor, cariño, afección. ~하는 querido, cariñoso. ~하는 신사 숙녀 여러분 Señoras (Damas) y caballeros. ~하는 벗 [친지의 첫머리] Mi querido amigo.

친어머니(親-) su verdadera madre.

친영(親英) pro-anglismo.

친왕(親王) príncipe.

친우(親友) amigo íntimo.

친위대(親衛隊) cuerpo de guardia.

친일(親日) pro-niponismo.

친자식(親子息) sus verdaderos hijos.

친재(親裁) decisión real.

친전(親展) privado. ~ 편지 carta confidencial.

친절(親切) bondad, amabilidad, benevolencia. ~한 benévolo, bondadoso, amable. ~히 amablemente. …에게 ~하다 ser bondadoso (amable) a, ser amable con. ~하게 해주셔서 감사합니다 Gracias por su bondad.

친족(親族) pariente, deudo. ~회의 consejo de familia.

친지(親知) conocido, conocimiento.

친척(親戚) pariente, parentesco.

친칠라【동】chinchilla.

친하다(親-) ser íntimo. 친한 친구 amigo íntimo.

친화(親和) intimidad, armonía. 【화】afinidad.

친히(親-)【친하게】íntimamente, familiarmente;【몸소】personalmente, en persona.

칠(漆) laca. ~하다 barnizar, dar una capa de laca.

칠(七) siete. 제 ~[의] séptimo. ~각형 heptágono. ~면체 heptaedro.

칠기(漆器) [vajilla] de laca.

칠레【지】Chile. ~의 [사람] chileno, chileño.

칠면조(七面鳥)【조】pavo, gallipavo.

칠백(七百) setecientos.

칠석(七夕) chilsoc, el siete de julio del calendario lunar.

칠순(七旬) [날] setenta días; [연령] setenta años de edad.

칠십(七十) setenta. 제 ~[의] septuagésimo. ~대의 사람 septuagenario, septentón.

칠요(七曜) siete días de la semana.

칠월(七月) julio.

칠일(七日) el siete del mes; [7일간] siete días.

칠전팔도(七顚八倒) ~하다 retorcerse (revolverse).

칠천(七千) siete mil.

칠판(漆板) pizarra. ~을 지우다 borrar l. pizarra. ~닦이 borrador.

칠하다(漆-) barnizar, dar una capa de laca.

칠흑(漆黑) color negro brillante, color de

침 saliva. ~을 뱉다 salivar, escupir.

침(針) aguja; [시계의] manecilla.

침(鍼) aguja para curar los enfermos. ~을 놓다 aplicar la acupunción (acupuntura). ~술 acupuntura. ~술사 acupunturista.

침공(侵攻) ataque, invasión. ~하다 atacar, invadir.

침구(寢具) colchones y ropa de cama.

침노(侵攎) invasión, conquista. ~하다 invadir, conquistar.

침대(寢臺) cama, lecho. ~차 coche dormitorio, vagón cama.

침략(侵略) invasión, agresión. ~하다 invadir. ~국 país invasor (agresor). ~적 agresivo. ~자 invasor, agresor. ~전 guerra de agresión.

침례(浸禮) inmersión, bautismo. ~ 교파 bautista *(m.f.)*.

침모(針母) costurera.

침목(枕木) durmiente, carrera, travesaño, vigueta.

침몰(沈沒) hundimiento, zozobra. ~하다 hundirse, sumergirse, irse a pique, zozobrar. 배를 ~시키다 echar un barco a pique, hundir un barco. ~선 barco hundido (naufragado).

침묵(沈默) silencio. ~하다 callarse. ~시키다 imponer silencio a *uno*. ~을 지키다 guardar silencio, no decir ni una palabra, no pronunciar. ~을 깨다 romper el silencio. ~은 금이다 El silencio es oro.

침방(寢房) dormitorio, cuarto de dormir, alcoba.

침뱉다 salivar, escupir.

침범(侵犯) violación, lesión, agravio. ~하다 violar, graviar.

침상(寢床) cama, lecho.

침소(寢所) lugar de dormir, cama, alcoba, dormitorio, cuarto de dormir.

침소 봉대(針小棒大) exageración, grandilocuencia, magnificación. ~하다 exagerar, magnificar.

침수(浸水) anegación. ~하다 anegar, hacer agua. ~ 가옥 casas sumergidas.

침술(鍼術) acupunción, acupuntura. ~사 acupunturista *(m.f.)*.

침식(寢食) comida y sueño.

침식(侵蝕) erosión. ~하다 corroer. ~작용 erosión.

침실(寢室) dormitorio, alcoba, cuarto de dormir.

침엽수(針葉樹) coníferas *(f pl.)*.

침울(沈鬱) ~한 sombrío, melancólico. ~한 표정으로 con un aspecto melancólico.

침윤(浸潤) penetración. ~하다 colar, colarse.

침입(侵入) invasión, intrusión. ~하다 invadir, violar. ~자 invasor.

침쟁이(鍼-) acupunturista *(m.f.)*.

침전(沈澱) precipitación, sedimentación. ~하다 precipitarse, sedimentarse, depositarse. ~물 sedimento, precipitado. ~제 precipitante.

침착(沈着) aplomo, flema, sangre fría, calma. ~한 flemático, calmoso. ~하게 con calma, con aplomo. 그는 ~했다 Él conservó el aplomo./ No perdió la sangre fría (la calma).

침체(沈滯) estancamiento, marasmo; 【남미】estagnación; [무기력] inercia, apatía, flojedad. ~하다 estancarse. 철강재 시황의 ~ estancamiento (estagnación) del mercado de acero. 사기가 ~되어 있다 El ánimo está deprimido. 이 팀은 ~되어 있다 Este equipo se encuentra hundido en una total apatía (está totalmente apagado).

침침하다(沈沈-) estar obscuro.

침통(沈痛) ~한 모습으로 con un aspecto dolorido (afligido). ~한 어조로 con un tono dolorido (afligido).

침투(浸透) infiltración, penetración. ~하다 infiltrar, penetrar.

침팬지 【동】 chimpancé.

침하(沈下) sumersión, asiento. ~하다 sumergirse, hundirse.

침해(侵害) infracción, violación. ~하다 infringir, violar.

칩거(蟄居) ~하다 encerrarse en casa.

칫솔(齒-) cepillo de dientes.

칭송(稱頌) elogía, admiración, aplauso. ~하다 admirar, aplaudir.

칭얼거리다 sollozar, llorar sin gritar, gemir, quejarse, lloriquear.

칭찬(稱讚) admiración, alabanza. ~하다 alabar, aplaudir, admirar. ~할 만한 admirable. ~을 받다 ganar admiración.

칭하다(稱-) llamar, titular, intitular. 김이 라고 칭하는 사람 hombre llamado Guim.

칭호(稱號) título, nombre. 박사의 ~ título de doctor, doctorado. …에 ~를 주다 titular. 박사 ~를 수여하다 doctorar, conferir el grado de doctor.

ㅋ

카나다 【지】 Canadá. ~의 [사람] canadiense.
카나리아 【조】 canario.
카네이션 clavel doble.
카누 canoa.
카니발 carnaval.
카드 tarjeta, ficha.
카드뮴 【화】 cadmio.
카디건 스웨터 suéter (chaqueta) tejido con botonadura al frente.
카레 cari. ~분(粉) polvo de cari. ~라이스 arroz de cari.
카르텔 【상】 cártel.
카리에스 caries. 척추 ~ tuberculosis del espinazo.
카메라 cámara [fotográfica], máquina fotográfica. ~맨 cameraman, camarógrafo.
카무플라주 camuflaje, simulación, engaño, disfraz. ~하다 recurrir al camuflaje, fingir, simular algo, disfrazar.
카바레 cabaret, club nocturno.
카바이드 carburo, combinación de carbón y un elemento positivo.
카본 【화】 carbono, carbón.
카뷰레터 carburador (기화기).
카빈총(-銃) carabina, fusil pequeño.
카세트 cassette. ~테이프 cinta cassette. ~테이프 레코더 [magnetófono a] cassette. ~필름 film cassette.
카스텔라 bizcocho.
카스트제도(-制度) casta, raza, clase hereditaria del Indostán, clase social.
카시밀론 casmir.
카오스 caos.
카운터 mostrador, contador; 【운】 contragolpe.
카운트 cuenta, cálculo. ~하다 contar, calcular.
카이로 【지】 el Cairo.
카지노 casino.
카카오 【식】 cacao.
카키색(-色) color kaqui (caqui).
카타르 【의】 catarro.
카탈로그 catálogo.
카테고리 categoría.
카톨릭 catolicismo. ~의 católico. ~교도 católico.

카페 café.
카페인 【화】 cafeína.
카페테리아 cafetería.
카펫 alfombra, tapiz.
칵테일 coctel, cóctel, cocktail, bebida alcohólica compuesta.
칸델라 lámpara metálica de mano.
칼 cuchillo, espada. 그는 혹은 붓을 가지고 혹은 ~을 가지고 싸웠다 Combatió ya con la pluma, ya con la espada. ~장수 cuchillero. ~파는 곳 cuchillería.
칼날 filo. ~을 세우다 afilar, amolar.
칼라 [옷의] cuello; [색] color. ~ 텔레비전 televisión en colores. ~필름 película en colores.
칼로리 caloría.
칼빈교(-敎) calvinismo, la doctrina de Calvino. ~도 calvinista (m.f.).
칼빈주의(-主義) calvinismo, la doctrina de Calvino.
칼슘 calcio.
칼자루 mango.
칼잡이 carnicero.
칼집 vaina.
캄캄하다 ser obscuro.
캐내다 cavar. ⇨ 캐다.
캐다 cavar, ahondar; extraer, sacar de la tierra; [규명하다] probar, registrar, indagar.
캐러멜 caramelo.
캐러밴 caravana.
캐럴 villancico de Nochebuena (de Navidad).
캐럿 quilate.
캐비닛 armario.
캐비지 berza, col.
캐스팅 보트 voto decisivo.
캐시 dinero efectivo.
캐처 cogedor.
캐치 【운】 cogida. ~ 볼 juego de bola.
캐피털 capital.
캐피털리스트 capitalista.
캐피털리즘 capitalismo.
캔디 candi.
캔버스 lienzo, lona.
캔슬 cancelación, canceladura. ~하다 cancelar.

캘린더 calendario, almanaque.
캠퍼스 el patio rodeado por los edificios del colegio (universidad), terrno perteneciente. a un colegio.
캠페인 campana.
캠프 campamento. ~를 하다 acampar. ~과이어 hoguera en un campamento.
캠핑 campamento.
캡슐 cápsula.
캡틴 capitán, jefe, comandante.
캥거루 【동】 canguro.
커녕 al contrario, de ningún modo, de ninguna manera, lejos de.
커닝 astucia, treta en el examen. ~하다 engañar en el examen, copiar en el examen.
커다랗다 ser muy grande. 커다란 손실 gran pérdida.
커리큘럼 curso de estudios [en un colegio].
커뮤니케션 comunicación.
커뮤니티 comunidad.
커미셔너 comisionado, apoderado.
커미션 comisión.
커버 cubierta, tapadera.
커브 corva, curva, comba, combadura.
커트 cortadura.
커튼 cortina.
커팅 cortadura.
커프스 puño de camisa. ~보턴 gemelos.
커플 par, macho y hembra.
커피 café. ~를 끓이다 hacer café. ~농장 cafetal. ~포트 cafetera. ~숍 café, cafetería. 밀크 ~ café con leche. 블랙 ~ café sin leche, café solo, café negro.
컨디션 estado, condición.
컨베이어 conductor, portador.
컨트롤 control, modulación. ~하다 controlar.
컬러 color. ~필름 película en color.
컬컥거리다 toser.
컬럼니스트 articulista encargado de una sección especial de un periódico.
컬렉션 colección.
컬컬하다 【목이】 tener sed.
컴백 vuelta.
컴컴하다 ser obscuro.
컴퍼스 1 compus.
2 compás.
컵 copa, taza, vaso, jícara, bock (맥주의).
케이블 cable. ~그램 cablegrama. ~카 teleférico.
케이스 caja, estuche, vaina.
케이크 torta.
케첩 salsa picante hecha de setas (de tomates).
켜다 1 [불을] encender. 등불을 ~ encender la luz.
2 [톱으로] serrar, aserrar.
3 [악기를] tocar. 바이올린을 ~ tocar el violín.
4 [물을] beber, tomar.
5 [기지개를] extenderse.
6 [실을] hilar.
켤레 par. 구두 (양말) 한 ~ un par de zapatos (calcetines).
코¹ [뜨갯옷 등의] punto, puntada.
코² nariz, hocico, trompa (코끼리의) olfato (취각). ~피 epistaxis, hemorragia nasal. ~피가 나다 salirse la sangre las narices. 납작 ~ nariz chata.
코골다 roncar.
코끼리 【동】 elefante.
코냑 coñac.
코너 ángulo, esquina, rincón.
코드 cordón, código (전신). ~북 código telegráfico.
코담배 rapé.
코딱지 moco.
코란 【종】 Alcorán, Corán.
코러스 coro. 남성 ~ coro varonil. 여성 ~ coro femenino.
코로나 【천】 corona.
코르셋 corsé. ~상점 corsetería. ~제조인 corsetero.
코르크 corcho. ~마개뽑이 sacacorchos.
코리아 Corea.
코리언 coreano.
코머 coma(,).
코뮤니케 comunicación oficial.
코미디 comedia.
코미디언 comediante.
코믹 cómico.
코민테른 Comintern.
코발트 【화】 cobalto.
코뿔소 【동】 búfalo.
코사인 【수】 coseno.
코스 curso, corrida, carrera.
코스모스 【식】 cosmos.
코스타리카 【지】 Costa Rica. ~의 [사람] costarricense, costarriqueño.
코스트 costo, coste, costa.
코앞 a las barbas de *uno*, en su presencia.
코웃음 fisga, risa falsa (burlona), mofa, escarnio. ~치다 fisgarse (burlarse) sonriéndose.
코인 moneda acuñada con cuño real (de autoridad pública).
코일 arrollamiento.
코치 entrenador, preceptor, adiestrador. ~하다 entrenar, instruir, enseñar; adiestrar.
코카 【식】 coca. ~콜라 Coca-Cola.
코카인 【화】 cocaína.
코코넛 coco, fruto del árbol llamado coco.

코코아 cacao.
코털 pelos de ventana de la nariz.
코트¹ [외투] abrigo, sobretodo.
코트² [테니스 등의] cancha.
코풀다 sonarse las narices.
코프라 [동] cobra.
코피 sangre que sale por las narices, hemorragia nasal. ~가 흐르다 echar sangre por las narices.
콘덴서 condensador.
콘돔 condón.
콘서트 concierto.
콘크리트 hormigón, concreto.
콘테스트 concurso, contienda, contestación, disputa, debate.
콜레라 [의] cólera.
콜로세움 coliseo, anfiteatro de Vespasiano en Roma.
콜록거리다 toser.
콜롬비아 [지] Colombia. ~의 [사람] colombiano. ~여자 colombiana.
콜론 colon perfecto, dos puntos.
콜타르 alquitrán.
콤비 combinación, unión, liga.
콤비네이션 combinación.
콤팩트 estuche de afeites.
콤플렉스 complexo, compuesto.
콧구멍 ventana de la nariz.
콧노래 zumbido, baraúnda. ~하다 zumbar.
콧뚜레 acial (소·말의).
콧물 moquita, moco líquido que destila de la nariz, moco nasal. ~을 흘리다 moquear, echar mocos.
콧병(-病) dolor de nariz.
콧소리 voz nasal.
콩 [식] haba, judía, habichuela, fréjol, alubia; [멕시코·쿠바] frijol.
콩가루 harina de haba.
콩국 sopa de haba.
콩볶듯하다 crujir, dar crujidos (estallidos).
콩소메 consomé, caldo de carne.
콩쿠르 concurso, certamen.
콩트 cuento.
콩팔칠팔 jerigonza. ~하다 hablar en jerigonza (en jerga).
콩팥 [해] riñones (pl.).
쾌감(快感) sensación agradable, placer. ~을 느끼다 sentir placer.
쾌거(快擧) acción heroica, hazaña.
쾌남아(快男兒) buen hombre.
쾌락(快樂) alegría, gozo, placer. ~을 구하다 buscar el placer.
쾌락(快諾) consentimiento de buena gana, complacencia. ~하다 consentir con gana.
쾌보(快報) buenas noticias.
쾌속(快速) toda velocidad, galope (carrera) tendida. ~하다 ser muy rápido.
쾌승(快勝) victoria decisiva.
쾌유(快癒) recobro completo.
쾌적(快適) comodidad. ~한 cómodo.
쾌청(快晴) buen tiempo, cielo claro. 날씨가 ~하다 Hace buen tiempo.
쾌활(快活) alegría. ~한 alegre, animado, jovial. ~하게 alegremente.
쾌히(快-) [유쾌히] deliciosamente, alegremente, de una manera grata;[기꺼이] con gusto, gustosamente.
쿠바 [지] Cuba.~의 [사람] cubano. ~여자 cubana.
쿠션 cojín, almohadón.
쿠킹 cocina, arte de cocinar.
쿠폰 cupón, billete talonario.
쿡 [요리사] cocinero.
쿨룩거리다 toser.
쿨리 peón chino (de la India) que trabaja por contrata.
퀘이커 cuáquero, cuákero.
퀴즈 serie de preguntas.
퀸 [여왕] reina.
큐 [당구의] taco de billar.
큐비즘 [입체파] cubismo.
큐핏 Cúpido, el dios del amor de los antiguos romanos.
크기 tamaño, tamañito; [용적] volumen (pl. volúmenes).
크나크다 ser muy grande (gigantesco). 크나큰 집 casa muy grande. 크나큰 문제 asunto muy importante. 크나큰 재산 fortuna enorme.
크다 ser grande; [거대] ser gigantesco (inmenso·colosal); [광대] ser vasto (extenso·espacioso·amplio); [덩치가] ser corpulento (abultado·voluminoso); [마음이] ser ruidoso; [키가] ser alto. 서울시는 ~ La ciudad de Seúl es grande. 후안은 루이스 보다 더 ~ Juan es más alto que Luis.
크디크다 ser muy grande (alto).
크라운 corona.
크레딧 crédito. ~을 청구하다 pedir crédito.
크레믈린 Kremlín.
크레용 creyón.
크레인 grúa, máquina para elevar toda clase de pesos.
크레졸 [화] cresol.
크로스 [십자가] cruz.
크로스워드 퍼즐 crucigrama (m.).
크롤 [운] brazada de pecho (수영).
크리스마스 Navidad. ~선물 regalo de Navidad, obsequio de Navidad. ~이브 Noche Buena. ~카드 tarjeta de Navidad. ~트리 árbol de Navidad.
크리스천 cristiano.

크리스털 [수정] cristal.
크리켓 vilorta, criquet.
크림 crema. ~색 color crema. 액체 ~ crema líquida.
큰 grande, enorme, colosal. ~형(兄) hermano mayor.
큰계집 [첩에 대해서] *su* esposa (mujer).
큰길 camino (calle) principal, carretera.
큰누이 hermano mayor.
큰딸 hija mayor.
큰댁(-宅) casa de *su* hermano mayor.
큰돈 mucho dinero. ~을 벌다 ganar mucho dinero.
큰마누라 *su* mujer legítima.
큰마음 [포부] gran ambición (esperanza); [관대] generosidad.
큰매부(一妹夫) marido (esposo) de *su* hermana mayor.
큰물 inundación, diluvio.
큰방(-房) habitación grande, habitación principal.
큰비 aguacero.
큰사람 gran hombre, persona eminente.
큰사위 marido de *su* hija mayor, hijo político de *su* hija mayor.
큰소리 voz alta. ~로 부르다 llamar en voz alta.
큰손가락 pulgar.
큰손녀(一孫女) nieta mayor.
큰손자(一孫子) nieto mayor.
큰아들 hijo mayor.
큰아버지 tío.
큰아이 hijo mayor.
큰어머니 tía.
큰언니 hermano (hermana) mayor.
큰오빠 hermano mayor.
큰일 asunto importante, situación difícil, desastre; [위기] crisis (*f.*).
큰조카 hijo mayor de *su* hermano mayor.
큰창자 ⇨ 대장(大腸).
큰처남(一妻男) cuñado mayor, hermano político mayor.
큰체하다 estar orgulloso.
큰형(一兄) hermano mayor.
클라리넷 [악] clarinete.
클라이맥스 climax.
클래스 clase (*f.*). ~메이트 condiscípulo, compañero de clase. 에이(A) ~ primera clase.
클래식 clásico. ~음악 música clásica.
클랙슨 klaxon, claxon, bocina eléctrica.
클럽 club, casino.
클레임 [상] queja, reclamo. ~하다 reclamar. ~오피스 oficina de reclamos.
클로버 [식] trébol.
클로즈업 fotografía de cerca, algo visto muy de cerca.
클리닝 lavado. 드라이 ~ lavado en seco.
크게 muy, mucho, grandemente, en gran escala, en grande.
큼직하다 ser muy grande (generoso).
키¹ [신장] altura, estatura. ~가 작은 바로: ~가 큰 alto. ~순으로 según estatura. 그는 나보다 3인치 가량 ~가 크다 El es tres pulgadas más alto que yo.
키² [까부는] aventador. ~질하다 aventar, aechar, separar la paja del grano.
키³ [배의] timón. ~를 잡다 gobernar (guiar · dirigir) el rumbo (la embarcación). ~잡이 piloto, timonel, timonero.
키⁴ llave (*f.*), [피아노의] guardador.
키네마 cinema, cinematógrafo.
키니네 quinina.
키다 1 [불을] encender.
2 [마시다] beber, tomar.
3 [톱질] serrar, aserrar.
키다리 hombre alto.
키메라 quimera.
키순(一順) orden de la estatura.
키스 beso. ~하다 besar, dar un beso.
키우다 criar, dar de mamar, nutrir, mimar; [동·식물을] criar; [양성] cultivar, educar, enseñar. 애를 ~ criar criaturas. 동물을 ~ criar animales.
키프로스 【지】 Chipre. ~의 [사람] chipriota.
킥 puntapié, patada.
킥킥거리다 reírse sin motivo, reírse por nada, tratando de suprimir (ocultar) la risa, reir entre dientes, reir con disimulo.
킬러 matador.
킬로 kilo, quilo. 1 ~반 un kilo y medio. ~그램 kilógramo. ~리터 kilolitro. ~미터 kilómetro. ~볼트 kilovoltio. ~사이클 kilociclo. ~와트 kilovatio.
킬킬거리다 reir entre dientes, reir con disimulo, reírse sin motivo, reírse por nada.
킹 rey. ~사이즈 tamaño grande.
킹킹거리다 gemir, suspirar, lamentar.
킹킹대다 ⇨ 킹킹거리다.

E

타(他) otro. ~인들 [los] otros [hombres]. ~지방 otra región.

타(打) docena. 연필 한 ~ una docena de lápices. 한 ~에 200원에 팔다 vender a doscientos wones la docena. 반 ~ media docena.

타가(他家) otra casa.

타개(打開) resolución. ~하다 resolver. 난국을 ~하다 superar (vencer) la situación difícil. ~책을 강구하다 esforzarse por hallar la solución de *algo*.

타격(打擊) golpe; [손해] daño, perjuicio. ~을 가하다 dar un golpe a *algo·uno*, golpear; hacer daño (causar perjuicio) a *algo·uno*. ~을 받다 recibir un golpe, ser golpeado; sufrir un daño (un perjuicio). 그 화재는 회사에 큰 ~을 주었다 El incendio causó grandes perjuicios a la compañía. 그의 사망은 우리에게 커다란 ~이었다 Su muerte fue un golpe duro para nosotros.

타결(妥結) acuerdo, convenio. ~에 이르르다 llegar a un (ponerse de) acuerdo, convenirse. 교섭은 ~됐다 En las negociaciones llegaron a un acuerdo.

타계(他界) 1 [다른 세계] otro mundo. 2 [죽음] muerte (*f*.), fallecimiento. ~하다 irse de este mundo, fallecer, morir, dejar de existir.

타고나다 nacer, ser dotado, 타고난 nacido, destinado, innato, ínsito, connatural, de nacimiento, natural, nativo, constitucional.

타고을(他-) otra aldea.

타고장(他-) otra parte.

타관(他關) pueblo extranjero.

타교(他校) otra escuela.

타국(他國) otro país, tierra extranjera. ~의 del extranjero.

타기(舵機) timón. ~를 조종하다 gobernar (guiar·dirigir) la embarcación.

타내다 ganar, obtener, recibir. 돈을 ~ obtener dinero.

타념(他念) otra intención. ~없이 공부하다 estudiar con todo *su* corazón.

타닌 【화】 tanino. ~을 함유한 tánico.

타다¹ quemarse. 햇볕에 ~ quemarse al sol.

타다² [탈 것에] subir, tomar. 기차를 ~ tomar el tren. 기차 (배·비행기)를 타고 가다 ir en tren (barco·avión).

타다³ [악기를] tocar. 피아노를 ~ tocar el piano.

타다⁴ montar. 말을 ~ montar a caballo.

타다⁵ 1 [젋다] moler, pulverizar.
2 [가르다] dividir, partir.

타당(妥當) aptitud, propiedad. ~한 conveniente, apropiado, adecuado; [정당] justo, razonable. ~한 표현 expresión adecuada. ~한 보수 justa (merecida) recompensa. ~한 가격 precio razonable. …하는 것이 ~하다 Conviene + *inf.* (que +*subj.*). ~성 pertinencia, justeza.

타도(打倒) derribo, derrocamiento. ~하다 derribar, tumbar, abatir. 정부를 ~하다 derrocar (derribar·derrotar) el gobierno. 공산주의 ~! ¡Abajo (Muera) el comunismo!

타도(他道) otra provincia.

타동(他洞) otra aldea.

타동사(他動詞) 【문】 verbo transitivo.

타락(墮落) degeneración, perversión, corrupción. ~하다 corromperse, perderse. ~시키다 corromper, pervertir, viciar. ~된 corrompido, perdido, pervertido. 청년들을 ~시키다 corromper (pervertir·estropear) a los jóvenes.

타력(他力) poder de otros. ~에 의존하지 마십시오 No se fíe usted de otros./ No cuente usted con otros.

타력(惰力) [fuerza de] inercia.

타륜(舵輪) timón, rueda de timón.

타르 【화】 alquitrán.

타면(他面) otro lado, otro aspecto.

타박 queja, descontento, refunfuñadura, murmuración. ~하다 quejarse, gruñir, regañar, rezongar, refunfuñar, murmurar.

타박거리다 trajinar, andar de una parte a otra con trabajo.

타박상(打撲傷) magulladura, contusión. 팔에 ~을 받다 tener una magulladura (hacerse una contusión) en el brazo.

타방(他方) [다른 곳] otro lugar; [다른 쪽] otro lado.

타블로이드판(一版) tabloide.

타사(他社) otra compañía.
타사(他事) otro negocio, otra cosa.
타산(他山) otra montaña.
타산(打算) cálculo, interés. ~적인 interesado, calculador. ~적으로 interesadamente. ~적으로 움직이다 guiarse por *su* interés. 그는 ~적인 사람이다 Es un hombre calculador./ Todo lo hace por interés.
타산지석(他山之石) ~이 되다 sacar fruto de (utilizar) la experiencia de *uno*.
타살(他殺) asesinato, homicidio.
타색(他色) otro color.
타석(他席) otro asiento.
타성(他姓) otro apellido.
타성(惰性) inercia; [습관] hábito. ~으로 나아가다 [자동차 등이] avanzar por la fuerza de la inercia. 지금까지의 ~으로 por [el] influjo del hábito.
타수(打手) ⇨**타자**(打者).
타수(舵手) timonel, timonero.
타악기(打樂器) instrumento de percusión; [집합적] batería.
타액(唾液) saliva; [가래] esputo. ~을 분비하다 excitar la secreción excesiva y continua de saliva. ~ 분비 babeo, salivación.
타워 torre (*f.*).
타원(楕圓) óvalo; [기하] elipse (*f.*). ~의 oval, ovalado; elíptico. ~체 elipsoide (*f. m.*).
타월 toalla. ~로 닦다 secar con una toalla. ~을 던지다 [권투] tirar (arrojar) la esponja. ~걸이 percha para toallas, toallero. ~지(地) tejido esponjoso, tela para toallas.
타율(他律) [윤리] heteronomía. ~적인 heterónomo.
타의(他意) otra intención; [악의] malicia, mala intención.
타이거 [동] tigre.
타이르다 amonestar, aconsejar. 공부하라고 ~ aconsejar a *uno* estudiar.
타이밍 ~에 알맞게 a tiempo, oportunamente, en el momento propicio. 그것은 ~이 좋았다 Fue oportuno./ Se hizo oportunamente (en el momento propicio). ~이 나빴다 Fue inoportuno (intempestivo)./ Se hizo inoportunamente (intempestivamente).
타이어 cubierta (*f.*); [튜브를 포함한 부분] neumático; [차바퀴] rueda, llanta. ~을 교체하다 su[b]stituir (recambiar) una rueda. 앞 (뒤) ~ rueda delantera (trasera). 고무 ~ llanta de goma. 예비 ~ llanta de repuesto.
타이츠 calzón ajustado para facilitar los movimientos y mostrar las formas.
타이탄 titán.
타이틀 título, campeonato (운동의).
타이프 1 [형] tipo; [종류] clase (*f.*), especie (*f.*). 그는 학자 ~이다 Es un hombre de tipo intelectual. A와 B는 같은 ~이다 A y B son del mismo tipo.
2 [타자기] máquina de escribir.
타이프라이터 máquina de escribir. ~를 치다 escribir a máquina, escribir con máquina de escribir.
타이피스트 mecanógrafo; [문어] dactilógrafo. ~ 양성소 escuela de mecanografía (de dactilografía). 영문 ~ mecanógrafo del inglés.
타인(他人) otra persona, extraño, forastero.
타일 (타닥 응) baldosa; [벽면용] azulejo.
타일(他日) otro día, en el futuro.
타임 1 [기록・시간] tiempo. ~을 재다 [스포츠] cronometrar, calcular (medir) tiempo. ~ 리코더 reloj registrador [horario]. ~ 스위치 interruptor eléctrico automático. 그의 ~은 1분 40초였다 Registró el tiempo de un minuto cuarenta segundos. ~ 키퍼 cronometrador.
2 [경기 중지] tiempo. ~을 요청하다 pedir tiempo. ~ 아웃[을 청하다] [pedir・solicitar] tiempo muerto.
타자(打者) [운] bateador.
타자기(打字機) máquina de escribir. ~를 치다 escribir a (con) máquina, mecanografiar. 편지를 ~로 치다 escribir una carta a máquina. ~의 리본 cinta. ~ 용지 papel para escribir a máquina. 한글 ~ máquina de escribir con caracteres coreanos.
타자수(打字手) mecanógrafo.
타작(打作) [마당질] trilla; [추수] cosecha, agosto. ~하다 trillar (apalear) grano cosechar, recoger las mieses, hacer agosto. ~기 máquina para trillar.
타전(打電) ~하다 enviar (mandar) un telegrama; […을] telegrafiar *algo* a *uno*; [무전으로] dar un mensaje por radio; [해저전선으로] cablegrafiar. 나는 교섭이 성공했다고 회사에 ~했다 He telegrafiado (mandado una telegrama) a la compañía notificando el éxito de las negociaciones.
타조(駝鳥) [조] avestruz.
타종(他宗) [종파] otra secta; [종교] otra religión.
타지(他誌) otra revista.
타진(打診) 1 [의] percusión. ~하다 percutir (golpear) el pecho.
2 tantear, sondear. 관계자의 의견을 ~하다 tantear las opiniones de las partes

타처(他處) otro lugar (sitio).
타척(他擲) glope. ~하다 golpear, dar golpes.
타태(墮胎) aborto, malparto. ~하다 abortar, malparir.
타파(他派) otra facción (secta), otro partido (grupo).
타파(打破) rompimiento, destrozo, destrucción. ~하다 romper, destruir; [폐기] abolir, suprimir; vencer. 군국주의를 ~하다 destruir el militarismo.
타향(他鄕) tierra extranjera, otra parte.
타협(妥協) acomodamiento, transacción; [호양] concesión mutua; [화해] conciliación. ~하다 acomodarse, transigir; hacer concesiones; conciliarse. ~에 도달하다 llegar a un arreglo (a un acuerdo). ~적인 태도를 취하다 tomar una actitud conciliadora. ~의 여지가 없다 No hay lugar para transigencias./ Ningún arreglo se puede esperar. ~안 idea conciliadora, modus vivendi. ~점 condición de acuerdo.
탁견(卓見) vista excelente, alto criterio, opinión ilustrada (clarividente). ~을 술회하다 expresarse con buen criterio sobre *algo*.
탁구(卓球) ping-pong. ~를 치다 jugar ping-pong.
탁론(卓論) argumento sublime.
탁류(濁流) torrente cenagoso (cienoso·fangoso).
탁마(琢磨) ~하다 pulir, pulimentar; cultivar.
탁발(托鉢) ~하다 ir de casa en casa mendigando. ~승 bonzo mendicante.
탁발(卓拔) excelencia, superioridad. ⇨ 탁월.
탁본(拓本) copia frotada. ~하다 frotar.
탁상(卓上) sobremesa. ~에 sobre (encima de) la mesa. ~용의 de mesa, de sobremesa. ~ 공론 teoría imaginaria, discusión abstracta (puramente académica), estrategia de salón. ~ 공론을 하다 sostener (tener) una discusión en el vacío (una discusión paramente académica). ~공론가 teórico de butaca. ~ 라이터 encendedor de sobremesa. ~ 연설 discurso de sobremesa, brindis. ~ 전화 teléfono de [sobre]mesa.
탁설(卓說) opinión excelente, vista distinguida (excelente).
탁성(濁聲) voz ronca (áspera).
탁송(託送) ~하다 consignar, enviar. ~품 propiedad consignada, objetos consignados.

탁아소(託兒所) guardería [infantil].
탁월(卓越) excelencia, superioridad. ~하다 descollar, destacarse, sobresalir, aventajar[se]. ~한 sobresaliente, eminente, excelente, distinguido. 이 학생은 ~한 능력을 가지고 있다 Este alumno tiene un talento excepcional (supera a todos los otros en talento). 그는 역사 연구에서 ~하다 Se destacar por sus estudios históricos.
탁음(濁音) 【문】 consonante (m. (f.).) sonoro (ra).
탁자(卓子) mesa. 둥근 ~ mesa redonda.
탁절(卓絶) excelencia. ⇨ 탁월.
탁절(卓節) carácter noble.
탁주(濁酒) *tacchu*, licor no refinado.
탁출(卓出) ⇨ 탁월.
탁하다(濁一) ser cenagoso (sucio·enturbiado·turbio). 탁한 물 agua cenagosa. 탁한 색 color turbio.
탄(炭) carbón de madera.
탄강(誕降) nacimiento. ~하다 nacer.
탄갱(炭坑) mina hullera (de carbón); [갱도] galería; [종갱] pozo. ~부 minero hullero (de carbón).
탄광(炭鑛) mina de carbón, cabonera. ~부 carbonero.
탄도(彈道) trayectoria. ~탄 ingenio (proyectil·misil) balístico (tiro).
탄력(彈力) elasticidad, flexibilidad. ~있는 elástico, flexible. ~이 없는 inflexible, sin elasticidad. ~성 elasticidad, flexibilidad.
탄로(綻露) descubrimiento, revelación. ~하다 descubrir, revelar, publicar.
탄미(歎美) admiración, adoración, apreciación. ~하다 admirar, apreciar adorar.
탄분증(炭粉症) antracosis (f.).
탄산(炭酸) ácido carbónico. ~가스 gas carbónico. ~ 동화 작용 asimilación clorofílica de gas carbónico; [광합성] fotosíntesis (f.). ~ 소다 carbonato de sosa. ~수 [agua] gaseosa. ~염 carbonato. ~ 칼륨 [칼슘·나트륨] carbonato potásico (cálcico·sódico).
탄상(嘆賞) admiración. ~하다 admirar, aplaudir.
탄생(誕生) nacimiento. ~일 [día de *su*] cumpleaños. ~일을 축하하다 celebrar el cumpleaños de *uno*. ~일을 축하하는 시계를 선물하다 regalar un reloj a *uno para su* cumpleaños. ~일은 언제입니까 ¿Cuándo es [el día de] su cumpleaños? ~을 축하합니다 ¡Feliz cumpleaños! ~지 tierra nativa.
탄성(嘆聲) suspiro de admiración. ~을 발하다 lanzar (dar·exhalar) un suspiro.

탄성(彈性) elasticidad. ~계수 coeficiente de elasticidad. ~고무 (변형) goma (deformación) elástica.

탄소(炭素) carbono. ~의 carbónico. ~강(鋼) acero de carbono.

탄수차(炭水車) [철도] ténder.

탄수화물(炭水化物)【화】hidrato de carbono, glúcido.

탄식(嘆息) suspiro, lamentación. ~하다 suspirar, lanzar (dar・exhalar) un suspiro, lamentarse.

탄신(誕辰) nacimiento real.

탄알(彈—) bala de metal.

탄압(彈壓) opresión, represión. ~하다 oprimir, reprimir. ~적인 opresivo, represivo. ~정책 política de represión.

탄약(彈藥) municiones. ~고 almacén de polvora, polvorín. ~대 [기관총의] banda [de ametralladora]. ~통 cartucho. ~상자 cajón de munición.

탄원(嘆願) solicitud; [간원] petición; [애원] súplica. ~하다 solicitar; suplicar, pedir. 감형을 ~하다 solicitar la disminución de la pena. ~서 solicitud, instancia. ~자 solicitante (m.f.).

탄일(誕—) nacimiento real.

탄자 manta. 양~ alfombra.

탄저(炭疽) ⇨ 탄저병.

탄저병(炭疽—) carbunclo, carbunco, antracosis (f.), ántrax.

탄전(炭田) zona hullera, yacimientos carboníferos.

탄젠트(數) tangente.

탄주(彈奏) representación. ~하다 tocar, tañer.

탄질(炭質) calidad de carbón.

탄창(彈倉) cámara para cartuchos en un rifle de repetición.

탄층(炭層) yacimiento hullero (de hulla), vena (veta) de carbón, filón carbonífero.

탄탄(坦坦) ~하다 ser llano (igual・nivelado・allanado). ~대로 carretera ancha y llana.

탄탄하다 ser sólido (fuerte・robusto).

탄핵(彈劾) acusación. ~하다 acusar, someter a *uno* a juicio. 대통령을 ~하다 someter a juicio al presidente. ~ 연설 discurso violento contra *uno*. ~ 연설을 하다 lanzar una diatriba contra *uno*. ~재판소 tribunal de acusación.

탄화(炭化) carbonización. ~하다 carbonizarse. ~시키다 carbonizar. ~물 carburo. ~수소 hidrocarburo. ~칼슘 carburo de calcio.

탄환(彈丸) bala, proyectil; [포탄] obús. ~열차 tren bala.

탄흔(彈痕) huella de una bala.

탈 máscara, careta, mascarilla. ~을 쓰다 ponerse la máscara.

탈(頃) 1 [변고] tropiezo, dificultad, impedimento, obstáculo.
2 [병] enfermedad. 몸에 ~이 나다 estar enfermo, caer enfermo. 배~이 나다 tener dolor de estómago.
3 [흠] falta, culpa, defecto; [핑계] excusa, pretexto.

탈각(脫脚) libramiento de una situación inconveniente, escape. ~하다 librarse de *algo*, deshacerse de *algo*.

탈것 vehículo.

탈고(脫稿) ~하다 acabar de escribir [un libro], concluir una obra literaria.

탈곡(脫穀) trilla. ~하다 trillar, desgranar. ~기 trilladora.

탈구(脫臼) luxación, desarticulación, dislocación. ~하다 desarticularse, dislocarse. 어깨를 ~하다 dislocarse los hombres.

탈당(脫黨) abandono (deserción) [de un partido], defección. ~하다 abandonar (desertar de) *su* partido.

탈락(脫落) [문·자 등의] omisión, laguna. ~하다 caer, desprenderse, dejarse. 2행이 ~되어 있다 Faltan dos líneas.

탈모(脫毛) caída del pelo; [털의 제거] depilación. ~하다 perder el pelo; [몸의 털 등을] depilar; [피혁 제조를 위해] depilar el cuero. ~증 alopecia.

탈모(脫帽) ~하다 descubrirse, quitarse el sombrero; [인사로] descubrirse ante *uno*, saludar a *uno* quitándose el sombrero ~! ¡Descúbranse!

탈바가지 máscara hecha de calabaza.

탈바닥 salpicadura. ~거리다 chapotear.

탈법행위(脫法行爲) evativa de la ley.

탈산(脫酸)【화】~하다 desoxigenar, desoxidar.

탈색(脫色) decoloración. ~하다 decolorarse. ~시키다 decolorar *algo*. ~제 decolorante.

탈선(脫線) descarrilamiento; [말의] digresión. ~하다 descarrilar; desviarse. 열차가 ~했다 El tren descarriló. 그는 때때로 말을 ~한다 Cae (Se pierde) a veces en digresiones.

탈세(脫稅) evasión fiscal, evasión del contribución, evasión del impuesto. ~하다 evadir (eludir) un impuesto, hacer fraude tributario.

탈수(脫水) [세탁물의] escurrido;【화】deshidratación. ~하다 escurrir [la ropa de la colada]; deshidratar *algo*. ~증상을 일으키다 deshidratarse. ~기 escurridor; deshidratador.

탈신 도주(脫身逃走) deserción, escape. ~하다 desertar.

탈영(脫營) deserción del cuartel. ~하다 desertar. ~병 desertor, tránsfuga.

탈옥(脫獄) fuga (evasión • huida) [de la cárcel]. ~하다 fugarse (evadirse • escaparse • huir) [de la cárcel]. ~수 fugitivo.

탈의(脫衣) ~소·~실 vestuario; [해수욕장 등의] caseta, cabina [de playa].

탈자(脫字) palabra saltada; [문자] carácter de imprenta saltado.

탈장(脫腸) 【의】 hernia. ~이 되다 herniarse, sufrir una hernia. ~대 braguero, vendaje de hernia.

탈저(脫疽) 【의】 gangrena.

탈적(脫籍) cancelación de *su* nombre en el registro.

탈주(脫走) huida, fuga, evasión; [병사의] deserción. ~하다 huir, fugarse, evadirse; desertar. ~병 desertor. ~자 fugitivo.

탈지면(脫脂綿) algodón hidrófilo (absorbente), absorbente higiénico.

탈지유(脫脂乳) leche desnatada.

탈출(脫出) fuga, evasión; [안주할 장소를 찾기 위한] éxodo. ~하다 huir (fugarse evadirse · escaparse) de *un sitio*. 국외에 ~하다 huir al extranjero. 농촌 인구의 공업지대로의 ~ éxodo [de la población] rural hacia las zonas industriales.

탈춤 talchum, baile de máscaras.

탈취(奪取) captura, arrancadura, toma, apoderamiento. ~하다 coger *algo* por la fuerza, tomar (apoderarse de) *algo*.

탈취(脫臭) ~하다 quitar el olor a *algo*, desodorizar *algo*. ~제 desodorante.

탈퇴(脫退) abandono, dimisión. ~하다 abandonar, dejar, dimitir, retirarse (separarse) de ···.

탈피(脫皮) muda. ~하다 mudar.

탈항(脫肛) 【의】 prolapso del ano.

탈환(奪還) recobro, recuperación. ~하다 recobrar, recuperar.

탈퇴(脫退) salida, retirada. ~하다 salir (desertar · separarse) de *algo*, dejar.

탈회(脫回) ⇨ 탈환(脫還).

탐(貪) avaricia, codicia.

탐관 오리(貪官汚吏) funcionario codicioso (corrupto).

탐광(探鑛) exploración;【남미】 cateo. ~자 explorador; cateador.

탐구(探究) búsqueda, [연구] investigación, estudio. ~하다 buscar; investigar, estudiar. 진리의 ~ búsqueda (persecución) de la verdad. ~심이 풍부하다 tener una espíritu investigador. ~자 investigador, estudioso.

탐나다(貪-) desear, apetecer. 탐나는 여자 mujer deseable.

탐내다(貪-) desear, querer, codiciar.

탐닉(耽溺) [빠짐] indulgencia, dedicación; [방탕] disipación. ~하다 abandonarse entregarse · darse) a *algo*.

탐독(耽讀) ~하다 sumergirse (abismarse · hundirse) en la lectura. 그는 보르헤스를 ~하고 있다 Está totalmente absorbido (absorto) en la lectura de Borges.

탐문(探問) investigación indirecta. ~하다 inquirir (averiguar · examinar) indirectamente.

탐미(耽美) ~적인 estética. ~적인 그림 pintura de la escuela estética. ~주의 estetismo. ~주의자 esteta. ~파 escuela estética.

탐방(探訪) ~하다 hacer un reportaje sobre *algo*. ~ 기사 reportaje. ~ 기자 reportero.

탐부(貪夫) hombre codicioso.

탐사(探査) exploración, investigación, indagación, examinación. ~하다 explorar, investigar, indagar, examinar.

탐상(探賞) acto de visitar objetos o puntos de interés, excursión. ~하다 visitar objetos o puntos de interés.

탐색(食色) ⇨ 호색(好色).

탐색(探索) búsqueda; [조사] encuesta, investigación. ~하다 buscar; investigar.

탐스럽다 ser deseable (gustoso · atractivo · cariñoso · hermoso · bonito).

탐승(探勝) ~하다 explorar las bellezas de *un sitio*.

탐식(貪食) glotonería, voracidad. ~하다 comer vorazmente.

탐심(貪心) avaricia, codicia.

탐욕(貪慾) codicia, avaricia, avidez, voracidad. ~스런 avaro, codicioso, ávido, voraz. ~스럽게 ávidamente, vorazmente.

탐정(探偵) detective (*m.f.*). ~하다 espiar, investigar *algo* secretamente. ~ 소설 novela policíaca. 사설 ~소 agencia de detectives privados.

탐조등(探照燈) proyector, reflector.

탐지(探知) averiguación, descubrimiento. ~하다 detectar, descubrir. ~기 detector.

탐험(探險) exploración, expedición. ~하다 explorar (hacer una expedición a) *un sitio*. ~하러 가다 ir a explorar. ~자 explorador. ~대 equipo de exploradores. 아프리카 ~ expedición a África.

탑(塔) torre (*f.*); [불교 사원의] pagoda; [회교 사원의] alminar, minarete; [교회의 종탑] campanario; [기념탑] columna. ~에 오르다 subir a una torre.

탑본(搨本) ⇨ 탁본(拓本).

탑승(搭乘) 비행기에 ~하다 subir (montar) en un avión. ~원 tripulante (*m.f.*); [집합적] tripulación, personal de abordo.

탑재(搭載) cargamento. ~하다 instalar, cargar. 배에 기관총을 ~하다 instalar la ametralladora en un navío. 그 비행기는 미사일을 ~하고 있다 Ese avión está equipado de misiles. ~량 capacidad de cargamento.

탓 1 [잘못] culpa. 여비서 ~이다 Mi secretaria tiene la culpa. 2 [까닭] razón.

탕아(蕩兒) pródigo, malgastador.

태 [째진 금] hendedura, rendija, grieta, raja, quebraja, rotura.

태(胎) útero, matriz.

태(態) [꼴] voz; [맵시] forma, figura.

태고(太古) antigüedad remota, tiempos prehistóricos (antiguos). ~의 muy antiguo; [유사 이전] prehistórico.

태교(胎敎) educación prenatal.

태깔(態-) 1 [태와 빛깔] figura y color. 2 [거만한 태도] actitud arrogante (presuntuoso · altivo · vanidoso · altanero · soberbio).

태극기(太極旗) bandera nacional de Corea, *Teguugui*.

태내(胎內) 어머니의 ~에 en el seno (en el vientre) de la madre, en el seno materno. ~ 감염 infección prenatal.

태도(態度) actitud, maneras (*f.pl.*). 점원의 손님에 대한 ~ actitud del dependiente para con el cliente. ~를 바꾸다 cambiar de actitud, abdecatar. 애매한 ~를 취하다 tomar una actitud evasiva. 비정한 ~를 보이다 mostrarse indolente. ~를 결정하다 determinar la actitud que tomar.

태동(胎動) movimiento fetal. 새 시대의 ~이 느껴진다 Se perciben los primeros indicios de una nueva época.

태만(怠慢) negligencia, abandono, dejadez, desidia; [부주의] descuido. ~한 negligente, desidioso; descuidado. 정부의 ~을 비난하다 criticar al gobierno por *su* negligencia administrativa.

태모(胎母) mujer preñada (embarazada · en cinta).

태몽(胎夢) sueño de concepción.

태반(太半) mayoría, mayor parte.

태반(胎盤) placenta.

태백성(太白星) Venus.

태부족(太不足) gran escasez (falta).

태산(泰山) montaña alta. 할 일이 ~ 같다 tener muchísimas cosas que hacer.

태산 북두(泰山北斗) autoridad.

태산 준령(泰山峻嶺) montañas altas y escarpadas.

태생(胎生) 1 [생] viviparidad. ~의 vivíparo. ~ 동물 vivíparo.
2 [출신] nacimiento, origen. 어디 ~입니까 ¿De dónde es usted?/ ¿Dónde nació usted? 나는 서울 ~ Soy de Seúl.

태서(泰西) [서양] Occidente, países occidentales. ~의 occidental. ~ 제국 países occidentales. ~ 문명 civilización occidental.

태세(態勢) posición, postura. …하는 ~를 갖추다 preparare para + *inf*. 방위 ~를 취하다 asumir una posición defensiva.

태아(胎兒) embrión, feto. ~의 fetal.

태양(太陽) sol. ~의 solar. ~은 동쪽에서 떠서 서쪽으로 진다 El sol sale por el este y se pone por el oeste. 지구는 ~의 주위를 돈다 La Tierra gira alrededor del sol. ~계 sistema solar. ~등(燈) lámpara rayos ultravioletas. ~력 calendario solar. ~열 calor del sol. ~ 전지 pila de energía solar.

태어나다 nacer. 다시 ~ renacer. 태어난 이래 desde que nací. 그는 1944년 12월 11일에 태어났다 El nació el once de cidiembre de mil novecientos cuarenta y cuatro.

태업(怠業) sabotaje. ~하다 sabotear.

태연(泰然) ~히 · ~스레 con calma, sin pestañear.

태연 자약(泰然自若) imperturbabilidad, serenidad. ~하다 ser perfectamente tranquilo, guardar toda *su* serenidad.

태엽(胎葉) muelle. ~을 감다 dar cuerda al reloj.

태우다 1 [연소] quemar, abrasar (consumir) con fuego. 향을 ~ quemar el incienso. 담배를 ~ fumar un cigarrillo.
2 [그을리다] chamuscar, quemar por encima (por afuera), tostar. 햇볕에 ~ quemar al sol.
3 [가슴 · 속을] estar agonizando, molestar, atormentar, incomodarse, inquietarse. 사람의 속을 ~ hacer molestar.

태우다[2] [탈것에] tomar, llevar.

태음(太陰) luna. ~력 calendario lunar.

태자(太子) príncipe heredero.

태작(馱作) pobre obra, obra inferior.

태중(胎中) preñez, preñado, estado de la mujer en cinta (de la hembra preñada). 그 여자는 ~이다 Ella está encinta (preñada · embarazada).

태타(怠惰) pereza, indolencia; holgazanería, haraganería, ociosidad. ~한 perezoso, indolente; holgazán, haragán, ocioso.

태평(太平) tranquilidad, paz. ~의 pacífico, tranquilo.

태평양(太平洋) Océano Pacífico, el Pací-

태풍(颱風) tifón. ~의 눈 ojo del tifón. ~권 내에 있다 estar dentro del área del tifón. ~이 A지역을 강타한다 El tifón ataca (azota) la región de A. ~이 한 번 지나가고 쾌청해졌다 Una vez pasado el tifón, se despejó el cielo.

태평(笞刑) acción de azotar, flagelación, latigazo. ~을 가하다 dar un latigazo (una mano de azotes).

태환(兌換) conversión. ~하다 convertir. ~권·~지폐 billete [de banco] convertible.

태후 madre de la reina.

택시 taxi. 빈 ~ taxi libre. ~에 오르다 [승차] subir al taxi, ~를 잡다 coger (tomar) un taxi. ~를 부르다 (부르다) parar (llamar) un taxi. ~로 가다 ir en taxi. 여기서 ~를 탈 수 있습니까 ¿Se puede tomar el taxi aquí? ~ 기사 taxista (m.f.)/ conductor de un taxi. ~ 승차장 parada (punto) de los taxis. ~ 요금 tarifa de los taxis.

택일(擇日) selección del día feliz. ~하다 escoger el día feliz.

택지(擇地) terreno escogido, selección del terreno. ~하다 escoger el terreno.

택지(宅地) terreno para viviendas; [분양의] parcela [para vivienda] ~를 조성하다 cimentar un terreno para construir viviendas.

택출(擇出) selección, escogimiento, opción. ~하다 escoger, elegir.

택하다(擇─) [선택하다] escoger, elegir, preferir. 친구를 ~ escoger sus amigos. 길을 ~ fijar el día feliz. 부모로부터 교육을 택했다 Yo preferí la enseñanza a la riqueza.

탤런트 telento, aptitud notable, capacidad.

탬버린 (탬버린) pandereta, pandero.

탯덩이(胎─) halterio, pesero, simplón.

탯줄(胎─) cuerda umbilical.

탱고 tango.

탱커 barco petrolero.

탱크 depósito, cisterna, tanque; [전차] tanque blindado. 가스 ~ tanque de gas. 석유 ~ tanque de petróleo.

탱탱 ~하다 ser tieso (tendido).

터¹ 1 [땅] lugar, sitio, terreno.
2 [기초] cimiento, fundación, fundamento.

터² 1 [처지] manera de ser.
2 [관계] relación, amistad.

터³ [예정] intención, expectativa, expectativa, esperanza. …할 ~이다 intenter a, esperar, pensar en. 내가 직접 갈 ~이다 Intento a ir personalmente.

터널 túnel.

터놓다 relajar, aflojar, relevar, abrir. 터놓고 sin reserva, sin excepción, enteramente, francamente.

터득 entendimiento, comprensión. ~하다 entender, comprender. 진리를 ~ entender la verdad.

터뜨리다 romper, reventar, quebrar, estallar. 눈물을 ~ deshacerse en lágrimas, prorrumpir en llanto. 폭탄을 ~ estallar la bomba.

터럭 pelo, cabello. 센 ~ pelos canosos.

터무니없다 ser absurdo. 터무니 없이 sin razón, absurdamente, extraordinariamente, excesivamente, extremamente. 터무니 없이 굴지 말라 No seas absurdo.

터미널 terminal (f.); [공항의] estación (parada) aérea. ~ 백화점 gran almacén en una terminal. ~역 estación terminal.

터번 turbante.

터부 tabú.

터빈 turbina. 가스 (증기·수력) ~ turbina de gas (de vapor·hidráulica). ~ 펌프 turbobomba.

터주다 permitir, abrir. 길을 ~ abrir el camino.

터지다 1 [금가다] romperse.
2 [폭발] estallar, ocurrir de repente.

터치 toque. ~하다 tocar.

턱¹ mandíbula, quijada, barba. ~수염 barba. 아래 ~ mandíbula inferior. 위 ~ mandíbula superior. 주걱 ~ quijadas de farol.

턱² [불쑥 나온 곳] subida, sitio (lugar) en declive (que va subiendo), lugar (sitio) elevado (sobresaliente). 문~ umbral.

턱³ [대접] trato, tratamiento, buena comida. 한 ~을 내다 dar una fiesta, 술을 한 ~ 내다 comprar un licor. 둘러 가며 ~ 내다 tratar en turno.

턱⁴ [까닭] razón (f.). 그럴 ~이 없다 No hay razón para eso./ Es desrazonable.

턱없다 ser inmoderado (excesivo·exorbitante·desrazonable).

털 1 [사람의] pelo, cabello. ~이 없는 pelado, pelón, calvo.
2 [짐승·새의] forro, pelo de las bestias, lana (양모), pluma (새털). 새의 ~을 뽑다 desplumar, pelar, quitar las plumas al ave.

털갈다 mudar las plumas.

털다 1 [메다] sacudir. 먼지를 ~ sacudir el plovo.
2 [비우다] vaciar.
3 [빼앗다] robar.

털방석 cojín de plumas.

털버선 *tolboson*, calcetines de lana.
털보 persona cabelluda.
털실 hilaza, hilo de lana. ~로 뜨다 trabajar a punto de aguja, hilar, hacer malla. ~로 스타킹을 뜨다 hacer media (calceta) con hilaza.
털층구름(-層-) ⇨권층운.
텅 cavidad. ~빈 vacío, hueco, libre. ~빈 방 habitación libre.
텅스텐 【화】 tungusteno, volframio. ~강(鋼) acero de volframio.
테 1 [둘릴 줄] aro, arco, cerco de barril (tonel), tira, faja, tirita, tirilla, cinta. 모자 ~ cinta del sombrero.
2 [언저리] canto, borde, margen, orilla, cerco, arco. 무~ 안경 gafas sin borde.
테너 【악】 tenor. ~가수 tenor.
테니스 tenis. ~를 치다 jugar al tenis. ~코트 cancha de tenis.
테라마이신 terramicina.
테라스 terraza, terrado.
테러 terrorismo, terror.
테러리스트 terrorista.
테러리즘 terrorismo.
테마 tema (*m.*).
테스트 examen, ensayo. ~하다 examinar.
테이블 mesa. ~보 mantel. ~덮개 sobremesa.
테이프 cinta [magnética]. ~ 레코더 grabador de cinta magnética, magnetófono.
테크니컬 técnico.
테크니컬러 tecnicolor.
테크닉 técnica.
테트론 dacrón, marca de fábrica, fibra acrílica.
텍스트 libro de texto.
텐트 tienda [de campaña], pabellón, tendal. ~를 치다 poner pabellón, montar la tienda.
텔레비 ⇨텔레비전.
텔레비전 televisión, video. ~방송 trasmisión de televisión. ~ 세트 televisor, telerreceptor. ~수상기 televisor. ~ 스튜디오 telestudio. ~카메라 tomavistas. 천연색 ~ televisión de (en) colores.
텔레타이프 impresor telegráfico, teletipo.
텔레파시 telepatía.
템포 【악】 tiempo. ~가 빠른 rápido.
토건(土建) ~업 ingeniería y edificación. ~업자 contratista de ingeniería.
토관(土管) caño de tierra cocida.
토굴(土窟) caverna, cueva.
토기(土器) vasija de barro.
토기(吐氣) náusea, bascas, gana de vomitar.
토끼 【동】 conejo. 산 ~ liebre. ~고기 carne de liebre. ~굴 conejera. 사육장 conejera, conejar.
토너먼트 torneo.
토담(土-) tapia, pared formada de tierra sola. ~집 choza hecha de tapias.
토대(土臺) fundamentos, base (*f.*), cimientos; [일의] fundación. ~를 쌓다 poner (echar) los fundamentos (los cimientos). 성공의 ~ base del éxito. 이 집은 ~가 튼튼하지 않다 Los cimientos de esta casa no están seguros. ~석(石) piedra angular.
토라지다 poner mal gesto, ponerse ceñudo, enfurruñarse, amohinarse, estar malcontento (de mal humor).
토란(土卵) 【식】 taro.
토로(吐露) ~하다 expresar, decir.
토론(討論) debate, discusión; [토의] deliberación. ~하다 discutir [de· sobre] *algo*, debatir *algo*; deliberar sobre *algo*. ~회 debate.
토마토 【식】 tomate. ~밭 tomatal. ~장수 tomatero.
토막 pedazo, pieza, trozo, fragmento, remiendo. 나무 ~ pedazo de maderas. ~~ en pedazos. ~내다 cortar en pedazos. ~나다 cortarse en pedazos.
토멸(討滅) conquista, aniquilación, exterminación. ~하다 conquistar, aniquilar, exterminar.
토목(土木) obras públicas. ~공사 obra pública. ~공학 ingeniería civil. ~과·~국 departamento de obras públicas. ~기사 ingeniero civil. ~업계 círculo industrial de ingeniería civil. ~회사 (건축공사) compañia (industria) de construcción y obras públicas.
토민(土民) [habitantes] indígenas.
토벌(討伐) subyugación, represión. ~하다 subyugar, sojuzgar. ~군 fuerza punitiva. ~대 expedición punitiva.
토벽(土壁) tapia.
토병(土兵) soldado nativo; tropas nativas.
토비(土匪) insurgentes nativos.
토비(土匪) subyugación, represión. ~하다 sojuzgar, subyugar.
토사(土砂) tierra y arena.
토사(吐瀉) vómito y diarrea.
토사 곽란(吐瀉癨亂) gastroenteritis aguda, vómito y diarrea.
토산(土山) monte terreno.
토산품(土産品) productos locales (nativos).
토색(土色) color de tierra. ~의 pardo.
토석(土石) tierra y piedra.
토성(土星) 【천】 Saturno.
토성(土城) castillo hecho de tierra.
토속(土俗) costumbres locales.

토스터 tostador. 전기 ~ tostador eléctrico.
토스트 tostada, pan tostado.
토실토실 ~하다 ser gordo (rollizo·regordete·gordiflón·lleno·rechoncho). ~한 볼 mejillas gordas. ~한 소녀 chica rechoncha. ~한 얼굴 cara llena. ~한 남자 hombre rechoncho.
토심스럽다(吐心-) estar disgustado (desagradable), sentirse mal.
토악질(吐-) [음식을] vómito. ~하다 vomitar.
토약(吐藥) emético, vomitivo.
토양(土壤) suelo, tierra. 비옥한 (메마른)~ tierra fértil (estéril).
토어(土語) lengua nativa.
토옥(土屋) choza hecha de tierra.
토옥(土沃) fertilidad de la tierra. ~하다 ser fértil.
토요일(土曜日) sábado. 매주 ~·~마다 [todos] los sábados.
토욕(土浴) baño de cieno. ~하다 bañarse en el cieno.
토우(土偶) *tou*, figurilla de tierra, estatuita cocida.
토의(討議) discusión, debate, deliberación. ~하다 debatir *algo*, discutir (deliberar) sobre *algo*. ~에 붙이다 póner *algo* en deliberación (en debate), someter *algo* a deliberación. 그 문제는 ~중이다 Esa cuestión está en deliberación.
토인(土人) [토착민] indígena *(m.f.)*, nativo, aborigen.
토일렛 acto de vestirse(화장); [토일렛품] retrete, excusado, lavatorio. ~페이퍼 papel higiénico.
토일렛룸 retrete, excusado, lavatorio. [cuarto de] baño.
토장(土葬) entierro, inhumación. ~하다 enterrrar, inhumar.
토적(討賊) subyugación de un rebelión. ~하다 subyugar un rebelión.
토정(吐精) emisión seminal.
토제(吐劑) emético, vomitivo.
토제(土製) ~의 de barro, de tierra.
토지(土地) tierra; [토양] suelo; terreno; [소유지] heredad, posesiones, propiedad. ~를 경작하다 cultivar la tierra. ~를 사다 comprar tierras (terreno). ~에 투자하다 invertir el dinero en fincas. 500평 방미터의 ~ quinientos metros cuadrados de tierra. 수부 가옥 una casa con la tierra. ~ 대장 catastro. ~소유자 propietario del terreno.
토질(土質) naturaleza de la tierra.
토질(土疾) enfermedad endémica.
토착(土着) ~의 nativo, indígena, aborigen, autóctono. ~민 aborigen, indígena *(m.f.)*, autóctono.
토치카 tochika, fuerte.
토키 película sonora.
토털 total, suma, total.
토테미즘 totemismo.
토템 tótem. ~숭배 totemismo.
토풍(土風) costumbres nativas (locales).
토픽 tópico.
토하다(吐-) vomitar; [말을] expresar.
토혈(吐血) vómito de sangre, hematemesis *(f.)*; [객혈] hemoptisis *(f.)*. ~하다 vomitar la sangre.
톡톡이 1 [많이] mucho. 돈을 ~ 벌다 ganar mucho dinero.
2 [심하게] severamente. ~ 책망하다 castigar severamente.
톤¹ tonelada 【T.】. 1만 ~의 선박 barco de diez. mil toneladas; [배수량] barco de diez mil toneladas de desplazamiento. [순] ~수 tonelaje. 총 ~수 tonelaje bruto, tonelada bruta. 5 ~트럭 camión de cinco toneladas.
톤² tono, sonido.
톨 grano. 쌀 한 ~ un grano del arroz.
톱 cabeza, cima, top *(ing.)*. ~을 끊다 estar en la cabeza de.
톱 sierra, serrucho. ~질하다 serrar, aserrar. ~밥 serrín, serraduras.
통¹ [전혀] todo, enteramente.
통² [사이에·때문에] resultado, influencia, consecuencia, resulta.
통(桶) cubo, caja, lata, bote, tubo, barril, tonel. 한 통 ~ un cubo de agua. 성냥 한 ~ una caja de cerillas. ~장이 tonelero.
통(筒) tubo, pipa, lata, bote; [역량] grado de capacidad, mérito o facultades intelectuales.
통(統) *tong*, una sección pequeña de una ciudad.
통(通) 1 [사람] autoridad, experto.
2 [서류의] copia, cartas, documentos. 서류 두 ~ dos copias de un documento, dos documentos. 편지 세 ~ tres cartas.
통각(統覺) percepción.
통각(痛覺) sensación de dolor.
통간(通姦) adulterio. ⇨ 간통.
통감(痛感) ~하다 sentirse mucho, sentir (experimentar) *algo* vivamente. 나는 자신의 무력함을 ~했다 Me di cuenta profundamente de mi incapacidad.
통격(痛擊) golpe fuerte. ~하다 dar un golpe fuerte a *uno*.
통계(統計) estadística. ~상의 estadístico. ~적으로·~상으로 estadísticamente. ~를 내다 tomar (hacer) las estadísticas de *algo*. ~적 견지에서 desde el punto de vista estadístico, visto estadísticamente.

통고 ~과 sección de estadística. ~국 departamento de estadística. ~역학 mecánica estadística. ~연감 anuario estadístico. ~표 tabla estadística. ~학 estadística. ~학자 estadístico.

통고(通告) aviso, anuncio, notificación, comunicación, denuncia. ~하다 anunciar, notificar, denunciar. ~를 받다 recibir notificación de *algo*. 조약 파기를 ~하다 denunciar un tratado.

통곡(痛哭) lamentación. ~하다 llorar a gritos, llorar amargamente, lamentar.

통과(通過) paso, tránsito; [법안 동의] aprobación. ~하다 pasar, atravesar. 열차가 역을 ~한다 El tren pasa de largo una estación. 법안이 의회를 ~했다 El proyecto de ley ha sido aprobado en las cortes. ~객 pasajero de *en* tránsito.

통관(通關) despacho de aduanas. ~하다 pasar por la aduana; pasar la aduana. ~수속 formalidades de aduanas. ~ 신고 declaración aduanera. ~신고를 하다 hacer una declaración aduanera. ~증명서 certificado de despacho de aduanas.

통근(通勤) ~하다 asistir a la oficina, ir a *su* oficina, desplazarse diariamente al trabajo. ~시간 [소요 시간] tiempo de desplazamiento [entre el domicilio y el lugar del trabajo]. ~열차 tren que se usa para ir y volver del trabajo. ~자 persona que se desplaza [diariamente] al trabajo.

통나무 leño, trozo de árbol (modera).

통념(通念) idea común, opinión pública. 사회 ~ sentido común del mundo. 그것은 사회 ~이다 Es una idea generalmente admitida.

통달(通達) 1 [통지] aviso, anuncio, notificación. ~하다 avisar, anunciar, notificar.
2 [막힘 없음] conocimiento completo (perfecto). ~하다 saber a fondo.

통닭 pollo.

통독(通讀) ~하다 leer *algo* rápidamente (a la ligera · sin detenerse), hojear.

통렬(痛烈) severidad. ~한 [격한] violento, impetuoso, duro; [날카로운] áspero, mordaz. ~하게 비판하다 hacer una crítica severa (dura · mordaz) de *algo* · *uno*, criticar *algo* (*a uno*) duramente. ~한 비난을 받다 sufrir vivos reproches, experimentar duras censuras.

통례(通例) costumbre, hábito. ~의 usual, acostumbrado. ~로는 de ordinario, habitualmente. 그것이 ~다 Es una costumbre normal. ~하는 것이 ~다 Es costumbre + *inf*./ Hay costumbre de + *inf*.

통로(通路) pasaje, camino, paso, corredor. ~를 열다 abrir paso. ~를 폐쇄하다 cerrar el paso.

통론(通論) contorno, perfil, introducción.

통명(通明) inteligencia. ~하다 ser inteligente.

통변(通辯) interpretación. ⇨ 통역.

통보(通報) informe, aviso, información. ~하다 informar, avisar, comunicar; [밀고] denunciar. 경찰에 ~하다 comunicar (denunciar) *algo* a la policía.

통분(通分) 【수】 reducción de fracciones a un común denominador. ~하다 reducir a común denominador.

통산(通算) [통계] suma, total. ~하다 hacer el total (la suma). ~으로 en el total, en suma.

통상(通常) usualmente, comúnmente, habitualmente, normalmente. ~의 ordinario, común.

통상(通商) comercio, tráfico, relaciones comerciales. 미국과 ~을 시작하다 entrar en relaciones comerciales con [los] Estados Unidos. ~ 조약 tratado comercial. ~ 협약 convenio de comercio recíproco. ~ 협정 acuerdo comercial.

통설(通說) idea generalizada, opinión generalmente admitida. ~에 의하면 según la idea (la opinión) general.

통성명(通姓名) cambio de los nombres. ~하다 cambiar los nombres.

통소(洞蕭) flauta de bambú.

통소(通宵) ⇨통야(徹夜).

통속(通俗) vulgaridad, popularidad. ~적인 popular, vulgar. ~적으로 popularmente, vulgarmente. ~문학 literatura popular. ~ 소설 novela vulgar. ~ 작가 escritor vulgar. ~화 popularización, vulgarización. ~화 하다 popularizar, vulgarizar.

통솔(統率) mando, dirección. ~하다 mandar, gobernar, regir, dirigir. ~력이 있다 tener habilidad para el mando. ~자 dirigente (*m.f.*), líder (*m.f.*), caudillo.

통수(統帥) mando (poder) supremo. ~하다 guiar, dirigir. ~자 líder, dirigente, comandante supremo.

통신(通信) comunicación, correspondencia, información. ~하다 comunicar, informar. ~이 끊긴다 Está interrumpida la comunicación (cursos) por correspondencia. ~ 교육 (강좌) educación (cursos) por correspondencia. ~ 기관 medios de comunicación, comunicaciones. ~란 correspondencia. ~망 redes de comunicación. ~문 correspondencia. ~비 gastos de comunicación. ~부 cartilla de

통어 notas. ~사(社) agencia de noticias. ~사(士) radiotelegrafista *(m.f.)*. ~원 corresponsal, repórter. ~ 위성 satélite de telecomunicaciones. ~ 판매 venta por correspondencia.

통어(統御) régimen, gobierno. ~하다 dominar, gobernar.

통역(通譯) [행위] traducción; [사람] intérprete. ~하다 traducir. A씨의 ~으로 con la traducción del señor A. 장관의 ~을 맡다 servir de intérprete de un ministro.

통용(通用) circulación, uso corriente, validez. ~하다 ser válido, tener valor, correr, estar en curso. 이 표는 2개월 ~한다 Este billete es válido por dos meses. 이 화폐는 멕시코에서는 ~하지 않는다 Esta moneda no tiene valor en México. 이 돈은 ~하지 않는다 Esta moneda no corre. 이 나라에서는 서반아어가 ~될 수 있다 En este país se puede entender en español. 그 거짓말은 ~되지 않는다 Esa mentira no sirve (no se acepta). ~ 기간 tiempo de validez. ~문·~구 puerta de servicio (de acceso).

통운¹(通運) buena suerte.

통운²(通運) transporte, transportación. ~하다 transportar.

통원(通院) ~하다 [병원에] ir a un hospital [regularmente].

통으로 cabalmente, totalmente, enteramente.

통음(痛飮) ~하다 beber mucho.

통일(統一) unidad, unificación, cohesión. ~하다 unificar; [규격화] uniformar. ~이 잘된 bien unificado. ~이 없는 sin unidad, mal organizado, falto de unidad; [논리 등이] incoherente. ~이 없다 carecer de unidad; [집단이] carecer de cohesión; [논리 등이] carecer de coherencia, ser incoherente. 나라를 ~하다 unificar un país. 의견을 ~하다 hacer una síntesis de las opiniones diversas. 당내에 의견의 ~이 없다 No hay unidad de opiniones entre los partidarios. ~ 전선 frente único. ~전선을 펴다 organizar (formar) un frente único. ~ 행동 acción única. 남북 ~ unificación del Norte y el Sur. 정신 ~ concentración mental.

통일천하(統一天下) unificación [de un país], dominación de todo el mundo. ~하다 unificar un país.

통장(通帳) libro de cuenta y razón.

통절(痛切) ~히 profundamente, intensamente, gravemente. ~히 …의 필요를 느끼다 sentir una viva necesidad de *algo*. 물가 상승은 우리에게 ~한 문제다 La subida de los precios es un problema que nos afecta gravemente.

통정(通情) adulterio. ⇨ 간통.

통제(通制) control, regulación. ~하다 controlar, regular. ~ 경제 economía dirigida (reglamentada·controlada). ~가격 precio regulado.

통조림(桶-) conservas enlatadas, artículos enlatados. ~하다 guardar *algo* en cajas de hoja de lata.

통지(通知) información, anuncio, aviso; [통고] notificación, comunificación. ~하다 informar (dar noticia) a *uno* de *algo*, avisar a *uno* [de] *algo*, hacer saber *algo* a *uno*. …로부터 ~를 받다 ser informado (avisado) por *uno*, recibir un aviso de *uno*. 그에게서 결혼 ~가 왔다 Me ha comunicado su casamiento. ~서 participación, anuncio, aviso, esquela. ~ 예금 depósito retirable a demanda.

통찰(洞察) penetración, perspicacia. ~하다 penetrar. ~력이 있는 penetrante, perspicaz. 사태의 본질을 ~하다 penetrar la esencia del asunto.

통첩(通牒) nota, notificación, instrucción. ~하다 notificar; comunicar. ~을 보내다 mandar una norificación. 최후 ~ ultimátum.

통치(統治) gobierno, reinado, dominio. 나라를 ~ gobernar un país, reinar en un país. 국민을 ~하다 reinar sobre un pueblo. …의 ~하에 있다 estar gobernado por…, estar bajo el dominio de…. ~권 soberanía, poder soberano. ~자 gobernador; [군주] soberano.

통칙(通則) [세칙에 대해] regla general; [변칙에 대해] principio.

통칭(通稱) nombre común.

통쾌(痛快) ~한 emocionante. ~한 이야기 historia emocionante. …하는 것은 ~하다 Es muy (extremadamente) emocionante + *inf*. 그는 ~한 Tiene ánimo (energía·【속】 agallas). / Es un hombre de espíritu dinámico.

통탄(痛歎) ~하다 lamentarse (afligirse·apenarse) de (por) *algo*.

통통하다 ser gordo (rechoncho·lleno·corpulento).

통풍(通風) ventilación, aireación, aireamiento. ~이 잘된 (나쁜) bien (mal) aireado (ventilado). ~ 관 conducto de ventilación. ~ 장치 ventilador.

통풍(痛風) gota. ~에 걸리다 sufrir de gota. ~ 찬자 gotoso.

통하다(通-) 1 [통용하다] ser válido. 이 비자는 3개월동안 통한다 Esta visa es válido tres meses.

2 [내통하다] comunicar secretamente con *uno*.

3 [정을] cometer el adulterio con *uno*.

통학(通學) asistencia a la escuela. ~하다 ir a la escuela, asistir a la escuela. ~생 [기숙생에 대해] alumno externo.

통한(痛恨) pena profunda. 이런 사건이 일어난 것은 ~지사다 Es muy lamentable que haya ocurrido este accidente.

통할(統轄) . ~하다 administrar, dirigir, gobernar, presidir.

통합(統合) unificación, integración, síntesis (*f.*), unidad. ~하다 unificar, sinterizar, integrar. 국민의 ~의 상징 símbolo de la unidad nacional (del pueblo). 유럽을 ~하다 integrar Europa. 두 학교를 ~하다 unificar dos escuelas.

통항(通航) navegación. ~하다 navegar. ~세 tasas (derechos) de navegación.

통행(通行) paso, tránsito, circulación; [왕래] ida y vuelta. ~하다 pasar, transitar, circular. ~을 금지하다 prohibir el paso a *algo*·*uno*. ~을 허가하다 dar (permitir el) paso a *algo*·*uno*. ~을 방해하다 obstruir (impedir·interrumpir) la circulación a *algo*·*uno*. 자동차의 ~ tránsito (paso) de automóviles. 이 돌은 ~을 방해한다 Esta piedra estorba el paso (para pasar). 이 길은 차로 ~할 수 있다 Por este camino se puede ir en coche. ~ 금지 "Calle cortada."/ ¡Prohibido el paso!/ ¡No se pasa! ~권 pase. ~료 peaje. ~료를 지불하다 pagar el peaje. ~인 transeúnte (*m.f.*); [보행자] peatón (*m.f.*). ~증 permiso de circulación, salvoconducto. 좌측 ~ "Circule por la izquierda." 차량 ~ 금지 "Prohibido el paso de los vehículos."

통혼(通婚) casamiento, matrimonio, matrimonio (casamiento) mutuo que se celebra entre las familias. ~하다 casarse, casarse mutuamente cuatro o más personas de dos familias.

통화(通話) llamada, conferencia, comunicación telefónica. ~하다 llamar por teléfono. ~중입니다 La línea está ocupada. ~료 coste de la llamada, tarifa de mensaje telefónico.

통화(通貨) moneda corriente, moneda [en circulación]. ~ 단위 unidad monetario. ~ 수축 deflación monetaria. ~ 위기 crisis monetaria. ~ 유통 circulación monetaria. ~ 제도 sistema monetario. ~ 팽창 inflación monetaria. ~ 하락 devaluación monetaria.

퇴각(退却) retiro, retirada; [후퇴] reculada, retroceso →하다 retirarse; retroceder, recular.

퇴거(退去) retirada, evacuación, salida. ~하다 evacuar *un sitio*, salir (retirarse) de *un sitio*. 주민을 마음에서 ~시키다 ordenar a los habitantes evacuar el pueblo.

퇴관(退官) dimisión del oficio, jubilación. ~하다 jubilarse.

퇴교(退校) retirada de la escuela. ~하다 dejar (abandonar) los estudios.

퇴군(退軍) ⇨ 퇴각.

퇴근(退勤) salida de la oficina. ~하다 salir de la oficina.

퇴기(退妓) *guiseng* retirada.

퇴로(退路) camino de retirada. 적의 ~를 끊다 cortar la retirada al enemigo.

퇴보(退步) retroceso, regresión. ~하다 retroceder. 문명의 ~ retroceso de la civilización.

퇴비(堆肥) pila de abono vegetal, fimo, estiércol.

퇴사(退社) ~하다 [퇴직] retirarse; [귀가] salir de la compañía.

퇴색(退色) descoloración, pérdida gradual de color.

퇴석(退席) retirada. ~하다 levantarse del asiento, salirse, retirarse.

퇴석(堆石) morena.

퇴세(頹勢) tendencia declinante. ~를 만회하다 restablecer una situación declinante.

퇴역(退役) retiro [militar]. ~하다 retirarse. ~ 장교 oficial retirado.

퇴영(退嬰) ~적인 [보수적] conservador; [소극적] poco emprendedor.

퇴원(退院) salida (retirada) [del hospital]. ~하다 salir del hospital, ser dado de alta. ~일 día de salida [del hospital].

퇴위(退位) abdicación. ~하다 abdicar [el trono]. ~를 강요하다 obligar a *uno* a abdicar.

퇴임(退任) jubilación. ~하다 jubilarse.

퇴장(退場) salida, mutis. ~하다 retirarse, salir de *un sitio*. 그는 ~당했다 [스포츠] Fue expulsado del campo (de juego).

퇴적(堆積) acumulación, montón; 【지학】 sedimentación. ~하다 acumularse, apilarse. sedimentarse. ~암 roca sedimentaria.

퇴정(退廷) ~하다 salir del tribunal. ~을 명하다 mandar salir el tribunal a *uno*.

퇴조(退潮) decadencia. 경기 (그의 인기)~의 기미를 보이고 있다 La coyuntura económica (Su popularidad) muestra indicios de decadencia.

퇴직(退職) retiro, jubilación; [사직] dimisión. ~하다 retirarse, jubilarse. ~을 명하다 ordenar a *uno* el retiro. ~금 pensión

퇴진(退陣) [은퇴] retiro. ~하다 retirarse. 수상에게 ~을 강요하다 compeler al primer ministro a que se retire.

퇴청(退廳) ~하다 salir de la oficina [gubermental].

퇴치(退治) subyugación; [박멸] exterminio, exterminación. ~하다 subyugar, exterminar. 쥐를 ~하다 exterminar los ratones.

퇴침(退枕) almohada de madera.

퇴폐(頹廢) [타락] degeneración, corrupción; [쇠퇴] decadencia. ~하다 degenerar, corromperse; decaer. ~적인 decadente.

퇴학(退學) abandono de estudios. ~하다 abandonar (dejar) los estudios. ~계 aviso de abandono de estudios. ~ 처분 expulsión, levantamiento de expediente. ~ 처분을 하다 expulsar a *uno* de la escuela. ~ 처분이 되다 ser expulsado de la escuela.

퇴화(退化) degeneración. ~하다 degenerar. ~한 degenerado.

퇴회(退會) separación, retirada de una sociedad. ~하다 separarse (retirarse) [de una sociedad], dejar (abandonar) [una sociedad]. ~계 notificación (aviso) de separación.

툇마루 suelo de la galería coreana.

투(套) 1 [법식] forma, estilo. 2 [버릇] manera, modo.

투견(鬪犬) pelea de perros; [개] perro de pelea.

투계(鬪鷄) pelea de gallos; [닭] gallo de pelea.

투고(投稿) contribución. ~하다 escribir, colaborar, enviar. 신문에 ~하다 enviar un artículo a un periódico, escribir para un periódico, colaborar en un periódico.

투과(透過) X선은 인체를 ~한다 Los rayos X atraviesan el cuerpo humano.

투광기(投光器) proyector.

투구 yelmo. ~를 쓰다 ponerse el yelmo.

투구(投球) lanzamiento. ~하다 lanzar la pelota.

투기(投機) especulación. ~하다 especular. ~적인 especulativo. ~적으로 especulativamente. ~에 손을 대다 meterse en especulaciones. ~심을 일으키다 excitar (provocar) la tendencia especulativa. 꼭 물에 ~하다 especular sobre (en) granos. ~가 · ~ 업자 especulador. 토지 ~ 특culación en terrenos.

투기(妬忌) celos, envidia. ~하다 envidiar, tener envidia, sentir el bien ajeno.

투덕거리다 dar golpecillos, tocar ligeramente con la mano, toca de una manera suave y cariñosa.

투덜거리다 refunfuñar, gruñir, regañar, murmurar, quejarse.

투망(投網) esparavel. ~을 던지다 echar un esparavel, pescar con esparavel.

투명(透明) transparencia, diafanidad. ~한 transparente, diáfano, cristalino. 불~한 opaco. ~도 grado de limpidez (de nitidez), transparencia. ~한 유리 vidrio transparente (blanco). ~체 cuerpo transparente.

투묘(投錨) ~하다 anclar, echar el ancla. ~지 anclaje, fondeadero.

투박하다 ser crudo (tosco · rústico · grosero).

투미하다 ser estúpido (torpe · tonto · bobo).

투베르쿨린 tuberculina. ~ 검사 prueba tuberculínica. ~ 반응 reacción tuberculínica.

투병(鬪病) lucha contra la enfermedad. 그는 2년간 ~ 생활을 했다 Ha luchado durante dos años contra la enfermedad.

투사(透寫) calco. ~하다 [A에 B를] calcar B en (a) A. ~[용] 지 papel de calco.

투사(投射) proyección. ~하다 [A에 B를] proyectar B sobre A.

투사(鬪士) combatiente *(m.f.)*, luchador, campeón. 자유의 ~ campeón de la libertad. 조합의 ~ militante sindical.

투서(投書) remitido. ~하다 colaborar. 신문에 ~하다 mandar una carta a un periódico. ~란 columna de lectores. ~함 caja de sugestiones (de reclamaciones).

투석(投石) ~하다 tirar (lanzar) piedras a (contra) *uno*, apedrear (lapidar) a *uno*.

-투성이 cubierto con, lleno de. 땀 ~이 lleno de sudor. 이 책은 먼지 ~이다 Este libro está cubierto de polvo.

투수(投手) lanzador.

투숙(投宿) alojamiento, hospedaje. ~하다 alojarse [en un hotel], hospedarse. ~자 cliente de un hotel.

투시(透視) clarividencia, doble vista. ~하다 ver a través de *algo*. ~화 dibujo perspectivo. ~ 화법 perspectiva.

투신(投身) ~ 자살을 하다 suicidarse arrojándose a *un sitio*.

투어리스트 turista (관광객).

투심(妬心) celos, envidia.

투약(投藥) medicación. ~하다 dar (prescribir) el medicamento a *uno*.

투영(投影) [그림자] sombra; [수] proyección. ~하다 proyectar. ~도 plano de proyección.

투옥(投獄) encarcelación. ~하다 encarce-

투우(鬪牛) corrida de toros. ~의 tauromáco. ~사 toreto; [주투우사] matador; [말 르는] picador; [창으로 찌르는] banderillero. ~술 tauromaquia. ~장 plaza de toros.

투원반(投圓盤) disco.

투입(投入) ~하다 concentrar todos los soldados en un sitio. 자금을 ~하다 invertir fondos en algo.

투자(投資) inversión. ~하다 invertir. 해양개발에 대금을 ~하다 invertir una gran cantidad de dinero de la explotación del mar. 외국 ~가 한국에 들어왔다 Las inversiones extranjeras han penetrado en Corea. ~가 inversionista. ~ 계획 plan de inversión. ~ 신탁 fideicomiso de inversiones.

투쟁(鬪爭) lucha, combate. ~하다 luchar. ~ 본능 instinto belicoso. ~자금 [과업의] fondos de huelga.

투정 murmuración, queja, descontento, refunfuñadura. ~하다 refunfuñar, gruñir, regañar, rezongar, murmurar, quejarse.

투지(鬪志) espritu combativo (batallador), combatividad. ~가 있는 combativo. ~를 보이다 (잃다) mostrar (perder) su combatividad. ~만만한 lleno de combatividad. 선수들은 ~만만하다 La moral de los jugadores está muy elevada.

투창(投槍) lanzamiento de jabalina. ~을 던지다 lanzar la jabalina.

투척(投擲) lanzamiento. ~ 경기 pruebas de lanzamiento.

투철(透徹) ~한 [통찰력이 있는] perspicaz, penetrante; [명쾌한] claro; límpido.

투포수(投捕手) batería; lanzador y cogedor.

투포환(投砲丸) lanzamiento del peso.

투표(投票) votación, sufragio; [표] voz, voto. ~하다 votar, dar su voto. ~하러 가다 ir a la votación. ~로 선출하다 elegir a uno por votación. ~로 가결하다 decidir algo por voto. ~의 과반수 (3분의 2)를 얻어 por una mayoría (por dos tercios) de votos. 첫 ~로 en la primera votación. A씨에게 ~하다 votar por el (en favor del) señor A. 의안을 ~에 부치다 poner (someter) el proyecto a votación. 의안에 찬성 (반대) ~를 하다 votar en pro (en contra) del proyecto. 회장은 전회원의 ~로 선출되었다 El presidente es elegido por votación de los miembros. ~권 derecho de voto, voto activo. ~용지 papeleta (cédula) de votación. ~일 fecha de votación. ~자 votador, -ra;

votante (m.f.). ~장 lugar de votación. ~ 총수 total de votos. ~함 urna electoral.

투피스 traje de dos piezas.

투하(投下) ~하다 dejar caer. 폭탄을 ~하다 soltar una bomba. ~에 원자탄이 ~되었다 Una bomba atómica fue arrojada (lanzada) sobre un sitio.

투함(投函) ~하다 echar [una carta] al (en el) buzón.

투항(投降) rendición. ~하다 rendirse.

툭툭하다 1 [국물이] ser espeso (denso·condensado).
2 [천이] ser grueso (basto·tosco).

툰드라 【지】 tundra. ~지대 zona de tundra.

툴툴거리다 quejarse, refunfuñar, gruñir.

툼툼하다 ser sepeso (denso·condensado).

퉁명스럽다 ser bronco (áspero·descortés·tosco·grosero·rudo). 퉁명스럽게 bruscamente. 퉁명스러운 대답 respuesta brusca.

퉁소 tungso, flauta de bambú.

퉁퉁하다 ser rechoncho.

튀기다¹ dar (golpear) con un movimiento ligero y pronto, lanzar ligera y rápidamente, chapotear, hacer saltar, golpear el agua. 손가락으로 물을 ~ golpear el agua con su dedo.

튀기다² freir. 생선을 ~ freir el pescado.

튀김 torta, tortilla.

튜브 tubo.

튀기 [혼혈·잡종] mestizo, medio hermano, híbrido. 백인과 흑인과의 ~ mulato.

트다¹ [싹이] germinar, brotar. 싹이 ~ brotar el germen.
2 [의부가] hender, rejar.
3 [먼동이] amanecer, apuntarm el día. 동이 ~ Amanece.

트다² [통하게] abrir, comenzar, empezar, luciar. 길을 ~ abrir (construir) un camino.

트라이앵글 triámgulo (삼각형).

트라홈 【의】 tracoma (m.). ~에 걸리다 contagiarse de tracoma.

트랙(운) pista.

트랙터 tractor. 송업용 ~ tractor agrícola. 대형 ~ tractor de gran potencia.

트랜지스터 transistor. ~ 라디오 transistor, radio de transistores.

트랩 [비행기의] escalerilla; [배의] escala [de embarque]. ~을 내리다 (오르다) bajar (subir) la escalerilla.

트러블 disgusto, problema (m.), dificultad. ~을 일으키는 사람 alborotador, -ra, buscarruidos (m./f.) 직장에서 ~을 일으키다 acarrear disgustos (problemas) en la oficina.

트러스트 【경】 trust, cartel.

트럭 camión; [소형의] camioneta. ~으로 운반하다 transportar algo en camión. ~운전수 caminero, conductor de camiones. 대형 ~ camión de carga pesada.

트럼펫 trompeta. ~을 불다 tocar una trompeta. ~연주자 trompetero.

트럼프 naipe, carta; [한 조의] baraja. ~를 치다 jugar a los naipes.

트렁크 baúl; [대형의] baúl; [여행가방] maleta; [자동차의] portaequipaje, maletero. ~에 옷을 넣다 meter ropas en una maleta.

트레머리 penca (moño) de pelo. ~하다 ponerse la penca de pelo.

트레이너 entrenador.

트레이닝 entrenamiento. ~하다 entrenarse. ~시키다 entrenar a uno. 그는 ~이 부족하다 Le falta entrenamiento.

트레이드 comercio, tráfico. ~ 마크 marca de fábrica, marca registrada. ~ 유니언 gremio de oficios.

트레이싱 페이퍼 papel transparente (투사지).

트레일러 carro de remolque.

트로피 trofeo.

트로이카 troica.

트롤 carrete, de la caña de pescar, red barredera. ~망 red barredera, red de gran tamaño en forma de saco, remolcada por un bote. ~어업(어선) pesca (barco de pesca) a la rastra (con red barredera).

트롬본[악] trombón. ~연주자 trombón, trombonista (m.f.).

트리오 trío, terceto.

트릭 treta fraudulenta, engaño, fraude.

트림 eructo, eructación, regüeldo. ~하다 regoldar, eructar.

트립 un viaje corto (짧은 여행), excursión.

트위스트 torcedura, la acción y efecto de torcer; [춤] twist. ~를 추다 bailar el twist.

트집 1 [틈] hendedura, hendidura, grieta, diferencia.
2 [결점] falta, culpa, defecto.

트집잡다 tachar, criticar. 그들의 의견에 ~ 집잡을 것이 없다 No hallo nada reprensible en su modo de pensar.

트집쟁이 censurador, criticón.

특가(特價) precio especial. ~ 판매 venta con precios especiales.

특공(特功) mérito especial, servicio distinguido.

특공(特攻) ~기 avión suicida. ~대coandro.

특과(特科) curso especial. ~병 soldado técnico. ~생 estudiante de un curso especial.

특권(特權) privilegio, derecho exclusivo, prerrogativa. ~을 주다 otorgar un privilegio a uno. ~이 있는 privilegiado. 자유는 학생의 ~이다 La libertad es el prifilegio de los estudiantes. ~ 계급 clase privilegiada.

특근(特勤) servicio especial, trabajo extraordinario. ~하다 trabajar extraordinariamente.

특급(特級) calidad superior (extraordinaria). ~주 vino de clase especial.

특급(特急) [전] rápido, expreso especial. ~표·~권 billete de rápido. 초 ~ superrápido.

특기(特技) especialidad, hostilidad especial. …하는 ~가 있다 tener un talento especial para+ inf. 그의 ~는 타자이다 Su especialidad es escribir a máquina. 무슨 ~를 가지고 있습니까 ¿Qué especialidad tiene usted?

특기(特記) mención especial.

특대(特大) tamaño excepcional.

특등(特等) clase especial. ~의 superior. ~상 premio especial (gordo). ~석 asiento especial.

특례(特例) caso especial (excepcional), ejemplo especial, excepción. ~를 만들다 hacer una excepción. 이 규칙에는 ~을 인정하지 않는다 No se admite excepción alguna con esta regla./ Esta regla no admite excepción alguna.

특매(特賣) venta especial (de saldos), almoneda. ~하다 vender algo en saldo, saldar. ~장(일) sección (día) de venta especial. ~품 artículos especialmente rebajados.

특명(特命) misión especial. ~을 받다 encargarse de una misión especial. ~을 받아 en misión especial. ~전권공사 enviado extraordinario, ministro plenipotenciario.

특무(特務) ~기관 servicio secteto.

특배(特配) distribución especial; [배당] dividendo especial.

특별(特別) ~한 especial, particular; [예외적] excepcional. ~히 especialmente, particularmente; excepcionalmente. ~한 경우 caso especial (excepcional). ~한 주의를 해서 con (prestando) una atención especial. ~취급을 하다 tratar algo (a uno) de manera especial. [좋은 до우] hacer una excepción en favor de uno. 저 분은 ~하다 Aquel hombre es un caso aparte. 이 직을 얻기위해서 ~ 공부를 했다 Para obtener este puesto ha hecho estudios especiales. ~ 국회 sesión extraordinaria de la Dieta. ~ 수당 gratificación.

특보(特報) noticia (reportaje) especial; [속보] noticia urgente. ~하다 dar una noticia especial; [라디오·텔레비전으로] emitir una noticia especial.

특사(特使) enviado especial.

특산물(特産物) producto especial; [주로 음식물] especialidad de la región.

특상(特上) ~의 el mejor. ~품 el mejor artículo.

특상(特賞) premio especial, premio gordo.

특색(特色) especialidad. ~있는 distintivo. ~을 발휘하다 desplegar su carácter distintivo. 이 지방의 풍속에는 커다란, ~이 있다 Las contumbres de esta región tienen una peculiar característica.

특선(特選) selección especial. ~의 selecto especialmente. ~이 되다 [작품의] obtener el premio especial. ~품 artículo especialmente escogidos.

특설(特設) ~하다 instalar (establecer) algo especialmente. 매점 mostrador especialmente instalado.

특성(特性) característica, peculiaridad, propiedad.

특수(特殊) especialidad. ~한 particular, especial; [독이한] singular. ~강(鋼) acero especial. ~ 사정 circunstancias particulares. ~성 particularidad; singularidad. ~학교 (학급) escuela (clase) especial.

특수(特秀) excelencia, superioridad.

특수(特需) demanda especial.

특약(特約) contrato especial. ~하다 hacer un contrato especial. ~점 agente [por contrato] especial.

특용(特用) uso especial. ~하다 usar especialmente.

특유(特有) peculiaridad. ~의 propio, distintivo, peculiar, característico, específico. ~한 습관 costumbre propia. 그의 ~한 문체 estilo característico de él. 쿨레라 의 ~한 징후 síntoma específico de cólera.

특이(特異) peculiaridad, singularidad. ~ 한 particular, singular, peculiar, único. ~ 한 재능 talento original. ~성 singularidad. ~체질 idiosincrasia.

특장(特長) mérito, superioridad. 모든 방법에는 ~이 있다 Cada método tiene su mérito. 이 사전의 ~은 예문이 풍부한 데에 있다 La superioridad de este diccionario reside en la abundancia de ejemplos.

특전(特電) telegrama (despacho) especial. 워싱톤의 ~에 의하면 según un telegrama especial de Washington.

특전(特典) favor especial, privilegio. ~주다 conceder el prifilegio a unq. 회원에게는 할인의 ~이 있다 Los miembros de la sociedad tendrán derecho a un descuento.

특정(特定) ~의 determinado, específico; [특별한] especial. ~인 persona determinada. ~한 목적없이 sin objeto específico.

특제(特製) fabricación especial, elaboración especial. ~품 artículo fuera de serie.

특종(特種) noticia sensacional y exclusiva.

특지(特志) 1 [뜻] intención especial, interés especial.
2 [사람] voluntario, aficionado, patrón.

특진(特進) promoción especial. 2계급 ~하다 ascender [en] dos grados (rangos) en el escalafón. 그는 성적으로 2계급 ~했다 Sus méritos le hicieron ascender dos grados.

특질(特質) característica, peculiaridad.

특집(特集) ~호 (프로그램) número (programa) especial.

특징(特徵) característica, particularidad, catácter (rasgo) distintivo. ~이 있는 catacterístico, peculiar. ~이 없는 sin carácter, sin particularidad, sin rasgos distintivos. …라는 ~이 있다 tener la particulardad de + inf. 천정이 그의 ~이다 Él se caracteriza por la amabilidad. 이 작품은 작자의 ~을 잘 표현하고 있다 Esta obra demuestra con claridad la personalidad del autor.

특출(特出) distinción, prominencia. ~하다 ser sobresaliente (distinguido · prominente · superior).

특칭(特稱) ~하다 enviar especialmente. 기자를 ~하다 enviar especialmente a un periodista, mandar un enviado especial. ~대사 embajador extraordinario. ~원 enviado especial, corespondiente.

특필(特筆) mención especial. ~하다 mencionar especialmente. ~할 만한 notable, extraordinario.

특허(特許) [발명 등의] patente. ~를 받은 patentado. …의 ~를 얻다 patentar algo, obtener (sacar) la patente de algo. ~권을 신청하다 dirigir una solicitud para obtener un patente. ~권 사용료 derechos de patente de invención. ~권 소유자

poseedor de una patente. ~출원중 Patente presente (bajo solicitud). ~청 Dirección General de Patentes. ~품 articulo patentado.

특혜(特惠) tratamiento prefefente. ~[대우]를 주다 [받다] dar (recibir) un tratamiento preferente. ~관세[품] tarifa preferencial.

특효(特效) dficacia especial. ~가 있다 tener una eficacia especial, ser especifico. ~약 especifico.

특히(特-) especialmente, en particular, sobre todo, particularmente; [예외적으로] excepcionalmente. ~중요한 문제 problema importantísmo. 영화에 ~관심이 있다 tener un interés especial en el cine. 나는 스포츠, ~수영을 좋아한다 Me gustan los deportes, sobre todo la natación. 금년은 ~비가 적다 Este año en particular llueve poco. ~건강에 주의하십시오. Tenga cuidado especialmente con su salud.

튼튼하다 ser sólido (firme · fuerte · robusto · sano). 튼튼한 사람 persona fuerte. 튼튼한 집 casa sólido. 튼튼하게 만든 hecho sólidamente. 몸이 ~ tener un cuerpo fuerte.

틀 1 [테] marco, cerco.
2 [모형] molde, matriz.
3 [공식] formalidad. ~에 박힌 convencional.
4 [기계] máquina.
5 [도량] calibre, capacidad; [풍모] presencia. 자수 ~ obra de marco (cerco). 재봉 ~ máquina de coser.

틀다 torcer, volver, dejar, dar vueltas a . 오른쪽으로 ~ torcer a la derecha.

틀리다 diferenciarse, variar, equivocar, discordar.

틀림 equivocación, error, falta, culpa, discrepancia, diferencia.

틈 1 [벌어진 사이] grieta, raja, quebraja.
2 [겨를] horas desocupadas, horas de recreo, tiempo, desocupado.
3 [간격] cabida, puesto, tiempo. 한 사람 들어갈 ~이 있다 Hay puesto para una persona.
4 [기회] oportunidad, ocasión.
5 [불화] fricción, enajenamiento, extrañeza.

티¹ [먼지] plovo, mota, átomo.
티² [결점] defecto, falta, tacha.
티³ [모양] estilo, manera, modo.
티 té. ~룸 salón (sala) de té ~스푼 cucharita. ~포트 tetera.
티끌 plovo, mota.
티눈 callo (손·발 등의).
티뜯다 [흠을 찾다] tachar, criticar.
티엔티 T.N.T. potente explosivo.
티이처 maestro, profesor.
티켓 billete, boleto.
티크 [식] teca.
틴에이저 adolescente, joven de trece a diez y nueve años.
티푸스 rifus. 장 ~ fiebre tifoidea.
팀 equipo, grupo. ~에 들어가다 hacerse miembro de un equipo. 축구 ~을 만들다 organizar un equipo de fútbol. ~웍 trabajo de equipo, espíritu de equipo. ~웍이 좋다 trabajar con espíritu de equipo.
팁 propina. ~으로 de propina. ~을 주다 dar propina. ~을 후하게 주다 dar una buena propina. ~을 100페세따 주다 dar cien pesetas de propina, dar una propina de cien pesetas. 이것이 ~이다 Esto es de propina [para usted]. ~제(制) sistema de propina.

ㅍ

파【식】 cebolla. ~밭 cebollar.
파(派)〖유파〗 escuela; 〖종파〗 secta; 〖당파〗 partido, bando; 〖파벌〗 camarilla, facción.
파(破) 1〖물건의〗 daño, perjuicio.~나다 romper[se], estar roto.
2〖사람〗 defecto, falta, privación.
파격(破格) categoría extraordinaria; 〖시학〗 licencia poética;【문】solecismo. ~적인 excepcional, anormal. ~적인 대우 trato excepcional.
파견(派遣) envío. ~하다 enviar. 대사를 ~하다. acreditar un embajador [en un país]. 회의에 대표를 ~하다 enviar un representante a la conferencia. ~군(軍) cuerpo expedicionario. ~단 delegación. ~원 enviado, delegado.
파경(破鏡) 1〖거울〗 espejo roto.
2〖달〗 creciente.
3〖이혼〗 divorcio.
파계(破戒) transgresión, violación de los mandamientos budistas.
파고(波高) altura de la ola.
파과(破瓜) pubertad. ~기 pubertad.
파괴(破壞) destrucción, demolición, ruina. ~하다 destruir, romper, demoler. ~적인 destructivo, aruinador. ~자 destructor, destruidor. ~주의 vandalismo.
파국(破局) catástrofe (f.), desastre, cataclismo. ~적 catastrófico. 그들의 결혼 생활은 ~에 이르렀다 Su vida matrimonial ha llegado a su fin.
파급(波及) influencia. ~하다 extenderse (propagarse) a (en) algo; 〖영향〗 influir en algo, afectar a algo. 불황이 한국에까지 ~되었다 La depresión se extendió hasta Corea.
파기(破棄) cancelación, anulación, abolición, rompimiento, ruptura; 〖판결의〗 casación. ~하다 anular, cancelar, casar. 계약을 ~하다 romper el contrato. 혼약을 ~하다 anuiar el compromiso de matrimonio. 조약을 ~하다 anular el tratado.
파나마【지】Panamá. ~의〖사람〗panameño. ~ 모자 sombrero de jipijapa, panamá (pl.panamaes). ~운하 Canal de Panamá.
파내다 cavar, ahondar; 〖시체를〗 desenterrar, exhumar.
파노라마 panorama. ~같은 panorámico.
파니 ociosamente, tontamente, perezosamente, pesadamente.
파다 cavar, excavar; 〖동물이〗 escarbar; 〖코로〗 hozar. 땅을 ~ cavar la tierra. 삽으로 구멍을 ~ hacer un hoyo con una pala. 감자를 ~ cosechar patatas.
파다하다(播多~) ser esparcido por todas partes
파다하다(頗多~) ser numeroso (abundante).
파닥거리다 〖새가〗 revolotear; 〖물고기가〗 moverse, aletear.
파도(波濤) ola, onda.
파동(波動) fluctuación. ~하다 fluctuar, ondear.
파라구아이〖지〗 el Paraguay. ~의〖사람〗 paraguayo.
파라솔 parasol, quitasol.
파라핀【화】 parafina. ~지(紙) papel de parafina.
파란(波瀾) 〖분쟁〗 confusión, tumulto, disturbio; 〖성쇠〗 vicisitud; 〖이야기 등의〗 incidente. ~ 만장한 이야기 historia llena de incidentes. ~을 일으키다 armar un tumulto.
파랑(color) azul; 〖초록〗 (color) verde.
파랑(波浪) ola, onda.
파랗다 ser azul; 〖초록〗 ser verde; 〖안색이〗 ser pálido. 파란 얼굴 cara pálida. 파란 잎 hoja verde. 파란 하늘 cielo azul. 파란 눈 의 ojizarco, ojiazul. 그 여자는 파랗게 질렸다 Ella se puso pálida.
파래지다 ponerse azul (verde); 〖안색이〗 ponerse pálido.
파렴치(破廉恥) desvergüenza, descaro, desuello, avilantez, impudencia. ~한 desvergonzado, sin vergüenza, descarado, descollado.
파르스름하다 ser azulado.
파리〖지〗 París. ~의〖사람〗 parisiense.
파리〖충〗 mosca. ~를 잡아 aplastar (matar) una mosca. ~가 윙윙거린다 Zumban las moscas. 음식물에 ~가 앉는다 Se paran las moscas sobre la comida.
파리 목숨 vida efímera, vida barata, exis-

파리하다 ser delgado (flaco). 파리한 얼굴 cara flaca. 파리해지다 ponerse flaco (delgado), perder su peso.

파면(罷免) destitución, deposición. ~하다 destituir, deponer.

파멸(破滅) perdición, ruina; [파국] catástrofe; [몰락] caida, decadencia; [종말] fin. ~하다 perderse, arruinarse; caer, decaer. ~시키다 arruinar, perder, echar a perder algo; dar fin a algo.

파문(波紋) rizo del agua en círculos concéntricos. ~이 확산된다 El agua se extiende en círculos concéntricos. 그 결정은 정계에 ~을 던졌다 La decisión tuvo repercusión (resonancia) en el mundo político.

파문(破門) excomunión, anatema, excomulgación. ~하다 excomulgar; [제자를] expeler, echar.

파묻다 [매장] enterrar, sepultar.

파발(罷撥) oficina de correos.

파벌(派閥) pandilla, corrillo, facción, bando.

파병(派兵) despacho de las tropas. ~하다 enviar tropas las tropas.

파산(破産) quiebra, bancarrota. ~하다 quebrar, hacer quiebra, arruinarse, hacer ([상태] estar en) bancarrota. ~ 직전에 있다 estar a punto de la quiebra. ~을 선고하다 declarar a uno en quiebra. ~의 선고를 받다 declararse en quiebra. ~의 관정 juicio de quiebra. ~ 관리인 síndico de quiebra. ~ 선고 declaración de quiebra (de bancarrota). ~자 quebrado.

파상(波狀) ondulación. ~ 공격 asaltos sucesivos (discontinuos). ~ 공격을 가하다 dar asaltos sucesivos (discontinuos)

파상풍(破傷風) tétanos. ~ 환자 tetánico.

파생(派生) derivación. ~하다 derivarse. ~적 derivado; [이차적인] secundario. ~어 palabra derivada.

파선(破船) naufragio. ~하다 naufragar.

파손(破損) daño, perjuicio, desperfecto, rotura; [화물의] avería. ~하다 averiarse, sufrir daños, estropearse. ~된 estropeado, deteriorado. ~되기 쉬운 frágil. ~품 géneros averiados.

파송(派送) despacho. ⇨ 파견.

파쇄(破碎) machacamiento, ruina, quiebra. ~하다 machacar, hacer pedazos (añicos); romper de golpe.

파쇼 fascismo. ~주의자 fascista.

파수(把守) [일] vigilancia; [사람] guarda, sereno.

파스텔 pastel. ~화 pintura al pastel.

파악(把握) ~하다 [이해] comprender, entender. 정세를 ~하다 comprender la situación. 문장의 의미를 ~하다 entender el sentido de la frase.

파약(破約) ruptura (anulación) de un contrato. ~하다 romper (anular) un contrato.

파업(罷業) huelga. ~중이다 estar en huelga. ~에 들어가다 ponerse (declararse) en huelga, declarar la huelga. ~을 중지하다 suspender la huelga. ~ 지령을 내리다 convocar la huelga. ~권 derecho de huelga. ~ 참가자 huelguista (m.f.). ~ 파괴자 rompehuelgas 【남녀·단·복수 동형】.

파열(破裂) explosión, reventón, rompimiento (교섭의). ~하다 reventarse, estallar, romperse. ~음 sonido explosivo.

파운드 libra. [화폐] libra esterlina.

파울 violación [de las reglas establecidas].

파의(罷議) cancelación. ~하다 cancelar.

파이 pastel, empanada. 레몬 ~ empanada de limón. 사과 ~ pastel de manzana.

파이 【수】 pi [π].

파이프 1 [관] tubo, cañería, conducto. 2 [담배의] pipa; [권연용의] boquilla. ~에 담배를 넣다 llenar la pipa con tabaco, cargar la pipa. ~에 불을 붙이다 encender la pipa.

파이프라인 pipe-line; [석유의] oleoducto; [가스의] gasoducto.

파이프오갠 órgano; [교회의] gran órgano.

파인애플 piña, ananá.

파일(八日) cumpleaños de Buda; el ocho de abril del calendario lunar.

파일럿 piloto práctico, aerostero.

파자마 pijama, camisón.

파장(波長) longitud de onda.

파종(播種) sementera, siembra. ~하다 sembrar. ~기 sembradera, instrumento (máquina) para sembrar. ~ 시기 sementera.

파죽지세(破竹之勢) fuerza irresistible. ~로 con una fuerza irresistible.

파직(罷職) dimisión de la oficina. ~하다 despedir de la oficina.

파초(芭蕉) 【식】 musácea.

파출(派出) envío. ~하다 enviar, mandar. ~소 casilla de policía, retén de armas.

파충류(爬蟲類) réptiles (m.pl.).

파탄(破綻) [실패] fracaso; [결렬] ruptura; [파산] quiebra, bancarrota. ~하다 fracasar. 계획에 ~을 일으킨다 El plan fracasa (se echa a perder).

파트너 compañero, asociado, socio; [댄스의] pareja.

파티 fiesta, tertulia. ~를 열다 ofrecer(dar·organizar)una fiesta. ~에 나가다 ir (asistir)a una fiesta. 송별 ~ fiesta de despedida.

파파야 papayo, papaya (과실).

파편(破片) pedazo, trozo, cacho, astilla.

파행(跛行) cojera. ~하다 cojear ~적인 cojo

판 [장소] sitio, lugar; [때] momento; [경우] ocasión; [승부] juego, concurso; [판국] situación.

판(判) [종이 등의 크기] formato, tamaño.

판(版) [출판] edición; [인쇄] imprenta. ~을 거듭하다 publicar varias ediciones. ~을 개정하다 [신판] publicar una nueva edición; [개정판] publicar una edición revisada (corregida). 이 책은 20~에 이르렀다 Han llegado a publicar la vigésima edición de este libro.

판(板) tabla.

판결(判決) sentencia, fallo. ~을 내리다 dar (dictar·pronunciar) un fallo (una sentencia); […에] sentenciar a *uno*. ~에 복종하다 someterse a la sentencia. 그에게 징역 10년의 ~이 내렸다 Le han sentenciado a diez años de trabajos forzados. ~ 이유 razón de la sentencia. 사형 ~sentencia capital (de muerte).

판국(版局) situación. 위험한 ~에 en la situación peligrosa.

판권(版權) derechos del autor, copyright. ~소유 Reservados todos los derechos.

판단(判斷) juicio. ~하다 juzgar, considerar, 나의 ~으로는 a mi modo de ver, a mi parecer. ~을 내리다 formar un juicio; [재정] fallar (sentenciar·enjuiciar) *algo*. ~할 수 없다 no poder juzgar. ~력이 있다 (없다) tener buen (poco) juicio. 잘못 ~하다 juzgar mal, equivocarse de juicio. 공평한 ~을 내리다 formar un juicio imparcial sobre *algo*. …으로 ~하면 a juzgar por *algo*. 내 경험에서 ~하면 a juzgar por mi experiencia. 외모로 사람을 ~하다 juzgar a la gente por *sus* apariencias. 우리들은 그것이 불가능하다고 ~했다 Juzgamos que era imposible.

판도(版圖) territorio, dominio.

판독(判讀) desciframiento, descifre. ~하다 descifrar. ~하기 어려운 서체 escritura difícil de descifrar (casi indescifrable).

판례(判例) [법] jurisprudencia.

판로(販路) mercado, salida. ~를 확장하다 ampliar el mercado. ~를 개척하다 abrir un mercado.

판막(瓣膜) [해] válvula. ~증 enfermedad valvular. 심장 ~ válvulas del corazón.

판매(販賣) venta. ~하다 vender, despachar. ~중이다 estar en venta. ~하기 쉬운 de fácil venta, vendible. ~ 곤란한 de difícil venta. vendible. ~ 가격 precio de venta. ~ 계약 cantrato de venta. ~과 sección de venta. ~ 기술 técnica de venta. ~ 담당자 vendedor. ~망 red de ventas. ~비 gastos de venta. ~세 impuesto sobre ventas. ~수수료 comisión a vendedor. ~원 vendedor. ~점 tienda, comercio; [특약점] agente especial. ~촉진 promoción de ventas. ~ 회사 sociedad vendedora.

판명(判明) ~되다 aclararse, identificarse (신원이).

판박이 [책의] libro impreso.

판별(判別) discernimiento, discriminación, distinción. ~하다 [A와 B를] discernir (discriminar, distinguir) A de B (entre A y B). ~식 [수] discriminante.

판사(判事) juez (*m.f.*).

판소리 *pansori*, canto tradicional dramático.

판연(判然) ~하다 ser claro (cierto·evidente·indudable). ~히 ciertamente, indudablemente, sin duda, a la verdad.

판유리(板琉璃) vidrio cilindrado.

판이(判異) ~하다 ser enteramente diferente. ~한 의견 opinión enteramente diferente.

판자(板子) tabla; [두꺼운] tablón, tabla gruesa. ~을 대다 entablar, cubrir el suelo con tablas.

판정(判定) juicio, decisión. ~하다 juzgar, decidir. ~승 victoria por puntos. ~승으로 이기다 ganar por puntos.

판토마임 pantomima. ~을 공연하다 representar una pantomima. ~ 배우 pantomimo.

판이 cada vez, cada juego, siempre.

판판하다 ser llano (liso·plano·raso·chato). 판판한 길 camino liso.

판화(版畫) grabado.

팔 brazo. ~을 끼다 cruzar los brazos, enlazarse los brazos (사람과). ~ 가락지 brazalete. ~목 시계 reloj de pulsera.

팔(八) ocho. 제 ~의 octavo.

팔각(八角) ocho ángulos. ~의 octagonal. ~당 templo octagonal. ~정 pabellón octagonal. ~형 octágono. ~형의 octágonal. 정 ~각형 prisma octagonal. 정 ~형 octágono regular.

팔걸이 brazo [de un sillón]. ~ 의자 silla de brazos.

팔구(八九) ocho o nueve. ~십 ochenta o noventa. ~월 agosto o septiembre. ~차 ocho o nueve veces.

팔꿈치 codo; [의자의] brazo (apoyo) de sillón. ~을 얹다 apoyar el codo sobre *algo*. ~를 펴다 abrir (alejar) los codos. ~로 꾹 지르다 dar un codazo a *algo*. ~로 배

팔난봉 libertino, hombre disoluto.
팔다 vender. 도매로 ~ vender por mayor. 소매로 ~ vender al por menor. 외상으로 ~ vender a plazo. 현금으로 ~ vender al contado.
팔다리 miembro, pierna y brazo.
팔둑 antebrazo. ~ 시계 reloj de pulsera.
팔랑개비 molino de viento.
팔랑거리다 columpiarse, moverse de arriba abajo.
팔리다 venderse.
팔면체(八面體) octaedro. ~의 octaédrico.
팔목 muñeca. ~ 시계 reloj de pulsera.
팔방(八方) direcciones, todos lados.
팔방미인(八方美人) amigo de todo el mundo.
팔변형(八邊形) octágono.
팔분의(八分儀) octante.
팔삭동이(八朔童-) [모자라는 사람] idiota.
팔십(八十) ochenta. 제 ~의 octogésimo. ~ 노인 octogenario, ochentón.
팔월(八月) agosto.
팔월한가위(八月-) el quince de agosto del calendario lunar.
팔자(八字) destino, fortuna, suerte (f.). ~ 게 felizmente, dichosamente. ~좋은 사람 hombre feliz. ~가 좋다 tener buena suerte.
팔찌 brazalete; 【멕시코】 pulsera, manilla; brazuelo.
팔팔하다 1 [성질이] ser de mal carácter. 2 [날듯이 생기 있다] ser vivo (listo · ágil · actovo).
팡파르 fanfarria, toque de trompeta. ~가 울린다 Suena la fanfarria.
팥 haba roja.
패(牌) 1 [명패] marbete, rótulo, cédula, billete, boleto, placa.
2 [무리] grupo. 명 ~ placa con el nombre. 상 ~ medalla de premio.
패가(敗家) bancarrota de una familia.
패각(貝殼) cáscara.
패군(敗軍) ejército vencido. ~지장은 병법을 논할 수 없다 El general vencido no debe (no es propio del general vencido) hablar de la guerra.
패권(覇權) supremacía, hegemonía; [지배권] dominio. ~을 쥐다 obtener la supremacía, conseguir la hegemonía. 해상의 ~을 장악하다 dominar sobre los mares. ~을 다투다 luchar por conseguir la supremacía.
패기(覇氣) ambición, aspiración. ~가 있는 ambicioso. ~가 없는 inerte, apático. 그는 ~가 있다 Es ambicioso.
패다 1 [장작을] tajar, cortar, separar, rajar.
2 [때리다] golpear, dar un golpe.
3 [이삭이] espigar, empezar las semillas a crecer y echar espigas.
패러다이스 paraíso.
패류(貝類) marisco.
패륜(悖倫) inmoralidad, pravedad. ~의 inmoral, depravado, malvado. ~아 persona inmoral.
패망(敗亡) derrota, rota, vencimiento, destrucción, ruina. ~하다 derrotar, vencer, destruir.
패물(佩物) ornamentos personales.
패배(敗北) derrota, pérdida de una batalla. ~하다 ser derrotado (vencido), sufrir derrota, perder una batalla. ~주의 derrotismo. ~주의자 derrotista (m.f.).
패색(敗色) 이 튀운 ~이 짙다 Es muy probable que este equipo pierda el partido.
패션 moda.
패습(悖習) mal hábito, mala costumbre; [악폐] abuso, vicio.
패스포트 pasaporte.
패인(敗因) causa de la derrota.
패자(覇者) compeón.
패자(敗者) vencido, perdedor. ~ 부활전 [prueba de] repesca.
패잔(敗殘) ~병 restos de un ejército vencido. 그는 인생의 ~자이다 Es un fracasado. / Ha fracasado en la vida.
패장(敗將) general vencido.
패적(敗敵) enemigo vencido.
패전(敗戰) derrota. ~국 país derrotado.
패주(敗走) derrota, rota, afuga. ~하다 huir derrotado, afugar, afugarse.
패총(貝塚) terrero de concha.
패턴 [형] modelo; [견본] muestra; [형지] patrón.
패퇴(敗退) derrota. ~하다 salir derrotado.
패하다(敗-) ser vencido.
패혈증(敗血症) septicemia.
팬 aficionado, seguidor. 야구 ~ aficionado al béisbol. 영화 ~ aficionado al cine. 축구 ~ aficionado al fútbol.
팬더 [동] panda.
팬츠 [반] calzoncillos; [슬립] calzoncillo corto, slip (pl.silps); [운동 선수의] pantalones cortos. ~를 입다 ponerse los calzoncillos. ~를 입고 있다 llevar calzoncillos.
팬터마임 pantomima (무언극).
팸플릿 folleto; [풍자 · 중상의] panfleto.
팽개치다 arrojar, rechazar.
팽대(膨大) expansión. ~하다 extender.

팽배(澎湃) ~하다 surgir como una gran marea. 평화를 갈구하는 소리가 ~했다 Las voces que piden la paz han surgido como una gran marea.

팽이 chuchería, mirinaque.

팽창(膨脹) expansión, inflación, dilatación; [증대] aumento. ~하다 expandir, hincharse, inflarse, expansionar; aumentar. 예산이 ~되다 Se dilata el presupuesto. ~계수 coeficiente de expansión. ~론 ・ ~주의 expansionismo. ~론자 ・ ~주의자 expansionista (m.f.).

퍼내다 vaciar, cavar, sacar. 주걱으로 ~ sacar con cucharón.

퍼뜨리다 esparcir, divulgar, difundir, extender, propagar. 소문을 ~ extender un rumor. 공산 사상을 ~ propagar el comunismo.

퍼뜩 de súbito, de repente.

퍼레이드 parada, muestra (revista) de tropas.

퍼머 permanente (f.). ~를 해주세요 Quisiera que me hiciera la permanente.

퍼붓다 1 [물 등을] arrojar, emitir.
2 [비가] llover. 비가 억수같이 퍼붓는다 Llueve a cántaros.

퍼센트 por ciento [%]. 100~ ciento por ciento. 5~의 수수료 comisión del cinco por ciento (del 5 por 100), cinco por ciento de comisión. 물가의 상승률은 10~에 이르렀다 La subida de los precios ha llegado al diez por ciento. 수확의 30~가 못쓰게 되었다 El treinta por ciento de la cosecha se estropeó.

퍼센티지 porcentaje.

퍼스트 primero. ~ 베이스 primera base. ~ 임프레션 inspiración primera.

퍼지다 desaguar, vaciar, sacar [con cucharón].

퍽 muy, demasiado, muchísimo. ~ 기쁘다 alegrarse mucho. ~ 덥다 Hace mucho calor. ~ 비싸군요 Es demasiado caro.

펀뜻 en el instante, inmediatamente; ligeramente; pronto.

펀치 punzón, puñetazo. ~를 먹이다 horadar con punzón.

펄떡거리다 [심장이] palpitar.

펄럭거리다 agitarse.

펄쩍 de repente, de súbito, repentinamente; *pronto*.

펄프 pulpa.

펌프 bomba, aguatocha. 진공 ~ bomba al vacío. 소방 ~ bomba de incendios.

펑 chasquido, sonido ligero y repentino. ~하다 hacer producir un sonido repentino y explosivo. ~하고 con un chasquido, con una explosión.

페넌트 flámula, gallardete.

페널티 castigo, penalty. ~ 지역 área de castigo (de penalty). ~킥 [tiro de] penalty.

페니 [화폐] penique.

페니스 pene.

페니실린 penicilina. ~에 의한 쇼크사(死) muerte de anafilaxia debido a la penicilina. ~ 연고 ungüento de penicilina. ~주사 inyección de penicilina.

페달 pedal.

페루 [지] Perú. ~의 [사람] peruano.

페르시아 [지] Persia. ~의 [사람] persa.

페세타 [화폐] peseta. ~로 지불하다 pagar en pesetas. 달러를 ~로 바꾸다 cambiar dólares en pesetas. 이 책은 80~이다 Este libro cuesta ochenta pesetas.

페소 [화폐] peso.

페스트 [의] peste. ~균 bacilo de la peste. ~ 환자 enfermo apestado.

페어플레이 juego limpio. ~하다 jugar limpio.

페이지 página. 제1~ la página primera. ~의 역사에 새로운 한 ~를 가하다 añadir una nueva página a la historia de…. 10~에서 (10~부터) 계속 Continúa en (de) la página diez. 15~를 펴십시오 Abran por la página quince.

페이퍼 papel.

페인트 pintura. ~를 칠하다 pintar *algo*. ~를 덧칠하다 repintar *algo*. ~가 벗겨지다 descoucharse. 책상을 흰 ~로 칠하다 pintar el escritorio de blanco. ~칠 주의 [게시] Recién pintado./ ¡Ojo, que pinta!/ Cuidado con la pintura. ~공 pinter [de brocha gorda].

펜 pluma; [만년필] estilográfica, 【남미】 plumafuente (f.). ~을 잡다 tomar la pluma. ~으로 쓰다 escribir con una pluma. ~으로 생활하다 ganarse la vida con la pluma, vivir de *su* pluma. ~은 칼보다 강하다 La pluma es más fuerte que la espada. ~대 portaplumas. ~습자 caligrafía, 【남미】 plumero. ~촉 pluma, plumilla, plumín. ~화 dibujo a pluma.

펜네임 seudónimo, nombre artístico. ~으로 책을 출판하다 publicar un libro con (bajo) un seudónimo.

펜맨십 escritura, el acto de escribir, el arte de escribir.

펜스 [화폐] penique.

펜치 alicates (*m.pl.*), tenazas (*f.pl.*).

펜클럽 PEN club, Asociación Internacional de poetas, dramaturgos, editores, ensayistas y novelistas.

펜팔 amigo por correspondencia. 나의 멕시코의 ~ mi amigo mejicano por corres-

펌프 ⇨ 무자위.
펩신(化) pepsina.
펩톤(化) peptona.
펭귄(鳥) pájaro bobo, alca boda, pengüin.
펴다 abrir; [접힌 것을] desplegar, desdoblar. 책을 ~ abrir el libro. 책을 펴십시오 Abra Vd. el libro.
편(篇) [권] tomo, libro; [장·절] capítulo, sección. 한 ~의 시 una pieza de poema, un poema. 전 5~의 저작 obra de cinco tomos. 상(중·하)~ tomo primero (segundo·tercero).
편(編) [편집] dirección, cargo. A씨 ~의 bajo la dirección (a cargo) del señor A.
편(便) [교통기관의] servicio. 다음 ~으로 por el próximo servicio; [우편] por el próximo correo.
편견(偏見) prejuicio, prevención. ~없이 sin prejuicio. …에 ~을 가지다 tener prejuicio contra *algo·uno*. ~을 버리다 dejar el prejuicio. ~의 눈으로 보다 mirar *algo* (a *uno*) con prejuicio. ~에 사로잡히지 않다 estar libre (no ser presa) de prejuicios.
편곡(編曲) adaptación. ~하다 adaptar, cambiar.
편광(偏光) [작용] polarización; [빛] luz polarizada. ~계 polarímetro. ~ 필터 filtro polarizador.
편년(編年) ~체의 cronológico. ~사 crónica, anales (*m.pl.*).
편달(鞭撻) estímulo, aliento, exhortación. ~하다 animar, estimular, exhortar. 앞으로도 가일층 ~해 주십시오 Le ruego que me siga dando más consejos y ánimos.
편대(編隊) formación. 세대 ~로 en formación de tres en tres. 세대 ~로 비행하다 volar en formación de tres. ~ 비행 vuelo en formación.
편도(片道) camino sencillo, ida. ~의 sencillo. ~표 billete de ida, boleto de ida.
편도(扁挑)(食) almendra. ~나무 almendro.
편도선(扁挑腺)(醫) amígdala, agallas (*pl.*). 그는 ~이 부었다 Se le inflama la amígdala. ~염 amigdalitis (*f.*).
편두통(偏頭痛)(醫) hemicránea, migraña, jaqueca.
편람(便覽) manual, guía, vademécum.
편력(遍歷) peregrinación; [방랑] vagabundeo. ~하다 peregrinar; vagabundear. ~기사 caballero andante. ~ 시인 juglar.
편리(便利) comodidad, ventaja, conveniencia; [용이함] facilidad. ~한 conveniente, cómodo; fácil; [취급이 쉬운] manejable; [실용적인] práctico. 다루기가 ~한 manejable, fácil de manejar. ~하지 않은 incómodo, inconveniente. 이 부엌은 ~하다 Esta cocina es cómoda. 이 곳은 역에서 가까워 ~하다 Este lugar es cómodo por estar cerca de la estación. 이 사전은 작아서 휴대하기에 ~하다 Este diccionario es pequeño y cómodo de llevar consigo. 철도의 개통으로 그곳에 가기가 ~해졌다 Con la instalación del ferrocarril se ha hecho más fácil ir allí.
편린(片鱗) parte (*f.*), porción.
편마암(片麻岩) gneis.
편모(鞭母) flagelo.
편무(片務) obligación (responsabilidad) unilateral. ~적 unilateral. ~ 계약 contrato unilateral.
편물(編物) trabajo de punto, labor. ~을 하다 hacer punto con aguja.
편법(便法) medida conveniente, expediente, recurso; [수단] medio.
편성(編成)(구성) composición, constitución; [형성] formación; [조직] organización. ~하다 componer, constituir; formar; organizar. 50명의 반을 ~하다 formar clases de cincuenta alumnos.
편수(編修) edición, compilación. ~하다 redactar, compilar. ~관 editor. ~부 departamento editorial.
편술(編述) edición, compilación. ~하다 redactar, compilar.
편승(便乘) viaje oportuno, aprovechamiento oportuno. ~하다 ir a bordo, no perder ocasión. 자동차에 ~하다 aprovechar un coche. 시류에 ~하여 이름을 팔다 aprovechar (aprovecharse de) la situación actual para hacer propaganda de *su* nombre.
편식(偏食) alimentación (dieta) desequilibrada. ~하다 tener dieta desequilibrada. 이 아이는 ~을 한다 Este niño come sólo lo que le gusta./ Este niño hace muchas mañas para comer.
편심(偏心) excentricidad. ~률 excéntrica.
편안(便安) paz, tranquilidad, conveniencia, comodidad. ~한 ser cómodo (tranquilo). ~히 tranquilamente, apaciblemente, en paz. ~히 하십시오 [손님에게] Está usted en su casa.
편애(偏愛) preferencia, predilección. ~하다 preferir, tener predilección por *uno*.
편의(便宜) conveniencia, comodidad, conveniencia, acomodación. ~상 por conveniencia, convenientemente. ~주의의 convencionalismo.
편이(便易) facilidad, conveniencia. ~하다 ser fácil (conveniente).
편익(便益) beneficio, facilidad, convenien-

편입(編入) inclusión. admisión, alistamiento; [합병] incorporación. ~하다 incluir en…, admitir (학생의), alistar (군대의); incorporar. ~ 시험 examen de admisión.
편자 herradura.
편자(編者) recopilador, compilador; [사전 등의] redactor.
편재(偏在) distribución desigual. 부의 ~ repartición no equitativa de las riquezas.
편재(遍在) omnipresencia, ubicuidad. ~하다 ser omnipresente, estar en todos los lugares. ~적인 omnipresente, ubicuo.
편제(編制) composición. ⇨ 편성.
편중(偏重) ~하다 conceder (dar) demasiada importancia a *algo*·*uno*.
편지(便紙) carta; [단신] recado; [상업문에서] grata, atenta. ~를 보내寫 escribir, enviar (mandar) una carta. ~를 받다 recibir una carta. ~ 내왕 correspondencia, comunicación. ~통 buzón. 연애 ~ carta amorosa(de amor).
편집(偏執) obstinacia. ~광 monomanía; [사람] monomaniaco. ~병 paranoia. ~병 환자 paranoico.
편집(編輯) redacción, compilación; [영화의] montaje. ~하다 readactar, compilar, montar. ~부 redacción. ~실 oficina de redacción. ~자 redactor, compilador; ~장 director, jefe de redacción, redactor jefe. ~ 회의 reunión del comité de redacción. ~ 후기 nota de la redacción.
편차(偏差) 【수】 desviación. ~치 valor de desviación .
편찬(編纂) [사료·법령집의] recopilación, compilación; [사전 등의] redacción. ~하다 recopilar, compilar, redactar. ~자 recopilador, compilador; redactor.
편찮다 ser inconveniente; [병으로] estar enfermo. 몸이 편찮아서 por enfermedad. 몸이 ~ sentirse enfermo, estar enfermo.
편취(騙取) defraudación. ~하다 defraudar, usurpar.
편파(偏頗) parcialidad, favoritismo. ~하다 ser parcial. ~없는 imparcial. ~됨이 없이 imparcialmente. ~적으로 parcialmente.
편평(扁平) ~한 plano. ~족 (足) pie plano.
편하다(便~) 1 [편안] ser cómodo. 편하게 cómodamente, agradablemente.
2 [편리] ser conveniente.
3 [용이] ser fácil. 편하게 fácilmente, con facilidad.
편향(偏向) inclinación, tendencia, propensión; [들] desviación. ~ 교육 educación tendenciosa. ~ 코일 (율) bobina (coeficiente) de desviación.
편협(偏狹) estrechez de miras, parcialidad, mezquindad; [종교적·정치적인] intolerancia. ~한 de miras estrechas, parcial, mezquino; intolerante. ~한 사람 persona de miras estrechas (de un espíritu limitado) .
편형동물(扁形動物) platelmintos.
펼치다 extender, tender, estirar. 커튼을 ~ correr la cortina. 상점을 ~ poner la tienda. 가슴을 ~ respirar profundamente, mostrarse valiente. 세력을 ~ ejercer *su* poderío, ejercer *su* autoridad.
평(評) crítica, juicio crítico. ~하다 criticar. 사람들은 그를 ~하여 현대 최고의 음악가라 한다 Le consideran como el mejor músico de nuestra época.
평가(平價) 【경제】 paridad, par; [공정] cambio oficial. ~에 의한 환산 cambio a la par. [페세타의] ~를 절하하다 devaluar[la peseta]. [페세타의] ~를 올리하다 revalorizar (revaluar)[la peseta] . ~ 절상 revalorización, revaluación. ~ 절하 devaluación, desvalorización.
평가(評價) apreciación, estimación, evaluacion; [사정] tasación, valoración, valuación. ~하다 estimar, apreciar, evaluar; tasar, valorar, valuar. 높이 ~하다 [물건을] apreciar *algo* en mucho; [사람을] estimar a *uno* mucho. 이 토지는 천만원으로 ~되었다 Este terreno fue valorado en diez millones de wones. 그의 연구는 별로 높이 ~되고 있지 않다 Su investigación no está bien estimada. ~액 tasa. ~ 절하 devaluación.
평결(評決) [배심원의] veredicto.
평균(平均) promedio, témino medio. ~ 이상(이하)의 más arriba (abajo) del promedio. ~해서 en general, por lo común, por término medio. 1일 ~ 기온 temperatura media de un día. ~을 내다 calcular (sacar) el término medio de *algo*. ~ 시속 200킬로로 a la velocidad media de doscientos kilómetros por hora. ~ 8시간 다 dormir ocho horas por término medio. 학급의 ~ 점수는 75점이다 La nota media de la clase es de setenta y cinco puntos. ~수명 duración media de la vida. ~ 연령 año medio. ~을 temperamento. ~치 cifra media.
평년(平年) año ordinario; [예년] año normal; [윤년이 아닌] año común. 금년의 미작은 ~작 (~작 이하)이다 Este año la cosecha de arroz es normal (es más baja de lo normal). 금년 여름은 ~에 비해 더위가 극심하다 Este verano el calor es más riguroso que de ordinario.

평등(平等) igualdad. ~한 igual. ~하게 igualmente. al (por) igual; [공평하게] imparcialmente. ~하게 하다 igualar, nivelar. ~하게 분배하다 dividir *algo* igualmente (en partes iguales). ~하게 대하다 tratar a *uno* imparcialmente. ~한 입장에 서서 말하다 hablar mutuamente de igual a igual. ~한 입장에 있다 estar en la misma situación que [la de] *uno*. 그들은 유산을 ~하게 나누었다 Se dividieron la herencia por igual (en partes iguales). 인간은 태어나면서부터 ~하다 Todos los hombres son iguales de nacimiento. 만인은 법 앞에 ~하다 Todos los hombres son iguales ante la ley. ~주의 igualitarismo.

평론(評論) [비평] crítica; [시사 문제 등의] comentarios. ~하다 hacer crítica de *algo*, criticar. ~가 crítico, comentarista (*m.f.*). 문예 ~ crítica literaria. 정치 ~가 comentarista de política.

평맥(平脈) pulso normal.

평면(平面) plano, superficie plana. ~의 plano, llano. ~ 기하 geometría plana. ~도 plano. ~ 도형 figura plana.

평민(平民) hombre (mujer) del pueblo, plebeyo; [집합적] pueblo, el plebeyo. ~출신의 de origen plebeyo. ~ 여자와 결혼하다 casarse con una mujer plebeya.

평방(平方) cuadrado. ~근 raíz cuadrada. ~미터 metro cuadrado. 400~미터의 de cuatrocientos metros cuadrados. 20미터 ~의 de un cuadrado de veinte metros.

평범(平凡) vulgaridad, mediocridad. ~한 ordinario, banal, común; vulgar, mediocre; [특징이 없는] que no tiene nada de particular. ~한 생각 idea ordinaria (banal). ~한 가정 familia ordinaria. ~한 작품 obra mediocre. ~한 것을 말하다 decir banalidades. ~하게 생활하다 llevar una vida corriente. 그는 ~한 용모다 Es de una fisonomía corriente (nada caraterística). 그는 일생을 ~한 샐러리맨으로 마칠 것이다 Pasará toda su vida como un simple asalariado (como un asalariado cualquiera).

평복(平服) vestido de todos los días, traje de calle; [사복] traje civil. ~으로 en (vestido de un) traje de calle, de trapillo.

평사원(平社員) empleado de una compañía.

평상(平常) días cotidianos. ~의 habitual; normal; ordinario; cotidiano, usual. ~시대로 como de costumbre. ~으로 복구하다 volver a la normalidad.

평상(平床) cama de madera (de bambú).

평생(平生) *su* vida, toda *su* vida. ~토록 para toda *su* vida.

평서문(平叙文) oración enunciativa.

평소(平素) vida diaria. ~의 cotidiano, ordinario.

평시(平時) [평상시] tiempo ordinario; [평화시] tiempo de paz, tiempo no bélico. ~에는 en tiempo de paz.

평안(平安) paz, tranquilidad, comodidad. ~하다 estar bien, estar en paz. ~히 tranquilamente, apaciblemente. ~히 앉으십시오 Está usted en su casa.

평야(平野) llanura, llano, planicie.

평영(平泳) natación a pecho, braza [de pecho]. ~으로 헤엄치다 nadar a braza. 200미터 ~ doscientos metros braza.

평온(平穩) tranquilidad, calma, sosiego. ~한 tranquilo, pacífico, quieto, calmado, apacible. ~히 tranquilamente, en paz, en calma, apaciblemente. ~하게 살다 vivir en paz, llevar una vida tranquila. 국내는 ~했다 El país ha recobrado su tranquilidad. 항해는 ~했다 La travesía fue sin novedad.

평원(平原) llanura, llano.

평의(平議) consultación, conferencia, deliberación, consulta. ~하다 consultar, conferenciar, deliberar, conferir. ~에 부치다 someter *algo* al debate (a la discusión) . ~원 consejero. ~회 consejo.

평이(平易) facilidad, simplicidad. ~한 [쉬운] fácil; [간단한] simple, sencillo; [명쾌한] claro. ~하게 fácilmente; sencillamente. ~한 문제 simple problema. ~하게 설명하다 explicar *algo* en términos simples y claros.

평일(平日) [평소] día ordinario; [일요일에 대한] día laborable (de trabajo); [주일] día de la semana. ~에[는] [주일] entre semana.

평작(平作) cosecha normal.

평전(評傳) biografía crítica.

평점(評點) marca, notas.

평정(平定) pacificación. ~하다 pacificar, [반란자를] someter, dominar; [반란을] reprimir.

평정(平靜) calma, tranquilidad, quietud; [냉정] serenidad; placidez. ~한 tranquilo; sereno; plácido. ~을 지키다 [마음의] guardar la serenidad (la tranquilidad). ~을 잃다 perder la serenidad (la cabeza). ~을 되찾다 recobrar *su* tranquilidad (la calma). ~을 가장하다 fingir [la] calma, afectar tranquilidad.

평준(平準) [수준] nivel; [평균] igualdad.

평지(平地) [평원] llanura, planicie.

평탄(平坦) ~한 llano, plano.

평판(平版) litografía, estampa de un dibujo en piedra. ~ 인쇄술 litografía.

평판(評判) reputación; [명성] fama, renombre, notoriedad; [인기] popularidad. ~이 있는 reputado; renombrado; [유명] célebre; popular. ~이 좋은 (나쁜) de buena (mala) fama. ~이 좋다 tener buena fama. ~이 나쁘다 tener mala fama. ~을 잃다 perder la reputación. ~이 높다 gozar de buena fama, ser renombrado. ~을 얻다 adquirir [gran] renombre, adquirir fama, ganar (conseguir) reputación.

평평하다(平平-) [경판] ser llano (liso·plano).

평행(平行) paralelo, paralelismo. ~하다 paralelarse. ~이 paralelo (a *algo*). ~봉 [barras] paralelas [asimétricas]. ~선 [línea] paralela. ~사변형 paralelogramo. ~ 육면체 paralelepípedo

평형(平衡) balanza, equilibrio. ~을 유지하다 equilibrarse, guardar el equilibrio. ~을 잃다 perder el equilibrio, desequilibrarse. …의 ~을 유지시키다 equilibrar *algo*. ~ 감각 sentido del equilibrio.

평화(平和) paz; [화합] armonía. ~스러운 pacífico; armonioso. ~스럽게 pacíficamente, tranquilamente; armoniosamente. ~적으로 apaciblemente; en paz; tranquilamente. ~시에는 en tiempo de paz. 핵의 ~적 이용 utilización pacífica (para fines pacíficos) de la energía nuclear. ~를 유지하다 mantener (conservar) la paz. ~를 회복하다 (파괴하다·지키다) restablecer (romper·salvaguardar) la paz. ~적 수단으로 문제를 해결하다 resolver un problema por medios pacíficos. 가정의 ~를 교란하다 perturbar (turbar) la paz hogareña (familiar). 영원한 ~을 확립하다 establecer la paz perpetua (eterna). ~ 공세 ofensiva de paz. ~ 교섭 negociación de la paz. ~ 공존 coexistencia pacífica. ~ 공존을 하다 coexistir pacíficamente. ~ 산업 industria civil. ~운동 campaña pacifista (en favor de la paz). ~ 조약 tratado de paz. ~조약을 체결하다 concluir un tratado de paz. ~ 조약에 조인하다 firmar la paz. ~주의 pacifismo. ~주의자 pacifista. ~ 회의 conferencia de la paz.

폐(肺) 【생】pulmón. ~의 pulmonar. ~기종 enfisema pulmonar. ~동맥 (정맥) arteria (vena) pulmonar. ~침윤 infiltración de los pulmones.

폐(弊) 1 [폐단] maldad, vicio, abuso, mal hábito.
2 [괴로움] molestia, inquietud, incomodidad. ~을 끼치다 molestar. ~를 끼쳐 미안합니다 Siento mucho molestarle.

폐가(弊家) mi casa.

폐가(廢家) casa arruinado.

폐간(廢刊) ~하다 dejar de publicar, descontinuar la publicación. 그 잡지는 ~되었다 La revista ha cesado de aparecer./Dejaron de publicar la revista.

폐결핵(肺結核) tuberculosis pulmonar, tisis. ~ 환자 tísico.

폐관(閉館) cierre. ~하다 cerrarse. 도서관은 8시에 ~한다 La biblioteca se cierra a las ocho.

폐광(廢鑛) mina abandonada.

폐교(廢校) cierre de una escuela. ~하다 cerrar una escuela.

폐기(廢棄) supresión, abandono; [조약 등의] abolición, anulación, abrogación. ~하다 suprimir, abandonar, abolir, anular. ~물 desecho, desperdicio[s]. 산업 ~물 residuos de materiales industriales.

폐단(弊端) maldad, vicio, abuso.

폐렴(肺炎) pulmonía, neumonía. ⇨ 폐염.

폐막(閉幕) clausura, fin. ~하다 clausurar, finalizar, terminar, poner fin a *algo*.

폐문(肺門) hilo pulmonar (de pulmón). ~ 임파선염 adenitis tuberculosa del hilo de pulmón.

폐문(閉門) cierre de una puerta. ~하다 cerrar una puerta.

폐물(廢物) desperdicio, [objeto de] desecho. ~ 이용 utilización de objetos de desecho.

폐병(肺病) enfermedad de pulmón, consunción; [폐결핵] tuberculosis pulmonar, tisis (*f.*).

폐부(肺腑) 1 [폐] pulmón.
2 [마음속] corazón.
3 [급소] punto vital, área crítica.

폐사(弊社) nuestra casa, nosotros.

폐쇄(閉鎖) cierre, cláusula. ~하다 cerrar, clausurar, ~적인 cerrado; [배타적] exclusivo. ~적인 사회 sociedad cerrada. 사업소를 ~하다 cerrar un establecimiento. 고속도로는 ~되어 있다 Está cerrada la autopista.

폐수(廢水) agua de descarga, aguas residuales.

폐습(弊習) malas costumbres, mal háiabito.

폐암(肺癌) cáncer del pulmón.

폐업(廢業) cerrada de los negocios. ~하다 abandonar *su* profesión, renunciar a *su* ofidio; [영업을] cerrar el negocio; [상점을] quitar la tienda; [은퇴하다] retirarse de los negocios. 그는 변호사를 ~했다 Ha abandonado la abogacía.

폐염(肺炎) pulmonía, neumonía. ~에 걸리다 padecer (sufrir de) pulmonía (neumonía).

폐원(閉院) clausura de la Asamblea General.

폐위(廢位) ~하다 destronar (deponer) a *uno*.

폐유(廢油) aceite lubricante de desecho.

폐인(廢人) muerto viviente. 그는 ~이나 마찬가지다 Es como un muerto viviente.

폐장(肺臟)【해】pulmón.

폐적(廢嫡) desheredamiento. ~하다 desheredar.

폐점(閉店) cierre de una tienda. ~하다 cerrar una tienda. 8시에 ~한다 La tienda se cierra a las ocho. ~ 시간 hora de cierre (de cerrar).

폐정(閉廷) cláusura del tribunal; [휴정의 경우라도] levantamiento de la audiencia. ~하다 levantar la audiencia.

폐지(廢止) abolición, anulación, supresión. ~하다 abolir, suprimir, cancelar, anular, derogar. 법률을 ~하다 derogar una ley. 사형을 ~하다 abolir la pena capital. 수당을 ~하다 suprimir el subsidio. ~론 abolicionismo. ~론자 abolicionista.

폐질(廢疾) imposibilidad [física] . ~자 imposibilitado, inválido.

폐품(廢品) artículos desusados,[objeto de] desecho, desperdicio. ~이용 utilización de objetos de desecho. ~ 회수업 traperia. ~회수업자 trapero.

폐풍(弊風) malas costumbres, mal hábito.

폐하(陛下) Su Majestad; [부를 때] Vuestra Majestad.

폐하다(廢 -) suprimir, abolir, abrogar (법률을).

폐해(弊害) daño, abuso, mala influencia.

폐허(廢墟) ruinas, restos. 폭격으로 도시는 ~화 되었다 La ciudad ha quedado reducida a ruinas por el bombardeo./ El bombardero ha arrasado la ciudad.

폐환(肺患) enfermedad de pulmón.

폐활량(肺活量) capacidad respiratoria [pulmonar]

폐회(閉會) cláusura [de una asamblea·de una reunión·de una sesión]. ~하다 cerrar (terminar) [una reunión·la asamblea], clausurar (levantar) la sesión. ~중이다 [의회가] estar en vacaciones. ~사를 하다 pronunciar el discurso de clausura. ~식 ceremonia de cláusura.

-포 período. 달 (해) ~ un período de un mes (un año) más o menos.

포(砲) cañón. 75밀리 ~ cañón de setenta y cinco.

포개다 amontonar, apilar.

포격(砲擊) bombardeo, cañoneo, cañonazo. ~하다 bombardear, coñonear. ~을 받다 sufrir bombardeos.

포경(包莖) fimosis (*f.*).

포경(捕鯨) pesca (captura) de ballenas. ~국 país ballenero. ~선 [buque] ballenero. ~ 선단 flotilla ballenera. ~ 연도 año ballenero. ~포 cañón arponero. 국제 ~조약 Tratado Ballenero Internacional.

포고(布告) decreto, proclama; [행위] promulgación, proclamación, declaración. ~하다 proclamar, promulgar, declarar.

포곡조(布穀鳥) cuclillo, cuco. ⇨ 뻐꾸기.

포괄(包括) inclusión. ~하다 incluir, englobar, abarcar, comprender. ~적 inclusivo, global, comprensivo. ~적으로 inclusivamente, globalmente.

포교(布敎) propaganda, [그리스도교의] evangelización; [외국에서] misión. ~하다 evangelizar *algo*; evangelizar *un sitio*.

포구(浦口) entrada, puerta.

포구(砲口) boca del cañón.

포근하다 1 ser suave y cómodo. 2 ser suave (caluroso·cálido·caluroso) 포근한 이부자리 cama suave y cómoda.

포기 ráiz, planta.

포기(拋棄) abandono. ~하다 abandonar. 채권 ~ abandono de crédito.

포대(布袋) saco (talega) de tela basta.

포대(砲臺) batería.

포대기 colcha para la criatura.

포도(葡萄) [나무] vid; [열매] uva; [건포도] pasa. ~ 상이 uvero. ~ 한 송이 un racimo de uvas. ~의 수확 vendimia. ~를 수확하다 vendimiar, coger la uva. 농부는 ~ 한 송이를 주기 위해 장님을 부른다 Un campesino llama al ciego para darle un racimo de uvas. ~당 d-glucosa, dextrosa, azúcar de uva. ~밭 viñedo. ~산 ácido racémico. ~ 재배 viticultura. ~ 재배자 viticola (*m.f.*), viticultor. ~주 vino【적 vino tinto, 백 vino blanco, 로제 vino rosado】.

포도(鋪道) pavimento.

포도동 agitación. ~하다 revolotear, aletear, sacudir las alas.

포동포동 ~하다 ser rechoncho; [여자가] ser retozono (juguetón). ~한 여자 mujer retozona (juguetona).

포란(抱卵) incubación, empolladura. ~하다 empollar, ponerse las aves sobre los huevos. ~기 incubadora, aparato para efectuar la incubación artificial.

포로(捕虜) prisionero, cautivo. ~가 되다 quedarse (hacerse) prisionero. ~로 하다 prender, cautivar, hacer prisionero a *uno*. ~ 수용소 campamento de prisioneros.

포르투갈 【지】 Portugal. ~의 [사람] portugés. ~어 portugués, lengua portuguesa.
포마드 (pomada), pomada, brillantina.
포만(飽滿) saciedad, hartura, hartazgo. ~하다 hartarse, saciarse, estar harto (lleno).
포말(泡沫) burbuja, la ampolla que se levanta en el agua.
포목(布木) lienzo y algodón, paños (telas) de lana. ~상 pañero, lancero.
포문(砲門). boca del cañón; [군함 등의] porta, cañonera.
포물선(抛物線) 【수】 parábola, línea parabólica. ~을 그리며 나르다 volar describiendo una trayectoria parabólica.
포박(捕縛) captura, arresto. ~하다 capturar, arrestar.
포병(砲兵) artillero. ~대 artillería.
포복(匍匐) ~하다 prosternarse. ~ 전진 avance a rastras ~ 전진하다 avanzar a rastras (arrastrándose).
포복절도(抱腹絶倒) ~의 divertidísimo. ~하다 reventar (caerse) de risa.
포부(抱負) ambición, aspiración. ~을 말하다 hablar de *su* ambición (de. *su* aspiración). 원대한 ~을 갖다 tener una gran ambición.
포상(褒賞) 【행위】 alabanza, elogio; 【품】 premio, recompensa. ~ 수령자 premiado. ~ 수여 【식】 [ceremonia de] distribución de premios.
포석(布石) preparación. 장래를 위한 ~ preparación para el futuro.
포성(砲聲) cañonazo. ~이 울린다 Truena el cañón.
포수(砲手) [사냥꾼] cazador; [대포수] artillero.
포수(捕手) 【운】 parador de la pelota.
포스터 cartel, letrero. ~을 붙이다 fijar un cartel en *algo*, pegar un cartel en (a) *algo*. ~ 칼라 colores para cartel.
포승(捕繩) cuerda para atar a un reo.
포식(飽食) ~하다 comer *algo* hasta saciarse, hartarse con *algo*.
포신(砲身) cañón.
포악(暴惡) atrocidad, maldad horrible. ~하다 ser atroz (extremamente cruel·extremamente malo).
포옹(抱擁) abrazo, abrazamiento. ~하다 abrazar a *uno*. 서로 ~하다 abrazarse.
포용(包容) comprensión, magnanimidad, generosidad. ~하다 comprender, abarcar. 그는 ~력이 있다 Es generoso./ Es de (Tiene) manga ancha.
포위(包圍) envolvimiento; [성·도시의] sitio, asedio, cerco. ~하다 envolver, cercar, asediar, sitiar, poner sitio a *un sitio*. ~를 풀다 levantar el sitio. ~군 ejército sitiador. ~ 작전 operación envolvente.
포유(哺乳) lactación, mamáda. ~ 동물 mamífero. ~류 mamíferos (*m.pl.*). ~병 biberón.
포인터 【동】 perro de muestra inglés, pointer.
포인트 punto [esencial]. 8~ 활자 carácter de ocho prntos.
포자(胞子) 【식】 espora; 【동】 quiste, quisto, saco (vejiga) membranoso.
포장(包裝) empaque, embalaje, envase. ~하다 empaquetar, empacar, embalar. ···의 ~을 풀다 desempaquetar (desembalar) *algo*. ~ 담당자 empaquetador. ~ 명세표 lista de empaque. ~지 papel para empaquetar.
포장(鋪裝) pavimentación; adoquinado. ~하다 pavimentar, empedrar *un sitio* con (de) adoquines; solar *un sitio* con macadam, macadamizar; [아스팔트로] asfaltar. ~ 공사 obras de pavimentación. ~ 도로 camino pavimentado, pavimento; camino solado (macadamizado); camino asfaltado.
포장(褒章) medalla [por algún acto].
포좌(砲座) plataforma de cañón.
포주(抱主) rufián.
포주(庖廚) carnicería. ⇨ 푸주.
포즈 postura. ~를 취하다 colocarse en postura.
포지션 posición, postura, puesto, situación.
포진(布陣) ~하다 colocarse en posición.
포착(捕捉) ~하다 coger, captar, asir, agarrar. 전파를 ~하다 captar una onda eléctrica.
포치 【건】 pórtico, porche, vestíbulo, entrada, portal.
포켓 bolsillo. ~머니 alfileres, dinero [de bolsillo] para gastos particulares. ~북 libro de bolsillo. ~사전 diccionario de bolsillo.
포크[1] tenedor.
포크[2] carne de puerco (돼지고기).
포크댄스 danza folklórica.
포크송 canto folklórico, canción folklórica.
포탄(砲彈) bala de cañón, obús.
포탈(逋脫) evasión de impuestos.
포탑(砲塔) torre (*f.*); [전차의] torreta.
포태(胞胎) concepción, pregnancia, acción de concebir la hembra. ~하다 concebir, hacerse preñada.
포터 portador, porteador, mozo de cordel; [호텔 등의] mozo de servicio.
포터블 portátil, manual. ~ 라디오 radio portátil. ~ 타이프라이터 máquina de escribir portátil. ~ 텔레비전 televisor

포플라 portátil.
포플러【식】 álamo, chopo.
포플린 poplín, popelina.
포피(包皮)【의】 prepucio.
포학(暴虐) crueldad, tiranía, atrocidad. ~한 cruel, atroz.
포함(包含) inclusión. ~하다 incluir, contener, comprender; 【내포】 implicar.
포함(砲艦) cañonero, barco pequeño (lancha) con un solo cañón.
포화(砲火) fuego [de artillería], cañoneo.
포화(飽和) saturación. ~상태 [estado de] saturación. ~상태가 되다 saturarse. ~상태에 있다 estar saturado (colmado). 시장에는 이 종류의 상품으로 ~ 상태에 있다 El mercado está saturado de esta clase de artículos. ~액 solución saturada. ~점 punto de saturación. ~점에 달하다 llegar al punto de saturación.
포환(砲丸)【운】 peso, bola. ~ 던지기 lanzamiento de peso.
포획(捕獲) captura, apresamiento. ~하다 capturar, apresar. 적선을 ~하다 capturar (apresar) un barco enemigo.
포효(咆哮) rugido, bramido. ~하다 rugir, bramar.
폭(幅) anchura, ancho. ~이 넓은 ancho, amplio. ~이 좁은 angosto, estrecho.
폭거(暴擧) violencia, acción violenta (temeraria).
폭격(爆擊) bombardeo [aéreo]. ~하다 bombardear *un sitio*. ~기 bombardeo, avión bombardeador.
폭군(暴君) tirano, déspota *(m.)*.
폭도(暴徒) rebeldes, insurrectos, sublevados.
폭동(暴動) motín, alboroto, tumulto, revuelta, sedición; 【봉기·반란】 sublevación, levantamiento, rebelión. ···에 대해 ~을 일으키다 sublevarse (alzarse·levantarse·amotinarse) contra···. ~을 진압하다 reprimir la sublevación. ~을 선동하다 provocar una sublevación. ~이 일어난다 Estalla una sublevación.
폭등(暴騰) subida repentina (vertiginosa). ~하다 subir repentinamente (vertiginosamente), remontarse muy alto. 물가가 ~한다 Los precios suben mucho de repente.
폭락(暴落) [gran] baja repentina [del precio]. ~하다 bajar [macho] repentinamente el precio.
폭력(暴力) violencia, fuerza, brutalidad. ~을 행사하다 usar (emplear) la violencia. ~에 호소하다 apelar (recurrir) a la violencia. ~단 terroristas, corporación de terroristas, organización de gángsteres dados al uso de la violencia. ~행위 acto de violencia. ~혁명 revolución violenta (por la violencia). 비~주의 no violencia.
폭렬(爆裂) explosión. ⇨ 폭발.
폭로(暴露) revelación, divulgación. ~하다 revelar, divulgar, poner *algo* al descubierto, sacar *algo* a la luz; descubrir, demostrar. ~전술로 나가다 tomar la táctica de desenmascarar, escarbar vidas ajenas. 음모가 ~되었다 Se descubrió el complot. 그는 자신의 무지를 ~했다 Hizo patente su ignorancia.
폭뢰(爆雷) granada (carga) de profundidad.
폭리(暴利) ganancia excesiva, utilidad excesiva, usura. ~을 취하다 usurear, sacar una ganancia exorbitante (excesiva). ~를 탐하다 sacar utilidad excesiva.
폭민(暴民) populacho, gentuza, alborotador, insurgente.
폭발(爆發) explosión; [화산의] erupción. ~하다 estallar, explotar; entrar en erupción. ~성의 explosivo. ~적인 인기를 얻다 tener un éxito clamoroso, hacer furor. 공장에서 ~이 일어났다 Hubo una explosión en la fábrica. ~음이 들렸다 Se oyó una explosión. 그의 노기가 ~했다 Su cólera explotó (estalló). ~ 가스 gas explosivo. ~물 explosivo. ~신관 mecha (cuerda)detonante. ~실 cámara de explosión. ~ 압력 (온도) presión.
폭사(爆死) muerte por una voladura. ~하다 morir por una explosión; [폭발로] morir por una explosión.
폭삭 enteramente, completamente, todo.
폭서(暴暑) calor intensivo (severo).
폭설(暴雪) nieve grande.
폭소(爆笑) explosión de risa. ~ 하다 prorrumpir en risa, estallar (caerse) de risa.
폭식(暴食) glotonería, exceso en la comida. ~하다 glotonear, comer en exceso.
폭신하다 ser suave y cómodo.
폭압(暴壓) opresión, coerción, violencia. ~하다 forzar, obligar.
폭약(爆藥) explosivo.
폭언(暴言) palabra violenta. ~하다 pronunciar palabras violentas.
폭우(暴雨) chaparrón, fuerte aguacero.
폭위(暴威) tiranía, gran violencia.
폭음(爆音) [폭발음] ruido de explosión, estallido, estampido; [엔진의] detonación, zumbido. ~을 내다 producir un estallido; zumbar. 오토바이가 ~을 내면서 달렸다 La motocicleta lanzando un zumbido, echó a correr.
폭음(暴飮) ~하다 beber en exceso (demasiado). ~폭식 excesos en la bebida y

폭정(暴政) tiranía.

폭주(輻輳) congestión. ~하다 acumular, amontonar, hacerse obstruido.

폭주(暴注) chaparrón, fuerte aguacero. ~하다 llover fuertemente, llover a cántaros.

폭죽(爆竹) cohete, petardo. ~을 터뜨리다 hacer estallar petardos.

폭탄(爆彈) bomba. ~을 투하다 bombardear *un sitio*, lanzar (descargar) bombas sobre *un sitio*. ~ 선언을 하다 pronunciar declaraciones explosivas. ~ 투하 lanzamiento de bombas, bombardeo. 로켓 ~ bomba de cohete. 수소 ~ bomba hidrógena. 시한 ~ bomba de tiempo. 원자 ~ bomba atómica.

폭파(爆破) voladura. ~하다 volar, hacer estallar (hacer explotar) *algo*. 다리의 ~ voladura del puente.

폭포(瀑布) catarata, cascada. 이구아수~ Cataratas de Iguazú.

폭풍(暴風) tempestad, ventarrón (강풍), huracán, tifón (태풍); onda de explosión; [폭탄의] rebufo de bomba. ~ 경보 alarma de tempestad.

폭풍우(暴風雨) tormenta, tempesad, borrasca; [허리케인] huracán; [태풍] tifón. ~로 변했다 El tiempo se ha vuelto tormentoso. 영남지방은 ~로 난타당했다 La región de Yongnam fue atacada por una tormenta. ~권 zona de tempestad. ~경보 alarma de tempestad.

폭한(暴漢) rufián, canalla, facineroso, malhechor. ~에게 습격당하다 ser asaltado por un facineroso.

폭한(暴寒) frío severo (intenso).

폭행(暴行) violencia, brutalidad; [부녀 폭행] violación. ~하다 proceder con violencia, violar (여자에게). ~을 가하다 hacer violencia a *uno*. 여자를 ~하다 violar a una mujer.

폴란드(~地) Polonia. ~의 [사람] polaco. ~어 polaco.

폴로(~) polo. ~경기자 polista (*m.*).

폴카(~) polca.

표(表) tabla, cuadro; [목록] índice, catálogo; [리스트] lista; [도표] gráfica. ~를 만들다 hacer (formar) una tabla (una lista) [de *algo*], tabular *algo*.

표(票) billete, boleto; [투표의] voto. ~를 사다 sacar billete. ~를 개찰하다 horadar billete. 한 ~를 던지다 dar *su* voto a *uno*, votar por *uno*. 200~를 얻다 obtener doscientos votos [a favor]. …을 위해서 ~를 모으다 reunir (recoger) votos en favor de *uno*. ~가 나누어졌다 Los votos se dividieron.

표(標) 1 [증거] prueba, evidencia, testimonio.

2 [부호] marca. ~를 하다 marcar.

3 [휘장] divisa, escudo.

표결(票決) votación. ~하다 votar, decidir *algo* por votación.

표고(標高) altitud.

표구(表具) ~하다 adornar un cuadro con papel o tela. ~사 empapelador.

표기(表記) escritura. ~하다 escribir. ~의 금액 la suma declarada. ~법 sistema de representación por signo, notación.

표기(標記) marca, señal. ~하다 marcar.

표독(慓毒) ferocidad, brutalidad. ~하다 ser feroz (brutal).

표류(漂流) [navegación a la] deriva. ~하다 derivar[se], ir (estar flotar) a la deriva, ir al garete. ~하는 선박 barco que flota a la deriva. ~자 náufrago.

표리(表裏) anverso y reverso, dos caras, doblez.

표말(標抹) poste, pilar.

표면(表面) superficie; [외면] exterior. ~의 exterior, superficial. ~으로는 superficialmente. ~화하다 descubrirse, revelarse. ~상의 이유 razón exterior. ~에 나타나다 aparecer en la superficie. ~에 떠오르다 subir a la superficie. 사람을 ~로만 판단해서는 안된다 No hay que estimar a una persona sólo por su apariencia. 그는 ~적으로만 사물을 판단한다 Juzga las cosas sólo superficialmente. 그는 ~으로는 냉정을 가장했다 Se fingía sereno en su exterior. 그는 정치의 ~에 나가기를 싫어한다 No quiere salir al escenario político.

표명(表明) expresión, manifestación. ~하다 expresar, manifestar, anunciar, exponer. 희망을 ~하다 formular *su* deseo (*su* queja). 입후보를 ~하다 anunciar *su* candidatura.

표목(標木) poste, pilar.

표방(標榜) ~하다 profesar. 저 정당은 민주주의를 ~하고 있다 Aquel partido político profesa la democracia.

표백(漂白) blanqueo, blanqueamiento. ~하다 blanquear. ~제 blanquete.

표범(豹一) [동] leopardo, pantera.

표변(豹變) ~하다 cambiar de opinión de la noche a la mañana, volver la casaca.

표본(標本) espécimen; [식물의] herbario; [통계] muestra. ~ 추출 muestreo.

표상(表象) representación, símbolo. ~하다 representar, simbolizar.

표석(表石) lápida (piedra) supulcral.
표석(標石) mijero, piedra millera.
표시(表示) indicación, manifestación, mención, expresión. ~하다 indicar, manifestar, mencionar, expresar. 원산지를 ~하다 indicar el país de origen.
표식(標識) señal. ⇨ 표지.
표어(標語) mote, lema (m.).
표음문자(表音文字) escrituras fonéticas.
표의문자(表意文字) ideograma (m.), escrituras ideográficas.
표장(表裝) ~하다 adornar un cuadro con papel o tela.
표장(表章) marca, divisa, emblema.
표적(標的) blanco.
표절(剽竊) plagio. ~하다 plagiar. ~자 plagiario.
표정(表情) expresión; [얼굴의] semblante. ~이 없는 inexpresivo, poco expresivo, falto de expresión. ~이 있는 [풍부한] expresión, ser expresivo. 걱정스러운 ~으로 con el (un) semblante preocupado.
표제(表題) título; [기사의] titular. …에 ~을 붙이다 titular algo, poner un título a algo. 음악 música descriptiva.
표준(標準) criterio, regla establecida; [규범] norma; [수준] nivel; [평균] término medio, promedio; [전형] modelo, tipo, marca. ~의 normal; de marca. ~ 이상 (이하)의 superior (inferior) al nivel. ~에 달하다 llegar al nivel. ~을 정하다 fijar (establecer) un criterio. ~화하다 normalizar. 생산의 ~ marca de producción. 이 아이의 체중은 ~ 이하이다 El peso de este niño es inferior al término medio. ~시 hora legal (oficial). ~어 lengua común. ~ 편차 desviación tipo (standard). ~형 modelo, tipo.
표지(表紙) tapa [del libro], encuadernación.
표지(標識) señal, indicador; [표지 기둥] poste indicador. 이곳에는 주차 금지의 ~가 세워져 있다 Aquí hay una señal que dice: Prohibido aparcar. 1킬로 간격으로 제한 속도의 ~가 되어 있다 La velocidad límite está señalizada a intervalos de un kilómetro.
표착(漂着) ~하다 arribar (ser arrojado) a tierra. ~물 pecio.
표찰(標札) plancha de nombre portal.
표창(表彰) apreciación oficial. ~하다 apreciar, galardonar, premiar, remunerar. 그는 결근이 없어서 ~받았다 Fue galardonado por no haber faltado ni un día al trabajo. ~대 estrado de honor. ~식 ceremonia de concesión de galardones. ~장 certificado de mérito.

표피(表皮) epidermis (f.); [수목의] corteza.
표하다(表-) expresar, manifestar. 감사의 뜻을 ~ expresar su agradecimiento.
표하다(標-) marcar.
표현(表現) expresión, manifestación, representación. ~하다 expresar, manifestar, representar. 자신의 생각을 ~하다 expresarse. 그의 문장은 ~력이 풍부하다 Su estilo es muy expresivo. ~ 수단 medio de expresión. ~주의 expresionismo. ~파[사람] expresionista (m.f.).
푯대(標-) poste, pilar.
푯돌(標-) mijero, piedra millera.
푯말(標-) poste.
푯수(票-) número de votos.
푸근하다 1 [자리 등이] ser cómodo (velloso·felpudo·blando·suave).
2 [날씨가] ser suave (caluroso·cálido); [성질이] gentílico; [마음이] sentirse agradable (apacible).
푸념 [불평] queja. ~하다 quejarse.
푸다 [물을·곡식·밥을] sacar. 국자로 ~ sacar con cucharrón.
푸닥거리 exorcismo. ~하다 exorcizar los espíritus malignos.
푸지다 ser abundante.
푸대접 mal tratamiento (trato). ~하다 tratar mal.
푸딩 pudín, pudingo.
푸르다 ser azul. 푸른 바다 mar azul. 하늘은 ~ El cielo es azul.
푸주(-廚) carnicería. ~한(漢) carnicero.
푸지다 ser abundante (rico·liberal). 푸진 음식 comida abundante.
푹신하다 ser suave (cómodo). 푹신한 침대 cama cómoda.
푼돈 alfileres, dinero para gastos particulares.
푼푼이 poco a poco.
풀¹ hierba, planta; [잡초] hierbajo, mala hierba; [약초] hierbas medicinales; [목초] dehesa.
풀² [밀가루의] pasta; [녹말의] almidón. ~을 먹이다 almidonar. ~을 쑤다 preparar la pasta.
풀기 [옷의] almidón, fécula. ~가 있는 almidonado.
풀다¹ desatar, desenlazar, soltar; [매듭을] deanudar; [꿰맨 것을] descoser; [엉킨 것을] desenmarañar. 포장을 ~ desatar un paquete. 끈의 매듭을 ~ desanudar una cuerda. 매듭을 ~ desatar (deshacer·aflojar) un nudo. 끈을 ~ desatar una cuerda. 구두끈을 ~ desatar los cordones de los zapatos. 오바의 꿰맨 데를 ~ descoser un abrigo.

풀다² sonarse las narices (코를).
풀다¹ [문제를] resolver. ~문제를 ~ resolver el problema.
풀리다 desatarse; [매듭이] desanudarse; [꿰맨 것이] descoserse. 매듭이 풀린다 El nudo se desata (se deshace). 구두끈이 풀려 있다 Tiene desatado el cordón del zapato. 소매의 꿰맨 곳이 풀렸다 Se ha descosido la manga.
풀무 fuelle.
풀무질 bramido. ~하다 bramar.
풀밭 hierba. [잔디밭] césped (m.); [초원] pradera.
풀백 defensa [en el fútbol].
풀베이스 base llena.
풀스피드 la mayor velocidad.
풀장(-場) piscina; 【멕시코】 alberca. ~에서 수영하다 nadar en la piscina. 실내 ~ piscina cubierta. 옥외 ~ piscina al aire libre.
품¹ 1 [옷의] anchura.
2 [가슴] pecho.
품² labor, trabajo. 하루~ labor (trabajo) de un día.
품³ [됨됨이] carácter, naturaleza, porte, disposición.
품(品) 1 [품질] calidad, cualidad; [품등] grado.
2 [물품] artículo.
3 [품격] elegancia, gracia, dignidad.
품값 paga.
품격(品格) carácter, dignidad, elegancia, gracia.
품계(品階) grado, rango.
품꾼 jornalero, trabajador.
품다 1 [안다] abrazar, estrechar entre los brazos.
2 [마음에] tener. …할 마음을 ~ tener una mente de + inf.
품돈 paga.
품등(品等) calidad y grado.
품목(品目) partida; [표] lista de artículos. ~별로 por partida. 비과세 ~ artículos libres de (no sujetos a) impuestos.
품물(品物) artículos, mercancías.
품사(品詞) 【문】 parte de la oración. 팔~ ocho partes de la oración.
품삯 paga, gaje, jornal, salario. ~ 노동자 peón, jornalero.
품성(品性) carácter.
품성(禀性) naturaleza, disposición natural.
품속 pecho, corazón.
품위(品位) dignidad, distinción, nobleza; [화폐·금은의] calidad. ~있는 digno, noble. ~를 지키다 mantener una actitud digna.
품절(品切) mercancías agotadas. ~되다

agotarse.
품종(品種) [종류] género, especie; [품질] clase (f.), calidad. ~개량 mejoramiento de la raza; [식품의] mejoramiento de las plantas.
품질(品質) calidad. ~이 좋은 (나쁜) de buena (mala) calidad. ~이 저하하다 bastardear, degenerar. ~ 관리 control de calidad. ~ 저하 degeneración. ~ 향상 mejoramiento de la calidad.
품평(品評) crítica. ~하다 criticar.
품평회(品評會) graduación de productos. 농산물 ~ feria agrícola.
품행(品行) conducta, comportamiento. ~이 좋은 de buena conducta. ~이 나쁜 de mala conducta, vicioso. ~이 좋다 (나쁘다) conducirse (comportarse) bien (mal). 그는 ~이 방정하다 Su conducta es ejemplar.
풋 verde. ~고추 chile verde. ~과실 fruta verde. ~사과 manzana verde.
풋내기 persona sin experiencia, paleto.
풋볼 fúbol, football, rugby. ~선수 futbolista.
풍¹(風) [바람] viento. 동~ viento este.
풍²(風) [허풍] jactancia, exageración. ~을 떨다 jactarse, fanfarronear.
풍³(風) parálisis, perlesía. ➡ 풍병.
-풍(-風) 1 [양식] estilo, modo, tipo.
2 [풍습] costumbre.
풍격(風格) carácter, personalidad.
풍경(風景) paisaje; [정경] escena. 시골의 ~ un paisaje del campo. 크리스마스 ~ escena de la Navidad. 그 근처는 ~이 좋다 Dominan los buenos paisajes por allí. ~ 묘사 representación de un paisaje. ~화 paisaje. ~화가 paisajista (m.f.).
풍광(風光) paisaje, vista. ~이 명미하다 tener el paisaje hermoso.
풍금(風琴) órgano. ~을 치다 tocar el órgano. 손~ acordeon.
풍기(風紀) moral pública; [규율] disciplina. ~ 문란죄 delito de corrupción de la moral pública.
풍년(豊年) año abundante. 금년은 ~이다 Este año tenemos buena cosecha.
풍랑(風浪) viento y ondas.
풍력(風力) fuerza del viento; [에너지] energía eólica.
풍로(風爐) hornillo portátil.
풍류(風流) elegancia, buen gusto. ~의 de buen gusto, poético.
풍만(豊滿) [풍부] abundancia. 그녀는 ~한 육체를 가지고 있다 Ella tiene formas opulentas.
풍매(風媒) ~ 식물 plantas anemófilas.
풍모(風貌) aire, apariencia. 그에게는 귀족

풍문(風聞) rumor.
풍물(風物) cosas [típicas de un local]. 멕시코의 ~ cosas mexicanas. 그는 자연의 ~을 그리기를 좋아한다 Le gusta pintar la naturaleza.
풍미(風味) sabor, gusto. ~가 좋은 sabroso, delicioso.
풍병(風病) parálisis, perlesía; lepra, elefancía.
풍부(豊富) abundancia, riqueza. ~하다 abundar. ~한 abundante, rico, opulento. ~하게 abundantemente, copiosamente, en abundancia, abundosamente. ~하게 살다 vivir con mucha comodidad. ~한 지식 grandes conocimientos. 그 나라는 자원이 ~하다 El país abunda (es rico) en recursos naturales.
풍상(風霜) viento y escarcha; [고생] molestia, pena, penalidad.
풍선(風船) globo aerostático, balón.
풍설(風雪) viento y nieve; tempestad de nieve. 50년의 ~에 견디다 aguantar cincuenta años contra viento y marea. ~ 주의보 aviso de viento y nieve.
풍설(風說) rumor sin base. ~이 퍼지다 cundir el rumor.
풍성(豊盛) abundancia, riqueza. ~하다 ser abundante (rico).
풍속(風俗) costumbres, hábitos. ~ 퇴폐 desmoralización, decadencia. 한국의 ~ costumbres coreanas.
풍속(風速) velocidad del viento. ~ 20미터다 El viento corre a la velocidad de veinte metros por segundo. ~계 anemómetro.
풍수해(風水害) daños causados por el viento y la inundación, daño de tempestad.
풍습(風習) costumbre, hábito. ~에 따르다 seguir (respetar) la costumbre. ~을 깨다 violar (romper) la costumbre.
풍악(風樂) música clásica.
풍압(風壓) presión del viento (del aire).
풍어(豊魚) pesca abundante.
풍요(豊饒) riqueza, abundancia. ~로운 fértil, fecundo, rico, productivo.
풍우(風雨) viento y lluvia; [태풍] tempestad, tormenta, elementos. ~에도 불구하고 a pesar de la tempestad. ~가 심하다 El viento y la lluvia arrecian.
풍운(風雲) 1 viento y nube.
2 [형세] situación.
풍운아(風雲兒) aventurero afortunado, hombre que desempeña un papel importante en una crisis.
풍월(風月) 1 viento y luna, belleza de naturaleza.

2 [시가] poesía.
풍자(諷刺) sátira. ~하다 satirizar. ~적 satírico. 이 영화는 관료를 통렬히 ~하고 있다 Esta película satiriza a los burócratas. ~ 소설 novela satírica. ~시 sátira; [짧은] epigrama (m.). ~화 caricatura satírica.
풍작(豊作) buena cosecha, recolección abundante. 금년에 쌀이 ~이다 Este año hay buena cosecha de arroz.
풍장(風葬) sepultura aérea.
풍전등화(風前燈火) luz ante el viento. 그의 운명은 ~와 같다 Su vida está pendiente de un hilo.
풍정(風情) elegancia.
풍조(風潮) [추세] tendencia, corriente (f.). ~에 따르다 (역행하다) seguir (oponerse a) la corriente. 인명 경시의 ~가 있다 Hay una tendencia a despreciar la vida humana.
풍족(豊足) abundancia. ~하다 ser abundante. ~한 자원 recursos abundantes. ~하게 abundantemente. ~하게 살다 vivir abundantemente.
풍진(風塵) 1 [티끌] polvo.
2 [속세] asuntos mundiales.
풍진(風疹) rubéola.
풍차(風車) molino [de viento].
풍채(風采) aire, figura, apariencia. 꾀이한 ~의 남자 hombre de apariencia sospechosa.
풍치(風致) encanto de paisaje. ~ 지구 sitio protegido [para mantener el encanto del lugar].
풍토(風土) clima (m.). ~에 익숙하다 aclimatarse en un sitio, acostumbrarse al clima de un sitio. ~기(記) descripción histórica y geográfica [de una región]. ~병 endemia.
풍파(風波) el viento y la ola. 해상은 ~가 높다 El mar está agitado.
풍편(風便) rumor.
풍해(風害) daños causados por el viento.
풍향(風向) dirección del viento. ~계 anemoscopio, veleta.
풍화(風化) [암석의] erosión eólica; [풍해] eflorescencia. ~하다 erosionarse con el aire; eflorescerse.
퓨리터니즘【종】 puritano (청교도주의).
퓨리턴【종】 puritano (청교도).
퓨즈 fusible. ~ 박스 caja de fusibles.
프라스코 frasco, redoma.
프라이 fritada. ~하다 freír. ~한 frito. ~팬 sartén.
프라이드 orgullo.
프랑【화폐】 franco.
프랑스【지】 Francia. ~의 · ~사람 francés.

~어 francés.
프러덕션 procucción.
프러듀서 procucidor. producente, productor.
프러시아 [지] Prusia. ~의 [사람] prusiano.
프러페서널 profesional.
프러페션 profesión (직업).
프런트 [호텔 등의] recepción.
프레스 prensa. ~하다 aprensar.
프레시맨 estudiante de primer año, novicio.
프레지던트 presidente.
프랜드십 amistad, intimidad.
프로 profesional; programa *(m.)*
프로그래밍 programación.
프로그램 programa *(m.)* ~을 변경하다 modificar el programa. …의 ~을 만들다 programar *algo*, hacer un programa de *algo*.
프로레슬링 lucha libre profesional, catch. ~ 선수 luchador profesional (de catch).
프로젝트 proyecto.
프로테스탄트 [종] protestante (신교도).
프로테스탄티즘 [종] protestantismo.
프로톤 [물·화] protón (양자).
프로판 propano. ~ 가스 gas propano.
프로펠러 hélice. ~기 avión de hélice. ~의 날개 aleta, paleta.
프로포즈 propuesta. ~하다 proponer.
프로필 perfil; [인물평] retrato, reseña [biográfica].
프롤레타리아 proletariado (총칭), proletario.
프리 libre, independiente. ~ 랜서 escritor que trabaja independientemente de algún empleo regular.
프리마돈나 prima donna, primadonna, diva.
프리미엄 premio, agio. ~부(付) con premio, con sobreprecio.
프리즘 [물] prisma. ~의 prismático. ~ 쌍 안경 anteojos prismáticos.
프린트 impresión, estampa. ~하다 imprimir, estampar.
플라멩코 [춤] flamenco; [노래] cante flamenco (jondo). ~ 기타 guitarra flamenca.
플라스크 frasco.
플라스틱 plástica.
플라이급(一級) peso mosca.
플라타너스 [식] platanus.
플라토닉러브 amor plantónico.
플란넬 franela.
플랑크톤 plancton.
플래시 flash de bulbos, flash de eléctrico.
플래카드 cartel, letrero, anuncio.
플랜 plan, proyecto.
플랜트 planta. ~ 수출 exportación de una planta.

플랫폼 andén, plataforma.
플러스 y, más, plus. 3~4는 7이다 Tres y (más) cuatro son siete. 기본급과 5%의 ~ 알파를 지급하다 pagar el sueldo base más un extra de cinco por ciento. ~ 기호 signo de adición. ~ 전기 electricidad positiva.
플럭 tapón, clavija (전기의).
플레이 juego. ~볼 jugar bola.
플레이어 jugador.
플루토늄 [화] plutonio.
플루트 [악] flauta.
피(血) [혈액] sangre (*f.*). ~로 얼룩진 sangriento. ~비린내 나는 sanguinario. ~를 멈추다 restañar. ~를 흘리다 sangrar, ensangrentar. ~를 토하다 vomitar sangre. 썩은 ~ sangraza. 나는 코에서 ~가 자주 난다 Sangro por la nariz frecuentemente. ~은행 Banco de sangre. 동맥~ sangre roja. 정맥~ sangre negra.
피겨스케이트 patinaje artístico (de figuras).
피고(被告) [형사] acusado. [민사] demandado; [공소의] notificado. ~석 banco (banquillo) de los acusados.
피곤(疲困) fatiga, cansancio. ~하다 estar cansado.
피난(避難) refugio. ~하다 refugiarse, guarecerse, ponerse a cubierto, ponerse sobre seguro. 아이들을 안전한 장소에 ~시키다 dar un refugio seguro a los niños, refugiar a los niños en un sitio seguro. ~민 pueblo refugiado. ~소 [lugar de] refugio, abrigo. ~ 입항 arribada forzosa. ~자 refugiado. ~ rada. ~ 훈련 ejercicios de refugio.
피날레 final.
피넛 cacahúe, cacahuete; [멕시코] cacahuate; [남미] maní (*pl.* maníes).
피눈물 ⇨ 혈루.
피닉스 fénix.
피다 1 [꽃이] florecer, echar flores, producir flor.
2 [불을] quemar (abrasar・consumir) con fuego.
피동(被動) pasibilidad. ~적 pasivo. ~적으로 pasivamente.
피라미드 pirámide. 해의 ~ pirámide del sol.
피력(披瀝) 흉중을 ~하다 abrirse a (con) *uno*, abrir *su* corazón a *uno*.
피로(疲勞) cansancio, fatiga. ~하다 fatigarse, cansarse. ~한 cansado.
피로(披露) [소개] presentación; [고지] anunciación. 개점의 ~를 하다 anunciar la apertura de una tienda. ~연[을 열다] [결혼의] [celebrar la] recepción (banquete) de bodas.

피뢰침(避雷針) pararrayo[s].
피리 flauta. ~을 불다 tocar la flauta.
피리어드 punto. ~를 찍다 poner fin (punto final) a *algo*; [종료].
피막(被膜) 【해·동】 túnica.
피보험(被保險) ~물 artículo asegurado, mercancía asegurada. ~자 asegurado.
피복(被服) vestido, ropa, traje.
피복(被覆) revestimiento, recubrimiento. ~선 alambre (hilo) revestido (recubierto). ~층 capa protectora.
피봉(皮封) sobre.
피부(皮膚) piel, cutis. ~과 의사 dermatólogo. ~병 dermatosis.
피비린내 crueldad. ~나는 싸움 batalla (lucha) sangrienta.
피살(被殺) ~되다 ser matado.
피상(皮相) superficialidad. ~적인 superficial, aprencial, poco profundo.
피서(避暑) veraneo. ~하다 veranear. 산으로 ~ 가다 ir a la montaña para pasar el verano (para veranear), ir de veraneo a la montaña. ~객 veraneante. ~지 veraneario, lugar de veraneo. ~계절 estación veraniega.
피선(被選) ~하다 ser elegido.
피선거권(被選擧權) elegibilidad.
피선거인(被選擧人) persona elegible, candidato.
피습(被襲) ataque. ~하다 atacar. ~되다 atacarse.
피스톤 émbolo, pistón.
피스톨 pistola, revólver.
피신(避身) escape, refugio. ~하다 escaparse, huirse.
피아(彼我) ambos, él y yo, ellos y nosotros, éste y ése. ~의 mutual. ~ 구별없이 sin distinción de campos.
피아노 piano. ~를 배우다 aprender a tocar el piano. ~를 연습하다 hacer ejercicios de piano. ~로 연주하다 tocar [una pieza] al (con el · en el) piano. ~ 독주 solo de piano. ~ 삼중주 trío para piano, violín y violoncelo. ~선 alambre de piano. ~ 소나타 sonata de piano. ~ 연주회 concierto de piano.
피아니스트 pianista *(m.f.)*.
피알 relaciones públicas. ~하다 hacer propaganda de *algo·uno*.
피앙세 prometido, prometida; novio, novia; desposado, desposada.
피어나다 [꽃이] florecer, echar flor.
피우다 [담배를] fumar. 담배를 ~ fumar un cigarrillo.
피의자(被疑者) persona sòspechada de un delito.
피임(避姙) contracepción. ~하다 impedir la concepción, controlar (restringir) los nacimientos. ~ 기구 aparato anticonceptivo. ~약 medicina anticonceptiva (contraconceptiva).
피임(被任) nombramiento a una oficina. ~되다 nombrarse.
피장파장 el mismo, no diferencia, igual.
피제수(被除數) 【수】 dividendo.
피질(皮質) 【생】 corteza.
피차(彼此) éste y aquél, tú y yo, ambas partes, uno de otro.
피처 [운] lanzador.
피층(皮層) 【식】 corteza.
피치 velocidad. ~를 올리다 aumentar la velocidad, acelerar.
피케 piqué, tela de algodón cuyo tejido forma unos como granillos redondos o cuadrados.
피크 [punto] máximo, extremo. 러시아워의 ~ hora de mayor tránsito, hora punta.
피크닉 pícnic, jira, excursión. ~가다 ir de jira, ir de excursión.
피킷 piquete. ~을 치다 estar de centinela.
피트 pie (길이의 단위), Castilla 에서는 12 pulgadas=28cm; 프랑스에서는 33cm, 영국에서는 30.5cm).
피폐(疲幣) extenuación, agotamiento; [나라 등의] empobrecimiento, decaimiento. ~하다 extenuarse, agotarse; empobrecerse, decaer. 이 지방의 농촌은 ~해 있다 Los pueblos de esta región se encuentran en un estado empobrecido.
피폭(被爆) ~하다 sufrir la bomba atómica. ~국 el país que sufrió la bomba atómica. ~자 víctima de la bomba atómica.
피하(皮下) 【생】 bajo el cutis. ~의 hipodérmico. ~ 주사 inyección hipodérmica. ~ 주사를 놓다 inyectar bajo el cutis, hacer una inyección hipodérmica. ~ 지방 seno hipodérmico (subcutáneo). ~ 출혈 sugilación.
피하다(避一) 1 [비키다·멀리하다] evitar, escapar, huir, equivar, dejar. 피할 수 없는 inevitable.
2 [피신] refugiar.
3 [책임·의무를] evadir, eludir, evitar.
피한(避寒) huida del frío invernal. ~하다 invernar, refugiarse del frío. ~지(地) invernadero.
피해(被害) perjuicio, daño, estragos. ~을 받다 dañarse, sufrir un daño (unos estragos). ~없이 sin daño de barras. ~를 면하다 escapar del daño (de los estragos). 자 타에게 ~를 입히다 sin daño de barras. 태풍으로 농작물은 심한 ~를 받았다 El tifón ha causado grandes daños a la cosecha./Las cosechas han sufrido enormes estragos a

causa del tifón. ~액 suma de daños. **~자** víctima. [재해자] damnificado. **~지** región devastada (dañada).

피혁(皮革) piel (f.); [무두질한] cuero. **~가게** cuerería. **~공** pellejería. **~상(商)** pellejero. **~제품** objeto de cuero.

피후견인(被後見人) pupilo.

픽션 ficción.

픽업 fonocaptor.

픽처 pintura, retrato, cuadro, fotografía.

핀 alfiler; [머리핀] horquilla, alfiler de gancho; [볼링의] bolo; 【기】 espiga, pasador.

핀란드【지】Finlandia. **~의** [사람] finlandés. **~어** finlandés.

핀셋 pinzas, tenacillas.

핀잔 represión, reprimenda, amonestación, censura. **~하다** reprender, censurar, dar una reprimenda.

핀트 foco. **~를 맞추다** enfocar.

필(匹) 말 두 **~** dos caballos.

필(畢) acabado. **~하다** terminar, acabar. 학업을 **~하다** terminar el curso de la escuela. 지불 **~** Pagado.

필갑(筆匣) caja de plumas.

필경(筆耕) copia. **~하다** copiar. **~사** copista (m.f.).

필경(畢竟) en fin, al fin, por fin, finalmente, después de todo, al fin y al cabo.

필기(筆記) escritura, manuscrito. **~하다** escribir, apuntar, anotar, tomar nota de *algo*. 강의를 **~하다** tomar notas de la clase. **~시험** examen escrito. **~용구** utensilios para escribir. **~장** cuaderno.

필담(筆談) conversación por escrito. **~하다** conversar (hablar) con *uno* por escrito.

필답(筆答) respuesta por escrito.

필독(必讀) ~서 libro que es menester (se debe) leer.

필두(筆頭) primer nombre de una lista. **~로 오르다** ser cabeza (cabecilla) de *algo*; [리스트의] ser el primero en la lista. 자동차를 **~로** 많은 산업이 발전했다 Con la industria automovilística a la cabeza, muchas industrias se han desarrollado.

필드경기(－競技) saltos y lanzamientos.

필름 film, película. **칼라~** película de colores naturales.

필리핀【지】las Filipinas. **~의** [사람] filipino.

필마(匹馬) un solo caballo.

필멸(必滅) calidad de perecedero; [종] aniquilación.

필명(筆名) nombre de pluma.

필묵(筆墨) pluma y tinta.

필법(筆法) arte (técnica) de caligrafía; [표현법] manera de expresión.

필부(匹夫) [한 남자] hombre; [신분이 낮은 남자] hombre común.

필부(匹婦) [한 여자] mujer; [신분이 낮은 여자] mujer común.

필사(必死) ~의 desesperado. **~적으로** con toda energía, a muerte, desesperadamente, a más no poder. **~의 투쟁** lucha a muerte. **~의 노력을 하다** hacer esfuerzos desesperados. 그는 **~적으로 공부했다** Estudió desperadamente (a más no poder).

필사(筆寫) copia. **~하다** copiar, transcribir, manuscribir.

필생(畢生) toda la vida. **~의 que dura toda la vida. ~의 노력** esfuerzos que duran toda la vida.

필설(筆舌) ~로 다할 수 없는 indescriptible, inexpresable, indecible, inefable.

필수(必修) ~의 obligatorio. **~과목** asignatura obligatoria (requerida).

필수(必須) ~의 indispensable, esencial, obligatorio. **~과목** asignatura obligatoria. **~조건** requisito, condición indispensable (sin qua non).

필수품(必需品) necesidades, lo necesario, abasto, cosas necesarias (imprescindibles · indispensables)

필승(必勝) triunfo seguro. **~을 기하다** estar seguro del triunfo, tener una voluntad firme de ganar a toda costa. **~을 기해** con una voluntad [확신으로] con una convicción) firme de vencer.

필시(必是) ciertamente, indudablemente, sin duda, a la verdad, seguramente, sin falta. **…~이다** Es seguro (cierto) que + ind.

필연(必然) ~적인 necesario, inevitable, ineludible, ineluctable. **~적으로** necesariamente, inevitablemente. 자연의 파괴는 공업화의 **~적 결과이다** La destrucción de la naturaleza es un resultado inevitable de la industrialización. **~성** inevitabilidad, necesidad.

필요(必要) necesidad, demanda, exigencia **~한** indispensable, necesario, preciso **~하다** hacer falta, ser necesario, se preciso. **~에 응하여** conforme a la demanda. **~없는** innecesario. **이 이상으로 ~**más de lo [que es] necesario. **~할 때** cuando sea necesario. 사람이 한 사람 **~하다** Hace falta (Se necesita) una persona. 회사 설립을 위해 천만원이 **~하다** Para establecer la nueva compañía, necesito diez millones de wones. **…할 ~가 있다** Es necesario (preciso) + *inf.* (que +

subj.). / Hace falta + *inf.* 그에게 그것을 말할 ~가 있다 Es necesario decírselo [a él]. 우리들은 그곳에 다섯시까지 갈 ~가 있다 Es necesario que lleguemos allí para las cinco. ~는 발명의 어머니 La necesidad es madre de la invención (despierta la inteligencia · hace sabios). ~경비 gastos necesarios. ~악 mal necesario. ~조건 requisitos. ~품 artículo indispensable.

필유곡절(必有曲折) Hay una razón para todo.

필자(筆者) escritor, autor.

필적(筆跡) manuscrito, característica [personal] de las letras, [rasgos de la] escritura. ~을 감정하다 verificar la escritura. ~을 모방하다 imitar la escritura de *uno*. 서명한 ~을 감정하다 identificar la firma. 이것은 그의 ~이 아니다 Esta no es su letra. ~감정가 experto en escritura.

필적(匹敵) competencia. ~하다 igualar [a] *algo* (a *uno*), ser igual a *algo*. ~할 수 없는 sin igual, sin rival, sin par, que no tiene rival. 이 경치의 아름다움에 ~할 것이 없다 No hay nada que iguale a la belleza de este paisaje. 아인슈타인의 공적은 뉴톤의 그것에 ~하고 있다 La hazaña de Einstein iguala a la de Newton. / Einstein iguala a Newton en su hazaña.

필지(必至) inevitabilidad. ~의 inevitable, ineludible, inminente.

필지(必知) información indispensable.

필치(筆致) rasgo, toque; [문장의] pluma, estilo; [글씨의] escritura; [그림의] pincelada.

필터(筆筒) filtro. ~담배 cigarrillo con filtro.

필통(筆筒) caja de plumas.

필하다(畢一) terminar, acabar, completar.

필하모닉 filarmónico.

필화(筆禍) ~를 입다 ser acusado (procesado) por *su* escrito.

핍박(逼迫) La situación es alarmante. 금융 사정이 ~하다 La situación monetaria está muy tirante. 우리나라의 재정이 ~하다 Nuestro país atraviesa (se encuentra en) dificultades financieras./ Las finanzas de nuestro país están en una situación grave (difícil · apurada).

핏기(~氣) tez, complexión. ~가 없다 ponerse pálido.

핏발 congestión. ~이 선 눈 ojos ensangrentados.

핏줄 1 [혈관] vena.

2 [혈통] sangre, linaje. ~은 속일 수없다 La sangre es más densa que el agua.

핑계 escusa, apología; [구실] pretexto.

핑크 ~색 [color] rosa. ~색의 rosado. ~영화 película de destape (pornográfica).

핑퐁 ping pong, juego parecido al tenis.

핑핑하다 1 [팽팽하다] ser estrecho (muy ajustado). 핑핑하게 con firmeza, bien apretado, con estrechez.

2 [우열이 없다] ser igual.

3 [팽창하다] ser hinchado, hincharse.

ㅎ

하 [하도] muy; mucho. ~비싸다 ser muy caro. ~피곤하다 estar muy cansado.

하(下) 1 [하권] tomo (volumen) segundo ([상·중·하의 경우] tercero) y último. 2 [등급] grado inferior, clase baja. 중류 계급의 ~에 속하다 pertenecer a la clase media inferior. 그의 문장은 ~의 ~이다 Su estilo es de lo más mediocre. 3 [아래] bajo, debajo de. 영 ~ 5도 cinco grados bajo cero.

하감(下疳) 【의】 llaga.

하강(下降) baja, descenso, descensión. ~하다 bajar, descender, aterrizar. 경기가 ~한다 Baja la actividad económica. ~경향 tendencia descendente (a la baja). ~곡선 curva descendente. ~기류 corriente atmosférica descendente.

하객(賀客) congratulador.

하계(下界) [지상] tierra; [현세] mundo actual, este mundo, aquí abajo.

하고 [및] y, e; [함께] con; [대해서] contra. 아버지 ~ 나 padre y yo. 적 ~ 싸우다 luchar contra el enemigo. 그여자는 그 사람 ~결혼했다 Ella se casó con él.

하교(下校) ~하다 salir de la escuela.

하구(河口) baca (desembocadura)[de un río]. ~지대 estero, estuario.

하권 [하권] tomo segundo; [두권 중의] tomo tercero; [세권의] tomo último.

하급(下級) grado (categoría) inferior; [저학년] curso inferior. ~의 de clase baja; de curso inferior. ~공무원 funcionario de rango inferior. ~생 alumno (estudiante) de los cursos inferiores. ~재판소 tribunal inferior. ~보다 1학년 ~생 alumno de un curso inferior a *uno*.

하기(下記) ~의 siguiente, anotado (mencionado) abajo. ~와 같이 como sigue. ~의 자를 재명함 Serán expulsados los nombrados a continuación.

하기(夏期) verano, estío. ~에 en [el] verano. ~강좌 curso de verano. ~휴가 vacaciones de verano.

하나¹ [한개] uno; [동일한] mismo; [한번] una vez.

하나² pero, sin embargo.

하나님 [종] Dios.

하녀(下女) criada, sirvienta, doméstica.

하느님 Dios, Providencia [divina]; [회교의] Ala.

하늘 cielo; [천당] paraíso; [하느님] Dios. ~의 celeste, celestial. ~에는 구름 한 점 없다 No hay ni una sola nube en el cielo. ~은 푸르다 El cielo es azul.

하니 [그러하니] por eso.

하다 1 [행하다] hacer, practicar, ir a + *inf*. 독서를 ~ leer el libro. 산책을 ~ dar un paseo, pasear. 여행을 ~ hacer un viaje, viajar. 일을 ~ trabajar, hacer un trabajo. 공부를 ~ estudiar, hacer un estudio. 등산을 ~ practicar el alpinismo. 노력을 ~ esforzarse por + *inf*, hacer un esfuerzo por + *inf*. 서반아를 ~ hablar español (castellano). 만날 약속을 ~ tener una cita. 자살을 ~ matarse, suicidarse. …할 수있다. poder + *inf*. 할 수 없다 no poder + *inf*. 운동을 ~ hacer un ejercicio. 야구를 ~ jugar al béisbol.
2 [삼다] adoptar.
3 [종사하다] servir, entregarse a *algo*.
4 [경험하다] experimentar.
5 [비용이 들다] costar. 이것은 얼마합니까 ¿Cuánto es esto?/ ¿Cuánto vale (cuesta) esto?/ ¿A cómo es esto?/ ¿Qué precio tiene esto?
6 [음식물] comer, tomar; [마시다] beber; [피우다] fumar. 점심을 ~ tomar el almuerzo, almorzar. 그는 술도 담배도 하지 않는다 El no bebe ni fuma.
7 [착용하다] vestirse, ponerse. 귀고리를 ~ ponerse las orejeras.

-하다 [접미사] 사랑 ~ amar, querer, ser aficionado a, tener afición a. 공부 ~ estudiar. 결혼 ~ casarse. 분주 ~ estar ocupado. 한가 ~ estar libre (desocupado). 기뻐 ~ alegrarse de + *inf*, tener gusto en + *inf*.

하단(下段) [계단] grada (peldaño) inferior; [침괘차의] litera de abajo.

하달(下達) ~하다 mandar, ordenar.

하도 muchísimo; demasiado; excesivamente; terriblemente.

하등(下等) [하급] clase baja; [열등] inferioridad, bajeza; [질이] tosquedad; [상

하등[下等] vulgaridad. ~의 bajo, inferior; tosco; vulgar.

하등(何等) alguno; ninguno. ~의 이유도 없이 sin alguna razón.

하락(下落) depreciación, baja, caída, bajada. ~하다 depreciarse, caer, bajar; [증권이] aflojar. 영국 파운드의 ~ caída de la libra esterlina. 물가는 ~하다 Los precios bajan.

하렘 harén, harem.

하루 1 un día; [밤에 대해] día. ~ 세 번 tres veces al día. ~에 al día. ~걸러 un día sí otro no, cada dos días. ~내내 todo el día. 단 ~ un solo día. ~ 8시간 일하다 trabajar ocho horas al día. ~ 세끼 먹는다 Tomamos tres comidas al día. ~종일 비가 왔다 Llovió todo el día. 어제는 ~종일 너를 기다렸다 Ayer te esperé todo el día. 로마는 ~사이에 이루어지지 않았다 No se ganó Zamora en una hora.
2 [어느날] un día, el otro día.

하루바삐 lo más pronto posible, cuanto antes.

하루살이 [곤충] insecto efímero, insecto que vive un solo día; efímera, efémera. ~같은 인생 esta vida efímera.

하루아침 una mañana. 대사업은 ~에 이루어지는 것이 아니다 No se ganó Zamora en una hora.

하루하루 de día en día, de un día para otro.

하룻날 [초하루] el [día] primero; [어느날] un día.

하룻밤 una noche; [밤새] toda la noche.

하류(下流) parte más baja del río. ~에 río abajo. …의 ~에 más abajo (en la parte más baja) de *un sitio*. 이 강의 2킬로미터 ~에 a dos kilómetros más abajo [de aquí a lo largo] de este río. 플라따강 ~에 en el bajo Plata. 마을은 여기서 10킬로미터 ~에 El pueblo queda a diez kilómetros río abajo de aquí.

하리(下痢) diarrea, descomposición (soltura) de vientre. ~하다 padecer (tener) diarrea (cursos). ~를 멈추다 estreñir (cortar) la diarrea. ~ medicina con la diarrea, opilativo, medicina opilativa.

하마(河馬) [동] hipopótamo, jipocampo, caballo marino.

하마터면 [거의] casi, por poco. ~ 넘어질 뻔 했다 Por poco me caí.

하면 cuando. 비가오면 집에 있겠다 Cuando llueva, estaré en casa.

하명(下命) ~하다 ordenar, mandar.

하모니 armonía.

하모니카 armónica.

하문(下門) vulva, abertura exterior de la vagina, vagina.

하물(荷物) carga. ~을 내리다 descargar. ~을 싣다 cargar. ~선 fletador. ~차 furgón (carro) de carga.

하바나 [지] la Habana. ~의 [사람] habanero. ~ 무용 habanera.

하박(下膊) [해] antebrazo.

하반(河畔) orilla.

하반기(下半期) última mitad del año (mes).

하반신(下半身) parte inferior del cuerpo.

하복(夏服) ropa de verano, traje de verano.

하복부(下腹部) bajo vientre; [해] hipogastrio.

하부(下部) parte inferior. ~의 inferior. ~구조 infraestructura. ~ 조직 organización subordinada.

하사(下賜) regalo real. ~하다 dar, donar, regalar, obsequiar.

하사(何事) algo, todo.

하사(下司) puesto inferior, oficial subordinado, suboficial.

하사(下士) sargento. ~관 sargento, cabo, cadete.

하산(下山) ~하다 bajar [de] (descender de) la montaña.

하상(河床) cauce, lecho.

하선(下線) …에 ~을 긋다 subrayar *algo*. ~부분 subrayado, parte subrayada.

하선(下船) desembarco, desembarque. ~하다 desembarcar.

하소연 rogación, súplica, petición. ~하다 rogar, suplicar, pedir.

하수(下水) aguas residuales, albañal, cloaca, desaguadero. ~ 공사 obras de alcantarillado. ~관 atarja, cañería de albañal. ~도 alcantarilla. ~ 설비 alcantarillado. ~ 처리장 estación depuradora (de depuración) de aguas residuales.

하수(下手) inhabilidad, desmaña. ~의 desmañado, inhábil.

하숙(下宿) aposentamiento, albergue, pensión. ~하다 vivir como pensionista, alojarse en una pensión. ~살이를 하다 vivir en una casa de huéspedes (en una pensión). 그는 김씨 댁에서 ~하고 있다 Vive como pensionista en casa del señor Guim. ~비[를 지불하다] [pagar la] pensión. ~인 huésped (m.f.), pensionista (m.f.), alojado (m.f.) ~을 두다 alojar a un pensionista. ~ 주인 patrón. ~집 casa de huéspedes, pensión. ~집을 경영하다 mantener una pensión.

하순(下旬) última década del mes, últimos diez días de un mes. 이 달 ~에 a fines del mes corriente. 3월 ~에 hacia fines (últimos · los últimos días) de marzo, a fines de marzo.

하시(下視) [경멸] desdén, desprecio. ~하

다 despreciar, desestimar, menospreciar, desdeñar.

하안(河岸) ribera, orilla.

하야(下野) retiro (retirada) de la vida pública.

하얗다 ser blanco. 이집은 ~ Esta casa es blanca.

하예지다 ponerse blanco, blanquearse; [창백해지다] ponerse pálido.

하여간(何如間) de todos modos, de cualquier modo, de cualquier manera, en cualquier caso.

하여튼(何如一) de todos modos. ⇨ 하여간.

하역(荷役) embarque y desembarque. ~하다 embarcar y desembarcar. ~ 인부 estivador.

하오(下午) tarde. ~ 두시에 a las dos de la tarde.

하옥(下獄) encarcelación, encierro, prisión, reclusión. ~하다 encarcelar, encerrar, poner preso.

하와이(地) Hawai. ~의[사람] hawaiano.

하원(下院) Cámara Baja; [서반아] Cámara (Congreso) de [los] Diputados,【미국】Cámara de Representantes,【영국】Cámara de Comunes. ~의원 diputado, -da; representante (m.f.).

하위(下位) posición (puesto·lugar) inferior. ~의 inferior. …보다 ~에 있다 ocupar una posición inferior a …, estar en una posición más baja que …, ser inferior a uno.

하의(夏衣) traje (ropa) de verano.

하이스쿨 escuela superior.

하이웨이 autopista.

하이칼라 dandismo, modernismo, dandi, galán(사람). ~한 gentil, moderno.

하이킹 caminata, gira. ~가다 dar una caminata.

하이티(地) Haití. ~의 [사람] haitiano.

하이픈 guión.

하이힐 tacón alto.

하인(下人) serviente; [여자] servienta.

하인(何人) quién, alguien.

하인방(下引枋) umbra; de puerta.

하인배(下人輩) servientes.

하일(夏日) días de verano.

하자(何者) [어떤 사람] alguien; [어떤것] algo.

하자(瑕疵) ⇨결점.

하자마자 luego que, tan pronto como, así que. 그가 외출~ 비가 내리기 시작했다 Tan pronto como (Luego que) él salió de casa, empezó a llover.

하잘것없다 ser insignificante (trivial·vulgar·poco importante·pequeñísimo·despreciable), no valer nada.

하절(夏節) estación de verano.

하정(賀正) ¡Feliz Año Nuevo!

하제(下劑) purgante, purga; [완화제] laxante, laxativo.

하주(荷主) dueño de carga, dueño de mercaderías.

하중(荷重) carga, peso. 이 다리의 ~은 10톤이다 La carga admisible (de seguridad) por este puente es de diez toneladas. ~시험 prueba de carga.

하지(夏至)[천] solsticio de verano. ~선 trópico de Cáncer.

하지(下肢) pierna, miembro inferior.

하지만 pero, sin embargo, aunque.

하직(下直) adiós. ~하다 decir adiós; morir, alejarse de, despedirse de. 이 세상을 ~하다 morir, fallecer, dejar de existir.

하차(下車) ~하다 bajar del coche; [열차에서] bajar[se] (apearse) [del tren].

하처(何處) dónde, dondequiera. ⇨ 어디.

하천(河川) río. ~의 fluvial. ~ 공사 obra ribereña. ~ 교통 (수송) navegación (transporte) fluvial. ~법 derecho fluvial.

하천(下賤) ~한 bajo, vil, vulgar, humilde. ~ 출신이다 ser de nacimiento humilde.

하체(下體) parte inferior del cuerpo; [음부] partes secretas.

하측(下側) lado inferior.

하층(下層) capa inferior, estratos bajos. ~계급 clases bajas, pueblo bajo.

하치않다 no valer nada.

하퇴(下腿) pierna inferior.

하트 corazón.

하편(下篇) tomo (volumen) segundo, tomo (volumen) tercero, último tomo.

하품 bostezo. ~하다 bostezar.

하품(下品) vileza, grosería. ~의 vil, grosero.

하프¹ medio, mitad. ~백 medio [en el juego de fútbol].

하프²[악] arpa.

하학(下學) ~하다 salir de la escuela, la clase termina. ~ 후에 después de la clase.

하항(河港) puerto fluvial.

하현달(下弦一) luna menguante.

하혈(下血) flujo de sangre. ~하다 sangrar, echar sangre.

학(學)[학술] ciencia; [연구] estudio; [학식] erudición; [지식] sabiduría, conocimiento, saber.

학(鶴)[조] grulla.

학계(學界) mundo científico, círculos académicos, círculo científico, academia. 그는 서반아어 ~에 권위자다 Es una autoridad en el mundo del español (de los

학과(學科) sección, departamento; [과목] asignatura, tema (m.) de estudio; [과정] programa (m.) (plan) de estudios. 서반아어~ sección (departamento) de español.

학과(學課) lección. ~를 예습하다 preparar la lección (la clase).

학관(學館) academia, instituto.

학교(學校) escuela; [사립의 초등·중등·고등학교] colegio; [공립의 중등·고등학교] instituto; [사립의 각종 학교] academia. ~에 가다 ir a la escuela. ~에 입학하다 entrar (ingresar) en la escuela. ~를 졸업하다 salir de la escuela, terminar los estudios de la escuela. [대학] graduarse en (por) la universidad. ~를 그만두다 abandonar (dejar) los estudios escolares. ~를 휴학하다 faltar a la escuela (a la clase). 아들을 ~에 보내다 poner a su hijo en la escuela, enviar a su hijo a la escuela. 내일부터 ~는 쉰다 Mañana la escuela entra en el período de vacaciones. ~는 9시에 시작한다 Las clases comienzan a las nueve. ~에서 가르치다 enseñar (dar clase) en la escuela. ~교육 enseñanza escolar. ~ 방송 emisión escolar. ~ 법인 centro de enseñanza con personalidad jurídica. ~ 생활 vida escolar. ~ 시대 días escolares. ~ 위생 higiene escolar. ~ 친우 compañero de clase (de escuela · de estudios), condiscípulo, camarada (m.f.). 부기 ~ academia de contabilidad. 사범 ~ escuela normal, escuela del magisterio.

학구(學究) ~적인 estudioso. ~적인 학생 estudioso, científico. ~ 생활 vida académica (de estudio).

학구(學區) distrito (circunscripción) escolar. ~제 sistema de distritos escolares.

학급(學級) clase (f.).

학대(虐待) maltratamiento, maltrato, tormento, tortura, violencias. ~하다 maltratar, tratar con atrocidad, atormentar, torturar.

학덕(學德) ciencia y virtud.

학도(學徒) estudiante, hombre dedicado a ua ciencia.

학동(學童) escolar (m.f.), muchacho de escuela, niño de escuela, chico de escuela, colegial.

학력(學歷) carrera académica, estudios cursados, educación. ~을 중요시하다 conceder demasiado importancia a los títulos académicos. 그는 ~이 없다 No tiene estudios. ~은 묻지 않는다 No tenemos en consideración los antecedentes académicos.

학력(學力) conocimientos escolares. ~이 있다 (없다) tener un nivel escolar alto (bajo). ~ 테스트 examen de habilidad escolar.

학령(學齡) [의무 교육 기간] período de la educación obligatoria, [취학 연령] edad escolar, edad para la escuela. ~에 달하다 alcanzar la edad escolar. ~에 달하 있다 estar en la edad escolar.

학리(學理) teoría, principio científico. ~적 teórico.

학명(學名) nombre científico.

학모(學帽) gorra de escolar (de colegial).

학무(學務) asuntos de la educación. ~과 sección de asuntos educadores.

학문(學問) ciencia, estudio, erudición. ~적 científico. ~으로 científicamente. ~이 있는 docto, sabio. ~이 없는 poco educado, sin formación académica. ~의 자유 libertad científica. 대학은 ~을 하는 곳이다 La universidad es el lugar del estudio (la sede de la ciencia). 그것은 ~상 문제이다 Es un problema de orden científico. ~에는 국경이 없다 La ciencia no tiene fronteras. ~에는 왕도가 없다 No hay ciencia sin trabajo.

학벌(學閥) clan académico (universitario).

학부(學府) 최고 ~ universidad, centro de estudios superiores.

학부(學部) facultad; [기술계의] escuela. ~장 decano [de la facultad].

학부형(學父兄) padres de estudiantes. ~회 asociación de padres.

학비(學費) gastos de estudios (de escolaridad · de escuela). ~를 내주다 costear (sufragar) subvenir a uno los estudios. 부친께서는 내 ~를 내주신다 Mi padre me costea los estudios.

학사(學士) licenciado,-da. 문~ licenciado en letras. 법~ licenciado en derecho. ~호 título (grado) de licenciado, licenciatura.

학살(虐殺) asesinato cruel; [다수의] carnicería, matanza, degollina; [민족의] genocidio. ~하다 matar (asesinar) cruelmente; hacer genocidio; hacer una carnicería. ~자 asesino, homicida (m.f.).

학생(學生) [초·중학교의] alumno; [국민학교의] colegial; [고등학교의] estudiante; [대학생] [estudiante] universitario,-ria. 두 사람은 ~ 때 결혼했다 Los dos se casaron siendo estudiantes. ~복 uniforme de estudiante (de escolar). ~ 생활 vida estudiantil. ~ 시대 años de estudiante, edad escolar. ~ 운동 movimiento estudiantil. ~증 carnet de estudiante. ~ 회관 (식당) centro (comedor) de estu-

diantes.
학설(學說) teoría, doctrina. ~을 세우다 crear (elaborar) una teoría.
학수고대(鶴首苦待) ~하다 esperar, aguardar, esperar con impaciencia.
학술(學術) ciencias y artes, estudios, técnica. ~상의 científico, ténico. ~이 우수하다 sobresalir en los estudios. ~ 연구 estudios.
학술원(學術院) Academia de Artes y Ciencias. ~ 회원 académico.
학업(學業) estudio [y práctica], aprendizaje. ~하다 aprender, estudiar. 그는 ~ 태도가 좋다 Es muy serio en las aulas./ Estudia dedicamente. ~ 중 estudiante (m.f.); alumno, -na. ~ 지도 dirección de estudios. ~ 지도 요령 normas de orientación para la enseñanza. ~ 참고서 libro de consulta.
학식(學識) conocimiento, sabiduría, ciencia. ~있는 docto, culto. ~이 많은 erudito.
학업(學業) estudios. ~에 전념하다 dedicarse en cuerpo y alma a los estudios. ~을 끝마치다 completar los estudios.
학예(學藝) ciencias y artes. ~란 columna de artes y ciencias. ~회 festival.
학용품(學用品) material escolar. ~[세트] equipo escolar.
학우(學友) compañero de escuela (de estudio), condiscípulo,-la. ~회 asociación de estudiantes; [동창회] asociación de graduados (de antiguos alumnos).
학원(學院) academia, instituto.
학원(學園) escuela, casa docente, centro docente, instituto.
학위(學位) grado, título académico; [박사의] doctorado. 문학박사 ~를 받다 (주다) obtener (otorgar a uno) el doctorado en letras. ~ 논문 [박사의] tesis [doctoral].
학자(學者) estudioso, científico; [연구자] investigador, [현자] sabio; erudito; [박식한 사람] docto; [전문가] especialista. 그는 겸양한 ~다 Tiene mucha ciencia. 서반아어 ~ especialista en español.
학자(學資) [자금] fondos de educación (de estudios); [비용] gasto (expensas) de escuela (de estudios).
학장(學長) director, rector.
학적(學籍) matrícula, registro de escuela. 서울대학교에 ~을 두다 estar matriculado en la Universidad Nacional de Seúl. ~부 registro académico.
학점(學點) unidad, nota, punto.
학정(虐政) tiranía, despotismo, gobierno arbitrario.
학제(學制) sistema de la educación (de enseñanza).
학질(瘧疾) malaria.
학창(學窓) escuela, patio, campus, instituto educativo. ~을 떠나다 graduarse de la escuela.
학칙(學則) reglamento (reglas · normas) de la escuela.
학파(學派) escuela, secta. 프라톤 ~ platonismo, escuela de Platón.
학풍(學風) tradiciones académicas.
학형(學兄) Sr…, usted.
학회(學會) sociedad cultural, sociedad de estudio científico, academia, instituto. ~ 원 académico. 한국 서반아 ~ Sociedad Coreana de Estudios Hispánicos.
한 un [o], una; [같은] mismo; [온] todo, entero; [약] unos, más o menos, aproximadamente. ~ 번 una vez. ~술 una cucharada. ~ 열흘 unos diez días. ~ 잔 una taza, un vaso. ~집안 pariente. ~철 una de cuatro estaciones. ~평생 toda la vida. ~푼 un centavo, poco dinero. ~해 un año.
한(韓) Corea.
한(恨) [원한] rencor, enemistad antigua; [한탄] lamentación, pesadumbre. ~많은 aborrecible
한(限) 1 [한계] límite. ~있는 limitado, con límite, definido. ~없는 infinito, ilimitado, sin fin. ~없이 infinitamente, ilimitadamente. ~없는 기쁨 alegría infinita. ~없이 넓은 바다 mar inmenso. 인류의 진보에는 ~이 없다 El desarrollo de la humanidad no tiene límites. 욕심에는 ~이 없다 La codicia es infinita. 인간의 힘에는 ~이 있다 El poder humano es limitado. 이 길은 ~없이 계속된다 Este camino no termina.
2 [범위] 가능한 ~ dentro de lo posible, en cuanto sea posible. 사정이 허락하는 ~ en cuanto lo permita la situación. 될 수 있는 ~ 그를 돕겠다 Le ayudaré todo lo que pueda (en cuanto) sea posible. 이것은 내가 알고 있는 ~ 최상의 술이다 Que yo sepa, éste es el mejor vino. 그가 사죄하지 않는 ~는 용서하지 않겠다 No lo perdonaré hasta que me pida perdón. 나는 아프지 않는 ~ 학교에 가겠다 Iré a la escuela mientras no esté enfermo. 여행은 예기치 않은 일이 일어나지 않는 ~ 예정대로 갑니다 A no ser (A reserva de) que ocurra algo inesperado, se realizará el viaje como está proyectado. 위급한 경우가 아닌 ~ 일요일은 휴진 함 No hay consulta los domingos, salvo

한가(閑暇) ~하다 estar libre (desocupado). ~할 때 cuando estar libre, cuando tener tiempo libre. 내일 ~하십니까 - 예, ~합니다 ¿Está libre mañana? - Sí, estoy libre.

한결같다 ser constante. 한결같은 사랑 amor constante.

한결같이 constantemente, invariablemente, siempre.

한계(限界) límite, término, confín. ~를 넘다 pasar (exceder · rebasar · traspasar) el límite. ~에 달하다 llegar a los límites (al lmíte). ~를 정하다 marcar (poner · señalar) el límite (los límites). 체력의 ~를 알다 conocer el límite de su fuerza física. 이것이 내 능력의 ~이다 Ya he llegado al límite de mis facultades. 모든 것에는 ~가 있다 Todo tiene su límite. ~농도 concentración límite. ~ 조정 ajustes marginales. ~ 효용 utilidad marginal.

한국(韓國) Corea. ~의 coreano. ~ 사람 coreano. ~인 coreano. ~ 여자 coreana. ~은 신비스러운 나라이다 Corea es un país misterioso. ~ 사람은 부지런하다 El coreano es diligente. ~어는 세계에서 가장 훌륭한 언어 중의 하나이다 El coreano es uno de los idiomas más magníficos del mundo.

한글 jangul, coreano, alfabeto coreano; idioma coreano, lengua coreana; [국문학] literatura coreana.

한기(寒氣) escalofrío. ~를 느끼다 sentirse frío. ~가 있다 tener escalofrío.

한길 carretera, camino real.

한끼 una comida. 하루에 ~만 먹다 comer solamente una comida al día.

한날 [하나] uno; [하잘 것 없는] sólo, solamente.

한낮 mediodía. ~에 a mediodía.

한대(寒帶) zona glacial, zona ártica. ~ 동물(식물) fauna (flora) de la zona glacial.

한도(限度) límite, término, confín.

한독(韓獨) Corea - Alemania, coreano-alemán. ~의 coreano-alemán.

한란계(寒暖計) termómetro, termómetro de centígrado (섭씨), termómetro de Fahrenheit (화씨). ~는 20도를 가리키고 있다 El termómetro marca veinte grados.

한랭(寒冷) frío. ~ 전선 frente frío.

한류(寒流) corriente fría.

한림원(翰林院) academia. ~ 회원 académico. 서반아 왕립 ~ Real Academia Española.

한마디 una palabra. ~로 말하면 en una palabra.

한모금 un trago. ~의 물 un trago de agua.

한몫 porción, cuota.

한문(漢文) escrito chino, chino clásico; [문헌] texto chino clásico; [문학] literatura china clásica; [작품] obra china clásica.

한미(韓美) Corea y los Estados Unidos [de América]. ~의 coreano-estadounidense. ~협회 Asociación Coreano-Estadounidense.

한바퀴 una vuelta. ~ 돌다 dar una vuelta. 공원을 ~ 돌다 dar una vuelta por el parque.

한발(旱魃) sequía.

한발짝 un paso.

한밤중 medianoche. ~에 a medianoche.

한방(漢方) medicina (terapéutica) oriental. ~약 medicamento (farmacopea) oriental. ~의(醫) médico de la escuela oriental.

한번 una vez. ~도 nunca, jamás. ~에 de una vez, de un golpe.

한복(韓服) traje coreano.

한복판 centro, 길 ~ el centro de la calle.

한불(韓佛) Corea y Francia, coreano-francés. ~의 coreano - francés.

한산(閑散) ociosidad, quietud. ~하다 calmarse. ~한 poco animado; quieto, tranquilo, desanimado, paralizado. 거리가 ~하다 Las calles están poco animadas. 시장이 ~하다 Hay poca animación (actividad) en el mercado. 시황은 ~했다 El mercado se calmó.

한색(寒色) color frío.

한서(寒暑) el frío y el calor, temperaturas, invierno y verano. 이곳은 ~의 차이가 심하다 Aquí hay un contraste muy marcado entre el frío y el calor (entre las temperaturas) [de invierno y verano].

한서(漢書) libro escrito en chino.

한서(韓西) Corea y España, coreano-español. ~의 coreano - español. ~사전 diccionario coreano-español. ~협회 Asociación Coreano-Española.

한손잡이 persona manca.

한숨 suspiro. ~을 쉬다 suspirar.

한시(漢詩) poema chino.

한식(韓式) [estilo] coreano.

한아름 brazado.

한약(漢藥) medicina oriental. ~국 · ~방 farmacia de la medicina oriental. ~재(材) materiales de medicina oriental.

한어(韓語) coreano, lengua coreana.

한어(漢語) chino, lengua china.

한여름 [한창] en pleno verano; [한철] todo

한역(韓譯) traducción al coreano. ~하다 traducir al coreano.
한영(韓英) Corea e Inglaterra, coreano-inglés. ~의 coreano-inglés. ~사전 diccionario coreano-inglés.
한웅큼 puñado.
한의(漢醫) médico oriental.
한이(韓伊) Corea e Italia. ~의 coreano-italiano.
한인(韓人) coreano.
한인(漢人) chino.
한일(韓日) Corea y Japón. ~의 coreano-japonés. ~회담 Conferencia Coreano-japonesa.
한일(閑日) día libre.
한자(漢字) carácter chino. ~로 쓰다 escribir en caracteres chinos. ~제한 límite del uso de los caracteres chinos.
한잔 una taza, un vaso; [술] una copa. ~의 물 un vaso de agua. 커피(차) ~ una taza de café (té). 우유 ~ un vaso de leche. 포도주 ~ una copa de vino.
한적(閑寂) tranquilidad. ~하다 ser tranquilo.
한점(一點) un punto. 하늘에는 구름 ~ 없다 No hay una nube en el cielo.
한정(限定) limitación, restricción; 【문】determinación. ~하다 limitar, restringir; determinar. 비용을 10만원으로 ~하다 limitar el gasto a cien mil wones. 후보자의 자격을 ~하다 restringir las condiciones para ser un candidato. 말의 의미를 ~하다 definir la palabra, fijar (precisar) el significado de la palabra. ~판 edición limitada.
한제(韓製) fabricación coreana. ~의 fabricación coreana, coreano, hecho en Corea.
한족(韓族) raza coreana.
한중(寒中) pleno invierno. ~ 수영 natación en pleno invierno.
한증(汗蒸) sudorífico. ~하다 bañar para sudar. ~막 sudadero.
한직(閑職) sinecura. ~에 있다 estar a la sinecura.
한천(寒天) agar-agar.
한촌(寒村) aldea pobre, pueblecito solitario.
한층(一層) más, tanto más. ~ 좋게 mejor. ~ 나쁘게 peor.
한파(寒波) onda fría, ola de frío. ~가 한국에 내습한다 Una ola de frío azota (ataca) llega a) Corea.
한탄(恨歎) suspiro, lamentación, aflicción. ~하다 suspirar, dar suspiros, lamentar, llorar.

한평생(一平生) durante el tiempo de la vida, en su vida, toda la vida, toda su vida.
한풍(寒風) viento frío (glacial). ~이 분다 Brama un viento frío.
한하다(限 -) limitar, fijar un límite en algo. 이곳의 회원은 남성에 한한다 Esta sociedad sólo admite hombres. 연설은 1인당 5분에 한한다 El discurso se limita a cinco minutos cada uno.
한학(漢學) literatura china.
한해(旱害) daño de sequía.
한화(韓貨) 【화폐】 moneda coreana.
할(割) por ciento, tipo. 연 1 ~ diez por ciento al año.
할딱거리다 jadear.
할례(割禮) circuncisión. ~하다 circuncidar a uno.
할머니 abuela.
할미새 【조】 aguzanieves.
할선(割線) 【기하】 [línea] secante.
할아버지 abuelo.
할애(割愛) ~하다 prescindir de.
할양(割讓) cesión, traspaso. ~하다 ceder, traspasar.
할인(割引) descuento, rebaja. ~하다 descontar, rebajar. ~해서 a un descuento. ~권 talón de descuento. ~ 어음 letra descontada.
할증(割增) extra.
할퀴다 rascar, hacer un rasguño, arañar.
핥다 lamer.
핥아먹다 [혓바닥으로] lamer; [남의 물건을] estafar, timar, defradar, trampear.
함(函) caja. 우편~ buzón.
함께 juntos, junto con, con. ~ 일하다 trabajar juntos. 이해를 ~ 하다 tener intereses comunes.
함교(艦橋) puente de mando.
함대(艦隊) flota, escuadra, armada.
함락(陷落) capitulación, rendición; [지위에서] degradación. ~하다 capitular, rendirse, entregarse; degradarse; dejarse convencer. 수도가 ~되다 Se entrega la capital.
함량(含量) contenido, calidad contenida.
함몰(陷沒) hundimiento, depresión. ~하다 hundirse, deprimirse, sumergirse.
함빡 todo, completamente, perfectamente. ~ 젖은 mojado hasta los huesos.
함부로 a la ventura, por acaso, a diestro y siniestro, al tuntún, a trochemoche.
함석 cinc, zinc.
함성(喊聲) gran gritería (vocería).
함수(函數) 【수】 función. Y=X의 ~이다 Y es función de X. 2차 ~ función del grado segundo.

함수탄소(含水炭素) carbohidrato.
함씨(咸氏) su sobrino.
함양(涵養) formación. ~하다 cultivar, formar, educar. 도의심을 ~하다 formar la moralidad.
함유(含有) ~하다 contener, incluir; [금의] ~량 contenido [de oro].
함자(銜字) su nombre. 선생님의 ~가 어떻게 되십니까 ¿Cómo se llama usted?
함장(艦長) capitán, comandante del buque de guerra.
함재(艦載) transporte a bordo de un barco de guerra. ~하다 transportar a bordo de un barco de guerra. ~의 transportado a bordo de un barco de guerra. ~기 avión de bordo.
함정(艦艇) barcos de guerra.
함정(陷穽) trampa, peligro latente.
함축(含蓄) ~성이 있는 significativo, sugestivo. ~성이 있는 말 palabra significativa.
함포(艦砲) barco de guerra. ~ 사격을 하다 bombardear *un sitio* desde un barco de guerra.
함흥차사(咸興差使) mensajero perdido.
합(合) total, suma.
합격(合格) aprobación, admisión, buen éxito. ~하다 ser aprobado en *algo*, tener buen éxito de *algo*. ~시키다 aprobar a *uno* en *algo*. 콩쿠르에 ~하다 ser aprobado para el (admitido al) concurso. 입학시험에 ~하다 pasar (aprobar · tener buen éxito en · haber sido) en el examen de ingreso. …의 논문을 ~시키다 admitir la tesis a *uno*. ~자 aprobado, admitido. ~품 Artículo aprobado, Marca garantizada.
합계(合計) [액] importe (monto) total, total, suma; [행위] totalización. ~하다 sumar, totalizar. ~하면 ~로, en total, en totalidad, en suma. ~를 내다 hacer el total. ~로 …이 되다 totalizarse en …, 대출은 ~ 백만달러로 totalizarse en un millón de dólares. 손실은 ~ 8만원이 된다 La pérdida suma ochenta mil wones (llega a [la cantidad de] ochenta mil wones en total). 이 세 반을 ~하면 학생수는 100명을 상회한다 Uniendo (Juntando) estas tres clases, el número de los alumnos pasa de ciento.
합금(合金) aleación. ~를 만들다 [A와 B를] alear A con B. 알미늄 ~ aleación de aluminio.
합동(合同) 1 unión, incorporación, fusión, amalgamación. ~하다 unirse con (a) *algo*, incorporarse a *algo*; [주어는 복수] fusionar, unirse. ~으로 conjuntamente, en conjunto; [협동으로] en cooperación. ~으로 회의를 열다 tener (celebrar) una reunión conjunta (mixta). ~ 공연 función conjunta. ~ 위원회 comité conjunto. 2 [수] congruencia.
합력(合力) [물] resultante (f.).
합류(合流) confluencia, incorporación (합체). ~하다 confluir en *un sitio*; […과] confluir con …; [특히 사람이] concurrir (incorporarse) a …. 그는 사절단에 ~했다 Se incorporó a la delegación. ~점 confluencia, confluente.
합리(合理) racionalidad, razonabilidad. ~적인 racional, razonable. ~적으로 racionalmente, razonablemente. 그의 사고 방식은 ~적이다 Su manera de pensar es bien lógica. ~화 ~하다 racionalizar, hacer razonable. ~적 방법 manera (modo) razonable. ~성 racionalidad. ~주의 racionalismo. ~주의자 racionalista (m.f.). ~화 racionalización. 경영 ~화 racionalización de la administración. 산업 ~화 racionalización industrial.
합명회사(合名會社) sociedad [regular] colectiva, [멕시코] sociedad en nombre colectiva.
합법(合法) ~적 legítimo, legal. ~적으로 legalmente. ~적인 수단 medio legal. ~화 하다 legalizar, legitimar. ~성 legalidad, legitimidad.
합병(合併) unión; fusión, amalgamación; [병합] incorporación, anexión. ~하다 unir, fusionar, amalgamar; incorporar, anexionar. A와 B를 ~하다 unir (fusionar) [a] A con B (A y B). A와 B가 ~하다 Se unen (fusionan) A y B. A가 B를 ~한다 A fusiona (absorbe) [a] B. 기존의 기업을 ~시켜 두 세 개의 그룹으로 만들다 amalgamar las empresas existentes y formar dos o tres agrupaciones.
합본(合本) ejemplares encuadernados en un volumen. 몇 권의 책을 ~하다 encuadernar unos libros en un volumen.
합성(合成) composición; [화] síntesis (f.). ~하다 componer; sintetizar. ~의 compuesto, sintético. ~ 고무 caucho sintético, goma sintética. ~ 비료 abono sintético. ~ 섬유 fibras sintéticas. ~ 수지 plástica, resinas sintéticas. ~어 palabra compuesta. ~ 염료 tinte sintético.
합숙(合宿) campamento [de entrenamiento]. ~하다 alojarse juntos [para entrenamiento], residir temporalmente con otras personas. ~소 casa de equipo deportivo.
합승(合乘) monta en común. ~ 마차 diligencia, omnibús. ~ 자동차 autobús.
합심(合心) unísón, acuerdo, convenio.

합의(合意) conformidad, acuerdo, mutuo consentimiento, concordia. ~로 acordar + *inf.* convenir [en] + *inf.* ([en] que + *ind.*), estar conforme (de acuerdo), consentir mutuamente. ~에 의해 de común acuerdo con *uno*; [상호의] por mutuo consentimiento. 쌍방은 ~에 도달했다 Las dos partes llegaron a un acuerdo. 가격에 대한 ~가 성립되었다 Se ha firmado (llegado) un acuerdo sobre el precio.

합의(合議) consulta, conferencia; [토의] deliberación. ~하다 conferenciar (celebrar una conferencia) con *uno* acerca de *algo*; [주어는 복수] deliberar en junta sobre *algo*. ~ 후에 después de la consulta. 결정은 모두 ~로 이루어진다 Toda resolución se hace de común acuerdo. ~제 sistema colegial, principio colegiado.

합일(合一) unión. ~하다 unir.

합자회사(合資會社) comandita, sociedad en comandita, sociedad comanditaria.

합작(合作) colaboración; [작품] obra en común, trabajo colectivo, obra hecha con otra persona. ~하다 colaborar, producir juntos. 한미 ~ 영화 coproducción cinematográfica coreano-estadounidense. ~자 colaborador, -ra; [저작의] coautor, -ra.

합장(合掌) ~하다 juntar las palmas para rezar, juntar las manos [para rezar], rezar con las manos juntas.

합주(合奏) concierto. ~하다 ejecutar un concierto, tocar en concierto. ~단 conjunto musical. ~자 concertante (*m.f.*).

합죽합죽 masculando.

합중국(合衆國) federación, Estados Unidos. 미~ los Estados Unidos [de América], EEUU.

합창(合唱) coro. ~하다 cantar en (a) coro. ~곡 canto coral. ~단·~대 coro. ~대원 corista. 남성 ~ coro varonil. 여성 ~ coro femenino. 혼성 ~ coro mixto. 2부 ~ dúo. 3부 ~ trío. 4부 ~ coro a cuatro voces.

합체(合體) unión, incorporación, coligación. ~하다 unirse, juntarse, incorporarse.

합치(合致) acuerdo, convenio, [부합] coincidencia. ~하다 estar de acuerdo.

합치다(合一) [하나로] unir, combinar; [합계하다] sumar; [혼합하다] mezclar.

합판(合板) contrachapado, madera chapeada.

합평(合評) crítica [que se hace] en común. ~하다 comentar *algo* en común, hacer observaciones acerca de *algo* juntos. ~회 reunión para criticar en común.

합하다(合一) unir; estar de acuerdo.

합헌(合憲) ~의 conforme a la constitución, constitucional. ~성 constitucionalidad.

항(港) puerto. ~내에 en el (dentro del) puerto. 부산~ el puerto de Pusan.

항(項) párafo, cláusula; [수] término. 제 5 조 제 2 ~ la cláusula segunda del artículo quinto.

항간(巷間) mundo, calle, ciudad.

항거(抗拒) resistencia, desobediencia, rebelión. ~하다 resistir, oponer, desobedecer.

항고(抗告) [상소] recurso, apelación. ~하다 apelar de (contra) una sentencia.

항공(航空) aviación, navegación aérea. ~의 aéreo, aeronáutico. ~ 관제탑 torre de control. ~기 avión, aeroplano. ~기 산업 industria aeronáutica. ~기지 base aérea. ~ 공학 tecnología, aeronáutica. ~대 [cuerpo de] aviación. ~로 línea (ruta) aérea. ~ 봉함 엽서 aerograma (*m.*). ~함 buque aeródromo; [buque] portaaviones. ~사 aviador. ~ 사진 fotografía aérea. ~선 línea aérea. ~ 수송 transporte aéreo. ~ 역학 aerodinámica. ~ 연료 combustible de (para) aviación. ~ 우편 correo aéreo (por avión). ~우편으로 por avión. ~ 우편으로 보내다 enviar *algo* por correo aéreo (por vía aérea·por avión). ~ 적하 수취증 conocimiento de embarque aéreo. ~ 표식 aerofaro. ~학 aeronáutica. ~학교 escuela de aeronáutica (de pilotos). ~ 회사 compañía de aviación ([de navegación] aérea). ~ 우편으로 por avión. 경기~기 avión de línea.

항구(恒口) perennidad. ~의 perpetuo, permanente, eterno. ~적으로 perpetuamente, a perpetuidad. 반~적으로 casi eternamente. ~성 perpetuidad, eternidad. ~ 평화 paz perpetua.

항구(港口) puerto.

항독소(抗毒素) antitoxina.

항등식(恒等式) ecuación idéntica, identidad.

항력(抗力) resistencia aerodinámica (al avance).

항례(恒例) práctica usual. ~의 usual, acostumbrado, habitual. 매년 ~의 대매출이 시작되었다 Han empezado las grandes ventas de todos los años.

항로(航路) línea, ruta de navegación, derrotero; [항공로] ruta (ruta) aérea. …으로 ~을 정하다 tomar una ruta para *un sitio*. ~도 mapa hidrográfico, carta de navegación. ~ 표지 baliza. 유럽 ~ [한국과의] ruta entre Corea y Europa. 태평양

(대서양) ~ línea transpacífica (transatlántica)

항만(港灣) puerto. ~ 경비정 barco de vigilancia del puerto. ~ 노동자 estibador, obrero portuario. ~ 시설 instalaciones portuarias.

항목(項目) artículo, apartado;【부기】partida. 10~의 요구 demanda en diez puntos. ~으로 나누다 dividir en artículos. …을 ~을 색인하다【사전에서】consultar [un diccionario] por la voz (por el apartado) de algo. ~별 색인 índice de materias.

항문(肛門)【해】ano, orificio, sieso.

항변(抗辯) refutación, réplica, confutación, protesta;【법정에서의】defensa, alegato. ~하다 protestar, defenderse, replicar, refutar.

항복(降伏) rendición, capitulación (조건부의), sumisión (복종). ~하다 rendirse, someterse. ~시키다 rendir, someter. 적에게 ~하다 rendirse (someterse) al enemigo. ~ 문서 instrumento de rendición.

항비타민제(抗-劑) antihistamina.

항상(恒常) siempre, constantemente.

항생물질(抗生物質) antibiótico.

항성(恒星) estrella fija. ~의 sideral. ~일 (년) día (año) sideral.

항속(航續) navegación aérea continua. ~거리 autonomía.

항시(恒時) siempre.

항원(抗原)【생리】antígeno.

항아리(缸–) jarro, jarra.

항의(抗議) protesta;【이의 신청】reclamación;【분쟁】queja;【반대】oposición. ~하다 protestar (hacer protestas) de (por·contra) algo; reclamar contra algo, quejarse de algo; oponerse a algo. 정부에 ~하다 protestar (hacer protestas) al (ante el) gobierno contra algo. 경관에게 ~하다 protestar a un policía. 심판의 판정에 ~하다 reclamar contra el fallo del árbitro. 중상에 ~하다 protestar contra la calumnia. ~ 데모를 하다 manifestarse contra algo, organizar una manifestación pública [protestando] contra algo. ~문 [carta (escrito) de] protesta. ~ 집회 reunión (mitin) de protesta.

항일(抗日) anti-Japón, resistencia al Japón, antijaponés. ~ 운동 movimiento antijaponés.

항쟁(抗爭) conflicto, lucha, pugna;【대항】rivalidad.

항적(航跡) estela.

항전(抗戰) resistencia al enemigo. 적에 ~하다 resistir (oponer resistencia) al enemigo.

항체(抗體) anticuerpo.

항해(航海) navegación [marítima], viaje por mar, travesía en barco. ~하다 navegar, viajar por mar, darse a la vela. ~중에 durante la travesía (la navegación). …을 향해서 ~하다 hacer rumbo hacia. ~사 piloto. ~술 arte de navegar, náutica. ~일지 diario (libro) de navegación, cuaderno de bitácora.

항행(航行) navegación, viaje por mar. ~하다 navegar, viajar por el mar. ~의 자유 libertad de navegación. ~중의 배 barco en navegación. ~ 가능(불능)한 강 río navegable (innavegable). 바다 (강)을 ~하다 ir por mar (por río) en barco.

해¹ sol. ~가 뜨다 salir el sol. ~가 지다 ponerse el sol. ~가 저물다 anochecer. ~는 동쪽에서 떠서 서쪽으로 진다 El sol sale por el este y se pone por el oeste. ~ 시계 reloj de sol.

해² 1 [1년] año. ~마다 todos los años, cada año.
2 [낮] día. ~가 길다 (짧다) El día es largo (corto).

해(害) daño, perjuicio;【작물의】plaga;【해악】mal. ~하다 dañar, perjudicar, hacer daño (causar perjuicio) a algo·uno. ~가 있는 dañoso, perjudicial, nocivo;【생물 등의】dañino. ~가 없는 inocuo, inofensivo, inocente. 메뚜기의 ~ plaga de langosta. 담배는 폐에 ~롭다 El tabaco es malo para los pulmones. 약의 과용은 건강에 ~를 끼친다 El abuso de medicinas es perjudicial (dañoso) para la salud. 공장의 폐수가 주민에 ~를 끼치고 있다 Las aguas residuales arrojadas por las factorías hacen daño (causan perjuicio) a los habitantes.

해거름 puesta (ocaso) del sol.

해껏 todo el día, hasta que se ponga el sol.

해결(解決) 【문제·사건의】solución, resolución;【분쟁의】arreglo, ajuste. ~하다 resolver, solucionar; arreglar, componer. ~곤란한 difícil de resolver. ~할 문제 problema que resolver. ~이 되다 resolverse, llegar a una solución; arreglarse. 분쟁을 ~하다 arreglar una disputa. 문제는 모두 ~되었다 Todo está resuelto. / Ya no hay problema. 금융 문제는 이미 ~되었다 Los problemas financieros ya han quedado solucionados. ~책 solución; mannera de arreglar.

해고(解雇) destitución, despido, despedida. ~하다 despedir, destituir. 그는 직무 태만으로 ~되었다 Fue despedido porque descuidaba sus deberes. ~ 수당 subsidio (indemnización) de despido. ~자 despedido.

해골(骸骨) esqueleto, osamenta. ~처럼 여위다 adelgazar hasta quedar como un esqueleto, quedarse (llegar a estar) en los huesos.

해구(海狗) ⇨물개.

해구(海龜) 【동】 galápago.

해국(海國) país marítimo.

해군(海軍) marina, marina de guerra, armada, fuerzas navales. ~의 naval, de marina. ~에 입대하다 entrar en la marina. ~에 복무하다 servir en la marina. ~후보생 aspirante de marina. ~국 potencia naval (marítima). ~ 기지 base naval. ~력 fuerza naval, poder marítimo. ~ 사관 oficial de marina. ~보병학교 escuela naval militar. ~ 사령부 Estado Mayor de la Armada (de la Marina). ~장관 ministro de marina. ~성 ministerio de marina. ~ 소위 후보생 guardia marina.

해금(解禁) levantamiento (revocación) de una prohibición (de una veda). …의 사냥(…고기잡이) ~ comienzo de la estación de la caza (de la pesca) de *algo*. ~일 día de levantamiento de la veda. 금수출이 ~되었다 Se ha levantado la prohibición de la exportación de oro. 고래잡이가 ~되었다 Se ha abierto la estación de la pesca de ballenas.

해난(海難) desastre marítimo, siniestro marítimo; [난파] naufragio. ~을 당하다 naufragar, sufrir un desastre marítimo. ~구조 salvamento. ~구조선 buque de salvamento. ~ 심판법 acta de investigación de siniestros (de accidentes) marítimos. ~ 신호 señal de socorro, SOS.

해녀(海女) buceadora.

해답(解答) solución, respuesta, contestación. ~하다 resolver, solver. 문제의 ~를 내다 resolver (solucionar) un problema. 질문에 ~하다 costestar [a] una pregunta.

해당(該當) ~하다 caer bajo *algo*; [상당] corresponder a (convenir con · conformarse con) *algo*. ~의 correspondiente. 그 규정에 ~하는 사람 persona que cumple con los requisitos exigidos por la regla. 그에 ~는 다른 부류의 ~한다 El caso está comprendido (incluido) en otra categoría. 그것은 상법 제 10조에 ~한다 Cae bajo (Cuadra con) el artículo diez del Código de Comercio. ~ 사항 asuntos a que se refiere. ~ 신용장 correspondiente carta de crédito.

해도(海圖) carta de navegación (de navegar · hidrográfica). ~에 나타나 있지 않은 암초 escollo que no aparece en la carta hidrográfica. ~학 cartografía.

해독(解讀) desciframiento, descifre. ~하다 descifrar. 암호를 ~하다 descifrar un criptograma.

해독(解毒) ~하다 contrarrestar el efecto de un veneno. ~작용이 있는 antiveneno-so. ~제 antídoto, contraveneno.

해독(害毒) mal, daño; [악영향] mal influencia, infección. 회사에 ~을 끼치다 ejercer una influencia dañosa en la sociedad, corromper (depravar · pervertir) la sociedad.

해돋이 salida (nacimiento).

해동(解凍) ~하다 deshelar, descongelar.

해득(解得) entendimiento, comprensión. ~하다 entender, comprender.

해로(海路) ruta del mar, vía marítima. ~로 por mar.

해롭다(害−) ser dañoso (nocivo). 담배는 몸에 ~ El tabaco es dañoso para la salud.

해류(海流) corriente marítima, corriente de marea, corriente marina (océana).

해리(海里) milla náutica (marina).

해리(海狸) 【동】 castor.

해리(解離) 【화】 disociación. ~하다 disociar. ~도(度) grado de disociación. ~압(壓) presión de disociación. ~ 정수(定數) constante (*f.*) de disociación.

해마(海馬) [물고기] caballo marino; [하마] hipocampo.

해마다 todos los años, cada año. anualmente.

해머 martillo. ~질 martilleo. ~질하다 martillear.

해면(海面) superficie del mar, [표준 해면] nivel del mar. ~에서 깊이 50미터의 곳에 a cincuenta metros de bajo de la superficie del mar.

해면(海綿) esponja. ~상의 esponjoso. ~ 동물 espongiarios.

해명(解明) ~하다 dilucidar, aclarar, esclarecer. 문제점을 ~하다 dilucidar los problemas. 사건을 ~하다 aclarar un asunto.

해몽(解夢) interpretación de un sueño. ~하다 interpretar un sueño.

해물 productos marinos.

해바라기 【식】 girasol, mirasol, helianto.

해박(該博) erudición, profundidad. ~하다 ser erudito (sabio · instruido). ~한 지식 sabiduría profunda.

해박닥거리다 entornar (hacer girar) los ojos, mirar con los ojos muy abiertos o de soslayo.

해발(海拔) sobre el nivel del mar; [표고] altitud. ~ 2000미터 2000 metros sobre el nivel del mar, altitud de 2000 metros. 라

파스는 ~ 3700미터에 있다 La Paz está a la altitud de tres mil setecientos metros.

해방(解放) liberación, emancipación. ~하다 poner *un sitio* en libertad, dar libertad a *uno*, libertar, emancipar, liberar. [면제하다]librar, descargar. 노예를 ~하다 libertar (emancipar · manumitir) a los esclavos. 국민은 압제에서 ~되었다 El pueblo se liberó (se libertó) de la tiranía. 나는 무거운 책임에서 ~되었다 Me han librado (descargado) de una grave responsabilidad. ~감을 느끼다 sentirse esparcido (libre). ~구 región (zona) libertada. ~군 ejército de [la] liberación. 여성 ~ 운동 movimiento de emancipación (de liberación) de las mujeres.

해방(海防) defensa de las costas. ~함 guardacostas.

해변(海邊) playa, orilla del mar. ~ 식물 plantas de la orilla del mar.

해병(海兵) marina. ~대 infantería de marina. ~ 대원 soldado de infantería de marina.

해부(解剖) anatomía, disección; [검시] autopsia; [분석] análisis. ~하다 desecar, anatomizar. 시체를 ~하다 hacer la autopsia de un cadáver. ~대 tabla de disección. ~실 cuarto de disección. ~학 anatomía. ~학적인 anatómico. ~학자 anatomista *(m.f.)*.

해빙(解氷) deshielo, derretimiento del hielo. ~하다 deshelarse.

해사(海蛇)【동】serpiente marina.

해산(解散) disolución; [폐회] levantamiento. ~하다 disolver, ~되다 disolverse, dispersarse. 의회를 ~하다 disolver la cámara. 회사를 ~하다 disolver (liquidar) una sociedad. 회의는 8시에 ~되었다 Se levantó la sesión a las ocho. 소풍 참석자들은 역전에서 ~되었다 Los participantes, en la excursión se separaron delante de la estación. 데모대는 군대에 의해 ~되었다 Los manifestantes fueron dispersados por el ejército.

해산(海産) productos marinos. ~ 동물 animales marinos.

해산(解産) parto, dolores de parto. ~으로 죽다 morir de parto.

해산물(海産物) productos marítimos (marinos · del mar).

해삼(海參) cohombro de mar.

해상(海上) mar. ~의 marino, marítimo, naval. ~에서 a bordo. ~에서 일어난 사건 acontecimiento en el mar. ~ 경유의 por vía marítima, por mar. ~ 거래 comercio marítimo. ~ 교통 tráfico marítimo.

~ 근무 servicio en el mar (a bordo). ~ 보험 seguro marítimo. ~ 봉쇄 bloqueo marítimo. ~ 수송 transporte marítimo (por mar).

해서(楷書) escritura de imprenta (de molde), forma cuadrada de la escritura china. ~로 쓰다 escribir en caracteres de imprenta.

해석(解釋) interpretación. ~하다 interpretar. ~을 틀리다 interpretar (entender) *algo* mal. 좋은 (나쁜) ~ 쪽으로 ~하다 tomar *algo* a bien (mal), interpretar *algo* bien (mal). ~에 고심하다 no saber cómo interpretar. 자신에게 편리하게 ~하다 interpretar *algo* para *su* conveniencia (a *su* favor). 그의 의도에 관해서 나는 다음과 같이 ~한다 Respecto a su intención, mi interpretación es la siguiente. 이 조문의 ~은 법률가에 따라 차이가 많다 La interpretación de este artículo difiere mucho según los juristas. 그의 말은 여러 가지로 ~할 수 있다 Su relato permite diversas interpretaciones./ Se puede interpretar de distintos modos lo que dice. 당신의 침묵은 동의로 ~하겠다 Interpreto su silencio como que está de acuerdo. 그것은 순전한 ~의 차이다 Es una mera diferencia de interpretación. 서문 ~법 Cómo traducir (Se traduce) el español.

해석(解析)【수】análisis. ~하다 analizar. ~ 기하학 geometría analítica.

해설(解說) explicación, comentario, exposición; [해석] interpretación. ~하다 explicar, exponer, comentar. 뉴스를 ~하다 comentar las noticias. 동끼호떼의 ~(書) comentario del Quijote. ~자 comentarista *(m.f.)*.

해소(咳嗽) tos *(f.)*.

해소(解消)[조직의] disolución, extinción; [해석] interpretación; [약속의] anulación, cancelación. ~하다 disolver; anular, cancelar. 불균형의 ~ extinción (supresión) del desequilibrio. 계약을 ~하다 anular el contrato. 약혼을 ~하다 romper *su* compromiso matrimonial.

해손(海損) avería. ~ 화물 cargas (mercancías) averiadas. 공동 (단독) ~ avería gruesa (particular).

해수(咳嗽) tos *(f.)*.

해수(海水) agua de mar.

해수(海獸) animal marino.

해수욕(海水浴) baños de mar. ~을 하다 bañarse (tomar baños) en el mar. ~을 가다 ir a la playa, ir a bañarse al mar. ~객 bañista *(m.f.)*. ~복 ropa (traje) del baño. ~장 bañadero, balneario, playa, estación balnearia.

해쓱하다 ponerse pálido.

해시계(-時計) reloj solar (del sol).

해신(海神) dios del mar, divinidad marina; 【로마 신화】 Neptuno.

해악(害惡) injuria, perversidad, mala influencia.

해안(海岸) costa, playa, orilla del mar, ribera. ~의 litoral, costero. ~에서 a la orilla del mar. ~의 별장 quinta en la playa. 서반아의 동~ costa oriental de España. ~을 산책하다 dar un paseo por la playa. ~을 따라 항해하다 costear, navegar (ir) a lo largo de la costa. ~선 línea costera (de la playa). ~지방 litoral, región costera.

해약(解約) anulación [de un contrato], rescisión, cancelación. ~하다 anular, rescindir, cancelar. 보험을 ~하다 rescindir (anular) un seguro. ~료 precio de rescisión (de anulación). ~반환금 reembolso por la rescisión.

해양(海洋) océano, mar (m.f.). ~국 nación marítima. ~ 기상대 observatorio de meteorología marina. ~ 물리학 oceanografía física. ~박람회 Exposición Oceánica Internacional. ~성 기후 clima oceánico. ~소설 novela de mar. ~학 oceanografía. ~학자 oceanógrafo, -fa.

해열(解熱) ~하다 aliviar la fiebre, [hacer] bajar la fiebre. ~제 antifebrina, febrífugo, antipirético.

해왕성(海王星) 【천】 Neptuno.

해외(海外) extranjero, ultramar. ~의 ultramarino, extranjero. ~에서 en el extranjero. ~에 이주하다 emigrar al extranjero. ~를 여행하다 viajar por el extranjero. ~뉴스 noticias del extranjero. ~ 무역 comercio exterior. ~ 사정 información (conocimientos) del extranjero. ~ 시장 mercado exterior (de ultramar). ~ 여행 viaje al extranjero. ~ 투자 inversión en el extranjero.

해운(海運) transporte por mar, transporte (tráfico) marítimo, transportación marítima. ~의 naviero. ~국 país naviero. ~동맹 conferencia marítima. ~업 servicio de transportes marítimos, comercio marítimo. ~업자 agente marítimo. ~ 정책 política naviera. ~ 회사 compañía naviera (de navegación), empresa naviera.

해원(海員) marinero. ~ 조합 sindicato de marineros.

해이(解弛) relajación. ~하다 relajar.

해임(解任) destitución, despedida. ~하다 destituir, desponer. …을 사령관에서 ~하다 destituir a *uno* del puesto de Comandante en Jefe.

해저(海底) fondo del mar. ~의 submarino. 배가 ~에 침몰했다 El buque se hundió en el fondo del mar. ~ 유전 yacimiento submarino de petróleo. ~ 케이블 submarino. ~ 전신 telégrafo marino. ~터널 túnel submarino. ~ 화산 volcán submarino.

해적(海賊) pirata, corsario. ~질을 하다 piratear, cometer piratería. ~선 barco pirata; corsario. ~판 edición desautorizada (pirata · furtiva). ~행위 piratería.

해전 antes [de] que se ponga el sol.

해전(海戰) batalla (combate) naval.

해제(解除) [취소] cancelación, rescisión, anulación; [철폐] supresión, abrogación. ~하다 cancelar, anular, suprimir, levantar. 계약을 ~하다 rescindir (anular) el contrato. 책무를 ~하다 descargar (absolver) a *uno* de una obligación. 수출 제한을 ~하다 levantar (suprimir) la restricción de las exportaciones. 건물의 차압을 ~하다 desembargar un edificio.

해제(解題) notas bibliográficas, introducción (explicación) bibliográfica, explanación de un texto, comentario de un texto.

해조(海鳥) ave marina.

해조(害鳥) pájaro dañino, pájaro nocivo.

해중(海中) ~의 submarino; [해면 아래] marino. ~에 al (en el) mar.

해직(解職) destitución; [해고] despedida. ~하다 despedir, destituir.

해질녘 ~에 a la puesta del sol.

해체(解體) desmontaje, desarme; demolición; [조직의] desarticulación, desmembración. ~하다 desmontar, desarmar, hacer pedazos *algo*, demoler; desarticular, desmantelar. 고물차를 ~하다 desmontar un coche viejo. 설비를 ~ 수리하다 reparar un equipo desmontándolo (por piezas desmontadas).

해초(海草) alga, algamarina, planta acuática (marina).

해충(害虫) insecto nocivo, insecto dañino (dañoso).

해치다(害-) injuriar, dañar, agravar.

해태(懈怠) pereza.

해탈(解脫) 【불교】 rescate del mal, salvación (liberación) del espíritu. ~하다 rescatarse‐(salvarse · librarse) [de las cadenas del mundo].

해태(懈怠) pereza. ~하다 ser perezoso (holgazán).

해태(海苔) alga.

해풍(海風) viento marero (del mar), brisa marina (del mar).

해하다(害-) dañar, perjudicar, hacer daño

(causar perjuicio) a *algo·uno*.
해학(諧謔) chiste, dicho gracioso. ~가 chistoso, chancero, humorista *(m.f.)*.
해협(海峽) estrecho, canal. 대한 (지브랄탈) ~ Estrecho de Corea (Gibraltar). 도바 ~ Paso de Calais.
핵(核) 【생·물】 núcleo; [과실의] hueso. ~의 nuclear. ~물리학 física nuclear. ~분열 (반응·전쟁·무장·연료) fisión (reacción·guerra·armamento·combustible) nuclear. ~융합 [반응] [reacción de] fusión nuclear. ~탄두 cabeza (ojivacarga) nuclear. 원자 ~ núcleo atómico, núcleo átomo.
핵가족(核家族) núcleo de la familia, unifamalia.
핵막(核膜) membrana nuclear.
핵무기(核武器) arma nuclear.
핵산(核酸) ácido nucleico.
핵실험(核實驗) prueba nuclear.
핵심(核心) médula, núcleo, quid *(m.)*. 사건의 ~을 찌르다 tocar la médula de un asunto. 문제의 ~이다 ser el núcleo de un problema. 이것이 문제의 ~이다 Esto es (constituye) la médula (el quid) del problema.
핸드백 cartera, bolso, bolsa de mano.
핸드볼 pelota de mano.
핸드북 manual, guía.
핸들 asa, mango, manija, asidero, puño.
핸들링 toque.
핸디캡 handicap, desventaja.
핼쑥하다 estar pálido.
햄 pernil, jamón.
햄버거 hamburguesa, emparedado de carne molida.
햅쌀 nuevo arroz.
햇 nuevo, primer producto del año. ~것 nueva cosecha.
햇무리 halo, halón, corona.
햇별 luz del sol, rayo del sol.
햇빛 luz del sol, claridad del sol. ~에 al sol.
햇살 luz del sol, rayo del sol.
햇수(~數) número de años.
행(行) 1 línea, renglón. ~을 바꾸다 cambiar de renglón. ~을 비우다 espaciar los renglones. 10페이지의 여덟번째 ~ la línea ocho de la página diez. 3페이지 밑에서 다섯번째 ~ línea cinco de la página tres empezando desde abajo. 3페이지 밑에서 두번째 ~ la penúltima línea de la página tres. 그는 한 ~을 뛰어 읽었다 Se ha saltado un renglón.
2 【시】 verso. 2~ 시 pareado. 3~ 시 terceto. 4~ 시 cuarteto. 5~ 시 quinteto.
행(幸) felicidad.
행(行) para, a. 서울 ~ 열차 el tren para (a) Seúl.
행간(行間) entrelínea, espacio entre dos renglones. ~에 기입하다 entrelinear, interlinear. ~을 띄우다 espaciar los renglones.
행객(行客) viajero, turista *(m.f.)*.
행구(行具) equipaje.
행군(行軍) marcha. ~하다 marchar. ~중 en la marcha. 강 ~ marcha forzada.
행길 calle principal.
행낭(行囊) mala, valija del correo.
행내기 persona ordinaria.
행동(行動) acto, acción, movimiento, conducta, comportamiento, proceder. ~하다 actuar, obrar, conducirse, comportarse, proceder. ~에 옮기다 ponerse (entrar) en acción (en movimiento). ~을 감시하다 vigilar la conducta (el comportamiento) de *uno*. 생각을 ~에 옮기다 llevar *sus* ideas a la práctica (a la acción). …과 ~을 같이하다 obrar en conformidad con *uno*. ~ 반경 radio de acción. ~주의【심리학】behaviorismo.
행락(行樂) paseo, excursión, jira. ~객 paseante, excursionista, turista *(m.f.)*. ~지 lugar de excursión; [관광의] lugar de turismo (de recreo). ~철 estación (temporada) de turismo.
행려(行旅) viaje. ~병자 persona que cae enferma en el camino.
행렬(行列) 1 desfile; [세례 등의] procesión; [퍼레이드] parada; [기마의] cabalgata; [장구 등의] cola, fila. ~을 짓다 desfilar; [번호를 기다리면서] hacer cola. 표를 사려고 사람들이 ~을 짓고 있다 La gente hace cola para sacar billetes. 상점 앞에 ~이 서 있다 Está formada una cola delante de la tienda.
2 【수】 matriz. ~식 determinante.
행로(行路) paso, curso, camino. 인생 ~ curso de la vida.
행리(行李) equipaje.
행방(行方) paradero. ~을 감추다 desaparecer. ~불명 paradero desconocido.
행보(行步) paseo. ~하다 andar, pasear.
행복(幸福) felicidad, dicha. ~한 feliz, dichoso; [행운의] venturoso. ~하게 felizmente. ~하게 하다 hacer feliz a *uno*. ~하게 살다 vivir feliz. ~하시길 바랍니다 Le deseo felicidad. ~감 sensación de felicidad.
행사(行事) fiestas, ceremonias, rituales. 연중 ~ rituales del año.
행사(行使) ejercicio. ~하다 ejercer, hacer uso de *algo*. 권리 (힘)의 ~ ejercicio de un derecho (del poder). 권리를 ~하다 ejercer (utilizar·hacer valer) el derecho.

행상 권력을 ~하다 ejercer la autoridad [del superior] sobre (en) *uno*, imponer la autoridad a *uno*, usar de la facultad concedida para + *inf*. 공식 ~ actos oficiales.

행상(行商) comercio ambulante; [외치며 파는] pregón; [싼 잡화의] buhonería. ~하다 ir (andar) vendiendo de puerta en puerta; ejercer el oficio de buhonero, vagabundear revendiendo. ~인 buhoñero; vendedor ambulante.

행색(行色) 1 [차림새] apariencia. 2 [행동] conducta.

행성(行星) planeta.

행세(行世) conducta, proceder. ~하다 conducirse, comportarse (portarse) bien.

행수(行數) número de líneas.

행실(行實) conducta, proceder.

행여(幸—) por ventura, casualmente, por acaso, por casualidad.

행여나(幸—) por ventura ⇨ 행여.

행운(幸運) [buena] suerte (fortuna), dicha, ventura. ~하다 afortunado, dichoso, venturoso. 그가 입상한 것은 ~이었다 Fue una suerte que él hubiera sido premiado. 당신의 ~을 빕니다 Le deseo buena suerte./ ¡Que tenga buena suerte!/ ¡Buena suerte! ~의 여신이 나에게 미소지 었다 La Fortuna me ha sonreído. 그가 그 사고에서 피할 수 있었던 것은 ~이었다 Por suerte escapó (Fue una suerte que él escapara · Tuvo la suerte de escapar) del accidente. ~아 favorito de fortuna.

행원(行員) empleado ([집합적] personal) [de un banco].

행위(行為) conducta, acto, acción, comportamiento. 영웅적 ~ acción heroica, hazaña, proeza. 자선 ~ acto caritativo (benéfico), obra de caridad (de beneficencia).

행인(行人) peón, andador, paseante, paseador.

행자(行者) asceta (*m.f.*).

행장(行狀) conducta, proceder, comportamiento.

행장(行裝) equipaje.

행정(行政) administración. ~상의 administrativo. ~적 ~이 있다 tener habilidad en asuntos administrativos. ~개혁 reforma administrativa. ~관 oficial administrador, funcionario. ~구분 división de administrativa. ~권·당국 poder administrativo (ejecutivo). ~관청 autoridad administrativa. ~기구 organización administrativa (ejecutiva). ~명령 decreto. ~법 derecho administrativo. ~부 administración, centro administrativo. ~ 소송 contencioso administrativo. ~ 정리 reajuste administrativo, reorganización (reducción del personal) administrativa. ~지도 indicaciones administrativas. ~처분 medida (disposición) administrativa.

행정(行程) jornada, curso.

행주 paño para lavar los platos. ~치마 delantal, devantal.

행진(行進) marcha, desfile. ~하다 desfilar, marchar en fila. ~곡 marcha. 결혼 ~곡 marcha nupcial.

행포(行暴) violencia.

행하(行下) propina. ~하다 hacer, conducirse, portarse; [거행하다] celebrar.

향(香) incienso. ~을 태우다 quemar incienso, perfumar *un sitio* con incienso.

향가(鄕歌) cantos nativos.

향긋하다 ser fragante.

향기(香氣) aroma, perfume, fragancia. ~을 fragante. ~를 발하다 dar (exhalar) aroma.

향기롭다(香氣—) ser fragante (aromático).

향나무(香—)【식】árboles aromáticos.

향년(享年) 그는 ~70세로 Murió a la edad de setenta años.

향락(享樂) complacencia, placer, goces mundanos. ~에 빠지다 entregarse a los placeres. ~적인 생활 vida de placeres. ~적인 사람 epicúreo, hedonista, sibarita. ~주의 epicureísmo, hedonismo, sibaritismo.

향로(香爐) incensario.

향료(香料) aroma, perfume; [요리의] especia. 소스에 ~를 넣다 sazonar la salsa con especia.

향리(鄕里) pueblo (tierra) natal, tierra nativa, terruño. ~에 가다 ir al pueblo.

향상(向上) elevación; [진보] progreso, adelanto; [개선] mejoramiento. ~하다 elevarse; progresar (adelantar)[en *algo*]; mejorar [de *algo*]. ~시키다 elevar; hacer progresar (adelantar) a *uno* en *algo*; mejorar. 학력의 ~ elevación (mejoramiento) del nivel científico, promoción científica. 여성의 지위가 ~되었다 La posición de la mujer se ha mejorado (elevado). 생활 수준이 ~되었다 Se ha elevado (mejorado) el nivel de vida. ~심 deseo de perfeccionamiento, espíritu de superación.

향수(香水) perfume, olor. ~를 바르다 perfumar. ~병 frasco de perfume. ~상·~제조업자 perfumista (*m.f.*), perfumero. ~점·~제조업 perfumería.

향수(鄕愁) nostalgia; añoranza 「de la

향수(享受) goce, disfrute. ~하다 gozar (disfrutar) de algo. 특권을 ~하다 disfrutar de un privilegio.

향악(鄕樂) jiang-ac, música tradicional coreana.

향연(饗宴) banquete, fiesta, festín.

향유(享有) goce, disfrute. ~하다 gozar (disfrutar) de algo, beneficiarse con (de) algo. 사람은 살 권리를 ~하고 있다 Los hombres gozamos del derecho a la vida.

향유(香油) aceite perfumado.

향응(饗應) convite, agasajo, festín, festejo, banquete, fiesta. ~하다 convidar, tratar, dar de comer a los que se convida, festejar, agasajar, dar una fiesta, celebrar un banquete.

향하다(向-) 1 [대하다] hacer frente, encararse, oponerse cara a cara, dar a, caer a. 이 집은 공원으로 향하고 있다 Esta casa da al parque.
2 [가다] ir a, salir para, partir para. 서반아를 ~ salir (partir) para España.

향토(鄕土) país (tierra) natal, suelo nativo, patria chica. ~ 무용 baile folclórico. ~애 amor a la tierra natal. ~ 예술 arte regional (folclórico). ~사 historia local. ~색이 짙은 lleno de tipismo, rico en colores locales.

향학심(向學心) amor (gran afición) al estudio. ~이 강하다 ser muy amigo (estar deseoso) de estudiar, tener mucho amor (una gran afición) al estudio.

허(虛) vacío, falsedad. 적의 ~를 찌르다 atacar al enemigo desprevenido (de improviso·por sorpresa).

허가(許可) permiso, licencia; [당국의] autorización; [입학 동의] admisión. ~하다 permitir a uno algo (+ inf.), dar licencia a uno para algo (para + inf.); admitir. ~를 얻다 conseguir permiso. ~를 얻어 con autorización (licencia). ~없이 sin permiso. ~을 구하다 pedir permiso. 나는 외출~을 얻었다 Me han concedido permiso para salir. ~없이 출입을 금함 Prohibida la entrada sin autorización. 정부는 석유개발~을 얻었다 El gobierno ha concedido autorización para la explotación petrolera. 수입 신청은 ~되지 않았다 Ha sido rechazada la petición de licencia de importación. ~에 입학를 ~하다 admitir a uno en…. ~제 sistema de licencia. 이곳에서 낚시는 ~제다 La pesca en este lugar está regulada por el sistema de licencia. ~증 licencia, certificado de autorización. 수출 ~증 licencia de exportación. 통행 ~증 pase, salvoconducto.

허겁지겁 confusamente, con ruido y tumulto.

허공(虛空) cielo (aire) vacío, espacio vacío; [공중] aire, cielo. ~에서 춤추다 bailar en el aire. ~을 허우적거리며 떨어지다 caer con las manos crispadas en el aire.

허구(虛構) ficción. ~의 ficticio. 그것은 완전히 ~다 Eso es una pura ficción.

허기(虛飢) hambre (f.) ~지다 tener hambre.

허깨비 fantasma, espectro horrible, duente.

허니문 luna de miel.

허다(許多) mucho, un gran número de. ~하다 ser numeroso.

허덕거리다 [숨이 차서] jadear; [애쓰다] esforzarse, hacer esfuerzos.

허덕지덕 con palpitación.

허덕허덕 con palpitación.

허둥지둥 apresuradamente, de prisa.

허락(許諾) permiso, licencia; [동의] consentimiento, asentimiento; [승인] aprobación. ~하다 permitir, consentir, aprobar, admitir.

허례(虛禮) formalidad superflua. ~폐지운동 campaña contra las formalidades superfluas.

허리 cintura, caderas. ~가 굽은 encorvado. ~가 굵다 (가늘다) tener las caderas anchas (finas). ~를 펴다 levantarse, ponerse de pie. ~를 구부리다 encorvarse, inclinarse, doblarse. ~까지 물이 차다 entrar en el agua hasta la cintura. 그는 ~가 굽어있다 Está encorvado. ~가 아프다 Me duelen las caderas (los riñones).

허리띠 cinturón, correa.

허리케인 huracán, gran tempestad, ciclón.

허망(虛妄) falsedad, mentira, engaño. ~하다 ser falso (mentiroso).

허명(虛名) falsa reputación, vanagloria.

허무(虛無) nada, vacío. ~적인 nihilista, vacío. ~적인 표정 expresión vacía. ~ 사상 ideología nihilista. ~주의 nihilismo. ~주의자 nihilista (m.f.).

허물다 destruir, demoler, deshacer, arruinar.

허벅다리 muslo.

허보(虛報) noticia falsa.

허비(虛費) gasto. ~하다 gastar, consumir. 시간을 ~하다 pasar mucho tiempo. 돈을 ~하다 gastar mucho dinero.

허사(虛事) fracaso, esfuerzo vano.

허상(虛像) 【물】 imagen virtual; [환영] ilusión, visión, espejismo.

허세(虛勢) poder ficticio, influencia falsa. ~를 부리다 fanfarronear, darse de valiente, baladronear, ostentar gran poder.

허송 세월(虛送歲月) ~하다 matar el tiempo.

허수(虛數) número imaginario.

허수아비 espantapájaros, ahuyentador.

허술하다 ser gastado.

허식(虛飾) adorno, superfluo, vanidad, ostentación. ~으로 가득찬 lleno de ostentación.

허실(虛實) verdad y falsedad, verdad y ficción.

허심(虛心) franqueza, candor. ~탄회하게 con sinceridad absoluta, con llaneza (simplicidad), [선입관 없이] sin [ningún tipo de] prejuicios.

허약(虛弱) debilidad, delicadeza. ~한 débil, enfermizo, delicado, endeble. ~한 체질 complexión débil.

허언(虛言) mentira, falsedad.

허영(虛榮) vanidad, vanagloria, ostentación. ~심 vanidad, vanagloria. ~심이 강한 vanidoso, vanaglorioso. 단순한 ~심으로 por pura vanidad. ~심을 불러 일으키다 (만족시키다) excitar (satisfacer) la vanidad de *uno*.

허열다 ser muy blanco, ser blanquísimo.

허욕(虛慾) ambición vana, avaricia, codicia.

허용(許容) permiso, licencia, perdón. ~하다 permitir, perdonar, tolerar, aguantar. ~량 margen de tolerancia. ~ 오차 error admisible. ~ 한도 límite de tolerancia. 소음 ~한도 margen de tolerancia del ruido. ~ 이륙 중량 peso bruto de despegue admisible.

허울 apariencia, aspecto.

허위(虛僞) falsedad, mentira, embuste, engaño, falsía. ~의 falso, engañoso, mentiroso. ~증언을 하다 dar un falso testimonio.

허위적거리다 esforzarse, piafar, forcejear.

허적거리다 saquear, rebuscar, escudriñar, buscar desordenadamente.

허전하다 sentirse solitario.

허출하다 tener hambre.

허탈(虛脫) atrofia, postración. ~하다 atrofiarse, postrarse. ~ 상태 colapso, marasmo, estado de letargo (de postración). ~ 상태의 postrado, abatido. ~ 상태가 되다 sufrir un colapso. 그는 더위서 ~상태가 됐다 El calor le tenía sumido en un marasmo.

허탕 esfuerzo vano. ~치다 hacer esfuerzos vanos.

허파 {생} pulmón.

허풍(虛風) jactancia, expresión de ostentación, arrogancia, vanagloria, bravata, exageración. ~떨다[치다] jactarse, vanagloriarse, alabarse, prorrumpir en alabanzas propias. ~선이 fanfarrón, bocón, jactancioso, vanaglorioso.

허하다(許ー) [허가하다] permitir; [허락하다] aceptar.

허하다(虛ー) estar vacío (vacante).

허황(虛荒) ~하다 ser falso.

헌 viejo, gastado. ~것 cosa vieja. ~신짝 zapato viejo.

헌금(獻金) contribución; [교회의] donación. ~하다 contribuir. ~함 [교회의] cepillo. 정치 ~ contribución de fondo político; [정당의] contribución a un partido político.

헌납(獻納) ofrenda, dedicación, consagración. ~하다 ofrender, dedicar, consagrar, hacer una ofrenda de *algo*.

헌법(憲法) constitución [del Estado]. ~의 constitucional. ~에 따라 ~상 constitucionalmente. ~ 제정·개정의 constituyente. ~상의 권리 derechos establecidos por la constitución. ~ 위반의 anticonstitucional, inconstitucional. ~을 개정하다 modificar (reformar) la constitución. ~을 제정 (발포)하다 redactar (promulgar) la constitución. ~에 위반하다 infringir (quebrantar) la constitución. ~ 발포 promulgación de la constitución. 대한민국 ~ la Constitución de la República de Corea.

헌병(憲兵) policía militar; [프랑스·이태리의] gendarme. ~대 policía militar, gendarmería.

헌본(獻本) presentación de libros. ~하다 regalar un libro a *uno*; [저자가 서명해서] dedicar *su* obra a *uno*.

헌사(獻辭) dedicatoria.

헌상(獻上) presentación, ofrecimiento. ~하다 presentar, ofrecer, obsequiar *algo* con respecto a *uno*. ~품 cosa obsequiada con respecto a *uno*.

헌신(獻身) abnegación, devoción, altruismo, olvido (sacrificio) de *sí* mismo. ~하다 abnegarse, dedicarse, sacrificarse. ~적 abnegado, desinteresado, altruista. ~적으로 con abnegación, con abnegación.

헌신짝 zapato viejo (gastado).

헌옷 vestidos usados, ropa vieja. ~집 ropavejería. ~ 장수 ropavejero.

헌장(憲章) carta. 대~ Carta Magna.

헌정(憲政) constitucionalismo, gobierno (régimen) constitucional. ~을 실시하다 adoptar el régimen constitucional.

헌정(獻呈) presentación. ~하다 ofrecer, regalar, obsequiar. 자신의 책을 1권 ···에게 ~하다 ofrecer (regalar) un ejemplar de su libro a uno.

헌터 cazador (사냥꾼).

헌혈(獻血) ~하다 donar (dar) sangre. ~ 운동 compaña en favor de la donación de sagre. ~자 donante de sangre.

헐값 precio barato.

헐다¹ [옷이] estar viejo (gastado).

헐다² [쌓은 것을] destruir, romper; [험담] calumniar, censurar, difamar.

헐떡거리다 boquear, sofocarse, jadear.

헐떡이다 boquear, sofocarse, jadear.

헐뜯다 calumniar, difamar.

헐렁이 persona frívola, persona imprudente.

헐하다(歇-) 1 [값이] ser barato. 헐하게 사다 comprar barato (a bajo precio).
2 [쉽다] ser fácil (ligero·simple). 헐한 일 trabajo ligero.

험구(險口) calumnia, infamia, acuasación falsa, denigración; [사람] calumniador. ~하다 calumniar, denigrar, infamar, hablar mal.

험난(險難) peligro, riesgo, dificultad. ~하다 ser difícil, estar lleno de peligro.

험담(險談) calumnia. ~하다 calumniar, hablar mal.

험로(險路) camino escarpado.

험상(險狀) rudeza, aspereza. ~스러운 áspero, tosco, escabroso, siniestro.

험악(險惡) ~한 peligroso, amenazante, amenazador, alarmante; [긴박한] tirante; [심각한] serio, grave. ~한 얼굴 semblante amenazador (grave). 정세가 ~하게 된다 La situación se agrava (toma un cariz serio). 회의는 ~한 분위기다 En la conferencia reina un ambiente tempestuoso (agitado·violento).

험준(險峻) ~하다 ser precipitoso (pendiente·escarpado). ~한·산 montaña escarpada.

헙하다(險-) 1 [험준] ser precipitoso (escarpado).
2 [날씨가] ser malo. 헙한 날씨 mal tiempo.
3 [험상] ser disforme.
4 [험악] ser serio (crítico·grave). 헙한 정세 situación crítica.

헛 falso, vano. ~수고 esfuerzo vano. ~소문 rumor falso.

헛간 granero.

헛되다 ser vano (falso). 헛되이 en vano, inútilmente. 헛된 노력 esfuerzo vano.

헛말 [거짓말] mentira, falsedad.

헛물키다 hacer esfuerzos vanos, trabajar en vano.

헛소리 [헛말] jerigonza, habladuría incoherente.

헛소문(-所聞) rumor falso.

헛수고 esfuerzo vano. ~하다 hacer esfuerzos vanos. ~가 되다 no dar resultado.

헛일 esfuerzo vano. ~하다 hacer esfuerzos vanos.

헝가리【지】 Hungaría. ~의 [사람] húngaro.

헝겊 paño, tela.

헝클다 enredar, desgreñar, desmelenar.

헝클어지다 enredarse, desgreñarse.

헤게모니 hegemonía.

헤다¹ nadar.

헤다² portarse como se quiera.

헤다³ contar. ⇨세다.

헤드 cabeza. ~라이트 linterna de locomotora, luz. ~라인 título o encabezado [de un periódico].

헤로인¹ heroína (진정제의 일종).

헤로인 [여주인공] heroína.

헤르니아 [탈장] hernia. ~에 걸린 [사람] herniado.

헤르츠【물리】 hertz. ~ 발진기 oscilador hertaiano. ~파 ondas hertsianas.

헤매다 [돌아다니다] errar, andar vagando, vagar, vaguear.

헤모글로빈 hemoglobina.

헤브라이즘 hebraísmo.

헤브루 los hebreos. ~어 hebreo. ~인 hebraico, hebreo.

헤비급(-級)【】 peso pesado. 라이트~ peso pesado ligero.

헤아리다 1 [수를] contar. 헤아릴 수 없는 incalculable.
2 [추측하다] sondear, rastrear, penetrar, profundizar, examinar a fondo.
3 [고려하다] considerar, deliberar.

헤어 pelo, cabello. ~네트 redecilla para el cabello. ~스타일 estilo de cabello. ~핀 horquilla.

헤어나다 atravesar (vencer·sobrepujar) obstáculos.

헤어지다 despedirse, decir adiós. 친구와 ~ despedirse de su amigo.

헤엄 natación. ~치다 natar. ~치는 사람 nadador, -ra.

헤적이다 escudriñar, buscar desordenadamente, saquear, rebuscar.

헤치다 1 [파다] cavar, ahondar.
2 [흩뜨리다] esparcir, disipar.

헤피 pródigamente, extravagantemente, profusamente. 돈을 ~ 쓰다 gastar dinero.

헥타르 hectárea.

헬리콥터 helicóptero. ~ 발착지 helipuerto.

헬리포트 aeropuerto para helicóperos.

헬멧 yelmo.

헹구다 lavar otra vez con agua limpia.
혀 lengua. ~를 내밀다 sacar la lengua.
혁대(革帶) cinturón.
혁명(革命) revolución. ~의·~적인 revolucionario. ~을 일으키다 llevar a cabo (provocar) una revolución, revolucionar. 1959년에 쿠바에서 ~이 일어났다 Estalló (Se produjo) una revolución en Cuba en 1959. 원자력은 에너지산업에 ~을 일으키고 있다 La energía atómica está produciendo una revolución en la industria energética. ~가 revolucionario. ~ 사상 ideas revolucionarias. ~ 운동 movimiento revolucionario. ~ 이론 teoría de la revolución. ~ 정부 gobierno revolucionario. 사회주의~ revolución socialista. 산업~ revolución industrial. 프랑스대~ la Revolución francesa.
혁신(革新) innovación, reforma, renovación. ~하다 reformar, renovar. ~적인 reformador, -ra; renovador, -ra. ~ 정당 partido reformista.
혁혁(赫赫) ~하다 ser brillante (glorioso·distinguido). ~한 무훈 servicios distinguidos. 명성이 ~하다 tener una reputación brillante.
현(現) actual, presente. ~ 내각 gabinete actual. ~ 대통령 presidente actual.
현(弦) [활·악기·기하에서] cuerda. 바이올린에 ~을 놓다 poner cuerdas al (encordar el) violín.
현가(現價) precio presente.
현격(懸隔) diferencia, disparidad. ~하다 ser diferente.
현관(玄關) vestíbulo, portal, zaguán; [문] puerta; [입구] entrada. ~으로 들어가다 entrar por la puerta principal (por el vestíbulo). ~까지 마중하다 acompañar a *uno* a (hasta) la puerta. ~지기 portero, conserje.
현금(現金) dinero contante ([en] efectivo). ~으로 al (de) contado, en efectivo. ~으로 사다 (팔다) comprar (vender) *algo* al contado. ~으로 지불하다 pagar al contado, pagar en .dinero contante). ~화 하다 convertir *algo* en efectivo (en dinero). 환어음 (수표)를 ~으로 바꾸다 hacer efectivo el cambio (el cheque). ~으로 지불해 주십시오. Pague usted al contado (en dinero), por favor. 나는 수중에 ~으로 500원 밖에 없다 No tengo más que quinientos wones conmigo. ~거래 transacción (operación·negocio·compraventa) al contado. ~과부족 sobrantes y faltantes de caja. ~계정 cuenta al contado. ~동기 envío certificado de dinero en efectivo. ~수납장(지불장) libro de ingresos (de salidas) de caja. ~수입(지출) ingresos (salidas) de efectivo. ~수표 comprobante de caja. ~ 정가 precio al contado. ~주의 base de valor en efectivo (de contado). ~출납부 libro (diario·registro) de caja. ~ 판매 venta al contado.

현금(現今) [현재]˙ actualmente, ahora, en la actualidad; [오늘날] hoy, hoy [en] día, estos días.
현기증(眩氣症) vertiginosidad, vértigo. ~의 vertiginoso.
현대(現代) edad contemporánea, nuestra época, edad presente, nuestro tiempo, tiempos modernos. ~의 moderno, contemporáneo, de nuestro tiempo, de días de hoy. ~에는 en nuestra época, hoy [en] día. ~화 하다 modernizar. ~적인 생활 양식 modo de vivir a la moderna. ~풍으로 a la moderna, a lo moderno. ~사 a lo moderno. ~문학·음악) historia (literatura·música) contemporánea. ~인 modernos. 동끼호떼의 ~ 번역판 versión moderna del Quijote.
현란(絢爛) esplendor, magnificencia, brillantez, brillo. ~한 espléndido, brillante, magnífico. ~한 문장 estilo florido (adornado con galas retóricas).
현명(賢明) sensatez, prudencia, discreción, inteligencia. ~한 sagaz, sensato, discreto, inteligente, prudente, juicioso, razonable. ~한 방법 método razonable, manera sensata (prudente). …하는 것이 더 ~하다 Es más juicioso (sensato·prudente) + *inf*. (que + *subj*.). 주말에는 여행 하지 않는 것이 더 ~하다 Será más prudente no viajar (que no viajes) en el fin de semana.
현모(賢母) madre sabia.
현몽(現夢) ~하다 aparecer en el sueño.
현묘(玄妙) arcano, misterio, lo maravilloso.
현무암(玄武岩) basalto.
현물(現物) cosa real, artículo real. ~로 불하다 pagar en especie. ~ 급여 entrega (retribución) en especie, entrega de artículos en lugar de dinero. ~ 시장 mercado a la vista.
현미(玄米) arroz por descascarar, arroz no descascarillado.
현미경(顯微鏡) microscopio. ~으로 보다 observar *algo* con un microscopio. ~ 검사 examen microscópico. ~ 사진 microfotografía.
현부(賢婦) nuera virtuosa; mujer virtuosa (sabia).
현사(賢士) sabio.˙

현상(現狀) estado (situación) actual, situación presente. ~으로는 en la situación actual. ~을 유지하다 mantener *algo* en su estado actual, mantener el statu quo de *algo*. ~을 타파하다 destruir el statu quo. ~에 만족하다 contentarse con la situación actual. ~ 유지 mantenimiento del statu quo (de la situación actual). ~유지의 방침 política del statu quo.

현상(懸賞) [현상 모집] concurso; [학술적인] certamen; [상] premio. ~하다 ofrecer un premio a *algo*. ~에 당선되다 ganar (llevarse · obtener) el premio. ~에 응모하다 presentarse a un concurso. ~을 모집하다 convocar un concurso. 이 잡지에서는 ~ 모집을 하고 있다 En esta revista se convoca un concurso. ~금 premio [en metálico]. ~ 광고 convocatoria de un concurso. ~ 당선 논문 ensayo premiado. ~ 당선자 premiado, ganador del premio.

현상(現像) revelado. ~하다 revelar. 필름을 ~하다 revelar la película [a un fotógrafo]. ~액 revelador.

현상(現象) fenómeno. 일시적 ~ fenómeno transitorio, fase pasajera. 학생이 책을 읽지 않는 ~이 나타나고 있다 Se da el fenómeno de que los estudiantes no leen libros. ~계 mundo fenomenal. ~론·~학 fenomenología. ~주의 fenomenismo, fenomenalismo.

현상(賢相) primer ministro sabio.

현세(現世) este mundo, vida terrenal. ~의 de este mundo, terrenal. ~의 행복 felicidad terrenal. ~주의 secularismo.

현수(懸垂) [체조] suspensión [extendida].

현숙(賢淑) sabiduría y virtud femenina, fidelidad. ~하다 ser sabio y virtuoso.

현시(現時) tiempo moderno, hoy día, hoy, ahora.

현시(顯示) revelación. ~하다 revelar.

현시대(現時代) edad moderna.

현신(賢臣) vasallo (súbdito) sabio (leal).

현실(現實) actualidad, realidad. ~의 actual, real. ~적인 real, realista. ~로 en realidad, realmente. ~의 사회 mundo real. ~적 의견 opinión realista. ~로 돌아가다 volver a la realidad. ~로는 그것은 불가능하다 Realmente (En realidad) es imposible. 그는 ~적인 남자다 Es un hombre realista. ~성 realidad. ~주의 realismo. ~주의자 realista (m.f.). ~화 realización. ~화 하다 realizar (actualizar) *algo*. ~화 되다 realizarse, actualizarse, tomar cuerpo.

현악(弦樂) ~ 사중주[곡] cuarteto de cuerdas.

현악기(弦樂器) instrumento [musical] de cuerda.

현안(懸案) cuestión por resolver (pendiente · suspendida). ~이 pendiente, suspenso, suspendido. 다년간의 ~ cuestión dejada pendiente por muchos años. ~으로 남겨두다 dejar *algo* pendiente (sin resolver). 그 문제는 ~으로 되었다 Quedó pendiente (en pie) el problema.

현역(現役) servicio activo. ~으로 있다 estar en servicio activo. ~에서 퇴역하다 retirarse del servicio activo. ~에 복귀하다 volver al servicio activo. ~으로 대학 입시에 합격하다 pasar el examen de entrada en la universidad inmediatamente después de terminar el bachillerato. ~ 선수 el atleta en activo. ~장교 oficial en activo (de la escala activa).

현우(賢友) amigo sabio (inteligente).

현월(玄月) septiembre del mes lunar.

현유(現有) actualidad. ~의 existente.

현인(賢人) sabio. 동방 삼 ~ los tres Reyes Magos.

현임(現任) puesto presente.

현자(賢者) sabio.

현장(現場) [사건의] lugar del suceso, escena; [공사의] sitio (local) de construcción, solar. 사고의 ~ lugar del accidente. 범죄의 ~ lugar del delito (del crimen). 도둑의 ~을 목격하다 presenciar (observar) un hurto en flagrante. ~ 검증 inspección sobre el terreno. ~ 검증을 행하다 inspeccionar el (hacer una investigación judicial en el) lugar del suceso. ~ 감독 capataz (m.), maestro de obras.

현재(現在) 1 [명사] actualidad, momento actual (presente); [부사] ahora, actualmente, en la actualidad, al presente; [목하] en este momento, en el momento actual (presente). ~까지 hasta ahora (el presente · hoy · la fecha). ~로는 por ahora (el presente · el momento [actual]), hoy por hoy, de momento. 6월 1일 ~의 주가 cotización de las acciones del primero de junio. 상품의 ~고 cantidad existente. 그는 ~ 멕시코에 있다 Está en Méjico ahora. 부친이 돌아가신 ~ 집에는 내가 일할 수 밖에 없다 Ahora que se ha muerto mi padre, el único sostén de la familia soy yo. ~ 한국의 어떤 지역에서도 텔레비전이 보인다 Hoy se puede ver la televisión en cualquier sitio de Corea. ~ 당사의 업적은 굉장히 좋다 En la actualidad marchan estupendamente las actividades de nuestra compañía. 나는 ~의 생활에 만족하고 있다 Estoy contento de mi vida

현재 actual (de la vida que llevo). 너의 ~위치를 알려 주라 Comunícame el lugar en que te encuentras actualmente.
2 【문】 presente. 동사의 ~형 forma del presente del verbo. ~분사 gerundio. ~완료 pretérito perfecto compuesto.

현재(賢才) habilidad distinguida, talento distinguido; persona sabia, hombre de talento [de habilidad].

현저(顯著) ~한 [저명한] notable, marcado, acentuado, destacado, visible; 【명백한】 notorio, evidente, claro. ~한 예 ejemplo notable. ~한 사실 hecho notorio (evidente). ~한 차이 diferencia acentuada. 한국 경제 발전은 ~하다 Destaca (Es notable) el progreso de la economía de Corea.

현정부(現政府) gobierno presente, administración presente.

현존(現存) existencia. ~하다 existir, subsistir. ~의 existente, vigente. ~하는 최고의 목조 건축 el edificio más antiguo de madera que existe de Corea.

현주소(現住所) domicilio [actual], señas, dirección.

현지(現地) 【문제의 장소】 lugar en cuestión; 【사건의】 lugar del suceso. ~에서 얻은 정보 información obtenida en el lugar en cuestión. ~ 채용하다 emplear al personal nativo. ~ 시간으로 5시에 마드리드에 도착하다 llegar a Madrid a las cinco, hora local. 그는 ~에서 결혼했다 Se casó en el lugar (en el país) al que había sido enviado. ~ 보고 noticias enviadas desde el lugar en cuestión. ~인 indígena (m.f.), autóctono, nativo, natural (m.f.). ~조달 abastecimiento en el mismo lugar; 【식량의】 aprovisionamiento en el lugar.

현직(現職) puesto actual, servicio activo. ~ 경찰관 policía en activo.

현직(顯職) puesto eminente.

현찰(現札) dinero contante, dinero contante y sonante.

현처(賢妻) esposa virtuosa (inteligente).

현품(現品) artículo actual.

현행(現行) lo vigente. ~의 vigente, en vigor, existente, corriente. ~대로 conforme a lo vigente, según lo que está acostumbrado. ~범 delito flagrante (en fraganti). ~범으로 체포하다 coger a *uno* en flagrante (en fraganti). ~법 ley vigente (en vigor).

현혹(眩惑) deslumbramiento, ofuscación. ~하다 deslumbrar, fascinar, embelesar, ofuscar, cegar. 나는 그녀의 아름다움에 ~되었다 Fui (Quedé) fascinado (hechizado) por su belleza.

현화식물(顯花植物) fanerógamas (f.pl.).

현황(現況) actualidad, situación actual.

혈거(穴居) ~생활【시대】 vida (edad) troglodítica. ~인 troglodita (m.f.).

혈관(血管) 【생】 vaso sanguíneo, vena. ~ 봉합 angiorrafia. ~ 수축 vasoconstricción. ~ 확장 vasodilatación.

혈구(血球) glóbulo [sanguíneo].

혈기(血氣) vigor, coraje. ~ 왕성한 vigoroso, juvenil. ~ 왕성한 청년 joven de mucha vitalidad (de sangre ardiente). ~ 왕성하다 ser vigoroso (brioso·fogoso).

혈뇨(血尿) hematuria.

혈로(血路) ~를 열다 (트다) abrir camino, abrir[se] paso.

혈루(血淚) lágrimas de sangre. ~를 흘리다 llorar amargamente, verter lágrimas de sangre.

혈맥(血脈) 【혈관】 vaso sanguíneo, vena (정맥), arteria; 【혈연】 parentesco, conexión por consanguinidad.

혈맹(血盟) fianza sanguínea.

혈변(血便) excrementos sangrientos.

혈병(血餅) cuajarón.

혈상(血相) color de *su* rostro.

혈색(血色) semblante, color [del rostro], tinte del color del rostro. ~이 좋다 tener un semblante saludable, tener buen color, tener una cara llena de vida. ~이 나쁘다 estar pálido, tener una cara macilenta. ~을 회복하다 recobrar el color. ~이 나쁘게 되다 palidecer.

혈색소(血色素) hemoglobina.

혈서(血書) escritura en sangre.

혈석(血石) hematites.

혈속(血屬) pariente consanguíneo.

혈안(血眼) ojos sangrientos. ~이 되어 furiosamente, frenéticamente.

혈압(血壓) presión de arterial (la sangre). ~이 높다 (낮다) tener alta (baja) presión arterial. ~을 내리다 (재다) bajar (medir) la presión de la sangre. 그는 노하면 ~이 올라간다 Cuando se enfada, le aumenta la presión arterial. ~계 esfigmomanómetro.

혈액(血液) sangre (f.). A (B·AB·O) 형의 ~ sangre de grupo A (B·AB·O). ~ 검사 examen de sangre. ~형 grupo sanguíneo. ~ 은행 banco de sangre. ~학 hematología.

혈연(血緣) linaje, parentesco, pariente consanguíneo. ~ 관계 parentesco de consanguinidad.

혈온(血溫) temperatura de la sangre.

혈우병(血友病) hemofilia. ~의 hemofílico. ~환자 hemofílico.

혈육(血肉) 1 [피와 살] sangre y carne. 2 *su propio hijo* (자녀), pariente (남자), parienta (여자).
혈장(血漿) plasma *(m.)*.
혈전(血戰) batalla sangrienta.
혈전(血栓) trombo. ~증 trombosis *(f.)*.
혈족(血族) consanguíneo. ~ 관계 consanguinidad, pariente consanguíneo, lazo (vínculo) de sangre. ~ 결혼 matrimonio entre consanguíneos.
혈청(血淸) 【의】 suero, aguosidad. ~의 seroso. ~ 간염 hepatitis serosa. ~ 요법 sueroterapia. ~ 주사 inyección de suero.
혈통(血統) la sangre, linaje, alcurnia. ~이 좋은 de buena sangre (casta). 그는 색맹의 ~이다 Es de una familia de daltonianos. ~서(書) carta de origen.
혈혈(孑孑) solitario, solo. ~ 단신이다 no tener ni amigos ni parientes.
혈흔(血痕) mancha de sangre. ~이 묻은 manchado (con manchas) de sangre.
혐기(嫌忌) aversión, aborrecimiento, disgusto, odio.
혐오(嫌惡) repugnancia, asco, aversión disgusto, odio. ~하다 sentir (tener) repugnancia a (hacia·por) *algo*, tener aversión a *uno*.
혐의(嫌疑) sospecha. ~하다 sospechar de *uno* que + *ind*. ...의 ~을 받다 ser objeto de sospecha de···. 그는 간첩 ~를 받고 있다 Está bajo sospecha (Es sospechoso) de espionaje. 그는 ~를 받을 사람이 아니다 No es un hombre de quien se pueda sospechar.
협객(俠客) hombre del espíritu caballeroso, persona caballerosa (propia de caballero).
협곡(峽谷) garganta, desfiladero, barranco.
협골(頰骨) pómulo, juanete de la mejilla.
협공(挾攻) movimiento de pinzas.
협궤(狹軌) vía estrecha (angosta), trocha angosta. ~ 철도 ferrocarril de vía estrecha.
협기(俠氣) espíritu caballeresco. 그는 ~가 있는 사람이다 Es todo un caballero.
협동(協同) cooperación, colaboración, asociación, unión. ~하다 cooperar; colaborar. ~ 기업 empresa cooperativa. ~ 작전 operaciones unidas. ~ 정신 espíritu cooperativo. ~ 조합 sociedad (asosiación·unión) cooperativa.
협량(狹量) cobardía, timidez, mezquindad. ~한 [사람]이 de miras estrechas, poco generoso, intolerante, mezquino.
협력(協力) colaboración, cooperación; [원조] ayuda; [후원] auspicio. ~하다 colaborar (cooperar) con *uno* en *algo*; ayudar (prestar ayuda) a *uno*. ~적인 cooperativo. ···의 ~을 얻다 conseguir la colaboración de *uno*. ···과 ~하여 en colaboración con *uno*. 경찰에 ~하다 colaborar con la policía. 자원개발에 ~하다 colaborar en la explotación de los recursos naturales. 모두 ~하여 거리를 깨끗이 하다 mantener limpias las calles [colaborando] entre todos. 그는 ~적이었다 Se mostró cooperativo. ~자 cooperador, colaborador. 경제 ~ cooperación económica.
협로(狹路) camino estrecho.
협박(脅迫) amenaza, chantaje. ~하다 amenazar. ~적인 amenazador. 그들은 아들을 죽이겠다고 ~하고 있다 Le amenazan con matarle a su hijo. ~자 chantajista *(m.f.)*. ~장 carta-conminatoria. ~죄 [delito de] amenaza.
협사(俠士) persona caballerosa.
협상(協商) negociación, entente cordial. ~하다 negociar. 3국 ~ La Triple Entente.
협성(協成) colaboración. ~하다 colaborar.
협소(狹少) angostura, estrechez. ~하다 ser pequeño y estrecho. ~한 방 habitación estrecha. ~한 길 calle angosta (estrecha).
협심(協心) cooperación, unisonancia. ~하다 cooperar, unir.
협심증(狹心症) estenocardia, angina de pecho.
협약(協約) convenio, compromiso, contrato, capitulación. ~을 맺다 firmar un convenio.
협의(協議) conferencia, deliberación, discusión, consulta. ~하다 deliberar, discutir, consultar, conferenciar. ~하(下)에 después de deliberar; por aprobación mutua. 그 것은 ~중이다 El asunto está en deliberación. 그것에 관해서 ~가 이루어졌다 Llegamos a un acuerdo sobre el asunto. ~ 사항 tema (asunto) de discusión. ~ 이혼 divorcio consentido por ambas partes. ~회 comisión.
협의(狹義) sentido estricto, sentido estrecho. ~의 de sentido estrecho. ~로 해석하다 interpretar *algo* en sentido estrecho.
협잡(協雜) fraudulencia, fraude, engaño, trampa, impostura, ratería. ~하다 engañar, defraudar, estafar, entrampar, cometer fraude (engaño). ~군 (배) impostor. ~투표 voto fraudulento (engañoso).
협정(協定) convenio, acuerdo, pacto. ~하다 convenir (acordar·ponerse de acuerdo) con *uno*. ~을 체결하다 formar un acuerdo. ~을 지키다 cumplir el con-

협조 venio. ~을 깨뜨리다 violar (romper) el convenio. 가격을 ~하다 hacer un convenio de precios. ~에 의해 가격을 유지하다 mantener los precios por un acuerdo. 양사간에 ~이 체결되었다 Se ha establecido un acuerdo entre las dos compañías. ~ 가격 precio convenido. ~서 acta de un convenio. 어업 ~ convenio de pesca.

협조(協調) [타협] conciliación; [조화] armonía. ~하다 conciliar; armonizar. ~적인 conciliador. ~해서 en armonía con *uno*.

협주곡(協奏曲) concierto. 피아노(바이올린) ~ concierto para piano (para violín) y orquesta.

협죽도(夾竹桃) adelfa, laurel rosa.

협찬(協贊) los auspicios. ~하다 prestar *su* concurso para *algo*. …의 ~으로 bajo los auspicios de…, patrocinado por…

협화음(協和音)【악】acorde, consonancia.

협회(協會) asociación, sociedad, instituto, institución. 한서 ~ Asociación Coreano-Española.

혓바닥 lengua.

혓소리〖문〗letra lingual.

형(兄) hermano [mayor].

형(型) [양식] modelo, tipo, estilo. 신~의 de modelo (de estilo) nuevo. 구~의 de modelo (de estilo) pasado (anticuado). 90년~ 승용차 coche del modelo 90.

형(形) 1 forma, figura. ~이 나쁜 mal formado. ~이 좋은 bien formado.
2 [크기] dimensión, tamaño; [책·종이 등] fomato. 대~(중·소) ~의 de gran (medio·pequeño) tamaño.
3 [지형] patrón; [주형] molde.

형(刑) castigo, pena, punición. ~에 처하다 condenar a la pena de. ~을 과하다 infligir (imponer·aplicar) una pena a *uno*. ~을 선고하다 sentenciar (pronunciar la sentencia) contra *uno*. ~에 복역하다 someterse a la pena, cumplir *su* pena, ~을 가볍게 (무겁게) 하다 conmutar (agravar) la pena. ~ 1등을 감하다 conmutar la pena en un grado. 징역 3년의 ~에 처하다 condenar a *uno* a tres años de prisión.

형광(螢光) fluorescencia. ~도료 pintura fluorescente. ~등 tubo (lámpara) fluorescente.

형국(形局) aspecto, situación.

형극(荊棘) zarzas, otro cualquier arbusto espinoso. ~의 길 camino zarzoso (lleno de zarzas).

형기(刑期) término de encarcelamiento, duración de encarcelamiento. ~가 만료되다 Expira la pena (la condena). ~ 만료 expiración de la pena (del período de encarcelación).

형무소(刑務所) cárcel *(f.)*, prisión. ~에 넣다 encarcelar, reducir a *uno* a prisión; 【속】enchiquerar, enjaular. ~에 넣어지다 ser encarcelado; ser enjaulado. ~에 들어있다 estar en prisión, estar encarcelado. ~를 나오다 salir de la cárcel. ~장 administrador de la cárcel.

형벌(刑罰) penalidad, punición. ⇨ 형.

형법(刑法) derecho criminal (penal); [법전] código penal. ~상의 criminal, penal. ~상의 책임 responsabilidad penal. ~학자 penalista *(m.f.)*, criminalista *(m.f.)*.

형부(兄夫) cuñado, hermano político, marido de *su* hermana.

형사(刑事) caso criminal, asunto criminal; [사람] detective, agente de policía. ~상의 criminal, penal. ~상 ofensa criminal. ~ 사건 causa, caso criminal. ~ 소송 pleito (causa) criminal. ~ 소송법 código de prodecimiento penal. ~ 재판 juicio criminal. ~ 책임 responsabilidad penal.

형상(形相) fisonomía, semblante, cara. 무서운 ~을 하다 poner una cara horrenda.

형상(形狀) forma, figura, configuración.

형상(形象) 1【물건의】forma, figura.
2【상상의】forma, figura, fenómeno.

형색(形色) forma y color; aspecto general.

형석(螢石)【광】fluorita.

형설(螢雪) estudio diligente. ~의 공 [los frutos del] estudio diligente. ~의 공을 쌓다 proseguir *sus* estudios muchos años.

형성(形成) formación. ~하다 formar, constituir, componer. ~되다 formarse, constituirse, componerse. 인격을 ~하다 formar la personalidad. 5개의 회사가 독점그룹을 ~하고 있다 Cinco compañías forman un grupo monopolista. ~층【식】cambium.

형세(形勢) situación, estado de cosas, circunstancias *(f.pl.)*. 목하의 ~로는 en las actuales circunstancias, en el estado actual de [las] cosas, tal como está la situación. ~가 좋다 (나쁘다) La situación es (está) favorable (desfavorable). ~가 나날이 악화되어 간다 La situación [se] empeora de día en día./ La situación se pone cada día peor. ~를 일변하다 Cambia la marcha de las cosas. 불온한 ~하다 La situación es (está) inquietante (alarmante).

형승지지(形勝之地) sitio (lugar) pintoresco, sitio (lugar) hermoso, regiones (tierras) pintorescas, sitio (lugar) de la belleza natural.

형식(形式) forma, fórmula, formalidad; 【철】 modo. ~적 formal, metódico, de fórmula; modal. ~적으로 formalmente, convencionalmente, por [pura] fórmula. ~적인 인사 saludo formal. ~없이 sin formalidades, sin ceremonia. ~과 내용 la forma y el contenido. ~에 의하면 según la forma. ~을 중시하다 respetar las formas. 일기 ~의 소설 novela a modo de (en forma de) diario. 이것은 단순히 ~에 불과하다 Esto no es más que una formalidad. ~ 논리학 lógica formal. ~주의 formalismo. ~주의자 formalista (*m.f.*), formulista (*m.f.*), ritualista (*m.f.*).

형안(炯眼) ojo penetrante, penetración, perspicacia. ~의 que tiene vista perspicaz, penetrativo, penetrante, perspicaz.

형언(形言) descripción, expresión. ~하다 describir, expresar. ~할 수 없는 indescriptible.

형옥(刑獄) 1 [형] pena, castigo. 2 [감옥] prisión.

형용(形容) 1 [형상] forma, figura, aspecto. 2 [수식] modificación; [서술] descripción; [비유] metáfora, figura retórica. ~하다 calificar, modificar, describir figurativamente. ~사 adjetivo.

형이상(形而上) ~의 metafísico. ~학 metafísica, ciencia abstracta. ~학자 metafísico.

형이하(形而下) ~의 físico, concreto, material. ~학 ciencia física (concreta).

형장(兄丈) usted.

형장(刑場) lugar de ejecución.

형적(形跡) huella, señal, indicaciones, evidencia(증거).

형제(兄弟) hermano[남]; hermana[여]; [동포] compatriota (*m.f.*). ~의 fraternal. ~간의 싸움 riña entre hermanos. ~의 우의 amistad fraternal. ~가 있읍니까 ¿Tiene hermanos? 그에게는 ~가 많다 Tiene muchos hermanos. ~처럼 취급하다 tratar a *uno* como si fuera su propio hermano. 그 와는 ~처럼 대한다 Él y yo nos tratamos como si fuéramos verdaderos hermanos. ~애 amor fraternal, fraternidad. 사촌 ~ primos.

형제 자매(兄弟姉妹) hermanos.

형질(形質) 【유전학】 carácter.

형처(刑妻) mi mujer (esposa).

형체(形體) forma, cuerpo; 【심리】 configuración.

형태(形態) forma, figura. ~학 · ~론 morfología. ~학상의 · ~론상의 morfológico.

형통(亨通) ~하다 ir bien, estar bien. 만사 가 ~하다 Todo va bien.

형편(形便) 1 [일의 경로 · 결과] situación, estado, aspecto, desarrollo.
2 [살림의] situación familiar.
3 [형세] condición, conveniencia, circunstancia. 세계 ~ situación mundial. 재정 ~ condiciones monetarias.

형평(衡平) balanza, equilibrio.

혜서(惠書) su amable carta.

혜성(彗星) cometa (*m.*). ~같은 semejante a un cometa, que causa espanto (admiración). ~처럼 como una cometa.

혜안(慧眼) vista penetrante. ~의 de vista penetrante, perspicaz.

혜택(惠澤) favor, beneficio, gracia, benevolencia, amistad, amabilidad. 문명의 ~ beneficio de la civilización.

혜한(惠翰) su amable carta.

호(戶) casa, puerta, familia. 100 ~쯤의 촌 aldea de unas cien casas.

호(好) bueno. ~기회 buena oportunidad.

호(湖) lago.

호(號) [번호] número; [아호] seudónimo. 8 ~실 cuarto (habitación) número ocho. 5 월 ~ número de mayo.

호각(互角) ~의 igual, equivalente. ~의 승 부 lucha igualada. 두 사람은 ~지세로 싸우고 있다 Los dos luchan igualadamente.

호각(號角) chiflo, chifle, chiflete, silbato. ~을 불다 chirlar. ~ 소리 chilido.

호감(好感) buena impresión, simpatía. ~을 가지다 tener (sentir) simpatía hacia (por) *algo · uno*, simpatizar con *uno*. ~을 주다 dar (causar) buena impresión a *uno*, inspirar simpatía a *uno*. 그는 나에게 ~을 준다 Me causa buena impresión./ Le tengo por muy simpático (por buen hombre).

호강 comfortación, comodidad, conveniencia, lujo, pompa. ~스러운 살림 vida lujosa (exuberante · sobreabundante).

호걸(豪傑) hombre valiente (heroico); hércules, hombre hercúleo.

호격(呼格) 【문】 vocativo.

호경기(好景氣) prosperidad. ⇨ 호황.

호구(戶口) entrada, puerta. ~ 조사 censo.

호구(虎口) boca del tigre; [비유적] peligro, riesgo. ~에 들어가다 entrar en el lugar peligroso. ~에서 벗어나다 escapar del peligro.

호구(糊口) [생활] vida, modo de vivir, modo de ganar la vida, mantenimiento, substancia. ~지책 modo de vivir. ~지책이 막연하다 no tener el modo de vivir. ~지책을 구하다 buscar el modo de vivir.

호기(好機) oportunidad, buena ocasión, momento favorable. ~를 이용하다 · ~를

포착하다 agarrar (coger·aprovechar) una oportunidad. ~를 잃다 perder (desperdiciar·dejar pasar) una oportunidad. ~가 오기를 기다리다 esperar el momento oportuno, esperar a que venga (se presente) la oportunidad. ~가 왔다 Se ofrece (Se presenta) una buena ocasión. 이것은 서반아에 갈 더없는 ~이다 Ésta es la mejor ocasión para ir a España.

호기(豪氣) espíritu heroico. ~롭다 ser heroico. ~부리다 baladronear, hacer (decir) baladronadas.

호기심(好奇心) curiosidad. ~이 강한 curioso. ~에서 por curiosidad; [⋯에 대한] con curiosidad por *algo·uno*. ~를 일으키다 despertar (excitar) la curiosidad de *uno*.

호남(好男) garrido, galán, garbo, bonachón.

호농(豪農) agricultor rico.

호도(胡桃)【식】 nuez. ~나무 nogal.

호도(糊塗) ~하다 cubrir, encubrir, paliar. 실패를 ~하다 cubrir (encubrir·paliar) una falta.

호되다 ser severo (violento·difícil·cruel·intenso·furioso). 호되게 severamente, violentamente, furiosamente, difícilmente. 호된 일 trabajo difícil. 호된 추위 frío intenso. 호된 형벌 pena severa, castigo severo.

호두 nuez. ~까는 집게 cascanueces. ~까다 cascar una nuez. ~나무 nogal.

호랑이【동】 tigre.

호래아들 patán, aldeano, villano.

호령(號令) orden, mandato, voz de mando. ~을 내리다 dar una voz de mando, dar órdenes.

호루라기 chifle, chiflete, silbato. ~를 불다 chiflar.

호르몬【생】 hormón, hormona.

호마(胡麻)【식】 sésamo, ajonjolí, alegría. ~유(油) aceite de sésamo.

호명(呼名) lista, pase de lista. ~하다 pasar la lista.

호미 azada. ~로 땅을 파다 cavar la tierra con azada.

호박【식】 calabaza. ~같은 여자 mujer fea.

호박(琥珀) ámbar. ~색의 ambarino, de color de ámbar. ~산 ácido succínico. 인조 ~ ámbar artificial.

호반(湖畔) borde del lago, orilla del lago. ~의·~에서 a la orilla del lago.

호방(豪放) ~한 generoso y audaz.

호배추(胡~) berza, col.

호변(好辯) elocuencia, oratoria.

호별(戶別) casa por casa, a cada casa. ~로 de casa en casa, casa por casa, de puerta en puerta. ~ 방문 vista de casa en casa. ~방문하다 visitar de casa en casa.

호부(豪富) persona rica, millonario.

호사(好事) buena ocasión, evento feliz. ~다마 El bien nunca viene solo./ A la luz sigue, generalmente, la sombra. ~가 [애호가] aficionado, diletante.

호사(豪奢) extravagancia, lujo, suntuosidad. ~스런 lujoso, suntuoso, magnífico, fastuoso. ~스런 생활을 하다 vivir con mucho lujo, vivir como un sultán (un rey·un rajá), sostener un tren de vida, darse (llevarse) la gran vida.

호상(互相) mutuo. ⇨ 상호.

호상(豪商) comerciante rico.

호색(好色) lascivia, voluptuosidad, erotismo. ~의 lascivo, lujurioso, lúbrico, voluptuoso. ~가 sátiro. ~ 문학 literatura pornográfica (erótica), pornografía.

호선(互選) elección mutua (recíproca). ~하다 elegir entre *sí*. 우리들은 의장을 ~ 다 Elegimos al presidente entre nosotros.

호선(弧線) arco.

호소(呼訴) apelación. ~하다 apelar.

호소(湖沼) lago y laguna, lagos y pantanos.

호송(護送) escolta, convoy. ~하다 escoltar, convoyar, conducir a *uno* bajo guarda.

호수(湖水) lago.

호수(戶數) número de casas.

호스 manguera, tubo flexible de cuero, de hule etc. para conducir ríquidos.

호스티스 posadera, mesonera, patrona, huéspeda, ama.

호시절(好時節) buena estación, estación favorable.

호시탐탐(虎視眈眈) ~ 노리다 acechar, estar al acecho de *algo*.

호신(護身) defensa propia. ~용 para defensa propia. ~술 arte de defensa propia.

호안(護岸) dique de protección, protección de la orilla (de la costa). ~ 공사 construcción de un dique de protección; [하안의] obras de protección de la orilla ([해안의] de la costa).

호양(互讓) concesión mutua. ~의 정신으로 con espíritu conciliador.

호언(豪言) jactancia, expresión de ostentación, vanagloria, bravata. ~하다 jactarse, vanagloriarse, alabarse.

호언(好言) amable palabra, buena palabra.

호연(浩然) grande, vasto, magnánimo. ~하다 ser vasto (magnánimo).

호열자(虎列剌)【의】 cólera.

호외(戶外) aire libre. ~에서 fuera de casa, al aire libre; [노천에서] al raso, a cielo descubierto, a la intemperie. ~에 나가다 salir de casa, salir fuera. ~에서 놀다 jugar al aire libre. ~에서 밤을 새우다 dormir al raso.

호외(號外) extra, extraordinario.

호우(豪雨) lluvia torrencial (fuerte), chaparrón, chubasco.

호운(好運) buena suerte, buene fortuna ⇨ 행운.

호위(護衛) [행위] guardia; [사람] guardaespaldas; guardia; [집합적] guardia. ~하다 guardar, escoltar. ~를 붙이다 poner un guardia a *uno*. ~대 guardia, escolta. ~함 buque [de] escolta.

호유(豪遊) ~하다 divertirse lujosamente (con derroche), estar de juerga (de jarana).

호음(豪飲) borrachera, jarana. ~하다 jaranear, beber excesivamente, embriagarse.

호응(呼應) ~하다 responder a *uno*. …과 ~해서 respondiendo a *uno*.

호의(好意) buena intención (voluntad); [동정] simpatía; [친절] amabilidad, bondad, benevolencia, favor. ~적 simpático; amable, favorable. ~적으로 con buena intención; amablemente, favorablemente. ~로. ~에서 con buena intención, con toda buena voluntad, con todo *su* afecto. …의 ~로 gracias (merced) a *uno*, a favor de *uno*. ~적으로 mirar *algo* (a *uno*) con buenos ojos. …에게 ~를 가지다 tener simpatía con (hacia) *uno*, sentir simpatía por *uno*, tener buen concepto (buena opinión) de *uno*. …에게 ~를 보이다 mostrar simpatía por (hacia) *uno*. 여론은 그에게 ~적이다 La opinión pública está a su favor./ Tiene a su favor el público.

호의(好誼) buena amistad, amistad íntima.

호인(好人) bonachón, buen tipo, alma de Dios, buen hombre.

호적(戶籍) registro civil. ~등본 copia del registro civil. ~부 registro civil (de censo). ~초본 extracto del registro civil.

호적(好適) ~한 coveniente, apropiado, adecuado; [이상적] ideal. 이 책은 서반아어를 공부하기에 ~이다 Este libro es muy apropiado (recomendable) para el estudio del español.

호적수(好敵手) buen adversario, émulo, rival (*m.f.*).

호전(好轉) mejoría, mejoramiento, giro favorable. ~하다 mejorarse, ponerse mejor, tomar buen cariz (sesgo). 사태는 ~의 기미가 보이고 있다 Hay síntomas de menoría en la situación./ Las cosas están tomando buen cariz. 경기는 ~되고 있다 Los negocios presentan buenas perspectivas./ La economía está mejorando (se recobra).

호전적(好轉的) belicoso, belicista, guerrero.

호접(蝴蝶) [충] mariposa.

호젓하다 [쓸쓸하다] ser solitario; [고요하다] ser tranquilo (silencioso·desierto). 호젓한 거리 calle desierta.

호조(好調) buen estado, buena condición, marcha feliz; [스포츠에서] buena forma. ~이다 estar en buen estado, marchar bien; [신체가] ir (andar·estar) bien de salud.

호족(豪族) familia poderosa.

호졸근하다 [옷 등이] mojarse; [몸이] estar cansado.

호주(戶主) cabeza (jefe) de familia (de casa).

호주(好酒) amor de licor. ~하다 estar aficionado al licor, gustar*le* beber. ~가 (객) bebedor, boracho.

호주머니 bolsillo.

호초(胡椒) [식] pimienta.

호출(呼出) llamada, llamada al teléfono. ~하다 llamar, citar, llamar al teléfono. ~장 citación, comparendo (출두 명령).

호콩(胡-) cacahué, cacahuete; 【멕시코】 cacahuete; 【쿠바】 maní.

호쾌(豪快) ~한 남자 hombre animoso (vigoroso) y abierto. ~한 숫 tiro espléndido.

호탕(豪宕) grandeza, esplendor, fausto, pompa.

호텐톳 hotentote, natural de la Hotentocia, en el sur de Africa.

호텔 hotel. ~은 어디에 있습니까 ¿Dónde hay un hotel? 이 근처에 ~이 하나도 없다 No hay ni un hotel por aquí.

호통 rabia, ira, enojo, furor, arrebato de cólera. ~치다 rabiar, enojarse, enfurecerse, encolerizarse.

호투(好投) lanzamiento perfecto. ~하다 lanzar bien.

호평(好評) crítica favorable, acogida (aceptación) pública favorable; [인기] popularidad, reputación. ~을 받다 recibir una crítica (una acogida) favorable, tener mucha aceptación, ganar popularidad.

호포(號砲) cañonazo de señal.

호프 esperanza, confianza.

호피(虎皮) piel del tigre.

호학(好學) amor de los estudios. ~하다 ser aficionado a los estudios. ~지사 persona amante de los estudios.

호헌(護憲) defensa de la constitución. ~

호혈(虎穴) cueva de tigres. ~에 들어가야 범을 잡는다 Quien no se aventura no pasa la mar.

호형(弧形) arco.

호혜(互惠) reciprocidad. ~의 recíproco. ~조약 pacto recíproco. ~통상 계획 programa recíproco de comercio.

호호백발(皓皓白髮) pelo cano.

호화(豪華) pompa, lujo, suntuosidad, magnificencia, fausto, fastuosidad. ~로운 pomposo, lujoso, suntuoso, magnífico, aparatoso, fastuoso. ~롭게 lujosamente, fastuosamente, con suntuosidad, con fastuosidad. ~로운 옷을 입고 있다 estar lujosamente (suntuosamente·fastuosamente) vestido. ~본(本) libro lujosamente encuadernado. ~판 edición de lujo.

호환(虎患) desastre causado por tigres.

호황(好況) prosperidad [económica], bonanza, buena marcha (mucha actividad) en los negocios. ~의 próspero. [활발한] activo. ~의 최성기기 época de suprema prosperidad. 제철업계의 ~ auge siderúrgico. ~이다 tener mucha actividad, gozar de prosperidad, estar en estado próspero, ir viento en popa.

호흡(呼吸) respiración, respiro. ~하다 respirar, alentar. ~이 가쁘다 jadear. 그는 ~이 곤란했다 Se le hizo (Se le hizo penosa (difícil) la respiración. ~곤란 dificultad de la respiración, [의] disnea. ~기 órgano (aparato) respiratorio. ~기병 enfermedad del órgano respiratorio. ~소생 reanimación respiratoria. ~ 운동 ejercicios respiratorios.

혹 verruga, lobanillo, lupia.

혹(或) 1 [혹시] tal vez, quizá, quizás, acaso, por ventura, puede ser, probablemente.
2 [혹간] a veces, unas veces, algunas veces, de vez en cuando, de cuando en cuando, raras veces.
3 [또는] o, u [o- 나 ho- 로 시작되는 단어 앞에서].
4 [혹자] unos. ~은 검고 ~은 붉다 Unos son negros, otros rojos.

혹간(或間) a veces, algunas veces, de vez en cuando, raras veces.

혹독(酷毒) severidad. ~한 severo, excesivo, duro, cruel, riguroso. ~하게 severamente, intensamente, terriblemente. ~한 비평 crítica severa (dura). 그것은 너무 ~하다 Eso es demasiado cruel. 사원에게 그렇게 일을 시키는 것은 ~하다 Es cruel hacer trabajartanto a los empleados.

혹렬(酷烈) severidad, intensidad, extremidad. ~하다 ser severo (intenso).

혹부리 hombre con lobanillo.

혹사(酷使) ~하다 [사람을] hacer trabajar a *uno* duramente, imponer a *uno* trabajo duro. 눈을 ~하다 maltratar los ojos. 엔진을 ~하다 forzar el motor.

혹서(酷暑) calor intenso (agobiante).

혹설(或說) una opinión, cierta teoría (vista).

혹성(惑星) planeta.

혹세무민(惑世誣民) ~하다 seducir al público.

혹시(或是) 1 [때때로] a veces, unas veces, algunas veces, de vez en cuando, de cuando en cuando.
2 [아마] tal vez, quiza, quizás, acaso, probablemente.

혹열(酷熱) calor intenso (terrible). ~의 tórrido.

혹염(酷炎) calor intenso.

혹자(或者) cierto hombre.

혹평(酷評) crítica severa. ~하다 criticar *algo* (a *uno*) severamente (duramente).

혹하(惑-) [반하다] estar enamorado de *uno*.

혹한(酷寒) frío intenso (terrible).

혹형(酷刑) pena severa, catigo severo.

혼(魂) [넋] alma; [정신] espíritu. ~을 빼다 encantar.

혼기(婚期) edad núbil (casadera), nubilidad. ~를 넘기다 pasar de la edad núbil.

혼나다 temblar de miedo.

혼내다 [놀래다] espantar, asustar, dar miedo.

혼담(婚談) propuesta de matrimonio.

혼담(魂膽) alma, mente (*f.*).

혼도(昏倒) desmayo. ~하다 desmayarse.

혼돈(混沌) caos, confusión, desorden. ~된 caótico, confuso, en desorden revuelto.

혼동(混同) confusión, mezcla. ~하다 confundir, mezclar.

혼란(混亂) confusión, desorden, alboroto, disturbio, desconcierto, conmoción, tumulto. ~하다 desordenarse, confundirse, turbarse. ~시키다 confundir, desordenar, turbar, alborotar. ~상태에 있다 encontrarse en una situación confusa. ~을 수습하다 salvar la situación. ~을 일으키다 causar una confusión. 사회의 ~ confusión (desorden) de la sociedad. 전후의 ~ 상태 situación confusa de la postguerra. ~이 생긴다 Nace (Se produce·Ocurre) una confusión (un desorden). 그는 너무 홍분해서 머리가 ~했다 Perdió la cabeza por demasiada excitación. 적은 대

~에 빠졌다 El enemigo cayó en un gran desorden.

혼령(魂靈) espíritu, alma; fantasma, espectro. ~ 인구 población falsa. ~의 집 casa de fantasmas. ~ 회사 compañía falsa.

혼례(婚禮) matrimonio, casamiento.

혼미(混迷) aturdimiento, desorden, confusión, caos. ~한 정국 situación confusa de la política. 정계가 ~해 있다 Estamos en una situación confusa.

혼방(混紡) mezcla. 면과 화섬의 ~ mezcla de algodón y fibra sintética.

혼백(魂魄) alma, espítiru.

혼사(婚事) matrimonio, casamiento, nupcia.

혼색(混色) color mixto.

혼선(混線) confusión de circuitos, confusión de líneas. ~하다 confundirse; (전화가) cruzarse las líneas. 전화가 ~되어 있다 La comunicación [telefónica] está cruzada.

혼성(混成) ~의 mixto, mezclado. ~팀 equipo mixto.

혼성(混聲) voces mixtas. ~ 사부 합창 coro mixto de cuatro voces. ~ 합창 coro mixto.

혼솔(渾率) toda familia, familia entera.

혼수(昏睡) sopor, letargo, modorra; [지각상실] estupor; [무의식] coma (m.). ~ 상태 estado letárgico. ~ 상태의 letárgico; comatoso. ~ 상태에 빠지다 caer en estado letárgico (comatoso), estar en coma.

혼수(婚需) artículos esenciales al matrimonio.

혼식(混食) comida mixta.

혼신(渾身) todo cuerpo. ~의 힘으로 con toda fuerza, con todas *sus* fuerzas.

혼야(昏夜) medianoche oscura.

혼약(婚約) promesa (palabra) de matrimonio, compromiso, esponsales (*m.pl.*). ~하다 [com] prometerse; [···과] dar palabra de casamiento a *uno*. ~시키다 [A를 B와] desposar a A con B. ~을 파기하다 romper (anular) la promesa de matrimonio. 2인은 ~했다 Los dos se han dado palabra de casamiento. ~ 반지 anillo de noviazgo (de esponsales · de prometido · de compromiso). ~ 시절 noviazgo. ~자 novio, desposado.

혼연(渾然) ~히 armoniosamente. ~일체가 되다 formar (constituir) un todo armonioso.

혼욕(混浴) baño mixto.

혼인(婚因) matrimonio, casamiento. ~하다 casarse. ~계 registro de matrimonio. 시청에 ~계를 내다 registrar el matrimonio en el (declarar *su* casamiento en el) Ayuntamiento. ~ 연령 pubertad. 그녀는 아직 ~ 연령에 미치지 못했다 Ella no ha llegado aún a la edad de tomar estado (a la edad de matrimonio).

혼일(混一) unificación, consolidación, reunión, conjunción, amalgamación. ~하다 unificar, consolidar, amalgamar.

혼일(婚日) día de la boda.

혼자 solo; [여자] solo. ~ 살다 vivir solo. ~여행하다 viajar solo.

혼잡(婚雜) aglomeración, hormiguero, muchedumbre; [자동차의] embotellamiento, congestión; [살도] afluencia, concurrencia; [혼란] desorden, confusión. ~하다 aglomerarse; [상류] estar lleno (atestado de *algo*; estar congestionado); estar confuso (desordenado · en desorden). 러시아워의 ~은 굉장하다 La aglomeración de las horas puntas es horrible. 거리는 사람으로 ~하다 Hay muchísima gente (gran muchedumbre) en la calle./ La calle está llena (atestada) de gente. 교차로는 자동차로 ~하다 Hay un embotellamiento [de coches] en el cruce.

혼잣말 soliloquio. ~하다 soliloquiar, hablar a solas.

혼전(混戰) conflicto confuso, batalla (pelea) confusa, combate libre.

혼전(婚前) ~의 prematrimonial. ~ 교섭 experiencias prematrimoniales.

혼절(昏絶) desmayo. ~하다 desmayarse.

혼탁(混濁) turbiedad, suciedad; confusión. ~한 turbio, enturbiado, confuso.

혼합(混合) mezcla, mixtura. ~하다 mezclar. ~ 기체 mezcla gaseosa. ~물 mixtura. ~ 비료 abono mixto.

혼혈(混血) mestizo, sangre mezclada. ~의 mixto; [백인과 인디오의] mestizo; [백인과 흑인의] mulato. ~아 mixto; mestizo; mulato.

홀 salón, sala.

홀가분하다 ser ligero (vivo · activo · listo · ágil). 홀가분한 동작 movimiento ágil. 홀가분한 기분으로 con un corazón ligero.

홀란드 [지] Holanda. ~의 [사람] holandés. ~어 holandés.

홀로 solo. ~살다 vivir solo.

홀리데이 día de descanso, día festivo.

홀몸 soltero.

홀씨 {생} espora, esporo.

홀소리 vocal. ⇨ 모음.

홀아비 viudo. ~로 살다 vivir en viudez.

홀어머니 viuda. ~로 살다 vivir en viudez.

홀어미 viuda.

홀연(忽然) súbitamente, de repente, de pronto, de improviso, inesperadamente. ~히 나타나다 aparecer de repente. ~히

홀쭉이 사라지다 desaparecer de improviso.
홀쭉이 persona delgada (flaco).
홀쭉하다 ser delgado (flaco).
홈 acanaladura. ~을 파다 acanalar.
홈 hogar, casa propia, morada, mansión (habitación) donde uno vive; patria, el país (tierra) de donde uno es natural; domicilio, residencia. ~메이드 hecho en casa, fabricado en el país. ~스펀 nostálgico (향수병).
홈런 carrera cuadrangular de un bateador, jonrón.
홍(紅) rojo. 진~ carmesí.
홍당무 zanahoria.
홍등가(紅燈街) brudel, casa pública de mujeres mundanas.
홍백(紅白) rojo y blanco. ~의 de [color] rojo y blanco.
홍보석(紅寶石) rubí.
홍삼(紅蔘) ginseng rojo.
홍색(紅色) rojo, color rojo.
홍소(哄笑) carcajada, risa violenta y ruidosa (y clamorosa). ~하다 soltar la carcajada (una gran risotada), reir a carcajadas.
홍수(洪水) inundación, riada; [대홍수] diluvio. 노아의 ~ Diluvio [de Noé]. 도시는 자동차~다 La ciudad está inundada de automóviles./ Los automóviles inundan la ciudad.
홍안(紅顔) mejillas sonrojadas, rostro sonrojado. ~의 미소년 muchacho (joven) guapo [de rostro sonrojado].
홍역(紅疫) sarampión.
홍엽(紅葉) enrojecimiento de las hojas de los árboles; [잎] hoja colorada.
홍예(虹蜺) arco iris. ~대 estribo de puente. ~문 arco de una puerta.
홍옥(紅玉) rubí.
홍은(鴻恩) gran favor (benevolencia).
홍인종(紅人種) raza roja, indio americano.
홍일점(紅一點) única mujer. 그녀는 클럽의 ~이다 Es la única mujer que hay en el club.
홍적(洪積) ~세 · ~층 diluvium.
홍조(紅潮) 얼굴에 ~을 떠다 ponerse rojo; [수치심으로] ruborizarse, enrojecerse. 그는 기뻐서 볼에 ~을 띠고 있다 Tiene las mejillas encendidas (coloradas), de alegría. 그녀는 수치심으로 얼굴에 ~을 떠였다 Se ruborizó (Se le encendió la cara) de vergüenza.
홍진(紅塵) plovo denso. ~ 만장 nube de plovo. ~ 세계 mundo polvoriento (lleno de polvo).
홍차(紅茶) té [negro · inglés]. ~ 한 잔 una taza de té.
홍채(虹彩) iris del ojo.
홍해(紅海) Mar Rojo.
홀몸 1 [배우자 없는] soltero; [여자] soltera; soltería.
2 [임신하지 않은] mujer que no está pregnante.
홀소리 la voz de una sola sílaba, voz monosilábica.
화(火) 1 [성] cólera, ira, enojo. ~를 내다 estar enfadado (enojado).
2 [화요일] martes.
3 [화기] fuego. llama.
화(禍) desastre, calamidad.
화(和) total, suma.
화가(畵家) pintor. 여류 ~ pintora.
화가(畵架) caballete de pintor.
화간(和姦) fornicación, cópula carnal entre dos personas que no están casadas. ~하다 fornicar.
화강암(花崗岩) [광] granito.
화공(畵工) pintor, artista (m.f.).
화공(靴工) zapatero.
화관(花冠) [식] corola.
화교(華僑) comerciante chino en el extranjero.
화구(火口) [분화구] cráter. ~구(丘) cono volcánico. ~호(湖) lago volcánico; [작은] laguna volcánica.
화근(禍根) raíz de daño, raíz de injuria, raíz de desgracia, raíz del mal. ~을 없애다 acabar con la raíz del mal. 장래에 ~을 남기다 dejar viva la raíz del mal.
화급(火急) urgencia. ~한 urgente, apremiante. ~한 일 asunto (negocio) urgente. ~한 경우에는 en caso de urgencia.
화기(火氣) fuego, llama. ~ 엄금 Prohibido el fuego./ Cuidado con fuego./ ¡No acercar al fuego!
화기(火器) el arma de fuego.
화기(和氣) armonía, paz. ~ 애애하다 ser harmonioso (pacífico). ~ 애애한 가정 hogar en paz y armonía.
화나다(火一) estar enojado (enfadado).
화난(禍難) desastre, calamidad.
화내다(火一) enfadarse, enojarse.
화냥년 mujer lasciva.
화냥질 lascivia.
화농(化膿) supuración. ~하다 supurar. ~성의 supurativo. ~균 microbio piógeno. ~약 antiséptico.
화단(花壇) macizo, cuadro de jardín.
화단(畵壇) círculo de pintores, mundillo pictórico.
화대(花代) propina de *guiseng*.
화동(化同) armonía.
화락(和樂) armonía, unidad, paz.

화란(和蘭)【지】 Holanda. ~의 [사람] holandés. ~어 holandés.
화랑(畵廊) galería de cuadros, galería de cuadros.
화려(華麗) esplendidez, magnificencia, pompa. ~한 espléndido, magnífico, suntuoso.
화력(火力) fuerza de fuego, fuerza calorífica. ~이 강한 de gran fuerza calorífica. ~ 발전 termogeneración, producción térmica de la energía eléctrica. ~ 발전소 central térmica.
화로(火爐) hogar.
화룡점정(畵龍點睛) una última pincelada para que la obra sea perfecta.
화류계(花柳界) sociedad frívola, sociedad alegre.
화류병(花柳病) venéreo, malfrancés, enfermedad venérea.
화면(畵面) escena, vista, paisaje; [영상] imagen (f.); [스크린] pantalla. ~이 밝ह (어둡다) La imagen es clara (obscura).
화목(火木) leña para la lumbre.
화목(和睦) armonía, intimidad, paz. ~하다 ser amable [con].
화문(花紋) modelos de flores. ~석 estera tejida con modelos de flor.
화물(貨物) mercancía; [적하] carga; [전체] cargamento. ~선 barco de carga. ~수송 transporte de mercancías; [트럭의] camionaje. ~수송기 avión de carga. ~역 estación de carga (de mercancías). ~열차 tren de carga (de mercancías). ~ 운임 porte; [트럭의] camionaje; [배의] flete. ~인환증 talón de resguardo. ~ 자동차 camión, furgón.
화미(華美) fastuosidad, lujo, suntuosidad. ~한 fastuoso, lujoso, suntuoso. ~한 옷 traje suntuoso. ~한 생활 vida fastuosa.
화방(花房) florería.
화백(畵伯) pintor.
화법(畵法) arte de pintura.
화법(話法)【문】naración. 직접 (간접) ~ naración directa (indirecta).
화변(禍變) desastre, calamidad.
화병(花甁) florero, jarrón (vaso) de flores.
화보(畵報) revista ilustrada.
화보(花譜) catálogo de flores.
화부(火夫) fogonero.
화분(花盆) tiesto, florero, maceta de flores.
화분(花粉) polen. ~관 tubo de polen.
화사(畵師) pintor, artista.
화사(華奢) lujo, pompa, esplendor. ~하다 ser lujoso (pomposo· espléndido).
화산(火山) volcán (pl.volcanes). ~의 volcánico. ~ 활동 (대·맥·도·암·탄·재) actividad (zona·sierra·isla·roca· bomba·ceniza) volcánica. ~학 volcanología. ~학자 volcanólogo, -ga.
화살 flecha, saeta. ~을 쏘다 tirar (disparar· soltar) una flecha. ~처럼 달리다 correr como una flecha. 활에 ~을 먹이다 poner una flecha al arco, armar un arco.
화상(火傷) quemadura, escaldadura. ~을 입다 escaldar, quemar con líquido hirviendo (caliente).
화상(和尙) sacerdote budista.
화상(華商) comerciante chino.
화상(畵商) comerciante de (en) cuadros.
화상(畵像) imagen, tetrato, pintura.
화색(和色) expresión cordial.
화서(花序) inflorescencia.
화서지몽(華胥之夢) siesta.
화석(火石) pedernal, piedra de chispa (lumbre). ⇨ 부싯돌.
화석(化石) fósil. ~으로 되다 fosilizarse, petrificarse. 나무잎 ~ hoja petrificada. ~화 fosilización, petrificación. ~화된 fósil, petrificado.
화선(畵仙) gran maestro de pinturas.
화섬(化纖) fibra sintética.
화성(火星)【천】Marte. ~의 marciano.
화성암(火成岩) roca ígnea (eruptiva), roca plutónica.
화순(和順) obediencia, docilidad.
화술(話術) arte de conversación.
화승(火繩) fusible.
화식(火食) comida cocida. ~하다 tomar la comida cocida.
화신(化身) encarnación, personificación. 악마의 ~ diablo personificado. 욕심의 ~ encarnación de la avaricia.
화씨(華氏) Fahrenheit. ~10도 diez grados en el termómetro de Fahrenheit, diez grados según el sistema de Fahrenheit, 10ºF. ~ 온도계 termómetro de Fahrenheit.
화실(畵室) taller, estudio de un artista.
화안(花顔) cara hermosa.
화압(花押) firma.
화약(火藥) pólvora. ~고 santabárbara, polvorín. ~ 제조소 fábrica y pólvora [y explosivos].
화염(火焰) llama. ~ 방사기 lanzallamas. ~병 coctel Molotov.
화요일(火曜日) martes. ~마다 los martes.
화원(花園) jardín de flores.
화음(和音)【음】acorde.
화응(和應) respuesta. ~하다 responder, contestar.
화의(和議) negociación para paz, conferencia de paz. ~하다 negociar para la paz.
화장(化粧) maquillaje, tocado, atavío, afeite. ~하다 maquillarse, pintarse, tocarse. ~한 얼굴 cara maquillada. ~을 지우다

quitarse el maquillaje. ~을 해주다 maquillar a *uno*. ~대 tocador, estuche de aseo. ~ 비누 jabón de tocador. ~ 용 agua de tocador. ~실 tocador, cuarto de aseo; [극장의] camerino, camarín. ~통·~도구상자 [estuche de] tocador, neceser. ~품·~도구 artículos de tocador, cosméticos. ~품 셋트 juego de cosméticos.(de tocador). ~품점 perfumería, tienda de cosméticos.

화장(火葬) cremación, incineración. ~하다 incinerar. 시체를 ~하다 incinerar un cadáver. ~장 crematorio, horno crematorio, horno de incineración, campo de cremación.

화재(火災) fuego, incendio, conflagración. ~을 일으키다 provocar (causar) un incendio; [방화] incendiar. ~가 일어난다 Se declar (Estalla · Ocurre) un incendio. ~경보기 alarma de incendios. ~보험 seguro de (contra) incendio. ~보험에 들다 asegurar *algo* contra incendios. ~예방 주간 semana para la prevención de incendios.

화제(話題) tópico, tema *(m.)*.
화주(貨主) dueño de productos.
화집(畵集) libro (colección) de pinturas.
화차(火車) tren. ⇨ 기차.
화차(貨車) furgón, vagón de carga [de mercancías]. 무개 ~ vagón descubierto, plataforma. 유개 ~ vagón cubierto, furgón.

화창(和暢) claridad. ~한 날씨 tiempo claro. ~한 날 día claro.
화첩(畵帖) libro de pinturas, álbum de pinturas.
화초(花草) flores *(f.pl.)*.
화촉(華燭) [초] candela pintada; [결혼식] boda, nupcias, casamiento, la celebración del matrimonio.
화친(和親) amistad, relaciones íntimas.
화톳불 hoguera.
화통(火筒) chimenea.
화투(花鬪) *juatu*, naipes coreanos.
화판(畵板) tablero de dibujo.
화평(和平) paz. ~ 교섭 negociación de la paz.
화폐(貨幣) moneda [corriente]. ~의 monetario. ~를 발행하다 emitir la moneda, poner la moneda en circulación. ~ 주조하다 acuñar (batir) moneda. ~ 가치 valor monetario. ~ 경제 economía monetaria. ~ 단위 unidad monetaria. ~ 유통고 circulación monetaria, volumen de moneda corriente (circulante). ~ 제도 sistema monetario. ~ 주조 acuñación de moneda.

화포(畵布) lienzo.
화폭(畵幅) cuadro, pintura, dibujo.
화풍(畵風) estilo [de un pintor].
화하다(化一) convertirse.
화하다(和一) 1 [섞다] mezclar. 2 [동화하다] ser suave.
화학(化學) química. ~의·~적 químico. ~적 성질 propiedades químicas. ~ 공업 industria química. ~ 공학 tecnología química. ~ 기호 símbolo químico. ~ 반응 reacción química. ~ 방정식 ecuación química. ~ 변화 transformación química. ~ 병기(兵器) arma química. ~ 비료 abono (fertilizante) químico. ~ 섬유 fibra química. ~식 fórmula química. ~ 약품 medicamentos. ~ 요법 quimioterapia. ~자 químico,·ca. ~ 제품 producto químico. ~ 조미료 condimento químico.

화합(和合) armonía, paz. ~하다 armonizar.
화합(化合) combinación. ~하다 combinar A와 B를 ~시키다 combinar A con B. ~된 combinado. 수소와 산소가 ~되면 물이 된다 El hidrógeno y el oxígeno, al combinarse, se convierten en agua. ~물 compuesto. ~열 calor de combinación.

화해(和解) paz, reconciliación, concorda ~하다 reconciliarse. …와 ~하다 hacer las paces con. 그는 이웃과 ~했다 El hizo las paces con un vecino.
화협(和協) armonía, cooperación armoniosa.
화형(火刑) tosta, polla.
화환(花環) guirnalda.
화훼(花卉) plantas floridas. ~ 재배 floricultura. ~ 재배가 floricultor.
확고(確固) firmeza. ~한 firme, resuelto, decidido. ~한 신념 convicción firme. ~한 태도를 취하다 tomar una actitud resuelta, portarse decididamente.
확답(確答) contestación definitiva, respuesta decisiva. ~하다 contestar definitivamente, dar una respuesta definitiva. ~을 피하다 eludir una respuesta definitiva.
확대(擴大) agrandamiento; [확장] ampliación, expansión, ensanchamiento; [증가] aumento. ~하다 agrandar; ampliar, extender, ensanchar; aumentar; [음을] amplificar. 법률을 ~해석하다 ampliar la interpretación de una ley. 현미경으로 ~해서 보다 examinar *algo* por el microscopio. 분쟁이 ~되고 있다 Se extiende el conflicto./ El conflicto alcanza serias proporciones. ~경 lupa. ~ 균형【경】 desarrollo económico equilibrado.
확률(確率) probabilidad. 그가 죽을 ~은 저

확립(確立) establecimiento, instalación. ~된 establecido, asentado. ~하다 establecer, instalar, fijar. 정책을 ~하다 decidir una línea política. 평화를 ~하다 establecer la paz.

확보(確報) aseguramiento; [보장] garantía; [예약] reserva; [유지] mantenimiento. ~하다 asegurar; garantizar; reservar; mantener. 지위를 ~하다 asegurar el puesto. 좌석을 ~하다 [예약] reservar un asiento. 보안 요원을 ~하다 asegurar el personal de seguridad.

확산(擴散) difusión, diseminación, proliferación. ~하다 difundirse, diseminarse, proliferar. ~ 계수 coeficiente de difusión. ~광(光) luz difusa. ~면(面) superficie difusora. ~ 반사 reflexión difusa. ~벽 pared difusora.

확성기(擴聲器) altavoz (m.), altoparlante.

확신(確信) convicción, creencia firme. ~하다 convencerse de algo. ~을 갖고 con firmeza. …라고 ~하고 있다 estar seguro [de] que + ind. ~하고 있지 않다 no estar seguro [de] que + subj. 나는 그의 성공을 ~하고 있다 Estoy seguro que tendrá éxito./ Estoy convencido de su éxito. 불이 꺼졌는지 어떤지 ~이 없다 No estoy seguro de haber apagado (de si apagué) el fuego o no.

확실(確實) certeza, certidumbre. ~한 cierto, seguro. ~히 ciertamente, seguramente, sin falta. ~하지 않는 inseguro, dudoso. ~한 정보 noticia cierta (de confianza). ~한 방법 medio seguro. 그의 당선은 ~하다 Será elegido con seguridad. 빌린 돈을 ~히 지불하겠다 Pagaré la deuda con toda seguridad. ~성 certeza, seguridad, certidumbre (m.).

확약(確約) promesa definitiva (formal). ~하다 prometer, asegurar, dar [su] palabra de algo. …라 ~한다 Le aseguro que + ind.

확언(確言) [단언] afirmación. ~하다 afirmar que + ind.

확인(確認) confirmación, comprobación. ~하다 confirmar, comprobar. 사체를 ~하다 identificar el cadáver. 그의 죽음은 아직 ~되지 않았다 Su muerte no está aún confirmada.

확장(擴張) expansión. ~된 ensanchamiento; [사업 따위의] ampliación. ~하다 extender, ensanchar; ampliar. 공장(사업)을 ~하다 ampliar la fábrica (el negocio). 도로를 ~하다 ensanchar la calle. 영토를 ~하다 extender el territorio. 전화 설비의 ~ expansión del servicio telefónico. ~ 계획 plan de ampliación. ~ 공사 obra de ensanche.

확정(確定) decisión, determinación, confirmación, afirmación. ~하다 decidir, determinar, fijar, afirmar.

확증(確證) prueba decisiva (clara·convincente·positiva). ~을 얻다 obtener pruebas decisivas. 그가 범인이라는 ~이 없다 Falta una prueba decisiva que le declare autor del crimen.

확집(確執) discordia, contienda.

확충(擴充) [확장] expansión; [충실] enriquecimiento; [강화] fortalecimiento. ~하다 extender, ampliar; fortalecer; [증대] aumentar. 군비를 ~하다 fortalecer el poder militar. 시설을 ~하다 ampliar las instalaciones.

환(丸) píldor. ⇨ 환약.

환(換) letra de cambio.

환각(幻覺) ilusión, alucinación.

환갑(還甲) aniversario del cumpleaños sexagésimo. ~ 노인 sexagenario. ~ 잔치 banquete de su sexagésimo cumpleaños. ~ 잔치를 열다 dar un banquete de sus sexagésimo cumpleaños.

환경(環境) medio, ambiente, medio ambiente, atmósfera. ~에 순응하다 adaptarse al medio ambiente. ~에 좌우되다 ser influido (dejarse influir) por el ambiente. 이곳은 모두한테 ~이 좋다 Aquí se vive en un ambiente favorable en todos los sentidos. 이곳은 공부하기에 적당한 ~이 아니다 Éste no es un ambiente propicio para estudiar. 이곳은 아이들의 교육에는 좋은 ~이다 Éste es un ambiente favorable para la formación de los niños. 그는 좋은 ~에서 자랐다 Se formó en [un] buen ambiente. ~ 오염 contaminación de medio ambiente. ~ 위생 higiene ambiental (del medio ambiente). ~청 Departamento ([서반아] Dirección General) del Medio Ambiente.

환관(宦官) enunco.

환금(換金) ~하다 realizar, convertir algo en dinero.

환국(還國) vuelta a su país.

환기(換氣) aireación, ventilación. ~하다 airear, ventilar. ~가 좋은 (나쁜) bien (mal) ventilado. ~구 ventilador, abertura de ventilación. ~ 장치 el sistema de ventilación, ventilador. ~창 ventilador.

환기(喚起) 주의를 ~하다 llamar (despertar) la atención a uno sobre algo.

환담(歡談) conversación agradable. ~하다 tener una conversación agradable.

환대(歡待) obsequio, agasajo. ~하다 obsequiar, agasajar.

환등(幻燈) proyección de diapositivas, linterna mágica, diapositiva. ~을 비추다 proyectar diapositivas. ~기 proyector de diapositivas.

환락(歡樂) placer, deleite. ~을 추구하다 perseguir (estar sediento de) placeres. ~에 빠지다 abandonarse (entregarse) a los placeres. ~가 centro de diversiones.

환멸(幻滅) desilusión, desengaño, desencanto. ~을 느끼다 desilusionarse (desencantarse)·sentirse desilusionado·desengañarse) de *algo·uno*. 파리에는 ~이었다 Quedé desilusionado de París. 그가 그런 사람이라는 것을 알고 ~을 느낀다 Me desilusiona saber que él es un hombre así.

환문(喚問) llamamiento, llamada; 【법】 citación. ~하다 llamar; citar. 증인을 ~하다 citar a un testigo. 증인으로 ~하다 citar a *uno* de testigo.

환부(患部) parte enferma (afectada·padecida).

환산(換算) cambio, conversión. ~하다 convertir, cambiar. A를 B로 ~하다 cambiar (convertir) A en B. 원을 페세따로 ~하다 cambiar wones en pesetas. 1만 원을 페세따로 ~하면 얼마입니까 ¿Cuántas pesetas son diez mil wones? 달라의 ~ conversión a dólar. 킬로그램을 파운드로 ~하다 convertir el kilogramo en libra. ~율로 tipo de cambio. 1달러에 850원의 ~로 al tipo de cambio de 850 wones por un dólar norteamericano. ~표 tabla de conversión; [통화의] tabla de cambio.

환상(幻想) ilusión, quimera, visión, fantasía. ~적 visionario, fantástico. ~적인 그림 cuadro fantástico. ~을 품다 concebir (forjarse) ilusiones, ilusionarse. ~곡 fantasía. ~교향곡 sinfonía fantástica.

환상(環狀) círculo. ~의 circular. ~도로 carretera de circunvalación. ~선 línea circular. ~화합물 compuesto cíclico.

환상(幻像) fantasma, ilusión, visión.

환생(還生) renacimiento, restauración, restablecimiento.

환성(歡聲) grito de alegría, aclamación, ovación. ~을 지르다 aclamar, vitorear, dar vivas (vítores), ovacionar.

환속(還俗) secularización. ~하다 secularizarse, colgar los hábitos, abandonar la vida eclesiástica, volver a la vida secular. ~시키다 secularizar, exclaustrar.

환송(歡送) despedida. ~회 reunión (fiesta) de despedida. ···의 ~회를 열다 tener (celebrar) una reunión de despedida en honor de *uno*, reunirse para celebrar la partida de *uno*.

환심(歡心) favor. ~을 사다 buscar el favor de *uno*.

환약(丸藥) píldora; [정제] comprimido, pastilla.

환어음(換─) libranza, letra de cambio.

환언(換言) ~하다 decir en otra palabra. ~하면 en otra palabra, es decir.

환영(歡迎) bienvenida, buena acogida; [환대] festejo. ~하다 dar la bienvenida (dispensar una buena acogida·hacer un buen recibimiento) a *uno*; festejar. ~사를 하다 pronunciar un discurso de bienvenida. ~의 뜻을 표하다 expresar *su* bienvenida a *uno*. 그는 열렬한 ~을 받았다 Fue recibido con entusiasmo./ Se le dio una bienvenida entusiasta (un entusiasta recibimiento·un recibimiento apoteósico). 쌍수로 ~합니다 Le recibimos cordialmente (con los brazos abiertos). 언제든지 ~합니다 Es usted siempre bienvenido. 한국에 오신 것을 ~합니다 Bienvenido (-a,-os,-as) a Corea. 그 계획은 누구한테나 ~을 받았다 El plan fue bien recibido por todos. ~회 reunión (recepción·fiesta) de bienvenida. 김선생의 ~회를 열다 tener una recepción en honor del Sr. Guim.

환영(幻影) visión, ilusión, espejismo. ~을 쫓다 ilusionarse, forjarse ilusiones.

환원(還元) 【화】 reducción, desoxidación. ~하다 reducir, desoxidar. 이익의 일부를 소비자에게 ~하다 restituir una parte de las ganancias a los consumidores. ~력 capacidad reductora. ~염 llama reductora. ~제 reductor. ~철 hierro reducido.

환자(患者) paciente *(m.f.)*, enfermo,·ma; [개업 의사의] cliente *(m.f.)*, [집합적] clientela; [입원 환자] hospitalizado,·da. ~을 진찰하다 examinar a un (una) paciente. 대합실은 ~로 가득 차있다 La sala de espera está llena de pacientes (de clientes).

환전(換錢) libranza [postal].

환절(換節) cambio de estaciones. ~기 cambio de estaciones.

환절(環節) 【동】 segmento.

환초(環礁) atalón *(pl.*atalones).

환하다 1 [밝다] ser claro.

2 [명백] ser evidente, constar.

환향(還鄉) ~하다 volver a *su* tierra natal, volver a casa. 금의 ~ vuelta a casa en gloria.

환형(環形) ~ 동물 anélidos *(m.pl.)*.

환호(歡呼) aplausos, vivas, vítores, grito de entusiasmo, aclamación, ovación. ~로 맞이하다 acoger a *uno* con [gritos de]

환희 entusiasmo, aclamar a *uno*. ~로 맞아지다 ser recibido con aplauso. ~성을 지르다 exclamar, vitorear, aplaudir, dar vivas, gritar con entusiasmo.

환희(歡喜) alegría, júbilo, regocijo, exultación. ~하다 alegrarse, regocijarse, exultar, no caber en sí de gozo.

활 arco. ~을 쏘다 tirar al arco.

활강(滑降)【스키】 descenso. ~하다 descender con esquís. ~ 경기 [prueba de] descenso. 사(斜)~ descenso oblicuo (en diagonal). 직(直)~ descenso en línea recta.

활개 [팔] *sus* brazos, *su* miembro; [날개] alas [de los pájaros]. ~치다 [팔] vibrar *sus* brazos; [날개를] aletear, sacudir las alas.

활공(滑空) planeo, vuelo planeado. ~하다 planear, cernerse. ~기 planeador.

활극(活劇) escena realística (실제의), escena sediciosa (소동), película activa (영화). 서부 ~ película occidental.

활기(活氣) animación, vigor, energía, vivacidad, actividad, ánimo. ~에 찬 lleno de vida, animado, enérgico, vigoroso. ~가 없는 exánime, abatido. 이 도시는 ~가 차있다 Esta ciudad está llena de vida.

활달(闊達) ~한 generoso, magnánimo, grande [de alma].

활동(活動) actividad, movimiento, acción, dinamismo. ~하다 trabajar; [활약] trabajar enérgicamente (activamente), desplegar una gran actividad; [기능] funcionar. ~적인 activo, enérgico, dinámico. 화산이 ~을 시작하고 있다 El volcán entra (Se pone) en actividad. 그 사건에 경찰이 ~하고 있다 La policía trabaja (Se mueve) en ese asunto. 이 정당은 활발한 ~을 하고 있다 Este partido político despliega una enérgica actividad. ~적인 사람 hombre activo (dinámico). ~가 [정당 동의] militante (*m.f.*) [activo]; activista (*m.f.*). ~력 actividad, vitalidad, energía. ~ 반경 radio de acción. ~ 범위·분야 esfera (campo) de acción (de actividad).

활량 holgazán, haragán, pollrón.

활력(活力) vitalidad, energía, fuerza, vigor.

활로(活路) modo en salvarse, último recurso. ~를 열다 abrir paso de huir. ~가 열리다 abrirse paso (camino) a través de *algo*.

활발(活發) vida, viveza, prontitud, agilidad, vivacidad, actividad. ~한 lleno de actividad, vivo, activo, enérgico, animado. ~하게 activamente, enérgicamente, vigorosamente. ~하게 의논하다 discutir con animación. 시황이 ~하다 El mercado está activo (animado).

활보(闊步) zancada. ~하다 contonearse, pavonearse, andar con paso majestuoso.

활석(滑石) talco.

활성(活性) ~의 activo, activado. ~ 비타민 vitamina activa (activada). ~탄 carbón activo (activado). ~화 activación. ~화[…을] activar.

활약(活躍) actividad. ~하다 desplegar (mostrar) gran actividad. 그의 ~으로 우리는 시합에서 이겼다 Hemos ganado el partido gracias a la actividad desplegada por él. 그는 정계에서 대 ~을 하고 있다 Despliega una actividad notable en los círculos políticos.

활용(活用) 1 utilización, aprovechamiento. ~하다 utilizar, sacar partido de *algo*, aprovecharse de *algo*. 인재를 ~하다 sacar partido de los hombres de talento. 2 【문】 accidente; [동사의] conjugación; [성·수의] declinación. ~하다 conjugarse; declinarse. ~시키다 conjugar; declinar. ~어 palabra variable. ~ 어미 desinencia, terminación. 동사 ~표 paradigmas (modelos) de la conjugación.

활자(活字) tipo, letra de molde, caracteres (*m.pl.*). ~를 조판하다 poner en tipo, componer, ordenar los tipos. 원고를 ~로 조판하다 componer un manuscrito.

활주(滑走) deslizamietno; [비행기 이룩의] carrera de despegue; [비행기 착륙의] carrera de aterrizaje. ~하다 deslizarse, resbalar[se]; [비행기가] rodar por la pista. ~로 pista. ~로 등 luz de pista.

활짝 extensivamente, extensamente, muy, mucho, anchamente; [완전히] completamente, enteramente.

활차(滑車) polea, garrucha. ~로 들어올리다 elevar *algo* con polea.

활촉(─鏃) punta de flecha.

활판(活版) tipografía. ~ 기계 prensa tipográfica. ~ 업자 tipógrafo.

활화산(活火山) volcán vivo (activo · en actividad).

활황(活況) actividad.

홧김(火─) influencia de ira.

황(黃) amarillo.

황감(惶感) profunda gratitud, profundo agradecimiento. ~하게도 graciosamente, benignamente, agradablemente.

황국(皇國) imperio.

황국(黃菊) crisantemo amarillo.

황궁(皇宮) palacio imperial.

황금(黃金) oro. ~의 de oro, áureo. ~국 el

Dorado. ~색 color de oro. ~색의 dorado. ~시대 edad de oro. ~충 escarabajo.

황급(惶急) urgencia. ~하다 ser urgente. ~히 de prisa, urgentemente.

황녀(皇女) princesa imperial.

황달(黃疸)【의】 ictericia.

황당무계(荒唐無稽) absurdidad. ~한 absurdo, disparatado; extravagante; [가공의] quimérico.

황도(黃道)【천】 eclíptica, órbita del sol. ~광 luz zodiacal. ~대 zodíaco.

황동(黃銅) latón, bronce.

황량(荒涼) ~한 desolado, desierto; [황폐한] asolado, devastado.

황린(黃燐)【화】 fósforo amarillo.

황막(荒漠) ~하다 ser desierto (solitario inhabitado·despoblado·vasto·extenso ·inmenso).

황망(惶忙) ~하다 estar muy ocupado.

황매(黃梅) ciruela amarilla.

황무(荒蕪) desierto, yermo. ~지 desierto.

황비(皇妃) reina, emperatriz.

황산(黃酸) ácido sulfúrico.

황새【조】 cigüeña.

황색(黃色) amarillo, color amarillo. ~인종 raza amarilla.

황성(皇城) ciudad imperial.

황소【동】 buey, toro.

황손(皇孫) nieto imperial.

황송(惶悚) miedo (temor) reverencial.

황실(皇室) familia (Casa) Imperial. ~재산 bienes imperiales.

황야(荒野) desierto, yermo, erial, páramo, matorral (초원).

황열병(黃熱病) fiebre amarilla.

황옥(黃玉) topacio.

황위(皇位) trono imperial, corona. ~에 오르다 subir al trono imperial, ceñirse la corona. ~를 계승하다 suceder en el trono, heredar el trono (la corona).

황은(皇恩) gracia (benevolencia) imperial.

황인종(黃人種) raza amarilla.

황제(皇帝) emperador. ~ 폐하 Su Majestad el Emperador. ~의 위에 오르다 subir al trono imperial.

황족(皇族) Familia Imperial; [개인] miembro de la familia imperial.

황지(荒地) terreno estéril, tierra yerma.

황천(黃泉) Hades.

황태자(皇太子) príncipe heredero, heredero del trono. ~ 전하 Su Alteza [Real] el Príncipe Heredero. ~비 [Su Alteza la] Princesa Heredera.

황태후(皇太后) emperatriz viuda, reina madre.

황토(黃土) tierra amarilla.

황폐(荒廢) desolación ruina, devastación. ~하다 arruinarse, destruirse, devastarse, desolarse, reducirse a escombros. ~된 arruinado, desolado, asolado, devastado. ~된 듯한 desolador. ~된 마을 pueblo arruinado (desolado·devastado). 그 나라는 전쟁으로 ~되었다 El país ha sido arruinado (desolado·devastado) por la guerra./ La guerra ha arruinado (ha reducido a escombros) el país.

황혼(黃昏) anochecer, crepúsculo vespertino. ~에 al anochecer.

황홀(恍惚) éxtasis. ~하여 en éxtasis, extáticamente, con los sentidos embelesados, arrobado. ~해 있다 estar en éxtasis (en embeleso) (con arrobo), quedarse extasiado (arrobado); [노인이] estar tocado de la cabeza. ~ 경 éxtasis.

황후(皇后) emperatriz. ~폐하 Su Majestad la Emperatriz.

홰 percha. ~에 오르다 ponerse en percha, emperchar.

홰 antorcha. ~를 키다 encender la antorcha.

홰치다 ponerse en percha, empercharse.

햇불 luz de antorcha.

회(灰) [석회] cal; [벽토] mortero, yeso. ~를 바르다 enyesar, cubrir (revocar) con yeso.

회(蛔) gusano intestinal.

회(膾) pez crudo [cortado].

회(回) 1 [도수] vez (pl. veces). 하루에 3~ tres veces al día. 2개월에 1~ una vez cada dos meses. 3·4~ 반복해서 repetidas veces. 3~ 계속해서 tres veces seguidas. 4~ 째에 a la cuarta vez. 이 콘테스트는 ~를 거듭함에 따라 성황이다 Este concurso se hace cada vez más popular. 경기대회는 ~를 거듭하여 20~ 가 되었다 La reunión atlética se ha celebrado una y otra vez y ésta es la vigésima.

2 [승부의] partido, partida, jugada; [경기의] vuelta, rueda; [권투의] round, asalto; [펜싱의] asalto; [야구의] entrada, innings (m.); [트럼프의] mano, partida. 3~ 승부 partido de tres juegos (mangas). 제 2~ 전 segund a vuelta (rueda).

회(會) 1 [회합] reunión, asamblea; [집회] concentración, [회의] junta, [정치 집회] mitin; [연회] fiesta; [경기대회] concurso. ~를 열다 celebrar (tener) una reunión. ~에 출석하다 asistir a la reunión. ~는 오후에 열린다 Se celebra (Tiene lugar) la reunión esta tarde. ~는 어제 열렸다 [끝났다] La sesión se abrió (se levantó).

2 [단체] asociación, sociedad; [클럽] club, círculo. ~를 만들다 formar (orga-

회갑(回甲) aniversario del sexagésimo cumpleaños [de *uno*].

회개(悔改) arrepentimiento, penitencia, contrición. ~하다 arrepentirse de.

회견(會見) entrevista; [인터뷰] intervíu; [많은 사람을 상대로] conferencia; [접견] audiencia. ~하다 entrevistarse con (entrevistar a) *uno*; hacer una intervíu a (de) *uno*. ~를 신청하다 solicitar una entrevista (una intervíu) a (de) *uno*. 기자와의 ~에 응하다 dar (conceder) una entrevista al periodista.

회계(會計) contaduría, cuenta, factura. ~검사 intervención y ajuste de cuentas. ~담당자 tesorero, cajero. ~연도 año fiscal. ~보고 informe rentístico (de tesorero). ~장부 libro de cuentas.

회고(回顧) mirada retrospectiva, reflexión. ~하다 recordar, mirar *algo* retrospectivamente. 소년 시절을 ~하다 recordar [acordarse de] *su* niñez. ~록 memorias, recuerdos.

회고(懷古) recuerdo de lo pasado. ~하다 añorar (tener nostalgia de) lo pasado; [···을] recordar *algo* con añoranza. ~담 charla de reminiscencia.

회관(會館) casa, salón, palacio; [클럽] club. 시민 ~ casa (salón) municipal, palacio para ciudadanos. 어린이 ~ palacio para niños.

회교(回敎) mahometismo, islamismo, islam. ~의 musulmán, mahometano, islámico. ~국 país musulmán (islámico). ~권 mundo musulmán, mahometano, islamita (*m.f.*); [집합적] islam. ~ 문화 cultura musulmana (islámica). ~사원 mezquita.

회귀(回歸) [주기] recurrencia, revolución. ~열 fiebre recurrente (periódica). 남(북)~선 trópico de Capricornio (de Cáncer).

회기(會期) sesión, período de sesiones, duración. ~중의 en la sesión. 임시국회의 ~는 4주간이다 La sesión extraordinaria de la asamblea nacional dura cuatro semanas. ~는 3월 15일부터 9월 13일까지 6개월간 Duración de la sesión : del 15 de marzo hasta el 13 de septiembre, seis meses. ~연장 prolongación de la sesión.

회담(會談) conferencia, reunión, conversación, consulta, coloquio; [회견] entrevista; [교섭] negociaciones (*f.pl.*), trato. ~하다 conferenciar con *uno* sobre *algo*; conversar (tener conversaciones) con *uno*; tener una entrevista con *uno*. 당수~ conferencia de los jefes de partidos.

회답(回答) contestación, respuesta. ~하다 responder (contestar·dar respuesta) a *uno*. 질문에 ~하다 contestar [a] (responder a) una pregunta.

회당(會堂) [예배당] iglesia, capilla; [공회당] salón ~.

회동(會同) ~하다 juntarse (unirse) en junta (en congreso).

회동그라지다 [눈이] abrirse anchamente; [놀라서] quedar sorprendido

회람(回覽) circulación, circular. ~하다 circular, poner *algo* en circulación. ~판 aviso circular, boletín circular.

회랑(回廊) corredor, galería.

회로(回路) 【전】 circuito. ~정수(定數) constante (*f.*) de circuito. ~차단기 cortacircuito, interruptor automático.

회리바람 torbellino, remolino.

회명(會名) nombre de una asociación (sociedad).

회무(會務) asuntos de una asociación (sociedad).

회보(回報) noticia, respuesta, contestación.

회보(會報) boletín (informe) [de una sociedad].

회복(回復) 1 [병의] restablecimiento, mejoría, recuperación. ~하다 restablecerse, reponerse [de la enfermedad], mejorar [se], curarse, recuperarse. 그는 완전히 ~되었다 Está completamente curado./ Se ha restablecido (curado) del todo. 그는 순조롭게 ~되어 가고 있다 Está en curso de restablecimiento./ Su recuperación marcha favorablemete. ~기 convalecencia. ~기의 환자 convaleciente (*m.f.*). 그는 ~기에 있다 Está en convalecencia.

2 recobro, recuperación, restauración. ~하다 recobrar, recuperar. 가격의 ~ recuperación de los precios. 건강을 ~하다 recobrar la salud. 권리를 ~하다 reivindicar (recuperar) los derechos. 명예를 ~하다 [자신의] recobrar *su* honor, rehabilitarse. 생산 수주을 ~하다 reconquistar los niveles de producción. 시력을 ~하다 recobrar la vista. 식욕을 ~하다 recobrar (recuperar) el apetito. 신용을 ~하다 recobrar la confianza. 원기를 ~하다 recobrar el ánimo, rehacerse. 의식을 ~하다 volver en sí, recobrar el sentido, recobrarse. 체력을 ~하다 recobrar las fuerzas. 평판을 ~하다 recuperar *su* reputa-

회부(回付) remisión, envío. ~하다 remitir, enviar.

회비(會費) cuota [de socio]. ~를 납부하다 pagar *su* cuota. ~를 모집하다 cobrar (recaudar) las cuotas. ~를 천원으로 파티를 열다 celebrar una fiesta cobrando una cuota de mil wones por persona.

회사(會社) compañía, Cía., sociedad; 【상법】 sociedad mercantil; [상사] firma, casa; [공적인] corporación; [기업] empresa. ~를 만들다 formar (fundar・establecer・organizar) una sociedad. ~에 근무하다 trabajar (ser empleado) en una compañía. ~명 razón social, denominación de una sociedad. ~법 derecho de sociedades mercantiles. ~원 empleado [de una compañía]; [사무원] oficinista (*m.f.*).

회상(回想) recuerdo, reminiscencia, retrospección. ~하다 recordar, acordarse de, mirar (volverse) *algo* atrás. ~록 memorias, recuerdos.

회색(灰色) gris. ~의 gris, ceniciento.

회생(回生) restauración, restablecimiento, , renovación. ~하다 revivir, volver a vivir, tener nueva vida.

회선(回線) circuito.

회선(回旋) revolución, rotación, turno. ~하다 girar, dar vueltas.

회송(回送) transmisión, traspaso; [편지의] reexpedición, reenvío. ~하다 trasmitir, traspasar; [편지를] hacer seguir, reexpedir. ~ 열차 tren fuera de servicio.

회수(回收) recuperación; [자금의] retirada, cobro, cobranza. ~하다 recuperar, retirar, cobrar. 자금을 ~하다 retirar (reembolsarse) fondos. 차관을 ~하다 recoger (cobrar) los empréstitos. 제품 (불량품)을 ~하다 recuperar los desechos (artículos defectuosos).

회수(回數) número de veces; [빈도] frecuencia. 그는 내가 넘어지는 ~를 세고 있다 Él cuenta cuántas veces (las veces que) me caigo. 최근에 그는 지각 ~가 많다 Estos días llega tarde con más frecuencia. [12매 짜리] …권 taco (cupón) [de doce billetes].

회식(會食) festín, banquete. ~하다 asistir al festín, comer (cenar) con *uno*; [주어가 복수] comer (cenar) juntos. ~자 convidado, comensal (*m.f.*).

회심(悔心) remordimiento, compasión, piedad, arrepentimiento, penitencia.

회심(回心) conversión. ~하다 convertirse, cambiar de religión.

회심(會心) ~의 미소를 짓다 sonreír contento (con satisfacción). 이것은 나의 ~작이다 Esta es la obra de la que estoy más satisfecho.

회연(會宴) banquete.

회오(悔悟) arrepentimiento, remordimiento, penitencia; [후회] pesar. ~하다 arrepentirse de *algo*, tener arrepentimiento (remordimientos) por *algo*; sentir mucho, sentir pesar por *algo*. 그는 ~의 정이 현저하다 Es evidente que está lleno de (que le comen los) remordimientos.

회오리바람 torbellino, remolino.

회원(會員) miembro, socio. ~이 되다 hacerse miembro, inscribirse (ser admitido) [en una sociedad]. ~으로 하다 inscribir (admitir) a *uno* [en una sociedad]. ~으로 뽑다 elegir a *uno* para miembro. 나는 이 클럽의 ~이다 Soy socio (miembro) de este club. 이 회는 천명의 ~을 보유하고 있다 Esta sociedad tiene mil miembros. 이 풀장은 ~제이다 Esta piscina está reservada a (para) los socios. ~ 명부 lista (nómina) de miembros (de socios). ~증 carné de socio. 정~ socio regular, miembro de número. 준~ socio asociado. 명예 (특별) ~ socio honorario (especial).

회유(懷柔) conciliación. ~하다 granjearse, ganar[se] el favor de *uno*. 돈의 힘으로 반대파를 ~하다 ganar el favor de los oponentes con dinero. ~책 medidas conciliadoras (pacificadoras).

회유(回遊) 1 [여행] excursión, viaje circular. ~하다 hacer una excursión (un viaje circulante). ~권 billete circular. 2 [고기의] migración. ~하다 migrar. ~어(魚) pez migratorio.

회의(會議) junta; [정치・과학 등 중요한 일에 대한] conferencia; [회합] reunión; [집회] asamblea; [대회] congreso; [중역・대표자 등의] consejo; [회기] sesión. ~하다 tener una reunión; tener consejo; [협의] deliberar sobre *algo*. ~를 열다 empezar la conferencia, abrir la sesión; [개최하다] celebrar una conferencia (una sesión). ~를 마치다 cerrar (clausurar) la conferencia, levatar la sesión. ~를 소집하다 convocar una conferencia. ~에 출석하다 asistir a una conferencia. ~중이다 estar de reunión. …을 ~에 제출하다 someter *algo* a (llevar *algo* a・presentar *algo* en) la conferencia. ~실・~장 sala de conferencias. 경제 ~ conferencia económica.

회의(懷疑) duda, sospecha. ~적 escéptico, incrédulo. ~론・~주의 escepticismo. ~론자・~주의자 escéptico.

회장(回章) íleon.

회장(會葬) asistencia a los funerales. ~하다 asistir a los funerales. ~자 asistentes a los funerales.

회장(會長) presidente, [여자] presidenta. 클럽의 ~이 되다 pasar a ser presidente de un club. ~직 presidencia.

회장(會場) lugar (sitio・sala) de reunión, sala de asamblea, auditorio. 파티 ~은 어디입니까 ¿Dónde se celebra la fiesta? 강연 ~ sala de la conferencia. 박람 ~ local de la exposición. 전람 ~ sala (galería) de la exposición.

회장(回章) [carta] circular. 회원에 ~을 돌리다 enviar una circular a los miembros, hacer ciucular una carta (un aviso) entre los miembros.

회전(回轉) revolución, vuelta, giro; [자전] rotación; [선회] viraje. ~하다 girar, dar vueltas; rotar, rodar. ~식의 rotatorio, giratorio. 자본의 ~율 proporción de rotación de capital. 반 (4분의 1)~ media (un cuarto de) vuelta. 일 ~하다 dar una vuelta. 프로펠러를 ~시키다 girar los hélices. 지구는 태양의 주위를 ~하고 있다 La Tierra gira alrededor del Sol. 그 엔진은 1분에 천 ~한다 El motor hace mil revoluciones por minuto. 자금의 ~이 빠르다 La rotación de fondos es rápida./ Es rápido el movimiento del fondo rotativo. 그는 두뇌의 ~이 빠르다 Es vivo de inteligencia./ Es perspicaz./ Entiende rápido. ~경기 [스키] slalom. ~로(爐) horno rotativo. ~날개 [헬리콥터의] palas (f.pl.), rotor. ~목마 tiovivo, caballitos (m.pl.). ~문 puerta giratoria; [자동개찰구] torniquete. ~운동 movimiento rotatorio (circular), rotación. ~의자 silla giratoria. ~하다 [축] rotar. ~자 fondo rotativo (de rotación). ~축 eje de rotación.

회전(回戰) batalla, encuentro.

회절(回折) 【물】 difracción. ~하다 difractar. ~격자 red difractora, rejilla de difracción.

회조(回漕) transporte por mar (por barco). ~하다 transportar por mar. ~업 negocio del transporte marítimo. ~업자 agente marítimo, comisionista expedidor.

회중(懷中) bolsillo. ~물에 주의하십시오 Cuidado con los carteristas. ~시계 reloj de bolsillo. ~전등 linterna, lámpara de bolsillo.

회중(會衆) concurrencia, asistentes (m.pl.), público; [청중] auditorio; [교회의] feligreses (m.pl.).

회진(回診) visita [del médico]. ~하다 visitar (hacer visitas) a los enfermos. ~시간 mora de [la] visita.

회춘(回春) recobro, recuperación, restauración de la salud. ~제 afrodisíaco.

회초리 varilla, vara pequeña.

회충(蛔蟲) ascáride, lombriz intestinal.

회칙(會則) reglamento (estatuto) [de una asociación].

회태(懷胎) preñez, preñado.

회포(懷抱) su pensamiento íntimo.

회피(回避) evasión. ~하다 huir, evitar, esquivar; [도망하다] eludir, escapar. 내전을 ~하다 evitar la guerra civil. 책임을 ~하다 eludir la responsabilidad.

회한(悔恨) arrepentimiento, remordimiento, sentimiento, pesar. ~의 정이 있다 estar afligido por el remordimiento, estar lleno de arrepentimiento.

회합(會合) reunión, asamblea. ~하다 reunirse, juntarse. 나는 오늘밤 ~이 있다 Tengo una reunión esta noche. ~장소 lugar de la cita, sitio de la reunión.

회항(回航) navegación de regreso. ~하다 navegar de regreso, traer un barco a un sitio.

회향(懷鄕) nostalgia, añoranza de su tierra natal. ~하다 sentir nostalgia, ser presa de la nostalgia. ~병 nostalgia, añoranza de su tierra natal.

회화(會話) conversación, diálogo. ~하다 conversar, hablar con. 서반아어 ~연습을 하다 practicar el español. 서반아어로 ~하다 hablar en español. 그녀는 서반아어를 ~를 잘한다 Ella habla español muy bien. 서반아어 ~ conversación española.

회화(繪畵) pintura; [그림] cuadro. ~의 pictórico, ~적 pintoresco. ~관 pinacoteca, museo (galería) de pintura. ~전람회 exposición de pinturas.

회회교(回回教) 【종】 mahometismo.

획(劃) trazo, rasgo. 5~의 한자 carácter chino compuesto de cinco trazos.

획기적(劃期的) trascendental, que hace época.

획득(獲得) adquisición, obtención, consecusión. ~하다 conseguir, obtener, ganar, adquirir, lograr. 외화의 ~ adquisición de divisas. 우승배를 ~하다 adjudicarse (ganar) la copa campeón. ~력 adquisividad. ~물 adquisición.

획일(劃一) uniformidad, regularización. ~적 uniforme, regularizado. ~적으로 uniformemente, de modo uniforme. ~적으로 교육하다 dar una educación uniforme. ~

화 하다 uniformar, hacer uniforme algo. ~성 uniformidad. ~주의 uniformismo.

획책(劃策) plan, proyecto. ~하다 [계획] hacer proyectos, proyectar; [음모] intrigar, maquinar. 정당의 분열을 ~하다 intentar la escisión del partido.

횡격막(橫隔膜) diafragma.

횡단(橫斷) intersección, cruce, travesía. ~하다 cruzar, atravezar. ~한 corte transversal. ~보도 paso a pie.

횡대(橫隊) línea, fila.

횡렬(橫列) línea.

횡령(橫領) usurpación, desfalco. ~하다 usurpar, desfalcar.

횡사(橫死) muerte violenta, occisión, muerte contranatural. ~하다 morir por accidente.

횡서(橫書) escritura horizontal. ~하다 escribir horizontalmente.

횡선(橫線) línea horizontal; 【수】 abscisa. ~수표 cheque con aspa.

횡설수설(橫說竪說) jerigonza, habladuría incoherente, guirigay, monserga. ~하다 hablar a trochemoche.

횡재(橫財) ganancia inesperada.

횡포(橫暴) tiranía, despotismo. ~한 tiránico, insolente.

횡행(橫行) ~하다 preponderar, andar a sus anchas.

효(孝) piedad filial.

효(效) eficacia. ⇨ 효능, 효과.

효과(效果) efecto; [효력] eficacia, virtud, validez; [결과] resultado, consecuencia; [작용] acción; [연극] efectos acústicos. ~적·~가 있는 efectivo, eficaz, eficiente. válido; activo. ~가 없는 ineficaz, ineficiente, [무효] nulo. ~적으로 eficazmente, con eficacia, con eficiencia. 경제적 ~ efectoeconómico. ~를 나타내다 hacer (surtir) efecto. ~가 없다 no hacer (producir) efecto, no tener ninguna eficacia; no dar buen resultado. ~에 ~가 있다 tener efecto en algo, ser eficaz (tener eficacia) para algo; hacer (producir) efecto a uno. 이 약은 두통에 ~가 있다 Esta medicina es eficaz (de buena eficacia) para el dolor de cabeza. 공부한 ~가 나타나기 시작한다 Empieza a notarse el resultado del estudio. 복습하면 수업의 ~는 더 오른다 La eficacia de las clases aumenta con el repaso. 이런 선전은 ~가 없다 Esta propaganda es ineficaz. ~ 담당자 [연극] efectuador acústico.

효녀(孝女) hija filial.

효능(孝能) eficacia, eficiencia, efecto, beneficio, virtud. ~있는 eficaz, virtuoso, efectivo. ~없는 ineficaz. 나는 약을 먹었지만 ~이 없다 Tomé la medicina, pero no resultó eficaz (no me hizo efecto ninguno). ~서 lista de los efectos eficaces (de las virtudes).

효도(孝道) piedad filial.

효력(效力) efecto; [유효성] validez. vigor, vigencia. ~있는 efectivo, eficaz; válido. ~없는 ineficaz. ~이 있다 tener efecto (validez). ~을 발생하다 producir efecto; entrar en vigor. ~을 잃다 peder validez; [약이] perder efecto(fuerza) 이 약은 이제 ~이 없다 Esta medicina ya no tiene efecto. 이 계약은 아직 ~이 있다 Este contrato todavía tiene fuerza. 이 법률은 ~이 없다 Esta ley carece de vigor.

효모(酵母) levadura, fermento. ~균 levadura.

효부(孝婦) nuera filial.

효성(孝誠) piedad filial.

효성(曉星) Venus (금성).

효소(酵素) enzima; [발효소] levadura, fermento.

효시(嚆矢) principio, origen, causa explorador de un país.

효심(孝心) devoción (piedad) filial.

효용(效用) utilidad, efecto; [효능] eficacia. 약의 ~ eficacia del medicamento. ~이 있는 útil, eficaz.

효율(效率) rendimiento, [능률] eficiencia; [효과] eficacia. ~적인 eficiente. ~적으로 eficientemente. 모터의 ~ rendimiento de un motor. ~이 좋은 기계 máquina eficiente. 노동 ~을 높이다 elevar la eficiencia del trabajo. 이 방법은 ~이 좋다 Este método es eficiente.

효자(孝子) hijo filial.

효행(孝行) piedad filial, sumisión filial. ~하는 cumplidor de la piedad filial. ~하다 cumplir bien los deberes de la piedad filial. 부모에게 ~하다 cumplir [con] todos los deberes filiales. 그는 부모한테 ~한다 Demuestra mucho cariño a (Tiene mucha consideración con) sus padres. ~아들 hijo obediente y solícito.

효험(效驗) eficacia, efecto. ~이 있는 eficaz, eficiente.

후(后) emperatriz.

후(侯) [후작] marqués.

후(後) después, luego. ···에 depués de, tras. ~에 después, más tarde, luego. ~의 posterior, subsiguiente. '~세 mundo venidero. 4년 ~ cuatro años después (más tarde), 이 사무 años después. 결혼 ~ después de casarse. 수시간 ~ algunas (unas) horas después. 지금부터 2년 ~ de ahora (de aquí) a dos años. 열차가

후각(嗅覺) 발한 30분 ~에 우리들은 역에 도착했다 Media hora después de salir el tren llegamos a la estación.

후각(嗅覺) olfato, sentido del olfato.

후갑판(後甲板) alcázar.

후견(後見) tutela, tutoría; [보호] protección; [법] gestión tutelar. ~하다 tener a *uno* bajo *su* tutela (bajo *su* cuidado·bajo *su* protección), servir de tutor a *uno*, proteger legalmente a *uno*.

후계(後繼) sucesión, herencia. …의 ~ 내각 gobierno sucesor (continuador) de *uno*. ~자 sucesor, heredero.

후광(後光) aureola, halo, corona, nimbo.

후군(後軍) retaguardia.

후궁(後宮) [궁] harén (rehem) real; [사람] concubina real; [집합적] harén.

후기(後期) segunda mitad [de una época]; [학기] segundo semestre. 고야의 ~작품 obras postriores de Goya. ~시험 examen del fin del segundo semestre. ~인상파 escuela postimpresionista.

후기(後記) posdata.

후끈거리다 sentirse caliente. 후끈후끈 con calor.

후년(後年) años posteriores. ~에 [미래에] en el futuro, en el porvenir; [나중에] más tarde, años después.

후념(後念) estribillo musical.

후다닥 repentinamente, de repente, súbitamente; [급히] de prisa, apuresuradamente.

후대(後代) generaciones futuras.

후대(厚待) hospitalidad, recepción cordial, bienvenida. ~하다 dar la bienvenida.

후두(喉頭) [해] laringe, farinje. ~염 laringitis (*f.*).

후두부(後頭部) occipucio. ~의 occipital.

후딱 prontamente, con presteza, rápidamente, velozmente, en seguida, inmediatamente.

후리후리하다 ser delgado y alto.

후미(後尾) cola. 열의 ~에 a la cola de una fila.

후반(後半) segunda mitad, parte posterior. 20세기의 ~ segunda mitad del siglo XX. 시합의 ~ segunda mitad del partido, segundo tiempo.

후방(後方) ~의 postrero, trasero, de atrás. ~에 artás, detrás, por (hacia) atrás. 우리들의 ~을 트럭이 달리고 있다 Detrás de nosotros viene un camión. ~ 근무 servicio de retaguardia. ~부대 [tropas de] retaguardia.

후배(後輩) seguidor, menor; [집합적] jóvenes, generación nueva (joven). 그는 나의 1년 ~다 Se graduó un año después que yo. 그는 나의 회사 몇년 ~다 Entró en nuestra compañía unos años después que yo.

후보(候補) candidato [a *algo*]; [집합적] candidatura; [지망자] aspirante *a algo*; [왕위·구애의] pretendiente. ~로 나서다 presentarse como candidato. ~로 세우다 presentar un candidato. 1개의 직에 3인의 ~가 있다 Hay tres candidatos para una sola plaza. 다음 올림픽 ~지로 A가 제안되었다 Se ha propuesto a A como lugar para los próximos Juegos Olímpicos. 이 작품은 노벨상의 ~에 올라있다 Esta obra se da como posible ganadora para el Premio Nobel. 노벨상(대통령) ~ candidato al Premio Nobel (a la presidencia).

후부(後部) parte posterior, (trasera·de atrás); [배의] popa; [탈 것의] trasera. ~의 trasero, posterior. ~에 en la trasera, en la parte posterior.

후불(後拂) pago diferido, pago atrasado.

후비(后妃) emperatriz, reina.

후비다 cavar, socavar, excavar, ahondar; [귀·코·이를] mondar, limpiar. 이를 ~ mondarse (limpiarse) los dientes.

후사(後事) asuntos después de morir, asuntos futuros. ~를 부탁하다 confiar a *uno* un asunto por resolver, poner el porvenir al cuidado de *uno*, encomendar el futuro a *uno*.

후사(後嗣) heredero; [후계자] sucesor.

후사(厚賜) obsequio (regalo) generoso.

후사(厚謝) recompensa (remuneración) generosa.

후산(後産) secundinas, parias.

후살이(後—) segundas nupcias.

후생(厚生) bienestar público, mejoría de la vida. ~시설 [기업의] instalaciones de recreo y entretenimiento [de los empleados de una compañía]. ~연금 보험 seguro de previsión social.

후세(後世) posteridad, generaciones futuras (posteriores), generación venidera, lo futuro. ~의 평가 apreciación de la posteridad. ~에 전하다 transmitir *algo* a la posteridad.

후속(後續) ~의 sucedero, siguiente, que sigue, que viene después. ~부대 refuerzo.

후손(後孫) descendientes, hijos; [총칭] posteridad.

후송(後送) 부상병을 ~하다 evacuar (enviar a la retaguardia) a los soldados heridos.

후실(後室) *su* segunda mujer (esposa).

후안(厚顏) procacidad. ~의 procaz, des-

후열(後列) fila trasera, última fila.

후예(後裔) descendiente *(m.f.)*; [집합적] descendencia. …의 ～ 이다 ser descendiente de *uno*.

후위(後衛) retaguardia, [구기의] trasero.

후유증(後遺症) secuela. 그는 일산화탄소 중독의 ～이 남아 있다 Le quedan secuelas del envenenamiento por monóxido de carbono.

후은(厚恩) gran favor, grandes obligaciones.

후의(厚意) intenciones amables, favor, amabilidad. ～에 감사하다 dar las gracias por *su* amabilidad.

후의(厚誼) hospitalidad, buena acogida. ～하다 tratar cordialmente, dar buena acogida.

후일(後日) otro día, más tarde, en el futuro, algún día más tarde. ～에 알려드리겠습니다 Le avisaré otro día. 그 사건에는 ～담이 있다 Ese asunto aun tiene cola (consecuencia).

후임(後任) sucesor [en un puesto]. …의 ～으로 como sucesor (en calidad) de *uno* [en el puesto]. …의 ～이 되다 suceder (reemplazar) a *uno* en el puesto.

후자(後者) el posterior, éste. 그곳에서는 A 사와 B사가 있지만 ～쪽이 전자보다 크다 Allí se encuentran las compañías A y B, pero ésta es más grande que aquélla.

후작(侯爵) marqués. ～부인 marquesa.

후지(厚紙) cartón, papel grueso.

후진(後進) regresión; [후배] los [más] jóvenes. ～에게 길을 양보하다 ceder el paso a los más jóvenes. ～에게 길을 열어주다 dejar el camino libre para los jóvenes. ～국 país atrasado; [발전 도상국] país en vías de desarrollo.

후처(後妻) segunda mujer, esposa de segundas nupcias. ～를 맞이하다 contraer matrimonio por segunda vez. …을 ～로 맞이하다 casarse con *uno* en segundas nupcias.

후천적(後天的) adquirido (a posteriori).

후추 pimienta, pimienta de Castilla. ～를 치다 sazonar (rociar) con pimienta.

후취(後娶) segundas nupcias; [사람] *su* segunda mujer (esposa).

후텁지근하다 ser sofocante (caluroso·bochornoso·abochornado·sin ventilación).

후퇴(後退) retroceso; [자동차 등의] marcha atrás; [퇴각] retirada; [퇴보] regresión. ～하다 retroceder, marchar (ir·volver) hacia atrás; retirarse. 경기의 ～ retroceso en la economía. 정부의 정책은 ～했다 La política del gobierno ha dado un paso atrás.

후편(後篇) segunda parte, parte II (segunda).

후하다(厚一) 1 [두껍다] ser espeso (denso).
2 [인심이] ser amable; [인색하지 않다] ser generoso. 후한 대접 recepción cordial. 후한 보수 recompensa generosa.

후학(後學) estudiante (discípulo) más joven.

후환(後患) turbación (confusión) futura.

후회(後悔) arrepentimiento; [양심의 가책] remordimiento. ～하다 arrepentirse de *algo*; tener remordimientos. ～하게 하다 remorder a *uno*. 그는 나쁜 짓을 해서 ～하고 있다 Está arrepentido de su mala conducta. 말했던 것을 ～하다 arrepentirse de haber dicho *algo*. 부주의 했던 것을 ～하다 arrepentirse de *su* descuido.

훈계(訓戒) sermón, amonestación. ～하다 sermonear (amonestar) a *uno*, echar (largar·soltar) un sermón a *uno*.

훈공(勳功) mérito, hazaña, proeza, acción meritoria. ～이 있는 meritorio. ～을 세우다 hacer méritos.

훈도(薰陶) educación, formación, disciplina, instrucción. …의 ～를 받다 ser formado (educado) por *uno*. …의 ～를 받고 공부하다 estudiar bajo la dirección benévola de *uno*. …의 훌륭한 ～를 받다 recibir una buena formación de *uno*.

훈독(訓讀) ～하다 leer los caracteres chinos con su pronunciación coreana.

훈련(訓練) ejercicio, entrenamiento, disciplina, formación, [실습] práctica; [군대의] instrucción. ～하다 ejercitar, entrenar, disciplinar, formar. ～을 받다 recibir entrenamiento. ～을 잘 받은 군대 tropa perfectamente (bien) entrenada. 개를 ～하다 entrenar a un perro. 아이들에게 수영을 ～시키다 ejercitar a los niños en la natación. 태권도의 ～을 시키다 dar lecciones de taekwondo a *uno*. 그들은 ～이 부족하다 Les falta entrenamiento. 그는 등산 ～이 아직 충분하지 않다 No está aún suficientemente entrenado en el alpinismo. 그들은 약간 ～하면 시합에 이길 것이다 Con un poco de entrenamiento, ganarán el partido. ～기간 período de entrenamiento. ～사격 ejercicio de tiro.

훈령(訓令) instrucciones, precepto.

훈민정음(訓民正音) [한글] coreano.

훈시(訓示) instrucción, [격려의] arenga. ～하다 dar instrucciones a *uno*; arengar

훈육 (echar una arenga) a *uno*, dar instrucciones (preceptuar) a *uno*.

훈육(訓育) educación, enseñanza. ~상의 disciplinal.

훈장(勳章) maestro.

훈장(勳章) condecoración. ~을 수여하다 conceder una condecoración (condecorar) a *uno*. ~을 받다 recibir una condecoración. ~을 달다 (달고 있다) ponerse (llevar) una condecoración.

훈제(燻製) ahumado. ~의 ahumado. ~로 하다 ahumar; [특히 고기를] acecinar.

훈화(訓話) cuento moralizador (edificante).

훌라훌라 [춤] baile típico de Hawaii.

훌륭하다 1 [좋다] ser magnífico (excelente · espléndido · magnífico). 훌륭한 저택 mansión magnífica. 그는 서반아어를 훌륭하게 한다 El habla español perfectamente bien.

2 [존경할만 하다] ser respectable (estimable); [가치있는] ser digno.

3 [위대] ser grande (eminente). 훌륭한 학자 sabio eminente. 훌륭한 사람 gran hombre.

훌쩍 prontamente, rápidamente.

훌쩍거리다 [액체를] beborrotear, echar sorbitos (traguitos · copitas), ensopar, empapar; [울다] sollozar, gimotear.

훌쭉하다 ser delgado y algo.

훑다 trillar (apalear) grano, desgranar; [제거하다] remover.

훑어보다 escudriñar, ojear.

훔쳐내다 [먼지 등을] borrar, limpiar, lavar, quitar; [정도] robar, hurtar, pillar.

훔쳐먹다 hurtar (apropiar[se]) *algo* ilícitamente.

훔치다 1 [정도] robar, hurtar, pillar.

2 [닦다] borrar, limpiar, lavar, quitar.

훗날(後-) algún día, otro día. ~에 en el futuro, más tarde, más adelantado.

훗달(後-) mes próximo (que viene).

훗일(後-) futuro.

훤당(萱堂) su madre.

훤칠하다 ser abultado. 훤칠한 여자 mujerona.

훤하다 ser claro (resplandeciente · brillante · reluciente). 훤한 하늘 cielo claro.

훨씬 1 [정도] mucho. 이것이 ~낫다 Este es mucho mejor.

2 [공간적으로] lejos. ~ 저편에 a gran distancia, a lo lejos.

3 [시간적으로] ~ 이전에 hace mucho tiempo.

훼방(毁謗) [비방] calumnia, denigración; [방해] interrupción, obstáculo. ~하다 calumniar, denigrar, infamar, hablar mal, interrumpir, estorbar, impedir.

훼상(毁傷) injuria, daño, perjuicio. ~하다 injuriar, agraviar.

훼손(毁損) daño, menoscabo. ~하다 viciar. ~된 perjudicado. 명예 ~ difamación.

휘날리다 agitar, columpiar, volar.

휘다 encorvar, doblar, plegar, torcer.

휘돌다 girar, dar vueltas alrededor (circularmente).

휘돌리다 girar, dar vueltas alrededor.

휘두르다 1 [칼 등을] blandir, florear.

2 [정신을] confundir.

휘둥그러지다 quedar sorprendido.

휘발(揮發) volatilización. ~하다 volatilizarse, evaporarse. ~분 componentes volátiles. ~성 volatilidad. ~성의 volátil. ~유 aceite volátil, nafta.

휘슬 silbo, silbido, silbato.

휘어지다 encorvarse, doblarse, plegarse, torcerse.

휘장(揮帳) cortina, telón.

휘장(徽章) insignia, emblema, divisa.

휘적거리다 balancear, bambolear, hacer dar vueltas en el aire.

휘젓다 agitar, avivar, atizar. 불을 ~ avivar (atizar) la lumbre.

휘청거리다 vacilar, titubear.

휘청휘청 vacilantemente, titubeantemente.

휘파람 chifla. ~을 불다 chiflar.

휘황찬란하다(輝煌燦爛-) ser resplandeciente (brillante).

휩싸다 rollar, arrollar, envolver, rodear, cercar; [비호] proteger.

휩쓸다 barrer en montón, limpiar.

휴가(休暇) vacación; [임시] asueto; [군인 등이 얻은] permiso, licencia. ~를 보내다 vacar. 3일의 ~을 얻다 tomar tres días de vacaciones. ~원을 제출하다 pedir vacación. 1주일간의 ~를 주다 (conceder) a *uno* una semana de vacaciones. ~를 산에서 보내다 pasar las vacaciones en las montañas. ~로 산에 가다 ir de vacaciones a las montañas. 학교는 ~에 들어 갔다 La escuela ha entrado en [las] vacaciones. 나는 ~중이다 Estoy de vacaciones. 나는 여름에 1개월 ~를 가진다 Tengo un mes de vacaciones en verano. ~원 solicitud de licencia. 유급 ~ vacaciones retribuidas.

휴간(休刊) suspensión de la publicación (de la tirada). ~하다 suspender la publicación de *algo*. 오늘 석간은 ~이다 Hoy no hay (no saldrá) tirada de la tarde.

휴강(休講) suspensión de la clase. ~하다 no dar [la] clase. 김선생은 ~이다 No hay clase del profesor Guim.

휴게(休憩) [tiempo de] descanso, reposo;

휴관 [학교의] [tiempo de] recreo; [극장등의] entreacto, intermedio. ~하다 descansar, reposar. ~ 시간 hora de descanso (de recreo). ~실 sala (salón) de descanso (de recreo).

휴관(休館) cierre temporal. ~하다 cerrar temporalmente. 이 도서관은 월요일은 ~ 일이다 Esta biblioteca no se abre al público los lunes. 금일은 ~ Cerrado hoy.

휴교(休校) cerrado temporal de escuela, día festivo de escuela. ~하다 cerrar escuela temporalmente, suspender las actividades escolares (las clases). 1주일간 ~다 La escuela cierra por una semana. 금일 ~함 Hoy no hay clases.

휴대(携帶) transporte personal. ~하다 llevar[se], llevar *algo consigo*. ~용 portátil. 이것은 ~하기에 편리하다 Esto es fácil de llevar. 그 경관은 무선기를 ~하고 있다 Ese policía lleva consigo un radiorreceptor. ~용 라디오 radio portátil. ~품 [수하물] equipaje de mano, efectos personales. ~품 예치소 guardarropa; [역의] consigna.

휴머니스트 humanista.
휴머니스틱 humanístico.
휴머니즘 humanismo.
휴머니티 humanidad.

휴먼 humano. ~ 릴레이션 relaciones humanísticas.

휴무(休務) descanso del trabajo. ~하다 descansar el trabajo.

휴식(休息) reposo, descanso. ~하다 reposar, descansar. ~소 lugar (sala) de descanso. ~ 시간 hora de descanso.

휴양(休養) reposo, descanso. ~하다 reposar, descansar, solazarse.

휴업(休業) cierre, paro, descanso de trabajo. ~하다 cerrar, descansar de trabajo. ~ 중임 cerrado. 금일은 ~함 Cerrado hoy. ~일 día festivo.

휴연(休演) suspensión de las representaciones. ~하다 suspender la representación; [개인이] ausentarse de las representaciones (del escenario). 오늘은 ~이 다 Se suspende la función de hoy./ Hoy no hay función. 그는 오늘은 ~이다 No aparecerá hoy en el escenario.

휴일(休日) día feriado (de descanso); [축제일] [día de] fiesta. 오늘은 ~이다 Hoy es día de descanso. ~출근 asistencia al trabajo en día de descanso.

휴전(休戰) armisticio, tregua, suspensión de las (cese de) hostilidades, alto el fuego. ~하다 suspender las hostilidades, hacer una tregua. ~ 조약을 체결하다 firmar un [tratado de] armisticio.

휴정(休廷) suspensión de la audiencia. ~하다 suspender la audiencia. ~을 선언하다 declarar la suspensión de la audiencia. ~중이다 Los tribunales están vacando.

휴지(休止) pausa, suspensión; 【시학】 pausa.

휴지부(休止符) 【악】 배견(전·2분·4분·8분·16분·32분) ~ silencio de cuadrada (de redonda·de blanca·de negra·de corchea·de semicorchea·de fusa).

휴직(休職) cesación temporal. ~하다 cesar en (ausentarse de) *su* trabajo; [병결] darse de baja; [상태] estar dado de baja. 그는 ~을 명령받았다 Le ordenaron que cesara en su trabajo.

휴진(休診) 금일 ~ No hay consulta hoy. ~ 일 día sin consulta.

휴학(休學) interrupción de los estudios, descanso de la escuela. ~하다 interrumpir temporalmente (suspender) *sus* estudios, retirar provisionalmente de la escuela.

휴한지(休閑地) barbecho; [집합적] barbechera.

휴화산(休火山) volcán inactivo (dormido; en reposo).

휴회(休會) suspensión de la reunión; [의회의] suspensión de la sesión parlamentaria. ~하다 suspender la reunión (la sesión). 의장은 ~를 선언했다 El presidente declaró suspendida la sesión. 의회는 ~중이다 La sesión parlamentaria está suspendida.

흉 1 cicatriz, chirlo. 이마에 ~이 있다 tener una cicatriz en la frente.
2 [결점] defecto, culpa. ~없는 사람은 없다 Nadie es perfecto./ No es perfecto nadie.

흉(凶) desgracia, desdicha, adversidad.
흉가(凶家) casa frecuentada por duendes y apariciones.
흉계(凶計) plan (proyecto) malvado.
흉골(胸骨) 【해】 esternón.
흉곽(胸郭) 【해】 tórax.
흉금(胸襟) pecho, sentimientos del corazón. ~을 털어놓고 abiertamente, francamente. ~을 털어놓다 abrir el pecho a *uno*, descubrir los sentimientos del corazón.

흉기(凶器) arma mortal (mortífera; peligrosa).
흉내 imitación, mímica, risada. ~내다 imitar, copiar.
흉년(凶年) año desgraciado, año de mala cosecha.
흉막(胸膜) 【해】 pleura. ~염 pleuritis, pleuresía.

흉변(凶變) desastre, calamidad, catástrofe; [암살] asesinato.
흉보(凶報) malas noticias.
흉보다 hablar mal, infamar.
흉부(胸部) pecho, tórax. ~ 질환 afección pulmonar.
흉상(胸像) busto.
흉악(凶惡) ~한 malvado, perverso, cruel, atroz. ~범 criminal peligroso. ~ 범죄 crimen atroz.
흉위(胸圍) anchura de pecho. 내 ~는 90센티미터 La anchura de mi pecho es de noventa centímetros.
흉일(凶日) día aciago.
흉작(凶作) mala cosecha, cosecha escasa, fracaso de cosecha. 금년은 벼가 ~이다 Este año no hay buena cosecha de arroz./ Este año la cosecha de arroz no es buena.
흉중(胸中) corazón. ~에 en el corazón. ~을 터놓다 abrir *su* pecho a *uno*, franquearse con *uno*. ~에 깊이 간직하다 tener oculto *algo* en el corazón.
흉탄(凶彈) balazo. ~에 쓰러지다 ser asesinado de un balazo.
흉포(凶暴) violencia, brutalidad, bestialidad. ~한 brutal, bárbaro, bruto. ~한 사람 hombre brutal (bruto). ~한 성격 carácter bruto. ~성이 있는 환자 paciente (*m.f.*) con inclinaciones a la brutalidad.
흉하다(凶-) 1 [불길] ser infeliz (ominoso).
2 [기에] ser feo.
흉한(凶漢) [악한] villano, malhechor.
흉행(凶行) atentado, violencia, barbarie, injuria; [살인] asesinato. ~을 저지르다 perpetrar (cometer) un atentado, hacer uso de la violencia; cometer un asesinato. ~범 perpetrador.
흉흉하다(洶洶-) [민심이] ser sobrecogido de temor.
흐느끼다 sollozar. 흐느껴 울다 sollozar.
흐르다 1 [유동] fluir, correr.
2 [부동하다] flotar.
3 [넘치다] inundar.
4 [쏠리다] caer.
5 [새다] gotear, hacer agua; derramarse, rezumarse. 이 통은 물이 흐른다 통 barril que se rezuma. 배가 물이 흐른다 El navío hace agua.
흐리다 1 [혼탁] estar cenagoso (lodoso·sucio·enturbiado·turbio). 흐린 물 agua turbia.
2 [날씨가] estar nublado (nubloso). 흐린 하늘 (날씨) cielo (tiempo) nublado. 날이 ~ Está nublado.
3 [희미하다] ser vago (obscuro).
4 [시력이] ser turbio de vista (corto de vista).
5 [기억 따위가] ser vago (confuso).
흐리멍텅하다 ser vago (confuso·indistinto).
흐뭇하다 estar satisfecho, alegrarse.
흐트러뜨리다 esparcir, disipar.
흐트러지다 esparcirse, disiparse.
흑(黑) negro; color negro.
흑단(黑檀) [식] ébano.
흑두재상(黑頭宰相) joven ministro.
흑막(黑幕) titiritero, intrigante político. 사건의 ~ mente directora del (figura principal en el) asunto. 정계의 ~ persona que controla la política entre bastidores, eminencia gris del mundo político, intrigante político. ~에서 움직이다 moverse entre bastidores.
흑발(黑髮) cabello negro.
흑백(黑白) negro y blanco. 법정에서 ~을 다투다 recurrir a la justicia para saber cuál (quién) tiene razón.
흑사병(黑死病) peste (*f.*).
흑사탕(黑砂糖) azúcar moreno (negro).
흑색(黑色) color negro. ~ 인종 raza negra.
흑수병(黑穗病) tizón.
흑심(黑心) intención malvada.
흑연(黑鉛) 【화】 grafito, plombagina.
흑요석(黑曜石) obsidiana, espejo de los Incas.
흑인(黑人) negro. ~가 barrio negro. ~ 문제 problema de los negros. ~ 문학 literatura negra. ~ 영가 espiritual negro. ~종 raza negra.
흑자(黑字) superávit. ~의 beneficioso, provechoso. ~이다 ser positivo en el balance (en la balanza). 무역 수지의 ~ superávit de la balanza comercial. ~ 재정 finanzas con superávit.
흑점(黑點) punto negro; [태양의] mancha solar.
흑조(黑潮) corriente negra [del Pacífico].
흑토(黑土) tierra negra.
흑판(黑板) pizarra; [남미] pizarrón. ~에 쓰다 escribir en la pizarra. ~ 지우개 borrador.
흔들다 sacudir, agitar, mecer.
흔들리다 moverse, oscilar, [떨다] temblar. 이 의자는 흔들린다 Esta silla no es estable (se tambalea·se mueve). 이 집은 흔들리고 있다 Esta casa amenaza ruina. 이가 하나 흔들린다 Se me mueve un diente. 지진으로 건물이 흔들렸다 Tembló el edificio por el terremoto.
흔들의자(-椅子) mecedora, 【쿠바】 columpio.
흔연하다(欣然-) ser feliz (alegre). 흔연히 felizmente, alegremente, de buena gana.

con placer, con gusto, gustosamente.

흔적(痕跡) rastro, huella, vestigio. ~을 남기다 (보존하다) dejar (guardar) la huella (la marca·el rastro) de *algo*.

흔전만전 copiosamente, ampliamente.

흔쾌(欣快) ~하다 ser feliz (alegre).

흔하다 ser común (copioso, abundante). 흔하지 않은 poco frecuente, raro, extraño, extraordinario, nada común.

흔희(欣喜) alegría, júbilo, gozo, gusto, complacencia, deleite. ~하다 alegrarse, regocijarse.

흔히 [풍부히] profusamente, pródigamente, abundantemente; [보통·종종] usualmente, comúnmente, por lo común, ordinariamente, f:ecuentemente, con frecuencia, a veces, unas veces, algunas veces, de vez en cuando, de cuando en cuando; [주로] por la mayor parte; [대개] generalmente, en general.

흘겨보다 ojear (mirar) de soslayo (de reojo).

흘레 cópula, coito. ~하다 tener coito.

흘리다 derramar, rebosarse, desbordarse. 눈물을 ~ derramarse las lágrimas.

흙 tierra, terreno; suelo (지면).

흙빛 color de tierra, color moreno (pardo). ~의 cenizoso, ceniciento, pálido. 얼굴이 ~ 되다 ponerse pálido.

흙주머니 saco de arena.

흙탕물 agua cenagosa.

흠(欠) 1 [상처 자국] cicatriz. 2 [얼굴의] grieta, raja; [과일의] magulladura. 3 [결점] defecto, falta, demérito.

흠내다(欠−) hacer alguna herida (cicatriz) en el cuerpo.

흠뜯다(欠−) difamar, injuriar, hablar mal.

흠모(欽慕) admiración, adoración. ~하다 admirar, adorar.

흠뻑 muchísimo, todo, completamente. 비가 ~ 오다 llover mucho, hacer mucha lluvia.

흠정(欽定) ~하다 autorizar, establecer. ~ 헌법 constitución promulgada por el emperador.

흠지다(欠−) hacerse cicatriz.

흠집(欠−) cicatriz.

흡기(吸氣) aspiración.

흡력(吸力) poder absorbente.

흡사(恰似) ~하다 tener una gran semejanza con *algo·uno*, parecerse mucho a *algo·uno*.

흡수(吸收) absorción, absorbencia, succión; [동화] asimilación. ~하다 absorber, chupar, embeber; asimilar. 외국 문화를 ~하다 asimilar una cultura extranjera.

채권채무를 ~하다 absorber el activo y pasivo. ~열 (스펙터럼) calor (espectro) de absorción. ~력 fuerza de absorción. ~제 absorbente. ~ 합병 incorporación por absorción.

흡수(吸水) aspiración del agua. ~관 sifón. ~ 펌프 bomba aspirante.

흡연(吸煙) fumada. ~하다 fumar. ~가 fumador. ~실 fumadero.

흡인(吸引) absorción, succión, aspiración. ~하다 absorber, aspirar, chupar, embeber. ~력 fuerza de absorción. ~ 펌프 bomba de aspiración.

흡입(吸入) inhalación. ~하다 inhalar, aspirar. [산소 ~] ~기 inhalador [de oxígeno].

흡족(洽足) suficiencia, satisfacción. ~하다 ser suficiente (bastante·satisfactorio).

흡착(吸着) 【물·화】 adsorción. ~하다 adsorber. ~성의 adsortivo. ~력 poder adsortivo. ~제 materia (sustancia) adhesiva, adsorbente.

흡혈귀(吸血鬼) vampiro.

흥(興) gozo, alegría, interés. ~을 깨다 matar la alegría de *uno*, echar un jarro de agua fría a *uno*, echar a perder el interés de *uno*. ~을 돋구다 elevar el interés de *algo*, añadir interés a *algo*. ···에 ~이 오르다 tener un gran interés en (por) *algo*.

흥건하다 estar lleno de agua.

흥겹다(興−) divertirse, complacerse, deleitarse. 흥겹게 deliciosamente, deleitosamente.

흥륭(興隆) prosperidad, florecimiento. ~하다 prosperar, florecer.

흥망(興亡) prosperidad y decadencia, levantamiento y caída. 로마 제국의 ~ prosperidad y decadencia del Imperio Romano. 국가의 ~을 결정하다 decidir el destino de una nación.

흥미(興味) interés. ~있는·~깊은 interesante. ~없는 insípido. ~를 가지고 con interés. ···에 ~가 있다 estar interesado en *algo*, tener interés por (en) *algo·uno*. 나는 테니스에 ~가 있다 Tengo interés en el tenis. 그것은 대단히 ~가 있다 Es de mucho interés. 그것은 나한테는 전혀 ~가 없다 No tiene interés alguno para mí. ~를 잃다 perder el interés en *algo*. ~를 끌다 interesar a *uno*, despertar (suscitar) el interés de *uno*. 그는 그 영화에 ~를 보였다 Mostró interés en esa película. 이 책은 무척 ~있다 Este libro es muy interesante. ~ 본위의 sensacionalista. ~ 본위로 기사를 쓰다 escribir un artículo sensacionalista.

흥분(興奮) excitación, exaltación, en-

흥신소(興信所) agencia privada de investigaciones secretas, agencia de detectives privados; [상업의] agencia de investigación comercial.

흥얼거리다 cantar en tono bajo y monótono.

흥업(興業) promoción de industrias, empresa industrial. ~하다 promover industrias. ~은행 banco industrial.

흥정 ajuste, contrato; [매매] compra y venta. ~하다 regatear; [매매] comprar y vender.

흥청거리다 alegrarse hasta lo sumo, regocijarse sobremanera.

흥청망청 con júbilo. ⇨ 흥청흥청.

흥청흥청 con júbilo, con exaltación del ánimo, con viva alegría, exaltadamente, triunfantemente.

흥취(興趣) interés, gusto. ~가 있다 ser interesante.

흥치(興致) diversión, entretenimiento, gusto, placer, deleite, satisfacción.

흥패(興敗) destino, suerte, fuerza.

흥폐(興廢) vicisitud, prosperidad y decadencia.

흥하다(興－) prosperar, gozar de fortuna (prosperidad), tener éxito, enriquecerse, ser próspero. 흥하는 집안 próspera familia.

흥행(興行) espectáculo público; [사업] negocio del espectáculo. ~하다 dar (presentar) un espectáculo. ~사 organizador de espectáculos. ~세 impuesto sobre los espectáculos. ~주 empresario.

흩다 dispersar, esparcir, disipar.

흩어지다 dispersarse, esparcirse, disiparse.

희가극(喜歌劇) ópera cómica, comedia musical, zarzuela.

희곡(戱曲) drama (*m*.), pieza (obra) teatral.

희구(希求) deseo, aspiración. ~하다 desear, aspirar.

희귀(稀貴) rareza, raridad. ~하다 ser raro (curioso·común). ~한 물건 raridad, curiosidad, artículos raros. ~한 일 raridad. ~한 책 libro raro.

희극(喜劇) comedia. ~적인 cómico. ~ 배우 comediante, [actor] cómico. ~ 영화 película cómica.

희끄무레하다 ser blanquizco (blanquecino).

희넓적하다 ser blanco y ancho.

희년(稀年) setenta años de edad.

희노(喜怒) alegría y cólera.

희다 ser blanco. 얼굴이 ~ La cara es blanca. 살결이 ~ La tez es blanca. 희게 하다 blanquear, poner blanco. 회여지다 ponerse blanco.

희대(稀代) rareza, singularidad, extrañeza. ~의 raro, extraño, extraordinario, solo, sin igual. ~의 영웅 héroe sin igual.

희디희다 ser muy blanco.

희랍(希臘)【지】Grecia. ~의 [사람] griego. ~어 griego.

희로애락(喜怒哀樂) emociones. ~을 드러내다 descubrir *sus* emociones.

희롱(戱弄) ridiculez, extravagancia. ~하다 ridiculizar, escarnecer.

희롱거리다 chancear, retozar, loquear, burlarse de.

희맑다 ser blanco y claro.

희망(希望) esperanza; [원망] deseo; [기대] expectación; [절망] ansia, anhelo. ~하다 esperar, desear, ansiar, anhelar. ~에 찬 lleno de esperanza. ~없이 sin esperanza. ~을 가지고 ~에 따라 (~에 반해) conforme al (contra el) deseo de *uno*. …의 ~ 에 의해 según el deseo de alguno. ~을 가지다 tener (concebir·abrigar·alimentar) una esperanza. ~을 잃다 desesperarse, perder la esperanza. ~에 가득차 있다 estar lleno de esperanza. …에 ~을 걸다 contar con *algo·uno*. ~을 숱이하다 expresar *su* deseo. 나는 원만한 해결을 ~한 다 Deseo que lleguen a un arreglo amigable. 나의 ~은 가족이 건강하게 사는 것이 다 Mi deseo es que toda la familia goce de buena salud. 그의 마음에 ~이 싹텄다 La esperanza brotó en su corazón. ~자 [지원자] aspirante (*m.f.*).

희미(稀微) ofuscamiento, obscurecimiento. ~하다 estar obscuro (opaco).

희박(稀薄) rareza. ~한 raro, poco espeso, [액체가] diluido; [기체가] rarificado, enrarecido. ~하게 하다 enrarecer; rarificar; diluir. 이곳은 공기가 ~하다 Aquí el aire está enrarecido.

희비(喜悲) alegría y tristeza. ~극 tragicomedia. ~극적인 tragicómico.

희사(喜捨) caridad. ~하다 [사원에] ofrender *algo* (hacer una ofrenda)[a un templo］; dar limosnas (hacer caridad) a *uno*.

회색(喜色) cara alegre (contenta). ~이 만연하여 con una cara alegre (contenta), con la cara rebosante de alegría.

희생(犧牲) sacrificio, inmolación. ~하다 sacrificar, inmolar. ~적 정신 espíritu de sacrificio. ~으로 하여 sacrificando. 재산을 ~하여 a costa de (sacrificando) *sus* bienes. 어떤 ~을 하고라도 cueste lo que cueste, a toda costa, a cualquier precio. 굉장한 ~을 치르고 al percio de un gran sacrificio. ~되다 ser (caer) víctima de *algo · uno*. 자신을 ~하다 sacrificarse; inmolarse. ~을 치르다 hacer un sacrificio. 그는 전쟁의 ~이 되었다 Fue (Murió) víctima de la guerra. 금년에는 물의 ~자가 많았다 Este año hubo muchas víctimas del agua. 자기 ~ abnegación, sacrificio de *sí* mismo.

희서(稀書) libro raro.

희소(希少) escasez, rareza. ~한 escaso, poco. ~가치 valor debido a *su* escasez (a *su* rareza). ~성 [의 법칙] [principio de] escasez.

희소식(喜消息) buena noticia.

희수(稀壽) *su* septuagésimo cumpleaños.

희수(喜壽) setenta y siete años de edad.

희언(戲言) disparate, tontería. ~을 하다 hablar disparate, decir tontería.

희열(喜悅) placer, alegría, gusto.

희원(希願) esperanza, deseo. ⇨ 희망.

희유(稀有) rareza. ~하다 ser raro. ~한 사건 asunto raro.

희한(稀罕) rareza, carestía, escasez. ~하다 ser raro (escaso · curioso). ~한 물건 raridad. ~한 사람 persona rara.

희화(戲畵) caricatura, dibujo cómico. ~화하다 caricaturizar. ~ 작가 caricaturista (*m.f.*).

희희낙낙(喜喜樂樂) alegría, regocijo, júbilo. ~하다 regocijarse, recrearse, sentir júbilo (alegría).

흰개미 hormiga blanca, termita.

흰곰 oso blanco.

흰옷 ropa blanca.

흰자(닭갈의) la clara del huevo, albúmina.

흰자위 [눈의] el blanco del ojo.

흰죽 caldo espeso hecho de arroz, bien hervida en agua; atole de arroz.

히드라 [동] hidra, monstruo fabuloso con muchas cabezas.

히스타민 [화] histamina.

히스테리 histeria, histerismo. ~를 일으키다 ponerse histérico.

히스테릭 histérico, perteneciente al útero, perteneciente al histerismo.

히어로 héroe (영응).

히어링 oído, sentido de oir.

히터 calentador, calefacción.

히트 jit, golpe; suerte feliz, golpe de fortuna.

힌두 indostano. ~의[사람] indostanés. ~어 indostanés, indostaní.

힌트 sugestión, alusión. ~를 주다 dar una sugestión.

힐 tacón.

힐난(詰難) crítica, censura. ~하다 criticar, censurar.

힐문(詰問) interrogatorio estricto. ~하다 interrogar a *uno* severamente, someter a *uno* a un examen severo.

힐책(詰責) represión, reprimenda, amonestación, censura. ~하다 reprender, censurar, dar una reprimenda.

힘 1 fuerza, poder, energía, vigor.
2 [능력] habilidad, capacidad, facultad.
3 [노력] esfuerzo, labor (*f.*).
4 [효력] eficacia, poder, influencia.
5 [초력] ayuda, asistencia, servicio, contribución.
6 [강조] énfasis.
7 [소력] influencia, poder, autoridad.
8 [정신석인] coraje, espíritu, corazón, nervio. ~이 있는 vigoroso, poderoso. ~ 없는 impotente, ineficaz. 돈의 ~ poder de dinero. ~을 합하다 unir *sus* esfuerzos, cooperar.

힘껏 con todas *sus* fuerzas, a más no poder, todo lo que se puede, cuanto se puede. 내 ~ con todas mis fuerzas. ~ 일하다 trabajar con *sus* fuerzas. ~ 애쓰다 hacer todo lo que se puede, hacer cuanto se puede.

힘꼴 músculo.

힘들다 [ser] difícil, arduo, dificultoso.

힘들이다 hacer un esfuerzo.

힘살 ⇨ 근육.

힘세다 [ser] fuerte, vigoroso, robusto, poderoso, enérgico.

힘쓰다 [애쓰다] esforzarse, hacer un esfuerzo; [도와주다] ayudar, asistir.

힘줄 [근육] tendón; músculo; [혈판] vena; [섬유] fibra, hebra.

힘차다 ser poderoso (fuerte · vigoroso · enérgico); [벅차다] ser difícil. 힘차게 enérgicamente, vigorosamente, fuertemente.

힙 [엉덩이] cadera, nalga.